戦前期
レコード音楽雑誌
記事索引

東京藝術大学附属図書館　監修

Contents list
of
Music and Gramophone Magazines
in Japan

Before World War II

Supervised by

Tokyo University of the Arts. University Library

Compiled by

Nichigai Associates, Inc.

©2017 by Nichigai Associates, Inc.

Printed in Japan

●編集担当● 青木 竜馬／山本 幸子／岡田 真弓
装丁：赤田 麻衣子

まえがき

　日本における本格的なレコード雑誌の歴史は昭和初期に始まります。

　まず、昭和3年に『名曲』（昭和2年創刊の『名曲堂タイムス』の継続誌。昭和6年1月号で『レコード音楽』に改題）が創刊され、昭和5年2月に『ザ・グラモヒル（同年9月号で『ディスク』に改題）、同じく昭和5年9月には『レコード』の創刊が続きます。

　これらとは少し性格の異なる『音楽と蓄音器（機）』や、その前誌『蓄音器世界』を含めれば大正4年に遡りますが、昭和初期にこれだけ創刊が集中したのは、この時期に海外から原盤を輸入して国内で生産することが本格化したからでしょう。大正期までは洋楽は輸入盤が中心で、聴くことができる人は比較的限られていましたが、国内盤の洋楽のレコードが市場に広く出回るようになって、これを聴く手引きが必要とされたことが大きな理由のひとつと言えます。

　戦前の日本において、西洋の音楽を生の演奏で聴く機会にあまり恵まれない中で、これらの雑誌はクラシック音楽を中心とする洋楽の普及に重要な役割を果たしました。現在でも、歴史的資料としてこれらの重要性は低くないと考えられます。戦前期から戦後にかけてのSP（Standard Playing）レコードの時代に、ある作曲家、ある演奏家、あるレコードがどのように評価されていたか、どのような音楽評論家が活躍していたのか、日本の蓄音機・レコード産業がどのように発達してきたのか、等について様々な情報を提供してくれるからです。

　しかしながら、これらの雑誌は、現在、十分に活用されている状況とは言えないように思われます。その理由のひとつとして、これらを揃えている図書館が非常に少なく、アクセスが容易でないことが挙げられます。もう一つの理由として、検索のためのツールが十分に整備されていないことがあるのではないでしょうか。本書はそのために企画されたものです。

　本書は大きく2部で構成され、前半は内容細目、後半は人物文献目録となっています。内容細目は、誌名の年代順に記事を目次の形式で配列する

ことにより、署名のない記事や巻頭言といった記事まで一覧できるように
なっています。人物文献目録は、音楽家あるいは評論家としての評価とは
関係なく、文献数（ただし巻頭言等、テーマ性のない記事を除く）の多い、
作曲家、指揮者・演奏家、執筆者を選んで、記事の刊行年代順に一覧でき
るようにしています。また、巻末には、文献数の多寡に関係なく、執筆者
名索引、人名・事項名索引を付けました。

　本書の書名は「戦前期」となっていますが、戦後の文献も多く含まれて
います。これは、戦前に創刊され、戦時中の雑誌統合期＊を経て、戦後復
刊を遂げた『レコード音楽』や『ディスク』の文献も収録されているため
です。これらにはSPレコードからLP（Long Playing）レコードへの移行
期の文献が含まれており、戦前から戦後のメディアの歴史的変遷も辿れる
ように配慮しています。

　本来であれば、まず本書の収録対象雑誌の完全な総目次が作成され、そ
の上で、レコードに関する記事索引、蓄音機に関する記事索引等、各主題
の記事索引が編纂されることが望ましいでしょう。しかし、今回の現物調
査は諸事情により、東京所在の図書館数箇所に限定されていますが、全国
の図書館等をインターネット上で調査しても、創刊号が見つからない、欠
号が多い等、これらの雑誌すべての巻号を発見できていません。

　このような状況において、本書の刊行がレコード音楽やレコード研究の
一助となるとともに、散逸しかけている資料の発見、レコード文献情報の
組織的な整備へのきっかけとなってくれることを願っています。

　2016年11月

　　　　　　　　　　　　　　　　　　　　　　東京藝術大学附属図書館
　　　　　　　　　　　　　　　　　　　　　　　　　　大田原　章雄

＊『レコード音楽』『ディスク』『レコード』は、昭和16年から『レコード文化』（昭和18年に廃刊）
に統合され、戦後、『レコード音楽』は昭和22年、『ディスク』は昭和26年に復刊される。

目　次

凡　例 ……………………………………………………… (6)

収録雑誌所蔵一覧 ……………………………………… (9)

見出し一覧 ……………………………………………… (26)

戦前期　レコード音楽雑誌記事索引

内容細目 ………………………………………………… 1

人物文献目録 …………………………………………… 329

索　引

執筆者名索引 ……………………………………… 611

人名・事項名索引 ………………………………… 631

凡　例

1．本書の内容

　本書は、大正から戦前期に国内で刊行された蓄音機及びレコード専門誌に発表された記事の索引である。ただし、戦前期に創刊され、戦時中の雑誌統廃合を経て戦後に復刊した雑誌については、戦後の記事も収録した。収録した記事は 18,033 件である。

2．収録の対象

　「音楽と蓄音器」（「音楽と蓄音機」に改題）、「ザ・グラモヒル」（「ディスク」に改題）、「蓄音器と教育」、「名曲」（「レコード音楽」に改題）、「レコード」、「レコード世界」「レコード文化」の 7 種の雑誌（改題を含めると 10 誌）について、主に東京藝術大学附属図書館と国立国会図書館でできる限り現物にあたり、記事目次を採録した。しかし、欠号や刊行が不明な号もあり、全誌全号の収録はできなかった。収録雑誌については、「収録雑誌所蔵一覧」を参照されたい。

3．本書の構成

　本文は、「内容細目」と「人物文献目録」で構成される。

　「内容細目」は、雑誌ごとに目次を収録した。「人物文献目録」は、「内容細目」に収録した記事について、巻頭言や新譜評等テーマ性のないものを除き、その数が多い作曲家、指揮者・演奏家および執筆者を選んで、人名の下に記事を収録した。よって、「内容細目」と「人物文献目録」の記事は重複している。「人物文献目録」に収録した人物名は、「見出し一覧」を参照されたい。

索引は、「執筆者名索引」と「人名・事項名索引」を収載した。

4．排　列

「内容細目」は、雑誌を誌名の五十音順に排列した。ただし、改題をしている雑誌については、収録したうちで最も古い誌名で排列した。雑誌名の下では各号を刊行年月順に排列し、記事は掲載ページ順に収録した。

「人物文献目録」は、作曲家（34 人）、指揮者・演奏家（16 人）、執筆者（50人）の分野に分け、それぞれ、姓の五十音順、名の五十音順に排列した。人名の下では、記事を、それが掲載された巻号の刊行年月順に収録した。

5．文献の記述

表記には原則として、新字を使用した。また、明らかな誤字は修正した。実際の目次には表われていないが、予想できる連載回等を〔　〕で、および、必要と思われるルビを《　》で補った場合がある。

記載項目と順番は以下の通りとした。

（1）内容細目

雑誌名・発行者*／巻号・発行年月／記事題名／執筆者名／掲載ページ／文献番号

＊大見出しとした雑誌名・発行者は、収録した雑誌にて確認した。

（2）人物文献目録

分野／人物名／記事題名／執筆者名／雑誌名／巻号／刊行年月／掲載ページ

6．索　引

検索の便宜を図るため、巻末に索引を付けた。

（1）執筆者名索引

各記事の執筆者、訳者、座談会の出席者等を姓の五十音順、名の五十音順

に排列し、記事を指示した。原則として、苗字やイニシャルのみ記載のもの
は索引から除いた。また、新譜評等テーマ性のない記事は索引の対象としな
かった。記事の所在は、「内容細目」の文献番号（5桁）で示した。ただし、
「人物文献目録」に収録した人物は、「人物文献目録」にその人物が出現する
頁を「p.」を付けて表した。

　なお、本名や筆名など複数の名前を使用していた人物については必要に応
じて参照を立てたが、ひとつの人名にまとめず、その記事を執筆した際の名
前を見出しとした場合もある。

（2）人名・事項名索引

　各記事の題名や内容に関連する人名・団体名、用語、テーマ、地名などを
五十音順に排列し、記事を指示した。記事の所在は、「内容細目」の文献番号（5
桁）で示した。ただし、「人物文献目録」に収録した人物の名前には、「人物
文献目録」にその人物が出現する頁を「p.」を付けて表した。

収録雑誌所蔵一覧

雑誌名	号　数	発行年月	東京藝術大学附属図書館	国立国会図書館
音楽と蓄音器	8 巻 5 号	1921.5	◎	○
	8 巻 9 号	1921.9	◎	○
	8 巻 10 号	1921.10	◎	○
	8 巻 11 号	1921.11	◎	○
	9 巻 2 号	1922.2	◎	○
	9 巻 4 号	1922.4	◎	○
	9 巻 5 号	1922.5	◎	○
	9 巻 6 号	1922.6	◎	○
音楽と蓄音機	9 巻 8 号	1922.8	◎	○
	9 巻 9 号	1922.9	◎	○
	9 巻 10 号	1922.10	◎	○
	9 巻 11 号	1922.11	◎	○
	10 巻 1 号	1923.1	◎	○
	10 巻 2 号	1923.2	◎	○
	10 巻 3 号	1923.3	◎	
	10 巻 4 号	1923.4		◎
	10 巻 5 号	1923.5		◎
	10 巻 6 号	1923.6		◎
	10 巻 8 号	1923.8		◎
	11 巻 10 号	1924.10		◎
	11 巻 11 号	1924.11	◎	○
	12 巻 1 号	1925.1		◎
	12 巻 2 号	1925.2		◎
	12 巻 3 号	1925.3		◎
	12 巻 4 号	1925.4		◎
	12 巻 5 号	1925.5	◎	○
	12 巻 6 号	1925.6		◎
	12 巻 7 号	1925.7	◎	○
	12 巻 9 号	1925.9		◎
	12 巻 10 号	1925.10		◎
	12 巻 11 号	1925.11	○	◎
	13 巻 1 号	1926.1		◎
	13 巻 2 号	1926.2	◎	○
	13 巻 3 号	1926.3	◎	○
	13 巻 4 号	1926.4	◎	○
	13 巻 5 号	1926.5	◎	○
	13 巻 6 号	1926.6	◎	○

雑誌名	号　数	発行年月	東京藝術大学附属図書館	国立国会図書館
音楽と蓄音機	13 巻 7 号	1926.7	◎	○
	13 巻 8 号	1926.8	◎	○
	13 巻 10 号	1926.10		◎
	13 巻 11 号	1926.11	◎	○
	13 巻 12 号	1926.12		◎
	14 巻 1 号	1927.1		◎
	14 巻 4 号	1927.4		◎
	14 巻 5 号	1927.5	◎	◎
	14 巻 6 号	1927.9	○	◎
ザ・グラモヒル	1 巻 1 号	1930.2		
	1 巻 4 号	1930.5		
	1 巻 5 号	1930.6		
	1 巻 6 号	1930.7		
	1 巻 7 号	1930.8		
ディスク	2 巻 1 号	1930.9		
	2 巻 2 号	1930.10		
	2 巻 3 号	1930.11		
	2 巻 4 号	1930.12		
	3 巻 1 号	1931.1		
	3 巻 2 号	1931.2		
	3 巻 3 号	1931.3		
	3 巻 4 号	1931.4		
	3 巻 5 号	1931.5		
	3 巻 6 号	1931.6		◎
	3 巻 7 号	1931.7		◎
	3 巻 8 号	1931.8		◎
	3 巻 9 号	1931.9		◎
	3 巻 10 号	1931.10		◎
	3 巻 11 号	1931.11		◎
	3 巻 12 号	1931.12		◎
	4 巻 1 号	1932.1		◎
	4 巻 2 号	1932.2		◎
	4 巻 3 号	1932.3		◎
	4 巻 4 号	1932.4		◎
	4 巻 5 号	1932.5		◎
	4 巻 6 号	1932.6		◎
	4 巻 7 号	1932.7		◎
	4 巻 8 号	1932.8		◎
	4 巻 9 号	1932.9		◎
	4 巻 10 号	1932.10		◎

雑誌名	号　数	発行年月	東京藝術大学附属図書館	国立国会図書館
ディスク	4巻11号	1932.11		◎
	4巻12号	1932.12		◎
	5巻1号	1933.1		◎
	5巻2号	1933.2		◎
	5巻3号	1933.3		◎
	5巻4号	1933.4		◎
	5巻5号	1933.5		◎
	5巻6号	1933.6		◎
	5巻7号	1933.7		◎
	5巻8号	1933.8		◎
	5巻9号	1933.9		◎
	5巻10号	1933.10		◎
	5巻11号	1933.11		◎
	5巻12号	1933.12		◎
	6巻1号	1933.12		◎
	6巻2号	1934.2		◎
	6巻3号	1934.3		◎
	6巻4号	1934.4		◎
	6巻5号	1934.5		◎
	6巻6号	1934.6		◎
	6巻7号	1934.7		◎
	6巻8号	1934.8		◎
	6巻9号	1934.9		◎
	6巻10号	1934.10		◎
	6巻11号	1934.11		◎
	6巻12号	1934.12		◎
	7巻1号	1935.1		◎
	7巻2号	1935.2		◎
	7巻3号	1935.3		◎
	7巻4号	1935.4	○	◎
	7巻5号	1935.5		◎
	7巻6号	1935.6		◎
	7巻7号	1935.7		◎
	7巻8号	1935.8		◎
	7巻9号	1935.9		◎
	7巻10号	1935.10		◎
	7巻11号	1935.11		◎
	7巻12号	1935.12		◎
	8巻1号	1936.1		◎
	8巻2号	1936.2		◎

雑誌名	号　数	発行年月	東京藝術大学附属図書館	国立国会図書館
ディスク	8 巻 3 号	1936.3		◎
	8 巻 4 号	1936.4		◎
	8 巻 5 号	1936.5		◎
	8 巻 6 号	1936.6		◎
	8 巻春期増刊	1936.6		◎
	8 巻 7 号	1936.7		◎
	8 巻 8 号	1936.8		◎
	8 巻 9 号	1936.9		◎
	8 巻 10 号	1936.10		◎
	8 巻 11 号	1936.11		◎
	8 巻 12 号	1936.12		◎
	9 巻 1 号	1937.1		◎
	9 巻 2 号	1937.2		◎
	9 巻 3 号	1937.3		◎
	9 巻 4 号	1937.4		◎
	9 巻 5 号	1937.5		◎
	9 巻 6 号	1937.6		◎
	9 巻 7 号	1937.7		◎
	9 巻 8 号	1937.8		◎
	9 巻 9 号	1937.9		◎
	9 巻 10 号	1937.10		◎
	9 巻 11 号	1937.11		◎
	9 巻 12 号	1937.12		◎
	10 巻 1 号	1938.1		◎
	10 巻 2 号	1938.2		◎
	10 巻 3 号	1938.3		◎
	10 巻 4 号	1938.4		◎
	10 巻 5 号	1938.5		◎
	10 巻 6 号	1938.6		◎
	10 巻 7 号	1938.7		◎
	10 巻 8 号	1938.8		◎
	10 巻 9 号	1938.9		◎
	10 巻 10 号	1938.10		◎
	10 巻 11 号	1938.11		◎
	10 巻 12 号	1938.12		◎
	11 巻 1 号	1939.1		◎
	11 巻 2 号	1939.2		◎
	11 巻 3 号	1939.3		◎
	11 巻 4 号	1939.4		◎
	11 巻 5 号	1939.5		◎

雑誌名	号　数	発行年月	東京藝術大学附属図書館	国立国会図書館
ディスク	11 巻 6 号	1939.6		◎
	11 巻春季増刊	1939.6		◎
	11 巻 7 号	1939.7		◎
	11 巻 8 号	1939.8		◎
	11 巻 9 号	1939.9	○	◎
	11 巻 10 号	1939.10		◎
	11 巻 11 号	1939.11		◎
	11 巻 12 号	1939.12		◎
	11 巻臨時増刊	1939.12		◎
	12 巻 1 号	1940.1		◎
	12 巻 2 号	1940.2		◎
	12 巻 3 号	1940.3	○	◎
	12 巻 4 号	1940.4	○	◎
	12 巻 5 号	1940.5		◎
	12 巻 6 号	1940.6		◎
	12 巻 7 号	1940.7	○	◎
	12 巻 8 号	1940.8	○	◎
	12 巻 9 号	1940.9		◎
	12 巻 10 号	1940.10		◎
	12 巻 11 号	1940.11		◎
	12 巻 12 号	1940.12		◎
	13 巻 1 号	1941.1	○	◎
	13 巻 2 号	1941.2		◎
	13 巻臨時増刊	1941.2		◎
	13 巻 3 号	1941.3		◎
	13 巻 4 号	1941.4		◎
	13 巻 5 号	1941.5		◎
	13 巻 6 号	1941.6		◎
	13 巻臨時増刊	1941.6		◎
	13 巻 7 号	1941.7		◎
	13 巻 8 号	1941.8		◎
	13 巻 9 号	1941.9		◎
	13 巻 10 号	1941.10	○	◎
	14 巻 1 号	1951.9		◎
	14 巻 2 号	1951.10		◎
	14 巻 3 号	1951.11		◎
	14 巻 4 号	1951.12	◎	○
	15 巻 1 号	1952.1	◎	○
	15 巻 2 号	1952.2	◎	○
	15 巻 3 号	1952.3	◎	○

雑誌名	号　数	発行年月	東京藝術大学附属図書館	国立国会図書館
ディスク	15 巻 4 号	1952.4	◎	○
	15 巻 5 号	1952.5	◎	○
	15 巻 6 号	1952.6	◎	○
	15 巻 7 号	1952.7	◎	○
	15 巻 8 号	1952.8	◎	○
	15 巻 9 号	1952.9	◎	○
	15 巻 11 号	1952.10	◎	○
	15 巻 12 号	1952.11	◎	○
	15 巻 13 号	1952.12	◎	○
	16 巻 1 号	1953.1	◎	○
	16 巻 2 号	1953.2	◎	○
	16 巻 4 号	1953.3	○	◎
	16 巻 5 号	1953.4	◎	○
	16 巻 6 号	1953.5	◎	○
	16 巻 7 号	1953.6	◎	○
	16 巻 8 号	1953.7	◎	○
	16 巻 9 号	1953.8	◎	○
	16 巻 10 号	1953.9	◎	○
	16 巻 11 号	1953.10	◎	○
	16 巻 12 号	1953.11	◎	○
	16 巻 13 号	1953.12	◎	○
	17 巻 1 号	1954.1	◎	○
	17 巻 2 号	1954.2	◎	○
	17 巻 3 号	1954.3	◎	○
	17 巻 4 号	1954.4	◎	○
	17 巻 5 号	1954.5		◎
	17 巻 6 号	1954.6	◎	○
	17 巻 7 号	1954.7	◎	○
	17 巻 8 号別冊	1954.7		
	17 巻 9 号	1954.8		◎
	17 巻 10 号	1954.9	◎	○
	17 巻 11 号	1954.10	◎	○
	17 巻 12 号	1954.11	◎	○
	17 巻 13 号	1954.12	◎	○
	18 巻 1 号	1955.1	◎	○
	18 巻 2 号	1955.2	◎	○
	18 巻 4 号	1955.3	◎	○
	18 巻 5 号	1955.4	○	◎
	18 巻 6 号	1955.5	◎	○
	18 巻 7 号	1955.6	○	◎

雑誌名	号　数	発行年月	東京藝術大学附属図書館	国立国会図書館
ディスク	18巻8号臨時増刊	1955.7		
	18巻9号	1955.7	◎	○
	18巻10号	1955.8	◎	○
	18巻11号	1955.9	◎	○
	18巻12号	1955.10	◎	○
	18巻13号	1955.11	◎	○
	18巻14号	1955.12	◎	○
	19巻1号	1956.1	◎	
	19巻2号臨時増刊	1956.1	◎	
	19巻3号	1956.2	◎	○
	19巻4号	1956.3	◎	○
	19巻5号	1956.4	◎	○
	19巻6号	1956.5	◎	○
	19巻7号臨時増刊	1956.5	◎	
	19巻8号	1956.6	◎	○
	19巻9号	1956.7	◎	○
	19巻10号臨時増刊	1956.7	◎	
	19巻11号	1956.8	◎	○
	19巻12号	1956.9	◎	○
	19巻13号	1956.10	◎	○
	19巻14号	1956.11	◎	○
	19巻15号	1956.12	◎	○
	20巻1号	1957.1	◎	○
	20巻2号	1957.2	◎	○
	20巻3号	1957.3	◎	○
	20巻4号	1957.4	◎	○
	20巻5号	1957.5	◎	○
	20巻6号	1957.6	◎	○
	20巻7号	1957.7	◎	○
	20巻8号増刊	1957.7		◎
	20巻9号	1957.8	◎	○
	20巻10号増刊	1957.8		◎
	20巻11号	1957.9	◎	○
	20巻12号	1957.10	◎	○
	20巻13号	1957.11	◎	○
	20巻14号増刊	1957.11	○	◎
	20巻15号	1957.12	◎	○
	21巻1号	1958.1	◎	○

雑誌名	号　数	発行年月	東京藝術大学附属図書館	国立国会図書館
ディスク	21 巻 2 号	1958.2	◎	○
	21 巻 3 号	1958.3	◎	○
	21 巻 4 号	1958.4	◎	○
	21 巻 5 号	1958.5	◎	○
	21 巻 6 号	1958.6	◎	○
	21 巻 7 号	1958.7	◎	○
	21 巻 8 号	1958.8	◎	○
	21 巻 9 号	1958.9	◎	○
	21 巻 10 号	1958.10	◎	○
	21 巻 11 号	1958.11	◎	○
	21 巻 12 号	1958.12	◎	○
	21 巻 13 号臨時増刊	1958.12	○	◎
	22 巻 1 号	1959.1	◎	○
	22 巻 2 号	1959.2	◎	○
	22 巻 3 号	1959.3	◎	○
	22 巻 4 号	1959.4	◎	○
	22 巻 5 号	1959.5	◎	○
	22 巻 6 号	1959.6	◎	○
	22 巻 7 号	1959.7	◎	○
	22 巻 8 号臨時増刊	1959.7	◎	
	22 巻 9 号	1959.8	◎	○
	22 巻 10 号	1959.9	◎	○
	22 巻 11 号	1959.10	◎	○
	22 巻 12 号秋季増刊	1959.10	○	
	22 巻 13 号	1959.11	◎	○
	22 巻 14 号	1959.12	◎	○
	23 巻 1 号	1960.1	◎	○
	23 巻 2 号臨時増刊	1960.1	◎	○
	23 巻 3 号	1960.2	◎	○
	23 巻 4 号	1960.3	◎	○
	23 巻 5 号	1960.4		◎
	23 巻 6 号	1960.5	○	◎
	23 巻 7 号	1960.6	◎	○
	23 巻 8 号	1960.7	◎	○
	23 巻 9 号	1960.8	◎	○
	23 巻 10 号	1960.9	◎	○
	23 巻 12 号	1960.10	◎	○
	23 巻 13 号増刊	1960.10		
	23 巻 14 号	1960.11	◎	○
	23 巻 16 号	1960.12	◎	○

雑誌名	号　　数	発行年月	東京藝術大学附属図書館	国立国会図書館
ディスク	24 巻 1 号	1961.1	◎	○
	24 巻 2 号	1961.2	◎	○
	24 巻 3 号	1961.3	◎	○
	24 巻 4 号	1961.4	◎	○
	24 巻 5 号	1961.5	◎	○
	24 巻 6 号	1961.6	◎	○
	24 巻 7 号	1961.7	◎	○
	24 巻 8 号	1961.8	◎	○
	24 巻 9 号臨時増刊	1961.8		
	24 巻 10 号	1961.9	◎	○
	24 巻 11 号	1961.10	◎	○
	24 巻 12 号	1961.11	◎	○
	24 巻 13 号	1961.12	◎	○
	25 巻 1 号	1962.1	◎	○
	25 巻 2 号	1962.2	◎	○
	25 巻 3 号	1962.3	◎	○
	25 巻 4 号	1962.4	◎	○
	25 巻 5 号	1962.5	◎	○
	25 巻 6 号	1962.6	◎	○
	25 巻 7 号	1962.7	◎	○
	25 巻 8 号	1962.8	◎	○
	25 巻 9 号	1962.9	◎	○
	25 巻 10 号	1962.10	◎	○
	25 巻 11 号	1962.11	◎	○
	25 巻 12 号	1962.12	◎	○
	26 巻 1 号	1963.1	◎	○
	26 巻 2 号	1963.2	◎	○
	26 巻 3 号	1963.3	◎	○
	26 巻 4 号	1963.4	◎	○
	26 巻 5 号	1963.8	◎	○
	26 巻 6 号	1963.9		◎
	26 巻 7 号	1963.10	◎	○
	26 巻 8 号	1963.11	◎	○
	26 巻 9 号	1963.12	◎	○
	27 巻 1 号	1964.1	◎	○
	27 巻 2 号	1964.2	◎	○
	27 巻 3 号	1964.3	◎	○
	27 巻 4 号	1964.4	◎	○
	27 巻 5 号	1964.5	◎	○
	27 巻 6 号	1964.6	◎	○

雑誌名	号　数	発行年月	東京藝術大学附属図書館	国立国会図書館
ディスク	27 巻 7 号	1964.7	◎	○
	27 巻 8 号	1964.8	◎	○
	27 巻 9 号	1964.9	◎	○
	27 巻 10 号	1964.10	◎	○
	27 巻 11 号	1964.11	◎	○
	27 巻 12 号	1964.12	◎	○
	28 巻 1 号	1965.1	◎	○
	28 巻 2 号	1965.2	◎	○
	28 巻 3 号	1965.3	◎	○
	28 巻 4 号	1965.4	◎	○
	28 巻 5 号	1965.5	◎	○
	28 巻 6 号	1965.7		◎
	28 巻 7 号	1965.8	○	○
	28 巻 8 号	1965.9	○	◎
	28 巻 9 号	1965.10	◎	○
	28 巻 10 号	1965.11	◎	○
	28 巻 11 号	1965.12	◎	○
	29 巻 1 号	1966.1	◎	○
	29 巻 2 号	1966.2	◎	○
	29 巻 3 号	1966.3	◎	○
	29 巻 4 号	1966.4	◎	○
	29 巻 5 号	1966.5	◎	
	29 巻 6 号	1966.6	◎	○
	29 巻 7 号	1966.7	◎	○
	29 巻 8 号	1966.8	◎	
蓄音器と教育	3 巻 3 号	1931.3	◎	
	3 巻 8 号	1931.8	◎	
	3 巻 10 号	1931.10	◎	
名曲	3 巻 9 号	1929.9		
	4 巻 7 号	1930.7		
	4 巻 9 号	1930.9		
	4 巻 10 号	1930.10	◎	
	4 巻 11 号	1930.11		
	4 巻 12 号	1930.12	◎	
レコード音楽	5 巻 1 号	1931.1		◎
	5 巻 2 号	1931.2	◎	○
	5 巻 3 号	1931.3	◎	○
	5 巻 4 号	1931.4	◎	○
	5 巻 5 号	1931.5	◎	○
	5 巻 6 号	1931.6	◎	○

雑誌名	号　　数	発行年月	東京藝術大学附属図書館	国立国会図書館
レコード音楽	5 巻 7 号	1931.7	◎	○
	5 巻 8 号	1931.8	◎	○
	5 巻 9 号	1931.9	◎	○
	5 巻 10 号	1931.10	◎	○
	5 巻 11 号	1931.11	◎	○
	5 巻 12 号	1931.12	◎	○
	6 巻 1 号	1932.1	◎	○
	6 巻 2 号	1932.2	◎	○
	6 巻 3 号	1932.3	◎	○
	6 巻 4 号	1932.4	◎	○
	6 巻 5 号	1932.5	◎	○
	6 巻 6 号	1932.6	◎	○
	6 巻 7 号	1932.7	◎	○
	6 巻 8 号	1932.8	◎	○
	6 巻 9 号	1932.9	◎	○
	6 巻 10 号	1932.10		
	6 巻 11 号	1932.11	◎	○
	6 巻 12 号	1932.12	◎	○
	7 巻 1 号	1933.1	◎	○
	7 巻 2 号	1933.2	◎	○
	7 巻 3 号	1933.3	◎	○
	7 巻 4 号	1933.4	◎	○
	7 巻 5 号	1933.5	◎	○
	7 巻 6 号	1933.6	◎	○
	7 巻 7 号	1933.7	◎	○
	7 巻 8 号	1933.8		◎
	7 巻 9 号	1933.9	◎	○
	7 巻 10 号	1933.10	◎	○
	7 巻 11 号	1933.11		◎
	7 巻 12 号	1933.12	◎	○
	8 巻 1 号	1934.1	◎	○
	8 巻 2 号	1934.2	◎	○
	8 巻 3 号	1934.3	◎	○
	8 巻 4 号	1934.4	◎	○
	8 巻 5 号	1934.5	◎	○
	8 巻 6 号	1934.6	◎	○
	8 巻 7 号	1934.7	◎	
	8 巻 8 号	1934.8	◎	
	8 巻 9 号	1934.9	◎	
	8 巻 10 号	1934.10	◎	

雑誌名	号　数	発行年月	東京藝術大学附属図書館	国立国会図書館
レコード音楽	8 巻 11 号	1934.11	◎	
	8 巻 12 号	1934.12	◎	
	9 巻 1 号	1935.1	◎	
	9 巻 2 号	1935.2	◎	
	9 巻 3 号	1935.3	◎	
	9 巻 4 号	1935.4	◎	
	9 巻 5 号	1935.5	◎	
	9 巻 6 号	1935.6	◎	
	9 巻 7 号	1935.7	◎	
	9 巻 8 号	1935.8	◎	
	9 巻 9 号	1935.9	◎	
	9 巻 10 号	1935.10	◎	
	9 巻 11 号	1935.11	◎	
	9 巻 12 号	1935.12	◎	
	10 巻 1 号	1936.1	◎	
	10 巻 2 号	1936.2	◎	
	10 巻 3 号	1936.3	◎	
	10 巻 4 号	1936.4	◎	
	10 巻 5 号	1936.5	◎	
	10 巻 6 号	1936.6	◎	
	10 巻 7 号	1936.7	◎	
	10 巻 8 号	1936.8	◎	
	10 巻 9 号	1936.9	◎	
	10 巻 10 号	1936.10	◎	
	10 巻 11 号	1936.11	◎	
	10 巻 12 号	1936.12	◎	
	11 巻 1 号	1937.1	◎	
	11 巻 2 号	1937.2	◎	
	11 巻 3 号	1937.3	◎	
	11 巻 4 号	1937.4	◎	
	11 巻 5 号	1937.5	◎	
	11 巻 6 号	1937.6	◎	
	11 巻 7 号	1937.7	◎	
	11 巻 8 号	1937.8	◎	
	11 巻 9 号	1937.9	◎	
	11 巻 10 号	1937.10	◎	
	11 巻 11 号	1937.11	◎	
	11 巻 12 号	1937.12	◎	
	12 巻 1 号	1938.1	◎	
	12 巻 2 号	1938.2	◎	

雑誌名	号　数	発行年月	東京藝術大学附属図書館	国立国会図書館
レコード音楽	12 巻 3 号	1938.3	◎	
	12 巻 4 号	1938.4	◎	
	12 巻 5 号	1938.5	◎	
	12 巻 6 号	1938.6	◎	
	12 巻 7 号	1938.7	◎	
	12 巻 8 号	1938.8	◎	
	12 巻 9 号	1938.9	◎	
	12 巻 10 号	1938.10	◎	
	12 巻 11 号	1938.11	◎	
	12 巻 12 号	1938.12	◎	
	13 巻 1 号	1939.1	◎	○
	13 巻 2 号	1939.2	◎	○
	13 巻 3 号	1939.3	◎	○
	13 巻 4 号	1939.4	◎	○
	13 巻 5 号	1939.5	◎	○
	13 巻 6 号	1939.6	◎	○
	13 巻 7 号	1939.7	◎	○
	13 巻 8 号	1939.8	◎	○
	13 巻 9 号	1939.9	◎	○
	13 巻 10 号	1939.10	◎	○
	13 巻 11 号	1939.11	◎	○
	13 巻 12 号	1939.12	◎	○
	14 巻 1 号	1940.1	◎	○
	14 巻 2 号	1940.2	◎	○
	14 巻 3 号	1940.3	◎	○
	14 巻 4 号	1940.4	◎	○
	14 巻 5 号	1940.5	◎	○
	14 巻 6 号	1940.6	◎	○
	14 巻 7 号	1940.7	◎	○
	14 巻 8 号	1940.8	◎	○
	14 巻 9 号	1940.9	◎	○
	14 巻 10 号	1940.10	◎	○
	14 巻 11 号	1940.11	◎	○
	14 巻 12 号	1940.12	◎	○
	15 巻 1 号	1941.1	◎	○
	15 巻 2 号	1941.2	◎	○
	15 巻 3 号	1941.3	◎	○
	15 巻 4 号	1941.4	◎	○
	15 巻 5 号	1941.5	◎	○
	15 巻 6 号	1941.6	◎	○

雑誌名	号　数	発行年月	東京藝術大学附属図書館	国立国会図書館
レコード音楽	15 巻 7 号	1941.7	◎	○
	15 巻 8 号	1941.8	◎	○
	15 巻 9 号	1941.9	◎	○
	15 巻 10 号	1941.10	◎	○
	17 巻 1 号	1947.2		○
	17 巻 2 号	1947.4		◎
	17 巻 3 号	1947.6		◎
	17 巻 4 号	1947.8		◎
	17 巻 5 号	1947.10		◎
	17 巻 6 号	1947.12		◎
	18 巻 1 号	1948.1		◎
	18 巻 2 号	1948.2		◎
	18 巻 3 号	1948.3		◎
	18 巻 4 号	1948.4		◎
	18 巻 5 号	1948.5		◎
	18 巻 6 号	1948.6		◎
	18 巻 7 号	1948.7		◎
	18 巻 8・9 号	1948.9		◎
	18 巻 10 号	1948.10		◎
	18 巻 11 号	1948.11		◎
	18 巻 12 号	1948.12		◎
	19 巻 1 号	1949.1		◎
	19 巻 2 号	1949.2		◎
	19 巻 3 号	1949.3		◎
	19 巻 4 号	1949.4		◎
	19 巻 5 号	1949.5		◎
	19 巻 6 号	1949.6		◎
	19 巻 7 号	1949.7		◎
	19 巻 8 号	1949.8		◎
	19 巻 9 号	1949.9		◎
	19 巻 10 号	1949.10	◎	○
	19 巻 11 号	1949.11		◎
	19 巻 12 号	1949.12		◎
	20 巻 1 号	1950.1		◎
	20 巻 2 号	1950.2		◎
	20 巻 3 号	1950.3		◎
	20 巻 4 号	1950.4		◎
	20 巻 5 号	1950.5	◎	○
	20 巻 6 号	1950.6	◎	○
	20 巻 7 号	1950.7	◎	○

雑誌名	号　数	発行年月	東京藝術大学附属図書館	国立国会図書館
レコード音楽	20 巻 8 号	1950.8	◎	○
	20 巻 9 号	1950.9	◎	○
	20 巻 10 号	1950.10	◎	○
	20 巻 11 号	1950.11	◎	○
	20 巻 12 号	1950.12	◎	○
	21 巻 1 号	1951.1	◎	○
	21 巻 2 号	1951.2	◎	○
	21 巻 3 号	1951.3	◎	○
	21 巻 4 号	1951.4	◎	○
	21 巻 5 号	1951.5	◎	○
	21 巻 6 号	1951.6	◎	○
	21 巻 7 号	1951.7	◎	○
	21 巻 8 号	1951.8	◎	○
	21 巻 9 号	1951.9	◎	○
	21 巻 10 号	1951.10	◎	○
	21 巻 11 号	1951.11	◎	○
	21 巻 12 号	1951.12	◎	○
	22 巻 1 号	1952.1	◎	○
	22 巻 2 号	1952.2	◎	○
	22 巻 3 号	1952.3	◎	○
	22 巻 4 号	1952.4	◎	○
	22 巻 5 号	1952.5	◎	○
	22 巻 6 号	1952.6	◎	○
	22 巻 7 号	1952.7	◎	○
	22 巻 8 号	1952.8	◎	○
	22 巻 9 号	1952.9	◎	○
	22 巻 10 号	1952.10	◎	○
	22 巻 11 号	1952.11	◎	○
	22 巻 12 号	1952.12	◎	○
	23 巻 1 号	1953.1	◎	○
	23 巻 2 号	1953.2	◎	○
	23 巻 3 号	1953.3	◎	○
	23 巻 4 号	1953.4	◎	○
	23 巻 5・6 号	1953.6	◎	○
レコード	1 巻 1 号	1930.9	◎	
	1 巻 2 号	1930.10	◎	
	1 巻 3 号	1930.11	◎	
	1 巻 4 号	1930.12	◎	
	2 巻 4 号	1931.4	◎	
	2 巻 5 号	1931.5	◎	

雑誌名	号　数	発行年月	東京藝術大学附属図書館	国立国会図書館
レコード	2 巻 6 号	1931.6	◎	
	2 巻 7 号	1931.7	◎	
	2 巻 8 号	1931.8	◎	
	2 巻 9 号	1931.9	◎	
	2 巻 10 号	1931.10	◎	
	2 巻 11 号	1931.11	◎	
	2 巻 12 号	1931.12	◎	
	3 巻 1 号	1932.1	○	◎
	3 巻 2 号	1932.2	○	◎
	3 巻 3 号	1932.3	○	◎
	3 巻 4 号	1932.4	○	◎
	3 巻 5 号	1932.5	○	◎
	3 巻 6 号	1932.6	○	◎
	3 巻 7 号	1932.7	○	◎
	3 巻 8 号	1932.8	○	◎
	3 巻 9 号	1932.9	○	◎
	3 巻 10 号	1932.10	○	◎
	3 巻 11 号	1932.11	○	◎
	3 巻 12 号	1932.12	○	◎
	4 巻 1 号	1933.1	○	◎
	4 巻 2 号	1933.2	○	◎
	4 巻 3 号	1933.3	○	◎
	4 巻 4 号	1933.4	○	◎
	4 巻 5 号	1933.5	○	◎
	4 巻 6 号	1933.6	○	◎
	4 巻 7 号	1933.7	◎	
	4 巻 8 号	1933.8	◎	
	5 巻 2 号	1939.10	◎	
	5 巻 4 号	1939.12		
	6 巻 1 号	1940.1	◎	
	6 巻 2 号	1940.2	◎	
	6 巻 4 号	1940.5	◎	
	6 巻 5 号	1940.6	◎	
	6 巻 6 号	1940.7	◎	
	6 巻 7 号	1940.8	◎	
	6 巻 8 号	1940.9	◎	
	6 巻 9 号	1940.10	◎	
	6 巻 10 号	1940.11	◎	
	7 巻 2 号	1941.2	◎	
	7 巻 3 号	1941.3	◎	

雑誌名	号　　数	発行年月	東京藝術大学附属図書館	国立国会図書館
レコード	7 巻 4 号	1941.5	◎	
	7 巻 5 号	1941.6	◎	
	7 巻 6 号	1941.8	◎	
レコード世界	2 巻 8 号	1928.8	◎	
	2 巻 11 号	1928.11	◎	
レコード文化	1 巻 1 号	1941.11	◎	○
	1 巻 2 号	1941.12	◎	○
	2 巻 1 号	1942.1	◎	○
	2 巻 2 号	1942.2	◎	○
	2 巻 3 号	1942.3	◎	○
	2 巻 4 号	1942.4	◎	○
	2 巻 5 号	1942.5	◎	○
	2 巻 6 号	1942.6	◎	○
	2 巻 7 号	1942.7	◎	○
	2 巻 8 号	1942.8	◎	○
	2 巻 9 号	1942.9	◎	○
	2 巻 10 号	1942.10	◎	○
	2 巻 11 号	1942.11	◎	○
	2 巻 12 号	1942.12	◎	○
	3 巻 1 号	1943.1	◎	○
	3 巻 2 号	1943.2	◎	○
	3 巻 3 号	1943.3		◎
	3 巻 4 号	1943.4	◎	○
	3 巻 5 号	1943.5	◎	○
	3 巻 6 号	1943.6	◎	○
	3 巻 7 号	1943.7	◎	○
	3 巻 8 号	1943.8	◎	○
	3 巻 9 号	1943.9	◎	○
	3 巻 10 号	1943.10	◎	○

本書の編集にあたり、主に東京藝術大学附属図書館、国立国会図書館の資料を参照した。
資料を所蔵している号には○を、また、実際に採録をした号には◎を記載した。

見出し一覧

内容細目

「音楽と蓄音器」「音楽と蓄音機」
「音楽と蓄音器」……………………… 3
「音楽と蓄音機」……………………… 5

「ザ・グラモヒル」「ディスク」
「ザ・グラモヒル」…………………… 14
「ディスク」…………………………… 15

「蓄音器と教育」………………………… 206

「名曲」「レコード音楽」
「名曲」………………………………… 207
「レコード音楽」……………………… 207

「レコード」……………………………… 294

「レコード世界」………………………… 318

「レコード文化」………………………… 320

人物文献目録

作曲家
ヴィヴァルディ, アントニオ ………… 331
ヴェルディ, ジュゼッペ ……………… 331
オネゲル, アルチュール ……………… 334
サン=サーンス, カミーユ …………… 335
シベリウス, ジャン …………………… 336
シュトラウス, リヒャルト …………… 337
シューベルト, フランツ ……………… 338
シューマン, ローベルト ……………… 345
ショスタコーヴィチ, ドミトリー …… 349
ショパン, フレデリック ……………… 350
ストラヴィンスキー, イーゴリ ……… 353
チャイコフスキー, ピョートル・イリ
　イチ …………………………………… 354
ドヴォルザーク, アントニン ………… 358
ドビュッシー, クロード ……………… 360
ハイドン, フランツ・ヨーゼフ ……… 363

バッハ, ヨハン・セバスティアン …… 367
バルトーク, ベーラ …………………… 376
ビゼー, ジョルジュ …………………… 378
ファリャ, マヌエル・デ ……………… 379
フォーレ, ガブリエル ………………… 379
プッチーニ, ジャコモ ………………… 381
ブラームス, ヨハネス ………………… 382
フランク, セザール …………………… 387
プロコフィエフ, セルゲイ …………… 389
ベートーヴェン, ルートヴィヒ・ヴァ
　ン ……………………………………… 391
ベルリオーズ, エクトル ……………… 410
ヘンデル, ゲオルク・フリードリヒ … 411
マーラー, グスタフ …………………… 413
ムソルグスキー, モデスト・ペトロー
　ヴィチ ………………………………… 414
メンデルスゾーン, フェリックス …… 415
モーツァルト, ヴォルフガング・アマ
　デウス ………………………………… 417
ラヴェル, モーリス …………………… 430
リスト, フランツ・フォン …………… 432
ワーグナー, リヒャルト ……………… 434

指揮者・演奏家
カザルス, パブロ ……………………… 437
カラヤン, ヘルベルト・フォン ……… 438
ギーゼキング, ヴァルター …………… 439
ケンプ, ヴィルヘルム ………………… 440
コルトー, アルフレッド ……………… 441
シゲティ, ヨゼフ ……………………… 443
シュナーベル, アルトゥール ………… 444
ティボー, ジャック …………………… 445
トスカニーニ, アルトゥーロ ………… 446
ハイフェッツ, ヤッシャ ……………… 449
フルトヴェングラー, ヴィルヘルム … 450
メニューイン, ユーディ ……………… 452
メンゲルベルク, ウィレム …………… 453
ランドフスカ, ワンダ ………………… 454
ルービンシュタイン, アルトゥール … 455
ワルター, ブルーノ …………………… 456

見出し一覧

執筆者

青木 謙幸 ················· 459
青木 周三 ················· 463
浅井 修一 ················· 466
芦原 英了 ················· 467
鮎野 行夫 ················· 468
あらえびす ··············· 470
有坂 愛彦 ················· 480
池田 圭 ··················· 483
石川 義一 ················· 484
石川 登志夫 ··············· 485
岩井 宏之 ················· 487
上野 一郎 ················· 490
牛山 充 ··················· 495
宇野 功芳 ················· 498
梅木 香 ··················· 502
大木 正興 ················· 504
大田黒 元雄 ··············· 506
大宮 真琴 ················· 507
岡 俊雄 ··················· 511
柏木 俊三 ················· 515
木村 重雄 ················· 517
京極 高鋭 ················· 519
黒田 恭一 ················· 520
小林 利之 ················· 521
西条 卓夫 ················· 529
佐川 吉男 ················· 530
志鳥 栄八郎 ··············· 532
菅原 明朗 ················· 533
杉浦 繁 ··················· 535
瀬音 透 ··················· 540
高橋 昭 ··················· 541
田代 秀穂 ················· 542
田辺 尚雄 ················· 545
津川 主一 ················· 547
中村 善吉 ················· 549
野村 光一 ················· 557
坪和 昌夫 ················· 562
畑中 良輔 ················· 568
福原 信夫 ················· 570
藤木 義輔 ················· 574
藤田 不二 ················· 575
松本 太郎 ················· 579
三浦 淳史 ················· 584
宮沢 縦一 ················· 586
村田 武雄 ················· 588
森 潤三郎 ················· 596
門馬 直衛 ················· 597

山口 亀之助 ··············· 599
渡辺 護 ··················· 600
藁科 雅美 ················· 603

(27)

内 容 細 目

内容細目　　　　　　　　　　　　　　　　　　「音楽と蓄音器」

「音楽と蓄音器」「音楽と蓄音機」

蓄音器世界社→音楽と蓄音機社

「音楽と蓄音器」　8巻5号（1921年5月発行）

日鮮融和と音楽（論説）田辺尚雄 p.1　〔00001〕

啓明会, 李王職及総督府の方々に感謝す（朝鮮音楽）田辺尚雄 p.4　〔00002〕

朝鮮の音楽―その日本音楽との関係について（朝鮮音楽）田辺尚雄 p.5　〔00003〕

朝鮮李王家に伝はる古楽（2）（朝鮮音楽）田辺尚雄 p.17　〔00004〕

孔子祭典の儀式及び奏楽の次第（朝鮮音楽）田辺尚雄 p.37　〔00005〕

朝鮮の音楽書類（朝鮮音楽）田辺尚雄 p.43　〔00006〕

朝鮮俗曲に就て（朝鮮音楽）石川義一 p.48　〔00007〕

朝鮮音楽に就ての希望（朝鮮音楽）森垣二郎 p.50　〔00008〕

朝鮮楽曲「霊山会像」の楽譜（朝鮮音楽）田辺尚雄 p.53　〔00009〕

「霊山会像」「軍楽」楽譜（朝鮮音楽）p.57　〔00010〕

平壌妓生学校参観記（朝鮮音楽）田辺尚雄 p.58　〔00011〕

朝鮮音楽研究日記（朝鮮音楽）田辺尚雄 p.61　〔00012〕

李王家雅楽隊の状況（朝鮮音楽）田辺尚雄 p.86　〔00013〕

朝鮮に於ける日本音楽（朝鮮音楽）田辺尚雄 p.88　〔00014〕

大同江の一日（朝鮮音楽）田辺尚雄 p.92　〔00015〕

竹の園生と家庭踊　田辺尚雄 p.98　〔00016〕

オリムピック音楽会の記　一記者 p.100　〔00017〕

8巻9号（1921年9月発行）

音楽の能率と芸の深さに就て（楽説と学芸）田辺尚雄 p.1　〔00018〕

朝鮮李王家に伝はる古楽（6, 完結）（楽説と学芸）田辺尚雄 p.4　〔00019〕

鎌倉時代の音楽（承前）（楽説と学芸）東儀鉄笛 p.15　〔00020〕

楽音講話（4）（楽説と学芸）工藤豊次郎 訳 p.20　〔00021〕

大隈侯昔日譚（32）（音楽, 美術, 門外話）（楽説と学芸）p.27　〔00022〕

ニンゲル氏「世界の楽器」（2）（音楽と趣味）田辺尚雄 p.29　〔00023〕

音楽百物語（承前）（音楽と趣味）田辺尚雄 p.34　〔00024〕

箏曲「六段」第三段の和声（音楽と趣味）田辺尚雄 p.38　〔00025〕

合楽国に於ける蓄音器業に及ぼせるカルソーの死の影響（ゼー, フオノグラフ, エンドトーキングマシン＝十二ノ六）（音楽と趣味）p.40　〔00026〕

渡欧中の徳川頼貞氏より（音楽と趣味）p.43　〔00027〕

富士川の急流を下る（音楽と趣味）高柳生 p.45　〔00028〕

音楽小説―私の太鼓打《モンタンプリネール》（つづき）アルホンス・ドーテ 作, 高柳寿男 訳 p.53　〔00029〕

8巻10号（1921年10月発行）

映画「改造」を見て音楽界を想ふ（楽説と学芸）田辺尚雄 p.1　〔00030〕

日本の十二律と支那の十二律との関係（楽説と学芸）田辺尚雄 p.4　〔00031〕

鎌倉時代の音楽（承前）（楽説と学芸）東儀鉄笛 p.11　〔00032〕

ワグナアと其保護者（つづく）（楽説と学芸）鉄血生 p.16　〔00033〕

楽音講話（5）（楽説と学芸）工藤豊次郎 訳 p.22　〔00034〕

エンゲル氏「世界の楽器」（3）（音楽と趣味）田辺尚雄 訳 p.27　〔00035〕

カルーゾがこと（音楽と趣味）佐久間鼎 訳 p.32　〔00036〕

「霞か雲か」の単純和声と支那訳（音楽と趣味）田辺尚雄 p.38　〔00037〕

音楽百物語（承前）（音楽と趣味）田辺尚雄 p.40　〔00038〕

エオリアン, ボカリオンの構造（音楽と趣味）記者 訳 p.42　〔00039〕

エオリアン, ボカリオンの使用法（音楽と趣味）記者 訳 p.47　〔00040〕

音楽物語―ノトルダムの手品師　アナトール・フランス, 高柳寿男 訳 p.57　〔00041〕

8巻11号（1921年11月発行）

音楽より見たる宗教の改造（楽説と学芸）田辺尚雄 p.1　〔00042〕

エリス氏の十二和音団に就て（楽説と学芸）田辺尚雄 p.4　〔00043〕

鎌倉時代の音楽（承前）（楽説と学芸）東儀鉄笛 p.13　〔00044〕

楽音講話（6）（楽説と学芸）工藤豊次郎 訳 p.20　〔00045〕

「音楽と蓄音器」　　　　　内容細目

Violin及其音楽（第一篇第一章）（楽説と学芸）
須永克巳 訳 p.25　　　　　　　〔00046〕

エンゲル氏「世界の楽器」（4）（音楽と趣味）田
辺尚雄 訳 p.33　　　　　　　　〔00047〕

音楽百物語（承前）（音楽と趣味）田辺尚雄
p.37　　　　　　　　　　　　　〔00048〕

支那の愛国的唱歌（音楽と趣味）田辺尚雄
p.40　　　　　　　　　　　　　〔00049〕

楽譜「亜東帝国」（音楽と趣味）p.41　〔00050〕

日米蓄音器レコードの貼標（音楽と趣味）
p.42　　　　　　　　　　　　　〔00051〕

オペラと活動写真（音楽と趣味）p.50　〔00052〕

新教会オルガン―プール大僧正の決断（音楽と
趣味）p.51　　　　　　　　　　〔00053〕

各新聞の歌舞伎レコード評（音楽と趣味）
p.53　　　　　　　　　　　　　〔00054〕

音楽物語―ヘンゼルとグレーテル（グリム集）
高柳寿男 訳 p.59　　　　　　　〔00055〕

9巻2号（1922年2月発行）

本誌の光栄に就て（楽説と学芸）横田昇一
p.1　　　　　　　　　　　　　　〔00056〕

関西の楽界に対する三つの希望（楽説と学芸）
田辺尚雄 p.4　　　　　　　　　〔00057〕

蓄音器と社会教化（楽説と学芸）石川義一
p.8　　　　　　　　　　　　　　〔00058〕

エリス氏十二和音団に就て（承前）（楽説と学
芸）田辺尚雄 p.13　　　　　　　〔00059〕

Violin及其音楽（承前）（楽説と学芸）George
Hart, 須永克己 訳 p.21　　　　〔00060〕

作曲法講話（1）（楽説と学芸）石川義一
p.30　　　　　　　　　　　　　〔00061〕

ワグナアと其保護者（音楽と趣味）鉄血生
p.41　　　　　　　　　　　　　〔00062〕

エンゲル氏「世界の楽器」（5）（音楽と趣味）田
辺尚雄 訳 p.46　　　　　　　　〔00063〕

音楽百物語（承前）（音楽と趣味）田辺尚雄
p.50　　　　　　　　　　　　　〔00064〕

Rag Kedara（タゴール翁作曲）（音楽と趣味）
p.53　　　　　　　　　　　　　〔00065〕

東蓄の代理店招待（投書）p.61　　〔00066〕

音楽小説―タイス（承前）アナトール・フラン
ス, 高柳寿男 訳 p.63　　　　　〔00067〕

音楽遍路（1）小松耕輔 p.71　　〔00068〕

読者より p.76　　　　　　　　　〔00069〕

二月新音譜 巻末　　　　　　　　〔00070〕

文句集大隈侯吹込（憲政に於ける輿論の勢力）
巻末　　　　　　　　　　　　　〔00071〕

9巻4号（1922年4月発行）

上品なる家庭舞踊の披露に就て―三月十二日に
開催せられし家庭舞踊披露会に於ける講演の
要旨（楽説と学芸）田辺尚雄 p.1　〔00072〕

蓄音器の文化的使命―エヂソン翁七十五回誕辰
祝賀会に於ける講演の要旨（楽説と学芸）田
辺尚雄 p.7　　　　　　　　　　〔00073〕

台湾蕃人音楽研究の二大必要（楽説と学芸）田
辺尚雄 p.12　　　　　　　　　　〔00074〕

Violin及び其音楽（3）（楽説と学芸）George
Hart, 須永克己 訳 p.15　　　　〔00075〕

作曲法講話（2）（楽説と学芸）石川義一
p.22　　　　　　　　　　　　　〔00076〕

エンゲル氏「世界の楽器」（6）（音楽と趣味）田
辺尚雄 訳 p.35　　　　　　　　〔00077〕

女流声楽界の三明星（上）アデリーナ・パッティ
の芸術（音楽と趣味）青邱子 p.40　〔00078〕

旅の子（楽譜及歌詞）（音楽と趣味）清瀬保二
p.45　　　　　　　　　　　　　〔00079〕

上品なる家庭舞踊の御披露（音楽と趣味）田辺
尚雄 p.46　　　　　　　　　　　〔00080〕

伊豆半島縦断の旅（音楽と趣味）田辺尚雄
p.48　　　　　　　　　　　　　〔00081〕

華盛頓より（音楽と趣味）安子 p.54　〔00082〕

嚶松村忠三郎君（音楽と趣味）音楽と蓄音器社,
横田昇一 p.55　　　　　　　　　〔00083〕

音楽小説―タイス（5）アナトール・フランス,
高柳寿男 訳 p.63　　　　　　　〔00084〕

音楽遍路（2）小松耕輔 p.71　　〔00085〕

9巻5号（1922年5月発行）

日本音楽界の根本的改造の二大方面（楽説と学
芸）田辺尚雄 p.1　　　　　　　〔00086〕

ヴァイオリン及び其音楽（4）（楽説と学芸）ジ
ョウジ・ハート, 須永克己 訳 p.7　〔00087〕

作曲法講話（3 その1）（楽説と学芸）石川義一
p.13　　　　　　　　　　　　　〔00088〕

エンゲル氏「世界の楽器」（7）（音楽と趣味）田
辺尚雄 p.19　　　　　　　　　　〔00089〕

ワグナアと其の保護者（音楽と趣味）鉄血生
p.24　　　　　　　　　　　　　〔00090〕

女流声楽界の三明星（中）ネリー・メルバ夫人
（音楽と趣味）青邱子 p.28　　　〔00091〕

米国の楽界に就いて（通信）（音楽と趣味）木岡
英三郎 p.35　　　　　　　　　　〔00092〕

レコード趣味（寄書）（音楽と趣味）阿野建虎
p.48　　　　　　　　　　　　　〔00093〕

渡台中の田辺尚雄氏より（第1,2,3,4信）（音楽と
趣味）p.53　　　　　　　　　　〔00094〕

家庭舞踊と来信（音楽と趣味）倉島あき
p.56　　　　　　　　　　　　　〔00095〕

音楽感想―サン・サーンの手記から カミユ・
サンサーン, 高柳寿男 訳 p.65　〔00096〕

音楽遍路 小松耕輔 p.70　　　　〔00097〕

蛍（作歌と作曲）横尾真琴 作歌, 室崎琴月 作曲
中頁　　　　　　　　　　　　　〔00098〕

木がくれの歌（作歌と作曲）吉丸一昌 作歌, 室
崎琴月 作曲 中頁　　　　　　　〔00099〕

9巻6号（1922年6月発行）

尊敬すべき生蕃の人格と其音楽（台湾音楽）田辺尚雄 p.2　〔00100〕

台湾音楽研究旅行記（台湾音楽）田辺尚雄 p.8　〔00101〕

台湾生蕃の種族 田辺尚雄 p.82　〔00102〕

生蕃ローマンス 田辺尚雄 p.85　〔00103〕

家庭踊に就て〔生蕃〕奥居彦松 p.89　〔00104〕

民族主義か世界主義か─万国基督教学生青年大会に鑑みて 須永克己 p.97　〔00105〕

「音楽と蓄音機」9巻8号（1922年8月発行）

蛙（楽譜）横尾真琴 作歌，室崎琴月 作曲 巻頭　〔00106〕

家庭踊番外（木曽踊）巻頭　〔00107〕

誌名中使用せる「器」（Tool）を「機」（Machine）に文字変更に就て社告 横田昇一 p.2　〔00108〕

日本音楽の学習に蓄音機を用ふることに就て（楽説と学芸）田辺尚雄 p.4　〔00109〕

楽壇から民衆へ（楽説と学芸）佐久間鼎 p.9　〔00110〕

工場音楽と蓄音器（楽説と学芸）小林愛雄 p.17　〔00111〕

音楽教育と蓄音機の利用（上）（楽説と学芸）須永克己 p.22　〔00112〕

音楽的智識の涵養に蓄音機を利用せよ─レコード音楽界の有効化（音楽と趣味）大橋生 p.51　〔00113〕

教室に於ける蓄音機（The grafonola in the Class-room）（音楽と趣味）米国コロンビヤ蓄音機会社教育部 編，日本蓄音器世界社編輯部 訳 p.58　〔00114〕

チニイ蓄音機に就て（音楽と趣味）松永生 p.94　〔00115〕

良子女王陛下 家庭踊を遊ばす（音楽と趣味）記者 p.98　〔00116〕

9巻9号（1922年9月発行）

琉球歌謡─上り口説（楽譜）山内盛彬 作譜 巻頭　〔00117〕

名人の技芸を保存することの急務（楽説と学芸）田辺尚雄 p.2　〔00118〕

最近の音楽教育と蓄音機の利用（下）（楽説と学芸）須永克己 p.5　〔00119〕

紐育イヴニングポストのヘンリー，テイ・フィンク氏の三浦環夫人評（楽説と学芸）p.33　〔00120〕

琉球及八重山群島音楽研究旅行記（1）（音楽と趣味）田辺尚雄 p.34　〔00121〕

米国に及ぼした東洋音楽の影響（音楽と趣味）ヘンリー・アイクハイム p.43　〔00122〕

来月来朝のカスリーン・パーロウ女史のことに就て（音楽と趣味）エム、オー生 p.50　〔00123〕

新刊「家庭踊解説」を読みて（音楽と趣味）石川義一 p.53　〔00124〕

伯林だより（音楽と趣味）鈴木鎮一 p.54　〔00125〕

日蓄対日東蓄問題に就て（時評）横田昇一 p.58　〔00126〕

蓄音機に関する実用新案総目録（自明治三十九年至大正十年）p.74　〔00127〕

新刊田辺尚雄氏著「家庭踊解説」の新聞雑誌評 p.82　〔00128〕

九月新音譜 巻末　〔00129〕

9巻10号（1922年10月発行）

琉球歌謡─瓦屋節（楽譜）山内盛彬 作譜 巻頭　〔00130〕

レコードに及ぼす湿気の害に就て（楽説と学芸）田辺尚雄 p.2　〔00131〕

ヴァイオリン及其音楽（5）（楽説と学芸）ジョージ・ハート，須永克己 訳 p.6　〔00132〕

作曲と演出とに於ける無形の影響（楽説と学芸）愛知一路 p.28　〔00133〕

琉球及び八重山群島音楽研究旅行記（2）（音楽と趣味）田辺尚雄 p.34　〔00134〕

エンゲル氏「世界の楽器」（8）（音楽と趣味）田辺尚雄 訳 p.43　〔00135〕

リヒアルト・ストラウスのこと（RICHARD STRAUSS 1864）（音楽と趣味）塚本譲 p.50　〔00136〕

米国の楽界に就いて（通信其の2）（音楽と趣味）木岡英三郎 p.55　〔00137〕

聾啞者の福音─家庭踊（音楽と趣味）村上求馬 p.70　〔00138〕

田辺尚雄先生来県印象記 山内盛彬 p.72　〔00139〕

蓄音機に関する新案特許総目録（自明治三十二年至大正十年）（其の1）p.79　〔00140〕

九月新音譜 巻末　〔00141〕

9巻11号（1922年11月発行）

琉球音楽─瀧落清掻（楽譜）山内盛彬 作譜 巻頭　〔00142〕

生蕃の歌謡─船漕唄（卜吉蕃）（楽譜）張福興 採譜 巻頭　〔00143〕

忘恩的妄評に就て（楽説と学芸）田辺尚雄 p.2　〔00144〕

音楽教育界の動き（楽説と学芸）須永克己 p.4　〔00145〕

作曲講話（3）その2（楽説と学芸）石川義一 p.31　〔00146〕

琉球及八重山群島音楽研究旅行記（3）（音楽と趣味）田辺尚雄 p.39　〔00147〕

エンゲル氏「世界の楽器」（9）（音楽と趣味）田辺尚雄 訳 p.48　〔00148〕

「音楽と蓄音機」 内容細目

フロンザレー，カーテットのレコード吹込の苦心談（音楽と趣味）石井達一郎 p.53　〔00149〕

日露舞踊漫言（音楽と趣味）大橋生 p.57　〔00150〕

ブランスキツク蓄音機を聞く（音楽と趣味）田辺尚雄 p.62　〔00151〕

家庭踊普及会内規 p.64　〔00152〕

蓄音機に関する新案特許総目録（自大正四年至大正十年）（其の2）p.68　〔00153〕

「音楽と蓄音機」自第九巻一号至同十一号総目録 巻末　〔00154〕

十一月新音譜 巻末　〔00155〕

10巻1号（1923年1月発行）

家庭踊新曲―「津の国」（楽譜）巻頭　〔00156〕

琉球歌謡―シヤウンガナイ節（楽譜）山内盛彬作譜 巻頭　〔00157〕

音楽教育に蓄音機の利用（楽説と学芸）田中正平 p.2　〔00158〕

教育と音楽（楽説と学芸）佐久間鼎 p.8　〔00159〕

版画とレコード（楽説と学芸）菅原教造 p.14　〔00160〕

セルを着る頃（音楽物語）大橋道夫 p.26　〔00161〕

調和へ（楽説と学芸）須永克己 p.30　〔00162〕

宗教心理学上音楽と舞踊の位置（楽説と学芸）光成信男 p.47　〔00163〕

作曲講話（4）その1（楽説と学芸）石川義一 p.51　〔00164〕

琉球及八重山群島音楽研究旅行記（4）（音楽と趣味）田辺尚雄 p.58　〔00165〕

ピアニストと其演奏に就て（音楽と趣味）遠藤宏 p.69　〔00166〕

家庭踊の新曲「津の国」（音楽と趣味）田辺尚雄 p.74　〔00167〕

豆相温泉めぐり p.83　〔00168〕

ワグナー及び其の恋人とニーチエ（音楽物語）守田有秋 p.88　〔00169〕

一月新音譜 巻末　〔00170〕

10巻2号（1923年2月発行）

新年（楽譜）清瀬保二 巻頭　〔00171〕

音楽界の新らしい試みに就いて（楽説と学芸）田辺尚雄 p.2　〔00172〕

作曲講話（4）その2（楽説と学芸）石川義一 p.5　〔00173〕

琉球及八重山群島音楽研究旅行記（5）（音楽と趣味）田辺尚雄 p.12　〔00174〕

腕状音管特許の係争（海外時報）p.26　〔00175〕

首狩の笛（音楽物語）p.44　〔00176〕

延寿太夫吹込レコードに就いて（海外時報）本誌記者 p.45　〔00177〕

英国教育界に於ける蓄音機の利用（海外時報）本誌記者 p.46　〔00178〕

秋想（音楽物語）未知夫 p.56　〔00179〕

バツハ伝（音楽物語）光成信男 p.58　〔00180〕

粗吟丘陵（音楽物語）井伏鱒二 p.70　〔00181〕

二月新音譜 巻末　〔00182〕

10巻3号（1923年3月発行）

八重山農民歌「ジラバガヌ ソウソウ ジラバ」（楽譜）田辺尚雄 作譜 巻頭　〔00183〕

音楽の美に就いて（1）（楽説と学芸）須永克己 訳 p.2　〔00184〕

作曲講話（5ノ1）（楽説と学芸）石川義一 p.12　〔00185〕

琉球及八重山群島音楽研究旅行記（6）（音楽と趣味）田辺尚雄 p.20　〔00186〕

エンゲル氏「世界の楽器」（11）（音楽と趣味）田辺尚雄 p.42　〔00187〕

洋楽の標準レコード p.47　〔00188〕

沈思（音楽物語）未知雄 p.54　〔00189〕

リスト及其の奇怪な作品（音楽物語）守田文治 訳 p.57　〔00190〕

バツハ伝（承前）（音楽物語）光成信男 p.60　〔00191〕

函嶺雑感（1）泉源三郎 p.70　〔00192〕

10巻4号（1923年4月発行）

（催馬楽一律調）伊勢海（楽譜）巻頭　〔00193〕

宣言（楽説と学芸）p.1　〔00194〕

言葉の教育と国語レコード（楽説と学芸）上田万年 p.2　〔00195〕

国語レコードと大仏の鐘（楽説と学芸）三上参次 p.5　〔00196〕

日本教育蓄音機協会設立に対する感想と希望（楽説と学芸）田辺尚雄 p.9　〔00197〕

国語レコードの教育的効果（楽説と学芸）安藤正次 p.12　〔00198〕

国語の標準レコード出現の意義（楽説と学芸）佐久間鼎 p.16　〔00199〕

小学校と国語教育レコードの利用（楽説と学芸）東條操 p.25　〔00200〕

日本教育蓄音機協会創設の公表に就いて（楽説と学芸）横田昇一 p.28　〔00201〕

日本教育蓄音機協会設立意旨及事業方針（楽説と学芸）p.31　〔00202〕

エンゲル氏「世界の楽器」（12）（音楽と趣味）田辺尚雄 訳 p.39　〔00203〕

久野女史の独奏会のぞき（音楽と趣味）幡京次 p.45　〔00204〕

音楽百物語（承前29・30）（音楽と趣味）田辺尚雄 p.52　〔00205〕

詩 はりこの虎 泉源三郎 p.56　〔00206〕

内容細目　　　　　　　「音楽と蓄音機」

ハンデル伝（音楽物語）光成信男
p.57　　　　　　　　　　　　〔00207〕

詩 捕虜（音楽物語）未知夫 p.64　　〔00208〕

10巻5号（1923年5月発行）

八重山民謡崎山ゆんた（楽譜）巻頭　〔00209〕

国語レコードの利用に就いて（楽説と学芸）保
科孝一 p.2　　　　　　　　　〔00210〕

国語レコードの活用案（楽説と学芸）椿真太郎
p.9　　　　　　　　　　　　〔00211〕

音楽の美に就いて 第一章その2（2）（楽説と学
芸）ハンスリック 著，須永克己 訳
p.17　　　　　　　　　　　　〔00212〕

作曲講話（5）其ノ2（楽説と学芸）石川義一
p.29　　　　　　　　　　　　〔00213〕

エンゲル氏「世界の楽器」（13）（音楽と趣味）
田辺尚雄 訳 p.38　　　　　　〔00214〕

丁抹の新人カール・ニイルゼン（音楽と趣味）
XZ生 p.41　　　　　　　　　〔00215〕

踏影会瞥見（音楽と趣味）源三郎
p.43　　　　　　　　　　　　〔00216〕

近世の蓄音機モーターの精密さ其他（音楽と趣
味）p.45　　　　　　　　　　〔00217〕

詩 蟋蟀の悲み（音楽物語）未知夫
p.51　　　　　　　　　　　　〔00218〕

詩 ハンデル伝（音楽物語）光成信男
p.53　　　　　　　　　　　　〔00219〕

詩 函嶺雑感（2）泉源三郎 p.62　　〔00220〕

10巻6号（1923年6月発行）

支那に於ける日貨排斥の歌（楽譜）
巻頭　　　　　　　　　　　　〔00221〕

支那に於ける国恥紀念日の歌（楽譜）
巻頭　　　　　　　　　　　　〔00222〕

日本教育蓄音機協会に寄す（楽説と学芸）鎌田
栄吉 p.2　　　　　　　　　　〔00223〕

蓄音機の教育上の利用に就いて（楽説と学芸）
赤司文部次官 p.3　　　　　　〔00224〕

英語教授と蓄音機（楽説と学芸）ハロルド・
イ・パーマ p.6　　　　　　　〔00225〕

The Teaching of English and the Gramophone
（楽説と学芸）Harold E. Palmer
p.10　　　　　　　　　　　　〔00226〕

コメデイ・フランセーズと国語レコード（楽説
と学芸）小松耕輔 p.12　　　〔00227〕

クライスレリアナ（楽説と学芸）エーテー
アー・ホフマン，須永克己 訳 p.18　〔00228〕

アルプスの谷々に響く牧者のエオドラ（音楽と
趣味）守田有秋 p.22　　　　〔00229〕

最新のヴァレンス蓄音機（音楽と趣味）秋葉純
一郎 p.25　　　　　　　　　〔00230〕

蓄音機の将来（音楽と趣味）p.27　　〔00231〕

支那旅行中の田辺尚雄氏より（音楽と趣味）
p.29　　　　　　　　　　　　〔00232〕

中国古代音楽之世界的価値（田辺尚雄氏の北京
大学に於ける講話）（音楽と趣味）
p.31　　　　　　　　　　　　〔00233〕

ハンスツク「音楽の美に就いて」の翻訳中止
に就いて（音楽と趣味）須永克己
p.39　　　　　　　　　　　　〔00234〕

文部省推薦レコード p.40　　　　　〔00235〕

グリユック伝（音楽物語）光成信男
p.57　　　　　　　　　　　　〔00236〕

大統領の紹介状紙屑となる（疲労を知らないク
ライスラー）（音楽物語）p.62　〔00237〕

10巻8号（1923年8月発行）

「何日醒」（1）（楽譜）夏頌来 作 巻頭　〔00238〕

所感（楽説と学芸）HT生 p.1　　〔00239〕

最近の高声電話の進歩と蓄音機の将来（楽説と
学芸）田中正平 p.2　　　　　〔00240〕

国語レコードの作製に就いて（楽説と学芸）佐
久間鼎 p.8　　　　　　　　　〔00241〕

クライスレリアナ（承前）（楽説と学芸）エー
テーアー・ホフマン，須永克己 訳
p.13　　　　　　　　　　　　〔00242〕

支那音楽研究旅行記（1）（音楽と趣味）田辺尚
雄 p.26　　　　　　　　　　〔00243〕

ヴァレンス蓄音機に就いて（音楽と趣味）田辺
尚雄 p.36　　　　　　　　　〔00244〕

漢詩 何日醒（音楽と趣味）p.39　　〔00245〕

レコード解説（民謡編）（音楽と趣味）NM生
p.41　　　　　　　　　　　　〔00246〕

詩 あたま 歌之助 p.51　　　　　　〔00247〕

グリユック伝（承前）（音楽物語）光成信男
p.53　　　　　　　　　　　　〔00248〕

春の林檎樹（音楽物語）イガール・セヴェリ
ヤーニン，光成信男 訳 p.62　〔00249〕

八月新音譜 巻末　　　　　　　　　〔00250〕

11巻10号（1924年10月発行）

音楽と蓄音機 山田耕作 p.2　　　　〔00251〕

言葉の音と蓄音機 安藤正次 p.3　　〔00252〕

蓄音機の増税を速かに撤廃すべし 小松耕輔
p.4　　　　　　　　　　　　〔00253〕

アメリカと蓄音機 本居長世氏談 p.5　〔00254〕

女流声楽家 p.7　　　　　　　　　〔00255〕

此世に初めて顕れた時の蓄音機の挿絵解説
p.8　　　　　　　　　　　　〔00256〕

本誌の再起続刊に際して 横田昇一
p.10　　　　　　　　　　　　〔00257〕

レコード文句集 田中義一 口述 p.13　〔00258〕

小説 長い旅 イエンセン 原作，光成信男 訳
p.16　　　　　　　　　　　　〔00259〕

11巻11号（1924年11月発行）

蓄音機の効果 山田耕作 p.2　　　　〔00260〕

〔00207～00260〕　　　　　　戦前期 レコード音楽雑誌記事索引　7

音楽と生活 ネストル p.3 〔00261〕
蓄音機は生活の必需品 牛山充 p.4 〔00262〕
蓄音機フアンの手記 野村長一 p.5 〔00263〕
児童の音楽鑑賞 斎田次郎 訳 p.6 〔00264〕
音楽の将来 高柳寿男 訳 p.8 〔00265〕
文部省推薦蓄音機レコード協議会 p.11 〔00266〕
工藤氏新発明のスプリングモーター蓄音機 p.12 〔00267〕
レコード名曲解説 中野三六 p.13 〔00268〕
蓄音機関税引上げに対する米国の輿論 p.14 〔00269〕
ビクターレコードとコロンビヤレコード新譜 p.15 〔00270〕
ヴエローナの婦人 アナトオル・フランス 作，一木広 訳 p.18 〔00271〕
長い旅 イエンセン 作，光成信男 訳 p.19 〔00272〕

12巻1号（1925年1月発行）

蓄音機の欠点（上） 山田耕作 p.2 〔00273〕
見る目聞く耳 安藤正次 p.2 〔00274〕
蓄音機の効用について 小尾範治 p.4 〔00275〕
東北地方の諸学校に標準レコードの採用をお勧めしたい 東條操 p.4 〔00276〕
教育上より見たる蓄音機 馬淵冷佑 p.5 〔00277〕
蓄音機は私の無二の親友 大宮弘 p.6 〔00278〕
家庭に於ける蓄音機の有効なる利用法 門馬直衛 p.7 〔00279〕
蓄音機の実際的価値について 寄稿家14名 p.9 〔00280〕
子供と音楽（2） 斎田次郎 訳 p.15 〔00281〕
ジンバリスト氏を訪ふ 高柳寿男 p.19 〔00282〕
何故に私はベートウベンの歌を唱ふか フレデリック・フリーマンテル，高柳寿男 訳 p.20 〔00283〕
米人の見たる日本音楽楽界の急激なる進歩（「ヴオイス・オブ・ビクター」より転訳） p.21 〔00284〕
旅から旅へ言葉は矢継早に変る 樋口生 p.23 〔00285〕
梅蘭芳の吹込を見る T・T生 p.24 〔00286〕
小品文（私の趣味音楽に就いて） p.28 〔00287〕
楽聖の少年時代 斎藤広三 訳 p.29 〔00288〕
長い旅（承前） イエンセン 作，光成信男 訳 p.30 〔00289〕

12巻2号（1925年2月発行）

国語の尊重 安藤正次 p.2 〔00290〕
語学と蓄音機 神保裕 p.3 〔00291〕
言語教育にレコードの応用 高峰博 p.5 〔00292〕
仮名遣改定案 p.7 〔00293〕
吉住小三郎師独吟レコード文句集 p.11 〔00294〕
吉住小三郎独吟レコードの批判と感想募集 p.12 〔00295〕
第三回文部省推薦レコード目録 p.15 〔00296〕
楽聖の少年時代―メンデルゾーン 斎藤広三 訳 p.19 〔00297〕
長い旅（4） イエンセン 作，光成信男 訳 p.20 〔00298〕
無電放送と蓄音機商の採るべき態度 井合誠治 p.22 〔00299〕

12巻3号（1925年3月発行）

仮名遣の改定について 安藤正次 p.2 〔00300〕
誠意は何物にも勝つ 勝田忠一 p.5 〔00301〕
仮名遣改定案 p.6 〔00302〕
伊勢音頭考 安藤正次 p.7 〔00303〕
吉住小三郎独吟レコードの批判と感想 副島八十六，勝玉子，芦田止水，H・H生，N・N生，吉田八郎，井上宗吉，TY生，伊奈草香，金田覚，工藤豊次郎，小林正雄，蔦谷蓄音器店，原田健次 p.9 〔00304〕
児童音楽とシユーマン シリル・スコット，光成信男 訳 p.15 〔00305〕
筆を弄ぶ 英四郎 p.19 〔00306〕
或る仲買人のロマンス オー・ヘンリー 作，斎藤広三 訳 p.20 〔00307〕
野原今朝平君に寄す 横田生 p.21 〔00308〕
野原蓄音機店主が一旗挙げるまで p.21 〔00309〕

12巻4号（1925年4月発行）

忠実な記録音 安藤正次 p.2 〔00310〕
優秀邦楽レコード 阿野建虎 p.3 〔00311〕
東蓄の新しき試み 守田有秋 p.4 〔00312〕
パーマ氏英語レコードの応用に就て 三宅武雄談 p.6 〔00313〕
伊勢音頭考（承前） 安藤正次 p.7 〔00314〕
四大会社のレコードについて 伊志橋比呂雄 p.9 〔00315〕
無線電話聴取器の種類 黒田修三 p.10 〔00316〕
詩歌の教育とビクター製作品 p.11 〔00317〕
蓄音機の実際的価値 常深千里 p.12 〔00318〕
蓄音機に関する特許（第六二〇八二号，第六二〇七四号） p.13 〔00319〕
母の画像 守田有秋 p.20 〔00320〕

12巻5号（1925年5月発行）

言霊雑話 安藤正次 p.2 〔00321〕

内容細目 「音楽と蓄音機」

フオノ叢話 阿野建虎 p.3 〔00322〕
「ラヂオ」冗話 渡部尚一 p.4 〔00323〕
童謡伴奏と私の苦心 岡本潔 p.5 〔00324〕
東京吹込所復活に付御挨拶 井合誠治
p.6 〔00325〕
伊勢音頭考（承前） 安藤正次 p.7 〔00326〕
児童音楽とシユーマン ジリル・スコツト
p.9 〔00327〕
蓄音機に関する特許（第六一四二四号, 第六一四
二三号）p.11 〔00328〕
心中立（創作）青木種子 p.18 〔00329〕
断たれた足（戯曲）隅田光一 p.22 〔00330〕
第四回文部省推薦認定蓄音機レコード目録及同
レコード会社別一覧 附録1 〔00331〕

12巻6号（1925年6月発行）
言葉に対する純真な愛 安藤正次 p.2 〔00332〕
或る日の夕食後 高峰博 p.3 〔00333〕
国語読本レコードと英語会話レコードに就て
三宅武雄 p.4 〔00334〕
フオノ叢話（2）阿野建虎 p.5 〔00335〕
ラジオ冗話 渡部尚一 p.6 〔00336〕
前帝蓄専務取締役井合誠治氏に呈する書 横田
昇一 p.7 〔00337〕
児童遊戯に就て 土川五郎 p.8 〔00338〕
レコードの原料と秘密 オー・ブリーン
p.10 〔00339〕
蓄音機に関する特許と実用新案（特第三三号,
特第三三六, 実用第九三二九）p.11 〔00340〕
万葉詩人の背景（序説）安藤正次
p.17 〔00341〕
その他応募歌—応募童謡サソの聖母寺院 守田
有秋 p.20 〔00342〕
工場劇「筬の音」三幕 葉子 p.21 〔00343〕

12巻7号（1925年7月発行）
五十音図と発音 安藤正次 p.2 〔00344〕
律動表情遊戯の歌曲 土川五郎 p.3 〔00345〕
蓄音界の現状とラヂオ 安井友三郎
p.5 〔00346〕
子供と音楽（3）光成信男 訳 p.7 〔00347〕
内規違反に直面して組合の魔窟調査部の改造を
痛感す 白石正己 p.8 〔00348〕
日蓄川崎工場の争議激文 p.9 〔00349〕
「ラヂオの放送と左楽事件」とに就ての書簡 森
下辰之助, 横田昇一 p.10 〔00350〕
第五回文部省推薦認定蓄音機レコード
p.11 〔00351〕
樹木の神秘（1）—万葉詩人の背景 安藤正次
p.16 〔00352〕
「蚕」（創作）大谷藤子 p.20 〔00353〕

12巻9号（1925年9月発行）
子供の言語生活から 安藤正次 p.2 〔00354〕
フオノ叢話（承前）阿野建虎 p.4 〔00355〕
Radio and is effect on the I honograph Industry
G.Binder p.6 〔00356〕
訳文「蓄音機工業に対するラヂオの影響」に就
て ジー・ビンダー p.7 〔00357〕
律動運動「御国の誉」土川五郎 振付
p.8 〔00358〕
楽譜「律動運動—御国の誉」p.9 〔00359〕
仏国洋琴家アンリーヂルマルシエックス
p.10 〔00360〕
樹木の神秘（2）—万葉詩人の背景 安藤正次
p.13 〔00361〕
（創作）彼等の生活（1）大谷藤子
p.15 〔00362〕
第六回文部省推薦認定蓄音機レコード目録
p.17 〔00363〕
寄書「ラヂオより蓄音器レコード」写調問題 和
田龍雄 p.20 〔00364〕
読者から「松村武重君足下」外一文
p.21 〔00365〕

12巻10号（1925年10月発行）
漢語整理の事ども 安藤正次 p.2 〔00366〕
自然のシムホニー（1）—虫に就て 福田蘭童
p.5 〔00367〕
筆を弄ぶ 亀尾英四郎 p.7 〔00368〕
樹木の神秘（3）—万葉の背景 安藤正次
p.8 〔00369〕
楽聖一夕話（ベートベンの面影）海原静香
p.11 〔00370〕
彼等の生活（その2）大谷藤子 p.12 〔00371〕

12巻11号（1925年11月発行）
文字と言語との関係の一面 安藤正次
p.2 〔00372〕
ラヂオと蓄音機 石川義一 p.4 〔00373〕
自然のシムホニー（2）（小鳥に就て）福田蘭童
p.5 〔00374〕
鴨緑江節の音楽的考察 石川義一 p.8 〔00375〕
二人の友 楓葉 p.10 〔00376〕
学校に於ける蓄音機に就て 須永克己 訳
p.12 〔00377〕
小学校と音楽 海原静香 訳 p.13 〔00378〕

13巻1号（1926年1月発行）
大正十五年を迎ふるに就て 石川義一
p.2 〔00379〕
国語と国家, 国民との関係（国語国字問題に関し
て社会の反省を促す）安藤正次 p.4 〔00380〕
伸び行く子供の為のレコード 高峰博
p.6 〔00381〕

「音楽と蓄音機」　　　　　　　　内容細目

日本音楽と西洋音楽　石川義一　p.8　　〔00382〕
歌の披講に就て　大原重明　p.9　　〔00383〕
自然のシムホニー（3）福田蘭童　p.12　〔00384〕
大正十五年を迎へて　松村武重　p.14　〔00385〕
第七回文部省推薦認定蓄音機レコード目録
　p.18　　〔00386〕
質問解答（第1回）須永克己　p.21　〔00387〕
演奏に立つまで（日記）石川義一
　p.24　　〔00388〕
ある家庭教師（創作）大谷藤子　p.25　〔00389〕

13巻2号（1926年2月発行）

拡声機完成の音楽に及ぼす影響　田中正平　談
　p.2　　〔00390〕
我が国音楽界の現況と傾向（上）石川義一
　p.4　　〔00391〕
レコードを以て例示する「概観西洋音楽史講
座」（其1）須永克己　述　p.6　〔00392〕
HYMNE A APOLLON（楽譜）p.8　〔00393〕
冬（短歌）（楽譜）横田葉子　作歌，石川義一　作
曲　p.10　　〔00394〕
土の中から土が出る（童謡）（楽譜）関唯瞳　作
曲，歌詩作者不明，石川義一　伴奏曲
　p.12　　〔00395〕
ピアニストになるには　石川義一　p.13　〔00396〕
読者質問解答（2）須永克己　p.14　〔00397〕
音楽講談　小督の局　津久土庵露秋　演
　p.18　　〔00398〕

13巻3号（1926年3月発行）

大衆音楽　石川義一　p.2　　〔00399〕
在米中の阿野建虎氏より　p.3　　〔00400〕
滞欧漫談　森鷹三氏　談　p.4　　〔00401〕
我国の西洋音楽の現況と其傾向（下）石川義一
　p.6　　〔00402〕
現代和声楽講義（1）（楽譜入）石川義一
　p.7　　〔00403〕
本誌の誌型改善に就て　横田生　p.9　〔00404〕
第八回文部省推薦認定蓄音機レコード目録
　p.10　　〔00405〕
音楽講談　米東勉（ベートーベン）石川義一　校
閲，楽乃家歌子　演　p.13　〔00406〕
音楽講談　足柄山　津久土庵露秋　演
　p.16　　〔00407〕

13巻4号（1926年4月発行）

語学を助ける蓄音機　小林愛雄　p.2　〔00408〕
音楽の大衆化　石川義一　p.3　　〔00409〕
音楽教授上の新生面（独逸新聞より訳載）一記
者　p.4　　〔00410〕
オーケストラに用ひられる楽器　海原静香　訳
　p.5　　〔00411〕

質問解答（第3回）須永克己　p.7　〔00412〕
謹告「本誌の誌型改善に就て」p.9　〔00413〕
音楽講談　米東勉（その2）石川義一　校閲，楽乃
家歌子　演　p.11　　〔00414〕

13巻5号（1926年5月発行）

日影（楽譜）長岡とみ子　作歌，石川義一　作曲
巻頭　　〔00415〕
雨（応募曲）（楽譜）成川ふた葉　作歌，朝野幹
作曲，石川義一　伴奏　巻頭　〔00416〕
能率増進に蓄音器レコードの応用　高峰博
　p.2　　〔00417〕
再び音楽の大衆化に就て　石川義一
　p.6　　〔00418〕
現代和声楽講義（その2）石川義一
　p.9　　〔00419〕
音楽論義（其1）橋田光　p.14　〔00420〕
改革されたハーモニカ音楽　菊田辰三
　p.17　　〔00421〕
音楽金言集（5）p.19　　〔00422〕
ヴェルデイの逸話　須永克己　p.22　〔00423〕
短歌「中野の春」中島花楠　p.26　〔00424〕
石川義一氏作品発表演奏会　p.27　〔00425〕
第九回文部省推薦認定蓄音機レコード目録
　p.39　　〔00426〕
オルソフニック，ビクトローラに就て
　p.41　　〔00427〕
音楽講談　大楽聖　米東勉（その3）石川義一　校
閲，楽乃家歌子　演　p.47　〔00428〕
音楽講談　威陽宮　津久土庵露秋　演
　p.58　　〔00429〕

13巻6号（1926年6月発行）

応募作曲「緑の小島」（楽譜）池野みち春　作謡，
山内盛彬　作曲，石川義一　伴奏　巻頭　〔00430〕
楽界の争闘から音楽の大衆化へ　石川義一
　p.2　　〔00431〕
音楽論義（其2）橋田光　p.5　〔00432〕
現代和声楽講義（3）石川義一　p.9　〔00433〕
子供にわかるヴキクトロラの聴き方（1）ヴキク
ター蓄音機会社教育部編，音楽と蓄音機社編
輯部　訳　p.15　　〔00434〕
竹本小仙女史並にフワン諸氏に謹謝す　森下辰
之助　p.18　　〔00435〕
郷心（短歌）横田葉子　p.21　〔00436〕
石川義一氏作品発表演奏会　p.22　〔00437〕
音楽無駄話　武蔵坊　p.26　〔00438〕
六月新譜文句　p.27　　〔00439〕
我日本純国産にして全世界の蓄音機界に誇るべ
き新発明品日東廿五分レコード出現
　p.33　　〔00440〕
音楽講談　大楽聖　米東勉（其4）石川義一　校閲，
楽乃家歌子　演　p.41　〔00441〕

音楽金言集（6）p.52　〔00442〕

音楽漫筆 音楽会へ行く 沢村里社
p.53　〔00443〕

13巻7号（1926年7月発行）

ふぐ ふぐ ふぐさん（楽譜）渡辺やす 作謡, 関
唯瞳 作曲, 石川義一 伴奏 巻頭　〔00444〕

輪舞おどり（楽譜）芳香睦美 作謡, 中野圭裕 作
曲, 石川義一 伴奏 巻頭　〔00445〕

オルソフオニーニツク・ビクトロラを聴く 須
永克己 p.2　〔00446〕

好楽家諸君へ 石川義一 p.4　〔00447〕

音楽論叢（其3）橋田光 p.7　〔00448〕

旅居（短歌）長岡とみ子 p.10　〔00449〕

現代和声楽講義（4）石川義一 p.11　〔00450〕

第九回文部省認定レコード目録 p.18　〔00451〕

子供にわかるヴヰクトロラの聴き方（2）ヴヰク
ター蓄音機会社教育部 編, 音楽と蓄音機社編
輯部 訳 p.19　〔00452〕

七月蓄音機新譜文句 p.27　〔00453〕

音楽講談 大楽聖 米東勉（其5）石川義一 校閲,
楽乃家歌子 演 p.41　〔00454〕

音楽金言集（7）p.52　〔00455〕

音楽漫筆 音楽会へ行く（続き）沢村里社
p.53　〔00456〕

13巻8号（1926年8月発行）

新しい語学レコードに就て 小林愛雄
p.2　〔00457〕

フオノ叢話 常楽生 p.4　〔00458〕

「音楽と蓄音機」文部省推薦認定レコード号発
刊旨趣 p.6　〔00459〕

芥子の花（童謡）森下笹吉 p.8　〔00460〕

作曲するには 石川義一 p.9　〔00461〕

佐渡の獅子鬼太鼓考 羽田清次 p.11　〔00462〕

文部省第十回推薦認定レコード p.17　〔00463〕

子供にわかるヴヰクトロラの聴き方（3）ヴヰク
ター蓄音機会社教育部 編, 音楽と蓄音機社編
輯部 訳 p.21　〔00464〕

読者質問解答 須永克己 p.25　〔00465〕

蟻洞襲名義太夫大会 p.28　〔00466〕

八月レコード文句 p.29　〔00467〕

応募短歌 横田葉子 選 p.35　〔00468〕

音楽金言集（8）p.36　〔00469〕

音楽講談 大楽聖 米東勉（其6）石川義一 校閲,
楽乃家歌子 演 p.37　〔00470〕

漫筆 町の生活と緑色の封筒 大谷藤子
p.47　〔00471〕

13巻10号（1926年10月発行）

発刊之辞 p.1　〔00472〕

教育上より見たる蓄音機 関屋龍吉
p.2　〔00473〕

蓄音機の改善及利用 小尾範治 p.4　〔00474〕

蓄音機レコード推薦に関する趣旨（大正十二年
一月十日文部省発表）p.5　〔00475〕

蓄音機音譜推薦要項 p.6　〔00476〕

文部省レコード推薦事業の生ひ立ちに就て 田
辺尚雄 p.7　〔00477〕

所感 乗杉嘉寿 p.12　〔00478〕

レコード推薦事業に就て 米山正 p.14　〔00479〕

レコード推薦事業の理想と実際 須永克己
p.17　〔00480〕

言語の文化と民謡の芸術 菅原教造
p.26　〔00481〕

レコード推薦事業に就て 松村武重
p.32　〔00482〕

レコード推薦事業に就て 勝田忠一
p.33　〔00483〕

希望ひとつ 三宅武郎 p.34　〔00484〕

作者の発表と目的別に一考を望む 葛原しげる
p.35　〔00485〕

感想 森垣二郎 p.37　〔00486〕

蓄音機の教化的価値 山川盛一 p.38　〔00487〕

文部省推薦認定レコード総目録 p.41　〔00488〕

蓄音機と現実知覚の問題 斎田二郎 訳
p.91　〔00489〕

子供にわかるヴヰクトロラの聴き方（4）米国ヴ
ヰクター蓄音機会社教育部 著, 日本音楽と蓄
音機社 訳 p.96　〔00490〕

応募短歌 p.105　〔00491〕

音楽金言集（9）p.106　〔00492〕

音楽講談 大楽聖 米東勉（その7）石川義一 校
閲, 楽乃家歌子 演 p.107　〔00493〕

音楽講談 威加宮（下）津久土庵露秋 演
p.116　〔00494〕

応募童詩童謡 p.122　〔00495〕

13巻11号（1926年11月発行）

ポンポン鳥（楽譜）加藤忠七 曲, 大橋恂 謡, 石
川義一 伴奏 巻頭　〔00496〕

メドリー氏のパイオニヤレコードの出現に就て
吉岡源一郎 p.2　〔00497〕

私の蓄音機界に対する希望 松本常三郎
p.3　〔00498〕

文部省レコード推薦事業に就て 加藤源之助
p.4　〔00499〕

フオノ叢話 音楽生 p.6　〔00500〕

水葵と藻（短歌）細野春翠 p.9　〔00501〕

応募作曲短評 選者 p.10　〔00502〕

現代和声楽講義（5）石川義一 p.11　〔00503〕

「文部省推薦認定蓄音機レコード自第一回至第
十二回総目録」目次 p.16　〔00504〕

「音楽と蓄音機」　　　　内容細目

各印十一新譜曲種別表 p.17　　　　〔00505〕

小供にわかるヴキクトロラの聴き方 (5)　ヴキクター蓄音機会社教育部 編，音楽と蓄音機社 編輯部 訳 p.24　　　　〔00506〕

フアンの言葉 海原静香 p.30　　　　〔00507〕

音楽金言集 (10) p.33　　　　〔00508〕

タローデル大使の吹込 日東吹込所員 p.34　　　　〔00509〕

音曲ニュース p.35　　　　〔00510〕

応募短歌 p.38　　　　〔00511〕

応募童詩童謡 p.39　　　　〔00512〕

音曲俳壇 海原静香 選 p.40　　　　〔00513〕

音楽講談 大楽聖 米東勉 (その8)　石川義一 校閲，楽乃家歌子 演 p.41　　　〔00514〕

音楽講談 野田城の笛声 津久土庵露秋 演 p.49　　　　〔00515〕

和楽物語 逢坂山の月 (琵琶の巻)　木下はま子 p.55　　　　〔00516〕

13巻12号（1926年12月発行）

民謡の神聖化と人格化 田辺誉三郎 p.2　　　　〔00517〕

年末の感想 石川義一 p.5　　　　〔00518〕

子供にわかるヴキクトロラの聴き方 (5)　米国ヴキクター蓄音機会社教育部 著，日本音楽と蓄音機社 訳 p.7　　　〔00519〕

米とぐ拍子と民謡 石川義一 p.13　　　〔00520〕

応募作曲短評 選者 p.15　　　　〔00521〕

各社十二月曲種新譜目録 p.16　　　〔00522〕

彙報 p.24　　　　〔00523〕

応募短歌 横田葉子 選 p.26　　　〔00524〕

応募詩と童謡 編輯室 選 p.27　　　〔00525〕

読者から p.28　　　　〔00526〕

音楽講談 一笛の城主 (尺八) 津久土庵露秋 演 p.29　　　　〔00527〕

月刊雑誌音楽と蓄音機 自大十三巻第一号至大十三巻第十二号総目次 p.36　　　〔00528〕

14巻1号（1927年1月発行）

新年所感 石川義一 p.2　　　　〔00529〕

フオノ叢話 愛音生 p.4　　　　〔00530〕

新日本音楽論 福田幸彦 p.5　　　　〔00531〕

子供にわかるヴキクトロラの聴き方 (6)　米国ヴキクター蓄音機会社教育部 著，日本音楽と蓄音機社 訳 p.8　　　〔00532〕

読者賀問問答 (6) 須永克己 p.13　　　〔00533〕

女流声楽家評判記 境たけの p.17　　　〔00534〕

新音楽の樹立 伊藤豊太 p.25　　　〔00535〕

折にふれて 沖野岩三郎 p.27　　　〔00536〕

燈下茶話 (1) 岡麓 p.28　　　　〔00537〕

第十二回文部省推薦認定レコード目録 (大正十五年十二月文部省社会教育課発表) p.30　　　　〔00538〕

アントン・ルビンシユタインの言葉 p.35　　　　〔00539〕

音曲ニュース p.36　　　　〔00540〕

応募短歌 p.38　　　　〔00541〕

応募童詩童謡 p.39　　　　〔00542〕

音曲俳壇 p.40　　　　〔00543〕

音楽講談 米東勉 (その9) シレジア旅行 石川義一 校閲，楽乃家歌子 演 p.41　　　〔00544〕

音楽講談 ワグネル (1) 出生当時の欧洲 当時の音楽界の有様 石川義一 校閲，楽乃家歌子 演 p.49　　　　〔00545〕

音楽講談 浄海と仏御前 津久土庵露秋 演 p.54　　　　〔00546〕

和楽物語 羅生門の絃声 (1) 琵琶の巻 (その2)　木下はま子 p.59　　　〔00547〕

音楽漫筆 ヴエトヴエンと俺 (1)　緑水 p.62　　　　〔00548〕

14巻4号（1927年4月発行）

新日本音楽 石川義一 p.2　　　〔00549〕

日本の音楽と歌謡 レイモン・プテイ p.4　　　　〔00550〕

電話に関する研究を応用した最高級蓄音機の製作法 (1) 斎田次郎 訳 p.6　　　〔00551〕

子供にわかるヴキクトロラの聴き方 (7)　編輯局 訳 p.13　　　〔00552〕

現代和声楽講義 (7・完) 石川義一 p.18　　　　〔00553〕

日本民謡の作曲 関屋女史の創作 藤野行雄 p.22　　　　〔00554〕

声楽家永井郁子女史を訪ふ まき葉 p.24　　　　〔00555〕

短歌童謡 横田葉子 選 p.26　　　〔00556〕

音曲俳壇 海原静香 選 p.30　　　〔00557〕

音楽講談 米東勉 (10) 石川義一 校閲，楽乃家歌子 演 p.31　　　〔00558〕

音楽講談 ワグネル (2) 石川義一 校閲，楽乃家歌子 演 p.37　　　〔00559〕

音楽講談 浄海と仏御前 (2) 津久戸庵露秋 演 p.45　　　　〔00560〕

和楽物語 朱雀門の鬼笛 佐藤晃子 p.51　　　　〔00561〕

音楽漫筆 ベエトウベンと俺 (2)　緑水 p.55　　　　〔00562〕

広告講演初放送「広告万能時代」 小西民治 p.66　　　　〔00563〕

The Talking Machine Worldの二十週年祝賀記念に就て p.71　　　〔00564〕

当面の人 (1) 野原今朝平氏 虚無僧 p.79　　　　〔00565〕

14巻5号（1927年5月発行）

小松耕輔氏著「現代仏蘭西音楽」を紹介す 須永
克己 p.2 〔00566〕

電話に関する研究を応用した最高級蓄音機の製
作法（2）斎田次郎 訳 p.7 〔00567〕

子供にわかるヴクトロラの聴き方（8）編輯部
訳 p.10 〔00568〕

管絃楽総譜の読方（1）一記者 p.16 〔00569〕

朝鮮の民謡を尋ねて（1）石川義一
p.20 〔00570〕

杵屋佐吉氏の欧洲音楽旅行談 記者
p.26 〔00571〕

浅草の俗音楽 松本響一 p.32 〔00572〕

短歌 横田葉子 選 p.35 〔00573〕

童謡 p.36 〔00574〕

音楽講談 米東勉（その11）石川義一 校閲，楽乃
家歌子 演 p.37 〔00575〕

音楽講談 浄海と仏御前（3）津久戸庵露秋 演
p.43 〔00576〕

短篇 それから後 大谷藤子 p.48 〔00577〕

蓄音機とラヂオ p.60 〔00578〕

エヂソン翁八十八歳の誕生日 p.61 〔00579〕

第十三回文部省推薦認定レコード
p.63 〔00580〕

当面の人（2）「全国蓄音器商組合長東京蓄音機商
組合長野原今朝平氏に」寄す書（1）虚無僧
p.75 〔00581〕

14巻6号（1927年9月発行）

蓄音機界我観 横田昇一 p.2 〔00582〕

電話に関する研究を応用した最高級蓄音機の製
作法（3）斎田二郎 訳 p.10 〔00583〕

子供にわかるヴキクトロラの聴き方（9）編輯部
訳 p.14 〔00584〕

朝鮮の民謡を尋ねて（2）石川義一
p.19 〔00585〕

短歌童謡音曲俳壇 p.22 〔00586〕

音楽講談 米東勉（その12）石川義一 校閲，楽乃
家歌子 演 p.25 〔00587〕

読者論壇―読者から p.31 〔00588〕

小山作之助氏急逝 記者 p.34 〔00589〕

故小山作之助氏を憶ふ 天野千代丸
p.34 〔00590〕

日蓄争議問題と産業道徳 虚無僧 p.35 〔00591〕

祝詞 井草力南 p.36 〔00592〕

第十四回文部省推薦認定レコード目録―文部省
社会教育課発表 p.42 〔00593〕

当面の人（3）「東京蓄音器商組長全国蓄音器商組
合連合会長野原今朝平氏に」寄する書（下）
虚無僧 p.46 〔00594〕

「ザ・グラモヒル」「ディスク」

ザ・グラモヒル社→ディスク社→ディスク新社

「ザ・グラモヒル」 1巻1号（1930年2月発行）

レコードの選び方(1)―新に斯道に入る人の為に あらえびす p.3 〔00595〕

レコード思ひ出話 ジョウジ・W.オーマン，J・S 訳 p.7 〔00596〕

漫言 森潤三郎 p.11 〔00597〕

掘出し物の話―グリークのノルウエーの結婚行進曲 S・A生 p.15 〔00598〕

海外断片 森潤三郎 p.16 〔00599〕

メヌーヒンのヴイオリン 古都園久朗 p.18 〔00600〕

欧米業界ゴシップ p.19 〔00601〕

1巻4号（1930年5月発行）

レコードの選び方(4)―新に斯道に入る人の為にヴァイオリン(4) あらえびす p.94 〔00602〕

ジヤック・テイボーを続けて 多晃 p.98 〔00603〕

グラモヒル座談会(1) あらえびす，森潤三郎，中村善吉，西条卓夫，藤田不二 p.102 〔00604〕

ノートの頁 NKM p.105 〔00605〕

漫言 森潤三郎 p.110 〔00606〕

レコード・コンサート―セザール・フランクとベートウフエンの夕べ（グラモヒル催物） p.115 〔00607〕

エムミイ・デステインの死(1) 藤田不二 p.116 〔00608〕

6月各社便り p.116 〔00609〕

ジヤズ漫談(3) 高木久 p.122 〔00610〕

詩と歌とフランス 野々村恒夫 p.123 〔00611〕

ヒズマスターズ・ボイス予約募集（グラモヒル催物） p.124 〔00612〕

5月各社新譜批評欄 p.125 〔00613〕

1巻5号（1930年6月発行）

レコードの選び方(5)―新に斯道に入る人の為にヴァイオリン(5) あらえびす p.140 〔00614〕

カルナヴアル N・K・M p.144 〔00615〕

グラモヒル座談会(2) あらえびす，森潤三郎，中村善吉，西条卓夫，藤田不二 p.148 〔00616〕

テイボー余韻 多晃 p.153 〔00617〕

漫言 森潤三郎 p.156 〔00618〕

ノートの頁 NKM p.158 〔00619〕

各社新譜批評欄 p.161 〔00620〕

エムミイ・デステインの死(2) 藤田不二 p.165 〔00621〕

ジヤズ漫談(4) 高木久 p.165 〔00622〕

L'ENFANT PRODIGUE 野々村恒夫 p.168 〔00623〕

現代仏蘭西レコード小観 三浦潤 p.170 〔00624〕

理想的な電気蓄音器の製作に就て(1) 青木周三 p.173 〔00625〕

〔7〕月各社便り p.176 〔00626〕

読者便り p.178 〔00627〕

1巻6号（1930年7月発行）

レコードの選び方(6)―新に斯道に入る人の為にヴァイオリン(6) あらえびす p.190 〔00628〕

蒼穹撈月 多晃 p.199 〔00629〕

シユーベルトのリード(1) J・S p.201 〔00630〕

グラモヒル座談会(3) あらえびす，森潤三郎，中村善吉，西条卓夫，藤田不二 p.204 〔00631〕

ノートの頁 N・K・M p.207 〔00632〕

七月各社新譜批評欄 p.214 〔00633〕

古いレコード MKN p.218 〔00634〕

珍重さるべきレコード(3) 藤田不二 p.222 〔00635〕

現代仏蘭西レコード小観(2) 三浦潤 p.224 〔00636〕

理想的な電気蓄音器の製作に就いて 青木周三 p.226 〔00637〕

八月各社便り p.230 〔00638〕

第二回レコード・コンサートの感想 玫瑰風 p.232 〔00639〕

1巻7号（1930年8月発行）

理想的な電気蓄音器の製作に就いて(3) 青木周三 p.78 〔00640〕

レコードの選び方(7)―新に斯道に入る人の為にピアノ(1) あらえびす p.244 〔00641〕

シユベルトのリード(2) J・S p.248 〔00642〕

グラモヒル座談会(完) あらえびす，森潤三郎，中村善吉，西条卓夫，藤田不二 p.252 〔00643〕

夏期レコードの保存法 p.255 〔00644〕

スーベニール漫語 オヌマロフ p.256 〔00645〕

Zephyr NKM p.260 〔00646〕

ダンス・レコードに就て（1）森潤三郎
p.265 〔00647〕

ノートの頁 NKM p.268 〔00648〕

八月各社新譜批評欄 p.272 〔00649〕

現代仏蘭西レコード小観（完）三浦潤
p.276 〔00650〕

九月各社便り p.282 〔00651〕

日本レコード大学に就いて 陽一
p.284 〔00652〕

会報 p.286 〔00653〕

「ディスク」 2巻1号（1930年9月発行）

レコードの選び方（8）―新に斯道に入る人の為
に ピアノ（2）あらえびす p.8 〔00654〕

PRAELUDIUM 久礼伝三 p.14 〔00655〕

FLONZALEY QUARTET C.E.BELL
p.21 〔00656〕

ALMA GLUCK J・O・E p.26 〔00657〕

ノートの頁 N・K・M p.30 〔00658〕

九月レコードの批評 位鈴，烏頭魔気
p.35 〔00659〕

十月各社便り p.44 〔00660〕

スキイツチョ漫語 オヌマロフ p.49 〔00661〕

ダンス・レコードに就いて（2）森潤三郎
p.52 〔00662〕

エリック・サテイーのレコード 三浦潤
p.58 〔00663〕

本誌主催第三回レコード・コンサート予告
p.63 〔00664〕

初歩の頁 江馬刈平 p.64 〔00665〕

理想的な電気蓄音器の製作に就て 青木周三
p.66 〔00666〕

読者欄―或る反駁 S・Y p.70 〔00667〕

2巻2号（1930年10月発行）

レコードの選び方（9）―新に斯道に入る人の為
に ピアノ（2）あらえびす p.88 〔00668〕

変奏曲のレコード 小林藤夫 p.94 〔00669〕

十六ミリ管絃楽演奏会―管絃楽レコードの聴き
方 脇順二 p.98 〔00670〕

チヤイコフスキー・ヴアイオリン・コンチエル
トに於けるエルマンとフーベルマン R・F生
p.104 〔00671〕

ノートの頁 N・K・M p.108 〔00672〕

十月レコードの批評 位鈴，烏頭魔気
p.115 〔00673〕

十一月各社便り N・K・M p.125 〔00674〕

漫言―終編 森潤三郎 p.131 〔00675〕

ハトポツポ 些駄夫 p.134 〔00676〕

IDLE TALKS about the DANCE RECORD
村岡貞 p.138 〔00677〕

初歩の頁 江馬刈平 p.142 〔00678〕

ディスク論壇 読者 p.144 〔00679〕

本誌主催第三回レコード・コンサート解説 N・
K・M p.148 〔00680〕

2巻3号（1930年11月発行）

レコードの選び方（10）―新に斯道に入る人の
為に ピアノ（3）あらえびす p.170 〔00681〕

盤話窮題 鍾詰定食考 久礼伝三 p.176 〔00682〕

シユーベルトのリード（完）J・S
p.185 〔00683〕

ノートの頁 N・K・M p.188 〔00684〕

十一月レコードの批評 位鈴，不知評者
p.196 〔00685〕

十二月各社便り N・K・M p.205 〔00686〕

バイスキイ・バイ漫語 オヌマロフ
p.212 〔00687〕

パブロ・カサールス 藤田不二 訳
p.216 〔00688〕

IDLE TALKS about the DANCE RECORD
村岡貞 p.220 〔00689〕

セザール・フランク礼讃 高木久
p.224 〔00690〕

理想的な電気蓄音器の製作に就て 青木周三
p.225 〔00691〕

俗曲夜話―老の繰言 清隠居士 p.231 〔00692〕

2巻4号（1930年12月発行）

レコードの選び方（11）―新に斯道に入る人の
為に ピアノ（4）あらえびす p.250 〔00693〕

レコードに現れたヴアイオリニストと其の演奏
曲目（1）S生 p.256 〔00694〕

マダム・ストラデヴアリウス 藤田不二
p.258 〔00695〕

ノートの頁 S・S・生 p.262 〔00696〕

十二月レコードの批評 藤田不二，ひさす
p.270 〔00697〕

一九三一年一月の各社レコード T・L・P
p.278 〔00698〕

一九三〇年に於ける各社自慢のレコードは何？
各社より p.287 〔00699〕

フアンの見たる本年度各社優秀レコード―一九
三〇年のレコード界を顧みて T・K・J
p.294 〔00700〕

フアンの見たる本年度各社優秀レコード―
ADIEU！1930 倉伊四郎 p.302 〔00701〕

理想的な電気蓄音器の製作に就いて 青木周三
p.307 〔00702〕

ディスク論壇 読者 p.310 〔00703〕

3巻1号（1931年1月発行）

救はれし人々 久礼伝三 p.8 〔00704〕

「ディスク」　　　　　　　　　　　内容細目

維納フイルハーモニック・オーケストラ T・
L・P p.12　　　　　　　　　　　〔00705〕

レコードに現れたヴァイオリニストと其の演奏
曲目（2）S生 p.14　　　　　　　　〔00706〕

合唱レコード 神保環一郎 p.22　　　　〔00707〕

クララ・バツト あ・ら・りすと p.26　〔00708〕

トロメライ漫筆 大沼魯夫 p.28　　　　〔00709〕

リカルドオ・ヴイニエスとそのレコード（南欧
の音楽家を語る）三浦潤 p.32　　　　〔00710〕

歌詞と歌曲（1）野々村恒夫 p.45　　　〔00711〕

ノートの頁 S・S p.48　　　　　　　〔00712〕

一九三一年一月レコードの批評 SKS・CLA
p.52　　　　　　　　　　　　　　　〔00713〕

二月の各社レコード T・L・P p.63　　〔00714〕

理想的な電気蓄音器の製作に就いて 青木周三
p.69　　　　　　　　　　　　　　　〔00715〕

東都蓄音機店を覗く p.72　　　　　　〔00716〕

デイスク論壇 読者 p.75　　　　　　　〔00717〕

3巻2号（1931年2月発行）

レコードの選び方（12）一新に斯道に入る人の
為に ピアノ（5）あらえびす p.89　　〔00718〕

三降より 久礼伝三 p.95　　　　　　　〔00719〕

一九三〇年に於ける感銘深きレコード
p.98　　　　　　　　　　　　　　　〔00720〕

レコードに現れたヴァイオリニストと其の演奏
曲目（3）S生 p.114　　　　　　　　〔00721〕

ノートの頁 SS生 p.120　　　　　　　〔00722〕

二月レコードの批評 烏頭魔気 p.132　　〔00723〕

三月の各社レコード p.141　　　　　　〔00724〕

二月のダンスレコード評 p.147　　　　〔00725〕

質問欄 p.148　　　　　　　　　　　　〔00726〕

スプリングモーター（1）TY生 p.152　〔00727〕

理想的な電気蓄音機の製作に就いて 青木周三
p.154　　　　　　　　　　　　　　　〔00728〕

デイスク論壇 TKG p.158　　　　　　〔00729〕

3巻3号（1931年3月発行）

レコードの選び方（13）一新に斯道に入る人の
為に ピアノ（6）あらえびす p.168　　〔00730〕

新版クロイツエル噂の寄せ書き 同人
p.174　　　　　　　　　　　　　　　〔00731〕

ディスク座談会 同人 p.179　　　　　〔00732〕

ノートの頁 SS p.197　　　　　　　　〔00733〕

ペレアスとメリサンドを聴く 位鈴
p.208　　　　　　　　　　　　　　　〔00734〕

三月レコードの批評 同人 p.211　　　〔00735〕

三月のダンスレコード評 TKG p.220　〔00736〕

四月の各社レコード TLP p.222　　　〔00737〕

質問欄 p.230　　　　　　　　　　　　〔00738〕

Sonata in G Major 些駄男 p.232　　〔00739〕

理想的な電気蓄音機の製作に就いて 青木周三
p.236　　　　　　　　　　　　　　　〔00740〕

3巻4号（1931年4月発行）

蒐集の首途に一セロ編一カサルスは何を選ぶ?
あらえびす p.248　　　　　　　　　〔00741〕

GRAND FUGUE op133 久礼伝三
p.254　　　　　　　　　　　　　　　〔00742〕

バツハのヴアイオリン・ソナータ（1）瀧善郎
p.260　　　　　　　　　　　　　　　〔00743〕

ノートの頁（海外ニュース）S・S
p.265　　　　　　　　　　　　　　　〔00744〕

四月レコードの批評 烏頭魔気 p.270　　〔00745〕

四月ダンスレコード評 T・K・G
p.278　　　　　　　　　　　　　　　〔00746〕

五月のレコード T・L・P p.284　　　〔00747〕

質問欄 p.292　　　　　　　　　　　　〔00748〕

レコードから観たアルチユール・オネツガア
（1）三浦潤 p.296　　　　　　　　　〔00749〕

海外通信一シアリアピンのボリスゴドノフを聴
く 加藤鋭伍 p.300　　　　　　　　〔00750〕

レコードに現れたヴァイオリニストと其の演
奏曲目（4）S生 p.303　　　　　　　〔00751〕

理想的な電気蓄音器の製作に就いて 青木周三
p.308　　　　　　　　　　　　　　　〔00752〕

デイスクの論壇（空廻りする,たあんてゐぶる）
町田一弥 p.310　　　　　　　　　　〔00753〕

3巻5号（1931年5月発行）

モツアルト其の他 江馬苅辺 p.326　　〔00754〕

バツカウス漫抄 久礼伝三 p.330　　　〔00755〕

バツハのヴアイオリン・ソナータ（2）瀧善郎
p.332　　　　　　　　　　　　　　　〔00756〕

シゲツテイを迎えるに際して 藤田不二
p.339　　　　　　　　　　　　　　　〔00757〕

レコードから観たアルチユールオネツガア（2）
三浦潤 p.340　　　　　　　　　　　〔00758〕

ノートの頁（海外新譜紹介）S・S
p.346　　　　　　　　　　　　　　　〔00759〕

五月レコード評 烏頭魔鬼 p.350　　　〔00760〕

五月のダンスレコード T・K・G
p.361　　　　　　　　　　　　　　　〔00761〕

六月のレコード紹介 倉伊四郎 p.363　〔00762〕

試聴室（レコード音楽を喰べた話）久礼伝三
p.366　　　　　　　　　　　　　　　〔00763〕

リリイ・ポン夫人のレコード 藤田不二
p.370　　　　　　　　　　　　　　　〔00764〕

レコードに現はれたヴァイオリニストとその演
奏曲目（5）S生 p.372　　　　　　　〔00765〕

理想的な電気蓄音器の製作に就いて 青木周三
p.376　　　　　　　　　　　　　　　〔00766〕

フオノグラフ誌上に紹介されたデイスク誌
p.381　　　　　　　　　　　　　　　〔00767〕

内容細目 　　　　　　　　　　　　　　　　　「ディスク」

ドビュッシイのソナータ 森潤三郎
p.382 　　　　　　　　　　　　〔00768〕
リード王レオ・スレザアク礼讃 あらえびす
p.386 　　　　　　　　　　　　〔00769〕

3巻6号（1931年6月発行）

呵々集 久礼伝三 p.402 　　　　〔00770〕
デ・フアリアの事ども 大沼魯夫
p.406 　　　　　　　　　　　　〔00771〕
セゴヴィアのレコード 藤田不二
p.411 　　　　　　　　　　　　〔00772〕
ストラヴィンスキイのカプリッチオ 青木稔
p.415 　　　　　　　　　　　　〔00773〕
忘られし小唄 本来漠 p.418 　　〔00774〕
ノートの頁（海外新譜紹介）SS p.422 〔00775〕
六月レコード評 烏頭魔気 p.426 〔00776〕
六月ダンスレコード評 TKG p.436 〔00777〕
七月のレコード TLP p.439 　　〔00778〕
スレッアツクを聴く（海外通信2）加藤鋭五
p.444 　　　　　　　　　　　　〔00779〕
黒盤趣味（1）津留吉雄 p.446 　〔00780〕
蓄音器は何を選ぶ可きか S・A p.450 〔00781〕
理想的たる電気蓄音器の製作に就いて 青木周
三 p.452 　　　　　　　　　　〔00782〕
レコードに現はれたヴァイオリニストと其の演
奏曲目（其6）S生 p.456 　　　〔00783〕
ドウハンのシユーベルト（上）あらえびす
p.462 　　　　　　　　　　　　〔00784〕

3巻7号（1931年7月発行）

絃楽四重奏嬰ハ短調 森潤三郎 p.478 〔00785〕
試聴室（最近の英・仏コロムビアを聴く）江馬
刈江 p.484 　　　　　　　　　〔00786〕
ノートの頁（海外新譜紹介）S・S
p.490 　　　　　　　　　　　　〔00787〕
七月レコード評 烏頭魔気 p.496 〔00788〕
七月ダンスレコード評 T、K、G
p.506 　　　　　　　　　　　　〔00789〕
八月のレコード T、L、P p.514 〔00790〕
黒盤趣味（2・完）津留吉雄 p.520 〔00791〕
ブランスウイック，パナトロープP型蓄音器 青
木周三 p.523 　　　　　　　　〔00792〕
理想的な電気蓄音器の製作に就いて 青木周三
p.524 　　　　　　　　　　　　〔00793〕
ディスク論壇 p.528 　　　　　　〔00794〕
バツハのヴァイオリン・ソナータ（3）クラヴ
イーアとヴァイオリンのソナータに就いて
瀧善郎 p.530 　　　　　　　　〔00795〕
ポリトナール 菅原明朗 p.534 　〔00796〕
ドウハンのシユーベルト「白鳥の歌」あらえび
す p.537 　　　　　　　　　　〔00797〕

3巻8号（1931年8月発行）

試聴室（最近の英仏コロムビアを聴く）完 江馬
刈江 p.554 　　　　　　　　　〔00798〕
山と水に色彩豊かな近代音楽（1）大沼魯夫
p.560 　　　　　　　　　　　　〔00799〕
ノートの頁（海外新譜紹介）S・S
p.568 　　　　　　　　　　　　〔00800〕
八月レコード評 烏頭魔気 p.573 〔00801〕
八月ダンスレコード評 T、K、G
p.583 　　　　　　　　　　　　〔00802〕
九月のレコード TLP p.590 　　〔00803〕
でいすくおんぱれいど SA p.596 〔00804〕
サン・サーンスの第三交響曲 有坂愛彦
p.600 　　　　　　　　　　　　〔00805〕
シゲツテイの芸術 村田武雄 p.604 〔00806〕
ディスク論壇 p.608 　　　　　　〔00807〕
五哩一円 久礼伝三 p.611 　　　〔00808〕
蓄フアン列伝 あらえびす p.616 〔00809〕

3巻9号（1931年9月発行）

シューマンのピアノ曲とそのレコード（1）N・
K・M p.636 　　　　　　　　〔00810〕
予告の頁—第四回レコード，コンサート開催に
就いて p.643 　　　　　　　　〔00811〕
山と水に色彩豊かな近代音楽（2）大沼魯夫
p.644 　　　　　　　　　　　　〔00812〕
愚話一束 後藤鴉之輔 p.650 　　〔00813〕
ノートの頁（海外新譜紹介）S・S
p.654 　　　　　　　　　　　　〔00814〕
九月レコード評 烏頭魔気 p.658 〔00815〕
予告の頁—特別増大読物号の計画
p.673 　　　　　　　　　　　　〔00816〕
九月ダンス・レコード評 T・K・G
p.674 　　　　　　　　　　　　〔00817〕
十月のレコード 編輯部 p.678 　〔00818〕
理想的な電気蓄音器の製作に就いて 青木周三
p.682 　　　　　　　　　　　　〔00819〕
ぷち・ぢゆるなる—フオノ短信 三浦潤
p.688 　　　　　　　　　　　　〔00820〕
ハイフエツツを語る あらえびす
p.693 　　　　　　　　　　　　〔00821〕
バツハのヴァイオリン・ソナータ（4・完）瀧善
郎 p.696 　　　　　　　　　　〔00822〕

3巻10号（1931年10月発行）

盤想 久礼伝三 p.718 　　　　　〔00823〕
十月レコード評 烏頭魔気 p.724 〔00824〕
第四回レコードコンサート p.735 〔00825〕
十月の推薦黒盤 TOM p.736 　　〔00826〕
十月ダンス・レコード評 TKG p.740 〔00827〕
十一月のレコード 編輯部 p.744 〔00828〕

「ディスク」 内容細目

海外新譜紹介 S・S p.748 〔00829〕
骨董レコード あらえびす p.754 〔00830〕
シュートラウス 大沼魯夫 p.757 〔00831〕
試聴室 S生 p.762 〔00832〕
ロシアの室内楽団の話 藤田不二
p.767 〔00833〕
親父を自慢する 倉伊四郎 p.774 〔00834〕
批評の問題 有坂愛彦 p.778 〔00835〕
サロンデイスク 読者 p.788 〔00836〕
ノービスコーナ 編輯部 p.790 〔00837〕
質問欄 同人 p.792 〔00838〕
ビクター（米）の長時間レコードに就て 編輯部
p.794 〔00839〕
海外ニュース 編輯部 p.795 〔00840〕
ピアノ講座―シユーマンのピアノ曲とそのレ
コード（2） NKM p.796 〔00841〕
グラモフイルへの手紙三つ 脇順二
p.804 〔00842〕
室内楽とレコードに就いて 三浦潤
p.809 〔00843〕
第四回レコードコンサート曲目 附録 〔00844〕

3巻11号（1931年11月発行）
先輩は語る あらえびす，倉伊四郎，S・S，モ
リジユンザブロ，T・K・G，大沼魯夫，S・
U，NKM，T・K・J，有坂愛彦，烏頭魔気，
S生，久礼伝三 p.824 〔00845〕
十一月レコード評 烏頭魔気 p.852 〔00846〕
十一月推薦黒盤 頓児 p.868 〔00847〕
十二月のレコード 編輯部 p.873 〔00848〕
海外新譜紹介 S・S p.876 〔00849〕
米ヴイクターの長時間レコードに就て 編輯部
p.883 〔00850〕
海外ニュース 編輯部 p.886 〔00851〕
お願ひ p.890 〔00852〕
珍品レコード是非 あらえびす p.891 〔00853〕

3巻12号（1931年12月発行）
プロコフイエフと彼の音楽 堀江謙吉
p.906 〔00854〕
シユートラウスの作品（2） 大沼魯夫
p.912 〔00855〕
十二月レコード評 烏頭魔気，倉部讃
p.918 〔00856〕
十二月の推薦黒盤 頓児 p.930 〔00857〕
一月のレコード 編輯部 p.934 〔00858〕
新蓄音器の紹介 一同人 p.941 〔00859〕
海外新譜紹介 S・S p.942 〔00860〕
レコードに依る各国室内楽団覚書（1） 江尾俚庵
p.946 〔00861〕
恩師を語る C・クラウス p.949 〔00862〕

スクラッチ 提須久 p.950 〔00863〕
質問欄 同人 p.952 〔00864〕
デイスク・コンノイザー・カタログ 編輯部
p.954 〔00865〕
サロン・デイスク p.956 〔00866〕
感銘深かりし海外レコード あらえびす 談
p.958 〔00867〕
理想的な電気蓄音器の製作に就て 青木周三
p.960 〔00868〕
古典管絃楽の金管（1） 菅原明朗
p.965 〔00869〕
耳と眼によるコロムビアの音楽史 編輯部
p.970 〔00870〕

4巻1号（1932年1月発行）
試聴室―最近の英国コロムビアを聴く 倉部讃
p.1 〔00871〕
一九三一年度に於けるレコードを顧みる T・
K・J p.7 〔00872〕
レコードによる室内楽団覚書（2） 江尾俚庵
p.15 〔00873〕
長時間レコード実験記 児玉富雄 p.22 〔00874〕
「レコードを希望する曲目と演奏者」に就て 編
輯部 p.25 〔00875〕
質問欄 同人 p.27 〔00876〕
サロン・デイスク p.29 〔00877〕
デイスク・コンノイザー・カタログ 編輯部
p.31 〔00878〕
一九三一年に於ける感銘深かりしレコード 同
人 p.32 〔00879〕
一九三一年に於ける各社よりの推薦レコード
各社 p.34 〔00880〕
「お願ひ」に答へて 編輯部 p.38 〔00881〕
ヴアンサン・ダンデイの死 編輯部
p.41 〔00882〕
二月のレコード 編輯部 p.42 〔00883〕
一月の推薦黒盤 頓児 p.45 〔00884〕
今月の新譜主要曲目解説 倉部讃 p.49 〔00885〕
海外新譜紹介 SS p.57 〔00886〕
一月レコード雑感 烏頭魔気，倉部讃
p.61 〔00887〕

4巻2号（1932年2月発行）
ゼネラル・レヴユー 江馬刈江 p.76 〔00888〕
ドゥビユッシーの絃楽四重奏（1） 堀江謙吉
p.78 〔00889〕
プーランクの横顔―「オーバアド」を語る 三浦
潤 p.84 〔00890〕
ストラビンスキーの聖詩交響曲 ヨゼフ・コッ
トラア，茂亭 訳 p.87 〔00891〕
二月のレコード雑感 烏頭魔気，倉部讃
p.92 〔00892〕

二月の黒盤評 頓児 p.104 〔00893〕

今月の新譜主要曲目解説 倉部讃 p.107 〔00894〕

三月のレコード 編輯部 p.112 〔00895〕

海外新譜紹介 S・S p.115 〔00896〕

海外ニュース 編輯部 p.121 〔00897〕

私の好きなレコード（1） あらえびす p.123 〔00898〕

モーツアルトを語る 森潤三郎 p.127 〔00899〕

シューマンのピアノ曲とそのレコード（3） N・K・M p.134 〔00900〕

喫煙室 編輯部 p.139 〔00901〕

4巻3号（1932年3月発行）

ガブリエル・フオーレとその「絃楽四重奏」作品一二一 三浦潤 p.142 〔00902〕

シュメー来る S生 p.147 〔00903〕

ドゥビユッシーの絃楽四重奏（2） 堀江謙吉 p.148 〔00904〕

三月のレコード雑感 烏頭魔気，倉部讃 p.152 〔00905〕

三月ポピュラー・セレクションズ 頓児 p.164 〔00906〕

今月の新譜主要曲目解説 倉部讃 p.167 〔00907〕

四月のレコード 編輯部 p.170 〔00908〕

デイスク倶楽部設立趣旨 p.173 〔00909〕

海外新譜紹介 S・S p.174 〔00910〕

海外ニュース 編輯部 p.180 〔00911〕

サロン・ディスク p.181 〔00912〕

新蓄音器の批評と紹介―アポロン蓄音機 烏頭魔気 p.184 〔00913〕

私の好きなレコード（2） あらえびす p.188 〔00914〕

デイスク代理部設置に就て p.191 〔00915〕

シューマンのピアノ曲とそのレコード（4） N・K・M p.192 〔00916〕

前奏曲 森潤三郎 p.198 〔00917〕

4巻4号（1932年4月発行）

試聴室―二つのベートーヴェン 倉部讃 p.206 〔00918〕

試聴室―ソナタト長調（ブラームス），スプリング・ソナタ（ベートーベン）S生 p.211 〔00919〕

シュナーベル登場 編輯部 p.217 〔00920〕

コルトオに依るドビユツシイのプレリュードのデイスクに於ける再生 松平頼則 p.218 〔00921〕

ゲルハルトとシユーマンを聴いて 本来漠 p.222 〔00922〕

四月のレコード雑感 烏頭魔気，倉部讃 p.227 〔00923〕

四月ポピユラー・セレクションズ 頓児 p.238 〔00924〕

今月の新譜主要曲目解説 倉部讃 p.242 〔00925〕

五月のレコード 編輯部 p.246 〔00926〕

海外ニュース 編輯部 p.249 〔00927〕

海外新譜紹介 S・S p.250 〔00928〕

デイスク倶楽部便り 編輯部 p.254 〔00929〕

私の好きなレコード（3） あらえびす p.256 〔00930〕

三頃賦 久礼伝三 p.262 〔00931〕

ピアノトリオのレコード（其1 ハイドン―ベエトオヴエン）瀧善郎 p.266 〔00932〕

喫煙室 p.272 〔00933〕

4巻5号（1932年5月発行）

ピアノトリオのレコード（其2 シユウバアト―ブラアムス）瀧善郎 p.274 〔00934〕

デ・フアリアとバリエントス 三浦潤 p.279 〔00935〕

後期の作品（1） R.W.S.Mendl，堀江謙吉 訳 p.282 〔00936〕

五月のレコード雑感 倉部讃 p.287 〔00937〕

五月ポピユラー・セレクションズ 頓児 p.300 〔00938〕

今月の新譜主要曲目解説 堀江謙吉 p.304 〔00939〕

六月のレコード 編輯部 p.310 〔00940〕

海外新譜紹介 S・S p.312 〔00941〕

海外ニュース 編輯部 p.316 〔00942〕

デイスク倶楽部便り p.317 〔00943〕

遁走曲のレコード 森潤三郎 p.323 〔00944〕

4巻6号（1932年6月発行）

試聴室―二つのト短調コンチエルト S生 p.340 〔00945〕

私の好きなレコード（4） あらえびす p.348 〔00946〕

シユナーベル教授の印象 加藤鋭五 談 p.353 〔00947〕

初夏漫筆 大沼魯夫 p.354 〔00948〕

レコードと文献 ありま・ただを p.360 〔00949〕

シユメーを聞く N・S p.362 〔00950〕

針に就て 島田達郎 p.364 〔00951〕

サロン・デイスク p.366 〔00952〕

海外ニュース 編輯部 p.368 〔00953〕

紹介―デイスク・エレクトロン 一同人 p.369 〔00954〕

「ディスク」　　　　　　　　　　　内容細目

デイスク倶楽部便り p.372　　　　　〔00955〕
今月の新譜主要曲目解説 堀江謙吉
　p.378　　　　　　　　　　　　　〔00956〕
六月ポピユラー・セレクションズ 朱名鈴
　p.384　　　　　　　　　　　　　〔00957〕
海外新譜紹介 S・S p.386　　　　　〔00958〕
六月レコード雑感 倉部讃 p.393　　〔00959〕
七月のレコード 編輯部 p.403　　　〔00960〕

4巻7号（1932年7月発行）

「メヌヰン」と語る 加藤鋭五 p.407　〔00961〕
私の好きなレコード あらえびす
　p.416　　　　　　　　　　　　　〔00962〕
第二回「デイスク大賞」の発表 有馬薫生
　p.420　　　　　　　　　　　　　〔00963〕
カペエ・クワルテット随想録 鈴木喜久雄
　p.425　　　　　　　　　　　　　〔00964〕
ヴアンサン・ダンデイの事ども 池永昇二
　p.428　　　　　　　　　　　　　〔00965〕
「幻想交響楽」の両解釈 鮎野行夫
　p.430　　　　　　　　　　　　　〔00966〕
でいすく・ゆうもあ二葉 p.433　　　〔00967〕
質問欄 堀江謙吉 p.434　　　　　　〔00968〕
デイスク倶楽部便り p.435　　　　　〔00969〕
サロン・デイスク p.436　　　　　　〔00970〕
七月のレコード雑感 倉部讃 p.438　〔00971〕
七月ポピユラー・セレクションズ 朱名鈴
　p.449　　　　　　　　　　　　　〔00972〕
今月の新譜主要曲目解説 新北村孟之
　p.452　　　　　　　　　　　　　〔00973〕
八月のレコード 編輯部 p.457　　　〔00974〕
海外新譜紹介 S・S p.460　　　　　〔00975〕

4巻8号（1932年8月発行）

試聴室 江馬苅辺 p.467　　　　　　〔00976〕
「ケンプ」の印象 加藤鋭五 p.474　〔00977〕
後期の作品（完）R.W.S.Mendel, 堀江謙吉 訳
　p.478　　　　　　　　　　　　　〔00978〕
「デイスク大賞」余話その他 有馬薫生
　p.484　　　　　　　　　　　　　〔00979〕
バツハのプレリユード・アンド・フーグ（1）池
　永昇二 p.486　　　　　　　　　　〔00980〕
八月レコード雑感 倉部讃 p.490　　〔00981〕
八月ポピユラー・セレクションズ 朱名鈴
　p.498　　　　　　　　　　　　　〔00982〕
今月の新譜主要曲目解説 新北村孟之
　p.502　　　　　　　　　　　　　〔00983〕
九月のレコード 編輯部 p.507　　　〔00984〕
海外新譜紹介 S・S p.510　　　　　〔00985〕
クレモナの完成に就て 青木誠意
　p.516　　　　　　　　　　　　　〔00986〕

デイスク・エレクトロンとクレモナを聴く 曽
　根俊二, 新北村孟之 p.518　　　　〔00987〕
私の好きなレコード（6）あらえびす
　p.521　　　　　　　　　　　　　〔00988〕
ブツシユを語る 村田武雄 p.526　　〔00989〕

4巻9号（1932年9月発行）

試聴室（第三, 第六ブランデンブルグ）江馬苅
　辺 p.531　　　　　　　　　　　　〔00990〕
「ピアノと管絃楽の為の協奏曲に就て」三浦潤
　p.536　　　　　　　　　　　　　〔00991〕
私の好きなレコード（7）あらえびす
　p.541　　　　　　　　　　　　　〔00992〕
コルトオの想ひ出 加藤鋭五 p.546　〔00993〕
真夏の夜漫談 大沼魯夫 p.550　　　〔00994〕
「春の海」を聴いて 浅野宅二 p.554　〔00995〕
デイスク倶楽部便り p.556　　　　　〔00996〕
九月のレコード雑感 烏頭魔気, 倉部讃
　p.558　　　　　　　　　　　　　〔00997〕
名器クレモナに行く 鮎野行夫 p.569　〔00998〕
九月ポピユラー・セレクションズ 朱名鈴
　p.570　　　　　　　　　　　　　〔00999〕
如是我聞 S・S p.572　　　　　　　〔01000〕
今月の主要曲目解説 新北村孟之
　p.576　　　　　　　　　　　　　〔01001〕
海外新譜紹介 S・S p.582　　　　　〔01002〕
十月のレコード 編輯部 p.587　　　〔01003〕
新帝登位 西条卓夫 p.590　　　　　〔01004〕
喫煙室 みのる p.596　　　　　　　〔01005〕

4巻10号（1932年10月発行）

試聴室―新しいベートーヴエンのヴアイオリン
　協奏曲 倉部讃 p.599　　　　　　〔01006〕
ベートーヴエンのピアノ・ソナタ 脇順二
　p.603　　　　　　　　　　　　　〔01007〕
紹介―欧米音楽の写真展覧会 p.605　〔01008〕
如是我聞 S・S p.609　　　　　　　〔01009〕
私の好きなレコード あらえびす
　p.614　　　　　　　　　　　　　〔01010〕
ワンダ・ランドフスカの事ども ニコラス・スロ
　オニムスキイ, 鮎野行夫 訳 p.619　〔01011〕
海外ニユース 編輯部 p.622　　　　〔01012〕
紹介―スペツシアルT型に就て GGG生
　p.623　　　　　　　　　　　　　〔01013〕
紹介―サウンド・ボツクスの済韻に就て N・M
　生 p.624　　　　　　　　　　　　〔01014〕
デイスク倶楽部便り p.626　　　　　〔01015〕
「メヌヰン」よりの便り 加藤鋭五
　p.627　　　　　　　　　　　　　〔01016〕
十月のレコード雑感 烏頭魔気, 倉部讃
　p.630　　　　　　　　　　　　　〔01017〕

十月ポピュラー・セレクションズ 朱名鈴
p.644 〔01018〕

海外新譜紹介 S・S p.647 〔01019〕

十一月のレコード 編輯部 p.652 〔01020〕

喫煙室 喫茶店とレコード S・A p.656 〔01021〕

4巻11号（1932年11月発行）

ハイドン絃楽四重奏曲の歴史的地位 セシル・
グレイ，村田武雄 訳 p.660 〔01022〕

如是我聞（新着欧米盤を聴く） S・S
p.666 〔01023〕

リリー・ポン訪問記 加藤鋭五 p.672 〔01024〕

アンリ・デユパルクの歌謡 本来漠
p.680 〔01025〕

アメリカの蓄音器界を見たまま 大比良正
p.684 〔01026〕

欧米音楽家の写真展を見るの記 蘭堂鹿子
p.686 〔01027〕

デイスク倶楽部便り p.688 〔01028〕

十一月レコード 倉部讃，新北村孟之
p.690 〔01029〕

十一月ポピュラー・セレクションズ 朱名鈴
p.704 〔01030〕

海外新譜紹介 S・S p.708 〔01031〕

十二月のレコード 編輯部 p.714 〔01032〕

一九三三年型RCA「ビクター」真空管と「ラヂ
オ・エレクトローラ」 青木周三
p.718 〔01033〕

4巻12号（1932年12月発行）

試聴室―モーツァルトの第七提琴協奏曲 倉部
讃 p.724

ショーソンの提琴協奏曲ニ長調 鈴木喜久雄
p.728 〔01035〕

ハイドン四重奏曲の歴史的地位（2） セシル・グ
レイ，村田武雄 訳 p.736 〔01036〕

十二月のレコード雑感 新北村孟之，池永昇二
p.742 〔01037〕

十二月ポピユラー・セレクションズ 城春光
p.757 〔01038〕

今月の主要曲目解説 鮎野行夫 p.760 〔01039〕

海外新譜紹介 S・S p.764 〔01040〕

一月のレコード 編輯部 p.771 〔01041〕

一九三三年型RCA「ビクター」真空管と「ラジ
オ・エレクトローラ」（完） 青木周三
p.773 〔01042〕

デイスク倶楽部便り p.779 〔01043〕

「エコール・ノルマール」参観記 加藤鋭五
p.780 〔01044〕

クレデンザ考 森潤三郎 p.784 〔01045〕

年末雑感 p.789 〔01046〕

5巻1号（1933年1月発行）

新春偶語 あらえびす p.1 〔01047〕

バツハの復協奏曲 同人合評 p.2 〔01048〕

チエルヴオンキー復活す S生 p.11 〔01049〕

如是我聞（新着欧洲盤を聴く） S・S
p.16 〔01050〕

コクトオのレコードに就て 三浦潤
p.20 〔01051〕

ハイドンの絃楽四重奏曲の歴史的地位（3） セシ
ル・グレイ，村田武雄 訳 p.30 〔01052〕

海外ニュース 編輯部 p.37 〔01053〕

コレスポンデンス 森潤三郎 p.38 〔01054〕

紹介欄―絶品クレモナの頌 池永昇二
p.40 〔01055〕

一月レコード雑感 倉部讃，TKJ，池永昇二
p.44 〔01056〕

一月のポピュラーセレクションズ 城春光
p.68 〔01057〕

今月の新譜主要曲目解説 鮎野行夫
p.70 〔01058〕

デイスク倶楽部便り p.76 〔01059〕

二月のレコード p.78 〔01060〕

スレツアークの印象 加藤鋭五 p.80 〔01061〕

レコードによる西洋音楽の常識（1） 編輯部
p.84 〔01062〕

喫煙室 S・A p.90 〔01063〕

5巻2号（1933年2月発行）

試聴室―ブランデンブルヒ協奏曲第五番 S・S
p.92 〔01064〕

コンキタ・スペリアに就て 加藤鋭五
p.97 〔01065〕

近代的作曲家の諸傾向 アンリ・プルニエル，
岡山東 p.100 〔01066〕

デイスク倶楽部便り p.104 〔01067〕

ワグナーに就ての断片的考察 堀江謙吉
p.105 〔01068〕

BLACK AND WHITE 村岡貞 p.108 〔01069〕

二月のレコード雑感 倉部讃，鮎野行夫，TKJ，
池永昇二 p.114 〔01070〕

二月ポピユラー・セレクションズ 城春光
p.129 〔01071〕

今月の主要曲目解説 鮎野行夫 p.132 〔01072〕

三月のレコード p.135 〔01073〕

海外新譜紹介 S・S p.138 〔01074〕

海外ニュース 編輯部 p.150 〔01075〕

バハマンの遺産 あらゑびす p.153 〔01076〕

レコードによる西洋音楽の常識（2） 編輯部
p.162 〔01077〕

喫煙室 H・K p.167 〔01078〕

「ディスク」　内容細目

5巻3号（1933年3月発行）

試聴室―ブッシュ及びレナー四重奏団のベートヴェンの二つの絃楽四重奏曲　鈴木喜久雄
p.170　〔01079〕

如是我聞　S・S　p.178　〔01080〕

タルチイーニイの「悪魔のトリル」　S生
p.182　〔01081〕

七つの「西班牙歌謡曲」とコンチータ・スペルヴイアのレコードに就て　青木誠意
p.187　〔01082〕

三月のレコード雑感　倉部讃，T・K・J，城春光
p.196　〔01083〕

三月ポピュラー・セレクションズ　城春光
p.211　〔01084〕

四月のレコード　編輯部　p.214　〔01085〕

海外新譜紹介　S・S　p.217　〔01086〕

海外ニュース　編輯部　p.224　〔01087〕

スペルヴイア頒布会　p.225　〔01088〕

デイスク倶楽部便り　p.226　〔01089〕

"Disque" Mr.Mori Private　久礼伝三
p.228　〔01090〕

ブルメスターを惜む　あらえびす
p.234　〔01091〕

5巻4号（1933年4月発行）

絃楽四重奏曲作品五十一ノ一（ブラームス）　鈴木鎮一　p.240　〔01092〕

洋琴四重奏曲作品二十五（ブラームス）　鈴木喜久雄　p.245　〔01093〕

ベートーヴェンのピアノ・ソナタ　青木誠意
p.249　〔01094〕

耳と眼に依るコロムビアの音楽史第三巻に就て　鮎野行夫　p.254　〔01095〕

不思議な歌手コンチータ・スペルヴイアを聴て　同人　p.260　〔01096〕

ダンス音楽と長時間レコードの話　TKG
p.266　〔01097〕

プリーマ試聴記　矢萩銀三　p.269　〔01098〕

済韻法及びプーリマ蓄音器に就いて　鈴木喜久雄　p.272　〔01099〕

海外ニュース　編輯部　p.276　〔01100〕

スペルヴイア頒布会　p.277　〔01101〕

デイスク倶楽部便り　p.278　〔01102〕

四月のレコード雑感　倉部讃，S・S，城春光
p.280　〔01103〕

四月の新譜主要曲目解説　新北村猛之
p.294　〔01104〕

五月のレコード　編輯部　p.297　〔01105〕

海外新譜紹介　S・S　p.300　〔01106〕

5巻5号（1933年5月発行）

バッハの大弥撒のレコード　あらえびす
p.308　〔01107〕

FORTY-EIGHT SOCITY　森潤三郎
p.312　〔01108〕

PIANOFORTE SONATA OF HAYDN AND MOZART　杉浦繁　p.318　〔01109〕

レコードに依る西洋音楽の常識（3）　編輯部
p.323　〔01110〕

フランスの民謡Bourreeの話　倉重瞬輔
p.328　〔01111〕

今月の主要レコード評　西条卓夫
p.332　〔01112〕

五月のレコード雑感　池永昇二，城春光，本来漢
p.336　〔01113〕

海外新譜紹介　S・S　p.350　〔01114〕

六月のレコード　編輯部　p.354　〔01115〕

紹介欄　S・A　p.357　〔01116〕

TECHNICAL REPORTS　矢萩銀三
p.358　〔01117〕

デイスク倶楽部便り　p.360　〔01118〕

試聴室―ブラームスの洋琴四重奏曲（ブラームス誕生百年記念号）　鈴木喜久雄
p.362　〔01119〕

ブラームスを語る（ブラームス誕生百年記念号）　あらえびす，森潤三郎，久礼伝三，S・S，烏頭魔気，NKM　p.366　〔01120〕

5巻6号（1933年6月発行）

試聴室―新しい第五交響曲　倉部讃
p.377　〔01121〕

試聴室―第二ブランデンブルグ協奏曲を聴く　池永昇二　p.382　〔01122〕

バッハの二つの協曲　杉浦繁　p.386　〔01123〕

バッハの「音楽の捧物」　村田武夫
p.393　〔01124〕

オーベルニュの民謡　深井史郎　p.399　〔01125〕

コンチエルト拝聴記　森生　p.407　〔01126〕

六月のレコード雑感　烏頭魔気，倉部讃
p.409　〔01127〕

七月のレコード　編輯部　p.424　〔01128〕

海外新譜紹介　S・S　p.427　〔01129〕

デイスク倶楽部便り　p.434　〔01130〕

海外ニュース　編輯部　p.435　〔01131〕

古楽器に依る古典器楽曲のレコード　森潤三郎
p.437　〔01132〕

「バッハ四十八協会」日本支部設置に就て　青木誠意　p.448　〔01133〕

5巻7号（1933年7月発行）

始めて聴くシユナーベルの詩　須永克己
p.451　〔01134〕

モツァルトの奏鳴曲を聴く　池永昇二
p.458　〔01135〕

マダム・シユナーベル拝聴記　本来漢
p.463　〔01136〕

内容細目　　　　　　　　　　　　　　　　　　　　「ディスク」

二つの失望　加藤鋭五　p.469　　　　　　〔01137〕

デイスク倶楽部便り　p.475　　　　　　　〔01138〕

海外ニュース　編輯部　p.477　　　　　　〔01139〕

La Voz Del Buenos Aires　編輯部
p.479　　　　　　　　　　　　　　　　〔01140〕

七月レコード雑感　倉部讃，池永昇二
p.481　　　　　　　　　　　　　　　　〔01141〕

八月のレコード　編輯部　p.496　　　　　〔01142〕

海外新譜紹介　S・S　p.499　　　　　　〔01143〕

古楽器に依る古典器楽曲のレコード（承前）　森
潤三郎　p.508　　　　　　　　　　　　〔01144〕

Conchita Supervia　芦原敏信　p.511　　　〔01145〕

5巻8号（1933年8月発行）

如是我聞（近着欧洲盤を聴く）　井上道雄
p.520　　　　　　　　　　　　　　　　〔01146〕

ラヴエルの作品レコード随想　鮎野行夫
p.528　　　　　　　　　　　　　　　　〔01147〕

レコードに依る西洋音楽の常識（4）　編輯部
p.532　　　　　　　　　　　　　　　　〔01148〕

新様式トーン・コントロールの三十四年型　T・
K・G　p.541　　　　　　　　　　　　〔01149〕

音楽紀行「南欧自動車旅行記」（1）　加藤鋭五
p.544　　　　　　　　　　　　　　　　〔01150〕

La Voz Del Buenos Aires　編輯部
p.551　　　　　　　　　　　　　　　　〔01151〕

デイスク蓄音機に就て　青木誠意
p.556　　　　　　　　　　　　　　　　〔01152〕

スペルヴイア頒布会第二回設立に就て
p.559　　　　　　　　　　　　　　　　〔01153〕

TECHNICAL REPORTS　矢荻銀三
p.560　　　　　　　　　　　　　　　　〔01154〕

八月レコード雑感　倉部讃，池永昇二，城春光
p.562　　　　　　　　　　　　　　　　〔01155〕

海外新譜紹介　S・S　p.575　　　　　　〔01156〕

九月のレコード　編輯部　p.580　　　　　〔01157〕

亡きマックス・フオン・シリングス教授の印象
と想出　加藤鋭五　p.582　　　　　　　〔01158〕

銀六漫語　森生　p.586　　　　　　　　　〔01159〕

5巻9号（1933年9月発行）

泥臭い俚謡を原形の儘レコードせよ　あらえび
す　p.593　　　　　　　　　　　　　　〔01160〕

ヴイオラとピアノの為のソナータと作曲者ヨハ
ネス・ブラームス　倉重瞬輔　p.598　　〔01161〕

レコードに依る西洋音楽の常識（5）　編輯部
p.602　　　　　　　　　　　　　　　　〔01162〕

レコードの曲目名称の問題雑感　有馬生
p.607　　　　　　　　　　　　　　　　〔01163〕

La Voz Del Buenos Aires　p.609　　　　　〔01164〕

米国新製機械紹介　TKG　p.611　　　　〔01165〕

デイスク・ニュース　編輯部　p.613　　　〔01166〕

新発売のデイスク・グラモフオン　烏頭魔気
p.615　　　　　　　　　　　　　　　　〔01167〕

漫談　音器インチキ考　雨蛙　p.617　　　〔01168〕

九月レコード雑感　烏頭魔気，倉部讃，城春光
p.622　　　　　　　　　　　　　　　　〔01169〕

十月のレコード　編輯部　p.636　　　　　〔01170〕

海外新譜紹介　S・S　p.639　　　　　　〔01171〕

散漫虜五十三次　久礼伝三　p.642　　　　〔01172〕

ジヤツク・テイボーと語る（音楽紀行南欧自動
車旅行紀（2））　加藤鋭五　p.649　　〔01173〕

5巻10号（1933年10月発行）

巻頭言　加藤鋭五　p.656　　　　　　　　〔01174〕

ベートーヴエンピアノ奏鳴曲漫想　井上道雄
p.657　　　　　　　　　　　　　　　　〔01175〕

ベートーヴエン第三ピアノ協奏曲　四月亭
p.665　　　　　　　　　　　　　　　　〔01176〕

ハイドン協会第二輯レコード　村田武雄
p.669　　　　　　　　　　　　　　　　〔01177〕

メヌーキンからの便り　編輯部　p.679　　〔01178〕

メヌーキンの来朝と新吹込みのレコード　編輯
部　p.680　　　　　　　　　　　　　　〔01179〕

La Voz Del Buenos Aires　p.681　　　　　〔01180〕

デイスク倶楽部便り　p.683　　　　　　　〔01181〕

十月レコード雑感　烏頭魔気，倉部讃，井上道雄
p.685　　　　　　　　　　　　　　　　〔01182〕

十一月のレコード　編輯部　p.699　　　　〔01183〕

海外新譜紹介　S・S　p.702　　　　　　〔01184〕

レコード・ソサイテー協会是非論　あらえびす
p.707　　　　　　　　　　　　　　　　〔01185〕

5巻11号（1933年11月発行）

試聴室―モーツアルトのオーボー四重奏曲　井
上道雄　p.720　　　　　　　　　　　　〔01186〕

Toe Imaginary Music　編輯部　p.723　　　〔01187〕

ペレアスとメリザンド　倉重瞬輔
p.724　　　　　　　　　　　　　　　　〔01188〕

レコードに依る西洋音楽の常識（6）　編輯部
p.728　　　　　　　　　　　　　　　　〔01189〕

メヌーキンの手紙　加藤鋭五　p.734　　　〔01190〕

音楽紀行「南欧自動車旅行記」　加藤鋭五
p.739　　　　　　　　　　　　　　　　〔01191〕

あの頃　江馬苅辺，城春光　p.744　　　　〔01192〕

秋の夜話　有田元一　p.744　　　　　　　〔01193〕

蓄音器夜話　編輯子　p.748　　　　　　　〔01194〕

欧米楽壇通信　編輯部　p.751　　　　　　〔01195〕

La Voz Del Buenos Aires　p.752　　　　　〔01196〕

デイスク倶楽部便り　p.753　　　　　　　〔01197〕

十月のレコード雑感　倉部讃，烏頭魔気，城春光
p.754　　　　　　　　　　　　　　　　〔01198〕

十一月のレコード　編輯部　p.768　　　　〔01199〕

「ディスク」　　　　　　　　内容細目

海外新譜紹介　S・S　p.770　　　〔01200〕
新蓄音器紹介欄—ハーモニックス・ホーンに就て　鈴木喜久雄　p.776　　　〔01201〕
新蓄音器紹介欄—ビクターの担帯用拡声機に就て　吉坂清二　p.778　　　〔01202〕
新蓄音器紹介欄—欧米新製品紹介　T・K・G　p.781　　　〔01203〕

5巻12号（1933年12月発行）

La Maitrise de la Cathedral　編輯部　p.787　　　〔01204〕
ドルメッチの十七・八世紀楽器研究（1）　村田武雄　p.791　　　〔01205〕
メヌーヒンの手紙（2）　加藤鋭五　p.797　　　〔01206〕
音楽紀行「南欧自動車旅行記」仏国より伊太利へ（完）　加藤鋭五　p.802　　　〔01207〕
シュナーベル先生のことども　荒木和子　p.807　　　〔01208〕
欧米楽壇通信　編輯部　p.811　　　〔01209〕
海外ニュース　編輯部　p.812　　　〔01210〕
La Voz Del Buenos Aires　p.815　　　〔01211〕
デイスク倶楽部便り　p.817　　　〔01212〕
鈴木クワルテット演奏会に就て　青木誠意　p.818　　　〔01213〕
十二月のレコード雑感　烏頭魔気，井上道雄　p.819　　　〔01214〕
一月のレコード　編輯部　p.837　　　〔01215〕
海外新譜紹介　S・S　p.839　　　〔01216〕
二筋道　久礼伝三　p.845　　　〔01217〕

6巻1号（1933年12月発行）

試聴室—メニユヒンとシゲッテイを聴いて　鈴木鎮一　p.1　　　〔01218〕
試聴室—モーツアルトの奏鳴曲考　井上道雄　p.3　　　〔01219〕
試聴室—ブッシュとメヌーキンの雑感　杉浦繁　p.8　　　〔01220〕
試聴室—ショーソンのポエーム試聴記　本来漠　p.12　　　〔01221〕
試聴室—スペインの交響楽紹介　林四月亭　p.14　　　〔01222〕
恩師を語る　メヌーキン，加藤鋭五 訳　p.19　　　〔01223〕
巴里で聴いた人々　原智恵子　p.23　　　〔01224〕
室内楽愛好家協会設立に就いて　青木誠意　p.25　　　〔01225〕
三四年型米国新製品御紹介　T・K・G　p.26　　　〔01226〕
La Voz Del Buenos Aires　p.29　　　〔01227〕
欧米楽壇通信　編輯部　p.31　　　〔01228〕
デイスク倶楽部便り　p.32　　　〔01229〕

一月のレコード雑感　烏頭魔気，井上道雄　p.33　　　〔01230〕
二月のレコード　編輯部　p.47　　　〔01231〕
海外新譜紹介　S・S　p.49　　　〔01232〕
新春放語三題　あらゑびす　p.51　　　〔01233〕
中村雁治郎君とそのトーキー・レコード　森潤三郎　p.56　　　〔01234〕
海外ニュース　編輯部　p.64　　　〔01235〕
新年お目出度う　加藤鋭五　p.65　　　〔01236〕

6巻2号（1934年2月発行）

試聴室—シユーマンのピアノ協奏曲を聴く　池永昇二　p.68　　　〔01237〕
試聴室—「水の上の音楽」ものがたり　井上道雄　p.70　　　〔01238〕
ドルメッチの「十七・八世紀楽器研究」（2）　村田武雄　p.73　　　〔01239〕
冬の旅　本来漠　p.80　　　〔01240〕
フルトヴェングラー訪問記　加藤鋭五　p.84　　　〔01241〕
巴里の悪の華「ダミア」　三潴末松　p.90　　　〔01242〕
レコードに依る西洋音楽の常識（7）　編輯部　p.99　　　〔01243〕
La Voz Del Buenos Aires　p.104　　　〔01244〕
News from America　T・K・G　p.106　　　〔01245〕
欧米楽壇通信　p.108　　　〔01246〕
デイスク倶楽部便り　p.109　　　〔01247〕
二月のレコード雑感　烏頭魔気，城春光　p.112　　　〔01248〕
三月のレコード　編輯部　p.122　　　〔01249〕
海外新譜紹介　S・A　p.124　　　〔01250〕
東京室内楽愛好家協会 会員募集　p.132　　　〔01251〕

6巻3号（1934年3月発行）

試聴室—ラヴエルの「絃楽四重奏曲ヘ調」を聴く　有島不容　p.134　　　〔01252〕
試聴室—シゲテイの弾いたメンデルスゾーン　倉部讃　p.138　　　〔01253〕
ブラームスの絃楽四重奏曲に就て　三宅善三　p.141　　　〔01254〕
クライベルの印象「伯林日記」より　加藤鋭五　p.148　　　〔01255〕
レコードに依る西洋音楽の常識（8）　編輯部　p.150　　　〔01256〕
廃盤を語る（1）　大沼魯夫　p.154　　　〔01257〕
三月のレコード雑感　鮎野行夫，池永昇二，本来漠，城春光　p.158　　　〔01258〕
三月のポピユラー・セレクシヨンズ　牧山省三　p.168　　　〔01259〕

三月のダンス・レコード　牧山省三
p.170　〔01260〕

La Voz Del Buenos-Aires　p.173　〔01261〕

銀六漫言　罫線翁　p.174　〔01262〕

Goldberg Variations（1）　NKM　p.184　〔01263〕

東京室内楽愛好家協会に就て　丸山菊夫
p.190　〔01264〕

6巻4号（1934年4月発行）

試聴室―童詩曲「マ・メエル・ロア」の新盤を
聴く　鮎野行夫　p.194　〔01265〕

試聴室―第四ブランデンブルグ協奏曲ト長調
城春光　p.197　〔01266〕

フイツシヤーの「四十八」協会のレコード　池永
昇二　p.200　〔01267〕

ベートーヴエンのピアノ・ソナタの座談会　同
人　p.202　〔01268〕

デイスク倶楽部便り　p.210　〔01269〕

欧米楽壇通信　編輯部　p.212　〔01270〕

四月のレコード雑感　烏頭魔気，城春光
p.214　〔01271〕

四月のポピユラー・セレクシヨンズ　牧山省三
p.223　〔01272〕

四月のダンス・レコード　牧山省三
p.226　〔01273〕

海外新譜紹介　S・A　p.228　〔01274〕

東京室内楽愛好家協会曲目発表　p.233　〔01275〕

ワンダ・ランドフスカ特輯―ランドフスカを聴
く　芦原英了　p.234　〔01276〕

ワンダ・ランドフスカ特輯―まだ見ぬ楽器の魅
力　あらえびす　p.238　〔01277〕

ワンダ・ランドフスカ特輯―ゴールドベルヒ変
奏曲（2）　N・K・M　p.242　〔01278〕

ワンダ・ランドフスカ特輯―銀六漫言　罫線翁
p.251　〔01279〕

6巻5号（1934年5月発行）

巻頭言「レコードに関する法律の改正」　加藤鋭
五　p.259　〔01280〕

試聴室―第四交響曲　倉部讃　p.261　〔01281〕

試聴室―「前奏曲と遁走曲変ホ長調」を聴く　村
田武雄　p.264　〔01282〕

試聴室―新しい「ジユピター交響曲」雑感　鮎野
行夫　p.269　〔01283〕

試聴室―「ロ短調未完成交響曲」の印象　鮎野行
夫　p.271　〔01284〕

第二回「吹込を希望する曲目と演奏者」募集
p.274　〔01285〕

デジヨン聖堂の合唱レコードを聴く　津川主一
p.275　〔01286〕

A君への手紙「四台のピアノ協奏曲」　NKM
p.281　〔01287〕

デイスク倶楽部便り　p.285　〔01288〕

ムーヴイ・セクシヨン　編輯部　p.287　〔01289〕

五月のレコード雑感　鮎野行夫，城春光
p.289　〔01290〕

五月のポピユラー・セレクシヨンズ　牧山省三
p.298　〔01291〕

五月のダンス・レコード　牧山省三
p.301　〔01292〕

六月各社レコード　編輯部　p.303　〔01293〕

News from Screendom　p.304　〔01294〕

海外新譜紹介　S・A　p.305　〔01295〕

レコード・フアンの控え帳（1）―ヘンデル覚え
書　NKM　p.312-318　〔01296〕

6巻6号（1934年6月発行）

「第一ブランデンブルグ協奏曲」を聴く　村田武
雄　p.320　〔01297〕

故フランツ・シユレカーの印象　加藤鋭五
p.325　〔01298〕

「耳と眼によるコロムビアの音楽史」第四巻に
就いて　林四月亭　p.326　〔01299〕

ベートーヴエンの四重奏曲とブツシュ絃楽四重
奏団を語る　鈴木四重奏団及び同人
p.334　〔01300〕

欧米楽壇通信　編輯部　p.343　〔01301〕

新しい「二十四の前奏曲」の感想　村田武雄，罫
線翁，S・S，土沢一，城春光，鮎野行夫，烏
頭魔気　p.344　〔01302〕

フアンをあぐる　金丸善彦　p.350　〔01303〕

デイスク倶楽部便り　p.352　〔01304〕

ムーヴイ・セクシヨン　編輯部　p.353　〔01305〕

六月のレコード雑感　鮎野行夫，城春光
p.354　〔01306〕

六月のポピユラー・セレクシヨンズ　牧山省三
p.364　〔01307〕

六月のダンス・レコード　牧山省三
p.366　〔01308〕

七月各社レコード　編輯部　p.368　〔01309〕

海外新譜紹介　S・A　p.370　〔01310〕

喫茶店廻り（1）　ぷらむ・ふおど
p.372　〔01311〕

シヤリアピン　芦原英了　p.375　〔01312〕

レコード・フアンの控え帳（2）　NKM
p.380　〔01313〕

6巻7号（1934年7月発行）

銀六漫言　罫線翁　p.383　〔01314〕

十六・七世紀のマドリガル雑感（1）　本来漢
p.392　〔01315〕

七月レコード雑感　烏頭魔気，倉部讃，鮎野行夫
p.395　〔01316〕

ムーヴイ・セクシヨン　編輯部　p.406　〔01317〕

第二回「吹込を希望する曲目と演奏者」発表　編
輯部　p.407　〔01318〕

「ディスク」   内容細目

如是我聞 土沢一 p.409　　　　　　　〔01319〕

喫茶店廻り（2）ぷらむ・ふおど
p.413　　　　　　　　　　　　　　　〔01320〕

レコード・フアン控え帳（3）珍品レコードの巻
（其1）NKM p.416　　　　　　　　〔01321〕

七月のポピユラー・セレクシヨンズ 牧山省三
p.419　　　　　　　　　　　　　　　〔01322〕

七月のダンス・レコード 牧山省三
p.421　　　　　　　　　　　　　　　〔01323〕

録音小話 T・K・G p.424　　　　　　〔01324〕

八月の各社レコード 編輯部 p.425　　　〔01325〕

海外新譜紹介 S・S p.427　　　　　　〔01326〕

デイスク倶楽部便り p.432　　　　　　〔01327〕

欧米楽壇通信 編輯部 p.433　　　　　〔01328〕

ドイツ歌曲抄 四月亭 p.435　　　　　〔01329〕

アパートの蓄音器ども ド・ニコレエ，三浦潤
訳 p.441　　　　　　　　　　　　　〔01330〕

病床にて 加藤鋭五 p.445　　　　　　〔01331〕

6巻8号（1934年8月発行）

盤談くづし 久礼伝三 p.456　　　　　〔01332〕

八月レコード雑感 烏頭魔気，鮎野行夫
p.470　　　　　　　　　　　　　　　〔01333〕

如是我聞（欧米新着レコードを聴く）土沢一
p.481　　　　　　　　　　　　　　　〔01334〕

十六‐七世紀の英国マドリガル雑感（2）本木漠
p.486　　　　　　　　　　　　　　　〔01335〕

ニーマン博士の近影 京極鋭五 p.489　〔01336〕

デイスク大賞（一九三四年度）p.490　〔01337〕

欧米楽壇通信 編輯部 p.491　　　　　〔01338〕

新蓄音器紹介 鮎野行夫 p.492　　　　〔01339〕

八月のポピユラー・セレクシヨンズ 牧山省三
p.494　　　　　　　　　　　　　　　〔01340〕

八月のダンス・レコード 牧山省三
p.496　　　　　　　　　　　　　　　〔01341〕

九月の各社レコード 編輯部 p.498　　〔01342〕

海外新譜紹介 編輯部 p.500　　　　　〔01343〕

レコード・フアン控え帳（4）珍品レコードの巻
（其2）NKM p.504　　　　　　　　〔01344〕

ブランデンブルグ協奏曲のレコード総評 村田
武雄 p.507　　　　　　　　　　　　〔01345〕

6巻9号（1934年9月発行）

銀六漫語 野線翁 p.517　　　　　　　〔01346〕

モーツアルトの「ピアノ協奏曲ニ短調」を聴く
杉浦繁 p.522　　　　　　　　　　　〔01347〕

珍らしいブラームスのホルン・トリオに就いて
土沢一 p.525　　　　　　　　　　　〔01348〕

ハイドン協会第三輯レコード記（1）村田武雄
p.528　　　　　　　　　　　　　　　〔01349〕

ベートーヴエンに於ける浪漫主義（上）三宅善
三 p.535　　　　　　　　　　　　　〔01350〕

シユトラウス会見記（1）京極鋭五
p.539　　　　　　　　　　　　　　　〔01351〕

思ひ出づるままに（1）石田生 p.542　〔01352〕

巴里の流行歌 芦原英了 p.545　　　　〔01353〕

新機械紹介 S・A p.549　　　　　　　〔01354〕

デイスク倶楽部レコード・コンサート 編輯部
p.551　　　　　　　　　　　　　　　〔01355〕

東京室内楽愛好家協会会報 幹事
p.552　　　　　　　　　　　　　　　〔01356〕

九月のレコード雑感 烏頭魔気，有島牧穂
p.553　　　　　　　　　　　　　　　〔01357〕

九月のポピユラー・セレクシヨンズ 牧山省三
p.564　　　　　　　　　　　　　　　〔01358〕

九月のダンス・レコード TAY MURAOKA
p.566　　　　　　　　　　　　　　　〔01359〕

海外新譜紹介 編輯部 p.569　　　　　〔01360〕

十月の各社レコード 編輯部 p.574　　〔01361〕

6巻10号（1934年10月発行）

三拍子論余韻 久礼伝三 p.577　　　　〔01362〕

モーツアルトの「ト短調ピアノ四重奏曲」の感
想 杉浦繁 p.582　　　　　　　　　〔01363〕

ハイドン協会第三回レコード記（2）村田武雄
p.585　　　　　　　　　　　　　　　〔01364〕

シューマンの「洋琴協奏曲」新盤を聴く 土沢一
p.589　　　　　　　　　　　　　　　〔01365〕

コーリッシュ四重奏団の新登場 鈴木喜久雄
p.591　　　　　　　　　　　　　　　〔01366〕

東京室内楽愛好家協会会報 幹事
p.594　　　　　　　　　　　　　　　〔01367〕

ベートーヴエンのピアノ・ソナタ 城春光
p.595　　　　　　　　　　　　　　　〔01368〕

レコードフアン控帳（5）珍品レコードの巻3
KNM p.599　　　　　　　　　　　　〔01369〕

シユトラウス会見記（2）京極鋭五
p.603　　　　　　　　　　　　　　　〔01370〕

新器械紹介 四月亭 p.607　　　　　　〔01371〕

三五年プロローグ TKG p.609　　　　〔01372〕

デイスク・ニユース 編輯部 p.610　　〔01373〕

第廿五回東京デイスク倶楽部レコード・コン
サート曲目 p.611　　　　　　　　　〔01374〕

各地デイスク・クラブ名 p.612　　　　〔01375〕

欧米楽壇通信 編輯部 p.613　　　　　〔01376〕

海外ニユース 編輯部 p.614　　　　　〔01377〕

十月レコード雑感 倉部讃，鮎野行夫
p.615　　　　　　　　　　　　　　　〔01378〕

十月のダンス・レコード 村岡貞
p.624　　　　　　　　　　　　　　　〔01379〕

十月のポピユラー・セレクシヨンズ 牧山省三
p.627　　　　　　　　　　　　　　　〔01380〕

十一月の各社レコード 編輯部 p.629　〔01381〕

海外新譜紹介 編輯部 p.631　　　　　〔01382〕

内容細目　　　　　　　　　　「ディスク」

テイ・ルーム廻り　XYZ　p.636　　　〔01383〕

6巻11号（1934年11月発行）

巻頭言　主幹　p.638　　　　　　　　〔01384〕

漫談のための漫談　R・ABC　p.639　〔01385〕

銀六漫語　野線翁　p.644　　　　　　〔01386〕

フランス古典楽派に就て（1）　三浦潤
p.652　　　　　　　　　　　　　　〔01387〕

バツハ「音楽の捧物」よりの三重奏曲を聴く　村
田武雄　p.664　　　　　　　　　　〔01388〕

新版「第六田園交響曲」雑感　城春光
p.668　　　　　　　　　　　　　　〔01389〕

如是我聞（新着欧洲盤を聴く）　土沢一
p.671　　　　　　　　　　　　　　〔01390〕

十一月のレコード雑感　烏頭魔気，城春光，鮎野
行夫　p.674　　　　　　　　　　　〔01391〕

十一月のポピユラー・セレクシヨンズ　牧山省
三　p.686　　　　　　　　　　　　〔01392〕

十一月のダンス・レコード　TAY MURAOKA
p.688　　　　　　　　　　　　　　〔01393〕

十二月の各社レコード　編輯部　p.690　〔01394〕

海外新譜紹介　編輯部　p.692　　　　〔01395〕

欧米楽壇通信　編輯部　p.699　　　　〔01396〕

デイスク・グランド氏と語る　神童坂
p.700　　　　　　　　　　　　　　〔01397〕

6巻12号（1934年12月発行）

巻頭言　主幹　p.703　　　　　　　　〔01398〕

フーベルマンの弾いた西班牙交響曲　有坂愛彦
p.704　　　　　　　　　　　　　　〔01399〕

シユーマン作ピアノ五重奏曲試聴記　本来漠
p.706　　　　　　　　　　　　　　〔01400〕

モーツアルトのイ調の「提琴協奏曲」　土沢一
p.708　　　　　　　　　　　　　　〔01401〕

「冬の旅」協会レコードを讃ふ　青木誠意
p.711　　　　　　　　　　　　　　〔01402〕

「フランス古典楽派」に就いて（2）　三浦潤
p.716　　　　　　　　　　　　　　〔01403〕

小品名レコード選集　其1，ピアノ・レコード
NKM　p.723　　　　　　　　　　〔01404〕

ベートーヴェンの浪漫主義（下）　三宅善三
p.728　　　　　　　　　　　　　　〔01405〕

「ストラヴィンスキー」の横顔　有島牧穂
p.733　　　　　　　　　　　　　　〔01406〕

新機械紹介　烏頭魔気　p.736　　　　〔01407〕

東京デイスク倶楽部レコード・コンサート（第
二十八回）　p.738　　　　　　　　〔01408〕

東京室内楽愛好家協会演奏会　幹事
p.739　　　　　　　　　　　　　　〔01409〕

欧米楽壇消息　編輯部　p.740　　　　〔01410〕

映画セクション　編輯部　p.741　　　〔01411〕

デイスク年鑑の発行に際して　青木誠意
p.742　　　　　　　　　　　　　　〔01412〕

十二月のレコード雑感　烏頭魔気，鮎野行夫
p.744　　　　　　　　　　　　　　〔01413〕

十二月のポピユラー・セレクシヨンズ　ぷらむ・
ふおど　p.756　　　　　　　　　　〔01414〕

正月各社レコード　編輯部　p.758　　〔01415〕

海外新譜紹介　編輯部　p.760　　　　〔01416〕

十二月ダンス・レコード　村岡貞
p.767　　　　　　　　　　　　　　〔01417〕

7巻1号（1935年1月発行）

モーツアルトの「変ホ長調交響曲」を聴く　深井
史郎　p.1　　　　　　　　　　　　〔01418〕

パガニーニの「第一バイオリン・コンチエルト」
拝聴記　鈴木喜久雄　p.6　　　　　〔01419〕

モーツアルトの「ヴィオラの五重奏曲」　杉浦繁
p.9　　　　　　　　　　　　　　　〔01420〕

バツハの「提琴協奏曲イ短調」を聴く　城春光
p.13　　　　　　　　　　　　　　〔01421〕

小品名レコード選集　其2，声楽のレコード　あら
えびす　p.15　　　　　　　　　　〔01422〕

三四年度の傑作レコオドを語る　鮎野行夫
p.20　　　　　　　　　　　　　　〔01423〕

「フランス古典楽派」に就いて（3）　三浦潤
p.27　　　　　　　　　　　　　　〔01424〕

オネツガアの「ユーディット」　タアバンダー，
林四月亭　訳　p.35　　　　　　　〔01425〕

ウイルヘルム・ミユウラー詩　冬の旅より（歌
詞）其の1　三角紀志　p.39　　　　〔01426〕

一月のレコード雑感　烏頭魔気，鮎野行夫
p.41　　　　　　　　　　　　　　〔01427〕

海外新譜紹介　編輯部　p.53　　　　〔01428〕

二月の各社レコード　編輯部　p.57　　〔01429〕

二月のダンス・レコード評　村岡貞
p.59　　　　　　　　　　　　　　〔01430〕

二月のポピユラー・セレクシヨンズ　ぷらむ・
ふおど　p.63　　　　　　　　　　〔01431〕

新年お目出たう　京極鋭五　p.66　　〔01432〕

7巻2号（1935年2月発行）

巻頭言　主幹　p.68　　　　　　　　〔01433〕

「新約提琴小品往来」小品名レコード選集（其3）
久礼伝三　p.69　　　　　　　　　〔01434〕

メヌーキンの珍らしいモーツアルトのコンチエ
ルト　鈴木鎮一　p.76　　　　　　〔01435〕

シユーマンの「ニ短調奏鳴曲」を聴く　城春光
p.80　　　　　　　　　　　　　　〔01436〕

ベートーヴェンの第十五番の「絃楽四重奏曲」
新版を聴いて　有島牧穂　p.84　　〔01437〕

如是我聞（欧米新着盤を聴く）　土沢一
p.86　　　　　　　　　　　　　　〔01438〕

「フランス古典楽派」に就いて（完結）　三浦潤
p.88　　　　　　　　　　　　　　〔01439〕

欧米楽壇通信　p.97　　　　　　　　〔01440〕

「ディスク」　　　　　　　　　　　　　内容細目

B・B・Cのオルガン・レコード　村田武雄
p.98　　　　　　　　　　　　　〔01441〕

ウヰルヘルム・ミユウラー詩 冬の旅の歌詞（其
2）三角紀志 p.102　　　　　　　〔01442〕

東京ディスク倶楽部レコード・コンサート曲目
p.105　　　　　　　　　　　　　〔01443〕

二月のレコード雑感　烏頭魔気，鮎野行夫
p.106　　　　　　　　　　　　　〔01444〕

二月のポピユラー・セレクシヨンズ ぷらむ・
ふおど p.116　　　　　　　　　〔01445〕

二月のダンス・レコード　村岡貞一
p.118　　　　　　　　　　　　　〔01446〕

海外新譜紹介　編輯部 p.120　　　〔01447〕

三月の各社レコード　編輯部 p.128　〔01448〕

読者欄　NAS p.131　　　　　　　〔01449〕

7巻3号（1935年3月発行）

巻頭言　主幹 p.133　　　　　　　〔01450〕

バツハ年表 p.134　　　　　　　　〔01451〕

バツハ略伝　林健太郎 p.135　　　〔01452〕

バツハ覚え書三つ　NKM p.143　　〔01453〕

バツハ（銀六漫語）森潤三郎 p.147　〔01454〕

近代楽にあらはれたバツハの影響　深井史郎
p.150　　　　　　　　　　　　　〔01455〕

バツハのインタープリター　杉浦繁
p.155　　　　　　　　　　　　　〔01456〕

私の記憶してゐるバツハの宗教音楽　あらえび
す 談 p.160　　　　　　　　　　〔01457〕

バツハ・オルガン・レコード考　村田武雄
p.163　　　　　　　　　　　　　〔01458〕

私の好きなバツハのレコード　有坂愛彦
p.173　　　　　　　　　　　　　〔01459〕

バツハ特輯のレコード　烏頭魔気
p.177　　　　　　　　　　　　　〔01460〕

最近到着したバツハのレコード　土沢一
p.181　　　　　　　　　　　　　〔01461〕

四十八協会　編輯部 p.185　　　　〔01462〕

バツハに至る迄の時代の変遷 p.187　〔01463〕

バツハに至る迄の音楽家消長 p.189　〔01464〕

バツハのレコード選集　編輯部 p.191　〔01465〕

バツハの作品集　池永昇二 編 p.197　〔01466〕

吹込を希望するバツハの曲目　村田武雄，池永
昇二，S・S，四月亭，三浦潤，楳津真次郎，
城春光，森潤三郎，鵜飼正直，鮎野行夫
p.205　　　　　　　　　　　　　〔01467〕

未発売のバツハ・レコード　編輯部
p.207　　　　　　　　　　　　　〔01468〕

本誌に現はれたバツハの記事　編輯部
p.208　　　　　　　　　　　　　〔01469〕

バツハ研究書誌（上）村田武雄 p.209　〔01470〕

モーツアルトの「絃楽四重奏曲ニ長調」を聴く
本来漠 p.215　　　　　　　　　　〔01471〕

欧米楽壇消息 p.218　　　　　　　〔01472〕

デイスク年鑑に就いて　編輯部 p.219　〔01473〕

豪華的新製品二器を語る　鮎野行夫
p.220　　　　　　　　　　　　　〔01474〕

デイスク雑報 p.221　　　　　　　〔01475〕

三月レコード雑感　烏頭魔気，鮎野行夫
p.223　　　　　　　　　　　　　〔01476〕

三月のポピユラー・セレクシヨンズ ぷらむ・
ふおど p.229　　　　　　　　　　〔01477〕

四月の各社レコード　編輯部 p.233　〔01478〕

海外新譜紹介　編輯部 p.235　　　〔01479〕

三月のダンス・レコード　村岡貞
p.241　　　　　　　　　　　　　〔01480〕

7巻4号（1935年4月発行）

巻頭言　主幹 p.245　　　　　　　〔01481〕

シヨパン年表 p.246　　　　　　　〔01482〕

シヨパン（銀六漫語）森潤三郎 p.247　〔01483〕

シヨパン演奏家としてのバツハマンのレコード
と其演奏（1）山田弘 p.249　　　〔01484〕

シヨパンと同時代の音楽家消長 p.254　〔01485〕

シヨパン珍品抄　牧山省三 p.255　〔01486〕

シヨパン全作品集　編輯部 p.261　〔01487〕

小品名レコード選集（其4）―管絃楽のレコード
鮎野行夫 p.263　　　　　　　　　〔01488〕

ラヴエルと「絃楽四重奏曲」雑考　有島牧穂
p.268　　　　　　　　　　　　　〔01489〕

絃楽四重奏曲―初歩の頁　編輯部
p.271　　　　　　　　　　　　　〔01490〕

コロンビアの「第九（合唱）交響楽」の独唱者略
歴 p.277　　　　　　　　　　　　〔01491〕

ウヰルヘルム・ミユウラー詩 冬の旅の歌詞（其
3）三角紀志 p.279　　　　　　　〔01492〕

バツハ研究書誌（下）村田武雄 p.281　〔01493〕

三五年RCA電気蓄音器紹介　大比良貿易店 訳
p.287　　　　　　　　　　　　　〔01494〕

欧米楽壇通信 p.291　　　　　　　〔01495〕

映画セクション　編輯部 p.293　　〔01496〕

四月のレコード雑感　烏頭魔気，鮎野行夫
p.295　　　　　　　　　　　　　〔01497〕

四月のポピユラー・セレクシヨンズ ぷらむ・
ふおど p.306　　　　　　　　　　〔01498〕

四月のダンス・レコード　村岡貞
p.309　　　　　　　　　　　　　〔01499〕

五月各社レコード　編輯部 p.313　〔01500〕

海外新譜紹介　編輯部 p.315　　　〔01501〕

7巻5号（1935年5月発行）

巻頭言　森生 p.319　　　　　　　〔01502〕

ワグナー年表 p.320　　　　　　　〔01503〕

ワグナー随想　あらえびす 談 p.321　〔01504〕

ワグナーの芸術 四月亭 p.323 〔01505〕

ウアグナーの感想 本来漠，野線翁，杉浦繁，楳津真次郎 p.326 〔01506〕

ウアグナー論攷 有島牧穂 p.329 〔01507〕

ヴアグナー音楽と指揮者を語る 鮎野行夫 p.332 〔01508〕

ワグナーの作品表 p.339 〔01509〕

ワグナーと同時代の音楽家消長 p.340 〔01510〕

第九ジンフオニー 野線翁 p.341 〔01511〕

第九ジンフオニー頌 兼常清佐 p.343 〔01512〕

コロムビアの「第九交響曲」合評 有坂愛彦，森潤三郎，青木誠意，杉浦繁，楳津真次郎 p.347 〔01513〕

ギーゼキングの「皇帝協奏曲」合評 有坂愛彦，森潤三郎，青木誠意，杉浦繁，楳津真次郎 p.350 〔01514〕

新版「第九交響曲」評 烏頭魔気 p.353 〔01515〕

ギーゼキングの「皇帝協奏曲」を聴く 原智恵子 p.356 〔01516〕

ベートーヴェンのピアノ・ソナタ協会第六輯に就いて 城春光 p.357 〔01517〕

「荘厳弥撒曲」の再版 城春光 p.359 〔01518〕

クープランのクラヴサン曲集 NKM p.360 〔01519〕

銀六漫語 野線翁 p.364 〔01520〕

プロコフイエフ作舞踊曲「シユウ」〔道化役〕を聴いて 鮎野行夫 p.367 〔01521〕

ショパン演奏家としてのパツハマンのレコードと其演奏（2） 山田弘 p.369 〔01522〕

ウヰルヘルム・ミユウラー詩 冬の旅の歌詞（其4） 三角紀志 p.372 〔01523〕

読者サロン 静観生 p.374 〔01524〕

五月のレコード雑感 烏頭魔気 p.375 〔01525〕

五月のポピユラー・セレクションズ 楳津真次郎 p.385 〔01526〕

海外新譜紹介 編輯部 p.388 〔01527〕

五月のダンス・レコード 村岡貞 p.391 〔01528〕

六月の各社レコード 編輯部 p.395 〔01529〕

新刊書紹介 p.397 〔01530〕

座銀の一角から 一記者 p.399 〔01531〕

7巻6号（1935年6月発行）

巻頭言 p.401 〔01532〕

ドビユツシイ年表 p.402 〔01533〕

ドビユツシイ素描 鮎野行夫 p.403 〔01534〕

ドビユツシイ入門 藤木義輔 p.414 〔01535〕

ドビユツシイの管絃楽に望んだもの 深井史郎 p.419 〔01536〕

ドビユツシイの歌曲より 本来漠 p.421 〔01537〕

ドビユツシイ漫筆 城春光 p.425 〔01538〕

Un auteur difficile 熊田眉秋 p.428 〔01539〕

ドビユツシイへの感想 村田武雄，四月亭，鮎野行夫 p.431 〔01540〕

ドビユツシイ全作品集 編輯部 p.432 〔01541〕

「結婚」に就て 芦原英了 p.435 〔01542〕

レナアによる「変ホ調四重奏曲」雑感 有島牧穂 p.437 〔01543〕

フオーレの「鎮魂曲」レコード試聴記 土沢一 p.439 〔01544〕

初歩の頁―ヴアイオリン音楽通覧（1） 編輯部 p.441 〔01545〕

ショパン演奏家としてのパツハマンと其レコード（3） 山田弘 p.447 〔01546〕

「レコード音楽夜話」を読む NKM p.451 〔01547〕

消息欄 編輯部 p.454 〔01548〕

一九三五年型ケープハート四〇〇号に就いて 青木周三 p.455 〔01549〕

ケープハート試聴会 青木実 p.455 〔01550〕

映画セクション 編輯部 p.459 〔01551〕

六月 レコード雑感 烏頭魔気 p.461 〔01552〕

六月 ダンス・レコード 村岡貞 p.470 〔01553〕

六月 ポピユラー・セレクションズ 牧山省三 p.475 〔01554〕

七月 各社レコード 編輯部 p.477 〔01555〕

海外新譜紹介 編輯部 p.479 〔01556〕

7巻7号（1935年7月発行）

巻頭言 森生 p.485 〔01557〕

ベートーヴェン年表 p.486 〔01558〕

ベートーヴェンと歌劇「フイデリオ」 伊庭孝 p.487 〔01559〕

絃楽四重奏曲から覗いたベートーヴェン 鈴木鎮一 p.491 〔01560〕

ベートーヴェンの交響曲 有坂愛彦 p.496 〔01561〕

私の感ずるベートーヴェンのソナタに就いて 高木東六 p.499 〔01562〕

大芸術家の思想と作品 大沼魯夫 p.505 〔01563〕

消息欄 編輯部 p.508 〔01564〕

遙かなる愛人に寄す 山内幸一 p.509 〔01565〕

ベートーヴェン全作品集 編輯部 p.513 〔01566〕

試聴室―新着レコードの印象 青木謙幸 p.515 〔01567〕

銀六漫言 小林藤夫 p.519 〔01568〕

ヴオルフの歌謡曲 偶考 土沢一 p.523 〔01569〕

「ディスク大賞」（三五年度）発表 p.525 〔01570〕

「ディスク」　　　　　　　　　　内容細目

アルマ・グルックと語る　青木謙幸
p.527　　　　　　　　　　　〔01571〕

七月 レコード雑感 本来漠，城春光
p.529　　　　　　　　　　　〔01572〕

七月 ポピユラー・セレクションズ 牧山省三
p.546　　　　　　　　　　　〔01573〕

七月 ダンス・レコード評 村岡貞
p.549　　　　　　　　　　　〔01574〕

八月 各社レコード 編輯部 p.553　〔01575〕

海外新譜紹介 編輯部 p.555　　　〔01576〕

初夏の喫茶店めぐり（1）ぷらむ・ふおど
p.561　　　　　　　　　　　〔01577〕

堅琴漫弾 久礼伝三 p.563　　　　〔01578〕

7巻8号（1935年8月発行）

レオンカヴァロ年表及作品集 p.568　〔01579〕

ヂーリに期待する 野村胡堂 p.569　〔01580〕

新版「パリアッチ」を聴いて 田中青雲
p.572　　　　　　　　　　　〔01581〕

オペラ「道化師」の概要 編輯部
p.576　　　　　　　　　　　〔01582〕

試聴室―新着レコードの印象―バツハの「フリ
ユートとピアノのソナタ」 青木謙幸，有島牧
穂 p.580　　　　　　　　　　〔01583〕

試聴室―新着レコードの印象―モーツアルトの
「絃楽五重奏曲ハ長調」 青木謙幸，有島牧穂
p.583　　　　　　　　　　　〔01584〕

試聴室―新着レコードの印象―ハイドン協会第
四輯レコード 青木謙幸，有島牧穂
p.585　　　　　　　　　　　〔01585〕

「美しき水車小屋の娘」 本来漠 p.589　〔01586〕

ダミアのこと 芦原英了 p.592　　〔01587〕

近時偶感 江馬刈辺 p.596　　　　〔01588〕

楽界消息 p.601　　　　　　　　〔01589〕

初歩の頁―ヴァイオリン音楽通覧（2）編輯部
p.602　　　　　　　　　　　〔01590〕

逝けるポール・デユーカを偲ぶ 鮎野行夫
p.608　　　　　　　　　　　〔01591〕

新蓄音器紹介欄 編輯部 p.611　　〔01592〕

映画セクション 編輯部 p.612　　〔01593〕

八月 レコード雑感 烏頭魔気，鮎野行夫
p.614　　　　　　　　　　　〔01594〕

八月 ダンス・レコード評 村岡貞
p.625　　　　　　　　　　　〔01595〕

八月 ポピユラー・セレクシヨンズ 牧山省三
p.628　　　　　　　　　　　〔01596〕

九月の各社レコード 編輯部 p.630　〔01597〕

海外新譜紹介 編輯部 p.632　　　〔01598〕

同人消息 p.638　　　　　　　　〔01599〕

7巻9号（1935年9月発行）

巻頭言 森生 p.640　　　　　　　〔01600〕

フランク年表 p.641　　　　　　〔01601〕

フランクの音楽の特異性 牛山充
p.642　　　　　　　　　　　〔01602〕

親しみにくいフランク 藤木義輔
p.648　　　　　　　　　　　〔01603〕

セザール・フランクの室内楽 鈴木鎮一
p.652　　　　　　　　　　　〔01604〕

バツハとフランク―フランクのオルガン曲 村
田武雄 p.657　　　　　　　　　〔01605〕

セザール・フランクの位置 堀江謙吉
p.662　　　　　　　　　　　〔01606〕

セザール・フランクのレコードを続りて 江馬
苅辺 p.664　　　　　　　　　　〔01607〕

フランク作品表 編輯部 p.673　　〔01608〕

試聴室―新着レコードの印象―モーツアルト提
琴協奏第四番 杉浦繁 p.673　　　〔01609〕

楽壇消息 編輯部 p.674　　　　　〔01610〕

試聴室―新着レコードの印象―ベートーヴェン
の絃楽三重奏曲に就いて 城春光
p.677　　　　　　　　　　　〔01611〕

試聴室―新着レコードの印象―ポリドールの
「クロイツエル・ソナタ」を聴く 江馬苅辺
p.680　　　　　　　　　　　〔01612〕

パリヤツチ頊談 伊庭孝 p.683　　〔01613〕

バツハ協会第二輯レコードに就いて 青木謙幸
p.687　　　　　　　　　　　〔01614〕

ビクター洋楽愛好家協会設立に就いて 編輯部
p.689　　　　　　　　　　　〔01615〕

九月のレコード雑感 烏頭魔気 p.692　〔01616〕

九月のポピユラー・セレクションズ 牧山省三
p.706　　　　　　　　　　　〔01617〕

九月ダンス・レコード 村岡貞 p.709　〔01618〕

十月各社レコード 編輯部 p.714　〔01619〕

海外新譜紹介 編輯部 p.716　　　〔01620〕

愛読者各位の論文を募る 編輯部
p.720　　　　　　　　　　　〔01621〕

7巻10号（1935年10月発行）

巻頭言 あらえびす 談 p.722　　〔01622〕

ヨハネス・ブラームス年表 p.723　〔01623〕

ブラームスを味ふ者 伊庭孝 p.724　〔01624〕

ブラームスの交響曲 塩入亀輔 p.728　〔01625〕

ブラームスと洋琴 野村光一 p.734　〔01626〕

ブラームスの歌曲偶感 本来漠 p.738　〔01627〕

ブラームスの室内楽 鈴木喜久雄
p.740　　　　　　　　　　　〔01628〕

ブラームスへの感想 大沼魯夫，林四月亭，熊田
眉秋，城春光 p.743　　　　　　〔01629〕

ブラームス抄伝 鮎野行夫 p.746　〔01630〕

ブラームス作品表 編輯部 p.751　〔01631〕

30　戦前期　レコード音楽雑誌記事索引　　　　　　　　　　〔01571～01631〕

内容細目 「ディスク」

試聴室―新着レコードの印象―チヤイコフスキー 舞踊組曲「胡桃割」の新版 鮎野行夫, 有島牧穂 p.752 〔01632〕

試聴室―新着レコードの印象―ドヴォルザークと「トリオ」の作品 鮎野行夫, 有島牧穂 p.754 〔01633〕

試聴室―新着レコードの印象―メルハルの「未完交響楽」雑感 鮎野行夫, 有島牧穂 p.756 〔01634〕

ミロオ随想 三浦潤 p.758 〔01635〕

ミロオの「夢想」 芦原英了 p.762 〔01636〕

初歩の頁―ヴァイオリン音楽通覧（3） 編輯部 p.765 〔01637〕

マレシャル, ケムプの来朝紹介 編輯部 p.768 〔01638〕

喫茶店とレコード音楽 堀増太 p.770 〔01639〕

映画セクション「ワルツ合戦」 編輯部 p.773 〔01640〕

読者欄 p.776 〔01641〕

消息欄 編輯部 p.778 〔01642〕

十月 レコード雑感 城春光, 鮎野行夫 p.780 〔01643〕

十月 ポピユラー・セレクシヨンズ 牧山省三 p.793 〔01644〕

十月 ダンス・レコード評 村岡貞 p.795 〔01645〕

十一月各社レコード 編輯部 p.799 〔01646〕

海外新譜紹介 編輯部 p.801 〔01647〕

7巻11号（1935年11月発行）

モオリス・ラヴェル年表 p.806 〔01648〕

ラヴェル観察の座標 藤木義輔 p.807 〔01649〕

管絃楽法より見たるラヴェル 深井史郎 p.812 〔01650〕

ラヴェルの歌曲 唐畠勝 p.818 〔01651〕

ラヴェルの音楽とレコード 鮎野行夫 p.823 〔01652〕

モオリス・ラヴェル作品表 編輯部 p.828 〔01653〕

スカルラツテイのソナタ集 NKM p.829 〔01654〕

バツハのピアノ平均率 高木東六 p.833 〔01655〕

ベートーヴェン・ソナタ協会第七輯 城春光 p.837 〔01656〕

フエルウのプロフイル 芦原英了 p.838 〔01657〕

ヘンリ・ウツド郷を訪ふて 京極鋭五 p.841 〔01658〕

試聴室―新レコードの紹介―ウツド指揮の「運命交響楽」偶感 鮎野行夫 p.843 〔01659〕

試聴室―新着レコードの印象―レナーの「皇帝四重奏曲」を聴いて 楳津真次郎 p.847 〔01660〕

試聴室―新着レコードの印象―大クライスラーの復活 青木謙幸 p.850 〔01661〕

批評の脱け道を辿る（懸賞論文発表「クロイツエル・ソナタのデイスク」） 榎本竹六 p.854 〔01662〕

クロイツエル・ソナタのデイスク（懸賞論文発表「クロイツエル・ソナタのデイスク」） 大西一正 p.858 〔01663〕

クロイツエル・ソナタのデイスク（懸賞論文発表「クロイツエル・ソナタのデイスク」） 松尾彰 p.864 〔01664〕

消息欄 p.868 〔01665〕

十一月レコード雑感 本来漠, 城春光 p.869 〔01666〕

十一月ポピユラー・セレクシヨンズ 牧山省三 p.881 〔01667〕

十一月ダンス・レコード評 村岡貞 p.883 〔01668〕

十二月各社レコード 編輯部 p.889 〔01669〕

海外新譜紹介 編輯部 p.891 〔01670〕

7巻12号（1935年12月発行）

巻頭言 森生 p.896 〔01671〕

フエリツクス・メンデルスゾン年表 p.897 〔01672〕

メンデルスゾンの感想 大沼魯夫 p.898 〔01673〕

人間メンデルスゾーンと彼の音楽に就いて 堀江謙吉 p.901 〔01674〕

メンデルスゾンのレコード放談 井関富三 p.907 〔01675〕

フエリツクス・メンデルスゾン作品表 編輯部 p.911 〔01676〕

ケムプの新盤試聴偶感―ベートーヴェン「奏鳴曲変ホ長調作品三一ノ三」 杉浦繁 p.913 〔01677〕

ケムプの新盤試聴偶感―モオツアルト「奏鳴曲イ長調三三一」 杉浦繁 p.915 〔01678〕

ヘンデル「メサイア」の全曲レコードを聴いて 村田武雄 p.917 〔01679〕

シユトラウスの「フレーダマウス」 田中青雲 p.926 〔01680〕

三五年度の名レコード抄記 鮎野行夫 p.931 〔01681〕

ユリア・クルプのレコードに就いて 青木謙幸 p.939 〔01682〕

新音楽芸術への飛躍 林いさむ p.941 〔01683〕

懸賞論文を通読して 小林藤夫 p.944 〔01684〕

小耳話 小林藤夫 p.945 〔01685〕

消息欄 編輯部 p.947 〔01686〕

「ディスク」　　　　　　　　　　　内容細目

映画セクション―「モンパルナスの夜」　編輯部
p.948　　　　　　　　　　　　　〔01687〕

読者欄　p.949　　　　　　　　　　〔01688〕

十二月レコード雑感　烏頭魔気，城春光
p.951　　　　　　　　　　　　　〔01689〕

十二月ポピュラー・セレクションズ　牧山省三
p.966　　　　　　　　　　　　　〔01690〕

十二月のダンス・レコード評　村岡貞
p.969　　　　　　　　　　　　　〔01691〕

正月各社レコード　編輯部　p.973　〔01692〕

海外新譜紹介　編輯部　p.975　　　〔01693〕

8巻1号（1936年1月発行）

新年レコード界への希望　あらえびす
p.1　　　　　　　　　　　　　　〔01694〕

巻頭言　森生　p.4　　　　　　　　〔01695〕

シューベルトの歌曲レコード随想　あらえびす
談　p.5　　　　　　　　　　　　〔01696〕

シューベルトの管絃曲レコードを繞りて　江馬
苅辺　p.9　　　　　　　　　　　〔01697〕

シューベルトの傑作室内楽曲　鈴木鎮一
p.15　　　　　　　　　　　　　〔01698〕

歌謡曲作家シューベルト　唐端勝　p.19　〔01699〕

フランツ・シューバート年表　p.24　〔01700〕

歌集「美しき粉屋の乙女」訳詩（1）三角紀志
訳　p.25　　　　　　　　　　　〔01701〕

シューバート作品表　編輯部　p.29　〔01702〕

モオツァルトの室内楽（1）NKM
p.31　　　　　　　　　　　　　〔01703〕

ベートーヴェンのヴァイオリン・ソナタ協会の
レコード　p.36　　　　　　　　〔01704〕

フーベルマンの新版「提琴協奏曲」試聴記　本来
漠，有坂愛彦，楳津真次郎，大西一正，城春
光，鮎野行夫，烏頭魔気　p.39　〔01705〕

「カルメン」の縮小盤を聴く　平間文寿
p.49　　　　　　　　　　　　　〔01706〕

ベートーヴェンのピアノ曲　エドウイン・フィ
ッシヤー，千家徹　訳　p.52　　〔01707〕

ストラヴィンスキーの「提琴協奏曲」編輯部
p.56　　　　　　　　　　　　　〔01708〕

批評の立場　大西一正　p.58　　　〔01709〕

一月レコード雑感　烏頭魔気，鮎野行夫
p.62　　　　　　　　　　　　　〔01710〕

一月ポピュラー・セレクションズ　牧山省三
p.76　　　　　　　　　　　　　〔01711〕

一月ダンス・レコード評　村岡貞　p.79　〔01712〕

二月各社レコード　編輯部　p.84　〔01713〕

海外新譜紹介　編輯部　p.86　　　〔01714〕

新年雑感　青木謙幸　p.90　　　　〔01715〕

8巻2号（1936年2月発行）

フオーレの芸術　藤木義輔　p.93　〔01716〕

フォーレの音楽　高木東六　p.97　〔01717〕

ガブリエル・フォーレ年表　p.102　〔01718〕

近代仏蘭西歌曲の黎明　三潴末松
p.103　　　　　　　　　　　　　〔01719〕

フオレーの芸術と音盤　近江屋清兵衛
p.109　　　　　　　　　　　　　〔01720〕

伝統主義者フォーレを描く　鮎野行夫
p.115　　　　　　　　　　　　　〔01721〕

ガブリエル・フォーレ作品表　編輯部
p.119　　　　　　　　　　　　　〔01722〕

モーツアルトの室内楽（2）NKM
p.123　　　　　　　　　　　　　〔01723〕

ドイツ古典楽派に就いて（1）村田武雄
p.127　　　　　　　　　　　　　〔01724〕

新刊紹介　鮎野行夫，青木謙幸　p.132　〔01725〕

「カルメン」のレコードに就いて　田中青雲
p.133　　　　　　　　　　　　　〔01726〕

四提琴家雑考　榎本竹六　p.139　〔01727〕

如是我聞　城春光　p.145　　　　〔01728〕

最近の欧洲楽壇展望　浜口正二　p.147　〔01729〕

アルゼンチン・タンゴ・バンドに就いて　高橋
忠雄　p.149　　　　　　　　　〔01730〕

喫茶店にて　熊田眉秋　p.151　　〔01731〕

ディスク・ニュース　p.153　　　〔01732〕

映画セクション　p.155　　　　　〔01733〕

消息欄　編輯部　p.156　　　　　〔01734〕

二月レコード雑感　烏頭魔気，鮎野行夫
p.157　　　　　　　　　　　　　〔01735〕

二月ポピュラー・セレクションズ　牧山省三
p.174　　　　　　　　　　　　　〔01736〕

二月のダンス・レコード評　村岡貞
p.177　　　　　　　　　　　　　〔01737〕

海外新譜紹介　編輯部　p.180　　〔01738〕

8巻3号（1936年3月発行）

巻頭盤言（1）久礼伝三　p.189　〔01739〕

モーツアルトの室内楽（3）NKM
p.194　　　　　　　　　　　　　〔01740〕

ドイツ古典楽派に就いて（2）村田武雄
p.199　　　　　　　　　　　　　〔01741〕

欧米新着レコード評―野獣派提琴家ダシユキン
に就いて　近江屋清兵衛　p.206　〔01742〕

欧米新着レコード評―ブツシユの「ブランデン
ブルグ協奏曲」を聴く　村田武雄
p.211　　　　　　　　　　　　　〔01743〕

欧米新着レコード評―男性合唱名曲レコード集
（1）山口隆俊　p.215　　　　〔01744〕

アメリカ音楽の全貌　牛山充　p.221　〔01745〕

現代アメリカ音楽概説　堀江謙吉
p.225　　　　　　　　　　　　　〔01746〕

伝統なき国の音楽　岡山東　p.231　〔01747〕

内容細目　　　　　　　　　　　　　　「ディスク」

アメリカ音楽のレコード雑記　有島牧穂
p.237　　　　　　　　　　　　　〔01748〕

RCAビクターD-二二号に就いて　蓮田豊
p.241　　　　　　　　　　　　　〔01749〕

茶聴偶感記　鮎野行夫　p.247　　〔01750〕

ディスク・ニュース　p.249　　　〔01751〕

デイスク倶楽部のコンサートを聴く　大西一正
p.251　　　　　　　　　　　　　〔01752〕

三月レコード雑感　鮎野行夫，池永昇二
p.253　　　　　　　　　　　　　〔01753〕

三月ポピュラー・セレクションズ　牧山省三
p.265　　　　　　　　　　　　　〔01754〕

三月ダンス・レコード評　村岡貞
p.268　　　　　　　　　　　　　〔01755〕

海外新譜紹介　編輯部　p.272　　〔01756〕

8巻4号（1936年4月発行）

ケムプのレコード表　編輯部　p.280　〔01757〕

ヴィルヘルム・ケムプの来朝を祝して　青木謙
幸　p.281　　　　　　　　　　　〔01758〕

ヴィルヘルム・ケムプ　カール・チール，大西一
正　訳　p.282　　　　　　　　　〔01759〕

ケムプ演奏の新盤「皇帝協奏曲」を聴いて　杉浦
繁　p.284　　　　　　　　　　　〔01760〕

ケムプの「ハンマー・クラヴィア・ゾナータ」
を聴いて　青木謙幸　p.286　　　〔01761〕

ケムプの新吹込のレコード試聴記　大西一正
p.289　　　　　　　　　　　　　〔01762〕

ケムプのベートーヴェン　村田武雄
p.292　　　　　　　　　　　　　〔01763〕

ケムプ寸感　坪和昌夫　p.293　　〔01764〕

レコードに依るケムプの印象　林生
p.295　　　　　　　　　　　　　〔01765〕

ケムプの演奏曲目　編輯部　p.297　〔01766〕

ハイドンの「チエロ協奏曲」試聴記（欧米新着
レコード評）鈴木二三雄　p.299　〔01767〕

シューマン雑感―「婦人の愛と生涯」（欧米新着
レコード評）鮎野行夫　p.301　　〔01768〕

ミロオの「協奏曲」を聴く（欧米新着レコード
評）鮎野行夫　p.304　　　　　　〔01769〕

ヴェルデイの「室内楽レコード」を聴く（欧米
新着レコード評）鮎野行夫　p.306　〔01770〕

近代チエック音楽に就いて（中欧の音楽）柿沼
太郎　p.308　　　　　　　　　　〔01771〕

バルトックのクワルテット（中欧の音楽）鈴木
鎮一　p.312　　　　　　　　　　〔01772〕

新版「新世界交響曲」を中心に（中欧の音楽）
井関富三　p.314　　　　　　　　〔01773〕

中欧音楽新盤を語る（中欧の音楽）堀江謙吉
p.318　　　　　　　　　　　　　〔01774〕

ドイツ古典楽派に就いて（3）村田武雄
p.322　　　　　　　　　　　　　〔01775〕

男性合唱名曲レコード集（2）山口隆俊
p.326　　　　　　　　　　　　　〔01776〕

「美しき粉屋の乙女」訳詩（2）三角紀志　訳
p.333　　　　　　　　　　　　　〔01777〕

映画セクション―おもかげ　編輯部
p.338　　　　　　　　　　　　　〔01778〕

四月レコード雑感　本来漠，鮎野行夫
p.339　　　　　　　　　　　　　〔01779〕

四月ポピュラー・セレクションズ　青木実
p.350　　　　　　　　　　　　　〔01780〕

四月ダンス・レコード評　村岡貞
p.356　　　　　　　　　　　　　〔01781〕

海外新譜紹介　編輯部　p.361　　〔01782〕

質問欄　p.369　　　　　　　　　〔01783〕

8巻5号（1936年5月発行）

ヒュッシュと「美しき水車小屋の乙女」　あらえ
びす　談　　　　　　　　　　　〔01784〕

モーツアルトの室内楽（4）NKM
p.375　　　　　　　　　　　　　〔01785〕

アストリユックのバッハ「提琴協奏曲イ短調」
村田武雄　p.381　　　　　　　　〔01786〕

素晴しい哉―幻想交響曲（上）近江屋清兵衛
p.388　　　　　　　　　　　　　〔01787〕

試聴室―シューマンの「幼き日の憶ひ出」新版
土沢一　p.392　　　　　　　　　〔01788〕

試聴室―ミロオ偶感「四重奏曲第七番」を聴い
て　有島牧穂　p.394　　　　　　〔01789〕

試聴室―クライベル指揮の「未完成」（テレフン
ケン版）田中青雲　p.396　　　　〔01790〕

近代フランス音楽家素描（近代仏蘭西音楽）藤
木義輔　p.398　　　　　　　　　〔01791〕

仏蘭西現代作家の諸傾向（近代仏蘭西音楽）大
木正夫　p.402　　　　　　　　　〔01792〕

魅力ある絵巻（近代仏蘭西音楽）太田綾子
p.406

近代仏蘭西歌曲のレコードに就いて（近代仏蘭
西音楽）熊田眉秋　p.409　　　　〔01794〕

近世仏国楽派随想―管絃曲とディスク（近代仏
蘭西音楽）鮎野行夫　p.412　　　〔01795〕

マリイ・デュバを語る　芦原英了
p.420　　　　　　　　　　　　　〔01796〕

レコード・マニア ポスト往来　蓄録生
p.424　　　　　　　　　　　　　〔01797〕

男性合唱名曲レコード集（3）山口隆俊
p.430　　　　　　　　　　　　　〔01798〕

ディスク・ニュース　p.434　　　〔01799〕

茶聴雑記　p.436　　　　　　　　〔01800〕

五月レコード雑感　坪和昌夫，城春光，鮎野行夫
p.438　　　　　　　　　　　　　〔01801〕

五月ポピュラー・セレクションズ　青木実
p.451　　　　　　　　　　　　　〔01802〕

五月ダンス・レコード評　村岡貞
p.455　　　　　　　　　　　　　〔01803〕

「ディスク」　　　　　　　　　　　　内容細目

海外新譜紹介　編輯部　p.460　　　　　〔01804〕

質問欄　p.464　　　　　　　　　　　　〔01805〕

8巻6号（1936年6月発行）

巻頭言　主幹　p.468　　　　　　　　　〔01806〕

巻頭盤言（2）ジャック・ティボーを続りて　久礼
伝三　p.469　　　　　　　　　　　　〔01807〕

ティボーのレコードの想ひ出　中村善吉
p.478　　　　　　　　　　　　　　　〔01808〕

ティボーの来朝に際して　榎本竹六
p.482　　　　　　　　　　　　　　　〔01809〕

シゲッティのプロコフィエフの「協奏曲」（欧米
新着レコード紹介）鰐淵賢舟
p.488　　　　　　　　　　　　　　　〔01810〕

ドヴォルザークの「第四交響曲」試聴（欧米新
着レコード紹介）有坂愛彦　p.490　〔01811〕

マルティネリの歌つた「美しき水車小屋の娘」
（欧米新着レコード紹介）寺島宏
p.492　　　　　　　　　　　　　　　〔01812〕

ヒンデミット作「画家マティス」を聴く（欧米新
着レコード紹介）鮎野行夫　p.495　〔01813〕

ロシア音楽の本質（1）（露西亜音楽）ゲラルド・
アブラハル 述，大沼魯夫 訳　p.498　〔01814〕

北方音楽私観（露西亜音楽）有島牧穂
p.504　　　　　　　　　　　　　　　〔01815〕

「春の祭典」迄のストラヴィンスキー（露西亜音
楽）丸山和平　p.507　　　　　　　　〔01816〕

A君への手紙（露西亜音楽）城春光
p.510　　　　　　　　　　　　　　　〔01817〕

ドイツ古典楽派に就いて（4）村田武雄
p.514　　　　　　　　　　　　　　　〔01818〕

素晴らしい哉！　幻想交響曲（中）近江屋清兵衛
p.520　　　　　　　　　　　　　　　〔01819〕

アルゼンチンタンゴ盤の出版に就いて　森生
p.524　　　　　　　　　　　　　　　〔01820〕

ビクターのアルゼンチン・タンゴ集　青木謙幸
p.528　　　　　　　　　　　　　　　〔01821〕

アルゼンチンを廻りて　加藤兵治郎
p.535　　　　　　　　　　　　　　　〔01822〕

六月レコード雑感　坩和昌夫，鮎野行夫，城春光
p.536　　　　　　　　　　　　　　　〔01823〕

噫！　スペルヴィア逝く　鮎野行夫
p.547　　　　　　　　　　　　　　　〔01824〕

六月ポピュラー・セレクションズ　青木実
p.548　　　　　　　　　　　　　　　〔01825〕

死のレコード　青木実　p.551　　　　〔01826〕

六月ダンス・レコード評　村岡貞
p.553　　　　　　　　　　　　　　　〔01827〕

海外新譜紹介　編輯部　p.559　　　　　〔01828〕

ディスク・ニュース　p.564　　　　　　〔01829〕

質問欄　p.566　　　　　　　　　　　　〔01830〕

8巻春期増刊（1936年6月発行）

新版「第七交響曲」の感想　杉浦繁，坩和昌夫，
井関富三，本来漠　p.1　　　　　　　〔01831〕

モーツアルトのピアノ協奏曲　林健太郎
p.7　　　　　　　　　　　　　　　　〔01832〕

英国楽派—随想　鮎野行夫　p.14　　　〔01833〕

欧米新着レコード雑感　城春光　p.19　〔01834〕

如是我聞　田中晴雲，有島牧穂　p.29　〔01835〕

バッハ解釈家としてのストコフスキー（欧米音
楽評家文集）テゥルナイザー，大西一正 訳
p.37　　　　　　　　　　　　　　　〔01836〕

アルトゥーロ・トスカニーニ（欧米音楽評家文
集）アンドレフスキー，大西一正 訳
p.41　　　　　　　　　　　　　　　〔01837〕

ブラームスとゲッティンゲン（欧米音楽評家文
集）千家徹　p.45　　　　　　　　　〔01838〕

ベートーヴェンと女性（欧米音楽評家文集）H・
ワグナー，大西一正 訳　p.47　　　　〔01839〕

キルピネンとの会見記（欧米音楽評家文集）パ
ウル・グレーナー，大西一正 訳
p.51　　　　　　　　　　　　　　　〔01840〕

現代米国の音楽家に就いて（欧米音楽評家文集）
ダルレ，編輯部 大意抄訳　p.54　　　〔01841〕

露西亜音楽の特異性　大沼魯夫　p.62　〔01842〕

パリアッチ見物　田中晴雲　p.71　　　〔01843〕

新即物主義　大西一正　p.81　　　　　〔01844〕

洋琴音楽通覧（2・完）編輯部　p.86　〔01845〕

コロムビアの世界音楽名盤集　編輯部
p.99　　　　　　　　　　　　　　　〔01846〕

ロンドンの音楽界　奥谷公平　p.101　〔01847〕

世界楽壇消息　編輯部　p.109　　　　　〔01848〕

8巻7号（1936年7月発行）

シューマンのピアノ曲　NKM　p.569　〔01849〕

バッハ「ヴァイオリン協奏曲ホ長調」のレコー
ド　村田武雄　p.573　　　　　　　　〔01850〕

モーツアルト「イ長調協奏曲」を中心に　高木東
六　p.580　　　　　　　　　　　　　〔01851〕

仏国提琴家ティボーを聴く　森生
p.584　　　　　　　　　　　　　　　〔01852〕

素晴らしい哉！　幻想交響曲（下）近江屋清兵衛
p.587　　　　　　　　　　　　　　　〔01853〕

バッハ随想（独逸音楽随筆集）村田武雄
p.591　　　　　　　　　　　　　　　〔01854〕

ヘンデル散見（独逸音楽随筆集）坩和昌夫
p.593　　　　　　　　　　　　　　　〔01855〕

モーツアルト断片（独逸音楽随筆集）城春光
p.596　　　　　　　　　　　　　　　〔01856〕

ベートーヴェン断想（独逸音楽随筆集）鮎野行
夫　p.601　　　　　　　　　　　　　〔01857〕

フランツ・シュベルト（独逸音楽随筆集）井関
富三　p.603　　　　　　　　　　　　〔01858〕

内容細目 「ディスク」

シューマン・フアンタジー（独逸音楽随筆集）
野村光一 p.605 〔01859〕

ブラームス雑爼（独逸音楽随筆集）牛山充
p.607 〔01860〕

フオーレの観たワインガルトナー 三浦潤
p.609 〔01861〕

ディスク大賞盤決定発表 編輯部
p.612 〔01862〕

ロシア音楽の本質（2）ゲラルド・アブラハム
述，大沼魯夫訳 p.613 〔01863〕

逝ける「羅馬の泉」の作者を偲ぶ 鮎野行夫
p.619 〔01864〕

夏から初秋へかけての外国映画の音楽 野口久
光 p.621 〔01865〕

「アルバム」余談 松尾彰 p.624 〔01866〕

コロムビア「世界音楽名盤集」に就いて 編輯部
p.627 〔01867〕

ラッキーレコード新盤特選集 村岡貞
p.629 〔01868〕

神戸にティボーを聴きて 大西一正
p.631 〔01869〕

ジャック・テイボウ氏リサイタルに於ける雰囲
気 根上弘 p.633 〔01870〕

七月レコード雑感 杉浦繁 p.636 〔01871〕

七月ポピュラー・セレクションズ 青木実
p.647 〔01872〕

七月ダンス・レコード評 村岡貞
p.651 〔01873〕

海外新譜紹介 編輯部 p.656 〔01874〕

質問欄 p.661 〔01875〕

8巻8号（1936年8月発行）

本誌主催第一回「ディスク賞」選定募集
p.667 〔01876〕

モーツアルトの室内楽（5）NKM
p.693 〔01877〕

レコード界「時の問題」（1）レコード鑑賞と視覚
榎本竹六 p.697 〔01878〕

試聴室—最近の新盤二つを聴く—モーツアルト
「提琴協奏曲ト長調」（K二一六）大西一正
p.701 〔01879〕

試聴室—最近の新盤二つを聴く—提琴と洋琴の
為の奏鳴曲（ドビユツシイ）大西一正
p.705 〔01880〕

軽音楽の効用 堀江謙吉 p.708 〔01881〕

ガーシュウイン漫語 岡山東 p.711 〔01882〕

序曲のレコード漫想 城春光 p.713 〔01883〕

動物音楽集 有島牧穂 p.718 〔01884〕

代表的な軽音楽 青木実 p.721 〔01885〕

映画セクション 編輯部 p.724 〔01886〕

鎮夏雑筆 太田博，鮎野行夫 p.725 〔01887〕

コロムビア世界音楽名盤集第二回紹介 編輯部
p.729 〔01888〕

ラッキーダンス盤特選集第二回紹介 村岡貞
p.731 〔01889〕

八月レコード雑感 垪和昌夫 p.733 〔01890〕

八月ポピュラー・セレクションズ 青木実
p.745 〔01891〕

八月ダンス・レコード評 村岡貞
p.749 〔01892〕

海外新譜紹介 編輯部 p.754 〔01893〕

質問欄 p.758 〔01894〕

8巻9号（1936年9月発行）

名匠ジヤック・テイボー氏とディスク提琴界を
語る 西条卓夫 p.762 〔01895〕

ヘンデルの「組曲集」を讃ふ 杉浦繁
p.770 〔01896〕

フオーレの「やさしき歌」を聴いて 本来漠
p.773 〔01897〕

ジークフリード牧歌 大西一正 p.778 〔01898〕

シヘラッァーデの東洋的魅力 堀江謙吉
p.786 〔01899〕

消息欄 p.793 〔01900〕

試聴室—シューベルトの「鱒の五重奏曲」 井関
富三 p.794 〔01901〕

試聴室—バッハ「オルガン協会」のレコード 土
沢一 p.798 〔01902〕

試聴室—フルトヴェングラーの新盤を聴く 鮎
野行夫 p.800 〔01903〕

スカラ座及び全曲レコードの再検討 田中晴雲
p.803 〔01904〕

レコード界「時の問題」（2）「ディスク賞」其の
他 榎本竹六 p.810 〔01905〕

「ラ・アルヘンティナ」を悼む 鮎野生
p.815 〔01906〕

ビクター愛好家協会第二巻に就いて 編輯部
p.816 〔01907〕

ディスク倶楽部消息 p.818 〔01908〕

一九三七年型新施工主なる点就而 大比良正
p.824 〔01909〕

九月レコード雑感 垪和昌夫 p.826 〔01910〕

九月のポピュラー・セレクションズ 青木実
p.838 〔01911〕

九月のダンス・レコード評 村岡貞
p.842 〔01912〕

海外新譜紹介 編輯部 p.848 〔01913〕

質問欄 p.852 〔01914〕

第一回「ディスク賞」選定募集—経過報告
p.854 〔01915〕

試聴室—ベートーヴェンの「絃楽四重奏曲第四
番」 大西一正 p.797-798 〔01916〕

8巻10号（1936年10月発行）

ピアティゴルスキー頌 あらゑびす談
p.862 〔01917〕

「ディスク」　　　　　　　　　　　内容細目

モーツアルトの室内楽 (6) NKM
p.864　　　　　　　　　　　　〔01918〕

独逸古典楽派に就いて (5) 村田武雄
p.866　　　　　　　　　　　　〔01919〕

クライスラーのベートーヴェン・ソナタ 第二回
レコード記 杉浦繁 p.872　　　〔01920〕

シュナーベルのベートーヴェン・ソナタ協会第
八回レコードを聴いて 林健太郎
p.875　　　　　　　　　　　　〔01921〕

試聴室―秋の夜聴くによきブラームス 鈴木鎮
一 p.878　　　　　　　　　　　〔01922〕

試聴室―エゴン・ペトリのベートーヴェン・百
十一番 倉部讃 p.881　　　　　〔01923〕

試聴室―トスカニーニのヴァグナー音楽新盤
大西一正 p.884　　　　　　　　〔01924〕

試聴室―モーツアルト「奏鳴曲」K二九六 井関
富三 p.888　　　　　　　　　　〔01925〕

消息欄 編輯部 p.891　　　　　　〔01926〕

ポリドールの「世界民謡集」 芦原英了
p.892　　　　　　　　　　　　〔01927〕

逝けるフェルゥに就いて 三浦潤
p.896　　　　　　　　　　　　〔01928〕

東京デイスク倶楽部レコード・コンサート曲目
p.899　　　　　　　　　　　　〔01929〕

雑音 神保璟一郎 p.900　　　　　〔01930〕

井東仲子女史の訃 森潤三郎 p.902　〔01931〕

デイスク・ニュース p.904　　　　〔01932〕

読者欄 家城秀哲 p.907　　　　　〔01933〕

十月レコード雑感 坪和昌夫，大西一正
p.908　　　　　　　　　　　　〔01934〕

十月のポピュラー・セレクションズ 青木実
p.923　　　　　　　　　　　　〔01935〕

十月のダンス・レコード 村岡貞
p.926　　　　　　　　　　　　〔01936〕

海外新譜紹介 編輯部 p.933　　　〔01937〕

質問欄 p.937　　　　　　　　　〔01938〕

第一回「デイスク賞レコード」選定発表
p.941　　　　　　　　　　　　〔01939〕

8巻11号（1936年11月発行）

トスカニーニに依る「第七交響曲」 坪和昌夫
p.955　　　　　　　　　　　　〔01940〕

フランツ・リストの「合唱弥撒曲」 津川主一
p.963　　　　　　　　　　　　〔01941〕

カール・フレッシュのレコード―モツアルト
「提琴奏鳴曲第十番」 鈴木喜久雄
p.969　　　　　　　　　　　　〔01942〕

カール・フレッシュのレコード―ヘンデル「提
琴奏鳴曲第五番」 鈴木喜久雄
p.971　　　　　　　　　　　　〔01943〕

試聴室―コルトオの弾いたショパンの第二協奏
曲 高木東六 p.973　　　　　　〔01944〕

試聴室―ハイドンと「太鼓連打の交響曲」 青木
謙幸 p.977　　　　　　　　　　〔01945〕

試聴室―ウェーバーの「ピアノ協奏曲」 吉野正
p.983　　　　　　　　　　　　〔01946〕

秋窓雑筆 榎本笋，鮎野行夫 p.986　〔01947〕

独逸古典楽派に就いて（完） 村田武雄
p.991　　　　　　　　　　　　〔01948〕

三人の指揮者―三つのテムペラメント フリー
ドリッヒ，吉野正 訳 p.999　　　〔01949〕

デイスク賞レコードの選定結果を見て 太田博
p.1005　　　　　　　　　　　　〔01950〕

デイスク・ニュース p.1009　　　〔01951〕

十一月レコード雑感 坪和昌夫，村田武雄，太田
博 p.1011　　　　　　　　　　〔01952〕

十一月ポピュラー・セレクションズ 青木実
p.1035　　　　　　　　　　　　〔01953〕

十一月ダンス・レコード 村岡貞
p.1039　　　　　　　　　　　　〔01954〕

海外新譜紹介 編輯部 p.1046　　　〔01955〕

質問欄 p.1050　　　　　　　　　〔01956〕

8巻12号（1936年12月発行）

ワインガルトナー指揮の「第三」をきいて 深井
史郎 p.1055　　　　　　　　　　〔01957〕

モーツアルトの「フリュート協奏曲」 坪和昌夫
p.1060　　　　　　　　　　　　〔01958〕

協会レコード漫筆 山根銀二 p.1063　〔01959〕

今年度の名盤を尋ねて 松下高次
p.1067　　　　　　　　　　　　〔01960〕

第七交響曲の懸賞論文募集 編輯部
p.1074　　　　　　　　　　　　〔01961〕

初冬雑想 吉野正，鮎野行夫 p.1075　〔01962〕

ベートーヴェンの「ピアノ奏鳴曲ニ短調」作品
三一ノ二 金子章子 p.1083　　　〔01963〕

自作自演とトスカニーニ 西村健次郎
p.1085　　　　　　　　　　　　〔01964〕

映画音楽趣味 丸山和平 p.1086　　〔01965〕

雑音 神保璟一郎 p.1091　　　　　〔01966〕

国産蓄音機漫想 郷新策 p.1093　　〔01967〕

スウイング・ミューヂック流行 T・M生
p.1095　　　　　　　　　　　　〔01968〕

デイスク・ニュース 編輯部 p.1098　〔01969〕

倫敦音楽界 奥屋公幸 p.1101　　　〔01970〕

一九三六年度デイスク賞選定募集 編輯部
p.1104　　　　　　　　　　　　〔01971〕

映画セクション 編輯部 p.1106　　〔01972〕

読者欄 石川登美夫 p.1107　　　　〔01973〕

十二月レコード雑感 村田武雄，坪和昌夫，太田
博 p.1109　　　　　　　　　　〔01974〕

十二月のポピュラー・セレクションズ 青木実
p.1131　　　　　　　　　　　　〔01975〕

十二月のダンス・レコード 村岡貞
p.1135　　　　　　　　　　　　〔01976〕

海外新譜紹介 編輯部 p.1142　　　〔01977〕

内容細目　　　　　　　　　　　　　　　「ディスク」

質問欄 編輯部 p.1148　〔01978〕

9巻1号（1937年1月発行）

新年度レコード界の展望 あらゑびす 談
p.1　〔01979〕

「クライスラー近感」（巻頭盤言）久礼伝三
p.4　〔01980〕

新版「提琴協奏曲」の感想 杉浦繁，杉田武雄，
坪和昌夫，鮎野行夫，太田博 p.13　〔01981〕

スポーアの第八番コンツェルト 鈴木鎮一
p.19　〔01982〕

第七交響曲の懸賞論文募集 編輯部
p.22　〔01983〕

ベートーヴェンの「チェロ・ソナタ」藤井夏人
p.23　〔01984〕

試聴室―ケムプの弾く「悲愴奏鳴曲」太田博
p.27　〔01985〕

試聴室―静かなるフォーレを聴く 鮎野行夫
p.31　〔01986〕

近頃聴いたピアノ・レコードから 野村光一
p.33　〔01987〕

近代フランス音楽講話（1）フランクからダン
ディーへ 藤木義輔 p.39　〔01988〕

シュヴァイツアのバッハ「オルガン曲集」村田
武雄 p.42　〔01989〕

ミッシャ・エルマンの来朝 編輯部
p.49　〔01990〕

エルマン小話 編輯部 p.51　〔01991〕

ビクターの「ホット・ジャズ篇が生れる迄」村
岡生 p.55　〔01992〕

一九三六年度デイスク賞選定募集 編輯部
p.57　〔01993〕

一月レコード雑感 村田武雄，坪和昌夫，有島牧
穂 p.59　〔01994〕

一月のポピュラー・セレクションズ 青木実
p.83　〔01995〕

一月のダンス・レコード評 村岡貞
p.87　〔01996〕

海外新譜紹介 編輯部 p.93　〔01997〕

質問欄 編輯部 p.99　〔01998〕

9巻2号（1937年2月発行）

バッハ「四十八協会」に就いて あらえびす
p.104　〔01999〕

近代フランス音楽講話（2）サン・サァンスから
ラヴェルへ 藤木義輔 p.106　〔02000〕

モーツアルトの室内楽（7）NKM
p.111　〔02001〕

試聴室―二つの新しいピアノ・トリオを聴く―
ブラームス作品一〇一番ハ短調・ベートーヴ
エン作品七〇ノ一ニ短調 井関富三
p.114　〔02002〕

試聴室―ケムプの弾く百十番「ソナタ」を聴い
て 林健太郎 p.120　〔02003〕

試聴室―ベートーヴェン後期の「ピアノ・ソナ
タ」金子章子 p.125　〔02004〕

演奏家のたわごと 鈴木鎮一 p.131　〔02005〕

「えこのみっく・ど・でぃすく」松尾彰
p.135　〔02006〕

一九三六年度デイスク賞レコード選定発表
p.138　〔02007〕

解釈の背後にあるもの（第二回ディスク論文当
選発表）志賀一音 p.149　〔02008〕

第七交響曲のレコード（第二回ディスク論文当
選発表）柏木俊三 p.155　〔02009〕

即物主義対浪漫主義（第二回ディスク論文当選
発表）長谷川一郎 p.161　〔02010〕

ディスク・ニュース 編輯部 p.167　〔02011〕

二月レコード雑感 坪和昌夫，村田武雄，鮎野行
夫 p.169　〔02012〕

二月黒盤評 青木実 p.190　〔02013〕

二月のダンス・レコード評 村岡貞
p.194　〔02014〕

海外新譜紹介 編輯部 p.201　〔02015〕

質問欄 編輯部 p.205　〔02016〕

9巻3号（1937年3月発行）

巻頭言 青木謙幸 p.208　〔02017〕

モーツアルトの室内楽（8）NKM
p.210　〔02018〕

近代フランス音楽講話（3）ドビュッシイ 藤木義
輔 p.214　〔02019〕

ビーチャム卿指揮のブラームス「第二交響曲」
牛山充 p.218　〔02020〕

クライバーの「未完成交響曲」青木謙幸
p.222　〔02021〕

試聴室―マスネーの「ヴェルテル」全曲 田中晴
雲 p.227　〔02022〕

試聴室―ヴァルターの「未完交響楽」のことど
も 鮎野行夫 p.232　〔02023〕

試聴室―モーツアルトの「小夜曲」柏木俊三
p.234　〔02024〕

古いレコードの感想（1）大沼魯夫
p.237　〔02025〕

浅春雑記 鮎野行夫 p.243　〔02026〕

早春来翰 p.249　〔02027〕

音楽映画 春の話題 野口久光 p.252　〔02028〕

来朝するクキタ・ブランコ 芦原英了
p.254　〔02029〕

RCAビクター一九三七年電機蓄音器に就いて
大比良正 p.256　〔02030〕

三月レコード雑感 坪和昌夫，村田武雄，太田博
p.266　〔02031〕

ディスク・ニース 編輯部 p.285　〔02032〕

三月の黒盤評 青木実 p.286　〔02033〕

「ディスク」　内容細目

三月のダンス・レコード評　村岡貞
p.291　　　　　　　　　　〔02034〕

海外新譜紹介　編輯部　p.298　　〔02035〕

ディスク倶楽部便り　編輯部　p.306　〔02036〕

質問欄　編輯部　p.309　　　　　〔02037〕

9巻4号（1937年4月発行）

吾々のマンネリ―ベートーヴェンとシュナーベル　高木東六　p.314　　　〔02038〕

ベートーヴェン「第八交響曲ヘ長調」雑感　柏木俊三　p.318　　　　　〔02039〕

第十一回オリムピック優賞作その他　江文也　p.322　　　　　　　　〔02040〕

試聴室―バッハの「組曲」二つを聴く　杉浦繁　p.326　　　　　　　　〔02041〕

試聴室―シューベルト「変ロ調三重奏曲」作品九九　井関富三　p.329　　〔02042〕

試聴室―クライバーとベートーヴェンの序曲　有坂愛彦　p.334　　　　〔02043〕

近代フランス音楽講話（4）　藤木義輔
p.336　　　　　　　　　　〔02044〕

「エリッヒ・クライベル」雑筆　鮎野行夫
p.340　　　　　　　　　　〔02045〕

伯林オリムピックに於ける音楽競技　太田博　訳　p.346　　　　　　　〔02046〕

「未完成交響曲」の印象種々相　太田博
p.348　　　　　　　　　　〔02047〕

「未完成交響曲」饒舌録　榎本笒　p.352　〔02048〕

趣味の楽器　鈴木喜久雄　p.360　〔02049〕

音楽界だより　山根銀次　p.362　〔02050〕

巴里の寵児ティノ・ロッシ　高橋忠雄
p.363　　　　　　　　　　〔02051〕

ディスク・ニュース　編輯部　p.365　〔02052〕

四月レコード雑感　坿和昌夫，村田武雄，有島牧穂　p.368　　　　　　〔02053〕

四月の黒盤評　青木実　p.388　　〔02054〕

四月のダンス・レコード評　村岡貞
p.394　　　　　　　　　　〔02055〕

海外新譜紹介　編輯部　p.401　　〔02056〕

質問欄　編輯部　p.410　　　　　〔02057〕

9巻5号（1937年5月発行）

マダム・クラヴサン全集　西条卓夫
p.414　　　　　　　　　　〔02058〕

ドビュッシイの歌曲集に就いて　柿沼太郎
p.423　　　　　　　　　　〔02059〕

歌劇「ルイーズ」のレコードに就いて　三浦潤　p.427　　　　　　　　〔02060〕

バッハの「四台のピアノの為の協奏曲」　林健太郎　p.430　　　　　　〔02061〕

シュヴァイツアのバッハ「オルガン曲集」（下）　村田武雄　p.434　　〔02062〕

口角の泡沫　榎本笒　p.438　　　〔02063〕

夜の幻想とカンタビーレ　志賀一音
p.445　　　　　　　　　　〔02064〕

古いレコードの感想（2）　大沼魯夫
p.448　　　　　　　　　　〔02065〕

マヂー・テイトとドビュッシイ　ロックスパイサー　述，鮎野行夫　抄訳　p.452　〔02066〕

熊田眉秋氏の訃　p.455　　　　　〔02067〕

趣味の楽器（2）　鈴木喜久雄　p.456　〔02068〕

音楽会だより　山根銀二　p.458　〔02069〕

ピアストロ・トリオの来朝　城春光
p.460　　　　　　　　　　〔02070〕

映画「楽聖ベートーヴェン」　丸山和平
p.462　　　　　　　　　　〔02071〕

ディスク・サロン　三田智安　p.465　〔02072〕

ディスク・ニュース　編輯部　p.468　〔02073〕

五月のレコード雑感　坿和昌夫，鮎野行夫
p.469　　　　　　　　　　〔02074〕

五月の黒盤評　青木実　p.492　　〔02075〕

五月のダンス・レコード評　村岡貞
p.496　　　　　　　　　　〔02076〕

海外新譜紹介　編輯部　p.504　　〔02077〕

質問欄　p.510　　　　　　　　　〔02078〕

9巻6号（1937年6月発行）

ビクター愛好家協会の功績　青木謙幸
p.516　　　　　　　　　　〔02079〕

バッハ「平均率洋琴曲」の第四輯を聴いて　林健太郎　p.519　　　　〔02080〕

デイスク・ニュース　編輯部　p.525　〔02081〕

ワグネルの苦悩と其の音楽（1）　太田博
p.526　　　　　　　　　　〔02082〕

チヤイコフスキー「交響曲第六番（悲愴）」　井関富三　p.534　　　　〔02083〕

バッハの「フーガの技法」を推す　村田武雄　p.538　　　　　　　　〔02084〕

カサドの弾いた「チエロ協奏曲」雑感　編輯部　p.540　　　　　　　　〔02085〕

試聴室―モーツアルトの「四重奏曲変ホ長調」愚感　柏木俊三　p.544　〔02086〕

試聴室―シュナーベルの弾く百六番のピアノ・ソナタ　金子章子　p.549　〔02087〕

試聴室―二つの管絃楽新盤を聴いて　鮎野行夫　p.552　　　　　　　　〔02088〕

古いレコードの感想（3）　大沼魯夫
p.557　　　　　　　　　　〔02089〕

新映画「スキング」　野口久光　p.561　〔02090〕

趣味の楽器（3）　鈴木喜久雄　p.564　〔02091〕

音楽会だより　山根銀二　p.566　〔02092〕

巴里便り　高橋忠雄　p.568　　　〔02093〕

六月のレコード雑感　坿和昌夫，太田博，鮎野行夫，村田武雄　p.570　〔02094〕

六月の黒盤評　青木実　p.592　　〔02095〕

内容細目　　　　　　　　　　　　　　「ディスク」

六月のダンス・レコード評　村岡貞
p.596　　　　　　　　　　　　〔02096〕

海外新譜紹介　編輯部 p.603　　　〔02097〕

デイスク・サロン―晩春賦　三田智安
p.610　　　　　　　　　　　　〔02098〕

デイスク・サロン―マレシァルのことども　石
川登志夫 p.613　　　　　　　〔02099〕

質問欄 p.615　　　　　　　　　〔02100〕

9巻7号（1937年7月発行）

巻頭言　青木謙幸 p.620　　　　〔02101〕

ヘンデルのConcerti Grossi Op.6全曲　NKM
p.621　　　　　　　　　　　　〔02102〕

エルドマンの「第三」を廻りて　牛山充
p.628　　　　　　　　　　　　〔02103〕

モーツアルト「変ホ長調洋琴協奏曲K二七一」
杉浦繁 p.631　　　　　　　　〔02104〕

モーツアルトの「フィガロの結婚」　柏木俊三
p.634　　　　　　　　　　　　〔02105〕

モーツアルト作「バズン協奏曲」試聴記　柏木俊
三 p.638　　　　　　　　　　〔02106〕

ブラームスの歌謡曲紹介　本来漢
p.640　　　　　　　　　　　　〔02107〕

ワルターの「第六交響曲」雑感　青木謙幸
p.642　　　　　　　　　　　　〔02108〕

「悲愴交響曲」二種　垪和昌夫 p.648　〔02109〕

ワグネルの苦悩と其音楽（2）　太田博
p.654　　　　　　　　　　　　〔02110〕

本格歌劇と其性根　田中晴雲 p.658　〔02111〕

ブラアムス論攻　長谷川一郎 p.665　〔02112〕

アルゼンチン・タンゴ雑記　青木謙幸
p.671　　　　　　　　　　　　〔02113〕

ダンス・レコード漫筆　罫線翁 p.674　〔02114〕

ラファエル・メディナ　高橋忠雄
p.676　　　　　　　　　　　　〔02115〕

ワンダ・ランドフスカ塾便り　ラルカンシェル
生 p.678　　　　　　　　　　〔02116〕

ビクターの「描写音楽集」　青木実
p.680　　　　　　　　　　　　〔02117〕

ディスク・ニュース　編輯部 p.682　〔02118〕

質問欄 p.686　　　　　　　　　〔02119〕

七月のレコード評　垪和昌夫，太田博，鮎野行夫
p.689　　　　　　　　　　　　〔02120〕

ポピュラー・セクション　青木実
p.705　　　　　　　　　　　　〔02121〕

ダンス・レコード評　村岡貞 p.710　〔02122〕

海外新譜紹介　編輯部 p.717　　　〔02123〕

9巻8号（1937年8月発行）

モーツアルトニ長調「戴冠式」洋琴協奏曲を聴
く　久礼伝三 p.726　　　　　〔02124〕

ボッケリニ協奏曲とカサルス漫談　NKM
p.730　　　　　　　　　　　　〔02125〕

ヘンデル集「組曲」集に就いて　青木謙幸
p.735　　　　　　　　　　　　〔02126〕

ヘンデルの「ハープシユード組曲」　ウェスト
ルップ p.738　　　　　　　　〔02127〕

ベートーヴェン提琴ソナタ協会第三輯　編輯部
p.744　　　　　　　　　　　　〔02128〕

随喜して聴くベートーヴェン四重奏曲（作品一
二七）村田武雄 p.746　　　　〔02129〕

試聴室―モーツアルト「ピアノ・ソナタ変ホ調」
K五七〇　林健太郎 p.750　　〔02130〕

試聴室―三つのポピュラー・ミウジック　井関
富三 p.753　　　　　　　　　〔02131〕

試聴室―グリークの音楽を讃ふ　鮎野行夫
p.756　　　　　　　　　　　　〔02132〕

試聴室―ベートーヴェン四重奏曲作品一三五
柏木俊三 p.758　　　　　　　〔02133〕

鎮夏随談　NKM p.761　　　　　〔02134〕

鎮夏漫筆　榎本筝 p.764　　　　〔02135〕

希臘的なるものとバッハ（上）　志賀一音
p.770　　　　　　　　　　　　〔02136〕

デイスク・サロン　今井繁雄 p.776　〔02137〕

特徴ある喫茶店を求む　青木謙幸
p.778　　　　　　　　　　　　〔02138〕

茶聴戯言　鮎野生 p.780　　　　〔02139〕

喫茶店への公開状　榎本筝 p.782　〔02140〕

茶聴御案内（上）　同人 p.787　　〔02141〕

八月のレコード評　垪和昌夫，太田博，鮎野行夫
p.793　　　　　　　　　　　　〔02142〕

八月ポピュラー・セクション　青木実
p.811　　　　　　　　　　　　〔02143〕

八月ダンス・レコード評　村岡貞
p.816　　　　　　　　　　　　〔02144〕

海外新譜紹介　編輯部 p.823　　　〔02145〕

9巻9号（1937年9月発行）

名演奏家秘曲集の誕生に際して　青木謙幸
p.832　　　　　　　　　　　　〔02146〕

秘曲集を推薦する詞　あらえびす
p.835　　　　　　　　　　　　〔02147〕

秘曲集レコードの思ひ出　中村善吉
p.837　　　　　　　　　　　　〔02148〕

秘曲集演奏家に就いて　西条卓夫
p.841　　　　　　　　　　　　〔02149〕

秘曲集は蒐集の精華である　藤田不二
p.849　　　　　　　　　　　　〔02150〕

ビクター名演奏家秘曲集規定 p.854　〔02151〕

マーラーの「第二交響曲」（甦生）　田中雲
p.857　　　　　　　　　　　　〔02152〕

カサルスとクライスラーの新盤　杉浦繁
p.861　　　　　　　　　　　　〔02153〕

メヌキン・トリオの悲曲「室内楽」作品五〇　有
島牧穂 p.864　　　　　　　　〔02154〕

「ディスク」   内容細目

ヴァルター指揮の「小夜曲」を讃ふ 編輯部
　p.867　　　　　　　　　　　〔02155〕

大曲を掲げたクーレンカムプの新盤 鮎野行夫
　p.871　　　　　　　　　　　〔02156〕

一九三七年の新ケープハートを聴く A生
　p.876　　　　　　　　　　　〔02157〕

風変りなバッハ「伊太利風協奏曲」を聴く 村田
　武雄 p.877　　　　　　　　　〔02158〕

シゲテイのヘンデル「第四奏鳴曲」 鮎野行夫
　p.879　　　　　　　　　　　〔02159〕

夏日間語 森潤三郎 p.881　　　　〔02160〕

二つのタンゴ・アルバム A・B・C
　p.885　　　　　　　　　　　〔02161〕

新ケープハート電気蓄音器に就いて 川野義雄
　p.887　　　　　　　　　　　〔02162〕

茶聴御案内（下） 同人 p.889　　〔02163〕

ディスク・サロン フィエルタ生
　p.895　　　　　　　　　　　〔02164〕

九月のレコード評 村田武雄，坿和昌夫，鮎野行
　夫 p.897　　　　　　　　　　〔02165〕

九月ポピュラー・セクション 青木実
　p.913　　　　　　　　　　　〔02166〕

九月ダンス・レコード評 村岡貞
　p.917　　　　　　　　　　　〔02167〕

ディスク・ニュース p.924　　　　〔02168〕

海外新譜紹介 編輯部 p.925　　　〔02169〕

質問欄 p.930　　　　　　　　　〔02170〕

9巻10号（1937年10月発行）

バッハの「ロ短調ミサ」への私情 村田武雄
　p.934　　　　　　　　　　　〔02171〕

名演奏 シューベルトの「死と乙女」 鈴木鎮一
　p.937　　　　　　　　　　　〔02172〕

ハイドン交響曲に於けるクーセヴィツキー 柏
　木俊三 p.940　　　　　　　　〔02173〕

シューバートと「鱒の五重奏曲」 青木謙幸
　p.943　　　　　　　　　　　〔02174〕

ディスク・ニュース p.957　　　　〔02175〕

試聴室—「シャコンヌのソナタ」新盤登場 秋田
　勝雄 p.958　　　　　　　　　〔02176〕

試聴室—ドヴォルザーク偶感 鮎野行夫
　p.961　　　　　　　　　　　〔02177〕

試聴室—バッハの「パッサカリアとフーグ」 林
　健太郎 p.964　　　　　　　　〔02178〕

ディスク蒐集講座（1）ヘンデル 中村善吉
　p.966　　　　　　　　　　　〔02179〕

名演奏家秘曲集が出るといふので 桑野三平
　p.976　　　　　　　　　　　〔02180〕

こういふ時こそ良きもの 榎本筝
　p.979　　　　　　　　　　　〔02181〕

古いレコードの感想（4） 大沼魯夫
　p.983　　　　　　　　　　　〔02182〕

希臘的なるものとバッハ（下） 志賀一音
　p.988　　　　　　　　　　　〔02183〕

北支信通 太田博 p.992　　　　　〔02184〕

新ケープハート電気蓄音器に就いて（2） 川野義
　雄 p.994　　　　　　　　　　〔02185〕

十月のレコード評 坿和昌夫，鮎野行夫
　p.997　　　　　　　　　　　〔02186〕

十月ポピュラー・セクション 青木実
　p.1012　　　　　　　　　　　〔02187〕

十月ダンス・レコード評 村岡貞
　p.1016　　　　　　　　　　　〔02188〕

海外新譜紹介 編輯部 p.1025　　　〔02189〕

質問欄 p.1032　　　　　　　　　〔02190〕

9巻11号（1937年11月発行）

巻頭言 森生 p.1036　　　　　　　〔02191〕

秋日妄語 森潤三郎 p.1037　　　　〔02192〕

ディスク蒐集講座（2）バッハ（1） 中村善吉
　p.1045　　　　　　　　　　　〔02193〕

ディスク・ニュース p.1054　　　　〔02194〕

バッハ「ロ短調弥撒曲」各部の研究 津川主一
　p.1055　　　　　　　　　　　〔02195〕

ベートーヴェン・ピアノ・ソナタ協会第十一輯
　野村光一 p.1061　　　　　　　〔02196〕

ルビンシュタインによるショパン「夜曲」集 高
　木東六 p.1063　　　　　　　　〔02197〕

チャイコフスキー「提琴協奏曲 ニ長調」 井関
　富三 p.1067　　　　　　　　　〔02198〕

メンゲルベルク指揮「第五交響曲」試聴記 野村
　あらえびす，中村善吉，杉浦繁，坿和昌夫，
　有坂愛彦，林健太郎，井関富三，柏木俊三，
　楪津真次郎，青木謙幸 p.1073　〔02199〕

「ディスク」第三回懸賞論文募集（規定）
　p.1094　　　　　　　　　　　〔02200〕

秋窓雑記 桑野三郎 p.1095　　　　〔02201〕

「れこおど」余録（1） あゆの生
　p.1101　　　　　　　　　　　〔02202〕

思ひ出のダンス・レコード 加藤兵次郎
　p.1105　　　　　　　　　　　〔02203〕

タンゴの都より 高橋忠雄 p.1108　〔02204〕

ジヤズの喫茶店 大井蛇津郎 p.1111　〔02205〕

ジヤズ・タンゴ喫茶店巡礼記 同行二人
　p.1113　　　　　　　　　　　〔02206〕

十一月のレコード評 村田武雄，坿和昌夫
　p.1116　　　　　　　　　　　〔02207〕

十一月ポピュラー・セクション 青木実
　p.1131　　　　　　　　　　　〔02208〕

十一月ダンス・レコード評 村岡貞
　p.1135　　　　　　　　　　　〔02209〕

音楽映画界通信 H・V p.1143　　〔02210〕

海外新譜紹介 編輯部 p.1144　　　〔02211〕

内容細目　　　　　　　　　　　　　　「ディスク」

9巻12号（1937年12月発行）

バッハの管絃楽組曲（ブッシュ等による）中村善吉 p.1150　〔02212〕

ベートーヴェン「第十番」のソナタ 鈴木鎮一 p.1155　〔02213〕

モーツアルト「提琴協奏曲 第三番」井関富三 p.1158　〔02214〕

「ムーン・ライト・ソナタ」（ペトリ, 其他）金子章子 p.1162　〔02215〕

ディスク蒐集講座（3）バッハ（2）中村善吉 p.1166　〔02216〕

試聴室―ブルノ・ワルターの「プラーグ交響曲」柏木俊三 p.1180　〔02217〕

試聴室―新版「羅馬の松」を聴く 鮎野行夫 p.1184　〔02218〕

試聴室―「胡桃割り」の印象及びそのほか 鮎野行夫 p.1187　〔02219〕

エフディ・メヌーヒンの美と其のレコード 志賀一音 p.1192　〔02220〕

感想断片 長谷川一郎 p.1198　〔02221〕

「れこおど」余録（2）あゆの生 p.1202　〔02222〕

趣味の楽器（4）鈴木喜久雄 p.1206　〔02223〕

タンゴの都より 高橋忠雄 p.1208　〔02224〕

「ディスク」第三回懸賞論文募集（規定）p.1211　〔02225〕

ディスク・ニュース p.1212　〔02226〕

十二月のレコード評 坪和昌夫, 柏木俊三 p.1216　〔02227〕

十二月ポピュラー・セクション 青木実 p.1232　〔02228〕

十二月ダンス・レコード評 村岡貞 p.1235　〔02229〕

海外新譜紹介 編輯部 p.1242　〔02230〕

質問欄 p.1246　〔02231〕

10巻1号（1938年1月発行）

巻頭言 p.2　〔02232〕

バッハの真の姿 あらえびす p.3　〔02233〕

ハンス・ドウハンの「白鳥の歌」青木謙幸 p.9　〔02234〕

プラーグ交響曲の印象 あらえびす p.14　〔02235〕

ベートーヴェンの「提琴協奏曲」新盤 有島牧穂 p.16　〔02236〕

ディスク蒐集講座（4）バッハ, ヘンデルの同時代者/グルック 中村善吉 p.18　〔02237〕

名曲と名レコード（1）ベートーヴェン作「第八交響曲ヘ長調」坪和昌夫 p.29　〔02238〕

昭和十二年度レコード界の回顧 あらえびす p.36　〔02239〕

私版―「名盤秘曲集」の発行 桑野三平 p.40　〔02240〕

傑作シャンソンを語る 芦原英了 p.46　〔02241〕

古いレコードの感想（5）大沼魯夫 p.51　〔02242〕

トーキー音楽趣味 丸山和平 p.56　〔02243〕

北支より p.60　〔02244〕

ディスク・ニュース p.62　〔02245〕

音楽映画通信 H・N生 p.64　〔02246〕

第三回ディスク賞レコード選定 p.65　〔02247〕

一月のレコード評 坪和昌夫, 鮎野行夫, 柏木俊三 p.67　〔02248〕

一月のポピュラー・セクション 青木実 p.83　〔02249〕

一月のダンス・レコード評 村岡貞 p.89　〔02250〕

海外新譜紹介 編輯部 p.96　〔02251〕

10巻2号（1938年2月発行）

プロ・アルト四重奏団のハイドン三曲 鈴木鎮一 p.100　〔02252〕

モーツアルトの「クラリネット五重奏曲」を聴く 中村善吉 p.104　〔02253〕

ブルックナーの「第四交響曲」を聴く 深井史郎 p.106　〔02254〕

クーレンカムプのベートーヴェン「提琴協奏曲」を中心に 井関富三 p.109　〔02255〕

ディスク蒐集講座（6）ハイドン 中村善吉 p.115　〔02256〕

ラヴェルのレコードを掛けながら 藤木義輔 p.122　〔02257〕

盲爆 鈴木鎮一 p.126　〔02258〕

第三輯「家庭音楽名盤集」寸感 Y・A生 p.130　〔02259〕

モーツアルトの参考文献の中から 志賀一音 p.133　〔02260〕

指揮者の特性と芸術的根拠に就いて（第三回ディスク論文当選発表）田中由夫 p.139　〔02261〕

第五交響曲のレコード（第三回ディスク論文当選発表）石井冥光 p.145　〔02262〕

無水・ハ短調・保証付（第三回ディスク論文当選発表）河野正死 p.151　〔02263〕

音楽会便り 青木謙幸 p.159　〔02264〕

一九三七年度仏蘭西「ディスク大賞」発表 編輯部 p.162　〔02265〕

ディスク・ニュース 編輯部 p.164　〔02266〕

あらえびす氏の二著 林生 p.166　〔02267〕

二月のレコード評 坪和昌夫, 鮎野行夫 p.168　〔02268〕

二月のポピュラー・セクション 青木実 p.182　〔02269〕

二月のダンス・レコード評 村岡貞 p.186　〔02270〕

「ディスク」　　　　　　　　　　　　　内容細目

海外新譜紹介 編輯部 p.193　　　〔02271〕
質問欄 編輯部 p.198　　　　　　　〔02272〕

10巻3号（1938年3月発行）

巻頭言 青木謙幸 p.201　　　　　　〔02273〕
音盤再検討時代（ディスク百号記念）あらえび
す p.202　　　　　　　　　　　　〔02274〕
「ディスク」百号（ディスク百号記念）森潤三郎
p.206　　　　　　　　　　　　　〔02275〕
乾杯！「黄金」号（ディスク百号記念）久礼伝
三 p.208　　　　　　　　　　　　〔02276〕
ディスク百号記念祝賀会（ディスク百号記念）
p.209　　　　　　　　　　　　　〔02277〕
チャイコフスキーの「ピアノ三重奏曲」鈴木鎮
一 p.211　　　　　　　　　　　　〔02278〕
シューマン・ファンタジー 桑野三平
p.215　　　　　　　　　　　　　〔02279〕
チェロの王者と其の新盤 榎本笋
p.220　　　　　　　　　　　　　〔02280〕
プロ・アルトのハイドン協会「第四輯」林四月
亭 p.225　　　　　　　　　　　　〔02281〕
新鋭ヨッフムの「レオノーレ」 榎本笋
p.228　　　　　　　　　　　　　〔02282〕
ミルスタインのバッハを聴いて 土沢一
p.231　　　　　　　　　　　　　〔02283〕
北支の友へ 青木謙幸 p.233　　　〔02284〕
ディスク・ニュース p.236　　　　〔02285〕
ディスク蒐集講座（7）ハイドン（2）中村善吉
p.237　　　　　　　　　　　　　〔02286〕
再検路、黎明期の伊太利歌劇（其1）田中晴雲
p.246　　　　　　　　　　　　　〔02287〕
「れこおど」余録（3）鮎野行夫 p.251　〔02288〕
緑茶を啜りて（1）近江屋清兵衛
p.256　　　　　　　　　　　　　〔02289〕
音楽会便り 青木謙幸 p.260　　　〔02290〕
ビクター新型蓄音器紹介 TON生
p.262　　　　　　　　　　　　　〔02291〕
第三回「ディスク賞」レコード選定発表 青木謙
幸 p.264　　　　　　　　　　　　〔02292〕
第三回「ディスク賞」レコード選定
p.267　　　　　　　　　　　　　〔02293〕
三月のレコード評 柏木俊三，鮎野行夫
p.275　　　　　　　　　　　　　〔02294〕
三月のポピュラー・セクション 青木実
p.291　　　　　　　　　　　　　〔02295〕
三月のダンス・レコード評 村岡貞
p.296　　　　　　　　　　　　　〔02296〕
海外新譜紹介 編輯部 p.302　　　〔02297〕
質問欄 p.307　　　　　　　　　　〔02298〕

10巻4号（1938年4月発行）

フルトヴェングラーの「第五」を讃へる あらえ
びす p.310　　　　　　　　　　　〔02299〕

バッハの「ニ短調協奏曲」及び新盤二曲 鈴木鎮
一 p.316　　　　　　　　　　　　〔02300〕
ゼビエの音楽其他 鮎野行夫 p.322　〔02301〕
フルトヴェングラーとモーツァルトのセレナー
ド 井関富三 p.326　　　　　　　〔02302〕
ランドフスカの奏するイタリアン・コンチェル
ト NKM p.328　　　　　　　　　〔02303〕
座談会―トスカニーニの「第六交響曲」 あらえ
びす，藤田不二，中村善吉，坿和昌夫，村田
武雄，杉浦繁 p.332　　　　　　　〔02304〕
でぃすく小咄 p.341　　　　　　　〔02305〕
ディスク蒐集講座（8）ハイドン（3）中村善吉
p.342　　　　　　　　　　　　　〔02306〕
手紙―レコード評判記 柏木俊三
p.346　　　　　　　　　　　　　〔02307〕
ビクター・スキング・アルバム 村岡貞
p.354　　　　　　　　　　　　　〔02308〕
緑茶を啜りて（2）近江屋清兵衛
p.357　　　　　　　　　　　　　〔02309〕
戦争と音楽 神保瓊一郎 p.358　　〔02310〕
「ディスク賞」選定を終りて（2）青木謙幸
p.360　　　　　　　　　　　　　〔02311〕
「れこおど」余録（4）鮎野行夫 p.361　〔02312〕
提唱 音楽至上主義 陸門素吉 p.364　〔02313〕
ジャズ・タンゴ 喫茶店飛脚巡礼記（2）同行二
人 p.368　　　　　　　　　　　　〔02314〕
ディスク・ニュース 編輯部 p.372　〔02315〕
質問欄 編輯部 p.376　　　　　　　〔02316〕
四月のレコード評 坿和昌夫，柏木俊三，鮎野行
夫 p.378　　　　　　　　　　　　〔02317〕
百号記念「ディスク」直接購読会員を募る
p.393　　　　　　　　　　　　　〔02318〕
四月のポピュラー・セクション 青木実
p.394　　　　　　　　　　　　　〔02319〕
四月のダンス・レコード評 村岡貞
p.400　　　　　　　　　　　　　〔02320〕
海外新譜紹介 編輯部 p.406　　　〔02321〕
銀三日記 p.410　　　　　　　　　〔02322〕

10巻5号（1938年5月発行）

逝けるシャリアピンを偲ぶ あらえびす 談
p.411　　　　　　　　　　　　　〔02323〕
トスカニーニと第六交響曲 青木謙幸
p.416　　　　　　　　　　　　　〔02324〕
アルペジオネ奏鳴曲イ短調（シューバート）杉
浦繁 p.421　　　　　　　　　　　〔02325〕
洋琴協奏曲ニ長調（ハイドン）杉浦繁
p.423　　　　　　　　　　　　　〔02326〕
無伴奏奏鳴曲一番（バッハ）井関富三
p.425　　　　　　　　　　　　　〔02327〕
ピアノ小品選集（プロコフィエフ）雑感 鮎野行
夫 p.428　　　　　　　　　　　　〔02328〕

内容細目 「ディスク」

座談会―メンゲルベルクの「田園交響曲」 あらえびす，藤田不二，有坂愛彦，青木謙幸，鮎野行夫 p.431 〔02329〕

ショパン随想とブライロフスキー（1） 志賀一音 p.442 〔02330〕

再検踏・黎明期の伊太利歌劇（其2） 田中晴雲 p.448 〔02331〕

でぃすく小咄 p.455 〔02332〕

ビクター「ミッキー・マウス」アルバム 青木実 p.456 〔02333〕

ディスク蒐集講座（9）モーツアルト（1） 中村善吉 p.460 〔02334〕

「アントロジイ・ソノール」のために（1） 村田武雄 p.468 〔02335〕

東京コンサブトを聴く 林生 p.474 〔02336〕

ディスク・ニュース 編輯部 p.476 〔02337〕

五月のレコード評 ディスク同人 p.478 〔02338〕

五月のポピュラー・セクション 青木実 p.496 〔02339〕

五月のダンス・レコード評 村岡貞 p.501 〔02340〕

海外新譜紹介 編輯部 p.510 〔02341〕

質問欄 編輯部 p.516 〔02342〕

10巻6号（1938年6月発行）

巻頭言 青木謙幸 p.519 〔02343〕

モーツアルト歌劇協会レコード 田中晴雲 p.520 〔02344〕

メンゲルベルクの第六交響曲 柏木俊三 p.529 〔02345〕

カルヴエ・クヮルテットのベートーヴェン 鈴木鎮一 p.535 〔02346〕

レガー三重奏曲の新盤を聴いて 杉浦繁 p.541 〔02347〕

交響的綜成曲「ボリス・ゴトノフ」を聴いて 鮎野行夫 p.543 〔02348〕

シュウリヒトの「第七」随想 坪和昌夫 p.545 〔02349〕

カサルス・バッハ「チェロ・ソナタ」 奥屋公平 p.549 〔02350〕

ディスク蒐集講座（10）モーツアルト（2） 中村善吉 p.551 〔02351〕

私は何故かく馬鹿であるか（1） 河野正死 p.556 〔02352〕

音楽至上主義（続） 陸門素吉 p.563 〔02353〕

沙漠に聞くクラヴサン 奥屋公平 p.571 〔02354〕

ラッキー「ヒット・アルバム」 伊江寿満 p.575 〔02355〕

北支便り（2） 大西一正 p.577 〔02356〕

ディスク・ニュース 編輯部 p.581 〔02357〕

でぃすく小咄 p.582 〔02358〕

六月のレコード評 ディスク同人 p.583 〔02359〕

六月のポピュラー・セクション 青木実 p.600 〔02360〕

百号記念「ディスク」直接購読会員を募る p.604 〔02361〕

六月のダンス・レコード評 村岡貞 p.605 〔02362〕

海外新譜紹介 編輯部 p.612 〔02363〕

質問欄 編輯部 p.617 〔02364〕

10巻7号（1938年7月発行）

大クライスラーの偉業 あらえびす p.620 〔02365〕

ベートーヴェン・ソナタ「第四輯」其ほか 杉浦繁 p.623 〔02366〕

楽劇「ワルキューレ」第一幕全 井関富三 p.628 〔02367〕

新盤合評―バッハ「複協奏曲ハ長調」 同人 p.634 〔02368〕

新盤合評―バッハ「協奏曲イ長調」 同人 p.635 〔02369〕

新盤合評―ブラームス「チェロ・ソナタ」第二番ヘ長調 同人 p.636 〔02370〕

新盤合評―チャイコフスキー「ピアノ協奏曲 第一番 変ロ短調」 同人 p.639 〔02371〕

バッハの「チェロ無伴奏組曲」（ディスク座談会） 西条卓夫，森潤三郎，中村善吉，坪和昌夫，青木謙幸 p.640 〔02372〕

シューマンの「ヴァイオリン協奏曲」（ディスク座談会） あらえびす，有坂愛彦，村田武雄，中村善吉，藤田不二，青木謙幸 p.651 〔02373〕

ショパン随想とブライロフスキー（2） 志賀一音 p.662 〔02374〕

私は何故かく馬鹿であるか（2） 河野正死 p.668 〔02375〕

ディスク蒐集講座（11）モーツアルト（3） 中村善吉 p.675 〔02376〕

ビクターの「シャリアピン選集」 田中晴雲 p.681 〔02377〕

シャリアピンの珍品レコード 大沼魯夫 p.684 〔02378〕

漫談盤説 榎本筝 p.686 〔02379〕

ビクター愛好家協会第四輯発表 編輯部 p.689 〔02380〕

二つのハワイ音楽アルバム 素破郎・九郎 p.690 〔02381〕

ディスク・ニュース p.692 〔02382〕

でぃすく小咄 p.693 〔02383〕

質問欄 編輯部 p.694 〔02384〕

七月のレコード評 柏木俊三 p.697 〔02385〕

七月のポピュラー・セクション 青木実 p.714 〔02386〕

「ディスク」　　　　　　　　　内容細目

七月のダンス・レコード評　村岡貞
p.721　　　　　　　　　　　　〔02387〕

海外新譜紹介　編輯部　p.728　　〔02388〕

10巻8号（1938年8月発行）

ハイドンの「クラヴサン協奏曲」　柏木俊三
p.738　　　　　　　　　　　　〔02389〕

ハイドン協会第三回レコード　井関富三
p.742　　　　　　　　　　　　〔02390〕

メンゲルベルク指揮のヴィヴァルディ「絃楽
曲」　中村善吉　p.744　　　　〔02391〕

対話「モーツァルト・シムフォニー」　有島牧穂
p.745　　　　　　　　　　　　〔02392〕

同人合評―ベートーヴェンの「第二交響曲」　杉
浦繁，柏木俊三，青木謙幸，鮎野行夫，榎本
笋　p.748　　　　　　　　　　〔02393〕

同人合評―ラヴェルの「左手の為のピアノ協奏
曲」　杉浦繁，柏木俊三，青木謙幸，鮎野行
夫，榎本笋　p.751　　　　　　〔02394〕

ハンス・シュミット・イッセルシュテット　柏
木俊三　p.754　　　　　　　　〔02395〕

ジプシイ民謡「フラメンコ」に就いて　芦原英了
p.758　　　　　　　　　　　　〔02396〕

「ワルツ」ところどころ　Y・A生
p.761　　　　　　　　　　　　〔02397〕

アダムとイヴ（1）　河野正死　p.762　〔02398〕

盤道余滴　陸門素吉　p.771　　〔02399〕

「れこおど」余録（5）　鮎野行夫　p.780　〔02400〕

ディスク蒐集講座（12）モーツァルト（4）中村
善吉　p.784　　　　　　　　　〔02401〕

今後のレコード界（ディスク廻状）　あらえびす
p.789　　　　　　　　　　　　〔02402〕

協会レコードの話（ディスク廻状）　青木謙幸
p.792　　　　　　　　　　　　〔02403〕

対話・気に入つたレコード（ディスク廻状）　柏
木俊三　p.798　　　　　　　　〔02404〕

「鎮夏・れこおど」牧歌調（ディスク廻状）　鮎野
行夫　p.802　　　　　　　　　〔02405〕

針の話（ディスク廻状）　杉浦繁　p.806　〔02406〕

夏期レコード保存漫言（ディスク廻状）　村田武
雄　p.808　　　　　　　　　　〔02407〕

レコード音楽と喫茶店（ディスク廻状）　松井生
p.810　　　　　　　　　　　　〔02408〕

質問欄　編輯部　p.813　　　　〔02409〕

ディスク・ニュース　p.816　　〔02410〕

漫談盤談　榎本笋　p.818　　　〔02411〕

八月のレコード評　ディスク同人
p.820　　　　　　　　　　　　〔02412〕

八月のポピュラー・セクション　青木実
p.836　　　　　　　　　　　　〔02413〕

八月のダンス・レコード評　村岡貞
p.841　　　　　　　　　　　　〔02414〕

海外新譜紹介　編輯部　p.846　〔02415〕

10巻9号（1938年9月発行）

ブルックナーの「五重奏曲」　井関富三
p.860　　　　　　　　　　　　〔02416〕

秋近き日に聴く新盤二つ―クープランの「劇場
風協奏曲」・バッハの「第二提琴協奏曲」　榎
本笋　p.864　　　　　　　　　〔02417〕

ビクターの「アルゼンチン・タンゴ」第二輯　青
木謙幸　p.868　　　　　　　　〔02418〕

アダムとイヴと（2）　河野正死　p.871　〔02419〕

マニア漫語（1）　陸門素吉　p.880　〔02420〕

「モーツアルト歌劇協会」レコード（2）　田中晴
雲　p.885　　　　　　　　　　〔02421〕

アフリカ・レコード界さまざま　奥屋公幸
p.888　　　　　　　　　　　　〔02422〕

漫談盤談　榎本笋　p.893　　　〔02423〕

でぃすく小咄　p.900　　　　　〔02424〕

亜爾然丁タンゴ今昔物語（1）　的場実
p.901　　　　　　　　　　　　〔02425〕

ディスク蒐集講座（13）モーツァルト　中村善吉
p.907　　　　　　　　　　　　〔02426〕

近時盤談（ディスク廻状）　森景泉，柏木俊三，
青木謙幸　p.915　　　　　　　〔02427〕

レコード昔話（ディスク廻状）　大沼魯夫
p.917　　　　　　　　　　　　〔02428〕

映画と音楽（ディスク廻状）　赤辻裕
p.922　　　　　　　　　　　　〔02429〕

民俗歌謡レコード選（ディスク廻状）　Y・A生
p.925　　　　　　　　　　　　〔02430〕

趣味のダンス・レコード（ディスク廻状）　稲吉
愈右　p.927　　　　　　　　　〔02431〕

ディスク・ニュース　p.930　　〔02432〕

UB喫茶室訪問　青木生　p.933　〔02433〕

九月の名曲レコード評　柏木俊三，鮎野行夫
p.935　　　　　　　　　　　　〔02434〕

九月のポピュラー・セクション　青木実
p.949　　　　　　　　　　　　〔02435〕

九月のダンス・レコード評　村岡貞
p.955　　　　　　　　　　　　〔02436〕

海外新譜紹介　編輯部　p.962　〔02437〕

銀三日記　p.970　　　　　　　〔02438〕

10巻10号（1938年10月発行）

シャンカールの印度音楽レコード　牛山充
p.972　　　　　　　　　　　　〔02439〕

ブラームスの第三交響曲とワルター　野村光一
p.978　　　　　　　　　　　　〔02440〕

チャイコフスキーの「悲愴交響曲ロ短調」　あら
ゑびす，青木謙幸，大木正夫，深井史郎，井
関富三　p.980　　　　　　　　〔02441〕

ヘンデルのコンチェルト・グロッソのレコード
編輯部　p.992　　　　　　　　〔02442〕

レコードに依る「ピアノ音楽」発達の史的鑑賞
（1）　中村善吉　p.996　　　　〔02443〕

名曲と名レコード（2）ベートーベン作「第五ピアノ協奏曲変ホ長調」 柏木俊三 p.1004 〔02444〕

でぃすく小咄 p.1009 〔02445〕

レコード批評に於ける二つの方法 志賀一音 p.1010 〔02446〕

マニア漫語（2）陸門素吉 p.1018 〔02447〕

「れこおど」余録（6）鮎野行夫 p.1024 〔02448〕

漫談盤談 榎本笻 p.1028 〔02449〕

亜爾然丁タンゴ今昔物語（2）的場実 p.1032 〔02450〕

原智恵子嬢に聴く 金子章子 p.1036 〔02451〕

十月のレコード評 柏木俊三 p.1041 〔02452〕

十月のポピュラー・セクション 青木実 p.1054 〔02453〕

十月のダンス・レコード評 村岡貞 p.1059 〔02454〕

海外新譜紹介 編輯部 p.1066 〔02455〕

ディスク・ニュース 編輯部 p.1074 〔02456〕

質問欄 S・S p.1076 〔02457〕

読者欄―ブラームスの歌曲 森忠一郎 p.1080 〔02458〕

10巻11号（1938年11月発行）

新双クラブサン音画攷 久礼伝三 p.1082 〔02459〕

ヨッフム指揮の「英雄交響曲」を聴く 村田武雄 p.1090 〔02460〕

印度舞踊音楽のレコードについて 柏木俊三 p.1093 〔02461〕

試聴室―バッハ「四十八協会」第五輯レコード 大岡昇平 p.1098 〔02462〕

試聴室―ハイドン協会第六輯レコード 青木謙幸 p.1103 〔02463〕

試聴室―新しいベートーヴェンの第一交響曲のディスク 城春光 p.1106 〔02464〕

試聴室―サンサーンスの提琴奏鳴曲 桑野三平 p.1109 〔02465〕

試聴室―ベルリオ作「ベンヴェヌート・チェリーニ」序曲 桑野三平 p.1111 〔02466〕

試聴室―今月の各社特輯レコード 青木実 p.1113 〔02467〕

レコードに依る「ピアノ音楽」発達の史的鑑賞（2）中村善吉 p.1120 〔02468〕

レコード批評に於ける二つの方法（2）志賀一音 p.1126 〔02469〕

愛盤メモランダム（1）四月亭 p.1134 〔02470〕

亜爾然丁タンゴ今昔物語（3）的場実 p.1137 〔02471〕

輸入禁止と代用原料 松本荘之助 p.1140 〔02472〕

西宮通信 森景泉 p.1142 〔02473〕

北支通信 上田利正 p.1143 〔02474〕

質問欄 S・S p.1145 〔02475〕

ディスク・ニュース 編輯部 p.1148 〔02476〕

十一月のレコード評 柏木俊三 p.1150 〔02477〕

十一月のポピュラー・セクション 青木実 p.1166 〔02478〕

十一月のダンス・レコード評 村岡貞 p.1170 〔02479〕

海外新譜紹介 編輯部 p.1177 〔02480〕

10巻12号（1938年12月発行）

ベートーヴェンの「絃楽四重奏曲一三二」の新盤 鈴木鎮一 p.1185 〔02481〕

遂に出たジュピターの決定盤 榎本笻 p.1189 〔02482〕

ドヴォルザークの新世界交響曲を聴いて 城島昶 p.1196 〔02483〕

メヌーヒンの弾いたメンデルスゾーンの協奏曲 柏木俊三 p.1200 〔02484〕

テレフンケンの新盤二つ 柏木俊三 p.1203 〔02485〕

本年度のレコード回顧 あらゑびす，坿和昌夫，青木謙幸 p.1207 〔02486〕

愛盤メモランダム（2）四月亭 p.1224 〔02487〕

同人合評―ティボーの弾くモーツアルトの「ロンド」青木，榎本，柏木 p.1227 〔02488〕

NBC交響管絃団のお話 藤田不二 p.1229 〔02489〕

ディスク・ニュース 編輯部 p.1236 〔02490〕

各社軽音楽特輯レコード 青木実 p.1237 〔02491〕

アルマ・グルック夫人を憶ふ 大沼魯夫 p.1243 〔02492〕

音楽会便り 金子章子 p.1245 〔02493〕

質問欄 S・S p.1249 〔02494〕

第四回「ディスク懸賞論文」募集 p.1253 〔02495〕

第四回「ディスク賞レコード」選定 p.1254 〔02496〕

十二月のレコード評 坿和昌夫，柏木俊三 p.1256 〔02497〕

十二月のポピュラー・セクション 青木実 p.1271 〔02498〕

十二月のダンス・レコード評 村岡貞 p.1276 〔02499〕

海外新譜紹介 編輯部 p.1282 〔02500〕

11巻1号（1939年1月発行）

バッハの「チェロ無伴奏組曲」鈴木二三雄，青木謙幸，杉浦繁，柏木俊三，坿和昌夫 p.1 〔02501〕

「ディスク」　　　　　　　　　　　　　内容細目

オイゲン・ヨッフムの指揮する「第九」（新しい「第九」交響曲のレコード）服部正
p.23　　　　　　　　　　　〔02502〕

ヨッフムの「第九」漫想（新しい「第九」交響曲のレコード）城春光 p.25　〔02503〕

ヨッフムの「第九」の演奏と録音（新しい「第九」交響曲のレコード）村田武雄
p.29　　　　　　　　　　　〔02504〕

テレフンケンに「第九」を録音した人々（新しい「第九」交響曲のレコード）藤田不二
p.32　　　　　　　　　　　〔02505〕

ベートーヴェン・ピアノ・ソナタ協会第十二輯　金子章子 p.34　　　　〔02506〕

レコードによる「ピアノ音楽」発達の史的鑑賞（3）中村善吉 p.42　　〔02507〕

覚書 その・すゝむ p.48　　　　〔02508〕

西宮通信 森潤三郎 p.54　　　　〔02509〕

廃盤復活及び再プレスレコードに就いての座談会（其1）林，榎本，青木，柏木，志賀
p.58　　　　　　　　　　　〔02510〕

第四回「ディスク賞レコード」選定
p.70　　　　　　　　　　　〔02511〕

第四回「ディスク懸賞論文」募集 p.72　〔02512〕

質問欄 S・S p.73　　　　　　〔02513〕

一月のレコード評 坿和昌夫，柏木俊三
p.76　　　　　　　　　　　〔02514〕

一月のポピュラー・セクション 青木実
p.97　　　　　　　　　　　〔02515〕

一月のダンス・レコード評 村岡貞
p.102　　　　　　　　　　〔02516〕

海外新譜紹介 編輯部 p.106　　〔02517〕

11巻2号（1939年2月発行）

ディスク十周年に際して 青木謙幸
p.112　　　　　　　　　　〔02518〕

「ディスク十周年」万歳！　あらえびす
p.114　　　　　　　　　　〔02519〕

ディスク創刊十周年を祝す 藤田不二
p.115　　　　　　　　　　〔02520〕

ディスク創刊十周年を祝して 菅沼定昇
p.118　　　　　　　　　　〔02521〕

ディスク雑感 森生 p.120　　〔02522〕

ディスク回顧座談会 あらえびす，中村善吉，杉浦繁，坿和昌夫，熊田秀四郎，村岡貞，鵜飼正直，田中良雄，青木実，柏木俊三，青木謙幸 p.125　　　　　　〔02523〕

モーツアルト歌劇協会「ドン・ジオヴァンニ」田中晴雲 p.142　　　　〔02524〕

ストラヴィンスキーと「カルタ遊び」坿和昌夫
p.154　　　　　　　　　　〔02525〕

ストラヴィンスキー作舞踊組曲「カルタ遊び」柏木俊三 p.157　　　　〔02526〕

ブルツフ作「提琴協奏曲第一番」柏木俊三
p.163　　　　　　　　　　〔02527〕

コロムビア「世界音楽名盤集」第三輯 柏木俊三
p.165　　　　　　　　　　〔02528〕

ビクター「家庭音楽名盤集」第四輯 青木実
p.168　　　　　　　　　　〔02529〕

レコードによる「ピアノ音楽」発達の史的鑑賞（4）中村善吉 p.170　　〔02530〕

フランスの第八回「ディスク大賞」に就いて 村田武雄 p.177　　　　　〔02531〕

エジプト便り 奥屋公幸 p.180　〔02532〕

西宮通信 森生 p.184　　　　〔02533〕

戦場で拾つたディスク 上田利正
p.186　　　　　　　　　　〔02534〕

新春断弦数行 三田隠士 p.188　〔02535〕

音楽会便り 北沢利重 p.190　〔02536〕

中支戦線より 鮎野行夫 p.191　〔02537〕

二月のレコード評 坿和昌夫，柏木俊三
p.192　　　　　　　　　　〔02538〕

二月のポピュラー・セクション 青木実
p.207　　　　　　　　　　〔02539〕

二月のダンス・レコード評 村岡貞
p.211　　　　　　　　　　〔02540〕

海外新譜紹介 編輯部 p.215　　〔02541〕

11巻3号（1939年3月発行）

吾が最も敬愛する名演奏家と「ディスク大賞レコード」久礼伝三 p.224　〔02542〕

両洋琴曲集とベートーベン二元論等 森生 p.231　　　　　　　　　　〔02543〕

クーレンカンプのブラームス作「ヴァイオリン協奏曲」鈴木鎮一 p.234　〔02544〕

タルティニの「提琴協奏曲ニ短調」坿和昌夫
p.238　　　　　　　　　　〔02545〕

モーツアルト作「絃五重奏曲ニ長調」K五九三 柏木俊三 p.244　　　〔02546〕

クライバーと第二交響曲 城島昶
p.247　　　　　　　　　　〔02547〕

如是我聞（欧米新着レコード評）柏木俊三
p.252　　　　　　　　　　〔02548〕

レコードによる「ピアノ音楽」発達の史的鑑賞（5）中村善吉 p.256　　〔02549〕

でいすく小咄 そきち p.261　　〔02550〕

エヂプト便り―レナーを聴く 奥屋公幸
p.262　　　　　　　　　　〔02551〕

廃盤小記 武田久吉 p.264　　〔02552〕

レコード音楽の進路 三田隠士 p.266　〔02553〕

音楽会便り 北沢利重 p.268　〔02554〕

コルトオの描いた多面画（第四回 ディスク懸賞論文発表）睦角楚吉 p.271　〔02555〕

モーツアルトの「ピアノ四重奏曲ト短調」（第四回 ディスク懸賞論文発表）清水梓
p.278　　　　　　　　　　〔02556〕

十周年記念ディスク懸賞論文募集
p.285　　　　　　　　　　〔02557〕

内容細目　　　　　　　　　　　　　　　　　　「ディスク」

第四回ディスク賞レコード選定発表
p.286　　　　　　　　　　　　〔02558〕

テレフンケンの第二タンゴ篇（2）青木実
p.294　　　　　　　　　　　　〔02559〕

ディスク十周年祝賀会　編輯部　p.296　〔02560〕

ディスク・ニュース　編輯部　p.298　〔02561〕

質問欄　S・S　p.300　　　　　　　　　〔02562〕

三月のレコード評　坩和昌夫，柏木俊三
p.303　　　　　　　　　　　　〔02563〕

三月のポピュラー・セクション　青木実
p.318　　　　　　　　　　　　〔02564〕

三月のダンス・レコード評　村岡貞
p.323　　　　　　　　　　　　〔02565〕

海外新譜紹介　編輯部　p.328　　　　〔02566〕

11巻4号（1939年4月発行）

レコード蒐集講座「一枚から一千枚迄」（1）あ
らえびす　p.332　　　　　　　〔02567〕

シューマン作「ダヴィッド同盟舞曲」坩和昌夫
p.336　　　　　　　　　　　　〔02568〕

ブラームス作「第一交響曲ハ短調」柏木俊三
p.340　　　　　　　　　　　　〔02569〕

シューベルト作「四重奏曲変ホ長調」青木謙幸
p.344　　　　　　　　　　　　〔02570〕

チャイコフスキー作「伊太利狂詩曲」柏木俊三
p.348　　　　　　　　　　　　〔02571〕

シューベルト作「交響曲第五番変ロ長調」柏木
俊三　p.349　　　　　　　　　〔02572〕

レコードによる「ピアノ音楽」発達の史的鑑賞
（6）中村善吉　p.352　　　　〔02573〕

ふらんす音楽　其1　序説　吉村昌光
p.358　　　　　　　　　　　　〔02574〕

ディスク十周年記念「レコード・コンサート曲
目」p.365　　　　　　　　　　〔02575〕

日本未発売レコード及協会レコードの検討座談
会　其2　ディスク同人　p.366　〔02576〕

僕の領分（1）柏木俊三　p.378　〔02577〕

十年一昔の話　神保璟一郎　p.382　〔02578〕

今月の軽音楽特殊レコード　青木実
p.384　　　　　　　　　　　　〔02579〕

蛙の言葉（第四回 ディスク懸賞論文発表2）平
山敦　p.386　　　　　　　　　〔02580〕

少年の聖合唱（第四回 ディスク懸賞論文発表2）
帯包一風　p.390　　　　　　　〔02581〕

十周年記念ディスク懸賞論文募集
p.398　　　　　　　　　　　　〔02582〕

ディスク・ニュース　編輯部　p.399　〔02583〕

質問欄　S・S　p.400　　　　　　　　　〔02584〕

四月のレコード評　坩和昌夫，柏木俊三
p.402　　　　　　　　　　　　〔02585〕

四月のポピュラー・セクション　青木実
p.420　　　　　　　　　　　　〔02586〕

四月のダンス・レコード評　村岡貞
p.424　　　　　　　　　　　　〔02587〕

海外新譜紹介　編輯部　p.429　　　　〔02588〕

11巻5号（1939年5月発行）

ビクターの新盤「フウゲの技術」中村善吉
p.436　　　　　　　　　　　　〔02589〕

バッハ作「無伴奏提琴奏鳴曲ハ長調」坩和昌夫
p.440　　　　　　　　　　　　〔02590〕

ヘンゲルの「複管絃協奏曲」と「火花の音楽」
を聴く　村田武雄　p.444　　　〔02591〕

レナーの歌ふ春のソナタ　園田英雄
p.446　　　　　　　　　　　　〔02592〕

チャイコフスキイの「白鳥の湖」城島昶
p.448　　　　　　　　　　　　〔02593〕

レコード蒐集読本「一枚から一千枚迄」（2）あ
らえびす　p.453　　　　　　　〔02594〕

レコードによる「ピアノ音楽」発達の史的鑑賞
（7）中村善吉　p.459　　　　〔02595〕

ふらんす音楽　其2　ベルリオーズ　吉村昌光
p.462　　　　　　　　　　　　〔02596〕

ディスク倶楽部便り　p.473　　　　　〔02597〕

私版―「名盤秘曲集」の発行（2）柏木俊三
p.474　　　　　　　　　　　　〔02598〕

ウイーン・ワルツ考　青木実　p.480　〔02599〕

管絃楽ところどころ　三田隠士　p.488　〔02600〕

北支戦線より　太田博　p.490　　　　〔02601〕

中支戦線より（2）鮎野行夫　p.493　〔02602〕

コメディアン・ハーモニスト・アルバム　城春
光　p.496　　　　　　　　　　〔02603〕

ビクターの「春の映画主題歌集」稲当愈右
p.497　　　　　　　　　　　　〔02604〕

テレフンケンの軽音楽第八輯「器楽篇」青木実
p.498　　　　　　　　　　　　〔02605〕

質問欄　S・S　p.499　　　　　　　　　〔02606〕

海外音楽家の動静　編輯部　p.503　〔02607〕

五月のレコード評　坩和昌夫，柏木俊三
p.505　　　　　　　　　　　　〔02608〕

五月のポピュラー・セクション　青木実
p.525　　　　　　　　　　　　〔02609〕

五月のダンス・レコード評　村岡貞
p.528　　　　　　　　　　　　〔02610〕

海外新譜紹介　編輯部　p.533　　　　〔02611〕

11巻6号（1939年6月発行）

驚く可き芸術　あらえびす　p.539　〔02612〕

フルトヴェングラー指揮の「悲愴交響曲」坩和
昌夫　p.541　　　　　　　　　〔02613〕

ヨッフムの指揮するベートオベン「第三交響
曲」服部正　p.551　　　　　　〔02614〕

ヨッフム指揮の「英雄」交響曲　門馬直衛
p.553　　　　　　　　　　　　〔02615〕

「ディスク」 内容細目

モーツァルトに於けるワルターの観念とピアニズム 志賀一音 p.558 〔02616〕

レナーの「ラズモフスキイ四重奏曲」第二番 城島昶 p.563 〔02617〕

如是我聞（欧米新着レコード紹介）柏木俊三 p.567 〔02618〕

レコード蒐集読本「一枚から一千枚迄」(3) あらえびす p.571 〔02619〕

ディスク・ニュース 編輯部 p.576 〔02620〕

レコードによる「ピアノ音楽」発達の史的鑑賞 (8) 中村善吉 p.577 〔02621〕

モオツァルトに就いて エドヴィン・フィッシャー p.583 〔02622〕

ヂェラルデン・フアーラーのこと 稲吉愈右 p.586 〔02623〕

ヴェラチーニのソナタについて（第五回 ディスク懸賞論文発表）山田年男 p.593 〔02624〕

レッテル瞥見 武田久吉 p.597 〔02625〕

中支戦線より（第三信）鮎野行夫 p.599 〔02626〕

新刊紹介 S・K生 p.601 〔02627〕

質問欄 編輯部 p.603 〔02628〕

海外音楽会動静 編輯部 p.605 〔02629〕

機械蓄音器への随筆 (1) 陸門素吉 p.606 〔02630〕

六月のレコード評 垪和昌夫，柏木俊三 p.611 〔02631〕

六月のポピュラー・セクション 青木実 p.625 〔02632〕

六月のダンス・レコード評 村岡貞 p.629 〔02633〕

海外新譜紹介 編輯部 p.632 〔02634〕

11巻春季増刊 ディスク叢書第一輯 ベートーヴェン特輯号（1939年6月発行）

ベートーヴェン年表 p.2 〔02635〕

ベートーヴェンの生涯 あらえびす p.4 〔02636〕

ベートーヴェンの芸術 中村善吉 p.9 〔02637〕

ベートーヴェンとソナタ形式 柏木俊三 p.21 〔02638〕

ベートーヴェン的なるもの 林四月亭 p.24 〔02639〕

交響曲（ベートーヴェン 作品とディスク賞レコード）垪和昌夫 p.28 〔02640〕

序曲・管絃楽曲（ベートーヴェン 作品とディスク賞レコード）田中晴雲 p.43 〔02641〕

洋琴協奏曲（ベートーヴェン 作品とディスク賞レコード）城島昶 p.50 〔02642〕

提琴協奏曲（ベートーヴェン 作品とディスク賞レコード）園田英雄 p.66 〔02643〕

絃楽四重奏曲（ベートーヴェン 作品とディスク賞レコード）柏木俊三 p.73 〔02644〕

三重奏曲（ベートーヴェン 作品とディスク賞レコード）柏木俊三 p.91 〔02645〕

其他の重奏曲（ベートーヴェン 作品とディスク賞レコード）柏木俊三 p.99 〔02646〕

提琴奏鳴曲（ベートーヴェン 作品とディスク賞レコード）中村善吉 p.102 〔02647〕

洋琴奏鳴曲（ベートーヴェン 作品とディスク賞レコード）金子章子 p.107 〔02648〕

洋琴変奏曲（ベートーヴェン 作品とディスク賞レコード）中村善吉 p.138 〔02649〕

其他の洋琴小曲（ベートーヴェン 作品とディスク賞レコード）柏木俊三 p.141 〔02650〕

チェロの作品（ベートーヴェン 作品とディスク賞レコード）青木謙幸 p.143 〔02651〕

歌劇（ベートーヴェン 作品とディスク賞レコード）田中晴雲 p.148 〔02652〕

歌謡曲（ベートーヴェン 作品とディスク賞レコード）田中晴雲 p.152 〔02653〕

宗教曲（ベートーヴェン 作品とディスク賞レコード）田中晴雲 p.154 〔02654〕

11巻7号（1939年7月発行）

モーツァルト歌劇協会「魔笛」全曲 田中晴雲 p.637 〔02655〕

シューマンのヴァイオリン協奏曲のレコード 垪和昌夫 p.647 〔02656〕

ディアベリ変奏曲への随想 中村善吉 p.652 〔02657〕

モーツァルトの洋琴協奏曲を聴く 柏木俊三 p.656 〔02658〕

ブラームス作「クラリネット五重奏曲」鈴木鎮一 p.663 〔02659〕

ドヴォルザーク作「セレナード」柏木俊三 p.665 〔02660〕

マーラーの「大地の歌」座談会 あらえびす，中村善吉，柳兼子，有坂愛彦，青木謙幸 p.669 〔02661〕

レコード蒐集読本「一枚から一千枚迄」(4) あらえびす p.682 〔02662〕

ふらんす音楽 其3 ショパン 吉村昌光 p.685 〔02663〕

ランドフスカ夫人の「古典音楽」(1) 村田武雄 p.695 〔02664〕

僕の領分 (2) 柏木俊三 p.701 〔02665〕

各社特輯レコード 編輯部 p.703 〔02666〕

質問欄 S・S p.708 〔02667〕

七月のレコード評 垪和昌夫，柏木俊三 p.711 〔02668〕

七月のポピュラー・セクション 青木実 p.725 〔02669〕

七月のダンス・レコード評 村岡貞 p.732 〔02670〕

海外新譜紹介 S・S p.736 〔02671〕

11巻8号（1939年8月発行）

カルヴェの「死と乙女」の四重奏曲 青木謙幸 p.747　〔02672〕

シュナーベルの弾く「モーメント・ミュージカル」全曲 坪和昌夫 p.753　〔02673〕

モーツァルトの「ディヴェルティメント変ホ長調」 柏木俊三 p.756　〔02674〕

モーツァルトの「提琴協奏曲第五番」 杉浦繁 p.759　〔02675〕

リスト作「洋琴協奏曲第二番イ長調」 柏木俊三 p.761　〔02676〕

レコードに依るピアノ音楽発達の史的鑑賞（9） 中村善吉 p.764　〔02677〕

ランドフスカ夫人の「古典音楽」（2） 村田武雄 訳 p.769　〔02678〕

鎮夏レコード日誌 城島昶 p.775　〔02679〕

夏の日の夢 清水梓 p.779　〔02680〕

ディスク・ニュース 編輯部 p.784　〔02681〕

民謡と合唱の珍品レコード 大沼魯夫 p.785　〔02682〕

僕の領分（3） 柏木俊三 p.789　〔02683〕

粗品二点 帯包一風 p.791　〔02684〕

中支戦線より（4） 鮎野行夫 p.793　〔02685〕

八月各社特輯レコード 大岡・青木 p.796　〔02686〕

質問欄 S・S p.798　〔02687〕

機械蓄音器への随筆（2） 陸門素吉 p.801　〔02688〕

八月のレコード評 坪和昌夫，柏木俊三 p.811　〔02689〕

八月のポピュラー・セクション 大岡昇平 p.829　〔02690〕

八月のダンス・レコード評 村岡貞 p.835　〔02691〕

海外新譜紹介 S・S p.841　〔02692〕

11巻9号（1939年9月発行）

トスカニーニの「第五交響曲」 青木謙幸 p.852　〔02693〕

コルトオの「バラード」の新盤 宅孝二 p.856　〔02694〕

ワルターの「軍隊交響曲」 坪和昌夫 p.860　〔02695〕

ハイフェッツの「パルティタ第二番」 坪和昌夫 p.865　〔02696〕

ハイドン協会第七輯に就いて 柏木俊三 p.872　〔02697〕

キュンネーケの「舞踏組曲」に就いて 門馬直衛 p.878　〔02698〕

ロートの「ニガー四重奏曲」 柏木俊三 p.884　〔02699〕

レコード蒐集読本「一枚から一千枚迄」（5） あらえびす p.886　〔02700〕

ランドフスカ夫人の「古典音楽」（3） 村田武雄 訳 p.891　〔02701〕

エピソート 銀座がらす p.897　〔02702〕

音楽の「奥行き」 林四月亭 p.898　〔02703〕

僕の領分（4） 柏木俊三 p.900　〔02704〕

レコードの外観 海野樵三 p.904　〔02705〕

ビゼーのこと 大岡昇平 p.908　〔02706〕

各社特輯レコード 大岡昇平 p.910　〔02707〕

ディスク特別ニュース 編輯部 p.914　〔02708〕

質問欄 S・S p.916　〔02709〕

機械蓄音器への随筆（3） 陸門素吉 p.919　〔02710〕

九月のレコード評 坪和昌夫，柏木俊三 p.925　〔02711〕

九月のポピュラー・セクション 大岡昇平 p.941　〔02712〕

九月のダンス・レコード評 村岡貞 p.946　〔02713〕

海外新譜紹介 S・S p.950　〔02714〕

11巻10号（1939年10月発行）

クライスラーのモーツァルト「第四提琴協奏曲」 久礼伝三 p.958　〔02715〕

ディジョン大本寺聖歌集 その・すすむ p.963　〔02716〕

ブラームス作「提琴奏鳴曲」一如是我聞 桑野三平 p.973　〔02717〕

ビゼー作「アルルの女」全曲一如是我聞 柏木俊三 p.975　〔02718〕

レスピーギ編曲「リュートの為の古代舞曲とアリア」一如是我聞 中村善吉 p.978　〔02719〕

ビゼッテイ作「提琴奏鳴曲」一如是我聞 桑野三平 p.980　〔02720〕

トスカニーニに就いて（トスカニーニの「第五」特輯） 坪和昌夫 p.983　〔02721〕

「第五」のディスク総覧（トスカニーニの「第五」特輯） 園田英雄 p.988　〔02722〕

「第五」新盤録音の特徴（トスカニーニの「第五」特輯） 有坂愛彦 p.997　〔02723〕

トスカニーニの「第五」感想録（トスカニーニの「第五」特輯） 柏木，城島，林，杉浦，中村 p.1000　〔02724〕

N・B・Cの人々（1）（トスカニーニの「第五」特輯） 菅原明朗 p.1009　〔02725〕

レコード蒐集読本「一枚から一千枚まで」（6） あらえびす p.1014　〔02726〕

伊太利ヴァイオリン古典（上） 中村善吉 p.1018　〔02727〕

第六回「ディスク懸賞論文」募集 p.1025　〔02728〕

機械蓄音器への随筆（4） 陸門素吉 p.1026　〔02729〕

日記抄 大沼魯夫 p.1030　〔02730〕

「ディスク」　内容細目

中支戦線より（5）　鮎野行夫 p.1033　〔02731〕
各社軽音楽特輯　同人 p.1037　〔02732〕
ディスク・ニュース　編輯部 p.1041　〔02733〕
紹介欄　編輯部 p.1042　〔02734〕
質問欄　S・S p.1044　〔02735〕
十月のレコード評　埒和昌夫，柏木俊三 p.1047　〔02736〕
十月のポピュラー・セクション　大岡昇平 p.1069　〔02737〕
十月のダンス・レコード評　村岡貞 p.1073　〔02738〕
海外新譜紹介　S・S p.1077　〔02739〕

11巻11号（1939年11月発行）

第六回「ディスク懸賞論文」募集 p.1081　〔02740〕
メンゲルベルク指揮の「第八交響曲」を聴く　村田武雄 p.1082　〔02741〕
舞踏組曲「ペトルーシュカ」の新盤　柏木俊三 p.1087　〔02742〕
ベートーヴェン作「絃四重奏曲」作品一八〇五　一如是我聞　柏木俊三 p.1090　〔02743〕
「バッハマン選集」座談会　あらえびす，宅孝二，高木東六，埒和昌夫，青木謙幸，柏木俊三 p.1093　〔02744〕
レコード蒐集読本「一枚から一千枚まで」（7）あらえびす p.1105　〔02745〕
ランドフスカ夫人の「古典音楽」（4）　村田武雄 p.1108　〔02746〕
ふらんす音楽 其4 リスト　吉村昌光 p.1114　〔02747〕
名曲と名レコード―絶筆奏鳴曲を繞る回想　陸門素吉 p.1123　〔02748〕
蛙の戯言　大原達 p.1129　〔02749〕
N・B・Cの人々（2）　菅原明朗 p.1135　〔02750〕
中支戦線便り（第六信）　鮎野行夫 p.1142　〔02751〕
東北の秋（講演旅行）　H・そのだ p.1146　〔02752〕
覚え書（講演旅行）　中村善吉 p.1150　〔02753〕
質問欄　S・S p.1151　〔02754〕
ディスク倶楽部便り　編輯部 p.1153　〔02755〕
十一月のレコード評　埒和昌夫，柏木俊三 p.1154　〔02756〕
十一月のポピュラー・セクション　大岡昇平 p.1169　〔02757〕
十一月のダンス・レコード評　村岡貞 p.1173　〔02758〕
海外新譜紹介　S・S p.1179　〔02759〕

11巻12号（1939年12月発行）

メヌーヒンに依るバッハの「提琴奏鳴曲第三番」　杉浦繁 p.1188　〔02760〕

フルトヴェングラー指揮の「パルジファル」の音楽　門馬直衛 p.1190　〔02761〕
ストコフスキイの「パルジファル」　牛山充 p.1195　〔02762〕
シュヴァイツァーのバッハ・オルガン曲集第二輯（上）　津川主一 p.1198　〔02763〕
ブラームス作「ピアノ協奏曲第一番」―如是我聞　柏木俊三 p.1203　〔02764〕
メンゲルベルクの「第八交響曲」座談会　あらえびす，村田武雄，有坂愛彦，中村善吉，藤田不二，青木謙幸 p.1206　〔02765〕
今年度のレコード回顧　野村あらえびす p.1218　〔02766〕
今年度の重要なるレコードに就て　埒和昌夫 p.1225　〔02767〕
各社特輯軽音楽アルバム　多野多美次，大岡昇平 p.1236　〔02768〕
線解針に就て　S・K p.1242　〔02769〕
新刊紹介　三浦潤 p.1244　〔02770〕
ディスク・ニュース　編輯部 p.1246　〔02771〕
質問欄　S・S p.1250　〔02772〕
第五回ディスク賞レコード選定に就て　編輯部 p.1254　〔02773〕
第六回ディスク懸賞論文発表 p.1256　〔02774〕
トスカニーニの第五交響曲　K・ONODERA p.1257　〔02775〕
十二月のレコード評　埒和昌夫，柏木俊三 p.1265　〔02776〕
十二月のポピュラー・セクション　大岡昇平 p.1280　〔02777〕
十二月のダンス・レコード評　村岡貞 p.1282　〔02778〕
海外新譜紹介　S・S p.1287　〔02779〕

11巻臨時増刊 ディスク叢書第二輯 モーツァルト特輯号（1939年12月発行）

モーツァルト年表 p.2　〔02780〕
モーツァルト礼讃　あらえびす p.8　〔02781〕
モーツァルトの人物観　青木謙幸 p.13　〔02782〕
モーツァルトの芸術　中村善吉 p.24　〔02783〕
古典とソナタ形式　志賀一音 p.43　〔02784〕
交響曲（モーツァルト 作品とディスク賞レコード）　埒和昌夫 p.51　〔02785〕
序曲・管絃楽曲（モーツァルト 作品とディスク賞レコード）　城島昶 p.71　〔02786〕
洋琴協奏曲（モーツァルト 作品とディスク賞レコード）　志賀一音 p.89　〔02787〕
提琴協奏曲（モーツァルト 作品とディスク賞レコード）　杉浦繁 p.113　〔02788〕
其他の協奏曲（モーツァルト 作品とディスク賞レコード）　杉浦繁 p.123　〔02789〕
五重奏曲（モーツァルト 作品とディスク賞レコード）　林健太郎 p.127　〔02790〕

内容細目　　　　　　　　　　　　「ディスク」

絃楽四重奏曲（モーツァルト 作品とディスク賞
　レコード）志賀一音 p.131　　　　　〔02791〕

洋琴三重奏曲（モーツァルト 作品とディスク賞
　レコード）柏木俊三 p.143　　　　　〔02792〕

提琴奏鳴曲（モーツァルト 作品とディスク賞レ
　コード）柏木俊三 p.148　　　　　　〔02793〕

其他の室内楽（モーツァルト 作品とディスク賞
　レコード）中村善吉 p.164　　　　　〔02794〕

洋琴奏鳴曲（附幻想曲）（モーツァルト 作品と
　ディスク賞レコード）柏木俊三
　p.168　　　　　　　　　　　　　　〔02795〕

歌謡曲（モーツァルト 作品とディスク賞レコー
　ド）青木謙幸 p.177　　　　　　　　〔02796〕

歌劇（モーツァルト 作品とディスク賞レコー
　ド）田中晴雲 p.183　　　　　　　　〔02797〕

宗教音楽（モーツァルト 作品とディスク賞レ
　コード）その・すゝむ p.217　　　　〔02798〕

雑の部（モーツァルト 作品とディスク賞レコー
　ド）杉浦繁 p.251　　　　　　　　　〔02799〕

作品表及びレコード（モーツァルト 作品とディ
　スク賞レコード）奥谷公幸 p.252　　〔02800〕

12巻1号（1940年1月発行）

ドゥビュッシーの「前奏曲第一輯」とギーゼキ
　ング 宅孝二 p.1　　　　　　　　　〔02801〕

シューベルトの「即興曲」とフィッシャー 高木
　東六 p.4　　　　　　　　　　　　　〔02802〕

シュヴァイツァーのバッハ・オルガン曲集第二
　輯（下）津川主一 p.7　　　　　　　〔02803〕

シュポアの「提琴協奏曲第八番」（スポールディ
　ング）一如是我聞 小山徳彦 p.13　　〔02804〕

テゥウリナの「絃楽四重奏曲」（カタラン四重奏
　団）一如是我聞 小山徳彦 p.16　　　〔02805〕

メンデルスゾーンの「洋琴協奏曲ト短調」（ドル
　フマン）一如是我聞 大岡昇平 p.19　〔02806〕

レコード蒐集読本「一枚から一千枚まで」（8）
　あらえびす p.20　　　　　　　　　〔02807〕

ふらんす音楽 其5 リスト（続）吉村昌光
　p.24　　　　　　　　　　　　　　　〔02808〕

機械蓄音機への随筆（完）陸門素吉
　p.33　　　　　　　　　　　　　　　〔02809〕

その頃を語る（1）中村善吉 p.40　　〔02810〕

手帖から その・すゝむ p.45　　　　〔02811〕

コロムビアの「世界音楽名盤集第四輯」柏木俊
　三 p.47　　　　　　　　　　　　　〔02812〕

ビクターの「家庭名盤集第五輯」城春光
　p.49　　　　　　　　　　　　　　　〔02813〕

各社特輯軽音楽アルバム 植松栄三郎，T・M
　p.51　　　　　　　　　　　　　　　〔02814〕

第五「小感」（ディスク懸賞論文）井上敏夫
　p.54　　　　　　　　　　　　　　　〔02815〕

トスカニーニの第五交響曲のレコード（ディス
　ク懸賞論文）竹井英介 p.59　　　　　〔02816〕

ディスク倶楽部便り 編輯部 p.65　　〔02817〕

質問欄 S・S p.67　　　　　　　　　〔02818〕

一月のレコード評 坏和昌夫，柏木俊三
　p.69　　　　　　　　　　　　　　　〔02819〕

一月のポピュラー・セクション 大岡昇平
　p.88　　　　　　　　　　　　　　　〔02820〕

一月のダンス・レコード評 村岡貞
　p.93　　　　　　　　　　　　　　　〔02821〕

海外新譜紹介 S・S p.97　　　　　　〔02822〕

第五回ディスク賞レコード発表 編輯部
　p.102　　　　　　　　　　　　　　〔02823〕

12巻2号（1940年2月発行）

トスカニーニのモーツァルト「ト短調交響曲」
　坏和昌夫 p.109　　　　　　　　　　〔02824〕

ワインガルトナーによる「第二交響曲」の新盤
　柏木俊三 p.113　　　　　　　　　　〔02825〕

ヒンデミットの「ヴィオラ奏鳴曲」小山徳彦
　p.118　　　　　　　　　　　　　　〔02826〕

レコード蒐集読本「一枚から一千枚まで」（9）
　あらえびす p.123　　　　　　　　　〔02827〕

ランドフスカ夫人の「古典音楽」（5）村田武雄
　p.127　　　　　　　　　　　　　　〔02828〕

伊太利ヴァイオリン古典（下）中村善吉
　p.131　　　　　　　　　　　　　　〔02829〕

ふらんす音楽 其6 リスト（完）吉村昌光
　p.137　　　　　　　　　　　　　　〔02830〕

その頃を語る（2）中村善吉 p.145　〔02831〕

「手帖から」（2）その・すゝむ p.149　〔02832〕

赤猫の手紙 大原達 p.153　　　　　　〔02833〕

古風な盤談（1）陸門素吉 p.158　　　〔02834〕

一つの狂想 坂井一郎 p.165　　　　　〔02835〕

紅茶とレコード音楽 大沼魯夫 p.168　〔02836〕

「戦線随想」余録（1）鮎野行夫 p.174　〔02837〕

ディスク倶楽部便り 編輯部 p.177　　〔02838〕

質問欄 S・S p.179　　　　　　　　　〔02839〕

昨年度の軽音楽及ダンス・レコード「ディスク
　賞」 p.181　　　　　　　　　　　　〔02840〕

二月のレコード評 坏和昌夫，柏木俊三
　p.183　　　　　　　　　　　　　　〔02841〕

二月のポピュラー・セクション 大岡昇平
　p.195　　　　　　　　　　　　　　〔02842〕

二月のダンス・レコード評 村岡貞
　p.199　　　　　　　　　　　　　　〔02843〕

海外新譜紹介 S・S p.203　　　　　　〔02844〕

12巻3号（1940年3月発行）

トスカニーニによるモーツァルトの「ト短調」
　を聴いて（トスカニーニ指揮「ト短調交響
　曲」）小山徳彦 p.209　　　　　　　〔02845〕

ディオニソス的「ト短調」（トスカニーニ指揮
　「ト短調交響曲」）城島昶 p.213　　〔02846〕

異常なる「ト短調」（トスカニーニ指揮「ト短調
　交響曲」）柏木俊三 p.217　　　　　〔02847〕

「ディスク」　　　　　　　　　　内容細目

メンゲルベルクの指揮するベートーヴェンの
「第四」（メンゲルベルク指揮「第四交響曲」）
服部正 p.221　　　　　　　　　　〔02848〕

「第四交響曲」とメンゲルベルク（メンゲルベル
ク指揮「第四交響曲」）坪和昌夫
p.224　　　　　　　　　　　　　〔02849〕

光輝ある追憶―ザウエルのディスクを聴いて
高木東六 p.228　　　　　　　　　〔02850〕

ベートーヴェン作「提琴奏鳴曲第十番」一如是
我聞 柏木俊三 p.231　　　　　　　〔02851〕

シューベルト作「鱒の五重奏曲」一如是我聞 太
田博 p.234　　　　　　　　　　　〔02852〕

レコード蒐集読本「一枚から一千枚迄」（10）あ
らえびす p.238　　　　　　　　　〔02853〕

私版―「名盤秘曲集」第三輯の発行 柏木俊三
p.241　　　　　　　　　　　　　〔02854〕

その頃を語る（3）中村善吉 p.246　〔02855〕

近感書簡 青木謙幸 p.250　　　　　〔02856〕

ビクターの「アルゼンチン・タンゴ集」第三輯
森生 p.255　　　　　　　　　　　〔02857〕

シューベルトの人となり ハンス・ヨアヒム・
モーサー 述，太田博 訳 p.257　　　〔02858〕

「手帳」から（3）その・すゝむ p.262　〔02859〕

読後断章 井上敏夫 p.267　　　　　〔02860〕

「オール・スター・バンド・アルバム」 T・M
p.271　　　　　　　　　　　　　〔02861〕

ディスク倶楽部便り 編輯部 p.274　〔02862〕

質問欄 S・S p.278　　　　　　　〔02863〕

三月のレコード評 坪和昌夫，柏木俊三
p.283　　　　　　　　　　　　　〔02864〕

三月のポピュラー・セクション 大岡昇平
p.297　　　　　　　　　　　　　〔02865〕

三月のダンス・レコード評 村岡貞
p.299　　　　　　　　　　　　　〔02866〕

海外新譜紹介 S・S p.305　　　　〔02867〕

12巻4号（1940年4月発行）

フォーレの「鎮魂曲」新盤の上梓に際して（上）
その・すゝむ p.315　　　　　　　〔02868〕

シューベルト「行進曲集」評 太田博
p.325　　　　　　　　　　　　　〔02869〕

パーセル作「管絃組曲」モーツァルト作・「ヴァ
イオリン奏鳴曲 K三七八」一如是我聞 柏木
俊三 p.328　　　　　　　　　　　〔02870〕

テレフンケンの「世界序曲名盤集」雑談 中村，
有坂，坪和，城島，大西，青木，柏木
p.331　　　　　　　　　　　　　〔02871〕

音楽史的鑑賞（1）村田武雄 p.337　〔02872〕

ふらんす音楽 其7 フランク 吉村昌光
p.344　　　　　　　　　　　　　〔02873〕

「手帖」から（4）その・すゝむ p.347　〔02874〕

「序曲」とは何か アルフレッド・ワイデマン，
太田博 訳 p.350　　　　　　　　　〔02875〕

ハイドンのこと（1）柏木俊三 p.353　〔02876〕

カール・ムック博士の訃 中村善吉
p.355　　　　　　　　　　　　　〔02877〕

カール・ムック指揮のレコード 編輯部
p.357　　　　　　　　　　　　　〔02878〕

コロムビア「アルゼンチン・タンゴ・アルバム」
第二輯 稲吉愈右 p.358　　　　　　〔02879〕

ダンス・レコード入門（1）稲吉愈右
p.361　　　　　　　　　　　　　〔02880〕

ビクター「音楽鑑賞名盤大系」形式篇 編輯部
p.363　　　　　　　　　　　　　〔02881〕

「珍品レコード」所蔵 野村あらえびす，山口亀
之助，藤田不二，中村善吉，青木謙幸
p.365　　　　　　　　　　　　　〔02882〕

読者の頁「二つの悲愴交響曲のレコード」 水島
弘太郎 p.372　　　　　　　　　　〔02883〕

ディスク倶楽部便り 編輯部 p.375　〔02884〕

質問欄 S・S p.379　　　　　　　〔02885〕

四月のレコード評 坪和昌夫，柏木俊三
p.383　　　　　　　　　　　　　〔02886〕

四月のポピュラー・セクション 大岡昇平
p.397　　　　　　　　　　　　　〔02887〕

四月のダンス・レコード評 村岡貞
p.401　　　　　　　　　　　　　〔02888〕

海外新譜紹介 S・S p.405　　　　〔02889〕

12巻5号（1940年5月発行）

ワルターの指揮せるハイドン作「交響曲ニ長
調」 坪和昌夫 p.413　　　　　　　〔02890〕

ハイドン作「驚愕交響曲」 K・ONODERA
p.418　　　　　　　　　　　　　〔02891〕

フォーレ作「鎮魂曲」新盤の上梓に際して（下）
その・すゝむ p.422　　　　　　　〔02892〕

ビゼー作「交響曲ハ長調」一如是我聞 柏木俊三
p.434　　　　　　　　　　　　　〔02893〕

ベートーヴェン作「洋琴協奏曲 第二番」一如是
我聞 柏木俊三 p.436　　　　　　　〔02894〕

レコード蒐集読本「一枚から一千枚迄」（11）あ
らえびす p.438　　　　　　　　　〔02895〕

レコード鑑賞講座「音楽史的鑑賞」（2）村田武
雄 p.442　　　　　　　　　　　　〔02896〕

正しい音楽理解法 ミュラー・フライエンフェ
ルス，太田博 訳 p.456　　　　　　〔02897〕

ビクター「音楽鑑賞名盤大系―形式篇」に就て
土田貞夫 p.462　　　　　　　　　〔02898〕

僕の領分（5）柏木俊三 p.465　　　〔02899〕

盤辺随想 小山徳彦 p.467　　　　　〔02900〕

ダンス・レコード入門（2）稲吉愈右
p.474　　　　　　　　　　　　　〔02901〕

私のレコード試聴曲線に就て（読者の頁）西岡
義次 p.479　　　　　　　　　　　〔02902〕

回転不同による不快音（読者の頁）森崎五郎
p.480　　　　　　　　　　　　　〔02903〕

内容細目　　　　　　　　　　　　　　　　　　「ディスク」

ビクター洋楽愛好家協会第六輯に就て　編輯部
p.482　〔02904〕

各地ディスク倶楽部便り　編輯部
p.483　〔02905〕

質問欄　S・S　p.485　〔02906〕

東京デイスク倶楽部再開に就て　城島昶
p.488　〔02907〕

五月のレコード評　坩和昌夫，柏木俊三
p.489　〔02908〕

五月のポピュラー・セクション　大岡昇平
p.501　〔02909〕

五月のダンス・レコード評　村岡貞
p.505　〔02910〕

海外新譜紹介　S・S　p.509　〔02911〕

12巻6号（1940年6月発行）

ワルター指揮シューベルトの「第七交響曲ハ長調」　K・ONODERA　p.518　〔02912〕

ハイフェッツの演奏したブラームス作「提琴協奏曲」　井関富三　p.524　〔02913〕

ゼルキンの演奏した「アパショナタ・ソナタ」　宅孝二　p.528　〔02914〕

ドビュッシイ作「トリオ・ソナタ」の新盤　坩和昌夫　p.529　〔02915〕

オイゲン・ヨッフムのベートーヴェン第七ジムフォニー　太田博　p.532　〔02916〕

ヨッフムの指揮したベートーヴェンの「第七」　中村善吉　p.536　〔02917〕

レコード鑑賞講座「音楽史的鑑賞」(3)　村田武雄　p.538　〔02918〕

ふらんす音楽 其8 フランク（承前）　吉村昌光　p.544　〔02919〕

珍品レコードを語る座談会　あらえびす，中村，坩和，藤田，薬科，青木　p.548　〔02920〕

東京ディスク倶楽部特別コンサート予告　城島昶　p.575　〔02921〕

コロムビアの「シャンソン・ド・パリ」の歌手達　芦原英子　p.578　〔02922〕

「デイスコス・アルヘンチーノス」に就て稲吉氏への御答へ　的場実　p.582　〔02923〕

各地ディスク倶楽部便り　編輯部
p.584　〔02924〕

映画の頁「民族の祭典」　p.588　〔02925〕

コレクターズ・コーナー　稲吉愈右
p.590　〔02926〕

質問欄　S・S　p.593　〔02927〕

六月のレコード評　坩和昌夫，柏木俊三
p.598　〔02928〕

六月のポピュラー・セクション　大岡昇平
p.607　〔02929〕

六月のダンス・レコード評　村岡貞
p.610　〔02930〕

海外新譜紹介　S・S　p.616　〔02931〕

12巻7号（1940年7月発行）

ブラアムス「ホ短調交響曲」新盤　K・ONODERA　p.622　〔02932〕

ブッシュ四重奏曲演奏のシューベルト作「絃四重奏曲ト長調」　柏木俊三　p.627　〔02933〕

シュナーベルの弾いたモーツァルトの「ピアノ奏鳴曲イ短調」　柏木俊三　p.630　〔02934〕

グウセンス指揮リムスキーコルサコフの「金鶏組曲」　小山徳彦　p.633　〔02935〕

コロムビアかち出る「パリヤッチ」の全曲盤　田中晴雲　p.639　〔02936〕

第四交響曲の概観（トスカニーニ指揮のベートーヴェン作交響曲第四番）　門馬直衛
p.648　〔02937〕

トスカニーニの指揮について（トスカニーニ指揮のベートーヴェン作交響曲第四番）　坩和昌夫　p.654　〔02938〕

レコード鑑賞講座「音楽史的鑑賞」(4)　村田武雄　p.659　〔02939〕

ふらんす音楽 其9 フランク（承前）　吉村昌光　p.664　〔02940〕

何を選ぶべきか(1) ベートーヴェンの「第四」　青木謙幸　p.670　〔02941〕

戦線随想余録(2)　鮎野行夫　p.675　〔02942〕

質問欄　S・S　p.681　〔02943〕

ニューズ・コーナー　稲吉愈右　p.684　〔02944〕

各地ディスク倶楽部便り　編輯部
p.686　〔02945〕

「珍品レコード」に関する感想　諸家（全国愛読者）　p.690　〔02946〕

七月のレコード評　坩和昌夫，柏木俊三
p.696　〔02947〕

七月のポピュラー・セクション　大岡昇平
p.707　〔02948〕

七月のダンス・レコード評　村岡貞
p.710　〔02949〕

海外新譜紹介　S・S　p.714　〔02950〕

12巻8号（1940年8月発行）

巻頭言　青木謙幸　p.728　〔02951〕

ベートオヴェン ビオラ五重奏曲のレコード　坩和昌夫　p.729　〔02952〕

シャリヤピンの歌ふ民謡　中村善吉
p.733　〔02953〕

序曲「彷徨へる和蘭人」のレコード　柏木俊三
p.736　〔02954〕

レコード蒐集読本 一枚から一千枚迄(12)　あらえびす　p.739　〔02955〕

レコード鑑賞講座 音楽史的鑑賞(5)　村田武雄
p.744　〔02956〕

ふらんす音楽 其10 フランク（承前）　吉村昌光
p.752　〔02957〕

ルイザ・テトラッツイニ　ヒュー・ハーヴェイ，稲吉愈右 訳　p.758　〔02958〕

〔02904〜02958〕　　戦前期　レコード音楽雑誌記事索引　**53**

「ディスク」　　　　　　　　　　　内容細目

モスクワに於けるチャイコフスキイ百年祭　竹中祐一　p.762　〔02959〕

音無しの弁　鈴木鎮一　p.767　〔02960〕

鳴盤放談　武田久吉　p.768　〔02961〕

音楽評論家とレコード・ファン　志賀一音　p.771　〔02962〕

手紙　K・A　p.774　〔02963〕

私の好きなレコード　柏木俊三　p.776　〔02964〕

タンゴ譚　稲吉愈右　p.778　〔02965〕

女学生の為の十二枚一組　桑野三平　p.780　〔02966〕

夏日随想　城島昶　p.783　〔02967〕

山中「盤」声　海野樵造　p.784　〔02968〕

ダンス・レコード入門（3）　稲吉愈右　p.788　〔02969〕

ニューズ・コーナー　稲吉愈右　p.792　〔02970〕

新刊紹介　青木謙幸　p.793　〔02971〕

各地ディスク倶楽部便り　編輯部　p.794　〔02972〕

質問欄　S・S　p.797　〔02973〕

八月のレコード評　垪和昌夫，柏木俊三　p.801　〔02974〕

八月のポピュラー・セクション　大岡昇平　p.812　〔02975〕

八月のダンス・レコード評　村岡貞　p.816　〔02976〕

海外新譜紹介　S・S　p.821　〔02977〕

12巻9号（1940年9月発行）

巻頭言　青木謙幸　p.830　〔02978〕

プロ・アルトの「ラズモフスキイ第二番」の演奏　垪和昌夫　p.832　〔02979〕

「アイネ・クライネ・ナハトムジーク」の新盤　桑野三平　p.836　〔02980〕

「ローマの泉」の新盤　柏木俊三　p.838　〔02981〕

ドン・コサック傑作集を聴く　津川主一　p.841　〔02982〕

試聴室―モーツァルトの「デイヴエルテイメント」第十五番・シューベルトの「アンダンテイノと変奏曲」　大岡昇平　p.843　〔02983〕

レコード鑑賞講座「音楽史的鑑賞」（6）　村田武雄　p.846　〔02984〕

日本未発売の名盤調べ　編輯部　p.852　〔02985〕

日本発売を望むスカーラの全曲版（1）　田中晴雲　p.862　〔02986〕

ファーラー譜（1）　稲吉愈右　訳　p.869　〔02987〕

ハイドンのこと（2）　柏木俊三　p.873　〔02988〕

カペ絃楽四重奏団を想ふ　陸門素吉　p.876　〔02989〕

残暑の幻想　大原達　p.881　〔02990〕

パガニーニ百年祭　アーサー・M.エイベル，稲吉愈右　訳　p.885　〔02991〕

文部省推薦蓄音器レコード　p.889　〔02992〕

戦線便り　藤森照尊　p.890　〔02993〕

コレクターズ・コーナー　K・A　p.892　〔02994〕

旧盤頒布会案内　薬科雅美　p.894　〔02995〕

新刊紹介　編輯部　p.897　〔02996〕

ニューズ・コーナー　Y・I　p.898　〔02997〕

各地ディスク倶楽部便り　編輯部　p.900　〔02998〕

質問欄　S・S　p.902　〔02999〕

九月のレコード評　垪和昌夫　p.905　〔03000〕

九月のポピュラー・セクション　大岡昇平　p.912　〔03001〕

リズミュジック・ノート　村岡貞　p.916　〔03002〕

海外新譜紹介　S・S　p.919　〔03003〕

12巻10号（1940年10月発行）

巻頭言　青木謙幸　p.923　〔03004〕

アルテュロ・トスカニイニ論―指揮者について（其の1）　K・ONODERA　p.926　〔03005〕

「カペエ協会」の設立　青木謙幸　p.932　〔03006〕

「ビクター名曲小品集」の第一輯　柏木俊三　p.935　〔03007〕

試聴室―リスト作「ファウスト交響曲」　柏木俊三　p.940　〔03008〕

試聴室―舞踊音楽「コティリヨン」のレコード　大岡昇平　p.943　〔03009〕

試聴室―コルトオの演奏せるショパンの「ソナタ口短調」　柏木俊三　p.944　〔03010〕

試聴室―テレフンケンの「世界序曲名盤集」第二輯　大岡昇平　p.946　〔03011〕

試聴室―カペエ四重奏団によるベートーヴェン作「四重奏曲　一三二」　中村善吉　p.947　〔03012〕

試聴室―ティボオの奏いたモーツァルトの提琴協奏曲　中村善吉　p.949　〔03013〕

レコード鑑賞講座 音楽史的鑑賞（7）　村田武雄　p.951　〔03014〕

技巧と芸術家に就いて　A・シモンズ，垪和昌夫　訳　p.957　〔03015〕

蒐集家の頁（1）　中村善吉　p.959　〔03016〕

日本発売を望むスカーラの全曲版（2）　田中晴雲　p.963　〔03017〕

ニューズ・コーナー　Y・I　p.970　〔03018〕

提琴曲の話（1）　P.ストゥヴイング，稲吉愈右　訳　p.971　〔03019〕

新体制とレコード界　城島昶，吉村昌光，田代秀穂，大原達，稲吉愈右，海野樵造　p.973　〔03020〕

戦線便り　鮎野行夫，藤森照尊，糸山貞弘　p.979　〔03021〕

新刊紹介　編輯部　p.988　〔03022〕

54　戦前期　レコード音楽雑誌記事索引　　　〔02959～03022〕

内容細目　　　　　　　　　　　「ディスク」

旧盤頒布会案内（2）藁科雅美 p.989 〔03023〕

コレクターズ・コーナー（2）K・A
　p.993 〔03024〕

各地ディスク倶楽部便り 編輯部
　p.995 〔03025〕

質問欄 S・S p.997 〔03026〕

東京ディスク倶楽部レコード演奏会 城島昶
　p.999 〔03027〕

十月のレコード評 坪和昌夫，中村善吉，柏木俊
　三 p.1001 〔03028〕

軽音楽の頁 大岡昇平，村岡貞 p.1013 〔03029〕

海外新譜紹介 S・S p.1018 〔03030〕

12巻11号（1940年11月発行）

新体制下のディスク 森潤三郎 p.1023 〔03031〕

ウイルヘルム・フルトヴェングラー論—指揮者
　について（その2）K・ONODERA
　p.1030 〔03032〕

ハイフェッツの奏いたベートーヴェンの提琴協
　奏曲 坪和昌夫 p.1036 〔03033〕

レコード蒐集講座 一枚から一千枚迄（13）あら
　えびす p.1041 〔03034〕

レコード鑑賞講座 音楽史的鑑賞（8）村田武雄
　p.1044 〔03035〕

ふらんす音楽（11）ドビュッシイ 吉村昌光
　p.1052 〔03036〕

シューベルト伝（1）若きシューベルト 太田博
　訳 p.1056 〔03037〕

試聴室—カペーの演奏せるドビュッシイの絃楽
　四重奏曲 柏木俊三 p.1061 〔03038〕

試聴室—シュナーベルのバッハ「伊太利風協奏
　曲」村田武雄 p.1063 〔03039〕

試聴室—クラウスの弾いたモーツァルトの洋琴
　協奏曲 大岡昇平 p.1066 〔03040〕

試聴室—「ナポリ民謡集」の試聴 田中晴雲
　p.1068 〔03041〕

試聴室—シュトラウスの「家庭交響曲」田中良
　雄 p.1069 〔03042〕

試聴室—テレフンケンの二枚一組 柏木俊三
　p.1073 〔03043〕

紀元二千六百年奉祝音楽に就て 柏木俊三
　p.1075 〔03044〕

座談会「音楽の周囲をめぐつて」太田・小野
　寺・柏木 p.1078 〔03045〕

何を選ぶ可きか（2）ベートーヴェンの提琴協奏
　曲 青木謙幸 p.1083 〔03046〕

旧盤頒布会案内（3）藁科雅美 p.1090 〔03047〕

戦線より帰還して 糸山貞弘 p.1093 〔03048〕

各地ディスク倶楽部便り 編輯部
　p.1095 〔03049〕

質問欄 編輯部 p.1099 〔03050〕

東京ディスク倶楽部レコード演奏会予告 城島
　昶 p.1105 〔03051〕

十一月のレコード評 中村善吉，柏木俊三
　p.1106 〔03052〕

軽音楽の頁 大岡昇平，村岡貞 p.1117 〔03053〕

海外新譜紹介 中村善吉 p.1120 〔03054〕

12巻12号（1940年12月発行）

十五年度のレコード回顧 あらえびす
　p.1128 〔03055〕

ウィルレム・メンゲルベルク論—指揮者につい
　て（その3）K・ONODERA p.1138 〔03056〕

試聴室—ワルター指揮の「オックスフォード交
　響曲」田中良雄 p.1145 〔03057〕

試聴室—クーセヴィッキイのベートーヴェンの
　「第二交響曲」田中良雄 p.1149 〔03058〕

試聴室—ゼルキンの弾いたモーツァルトの「ピ
　アノ協奏曲」高木東六 p.1152 〔03059〕

試聴室—「コロムビア音楽史第五輯」を聴いて
　門馬直衛 p.1154 〔03060〕

ふらんす音楽（12）ドビュッシイ（承前）吉村昌
　光 p.1159 〔03061〕

シューベルト伝（2）シューベルトとその友人達
　太田博 訳 p.1163 〔03062〕

何を選ぶ可きか（3）「死と少女」の四重奏曲 青
　木謙幸 p.1167 〔03063〕

ベートーヴェンの「第一交響曲」とメンゲルベ
　ルクの新盤を語る 野村・有坂・村田・中村・
　藤田・青木 p.1173 〔03064〕

戦線通信 砲煙と薔薇 鮎野行夫
　p.1186 〔03065〕

東京ディスク倶楽部レコード演奏会拝聴記 山
　田幸男 p.1192 〔03066〕

裏磐梯紀行記 中園生 p.1193 〔03067〕

随筆風に「用語用字の詮衡」（1）山口亀之助
　p.1195 〔03068〕

各地ディスク倶楽部便り 編輯部
　p.1196 〔03069〕

ディスク・ニュース 編輯部 p.1198 〔03070〕

質問欄 編輯部 p.1200 〔03071〕

十一月のレコード評 坪和昌夫，中村善吉
　p.1205 〔03072〕

軽音楽の頁 大岡昇平，村岡貞 p.1216 〔03073〕

海外新譜紹介 中村善吉 p.1218 〔03074〕

アメリカ物語 Y・S・I p.1225 〔03075〕

13巻1号（1941年1月発行）

巻頭言 青木謙幸 p.1 〔03076〕

ブルノ・ワルター論—指揮者について（その4）
　K・ONODERA p.3 〔03077〕

試聴室—ワルターと「幻想交響曲」田中良雄
　p.8 〔03078〕

試聴室—シューベルトの「ピアノ三重奏曲作品
　九九」を聴く 中村善吉 p.12 〔03079〕

〔03023～03079〕　　　戦前期 レコード音楽雑誌記事索引 **55**

「ディスク」　　　　　　　　　　　　　内容細目

試聴室―ドビッシイとプロコフィエフ　柏木俊
三　p.14　　　　　　　　　　　　　〔03080〕

試聴室―カペエの演奏したベートーヴェンの
「四重奏曲一三一」　中村善吉 p.16　〔03081〕

試聴室―ザウアーの弾いたリストの「第二ピア
ノ協奏曲」　土川正浩 p.18　　　　　〔03082〕

試聴室―「ビクター家庭音楽名盤集」　大岡昇平
p.19　　　　　　　　　　　　　　　〔03083〕

試聴室―テレフンケンの「第二家庭音楽選」　大
岡昇平 p.20　　　　　　　　　　　　〔03084〕

一枚から一千枚まで（14）　あらえびす
p.21　　　　　　　　　　　　　　　〔03085〕

音楽史的鑑賞（9）　村田武雄 p.25　　〔03086〕

ふらんす音楽 其13 ドビュッシイ（前承）　吉村
昌光 p.30　　　　　　　　　　　　　〔03087〕

何を選ぶ可きか（4）「鱒の五重奏曲」　青木謙幸
p.38　　　　　　　　　　　　　　　〔03088〕

戦線通信―戦線牧歌譜　鮎野行夫 p.44　〔03089〕

戦線通信―南支戦線より　亀岡正夫
p.48　　　　　　　　　　　　　　　〔03090〕

タンゴ名曲集　稲吉愈右 p.49　　　　〔03091〕

映画「故郷」　S・K p.50　　　　　　〔03092〕

東京ディスク倶楽部レコード演奏会予告　城島
昶 p.51　　　　　　　　　　　　　　〔03093〕

各地ディスク倶楽部便り　編輯部 p.53　〔03094〕

質問欄　編輯部 p.55　　　　　　　　〔03095〕

一月のレコード評　坍和昌夫，中村善吉，柏木俊
三 p.57　　　　　　　　　　　　　　〔03096〕

軽音楽の頁　稲吉愈右 p.69　　　　　〔03097〕

海外新譜紹介　中村善吉 p.72　　　　〔03098〕

レコード音楽鑑賞国民講座 その1　門馬直衛
p.80　　　　　　　　　　　　　　　〔03099〕

「第六回ディスク賞，大賞レコード」の発表
p.92　　　　　　　　　　　　　　　〔03100〕

選定を了りて　中村，坍和，田中，柏木
p.96　　　　　　　　　　　　　　　〔03101〕

13巻2号（1941年2月発行）

巻頭言　青木謙幸 p.100　　　　　　　〔03102〕

ワインガルトナー論―指揮者について（その5）
K・ONODERA p.101　　　　　　　　〔03103〕

試聴室―フィッシャー演奏の一一〇番のピアノ
奏鳴曲　柏木俊三 p.107　　　　　　〔03104〕

試聴室―マクドナルドの二台のピアノと管絃の
協奏曲　柏木俊三 p.109　　　　　　〔03105〕

試聴室―レガーの無伴奏チェロ組曲　大岡昇平
p.110　　　　　　　　　　　　　　〔03106〕

試聴室―モーツァルトの「パリ交響曲」　田中良
雄 p.112　　　　　　　　　　　　　〔03107〕

試聴室―チャイコフスキイの「セレナーデ」　柏
木俊三 p.115　　　　　　　　　　　〔03108〕

試聴室―カペー演奏の「雲雀四重奏曲」　坍和昌
夫 p.116　　　　　　　　　　　　　〔03109〕

一枚から一千枚まで（15）　あらえびす
p.118　　　　　　　　　　　　　　〔03110〕

音楽史的鑑賞（10）　村田武雄 p.121　〔03111〕

ふらんす音楽 其14 ドビュッシイ（前承）　吉村
昌光 p.127　　　　　　　　　　　　〔03112〕

日本発売を望むスカーラの全曲版（3）　田中晴雲
p.136　　　　　　　　　　　　　　〔03113〕

シューベルト伝（3）　太田博 訳 p.144　〔03114〕

ファーラー譜（完）　稲吉愈右 訳 p.147　〔03115〕

提琴曲の話（2）　P.ストウヴィング，稲吉愈右
訳 p.151　　　　　　　　　　　　　〔03116〕

映画の音楽　大原達 p.154　　　　　　〔03117〕

新旧レコード談 エドワード・スミス，R・S 訳
p.156　　　　　　　　　　　　　　〔03118〕

旧盤頒布会案内（4）　藥科雅美 p.161　〔03119〕

あめりか物語　Y・S・I p.164　　　　〔03120〕

戦線通信 島田重造，深沢寅雄，大熊正彦，藤田
繁治，古家正司，亀岡正夫 p.167　〔03121〕

東京ディスク倶楽部レコード演奏会予告　城島
昶 p.172　　　　　　　　　　　　　〔03122〕

各地ディスク倶楽部便り　編輯部
p.173　　　　　　　　　　　　　　〔03123〕

質問欄　編輯部 p.176　　　　　　　　〔03124〕

二月のレコード評　坍和昌夫，中村善吉，柏木俊
三，田中良雄 p.182　　　　　　　　〔03125〕

軽音楽の頁　稲吉愈右 p.190　　　　　〔03126〕

海外新譜紹介　中村善吉 p.192　　　　〔03127〕

レコード音楽鑑賞国民講座 その2 音の強さと高
さの話　門馬直衛 p.195　　　　　　〔03128〕

13巻臨時増刊 ディスク叢書第三輯 シューベ
ルト特輯号（1941年2月発行）

シューベルト年表 p.2　　　　　　　　〔03129〕

シューベルトへの愛着　あらゑびす
p.5　　　　　　　　　　　　　　　〔03130〕

シューベルトの人物観　青木謙幸 p.10　〔03131〕

シューベルトの芸術　中村善吉 p.25　〔03132〕

歌曲集「美しき水車屋の乙女」（シューベルト 作
品とディスク賞レコード）その・すゐむ
p.33　　　　　　　　　　　　　　〔03133〕

歌曲集「冬の旅」（シューベルト 作品とディスク
賞レコード）坍和昌夫 p.75　　　　〔03134〕

歌曲集「白鳥の歌」（シューベルト 作品とディス
ク賞レコード）中村善吉 p.104　　〔03135〕

名歌曲選（シューベルト 作品とディスク賞レ
コード）中村善吉 p.117　　　　　〔03136〕

交響曲（シューベルト 作品とディスク賞レコー
ド）坍和昌夫 p.140　　　　　　　〔03137〕

管絃楽曲（シューベルト 作品とディスク賞レ
コード）田中良雄 p.154　　　　　〔03138〕

絃楽四重奏曲（シューベルト 作品とディスク賞
レコード）青木謙幸 p.161　　　　〔03139〕

五重奏曲其他（シューベルト 作品とディスク賞
レコード）青木謙幸 p.173　　　〔03140〕

ピアノ三重奏曲（シューベルト 作品とディスク
賞レコード）柏木俊三 p.181　　〔03141〕

二重奏曲其他（シューベルト 作品とディスク賞
レコード）柏木俊三 p.184　　　〔03142〕

ピアノ曲（シューベルト 作品とディスク賞レ
コード）柏木俊三 p.189　　　　〔03143〕

宗教音楽（シューベルト 作品とディスク賞レ
コード）その・すゝむ p.203　　〔03144〕

13巻3号（1941年3月発行）

バッハとその「無伴奏チェロ組曲」関清武
p.208　　　　　　　　　　　　　〔03145〕

皇紀二千六百年奉祝楽曲のレコード―古典序曲
イベール作 坍和昌夫 p.214　　〔03146〕

皇紀二千六百年奉祝楽曲のレコード―交響曲
シャンドール作 田中良雄 p.215　〔03147〕

皇紀二千六百年奉祝楽曲のレコード―交響曲イ
長調 ビツェッティ作 大岡昇平
p.219　　　　　　　　　　　　　〔03148〕

皇紀二千六百年奉祝楽曲のレコード―祝典音楽
シュトラウス作 太田博 p.221　〔03149〕

皇紀二千六百年奉祝楽曲のレコード―海道東征
信時潔作 青木謙幸 p.222　　　〔03150〕

試聴室―ショスクコーヴィッチの「第五交響
曲」からの感銘 門馬直衛 p.226　〔03151〕

試聴室―ラヴェルの「絃楽四重奏曲」について
柏木俊三 p.229　　　　　　　　〔03152〕

試聴室―ベートーヴェンの「提琴奏鳴曲 作品三
〇ノ三」大岡昇平 p.232　　　　〔03153〕

試聴室―バッハ作「無伴奏チェロ組曲」のレ
コード 柏木俊三 p.233　　　　〔03154〕

一枚から一千枚まで（16）あらえびす
p.237　　　　　　　　　　　　　〔03155〕

音楽史的鑑賞（11）村田武雄 p.240　〔03156〕

ディスク・ニュース 編輯部 p.247　〔03157〕

提琴曲の話（3）P.ストゥヴイング，稲吉愈右
訳 p.248　　　　　　　　　　　〔03158〕

東京ディスク倶楽部レコード演奏会予告 田中
良雄 p.250　　　　　　　　　　〔03159〕

戦線の蔭にて 鮎野行夫 p.252　　〔03160〕

欧米楽壇消息 Ｙ・Ｓ・Ｉ p.258　〔03161〕

随筆風に用語用字の詮鑿（2）山口亀之助
p.263　　　　　　　　　　　　　〔03162〕

旧盤頒布会案内（5）藁科雅美 p.264　〔03163〕

各地ディスク倶楽部便り 編輯部
p.266　　　　　　　　　　　　　〔03164〕

質問欄 編輯部 p.271　　　　　　〔03165〕

三月のレコード評 坍和昌夫，中村善吉，柏木俊
三 p.277　　　　　　　　　　　〔03166〕

軽音楽の頁 稲吉愈右 p.292　　　〔03167〕

海外新譜紹介 中村善吉 p.294　　〔03168〕

レコード音楽鑑賞国民講座 その3 音階の話 門
馬直衛 p.298　　　　　　　　　〔03169〕

13巻4号（1941年4月発行）

社告―戦地への慰問レコードについて
p.306　　　　　　　　　　　　　〔03170〕

試聴室―ドビュッシイの「海」藤木義輔
p.308　　　　　　　　　　　　　〔03171〕

試聴室―ブロッホの「ヴィオラとピアノの組
曲」への所感 小山徳彦 p.309　〔03172〕

試聴室―ピエルネの「演芸場の印象」藤木義輔
p.312　　　　　　　　　　　　　〔03173〕

試聴室―モーツァルト作「提琴奏鳴曲 変ホ長
調」大岡昇平 p.315　　　　　　〔03174〕

試聴室―ヘンデルの「コンチェルト・グロッソ」
作品六の五 柏木俊三 p.317　　〔03175〕

試聴室―ブラームスの「ピアノ協奏曲 第二番」
坍和昌夫 p.318　　　　　　　　〔03176〕

一枚から一千枚まで（17）あらえびす
p.321　　　　　　　　　　　　　〔03177〕

音楽史的鑑賞（12）村田武雄 p.324　〔03178〕

シューベルト伝（4）ヨゼフ・フォン・シュパウ
ン 原著：太田博 訳 p.334　　〔03179〕

何を選ぶ可きか（5）田園交響曲 青木謙幸
p.338　　　　　　　　　　　　　〔03180〕

東京市に於ける国民学校の音楽鑑賞教材レコー
ド 柴田知常 p.346　　　　　　〔03181〕

東京ディスク倶楽部春季集会予告 田中良雄
p.351　　　　　　　　　　　　　〔03182〕

戦線便り 深沢，中島 p.353　　　〔03183〕

僕の領分 柏木俊三 p.354　　　　〔03184〕

テレフンケンの「現代欧州軽音楽団競演アルバ
ム」稲吉愈右 p.357　　　　　　〔03185〕

ビクターの「中・南米音楽アルバム」稲吉愈右
p.359　　　　　　　　　　　　　〔03186〕

欧米楽界消息 Ｙ・Ｓ・Ｉ p.362　〔03187〕

ディスク・ニュース 編輯部 p.367　〔03188〕

新刊音楽書 青木謙幸 p.370　　　〔03189〕

各地ディスク倶楽部便り 編輯部
p.372　　　　　　　　　　　　　〔03190〕

質問欄 編輯部 p.377　　　　　　〔03191〕

四月のレコード評 坍和昌夫，中村善吉，柏木俊
三 p.382　　　　　　　　　　　〔03192〕

軽音楽の頁 稲吉愈右 p.392　　　〔03193〕

海外新譜紹介 中村善吉 p.396　　〔03194〕

レコード音楽鑑賞国民講座 その4 調の話 門馬
直衛 p.401　　　　　　　　　　〔03195〕

13巻5号（1941年5月発行）

社告―戦地への慰問レコードについて
p.410　　　　　　　　　　　　　〔03196〕

試聴室―フォーレの「イ長調提琴奏鳴曲」藤木
義輔 p.417　　　　　　　　　　〔03197〕

「ディスク」　　　　　　　　　　　内容細目

試聴室―「倫敦交響曲」試聴記　柏木俊三
　　p.420　　　　　　　　　　　　〔03198〕

試聴室―「ブランデンブルグ協奏曲第四番」の
　　新盤　柏木俊三　p.421　　　　〔03199〕

試聴室―ストラビンスキイの「カプリッチォ」
　　大岡昇平　p.423　　　　　　　〔03200〕

試聴室―「シエヘラザーデ」の新盤　田中良雄
　　p.424　　　　　　　　　　　　〔03201〕

名曲と名レコード―ショーソン作「協奏曲 ニ長
　　調」　坩和昌夫　p.429　　　　〔03202〕

フーゴー・ヴォルフの歌曲（1）　玻山甫
　　p.435　　　　　　　　　　　　〔03203〕

大沼魯夫氏の思ひ出（故大沼魯夫氏を悼む）　あ
　　らえびす　p.443　　　　　　　〔03204〕

大沼魯夫先生を偲ぶ（故大沼魯夫氏を悼む）　青
　　木謙幸　p.447　　　　　　　　〔03205〕

遺稿―露亜美術と作曲家達（故大沼魯夫氏を悼
　　む）　大沼魯夫　p.449　　　　〔03206〕

テレフンケンの「世界序曲名盤集第三輯」につ
　　いて　中村，青木　p.453　　　〔03207〕

東京デイスク倶楽部便り　編輯部
　　p.459　　　　　　　　　　　　〔03208〕

新刊音楽書　p.460　　　　　　　　〔03209〕

戦線通信　大熊生　p.461　　　　　〔03210〕

映画紹介―黒い瞳の女　稲吉愈右
　　p.462　　　　　　　　　　　　〔03211〕

旧盤頒布会案内（6）　薬科雅美　p.464　〔03212〕

各地デイスク倶楽部便り　編輯部
　　p.466　　　　　　　　　　　　〔03213〕

欧米楽壇消息　Ｙ・Ｓ・Ｉ　p.470　〔03214〕

質問欄　p.475　　　　　　　　　　〔03215〕

五月のレコード評　坩和昌夫，中村善吉，柏木俊
　　三　p.481　　　　　　　　　　〔03216〕

軽音楽の頁　稲吉愈右　p.496　　　〔03217〕

海外新譜紹介　中村善吉　p.500　　〔03218〕

レコード音楽鑑賞国民講座 その5 旋律の話　門
　　馬直衛　p.504　　　　　　　　〔03219〕

13巻6号（1941年6月発行）

試聴室―ウェェバアの価値　高木東六
　　p.515　　　　　　　　　　　　〔03220〕

試聴室―「はびこつた栗の木の下で」　深井史郎
　　p.518　　　　　　　　　　　　〔03221〕

試聴室―「プロムナード・ミュージック・アル
　　バム」　牛山充　p.520　　　　〔03222〕

試聴室―ミルスタインのチャイコフスキイ作
　　「提琴協奏曲」を聴いて　鈴木鎮一
　　p.524　　　　　　　　　　　　〔03223〕

試聴室―モーツァルト作「嬉遊曲ヘ長調」　大岡
　　昇平　p.527　　　　　　　　　〔03224〕

試聴室―クーレンカンプ独奏のチャイコフスキ
　　イ作「提琴協奏曲」　井関富三
　　p.528　　　　　　　　　　　　〔03225〕

一枚から一千枚迄（18）　あらえびす
　　p.531　　　　　　　　　　　　〔03226〕

名曲と名レコード その2―クープラン作「クラ
　　ヴザン曲集」　中村善吉　p.535　〔03227〕

浮雲帖 その・す・む　p.539　　　〔03228〕

ワーゴー・ヴォルフの歌曲（2）　玻山甫
　　p.547　　　　　　　　　　　　〔03229〕

クレデンザの設計理論　池田生　p.552　〔03230〕

東京デイスク倶楽部レコード演奏会予告　編輯
　　部　p.561　　　　　　　　　　〔03231〕

戦線と「慰問レコード」（1）　編輯部
　　p.562　　　　　　　　　　　　〔03232〕

京都よりの便り　加藤房江　p.567　〔03233〕

随筆風に用語用字の銓鑿（3）　山口亀之助
　　p.571　　　　　　　　　　　　〔03234〕

欧米楽界消息　Ｔ・Ｍ　p.572　　　〔03235〕

旧盤頒布会案内（7）　薬科雅美　p.577　〔03236〕

各地デイスク倶楽部便り　編輯部
　　p.579　　　　　　　　　　　　〔03237〕

質問欄　編輯部　p.582　　　　　　〔03238〕

六月のレコード評　坩和昌夫，中村善吉，柏木俊
　　三　p.588　　　　　　　　　　〔03239〕

軽音楽の頁　村岡貞，大岡昇平　p.603　〔03240〕

海外新譜紹介　中村善吉　p.606　　〔03241〕

レコード音楽鑑賞国民講座 その6 和声の話　門
　　馬直衛　p.610　　　　　　　　〔03242〕

13巻臨時増刊 ディスク叢書第四輯 バッハ特輯号（1941年6月発行）

バッハ年表　p.2　　　　　　　　　〔03243〕

バッハ礼讃　あらえびす　p.7　　　〔03244〕

人としてのバッハ　辻荘一　p.11　　〔03245〕

バッハの芸術　門馬直衛　p.23　　　〔03246〕

管絃楽曲（バッハ 作品とディスク賞レコード）
　　田中良雄　p.46　　　　　　　　〔03247〕

洋琴協奏曲（バッハ 作品とディスク賞レコー
　　ド）　志賀一音　p.73　　　　　〔03248〕

提琴協奏曲（バッハ 作品とディスク賞レコー
　　ド）　坩和昌夫　p.84　　　　　〔03249〕

クラフィア音楽（バッハ 作品とディスク賞レ
　　コード）　中村善吉　p.99　　　〔03250〕

提琴奏鳴曲（バッハ 作品とディスク賞レコー
　　ド）　中村善吉　p.146　　　　　〔03251〕

チェロ組曲（バッハ 作品とディスク賞レコー
　　ド）　青木謙幸　p.168　　　　　〔03252〕

オルガン独奏曲（バッハ 作品とディスク賞レ
　　コード）　村田武雄　p.182　　　〔03253〕

音楽の捧物（バッハ 作品とディスク賞レコー
　　ド）　城島昶　p.268　　　　　　〔03254〕

フーガの技法（バッハ 作品とディスク賞レコー
　　ド）　村田武雄　p.276　　　　　〔03255〕

内容細目　　　　　　　　　　　　　　　　　　「ディスク」

其他の器楽曲（バッハ作品とディスク賞レコー
　ド）柏木俊三 p.283　　　　　　　　　　〔03256〕
弥撒曲（バッハ作品とディスク賞レコード）そ
　の・すゝむ p.286　　　　　　　　　　　〔03257〕
受難楽（バッハ作品とディスク賞レコード）そ
　の・すゝむ p.313　　　　　　　　　　　〔03258〕
降臨聖譚曲（バッハ作品とディスク賞レコー
　ド）津川主一 p.355　　　　　　　　　　〔03259〕
聖交声曲（バッハ作品とディスク賞レコード）
　津川主一 p.360　　　　　　　　　　　　〔03260〕
俗交声曲（バッハ作品とディスク賞レコード）
　津川主一 p.377　　　　　　　　　　　　〔03261〕
小歌曲（バッハ作品とディスク賞レコード）津
　川主一 p.382　　　　　　　　　　　　　〔03262〕
コラール（バッハ作品とディスク賞レコード）
　津川主一 p.385　　　　　　　　　　　　〔03263〕
其他の声楽曲（バッハ作品とディスク賞レコー
　ド）津川主一 p.388　　　　　　　　　　〔03264〕
作品集（バッハ作品とディスク賞レコード）
　p.392　　　　　　　　　　　　　　　　　〔03265〕

13巻7号（1941年7月発行）

「歴史的名盤保存会」設立に就て あらえびす
　p.622　　　　　　　　　　　　　　　　　〔03266〕
「歴史的名盤保存会」のレコードの選定に就て
　青木謙幸 p.626　　　　　　　　　　　　〔03267〕
「歴史的名盤保存会」の名歌手に就て（1）中村
　善吉 p.631　　　　　　　　　　　　　　〔03268〕
試聴室―スメタナの「モルダウ」新盤 服部正
　p.636　　　　　　　　　　　　　　　　　〔03269〕
試聴室―チャイコフスキイの第四交響曲 服部
　正 p.636　　　　　　　　　　　　　　　〔03270〕
試聴室―ストラビンスキイ指揮の「ペトルシュ
　カ」組曲 深井史郎 p.637　　　　　　　〔03271〕
試聴室―ブロッホのヘブライ狂詩曲「スケロ
　モ」小山徳彦 p.639　　　　　　　　　　〔03272〕
試聴室―サン・サーン「チェロ協奏曲第一番」
　漫想 柏木俊三 p.642　　　　　　　　　〔03273〕
試聴室―歌劇「オルフェー」の編纂全曲版 田中
　晴雲 p.644　　　　　　　　　　　　　　〔03274〕
名曲と名レコード その2―シューマン作「交響
　的練習曲」宅孝二 p.650　　　　　　　　〔03275〕
浮雲帖（2）その・すゝむ p.653　　　　　〔03276〕
緑陰双語 鮎野行夫 p.657　　　　　　　　〔03277〕
僕の領分 柏木俊三 p.662　　　　　　　　〔03278〕
戦線と「慰問レコード」（2）編輯部
　p.665　　　　　　　　　　　　　　　　　〔03279〕
ポリドールの「西班牙歌謡選集」について 芦原
　英了 p.670　　　　　　　　　　　　　　〔03280〕
海外楽信 T・E・M p.672　　　　　　　　〔03281〕
ディスク・ニュース 編輯部 p.677　　　　〔03282〕
旧盤頒布会案内（8）藁科雅美 p.678　　　〔03283〕

各地ディスク倶楽部便り 編輯部
　p.680　　　　　　　　　　　　　　　　　〔03284〕
質問欄 編輯部 p.684　　　　　　　　　　〔03285〕
七月のレコード評 坪和昌夫，中村善吉，柏木俊
　三 p.687　　　　　　　　　　　　　　　〔03286〕
軽音楽の頁 村岡貞，大岡昇平 p.701　　　〔03287〕
海外新譜紹介 中村善吉 p.707　　　　　　〔03288〕
レコード音楽鑑賞国民講座 その7 和声の話 門
　馬直衛 p.710　　　　　　　　　　　　　〔03289〕

13巻8号（1941年8月発行）

現下のレコード問題の検討（1）青木謙幸
　p.722　　　　　　　　　　　　　　　　　〔03290〕
試聴室―ドゥヴォルザークの「第二交響曲」牛
　山充 p.732　　　　　　　　　　　　　　〔03291〕
試聴室―グルックの「オウリイドのイビゲ
　ニー」序曲 柏木俊三 p.735　　　　　　〔03292〕
試聴室―シューベルト作「大幻想曲」井上敏夫
　p.737　　　　　　　　　　　　　　　　　〔03293〕
試聴室―トスカニーニの第三交響曲「英雄」の
　レコード 青木謙幸 p.740　　　　　　　〔03294〕
「歴史的名盤保存会」のレコードに就て（1）青
　木謙幸 p.742　　　　　　　　　　　　　〔03295〕
「歴史的名盤集」を推賞する 藤田不二
　p.746　　　　　　　　　　　　　　　　　〔03296〕
名曲と名レコード その4―ブラームス作「ホル
　ン三重奏曲」編輯部 p.748　　　　　　　〔03297〕
パデレフスキイを憶ふ 中村善吉
　p.750　　　　　　　　　　　　　　　　　〔03298〕
浮雲帖（3）その・すゝむ p.755　　　　　〔03299〕
レコード回想録（1）楳津真次郎
　p.758　　　　　　　　　　　　　　　　　〔03300〕
渾名楽曲解題（1）二見孝平 p.762　　　　〔03301〕
戦線と「慰問レコード」（3）編輯部
　p.769　　　　　　　　　　　　　　　　　〔03302〕
新刊紹介 R・L生 p.773　　　　　　　　　〔03303〕
聴覚訓練用レコードを聴く 門馬直衛
　p.774　　　　　　　　　　　　　　　　　〔03304〕
テレフンケンの軽音楽集二組 大岡昇平
　p.776　　　　　　　　　　　　　　　　　〔03305〕
海外楽信 T・E・M p.778　　　　　　　　〔03306〕
各地ディスク倶楽部便り 編輯部
　p.782　　　　　　　　　　　　　　　　　〔03307〕
質問欄 編輯部 p.785　　　　　　　　　　〔03308〕
八月のレコード評 坪和昌夫，中村善吉，柏木俊
　三 p.789　　　　　　　　　　　　　　　〔03309〕
軽音楽の頁 村岡貞，大岡昇平 p.798　　　〔03310〕
海外新譜紹介 中村善吉 p.803　　　　　　〔03311〕
レコード音楽鑑賞国民講座 その8 対位法の話
　門馬直衛 p.808　　　　　　　　　　　　〔03312〕

「ディスク」　内容細目

13巻9号（1941年9月発行）

現下のレコード問題の検討（2）　青木謙幸 p.822　〔03313〕

第三交響曲「英雄」とトスカニーニ　堺和昌夫 p.830　〔03314〕

試聴室―ラヴェルの七重奏曲「序奏部とアレグロ」　三潴末松 p.835　〔03315〕

試聴室―グリーグ作「提琴奏鳴曲ハ短調」　井上敏夫 p.837　〔03316〕

トスカニーニとN・B・Cの「第三交響曲」のレコードについての対談　中村善吉，青木謙幸 p.840　〔03317〕

「歴史的名盤保存会」のレコードに就て（2）　青木謙幸 p.849　〔03318〕

音楽史的鑑賞（13）　村田武雄 p.855　〔03319〕

名曲と名レコード　その4―シューマン作「洋琴三重奏曲」　中村善吉 p.862　〔03320〕

渾名楽曲解題（2）　二見孝平 p.865　〔03321〕

レコード回想録（2）　楳津真次郎 p.869　〔03322〕

エルナ・ザックのレコード　城春光 p.875　〔03323〕

戦線と「慰問レコード」（4）　編輯部 p.878　〔03324〕

海外楽信　T・E・M p.882　〔03325〕

旧盤頒布会案内（9）　藥科雅美 p.885　〔03326〕

各地ディスク倶楽部便り　編輯部 p.888　〔03327〕

質問欄　編輯部 p.891　〔03328〕

九月のレコード評　堺和昌夫，中村善吉，柏木俊三 p.894　〔03329〕

軽音楽の頁　藤江裕，村岡貞 p.901　〔03330〕

海外新譜紹介　中村善吉 p.907　〔03331〕

レコード音楽鑑賞国民講座 その9 対位法の話（つづき）　門馬直衛 p.911　〔03332〕

13巻10号（1941年10月発行）

ディスクの廃刊に際して　青木謙幸 p.923　〔03333〕

共同声明 p.924　〔03334〕

廃刊の辞　森潤三郎 p.925　〔03335〕

現下のレコード問題の検討（3）　青木謙幸 p.927　〔03336〕

カサルス・トリオ論　堺和昌夫 p.933　〔03337〕

名曲と名レコード　その5―ヘンデルのクラウサン組曲集　中村善吉 p.941　〔03338〕

名曲と名レコード　その5―モーツァルトの絃四重奏曲ハ長調　柏木俊三 p.945　〔03339〕

一枚から一千枚迄（19・完）　あらえびす p.948　〔03340〕

音楽史的鑑賞（14）　村田武雄 p.953　〔03341〕

日本発売を望むスカーラの全曲版（4）　田中晴雲 p.959　〔03342〕

レコード回想録（3）　楳津真次郎 p.965　〔03343〕

ニノン・ヴァランの未発売もの　Y・T生 p.970　〔03344〕

カーネギイ・ホール　油井正一 p.977　〔03345〕

ビクター「歴史的名盤集」の曲目と規約 p.981　〔03346〕

各地ディスク倶楽部便り　編輯部 p.983　〔03347〕

質問欄　編輯部 p.987　〔03348〕

十月のレコード評　堺和昌夫，中村善吉，柏木俊三 p.992　〔03349〕

軽音楽の頁　藤江裕，村岡貞 p.1002　〔03350〕

海外新譜紹介　中村善吉 p.1007　〔03351〕

レコード音楽鑑賞国民講座 その10　門馬直衛 p.1010　〔03352〕

14巻1号（1951年9月発行）

復刊の言葉　青木謙幸 p.2　〔03353〕

「ディスク」の復刊　あらえびす p.4　〔03354〕

新らしき悦楽　森潤三郎 p.6　〔03355〕

カルーソーの回顧　中村善吉 p.11　〔03356〕

盤鬼随筆　西条卓夫 p.16　〔03357〕

今日レコード演奏家とその演奏　村田武雄 p.22　〔03358〕

レコード道楽への第一歩　有坂愛彦 p.28　〔03359〕

ベートーヴェン「皇帝協奏曲の新盤」　松井丈夫 p.32　〔03360〕

チャイコフスキー「提琴協奏曲ニ長調」　杉浦繁 p.35　〔03361〕

リゴレットのハイライツを聴いて　平間文寿 p.38　〔03362〕

LPレコード雑感　寺島宏 p.41　〔03363〕

マリアン・アンダソン（1）　牧定忠 p.44　〔03364〕

メニューインを語る（座談会）　有坂愛彦，京極高鋭，野呂信次郎，青木謙幸 p.46　〔03365〕

名曲ダイジェスト―演奏曲目より　牛山充 p.54　〔03366〕

メニューインの演奏曲目と日程 p.56　〔03367〕

各社の蓄音機紹介 p.57　〔03368〕

九月の新譜月評　堺和昌夫 p.60　〔03369〕

ホーム・レコード　四谷左門 p.73　〔03370〕

ジャズとダンスレコード　村岡貞 p.76　〔03371〕

欧米レコード紹介　藤田不二 p.80　〔03372〕

でいすく牧歌調　鮎野生 p.87　〔03373〕

ディスク・サロン p.88　〔03374〕

内容細目 「ディスク」

本誌主催LPレコード・コンサート
p.90 〔03375〕

14巻2号（1951年10月発行）

客観的演奏と主観的演奏 森潤三郎
p.92 〔03376〕

新譜批評 坪和昌夫 p.97 〔03377〕

ホーム・レコード 四谷左門 p.109 〔03378〕

ジャズとダンスレコード 牧芳雄
p.112 〔03379〕

ショパンの「バラード」集 鮎野行夫
p.116 〔03380〕

ヴェルデイのマンゾーニ鎮魂曲 その・すゝむ
p.120 〔03381〕

ドビュッシーと「前奏曲」について 三浦潤
p.124 〔03382〕

レコードのある部屋 村田武雄 p.128 〔03383〕

シュナーベルのディスク 杉浦繁
p.133 〔03384〕

交響曲の新盤 田代秀穂 p.136 〔03385〕

売る気のないレコード 藁科雅美
p.140 〔03386〕

ハイドンの「提琴協奏曲第一番」 杉浦繁
p.143 〔03387〕

ヘンデルの「提琴奏鳴曲第四番」 杉浦繁
p.143 〔03388〕

モーツァルトの「提琴協奏曲第三番」 松井丈夫
p.144 〔03389〕

ランドフスカの玉手箱 楳津邦光
p.146 〔03390〕

欧米レコード紹介 藤田不二 p.151 〔03391〕

シャルル・ミュンクとヘルベルト・フォン・カ
ラヤン 牧定忠 p.160 〔03392〕

名曲ダイジェストーメニューヒンの演奏曲よ
り 牛山充 p.162 〔03393〕

欧米通信 京極高鋭 p.164 〔03394〕

海外レコード界の動き 藤田不二
p.166 〔03395〕

薄縁の二洋琴家を偲ぶ〔フランシス・ブランチ〕
西条卓夫 p.168 〔03396〕

地方ディスク・クラブ便り 175 p.175 〔03397〕

14巻3号（1951年11月発行）

十一月の新譜月評 坪和昌夫 p.178 〔03398〕

ホーム・レコード 四谷左門 p.191 〔03399〕

ジャズとダンス・レコード 牧芳雄
p.194 〔03400〕

フアウストの劫罰 田中良雄 p.199 〔03401〕

プーランクの「テインパニーとオルガン協奏
曲」 三浦潤 p.203 〔03402〕

シューベルト「未完成交響曲」 鮎野行夫
p.206 〔03403〕

ルービンシユタインのシヨパン「夜想曲」第三
集 野村光一 p.209 〔03404〕

ベートーヴェン 森潤三郎 p.212 〔03405〕

コルトーの新らしいディスク 杉浦繁
p.218 〔03406〕

声楽曲（歌劇、宗教曲、歌曲）より その・すゝむ
p.221 〔03407〕

クレンペラーの田園交響曲 バックハウスの第三
ピアノ協奏曲 松井丈夫 p.225 〔03408〕

協奏曲の新盤 大木正興 p.228 〔03409〕

ベートーヴェンの交響曲 牛山充
p.232 〔03410〕

チーノ・フランチエスカッテイとアイザーク・
スターン 牧定忠 p.236 〔03411〕

世界のレコード・ニュース 藤田不二
p.238 〔03412〕

最近の電気蓄音機の進歩 矢萩銀三
p.244 〔03413〕

欧米楽信 p.248 〔03414〕

海外レコードの動き 藤田不二 p.252 〔03415〕

質問欄 p.254 〔03416〕

遂に発見されたクルプの珍品レコード 藤田不
二 p.258 〔03417〕

ディスク・サロン p.264 〔03418〕

14巻4号（1951年12月発行）

美の深さに就て 志賀英雄 p.268 〔03419〕

ヘンデルの聴き方 森潤三郎 p.273 〔03420〕

L・P随筆 青木謙幸 p.279 〔03421〕

新人歌手タリアビーニのレコード 佐々木行綱
p.284 〔03422〕

ブラームスの「交響曲第二番」（今月の主要レ
コードの解説） 藤夏人 p.289 〔03423〕

フォーレの「鎮魂曲」（今月の主要レコードの解
説） 津川主一 p.292 〔03424〕

ドビュッシイの夜想曲と印象主義（今月の主要
レコードの解説） 藤木義輔 p.295 〔03425〕

シューベルトの「アルペヂョーネ」（今月の主要
レコードの解説） 杉浦繁 p.298 〔03426〕

私の推薦するL・Pレコード（L・Pレコード試聴
記） 八木進 p.300 〔03427〕

カザルスのブラード盤（L・Pレコード試聴記）
野口晴哉 p.302 〔03428〕

歌劇のL・Pレコードより（L・Pレコード試聴
記） 寺井昭雄 p.303 〔03429〕

今年度のレコード回顧 平野春逸
p.306 〔03430〕

各社洋楽合戦記 赤木仁兵衛 p.310 〔03431〕

ヴァイオリン演奏家談論《うわさばなし》一座談
会 青木、坪和、西條、杉浦 p.312 〔03432〕

L・P電気蓄音機に就て（1） 伊藤喜多男
p.318 〔03433〕

「ディスク」　　　　　　　　　　内容細目

L・Pプレーヤー紹介　矢萩銀三　p.321　〔03434〕

世界のレコード・ニュース　藤田不二　p.323　〔03435〕

海外レコードの動き　藤田不二　p.330　〔03436〕

欧米楽信―フランス便り　石川登志雄　p.332　〔03437〕

新譜批評（今月のレコード評）　坪和昌夫　p.334　〔03438〕

ホーム・レコード（今月のレコード評）　四谷左門　p.349　〔03439〕

ジャズとダンス・レコード（今月のレコード評）　牧芳雄　p.352　〔03440〕

質問欄　p.358　〔03441〕

東京ディスク・クラブ―L・Pコンサート予告　p.360　〔03442〕

アメリカL・Pベスト・30　p.362　〔03443〕

ディスク賞レコードカタログ予告　p.363　〔03444〕

クラヴサン女王へのパヴァーヌ　西条卓夫　p.364　〔03445〕

15巻1号（1952年1月発行）

巻頭言―今年に期待するもの　青木謙幸　p.4　〔03446〕

アメリカ的な演奏に対する再認識　田代秀穂　p.5　〔03447〕

シューマンの女の愛と生涯　中村善吉　p.10　〔03448〕

フランス歌曲を楽しむ　藤木義輔　p.13　〔03449〕

ハンスンの交響曲ロマンティック　高橋昭　p.16　〔03450〕

昨年の決算―雑談会　あらえびす，村田武雄，有坂愛彦，坪和昌夫，青木謙幸　司会　p.20　〔03451〕

ベルティーレ思慕　平間文寿　p.25　〔03452〕

クォルテット管見　西条卓夫　p.26　〔03453〕

モーツァルトの聴き方　森潤三郎　p.32　〔03454〕

バッハの「フルート・ソナタ」他（LPレコード試聴記）　その・す・む　p.38　〔03455〕

ショーソンの「ニ長調協奏曲」（LPレコード試聴記）　西条卓夫　p.40　〔03456〕

最新盤から（LPレコード試聴記）　松井丈夫　p.41　〔03457〕

LPとホコリ（2）　TAY MURAOKA　p.45　〔03458〕

ベートーヴェン交響曲の長時間レコード（LPレコード試聴記）　藤田不二　p.46　〔03459〕

メニューインの新吹込レコード　青木謙幸　p.49　〔03460〕

今月の演奏家　F・F　p.50　〔03461〕

あなたの電蓄をLPに直すには　岡山好直　p.52　〔03462〕

LP用ピック・アップの紹介　矢萩銀三　p.56　〔03463〕

一九五一年度「ディスク賞レコード」発表　p.58　〔03464〕

欧米レコード紹介　杉浦繁　p.60　〔03465〕

サイクルとは？（一頁智識）　p.69　〔03466〕

海外新譜評判記　K・M　p.70　〔03467〕

海外レコードの動き　藤田不二　p.72　〔03468〕

欧米楽信―フランス便り　石川登志夫　p.74　〔03469〕

欧米楽信―ブラードより　佐藤良雄　p.76　〔03470〕

ディスク・ジョッキー　p.78　〔03471〕

新譜批評　坪和昌夫　p.80　〔03472〕

ジャズとダンス・レコード　牧芳雄　p.97　〔03473〕

ホーム・レコード　鮎野行夫　p.102　〔03474〕

質問欄　p.104　〔03475〕

15巻2号（1952年2月発行）

レコードを聴くと言うこと　田代秀穂　p.108　〔03476〕

バッハのヴァイオリン・ソナタ　中村善吉　p.112　〔03477〕

シュトラウスの交響詩とドン・ファン　藤井夏人　p.116　〔03478〕

ロッテ・レーマンのリード集　寺島宏　p.121　〔03479〕

カザルスの許にて　佐藤良雄　p.124　〔03480〕

コルトー鑑賞　森潤三郎　p.132　〔03481〕

新盤歌細聞《あたらしいうたのレコード》　田中良雄　p.136　〔03482〕

バレエ音楽のレコード（上）　鮎野行夫　p.140　〔03483〕

二つのオルガン音楽（LPレコード試聴記）　その・す・む　p.146　〔03484〕

ハイドンの聖譚曲「四季」（LPレコード試聴記）　いしはら　p.148　〔03485〕

二つの近代フランス音楽（LPレコード試聴記）　辻弥兵衛　p.151　〔03486〕

ディスク・ジョッキー　p.155　〔03487〕

四〇萬の法則―聴きよい電蓄　森園正彦　p.157　〔03488〕

あなたの電蓄をLPに直すには（2）　岡山好直　p.160　〔03489〕

米国スピーカーの紹介　K.TAMEGAI　p.165　〔03490〕

ピアニスト談論《うわさばなし》　西条卓夫，坪和昌夫，杉浦繁，佐藤良雄，青木謙幸　司会　p.168　〔03491〕

欧米レコード紹介　杉浦繁　p.174　〔03492〕

内容細目　　　　　　　　　　　　　　　「ディスク」

欧米楽信―フランス便り　石川登志夫
　p.182　　　　　　　　　　　　〔03493〕
新譜批評　坿和昌夫　p.184　　　〔03494〕
ジャズとダンス・レコード　牧芳雄
　p.198　　　　　　　　　　　　〔03495〕
ホーム・レコード　四谷左門　p.204　〔03496〕
新刊紹介　レコード文献案内　藤田不二
　p.207　　　　　　　　　　　　〔03497〕
質問欄　p.208　　　　　　　　　〔03498〕

15巻3号（1952年3月発行）
カザルス先生へ　青木謙幸　p.211　〔03499〕
カザルスの言葉　p.212　　　　　〔03500〕
パブロ・カザルス伝　中村善吉　p.214　〔03501〕
絃の王者カザルス　あらえびす　p.224　〔03502〕
カザルスの生誕七十五歳を祝して　石川登志夫
　訳，ジャック・テイボー　p.228　〔03503〕
カザルスの生誕七十五歳を祝して　石川登志夫
　訳，アルフレッド・コルトー　p.228　〔03504〕
カザルスの生誕七十五歳を祝して　石川登志夫
　訳，モーリス・マレシャル　p.229　〔03505〕
カザルスの生誕七十五歳を祝して　石川登志夫
　訳，モーリス・ジャンドロン　p.230　〔03506〕
カザルスの生誕七十五歳を祝して　石川登志夫
　訳，シェラール・ボエール　p.231　〔03507〕
プラード便り　佐藤良雄　p.233　〔03508〕
生い立ちの記　パブロ・カザルス，藤田不二　訳
　p.234　　　　　　　　　　　　〔03509〕
率直なるカザルスへの随筆　西条卓夫
　p.240　　　　　　　　　　　　〔03510〕
カザルス論　村田武雄　p.244　　〔03511〕
バッハの「チェロ組曲」　青木謙幸
　p.248　　　　　　　　　　　　〔03512〕
L・Pコンサート予告　p.257　　　〔03513〕
パブロ・カザルス　モーリス・アイゼンベルク，
　石川登志夫　訳　p.258　　　　〔03514〕
カザルスの思い出　ガイスベルク，藤田不二　訳
　p.260　　　　　　　　　　　　〔03515〕
カザルスのレコードを続けて　坿和昌夫
　p.264　　　　　　　　　　　　〔03516〕
チェロ・ソナタ・他　杉浦繁　p.269　〔03517〕
カザルス・トリオ　横内忠兌　p.271　〔03518〕
プラード音楽祭のレコード　寺島宏
　p.274　　　　　　　　　　　　〔03519〕
カザルス一枚　森潤三郎　p.277　〔03520〕
冬の一日（カザルス随筆）　鈴木鎮一
　p.281　　　　　　　　　　　　〔03521〕
旧盤回顧（カザルス随筆）　青木謙幸
　p.282　　　　　　　　　　　　〔03522〕
スーヴニール（カザルス随筆）　松井丈夫
　p.284　　　　　　　　　　　　〔03523〕

カザルスのレコード全表　藤田不二　編
　p.286　　　　　　　　　　　　〔03524〕
カザルスのレコードに就て　藤田不二
　p.292　　　　　　　　　　　　〔03525〕
チャイコフスキーの交響曲"悲愴"　藤井夏人
　p.294　　　　　　　　　　　　〔03526〕
バレエ音楽のレコード（下）　鮎野行夫
　p.298　　　　　　　　　　　　〔03527〕
LPに聴くピアノ界の課題　藤田光彦
　p.302　　　　　　　　　　　　〔03528〕
モーツァルト閑話　柿沼太郎　p.306　〔03529〕
LP初音の聴き書（LPレコード試聴記）　西条卓
　夫　p.308　　　　　　　　　　〔03530〕
LP新盤を聴く（LPレコード試聴記）　杉浦繁
　p.310　　　　　　　　　　　　〔03531〕
美はしき友情の合作奏鳴曲（LPレコード試聴
　記）　赤木仁兵衛　p.314　　　〔03532〕
ディスクに寄せて（随筆）　今井治郎
　p.317　　　　　　　　　　　　〔03533〕
亡き盤友を偲ぶ（随筆）　筑紫路郎
　p.320　　　　　　　　　　　　〔03534〕
あなたの電蓄をLPに直すには（3）　岡山好直
　p.324　　　　　　　　　　　　〔03535〕
欧米レコード紹介　杉浦繁　p.328　〔03536〕
海外新譜評判記　K・M　p.336　〔03537〕
フランス便り　石川登志夫　p.338　〔03538〕
新譜批評　坿和昌夫　p.340　　　〔03539〕
ジャズとダンス・レコード　牧芳雄
　p.352　　　　　　　　　　　　〔03540〕
音楽映画―ホフマン物語　岡俊雄
　p.357　　　　　　　　　　　　〔03541〕
音楽映画―ホフマン物語に就て　間下哲男
　p.359　　　　　　　　　　　　〔03542〕
質問欄　p.362　　　　　　　　　〔03543〕

15巻4号（1952年4月発行）
トラウベルの来朝　p.365　　　　〔03544〕
モーツァルトの五重奏曲　柿沼太郎
　p.366　　　　　　　　　　　　〔03545〕
フランクの交響曲ニ短調　藤井夏人
　p.369　　　　　　　　　　　　〔03546〕
ストラヴィンスキーの兵士の物語　その・すヽ
　む　p.374　　　　　　　　　　〔03547〕
LPに活躍する指揮者達　其の一　杉浦繁
　p.377　　　　　　　　　　　　〔03548〕
新人ヤノス・スターカー　青木謙幸
　p.387　　　　　　　　　　　　〔03549〕
レコード音楽問答　森潤三郎　p.390　〔03550〕
プラード便り（2）ギリシャ氏のラジオ　佐藤良雄
　p.394　　　　　　　　　　　　〔03551〕
随筆　盤愛至上主義　西条卓夫　p.402　〔03552〕
コンツェルトゲボー便り　小池弘道
　p.406　　　　　　　　　　　　〔03553〕

〔03493〜03553〕　　　　　　　戦前期　レコード音楽雑誌記事索引　**63**

「ディスク」　　　　　　　　　内容細目

ヴィヴァルディの「四季」(LPレコード試聴記)　青木謙幸 p.410　〔03554〕

シュッツの受難楽(LPレコード試聴記)　その・すゝむ p.413　〔03555〕

ピアノ・レコード雑感(LPレコード試聴記)　A・W・W p.415　〔03556〕

電蓄研究―あなたの電蓄をLPに直すには(4)　岡山好直 p.420　〔03557〕

欧米新レコード紹介　杉浦繁 p.424　〔03558〕

欧米楽信―アメリカ便り　鮎野行夫 p.432　〔03559〕

欧米楽信―フランス便り　石川登志雄 p.434　〔03560〕

コレクタース・コーナー　編集部 p.436　〔03561〕

新譜批評　坪和昌夫 p.437　〔03562〕

ホーム・レコード　四谷左門 p.451　〔03563〕

ジャズとダンス・レコード　牧芳雄 p.455　〔03564〕

L・Pレコードコンサート予告―ディスク・クラブ便り p.461　〔03565〕

質問欄 p.462　〔03566〕

音楽映画―カーネギー・ホール　間下哲男 p.465　〔03567〕

音楽映画―エロイカ　岡俊雄 p.468　〔03568〕

15巻5号（1952年5月発行）

カザルスのメッセージ　パブロ・カザルス p.471　〔03569〕

トスカニーニ論　村田武雄 p.472　〔03570〕

ゲルハルト・ヒュッシュの来朝　青木謙幸 p.476　〔03571〕

シューマンの詩人の恋　藤井夏人 p.477　〔03572〕

ドヴォルザークの新世界交響曲　牛山充 p.482　〔03573〕

ブラード便り(3)カザルスとカザルス号　佐藤良雄 p.486　〔03574〕

トスカニーニの贈物　小池弘道 p.490　〔03575〕

最近聴いたLPレコード　鷹司平通 p.492　〔03576〕

オペラ見物(其1)　田中良雄 p.496　〔03577〕

LPに活躍する指揮者達 その2　石川登志雄 p.503　〔03578〕

一九五二年の仏ディスク大賞　石川登志夫 p.514　〔03579〕

トスカニーニのLPレコード(LPレコード試聴記)　小林利之 p.516　〔03580〕

新着のLP盤を聴く(LPレコード試聴記)　松井丈夫 p.518　〔03581〕

管楽器の協奏曲(LPレコード試聴記)　杉浦繁 p.520　〔03582〕

バッハの降誕祭オラトリオ,外(LPレコード試聴記)　その・すすむ p.523　〔03583〕

電蓄研究―あなたの電蓄をLPに直すには(5)　岡山好直 p.526　〔03584〕

欧米新レコード紹介　杉浦繁 p.532　〔03585〕

欧米楽信―フランス便り　石川登志夫 p.540　〔03586〕

新譜批評　坪和昌夫 p.542　〔03587〕

ホーム・レコード　四谷左門 p.555　〔03588〕

ジャズとダンス・レコード　牧芳雄 p.558　〔03589〕

ジャズ・ディジェスト　村岡貞 p.564　〔03590〕

レコードと放送回顧　A・T・L p.566　〔03591〕

音楽映画―旅愁　間下哲男 p.569　〔03592〕

ディスク・ジョッキー―れこおど十夜一夜《てんやわんや》　鮎野行夫 p.572　〔03593〕

質問欄 p.574　〔03594〕

15巻6号（1952年6月発行）

第三回カザルス音楽祭　青木謙幸 p.577　〔03595〕

ランドフスカの便り　西条卓夫 p.580　〔03596〕

ゲルハルト・ヒュッシュを聴く　熊田秀四郎 p.582　〔03597〕

ブラード音楽祭のレコード　津川主一 p.585　〔03598〕

メニューインの「クロイツェル・ソナータ」　松井丈夫 p.592　〔03599〕

オペラ見物(其2)　田中良雄 p.594　〔03600〕

LPに活躍するピアニスト その1　杉浦繁 p.601　〔03601〕

仏ディスク大賞レコード補遺　石川登志夫 p.609　〔03602〕

美備紀行(随筆)　西条卓夫 p.610　〔03603〕

悔恨(随筆)　佐久間幸光 p.613　〔03604〕

旅へのいざない(随筆)　小林利之 p.616　〔03605〕

座談会―中古レコードを語る　あらえびす, 青木謙幸, 鮎野行夫, 鈴木, 原, 高橋, 秋森, 山丸 p.618　〔03606〕

一頁知識―デシベルとは？　岡山好直 p.627　〔03607〕

シューベルト―未完成交響曲(LPレコード試聴記)　伊奈正明 p.628　〔03608〕

ヴィヴァルディ―ヴィオラ・ダモーレ(LPレコード試聴記)　佐川 p.630　〔03609〕

トッホ―支那の笛(LPレコード試聴記)　いしはら p.631　〔03610〕

欧米新レコード紹介　杉浦繁 p.634　〔03611〕

欧米楽信―アメリカ便り　鮎野行夫 p.642　〔03612〕

内容細目　　　　　　　　　　　「ディスク」

欧米楽信―フランス便り　石川登志夫
　p.644　　　　　　　　　　　　　〔03613〕

コレクタース・コーナー　p.646,679　〔03614〕

六月新譜批評　坩和昌夫　p.647　　〔03615〕

六月ホーム・レコード　四谷左門
　p.660　　　　　　　　　　　　　〔03616〕

六月ジャズとダンス・レコード　牧芳雄
　p.663　　　　　　　　　　　　　〔03617〕

ぼくのページ（ジャズ・ダイジェスト）　野川香
　文　p.670　　　　　　　　　　　〔03618〕

ディスク・サロン　p.673　　　　　〔03619〕

でぃすく・じょっき　あゆの生　p.674　〔03620〕

音楽映画―巴里のアメリカ人　間下哲男
　p.676　　　　　　　　　　　　　〔03621〕

質問欄　p.680　　　　　　　　　　〔03622〕

15巻7号（1952年7月発行）

日本の音楽愛好家の方々へ　パウ・カザルス
　p.684　　　　　　　　　　　　　〔03623〕

フォーレーの「やさしき歌」（名曲解説）　藤木義
　輔　p.686　　　　　　　　　　　〔03624〕

シューベルト「鱒の五重奏曲」（名曲解説）　青木
　謙幸　p.690　　　　　　　　　　〔03625〕

ロス・アンヘレスの西班牙民謡（名曲解説）　芦
　原英了　p.694　　　　　　　　　〔03626〕

音楽映画―歌劇王カルーソ　間下哲男
　p.698　　　　　　　　　　　　　〔03627〕

百万ドルトリオ（座談会）　ディスク同人
　p.707　　　　　　　　　　　　　〔03628〕

LP新人レコード佳撰（1）　西条卓夫
　p.710　　　　　　　　　　　　　〔03629〕

LPに活躍するピアニスト　その2　杉浦繁
　p.714　　　　　　　　　　　　　〔03630〕

クーセヴィッキイを偲びて　小池弘道
　p.724　　　　　　　　　　　　　〔03631〕

仏ディスク大賞レコード選衡経過　石川登志夫
　p.726　　　　　　　　　　　　　〔03632〕

奥の細道行　岡山好直　p.728　　　〔03633〕

シベリウス　交響曲第一,三,五（LP試聴記）　小
　林利之　p.734　　　　　　　　　〔03634〕

ムソルグスキー　展覧会の絵画（LP試聴記）　松
　井丈夫　p.737　　　　　　　　　〔03635〕

ベートーヴェン　ワルドシュタイン・ソナータ
　（LP試聴記）　松井丈夫　p.738　　〔03636〕

モーツァルト　ピアノ協奏曲K五九五（LP試聴
　記）　佐久間幸光　p.739　　　　　〔03637〕

七月新譜批評　坩和昌夫　p.741　　〔03638〕

七月ホーム・レコード　四谷左門
　p.755　　　　　　　　　　　　　〔03639〕

七月ジャズとダンス　牧芳雄　p.758　〔03640〕

欧米新レコード紹介　杉浦繁　p.770　〔03641〕

欧米楽信―アメリカ便り　梶田章
　p.778　　　　　　　　　　　　　〔03642〕

欧米楽信―フランス便り　石川登志夫
　p.780　　　　　　　　　　　　　〔03643〕

LP電蓄新調への助言（1）　岡山好直
　p.782　　　　　　　　　　　　　〔03644〕

質問欄　p.786　　　　　　　　　　〔03645〕

15巻8号（1952年8月発行）

エリザベート・シューマンを憶う　中村善吉
　p.789　　　　　　　　　　　　　〔03646〕

プーランクとサティのピアノ曲　高橋昭
　p.793　　　　　　　　　　　　　〔03647〕

エルネスト・ブロッホの芸術　佐川吉男　訳編
　p.798　　　　　　　　　　　　　〔03648〕

ドビュッシイ　華やかな饗宴（歌曲集）（名曲解
　説）　三浦潤　p.802　　　　　　　〔03649〕

ダンディ　フランス山人の歌（名曲解説）　藤木義
　輔　p.806　　　　　　　　　　　〔03650〕

オペラ見物（蝶々夫人）（3・完）　田中良雄
　p.810　　　　　　　　　　　　　〔03651〕

ジネット・ヌヴの復活　西条卓夫
　p.816　　　　　　　　　　　　　〔03652〕

新しい演奏への反省　岡田守夫　p.818　〔03653〕

LPに活躍するヴァイオリニスト　その1　杉浦繁
　p.822　　　　　　　　　　　　　〔03654〕

ドビュッシイ　管絃楽の為の映像（第三輯）（LP
　試聴記）　杉浦繁　p.831　　　　　〔03655〕

ブラームス　複協奏曲　イ短調作品一〇二番（LP
　試聴記）　杉浦繁　p.832　　　　　〔03656〕

チャイコフスキイ　ピアノ三重奏曲　イ短調（LP
　試聴記）　杉浦繁　p.833　　　　　〔03657〕

シェーンベルク　森の鳩の歌（グレー・リーダー
　より）（LP試聴記）　小林利之　p.834　〔03658〕

ミヤスコフスキイ　交響曲　第二十一番（LP試聴
　記）　小林利之　p.835　　　　　　〔03659〕

デリウス　音詩　丘を越えて彼方へ（LP試聴記）
　小林利之　p.836　　　　　　　　〔03660〕

ニールゼン　第三交響曲　作品二七番（LP試聴記）
　いしはら　p.837　　　　　　　　〔03661〕

欧米新レコード紹介　杉浦繁　p.840　〔03662〕

欧米楽信―アメリカ便り　梶田章
　p.848　　　　　　　　　　　　　〔03663〕

欧米楽信―フランス便り　石川登志夫
　p.850　　　　　　　　　　　　　〔03664〕

海外盤余聞（コレクタース・コーナー）　S・S
　p.852　　　　　　　　　　　　　〔03665〕

八月新譜批評　坩和昌夫　p.854　　〔03666〕

八月ジャズとダンス　牧芳雄　p.869　〔03667〕

ムシカ・ポルテニャ　主としてタンゴに就て（1）
　高山正彦　p.878　　　　　　　　〔03668〕

でぃすく・じょっき　あゆの生　p.880　〔03669〕

音楽映画―追憶の調べ　間下哲男
　p.882　　　　　　　　　　　　　〔03670〕

〔03613〜03670〕　　　　　　　戦前期　レコード音楽雑誌記事索引　65

「ディスク」　　　　　　　　　　内容細目

LP電蓄新調への助言（2）岡山好直
p.885　　　　　　　　　　　〔03671〕

ディスク・クラブ便り p.890　　　〔03672〕

質問欄 p.892　　　　　　　　　　〔03673〕

15巻9号（1952年9月発行）

ヒュッシュの「白鳥の歌」を讃る（巻頭言）青
木謙幸 p.895　　　　　　　　　〔03674〕

プラード便り（第四信）第三回プラード音楽祭
佐藤良雄 p.896　　　　　　　　〔03675〕

漫筆プラード音楽祭～絵と文～ 佐藤良雄
p.908　　　　　　　　　　　　〔03676〕

プラード音楽祭の二つの紀念出版紹介 KA
p.910　　　　　　　　　　　　〔03677〕

ゲルハルト・ヒュッシュと語る 牛山充
p.912　　　　　　　　　　　　〔03678〕

ヒュッシュ滞在こぼれ話 青木謙幸
p.919　　　　　　　　　　　　〔03679〕

シューマン 第三交響曲（ライン）（名曲解説）
藤井夏人 p.922　　　　　　　　〔03680〕

アドルフ・ブッシュの追憶 中村善吉
p.926　　　　　　　　　　　　〔03681〕

仏国ディスク大賞レコードを聴く 西条卓夫
p.930　　　　　　　　　　　　〔03682〕

LP電蓄新調への助言（3）岡山好直
p.935　　　　　　　　　　　　〔03683〕

LPに活躍するヴァイオリニスト その2 杉浦繁
p.940　　　　　　　　　　　　〔03684〕

欧米レコード紹介 杉浦繁 p.948　〔03685〕

海外音盤余聞（コレクタース・コーナー）S・S
p.956　　　　　　　　　　　　〔03686〕

欧米楽信―アメリカ便り 梶田章
p.958　　　　　　　　　　　　〔03687〕

欧米楽信―フランス便り 石川登志夫
p.960　　　　　　　　　　　　〔03688〕

ベートーヴェン 第七交響曲 イ長調作品九二
（LP試聴記）小林利之 p.962　〔03689〕

チャイコフスキー 洋琴協奏曲 第一番変ロ短調
作品二三（LP試聴記）小林利之
p.963　　　　　　　　　　　　〔03690〕

グリーグ 洋琴協奏曲 イ短調作品一六（LP試聴
記）小林利之 p.964　　　　　〔03691〕

スメタナ 我が祖国より（LP試聴記）いしはら
p.965　　　　　　　　　　　　〔03692〕

ショパン ワルツ集（LP試聴記）松井丈夫
p.968　　　　　　　　　　　　〔03693〕

九月新譜批評 坩和昌夫 p.970　〔03694〕

九月ジャズとダンス 牧芳雄 p.981　〔03695〕

放送回顧（2）A・T・L p.987　〔03696〕

ポルテニア音楽（2）高山正彦 p.990　〔03697〕

誰でもがきっと信じない話 金子秀
p.992　　　　　　　　　　　　〔03698〕

音楽映画―河 間下哲男 p.995　〔03699〕

質問欄 p.998　　　　　　　　　　〔03700〕

15巻11号（1952年10月発行）

コルトオを迎えて 青木謙幸 p.1001　〔03701〕

コルトオを迎ふ あらえびす p.1002　〔03702〕

コルトオのプロフィル 中村善吉
p.1003　　　　　　　　　　　〔03703〕

コルトオの郷愁 西条卓夫 p.1008　〔03704〕

コルトオ論 村田武雄 p.1010　　〔03705〕

コルトオの演奏曲目と日程 p.1015　〔03706〕

コルトオのショパン 野村光一 p.1016　〔03707〕

コルトオのシューマン 坩和昌夫
p.1018　　　　　　　　　　　〔03708〕

コルトオのフランク 横内忠兌 p.1020　〔03709〕

コルトオのドビュッシイ 森潤三郎
p.1023　　　　　　　　　　　〔03710〕

コルトオを語る 青木謙幸 問ふ人，本野照子 語
る人 p.1024　　　　　　　　　〔03711〕

私の好きなコルトオのレコード 鮎野行夫，小林
利之，熊田秀四郎，石川登志夫，田中良雄，佐
川吉男，松井丈夫，杉浦繁 p.1028　〔03712〕

コルトオの総レコード表 青木謙幸 編
p.1034　　　　　　　　　　　〔03713〕

「白鳥の歌」座談会 ディスク同人
p.1038　　　　　　　　　　　〔03714〕

ブタペスト絃楽四重奏団 中村善吉
p.1042　　　　　　　　　　　〔03715〕

シュルスヌスの回顧 田中良雄 p.1045　〔03716〕

シュルスヌスのLPレコード 小林利之
p.1046　　　　　　　　　　　〔03717〕

日本コロムビアのLP新盤 坩和昌夫
p.1048　　　　　　　　　　　〔03718〕

古沢淑子氏に聴くフランス楽団（1）
p.1053　　　　　　　　　　　〔03719〕

十一月各社主要新盤 p.1059　　〔03720〕

ブラームス「四つの荘厳なる歌」（LP試聴記）
小林利之 p.1060　　　　　　　〔03721〕

シューマン「女の愛と生涯」（LP試聴記）小林
利之 p.1061　　　　　　　　　〔03722〕

ベートーヴェン「三重奏曲」（大公）（LP試聴
記）小林利之 p.1062　　　　　〔03723〕

シューマン「詩人の恋」（LP試聴記）その・
すゝむ p.1063　　　　　　　　〔03724〕

チャイコフスキー「第四交響曲」（LP試聴記）
いしはら p.1064　　　　　　　〔03725〕

モーツァルト「セレナーデ」K五二五（LP試聴
記）いしはら p.1066　　　　　〔03726〕

ハイドン「交響曲ト長調」（驚愕）（LP試聴記）
いしはら p.1066　　　　　　　〔03727〕

欧米レコード紹介 杉浦繁 p.1069　〔03728〕

欧米楽信―アメリカ便り 梶田章
p.1076　　　　　　　　　　　〔03729〕

内容細目　　　　　　　　　　　　　　　　　　　「ディスク」

欧米楽信―フランス便り　石川登志夫
　p.1078　　　　　　　　　　　　〔03730〕
海外音盤余聞（コレクターズ・コーナー）S・S
　p.1080　　　　　　　　　　　　〔03731〕
十月新譜批評　垪和昌夫　p.1081　〔03732〕
十月ジャズとポピュラー　牧芳雄
　p.1093　　　　　　　　　　　　〔03733〕
音楽映画―第三の男　間下哲男　p.1100　〔03734〕
質問欄　p.1101　　　　　　　　　〔03735〕

15巻12号（1952年11月発行）
コルトオの印象　青木謙幸　p.1105　〔03736〕
コルトオを聴く　ディスク同人　p.1106　〔03737〕
コルトオのLPレコード　その・すすむ
　p.1109　　　　　　　　　　　　〔03738〕
カザルスのペルピニアンのレコード座談会　中村
　善吉，垪和昌夫，青木謙幸　p.1113　〔03739〕
フルトヴェングラーのLP　いしはら
　p.1118　　　　　　　　　　　　〔03740〕
盤秋随筆　西条卓夫　p.1122　　　〔03741〕
オネゲルの「ダヴィデ王」　高橋昭
　p.1125　　　　　　　　　　　　〔03742〕
新人提琴家のLP試聞　杉浦繁　p.1130　〔03743〕
カサドシュスのラヴェルのピアノ曲　佐久間幸
　光　p.1132　　　　　　　　　　〔03744〕
廉価盤レミントン・レコードより　佐川吉男
　p.1138　　　　　　　　　　　　〔03745〕
日本コロムビアのLP新盤　田代秀穂
　p.1142　　　　　　　　　　　　〔03746〕
日本コロムビア新盤―歌劇フィガロの結婚　全曲
　（座談会）　四谷左門，平間文寿，垪和昌夫，
　小畑晃作　p.1148　　　　　　　〔03747〕
日本ビクター創立廿五周年を祝して　青木実
　p.1154　　　　　　　　　　　　〔03748〕
ショスタコウィッチ　オラトリオ（森の歌）（LP
　試聴記）　その・すすむ　p.1155　〔03749〕
プロコフイエフ　冬休み（子供の組曲）（LP試聴
　記）　その・すすむ　p.1157　　〔03750〕
シューベルトの歌曲集（LP試聴記）　その・す
　すむ　p.1158　　　　　　　　　〔03751〕
モーツァルト　ピアノ奏鳴曲イ長調（トルコ行進
　曲）（LP試聴記）　小林利之　p.1159　〔03752〕
ベルリオーズ　ロメオとジュリエット（LP試聴
　記）　小林利之　p.1159　　　　〔03753〕
シューベルト　ピアノ五重奏曲（鱒）（LP試聴記）
　小林利之　p.1160　　　　　　　〔03754〕
シューベルト　未完成交響曲（LP試聴記）　小林
　利之　p.1160　　　　　　　　　〔03755〕
欧米レコード紹介　杉浦繁　p.1162　〔03756〕
欧米楽信―アメリカ便り　梶田章
　p.1170　　　　　　　　　　　　〔03757〕
欧米楽信―フランス便り　石川登志夫
　p.1172　　　　　　　　　　　　〔03758〕

海外音盤余聞（コレクターズ・コーナー）S・S
　p.1174　　　　　　　　　　　　〔03759〕
十二月各社主要新盤　p.1175　　　〔03760〕
十一月新譜批評　垪和昌夫　p.1176　〔03761〕
十一月ジャズとポピュラー　牧芳雄
　p.1190　　　　　　　　　　　　〔03762〕
LP電蓄新調への助言（4）　岡山好直
　p.1199　　　　　　　　　　　　〔03763〕
でいすく・じよつきい　あゆの生
　p.1203　　　　　　　　　　　　〔03764〕
各地ディスク・クラブ便り　p.1206　〔03765〕

15巻13号（1952年12月発行）
エルナ・ベルガーの来朝　青木謙幸
　p.1209　　　　　　　　　　　　〔03766〕
プラード便り（第五信）M老人の話　佐藤良雄
　p.1210　　　　　　　　　　　　〔03767〕
カザルスとの対談　コレドール，石川登志夫　訳
　p.1216　　　　　　　　　　　　〔03768〕
エルナ・ベルガーの曲目と日程
　p.1219　　　　　　　　　　　　〔03769〕
ハイフェッツ論　垪和昌夫　p.1220　〔03770〕
青森に於けるコルトオ　蘭八郎　p.1225　〔03771〕
カラヤンの第九交響曲（試聴座談会）　垪和，田
　代，佐川，青木，松井　p.1228　〔03772〕
続フルトヴェングラーのLP　いしはら
　p.1232　　　　　　　　　　　　〔03773〕
私の好きなLPレコード　八木進
　p.1236　　　　　　　　　　　　〔03774〕
LPレコードを巡ぐりて　双木みつる
　p.1240　　　　　　　　　　　　〔03775〕
LP雑考　藤井司　p.1244　　　　　〔03776〕
組曲アルルの女　田代秀穂　p.1248　〔03777〕
ラジオに聴く全曲歌劇（上）　田中良雄
　p.1250　　　　　　　　　　　　〔03778〕
LPに聴く歌曲雑感　小林利之　p.1254　〔03779〕
座談会―古沢淑子氏に聴くフランス楽団（2）
　ディスク同人　p.1258　　　　　〔03780〕
ギターのレコード　小倉俊　p.1262　〔03781〕
病床より　中山春生　p.1266　　　〔03782〕
オネゲルの「ダヴィデ王」（LP試聴記）　高橋昭
　p.1268　　　　　　　　　　　　〔03783〕
ファリア「三角帽」（LP試聴記）　その・すゝむ
　p.1270　　　　　　　　　　　　〔03784〕
バッハ「二つのカンタータ」（LP試聴記）　その・
　すゝむ　p.1270　　　　　　　　〔03785〕
モーツァルト「クラリネット五重奏曲」（LP試
　聴記）　その・すゝむ　p.1272　〔03786〕
欧米楽信―アメリカ便り　梶田章
　p.1274　　　　　　　　　　　　〔03787〕
欧米楽信―フランス便り　石川登志夫
　p.1276　　　　　　　　　　　　〔03788〕

「ディスク」   内容細目

昭和二十七年度ディスク賞レコードベスト・テン選定 p.1278　〔03789〕

十二月新譜批評 坩和昌夫 p.1280　〔03790〕

十二月ジャズとポピュラー 牧芳雄 p.1293　〔03791〕

クリスマスとレコード 佐川吉男 p.1304　〔03792〕

ジャズこぼれ話―ジャズダイジェスト 牧野剛 p.1306　〔03793〕

読者の頁 p.1309　〔03794〕

ディスク・クラブ便り p.1310　〔03795〕

質問欄 p.1312　〔03796〕

16巻1号（1953年1月発行）

コルトオ断想 青木謙幸 p.1　〔03797〕

エルナ・ベルガー女史と語る 城山美津子，四谷左右門 p.2　〔03798〕

トスカニーニの第九交響曲（試聴対談）坩和昌夫，青木謙幸 p.9　〔03799〕

オイストラークのLPレコード いしはら p.16　〔03800〕

歌劇「リゴレット」全曲 高橋昭 p.22　〔03801〕

ラジオに聴く全曲歌劇（下）田中良雄 p.26　〔03802〕

日本コロムビアのLP検討 田代秀穂 p.32　〔03803〕

私のLPベスト5 西条卓夫 p.36　〔03804〕

LP雑感 大木正興 p.38　〔03805〕

ジュネット・ヌブーの言葉 石川登志夫 訳 p.41　〔03806〕

エルナ・ベルガーのレコード 小林利之 p.43　〔03807〕

テイボー三昧 西条卓夫 p.44　〔03808〕

フランスの小品 藤木義輔 p.46　〔03809〕

昔盤迷語 森潤三郎 p.47　〔03810〕

管絃楽のディスク 近江屋清兵衛 p.49　〔03811〕

ラヴェル ボレロ ラヴェル ラ・ヴァルス（LP試聴記）佐久間幸光 p.51　〔03812〕

ベートーヴェン 第三交響曲（英雄）（LP試聴記）小林利之 p.53　〔03813〕

ベートーヴェン 絃楽四重奏曲十二番（作品一二七）（LP試聴記）小林利之 p.54　〔03814〕

シューマン クライスレリアーナ（作品一六）（LP試聴記）小林利之 p.54　〔03815〕

セゴヴァイ ギター・リサイタル（LP試聴記）小林利之 p.55　〔03816〕

欧米レコード紹介〈LP新盤〉杉浦繁 p.56　〔03817〕

英国HMVコロムビアのLP登場 藤田不二 p.63　〔03818〕

十二月LP新譜案内 編集部 p.66　〔03819〕

海外音盤余聞 S・S，NKM p.68　〔03820〕

ディスク・ジョッキ LOG p.73　〔03821〕

欧米楽信―アメリカ便り 梶田章 p.74　〔03822〕

欧米楽信―フランス便り 石川登志夫 p.76　〔03823〕

一月新譜批評 坩和昌夫 p.78　〔03824〕

一月LP批評 佐川吉男 p.90　〔03825〕

一月ジャズとポピュラー評 牧芳雄 p.94　〔03826〕

LP電蓄新調への助言（5）岡山好直 p.102　〔03827〕

16巻2号（1953年2月発行）

シゲッティのメッセイジ p.107　〔03828〕

シゲッティ氏を招待して 京極高鋭 p.108　〔03829〕

シゲッティのことども 中村善吉 p.110　〔03830〕

シゲッティのLPレコード 小林利之 p.112　〔03831〕

シゲッティの演奏曲目と日程 編集部 p.117　〔03832〕

シューベルトの聴き方 森潤三郎 p.118　〔03833〕

ドビュッシイの「ペレアスとメリサンド」藤木義輔 p.124　〔03834〕

現代フランス作曲家へのアンケート 石川登志夫 訳 p.128　〔03835〕

トルストイとランドフスカ 中島加寿子 訳 p.131　〔03836〕

バッハのオルガン・ミサ曲 高橋昭 p.134　〔03837〕

ショスタコヴィッツのピアノ五重奏曲 その・すすむ p.139　〔03838〕

ベニー・グットマンのLPレコード（コロムビア新譜）p.142　〔03839〕

名ピアニスト物語（1）中村善吉 p.147　〔03840〕

LP電蓄新調への助言（6）岡山好直 p.150　〔03841〕

LP電蓄の製作例 伊藤喜多男 p.155　〔03842〕

LPに活躍するチェリスト（1）杉浦繁 p.161　〔03843〕

バッハ カンタータ第八〇番（LP試聴記）小林利之 p.164　〔03844〕

モーツァルト 提琴協奏曲第三番ト長調・モーツァルト 提琴協奏曲第四番ニ長調（LP試聴記）小林利之 p.164　〔03845〕

ドヴォルザーク 交響曲第五番―新世界（LP試聴記）小林利之 p.165　〔03846〕

ヴォルフ ヴォルフ歌曲集（LP試聴記）小林利之 p.165　〔03847〕

ヴェルディ 歌劇「アイーダ」全四幕（LP試聴記）小林利之 p.166　〔03848〕

内容細目　　　　　　　　　　　　　　「ディスク」

欧米レコード紹介〈LP新譜〉杉浦繁
　p.169　　　　　　　　　　　　　〔03849〕

海外音盤余聞　S・S　p.177　　　〔03850〕

欧米楽信—アメリカ便り　梶田章
　p.180　　　　　　　　　　　　　〔03851〕

欧米楽信—フランス便り　石川登志夫
　p.182　　　　　　　　　　　　　〔03852〕

二月新譜批評　坿和昌夫　p.184　〔03853〕

二月LP批評　佐川吉男，高橋昭　p.196　〔03854〕

二月ジャズとポピュラー評　牧芳雄
　p.199　　　　　　　　　　　　　〔03855〕

越路巡歴　岡山好直　p.206　　　〔03856〕

でぃすく・じよつきい　あゆの生
　p.210　　　　　　　　　　　　　〔03857〕

質問欄　岡山好直　p.211　　　　〔03858〕

16巻4号（1953年3月発行）

ギーゼキングの演奏曲目と日程　p.213　〔03859〕

ギーゼキングの印象（座談会）p.214　〔03860〕

ギーゼキングの想い出　安部和子
　p.220　　　　　　　　　　　　　〔03861〕

ギーゼキングのLPレコード　小林利之
　p.223　　　　　　　　　　　　　〔03862〕

シゲテイの想出と期待　牛山充　p.226　〔03863〕

式るレコード感—ベルガーを中心として　村田
　武雄　p.230　　　　　　　　　　〔03864〕

名ピアニスト物語（2）中村善吉
　p.234　　　　　　　　　　　　　〔03865〕

コルトオ特集レコード（座談会）
　p.238　　　　　　　　　　　　　〔03866〕

盤鬼随筆（2）西条卓夫　p.245　〔03867〕

伊太利に於けるハロルド　品川一雄
　p.248　　　　　　　　　　　　　〔03868〕

ミヨーの屋根の上の牡牛　高橋昭
　p.252　　　　　　　　　　　　　〔03869〕

ブロッホの「提琴協奏曲」坿和昌夫
　p.254　　　　　　　　　　　　　〔03870〕

コロムビアのLP—歌劇 魔笛 全曲　矢田部勁吉，
　武岡鶴代，青木謙幸 司会　p.258　〔03871〕

LPに活躍するチェリスト（2）杉浦繁
　p.265　　　　　　　　　　　　　〔03872〕

モーツァルト 絃楽五重奏曲ト短調（LP試聴記）
　小林利之　p.270　　　　　　　〔03873〕

ベートーヴェン 洋琴協奏曲第五番（皇帝）（LP
　試聴記）小林利之　p.270　　　〔03874〕

シューマン 歌曲集「詩人の恋」（LP試聴記）小
　林利之　p.271　　　　　　　　〔03875〕

マーラー 交響曲第四番ト長調（LP試聴記）小
　林利之　p.272　　　　　　　　〔03876〕

ヴォーンウイリアムス タリスの主題に拠る幻想
　曲（LP試聴記）小林利之　p.273　〔03877〕

ハイドン 交響曲第八十八番ト長調（LP試聴記）
　いしはら　p.273　　　　　　　〔03878〕

シューベルト 第九交響曲（第七）ハ長調（LP試
　聴記）いしはら　p.274　　　　〔03879〕

メンデルスゾーン 提琴協奏曲ホ短調（LP試聴
　記）いしはら　p.276　　　　　〔03880〕

LP電蓄新調への助言（7）岡山好直
　p.280　　　　　　　　　　　　　〔03881〕

でぃすくじょっき　あゆの生　p.285　〔03882〕

欧米楽信—アメリカ便り　梶田章
　p.286　　　　　　　　　　　　　〔03883〕

欧米楽信—フランス便り　石川登志夫
　p.288　　　　　　　　　　　　　〔03884〕

三月新譜批評　坿和昌夫　p.290　〔03885〕

三月LP批評　佐川吉男，高橋昭　p.305　〔03886〕

三月ジャズとポピューラー評　牧芳雄
　p.308　　　　　　　　　　　　　〔03887〕

質問欄　岡山好直，高橋昭　p.314　〔03888〕

各地ディスク・クラブ便り　p.317　〔03889〕

16巻5号（1953年4月発行）

シャブリエ 音楽への頌歌（ミショウ他）（LP試
　聴記）高橋昭　　　　　　　　　〔03890〕

音楽随筆—音楽むかしばなし　上野直昭
　p.319　　　　　　　　　　　　　〔03891〕

マリアン・アンダーソン　佐川吉男
　p.322　　　　　　　　　　　　　〔03892〕

マリア・アンダーソンを迎えて　田中良雄，
　佐々木行綱，品川一雄　p.326　〔03893〕

アンダーソンの曲目と日程　p.329　〔03894〕

シゲッティの第一夜を聴く（座談会）岩淵龍太
　郎，久保田良作　p.330　　　　〔03895〕

シゲティを聴く　坿和昌夫　p.334　〔03896〕

ピエール・フールニエの横顔　てれーず・やま
　ぐち　p.336　　　　　　　　　　〔03897〕

ショパン演奏家サムソン・フランソワ　石川登
　志夫 訳　p.341　　　　　　　　〔03898〕

エルナ・ベルガー愛誦集（座談会）城多又兵衛，
　平原寿恵子，青木謙幸　p.343　〔03899〕

絃楽四重奏曲の聴き方〈初心の頁〉森潤三郎
　p.346　　　　　　　　　　　　　〔03900〕

名ピアニスト物語—バハマン　中村善吉
　p.353　　　　　　　　　　　　　〔03901〕

R・シュトラウスのアルプス交響曲　花村圭晟，
　富田嘉和　p.358　　　　　　　〔03902〕

エンジニアのLP試聴記　向山好直
　p.362　　　　　　　　　　　　　〔03903〕

ベートーヴェン 第九交響曲（クライバー指揮ウ
　イン・アイル）（LP試聴記）松井丈夫
　p.367　　　　　　　　　　　　　〔03904〕

ベートーヴェン チェロ奏鳴曲第三番（ヤノス・
　スターカー）（LP試聴記）松井丈夫
　p.368　　　　　　　　　　　　　〔03905〕

ベートーヴェン 絃楽四重奏曲第十三番（バリ
　リー四重奏団）（LP試聴記）小林利之
　p.369　　　　　　　　　　　　　〔03906〕

「ディスク」　　　　　　　　　　内容細目

モーツァルト ヴァイオリン協奏曲第五番（ハイフェッツ）（LP試聴記）小林利之 p.370　〔03907〕

ブラームス ヴァイオリンとチェロの複協奏曲（フルニエ，ヤニグロ）（LP試聴記）小林利之 p.371　〔03908〕

シューベルト 歌曲集（アンダーソン，ルップ）（LP試聴記）小林利之 p.372　〔03909〕

ロッシーニ 舞踊組曲「風変りな店」（アンセルメ指揮）（LP試聴記）小林利之 p.373　〔03910〕

ドビュッシイ 選ばれし乙女（ミショウ他）（LP試聴記）高橋昭 p.373　〔03911〕

シャブリエ 歌劇「不本意の王」（ミショウ他）（LP試聴記）高橋昭 p.375　〔03912〕

私の好きな小品レコード 小林利之，双木みつる p.376　〔03913〕

欧米レコード紹介（LP新譜）杉浦繁 p.380　〔03914〕

欧米楽信—フランス便り 石川登志夫 p.388　〔03915〕

欧米楽信—アメリカ便り 梶田章 p.390　〔03916〕

アメリカ通信 原礼之助 p.392　〔03917〕

四月新譜批評 坩和昌夫 p.394　〔03918〕

四月LP批評 佐川吉男，高橋昭 p.411　〔03919〕

四月ジャズとポピュラー評 牧芳雄 p.417　〔03920〕

国産部品による家庭用LP再生装置の一例 富田嘉和 p.426　〔03921〕

一九五三年アメリカ・オーディオ・フェア 田中富士雄 p.434　〔03922〕

質問欄 高橋，岡山 p.438　〔03923〕

16巻6号（1953年5月発行）

巻頭言—ヘルシャーとダミアの来朝 青木謙幸 p.441　〔03924〕

音楽随筆—新即物主義（シゲテイとギーゼキングを聴いて）野村光一 p.442　〔03925〕

プロコイエフを偲ぶ 渡辺久春 p.445　〔03926〕

ディヌ・リパッティの印象 渡辺護 p.453　〔03927〕

ディヌ・リパッティのショパン円舞曲（座談会）今井治郎，谷康子，青木謙幸，岡山好直 p.456　〔03928〕

ヒュッシュとベルガーの「魔笛」 田中良雄 p.463　〔03929〕

ハイフィデリテイの父ストコフスキー 田中富士雄 p.469　〔03930〕

LPに活躍するチェリスト（完）杉浦繁 p.475　〔03931〕

名ピアニスト物語—パデレフスキー 中村善吉 p.482　〔03932〕

ダミア頌詞 鮎野行夫 p.486　〔03933〕

フランス・シャンソン・アルバム 芦原英了 p.488　〔03934〕

ラヴェル スペインの時（レイボウイッツ指揮）（LP試聴記）その・す・む p.491　〔03935〕

ウェーバー 小協奏曲ヘ短調（カサドウシュス）リスト 洋琴協奏曲第二番（カサドウシュス）（LP試聴記）佐久間幸光 p.493　〔03936〕

ベートーヴェン 洋琴協奏曲変ホ調遺作（フルゴーニ，バレー指揮）（LP試聴記）いしはら p.494　〔03937〕

メンデルスゾーン 提琴協奏曲ニ短調（メヌーイン）（LP試聴記）いしはら p.495　〔03938〕

ベートーヴェン 絃楽四重奏曲作品一三一（バリリー四重奏団）（LP試聴記）小林利之 p.497　〔03939〕

チャイコフスキー 交響曲第五番ホ短調（カンテルリ指揮）（LP試聴記）小林利之 p.498　〔03940〕

フォーレ 提琴奏鳴曲第一番（ボベスコ，ジェンティ）（LP試聴記）小林利之 p.499　〔03941〕

ロッシーニ 歌劇序曲集（バイヌム指揮コンツェルトゲボウ）（LP試聴記）小林利之 p.500　〔03942〕

オッフェンバッハ 歌劇「ホフマン物語」縮小版（ロイター指揮）（LP試聴記）小林利之 p.501　〔03943〕

欧米レコード紹介（LP新譜）杉浦繁 p.504　〔03944〕

欧米楽信—フランス便り 石川登志夫 p.516　〔03945〕

欧米楽信—アメリカ便り 梶田章 p.518　〔03946〕

五月新譜批評 坩和昌夫 p.520　〔03947〕

五月LP批評 佐川吉男，高橋昭 p.535　〔03948〕

五月ジャズとポピュラー評 牧芳雄 p.545　〔03949〕

LP電蓄新調への助言（8）岡山好直 p.553　〔03950〕

質問欄 p.558　〔03951〕

16巻7号（1953年6月発行）

アンダースンを聴いて 四家文子 p.563　〔03952〕

音楽随筆—プロフィル 森潤三郎 p.564　〔03953〕

シゲティは語る 牛山充 p.566　〔03954〕

シゲティと古都 京極高鋭 p.572　〔03955〕

マリアン・アンダースンを聴くの記 四谷左門 p.576　〔03956〕

ピエール・フールニエのレコード 青木十朗，山口美美子，坩和昌夫，青木謙幸 p.578　〔03957〕

マーラーの亡き児を偲ぶ歌（LP）田代秀穂 p.586　〔03958〕

内容細目	「ディスク」

モーツァルトの鎮魂曲（LP）佐川吉男
p.592　　　　　　　　　〔03959〕

ボーイスの八曲の小交響曲（LP）いしはら
p.600　　　　　　　　　〔03960〕

ヒンデミットの四つの気質（LP）高橋昭
p.604　　　　　　　　　〔03961〕

名ピアニスト物語（5）中村善吉
p.607　　　　　　　　　〔03962〕

ランドフスカをめぐる高弟たち　杉浦繁
p.612　　　　　　　　　〔03963〕

シャンソンの女王ダミア　芦原英了，高木東六，
青木謙幸 p.616　　　　　〔03964〕

第四回プラード音楽祭 p.625　〔03965〕

バッハ カンタータ第一四〇番（シエルヘン指
揮）（LP試聴記）小林利之 p.628　〔03966〕

ベートーヴェン 絃楽四重奏曲作品一三二（パガ
ニーニ四重奏団）（LP試聴記）小林利之
p.629　　　　　　　　　〔03967〕

シューマン 交響曲第一番「春」（アンセルメ指
揮）（LP試聴記）小林利之 p.630　〔03968〕

チャイコフスキー 交響曲第六番「悲愴」（クーベ
リック指揮）（LP試聴記）小林利之
p.631　　　　　　　　　〔03969〕

トステイ 歌曲集（ヴァルデンゴ）（LP試聴記）
小林利之 p.631　　　　　〔03970〕

欧米レコード紹介（LP新譜）杉浦繁
p.632　　　　　　　　　〔03971〕

海外音盤余聞 S・S p.640　　〔03972〕

欧米楽信―外誌に現はれたLPレコード評 N・
K・M p.642　　　　　　〔03973〕

欧米楽信―フランス便り 石川登志夫
p.644　　　　　　　　　〔03974〕

六月新譜批評 坪和昌夫 p.646　〔03975〕

六月LP批評 佐川吉男，高橋昭 p.659　〔03976〕

六月ジャズとポピュラー評 牧芳雄
p.666　　　　　　　　　〔03977〕

手頃なLP電蓄の製作例 森園正彦
p.675　　　　　　　　　〔03978〕

質問欄 p.682　　　　　　〔03979〕

16巻8号（1953年7月発行）

巻頭言―国産LPへの期待 青木謙幸
p.685　　　　　　　　　〔03980〕

来朝音楽家批評座談会 野村光一，今井治郎，鈴
木共子，青木謙幸 p.686　〔03981〕

ロッテ・レーマンの「女の愛と生涯」畑中良輔
p.705　　　　　　　　　〔03982〕

歌劇「フィガロの結婚」縮小版 田中良雄
p.708　　　　　　　　　〔03983〕

SPの第九交響曲のディスクを廻つて 高橋昭
p.713　　　　　　　　　〔03984〕

ヴィヴァルデイのコンツェルト・グロッソ い
しはら p.716　　　　　　〔03985〕

四つのロシア交響詩 てれーず・やまぐち
p.722　　　　　　　　　〔03986〕

フランス提琴界の新星フェラ 石川登志夫
p.724　　　　　　　　　〔03987〕

名ピアニスト物語（6）ケムプとブライロフス
キー 中村善吉 p.726　　〔03988〕

LP試聴記 p.731　　　　　〔03989〕

欧米楽信―アメリカ便り 梶田章
p.737　　　　　　　　　〔03990〕

欧米楽信―フランス便り 石川登志夫
p.738　　　　　　　　　〔03991〕

欧米レコード紹介（LP新譜）杉浦繁
p.740　　　　　　　　　〔03992〕

海外音盤余聞 S・S p.748　〔03993〕

LP電蓄新調への助言（9）岡山好直
p.751　　　　　　　　　〔03994〕

オーディオ・トピックス LOG p.756　〔03995〕

七月新譜批評 坪和昌夫 p.758　〔03996〕

七月LP批評 佐川吉男，高橋昭 p.772　〔03997〕

七月ジャズ発生の地ルイジアナより 原礼之助
p.780　　　　　　　　　〔03998〕

新刊紹介 p.783,750　　　　〔03999〕

LP事典を中心に 藤田不二，高城重躬，増永善
吉，中村善吉 p.784　　　〔04000〕

質問欄 p.788　　　　　　〔04001〕

16巻9号（1953年8月発行）

バロック音楽の鑑賞（誌上コンサート）村田武
雄 p.791　　　　　　　　〔04002〕

モーツァルトのセレナードを聴きながら 藤木
義輔 p.804　　　　　　　〔04003〕

バッハのパルティータ 原田一郎
p.808　　　　　　　　　〔04004〕

盤鬼随筆（3）西条卓夫 p.812　〔04005〕

ナポリの民謡 小林利之 p.815　〔04006〕

水と山の音楽（座談会）ディスク同人
p.818　　　　　　　　　〔04007〕

ヘルシャーを聴いて 青木十良 p.827　〔04008〕

LP試聴記 p.828　　　　　〔04009〕

欧米レコード紹介 杉浦繁 p.834　〔04010〕

海外音盤余聞 p.842　　　　〔04011〕

欧米楽信―アメリカ便り 梶田章
p.844　　　　　　　　　〔04012〕

欧米楽信―フランス便り 石川登志夫
p.846　　　　　　　　　〔04013〕

仏蘭西ディスク大賞選衡経過 赤木仁兵衛
p.848　　　　　　　　　〔04014〕

宝石針の寿命 田中富士雄 p.852　〔04015〕

八月新譜批評 坪和昌夫 p.856　〔04016〕

八月LP批評 高橋昭，佐川吉男 p.868　〔04017〕

八月ジャズとポピュラー評 瀬川昌久
p.876　　　　　　　　　〔04018〕

「ディスク」　内容細目

ディスク・クラブ訪問記　青木謙幸，岡山好直　p.889　〔04019〕

質問欄　p.893　〔04020〕

16巻10号（1953年9月発行）

レヴィ先生の近況を語る（秋の来朝演奏家特集）安川加寿子　p.898　〔04021〕

ティボーの芸術を語る（秋の来朝演奏家特集）R・G・モンブラン　p.900　〔04022〕

老境に期待する―ティボー（秋の来朝演奏家特集）野村あらえびす　p.902　〔04023〕

ティボーの新盤に聴く（秋の来朝演奏家特集）西条卓夫，田代秀穂　p.903　〔04024〕

未知のピアニストソロモンを迎へる（秋の来朝演奏家特集）中村善吉　p.908　〔04025〕

スターンのプロフィール（秋の来朝演奏家特集）佐川吉男　p.912　〔04026〕

新しい音楽への道―プロコフィエフの第五交響曲のLP発売に寄せて　渡辺久春　p.916　〔04027〕

ウィーンの一夜―シュトラウス・ワルツ集の新盤を聴いて　桃園春夫　p.924　〔04028〕

グレン・ミュラーからラルフ・フラナガンへ（ダンス・バンド昨今（1））飯塚経世　p.926　〔04029〕

ドイツ・グラマフォンの音楽史に就いて　中村善吉　p.929　〔04030〕

LPに活躍する絃楽四重奏団（1）杉浦繁　p.932　〔04031〕

シュヴァイツァーの弾くバッハ　桃園春夫　p.938　〔04032〕

海外LP試聴記　p.940　〔04033〕

十七年前の思ひ出―ティボー（秋の来朝演奏家特集）西条卓夫　p.946　〔04034〕

ソ連映画「大音楽会」岡俊雄　p.952　〔04035〕

九月新譜批評（LP・SP）坩和昌夫，佐川吉男，田代秀穂，高橋昭　p.954　〔04036〕

九月ジャズ・ポピュラー　瀬川昌久　p.973　〔04037〕

LP電蓄新調への助言（10）岡山好直　p.981　〔04038〕

欧米レコード紹介　杉浦繁　p.984　〔04039〕

海外音盤余聞　田中富士雄　p.992　〔04040〕

欧米楽信―アメリカ便り　梶田章　p.994　〔04041〕

欧米楽信―フランス便り　石川登志夫　p.996　〔04042〕

欧米楽信―ソヴィエット便り　てれーず・やまぐち　p.998　〔04043〕

質問欄　p.1000　〔04044〕

16巻11号（1953年10月発行）

ティボー追悼　青木謙幸　p.1003　〔04045〕

まだ見ぬ日本の友人へ（ワルターのベートーヴェン特集）B・ワルター，宇野功芳　訳編　p.1004　〔04046〕

ワルターの指揮を語る（対談）（ワルターのベートーヴェン特集）坂本良隆，田代秀穂　p.1006　〔04047〕

ワルターの芸術―レコードによる分析（ワルターのベートーヴェン特集）宇野功芳　p.1014　〔04048〕

ワルターとベートーヴェンの交響曲（ワルターのベートーヴェン特集）A・レーヴェルキューン　p.1020　〔04049〕

ハイドンの「時計交響曲」グノーの「アヴェ・マリア」（今月の音楽教室）井上武士　p.1026　〔04050〕

ジャズ・秋の饗宴―アームストロング＝クガー＝J・A・T・P　榛名静夫　p.1030　〔04051〕

海外LP試聴記　佐久間幸光，杉浦繁，小林利之　p.1035　〔04052〕

LPに活躍する絃楽四重奏団（2）杉浦繁　p.1040　〔04053〕

解釈の過剰　R・レヴィ　p.1046　〔04054〕

フランス近代音楽の歩み（1）フランクとその弟子達　M・ロベール，山口美美子　訳編　p.1050　〔04055〕

黒人オペラ「ポーギーとベス」桃園春夫　p.1056　〔04056〕

十月の新譜批評〈LP・SP〉坩和昌夫，田代秀穂，高橋昭，佐川吉男　p.1058　〔04057〕

今月のジャズポピュラー　飯塚経世　p.1083　〔04058〕

LP電蓄の選び方　阿部美春　p.1091　〔04059〕

欧米レコード紹介　p.1096　〔04060〕

世界楽信―アメリカ　梶田章　p.1102　〔04061〕

世界楽信―フランス　石川登志夫　p.1102　〔04062〕

世界楽信―ドイツ　北川宣彦　p.1102　〔04063〕

質問欄　p.1106　〔04064〕

16巻12号（1953年11月発行）

ヴァイオリン協奏曲とその聴き方（バルトーク）柴田南雄　p.14　〔04065〕

我国で発売されているレコード・リスト（バルトーク）p.19　〔04066〕

その生涯と芸術の物語（バルトーク）渡辺久春　p.20　〔04067〕

最新LP外誌批評―ピアノ曲集，無伴奏ソナタ，舞踊組曲他（バルトーク）桃園春夫　p.28　〔04068〕

民謡と現代音楽　B・バルトーク，冷牟田修二　訳編　p.31　〔04069〕

ジェラール・スーゼー抄―「夢の後に」「月の光」のことなど　畑中良輔　p.36　〔04070〕

内容細目　　　　　　　　　　　　　　　「ディスク」

スターン・レヴィ・ソロモン会見記　青木謙幸
　p.38　　　　　　　　　　　　　　　〔04071〕
ワルターの「ト短調シンフォニー」（海外LP試
　聴室）田代秀穂　p.49　　　　　　　〔04072〕
フルトヴェングラーの「英雄」（海外LP試聴室）
　門馬直美　p.52　　　　　　　　　　〔04073〕
トスカニーニの「第五」「第八」（海外LP試聴
　室）小野寺啓　p.54　　　　　　　　〔04074〕
感謝祭の「バッハ祭」レコード（海外LP試聴
　室）その・すいむ　p.55　　　　　　〔04075〕
デル・モナコの歌劇詠唱集（海外LP試聴室）小
　林利之　p.57　　　　　　　　　　　〔04076〕
LPに活躍する絃楽四重奏団（3）杉浦繁
　p.58　　　　　　　　　　　　　　　〔04077〕
ミュジカル「南太平洋」―オリジナル・キャス
　トのLP発売に寄せて　藤井肇　p.64　〔04078〕
ケムプのベートーヴェンとシューマン―「ワル
　ドシュタイン」「月光」「胡蝶の曲」滝崎鎮代
　子　p.68　　　　　　　　　　　　　〔04079〕
日本語版「ペーターと狼」の吹込み記　牧野剛
　p.72　　　　　　　　　　　　　　　〔04080〕
音楽映画三文オペラ　村沢正一　p.74　〔04081〕
十一月新譜批評〈LP・SP〉圦和昌夫，田代秀
　穂，高橋昭　p.76　　　　　　　　　〔04082〕
今月のジャズ・ポピュラー　飯塚経世
　p.105　　　　　　　　　　　　　　　〔04083〕
展望　p.113　　　　　　　　　　　　　〔04084〕
ベートーヴェンの「提琴協奏曲」シュトラウス
　の「ピッチカート・ポルカ」（今月の音楽教
　室）井上武士　p.116　　　　　　　〔04085〕
懸賞論文―面目を一新したヴォックスの二曲
　飯能次夫　p.120　　　　　　　　　　〔04086〕
懸賞論文―コルトーとギーゼキング　A・W・W
　p.121　　　　　　　　　　　　　　　〔04087〕
HiFiの四季　岡山好直　p.123　　　　〔04088〕
欧米レコード紹介　中村善吉　p.128　〔04089〕
世界楽信　梶田章，てれーず・やまぐち
　p.132　　　　　　　　　　　　　　　〔04090〕
質問欄　p.134　　　　　　　　　　　　〔04091〕

16巻13号（1953年12月発行）
マルティノン氏 指揮と作曲を語る　佐川吉男 訳
　く人　p.14　　　　　　　　　　　　〔04092〕
巴里日記　D・カバレフスキー　p.18　〔04093〕
五つの「皇帝」比較論　門馬直美　p.27　〔04094〕
クロイツァー先生を偲んで　笈田光吉
　p.30　　　　　　　　　　　　　　　〔04095〕
「クリスマス・オラトリオ」の廉価盤（宗教音楽
　の名盤・特集）奥田耕天　p.32　　　〔04096〕
メンゲルベルク指揮の「マタイ受難曲」（宗教音
　楽の名盤・特集）高橋昭　p.35　　　〔04097〕
フリチャイ指揮「詩篇交響曲」（宗教音楽の名
　盤・特集）杉浦繁　p.36　　　　　　〔04098〕

ヘンデルの「救世主」より「きよしこの夜」と
　「最初のクリスマス」（今月の音楽教室）井上
　武士　p.38　　　　　　　　　　　　〔04099〕
テレヴィの為のオペラ「アマールと夜の訪問者
　達」（海外LP試聴室）田代秀穂
　p.49　　　　　　　　　　　　　　　〔04100〕
プロコフィエフの最後の交響曲「第七」を巡つ
　て（海外LP試聴室）上田仁　p.52　〔04101〕
バルトークの遺作「ヴィオラ協奏曲」（海外LP
　試聴室）菅佑一　p.54　　　　　　　〔04102〕
オネゲルの名作「火刑台のジャンヌ・ダルク」
　（海外LP試聴室）小野寺啓　p.56　〔04103〕
私の協奏的小交響曲について―今月グラモフォ
　ンのセミLPで出る名曲　F・マルタン
　p.58　　　　　　　　　　　　　　　〔04104〕
北緯六〇度での音楽祭　H・ルッツ，盛田保子
　訳　p.60　　　　　　　　　　　　　〔04105〕
シューベルトのクワルテット抄―コンツェル
　ト・ハウス四重奏団のLP全曲を聴きながら
　杉浦繁　p.62　　　　　　　　　　　〔04106〕
アーヴィング・バーリン物語―名曲集のLP発売
　に寄せて　野口久光　p.64　　　　　〔04107〕
展望　p.68　　　　　　　　　　　　　〔04108〕
二期会の「オテロ」を採点する　四谷左門
　p.70　　　　　　　　　　　　　　　〔04109〕
十二月新譜批評〈LP・SP〉圦和昌夫，田代秀
　穂，高橋昭　p.72　　　　　　　　　〔04110〕
今月のジャズ・ポピュラー　飯塚経世
　p.105　　　　　　　　　　　　　　　〔04111〕
世界楽信―フランス・ソヴィエートより　て
　れーず・やまぐち　p.114　　　　　〔04112〕
世界楽信―アメリカより　梶田章
　p.114　　　　　　　　　　　　　　　〔04113〕
欧米レコード紹介　中村善吉　p.116　〔04114〕
一九五三年を顧みて―ディスク匿名座談会
　p.123　　　　　　　　　　　　　　　〔04115〕

17巻1号（1954年1月発行）
ベルリオーズの新しい解釈　清水脩
　p.18　　　　　　　　　　　　　　　〔04116〕
欧州楽壇の新潮を語る（対談）（特集・欧州楽壇
　の新潮―ロンドン・グラモフォンの発足に寄
　せて）遠山一行，清水脩　p.26　　　〔04117〕
初登場の三大新進指揮者（特集・欧州楽壇の新
　潮―ロンドン・グラモフォンの発足に寄せ
　て）小野寺啓　p.38　　　　　　　　〔04118〕
欧州で活躍しているピアニスト（特集・欧州楽
　壇の新潮―ロンドン・グラモフォンの発足に
　寄せて）杉浦繁　p.41　　　　　　　〔04119〕
欧州の新進声楽家（特集・欧州楽壇の新潮―ロ
　ンドン・グラモフォンの発足に寄せて）渡辺
　護　p.45　　　　　　　　　　　　　〔04120〕
生活と音楽　塚本嘉次郎　p.48　　　〔04121〕

「ディスク」 内容細目

ベートーヴェンの皇帝コンチェルト モーツァルト・ブラームスの子守唄（音楽教室）井上武士 p.50　〔04122〕

外誌評から見た一月のLP 上野一郎 p.54　〔04123〕

フランス近代音楽の歩み（2）ガブリエル・フォーレの芸術 M・ロベール p.58　〔04124〕

文学者のストラヴィンスキー論 A・ハックスレー，秋山邦晴 訳 p.64　〔04125〕

Hi・Fiの四季──一月・炉辺にて 岡山好直 p.70　〔04126〕

"グレン・ミラー物語"と"バンド・ワゴン"（二大音楽映画）岡俊雄 p.74　〔04127〕

南葵音楽文庫の想ひ出 原田一郎 p.78　〔04128〕

第五のLPは何を選ぶべきか──LP決定盤シリーズ（1）（海外LP試聴室）坂本良隆 p.89　〔04129〕

来朝を伝へらるフランスの名チェリスト ピェール・フールニエのLPを聴く（海外LP試聴室）田代，坩和，杉浦，青木 p.91　〔04130〕

ブラームスのピアノ協奏曲を巡つて（海外LP試聴室）鈴木文男 p.93　〔04131〕

LP歌曲・歌劇（海外LP試聴室）小林利之 p.96　〔04132〕

質問欄 p.104　〔04133〕

世界楽信 梶田章，石川登志夫 p.106　〔04134〕

一月新譜批評 坩和昌夫，田代秀穂，高橋昭 p.108　〔04135〕

一月のジャズ・ポピュラー 飯塚経世 p.127　〔04136〕

アメリカのポピュラーミュージックに対する一考察（特集・ジャズとクラシック）田代秀穂 p.136　〔04137〕

クラシックファンに贈るジャズ・ポピュラーの名盤（特集・ジャズとクラシック）飯塚経世 p.140　〔04138〕

ポピュラーとクラシックに柵はない（特集・ジャズとクラシック）アンドレ・コステラネッツ，小西和彦 訳 p.143　〔04139〕

17巻2号（1954年2月発行）

謙虚の音楽──エリック・サティの教示 M・ジャコブ，三潴末松 訳 p.18　〔04140〕

トスカニーニのベートーヴェンを聴く（座談会）田代秀穂，高橋昭，佐山吉男 p.24　〔04141〕

トスカニーニのブラームス 宇野功芳 p.34　〔04142〕

トスカニーニの素顔 小野寺啓 p.38　〔04143〕

続巴里日記 D・カバレフスキイ，山口美恵子 訳 p.43　〔04144〕

アームストロングオールスターズの印象 飯塚経世 p.50　〔04145〕

ベートーヴェンの第七交響曲を巡つて 箕作秋吉 p.52　〔04146〕

ベートーヴェンのV協奏曲のLPは何を選ぶべきか──LP決定盤シリーズ（2）（海外LP試聴室）田代秀穂 p.65　〔04147〕

シューマンのP協奏曲・ケムプの名演（海外LP試聴室）鈴木文男 p.69　〔04148〕

開かれた欧州録音の宝庫──エンゼル・エピックの新譜を聴く（座談会）（海外LP試聴室）藤木義輔，中村善吉，その・すゞむ，青木謙幸 p.70　〔04149〕

初めて輸入されたチエッコ・スプラフォーンのLP（海外LP試聴室）杉浦繁 p.75　〔04150〕

LPファンのバッハ入門（1）二つの"フランス組曲"──まずバッハの楽しさから 門馬直衛 p.79　〔04151〕

LPファンのバッハ入門（1）ハイフエッツの弾く"無伴奏ソナタとパルティータ"兎束龍夫 p.85　〔04152〕

LPファンのバッハ入門（1）ミュンヒンガー指揮の"組曲第二番"原田一郎 p.88　〔04153〕

世界楽信 梶田章，石川登志夫 p.92　〔04154〕

ジェルメーヌ・ルルーとそのレコード 杉浦繁 p.94　〔04155〕

質問欄 p.94　〔04156〕

二月新譜批評 坩和昌夫，田代秀穂，高橋昭 p.96　〔04157〕

Hi・Fiの四季──二月 "New World" 岡山好直 p.113　〔04158〕

オーディオ・トピックス 田中富士雄 p.118　〔04159〕

コラーロの悩み・ガラードの疑問──質問に話題を拾つて 岡山好直 p.121　〔04160〕

二月のジャズとポピュラー 飯塚経世 p.133　〔04161〕

一九五三年度フランス・ディスク大賞発表 石川登志夫 p.139　〔04162〕

外誌評から見た二月のLP 上野一郎 p.140　〔04163〕

欧米レコード紹介 中村善吉 p.144　〔04164〕

17巻3号（1954年3月発行）

ソ連的スタイルとは（特集・LPにきくソ連楽壇の現状）戸田邦雄 p.18　〔04165〕

LPに聴くソ連演奏家群像（特集・LPにきくソ連楽壇の現状）山口美美子 p.27　〔04166〕

プロコフィエフのオラトリオ「平和の守り」（特集・LPにきくソ連楽壇の現状）二宮秀 p.32　〔04167〕

ハチャトウリアンの「ピアノ協奏曲」（特集・LPにきくソ連楽壇の現状）佐川吉男 p.36　〔04168〕

ショスタコヴィッチの「森の歌」と「第五」（特集・LPにきくソ連楽壇の現状）田代秀穂 p.38　〔04169〕

内容細目　　　　　　　　　　　　　　　　　「ディスク」

ソ連音楽界に苦言呈上（特集・LPにきくソ連楽壇の現状）A・ハチャトゥリアン，山口芙美子 訳 p.42　〔04170〕

パリのニッポン人 原孝太郎 p.48　〔04171〕

ウイーンとオペレッタ 渡辺護 p.52　〔04172〕

もう死んでしまったキャサリーン・フェリアー 薬科雅美 p.54　〔04173〕

バックハウスへの期待 中村善吉 p.65　〔04174〕

バックハウスの思い出 福井直弘 p.67　〔04175〕

LPによる中世紀音楽の理解 D・リッチイ，桃園春夫 訳註 p.68　〔04176〕

バッハ以前の合唱音楽 長谷川新一 p.72　〔04177〕

グレゴリアン・チャントの名盤（海外LP試聴室）桃園春夫 p.76　〔04178〕

巨匠シュナーベルの晩年を偲ぶ（海外LP試聴室）杉浦繁 p.78　〔04179〕

ドヴォールザークの協奏曲とオイストラークの無類の名演（海外LP試聴室）坩和昌夫 p.79　〔04180〕

外誌評から見た三月のLP 上野一郎 p.82　〔04181〕

アメリカ・ジャズ界総決算 瀬川昌久 p.86　〔04182〕

世界楽信 梶田章，石川登志夫 p.92　〔04183〕

三月新譜批評 坩和昌夫，田代秀穂，高橋昭 p.94　〔04184〕

オーディオよもやま談議―音と音楽をめぐりて（対談）伊藤毅，岡山好直 p.114　〔04185〕

HiFiの四季―三月 "Wilder Ritter" 岡山好直 p.122　〔04186〕

オーディオ質問欄 p.126　〔04187〕

新製品紹介―DB,Titone,Electro-Voice p.128　〔04188〕

三月のジャズとポピュラー 飯塚経世 p.137　〔04189〕

海外LP紹介 杉浦繁 p.144　〔04190〕

17巻4号（1954年4月発行）

カラヤンを語る（座談会）坂本良隆，田代秀穂，宇野功芳，佐川吉男 p.14　〔04191〕

ジーリ以来の美声をうたわれるタリアヴィニーに期待する 四谷左門 p.25　〔04192〕

ブダペスト四重奏曲を截る（座談会）W・シュターフォンハーゲン，松本善三，北瓜現世，青木十良，青木謙幸 p.28　〔04193〕

デュポーアの功罪 桃園春夫 p.33　〔04194〕

LPファンのバッハ入門（2）バッハの宗教曲を聴くために―「カンタータ第五，六番」の純国産発売に寄せて 深津文雄，高橋昭 訊く人 p.34　〔04195〕

LPファンのバッハ入門（2）盲目のオルガニスト ヘルムート・ヴァルハのバッハ 秋元道雄 p.48　〔04196〕

質問欄 p.54　〔04197〕

未完成のLPは何を選ぶべきか―LP決定盤シリーズ（3）（海外LP試聴室）坩和昌夫 p.65　〔04198〕

RCAの誇るべき記録の一頁 トスカニーニの「オテロ」（海外LP試聴室）寺井昭雄 p.68　〔04199〕

オイストラッフのブラームス観（海外LP試聴室）門馬直美 p.73　〔04200〕

近着の現代楽LPより（海外LP試聴室）管佐一 p.76　〔04201〕

海外LP紹介 杉浦繁 p.79　〔04202〕

ブラードの日曜日 佐藤良雄 p.91　〔04203〕

続・アメリカ・ジャズ界総決算 瀬川昌久 p.94　〔04204〕

ラ・ボエーム―紙上・レコード・コンサート 井上武士 p.100　〔04205〕

四月のジャズとポピュラー 飯塚経世 p.104　〔04206〕

HI・FIの四季―米誌記事を紹介する 岡山好直 p.111　〔04207〕

AUDIOよもやま談議（2）（対談）伊藤毅，岡山好直 p.115　〔04208〕

四月の新譜批評 坩和昌夫，田代秀穂，高橋昭 p.123　〔04209〕

17巻5号（1954年5月発行）

歌劇 "マイスタアジンガア" 覚書 高木卓 p.14　〔04210〕

バルトーク音楽の本質―二台のピアノと打楽器のソナタを巡つて 北沢方邦 p.18　〔04211〕

ショスタコーヴィッチの新作・第十交響曲 ア・ハチャトゥリアン，山口芙美子 訳 p.22　〔04212〕

カラヤンを聴いて（来朝演奏家を聴く）坂本良隆 p.26　〔04213〕

カラヤン第一日の印象―レコードのカラヤンと実演のカラヤン（来朝演奏家を聴く）田代秀穂 p.28　〔04214〕

バックハウスを聴く（来朝演奏家を聴く）瀧崎鎮代子 p.30　〔04215〕

驚異のピアニズム―バックハウス第一夜の印象（来朝演奏家を聴く）高橋昭 p.32　〔04216〕

タリアビーニを聴く（来朝演奏家を聴く）四谷左門 p.33　〔04217〕

アメリカ現代作曲界展望―コープランドとバーバーを中心に 三浦淳史 p.34　〔04218〕

ジャズの二大雑誌社を訪ねて―アメリカ通信 瀬川昌久 p.38　〔04219〕

フリッチャイ頌（座談会）ディスク月評陣 p.49　〔04220〕

ストコフスキイの十八番 チャイコフスキーの「第五」の新盤（海外LP試聴室）宇野功芳 p.58　〔04221〕

〔04170〜04221〕　　　　　　　　　　戦前期 レコード音楽雑誌記事索引　**75**

「ディスク」 内容細目

ロンドンの廉価盤LDシリーズ—紹介と試聴（海外LP試聴室）長島卓二 p.61　〔04222〕

スカラ座四重奏団のイタリア古典を聴く（海外LP試聴室）杉浦繁 p.65　〔04223〕

ケンプのバッハ・リサイタル（海外LP試聴室）瀧崎鎮代子 p.66　〔04224〕

近着の宗教曲より（海外LP試聴室）桃園春夫 p.68　〔04225〕

海外LP紹介 杉浦繁 p.71　〔04226〕

御苦労様でしたマエストロ 村沢正一 p.82　〔04227〕

質問欄 p.84　〔04228〕

六月の各社主要新譜 p.84　〔04229〕

世界楽信 梶田章 p.86　〔04230〕

シャンソン・ド・パリへの郷愁—新しいEPを聴きながら 高木東六 p.88　〔04231〕

五月のジャズとポピュラー 飯塚経世 p.92　〔04232〕

続・フォノモーターの諸問題 中村久次 p.105　〔04233〕

HiFiの四季—五月・桁はづれのシロモノ 岡山好直 p.109　〔04234〕

最近の優秀録音レコードを巡つて—エピックの「幻想交響曲」其他（対談）岡山好直，青木謙幸 p.115　〔04235〕

外誌評からみた五月のLP 上野一郎 p.121　〔04236〕

創造のスペイン音楽 M・デ・ファリア，三潴末松 訳 p.125　〔04237〕

名演奏家物語 ウォルフガング・シュナイダーハン 中村善吉 p.129　〔04238〕

五月の新譜批評 垪和昌夫，田代秀穂，高橋昭 p.131　〔04239〕

17巻6号（1954年6月発行）

レアリズム芸術の先駆者ムソルグスキイ（特集 ムソルグスキイを識るために）井上頼豊 p.14　〔04240〕

ムソルグスキイの歌曲の特質—「死の歌と踊り」を中心に（特集 ムソルグスキイを識るために）戸田邦雄 p.20　〔04241〕

ロシアの最も傑れたピアノ組曲「展覧会の絵を」巡つて（特集 ムソルグスキイを識るために）門馬直美 p.24　〔04242〕

ムソルグスキーの作品とLPレコード総覧（特集 ムソルグスキイを識るために）p.27　〔04243〕

タリアヴィーニと共に 平間文寿 p.28　〔04244〕

珠玉のコラール楽 バッハのオルゲル・ビュヒライン 高橋秀 p.32　〔04245〕

外誌評から見た六月のLP 上野一郎 p.35　〔04246〕

ヨーロッパ風の軽音楽をめぐって（座談会）原孝太郎，渡辺護，瀬崎義雄 p.39　〔04247〕

現代の殉死—NBC交響楽団 藁科雅美 p.48　〔04248〕

“荘厳ミサ”を録音するトスカニーニ J・G・ディーン p.50　〔04249〕

海外LP紹介—欧米の新譜ニュースと演奏家の動静 杉浦繁 p.65　〔04250〕

トスカニーニの「ローマの松」と「泉」（海外LP試聴室）垪和昌夫 p.74　〔04251〕

トスカニーニの「荘厳ミサ曲」を聴く（海外LP試聴室）前田幸市郎 p.76　〔04252〕

トスカニーニの「新世界」予想外の名演（海外LP試聴室）杉浦繁 p.78　〔04253〕

情緒豊かで親しみ易いクライバーの「田園」（海外LP試聴室）宇野功芳 p.80　〔04254〕

フルトヴェングラー・メニユヒンの名コムビによるベートーヴェンのV協奏曲の最新盤（海外LP試聴室）杉浦繁 p.82　〔04255〕

ホロビイツツのアメリカ・デビュー廿五周年紀念アルバム（海外LP試聴室）市橋陽子 p.83　〔04256〕

二つの「ロ短調ミサ曲」—カラヤンとレーマン（海外LP試聴室）高橋昭 p.86　〔04257〕

ペシミズムが生んだ最高の音芸術 オネゲルの第五交響曲（海外LP試聴室）松平頼則 p.89　〔04258〕

オネゲルのおもかげ—プルユイルによりて描く 三潴末松 p.92　〔04259〕

六月のジャズとポピュラー 飯塚経世 p.96　〔04260〕

楽しいブラス・バンドの行進曲（今月の音楽教室）井上武士 p.102　〔04261〕

グッドマンスAXIOM150について 坪井正和 p.113　〔04262〕

HiFiの四季—六月・再生雑新 岡山好直 p.116　〔04263〕

録音雑感（随筆）松下秀雄 p.120　〔04264〕

世界楽信 梶田章 p.122　〔04265〕

来朝したギタリスト マリア・ルイサ・アニード 小倉俊 p.124　〔04266〕

胸を打つ苦労人の芸—ジョセフィンベーカーを聴いて 田辺秀雄 p.126　〔04267〕

六月の新譜批評 垪和昌夫，田代秀雄，高橋昭 p.128　〔04268〕

17巻7号（1954年7月発行）

ソヴィエトの音楽と作曲家—そのほんとうのことを知つて下さい A・ハチャトウリアン，北川宣彦 訳 p.14　〔04269〕

ファリヤとスペインの民族音楽—「三角帽子」と「七つのスペイン民謡」を巡つて 勝田保世 p.19　〔04270〕

シベリウス交響曲・雑感 遠山一行 p.24　〔04271〕

内容細目 「ディスク」

シベリウス祭―ソヴィエト音楽家のシベリウス
訪問記 I・ベッロドニイ，桃園春夫 訳
p.27 〔04272〕

続・盤鬼随筆―放語二題 西条卓夫
p.30 〔04273〕

批評の批評 原田一郎 p.34 〔04274〕

私の宗教音楽第一歩―異邦人を教会へと誘い込
むフオーレの「レクイエム」の話 藤木義輔
p.38 〔04275〕

海外LP紹介―欧米の新譜ニュースと演奏家の
動向 杉浦繁 p.49 〔04276〕

「幻想」のLPは何を選ぶべきか―LP決定盤シ
リーズ（4）（海外LP試聴室） 田代秀穂
p.62 〔04277〕

クライバーの最新盤「悲愴」と「運命」（海外LP
試聴室） 長島卓二 p.66 〔04278〕

近くわが国にお目見得するソヴィエトの七十八
回転LP（海外LP試聴室） 桃園春夫
p.68 〔04279〕

アドリアン・ボールト指揮の英国近代・現代楽
を聴く（海外LP試聴室） 管佑一
p.70 〔04280〕

フルトヴェングラーのフランク交響曲（海外LP
試聴室） 杉浦繁 p.72 〔04281〕

チェッコの国民的な四重奏曲―スメタナとドヴ
オルザーク（海外LP試聴室） 井上頼豊
p.74 〔04282〕

ソシエタ・コレルリの合奏協奏曲集（海外LP試
聴室） 青木謙幸 p.76 〔04283〕

モーツアルトの「ピアノと管の五重奏曲」と珍
しいカッサシオン（海外LP試聴室） 中田一次
p.78 〔04284〕

ウイーン・オペレッタの粋 "メリイ・ウイドウ"
の決定版（海外LP試聴室） 四谷左門
p.80 〔04285〕

ボリショイ劇場の「オネーギン」を聴く（海外
LP試聴室） 牧嗣人，緑野卓 p.82 〔04286〕

外誌評から見た七月のLP 上野一郎
p.88 〔04287〕

クレメンス・クラウスの想い出 坂本良隆
p.92 〔04288〕

演奏家と入場料―パリの演奏会より 松本太郎
p.94 〔04289〕

リイニアー・スタンダード・アムプについて
河村信之 p.105 〔04290〕

GEのヴァリアブル・リラクタンスピックアッ
プの性能と正しい使い方 青木周三
p.106 〔04291〕

LPコンサート・ルポルタージュ 矢萩銀三
p.118 〔04292〕

初めて発売されたロンドンの周波数レコード
和田正三郎 p.120 〔04293〕

マリック・ジュニヤ・シリーズ出力変成器 松
尾静弥 p.121 〔04294〕

七月のジャズとポピュラー 飯塚経世
p.122 〔04295〕

帰朝した二人のプリ・マドンナその後―大谷冽
子さんと三宅春恵さん 四谷左門
p.128 〔04296〕

質問欄 p.130 〔04297〕

七月の新譜批評 坪和昌夫，田代秀穂，高橋昭
p.132 〔04298〕

17巻8号 別冊第4集 LPレコード（1954年7月発行）

LPベスト七〇選 青木謙幸，坪和昌夫，村田武
雄，田代秀穂，佐川吉男 p.13 〔04299〕

LP三〇〇選 杉浦繁，小林利之，桃園春夫，西
条卓夫，佐久間幸光，高橋昭，その・すすむ，
松井丈夫 p.27 〔04300〕

日本発売のLP展望 田代秀穂 p.92 〔04301〕

日本発売LPジャズとポピュラー 飯塚経世
p.107 〔04302〕

優秀録音LPレコード 岡俊雄 p.110 〔04303〕

廉価盤LP紹介 小林利之 p.116 〔04304〕

ジャズLPレコード評 渡辺忠三郎
p.120 〔04305〕

これからのLPに何を望むか（座談会） 田代秀
穂，加納一雄，大木正興，岡俊雄
p.124 〔04306〕

LPレコードの取扱い方について TAY・
MURAOKA p.132 〔04307〕

各社LP録音特性表 編集部 p.135 〔04308〕

17巻9号（1954年8月発行）

レコード音楽とナマの音楽（日米レコード界の
内幕） E・ラインスドルフ，杉田浩一 訳
p.14 〔04309〕

ヴィヴァルディの音楽系図（特集 ヴィヴァル
ディを識るために） 村田武雄 p.22 〔04310〕

ヴィヴァルディの "四季" ノート（特集 ヴィヴ
ァルディを識るために） 門馬直美
p.28 〔04311〕

LPによるヴィヴァルディの鑑賞（特集 ヴィヴァ
ルディを識るために） 青木謙幸
p.30 〔04312〕

シューベルトの歌のレコードを聴く―シュワ
ルッコップとルードヴィッヒの新盤（対談）
畑中更予，畑中良輔 p.34 〔04313〕

バルトークの「管弦楽の協奏曲」を巡つて 柴田
南雄 p.38 〔04314〕

海外LP紹介―欧米の新譜ニュースと演奏家の
動向 杉浦繁 p.49 〔04315〕

チェコ・フィルハーモニック・コンサート―ド
ヴォルシヤックのベートーヴェンを聴く（海
外LP試聴室） 宇野功芳 p.58 〔04316〕

トスカニニの「驚愕」と「ト短調」（海外LP試
聴室） 今陶也 p.60 〔04317〕

〔04272～04317〕 戦前期 レコード音楽雑誌記事索引 **77**

「ディスク」　　　　　　　　内容細目

クリスチャン・バッハの小交響曲（海外LP試聴室）杉浦繁 p.62　　　　　〔04318〕

出色の現代音楽二枚―プロコフイエフ，バルトーク，ヒンデミット，シエーンベルク（海外LP試聴室）菅佑一 p.64　〔04319〕

オイストラッフのソナタ・リサイタル―「クロイツェル」とフランク，プロコフイエフのソナタ（海外LP試聴室）兎東竜夫 p.66　〔04320〕

大バッハの終作 フーガの技法（海外LP試聴室）原田一郎 p.68　　　　　〔04321〕

夭折したアメリカのピアニスト カペル・イン・メモリアム（海外LP試聴室）桃園春夫 p.70　　　　　　　　　〔04322〕

マグダ・ラシロの歌うバルトーク（海外LP試聴室）西野茂雄 p.72　　　〔04323〕

「白鳥の湖」のLPは何を選ぶべきか―LP決定盤シリーズ（5）（海外LP試聴室）緑野卓 p.74　　　　　　　〔04324〕

「イブ・モンタン」と合唱団―「シャンソンの仲間」を聴いて（海外LP試聴室）高木東六 p.79　　　　　　　　〔04325〕

外誌評から見た八月のLP―ギーゼキングの「悲愴」「月光」・バックハウスの「熱情」・シベリウスの「第一」・カラヤンの「水上の音楽」上野一郎 p.82　　　〔04326〕

LP時代とレコード文化のあり方（座談会）（日米レコード界の内幕）宮沢縦一，田辺秀雄，青砥道雄 p.86　　　　　〔04327〕

一九二〇年代のサッチモ―アームストロング傑作集のLP発売に寄せて 河野隆次 p.94　　　　　　　　　〔04328〕

フランス・ディスク大賞（一九五四年度）石川登志夫 p.105　　　　　　〔04329〕

再生装置の諸問題―続・音の探究（上）（座談会）（オーディオ・セクション）富田義男，田中富士雄，青木周三，岡山好直 p.106　〔04330〕

海外新製品紹介（オーディオ・セクション）河村信之 p.120　　　　　　〔04331〕

国産新製品紹介（オーディオ・セクション）p.121　　　　　　　　　　〔04332〕

八月のジャズとポピュラー 飯塚経世 p.122　　　　　　　　　　〔04333〕

海と噴泉の近代音楽 三潴末松 p.128　〔04334〕

世界楽信 p.132　　　　　　　　　　〔04335〕

八月の新譜批評 垪和昌夫，田代秀穂，高橋昭 p.134　　　　　　　　　〔04336〕

17巻10号（1954年9月発行）

二つの形式観とロシア・シンフォニズム―プロコフイエフの第七とショスタコヴィッチの第五をきくために（特集・ソ連ビッグ3の新盤に寄せて）戸田邦雄 p.14　〔04337〕

社会主義レアリズムと音楽（座談会）（特集・ソ連ビッグ3の新盤に寄せて）井上頼豊，林光，朝倉攝 p.18　　　　　　〔04338〕

ハッチャトリアンとアルメニアの民族音楽―舞踊曲「ガヤーネ」の背景（特集・ソ連ビッグ3の新盤に寄せて）二宮秀 p.28　〔04339〕

ケムプのベートーヴェン協奏曲を聴く グラモフオンの新盤 松浦豊明 p.31　〔04340〕

わがレコード界にデビューしたイゴール・マルケヴィッチ―仏ディスク誌による 赤木仁兵衛 p.34　　　　　　　　　〔04341〕

私の見たディアギレフ I・ストラヴィンスキー，北川宣彦 訳 p.37　　　〔04342〕

ティボーの思い出 D・オイストラッフ，山口美子 訳 p.46　　　　　　　〔04343〕

海外LP紹介―欧米の新譜ニュースと演奏家の動向 杉浦繁 p.57　　　　　〔04344〕

「第九」のLPは何を選ぶべきか―LP決定盤シリーズ（6）（海外LP試聴室）田代秀穂 p.66　　　　　　　　　〔04345〕

ロンドンのピアニスト達（海外LP試聴室）長島卓二 p.72　　　　　　　〔04346〕

ピアティゴルスキイの最新盤 プロコフイエフとバッハ（海外LP試聴室）井上頼豊 p.74　　　　　　　　　　〔04347〕

ポール・パレー指揮の「ボレロ」（海外LP試聴室）桃園春夫 p.76　　　〔04348〕

マルティノンのプロコフイエフ名演（海外LP試聴室）菅佑一 p.77　　〔04349〕

メニューイン，フルトヴェングラーの名コンビが放つバルトークのV協奏曲（海外LP試聴室）杉浦繁 p.79　　　〔04350〕

オイストラッフのチャイコフスキー新盤（海外LP試聴室）萩須虎夫 p.80　〔04351〕

新人トラムペッター クリフォード・ブラウンのLP（海外LP試聴室）福田都志夫 p.81　　　　　　　　　〔04352〕

外誌評から見た九月のLP 上野一郎 p.84　　　　　　　　　　　　　〔04353〕

世界楽信 梶田章 p.88　　　　　　〔04354〕

ニホンの詩と歌 兼常清佐 p.90　　〔04355〕

HiFi再生装置の諸問題（下）（座談会）富田義男，田中富士雄，青木周三，岡山好直 p.92　　　　　　　〔04356〕

海外新製品紹介 ジム・ランジング製トウイーターについて 河村信之 p.104　〔04357〕

九月のジャズとポピュラー 飯塚経世 p.106　　　　　　　　　　　　〔04358〕

ロンドン便り 秋元道雄 p.112　　〔04359〕

N響指揮者の交代 ウエスからエッシュバッハーへ 高橋昭 p.121　　　〔04360〕

ケムプの再来朝を迎う 牛山充 p.122　〔04361〕

来朝するピェール・フールニエ 山口美子 p.124　　　　　　　　　〔04362〕

芸術祭と「ボリス」宮沢縦一 p.126　〔04363〕

二人の英楽人の来日 サージエントとクレア 桃園春夫 p.128　　　　〔04364〕

九月の新譜批評 坩和昌夫，田代秀穂，高橋昭，
　宇野功芳 p.130　　　　　　　　　〔04365〕

17巻11号（1954年10月発行）

リストとハンガリー音楽 ベラ・バルトック，
　北川宣彦 訳 p.14　　　　　　　　　〔04366〕

ロシア音楽の大天才ミハエル・グリンカー生誕
　百五十周年を記念して D・ショスタコヴィッ
　チ，池田輝子 訳註 p.19　　　　　　〔04367〕

プッチーニと「トスカ」一思い出の糸をたぐつ
　て 松山芳野里 p.24　　　　　　　　〔04368〕

フランス一流批評家の選んだLPベスト二十五
　選 赤木仁兵衛 編 p.28　　　　　　　〔04369〕

篤学の指揮者ヘルマン・シェルヘン 服部正
　p.38　　　　　　　　　　　　　　　〔04370〕

モーツァルトの新盤 フリチヤイのジュピターと
　クラウスのP協奏曲（十月の新譜批評）田代
　秀穂 p.50　　　　　　　　　　　　　〔04371〕

「ワルドシュタイン」「熱情」「ハムマークラ
　ヴィーア」（十月の新譜批評）坩和昌夫
　p.52　　　　　　　　　　　　　　　〔04372〕

ベートーヴェンの歌曲集（十月の新譜批評）畑
　中更予 p.54　　　　　　　　　　　　〔04373〕

シューベルトの新盤 スコーダ等の「鱒」五重奏
　曲，シユルスヌスの歌（十月の新譜批評）宇
　野功芳 p.56　　　　　　　　　　　　〔04374〕

「真夏の夜の夢」の音楽 フリッチヤイとベイヌ
　ムの新盤（十月の新譜批評）門馬直美
　p.58　　　　　　　　　　　　　　　〔04375〕

二つのフランク交響曲（十月の新譜批評）田代
　秀穂 p.60　　　　　　　　　　　　　〔04376〕

サバータ指揮の「トスカ」全曲盤（十月の新譜
　批評）佐々木行綱 p.62　　　　　　　〔04377〕

シェルヘンの登場 プロコフイエフとリストのP
　協奏曲（十月の新譜批評）田代秀穂
　p.65　　　　　　　　　　　　　　　〔04378〕

風土のエヴォカシオン ミローの「フランス組
　曲」とイベールの「寄港地」（十月の新譜批
　評）高橋昭 p.68　　　　　　　　　　〔04379〕

アヅマ・カブキのLP（十月の新譜批評）田辺秀
　雄 p.70　　　　　　　　　　　　　　〔04380〕

LP新譜一束（十月の新譜批評）p.71　〔04381〕

外誌評からみた十月のLP（十月の新譜批評）上
　野一郎 p.76　　　　　　　　　　　　〔04382〕

今月の45 p.80　　　　　　　　　　　〔04383〕

今日のSP p.83　　　　　　　　　　　〔04384〕

十月のジャズとポピュラー 飯塚経世
　p.88　　　　　　　　　　　　　　　〔04385〕

質問欄 p.94　　　　　　　　　　　　〔04386〕

新刊紹介 p.94　　　　　　　　　　　〔04387〕

針の寿命 オーディオ質問欄から 坪井正和
　p.105　　　　　　　　　　　　　　　〔04388〕

高忠実度のラジオ受信法（上）青木周三
　p.106　　　　　　　　　　　　　　　〔04389〕

海外新製品紹介 河村信之 p.112　　　〔04390〕

世界楽信 梶田章 p.114　　　　　　　〔04391〕

日本の音楽家の方々へ ピエール・フールニエ
　p.116　　　　　　　　　　　　　　　〔04392〕

フィデリオと最近のフルトヴェングラー（海外
　LP試聴室）上野一郎 p.118　　　　　〔04393〕

ワーグナー全曲盤の最高峰フルトヴェングラー
　の「トリスタン」（海外LP試聴室）小林利之
　p.120　　　　　　　　　　　　　　　〔04394〕

フルトヴェングラのベートーヴェン交響曲新盤
　（海外LP試聴室）杉浦繁 p.123　　　〔04395〕

故クラウスの新年演奏会一九五四年（海外LP試
　聴室）青木謙幸 p.125　　　　　　　〔04396〕

期待はずれだつたマルクジンスキーのショパン
　（海外LP試聴室）菅佑一 p.126　　　〔04397〕

イーブ・ナットの新盤を巡つて（海外LP試聴
　室）鈴木文男 p.126　　　　　　　　〔04398〕

バッハのモテット集（海外LP試聴室）高橋昭
　p.128　　　　　　　　　　　　　　　〔04399〕

シエルヘン指揮のモーツァルトのレクイエム
　（海外LP試聴室）桃園春夫 p.128　　〔04400〕

海外LP紹介―欧米の新譜ニュースと演奏界の
　動向 杉浦繁 p.130　　　　　　　　　〔04401〕

ソヴェトにはどんなLPがあるか（上）藤田不二
　p.141　　　　　　　　　　　　　　　〔04402〕

17巻12号（1954年11月発行）

オイストラッフを語る（座談会）兎束龍夫，田
　代秀穂，坩和昌夫 p.16　　　　　　　〔04403〕

オイストラッフのLP総覧 p.26　　　　〔04404〕

チェホフと音楽 クレムリヨフ，山口芙美子 抄
　訳 p.28　　　　　　　　　　　　　　〔04405〕

バルトックに会つたはなし 兼常清佐
　p.33　　　　　　　　　　　　　　　〔04406〕

ガブリエル・フォーレ―その卅周忌に当りフ
　ローラン・シュミットによつて描く 今堀淳
　一 p.35　　　　　　　　　　　　　　〔04407〕

ジャズでないアメリカの大衆音楽 瀬川昌久
　p.38　　　　　　　　　　　　　　　〔04408〕

バッハの無伴奏ヴァイオリン曲を巡つて―シュ
　ワイツエルの弓の論文とそのLP 原田一郎
　p.42　　　　　　　　　　　　　　　〔04409〕

今月の推薦盤 p.57　　　　　　　　　〔04410〕

ラモー・クープラン・ボッケリーニのチェロの
　名曲 青木十良 p.58　　　　　　　　〔04411〕

ベイヌムの新盤「水上の音楽」とハフナー交響
　曲 田代秀穂 p.60　　　　　　　　　〔04412〕

シゲティの「スプリング・ソナタ」坩和昌夫
　p.62　　　　　　　　　　　　　　　〔04413〕

ブダペスト四重奏団のベートーヴェン 高橋昭
　p.64　　　　　　　　　　　　　　　〔04414〕

黒人指揮者デイクスンのシューマンの交響曲
　田代秀穂 p.66　　　　　　　　　　　〔04415〕

「ディスク」　　　　　　　　　　内容細目

フランス山人の歌による交響曲 桃園春夫 p.68　〔04416〕

フランチェスカッティの快演 ブルッフとベートーヴェン 埒和昌夫 p.70　〔04417〕

ドビュッシーの三つのソナタ 清水脩 p.74　〔04418〕

バルトークの絃楽四重奏曲―ジュリアード礼讃 柴田南雄 p.75　〔04419〕

ケンプの名演 シューマンの協奏曲とシューベルトのイ短調ソナタ 高橋，田代 p.78　〔04420〕

テバルディのオペラ・アリア集 佐々木行綱 p.80　〔04421〕

LP新譜一束 p.82　〔04422〕

外誌評から見た十一月のLP 上野一郎 p.88　〔04423〕

今月の45 p.92　〔04424〕

今月のSP p.97　〔04425〕

十一月のジャズとポピュラー 飯塚経世 p.98　〔04426〕

海外LP紹介―欧米の新譜ニュースと演奏界の動向 杉浦繁 p.113　〔04427〕

ラヴェルの一幕歌劇「スペインの時」（海外LP試聴室） 小林利之 p.124　〔04428〕

十二才の少年モーツァルトの「バスチァ男とバスチァ女」という歌芝居（海外LP試聴室） 埒和昌夫 p.126　〔04429〕

一〇〇パーセントフランス的なプーランクの「テレシアスの乳房」（海外LP試聴室） 村沢正一 p.128　〔04430〕

ヴォーン・ウイリアムスの舞踊の為のマスク「ヨブ」（海外LP試聴室） 藤田不二 p.130　〔04431〕

ケンペンの英雄交響曲（海外LP試聴室） 青木謙幸 p.132　〔04432〕

注目すべきモーツァルトの協奏曲新盤（海外LP試聴室） 杉浦繁 p.133　〔04433〕

フツシャー・ディスカウの「水車小屋の娘」の名唱（海外LP試聴室） 宇野功芳 p.135　〔04434〕

スーゼイのデュパルク歌曲集（海外LP試聴室） 小林利之 p.136　〔04435〕

海外H・I・F・I新製品紹介 河村信之 p.138　〔04436〕

高忠実度のラジオ受信法（下） 青木周三 p.140　〔04437〕

ソヴェトにはどんなLPがあるか（下） 藤田不二 p.147　〔04438〕

17巻13号（1954年12月発行）

四つの救世主比較論 A・ポーター，桃園春夫 訳 p.16　〔04439〕

ヘンゼルとグレーテルを語る（座談会） 三枝喜美子，坂本良隆，城山美津子 p.26　〔04440〕

名演奏家物語 忘れ得ぬ天才ジネット・ヌヴー 西条卓夫 p.31　〔04441〕

一九五四年世界楽界ハイライツ 松本太郎 p.34　〔04442〕

ソヴェト演奏家の外国録音 藤田不二 p.38　〔04443〕

エヴゲニイ・ムラヴィンスキイ論―ショスタコヴィッチの「第十」のLPの指揮者 ベレゾウスキイ，山口美美子 訳 p.44　〔04444〕

今月の推薦盤 p.57　〔04445〕

バッハのブランデンブルグ協奏曲新盤 高橋昭 p.58　〔04446〕

J・ロンドン，モーツァルトを歌う 佐々木行綱 p.60　〔04447〕

イタリー生れの新進チェリスト ヤニグロの登場 埒和昌夫 p.62　〔04448〕

ワルターの「ジュピター」と「未完成」 宇野功芳 p.64　〔04449〕

クライバーのベートーヴェン―「第五」「田園」「第九」の新盤 田代秀穂 p.66　〔04450〕

ベートーヴェン第三P協奏曲の競演 埒和昌夫 p.70　〔04451〕

ノヴァエスの登場 モーツァルトとショパン 滝崎鎮代子 p.72　〔04452〕

シュトラウス一家の新年演奏会 田代秀穂 p.74　〔04453〕

高雅にしてつゝましやかなフォーレのデュエット 高橋昭 p.76　〔04454〕

ポール・パレーのカムバック 「ボレロ」と「スペイン綺想曲」 上野一郎 p.78　〔04455〕

ガーシュインの代表作のLP 岡俊雄 p.80　〔04456〕

外誌評から見た十二月のLP 上野一郎 p.82　〔04457〕

新譜一束 p.86　〔04458〕

今月の45 p.95　〔04459〕

今月のSP p.98　〔04460〕

邦語版「ヘンゼルとグレーテル」を聴く 四谷左門 p.101　〔04461〕

質問欄 p.102　〔04462〕

新刊音楽書紹介 p.104　〔04463〕

十二月のジャズとポピュラー 飯塚経世 p.106　〔04464〕

海外LP紹介―欧米の新譜ニュースと演奏家の動向 杉浦繁 p.121　〔04465〕

バルトークの一幕舞踊劇「木彫の王子」（海外LP試聴室） 菅佑一 p.132　〔04466〕

シュトラウスを聴く（海外LP試聴室） 村沢正一 p.133　〔04467〕

モーツアルトの協奏曲グルミオウの快演（海外LP試聴室） 埒和昌夫 p.135　〔04468〕

ベルグとバルトークのヴァイオリン曲（海外LP試聴室） 高橋昭 p.137　〔04469〕

内容細目　　　　　　　　　　　　　　　　　　「ディスク」

カザルスのベートーヴェン（海外LP試聴室）青木謙幸 p.139
〔04470〕

カザルス十八年ぶりの協奏曲録音（海外LP試聴室）杉浦繁 p.140
〔04471〕

マルセル・メイエルのフランス鍵盤音楽（海外LP試聴室）小林利之 p.141
〔04472〕

プロコイエフのカンタータ アレキサンダー・ネフスキー（海外LP試聴室）北川剛 p.142
〔04473〕

維納児童合唱コンサート（海外LP試聴室）小林利之 p.144
〔04474〕

世界楽信 梶田章 p.146
〔04475〕

海外HiFi新製品紹介 河村信之 p.148
〔04476〕

18巻1号（1955年1月発行）

ウィルヘルム・フルトウェングラー——知られざる挿話が描くその人間愛（特集 フルトヴェングラー追想）渡辺護 p.16
〔04477〕

フルトヴェングラーの芸術——レコードによる分析（特集 フルトヴェングラー追想）田代秀穂 p.20
〔04478〕

ベルリンで聴いたフルトヴェングラー（特集 フルトヴェングラー追想）坂本良隆 p.26
〔04479〕

フルトヴェングラーのレコード・リスト（特集 フルトヴェングラー追想）青木謙幸 p.28
〔04480〕

巨匠の足跡——フルトヴェングラー年譜（特集 フルトヴェングラー追想）編集部 p.28
〔04481〕

バッハ者の歩み——バッハ全集物語 原田一郎 p.32
〔04482〕

無伴奏《ア・カペルラ》とモテット（今月の音楽教室）長谷川新一 p.40
〔04483〕

シュヴァイツァーのバッハを聴く（対談）高橋秀，高橋昭 p.42
〔04484〕

若き作曲家に与う グリエール，山口美美子 訳 p.48
〔04485〕

フールニエ氏は語る（対談記）山口美美子 p.54
〔04486〕

自分のレコードを聴くケンプ 小野寺啓 p.65
〔04487〕

バッハのモテット集 深津文雄 p.66
〔04488〕

ベートーヴェンの交響曲新盤——カラヤンの「英雄」とトスカニーニの「第七」 田代秀穂 p.68
〔04489〕

ベートーヴェンの交響曲新盤——オイゲン・ヨッフムの「第九」 宇野功芳 p.70
〔04490〕

コンツェルトハウスのシューベルト 坪和昌夫 p.72
〔04491〕

カラヤンの「ヘンゼルとグレーテル」 佐々木行綱 p.74
〔04492〕

マーラーの名作「大地の歌」 田代秀穂 p.76
〔04493〕

来朝するカッチェンのLP 高橋昭 p.78
〔04494〕

LP新譜一束 p.80
〔04495〕

今月の45 p.86
〔04496〕

今月のSP p.91
〔04497〕

ジャズ・ポピュラーの花形群像 飯塚経世 p.94
〔04498〕

録音済テープの得失 村沢正一 p.98
〔04499〕

山葉のHiFiプレーヤー——HiFi新製品紹介 坪井正和 p.103
〔04500〕

商店案内 p.104
〔04501〕

世界LPレコード界の動き 藤田不二 p.113
〔04502〕

海外LP速報 杉浦繁 p.118
〔04503〕

ジネット・ヌヴーのLP（新着LP紹介）西条卓夫 p.127
〔04504〕

二つの「春の祭典」（新着LP紹介）菅佑一 p.128
〔04505〕

ショパンのP協奏曲新盤（新着LP紹介）杉浦繁 p.130
〔04506〕

ブラームスのクラリネット五重奏曲（新着LP紹介）杉浦繁 p.131
〔04507〕

ペンナリオの「展覧会の絵」（新着LP紹介）桃園春夫 p.132
〔04508〕

五四年度仏ディスク大賞の「ラ・ソンナムゾーラ」全曲盤（新着LP紹介）上野一郎 p.134
〔04509〕

新星黒人歌手ドップスを聴く（新着LP紹介）鮎野行夫 p.136
〔04510〕

廉価版レミトンの名盤 バレエ「陽気なパリー子」（新着LP紹介）緑野卓 p.137
〔04511〕

一月のジャズとポピュラー 飯塚経世 p.140
〔04512〕

101人のLP新演奏家物語（1）今堀淳一，上野一郎，岡俊雄，小林利之，藤田不二 p.146
〔04513〕

18巻2号（1955年2月発行）

イタリーへ——LPによる現代音楽巡礼（1）天野秀延 p.14
〔04514〕

音楽家と二つの自由 ショスタコヴィッチ，バヌフニック p.24
〔04515〕

ストコフスキー氏の離婚問題をどうみる 村沢正一 p.29
〔04516〕

シュヴァイツァーのバッハを聴く（下）（対談）高橋秀，高橋昭 p.30
〔04517〕

101人のLP新演奏家物語（2）上野一郎，杉浦繁，藤田不二 p.34
〔04518〕

外誌評から見た一，二月のLP 上野一郎 p.42
〔04519〕

スペインのサルスエラとは 藤田不二 p.48
〔04520〕

たのしきモーツァルト 嬉遊曲と小夜曲の新盤 坪和昌夫 p.65
〔04521〕

戦前期　レコード音楽雑誌記事索引　**81**

「ディスク」 内容細目

リパッティのバッハとモーツァルト 佐川吉男
p.66 〔04522〕

ハイドンの交響曲の新盤 バイヌムとシェルヘン
田代秀穂 p.68 〔04523〕

サン・サーンス第三交響曲の名演 菅佑一
p.70 〔04524〕

フランス派の高級冗談音楽集 岡俊雄
p.72 〔04525〕

チャイコフスキーの第四の新盤 宇野功芳
p.74 〔04526〕

リッチイのサラサーテ名曲集 上野一郎
p.76 〔04527〕

近代協奏曲の名盤二枚 ラヴェルとシベリウス
高橋昭 p.78 〔04528〕

オイストラッフ父子の弾く協奏曲 田代秀穂
p.82 〔04529〕

LP新譜一束 p.86 〔04530〕

今月の45 p.96 〔04531〕

今月のSP p.99 〔04532〕

VG盤の中堅演奏家群像 渡辺護 p.102 〔04533〕

世界レコード界の動き 藤田不二
p.113 〔04534〕

海外LP速報 杉浦繁 p.116 〔04535〕

トスカニーニの展覧会の絵（新着LP紹介）田代
秀穂 p.125 〔04536〕

バルトークの管絃楽の協奏曲（新着LP紹介）上
野一郎 p.127 〔04537〕

音楽の冗談と絃楽セレナード（新着LP紹介）桃
園春夫 p.129 〔04538〕

有終の美を飾ったランドフスカの四十八（新着
LP紹介）伴田讃 p.130 〔04539〕

キリストの幼時の新盤（新着LP紹介）高橋昭
p.131 〔04540〕

二月のジャズとポピュラー 飯塚経世
p.134 〔04541〕

世界楽信 梶田章 p.140 〔04542〕

ハイフィデリティ・テクニック（1）青木周三
p.142 〔04543〕

オーディオ・トピックス 河村信之
p.148 〔04544〕

18巻4号（1955年3月発行）

オイストラッフの歩んで来た道（特集 オイスト
ラッフを迎う）井上頼豊 p.14 〔04545〕

オイストラッフ氏招聘秘話と海外評判記（特集
オイストラッフを迎う）村沢正一
p.18 〔04546〕

ダヴィッド・オイストラッフ論―レコードによ
る（特集 オイストラッフを迎う）田代秀穂
p.20 〔04547〕

演奏家の覚書（特集 オイストラッフを迎う）
D・オイストラッフ，山口芙美子 訳
p.26 〔04548〕

ローラン・マニュエル氏とラヴェルのピアノ音
楽を語る（架空対談記）高橋昭，高橋宏 訳編
p.30 〔04549〕

バッハ時代の楽器に就いて（今月の音楽教室）
原田一郎 p.36 〔04550〕

101人のLP新演奏家物語（3）上野一郎，小林利
之，桃園春夫 p.44 〔04551〕

イヴェット・ジロー会見記 高木東六
p.48 〔04552〕

ラモー頌 ヴァレンティの組曲集に寄せて（今月
のLP）高橋昭 p.57 〔04553〕

人間ラモー（今月のLP）桃園春夫
p.58 〔04554〕

ヘンデルのコンチェルト・グロッソ（今月の
LP）岡俊雄 p.60 〔04555〕

モーツァルトの戴冠ミサ曲（今月のLP）渡辺護
p.62 〔04556〕

カサドゥシュ，モーツァルトの名演（今月のLP）
坩和昌夫 p.63 〔04557〕

ブラームスのホルン・トリオ並にクラのトリオ
（今月のLP）門馬直美 p.66 〔04558〕

現実主義の名作歌劇「パリアッチ」（今月のLP）
佐々木行綱 p.68 〔04559〕

テバルディらの「蝶々夫人」全曲（今月のLP）
小林利之 p.71 〔04560〕

ショスタコヴィッチの第五の新盤（今月のLP）
佐川吉男 p.74 〔04561〕

フィラデルフィアの首席奏者（今月のLP）飯塚
経世 p.76 〔04562〕

LP新譜一束（今月のLP）p.78 〔04563〕

外誌評から見た三月のLP 上野一郎
p.86 〔04564〕

スイス旅行記 I・オイストラッフ
p.90 〔04565〕

今月の45 桃園春夫 p.92 〔04566〕

今月のSP 田代秀穂 p.95 〔04567〕

ハイフィデリティ・テクニック（2）青木周三
p.98 〔04568〕

ピック・アップと音色 坪井正和
p.103 〔04569〕

オーディオ・トピックス 河村信之
p.104 〔04570〕

三月のジャズとポピュラー 飯塚経世
p.106 〔04571〕

世界のレコード界展望 藤田不二
p.121 〔04572〕

海外LP紹介 杉浦繁 p.124 〔04573〕

ショスタコヴィッチの第十交響曲（特選輸入盤
紹介）フランケンシュタイン
p.137 〔04574〕

グルミオの西班牙交響曲（特選輸入盤紹介）杉
浦繁 p.138 〔04575〕

マルセル・ミュールの名演（特選輸入盤紹介）
菅佑一 p.140 〔04576〕

オイストラッフ四重奏団のチャイコフスキーを聴く（特選輸入盤紹介）桃園春夫 p.142　　〔04577〕

グルダのバッハとモーツァルト（特選輸入盤紹介）高橋昭 p.143　　〔04578〕

本場物 “売られた花嫁”（特選輸入盤紹介）藤田不二 p.146　　〔04579〕

LPの価格を切下げる時が来た 藤田不二 p.148　　〔04580〕

18巻5号（1955年4月発行）

オイストラッフを聴く（座談会）岩淵龍太郎，シュタフォンハーゲン，松本善三 p.22　　〔04581〕

交響曲かミュージカルか レオナード・バーンスタイン，池田輝子 訳 p.30　　〔04582〕

カラヤンアメリカへ渡る 寺戸奎介 p.38　　〔04583〕

シンフォニー・オブ・ジ・エアー─新緑の五月を飾るその来日 上野一郎 p.40　　〔04584〕

ウィリアム・テル─そのドラマとオペラに就て 加納泰 p.44　　〔04585〕

外誌評から見た四月のLP 上野一郎 p.52　　〔04586〕

フォーレのレクイエム クリュイタンのLP（今月のLP）三潴末松 p.56　　〔04587〕

出色のヴァイオリン小品集 ハイフェッツとフランチェスカッティ（今月のLP）坿利昌夫 p.60　　〔04588〕

二つの「悲愴」の新盤 クライバーとマルケヴィッチ（今月のLP）田代秀穂 p.62　　〔04589〕

シェーンベルグの浄夜（今月のLP）高橋昭 p.64　　〔04590〕

二つの現代アメリカ・バレエ音楽（今月のLP）岡俊雄 p.66　　〔04591〕

エリントンの異色作「リベリア」組曲（今月のLP）河野隆次 p.68　　〔04592〕

LP新譜一束 p.70　　〔04593〕

今月の45 宇野功芳 p.89　　〔04594〕

今月のSP 田代秀穂 p.92　　〔04595〕

四月のジャズとポピュラー 飯塚経世 p.94　　〔04596〕

ジャズにおけるLPの功罪 瀬川昌久 p.100　　〔04597〕

世界楽信 紐育の楽界，ショスタコ新作に着手 梶田章 p.104　　〔04598〕

オーディオ新製品紹介 河村信之 p.106　　〔04599〕

ハイフィデリティ・テクニック（3）青木周三 p.108　　〔04600〕

世界レコード界展望 藤田不二 p.121　　〔04601〕

海外LP紹介 杉浦繁 p.124　　〔04602〕

ヴォーン・ウィリアムス交響曲集（新着LP紹介）長島卓二 p.134　　〔04603〕

ショルティの軍隊交響曲（新着LP紹介）宇野功芳 p.136　　〔04604〕

シェヘラザーデの最新盤（新着LP紹介）宇野功芳 p.137　　〔04605〕

ディアギレーフ頌（新着LP紹介）高橋昭 p.138　　〔04606〕

レミントンの幻想交響曲（新着LP紹介）今陶也 p.140　　〔04607〕

トレルリの協奏曲集（新着LP紹介）杉浦繁 p.141　　〔04608〕

モーツァルトの木管協奏曲（新着LP紹介）上野一郎，小谷彰 p.142　　〔04609〕

フルニエのハイドン協奏曲（新着LP紹介）青木謙幸 p.144　　〔04610〕

タリアフェロのカムバック（新着LP紹介）杉浦繁 p.144　　〔04611〕

バルトークP協奏曲二・三番（新着LP紹介）菅佑一 p.145　　〔04612〕

バッハのフルート・ソナタ全集（新着LP紹介）桃園春夫 p.146　　〔04613〕

カヴァレリア・ルスティカナ新盤（新着LP紹介）小林利之 p.148　　〔04614〕

デラ・カーサの名唱（新着LP紹介）小林利之 p.149　　〔04615〕

音楽会漫歩 耳野良夫 p.151　　〔04616〕

ローラン・マニュエル氏とラヴェルのピアノ音楽を語る（下）（架空対談記）高橋昭，高橋宏訳編 p.152　　〔04617〕

18巻6号（1955年5月発行）

ショスタコヴィッチの第十交響曲（コロムビア世界現代音楽選集紹介）林光 p.23　　〔04618〕

演奏・録音評（コロムビア世界現代音楽選集紹介）高橋昭，田代秀穂，佐川吉男 p.23　　〔04619〕

バルトーク記念碑 絃打楽器とチェレスタの音楽（コロムビア世界現代音楽選集紹介）北沢方邦 p.26　　〔04620〕

アンドレ・ジエルトレルの奏く現代ヴァイオリンの名曲（コロムビア世界現代音楽選集紹介）柴田南雄 p.28　　〔04621〕

フランス六人組の音楽（コロムビア世界現代音楽選集紹介）松平頼則 p.31　　〔04622〕

メシアンの昇天とヴォーン＝ウイリアムスの第六（コロムビア世界現代音楽選集紹介）松平頼暁 p.36　　〔04623〕

ルーカス・フォスの死の寓話（コロムビア世界現代音楽選集紹介）三浦淳史 p.39　　〔04624〕

現代音楽豆辞典 渡辺久春 p.42　　〔04625〕

101人のLP新演奏家物語（4）今堀淳一，桃園春夫 p.46　　〔04626〕

子供の為の名曲ピーターと狼とそのレコード 田代秀穂 p.52　　〔04627〕

「ディスク」 内容細目

ラリー・アドラーの来日に期待する 佐藤秀明
p.56
〔04628〕

ジュリエット・グレコの来日 原孝太郎
p.58
〔04629〕

シャンソンの歩んで来た道 古田徳郎
p.61
〔04630〕

バッハ時代の楽器について（下）原田一郎
p.63
〔04631〕

ベートーヴェンのピアノ奏鳴曲集 坪和昌夫
p.68
〔04632〕

二つのブラームスV協奏曲 オイストラフとミル
シュタイン 田代秀穂 p.70
〔04633〕

マルケヴィッチの幻想交響曲 田代秀穂
p.72
〔04634〕

サムソン・フランソワの登場 高橋昭
p.74
〔04635〕

二つのユダヤ系作曲家の現代音楽 岡俊雄
p.76
〔04636〕

LP新譜一束 p.78
〔04637〕

今月のドーナツ盤 宇野功芳 p.94
〔04638〕

世界レコード界展望 藤田不二 p.105
〔04639〕

海外LP紹介 杉浦繁 p.108
〔04640〕

商標権の発動とLPの質 藤田不二
p.119
〔04641〕

フルトヴェングラーの第五（新着LP紹介）田代
秀穂 p.120
〔04642〕

フルトヴェングラーの海賊版（新着LP紹介）宇
野功芳 p.122
〔04643〕

ベートーヴェンの第一の新盤（新着LP紹介）宇
野功芳 p.122
〔04644〕

ストコフスキーの田園（新着LP紹介）小谷彰
p.123
〔04645〕

ブラームス第二ベイヌムの名演（新着LP紹介）
杉浦繁 p.124
〔04646〕

胡桃割の優音廉価盤（新着LP紹介）田代秀穂
p.126
〔04647〕

バッハのV協奏曲の競演（新着LP紹介）小林利
之 p.127
〔04648〕

二大ピアニストのブラームス（新着LP紹介）高
橋昭 p.128
〔04649〕

デヴィートのブラームス協奏曲（新着LP紹介）
田代秀穂 p.131
〔04650〕

フルニエのドヴォルシャック（新着LP紹介）杉
浦繁 p.132
〔04651〕

クープランの教会音楽（新着LP紹介）小林利之
p.134
〔04652〕

三つのマタイ受難楽（新着LP紹介）桃園春夫
p.135
〔04653〕

音楽会漫歩 耳野良夫 p.139
〔04654〕

世界楽信 梶田章 p.140
〔04655〕

五月のジャズとポピュラー 飯塚経世
p.142
〔04656〕

五月のシャンソン・レコード 高木東六
p.147
〔04657〕

フォスターのポピュラー版さらえ 瀬川志郎
p.150
〔04658〕

ジムランシング試聴記 坪井正和
p.153
〔04659〕

ハイフィデリティ・テクニック（4）青木周三
p.154
〔04660〕

オーディオ&LPトピックス 河村信之
p.163
〔04661〕

18巻7号（1955年6月発行）

現代音楽の問題点（座談会）箕作秋吉，戸田邦
雄，諸井誠 p.22
〔04662〕

音楽と文学の交流 片山敏彦 p.38
〔04663〕

日曜音楽家アインシュタイン 鈴木鎮一
p.40
〔04664〕

ワルターのブラームス交響曲全集（対談）（今月
のLP）宇野功芳，田代秀穂 p.42
〔04665〕

オイストラッフの日本録音盤 兎束竜夫
p.48
〔04666〕

オイストラッフのベートーヴェンV協奏曲 宇野
功芳 p.50
〔04667〕

バッハ無伴奏ヴァイオリン曲全集（今月のLP）
坪和昌夫 p.52
〔04668〕

フェリアの形見 ブラームスとシューマンの名唱
（今月のLP）畑中更予 p.54
〔04669〕

ディゾルミエール指揮のバレエ名盤 岡俊雄
p.56
〔04670〕

ディスク大賞に輝くバレエ組曲「ダフニスとク
ロエ」新盤 深井史郎 p.58
〔04671〕

LP新譜一束 p.61
〔04672〕

室内歌劇「ペドロ師の人形芝居」とは 桃園春夫
p.75
〔04673〕

テバルディ主演の歌劇「椿姫」をめぐつて（座
談会）藤原義江，桑原瑛子，宮沢縦一
p.76
〔04674〕

トスカニーニかテバルディか――「椿姫」全曲LP
は何を選ぶ 小林利之 p.83
〔04675〕

外誌評より見た六月のLP 上野一郎
p.88
〔04676〕

シンフォニー・オブ・ゼ・エアを聴く 田代秀穂
p.94
〔04677〕

世界レコード界展望 藤田不二 p.105
〔04678〕

海外LP紹介 杉浦繁 p.108
〔04679〕

トスカニーニのイタリー交響曲（新着LP紹介）
杉浦繁 p.120
〔04680〕

二つのフランス山人の唄交響曲（新着LP紹介）
高橋昭 p.121
〔04681〕

アンゲルブレックのドビュッシー（新着LP紹
介）坪和昌夫 p.122
〔04682〕

グリュミオーのパガニーニ（新着LP紹介）杉浦
繁 p.122
〔04683〕

内容細目 「ディスク」

エミール・ギレリスの新盤（新着LP紹介）菅佑一 p.123 〔04684〕

エルマンのチャイコ協奏曲（新着LP紹介）小林利之 p.124 〔04685〕

隠れたるモーツァルト傑作（新着LP紹介）坿和昌夫 p.126 〔04686〕

ルッセルのトリオの佳曲（新着LP紹介）坿和昌夫 p.126 〔04687〕

ストラヴィンスキーの「結婚」（新着LP紹介）桃園春夫 p.128 〔04688〕

歌劇「薔薇の騎士」の新盤（新着LP紹介）小林利之 p.129 〔04689〕

ジローの「彼へ・彼女へ」（新着LP紹介）高橋昭 p.130 〔04690〕

現代音楽のLPベスト三十選 高橋昭 p.131 〔04691〕

六月のクラシック・ドーナツ盤 宇野功芳 p.138 〔04692〕

六月のジャズとポピュラー 飯塚経世 p.140 〔04693〕

六月のシャンソン・レコード 高木東六 p.146 〔04694〕

音楽界漫歩 耳野良夫 p.149 〔04695〕

ジョルジュ・エネスコを悼む 西条卓夫 p.150 〔04696〕

サンソン・フランソワ LP新演奏家物語 石川登志夫 p.152 〔04697〕

バッハのカンタータ（1）門馬直美 p.154 〔04698〕

世界楽信 梶田章 p.156 〔04699〕

ハイフィデリティ・テクニック（5）青木周三 p.158 〔04700〕

オーディオ&LP・トピックス 河村信之 p.165 〔04701〕

18巻8号 臨時増刊 LP電蓄と製作 第7集 （1955年7月発行）

Hi-Fi再生装置の設計に関する諸問題 伊藤毅 p.29 〔04702〕

科学的な—LP再生装置部品の選び方とその使い方（LP電蓄製作例10種）井口誠治 p.32 〔04703〕

最底の費用で出来る—ラジオ兼用のHi-Fi電蓄の作り方（LP電蓄製作例10種）村田浩 p.40 〔04704〕

特殊な発振器とプリアンプを持った—コンデンサー・ピックアップのレコード・プレヤー（LP電蓄製作例10種）林尚武 p.45 〔04705〕

小型でコンソール型の音質を持った—無指向卓上型LP電蓄の作り方（LP電蓄製作例10種）青木周三 p.50 〔04706〕

8吋のデビューサー付—スピーカーを使った家庭用LP再生装置（LP電蓄製作例10種）森園正彦 p.58 〔04707〕

2ウェイスピーカーシステムの—手頃なHi-Fi再生装置（LP電蓄製作例10種）鈴木健 p.62 〔04708〕

プリアンプを組込んだコムパクトな—6V6プッシュプル家庭用アンプリファイアー（LP電蓄製作例10種）伊藤喜多男 p.66 〔04709〕

3万円以下で家庭用LP再生機をまとめる—6V6P.P.リモート式プリアンプ附LP電蓄の作り方（LP電蓄製作例10種）浅野勇 p.70 〔04710〕

トーン・アームの夢 アオキ p.79 〔04711〕

ブリッジ出力回路を利用した—超小型・携帯用Hi-Fi再生装置（LP電蓄製作例10種）福島正之 p.80 〔04712〕

3ウェイスピーカーシステムの観賞用再生装置—広帯域放送を楽しむための（LP電蓄製作例10種）高城重躬 p.90 〔04713〕

Hi-Fiチューナーの試作（テープレコーダーの製作例）金田豊 p.104 〔04714〕

Hi-Fi初歩者のための測定器解説（テープレコーダーの製作例）中川進 p.110 〔04715〕

オーディオ界最近の話題をめぐって（座談会）伊藤毅，富田義男，河村信之，高橋三郎，福西潤，青木周三 p.124 〔04716〕

テープレコーダーのABC（テープレコーダーの製作例）味生勝 p.142 〔04717〕

各社LP録音特性表 p.149 〔04718〕

テープキットによる本格的テープレコーダーの製作（テープレコーダーの製作例）中村久次 p.150 〔04719〕

材料費17,000円だけで誰れでもすぐ出来る—型紙応用のテープレコーダーの作り方（テープレコーダーの製作例）青木周三 p.158 〔04720〕

アメリカで市販された11本のミュージック・テープ批評 ウォルフ p.174 〔04721〕

周波数レコードとデモンストレーションレコード 河村信之 p.180 〔04722〕

欧米電蓄用新製品紹介 河村信之 p.184 〔04723〕

私の推選する優秀録音LP5曲 小川昂，田辺秀雄，松下秀雄 p.187 〔04724〕

国産電蓄用新製品紹介 坪井正和 p.188 〔04725〕

18巻9号（1955年7月発行）

「メリー・ウィドー」の新盤を巡つて（座談会）伊藤京子，木村重雄，伊藤栄一，栗本正 p.22 〔04726〕

一九五五年度仏ディスク大賞発表 藤田不二 p.28 〔04727〕

「メリー・ウィドー」物語 四谷左門 p.30 〔04728〕

欧州楽旅土産話 豊増昇 p.34 〔04729〕

「ディスク」　内容細目

映画の名曲ラフマニノフの協奏曲─とそのLP
の選び方 上野一郎 p.38　〔04730〕

サバタ指揮のヴェルディのレクィエム 福原信
夫 p.44　〔04731〕

エーリッヒ・ラインスドルフの登場 岡俊雄
p.48　〔04732〕

クリップスの名演 ベートーベンの第四交響曲
田代秀穂 p.50　〔04733〕

二つの謝肉祭 ルービンシュタインとギーゼキン
グ 滝崎鎮代子 p.52　〔04734〕

ショパンの葬送ソナタの廉価盤 坩和昌夫
p.54　〔04735〕

音の魔術師ストコフスキーの名演 宇野功芳
p.55　〔04736〕

初紹介の「バフチサライの泉」と「白鳥の湖」
の新盤 井上頼豊 p.56　〔04737〕

歌劇「修禅寺物語」のLP 高橋昭 p.58　〔04738〕

ヒンデミットの芸術─「絃楽三重奏曲一・二番」
と「四つの気質」を中心に 坂本良隆
p.60　〔04739〕

LP新譜一束 フリチャイとカラヤン「第一」の
競演，ベルナックのフランス近代歌曲，各社廉
価盤，等 p.64　〔04740〕

外誌評より見た七月のLP 上野一郎
p.82　〔04741〕

バッハのカンタータ（2） 門馬直美
p.86　〔04742〕

七月のクラシック・ドーナツ盤 宇野功芳
p.88　〔04743〕

最近のVG盤採点表 編集部 p.92　〔04744〕

世界レコード界の動き 藤田不二
p.105　〔04745〕

海外LP紹介 杉浦繁 p.108　〔04746〕

音楽会漫歩 耳野良夫 p.117　〔04747〕

ボイド・ニールの「水上の音楽」（新着LP紹介）
長島卓二 p.118　〔04748〕

優秀輸入盤短評（新着LP紹介） 諸家
p.118　〔04749〕

オボーリンの「皇帝協奏曲」（新着LP紹介） 田
代秀穂 p.120　〔04750〕

フランチェスカッティの大衆盤（新着LP紹介）
杉浦繁 p.122　〔04751〕

ビッグスの欧州オルガン紀行（新着LP紹介） 高
橋昭 p.124　〔04752〕

アレキサンダー・キプニスの「ボリス」（新着
LP紹介） 佐々木行綱 p.126　〔04753〕

続・盤鬼随筆（2） 西条卓夫 p.129　〔04754〕

101人のLP新演奏家物語 池田輝子，石川登志
夫，上野一郎 p.132　〔04755〕

七月のジャズとダンス音楽 飯塚経世
p.136　〔04756〕

七月のシャンソンとポピュラー 高木東六
p.142　〔04757〕

巴里のマドモアゼル 石井好子大いに語る 高木
東六 訊く人 p.145　〔04758〕

世界楽信 梶田章 p.150　〔04759〕

ハイフィデリティ・テクニック（6） 青木周三
p.152　〔04760〕

テープ・レコードの現状（上） 藤田不二
p.160　〔04761〕

指揮者の見た録音技術論 H・ヴォルフ，仙波直
祐 訳 p.162　〔04762〕

18巻10号（1955年8月発行）

ベートーヴェンの絃楽四重奏曲について 諸井
三郎 p.20　〔04763〕

ブダペスト絃楽四重奏団のベートーヴェン全集
をめぐつて（座談会）上野一郎，高橋昭，佐
川吉男 p.28　〔04764〕

バレエ入門（音楽愛好家のための） R・クロコ
ヴァ，冷牟田修二 訳註 p.38　〔04765〕

ソヴィエト・バレエの想い出 阿部よしゑ
p.44　〔04766〕

維納できくヨーロッパの音楽 田村宏
p.47　〔04767〕

一九五三年夏 ブラードでの録音風景 佐藤良雄
p.54　〔04768〕

カザルスの名演 シューマンのチェロ協奏曲 井
上頼豊 p.56　〔04769〕

バッハのカンタータ（3） 門馬直美
p.58　〔04770〕

バッハの二つのカンタータの新盤 高橋昭
p.60　〔04771〕

ヘンデルの名作オルガン協奏曲 木村重雄
p.62　〔04772〕

ベーム指揮「第五」の代表盤 坩和昌夫
p.64　〔04773〕

「美しき水車小屋の娘」 小谷彰 p.66　〔04774〕

セールの「ワグナー名曲集」 田代秀穂
p.68　〔04775〕

感性に於ける幻想「牧神の午後」と「夜想曲」
田村秋雄 p.70　〔04776〕

ホルストの組曲「遊星」 岡俊雄 p.72　〔04777〕

八月の新譜LP評 田代，坩和，高橋
p.74　〔04778〕

初めて発売されるソ連のLP 坩和，桃園
p.86　〔04779〕

八月のクラシック・ドーナッツ盤 宇野功芳
p.92　〔04780〕

世界レコード界の展望 藤田不二
p.105　〔04781〕

海外LP紹介 杉浦繁 p.108　〔04782〕

二つのプラーグ交響曲（新着LP紹介） 上野一郎
p.116　〔04783〕

バッハのオルガン音楽（新着LP紹介） 高橋昭
p.118　〔04784〕

内容細目　　　　　　　　「ディスク」

ケムペンのベートーヴェン「第八」(新着LP紹
　介) 長谷川修一 p.118 　　　　　　〔04785〕

ナヴァラ・ドヴォルザックのチェロ協奏曲 (新
　着LP紹介) 今陶也 p.120 　　　　　〔04786〕

タリアヴィーニとペトレラの「蝶々夫人」(新着
　LP紹介) 鷲崎良三, 宇野功芳
　p.122 　　　　　　　　　　　　　　〔04787〕

八月のジャズとポピュラー 飯塚経世
　p.126 　　　　　　　　　　　　　　〔04788〕

八月のシャンソンのレコード 高木東六
　p.131 　　　　　　　　　　　　　　〔04789〕

デイブ・ブルーベックのピアノ・スタイル 福
　田一郎 p.134 　　　　　　　　　　　〔04790〕

音楽会漫歩 耳野良夫 p.137 　　　　〔04791〕

世界楽信 梶田章 p.138 　　　　　　〔04792〕

音楽祭ニュース 石川登志夫 p.140 　〔04793〕

一〇一人の新演奏家物語 (7) 石川登志夫, 藤田
　不二 p.142 　　　　　　　　　　　　〔04794〕

ハイフィデリティ・テクニック (7) 青木周三
　p.149 　　　　　　　　　　　　　　〔04795〕

スピーカー改造による音の醍醐味 鈴木喜久雄
　p.156 　　　　　　　　　　　　　　〔04796〕

オーディオ質問欄 坪井正和 p.157 　〔04797〕

テープ・レコードの現状 (下) 藤田不二
　p.158 　　　　　　　　　　　　　　〔04798〕

18巻11号 (1955年9月発行)

レコードに聴くフレデリック・ショパンのピア
　ノ曲 H・ショーンバーク, 桃園春夫 訳, 冷牟
　田修二 訳 p.20 　　　　　　　　　　〔04799〕

パリでの音楽生活 (対談) 田中希代子, 牛山充
　p.32 　　　　　　　　　　　　　　　〔04800〕

今月の表紙 p.37 　　　　　　　　　〔04801〕

エルマンの来朝を迎えて 中村善吉
　p.38 　　　　　　　　　　　　　　　〔04802〕

ミシャ・エルマンとその愛器 鈴木喜久雄
　p.40 　　　　　　　　　　　　　　　〔04803〕

テレビの前の来朝指揮者たち 福原信夫
　p.44 　　　　　　　　　　　　　　　〔04804〕

バレエ音楽のLP総覧 (1) 岡俊雄
　p.49 　　　　　　　　　　　　　　　〔04805〕

東芝のエンジェルに期待する 藤田不二
　p.55 　　　　　　　　　　　　　　　〔04806〕

バッハのカンタータ (4) 門馬直美
　p.56 　　　　　　　　　　　　　　　〔04807〕

シベリウスのヴァイオリン協奏曲とオイストラ
　ッフ 上野一郎 p.58 　　　　　　　　〔04808〕

シマノウスキーの人と作品 繁沢保
　p.61 　　　　　　　　　　　　　　　〔04809〕

モーツァルトと四つの交響曲 木村重雄
　p.64 　　　　　　　　　　　　　　　〔04810〕

モーツァルト・オーボエ協奏曲 坪和昌夫
　p.66 　　　　　　　　　　　　　　　〔04811〕

ワルターのブラームス「第三」 宇野功芳
　p.68 　　　　　　　　　　　　　　　〔04812〕

ブラームスの二つの五重奏曲 門馬直美
　p.70 　　　　　　　　　　　　　　　〔04813〕

ゼルキンの名演 ブラームスの第一ピアノ協奏曲
　志鳥栄八郎 p.73 　　　　　　　　　〔04814〕

アトランタからスカラへ マチルダ・ドッブスと
　そのLP 杉田浩一 訳編 p.75 　　　〔04815〕

フランチェスカッティ・メンデルスゾーンと
　チャイコフスキー 志鳥栄八郎 p.78 〔04816〕

ラフマニノフのニ短調協奏曲 岡俊雄
　p.80 　　　　　　　　　　　　　　　〔04817〕

九月の新譜LP評 坪和昌夫, 佐川吉男
　p.82 　　　　　　　　　　　　　　　〔04818〕

VG盤レコード (九月新譜月評) 森正司
　p.94 　　　　　　　　　　　　　　　〔04819〕

世界レコード界の展望 藤田不二
　p.105 　　　　　　　　　　　　　　〔04820〕

海外LP紹介 編輯部 p.109 　　　　　〔04821〕

ハンガリアン・クワルテットのベートーヴェン
　(新着LP紹介) 今陶也 p.114 　　　　〔04822〕

トスカニーニのブラームス「第三」(新着LP紹
　介) 小谷彰 p.116 　　　　　　　　　〔04823〕

アンセルメのドビュッシイ (新着LP紹介) 高橋
　昭 p.117 　　　　　　　　　　　　　〔04824〕

フルトヴェングラーの「ドン・ファン」(新着
　LP紹介) 長谷川修一 p.118 　　　　〔04825〕

イヴ・ナットのベートーヴェン奏鳴曲 (新着LP
　紹介) 鈴木文男 p.119 　　　　　　　〔04826〕

ドヴォルザークのピアノ協奏曲 (新着LP紹介)
　長谷川修一 p.119 　　　　　　　　　〔04827〕

クラシック・ドーナツ盤 (九月新譜月評) 宇野
　功芳 p.126 　　　　　　　　　　　　〔04828〕

シャンソンとセミクラシック (九月新譜月評)
　高木東六 p.131 　　　　　　　　　　〔04829〕

ベニー・グッドマンの近影 飯塚経世
　p.134 　　　　　　　　　　　　　　〔04830〕

ジャズとポピュラー (九月新譜月評) 飯塚経世
　p.136 　　　　　　　　　　　　　　〔04831〕

ソ連のSPに聴くドナイェフスキイ・セデイの歌
　曲 小林利之 p.142 　　　　　　　　〔04832〕

三つの廉価盤シリーズ X・Y・S
　p.144 　　　　　　　　　　　　　　〔04833〕

LPに聴くジャズの新人 (1) ショーティロジャ
　ーズ 福田一郎 p.149 　　　　　　　〔04834〕

世界楽信 梶田章 p.150 　　　　　　〔04835〕

お酒とLP 名曲飲み屋の物語 沢田茂
　p.152 　　　　　　　　　　　　　　〔04836〕

110人のLP新演奏家物語 (8) 上野一郎, 藤田不
　二 p.154 　　　　　　　　　　　　　〔04837〕

ハイフィデリティ・テクニック (8) 青木周三
　p.159 　　　　　　　　　　　　　　〔04838〕

オーディオ新製品紹介 p.167 　　　〔04839〕

「ディスク」　　　　　　　　　　　　　　内容細目

18巻12号（1955年10月発行）

アルヒーヴ・シリーズ 第一回新譜を迎えて（対談）辻荘一，柴田南雄 p.20　〔04840〕

マーラーの第一交響曲について 田代秀穂 p.26　〔04841〕

レコード批評というもの 飯野尹 p.36　〔04842〕

コロムビアの世界現代音楽選集レコード―その第二輯をめぐつて（座談会）大宮真琴，木村重雄，薬科雅美 p.40　〔04843〕

LPに観るモーツァルトのピアノソナタ 木村重雄 p.51　〔04844〕

フルトヴェングラーの運命（今月のLPから）門馬直美 p.54　〔04845〕

カザールス快心の名演（今月のLPから）垪和昌夫 p.56　〔04846〕

デームスの優れたシューマン（今月のLPから）志鳥栄八郎 p.58　〔04847〕

プッチーニのアリア集（今月のLPから）佐々木行綱 p.60　〔04848〕

シュルスヌスのリード―第二輯（今月のLPから）福原信夫 p.62　〔04849〕

来朝するコステラネッツのハーバート選集（今月のLPから）岡俊雄 p.64　〔04850〕

十月の新譜LP評 垪和昌夫，佐川吉男，志鳥栄八郎，岡俊雄，宇野功芳，村沢正一 p.66　〔04851〕

十月新譜LP合評（座談会）田代秀穂，垪和昌夫，佐川吉男 p.82　〔04852〕

サンサーンスの第二ピアノ協奏曲 繁沢保 p.86　〔04853〕

クラシック・ドーナッツ盤（十月新譜月評）宇野功芳 p.88　〔04854〕

VG盤レコード（十月新譜月評）小林利之 p.92　〔04855〕

101人のLP新演奏家物語（9）上野一郎，石川登志夫 p.94　〔04856〕

世界レコード界の展望 藤田不二 p.105　〔04857〕

海外LP紹介 編集部 p.108　〔04858〕

カサドシュスのドビュッシイ（新着LP紹介）佐久間幸光 p.112　〔04859〕

ルーセル管絃楽曲集（新着LP紹介）沢田茂 p.114　〔04860〕

マルケヴィッチのプルチネラ（新着LP紹介）長谷川修一 p.114　〔04861〕

ギンベルのベートーヴェン（新着LP紹介）長谷川修一 p.115　〔04862〕

バッハ・トッカータ（と遁走曲）（新着LP紹介）沢田茂 p.116　〔04863〕

カントループのフランス歌謡（新着LP紹介）鮎野行夫 p.117　〔04864〕

新発足のエンジェル・レコード（座談会）上野一郎，岡俊雄，石坂範一郎，青木謙幸 司会 p.118　〔04865〕

耳障りの弁 吉川一夫 p.125　〔04866〕

レコードに聴く フレデリック・ショパンのピアノ曲（下）ショーンバーク，冷牟田修二 訳 p.126　〔04867〕

バッハのカンタータ（5）門馬直美 p.136　〔04868〕

天衣無縫のコレクション 上野一郎 p.138　〔04869〕

シャンソンとタンゴ（十月新譜月評）高木東六 p.142　〔04870〕

ジャズとポピュラー（十月新譜月評）飯塚経世 p.145　〔04871〕

LPに聴くジャズの新人（2）アル・コーン 福田一郎 p.150　〔04872〕

チャイコフスキイの交響曲そのLP 山口芙美子 p.152　〔04873〕

世界楽信 梶田章 p.156　〔04874〕

ハイフィデリティ・テクニック（9）青木周三 p.158　〔04875〕

HiFiの探検 伊藤毅 p.166　〔04876〕

18巻13号（1955年11月発行）

バッハのヨハネ伝受難曲（特集 宗教音楽とレコード）辻荘一 p.20　〔04877〕

ベルリオーズの聖三部劇「キリストの幼時」（特集 宗教音楽とレコード）繁沢保 p.23　〔04878〕

ヘンデルの「救世主」への考察（特集 宗教音楽とレコード）サージェント，木村恒子 訳 p.28　〔04879〕

宗教音楽のLPは何を選ぶか（座談会）（特集 宗教音楽とレコード）木村重雄，佐川吉男，高橋昭 p.33　〔04880〕

愈々発売か？ フルトヴェングラーの第九 p.43　〔04881〕

フーゴー・ヴォルフの歌曲 畑中良輔 p.44　〔04882〕

ジネット・ヌヴー礼讃 鈴木喜久雄 p.50　〔04883〕

ヨーゼフ・ホフマン五十年記念演奏会の実況 垪和昌夫 p.52　〔04884〕

ヨーゼフ・ホフマンのこと 中村善吉 p.52　〔04885〕

十一月の新譜LP評 田代秀穂，垪和昌夫，志鳥栄八郎，宇野功芳，佐々木行綱，佐川吉男 p.56　〔04886〕

十一月新譜LP合評座談会 田代秀穂，佐川吉男，垪和昌夫 p.78　〔04887〕

クラシック・ドーナツ盤（十一月新譜月評）宇野功芳 p.84　〔04888〕

外誌の評による今月のLP 上野一郎 p.89　〔04889〕

SPレコード評（十一月新譜月評）小林利之 p.94　〔04890〕

88　戦前期 レコード音楽雑誌記事索引　　〔04840〜04890〕

音楽会漫歩 耳野良夫 p.96 〔04891〕

世界レコード界の展望 藤田不二 p.101 〔04892〕

海外LP紹介 編集部 p.105 〔04893〕

ビゼーの歌劇「真珠採り」（新着LP紹介）福原信夫 p.110 〔04894〕

イスラエル・フィルのマーラー「第九」（新着LP紹介）岡俊雄 p.112 〔04895〕

ユーゴー録音の「イーゴル公」と「ホヴァンシチーナ」（新着LP紹介）長島卓二 p.114 〔04896〕

私のキャビネット 無精なコレクション 岡俊雄 p.116 〔04897〕

バッハのカンタータ（6）門馬直美 p.120 〔04898〕

世界を唸らせたトリオ 上野一郎 p.122 〔04899〕

ブラード便り 豊田耕児 p.124 〔04900〕

世界楽信 梶田章 p.124 〔04901〕

質問欄・投書箱（読者の頁）p.126 〔04902〕

101人のLP新演奏家物語（10）石川登志夫, 上野一郎, 藤田不二 p.128 〔04903〕

シャンソンとタンゴ（十一月新譜月評）高木東六 p.137 〔04904〕

ジャズとポピュラー（十一月新譜月評）飯塚経世 p.140 〔04905〕

マンボよりもジャズを 河野隆次 p.145 〔04906〕

LPに聴くジャズの新人（3）テディ・チャールス 福田一郎 p.148 〔04907〕

ギターのLP総覧（1）高橋功 p.149 〔04908〕

ハイ・フィデリティ・テクニック（10）青木周三 p.153 〔04909〕

新製品紹介 p.160 〔04910〕

十一月のLP新譜一覧表 p.165 〔04911〕

18巻14号（1955年12月発行）

“第九”への道―交響曲から観たベートーヴェン（特集 ベートーヴェンの第九交響曲）諸井三郎 p.16 〔04912〕

フルトヴェングラーとベートーヴェン（特集 ベートーヴェンの第九交響曲）門馬直美 p.21 〔04913〕

第九炉辺談議（座談会）（特集 ベートーヴェンの第九交響曲）有坂愛彦, 門馬直美, 宇野功芳, 佐川吉男 p.24 〔04914〕

吹込直したワルターの第九（特集 ベートーヴェンの第九交響曲）宇野功芳 p.37 〔04915〕

世界楽壇ハイライツ（1955年の回顧）松本太郎 p.38 〔04916〕

日本“楽壇”への苦言（1955年の回顧）大木正興 p.41 〔04917〕

レコード・ファンの聴いた音楽会の回顧（1955年の回顧）菅佑一 p.42 〔04918〕

LPに聴くフランス歌曲 大宮真琴 p.45 〔04919〕

ロ短調ミサの原作研究（1）原田一郎 p.50 〔04920〕

キリストの幼時（2）繁沢保 p.55 〔04921〕

フルニエのドヴォルザーク「チェロ協奏曲」（今月のLPから）田代秀穂 p.58 〔04922〕

デムスのシューマン「ダヴィッド同盟舞曲」（今月のLPから）坩和昌夫 p.59 〔04923〕

十二月の新譜LP評 田代秀穂, 坩和昌夫, 佐川吉男, 志鳥栄八郎, 小林利之 p.60 〔04924〕

十二月新譜LP合評座談会 田代秀穂, 坩和昌夫, 佐川吉男 p.83 〔04925〕

SPレコード評（十二月新譜月評）小林利之 p.88 〔04926〕

クラシック・ドーナツ盤（十二月新譜月評）宇野功芳 p.90 〔04927〕

シャンソンとタンゴ（十二月新譜月評）高木東六 p.101 〔04928〕

ジャズとポピュラー（十二月新譜月評）飯塚経世 p.104 〔04929〕

LPのジャズ新人（4）バッド・シャンク 福田一郎 p.109 〔04930〕

バレエ音楽のLP総覧（2）岡俊雄 p.110 〔04931〕

ギターのLP総展望（2）高橋功 p.114 〔04932〕

世界のレコード界展望 藤田不二 p.121 〔04933〕

海外LP紹介 編集部 p.124 〔04934〕

カラヤンのオペラ間奏曲集（新着LP紹介）田村秋雄 p.129 〔04935〕

ヴィヴァルディの協奏曲（新着LP紹介）坩和昌夫 p.129 〔04936〕

オイストラフのプロコフィエフとブルッフ（新着LP紹介）坩和昌夫 p.130 〔04937〕

ハイドンとブラームスの三重奏曲（新着LP紹介）坩和昌夫 p.131 〔04938〕

ルービンシュタインのグリーク小品（新着LP紹介）小林利之 p.132 〔04939〕

マリア・メネギーニ・カラスのアリア集（新着LP紹介）小林利之 p.132 〔04940〕

101人の新演奏家物語 上野一郎, 石川登志夫 p.133 〔04941〕

音楽会漫歩（東京の演奏会から）耳野良夫 p.135 〔04942〕

私のキャビネット（3）声楽家のきくLP 畑中更予 p.136 〔04943〕

バッハのカンタータ（7）門馬直美 p.140 〔04944〕

マリアの讃歌（今月のLPから）桃園春夫 p.142 〔04945〕

火刑台上のジャンヌ・ダルク（今月のLPから）大宮真琴 p.144 〔04946〕

「ディスク」　　　　　　　　　　　　　内容細目

SP名盤のLP化をめぐりて（座談会）中村善吉，
西条卓夫，坩和昌夫，青木謙幸
p.146　　　　　　　　　　　　　　〔04947〕

ラジオできいたエヂンバラ音楽演劇祭　吉田由
紀夫　p.153　　　　　　　　　　　　〔04948〕

土曜評論誌の選んだハイファイ五〇選　岡俊雄
p.156　　　　　　　　　　　　　　〔04949〕

音の実験とレコード・コンサート　青木周三
p.158　　　　　　　　　　　　　　〔04950〕

パイオニアのスピーカーについて　M・T
p.160　　　　　　　　　　　　　　〔04951〕

オーディオ新製品紹介　p.162　　　　〔04952〕

投書箱　p.164　　　　　　　　　　　〔04953〕

ディスク質問欄　p.166　　　　　　　〔04954〕

日本発売のクラシックLP・EP総カタログ
別冊附録　　　　　　　　　　　　　〔04955〕

19巻1号（1956年1月発行）

モーツァルトと現代—モーツァルト生誕二百年
に寄せて（対談）片山敏彦，吉田秀和
p.20　　　　　　　　　　　　　　〔04956〕

アルテュール・オネゲルの死　大宮真琴
p.32　　　　　　　　　　　　　　〔04957〕

録音されたオネゲルの作品　高橋昭
p.34　　　　　　　　　　　　　　〔04958〕

ジョルジュ・エネスコ—その想い出のために
J・シゲッティ　p.38　　　　　　　〔04959〕

真摯な青年音楽家ドゥヴィ・エルリと語る　山
口美美子　p.40　　　　　　　　　　〔04960〕

ミサ・ソレムニス—カール・ベームの新盤によ
せて（対談）山田和男，木村重雄
p.42　　　　　　　　　　　　　　〔04961〕

我々は待つた甲斐があつた　フルトヴェングラー
の「第九」　田代秀穂　p.48　　　　〔04962〕

「第九」聴きくらべ—外誌の評による海外第九
評判記　上野一郎　p.52　　　　　　〔04963〕

ベートーヴェン交響曲・第九番—音楽をきくた
めに（1）門馬直美　p.56　　　　　〔04964〕

歌劇「アイーダ」全曲をきいて（今月のLPか
ら）柴田睦陸　p.60　　　　　　　　〔04965〕

バレエ音楽のLP総覧（3）岡俊雄
p.64　　　　　　　　　　　　　　〔04966〕

バッハのロ短調ミサの原作研究（2）原田一郎
p.68　　　　　　　　　　　　　　〔04967〕

世界のレコード界展望　藤田不二　p.73　〔04968〕

新着LP試聴室　岡俊雄，小林利之
p.76　　　　　　　　　　　　　　〔04969〕

チャイコフスキーの「白鳥の湖」（今月のLPか
ら）宇野功芳　p.80　　　　　　　　〔04970〕

ハンス・ホッターのシューベルト歌曲集「冬の
旅」（今月のLPから）福原信夫
p.81　　　　　　　　　　　　　　〔04971〕

一月の新譜LP総評　坩和昌夫，志鳥栄八郎，宇
野功芳，福原信夫，佐川吉男，小林利之
p.82　　　　　　　　　　　　　　〔04972〕

伝説的名盤クライスラーのベートーヴェン（今
月のLPから）青木謙幸　p.92　　　〔04973〕

クラシック・ドーナツ盤（一月新譜月評）宇野
功芳　p.110　　　　　　　　　　　〔04974〕

映画とレコードによるベニイ・グッドマン物語
福田一郎　p.114　　　　　　　　　〔04975〕

ジャズとポピュラー（一月新譜月評）飯塚経也
p.119　　　　　　　　　　　　　　〔04976〕

シャンソンとタンゴ（一月新譜月評）高木東六
p.124　　　　　　　　　　　　　　〔04977〕

水いらずでハイ・ファイを作る夫妻　レス・ポォ
ルとメアリ・フォード　篠田善一朗
p.126　　　　　　　　　　　　　　〔04978〕

世界楽信　梶田章　p.130　　　　　　〔04979〕

LPファンのための本棚　志鳥栄八郎
p.136　　　　　　　　　　　　　　〔04980〕

ハイ・フィデリティ・テクニック（11）青木周
三　p.137　　　　　　　　　　　　〔04981〕

オーディオ・フェアみたまま　今西嶺三郎
p.146　　　　　　　　　　　　　　〔04982〕

モーツァルトへの憧憬（モーツァルト生誕二〇
〇年祭記念特集）中村善吉　p.154　〔04983〕

モーツァルトの交響曲（モーツァルト生誕二〇
〇年祭記念特集）坩和昌夫　p.158　〔04984〕

音楽会漫歩—東京の演奏会から　耳野良夫
p.167　　　　　　　　　　　　　　〔04985〕

モーツァルトの協奏曲（モーツァルト生誕二〇
〇年祭記念特集）木村重雄　p.168　〔04986〕

モーツァルトの室内楽（モーツァルト生誕二〇
〇年祭記念特集）木村重雄　p.172　〔04987〕

モーツァルトのピアノ曲（モーツァルト生誕二
〇〇年祭記念特集）上野一郎
p.176　　　　　　　　　　　　　　〔04988〕

モーツァルトの歌劇（モーツァルト生誕二〇〇
年祭記念特集）渡辺護　p.180　　　〔04989〕

モーツァルトの歌曲（モーツァルト生誕二〇〇
年祭記念特集）畑中良輔　p.188　　〔04990〕

モーツァルトの宗教音楽（モーツァルト生誕二
〇〇年祭記念特集）佐川吉男
p.190　　　　　　　　　　　　　　〔04991〕

一月のLP新譜一覧表　p.199　　　　〔04992〕

一九五五年度LPベスト・テン選衡
p.200　　　　　　　　　　　　　　〔04993〕

折込附録　一九五五年度LPベスト・テン一覧表
巻末　　　　　　　　　　　　　　〔04994〕

19巻2号 臨時増刊 LP名曲100選 第1集（1956年1月発行）

驚愕交響曲〈ハイドン〉（交響曲）
p.18　　　　　　　　　　　　　　〔04995〕

ハフナー交響曲〈モーツァルト〉（交響曲）
p.19　　　　　　　　　　　　　　〔04996〕

| | 内容細目 | 「ディスク」 |

ト短調交響曲〈モーツァルト〉（交響曲）
p.20　　　　　　　　　　　　　　〔04997〕

ジュピター交響曲〈モーツァルト〉（交響曲）
p.21　　　　　　　　　　　　　　〔04998〕

第一交響曲〈ベートーヴェン〉（交響曲）
p.22　　　　　　　　　　　　　　〔04999〕

英雄交響曲〈ベートーヴェン〉（交響曲）
p.23　　　　　　　　　　　　　　〔05000〕

第四交響曲〈ベートーヴェン〉（交響曲）
p.24　　　　　　　　　　　　　　〔05001〕

運命交響曲〈ベートーヴェン〉（交響曲）
p.25　　　　　　　　　　　　　　〔05002〕

田園交響曲〈ベートーヴェン〉（交響曲）
p.26　　　　　　　　　　　　　　〔05003〕

第七交響曲〈ベートーヴェン〉（交響曲）
p.27　　　　　　　　　　　　　　〔05004〕

第八交響曲〈ベートーヴェン〉（交響曲）
p.28　　　　　　　　　　　　　　〔05005〕

第九交響曲〈ベートーヴェン〉（交響曲）
p.29　　　　　　　　　　　　　　〔05006〕

未完成交響曲〈シューベルト〉（交響曲）
p.30　　　　　　　　　　　　　　〔05007〕

幻想交響曲〈ベルリオーズ〉（交響曲）
p.31　　　　　　　　　　　　　　〔05008〕

第四交響曲〈シューマン〉（交響曲）
p.32　　　　　　　　　　　　　　〔05009〕

ニ短調交響曲〈フランク〉（交響曲）
p.32　　　　　　　　　　　　　　〔05010〕

第一交響曲〈ブラームス〉（交響曲）
p.34　　　　　　　　　　　　　　〔05011〕

第二交響曲〈ブラームス〉（交響曲）
p.34　　　　　　　　　　　　　　〔05012〕

第五交響曲〈チャイコフスキー〉（交響曲）
p.36　　　　　　　　　　　　　　〔05013〕

悲愴交響曲〈チャイコフスキー〉（交響曲）
p.38　　　　　　　　　　　　　　〔05014〕

新世界交響曲〈ドヴォルザーク〉（交響曲）
p.39　　　　　　　　　　　　　　〔05015〕

第二交響曲〈シベリウス〉（交響曲）
p.39　　　　　　　　　　　　　　〔05016〕

古典交響曲〈プロコフィエフ〉（交響曲）
p.41　　　　　　　　　　　　　　〔05017〕

第五交響曲〈ショスタコヴィッチ〉（交響曲）
p.41　　　　　　　　　　　　　　〔05018〕

ロ短調組曲〈バッハ〉（管弦楽曲）p.43　〔05019〕

水上の音楽〈ヘンデル〉（管弦楽曲）
p.44　　　　　　　　　　　　　　〔05020〕

絃楽セレナーデ〈モーツァルト〉（管弦楽曲）
p.46　　　　　　　　　　　　　　〔05021〕

「真夏の夜の夢」の音楽〈メンデルスゾーン〉
（管弦楽曲）p.47　　　　　　　　〔05022〕

「ウイリアム・テル」序曲〈ロッシーニ〉（管弦楽
曲）p.48　　　　　　　　　　　　〔05023〕

交響詩「前奏曲」〈リスト〉（管弦楽曲）
p.50　　　　　　　　　　　　　　〔05024〕

「タンホイザー」序曲〈ワーグナー〉（管弦楽曲）
p.51　　　　　　　　　　　　　　〔05025〕

動物の謝肉祭〈サン・サーンス〉（管弦楽曲）
p.52　　　　　　　　　　　　　　〔05026〕

「アルルの女」第一・第二組曲〈ビゼー〉（管弦楽
曲）p.53　　　　　　　　　　　　〔05027〕

展覧会の絵〈ムソルグスキー〉（管弦楽曲）
p.54　　　　　　　　　　　　　　〔05028〕

舞踊組曲「白鳥の湖」〈チャイコフスキー〉（管
弦楽曲）p.56　　　　　　　　　　〔05029〕

舞踊組曲「胡桃割人形」〈チャイコフスキー〉
（管弦楽曲）p.58　　　　　　　　〔05030〕

舞踊組曲「眠れる美女」〈チャイコフスキー〉
（管弦楽曲）p.60　　　　　　　　〔05031〕

「ペール・ギュント」の音楽〈グリーク〉（管弦楽
曲）p.60　　　　　　　　　　　　〔05032〕

交響組曲「シェヘラザード」〈リムスキー＝コル
サコフ〉（管弦楽曲）p.62　　　　〔05033〕

スペイン綺想曲〈リムスキー＝コルサコフ〉（管
弦楽曲）p.64　　　　　　　　　　〔05034〕

交響詩「ティル・オイレンシュピーゲル」〈リ
ヒャルト・シュトラウス〉（管弦楽曲）
p.65　　　　　　　　　　　　　　〔05035〕

交響詩「魔法使いの弟子」〈デューカ〉（管弦楽
曲）p.66　　　　　　　　　　　　〔05036〕

舞踊組曲「ダフニスとクロエ」〈ラヴェル〉（管
弦楽曲）p.67　　　　　　　　　　〔05037〕

ボレロ〈ラヴェル〉（管弦楽曲）p.68　〔05038〕

舞踊組曲「三角帽子」〈ファリア〉（管弦楽曲）
p.69　　　　　　　　　　　　　　〔05039〕

絃・打楽器・チェレスタの音楽〈バルトーク〉
（管弦楽曲）p.70　　　　　　　　〔05040〕

舞踊組曲「ペトルーシュカ」〈ストラヴィンス
キー〉（管弦楽曲）p.72　　　　　〔05041〕

舞踊組曲「春の祭典」〈ストラヴィンスキー〉（管
弦楽曲）p.73　　　　　　　　　　〔05042〕

「ピーターと狼」〈プロコフィエフ〉（管弦楽曲）
p.74　　　　　　　　　　　　　　〔05043〕

第三ブランデンブルグ協奏曲〈バッハ〉（協奏
曲）p.75　　　　　　　　　　　　〔05044〕

第五ブランデンブルグ協奏曲〈バッハ〉（協奏
曲）p.76　　　　　　　　　　　　〔05045〕

ホ長調ヴァイオリン協奏曲〈バッハ〉（協奏曲）
p.77　　　　　　　　　　　　　　〔05046〕

ヘ長調のコンチェルト・グロッソ〈ヘンデル〉
（協奏曲）p.78　　　　　　　　　〔05047〕

ニ長調チェロ協奏曲〈ハイドン〉（協奏曲）
p.79　　　　　　　　　　　　　　〔05048〕

変ロ長調チェロ協奏曲〈ボッケリーニ〉（協奏
曲）p.80　　　　　　　　　　　　〔05049〕

ニ短調ピアノ協奏曲〈モーツァルト〉（協奏曲）
p.81　　　　　　　　　　　　　　〔05050〕

「ディスク」　　　　　　　　　　　　内容細目

ハ短調ピアノ協奏曲〈モーツァルト〉（協奏曲）
p.82　　　　　　　　　　　　　　〔05051〕

戴冠式協奏曲〈モーツァルト〉（協奏曲）
p.83　　　　　　　　　　　　　　〔05052〕

イ長調ヴァイオリン協奏曲〈モーツァルト〉（協
奏曲）p.84　　　　　　　　　　　〔05053〕

第三ピアノ協奏曲〈ベートーヴェン〉（協奏曲）
p.85　　　　　　　　　　　　　　〔05054〕

第四ピアノ協奏曲〈ベートーヴェン〉（協奏曲）
p.86　　　　　　　　　　　　　　〔05055〕

皇帝協奏曲〈ベートーヴェン〉（協奏曲）
p.87　　　　　　　　　　　　　　〔05056〕

ニ長調ヴァイオリン協奏曲〈ベートーヴェン〉
（協奏曲）p.88　　　　　　　　　〔05057〕

ニ長調ヴァイオリン協奏曲〈パガニーニ〉（協奏
曲）p.90　　　　　　　　　　　　〔05058〕

ホ短調ヴァイオリン協奏曲〈メンデルスゾーン〉
（協奏曲）p.91　　　　　　　　　〔05059〕

イ短調ピアノ協奏曲〈シューマン〉（協奏曲）
p.92　　　　　　　　　　　　　　〔05060〕

ホ短調ピアノ協奏曲〈ショパン〉（協奏曲）
p.93　　　　　　　　　　　　　　〔05061〕

変ホ長調ピアノ協奏曲〈リスト〉（協奏曲）
p.94　　　　　　　　　　　　　　〔05062〕

イ長調ピアノ協奏曲〈リスト〉（協奏曲）
p.95　　　　　　　　　　　　　　〔05063〕

スペイン交響曲〈ラロ〉（協奏曲）p.96　〔05064〕

ニ短調ピアノ協奏曲〈ブラームス〉（協奏曲）
p.97　　　　　　　　　　　　　　〔05065〕

ニ長調ヴァイオリン協奏曲〈ブラームス〉（協奏
曲）p.98　　　　　　　　　　　　〔05066〕

ト短調ヴァイオリン協奏曲〈ブルッフ〉（協奏
曲）p.99　　　　　　　　　　　　〔05067〕

変ロ短調ピアノ協奏曲〈チャイコフスキー〉（協
奏曲）p.101　　　　　　　　　　〔05068〕

ニ長調ヴァイオリン協奏曲〈チャイコフスキー〉
（協奏曲）p.102　　　　　　　　〔05069〕

ロ短調チェロ協奏曲〈ドヴォルザーク〉（協奏
曲）p.104　　　　　　　　　　　〔05070〕

イ短調ピアノ協奏曲〈グリーク〉（協奏曲）
p.105　　　　　　　　　　　　　〔05071〕

ニ短調ヴァイオリン協奏曲〈シベリウス〉（協奏
曲）p.106　　　　　　　　　　　〔05072〕

第二ピアノ協奏曲〈ラフマニノフ〉（協奏曲）
p.107　　　　　　　　　　　　　〔05073〕

クロイツェル奏鳴曲〈ベートーヴェン〉（室内楽
曲）p.109　　　　　　　　　　　〔05074〕

イ短調絃楽四重奏曲〈ベートーヴェン〉（室内楽
曲）p.110　　　　　　　　　　　〔05075〕

「死と少女」絃楽四重奏曲〈シューベルト〉（室
内楽曲）p.111　　　　　　　　　〔05076〕

「鱒」五重奏曲〈シューベルト〉（室内楽曲）
p.113　　　　　　　　　　　　　〔05077〕

イ長調ヴァイオリン奏鳴曲〈フランク〉（室内楽
曲）p.114　　　　　　　　　　　〔05078〕

ニ短調ヴァイオリン奏鳴曲〈ブラームス〉（室内
楽曲）p.115　　　　　　　　　　〔05079〕

「悲愴」ピアノ奏鳴曲〈ベートーヴェン〉（ピア
ノ曲）p.116　　　　　　　　　　〔05080〕

「月光」ピアノ奏鳴曲〈ベートーヴェン〉（ピア
ノ曲）p.117　　　　　　　　　　〔05081〕

「ワルトシュタイン」ピアノ奏鳴曲〈ベートー
ヴェン〉（ピアノ曲）p.118　　　〔05082〕

「熱情」ピアノ奏鳴曲〈ベートーヴェン〉（ピア
ノ曲）p.119　　　　　　　　　　〔05083〕

謝肉祭〈シューマン〉（ピアノ曲）
p.120　　　　　　　　　　　　　〔05084〕

「葬送」ピアノ奏鳴曲〈ショパン〉（ピアノ曲）
p.122　　　　　　　　　　　　　〔05085〕

円舞曲集〈ショパン〉（ピアノ曲）
p.123　　　　　　　　　　　　　〔05086〕

前奏曲集・第一輯〈ドビュッシー〉（ピアノ曲）
p.124　　　　　　　　　　　　　〔05087〕

鏡〈ラヴェル〉（ピアノ曲）p.125　　〔05088〕

聖譚曲「メシア」〈ヘンデル〉（声楽曲）
p.128　　　　　　　　　　　　　〔05089〕

歌劇「フィガロの結婚」〈モーツァルト〉（声楽
曲）p.129　　　　　　　　　　　〔05090〕

歌曲集「冬の旅」〈シューベルト〉（声楽曲）
p.131　　　　　　　　　　　　　〔05091〕

歌曲集「女の愛と生涯」〈シューマン〉（声楽曲）
p.132　　　　　　　　　　　　　〔05092〕

歌劇「椿姫」〈ヴェルディ〉（声楽曲）
p.133　　　　　　　　　　　　　〔05093〕

歌劇「カルメン」〈ビゼー〉（声楽曲）
p.134　　　　　　　　　　　　　〔05094〕

19巻3号（1956年2月発行）

オペラのたのしみ　堀内敬三　p.20　〔05095〕

大作曲家とその音楽（1）ベートーヴェン（上）
（対談）大宮真琴，高瀬まり　p.24　〔05096〕

ヨハン・シュトラウスと「蝙蝠」　四谷左門
p.35　　　　　　　　　　　　　　〔05097〕

ドニゼッティの傑作 歌劇「ルチア」の話（対
談）福原信夫，大谷冽子　p.38　　〔05098〕

ベルガーとワーレンの「リゴレット」　佐々木行
綱　p.46　　　　　　　　　　　　〔05099〕

オペラのLP放談（座談会）木村重雄，畑中良
輔，佐々木行綱　p.49　　　　　　〔05100〕

「スペインの時」へのエッセイ　高橋昭
p.58　　　　　　　　　　　　　　〔05101〕

「大地の歌」―マーラーの人生への告別の辞と
そのLP　田代秀穂　p.60　　　　〔05102〕

心魂にきく名演―柳生連也斎・秘剣等剣豪作家
の語るLP巡礼記　五味康祐　p.64　〔05103〕

レコード・コンサートめぐり（1）岡島智康
p.68　　　　　　　　　　　　　　〔05104〕

「展覧会の絵」―音楽をきくために（2）門馬直美 p.70　〔05105〕

「展覧会の絵」のLP総まくり 桃園春夫 p.74　〔05106〕

今はなきシャンソンの女王ミスタンゲット 高木東六 p.76　〔05107〕

世界のLP界展望 藤田不二 p.78　〔05108〕

新人演奏家物語（1）フィリップ・アントルモン 山口美美子 p.85　〔05109〕

海外LP紹介 杉浦繁 p.86　〔05110〕

アッカーマン「モルダウ」の名演（海外LP試聴室）岡俊雄 p.94　〔05111〕

ペーター・マーグ指揮の「モーツァルト・セレナード」（海外LP試聴室）坿和昌夫 p.94　〔05112〕

二度吹込直したオイストラフのハチャトゥリアン（海外LP試聴室）岡俊雄 p.95　〔05113〕

シュワルツコップの名演「コシ・ファン・トゥッテ」（海外LP試聴室）大木正興 p.96　〔05114〕

バレエ音楽のLP総覧（4）岡俊雄 p.98　〔05115〕

フルトヴェングラーのシューベルト「第七」の名演（今月のLPハイライト）田代秀穂 p.104　〔05116〕

クラウス指揮の「蝙蝠」全曲（今月のLPハイライト）福原信夫 p.105　〔05117〕

疑問を残すフランソワのショパン（今月のLPハイライト）田代秀穂 p.107　〔05118〕

ベートーヴェンのピアノ協奏曲の名盤（今月のLPハイライト）坿和昌夫 p.108　〔05119〕

ギーゼキングのモーツァルト・ピアノ曲（今月のLPハイライト）坿和昌夫 p.109　〔05120〕

バックハウス・カーネギー・ホール演奏会（今月のLPハイライト）坿和昌夫 p.110　〔05121〕

当代にかけがえなきピアノ詩人コルトオの弾くシューマン（今月のLPハイライト）坿和昌夫 p.111　〔05122〕

ドヴォルザークの室内楽の名盤（今月のLPハイライト）坿和昌夫 p.112　〔05123〕

ロッセル＝マイダンのドヴォルザーク歌曲集（今月のLPハイライト）福原信夫 p.113　〔05124〕

全世界の勤労者の心の歌「森の歌」のLP（今月のLPハイライト）福原信夫 p.114　〔05125〕

シャリアピンの再来といわれるボリス・クリストフ・名唱集（今月のLPハイライト）佐川吉男 p.114　〔05126〕

二月の新譜LP総評 佐川吉男 p.116　〔05127〕

アルトゥール・ゴールドシュミット 松本太郎 p.132　〔05128〕

SPレコードから 小林利之 p.137　〔05129〕

シャンソンとタンゴ 高木東六 p.140　〔05130〕

ジャズとポピュラー 飯塚経世 p.142　〔05131〕

徳用盤ベスト・テン 志鳥栄八郎 p.147　〔05132〕

映画「グッドマン物語」を観て 飯塚経世 p.152　〔05133〕

世界楽信 梶田章 p.153　〔05134〕

LPファンのための今月の本棚 志鳥栄八郎 p.155　〔05135〕

ハイフィデリティ・テクニック（12）青木周三 p.157　〔05136〕

オーディオ新製品紹介 三文字誠 p.164　〔05137〕

二月の各社新譜LP一覧表 p.168　〔05138〕

19巻4号（1956年3月発行）

パウル・ヒンデミット教授を迎えて（特集・来朝音楽家の横顔）坂本良隆 p.20　〔05139〕

ウイーン・フィルハーモニーに期待する（特集・来朝音楽家の横顔）渡辺護 p.23　〔05140〕

ミュンヒンガーとシュトゥットガルト室内管絃団（特集・来朝音楽家の横顔）田代秀穂 p.24　〔05141〕

ドン・コザック合唱団の期待（特集・来朝音楽家の横顔）飯田一夫 p.27　〔05142〕

三度び来朝するジョセフ・ローゼンストック（特集・来朝音楽家の横顔）福原信夫 p.28　〔05143〕

大作曲家とその音楽（1）ベートーヴェン（下）（対談）大宮真琴、高瀬まり p.32　〔05144〕

今はなき偉大な指揮者エーリッヒ・クライバーを悼む 田代秀穂 p.39　〔05145〕

クライバーの死をきいて―そしてまた一人 木村重雄 p.40　〔05146〕

エーリッヒ・クライバーの回想 渡辺護 p.42　〔05147〕

レコードは愉し―胡堂《あらえびす》LP随想・1 野村胡堂 p.44　〔05148〕

オペラ全曲のLP放談（続）（座談会）木村重雄、畑中良輔、佐々木行綱 p.47　〔05149〕

続・モーツァルトの歌劇のLP 渡辺護 p.56　〔05150〕

始めて米国を訪れたギレルスの生活と意見 山口淳 p.58　〔05151〕

リパッティ録音秘話 西条卓夫 p.61　〔05152〕

日本コロムビアのLP発売五週年を截る（座談会）田代秀穂、佐川吉男、高橋昭 p.66　〔05153〕

「青少年の管絃楽入門」（ブリッテン）―音楽をきくために（3）門馬直美 p.74　〔05154〕

音楽会漫歩―東京の演奏会から 耳野良夫 p.80　〔05155〕

世界レコード界の展望 藤田不二 p.85　〔05156〕

海外LP紹介 杉浦繁 p.88　〔05157〕

新着LP試聴室 佐久間幸光、渡辺茂、田村秋雄、小谷彰 p.96　〔05158〕

「ディスク」　内容細目

海外LP盤合評 垪和昌夫，丸山菊夫，青木謙幸 p.96　〔05159〕

レコードで聴くバレエの幻想 バレエ音楽のLP総覧（5）岡俊雄 p.104　〔05160〕

フルトヴェングラーとヨッフムの競演 ベートーヴェンの第四（今月のLPハイライト）田代秀穂 p.108　〔05161〕

ヴィヴァルディの協奏曲集―ローマ合奏団の名演（今月のLPハイライト）垪和昌夫 p.109　〔05162〕

フリッチャイの指揮する「絃・打楽器・チェレスタの音楽（今月のLPハイライト）柴田南雄 p.110　〔05163〕

ジュイリアードのバルトーク・「第五と第六」（今月のLPハイライト）柴田南雄 p.111　〔05164〕

ブダペスト四重奏団のモーツァルト「ハイドン四重奏曲」全集（今月のLPハイライト）垪和昌夫 p.112　〔05165〕

胸をうつフェリアーの名唱 バッハ・ヘンデル・アリア集（今月のLPハイライト）福原信夫 p.114　〔05166〕

たのしめるモーツァルト演奏会用アリア（今月のLPハイライト）福原信夫 p.115　〔05167〕

フィッシャーディースカウの歌うヴォルフ歌曲集（今月のLPハイライト）福原信夫 p.116　〔05168〕

ラヴェルのオペラ「子供と呪文」（今月のLPハイライト）福原信夫 p.117　〔05169〕

今月のLP新譜総評 佐川吉男 p.118　〔05170〕

最近のEPレコードから 畑中更予 p.134　〔05171〕

ジョージ・ウェットリングのジャズ 河野隆次 p.140　〔05172〕

シャンソンとタンゴ 高木東六 p.142　〔05173〕

ジャズとポピュラー 飯塚経也 p.144　〔05174〕

世界楽信 梶田章 p.154　〔05175〕

ハイフィデリティ・テクニック（13）シングル・スピーカーとマルチ・スピーカーそのほか 青木周三 p.158　〔05176〕

ハイ・ファイ・ニュース p.166　〔05177〕

LPを埃から守ろう p.168　〔05178〕

19巻5号（1956年4月発行）

演奏の誕生 指揮者とオーケストラ―ワルター指揮のモーツァルト「リンツ交響曲」のLPをめぐって（対談）（特集・世界のオーケストラ）斉藤秀雄，田代秀穂 p.20　〔05179〕

国民性とオーケストラの話（特集・世界のオーケストラ）戸田邦雄 p.30　〔05180〕

LPに現われた欧米の室内合奏団めぐり（1）上野一郎 p.32　〔05181〕

レコードに活躍する世界の管絃楽団（特集・世界のオーケストラ）伊藤道雄 p.39　〔05182〕

大作曲家とその音楽（2）シューベルト（上）（対談）大宮真琴，高瀬まり p.45　〔05183〕

東京を訪れた作曲家ベンジャミン・ブリットゥンと「ねじの廻転」(1) 木村重雄 p.56　〔05184〕

ウイリアム・カペル―そのレコードをめぐって 飯野尹 p.60　〔05185〕

カザルスとの対話―昨日の音楽家と今日の音楽家 パブロ・カザルス，J・コレドール，佐藤良雄 訳 p.63　〔05186〕

新着LP試聴室 渡辺茂，大宮真琴，飯田一夫，田村秋雄，高橋昭 p.69　〔05187〕

世界レコード界の展望 藤田不二 p.74　〔05188〕

海外LP紹介 杉浦繁 p.78　〔05189〕

ティボー夫人からの手紙―盤鬼随筆（8）西条卓夫 p.91　〔05190〕

ヨハネ・ブラームス作「ドイツ鎮魂曲」とレーマン指揮の新盤によせて（対談）津川主一，有坂愛彦 p.96　〔05191〕

レコード・コンサートめぐり（2）ジャズもクラシックも 荒川ディスク・クラブ 青木啓 p.107　〔05192〕

スペイン交響曲（ラロ）―音楽をきくために（4）門馬直美 p.108　〔05193〕

情感に富んだ表現 ヨッフム指揮するブラームス「交響曲第四番ホ短調」（今月のLPハイライト）田代秀穂 p.112　〔05194〕

ギャルド・レビュブリケーヌ 米・仏行進曲集（今月のLPハイライト）田代秀穂 p.113　〔05195〕

チャイコフスキーの「ピアノ協奏曲第一番」―注目すべきギレルスの演奏（今月のLPハイライト）田代秀穂 p.114　〔05196〕

オネゲルの第二交響曲（今月のLPハイライト）大宮真琴 p.115　〔05197〕

ギーゼキングの弾くモーツァルトのピアノ協奏曲 第二十番・第二十五番（今月のLPハイライト）垪和昌夫 p.116　〔05198〕

カサドウジュとフランチェスカッティのショーソン合奏曲ニ長調（今月のLPハイライト）大宮真琴 p.117　〔05199〕

コルトー・ティボー・カザルスのベートーヴェン「太公」（今月のLPハイライト）垪和昌夫 p.118　〔05200〕

歌劇「コシ・ファン・トゥッテ」―女はみんなこうしたもの（今月のLPハイライト）福原信夫 p.119　〔05201〕

フィッシャー・ディースカウのシューベルト「冬の旅」決定盤とフルトヴェングラーの共演マーラーの「さまよう若人の歌」（今月のLPハイライト）福原信夫 p.120　〔05202〕

ハンス・ホッターのシューベルト「白鳥の歌」の名唱（今月のLPハイライト）福原信夫 p.122　〔05203〕

バッハ・二つの教会カンタータ——四〇番と三二番（今月のLPハイライト）福原信夫 p.123　〔05204〕

今月のLP新譜総評 佐川吉男 p.124　〔05205〕

ハイ・ファイ録音LPから（今月のLPハイライト）伊藤毅 p.142　〔05206〕

最近のEPレコード 畑中更予 p.143　〔05207〕

シャンソンとタンゴ 高木東六 p.148　〔05208〕

ジャズとポピュラー 飯塚経世 p.150　〔05209〕

ハイフィデリティ・テクニック（14）2ウェイ・3ウェイ・4ウェイ・スピーカー・システム 青木周三 p.156　〔05210〕

ハイ・ファイ・ニュース A・カールソン p.162　〔05211〕

四月のLP新譜一覧表 p.168　〔05212〕

19巻6号（1956年5月発行）

カザルスとの対話より音楽の解釈について パブロ・カザルス，J・コレドール，佐藤良雄 訳 p.22　〔05213〕

大作曲家とその音楽（2）シューベルト（下）（対談）大宮真琴，高瀬まり p.29　〔05214〕

楽員から観た来朝指揮者の素描（座談会）小橋行雄，大橋幸雄，檜山薫，福原信夫 p.38　〔05215〕

ウイーン見聞記 吉田雅夫 p.48　〔05216〕

ウィーン国立歌劇場再建物語（1）J・ヴェクスバーグ，上野一郎 訳 p.52　〔05217〕

惜しまれるケンペンと劇的な死をとげたレーマン 田代秀雄 p.60　〔05218〕

ユージン・イストミンの来朝 佐藤良雄 p.62　〔05219〕

珍らしい楽器 グラスハーモニカのレコード 中村善吉 p.64　〔05220〕

グレゴリアン・チャントについて 土屋正治 p.66　〔05221〕

ドン・コザック合唱団の吹込 飯田一夫 p.68　〔05222〕

LPに現われた欧米の室内合奏団めぐり（2）上野一郎 p.70　〔05223〕

海外LP紹介 杉浦繁 p.77　〔05224〕

新着LP試聴記 岡俊雄，渡辺護，南春郎，飯野尹，伊吹修，田村秋雄 p.86　〔05225〕

世界レコード界の展望 藤田不二 p.94　〔05226〕

海外演奏家の動静 梶田章，石川登志夫 p.97　〔05227〕

トスカニーニの「第二」と「第四」（今月のLPハイライト）田代秀穂 p.106　〔05228〕

バッハ「ブランデンブルグ協奏曲」（今月のLPハイライト）坩和昌夫 p.108　〔05229〕

ベートーヴェンの名作「ヴァイオリン協奏曲」（今月のLPハイライト）宇野功芳 p.109　〔05230〕

カベル・イン・メモリアム（今月のLPハイライト）大宮真琴 p.110　〔05231〕

フランチェスカッティのラヴェル（今月のLPハイライト）大宮真琴 p.111　〔05232〕

十六，七世紀の伊・西歌曲集（今月のLPハイライト）福原信夫 p.112　〔05233〕

ヴォルフ「イタリー歌曲集」（今月のLPハイライト）福原信夫 p.113　〔05234〕

モーツァルト「フィガロの結婚」全曲（今月のLPハイライト）福原信夫 p.114　〔05235〕

アルヒーフの「五つの宗教歌」（今月のLPハイライト）福原信夫 p.115　〔05236〕

今月のLP新譜総評 佐川吉男 p.116　〔05237〕

最近のEPレコードから 畑中更予 p.131　〔05238〕

SPレコード評 坩和昌夫 p.135　〔05239〕

ハイ・ファイ・ニュース A・カールソン p.139　〔05240〕

ドーナッツ・レコード総まくり 志鳥栄八郎 p.143　〔05241〕

サッチモ・プレイズ・ファッツ——ルイ・アームストロング（今月のLPハイライト）河野隆次 p.150　〔05242〕

ミス・ショウ・ビジネス——ジュディ・ガーランド（今月のLPハイライト）河野隆次 p.151　〔05243〕

ジャズとポピュラー 飯塚経世 p.152　〔05244〕

シャンソンとタンゴ 高木東六 p.158　〔05245〕

東京の演奏会 音楽会漫歩 耳野良夫 p.160　〔05246〕

ハイフィデリティ・テクニック（15）各種のスピーカー・システム 青木周三 p.162　〔05247〕

LP電蓄によく起る故障とその対策（1）中村久次 p.169　〔05248〕

19巻7号 臨時増刊 LP名曲100選 第2集（1956年5月発行）

交響曲第八八番〈ハイドン〉（交響曲）p.18　〔05249〕

軍隊交響曲〈ハイドン〉（交響曲）p.19　〔05250〕

時計交響曲〈ハイドン〉（交響曲）p.20　〔05251〕

プラーグ交響曲〈モーツァルト〉（交響曲）p.21　〔05252〕

第二交響曲〈ベートーヴェン〉（交響曲）p.22　〔05253〕

第七交響曲〈シューベルト〉（交響曲）p.24　〔05254〕

イタリア交響曲〈メンデルスゾーン〉（交響曲）p.26　〔05255〕

ライン交響曲〈シューマン〉（交響曲）p.27　〔05256〕

スコットランド交響曲〈メンデルスゾーン〉（交響曲）p.28　〔05257〕

「ディスク」　　　　　　　　　　内容細目

第四交響曲〈ブラームス〉（交響曲）
p.29　　　　　　　　　　　〔05258〕

第四交響曲〈チャイコフスキー〉（交響曲）
p.31　　　　　　　　　　　〔05259〕

第一交響曲〈シベリウス〉（交響曲）
p.32　　　　　　　　　　　〔05260〕

第四交響曲〈シベリウス〉（交響曲）
p.33　　　　　　　　　　　〔05261〕

詩篇交響曲〈ストラヴィンスキー〉（交響曲）
p.33　　　　　　　　　　　〔05262〕

第七交響曲〈プロコフィエフ〉（交響曲）
p.34　　　　　　　　　　　〔05263〕

四季〈ヴィヴァルディ〉（管弦楽曲）
p.36　　　　　　　　　　　〔05264〕

ニ長調組曲〈バッハ〉（管弦楽曲）p.37　〔05265〕

レオノーレ序曲第三番〈ベートーヴェン〉（管弦
楽曲）p.38　　　　　　　　　〔05266〕

イタリアのハロルド〈ベルリオーズ〉（管弦楽
曲）p.40　　　　　　　　　　〔05267〕

舞踊曲「レ・シルフィード」〈ショパン〉（管弦楽
曲）p.42　　　　　　　　　　〔05268〕

交響詩「モルドウ」〈スメタナ〉（管弦楽曲）
p.43　　　　　　　　　　　〔05269〕

ハイドン変奏曲〈ブラームス〉（管弦楽曲）
p.44　　　　　　　　　　　〔05270〕

韃靼人の踊り〈ボロディン〉（管弦楽曲）
p.45　　　　　　　　　　　〔05271〕

幻想的序曲「ロメオとジュリエット」〈チャイコ
フスキー〉（管弦楽曲）p.46　　〔05272〕

絃楽のためのセレナーデ〈チャイコフスキー〉
（管弦楽曲）p.47　　　　　　〔05273〕

イタリア綺想曲〈チャイコフスキー〉（管弦楽
曲）p.48　　　　　　　　　　〔05274〕

組曲「コーカサスの風景」〈イワノフ〉（管弦楽
曲）p.49　　　　　　　　　　〔05275〕

夜想曲「雲・祭・海の精」〈ドビュッシイ〉（管弦
楽曲）p.50　　　　　　　　　〔05276〕

交響詩「ドン・ファン」〈リヒャルト・シュトラ
ウス〉（管弦楽曲）p.51　　　　〔05277〕

舞踊組曲「四季」〈グラズノフ〉（管弦楽曲）
p.53　　　　　　　　　　　〔05278〕

ラ・ヴァルス〈ラヴェル〉（管弦楽曲）
p.53　　　　　　　　　　　〔05279〕

舞踊曲「恋は魔術師」〈ファリア〉（管弦楽曲）
p.55　　　　　　　　　　　〔05280〕

交響詩「ローマの松 ローマの泉」〈レスピーギ〉
（管弦楽曲）p.56　　　　　　〔05281〕

管絃楽のための協奏曲〈バルトーク〉（管弦楽
曲）p.58　　　　　　　　　　〔05282〕

舞踊組曲「火の鳥」〈ストラヴィンスキー〉（管
弦楽曲）p.59　　　　　　　　〔05283〕

寄港地〈イベール〉（管弦楽曲）p.60　〔05284〕

組曲「キージェ中尉」〈プロコフィエフ〉（管弦
楽曲）p.61　　　　　　　　　〔05285〕

舞踊組曲「牝鹿」〈プーランク〉（管弦楽曲）
p.62　　　　　　　　　　　〔05286〕

「ガヤーヌ」第一・第二組曲〈ハチャトゥリア
ン〉（管弦楽曲）p.63　　　　　〔05287〕

青少年のための管絃楽入門〈ビリッテン〉（管弦
楽曲）p.64　　　　　　　　　〔05288〕

第四ブランデンブルグ協奏曲〈バッハ〉（協奏
曲）p.68　　　　　　　　　　〔05289〕

第六ブランデンブルグ協奏曲〈バッハ〉（協奏
曲）p.69　　　　　　　　　　〔05290〕

イ短調ヴァイオリン協奏曲〈バッハ〉（協奏曲）
p.70　　　　　　　　　　　〔05291〕

コンチェルト・グロッソ ト短調〈ヘンデル〉（協
奏曲）p.71　　　　　　　　　〔05292〕

変ホ長調ピアノ協奏曲〈モーツァルト〉（協奏
曲）p.72　　　　　　　　　　〔05293〕

変ホ長調ピアノ協奏曲〈モーツァルト〉（協奏
曲）p.73　　　　　　　　　　〔05294〕

ニ長調ヴァイオリン協奏曲〈モーツァルト〉（協
奏曲）p.73　　　　　　　　　〔05295〕

ハ長調ピアノ協奏曲〈ベートーヴェン〉（協奏
曲）p.74　　　　　　　　　　〔05296〕

ヘ短調ピアノ協奏曲〈ショパン〉（協奏曲）
p.75　　　　　　　　　　　〔05297〕

変ロ長調ピアノ協奏曲〈ブラームス〉（協奏曲）
p.76　　　　　　　　　　　〔05298〕

ト短調ピアノ協奏曲〈サン・サーンス〉（協奏
曲）p.77　　　　　　　　　　〔05299〕

フランス山人の歌による交響曲〈ダンディ〉（協
奏曲）p.78　　　　　　　　　〔05300〕

詩曲〈ショーソン〉（協奏曲）p.79　〔05301〕

ト長調ピアノ協奏曲〈ラヴェル〉（協奏曲）
p.80　　　　　　　　　　　〔05302〕

シェロモ〈ブロッホ〉（協奏曲）p.81　〔05303〕

第三ピアノ協奏曲〈バルトーク〉（協奏曲）
p.82　　　　　　　　　　　〔05304〕

ニ長調ヴァイオリン協奏曲〈プロコフィエフ〉
（協奏曲）p.83　　　　　　　〔05305〕

第三ピアノ協奏曲〈プロコフィエフ〉（協奏曲）
p.84　　　　　　　　　　　〔05306〕

ラプソディ・イン・ブルー〈ガーシュイン〉（協
奏曲）p.85　　　　　　　　　〔05307〕

ヴァイオリン協奏曲〈ハチャトゥリアン〉（協奏
曲）p.86　　　　　　　　　　〔05308〕

「皇帝」絃楽四重奏曲〈ハイドン〉（室内楽曲）
p.88　　　　　　　　　　　〔05309〕

「雲雀」絃楽四重奏曲〈ハイドン〉（室内楽曲）
p.88　　　　　　　　　　　〔05310〕

ト長調絃楽四重奏曲〈モーツァルト〉（室内楽
曲）p.89　　　　　　　　　　〔05311〕

ニ長調嬉遊曲〈モーツァルト〉（室内楽曲）
p.90　　　　　　　　　　　〔05312〕

変ロ長調ヴァイオリン奏鳴曲〈モーツァルト〉
（室内楽曲）p.91　　　　　　〔05313〕

内容細目　　　　　　　　　　　　　　　　「ディスク」

ラズモフスキー絃楽四重奏曲第三番〈ベートーヴェン〉（室内楽曲）p.92　　　　〔05314〕

嬰ハ短調絃楽四重奏曲〈ベートーヴェン〉（室内楽曲）p.93　　　　　　　　　　〔05315〕

「太公」ピアノ三重奏曲〈ベートーヴェン〉（室内楽曲）p.94　　　　　　　　　　〔05316〕

「スプリング・ソナタ」〈ベートーヴェン〉（室内楽曲）p.95　　　　　　　　　　〔05317〕

イ長調チェロ奏鳴曲〈ベートーヴェン〉（室内楽曲）p.95　　　　　　　　　　　〔05318〕

「我が生涯」絃楽四重奏曲〈スメタナ〉（室内楽曲）p.96　　　　　　　　　　　〔05319〕

クラリネット五重奏曲〈ブラームス〉（室内楽曲）p.97　　　　　　　　　　　　〔05320〕

「アメリカ」絃楽四重奏曲〈ドヴォルザーク〉（室内楽曲）p.98　　　　　　　　〔05321〕

ヴァイオリン奏鳴曲第三番〈ドビュッシイ〉（室内楽曲）p.99　　　　　　　　　〔05322〕

ニ長調ヴァイオリン奏鳴曲〈プロコフィエフ〉（室内楽曲）p.100　　　　　　　〔05323〕

ニ短調ヴァイオリン パルティータ〈バッハ〉（器楽曲）p.102　　　　　　　　　〔05324〕

ハ短調ピアノ奏鳴曲〈ベートーヴェン〉（器楽曲）p.103　　　　　　　　　　　〔05325〕

即興曲集〈シューベルト〉（器楽曲）p.104　　　　　　　　　　　　　　　　　〔05326〕

二十四の前奏曲〈ショパン〉（器楽曲）p.104　　　　　　　　　　　　　　　　〔05327〕

交響練習曲〈シューマン〉（器楽曲）p.105　　　　　　　　　　　　　　　　　〔05328〕

子供の情景〈シューマン〉（器楽曲）p.106　　　　　　　　　　　　　　　　　〔05329〕

ハンガリー狂詩曲〈リスト〉（器楽曲）p.107　　　　　　　　　　　　　　　　〔05330〕

影像第一集・第二集〈ドビュッシイ〉（器楽曲）p.108　　　　　　　　　　　　〔05331〕

ベルガマスク組曲〈ドビュッシイ〉（器楽曲）p.109　　　　　　　　　　　　　〔05332〕

夜のギャスパル〈ラヴェル〉（器楽曲）p.109　　　　　　　　　　　　　　　　〔05333〕

ロ短調ミサ曲〈バッハ〉（声楽曲）p.111　　　　　　　　　　　　　　　　　　〔05334〕

カンタータ第五六番〈バッハ〉（声楽曲）p.112　　　　　　　　　　　　　　　〔05335〕

ニ長調荘厳ミサ曲〈ベートーヴェン〉（声楽曲）p.113　　　　　　　　　　　　〔05336〕

鎮魂ミサ曲〈フォーレ〉（声楽曲）p.115　　　　　　　　　　　　　　　　　　〔05337〕

歌劇「魔笛」〈モーツァルト〉（声楽曲）p.116　　　　　　　　　　　　　　　　〔05338〕

歌曲集「白鳥の歌」〈シューベルト〉（声楽曲）p.118　　　　　　　　　　　　　〔05339〕

歌曲集「美しき水車小屋の乙女」〈シューベルト〉（声楽曲）p.119　　　　　　　〔05340〕

歌曲集「詩人の恋」〈シューマン〉（声楽曲）p.120　　　　　　　　　　　　　　〔05341〕

歌劇「アイーダ」〈ヴェルディ〉（声楽曲）p.121　　　　　　　　　　　　　　　〔05342〕

喜歌劇「蝙蝠」〈ヨハン・シュトラウス〉（声楽曲）p.123　　　　　　　　　　　〔05343〕

アルト・ラプソディ〈ブラームス〉（声楽曲）p.125　　　　　　　　　　　　　〔05344〕

歌劇「蝶々夫人」〈プッチーニ〉（声楽曲）p.126　　　　　　　　　　　　　　〔05345〕

大地の歌〈マーラー〉（声楽曲）p.128　〔05346〕

喜歌劇「メリー・ウイドウ」〈レハール〉（声楽曲）p.129　　　　　　　　　　　〔05347〕

オラトリオ「森の歌」〈ショスタコヴィッチ〉（声楽曲）p.130　　　　　　　　〔05348〕

19巻8号（1956年6月発行）

不滅の九曲 ベートーヴェンの交響曲とその特徴（特集・ベートーヴェンの交響曲）門馬直衛 p.22　　　　　　　　　　　　　　　〔05349〕

決定版LPをめぐつて ベートーヴェンの交響曲（座談会）（特集・ベートーヴェンの交響曲）田代秀穂，岡俊雄，佐川吉男 p.26　〔05350〕

再び聴くホフマン ハロルド・ショーンバーグ，川澄透訳 p.40　　　　　　　　〔05351〕

シャルパンティエ頌 アルベール・ヴォルフ，石川登志夫 訳 p.45　　　　　　　〔05352〕

話題の演奏家(1) ペトル・ムンテアヌー 福原，小林 p.46　　　　　　　　　　〔05353〕

バレエ・リュッスを興した才人 ディアギレフを偲ぶ 志鳥栄八郎 p.50　　　　〔05354〕

大作曲家とその音楽(3)―ショパン―ピアノ詩人 大宮真琴，高瀬まり p.54　　〔05355〕

ウィーン国立歌劇場再建物語(2) J・ヴェクスバーグ，上野一郎 訳 p.64　　　〔05356〕

レコードによる演奏家論(1) ウィルヘルム・フルトヴェングラー 堺和昌夫 p.73　〔05357〕

歌劇「フィデリオ」全曲を聴いて（特集・ベートーヴェンの交響曲）福原信夫 p.76　　　　　　　　　　　　　　　　〔05358〕

演奏家はこう考える S・リヒテル，山口芙美子 訳 p.80　　　　　　　　　　〔05359〕

バッハの管絃楽用組曲第二番―音楽をきくために(5) 門馬直美 p.82　　　　　〔05360〕

新着LP試聴記 杉浦繁，大宮真琴，南春雄，飯野尹，福原信夫，青木謙幸，小林利之，飯田一夫，長島卓二 p.86　　　　　〔05361〕

世界レコード界の展望 藤田不二 p.98　〔05362〕

海外LP紹介 杉浦繁 p.105　　　　　　〔05363〕

マルグリット・ロンのラヴェルとフォーレ（今月のLPハイライト）大宮真琴 p.115　〔05364〕

ワルターとベイヌムのマーラー（今月のLPハイライト）宇野功芳 p.116　　　　〔05365〕

「ディスク」　内容細目

情熱的な遅しさ ブラームスの「第一」（今月の
LPハイライト）宇野功芳 p.118　　〔05366〕

交響詩「ローマの松」と「泉」（今月のLPハイラ
イト）宇野功芳 p.119　　　　　　〔05367〕

ヒンデミットの作品「マティスと交響的舞曲」
（今月のLPハイライト）大宮真琴
p.120　　　　　　　　　　　　　〔05368〕

ガヤーヌ組曲の自作自演（今月のLPハイライ
ト）垪和昌夫 p.121　　　　　　　〔05369〕

素朴な感動 シェッツの「詩人の恋」（今月のLP
ハイライト）福原信夫 p.122　　　〔05370〕

フラグスタートの歌う「ブリュンヒルデの犠
牲」福原信夫 p.123　　　　　　　〔05371〕

今月のLP新譜総評 佐川吉男 p.124　〔05372〕

SPレコード評 垪和昌夫 p.137　　　〔05373〕

今月のEPレコード 畑中更予 p.140　〔05374〕

モンテヴェルディとカリッシーミのレコード
中村善吉 p.146　　　　　　　　　〔05375〕

ジャズとポピュラー 飯塚経世 p.148　〔05376〕

シャンソン・レコード評 高木東六
p.154　　　　　　　　　　　　　〔05377〕

東京の演奏会 音楽会漫歩 耳野良夫
p.156　　　　　　　　　　　　　〔05378〕

ハイフィデリティ・テクニック（16）最高級のス
ピーカー・システム 自然な低音を再生するに
は 青木周三 p.158　　　　　　　〔05379〕

LP電蓄によく起る故障とその対策（2）中村久
雄 p.162　　　　　　　　　　　　〔05380〕

19巻9号（1956年7月発行）

音楽のロマン主義とシューマン（特集・シュー
マンの生涯と音楽 シューマン歿後一〇〇年を
偲んで）野村光一 p.22　　　　　〔05381〕

シューマンへの憧憬と愛着と（特集・シューマ
ンの生涯と音楽 シューマン歿後一〇〇年を偲
んで）畑中良輔 p.26　　　　　　〔05382〕

シューマンの人間性と音楽（特集・シューマン
の生涯と音楽 シューマン歿後一〇〇年を偲ん
で）佐藤馨 p.30　　　　　　　　〔05383〕

大作曲家と音楽（4）ローベルト・シューマン
（対談）（特集・シューマンの生涯と音楽
シューマン歿後一〇〇年を偲んで）大宮真
琴，高瀬まり p.32　　　　　　　〔05384〕

レコードに聴くシューマンの名曲（特集・
シューマンの生涯と音楽 シューマン歿後一〇
〇年を偲んで）小林利之 p.43　　〔05385〕

想い出のモーツァルト ヴィットリオ・グイ，
木村恒子 訳 p.49　　　　　　　　〔05386〕

エーリッヒ・ラインスドルフ（現代音楽家への
二つの意見）岡俊雄，木村重雄 p.52　〔05387〕

ディートリッヒ・フィッシャー＝ディスカウ
（現代音楽家への二つの意見）上野一郎，畑
中良輔 p.54　　　　　　　　　　〔05388〕

マリア・メネギーニ・カラス（現代音楽家への
二つの意見）福原信夫，畑中更予
p.56　　　　　　　　　　　　　〔05389〕

話題の演奏家（2）ジュリアン・オレヴスキー（対
談）岩淵竜太郎，佐川吉男 p.60　　〔05390〕

J・シュトラウス「蝙蝠」の新盤をきいて 福原
信夫 p.66　　　　　　　　　　　〔05391〕

新着LP試聴室 岡俊雄，南春雄，大宮真琴，青
木謙幸，西条卓夫，杉浦繁，伊吹修，高橋昭，
佐川吉男，高木東六，飯塚経世，鮎野行夫，
飯田一夫，小林利之 p.70　　　　〔05392〕

海外LP紹介 杉浦繁 p.84　　　　　〔05393〕

海外レコード界の展望 藤田不二 p.93　〔05394〕

海外演奏家の動き 梶田章，石川登志夫
p.96　　　　　　　　　　　　　〔05395〕

東京の演奏会 音楽会漫歩 耳野良夫
p.99　　　　　　　　　　　　　〔05396〕

ディスク・今月の推薦盤 p.105　　　〔05397〕

今月のLP新譜総評 田代秀穂，大宮真琴，垪和
昌夫，福原信夫 p.106　　　　　　〔05398〕

ブラームスのヴァイオリン協奏曲—音楽をきく
ために（6）門馬直美 p.132　　　〔05399〕

今月のEPレコード 畑中更予 p.136　〔05400〕

SPレコード評 伊藤道雄 p.140　　　〔05401〕

ジャズとポピュラー評 飯塚経世
p.144　　　　　　　　　　　　　〔05402〕

シャンソン・レコード評 高木東六
p.150　　　　　　　　　　　　　〔05403〕

ハイファイ・ニューズ A・カールソン
p.154　　　　　　　　　　　　　〔05404〕

ハイ・フィデリティ・テクニック（17）スピー
カー・システムに関する簡単な計算法 青木
周三 p.157　　　　　　　　　　〔05405〕

明日のホープ イストミンの想い出 青木謙幸
p.162　　　　　　　　　　　　　〔05406〕

カスリーン・ロングと語る—盤鬼随筆（4）西条
卓夫 p.164　　　　　　　　　　〔05407〕

映画「グッドマン物語」のLP p.168　〔05408〕

タンゴ・レコード評 青木啓 p.170　　〔05409〕

19巻10号 臨時増刊 LP名演奏家選集（1956年7月発行）

アンゲルブレック（指揮者）p.18　　〔05410〕

アンセルメ（指揮者）p.19　　　　　〔05411〕

オッテルロー（指揮者）p.20　　　　〔05412〕

コンヴィチュニー（指揮者）p.20　　〔05413〕

オルマンディ（指揮者）p.21　　　　〔05414〕

カラヤン（指揮者）p.22　　　　　　〔05415〕

ガリエラ（指揮者）p.23　　　　　　〔05416〕

カンテルリ（指揮者）p.24　　　　　〔05417〕

グイ（指揮者）p.25　　　　　　　　〔05418〕

クーベリック（指揮者）p.26　　　　〔05419〕

内容細目　　　　　　　　　　　　「ディスク」

クライバー（指揮者）p.27　　　　〔05420〕
クラウス（指揮者）p.28　　　　　〔05421〕
クリップス（指揮者）p.29　　　　〔05422〕
クリュイタン（指揮者）p.30　　　〔05423〕
アーベントロート（指揮者）p.31　〔05424〕
クレンペラー（指揮者）p.31　　　〔05425〕
クワドリ（指揮者）p.32　　　　　〔05426〕
ケンペン（指揮者）p.33　　　　　〔05427〕
コステラネッツ（指揮者）p.34　　〔05428〕
サバタ（指揮者）p.35　　　　　　〔05429〕
シェルヘン（指揮者）p.36　　　　〔05430〕
シューリヒト（指揮者）p.37　　　〔05431〕
ショルティ（指揮者）p.38　　　　〔05432〕
スタインバーグ（指揮者）p.39　　〔05433〕
ストコフスキー（指揮者）p.40　　〔05434〕
セル（指揮者）p.41　　　　　　　〔05435〕
トスカニーニ（指揮者）p.42　　　〔05436〕
デゾルミエール（指揮者）p.44　　〔05437〕
パレー（指揮者）p.45　　　　　　〔05438〕
ビーチャム（指揮者）p.46　　　　〔05439〕
フリッチャイ（指揮者）p.47　　　〔05440〕
フルトヴェングラー（指揮者）p.48　〔05441〕
フルネ（指揮者）p.50　　　　　　〔05442〕
コリンズ（指揮者）p.51　　　　　〔05443〕
ペイヌム（指揮者）p.51　　　　　〔05444〕
ベーム（指揮者）p.52　　　　　　〔05445〕
ホイットニー（指揮者）p.53　　　〔05446〕
マルケヴィッチ（指揮者）p.54　　〔05447〕
マルコ（指揮者）p.55　　　　　　〔05448〕
ミトロプーロス（指揮者）p.56　　〔05449〕
ミュンシュ（指揮者）p.57　　　　〔05450〕
コンドラシン（指揮者）p.58　　　〔05451〕
ムラヴィンスキー（指揮者）p.58　〔05452〕
モントゥー（指揮者）p.59　　　　〔05453〕
ヨッフム（指揮者）p.60　　　　　〔05454〕
レイボヴィッツ（指揮者）p.61　　〔05455〕
ワルター（指揮者）p.62　　　　　〔05456〕
エレーデ（指揮者）p.64　　　　　〔05457〕
レーマン（指揮者）p.64　　　　　〔05458〕
アラウ（ピアニスト）p.65　　　　〔05459〕
アンダ（ピアニスト）p.66　　　　〔05460〕
イストミン（ピアニスト）p.67　　〔05461〕
ウニンスキー（ピアニスト）p.68　〔05462〕
ドワイヤン（ジネット）（ピアニスト）
　p.68　　　　　　　　　　　　〔05463〕
カサドシュス（ピアニスト）p.69　〔05464〕
カーゾン（ピアニスト）p.70　　　〔05465〕

カペル（ピアニスト）p.71　　　　〔05466〕
ギーゼキング（ピアニスト）p.72　〔05467〕
ギレリス（ピアニスト）p.73　　　〔05468〕
クラウス（リリ）（ピアニスト）p.74　〔05469〕
ヨーナス（ピアニスト）p.74　　　〔05470〕
ケンプ（ピアニスト）p.75　　　　〔05471〕
コルトー（ピアニスト）p.76　　　〔05472〕
ジャノーリ（ピアニスト）p.77　　〔05473〕
シュナーベル（ピアニスト）p.78　〔05474〕
ゼルキン（ピアニスト）p.79　　　〔05475〕
タリアフェロ（ピアニスト）p.80　〔05476〕
チェルカスキー（ピアニスト）p.81　〔05477〕
デムス（ピアニスト）p.82　　　　〔05478〕
ナット（ピアニスト）p.83　　　　〔05479〕
ノヴァエス（ピアニスト）p.84　　〔05480〕
バックハウス（ピアニスト）p.85　〔05481〕
バドゥラ＝スコダ（ピアニスト）p.86　〔05482〕
ファルナディ（ピアニスト）p.87　〔05483〕
フィッシャー（エドウィン）（ピアニスト）
　p.88　　　　　　　　　　　　〔05484〕
ブライロフスキー（ピアニスト）p.89　〔05485〕
ブランカール（ピアニスト）p.90　〔05486〕
フランソワ（ピアニスト）p.91　　〔05487〕
ホロヴィッツ（ピアニスト）p.92　〔05488〕
リパッティ（ピアニスト）p.94　　〔05489〕
ルビンスタイン（ピアニスト）p.95　〔05490〕
ヴァルガ（ヴァイオリニスト）p.96　〔05491〕
ヴィトー（ヴァイオリニスト）p.97　〔05492〕
フルニエ（ジャン）（ピアニスト）p.98　〔05493〕
ウィックス（ヴァイオリニスト）p.98　〔05494〕
カンポーリ（ヴァイオリニスト）p.99　〔05495〕
エネスコ（ヴァイオリニスト）p.100　〔05496〕
オイストラフ（イゴール）（ヴァイオリニスト）
　p.102　　　　　　　　　　　〔05497〕
オイストラフ（ダヴィッド）（ヴァイオリニス
　ト）p.103　　　　　　　　　〔05498〕
ギトリス（ヴァイオリニスト）p.104　〔05499〕
オークレール（ヴァイオリニスト）
　p.105　　　　　　　　　　　〔05500〕
クライスラー（ヴァイオリニスト）
　p.106　　　　　　　　　　　〔05501〕
グリュミオ（ヴァイオリニスト）
　p.107　　　　　　　　　　　〔05502〕
ゴールドベルク（ヴァイオリニスト）
　p.108　　　　　　　　　　　〔05503〕
シゲティ（ヴァイオリニスト）p.109　〔05504〕
シュナイダーハン（ヴァイオリニスト）
　p.110　　　　　　　　　　　〔05505〕
スターン（ヴァイオリニスト）p.111　〔05506〕

「ディスク」 内容細目

ティボー（ヴァイオリニスト）p.112 〔05507〕
ヌヴー（ヴァイオリニスト）p.114 〔05508〕
ハイフェッツ（ヴァイオリニスト）
p.116 〔05509〕
バリリ（ヴァイオリニスト）p.117 〔05510〕
フランチェスカッティ（ヴァイオリニスト）
p.118 〔05511〕
マルツィ（ヴァイオリニスト）p.119 〔05512〕
メニューイン（ヴァイオリニスト）
p.120 〔05513〕
リッチ（ヴァイオリニスト）p.121 〔05514〕
カザルス（チェロ）p.122 〔05515〕
シュタルケル（チェロ）p.124 〔05516〕
トルトゥリエ（チェロ）p.125 〔05517〕
ピアティゴルスキー（チェロ）p.126 〔05518〕
フルニエ（チェロ）p.127 〔05519〕
ランドフスカ（ハープシコード）
p.128 〔05520〕
ヴァルハ（オルガン）p.130 〔05521〕
シュヴァイツァー（オルガン）p.131 〔05522〕
イ・ムジーチ合奏団（室内楽団）
p.132 〔05523〕
シュトゥットガルト室内楽団（室内楽団）
p.133 〔05524〕
ボイド・ニール絃楽合奏団（室内楽団）
p.134 〔05525〕
ヴィルトゥオージ・ディ・ローマ（ローマ合奏
団）（室内楽団）p.135 〔05526〕
ロンドン・バロック・アンサンブル（室内楽団）
p.136 〔05527〕
ウィーン・コンツェルトハウス絃楽四重奏団
（室内楽団）p.138 〔05528〕
ジュリアード絃楽四重奏団（室内楽団）
p.138 〔05529〕
ヴェーグ絃楽四重奏団（室内楽団）
p.139 〔05530〕
カーティス絃楽四重奏団（室内楽団）
p.140 〔05531〕
クロール絃楽四重奏団（室内楽団）
p.141 〔05532〕
ブダペスト絃楽四重奏団（室内楽団）
p.142 〔05533〕
カザルス三重奏団（室内楽団）p.143 〔05534〕
スコダ三重奏団（室内楽団）p.144 〔05535〕
カラス（女性歌手）p.145 〔05536〕
アンダースン（女性歌手）p.146 〔05537〕
ギューデン（女性歌手）p.148 〔05538〕
カースティン（女性歌手）p.149 〔05539〕
シュターデル（女性歌手）p.149 〔05540〕
シュワルツコッフ（女性歌手）p.150 〔05541〕
タッシナーリ（女性歌手）p.152 〔05542〕

ダンコ（女性歌手）p.153 〔05543〕
テバルディ（女性歌手）p.154 〔05544〕
トゥーレル（女性歌手）p.156 〔05545〕
ドッブス（女性歌手）p.157 〔05546〕
トラウベル（女性歌手）p.158 〔05547〕
ラースロ（女性歌手）p.159 〔05548〕
ベルガー（女性歌手）p.160 〔05549〕
ロス・アンヘルス（女性歌手）p.162 〔05550〕
キュエノー（男性歌手）p.163 〔05551〕
クリストフ（男性歌手）p.164 〔05552〕
シエッツ（男性歌手）p.165 〔05553〕
デルモータ（男性歌手）p.165 〔05554〕
ステファーノ（男性歌手）p.166 〔05555〕
タッカー（男性歌手）p.167 〔05556〕
タリアヴィーニ（男性歌手）p.168 〔05557〕
ヒュッシュ（男性歌手）p.169 〔05558〕
フィッシャー＝ディスカウ（男性歌手）
p.170 〔05559〕
ベルナック（男性歌手）p.171 〔05560〕
ホッター（男性歌手）p.172 〔05561〕
ムンテアヌー（男性歌手）p.173 〔05562〕
モナコ（男性歌手）p.174 〔05563〕
ロンドン（男性歌手）p.175 〔05564〕

19巻11号（1956年8月発行）

レコード嫌いの作曲家 コーダイHiFiを語る
ジャージリイ，飯野尹 訳 p.22 〔05565〕
コーダイの主な作品とLP 田村秋雄
p.26 〔05566〕
大作曲家と音楽（5）メンデルスゾーン（対談）
大宮真琴，高瀬まり p.28 〔05567〕
レコードに聴くメンデルスゾーンの名曲 小林
利之 p.37 〔05568〕
話題の演奏家（3）アルテュール・グリュミオー
（座談会）杉浦繁，大宮真琴，佐川吉男
p.42 〔05569〕
ハンス・ホッター その好ましさについて（現代
演奏家への二つの意見）畑中良輔
p.48 〔05570〕
ハンス・ホッター その弱点について（現代演奏
家への二つの意見）宇野功芳 p.48 〔05571〕
フェレンツ・フリッチャイ その冷徹な情熱の美
（現代演奏家への二つの意見）田代秀穂
p.50 〔05572〕
フェレンツ・フリッチャイ 期待はフィガロに？
（現代演奏家への二つの意見）木村重雄
p.50 〔05573〕
サンソン・フランソワ その演奏への危惧（現代
演奏家への二つの意見）大宮真琴
p.52 〔05574〕

内容細目　　　　　　　　　　　　　　　「ディスク」

サンソン・フランソワ 心にふれる何かを（現代
　演奏家への二つの意見）城田美知子
　p.52　　　　　　　　　　　　　　〔05575〕

海外演奏家の動き 梶田章 p.55　　　〔05576〕

ヴェルディの歌劇「アイーダ」（今月の名盤）福
　原信夫 p.56　　　　　　　　　　〔05577〕

フルトヴェングラー感動の名演（今月の名盤）
　宇野功芳 p.60　　　　　　　　　〔05578〕

バッハの素晴しいカンタータ（今月の名盤）高
　橋理子 p.61　　　　　　　　　　〔05579〕

ポピュラー名曲十選―オーケストラ篇（今月の
　名盤）志鳥栄八郎 p.62　　　　　〔05580〕

エピック登場（座談会）岡俊雄，田代秀穂，高
　木東六 p.66　　　　　　　　　　〔05581〕

一九五六年・仏ディスク大賞きまる Ｆ・Ｆ
　p.75　　　　　　　　　　　　　　〔05582〕

新着LP試聴室 佐川吉男，志鳥栄八郎，小林利
　之，坪和昌夫，杉浦繁，佐久間幸光，高橋昭，
　高木東六，青木謙幸，南春雄 p.78　〔05583〕

海外LP紹介 杉浦繁 p.90　　　　　〔05584〕

海外レコード界の展望 藤田不二 p.98　〔05585〕

ディスク八月のLP推薦盤 p.105　　〔05586〕

今月のLP新譜総評 田代秀穂，大宮真琴，坪和
　昌夫，福原信夫 p.106　　　　　　〔05587〕

八月のEP新譜から 畑中更予 p.132　〔05588〕

SPレコード評 伊藤道雄 p.138　　　〔05589〕

ジャズとポピュラー評 飯塚経世
　p.140　　　　　　　　　　　　　　〔05590〕

タンゴ・レコード評 青木啓 p.146　〔05591〕

シャンソン・レコード評 高木東六
　p.148　　　　　　　　　　　　　　〔05592〕

東京の演奏会 音楽会漫歩 耳野良夫
　p.151　　　　　　　　　　　　　　〔05593〕

LP電蓄の当る第一回・ディスク音楽クイズ問題
　発表 p.154　　　　　　　　　　　〔05594〕

ハイ・ファイ・ニュース Ａ・カールソン
　p.156　　　　　　　　　　　　　　〔05595〕

レコードへの質問 p.157　　　　　　〔05596〕

カザルスとの対話―LPファンの為の本棚 中村
　善吉 p.158　　　　　　　　　　　〔05597〕

今年のプラード音楽祭 p.161　　　　〔05598〕

コンサート・ルポルタージュ（1）
　p.162　　　　　　　　　　　　　　〔05599〕

スタックスのコンデンサーについて（座談会）
　今西嶺三郎，田辺秀雄，中村久次，林尚武
　p.164　　　　　　　　　　　　　　〔05600〕

ハイ・フィデリティ・テクニック（18）エンク
　ロージュアの計算 スピーカー・システムに関
　する簡単な計算法（2）青木周三
　p.168　　　　　　　　　　　　　　〔05601〕

19巻12号（1956年9月発行）

セバスティアン・バッハ礼讃 あらえびす
　p.22　　　　　　　　　　　　　　〔05602〕

トスカニーニ其の後 ガードナー，藤井英一 訳
　p.24　　　　　　　　　　　　　　〔05603〕

最近のワルターを聴く 宇野功芳 p.31〔05604〕

歌劇「フィガロの結婚」新譜 福原信夫
　p.32　　　　　　　　　　　　　　〔05605〕

未発売レコードによるティボー追憶 石川登志
　夫 p.36　　　　　　　　　　　　〔05606〕

ティボー最後の演奏会 西条卓夫 p.38〔05607〕

大作曲家と音楽（8）リヒアルト・ワーグナー
　（対談）大宮真琴，高瀬まり p.40　〔05608〕

レコードで聴くワーグナーの名曲 小林利之
　p.47　　　　　　　　　　　　　　〔05609〕

ゲザ・アンダ 強靱なテクニシャン（現代演奏家
　に対する二つの意見（第3回））大宮真琴
　p.50　　　　　　　　　　　　　　〔05610〕

ゲザ・アンダ 冷徹な技巧家（編集者への手紙）
　（現代演奏家に対する二つの意見（第3回））
　中原路子 p.50　　　　　　　　　〔05611〕

ヴォルフガング・シュナイダーハン ヴィーン・
　スタイルの典型（現代演奏家に対する二つの
　意見（第3回））田代秀穂 p.52　　〔05612〕

ヴォルフガング・シュナイダーハン 時代ばなれ
　のした演奏家（現代演奏家に対する二つの意
　見（第3回））南春雄 p.52　　　　〔05613〕

アントニオ・ヤニグロ 期待のチェリスト（現代
　演奏家に対する二つの意見（第3回））井上頼
　豊 p.54　　　　　　　　　　　　〔05614〕

アントニオ・ヤニグロ Con・ヤニグロの説（現
　代演奏家に対する二つの意見（第3回））上野
　一郎 p.54　　　　　　　　　　　〔05615〕

グリュミオーとの対話 ベルトゥミウー，Ｔ・Ｉ
　訳 p.56　　　　　　　　　　　　〔05616〕

海外演奏家の動き 石川登志夫 p.57　〔05617〕

話題の演奏家（4）オッテルローを語る（座談会）
　佐川吉男，坪和昌夫，上野一郎 p.58〔05618〕

ゼルキンの不思議 渡辺茂 p.62　　　〔05619〕

ポピュラー小品十選―器楽篇 志鳥栄八郎
　p.64　　　　　　　　　　　　　　〔05620〕

ゴールデン・シリーズ再検討―名盤は生きてい
　る 中村善吉，坪和昌夫，飯野尹，青木謙幸
　p.68　　　　　　　　　　　　　　〔05621〕

LP収集ガイド 一枚から一〇〇枚まで（1）佐川
　吉男 p.74　　　　　　　　　　　〔05622〕

新着LP試聴室 杉浦繁，伊藤道雄，志鳥栄八郎，
　横溝亮一，高橋昭，佐川吉男，青木謙幸，小
　林利之，飯塚経世 p.78　　　　　〔05623〕

海外LP紹介 杉浦繁 p.90　　　　　〔05624〕

海外LP界展望 藤田不二 p.98　　　〔05625〕

ディスク九月のLP推薦盤 p.105　　〔05626〕

今月のLP新譜総評 田代秀穂，大宮真琴，坪和
　昌夫，福原信夫 p.106　　　　　　〔05627〕

九月のEP新譜から 畑中更予 p.135　〔05628〕

SPレコード評 伊藤道雄 p.140　　　〔05629〕

「ディスク」　　　　　　　　　　　　内容細目

ジャズとポピュラー評　飯塚経世
p.142　　　　　　　　　　　　〔05630〕

シャンソンのレコード　高木東六
p.148　　　　　　　　　　　　〔05631〕

タンゴ・レコード評　青木啓　p.150　〔05632〕

LP十枚があたる第二回ディスク音楽クイズ問
題発表　p.154　　　　　　　　〔05633〕

LP電蓄のあたる第一回ディスク音楽クイズ前
月の回答と新問題　p.156　　　　〔05634〕

エピックに登場する芸術家群像　杉浦繁
p.161　　　　　　　　　　　　〔05635〕

バークシャーの録音テープを聴く（座談会）E・
レーン，田辺秀雄，中村久次，今西嶺三郎
p.164　　　　　　　　　　　　〔05636〕

ハイ・フィデリティ・テクニック（19・終）再生
装置のまとめ方　むすび　青木周三
p.168　　　　　　　　　　　　〔05637〕

ハイ・ファイ・ニューズ　A・カールソン
p.174　　　　　　　　　　　　〔05638〕

東京の演奏会　音楽会漫歩　耳野良夫
p.176　　　　　　　　　　　　〔05639〕

19巻13号（1956年10月発行）

欧州の音楽界を語る（対談）野村光一，山根銀
二　p.22　　　　　　　　　　　〔05640〕

サンソン・フランソワとの対話　ユシェール，
T・I訳　p.29　　　　　　　　〔05641〕

歌劇「トスカ」全曲を聴く　福原信夫
p.30　　　　　　　　　　　　〔05642〕

ストラヴィンスキイの「兵士の物語」岡俊雄
p.34　　　　　　　　　　　　〔05643〕

トルトリエの名演—ドヴォルザークのチェロ協
奏曲　井上頼豊　p.39　　　　　〔05644〕

期待される新人ポール・トルトリエ　田代秀穂
p.40　　　　　　　　　　　　〔05645〕

マリーニンの「展覧会の絵」田村宏
p.42　　　　　　　　　　　　〔05646〕

アタウルフォ・アルヘンタ　藤田不二
p.43　　　　　　　　　　　　〔05647〕

大作曲家と音楽（9）ワーグナー（中）大宮真琴，
高瀬まり　p.44　　　　　　　　〔05648〕

レコードで聴くワーグナーの名曲（中）小林利
之　p.50　　　　　　　　　　　〔05649〕

一九五六年のバイロイト音楽祭　p.52　〔05650〕

LP収集のガイド　一枚から一〇〇枚まで（2）佐
川吉男　p.54　　　　　　　　　〔05651〕

ドルハノーヴァと語る　ミハイロフスカヤ
p.59　　　　　　　　　　　　〔05652〕

話題の演奏家（5）グイド・カンテルリ（座談会）
牧定忠，松田十四郎，小林利之　p.60　〔05653〕

回想のエチュード　中村善吉　p.64　〔05654〕

ヴェルディ　レクイエムの新盤（対談）高橋昭，
福原信夫　p.66　　　　　　　　〔05655〕

バッハのオルゲル・ビュッヒライン　秋元道雄
p.74　　　　　　　　　　　　〔05656〕

ポピュラー協奏曲十選　志鳥栄八郎
p.76　　　　　　　　　　　　〔05657〕

ソ連吹込の名盤—新世界のLPを聴く　佐川吉男
p.80　　　　　　　　　　　　〔05658〕

新着LP試聴室　志鳥栄八郎，小林利之，大宮真
琴，青木謙幸，桃園春夫，南春雄，坪和昌夫
p.82　　　　　　　　　　　　〔05659〕

海外LP紹介　杉浦繁　p.90　　　〔05660〕

海外LP界展望　藤田不二　p.98　〔05661〕

ディスク今月のLP推薦盤　p.105　〔05662〕

今月のLP新譜総評　田代秀穂，大宮真琴，坪和
昌夫，福原信夫　p.106　　　　　〔05663〕

十月のEP新譜から　畑中更予　p.130　〔05664〕

ジャズと軽音楽　飯塚経世　p.136　〔05665〕

LP電蓄のあたる第一回ディスク連続音楽クイ
ズ最後の問題　p.138　　　　　　〔05666〕

シャンソンのレコード　高木東六
p.142　　　　　　　　　　　　〔05667〕

今月のポルテニア音楽　青木啓　p.144　〔05668〕

子供のためのモーツァルト　木村重雄
p.148　　　　　　　　　　　　〔05669〕

海外演奏家の動き　石川登志夫　p.150　〔05670〕

私の推選盤—読者の頁　p.152　　〔05671〕

コロムビア音楽クイズ問題　p.154　〔05672〕

LP十枚があたる第二回ディスク連続音楽クイ
ズ第二の問題　p.156　　　　　　〔05673〕

世界楽界便り　梶田章　p.162　　〔05674〕

フランスの巨星イヴ・ナット逝く　青木謙幸
p.163　　　　　　　　　　　　〔05675〕

Gradus ad Hi-Fi（1）岡山好直　p.164　〔05676〕

国産品より　プリ・アンプは何を選ぶか　青木周
三　p.170　　　　　　　　　　〔05677〕

オーディオ新製品紹介　p.175　　〔05678〕

19巻14号（1956年11月発行）

「フィガロ」と「アイーダ」（話題の音楽会から）
木村重雄　p.18　　　　　　　　〔05679〕

オボーリン独奏会（話題の音楽会から）城田美
知子　p.20　　　　　　　　　　〔05680〕

ビアティゴルスキーを聴く（話題の音楽会から）
佐川吉男　p.21　　　　　　　　〔05681〕

欧州の音楽界を語る（2）（対談）野村光一，山
根銀二　p.22　　　　　　　　　〔05682〕

ヘンリック・セリングとの対話　ベルトゥミウ，
T・I訳　p.29　　　　　　　　〔05683〕

ベイヌムの名演—ブラームス第二（今月のLPか
ら）田代秀穂　p.30　　　　　　〔05684〕

楽劇「薔薇の騎士」の全曲盤（今月のLPから）
福原信夫　p.32　　　　　　　　〔05685〕

102　戦前期　レコード音楽雑誌記事索引　　　　　〔05630～05685〕

内容細目　　　　　　　　　　　　　　　　　　　　　　「ディスク」

「アルジェリア」のシミオナート（今月のLPから）木村重雄 p.36　　〔05686〕

ミサ・ソレムニスとトスカニーニ　田代秀穂 p.38　　〔05687〕

フルトヴェングラーのベートーヴェン第一（今月のLPから）宇野功芳 p.43　　〔05688〕

大作曲家と音楽（10）ワーグナー（下）大宮真琴，高瀬まり p.44　　〔05689〕

レコードで聴くワーグナーの名曲（下）小林利之 p.51　　〔05690〕

大指揮者はどこから生れるか　マーシュ，上野一郎 訳 p.54　　〔05691〕

新世界レコードできくソヴィエトの音楽（座談会）井上頼豊，横溝亮一，佐川吉男 p.60　　〔05692〕

ヴェルディの名作 歌劇「椿姫」の新盤をめぐって（座談会）宮沢縦一，福原信夫 p.68　　〔05693〕

海外LP紹介──最新の世界のLPニュース 杉浦繁 p.75　　〔05694〕

新着LP試聴室 杉浦繁，坪和昌夫，田村秋雄，横溝亮一，飯塚経世 p.86　　〔05695〕

最近の海外盤試聴メモ 西条卓夫 p.94　　〔05696〕

海外LP界の展望 藤田不二 p.98　　〔05697〕

コロムビア音楽クイズ当選発表と新問題 p.104　　〔05698〕

ディスク今月のLP推薦盤 p.109　　〔05699〕

今月のLP新譜総評 田代秀穂，大宮真琴，坪和昌夫，福原信夫 p.110　　〔05700〕

EPレコード試聴雑記 畑中更予 p.137　　〔05701〕

LP収集のガイド 一枚から一〇〇枚まで（3）佐川吉男 p.140　　〔05702〕

歌のLP名盤一〇選 志鳥栄八郎 p.144　　〔05703〕

ジャズと軽音楽評 飯塚経世 p.148　　〔05704〕

シャンソンのレコード 高木東六 p.154　　〔05705〕

今月のポルテニア音楽 青木啓 p.156　　〔05706〕

パイオニアのハイ・ファイ装置があたる第三回ディスク連続音楽クイズ p.158　　〔05707〕

LP十枚があたる第二回ディスク連続音楽クイズ最後の問題 p.160　　〔05708〕

海外演奏家の動き 石川登志夫 p.166　　〔05709〕

国産HiFi部品より オール・イン・ワン・アンプは何を撰ぶか 青木周三 p.168　　〔05710〕

Gradus ad HiFi（2）岡山好直 p.174　　〔05711〕

オーディオ新製品紹介 p.179　　〔05712〕

19巻15号（1956年12月発行）

モーツァルト（1）大作曲家と音楽（11）大宮真琴，佐藤景子 p.18　　〔05713〕

悲愴交響曲 ムラヴィンスキー（特集 今月話題のLP新譜）斎藤秀雄 p.28　　〔05714〕

第九交響曲 カラヤン（特集 今月話題のLP新譜）田代秀穂 p.31　　〔05715〕

皇帝協奏曲 カサドシュズ（特集 今月話題のLP新譜）川村宏 p.34　　〔05716〕

ハイフェッツのベートーヴェン（特集 今月話題のLP新譜）大宮真琴 p.35　　〔05717〕

ブリットゥンの「キャロルの祭典」（特集 今月話題のLP新譜）小林利之 p.36　　〔05718〕

歌劇「バスティエンとバスティエンヌ」（特集 今月話題のLP新譜）畑中良輔 p.39　　〔05719〕

クリスマス・カンタータ（特集 今月話題のLP新譜）高橋昭 p.40　　〔05720〕

夭折したピアニスト リパッティの芸術 野村光一，坪田昭三 p.42　　〔05721〕

「悲しい日」リパッティの母の手記 石川登志夫 訳 p.44　　〔05722〕

ギーゼキングの死とレコード 沢田茂 p.50　　〔05723〕

レフ・オボーリンの話 青木謙幸 p.52　　〔05724〕

日本で録音したオボーリン試聴記（特集 今月話題のLP新譜）志鳥栄八郎 p.55　　〔05725〕

エピックのBOMシリーズとセルの「運命・未完成」岡俊雄，佐川吉男 p.56　　〔05726〕

LP収集のガイド 一枚から一〇〇枚まで（4）佐川吉男 p.62　　〔05727〕

映画「過去を持つ愛情」 p.69　　〔05728〕

ポピュラー交響曲一〇選 志鳥栄八郎 p.70　　〔05729〕

アマールと夜の訪問者のこと 畑中更予 p.74　　〔05730〕

夢のハーモニー 岡部迪子 p.76　　〔05731〕

ムード・ミュジックの実用性 瀬戸善明 p.78　　〔05732〕

新着LP試聴室 p.84　　〔05733〕

ディスク十二月の推薦盤 p.105　　〔05734〕

今月のLP新譜総評 田代秀穂，大宮真琴，坪和昌夫，福原信夫 p.106　　〔05735〕

ドーナッツ盤試聴雑記 畑中更予 p.132　　〔05736〕

カリブ海地方の民謡 徳田靖 p.137　　〔05737〕

ジャズと軽音楽 飯塚経世 p.138　　〔05738〕

シャンソン・レコード 高木東六 p.144　　〔05739〕

プグリエセ 山本光雄 p.145　　〔05740〕

ポルテニア音楽その他 青木啓 p.146　　〔05741〕

第三回コロムビア音楽クイズ問題と当選者 p.148　　〔05742〕

第三回ディスク音楽クイズ p.150　　〔05743〕

第二回ディスク音楽クイズの当選発表 p.152　　〔05744〕

タンゴの歴史 青木啓 p.157　　〔05745〕

「ディスク」　　　　　　　　　　内容細目

メイン・アンプは何を撰ぶか 青木周三
p.160　　　　　　　　　　　　〔05746〕

ハイ・ファイの基礎 グラドゥス・アド・Hi・Fi
岡山好直 p.168　　　　　　　　〔05747〕

20巻1号（1957年1月発行）

LP値下げの問題 青木謙幸 p.17　　〔05748〕

モーツァルト（2）大作曲家と音楽（12） 大宮真
琴，佐藤景子 p.18　　　　　　　〔05749〕

テレビの前の来朝演奏家たち（1） 福原信夫
p.28　　　　　　　　　　　　　〔05750〕

サンソン・フランソワとのある日 ピアノ・レモ
ン・ミルク 山口芙美子 p.32　　〔05751〕

ヴィヴァルディの四季 佐藤馨 p.35　〔05752〕

私の好きなレコード（1） 村田武雄
p.36　　　　　　　　　　　　　〔05753〕

ディスク一月のLP推薦盤 p.43　　〔05754〕

生真面目な指揮者ベームとモーツァルト 田代
秀穂 p.44　　　　　　　　　　〔05755〕

二つの交響楽団を聴く―アメリカ便り（1） 高瀬
まり p.47　　　　　　　　　　〔05756〕

ボストンの音楽界 今堀和友 p.50　〔05757〕

マリーニンのラフマニノフ 大宮真琴
p.54　　　　　　　　　　　　　〔05758〕

ブラームスを名演するルービンシュタイン 坩
和昌夫 p.54　　　　　　　　　〔05759〕

グリークの歌曲集 福原信夫 p.55　〔05760〕

ミュージック・コンクレートの諸問題 クロー
ド・ロスタン，赤木仁兵衛 訳 p.57　〔05761〕

外誌のLP批評（1） 上野一郎 p.60　〔05762〕

新刊紹介 p.69　　　　　　　　　〔05763〕

フィッシャー＝ディスカウを語る 福原信夫，有
馬茂夫，小林利之 p.70　　　　〔05764〕

フィッシャー＝ディスカウのLP 岸本淳
p.76　　　　　　　　　　　　　〔05765〕

海外LP紹介 杉浦繁 p.79　　　　〔05766〕

新着LP試聴室 宇野功芳，南春雄，飯田一夫，
小林利之 p.84　　　　　　　　〔05767〕

海外LP界の展望 藤田不二 p.92　〔05768〕

逝ける人の想い出 岡部迪子 p.95　〔05769〕

未来の音 サウンド・プルーフを聴く 今堀淳一
p.96　　　　　　　　　　　　　〔05770〕

ケンペンの芸術 坩和昌夫 p.98　　〔05771〕

海外演奏家の動き 石川登志夫 p.100　〔05772〕

今月のLP新譜総評 大宮真琴，坩和昌夫，門馬
直美，福原信夫 p.105　　　　　〔05773〕

ドーナッツ盤試聴雑記 畑中更予
p.131　　　　　　　　　　　　　〔05774〕

ジャズとポピュラー 飯塚経世 p.136　〔05775〕

シャンソンのレコード 高木東六
p.142　　　　　　　　　　　　　〔05776〕

ボルテニア音楽その他 青木啓 p.145　〔05777〕

第四回コロムビア音楽クイズ問題と当選者
p.148　　　　　　　　　　　　　〔05778〕

第三回ディスク音楽クイズ p.150　〔05779〕

メイン・アンプは何を撰ぶか 青木周三
p.158　　　　　　　　　　　　　〔05780〕

交響曲第四〇番（モーツァルト）（LP名曲二〇選
（1）） 木村重雄 p.164　　　　〔05781〕

交響曲第五番「運命」（ベートーヴェン）（LP名
曲二〇選（1）） 宇野功芳 p.166　〔05782〕

交響曲第九番「合唱」（ベートーヴェン）（LP名
曲二〇選（1）） 宇野功芳 p.171　〔05783〕

ピアノ協奏曲「皇帝」（ベートーヴェン）（LP名
曲二〇選（1）） 坩和昌夫 p.177　〔05784〕

ヴァイオリン協奏曲（ベートーヴェン）（LP名曲
二〇選（1）） 中村善吉 p.180　〔05785〕

月光と熱情のソナタ（ベートーヴェン）（LP名曲
二〇選（1）） 青木章子 p.184　〔05786〕

未完成交響曲（シューベルト）（LP名曲二〇選
（1）） 杉浦繁 p.186　　　　　〔05787〕

クロイツェル・ソナタ（ベートーヴェン）（LP名
曲二〇選（1）） 伊藤道雄 p.189　〔05788〕

ヴァイオリン協奏曲（ブラームス）（LP名曲二〇
選（1）） 南春雄 p.190　　　　〔05789〕

ヴァイオリン協奏曲（チャイコフスキイ）（LP名
曲二〇選（1）） 杉浦繁 p.194　〔05790〕

交響曲第五番「新世界」（ドヴォルザーク）（LP
名曲二〇選（1）） 伊藤道雄 p.196　〔05791〕

チェロ協奏曲（ドヴォルザーク）（LP名曲二〇選
（1）） 井上頼豊 p.199　　　　〔05792〕

シェヘラザード（リムスキー＝コルサコフ）（LP
名曲二〇選（1）） 佐川吉男 p.202　〔05793〕

20巻2号（1957年2月発行）

私の好きなレコード（2） 村田武雄
p.18　　　　　　　　　　　　　〔05794〕

ストラヴィンスキーのオペラ レイクス・プログ
レス 柴田南雄 p.26　　　　　〔05795〕

トスカニーニ死去す p.29　　　　〔05796〕

ベルリオーズの幻想交響曲（LP名曲二〇選
（2）） 伊藤道雄 p.30　　　　　〔05797〕

チャイコフスキーの「悲愴」交響曲（LP名曲二
〇選（2）） 宇野功芳 p.33　　〔05798〕

メンデルスゾーンのヴァイオリン協奏曲（LP名
曲二〇選（2）） 小林利之 p.38　〔05799〕

イタリア歌劇団の人々―テレビの前の来朝演奏
家 福原信夫 p.40　　　　　　〔05800〕

一枚から一〇〇枚まで LPへのガイド―バレエ
の饗宴 佐川吉男 p.44　　　　〔05801〕

モーツァルト（3）大作曲家と音楽（13） 大宮真
琴，佐藤景子 p.50　　　　　　〔05802〕

モーツァルトのレコード p.63　　〔05803〕

海外LP界の展望 藤田不二 p.69　〔05804〕

レコード・コンサートの娯しさ 志鳥栄八郎
p.72　　　　　　　　　　　　　〔05805〕

内容細目　　　　　　　　　　「ディスク」

ディスクのLPカタログから日本LP界の現状を
みる　上野一郎 p.78　　　　　〔05806〕

聖譚曲「天地創造」（ハイドン）　福原信夫
p.84　　　　　　　　　　　　〔05807〕

海外LP紹介　編集部 p.87　　　　〔05808〕

海外演奏家の動き（フランス）　石川登志夫
p.90　　　　　　　　　　　　〔05809〕

新着LP試聴室―最近聴いたLPから　坩和昌夫,
佐川吉男, 大宮真琴, 小谷彰, 飯田一夫, 小
林利之 p.92　　　　　　　　〔05810〕

二月のLP推薦盤 p.105　　　　　〔05811〕

実演と録音とについて　大宮真琴
p.106　　　　　　　　　　　　〔05812〕

今月のLP新譜総評 交響曲・管絃楽　大宮真琴
p.109　　　　　　　　　　　　〔05813〕

今月のLP新譜総評 室内楽・独奏曲　門馬直美
p.118　　　　　　　　　　　　〔05814〕

今月のLP新譜総評 協奏曲　坩和昌夫
p.124　　　　　　　　　　　　〔05815〕

今月のLP新譜総評 声楽曲　福原信夫
p.131　　　　　　　　　　　　〔05816〕

ドーナッツ盤試聴雑記　畑中更予
p.136　　　　　　　　　　　　〔05817〕

ジャズとポピュラー評　飯塚経世
p.140　　　　　　　　　　　　〔05818〕

ジャズの演奏家 鈴木章治紹介　飯塚経世
p.143　　　　　　　　　　　　〔05819〕

ポルテニア音楽　青木啓 p.146　〔05820〕

タンゴの演奏家 デ・アンジェリス　山本光雄
p.147　　　　　　　　　　　　〔05821〕

今月のシャンソン　高木東六 p.149　〔05822〕

五万四千円のレコード　青木謙幸
p.152　　　　　　　　　　　　〔05823〕

外誌のLP比較評（2）ヴィヴァルディの四季 上
野一郎 p.156　　　　　　　　〔05824〕

誤りやすいフランスの人名と地名の読み方 石
川登志夫 p.158　　　　　　　〔05825〕

大出力のメイン・アンプは何を選ぶか 青木周
三 p.160　　　　　　　　　　〔05826〕

HiFiの基礎 グラドゥス・アド・ハイ・ファイ
岡山好直 p.163　　　　　　　〔05827〕

第五回コロムビア音楽クイズ p.170　〔05828〕

20巻3号（1957年3月発行）

演奏家訪問 三宅春恵さんは語る　大宮真琴 訊く
人 p.18　　　　　　　　　　　〔05829〕

シューマンとフランスの音楽家たち ロベール・
カザドゥジュ, 繁沢保 訳 p.24　〔05830〕

クレンペラーとその芸術（座談会）有坂愛彦,
秋元道雄, 岡俊雄 p.28　　　　〔05831〕

マルタンの「小協奏交響曲」（今月のLPハイラ
イト）柴田南雄 p.36　　　　　〔05832〕

ルービンシュタイン得意の二曲（今月のLPハイ
ライト）大木正興 p.37　　　　〔05833〕

非凡なる天才リパッティ（今月のLPハイライ
ト）園田高弘 p.38　　　　　　〔05834〕

フォーレのレクイエムを聴く（今月のLPハイラ
イト）福沢アクリヴィ p.39　　〔05835〕

ソコロフとカーティスのフランク（今月のLPハ
イライト）坪田昭三 p.40　　　〔05836〕

カンテリリとメンデルスゾーン（今月のLPハイ
ライト）佐藤馨 p.41　　　　　〔05837〕

バッハ（1）大作曲家と音楽（14）（対談）大宮真
琴, 佐藤景子 p.42　　　　　　〔05838〕

ヨハン・セバスチャン・バッハの系図
p.47　　　　　　　　　　　　〔05839〕

レコードで聴く私たちの音楽史 グレゴリアン・
チャント 渡部恵一郎 p.48　　〔05840〕

テレビの前の来朝演奏家たち（終）福原信夫
p.52　　　　　　　　　　　　〔05841〕

一枚から一〇〇枚まで LP蒐集ガイド―舞曲の
宝庫 佐川吉男 p.56　　　　　〔05842〕

レーヌ・ジャノリとの対談 イヴ・ユシエール,
石川登志夫 訳 p.59　　　　　〔05843〕

HiFiの基礎 グラドゥス・アド・ハイ・ファイ
岡山好直 p.60　　　　　　　　〔05844〕

春はソ連楽人とともに　山口芙美子
p.69　　　　　　　　　　　　〔05845〕

逝けるマエストロ トスカニーニを偲ぶ（座談
会）森正, 木村重雄, 青木謙幸
p.72　　　　　　　　　　　　〔05846〕

トスカニーニのレパートリー（1）岡俊雄
p.82　　　　　　　　　　　　〔05847〕

新着LP試聴室 飯田一夫, 伊藤道雄, 佐川吉男,
坩和昌夫, 大宮真琴, 南春雄, 飯塚経世, 桃
園春夫 p.86　　　　　　　　〔05848〕

海外LP紹介 岡俊雄 p.94　　　　〔05849〕

今月のLP新譜総評 交響曲・管絃楽　大宮真琴
p.106　　　　　　　　　　　　〔05850〕

今月のLP新譜総評 室内楽・独奏曲　門馬直美
p.114　　　　　　　　　　　　〔05851〕

今月のLP新譜総評 協奏曲　坩和昌夫
p.120　　　　　　　　　　　　〔05852〕

今月のLP新譜総評 声楽曲　福原信夫
p.124　　　　　　　　　　　　〔05853〕

ドーナッツ盤試聴雑記　畑中更予
p.130　　　　　　　　　　　　〔05854〕

タンゴの新譜から 青木啓 p.135　〔05855〕

訪日したイヴェット・ジロー 丸山和平
p.141　　　　　　　　　　　　〔05856〕

今月のシャンソン 高木東六 p.142　〔05857〕

ジャズとポピュラー評 飯塚経世
p.144　　　　　　　　　　　　〔05858〕

グッドマン楽団の印象 飯塚経世
p.149　　　　　　　　　　　　〔05859〕

一九五六年ディスク大賞決定 F・F
p.150　　　　　　　　　　　　〔05860〕

外誌にみる三月のLP 上野一郎 p.152　〔05861〕

「ディスク」 内容細目

ピアノ音楽のお話（1）ピアノの先祖たち 野村光
一 p.156 〔05862〕

シューマン「女の愛と生涯」（今月の名曲解説物
語）佐野和彦 p.160 〔05863〕

ラヴェル「ダフニスとクロエ」（今月の名曲解説
物語）荻原英彦 p.162 〔05864〕

ムソルグスキー「ボリス・ゴドノフ」（今月の名
曲解説物語）大宮真琴 p.164 〔05865〕

コダーイ「ハーリ・ヤーノシュ」組曲（今月の
名曲解説物語）清水美知子 p.166 〔05866〕

世界のニュース 藤田不二，梶田章，石川登志夫
p.168 〔05867〕

ソ連のレコード 藤田不二 p.170 〔05868〕

今月のニュース解説 立体録音テープの発売 田
辺秀雄 p.174 〔05869〕

ディスク第三回クイズ結果 p.177 〔05870〕

第六回コロムビア音楽クイズ問題
p.178 〔05871〕

第四回コロムビア音楽クイズ発表
p.179 〔05872〕

新刊紹介 青木謙幸 p.180 〔05873〕

20巻4号（1957年4月発行）

ウィーンから新帰朝の指揮者 金子登さんは語る
大宮真琴 訊く人 p.18 〔05874〕

オルマンディの「ペトルーシュカ」（今月のハイ
ライト）三善清達 p.28 〔05875〕

シューベルトの「白鳥の歌」（今月のハイライ
ト）畑中良輔 p.29 〔05876〕

疑問の残るクレンペラー「第七」（今月のハイラ
イト）大木正興 p.30 〔05877〕

ブリテンの「聖ニコラス」（今月のハイライ
ト）岡俊雄 p.31 〔05878〕

フランチェスカッティのブラームス（今月のハ
イライト）佐藤馨 p.32 〔05879〕

シャーリング・イン・ムード（今月のハイライ
ト）油井正一 p.33 〔05880〕

イーヴ・ナットを語る―逝けるピアニストの残
した名演を偲んで（座談会）有坂愛彦，園田
高弘，園田春子，大宮真琴，A・キャラビ
p.34 〔05881〕

ソヴィエトへの旅 J・ピアース，飯野尹 訳
p.40 〔05882〕

ティサン・ヴァランタンとの対談 ユシェール，
石川登志夫 訳 p.45 〔05883〕

新着LP試聴室 中村善吉，坪和昌夫，宮崎嗣，
畑中更予，今西嶺三郎 p.46 〔05884〕

海外LP紹介 岡俊雄 p.54 〔05885〕

ドイツの現代音楽LPシリーズ 藤田不二
p.56 〔05886〕

羽田空港と記者会見―来朝演奏家こぼれ話（1）
上浪渡 p.62 〔05887〕

トスカニーニのレパートリイ（2）岡俊雄
p.66 〔05888〕

外誌のLP比較評（3）ショパン 第二ピアノ協奏
曲 上野一郎 p.70 〔05889〕

春宵放談 三《スリー》ウエイ・ラッパ大いに鳴
る 三文字誠，金井稔，青木謙幸，岡山好直
司会 p.72 〔05890〕

世界の音楽ニュース 石川登志夫，山口芙美子
p.78 〔05891〕

今月のレコード評 交響曲・管絃楽 大宮真琴
p.86 〔05892〕

今月のレコード評 室内楽・器楽曲 門馬直美
p.96 〔05893〕

今月のレコード評 協奏曲 坪和昌夫
p.108 〔05894〕

今月のレコード評 声楽曲 福原信夫
p.112 〔05895〕

今月のレコード評 ドーナッツ盤（EP・45）畑
中更予 p.118 〔05896〕

今月のレコード評 ジャズとポピュラー 飯塚経
世 p.124 〔05897〕

今月のレコード評 シャンソン 高木東六
p.130 〔05898〕

今月のレコード評 タンゴ 青木啓
p.133 〔05899〕

フィルポの少年時代 三浦さゆり
p.136 〔05900〕

第七回コロムビア音楽クイズ問題
p.138 〔05901〕

第五回コロムビア音楽クイズ発表
p.139 〔05902〕

グラドス・アド・ハイファイ―誰にでもわかる
ハイファイ物語 岡山好直 p.141 〔05903〕

レコードで聴く私たちの音楽史（2）中世の音楽
渡部恵一郎 p.146 〔05904〕

バッハ（2）大作曲家と音楽（15）（対談）大宮真
琴，佐藤景子 p.150 〔05905〕

ピアノ音楽の話（2）ヘンデルからモーツァルト
野村光一 p.156 〔05906〕

交響曲「イタリアのハロルド」―ベルリオーズ
（今月の名曲物語）荻原英彦 p.160 〔05907〕

第二ピアノ協奏曲―ラフマニノフ（今月の名曲
物語）佐野和彦 p.162 〔05908〕

ペトルーシュカ―ストラヴィンスキー（今月の
名曲物語）清水美知子 p.164 〔05909〕

オペラのテノール・アリア集（今月の名曲物語）
小林利之 p.166 〔05910〕

新発売のロンドン・ジャズ 油井正一
p.168 〔05911〕

クレフ・シリーズの名盤 飯塚経世
p.169 〔05912〕

家庭用のハイ・ファイ装置 青木周三
p.170 〔05913〕

レコード会社の地図 田辺秀雄 p.174 〔05914〕

20巻5号（1957年5月発行）

フランスに活躍するピアニストたちの話 原智恵子さんは語る 大宮真琴 訊く人 p.18 〔05915〕

外誌のLP比較評（4）ベートーヴェンの交響曲は何を選ぶべきか？ 上野一郎 p.24 〔05916〕

ブルーノ・ワルターの芸術―音楽の詩人と呼ばれる名指揮者をめぐつて（座談会）金子登, 宇野功芳, 大宮真琴 p.32 〔05917〕

ハスキルとアンダの二重協奏曲（話題のLPハイライト）田村宏 p.41 〔05918〕

オネゲル管絃楽曲集（話題のLPハイライト）長谷川良夫 p.42 〔05919〕

ドビュッシイ「聖セバスチャンの殉教」（話題のLPハイライト）園田春子 p.43 〔05920〕

シェビのモーツァルト（話題のLPハイライト）福原信夫 p.44 〔05921〕

ミッドナイト・イン・東京（話題のLPハイライト）油井正一 p.45 〔05922〕

歌劇「カルメン」の新盤 有坂愛彦, 川崎静子, 宮沢縦一 p.46 〔05923〕

ロシア魂・ドイツ魂 山口美美子 p.53 〔05924〕

LP収集ガイド 一枚から一〇〇枚まで―劇と映画のための名曲 佐川吉男 p.56 〔05925〕

海外LP紹介 岡俊雄 p.60 〔05926〕

世界の音楽界・レコード界ニュース 藤田不二, 石川登志夫 p.70 〔05927〕

トスカニーニのレパートリイ（3）岡俊雄 p.72 〔05928〕

イミテーション・カリプソ横行す 徳田靖 p.75 〔05929〕

カタログのシュワン氏を訪ねて A・バーガー, 宮崎嗣 訳 p.76 〔05930〕

ディスク今月のLP推選盤 p.85 〔05931〕

今月のレコード評 交響曲・管絃楽 大宮真琴 p.86 〔05932〕

今月のレコード評 協奏曲 坪和昌夫 p.96 〔05933〕

今月のレコード評 室内楽・器楽曲 門馬直美 p.106 〔05934〕

アンドール・フォルデスとの対談 ジャンティ, 石川登志夫 訳 p.110 〔05935〕

スレツァーク断片 畑中良輔 p.115 〔05936〕

今月のレコード評 声楽曲 福原信夫 p.116 〔05937〕

今月のレコード評 ドーナッツ盤（EP・45）畑中更予 p.122 〔05938〕

今月のレコード評 シャンソン 高木東六 p.128 〔05939〕

今月のレコード評 タンゴ 青木啓 p.130 〔05940〕

今月のレコード評 ジャズとポピュラー 飯塚経世 p.132 〔05941〕

第八回コロムビア音楽クイズ問題 p.142 〔05942〕

第六回コロムビア音楽クイズ発表 p.143 〔05943〕

クリュイタンスとウイーン―アメリカ便り（2）高瀬まり p.144 〔05944〕

グラドゥス・アド・ハイファイ 岡山好直 p.146 〔05945〕

レコードで聴く私たちの音楽史 アルス・ノーヴァ 渡部恵一郎 p.151 〔05946〕

バッハ（3）大作曲家と音楽（16）（対談）大宮真琴, 佐藤景子 p.154 〔05947〕

バルトークのピアノ曲―今月の研究（1）清水美知子 p.160 〔05948〕

交響組曲「シェヘラツァーデ」（リムスキー・コルサコフ）（今月の名曲物語）松前紀男 p.166 〔05949〕

セレナーデ「ハフナー」（モーツァルト）（今月の名曲物語）佐野和彦 p.168 〔05950〕

歌劇「タンホイザー」より（ワグナー）（今月の名曲物語）萩原英彦 p.170 〔05951〕

家庭用のハイ・ファイ装置 青木周三 p.172 〔05952〕

五月各社新譜一覧表 p.180 〔05953〕

20巻6号（1957年6月発行）

ギリシャ・フランス‐そして日本 福沢アクリヴィさんは語る―演奏家訪問（4）大宮真琴 訊く人 p.18 〔05954〕

ナポリ楽派の音楽（話題のLP・今月のハイライト）服部幸三 p.26 〔05955〕

名歌手リチャード・タッカー（話題のLP・今月のハイライト）三善清達 p.28 〔05956〕

ドワイアンのショパン（話題のLP・今月のハイライト）坪田昭三 p.29 〔05957〕

ケンペンのベートーヴェン「第七」（話題のLP・今月のハイライト）岩城宏之 p.30 〔05958〕

フォンテッサ―モダン・ジャズの名盤（話題のLP・今月のハイライト）油井正一 p.32 〔05959〕

一〇〇〇円のLP競争 田辺秀雄 p.32 〔05960〕

LPの名盤をさぐる（1）―コロムビア篇（座談会）村田武雄, 藁科雅美, 大宮真琴, 青木謙幸 司会 p.34 〔05961〕

歌劇「エフゲニ・オネーギン」全曲（話題のLP・今月のハイライト）福原信夫 p.48 〔05962〕

イスラエル・フィル物語 渡辺茂 p.53 〔05963〕

プェルト・リコのパウロ・カザルス先生 平井丈一朗 p.56 〔05964〕

第九回コロムビア音楽クイズ問題 p.58 〔05965〕

第七回コロムビア音楽クイズ発表 p.59 〔05966〕

「ディスク」 内容細目

オネゲルのオラトリオ「ダビデ王」（全訳）大宮
真琴 訳 p.60　　　　　　　　　　〔05967〕

ベートーヴェンの交響曲聴きくらべ（アメリカ
編・1）上野一郎 p.67　　　　　　〔05968〕

海外LP紹介 岡俊雄 p.74　　　　　　〔05969〕

ディスク今月のLP推薦盤 p.85　　　〔05970〕

今月のレコード評 交響曲・管絃楽 大宮真琴
p.86　　　　　　　　　　　　　　〔05971〕

今月のレコード評 室内楽・器楽曲 門馬直美
p.95　　　　　　　　　　　　　　〔05972〕

今月のレコード評 声楽曲 福原信夫
p.102　　　　　　　　　　　　　〔05973〕

今月のレコード評 協奏曲 坪和昌夫
p.110　　　　　　　　　　　　　〔05974〕

今月のレコード評 ドーナッツ盤（クラシック・
EP・45）畑中更予 p.114　　　　〔05975〕

今月のレコード評 ジャズとポピュラー 飯塚経
世 p.119　　　　　　　　　　　　〔05976〕

今月のレコード評 タンゴ 青木啓
p.126　　　　　　　　　　　　　〔05977〕

ダイアモンド・シリーズ 志鳥栄八郎
p.128　　　　　　　　　　　　　〔05978〕

イスナール夫人との対談 山口美実子
p.130　　　　　　　　　　　　　〔05979〕

だれにでもわかるハイ＝ファイ教室 グラドゥ
ス・アド・ハイファイ 岡山好直
p.137　　　　　　　　　　　　　〔05980〕

バッハ(4)大作曲家と音楽(17)（対談）大宮真
琴，佐藤景子 p.142　　　　　　　〔05981〕

パリのモーツァルト 今月の研究(2) 海老沢敏
p.153　　　　　　　　　　　　　〔05982〕

ガヤーヌ（ハチャトゥリアン）（今月の名曲物
語）萩原英彦 p.160　　　　　　　〔05983〕

結婚カンタータ（バッハ）（今月の名曲物語）佐
野和彦 p.162　　　　　　　　　　〔05984〕

いとも気高き幻想（ヒンデミット）（今月の名曲
物語）清水美知子 p.164　　　　　〔05985〕

アメリカだより(3)ルービンシュタインその他
高瀬まり p.166　　　　　　　　　〔05986〕

海外のレコード界トピックス 藤田不二
p.170　　　　　　　　　　　　　〔05987〕

六月各社新譜一覧表 p.176　　　　　〔05988〕

20巻7号（1957年7月発行）

演奏家訪問・5 吉田雅夫さんをたづねて 大宮真
琴 訊く人 p.18　　　　　　　　　〔05989〕

ゼルキンのブラームス「第二」（話題のLP・今
月のハイライト）薬科雅美 p.28　〔05990〕

グリークの「ペール・ギュント」組曲（話題の
LP・今月のハイライト）岡俊雄
p.30　　　　　　　　　　　　　〔05991〕

ヴァレンティ＝スカルラッティ（話題のLP・今
月のハイライト）佐藤馨 p.31　〔05992〕

イーヴ・ナットのベートーヴェン（話題のLP・
今月のハイライト）坪田昭三 p.32　〔05993〕

プーランクの「オーバード」（話題のLP・今月
のハイライト）秋山邦晴 p.33　〔05994〕

LPの名盤をさぐる(2)―グラモフォン篇（座談
会）中村善吉，上野一郎，大宮真琴，青木謙
幸 司会 p.36　　　　　　　　　　〔05995〕

ラヴェルとドビュッシイのピアノ曲とその演奏
ワルター・ギーゼキング，山口美実子 訳
p.46　　　　　　　　　　　　　〔05996〕

待望の名盤 歌劇「オテロ」全曲を聴く ヴェル
ディー・シェイクスピアの名作とテバル
ディー＝デル＝モナコの名コンビ（座談会）柴
田睦陸，宮沢縦一，福原信夫 p.50 〔05997〕

ショーソンの「愛と海の詩」（全訳）大宮真琴
訳 p.57　　　　　　　　　　　　〔05998〕

戦後のイーヴ・ナット 石川登志夫
p.60　　　　　　　　　　　　　〔05999〕

ベートーヴェンの交響曲聴きくらべ―第四と
「運命」と「田園」と（アメリカ編・2）上野
一郎 p.62　　　　　　　　　　　〔06000〕

最近のレコードの世界ニュース 海外LP紹介 岡
俊雄 p.69　　　　　　　　　　　〔06001〕

少年合唱団「木の十字架」の吹込 小池正夫
p.78　　　　　　　　　　　　　〔06002〕

ディスク今月のLP推選盤 p.85　　〔06003〕

レコードとその批評―私の立場 福原信夫
p.86　　　　　　　　　　　　　〔06004〕

今月のレコード評 交響曲と管絃楽 大宮真琴
p.88　　　　　　　　　　　　　〔06005〕

今月のレコード評 器楽曲と室内楽 門馬直美
p.97　　　　　　　　　　　　　〔06006〕

今月のレコード評 協奏曲 坪和昌夫
p.105　　　　　　　　　　　　〔06007〕

今月のレコード評 声楽曲 福原信夫
p.110　　　　　　　　　　　　〔06008〕

ロベルタ・ピータース―メトの新鋭ソプラノ
宮沢縦一 p.118　　　　　　　　〔06009〕

今月のレコード評 ドーナッツ盤（クラシック・
EP・45）畑中更予 p.120　　　〔06010〕

今月のレコード評 ジャズとポピュラー音楽 飯
塚経世 p.125　　　　　　　　　〔06011〕

日本に来たリカルド・サントス―ホリディ・イ
ン・ジャパン 三浦さゆり p.126 〔06012〕

今月のレコード評 シャンソン 高木東六
p.132　　　　　　　　　　　　〔06013〕

フラメンコのレコード四つ 上野一郎
p.136　　　　　　　　　　　　〔06014〕

今月のレコード評 タンゴ 青木啓
p.138　　　　　　　　　　　　〔06015〕

マグダ・タリアフェロとの対談 ニコール・イ
ルシュ，石川登志夫 訳 p.141　〔06016〕

レコードで聴く 私たちの音楽史(4)ネーデルラ
ンド楽派の擡頭 渡部恵一郎 p.142 〔06017〕

内容細目 「ディスク」

ヘンデル（1）大作曲家と音楽（18）（対談）大宮
真琴，佐藤景子 p.146　　　　　　　〔06018〕

バッハの「フーガの技法」今月の研究（3）角
倉一朗 p.157　　　　　　　　　　　〔06019〕

第十回コロムビア音楽クイズ問題
p.164　　　　　　　　　　　　　　〔06020〕

第八回コロムビア音楽クイズ発表
p.165　　　　　　　　　　　　　　〔06021〕

マンフレッド交響曲（チャイコフスキー）（今月
の名曲物語）萩原英彦 p.166　　　　〔06022〕

交響詩「モルダウ」（スメタナ）（今月の名曲物
語）佐野和彦 p.168　　　　　　　　〔06023〕

現代音楽の窓（1）プロコフィエフの第二V協奏
曲 清水美知子 p.170　　　　　　　〔06024〕

海外レコード界のトピックス 藤田不二
p.173　　　　　　　　　　　　　　〔06025〕

海外演奏家の動き 梶田章 p.176　　〔06026〕

七月各社新譜一覧表 p.180　　　　　〔06027〕

20巻8号 増刊 LP名曲350選 第1集（1957年7月発行）

交響曲第八八番ト長調〈ハイドン〉（交響曲）
p.14　　　　　　　　　　　　　　〔06028〕

交響曲第九二番（オックスフォード）〈ハイド
ン〉（交響曲）p.15　　　　　　　　〔06029〕

交響曲第九四番ト長調（驚愕）〈ハイドン〉（交響
曲）p.16　　　　　　　　　　　　〔06030〕

交響曲第九六番ニ長調（奇蹟）〈ハイドン〉（交響
曲）p.17　　　　　　　　　　　　〔06031〕

交響曲第一〇〇番ト長調（軍隊）〈ハイドン〉（交
響曲）p.18　　　　　　　　　　　〔06032〕

交響曲第一〇一番ニ長調（時計）〈ハイドン〉（交
響曲）p.19　　　　　　　　　　　〔06033〕

交響曲第一〇三番（太鼓連打）〈ハイドン〉（交響
曲）p.20　　　　　　　　　　　　〔06034〕

交響曲第三五番ニ長調（ハフナー）〈モーツァル
ト〉（交響曲）p.21　　　　　　　　〔06035〕

交響曲第三六番ハ長調（リンツ）〈モーツァル
ト〉（交響曲）p.22　　　　　　　　〔06036〕

交響曲第三八番ニ長調（プラーグ）〈モーツァル
ト〉（交響曲）p.24　　　　　　　　〔06037〕

交響曲第三九番変ホ長調〈モーツァルト〉（交響
曲）p.25　　　　　　　　　　　　〔06038〕

交響曲第四〇番ト短調〈モーツァルト〉（交響
曲）p.27　　　　　　　　　　　　〔06039〕

交響曲第四一番ハ長調（ジュピター）〈モーツァ
ルト〉（交響曲）p.28　　　　　　　〔06040〕

交響曲第一番ハ長調〈ベートーヴェン〉（交響
曲）p.29　　　　　　　　　　　　〔06041〕

交響曲第二番ニ長調〈ベートーヴェン〉（交響
曲）p.30　　　　　　　　　　　　〔06042〕

交響曲第三番変ホ長調（英雄）〈ベートーヴェン〉
（交響曲）p.32　　　　　　　　　　〔06043〕

交響曲第四番変ロ長調〈ベートーヴェン〉（交響
曲）p.34　　　　　　　　　　　　〔06044〕

交響曲第五番ハ短調（運命）〈ベートーヴェン〉
（交響曲）p.35　　　　　　　　　　〔06045〕

交響曲第六番ヘ長調（田園）〈ベートーヴェン〉
（交響曲）p.36　　　　　　　　　　〔06046〕

交響曲第七番イ長調〈ベートーヴェン〉（交響
曲）p.38　　　　　　　　　　　　〔06047〕

交響曲第八番ヘ長調〈ベートーヴェン〉（交響
曲）p.39　　　　　　　　　　　　〔06048〕

交響曲第九番ニ短調（合唱）〈ベートーヴェン〉
（交響曲）p.40　　　　　　　　　　〔06049〕

交響曲第五番変ロ長調〈シューベルト〉（交響
曲）p.42　　　　　　　　　　　　〔06050〕

交響曲第七番ハ長調〈シューベルト〉（交響曲）
p.43　　　　　　　　　　　　　　〔06051〕

交響曲第八番ロ短調（未完成）〈シューベルト〉
（交響曲）p.44　　　　　　　　　　〔06052〕

幻想交響曲〈ベルリオーズ〉（交響曲）
p.45　　　　　　　　　　　　　　〔06053〕

交響曲ニ短調〈フランク〉（交響曲）
p.46　　　　　　　　　　　　　　〔06054〕

交響曲第三番イ短調（スコットランド）〈メンデ
ルスゾーン〉（交響曲）p.47　　　　〔06055〕

交響曲第四番イ長調（イタリア）〈メンデルス
ゾーン〉（交響曲）p.49　　　　　　〔06056〕

交響曲第五番ニ長調（宗教改革）〈メンデルス
ゾーン〉（交響曲）p.50　　　　　　〔06057〕

交響曲第三番変ホ長調（ライン）〈シューマン〉（交
響曲）p.51　　　　　　　　　　　〔06058〕

交響曲第四番ニ短調〈シューマン〉（交響曲）
p.51　　　　　　　　　　　　　　〔06059〕

交響曲第一番ハ短調〈ブラームス〉（交響曲）
p.52　　　　　　　　　　　　　　〔06060〕

交響曲第二番ニ長調〈ブラームス〉（交響曲）
p.53　　　　　　　　　　　　　　〔06061〕

交響曲第三番ヘ長調〈ブラームス〉（交響曲）
p.53　　　　　　　　　　　　　　〔06062〕

交響曲第四番ホ短調〈ブラームス〉（交響曲）
p.55　　　　　　　　　　　　　　〔06063〕

交響曲第二番ロ短調〈ボロディン〉（交響曲）
p.56　　　　　　　　　　　　　　〔06064〕

交響曲第三番ハ短調〈サン・サーンス〉（交響
曲）p.56　　　　　　　　　　　　〔06065〕

交響曲第一番ハ長調〈ビゼエ〉（交響曲）
p.57　　　　　　　　　　　　　　〔06066〕

交響曲第四番ヘ短調〈チャイコフスキー〉（交響
曲）p.58　　　　　　　　　　　　〔06067〕

交響曲第五番ホ短調〈チャイコフスキー〉（交響
曲）p.59　　　　　　　　　　　　〔06068〕

交響曲第六番ロ短調（悲愴）〈チャイコフス
キー〉（交響曲）p.60　　　　　　　〔06069〕

交響曲第五番ホ短調（新世界）〈ドヴォルザー
ク〉（交響曲）p.62　　　　　　　　〔06070〕

「ディスク」 内容細目

交響曲第一番ニ長調〈マーラー〉（交響曲）
p.63 〔06071〕

交響曲第四番ト長調〈マーラー〉（交響曲）
p.64 〔06072〕

交響曲第一番ホ短調〈シベリウス〉（交響曲）
p.66 〔06073〕

交響曲第二番ニ長調〈シベリウス〉（交響曲）
p.66 〔06074〕

交響曲第三番ハ長調〈シベリウス〉（交響曲）
p.67 〔06075〕

交響曲第四番イ短調〈シベリウス〉（交響曲）
p.68 〔06076〕

交響曲第五番変ホ長調〈シベリウス〉（交響曲）
p.69 〔06077〕

交響曲第六番ホ短調〈ヴォーン・ウィリアムズ〉
（交響曲）p.69 〔06078〕

詩篇交響曲〈ストラヴィンスキー〉（交響曲）
p.70 〔06079〕

交響曲第一番ニ長調（古典）〈プロコフィエフ〉
（交響曲）p.71 〔06080〕

交響曲第七番〈プロコフィエフ〉（交響曲）
p.72 〔06081〕

交響曲第三番（典礼風）〈オネゲル〉（交響曲）
p.73 〔06082〕

交響曲第五番（三つのレ）〈オネゲル〉（交響曲）
p.74 〔06083〕

交響曲第五番〈ショスタコヴィッチ〉（交響曲）
p.75 〔06084〕

交響曲第一〇番〈ショスタコヴィッチ〉（交響
曲）p.75 〔06085〕

四季〈ヴィヴァルディ〉（管弦楽曲）
p.77 〔06086〕

管絃組曲第二番ロ短調〈バッハ〉（管弦楽曲）
p.78 〔06087〕

管絃組曲第三番ニ長調〈バッハ〉（管弦楽曲）
p.80 〔06088〕

ブランデンブルグ協奏曲第三番〈バッハ〉（管弦
楽曲）p.81 〔06089〕

ブランデンブルグ協奏曲第四番〈バッハ〉（管弦
楽曲）p.82 〔06090〕

ブランデンブルグ協奏曲第五番〈バッハ〉（管弦
楽曲）p.82 〔06091〕

ブランデンブルグ協奏曲第六番〈バッハ〉（管弦
楽曲）p.83 〔06092〕

コンチェルト・グロッソ第二番〈ヘンデル〉（管
弦楽曲）p.84 〔06093〕

コンチェルト・グロッソ第六番〈ヘンデル〉（管
弦楽曲）p.86 〔06094〕

水上の音楽〈ヘンデル〉（管弦楽曲）
p.86 〔06095〕

王宮の花火の音楽〈ヘンデル〉（管弦楽曲）
p.88 〔06096〕

絃楽セレナードト長調〈モーツァルト〉（管弦楽
曲）p.89 〔06097〕

歌劇序曲集〈モーツァルト〉（管弦楽曲）
p.91 〔06098〕

レオノーレ序曲第三番〈ベートーヴェン〉（管弦
楽曲）p.92 〔06099〕

コリオラン序曲〈ベートーヴェン〉（管弦楽曲）
p.93 〔06100〕

エグモント序曲〈ベートーヴェン〉（管弦楽曲）
p.94 〔06101〕

ウイリアム・テル〈ロッシーニ〉（管弦楽曲）
p.95 〔06102〕

ロザムンデの音楽〈シューベルト〉（管弦楽曲）
p.96 〔06103〕

イタリーのハロルド〈ベルリオーズ〉（管弦楽
曲）p.97 〔06104〕

フィンガルの洞窟〈メンデルスゾーン〉（管弦楽
曲）p.98 〔06105〕

真夏の夜の夢〈メンデルスゾーン〉（管弦楽曲）
p.100 〔06106〕

舞踊曲「レ・シルフィード」〈ショパン〉（管弦楽
曲）p.100 〔06107〕

交響詩「前奏曲」〈リスト〉（管弦楽曲）
p.101 〔06108〕

歌劇「タンホイザー」序曲〈ワグナー〉（管弦楽
曲）p.103 〔06109〕

交響詩「モルドウ」〈スメタナ〉（管弦楽曲）
p.104 〔06110〕

ウィンナ・ワルツ集〈ヨハン・シュトラウス〉
（管弦楽曲）p.105 〔06111〕

ハイドンの主題による変奏曲〈ブラームス〉（管
弦楽曲）p.108 〔06112〕

韃靼人の踊り〈ボロディン〉（管弦楽曲）
p.109 〔06113〕

動物の謝肉祭〈サン・サーンス〉（管弦楽曲）
p.111 〔06114〕

アルルの女 第一・第二組曲〈ビゼエ〉（管弦楽
曲）p.111 〔06115〕

美しきベルトの娘〈ビゼエ〉（管弦楽曲）
p.112 〔06116〕

展覧会の絵画〈ムソルグスキー〉（管弦楽曲）
p.113 〔06117〕

ロメオとジュリエット〈チャイコフスキー〉（管
弦楽曲）p.114 〔06118〕

イタリア綺想曲〈チャイコフスキー〉（管弦楽
曲）p.115 〔06119〕

絃楽のためのセレナード〈チャイコフスキー〉
（管弦楽曲）p.116 〔06120〕

舞踊組曲「白鳥の湖」〈チャイコフスキー〉（管
弦楽曲）p.117 〔06121〕

舞踊組曲「胡桃割人形」〈チャイコフスキー〉
（管弦楽曲）p.119 〔06122〕

海〈ドビュッシイ〉（管弦楽曲）p.119 〔06123〕

舞踊組曲「眠れる森の美女」〈チャイコフス
キー〉（管弦楽曲）p.120 〔06124〕

110 戦前期 レコード音楽雑誌記事索引 〔06071～06124〕

内容細目 「ディスク」

ペール・ギュントの音楽〈グリーク〉（管弦楽曲）p.121　　　　　　　　　　〔06125〕

交響組曲「シエラザード」〈リムスキー・コルサコフ〉p.122　　　　　　　〔06126〕

スペイン綺想曲〈リムスキー・コルサコフ〉（管弦楽曲）p.123　　　　　　〔06127〕

組曲「コーカサスの風景」〈イッポリット・イヴァノフ〉（管弦楽曲）p.124　〔06128〕

イタリーの印象〈シャルパンティユ〉（管弦楽曲）p.125　　　　　　　　　〔06129〕

前奏曲「牧神の午後」〈ドビュッシイ〉（管弦楽曲）p.126　　　　　　　　〔06130〕

夜想曲「雲・祭・海の精」〈ドビュッシイ〉（管弦楽）p.127　　　　　　　〔06131〕

組曲「イベリア」〈ドビュッシイ〉（管弦楽曲）p.128　　　　　　　　　　〔06132〕

交響詩「ドン・ファン」〈リヒアルト・シュトラウス〉（管弦楽曲）p.130　〔06133〕

交響詩「ドン・キホーテ」〈リヒアルト・シュトラウス〉（管弦楽曲）p.132〔06134〕

交響詩「フィンランディア」〈シベリウス〉（管弦楽曲）p.133　　　　　　〔06135〕

トゥオネラの白鳥〈シベリウス〉（管弦楽曲）p.134　　　　　　　　　　　〔06136〕

交響詩「魔法使いの弟子」〈デューカ〉（管弦楽曲）p.135　　　　　　　　〔06137〕

ラ・ヴァルス〈ラヴェル〉（管弦楽曲）p.136　　　　　　　　　　　　　　〔06138〕

ボレロ〈ラヴェル〉（管弦楽曲）p.137　　〔06139〕

舞踊組曲「三角帽子」〈ファリア〉（管弦楽曲）p.138　　　　　　　　　　〔06140〕

舞踊曲「恋は魔術師」〈ファリア〉（管弦楽曲）p.140　　　　　　　　　　〔06141〕

交響詩「ローマの松・泉」〈レスピーギ〉（管弦楽曲）p.141　　　　　　　〔06142〕

交響詩「ローマの祭」〈レスピーギ〉（管弦楽曲）p.142　　　　　　　　　〔06143〕

管絃楽のための協奏曲〈バルトーク〉（管弦楽曲）p.143　　　　　　　　　〔06144〕

絃・打楽器・チェレスタの音楽〈バルトーク〉（管弦楽曲）p.144　　　　　〔06145〕

舞踊組曲〈バルトーク〉（管弦楽曲）p.145　　　　　　　　　　　　　　　〔06146〕

舞踊組曲「火の鳥」〈ストラヴィンスキー〉（管弦楽曲）p.146　　　　　　〔06147〕

舞踊組曲「ペトルシュカ」〈ストラヴィンスキー〉（管弦楽曲）p.147　　　〔06148〕

舞踊組曲「春の祭典」〈ストラヴィンスキー〉（管弦楽曲）p.148　　　　　〔06149〕

兵士の物語〈ストラヴィンスキー〉（管弦楽曲）p.149　　　　　　　　　　〔06150〕

組曲「ハーリ・ヤーノシュ」〈コーダイ〉（管弦楽曲）p.152　　　　　　　〔06151〕

寄港地〈イベール〉（管弦楽曲）p.153　　〔06152〕

三つのオレンジの恋〈プロコフィエフ〉（管弦楽曲）p.154　　　　　　　　〔06153〕

組曲「キージェ中尉」〈プロコフィエフ〉（管弦楽曲）p.154　　　　　　　〔06154〕

ピーターと狼〈プロコフィエフ〉（管弦楽曲）p.156　　　　　　　　　　　〔06155〕

舞踊組曲「牝鹿」〈プーランク〉（管弦楽曲）p.157　　　　　　　　　　　〔06156〕

ガヤーヌ 第一・第二組曲〈ハチャトゥリアン〉（管弦楽曲）p.157　　　　〔06157〕

青少年のための管絃楽入門〈ブリッテン〉（管弦楽曲）p.159　　　　　　　〔06158〕

フィガロの結婚〈モーツァルト〉（歌劇）p.165　　　　　　　　　　　　　〔06159〕

コジ・ファン・トゥッテ〈モーツァルト〉（歌劇）p.168　　　　　　　　　〔06160〕

後宮よりの逃走〈モーツァルト〉（歌劇）p.169　　　　　　　　　　　　　〔06161〕

バスティアンとバスティエンヌ〈モーツァルト〉（歌劇）p.169　　　　　　〔06162〕

ドン・ジョヴァンニ〈モーツァルト〉（歌劇）p.171　　　　　　　　　　　〔06163〕

魔笛〈モーツァルト〉（歌劇）p.172　　　〔06164〕

アルジェリアのイタリー人〈ロッシーニ〉（歌劇）p.174　　　　　　　　　〔06165〕

フィデリオ〈ベートーヴェン〉（歌劇）p.176　　　　　　　　　　　　　　〔06166〕

ルチア〈ドニゼッティ〉（歌劇）p.178　　〔06167〕

リゴレット〈ヴェルディ〉（歌劇）p.179　　　　　　　　　　　　　　　　〔06168〕

アイーダ〈ヴェルディ〉（歌劇）p.181　　〔06169〕

椿姫〈ヴェルディ〉（歌劇）p.183　　　　〔06170〕

オテロ〈ヴェルディ〉（歌劇）p.185　　　〔06171〕

蝙蝠〈ヨハン・シュトラウス〉（歌劇）p.186　　　　　　　　　　　　　　〔06172〕

カルメン〈ビゼエ〉（歌劇）p.188　　　　〔06173〕

エフゲニ・オネーギン〈チャイコフスキー〉（歌劇）p.189　　　　　　　　〔06174〕

ヘンゼルとグレーテル〈フンパーディング〉（歌劇）p.192　　　　　　　　〔06175〕

ラ・ボエーム〈プッチーニ〉（歌劇）p.193　　　　　　　　　　　　　　　〔06176〕

蝶々夫人〈プッチーニ〉（歌劇）p.195　　〔06177〕

ラ・トスカ〈プッチーニ〉（歌劇）p.197　　　　　　　　　　　　　　　　〔06178〕

薔薇の騎士〈リヒャルト・シュトラウス〉（歌劇）p.199　　　　　　　　　〔06179〕

メリー・ウイドー〈レハール〉（歌劇）p.200　　　　　　　　　　　　　　〔06180〕

スペインの時〈ラヴェル〉（歌劇）p.201　　　　　　　　　　　　　　　　〔06181〕

子供と呪文〈ラヴェル〉（歌劇）p.202　　〔06182〕

「ディスク」　　　　　内容細目

テレジアスの乳房〈プーランク〉（歌劇）
p.203　　　　　　　　　　〔06183〕
アマールと夜の訪問者〈メノッティ〉（歌劇）
p.204　　　　　　　　　　〔06184〕

20巻9号（1957年8月発行）

演奏家訪問（6）シュタフォンハーゲンさんをた
づねて　大宮真琴　訊く人，横川文雄　通訳
p.18　　　　　　　　　　　〔06185〕
エリサベス王朝のリュート歌集（話題のLP・今
月のハイライト）服部幸三 p.26　〔06186〕
ショスタコーヴィッチの五重奏曲（話題のLP・
今月のハイライト）林光 p.27　　〔06187〕
ベートーヴェンの歌曲集（話題のLP・今月のハ
イライト）菅晴和 p.28　　　　　〔06188〕
指揮者の役目とロジンスキー（話題のLP・今月
のハイライト）佐藤馨 p.30　　　〔06189〕
ヴァルハの弾くフーガの技法（話題のLP・今月
のハイライト）佐川吉男 p.31　　〔06190〕
現代音楽の窓（2）兵士の物語（ストラヴィンス
キー）一魂を悪魔に売つた男の哀れな物語　秋
山邦晴 p.34　　　　　　　　　　〔06191〕
LPの名盤をさぐる（3）一エンジェル篇（座談
会）岡俊雄，福原信夫，志鳥栄八郎
p.38　　　　　　　　　　　〔06192〕
批評家の任務　ホルスト・クリューガー，東川
清一 訳 p.48　　　　　　　　　〔06193〕
ベートーヴェンの交響曲聴きくらべ（アメリカ
篇・3）一第七，第八と第九　上野一郎
p.52　　　　　　　　　　　〔06194〕
レコードで聴く私たちの音楽史（5）ルネッサン
スの音楽　渡部恵一郎 p.60　　　〔06195〕
或る疑問　阿部清 p.64　　　　　〔06196〕
ディスク今月のLP推選盤 p.69　〔06197〕
今月のレコード評 交響曲・管絃楽・協奏曲 大
宮真琴 p.70　　　　　　　　　　〔06198〕
今月のレコード評 器楽曲・室内楽曲 門馬直美
p.80　　　　　　　　　　　〔06199〕
今月のレコード評 声楽曲 福原信夫
p.86　　　　　　　　　　　〔06200〕
今月のレコード評 ドーナッツ盤（クラシック・
EP・45）畑中更予 p.94　　　　〔06201〕
オルフの「アフロディーテの勝利」一今月の研
究（4）渡辺護 p.98　　　　　　〔06202〕
連載ジャズ教室（1）ジャズとは何か　レオナー
ド・バーンシュテイン，飯塚経世 抄訳
p.102　　　　　　　　　　〔06203〕
今月のレコード評 シャンソン 高木東六
p.106　　　　　　　　　　〔06204〕
今月のレコード評 タンゴ 青木啓
p.108　　　　　　　　　　〔06205〕
今月のレコード評 ジャズとポピュラー音楽 飯
塚経世 p.110　　　　　　　　　〔06206〕
最近のレコードの世界ニュース 海外LP紹介 岡
俊雄 p.121　　　　　　　　　　〔06207〕

一九五七年度ディスク大賞決定　藤田不二
p.130　　　　　　　　　　〔06208〕
新着LP試聴室 飯田一夫，大宮真琴
p.132　　　　　　　　　　〔06209〕
パウル・クレツキーとの対談 イーヴ・ユ
シェール，石川登志夫 訳 p.136　〔06210〕
海外レコード界のトピックス 藤田不二
p.137　　　　　　　　　　〔06211〕
ソ連音楽家のアンケート 山口美美子
p.140　　　　　　　　　　〔06212〕
海外演奏家の動き 石川，梶田 p.140　〔06213〕
世界の音楽シリーズ一レコードによる世界一周
上野一郎 p.144　　　　　　　　〔06214〕
オーディオ放談会 続 三文字誠，金井稔，岡木
好直，青木謙幸 司会 p.148　　　〔06215〕
第十一回コロムビア音楽クイズ問題
p.154　　　　　　　　　　〔06216〕
第九回コロムビア音楽クイズ発表
p.155　　　　　　　　　　〔06217〕
歌劇「イゴール公」（ボロディン）萩原英彦
p.162　　　　　　　　　　〔06218〕
動物の謝肉祭（サン=サーンス）小林利之
p.164　　　　　　　　　　〔06219〕
ヘンデル（2）大作曲家と音楽（19）（対談）大宮
真琴，佐藤景子 p.166　　　　　〔06220〕
八月の各社新譜一覧表 p.176　　〔06221〕

20巻10号 増刊 名曲LP350選 第2集（1957年8月発行）

ピアノ協奏曲第一番ニ短調〈バッハ〉（協奏曲）
p.14　　　　　　　　　　　〔06222〕
ピアノ協奏曲第九番変ホ長調〈モーツァルト〉
（協奏曲）p.14　　　　　　　　　〔06223〕
ピアノ協奏曲第二〇番ニ短調〈モーツァルト〉
（協奏曲）p.15　　　　　　　　　〔06224〕
ピアノ協奏曲第二二番変ホ長調〈モーツァルト〉
（協奏曲）p.16　　　　　　　　　〔06225〕
ピアノ協奏曲第二三番イ長調〈モーツァルト〉
（協奏曲）p.17　　　　　　　　　〔06226〕
ピアノ協奏曲第二四番ハ短調〈モーツァルト〉
（協奏曲）p.19　　　　　　　　　〔06227〕
ピアノ協奏曲第二六番ニ長調（戴冠式）〈モー
ツァルト〉（協奏曲）p.20　　　　〔06228〕
ピアノ協奏曲第二七番ロ長調〈モーツァルト〉
（協奏曲）p.21　　　　　　　　　〔06229〕
ピアノ協奏曲第一番ハ長調〈ベートーヴェン〉
（協奏曲）p.22　　　　　　　　　〔06230〕
ピアノ協奏曲第二番変ロ長調〈ベートーヴェン〉
（協奏曲）p.23　　　　　　　　　〔06231〕
ピアノ協奏曲第三番ハ短調〈ベートーヴェン〉
（協奏曲）p.23　　　　　　　　　〔06232〕
ピアノ協奏曲第四番ト長調〈ベートーヴェン〉
（協奏曲）p.24　　　　　　　　　〔06233〕

内容細目　　　　　　　　　　　　　　「ディスク」

ピアノ協奏曲第五番変ホ長調〈皇帝〉〈ベートー
ヴェン〉（協奏曲）p.26　　　　　〔06234〕

ピアノ協奏曲第一番ホ短調〈ショパン〉（協奏
曲）p.27　　　　　　　　　　　　〔06235〕

ピアノ協奏曲第二番ヘ短調〈ショパン〉（協奏
曲）p.28　　　　　　　　　　　　〔06236〕

ピアノ協奏曲イ短調〈シューマン〉（協奏曲）
p.29　　　　　　　　　　　　　　〔06237〕

ピアノ協奏曲第一番変ホ長調〈リスト〉（協奏
曲）p.30　　　　　　　　　　　　〔06238〕

ピアノ協奏曲第二番イ長調〈リスト〉（協奏曲）
p.32　　　　　　　　　　　　　　〔06239〕

ハンガリー幻想曲〈リスト〉（協奏曲）
p.33　　　　　　　　　　　　　　〔06240〕

ピアノ協奏曲第一番ニ短調〈ブラームス〉（協奏
曲）p.34　　　　　　　　　　　　〔06241〕

ピアノ協奏曲第二番変ロ長調〈ブラームス〉（協
奏曲）p.34　　　　　　　　　　　〔06242〕

ピアノ協奏曲第二番ト短調〈サン・サーンス〉
（協奏曲）p.35　　　　　　　　　〔06243〕

ピアノ協奏曲第五番ヘ長調〈サン・サーンス〉
（協奏曲）p.36　　　　　　　　　〔06244〕

ピアノ協奏曲第一番変ロ短調〈チャイコフス
キー〉（協奏曲）p.37　　　　　　〔06245〕

ピアノ協奏曲イ短調〈グリーク〉（協奏曲）
p.39　　　　　　　　　　　　　　〔06246〕

フランス山人の歌による交響曲〈ダンディ〉（協
奏曲）p.40　　　　　　　　　　　〔06247〕

ピアノ協奏曲第二番ハ短調〈ラフマニノフ〉（協
奏曲）p.41　　　　　　　　　　　〔06248〕

ピアノ協奏曲第三番ニ短調〈ラフマニノフ〉（協
奏曲）p.43　　　　　　　　　　　〔06249〕

パガニーニの主題による狂詩曲〈ラフマニノフ〉
（協奏曲）p.44　　　　　　　　　〔06250〕

ピアノ協奏曲ト長調〈ラヴェル〉（協奏曲）
p.45　　　　　　　　　　　　　　〔06251〕

左手のためのピアノ協奏曲ニ長調〈ラヴェル〉
（協奏曲）p.46　　　　　　　　　〔06252〕

スペインの庭の夜〈ファリア〉（協奏曲）
p.47　　　　　　　　　　　　　　〔06253〕

ピアノ協奏曲第三番〈バルトーク〉（協奏曲）
p.48　　　　　　　　　　　　　　〔06254〕

ピアノ協奏曲第三番ハ長調〈プロコフィエフ〉
（協奏曲）p.48　　　　　　　　　〔06255〕

ラプソディ・イン・ブルー〈ガーシュイン〉（協
奏曲）p.49　　　　　　　　　　　〔06256〕

ヴァイオリン協奏曲第一番イ短調〈バッハ〉（協
奏曲）p.50　　　　　　　　　　　〔06257〕

ヴァイオリン協奏曲第二番ホ長調〈バッハ〉（協
奏曲）p.51　　　　　　　　　　　〔06258〕

二つのヴァイオリンのための協奏曲ニ短調
〈バッハ〉（協奏曲）p.52　　　　　〔06259〕

ヴァイオリン協奏曲第二二番イ短調〈ヴィオッ
ティ〉（協奏曲）p.53　　　　　　〔06260〕

ヴァイオリン協奏曲第三番ト長調〈モーツァル
ト〉（協奏曲）p.54　　　　　　　〔06261〕

ヴァイオリン協奏曲第四番ニ長調〈モーツァル
ト〉（協奏曲）p.56　　　　　　　〔06262〕

ヴァイオリン協奏曲第五番イ長調〈モーツァル
ト〉（協奏曲）p.58　　　　　　　〔06263〕

ヴァイオリン協奏曲第六番変ホ長調〈モーツァ
ルト〉（協奏曲）p.60　　　　　　〔06264〕

ヴァイオリン協奏曲ニ長調〈ベートーヴェン〉
（協奏曲）p.61　　　　　　　　　〔06265〕

ロマンスト長調〈ベートーヴェン〉（協奏曲）
p.63　　　　　　　　　　　　　　〔06266〕

ロマンス ヘ長調〈ベートーヴェン〉（協奏曲）
p.63　　　　　　　　　　　　　　〔06267〕

ヴァイオリン協奏曲第一番ニ長調〈パガニーニ〉
（協奏曲）p.64　　　　　　　　　〔06268〕

ヴァイオリン協奏曲ホ短調〈メンデルスゾーン〉
（協奏曲）p.65　　　　　　　　　〔06269〕

スペイン交響曲ニ短調〈ラロ〉（協奏曲）
p.67　　　　　　　　　　　　　　〔06270〕

ヴァイオリン協奏曲ニ長調〈ブラームス〉（協奏
曲）p.69　　　　　　　　　　　　〔06271〕

ヴァイオリン協奏曲第三番ロ短調〈サン・サー
ンス〉（協奏曲）p.70　　　　　　〔06272〕

ヴァイオリン協奏曲ト短調〈ブルッフ〉（協奏
曲）p.71　　　　　　　　　　　　〔06273〕

ヴァイオリン協奏曲ニ長調〈チャイコフスキー〉
（協奏曲）p.72　　　　　　　　　〔06274〕

詩曲〈ショーソン〉（協奏曲）p.74　〔06275〕

ヴァイオリン協奏曲ニ短調〈シベリウス〉（協奏
曲）p.75　　　　　　　　　　　　〔06276〕

ヴァイオリン協奏曲第一番ニ長調〈プロコフィ
エフ〉（協奏曲）p.76　　　　　　〔06277〕

ヴァイオリン協奏曲〈ハチャトゥリアン〉（協奏
曲）p.77　　　　　　　　　　　　〔06278〕

協奏交響曲ホ長調（K追加九）〈モーツァルト〉
（協奏曲）p.78　　　　　　　　　〔06279〕

ヴァイオリンとチェロの複協奏曲イ短調〈ブ
ラームス〉（協奏曲）p.79　　　　〔06280〕

チェロ協奏曲ニ長調〈ハイドン〉（協奏曲）
p.80　　　　　　　　　　　　　　〔06281〕

チェロ協奏曲変ロ長調〈ボッケリーニ〉（協奏
曲）p.80　　　　　　　　　　　　〔06282〕

チェロ協奏曲イ短調〈シューマン〉（協奏曲）
p.81　　　　　　　　　　　　　　〔06283〕

チェロ協奏曲ニ短調〈ラロ〉（協奏曲）
p.82　　　　　　　　　　　　　　〔06284〕

チェロ協奏曲イ短調〈サン・サーンス〉（協奏
曲）p.83　　　　　　　　　　　　〔06285〕

チェロ協奏曲ロ短調〈ドヴォルザーク〉（協奏
曲）p.84　　　　　　　　　　　　〔06286〕

シェロモ〈ブロッホ〉（協奏曲）p.85　〔06287〕

オーボエ協奏曲〈ヘンデル〉（協奏曲）
p.86　　　　　　　　　　　　　　〔06288〕

「ディスク」　　　　　　　　　　内容細目

オルガン協奏曲ト短調〈ヘンデル〉（協奏曲）
p.86　　　　　　　　　　　　　　　〔06289〕

フルート協奏曲第一番ト長調〈モーツァルト〉
（協奏曲）p.87　　　　　　　　　〔06290〕

フルート協奏曲第二番ニ長調〈モーツァルト〉
（協奏曲）p.88　　　　　　　　　〔06291〕

フルートとハープのための協奏曲ハ長調〈モー
ツァルト〉（協奏曲）p.88　　　　〔06292〕

クラリネット協奏曲イ長調〈モーツァルト〉（協
奏曲）p.89　　　　　　　　　　　〔06293〕

ファゴット協奏曲変ロ長調〈モーツァルト〉（協
奏曲）p.90　　　　　　　　　　　〔06294〕

ホルン協奏曲〈モーツァルト〉（協奏曲）
p.91　　　　　　　　　　　　　　　〔06295〕

嬉遊曲〈モーツァルト〉（室内楽曲）
p.93　　　　　　　　　　　　　　　〔06296〕

セレナード〈モーツァルト〉（室内楽曲）
p.96　　　　　　　　　　　　　　　〔06297〕

絃楽四重奏曲ニ長調（雲雀）〈ハイドン〉（室内楽
曲）p.100　　　　　　　　　　　〔06298〕

絃楽四重奏曲ハ長調（皇帝）〈ハイドン〉（室内楽
曲）p.101　　　　　　　　　　　〔06299〕

絃楽四重奏曲変ロ長調（日の出）〈ハイドン〉（室
内楽曲）p.101　　　　　　　　　〔06300〕

絃楽四重奏曲第一四番ト長調〈モーツァルト〉
（室内楽曲）p.102　　　　　　　〔06301〕

絃楽四重奏曲第一五番ニ短調〈モーツァルト〉
（室内楽曲）p.103　　　　　　　〔06302〕

絃楽四重奏曲第一六番変ホ長調〈モーツァルト〉
（室内楽曲）p.104　　　　　　　〔06303〕

絃楽四重奏曲第一七番変ロ長調（狩猟）〈モー
ツァルト〉（室内楽曲）p.105　　〔06304〕

絃楽四重奏曲第七番ヘ長調〈ベートーヴェン〉
（室内楽曲）p.106　　　　　　　〔06305〕

絃楽四重奏曲第八番ホ短調〈ベートーヴェン〉
（室内楽曲）p.107　　　　　　　〔06306〕

絃楽四重奏曲第九番ハ長調〈ベートーヴェン〉
（室内楽曲）p.108　　　　　　　〔06307〕

絃楽四重奏曲第一〇番ホ長調（ハープ）〈ベー
トーヴェン〉（室内楽曲）p.108　〔06308〕

絃楽四重奏曲第一四番嬰ハ短調〈ベートーヴェ
ン〉（室内楽曲）p.109　　　　　〔06309〕

絃楽四重奏曲第一五番イ短調〈ベートーヴェン〉
（室内楽曲）p.110　　　　　　　〔06310〕

絃楽四重奏曲ニ短調（死と乙女）〈シューベル
ト〉（室内楽曲）p.111　　　　　〔06311〕

絃楽四重奏曲第二番ニ長調〈ボロディン〉（室内
楽曲）p.112　　　　　　　　　　〔06312〕

絃楽四重奏曲第六番ヘ長調（アメリカ）〈ドヴォ
ルザーク〉（室内楽曲）p.112　　〔06313〕

絃楽四重奏曲（全六曲）〈バルトーク〉（室内楽
曲）p.113　　　　　　　　　　　〔06314〕

ピアノとヴァイオリン及絃楽四重奏の為の合奏
曲〈ショーソン〉（室内楽曲）p.115　〔06315〕

ピアノ五重奏曲イ長調（鱒）〈シューベルト〉（室
内楽曲）p.116　　　　　　　　　〔06316〕

ピアノ五重奏曲ヘ短調〈ブラームス〉（室内楽
曲）p.117　　　　　　　　　　　〔06317〕

ピアノ五重奏曲イ長調〈ドヴォルザーク〉（室内
楽曲）p.118　　　　　　　　　　〔06318〕

ピアノ五重奏曲〈ショスタコヴィッチ〉（室内楽
曲）p.118　　　　　　　　　　　〔06319〕

弦楽五重奏曲ハ長調〈シューベルト〉（室内楽
曲）p.119　　　　　　　　　　　〔06320〕

クラリネット五重奏曲イ長調〈モーツァルト〉
（室内楽曲）p.120　　　　　　　〔06321〕

ピアノ三重奏曲第七番変ロ長調〈ベートーヴェ
ン〉（室内楽曲）p.121　　　　　〔06322〕

クラリネット五重奏曲ロ短調〈ブラームス〉（室
内楽曲）p.122　　　　　　　　　〔06323〕

ホルン三重奏曲変ホ長調〈ブラームス〉（室内楽
曲）p.123　　　　　　　　　　　〔06324〕

クラリネット三重奏曲イ短調〈ブラームス〉（室
内楽曲）p.123　　　　　　　　　〔06325〕

ヴァイオリン奏鳴曲第四番ニ長調〈ヘンデル〉
（室内楽曲）p.124　　　　　　　〔06326〕

ヴァイオリン奏鳴曲第六番ホ長調〈ヘンデル〉
（室内楽曲）p.125　　　　　　　〔06327〕

ヴァイオリン奏鳴曲変ロ長調K三七八〈モー
ツァルト〉（室内楽曲）p.125　　〔06328〕

ヴァイオリン奏鳴曲変ロ長調K四五四〈モー
ツァルト〉（室内楽曲）p.126　　〔06329〕

ヴァイオリン奏鳴曲第五番ヘ長調（春）〈ベー
トーヴェン〉（室内楽曲）p.128　〔06330〕

ヴァイオリン奏鳴曲第八番ト短調〈ベートー
ヴェン〉（室内楽曲）p.129　　　〔06331〕

ヴァイオリン奏鳴曲第九番イ長調（クロイツェ
ル）〈ベートーヴェン〉（室内楽曲）
p.130　　　　　　　　　　　　　　〔06332〕

ヴァイオリン小奏鳴曲第三番ト短調〈シューベ
ルト〉（室内楽曲）p.131　　　　〔06333〕

ヴァイオリン奏鳴曲イ長調〈フランク〉（室内楽
曲）p.132　　　　　　　　　　　〔06334〕

ヴァイオリン奏鳴曲第三番ニ短調〈ブラームス〉
（室内楽曲）p.133　　　　　　　〔06335〕

ヴァイオリン奏鳴曲第一番イ長調〈フォーレ〉
（室内楽曲）p.134　　　　　　　〔06336〕

ヴァイオリン奏鳴曲第三番〈ドビュッシイ〉（室
内楽曲）p.134　　　　　　　　　〔06337〕

ヴァイオリン奏鳴曲第二番〈プロコフィエフ〉
（室内楽曲）p.136　　　　　　　〔06338〕

チェロ奏鳴曲第三番イ長調〈ベートーヴェン〉
（室内楽曲）p.137　　　　　　　〔06339〕

チェロ奏鳴曲第四番ハ長調〈ベートーヴェン〉
（室内楽曲）p.138　　　　　　　〔06340〕

チェロ奏鳴曲第五番ニ長調〈ベートーヴェン〉
（室内楽曲）p.139　　　　　　　〔06341〕

114　　戦前期　レコード音楽雑誌記事索引　　　　　　〔06289〜06341〕

内容細目 「ディスク」

魔笛の主題による七つの変奏曲ホ長調〈ベートーヴェン〉(室内楽曲) p.139　〔06342〕

魔笛の主題による十二の変奏曲ヘ長調〈ベートーヴェン〉(室内楽曲) p.139　〔06343〕

歌曲集〈モーツァルト〉(歌曲) p.145　〔06344〕

歌曲集〈ベートーヴェン〉(歌曲) p.146　〔06345〕

美しき水車小屋の娘〈シューベルト〉(歌曲) p.147　〔06346〕

冬の旅〈シューベルト〉(歌曲) p.148　〔06347〕

白鳥の歌〈シューベルト〉(歌曲) p.149　〔06348〕

ミルテの花〈シューマン〉(歌曲) p.150　〔06349〕

リーダークライス〈シューマン〉(歌曲) p.151　〔06350〕

女の愛と生涯〈シューマン〉(歌曲) p.153　〔06351〕

詩人の恋〈シューマン〉(歌曲) p.154　〔06352〕

四つの厳粛な歌〈ブラームス〉(歌曲) p.155　〔06353〕

アルト・ラプソディ〈ブラームス〉(歌曲) p.156　〔06354〕

歌曲集〈ヴォルフ〉(歌曲) p.157　〔06355〕

イタリア歌曲集〈ヴォルフ〉(歌曲) p.158　〔06356〕

亡き子を偲ぶ歌〈マーラー〉(歌曲) p.159　〔06357〕

大地の歌〈マーラー〉(歌曲) p.161　〔06358〕

七つのスペインの歌〈ファリア〉(歌曲) p.163　〔06359〕

カンタータ第五六番〈バッハ〉(宗教曲) p.164　〔06360〕

カンタータ第一四〇番〈バッハ〉(宗教曲) p.164　〔06361〕

ヨハネ受難曲〈バッハ〉(宗教曲) p.166　〔06362〕

ロ短調ミサ曲〈バッハ〉(宗教曲) p.167　〔06363〕

クリスマス・オラトリオ〈バッハ〉(宗教曲) p.169　〔06364〕

聖譚曲「救世主」〈ヘンデル〉(宗教曲) p.170　〔06365〕

聖譚曲「天地創造」〈ハイドン〉(宗教曲) p.171　〔06366〕

戴冠ミサ曲〈モーツァルト〉(宗教曲) p.173　〔06367〕

鎮魂ミサ曲〈モーツァルト〉(宗教曲) p.173　〔06368〕

荘厳ミサ曲〈ベートーヴェン〉(宗教曲) p.175　〔06369〕

鎮魂ミサ曲〈ヴェルディ〉(宗教曲) p.177　〔06370〕

ドイツ鎮魂曲〈ブラームス〉(宗教曲) p.178　〔06371〕

鎮魂ミサ曲〈フォーレ〉(宗教曲) p.179　〔06372〕

火刑台上のジャンヌ・ダルク〈オネゲル〉(宗教曲) p.181　〔06373〕

オラトリオ「森の歌」〈ショスタコヴィッチ〉(宗教曲) p.181　〔06374〕

20巻11号(1957年9月発行)

演奏家訪問(7) 森正さんは語る 大宮真琴 訊く人 p.16　〔06375〕

カラスと歌劇「ノルマ」(今月のハイライト) 宮沢縦一 p.26　〔06376〕

モーツァルトのオーボエ四重奏曲(今月のハイライト) 鈴木清三 p.28　〔06377〕

フリードリッヒ大王のソナタ(今月のハイライト) 吉田雅夫 p.29　〔06378〕

シェリングとバッハ(今月のハイライト) 岡俊雄 p.30　〔06379〕

現代音楽の窓(3) ミュージック・コンクレートの諸問題―電子音楽と対比して 山野敬雄 p.32　〔06380〕

オルフェのヴェール(シェフェール)―神の怒りにふれ、八つ裂きになるオルフェの物語 秋山邦晴 p.36　〔06381〕

ギーゼキングのラヴェル(座談会) 坪田昭三, 繁沢保, 大宮真琴 p.40　〔06382〕

中間音楽のこと 薬科雅美 p.50　〔06383〕

中間音楽のLP買物帖 小林利之 p.50　〔06384〕

中間音楽にふれて 清水光雄 p.54　〔06385〕

「レコード批評について」ばやり ディスク論壇 p.59　〔06386〕

オペラへの招待 ウエーバーの歌劇「魔弾の射手」 福原信夫 p.60　〔06387〕

九月のディスク推選盤 p.69　〔06388〕

ディスク月評 交響楽 大宮真琴 p.70　〔06389〕

ディスク月評 声楽 福原信夫 p.82　〔06390〕

ディスク月評 器楽 門馬直美 p.88　〔06391〕

新らしいレコード・ヴェガの登場 p.95　〔06392〕

ホーム・ミュージック・セレクション ドーナッツ盤 畑中更予 p.96　〔06393〕

ホーム・ミュージック・セレクション 中間音楽 小林利之 p.96　〔06394〕

ホーム・ミュージック・セレクション ポピュラー 岡部迪子 p.99　〔06395〕

ジャズ 飯塚経世 p.102　〔06396〕

ホーム・ミュージック・セレクション シャンソン 高木東六 p.108　〔06397〕

ホーム・ミュージック・セレクション タンゴ 青木啓 p.108　〔06398〕

メキシコ民謡のLP 徳田靖 p.111　〔06399〕

「ディスク」　　　　　　　　内容細目

連載・ジャズ講座（2）ジャズの起源　油井正一 p.112　〔06400〕

LPの名盤をさぐる（4）―ロンドン編（座談会）大木正興，佐川吉男，青木謙幸 p.114　〔06401〕

ホロヴィッツの秘密　坪和昌夫 p.124　〔06402〕

レコードで聴く私たちの音楽史（6）宗教改革と民謡　渡部恵一郎 p.128　〔06403〕

悪魔のトリル（今月の名曲）佐野和彦 p.132　〔06404〕

ロメオとジュリエット（今月の名曲）萩原英彦 p.134　〔06405〕

代表的優秀アムプの分析（1）入口と出口だけでは不完全　青木周三 p.136　〔06406〕

ハイドン（1）大作曲家と音楽（20）（対談）大宮真琴，佐藤景子 p.146　〔06407〕

さげすまれた栄誉　ベルナール・ギャヴォティ，石川登志夫 訳 p.153　〔06408〕

レコード界のニュース　藤田不二 p.154　〔06409〕

最近のレコードの世界ニュース 海外LP紹介 岡俊雄 p.156　〔06410〕

新着LP試聴室　坪和昌夫 p.167　〔06411〕

第十二回コロムビア音楽クイズ問題 p.170　〔06412〕

第十回コロムビア音楽クイズ発表 p.171　〔06413〕

九月の各社新譜一覧表 p.176　〔06414〕

20巻12号（1957年10月発行）

ハイフェッツの弾く無伴奏（今月のハイライト バッハとモーツァルトのLPから）兎束竜夫 p.17　〔06415〕

カール・ハース指揮する『ブランデンブルク』（今月のハイライト バッハとモーツァルトのLPから）浜田徳昭 p.18　〔06416〕

協奏曲を弾いたグリュミオー（今月のハイライト バッハとモーツァルトのLPから）牧定忠 p.19　〔06417〕

ベーム指揮，三十九とト短調（今月のハイライト バッハとモーツァルトのLPから）金子登 p.20　〔06418〕

ゼルキンと二つの協奏曲（今月のハイライト バッハとモーツァルトのLPから）田村宏 p.21　〔06419〕

ランドフスカのピアノ曲集（今月のハイライト バッハとモーツァルトのLPから）藤田晴子 p.22　〔06420〕

バルトークと「絃と打楽器・チェレスタの音楽」（現代音楽の窓）丹羽正明 p.24　〔06421〕

ヴォーン・ウイリアムス「南極」（現代音楽の窓）岡俊雄 p.28　〔06422〕

ダルラピッコラの「タルティニアーナ」（現代音楽の窓）萩原英彦 p.32　〔06423〕

アコースティック時代のこと（レコードで聴くベルリン・フィルハーモニー）中村善吉 p.36　〔06424〕

レコードに聴くベルリン・フィルの推移（レコードで聴くベルリン・フィルハーモニー）村田武雄 p.38　〔06425〕

私の聴いたベルリン・フィル（レコードで聴くベルリン・フィルハーモニー）甲斐正雄 p.42　〔06426〕

ベルリン・フィルのLP名盤選（レコードで聴くベルリン・フィルハーモニー）p.44　〔06427〕

LP名盤をさぐる（5）ウエストミンスターのLP（座談会）上野一郎，大宮真琴，小林利之 p.46　〔06428〕

ヴェルディ歌劇「イル・トロヴァトーレ」福原信夫 p.56　〔06429〕

ボリショイ劇場バレエ団の日本公演　古沢武夫 p.60　〔06430〕

ボストンの放送・レコード・アムプ―アメリカ便り　今堀和友 p.62　〔06431〕

一〇月のディスク推選盤 p.69　〔06432〕

ディスク月評 交響楽（交響曲・管絃楽曲・協奏曲）大宮真琴 p.70　〔06433〕

ディスク月評 器楽（室内楽曲・器楽曲）門馬直美 p.86　〔06434〕

バルナンのバルトーク　門馬直美 p.88　〔06435〕

ディスク月評 声楽（歌劇・独唱曲・合唱曲）福原信夫 p.93　〔06436〕

ディスク月評 ジャズ（ジャズ・ダンス音楽）飯塚経世 p.98　〔06437〕

ホーム・ミュージック・セレクション ドーナッツ盤　畑中更予 p.104　〔06438〕

ホーム・ミュージック・セレクション クラシック　小林利之 p.104　〔06439〕

ホーム・ミュージック・セレクション ポピュラー　岡部迪子 p.107　〔06440〕

ホーム・ミュージック・セレクション シャンソン　高木東六 p.109　〔06441〕

ホーム・ミュージック・セレクション タンゴ　青木啓 p.110　〔06442〕

ヴァンデルノートとの対談 ミシェル・ロラン，石川登志夫 訳 p.113　〔06443〕

ルクレシア・ウエストのこと 宮沢縦一 p.114　〔06444〕

完全冷房の音楽　有坂愛彦 p.114　〔06445〕

ディキシーランド・ジャズ―ジャズ講座（3）油井正一 p.120　〔06446〕

ビクター三〇周年を回顧して（対談）竹野俊男，青木謙幸 p.122　〔06447〕

インド音楽のLP　藤田不二 p.127　〔06448〕

海外LP紹介―世界の新しいレコード 岡俊雄 p.128　〔06449〕

外誌によるレコード評 宮崎嗣 p.135　〔06450〕

内容細目　　　　　　　　　　　　　　「ディスク」

エネスコのクロイツェルを聴く　西条卓夫
p.136　　　　　　　　　　　　　　〔06451〕

新着LP試聴室　坿和昌夫　p.139　　〔06452〕

レコードで聴く私たちの音楽史(7)バロック音
楽　渡部恵一郎　p.144　　　　　　〔06453〕

ヨーゼフ・ハイドン(2)大作曲家と音楽(21)
大宮真琴，佐藤景子　p.148　　　　〔06454〕

コロムビア音楽クイズ　p.156　　　〔06455〕

代表的優秀アムプの分析(2)フィッシャーの80-
AZアムプ　青木周三　p.158　　　〔06456〕

世界レコード界の新情勢　藤田不二
p.166　　　　　　　　　　　　　　〔06457〕

20巻13号（1957年11月発行）

ギリリスのベートーヴェン「第四」(今月のハイ
ライト)　大木正興　p.17　　　　　〔06458〕

ヌヴーの遺品シベリウス(今月のハイライト)
ジャンヌ・イスナール　p.18　　　　〔06459〕

フラグスタートのシューベルト(今月のハイラ
イト)　畑中良輔　p.19　　　　　　〔06460〕

プーランク「スタバート・マーテル」(今月のハ
イライト)　福原信夫　p.20　　　　〔06461〕

あらえびす先生に感謝する会　p.21　〔06462〕

ギリリスの横顔　薬科雅美　p.22　　〔06463〕

カラヤンの魅力　飯田一夫　p.24　　〔06464〕

来日するバリリ絃楽四重奏団　p.27　〔06465〕

レコードとともに(座談会)　中村善吉，野村あ
らえびす，青木謙幸　p.28　　　　　〔06466〕

生きているシュナーベル　木村重雄
p.32　　　　　　　　　　　　　　　〔06467〕

シベリウスを悼む　岡俊雄　p.34　　〔06468〕

カサドゥシュスとの対談　イーヴ・ユシェール，
石川登志夫 訳　p.36　　　　　　　〔06469〕

オペラへの招待　歌劇「セヴィリアの理髪師」
(ロッシーニ)　福原信夫　p.38　　　〔06470〕

LP名盤をさぐる(6)エピック篇(座談会)　大宮
真琴，佐川吉男，小林利之　p.44　　〔06471〕

コロムビア音楽クイズ問題と正解発表
p.52　　　　　　　　　　　　　　　〔06472〕

舞台裏の音楽家　上浪渡　p.54　　　〔06473〕

演奏家訪問(7)砂原美智子さんをたずねて　宮沢
縦一　p.58　　　　　　　　　　　　〔06474〕

ディスク・11月の推選盤　p.69　　　〔06475〕

ディスク新譜月評 交響楽　大宮真琴
p.70　　　　　　　　　　　　　　　〔06476〕

ディスク新譜月評 器楽　門馬直美
p.82　　　　　　　　　　　　　　　〔06477〕

ディスク新譜月評 声楽　福原信夫
p.88　　　　　　　　　　　　　　　〔06478〕

ディスク新譜月評 ジャズ　飯塚経世
p.94　　　　　　　　　　　　　　　〔06479〕

ホーム・ミュージック・セレクション シャンソ
ン　高木東六　p.100　　　　　　　〔06480〕

ホーム・ミュージック・セレクション クラシッ
ク　小林利之　p.100　　　　　　　〔06481〕

ホーム・ミュージック・セレクション ポピュ
ラー　岡部迪子　p.104　　　　　　〔06482〕

ホーム・ミュージック・セレクション タンゴ
青木啓　p.105　　　　　　　　　　〔06483〕

ホーム・ミュージック・セレクション ドーナッ
ツ盤　畑中更予　p.108　　　　　　〔06484〕

ジャズ講座(4)スイングから現代　油井正一
p.112　　　　　　　　　　　　　　〔06485〕

シャンソンの歴史―レコード評　高木東六
p.114　　　　　　　　　　　　　　〔06486〕

新着LP試聴室　坿和昌夫　p.121　　〔06487〕

外誌によるレコード評　中村善吉
p.126　　　　　　　　　　　　　　〔06488〕

二つのバルトーク「絃楽四重奏曲」　クロード・
ロスタン　p.128　　　　　　　　　〔06489〕

名曲診断室―チャイコフスキー交響曲の聴きく
らべ　上野一郎　p.131　　　　　　〔06490〕

海外LP紹介―世界の新しいレコード　岡俊雄
p.136　　　　　　　　　　　　　　〔06491〕

レコードで聴く私たちの音楽史(8)バロック音
楽　渡部恵一郎　p.146　　　　　　〔06492〕

ヨーゼフ・ハイドン(3)大作曲家と音楽(22)
大宮真琴，佐藤景子　p.150　　　　〔06493〕

レコードのハイファイ・放送のハイファイ　福
原信夫　p.156　　　　　　　　　　〔06494〕

オーディオ部品のヒット スピーカーの話題　今
西嶺三郎　p.160　　　　　　　　　〔06495〕

世界レコード界の新情勢　藤田不二
p.164　　　　　　　　　　　　　　〔06496〕

20巻14号 増刊 名曲LP350選 第3集（1957年11月発行）

無伴奏ヴァイオリン奏鳴曲(全六曲)〈バッハ〉
(器楽曲)　p.14　　　　　　　　　　〔06497〕

無伴奏チェロ組曲(全六曲)〈バッハ〉(器楽曲)
p.16　　　　　　　　　　　　　　　〔06498〕

イタリア協奏曲ヘ長調〈バッハ〉(器楽曲)
p.17　　　　　　　　　　　　　　　〔06499〕

フランス組曲第六番ホ長調〈バッハ〉(器楽曲)
p.18　　　　　　　　　　　　　　　〔06500〕

パルティータ第一番変ロ長調〈バッハ〉(器楽
曲)　p.19　　　　　　　　　　　　〔06501〕

ゴールドベルク変奏曲〈バッハ〉(器楽曲)
p.20　　　　　　　　　　　　　　　〔06502〕

トッカータ・アダジオとフーガ ハ長調〈バッ
ハ〉(器楽曲)　p.21　　　　　　　　〔06503〕

トッカータとフーガ ニ短調〈バッハ〉(器楽曲)
p.22　　　　　　　　　　　　　　　〔06504〕

幻想曲とフーガ ト短調〈バッハ〉(器楽曲)
p.23　　　　　　　　　　　　　　　〔06505〕

ピアノ奏鳴曲第八番イ短調〈モーツァルト〉(器
楽曲)　p.24　　　　　　　　　　　〔06506〕

「ディスク」   内容細目

ピアノ奏鳴曲第一一番イ長調〈モーツァルト〉
（器楽曲）p.24　　　　　　　　〔06507〕

ピアノ奏鳴曲第一五番ハ長調〈モーツァルト〉
（器楽曲）p.26　　　　　　　　〔06508〕

ピアノ奏鳴曲第一六番変ロ長調〈モーツァルト〉
（器楽曲）p.27　　　　　　　　〔06509〕

ピアノ奏鳴曲第八番ハ短調（悲愴）〈ベートー
ヴェン〉（器楽曲）p.28　　　　〔06510〕

ピアノ奏鳴曲第一四番嬰ハ短調（月光）〈ベー
トーヴェン〉（器楽曲）p.29　　〔06511〕

ピアノ奏鳴曲第一七番ニ短調（テンペスト）
〈ベートーヴェン〉（器楽曲）p.31　〔06512〕

ピアノ奏鳴曲第二一番（ワルドシュタイン）
〈ベートーヴェン〉（器楽曲）p.32　〔06513〕

ピアノ奏鳴曲第二三番ヘ短調（熱情）〈ベートー
ヴェン〉（器楽曲）p.34　　　　〔06514〕

ピアノ奏鳴曲第二六番変ホ長調（告別）〈ベー
トーヴェン〉（器楽曲）p.35　　〔06515〕

ピアノ奏鳴曲第二九番（ハンマークラフィア）
〈ベートーヴェン〉（器楽曲）p.36　〔06516〕

ピアノ奏鳴曲第三〇番ホ長調〈ベートーヴェン〉
（器楽曲）p.37　　　　　　　　〔06517〕

ピアノ奏鳴曲第三一番イ長調〈ベートーヴェン〉
（器楽曲）p.39　　　　　　　　〔06518〕

ピアノ奏鳴曲第三二番ハ短調〈ベートーヴェン〉
（器楽曲）p.40　　　　　　　　〔06519〕

ピアノ奏鳴曲イ短調〈シューベルト〉（器楽曲）
p.41　　　　　　　　　　　　　〔06520〕

ピアノ奏鳴曲第二番変ロ短調（葬送）〈ショパ
ン〉（器楽曲）p.41　　　　　　〔06521〕

ピアノ奏鳴曲第三番ロ短調〈ショパン〉（器楽
曲）p.42　　　　　　　　　　　〔06522〕

前奏曲〈ショパン〉（器楽曲）p.43　〔06523〕

練習曲〈ショパン〉p.44　　　　　〔06524〕

譚詩曲〈ショパン〉（器楽曲）p.45　〔06525〕

円舞曲〈ショパン〉（器楽曲）p.46　〔06526〕

夜想曲〈ショパン〉（器楽曲）p.47　〔06527〕

ピアノ奏鳴曲第一番嬰ヘ短調〈シューマン〉（器
楽曲）p.48　　　　　　　　　　〔06528〕

ピアノ奏鳴曲第二番ト短調〈シューマン〉（器楽
曲）p.49　　　　　　　　　　　〔06529〕

胡蝶〈シューマン〉（器楽曲）p.49　〔06530〕

謝肉祭〈シューマン〉（器楽曲）p.50　〔06531〕

クライスレリアーナ〈シューマン〉（器楽曲）
p.53　　　　　　　　　　　　　〔06532〕

子供の情景〈シューマン〉（器楽曲）
p.53　　　　　　　　　　　　　〔06533〕

ピアノ奏鳴曲ロ短調〈リスト〉（器楽曲）
p.54　　　　　　　　　　　　　〔06534〕

ハンガリー狂詩曲〈リスト〉（器楽曲）
p.55　　　　　　　　　　　　　〔06535〕

パガニーニの主題による変奏曲〈ブラームス〉
（器楽曲）p.55　　　　　　　　〔06536〕

前奏曲 第一集〈ドビュッシイ〉（器楽曲）
p.56　　　　　　　　　　　　　〔06537〕

影像〈ドビュッシイ〉（器楽曲）p.58　〔06538〕

ベルガマスク組曲〈ドビュッシイ〉（器楽曲）
p.58　　　　　　　　　　　　　〔06539〕

子供の領分〈ドビュッシイ〉（器楽曲）
p.59　　　　　　　　　　　　　〔06540〕

ピアノ小曲集〈ドビュッシイ〉（器楽曲）
p.60　　　　　　　　　　　　　〔06541〕

ピアノ全集〈ラヴェル〉（器楽曲）p.61　〔06542〕

ミクロコスモス〈バルトーク〉（器楽曲）
p.64　　　　　　　　　　　　　〔06543〕

アンセルメ名演集（管絃楽曲集）p.65　〔06544〕

トスカニーニ・オムニバス（管絃楽曲集）
p.66　　　　　　　　　　　　　〔06545〕

トスカニーニ・ロッシーニ序曲集（管絃楽曲集）
p.67　　　　　　　　　　　　　〔06546〕

バレエの夕（管絃楽曲集）p.67　　〔06547〕

ディアギレフ頌（管絃楽曲集）p.68　〔06548〕

フィラデルフィア管絃楽団の主席奏者（管絃楽
曲集）p.69　　　　　　　　　　〔06549〕

フィルハーモニア・プロムナード演奏会（管絃
楽曲集）p.70　　　　　　　　　〔06550〕

フリッチャイ名演集（管絃楽曲集）
p.71　　　　　　　　　　　　　〔06551〕

フランス管絃楽名曲集（管絃楽曲集）
p.72　　　　　　　　　　　　　〔06552〕

ブラヴォー（管絃楽曲集）p.73　　〔06553〕

ボストン・ポップス・ピクニック（管絃楽曲集）
p.74　　　　　　　　　　　　　〔06554〕

ミラベルの庭園にて（管絃楽曲集）
p.74　　　　　　　　　　　　　〔06555〕

一七, 八世紀のイタリア音楽（管絃楽曲集）
p.76　　　　　　　　　　　　　〔06556〕

パリのモーツァルト（管絃楽曲集）
p.76　　　　　　　　　　　　　〔06557〕

ブダペスト四重奏団アンコール集（室内楽曲集）
p.78　　　　　　　　　　　　　〔06558〕

カペル紀念アルバム（器楽曲集）p.79　〔06559〕

ケンプ・リサイタル（器楽曲集）p.80　〔06560〕

コルトー・ショパン名曲集（器楽曲集）
p.81　　　　　　　　　　　　　〔06561〕

コルトー・ポピュラー・アンコール集（器楽曲
集）p.82　　　　　　　　　　　〔06562〕

バックハウス・モーツァルト・リサイタル（器
楽曲集）p.82　　　　　　　　　〔06563〕

バックハウス・カーネギー・ホール・リサイタ
ル（器楽曲集）p.83　　　　　　〔06564〕

ブライロフスキー・リサイタル（器楽曲集）
p.84　　　　　　　　　　　　　〔06565〕

ホロヴィッツ・イン・リサイタル（器楽曲集）
p.85　　　　　　　　　　　　　〔06566〕

内容細目 「ディスク」

ランドフスカ・モーツァルト・ピアノ奏鳴曲集
（器楽曲集）p.86　　　　　　　〔06567〕

リパッティを讃える（器楽曲集）p.86　〔06568〕

クライスラー名演集（器楽曲集）p.88　〔06569〕

シェリング・リサイタル（器楽曲集）
p.89　　　　　　　　　　　　　〔06570〕

ハイフェッツ愛奏曲集（器楽曲集）
p.90　　　　　　　　　　　　　〔06571〕

ヴァイオリンの旅（フランチェスカティ名演集）
（器楽曲集）p.90　　　　　　　〔06572〕

イダ・ヘンデル・ヴァイオリン愛奏曲集（器楽
曲集）p.91　　　　　　　　　　〔06573〕

カザルス小品集（器楽曲集）p.92　　〔06574〕

フルニエ・チェロ・リサイタル（器楽曲集）
p.93　　　　　　　　　　　　　〔06575〕

ヤニグロ・チェロ・アンコール（器楽曲集）
p.94　　　　　　　　　　　　　〔06576〕

セゴヴィア・ギター名演集（器楽曲集）
p.94　　　　　　　　　　　　　〔06577〕

ドップス・ソング・リサイタル（歌曲と民謡集）
p.99　　　　　　　　　　　　　〔06578〕

シュワルツコップ・リード・リサイタル（歌曲
と民謡集）p.100　　　　　　　〔06579〕

歌の翼に（歌曲と民謡集）p.101　　〔06580〕

シュルスヌス愛唱曲集（歌曲と民謡集）
p.103　　　　　　　　　　　　　〔06581〕

イタリア歌曲集（歌曲と民謡集）
p.104　　　　　　　　　　　　　〔06582〕

イタリア民謡集（歌曲と民謡集）
p.105　　　　　　　　　　　　　〔06583〕

クリストフ・ロシア民謡集（歌曲と民謡集）
p.106　　　　　　　　　　　　　〔06584〕

ロシア民謡集（歌曲と民謡集）p.107　〔06585〕

カラス・オペラ・アリア集（歌劇アリア集）
p.109　　　　　　　　　　　　　〔06586〕

カラス・プッチーニ歌劇アリア集（歌劇アリア
集）p.110　　　　　　　　　　〔06587〕

ギューデン・オペラ・アリア集（歌劇アリア集）
p.110　　　　　　　　　　　　　〔06588〕

ギューデン・モーツァルト歌劇アリア集（歌劇
アリア集）p.111　　　　　　　〔06589〕

シミオナート歌劇アリア集（歌劇アリア集）
p.112　　　　　　　　　　　　　〔06590〕

テバルディ歌劇アリア集（歌劇アリア集）
p.113　　　　　　　　　　　　　〔06591〕

テバルディ・ソプラノ歌劇アリア集（歌劇アリ
ア集）p.114　　　　　　　　　〔06592〕

テバルディ・プッチーニ・アリア集（歌劇アリ
ア集）p.115　　　　　　　　　〔06593〕

プッチーニ，ヴェルディ・アリア集（歌劇アリア
集）p.115　　　　　　　　　　〔06594〕

フェリアー・バッハ・ヘンデル・リサイタル
（歌劇アリア集）p.116　　　　〔06595〕

ロッシ=レメニ・アリア集（歌劇アリア集）
p.116　　　　　　　　　　　　　〔06596〕

カルーソー名唱集（歌劇アリア集）
p.117　　　　　　　　　　　　　〔06597〕

ゲッダ・テナー・アリア集（歌劇アリア集）
p.118　　　　　　　　　　　　　〔06598〕

シエピ・モーツァルト・リサイタル（歌劇アリ
ア集）p.120　　　　　　　　　〔06599〕

マリオ・デル・モナコ歌劇アリア集（歌劇アリ
ア集）p.121　　　　　　　　　〔06600〕

ドン・コザック・オン・パレード（合唱曲）
p.123　　　　　　　　　　　　　〔06601〕

パリ「木の十字架」少年合唱団（合唱曲）
p.123　　　　　　　　　　　　　〔06602〕

アメリカ開拓者の歌（合唱曲）p.124　〔06603〕

クリスマス・キャロル集（合唱曲）
p.125　　　　　　　　　　　　　〔06604〕

聖歌とキャロル（合唱曲）p.126　　〔06605〕

交響曲第一〇二番ロ長調〈ハイドン〉（交響曲）
p.128　　　　　　　　　　　　　〔06606〕

交響曲第一〇四番（ロンドン）〈ハイドン〉（交響
曲）p.129　　　　　　　　　　〔06607〕

交響曲第三一番（パリ）〈モーツァルト〉（交響
曲）p.129　　　　　　　　　　〔06608〕

交響曲第三三番変ロ長調〈モーツァルト〉（交響
曲）p.130　　　　　　　　　　〔06609〕

交響曲第三四番ハ長調〈モーツァルト〉（交響
曲）p.131　　　　　　　　　　〔06610〕

交響曲第四番（悲劇的）〈シューベルト〉（交響
曲）p.132　　　　　　　　　　〔06611〕

交響曲第四番ト長調〈ドヴォルザーク〉（交響
曲）p.133　　　　　　　　　　〔06612〕

交響曲第五番〈プロコフィエフ〉（交響曲）
p.134　　　　　　　　　　　　　〔06613〕

交響曲第二番〈オネゲル〉（交響曲）
p.135　　　　　　　　　　　　　〔06614〕

交響曲第一番へ長調〈ショスタコヴィッチ〉（交
響曲）p.136　　　　　　　　　〔06615〕

合奏協奏曲集〈コレルリ〉（協奏曲）
p.136　　　　　　　　　　　　　〔06616〕

二台のピアノの協奏曲ハ長調〈バッハ〉（協奏
曲）p.138　　　　　　　　　　〔06617〕

三台のピアノの協奏曲ニ短調〈バッハ〉（協奏
曲）p.139　　　　　　　　　　〔06618〕

四台のピアノ協奏曲イ短調〈バッハ〉（協奏曲）
p.140　　　　　　　　　　　　　〔06619〕

ハープシコード協奏曲〈ハイドン〉（協奏曲）
p.140　　　　　　　　　　　　　〔06620〕

ピアノ協奏曲第二五番ハ長調〈モーツァルト〉
p.141　　　　　　　　　　　　　〔06621〕

協奏交響曲変ホ長調〈モーツァルト〉（協奏曲）
p.142　　　　　　　　　　　　　〔06622〕

二台のピアノの協奏曲変ホ長調〈モーツァルト〉
（協奏曲）p.143　　　　　　　〔06623〕

〔06567〜06623〕　　　　　　戦前期　レコード音楽雑誌記事索引　**119**

「ディスク」 内容細目

ピアノ小協奏曲ヘ短調〈ウェーバー〉（協奏曲）
p.144 〔06624〕

交響的変奏曲〈フランク〉（協奏曲）
p.145 〔06625〕

死の舞踏〈リスト〉（協奏曲） p.146 〔06626〕

ピアノ協奏曲第二番ト長調〈チャイコフスキー〉
（協奏曲） p.147 〔06627〕

ロココの主題による変奏曲〈チャイコフスキー〉
（協奏曲） p.148 〔06628〕

ヴァイオリン協奏曲第二番ト短調〈プロコフィ
エフ〉（協奏曲） p.148 〔06629〕

オーバード〈プーランク〉（協奏曲）
p.149 〔06630〕

ヴァイオリン奏鳴曲集〈タルティーニ〉（室内楽
曲） p.149 〔06631〕

絃楽四重奏曲第一九番〈不協和音〉〈モーツァル
ト〉（室内楽曲） p.150 〔06632〕

絃楽五重奏曲ハ長調〈モーツァルト〉（室内楽
曲） p.151 〔06633〕

ピアノ三重奏曲ト長調, 変ロ長調〈モーツァル
ト〉（室内楽曲） p.152 〔06634〕

ピアノ四重奏曲第一番, 第二番〈モーツァルト〉
（室内楽曲） p.153 〔06635〕

ヴァイオリン奏鳴曲イ長調〈モーツァルト〉（室
内楽曲） p.154 〔06636〕

絃楽四重奏曲第五番イ長調〈ベートーヴェン〉
（室内楽曲） p.154 〔06637〕

絃楽四重奏曲第六番変ロ長調〈ベートーヴェン〉
（室内楽曲） p.154 〔06638〕

絃楽四重奏曲第一一番〈厳粛〉〈ベートーヴェ
ン〉（室内楽曲） p.155 〔06639〕

絃楽四重奏曲一三番変ロ長調〈ベートーヴェン〉
（室内楽曲） p.156 〔06640〕

絃楽四重奏曲第一六番ヘ長調〈ベートーヴェン〉
（室内楽曲） p.157 〔06641〕

大通走曲変ロ長調〈ベートーヴェン〉（室内楽
曲） p.158 〔06642〕

ピアノ三重奏曲第五番〈幽霊〉〈ベートーヴェ
ン〉（室内楽曲） p.159 〔06643〕

七重奏曲変ホ長調〈ベートーヴェン〉（室内楽
曲） p.159 〔06644〕

絃楽四重奏曲第一三番イ短調〈シューベルト〉
（室内楽曲） p.161 〔06645〕

絃楽四重奏曲第一五番ト長調〈シューベルト〉
（室内楽曲） p.162 〔06646〕

ピアノ三重奏曲第一番変ロ長調〈シューベルト〉
（室内楽曲） p.162 〔06647〕

チェロ奏鳴曲（アルペジオーネ）〈シューベル
ト〉（室内楽曲） p.163 〔06648〕

ピアノ三重奏曲第一番ニ短調〈メンデルスゾー
ン〉（室内楽曲） p.164 〔06649〕

ピアノ五重奏曲変ホ長調〈シューマン〉（室内楽
曲） p.165 〔06650〕

ピアノ三重奏曲イ短調〈チャイコフスキー〉（室
内楽曲） p.165 〔06651〕

魔弾の射手〈ウェーバー〉（歌劇）
p.166 〔06652〕

20巻15号（1957年12月発行）

シューリヒトの「第一」（今月のハイライト ベー
トーヴェンの交響曲） 中村善吉
p.18 〔06653〕

マルケヴィッチの「エロイカ」（今月のハイライ
ト ベートーヴェンの交響曲） 宇野功芳
p.19 〔06654〕

カラヤンの「第八」を中心に（今月のハイライ
ト ベートーヴェンの交響曲） 門馬直美
p.20 〔06655〕

トスカニーニとワルターの「第九」（今月のハイ
ライト ベートーヴェンの交響曲） 大木正興
p.22 〔06656〕

セルとオーマンディの「第五」によせて（今月
のハイライト ベートーヴェンの交響曲） 村
田武雄 p.24 〔06657〕

私の聴いたエミール・ギリリス 野村光一
p.26 〔06658〕

私の友人ディアギレフ ストラヴィンスキー,
東川清一 訳 p.30 〔06659〕

イゴール・マルケヴィッチの肖像 佐野和彦
p.34 〔06660〕

オペラへの招待 歌劇「ディドとエネアス」（パー
セル）福原信夫 p.37 〔06661〕

一九五七年の優秀LPをさぐる（1）（座談会） 大
宮真琴, 門馬直美, 福原信夫 p.42 〔06662〕

今月の研究 バッハの「マタイ伝による受難楽」
渡部恵一郎 p.50 〔06663〕

オーケストラの威力 岸本淳 p.54 〔06664〕

現代音楽の窓 ジョージ・ガーシュウィン 佐藤
馨 p.56 〔06665〕

クリスマス・レコード買物帖 佐川吉男
p.60 〔06666〕

ディスク新譜月評 交響楽 大宮真琴
p.70 〔06667〕

一枚に収つた二つの「第九」 p.72 〔06668〕

カラヤンの新盤三枚を聴く p.76 〔06669〕

ディスク新譜月評 器楽 門馬直美
p.84 〔06670〕

日本製の電子音楽のLP p.91 〔06671〕

ディスク新譜月評 声楽 福原信夫
p.92 〔06672〕

マタイ受難楽全曲のLP p.96 〔06673〕

ディスク新譜月評 ジャズ 飯塚経世
p.98 〔06674〕

ホーム・ミュージック・セレクション ドーナッ
ツ盤 畑中更予 p.104 〔06675〕

ホーム・ミュージック・セレクション クラシッ
ク 小林利之 p.104 〔06676〕

内容細目　　　　　　　　　　　　　　　「ディスク」

ホーム・ミュージック・セレクション ポピュ
　ラー 岡部迪子 p.110　　　　　　〔06677〕
ホーム・ミュージック・セレクション シャンソ
　ン 高木東六 p.115　　　　　　　　〔06678〕
ホーム・ミュージック・セレクション タンゴ
　青木啓 p.116　　　　　　　　　　〔06679〕
今月の演奏会 東京のギレリス 大宮真琴
　p.122　　　　　　　　　　　　　　〔06680〕
モントゥとの対談 シャムフレー，石川登志夫
　訳 p.124　　　　　　　　　　　　〔06681〕
新着LP試聴室 坩和昌夫 p.129　　〔06682〕
ベームの「フィガロの結婚」 小林利之
　p.132　　　　　　　　　　　　　　〔06683〕
海外LP紹介—世界のレコード・ニュース 岡俊
　雄 p.137　　　　　　　　　　　　〔06684〕
名曲診断室—ブラームスの交響曲聴きくらべ
　（1）上野一郎 p.148　　　　　　〔06685〕
ニクサレコードの発売 p.154　　　〔06686〕
ニクサの「救世主」を聴いて 福原信夫
　p.154　　　　　　　　　　　　　　〔06687〕
レコードで聴く私たちの音楽史（9）バロック音
　楽 渡部恵一郎 p.156　　　　　　〔06688〕
代表的アンプの分析（3）アコスティカルの
　QUAD-II型アンプ 青木周三 p.160　〔06689〕
世界LP界の新情勢 藤田不二 p.165　〔06690〕
LP五枚の当るコロムビア音楽クイズ（問題と正
　解発表）p.168　　　　　　　　　　〔06691〕
LPサロン p.170　　　　　　　　　　〔06692〕

21巻1号（1958年1月発行）
ケンプのシューマン 藤田晴子 p.19　〔06693〕
ミュンシュ指揮するワーグナー 甲斐正雄
　p.20　　　　　　　　　　　　　　〔06694〕
マルツイのメンデルスゾーンを聴く 岩淵竜太
　郎 p.21　　　　　　　　　　　　〔06695〕
サンサーンスを弾くロストロボーヴィチ 井上
　頼豊 p.22　　　　　　　　　　　〔06696〕
現代音楽の窓（8）アンドレ・ジョリヴェとオン
　ド・マルトゥノ協奏曲 秋山邦晴
　p.24　　　　　　　　　　　　　　〔06697〕
シェルヘンを語る 岡俊雄，大宮真琴
　p.28　　　　　　　　　　　　　　〔06698〕
共稼ぎの音楽使節 フルニエとドワイヤン
　薬科雅美 p.36　　　　　　　　　〔06699〕
東京の演奏会 ソレンコワを聴く 宮沢縦一
　p.38　　　　　　　　　　　　　　〔06700〕
バーンスタインの自画像 佐野和彦
　p.40　　　　　　　　　　　　　　〔06701〕
クリュイタンスとの対談 イヴ・ユシェール，
　石川登志夫訳 p.44　　　　　　　〔06702〕
一九五七年の優秀LPをさぐる（続）（座談会）
　門馬直美，大宮真琴，福原信夫 p.46〔06703〕
ハイドンの「四季」 辻荘一 p.55　　〔06704〕

レコードのたのしみ 志鳥栄八郎 p.56　〔06705〕
名曲診断室—ブラームスの交響曲聴きくらべ
　上野一郎 p.60　　　　　　　　　〔06706〕
ディスクLP推薦盤 p.69　　　　　　〔06707〕
ディスク新譜月評 交響楽 大宮真琴
　p.70　　　　　　　　　　　　　　〔06708〕
ディスク新譜月評 協奏曲 坩和昌夫
　p.77　　　　　　　　　　　　　　〔06709〕
ディスク新譜月評 器楽・室内楽 門馬直美
　p.82　　　　　　　　　　　　　　〔06710〕
ディスク新譜月評 声楽曲 福原信夫
　p.86　　　　　　　　　　　　　　〔06711〕
ホーム・ミュージック・セレクション ドーナッ
　ツ盤 畑中更予 p.92　　　　　　〔06712〕
ホーム・ミュージック・セレクション シャンソ
　ン 高木東六 p.92　　　　　　　　〔06713〕
ホーム・ミュージック・セレクション クラシッ
　ク 小林利之 p.98　　　　　　　　〔06714〕
ホーム・ミュージック・セレクション タンゴ
　青木啓 p.98　　　　　　　　　　〔06715〕
ホーム・ミュージック・セレクション ポピュ
　ラー 岡部迪子 p.101　　　　　　〔06716〕
ホーム・ミュージック・セレクション ジャズ
　飯塚経世 p.108　　　　　　　　　〔06717〕
オペラへの招待 アルバン・ベルクの「ヴォ
　ツェック」 福原信夫 p.114　　　〔06718〕
死んでしまったベニアミノ・ジーリ 小林利之
　p.120　　　　　　　　　　　　　　〔06719〕
真のハイ・ファイはFMで 岡田政善
　p.122　　　　　　　　　　　　　　〔06720〕
海外LP紹介—世界のレコード・ニュース 岡俊
　雄 p.129　　　　　　　　　　　　〔06721〕
新着LP試聴室 坩和昌夫，宇野功芳
　p.140　　　　　　　　　　　　　　〔06722〕
フィッシャー＝ディスカウの「詩人の恋」 宇野
　功芳 p.142　　　　　　　　　　　〔06723〕
チャイコフスキー物語（1）ロジェストヴェンス
　キー街の未亡人 ボウエン，バルバラ・メッ
　ク，繁沢保訳 p.152　　　　　　〔06724〕
音楽ファンの初夢 南春雄 p.158　　〔06725〕
ジュリエット・グレコ 河野基比古
　p.160　　　　　　　　　　　　　　〔06726〕
Hi・Fiの散歩道 p.162　　　　　　〔06727〕
LP五枚の当るコロムビア音楽クイズ（問題と発
　表）p.166　　　　　　　　　　　〔06728〕
世界LP界の新情勢 藤田不二 p.171　〔06729〕
各社新譜一覧表 p.176　　　　　　　〔06730〕

21巻2号（1958年2月発行）
一〇〇〇円のLPを語る（座談会）（1000円のLP
　のすべて）志鳥栄八郎，大宮真琴，佐川吉男
　p.18　　　　　　　　　　　　　　〔06731〕
世界の一〇〇〇円LP盤（1000円のLPのすべて）
　上野一郎 p.26　　　　　　　　　〔06732〕

〔06677〜06732〕　　　　　　　戦前期　レコード音楽雑誌記事索引　**121**

「ディスク」　内容細目

名曲と名演 一〇〇〇円LP推選盤（1000円のLP
のすべて）p.30　　　　　　　　　〔06733〕

カラヤンとベルリン・フィルのワーグナー名曲
集を聴く 野村光一，大宮真琴 p.36　〔06734〕

LPに復活したカザルス・トリオ 中村善吉
p.42　　　　　　　　　　　　　　〔06735〕

ブラームスの二つの三重奏曲 門馬直美
p.44　　　　　　　　　　　　　　〔06736〕

サンソン・フランソワのショパン・リサイタル
伊達純 p.44　　　　　　　　　　〔06737〕

シュタルケルのプロコフィエフ「チェロ協奏
曲」 林光 p.46　　　　　　　　　〔06738〕

中世から文芸復興期の音楽 服部幸三
p.47　　　　　　　　　　　　　　〔06739〕

ディスク・LPライブラリー（1）ハイドンの交響
曲（1）大宮真琴 p.50　　　　　　〔06740〕

レコードのたのしみ 志鳥栄八郎 p.54　〔06741〕

バリリ四重奏団ききある記 門馬直美
p.58　　　　　　　　　　　　　　〔06742〕

ジャクリーヌ・フランソワ 河野基比古
p.60　　　　　　　　　　　　　　〔06743〕

舞台裏の音楽家 井荻三郎 p.62　　　〔06744〕

ディスクLP推選盤 p.69　　　　　　〔06745〕

ディスク新譜月評 交響楽 大宮真琴
p.70　　　　　　　　　　　　　　〔06746〕

ディスク新譜月評 器楽・室内楽 門馬直美
p.78　　　　　　　　　　　　　　〔06747〕

ディスク新譜月評 協奏曲 坪和昌夫
p.85　　　　　　　　　　　　　　〔06748〕

ディスク新譜月評 声楽曲 福原信夫
p.90　　　　　　　　　　　　　　〔06749〕

ホーム・ミュージック・セレクション ドーナッ
ツ盤 畑中更予 p.96　　　　　　　〔06750〕

ホーム・ミュージック・セレクション ポピュ
ラー音楽 岡部迪子 p.96　　　　　〔06751〕

ホーム・ミュージック・セレクション タンゴ
青木啓 p.100　　　　　　　　　　〔06752〕

ホーム・ミュージック・セレクション LP 小林
利之 p.102　　　　　　　　　　　〔06753〕

ホーム・ミュージック・セレクション シャンソ
ン 高木東六 p.104　　　　　　　　〔06754〕

LPサロン 宇野功芳 p.106　　　　　〔06755〕

ホーム・ミュージック・セレクション ジャズ
飯塚経世 p.110　　　　　　　　　〔06756〕

LP五枚の当るコロムビア音楽クイズ（問題と発
表）p.116　　　　　　　　　　　〔06757〕

オペラへの招待 プッチーニの「ラ・ボエーム」
福原信夫 p.118　　　　　　　　　〔06758〕

大作曲家と音楽（22）セザール・フランク（1）
大宮真琴 p.122　　　　　　　　　〔06759〕

名曲診断室―三人のピアニスト 上野一郎
p.128　　　　　　　　　　　　　〔06760〕

海外LP紹介―世界のレコード・ニュース 岡俊
雄 p.137　　　　　　　　　　　　〔06761〕

新着LP試聴室 坪和昌夫 p.146　　　〔06762〕

ツィフラとの対談 イヴ・ユシェール，石川登
志夫 訳 p.155　　　　　　　　　　〔06763〕

私たちの音楽史（9）ロココ時代の音楽 渡部恵一
郎 p.156　　　　　　　　　　　　〔06764〕

チャイコフスキーの想い出 ナデジダ・フォン・
メック 繁沢保 編訳 p.160　　　　〔06765〕

ヒンデミットと画家マチス 萩原英彦
p.164　　　　　　　　　　　　　〔06766〕

世界LP界の新情勢 藤田不二 p.171　〔06767〕

各社新譜一覧表 p.176　　　　　　　〔06768〕

21巻3号（1958年3月発行）

エフゲニ・ムラヴィンスキイ（来朝するソ連演
奏家への期待）渡辺護 p.18　　　　〔06769〕

クルト・ザンデンリンク（来朝するソ連演奏家
への期待）佐川吉男 p.20　　　　　〔06770〕

M・ロストロポーヴィチ（来朝するソ連演奏家へ
の期待）田辺秀雄 p.22　　　　　　〔06771〕

アンセルメの人と芸術 岡俊雄，大宮真琴
p.24　　　　　　　　　　　　　　〔06772〕

フェスティヴァル五重奏団の「鱒」 井上頼豊
p.34　　　　　　　　　　　　　　〔06773〕

ハイネとシューマンと 木村重雄 p.34　〔06774〕

マショーの聖母のミサ 服部幸三 p.35　〔06775〕

ベイヌムの「イタリア」とブラームス 宇野功芳
p.38　　　　　　　　　　　　　　〔06776〕

今年のディスク大賞 p.40　　　　　　〔06777〕

鉄のカーテンから現れた二人 小林利之
p.42　　　　　　　　　　　　　　〔06778〕

新人指揮者マーツェルとの対談 イヴ・ユ
シェール，石川登志夫 訳 p.44　　　〔06779〕

カザルスとともに 平井丈一朗 p.46　〔06780〕

ポーランドの手・フランスの手 山口芙美子
p.48　　　　　　　　　　　　　　〔06781〕

ジルベール・ベコー 河野基比古 p.51　〔06782〕

レコードのたのしみ（3）志鳥栄八郎
p.54　　　　　　　　　　　　　　〔06783〕

ハイドンの交響曲（2）―ディスクLPライブラリ
イ（2）大宮真琴 p.58　　　　　　〔06784〕

今月の演奏家点描 藤田不二 p.64　　〔06785〕

ディスクLP推選盤 p.69　　　　　　〔06786〕

ディスク新譜月評 交響曲・管絃楽 大宮真琴
p.70　　　　　　　　　　　　　　〔06787〕

ディスク新譜月評 協奏曲 坪和昌夫
p.76　　　　　　　　　　　　　　〔06788〕

ディスク新譜月評 声楽曲 福原信夫
p.81　　　　　　　　　　　　　　〔06789〕

ディスク新譜月評 器楽・室内楽 門馬直美
p.84　　　　　　　　　　　　　　〔06790〕

海外の演奏家ニュース　梶田章　p.86　〔06791〕

ホーム・ミュージック・セレクション　ドーナッツ盤　畑中更予　p.90　〔06792〕

ホーム・ミュージック・セレクション　タンゴ　青木啓　p.90　〔06793〕

ホーム・ミュージック・セレクション　LP　小林利之　p.94　〔06794〕

ホーム・ミュージック・セレクション　ポピュラー音楽　岡部迪子　p.95　〔06795〕

ホーム・ミュージック・セレクション　ジャズ　飯塚経世　p.102　〔06796〕

オペラへの招待　ビゼーの歌劇「カルメン」　福原信夫　p.108　〔06797〕

オリヴィエ・メシアンと「幼児キリストにそそぐ二十の眼差し」―現代音楽の窓　秋山邦晴　p.115　〔06798〕

名曲診断室―シューマンのピアノ協奏曲　上野一郎　p.120　〔06799〕

モスクワのお嬢さんソレンコワ　志鳥栄八郎　p.128　〔06800〕

私たちの音楽史（10）古典派の音楽　渡部恵一郎　p.130　〔06801〕

海外LP紹介　岡俊雄　p.137　〔06802〕

新着LP試聴室　埒和昌夫　p.146　〔06803〕

カラヤンとシュワルツコップの楽劇「薔薇の騎士」　小林利之　p.154　〔06804〕

LP五枚の当るコロムビア音楽クイズ（問題と発表）　p.158　〔06805〕

チャイコフスキーの想い出（3）ナデジダ・フォン・メック　繁沢保　編訳　p.160　〔06806〕

大作曲家と音楽（24）セザール・フランク（2）　大宮真琴　p.164　〔06807〕

世界LP界の新情勢　藤田不二　p.172　〔06808〕

各社クラシックLP・EP新譜一覧表　p.176　〔06809〕

21巻4号（1958年4月発行）

ルービンシュタインの「ポロネーズ」（今月のLPに聴く五人のピアニスト）　野村光一　p.18　〔06810〕

シフラの弾くリスト（今月のLPに聴く五人のピアニスト）　大宮真琴　p.20　〔06811〕

ジアノーリのモーツァルト（今月のLPに聴く五人のピアニスト）　坪田昭三　p.21　〔06812〕

バッカウアーの「展覧会の絵」（今月のLPに聴く五人のピアニスト）　薬科雅美　p.22　〔06813〕

ベラ・シキ演奏のシューベルト（今月のLPに聴く五人のピアニスト）　野村光一　p.23　〔06814〕

現代のオペラ歌手十二の顔―ソプラノ篇　畑中良輔，木村重雄，福原信夫　p.24　〔06815〕

今シーズンの世界のオペラ　宮沢縦一　p.40　〔06816〕

二人の女流ピアニスト　野村光一　p.43　〔06817〕

ベルリオーズの「キリストの幼時」　岡俊雄　p.44　〔06818〕

ハイドンのホルン協奏曲　岩井宏之　p.46　〔06819〕

ブーレの「マルトー・サン・メートル」　今堀淳一　p.48　〔06820〕

ディスクLPライブラリイ（3）モーツァルトの交響曲（1）　大宮真琴　p.51　〔06821〕

ポール・パレーとの対談　シャムフレー，石川登志夫　訳　p.54　〔06822〕

星空の下の交響楽　ハリウッド・ボウル・シンフォニーを語る　上野一郎，志鳥栄八郎，大宮真琴　p.56　〔06823〕

ハリウッドボウルを聴く　森正　p.64　〔06824〕

ディスクLP推選盤　p.69　〔06825〕

ディスク新譜月評　交響曲・管絃楽　大宮真琴　p.70　〔06826〕

ディスク新譜月評　協奏曲　埒和昌夫　p.78　〔06827〕

ディスク新譜月評　器楽・室内楽　門馬直美　p.84　〔06828〕

ディスク新譜月評　声楽曲　福原信夫　p.91　〔06829〕

ホーム・ミュージック・セレクション　ドーナッツ盤　畑中更予　p.104　〔06830〕

ホーム・ミュージック・セレクション　LP　小林利之　p.104　〔06831〕

ホーム・ミュージック・セレクション　ポピュラー音楽　青木啓　p.110　〔06832〕

ホーム・ミュージック・セレクション　LPサロン　宇野功芳　p.110　〔06833〕

歌劇「ドン・ジョヴァンニ」新盤とヴォックス・シリーズの紹介　飯田一夫　p.114　〔06834〕

レコードのたのしみ（4）　志鳥栄八郎　p.116　〔06835〕

指揮者物語（3）サー・アンドリアン・ボールト　佐野和彦　p.120　〔06836〕

作曲家の生活をささえるもの　バーカット，山田泰美　訳編　p.123　〔06837〕

海外LP紹介　岡俊雄　p.137　〔06838〕

新着LP試聴室　岡俊雄，埒和昌夫，青木謙幸，小林利之　p.144　〔06839〕

ハンス・ホッターのブラームス　畑中良輔　p.146　〔06840〕

シャンソンの明星（4）パタシュウ　河野基比古　p.154　〔06841〕

チャイコフスキーの想い出（4）チャイコフスキー一家　繁沢保　訳編　p.157　〔06842〕

今月のベスト・セラーズ　p.162　〔06843〕

LP五枚の当るコロムビア音楽クイズ（問題と発表）　p.164　〔06844〕

私の使つている機械―スタックスの新型カートリッジについて　田辺秀雄　p.166　〔06845〕

「ディスク」　内容細目

世界LP界の新情勢　藤田不二　p.171　　〔06846〕

各社クラシックLP・EP新譜一覧表
p.176　　〔06847〕

21巻5号（1958年5月発行）

ホロヴィッツのショパン　野村光一
p.18　　〔06848〕

録音するホロヴィッツ　マンハッタンの休日
ジョン・プファイファー，飯野尹 訳
p.22　　〔06849〕

ミルシュタインと二つの協奏曲　兎束竜夫
p.27　　〔06850〕

ハイドンの絃楽四重奏曲　大宮真琴
p.29　　〔06851〕

レオニード・コーガンのチャイコフスキー　中
村善吉　p.30　　〔06852〕

ロシアからソヴェトへ　佐川吉男　p.32　〔06853〕

オーマンディの秘密（対談）　岡俊雄，大宮真琴
p.34　　〔06854〕

新旧「第九」合戦　C・ルメール，赤木仁兵衛 訳
p.42　　〔06855〕

春宵放談　現代のオペラ歌手（続）―そして更に
十人　畑中良輔，木村重雄，福原信夫，小林利
之　p.48　　〔06856〕

レコードのたのしみ（5）　志鳥栄八郎
p.60　　〔06857〕

世界のニュース　梶田章　p.64　　〔06858〕

ディスク新譜月評　交響楽　大宮真琴
p.70　　〔06859〕

ディスク新譜月評　協奏曲　坪和昌夫
p.76　　〔06860〕

ディスク新譜月評　器楽・室内楽　門馬直美
p.82　　〔06861〕

ディスク新譜月評　声楽曲　福原信夫
p.88　　〔06862〕

音楽史のレコード　服部幸三　p.95　　〔06863〕

ホーム・ミュージック・セレクション　ドーナッ
ツ盤　畑中更予　p.98　　〔06864〕

ホーム・ミュージック・セレクション　LP　宇野
功芳　p.98　　〔06865〕

ホーム・ミュージック・セレクション　ポピュ
ラー音楽　青木啓　p.107　　〔06866〕

歌劇「ドン・ジョヴァンニ」―オペラへの招待
福原信夫　p.108　　〔06867〕

ニューヨーク・シティ・バレエ裏話　伊藤道雄
p.114　　〔06868〕

海外LP紹介　岡俊雄　p.121　　〔06869〕

新着LP試聴室　渡辺茂，他　p.130　　〔06870〕

ブラームスのピアノ協奏曲―名曲診断室　上野
一郎　p.138　　〔06871〕

二つのディスク大賞のレコード　宮崎嗣
p.142　　〔06872〕

海外通信　藤田不二　p.145　　〔06873〕

五月新譜の新演奏家　藤田不二　p.148　〔06874〕

東京に来たルモールテルさん　山口芙美子
p.150　　〔06875〕

ファン・オンシーナの登場　宮沢縦一
p.152　　〔06876〕

フィリップ・アントルモンとの対談　イーヴ・
ユシェール，石川登志夫 訳　p.154　〔06877〕

ジョルジュ・ブラッサンス―シャンソンの明星
（5）　河野基比古　p.156　　〔06878〕

チャイコフスキーの想い出（5）初期の作品をめ
ぐって　繁沢保 編訳　p.159　　〔06879〕

LP（ダイヤモンド・シリーズ）10枚の当るコロ
ムビア・クイズ　p.164　　〔06880〕

今月のベスト・セラーズ　p.166　　〔06881〕

私の使っている機械（2）―トリオFM　田辺秀雄
p.168　　〔06882〕

各社五月新譜一覧表　p.176　　〔06883〕

21巻6号（1958年6月発行）

出でよ新人　薬科雅美　p.18　　〔06884〕

新人演奏家を語る（1）ジョルジ・シフラ（連続
座談会）　岡俊雄，大宮真琴，志鳥栄八郎，有
馬茂夫　p.20　　〔06885〕

コンサート形式による音楽の鑑賞（新連載）ヴィ
ヴァルディ「四季」・ベートーヴェン「熱
情」・シェーンベルク「ワルソーの生き残り」
村田武雄　p.26　　〔06886〕

マルケヴィッチのバッハ「音楽の捧物」　服部幸
三　p.36　　〔06887〕

ホッターのブラームス・リサイタル　佐々木行
綱　p.40　　〔06888〕

ミヨーの「世界の創造」　萩原英彦
p.42　　〔06889〕

室内楽の生い立ち―私たちの音楽史（第2期・1）
岩井宏之　p.44　　〔06890〕

シューリヒトとの対談　イヴ・ユシェール，石
川登志夫 訳　p.48　　〔06891〕

歌劇「ファルスタッフ」―オペラへの招待　福原
信夫　p.50　　〔06892〕

レナータ・テバルディ―プリマ・ドンナの横顔
佐野和彦　p.58　　〔06893〕

フルニエ，ドワイヤンの想い出　今堀淳一
p.62　　〔06894〕

六月のLP（クラシック）推選盤　p.69　〔06895〕

ディスク新譜月評　交響楽　大宮真琴
p.70　　〔06896〕

東京のレニングラード・フィル　大宮真琴
p.74　　〔06897〕

ディスク新譜月評　協奏曲　坪和昌夫
p.76　　〔06898〕

ディスク新譜月評　器楽・室内楽　門馬直美
p.81　　〔06899〕

ディスク新譜月評　声楽曲　福原信夫
p.86　　〔06900〕

内容細目　　　　　　　　　　　　　　　「ディスク」

ホーム・ミュージック・セレクション ドーナッツ盤 畑中更予 p.96　〔06901〕

ホーム・ミュージック・セレクション LP 宇野功芳 p.96　〔06902〕

ホーム・ミュージック・セレクション ポピュラー音楽 青木啓 p.100　〔06903〕

ホーム・ミュージック・セレクション 民謡その他 小林利之 p.104　〔06904〕

六月の暦 山口美美子 p.106　〔06905〕

ディスク新譜月評 音楽史のレコード 服部幸三 p.107　〔06906〕

レコードのたのしみ（6）志鳥栄八郎 p.110　〔06907〕

名演奏家の愛聴盤 岡俊雄 p.114　〔06908〕

海外LP紹介 岡俊雄 p.121　〔06909〕

新着LP試聴室 岡俊雄，南春雄，小林利之 p.130　〔06910〕

名曲診断室 上野一郎 p.140　〔06911〕

ドイツの批評家のえらんだベスト・レコード 渡辺護 p.144　〔06912〕

全訳マーラーの「大地の歌」渡部恵一郎 p.148　〔06913〕

ラモー協会と二期会のねじの回転 佐藤馨 p.151　〔06914〕

バレー音楽のLP（1）上野一郎 p.152　〔06915〕

チャイコフスキーの想い出（6）初期の作品をめぐって 繁沢保 訳 p.158　〔06916〕

私の使つている機械（3）―グレース 田辺秀雄 p.162　〔06917〕

LP五枚の当るコロムビア・クイズ p.164　〔06918〕

今月のベスト・セラーズ p.166　〔06919〕

海外通信 藤田不二 p.168　〔06920〕

各社六月新譜一覧表 p.176　〔06921〕

21巻7号（1958年7月発行）

ミケランジェリの新盤を聴いて 野村光一 p.18　〔06922〕

新人演奏家を語る（2）アンドレ・ヴァンデルノート（連続座談会）岡俊雄，大宮真琴，志鳥栄八郎 p.21　〔06923〕

「オルフェオとエウリディーチェ」（古典と現代の三つのオペラ紹介）服部幸三 p.26　〔06924〕

ミヨーの「オルフェの不幸」（古典と現代の三つのオペラ紹介）今堀淳一 p.30　〔06925〕

コンサート形式による音楽の鑑賞（第2回）「リュートのための古代舞曲とアリア」，ドヴォルジャックの「チェロ協奏曲」，プロコフィエフの「古典交響曲」村田武雄 p.34　〔06926〕

名演奏家の愛聴盤（2）岡俊雄 p.42　〔06927〕

ショスタコヴィッチを聴く 宮沢縦一 p.46　〔06928〕

マルグリット・ロンとの対談 イヴ・ユシェール，石川登志夫 訳 p.48　〔06929〕

人生は二つのピアノで 山口美美子 p.50　〔06930〕

世界ニュース 梶田章 p.53　〔06931〕

ハイドンの室内楽―私たちの音楽史（第2期・2）岩井宏之 p.54　〔06932〕

「ペレアスとメリザンド」―オペラへの招待（古典と現代の三つのオペラ紹介）福原信夫 p.58　〔06933〕

七月のLP推選盤 p.69　〔06934〕

ディスク新譜月評 交響曲・室内楽 大宮真琴 p.70　〔06935〕

ACCディスク大賞きまる p.76　〔06936〕

ディスク新譜月評 協奏曲 坩和昌夫 p.78　〔06937〕

ディスク新譜月評 器楽・室内楽 門馬直美 p.84　〔06938〕

ディスク新譜月評 声楽曲 福原信夫 p.89　〔06939〕

ホーム・ミュージック・セレクション ドーナッツ盤 畑中更予 p.98　〔06940〕

ホーム・ミュージック・セレクション LP 宇野功芳 p.98　〔06941〕

ホーム・ミュージック・セレクション 民謡その他 小林利之 p.101　〔06942〕

ディスク新譜月評 音楽史のレコード 服部幸三 p.105　〔06943〕

レコードのたのしみ（7）志鳥栄八郎 p.108　〔06944〕

新しいレコード インペリアル・シリーズ誕生（座談会）p.112　〔06945〕

海外LP紹介 岡俊雄 p.121　〔06946〕

海外通信 藤田不二 p.131　〔06947〕

新着LP試聴室 服部幸三，岡俊雄，南春雄，坩和昌夫，小林利之 p.134　〔06948〕

名曲診断室 上野一郎 p.142　〔06949〕

プーランクの歌劇「カルメル会修道女の対話」石川登志夫 p.146　〔06950〕

バレエ音楽のLP（2）上野一郎 p.148　〔06951〕

チャイコフスキーの想い出（7）初期の作品をめぐって（3）繁沢保 訳 p.153　〔06952〕

禅―クラシック・ファンに聴かせたいモダン・ジャズの名盤LP 油井正一 p.156　〔06953〕

今月のジャズ・ポピュラー新盤 青木啓 p.158　〔06954〕

イヴ・モンタン―シャンソンの明星（5）河野基比古 p.160　〔06955〕

LPサロン 宇野功芳 p.163　〔06956〕

私の使つている機械から（4・最終回）田辺秀雄 p.166　〔06957〕

LPの当るコロムビア・クイズ p.168　〔06958〕

今月のベスト・セラーズ p.170　〔06959〕

「ディスク」 内容細目

各社七月新譜一覧表 p.176 〔06960〕

21巻8号（1958年8月発行）

二つのカザルス祭のリハーサル（座談会）（特集 パブロ・カザルスの練習風景のLP）佐藤良雄，宇野功芳，青木謙幸 p.18 〔06961〕

「カザルス讃」を聴く（特集 パブロ・カザルスの練習風景のLP）門馬直美 p.20 〔06962〕

プエルト・リコのカザルス祭のLP（特集 パブロ・カザルスの練習風景のLP）薬科雅美 p.25 〔06963〕

演奏会用アリアとは 木村重雄 p.27 〔06964〕

「海」断想—ドビュッシイの音楽によせて 平島正郎 p.30 〔06965〕

コンサート形式による音楽の鑑賞（第3回）バッハのカンタータ，ムソルグスキーの「展覧会の絵」，コープランドのバレエ音楽 村田武雄 p.32 〔06966〕

フラメンコ・ギターの最新盤 上野一郎 p.32 〔06967〕

エバークリン・レコードと立体レコードのこと 田辺秀雄 p.41 〔06968〕

現代音楽の窓 アメリカの新しい傾向とサミュエル・バーバー 秋山邦晴 p.42 〔06969〕

ハイドンの絃楽四重奏曲—私たちの音楽史（第2期・3）岩井宏之 p.46 〔06970〕

モーツァルトの交響曲（2）—ディスクLPライブラリイ（4）大宮真琴 p.50 〔06971〕

ピエール・デルヴォーとの対談 イヴ・ユシェール，石川登志夫 訳 p.56 〔06972〕

ユニヴァーサル・レコードの登場 長尾義弘 p.58 〔06973〕

コロムビアLP愛好会をめぐって（座談会）前田利建，岡部冬彦，志鳥栄八郎，中村行雄 p.60 〔06974〕

八月のディスクLP推選盤 p.69 〔06975〕

ディスク新譜月評 音楽史 服部幸三 p.70 〔06976〕

ディスク新譜月評 交響曲・管弦楽 大宮真琴 p.73 〔06977〕

ディスク新譜月評 協奏曲 垰和昌夫 p.82 〔06978〕

ディスク新譜月評 器楽・室内楽曲 門馬直美 p.90 〔06979〕

ディスク新譜月評 声楽曲 福原信夫 p.94 〔06980〕

ホーム・ミュージック・セレクション EP・45 小林利之 p.100 〔06981〕

ホーム・ミュージック・セレクション LP 宇野功芳 p.106 〔06982〕

ホーム・ミュージック・セレクション 民謡その他 小林利之 p.108 〔06983〕

今月のジャズ・ポピュラー新盤 青木啓 p.112 〔06984〕

世界のニュース 梶田章 p.116 〔06985〕

海外LP紹介 岡俊雄 p.121 〔06986〕

新着LP試聴室 南春雄，岡俊雄，高崎保男，小林利之 p.130 〔06987〕

海外レコード・ニュース 藤田不二 p.139 〔06988〕

名曲診断室 上野一郎 p.142 〔06989〕

ドイツのLP比較評（1）交響詩「ドン・ファン」渡辺護 p.148 〔06990〕

名演奏家の愛聴盤（3）岡俊雄 p.151 〔06991〕

シュトラウスの歌劇「蝙蝠」—オペラへの招待 福原信夫 p.154 〔06992〕

バレエの名曲とレコード（3）上野一郎 p.160 〔06993〕

LPサロン 宇野，長尾 p.165 〔06994〕

LP五枚の当るコロムビア・クイズ p.168 〔06995〕

今月のベスト・セラーズ p.170 〔06996〕

各社八月新譜一覧表 p.176 〔06997〕

21巻9号（1958年9月発行）

レコードに活躍する名指揮者（4）シャルル・ミュンシュを語る（対談）岡俊雄，大宮真琴 p.18 〔06998〕

コンサート形式による音楽の鑑賞（第4回）オルフの「カルミナ・ブラーナ」，ヨハン・シュトラウスの「ウィーンの森の物語」村田武雄 p.26 〔06999〕

リードの醍醐味 シュワルツコップを聴く—ザルツブルクにて 宮沢縦一 p.34 〔07000〕

若いフランスのヴァイオリニスト クリスチャン・フェラスとの対談 イーヴ・ユシェール，石川登志夫 訳 p.36 〔07001〕

ギオマール・ノヴァエス（イシドール・フィリップの二人の高弟女流ピアニストの横顔）佐野和彦 p.38 〔07002〕

ジャンヌ・マリー・ダルレ（イシドール・フィリップの二人の高弟女流ピアニストの横顔）松本太郎 p.42 〔07003〕

ディスクLPライブ・ラリイ（5）モーツァルトの交響曲（3）大宮真琴 p.46 〔07004〕

レコードのたのしみ（8）志鳥栄八郎 p.52 〔07005〕

ハイドンの後期の絃楽四重奏曲—私たちの音楽史（第2期・4）岩井宏之 p.56 〔07006〕

現代音楽の窓 セルジュ・ニッグ—そのピアノ協奏曲のLP発売を期に 秋山邦晴 p.60 〔07007〕

ディスク九月のLP推選盤 p.69 〔07008〕

ディスク新譜月評 交響曲・管弦楽 大宮真琴 p.70 〔07009〕

ディスク新譜月評 協奏曲 垰和昌夫 p.78 〔07010〕

内容細目 「ディスク」

ディスク新譜月評 器楽・室内楽曲 門馬直美 p.84 〔07011〕

ディスク新譜月評 声楽曲 福原信夫 p.88 〔07012〕

ホーム・ミュージック・セレクション LP 宇野功芳 p.96 〔07013〕

ホーム・ミュージック・セレクション 民謡その他 小林利之 p.100 〔07014〕

ホーム・ミュージック・セレクション EP・45 畑中更予 p.102 〔07015〕

ジャズLPハイライト 飯塚経世 p.106 〔07016〕

チャイコフスキーの想い出（7）相見えない交友 繁沢保 訳編 p.108 〔07017〕

バレエの名曲とそのレコード（4）上野一郎 p.112 〔07018〕

新しいメディアFM 福原信夫 p.118 〔07019〕

立体《ステレオ》レコードを聴く知識 田辺秀雄 p.121 〔07020〕

海外LP紹介 岡俊雄 p.125 〔07021〕

クリュイタンスが指揮した世界注視の新作 ショスタコーヴィッチの「第十一交響曲」（話題の新着LP試聴記）小林利之 p.134 〔07022〕

新着LP試聴室 大宮真琴，坿和昌夫，石川登志夫 p.134 〔07023〕

カラヤンとベルリン・フィルのシューマン「第四交響曲」（話題の新着LP試聴記）岡俊雄 p.136 〔07024〕

来日も近いレオニード・コーガンの巧演 ベートーヴェンのヴァイオリン協奏曲（話題の新着LP試聴記）小林利之 p.138 〔07025〕

海外レコード・ニュース 藤田不二 p.142 〔07026〕

今月のベスト・セラーズ p.146 〔07027〕

名曲診断室 上野一郎 p.148 〔07028〕

ドイツのLP比較評（2）シューマンのピアノ協奏曲 渡辺護 p.154 〔07029〕

LP五枚の当るコロムビア・クイズ p.158 〔07030〕

今月のジャズ・ポピュラー新盤 青木啓 p.160 〔07031〕

LPサロン 宇野功芳 p.162 〔07032〕

新しいLPとEPの定価早見表 p.166 〔07033〕

各社九月新譜一覧表 p.172 〔07034〕

21巻10号（1958年10月発行）

失われた天才ピアニスト リパッティ最後の演奏会 ディヌ・リパッティを偲ぶ 大宮真琴，藤田晴子，渡辺茂，青木謙幸，小林利之 p.17 〔07035〕

コンサート形式による音楽の鑑賞（第5回）ヘンデル「合奏協奏曲第五番」・ブラームス「アルト・ラプソディ」・イベール「寄港地」 村田武雄 p.24 〔07036〕

来日演奏家のLPを聴く（名曲診断室）上野一郎 p.32 〔07037〕

待望久しきカール・ベームと「第九」交響曲 門馬直美，佐川吉男 p.36 〔07038〕

モーツァルトの室内楽曲―私たちの音楽史（第2期・5）岩井宏之 p.40 〔07039〕

現代音楽の窓 バルトークの傑作「二台のピアノと打楽器のソナタ」秋山邦晴 p.44 〔07040〕

オペラへの招待 ヴェルディの「リゴレット」福原信夫 p.48 〔07041〕

ドイツのLP比較評（3）ベートーヴェンの「第七」交響曲 渡辺護 p.54 〔07042〕

レコードのたのしみ（9）志鳥栄八郎 p.58 〔07043〕

チャイコフスキーの想い出（8）相見えない交友（その2）繁沢保 訳編 p.62 〔07044〕

ディスク十月のLP推選盤 p.69 〔07045〕

ディスク新譜月評 交響曲・管弦楽 大宮真琴 p.70 〔07046〕

マニュエル・ロザンタール 山崎亮三 p.78 〔07047〕

ディスク新譜月評 協奏曲 坿和昌夫 p.80 〔07048〕

ディスク新譜月評 器楽・室内楽曲 門馬直美 p.89 〔07049〕

ディスク新譜月評 声楽曲 福原信夫 p.94 〔07050〕

ディスク新譜月評 音楽史 服部幸三 p.101 〔07051〕

ディスク新譜月評 現代音楽 大宮真琴 p.104 〔07052〕

ホーム・ミュージック・セレクション LP 宇野功芳 p.108 〔07053〕

ホーム・ミュージック・セレクション EP・45 畑中更予 p.112 〔07054〕

ホーム・ミュージック・セレクション 民謡その他 小林利之 p.115 〔07055〕

ステレオのすべて 45・45ステレオ・ディスク物語（特別読物）岡俊雄 p.118 〔07056〕

海外LP紹介 岡俊雄 p.125 〔07057〕

ワルターの指揮するマーラーの「復活」 岡俊雄 p.134 〔07058〕

新着LP試聴室 小林利之，相沢昭八郎，服部幸三，大宮真琴，佐川吉男，木村重雄，長尾義弘 p.137 〔07059〕

海外レコード・ニュース 藤田不二 p.147 〔07060〕

ジャン・フルネとの対談 ユシェール，石川登志夫 訳 p.150 〔07061〕

ピアノのプリンス ジャン・ドワイヤン 松本太郎 p.152 〔07062〕

LP五枚の当るコロムビア・クイズ p.158 〔07063〕

「ディスク」　　　　　　　　　　内容細目

今月のジャズ・ポピュラー新譜　青木啓
p.160　　　　　　　　　　　　　　〔07064〕

ディスク・カタログ全国取扱店一覧表
p.162　　　　　　　　　　　　　　〔07065〕

LPサロン　宇野功芳　p.164　　　　〔07066〕

各社十月新譜一覧表　p.172　　　　〔07067〕

21巻11号（1958年11月発行）

レコードに活躍する名指揮者（5）クレンペラー
のブラームス全集（対談）　大宮真琴，岡俊雄
p.18　　　　　　　　　　　　　　〔07068〕

LPになつたジェラルディン・ファーラー　中村
善吉　p.26　　　　　　　　　　　〔07069〕

花咲くソ連のヴァイオリニスト達　山口美美子
p.29　　　　　　　　　　　　　　〔07070〕

メンデルスゾーンの「エリア」の新盤（ハイラ
イト）　福原信夫　p.32　　　　　　〔07071〕

チェルケッティの魅力（ハイライト）　木村重雄
p.34　　　　　　　　　　　　　　〔07072〕

コンサート形式による音楽の鑑賞（第6回）スカ
ルラッティのソナタ，ベートーヴェン「田園
交響曲」，チャイコフスキー「白鳥の湖」　村
田武雄　p.36　　　　　　　　　　〔07073〕

ベートーヴェンの室内楽曲―私たちの音楽史
岩井宏之　p.44　　　　　　　　　〔07074〕

ディスクLPライブラリイ（6）シューベルトの歌
曲から（1）　小林利之　p.48　　　〔07075〕

チャイコフスキーの想い出（9）―相見えない交
友（その3）　繁沢保 訳編　p.54　　〔07076〕

レコードのたのしみ（10）　志鳥栄八郎
p.58　　　　　　　　　　　　　　〔07077〕

モニック・アースとの対談　ユシェール，石川
登志夫 訳　p.62　　　　　　　　　〔07078〕

新刊ダイジェスト　p.64　　　　　〔07079〕

ディスク十一月のLP推選盤　p.69　　〔07080〕

ディスク新譜月評　交響曲・管弦楽　大宮真琴
p.70　　　　　　　　　　　　　　〔07081〕

ディスク新譜月評　協奏曲　坿和昌夫
p.78　　　　　　　　　　　　　　〔07082〕

ディスク新譜月評　器楽・室内楽曲　門馬直美
p.84　　　　　　　　　　　　　　〔07083〕

ディスク新譜月評　声楽曲　福原信夫
p.89　　　　　　　　　　　　　　〔07084〕

ディスク新譜月評　音楽史　服部幸三
p.100　　　　　　　　　　　　　　〔07085〕

ディスク新譜月評　現代音楽　大宮真琴
p.103　　　　　　　　　　　　　　〔07086〕

ホーム・ミュージック・セレクション　LP　宇野
功芳　p.106　　　　　　　　　　　〔07087〕

ホーム・ミュージック・セレクション　EP・45
畑中更予　p.110　　　　　　　　　〔07088〕

ホーム・ミュージック・セレクション　民謡その
他　小林利之　p.113　　　　　　　〔07089〕

はじめてLPになつた「赤い靴」　飯田一夫
p.115　　　　　　　　　　　　　　〔07090〕

ステレオの楽しみ　素人立体レコード実験記　南
春雄　p.118　　　　　　　　　　　〔07091〕

ステレオの悩み　転換期に立たされたLP　藁科雅
美　p.120　　　　　　　　　　　　〔07092〕

フルトヴェングラーの「悲愴」　宮崎嗣
p.122　　　　　　　　　　　　　　〔07093〕

海外LP紹介　岡俊雄　p.125　　　　〔07094〕

新着LP試聴室　服部幸三，岡俊雄，相沢昭八郎，
飯田一夫，長尾義弘　p.136　　　　〔07095〕

海外レコード・ニュース　藤田不二
p.145　　　　　　　　　　　　　　〔07096〕

バレエの名曲とそのレコード　上野一郎
p.149　　　　　　　　　　　　　　〔07097〕

LP五枚の当るコロムビア・クイズ
p.158　　　　　　　　　　　　　　〔07098〕

今月のジャズ・ポピュラー新譜　青木啓
p.160　　　　　　　　　　　　　　〔07099〕

LPサロン　宇野功芳　p.162　　　　〔07100〕

各社十一月新譜一覧表　p.172　　　〔07101〕

21巻12号（1958年12月発行）

特集・ステレオ・レコード覚書　国内盤ステレ
オ・レコード総まくり　p.18　　　〔07102〕

ステレオ・レコードの取扱い方・聴き方　飯野
尹　p.26　　　　　　　　　　　　〔07103〕

優秀ステレオ・ディスク　岡俊雄　p.28　〔07104〕

カザルスと私　ロストロポーヴィッチ，山口美
美子 訳　p.30　　　　　　　　　　〔07105〕

バリリ四重奏団のベートーヴェン全集（今月の
LPハイライト）　門馬直美　p.34　〔07106〕

ランドフスカの「ハープシコードの芸術」（今月
のLPハイライト）　藁科雅美　p.36　〔07107〕

コンサート形式による音楽の鑑賞（第7回）グレ
ゴリオ聖歌，バッハの「クリスマス・オラト
リオ」，ブリトゥンの「キャロルの祭典」　村
田武雄　p.38　　　　　　　　　　〔07108〕

初級ファンのための名曲蒐集ガイド　ロンドンの
クラウン・シリーズを語る（座談会）　福原信
夫，志鳥栄八郎，小林利之　p.44　〔07109〕

オペラへの招待　楽劇「トリスタンとイゾルデ」
福原信夫　p.51　　　　　　　　　〔07110〕

ディスクLPライブラリー（7）ベートーヴェンの
交響曲（1）　岡俊雄　p.56　　　　〔07111〕

アメリタ・ガリ＝クルチ　中村善吉
p.60　　　　　　　　　　　　　　〔07112〕

アメリカを訪れた最初のソ連指揮者　キリル・コ
ンドラシン　佐野和彦　p.62　　　〔07113〕

ディスク十一月のLP推選盤　p.69　　〔07114〕

ディスク新譜月評　交響曲・管弦楽（附＝現代音
楽）　大宮真琴　p.70　　　　　　〔07115〕

ディスク新譜月評　協奏曲　坿和昌夫
p.79　　　　　　　　　　　　　　〔07116〕

内容細目　　　　　　　　　　　　「ディスク」

ディスク新譜月評 器楽・室内楽曲 門馬直美
　p.86　　　　　　　　　　　　　　〔07117〕

ディスク新譜月評 声楽曲 福原信夫
　p.91　　　　　　　　　　　　　　〔07118〕

ディスク新譜月評 音楽史 服部幸三
　p.98　　　　　　　　　　　　　　〔07119〕

ホーム・ミュージック・セレクション LP 宇野
　功芳 p.102　　　　　　　　　　　〔07120〕

ホーム・ミュージック・セレクション EP・45
　畑中更予 p.106　　　　　　　　　〔07121〕

ホーム・ミュージック・セレクション 民謡その
　他 小林利之 p.110　　　　　　　　〔07122〕

バレエの名曲とそのレコード（6）上野一郎
　p.114　　　　　　　　　　　　　　〔07123〕

レコードのたのしみ 志鳥栄八郎
　p.118　　　　　　　　　　　　　　〔07124〕

フェレンツ・フリッチャイとの対談 イヴ・ユ
　シェール，石川登志夫 訳 p.122　　　〔07125〕

海外LP紹介 岡俊雄 p.125　　　　　〔07126〕

新着LP試聴室 長尾義弘，相沢昭八郎，小林利
　之，堺和昌夫 p.136　　　　　　　　〔07127〕

海外レコード・ニュース 藤田不二
　p.143　　　　　　　　　　　　　　〔07128〕

名曲診断室 ベートーヴェンのピアノ協奏曲の比
　較 上野一郎 p.146　　　　　　　　〔07129〕

二つの「オルフェオ」―ドイツのLP比較評（5）
　渡辺護 p.151　　　　　　　　　　　〔07130〕

チャイコフスキーの想い出（10）相見えない交
　友（その4）繁沢保 訳編 p.154　　　〔07131〕

LP五枚の当るコロムビア・クイズ
　p.158　　　　　　　　　　　　　　〔07132〕

今月の全国LPベスト・セラーズ
　p.160　　　　　　　　　　　　　　〔07133〕

今月のジャズ・ポピュラー新譜 青木啓
　p.162　　　　　　　　　　　　　　〔07134〕

LPサロン 宇野功芳 p.164　　　　　〔07135〕

各社十一月新譜一覧表 p.172　　　　　〔07136〕

21巻13号 臨時増刊 名曲とレコード（1958年12月発行）

初めて音楽へ志ざす友へ 青木謙幸
　p.13　　　　　　　　　　　　　　〔07137〕

音楽の様式ときき方 稲田泰 p.14　　〔07138〕

交響曲第四五番「告別」嬰ヘ短調〈ハイドン〉
　（名曲とレコード―交響曲）宇野功芳
　p.31　　　　　　　　　　　　　　〔07139〕

交響曲第九四番「驚愕」ト長調〈ハイドン〉（名
　曲とレコード―交響曲）宇野功芳
　p.32　　　　　　　　　　　　　　〔07140〕

交響曲第一〇〇番「軍隊」ト長調〈ハイドン〉
　（名曲とレコード―交響曲）宇野功芳
　p.32　　　　　　　　　　　　　　〔07141〕

交響曲第三五番「ハフナー」ニ長調 K三八五
　〈モーツァルト〉（名曲とレコード―交響曲）
　宇野功芳 p.33　　　　　　　　　　〔07142〕

交響曲第四〇番 ト短調 K五五〇〈モーツァル
　ト〉（名曲とレコード―交響曲）宇野功芳
　p.34　　　　　　　　　　　　　　〔07143〕

交響曲第四一番「ジュピター」ハ長調 K五五一
　〈モーツァルト〉（名曲とレコード―交響曲）
　宇野功芳 p.35　　　　　　　　　　〔07144〕

交響曲第三番「英雄」変ホ長調 作品五五〈ベー
　トーヴェン〉（名曲とレコード―交響曲）宇
　野功芳 p.36　　　　　　　　　　　〔07145〕

交響曲第五番「運命」ハ短調 作品六七〈ベー
　トーヴェン〉（名曲とレコード―交響曲）宇
　野功芳 p.37　　　　　　　　　　　〔07146〕

交響曲第六番「田園」ヘ長調 作品六八〈ベー
　トーヴェン〉（名曲とレコード―交響曲）宇
　野功芳 p.38　　　　　　　　　　　〔07147〕

交響曲第九番「合唱」ニ短調 作品一二五〈ベー
　トーヴェン〉（名曲とレコード―交響曲）宇
　野功芳 p.40　　　　　　　　　　　〔07148〕

交響曲第八番「未完成」ロ短調〈シューベルト〉
　（名曲とレコード―交響曲）宇野功芳
　p.42　　　　　　　　　　　　　　〔07149〕

幻想交響曲 作品一四〈ベルリオーズ〉（名曲とレ
　コード―交響曲）宇野功芳 p.43　　〔07150〕

交響曲第四番「イタリア」イ長調 作品六〇〈メ
　ンデルスゾーン〉（名曲とレコード―交響曲）
　宇野功芳 p.44　　　　　　　　　　〔07151〕

交響曲第一番 ハ短調作品六八〈ブラームス〉（名
　曲とレコード―交響曲）宇野功芳
　p.45　　　　　　　　　　　　　　〔07152〕

交響曲第六番「悲愴」ロ短調 作品七四〈チャイ
　コフスキー〉（名曲とレコード―交響曲）宇
　野功芳 p.46　　　　　　　　　　　〔07153〕

交響曲第五番「新世界より」ホ短調 作品九五
　〈ドヴォルザーク〉（名曲とレコード―交響
　曲）宇野功芳 p.47　　　　　　　　〔07154〕

ヴァイオリン協奏曲第二番 ホ長調〈バッハ〉（名
　曲とレコード―協奏曲）上野一郎
　p.49　　　　　　　　　　　　　　〔07155〕

チェロ協奏曲 ニ長調 作品一〇一〈ハイドン〉
　（名曲とレコード―協奏曲）上野一郎
　p.50　　　　　　　　　　　　　　〔07156〕

ピアノ協奏曲第二〇番 ニ短調 K四六六〈モー
　ツァルト〉（名曲とレコード―協奏曲）上野
　一郎 p.50　　　　　　　　　　　　〔07157〕

ヴァイオリン協奏曲第五番 イ長調 K二一九
　〈モーツァルト〉（名曲とレコード―協奏曲）
　上野一郎 p.51　　　　　　　　　　〔07158〕

フルート協奏曲第一番 ト長調 K三一三〈モー
　ツァルト〉（名曲とレコード―協奏曲）上野
　一郎 p.52　　　　　　　　　　　　〔07159〕

ピアノ協奏曲第五番「皇帝」変ホ長調 作品七三
　〈ベートーヴェン〉（名曲とレコード―協奏
　曲）上野一郎 p.53　　　　　　　　〔07160〕

「ディスク」　　　　　　　　　　　　　　内容細目

ヴァイオリン協奏曲 ニ長調 作品六一〈ベートーヴェン〉（名曲とレコード―協奏曲）上野一郎 p.54　　　　　　　　　　　　〔07161〕

ヴァイオリン協奏曲第一番 ニ長調 作品六〈パガニーニ〉（名曲とレコード―協奏曲）上野一郎 p.55　　　　　　　　　　　　〔07162〕

ヴァイオリン協奏曲 ホ短調 作品六四〈メンデルスゾーン〉（名曲とレコード―協奏曲）上野一郎 p.56　　　　　　　　　　　　〔07163〕

ピアノ協奏曲第一番 ホ短調 作品一一〈ショパン〉（名曲とレコード―協奏曲）上野一郎 p.57　　　　　　　　　　　　〔07164〕

ピアノ協奏曲 イ短調 作品五四〈シューマン〉（名曲とレコード―協奏曲）上野一郎 p.58　　　　　　　　　　　　〔07165〕

ピアノ協奏曲第一番 変ホ長調〈リスト〉（名曲とレコード―協奏曲）上野一郎 p.59　〔07166〕

スペイン交響曲 ニ短調 作品二一〈ラロ〉（名曲とレコード―協奏曲）上野一郎 p.60　　　　　　　　　　　　〔07167〕

ヴァイオリン協奏曲 ニ長調 作品七七〈ブラームス〉（名曲とレコード―協奏曲）上野一郎 p.61　　　　　　　　　　　　〔07168〕

ヴァイオリン協奏曲第一番 ト短調 作品二六〈ブルッフ〉（名曲とレコード―協奏曲）上野一郎 p.62　　　　　　　　　　　　〔07169〕

ピアノ協奏曲第一番 変ロ短調 作品二三〈チャイコフスキー〉（名曲とレコード―協奏曲）上野一郎 p.63　　　　　　　　　　　　〔07170〕

ヴァイオリン協奏曲 ニ長調 作品三五〈チャイコフスキー〉（名曲とレコード―協奏曲）上野一郎 p.64　　　　　　　　　　　　〔07171〕

チェロ協奏曲 ロ短調 作品一〇四〈ドヴォルザーク〉（名曲とレコード―協奏曲）上野一郎 p.65　　　　　　　　　　　　〔07172〕

ピアノ協奏曲 イ短調 作品一六〈グリーク〉（名曲とレコード―協奏曲）上野一郎 p.66　　　　　　　　　　　　〔07173〕

ピアノ協奏曲第二番 ハ短調 作品一八〈ラフマニノフ〉（名曲とレコード―協奏曲）上野一郎 p.67　　　　　　　　　　　　〔07174〕

四季 作品八の一〜四〈ヴィヴァルディ〉（名曲とレコード―管弦楽曲）小林利之 p.69　　　　　　　　　　　　〔07175〕

管弦楽組曲第二番 ロ短調〈バッハ〉（名曲とレコード―管弦楽曲）佐川吉男 p.70　〔07176〕

ブランデンブルグ協奏曲第五番 ニ長調〈バッハ〉（名曲とレコード―管弦楽曲）佐川吉男 p.71　　　　　　　　　　　　〔07177〕

「水上の音楽」組曲〈ヘンデル作曲・ハーティ編曲〉（名曲とレコード―管弦楽曲）小林利之 p.72　　　　　　　　　　　　〔07178〕

セレナード第一三番「アイネ・クライネ・ナハトムジーク」ト長調 K五二五〈モーツァルト〉（名曲とレコード―管弦楽曲）佐川吉男 p.73

歌劇「ウィリアム・テル」序曲〈ロッシーニ〉（名曲とレコード―管弦楽曲）小林利之 p.73　　　　　　　　　　　　〔07180〕

ロザムンデの舞踊音楽〈シューベルト〉（名曲とレコード―管弦楽曲）小林利之 p.74　　　　　　　　　　　　〔07181〕

軍隊行進曲〈シューベルト〉（名曲とレコード―管弦楽曲）佐川吉男 p.75　　〔07182〕

真夏の夜の夢〈メンデルスゾーン〉（名曲とレコード―管弦楽曲）小林利之 p.76　〔07183〕

序曲「フィンガルの洞窟」〈メンデルスゾーン〉（名曲とレコード―管弦楽曲）長尾義弘 p.77　　　　　　　　　　　　〔07184〕

交響詩「前奏曲」〈リスト〉（名曲とレコード―管弦楽曲）佐川吉男 p.77　〔07185〕

交響詩「モルダウ」〈スメタナ〉（名曲とレコード―管弦楽曲）佐川吉男 p.78　〔07186〕

円舞曲「美しき青きドナウ」〈ヨハン・シュトラウス〉（名曲とレコード―管弦楽曲）長尾義弘 p.78　　　　　　　　　　　　〔07187〕

交響詩「中央アジアの草原にて」〈ボロディン〉（名曲とレコード―管弦楽曲）佐川吉男 p.79　　　　　　　　　　　　〔07188〕

動物の謝肉祭〈サン・サーンス〉（名曲とレコード―管弦楽曲）宇野功芳 p.80　〔07189〕

舞踊組曲「コッペリア」〈ドリーブ〉（名曲とレコード―管弦楽曲）宇野功芳 p.81　〔07190〕

「アルルの女」第一組曲〈ビゼー〉（名曲とレコード―管弦楽曲）佐川吉男 p.82　〔07191〕

展覧会の絵〈ムソルグスキー〉（名曲とレコード―管弦楽曲）佐川吉男 p.83　〔07192〕

交響詩「禿山の一夜」〈ムソルグスキー〉（名曲とレコード―管弦楽曲）佐川吉男 p.84　　　　　　　　　　　　〔07193〕

白鳥の湖〈チャイコフスキー〉（名曲とレコード―管弦楽曲）宇野功芳 p.84　〔07194〕

バレエ組曲「胡桃割人形」〈チャイコフスキー〉（名曲とレコード―管弦楽曲）佐川吉男 p.85　　　　　　　　　　　　〔07195〕

「ペール・ギュント」組曲〈グリーク〉（名曲とレコード―管弦楽曲）佐川吉男 p.86　〔07196〕

牧神の午後への前奏曲〈ドビュッシィ〉（名曲とレコード―管弦楽曲）長尾義弘 p.87　　　　　　　　　　　　〔07197〕

交響詩「魔法使の弟子」〈デューカ〉（名曲とレコード―管弦楽曲）小林利之 p.88　〔07198〕

ボレロ〈ラヴェル〉（名曲とレコード―管弦楽曲）佐川吉男 p.89　　　　　〔07199〕

交響詩「ローマの松」〈レスピーギ〉（名曲とレコード―管弦楽曲）宇野功芳 p.89　〔07200〕

組曲「ハーリ・ヤーノシュ」〈コダーイ〉（名曲とレコード―管弦楽曲）佐川吉男 p.90　　　　　　　　　　　　〔07201〕

舞踊詩「ペトルーシュカ」〈ストラヴィンスキー〉（名曲とレコード―管弦楽曲）小林利之 p.91　　　　　　　　　　　　〔07202〕

内容細目 「ディスク」

「三つのオレンジへの恋」組曲〈プロコフィエフ〉（名曲とレコード―管弦楽曲）佐川吉男 p.92 〔07203〕

パシフィック二三一〈オネゲル〉（名曲とレコード―管弦楽曲）長尾義弘 p.92 〔07204〕

弦楽四重奏曲「皇帝」ハ長調 作品七六の三〈ハイドン〉（名曲とレコード―室内楽曲）中村善吉 p.94 〔07205〕

クラリネット五重奏曲 イ長調 K五八一〈モーツァルト〉（名曲とレコード―室内楽曲）中村善吉 p.95 〔07206〕

弦楽四重奏曲第四番 ヘ長調 作品一八の四〈ベートーヴェン〉（名曲とレコード―室内楽曲）中村善吉 p.96 〔07207〕

弦楽四重奏曲第七番「ラズモフスキー」ヘ長調 作品五九の一〈ベートーヴェン〉（名曲とレコード―室内楽曲）中村善吉 p.96 〔07208〕

ピアノ五重奏曲「鱒」イ長調 作品一一四〈シューベルト〉（名曲とレコード―室内楽曲）中村善吉 p.97 〔07209〕

弦楽四重奏曲第一四番「死と乙女」ニ短調〈シューベルト〉（名曲とレコード―室内楽曲）中村善吉 p.98 〔07210〕

ピアノ三重奏曲イ短調 作品五〇〈チャイコフスキー〉（名曲とレコード―室内楽曲）中村善吉 p.99 〔07211〕

弦楽四重奏曲第六番「アメリカ」ヘ長調 作品九六〈ドヴォルザーク〉（名曲とレコード―室内楽曲）中村善吉 p.100 〔07212〕

ラ・フォリア〈コレルリ〉（名曲とレコード―ヴァイオリン曲）中村善吉 p.102 〔07213〕

シャコンヌ〈ヴィタリ〉（名曲とレコード―ヴァイオリン曲）中村善吉 p.102 〔07214〕

セレナード第七番「ハフナー」ニ長調 K二五〇 ロンド〈モーツァルト〉（名曲とレコード―ヴァイオリン曲）中村善吉 p.103 〔07215〕

ロマンスト長調 作品四〇〈ベートーヴェン〉（名曲とレコード―ヴァイオリン曲）中村善吉 p.103 〔07216〕

ロマンス ヘ長調 作品五〇〈ベートーヴェン〉（名曲とレコード―ヴァイオリン曲）中村善吉 p.103 〔07217〕

ヴァイオリン奏鳴曲第九番「クロイツェル」イ長調 作品四七〈ベートーヴェン〉（名曲とレコード―ヴァイオリン曲）中村善吉 p.104 〔07218〕

ヴァイオリン奏鳴曲 イ長調〈フランク〉（名曲とレコード―ヴァイオリン曲）中村善吉 p.105 〔07219〕

導入部とロンド・キャプリチオーソ 作品二八〈サン・サーンス〉（名曲とレコード―ヴァイオリン曲）中村善吉 p.106 〔07220〕

歌劇「タイス」―瞑想曲〈マスネー〉（名曲とレコード―ヴァイオリン曲）中村善吉 p.106 〔07221〕

チゴイネルワイゼン〈サラサーテ〉（名曲とレコード―ヴァイオリン曲）中村善吉 p.107 〔07222〕

ウィーン綺想曲〈クライスラー〉（名曲とレコード―ヴァイオリン曲）中村善吉 p.107 〔07223〕

調子のいい鍛冶屋〈ヘンデル〉（名曲とレコード―ピアノ曲）中村善吉 p.109 〔07224〕

ピアノ奏鳴曲第一一番〈トルコ行進曲付〉イ長調 K三三一〈モーツァルト〉（名曲とレコード―ピアノ曲）中村善吉 p.109 〔07225〕

ピアノ奏鳴曲第八番「悲愴」ハ短調 作品一三〈ベートーヴェン〉（名曲とレコード―ピアノ曲）中村善吉 p.110 〔07226〕

ピアノ奏鳴曲第一四番「月光」嬰ハ短調 作品二七の二〈ベートーヴェン〉（名曲とレコード―ピアノ曲）中村善吉 p.111 〔07227〕

ピアノ奏鳴曲第二三番「熱情」ヘ短調 作品五七〈ベートーヴェン〉（名曲とレコード―ピアノ曲）中村善吉 p.112 〔07228〕

エリーゼのために〈ベートーヴェン〉（名曲とレコード―ピアノ曲）中村善吉 p.113 〔07229〕

ピアノ奏鳴曲第二番「葬送」変ロ短調 作品三五〈ショパン〉（名曲とレコード―ピアノ曲）中村善吉 p.113 〔07230〕

即興曲第四番「幻想即興曲」嬰ハ短調 作品六六〈ショパン〉（名曲とレコード―ピアノ曲）中村善吉 p.114 〔07231〕

前奏曲第一五番「雨だれ」変ニ長調 作品二八の一五〈ショパン〉（名曲とレコード―ピアノ曲）中村善吉 p.115 〔07232〕

夜想曲第二番 変ホ長調 作品九の二〈ショパン〉（名曲とレコード―ピアノ曲）中村善吉 p.115 〔07233〕

子供の情景 作品一五〈シューマン〉（名曲とレコード―ピアノ曲）中村善吉 p.116 〔07234〕

ハンガリー狂詩曲第二番〈リスト〉（名曲とレコード―ピアノ曲）中村善吉 p.117 〔07235〕

ラ・カンパネラ〈リスト〉（名曲とレコード―ピアノ曲）中村善吉 p.117 〔07236〕

子供の領分〈ドビュッシィ〉（名曲とレコード―ピアノ曲）中村善吉 p.118 〔07237〕

月の光〈ドビュッシィ〉（名曲とレコード―ピアノ曲）中村善吉 p.119 〔07238〕

火祭りの踊〈ファリア〉（名曲とレコード―ピアノ曲）中村善吉 p.119 〔07239〕

聖譚曲「救世主」―ハレルヤ・コーラス〈ヘンデル〉（名曲とレコード―歌曲）渡辺護 p.120 〔07240〕

すみれ K四七六〈モーツァルト〉（名曲とレコード―歌曲）渡辺護 p.120 〔07241〕

「魔王」作品一〈シューベルト〉（名曲とレコード―歌曲）渡辺護 p.120 〔07242〕

「ディスク」 　　　　　内容細目

糸をつむぐグレーチェン 作品二〈シューベルト〉（名曲とレコード―歌曲）渡辺護
p.121 　　　　　　　　　　　　　　〔07243〕

野ばら 作品三の三〈シューベルト〉（名曲とレコード―歌曲）渡辺護 p.122 　　〔07244〕

歌曲集「白鳥の歌」―セレナード〈シューベルト〉（名曲とレコード―歌曲）渡辺護
p.122 　　　　　　　　　　　　　　〔07245〕

歌曲集「冬の旅」全曲 作品八九〈シューベルト〉（名曲とレコード―歌曲）渡辺護
p.122 　　　　　　　　　　　　　　〔07246〕

夕映え 遺作〈シューベルト〉（名曲とレコード―歌曲）渡辺護 p.123 　　　〔07247〕

歌のつばさにのりて 作品三四の二〈メンデルスゾーン〉（名曲とレコード―歌曲）渡辺護
p.124 　　　　　　　　　　　　　　〔07248〕

歌曲集「詩人の恋」全曲 作品四八〈シューマン〉（名曲とレコード―歌曲）渡辺護
p.124 　　　　　　　　　　　　　　〔07249〕

歌曲集「ミルテ」―くるみの木 作品二五の二〈シューマン〉（名曲とレコード―歌曲）渡辺護 p.125 　　　　　　　　　　　〔07250〕

「ペール・ギュント」―ソルヴェイクの歌 作品二三の一〈グリーク〉（名曲とレコード―歌曲）渡辺護 p.126 　　　　　　〔07251〕

子守唄 作品四九の四〈ブラームス〉（名曲とレコード―歌曲）渡辺護 p.126 　〔07252〕

蚤の歌〈ムソルグスキー〉（名曲とレコード―歌曲）渡辺護 p.127 　　　　〔07253〕

名歌集〈フォスター〉（名曲とレコード―歌曲）渡辺護 p.127 　　　　　　〔07254〕

歌劇「フィガロの結婚」―もう飛ぶまいぞこの蝶々〈第一幕〉・恋の悩み知るや君〈第二幕〉〈モーツァルト〉（名曲とレコード―歌劇アリア集）小林利之 p.129 　　　　〔07255〕

歌劇「ランメルムーアのルチア」―狂乱の歌〈ドニゼッティ〉（名曲とレコード―歌劇アリア集）小林利之 p.130 　　　〔07256〕

歌劇「ノルマ」―清らかなる女神よ〈ベルリーニ〉（名曲とレコード―歌劇アリア集）小林利之 p.131 　　　　　　　　〔07257〕

歌劇「ミニヨン」―君よ知るや南の国〈トーマ〉（名曲とレコード―歌劇アリア集）小林利之 p.132 　　　　　　　　〔07258〕

歌劇「マルタ」―夢のごとく〈フロトー〉（名曲とレコード―歌劇アリア集）小林利之 p.133 　　　　　　　　　　〔07259〕

歌劇「タンホイザー」―夕星の歌〈ワグナー〉（名曲とレコード―歌劇アリア集）小林利之 p.134 　　　　　　　　〔07260〕

歌劇「アイーダ」―清きアイーダ・勝ちて帰れ〈ヴェルディ〉（名曲とレコード―歌劇アリア集）小林利之 p.135 　　　〔07261〕

歌劇「リゴレット」―慕わしき御名・女心の歌〈ヴェルディ〉（名曲とレコード―歌劇アリア集）小林利之 p.136 　　　〔07262〕

歌劇「椿姫」―あゝ，そは彼のひとか〈ヴェルディ〉（名曲とレコード―歌劇アリア集）小林利之 p.138 　　　　　　〔07263〕

歌劇「カルメン」―ハバネラ〈恋は野の鳥〉（ビゼー）（名曲とレコード―歌劇アリア集）小林利之 p.139 　　　　　　〔07264〕

歌劇「道化師」―笑えパリアッチョ〈レオンカヴァルロ〉（名曲とレコード―歌劇アリア集）小林利之 p.140 　　　　〔07265〕

歌劇「ボエーム」―冷き手よ〈プッチーニ〉（名曲とレコード―歌劇アリア集）小林利之 p.140 　　　　　　　　　〔07266〕

歌劇「トスカ」―歌に生き愛に生き〈プッチーニ〉（名曲とレコード―歌劇アリア集）小林利之 p.141 　　　　　　〔07267〕

歌劇「蝶々夫人」―ある晴れた日に〈プッチーニ〉（名曲とレコード―歌劇アリア集）小林利之 p.142 　　　　　　〔07268〕

寂しい草原に埋めてくれるな〈アメリカ民謡〉（名曲とレコード―民謡）小林利之
p.144 　　　　　　　　　　　　　　〔07269〕

深い河〈黒人霊歌〉（名曲とレコード―民謡）小林利之 p.144 　　　　　　〔07270〕

帰れソレントへ〈イタリア民謡〉（名曲とレコード―民謡）小林利之 p.144 　〔07271〕

私の太陽（オ・ソレ・ミオ）〈イタリア民謡〉（名曲とレコード―民謡）小林利之
p.145 　　　　　　　　　　　　　　〔07272〕

サンタ・ルチア〈イタリア民謡〉（名曲とレコード―民謡）小林利之 p.146 　〔07273〕

ステンカ・ラージン〈ロシア民謡〉（名曲とレコード―民謡）小林利之 p.146 〔07274〕

トロイカ〈ロシア民謡〉（名曲とレコード―民謡）小林利之 p.147 　　　　〔07275〕

ヴォルガの舟歌〈ロシア民謡〉（名曲とレコード―民謡）小林利之 p.147 　　〔07276〕

赤いサラファン〈ロシア民謡・ワララーモフ作曲〉（名曲とレコード―民謡）小林利之
p.148 　　　　　　　　　　　　　　〔07277〕

22巻1号（1959年1月発行）

新しい年への期待 青木謙幸 p.17 　　〔07278〕

新しい世代に活躍する芸術家 バーンスタインを語る 大宮真琴，岡俊雄 p.18 　〔07279〕

談笑するコーガン・練習場のフルネ 山口美美子 p.26 　　　　　　　　　　〔07280〕

コンサート形式による音楽の鑑賞（第8回）ハイドンの「時計」，シューベルトの「死と乙女」，デル・モナコ，タリアヴィーニ，ジーリの歌 村田武雄 p.30 　　　〔07281〕

マリオ・デル・モナコ全集のために（今月のLPハイライト）木村重雄 p.38 　〔07282〕

シルヴェストリの「新世界」交響曲（今月のLPハイライト）岡俊雄 p.40 　　〔07283〕

ナポリとうた 宮沢縦一 p.42 　　　　〔07284〕

内容細目 「ディスク」

シャリアピンの芸術—LPに更正された名歌手 (3) 中村善吉 p.44 〔07285〕

ロジンスキーを偲んで 佐川吉男 p.46 〔07286〕

ジャン・ミシェル・ダマース 松本太郎 p.48 〔07287〕

ディスクLPライブラリイ (8) ベートーヴェンの交響曲 (2) 岡俊雄 p.52 〔07288〕

レコードのたのしみ (12) 志鳥栄八郎 p.56 〔07289〕

オペラへの招待 ヴェルディの歌劇「運命の力」福原信夫 p.60 〔07290〕

ディスク一月のLP推選盤 p.69 〔07291〕

ディスク新譜月評 交響曲・管弦楽 (附=現代音楽) 大宮真琴 p.70 〔07292〕

ディスク新譜月評 協奏曲 坩和昌夫 p.79 〔07293〕

ディスク新譜月評 器楽・室内楽曲 門馬直美 p.82 〔07294〕

ディスク新譜月評 声楽曲 福原信夫 p.87 〔07295〕

ホーム・ミュージック・セレクション LP 宇野功芳 p.96 〔07296〕

ホーム・ミュージック・セレクション 民謡その他 小林利之 p.100 〔07297〕

今月のジャズ・ポピュラー新譜 青木啓 p.102 〔07298〕

一九五八年芸術祭レコードを聴く—かくれた名盤をたずねて (1) 長尾義弘 p.108 〔07299〕

ベートーヴェンの弦楽四重奏曲 (1) —私たちの音楽史 (第2期・7) 岩井宏之 p.110 〔07300〕

ディスク新譜月評 音楽史 服部幸三 p.114 〔07301〕

来日するイタリア歌劇団と記念レコード p.118 〔07302〕

海外LP紹介 岡俊雄 p.125 〔07303〕

新着LP試聴室 服部幸三, 相沢昭八郎, 長尾義弘, 南春雄, 小林利之, 坩和昌夫, 岡俊雄 p.136 〔07304〕

海外レコード・ニュース 藤田不二 p.143 〔07305〕

名曲診断室 話題のLPを聴く 上野一郎 p.146 〔07306〕

チャイコフスキーの想い出 (12) 結婚準備 (その1) 繁沢保 訳編 p.150 〔07307〕

ドイツのLP評から—イタリア・オペラのLP 渡辺護 p.154 〔07308〕

LP五枚の当るコロムビア・クイズ p.158 〔07309〕

今月の全国LPベスト・セラーズ p.160 〔07310〕

LPサロン 宇野功芳 p.162 〔07311〕

一九五八年度ディスク主要内容一覧表 p.164 〔07312〕

各社一月新譜一覧表 p.172 〔07313〕

22巻2号 (1959年2月発行)

新しい世代に活躍する芸術家 (2) クリュイタンスを語る 大宮真琴, 岡俊雄 p.18 〔07314〕

ショスタコーヴィッチの交響曲「一九〇五年」丸家裕 p.22 〔07315〕

コンサート形式による音楽の鑑賞 (第9回) 村田武雄 p.28 〔07316〕

世紀の巨匠 カザルスのバッハ「無伴奏チェロ組曲」佐藤良雄, 青木謙幸, 坩和昌夫 p.36 〔07317〕

最近のカザルス (プエルト・リコ便り) 平井丈一朗 p.42 〔07318〕

パリアッチに因んで 宮沢縦一 p.44 〔07319〕

デ・ロスアンヘレスの「スペイン歌曲五〇〇年史」服部幸三 p.46 〔07320〕

ベートーヴェンの弦楽四重奏曲 (2) —私たちの音楽史 (第2期・8) 岩井宏之 p.50 〔07321〕

ディスクLPライブラリー (9) ベートーヴェンの交響曲 (3) 岡俊雄 p.54 〔07322〕

オペラへの招待—レオンカヴァルロの歌劇「道化師」福原信夫 p.58 〔07323〕

ディスク二月のLP推選盤 p.69 〔07324〕

ディスク新譜月評 音楽史 服部幸三 p.70 〔07325〕

ディスク新譜月評 交響楽・現代音楽 大宮真琴 p.72 〔07326〕

ディスク新譜月評 協奏曲 坩和昌夫 p.86 〔07327〕

ディスク新譜月評 器楽・室内楽曲 門馬直美 p.95 〔07328〕

ディスク新譜月評 声楽曲 福原信夫 p.98 〔07329〕

ホーム・ミュージック・セレクション LP 小林利之 p.106 〔07330〕

ホーム・ミュージック・セレクション EP・45 畑中更予 p.107 〔07331〕

ホーム・ミュージック・セレクション J&P 青木啓 p.110 〔07332〕

名曲診断室 話題のLPから 上野一郎 p.112 〔07333〕

ヴェルディとトスカニーニ (特別読物) 藁科雅美 p.118 〔07334〕

ヴェルディ〜トスカニーニを聴く p.120 〔07335〕

海外LP紹介 岡俊雄 p.125 〔07336〕

海外レコード・ニュース 藤田不二 p.133 〔07337〕

シェルヘンとベルリオーズ「鎮魂曲」岡俊雄 p.136 〔07338〕

新着LP試聴室 岡俊雄, 津田英夫, 長尾義弘, 小林利之, 志鳥栄八郎, 梅木香, 服部幸三 p.140 〔07339〕

「ディスク」 内容細目

レコードのたのしみ―音楽日記(2) 志鳥栄八郎
p.148 〔07340〕

ロッテ・レーマン―LPに更正された名歌手(4)
中村善吉 p.152 〔07341〕

交響的物語「ピーターと狼」 大宮真琴
p.154 〔07342〕

LP五枚が当る! コロムビアクイズ
p.156 〔07343〕

LPサロン p.158 〔07344〕

チャイコフスキーの想い出(13)―結婚準備(その2) 繁沢保 訳編 p.160 〔07345〕

今月のLPベスト・セラーズ p.166 〔07346〕

各社二月新譜一覧表 p.172 〔07347〕

22巻3号(1959年3月発行)

新しい世代に活躍する芸術家(3)フリッツ・ライナーを語る 大宮真琴, 岡俊雄
p.18 〔07348〕

ヴィヴァルディの『レストロ・アルモニコ』 服部幸三 p.26 〔07349〕

コンサート形式による音楽の鑑賞(第10回)
モーリス・ラヴェルの夕べ 村田武雄
p.30 〔07350〕

告白的こつとうレコード論 薬科雅美
p.37 〔07351〕

バンベルク訪問記―ヨーロッパカメラ行脚III
宮沢縦一 p.40 〔07352〕

ピエール・フルニエとの対談 イヴ・ユシェール, 石川登志夫 訳 p.42 〔07353〕

ラヴェルとドビュッシイ管弦楽曲全集を録音中のマニュエル・ローザンタル 松本太郎
p.44 〔07354〕

ベートーヴェンの交響曲(4)ディスクLPライブラリー(10) 岡俊雄 p.48 〔07355〕

協奏曲の発展-私たちの音楽史(第2期・9) 岩井宏之 p.54 〔07356〕

鼎談月評 国内盤ステレオ・レコード 大宮, 岡, 小林 p.58 〔07357〕

3月のディスクLP推薦盤 p.69 〔07358〕

ディスク新譜月評 音楽史 服部幸三
p.70 〔07359〕

ディスク新譜月評 交響楽・現代音楽 大宮真琴
p.72 〔07360〕

ディスク新譜月評 協奏曲 坪和, 小林
p.85 〔07361〕

ディスク新譜月評 器楽・室内楽曲 坪和昌夫
p.88 〔07362〕

ディスク新譜月評 声楽曲 福原信夫
p.98 〔07363〕

レコードのたのしみ(14)三月の音楽日記(3)
志鳥栄八郎 p.104 〔07364〕

バレエの名曲とレコード(7) 上野一郎
p.108 〔07365〕

ホーム・ミュージック・セレクション J&P 青木啓 p.112 〔07366〕

ホーム・ミュージック・セレクション EP・45 畑中ң予 p.114 〔07367〕

ホーム・ミュージック・セレクション LP 飯田一夫 p.115 〔07368〕

廃盤によせて―レコードつれづれ(1) 青木謙幸
p.118 〔07369〕

ドーナッツ盤盛衰史 南春雄 p.120 〔07370〕

海外LP紹介 岡俊雄 p.125 〔07371〕

新着LP試聴室 岡俊雄, 津田英夫, 梅本香, 長尾義弘, 飯田一夫 p.136 〔07372〕

海外レコード・ニュース 藤田不二
p.146 〔07373〕

かくれた名盤をたずねて(2)コロムビアLP愛好会のレコード 長尾義弘 p.150 〔07374〕

名曲診断室 ショスタコーヴィッチの第十一交響曲 ボリス・クリストフの「ムソルグスキー歌曲全集」 上野一郎 p.152 〔07375〕

チャイコフスキーの想い出(別録)チャイコフスキーの文献考 繁沢保 訳編 p.157 〔07376〕

LPサロン p.160 〔07377〕

LP五枚が当るコロムビア・クイズ
p.162 〔07378〕

今月のLPベスト・セラーズ p.164 〔07379〕

各社新譜一覧表 p.172 〔07380〕

22巻4号(1959年4月発行)

入賞記念レコードをめぐる話題 チャイコフスキー国際コンクールの意義 ディミトリ・ショスタコーヴィッチ, ダヴィド・オイストラッフ, エミール・ギレリス, 山口芙美子 編 p.22 〔07381〕

アンドレ・フォルデス・リサイタル(四月の話題のLPから) 渡辺護 p.28 〔07382〕

即興演奏のLP「シフラ・鍵盤の妙技」(四月の話題のLPから) 宗像洋二 p.30 〔07383〕

モッフォの歌劇「蝶々夫人」(プッチーニ)(四月の話題のLPから) 高崎保男 p.32 〔07384〕

遂に現われた決定盤 オットー・クレンペラーと「第九」(合唱) 岡俊雄 p.38 〔07385〕

新しい世代に活躍する芸術家(4)フェレンツ・フリッチャイを語る 大宮真琴, 岡俊雄
p.40 〔07386〕

コンサート形式による音楽の鑑賞(第11回) 村田武雄 p.50 〔07387〕

パリ国立オペラ座と管弦楽団 宮沢縦一
p.56 〔07388〕

マルセル・デュプレとの対談 イヴ・ユシェール, 石川登志夫 訳 p.58 〔07389〕

レコードのたのしみ(15)四月の音楽日記(4)
志鳥栄八郎 p.60 〔07390〕

パリ楽壇にみる室内オーケストラのブーム 松本太郎 p.64 〔07391〕

内容細目　　　　　　　　「ディスク」

4月のディスクLP推薦盤 p.77　　　〔07392〕

ディスク新譜月評 音楽史 服部幸三
p.78　　　　　　　　　　　　　〔07393〕

ディスク新譜月評 交響楽・現代音楽 大宮真琴
p.81　　　　　　　　　　　　　〔07394〕

ディスク新譜月評 協奏曲 坪和昌夫
p.94　　　　　　　　　　　　　〔07395〕

ディスク新譜月評 器楽・室内楽曲 小林利之
p.98　　　　　　　　　　　　　〔07396〕

ディスク新譜月評 声楽曲 福原信夫
p.109　　　　　　　　　　　　〔07397〕

鼎談月評 国内盤ステレオ・レコード 大宮, 岡,
小林 p.118　　　　　　　　　　〔07398〕

ホーム・ミュージック・セレクション EP・45
畑中更予 p.122　　　　　　　　〔07399〕

バーンスタイン「オペラ」を語る 瀬音透 訳
p.126　　　　　　　　　　　　〔07400〕

モーツァルト以前の協奏曲―私たちの音楽史
（第2期・10）岩井宏之 p.134　　〔07401〕

ディスクLPライブラリー（11）シューベルトの
三大歌曲集（1）宇野功芳 p.138　〔07402〕

海外LP紹介 岡俊雄 p.141　　　　〔07403〕

新着LP試聴室 坪和昌夫, 梅木香, 杉浦繁, 小
林利之, 岡俊雄, 飯田一夫 p.150　〔07404〕

世界の音楽ニュース 梶山章, S・I
p.160　　　　　　　　　　　　〔07405〕

海外レコード・ニュース 藤田不二
p.162　　　　　　　　　　　　〔07406〕

LPサロン p.166　　　　　　　　〔07407〕

今月のLPベスト・セラーズ p.168　〔07408〕

LP五枚が当るコロムビア・音楽・クイズ
p.170　　　　　　　　　　　　〔07409〕

ホーム・ミュージック・セレクション J&P 青
木啓 p.172　　　　　　　　　　〔07410〕

各社新譜一覧表 p.180　　　　　　〔07411〕

22巻5号（1959年5月発行）

アンセルメ“ステレオ”を語る 音楽と立体録音
アンセルメ, 上野一郎 訳 p.22　　〔07412〕

モーツァルトの「レクィエム」（ベーム指揮）
（話題のLPから）木村重雄 p.26　〔07413〕

グリークの「ペール・ギュント」（フィエルス
タート指揮）（話題のLPから）藁科雅美
p.29　　　　　　　　　　　　　〔07414〕

レコードに活躍する巨匠たち（1）ピエール・モ
ントゥ 大宮真琴, 岡俊雄, 高瀬まり
p.32　　　　　　　　　　　　　〔07415〕

実現したフルトヴェングラーのブラームス全集
岡俊雄 p.42　　　　　　　　　　〔07416〕

ウィーンでの「フィガロ」―ヨーロッパの楽旅
から 宮沢縦一 p.44　　　　　　〔07417〕

コンサート形式による音楽の鑑賞（第12回）村
田武雄 p.46　　　　　　　　　　〔07418〕

ホセ・イトゥルビの対談 イヴ・ユシェール, 石
川登志夫 訳 p.46　　　　　　　〔07419〕

ブラームスの「第一ピアノ協奏曲」比較評 渡辺
護 訳 p.54　　　　　　　　　　〔07420〕

レコードに聴くナタン・ミルシティン 上野一
郎, 坪和昌夫, 小林利之 p.56　　〔07421〕

イタリア歌劇団とともに（1）日本でのマリオ・
デル=モナコ 福原信夫 p.62　　〔07422〕

5月のディスクLP推薦盤 p.77　　　〔07423〕

ディスク新譜月評 音楽史 服部幸三
p.78　　　　　　　　　　　　　〔07424〕

ディスク新譜月評 交響楽・現代音楽 大宮真琴
p.81　　　　　　　　　　　　　〔07425〕

ディスク新譜月評 協奏曲 坪和昌夫
p.98　　　　　　　　　　　　　〔07426〕

ディスク新譜月評 器楽・室内楽曲 小林利之
p.102　　　　　　　　　　　　〔07427〕

ディスク新譜月評 声楽曲 福原信夫
p.115　　　　　　　　　　　　〔07428〕

鼎談月評 国内盤ステレオ・レコード 大宮, 岡,
小林 p.126　　　　　　　　　　〔07429〕

日本で録音したジョエル・ローゼン「録音手帖」
渡辺茂 p.134　　　　　　　　　〔07430〕

現代の弦楽四重奏団（1）杉浦繁
p.137　　　　　　　　　　　　〔07431〕

海外LP紹介 岡俊雄 p.140　　　　〔07432〕

新着LP試聴室 服部幸三, 杉浦繁, 藁科雅美,
坪和昌夫, 梅木香, 小林利之, 飯田一夫, 長
尾義弘 p.148　　　　　　　　　〔07433〕

海外レコード・ニュース 藤田不二
p.157　　　　　　　　　　　　〔07434〕

モーツァルトのピアノ協奏曲―私たちの音楽史
（第2期・11）岩井宏之 p.160　　〔07435〕

モーツァルトのピアノ協奏曲聴きくらべ（1）名
曲診断室 上野一郎 p.164　　　　〔07436〕

日本音楽のLP―かくれた名盤をたずねて（3）
長尾義弘 p.168　　　　　　　　〔07437〕

ディスク新譜月評 ジャズとポピュラー 青木啓
p.170　　　　　　　　　　　　〔07438〕

LP五枚が当るコロムビア・音楽・クイズ
p.172　　　　　　　　　　　　〔07439〕

今月のLPベスト・セラーズ p.174　〔07440〕

各社新譜一覧表（LP・EP・ステレオ）
p.180　　　　　　　　　　　　〔07441〕

22巻6号（1959年6月発行）

復活した巨匠フルトヴェングラー――ブラームス
の交響曲のレコードをめぐつて
p.22　　　　　　　　　　　　　〔07442〕

フルトヴェングラーを聴いて 前田幸一郎
p.24　　　　　　　　　　　　　〔07443〕

稀代の名演ブラームスの第三 岡俊雄
p.25　　　　　　　　　　　　　〔07444〕

「ディスク」　内容細目

フルトヴェングラーのブラームス　甲斐正雄　p.26　〔07445〕

コンサート形式による音楽の鑑賞（第13回）　村田武雄　p.28　〔07446〕

レコードに活躍する巨匠たち（2）ヘルベルト・フォン・カラヤンの未発売レコードをさぐる　大宮真琴，岡俊雄　p.36　〔07447〕

リストとハンガリー――ヨーロッパの楽旅から　宮沢縦一　p.46　〔07448〕

ミシェル・オークレールとの対談　イヴ・ユシェール，石川登志夫 訳　p.48　〔07449〕

ランドフスカ「秘奥のソノール」　中島加寿子　p.50　〔07450〕

パリの室内オーケストラ演奏会　松本太郎　p.52　〔07451〕

現代の弦楽四重奏団（2）　杉浦繁　p.56　〔07452〕

レコードのたのしみ――音楽日記（5）　志鳥栄八郎　p.60　〔07453〕

イタリア歌劇団とともに――第2話アルド・プロッティ　福原信夫　p.64　〔07454〕

ディスク新譜月評 交響楽・現代音楽　大宮真琴　p.78　〔07455〕

ディスク新譜月評 協奏曲　坪和昌夫　p.96　〔07456〕

ディスク新譜月評 器楽・室内楽曲　小林利之　p.102　〔07457〕

ディスク新譜月評 声楽曲　福原信夫　p.112　〔07458〕

ディスク新譜月評 EP・45　畑中更予　p.122　〔07459〕

ディスク新譜月評 ジャズ・ポピュラー　青木啓　p.126　〔07460〕

モーツァルトのピアノ協奏曲（2）――私たちの音楽史（第2期・12）　岩井宏之　p.128　〔07461〕

モーツァルトのピアノ協奏曲聴きくらべ（2）――名曲診断室　上野一郎　p.132　〔07462〕

海外LP紹介　岡俊雄　p.137　〔07463〕

新着LP試聴室　津田英夫，梅木香，長尾義弘，小林利之　p.147　〔07464〕

海外レコード・ニュース　藤田不二　p.154　〔07465〕

鼎談月評 国内盤ステレオ・レコード　大宮，岡，小林　p.158　〔07466〕

一九五九年度ACCディスク大賞　長尾義弘　p.165　〔07467〕

ベイヌムの死におもう　p.169　〔07468〕

LPサロン（問と答）　p.170　〔07469〕

LP五枚の当るコロムビア音楽クイズ　p.174　〔07470〕

今月のLPベスト・セラーズ　p.176　〔07471〕

6月のディスクLP推選盤　p.180　〔07472〕

22巻7号（1959年7月発行）

レコードに活躍する巨匠たち（3）フルトヴェングラーのディスコグラフィ（1）　大宮真琴，岡俊雄，有馬茂夫　p.22　〔07473〕

ハイドンの「ネルソン・ミサ」―時局困難のときの　辻荘一　p.30　〔07474〕

カルロ・ベルゴンツィのデビュウ　高崎保男　p.34　〔07475〕

コンサート形式による音楽の鑑賞（第14回）来日演奏家のレコードをきく　村田武雄　p.36　〔07476〕

スパニッシュ・ファンタジイ―ヨーロッパの楽旅から　宮沢縦一　p.44　〔07477〕

イゴール・マルケヴィッチとの対談　石川登志夫 訳　p.46　〔07478〕

ヴォックスの演奏家たち（座談会）　上野一郎，佐川吉男，小林利之，長尾義弘　p.48　〔07479〕

モーツァルトのピアノ協奏曲（3）―私たちの音楽史（第2期・13）　岩井宏之　p.56　〔07480〕

ニューヨーク・フィルの思い出　高瀬まり　p.60　〔07481〕

イタリア歌劇団とともに（第3話 アルベルト・エレーデ）　福原信夫　p.64　〔07482〕

7月のディスクLP推選盤　p.77　〔07483〕

ディスク新譜月評 交響曲　大宮真琴　p.78　〔07484〕

ディスク新譜月評 管弦楽曲　大宮真琴　p.84　〔07485〕

ディスク新譜月評 現代音楽　大宮真琴　p.93　〔07486〕

ディスク新譜月評 音楽史　服部幸三　p.97　〔07487〕

ディスク新譜月評 協奏曲　坪和昌夫　p.100　〔07488〕

ディスク新譜月評 器楽・室内楽曲　小林利之　p.106　〔07489〕

ディスク新譜月評 声楽曲　福原信夫　p.112　〔07490〕

鼎談月評 国内盤ステレオ・レコード　p.120　〔07491〕

現代の弦楽四重奏団（3）　杉浦繁　p.126　〔07492〕

メトロポリタンだより　宮沢縦一　p.134　〔07493〕

コロムビア音楽クイズ　p.136　〔07494〕

海外レコード・ニュース　藤田不二　p.138　〔07495〕

海外LP紹介　岡俊雄　p.141　〔07496〕

アメリカのディスク・アカデミー賞　p.142　〔07497〕

ドビュッシイ「夜想曲」とラヴェル「マ・メール・ロア」（アンセルメ）（新着LP試聴室）　岡俊雄　p.150　〔07498〕

内容細目 「ディスク」

ドビュッシイ「管弦楽のための三つの影像」
（ミュンシュ）（新着LP試聴室）岡俊雄
p.151　　　　　　　　　　　　〔07499〕

ウェーバー序曲集（魔弾の射手, オベロン他）
（アンセルメ）（新着LP試聴室）岡俊雄
p.151　　　　　　　　　　　　〔07500〕

イベール「寄港地」とドビュッシイの「イベリ
ア」（ストコフスキー）（新着LP試聴室）飯田
一夫 p.153　　　　　　　　　　〔07501〕

ステレオで聴くブラームス「第四交響曲」（ベイ
ヌム）（新着LP試聴室）南春雄
p.153　　　　　　　　　　　　〔07502〕

ハリウッド・ボールの「スターライト・ワルツ」
（スラットキン）（新着LP試聴室）岡部冬彦
p.154　　　　　　　　　　　　〔07503〕

ベートーヴェン「後期の弦楽四重奏曲」（ハリ
ウッド四重奏団）（新着LP試聴室）厚木淳
p.155　　　　　　　　　　　　〔07504〕

ラフマニノフの芸術（ピアノ・ラフマニノフ）
（新着LP試聴室）杉浦繁 p.157　　〔07505〕

ディ・ステファーノ・オペラティック・アリア
集（トスカ, カルメン, マノン他）（新着LP試
聴室）小林利之 p.157　　　　　〔07506〕

ミラノフ・オペラ・アリア集（オテロ, ボエーム
他）（新着LP試聴室）小林利之
p.159　　　　　　　　　　　　〔07507〕

オッフェンバッハ「ホフマン物語」全曲（ドッ
ブス, シモノー他）（新着LP試聴室）梅木香
p.160　　　　　　　　　　　　〔07508〕

ヘレン・トラウベルの歌うアリアとソング（タ
ンホイザー他）（新着LP試聴室）小林利之
p.163　　　　　　　　　　　　〔07509〕

デュパルク歌曲集（旅への誘い, 悲しき歌, 波と
鐘他）（シモノー）（新着LP試聴室）小林利之
p.164　　　　　　　　　　　　〔07510〕

ヘンデル「ヴァイオリン奏鳴曲」とヴィタリ
「シャコンヌ」（ミルシテイン）（新着LP試聴
室）垪和昌夫 p.165　　　　　　〔07511〕

名曲診断室—ドヴォルザーク「チェロ協奏曲」・
シューベルト「鱒」の五重奏曲 上野一郎
p.166　　　　　　　　　　　　〔07512〕

レコードのたのしみ—音楽日記（6）志鳥栄八郎
p.172　　　　　　　　　　　　〔07513〕

7月のジャズ・ポピュラー 青木啓
p.176　　　　　　　　　　　　〔07514〕

各社の7月新譜一覧表 p.178　　　〔07515〕

22巻8号 臨時増刊 続・名曲とレコード
（1959年7月発行）

初めて音楽へ志ざす友へ（2）青木謙幸
p.13　　　　　　　　　　　　　〔07516〕

交響曲第九二番ト長調「オックスフォード」〈ハ
イドン〉（続・名曲とレコード—交響曲）宇
野功芳 p.14　　　　　　　　　〔07517〕

交響曲第九六番 ニ長調「奇蹟」〈ハイドン〉
（続・名曲とレコード—交響曲）宇野功芳
p.15　　　　　　　　　　　　〔07518〕

交響曲第一〇一番 ハ長調「時計」〈ハイドン〉
（続・名曲とレコード—交響曲）宇野功芳
p.16　　　　　　　　　　　　〔07519〕

交響曲第三六番 ハ長調「リンツ」K四二五
〈モーツァルト〉（続・名曲とレコード—交響
曲）宇野功芳 p.17　　　　　　〔07520〕

交響曲第三八番 ニ長調「プラーグ」K五〇四
〈モーツァルト〉（続・名曲とレコード—交響
曲）宇野功芳 p.18　　　　　　〔07521〕

交響曲第三九番 変ホ長調 K五四三〈モーツァル
ト〉（続・名曲とレコード—交響曲）宇野功
芳 p.19　　　　　　　　　　　〔07522〕

交響曲第二番 ニ長調 作品三六〈ベートーヴェ
ン〉（続・名曲とレコード—交響曲）宇野功
芳 p.20　　　　　　　　　　　〔07523〕

交響曲第四番 変ロ長調 作品六〇〈ベートーヴェ
ン〉（続・名曲とレコード—交響曲）宇野功
芳 p.21　　　　　　　　　　　〔07524〕

交響曲第七番 イ長調 作品九二〈ベートーヴェ
ン〉（続・名曲とレコード—交響曲）宇野功
芳 p.22　　　　　　　　　　　〔07525〕

交響曲第八番 ヘ長調 作品九三〈ベートーヴェ
ン〉（続・名曲とレコード—交響曲）宇野功
芳 p.23　　　　　　　　　　　〔07526〕

交響曲第七番 ハ長調〈シューベルト〉（続・名曲
とレコード—交響曲）宇野功芳
p.24　　　　　　　　　　　　〔07527〕

交響曲第三番 イ短調「スコットランド」作品五
六〈メンデルスゾーン〉（続・名曲とレコード
—交響曲）宇野功芳 p.25　　　〔07528〕

交響曲第一番 変ロ長調 作品三八〈シューマン〉
（続・名曲とレコード—交響曲）宇野功芳
p.26　　　　　　　　　　　　〔07529〕

交響曲第四番 ホ短調 作品九八〈ブラームス〉
（続・名曲とレコード—交響曲）宇野功芳
p.27　　　　　　　　　　　　〔07530〕

交響曲第一番 ハ長調〈ビゼー〉（続・名曲とレ
コード—交響曲）宇野功芳 p.28　〔07531〕

交響曲第四番 ヘ短調 作品三六〈チャイコフス
キー〉（続・名曲とレコード—交響曲）宇野
功芳 p.28　　　　　　　　　　〔07532〕

交響曲第五番 ホ短調 作品六四〈チャイコフス
キー〉（続・名曲とレコード—交響曲）宇野
功芳 p.29　　　　　　　　　　〔07533〕

交響曲 ニ短調〈フランク〉（続・名曲とレコード
—交響曲）宇野功芳 p.31　　　〔07534〕

交響曲第一番 ニ長調〈マーラー〉（続・名曲とレ
コード—交響曲）宇野功芳 p.32　〔07535〕

交響曲第四番 ト長調〈マーラー〉（続・名曲とレ
コード—交響曲）宇野功芳 p.33　〔07536〕

大地の歌〈マーラー〉（続・名曲とレコード—交
響曲）宇野功芳 p.34　　　　　〔07537〕

「ディスク」　　　　　　　　　　　　　　　　内容細目

古典交響曲 ニ長調〈プロコフィエフ〉（続・名曲
とレコード―交響曲）宇野功芳
p.36　　　　　　　　　　　　　　　　〔07538〕

交響曲第五番 作品四七〈ショスタコーヴィッ
チ〉（続・名曲とレコード―交響曲）宇野功
芳 p.37　　　　　　　　　　　　　　〔07539〕

ハープシコード協奏曲第一番 ニ短調〈バッハ〉
（続・名曲とレコード―協奏曲）杉浦繁
p.38　　　　　　　　　　　　　　　　〔07540〕

ヴァイオリン協奏曲第一番 イ短調〈バッハ〉
（続・名曲とレコード―協奏曲）杉浦繁
p.39　　　　　　　　　　　　　　　　〔07541〕

二つのヴァイオリン用複協奏曲 ニ短調〈バッ
ハ〉（続・名曲とレコード―協奏曲）杉浦繁
p.40　　　　　　　　　　　　　　　　〔07542〕

チェロ協奏曲 変ロ長調〈ボッケリーニ〉（続・名
曲とレコード―協奏曲）杉浦繁
p.41　　　　　　　　　　　　　　　　〔07543〕

ピアノ協奏曲第二六番「戴冠式」ニ長調 K五三
七〈モーツァルト〉（続・名曲とレコード―協
奏曲）杉浦繁 p.41　　　　　　　　　〔07544〕

ヴァイオリン協奏曲第四番 ニ長調 K二一八
〈モーツァルト〉（続・名曲とレコード―協奏
曲）杉浦繁 p.42　　　　　　　　　　〔07545〕

フルートとハープのための協奏曲 ハ長調 K二九
九〈モーツァルト〉（続・名曲とレコード―協
奏曲）杉浦繁 p.43　　　　　　　　　〔07546〕

クラリネット協奏曲 イ長調 K六二二〈モーツァ
ルト〉（続・名曲とレコード―協奏曲）杉浦
繁 p.44　　　　　　　　　　　　　　〔07547〕

ピアノ協奏曲第三番 ハ短調 作品三七〈ベートー
ヴェン〉（続・名曲とレコード―協奏曲）杉
浦繁 p.45　　　　　　　　　　　　　〔07548〕

ピアノ協奏曲第四番 ト長調 作品五八〈ベートー
ヴェン〉（続・名曲とレコード―協奏曲）杉
浦繁 p.46　　　　　　　　　　　　　〔07549〕

ハンガリア幻想曲〈リスト〉（続・名曲とレコー
ド―協奏曲）杉浦繁 p.48　　　　　　〔07550〕

チェロ協奏曲 ニ短調〈ラロ〉（続・名曲とレコー
ド―協奏曲）杉浦繁 p.48　　　　　　〔07551〕

ピアノ協奏曲第一番 ニ短調 作品一五〈ブラーム
ス〉（続・名曲とレコード―協奏曲）杉浦繁
p.49　　　　　　　　　　　　　　　　〔07552〕

ヴァイオリンとチェロのための複協奏曲 イ短調
作品一〇二〈ブラームス〉（続・名曲とレコー
ド―協奏曲）杉浦繁 p.50　　　　　　〔07553〕

ピアノ協奏曲第五番「エジプト」ヘ長調 作品一
〇三〈サン・サーンス〉（続・名曲とレコード
―協奏曲）杉浦繁 p.51　　　　　　　〔07554〕

ヴァイオリン協奏曲第三番 ロ短調 作品六一〈サ
ン・サーンス〉（続・名曲とレコード―協奏
曲）杉浦繁 p.52　　　　　　　　　　〔07555〕

ヴァイオリン協奏曲 ニ短調 作品四七〈シベリウ
ス〉（続・名曲とレコード―協奏曲）杉浦繁
p.53　　　　　　　　　　　　　　　　〔07556〕

パガニーニの主題による狂詩曲 作品四三〈ラフ
マニノフ〉（続・名曲とレコード―協奏曲）
杉浦繁 p.54　　　　　　　　　　　　〔07557〕

ピアノ協奏曲 ト長調〈ラヴェル〉（続・名曲とレ
コード―協奏曲）杉浦繁 p.54　　　　〔07558〕

ピアノ協奏曲第三番 ハ長調 作品二六〈プロコ
フィエフ〉（続・名曲とレコード―協奏曲）
杉浦繁 p.55　　　　　　　　　　　　〔07559〕

ヴァイオリン協奏曲〈ハチャトゥリアン〉（続・
名曲とレコード―協奏曲）杉浦繁
p.56　　　　　　　　　　　　　　　　〔07560〕

管絃楽組曲第三番 ニ長調〈バッハ〉（続・名曲と
レコード―管弦楽曲）渡辺護，長尾義弘，宇
野功芳 p.58　　　　　　　　　　　　〔07561〕

ブランデンブルク協奏曲第六番 変ロ長調〈バッ
ハ〉（続・名曲とレコード―管弦楽曲）渡辺
護，長尾義弘，宇野功芳 p.59　　　　〔07562〕

組曲「王宮の花火の音楽」〈ヘンデル〉（続・名曲
とレコード―管弦楽曲）渡辺護，長尾義弘，
宇野功芳 p.60　　　　　　　　　　　〔07563〕

協奏交響曲 K二九七b〈モーツァルト〉（続・名
曲とレコード―管弦楽曲）渡辺護，長尾義
弘，宇野功芳 p.60　　　　　　　　　〔07564〕

レオノーレ序曲第三番〈ベートーヴェン〉（続・
名曲とレコード―管弦楽曲）渡辺護，長尾義
弘，宇野功芳 p.61　　　　　　　　　〔07565〕

コリオラン序曲〈ベートーヴェン〉（続・名曲と
レコード―管弦楽曲）渡辺護，長尾義弘，宇
野功芳 p.62　　　　　　　　　　　　〔07566〕

「エグモント」序曲 作品五四〈ベートーヴェン〉
（続・名曲とレコード―管弦楽曲）渡辺護，
長尾義弘，宇野功芳 p.63　　　　　　〔07567〕

舞踏へのお誘い〈ウェーバー〉（続・名曲とレ
コード―管弦楽曲）渡辺護，長尾義弘，宇野
功芳 p.64　　　　　　　　　　　　　〔07568〕

「タンホイザー」序曲〈ワーグナー〉（続・名曲と
レコード―管弦楽曲）渡辺護，長尾義弘，宇
野功芳 p.65　　　　　　　　　　　　〔07569〕

「ワルキューレ」より〈ワーグナー〉（続・名曲と
レコード―管弦楽曲）渡辺護，長尾義弘，宇
野功芳 p.66　　　　　　　　　　　　〔07570〕

歌劇「ホフマン物語」より舟唄〈オッフェン
バッハ〉（続・名曲とレコード―管弦楽曲）
渡辺護，長尾義弘，宇野功芳 p.67　　〔07571〕

歌劇「売られた花嫁」序曲〈スメタナ〉（続・名
曲とレコード―管弦楽曲）渡辺護，長尾義
弘，宇野功芳 p.67　　　　　　　　　〔07572〕

ウィンナ・ワルツ集〈ヨハン・シュトラウス〉
（続・名曲とレコード―管弦楽曲）渡辺護，
長尾義弘，宇野功芳 p.68　　　　　　〔07573〕

大学祝典序曲〈ブラームス〉（続・名曲とレコー
ド―管弦楽曲）渡辺護，長尾義弘，宇野功芳
p.70　　　　　　　　　　　　　　　　〔07574〕

ハンガリー舞曲第五・六番〈ブラームス〉（続・
名曲とレコード―管弦楽曲）渡辺護，長尾義
弘，宇野功芳 p.71　　　　　　　　　〔07575〕

内容細目 「ディスク」

交響詩「ティル・オイレンシュピーゲルの愉快ないたづら」作品二八〈リヒャルト・シュトラウス〉（続・名曲とレコード―管弦楽曲）渡辺護，長尾義弘，宇野功芳 p.72 〔07576〕

交響詩「ローマの祭」〈レスピーギ〉（続・名曲とレコード―管弦楽曲）渡辺護，長尾義弘，宇野功芳 p.73 〔07577〕

交響詩「フィンランディア」作品二六の七〈シベリウス〉（続・名曲とレコード―管弦楽曲）渡辺護，長尾義弘，宇野功芳 p.74 〔07578〕

ピーターと狼 作品六七〈プロコフィエフ〉（続・名曲とレコード―管弦楽曲）渡辺護，長尾義弘，宇野功芳 p.75 〔07579〕

青少年のための管弦楽入門 作品三四〈ブリトゥン〉（続・名曲とレコード―管弦楽曲）渡辺護，長尾義弘，宇野功芳 p.76 〔07580〕

ピアノ三重奏曲第一番 ト長調〈ハイドン〉（続・名曲とレコード―室内楽曲）中村善吉 p.77 〔07581〕

弦楽四重奏曲 ヘ長調「セレナード」作品三の五〈ハイドン〉（続・名曲とレコード―室内楽曲）中村善吉 p.77 〔07582〕

弦楽四重奏曲 ニ長調「ひばり」作品六四の五〈ハイドン〉（続・名曲とレコード―室内楽曲）中村善吉 p.78 〔07583〕

弦楽四重奏曲第一五番 ニ短調 K四二一〈モーツァルト〉（続・名曲とレコード―室内楽曲）中村善吉 p.79 〔07584〕

弦楽四重奏曲第一九番 ハ長調「不協和音」K四六五〈モーツァルト〉（続・名曲とレコード―室内楽曲）中村善吉 p.80 〔07585〕

フルート四重奏曲第一番 ニ長調 K二八五〈モーツァルト〉（続・名曲とレコード―室内楽曲）中村善吉 p.80 〔07586〕

ピアノ三重奏曲 変ロ長調「太公」作品九七〈ベートーヴェン〉（続・名曲とレコード―室内楽曲）中村善吉 p.81 〔07587〕

弦楽四重奏曲第一〇番 変ホ長調「ハープ」作品七四〈ベートーヴェン〉（続・名曲とレコード―室内楽曲）中村善吉 p.82 〔07588〕

弦楽四重奏曲第一四番 嬰ハ短調 作品一三一〈ベートーヴェン〉（続・名曲とレコード―室内楽曲）中村善吉 p.83 〔07589〕

弦楽四重奏曲第一五番 イ短調 作品一三二〈ベートーヴェン〉（続・名曲とレコード―室内楽曲）中村善吉 p.84 〔07590〕

ピアノ三重奏曲 変ロ長調 作品九九〈シューベルト〉（続・名曲とレコード―室内楽曲）中村善吉 p.85 〔07591〕

ピアノ五重奏曲 変ホ長調 作品四四〈シューマン〉（続・名曲とレコード―室内楽曲）中村善吉 p.86 〔07592〕

クラリネット五重奏曲 ロ短調 作品一一五〈ブラームス〉（続・名曲とレコード―室内楽曲）中村善吉 p.86 〔07593〕

弦楽四重奏曲 ト短調 作品一〇〈ドビュッシー〉（続・名曲とレコード―室内楽曲）中村善吉 p.87 〔07594〕

弦楽四重奏曲 ヘ長調〈ラヴェル〉（続・名曲とレコード―室内楽曲）中村善吉 p.88 〔07595〕

弦楽四重奏曲第五番〈バルトーク〉（続・名曲とレコード―室内楽曲）中村善吉 p.89 〔07596〕

パルティータ第二番 ニ短調「シャコタンヌ」〈バッハ〉（続・名曲とレコード―ヴァイオリン曲）中村善吉 p.90 〔07597〕

ヴァイオリン奏鳴曲第四番 ニ長調〈ヘンデル〉（続・名曲とレコード―ヴァイオリン曲）中村善吉 p.90 〔07598〕

ヴァイオリン奏鳴曲 ト短調「悪魔のトリル」〈タルティーニ〉（続・名曲とレコード―ヴァイオリン曲）中村善吉 p.91 〔07599〕

ヴァイオリン奏鳴曲第四〇番 変ロ長調 K四五四〈モーツァルト〉（続・名曲とレコード―ヴァイオリン曲）中村善吉 p.92 〔07600〕

ヴァイオリン奏鳴曲第五番 ヘ長調「春」作品二四〈ベートーヴェン〉（続・名曲とレコード―ヴァイオリン曲）中村善吉 p.93 〔07601〕

奇想曲 作品一〈パガニーニ〉（続・名曲とレコード―ヴァイオリン曲）中村善吉 p.94 〔07602〕

ヴァイオリン小奏鳴曲第三番 ト短調〈シューベルト〉（続・名曲とレコード―ヴァイオリン曲）中村善吉 p.94 〔07603〕

ヴァイオリン奏鳴曲第三番 ニ短調 作品一〇八〈ブラームス〉（続・名曲とレコード―ヴァイオリン曲）中村善吉 p.95 〔07604〕

ハバネラ（アバネーズ）〈サン・サーンス〉（続・名曲とレコード―ヴァイオリン曲）中村善吉 p.96 〔07605〕

詩曲 作品二五〈ショーソン〉（続・名曲とレコード―ヴァイオリン曲）中村善吉 p.96 〔07606〕

名曲集〈クライスラー〉（続・名曲とレコード―ヴァイオリン曲）中村善吉 p.97 〔07607〕

イタリア協奏曲〈バッハ〉（続・名曲とレコード―ピアノ曲）中村善吉 p.99 〔07608〕

ピアノ奏鳴曲第一五番 ハ長調 K五四五〈モーツァルト〉（続・名曲とレコード―ピアノ曲）中村善吉 p.100 〔07609〕

ピアノ奏鳴曲第二一番「ワルドシュタイン」ハ長調 作品五三〈ベートーヴェン〉（続・名曲とレコード―ピアノ曲）中村善吉 p.100 〔07610〕

ピアノ奏鳴曲第二六番「告別」変ホ長調 作品八一a〈ベートーヴェン〉（続・名曲とレコード―ピアノ曲）中村善吉 p.101 〔07611〕

ピアノ奏鳴曲第三一番 変イ長調 作品一一〇〈ベートーヴェン〉（続・名曲とレコード―ピアノ曲）中村善吉 p.102 〔07612〕

「ディスク」　　　　　　　　　内容細目

楽興の時 作品九四〈シューベルト〉（続・名曲とレコード―ピアノ曲）中村善吉 p.103　　〔07613〕

無言歌集〈メンデルスゾーン〉（続・名曲とレコード―ピアノ曲）中村善吉 p.104　　〔07614〕

ポロネーズ集〈ショパン〉（続・名曲とレコード―ピアノ曲）中村善吉 p.105　　〔07615〕

練習曲 作品一〇及び二五〈ショパン〉（続・名曲とレコード―ピアノ曲）中村善吉 p.106　　〔07616〕

円舞曲集〈ショパン〉（続・名曲とレコード―ピアノ曲）中村善吉 p.107　　〔07617〕

謝肉祭 作品九〈シューマン〉（続・名曲とレコード―ピアノ曲）中村善吉 p.109　　〔07618〕

四季より舟歌・トロイカ〈チャイコフスキー〉（続・名曲とレコード―ピアノ曲）中村善吉 p.110　　〔07619〕

前奏曲集 第一集〈ドビュッシー〉（続・名曲とレコード―ピアノ曲）中村善吉 p.110　　〔07620〕

死せる王女のためのパヴァーヌ〈ラヴェル〉（続・名曲とレコード―ピアノ曲）中村善吉 p.111　　〔07621〕

水の戯れ〈ラヴェル〉（続・名曲とレコード―ピアノ曲）中村善吉 p.112　　〔07622〕

モテット第八集「おどれ，喜べ，なんじ幸なる魂よ」K一六五〈モーツァルト〉（続・名曲とレコード―声楽曲）畑中良輔 p.113　　〔07623〕

アデライーデ〈ベートーヴェン〉（続・名曲とレコード―声楽曲）畑中良輔 p.114　　〔07624〕

「美しき水車小屋の娘」全曲〈シューベルト〉（続・名曲とレコード―声楽曲）畑中良輔 p.114　　〔07625〕

水の上にて歌える〈シューベルト〉（続・名曲とレコード―声楽曲）畑中良輔 p.118　　〔07626〕

音楽に寄す〈シューベルト〉（続・名曲とレコード―声楽曲）畑中良輔 p.119　　〔07627〕

アヴェ・マリア〈シューベルト〉（続・名曲とレコード―声楽曲）畑中良輔 p.120　　〔07628〕

「白鳥の歌」全曲〈シューベルト〉（続・名曲とレコード―声楽曲）畑中良輔 p.121　　〔07629〕

二人の擲弾兵〈シューマン〉（続・名曲とレコード―声楽曲）畑中良輔 p.124　　〔07630〕

月の夜〈シューマン〉（続・名曲とレコード―声楽曲）畑中良輔 p.125　　〔07631〕

アヴェ・マリア〈グノー〉（続・名曲とレコード―声楽曲）畑中良輔 p.125　　〔07632〕

セレナード〈グノー〉（続・名曲とレコード―声楽曲）畑中良輔 p.126　　〔07633〕

眠りの精〈ブラームス〉（続・名曲とレコード―声楽曲）畑中良輔 p.126　　〔07634〕

ただあこがれを知るもののみ〈チャイコフスキー〉（続・名曲とレコード―声楽曲）畑中良輔 p.127　　〔07635〕

夢のあとに〈フォーレ〉（続・名曲とレコード―声楽曲）畑中良輔 p.128　　〔07636〕

月光〈フォーレ〉（続・名曲とレコード―声楽曲）畑中良輔 p.128　　〔07637〕

リラの花咲くころ〈ショーソン〉（続・名曲とレコード―声楽曲）畑中良輔 p.129　　〔07638〕

隠棲〈ヴォルフ〉（続・名曲とレコード―声楽曲）畑中良輔 p.130　　〔07639〕

アナクレオンの墓〈ヴォルフ〉（続・名曲とレコード―声楽曲）畑中良輔 p.130　　〔07640〕

忘れられし小唄〈ドビュッシイ〉（続・名曲とレコード―声楽曲）畑中良輔 p.131　　〔07641〕

マンドリン〈ドビュッシイ〉（続・名曲とレコード―声楽曲）畑中良輔 p.133　　〔07642〕

わが歌に翼ありせば〈アーン〉（続・名曲とレコード―声楽曲）畑中良輔 p.134　　〔07643〕

歌劇「アイーダ」〈ヴェルディ〉（続・名曲とレコード―歌劇）有沢昭八郎 p.135　　〔07644〕

歌劇「椿姫」〈ヴェルディ〉（続・名曲とレコード―歌劇）有沢昭八郎 p.137　　〔07645〕

歌劇「リゴレット」〈ヴェルディ〉（続・名曲とレコード―歌劇）有沢昭八郎 p.138　　〔07646〕

歌劇「こうもり」〈ヨハン・シュトラウス〉（続・名曲とレコード―歌劇）有沢昭八郎 p.140　　〔07647〕

歌劇「カルメン」〈ビゼー〉（続・名曲とレコード―歌劇）有沢昭八郎 p.142　　〔07648〕

歌劇「蝶々夫人」〈プッチーニ〉（続・名曲とレコード―歌劇）有沢昭八郎 p.144　　〔07649〕

歌劇「ラ・ボエーム」〈プッチーニ〉（続・名曲とレコード―歌劇）有沢昭八郎 p.146　　〔07650〕

ミサ曲 ロ短調〈バッハ〉（続・名曲とレコード―宗教曲）宇野功芳 p.148　　〔07651〕

マタイ受難曲〈バッハ〉（続・名曲とレコード―宗教曲）宇野功芳 p.150　　〔07652〕

メサイア〈ヘンデル〉（続・名曲とレコード―宗教曲）宇野功芳 p.152　　〔07653〕

レクィエム〈モーツァルト〉（続・名曲とレコード―宗教曲）宇野功芳 p.153　　〔07654〕

戴冠ミサ曲〈モーツァルト〉（続・名曲とレコード―宗教曲）宇野功芳 p.155　　〔07655〕

ミサ・ソレムニス〈ベートーヴェン〉（続・名曲とレコード―宗教曲）宇野功芳 p.156　　〔07656〕

レクィエム〈フォーレ〉（続・名曲とレコード―宗教曲）宇野功芳 p.158　　〔07657〕

22巻9号（1959年8月発行）

ランドフスカ夫人への捧げもの 青木謙幸 p.22　　〔07658〕

ワンダ・ランドフスカをたづねて ド・ラ・グランジュ，石川登志夫 訳 p.26　　〔07659〕

内容細目　　　　　　　　　　　　　　　　　　　　「ディスク」

レコードに活躍する巨匠たち（3）フルトヴェン
　グラーのディスコグラフィ（2）大宮真琴，岡
　俊雄 p.28　　　　　　　　　　　　〔07660〕

フィッシャー＝ディスカウとヴォルフの歌曲 畑
　中良輔 p.38　　　　　　　　　　　〔07661〕

バッハのコーヒー・カンタータ 佐川吉男
　p.41　　　　　　　　　　　　　　　〔07662〕

水の都ヴェネチアとオペラ―ヨーロッパの楽旅
　から 宮沢縦一 p.44　　　　　　　　〔07663〕

ギオマール・ノヴァエスとそのレコード
　シャーシンズ，上野一郎 訳 p.46　　〔07664〕

ディスク新譜月評 ステレオ（鼎談）
　p.51　　　　　　　　　　　　　　　〔07665〕

デュセックのピアノ協奏曲―私たちの音楽史
　（第2期・14）岩井宏之 p.58　　　　〔07666〕

イタリア歌劇団とともに（4・最終回）福原信夫
　p.62　　　　　　　　　　　　　　　〔07667〕

7月のディスクLP推選盤 p.77　　　　〔07668〕

ディスク新譜月評 音楽史 服部幸三
　p.78　　　　　　　　　　　　　　　〔07669〕

ディスク新譜月評 交響曲 大宮真琴
　p.79　　　　　　　　　　　　　　　〔07670〕

ディスク新譜月評 管弦楽曲 大宮真琴
　p.86　　　　　　　　　　　　　　　〔07671〕

ディスク新譜月評 現代音楽 大宮真琴
　p.93　　　　　　　　　　　　　　　〔07672〕

ディスク新譜月評 協奏曲 坩和昌夫
　p.96　　　　　　　　　　　　　　　〔07673〕

ディスク新譜月評 室内楽曲 小林利之
　p.100　　　　　　　　　　　　　　〔07674〕

ディスク新譜月評 器楽曲 小林利之
　p.104　　　　　　　　　　　　　　〔07675〕

ディスク新譜月評 声楽曲 福原信夫
　p.108　　　　　　　　　　　　　　〔07676〕

ディスク新譜月評 EP・45 畑中更予
　p.119　　　　　　　　　　　　　　〔07677〕

ニュース一束 p.124　　　　　　　　〔07678〕

レコードのたのしみ―音楽日記（7）志鳥栄八郎
　p.126　　　　　　　　　　　　　　〔07679〕

フランスのディスク界 室内管弦楽曲の録音 松
　本太郎 p.130　　　　　　　　　　　〔07680〕

LPファンのためのハイ・ファイ講座（1）池田
　圭 p.140　　　　　　　　　　　　　〔07681〕

海外LP紹介―最新の世界のレコード新譜の話
　題 岡俊雄 p.141　　　　　　　　　〔07682〕

ベルリオーズの「幻想交響曲」の最新盤（ビー
　チャム）（新着LP試聴室）岡俊雄
　p.152　　　　　　　　　　　　　　〔07683〕

華麗をきわめる「くるみ割人形」の全曲（アン
　セルメ）（新着LP試聴室）岡部冬彦
　p.153　　　　　　　　　　　　　　〔07684〕

映画にもなった「ポギーとベス」の音楽（ス
　ラットキン）（新着LP試聴室）岡俊雄
　p.154　　　　　　　　　　　　　　〔07685〕

たのしめるビゼーの「カルメン」組曲（オーマ
　ンディ）（新着LP試聴室）p.155　　〔07686〕

交響詩「モルダウ」「ボヘミアの森と野」（ク
　リュイタンス）（新着LP試聴室）坩和昌夫
　p.156　　　　　　　　　　　　　　〔07687〕

プロコフィエフ「ヴァイオリン協奏曲一，二番」
　（リッチ：ヴァイオリン）（新着LP試聴室）
　長尾義弘 p.157　　　　　　　　　　〔07688〕

ジョルジ・シフラ「古典の小品」をひく（新着
　LP試聴室）坩和昌夫 p.158　　　　〔07689〕

ベートーヴェン初期の「ピアノ奏鳴曲」（ギーゼ
　キング）（新着LP試聴室）杉浦繁
　p.158　　　　　　　　　　　　　　〔07690〕

モーツァルトのピアノ奏鳴曲（ハンセン：ピア
　ノ）（新着LP試聴室）服部幸三
　p.160　　　　　　　　　　　　　　〔07691〕

ムソルグスキーの「展覧会の絵」（アントルモ
　ン：ピアノ）（新着LP試聴室）梅木香
　p.160　　　　　　　　　　　　　　〔07692〕

ドビュッシーの「歌曲集」（アラリ）（新着LP試
　聴室）石川登志夫 p.161　　　　　　〔07693〕

ルネッサンス宗教合唱曲集（ワーグナー合唱団）
　（新着LP試聴室）服部幸三 p.162　　〔07694〕

歌劇「アンドレア・シェニエ」全曲（デル・モ
　ナコ，テバルディ）（新着LP試聴室）浅井修
　p.163　　　　　　　　　　　　　　〔07695〕

歌劇「カヴァレリア・ルスティカーナ」・「パリ
　アッチ」全曲（ポッジ，プロッティ）（新着LP
　試聴室）梅木香 p.164　　　　　　　〔07696〕

海外レコード・ニュース 藤田不二
　p.168　　　　　　　　　　　　　　〔07697〕

ディスク新譜月評 JAZZ 青木啓
　p.171　　　　　　　　　　　　　　〔07698〕

コロムビア音楽クイズ p.174　　　　〔07699〕

今月のベスト・セラーズ p.177　　　〔07700〕

各社の8月新譜一覧表 p.180　　　　〔07701〕

22巻10号（1959年9月発行）

交響曲（特集 名曲は何から聴くか）大宮真琴
　p.22　　　　　　　　　　　　　　　〔07702〕

管弦楽曲（特集 名曲は何から聴くか）伊藤道雄
　p.24　　　　　　　　　　　　　　　〔07703〕

協奏曲（特集 名曲は何から聴くか）伊吹修
　p.26　　　　　　　　　　　　　　　〔07704〕

器楽曲（特集 名曲は何から聴くか）今川勝一郎
　p.29　　　　　　　　　　　　　　　〔07705〕

室内楽曲（特集 名曲は何から聴くか）宗像洋二
　p.31　　　　　　　　　　　　　　　〔07706〕

声楽曲（特集 名曲は何から聴くか）宇野功芳
　p.33　　　　　　　　　　　　　　　〔07707〕

芸術祭参加レコードの受賞をねらうものは？―
　今月の話題から p.35　　　　　　　〔07708〕

「二つの魔笛」（ヨーロッパの楽旅から）宮沢縦
　一 p.40　　　　　　　　　　　　　〔07709〕

「ディスク」　　　　　　　　　　内容細目

フランス楽壇の話題, メシアンとロン　山口美美子　p.42　　　　　　　　　　〔07710〕

ヴォルフガング・ザヴァリッシュ（連続対談 指揮者を語る）大宮真琴，岡俊雄　p.45　　　　　　　　　　〔07711〕

ジョルジ・ソルシャニーとの対談　イヴ・ユシェール，石川登志夫 訳 p.52　　〔07712〕

レコードのたのしみ（19）音楽日記（8）志鳥栄八郎 p.54　　　　　　　　〔07713〕

ディスク新譜月評 ステレオ（鼎談）　p.58　　　　　　　　　　　　　〔07714〕

コサックは歌う—黒海コサック合唱団の登場　北川剛 p.64　　　　　　　　〔07715〕

イーヴ・ナットの遺産　クロード・ロスタン，赤木仁兵衛 訳 p.66　　　　〔07716〕

9月のディスクLP推選盤 p.77　　　〔07717〕

ディスク新譜月評 交響曲（管弦楽曲・現代音楽を含む）大宮真琴 p.78　　〔07718〕

ディスク新譜月評 協奏曲 垪和昌夫　p.92　　　　　　　　　　　　　〔07719〕

ディスク新譜月評 器楽・室内楽 小林利之　p.95　　　　　　　　　　　〔07720〕

ディスク新譜月評 声楽曲 福原信夫　p.106　　　　　　　　　　　　　〔07721〕

ディスク新譜月評 EP・45 畑中更予　p.114　　　　　　　　　　　　〔07722〕

ディスク新譜月評 JAZZ 青木啓　p.117　　　　　　　　　　　　　〔07723〕

LPサロン p.120　　　　　　　　　〔07724〕

オーディオ新製品紹介 p.127　　　〔07725〕

グスタフ・マーラーの交響曲とレコード—名曲診断室 上野一郎 p.128　　〔07726〕

LPファンのためのハイファイ講座（2）池田圭 p.140　　　　　　　　　〔07727〕

海外LP紹介—最新の世界のレコードから 岡俊雄 p.141　　　　　　　　〔07728〕

海外レコード・ニュース 藤田不二　p.151　　　　　　　　　　　　　〔07729〕

チャイコフスキーの交響曲第四番（アンチェル指揮）（新着LP試聴室）梅木香 p.154　　　　　　　　　　〔07730〕

魅惑のクラシカル・バレエ,アダンの「ジゼル」（ヴォルフ指揮）（新着LP試聴室）岡俊雄 p.155　　　　　　　　　　〔07731〕

チャイコフスキーのヴァイオリン協奏曲の新盤（イゴール・オイストラッフ）（新着LP試聴室）厚木淳 p.156　　　　　〔07732〕

変ホ長調のピアノ協奏曲K四八二（イトゥルビ，モーツァルトを弾く）（新着LP試聴室）杉浦繁 p.157　　　　　　　〔07733〕

チャイコフスキーのピアノ協奏曲をきく（イトゥルビ）（新着LP試聴室）岡部冬彦 p.158　　　　　　　　　〔07734〕

シューベルトのたのしいピアノ曲「楽興の時」（アラウ）（新着LP試聴室）杉浦繁 p.159　　　　　　　　　〔07735〕

北欧の空気を伝えるシベリウスの歌曲集（フラグスタート）（新着LP試聴室）岡俊雄 p.160　　　　　　　　　〔07736〕

若きバス・バリトン歌手のシューベルト・リサイタル（フォスター）（新着LP試聴室）梅木香 p.161　　　　　　　〔07737〕

マリア・メネギーニ・カラス「狂乱の場」（カラス）（新着LP試聴室）木村重雄 p.163　　　　　　　　　〔07738〕

めづらしいケルビーニの歌劇「メデア」ハイライト（ファーレル他）（新着LP試聴室）梅木香 p.164　　　　　〔07739〕

シューベルトの三大歌曲集（2）美しき水車小屋の娘・白鳥の歌—ディスク・LPライブラリイ（12）宇野功芳 p.166　　〔07740〕

ボッケリーニのチェロ協奏曲と室内楽曲—私たちの音楽史（第2期・15）岩井宏之 p.170　　　　　　　　　　〔07741〕

コロムビア音楽クイズ（36回）p.174　〔07742〕

今月のベストセラーズ p.176　　　〔07743〕

各社の9月新譜一覧表 p.180　　　〔07744〕

22巻11号（1959年10月発行）

オリヴィエ・メシアン覚え書 平島正郎　p.22　　　　　　　　　　　　〔07745〕

ハイフェッツの最新録音—メンデルスゾーン・プロコフィエフ 兎束竜夫 p.26　〔07746〕

エイステッドフォド国際民族音楽祭のレコード 田沼秀雄 p.28　　　　　〔07747〕

現代演奏家論（第1回）どんな演奏スタイルがあるかということ 佐川吉男 p.31　〔07748〕

八月十六日世を去ったワンダ・ランドフスカの生涯 西条卓夫，上野一郎，青木謙幸 p.35　　　　　　　　　　〔07749〕

ランドフスカとバッハの「平均率クラフィア曲集」シャーシンズ，上野一郎 訳 p.46　　　　　　　　　　〔07750〕

ヴェルディ「仮面舞踏会」のこと 宮沢縦一 p.50　　　　　　　　　〔07751〕

マニュエル・ロザンタールとの対談 ヴェラ・ヴォルマーヌ，石川登志夫 訳 p.52　〔07752〕

ジャン・フルネ—その活躍とレコード 松本太郎 p.54　　　　　　　　〔07753〕

ディスク新譜月評 ステレオ（鼎談）　p.60　　　　　　　　　　　　　〔07754〕

10月のディスクLP推選盤 p.77　　〔07755〕

ディスク新譜月評 交響曲（管弦楽曲・現代音楽を含む）大宮真琴 p.78　　〔07756〕

ディスク新譜月評 協奏曲 垪和昌夫　p.93　　　　　　　　　　　　　〔07757〕

ディスク新譜月評 器楽・室内楽 小林利之　p.100　　　　　　　　　　〔07758〕

内容細目　　　　　　　　　　　　　　　　　　　「ディスク」

ディスク新譜月評 声楽曲 福原信夫
　p.108　　　　　　　　　　　　〔07759〕

ディスク新譜月評 EP・45 畑中更予
　p.117　　　　　　　　　　　　〔07760〕

ディスク新譜月評 JAZZ 青木啓
　p.122　　　　　　　　　　　　〔07761〕

ジャズ・ハイライト「ルグラン・ジャズ」 飯塚
　経世 p.125　　　　　　　　　　〔07762〕

レコードのたのしみ（20）音楽日記（9）志鳥栄
　八郎 p.126　　　　　　　　　　〔07763〕

ミリオン・シリーズとフリッチャイの「第九」―
　千円盤めぐり（1）津田英夫 p.130　〔07764〕

オーディオ新製品紹介 p.133　　　〔07765〕

LPファンのためのハイファイ講座（3）池田圭
　p.139　　　　　　　　　　　　〔07766〕

海外LP紹介―最新の世界のLPから 岡俊雄
　p.141　　　　　　　　　　　　〔07767〕

モーツァルトの第三二番と「プラーグ」（マーグ
　指揮）（新着LP試聴室）長尾義弘
　p.152　　　　　　　　　　　　〔07768〕

「ハフナー」と「リンツ」をきいて（ヴァンデル
　ノート指揮）（新着LP試聴室）岡部冬彦
　p.153　　　　　　　　　　　　〔07769〕

待望三〇年ドヴォルザークの「新世界」交響曲
　（ワルター指揮）（新着LP試聴室）梅木香
　p.154　　　　　　　　　　　　〔07770〕

エレガントな名曲「レ・プティ・リアン」と
　「セレナード」（レーデル指揮）（新着LP試聴
　室）杉浦繁 p.156　　　　　　　〔07771〕

異色ある好演ドビュッシイ「夜想曲」「海」（シ
　ルヴェストリ指揮）（新着LP試聴室）杉浦繁
　p.156　　　　　　　　　　　　〔07772〕

ファリアの「スペインの庭の夜」「恋は魔術師」
　（アランバリ指揮）（新着LP試聴室）長尾義
　弘 p.157　　　　　　　　　　　〔07773〕

リストのハンガリア狂詩曲の真髄を伝える全曲
　盤（シフラ）（新着LP試聴室）宗像洋二
　p.158　　　　　　　　　　　　〔07774〕

シューマン「ユーモレスク」「ダヴィッド同盟舞
　曲集」（ベルンハイム）（新着LP試聴室）梅木
　香 p.159　　　　　　　　　　　〔07775〕

ソルトレイクの名物「モルモン教大寺院聖歌
　隊」の合唱愛唱曲集（新着LP試聴室）飯田一
　夫 p.160　　　　　　　　　　　〔07776〕

「西アフリカの音楽」現地録音の珍品（新着LP
　試聴室）青木啓 p.161　　　　　〔07777〕

海外レコード・ニュース 藤田不二
　p.163　　　　　　　　　　　　〔07778〕

ロココの文化と時代精神―私たちの音楽史（第2
　期・16）岩井宏之 p.166　　　　〔07779〕

コロムビア音楽クイズ（37回）p.170　〔07780〕

LPサロン p.172　　　　　　　　〔07781〕

各社の10月新譜一覧表 p.180　　　〔07782〕

22巻13号（1959年11月発行）

プーランクの「仮面舞踏会」平島正郎
　p.22　　　　　　　　　　　　　〔07783〕

ビクトリアの「レクイエム・ミサ」渡部恵一郎
　p.25　　　　　　　　　　　　　〔07784〕

ドヴォルジャックの交響曲第四番の新盤 宇野
　功芳 p.27　　　　　　　　　　〔07785〕

ステレオで聴くバッハのオルガン曲 佐川吉男
　p.29　　　　　　　　　　　　　〔07786〕

カラヤン初のRCA録音ブラームスの「第一」
　岡俊雄 p.31　　　　　　　　　〔07787〕

来日するリタ・シュトライヒ 遠山一行，宮沢
　縦一，小林利之 p.34　　　　　〔07788〕

ウィーン・フィルハーモニーの揺籃期 宮沢縦
　一 p.40　　　　　　　　　　　〔07789〕

ジェラール・スゼーとの対談 イヴ・ユシェー
　ル，石川登志夫 訳 p.42　　　　〔07790〕

ソ連のピアニストと欧米のピアニストはどちら
　がうまいか ジャン・ホルツマン，上野一郎
　訳編 p.44　　　　　　　　　　〔07791〕

レコードのたのしみ（21）音楽日記（10）志鳥栄
　八郎 p.50　　　　　　　　　　〔07792〕

バロックからロココへ―私たちの音楽史（第2
　期・17）岩井宏之 p.54　　　　　〔07793〕

ディスク新譜月評 ステレオ（鼎談）
　p.58　　　　　　　　　　　　　〔07794〕

10月のディスクLP推選盤 p.77　　〔07795〕

ディスク新譜月評 交響曲（管弦楽曲・現代音楽
　を含む）大宮真琴 p.78　　　　〔07796〕

ディスク新譜月評 音楽史 渡部恵一郎
　p.92　　　　　　　　　　　　　〔07797〕

ディスク新譜月評 協奏曲 坪和昌夫
　p.96　　　　　　　　　　　　　〔07798〕

ディスク新譜月評 器楽・室内楽 小林利之
　p.101　　　　　　　　　　　　〔07799〕

ディスク新譜月評 声楽曲 福原信夫
　p.108　　　　　　　　　　　　〔07800〕

ディスク新譜月評 EP・45 畑中更予
　p.124　　　　　　　　　　　　〔07801〕

ディスク新譜月評 JAZZ 青木啓
　p.128　　　　　　　　　　　　〔07802〕

ジャズハイライト「ファイアハウス・ファイ
　ヴ・プラス2，南米へ行く」 飯塚経世
　p.131　　　　　　　　　　　　〔07803〕

コロムビア音楽クイズ（38回）p.132　〔07804〕

ゲテモノも愉しからずや（特別読物）岡俊雄
　p.134　　　　　　　　　　　　〔07805〕

オーディオ新製品紹介 p.141　　　〔07806〕

LPファンのためのハイ・ファイ講座（4）池田
　圭 p.147　　　　　　　　　　　〔07807〕

海外LP紹介―最新の世界のLPから 岡俊雄
　p.149　　　　　　　　　　　　〔07808〕

海外レコード・ニュース 藤田不二
　p.159　　　　　　　　　　　　〔07809〕

「ディスク」　　　　　　　　　　　　　内容細目

古典の美しさを満喫させる「バロック音楽選集」（新着LP試聴室）杉浦繁 p.162　　〔07810〕

待望のフルトヴェングラー・ポピュラー・コンサート（新着LP試聴室）厚木淳
p.163　　　　　　　　　　　　　　〔07811〕

メンデルスゾーンの「スコットランド」＝クレツキーの快演（新着LP試聴室）梅木香
p.164　　　　　　　　　　　　　　〔07812〕

スターンの再録音したメンデルスゾーン，チャイコフスキー（新着LP試聴室）梅木香
p.165　　　　　　　　　　　　　　〔07813〕

初登場ミンドル・カッツ（プロコフィエフを弾く）（新着LP試聴室）瀬音透 p.167　〔07814〕

ハリウッドQ得意のコダーイとヴィラ＝ロボス（新着LP試聴室）杉浦繁 p.168　〔07815〕

ギーゼキングの小品曲集レコード（新着LP試聴室）坩和昌夫 p.169　　　　　〔07816〕

アシアインの弾くサラサーテ・ヴァイオリン名曲集（新着LP試聴室）坩和昌夫
p.169　　　　　　　　　　　　　　〔07817〕

ゲーリー・グラフマンのショパンの「バラード」他（新着LP試聴室）瀬音透 p.170　〔07818〕

ドニゼッティの「シャモニーのリンダ」（新着LP試聴室）木村重雄 p.171　〔07819〕

愛惜のヴィルテュオーズ 中島加寿子
p.174　　　　　　　　　　　　　　〔07820〕

各社の10月新譜一覧表 p.180　　　〔07821〕

22巻14号（1959年12月発行）

ワルターの第三の「第九」 岡俊雄
p.22　　　　　　　　　　　　　　〔07822〕

一九五九年LP総決算 今年の名盤はこれだ
p.28　　　　　　　　　　　　　　〔07823〕

アンセルメの「白鳥の湖」全曲（チャイコフスキー）厚木淳 p.40　　　　〔07824〕

マルティノンとプロコフィエフ「第七」 井上頼豊 p.42　　　　　　　　　〔07825〕

出演に誇りをもつバイロイトの合唱団 宮沢縦一 p.44　　　　　　　　　〔07826〕

ソヴェト名演奏家アルバムとチェッコ・スプラフォンの登場 薬科雅美，小林利之
p.46　　　　　　　　　　　　　　〔07827〕

現代演奏家論（2）ジャン・マルティノン 佐川吉男 p.52　　　　　　　〔07828〕

クープランとフランス・ロココ―私たちの音楽史（第2期・18）岩井宏之 p.56　〔07829〕

ディスク新譜月評 ステレオ（鼎談）
p.60　　　　　　　　　　　　　　〔07830〕

12月のディスクLP・ステレオ推選盤
p.77　　　　　　　　　　　　　　〔07831〕

ディスク新譜月評 交響曲・管弦楽曲（現代音楽を含む）大宮真琴 p.78　　〔07832〕

ディスク新譜月評 協奏曲 坩和昌夫
p.91　　　　　　　　　　　　　　〔07833〕

ディスク新譜月評 器楽・室内楽 小林利之
p.100　　　　　　　　　　　　　　〔07834〕

ディスク新譜月評 声楽曲 福原信夫
p.108　　　　　　　　　　　　　　〔07835〕

ディスク新譜月評 EP・45 畑中更予
p.118　　　　　　　　　　　　　　〔07836〕

ディスク新譜月評 ポピュラー 青木啓
p.122　　　　　　　　　　　　　　〔07837〕

マイルス・デヴィス六重奏団（ジャズ・ハイライト）飯塚経世 p.125　　〔07838〕

レコードのたのしみ（22・最終回）音楽日記（11）志鳥栄八郎 p.126　　〔07839〕

フェリシア・ブルメンタールとの対談 イヴ・ユシェール，石川登志夫 訳 p.130　〔07840〕

オーディオ新製品の紹介 p.133　　〔07841〕

LPファンのためのハイファイ講座（5）池田圭 p.139　　　　　　　　　〔07842〕

海外LP紹介―最新の世界のレコードから 岡俊雄 p.141　　　　　　　〔07843〕

イ・ムジチ合奏団のモーツァルト「アイネ・クライネ」他（新着LP試聴室）瀬音透
p.152　　　　　　　　　　　　　　〔07844〕

風格を感じさせるワルターのベートーヴェン「第七」（新着LP試聴室）梅木香
p.152　　　　　　　　　　　　　　〔07845〕

ドヴォルジャックの「第四」とサヴァリッシュ（新着LP試聴室）瀬音透 p.153　〔07846〕

ターリッヒの指揮するドヴォルジャック「第八」の名演（新着LP試聴室）浅井修一
p.154　　　　　　　　　　　　　　〔07847〕

マルティノンのベルリオーズ管弦楽名曲集をきく（新着LP試聴室）津田英夫
p.155　　　　　　　　　　　　　　〔07848〕

「展覧会の絵」にきくチェッコ・フィルの快演（ペドロッティ指揮）（新着LP試聴室）浅井修一 p.155　　　　　〔07849〕

企画のおもしろさ「挫折せし指揮者のための音楽」（新着LP試聴室）青木啓 p.156　〔07850〕

グリュミオーとハスキルのモーツァルト・ソナタ集（新着LP試聴室）石川登志夫
p.157　　　　　　　　　　　　　　〔07851〕

ボンのベートーヴェン・ハウスにおける新しいカザルス・トリオ（新着LP試聴室）梅木香 p.158　　　　　　　　〔07852〕

スメタナ四重奏団のシューベルト「死と少女」（新着LP試聴室）坩和昌夫 p.159　〔07853〕

ハリーナ・ツェルニー＝ステファンスカのショパン（新着LP試聴室）坩和昌夫
p.160　　　　　　　　　　　　　　〔07854〕

チェッコ録音のジョルジ・シフラ・リサイタル（新着LP試聴室）小林利之 p.161　〔07855〕

マリオ・ランザ最後の声「ナポリ民謡集」（新着LP試聴室）飯田一夫 p.162　〔07856〕

ビルキット・ニルソン・アリア集（新着LP試聴室）梅木香 p.162　　　〔07857〕

144　戦前期　レコード音楽雑誌記事索引　　　　　　　〔07810〜07857〕

海外レコード・ニュース 藤田不二
p.164 〔07858〕
全国主要レコード店のベスト・セラーズ
p.167 〔07859〕
LPサロン 小林利之 p.168 〔07860〕
コロムビア音楽クイズ(39回) p.174 〔07861〕
各社の12月新譜一覧表 p.180 〔07862〕

23巻1号(1960年1月発行)

レコードに於ける演奏の判断―良いレコードを
選ぶために 村田武雄 p.22 〔07863〕
ヴィルトゥオージ・ディ・ローマのイタリア・
バロック音楽(ハイライト) 浜田徳昭
p.30 〔07864〕
ライナー指揮する「ロッシーニ序曲集」(ハイラ
イト) 三善清達 p.32 〔07865〕
リヒター=ハーザーとカラヤンで入れたブラー
ムス「第二ピアノ協奏曲」(ハイライト) 藤田
晴子 p.34 〔07866〕
フィッシャー=ディスカウのヴォルフ「スペイ
ン歌曲」(ハイライト) 宮沢縦一
p.36 〔07867〕
シェイクスピアの名盤「オセロウ」(ハイライ
ト) 西原良三 p.38 〔07868〕
ワーグナーの楽劇「ヴァルキューレ」全曲盤
(話題の名盤)(座談会) 渡辺護, 大宮真琴,
小林利之 p.40 〔07869〕
現代演奏家論(3) アントルモン・クライバー
ン・カッツ 佐川吉男 p.48 〔07870〕
ヴァンサン・ダンディ(その1) 大宮真琴
p.52 〔07871〕
特別読物―ウィーン・フィルハーモニーと共に
福原信夫 p.54 〔07872〕
ディスク新譜月評 ステレオ・ディスク 大宮,
岡, 小林 p.61 〔07873〕
ディスク新譜月評 1月のクラシックLP推選盤
p.77 〔07874〕
ディスク新譜月評 交響曲/管弦楽曲 大宮真琴
p.78 〔07875〕
ディスク新譜月評 協奏曲 岡俊雄
p.90 〔07876〕
ディスク新譜月評 室内楽曲/器楽曲 坩和昌夫
p.96 〔07877〕
ディスク新譜月評 声楽曲 福原信夫
p.106 〔07878〕
新人リヒター=ハーザー 島由夫
p.115 〔07879〕
エミール・ギレリスとの対談 ヴェラ・ヴォル
マース, 石川登志夫 訳 p.116 〔07880〕
ディスク新譜月評 45・EP盤 畑中更予
p.118 〔07881〕
ディスク新譜月評 ジャズ・ポピュラー 青木啓
p.122 〔07882〕

JAZZハイライト―フォア・フレッシュメン・
オン・ステジ 飯塚経世 p.125 〔07883〕
キャップ(KAPP)の発売と試聴記(新春に登場
する二つの新しいレコード) 浅井修一
p.126 〔07884〕
アーゴ(ARGO)のレコード紹介記(新春に登場
する二つの新しいレコード) 飯田一夫
p.129 〔07885〕
オーディオ新製品紹介 p.133 〔07886〕
LPファンのためのハイファイ講座(6) 池田圭
p.139 〔07887〕
海外LP紹介―最新の世界のレコードから 岡俊
雄 p.141 〔07888〕
海外レコード・ニュース 藤田不二
p.151 〔07889〕
注目の海外盤―ナタン・ミルシティンの演奏
(四つのバロック・ソナタ) 小林利之
p.154 〔07890〕
注目の海外盤―シュステルとヴューラーのベー
トーヴェン 井上頼豊 p.154 〔07891〕
シベリウスの「交響曲第二番」(モントゥ指揮)
(新着LP試聴室) 杉浦繁 p.158 〔07892〕
ドヴォルジャックの「交響曲第五番」"新世界"
(セル指揮)(新着LP試聴室) 梅木香
p.158 〔07893〕
ロカテルリの「合奏協奏曲集」(イ・ムジーチ合
奏団)(新着LP試聴室) 杉浦繁
p.160 〔07894〕
アンドレ・ジョリヴェの「祝婚歌」と「デル
フィ組曲」(新着LP試聴室) 瀬音透
p.160 〔07895〕
本物の花火の音を入れたヘンデルの「王宮の花
火の音楽」(新着LP試聴室) 杉浦繁
p.162 〔07896〕
色彩豊かな録音にきく交響組曲「シェヘラザー
デ」(新着LP試聴室) 梅木香 p.162 〔07897〕
ハイメ・ラレドのヴァイオリン・リサイタル
(新着LP試聴室) 杉浦繁 p.164 〔07898〕
ステレオできくフォルデスのベートーヴェン
「熱情」(新着LP試聴室) 飯田一夫
p.164 〔07899〕
リタ・シュトライヒのモーツァルト「演奏会用
アリア」(新着LP試聴室) 飯田一夫
p.165 〔07900〕
北ドイツの啓蒙思想と多感様式―私たちの音楽
史(第2期・19) 岩井宏之 p.168 〔07901〕
ソ連のピアニストと欧米のピアニストはどちら
がうまいか(2) ジャン・ホルツマン, 上野一
郎 訳 p.172 〔07902〕
私の愛聴盤(特集 私の愛聴盤) 石川登志夫
p.178 〔07903〕
わが愛聴盤(特集 私の愛聴盤) 上野一郎
p.180 〔07904〕
ぼくの愛聴盤(特集 私の愛聴盤) 畑中良輔
p.182 〔07905〕

「ディスク」　　　　　　　　内容細目

愛盤は青春と共に（特集 私の愛聴盤）藁科雅美 p.184 〔07906〕

私の愛聴するレコード（特集 私の愛聴盤）宇野功芳 p.186 〔07907〕

私の好きなレコード（特集 私の愛聴盤）坿和昌夫 p.188 〔07908〕

私の愛聴盤（特集 私の愛聴盤）厚木淳 p.190 〔07909〕

わが愛盤の告白（特集 私の愛聴盤）小林利之 p.192 〔07910〕

アメリカ音楽ニュース オペラ界展望 田村太郎 p.194 〔07911〕

全国主要レコード店のベスト・セラーズ p.197 〔07912〕

コロムビア音楽クイズ p.198 〔07913〕

各社クラシック新譜一覧表 p.204 〔07914〕

23巻2号 臨時増刊 ベートーヴェン（1960年1月発行）

ベートーヴェン年表 p.22 〔07915〕

ベートーヴェンの生涯 あらえびす p.29 〔07916〕

ベートーヴェンの人物観 牛山充 p.32 〔07917〕

ベートーヴェンの作品展望 中村善吉 p.40 〔07918〕

交響曲 坿和昌夫 p.44 〔07919〕

序曲・管弦楽曲 宇野功芳 p.65 〔07920〕

協奏曲 大木正興 p.70 〔07921〕

弦楽四重奏曲 諸井三郎 p.81 〔07922〕

三重奏曲 有坂愛彦 p.101 〔07923〕

其の他の重奏曲 小林利之 p.110 〔07924〕

ヴァイオリン奏鳴曲 中村善吉 p.115 〔07925〕

チェロの作品 岡俊雄 p.120 〔07926〕

ピアノ奏鳴曲 青木謙幸 p.124 〔07927〕

其の他のピアノ曲 中村善吉 p.141 〔07928〕

歌曲 畑中更予 p.145 〔07929〕

歌劇 福原信夫 p.158 〔07930〕

宗教音楽 渡辺護 p.164 〔07931〕

レコード評 p.173 〔07932〕

作品表 p.243 〔07933〕

レコード表 p.268 〔07934〕

23巻3号（1960年2月発行）

チェコ・フィルの演奏した「展覧会の絵」藁科雅美 p.22 〔07935〕

サン＝サーンスの歌劇「サムソンとデリラ」木村重雄 p.24 〔07936〕

モーツァルトの四手のピアノ・ソナタ 坪田昭三 p.27 〔07937〕

デムスとバリリのブラームス「ピアノ四重奏曲」井上頼豊 p.28 〔07938〕

レコードに於ける演奏の判断（2）―良いレコードを選ぶために 村田武雄 p.30 〔07939〕

ロッシーニのふるさと 宮沢縦一 p.40 〔07940〕

現代演奏家論（4）レオニード・コーガン 佐川吉男 p.42 〔07941〕

ヴァンサン・ダンディ（その2）大宮真琴 p.48 〔07942〕

交響曲の誕生―私たちの音楽史（第2期・20）岩井宏之 p.50 〔07943〕

いうなればコレクションのすべてが（私の愛聴盤〔第2回〕）岡俊雄 p.54 〔07944〕

私の愛聴盤（私の愛聴盤〔第2回〕）岡部冬彦 p.56 〔07945〕

愛盤は青春とともに（私の愛聴盤〔第2回〕）福原信夫 p.58 〔07946〕

浮気者はつらい（私の愛聴盤〔第2回〕）志鳥栄八郎 p.60 〔07947〕

名歌手を一堂にあつめて（私の愛聴盤〔第2回〕）寺井昭雄 p.62 〔07948〕

10年後の愛聴盤（私の愛聴盤〔第2回〕）渡辺茂 p.64 〔07949〕

わが告白的「愛盤」論（私の愛聴盤〔第2回〕）池田圭 p.66 〔07950〕

ディスク新譜月評 2月のディスク推選盤 p.77 〔07951〕

ディスク新譜月評 交響曲・管弦楽曲 大宮真琴 p.78 〔07952〕

ディスク新譜月評 協奏曲 岡俊雄 p.89 〔07953〕

ディスク新譜月評 室内楽曲・器楽曲 坿和昌夫 p.94 〔07954〕

新人イングリッド・ヘブラー紹介 浅井修一 p.102 〔07955〕

ディスク新譜月評 声楽曲 福原信夫 p.103 〔07956〕

ディスク新譜月評 ステレオ・ディスク 大宮，岡，小林 p.108 〔07957〕

ディスク新譜月評 45・EP盤 畑中更予 p.117 〔07958〕

ディスク新譜月評 ジャズ・ポピュラー 相倉久人，青木啓 p.122 〔07959〕

JAZZ・ハイライト サン・ジェルマンのジャズ・メッセンジャーズ 飯塚経世 p.125 〔07960〕

期待される新レーベル ヴァンガードとバッハ・ギルド 小林利之 p.126 〔07961〕

キム・ボルイとの対談 イヴ・ユシェール，石川登志夫 訳 p.128 〔07962〕

一九六〇年度アメリカの音楽活動 田村太郎 p.131 〔07963〕

オーディオ新製品紹介 p.133 〔07964〕

LPファンのためのハイファイ講座（6）池田圭 p.139 〔07965〕

海外LP紹介―最新の世界のレコードから 岡俊雄 p.141 〔07966〕

内容細目　　　　　　　　　　　　　　　　　　　　「ディスク」

LPサロン p.152　　　　　　　　　　〔07967〕

注目の海外盤―モーリン・フォレスターのドイ
ツ歌曲 上野一郎 p.154　　　　　　〔07968〕

注目の海外盤―リフテルのステレオ新盤をきく
岡俊雄 p.156　　　　　　　　　　　〔07969〕

本場の魅力「ウィンナ・カーニバル」（ボシュコ
フスキー指揮）（新着LP試聴室）厚木淳
p.160　　　　　　　　　　　　　　　〔07970〕

バルトークの「管弦楽のための協奏曲」（クーベ
リック指揮）（新着LP試聴室）杉浦繁
p.160　　　　　　　　　　　　　　　〔07971〕

パウル・ヒンデミット作品選集（ブレイン他）
（新着LP試聴室）瀬音透 p.161　　〔07972〕

映画音楽からとった「ヴィラ＝ロボス「アマゾ
ンの森林」（新着LP試聴室）杉浦繁
p.163　　　　　　　　　　　　　　　〔07973〕

金管楽器のためのハイ・ファイ（バイヤール指
揮）（新着LP試聴室）杉浦繁 p.163　〔07974〕

注目の海外盤―歌劇「ランメルムーアのルチ
ア」全曲 木村重雄 p.164　　　　　〔07975〕

ランパルとラスキーヌのモーツァルト「フルー
トとハープの協奏曲」（新着LP試聴室）石川
登志夫 p.165　　　　　　　　　　　〔07976〕

メンデルスゾーンの「ヴァイオリン協奏曲」（カ
ンポーリ）（新着LP試聴室）厚木淳
p.167　　　　　　　　　　　　　　　〔07977〕

スフィアトスラフ・リフテル・リサイタル（新
着LP試聴室）杉浦繁 p.168　　　　〔07978〕

ドニゼッティの歌劇「愛の妙薬」全曲（タディ
他）（新着LP試聴室）梅木香 p.168　〔07979〕

楽しい家庭盤 "R・ヒューロック・プレゼンツ"
（新着LP試聴室）上野一郎 p.171　〔07980〕

オン・ステージ・ウイズ・ロバート・ショウ
（新着LP試聴室）青木啓 p.172　　〔07981〕

コロムビア音楽クイズ p.174　　　〔07982〕

全国主要レコード店のベスト・セラーズ
p.176　　　　　　　　　　　　　　　〔07983〕

各社クラシック新譜一覧表 p.180　〔07984〕

23巻4号（1960年3月発行）

レコードに於ける演奏の判断（3）―良いレコー
ドを選ぶために 村田武雄 p.22　　〔07985〕

アンセルメ指揮の「マ・メール・ロア」（ラヴェ
ル）（新着LPハイライト）平島正郎
p.29　　　　　　　　　　　　　　　〔07986〕

オイストラッフとフルニエの「複協奏曲」（ブ
ラームス）（新着LPハイライト）久保田良作
p.32　　　　　　　　　　　　　　　〔07987〕

ホッターとニルソンの「ワルキューレ」（ワーグ
ナー）（新着LPハイライト）木村重雄
p.34　　　　　　　　　　　　　　　〔07988〕

リフテルのチャイコフスキー「ピアノ協奏曲」
（新着LPハイライト）大木正興
p.36　　　　　　　　　　　　　　　〔07989〕

マルティノン指揮するプロコフィエフ「第五」
（新着LPハイライト）佐川吉男
p.38　　　　　　　　　　　　　　　〔07990〕

シェイクスピアの戯曲「お気に召すまま」（新着
LPハイライト）西原良三 p.40　　〔07991〕

エドウィン・フィッシャーへの感謝―惜しまれ
て逝去したピアノの巨匠の功績をたたえて
有馬茂夫 p.42　　　　　　　　　　〔07992〕

ローマの松のこと 宮沢縦一 p.46　〔07993〕

交響曲の先駆者たち―私たちの音楽史（第2期・
21）岩井宏之 p.48　　　　　　　　〔07994〕

ワイエンベルクとの対談 イヴ・ユシェール，
石川登志夫 訳 p.52　　　　　　　　〔07995〕

フィリップ・アントルモン 松本太郎
p.54　　　　　　　　　　　　　　　〔07996〕

ぼくの愛盤（私の愛聴盤〔第3回〕）佐川吉男
p.58　　　　　　　　　　　　　　　〔07997〕

愛聴盤はどこにでも（私の愛聴盤〔第3回〕）飯
野尹 p.60　　　　　　　　　　　　〔07998〕

思いつくままに（私の愛聴盤〔第3回〕）梅木香
p.62　　　　　　　　　　　　　　　〔07999〕

私のLPハイライト（私の愛聴盤〔第3回〕）浅井
修一 p.64　　　　　　　　　　　　〔08000〕

SPを知らない世代（私の愛聴盤〔第3回〕）長尾
義弘 p.66　　　　　　　　　　　　〔08001〕

日本の現代音楽のLP化（ジュピター・レコー
ド）瀬音透 p.68　　　　　　　　　〔08002〕

ディスク新譜月評 3月のLP推選盤
p.77　　　　　　　　　　　　　　　〔08003〕

ディスク新譜月評 ステレオ・ディスク 大宮，
岡，小林 p.78　　　　　　　　　　〔08004〕

ディスク新譜月評 交響曲/管弦楽曲 大宮真琴
p.84　　　　　　　　　　　　　　　〔08005〕

ディスク新譜月評 協奏曲 岡俊雄
p.97　　　　　　　　　　　　　　　〔08006〕

ディスク新譜月評 室内楽曲/器楽曲 坪和昌夫
p.106　　　　　　　　　　　　　　　〔08007〕

ディスク新譜月評 声楽曲 福原信夫
p.112　　　　　　　　　　　　　　　〔08008〕

ディスク新譜月評 45・EP盤 畑中更予
p.118　　　　　　　　　　　　　　　〔08009〕

ディスク新譜月評 ジャズ・ポピュラー 青木啓
p.122　　　　　　　　　　　　　　　〔08010〕

ジャズ・ハイライト ソニー・ロリンズの芸術―
プレステイッジ・シリーズ（1）飯塚経世
p.125　　　　　　　　　　　　　　　〔08011〕

新人演奏家紹介―ジャイーメ・ラレド 家里和
夫 p.126　　　　　　　　　　　　　〔08012〕

新人演奏家紹介―エリザベート・グリュンマー
田村太郎 p.127　　　　　　　　　　〔08013〕

米誌の選んだ一九五九年のベスト・LP 上野一
郎 p.129　　　　　　　　　　　　　〔08014〕

アメリカ楽信 田村太郎 p.130　　〔08015〕

オーディオ新製品紹介 p.133　　　〔08016〕

「ディスク」　内容細目

LPファンのためのハイファイ講座（8）　池田圭
p.139　〔08017〕

海外LP紹介―最新の世界のレコードから　岡俊雄　p.141　〔08018〕

注目の海外盤―ヨッフムのベートーヴェン全集　宇野功芳　p.152　〔08019〕

注目の海外盤―オイストラッフのベートーヴェン　南春雄　p.156　〔08020〕

注目の海外盤―ステレオの「ドン・ジョヴァンニ」　福原信夫　p.158　〔08021〕

ミュンヒンガー指揮する「未完成交響曲」の新盤（新着LP試聴室）　岡俊雄　p.160　〔08022〕

再吹込みしたクリュイタンスの「幻想交響曲」（新着LP試聴室）　梅木香　p.160　〔08023〕

ステレオできくマーツェルのブラームス「第三」（新着LP試聴室）　岡俊雄　p.162　〔08024〕

サミュエル・バーバーの組曲「ミディア」（新着LP試聴室）　杉浦繁　p.162　〔08025〕

古典の名曲ロカルテリリのヴァイオリン協奏曲（新着LP試聴室）　杉浦繁　p.163　〔08026〕

ウィーン八重奏団のモーツァルトをきく（新着LP試聴室）　厚木淳　p.164　〔08027〕

モーツァルトとラヴェルを弾くトリエステ三重奏団（新着LP試聴室）　珎和昌夫　p.164　〔08028〕

二つの現代の管楽器五重奏曲（新着LP試聴室）　杉浦繁　p.166　〔08029〕

ヴィーン少年合唱団の新盤「子供の歌」（新着LP試聴室）　厚木淳　p.166　〔08030〕

カラスとステファーノの歌劇「マノン・レスコウ」（新着LP試聴室）　梅木香　p.167　〔08031〕

海外レコード・ニュース　藤田不二　p.170　〔08032〕

全国主要レコード店のベスト・セラーズ　p.173　〔08033〕

コロムビア音楽クイズ　p.174　〔08034〕

各社クラシック新譜一覧表　p.180　〔08035〕

23巻5号（1960年4月発行）

セルゲイ・プロコフィエフ自伝より 若き日の思い出　中沢美彦 訳　p.22　〔08036〕

ローヤル・バレエ特別演奏会（LP新譜ハイライト）　薬科雅美　p.29　〔08037〕

イングリット・ヘブラーのモーツァルト「ピアノ協奏曲」二曲（LP新譜ハイライト）　珎和昌夫　p.32　〔08038〕

ハンガリア弦楽四重奏団のベートーヴェン後期の作品二つ（LP新譜ハイライト）　井上頼豊　p.34　〔08039〕

ベートーヴェンのソナタとリヒター＝ハーザー（LP新譜ハイライト）　梅木香　p.36　〔08040〕

レコードに於ける演奏の判断（4）―良いレコードを選ぶために　村田武雄　p.38　〔08041〕

イタリアの「蝶々夫人」　宮沢縦一　p.46　〔08042〕

ロンドンのステレオ発売一週年とその記念レコードをめぐって（座談会）　岡俊雄，志鳥栄八郎，田辺秀雄，福原信夫，小林利之　p.48　〔08043〕

ヨハン・スターミッツ―私たちの音楽史（第2期・22）岩井宏之 p.54　〔08044〕

孤独な鬼才 レオシ・ヤナーチェック　佐川吉男　p.58　〔08045〕

輝やけるプリマドンナ ロス・アンヘレスのプロフィール　C・B・リード，有馬茂夫 訳　p.63　〔08046〕

羽田空港にむかえたアラン・ホヴァネス　薬科雅美　p.66　〔08047〕

ディスク新譜月評 4月のLP推選盤　p.77　〔08048〕

ディスク新譜月評 ステレオ・ディスク　大宮，岡，小林　p.78　〔08049〕

ディスク新譜月評 交響曲・管弦楽曲　大宮真琴　p.92　〔08050〕

ディスク新譜月評 協奏曲　岡俊雄　p.104　〔08051〕

ディスク新譜月評 室内楽曲・器楽曲　小林利之　p.112　〔08052〕

ディスク新譜月評 声楽曲　福原信夫　p.123　〔08053〕

ディスク新譜月評 EP・45盤　畑中更予　p.132　〔08054〕

ディスク新譜月評 ジャズ・ポピュラー　青木啓　p.136　〔08055〕

ジャズ・ハイライト―チャーリー・パーカーの芸術　飯塚経世　p.139　〔08056〕

今月のLPベスト・セラーズ（全国主要レコード店より）p.140　〔08057〕

ワルターのベートーヴェン全集外誌評　上野一郎 訳　p.142　〔08058〕

アメリカ楽信　田村太郎　p.147　〔08059〕

オーディオ新製品紹介　p.149　〔08060〕

LP愛好家のためのハイ・ファイ講座（第9回）　池田圭　p.155　〔08061〕

海外LP紹介―最近の世界のレコードから　岡俊雄　p.157　〔08062〕

海外レコード・ニュース　藤田不二　p.167　〔08063〕

旋律美を生かしたショスタコヴィッチの「第五」　南春雄　p.170　〔08064〕

ウォーレン最後の舞台となったヴェルディの歌劇「運命の力」全曲　梅木香　p.172　〔08065〕

ディスク・コロムビア音楽クイズ　p.174　〔08066〕

クラシック・レコード4月新譜一覧表　p.180　〔08067〕

23巻6号（1960年5月発行）

レコードに於ける演奏の判断（5）―良いレコードを選ぶために 村田武雄 p.22 〔08068〕

ヴィヴァルディの「四季」（シュルヘン指揮）（新譜LPハイライト） 浜田徳昭 p.28 〔08069〕

シュタルケルの名演するバッハの無伴奏チェロ組曲（新譜LPハイライト） 井上頼豊 p.30 〔08070〕

ハンス・ハインツェの演奏するバッハの五つの「オルガン協奏曲集」（新譜LPハイライト） 秋元道雄 p.32 〔08071〕

モントゥ指揮するラヴェル「ダフニスとクロエ」（新譜LPハイライト） 高瀬まり p.34 〔08072〕

ウィーン八重奏団のモーツァルトの名曲（新譜LPハイライト） 宇野功芳 p.36 〔08073〕

モーツァルトの「演奏会アリア」について（新譜LPハイライト） 坪和昌夫 p.38 〔08074〕

ヘルムートヴァルハの見えざる視界 フリッツ・カットナー，岡崎昭 訳 p.40 〔08075〕

ランドフスカのバッハ新旧 村田武雄 p.46 〔08076〕

フランス国立放送局管弦楽団のこと 宮沢縦一 p.48 〔08077〕

フランス第一のクラリネットの名手 ユリス・ドゥレクリューズとの対談 イーヴ・ユシェール，石川登志雄 訳 p.50 〔08078〕

前古典派の大家たち―私たちの音楽史（第2期・23） 岩井宏之 p.52 〔08079〕

ワルターのステレオで聴くブラームス 南春雄 p.56 〔08080〕

ディスク新譜月評 ステレオ・ディスク 大宮，岡，小林 p.58 〔08081〕

セルゲイ・プロコーフィエフ自伝より（2）若き日のおもいで 中沢美彦 訳 p.72 〔08082〕

ディスク新譜月評 5月のLP推選盤 p.85 〔08083〕

ディスク新譜月評 交響曲・管弦楽曲 大宮真琴 p.86 〔08084〕

ディスク新譜月評 協奏曲 岡俊雄 p.100 〔08085〕

ディスク新譜月評 室内楽曲・器楽曲 小林利之 p.106 〔08086〕

ディスク新譜月評 声楽曲 福原信夫 p.116 〔08087〕

ディスク新譜月評 EP・45盤 畑中更予 p.126 〔08088〕

ディスク新譜月評 ジャズ・ポピュラー 青木啓 p.130 〔08089〕

ジャズ・ハイライト モダンジャズ四重奏団の芸術 飯塚経世 p.132 〔08090〕

ヨーロッパかけあし旅行から 岡部冬彦 p.134 〔08091〕

演奏家紹介 ハインリッヒ・ホルライザー（指揮者）ジョージ・バンハルミ（ピアニスト）高嶺深雪 p.136 〔08092〕

アメリカ楽信 田村太郎 p.138 〔08093〕

オーディオ新製品紹介 p.140 〔08094〕

LPファンのためのハイファイ講座（10） 池田圭 p.147 〔08095〕

海外LP紹介―最新の世界のレコードから 岡俊雄 p.149 〔08096〕

マーラーの「第四」を巧演のフリッツ・ライナー（新着LP試聴室） 岡俊雄 p.158 〔08097〕

ダイアモンドの交響曲第四番（一九四八年）他（新着LP試聴室） 杉浦繁 p.159 〔08098〕

フィラデルフィア管五重奏団のバーバーとニールセン（新着LP試聴室） 杉浦繁 p.160 〔08099〕

コーガンのラロ「スペイン交響曲」の再録音（新着LP試聴室） 梅木香 p.161 〔08100〕

ヴィヴァルディ「ギター協奏曲」（イスペス～ギター）（新着LP試聴室） 小林利之 p.162 〔08101〕

歌の入っているプロコーフィエフ「キージェ中尉」他（新着LP試聴室） 岡俊雄 p.163 〔08102〕

モルモン寺院の大オルガン（シュライナー～オルガン）（新着LP試聴室） 杉浦繁 p.164 〔08103〕

スターン新盤，ベートーヴェンのヴァイオリン協奏曲（新着LP試聴室） 梅木香 p.165 〔08104〕

バックハウスの名演ベートーヴェンの「第一」（新着LP試聴室） 松山弘 p.166 〔08105〕

ビルギット・ニルソンの「トリスタンとイゾルデ」（新着LP試聴室） 福原信夫 p.167 〔08106〕

ジョーン・サザーランド・オペラ・リサイタル（新着LP試聴室） 小林利之 p.168 〔08107〕

演奏家紹介 ジョージ・バンハルミ（ピアニスト）藤田不二 p.170 〔08108〕

海外レコード・ニュース 藤田不二 p.170 〔08109〕

全国主要レコード店のベスト・セラーズ p.173 〔08110〕

LP5枚が当るコロムビア・音楽クイズ第44回 p.174 〔08111〕

各社クラシック5月新譜一覧表 p.180 〔08112〕

23巻7号（1960年6月発行）

FFSSのオペラ録音の偉業―画期的な優秀録音とさわがれたラインの黄金とアイーダにみる（LP最高の魅力，ステレオ・オペラの話題） 岡俊雄 p.22 〔08113〕

ステレオで聴くオペラ全曲レコードの展望（LP最高の魅力，ステレオ・オペラの話題） 高崎保男 p.27 〔08114〕

「ディスク」 内容細目

レコードに於ける演奏の判断—第6回 チェッコ室内管弦楽団・チェッコ三重奏団・ハープのザバレタ 村田武雄 p.34 〔08115〕

来日した名演奏家とのインターヴューの記（1） 藁科雅美 p.38 〔08116〕

右手を失ったピアニスト 梅木香 p.40 〔08117〕

「やさしい歌」とヴェルレーヌ 浅沼圭二 p.42 〔08118〕

ウィーンの合唱団のこと 宮沢縦一 p.44 〔08119〕

6月新譜月評 ステレオ・ディスク（合評） p.49 〔08120〕

6月新譜月評 交響曲/管弦楽曲 大宮真琴 p.58 〔08121〕

6月新譜月評 協奏曲 岡俊雄 p.67 〔08122〕

6月新譜月評 器楽曲/室内楽曲 小林利之 p.72 〔08123〕

国産LPのベスト・セラーズ p.76 〔08124〕

6月新譜月評 声楽曲 福原信夫 p.77 〔08125〕

6月新譜月評 EP/45盤 畑中更予 p.86 〔08126〕

ジャズ・ハイライト バグス・グループとM・ディヴス 飯塚経世 p.88 〔08127〕

ディスク・ソノ・シートに録音した ブリジット・H・ド・ボーフォン 山口芙美子 p.88 〔08128〕

ヴォルフガング・ザヴァリッシュとビルギット・ニルソン（座談会）福原信夫，岡俊雄，大宮真琴 p.90 〔08129〕

ヴァンサン・ダンディ（3） 大宮真琴 p.94 〔08130〕

アメリカ楽信 田村太郎 p.97 〔08131〕

オーディオ新製品紹介 p.98 〔08132〕

LPファンのためのハイ・ファイ講座（11） 池田圭 p.103 〔08133〕

海外LP紹介—最新の世界のレコードから 岡俊雄 p.105 〔08134〕

モーツァルトの交響曲第25・29・33盤（新着LP試聴室）岡部冬彦 p.112 〔08135〕

ベートーヴェンの「英雄」交響曲（新着LP試聴室）宇野功芳 p.112 〔08136〕

ドヴォルジャック「第7交響曲」（新着LP試聴室）宇野功芳 p.113 〔08137〕

メュールの交響曲そのほか（新着LP試聴室） 杉浦繁 p.113 〔08138〕

最初にして最後となったコンビ ベイヌム・カザドゥジュのベートーヴェンの協奏曲 南春雄 p.114 〔08139〕

ラフマニノフの「パガニーニ狂詩曲」（新着LP試聴室）宇野功芳 p.114 〔08140〕

モーツァルト「クラリネット協奏曲」（新着LP試聴室）杉浦繁 p.115 〔08141〕

オーボエと管弦楽のための音楽（新着LP試聴室）杉浦繁 p.116 〔08142〕

ヤナーチェックのヴァイオリン・ソナタ（新着LP試聴室）坿和昌夫 p.116 〔08143〕

ドビュッシイ，ルーセルの室内楽（新着LP試聴室）坿和昌夫 p.117 〔08144〕

ドヴォルジャックの「鎮魂ミサ曲」（新着LP試聴室）小林利之 p.117 〔08145〕

シェーンベルク・ウェーベルンの名曲（新着LP試聴室）長尾義弘 p.118 〔08146〕

ポール・ロブスン・リサイタル（新着LP試聴室）青木啓 p.119 〔08147〕

マリア・カラスのオペラ・アリア集（新着LP試聴室）梅木香 p.120 〔08148〕

ハイドンの交響曲（1）—私たちの音楽史（第2期・24）岩井宏之 p.122 〔08149〕

「ショパンの音」生誕一五〇年によせて 中島加寿子 p.124 〔08150〕

6月新譜月評 JAZZ N'POPS 青木啓 p.126 〔08151〕

LPサロン（読者質問欄）p.128 〔08152〕

コロムビア音楽クイズ当選発表（第43回/第45回）p.131 〔08153〕

各社六月新譜一覧表 p.136 〔08154〕

23巻8号（1960年7月発行）

録音から見たステレオ優秀盤（特集 あなたのステレオ・ライブラリー）岡田淳 p.23 〔08155〕

ステレオの海外盤展望（特集 あなたのステレオ・ライブラリー）岡俊雄 p.27 〔08156〕

ステレオをたのしくきくために（特集 あなたのステレオ・ライブラリー）田辺秀雄 p.30 〔08157〕

レコードに於ける演奏の判断—第7回 マリア・シュターデル，ボストン交響楽団，ルジェーロ・リッチ 村田武雄 p.32 〔08158〕

ボストン交響楽団あれこれ—ミュンシュとボストン交響楽団一行の日本滞在楽屋裏から 福原信夫 p.38 〔08159〕

名演奏家とのインターヴューの記（2）アンチェル，マルケヴィッチ，セルの三大指揮者と語る 藁科雅美 p.42 〔08160〕

7月新譜月評 ステレオ・ディスク（合評） p.49 〔08161〕

7月新譜月評 交響曲/管弦楽曲 大宮真琴 p.57 〔08162〕

7月新譜月評 協奏曲 岡俊雄 p.66 〔08163〕

7月新譜月評 器楽曲/室内楽曲 小林利之 p.70 〔08164〕

7月新譜月評 声楽曲 福原信夫 p.78 〔08165〕

7月新譜月評 EP/45盤 畑中更予 p.84 〔08166〕

7月新譜月評 ステレオ録音評 岡田淳 p.86 〔08167〕

ユーディ・メニューインとの対談 ヴェラ・ヴォルマーヌ，石川登志夫 訳 p.90 〔08168〕

内容細目　「ディスク」

7月新譜月評 JAZZ N'POPS 青木啓
p.92　〔08169〕

LPサロン（読者質問欄）小林利之
p.94　〔08170〕

欧米楽信 田村太郎 p.95　〔08171〕

オーディオ・新製品紹介 p.98　〔08172〕

LP愛好家のためのハイファイ講座（12）池田圭
p.103　〔08173〕

海外LP紹介——最新の世界のレコードから 岡俊
雄 p.105　〔08174〕

ベルリオーズ/幻想交響曲作品16-A/モントゥー
～ウィーン・フィル（新着LP試聴室）杉浦繁
p.112　〔08175〕

ベートーヴェン/交響曲第七番イ長調作品92/
ショルティ～ウィーン・フィル（新着LP試聴
室）宇野功芳 p.112　〔08176〕

チャイコフスキー/交響曲第四番ヘ短調作品36/
モントゥー～ボストン・シンフォニー（新着
LP試聴室）宇野功芳 p.113　〔08177〕

リムスキー・コルサコフ/交響組曲「シェヘラ
ザーデ」/グーセンス～ロンドン・フィル（新
着LP試聴室）宇野功芳 p.113　〔08178〕

R・シュトラウス/交響詩「ドン・キホーテ」/ヤ
ニグロ（Vc），ライナー～シカゴ（新着LP試聴
室）岡俊雄 p.114　〔08179〕

チャイコフスキー/ヴァイオリン協奏曲二調/
シェリング（V），ミュンシュ～ボストン（新着
LP試聴室）杉浦繁 p.115　〔08180〕

パガニーニ/奇想曲集/リッチ（V）（新着LP試聴
室）杉浦繁 p.115　〔08181〕

ヴィオッティ/弦楽四重奏曲/ベイカー弦楽四重
奏団（新着LP試聴室）坪和昌夫
p.116　〔08182〕

ミハエル・ハイドン/弦楽四重奏曲/ロート弦楽
四重奏団（新着LP試聴室）坪和昌夫
p.116　〔08183〕

ベートーヴェン/ヴァイオリン・ソナタ第一番，
第九番/フランチェスカッティ（V）（新着LP
試聴室）瀬音透 p.117　〔08184〕

ベートーヴェン/ヴァイオリン・ソナタ第九番
「クロイツェル」/プロチェック（V）（新着LP
試聴室）宇野功芳 p.117　〔08185〕

フランク/ヴァイオリン・ソナタイ長調他/フェ
ラス（V）（新着LP試聴室）杉浦繁
p.118　〔08186〕

復活したワインガルトナーのブラームス交響曲
全集をきく 梅木香 p.118　〔08187〕

トッホ/弦楽四重奏曲/チューリッヒ弦楽四重奏
団（新着LP試聴室）坪和昌夫
p.120　〔08188〕

「ベルガンツァ・ロッシーニを歌う」/ベルガン
ツァ（M・S）（新着LP試聴室）小林利之
p.120　〔08189〕

ヴォルフ/イタリア歌曲集/フィッシャー＝ディ
スカウ（Br），ゼーフリート（S）（新着LP試聴
室）小林利之 p.121　〔08190〕

ヨーゼフ・ハイドンの交響曲（2）—私たちの音
楽史（第2期・25）岩井宏之 p.122　〔08191〕

ヴァンサン・ダンディ（4）大宮真琴
p.125　〔08192〕

東京のコンサート聴きあるき 宮沢縦一
p.128　〔08193〕

世界レコード・ニュース 藤田不二
p.129　〔08194〕

コロムビア音楽クイズ当選発表と問題
p.131　〔08195〕

全国レコード店のLPベスト・セラーズ
p.132　〔08196〕

各社七月新譜一覧表 p.136　〔08197〕

23巻9号（1960年8月発行）

巨匠倒る？ トーマス・ビーチャムのプロフィル
—高齢にも衰えぬ活躍をしていたイギリスの
大指揮者をめぐって 田村太郎 p.22　〔08198〕

レコードにおける演奏の判断—第8回 ブダペス
ト四重奏団，ユーディ・メニューイン，レニン
グラード・バレエ団とバレエ音楽 村田武雄
p.26　〔08199〕

近代フランス音楽の流れ（1）国民音楽協会のこ
と 大宮真琴 p.31　〔08200〕

名演奏家とのインターヴューの記（3）ミルカ・
ポコルナ，エヴァ・ベルナトーヴァ，リチャー
ド・バーギン 薬科雅美 p.34　〔08201〕

ショパンの第二の故郷（生誕一五〇年祭によせ
て）パリのショパン作品演奏会 松本太郎
p.37　〔08202〕

オイストラッフ父子との対談 ヴェラ・ヴォル
マース，石川登志夫 訳 p.40　〔08203〕

セルゲイ・プロコフィエフ自伝より（3）若き日
のおもいで 中沢美彦 訳 p.42　〔08204〕

8月新譜月評 ステレオ・ディスク（合評）
p.49　〔08205〕

8月新譜月評 交響曲/管弦楽曲 大宮真琴
p.57　〔08206〕

8月新譜月評 協奏曲 岡俊雄 p.66　〔08207〕

8月新譜月評 器楽曲/室内楽曲 小林利之
p.70　〔08208〕

8月新譜月評 声楽曲 福原信夫 p.74　〔08209〕

8月新譜月評 ステレオ録音評 岡田淳
p.82　〔08210〕

8月新譜月評 EP/45盤 畑中更予 p.86　〔08211〕

ハンガリーの「エルケル祭」J・R・M
p.88　〔08212〕

「フイリップス」の日本発売とその展望 小林利
之 p.90　〔08213〕

LPサロン（読者質問欄）小林利之
p.91　〔08214〕

8月新譜月評 JAZZ N' POPS 青木啓
p.92　〔08215〕

欧米楽信 田村太郎 p.96　〔08216〕

「ディスク」　　　　　　　　　　　内容細目

オーディオ・新製品紹介 p.98　　　〔08217〕

ハイファイ講座（連載第13回）池田圭
　p.103　　　　　　　　　　　　〔08218〕

海外LP紹介―最新の世界のレコードから 岡俊
　雄 p.105　　　　　　　　　　　〔08219〕

ベートーヴェン/「戦争交響曲」他/グールド～
　交響楽団（新着LP試聴室）岡俊雄
　p.110　　　　　　　　　　　　〔08220〕

ラフマニノフ/交響曲第二番ホ短調/オーマン
　ディ～フィラデルフィア（新着LP試聴室）瀬
　音透 p.110　　　　　　　　　　〔08221〕

ハイドン/トランペット協奏曲/ロンギノッティ
　（TP）モーツァルト/フルート協奏曲/ペパン
　（F）（新着LP試聴室）杉浦繁
　p.111　　　　　　　　　　　　〔08222〕

ブラームス/ヴァイオリン協奏曲ニ長調/コーガ
　ン（V）コンドラシン（新着LP試聴室）梅木香
　　　　　　　　　　　　　　　〔08223〕

ピーター・ピアーズの新盤を聴く リュート歌曲
　リサイタル、シューベルト「美しき水車小屋
　の娘」、ブリテン「ノクターン」、ピー
　ター・グライムズより 三浦淳史、福原信夫
　p.112　　　　　　　　　　　　〔08224〕

ラロ/ピアノ協奏曲ハ短調他/フルゴーニ（P），
　ギーレン（新着LP試聴室）浅井修一
　p.113　　　　　　　　　　　　〔08225〕

ベートーヴェン/七重奏曲変ホ長調/ウィーン八
　重奏団（新着LP試聴室）杉浦繁
　p.115　　　　　　　　　　　　〔08226〕

ベートーヴェン/弦楽四重奏曲「ハープ」他/タ
　トライ弦楽四重奏団（新着LP試聴室）薬科雅
　美 p.116　　　　　　　　　　　〔08227〕

ブラームス/ホルン三重奏曲変ホ長調/シゲッ
　ティ（V）ホルショフスキー（P）（新着LP試聴
　室）杉浦繁 p.116　　　　　　　〔08228〕

ルクー/ピアノ四重奏曲他/ベーカー四重奏団他
　（新着LP試聴室）杉浦繁 p.117　〔08229〕

モーツァルト/ピアノ奏鳴曲変ロ長調/ギレリス
　（P）（新着LP試聴室）坪和昌夫
　p.117　　　　　　　　　　　　〔08230〕

ケイ・デルヴェロワ/チェロ組曲第二番他/ナ
　ヴァラ（VC）（新着LP試聴室）坪和昌夫
　p.118　　　　　　　　　　　　〔08231〕

クビック/ピアノ奏鳴曲「祭典」とエピローグ/
　マキシム（P）（新着LP試聴室）坪和昌夫
　p.118　　　　　　　　　　　　〔08232〕

プロコフィエフ/アレキサンダー・ネヴスキー/
　ライナー～シカゴ（新着LP試聴室）岡俊雄
　p.119　　　　　　　　　　　　〔08233〕

ステレオ・アリア集 その聴きどころ 高崎保男
　p.120　　　　　　　　　　　　〔08234〕

モーツァルトの交響曲―私たちの音楽史（第2
　期・26）岩井宏之 p.122　　　　〔08235〕

東京のコンサート聴きあるき 宮沢縦一
　p.126　　　　　　　　　　　　〔08236〕

海外レコード・ニュース 藤田不二
　p.128　　　　　　　　　　　　〔08237〕

コロムビア音楽クイズ当選発表と問題
　p.131　　　　　　　　　　　　〔08238〕

全国レコード店のLPベスト・セラーズ
　p.132　　　　　　　　　　　　〔08239〕

各社七月新譜一覧表 p.136　　　　〔08240〕

23巻10号（1960年9月発行）

秋のシーズンを飾る来日演奏家の横顔 薬科雅
　美 p.22　　　　　　　　　　　〔08241〕

来日演奏家とそのレコード―イーゴル・マルケ
　ヴィッチ，ルドルフ・ゼルキン，ウィーン・コ
　ンツェルトハウス四重奏団，パウル・バドゥ
　ラ＝スコダ，ヤノシュ・シュタルケル，ジョル
　ジュ・シェベック，ナルシソ・イエペス 大宮
　真琴，浅井修一，小林利之，坪和昌夫
　p.26　　　　　　　　　　　　〔08242〕

航空事故で娘を失った母の手記 ジャネット・ヌ
　ヴーの思い出（上）ロンズ・ヌヴー，石川登
　志夫 訳 p.30　　　　　　　　　〔08243〕

クーベリックとマルケヴィッチへの期待 有馬
　茂夫 p.33　　　　　　　　　　〔08244〕

レコードに於ける演奏の判断―第9回 カンポー
　リ，ベラフォンテの演奏会から 村田武雄
　p.36　　　　　　　　　　　　〔08245〕

名演奏家とのインターヴューの記（4）アルフ
　レッド・カンポーリ氏をたずねて 薬科雅美
　p.42　　　　　　　　　　　　〔08246〕

東京のコンサート聴きあるき 宮沢縦一
　p.44　　　　　　　　　　　　〔08247〕

近代フランス音楽の流れ（2）近代から現代へ 大
　宮真琴 p.46　　　　　　　　　〔08248〕

一八世紀のオーケストラ―私たちの音楽史（第2
　期・27）岩井宏之 p.50　　　　　〔08249〕

9月新譜月評 ステレオ・ディスク（合評）
　p.57　　　　　　　　　　　　〔08250〕

9月新譜月評 交響曲・管弦楽団 大宮真琴
　p.66　　　　　　　　　　　　〔08251〕

9月新譜月評 協奏曲 岡俊雄 p.76　〔08252〕

9月新譜月評 室内楽・器楽曲 小林利之
　p.80　　　　　　　　　　　　〔08253〕

9月新譜月評 声楽曲 福原信夫 p.88　〔08254〕

9月新譜月評 EP・45盤 畑中更予 p.94　〔08255〕

ジャズ・ハイライト 飯塚経世 p.94　〔08256〕

9月新譜月評 ステレオ録音評 岡田淳
　p.96　　　　　　　　　　　　〔08257〕

ムソルグスキー「展覧会の絵」/アンセルメ指揮
　（新着LP試聴室）岡俊雄 p.100　〔08258〕

海外LP紹介―最新の世界のレコードから 岡俊
　雄 p.101　　　　　　　　　　　〔08259〕

ハイドン「告別」とモーツァルト「リンツ」/カ
　ザルス指揮（新着LP試聴室）杉浦繁
　p.108　　　　　　　　　　　　〔08260〕

152　戦前期　レコード音楽雑誌記事索引　　　　　〔08217～08260〕

内容細目 「ディスク」

ベートーヴェン「第五」「第八」/マルケヴィッチ指揮（新着LP試聴室）梅木香 p.108 〔08261〕

ベルリオーズ「幻想交響曲」/オッテルロー指揮（新着LP試聴室）梅木香 p.109 〔08262〕

ファリア「三角帽子」全曲/ホルダ指揮（新着LP試聴室）杉浦繁 p.110 〔08263〕

ドビュッシー「子供の遊戯」「春」/アンセルメ指揮（新着LP試聴室）垪和昌夫 p.111 〔08264〕

プロコフィエフ「三つのオレンジへの恋」/レモーテル指揮（新着LP試聴室）瀬音透 p.112 〔08265〕

ヴィヴァルディ「四季」/ソチエタ・コレルリ合奏団（新着LP試聴室）浅井修一 p.113 〔08266〕

サン＝サーンス「序奏とロンド・カプリチオーソ」他/カンポーリ（V）（新着LP試聴室）垪和昌夫 p.113 〔08267〕

チャールストン・ヘストンの朗読したLP 三浦淳史 p.114 〔08268〕

ハチャトゥリアン「ピアノ協奏曲」/カッチェン（P）（新着LP試聴室）杉浦繁 p.115 〔08269〕

ベートーヴェン「熱情」「ワルトシュタイン」/バックハウス（P）（新着LP試聴室）岡俊雄 p.116 〔08270〕

ロマン派の名リード集/フィッシャー＝ディスカウ（新着LP試聴室）浅井修一 p.116 〔08271〕

エヴァ・ターナー・アリア集（新着LP試聴室）梅木香 p.117 〔08272〕

海外レコード・ニュース 藤田不二 p.118 〔08273〕

LPサロン（質問欄）小林利之 p.120 〔08274〕

9月新譜月評 JAZZ N' POPS 青木啓 p.122 〔08275〕

世界楽信 田村太郎 p.125 〔08276〕

オーディオ新製品紹介 p.126 〔08277〕

ハイファイ講座（連載・第14回）池田圭 p.131 〔08278〕

コロムビア音楽クイズ p.132 〔08279〕

各社九月新譜一覧表 p.136 〔08280〕

23巻12号（1960年10月発行）

「青ひげの城」とバルトーク（各社秋の大作レコードを展望する）秋山邦晴 p.22 〔08281〕

ベルリオーズの「鎮魂ミサ曲」（各社秋の大作レコードを展望する）岡俊雄 p.26 〔08282〕

ワーグナーの「ワルキューレ」第三幕（各社秋の大作レコードを展望する）木村重雄 p.29 〔08283〕

ヘンデルのオラトリオ「メシア」（各社秋の大作レコードを展望する）（座談会）福原信夫，大宮真琴，岡俊雄 p.32 〔08284〕

カザルス音楽祭とプエルト・リコの音楽界近況—海外楽信 田村太郎 p.36 〔08285〕

夭折した情熱のヴァイオリニスト ジネット・ヌヴーの思い出（下）ロンズ・ヌヴー，石川登志夫 訳 p.38 〔08286〕

ターン・テーブル 南春雄 p.41 〔08287〕

ピアノ音楽（1）ドメニコ・スカルラッティとイタリアのピアノ音楽—私たちの音楽史（第2期・28）岩井宏之 p.42 〔08288〕

10月新譜月評 ステレオ・ディスク（合評）p.49 〔08289〕

10月新譜月評 交響曲・管弦楽曲 大宮真琴 p.57 〔08290〕

10月新譜月評 協奏曲 岡俊雄 p.66 〔08291〕

ジャズ・ハイライト 飯塚経世 p.70 〔08292〕

10月新譜月評 室内楽・器楽曲 小林利之 p.72 〔08293〕

10月新譜月評 声楽曲 小林利之 p.77 〔08294〕

10月新譜月評 EP・45盤 畑中更予 p.82 〔08295〕

10月新譜月評 JAZZ N' POPS 青木啓 p.84 〔08296〕

10月新譜月評 ステレオ録音評 岡田淳 p.86 〔08297〕

巨匠の遺産をたずねて トスカニーニは生きている 薬科雅美 p.90 〔08298〕

逝けるユッシ・ビヨルリンクを悼む 小林利之 p.94 〔08299〕

東京のコンサート聴きあるき 宮沢縦一 p.96 〔08300〕

オーディオ新製品紹介 p.98 〔08301〕

ハイ・ファイ講座（連載・第15回）池田圭 p.103 〔08302〕

海外LP紹介—最新の世界のレコード・ニュース 岡俊雄 p.105 〔08303〕

注目の海外盤から—待望のワルターによる "ブラームス全集" 梅木香 p.112 〔08304〕

ピアノのプリンセス アン・シャインを聴く 増田隆昭 p.114 〔08305〕

バルトーク「オーケストラのための協奏曲」/バーンステイン指揮（新着LP試聴室）瀬音透 p.116 〔08306〕

ウィンナ・ワルツ傑作集/フィルハルモニア・フンガリカ（新着LP試聴室）浅井修一 p.116 〔08307〕

ブラームス「二重協奏曲」/カンポーリ（V）ナヴァラ（Vc）（新着LP試聴室）杉浦繁 p.117 〔08308〕

リスト「第二」・バルトーク「第三」協奏曲/ベラ・シキ（P）（新着LP試聴室）杉浦繁 p.118 〔08309〕

レコーダーのためのダンス音楽の五百年（新着LP試聴室）垪和昌夫 p.118 〔08310〕

「ディスク」 内容細目

ミルシテインの芸術/ミルシテイン（V）（新着
LP試聴室）坿和昌夫 p.119　〔08311〕

フランクとドビュッシーのヴァイオリン協奏曲
/スターン（V）（新着LP試聴室）杉浦繁
p.120　〔08312〕

シューベルト「さすらい人幻想曲」他/カッ
チェン（P）（新着LP試聴室）杉浦繁
p.120　〔08313〕

ラフマニノフ「パガニーニ狂詩曲」他/リイ・ミ
ン・チャン（P）（新着LP試聴室）薬科雅美
p.121　〔08314〕

ヘンデルのマスク「エイシスとガラテア」全曲
サザーランド（S）ピアース（T）（新着LP試聴
室）薬科雅美 p.121　〔08315〕

「ベルガンツァ・スペイン音楽を歌う」/ベルガ
ンツァ（MS）（新着LP試聴室）小林利之
p.123　〔08316〕

近代フランス音楽の流れ（3）エヅアール・ラロ
（その生涯と音楽）大宮真琴 p.124　〔08317〕

海外レコード・ニュース 藤田不二
p.128　〔08318〕

LPサロン（質問欄）小林利之 p.130　〔08319〕

コロムビア音楽クイズ（問題と発表）
p.132　〔08320〕

各社十月新譜一覧表 p.136　〔08321〕

23巻13号 増刊 新版名曲とレコード 下巻 （1960年10月発行）

ピアノ三重奏曲第一番ト長調―ハイドン（室内
楽）中村善吉 p.18　〔08322〕

弦楽四重奏曲「セレナード」ヘ長調―ハイドン
（室内楽）中村善吉 p.18　〔08323〕

弦楽四重奏曲「ひばり」ニ長調―ハイドン（室
内楽）中村善吉 p.19　〔08324〕

弦楽四重奏曲「皇帝」ハ長調―ハイドン（室
楽）中村善吉 p.20　〔08325〕

弦楽四重奏曲第一五番ニ短調K四二一―モー
ツァルト（室内楽）中村善吉 p.22　〔08326〕

弦楽四重奏曲第一九番「不協和音」ハ長調―
モーツァルト（室内楽）中村善吉
p.22　〔08327〕

ピアノ四重奏曲第一番ト短調K四七八―モー
ツァルト（室内楽）坿和昌夫 p.23　〔08328〕

フルート四重奏曲第一番ニ長調K二八五―モー
ツァルト（室内楽）中村善吉 p.24　〔08329〕

弦楽五重奏曲第四番ト長調K五一五―モーツァ
ルト（室内楽）坿和昌夫 p.25　〔08330〕

弦楽五重奏曲第五番ト短調K五一六―モーツァ
ルト（室内楽）坿和昌夫 p.27　〔08331〕

クラリネット五重奏曲イ長調―モーツァルト
（室内楽）中村善吉 p.28　〔08332〕

ピアノ三重奏曲第七番「太公」変ロ長調―ベー
トーヴェン（室内楽）中村善吉
p.29　〔08333〕

弦楽四重奏曲第四番ハ短調作品一八の四―ベー
トーヴェン（室内楽）坿和昌夫
p.30　〔08334〕

弦楽四重奏曲第七番「ラズモフスキー」―ベー
トーヴェン（室内楽）中村善吉
p.31　〔08335〕

弦楽四重奏曲第一〇番「ハープ」変ホ長調―
ベートーヴェン（室内楽）中村善吉
p.32　〔08336〕

弦楽四重奏曲第一四番嬰ハ短調作品一三一―
ベートーヴェン（室内楽）中村善吉
p.33　〔08337〕

弦楽四重奏曲第一五番イ短調作品一三二―ベー
トーヴェン（室内楽）中村善吉
p.34　〔08338〕

ピアノ三重奏曲第一番変ロ長調作品九九―
シューベルト（室内楽）中村善吉
p.35　〔08339〕

ピアノ五重奏曲「鱒」イ長調―シューベルト
（室内楽）中村善吉 p.36　〔08340〕

弦楽四重奏曲第一四番「死と乙女」ニ短調―
シューベルト（室内楽）中村善吉
p.37　〔08341〕

ピアノ三重奏曲第一番ニ短調―メンデルスゾー
ン（室内楽）坿和昌夫 p.38　〔08342〕

ピアノ五重奏曲変ホ長調―シューマン（室内楽）
中村善吉 p.40　〔08343〕

弦楽三重奏曲第三番変ロ長調作品六一―ブラー
ムス（室内楽）杉浦繁 p.40　〔08344〕

ピアノ五重奏曲ヘ短調作品三四―ブラームス
（室内楽）杉浦繁 p.41　〔08345〕

クラリネット五重奏曲ロ短調作品一一五―ブ
ラームス（室内楽）中村善吉 p.42　〔08346〕

ピアノ三重奏曲イ短調―チャイコフスキー（室
内楽）中村善吉 p.43　〔08347〕

ピアノ三重奏曲第四番「ドゥムキー」―ドヴォ
ルジャック（室内楽）坿和昌夫
p.44　〔08348〕

弦楽四重奏曲第六番「アメリカ」―ドヴォルジ
ャック（室内楽）中村善吉 p.45　〔08349〕

弦楽四重奏曲―ドビュッシイ（室内楽）中村善
吉 p.46　〔08350〕

フルートとハープとヴィオラのソナタ―ド
ビュッシイ（室内楽）杉浦繁 p.47　〔08351〕

ピアノ三重奏曲―ラヴェル（室内楽）杉浦繁
p.48　〔08352〕

弦楽三重奏曲―ラヴェル（室内楽）中村善吉
p.48　〔08353〕

弦楽四重奏曲第五番―バルトーク（室内楽）中
村善吉 p.49　〔08354〕

ラ・フォリア―コレルリ（ヴァイオリン曲）中
村善吉 p.51　〔08355〕

シャコンヌ―ヴィタリ（ヴァイオリン曲）中村
善吉 p.51　〔08356〕

内容細目 「ディスク」

無伴奏ソナタ第一番ト短調―バッハ（ヴァイオ
リン曲）坿和昌夫 p.52 〔08357〕

無伴奏パルティータ第二番「シャコンヌ」付―
バッハ（ヴァイオリン曲）中村善吉
p.54 〔08358〕

ヴァイオリン奏鳴曲第四番ニ調―ヘンデル
（ヴァイオリン曲）中村善吉 p.55 〔08359〕

ヴァイオリン奏鳴曲第六番ホ長調―ヘンデル
（ヴァイオリン曲）坿和昌夫 p.56 〔08360〕

ヴァイオリン奏鳴曲「悪魔のトリル」―タル
ティーニ（ヴァイオリン曲）中村善吉
p.56 〔08361〕

ロンド―セレナード第七番「ハフナー」より―
モーツァルト（ヴァイオリン曲）中村善吉
p.57 〔08362〕

ヴァイオリン奏鳴曲変ロ長調K三七八―モー
ツァルト（ヴァイオリン曲）坿和昌夫
p.58 〔08363〕

ヴァイオリン奏鳴曲変ロ長調K四五四―モー
ツァルト（ヴァイオリン曲）中村善吉
p.59 〔08364〕

ヴァイオリン奏鳴曲第五番「春」―ベートー
ヴェン（ヴァイオリン曲）中村善吉
p.60 〔08365〕

ヴァイオリン奏鳴曲第九番「クロイツェル」―
ベートーヴェン（ヴァイオリン曲）中村善吉
p.61 〔08366〕

ロマンス第一番ト長調作品四〇―ベートーヴェ
ン（ヴァイオリン曲）中村善吉
p.62 〔08367〕

ロマンス第二番ヘ長調作品五〇―ベートーヴェ
ン（ヴァイオリン曲）中村善吉
p.62 〔08368〕

綺想曲集 作品一―パガニーニ（ヴァイオリン
曲）中村善吉 p.63 〔08369〕

ヴァイオリン奏鳴曲第三番ト短調―シューベル
ト（ヴァイオリン曲）中村善吉
p.63 〔08370〕

ヴァイオリン奏鳴曲イ長調―フランク（ヴァイ
オリン曲）中村善吉 p.64 〔08371〕

ヴァイオリン奏鳴曲第三番ニ短調―ブラームス
（ヴァイオリン曲）中村善吉 p.65 〔08372〕

導入部とロンド・カプリチオーソ―サン＝サー
ンス（ヴァイオリン曲）中村善吉
p.66 〔08373〕

ハバネラ（アバネーズ）―サン＝サーンス（ヴァ
イオリン曲）中村善吉 p.66 〔08374〕

瞑想曲―歌劇「タイス」より―マスネー（ヴァ
イオリン曲）中村善吉 p.67 〔08375〕

チゴイネルワイゼン―サラサーテ（ヴァイオリ
ン曲）中村善吉 p.68 〔08376〕

ヴァイオリン奏鳴曲第一番イ長調―フォーレ
（ヴァイオリン曲）坿和昌夫 p.68 〔08377〕

ヴァイオリン奏鳴曲―ドビュッシイ（ヴァイオ
リン曲）坿和昌夫 p.70 〔08378〕

ウイーン綺想曲―クライスラー（ヴァイオリン
曲）中村善吉 p.71 〔08379〕

名曲集―クライスラー（ヴァイオリン曲）中村
善吉 p.72 〔08380〕

ツィガーヌ―ラヴェル（ヴァイオリン曲）坿和
昌夫 p.73 〔08381〕

ニーグン―ブロッホ（ヴァイオリン曲）坿和昌
夫 p.74 〔08382〕

半音階的幻想曲ニ短調―バッハ（ピアノ曲）杉
浦繁 p.75 〔08383〕

イタリア協奏曲―バッハ（ピアノ曲）中村善吉
p.76 〔08384〕

パルティター第一番変ロ長調―バッハ（ピアノ
曲）杉浦繁 p.77 〔08385〕

調子のいゝ鍛冶屋―ヘンデル（ピアノ曲）中村
善吉 p.78 〔08386〕

ピアノ奏鳴曲第一一番（トルコ行進曲附き）―
モーツァルト（ピアノ曲）中村善吉
p.78 〔08387〕

ピアノ奏鳴曲第一五番ハ長調K五四五―モー
ツァルト（ピアノ曲）中村善吉
p.79 〔08388〕

ピアノ奏鳴曲第八番「悲愴」―ベートーヴェン
（ピアノ曲）中村善吉 p.80 〔08389〕

ピアノ奏鳴曲第一四番「月光」―ベートーヴェ
ン（ピアノ曲）中村善吉 p.81 〔08390〕

ピアノ奏鳴曲第二一番「ワルドシュタイン」―
ベートーヴェン（ピアノ曲）中村善吉
p.82 〔08391〕

ピアノ奏鳴曲第二三番「熱情」―ベートーヴェ
ン（ピアノ曲）中村善吉 p.83 〔08392〕

ピアノ奏鳴曲第二六番「告別」―ベートーヴェ
ン（ピアノ曲）中村善吉 p.84 〔08393〕

ピアノ奏鳴曲第三一番変イ長調作品一一〇―
ベートーヴェン（ピアノ曲）中村善吉
p.85 〔08394〕

エリーゼの為に―ベートーヴェン（ピアノ曲）
中村善吉 p.86 〔08395〕

即興曲集作品九〇、一四二―シューベルト（ピア
ノ曲）増田隆昭 p.87 〔08396〕

楽興の時―シューベルト（ピアノ曲）中村善吉
p.88 〔08397〕

無言歌集―メンデルスゾーン（ピアノ曲）中村
善吉 p.89 〔08398〕

ピアノ奏鳴曲第二番「葬送」―ショパン（ピア
ノ曲）中村善吉 p.90 〔08399〕

即興曲第四番「幻想即興曲」―ショパン（ピア
ノ曲）中村善吉 p.92 〔08400〕

二四の前奏曲 作品二八―ショパン（ピアノ曲）
坿和昌夫 p.92 〔08401〕

夜想曲集―ショパン（ピアノ曲）坿和昌夫
p.93 〔08402〕

バラード曲集―ショパン（ピアノ曲）増田隆昭
p.95 〔08403〕

「ディスク」 内容細目

練習曲 作品一〇, 作品二五―ショパン（ピアノ
曲）中村善吉 p.96 〔08404〕

ポロネーズ集―ショパン（ピアノ曲）中村善吉
p.98 〔08405〕

円舞曲集―ショパン（ピアノ曲）中村善吉
p.99 〔08406〕

マズルカ集―ショパン（ピアノ曲）坪和昌夫
p.100 〔08407〕

パピヨン―シューマン（ピアノ曲）増田隆昭
p.104 〔08408〕

謝肉祭―シューマン（ピアノ曲）中村善吉
p.105 〔08409〕

子供の情景―シューマン（ピアノ曲）中村善吉
p.106 〔08410〕

ハンガリア狂詩曲第二番―リスト（ピアノ曲）
中村善吉 p.107 〔08411〕

マタイ受難曲―バッハ（宗教曲）宇野功芳
p.107 〔08412〕

ラ・カンパネラ―リスト（ピアノ曲）中村善吉
p.108 〔08413〕

舟歌, トロイカ「四季」より―チャイコフス
キー（ピアノ曲）中村善吉 p.108 〔08414〕

ベルガマスク組曲―ドビュッシイ（ピアノ曲）
坪和昌夫 p.109 〔08415〕

子供の領分―ドビュッシイ（ピアノ曲）中村善
吉 p.110 〔08416〕

前奏曲第一集―ドビュッシイ（ピアノ曲）中村
善吉 p.111 〔08417〕

前奏曲第二集―ドビュッシイ（ピアノ曲）増田
隆昭 p.112 〔08418〕

ソナティネ―ラヴェル（ピアノ曲）増田隆昭
p.113 〔08419〕

死せる王女の為のパヴァーヌ―ラヴェル（ピア
ノ曲）中村善吉 p.114 〔08420〕

水の戯れ―ラヴェル（ピアノ曲）中村善吉
p.114 〔08421〕

夜のギャスパル―ラヴェル（ピアノ曲）坪和昌
夫 p.115 〔08422〕

クープランの墓―ラヴェル（ピアノ曲）坪和昌
夫 p.116 〔08423〕

スペイン舞曲第五番―グラナドス（ピアノ曲）
坪和昌夫 p.117 〔08424〕

火祭りの踊り―ファリア（ピアノ曲）中村善吉
p.117 〔08425〕

アレグロ・バルバロ―バルトーク（ピアノ曲）
坪和昌夫 p.118 〔08426〕

子供の為に―バルトーク（ピアノ曲）坪和昌夫
p.118 〔08427〕

無伴奏チェロ組曲（六曲）―バッハ（チェロ曲）
中村善吉 p.119 〔08428〕

チェロ奏鳴曲 三番, 四番, 五番―ベートーヴェン
（チェロ曲）中村善吉 p.120 〔08429〕

モーツァルトの魔笛の主題による七つの変奏曲
―ベートーヴェン（チェロ曲）中村善吉
p.122 〔08430〕

アルペジオーネ 奏鳴曲イ短調―シューベルト
（チェロ曲）中村善吉 p.123 〔08431〕

チェロ奏鳴曲 第一番ホ短調作品三八―ブラーム
ス（チェロ曲）中村善吉 p.124 〔08432〕

白鳥―「動物の謝肉祭」よりサン＝サーンス
（チェロ曲）中村善吉 p.125 〔08433〕

コル・ニドライ―ブルッフ（チェロ曲）中村善
吉 p.125 〔08434〕

エレジー―フォーレ（チェロ曲）中村善吉
p.126 〔08435〕

チェロ奏鳴曲―ドビュッシイ（チェロ曲）中村
善吉 p.126 〔08436〕

ゴエスカス間奏曲―グラナドス（チェロ曲）中
村善吉 p.127 〔08437〕

無伴奏チェロ奏鳴曲―コダーイ（チェロ曲）中
村善吉 p.128 〔08438〕

ハバネラ形式による小品―ラヴェル（チェロ曲）
坪和昌夫 p.129 〔08439〕

ラールゴ歌劇「クセルクセス」より―ヘンデ
ル（歌曲）小林利之 p.130 〔08440〕

愛のよろこび―マルティーニ（歌曲）小林利之
p.130 〔08441〕

すみれ―モーツァルト（歌曲）渡辺護
p.131 〔08442〕

春への憧れ―モーツァルト（歌曲）小林利之
p.131 〔08443〕

クローエに―モーツァルト（歌曲）小林利之
p.131 〔08444〕

子守歌―モーツァルト（歌曲）小林利之
p.132 〔08445〕

アデライーデ―ベートーヴェン（歌曲）畑中良
輔 p.132 〔08446〕

魔王 作品一―シューベルト（歌曲）渡辺護
p.133 〔08447〕

さすらい人 作品四の一―シューベルト（歌曲）
小林利之 p.133 〔08448〕

糸をつむぐグレーチェン―シューベルト（歌曲）
渡辺護 p.134 〔08449〕

野ばら―シューベルト（歌曲）渡辺護
p.134 〔08450〕

水の上にて歌える―シューベルト（歌曲）畑中
良輔 p.135 〔08451〕

音楽に寄す―シューベルト（歌曲）畑中良輔
p.135 〔08452〕

アヴェ・マリア―シューベルト（歌曲）畑中良
輔 p.136 〔08453〕

死と乙女―シューベルト（歌曲）小林利之
p.137 〔08454〕

夕映え 遺作―シューベルト（歌曲）渡辺護
p.137 〔08455〕

内容細目　　　　　　　　　　　　　　　「ディスク」

「美しき水車小屋の娘」全曲―シューベルト（歌曲）畑中良輔 p.138　　　　　〔08456〕

歌曲集「冬の旅」作品八九―シューベルト（歌曲）渡辺護 p.142　　　　　　〔08457〕

「白鳥の歌」全曲―シューベルト（歌曲）畑中良輔 p.143　　　　　　　　　〔08458〕

歌のつばさにのりて 作品三四の二―メンデルスゾーン（歌曲）渡辺護 p.146　〔08459〕

二人の擲弾兵 作品四九―シューマン（歌曲）畑中良輔 p.146　　　　　　　　〔08460〕

歌曲集「ミルテ」から―くるみの木―シューマン（歌曲）渡辺護 p.147　　　〔08461〕

月の夜―リーダークライス作品三九より―シューマン（歌曲）畑中良輔 p.148　〔08462〕

歌曲集「女の愛と生涯」―シューマン（歌曲）渡辺護 p.148　　　　　　　　〔08463〕

歌曲集「詩人の恋」―シューマン（歌曲）渡辺護 p.149　　　　　　　　　　〔08464〕

アヴェ・マリア―グノー（歌曲）畑中良輔 p.150　　　　　　　　　　　　　〔08465〕

セレナード―グノー（歌曲）畑中良輔 p.151　　　　　　　　　　　　　　　〔08466〕

名歌集―フォスター（歌曲）渡辺護 p.151　　　　　　　　　　　　　　　　〔08467〕

子守歌―ブラームス（歌曲）渡辺護 p.153　　　　　　　　　　　　　　　　〔08468〕

眠りの精―ブラームス（歌曲）畑中良輔 p.153　　　　　　　　　　　　　　〔08469〕

サッフォー頌歌―ブラームス（歌曲）小林利之 p.154　　　　　　　　　　　〔08470〕

日曜日―ブラームス（歌曲）小林利之 p.154　　　　　　　　　　　　　　　〔08471〕

四つの厳粛な歌―ブラームス（歌曲）小林利之 p.155　　　　　　　　　　　〔08472〕

アルト・ラプソディ―ブラームス（歌曲）小林利之 p.155　　　　　　　　　〔08473〕

蚤の歌―ムソルグスキー（歌曲）渡辺護 p.156　　　　　　　　　　　　　　〔08474〕

わが母の教えたまいし歌―ドヴォルジャック（歌曲）小林利之 p.157　　　　〔08475〕

ただ、あこがれを知るもののみ―チャイコフスキー（歌曲）畑中良輔 p.157　〔08476〕

「ペール・ギュント」―ソルヴェイクの歌―グリーク（歌曲）渡辺護 p.158　〔08477〕

夢のあとに―フォーレ（歌曲）畑中良輔 p.158　　　　　　　　　　　　　　〔08478〕

月光―フォーレ（歌曲）畑中良輔 p.159　　　　　　　　　　　　　　　　　〔08479〕

リラの花咲くころ―ショーソン（歌曲）畑中良輔 p.160　　　　　　　　　　〔08480〕

隠栖―ヴォルフ（歌曲）畑中良輔 p.160　　　　　　　　　　　　　　　　　〔08481〕

アナクレオンの墓―ヴォルフ（歌曲）畑中良輔 p.161　　　　　　　　　　　〔08482〕

忘れられし小唄―ドビュッシイ（歌曲）畑中良輔 p.162　　　　　　　　　　〔08483〕

わが歌に翼ありせば―アーン（歌曲）畑中良輔 p.164　　　　　　　　　　　〔08484〕

小夜曲―R・シュトラウス（歌曲）小林利之 p.164　　　　　　　　　　　　〔08485〕

カミン・スルー・ザ・ライ―スコットランド民謡（民謡）坩和昌夫 p.166　　〔08486〕

寂しい草原に埋めてくれるな―アメリカ民謡（民謡）小林利之 p.166　　　　〔08487〕

深い河―黒人霊歌（民謡）小林利之 p.166　　　　　　　　　　　　　　　　〔08488〕

帰れソレントへ―イタリア民謡（民謡）小林利之 p.167　　　　　　　　　　〔08489〕

私の太陽―イタリア民謡（民謡）小林利之 p.167　　　　　　　　　　　　　〔08490〕

カタリー（つれない心）―イタリア民謡（民謡）小林利之 p.168　　　　　　〔08491〕

サンタ・ルチア―イタリア民謡（民謡）小林利之 p.168　　　　　　　　　　〔08492〕

ステンカ・ラージン―ロシヤ民謡（民謡）小林利之 p.169　　　　　　　　　〔08493〕

トロイカ―ロシヤ民謡（民謡）小林利之 p.169　　　　　　　　　　　　　　〔08494〕

ヴォルガの舟歌―ロシヤ民謡（民謡）小林利之 p.170　　　　　　　　　　　〔08495〕

赤いサラファン―ロシヤ民謡（民謡）小林利之 p.170　　　　　　　　　　　〔08496〕

ローレライ―ドイツ民謡（民謡）小林利之 p.171　　　　　　　　　　　　　〔08497〕

歌劇「フィガロの結婚」―モーツァルト（歌劇）小林利之 p.172　　　　　　〔08498〕

歌劇「ランメルムーアのルチア」―ドニゼッティ（歌劇）小林利之 p.173　　〔08499〕

歌劇「ノルマ」―ベルリーニ（歌劇）小林利之 p.175　　　　　　　　　　　〔08500〕

歌劇「マルタ」―フロトー（歌劇）小林利之 p.176　　　　　　　　　　　　〔08501〕

歌劇「リゴレット」―ヴェルディ（歌劇）小林利之 p.177　　　　　　　　　〔08502〕

歌劇「椿姫」―ヴェルディ（歌劇）小林利之 p.179　　　　　　　　　　　　〔08503〕

歌劇「アィーダ」―ヴェルディ（歌劇）小林利之 p.181　　　　　　　　　　〔08504〕

歌劇「タンホィザー」―ワーグナー（歌劇）小林利之 p.183　　　　　　　　〔08505〕

歌劇「こうもり」―ヨハン・シュトラウス（歌劇）相沢昭八郎 p.185　　　　〔08506〕

歌劇「ミニョン」―トーマ（歌劇）小林利之 p.187　　　　　　　　　　　　〔08507〕

歌劇「カルメン」―ビゼー（歌劇）小林利之 p.188　　　　　　　　　　　　〔08508〕

歌劇「道化師」―レオンカバァルロ（歌劇）小林利之 p.190　　　　　　　　〔08509〕

「ディスク」　　　　　　　　　　　内容細目

歌劇「ボエーム」―プッチーニ（歌劇）小林利之 p.191　〔08510〕

歌劇「トスカ」―プッチーニ（歌劇）小林利之 p.192　〔08511〕

歌劇「蝶々夫人」―プッチーニ（歌劇）小林利之 p.193　〔08512〕

歌劇「アルルの女」―チレア（歌劇）小林利之 p.194　〔08513〕

ミサ曲 ロ短調―バッハ（宗教曲）宇野功芳 p.195　〔08514〕

メサイア―ヘンデル（宗教曲）宇野功芳 p.199　〔08515〕

天地創造―ハイドン（宗教曲）坩和昌夫 p.200　〔08516〕

レクィエム―モーツァルト（宗教曲）宇野功芳 p.202　〔08517〕

戴冠ミサ曲―モーツァルト（宗教曲）宇野功芳 p.203　〔08518〕

ミサ・ソレムニス―ベートーヴェン（宗教曲）宇野功芳 p.204　〔08519〕

レクイエム―ヴェルディ（宗教曲）坩和昌夫 p.207　〔08520〕

ドイツ・レクィエム―ブラームス（宗教曲）坩和昌夫 p.208　〔08521〕

レクイエム―フォーレ（宗教曲）宇野功芳 p.210　〔08522〕

23巻14号（1960年11月発行）

今月のディスク推選盤 p.25　〔08523〕

一九六〇年に活躍した八人の演奏家（特集）p.26　〔08524〕

ホロヴィッツとリフテル（ピアノ）（特集 一九六〇年に活躍した八人の演奏家）大宮真琴 p.28　〔08525〕

ライナーとショルティ（指揮者）（特集 一九六〇年に活躍した八人の演奏家）岡俊雄 p.30　〔08526〕

フィッシャー=ディスカウとスーゼイ（バリトン）（特集 一九六〇年に活躍した八人の演奏家）高崎保男 p.32　〔08527〕

スターンとシェリング（ヴァイオリン）（特集 一九六〇年に活躍した八人の演奏家）佐川吉男 p.34　〔08528〕

レコードに於ける演奏の判断―第10回 ソチエタ・コレルリ合奏団, マルケヴィッチ他 村田武雄 p.36　〔08529〕

ターン・テーブル 南春雄 p.40　〔08530〕

来日演奏家とのインタービュウの記（5）薬科雅美 p.41　〔08531〕

謎のピアニスト ミケランジェーリ会見記 ホルツマン, 上野一郎 訳 p.44　〔08532〕

11月新譜月評 ステレオ合評 p.53　〔08533〕

11月新譜月評 交響曲・管弦楽曲 大宮 p.56　〔08534〕

11月新譜月評 協奏曲 岡 p.67　〔08535〕

11月新譜月評 室内楽・器楽曲 小林 p.72　〔08536〕

11月新譜月評 歌劇・独唱曲他 小林 p.82　〔08537〕

11月新譜月評 EP・45盤 畑中 p.88　〔08538〕

11月新譜月評 JAZZ N' POPS 青木 p.90　〔08539〕

新刊紹介 飯田一夫 p.92　〔08540〕

ウィーンの録音舞台裏 コンツェルトハウスの夜 ヘルツォグ, 家里和夫 訳 p.94　〔08541〕

東京のコンサート聴きあるき 宮沢縦一 p.98　〔08542〕

海外楽信（音楽祭）田村太郎 p.100　〔08543〕

オーディオ新製品紹介 p.103　〔08544〕

ハイ・ファイ講座（連載・第16回）池田圭 p.107　〔08545〕

海外LP紹介―最新の世界のレコード・ニュース 岡俊雄 p.109　〔08546〕

フランチェスカッティ, フルニエそしてブルーノ・ワルターによる複協奏曲 梅木香 p.116　〔08547〕

ベートーヴェン「第七交響曲イ長調」/セル指揮（新着LP試聴室）瀬音透 p.118　〔08548〕

チャイコフスキー「第五交響曲」/ショルティ指揮（新着LP試聴室）浅井修一 p.118　〔08549〕

プロコフィエフ「第五交響曲」/セル指揮（新着LP試聴室）瀬音透 p.119　〔08550〕

バロックの誕生/プラーハ・プロ・アルテ・アンティカ（新着LP試聴室）杉浦繁, 薬科雅美 p.119　〔08551〕

十八世紀の庭園にて/サヴィーノ指揮（新着LP試聴室）杉浦繁 p.120　〔08552〕

ドビュッシー「夜想曲」他/ストコフスキー指揮（新着LP試聴室）杉浦繁 p.120　〔08553〕

モーツァルト「ピアノ協奏曲変ホ長調」ハイドン「ピアノ協奏曲ニ長調作品二三」（新着LP試聴室）薬科雅美 p.121　〔08554〕

グリーク「ピアノ協奏曲」/パネンカ（P）（新着LP試聴室）薬科雅美 p.121　〔08555〕

ショスタコーヴィッチ「ピアノ協奏曲」他（新着LP試聴室）佐川吉男 p.122　〔08556〕

マンハイム楽派の管楽器合奏曲/パリ管楽五重団（新着LP試聴室）杉浦繁 p.122　〔08557〕

ヴィルトゥオーソ・リスト/グラフマン（P）（新着LP試聴室）薬科雅美 p.123　〔08558〕

パーセル 歌劇「アーサー王」全曲（新着LP試聴室）増田隆昭 p.124　〔08559〕

バッハ「カンタータ第五六番・第八二番」/ハーレル（新着LP試聴室）浅井修一 p.125　〔08560〕

海外レコード・ニュース 藤田不二 p.126　〔08561〕

158　戦前期　レコード音楽雑誌記事索引　　　　〔08510～08561〕

内容細目　　　　　　　　　　　　　　　　　「ディスク」

ピアノ音楽（2）ハイドンとモーツァルト―私たちの音楽史（第2期・29）岩井宏之 p.128　〔08562〕

クラシックのヒット・パレード 田村太郎 p.130　〔08563〕

近代フランス音楽の流れ（4）エツワール・ラロ（その生涯と音楽・続）大宮真琴 p.133　〔08564〕

コロムビア音楽クイズ p.136　〔08565〕

各社十一月新譜一覧表 p.140　〔08566〕

23巻16号（1960年12月発行）

今月のディスク推選盤 p.25　〔08567〕

ステレオ名盤二〇選 モノラルのベスト・ファイヴ 今年の各社の企画をひろう（特集 今年はどんなレコードが出たか）大宮真琴, 岡俊雄, 小林利之 p.26　〔08568〕

アンケート 私の選んだ一枚（特集 今年はどんなレコードが出たか）佐藤章, 寺西春雄, 宇野功芳, 猿田悳, 藁科雅美, 上野一郎, 佐川吉男, 杉浦繁, 木村重雄, 高崎保男, 三浦淳史, 柴田南雄, 秋山邦晴 p.32　〔08569〕

レコードに於ける演奏の判断―第11回 ゼルキン, イェペス, コンツェルトハウスQを聴いて 村田武雄 p.36　〔08570〕

レコードに聴くリフテル ウォーラック, 上野一郎 訳 p.40　〔08571〕

来日演奏家とのインタビュウの記（6）ゼルキンと逢う 藁科雅美 p.44　〔08572〕

ミトロプーロスの死に思う（今月の話題）伊吹修 p.46　〔08573〕

ターン・テーブル 南春雄 p.48　〔08574〕

12月新譜月評 交響曲・管弦楽曲 大宮 p.53　〔08575〕

12月新譜月評 協奏曲 岡 p.66　〔08576〕

12月新譜月評 室内楽・器楽曲 小林 p.72　〔08577〕

12月新譜月評 歌劇・独唱曲他 小林 p.76　〔08578〕

12月新譜月評 ステレオ録音 岡田 p.81　〔08579〕

12月新譜月評 EP・45盤 畑中 p.88　〔08580〕

12月新譜月評 JAZZ N' POPS 青木 p.90　〔08581〕

東京のコンサート聴きあるき 宮沢縦一 p.92　〔08582〕

フランス・クラヴサン楽派とラモー 岩井宏之 p.94　〔08583〕

眼で見る「トスカ」，耳で聴く「トスカ」 高瀬まり p.96　〔08584〕

歌劇「カルメン」のステレオ診断 池田圭 p.98　〔08585〕

来日するシェベックとの対談 ユシェール, 石川登志夫 訳 p.102　〔08586〕

ビーチャム卿のリハーサルを聴いて 三浦淳史 p.104　〔08587〕

復活した名歌手フェリアー（今月の話題）岡俊雄 p.106　〔08588〕

海外楽信 田村太郎 p.108　〔08589〕

オーディオ新製品紹介 p.110　〔08590〕

ハイ・ファイ講座（連載・第17回）池田圭 p.115　〔08591〕

海外LP紹介―最新の世界のレコード・ニュース 岡俊雄 p.117　〔08592〕

マーラー「第四交響曲」/バーンスタイン指揮（新着LP試聴室）杉浦繁 p.124　〔08593〕

グリーク「ペール・ギュント」組曲/シェルヘン指揮（新着LP試聴室）浅井修一 p.124　〔08594〕

懐かしの名曲集/スメタチェック指揮（新着LP試聴室）浅井修一 p.125　〔08595〕

バルトーク「弦と打楽器とチェレスタのための音楽」「ハンガリー風物詩」/ライナー指揮（新着LP試聴室）増田隆昭 p.125　〔08596〕

ベートーヴェン「第四ピアノ協奏曲」/バレニチェック（P）（新着LP試聴室）坪和昌夫 p.126　〔08597〕

ブラームス「第二ピアノ協奏曲」/ゼルキン（P）（新着LP試聴室）杉浦繁 p.127　〔08598〕

ガーシュウィン「ピアノ協奏曲」他/プレヴィン（P）（新着LP試聴室）瀬音透 p.127　〔08599〕

シェベックのリスト・リサイタル/シェベック（P）（新着LP試聴室）藁科雅美 p.128　〔08600〕

ラフマニノフ「第二ピアノ協奏曲」/アントルモン（P）およびジャニス（P）（新着LP試聴室）杉浦繁 p.128　〔08601〕

モーツァルトの歌劇「ドン・ジョヴァンニ」全曲/シュヴァルツコップ, タディ他（新着LP試聴室）梅木香 p.129　〔08602〕

オルフ「カルミナ・ブラーナ」/オーマンディ指揮（新着LP試聴室）瀬音透 p.130　〔08603〕

アルビノーニ「オーボエ協奏曲」他/イ・ムジチ合奏団（新着LP試聴室）杉浦繁 p.130　〔08604〕

海外レコード・ニュース 藤田不二 p.132　〔08605〕

LPサロン p.134　〔08606〕

コロムビア音楽クイズ p.135　〔08607〕

各社十二月新譜一覧表 p.140　〔08608〕

24巻1号（1961年1月発行）

レコード批評家賞について（一九六〇年度"レコード批評家賞"発表）村田武雄 p.26　〔08609〕

〔08562～08609〕　　　　　　戦前期　レコード音楽雑誌記事索引　159

「ディスク」　　内容細目

選衡にあたって（一九六〇年度“レコード批評家賞”発表）大宮真琴，岡俊雄，志鳥栄八郎，小林利之，高崎保男，藁科雅美，岡田諄　p.27　〔08610〕

レコード批評家賞に輝やく名盤一覧（一九六〇年度“レコード批評家賞”発表）　p.27　〔08611〕

N響とともに世界を旅して―第1回 モスクワ篇 福原信夫 p.32　〔08612〕

ロンドンとザロモンとハイドンと 岩井宏之　p.40　〔08613〕

銘器の謎 ストラディヴァリ物語 上野一郎　p.44　〔08614〕

レコードに於ける演奏の判断―第12回 バドゥラ＝スコダ，シュタルケル 村田武雄　p.50　〔08615〕

来日演奏家とのインタービュウの記（7）シュタルケルとの一週間 藁科雅美 p.54　〔08616〕

1月新譜月評 交響曲・管弦楽曲 大宮　p.61　〔08617〕

1月新譜月評 協奏曲 岡 p.75　〔08618〕

1月新譜月評 室内楽曲・器楽曲 小林　p.82　〔08619〕

1月新譜月評 声楽曲 福原 p.90　〔08620〕

レコードによる希望音楽会 青木啓　p.99　〔08621〕

1月新譜月評 ステレオ録音 岡田　p.100　〔08622〕

1月新譜月評 EP・45盤 畑中 p.104　〔08623〕

1月新譜月評 JAZZ N' POPS 青木　p.106　〔08624〕

ハリウッドボール・コンサート 飯田一夫　p.108　〔08625〕

今月の話題―ウィーン・コンツェルトハウスの録音 梅木香 p.110　〔08626〕

ぼくのシェイクスピア 三浦淳史　p.112　〔08627〕

デビュウした指揮者 ベルナルド・ハイティンクと語る スチュアート p.114　〔08628〕

アメリカ楽信 田村太郎 p.116　〔08629〕

ハイ・ファイ講座（連載・第18回）池田圭　p.123　〔08630〕

海外LP紹介―最新の世界のLPニュース 岡俊雄　p.125　〔08631〕

ブラームス/交響曲第四番（ゴルシュマン指揮）（新着LP試聴室）浅井修一 p.130　〔08632〕

ムソルグスキー/展覧会の絵（サージェント指揮）（新着LP試聴室）島田茂雄　p.130　〔08633〕

レスピーギ/交響詩「ローマの松」他（ライナー指揮）（新着LP試聴室）小林利之　p.130　〔08634〕

プロコフィエフ/ピーターと狼（ビアトリス・リリ主演）（新着LP試聴室）岡俊雄　p.131　〔08635〕

モーツァルト/クラリネット協奏曲（ド・ペイエ）（新着LP試聴室）垪和昌夫　p.132　〔08636〕

ベートーヴェン/ピアノ協奏曲第三番（ハスキル）（新着LP試聴室）浅井修一　p.133　〔08637〕

シューマン/ピアノ協奏曲（イスミトン）（新着LP試聴室）島田茂雄 p.133　〔08638〕

チャイコフスキー/ピアノ協奏曲第一番（シェベック）（新着LP試聴室）藁科雅美　p.134　〔08639〕

シューマン/子供の情景（ヘブラー）（新着LP試聴室）梅木香 p.134　〔08640〕

グリーク/ピアノ曲集（ファーレル）（新着LP試聴室）杉浦繁 p.135　〔08641〕

ブゾーニ/ピアノ曲集（ステュエルマン）（新着LP試聴室）垪和昌夫 p.135　〔08642〕

ウェールズの心と歌声（プリッチャード）（新着LP試聴室）ジョン山中 p.136　〔08643〕

海外レコード・ニュース 藤田不二　p.138　〔08644〕

リバッティの想い出（1）アンナ・リバッティ，石川登志夫 訳 p.140　〔08645〕

ターンテーブル 南春雄 p.143　〔08646〕

芸術祭参加レコードを聴く 瀬音透　p.144　〔08647〕

東京のコンサート聴きあるき 宮沢縦一　p.146　〔08648〕

今月の話題―逝けるクララ・ハスキルとレコード T・K p.148　〔08649〕

LPサロン 小林利之 p.150　〔08650〕

コロムビア音楽クイズ p.152　〔08651〕

各社一月新譜一覧表 p.156　〔08652〕

24巻2号（1961年2月発行）

2月新譜・月評 交響曲・管弦楽曲 大宮　p.22　〔08653〕

2月新譜・月評 協奏曲 岡 p.33　〔08654〕

ターン・テーブル 南春雄 p.37　〔08655〕

2月新譜・月評 室内楽曲・器楽曲 小林　p.38　〔08656〕

2月新譜・月評 声楽曲 福原 p.48　〔08657〕

2月新譜・月評 ステレオ録音評 岡田　p.54　〔08658〕

2月新譜・月評 EP・45盤 畑中 p.58　〔08659〕

バッハの平均率ピアノ曲集 辻荘一　p.60　〔08660〕

レコードに於ける演奏の判断―第13回 イスラエル・フィルとベーレントを聴く 村田武雄　p.62　〔08661〕

来日演奏家とのインタービュウの記（8）シュタルケル・シェベック・ヤンソンス 藁科雅美　p.66　〔08662〕

内容細目 「ディスク」

春のシーズンに来日する海外演奏家 浅井修一
p.69 〔08663〕

リパッティの想い出（2） アンナ・リパッティ,
石川登志夫 訳 p.72 〔08664〕

N響とともに世界を旅して―第2回 スイス篇 福
原信夫 p.76 〔08665〕

アメリカにおけるステレオの観念と傾向（特集
ステレオを聴くために） 若林駿介
p.89 〔08666〕

ステレオ経済学（座談会）（特集 ステレオを聴く
ために） 岡田諄, 岡俊雄, 小林利之
p.92 〔08667〕

ステレオ・ディスク優秀盤（特集 ステレオを聴
くために） 志鳥栄八郎 p.99 〔08668〕

海外LP紹介―最新の世界のLPニュース 岡俊雄
p.102 〔08669〕

ワルターの新盤「ワーグナー名曲集」（新着LP
試聴室） 梅木香 p.109 〔08670〕

クルト・レーデル, モーツァルトの名演（新着
LP試聴室） 瀬音透 p.109 〔08671〕

ベートーヴェンの「ピアノ協奏曲第一番」（フォ
ルデス）（新着LP試聴室） 杉浦繁
p.110 〔08672〕

ベートーヴェンの「ピアノ協奏曲第二番」
（フィッシャー）（新着LP試聴室） 岡俊雄
p.110 〔08673〕

グルダその他の巧演によるモーツァルト（新着
LP試聴室） 増田隆昭 p.111 〔08674〕

ウェーバー「魔弾の射手」をきいて 木村重雄
p.112 〔08675〕

ジャンドロンの奏くベートーヴェン, ブラーム
スのソナタ（新着LP試聴室） 石川登志夫
p.112 〔08676〕

あたらしく出たカルミレルリQのラヴェル（新
着LP試聴室） 杉浦繁 〔08677〕

珍らしいスメタナのピアノ曲集（新着LP試聴
室） 薬科雅美 p.114 〔08678〕

ルジェーロ・リッチ, オケと協演（新着LP試聴
室） 杉浦繁 p.115 〔08679〕

メンデルスゾーン「ヴァイオリン協奏曲」（名曲
ディスコグラフィー・1） 杉浦繁
p.116 〔08680〕

ショパン全作品のレコード出現―海外レコー
ド・ニュースから 藤田不二 p.118 〔08681〕

フランスADFのデスク大賞 佐藤章
p.120 〔08682〕

東京のコンサート聴きあるき 宮沢縦一
p.122 〔08683〕

一八世紀のオペラ（1）（ナポリ楽派のオペラ）―
私たちの音楽史（第2期・30） 岩井宏之
p.124 〔08684〕

コロムビア・クイズ p.128 〔08685〕

2月新譜・月評 JAZZ N' POPS 青木
p.130 〔08686〕

アメリカ楽信 田村太郎 p.132 〔08687〕

LPサロン 小林利之 p.134 〔08688〕

新製品紹介 p.136 〔08689〕

ハイ・ファイ講座（第19講） 池田圭
p.141 〔08690〕

各社二月新譜一覧表 p.144 〔08691〕

24巻3号（1961年3月発行）

3月号新譜月評覧 交響曲・管弦楽曲 大宮
p.22 〔08692〕

3月号新譜月評覧 協奏曲 岡 p.32 〔08693〕

ビクターのステレオ家庭名曲集 岡俊雄
p.37 〔08694〕

3月号新譜月評覧 室内楽・器楽曲 小林
p.38 〔08695〕

3月号新譜月評覧 歌劇・独唱・他 福原
p.46 〔08696〕

3月号新譜月評覧 EP・45盤 畑中 p.52 〔08697〕

3月号新譜月評覧 ステレオ録音 岡田
p.54 〔08698〕

世界オペラこぼれ話 M p.59 〔08699〕

3月号新譜月評覧 JAZZ N' POPS 青木
p.60 〔08700〕

東芝から出るコンサート・クラシックのこと
小林利之 p.62 〔08701〕

フォンタナという名の新レーベル 岡俊雄
p.63 〔08702〕

ワンダ・ランドフスカ夫人追慕 中島加寿子
p.64 〔08703〕

ランドフスカの平均率（バッハ） 坩和昌夫
p.65 〔08704〕

東京のコンサート聴きあるき 宮沢縦一
p.66 〔08705〕

来日演奏家とのインタービューの記（9）バドゥ
ラ＝スコダとラウフ（二人のピアニスト） 薬
科雅美 p.68 〔08706〕

一八世紀のオペラ（2）（フランス篇）―私たちの
音楽史（第2期・31） 岩井宏之 p.71 〔08707〕

海外レコード・ニュース 藤田不二
p.74 〔08708〕

N響とともに世界を旅して―第3回 ウィーンの
話 福原信夫 p.76 〔08709〕

人間ヨハネス・ブラームス（特集 ブラームスは
お好き？―ブラームスをめぐるさまざまの話
題を追って） 佐藤馨 p.89 〔08710〕

作曲家ヨハネス・ブラームス（特集 ブラームス
はお好き？―ブラームスをめぐるさまざまの
話題を追って） 海老沢敏 p.91 〔08711〕

ドイツ・ロマン派―詩と音楽と（特集 ブラーム
スはお好き？―ブラームスをめぐるさまざま
の話題を追って） 猿田憙 p.94 〔08712〕

ブラームスはお好き（特集 ブラームスはお好
き？―ブラームスをめぐるさまざまの話題を
追って） 大町陽一郎 p.96 〔08713〕

「ディスク」　　　　　　　　　内容細目

ブラームス嫌い（特集 ブラームスはお好き？—ブラームスをめぐるさまざまの話題を追って）平島正郎 p.96　　〔08714〕

インスタント・ブラームス・コレクション（特集 ブラームスはお好き？—ブラームスをめぐるさまざまの話題を追って）小林利之 p.99　　〔08715〕

座談会／ワルターの指揮するステレオ盤 ブラームス交響曲全集をめぐって 大宮真琴, 岡俊雄, 若林駿介 p.102　　〔08716〕

海外LP紹介—最新の世界のLPニュース 岡俊雄 p.106　　〔08717〕

来日するコンヴィッチュニーのベートーヴェン 浅井修一 p.112　　〔08718〕

若き指揮者マーグの快演するモーツァルトの「プラーグ」他（新着LP試聴室）増田隆昭 p.113　　〔08719〕

ポール・パレー指揮する「幻想交響曲」（新着LP試聴室）島田茂雄 p.113　　〔08720〕

メンゲルベルクの名演, マーラーの交響曲第四番（新着LP試聴室）岡俊雄 p.114　　〔08721〕

ワルターの名演, ブルックナーの第九交響曲（新着LP試聴室）瀬音透 p.115　　〔08722〕

ヤニグロ, ランパルのコンビによるバッハの名曲二つ（新着LP試聴室）島田茂雄 p.116　　〔08723〕

アンセルメの指揮するドイツ・ロマン派音楽（新着LP試聴室）瀬音透 p.116　　〔08724〕

ヘンデルのオルガン協奏曲集（新着LP試聴室）杉浦繁 p.116　　〔08725〕

ブラームス・ピアノ協奏曲第二番（カッチェン）（新着LP試聴室）浅井修一 p.117　　〔08726〕

チッコリーニの弾く華麗なピアノ協奏曲二曲（新着LP試聴室）坪和昌夫 p.117　　〔08727〕

シューマン詩人の恋, 他（スーゼイ）（新着LP試聴室）梅木香 p.118　　〔08728〕

歌劇「椿姫」の初のステレオ盤（セラフィン指揮）（新着LP試聴室）小林利之 p.119　　〔08729〕

来日する二人のショパンの名手 薬科雅美 p.121　　〔08730〕

チャイコフスキー「ピアノ協奏曲第一番」（名曲ディスコグラフィー・2）杉浦繁 p.122　　〔08731〕

米英の一九六〇年優秀レコード 上野一郎 p.125　　〔08732〕

アメリカ楽信 田村太郎 p.130　　〔08733〕

LPサロン 小林利之 p.132　　〔08734〕

オーディオ新製品紹介 p.135　　〔08735〕

ハイ・ファイ講座（第20講）池田圭 p.139　　〔08736〕

コロムビア音楽クイズ p.140　　〔08737〕

各社三月新譜一覧表 p.144　　〔08738〕

24巻4号（1961年4月発行）

ようこそカザルス先生（特集・カザルスのすべて）青木謙幸 p.21　　〔08739〕

カザルスの歩み来た道（特集・カザルスのすべて）中村善吉 p.22　　〔08740〕

カザルスとの対話（特集・カザルスのすべて）ヴォルマーヌ, 石川登志夫 訳 p.25　　〔08741〕

指揮者カザルス（特集・カザルスのすべて）大宮真琴 p.26　　〔08742〕

チェリストとしてのカザルス（特集・カザルスのすべて）井上頼豊 p.28　　〔08743〕

カザルス先生とともに（特集・カザルスのすべて）平井丈一朗 p.30　　〔08744〕

レコードに聴くカザルス（特集・カザルスのすべて）上野一郎 p.32　　〔08745〕

4月号新譜月評欄 交響曲・管弦楽曲 大宮 p.36　　〔08746〕

4月号新譜月評欄 協奏曲 岡 p.49　　〔08747〕

4月号新譜月評欄 室内楽・器楽曲 小林 p.56　　〔08748〕

4月号新譜月評欄 声楽曲 福原 p.64　　〔08749〕

4月号新譜月評欄 EP・45盤 畑中 p.70　　〔08750〕

4月号新譜月評欄 ステレオ録音 岡田 p.72　　〔08751〕

ソノ・シートの頁 p.81　　〔08752〕

レコードに於ける演奏の判断—第14回 マルツジンスキーとハラシェヴィッチ 村田武雄 p.82　　〔08753〕

東京のコンサート聴きあるき 宮沢縦一 p.86　　〔08754〕

来日演奏家とのインタビューの記（10）マルクジンスキーとハラシェヴィッチ 薬科雅美 p.88　　〔08755〕

レコード界あれこれ p.91　　〔08756〕

N響とともに世界を旅して—第4回 チェコ・ポーランド篇 福原信夫 p.92　　〔08757〕

ビルギット・ニルソンその人と芸術と 家里和夫 p.101　　〔08758〕

海外LP紹介—最新の世界のLPニューズ 岡俊雄 p.104　　〔08759〕

海外レコード・ニューズ 藤田不二 p.110　　〔08760〕

コンヴィッチュニーの指揮するベートーヴェンを聴く—第二・第七・第九・第一交響曲（新着LP試聴室）梅木香 p.112　　〔08761〕

ライナーとウィーン・フィルの舞曲集（新着LP試聴室）小林利之 p.114　　〔08762〕

バーンスタインの新盤「ピーターと狼」（新着LP試聴室）瀬音透 p.114　　〔08763〕

ヘンデルとテレマンの室内ソナタ（新着LP試聴室）坪和昌夫 p.115　　〔08764〕

ハラシェヴィッチのショパン曲集・第2集（新着LP試聴室）増田隆昭 p.116　　〔08765〕

ドビュッシー「前奏曲集」（ジャン・カサドゥジュ＝P）（新着LP試聴室）杉浦繁 p.116 〔08766〕

テレサ・ベルガンツァの「一八世紀アリア集」（新着LP試聴室）小林利之 p.117 〔08767〕

J・ヴィヴィアンのモーツァルトとハイドン（新着LP試聴室）木村重雄 p.118 〔08768〕

故アッカーマンの巧演「こうもり」全曲（新着LP試聴室）梅木香 p.118 〔08769〕

一八世紀のオペラ（3）グルックのオペラ改革―私たちの音楽史（第2期・32）岩井宏之 p.120 〔08770〕

4月号新譜月評欄 JAZZ N' POPS 青木 p.124 〔08771〕

ベートーヴェン「交響曲第五番作品六七」（名曲ディスコグラフィ・3）杉浦繁 p.126 〔08772〕

逝けるビーチャムのレコードその他 小林利之 p.130 〔08773〕

アメリカ楽信 田村太郎 p.132 〔08774〕

オーディオ新製品紹介 p.135 〔08775〕

ハイ・ファイ講座（第21講）池田圭 p.139 〔08776〕

コロムビア音楽クイズ p.140 〔08777〕

各社四月新譜一覧表 p.144 〔08778〕

24巻5号（1961年5月発行）

5月新譜月評 交響曲・管弦楽曲 大宮 p.22 〔08779〕

5月新譜月評 協奏曲 岡 p.36 〔08780〕

チッコリーニとの対話 ユシェール，石川登志夫 訳 p.43 〔08781〕

5月新譜月評 室内楽・器楽曲 小林 p.44 〔08782〕

5月新譜月評 声楽曲 福原 p.52 〔08783〕

シエビ頌・表現力の豊かなバス 畑中更了 p.59 〔08784〕

5月新譜月評 EP・45盤 畑中 p.60 〔08785〕

5月新譜月評 JAZZ N' POPS 青木 p.62 〔08786〕

5月新譜月評 ステレオ録音 岡田 p.64 〔08787〕

ヴィヴァルディ・人と作品（特集 バロック音楽にしたしむ）角倉一朗 p.73 〔08788〕

芸術思潮におけるバロックの意味（特集 バロック音楽にしたしむ）奥中襄二 p.76 〔08789〕

バロック音楽の流れ（特集 バロック音楽にしたしむ）東川精一 p.78 〔08790〕

レコードによるバロック音楽入門（特集 バロック音楽にしたしむ）佐川吉男 p.81 〔08791〕

一八世紀のオペラ（4）（モーツァルト（3））―私たちの音楽史（第2期・33）岩井宏之 p.84 〔08792〕

来日演奏家とのインタビューの記（11）ハラシェヴィッチとカザルスと 藁科雅美 p.90 〔08793〕

東京のコンサート聴きあるき 宮沢縦一 p.94 〔08794〕

N響とともに世界を旅して―その5 ドイツ篇 福原信夫 p.96 〔08795〕

コロムビア音楽クイズ p.105 〔08796〕

海外LP紹介―最新の世界のLPニュース 岡俊雄 p.106 〔08797〕

ワルターの新録音したシューベルト交響曲集（新着LP試聴室）梅木香 p.112 〔08798〕

ヴォジーシェックの「交響曲」をきいて（新着LP試聴室）藁科雅美 p.113 〔08799〕

バーンステイン，ポピュラー序曲を振る（新着LP試聴室）瀬音透 p.114 〔08800〕

チェコ・フィルの入れた「シェヘラザード」（新着LP試聴室）浅井修一 p.115 〔08801〕

シェベックのシューマン「ピアノ協奏曲」（新着LP試聴室）藁科雅美 p.115 〔08802〕

ハイドンの「ひばり」とリヒターのクワルテット（新着LP試聴室）浅井修一 p.116 〔08803〕

田中希代子の独奏，ドビュッシイ「前奏曲集」（新着LP試聴室）増田隆昭 p.117 〔08804〕

スコットとブルスカンティーニの「奥様女中」（新着LP試聴室）小林利之 p.118 〔08805〕

プッチーニのめずらしい歌劇「つばめ」（新着LP試聴室）木村重雄 p.119 〔08806〕

海外レコード・ニュース 藤田不二 p.120 〔08807〕

ロス・アンヘルスの三大オペラをめぐって（座談会）宮沢縦一，福原信夫，小林利之 p.122 〔08808〕

ドヴォルジャック「新世界交響曲」（名曲ディスコグラフィ・4）杉浦繁 p.126 〔08809〕

アメリカ楽信 田村太郎 p.130 〔08810〕

LPサロン 小林利之 p.132 〔08811〕

オーディオ新製品紹介 p.134 〔08812〕

ハイ・ファイ講座（第22講）池田圭 p.139 〔08813〕

各社五月新譜一覧表 p.144 〔08814〕

24巻6号（1961年6月発行）

6月のレコード評 交響曲・管弦楽曲 大宮 p.22 〔08815〕

6月のレコード評 協奏曲 岡 p.35 〔08816〕

6月のレコード評 室内楽・器楽曲 小林 p.40 〔08817〕

6月のレコード評 声楽曲 福原 p.52 〔08818〕

6月のレコード評 EP・45盤 畑中 p.60 〔08819〕

6月のレコード評 JAZZ N' POPS 青木 p.62 〔08820〕

「ディスク」　　　　　　　　　　内容細目

6月のレコード評 ステレオ録音 岡田
p.64　　　　　　　　　　　　〔08821〕

ニューヨーク・フィル（特集 春の来日演奏家を
聴く―かれらは日本でどんな演奏ぶりを見せ
たのだろうか？）大宮真琴 p.74　　〔08822〕

ゲヴァントハウス管弦楽団（特集 春の来日演奏
家を聴く―かれらは日本でどんな演奏ぶりを
見せたのだろうか？）大木正興
p.75　　　　　　　　　　　　〔08823〕

アンサンブル・ユーロペアン（特集 春の来日演
奏家を聴く―かれらは日本でどんな演奏ぶり
を見せたのだろうか？）秋山邦晴
p.76　　　　　　　　　　　　〔08824〕

ジュリアード弦楽四重奏団（特集 春の来日演奏
家を聴く―かれらは日本でどんな演奏ぶりを
見せたのだろうか？）村田武雄
p.77　　　　　　　　　　　　〔08825〕

キジ五重奏団（特集 春の来日演奏家を聴く―か
れらは日本でどんな演奏ぶりを見せたのだろ
うか？）吉田貴寿 p.78　　　　　〔08826〕

イェルク・デームス（特集 春の来日演奏家を聴
く―かれらは日本でどんな演奏ぶりを見せた
のだろうか？）村田武雄 p.79　　〔08827〕

アイザック・スターン（特集 春の来日演奏家を
聴く―かれらは日本でどんな演奏ぶりを見せ
たのだろうか？）村田武雄 p.80　〔08828〕

アルチュール・グリュミオー（特集 春の来日演
奏家を聴く―かれらは日本でどんな演奏ぶり
を見せたのだろうか？）小林利之
p.81　　　　　　　　　　　　〔08829〕

ヘルマン・プライ（特集 春の来日演奏家を聴く
―かれらは日本でどんな演奏ぶりを見せたの
だろうか？）畑中更了 p.82　　　〔08830〕

ジンカ・ミラノフ（特集 春の来日演奏家を聴く
―かれらは日本でどんな演奏ぶりを見せたの
だろうか？）木村重雄 p.83　　　〔08831〕

パブロ・カザルス（特集 春の来日演奏家を聴く
―かれらは日本でどんな演奏ぶりを見せたの
だろうか？）井上頼豊 p.84　　　〔08832〕

東京のコンサート聴きあるき 宮沢縦一
p.86　　　　　　　　　　　　〔08833〕

来日演奏家とのインタビューの記（12）ゲヴァ
ントハウス管弦楽団とジュリアード四重奏団
藥科雅美 p.88　　　　　　　　〔08834〕

海外LP紹介―最新の世界のLPニュース 岡俊雄
p.92　　　　　　　　　　　　〔08835〕

六〇年度ACCディスク大賞 石川登志夫
p.97　　　　　　　　　　　　〔08836〕

海外レコード・ニュース 藤田不二
p.98　　　　　　　　　　　　〔08837〕

久しぶりのミュンヒンガーのバロック音楽（新
着LP試聴室）杉浦繁 p.100　　　〔08838〕

新人によるモーツァルトのピアノ協奏曲（新着
LP試聴室）増田隆昭 p.100　　　〔08839〕

ベルリオーズの珍曲（新着LP試聴室）瀬音透
p.101　　　　　　　　　　　　〔08840〕

ワルターの三度目の「大地の歌」（マーラー）
（新着LP試聴室）岡俊雄 p.102　〔08841〕

ルードヴィッヒの歌うシューマン，ブラームス
（新着LP試聴室）梅木香 p.103　〔08842〕

カラヤン指揮のR・シュトラウスの交響詩（新
着LP試聴室）浅井修一 p.104　　〔08843〕

リパッティとエネスコの共演盤（新着LP試聴
室）西条卓夫 p.104　　　　　　〔08844〕

オーマンディの指揮するセレナード集（新着LP
試聴室）杉浦繁 p.105　　　　　〔08845〕

マリア・カラスのすべてをレコードに聴く 福
原信夫 p.106　　　　　　　　　〔08846〕

シャルル・ミュンシュのこと 岡俊雄
p.108　　　　　　　　　　　　〔08847〕

一八世紀のカトリック教会音楽―私たちの音楽
史（第2回・34）岩井宏之 p.110　〔08848〕

LPサロン 小林利之 p.114　　　　〔08849〕

シューベルト「弦楽四重奏曲・死と少女」（名曲
ディスコグラフィ・5）杉浦繁
p.116　　　　　　　　　　　　〔08850〕

N響とともに世界を旅して―その6 ミュンヘン・
ミラノ篇 福原信夫 p.120　　　　〔08851〕

もう一人のバーンスティン 編集部
p.130　　　　　　　　　　　　〔08852〕

シルヴェストリとの対話 ヴォルマーヌ，石川
登志夫 訳 p.132　　　　　　　　〔08853〕

アメリカ楽信 田村太郎 p.134　　〔08854〕

ハイ・ファイ講座（第23講）池田圭
p.139　　　　　　　　　　　　〔08855〕

コロムビア音楽クイズ p.140　　　〔08856〕

各社六月新譜一覧表 p.144　　　　〔08857〕

24巻7号（1961年7月発行）

7月のレコード評 交響曲・管弦楽曲 大宮
p.22　　　　　　　　　　　　〔08858〕

7月のレコード評 協奏曲 岡 p.36　〔08859〕

7月のレコード評 室内楽・器楽曲 小林
p.42　　　　　　　　　　　　〔08860〕

7月のレコード評 声楽曲 福原 p.50　〔08861〕

7月のレコード評 EP・45盤 畑中 p.60　〔08862〕

7月のレコード評 JAZZ N' POPS 青木
p.62　　　　　　　　　　　　〔08863〕

7月のレコード評 ステレオ録音 岡田
p.64　　　　　　　　　　　　〔08864〕

61年上半期のレコード界決算報告―最近の傾向
とその是非（特別座談会）本誌月評担当者
p.73　　　　　　　　　　　　〔08865〕

フルトヴェングラー・その芸術とレコード 宇
野功芳 p.78　　　　　　　　　〔08866〕

トスカニーニ・その人と芸術 寺西春雄
p.82　　　　　　　　　　　　〔08867〕

音楽詩劇「オンディーヌ」米村晰
p.86　　　　　　　　　　　　〔08868〕

「内容細目」 「ディスク」

「オンディーヌ」のこと・製作者として 三善清
達 p.88 〔08869〕

「現代日本作曲家シリーズ」 森晨雄
p.89 〔08870〕

東京のコンサート聴きあるき 宮沢縦一
p.90 〔08871〕

来日演奏家とのインタビューの記(13)イョル
ク・デームスに訊く 薬科雅美 p.92 〔08872〕

話題のバレー音楽映画「ブラック・タイツ」 瀬
音透 p.94 〔08873〕

N響とともに世界を旅して―その7 ナポリ篇 福
原信夫 p.96 〔08874〕

現代のマイスタージンガー―ディートリッヒ・
フィッシャー=ディスカウのプロフィール 有
馬茂夫 p.106 〔08875〕

海外LP紹介―最新の世界のLPニュース 岡俊雄
p.110 〔08876〕

海外レコード・ニュース 藤田不二
p.116 〔08877〕

イ・ムジチのヴィヴァルディ(新着LP試聴室)
浅井修一 p.118 〔08878〕

ヨッフム指揮するR・シュトラウス(新着LP試
聴室) 梅木香 p.118 〔08879〕

「ランメルムーアのルチア」新盤(新着LP試聴
室) 小林利之 p.119 〔08880〕

アンモルトンのドビュッシー(新着LP試聴室)
増田隆昭 p.120 〔08881〕

プーランクの二台のピアノのための協奏曲・他
(新着LP試聴室) 薬科雅美 p.120 〔08882〕

新鋭シッパース指揮するオペラ序曲集(新着LP
試聴室) 瀬音透 p.121 〔08883〕

チェコの現代作曲家ソメールの作品(新着LP試
聴室) 薬科雅美 p.122 〔08884〕

ジュリアード四重奏団のアメリカ現代曲(新着
LP試聴室) 薬科雅美 p.124 〔08885〕

ジャンドロン,チェロ小品を弾く(新着LP試聴
室) 梅木香 p.125 〔08886〕

シューベルト「未完成」交響曲(名曲ディスコ
グラフィ・6) 杉浦繁 p.126 〔08887〕

LPサロン 小林利之 p.130 〔08888〕

ステレオの大衆化―ステレホンについて 岡田
諄 p.132 〔08889〕

オーディオ新製品紹介 p.134 〔08890〕

ハイファイ講座(第24講) 池田圭
p.139 〔08891〕

コロムビア音楽クイズ p.140 〔08892〕

各社七月新譜一覧表 p.144 〔08893〕

24巻8号(1961年8月発行)

8月のレコード評 交響曲・管弦楽曲 大宮
p.22 〔08894〕

マルケヴィッチとソ連を旅して ダサイー,石
川登志夫 訳 p.34 〔08895〕

8月のレコード評 協奏曲 岡 p.36 〔08896〕

8月のレコード評 室内楽・器楽曲 小林
p.44 〔08897〕

8月のレコード評 声楽曲 福原 p.53 〔08898〕

逝けるニコライ・マルコ 薬科雅美
p.60 〔08899〕

8月のレコード評 JAZZ N' POPS 青木
p.62 〔08900〕

8月のレコード評 ステレオ録音 岡田
p.64 〔08901〕

イタリア・フランス両オペラ団の公演日程 編
集部 p.73 〔08902〕

現代音楽と青春の心理(特集 青春の歌―大作曲
家の作品に青春の姿を求めて) 秋山邦晴
p.74 〔08903〕

〈カプリッチョ〉J・S・バッハ(特集 青春の歌―
大作曲家の作品に青春の姿を求めて) 角倉一
朗 p.76 〔08904〕

〈ピアノ協奏曲変ホ長調〉モーツァルト(特集 青
春の歌―大作曲家の作品に青春の姿を求め
て) 海老沢敏 p.77 〔08905〕

〈悲愴ソナタ〉ベートーヴェン(特集 青春の歌―
大作曲家の作品に青春の姿を求めて) 増田隆
昭 p.78 〔08906〕

〈鱒の五重奏曲〉シューベルト(特集 青春の歌―
大作曲家の作品に青春の姿を求めて) 小林利
之 p.79 〔08907〕

〈幻想交響曲〉ベルリオーズ(特集 青春の歌―大
作曲家の作品に青春の姿を求めて) 伊吹修
p.80 〔08908〕

〈ピアノ協奏曲第二番〉ショパン(特集 青春の歌
―大作曲家の作品に青春の姿を求めて) 藤田
晴子 p.81 〔08909〕

〈詩人の恋〉シューマン(特集 青春の歌―大作曲
家の作品に青春の姿を求めて) 畑中更予
p.82 〔08910〕

〈さすらう若人の歌〉マーラー(特集 青春の歌―
大作曲家の作品に青春の姿を求めて) 村瀬淑
子 p.83 〔08911〕

〈デュパルクとボードレール〉(特集 青春の歌―
大作曲家の作品に青春の姿を求めて) 大宮真
琴 p.84 〔08912〕

現代のヴィルティオーソ・アイザック・スター
ンの誕生 島あき子 p.86 〔08913〕

ムラヴィンスキー指揮するレニングラード・
フィルのステレオ 薬科雅美 p.90 〔08914〕

東京のコンサート聴きあるき 宮沢縦一
p.92 〔08915〕

N響とともに世界を旅して―その8 ローマ篇
(1) 福原信夫 p.94 〔08916〕

海外LP紹介―最新の世界のLPニュース 岡俊雄
p.101 〔08917〕

海外レコード・ニュース 藤田不二
p.106 〔08918〕

メンゲルベルクの復活盤 ブラームスの「ドイツ
鎮魂曲」(新着LP試聴室) 宇野功芳
p.108 〔08919〕

「ディスク」 内容細目

パイジェルロのオペラ「セヴィリアの理髪師」
（新着LP試聴室）小林利之 p.110 〔08920〕

新鋭ハイティンクの指揮するバルトーク（新着
LP試聴室）瀬音透 p.111 〔08921〕

カラヤンの新盤シベリュウスの第二交響曲（新
着LP試聴室）浅井修一 p.112 〔08922〕

ロベール・カサドゥジュのシューマン（新着LP
試聴室）瀬音透 p.112 〔08923〕

フォックスのオルガンによるポピュラー小品
（新着LP試聴室）浅井修一 p.113 〔08924〕

18世紀の宗教音楽（2）モーツァルトのミサ曲—
私たちの音楽史（第2期・35）岩井宏之
p.115 〔08925〕

ブラームス「交響曲第一番」（名曲ディスコグラ
フィ・7）杉浦繁 p.118 〔08926〕

夏に聴く「真夏の夜の夢」丸山菊夫
p.122 〔08927〕

LPサロン 小林利之 p.124 〔08928〕

新設・オーディオ相談室 岡田諄
p.126 〔08929〕

オーディオ新製品紹介 p.127 〔08930〕

ステレオ講座（1）—ハイ・ファイ講座続篇（連
載25）池田圭 p.131 〔08931〕

コロムビア音楽クイズ p.132 〔08932〕

各社八月新譜一覧表 p.136 〔08933〕

24巻9号 臨時増刊 シューベルト（1961年8月発行）

シューベルト年表 p.22 〔08934〕

シューベルトへの愛着 あらえびす
p.29 〔08935〕

シューベルトのひとがらについてのエッセ 辻
荘一 p.32 〔08936〕

作品展望 中村善吉 p.36 〔08937〕

歌曲集「美しき水車小屋の乙女」畑中良輔
p.42 〔08938〕

歌曲集「冬の旅」畑中良輔 p.50 〔08939〕

歌曲集「白鳥の歌」畑中良輔 p.59 〔08940〕

歌曲選 西野茂雄 p.65 〔08941〕

合唱曲（重唱曲）坿和昌夫 p.99 〔08942〕

交響曲 宇野功芳 p.101 〔08943〕

管弦楽曲 宇野功芳 p.110 〔08944〕

八重奏曲 宇野功芳 p.112 〔08945〕

五重奏曲 坿和昌夫 p.113 〔08946〕

弦楽四重奏曲 渡辺護 p.116 〔08947〕

三重奏曲 坿和昌夫 p.121 〔08948〕

二重奏曲（附ヴァイオリン独奏曲）坿和昌夫
p.123 〔08949〕

ピアノ独奏曲 寺西春雄 p.128 〔08950〕

ピアノ四手用作品 今堀淳一 p.135 〔08951〕

宗教音楽 横内忠兌 p.142 〔08952〕

三大歌曲集—レコード評 畑中良輔
p.153 〔08953〕

歌曲選—レコード評 福原信夫 p.157 〔08954〕

合唱曲（重唱曲）—レコード評 坿和昌夫
p.181 〔08955〕

交響曲—レコード評 宇野功芳 p.183 〔08956〕

管弦楽曲—レコード評 宇野功芳
p.193 〔08957〕

八重奏曲—レコード評 宇野功芳
p.195 〔08958〕

五重奏曲—レコード評 坿和昌夫
p.196 〔08959〕

弦楽四重奏曲—レコード評 渡辺護
p.200 〔08960〕

ピアノ三重奏曲—レコード評 坿和昌夫
p.203 〔08961〕

二重奏曲—レコード評 坿和昌夫
p.205 〔08962〕

ピアノ独奏曲—レコード評 寺西春雄
p.208 〔08963〕

作品表 p.211 〔08964〕

レコード表 p.235 〔08965〕

24巻10号（1961年9月発行）

9月のレコード評 交響曲・管弦楽曲 大宮
p.22 〔08966〕

9月のレコード評 協奏曲 岡 p.36 〔08967〕

海外楽信 田村太郎 p.42 〔08968〕

BIEMの問題はどうなる p.43 〔08969〕

9月のレコード評 室内楽・器楽曲 小林
p.44 〔08970〕

9月のレコード評 声楽曲 福原 p.52 〔08971〕

9月のレコード評 EP/45 畑中 p.60 〔08972〕

9月のレコード評 JAZZ N' POPS 青木
p.62 〔08973〕

9月のレコード評 ステレオ録音 岡田
p.64 〔08974〕

特集座談会 オペラの名盤をさぐる—オペラ・
ブームにのって発売されたレコードのすべて
を語る 宮沢縦一，福原信夫，小林利之
p.74 〔08975〕

20世紀のオペラ（1）ラヴェルの「子供と呪文」
の世界 大宮真琴 p.80 〔08976〕

20世紀のオペラ（2）ベルグの「ヴォツェック」
というオペラ 猿田惠 p.82 〔08977〕

マリア・カラスの芸術—イタリアの批評家が歴
史の流れのなかでとらえたカラスの芸術の本
質を分析する チェルリ，上野一郎 訳
p.84 〔08978〕

近く発売される二つのベートーヴェン全集 交響
曲全集（トップランク）岡俊雄
p.92 〔08979〕

近く発売される二つのベートーヴェン全集 ヴァイオリン奏鳴曲全集（グラモフォン）小林利之 p.94 〔08980〕

パリでとらえた音楽家のすがた—春のシーズンににぎわうパリの音楽界の見聞記 山口美美 p.96 〔08981〕

N響とともに世界を旅して—その9 ローマ篇（2）福原信夫 p.100 〔08982〕

モーツァルト「ジュピター交響曲」（名曲ディスコグラフィ・8）杉浦繁 p.108 〔08983〕

海外LP紹介—最新の世界のLPニュース 岡俊雄 p.110 〔08984〕

海外レコード・ニュース 藤田不二 p.114 〔08985〕

メンゲルベルクの感動的な「マタイ受難曲」（新着LP試聴室）宇野功芳 p.116 〔08986〕

オーマンディの新しい「幻想交響曲」（新着LP試聴室）瀬音透 p.118 〔08987〕

シャンドールの弾いたバルトークの協奏曲他（新着LP試聴室）菅新一 p.118 〔08988〕

新進プライスの主演する「トロヴァトーレ」（新着LP試聴室）黒田恭一 p.119 〔08989〕

テバルディの主演する「ラ・ボエーム」（新着LP試聴室）浅井修一 p.120 〔08990〕

東京のコンサート聴きあるき 宮沢縦一 p.122 〔08991〕

LPサロン p.124 〔08992〕

新設・オーディオ相談室 長島達夫 p.126 〔08993〕

オーディオ新製品紹介 p.127 〔08994〕

ステレオ講座（第2講）（連載26）池田圭 p.131 〔08995〕

コロムビア音楽クイズ発表 p.133 〔08996〕

各社新譜一覧表 p.136 〔08997〕

24巻11号（1961年10月発行）

10月のレコード評 交響曲・管弦楽曲 大宮 p.22 〔08998〕

10月のレコード評 協奏曲 岡 p.35 〔08999〕

10月のレコード評 室内楽・器楽曲 小林 p.42 〔09000〕

メトロポリタン歌劇場と管弦楽団—オペラ・コーナー 宮沢縦一 p.49 〔09001〕

10月のレコード評 声楽曲 福原 p.50 〔09002〕

10月のレコード評 EP/45 畑中 p.60 〔09003〕

懐かしの世界名画主題歌集 青木啓 p.62 〔09004〕

10月のレコード評 ステレオ録音 岡田 p.63 〔09005〕

ハンガリー・人と音楽（特集 ハンガリー・人と音楽—リストとバルトークを記念して）羽仁協子 p.74 〔09006〕

リストの音楽（特集 ハンガリー・人と音楽—リストとバルトークを記念して）バルトーク，増田隆昭 訳 p.76 〔09007〕

リストを再評価する（特集 ハンガリー・人と音楽—リストとバルトークを記念して）木村重雄 p.78 〔09008〕

バルトークのたどった道（特集 ハンガリー・人と音楽—リストとバルトークを記念して）佐藤智 p.80 〔09009〕

ハンガリーの演奏家たち（特集 ハンガリー・人と音楽—リストとバルトークを記念して）藁科雅美 p.83 〔09010〕

ハンガリー音楽界だより（特集 ハンガリー・人と音楽—リストとバルトークを記念して）p.87 〔09011〕

ブダペスト弦楽四重奏団—その名演奏の秘密をさぐる 伊藤行彦 p.88 〔09012〕

フェラのベートーヴェン奏鳴曲全集 坩和昌夫 p.94 〔09013〕

N響とともに世界を旅して—その10 ベオグラード・ザグレブ 福原信夫 p.96 〔09014〕

海外レコード・ニュース 藤田不二 p.103 〔09015〕

海外LP紹介—最新の世界のLPニュース 岡俊雄 p.104 〔09016〕

新人演奏家登場—ハイドシェック，ロード，シッパース 梅木香 p.110 〔09017〕

コダーイのオペラ「ハリー・ヤーノシュ」全曲（新着LP試聴室）藁科雅美 p.112 〔09018〕

ハンガリーの指揮者によるコダーイとリスト（新着LP試聴室）梅木香 p.114 〔09019〕

ソビエト最初のステレオを聴く（新着LP試聴室）藁科雅美 p.114 〔09020〕

ブリッテンの新作「春の交響曲」（新着LP試聴室）三浦淳史 p.115 〔09021〕

十二音音楽を解説するレコード（新着LP試聴室）瀬音透 p.116 〔09022〕

モーツァルトのハフナー・セレナード（新着LP試聴室）浅井修一 p.116 〔09023〕

一八世紀の宗教音楽（3）十八世紀後期のオラトリオ—私たちの音楽史（第2期・36）岩井宏之 p.117 〔09024〕

来日演奏家の話題とその問題点—秋の音楽シーズン展望 古田徳郎 p.122 〔09025〕

アメリカ楽信—アメリカ音楽界の東洋音楽観 田村太郎 p.124 〔09026〕

オーディオ相談室 岡原勝 p.126 〔09027〕

新製品紹介 p.127 〔09028〕

ステレオ講座（3）（連載27）池田圭 p.131 〔09029〕

LPサロン 小林利之 p.132 〔09030〕

各社十月新譜一覧表 p.136 〔09031〕

「ディスク」　内容細目

24巻12号（1961年11月発行）

11月のレコード評 交響曲・管弦楽曲 大宮真琴
p.22　〔09032〕

11月のレコード評 協奏曲 岡俊雄
p.33　〔09033〕

11月のレコード評 室内楽・器楽曲 小林利之
p.40　〔09034〕

11月のレコード評 声楽曲 福原信夫
p.49　〔09035〕

11月のレコード評 EP/45 畑中更予
p.60　〔09036〕

11月のレコード評 ジャズ・＆・ポップス 青木
啓 p.62　〔09037〕

11月のレコード評 ステレオ録音 岡田譲
p.64　〔09038〕

イタリア・オペラとフランス・オペラを語る
（特集 話題のステージ）木村重雄，佐々木行
綱，小林利之 p.73　〔09039〕

二つの現代音楽祭を聴く（特集 話題のステー
ジ）秋山邦晴 p.79　〔09040〕

スコアを演ずる男―指揮者・小沢征爾のこと
（特集 話題のステージ）林光 p.82　〔09041〕

なつかしさの音楽・スーク・トリオ（特集 話題
のステージ）浅沼圭二 p.84　〔09042〕

感性のみずみずしさ―バスクレセンスキー（特
集 話題のステージ）増田隆昭 p.85　〔09043〕

レナータ・テバルディ―その過去と現在そして
芸術 佐藤智 訳編 p.86　〔09044〕

ムソルグスキー歌曲大全集（特集 話題のレコー
ド）畑中更予 p.90　〔09045〕

林光合唱曲集（特集 話題のレコード）村瀬淑子
p.91　〔09046〕

バーンステインの芸術（特集 話題のレコード）
岡俊雄 p.92　〔09047〕

クリスマス・オラトリオ（特集 話題のレコー
ド）小林利之 p.93　〔09048〕

コロムビア・日フィル・ステレオ・ライブラ
リー（特集 話題のレコード）増田隆昭
p.94　〔09049〕

N響とともに世界を旅して―その11 ディッヒル
ドルフ・他 福原信夫 p.96　〔09050〕

海外LP紹介―最新の世界のLPニューズ 岡俊雄
p.103　〔09051〕

モーツァルト〈後宮よりの逃走〉他（新着LP試
聴室）薬科雅美 p.108　〔09052〕

メンゲルベルクの指揮するブラームスの第一
（新着LP試聴室）浅井修一 p.108　〔09053〕

イギリスの十二音音楽（新着LP試聴室）三浦淳
史 p.109　〔09054〕

吹奏楽によるワーグナーとメンデルスゾーン
（新着LP試聴室）小林利之 p.110　〔09055〕

エドガー・ヴァレーズの作品集（新着LP試聴
室）瀬音透 p.110　〔09056〕

海外レコード・ニューズ 藤田不二
p.112　〔09057〕

シューベルト〈冬の旅〉（名曲ディスコグラ
フィ）畑中良輔 p.113　〔09058〕

ハンガリーのオペラ界の近況（オペラ・コー
ナー2）宮沢縦一 p.114　〔09059〕

新人演奏家登場（2）―フレモー／ハース／マック
ネイル 梅木香 p.116　〔09060〕

十八世紀のドイツ歌曲―私たちの音楽史（第2
期・37）岩井宏之 p.118　〔09061〕

東京のコンサート聴きあるき 古田徳郎
p.122　〔09062〕

新製品紹介 p.124　〔09063〕

オーディオ相談室 池田圭 p.125　〔09064〕

ステレオ講座（4）（連載28）池田圭
p.129　〔09065〕

LPサロン 小林利之 p.130　〔09066〕

各社十一月新譜一覧表 p.136　〔09067〕

24巻13号（1961年12月発行）

11月のレコード評 交響曲・管弦楽曲 大宮真琴
p.22　〔09068〕

11月のレコード評 協奏曲 岡俊雄
p.35　〔09069〕

11月のレコード評 室内楽・器楽曲 小林利之
p.44　〔09070〕

11月のレコード評 声楽曲 福原信夫
p.51　〔09071〕

11月のレコード評 EP/45 畑中更予
p.60　〔09072〕

11月のレコード評 ステレオ録音 岡田譲
p.62　〔09073〕

11月のレコード評 ジャズ・＆・ポップス 青木
啓 p.73　〔09074〕

一九六一年のレコード界総決算―話題と成果そ
して批判と希望（特集座談会）月評担当者
p.74　〔09075〕

バッハ・ルネッサンス（今日に生きるバッハ）
ヘンリー・ランダ，佐藤智 訳 p.80　〔09076〕

マタイ受難曲〈ヴォア・ドール〉（今日に生きる
バッハ）大宮真琴 p.84　〔09077〕

ロ短調ミサ曲〈フォンタナ〉（今日に生きるバッ
ハ）渡辺学而 p.85　〔09078〕

来日演奏家とのインタビューの記―アンドレ・
チャイコフスキーに聞く 薬科雅美
p.86　〔09079〕

オペラ・ファンの一ケ月 小林利之
p.88　〔09080〕

N響とともに世界を旅して―最終回 ロンドン・
パリ篇 福原信夫 p.94　〔09081〕

海外LP紹介―最新の世界のLPニューズ 岡俊雄
p.104　〔09082〕

海外レコード・ニューズ 藤田不二
p.109　〔09083〕

内容細目 「ディスク」

ベートーヴェン〈交響曲第七番イ長調〉，ベートーヴェン〈田園交響曲〉（特集 復刻された巨匠メンゲルベルクの名演を聴く）三井啓 p.110　〔09084〕

シューベルト〈交響曲第九番ハ長調〉，フランク〈交響曲ニ長調〉，R・シュトラウス〈ドン・ファン〉（特集 復刻された巨匠メンゲルベルクの名演を聴く）岡俊雄 p.111　〔09085〕

シューベルト〈未完成交響曲〉（特集 復刻された巨匠メンゲルベルクの名演を聴く）杉浦繁 p.112　〔09086〕

ミルシテインの再録音〈ブラームスV協奏曲〉（新着LP試聴室）浅井修一 p.113　〔09087〕

装いをかえた旧バリリ四重奏団（新着LP試聴室）小林利之 p.113　〔09088〕

ビーチャムのR・シュトラウス（新着LP試聴室）紀長谷雄 p.114　〔09089〕

ストラヴィンスキーの近作集（新着LP試聴室）瀬音透 p.114　〔09090〕

サンフランシスコ・オペラをめぐって（オペラ・コーナー・3）宮沢縦一 p.116　〔09091〕

新人演奏家登場（3）―A・モッフォ/C・アラウ/C・フェラ 梅木香 p.118　〔09092〕

アメリカ楽信 田村太郎 p.120　〔09093〕

東京のコンサート聴きあるき 古田徳郎 p.122　〔09094〕

LPサロン 小林利之 p.124　〔09095〕

アンケート発表 p.126　〔09096〕

オーディオ相談室 岡田諄 p.127　〔09097〕

ステレオ講座（5）（連載29）池田圭 p.131　〔09098〕

各社十二月新譜一覧表 p.136　〔09099〕

25巻1号（1962年1月発行）

1月のレコード評 交響曲・管弦楽曲 大宮真琴 p.26　〔09100〕

1月のレコード評 協奏曲 岡俊雄 p.37　〔09101〕

1月のレコード評 室内楽・器楽曲 小林利之 p.43　〔09102〕

1月のレコード評 声楽曲 福原信夫 p.50　〔09103〕

1月のレコード評 ステレオ録音 岡田諄 p.62　〔09104〕

1月のレコード評 ジャズ・＆・ポップス 青木啓 p.68　〔09105〕

家族みんなで楽しむレコード p.70　〔09106〕

ポケット事典―1ホッター 2ウェストミンスター 3マーキュリー 4etc p.72　〔09107〕

一九六一年度レコード批評家選奨発表！ 優秀レコード一覧 p.78　〔09108〕

一九六一年度レコード批評家選奨発表！ 選衡をおえて 選衡委員 p.82　〔09109〕

素顔のリリカ・イタリアーナ―舞台うらのスターたちのエピソード 福原信夫 p.86　〔09110〕

カラヤンとベルリン・フィル ベンダーガスト，上野一郎 訳 p.95　〔09111〕

ビルギット・ニルソンとの対話 サン・クラール，石川登志夫 訳 p.99　〔09112〕

ユーゴスラヴィアのオペラ界（オペラ・コーナー）宮沢縦一 p.100　〔09113〕

海外LP紹介―最新の世界のLPニュース 岡俊雄 p.103　〔09114〕

海外レコード・ニュース 藤田不二 p.109　〔09115〕

バッハのクラフィア協奏曲全集（新着LP試聴室）矢野駿 p.110　〔09116〕

ハイデシェックのモーツァルト（新着LP試聴室）梅木香 p.111　〔09117〕

リフテルのカーネギーホール・コンサート（新着LP試聴室）三井啓 p.112　〔09118〕

バーンスティンのラヴェル（新着LP試聴室）増田隆昭 p.113　〔09119〕

ヘブリディーズ群島の歌（新着LP試聴室）三浦淳史 p.114　〔09120〕

二月発売の各社のレコード p.115　〔09121〕

コロムビア交響楽団とRCAビクター交響楽団（知っていて損のない話・新連載）上野一郎 p.116　〔09122〕

新人演奏家登場（4）―リヒテル/ジャンドロン/マーツェル 梅木香 p.118　〔09123〕

海外楽信 宮沢，田村 p.120　〔09124〕

一八世紀の社会と音楽―私たちの音楽史（第2期・38）岩井宏之 p.122　〔09125〕

東京のコンサート聴きあるき 古田徳郎 p.126　〔09126〕

LPサロン 小林利之 p.128　〔09127〕

オーディオ相談室 長島達夫 p.130　〔09128〕

ステレオ講座（6）（連載30）池田圭 p.135　〔09129〕

各社一月新譜一覧表 p.140　〔09130〕

25巻2号（1962年2月発行）

2月のレコード評 交響曲・管弦楽曲 大宮真琴 p.26　〔09131〕

2月のレコード評 協奏曲 岡俊雄 p.37　〔09132〕

2月のレコード評 室内楽・器楽曲 小林利之 p.44　〔09133〕

三月発売の各社のレコード p.50　〔09134〕

2月のレコード評 声楽曲 福原信夫 p.51　〔09135〕

歌劇「エフゲニ・オネーギン」（チャイコフスキー）（オペラへの招待・新連載）福原信夫 p.58　〔09136〕

2月のレコード評 EP/45 畑中更予 p.62　〔09137〕

「ディスク」　　　　内容細目

2月のレコード評 ジャズ・＆・ポップス 青木啓
p.64　　　　　　　　　　　　　〔09138〕

2月のレコード評 ステレオ録音 岡田諄
p.66　　　　　　　　　　　　　〔09139〕

ジャズをめぐる神話（特集 現代人とジャズ）
N・ヘントフ，増田隆昭 訳 p.77　〔09140〕

ジャズは芸術か？（特集 現代人とジャズ）J・
S・ウィルソン，佐藤智一 訳 p.84　〔09141〕

これだけは聴きたいモダン・ジャズ（特集 現代
人とジャズ）相倉久人 p.88　　　〔09142〕

ジョーン・サザーランドの歩み（オペラの
ニュー・スター サザーランド 人と芸術）P・
ヒューズ，黒田恭一 訳 p.92　　　〔09143〕

プリマ・ドンナの芸術（オペラのニュー・ス
ター サザーランド 人と芸術）畑中更予
p.96　　　　　　　　　　　　　〔09144〕

海外LP紹介―最新の世界のLPニュース 岡俊雄
p.99　　　　　　　　　　　　　〔09145〕

海外レコード・ニュース 藤田不二
p.104　　　　　　　　　　　　　〔09146〕

メトロポリタン歌劇場の賃上げ騒動（知ってい
て損のない話 2）上野一郎 p.106　〔09147〕

サラサーテの自作自演のレコード（新着LP試聴
室）藥科雅美 p.108　　　　　　〔09148〕

ブラームス〈セレナード第一番ニ長調〉（新着LP
試聴室）三井啓 p.109　　　　　〔09149〕

メンゲルベルグ指揮の〈第九〉交響曲（新着LP
試聴室）宇野功芳 p.110　　　　〔09150〕

マリア・カラス/フランス歌劇をうたう（新着
LP試聴室）小林利之 p.112　　　〔09151〕

イタリアの前衛作曲家たち（新着LP試聴室）瀬
音透 p.114　　　　　　　　　　〔09152〕

ヴィヴァルディの〈グローリア〉（新着LP試聴
室）浅井修一 p.114　　　　　　〔09153〕

スメタナ四重奏曲のベートーヴェン（新着LP試
聴室）村瀬淑子 p.115　　　　　〔09154〕

レコード界の話題―ウェストミンスターの復活
小林利之 p.116　　　　　　　　〔09155〕

アメリカのオペラ概観（オペラ・コーナー）宮
沢縦一 p.118　　　　　　　　　〔09156〕

新人演奏家登場（5）―クライバーン/バイヤー
ル/コレルリ 梅木香 p.120　　　〔09157〕

十八世紀のスペイン音楽―私たちの音楽史（第2
期・39）岩井宏之 p.122　　　　〔09158〕

東京のコンサート聴きあるき 古田徳郎
p.126　　　　　　　　　　　　　〔09159〕

LPサロン 小林利之 p.128　　　　〔09160〕

オーディオ新製品紹介 p.131　　　〔09161〕

ステレオ講座（7）（連載31）池田圭
p.135　　　　　　　　　　　　　〔09162〕

オーディオ用語解説 岡田諄 p.136　〔09163〕

各社二月新譜一覧表 p.140　　　　〔09164〕

25巻3号（1962年3月発行）

3月のレコード評 交響曲・管弦楽曲 大宮真琴
p.26　　　　　　　　　　　　　〔09165〕

3月のレコード評 協奏曲 岡俊雄 p.36　〔09166〕

各社四月の新譜速報 p.41　　　　〔09167〕

3月のレコード評 室内楽・器楽曲 小林利之
p.42　　　　　　　　　　　　　〔09168〕

3月のレコード評 声楽曲 福原信夫
p.48　　　　　　　　　　　　　〔09169〕

クライスラー追憶 中村善吉 p.58　〔09170〕

ニノン・ヴァラン追悼 石川登志夫
p.59　　　　　　　　　　　　　〔09171〕

バッハ以前の音楽 服部幸三 p.60　〔09172〕

3月のレコード評 初心の人のために 畑中更予
p.64　　　　　　　　　　　　　〔09173〕

3月のレコード評 ジャズ・＆・ポップス 青木啓
p.66　　　　　　　　　　　　　〔09174〕

3月のレコード評 ステレオ録音 岡田諄
p.68　　　　　　　　　　　　　〔09175〕

ドイツ・リートの流れ（特集 ドイツ・リートを
めぐって）海老沢敏 p.77　　　　〔09176〕

ドイツ・リート名曲五〇選（特集 ドイツ・リー
トをめぐって）小林利之 p.82　　〔09177〕

詩と音楽のあいだ（特集 ドイツ・リートをめ
ぐって）猿田恵 p.86　　　　　　〔09178〕

ドイツ・リートの歌い手たち（特集 ドイツ・
リートをめぐって）畑中良輔 p.88　〔09179〕

ハンス・ホッター・リーダー・リサイタル（ス
テージに聴く）小林利之 p.92　　〔09180〕

ピエトロ・スパダ・ピアノ独奏会（ステージに
聴く）浅井修一 p.94　　　　　　〔09181〕

松浦豊明帰国リサイタル（ステージに聴く）増
田隆昭 p.95　　　　　　　　　　〔09182〕

歌劇「蝶々夫人」（プッチーニ）（オペラへの招
待2）福原信夫 p.96　　　　　　〔09183〕

オペラのさくら（オペラ・コーナー）竹内昭一
p.100　　　　　　　　　　　　　〔09184〕

ブルーノ・ワルターの指揮する―コロムビア交
響楽団は二流か？ 上野一郎 編訳
p.102　　　　　　　　　　　　　〔09185〕

海外LP紹介―最新の世界のLPニュース 岡俊雄
p.106　　　　　　　　　　　　　〔09186〕

ボスコフスキー指揮のウィンナ音楽（新着LP試
聴室）紀長谷雄 p.113　　　　　〔09187〕

ビーチャム指揮するデリウスの作品（新着LP試
聴室）小林利之 p.113　　　　　〔09188〕

ロヴィツキー指揮の〈火の鳥〉〈ガイーヌ〉（新着
LP試聴室）三井啓 p.114　　　　〔09189〕

〈アレキサンダー・ネフスキー〉の新盤（新着LP
試聴室）瀬音透 p.114　　　　　〔09190〕

デ・ラローチャのファリャ・ピアノ曲集（新着
LP試聴室）浅井修一 p.116　　　〔09191〕

170　戦前期　レコード音楽雑誌記事索引　　　　〔09138～09191〕

内容細目　　　　　　　　　　　　　　　　「ディスク」

ハースのショパン〈ヴァルス集〉（新着LP試聴室）村瀬淑子 p.116　　〔09192〕

ネリー・メルバのレコード（新着LP試聴室）藁科雅美 p.117　　〔09193〕

今シーズンのスカラ座だより（海外楽信）山根比奈子 p.118　　〔09194〕

バイロイト／ミュンヒェン音楽祭（海外楽信）J・R・M p.118　　〔09195〕

アメリカの話題（海外楽信）田村太郎 p.119　　〔09196〕

左手のためのピアノ協奏曲（知っていて損のない話3）上野一郎 p.120　　〔09197〕

新人演奏家登場（6）―ロヴィッキー／ラレード／アラン 梅木香 p.122　　〔09198〕

海外レコード・ニュース 藤田不二 p.124　　〔09199〕

東京のコンサート聴きあるき 古田徳郎 p.126　　〔09200〕

オーディオ新製品紹介 岡田譚 p.129　〔09201〕

オーディオ相談室 岡原勝 p.130　〔09202〕

ステレオ講座（8）（連載32）池田圭 p.135　　〔09203〕

LPサロン 三井啓 p.136　　〔09204〕

各社三月新譜一覧表 p.140　　〔09205〕

25巻4号（1962年4月発行）

4月のレコード評 交響曲・管弦楽曲 大宮真琴 p.26　　〔09206〕

4月のレコード評 協奏曲 岡俊雄 p.35　〔09207〕

4月のレコード評 室内楽・器楽曲 小林利之 p.40　　〔09208〕

4月のレコード評 声楽曲 福原信夫 p.50　　〔09209〕

4月のレコード評 バッハ以前の音楽 服部幸三 p.56　　〔09210〕

4月のレコード評 初心の人のために 畑中更存 p.60　　〔09211〕

4月のレコード評 ステレオ録音 岡田譚 p.62　　〔09212〕

4月のレコード評 ジャズ・＆・ポップス 青木啓 p.68　　〔09213〕

各社五月の新譜速報 p.69　　〔09214〕

レコード界アラカルト（演奏家往来）p.70　　〔09215〕

フォノ・シート・コーナー p.72　　〔09216〕

すべてはボンで始まった（特集 ベートーヴェンとピアノをめぐって）R・ランダン，佐藤智訳 p.77　　〔09217〕

ベートーヴェンとピアノ（特集 ベートーヴェンとピアノをめぐって）渡辺護 p.80　〔09218〕

ベートーヴェンとピアノ・ソナタ（特集 ベートーヴェンとピアノをめぐって）矢島繁良 p.83

ケンプ独奏の協奏曲全集を語る（対談）（特集 ベートーヴェンとピアノをめぐって）大宮真琴，佐藤章 p.86　　〔09220〕

ブルーノ・ワルターの死 藁科雅美 p.92　　〔09221〕

カントループの〈オーヴェルニュの歌〉（レコードに聴く）岡俊雄 p.94　　〔09222〕

ドイツ・バッハ合奏団（ステージに聴く）服部幸三 p.95　　〔09223〕

ワーグナー〈タンホイザー〉（オペラへの招待3）福原信夫 p.96　　〔09224〕

最初の外来歌劇団（オペラ・コーナー7）宮沢縦一 p.100　　〔09225〕

土曜評論誌選出のベスト・レコード（知っていて損のない話4）上野一郎 p.102　〔09226〕

海外LP紹介―最新の世界のLPニュース 岡俊雄 p.104　　〔09227〕

海外レコード・ニュース（演奏家往来）藤田不二 p.109　　〔09228〕

ワーグナー〈タンホイザー〉全曲ステレオ盤（新着LP試聴室）小林利之 p.110　　〔09229〕

ファーレルとタッカーのヴェルディ二重唱集（新着LP試聴室）黒田恭一 p.112　〔09230〕

新鋭ケルテッシュ指揮する〈新世界〉（新着LP試聴室）三井啓 p.113　　〔09231〕

モントーヤのスパニッシュ・ギター（新着LP試聴室）小林利之 p.114　　〔09232〕

今年来日する演奏家たち（演奏家往来）編集部 p.116　　〔09233〕

海外楽信 今年のウィーン音楽祭 J・R・M p.117　　〔09234〕

プッチーニのオペラは何を選ぶか（ディスコグラフィ1）小林利之 p.118　　〔09235〕

新人演奏家登場―ジュリーニ／カペッキ／オウフスキー 梅木香 p.120　　〔09236〕

ウィーン古典派からロマン派へ―私たちの音楽史（第2期・40）岩井宏之 p.122　〔09237〕

東京のコンサート聴きあるき 古田徳郎 p.126　　〔09238〕

LPサロン 三井啓 p.128　　〔09239〕

オーディオ新製品紹介 岡田譚 p.130　〔09240〕

オーディオ相談室 長島達夫 p.131　〔09241〕

ステレオ講座（9）（連載33）池田圭 p.135　　〔09242〕

各社四月新譜一覧表 p.140　　〔09243〕

25巻5号（1962年5月発行）

5月のレコード評 交響曲・管弦楽曲 大宮真琴 p.26　　〔09244〕

5月のレコード評 協奏曲 岡俊雄 p.40　〔09245〕

5月のレコード評 室内楽・器楽曲 小林利之 p.46　　〔09246〕

5月のレコード評 声楽曲 福原信夫 p.52　　〔09247〕

〔09192～09247〕　　　　戦前期　レコード音楽雑誌記事索引　**171**

「ディスク」　内容細目

5月のレコード評 バッハ以前の音楽 服部幸三
p.57　〔09248〕

5月のレコード評 ジャズ・＆・ポップス 青木啓
p.63　〔09249〕

5月のレコード評 初心の人のために 畑中更予
p.64　〔09250〕

5月のレコード評 ステレオ録音 岡田諄
p.66　〔09251〕

フォノ・シート・コーナー p.72　〔09252〕

バーンステインとマルケヴィッチと（特集 話題
の指揮者を追って）大宮真琴 p.78　〔09253〕

ザヴァーリッシュとマーツェルと（特集 話題の
指揮者を追って）高崎保男 p.80　〔09254〕

ヴァンデルノートのマーグと（特集 話題の指揮
者を追って）増田隆昭 p.82　〔09255〕

ハイティンクとルモーテルと（特集 話題の指揮
者を追って）梅木香 p.84　〔09256〕

岩城宏之と大町陽一郎と小沢征爾と（特集 話題
の指揮者を追って）木村重雄 p.86　〔09257〕

メンゲルベルクとコンセルトヘボウ管弦楽団―
世紀の巨匠による不朽の名演特選集（特集 想
い出の名盤をさぐる）青木謙幸，岡俊雄，小
林利之，薬科雅美 p.88　〔09258〕

世紀の名歌手を語る―GRシリーズによる世紀
の名演レコード（特集 想い出の名盤をさぐ
る）宮沢縦一，小林利之 p.92　〔09259〕

インタビュー―ドイツ・バッハ合奏団のひとた
ち 服部幸三 p.97　〔09260〕

プリマドンナとお医者さま（オペラ・コーナー
8）竹内昭一 p.100　〔09261〕

マールボロ音楽祭のレコード（知っていて損
のない話5）上野一郎 p.102　〔09262〕

欧米のレコード産業 p.104　〔09263〕

海外LP紹介―最新の世界のLPニュース 岡俊雄
p.106　〔09264〕

海外レコード・ニュース 藤田不二
p.112　〔09265〕

各社六月の新譜速報 p.113　〔09266〕

セル指揮の〈水上の音楽〉の新録音（新着LP試
聴室）紀長谷雄 p.114　〔09267〕

フランスの歌手たちによる〈ウィリアム・テル〉
（新着LP試聴室）黒田恭一 p.114　〔09268〕

新人ソプラノ，クレスパンのワーグナー（新着
LP試聴室）浅井修一 p.115　〔09269〕

オーマンディ指揮する〈ローマの祭〉（新着LP
試聴室）瀬音透 p.116　〔09270〕

リンバニーの再録音ラフマニノフの第二（新着
LP試聴室）紀長谷雄 p.116　〔09271〕

ブリテンの〈カンタータ・アカデミカ〉他（新
着LP試聴室）三浦淳史 p.117　〔09272〕

現代イギリスの管弦楽曲三つ（新着LP試聴室）
三浦淳史 p.118　〔09273〕

コマンド・レコードを聴く 岡俊雄
p.119　〔09274〕

プッチーニのオペラは何を選ぶか（2）（ディス
コグラフィ 2）小林利之 p.120　〔09275〕

ロマン派の音楽―私たちの音楽史（第2期・41）
岩井宏之 p.122　〔09276〕

東京のコンサート聴きあるき 古田徳郎
p.126　〔09277〕

LPサロン 三井啓 p.128　〔09278〕

オーディオ相談室 岡原勝 p.130　〔09279〕

オーディオ新製品紹介 p.131　〔09280〕

ステレオ講座（10）（連載34）池田圭
p.135　〔09281〕

各社五月新譜一覧表 p.140　〔09282〕

25巻6号（1962年6月発行）

6月のレコード評 交響曲・管弦楽曲 大宮真琴
p.26　〔09283〕

アムステルダム・コンセルトヘボウ管弦楽団の
あゆみ 三井啓 p.37　〔09284〕

6月のレコード評 協奏曲 岡俊雄 p.38　〔09285〕

6月のレコード評 室内楽・器楽曲 小林利之
p.46　〔09286〕

6月のレコード評 声楽曲 小林利之
p.53　〔09287〕

6月のレコード評 バッハ以前の音楽 服部幸三
p.60　〔09288〕

6月のレコード評 ジャズ・＆・ポップス 青木啓
p.64　〔09289〕

6月のレコード評 ステレオ録音 岡田諄
p.66　〔09290〕

各社七月の新譜速報 p.72　〔09291〕

アムステルダム・コンセルトヘボウ管弦楽団
（特集 話題の来日演奏家）薬科雅美
p.77　〔09292〕

エドアルド・ヴァン・ルモーテル（特集 話題の
来日演奏家）三浦淳史 p.80　〔09293〕

歌劇〈サロメ〉（特集 話題の来日演奏家）黒田
恭一 p.82　〔09294〕

ヴィルトージ・ディ・ローマ（特集 話題の来日
演奏家）岡俊雄 p.84　〔09295〕

音楽随想―人生とは味うものである 宇野功芳
p.86　〔09296〕

バイロイトの貴族たち ポール・モーア，福井
正明 訳 p.88　〔09297〕

ソヴィエト連邦の録音とレコード（鉄のカーテ
ンの向うのレコード1）藤田不二
p.92　〔09298〕

名トリオの話（知っていて損のない話6）上野一
郎 p.94　〔09299〕

スペインとオペラ（オペラ・コーナー 9）宮沢
縦一 p.96　〔09300〕

海外LP紹介―最新の世界のLPニュース 岡俊雄
p.98　〔09301〕

イギリス楽信 三浦淳史 p.104　〔09302〕

海外レコード・ニュース　藤田不二
p.105　〔09303〕

新人演奏家登場―ナヴァラ／シュッティ／ケルテ
シュ　梅木香 p.106　〔09304〕

プッチーニのオペラは何を選ぶか（ディスコグ
ラフィー 3）小林利之 p.108　〔09305〕

ウエーバーとドイツ・ロマン派の歌劇―私たち
の音楽史（第2期・42）岩井宏之
p.112　〔09306〕

メンバーにわれわれの同胞がいるウィーン合奏
団の新盤（新着LP試聴室）薬科雅美
p.116　〔09307〕

モーツァルトの二つの協奏交響曲（新着LP試聴
室）石川登志夫 p.117　〔09308〕

カラスのうたう〈ノルマ〉（新着LP試聴室）黒
田恭一 p.117　〔09309〕

カラヤン指揮するバルトークとヒンデミット
（新着LP試聴室）瀬音透 p.118　〔09310〕

ドラティの〈ヴォツェック〉と〈ルル〉（新着LP
試聴室）野口昭 p.118　〔09311〕

アンセルメの〈古典交響曲〉他（新着LP試聴室）
紀長谷雄 p.119　〔09312〕

アメリカ楽信　田村太郎 p.121　〔09313〕

東京のコンサート聴きあるき　古田徳郎
p.122　〔09314〕

フォノ・シート・コーナー p.124　〔09315〕

LPサロン　三井啓 p.126　〔09316〕

オーディオ新製品紹介 p.128　〔09317〕

オーディオ講座（11）（連載35）池田圭
p.133　〔09318〕

オーディオ相談室　長島達夫 p.134　〔09319〕

各社六月新譜一覧表 p.140　〔09320〕

25巻7号（1962年7月発行）

7月のレコード評 交響曲・管弦楽曲 大宮真琴
p.26　〔09321〕

7月のレコード評 協奏曲 岡俊雄 p.37　〔09322〕

7月のレコード評 室内楽・器楽曲 小林利之
p.43　〔09323〕

7月のレコード評 声楽曲 小林利之
p.50　〔09324〕

7月のレコード評 バッハ以前の音楽 服部幸三
p.60　〔09325〕

7月のレコード評 初心の人のために 畑中更予
p.64　〔09326〕

7月のレコード評 ステレオ録音 岡田諄
p.66　〔09327〕

7月のレコード評 フォノ・シート 東二郎
p.72　〔09328〕

特集 本誌月評陣が選んだ一九六二年度上半期の
優秀レコード 大宮真琴，岡俊雄，小林利之，
岡田諄 p.77　〔09329〕

特別座談会 復活する「カペエ弦楽四重奏団」の
遺産 松本太郎，青木謙幸，薬科雅美，小林利
之 p.84　〔09330〕

各レコード会社のレパートリーとその動き その
1 東芝篇 上野一郎 p.88　〔09331〕

ポーランド共和国の録音とレコード（鉄のカー
テンの向うのレコード 2）藤田不二
p.92　〔09332〕

世紀の声！　レオンタイン・プライス　アー
サー・トッド，黒田恭一 訳 p.96　〔09333〕

歌合城の城とタンホイザー（オペラ・コーナー）
竹内昭一 p.100　〔09334〕

レコードに吹込まない名ピアニスト（知ってい
て損のない話）上野一郎 p.102　〔09335〕

話題の演奏家群像―レーデル／ステファンスカ／
スーク・トリオ 梅木香 p.104　〔09336〕

イタリアのオペラ―私たちの音楽史（第2期・
43）岩井宏之 p.106　〔09337〕

パリ・アンフォルマッション　森優
p.108　〔09338〕

イギリス楽信 三浦淳史 p.109　〔09339〕

海外LP紹介―最新の世界のLPニュース 岡俊雄
p.110　〔09340〕

各社八月の新譜速報 p.116　〔09341〕

東京のコンサート聴きあるき　古田徳郎
p.118　〔09342〕

マルセル・クーローの新盤 ヴィヴァルディ〈四
季〉（新着LP試聴室）岡俊雄 p.120　〔09343〕

シェベックのベートーヴェン・ピアノ曲集（新
着LP試聴室）薬科雅美 p.120　〔09344〕

カラヤンの〈バラの騎士〉（新着LP試聴室）黒
田恭一 p.121　〔09345〕

カラヤンの指揮するホルスト〈惑星〉（新着LP
試聴室）岡俊雄 p.121　〔09346〕

ザ・アート・オブ・グーセンス（新着LP試聴
室）浅井修一 p.122　〔09347〕

アルド・プロッティの歌劇アリア集（新着LP試
聴室）小林利之 p.122　〔09348〕

海外レコード・ニュース 藤田不二
p.124　〔09349〕

ターン・テーブル p.127　〔09350〕

オーディオ講座（12）（連載36）池田圭
p.131　〔09351〕

オーディオ相談室 岡原勝 p.132　〔09352〕

オーディオ新製品紹介 p.133　〔09353〕

ステレオ・ガイド カートリッジの巻 岡田諄
p.135　〔09354〕

各社七月新譜一覧表 p.140　〔09355〕

25巻8号（1962年8月発行）

8月のレコード評 国内録音のレコード 各担当者
p.26　〔09356〕

8月のレコード評 交響曲・管弦楽曲 大宮真琴
p.27　〔09357〕

「ディスク」　　　　　　　　　　　内容細目

8月のレコード評 協奏曲 岡俊雄 p.38　〔09358〕

8月のレコード評 室内楽・器楽曲 小林利之
p.44　〔09359〕

「カペエ弦楽四重奏団」（新譜ハイライト）坿和
昌夫 p.53　〔09360〕

8月のレコード評 声楽曲 小林利之
p.54　〔09361〕

8月のレコード評 バッハ以前の音楽 服部幸三
p.60　〔09362〕

ショスタコヴィッチの交響曲第十二番（新譜ハ
イライト）野口昭 p.63　〔09363〕

8月のレコード評 ステレオ録音評 岡田諄
p.64　〔09364〕

各社九月の新譜速報 p.72　〔09365〕

コルトーの死を悼む（コルトー哀悼）青木謙幸
p.77　〔09366〕

コルトーの想ひ出（コルトー哀悼）野村光一
p.78　〔09367〕

コルトーのレコード（コルトー哀悼）
p.79　〔09368〕

コルトーを惜しむ（コルトー哀悼）中村善吉
p.80　〔09369〕

メシアンとロリオを迎えて メシアンと〈トゥラ
ンガリラ交響曲〉の日本初演 黒田恭一
p.82　〔09370〕

「不朽の名歌手たち」を聴く（特別座談会）宮沢
縦一，寺島宏，青木謙幸，小林利之
p.86　〔09371〕

各レコード会社のレパートリーとその動き その
2 コロムビア篇 上野一郎 p.90　〔09372〕

チェコスロヴァキア共和国の録音とレコード
（鉄のカーテンの向うのレコード その3）藤
田不二 p.94　〔09373〕

シュヒター―小沢の意味するもの 「N響」の新
らしい道 木村重雄 p.96　〔09374〕

ワーグナーとフリーメーソン（オペラ・コー
ナー）竹内昭一 p.98　〔09375〕

ユージン・グーセンスの死 藁科雅美
p.100　〔09376〕

イギリス楽信 三浦淳史 p.101　〔09377〕

海外LP紹介―最新の世界のLPニュース 岡俊雄
p.102　〔09378〕

パリ・アンフォルマッション 森優
p.107　〔09379〕

カルーソーから教えを受けた注目の新進テノー
ル フランコ・コレルリ シャーリー・フレミ
ング，三井啓 訳 p.108　〔09380〕

ストラヴィンスキーの自作自演レコード 上野
一郎 p.110　〔09381〕

アメリカ楽信 杉田恵介 p.114　〔09382〕

十九世紀前半のフランス・オペラ―十九世紀の
オペラ（3）―私たちの音楽史（第2期・44）岩
井宏之 p.116　〔09383〕

読売日本交響楽団の常任指揮者 ウイリス・ペー
ジと彼のレコード p.119　〔09384〕

ジョスカン・デ・プレの〈聖処女ミサ〉（新着LP
試聴室）坿和昌夫 p.120　〔09385〕

ハスキルの最後の録音〈テンペスト〉他（新着
LP試聴室）日高詢 p.120　〔09386〕

ウエーバーとシュポールのクラリネット協奏曲
（新着LP試聴室）坿和昌夫 p.121　〔09387〕

プレートル指揮するプーランクの〈グローリア〉
他（新着LP試聴室）瀬音透 p.122　〔09388〕

プライスのうたう仏独歌曲集（新着LP試聴室）
小林利之 p.123　〔09389〕

LPサロン 浅里公三 p.124　〔09390〕

オーディオ新製品紹介 p.126　〔09391〕

オーディオ講座（13）（連載37）池田圭
p.131　〔09392〕

ステレオ・ガイドアームの巻 岡田諄
p.133　〔09393〕

オーディオ相談室 長島達夫 p.134　〔09394〕

各社八月新譜一覧表 p.140　〔09395〕

25巻9号（1962年9月発行）

9月のレコード評 交響曲・管弦楽曲 大宮真琴
p.26　〔09396〕

9月のレコード評 協奏曲 岡俊雄 p.41　〔09397〕

9月のレコード評 室内楽・器楽曲 小林利之
p.47　〔09398〕

9月のレコード評 声楽曲 福原信夫
p.54　〔09399〕

ハリー・ベラフォンテの〈夜のうた〉（新譜ハイ
ライト）小林利之 p.60　〔09400〕

各社十月の新譜速報 p.61　〔09401〕

9月のレコード評 バッハ以前の音楽 服部幸三
p.62　〔09402〕

9月のレコード評 初心の人のために 畑中更予
p.64　〔09403〕

9月のレコード評 ステレオ録音評 岡田諄
p.66　〔09404〕

9月のレコード評 フォノ・シート 東二郎
p.72　〔09405〕

FMとは，その現在と将来（特集 FMを聴く人の
ために）岡田諄 p.77　〔09406〕

FM東海の放送番組表（特集 FMを聴く人のため
に）p.79　〔09407〕

FMチューナーの選び方―ステレオ放送にそな
えて（特集 FMを聴く人のために）出原真澄
p.80　〔09408〕

国産FMチューナーの規格一覧表（特集 FMを聴
く人のために）編集部 p.82　〔09409〕

FMと音楽（特集 FMを聴く人のために）うえ
なみ p.84　〔09410〕

NHK-FMの放送番組表（特集 FMを聴く人のた
めに）p.85　〔09411〕

交響曲録音の諸問題—マイクロフォンの設定が
　すべてを決定する　ディヴィド・ホール，黒
　田恭一 訳 p.86　　　　　　　　　　〔09412〕

ドビュッシー，ミヨー生誕記念の年（フランス楽
　壇から）松本太郎 p.90　　　　　　　〔09413〕

コロムビア交響楽団の正体　上野一郎
　p.92　　　　　　　　　　　　　　　〔09414〕

各レコード会社のレパートリーとその動き その
　3 グラモフォン篇　上野一郎 p.94　　〔09415〕

ドイツ民主共和国の録音とレコード（鉄のカー
　テンの向うのレコード その4）藤田不二
　p.98　　　　　　　　　　　　　　　〔09416〕

復活したアン・デア・ウィーン劇場（オペラ・
　コーナー）宮沢縦一 p.100　　　　　〔09417〕

海外LP紹介—最新の世界のLPニュース　岡俊雄
　p.102　　　　　　　　　　　　　　〔09418〕

イギリス楽信　三浦淳史 p.107　　　　〔09419〕

野外コンサート，ポップス・コンサートのレ
　コード（知られざる名盤をたずねて（1））長
　尾義弘 p.108　　　　　　　　　　　〔09420〕

フローベルガーの〈クラヴィコード音楽〉（新着
　LP試聴室）坪井昌夫 p.110　　　　　〔09421〕

ブライのうたうバッハ〈カンタータ〉二曲（新着
　LP試聴室）小林利之 p.110　　　　　〔09422〕

ゴールドベルク指揮のハイドンとモーツァルト
　（新着LP試聴室）日高詢 p.111　　　〔09423〕

クラフトの振るモーツァルト〈セレナード〉他
　（新着LP試聴室）瀬音透 p.112　　　〔09424〕

ハースの〈ベートーヴェン・三大ピアノ奏鳴曲〉
　（新着LP試聴室）岩井宏之 p.113　　〔09425〕

イエルネックの〈ハープ名曲集〉（新着LP試聴
　室）三井啓 p.114　　　　　　　　　〔09426〕

オールド・ヴィック座の〈真夏の夜の夢〉（新譜
　ハイライト）三浦淳史 p.116　　　　〔09427〕

ウィーン・コンツェルトハウス四重奏団の録音
　に寄せて　相沢昭八郎 p.118　　　　〔09428〕

東京のコンサート聴きあるき　古田徳郎
　p.120　　　　　　　　　　　　　　〔09429〕

シューベルト，メンデルスゾーンの器楽曲—私
　たちの音楽史（第2期・45）岩井宏之
　p.122　　　　　　　　　　　　　　〔09430〕

オーディオ講座（14）（連載38）池田圭
　p.129　　　　　　　　　　　　　　〔09431〕

ステレオ・ガイド モーターの巻　岡田諄
　p.131　　　　　　　　　　　　　　〔09432〕

オーディオ新製品紹介 p.133　　　　　〔09433〕

LPサロン　浅里公三 p.134　　　　　〔09434〕

各社九月新譜一覧表 p.140　　　　　　〔09435〕

25巻10号（1962年10月発行）

10月のレコード評 交響曲・管弦楽曲　大宮真琴
　p.30　　　　　　　　　　　　　　　〔09436〕

各社十一月の新譜速報 p.47　　　　　〔09437〕

10月のレコード評 協奏曲　岡俊雄
　p.48　　　　　　　　　　　　　　　〔09438〕

10月のレコード評 室内楽・器楽曲　小林利之
　p.54　　　　　　　　　　　　　　　〔09439〕

10月のレコード評 声楽曲　福原信夫
　p.60　　　　　　　　　　　　　　　〔09440〕

10月のレコード評 ステレオ録音評　岡田諄
　p.68　　　　　　　　　　　　　　　〔09441〕

10月のレコード評 バッハ以前の音楽　服部幸三
　p.74　　　　　　　　　　　　　　　〔09442〕

レコードと歩を共にして（特集 三百号を記念し
　て）青木謙幸 p.81　　　　　　　　〔09443〕

特別寄稿「ディスク」三百号記念によせて（特
　集 三百号を記念して）あらえびす，村田武
　雄，城井清澄，中村善吉，森潤三郎，西条卓
　夫，藤田不二，野村光一，伊奈文夫，池田圭，
　矢萩銀三，大宮真琴，岡俊雄，宮前有吉
　p.82　　　　　　　　　　　　　　〔09444〕

座談会 歴代編集長の語る「ディスク」のあゆみ
　（特集 三百号を記念して）青木誠意，丸山菊
　夫，佐川吉男，小林利之，青木潤，三井啓
　p.92　　　　　　　　　　　　　　〔09445〕

「ディスク」の沿革小史（特集 三百号を記念し
　て）p.100　　　　　　　　　　　　〔09446〕

表紙にみる「ディスク」の変遷（特集 三百号を
　記念して）p.100　　　　　　　　　〔09447〕

来日演奏家のプロフィール 附・ディスコグラ
　フィー（特集 秋のシーズンを飾る）薬科雅美
　p.108　　　　　　　　　　　　　　〔09448〕

来日記念発売レコードを聴く（特集 秋のシーズ
　ンを飾る）大宮真琴，岡俊雄，福原信夫，三
　井啓 p.113　　　　　　　　　　　〔09449〕

特集 今秋発売されるバッハの宗教曲レコード
　服部幸三，東川清一 p.116　　　　〔09450〕

各社のレパートリーとその動き その4 キング篇
　上野一郎 p.120　　　　　　　　　〔09451〕

イギリス楽信　三浦淳史 p.125　　　〔09452〕

ルーマニア共和国の録音とレコード（鉄のカー
　テンの向うのレコード その5）藤田不二
　p.126　　　　　　　　　　　　　〔09453〕

アンドレ・クリュイタンス（名演奏家とそのレ
　コード・1）高崎保男 p.128　　　　〔09454〕

〈フィガロの結婚〉（オペラへの招待（4））福原
　信夫 p.130　　　　　　　　　　　〔09455〕

海外LP紹介—最新の世界のLPニュース　岡俊雄
　p.134　　　　　　　　　　　　　〔09456〕

海外レコード・ニュース　藤田不二
　p.141　　　　　　　　　　　　　〔09457〕

ヤナーチェックの〈ずるい小狐〉（オペラ・コー
　ナー）竹内昭一 p.142　　　　　　〔09458〕

シューマンのピアノ曲—ロマン派の器楽曲（2）
　—私たちの音楽史（第2期・47）岩井宏之
　p.144　　　　　　　　　　　　　〔09459〕

マダム・クロアザのこと（「不朽の名歌手」の復
　活によせて）松本太郎 p.146　　　〔09460〕

「ディスク」　　　　　　　　　　　　　　内容細目

クロアザの演奏講習会より（「不朽の名歌手」の
　復活によせて）石川登志夫 p.147　　〔09461〕
ファリヤの〈三角帽子〉（名曲鑑賞の手引き・1）
　日高詢 p.150　　　　　　　　　　　　〔09462〕
新人マシューズの弾くベートーヴェン〈バガテ
　ル〉集（新着LP試聴室）岩井宏之
　p.152　　　　　　　　　　　　　　　〔09463〕
ランチベリー指揮するエロールのバレー曲〈箱
　入娘〉（新着LP試聴室）三浦淳史
　p.152　　　　　　　　　　　　　　　〔09464〕
ヴェヒターのバリトン、シューマンの〈詩人の
　恋〉（新着LP試聴室）畑中更予
　p.153　　　　　　　　　　　　　　　〔09465〕
ドイツの名歌手たちのうたう〈ボエーム〉（新着
　LP試聴室）黒田恭一 p.154　　　　　〔09466〕
演奏会の現場録音レコード（1）上野一郎
　p.156　　　　　　　　　　　　　　　〔09467〕
ディスク社マーク・デザイン発表
　p.159　　　　　　　　　　　　　　　〔09468〕
東京のコンサート聴きあるき 古田徳郎
　p.160　　　　　　　　　　　　　　　〔09469〕
三百号に寄せられた読者の〈声〉（特集 三百号を
　記念して）p.166　　　　　　　　　　〔09470〕
オーディオ講座（15）（連載39）池田圭
　p.173　　　　　　　　　　　　　　　〔09471〕
パイオニアから発売されるステレオ・レコー
　ド・プレーヤー〈PL・四〉岡田諄
　p.175　　　　　　　　　　　　　　　〔09472〕
ステレオ・ガイド トゥイーターの巻 岡田諄
　p.177　　　　　　　　　　　　　　　〔09473〕
オーディオ相談室 岡原勝 p.178　　　　〔09474〕
各社十月新譜一覧表 p.184　　　　　　　〔09475〕

25巻11号（1962年11月発行）
11月のレコード評 国内録音のレコード 各担当
　者 p.26　　　　　　　　　　　　　　〔09476〕
11月のレコード評 交響曲・管弦楽曲 大宮真琴
　p.32　　　　　　　　　　　　　　　〔09477〕
11月のレコード評 協奏曲 岡俊雄
　p.42　　　　　　　　　　　　　　　〔09478〕
11月のレコード評 室内楽・器楽曲 小林利之
　p.48　　　　　　　　　　　　　　　〔09479〕
11月のレコード評 声楽曲 福原信夫
　p.58　　　　　　　　　　　　　　　〔09480〕
各社十二月の新譜速報 p.63　　　　　　〔09481〕
11月のレコード評 バッハ以前の音楽 服部幸三
　p.64　　　　　　　　　　　　　　　〔09482〕
11月のレコード評 ステレオ録音評 岡田諄
　p.66　　　　　　　　　　　　　　　〔09483〕
新たに登場したコロムビアの三六〇サウンド・
　シリーズ・ステレオ 岡田諄 p.68　　〔09484〕
特集 各社から出揃った第十七回芸術祭参加レ
　コードを聴く 大宮真琴，岡俊雄，福原信夫，
　服部幸三，押田良久 p.77　　　　　　〔09485〕

現代最高の作曲家ストラヴィンスキーの語る 現
　代音楽と録音についての考察 ストラヴィン
　スキー，黒田恭一 訳 p.90　　　　　〔09486〕
インタビュー モーツァルトへの愛を語る ペー
　ター・マーク 三浦淳史 p.94　　　　〔09487〕
音楽随想 世界の旅から—ハイリゲンシュタット
　詣で 福原信夫 p.96　　　　　　　　〔09488〕
今年から始まるヴァン・クライバーン国際ピア
　ノ・コンクール 家里和夫 p.100　　　〔09489〕
各社のレパートリーとその動き その5 ビクター
　篇 上野一郎 p.102　　　　　　　　　〔09490〕
ハンガリア共和国の録音とレコード（鉄のカー
　テンの向うのレコード その6）藤田不二
　p.108　　　　　　　　　　　　　　　〔09491〕
アドリアナ・ルクヴルール（オペラへの招待
　（5））福原信夫 p.110　　　　　　　〔09492〕
ジョルジ・シフラ（名演奏家とそのレコード・
　2）高崎保男 p.114　　　　　　　　　〔09493〕
時代を超越したSPの名盤—私の愛聴レコード
　三十年の友 高木淳 p.117　　　　　　〔09494〕
海外LP紹介—最新の世界のLPニュース 岡俊雄
　p.118　　　　　　　　　　　　　　　〔09495〕
マラン・マレエの二つの組曲（新着LP試聴室）
　坩和昌夫 p.120　　　　　　　　　　〔09496〕
イギリス楽信 第十六回エジンバラ音楽祭の話題
　三浦淳史 p.125　　　　　　　　　　〔09497〕
ベルリオーズの〈幻想交響曲〉（名曲鑑賞の手引
　き・2）日高詢 p.126　　　　　　　　〔09498〕
ウィーン・オペラのバレーの伝統（オペラ・
　コーナー）竹内昭一 p.128　　　　　〔09499〕
ショパンの音楽—ロマン派の器楽曲（3）—私た
　ちの音楽史（第2期・47）岩井宏之
　p.130　　　　　　　　　　　　　　　〔09500〕
名演奏家のベストを尽した演奏が聴ける 演奏会
　の現場録音レコード（2）上野一郎
　p.134　　　　　　　　　　　　　　　〔09501〕
東京のコンサート聴きあるき 丸山和平
　p.136　　　　　　　　　　　　　　　〔09502〕
サロン・ド・ディスク p.138　　　　　〔09503〕
海外レコード・ニュース 藤田不二
　p.140　　　　　　　　　　　　　　　〔09504〕
LPサロン 浅里公三 p.142　　　　　　〔09505〕
新製品紹介 p.143　　　　　　　　　　〔09506〕
海外レコード・ニュース 藤田不二
　p.146　　　　　　　　　　　　　　　〔09507〕
オーディオ講座（16）（連載40）池田圭
　p.147　　　　　　　　　　　　　　　〔09508〕
ステレオ・ガイド スコーカー・ウーハーの巻
　岡田諄 p.150　　　　　　　　　　　〔09509〕
各社十一月新譜一覧表 p.156　　　　　〔09510〕

25巻12号（1962年12月発行）
12月のレコード 交響曲・管弦楽曲 大宮真琴
　p.26　　　　　　　　　　　　　　　〔09511〕

内容細目　　　　　　　　　　　　　　　　　　「ディスク」

各社一月の新譜速報 p.41　　　　〔09512〕

12月のレコード 協奏曲 岡俊雄 p.42　　〔09513〕

12月のレコード 室内楽・器楽曲 小林利之
p.48　　　　　　　　　　　　　　〔09514〕

12月のレコード 声楽曲 福原信夫
p.54　　　　　　　　　　　　　　〔09515〕

12月のレコード ステレオ録音評 岡田諄
p.64　　　　　　　　　　　　　　〔09516〕

12月のレコード バッハ以前の音楽 服部幸三
p.70　　　　　　　　　　　　　　〔09517〕

特集 第十七回芸術祭参加レコードを聴く 大宮
真琴，小林利之，福原信夫，服部幸三，押田
良久 p.77　　　　　　　　　　　〔09518〕

現実感と迫力をたのしむ（私の愛聴盤／二五〇デ
シベルのソニック・ブームに）岡部冬彦
p.87　　　　　　　　　　　　　　〔09519〕

カザルス讃（「カザルス名演集」発売によせて）
大宮真琴 p.88　　　　　　　　　〔09520〕

こころで聴く音楽（座談会）（「カザルス名演集」
発売によせて）佐藤良雄，青木謙幸，上野一
郎，三井登 p.92　　　　　　　　〔09521〕

カザルスあれこれ（「カザルス名演集」発売によ
せて）上野一郎 p.96　　　　　　〔09522〕

バッハの無伴奏ヴァイオリン・ソナタ ヨーゼ
フ・シゲティ，佐藤文彦 訳 p.99　〔09523〕

各社のレパートリーとその動き(6)新世界，テ
イチク篇 上野一郎 p.102　　　　〔09524〕

ユーゴスラヴィア共和国の録音とレコード（鉄
のカーテンの向うのレコード7）藤田不二
p.106　　　　　　　　　　　　　　〔09525〕

レオンティン・プライス（名演奏家とそのレ
コード・3）高崎保男 p.108　　　〔09526〕

ドビュッシー――アンセルメに聴く／客観的な抒
情主義者 アンセルメ，黒田恭一 訳
p.111　　　　　　　　　　　　　　〔09527〕

〈ナクソス島のアリアドネ〉（オペラへの招待
(6)）福原信夫 p.114　　　　　　〔09528〕

海外LP紹介―最新の世界のLPニュース 岡俊雄
p.118　　　　　　　　　　　　　　〔09529〕

ウィーン・オペラのコーラスの伝統（オペラ・
コーナー）竹内昭一 p.124　　　　〔09530〕

ベートーヴェン〈第九交響曲〉（名曲鑑賞の手引
き3）日高詢 p.126　　　　　　　〔09531〕

イギリス楽信 三浦淳史 p.130　　　〔09532〕

アメリカ楽信 杉田恵介 p.131　　　〔09533〕

東京のコンサート聴きあるき 丸山和平
p.132　　　　　　　　　　　　　　〔09534〕

リストのピアノ曲―ロマン派のピアノ曲(4)―
私たちの音楽史（第2期・48）岩井宏之
p.134　　　　　　　　　　　　　　〔09535〕

一九六二年度「ディスク」総目次
p.137　　　　　　　　　　　　　　〔09536〕

オーディオ講座(17)（連載41）池田圭
p.145　　　　　　　　　　　　　　〔09537〕

オーディオ相談室 池田圭 p.147　　〔09538〕

ステレオ・ガイド ワイド・レンジ・スピーカー
の巻 岡田諄 p.150　　　　　　　〔09539〕

各社十二月新譜一覧表 p.156　　　　〔09540〕

26巻1号（1963年1月発行）

1月のレコード評 交響曲・管弦楽曲 大宮真琴
p.30　　　　　　　　　　　　　　〔09541〕

1月のレコード評 協奏曲 岡俊雄 p.42　〔09542〕

1月のレコード評 室内楽・器楽曲 小林利之
p.50　　　　　　　　　　　　　　〔09543〕

1月のレコード評 声楽曲 福原信夫
p.58　　　　　　　　　　　　　　〔09544〕

1月のレコード評 バッハ以前の音楽 服部幸三
p.67　　　　　　　　　　　　　　〔09545〕

1月のレコード評 ステレオ録音評 岡田諄
p.72　　　　　　　　　　　　　　〔09546〕

一九六二年度批評家選奨レコード発表
p.81　　　　　　　　　　　　　　〔09547〕

座談会 批評家選奨の選にもれた〈一九六二年の
名盤〉各月評担当者 p.90　　　　〔09548〕

ウラディミール・ホロヴィッツ（話題の二人の
ピアニスト）R・ジェラット，三井啓 訳
p.102　　　　　　　　　　　　　　〔09549〕

ヴァン・クライバーン（話題の二人のピアニス
ト）N・L・ブラウニング，家里和夫 訳
p.104　　　　　　　　　　　　　　〔09550〕

音楽随想―音楽家断層 岩船雅一
p.106　　　　　　　　　　　　　　〔09551〕

オランダ室内管弦楽団（演奏家紹介）藤田不二
p.108　　　　　　　　　　　　　　〔09552〕

コンサート・ホール・ソサエティのLP 薬科雅
美 p.109　　　　　　　　　　　　〔09553〕

フリッツ・ライナー（名演奏家とそのレコード
4）岡俊雄 p.110　　　　　　　　〔09554〕

コンサート・マスターのレコード(1)ベルリ
ン・フィルハーモニー（音楽夜話）上野一郎
p.112　　　　　　　　　　　　　　〔09555〕

ドン・ジョヴァンニの悲劇（私の愛聴盤 多すぎ
る愛聴盤）黒田恭一 p.115　　　　〔09556〕

各社二月の新譜速報 p.116　　　　　〔09557〕

歌劇〈フィデリオ〉（オペラへの招待(7)）福原
信夫 p.118　　　　　　　　　　　〔09558〕

ワルターとメトロポリタン（オペラ・コーナー）
宮沢縦一 p.122　　　　　　　　　〔09559〕

海外LP紹介―最新の世界のLPニュース 岡俊雄
p.124　　　　　　　　　　　　　　〔09560〕

〈冬の旅〉のききどころ（名曲鑑賞の手引き）日
高詢子 p.130　　　　　　　　　　〔09561〕

〈冬の旅〉はどのレコードを選ぶか（名曲鑑賞の
手引き）上野一郎 p.133　　　　　〔09562〕

〈ベートーヴェン・1〉（レコード・ファンのため
の音楽書(1)）岩井宏之 p.135　　〔09563〕

「ディスク」　　　　　　　　　　　内容細目

海外楽信 フランス・ドイツ 三浦淳史
p.136　　　　　　　　　　　　〔09564〕

海外楽信 アメリカ J・R・M p.138　〔09565〕

ブルガリア共和国の録音とレコード（鉄のカー
テンの向うのレコード 最終回）藤田不二
p.140　　　　　　　　　　　　〔09566〕

東京のコンサート聴きあるき 古田徳郎
p.142　　　　　　　　　　　　〔09567〕

LPサロン 浅里公三 p.144　　　　〔09568〕

オーディオ講座（18）（連載42）池田圭
p.149　　　　　　　　　　　　〔09569〕

今月の新製品紹介 p.151　　　　　〔09570〕

ステレオ・ガイド やさしい音響箱の設計と製作
岡田諄，石橋久徳 p.154　　　　〔09571〕

各社一月新譜一覧表 p.160　　　　〔09572〕

26巻2号（1963年2月発行）

2月のレコード評 交響曲・管弦楽曲 大宮真琴
p.26　　　　　　　　　　　　　〔09573〕

2月のレコード評 協奏曲 岡俊雄 p.42　〔09574〕

コンサート・ホールの新譜 藁科雅美
p.47　　　　　　　　　　　　　〔09575〕

2月のレコード評 室内楽・器楽曲 小林利之
p.48　　　　　　　　　　　　　〔09576〕

2月のレコード評 声楽曲 福原信夫
p.56　　　　　　　　　　　　　〔09577〕

2月のレコード評 ステレオ録音評 岡田諄
p.62　　　　　　　　　　　　　〔09578〕

演奏家辞典——一月新譜に登場した演奏家たち
藤田不二 p.68　　　　　　　　〔09579〕

2月のレコード評 バッハ以前の音楽 服部幸三
p.70　　　　　　　　　　　　　〔09580〕

第十七回芸術祭賞きまる p.71　　　〔09581〕

サン・アガータのヴェルディの家を訪ねて（特
集 ヴェルディ生誕百五十周年記念）W・
ウィーヴァー，杉田恵介 訳 p.77　〔09582〕

〈ベートーヴェン・2〉（レコード・ファンのため
の音楽書（2））岩井宏之 p.81　〔09583〕

ヴェルディ・人と芸術——（ヴェルディの生涯1）
（特集 ヴェルディ生誕百五十周年記念）福原
信夫 p.82　　　　　　　　　　〔09584〕

ベルリン・ドイツ・オペラの来日（"話題の来日
演奏家"シリーズ/1）座談会 宮沢縦一，大町
陽一郎，雨宮文彦，小林利之 p.88　〔09585〕

ウィーン・フィルハーモニー（音楽夜話 ニン
サートマスターのレコード・2）上野一郎
p.96　　　　　　　　　　　　　〔09586〕

交響詩〈モルダウ〉ききどころ（名曲鑑賞の手引
き）日高詢子 p.100　　　　　　〔09587〕

交響詩〈モルダウ〉どのレコードを選ぶか（名曲
鑑賞の手引き）大宮真琴 p.100　〔09588〕

ヴェーヌス山伝説（オペラ・コーナー）竹内昭
一 p.104　　　　　　　　　　　〔09589〕

海外LP紹介——最新の世界のLPニュース 岡俊雄
p.106　　　　　　　　　　　　〔09590〕

魅惑的な音，十七，八世紀のリュート音楽（新着
LP試聴記）垪和昌夫 p.108　　〔09591〕

プッチーニ歌劇〈ラ・ボエーム〉（オペラへの招
待（8））福原信夫 p.112　　　〔09592〕

海外楽信 西ベルリンとロンドンの話題 三浦淳
史 p.117　　　　　　　　　　〔09593〕

海外楽信 アメリカの話題 浅里公三
p.119　　　　　　　　　　　　〔09594〕

クリスタ・ルートヴィッヒ（名演奏家とそのレ
コード5）高崎保男 p.120　　　〔09595〕

サロン・ド・ディスク p.123　　　〔09596〕

フィッシャー＝ディスカウの新盤〈水車小屋の
娘〉（各社三月新譜速報と聴きもの）高崎保
男 p.124　　　　　　　　　　〔09597〕

ワルターの不滅の遺産，マーラーの〈第九交響
曲〉（各社三月新譜速報と聴きもの）宇野功
芳 p.125　　　　　　　　　　〔09598〕

今春来日するレーデルのモーツァルト〈嬉遊曲
集〉（各社三月新譜速報と聴きもの）岩井宏
之 p.126　　　　　　　　　　〔09599〕

わが国初めてのレコード，サティの〈バラード〉
他（各社三月新譜速報と聴きもの）三井啓
p.127　　　　　　　　　　　　〔09600〕

ロストロポーヴィッチのブリッテン，ドビュッ
シー〈チェロ・ソナタ〉他（各社三月新譜速報
と聴きもの）三浦淳史 p.128　　〔09601〕

ハイティンク，コンセルトヘボウのマーラー〈第
一交響曲〉（各社三月新譜速報と聴きもの）
宇野功芳 p.128　　　　　　　〔09602〕

話題のピアニスト，リフテルのプロコフィエフ
〈ピアノ・ソナタ第七，九番〉（各社三月新譜
速報と聴きもの）黒田恭一 p.129　〔09603〕

メンゲルベルクの芸術，ブラームスの〈第二交響
曲〉（各社三月新譜速報と聴きもの）日比木
伸一 p.130　　　　　　　　　〔09604〕

人類の遺産，トスカニーニの〈フィデリオ〉（各
社三月新譜速報と聴きもの）黒田恭一
p.130　　　　　　　　　　　　〔09605〕

LPサロン 浅里公三 p.132　　　　〔09606〕

東京のコンサート聴きあるき 古田徳郎
p.134　　　　　　　　　　　　〔09607〕

疲れない音，アキない音，現用装置に満足（わが
再生装置の遍歴・新連載）岡俊雄
p.136　　　　　　　　　　　　〔09608〕

オーディオ相談室 岡田諄 p.139　　〔09609〕

今月の新製品紹介 p.140　　　　　〔09610〕

ステレオ・ガイド 市販ステレオ・スピーカー・
システム 岡田諄 p.143　　　　〔09611〕

各社二月新譜一覧表 p.148　　　　〔09612〕

26巻3号（1963年3月発行）

3月のレコード評 交響曲・管弦楽曲 大宮真琴
p.26　　　　　　　　　　　　　〔09613〕

内容細目　　　　　　　　　　　　　　「ディスク」

3月のレコード評 協奏曲 岡俊雄 p.39　〔09614〕

3月のレコード評 室内楽 藁科雅美
p.45　　　　　　　　　　　　　　〔09615〕

3月のレコード評 器楽曲 小林利之
p.49　　　　　　　　　　　　　　〔09616〕

3月のレコード評 声楽曲 福原信夫
p.53　　　　　　　　　　　　　　〔09617〕

3月のレコード評 音楽史 服部幸三
p.63　　　　　　　　　　　　　　〔09618〕

3月のレコード評 ステレオ録音評 岡田諄
p.65　　　　　　　　　　　　　　〔09619〕

演奏家辞典—二月新譜に登場した演奏家たち
藤田不二 p.71　　　　　　　　　〔09620〕

イ・ムジチ〈ローマの休日〉（今月新譜の話題の
演奏家）三井啓 訳 p.77　　　　〔09621〕

ブルーノ・ワルターとの対話（今月新譜の話題
の演奏家）A・ミケリス，岡俊雄 訳
p.80　　　　　　　　　　　　　　〔09622〕

エンリコ・カルーソー物語（今月新譜の話題の
演奏家）小林利之 p.84　　　　〔09623〕

評論家の休日（私の愛聴盤）梅木香
p.89　　　　　　　　　　　　　　〔09624〕

指揮者と管弦楽団（“話題の来日演奏家”シリー
ズ（2）今春の期待）渡辺学而 p.90　〔09625〕

ピアニスト（“話題の来日演奏家”シリーズ（2）
今春の期待）三浦淳史 p.92　　〔09626〕

バロック・アンサンブル（“話題の来日演奏家”
シリーズ（2）今春の期待）服部幸三
p.94　　　　　　　　　　　　　　〔09627〕

〈ベートーヴェン〉その3（レコード・ファンの
ための音楽書（3））岩井宏之 p.97　〔09628〕

ヴェルディ・人と芸術（ヴェルディの生涯2）福
原信夫 p.98　　　　　　　　　　〔09629〕

〈アイーダ〉の全曲盤品さだめ（ディスコグラ
フィ ヴェルディのオペラ・1）小林利之
p.104　　　　　　　　　　　　　〔09630〕

一条の光明となった〈冬の旅〉（私の愛聴盤）林
良治 p.109　　　　　　　　　　〔09631〕

カール・ベーム（名演奏家とそのレコード6）
高崎保男 p.110　　　　　　　　〔09632〕

海外LP紹介—最新の世界LPニュース 岡俊雄
p.113　　　　　　　　　　　　　〔09633〕

アムステルダム・コンセルトヘボウ/ハーグ・
フィル/ロンドン・フィル（音楽夜話 コン
サートマスターのレコード・3）上野一郎
p.118　　　　　　　　　　　　　〔09634〕

プッチーニ歌劇〈マノン・レスコー〉（オペラヘ
の招待・9）福原信夫 p.122　　〔09635〕

メニューインのヴィヴァルディ，バッハ，ヘンデ
ル（各社四月新譜速報とその聴きもの）岩井
宏之 p.126　　　　　　　　　　〔09636〕

トルトゥリエのフォーレ〈ソナタ第一，二番〉他
（各社四月新譜速報とその聴きもの）日比木
伸一 p.128　　　　　　　　　　〔09637〕

マーツェルの指揮するシューベルト〈交響曲第
五，六番〉（各社四月新譜速報とその聴きも
の）渡辺学而 p.128　　　　　　〔09638〕

クナッペルツブッシュの名演〈ロマンティック〉
（各社四月新譜速報とその聴きもの）浅里公
三 p.129　　　　　　　　　　　〔09639〕

オイストラフ，オボーリンのコンビによるベー
トーヴェンの全曲（各社四月新譜速報とその
聴きもの）日比木伸一 p.130　　〔09640〕

モントゥーの最新録音〈白鳥の湖〉（各社四月新
譜速報とその聴きもの）三浦淳史
p.131　　　　　　　　　　　　　〔09641〕

ミュンシュ＝ボストンの演奏するショーソン
〈交響曲〉（各社四月新譜速報とその聴きも
の）黒田恭一 p.132　　　　　　〔09642〕

海外楽信 イタリアの話題 三浦淳史
p.134　　　　　　　　　　　　　〔09643〕

東京のコンサート聴きあるき 古田徳郎
p.136　　　　　　　　　　　　　〔09644〕

ブラームスのピアノ曲—ロマン派のピアノ曲
（5）—私たちの音楽史（第2期・49）岩井宏之
p.138　　　　　　　　　　　　　〔09645〕

LPサロン 浅里公三 p.142　　　〔09646〕

ステレオ講座（19）（連載43）池田圭
p.147　　　　　　　　　　　　　〔09647〕

ステレオ・ガイド ステレオ再生とリスニング・
ルーム 岡田諄 p.150　　　　　〔09648〕

今月の新製品紹介 p.151　　　　〔09649〕

各社三月新譜一覧表 p.156　　　〔09650〕

26巻4号（1963年4月発行）

4月のレコード評 交響曲・管弦楽曲 大宮真琴
p.26　　　　　　　　　　　　　　〔09651〕

4月のレコード評 協奏曲 岡俊雄 p.34　〔09652〕

4月のレコード評 器楽曲 小林利之
p.40　　　　　　　　　　　　　　〔09653〕

4月のレコード評 声楽曲 福原信夫
p.44　　　　　　　　　　　　　　〔09654〕

4月のレコード評 音楽史 服部幸三
p.50　　　　　　　　　　　　　　〔09655〕

4月のレコード評 ステレオ録音評 岡田諄
p.52　　　　　　　　　　　　　　〔09656〕

追悼（フェレンツ・フリッチャイ夭折）高崎保
男 p.62　　　　　　　　　　　　〔09657〕

フリッチャイ・オペラの全曲盤をめぐって
（フェレンツ・フリッチャイ夭折）黒田恭一
p.64　　　　　　　　　　　　　　〔09658〕

フリッチャイのレコード（含未発売レコード）
（フェレンツ・フリッチャイ夭折）
p.66　　　　　　　　　　　　　　〔09659〕

今月NHK-TVから放送される〈シカゴ交響楽
団〉シリーズ 上野一郎 p.68　　〔09660〕

シカゴ交響楽団の近況 家里和夫 p.71　〔09661〕

ヴェルディ・人と芸術（ヴェルディの生涯3）福
原信夫 p.72　　　　　　　　　　〔09662〕

「ディスク」 内容細目

クルト・レーデル その来日記念盤をめぐって（"話題の来日演奏家"シリーズ（3））（座談会）大宮真琴, 服部幸三, 藁科雅美 p.78 〔09663〕

だが, 私たちは一体どこへ（私の愛聴盤）和田雄太 p.83 〔09664〕

この人たちに愛の手を p.84 〔09665〕

日本盤への不満（私の愛聴盤）武田晃広 p.87 〔09666〕

ヴェルディ歌劇〈運命の力〉（オペラへの招待10）福原信夫 p.88 〔09667〕

ほろ苦い恋の回想（私の愛聴盤）竹中靖治 p.92 〔09668〕

〈モーツァルト〉その1（レコード・ファンのための音楽書（4））岩井宏之 p.93 〔09669〕

アメリカのオーケストラ（1）（音楽夜話/コンサート・マスターのレコード・4）上野一郎 p.94 〔09670〕

演奏家辞典—三月新譜に登場した演奏家たち 藤田不二 p.98 〔09671〕

海外LP紹介—最新の世界LPニュース 岡俊雄 p.100 〔09672〕

クルト・レーデルの最新録音, バッハの組曲全五曲（新着LP試聴記）坿村昌夫 p.102 〔09673〕

ウィーンのプッチーニ（オペラ・コーナー）竹内昭一 p.106 〔09674〕

祈りの歌声—ウェストファーレン合唱合奏団の来日 服部幸三 p.108 〔09675〕

こっそり買いこんだ五組目の〈ラ・ボエーム〉（私の愛聴盤）青柳長 p.110 〔09676〕

メニューインの新盤, ハイドンの〈告別〉他（各社五月新譜速報とその聴きもの）日比木伸一 p.112 〔09677〕

ストラヴィンスキー自作自演〈三楽章交響曲〉他（各社五月新譜速報とその聴きもの）渡辺学而 p.113 〔09678〕

ナヴァラの好演するハイドンとボッケリーニ（各社五月新譜速報とその聴きもの）日比木伸一 p.114 〔09679〕

現代ドイツの音楽, アイネム〈ピアノ協奏曲〉他（各社五月新譜速報とその聴きもの）鈴木匡 p.116 〔09680〕

十八世紀のトランペット協奏曲集（各社五月新譜速報とその聴きもの）岩井宏之 p.117 〔09681〕

アンチェルの〈ロメオとジュリエット〉（各社五月新譜速報とその聴きもの）鈴木匡 p.118 〔09682〕

カルーソーからステファーノ十大テナーによるナポリ民謡集（各社五月新譜速報とその聴きもの）黒田恭一 p.119 〔09683〕

モントゥーの新録音〈ロメオとジュリエット〉（各社五月新譜速報とその聴きもの）黒田恭一 p.120 〔09684〕

海外楽信 イタリアとイギリスの話題 三浦淳史 p.122 〔09685〕

ベートーヴェンの交響曲とその伝統——一九世紀の交響曲（1）—私たちの音楽史（第2期・50）岩井宏之 p.124 〔09686〕

東京のコンサート聴きあるき 古田徳郎 p.128 〔09687〕

オーディオ相談室 朝倉昭, 岡田諄 p.130 〔09688〕

海外楽信 今シーズンのスカラ座の舞台から 山根比奈子 p.132 〔09689〕

サロン・ド・ディスク p.132 〔09690〕

ステレオ・ガイド 輸入ステレオ・カートリッジ・あれこれ 朝倉昭 p.135 〔09691〕

各社四月新譜一覧表 p.140 〔09692〕

26巻5号（1963年8月発行）

8月のレコード評 交響曲 岡俊雄, 録音評：三井啓 p.18 〔09693〕

8月のレコード評 管弦楽曲 浜田徳昭, 録音評：三井啓 p.24 〔09694〕

8月のレコード評 音楽史 渡部恵一郎 p.29 〔09695〕

8月のレコード評 協奏曲 上野一郎, 録音評：三井啓 p.30 〔09696〕

8月のレコード評 室内楽・器楽曲 藤田晴子, 録音評：三井啓 p.38 〔09697〕

8月のレコード評 声楽曲 黒田恭一, 録音評：三井啓 p.48 〔09698〕

8月のレコード評 現代音楽 インプロヴィゼーションの研究 長尾義弘 p.59 〔09699〕

8月のレコード評 ポピュラー 青木啓 p.60 〔09700〕

太陽の国のカンツォーネの王様 クラウディオ・ヴィルラ 青木啓 p.64 〔09701〕

LP演奏家辞典—7月新譜に登場した演奏家たち 藤田不二 p.66 〔09702〕

ステレオ録音 8月のレコード評 岩井宏之, 中川和義, 三浦淳史, 日比木伸一, 日高詢子 p.68 〔09703〕

5.6.7月新譜評 岩井宏之, 中川和義, 三浦淳史, 日比木伸一, 日高詢子 p.68 〔09704〕

批評について〈ワルターのモーツァルトの場合〉（ブルーノ・ワルターのレコード この巨匠の遺した人類の遺産）猿田惠 p.90 〔09705〕

詩と歌と人と〈ワルターのロマン派〉（ブルーノ・ワルターのレコード この巨匠の遺した人類の遺産）渡辺学而 p.94 〔09706〕

ワルターのワーグナー解釈〈「ワルキューレ」発売によせて〉（ブルーノ・ワルターのレコード この巨匠の遺した人類の遺産）渡辺護 p.96 〔09707〕

ワルターに教えられた音楽の楽しみ（私の愛聴盤—読者随筆）佐藤茂夫 p.99 〔09708〕

ワルターに思うこと（ブルーノ・ワルターのレコード この巨匠の遺した人類の遺産）宮沢縦一 p.102　　　　　　　　　　〔09709〕

ワルターの歩んだオーケストラの道（ブルーノ・ワルターのレコード この巨匠の遺した人類の遺産）上野一郎 p.102　　〔09710〕

マーラー「第一交響曲」の見事な解釈（ブルーノ・ワルターのレコード この巨匠の遺した人類の遺産）ディヴィド・ホール，野口英彦 訳 p.105　　　　　　　　　　〔09711〕

ワルターのレコード〈ディスコグラフィ〉（ブルーノ・ワルターのレコード この巨匠の遺した人類の遺産）p.106　　　　〔09712〕

レコード・マニアのザンゲ〈騙しとったLP〉（私の愛聴盤―読者随筆）小西輝夫 p.109　　　　　　　　　　〔09713〕

ヴェルディ・人と芸術（ヴェルディの生涯4）福原信夫 p.110　　　　　　　　〔09714〕

ヴェルディ歌劇「仮面舞踏会」―ヴェルディのオペラ（2）（名曲ディスコグラフィ）黒田恭一 p.116　　　　　　　　　〔09715〕

プライスがレコーディングした歌劇「蝶々夫人」リチャード・モーア，家里和夫 訳 p.120　　　　　　　　　　〔09716〕

今秋来日するドイツ/イタリア歌劇団詳報 p.122　　　　　　　　　　〔09717〕

深い影響を受けたあらえびす先生の「名曲決定盤」（私の愛聴盤―読者随筆）山田喜三郎 p.125　　　　　　　　　〔09718〕

あらえびす先生を偲ぶ 青木謙幸，森潤三郎，堀内敬三，城井清澄，寺島宏，藤田不二，鮎野行夫 p.126　　　　　〔09719〕

あらえびす先生の人を語る 金田一京助，江戸川乱歩，野村光一，芦沢威雄，松岡宏一 p.134　　　　　　　　　〔09720〕

音楽随想 夏と音楽―海・山・水などを背景に 丸山菊夫 p.138　　　　　　〔09721〕

マクダウェルに聴く北欧的憂愁と孤独（私の愛聴盤―読者随筆）中村隆夫 p.141　〔09722〕

音楽夜話 アメリカのオーケストラ・2（コンサート・マスターのレコード（5））上野一郎 p.142　　　　　　　　　〔09723〕

海外LP紹介 岡俊雄 p.146　　　〔09724〕

オペラ指揮者としてのワインガルトナー（オペラ・コーナー）竹内昭一 p.152〔09725〕

クレンペラーのブルックナー〈交響曲第七番〉（各社9月新譜とその聴きもの）長尾義弘 p.154　　　　　　　　　〔09726〕

プライロフスキーのショパン〈前奏曲集〉（各社9月新譜とその聴きもの）中川和義 p.156　　　　　　　　　〔09727〕

ウィーン・ゾリステンの〈ウィーンのモーツァルト〉（各社9月新譜とその聴きもの）岩井宏之 p.156　　　　　〔09728〕

リフテルの弾くベートーヴェンの〈第三協奏曲〉（各社9月新譜とその聴きもの）渡辺学而 p.156　　　　　　〔09729〕

ボロディンとショスタコーヴィッチの弦楽四重奏曲（各社9月新譜とその聴きもの）三浦淳史 p.158　　　　　〔09730〕

クルト・レーデルのバッハ〈管弦楽組曲全五曲〉（各社9月新譜とその聴きもの）渡部恵一郎 p.160　　　　〔09731〕

サヴァリッシュの快演 ブラームスの〈第一交響曲〉（各社9月新譜とその聴きもの）浅里公三 p.161　　　〔09732〕

ホヴァネスの〈神秘の山〉他 ライナー指揮（各社9月新譜とその聴きもの）三浦淳史 p.162　　　　　　〔09733〕

海外楽信 ヨーロッパの話題 三浦淳史 p.164　　　　　　　　　〔09734〕

海外楽信 アメリカの話題 野口昭 p.164　　　　　　　　　〔09735〕

新レーベル〈アマデオ〉登場 p.166　〔09736〕

サロン・ド・ディスク p.168　　〔09737〕

教え子に贈られたブランデンブルク協奏曲（私の愛聴盤―読者随筆）浅香良平 p.169　　　　　　　　　〔09738〕

ステレオ・ガイド ピック・アップの針先の話 p.171　　　　　　　〔09739〕

あなたの再生装置を設計する 予算に応じた組合せ（1）重村幸雄 p.173　〔09740〕

新着輸入製品紹介 アルティック社のスピーカ2種 橋爪克巳 p.175　　　〔09741〕

オーディオ相談室 大森昌夫 p.177　〔09742〕

国内新製品紹介 野村隆一 p.180　〔09743〕

スピーカー・過去・現在・そして将来 ノーマン・アイゼンベルク，野口英彦 訳 p.185　　　　　　　　　〔09744〕

26巻6号（1963年9月発行）

9月のレコード評 交響曲 岡俊雄，録音評：三井啓 p.22　　　　　　〔09745〕

9月のレコード評 管弦楽曲 浜田徳昭，録音評：三井啓 p.30　　　　〔09746〕

9月のレコード評 現代音楽 オンド・マルトゥノのための音楽 三浦淳史 p.39〔09747〕

9月のレコード評 協奏曲 上野一郎，録音評：三井啓 p.40　　　　〔09748〕

9月のレコード評 室内楽・器楽曲 藤田晴子，録音評：三井啓 p.48　　〔09749〕

9月のレコード評 現代音楽 ヴァレーズの音楽―第二幕 長尾義弘 p.59　〔09750〕

9月のレコード評 声楽曲 黒田恭一，録音評：三井啓 p.60　　　　〔09751〕

9月のレコード評 音楽史 ヴェルサイユ楽派の音楽 渡部恵一郎 p.70　〔09752〕

9月のレコード評 ポピュラー 青木啓 p.72　　　　　　　　　〔09753〕

「ディスク」 内容細目

9月のレコード評 現代音楽 カーターとシューマンの弦楽四重奏曲 長尾義弘 p.76 〔09754〕

ベームのポートレート（来日する巨匠 カール・ベーム）エヴァーレット・ヘルム，三浦淳史 訳 p.86 〔09755〕

情感と造型の調和〈交響曲におけるベーム〉（来日する巨匠 カール・ベーム）浜田徳昭 p.90 〔09756〕

素晴らしかったベームの「アルプス交響曲」（私の愛聴盤―読者随筆）荻原裕 p.93 〔09757〕

真実の音楽〈オペラ指揮者としてのベーム〉（来日する巨匠 カール・ベーム）黒田恭一 p.94 〔09758〕

ベームの「コシ・ファン・トゥッテ」〈近く発売されるレコード〉（来日する巨匠 カール・ベーム）ナタン・ブローダー，野口英彦 訳 p.96 〔09759〕

ベームの指揮歴とその名盤（来日する巨匠 カール・ベーム）渡辺学而 p.100 〔09760〕

マエストロの表情（来日する巨匠 カール・ベーム）p.103 〔09761〕

ベルリン・フィルの背景（1）（来日する巨匠 カール・ベーム）猿田憙 p.104 〔09762〕

ジョルジ・シフラの物語―もはや新しい生活が始まったのだ ジョルジ・シフラ，黒田美恵子 訳 p.108 〔09763〕

ヴェルディ・人と芸術（ヴェルディの生涯5）福原信夫 p.110 〔09764〕

若き友への手紙（私の愛聴盤―読者随筆）辻山誠一 p.113 〔09765〕

ベルリン・ドイツ・オペラの沿革 竹内昭一 p.114 〔09766〕

イタリア・オペラへの期待 小林利之 p.118 〔09767〕

病に堪える勇気を与えてくれたベートーヴェンの「第九」（私の愛聴盤―読者随筆）佐藤真雄 p.121 〔09768〕

ベルリン・ドイツ・オペラのプロフィール 浅里公三 p.122 〔09769〕

歌劇「トロヴァトーレ」（名曲ディスコグラフィ）黒田恭一 p.126 〔09770〕

イタリア，ドイツ・オペラの放送日程表から p.130 〔09771〕

海外LP紹介 岡俊雄 p.132 〔09772〕

風雨の山で聴いたベートーヴェンの「第七」（私の愛聴盤―読者随筆）川西康之 p.137 〔09773〕

オーケストラの歴史 ノーマン・ピッカリング，岸豊三 訳 p.138 〔09774〕

ワルターの歩んだオーケストラの道（その2）上野一郎 p.142 〔09775〕

音楽夜話 コンサート・マスターのレコード（6）日本のオーケストラ その他 上野一郎 p.146 〔09776〕

コロムビア音楽クイズ p.151 〔09777〕

クレンペラーの新録音 モーツァルトの〈第40番〉〈第41番〉（各社10月新譜とその聴きもの）岩井宏之 p.152 〔09778〕

フランコ・コレルリのうたう〈ナポリ民謡集〉第二集（各社10月新譜とその聴きもの）前和男 p.153 〔09779〕

オーマンディの快演するシベリュウス〈交響曲第1番〉（各社10月新譜とその聴きもの）長尾義弘 p.154 〔09780〕

バロックの真髄〈テレマン・トリオ・ソナタ集〉（各社10月新譜とその聴きもの）岩井宏之 p.155 〔09781〕

シュナイダーハンのストラヴィンスキー〈ヴァイオリン協奏曲〉（各社10月新譜とその聴きもの）三浦淳史 p.157 〔09782〕

アメデゥスのベートーヴェン〈作品18の1,2〉（各社10月新譜とその聴きもの）日比木伸一 p.157 〔09783〕

ヘルマン・プライの〈ドイツ・リート・リサイタル〉（各社10月新譜とその聴きもの）幸俊二 p.158 〔09784〕

シフラ・ショパン・シリーズの第一集〈練習曲〉全集（各社10月新譜とその聴きもの）中川和義 p.159 〔09785〕

バッハの〈協奏曲〉三曲（各社10月新譜とその聴きもの）渡部恵一郎 p.160 〔09786〕

ラインスドルフ指揮する〈マクベス〉全曲（各社10月新譜とその聴きもの）小林利之 p.161 〔09787〕

新人アッカルドのパガニーニ〈奇想曲〉全集（各社10月新譜とその聴きもの）上野晃 p.162 〔09788〕

モーツァルトの〈二つの協奏交響曲〉（各社10月新譜とその聴きもの）日比木伸一 p.163 〔09789〕

生きる喜びを感じさせるモーツァルトの喜遊曲（私の愛聴盤―読者随筆）相原定雄 p.164 〔09790〕

海外楽信 ヨーロッパの話題 三浦淳史 p.166 〔09791〕

八月新譜に登場した演奏家たち 藤田不二 p.168 〔09792〕

サロン・ド・ディスク p.170 〔09793〕

ステレオ・ガイド プレーヤーのアクセサリー・あれこれ p.173 〔09794〕

オーディオ相談室 大森高夫 p.175 〔09795〕

新着輸入製品紹介 ヒースキットのアンプ二種 橋爪克巳 p.177 〔09796〕

あなたの再生装置を設計する 三万円台の構成 重村幸雄 p.179 〔09797〕

国内新製品紹介 野村隆一 p.181 〔09798〕

各社九月新譜一覧表 p.187 〔09799〕

内容細目　　　　　　　　　　　　　　　　「ディスク」

26巻7号（1963年10月発行）

10月のレコード評 交響曲 岡俊雄
p.22　　　　　　　　　　　　　〔09800〕

10月のレコード評 管弦楽曲 浜田徳昭，録音
評：三井啓 p.30　　　　　　　〔09801〕

10月のレコード評 協奏曲 上野一郎，録音評：
三井啓 p.35　　　　　　　　　〔09802〕

10月のレコード評 室内楽・器楽曲 藤田晴子，
録音評：三井啓 p.40　　　　　〔09803〕

10月のレコード評 声楽曲 黒田恭一，録音評：
三井啓 p.49　　　　　　　　　〔09804〕

10月のレコード評 音楽史 渡部恵一郎
p.63　　　　　　　　　　　　　〔09805〕

10月のレコード評 現代音楽 ビクター現代音楽
シリーズ第三集 三浦淳史 p.64　〔09806〕

LP演奏家辞典―九月新譜に登場した演奏家た
ち 藤田不二 p.68　　　　　　　〔09807〕

10月のレコード評 ポピュラー 青木啓
p.70　　　　　　　　　　　　　〔09808〕

リーダース・ダイジェストの二つの全集を聴い
て 世界名曲集 浜田徳昭 p.74　〔09809〕

リーダース・ダイジェストの二つの全集を聴い
て 家庭名曲集 渡辺学而 p.74　〔09810〕

ラインスドルフのすべて（エーリッヒ・ライン
スドルフ）黒田美恵子 訳 p.89　〔09811〕

ボストン交響楽団の変遷〈オーケストラの貴族〉
（エーリッヒ・ラインスドルフ）上野一郎
p.92　　　　　　　　　　　　　〔09812〕

レコードに聴くラインスドルフ（エーリッヒ・
ラインスドルフ）小林利之 p.96　〔09813〕

新しい録音技術―ダイナグルーヴ登場 岡俊雄
p.99　　　　　　　　　　　　　〔09814〕

ヴェルディ・人と芸術（ヴェルディの生涯6）福
原信夫 p.102　　　　　　　　　〔09815〕

「リゴレット」以前のオペラ―ヴェルディのオ
ペラ（4）（名曲ディスコグラフィ）黒田恭一
p.106　　　　　　　　　　　　　〔09816〕

ベームの名盤（2）―R・シュトラウスとベーム
渡辺学而 p.109　　　　　　　　〔09817〕

名曲落穂ひろい（1）名曲の背番号 岩井宏之
p.110　　　　　　　　　　　　　〔09818〕

ベルリン・フィルの背景（その2）猿田悳
p.112　　　　　　　　　　　　　〔09819〕

ブラードの想い出（私の愛聴盤）佐藤良雄
p.117　　　　　　　　　　　　　〔09820〕

ワルターの歩んだオーケストラの道（3）―レ
コードにおける 上野一郎 p.118　〔09821〕

シゲティ礼賛（私の愛聴盤）松本英雄
p.123　　　　　　　　　　　　　〔09822〕

海外LP紹介 岡俊雄 p.124　　　〔09823〕

海外楽信 ヨーロッパの話題 三浦淳史
p.130　　　　　　　　　　　　　〔09824〕

熱愛おく能はざるモーツァルト（私の愛聴盤）
小野勝 p.132　　　　　　　　　〔09825〕

コロムビア音楽クイズ p.133　　〔09826〕

クリュイタンスのラヴェル「管弦楽全集」第三
集（各社11月新譜速報とその聴きもの）渡辺
学而 p.134　　　　　　　　　　〔09827〕

ルートヴィッヒのシューマン「女の愛と生涯」
他（各社11月新譜速報とその聴きもの）前和
男 p.135　　　　　　　　　　　〔09828〕

ミトロプーロスのベルク「ヴォツェック」全曲
（各社11月新譜速報とその聴きもの）野口昭
p.136　　　　　　　　　　　　　〔09829〕

グラインドルのレーヴェ「歌曲集」（各社11月新
譜速報とその聴きもの）前和男
p.138　　　　　　　　　　　　　〔09830〕

ステファンスカのショパン「愛奏曲集」（各社11
月新譜速報とその聴きもの）中川和義
p.138　　　　　　　　　　　　　〔09831〕

カーゾンとウィーン・フィルQのドヴォルザー
ク「ピアノ五重奏」他（各社11月新譜速報と
その聴きもの）岩井宏之 p.140　〔09832〕

ロジェストヴェンスキーの「くるみ割り人形」
全曲（各社11月新譜速報とその聴きもの）小
倉重夫 p.141　　　　　　　　　〔09833〕

ミュンシュの新録音「牧神の午後への前奏曲」
他（各社11月新譜速報とその聴きもの）渡辺
学而 p.142　　　　　　　　　　〔09834〕

ステレオ・テープ・レコーダー入門（1）村田鈇
哉 p.145　　　　　　　　　　　〔09835〕

新着輸入製品紹介 橋爪克巳 p.147　〔09836〕

あなたの再生装置を設計する 四万円台の構成
重村幸雄 p.149　　　　　　　　〔09837〕

国内新製品紹介 野村隆一 p.151　〔09838〕

オーディオ相談室 大森昌夫 p.152　〔09839〕

各社十月新譜一覧表 p.159　　　〔09840〕

26巻8号（1963年11月発行）

11月のレコード評 交響曲 岡俊雄
p.22　　　　　　　　　　　　　〔09841〕

11月のレコード評 管弦楽曲 浜田徳昭，録音
評：三井啓 p.28　　　　　　　〔09842〕

11月のレコード評 協奏曲 上野一郎，録音評：
三井啓 p.32　　　　　　　　　〔09843〕

11月のレコード評 室内楽・器楽曲 藤田晴子，
録音評：三井啓 p.40　　　　　〔09844〕

11月のレコード評 声楽曲 黒田恭一，録音評：
三井啓 p.50　　　　　　　　　〔09845〕

11月のレコード評 現代音楽 シェーンベルク全
集 三浦淳史 p.60　　　　　　　〔09846〕

11月のレコード評 音楽史 渡部恵一郎
p.62　　　　　　　　　　　　　〔09847〕

11月のレコード評 通信販売レコード 岡俊雄
p.66　　　　　　　　　　　　　〔09848〕

11月のレコード評 通信販売レコード 渡辺学而
p.67　　　　　　　　　　　　　〔09849〕

十月新譜に登場した演奏家たち 藤田不二
p.70　　　　　　　　　　　　　〔09850〕

〔09800～09850〕　　　　　戦前期　レコード音楽雑誌記事索引　**183**

「ディスク」　内容細目

海外楽信 ヨーロッパの話題 三浦淳史
p.72　〔09851〕

11月のレコード評 ポピュラー 青木啓
p.74　〔09852〕

エルネスト・アンセルメ・その足跡と芸術（今月八十歳の誕生日を迎えたアンセルメ）岡俊雄 p.89　〔09853〕

非情と情感の調和―指揮者のみたアンセルメの姿（今月八十歳の誕生日を迎えたアンセルメ）浜田徳昭 p.94　〔09854〕

アンセルメの美学（今月八十歳の誕生日を迎えたアンセルメ）三浦淳史 p.96　〔09855〕

アンセルメとハイ・ファイ、そしてステレオ（今月八十歳の誕生日を迎えたアンセルメ）岡俊雄 p.98　〔09856〕

日本の音楽愛好家のみなさまへ―アンセルメからのメッセージ（今月八十歳の誕生日を迎えたアンセルメ）p.100　〔09857〕

ステレオ時代のオーケストラ（1）エリック・サルツマン，岸愛三 訳 p.102　〔09858〕

フィッシャー＝ディスカウの若い時代（フィッシャー＝ディスカウの芸術1）F・ヘルツフェルト，猿田憲 訳 p.106　〔09859〕

ヴェルディ・人と芸術（ヴェルディの生涯7）福原信夫 p.110　〔09860〕

「ドン・カルロ」と「運命の力」―ヴェルディのオペラ（5）（名曲ディスコグラフィ）黒田恭一 p.116　〔09861〕

幽霊船伝説（オペラ・コーナー）竹内昭一 p.120　〔09862〕

真作と偽作（名曲落穂ひろい・2）岩井宏之 p.122　〔09863〕

海外LP紹介 岡俊雄 p.124　〔09864〕

今月のステレオ・テープ 岡俊雄 p.128　〔09865〕

イエルク・デムス氏の思い出によせて（私の愛聴盤）椛島道治 p.131　〔09866〕

音楽夜話 指揮者の余技のレコード―ピアノ篇 上野一郎 p.132　〔09867〕

心を洗われたベートーヴェンの四重奏曲（私の愛聴盤）伊東一郎 p.136　〔09868〕

コロムビア音楽クイズ p.137　〔09869〕

フランコ・コレルリの「オペラ・アリア集」（各社12月新譜速報とその聴きもの）幸俊二 p.138　〔09870〕

バーンステインのベートーヴェン「運命」他（各社12月新譜速報とその聴きもの）渡辺学而 p.140　〔09871〕

ホルショウスキー／ブダペストの「鱒」他（各社12月新譜速報とその聴きもの）岩井宏之 p.140　〔09872〕

セルの指揮するR・シュトラウス（各社12月新譜速報とその聴きもの）渡辺学而 p.141　〔09873〕

リタ・シュトライヒの「ヴォルフ歌曲集」（各社12月新譜速報とその聴きもの）前和男 p.142　〔09874〕

リフテルのショパン，ドビュッシー，スクリアビン（各社12月新譜速報とその聴きもの）中川和義 p.142　〔09875〕

アンセルメのレスピーギ「ローマの泉と松」（各社12月新譜速報とその聴きもの）上野晃 p.143　〔09876〕

グリュミオーの新盤，ラロの「スペイン交響曲」（各社12月新譜速報とその聴きもの）日比木伸一 p.144　〔09877〕

ハイフェッツ／ベイのベートーヴェン「ヴァイオリン・ソナタ」全曲（各社12月新譜速報とその聴きもの）上野晃 p.146　〔09878〕

ガリーナ・ヴィシネフスカヤの芸術（各社12月新譜速報とその聴きもの）小林利之 p.146　〔09879〕

九月のコンサートから―演奏会評 小林利之 p.148　〔09880〕

オーディオ相談室 大森昌夫 p.150　〔09881〕

ステレオ・テープ・レコーダー入門（2）テープ・レコーダーの二つの要素 村田欽哉 p.155　〔09882〕

新着輸入製品紹介 浦田邦彦 p.157　〔09883〕

あなたの再生装置を設計する―四万円台の構成・2 重村幸雄 p.159　〔09884〕

国内新製品紹介 野村隆一 p.161　〔09885〕

各社十一月新譜一覧表 p.167　〔09886〕

26巻9号（1963年12月発行）

12月のレコード評 交響曲 岡俊雄
p.26　〔09887〕

12月のレコード評 管弦楽曲 奥田道昭，録音評：三井啓 p.34　〔09888〕

12月のレコード評 協奏曲 上野一郎，録音評：三井啓 p.41　〔09889〕

12月のレコード評 現代音楽 伽藍の音楽と電子音楽 三浦淳史 p.47　〔09890〕

12月のレコード評 室内楽・器楽曲 藤田晴子，録音評：三井啓 p.48　〔09891〕

12月のレコード評 音楽史 渡部恵一郎 p.57　〔09892〕

12月のレコード評 声楽曲 黒田恭一，録音評：三井啓 p.60　〔09893〕

12月のレコード評 ポピュラー 青木啓
p.68　〔09894〕

「トロヴァトーレ」から得たもの（八つの舞台に聴いたもの―イタリア・オペラ）黒田恭一 p.82　〔09895〕

「蝶々夫人」の真髄（八つの舞台に聴いたもの―イタリア・オペラ）小林利之 p.84　〔09896〕

「セビリアの理髪師」を聴いて（八つの舞台に聴いたもの―イタリア・オペラ）福原信夫 p.86　〔09897〕

| 内容細目 | 「ディスク」 |

「西部の娘」所見（八つの舞台に聴いたもの―イタリア・オペラ）前和男 p.88 〔09898〕

「フィデリオ」の意味するもの（八つの舞台に聴いたもの―ベルリン・ドイツ・オペラ）岩井宏之 p.90 〔09899〕

「フィガロの結婚」の感動（八つの舞台に聴いたもの―ベルリン・ドイツ・オペラ）黒田恭一 p.92 〔09900〕

「ヴォツェック」の戦慄（八つの舞台に聴いたもの―ベルリン・ドイツ・オペラ）三浦淳史 p.94 〔09901〕

「トリスタンとイゾルデ」（八つの舞台に聴いたもの―ベルリン・ドイツ・オペラ）小林利之 p.96 〔09902〕

プロンプターの生活と意見―舞台下の独房の中の男 ジャック・ファーブスン，三浦淳史 訳 p.98 〔09903〕

ヴェルディ・人と芸術（ヴェルディの生涯8）福原信夫 p.102 〔09904〕

ルービンシュタイン 音楽を語る（1）マックス・ウィルコックス，家里和男 訳 p.108 〔09905〕

クナッパーツブッシュのウィンナ・ワルツ（私の愛聴盤）山田和義 p.111 〔09906〕

ウィンナ・ワルツの背景（1）保柳健 p.112 〔09907〕

女帝マリア・テレジア（オペラ・コーナー）竹内昭一 p.116 〔09908〕

海外LP紹介 岡俊雄 p.118 〔09909〕

オークランドのアリアドネ（私の愛聴盤）伊藤好平 p.123 〔09910〕

セレナーデについて（名曲落穂ひろい・3）岩井宏之 p.124 〔09911〕

音楽夜話 指揮者の余技のレコード―ピアノ篇（2）上野一郎 p.126 〔09912〕

カザルス讃（私の愛聴盤）関義治 p.131 〔09913〕

ウォルトンの自作自演，「ベルシャザール王の祭り」他（各社1月新譜速報とその聴きもの）上野晃 p.132 〔09914〕

オーマンディの快演「ワーグナー管弦楽傑作集」（各社1月新譜速報とその聴きもの）渡辺学而 p.134 〔09915〕

マーツェルの「管弦楽入門」と「ペーターと狼」（各社1月新譜速報とその聴きもの）三浦淳史 p.135 〔09916〕

カーゾン/セルの名演するブラームスの「第1番」（各社1月新譜速報とその聴きもの）中川和義 p.136 〔09917〕

パガニーニ/アッカルドの第三弾（各社1月新譜速報とその聴きもの）岩井宏之 p.138 〔09918〕

ステレオ時代のオーケストラ（2）エリック・サルツマン，岸愛三 訳 p.140 〔09919〕

コロムビア音楽クイズ p.143 〔09920〕

十月のコンサートから―演奏会評 小林利之 p.144 〔09921〕

無二の友，ベートーヴェンの四重奏曲（私の愛聴盤）高田万琴 p.145 〔09922〕

海外楽信 ヨーロッパの話題 三浦淳史 p.146 〔09923〕

フランス音楽とフランスの楽壇 松本太郎 p.148 〔09924〕

パリからのニュース 木村繁 p.149 〔09925〕

十一月新譜に登場した演奏家たち 藤田不二 p.150 〔09926〕

ステレオ・テープ・レコーダー入門3 テープ・レコーダーの二つの要素・2 村田欽哉 p.153 〔09927〕

新着輸入製品紹介 浦田邦彦 p.155 〔09928〕

あなたの再生装置を設計する―五万円台の構成・1 重村幸雄 p.157 〔09929〕

国内新製品紹介 野村隆一 p.159 〔09930〕

各社十二月新譜一覧表 p.167 〔09931〕

27巻1号（1964年1月発行）

1月のレコード評 交響曲 岡俊雄 p.26 〔09932〕

1月のレコード評 管弦楽曲 奥田道昭，録音評：桜庭昭治 p.30 〔09933〕

1月のレコード評 協奏曲 上野一郎，録音評：山中敬三 p.36 〔09934〕

1月のレコード評 室内楽・器楽曲 藤田晴子，録音評：桜庭昭治 p.40 〔09935〕

1月のレコード評 声楽曲 黒田恭一，録音評：朝倉昭 p.48 〔09936〕

1月のレコード評 音楽史 渡部恵一郎 p.52 〔09937〕

1月のレコード評 現代音楽 三浦淳史 p.56 〔09938〕

1月のレコード評 ポピュラー 青木啓 p.58 〔09939〕

十二月新譜に登場した演奏家たち 藤田不二 p.62 〔09940〕

コロムビア音楽クイズ p.64 〔09941〕

ある日の演奏家点描（特集 新春随想）藤田晴子 p.73 〔09942〕

さあれ去年の雪やいずくぞ（特集 新春随想）黒田恭一 p.75 〔09943〕

不安の時代の音楽（特集 新春随想）三浦淳史 p.76 〔09944〕

自己紹介と音楽史月評の立場（特集 新春随想）渡部恵一郎 p.78 〔09945〕

私の好きな音楽（特集 新春随想）上野一郎 p.79 〔09946〕

映画音楽とレコード（特集 新春随想）岡俊雄 p.80 〔09947〕

クリュイタンスの平凡な物語（今春最大の話題 来日する名指揮者）山口芙美 p.82 〔09948〕

「ディスク」　　　　　　　　　　　内容細目

クリュイタンスへの期待（今春最大の話題 来日
　する名指揮者）上野晃 p.86　　　　〔09949〕

フリッツ・ライナー追悼 岡俊雄 p.88　〔09950〕

ウィンナ・ワルツの背景（2）保柳健
　p.90　　　　　　　　　　　　　　〔09951〕

ルービンシュタイン 音楽を語る（2）マックス・
　ウィルコックス，家里和男 訳 p.94 〔09952〕

ヴェルディ・人と芸術（ヴェルディの生涯9）福
　原信夫 p.98　　　　　　　　　　〔09953〕

シューマン・ハインク（オペラ・コーナー）竹
　内昭一 p.104　　　　　　　　　　〔09954〕

「椿姫」は何を選ぶか—ヴェルディのオペラ（6）
　（名曲ディスコグラフィ）黒田恭一
　p.106　　　　　　　　　　　　　〔09955〕

海外LP紹介 岡俊雄 p.112　　　　　〔09956〕

今月のステレオ・テープ 岡俊雄
　p.114　　　　　　　　　　　　　〔09957〕

音楽夜話 指揮者の余技のレコード—絃楽器篇
　上野一郎 p.120　　　　　　　　　〔09958〕

ミシェル・オークレールの横顔 石川登志夫
　p.122　　　　　　　　　　　　　〔09959〕

標題と音楽（名曲落穂ひろい・4）岩井宏之
　p.126　　　　　　　　　　　　　〔09960〕

ハイティンクの栄光への道 黒田美恵子 訳
　p.128　　　　　　　　　　　　　〔09961〕

海外楽信 ヨーロッパの話題 三浦淳史
　p.130　　　　　　　　　　　　　〔09962〕

パリとバロック音楽 松本太郎 p.132　〔09963〕

大切にしたいモノの名盤（私の愛聴盤）吉川一
　夫 p.134　　　　　　　　　　　　〔09964〕

東京のコンサート聴きある記 小林利之
　p.136　　　　　　　　　　　　　〔09965〕

バーンスタインのブラームス「交響曲第四番」
　（各社二月新譜速報とその聴きもの）渡辺学
　而 p.139　　　　　　　　　　　　〔09966〕

セル/クリーヴランドの「ウィンナ・ワルツ」
　（各社二月新譜速報とその聴きもの）岩井宏
　之 p.140　　　　　　　　　　　　〔09967〕

ヨッフムの指揮するマーラー「大地の歌」（各社
　二月新譜速報とその聴きもの）小林利之
　p.140　　　　　　　　　　　　　〔09968〕

ヴェヒターのシューマン「詩人の恋」（各社二月
　新譜速報とその聴きもの）前和男
　p.141　　　　　　　　　　　　　〔09969〕

バルヒェットの弾く「バッハ協奏曲集」（各社二
　月新譜速報とその聴きもの）岩井宏之
　p.143　　　　　　　　　　　　　〔09970〕

ハイラーの演奏する「ヴィヴァルディ/バッハ/
　オルガン協奏曲」（各社二月新譜速報とその聴
　きもの）小林利之 p.144　　　　　〔09971〕

クライバーン/ライナーの新譜ベートーヴェン
　の「第四番」（各社二月新譜速報とその聴きも
　の）中川和義 p.144　　　　　　　〔09972〕

新着輸入製品紹介 浦田邦彦 p.146　　〔09973〕

ステレオ・テープ・レコーダー入門4 テープ・
　レコーダーの録音・再生アンプ 村田欽哉
　p.149　　　　　　　　　　　　　〔09974〕

五万円の構成・2（あなたの再生装置を設計す
　る）重村幸雄 p.151　　　　　　　〔09975〕

国内新製品紹介 野村隆一 p.153　　　〔09976〕

オーディオ豆辞典 p.154　　　　　　〔09977〕

各社新型カートリッジの聴きくらべ 桜庭昭治，
　岡田諄，岡俊雄 p.161　　　　　　〔09978〕

各社一月新譜一覧表 p.167　　　　　〔09979〕

27巻2号（1964年2月発行）

2月のレコード評 交響曲 岡俊雄 p.22　〔09980〕

2月のレコード評 管弦楽曲 奥田道昭，録音評：
　桜庭昭治 p.30　　　　　　　　　〔09981〕

2月のレコード評 協奏曲 上野一郎，録音評：山
　中敬三 p.36　　　　　　　　　　〔09982〕

2月のレコード評 室内楽・器楽曲 藤田晴子，録
　音評：桜庭昭治 p.42　　　　　　　〔09983〕

2月のレコード評 声楽曲 黒田恭一，録音評：朝
　倉昭 p.52　　　　　　　　　　　〔09984〕

コロムビア音楽クイズ/最終回 p.59　　〔09985〕

2月のレコード評 音楽史 渡部恵一郎
　p.60　　　　　　　　　　　　　〔09986〕

2月のレコード評 現代音楽 三浦淳史
　p.64　　　　　　　　　　　　　〔09987〕

2月のレコード評 ポピュラー 青木啓
　p.66　　　　　　　　　　　　　〔09988〕

"レナード・バーンスタイン物語" 三浦淳史 訳
　p.81　　　　　　　　　　　　　〔09989〕

バーンステインの芸術 岡俊雄 p.88　　〔09990〕

ニューヨーク・フィルハーモニック交響楽団 こ
　の名門の歴史をたどる 上野一郎
　p.90　　　　　　　　　　　　　〔09991〕

ディスク月評陣の選んだ1963年度下半期の名盤
　p.96　　　　　　　　　　　　　〔09992〕

読者の選んだ1963年度のベスト・テン
　p.98　　　　　　　　　　　　　〔09993〕

アニー・リフテルの「小さな燈」（リフテルの知
　られざる物語）ポール・ムーア，家里和男 訳
　p.108　　　　　　　　　　　　　〔09994〕

「リゴレット」は何を選ぶか—ヴェルディのオ
　ペラ（7）（名曲ディスコグラフィ）黒田恭一
　p.114　　　　　　　　　　　　　〔09995〕

ヴェルディ・人と芸術（ヴェルディの生涯10）
　福原信夫 p.118　　　　　　　　　〔09996〕

現代ウィーン楽派の人々（1）序に代えて 占いと
　音楽（レコード・ファンのための音楽史 現代
　音楽へのいざない）三浦淳史
　p.123　　　　　　　　　　　　　〔09997〕

フランス・アルス・ノヴァとイタリア14世紀
　（レコード・ファンのための音楽史 ルネッサ
　ンスからバロックまで1）渡部恵一郎
　p.126　　　　　　　　　　　　　〔09998〕

海外LP紹介 岡俊雄 p.130 〔09999〕

民謡と歌曲（名曲落穂ひろい・4）岩井宏之 p.136 〔10000〕

海外楽信 ヨーロッパの話題 三浦淳史 p.138 〔10001〕

東京のコンサート聴きある記 小林利之 p.140 〔10002〕

ファリアの「スペインの庭の夜」とハープシコード協奏曲/ソリアーノ（各社三月新譜速報とその聴きもの）岩井宏之 p.142 〔10003〕

ゼルキンのベートーヴェン「三大ソナタ」の新盤（各社三月新譜速報とその聴きもの）中川和義 p.144 〔10004〕

セルの指揮する「未完成」「新世界より」（各社三月新譜速報とその聴きもの）渡辺学而 p.145 〔10005〕

ケルビーニの珍らしい「レクイエム」ニ短調/マルケヴィッチ（各社三月新譜速報とその聴きもの）小林利之 p.146 〔10006〕

輝かしき新星ギャウロフの歌劇リサイタル（各社三月新譜速報とその聴きもの）前和男 p.147 〔10007〕

シェリングの好演する「クライスラー小品集」（各社三月新譜速報とその聴きもの）日比木伸一 p.147 〔10008〕

フィリップス現代音楽シリーズ・第2集/「ウィーンの1908〜1914」（各社三月新譜速報とその聴きもの）上野晃 p.148 〔10009〕

アンナ・モッフォ，ヴェルディを歌う（各社三月新譜速報とその聴きもの）前和男 p.150 〔10010〕

世界のオペラ界あれこれ 宮沢縦一，T・K p.151 〔10011〕

ステレオ・テープ・レコーダー入門5 生活の中にとけこんだ音響装置 村田欽哉 p.155 〔10012〕

オーディオ相談室 岡田惇 p.157 〔10013〕

六万円の構成・1（あなたの再生装置を設計する）重村幸雄 p.159 〔10014〕

国内新製品紹介 野村隆一 p.162 〔10015〕

各社2月新譜一覧表 p.167 〔10016〕

27巻3号（1964年3月発行）

3月のレコード評 交響曲 岡俊雄 p.26 〔10017〕

3月のレコード評 管弦楽曲 奥田道昭，録音評：桜庭昭治 p.32 〔10018〕

3月のレコード評 協奏曲 上野一郎，録音評：山中敬三 p.36 〔10019〕

3月のレコード評 室内楽・器楽曲 藤田晴子，録音評：桜庭昭治 p.44 〔10020〕

3月のレコード評 声楽曲 黒田恭一，録音評：朝倉昭 p.54 〔10021〕

3月のレコード評 音楽史 渡部恵一郎 p.58 〔10022〕

3月のレコード評 現代音楽 三浦淳史 p.62 〔10023〕

来日演奏家紹介 ドロルク四重奏団 藤田晴子 訳 p.64 〔10024〕

海外楽信 ヨーロッパの話題 三浦淳史 p.66 〔10025〕

3月のレコード評 ポピュラー 青木啓 p.68 〔10026〕

ヘルベルト・フォン・カラヤン そのプロフィール（特集 ヘルベルト・フォン・カラヤン）上野一郎 p.82 〔10027〕

カラヤンのモーツァルト/その虚像と実像（特集 ヘルベルト・フォン・カラヤン）向坂正久 p.86 〔10028〕

カラヤンのオペラ/「トスカ」を中心に（特集 ヘルベルト・フォン・カラヤン）菅野浩和 p.89 〔10029〕

名士としての指揮者のポートレート（特集 ヘルベルト・フォン・カラヤン）ロビンズ・ランドン，三浦淳史 訳 p.92 〔10030〕

ヴェルディ・人と芸術（ヴェルディの生涯11）福原信夫 p.98 〔10031〕

「オテロ」は何を選ぶか——ヴェルディのオペラ（8）（名曲ディスコグラフィ）黒田恭一 p.104 〔10032〕

往年のプリマドンナ（2）/エミー・デスティン（オペラ・コーナー）竹内昭一 p.106 〔10033〕

アニー・リフテルの "小さな燈"（リフテルの知られざる物語2）ポール・ムーア，家里和夫 訳 p.108 〔10034〕

欧米の批評家が選んだもの 米英八大誌が選んだ1963年度ベスト・レコード 岡俊雄 p.114 〔10035〕

1964年度ディスク・ナショナル大賞発表 石川登志夫 p.120 〔10036〕

メヌエットについて（名曲落穂ひろい・5）岩井宏之 p.122 〔10037〕

海外LP紹介 岡俊雄 p.124 〔10038〕

シカゴの新しいマエストロ ジャン・マルティノン（アメリカの話題）家里和夫 p.129 〔10039〕

14世紀のイギリス（レコード・ファンのための音楽史 ルネッサンスからバロックまで2）渡部恵一郎 p.130 〔10040〕

現代ウィーン楽派の人々（2）アントン・ウェーベルン（レコード・ファンのための音楽史 現代音楽へのいざない）三浦淳史 p.134 〔10041〕

ケルン器楽合奏団の来日記念盤（各社四月新譜速報とその聴きもの）横井和夫 p.138 〔10042〕

「ワルターの遺産」/ハイドンの「第88,100番」（各社四月新譜速報とその聴きもの）渡辺学而 p.139 〔10043〕

「ディスク」　　　　　　　　　　　内容細目

フライシャー/セルの演奏するグリークとシューマン（各社四月新譜速報とその聴きもの）中川和義 p.140　　　　　　〔10044〕

ランバル/ベイカーの共演「18世紀のフルート二重奏曲集」・2（各社四月新譜速報とその聴きもの）横井和夫 p.141　　　〔10045〕

ベルリン・フィルを振ったクーベリックの「ワーグナー名演集」（各社四月新譜速報とその聴きもの）渡辺学而 p.142　　　〔10046〕

L・モーツァルトの「トランペット協奏曲」他（各社四月新譜速報とその聴きもの）岩井宏之 p.142　　　　　　　　　　　〔10047〕

ニルソン「ヴェルディ・アリア集」を歌う（各社四月新譜速報とその聴きもの）前和男 p.144　　　　　　　　　　　　〔10048〕

グリュミオーのブラームス復活とブルッフの新録音（各社四月新譜速報とその聴きもの）日比木伸一 p.145　　　　　　〔10049〕

ルービンシュタイン/ラフマニノフ「パガニーニの主題による狂詩曲」他のステレオ（各社四月新譜速報とその聴きもの）岩井宏之 p.146　　　　　　　　　　〔10050〕

八年目に知ったマリア・カラスの正体（私の愛聴盤）正高一朗 p.147　　　　〔10051〕

東京のコンサート聴きある記 小林利之 p.148　　　　　　　　　　　　　〔10052〕

サロン・ド・ディスク/アンケート発表と読者の声 p.150　　　　　　　　〔10053〕

スカラ座のマスカーニとヴェルディ（イタリア通信）山根比奈子 p.152　　〔10054〕

コロムビア音楽クイズ/第七回当選者発表 p.152　　　　　　　　　　　〔10055〕

国内新製品紹介 野村隆一 p.155　〔10056〕

六万円の構成・2（あなたの再生装置を設計する）重村幸雄 p.157　　　〔10057〕

ステレオ・テープ・レコーダー入門・6 テープ・レコーダーの選び方と扱い方 村田欽哉 p.160　　　　　　　　　　　　〔10058〕

各社3月新譜一覧表 p.167　　　　〔10059〕

27巻4号（1964年4月発行）

4月のレコード評 交響曲 岡俊雄 p.26　〔10060〕

4月のレコード評 管弦楽曲 渡辺学而，録音評：桜庭昭治 p.32　　　　　〔10061〕

4月のレコード評 協奏曲 上野一郎，録音評：山中敬三 p.38　　　　　〔10062〕

4月のレコード評 室内楽・器楽曲 藤田晴子，録音評：桜庭昭治 p.42　　〔10063〕

4月のレコード評 声楽曲 黒田恭一，録音評：朝倉昭 p.50　　　　　　〔10064〕

4月のレコード評 音楽史 渡部恵一郎 p.58　　　　　　　　　　　　〔10065〕

4月のレコード評 現代音楽 三浦淳史 p.62　　　　　　　　　　　　〔10066〕

4月のレコード評 ポピュラー 青木啓 p.66　　　　　　　　　　　　〔10067〕

ヨーロッパ雑記 現代音楽をめぐって 浜田徳昭 p.70　　　　　　　　〔10068〕

フルトヴェングラーの遺産（特集 フルトヴェングラーのレコード）ロバート・C・マーシュ，内村貴司 訳 p.82　　　〔10069〕

LP復活を望まれるもの（特集 フルトヴェングラーのレコード）上野一郎 p.86　〔10070〕

新しくレコード化されたLPをめぐって（特集 フルトヴェングラーのレコード）岡村周宏 p.90　　　　　　　　〔10071〕

ロー・ファイ・ファンの弁（私の愛聴盤）菅原勝 p.92　　　　　　　　〔10072〕

カラヤンのプロフィール（2）一大指揮者のエピソードのかずかず 上野一郎 p.94　〔10073〕

1963年度のトップ・アーティストに選ばれたラインスドルフ 家里和夫 p.99　〔10074〕

4トラック・レコーディッド・ステレオ・テープの考察（特集 テープ時代到来の背景と未来）高和元彦 p.100　　　〔10075〕

国産4トラック・ステレオ・テープレコーダー紹介（特集 テープ時代到来の背景と未来）磯村秀造 p.104　　　　〔10076〕

ヨーロッパの思い出（随想 私のコレクション）川用雄一 p.110　　　　〔10077〕

ヴェルディ・人と芸術（ヴェルディの生涯12）福原信夫 p.112　　　　〔10078〕

「ファルスタッフ」は何を選ぶか―ヴェルディのオペラ（最終回）（名曲ディスコグラフィ）黒田恭一 p.118　　〔10079〕

往年のプリマドンナ（3）不滅のソプラノ歌手アデリーナ・パッティ（オペラ・コーナー）竹内昭一 p.120　　　　　〔10080〕

海外LP紹介 岡俊雄 p.122　　〔10081〕

レーヴェングート弦楽四重奏団の横顔 石川登志夫 p.126　　　　　　〔10082〕

今月のステレオ・テープ 岡俊雄 p.128　　　　　　　　　　　　〔10083〕

フランドル, ヴェネツィア, ローマ楽派（レコードリフテル・ファンのための音楽史 ルネッサンスからバロックまで3）渡部恵一郎 p.130　　　　　　　　　　〔10084〕

現代ウィーン楽派の人々（3）アルノルト・シェーンベルク（1）（レコード・ファンのための音楽史 現代音楽へのいざない）三浦淳史 p.134　　　　　　〔10085〕

プレートル指揮するショスタコーヴィッチ「交響曲第12番 "1917年"」（各社五月新譜速報とその聴きもの）三浦淳史 p.139　〔10086〕

「シェーンベルク全集」第2集（各社五月新譜速報とその聴きもの）上野晃 p.139　〔10087〕

アンチェル/チェコ・フィルの「わが祖国」全曲（各社五月新譜速報とその聴きもの）岩井宏之 p.141　　　　　　〔10088〕

内容細目　　　　　　　　　　　　　「ディスク」

セル/クリーヴランド，プロコフィエフ「交響曲
第5番」を振る（各社五月新譜速報とその聴き
もの）三浦淳史 p.142　　　　　　　　　〔10089〕

フルトヴェングラー/シュナイダーハンのベー
トーヴェン「ヴァイオリン協奏曲」（各社五月
新譜速報とその聴きもの）渡辺学而
p.143　　　　　　　　　　　　　　　　　〔10090〕

コンラード・ハンゼンのモーツァルト「ソナタ
第6,8番」（各社五月新譜速報とその聴きもの）
中川和義 p.143　　　　　　　　　　　　〔10091〕

フラグスタートの「ワーグナー名唱集」（各社五
月新譜速報とその聴きもの）前和男
p.145　　　　　　　　　　　　　　　　　〔10092〕

ハイフェッツ，ピアティゴルスキーらのモー
ツァルト「弦楽五重奏曲」他（各社五月新譜
速報とその聴きもの）日比木伸一
p.146　　　　　　　　　　　　　　　　　〔10093〕

海外楽信 ヨーロッパの話題 三浦淳史
p.148　　　　　　　　　　　　　　　　　〔10094〕

サロン・ド・ディスク p.150　　　　　　〔10095〕

東京のコンサート聴きある記 小林利之
p.152　　　　　　　　　　　　　　　　　〔10096〕

十万円台の構成（1）（あなたの再生装置を設計
する）重村幸雄 p.155　　　　　　　　　〔10097〕

オーディオ相談室 岡田諄 p.157　　　　〔10098〕

国内新製品紹介 野村隆一 p.159　　　　〔10099〕

コロムビア音楽クイズ/最終回当選者発表
p.160　　　　　　　　　　　　　　　　　〔10100〕

各社4月新譜一覧表 p.167　　　　　　　〔10101〕

27巻5号（1964年5月発行）

5月のレコード評 交響曲 岡俊雄 p.26　〔10102〕

5月のレコード評 管弦楽曲 渡辺学而，録音評：
桜庭昭治 p.36　　　　　　　　　　　　　〔10103〕

5月のレコード評 協奏曲 上野一郎，録音評：山
中敬三 p.42　　　　　　　　　　　　　　〔10104〕

5月のレコード評 音楽史 渡部恵一郎
p.49　　　　　　　　　　　　　　　　　〔10105〕

5月のレコード評 室内楽・器楽曲 藤田晴子，録
音評：桜庭昭治 p.52　　　　　　　　　〔10106〕

5月のレコード評 声楽曲 黒田恭一，録音評：朝
倉昭 p.64　　　　　　　　　　　　　　　〔10107〕

5月のレコード評 現代音楽 三浦淳史
p.70　　　　　　　　　　　　　　　　　〔10108〕

5月のレコード評 ポピュラー 青木啓
p.72　　　　　　　　　　　　　　　　　〔10109〕

海外楽信 ヨーロッパの話題 三浦淳史
p.76　　　　　　　　　　　　　　　　　〔10110〕

音楽夜話 LPに復活したSPの名盤―リストの弟
子たちのレコード（1）上野一郎
p.78　　　　　　　　　　　　　　　　　〔10111〕

ワルター・トスカニーニへの感謝―名盤の影の
人 岡俊雄 p.93　　　　　　　　　　　　〔10112〕

「トスカニーニとの演奏」―マエストロを偲ぶ
感動の名著から 家里和夫 p.96　　　　　〔10113〕

トスカニーニとフルトヴェングラー――二人の巨
匠のベートーヴェン像 ピーター・P・ピ
リー，黒田美恵子 訳 p.102　　　　　　〔10114〕

トスカニーニの遺産の全貌―録音年月日付 編
集部 p.108　　　　　　　　　　　　　　〔10115〕

トスカニーニの未発売レコードをさぐる 浅里
公三 p.114　　　　　　　　　　　　　　〔10116〕

メヌエットとスケルツォ（2）（名曲落穂ひろい・
6）岩井宏之 p.118　　　　　　　　　　〔10117〕

ヴェルディ・人と芸術（ヴェルディの生涯13）
福原信夫 p.120　　　　　　　　　　　　〔10118〕

マリア・カラスの芸術（1）エドワード・グリー
ンフィールド p.126　　　　　　　　　　〔10119〕

往年のプリマドンナ（4）オペラのガルボ ルクレ
シア・ボリ（オペラ・コーナー）竹内昭一
p.128　　　　　　　　　　　　　　　　　〔10120〕

ルーテルの宗教改革とその周辺（レコード・
ファンのための音楽史 ルネッサンスからバ
ロックまで4）渡部恵一郎 p.130　　　　〔10121〕

現代ウィーン楽派の人々（4）アルノルト・
シェーンベルク（2）（レコード・ファンのた
めの音楽史 現代音楽へのいざない）三浦淳
史 p.134　　　　　　　　　　　　　　　〔10122〕

海外LP紹介 岡俊雄 p.138　　　　　　〔10123〕

今月のステレオ・テープ 岡俊雄
p.141　　　　　　　　　　　　　　　　　〔10124〕

稀代のテクニシャン ブリュショルリの横顔 石
川登志夫 p.144　　　　　　　　　　　　〔10125〕

クレンペラー初のシューベルト「未完成」，第5
番（各社六月新譜速報とその聴きもの）菅野
浩和 p.147　　　　　　　　　　　　　　〔10126〕

「音楽の都プラーハ」シリーズ/ボドー，チェコ・
フィルのオネゲル（各社六月新譜速報とその
聴きもの）三浦淳史 p.149　　　　　　　〔10127〕

クーベリック/ベルリン・フィル、シューマンの
「交響曲第1,4番」（各社六月新譜速報とその聴
きもの）岩井宏之 p.149　　　　　　　　〔10128〕

カーゾン、「リスト・リサイタル」（各社六月新譜
速報とその聴きもの）中川和義
p.150　　　　　　　　　　　　　　　　　〔10129〕

アメリカの若手によるブラームスとベートー
ヴェンのトリオ（各社六月新譜速報とその聴
きもの）村上紀子 p.153　　　　　　　　〔10130〕

サロン・ド・ディスク p.154　　　　　　〔10131〕

わが再生装置の遍歴 3チャンネルOTL化，目下
進行中 桜庭昭治 p.159　　　　　　　　〔10132〕

国内新製品紹介 野村隆一 p.161　　　　〔10133〕

各社5月新譜一覧表 p.171　　　　　　　〔10134〕

27巻6号（1964年6月発行）

今月のレコード評 今月のディスク推薦レコード
p.25　　　　　　　　　　　　　　　　　〔10135〕

ワルターの遺産 その3 岡俊雄 p.26　〔10136〕

火祭りの踊り―スペイン音楽名曲集 渡辺学而
p.27　　　　　　　　　　　　　　　　　〔10137〕

「ディスク」　　　　　　　　　　　　　　内容細目

音楽の都 "プラーハ" シリーズ 渡辺学而
p.28　　　　　　　　　　　　　　〔10138〕
モーツァルト ピアノ協奏曲第二〇番他 上野一
郎 p.29　　　　　　　　　　　　　〔10139〕
ベートーヴェン 弦楽四重奏曲第一六番他 藤田
晴子 p.30　　　　　　　　　　　　〔10140〕
シューベルト ピアノ奏鳴曲 藤田晴子
p.31　　　　　　　　　　　　　　〔10141〕
ロバート・メリル―歌劇リサイタル 黒田恭一
p.32　　　　　　　　　　　　　　〔10142〕
ジョージ・セル物語（1）三浦淳史 訳
p.33　　　　　　　　　　　　　　〔10143〕
ヴェルディ・人と芸術（ヴェルディの生涯14）
福原信夫 p.37　　　　　　　　　　〔10144〕
マリア・カラスの芸術（2）E・グリーンフィー
ルド，橘市郎 訳 p.42　　　　　　　〔10145〕
シフラ会見記 青木謙幸 p.48　　　　〔10146〕
初進者のための名盤案内（1）―新らしくレコー
ドを集める方への助言 宇野功芳
p.50　　　　　　　　　　　　　　〔10147〕
音楽夜話 リストの弟子のレコード（2）上野一
郎 p.54　　　　　　　　　　　　　〔10148〕
ヘルマン・プライの演奏（名演奏家シリーズ・
1）橘市郎 p.58　　　　　　　　　　〔10149〕
イタリア初期のバロック（レコード・ファンの
ための音楽史 ルネッサンスからバロックまで
5）渡部恵一郎 p.62　　　　　　　　〔10150〕
現代ウィーン楽派の人々（5）アルバン・ベルク
（1）（レコード・ファンのための音楽史 現代
音楽へのいざない）三浦淳史 p.66　〔10151〕
ケネディ大統領追悼ミサ聖祭 モーツァルト鎮魂
ミサのレコード 園部不二夫 p.70　〔10152〕
ドビュッシイの「聖セバスティアンの殉教」菅
野浩和 p.72　　　　　　　　　　　〔10153〕
往年のプリマドンナ（5）キルステン・フラグス
タート（オペラ・コーナー）竹内昭一
p.74　　　　　　　　　　　　　　〔10154〕
海外LP紹介 岡俊雄 p.76　　　　　〔10155〕
プレスティ＝ラゴヤ二重奏団の横顔 石川登志夫
p.78　　　　　　　　　　　　　　〔10156〕
海外楽信 ヨーロッパの話題 三浦淳史
p.82　　　　　　　　　　　　　　〔10157〕
今月のレコード評 交響曲 岡俊雄
p.84　　　　　　　　　　　　　　〔10158〕
今月のレコード評 管弦楽曲 渡辺学而，録音
評：桜庭昭治 p.88　　　　　　　　〔10159〕
今月のレコード評 協奏曲 上野一郎，録音評：
三井啓 p.94　　　　　　　　　　　〔10160〕
今月のレコード評 室内楽・器楽曲 藤田晴子，
録音評：桜庭昭治 p.98　　　　　　〔10161〕
今月のレコード評 声楽曲 黒田恭一，録音評：
朝倉昭 p.104　　　　　　　　　　　〔10162〕
今月のレコード評 音楽史 渡部恵一郎
p.110　　　　　　　　　　　　　　〔10163〕

フラグスタートの遺産（私の愛聴盤）多良正之
p.113　　　　　　　　　　　　　　〔10164〕
今月のレコード評 現代音楽 三浦淳史
p.114　　　　　　　　　　　　　　〔10165〕
今月のレコード評 ジャズ・ポピュラー 青木啓
p.116　　　　　　　　　　　　　　〔10166〕
各社七月の新譜速報 p.120　　　　〔10167〕
新着ステレオ・テープをきく 和田則彦
p.136　　　　　　　　　　　　　　〔10168〕
テープへの御招待（1）和田則彦
p.140　　　　　　　　　　　　　　〔10169〕
楕円針を使った欧米のステレオ・カートリッジ
（外国製品の紹介）青木周三 p.143〔10170〕
ステレオ・ディスクとステレオ・テープの特質
青木周三 p.147　　　　　　　　　　〔10171〕
一七センチ・ステレオ新譜 p.148　〔10172〕
六月新譜一覧表 p.155　　　　　　　〔10173〕

27巻7号（1964年7月発行）

国産新製品紹介 杉田啓介 グラビア　〔10174〕
今月のレコード評 今月のディスク推薦レコード
p.29　　　　　　　　　　　　　　〔10175〕
今月のレコード評 交響曲 岡俊雄
p.30　　　　　　　　　　　　　　〔10176〕
今月のレコード評 管弦楽曲 渡辺学而，録音
評：桜庭昭治 p.38　　　　　　　　〔10177〕
今月のレコード評 協奏曲 上野一郎，録音評：
山中敬三 p.43　　　　　　　　　　〔10178〕
今月のレコード評 器楽・室内楽曲 藤田晴子，
録音評：桜庭昭治 p.48　　　　　　〔10179〕
今月のレコード評 声楽曲 黒田恭一，録音評：
杉田啓介 p.56　　　　　　　　　　〔10180〕
今月のレコード評 音楽史 渡部恵一郎
p.65　　　　　　　　　　　　　　〔10181〕
今月のレコード評 現代音楽 三浦淳史
p.68　　　　　　　　　　　　　　〔10182〕
今月のレコード評 ジャズ・ポピュラー 青木啓
p.70　　　　　　　　　　　　　　〔10183〕
スペインの魂 デ・ファリア（1）橘市郎 訳
p.74　　　　　　　　　　　　　　〔10184〕
ジョージ・セル物語（2）三浦淳史 訳
p.78　　　　　　　　　　　　　　〔10185〕
ヴェルディ・人と芸術（ヴェルディの生涯15）―
歌劇「トロヴァトーレ」福原信夫
p.82　　　　　　　　　　　　　　〔10186〕
スヴィアトスラフ・リフテルの演奏（名演奏家
シリーズ・2）和田則彦 p.88　　　〔10187〕
私の愛聴盤 間宮信郎 p.92　　　　〔10188〕
初進者のための名盤案内（2）―新らしくレコー
ドを集める方への助言 宇野功芳
p.94　　　　　　　　　　　　　　〔10189〕
LPになった協会レコード（1）（音楽夜話）上野
一郎 p.98　　　　　　　　　　　　〔10190〕

内容細目 「ディスク」

バロックの音楽（レコード・ファンのための音楽史 ルネッサンスからバロックまで6）渡部恵一郎 p.102　〔10191〕

現代ウィーン楽派の人々（6）アルバン・ベルク（2）（レコード・ファンのための音楽史 現代音楽へのいざない）三浦淳史 p.106　〔10192〕

海外LP紹介 岡俊雄 p.110　〔10193〕

ピェール・ネリーニの横顔 石川登志夫 p.112　〔10194〕

クルト・トーマスのことども 村上紀子 p.116　〔10195〕

アムステルダムでの対話 川野雄一 p.120　〔10196〕

海外楽信 ヨーロッパの話題 三浦淳史 p.122　〔10197〕

海外楽信 来シーズンの米国二大オペラ J・R・M p.124　〔10198〕

ディスク・ニュース p.124　〔10199〕

八月の各社新譜速報 p.138　〔10200〕

テープへの御招待（2）和田則彦 p.142　〔10201〕

世界最大のスピーカと最小のスピーカー（外国新製品紹介）青木周三 p.146　〔10202〕

ステレオ・システム診断―笹沼氏のステレオ・システム試聴記 青木周三 p.149　〔10203〕

4トラック・ステレオテープはどのようにして作られるか 児玉孝 p.153　〔10204〕

ステレオ・ディスクとステレオ・テープの特質（続）青木周三 p.158　〔10205〕

七月新譜一覧表 p.167　〔10206〕

27巻8号（1964年8月発行）

今月のレコード評 今月のディスク推薦レコード p.29　〔10207〕

今月のレコード評 交響曲 岡俊雄 p.30　〔10208〕

今月のレコード評 管弦楽曲 渡辺学而，録音評：桜庭昭治 p.33　〔10209〕

今月のレコード評 協奏曲 上野一郎，録音評：山中敬三 p.38　〔10210〕

今月のレコード評 器楽・室内楽曲 藤田晴子，録音評：桜庭昭治 p.42　〔10211〕

今月のレコード評 声楽曲 黒田恭一，録音評：杉田啓介 p.49　〔10212〕

今月のレコード評 音楽史 渡部恵一郎 p.54　〔10213〕

今月のレコード評 現代音楽 三浦淳史 p.56　〔10214〕

今月のレコード評 ジャズ・ポピュラー 青木啓 p.60　〔10215〕

ピェール・モントゥー追悼 岡俊雄 p.64　〔10216〕

演奏をめぐって―ヨーロッパ雑記 浜田徳昭 p.66　〔10217〕

スペインの魂 デ・ファリア（2）橘市郎 訳 p.70　〔10218〕

ヴェルディ・人と芸術（ヴェルディの生涯16）福原信夫 p.74　〔10219〕

ジュリアン・ブリームの演奏（名演奏家シリーズ・3）小船幸次郎 p.78　〔10220〕

初進者のための名盤案内（3）―新らしくレコードを集める方への助言 宇野功芳 p.82　〔10221〕

名曲に聴く夏の音楽（特集 夏の音楽）小林利之 p.86　〔10222〕

ゴキブリの声（特集 夏の音楽）岡部冬彦 p.90　〔10223〕

ヨーデルで夏を涼しく（特集 夏の音楽）横山武弘 p.92　〔10224〕

来日したデューク・エリントン 青木啓 p.95　〔10225〕

モダン・ジャズを如何にきくべきか―実験的音楽論 渡部恵一郎 p.96　〔10226〕

LPになった協会レコード（2）（音楽夜話）上野一郎 p.100　〔10227〕

海外LP紹介 岡俊雄 p.106　〔10228〕

アルド・チッコリーニの横顔 石川登志夫 p.108　〔10229〕

プロコフィエフとボストン交響楽団 ジョン・N・バーク，家里和夫 訳 p.112　〔10230〕

古銘器の醍醐味―クレモナの栄光 鈴木喜久雄 p.114　〔10231〕

海外楽信 ヨーロッパの話題 三浦淳史 p.116　〔10232〕

九月の各社新譜速報 p.118　〔10233〕

七・八月一七センチ・ステレオ新譜 p.122　〔10234〕

いつも愛して聴くディスク（私の愛聴盤）真下孝能 p.124　〔10235〕

テープへの御招待（オーディオ随筆）和田則彦 p.138　〔10236〕

フルトヴェングラーのテクニカル・ステレオ 上野一郎 p.140　〔10237〕

デモンストレーションとサンプラー・テープ 和田則彦 p.141　〔10238〕

国産新製品紹介 杉田啓介 p.145　〔10239〕

海外新製品紹介 青木周三 p.147　〔10240〕

我が再生装置の遍歴 三井信次 p.149　〔10241〕

ステレオ・システム診断―"ルネッサンス音楽室"の再生装置を遠隔診断する 青木周三 p.152　〔10242〕

八月新譜一覧表 p.159　〔10243〕

27巻9号（1964年9月発行）

今月のレコード評 今月のディスク推薦レコード p.29　〔10244〕

「ディスク」 内容細目

今月のレコード評 交響曲 岡俊雄
p.30 〔10245〕

今月のレコード評 管弦楽曲 渡辺学而，録音
評：桜庭昭治 p.36 〔10246〕

今月のレコード評 協奏曲 上野一郎，録音評：
山中敬三 p.40 〔10247〕

今月のレコード評 器楽・室内楽曲 藤田晴子，
録音評：桜庭昭治 p.44 〔10248〕

今月のレコード評 声楽曲 黒田恭一，録音評：
杉田啓介 p.52 〔10249〕

今月のレコード評 音楽史 渡部恵一郎
p.58 〔10250〕

今月のレコード評 現代音楽 三浦淳史
p.62 〔10251〕

今月のレコード評 ジャズ・ポピュラー 青木啓
p.64 〔10252〕

ヨーゼフ・シゲティの歩んだ道（話題を呼ぶシ
ゲティの復活）上野一郎 p.68 〔10253〕

ベートーヴェンのヴァイオリン協奏曲（話題を
呼ぶシゲティの復活）久保田良作
p.70 〔10254〕

ベートーヴェンのヴァイオリン奏鳴曲（話題を
呼ぶシゲティの復活）兎束竜夫
p.72 〔10255〕

シュナーベルのベートーヴェン・ピアノ奏鳴曲
全曲 渡辺護 p.74 〔10256〕

R・シュトラウスの晩年に於ける矛盾（1）パト
リック・J・スミス，橘市郎 訳 p.77 〔10257〕

フリッツ・ライナーの遺産 岡俊雄
p.82 〔10258〕

ローリン・マゼールの演奏（名演奏家シリーズ・
4）若杉弘 p.84 〔10259〕

初進者のための名盤案内（4）続・モーツァルト
の名盤―新らしくレコードを集める方への助
言 宇野功芳 p.88 〔10260〕

シェークスピア劇「ロメオとジュリエット」鳴
海弘 p.92 〔10261〕

シェークスピアをめぐる音楽 三浦淳史
p.94 〔10262〕

ヴェルディ・人と芸術（ヴェルディの生涯17）―
歌劇「ラ・トラヴィアタ」福原信夫
p.98 〔10263〕

マーラーの交響曲「巨人」（私の愛聴盤）小山路
男 p.105 〔10264〕

LPになった協会レコード（3）（音楽夜話）上野
一郎 p.106 〔10265〕

海外LP紹介 岡俊雄 p.110 〔10266〕

クリスチャン・フェラスの横顔 石川登志夫
p.112 〔10267〕

今月の4トラック・テープ p.114 〔10268〕

キングの限定名盤頒布会のレコード 小林利之
p.118 〔10269〕

オペラ三夜（ヨーロッパ旅日記）山口美美
p.120 〔10270〕

フランスのオーケストラ 松本太郎
p.122 〔10271〕

テープへの御招待・4 和田則彦 p.138 〔10272〕

海外楽信 ヨーロッパの話題 三浦淳史
p.140 〔10273〕

各社十月新譜速報 p.142 〔10274〕

デモストレーションとサンプラー・テープ（2）
和田則彦 p.146 〔10275〕

FM専用アンテナの効用 町田武，谷方人
p.153 〔10276〕

2T3C方式とアンビオフォニック・スピーカー
の優秀性（2）青木周三 p.157 〔10277〕

アンペックスの新型テープレコーダー（オー
ディオ・ビュウ・新連載）浅野勇
p.159 〔10278〕

九月新譜一覧表 p.167 〔10279〕

27巻10号（1964年10月発行）

今月のレコード評 今月のディスク推薦レコード
p.29 〔10280〕

今月のレコード評 交響曲 岡俊雄
p.30 〔10281〕

今月のレコード評 管弦楽曲 渡辺学而，録音
評：桜庭昭治 p.35 〔10282〕

今月のレコード評 協奏曲 上野一郎，録音評：
山中敬三 p.41 〔10283〕

今月のレコード評 器楽・室内楽曲 藤田晴子，
録音評：桜庭昭治 p.46 〔10284〕

今月のレコード評 声楽曲 黒田恭一，録音評：
杉田啓介 p.52 〔10285〕

リーダーズ・ダイジェストの頒布レコード 小
林利之 p.60 〔10286〕

今月のレコード評 音楽史 渡部恵一郎
p.62 〔10287〕

今月のレコード評 現代音楽 三浦淳史
p.64 〔10288〕

今月のレコード評 ジャズ・ポピュラー 青木啓
p.68 〔10289〕

ハリウッドのビング・クロスビー 青木啓
p.72 〔10290〕

ワーグナー「神の黄昏」（ワーグナー特集）グ
ルーンフェルト，三浦淳史 訳 p.74 〔10291〕

ワーグナーのレコードを語る（対談）（ワーグ
ナー特集）渡辺護，黒田恭一 p.82 〔10292〕

R・シュトラウスの晩年に於ける矛盾（2）
ジョージ・R・マレック，橘市郎 訳
p.90 〔10293〕

遠くで聴くシュヴァルツコップ（名演奏家シ
リーズ・5）黒田恭一 p.94 〔10294〕

ヴェルディ・人と芸術（ヴェルディの生涯18）―
歌劇「シチリア島の夕べの祈り」福原信夫
p.100 〔10295〕

LPになった協会レコード（4）（音楽夜話）上野
一郎 p.104 〔10296〕

192 戦前期 レコード音楽雑誌記事索引 〔10245～10296〕

ザルツブルクの思い出（ヨーロッパ旅日記）山口美美 p.118　〔10297〕

ザルツブルク音楽祭から（本誌特報）G・モーシャ p.120　〔10298〕

初進者のための名盤案内（5）たてしな日記―新らしくレコードを集める方への助言　宇野功芳 p.122　〔10299〕

海外LP紹介　岡俊雄 p.126　〔10300〕

雑音が悩みの種（私の愛聴盤）吉田潤 p.132　〔10301〕

国産新製品紹介　杉田啓介 p.139　〔10302〕

海外楽信 ヨーロッパの話題　三浦淳史 p.142　〔10303〕

各社11月新譜速報 p.144　〔10304〕

サロン・ド・ディスク p.147　〔10305〕

テープへの御招待（5・完）和田則彦 p.148　〔10306〕

プログラム・ソースとしてのレコーデット・テープと再生用テープ・レコーダーの特性の見方（オーディオ・ビュウ・2）浅野勇 p.153　〔10307〕

2T3C方式とアンビオフォニック・スピーカーの優秀性（2）青木周三 p.158　〔10308〕

オーディオ相談室　野村隆一 p.160　〔10309〕

ステレオ・システム診断―大賀典雄氏のステレオ装置　桜庭昭治 p.163　〔10310〕

10月新譜一覧表 p.171　〔10311〕

27巻11号（1964年11月発行）

今月のレコード評 ディスク推薦レコード p.29　〔10312〕

今月のレコード評 交響曲　岡俊雄 p.30　〔10313〕

今月のレコード評 管弦楽曲　渡辺学而，録音評：桜庭昭治 p.36　〔10314〕

今月のレコード評 協奏曲　上野一郎，録音評：山中敬三 p.42　〔10315〕

今月のレコード評 器楽・室内楽曲　藤田晴子，録音評：桜庭昭治 p.48　〔10316〕

今月のレコード評 声楽曲　黒田恭一，録音評：杉田啓介 p.57　〔10317〕

今月のレコード評 音楽史　渡部恵一郎 p.62　〔10318〕

今月のレコード評 現代音楽　三浦淳史 p.66　〔10319〕

今月のレコード評 ジャズ・ポピュラー　青木啓 p.70　〔10320〕

ボスコフスキー～リリ・クラウスのモーツァルト／ヴァイオリン・ソナタ選集　岩井宏之 p.74　〔10321〕

芸術祭参加レコードを聴く 月評担当評論家 p.78　〔10322〕

海外評論家のヘルマン・プライ観―冬の旅をめぐって　橘市郎 p.92　〔10323〕

ワルター大全集―第一期のレコードについて（特集 ブルーノ・ワルター）小林利之 p.94　〔10324〕

ワルターの遺産―ディスコグラフィー（特集 ブルーノ・ワルター）ロバート・マーシュ，大木多加志 訳 p.97　〔10325〕

レコード音楽について考えること ブルーノ・ワルター，黒田恭一 訳 p.100　〔10326〕

ヴェルディ・人と芸術（ヴェルディの生涯19）―歌劇「シチリア島の夕の祈り」（2）福原信夫 p.102　〔10327〕

アメリカ生れのグラールの騎士 ジェス・トーマス（名演奏家シリーズ・6）ミハエル・マルカス，跡霧子 訳編 p.106　〔10328〕

バレエの名指揮者アーヴィング　小倉重夫 p.108　〔10329〕

初心者のための名盤案内（6）オペラの名曲　宇野功芳 p.110　〔10330〕

レコードを選ぶに当って（随想）浜田徳昭 p.114　〔10331〕

パリの雨（ヨーロッパ旅日記2）山口美美 p.116　〔10332〕

ザルツブルク音楽祭（続報）G・モーシャ p.118　〔10333〕

LPになった協会レコード（5）（音楽夜話）上野一郎 p.120　〔10334〕

海外LP紹介　岡俊雄 p.134　〔10335〕

フランス・ディスコフィル大賞　岡俊雄 p.138　〔10336〕

海外楽信 イギリスの話題　三浦淳史 p.140　〔10337〕

新着テープ試聴記 和田則彦 p.142　〔10338〕

12月新譜速報 p.146　〔10339〕

海外オーディオ新製品紹介　浅野勇 p.152　〔10340〕

国産オーディオ新製品紹介　杉田啓介 p.155　〔10341〕

サロン・ド・ディスク p.158　〔10342〕

バッハのカンタータ（私の愛聴盤）柏原欣三 p.159　〔10343〕

オーディオ相談室　野村隆一 p.160　〔10344〕

コンデンサー・ピックアップ試聴記―スタックス　桜庭昭治 p.164　〔10345〕

スピーカー・システムは大型，小型の何れを選ぶか？（オーディオ・ビュウ・3）浅野勇 p.170　〔10346〕

ステレオ・システム診断（3）―近藤実氏のステレオ装置　桜庭昭治 p.172　〔10347〕

11月新譜一覧表 p.179　〔10348〕

27巻12号（1964年12月発行）

今月のレコード評 ディスク推薦レコード p.29　〔10349〕

「ディスク」　　　　　　　　　　　　　　内容細目

今月のレコード評 交響曲 岡俊雄
　p.30　　　　　　　　　　　　　　〔10350〕

今月のレコード評 管弦楽曲 渡辺学而，録音
　評：桜庭昭治 p.37　　　　　　　〔10351〕

今月のレコード評 協奏曲 上野一郎，録音評：
　山中敬三 p.41　　　　　　　　　〔10352〕

この人たちに暖かい愛の手を―インターナショ
　ナル・ピアノ・フェステイヴァル
　p.45　　　　　　　　　　　　　　〔10353〕

今月のレコード評 器楽・室内楽曲 藤田晴子，
　録音評：桜庭昭治 p.46　　　　　〔10354〕

第13回オーディオ・フェア p.50　　〔10355〕

今月のレコード評 声楽曲 黒田恭一，録音評：
　杉田啓介 p.54　　　　　　　　　〔10356〕

今月のレコード評 音楽史 渡部恵一郎
　p.62　　　　　　　　　　　　　　〔10357〕

今月のレコード評 現代音楽 三浦淳史
　p.64　　　　　　　　　　　　　　〔10358〕

今月のレコード評 ジャズ・ポピュラー 青木啓
　p.67　　　　　　　　　　　　　　〔10359〕

スイングル・シンガーズとジャック・ルー
　シェ・トリオのジャズになったバッハ 服部
　幸三 p.71　　　　　　　　　　　〔10360〕

芸術祭参加レコードを聴く（続）p.74　〔10361〕

今年のベスト・レコード決まる―交響曲 管弦楽
　曲 協奏曲 器楽・室内楽曲 声楽曲 音楽史 現代
　音楽 月評担当評論家 p.78　　　　〔10362〕

ブルーノ・ワルターの遺産・統一ディスコグラ
　フィー R・マーシュ，大木多加志 訳
　p.90　　　　　　　　　　　　　　〔10363〕

ヘンリック・シェリング（名演奏家シリーズ・
　7）兎束竜夫 p.94　　　　　　　〔10364〕

ヴェルディ・人と芸術（ヴェルディの生涯20）―
　シチリア島の夕の祈りからシモン・ボッカネ
　グラ 福原信夫 p.98　　　　　　　〔10365〕

神と自然を描いた詩人 アントン・ブルックナー
　モスコ・カーナー，跡霧子 訳 p.101　〔10366〕

LPになった協会レコード（終）（音楽夜話）上
　野一郎 p.104　　　　　　　　　　〔10367〕

初進者のための名盤案内（完）第九の名盤 宇野
　功芳 p.110　　　　　　　　　　　〔10368〕

演奏会めぐり（ヨーロッパ旅日記3）山口美美
　p.114　　　　　　　　　　　　　　〔10369〕

海外LP紹介 岡俊雄 p.116　　　　　〔10370〕

海外楽信 ヨーロッパの話題 三浦淳史
　p.122　　　　　　　　　　　　　　〔10371〕

サロン・ド・ディスク p.124　　　　〔10372〕

東京の演奏会聴きある記 小林利之
　p.134　　　　　　　　　　　　　　〔10373〕

1月新譜速報 p.137　　　　　　　　〔10374〕

新着テープ試聴記 和田則彦 p.140　　〔10375〕

ヨーロッパの新型テープ・レコーダー（オー
　ディオ・ビュウ）浅野勇 p.148　　〔10376〕

今年のオーディオ・フエアみてある記 桜庭昭
　治 p.158　　　　　　　　　　　　〔10377〕

国産オーディオ新製品紹介 杉田啓介
　p.160　　　　　　　　　　　　　　〔10378〕

12月新譜一覧表 p.171　　　　　　　〔10379〕

28巻1号（1965年1月発行）

今月のレコード評 ディスク推薦レコード
　p.29　　　　　　　　　　　　　　〔10380〕

今月のレコード評 交響曲 岡俊雄
　p.30　　　　　　　　　　　　　　〔10381〕

今月のレコード評 管弦楽曲 渡辺学而，録音
　評：桜庭昭治 p.36　　　　　　　〔10382〕

今月のレコード評 協奏曲 上野一郎，録音評：
　山中敬三 p.40　　　　　　　　　〔10383〕

今月のレコード評 室内楽曲 岩井宏之，録音
　評：山中敬三 p.44　　　　　　　〔10384〕

今月のレコード評 器楽曲 藤田晴子，録音評：
　桜庭昭治 p.46　　　　　　　　　〔10385〕

今月のレコード評 声楽曲 黒田恭一，録音評：
　杉田啓介 p.52　　　　　　　　　〔10386〕

今月のレコード評 バッハ以前の音楽 渡部恵一
　郎 p.60　　　　　　　　　　　　〔10387〕

今月のレコード評 現代音楽 三浦淳史
　p.63　　　　　　　　　　　　　　〔10388〕

今月のレコード評 ジャズ・ポピュラー 青木啓
　p.68　　　　　　　　　　　　　　〔10389〕

新春座談会 レコード界四方山話 岡俊雄，上野
　一郎，藤田晴子，黒田恭一，三浦淳史，桜庭
　昭治 p.72　　　　　　　　　　　〔10390〕

リハーサル・レコードによる"完全"への戦い
　スティーヴンス，橘市郎 訳 p.80　〔10391〕

ブルーノ・ワルターの遺産・3（ディスコグラ
　フィー）R・マーシュ，大木多加志 訳
　p.84　　　　　　　　　　　　　　〔10392〕

ヴェルディ・人と芸術（ヴェルディの生涯21）―
　ヴェルディ巡礼・1 ブッセート附近 福原信夫
　p.88　　　　　　　　　　　　　　〔10393〕

アルトゥール・ルービンシュタイン（名演奏家
　シリーズ・8）内村貴司 p.92　　　〔10394〕

名曲ディスコグラフィー（1）ラ・ボエーム 黒田
　恭一 p.96　　　　　　　　　　　〔10395〕

新盤こぼれ話（音楽夜話）上野一郎
　p.101　　　　　　　　　　　　　　〔10396〕

話題の海外レコード試聴室 p.106　　〔10397〕

海外楽信 ミラノのボリショイ・オペラ 三浦淳
　史 p.110　　　　　　　　　　　　〔10398〕

パリからハリウッドホールへ（ヨーロッパ旅日
　記5）山口美美 p.112　　　　　　〔10399〕

海外LP紹介 岡俊雄 p.114　　　　　〔10400〕

演奏会聴きある記 小林利之 p.120　　〔10401〕

サロン・ド・ディスク p.122　　　　〔10402〕

コンサート・ガイド p.124　　　　　〔10403〕

町春草さん（山口美美 音楽訪問 1）
p.132　　　　　　　　　　〔10404〕

2月新譜速報 p.136　　　　　〔10405〕

モーメントディスコウ 西条卓夫先生の近著 森
潤三郎 p.140　　　　　　　　〔10406〕

私のステレオ物語（1）幼いころの思い出（オー
ディオ随筆・新連載）高城重躬
p.142　　　　　　　　　　〔10407〕

デモンストレーションとサンプラーテープ（完）
和田則彦 p.144　　　　　　　〔10408〕

再生装置遍歴 死に至る病い 筧太郎
p.146　　　　　　　　　　〔10409〕

ブルックナー開始だ！（私の愛聴盤）読者
p.148　　　　　　　　　　〔10410〕

海外オーディオ新製品紹介 浅野勇
p.153　　　　　　　　　　〔10411〕

国産オーディオ新製品紹介 杉田啓介
p.155　　　　　　　　　　〔10412〕

テープ党ここにあり！ ミスター・コウジモト
訪問記 和田則彦 p.159　　　〔10413〕

オーディオ相談室 野村隆一 p.160　〔10414〕

米誌にみる家庭用ステレオ・システムの組合せ
例（オーディオ・ビュウ・5）浅野勇
p.165　　　　　　　　　　〔10415〕

1月新譜一覧表 p.171　　　　〔10416〕

28巻2号（1965年2月発行）

今月のレコード評 ディスク推薦レコード
p.25　　　　　　　　　　　〔10417〕

今月のレコード評 交響曲 岡俊雄
p.26　　　　　　　　　　　〔10418〕

今月のレコード評 管弦楽曲 渡辺学而，録音
評：桜庭昭治 p.32　　　　　〔10419〕

今月のレコード評 協奏曲 上野一郎，録音評：
山中敬三 p.38　　　　　　　〔10420〕

今月のレコード評 室内楽曲 岩井宏之，録音
評：山中敬三 p.46　　　　　〔10421〕

今月のレコード評 器楽曲 藤田晴子，録音評：
桜庭昭治 p.48　　　　　　　〔10422〕

今月のレコード評 声楽曲 黒田恭一，録音評：
杉田啓介 p.54　　　　　　　〔10423〕

今月のレコード評 バッハ以前の音楽 渡部恵一
郎 p.62　　　　　　　　　　〔10424〕

今月のレコード評 現代音楽 三浦淳史
p.64　　　　　　　　　　　〔10425〕

今月のレコード評 ジャズ・ポピュラー 青木啓
p.68　　　　　　　　　　　〔10426〕

嵐を呼ぶ世紀のディーヴァ マリア・カラスの半
生（マリア・カラス特集）J・M・グレゴ
リー，三浦淳史 訳 p.73　　　〔10427〕

新録音の「カルメン」をめぐって（座談会）（マ
リア・カラス特集）宮沢縦一，岡俊雄，黒田
恭一 p.80　　　　　　　　　〔10428〕

ディスコグラフィー マリア・カラスの芸術（マ
リア・カラス特集）黒田恭一 p.86　〔10429〕

ブルーノ・ワルターの遺産（4）R・C・マー
シュ，大木多加志 訳 p.94　　〔10430〕

ヴェルディ・人と芸術（ヴェルディの生涯22）―
「シモン・ボッカネグラ」続 福原信夫
p.98　　　　　　　　　　　〔10431〕

新盤こぼれ話（2）（音楽夜話）上野一郎
p.102　　　　　　　　　　〔10432〕

話題の海外レコード試聴室 浜田徳昭，跡霧子，
村瀬淑子，小林利之，服部幸三
p.106　　　　　　　　　　〔10433〕

海外楽信 ベルリンへ進出したマゼール，他 三浦
淳史 p.110　　　　　　　　〔10434〕

海外LP紹介 岡俊雄 p.112　　〔10435〕

演奏会聴きある記―タリアヴィーニ/リリー・
クラウス/フォルデス/シェリング 小林利之
p.118　　　　　　　　　　〔10436〕

田中耕太郎氏（山口美美 音楽訪問 2）
p.128　　　　　　　　　　〔10437〕

ビクター赤盤コンサートを終って（対談）志鳥
栄八郎，渡辺学而 p.132　　　〔10438〕

3月新譜速報 p.135　　　　　〔10439〕

新着テープ試聴記 和田則彦 p.138　〔10440〕

私のステレオ物語（2）クレモナのヴァイオリン
（オーディオ随筆）高城重躬 p.142　〔10441〕

フーゴー・ヴォルフに魅せられて（私の愛聴盤）
新村祐一郎 p.144　　　　　　〔10442〕

海外オーディオ新製品紹介―デンマークの新型
テープ・レコーダー 浅野勇 p.149　〔10443〕

国産オーディオ新製品紹介―オーディオ・テク
ニカのアーム AT-一〇〇三 p.150　〔10444〕

アンプの出力はどの位必要か J・D・ハーシュ，
阿部尚文 訳 p.155　　　　　〔10445〕

耳で再生装置の判定が出きますか？―
HIFI/SR-二二のテスト・レコード（オーディ
オ・ビュウ 6）浅野勇 p.159　〔10446〕

新しく紹介されるレーベル フランスの "シャル
ラン・ディスク" p.160　　　〔10447〕

2月新譜一覧表 p.167　　　　〔10448〕

28巻3号（1965年3月発行）

今月のレコード評 ディスク推薦レコード
p.25　　　　　　　　　　　〔10449〕

今月のレコード評 交響曲 岡俊雄
p.26　　　　　　　　　　　〔10450〕

今月のレコード評 管弦楽曲 渡辺学而，録音
評：桜庭昭治 p.32　　　　　〔10451〕

今月のレコード評 協奏曲 上野一郎，録音評：
山中敬三 p.38　　　　　　　〔10452〕

今月のレコード評 室内楽曲 岩井宏之，録音
評：山中敬三 p.42　　　　　〔10453〕

今月のレコード評 器楽曲 藤田晴子，録音評：
桜庭昭治 p.43　　　　　　　〔10454〕

「ディスク」 内容細目

今月のレコード評 声楽曲 黒田恭一，録音評：
杉田啓介 p.48 〔10455〕

今月のレコード評 バッハ以前の音楽 渡部恵一
郎 p.56 〔10456〕

シャルラン・ディスクの新譜三枚を聴く 渡部
恵一郎，山中敬三 p.58 〔10457〕

今月のレコード評 現代音楽 三浦淳史
p.60 〔10458〕

今月のレコード評 ジャズ・ポピュラー 青木啓
p.62 〔10459〕

ストラディヴァリの銘器を集めて録音した ヴィ
ヴァルディの「四季」 服部幸三
p.66 〔10460〕

外誌が選んだ六四年のベスト・レコード 岡俊
雄 p.68 〔10461〕

音楽ファンのための名曲解説レコード 日本語盤
に寄せて 大宮真琴 p.72 〔10462〕

嵐を呼ぶ世紀のディーヴァ マリア・カラスの半
生（続） J・M・グレゴリー，三浦淳史 訳
p.76 〔10463〕

ヴェルディ・人と芸術（ヴェルディの生涯23）―
「アロルド」 福原信夫 p.82 〔10464〕

新盤こぼれ話（3）（音楽夜話） 上野一郎
p.86 〔10465〕

話題の海外レコード試聴室 黒田恭一，跡霧子，
G・L・メイヤー，小林利之 p.88 〔10466〕

海外レコード いつ，何処で，誰が，何を 三浦淳史
p.93 〔10467〕

海外LP紹介 岡俊雄 p.96 〔10468〕

演奏会聴きある記―ハンガリア四重奏団/デル
ヴォー/ヴァンデルノート/ロストポーヴィッ
チ 小林利之 p.102 〔10469〕

サロン・ド・ディスク p.104 〔10470〕

ピエール・デルヴォー（山口美美 音楽訪問3）
p.112 〔10471〕

4月新譜速報 p.116 〔10472〕

新着テープ試聴記 和田則彦 p.118 〔10473〕

私のステレオ物語（3）校歌のステレオ・レコー
ド（オーディオ随筆） 高城重躬
p.120 〔10474〕

国産オーディオ新製品紹介 桜庭昭治
p.123 〔10475〕

オーディオ相談室 野村隆一 p.124 〔10476〕

真空管アンプの進むべき道―新しい進展をみせ
たアンプ二種（オーディオ・ビュウ7） 浅野
勇 p.129 〔10477〕

国産最新型カートリッジを聴く 桜庭昭治
p.135 〔10478〕

3月新譜一覧表 p.143 〔10479〕

28巻4号（1965年4月発行）

今月のレコード評 ディスク推薦レコード
p.25 〔10480〕

今月のレコード評 交響曲 岡俊雄
p.26 〔10481〕

今月のレコード評 管弦楽曲 渡辺学而，録音
評：桜庭昭治 p.32 〔10482〕

今月のレコード評 協奏曲 上野一郎，録音評：
山中敬三 p.36 〔10483〕

今月のレコード評 室内楽曲 岩井宏之，録音
評：山中敬三 p.45 〔10484〕

今月のレコード評 器楽曲 藤田晴子，録音評：
桜庭昭治 p.50 〔10485〕

今月のレコード評 声楽曲 黒田恭一，録音評：
杉田啓介 p.56 〔10486〕

今月のレコード評 バッハ以前の音楽 渡辺恵一
郎 p.62 〔10487〕

今月のレコード評 現代音楽 三浦淳史
p.64 〔10488〕

今月のレコード評 ジャズ・ポピュラー 青木啓
p.66 〔10489〕

グレン・グールド讃（特集 奇蹟をもたらした驚
異のピアニスト） 吉田秀和 p.70 〔10490〕

グレン・グールドの横顔（特集 奇蹟をもたらし
た驚異のピアニスト） 岡俊雄 p.74 〔10491〕

ディスコグラフィー グレン・グールドをめぐっ
て（特集 奇蹟をもたらした驚異のピアニス
ト） 黒田恭一 p.76 〔10492〕

ヴェルディ・人と芸術（ヴェルディの生涯24）―
「仮面舞踏会」 福原信夫 p.82 〔10493〕

新盤こぼれ話（4）ウェラー弦楽四重奏団（音楽
夜話） 上野一郎 p.86 〔10494〕

現代音楽の愉しみ（私の愛聴盤） 山本博之
p.88 〔10495〕

フリッチャイの「モルダウ」リハーサル（話題
の海外レコード試聴室） 岩井宏之
p.90 〔10496〕

ブリットゥン「アルバート・ヘリング」（話題の
海外レコード試聴室） D・L・オスボーン，更
級倫子 訳 p.91 〔10497〕

プライ/ミュージカル，オペラ，リートを歌う（話
題の海外レコード試聴室） 跡霧子
p.93 〔10498〕

海外LP紹介 岡俊雄 p.94 〔10499〕

海外楽信 三浦淳史 p.99 〔10500〕

演奏会聴きある記―ムスチスラフ・ロストロ
ポーヴィッチ/ガブリエル・タッキーノ 小林
利之 p.100 〔10501〕

ブリットゥンの新作 カーリュー河 松本太郎
p.102 〔10502〕

大原総一郎氏（山口美美 音楽訪問4）
p.112 〔10503〕

5月新譜速報 p.116 〔10504〕

サロン・ド・ディスク p.120 〔10505〕

momente dicaux（2）トサカの味 森潤三郎
p.122 〔10506〕

新着テープ試聴記 和田則彦 p.124 〔10507〕

私のステレオ物語（4）歴史はくり返す ホーン型
スピーカー（連載オーディオ随筆）高城重躬
p.126　　　　　　　　　　　　　　〔10508〕

国産新製品紹介 桜庭昭治 p.130　　　〔10509〕

ヤマハ・カスタム・ステレオを推奨する 青木
周三 p.135　　　　　　　　　　　　〔10510〕

4月新譜一覧表 p.143　　　　　　　　〔10511〕

28巻5号（1965年5月発行）

今月のレコード評 ディスク推薦レコード
p.25　　　　　　　　　　　　　　　〔10512〕

今月のレコード評 交響曲 岡俊雄
p.26　　　　　　　　　　　　　　　〔10513〕

今月のレコード評 管弦楽曲 渡辺学而，録音
評：桜庭昭治 p.30　　　　　　　　　〔10514〕

NHK・FMのトスカニーニ・アワー 内村貴司
p.35　　　　　　　　　　　　　　　〔10515〕

今月のレコード評 協奏曲 上野一郎，録音評：
山中敬三 p.36　　　　　　　　　　　〔10516〕

今月のレコード評 室内楽曲 岩井宏之，録音
評：山中敬三 p.40　　　　　　　　　〔10517〕

今月のレコード評 器楽曲 藤田晴子，録音評：
桜庭昭治 p.46　　　　　　　　　　　〔10518〕

今月のレコード評 声楽曲 黒田恭一，録音評：
杉田啓介 p.52　　　　　　　　　　　〔10519〕

今月のレコード評 バッハ以前の音楽 渡部恵一
郎 p.60　　　　　　　　　　　　　　〔10520〕

今月のレコード評 現代音楽 三浦淳史
p.62　　　　　　　　　　　　　　　〔10521〕

今月のレコード評 ジャズ・ポピュラー 青木啓
p.66　　　　　　　　　　　　　　　〔10522〕

スプラフォン室内楽シリーズ 岩井宏之
p.70　　　　　　　　　　　　　　　〔10523〕

クレモナの想い出を新たに 無量塔蔵六
p.72　　　　　　　　　　　　　　　〔10524〕

天使のヴィクトリア ヴィクトリア・デ・ロス・
アンヘレス（来日した2人の演奏家） ローラ
ンド・ゲラット，三浦淳史 訳 p.74　〔10525〕

ウィルヘルム・ケンプの芸術（来日した2人の演
奏家）ミルトン・シェファー，更級倫子 訳
p.79　　　　　　　　　　　　　　　〔10526〕

ヴェルディ・人と芸術（ヴェルディの生涯25）―
「仮面舞踏会」（続）福原信夫 p.82　〔10527〕

新盤こぼれ話（5）メロス・アンサンブル（音楽
夜話）上野一郎 p.88　　　　　　　　〔10528〕

話題の海外レコード試聴室 D・ホール，服部幸
三，跡霧生，小林利之 p.92　　　　　〔10529〕

海外LP紹介 岡俊雄 p.96　　　　　　〔10530〕

海外楽信 カラスのトスカ 三浦淳史
p.102　　　　　　　　　　　　　　　〔10531〕

サロン・ド・ディスク p.104　　　　〔10532〕

ジュリエット・グレコ（山口芙美 音楽訪問5）
p.112　　　　　　　　　　　　　　　〔10533〕

演奏会聴きある記―ベネデッティ・ミケラン
ジェリ 小林利之 p.116　　　　　　　〔10534〕

6月新譜抄報 p.118　　　　　　　　　〔10535〕

新着テープ試聴室 和田則彦 p.120　　〔10536〕

私のステレオ物語（5）スタインウェイとベーゼ
ンドルファー（連載オーディオ随筆）高城重
躬 p.122　　　　　　　　　　　　　〔10537〕

4トラック・ステレオ・テープの動向（オーディ
オ・ビュウ8）浅野勇 p.128　　　　　〔10538〕

オーディオ装置拝見 TEAC社社長・谷勝馬 和
田則彦 p.132　　　　　　　　　　　〔10539〕

国産新製品紹介 桜庭昭治 p.135　　　〔10540〕

5月新譜一覧表 p.143　　　　　　　　〔10541〕

28巻6号（1965年7月発行）

今月のレコード評 ディスク推薦レコード（7月）
p.25　　　　　　　　　　　　　　　〔10542〕

今月のレコード評 ディスク推薦レコード（6月）
p.26　　　　　　　　　　　　　　　〔10543〕

今月のレコード評 交響曲 岡俊雄
p.27　　　　　　　　　　　　　　　〔10544〕

今月のレコード評 管弦楽曲（7月）渡辺学而，
録音評：桜庭昭治 p.34　　　　　　　〔10545〕

今月のレコード評 管弦楽曲（6月）渡辺学而，
録音評：桜庭昭治 p.38　　　　　　　〔10546〕

今月のレコード評 協奏曲（7月）上野一郎，録
音評：山中敬三 p.44　　　　　　　　〔10547〕

今月のレコード評 協奏曲（6月）上野一郎，録
音評：山中敬三 p.47　　　　　　　　〔10548〕

今月のレコード評 室内楽曲 岩井宏之，録音
評：山中敬三 p.50　　　　　　　　　〔10549〕

今月のレコード評 器楽曲（7月）藤田晴子，録
音評：桜庭昭治 p.54　　　　　　　　〔10550〕

今月のレコード評 器楽曲（6月）藤田晴子，録
音評：桜庭昭治 p.57　　　　　　　　〔10551〕

今月のレコード評 声楽曲（7月）黒田恭一，録
音評：杉田啓介 p.64　　　　　　　　〔10552〕

今月のレコード評 声楽曲（6月）黒田恭一，録
音評：杉田啓介 p.70　　　　　　　　〔10553〕

今月のレコード評 バッハ以前の音楽（7月）渡
部恵一郎 p.80　　　　　　　　　　　〔10554〕

今月のレコード評 バッハ以前の音楽（6月）渡
部恵一郎 p.82　　　　　　　　　　　〔10555〕

今月のレコード評 現代音楽（7月）三浦淳史
p.84　　　　　　　　　　　　　　　〔10556〕

今月のレコード評 現代音楽（6月）三浦淳史
p.86　　　　　　　　　　　　　　　〔10557〕

今月のレコード評 ジャズ・ポピュラー 青木啓
p.92　　　　　　　　　　　　　　　〔10558〕

「悲愴」で3大交響曲を完成したバーンスタイン
のチャイコフスキー 小林利之 p.96　〔10559〕

ヴェルディ・人と芸術（ヴェルディの生涯26）―
イタリアの独立と国会議員 福原信夫
p.98　　　　　　　　　　　　　　　〔10560〕

「ディスク」 内容細目

来日するスラヴ歌劇団の横顔 編集部
　p.102 〔10561〕
8月新譜速報 p.113 〔10562〕
話題の海外レコード試聴室 プライ，ベリーの
　〈フィガロの結婚〉全曲 黒田恭一
　p.114 〔10563〕
話題の海外レコード試聴室 カラス，ゴッビ2度目
　の〈トスカ〉全曲 ジョン・マックレーン，村
　上凱之 訳 p.115 〔10564〕
話題の海外レコード試聴室 ジョーン・バエズ/5
　三浦淳史 p.116 〔10565〕
話題の海外レコード試聴室 ベネデッティ＝ミケ
　ランジェリの新盤 村瀬淑子 p.117 〔10566〕
海外LP紹介 岡俊雄 p.118 〔10567〕
海外楽信 ライブチッヒ/ロンドン/夏の各地の音
　楽祭 三浦淳史 p.124 〔10568〕
「カルメン」初演90年に思う 宮沢縦一
　p.126 〔10569〕
オペラ・ニュース p.126 〔10570〕
演奏会聴きある記——クーベリックとバイエルン
　放送交響楽団/ミラノ歌劇団/クラウディオ・
　アラウ他 小林利之 p.128 〔10571〕
6月新譜一覧表 p.137 〔10572〕
7月新譜一覧表 p.143 〔10573〕
国産オーディオ新製品紹介 桜庭昭治
　巻末 〔10574〕

28巻7号（1965年8月発行）

今月のレコード評 ディスク推薦レコード
　p.25 〔10575〕
今月のレコード評 交響曲 岡俊雄
　p.26 〔10576〕
今月のレコード評 管弦楽曲 渡辺学而，録音
　評：桜庭昭治 p.31 〔10577〕
今月のレコード評 協奏曲 上野一郎，録音評：
　山中敬三 p.36 〔10578〕
今月のレコード評 室内楽曲 岩井宏之，録音
　評：山中敬三 p.41 〔10579〕
今月のレコード評 器楽曲 藤田晴子，録音評：
　桜庭昭治 p.44 〔10580〕
今月のレコード評 声楽曲 黒田恭一，録音評：
　杉田啓介 p.50 〔10581〕
今月のレコード評 バッハ以前の音楽 渡部恵一
　郎 p.58 〔10582〕
今月のレコード評 現代音楽 三浦淳史
　p.61 〔10583〕
今月のレコード評 ジャズ・ポピュラー 青木啓
　p.64 〔10584〕
素顔のベネデッティ・ミケランジェリ（会見記）
　森薫 訳編 p.67 〔10585〕
話題の海外レコード試聴室 スターン・トリオの
　デビュー盤 シューベルト：変ロ長調トリオ
　上野一郎 p.72 〔10586〕

話題の海外レコード試聴室 モッフォ〜ストコフ
　スキーの「オーヴェルニュの歌」他 村瀬淑
　子 p.73 〔10587〕
話題の海外レコード試聴室 ベームに見出された
　注目の新進 イヴリン・リアーのR・シュトラ
　ウス歌曲集 石井不二雄 p.74 〔10588〕
海外楽信 ブタペストの近況/マエストロ・ブ
　リットゥン 三浦淳史 p.75 〔10589〕
海外LP紹介 岡俊雄 p.76 〔10590〕
1965年度ディスコフィル大賞決まる（フラン
　ス）岡俊雄 p.81 〔10591〕
演奏会聴きある記 小林利之 p.82 〔10592〕
9月新譜速報 p.84 〔10593〕
新着テープを聴く 和田則彦 p.86 〔10594〕
サロン・ド・ディスク p.88 〔10595〕
国産オーディオ新製品紹介 桜庭昭治
　p.95 〔10596〕
私のステレオ物語（6）糸回し式ターン・テーブ
　ル（オーディオ随筆）高城重躬
　p.98 〔10597〕
フランスのハイファイ・スピーカー・システム
　"cabasse"のユニット（オーディオ・ビュウ
　9）浅野勇 p.104 〔10598〕
8月新譜一覧表 p.111 〔10599〕

28巻8号（1965年9月発行）

今月のレコード評/録音評 ディスク推薦レコー
　ド p.25 〔10600〕
今月のレコード評/録音評 交響曲 岡俊雄
　p.26 〔10601〕
今月のレコード評/録音評 管弦楽曲 渡辺学而，
　桜庭昭治 p.30 〔10602〕
今月のレコード評/録音評 協奏曲 上野一郎，山
　中敬三 p.36 〔10603〕
今月のレコード評/録音評 室内楽曲 岩井宏之，
　山中敬三 p.42 〔10604〕
今月のレコード評/録音評 器楽曲 藤田晴子，桜
　庭昭治 p.48 〔10605〕
今月のレコード評/録音評 声楽曲 黒田恭一，杉
　田啓介 p.54 〔10606〕
今月のレコード評/録音評 バッハ以前の音楽 渡
　辺恵一郎 p.60 〔10607〕
今月のレコード評/録音評 現代音楽 三浦淳史
　p.61 〔10608〕
今月のレコード評/録音評 ジャズ・ポピュラー
　青木啓 p.63 〔10609〕
優秀録音ステレオ・レコードのあり方 附：
　"HiFi/Stereo Review"誌の選んだデモ用レ
　コード25選 浅野勇，岡俊雄，桜庭昭治
　p.66 〔10610〕
ヴェルディ・人と芸術（ヴェルディの生涯27）——
　カンタータ 諸国民の讃歌 福原信夫
　p.74 〔10611〕
話題の海外レコード試聴室 p.77 〔10612〕

海外楽信 メルボルン・ロンドン・ベルリン 三浦淳史 p.80 〔10613〕

海外LP紹介 岡俊雄 p.82 〔10614〕

録音レポート―スタインウェイとベーゼンドルファーの対話 日本で初めて試みられたダブル・レコーディング 相沢昭八郎 p.86 〔10615〕

演奏会聴きある記―二つのオペラ 小林利之 p.88 〔10616〕

私のステレオ物語 (7) テープレコーダーと録音の愉しみ (オーディオ随筆) 高城重躬 p.98 〔10617〕

米CBS.Labのテストレコード「セブン・ステップ」(オーディオ・ビュウ10) 浅野勇 p.103 〔10618〕

新刊書評―田中良雄著 フランス歌劇解説 上野一郎 p.104 〔10619〕

9月新譜一覧表 p.105 〔10620〕

28巻9号 (1965年10月発行)

今月のレコード評/録音評 ディスク推薦レコード p.25 〔10621〕

今月のレコード評/録音評 交響曲 岡俊雄 p.26 〔10622〕

今月のレコード評/録音評 管弦楽曲 渡辺学而, 桜庭昭治 p.32 〔10623〕

今月のレコード評/録音評 協奏曲 上野一郎, 山中敬三 p.38 〔10624〕

今月のレコード評/録音評 室内楽曲 岩井宏之, 山中敬三 p.44 〔10625〕

今月のレコード評/録音評 器楽曲 藤田晴子, 桜庭昭治 p.48 〔10626〕

今月のレコード評/録音評 声楽曲 黒田恭一, 杉田啓介 p.56 〔10627〕

今月のレコード評/録音評 ジャズ・ポピュラー 青木啓 p.61 〔10628〕

今月のレコード評/録音評 バッハ以前の音楽 渡辺恵一郎 p.62 〔10629〕

今月のレコード評/録音評 現代音楽 三浦淳史 p.64 〔10630〕

フランスの名優を集めて録音されたサン=テクジュペリ〈星の王子さま〉(話題のレコード) 山崎庸一郎, 村瀬淑子 p.70 〔10631〕

ミュージック・オブ・デリウスなど (私の愛聴盤) 中村憲司 p.72 〔10632〕

「ボリス・ゴドノフ」「売られた花嫁」の初日をきいて (グラビヤ特集 スラヴ・オペラ開幕) 黒田恭一 p.76 〔10633〕

世界を駆けるフルーティスト―ジャン・ピエール・ランパル (来日する2人の名演奏家) ロイ・マックマレン, 三浦淳史 訳 p.82 〔10634〕

エリザベート・シュヴァルツコップの芸術 (来日する2人の名演奏家) C.L.オスボーン, 跡霧子 訳 p.86 〔10635〕

サロン・ド・ディスク 三村悦子, 長谷川京介 p.89 〔10636〕

話題の海外レコード試聴室 初めて録音されたバッハ「聖マルコ受難曲」 服部幸三 p.90 〔10637〕

話題の海外レコード試聴室 ホロヴィッツの「カーネギー・ホール・リサイタル」 H.ゴールドスミス p.91 〔10638〕

話題の海外レコード試聴室 ラテン・アメリカのカンティーガとカンシオン 三浦淳史 p.91 〔10639〕

ヴェルディ・人と芸術 (ヴェルディの生涯28) ―「運命の力」の誕生 福原信夫 p.94 〔10640〕

ヴェルディ巡礼・2―コロンジュ・ス・サレーヴのこと 福原信夫 p.100 〔10641〕

海外楽信 フィッシャー=ディスコウ/ロストロポーヴィッチ/マールボローのカザルス 三浦淳史 p.102 〔10642〕

海外LP紹介 岡俊雄 p.106 〔10643〕

演奏会聴きある記―スラヴ・オペラほか 小林利之 p.112 〔10644〕

新刊書評―ヨーロッパの音楽めぐり 小林利之 p.113 〔10645〕

新着テープを聴く 和田則彦 p.114 〔10646〕

私のステレオ物語 (8) テープレコーダーと録音の愉しみ・2 (オーディオ随筆) 高城重躬 p.116 〔10647〕

国産オーディオ新製品紹介 桜庭昭治 p.119 〔10648〕

テープ・レコードとプレイヤーの問題点 (オーディオ・ビュウ11) 浅野勇 p.123 〔10649〕

11月新譜速報 p.124 〔10650〕

10月新譜一覧表 p.131 〔10651〕

28巻10号 (1965年11月発行)

今月のレコード評/録音評 ディスク推薦レコード p.25 〔10652〕

今月のレコード評/録音評 交響曲 岡俊雄 p.26 〔10653〕

今月のレコード評/録音評 管弦楽曲 渡辺学而, 桜庭昭治 p.30 〔10654〕

今月のレコード評/録音評 協奏曲 上野一郎, 山中敬三 p.34 〔10655〕

今月のレコード評/録音評 室内楽曲 岩井宏之, 山中敬三 p.38 〔10656〕

今月のレコード評/録音評 器楽曲 藤田晴子, 桜庭昭治 p.40 〔10657〕

今月のレコード評/録音評 声楽曲 黒田恭一, 杉田啓介 p.46 〔10658〕

今月のレコード評/録音評 バッハ以前の音楽 渡辺恵一郎 p.54 〔10659〕

今月のレコード評/録音評 現代音楽 三浦淳史 p.58 〔10660〕

「ディスク」 内容細目

今月のレコード評/録音評 ジャズ・ポピュラー 青木啓 p.62 〔10661〕

名優サー・ローレンス・オリヴィエのシェイクスピア「オセロウ」（話題のレコード）三浦淳史 p.66 〔10662〕

1965年度芸術祭参加レコードを聴く 岡俊雄，上野一郎，三浦淳史，藤田晴子，渡部恵一郎，黒田恭一 p.68 〔10663〕

エリザベート・シュヴァルツコップの芸術（2）C.L.オスボーン，跡霧子 訳 p.78 〔10664〕

ヴェルディ・人と芸術（ヴェルディの生涯29）—歌劇「運命の力」福原信夫 p.82 〔10665〕

浮気者の愛聴盤（私の愛聴盤）出谷啓 p.88 〔10666〕

スラヴ歌劇（続）—「イーゴリ公」「エフゲニ・オネーギン」（グラビヤ）黒田恭一 p.89 〔10667〕

スィングル・シンガーズ（山口美美・音楽訪問6）p.96 〔10668〕

海外楽signバイロイト/ヘルシンキ/コペンハーゲン 三浦淳史 p.98 〔10669〕

ザルツブルク音楽祭—3人の指揮者/リフテルに会った日本人（ヨーロッパの音楽祭だより）モーシャ p.101 〔10670〕

メイコのヨーロッパひとりあるき（ヨーロッパの音楽祭だより）宮沢明子 p.102 〔10671〕

海外LP紹介 岡俊雄 p.104 〔10672〕

演奏会ききある記—東響：秋山和慶/東フィル：岩城宏之/スラヴ・オペラ/ヴェーグ四重奏団/中村浩子/三浦みどり/片野坂栄子 小林利之 p.110 〔10673〕

12月新譜速報 p.112 〔10674〕

クレンペラー，ヘンデル「メサイア」録音風景 p.114 〔10675〕

私のステレオ物語（8）テープ・レコーダーと録音の愉しみ・3（オーディオ随筆）高城重躬 p.118 〔10676〕

ヨーロッパの最近の演奏会用テープ・レコーダーの動向とイギリスTRUVOX社の新型3モーター方式テレコ（オーディオ・ビュウ12）浅野勇 p.123 〔10677〕

11月新譜一覧表 p.131 〔10678〕

28巻11号（1965年12月発行）

今月のレコード評/録音評 ディスク推薦レコード p.25 〔10679〕

今月のレコード評/録音評 交響曲 岡俊雄 p.26 〔10680〕

今月のレコード評/録音評 管弦楽曲 渡辺学而，桜庭昭治 p.32 〔10681〕

今月のレコード評/録音評 協奏曲 上野一郎，山中敬三 p.37 〔10682〕

今月のレコード評/録音評 室内楽曲 岩井宏之，山中敬三 p.42 〔10683〕

今月のレコード評/録音評 器楽曲 藤田晴子，桜庭昭治 p.44 〔10684〕

今月のレコード評/録音評 声楽曲 黒田恭一，杉田啓介 p.50 〔10685〕

今月のレコード評/録音評 バッハ以前の音楽 渡部恵一郎 p.59 〔10686〕

今月のレコード評/録音評 現代音楽 三浦淳史 p.62 〔10687〕

今月のレコード評/録音評 ジャズ・ポピュラー 青木啓 p.65 〔10688〕

1965年度芸術祭参加レコードを聴く（続）三上文子，渡部恵一郎，上野一郎，黒田恭一，三浦淳史 p.68 〔10689〕

"私はクレンペラーにクビをきられた"（80歳を迎えたオットー・クレンペラー——その人間像）W.スタインバーグ，上野一郎 訳 p.76 〔10690〕

傷だらけの大指揮者クレンペラー（80歳を迎えたオットー・クレンペラー——その人間像）N.カーダス，上野一郎 訳 p.79 〔10691〕

ヴェルディ・人と芸術（ヴェルディの生涯30）—歌劇「ドン・カルロ」まで 福原信夫 p.84 〔10692〕

資生堂社長 森治樹氏（山口美美・音楽訪問7）p.96 〔10693〕

ショパンとタマーシュ・ヴァシャーリ（会見記）C.ペーター，湊谷嘉人 訳 p.100 〔10694〕

海外楽sign 音楽家の音楽家シェリング/新しい指揮者の出現〜ブーレーズ 三浦淳史 p.102 〔10695〕

海外LP紹介 岡俊雄 p.104 〔10696〕

演奏会ききある記—ジャン・P.ランパル/野崎幸子/ジェラルド・ムーア/ドイツ・バッハ・ソリステン 小林利之 p.110 〔10697〕

ベートーヴェンとモーツァルト（私の愛聴盤）赤塚尚武 p.112 〔10698〕

国産オーディオ新製品紹介 桜庭昭治 p.116 〔10699〕

私のステレオ物語（9）低音ホーンのこと（随筆）高城重躬 p.118 〔10700〕

新着テープを聴く 和田則彦 p.120 〔10701〕

サロン・ド・ディスク p.122 〔10702〕

1月新譜速報 p.124 〔10703〕

12月新譜一覧表 p.131 〔10704〕

29巻1号（1966年1月発行）

今月のレコード評/録音評 ディスク推薦レコード p.25 〔10705〕

今月のレコード評/録音評 交響曲 岡俊雄 p.26 〔10706〕

今月のレコード評/録音評 管弦楽曲 渡辺学而，桜庭昭治 p.32 〔10707〕

今月のレコード評/録音評 協奏曲 上野一郎，山中敬三 p.36 〔10708〕

内容細目　　　　　　　　　　　　「ディスク」

今月のレコード評/録音評 室内楽曲 岩井宏之，山中敬三 p.42 〔10709〕

今月のレコード評/録音評 器楽曲 藤田晴子，桜庭昭治 p.46 〔10710〕

今月のレコード評/録音評 声楽曲 黒田恭一，杉田啓介 p.52 〔10711〕

今月のレコード評/録音評 バッハ以前の音楽 渡部恵一郎 p.58 〔10712〕

今月のレコード評/録音評 現代音楽 三浦淳史 p.61 〔10713〕

今月のレコード評/録音評 ジャズ・ポピュラー 青木啓 p.64 〔10714〕

1965年度の優秀レコード・ベスト5 本誌月評陣が厳選した各セクション別ベストレコード p.67 〔10715〕

ヨーロッパ音楽紀行（1）プラハへの旅 大宮真琴 p.76 〔10716〕

ヴェルディ・人と芸術（ヴェルディの生涯31）—「ドン・カルロ」（1）福原信夫 p.82 〔10717〕

イングリット・ヘブラー（名演奏家は語る1）上野一郎 訳 p.87 〔10718〕

クナッパーツブッシュ（附・ディスコグラフィー）黒田恭一 p.90 〔10719〕

海外楽信 モスクワ・フィルハーモニーの海外遠征 三浦淳史 p.94 〔10720〕

海外LP紹介 岡俊雄 p.96 〔10721〕

演奏会ききある記—アイザック・スターン/タマーシュ・ヴァシャーリ 小林利之 p.103 〔10722〕

2月新譜速報 p.104 〔10723〕

一人でヨーロッパを弾き廻る 宮沢明子さん（山口美美・音楽訪問 8）p.112 〔10724〕

話題の海外レコード A・フランケンシュタイン，三浦淳史，小林利之 p.116 〔10725〕

新着テープを聴く 和田則彦 p.120 〔10726〕

ハイ・フィデリティ（オーディオ随筆1）加藤秀夫 p.122 〔10727〕

これからのステレオは？（オーディオ・レポート 第14回オーディオ・フェア）桜庭昭治 p.126 〔10728〕

ミュージック・パワーとアコースティック・パワー（オーディオ・ビュウ13）浅野勇 p.129 〔10729〕

1月新譜一覧表 p.135 〔10730〕

29巻2号（1966年2月発行）

今月のレコード評/録音評 ディスク推薦レコード p.29 〔10731〕

今月のレコード評/録音評 交響曲 岡俊雄 p.30 〔10732〕

今月のレコード評/録音評 管弦楽曲 渡辺学而，桜庭昭治 p.36 〔10733〕

今月のレコード評/録音評 協奏曲 上野一郎，山中敬三 p.42 〔10734〕

今月のレコード評/録音評 室内楽曲 岩井宏之，山中敬三 p.48 〔10735〕

今月のレコード評/録音評 器楽曲 藤田晴子，桜庭昭治 p.52 〔10736〕

今月のレコード評/録音評 声楽曲 黒田恭一，杉田啓介 p.56 〔10737〕

今月のレコード評/録音評 バッハ以前の音楽 渡部恵一郎 p.64 〔10738〕

今月のレコード評/録音評 現代音楽 三浦淳史 p.68 〔10739〕

今月のレコード評/録音評 ジャズ・ポピュラー 青木啓 p.70 〔10740〕

カラヤンとベルリン・フィル（対談）（特集 ヘルベルト・フォン・カラヤン）大宮真琴，薬科雅美 p.73 〔10741〕

Herbert von Karajan（名演奏家は語る2）（特集 ヘルベルト・フォン・カラヤン）上野一郎 訳 p.79 〔10742〕

フィルハーモニア時代のカラヤン（対談）（特集 ヘルベルト・フォン・カラヤン）岡俊雄，黒田恭一 p.84 〔10743〕

ヨーロッパ音楽紀行（2）ハンガリー 大宮真琴 p.88 〔10744〕

ヴェルディ・人と芸術（ヴェルディの生涯32）—「ドン・カルロ」（2）福原信夫 p.94 〔10745〕

海外楽信 マゼール時代始まる/マルケヴィッチの生活と抱負/ティト・スキーパー逝く/今夏のヨーロッパの音楽祭 三浦淳史 p.100 〔10746〕

海外楽信 メイコのヨーロッパひとり歩き 宮沢明子 p.102 〔10747〕

海外LP紹介 岡俊雄 p.103 〔10748〕

演奏会ききある記 小林利之 p.108 〔10749〕

“ジャンティオーム”ジャン・フルネさん（山口美美・音楽訪問 9）p.116 〔10750〕

サロン・ド・ディスク p.119 〔10751〕

R・シュトラウス万才！（私の愛聴盤）三輪省三 p.120 〔10752〕

話題の海外レコード試聴室 渡辺学而，石川登志夫，P.L.ミラー，村上凱之 p.121 〔10753〕

3月新譜速報 p.124 〔10754〕

山田耕筰氏を悼む p.125 〔10755〕

ハイフィデリティ雑感（オーディオ随筆2）加藤秀夫 p.126 〔10756〕

自分のものは自分で選ぼう（音を創る人々から直言1）越川幸雄 p.129 〔10757〕

シリコン・トランジスターでなければHi-Fiではないのか？（オーディオ・ビュウ14）浅野勇 p.133 〔10758〕

2月新譜一覧表 p.139 〔10759〕

29巻3号（1966年3月発行）

今月のレコード評/録音評 ディスク推薦レコード p.25 〔10760〕

「ディスク」 内容細目

今月のレコード評/録音評 交響曲 岡俊雄 p.26 〔10761〕

今月のレコード評/録音評 管弦楽曲 渡辺昭而，桜庭昭治 p.31 〔10762〕

今月のレコード評/録音評 協奏曲 和田則彦，山中敬三 p.36 〔10763〕

今月のレコード評/録音評 室内楽曲 岩井宏之，山中敬三 p.40 〔10764〕

今月のレコード評/録音評 器楽曲 藤田晴子，桜庭昭治 p.43 〔10765〕

今月のレコード評/録音評 声楽曲 黒田恭一，杉田啓介 p.48 〔10766〕

今月のレコード評/録音評 バッハ以前の音楽 渡部恵一郎 p.54 〔10767〕

今月のレコード評/録音評 現代音楽 三浦淳史 p.56 〔10768〕

今月のレコード評/録音評 ジャズ・ポピュラー 青木啓 p.60 〔10769〕

オーケストラ（ベルリン・フィルハーモニー管弦楽団/モスクワ室内管弦楽団/オランダ室内管弦楽団/ボロディン弦楽四重奏団）（上半期に来日する演奏家の横顔） 浅里公三 p.64 〔10770〕

指揮者（アンドレ・ヴァンデルノート/ジャン・ジャルディーノ）/ヨゼフ・スーク（上半期に来日する演奏家の横顔） 編集部 p.65 〔10771〕

アントニオ・ヤニグロ（上半期に来日する演奏家の横顔） 上野晃 p.66 〔10772〕

声楽（楽劇「バラの騎士」/エリザベート・シュヴァルツコップ）（上半期に来日する演奏家の横顔） 黒田恭一 p.67 〔10773〕

アルトゥール・ルービンシュタイン（上半期に来日する演奏家の横顔） 藁科雅美 p.68 〔10774〕

ヴァン・クライバーン（上半期に来日する演奏家の横顔） 小林利之 p.68 〔10775〕

ピアニスト（イングリット・ヘブラー/ジャン・ベルナール・ポミエ/アベイ・シモン他）（上半期に来日する演奏家の横顔） 高石英孝 p.69 〔10776〕

モーツァルトの死の謎 エルゼ・ラダント，更級倫子 訳 p.70 〔10777〕

ヨーロッパ音楽紀行（3）ウィーンの街（1） 大宮真琴 p.76 〔10778〕

ヴェルディ・人と芸術（ヴェルディの生涯33）―歌劇「アイーダ」の誕生まで（1） 福原信夫 p.80 〔10779〕

外誌の選んだ1965年度の優秀レコード 岡俊雄 p.86 〔10780〕

海外楽信 三浦淳史 p.90 〔10781〕

ターン・テーブル―最近のレコード界の話題から p.92 〔10782〕

話題の海外レコード試聴室 福島和夫，黒田恭一，浜田滋郎，小林利之 p.94 〔10783〕

演奏会ききある記―ピエール・フルニエ/ジョン・オグドン 小林利之 p.98 〔10784〕

海外LP紹介 岡俊雄 p.100 〔10785〕

ピエール・フルニエさん（山口美美・音楽訪問10） p.110 〔10786〕

フー・ツォン（名演奏家は語る 3） 上野一郎 訳 p.115 〔10787〕

新着テープ試聴記 和田則彦 p.118 〔10788〕

音を創る人々からの直言（2）よい音のするアンプの必須条件 上杉佳郎 p.121 〔10789〕

アメリカ・エンパイア社の音響製品（オーディオ・ビュウ 15）浅野勇 p.127 〔10790〕

4月新譜速報 p.128 〔10791〕

3月新譜一覧表 p.135 〔10792〕

29巻4号（1966年4月発行）

今月のレコード評/録音評 ディスク推薦レコード p.25 〔10793〕

今月のレコード評/録音評 交響曲 岡俊雄 p.26 〔10794〕

今月のレコード評/録音評 管弦楽曲 渡辺昭而，桜庭昭治 p.30 〔10795〕

今月のレコード評/録音評 協奏曲 上野一郎，山中敬三 p.36 〔10796〕

今月のレコード評/録音評 室内楽曲 岩井宏之，山中敬三 p.44 〔10797〕

今月のレコード評/録音評 器楽曲 藤田晴子，桜庭昭治 p.48 〔10798〕

今月のレコード評/録音評 声楽曲 黒田恭一，杉田啓介 p.52 〔10799〕

今月のレコード評/録音評 バッハ以前の音楽 渡部恵一郎 p.57 〔10800〕

今月のレコード評/録音評 現代音楽 三浦淳史 p.60 〔10801〕

今月のレコード評/録音評 ジャズ・ポピュラー 青木啓 p.62 〔10802〕

その魅力とレコードを語る座談会（特集 モーツァルトの交響曲） 岩井宏之，岡俊雄，小林利之 p.66 〔10803〕

モーツァルトの交響曲全レコード表（特集 モーツァルトの交響曲） p.68 〔10804〕

ヨーロッパ音楽紀行（4）ウィーンの街（2） 大宮真琴 p.76 〔10805〕

ヴェルディ・人と芸術（ヴェルディの生涯34）―歌劇「アイーダ」の誕生まで（2） 福原信夫 p.82 〔10806〕

ベルナルド・ハイティンク―その過去・現在・未来について（名演奏家は語る 4） 上野一郎 訳 p.88 〔10807〕

海外楽信 ナポリの歓び/チッコリーニのサティー/マゼールのバッハ観 三浦淳史 p.92 〔10808〕

1965〜6年度のフランスADFディスク大賞 p.93 〔10809〕

内容細目　　　　　　　　　　　　　　「ディスク」

演奏会ききある記―シューベルト歌曲連続演奏会/藤原オペラ「エディプス王」と「夜間飛行」 小林利之 p.95 〔10810〕

海外LP紹介 岡俊雄 p.96 〔10811〕

話題の海外レコード試聴室 J.W.ベーカー，黒田恭一，上野晃 p.102 〔10812〕

サロン・ド・ディスク p.113 〔10813〕

ターン・テーブル―ニュースと質問 p.114 〔10814〕

音楽喫茶巡り(1)札幌市"ウィーン" 横山信幸，松本一哉 p.116 〔10815〕

新着テープ試聴記 和田則彦 p.118 〔10816〕

5月新譜速報 p.120 〔10817〕

モノラルのメリット(オーディオ随想3) 加藤秀夫 p.121 〔10818〕

音を創る人々からの直言(3)何より大切な試聴設備 井上卓也 p.123 〔10819〕

アメリカと西独のテープ・レコード，カートリッジ合戦(オーディオ・ビュウ16) 浅野勇 p.127 〔10820〕

4月新譜一覧表 p.135 〔10821〕

29巻5号(1966年5月発行)

今月のレコード評/録音評 ディスク推薦レコード p.37 〔10822〕

今月のレコード評/録音評 交響曲 岡俊雄 p.38 〔10823〕

今月のレコード評/録音評 管弦楽曲 渡辺学而，金子英男 p.43 〔10824〕

今月のレコード評/録音評 協奏曲 上野一郎，山中敬三 p.48 〔10825〕

今月のレコード評/録音評 室内楽曲 岩井宏之，山中敬三 p.56 〔10826〕

今月のレコード評/録音評 器楽曲 岩井宏之，藤田晴子，桜庭昭治 p.60 〔10827〕

映画になったフルトヴェングラーの「ドン・ジョヴァンニ」 黒田恭一 p.65 〔10828〕

今月のレコード評/録音評 声楽曲 黒田恭一 p.66 〔10829〕

今月のレコード評/録音評 バッハ以前の音楽 渡部恵一郎 p.71 〔10830〕

今月のレコード評/録音評 現代音楽 三浦淳史 p.74 〔10831〕

今月のレコード評/録音評 ホーム・ミュージック・セレクション 内村貴司 p.78 〔10832〕

今月のレコード評/録音評 ジャズ・ポピュラー 青木啓 p.80 〔10833〕

耳で装置の測定ができるCBSステレオ・セブン・ステップ 山中敬三 p.83 〔10834〕

座談会/ルービンシュタインの魅力(特集 アルトゥール・ルービンシュタインの芸術) 丹羽正明，藤田晴子，蘽科雅美 p.84 〔10835〕

名演奏家は語る(5)ルービンシュタイン(特集 アルトゥール・ルービンシュタインの芸術) 上野一郎 p.90 〔10836〕

ルービンシュタインのディスコグラフィー(特集 アルトゥール・ルービンシュタインの芸術) p.97 〔10837〕

ヨーロッパ音楽紀行(5)ウィーンの街(3) 大宮真琴 p.98 〔10838〕

ヴェルディ・人と芸術(ヴェルディの生涯35)―歌劇「アイーダ」 福原信夫 p.104 〔10839〕

海外楽信 フルートの黄金時代/完成された"未完成"/徐々に引退するムーア 三浦淳史 p.110 〔10840〕

話題の海外レコード試聴室 上野一郎，村瀬淑子，小林利之，和田則彦 p.112 〔10841〕

サロン・ド・ディスク p.116 〔10842〕

佐治敬三氏(山口美美・音楽訪問11) p.124 〔10843〕

6月新譜速報 p.127 〔10844〕

海外LP紹介 岡俊雄 p.128 〔10845〕

演奏会聴きある記―ボロディン弦楽四重奏団/イングリット・ヘブラー/「ルイーズ」/「ポッペアの戴冠」 小林利之 p.134 〔10846〕

新着テープ試聴記 和田則彦 p.136 〔10847〕

音楽喫茶巡り(2)金沢市"モザール" 鞍信一 p.138 〔10848〕

音を創る人々からの直言(4)オーディオ界の迷信とソリッド・ステイト・アンプ 春日二郎 p.141 〔10849〕

オーディオ訪問―加藤秀夫氏とそのユニークな再生装置 桜庭昭治 p.142 〔10850〕

テープ・ソースの普及と低速化への移行(オーディオ・ビュウ17) 浅野勇 p.147 〔10851〕

写真のステレオ，音のステレオ(オーディオ随想4) 加藤秀夫 p.148 〔10852〕

5月新譜一覧表 p.155 〔10853〕

29巻6号(1966年6月発行)

今月のレコード評/録音評 ディスク推薦レコード p.29 〔10854〕

今月のレコード評/録音評 交響曲 岡俊雄 p.30 〔10855〕

今月のレコード評/録音評 管弦楽曲 渡辺学而，金子英男 p.35 〔10856〕

今月のレコード評/録音評 協奏曲 上野一郎，山中敬三 p.40 〔10857〕

今月のレコード評/録音評 室内楽曲 岩井宏之，桜庭昭治 p.46 〔10858〕

今月のレコード評/録音評 器楽曲 岩井宏之，藤田晴子，桜庭昭治 p.48 〔10859〕

今月のレコード評/録音評 声楽曲 黒田恭一 p.56 〔10860〕

ベルガンサの〈セヴィリアの理髪師〉をみて 黒田恭一 p.63 〔10861〕

「ディスク」 内容細目

今月のレコード評/録音評 バッハ以前の音楽 渡部恵一郎，丹羽久雄 p.64 〔10862〕

今月のレコード評/録音評 現代音楽 三浦淳史，山中敬三 p.68 〔10863〕

今月のレコード評/録音評 ホーム・ミュージック・セレクション 内村貴司 p.72 〔10864〕

今月のレコード評/録音評 ジャズ・ポピュラー 青木啓 p.74 〔10865〕

カラヤンとベルリン・フィル（話題の春の演奏会をきく）岩井宏之，黒田恭一，小林利之，浜田徳昭 p.76 〔10866〕

ゴールドベルクとオランダ室内管弦楽団（話題の春の演奏会をきく）小林利之 p.77 〔10867〕

アントニオ・ヤニグロ（話題の春の演奏会をきく）小林利之 p.78 〔10868〕

ジャン=ベルナール・ポミエ（話題の春の演奏会をきく）三浦淳史 p.79 〔10869〕

楽劇「バラの騎士」（話題の春の演奏会をきく）黒田恭一 p.79 〔10870〕

歌劇「コジ・ファン・トゥッテ」（話題の春の演奏会をきく）三浦淳史 p.80 〔10871〕

ヨゼフ・スーク（話題の春の演奏会をきく）小林利之 p.81 〔10872〕

座談会：ロリン・マゼールのバッハをきいて 岡俊雄，浜田徳昭，黒田恭一 p.82 〔10873〕

マゼールのディスコグラフィー p.84 〔10874〕

ロリン・マゼール（名演奏家は語る 6）上野一郎 訳 p.89 〔10875〕

ヨーロッパ音楽紀行（6）ウィーンの音楽会 大宮真琴 p.94 〔10876〕

ヴェルディ・人と芸術（ヴェルディの生涯36）―弦楽四重奏曲と鎮魂ミサ曲 福原信夫 p.102 〔10877〕

サロン・ド・ディスク p.107 〔10878〕

海外楽信 コンセルトヘボウの近況/モンテ・カルロ国立管弦楽団/ハイティンクLPOを兼任 三浦淳史 p.108 〔10879〕

話題の海外レコード試聴室 三浦淳史，紀長谷雄，小林利之 p.110 〔10880〕

海外LP紹介 岡俊雄 p.114 〔10881〕

新着テープ試聴記 和田則彦 p.120 〔10882〕

随想：批評の問題 丹羽久雄 p.122 〔10883〕

音を創る人々からの直言（6）私のハイファイ遍歴 林尚武 p.125 〔10884〕

録音とは何か（オーディオ随想 5）加藤秀夫 p.127 〔10885〕

テープ録音の面白さと難しさ（オーディオ・ビュウ 8）浅野勇 p.131 〔10886〕

7月新譜速報 p.132 〔10887〕

6月新譜一覧表 p.139 〔10888〕

29巻7号（1966年7月発行）

今月のレコード評/録音評 ディスク推薦レコード p.25 〔10889〕

今月のレコード評/録音評 交響曲 岡俊雄 p.26 〔10890〕

今月のレコード評/録音評 管弦楽曲 藤田由之，金子英男 p.30 〔10891〕

今月のレコード評/録音評 協奏曲 上野一郎，山中敬三 p.34 〔10892〕

今月のレコード評/録音評 楽器曲 岩井宏之，藤田晴子，桜庭昭治 p.38 〔10893〕

今月のレコード評/録音評 声楽曲 黒田恭一 p.44 〔10894〕

今月のレコード評/録音評 バッハ以前の音楽 渡部恵一郎，丹羽久雄 p.49 〔10895〕

今月のレコード評/録音評 現代音楽 三浦淳史，山中敬三 p.52 〔10896〕

今月のレコード評/録音評 ホーム・ミュージック・セレクション 内村貴司 p.54 〔10897〕

今月のレコード評/録音評 ジャズ・ポピュラー 青木啓 p.56 〔10898〕

8月新譜速報 p.58 〔10899〕

グレン・グールドのきのう・きょう（特集 グレン・グールド）岡俊雄 p.60 〔10900〕

グールドの〈バッハ・平均率クラヴィーア曲集〉（特集 グレン・グールド）三浦淳史 訳 p.64 〔10901〕

プローテウスの音楽〈フーガ形式の主観性に関する覚え書き〉（特集 グレン・グールド）G・グールド，三浦淳史 訳 p.68 〔10902〕

ヤーノシュ・シュタルケル（名演奏家は語る 7）上野一郎 訳 p.72 〔10903〕

ヨーロッパ音楽紀行（7）オーストリアのハイドン遺跡 大宮真琴 p.76 〔10904〕

演奏会ききある記―クライバーン/バルシャイとモスクワ室内O. 小林利之 p.82 〔10905〕

海外楽信―回想のマルグリット・ロン/クリップスのモーツァルト部隊 三浦淳史 p.84 〔10906〕

話題の海外レコード試聴室 黒田恭一，家里和夫，三浦淳史 p.86 〔10907〕

サロン・ド・ディスク p.97 〔10908〕

ヘルベルト・フォン・カラヤン（オフ・ステージの来日演奏家）福原信夫，小林利之 p.98 〔10909〕

ヴァン・クライバーン（オフ・ステージの来日演奏家）志鳥栄八郎 p.103 〔10910〕

インタビュウー：RCAビクター副社長ダリオ・ソリア氏 p.106 〔10911〕

ベートーヴェン万才！（私の愛聴盤）赤塚尚武 p.107 〔10912〕

海外LP紹介 岡俊雄 p.108 〔10913〕

ターン・テーブル p.114 〔10914〕

新着テープ試聴記 和田則彦 p.116 〔10915〕

音楽喫茶巡り（3）大阪市 "日響" 棚橋敏矩
p.118 〔10916〕

擬似ステレオ（オーディオ随想 8） 加藤秀夫
p.121 〔10917〕

最近の録音テープ（オーディオ・ビュウ 19） 浅
野勇 p.125 〔10918〕

7月新譜一覧表 p.128 〔10919〕

29巻8号（1966年8月発行）

今月のレコード評/録音評 ディスク推薦レコー
ド p.19 〔10920〕

今月のレコード評/録音評 交響曲 岡俊雄
p.20 〔10921〕

今月のレコード評/録音評 管弦楽曲 藤田由之,
金子英男 p.24 〔10922〕

今月のレコード評/録音評 協奏曲 上野一郎, 山
中敬三 p.29 〔10923〕

今月のレコード評/録音評 室内楽曲 立原冬二,
桜庭昭治 p.34 〔10924〕

今月のレコード評/録音評 器楽曲 立原冬二, 藤
田晴子, 桜庭昭治 p.39 〔10925〕

今月のレコード評/録音評 声楽曲 黒田恭一
p.44 〔10926〕

今月のレコード評/録音評 バッハ以前の音楽 渡
部恵一郎, 丹羽久雄 p.48 〔10927〕

今月のレコード評/録音評 現代音楽 三浦淳史,
山中敬三 p.52 〔10928〕

今月のレコード評/録音評 4トラック・テープ
和田則彦 p.54 〔10929〕

オリヴィエの名演「オセロ」 岡俊雄
p.56 〔10930〕

今月のレコード評/録音評 ホーム・ミュージッ
ク 内村貴司 p.58 〔10931〕

今月のレコード評/録音評 ジャズ・ポピュラー
青木啓 p.60 〔10932〕

バルトークのピアノ音楽（特集 ベラ・バルトー
ク） B・ジャコブソン, 大橋和子 訳
p.62 〔10933〕

バルトークを語る〈フィリップス・バルトーク・
ソサエティを中心に〉（座談会）（特集 ベラ・
バルトーク） 上野晃, 三浦淳史, 藁科雅美
p.66 〔10934〕

バルトークのスペシャリスト "ジェルジュ・
シャンドール"（特集 ベラ・バルトーク） 上
野一郎 p.71 〔10935〕

イーゴリ・マルケヴィッチ（名演奏家は語る 8）
上野一郎 訳 p.72 〔10936〕

ヨーロッパ音楽紀行（8）ハイドンのオペラと
ウィーンの庶民 大宮真琴 p.80 〔10937〕

1966年度のACCディスク大賞 p.85 〔10938〕

海外楽信 三浦淳史 p.86 〔10939〕

海外LP：テープ紹介 岡俊雄 p.88 〔10940〕

演奏会ききある記 小林利之 p.94 〔10941〕

サロン・ド・ディスク p.96 〔10942〕

ターン・テーブル p.97 〔10943〕

「英雄」（私の愛聴盤） p.98 〔10944〕

レジーヌ・クレスパン（山口芙美・音楽訪問
12） p.106 〔10945〕

9月新譜速報 p.109 〔10946〕

新着テープ試聴記 和田則彦 p.110 〔10947〕

音を創る人々からの直言（7）小型スピーカー・
システムのキー・ポイント 坪井正和
p.113 〔10948〕

低速テープを音質よく聴くには（オーディオ・
ビュウ 20） 浅野勇 p.117 〔10949〕

美人の夢（オーディオ随想 7） 加藤秀夫
p.118 〔10950〕

8月新譜一覧表 p.122 〔10951〕

「蓄音器と教育」
教育レコード協会

3巻3号（1931年3月発行）

国語教育と蓄音器の関捗（論説）磯野親雄
p.2　〔10952〕

国史の児童劇「八岐の大蛇」長尾豊
p.8　〔10953〕

「八岐の大蛇」伴奏楽曲（国史の児童劇）坊田か
ずま 作曲 p.10　〔10954〕

蓄音器と教育（論説）川口半平 p.14　〔10955〕

蓄音器の教育的活用の実際（上）（論説）守田達
雄 p.17　〔10956〕

音楽批評名言集（3）p.17　〔10957〕

教育レコードに就て（論説）大富一五郎
p.21　〔10958〕

趣味講座―ショパンの生涯とその芸術（続）
イー・マーカム・リー p.26　〔10959〕

研究発表―鑑賞レコードの研究（1）河村直則
p.28　〔10960〕

研究発表―教育と蓄音器の活用について（1）竹
上利之 p.32　〔10961〕

学校用教育レコードとその説明 p.37　〔10962〕

3巻8号（1931年8月発行）

音楽講座 歌のうたひ方（3）山田耕作
p.2　〔10963〕

国史の児童劇「重盛の夢」長尾豊
p.10　〔10964〕

教育と郷土童謡のレコード 坊田かづま
p.14　〔10965〕

夏とレコード（随筆）桜木紅二 p.18　〔10966〕

洋楽鑑賞教育用の新譜をあさつて 瀬良光三
p.20　〔10967〕

レコードに吹込まれた童謡 p.25　〔10968〕

教育レコード資料募集 p.27　〔10969〕

児童の遊戯に就て（その1）長谷川基孝
p.29　〔10970〕

教育レコードの研究 p.34　〔10971〕

時の流れと街の音楽 p.49　〔10972〕

3巻10号（1931年10月発行）

音楽講座 歌のうたひ方（5）山田耕作
p.2　〔10973〕

朗読の背景 菅原教造 p.10　〔10974〕

対話童謡「学校ごつこ」p.10　〔10975〕

読本の児童劇「呉鳳」吉松祐一 p.15　〔10976〕

珠算の練習 岩下吉衛 p.19　〔10977〕

読本の児童劇「もちのまと」（巻2）吉松祐一
p.23　〔10978〕

新しい教育レコード XYZ p.25　〔10979〕

吹込の実況を見る 桜木紅二 p.27　〔10980〕

蓄音器のお話（2）柚木卯馬 p.30　〔10981〕

鑑賞教育のための洋楽新譜 瀬良光三
p.35　〔10982〕

師範教育制度確立運動の趣意 西晋一郎
p.40　〔10983〕

内容細目　　　　　　　　　　　　　「レコード音楽」

「名曲」「レコード音楽」

名曲堂→レコード音楽社→名曲堂

「名曲」　3巻9号（1929年9月発行）

優秀レコードと珍品レコード（13）　あらえびす
p.1　　　　　　　　　　　　　　　〔10984〕

欧米だより　TW生　p.4　　　　　〔10985〕

ショパンの作品レコード（3）　不二子
p.6　　　　　　　　　　　　　　　〔10986〕

井戸端会議　Ｔ・Ｙ・生　p.7　　　〔10987〕

4巻7号（1930年7月発行）

音楽史的レコード蒐集—バツハからシエンベル
ヒまで（7）　あらえびす　p.2　　　〔10988〕

ヂユリア・クルツプ礼讃　阿野生　p.8　〔10989〕

八月のレコード　ニユース子　p.9　〔10990〕

欧米だより　TW生　p.11　　　　　〔10991〕

クライベルを中心に　MO生　p.13　〔10992〕

七月新譜—紹介と批評　RABC　p.15　〔10993〕

4巻9号（1930年9月発行）

音楽史的レコード蒐集—バツハからシエンベル
ヒまで（9）　あらえびす　p.2　　　〔10994〕

古レコードの値段　TON吉　p.7　　〔10995〕

九月新譜・紹介と批評　RABC　p.9　〔10996〕

欧米だより　TW生　p.18　　　　　〔10997〕

愚談＝カサルスのセロ・ソナータを聞く　HN生
p.22　　　　　　　　　　　　　　〔10998〕

十月のレコード　FF生　p.24　　　〔10999〕

安価な感傷　阿野生　p.27　　　　　〔11000〕

4巻10号（1930年10月発行）

音楽史的レコード蒐集—バツハからシエンベル
ヒまで（10）　あらえびす　p.2　　　〔11001〕

フラグメント　MO生　p.9　　　　　〔11002〕

古レコードの値段　TON吉　p.12　　〔11003〕

十月新譜・紹介と批評　p.14　　　〔11004〕

欧米だより　TW生　p.23　　　　　〔11005〕

愚談—エルマンのコンチエルトを聴く　HN生
p.26　　　　　　　　　　　　　　〔11006〕

マツコマークのトーキー　Ｍ・Ｏ・Ｂ・Ｑ
p.27　　　　　　　　　　　　　　〔11007〕

十月のレコード　p.29　　　　　　〔11008〕

レコードの選び方　あらえびす　p.32　〔11009〕

"PANZERA"　江礼久虎　p.35　　　〔11010〕

或るレコードマニアの手記　柳三郎
p.36　　　　　　　　　　　　　　〔11011〕

読者のページ　p.38　　　　　　　〔11012〕

4巻11号（1930年11月発行）

音楽史的レコード蒐集—バツハからシエンベル
ヒまで（11）　あらえびす　p.2　　　〔11013〕

回想　GW生　p.9　　　　　　　　〔11014〕

古レコードの値段　TON吉　p.13　　〔11015〕

十一月新譜・紹介と批評　p.16　　〔11016〕

欧米だより　TW生　p.23　　　　　〔11017〕

愚談—フーバイのバイオリン・レコードの詮索
HN生　p.26　　　　　　　　　　〔11018〕

渡米する欧洲の二大指揮者　枯野永好
p.29　　　　　　　　　　　　　　〔11019〕

イングリツシユ・デビツシー　HJ生
p.32　　　　　　　　　　　　　　〔11020〕

十二月のレコード　編輯部　p.35　〔11021〕

4巻12号（1930年12月発行）

音楽史的レコード蒐集—バツハからシエンベル
ヒまで（12）　あらえびす　p.2　　　〔11022〕

シユーマンのピアノ・コンチエルト　星島和雄
p.13　　　　　　　　　　　　　　〔11023〕

古レコードの値段　TON吉　p.15　　〔11024〕

十二月新譜・紹介と批評　p.18　　〔11025〕

欧米だより　TW生　p.26　　　　　〔11026〕

昭和六年一月のレコード　藤田不二
p.29　　　　　　　　　　　　　　〔11027〕

愚談（終編）　HN生　p.38　　　　〔11028〕

本誌改題と大拡張　編輯部　p.41　〔11029〕

読者のページ　p.43　　　　　　　〔11030〕

「レコード音楽」　5巻1号（1931年1月発行）

「レコード音楽」を祝ふ詞　あらえびす
p.2　　　　　　　　　　　　　　　〔11031〕

温故知新　脇順二　p.4　　　　　　〔11032〕

ベートーフエンの第六シンフオニー　星島和雄
p.8　　　　　　　　　　　　　　　〔11033〕

ポリドールとＨ・Ｍ・Ｖの第六交響曲　星島和雄
p.10　　　　　　　　　　　　　　〔11034〕

超モダーン・ミユージツク　面白誌
p.12　　　　　　　　　　　　　　〔11035〕

JAN・KUBELIK　枯野永好　p.18　〔11036〕

クーベリツクのレコード　藤田不二
p.23　　　　　　　　　　　　　　〔11037〕

ローゼ・クワルテツト　蓬来荘主人
p.26　　　　　　　　　　　　　　〔11038〕

一月のレコードを聴いて　ビクター　面白誌
p.29　　　　　　　　　　　　　　〔11039〕

一月のレコードを聴いて　コロムビア　神田生
p.32　　　　　　　　　　　　　　〔11040〕

「レコード音楽」　　　　　内容細目

一月のレコードを聴いて ポリドール 面白誌
p.37　　　　　　　　　　　　〔11041〕
一月のレコードを聴いて パルロフオーン 面白
誌 p.38　　　　　　　　　　　〔11042〕
一月のレコードを聴いて オデオン 面白誌
p.41　　　　　　　　　　　　〔11043〕
一月のダンス・レコード 玉置真吉
p.43　　　　　　　　　　　　〔11044〕
キング・レコードの発売を祝す 藤田不二
p.47　　　　　　　　　　　　〔11045〕
二月各社のレコード 藤田不二 p.48　〔11046〕
電気録音機の構造と作り方(其1) 棚橋照吉
p.54　　　　　　　　　　　　〔11047〕
Les Preludes 蓮朴順 p.59　　　〔11048〕
花嫁探し 曲裏零留 p.62　　　　〔11049〕
印象と音楽 稲田広雄 p.66　　　〔11050〕
邪道に喘ぐもの 柳三郎 p.68　　〔11051〕
パリゼット(宝塚歌劇団) L'étoile
p.70　　　　　　　　　　　　〔11052〕

5巻2号(1931年2月発行)

一九三一年のレコード界 長田秀雄
p.4　　　　　　　　　　　　　〔11053〕
ベートーヴェン(4)―音楽史的レコード蒐集
(13)バッハよりシエンベルヒまで あらえび
す p.6　　　　　　　　　　　〔11054〕
最近のウイン・フィルハーモニーのレコードを
聴く 星島和雄 p.16　　　　　〔11055〕
アンリー・マルトー 面白誌 p.23　〔11056〕
欧米だより TW生 p.25　　　　〔11057〕
二月のレコードを聴いて ビクター 旭家歌麿
p.28　　　　　　　　　　　　〔11058〕
二月のレコードを聴いて コロムビア 旭家歌麿
p.30　　　　　　　　　　　　〔11059〕
二月のレコードを聴いて ポリドール 面白誌
p.33　　　　　　　　　　　　〔11060〕
二月のレコードを聴いて パルロフオン 面白誌
p.35　　　　　　　　　　　　〔11061〕
二月のレコードを聴いて オデオン 面白誌
p.37　　　　　　　　　　　　〔11062〕
二月のダンス・レコード 玉置真吉
p.39　　　　　　　　　　　　〔11063〕
三月各社のレコード 藤田不二 p.43　〔11064〕
レコード音楽座談会 p.54　　　　〔11065〕
コレクション新道―シユーベルトよりヴオルフ
まで(1)歌のレコード 其の一 脇順二
p.60　　　　　　　　　　　　〔11066〕
電気蓄音機の構造と作り方(其2) 棚橋照吉
p.66　　　　　　　　　　　　〔11067〕
最近感激のレコード 曲裏零留 p.70　〔11068〕

5巻3号(1931年3月発行)

蓄音機の趣味 中村武羅夫 p.4　　〔11069〕

ベートーヴェン(5)―音楽史的レコード蒐集
(14)バッハよりシエンベルヒまで あらえび
す p.6　　　　　　　　　　　〔11070〕
メルバ夫人逝く p.13　　　　　　〔11071〕
ブラームス第三シンフォニー 星島和雄
p.14　　　　　　　　　　　　〔11072〕
ミッシヤ・エルマンについて 蓬莱荘主人
p.18　　　　　　　　　　　　〔11073〕
灰燼の中より現れたフエニックス SM生 訳
p.23　　　　　　　　　　　　〔11074〕
欧米だより TW生 p.27　　　　〔11075〕
ペレアスとメリサンド 藤田不二 p.30　〔11076〕
三月のレコードを聴いて ビクター J・O・A生
p.35　　　　　　　　　　　　〔11077〕
三月のレコードを聴いて コロムビア 神田生
p.39　　　　　　　　　　　　〔11078〕
三月のレコードを聴いて ポリドール 湖舟朗
p.42　　　　　　　　　　　　〔11079〕
三月のレコードを聴いて パルロフオン 片山敏
p.43　　　　　　　　　　　　〔11080〕
三月のレコードを聴いて オデオン K・K生
p.44　　　　　　　　　　　　〔11081〕
四月各社のレコード 藤田不二 p.47　〔11082〕
キング・レコード試聴記 面白誌 p.48　〔11083〕
レコード音楽座談会(続) p.58　　〔11084〕
珍品と非珍品―古レコードの値段 TON吉
p.68　　　　　　　　　　　　〔11085〕
コレクション新道―シユーベルトよりヴオルフ
まで(2)歌のレコード 其の二 脇順二
p.70　　　　　　　　　　　　〔11086〕
問? と答! p.74　　　　　　　〔11087〕

5巻4号(1931年4月発行)

わが恩人としての蓄音器 畑耕一 p.4　〔11088〕
ベートーヴェン(6)―音楽史的レコード蒐集
(15)バッハよりシエンベルヒまで あらえび
す p.6　　　　　　　　　　　〔11089〕
ベートーフェンの第八シンフォニー 星島和雄
p.17　　　　　　　　　　　　〔11090〕
Saint Saëns Violin Concerto No.3 S・G・K・生
p.20　　　　　　　　　　　　〔11091〕
カール・フレツシユ教授のレコード HN生
p.24　　　　　　　　　　　　〔11092〕
音楽の片影 小畑蕃 p.26　　　　〔11093〕
欧米だより TW生 p.28　　　　〔11094〕
四月のレコードを聴いて コロムビア 神田生
p.31　　　　　　　　　　　　〔11095〕
四月のレコードを聴いて ビクター J・O・A生
p.34　　　　　　　　　　　　〔11096〕
四月のレコードを聴いて ポリドール 湖如水
p.38　　　　　　　　　　　　〔11097〕
四月のレコードを聴いて オデオン K・K生
p.40　　　　　　　　　　　　〔11098〕

内容細目 「レコード音楽」

四月のレコードを聴いて パルロフオン 片山敏
p.41 〔11099〕

四月のダンス・レコード 玉置真吉
p.43 〔11100〕

五月各社のレコード 藤田不二 p.46 〔11101〕

電気蓄音機の構造と作り方（其3）棚橋照吉
p.54 〔11102〕

蓄音器とレコードの手入 あらえびす
p.58 〔11103〕

ウルトラフオーン・レコード 藤田不二
p.60 〔11104〕

太公トリオの幸福感 曲裏零留 p.64 〔11105〕

コレクション新道—シユーベルトからヴオルフ
まで（3）歌のレコード 其の三 脇順二
p.66 〔11106〕

珍品と非珍品—古レコードの値段 TON吉
p.72 〔11107〕

レコードの吹込みから出来るまで 鈴木幾三郎
p.76 〔11108〕

内外特別ニユース p.78 〔11109〕

四月邦楽新譜試聴記 面白誌 p.79 〔11110〕

キング・レコード試聴記 XYZ生 p.80 〔11111〕

質問往来 p.82 〔11112〕

セニヨリータ（宝塚歌劇団）L'étoile
p.83 〔11113〕

四月発売各社新譜総目録 巻末附録 〔11114〕

5巻5号（1931年5月発行）

ベートーヴェン（7）—音楽史的レコード蒐集
（16）バッハよりシェンベルヒまで あらえび
す p.4 〔11115〕

ブロニスラフ・フーベルマン H・Y生
p.15 〔11116〕

名指揮者アルトゥロ・トスカニニ（上）あ・
ら・もうど p.18 〔11117〕

アーノルド・ロゼーとその四重奏団 橋詰生
p.22 〔11118〕

レコードにあるプーランクの作品 面白誌
p.24 〔11119〕

コチアンのレコードは三枚か 藤田不二
p.26 〔11120〕

欧米レコード・ニユース p.27 〔11121〕

六月各社のレコード 藤田不二 p.31 〔11122〕

五月のレコードを聴いて ポリドール 山野幸彦
p.41 〔11123〕

五月のレコードを聴いて コロムビア 高田豊
p.44 〔11124〕

五月のレコードを聴いて ビクター J・O・A生
p.47 〔11125〕

五月のレコードを聴いて パーロフオン 片山敏
p.50 〔11126〕

五月のレコードを聴いて オデオン 東風福夫
p.51 〔11127〕

ヴエツシイのレコード p.52 〔11128〕

五月のダンス・レコード 玉置真吉
p.53 〔11129〕

邦楽新譜試聴記 X・Y・Z生 p.58 〔11130〕

益々進展のキング・レコード 鴨脚生
p.64 〔11131〕

和楓の「蓬莱」その他—5月邦楽レコードの名
曲を語る 日吉弥満津 p.65 〔11132〕

吹込秘話—鬼の来ぬ間 山口亀之助
p.71 〔11133〕

珍品非珍品—古レコードの値段 TON吉
p.74 〔11134〕

レコードの吹込みから出来上るまで（続）鈴木
幾三郎 p.76 〔11135〕

象牙針を使った半年間の経験を語る あらえび
す p.78 〔11136〕

電気蓄音機の構造と作り方（其4）棚橋照吉
p.81 〔11137〕

質問往来 p.85 〔11138〕

内外特別ニユース p.87 〔11139〕

五月発売各社新譜総目録 巻末附録 〔11140〕

5巻6号（1931年6月発行）

ベートーヴェン（8）—音楽史的レコード蒐集
（17）バッハよりシェンベルヒまで あらえび
す p.4 〔11141〕

ヨゼフ・シゲッテイの演奏曲目とレコード K・
F生 p.14 〔11142〕

名指揮者アルトゥロ・トスカニニ（下）あ・
ら・もうど p.20 〔11143〕

噫 イザエ逝く S生 p.22 〔11144〕

コレクション新道—シューベルトからヴオルフ
まで（4）歌のレコード 其の四 脇順二
p.24 〔11145〕

欧米だより T・W生 p.29 〔11146〕

七月各社のレコード 藤田不二 p.33 〔11147〕

六月のレコードを聴いて コロムビア 高田豊
p.42 〔11148〕

六月のレコードを聴いて ポリドール 山野幸彦
p.46 〔11149〕

六月のレコードを聴いて パーロフオン 大宮良
p.48 〔11150〕

六月のレコードを聴いて オデオン 立耀一
p.49 〔11151〕

六月のレコードを聴いて ビクター 片山敏
p.50 〔11152〕

六月のダンス・レコード 玉置真吉
p.54 〔11153〕

六月の邦楽新譜を聴く 村山俊 p.58 〔11154〕

益々活気づくキング・レコード O・P・Q
p.64 〔11155〕

松尾太夫の「新山姥」その他—6月邦楽レコー
ドの名曲を語る 小川賤 p.65 〔11156〕

無遠慮に申上候―冬雨荘漫録の内より　井田潑三 p.69 〔11157〕
珍品非珍品―古レコードの値段　TON吉 p.74 〔11158〕
モーリス・ラヴェルを語る　宮沢信夫 p.76 〔11159〕
貧しきコレクションに依るカプリチオ　山茶庵 p.81 〔11160〕
電気蓄音機の構造と作り方（其5）　棚橋照吉 p.85 〔11161〕
内外特別ニユース p.89 〔11162〕
六月発売各社新譜総目録　巻末附録 〔11163〕

5巻7号（1931年7月発行）

シューベルト（1）未完成は孰れを選ぶ―音楽史的レコード蒐集（18）バッハよりシェンベルヒまで　あらえびす p.4 〔11164〕
最近レコードに吹込まれたモーツアルトのコンチエルト　橋詰生 p.15 〔11165〕
シユーベルトの二重奏を担ぐ　REN p.18 〔11166〕
ホアン・マーネンのレコード p.19 〔11167〕
レコードにあるミローの作品（上）　面白誌 p.20 〔11168〕
時勢は移る　輸入盤より日本プレスまで―ファンの眼に映じたレコード界の種々相　山根松三郎 p.22 〔11169〕
緑陰雑話　館耀一 p.27 〔11170〕
平面盤の発明者 ベルリナー訪問記　宮沢信夫 p.30 〔11171〕
欧米だより　T・W生 p.33 〔11172〕
八月各社のレコード　藤田不二 p.36 〔11173〕
七月のレコードを聴いて　パーロホン　大宮良 p.55 〔11174〕
七月のダンス・レコード　玉置真吉 p.57 〔11175〕
誌上オークシヨン p.58 〔11176〕
七月の邦楽新譜を聴く　松山俊 p.60 〔11177〕
「鶴亀」と「保名」と―7月邦楽レコードより　小川賤 p.66 〔11178〕
エヂソン翁の誕生日と第四回蓄音器祭 p.68 〔11179〕
器械を愛せよ　東健而 p.69 〔11180〕
小型蓄音器設計の困難　隈部一雄 p.74 〔11181〕
ホーンの話　平林勇 p.77 〔11182〕
蠟管機より平円盤機へ発明の径路（1）　山口亀之助 p.82 〔11183〕
蓄音器祭と国産愛用　神林松太郎 p.84 〔11184〕
ポータブル・オンパレード p.84 〔11185〕
オーゴン・ポータブル蓄音器に就て　吉沢忠三郎 p.87 〔11186〕
ダイヤの生れるまで　比良正吉 p.88 〔11187〕
竹針考―国産品舶載品の漫評並に希望　RBJ p.91 〔11188〕
質問往来 p.96 〔11189〕
内外特別ニユース p.98 〔11190〕
七月のレコードを聴いて　ビクター・コロムビア・ポリドール　山野幸彦 p.43〜54 〔11191〕
七月発売各社新譜総目録　巻末附録 〔11192〕

5巻8号（1931年8月発行）

シューベルト（2）シューベルトの室内楽―音楽史的レコード蒐集（19）バッハよりシェンベルヒまで　あらえびす p.4 〔11193〕
メルバ夫人の死を惜む p.14 〔11194〕
コレクション新道―シューベルトからヴォルフまで（5）歌のレコード 其の五　脇順二 p.20 〔11195〕
ターンテーブル雑報 p.26 〔11196〕
レコード会社楽屋話（1）文芸部の苦心　山根松三郎 p.28 〔11197〕
欧米だより　T・W生 p.31 〔11198〕
九月各社のレコード　藤田不二 p.34 〔11199〕
八月のレコードを聴いて　ポリドール・コロムビア・ビクター　山野幸彦 p.46 〔11200〕
八月のレコードを聴いて　パーロホン　大宮良 p.48 〔11201〕
八月のダンス・レコード　玉置真吉 p.59 〔11202〕
誌上オークシヨン p.60 〔11203〕
八月の邦楽レコード評 和風の「吉原雀」と延寿太夫の「権上」　井田潑三 p.63 〔11204〕
八月の邦楽レコード評 「青盤」ものを聴く―コロムビア8月新譜より　井田潑三 p.67 〔11205〕
八月の邦楽レコード評 ポリドール・パーロホン・ニツトー総評　松山俊 p.69 〔11206〕
器械を愛せよ（続）　東健而 p.77 〔11207〕
マイカからデュラルミンへ　隈部一雄 p.84 〔11208〕
蠟管から平円盤への発明径路（2）　山口亀之助 p.88 〔11209〕
よいしよッ，ダイヤ！　愚教師 p.91 〔11210〕
誰れでも出来る―電気蓄音機用ラヂオの作り方　棚橋照吉 p.98 〔11211〕
質問往来 p.103 〔11212〕
内外特別ニユース p.106 〔11213〕
八月発売各社新譜総目録　巻末附録 〔11214〕

5巻9号（1931年9月発行）

シューベルト（3）ソナタとコンチェルト―音楽史的レコード蒐集（20）バッハよりシェンベルヒまで　あらえびす p.4 〔11215〕
異盤感手記（1）絃楽四重奏曲（デュビッシイ作）　菅原明朗 p.9 〔11216〕

内容細目　　　　　　　　　「レコード音楽」

巴里のオーケストラの話（1）松本太郎
p.12　　　　　　　　　　　　〔11217〕

ヤシャ・ハイフェッツとそのレコード　S・G・
K生 p.19　　　　　　　　　　〔11218〕

最近聴いた感銘深いレコード　星島和雄
p.24　　　　　　　　　　　　〔11219〕

ターンテーブル雑報　面白誌 p.27　〔11220〕

バッハのブランデンブルク・コンチェルト（1）
宮沢信夫 p.28　　　　　　　　〔11221〕

邪道三昧―署名付レコードのお話　H・N生
p.32　　　　　　　　　　　　〔11222〕

ザ・グラモフォーン会社参観記　藤田不二
p.36　　　　　　　　　　　　〔11223〕

コレクション新道―シューベルトからヴォルフ
まで（6）歌のレコード 其の六　脇順二
p.42　　　　　　　　　　　　〔11224〕

二人の幼き児は如何に聴きしか　松山俊
p.48　　　　　　　　　　　　〔11225〕

十月各社のレコード　藤田不二 p.52　〔11226〕

九月のレコードを聴いて コロムビア・ポリドー
ル・ビクター　山野幸彦 p.63　　〔11227〕

九月のレコードを聴いて パーロホン　大宮良
p.74　　　　　　　　　　　　〔11228〕

九月のダンス・レコード　玉置真吉
p.77　　　　　　　　　　　　〔11229〕

誌上オークション p.78　　　　　〔11230〕

九月の邦楽レコード評 ビクター九月新譜略評
井田瀏三 p.80　　　　　　　　〔11231〕

九月の邦楽レコード評 ニットー・ポリドール・
パーロホン　松山俊 p.83　　　〔11232〕

レコード会社楽屋話（2）―文芸部の苦心　山根松
三郎 p.90　　　　　　　　　　〔11233〕

器械を愛せよ（其の3）東健而 p.93　〔11234〕

蠟管から平円盤への発明径路（3）山口亀之助
p.96　　　　　　　　　　　　〔11235〕

演劇レコードに関する一面的考察（上）井田瀏
三 p.100　　　　　　　　　　〔11236〕

サンマンティック・アムプロムプティユ（1）安
里螺芒 p.104　　　　　　　　〔11237〕

質問往来 p.108　　　　　　　　〔11238〕

内外特別ニュース p.111　　　　〔11239〕

九月発売各社新譜総目録 巻末附録　〔11240〕

5巻10号（1931年10月発行）

シューベルト（4）ピアノとオーケストラ―音楽
史的レコード蒐集（21）バッハよりシェンベ
ルヒまで あらえびす p.4　　　〔11241〕

モツァルト礼讃 松本太郎 p.11　　〔11242〕

異盤感手記（2）交響楽ト短調（モツァールト作）
菅原明朗 p.12　　　　　　　　〔11243〕

巴里のオーケストラの話（2）松本太郎
p.17　　　　　　　　　　　　〔11244〕

ギターレコードに就いて（上）沢口忠左衛門
p.25　　　　　　　　　　　　〔11245〕

ハイフエッツと其の演奏曲目 S・G・K生
p.29　　　　　　　　　　　　〔11246〕

ターンテーブル雑報　面白誌 p.34　〔11247〕

Má Vlast 星島和雄 p.35　　　　〔11248〕

レーマンのレコード　宮沢信夫 p.38　〔11249〕

閑話―雑題小感 H・N生 p.41　　〔11250〕

コレクション新道―シューベルトからヴォルフ
まで（7）歌のレコード 其の七　脇順二
p.44　　　　　　　　　　　　〔11251〕

欧米だより T・W生 p.49　　　〔11252〕

十一月各社のレコード　藤田不二 p.52　〔11253〕

十月のレコードを聴いて パーロホンの十月新譜
を聴く H・N生 p.65　　　　〔11254〕

十月のレコードを聴いて コロムビア・ポリドー
ル・ビクター　山野幸彦 p.67　　〔11255〕

十月のダンス・レコード　玉置真吉
p.79　　　　　　　　　　　　〔11256〕

誌上オークション p.80　　　　　〔11257〕

十月の邦楽レコード評 ビクター十月新譜略評
井田瀏三 p.86　　　　　　　　〔11258〕

十月の邦楽レコード評 パーロホン・ニットー・
ポリドール　松山俊 p.89　　　〔11259〕

十月の邦楽レコード評 ビクターの学芸レコード
松山俊 p.97　　　　　　　　　〔11260〕

蓄音機を語る（其1）―電気蓄音機を中心として
山根松三郎 p.99　　　　　　　〔11261〕

蠟管から平円盤への発明径路（4）山口亀之助
p.103　　　　　　　　　　　〔11262〕

質問往来 p.106　　　　　　　　〔11263〕

レコード音楽特報 p.110　　　　〔11264〕

十月発売各社新譜総目録 巻末附録　〔11265〕

5巻11号（1931年11月発行）

エヂソン翁逝く 巻頭　　　　　　〔11266〕

トーマス・アルヴァ・エヂソン翁年代略記
p.6　　　　　　　　　　　　〔11267〕

シューベルト（5）シューベルトの歌謡―音楽史
的レコード蒐集（22）バッハよりシェンベル
ヒまで あらえびす p.9　　　　〔11268〕

異盤感手記（3）夜想曲（デュビッシイ作）菅原
明朗 p.20　　　　　　　　　　〔11269〕

巴里のオーケストラの話（3）松本太郎
p.24　　　　　　　　　　　　〔11270〕

シャルクの長逝を惜む 近衛秀麿 p.31　〔11271〕

名指揮者フランツ・シャルクの訃
p.32　　　　　　　　　　　　〔11272〕

ターン・テーブル雑報　面白誌 p.34　〔11273〕

ハイフエッツとシゲッティ 牛山充
p.38　　　　　　　　　　　　〔11274〕

雅楽のレコード 近衛直麿 p.41　　〔11275〕

ギターレコードに就て（下） 沢口忠左衛門 p.44 〔11276〕
ヴォルフの歌曲レコード頒布会 藤田不二 p.48 〔11277〕
炉辺雑話 神保璟一郎 p.52 〔11278〕
長時間レコードの完成と発売 藤田不二 p.58 〔11279〕
欧米だより T・W生 p.63 〔11280〕
十二月各社のレコード 藤田不二 p.66 〔11281〕
十一月のレコードを聴いて ビクター・コロムビア・ポリドール 山野幸彦 p.78 〔11282〕
十一月のレコードを聴いて パーロホン 上須賀館夫 p.91 〔11283〕
十一月のダンス・レコード 玉置真吉 p.93 〔11284〕
誌上オークシヨン p.94 〔11285〕
十一月の邦楽レコード ビクター十一月新譜略評 井田潑三 p.96 〔11286〕
十一月の邦楽レコード ニツトー・パーロホン・ポリドール 松山俊 p.99 〔11287〕
蠟管から平円盤への発明径路（5） 山口亀之助 p.106 〔11288〕
パナトロープのこと あらえびす p.109 〔11289〕
電気吹込蓄音機の構造と作り方（其6） 棚橋照吉 p.110 〔11290〕
質問往来 p.114 〔11291〕
レコード音楽特報 p.118 〔11292〕
十一月発売各社新譜総目録 巻末附録 〔11293〕

5巻12号（1931年12月発行）

シューベルト（6）シューベルトの歌謡（続）―音楽史的レコード蒐集（23）バッハよりシェンベルヒまで あらえびす p.4 〔11294〕
巴里のオーケストラの話（4） 松本太郎 p.13 〔11295〕
ターン・テーブル雑報 面白誌 p.22 〔11296〕
ギターの大家ミグエル・リョベット―伝記的スケッチ 高橋功 p.25 〔11297〕
リョベットのレコード其他 沢口忠左衛門 p.32 〔11298〕
糊と鋏の頁 p.34 〔11299〕
レコードから見た一九三一年度の総勘定（昭和6年度の傑作レコード 日本プレスの総決算） あらえびす p.36 〔11300〕
一九三一年度のヴァイオリン・レコード総評（昭和6年度の傑作レコード 日本プレスの総決算） 倉井寿朗 p.40 〔11301〕
私の演奏会と聴衆 ジャツク・ティボウ，宮沢信太郎 訳 p.51 〔11302〕
三越とフランスのパテー・レコード 藤田不二 p.54 〔11303〕
炉辺雑記 神保璟一郎 p.58 〔11304〕
歳末雑感 藤田不二 p.64 〔11305〕
七年一月各社のレコード 藤田不二 p.68 〔11306〕
十二月のレコードを聴いて 山野幸彦 p.75 〔11307〕
十二月のダンス・レコード 玉置真吉 p.90 〔11308〕
誌上オークシヨン p.90 〔11309〕
十二月の邦楽レコード ビクター十二月新譜寸評 井田潑三 p.93 〔11310〕
十二月の邦楽レコード ポリドール・パーロホン・ニツトー 松山俊 p.99 〔11311〕
蠟管から平円盤への発明径路（6） 山口亀之助 p.103 〔11312〕
蓄音機と製作良心（上） 東健而 p.105 〔11313〕
新三〇〇号の自讃 隈部一雄 p.111 〔11314〕
演劇レコードに関する一面的考察（下） 井田潑三 p.113 〔11315〕
質問往来 p.116 〔11316〕
レコード音楽特報 p.120 〔11317〕
十二月発売各社新譜総目録 巻末附録 〔11318〕

6巻1号（1932年1月発行）

シューベルト（7）シューベルトの歌謡（続）―音楽史的レコード蒐集（24）バッハよりシェンベルヒまで あらえびす p.6 〔11319〕
巴里のオーケストラの話（5） 松本太郎 p.13 〔11320〕
コレクション新道―シューベルトからヴォルフまで（8）歌のレコード 其の八 脇順二 p.22 〔11321〕
ターン・テーブル雑報 面白誌 p.28 〔11322〕
ヴァンサン・ダンディの長逝を悼む 松本太郎 p.30 〔11323〕
レコードから見たダンディ あらえびす 談 p.32 〔11324〕
ヴァンサン・ダンディ先生の訃報に接して 大沼哲 p.35 〔11325〕
糊と鋏の頁 p.38 〔11326〕
モツアルトの「レクィエム」を聴く 津川主一 p.40 〔11327〕
モツアルトの鎮魂曲と戴冠弥撒 あらえびす p.46 〔11328〕
モツアルトの鎮魂曲（1） 神保璟一郎 p.50 〔11329〕
閑人独語 H・N生 p.54 〔11330〕
炉辺雑話 神保璟一郎 p.56 〔11331〕
初冬の一日―山田耕作氏と語る 上須賀館夫 p.60 〔11332〕
私の好きなレコード コムプトン・マッケンジイ p.64 〔11333〕
世界のレコード界は廻る 藤田不二 p.66 〔11334〕

内容細目　　　　　　　　　　　　　　　　　「レコード音楽」

欧米だより　Ｔ・Ｗ生　p.69　　　　　〔11335〕
二月の新譜　藤田不二　p.72　　　　　〔11336〕
一月の洋楽新譜を聴く　山野幸彦　p.76　〔11337〕
一月のダンス・レコード　玉置真吉
　p.89　　　　　　　　　　　　　　〔11338〕
一月の邦楽新譜を聴く　松山俊　p.92　〔11339〕
和楽に扱はれた猿―干支に因みて　伊藤賤江
　p.105　　　　　　　　　　　　　〔11340〕
米国RCAビクター会社新製品―長時間レコード
　演奏用蓄音機　Ｓ・Ａ生　p.108　　〔11341〕
長時間レコードの初演を聴いて　面白誌
　p.113　　　　　　　　　　　　　〔11342〕
長時間レコードの出現に就て　Ｔ・Ｋ・Ｇ生
　p.116　　　　　　　　　　　　　〔11343〕
蓄音機を語る（2）―電気蓄音機を中心として　山
　根松三郎　p.118　　　　　　　　〔11344〕
蠟管から平円盤への発明径路（7）　山口亀之助
　p.123　　　　　　　　　　　　　〔11345〕
蓄音機と製作良心（下）　東健而　p.127　〔11346〕
質問往来　p.135　　　　　　　　　〔11347〕
レコード音楽特報　p.140　　　　　　〔11348〕
一月発売各社新譜総目録　巻末附録　　〔11349〕

6巻2号（1932年2月発行）

シューベルト（8）シューベルトの歌謡（続・完）
　―音楽史的レコード蒐集（25）バッハより
　シェンベルヒまで　あらえびす　p.4　〔11350〕
異郷感手記―呪はれたる猟人（フランク作）　菅
　原明朗　p.16　　　　　　　　　　〔11351〕
巴里のオーケストラの話（6）　松本太郎
　p.20　　　　　　　　　　　　　〔11352〕
ターン・テーブル雑報　面白誌　p.30　〔11353〕
モツアルトの鎮魂曲（2）　神保璟一郎
　p.32　　　　　　　　　　　　　〔11354〕
マンドリンのレコード　高橋功　p.36　〔11355〕
糊と鋏の頁　p.40　　　　　　　　　〔11356〕
ミゲル・リョベット・ソサイエティの成立に際
　して　藤田不二　p.42　　　　　　〔11357〕
閑人独語―型録漫談　HN生　p.44　　〔11358〕
世界のレコード界は廻る　藤田不二
　p.47　　　　　　　　　　　　　〔11359〕
欧米だより　TW生　p.54　　　　　〔11360〕
三月各社の新譜　藤田不二　p.57　　　〔11361〕
二月の洋楽新譜を聴く　山野幸彦　p.65　〔11362〕
黒盤解説欄の新設に就て　須永克己
　p.79　　　　　　　　　　　　　〔11363〕
二月発売黒盤レコードの解説　須永克己
　p.83　　　　　　　　　　　　　〔11364〕
二月のダンス・レコード　玉置真吉
　p.91　　　　　　　　　　　　　〔11365〕
二月の邦楽新譜を聴く　井田瀑三，松山俊
　p.94　　　　　　　　　　　　　〔11366〕

蠟管から平円盤への発明径路（8）　山口亀之助
　p.103　　　　　　　　　　　　　〔11367〕
電気蓄音機の構造と作り方（其7）　棚橋照吉
　p.107　　　　　　　　　　　　　〔11368〕
一問一答　面白誌　p.111　　　　　　〔11369〕
国産高級機アポロン　あらえびす
　p.113　　　　　　　　　　　　　〔11370〕
アポロン三〇〇号礼讚　牛山充　p.113　〔11371〕
アポロン礼讚　神保璟一郎　p.114　　　〔11372〕
質問往来　p.117　　　　　　　　　　〔11373〕
レコード音楽特報　p.120　　　　　　〔11374〕
二月発売各社新譜総目録　巻末附録　　〔11375〕

6巻3号（1932年3月発行）

ウェーバー，ロシニー其他―音楽史的レコード
　蒐集（26）バッハよりシェンベルヒまで　あら
　えびす　p.4　　　　　　　　　　〔11376〕
無題　菅原明朗　p.12　　　　　　　　〔11377〕
巴里のオーケストラの話（7）　松本太郎
　p.17　　　　　　　　　　　　　〔11378〕
ターン・テーブル雑報　面白誌　p.28　〔11379〕
ゲーテと音楽―ゲーテ百年忌に　高橋功
　p.31　　　　　　　　　　　　　〔11380〕
リョベットのレコードを聴いて　諸家
　p.34　　　　　　　　　　　　　〔11381〕
糊と鋏の頁　p.36　　　　　　　　　〔11382〕
シュメーと其のレコード　編輯部　p.39　〔11383〕
国際レコード鑑賞会の会員募集　p.40　〔11384〕
フーゴー・ヴォルフ歌曲レコード第一回頒布の
　曲目　藤田不二　p.42　　　　　　〔11385〕
炉辺雑話　神保璟一郎　p.48　　　　　〔11386〕
閑人独語第三席―古譜珍譜　HN生
　p.50　　　　　　　　　　　　　〔11387〕
世界のレコード界は廻る　藤田不二
　p.52　　　　　　　　　　　　　〔11388〕
ブライロフスキーの演奏曲目　p.55　　〔11389〕
欧米だより　TW生　p.57　　　　　〔11390〕
四月各社の新譜　藤田不二　p.60　　　〔11391〕
三月の洋楽新譜を聴く　山野幸彦　p.67　〔11392〕
三月発売黒盤レコードの解説　須永克己
　p.82　　　　　　　　　　　　　〔11393〕
三月のダンス・レコード　玉置真吉
　p.91　　　　　　　　　　　　　〔11394〕
三月の邦楽新譜を聴く　井田瀑三，松山俊
　p.94　　　　　　　　　　　　　〔11395〕
蠟管から平円盤への発明径路（9）　山口亀之助
　p.105　　　　　　　　　　　　　〔11396〕
一問一答　面白誌　p.108　　　　　　〔11397〕
バッハのブランデンブルク・コンチェルト（下）
　宮沢信夫　p.110　　　　　　　　〔11398〕
質問往来　p.115　　　　　　　　　　〔11399〕

「レコード音楽」　　　　　　　　　　　内容細目

レコード音楽特報 p.120　　　　　〔11400〕
三月発売各社新譜総目録 巻末附録　〔11401〕

6巻4号（1932年4月発行）

メンデルスゾーン―音楽史的レコード蒐集
（27）バッハよりシェンベルヒまで あらえび
す p.4　　　　　　　　　　　　　〔11402〕

異盤感手記―交響楽（フランク作）・展覧会の絵
（ムッソルグスキー作，管弦楽編作ラヴェル）
菅原明朗 p.11　　　　　　　　　〔11403〕

シャリアピンの印象 松本太郎 p.19　〔11404〕

ターン・テーブル雑報 面白誌 p.28　〔11405〕

ベートーフェン・ソナータ協会について 藤田
不二 p.30　　　　　　　　　　　〔11406〕

仏蘭西と独逸其他のオーケストラの音色の相違
平林勇 p.32　　　　　　　　　　〔11407〕

ミゲル・リョベット協会本年度の計画について
p.40　　　　　　　　　　　　　〔11408〕

春の音楽・レコード 高橋功 p.42　〔11409〕

糊と鋏の頁 p.44　　　　　　　　〔11410〕

音楽鑑賞教育レコード解説批評―山田耕筰氏選
コロムビア教育レコード 須永克己
p.48　　　　　　　　　　　　　〔11411〕

世界のレコード界は廻る 藤田不二
p.54　　　　　　　　　　　　　〔11412〕

欧米だより TW生 p.57　　　　　〔11413〕

瑞西便り 編輯部 p.60　　　　　　〔11414〕

五月各社の新譜 藤田不二 p.62　　〔11415〕

四月の洋楽新譜を聴く 山野幸彦 p.68　〔11416〕

四月発売黒盤レコードの解説 須永克己
p.81　　　　　　　　　　　　　〔11417〕

四月のダンス・レコード 玉置真吉
p.89　　　　　　　　　　　　　〔11418〕

四月の邦楽新譜を聴く 井田澄三，松山俊
p.92　　　　　　　　　　　　　〔11419〕

蠟管から平円盤への発明径路（10） 山口亀之助
p.101　　　　　　　　　　　　〔11420〕

蓄音器の選択 平林勇 p.102　　　〔11421〕

電気蓄音機の構造と作り方（8） 棚橋照吉
p.108　　　　　　　　　　　　〔11422〕

質問往来・誌上オークション p.112　〔11423〕

レコード音楽特報 p.116　　　　　〔11424〕

四月発売各社新譜総目録 巻末附録　〔11425〕

6巻5号（1932年5月発行）

ゲルハルトのヴォルフ あらえびす
p.4　　　　　　　　　　　　　〔11426〕

ヴォルフ歌曲レコードを聴いて 滝善郎
p.8　　　　　　　　　　　　　〔11427〕

ヴォルフのリードレコードに対する私見と御礼
S・G・K生 p.10　　　　　　　〔11428〕

人及び芸術家としてのフーゴー・ヴォルフ（1）
須永克己 p.12　　　　　　　　　〔11429〕

ヴォルフ歌曲レコードを聴いて フーゴー・
ヴォルフ協会会員 p.27　　　　　〔11430〕

欧米だより T・W生 p.29　　　　〔11431〕

六月各社の新譜 藤田不二 p.32　　〔11432〕

メンデルスゾーン（2）音楽史的レコード蒐集
（28）バッハよりシェンベルヒまで あらえび
す p.39　　　　　　　　　　　〔11433〕

管絃楽の話 菅原明朗 p.44　　　　〔11434〕

アルベール・ヴォルフ（上） 松本太郎
p.49　　　　　　　　　　　　　〔11435〕

ルネ・シュメエの演奏曲目に就いて S・G・K
生 p.54　　　　　　　　　　　〔11436〕

モツァルトの戴冠弥撒曲 神保璟一郎
p.60　　　　　　　　　　　　　〔11437〕

前奏曲 アルフレ・コルトー，堀江謙吉 訳
p.62　　　　　　　　　　　　　〔11438〕

あらえびす氏の近著『バッハからシューベル
ト』を読みて 諸家 p.65　　　　〔11439〕

世界のレコード界は廻る 藤田不二
p.69　　　　　　　　　　　　　〔11440〕

五月の洋楽新譜を聴く 山野幸彦 p.73　〔11441〕

五月発売黒盤レコードの解説 須永克己
p.88　　　　　　　　　　　　　〔11442〕

五月の邦楽新譜を聴く 井田澄三，松山俊
p.96　　　　　　　　　　　　　〔11443〕

質問往来・誌上オークション p.106　〔11444〕

レコード音楽特報 p.108　　　　　〔11445〕

6巻6号（1932年6月発行）

メンデルスゾーン（3）―音楽史的レコード蒐集
（29）バッハよりシェンベルヒまで あらえび
す p.4　　　　　　　　　　　　〔11446〕

管絃楽の話（2） 菅原明朗 p.10　　〔11447〕

アルベール・ヴォルフ（下） 松本太郎
p.16　　　　　　　　　　　　　〔11448〕

糊と鋏の頁 p.24　　　　　　　　〔11449〕

欧米だより TW生 p.26　　　　　〔11450〕

七月各社の新譜 藤田不二 p.31　　〔11451〕

オネッガーを語る 菅原明朗 p.38　〔11452〕

カントレル先生 林龍作 p.40　　　〔11453〕

ドゥビュッシイのベルガマスク組曲 堀江謙吉
p.42　　　　　　　　　　　　　〔11454〕

クラヴサン音楽とレコード―ピアノ・レコード
の話 序編 脇順二 p.48　　　　〔11455〕

控へ帳から 藤田不二 p.54　　　　〔11456〕

六月の洋楽新譜を聴く 山野幸彦 p.56　〔11457〕

六月発売黒盤レコードの解説 須永克己
p.66　　　　　　　　　　　　　〔11458〕

標準音楽鑑賞教育レコード解説批評（承前） 須
永克己 p.76　　　　　　　　　〔11459〕

六月の邦楽新譜を聴く 井田澄三，松山俊
p.81　　　　　　　　　　　　　〔11460〕

内容細目　　　　　　　　「レコード音楽」

国際レコード鑑賞会と上演曲目　藤田不二
　p.89　〔11461〕
レコード・ファンの為の管楽器の話　平林勇
　p.93　〔11462〕
音の世界を聞き歩く　六郷新平　p.98　〔11463〕
質問往来・誌上オークション　p.102　〔11464〕
レコード音楽特報　p.106　〔11465〕

6巻7号（1932年7月発行）

シューマン（1）―音楽史的レコード蒐集（30）
　バッハよりシェンベルヒまで　あらえびす
　p.4　〔11466〕
ニ短調「死と少女」絃楽四重奏曲　鈴木喜久雄
　p.13　〔11467〕
カスタネットの女王―アルヘンチナのレコー
　ド　芦原敏信　p.16　〔11468〕
「バッハからシューベルト」を読みて　堀内敬三
　p.20　〔11469〕
ターン・テーブル雑報　面白誌　p.21　〔11470〕
欧米だより　TW生　p.25　〔11471〕
ハイドン協会の会員募集　p.28　〔11472〕
八月各社の新譜　藤田不二　p.29　〔11473〕
蓄音器の思出　菅原明朗　p.36　〔11474〕
機械音楽所感　ギャブリエル・ピエルネ　ほか，
　松本太郎　訳　p.40　〔11475〕
現代に於ける蓄音機の役目に就て　諸家
　p.45　〔11476〕
機械音楽と創造的芸術家　アルテュール・オ
　ネッガー，松本太郎　訳　p.56　〔11477〕
七月の洋楽新譜を聴く　山野幸彦　p.62　〔11478〕
七月発売黒盤レコードの解説　須永克己
　p.77　〔11479〕
七月の邦楽新譜を聴く　井田瀅三，松山俊
　p.87　〔11480〕
覚え書帳より　藤田不二　p.96　〔11481〕
蓄音器の音色に就て　鈴木喜久雄　p.98　〔11482〕
スーパートンを聴く　藤田不二　p.101　〔11483〕
質問往来・誌上オークション　p.103　〔11484〕
レコード音楽特報　p.106　〔11485〕

6巻8号（1932年8月発行）

クレーメンス・クラウスの印象　加藤鋭五
　p.3　〔11486〕
ベエトーヴェンのゾナーテ三曲の解説　笈田光
　吉　p.4　〔11487〕
シュナーベル演奏の皇帝協奏曲を聴く　W・R・
　A　p.8　〔11488〕
覚え書帳より　藤田不二　p.10　〔11489〕
欧米だより　TW生　p.13　〔11490〕
九月各社の新譜　藤田不二　p.16　〔11491〕

シューマン（2）―音楽史的レコード蒐集（31）
　バッハよりシェンベルヒまで　あらえびす
　p.24　〔11492〕
ハイドンの交響楽に就て（上）―管絃楽の話（3）
　菅原明朗　p.29　〔11493〕
ヂャーヌ・バトリ礼讃　ヂヤン・オーブリー，松
　本太郎　訳　p.35　〔11494〕
ターン・テーブル雑報　面白誌　p.38　〔11495〕
ヴァンサン・ダンディーの「山人の歌に依る交
　響曲」　アルフレ・コルトー，松本太郎　訳
　p.40　〔11496〕
ダンディ先生を語る　大沼哲　p.45　〔11497〕
パテー・ヴァイオリン・レコード余談　SGK生
　p.53　〔11498〕
八月の洋楽新譜を聴く　山野幸彦　p.58　〔11499〕
八月発売黒盤レコード紹介　須永克己
　p.68　〔11500〕
八月の邦楽新譜を聴く　井田瀅三，松山俊
　p.79　〔11501〕
現代音楽の聴き方（1）　堀江謙吉　p.88　〔11502〕
民謡レコードに就て　神保環一郎　p.94　〔11503〕
蠟管から平円盤への発明径路（11・完）　山口亀
　之助　p.97　〔11504〕
質問往来・誌上オークション　p.103　〔11505〕
レコード音楽特報　p.106　〔11506〕

6巻9号（1932年9月発行）

聴けシュナーベルの演奏を！　巻頭　〔11507〕
漫談　あらえびす　p.4　〔11508〕
シゲッティの奏でるベートーヴェンのヴァイオリ
　ン・コンチェルト　茂井一　p.9　〔11509〕
ミゲル・リョベット協会第二回頒布曲目決定
　p.15　〔11510〕
モスクワの「ペルスィムファンス」―創立十週
　年を迎へた無指揮者交響楽団　中根宏
　p.16　〔11511〕
レコードに関して―名宗教楽を語る（1）　津川主
　一　p.18　〔11512〕
ハイドンの三つの絃楽四重奏曲　鈴木喜久雄
　p.22　〔11513〕
ターン・テーブル雑報　面白誌　p.25　〔11514〕
ハイドンの交響楽に就て（下）―管絃楽の話（4）
　菅原明朗　p.28　〔11515〕
モーリス・ラヴェルとピアノ・コンセルト　倉
　重舜介　p.34　〔11516〕
ギャブリエル・ピエルネ（上）　松本太郎
　p.36　〔11517〕
或る芸術家の生涯のエピソード（1）　藤木義輔
　p.44　〔11518〕
ハルビンより　齊藤博　p.48　〔11519〕
誌上オークション　p.50　〔11520〕
セザアル・フランクのピアノ音楽（1）　アルフ
　レ・コルトー，服部龍太郎　訳　p.51　〔11521〕

「レコード音楽」 内容細目

ディスクによる音楽芸術の傑作表（上）　倉重舜介 p.71　〔11522〕
十月各社の新譜　藤田不二 p.74　〔11523〕
九月の洋楽新譜を聴く　山野幸彦 p.81　〔11524〕
九月発行黒盤レコードの解説　須永克己 p.92　〔11525〕
九月の邦楽新譜を聴く　松山俊 p.102　〔11526〕
レコード音楽特報 p.110　〔11527〕
レコード・ニュース断片　面白誌 p.27・33　〔11528〕

6巻10号（1932年10月発行）

シューマン（3）―音楽史的レコード蒐集（32）　あらえびす p.4　〔11529〕
ギャブリエル・ピエルネ（下）　松本太郎 p.12　〔11530〕
ヴキーン随想　加藤鋭五 p.20　〔11531〕
バッハ「四十八」協会その他　藤田不二 p.24　〔11532〕
シュナーベルの「第五コンツェルト」を聴く　伊達愛 p.26　〔11533〕
シュナーベル氏のレコードを聴いて　笈田光吉 p.29　〔11534〕
ベートーヴェン・ソナータ協会のレコードを聴いて　協会会員諸家 p.33　〔11535〕
レコードに関して名宗教楽を語る（2）　津川主一 p.41　〔11536〕
バッハのクラフィーア音楽とレコード　脇順二 p.44　〔11537〕
パイプオルガンのレコード　木岡英三郎 p.49　〔11538〕
モーリス・ラヴェルのピアノ・コンセルト（2）　倉重舜介 p.55　〔11539〕
近代フランス音楽協会創立の挨拶 p.57　〔11540〕
或る芸術家の生涯とエピソード（2）　藤木義輔 p.58　〔11541〕
セザアル・フランクのピアノ音楽（中）　アルフレ・コルトー，服部龍太郎 p.62　〔11542〕
十一月各社の新譜　藤田不二 p.70　〔11543〕
十月の洋楽新譜を聴く　山野幸彦 p.78　〔11544〕
十月発行黒盤レコードの解説　須永克己 p.91　〔11545〕
十月の邦楽新譜を聴く　松山俊 p.103　〔11546〕
レコード音楽特報 p.112　〔11547〕

6巻11号（1932年11月発行）

エルネスト・ショーッソンのヴァイオリン・コンチェルト ニ長調　茂井一 p.4　〔11548〕
RCAビクター会社新製品に就て　青木周三 p.9　〔11549〕
ア・ドルメッチュその他　高橋功 p.17　〔11550〕

欧洲音楽紀行―自動車旅行記（1）　加藤鋭五 p.20　〔11551〕
ターン・テーブル雑報　面白誌 p.27　〔11552〕
ルッセルの第三交響曲と其批評　松本太郎 p.30　〔11553〕
シュナーベルの弾いたベートーフェン第一コンツェルト　伊達愛 p.36　〔11554〕
ハイドンの三つのクワルテットを聴いて　村田武雄 p.38　〔11555〕
レコードに関して一名宗教楽を語る（3）　津川主一 p.40　〔11556〕
ベートーフェン協会第二回頒布レコード曲目　藤田不二 p.44　〔11557〕
或る芸術家の生涯のエピソード（3）　藤木義輔 p.46　〔11558〕
エレナ・ゲルハルト女史　二木朱 訳 p.49　〔11559〕
現代音楽の聴き方（2）　堀江謙吉 p.53　〔11560〕
誌上オークション p.58　〔11561〕
控へ帳から　藤田不二 p.59　〔11562〕
十二月各社の新譜　藤田不二 p.64　〔11563〕
十一月の洋楽新譜を聴く　山野幸彦 p.73　〔11564〕
黒盤レコード月評　須永克己 p.83　〔11565〕
十一月の邦楽新譜を聴く　井田澄三，松山俊 p.96　〔11566〕
一問一答　面白誌 p.105　〔11567〕
サウンドボックスの音色革命―バイオリン王鈴木政吉翁の世界的発明　NM生 p.108　〔11568〕
レコード音楽特報 p.110　〔11569〕

6巻12号（1932年12月発行）

レコードから見た一九三二年度の総勘定　あらえびす 談 p.4　〔11570〕
ヴァイオリンを通じての一九三二年のレコード総評　茂井一 p.10　〔11571〕
一九三二年度―黒盤レコードの総決算　須永克己 p.17　〔11572〕
ターン・テーブル雑報　面白誌 p.24　〔11573〕
クリスマスのいろいろなレコード　津川主一 p.26　〔11574〕
バッハの「マタイ受難楽」　村田武雄 p.29　〔11575〕
バッハ四十八協会の第一回頒布曲目決定　藤田不二 p.33　〔11576〕
シューマン（4）―音楽史的レコード蒐集（33）　バッハよりシェンベルヒまで あらえびす p.34　〔11577〕
アンリー・ビュッセル素描　松本太郎 p.40　〔11578〕
欧洲音楽紀行―自動車旅行記（2）　加藤鋭五 p.45　〔11579〕

或る芸術家の生涯のエピソード（4）藤木義輔
p.52　　　　　　　　　　　　　　〔11580〕

昭和八年一月各社の新譜　藤田不二
p.56　　　　　　　　　　　　　　〔11581〕

十二月の洋楽新譜を聴く　山野幸彦
p.64　　　　　　　　　　　　　　〔11582〕

十二月の黒盤レコード月評　須永克己
p.77　　　　　　　　　　　　　　〔11583〕

十二月の邦楽新譜を聴く　井田澂三，松山俊
p.87　　　　　　　　　　　　　　〔11584〕

歳末に際して　藤田不二　p.98　　　〔11585〕

セザアル・フランクのピアノ音楽（下ノ1）アル
フレ・コルトー，服部龍太郎 訳
p.101　　　　　　　　　　　　　　〔11586〕

現代音楽の聴き方（3）堀江謙吉
p.106　　　　　　　　　　　　　　〔11587〕

レコード音楽特報　p.112　　　　　〔11588〕

誌上オークション　p.114　　　　　〔11589〕

質問往来　p.115　　　　　　　　　〔11590〕

7巻1号（1933年1月発行）

シューマン（4）―音楽史的レコード蒐集（34）
あらえびす　p.4　　　　　　　　　〔11591〕

ラヴェルのピアノ協奏曲と其批評　松本太郎
p.13　　　　　　　　　　　　　　〔11592〕

ターン・テーブル雑報　面白誌　p.20　〔11593〕

久しく待望されたポール・コハンスキーの登場
茂井一　p.22　　　　　　　　　　〔11594〕

バッハ四十八協会の第一輯レコード　村田武雄
p.26　　　　　　　　　　　　　　〔11595〕

フーゴー・ヴォルフ協会第二回頒布曲目内容
藤田不二　p.32　　　　　　　　　〔11596〕

欧米だより　TW生　p.38　　　　　〔11597〕

海外新譜断片　面白誌　p.41　　　　〔11598〕

二月各社の新譜　p.44　　　　　　　〔11599〕

赤・青を主として洋楽レコード評―一九三三年
一月新譜批評　山野幸彦　p.52　　〔11600〕

黒盤月評―一九三三年一月新譜批評　須永克己
p.65　　　　　　　　　　　　　　〔11601〕

邦楽レコード月評―一九三三年一月新譜批評
井田澂三，松山俊　p.79　　　　　〔11602〕

控へ帳から　藤田不二　p.92　　　　〔11603〕

標題楽への一考察　堀江謙吉　p.94　〔11604〕

ホルンの音楽　平林勇　p.98　　　　〔11605〕

ドビュツシィの楽劇「ペレアスとメリサンド」
（上）藤木義輔　p.102　　　　　〔11606〕

欧洲音楽紀行―自動車旅行記（3）加藤鋭五
p.106　　　　　　　　　　　　　　〔11607〕

閑人独語　HN生　p.111　　　　　　〔11608〕

話題　神保璋一郎　p.112　　　　　〔11609〕

一問一答　面白誌　p.119　　　　　〔11610〕

編輯後記　竹野生　p.120　　　　　〔11611〕

7巻2号（1933年2月発行）

逝けるパッハマンと其レコード　あらえびす
p.4　　　　　　　　　　　　　　〔11612〕

モツァルトの管楽器十三重奏の小夜楽に就て
菅原明朗　p.6　　　　　　　　　〔11613〕

ピエロ・コッポラと語る　デュセ・ブリュエル，
松本太郎 訳　p.10　　　　　　　〔11614〕

バッハの「馬太伝による受難楽」須永克己
p.16　　　　　　　　　　　　　　〔11615〕

ターン・テーブル雑報　面白誌　p.24　〔11616〕

アドルフ・ブッシュ礼讃　石川錬次
p.27　　　　　　　　　　　　　　〔11617〕

ブッシュ・クヮルテットの回想　鈴木鎭一
p.31　　　　　　　　　　　　　　〔11618〕

電気に更正したブッシュ・クヮルテット　茂井
一　p.34　　　　　　　　　　　〔11619〕

ブッシュ・クヮルテットを聴く　編輯部
p.38　　　　　　　　　　　　　　〔11620〕

仏蘭西楽界サ・エ・ラーラヴェルの自作曲ディ
スク観 ほか　T・M生　p.42　　〔11621〕

糊と鋏の頁　p.42　　　　　　　　〔11622〕

誌上オークション　p.46　　　　　　〔11623〕

B・B・C交響管絃楽団に就て　加藤鋭五
p.49　　　　　　　　　　　　　　〔11624〕

控へ帳から　藤田不二　p.52　　　　〔11625〕

欧米だより　TW生　p.54　　　　　〔11626〕

海外レコード断片　編輯部　p.56　　〔11627〕

三月各社の新譜　p.58　　　　　　　〔11628〕

赤・青を主として洋楽レコード評―二月の新譜
批評　山野幸彦　p.64　　　　　　〔11629〕

黒盤月評―二月の新譜批評　須永克己
p.73　　　　　　　　　　　　　　〔11630〕

邦楽レコード月評―二月の新譜批評　井田澂三，
白井嶺南　p.84　　　　　　　　　〔11631〕

RCAビクターRE八〇型ラヂオ・エレクトロー
ラ　青木寿三　p.99　　　　　　　〔11632〕

ドビュツシィの楽劇「ペレアスとメリサンド」
藤木義輔　p.100　　　　　　　　〔11633〕

話題　神保璋一郎　p.105　　　　　〔11634〕

プリーマ・サウンドボックスを讃す　竹野生
p.111　　　　　　　　　　　　　　〔11635〕

編輯後記　竹野生　p.112　　　　　〔11636〕

7巻3号（1933年3月発行）

ショパン（1）―音楽史的レコード蒐集（35）あ
らえびす　p.4　　　　　　　　　〔11637〕

ヂャズ曲とディスク（1）アルテュール・オエ
レー，松本太郎 訳　p.13　　　　〔11638〕

シベリウス序説　アーネスト・ニューマン，須
永克己 訳　p.19　　　　　　　　〔11639〕

仏蘭西楽界サ・エ・ラーシャルル・クロ協会の
創立 ほか　TM生　p.26　　　　　〔11640〕

「レコード音楽」 内容細目

誌上オークション p.28 〔11641〕

バッハとクラフィア音楽とレコード（其二）―ピアノ・レコードの鑑賞 第2篇 脇順二 p.30 〔11642〕

仏蘭西流と英国流―其他のフリュートの音 平林勇 p.34 〔11643〕

セザアル・フランクのピアノ音楽（下ノ2） アルフレ・コルトー，服部龍太郎 訳 p.38 〔11644〕

ディスクに依る音楽芸術の傑作表（下） 倉重舜介 p.51 〔11645〕

ヴァーグナーの楽劇とそのレコード 面白誌 編 p.52 〔11646〕

欧米だより TW生 p.74 〔11647〕

海外レコード断片 編輯部 p.76 〔11648〕

四月各社の新譜 編輯部 p.80 〔11649〕

赤・青を主として 洋楽レコード評―三月新譜批評 山野幸彦 p.86 〔11650〕

黒盤月評―三月新譜批評 須永克己 p.96 〔11651〕

邦楽レコード月評―三月新譜批評 白井嶺南 p.104 〔11652〕

7巻4号（1933年4月発行）

ショパン（2）―音楽史的レコード蒐集（36） あらえびす p.4 〔11653〕

ハイドンの『オックスフォード交響曲』に就て 菅原明朗 p.13 〔11654〕

ヂャズ曲とディスク（2） アルテュール・オエレー，松本太郎 訳 p.17 〔11655〕

仏蘭西楽界サ・エ・ラ―巴里交響楽演奏会の盛況 ほか TM生 p.22 〔11656〕

誌上オークション p.26 〔11657〕

日本ビクター新発売のラヂオ・エレクトローラに就て 青木周三 p.27 〔11658〕

ベートーフェンの三つのソナータ 伊達愛 p.32 〔11659〕

ベートーヴェンソナタ協会の第二輯レコードを聴く 村田武雄 p.34 〔11660〕

ベートーヴェンの鍵盤法 エリック・ブロム p.36 〔11661〕

リョベットの新譜について 武井守成 p.41 〔11662〕

リョベットを聴く 沢口忠左衛門 p.44 〔11663〕

レコードされたブラームスの独逸レクィエムに就いて 津川主一 p.51 〔11664〕

服部龍太郎氏著『総譜（スコア）の読み方』を読みて 諸家 p.58 〔11665〕

伯林楽壇風景 石川錬次 p.61 〔11666〕

冬枯の街にて―巴里第一信 藤原敏信 p.68 〔11667〕

欧州音楽紀行―自動車旅行記（4） 加藤鋭五 p.72 〔11668〕

シュルスヌスの印象 石川房子 p.76 〔11669〕

リストとダグウ夫人（1） 藤木義輔 p.78 〔11670〕

控へ帳から 藤田不二 p.81 〔11671〕

海外レコード断片 編輯部 p.84 〔11672〕

五月各社の新譜 編輯部 p.86 〔11673〕

赤・青を主として 洋楽レコード評―四月新譜批評 山野幸彦 p.90 〔11674〕

黒盤月評―四月新譜批評 須永克己 p.100 〔11675〕

邦楽レコード月評―四月新譜批評 井田澄三，白井嶺南 p.108 〔11676〕

東健而氏逝く p.117 〔11677〕

クロード・ドビュッシー（上） アルフレッド・カセルラ，堀江謙吉 訳 p.118 〔11678〕

セザアル・フランクのピアノ音楽（下ノ3） アルフレ・コルトー，服部龍太郎 訳 p.121 〔11679〕

7巻5号（1933年5月発行）

ショパン（3）―音楽史的レコード蒐集（37） あらえびす p.4 〔11680〕

蓄音器雑感 菅原明朗 p.14 〔11681〕

ヂャズ曲とディスク（3） アルテュール・オエレー，松本太郎 訳 p.16 〔11682〕

ターン・テーブル雑感 面白誌 p.23 〔11683〕

伯林楽壇風景（2） 石川錬次 p.24 〔11684〕

四十八協会第一輯レコードの辞 村田武雄 p.32 〔11685〕

バッハのクラフィア音楽とレコード（其三） 脇順二 p.40 〔11686〕

バッハ四十八協会日本支部設立決定 藤田不二 p.45 〔11687〕

RCA新発売のパワー・チューブに就て 青木周三 p.46 〔11688〕

「総譜の読み方」を読んで 牛山充 p.47 〔11689〕

アルヘンチーナ女史と語る 加藤鋭五 p.50 〔11690〕

仏蘭西楽界サ・エ・ラ―指揮競演（？）の演奏会，最近のストラヴィンスキー TM生 p.54 〔11691〕

ベートーヴェン・ソナータ協会の会員募集 藤田不二 p.58 〔11692〕

海外レコード断片 編輯部 p.60 〔11693〕

六月各社の新譜 編輯部 p.64 〔11694〕

赤・青を主として 洋楽レコード評―五月新譜批評 山野幸彦 p.68 〔11695〕

黒盤月評―五月新譜批評 須永克己 p.79 〔11696〕

誌上オークション p.90 〔11697〕

邦楽レコード月評―五月新譜批評 白井嶺南 p.91 〔11698〕

内容細目 「レコード音楽」

控へ帳から 藤田不二 p.98 〔11699〕

リストとダグウ夫人（2） 藤木義輔
p.100 〔11700〕

クロード・ドゥビュッシー（下） アルフレッ
ド・カセルラ，堀江謙吉 訳 p.104 〔11701〕

ガブリエユ・フォオレエのピアノ音楽（1） アル
フレ・コルトー，服部龍太郎 訳
p.106 〔11702〕

7巻6号（1933年6月発行）

ショパン（4）―音楽史的レコード蒐集（38）あ
らえびす p.4 〔11703〕

最近に聴いたレコードから 菅原明朗
p.11 〔11704〕

D・E・アンゲルブレック 松本太郎
p.14 〔11705〕

バッハ四十八協会日本支部規定 編輯部
p.24 〔11706〕

ディスク大賞を得た優秀，傑作レコード 面白誌
p.26 〔11707〕

一九三二年度ディスク大賞に就て エミール・
ヴェイエルモ，T・M・生 訳 p.28 〔11708〕

ベートーヴェン作第四ピアノ協奏曲のレコード
を聴く X・Y・Z p.34 〔11709〕

ラヴェルの歌曲レコードを聴く 牛山充，須永
克己，有坂愛彦，藤田不二 p.35 〔11710〕

仏蘭西楽界サ・エ・ラ―詩と其作曲の講演及び
演奏会 ほか TM生 p.38 〔11711〕

誌上オークション p.43 〔11712〕

伯林楽壇風景（3） 石川錬次 p.44 〔11713〕

新帰朝者訪問記―シュナーベルを語る土川正浩
氏 上須賀館夫 p.50 〔11714〕

思ひ出づるま、 藤田不二 p.54 〔11715〕

海外レコード断片 編輯部 p.56 〔11716〕

七月各社の新譜 編輯部 p.61 〔11717〕

赤・青を主として 洋楽レコード評―六月新譜批
評 山野幸彦 p.68 〔11718〕

黒盤月評―六月新譜批評 須永克己
p.76 〔11719〕

邦楽レコード評―六月新譜批評 井田澄三，白
井嶺南 p.87 〔11720〕

リストとダグウ夫人（完） 藤木義輔
p.94 〔11721〕

エリントンの「クレオレ狂想曲」 川口繁
p.98 〔11722〕

細君と僕とレコード 川口松太郎
p.101 〔11723〕

ガブリエユ・フォオレエのピアノ音楽（中） ア
ルフレ・コルトー，服部龍太郎 訳
p.106 〔11724〕

新刊紹介 面白誌 p.112 〔11725〕

レコード・コンサート便り p.114 〔11726〕

7巻7号（1933年7月発行）

蓄音器以前 松本太郎 p.4 〔11727〕

ビクター・レコードの出来るまで 峯村幸三
p.10 〔11728〕

コロムビア・レコードの出来るまで 秋山豊実
p.14 〔11729〕

伯林楽壇風景（4） 石川錬次 p.18 〔11730〕

欧米音楽紀行―自動車旅行記（5） 加藤鋭五
p.23 〔11731〕

仏蘭西楽界サ・エ・ラ―演奏講習会 ほか TM生
p.28 〔11732〕

「名曲解説全集」読後感 諸家 p.34 〔11733〕

近世三大提琴巨匠の作品のレコードに就て（1）
パガニーニ T・KAWATSU p.36 〔11734〕

文部省の蓄音機レコード審査事業 田辺尚雄
p.42 〔11735〕

控へ帳から 藤田不二 p.47 〔11736〕

海外レコード・ニュース 編輯部 p.53 〔11737〕

八月各社のレコード 編輯部 p.60 〔11738〕

赤・青を主として 洋楽レコード評―七月新譜批
評 山野幸彦 p.64 〔11739〕

黒盤月評―七月新譜批評 須永克己
p.73 〔11740〕

邦楽レコード評―七月新譜批評 井田澄三，白
井嶺南 p.87 〔11741〕

第五十五回文部省推薦レコード目録
p.98 〔11742〕

誌上オークション p.98 〔11743〕

市場の歌劇（1）―オペラ・コミックの起源 藤木
義輔 p.101 〔11744〕

支那のヂャズ 川口繁 p.105 〔11745〕

放送用プログラム・レコード 山口亀之助
p.108 〔11746〕

新刊紹介―「現代世界音楽家叢書」 面白誌
p.110 〔11747〕

7巻8号（1933年8月発行）

漫談 あらえびす p.8 〔11748〕

バッハの頃の鍵盤楽器（上） 須永克己
p.11 〔11749〕

バッハ四十八協会に就て あらえびす
p.18 〔11750〕

フランスのオーケストラとドイツのオーケスト
ラ 野村光一 p.22 〔11751〕

伯林楽壇風景（5） 石川錬次 p.26 〔11752〕

愛機を語る（特別読物） 上司小剣
p.32 〔11753〕

続「細君と僕とレコード」（特別読物） 川口松太
郎 p.39 〔11754〕

仏蘭西楽界サ・エ・ラ TM生 p.44 〔11755〕

プロコフィエフとの対話 ワストン・ライル，
岡山東 訳 p.50 〔11756〕

「レコード音楽」 内容細目

日本コロムビアの電気蓄音機 青木周三
p.52 〔11757〕

海外レコード・ニュース 編輯部 p.57 〔11758〕

九月各社のレコード 編輯部 p.62 〔11759〕

控へ帳から 藤田不二 p.66 〔11760〕

赤・青を主として 洋楽レコード評―八月新譜批
評 山野幸彦 p.68 〔11761〕

黒盤月評―八月新譜批評 須永克己
p.77 〔11762〕

邦楽レコード月評―八月新譜批評 白井嶺南
p.85 〔11763〕

近代三大提琴巨匠の作品のレコードに就て（承
前）ヴィニアウスキー T・KAWATSU
p.93 〔11764〕

押出される流行唄 神保瓊一郎 p.98 〔11765〕

誌上オークション p.101 〔11766〕

市場の歌劇（2） 藤木義輔 p.102 〔11767〕

ガブリエユ・フォオレエのピアノ音楽（下） ア
ルフレ・コルトー，服部龍太郎 訳
p.106 〔11768〕

7巻9号（1933年9月発行）

漫談（其2） あらえびす p.4 〔11769〕

レコードに拠るフリードマン 野村光一
p.10 〔11770〕

フリードマンの来朝 p.12 〔11771〕

バッハの頃の鍵盤楽器（下）―バッハの作曲の演
奏は何によるべきか 須永克己 p.13 〔11772〕

外国盤から日本プレスが出来るまで―レコード
会社の当事者に訊く（特別読物）編輯部 編
p.19 〔11773〕

ビクターを背負ふ馬場二郎氏に訊く（特別読物）
p.20 〔11774〕

コロムビアの菅沼定省氏に訊く（特別読物）
p.28 〔11775〕

ポリドールの河野通視氏に訊く（特別読物）
p.36 〔11776〕

ベートーヴェン協会第二回会員募集 藤田不二
p.43 〔11777〕

海外レコードニュース 編輯部 p.44 〔11778〕

十月各社の新譜 編輯部 p.48 〔11779〕

全国蓄音器レコード製造高 p.51 〔11780〕

控へ帳から 藤田不二 p.52 〔11781〕

仏蘭西楽界サ・エ・ラ―ドゥビュッシー記念碑
の竣成 ほか T・M生 p.55 〔11782〕

欧洲の夏の音楽 加藤鋭五 p.60 〔11783〕

欧米楽界くさぐさ p.64 〔11784〕

欧洲蓄音器界異聞 編輯部 p.64 〔11785〕

パーロホンの解消 一記者 p.66 〔11786〕

赤・青を主として 洋楽レコード評―九月新譜批
評 山野幸彦 p.67 〔11787〕

黒盤月評―九月新譜批評 須永克己
p.76 〔11788〕

誌上オークション p.87 〔11789〕

ダンス・レコード評―九月新譜批評 大井蛇津
郎 p.88 〔11790〕

邦楽レコード月評―九月新譜批評 井田瀅三，
白井嶺南 p.92 〔11791〕

近代三大提琴巨匠の作品のレコードに就て（完）
パブロ・ド・サラサーテ T・KAWATSU
p.102 〔11792〕

再び放送用レコードに就て 山口亀之助
p.107 〔11793〕

東京珍風景 p.110 〔11794〕

新刊紹介 藤田不二 p.111 〔11795〕

7巻10号（1933年10月発行）

ショパン（5）―音楽史的レコード蒐集（40）あ
らえびす p.4 〔11796〕

パーロホン・レコードを顧る 有坂愛彦
p.14 〔11797〕

シュナーベル演奏の「第三」を聴く（外国盤試
聴記）須永克己 p.21 〔11798〕

再びハイドンのクヮルテットを聴く（外国盤試
聴記）村田武雄 p.24 〔11799〕

シューマンとオネーギン 野村光一
p.28 〔11800〕

控へ帳から 藤田不二 p.32 〔11801〕

恩師シュナーベル夫人を語る武岡鶴代女史 一
記者 p.36 〔11802〕

フリードマンの演奏曲目 p.41 〔11803〕

リョベット断片 沢口忠左衛門 p.42 〔11804〕

リョベット協会頒布会員募集 p.44 〔11805〕

ドルメッチのヘイズルミア音楽祭 村田武雄
p.45 〔11806〕

仏蘭西楽界サ・エ・ラ―大羅馬賞（グラン・プ
リ・ド・ロム）競争試験 ほか TM生
p.49 〔11807〕

欧米楽界くさぐさ p.49 〔11808〕

外国新型蓄音機紹介 p.56 〔11809〕

海外レコード・ニュース 編輯部 p.59 〔11810〕

十一月各社の新譜 編輯部 p.68 〔11811〕

赤・青を主として 洋楽レコード評―十月新譜批
評 山野幸彦 p.71 〔11812〕

黒盤月評―十月新譜批評 須永克己
p.80 〔11813〕

ダンス・レコード評―十月新譜批評 大井蛇津
郎 p.89 〔11814〕

邦楽レコード評―十月新譜批評 白井嶺南
p.94 〔11815〕

第五十六回文部省推薦レコード目録
p.100 〔11816〕

誌上オークション p.100 〔11817〕

ペレアス物語（名曲物語）藤木義輔
p.103　　　　　　　　　　　〔11818〕

新刊紹介　面白誌 p.108　　　　〔11819〕

パーロホン営業中止の真相　一記者
p.110　　　　　　　　　　　〔11820〕

レコード音楽鑑賞楽譜（I）（1）ベートーヴェン
第四洋琴協奏曲 第一楽章 カデンツァ・第三
楽章 カデンツァ 附録　　　　〔11821〕

レコード音楽鑑賞楽譜（I）（2）シューベルト（歌
謡集）たそがれ・祈の歌・畳日・辻音楽師
附録　　　　　　　　　　　　〔11822〕

7巻11号（1933年11月発行）

レコード・コンサートに関する著作権法の改正
を望む 加藤鋭五 p.4　　　　〔11823〕

邦楽古レコードの話（邦楽特輯記事）田辺尚雄
p.6　　　　　　　　　　　　〔11824〕

新俚謡新小唄のレコード化と将来（邦楽特輯記
事）町田嘉章 p.12　　　　　〔11825〕

「千鳥の曲」雑感（邦楽特輯記事）菅原明朗
p.15　　　　　　　　　　　　〔11826〕

民謡の現状に就て（邦楽特輯記事）弘田龍太郎
p.19　　　　　　　　　　　　〔11827〕

郷土童謡とレコード（邦楽特輯記事）坊田寿真
p.22　　　　　　　　　　　　〔11828〕

驚異的な純粋合唱楽 津川主一 p.26　〔11829〕

プヂョールのレコードにつきて 武井守成
p.32　　　　　　　　　　　　〔11830〕

シュナーベルの機械音楽観 村田武雄
p.34　　　　　　　　　　　　〔11831〕

パンゼラ教授の事 太田黒養二 p.37　〔11832〕

恩師レヴィ教授を語る原智恵子嬢 一記者
p.40　　　　　　　　　　　　〔11833〕

誌上オークション p.45　　　　〔11834〕

控へ帳から 藤田不二 p.46　　〔11835〕

仏蘭西楽界サ・エ・ラ T・M生 p.48　〔11836〕

欧米楽界くさぐさ 編輯部 p.48　〔11837〕

海外レコードニュース 編輯部 p.52　〔11838〕

十二月各社の新盤 編輯部 p.62　〔11839〕

赤・青を主として 洋楽レコード評―十一月新譜
批評 山野幸彦 p.66　　　　　〔11840〕

黒盤月評―十一月新譜批評 須永克己
p.75　　　　　　　　　　　　〔11841〕

ダンス・レコード評―十一月新譜批評 大井蛇
津郎 p.83　　　　　　　　　〔11842〕

邦楽レコード月評―十一月新譜批評 白井嶺南
p.87　　　　　　　　　　　　〔11843〕

携帯用拡声機に就て 吉阪清次 p.94　〔11844〕

仏蘭西歌劇雑話 藤木義輔 p.96　〔11845〕

黒人ポール・ロブソン 川口繁 p.100　〔11846〕

新刊紹介 藤田不二 p.104　　〔11847〕

レコード音楽鑑賞楽譜（II）（1）パレストリーナ
経文歌―「鹿の渇水をしたひ喘ぐが如く」・聖
体受苦歌 附録　　　　　　　〔11848〕

レコード音楽鑑賞楽譜（II）（2）メンデルスゾー
ン 無言歌 作品六十七ノ二「失はれた幻想」
ヘ短調 附録　　　　　　　　〔11849〕

7巻12号（1933年12月発行）

昭和八年のレコード界を顧る座談会（特輯）有
坂愛彦，白井嶺南，菅原明朗，須永克己，野
村あらえびす，野村光一，藤田不二，村田武
雄 p.20　　　　　　　　　　〔11850〕

ショパン（6）―音楽史的レコード蒐集（41）バッ
ハからシェンベルヒまで あらえびす
p.26　　　　　　　　　　　　〔11851〕

ベートーヴェン協会第三回会員募集 藤田不二
p.32　　　　　　　　　　　　〔11852〕

モツァルトの風変りのサンフォニー・コンセル
タント（試聴記）須永克己 p.34　〔11853〕

坪内博士の沙翁劇朗読レコードを称ふ（試聴記）
村田武雄 p.37　　　　　　　〔11854〕

ミゲル・リョベット協会第三回頒布成立 藤田
不二 p.40　　　　　　　　　〔11855〕

二人の現代クラヴサン音楽家―マルグリット・
ルスゲン＝シャンピオン夫人とワンダ・ラン
ドウスカ夫人 松本太郎 p.41　〔11856〕

現代のハープシコード レスゲン・シャムピオ
ン，村田武雄 訳 p.47　　　　〔11857〕

控へ帳から 藤田不二 p.51　　〔11858〕

仏蘭西楽界サ・エ・ラ―1933・34年のセーゾン
始まる ほか TM生 p.54　　〔11859〕

英吉利楽界雑記 TOM p.57　　〔11860〕

海外レコードニュース 編輯部 p.60　〔11861〕

昭和九年一月各社の新盤 編輯部 p.67　〔11862〕

赤・青を主として 洋楽レコード評―十二月新譜
批評 山野幸彦 p.71　　　　　〔11863〕

黒盤月評―十二月新譜批評 須永克己
p.80　　　　　　　　　　　　〔11864〕

ダンス・レコード評―十二月新譜批評 大井蛇
津郎 p.88　　　　　　　　　〔11865〕

誌上オークション p.91　　　　〔11866〕

邦楽レコード月評―十二月新譜批評 白井嶺南
p.92　　　　　　　　　　　　〔11867〕

聖曲「エリヤ」物語（名曲物語）津川主一
p.98　　　　　　　　　　　　〔11868〕

レコード音楽鑑賞楽譜（III）カール・マリア・
フォン・ウェーバー 歌劇「魔弾の射手」序曲
Der Freischütz-Overture 附録　〔11869〕

8巻1号（1934年1月発行）

リスト（1）―音楽史的レコード蒐集（42）バッハ
からシェンベルヒまで あらえびす
p.4　　　　　　　　　　　　〔11870〕

「レコード音楽」　内容細目

輝かしき希望を以て―我が抱負を語る 昭和九年度は如何に進むか 馬場二郎（ビクター）p.12　〔11871〕

本年度に実現したきこと―我が抱負を語る 昭和九年度は如何に進むか 菅沼定省（コロムビア）p.16　〔11872〕

非常時に処する我社の方針―我が抱負を語る 昭和九年度は如何に進むか 阿南正茂（ポリドール）p.18　〔11873〕

年頭言志 諸名家 p.20　〔11874〕

レコード界異聞 藤田不二 p.28　〔11875〕

僕の生活とレコード音楽（随筆）中村武羅夫 p.30　〔11876〕

物言はぬ少女提琴家・諏訪根自子嬢―レコード・アーティスト訪問（1）上須賀館夫 p.34　〔11877〕

レコードに吹込まれてゐるピアノ奏鳴曲 藤田不二 p.39　〔11878〕

仏蘭西楽界サ・エ・ラ―ラヴェルの近代音楽観 TM生 p.43　〔11879〕

英吉利楽界雑記―コンサート一束・其他 TOM p.47　〔11880〕

内地レコード雑信 p.48　〔11881〕

海外レコードニュース 藤田不二 p.50　〔11882〕

これは？ これは！ p.58　〔11883〕

二月各社の新盤 編輯部 p.58　〔11884〕

洋楽赤青レコード評―レコード月評 山野幸彦 p.61　〔11885〕

黒盤月評―レコード月評 須永克己 p.69　〔11886〕

ダンスレコード評―レコード月評 大井蛇津郎 p.78　〔11887〕

邦楽レコード月評―レコード月評 白井嶺南 p.82　〔11888〕

第五十七回文部省推薦認定レコード目録 p.90　〔11889〕

誌上オークション p.90　〔11890〕

レコード珍商売（漫文）名和紫蘭 p.93　〔11891〕

図書館及博物館とレコード 山口亀之助 p.100　〔11892〕

ビクター新発売の自働電気蓄音器―機械のページ 吉阪清次 p.103　〔11893〕

RCAビクター・ラヂオ併用電気蓄音機DUO三三一号―機械のページ 棚橋成吉 p.105　〔11894〕

新刊紹介 面白誌 p.106　〔11895〕

8巻2号（1934年2月発行）

「日本音楽史」が世に出るまで 伊庭孝 p.4　〔11896〕

日本音楽史レコードを聴く 須永克己 p.6　〔11897〕

仏蘭西楽界サ・エ・ラ―巴里と喜歌劇（オペレット），三つの「ドン・キホーテ」ほか TM生 p.12　〔11898〕

欧米楽界くさぐさ―シゲツテイ演奏のバッハ無伴奏奏鳴曲六曲 ほか p.15　〔11899〕

ブラームスの交響曲―断片的印象 野村光一 p.16　〔11900〕

ワルター・ストララム逝く 松本太郎 p.18　〔11901〕

ワインガルトナーの第四出づ p.21　〔11902〕

バッハに就いて語る―バッハ「二声部偶作曲」の美 ワンダ・ランドフスカ，村田武雄 訳 p.22　〔11903〕

レコード界異聞 藤田不二 p.26　〔11904〕

海外レコード・ニュース 藤田不二 p.30　〔11905〕

三月各社の新盤 編輯部 p.40　〔11906〕

レコードの有線放送―これは？ これは！ p.40　〔11907〕

洋楽赤青レコード評―レコード月評 山野幸彦 p.43　〔11908〕

黒盤月評―レコード月評 須永克己 p.50　〔11909〕

ダンスレコード評―レコード月評 大井蛇津郎 p.61　〔11910〕

邦楽レコード月評―レコード月評 白井嶺南 p.65　〔11911〕

第五十八回文部省推薦レコード目録 p.72　〔11912〕

誌上オークション p.72　〔11913〕

アイーダ（1）―歌劇レコード連続講説（第1）伊庭孝 p.76　〔11914〕

アメリカ独得のポピュラー重唱団 川口繁 p.82　〔11915〕

テナーは風邪を怖れる 奥田良三氏と半日をのんびり語る―レコードアーティスト訪問（2）城山渋七 p.86　〔11916〕

日本音楽史成る p.93　〔11917〕

レコードに吹込まれてゐるピアノ奏鳴曲（承前）藤田不二 p.94　〔11918〕

ゴドウスキー逝く p.97　〔11919〕

御存じでせうか？ 蓄音機レコードの取扱と手入れ p.99　〔11920〕

新刊紹介―野村光一著「レコード音楽読本」須永克己 p.102　〔11921〕

新刊紹介―ディスク年鑑一九三四年版 面白誌 p.104　〔11922〕

新刊紹介―レコード音楽名曲解説全集下巻 面白誌 p.105　〔11923〕

レコードの値下を望む（読者の声）佐々木生 p.106　〔11924〕

「レコード音楽の友の会」に就て 編輯部 p.107　〔11925〕

8巻3号（1934年3月発行）

颯爽たるシゲティ―新盤メンデルスゾーンのコンチェルトを聴く　須永克己　p.4　〔11926〕

バッハの作品とレコード（1）村田武雄　p.10　〔11927〕

アイーダ（2）―歌劇レコード連続講説（第2）伊庭孝　p.15　〔11928〕

巴里の小唄うたひ　芦原英了　p.18　〔11929〕

独逸楽壇の明星　マリア・イヴォーギュン　武岡鶴代　p.22　〔11930〕

新しく彼女はスタートする　四家文子女史を打診する―レコード・アーテイスト訪問（3）城山渋七　p.23　〔11931〕

エルネスト・ブロッホ―現代猶太音楽の第一人者　松本太郎　p.29　〔11932〕

シュナーベルのレコード談　R・ギルバート，村田武雄　訳　p.34　〔11933〕

僕のアルバム　徳田一穂　p.39　〔11934〕

レコード界異聞　藤田不二　p.44　〔11935〕

仏蘭西楽界サ・エ・ラーセーゾン前半の巴里交響曲演奏会　TM生　p.47　〔11936〕

エルガー卿逝く　p.50　〔11937〕

欧米楽界くさぐさ―ポール・コハンスキーの訃ほか　編輯部　p.51　〔11938〕

海外レコードニュース　藤田不二　p.52　〔11939〕

四月各社の新盤　編輯部　p.62　〔11940〕

内地レコード界雑信　p.62　〔11941〕

洋楽赤青レコード評―レコード月評　山野幸彦　p.65　〔11942〕

黒盤月評―レコード月評　須永克己　p.73　〔11943〕

邦楽レコード評―レコード月評　白井嶺南　p.82　〔11944〕

第五十九回文部省推薦認定レコード目録　p.92　〔11945〕

誌上オークション　p.92　〔11946〕

キャブ・キャロウェイに就て　川口繁　p.94　〔11947〕

シャリアピン主演の「ドン・キホーテ」（新映画）p.98　〔11948〕

御存じでせうか？蓄音機とレコードの取扱と手入れ（2）p.99　〔11949〕

新刊紹介―「レコード音楽名曲解説全集下巻」読後　村田武雄　p.101　〔11950〕

「レコード音楽」への希望（読者の声）赤妻生　p.102　〔11951〕

「レコード音楽の友の会」に就て　編輯部　p.103　〔11952〕

モーリス・ラヴェル作品のレコード目録　面白誌　編　p.104　〔11953〕

8巻4号（1934年4月発行）

フィッシャーのバッハ「四十八」第一輯を聴いて　村田武雄　p.6　〔11954〕

レコードに就いてクロイツァー教授と語る　笈田光吉　p.18　〔11955〕

セヴシック先生とボヘミヤの田舎町　林龍作　p.20　〔11956〕

弓を飛ばす―巴里楽界ところどころ（其1）岩崎雅通　p.26　〔11957〕

巴里の小唄うたひ（続）芦原英了　p.33　〔11958〕

「大通走曲」と「マハゴニー市の興亡」と　楢崎勤　p.38　〔11959〕

仏蘭西楽界サ・エ・ラーセーゾン前半の巴里交響曲演奏会（続）TM生　p.42　〔11960〕

レコード界異聞　藤田不二　p.47　〔11961〕

海外レコードニュース　藤田不二　p.50　〔11962〕

ビーチャムの「ジュピター」出づ　p.59　〔11963〕

五月各社の新盤　編輯部　p.60　〔11964〕

新刊紹介―梅津勝夫編訳「ベートホヴェンとゲエテ」　p.60　〔11965〕

洋楽赤青レコード評―レコード月評　山野幸彦　p.63　〔11966〕

黒盤月評―レコード月評　須永克己　p.69　〔11967〕

ダンス・レコード評―レコード月評　大井蛇津郎　p.82　〔11968〕

邦楽レコード月評―レコード月評　白井嶺南　p.85　〔11969〕

第六十回文部省推薦レコード目録（上）p.92　〔11970〕

誌上オークション　p.92　〔11971〕

ラ・トラヴィアータ（1）―歌劇レコード連続講説（第3）伊庭孝　p.96　〔11972〕

ヂョーヂ・コープランド　三浦淳史　p.100　〔11973〕

ポリドールの洋楽レコード編輯者に物を訊く　藤井夏人（ポリドール）談　p.104　〔11974〕

御存じでせうか？蓄音機とレコードの取扱と手入れ（3）p.107　〔11975〕

著名蓄音機付属品値段調べ　p.110　〔11976〕

ビクターの原語歌詞添付を望む（読者の声）門野真一　p.112　〔11977〕

「レコード音楽の友の会」に就て　編輯部　p.113　〔11978〕

8巻5号（1934年5月発行）

ワインガルトナーが指揮をしたベートーヴェンの第四交響曲　野村光一　p.6　〔11979〕

独逸朗誦界の巨星ヴュルナーを讃ふ　石川錬次　p.9　〔11980〕

作曲家ショスタコオウィッチ―人及び作品の概念的な紹介　中根宏　p.13　〔11981〕

「レコード音楽」　内容細目

バッハの作品とレコード（2）―器楽曲（1）　村田武雄　p.18　〔11982〕

レコードコンサート便り　p.25　〔11983〕

欧米楽界くさぐさ　編輯部　p.26　〔11984〕

ブゾーニに涙する―巴里楽界ところどころ（2）　岩崎雅通　p.28　〔11985〕

巴里の小唄うたひ（3）　芦原英了　p.36　〔11986〕

欧米音楽学者の邦楽レコードに対する批評　平林勇　p.40　〔11987〕

オルガンとグラムフォン―オルガン・レコーディングに就て　ゴス・カスタード，村田武雄　訳　p.44　〔11988〕

仏蘭西楽界サ・エ・ラ―コルトーの活動の種々相　ほか　TM生　p.47　〔11989〕

レコード界異聞　藤田不二　p.53　〔11990〕

海外レコード・ニュース　藤田不二　p.56　〔11991〕

六月各社の新盤　編輯部　p.68　〔11992〕

誌上オークション　p.68　〔11993〕

洋楽赤青レコード評―レコード月評　山野幸彦　p.71　〔11994〕

黒盤月評―レコード月評　須永克己　p.79　〔11995〕

ダンス・レコード評―レコード月評　大井蛇津郎　p.86　〔11996〕

邦楽レコード月評―レコード月評　白井嶺南　p.90　〔11997〕

レコード音楽の友の会に就て　編輯部　p.94　〔11998〕

第六十回文部省推薦レコード目録（下）　p.95　〔11999〕

内地レコード界雑信　p.95　〔12000〕

音楽会だより　p.99　〔12001〕

ラ・トラヴィアータ（2）―歌劇レコード連続講説（第4）　伊庭孝　p.100　〔12002〕

僕の好きな流行歌　神戸道夫　p.104　〔12003〕

録音考（読者の研究）　高橋水之助　p.107　〔12004〕

針先の顕微鏡検査（読者の研究）　ZN生　p.110　〔12005〕

レコード音楽の友の会　p.111　〔12006〕

8巻6号（1934年6月発行）

リスト（2）―音楽史的レコード蒐集（43）　あらえびす　p.6　〔12007〕

モツァルトの二重奏　林龍作　p.15　〔12008〕

「ゴールドベルヒ変奏曲」礼讃　村田武雄　p.20　〔12009〕

メヌインの弾いたスペイン交響曲　有坂愛彦　p.29　〔12010〕

バッハの作品とレコード（3）―器楽曲（2）　村田武雄　p.32　〔12011〕

パリの華・オペラ―パリ楽界ところどころ（3）　岩崎雅通　p.39　〔12012〕

仏蘭西楽界サ・エ・ラ―シャルル・クロ協会講演演奏会，伴奏者は何処にゐる，マリー・デュバの大交響曲演奏会出演　TM生　p.46　〔12013〕

レコード界異聞　藤田不二　p.50　〔12014〕

海外レコードニュース　藤田不二　p.54　〔12015〕

七月各社の新盤　編輯部　p.69　〔12016〕

誌上オークション　p.69　〔12017〕

洋楽赤青レコード評―レコード月評　山野幸彦　p.72　〔12018〕

黒盤月評―レコード月評　須永克己　p.82　〔12019〕

ダンスレコード評―レコード月評　大井蛇津郎　p.90　〔12020〕

邦楽レコード評―レコード月評　白井嶺南　p.94　〔12021〕

邦楽月評分担の辞―レコード月評　須永克己　p.99　〔12022〕

ラ・トラヴィアータ（3）―歌劇レコード連続講説（第5）　伊庭孝　p.101　〔12023〕

アコルデオニスト フレッド・ガルドニを語る　芦原英了　p.104　〔12024〕

音楽喫茶店を覗く（読者の文芸）　今井生　p.108　〔12025〕

初心者より望む（読者の声）　KM生　p.109　〔12026〕

第六十二回文部省推薦認定レコード目録　p.110　〔12027〕

レコード音楽雑報　編輯部　p.110　〔12028〕

8巻7号（1934年7月発行）

ワグナー（上）―音楽史的レコード蒐集（44）　あらえびす　p.6　〔12029〕

コルトオのショパン「前奏曲」再吹込み　野村光一　p.13　〔12030〕

コルトーの片影　宅孝二　p.18　〔12031〕

コルトーの印象　岩崎雅通　p.21　〔12032〕

小ちゃなピアノ　アルフレ・コルトー，吉川淡水　訳　p.26　〔12033〕

一九三四年度のディスク大賞　藤田不二　p.28　〔12034〕

バッハの作品とレコード（4）―器楽曲（3）　村田武雄　p.31　〔12035〕

レコード漫談　岡田三郎　p.39　〔12036〕

仏蘭西楽界サ・エ・ラ―セゾーン後半の巴里交響曲演奏会　TM生　p.42　〔12037〕

レコード界異聞　藤田不二　p.49　〔12038〕

海外レコードニュース　藤田不二　p.52　〔12039〕

八月各社の新盤　編輯部　p.66　〔12040〕

誌上オークション　p.66　〔12041〕

内容細目 「レコード音楽」

洋楽赤青レコード評―レコード月評 山野幸彦
p.69 〔12042〕

黒盤月評―レコード月評 須永克己
p.79 〔12043〕

ダンスレコード評―レコード月評 大井蛇津郎
p.86 〔12044〕

邦楽レコード評―レコード月評 白井嶺南，須
永克己 p.89 〔12045〕

トスカ―歌劇レコード連続講説（第6）伊庭孝
p.96 〔12046〕

蓄音器祭の話 編輯部 p.103 〔12047〕

アポロンダイアナ及六〇号に就て（新製品を語
る）隈部一雄 p.104 〔12048〕

コロムビアポータブル二―二号の構成（新製品
を語る）須子信一 p.104 〔12049〕

日東蓄新発売器械二種に就て（新製品を語る）
内藤武夫 p.108 〔12050〕

新刊紹介 面白誌 p.109 〔12051〕

伴奏用ディスクの要望（読者の声）星出生
p.110 〔12052〕

第六十二回・六十三回文部省推薦レコード目録
p.111 〔12053〕

レコード音楽雑報 編輯部 p.111 〔12054〕

8巻8号（1934年8月発行）

ワグナー（中）―音楽史的レコード蒐集（45）あ
らえびす p.6 〔12055〕

一九三四年度ディスク大賞 エミール・ヴュイ
エルモ，松本太郎 訳 p.10 〔12056〕

シュトラウスの新作喜劇「アラベラ」 茂谷澄
p.16 〔12057〕

米国の国際レコード蒐集家倶楽部とその頒布レ
コード 藤田不二 p.21 〔12058〕

音楽と食事 大田黒元雄 p.24 〔12059〕

巴里祭の話 岩崎雅通 p.27 〔12060〕

珍らしや 歌手ロオジング―レコードに復活した
彼の想ひ出 中根宏 p.32 〔12061〕

バッハの作品とレコード（5）―器楽曲（4）村田
武雄 p.36 〔12062〕

仏蘭西楽界サ・エ・ラーセーゾン後半の巴里交
響曲演奏会（続）TM生 p.44 〔12063〕

英吉利楽界雑記―シーズン掉尾のコンサート
TOM p.50 〔12064〕

レコード界異聞 藤田不二 p.54 〔12065〕

海外レコードニュース 藤田不二 p.56 〔12066〕

九月各社の新盤 編輯部 p.60 〔12067〕

レコード界噂のき、がき p.60 〔12068〕

洋楽赤青レコード評―レコード月評 山野幸彦
p.63 〔12069〕

黒盤月評―レコード月評 須永克己
p.76 〔12070〕

ダンスレコード評―レコード月評 大井蛇津郎
p.86 〔12071〕

新刊紹介 p.89 〔12072〕

邦楽レコード評―レコード月評 白井嶺南，須
永克己 p.90 〔12073〕

薔薇の騎士―歌劇レコード連続講説（第7）伊庭
孝 p.101 〔12074〕

八月の主題歌レコード 川口繁 p.109 〔12075〕

消息 p.112 〔12076〕

リヒアルト・シュトラウスの作品とレコード
（上）面白誌 編 p.114 〔12077〕

8巻9号（1934年9月発行）

コルトオのシューマン協奏曲再吹込み 野村光
一 p.6 〔12078〕

ラズモフスキーの三番を聴く 有坂愛彦
p.10 〔12079〕

バッハの作品とレコード（6）―器楽曲（5）村田
武雄 p.14 〔12080〕

ベートーヴェン協会の第五回予約募集 藤田不
二 p.22 〔12081〕

恩師イーヴ・ナットを語る 井口基成
p.26 〔12082〕

巴里の男性小唄うたひ 芦原英了 p.31 〔12083〕

米国の国際レコード蒐集家倶楽部とその頒布レ
コード（2）藤田不二 p.35 〔12084〕

仏蘭西楽界サ・エ・ラーセーゾン後半の巴里交
響曲演奏会（続）TM生 p.38 〔12085〕

英吉利楽界雑記―グスタヴ・ホルストの特性
TOM p.43 〔12086〕

レコード界異聞 藤田不二 p.47 〔12087〕

海外レコードニュース 藤田不二 p.49 〔12088〕

十月各社の新盤 藤田不二 p.60 〔12089〕

欧米楽界だより p.60 〔12090〕

洋楽赤青レコード評―レコード月評 山野幸彦
p.67 〔12091〕

黒盤月評―レコード月評 須永克己
p.77 〔12092〕

ダンスレコード評―レコード月評 大井蛇津郎
p.85 〔12093〕

邦楽レコード評―レコード月評 白井嶺南，須
永克己 p.88 〔12094〕

カヴァレリア ルスティカーナ―歌劇レコード連
続講説（8）伊庭孝 p.101 〔12095〕

九月の主題歌レコード 川口繁 p.106 〔12096〕

消息 p.109 〔12097〕

楽語解説（1）舞踏曲の名称 面白誌
p.110 〔12098〕

ざれごと（読者の声）西木多也 p.111 〔12099〕

第六十四回文部省推薦レコード目録
p.112 〔12100〕

新刊紹介 面白誌 p.112 〔12101〕

リヒアルト・シュトラウスの作品とレコード
（下）面白誌 編 p.115 〔12102〕

「レコード音楽」　　　　　　　　　　　内容細目

8巻10号（1934年10月発行）

ワグナー（中の2）―音楽史的レコード蒐集（46）
あらえびす p.6　　　　　　　　　〔12103〕

シュナーベルの「熱情」その他　須永克己
p.9　　　　　　　　　　　　　　〔12104〕

コンセルト・ブランデンブルゴア　菅原明朗
p.13　　　　　　　　　　　　　〔12105〕

バッハの作品とレコード（7）器楽曲（6）　村田武
雄 p.17　　　　　　　　　　　　〔12106〕

米国の国際レコード蒐集家倶楽部とその頒布レ
コード（3）　藤田不二 p.25　　　　〔12107〕

教育レコードの吹込を指導して（教育レコード
特輯）　井上武士 p.28　　　　　　〔12108〕

唱歌レコードの製作を監修して（教育レコード
特輯）　柴田知常 p.30　　　　　　〔12109〕

音楽学校の吹込とその趣旨（教育レコード特輯）
沢崎定之 p.33　　　　　　　　　〔12110〕

教育レコード製作者の立場から（教育レコード
特輯）　西脇乃夫彦 p.35　　　　　〔12111〕

標準小学唱歌レコード製作の動機と段階（教育
レコード特輯）　藤井夏人 p.38　　〔12112〕

小学唱歌レコード批判（上）（教育レコード特
輯）　須永克己 p.40　　　　　　　〔12113〕

クレーマンを語る―パリ楽界ところどころ（5）
岩崎雅通 p.45　　　　　　　　　〔12114〕

仏蘭西楽界サ・エ・ラークロワザ夫人音楽院教
授となる ほか TM生 p.50　　　　〔12115〕

レコード界異聞　藤田不二 p.57　　　〔12116〕

海外レコードニュース　藤田不二 p.62　〔12117〕

十一月各社の新盤　藤田不二 p.72　　〔12118〕

音楽会だより p.72　　　　　　　　　〔12119〕

欧米楽界だより p.77　　　　　　　　〔12120〕

洋楽赤青レコード評―レコード月評　山野幸彦
p.80　　　　　　　　　　　　　〔12121〕

黒盤月評―レコード月評　須永克己
p.90　　　　　　　　　　　　　〔12122〕

ダンスレコード評―レコード月評　大井蛇津郎
p.98　　　　　　　　　　　　　〔12123〕

新刊紹介―堀内敬三氏著「音楽の鳥瞰」
p.101　　　　　　　　　　　　　〔12124〕

邦楽レコード評―レコード月評　白井嶺南，須
永克己 p.102　　　　　　　　　　〔12125〕

ルチア―歌劇レコード連続講説（9）　伊庭孝
p.116　　　　　　　　　　　　　〔12126〕

十月の主題歌レコード　川口繁 p.122　〔12127〕

楽語解説（2）ドイツの舞踏曲名　面白誌
p.125　　　　　　　　　　　　　〔12128〕

第六十五回文部省推薦認定レコード目録
p.126　　　　　　　　　　　　　〔12129〕

レコード音楽雑報 p.126　　　　　　　〔12130〕

消息 p.130　　　　　　　　　　　　　〔12131〕

音楽鑑賞の態度（読者の声）　山下良
p.131　　　　　　　　　　　　　〔12132〕

8巻11号（1934年11月発行）

ワグナー（下）―音楽史的レコード蒐集（47）　あ
らえびす p.6　　　　　　　　　　〔12133〕

思ひ掛けぬ「第九」の出現　須永克己
p.15　　　　　　　　　　　　　〔12134〕

コンセル・コロンヌ演奏の「田園交響曲」　野村
光一 p.19　　　　　　　　　　　〔12135〕

バッハの作品とレコード（8）器楽曲（7）　村田武
雄 p.24　　　　　　　　　　　　〔12136〕

流行歌検討座談会（特輯）　塩入亀輔，菅原明朗，
須永克己，吉田信，野村あらえびす，野村光
一，堀内敬三 p.30　　　　　　　〔12137〕

影とその美しさ―レコード音楽についての一つ
の随想　志賀英雄 p.54　　　　　〔12138〕

バッハ協会の第二輯レコード曲目　村田武雄
p.57　　　　　　　　　　　　　〔12139〕

仏蘭西楽界サ・エ・ラーピエルネの近作 ほか
TM生 p.62　　　　　　　　　　〔12140〕

レコード界異聞　藤田不二 p.68　　　〔12141〕

海外レコードニュース　藤田不二 p.73　〔12142〕

十二月各社の新盤　藤田不二 p.82　　〔12143〕

演奏会だより p.82　　　　　　　　　〔12144〕

レコード音楽雑報 p.87　　　　　　　〔12145〕

洋楽赤青レコード評―レコード月評　山野幸彦
p.89　　　　　　　　　　　　　〔12146〕

黒盤月評―レコード月評　須永克己
p.100　　　　　　　　　　　　　〔12147〕

邦楽レコード評―レコード月評　白井嶺南，須
永克己 p.108　　　　　　　　　　〔12148〕

カルメン―歌劇レコード連続講説（10）　伊庭孝
p.122　　　　　　　　　　　　　〔12149〕

主題歌レコード―レコード月評　川口繁
p.130　　　　　　　　　　　　　〔12150〕

家庭用としてのフィルム式蓄音機　H・ウォルフ
ソン，吉成吾郎 訳 p.133　　　　〔12151〕

新刊紹介　面白誌 p.137　　　　　　　〔12152〕

8巻12号（1934年12月発行）

一九三五年に望む　あらえびす p.6　〔12153〕

一九三四年度の管絃楽のレコード（特輯―昭和
九年度のレコード界を顧る）　菅原明朗
p.10　　　　　　　　　　　　　〔12154〕

昭和九年度のピアノ・レコード（特輯―昭和九
年度のレコード界を顧る）　野村光一
p.13　　　　　　　　　　　　　〔12155〕

絃と室内楽の優秀レコードを拾ふ（特輯―昭和
九年度のレコード界を顧る）　有坂愛彦
p.17　　　　　　　　　　　　　〔12156〕

昭和九年度の声楽レコード（特輯―昭和九年度
のレコード界を顧る）　あらえびす
p.20　　　　　　　　　　　　　〔12157〕

数から見た昭和九年度洋楽レコード（特輯―昭
和九年度のレコード界を顧る）p.27　〔12158〕

スウヴニイル　辰野隆 p.28　　　　　〔12159〕

内容細目　「レコード音楽」

モーツァルトの変ホ長調交響曲　有坂愛彦
p.30　　　　　　　　　　　　〔12160〕

フーベルマンの妙技を聴く　藤田不二
p.32　　　　　　　　　　　　〔12161〕

小学唱歌レコード批判（下）　須永克己
p.36　　　　　　　　　　　　〔12162〕

本誌定価改正に就て　p.41　　〔12163〕

仏蘭西楽界サ・エ・ラ―ポール・パレー登場 ほ
か　TM生　p.42　　　　　　〔12164〕

レコード界異聞　藤田不二　p.49　〔12165〕

海外レコードニュース　藤田不二　p.51　〔12166〕

昭和十年一月各社の新盤　藤田不二
p.64　　　　　　　　　　　　〔12167〕

海外訃報一束　p.64　　　　　〔12168〕

楽語解説―ポーランドの舞踏曲　面白誌
p.68　　　　　　　　　　　　〔12169〕

レコード音楽雑報　p.69　　　〔12170〕

洋楽赤青レコード評―レコード月評　山野幸彦
p.71　　　　　　　　　　　　〔12171〕

黒盤月評―レコード月評　須永克己
p.82　　　　　　　　　　　　〔12172〕

ジャズレコード―レコード月評　大井蛇津郎
p.91　　　　　　　　　　　　〔12173〕

邦楽レコード評―レコード月評　白井嶺南．須
永克己　p.94　　　　　　　　〔12174〕

昭和九年度の邦楽レコード概観（特輯―昭和九
年度のレコード界を顧る）　上須賀館夫
p.108　　　　　　　　　　　〔12175〕

リゴレット―歌劇レコード連続講説（完）　伊庭
孝　p.111　　　　　　　　　〔12176〕

主題歌レコード―レコード月評　川口繁
p.119　　　　　　　　　　　〔12177〕

米国の国際レコード蒐集家倶楽部とその頒布レ
コード（4）　藤田不二　p.122　〔12178〕

再プレスに就て（読者の声）　石川登志夫
p.126　　　　　　　　　　　〔12179〕

田舎ファンの言分（読者の声）　藤井英男
p.127　　　　　　　　　　　〔12180〕

純情音楽愛好青年（読者の声）　古畑銀之助
p.127　　　　　　　　　　　〔12181〕

第六十六回文部省推薦認定レコード目録
p.134　　　　　　　　　　　〔12182〕

9巻1号（1935年1月発行）

ベルリオーズ―音楽史的レコード蒐集（48）　あ
らえびす　p.6　　　　　　　〔12183〕

コーリッシュ四重奏団のレコードを聴く　藤田
不二　p.15　　　　　　　　　〔12184〕

バッハの作品とレコード（9）器楽曲（8）　村田武
雄　p.19　　　　　　　　　　〔12185〕

欧米楽界消息　p.27　　　　　〔12186〕

モザーのウキーンの一と日　下二三十
p.28　　　　　　　　　　　　〔12187〕

パリのノエルと正月（欧洲のXマスとお正月）
岩崎雅通　p.30　　　　　　　〔12188〕

楽しい伯林の除夜（欧洲のXマスとお正月）　佐
藤謙三　p.35　　　　　　　　〔12189〕

ウィーンの正月（欧洲のXマスとお正月）　有馬
大五郎　p.39　　　　　　　　〔12190〕

寂しいローマの正月（欧洲のXマスとお正月）
奥田良三　p.42　　　　　　　〔12191〕

遂に聞かなかった音楽会の話　大佛次郎
p.45　　　　　　　　　　　　〔12192〕

冬絵（コント）　楢崎勤　p.48　〔12193〕

仏蘭西楽界サ・エ・ラ―近代仏蘭西曲と日本の
愛好家　TM生　p.52　　　　　〔12194〕

表紙の筆者に就て　p.57　　　〔12195〕

レコード界展望　藤田不二　p.58　〔12196〕

海外レコードニュース　藤田不二　p.59　〔12197〕

二月各社の新盤　藤田不二　p.70　〔12198〕

欧米楽界だより　p.70　　　　〔12199〕

洋楽レコード評―レコード月評　山野幸彦
p.77　　　　　　　　　　　　〔12200〕

一月のジャズレコード―レコード月評　大井蛇
津郎　p.90　　　　　　　　　〔12201〕

一月主題歌レコード―レコード月評　川口繁
p.93　　　　　　　　　　　　〔12202〕

執筆者の横顔　p.97　　　　　〔12203〕

邦楽レコード月評―レコード月評　白井嶺南
p.98　　　　　　　　　　　　〔12204〕

私の推奨するレコード　藤田不二
p.104　　　　　　　　　　　〔12205〕

地方俚謡レコード巡礼（第1回）―序説　井田瀞
三　p.106　　　　　　　　　〔12206〕

明治時代遺聞集　山口亀之助　p.111　〔12207〕

米国の国際レコード蒐集家倶楽部とその頒布レ
コード（5）　藤田不二　p.115　〔12208〕

質問往来　p.119　　　　　　〔12209〕

レコードによる洋楽鑑賞入門　須永克己
p.138　　　　　　　　　　　〔12210〕

編輯雑記　竹野生　p.138　　　〔12211〕

9巻2号（1935年2月発行）

シュトラウスの印象（シュトラウス特輯）　山田
耕筰　p.6　　　　　　　　　　〔12212〕

「薔薇の騎士」に就て（シュトラウス特輯）　有馬
大五郎　p.8　　　　　　　　　〔12213〕

交響詩曲「死と浄化」解説（シュトラウス特輯）
太田太郎　p.17　　　　　　　〔12214〕

ベートーヴェンの四重奏曲イ短調　有坂愛彦
p.20　　　　　　　　　　　　〔12215〕

ブラームスの三重奏曲ロ長調（新着盤試聴記―
二つの室内楽を聴く）　有坂愛彦
p.22　　　　　　　　　　　　〔12216〕

フールベルマンの奏いたバッハの第一提琴協奏曲(古典曲の二盤を聴く―新着盤試聴記) 藤田不二 p.24 〔12217〕
ウッドの指揮したハイドンの告別交響曲嬰ヘ短調(古典曲の二盤を聴く―新着盤試聴記) 藤田不二 p.26 〔12218〕
季節の踊子(コント) 徳田一穂 p.28 〔12219〕
仏蘭西楽界サ・エ・ラ―巴里楽壇近況 TM生 p.32 〔12220〕
英吉利楽界雑記 TOM p.39 〔12221〕
レコード界展望 藤田不二 p.42 〔12222〕
海外レコードニュース 藤田不二 p.43 〔12223〕
三月各社の新盤 p.58 〔12224〕
レコード音楽雑報 p.58 〔12225〕
洋楽レコード評―レコード月評 山野幸彦 p.62 〔12226〕
二月のジャズ・レコード―レコード月評 大井蛇津郎 p.72 〔12227〕
二月主題歌レコード―レコード月評 川口繁 p.75 〔12228〕
邦楽レコード月評―レコード月評 白井嶺南 p.79 〔12229〕
私の推奨するレコード 藤田不二 p.86 〔12230〕
明治時代遺聞集(2) 山口亀之助 p.88 〔12231〕
一九三五年新型ビクター電気蓄音器に就いて 吉阪清次 p.92 〔12232〕
バッハの作品とレコード(10)―器楽曲(9) 村田武雄 p.94 〔12233〕
地方俚謡レコード巡礼(第二回)―第一 山陰道篇 井田潑三 p.106 〔12234〕
クーセヴィッキーの「第五交響曲」出づ p.113 〔12235〕
クリスタル・レコードの二月 p.113 〔12236〕
レコードによる音楽鑑賞入門(第一講)リヅム(上) 須永克己 p.114 〔12237〕
新刊紹介―「一九三五年ディスク年鑑」 面白誌 p.133 〔12238〕
レコード愚感(読者の声) 田口隆文 p.134 〔12239〕
新刊紹介―堀内敬三氏随筆集「ヂンタ以来」を奨む 上須賀生 p.135 〔12240〕
編輯雑記 竹野生 p.135 〔12241〕

9巻3号(1935年3月発行)

尊き哉バッハ(J・S・バッハ誕生250年記念特輯) あらえびす p.6 〔12242〕
音楽史上のバッハ―感想(J・S・バッハ誕生250年記念特輯) 須永克己 p.8 〔12243〕
バッハの名レコードを語る―優秀レコード表に代えて(J・S・バッハ誕生250年記念特輯) 村田武雄 p.12 〔12244〕
バッハの「マタイによる受難楽」物語(J・S・バッハ誕生250年記念特輯) 津川主一 p.24 〔12245〕
伯林で聴いたバッハのヴァイオリン曲(J・S・バッハ誕生250年記念特輯) 佐藤謙三 p.30 〔12246〕
フィッシャーのバッハ「四十八」第二輯を聴いて(新盤試聴記) 村田武雄 p.35 〔12247〕
ウッド卿指揮の「未完成」交響曲(新盤試聴記) 野村光一 p.40 〔12248〕
新進小唄うたひ―マリアンヌ・オスワルドのこと 芦原英了 p.42 〔12249〕
欧米楽界だより p.45 〔12250〕
仏蘭西楽界サ・エ・ラ―巴里とバッハ TM生 p.46 〔12251〕
三月のクリスタル・レコード p.50 〔12252〕
レコード界展望 藤田不二 p.51 〔12253〕
海外レコードニュース 藤田不二 p.54 〔12254〕
四月各社の新盤 p.66 〔12255〕
レコード音楽雑報 p.66 〔12256〕
洋楽レコード評―レコード月評 山野幸彦 p.72 〔12257〕
三月のジャズレコード―レコード月評 大井蛇津郎 p.83 〔12258〕
ビクター専属の新しいジャズ・バンド p.85 〔12259〕
三月の主題歌レコード―レコード月評 川口繁 p.86 〔12260〕
「未完成交響曲」封切迫る p.88 〔12261〕
邦楽レコード月評―レコード月評 白井嶺南 p.89 〔12262〕
私の推薦するレコード 藤田不二 p.97 〔12263〕
明治時代遺聞集(3) 山口亀之助 p.98 〔12264〕
新刊紹介―神保璟一郎氏「レコード音楽名曲を尋ねて」 面白誌 p.101 〔12265〕
コロムビアラヂオ電気蓄音器350号(新製品紹介) 三宅光三郎 p.102 〔12266〕
フランスのレコードによる音楽史 藤田不二 p.104 〔12267〕
地方俚謡レコード巡礼(第3回)―第一 山陰道篇承前・完 井田潑三 p.108 〔12268〕
レコードによる音楽鑑賞入門(第一講)リヅム(下) 須永克己 p.112 〔12269〕
質問往来 p.126 〔12270〕
第六十七回文部省推薦レコード目録 p.131 〔12271〕
編輯雑記 竹野生 p.134 〔12272〕

9巻4号(1935年4月発行)

グラヅノフ提琴協奏曲 林龍作 p.6 〔12273〕
ギーゼキングのベートーヴェン「皇帝」協奏曲演奏 野村光一 p.12 〔12274〕

内容細目　　　　　　　　　　「レコード音楽」

「ブランデンブルク協奏曲」第五番の新盤を試
　聴する　有坂愛彦 p.15　　　　　〔12275〕

ミサ・ソレムニスの予約頒布募集　藤田不二
　p.20　　　　　　　　　　　　　〔12276〕

アデリーナ・パッティ　流理える子
　p.24　　　　　　　　　　　　　〔12277〕

パリ楽界ところどころ (6) パリの復活祭と音楽
　岩崎雅通 p.27　　　　　　　　　〔12278〕

バッハの名レコードを語る（承前）―優秀レコー
　ド表に代へて　村田武雄 p.31　　〔12279〕

仏蘭西楽界サ・エ・ラ―ディスクの新利用種々
　相　TM生 p.38　　　　　　　　〔12280〕

レコード界展望　藤田不二 p.44　　〔12281〕

海外レコードニュース　藤田不二 p.47　〔12282〕

五月各社の新盤 p.60　　　　　　　〔12283〕

レコード音楽雑報 p.60　　　　　　〔12284〕

洋楽レコード評―レコード月評　山野幸彦
　p.67　　　　　　　　　　　　　〔12285〕

四月のジャズ・レコード―レコード月評　大井
　蛇津郎 p.77　　　　　　　　　　〔12286〕

四月の映画主題歌―レコード月評　川口繁
　p.81　　　　　　　　　　　　　〔12287〕

邦楽レコード月評―レコード月評　白井嶺南
　p.84　　　　　　　　　　　　　〔12288〕

流行唄歌手新人論　神戸道夫 p.92　〔12289〕

日本ポリドールの電気蓄音機（新製品紹介）　棚
　橋成吉 p.96　　　　　　　　　　〔12290〕

バッハの作品とレコード (11) ―器楽曲 (10)　村
　田武雄 p.98　　　　　　　　　　〔12291〕

地方俚謡レコード巡礼（第4回）―第二 北陸道篇
　（上）井田瀞三 p.106　　　　　　〔12292〕

レコードによる音楽鑑賞入門―音楽鑑賞の材料
　としての今月のレコード　須永克己
　p.115　　　　　　　　　　　　　〔12293〕

質問往来 p.126　　　　　　　　　〔12294〕

第六十八回・六十九回文部省推薦レコード目録
　p.129　　　　　　　　　　　　　〔12295〕

編輯雑記　竹野生 p.134　　　　　〔12296〕

9巻5号（1935年5月発行）

音楽史上のヴァーグネル　太田太郎
　p.6　　　　　　　　　　　　　　〔12297〕

シュナーベルの胸のすく名演奏　須永克己
　p.12　　　　　　　　　　　　　〔12298〕

「蓄音機道楽は金持ちにかぎる」（随筆）上司小
　剣 p.16　　　　　　　　　　　　〔12299〕

生活の伴奏（随筆）川口松太郎 p.24　〔12300〕

アルプとその美しさ　岩崎雅通 p.28　〔12301〕

世界的デュエチスト―レイトンとジョンストン
　芦原英了 p.36　　　　　　　　　〔12302〕

ベートーヴェン協会第六回予約会員募集　編輯
　部 p.39　　　　　　　　　　　　〔12303〕

仏蘭西楽界サ・エ・ラ―フランソア・リュール
　マン TM生 p.40　　　　　　　　〔12304〕

レコード界展望　藤田不二 p.45　　〔12305〕

海外レコードニュース　藤田不二 p.49　〔12306〕

ビクターの七月は？　p.59　　　　〔12307〕

六月各社の新盤 p.60　　　　　　　〔12308〕

レコード音楽雑報 p.60　　　　　　〔12309〕

地方だより p.63　　　　　　　　　〔12310〕

演奏会だより p.64　　　　　　　　〔12311〕

洋楽レコード評―レコード月評　山野幸彦
　p.66　　　　　　　　　　　　　〔12312〕

五月のジャズ・レコード―レコード月評　大井
　蛇津郎 p.77　　　　　　　　　　〔12313〕

クリスタル五月の新盤 p.80　　　　〔12314〕

五月の映画主題歌―レコード月評　川口繁
　p.81　　　　　　　　　　　　　〔12315〕

邦楽レコード月評―レコード月評　白井嶺南
　p.84　　　　　　　　　　　　　〔12316〕

バッハ愛好家への最初の尊き贈物（新刊批評―
　「バッハ音楽栞」を読みて）あらえびす
　p.92　　　　　　　　　　　　　〔12317〕

良心のこもつた実のある好著（新刊批評―「バッ
　ハ音楽栞」を読みて）脇順二 p.92　〔12318〕

「バッハ音楽栞」を推賞す（新刊批評―「バッハ
　音楽栞」を読みて）藤田不二 p.93　〔12319〕

第九交響曲の歌詞　面白誌 p.95　　〔12320〕

ラローの生涯　麻上俊夫 p.96　　　〔12321〕

俚謡レコード巡礼（第五回）―第二 北陸道編
　（中）井田瀞三 p.100　　　　　　〔12322〕

レコードによる音楽鑑賞入門（第二講）旋律
　（上）須永克己 p.109　　　　　　〔12323〕

質問往来 p.121　　　　　　　　　〔12324〕

新刊紹介 p.125　　　　　　　　　〔12325〕

第七十回文部省推薦認定レコード目録
　p.127　　　　　　　　　　　　　〔12326〕

編輯雑記　竹野生 p.128　　　　　〔12327〕

9巻6号（1935年6月発行）

ドビュッシーと時代の関係　太田太郎
　p.6　　　　　　　　　　　　　　〔12328〕

パリ楽界ところどころ (10) そこはかとなくド
　ビュッシーを語る　岩崎雅通 p.15　〔12329〕

クーセヴィッツキーが指揮をしたベートーヴェ
　ンの「エロイカ」野村光一 p.24　〔12330〕

ラヴェル指揮の「絃楽四重奏曲ヘ長調」を聴く
　北小路博 p.28　　　　　　　　　〔12331〕

軍隊交響曲　菅原明朗 p.32　　　　〔12332〕

英国蓄音器界の回顧　藤田不二 p.34　〔12333〕

第八回オラムピヤードゥ当時の音楽方面の一記
　録　流理える子 p.42　　　　　　〔12334〕

仏蘭西楽界サ・エ・ラ―巴里楽壇に活動する演
　奏家 (1) TM生 p.45　　　　　　〔12335〕

「レコード音楽」　　　　　　　　　　内容細目

欧米楽界消息 p.51　　　　　　　　〔12336〕
レコード界展望 藤田不二 p.52　　　〔12337〕
海外レコードニュース 藤田不二 p.54　〔12338〕
七月各社の新盤 p.66　　　　　　　〔12339〕
レコード音楽雑報 p.66　　　　　　〔12340〕
演奏会だより p.69　　　　　　　　〔12341〕
紹介 p.70　　　　　　　　　　　　〔12342〕
ビクターの七月新盤 p.71　　　　　〔12343〕
洋楽レコード評―レコード月評 山野幸彦
　　p.72　　　　　　　　　　　　〔12344〕
六月盤ジャズのレコード―レコード月評 大井
　　蛇津郎 p.83　　　　　　　　〔12345〕
六月の映画主題歌―レコード月評 川口繁
　　p.87　　　　　　　　　　　　〔12346〕
シューマン記念演奏会 p.90　　　　〔12347〕
邦楽レコード月評―レコード月評 白井嶺南
　　p.91　　　　　　　　　　　　〔12348〕
JOAKのレコード放送を観る（新蓄音機評判記）
　　城山渋七 p.100　　　　　　　〔12349〕
「別れの曲」と悩むショパン（トーキーセクショ
　　ン）藤井夏人 p.105　　　　　〔12350〕
「家なき子」に出演したヴァンニ・マルクー
　　p.110　　　　　　　　　　　〔12351〕
バッハの作品とレコード（12）器楽曲（11）村田
　　武雄 p.113　　　　　　　　　〔12352〕
レコードによる音楽鑑賞入門（第二講）旋律
　　（中）須永克己 p.122　　　　〔12353〕
編輯雑記 竹野生 p.134　　　　　　〔12354〕

9巻7号（1935年7月発行）

ベートーヴェンの解放―再認識の出発点は何処
　　か 山根銀二 p.6　　　　　　〔12355〕
ベートーヴェンとピアノ 野村光一
　　p.13　　　　　　　　　　　　〔12356〕
ベートーヴェンの室内楽とレコード 有坂愛彦
　　p.16　　　　　　　　　　　　〔12357〕
米国の国際レコード蒐集家倶楽部とその頒布レ
　　コード（6）藤田不二 p.23　　〔12358〕
入賞レコード表（一九三五年度ディスク大賞の
　　発表）p.26　　　　　　　　　〔12359〕
一九三五年度ディスク大賞に就て（一九三五年
　　度ディスク大賞の発表）エミール・ヴュイエ
　　ルモ、松本太郎 訳 p.28　　　〔12360〕
仏蘭西楽界サ・エ・ラ―一九三五年度ディスク
　　大賞 TM生 p.32　　　　　　〔12361〕
六月の日記から p.38　　　　　　　〔12362〕
レコード界展望 藤田不二 p.39　　　〔12363〕
海外レコードニュース 藤田不二 p.42　〔12364〕
八月各社の新盤 p.49　　　　　　　〔12365〕
レコード音楽雑報 p.49　　　　　　〔12366〕
ことしの蓄音器祭 p.54　　　　　　〔12367〕
消息 p.55　　　　　　　　　　　　〔12368〕

洋楽レコード評―レコード月評 山野幸彦
　　p.56　　　　　　　　　　　　〔12369〕
七月盤ジャズのレコード―レコード月評 大井
　　蛇津郎 p.74　　　　　　　　〔12370〕
七月の映画主題歌―レコード月評 川口繁
　　p.79　　　　　　　　　　　　〔12371〕
ビクターの臨時発売と八月 p.79　　〔12372〕
邦楽レコード月評―レコード月評 白井嶺南
　　p.82　　　　　　　　　　　　〔12373〕
露西亜事情受売咄 山口亀之助 p.90　〔12374〕
地方俚謡レコード巡礼（6）―第二 北陸道編
　　（下）井田澄三 p.94　　　　〔12375〕
レコードによる音楽鑑賞入門（第三講）旋律
　　（下）須永克己 p.102　　　　〔12376〕
質問往来 p.121　　　　　　　　　〔12377〕
訳語の問題（読者の声）文園三郎
　　p.128　　　　　　　　　　　〔12378〕
ベートーヴェン雑感（読者の声）田口隆文
　　p.129　　　　　　　　　　　〔12379〕
第七十一回文部省推薦認定レコード目録
　　p.133　　　　　　　　　　　〔12380〕
編輯雑記 竹野生 p.134　　　　　　〔12381〕

9巻8号（1935年8月発行）

「パリヤッチ」（道化師）―ビクターの全曲オペラ
　　レコード 伊庭孝 p.6　　　　〔12382〕
レコード音楽の領分 村田武雄 p.12　〔12383〕
海の断崖での対話 藤井夏人 p.18　　〔12384〕
反故になりそこねた一束 太田綾子
　　p.22　　　　　　　　　　　　〔12385〕
ラマリブラン 流理える子 p.24　　　〔12386〕
パリ楽界ところどころ（11）ぱり風物あんすた
　　んたね 岩崎雅通 p.26　　　　〔12387〕
夏の音楽とレコード―近頃名盤印象記 近江屋
　　清兵衛 p.34　　　　　　　　〔12388〕
仏蘭西楽界サ・エ・ラ―一九三五年度ディスク
　　大賞（続）TM生 p.40　　　　〔12389〕
海外レコードニュース 藤田不二 p.48　〔12390〕
九月各社の新盤 p.60　　　　　　　〔12391〕
レコード音楽雑報 p.60　　　　　　〔12392〕
新刊紹介―小松耕輔・秋山峯三郎共訳「機械音
　　楽の理論と構造」p.64　　　　〔12393〕
洋楽レコード評―レコード月評 山野幸彦
　　p.67　　　　　　　　　　　　〔12394〕
八月盤ジャズレコード評―レコード月評 大井
　　蛇津郎 p.78　　　　　　　　〔12395〕
邦楽レコード月評―レコード月評 白井嶺南
　　p.82　　　　　　　　　　　　〔12396〕
内外レコード界特信 p.90　　　　　〔12397〕
ハワイの音楽 レイモンド服部 p.91　〔12398〕
アメリカのジャズを聴く 清水俊二
　　p.96　　　　　　　　　　　　〔12399〕

エヂソン・レコード会社評判記　城山渋七
p.100　〔12400〕

地方俚謡レコード巡礼（7）—第三　東山道編
（上）　井田漂三　p.104　〔12401〕

レコードによる音楽鑑賞入門—鑑賞を主にした
レコード月評　須永克己　p.112　〔12402〕

質問往来　p.125　〔12403〕

ピアノ・レコード界の七不思議（読者の声）　Y・
B生　p.131　〔12404〕

レコード愛好家に（読者の声）　山下良
p.132　〔12405〕

レコード音楽所蔵（読者の声）　成島正次
p.133　〔12406〕

編輯雑記　竹野生　p.134　〔12407〕

9巻9号（1935年9月発行）

セザール・フランク　コンバリュー，吉川淡水
訳　p.6　〔12408〕

セザール・フランクの交響楽　菅原明朗
p.10　〔12409〕

「交響変奏曲」解説　野村光一　p.13　〔12410〕

梟（ねこどり）通信（其1）　TN子　p.16　〔12411〕

セザール・フランクの絃楽四重奏曲　鈴木鎮一
p.17　〔12412〕

フランク奏鳴曲への前書　林龍作　p.20　〔12413〕

セザール・フランクのオルガン及声楽作品　木
岡英三郎　p.22　〔12414〕

巴里の演奏会に於けるセザール・フランク　T・
M生　p.27　〔12415〕

セザール・フランク作品表　菅原明朗　編
p.31　〔12416〕

パリ楽界ところどころ（12）続　ぱり風物あんす
たんたね　岩崎雅通　p.36　〔12417〕

僕の蓄音機（随筆）　中村武雄夫　p.44　〔12418〕

バスキエ・トリオを聴く　有坂愛彦
p.49　〔12419〕

試聴雑記　藤田不二　p.52　〔12420〕

仏蘭西楽界サ・エ・ラ（32）—巴里楽壇に活動す
る演奏家（2）　TM生　p.56　〔12421〕

真夏の夜の夢　p.63　〔12422〕

レコード界展望　藤田不二　p.64　〔12423〕

海外レコードニュース　藤田不二　p.68　〔12424〕

十月各社の新盤　p.74　〔12425〕

レコード音楽雑報　p.74　〔12426〕

洋楽レコード評—レコード月評　山野幸彦
p.81　〔12427〕

ビクターの十月特輯　p.89　〔12428〕

九月盤ジャズレコード—レコード月評　大井蛇
津郎　p.90　〔12429〕

九月の映画主題歌—レコード月評　川口繁
p.94　〔12430〕

邦楽レコード月評—レコード月評　白井嶺南
p.98　〔12431〕

カルロス・ガルデルを悼む　芦原英了
p.104　〔12432〕

レコードファン心得帖（其1）レコードの保存と
手入れ　あらえびす　p.108　〔12433〕

バッハの作品とレコード（13）器楽曲（12）　村田
武雄　p.115　〔12434〕

ビクター洋楽愛好家協会の創立　藤田不二
p.125　〔12435〕

質問往来　p.129　〔12436〕

実演と蓄音器（読者の声）　田向忠一
p.132　〔12437〕

聴きたいもの（読者の声）　ピアノ狂
p.132　〔12438〕

フランク雑感（読者の声）　加藤光男
p.133　〔12439〕

編輯雑記　竹野生　p.134　〔12440〕

9巻10号（1935年10月発行）

哀悼　巻頭　〔12441〕

故須永克己氏略歴　p.6　〔12442〕

故須永克己氏葬送の記　p.7　〔12443〕

レコード界の恩人を悼む（須永克己氏追悼の辞）
あらえびす　p.8　〔12444〕

惜しむべき須永君の死（須永克己氏追悼の辞）
田辺尚雄　p.9　〔12445〕

須永克己君の逝去を悼む（須永克己氏追悼の辞）
田村虎蔵　p.12　〔12446〕

須永克己氏の死を悼む（須永克己氏追悼の辞）
太田太郎　p.13　〔12447〕

須永さんへの献辞（須永克己氏追悼の辞）　吉田
信　p.15　〔12448〕

須永克己君を悼む（須永克己氏追悼の辞）　大塚
正則　p.17　〔12449〕

須永克己氏を悼む（須永克己氏追悼の辞）　有坂
愛彦　p.18　〔12450〕

須永先生を悼む（須永克己氏追悼の辞）　青砥道
雄　p.19　〔12451〕

須永先生の御逝去を悲しむ（須永克己氏追悼の
辞）比良正吉　p.21　〔12452〕

須永先生の霊に捧ぐ（須永克己氏追悼の辞）　竹
野俊男　p.22　〔12453〕

洋琴家とブラームス　野村光一　p.27　〔12454〕

バックハウスのブラームス　脇順二
p.32　〔12455〕

ブラームスの歌曲　武岡鶴代　p.34　〔12456〕

日本で発売されているブラームスのレコード案
内（1）　面白誌　編　p.36　〔12457〕

ハイドン協会第四輯レコードを聴く　村田武雄
p.40　〔12458〕

音楽に就いて　カミーユ・サン＝サーンス，吉川
淡水　訳　p.47　〔12459〕

「レコード音楽」 内容細目

パリ楽界ところどころ (13) サン＝サーンスの家ほか (続々ぱり風物あんすたんたね) 岩崎雅通 談 p.50 〔12460〕

仏蘭西楽界サ・エ・ラ (33)―逝けるポール・デュカ T・M生 p.57 〔12461〕

ねこどり通信 (2) TN子 p.63 〔12462〕

海外レコードニュース 藤田不二 p.64 〔12463〕

レコード界展望 藤田不二 p.71 〔12464〕

出版部だより p.75 〔12465〕

十一月のポ・コニ社の新盤 p.76 〔12466〕

レコード音楽雑記 p.76 〔12467〕

演奏会だより p.81 〔12468〕

洋楽レコード評―レコード月評 山野幸彦 p.82 〔12469〕

ジャズレコード評―レコード月評 大井蛇津郎 p.92 〔12470〕

ビクターの十一月特輯 p.95 〔12471〕

十月の映画主題歌―レコード月評 川口繁 p.96 〔12472〕

邦楽レコード月評―レコード月評 白井嶺南 p.101 〔12473〕

三人姉妹身の上咄 山口亀之助 p.107 〔12474〕

ランナーとシュトラウスの「ワルツ合戦」―独逸ウファ特作音楽映画 藤井夏人 p.112 〔12475〕

レコードファン心得帖 (其二) レコードの整理法―附・針に関する私見 あらえびす p.118 〔12476〕

愛読者各位にお願ひ p.127 〔12477〕

質問往来 p.128 〔12478〕

編輯雑記 竹野生 p.134 〔12479〕

9巻11号 (1935年11月発行)

シュトラウスの「ツァラトゥストラ」レコード 伊庭孝 p.6 〔12480〕

シュナーベルのベートーヴェン―ソナタ協会第7回頒布に際して 野村光一 p.11 〔12481〕

クライスラーのメンデルスゾーン協奏曲を聴いて 村田武雄 p.15 〔12482〕

無題録 脇順二 p.20 〔12483〕

ベートーヴェン協会第七回会員募集 藤田不二 p.23 〔12484〕

ヘンデル曲「救世主」(名曲物語) 津川主一 p.24 〔12485〕

愛盤愛機を語る (座談会) 有坂愛彦, 野村光一, 藤田不二, 国塩耕一郎, あらえびす, 村田武雄, 菅原明朗, 平林勇, 山根銀二 p.30 〔12486〕

ねこどり通信 〔3〕 TN子 p.52 〔12487〕

愛盤と云ふ事に就て 塩入亀輔 p.53 〔12488〕

ビクターの十二月 p.57 〔12489〕

尽きせぬ名残を惜みて―須永克己君を悼む (須永克己氏追悼の辞) 馬場二郎 p.58 〔12490〕

須永さんと僕 (須永克己氏追悼の辞) 村田武雄 p.60 〔12491〕

故須永克己氏追悼会 p.61 〔12492〕

仏蘭西楽界サ・エ・ラ (34)―マレシャルと其演奏曲目 T・M生 p.62 〔12493〕

海外レコードニュース 藤田不二 p.70 〔12494〕

十二月のポ・コニ社の新盤 p.77 〔12495〕

レコード音楽雑記 p.77 〔12496〕

演奏会だより p.80 〔12497〕

欧洲楽界消息 p.84 〔12498〕

洋楽レコード評―レコード月評 山野幸彦 p.86 〔12499〕

軽音楽月評―レコード月評 有坂愛彦 p.98 〔12500〕

ジャズレコード評―レコード月評 大井蛇津郎 p.102 〔12501〕

十一月の映画主題歌―レコード月評 川口繁 p.105 〔12502〕

邦楽レコード月評―レコード月評 白井嶺南 p.109 〔12503〕

レコオドと私 徳田秋声 p.114 〔12504〕

邦楽円盤過去帖―六代目芳村伊十郎の巻 山口亀之助 p.116 〔12505〕

ビクター愛好家協会第三回曲目決定 藤田不二 p.119 〔12506〕

日本で発売されているブラームスのレコード案内 (2) 面白誌 編 p.121 〔12507〕

第七十二回文部省推薦レコード目録 p.127 〔12508〕

新刊紹介―「耕筰楽話」 面白誌 p.128 〔12509〕

再び読者諸賢にお願ひ p.129 〔12510〕

質問往来 p.130 〔12511〕

編輯雑記 竹野生 p.136 〔12512〕

9巻12号 (1935年12月発行)

「救世主」の思ひ出 あらえびす p.6 〔12513〕

ヨハン・シュトラウスのオペラ「蝙蝠」三幕レコード 伊庭孝 p.12 〔12514〕

ねこどり通信 (4) TN子 p.19 〔12515〕

メンデルスゾーンの「無言歌」其他 村田武雄 p.20 〔12516〕

ゲオルグ・フリードリッヒ・ヘンゲル ステファン・ゲオルギ, 松本正夫 訳 p.25 〔12517〕

歳末随筆 (昭和十年のレコード界を顧る) 菅原明朗 p.29 〔12518〕

本年度の洋琴優秀レコード (昭和十年のレコード界を顧る) 野村光一 p.31 〔12519〕

室内楽と歌のレコード (昭和十年のレコード界を顧る) あらえびす p.35 〔12520〕

内容細目　　　　　　　　　　　　　　　　　　「レコード音楽」

ヴァイオリン協奏曲とソナタ（昭和十年のレコード界を顧る）仙石襄 p.41　〔12521〕

軽音楽鳥瞰（昭和十年のレコード界を顧る）有坂愛彦 p.45　〔12522〕

カール・シュナーベルの横顔　土川正浩 p.52　〔12523〕

仏蘭西楽界サ・エ・ラ（35）―ストラヴィンスキーの作曲教授受任 ほか T・M生 p.54　〔12524〕

海外レコードニュース 藤田不二 p.64　〔12525〕

ビクターの一月新盤 p.72　〔12526〕

レコード界展望 藤田不二 p.74　〔12527〕

昭和十一年一月のポ・コ二社の新盤 p.78　〔12528〕

レコード音楽雑報 p.78　〔12529〕

演奏会だより p.84　〔12530〕

洋楽レコード評―レコード月評 山野幸彦 p.88　〔12531〕

軽音楽月評―レコード月評 有坂愛彦 p.99　〔12532〕

ジャズレコード評―レコード月評 大井蛇津郎 p.105　〔12533〕

新刊紹介 p.108　〔12534〕

十二月の主題歌―レコード月評 川口繁 p.109　〔12535〕

邦楽レコード月評―レコード月評 白井嶺南 p.112　〔12536〕

邦楽盤過去帖―六代目芳村伊十郎の巻（承前）山口亀之助 p.118　〔12537〕

レコードファン心得帖（其3）―蓄音機の選択と手入れ あらえびす p.122　〔12538〕

質問往来 p.129　〔12539〕

第七十二回文部省認定レコード目録 p.135　〔12540〕

10巻1号（1936年1月発行）

グルックの歌劇「オルフェウス」全曲 伊庭孝 p.6　〔12541〕

スメターナの「絃楽四重奏曲ホ短調」を聴く 北小路博 p.14　〔12542〕

ベートーヴェン協奏曲を弾くフーベルマン 有坂愛彦 p.17　〔12543〕

大人の道楽 村松正俊 p.20　〔12544〕

随想シューベルト伝 桂近乎 p.24　〔12545〕

シャリアピンとそのレコオド（上）中根宏 p.28　〔12546〕

仏蘭西のレコードに依る音楽史 藤田不二 p.33　〔12547〕

仏蘭西楽界サ・エ・ラ（37）―巴里楽壇と外国人指揮者 T・M生 p.38　〔12548〕

レコード界展望 藤田不二 p.45　〔12549〕

梟（ねこどり）通信（5）TN子 p.50　〔12550〕

ビクターの二月特輯 p.50　〔12551〕

ポリドール鑑賞会の創立と会員募集 編輯部 p.51　〔12552〕

「レコード音楽」の合本用表紙の提供 p.52　〔12553〕

海外レコードニュース 藤田不二 p.53　〔12554〕

二月ポ・コ二社の新盤 p.56　〔12555〕

レコード音楽雑報 p.56　〔12556〕

執筆者紹介 p.61　〔12557〕

洋楽レコード評―レコード月評 山野幸彦 p.62　〔12558〕

軽音楽月評―レコード月評 有坂愛彦 p.76　〔12559〕

正月映画主題歌―レコード月評 川口繁 p.84　〔12560〕

「レコード音楽」のマーク制定 p.87　〔12561〕

「ワルツ」に関する史的考証（1）藤井夏人 p.88　〔12562〕

ミネルバ・ラヂオ併用電気蓄音機（新製品紹介）棚橋成吉 p.92　〔12563〕

バッハの作品とレコード（14）器楽曲（13）村田武雄 p.94　〔12564〕

西洋音楽史の概要（1）太田太郎 p.100　〔12565〕

レコードによる日本音楽通俗講説（1）日本古楽の話 伊庭孝 p.114　〔12566〕

シャリアピン愈々出発 p.117　〔12567〕

新刊紹介 p.118　〔12568〕

質問往来 p.120　〔12569〕

編輯雑記 竹野生 p.126　〔12570〕

「レコード音楽」第九巻総目次 巻末附録　〔12571〕

10巻2号（1936年2月発行）

イゴール・ストラヴィンスキー 柿沼太郎 p.6　〔12572〕

ストラヴィンスキーの「提琴協奏曲ニ長調」の印象 村田武雄 p.11　〔12573〕

音楽史上に於けるフォーレ 藤木義輔 p.15　〔12574〕

フォーレの歌曲について少しばかり 太田綾子 p.20　〔12575〕

ねこどり通信（6）TN子 p.22　〔12576〕

ベートーヴェン提琴ソナタ協会盤を聴く 有坂愛彦 p.23　〔12577〕

シュナーベル演奏のベートーヴェン第二洋琴協奏曲 野村光一 p.26　〔12578〕

「フィガロの結婚」レコード―歌劇レコード連続講説（補遺）伊庭孝 p.28　〔12579〕

シャリァピンとそのレコオド（下）―主としてロシア物に就いて 中根宏 p.36　〔12580〕

〔12521～12580〕　　　戦前期　レコード音楽雑誌記事索引　**233**

「レコード音楽」　　　　　　　　内容細目

仏蘭西楽界サ・エ・ラ (38) 巴里楽壇と外国人指揮者 (再び) TM生 p.44　〔12581〕

ポリドール鑑賞会の会員募集 藤田不二 p.45　〔12582〕

海外レコードニュース 藤田不二 p.51　〔12583〕

レコード界展望 藤田不二 p.65　〔12584〕

ビクターの三月特輯 p.68　〔12585〕

洋楽レコード評—レコード月評 山野幸彦 p.69　〔12586〕

軽音楽月評—レコード月評 有坂愛彦 p.82　〔12587〕

二月のジャズ—レコード月評 大井蛇津郎 p.89　〔12588〕

二月の映画主題歌—レコード月評 川口繁 p.93　〔12589〕

メシヤ・ダミヤ・ワルツ 楢崎勤 p.96　〔12590〕

カンカン 勢伊奴麻呂 p.101　〔12591〕

ワルター・ギーゼキングと語る M・A・レヴィンソン p.104　〔12592〕

スレザーク登場—映画「セロ弾く乙女」 藤井夏人 p.106　〔12593〕

蓄音機ファン待望の優秀サウンド・ボックスの出現 (新製品紹介) 平林勇 p.110　〔12594〕

ベートーヴェン提琴ソナタ協会々員募集 藤田不二 p.114　〔12595〕

バッハの作品とレコード (15) 器楽曲 (14) 村田武雄 p.116　〔12596〕

レコードによる日本音楽通俗講説 (2) 浄瑠璃とは何か1その起源 伊庭孝 p.123　〔12597〕

質問往来 p.127　〔12598〕

新刊紹介 p.132　〔12599〕

レコード音楽雑報 p.133　〔12600〕

編輯雑記 竹野生 p.134　〔12601〕

10巻3号 (1936年3月発行)

ブランデンブルク協奏曲とその新盤 有坂愛彦 p.6　〔12602〕

ブッシュのブランデンブルグ協奏曲に就いて 平林勇 p.11　〔12603〕

ねこどり通信 (7) TN子 p.15　〔12604〕

歌劇「蝶々夫人」全三幕—コロムビア全曲レコード 伊庭孝 p.16　〔12605〕

現代アメリカ音楽点描 青木正 p.20　〔12606〕

組曲「王宮の花火の音楽」 面白誌 p.23　〔12607〕

ハイドンの絃四重奏に就て—ヘ長調セレナータを中心に 桂近乎 p.26　〔12608〕

名曲理解への最短距離 (〔ビクター〕「家庭音楽名盤集」に寄せることば) 田辺尚雄 p.30　〔12609〕

広範囲に渉るレコード選択 (〔ビクター〕「家庭音楽名盤集」に寄せることば) 伊庭孝 p.31　〔12610〕

家庭音楽名盤集について (〔ビクター〕「家庭音楽名盤集」に寄せることば) 堀内敬三 p.32　〔12611〕

仏蘭西楽界サ・エ・ラ (39) 巴里に於ける音楽講演 TM生 p.34　〔12612〕

海外レコードニュース 藤田不二 p.41　〔12613〕

ビクターの四月特輯 p.52　〔12614〕

レコード界展望 藤田不二 p.53　〔12615〕

洋楽レコード評—レコード月評 山野幸彦 p.57　〔12616〕

軽音楽月評—レコード月評 有坂愛彦 p.69　〔12617〕

三月のジャズ—レコード月評 大井蛇津郎 p.76　〔12618〕

三月の映画主題歌—レコード月評 川口繁 p.80　〔12619〕

パリのカルナバル 勢伊奴麻呂 p.85　〔12620〕

くろすぴーのすまひ 山口亀之助 p.88　〔12621〕

バッハの作品とレコード (16) 器楽曲 (15) 村田武雄 p.92　〔12622〕

西洋音楽史の概要 (2) 第2講 絶対的単旋法時代その1 太田太郎 p.101　〔12623〕

レコードによる日本音楽通俗講説 (3) 古曲レコード 伊庭孝 p.113　〔12624〕

質問往来 面白誌 回答, 棚橋成吉 回答 p.118　〔12625〕

レコード音楽雑報 編輯部 p.130　〔12626〕

楽界だより p.131　〔12627〕

編輯雑記 竹野俊男 p.132　〔12628〕

10巻4号 (1936年4月発行)

ケンプの「皇帝協奏曲」を聴く—ケンプのピアノレコードの新生面 伊庭孝 p.6　〔12629〕

レコードから感ずるケンプ あらえびす 談 p.11　〔12630〕

ケンプの印象 土川正浩 談 p.14　〔12631〕

ケンプのバッハ 村田武雄 p.15　〔12632〕

ケンプ雑感 脇順二 p.18　〔12633〕

レコード (実演) によるケンプの印象—ハガキ回答 諸名家 p.20　〔12634〕

クリングラー・クヮルテット 鈴木鎮一 p.24　〔12635〕

クリングラーとケンプ 佐藤謙三 p.26　〔12636〕

ケンプの演奏会と曲目 p.29　〔12637〕

バッハの「フーグの技術」とそのレコード (上) 村田武雄 p.30　〔12638〕

ハイドンのチェロ協奏曲とファイアーマン 有坂愛彦 p.40　〔12639〕

ビクターの五月特輯 p.41　〔12640〕

ドヴォルザークの小伝とその作品表 編輯部 p.42　〔12641〕

レコード讃歌 (随筆) 徳田一穂 p.46　〔12642〕

内容細目　　　　　　　　　　　　　　　　　「レコード音楽」

仏蘭西楽界サ・エ・ラ（40）―巴里オーケストラ
　奏者中の名手 リュシアン・ルパテ，TM生 訳
　p.50　　　　　　　　　　　　　　　　〔12643〕

ねこどり通信（8）TN子 p.56　　　　〔12644〕

海外レコードニュース 藤田不二 p.57　〔12645〕

レコード界展望 藤田不二 p.70　　　　〔12646〕

洋楽レコード評―レコード月評 山野幸彦
　p.73　　　　　　　　　　　　　　　　〔12647〕

軽音楽月評―レコード月評 有坂愛彦
　p.84　　　　　　　　　　　　　　　　〔12648〕

四月のジャズレコード―レコード月評 大井蛇
　津郎 p.92　　　　　　　　　　　　　〔12649〕

四月の映画主題歌―レコード月評 川口繁
　p.94　　　　　　　　　　　　　　　　〔12650〕

私の珍秘盤 勢伊奴麻呂 p.99　　　　　〔12651〕

欧米見聞土産話 隈部一雄 p.102　　　〔12652〕

レコードによる日本音楽通俗講説（4）箏曲 伊庭
　孝 p.110　　　　　　　　　　　　　　〔12653〕

質問往来 棚橋成吉 回答，面白誌 回答
　p.119　　　　　　　　　　　　　　　〔12654〕

新刊紹介―佐藤充氏著「アルベルト・シュワイ
　ツェル」村田武雄 p.129　　　　　　〔12655〕

レコード音楽雑報 編輯部 p.130　　　〔12656〕

編輯雑記 竹野俊男 p.132　　　　　　〔12657〕

10巻5号（1936年5月発行）

美しきミュウレリン 大田黒元雄 p.6　〔12658〕

シューベルトの歌謡の鑑賞―歌ふ方の側から観
　たる 沢崎定之 p.8　　　　　　　　　〔12659〕

歌曲集「美しき水車小屋の乙女」に就いて 安井
　義三 p.10　　　　　　　　　　　　　〔12660〕

近代フランス音楽の諸相 藤木義輔
　p.20　　　　　　　　　　　　　　　　〔12661〕

ティボー雑感 牛山充 p.24　　　　　　〔12662〕

レコードのティボーとエネスコ 林龍作
　p.28　　　　　　　　　　　　　　　　〔12663〕

仏蘭西楽界サ・エ・ラ（41）―再び来朝する
　ヂャック・ティボー T・M生 p.30　〔12664〕

バッハの「フーグの技術」とそのレコード（下）
　村田武雄 p.38　　　　　　　　　　　〔12665〕

グラズウノフとそのレコオド―逝けるロシア楽
　壇の長老 中根宏 p.44　　　　　　　〔12666〕

海外レコードニュース 藤田不二 p.52　〔12667〕

レコード界展望 藤田不二 p.58　　　　〔12668〕

洋楽レコード評―レコード月評 山野幸彦
　p.63　　　　　　　　　　　　　　　　〔12669〕

新刊紹介―山口亀之助氏の「レコード文化発達
　史」城山壮 p.77　　　　　　　　　　〔12670〕

軽音楽月評―レコード月評 有坂愛彦
　p.78　　　　　　　　　　　　　　　　〔12671〕

読者の声 p.83　　　　　　　　　　　〔12672〕

五月のジャズレコード―レコード月評 大井蛇
　津郎 p.84　　　　　　　　　　　　　〔12673〕

今月の映画主題歌―レコード月評 川口繁
　p.88　　　　　　　　　　　　　　　　〔12674〕

五月洋楽新譜ベスト・ファイヴ p.91　〔12675〕

西洋音楽史の概要（3）―第二講 絶対的単旋法時
　代（その2）太田太郎 p.94　　　　　〔12676〕

ティボーの来朝と演奏者 p.105　　　　〔12677〕

レコードによる日本音楽通俗講説（5）―三味線
　音楽の本末 伊庭孝 p.106　　　　　　〔12678〕

「戸塚の住人」氏の質疑に対する解答 太田太郎
　p.110　　　　　　　　　　　　　　　〔12679〕

質問往来 編輯部 回答，面白誌 回答
　p.112　　　　　　　　　　　　　　　〔12680〕

レコード音楽雑報 p.125　　　　　　　〔12681〕

消息 p.127　　　　　　　　　　　　　〔12682〕

編輯雑記 竹野俊男 p.128　　　　　　〔12683〕

10巻6号（1936年6月発行）

交響曲「画家マチス」（ヒンデミット）伯林フィ
　ルハーモニー交響楽団 指揮パウル・ヒンデ
　ミット（二つの新盤試聴記）有坂愛彦
　p.6　　　　　　　　　　　　　　　　〔12684〕

交響曲 第七番イ長調（ベートーヴェン）ヴィー
　ン・フィルハーモニー交響楽団 指揮 フェ
　リックス・ヴァインガルトナー（二つの新盤
　試聴記）有坂愛彦 p.8　　　　　　　〔12685〕

「火の鳥」のレコード 菅原明朗 p.10　〔12686〕

ポリドールの縮小歌劇盤「セビリヤの理髪師」
　のレコード 伊庭孝 p.14　　　　　　〔12687〕

テレフンケン・レコードに活躍する人々（上）
　藤田不二 p.18　　　　　　　　　　　〔12688〕

来朝した楽人のレコード（ちかごろレコードに
　関して思ふこと）吉田信 p.29　　　　〔12689〕

ちかごろ思ふこと（ちかごろレコードに関して
　思ふこと）岡田三郎 p.32　　　　　　〔12690〕

私の好きなレコード（ちかごろレコードに関し
　て思ふこと）野口久光 p.34　　　　　〔12691〕

コンチタ・スペルビアの死 芦原英了
　p.36　　　　　　　　　　　　　　　　〔12692〕

電気蓄音機の知識（1）（通俗講話）青木周三
　p.40　　　　　　　　　　　　　　　　〔12693〕

仏蘭西楽界サ・エ・ラ（42）―ギャルド・レピュ
　ブリケーン軍楽隊（上）T・M生
　p.45　　　　　　　　　　　　　　　　〔12694〕

海外レコードニュース 藤田不二 p.52　〔12695〕

レコード界展望 藤田不二 p.60　　　　〔12696〕

五月洋楽新譜特選盤 p.64　　　　　　〔12697〕

洋楽レコード評―レコード月評 山野幸彦
　p.66　　　　　　　　　　　　　　　　〔12698〕

軽音楽月評―レコード月評 有坂愛彦
　p.76　　　　　　　　　　　　　　　　〔12699〕

六月のジャズレコード―レコード月評 大井蛇
　津郎 p.84　　　　　　　　　　　　　〔12700〕

「レコード音楽」　内容細目

今月の映画主題歌—レコード月評　川口繁　p.88　〔12701〕

消息　p.91　〔12702〕

「発売を熱望するレコード」を募る　p.92　〔12703〕

シュナーベルとフーベルマンの妙技—アメリカ通信　瀬戸太郎　p.96　〔12704〕

バッハの作品とレコード（17）器楽曲（16）村田武雄　p.99　〔12705〕

西洋音楽史の概要（4）第2講 絶対的単旋法時代 その3　太田太郎　p.106　〔12706〕

レコードによる日本音楽通俗講説（6）義太夫の話　伊庭孝　p.115　〔12707〕

新刊紹介—山田亀之助氏「レコード文化発達史」第一巻を読みて　村田武雄　p.122　〔12708〕

質問往来 編輯部 回答、面白誌 回答　p.124　〔12709〕

レコード音楽雑記　p.130　〔12710〕

編輯雑記　竹野生　p.132　〔12711〕

10巻7号（1936年7月発行）

ケンプと「ハムマークラフィール」—偶感「独逸人気質・猶太人気質」野村光一　p.6　〔12712〕

一九三六年ディスク大賞　p.12　〔12713〕

一九三六年ディスク大賞に就て エミール・ヴィレルモーツ, 松本太郎 訳　p.14　〔12714〕

仏蘭西楽界サ・エ・ラ（43）今年度のディスク大賞に就て　T・M生　p.17　〔12715〕

ジャズと軽音楽を語る（座談会）芦原英了, 大井蛇津郎, 野村あらえびす, 川口繁, 有坂愛彦, 藤田不二, 内田岐三雄, 竹野俊男　p.25　〔12716〕

コロムビア洋楽鑑賞協会の創立を祝す 藤田不二　p.26　〔12717〕

「バッハよりブラームスまで」の世界音楽名盤集頒布に就て（〔コロムビア〕「世界音楽名盤集」に寄せることば）田辺尚雄　p.30　〔12718〕

世界名盤鑑賞会（〔コロムビア〕「世界音楽名盤集」に寄せることば）牛山充　p.31　〔12719〕

私の希望（〔コロムビア〕「世界音楽名盤集」に寄せることば）山根銀二　p.32　〔12720〕

レコード界切つての大計画（〔コロムビア〕「世界音楽名盤集」に寄せることば）伊庭孝　p.33　〔12721〕

音楽はレコードに限る（レコード随筆）岡山東　p.34　〔12722〕

同曲両面盤（レコード随筆）阿那かし子　p.36　〔12723〕

海外レコードニュース 藤田不二 p.60　〔12724〕

レコード界展望 藤田不二 p.71　〔12725〕

七月洋楽新譜特選盤 p.76　〔12726〕

レコード界雑報 p.76　〔12727〕

洋楽レコード評—レコード月評　山野幸彦　p.78　〔12728〕

軽音楽月評—レコード月評　有坂愛彦　p.91　〔12729〕

七月のジャズ・タンゴ・歌—レコード月評 大井蛇津郎 p.97　〔12730〕

今月の映画主題歌—レコード月評 川口繁　p.102　〔12731〕

RCAのテレヴィジョン公開実験 山口亀之助　p.106　〔12732〕

ビクター日蓄のダンス・レコード予約頒布 藤田不二 p.108　〔12733〕

西洋音楽史の概要（5）第2講 絶対的単旋法時代 その4 太田太郎 p.112　〔12734〕

レコードによる日本音楽通俗講説（7）歌沢と小唄 伊庭孝 p.125　〔12735〕

質問往来 面白誌 回答 p.129　〔12736〕

新刊紹介—上司小剣氏著「蓄音機読本」城山渋七 p.131　〔12737〕

表紙の絵に就て p.132　〔12738〕

編輯雑記 竹野生 p.132　〔12739〕

10巻8号（1936年8月発行）

文部省の特薦レコードに就て 田辺尚雄　p.6　〔12740〕

ブッシュ, ゼルキンの演奏に拠るブラームスの洋琴四重奏曲イ長調に就て 野村光一　p.8　〔12741〕

軽音楽雑考（上）（軽音楽をめぐりて）有坂愛彦　p.12　〔12742〕

夏日漫言（軽音楽をめぐりて）塩入亀輔　p.16　〔12743〕

「ポーギーとベス」のレコード 岡山東　p.20　〔12744〕

コロムビア世界音楽名盤集とモーツァルトの作品鑑賞 藤田不二 p.23　〔12745〕

私の愛聴するレコード（ハガキ回答）諸名家　p.28　〔12746〕

仏蘭西楽界サ・エ・ラ（44）—ギャルド・レピュブリケーン軍楽隊（中）T・M生　p.36　〔12747〕

海外レコードニュース 藤田不二 p.43　〔12748〕

レコード界展望 藤田不二 p.49　〔12749〕

八月洋楽新譜特選盤 p.54　〔12750〕

洋楽レコード評—レコード月評 山野幸彦　p.56　〔12751〕

軽音楽月評—レコード月評 有坂愛彦　p.66　〔12752〕

八月のジャズ・タンゴ・歌—レコード月評 大井蛇津郎 p.72　〔12753〕

今月の映画主題歌—レコード月評 川口繁　p.78　〔12754〕

AKの軽音楽レコード放送 p.81　〔12755〕

内容細目　　　　　　　　　　　　　　　「レコード音楽」

蠟管筒　阿那かし子　p.82　〔12756〕

ビクター名盤蒐集倶楽部の創立　藤田不二
p.84　〔12757〕

「発売を熱望するレコード」〆切に就て
p.85　〔12758〕

電気蓄音機の知識（2）（通俗講話）　青木周三
p.86　〔12759〕

西洋音楽史の概要（6）第2講　絶対的単旋法時代
その5　太田太郎　p.92　〔12760〕

レコードによる日本音楽通俗講説（8）常磐津と
富本　伊庭孝　p.101　〔12761〕

批評家と膝を交へて花形歌手の打明話（座談会）
奥田良三，塩入亀輔，小林千代子，野村あら
えびす，ディック・ミネ，吉田信，藤山一郎，
藤田不二　p.105　〔12762〕

須永さんの本当の姿（「明日への音楽」を読む）
松本太郎　p.124　〔12763〕

「明日への音楽」を読みて（「明日への音楽」を
読む）藤田不二　p.125　〔12764〕

質問往来　面白誌回答　p.126　〔12765〕

レコード音楽雑報　p.131　〔12766〕

表紙の絵に就て　p.132　〔12767〕

編輯雑記　竹野生　p.132　〔12768〕

10巻9号（1936年9月発行）

J・Sバッハの第一提琴奏鳴曲に就て　津川主一
p.6　〔12769〕

軽音楽雑考（下）有坂愛彦　p.14　〔12770〕

歌劇「売られた花嫁」全曲レコード（海外盤紹
介）田中良雄　p.17　〔12771〕

シェヘラザーデ（名曲物語）藤木義輔
p.23　〔12772〕

シェーンベルク作曲「光明に満てる夜」　藤田不
二　p.27　〔12773〕

アルヘンチイナを悼む　芦原英了　p.31　〔12774〕

音楽は海のやうに　安井郁　p.35　〔12775〕

おつきさま　阿那かし子　p.40　〔12776〕

仏蘭西のレコードに依る音楽史　藤田不二
p.43　〔12777〕

仏蘭西楽界サ・エ・ラ（45）―ギャルド・レピュ
ブリケーン軍楽隊（下）T・M生
p.47　〔12778〕

海外レコードニュース　藤田不二　p.58　〔12779〕

レコード界展望　藤田不二　p.62　〔12780〕

洋楽レコード評―レコード月評　山野幸彦
p.67　〔12781〕

九月洋楽新譜特選盤　p.78　〔12782〕

ポリドールの「世界民謡集」予約頒布
p.78　〔12783〕

軽音楽月評―レコード月評　有坂愛彦
p.80　〔12784〕

九月のジャズ―レコード月評　大井蛇津郎
p.88　〔12785〕

今月の映画主題歌―レコード月評　川口繁
p.94　〔12786〕

電気蓄音機の知識（3）（通俗講話）青木周三
p.97　〔12787〕

バッハの作品とレコード（18）器楽曲（17）村田
武雄　p.101　〔12788〕

西洋音楽史の概要（7）第2講　絶対的単旋法時代
その6　太田太郎　p.107　〔12789〕

フランス作曲家への本誌記事の反響
p.119　〔12790〕

レコードによる日本音楽通俗講説（9）清元と新
内　伊庭孝　p.120　〔12791〕

「明日への音楽」読後感　桂近乎　p.127　〔12792〕

質問往来　面白誌回答　p.128　〔12793〕

レコード音楽雑報　p.133　〔12794〕

表紙の絵皿に就て　p.134　〔12795〕

編輯雑記　竹野生　p.134　〔12796〕

10巻10号（1936年10月発行）

レコード界の今昔を語る座談会　有坂愛彦，松
本荘之助，あらえびす，村田武雄，山根銀二，
藤田不二，西条卓夫，野村光一，中村善吉，
塩入亀輔　p.2　〔12797〕

シュナーベルに拠る「鱒」の五重奏曲　野村光一
p.6　〔12798〕

シューマン作曲「詩人の愛」の新盤　藤田不二
p.35　〔12799〕

仏蘭西楽界サ・エ・ラ（46）―巴里とアティゴル
スキー　T・M生　p.36　〔12800〕

ディスコフィルの感謝（随筆）藤木義輔
p.38　〔12801〕

レ・コンセイユ・ペルソネル　松本太郎
p.42　〔12802〕

楽界雑録　p.45　〔12803〕

テレフンテン・レコードに活躍する独奏者　藤
田不二　p.46　〔12804〕

キング洋楽盤の発売に就て　伏島周次郎
p.54　〔12805〕

海外レコードニュース　藤田不二　p.64　〔12806〕

レコード界展望　藤田不二　p.69　〔12807〕

洋楽レコード評―レコード月評　山野幸彦
p.73　〔12808〕

十月洋楽新譜特選盤　p.86　〔12809〕

ピアティゴルスキー独奏会曲目　p.87　〔12810〕

軽音楽月評―レコード月評　有坂愛彦
p.88　〔12811〕

十月のジャズ―レコード月評　大井蛇津郎
p.97　〔12812〕

今月の映画主題歌―レコード月評　川口繁
p.101　〔12813〕

電気蓄音機の知識（4）（通俗講話）青木周三
p.104　〔12814〕

「レコード音楽」　内容細目

バッハの作品とレコード（19）器楽曲（18）村田武雄 p.109　〔12815〕

故須永克己氏を偲ぶ会 p.117　〔12816〕

レコードによる日本音楽通俗講説（10）長唄 伊庭孝 p.118　〔12817〕

邦楽レコードに就て（読者の声）淡憂喜 p.127　〔12818〕

電気蓄音機に関する質疑回答 青木周三 p.128　〔12819〕

質問往来 村田武雄 回答，藤田不二 回答 p.130　〔12820〕

レコード音楽雑報 p.134　〔12821〕

出版部だより p.135　〔12822〕

代理部だより p.135　〔12823〕

表紙の絵皿に就て p.136　〔12824〕

編輯雑記 竹野生 p.136　〔12825〕

10巻11号（1936年11月発行）

創刊十周年を迎へて 比良正吾 巻頭　〔12826〕

回顧と希望（十周年記念特輯）あらえびす p.6　〔12827〕

創刊十周年を祝す（十周年記念特輯）牛山充 p.9　〔12828〕

私の音楽観照法 太田太郎 p.10　〔12829〕

ファンタジア・クロマティコ・エ・フーガ 菅原明朗 p.15　〔12830〕

近頃のコルトー―ショパンの協奏曲へ短調のレコードを聴き乍ら 野村光一 p.20　〔12831〕

二つの見解―レコード音楽と実演について 山根銀二 p.25　〔12832〕

レコードと日本に於ける音楽文化 津川主一 p.26　〔12833〕

レコード批評 村田武雄 p.29　〔12834〕

「レコード音楽」五年 松本太郎 p.32　〔12835〕

明治時代の楽界綺談 田辺尚雄 p.36　〔12836〕

レコード回顧 大田黒元雄 p.43　〔12837〕

思ひ出の蓄音機音楽会 岩崎雅通 p.46　〔12838〕

秋宵漫談―レコード・コンサートの思ひ出 脇順二 p.53　〔12839〕

古き記録に現れたる蓄音機関係のくさぐさ 平河一三七 p.58　〔12840〕

「ワルツ」に関する史的考証 藤井夏人 p.64　〔12841〕

ベルリオーズ・ファンタスティク 藤木義輔 p.70　〔12842〕

「チェルニイ三〇番」と「舞踊」レコード 神戸道夫 p.74　〔12843〕

演奏会案内 p.75　〔12844〕

スペイン民謡のこと 芦原英了 p.76　〔12845〕

執筆者紹介 p.81　〔12846〕

ケルンの想ひ出 隈部一雄 p.82　〔12847〕

テレフンケン・レコードに活躍する歌手達 藤田不二 p.85　〔12848〕

ピアティゴルスキー告別演奏会曲目 p.97　〔12849〕

「レコード音楽」十周年に当りて 藤田不二 p.98　〔12850〕

「レコード音楽」十年の歴史 p.100　〔12851〕

フランス楽界サ・エ・ラ（47）―ドランノアと彼の絃楽四重奏曲 T・M生 p.104　〔12852〕

海外レコードニュース 藤田不二 p.113　〔12853〕

レコード界展望 藤田不二 p.118　〔12854〕

十一月洋楽新譜特選盤 p.124　〔12855〕

洋楽レコード評―レコード月評 山野幸彦 p.126　〔12856〕

軽音楽月評―レコード月評 有坂愛彦 p.137　〔12857〕

十一月のジャズ・タンゴ・歌―レコード月評 大井蛇津郎 p.142　〔12858〕

今月の主題歌レコード―レコード月評 川口繁 p.148　〔12859〕

トスカニーニ指揮の「第七交響曲」―ビクター蒐集クラブ十二月新譜 藤田不二 p.151　〔12860〕

電気蓄音機の知識（5）（通俗講話）青木周三 p.153　〔12861〕

レコードによる日本音楽通俗講説（11）謡曲 伊庭孝 p.157　〔12862〕

新刊紹介―「レコード大辞典」 村田武雄 p.166　〔12863〕

新刊紹介―小松耕輔氏著「西洋音楽史綱要」 城山渋七 p.167　〔12864〕

第七十七回文部省推薦レコード目録 p.171　〔12865〕

十周年記念愛読者優待 p.172　〔12866〕

質問往来 青木周三 回答，山口亀之助 回答，面白誌 回答 p.174　〔12867〕

レコード音楽雑報 p.179　〔12868〕

記念号の編輯を終へて 竹野俊男 p.180　〔12869〕

10巻12号（1936年12月発行）

レコードの一年間 あらえびす p.6　〔12870〕

ブラームスの洋琴協奏曲第二番を繞つて 野村光一 p.11　〔12871〕

ワインガルトナァの「エロイカ」を聴く 村田武雄 p.16　〔12872〕

ベートーヴェンのチェロ奏鳴曲・第三―グリュムマーとケンプに拠る演奏 北小路博 p.19　〔12873〕

クリスマス・レコードの推薦 津川主一 p.24　〔12874〕

内容細目　　　「レコード音楽」

フォーレの歌曲集「ラ・ボンヌ・シャンソン」
　—ビクター蒐集クラブ一月新譜　藤田不二
　p.30　　　　　　　　　　　　　　〔12875〕

忙しいグラモフィルの言葉（随筆）伊庭孝
　p.32　　　　　　　　　　　　　　〔12876〕

雑感（随筆）徳田一穂　p.34　　　　〔12877〕

バイロイトのヴァーグナー祭吹込　藤田不二
　p.37　　　　　　　　　　　　　　〔12878〕

仏蘭西楽界サ・エ・ラ（47）—仏蘭西映画と作曲
　家　T・M生　p.42　　　　　　　〔12879〕

海外レコードニュース　藤田不二　p.52　〔12880〕

レコード界展望　藤田不二　p.57　　〔12881〕

十二月洋楽新譜特選盤　p.60　　　　〔12882〕

演奏会案内　p.60　　　　　　　　　〔12883〕

洋楽レコード評—レコード月評　山野幸彦
　p.62　　　　　　　　　　　　　　〔12884〕

軽音楽月評—レコード月評　有坂愛彦
　p.72　　　　　　　　　　　　　　〔12885〕

十二月のジャズ・タンゴ・歌—レコード月評
　大井蛇津郎　p.78　　　　　　　　〔12886〕

今月の主題歌レコード—レコード月評　川口繁
　p.82　　　　　　　　　　　　　　〔12887〕

発売を熱望するレコード—募集曲目発表
　p.86　　　　　　　　　　　　　　〔12888〕

アルバン・ベルグ（現代作曲家の横顔（その1））
　面白誌　p.90　　　　　　　　　　〔12889〕

天下の雨敬の声—珍盤聴きある記　山口亀之助
　p.92　　　　　　　　　　　　　　〔12890〕

電気蓄音機の知識（6）（通俗講話）青木周三
　p.96　　　　　　　　　　　　　　〔12891〕

バッハの作品とレコード（20）器楽曲（19）村田
　武雄　p.101　　　　　　　　　　〔12892〕

西洋音楽史の概要（8）第2講 絶対的単旋法時代
　その7　太田太郎　p.110　　　　　〔12893〕

レコードによる日本音楽通俗講説（12）新日本
　音楽　伊庭孝　p.120　　　　　　〔12894〕

新刊紹介—アンナ・マグダレナ・バッハ著・服
　部龍太郎氏訳「バッハの思ひ出」村田武雄
　p.127　　　　　　　　　　　　　〔12895〕

新刊紹介—ヴァイスマン著・太田太郎氏訳「音
　楽の神性脱化」松本太郎　p.128　〔12896〕

質問往来　青木周三 回答、面白誌 回答
　p.130　　　　　　　　　　　　　〔12897〕

ポリドールの「スキング・ジャズ曲集」予約募
　集　p.135　　　　　　　　　　　〔12898〕

レコード音楽雑報　p.135　　　　　〔12899〕

表紙の絵皿に就て　p.136　　　　　〔12900〕

編輯雑記　竹野生　p.136　　　　　〔12901〕

11巻1号（1937年1月発行）

本誌の編輯に就て　巻頭　　　　　　〔12902〕

レコード春秋—正月の巻　あらえびす
　p.6　　　　　　　　　　　　　　〔12903〕

バッハの「非教会カンタータ」に就いて　村田武
　雄　p.10　　　　　　　　　　　〔12904〕

エルマンの独奏会曲目　p.14　　　　〔12905〕

ビーチャムの指揮する古典曲の美しさ　藤田不
　二　p.15　　　　　　　　　　　〔12906〕

ムッソルグスキイ歌曲集（上）—ロオジングのレ
　コードを中心として　中根宏　p.18　〔12907〕

ムッソルグスキイの歌曲とロージングを語る—
　座談会　鯨井孝、中根宏、柴田知常、野村あら
　えびす、寺島宏、藤田不二　p.24　〔12908〕

第十巻の合本に就て　p.41　　　　　〔12909〕

チロールの秋（随筆）林龍作　p.42　〔12910〕

ある女の横顔（コント）楢崎勤　p.44　〔12911〕

アルプの音（随筆）音能隅子　p.49　〔12912〕

欧米楽界消息　p.50　　　　　　　　〔12913〕

仏蘭西楽界サ・エ・ラ（48）—1936 - 37年の
　セーゾン始まる　T・M生　p.52　〔12914〕

海外レコードニュース　藤田不二　p.59　〔12915〕

海外の新協会レコード案内　面白誌
　p.59　　　　　　　　　　　　　　〔12916〕

国内頒布案内　p.69　　　　　　　　〔12917〕

洋楽レコード評—レコード月評　野村光一
　p.73　　　　　　　　　　　　　　〔12918〕

一月各社洋楽新譜特選盤　p.84　　　〔12919〕

演奏会案内　p.84　　　　　　　　　〔12920〕

レコード音楽雑報　p.84　　　　　　〔12921〕

家庭音楽月評—レコード月評　有坂愛彦
　p.86　　　　　　　　　　　　　　〔12922〕

お正月のジャズレコード—レコード月評　大井
　蛇津郎　p.94　　　　　　　　　〔12923〕

今月の映画主題歌—レコード月評　川口繁
　p.100　　　　　　　　　　　　　〔12924〕

邦楽レコード月評—レコード月評　神戸道夫
　p.104　　　　　　　　　　　　　〔12925〕

古代作曲家の音楽—ビクター蒐集クラブ二月新
　譜　藤田不二　p.109　　　　　　〔12926〕

音盤にうたふ—世界各国の合唱団を訪ねて（1）
　伊太利の巻　津川主一　p.111　　〔12927〕

絃楽器の話（1）—通俗音楽講座 楽器の話（其1）
　塩入亀輔　p.116　　　　　　　　〔12928〕

バッハの作品とレコード（21）器楽曲（20）村田
　武雄　p.120　　　　　　　　　　〔12929〕

西洋音楽史の概要（9）第2講 絶対的単旋法時代
　その8　太田太郎　p.123　　　　〔12930〕

質問往来　青木周三、面白誌　p.132　〔12931〕

編輯雑記　竹野俊男　p.136　　　　〔12932〕

11巻2号（1937年2月発行）

レコード春秋—二月の巻　あらえびす
　p.6　　　　　　　　　　　　　　〔12933〕

ワルター指揮のブラームス第四交響曲　野村光
　一　p.10　　　　　　　　　　　〔12934〕

「レコード音楽」　　　　内容細目

独逸行進曲のレコード 有坂愛彦 p.12 〔12935〕

カール・フレッシュの新盤 有坂愛彦 p.14 〔12936〕

ベートーヴェンの三重奏曲「セレナード」を聴く 藤井夏人 p.16 〔12937〕

ロバート・フランツの話 藤田不二 p.19 〔12938〕

ムゥソルグスキイ歌曲集（下）―ロオジングのレコードを中心として 中根宏 p.23 〔12939〕

楽の音に聴き入る時（随筆） 音能隅子 p.30 〔12940〕

仏蘭西楽界サ・エ・ラ（49）―シュミットの五重奏曲と巴里器楽五重奏団 Т・М生 p.32 〔12941〕

レコード芸術家の動静 p.40 〔12942〕

海外レコードニュース 藤田不二 p.43 〔12943〕

国内頒布会案内 面白誌 p.53 〔12944〕

ビクター家庭音楽名盤集第二輯の頒布 p.56 〔12945〕

二月各社洋楽新譜特選盤 p.57 〔12946〕

演奏会案内 p.57 〔12947〕

二月のジャズレコード―レコード月評 大井蛇津郎 p.60 〔12948〕

今月の映画主題歌―レコード月評 川口繁 p.65 〔12949〕

レコード音楽雑報 p.68 〔12950〕

洋楽レコード評―レコード月評 野村光一 p.69 〔12951〕

家庭音楽月評―レコード月評 有坂愛彦 p.80 〔12952〕

二月の児童レコード―レコード月評 柴田知常 p.87 〔12953〕

邦楽レコード月評―レコード月評 神戸道夫 p.91 〔12954〕

ヴァーグナー曲集―ビクター蒐集クラブ三月新譜 藤田不二 p.93 〔12955〕

世界各国の合唱団を尋ねて（2）仏蘭西の巻 津川主一 p.96 〔12956〕

絃楽器の話（2）絃楽器の発達―通俗音楽講座 楽器の話（其2） 塩入亀輔 p.100 〔12957〕

電気蓄音機の知識（7） 青木周三 p.105 〔12958〕

バッハのクラヴィア曲に就て―バッハのピアノ曲とそのレコード（1） 村田武雄 p.109 〔12959〕

西洋音楽史の概要（10）第2講 絶対的単旋法時代 その9 太田太郎 p.113 〔12960〕

質問往来 青木周三，面白誌 p.127 〔12961〕

新刊紹介―森本覚丹氏著「リストの生涯」 村田武雄 p.130 〔12962〕

新刊紹介―「昭和十二年音楽年鑑」 城山生 p.131 〔12963〕

編輯雑記 竹野俊男 p.132 〔12964〕

11巻3号（1937年3月発行）

レコード春秋 あらえびす p.6 〔12965〕

ワルター指揮の「未完成」（三つの「未完成交響曲」新盤試聴記） 野村光一 p.10 〔12966〕

クライバー指揮の「未完成」（三つの「未完成交響曲」新盤試聴記） あらえびす p.13 〔12967〕

クーセヴィツキーの「未完成」（三つの「未完成交響曲」新盤試聴記） 村田武雄 p.15 〔12968〕

「ワーグナー名曲集」への感想 山根銀二 p.17 〔12969〕

ウォルトンの交響曲 服部正 p.20 〔12970〕

ギターへの断章―カステルヌオヴォ・テデスコのソナタとセコヴィアの新レコードに就いて 沢口忠左衛門 p.23 〔12971〕

仏蘭西楽界サ・エ・ラ（50）―モーリス・ヂョベールの「譚詩曲」とヂャック・イベールの所謂「サロン用舞踏音楽」 Т・М生 p.25 〔12972〕

レコード芸術家の動静 p.34 〔12973〕

新刊紹介―「オークラウロ教則本」「ポケット社交ダンス」 城山生 p.37 〔12974〕

ミーチャ・ニキシュのこと 面白誌 p.38 〔12975〕

海外レコードニュース 藤田不二 p.39 〔12976〕

レコード界展望 藤田不二 p.47 〔12977〕

ファウストの劫罰―ビクター蒐集クラブ四月新譜 藤田不二 p.52 〔12978〕

国内頒布会案内 面白誌 p.55 〔12979〕

ポリドール鑑賞会第三回会員募集 p.58 〔12980〕

三月各社洋楽新譜特選盤 p.59 〔12981〕

演奏会案内 p.59 〔12982〕

三月のジャズレコード―レコード月評 大井蛇津郎 p.62 〔12983〕

伊庭孝氏逝去 p.67 〔12984〕

邦楽レコード月評―レコード月評 神戸道夫 p.68 〔12985〕

阿南ポリドール社長の逝去 p.70 〔12986〕

洋楽レコード評―レコード月評 野村光一 p.71 〔12987〕

家庭音楽月評―レコード月評 有坂愛彦 p.83 〔12988〕

三月の児童レコード―レコード月評 柴田知常 p.91 〔12989〕

電気蓄音機の知識（8） 青木周三 p.95 〔12990〕

映画「ジプシイ男爵」物語 藤井夏人 p.100 〔12991〕

世界各国の合唱団を尋ねて（3）露西亜の巻 津川主一 p.104 〔12992〕

内容細目　　　　　　　　　　　　　　　「レコード音楽」

バッハの洋琴用「パルティータ」6曲―バッハ
のピアノ曲とそのレコード（2）村田武雄
p.108　　　　　　　　　　　　　　　〔12993〕

西洋音楽史の概要（11）第2講 絶対的単旋法時代
その10 太田太郎 p.114　　　　　　〔12994〕

質問往来 面白誌 p.122　　　　　　〔12995〕

編輯雑記 竹野俊男 p.126　　　　　〔12996〕

11巻4号（1937年4月発行）

レコード春秋 あらえびす p.6　　　〔12997〕

ブラームスの第一交響曲新盤 有坂愛彦
p.10　　　　　　　　　　　　　　　〔12998〕

ワインガルトナーのベートーヴェン「第八シム
フォニイ」村田武雄 p.12　　　　〔12999〕

ベルリオーズの「ファウストの劫罰」のレコー
ド 野村光一 p.14　　　　　　　　〔13000〕

「フォーストの劫罰」―「ファウスト」の三大歌
劇（其1）（レコード紹介）田中良雄
p.16　　　　　　　　　　　　　　　〔13001〕

仏蘭西楽界サ・エ・ラ（51）―ベルリオーズの
「フォーストの劫罰」を語る T・M生
p.23　　　　　　　　　　　　　　　〔13002〕

レコード芸術家の動静 p.32　　　　〔13003〕

太田太郎氏夫妻渡欧 p.35　　　　　〔13004〕

伊庭孝氏逝去（伊庭孝氏の逝去を悼む）
p.36　　　　　　　　　　　　　　　〔13005〕

先覚者伊庭孝氏の死を悼む（伊庭孝氏の逝去を
悼む）太田太郎 p.37　　　　　　〔13006〕

伊庭さんの逝去を悼む（伊庭孝氏の逝去を悼む）
大塚正則 p.38　　　　　　　　　　〔13007〕

レコード界展望 藤田不二 p.39　　〔13008〕

海外レコードニュース 藤田不二 p.43　〔13009〕

消息 p.52　　　　　　　　　　　　〔13010〕

フランスのホットヂャズディスク大賞 T・M生
p.53　　　　　　　　　　　　　　　〔13011〕

ビクター名盤蒐集クラブ五月新譜
p.54　　　　　　　　　　　　　　　〔13012〕

国内頒布会案内 面白誌 p.55　　　〔13013〕

四月各社洋楽新譜特選盤 p.58　　　〔13014〕

文部省優良レコード賞受賞決定 p.58　〔13015〕

エルマンのさよなら演奏会 p.59　　〔13016〕

四月のジャズレコード―レコード月評 大井蛇
津郎 p.61　　　　　　　　　　　　〔13017〕

今月の映画主題歌―レコード月評 川口繁
p.68　　　　　　　　　　　　　　　〔13018〕

洋楽レコード評―レコード月評 野村光一
p.71　　　　　　　　　　　　　　　〔13019〕

家庭音楽月評―レコード月評 有坂愛彦
p.82　　　　　　　　　　　　　　　〔13020〕

四月の児童レコード―レコード月評 柴田知常
p.90　　　　　　　　　　　　　　　〔13021〕

四月の流行歌―レコード月評 神戸道夫
p.94　　　　　　　　　　　　　　　〔13022〕

伊庭先生を悼む（伊庭孝氏の逝去を悼む）永田
絃次郎 p.96　　　　　　　　　　　〔13023〕

電気蓄音機の知識（9）青木周三 p.97　〔13024〕

世界各国の合唱団を尋ねて（4）独逸の巻 津川主
一 p.101　　　　　　　　　　　　　〔13025〕

バッハの「英吉利組曲」六曲―バッハのピアノ
曲とそのレコード（3）村田武雄
p.107　　　　　　　　　　　　　　　〔13026〕

或る殺人未遂者の話（コント）西尾正
p.114　　　　　　　　　　　　　　　〔13027〕

質問往来 青木周三，編輯部 p.122　〔13028〕

編輯雑記 竹野俊男 p.126　　　　　〔13029〕

11巻5号（1937年5月発行）

レコード春秋 あらえびす p.6　　　〔13030〕

二つの「第八交響曲」新盤 野村光一
p.10　　　　　　　　　　　　　　　〔13031〕

クライスラァのブラームス「提琴協奏曲」新盤
村田武雄 p.13　　　　　　　　　　〔13032〕

縮小歌劇「ルゥィズ」大田黒元雄
p.16　　　　　　　　　　　　　　　〔13033〕

ドヴォルザークのチェロ協奏曲 有坂愛彦
p.19　　　　　　　　　　　　　　　〔13034〕

カサド独奏のドヴォルザークのチェロ協奏曲
藤田不二 p.22　　　　　　　　　　〔13035〕

第八交響曲 ベルリオーズ，菅原明朗 訳
p.25　　　　　　　　　　　　　　　〔13036〕

動くベエトオヴェン（随筆）安井郁
p.28　　　　　　　　　　　　　　　〔13037〕

巴里より帰りて（随筆）宅孝二 p.32　〔13038〕

レコード芸術家の消息 p.35　　　　〔13039〕

仏蘭西楽界サ・エ・ラ（52）―巴里のバッハ協会
T・M生 p.38　　　　　　　　　　〔13040〕

「サ・エ・ラ」五十回記念の会 p.46　〔13041〕

海外レコードニュース 藤田不二 p.47　〔13042〕

レコード界展望 藤田不二 p.52　　〔13043〕

国内頒布会案内 面白誌 p.55　　　〔13044〕

五月各社洋楽新譜特選盤 p.58　　　〔13045〕

レコード音楽雑報 p.58　　　　　　〔13046〕

太田太郎氏夫妻出発 p.59　　　　　〔13047〕

五月のジャズレコード―レコード月評 大井蛇
津郎 p.61　　　　　　　　　　　　〔13048〕

洋楽レコード評―レコード月評 野村光一
p.71　　　　　　　　　　　　　　　〔13049〕

家庭音楽月評―レコード月評 有坂愛彦
p.85　　　　　　　　　　　　　　　〔13050〕

五月の児童レコード―レコード月評 柴田知常
p.94　　　　　　　　　　　　　　　〔13051〕

「日本童謡全集」の予約募集 p.98　〔13052〕

五月の流行歌―レコード月評 神戸道夫
p.99　　　　　　　　　　　　　　　〔13053〕

ワインガルトナーの来朝 p.101　　〔13054〕

「レコード音楽」　　　　　　　　内容細目

今月の映画主題歌―レコード月評　川口繁
p.102　　　　　　　　　　　　〔13055〕
ビクター名盤蒐集クラブ六月新譜
p.105　　　　　　　　　　　　〔13056〕
世界各国の合唱団を尋ねて（5）墺太利の巻　津川
主一　p.108　　　　　　　　　〔13057〕
太田太郎氏の旅信　p.110　　　　〔13058〕
絃楽器の話（3）絃楽器とその音楽―通俗音楽講
座　楽器の話（其3）　塩入亀輔　p.111　〔13059〕
バッハの「仏蘭西組曲」六曲―バッハのピアノ
曲とそのレコード（4）　村田武雄
p.116　　　　　　　　　　　　〔13060〕
質問往来　面白誌　回答　p.123　　〔13061〕
編輯雑記　竹野俊男　p.126　　　〔13062〕

11巻6号（1937年6月発行）
レコード春秋　あらえびす　p.6　　〔13063〕
ヴァーグナー祭紀年レコード　野村光一
p.11　　　　　　　　　　　　〔13064〕
バッハの「フーガの技法」を聴く　山根銀二
p.14　　　　　　　　　　　　〔13065〕
バッハ協会「第四輯」を称ふ　村田武雄
p.17　　　　　　　　　　　　〔13066〕
ピアノ四台の協奏曲　有坂愛彦　p.20　〔13067〕
チャイコフスキーの悲愴交響曲　服部正
p.22　　　　　　　　　　　　〔13068〕
グノオの「フォースト」――「ファウスト」の
三大歌劇（其2）（レコード紹介）　田中良雄
p.25　　　　　　　　　　　　〔13069〕
初つ夏の便り　勢伊奴麻呂　p.33　　〔13070〕
ティノ・ロッシを語る　芦原英了　p.38　〔13071〕
仏蘭西楽界サ・エ・ラ（53）―シャルパンティエ
の歌劇「ルイーズ」を語る　Ｔ・Ｍ生
p.40　　　　　　　　　　　　〔13072〕
太田太郎氏の旅信（2）　p.49　　　〔13073〕
レコード芸術家の動静　p.50　　　〔13074〕
海外レコードニュース　藤田不二　p.55　〔13075〕
ワインガルトナーの来朝　p.62　　〔13076〕
レコード界展望　藤田不二　p.63　　〔13077〕
国内頒布会案内　面白誌　p.68　　〔13078〕
六月各社洋楽新譜特選盤　p.70　　〔13079〕
レコード音楽雑報　p.70　　　　〔13080〕
演奏会案内　p.71　　　　　　　〔13081〕
六月のジャズレコード―レコード月評　大井蛇
津郎　p.73　　　　　　　　　〔13082〕
ベートーヴェン協会第十巻予約募集
p.78　　　　　　　　　　　　〔13083〕
洋楽レコード評―レコード月評　野村光一
p.79　　　　　　　　　　　　〔13084〕
家庭音楽月評―レコード月評　有坂愛彦
p.93　　　　　　　　　　　　〔13085〕

六月の児童レコード―レコード月評　柴田知常
p.101　　　　　　　　　　　　〔13086〕
六月の流行歌―レコード月評　森満二郎
p.105　　　　　　　　　　　　〔13087〕
今月の映画主題歌―レコード月評　川口繁
p.108　　　　　　　　　　　　〔13088〕
ビクター名盤蒐集クラブ七月新譜
p.112　　　　　　　　　　　　〔13089〕
電気蓄音機の知識（10）　青木周三
p.114　　　　　　　　　　　　〔13090〕
世界各国の合唱団を尋ねて（6）英吉利の巻　津川
主一　p.119　　　　　　　　　〔13091〕
新刊紹介―伊庭孝氏遺著「雨安居荘雑筆」
p.123　　　　　　　　　　　　〔13092〕
編輯雑記　竹野俊男　p.126　　　〔13093〕
質問往来　p.50、111、124　　　〔13094〕

11巻7号（1937年7月発行）
レコード春秋　あらえびす　p.6　　〔13095〕
「悲愴交響曲」の二レコード　野村光一
p.10　　　　　　　　　　　　〔13096〕
「死と少女」四重奏曲の新盤　有坂愛彦
p.12　　　　　　　　　　　　〔13097〕
エルトマン演奏の「第三協奏曲」　藤田不二
p.14　　　　　　　　　　　　〔13098〕
ボイートの「メフィストフェーレ」―「ファウ
スト」の三大歌劇（其3）（レコード紹介）　田
中良雄　p.18　　　　　　　　　〔13099〕
コルトーと語る　橋本国彦　p.26　　〔13100〕
MOZARTの光　ボッショ，吉川淡水　訳
p.29　　　　　　　　　　　　〔13101〕
レコード芸術家の動静　p.34　　　〔13102〕
太田太郎氏欧洲旅信（3）　p.35　　〔13103〕
仏蘭西楽界サ・エ・ラ（54）―巴里交響楽団に於
ける仏蘭西指揮者　Ｔ・Ｍ生　p.36　〔13104〕
海外レコードニュース　藤田不二　p.46　〔13105〕
レコード音楽雑報　p.52　　　　〔13106〕
レコード界展望　藤田不二　p.53　　〔13107〕
国内頒布会案内　面白誌　p.55　　〔13108〕
ビクター名盤蒐集クラブ八月新譜
p.58　　　　　　　　　　　　〔13109〕
七月各社洋楽新譜特選盤　p.60　　〔13110〕
五円から十五円で今月の新譜から何を買ふか？
p.60　　　　　　　　　　　　〔13111〕
七月のジャズレコード―レコード月評　大井蛇
津郎　p.63　　　　　　　　　〔13112〕
モイーズの来朝確定　p.68　　　〔13113〕
洋楽レコード評―レコード月評　野村光一
p.69　　　　　　　　　　　　〔13114〕
家庭音楽月評―レコード月評　有坂愛彦
p.80　　　　　　　　　　　　〔13115〕
演奏会案内　p.91　　　　　　　〔13116〕

内容細目　　　　　　　　　　　　「レコード音楽」

七月の児童レコード—レコード月評　柴田知常
　　p.92　　　　　　　　　　　　　　〔13117〕
七月の流行歌—レコード月評　森満二郎
　　p.96　　　　　　　　　　　　　　〔13118〕
東海林太郎傑作集予約募集　p.98　　　〔13119〕
今月の映画主題歌—レコード月評　川口繁
　　p.99　　　　　　　　　　　　　　〔13120〕
ボストンポップスとフィードラー—レコードに
　　活躍する人々（其1）藤田不二
　　p.103　　　　　　　　　　　　　　〔13121〕
電気蓄音機の知識（11）青木周三
　　p.105　　　　　　　　　　　　　　〔13122〕
世界各国の合唱団を尋ねて（7）アメリカの巻　津
　　川主一　p.110　　　　　　　　　　〔13123〕
聖楽レコードの頒布会生る　p.112　　〔13124〕
質問往来　青木周三 回答，面白誌 回答
　　p.114　　　　　　　　　　　　　　〔13125〕
新刊紹介　p.118　　　　　　　　　　〔13126〕
日本アルプ協会ディスク演奏会　p.119　〔13127〕
編輯雑記　竹野俊男　p.120　　　　　〔13128〕

11巻8号（1937年8月発行）

レナア再吹込のベートーヴェンの最後の四重奏
　　曲（作品135）村田武雄　p.6　　　〔13129〕
華やかなカルメン組曲　服部正　p.11　〔13130〕
セレナアド（質問に答へて—鑑賞入門講座）大
　　田黒元雄　p.13　　　　　　　　　　〔13131〕
洋楽レコード—入門者への言葉（質問に答へて
　　—鑑賞入門講座）堀内敬三　p.15　〔13132〕
幼児に与へる音楽（質問に答へて—鑑賞入門講
　　座）柴田知常　p.18　　　　　　　　〔13133〕
MOZARTの光（承前）ボッショ，吉川淡水 訳
　　p.19　　　　　　　　　　　　　　〔13134〕
指揮棒を持って生れたオルマンディー—レコード
　　に活躍する人々（其2）藤田不二
　　p.24　　　　　　　　　　　　　　〔13135〕
ティノ・ロッシとの昼餐　オデット・パンヌ
　　ティエ，T・M生 訳　p.26　　　　〔13136〕
珍盤記（1）p.31　　　　　　　　　　〔13137〕
仏蘭西楽界サ・エ・ラ（55）—巴里交響楽演奏会
　　に於ける作曲者の指揮　T・M生
　　p.32　　　　　　　　　　　　　　〔13138〕
海外レコードニュース　藤田不二　p.39　〔13139〕
レコード界展望　藤田不二　p.44　　〔13140〕
話の種　面白誌 編　p.47　　　　　　〔13141〕
国内頒布会案内　面白誌　p.48　　　〔13142〕
八月各社洋楽新譜特選盤　p.51　　　〔13143〕
ファンのメモ—レコードの反りを直す法
　　p.51　　　　　　　　　　　　　　〔13144〕
新製品紹介　p.52　　　　　　　　　〔13145〕
洋楽レコード評　野村光一　p.54　　〔13146〕
家庭音楽月評　有坂愛彦　p.68　　　〔13147〕

八月児童レコード　柴田知常　p.74　〔13148〕
八月の流行歌　森満二郎　p.78　　　〔13149〕
レコード音楽雑報　p.80　　　　　　〔13150〕
八月のジャズレコード　大井蛇津郎
　　p.81　　　　　　　　　　　　　　〔13151〕
今月の映画主題歌　川口繁　p.88　　〔13152〕
無料奉仕部の開設　p.90　　　　　　〔13153〕
三円から十五円で今月は何を買ふか？
　　p.91　　　　　　　　　　　　　　〔13154〕
質問往来　青木周三 回答，面白誌 回答
　　p.92　　　　　　　　　　　　　　〔13155〕
編輯雑記　竹野俊男　p.98　　　　　〔13156〕
洋楽鑑賞第一課に寄す（特別附録—洋楽鑑賞第
　　一課—「森の鍛冶屋」よりハイドンの「おも
　　ちゃの交響曲」まで）菅原明朗
　　附録2　　　　　　　　　　　　　〔13157〕
描写音楽の話—ビクター「描写音楽・アルバム」
　　より 附録3～40　　　　　　　　〔13158〕

11巻9号（1937年9月発行）

レコード春秋　あらえびす　p.6　　〔13159〕
クーレンカンプの演じたメンデルスゾーンの提
　　琴協奏曲　野村光一　p.10　　　　〔13160〕
シゲッティの得意なヘンデルの「第四ソナタ」
　　を聴く　村田武雄　p.12　　　　　〔13161〕
秘曲集を推薦する詞　あらえびす　p.13　〔13162〕
おもちゃの交響楽—附録楽譜に因みて　菅原明
　　朗　p.14　　　　　　　　　　　　〔13163〕
世界音楽名盤集第二輯に就て（コロムビア）牛
　　山充　p.18　　　　　　　　　　　〔13164〕
ビクター—名演奏家秘曲集を続る座談会　青木
　　謙幸，野村あらえびす，馬場二郎，西条卓夫，
　　藤田不二　p.24　　　　　　　　　〔13165〕
代表的な仏蘭西シャンソンのレコオド　芦原英
　　了　p.39　　　　　　　　　　　　〔13166〕
新奇なしなじなのデビュー—「デュオ=トラッ
　　ク」「テフィコード」「マスターグラム」山口
　　亀之助　p.42　　　　　　　　　　〔13167〕
仏蘭西楽界サ・エ・ラ（56）—蓄音機商ボワッ
　　ト・ア・ミュジック　T・M生　p.46　〔13168〕
海外レコードニュース　藤田不二　p.54　〔13169〕
消息　p.63　　　　　　　　　　　　〔13170〕
奉仕部より　p.63　　　　　　　　　〔13171〕
レコード界展望　藤田不二　p.64　　〔13172〕
国内頒布会案内　面白誌　p.68　　　〔13173〕
珍盤記（2）p.71　　　　　　　　　　〔13174〕
九月新譜洋楽特選盤　p.72　　　　　〔13175〕
ファンのメモ—特別税とレコード，蓄音器の値
　　上げ　p.72　　　　　　　　　　　〔13176〕
九月のジャズレコード　大井蛇津郎
　　p.75　　　　　　　　　　　　　　〔13177〕
今月の映画主題歌　川口繁　p.82　　〔13178〕

〔13117～13178〕　　　　　戦前期　レコード音楽雑誌記事索引　243

「レコード音楽」　　　内容細目

洋楽レコード評 野村光一 p.87　　〔13179〕
家庭音楽月評 有坂愛彦 p.103　　〔13180〕
九月の児童レコード 柴田知常 p.111　〔13181〕
三円から十五円で今月は何を買ふか？
　p.115　　〔13182〕
九月の流行歌 森満二郎 p.116　　〔13183〕
管楽器の話（1）平林勇 p.119　　〔13184〕
鑑賞的なレコードコンサート・プログラム1 ド
　イツ古典派 津川主一 編 p.125　　〔13185〕
質問往来 青木周三 回答，面白誌 回答
　p.130　　〔13186〕
編輯雑記 竹野俊男 p.134　　〔13187〕
ハイドン作曲「おもちゃの交響曲」（楽譜）
　附録1　　〔13188〕

11巻10号（1937年10月発行）

レコード春秋 あらえびす p.6　　〔13189〕
メンゲルベルクとベートーヴェンの「第五」呉
　四郎 p.10　　〔13190〕
「鱒」五重奏曲の新盤 有坂愛彦 p.12　〔13191〕
バッハの新盤二曲 村田武雄 p.14　〔13192〕
カサドゥスの編曲したヘンデルの「ヴィオラ協
　奏曲」を聴く 薬科雅美 p.18　　〔13193〕
名演奏家秘曲集に就いて 中村善吉
　p.20　　〔13194〕
秘曲集に収められた演奏家達 藤田不二
　p.22　　〔13195〕
セヴィラの理髪師〈全三幕〉―歌劇レコード紹介
　中山良雄 p.26　　〔13196〕
レコオドと音楽（随筆）村松正俊
　p.32　　〔13197〕
MOZARTの光（第2章）ボッショ，吉川淡水 訳
　p.36　　〔13198〕
ベートーヴェン作品レコードは何を選ぶ？（座
　談会（上））青木謙幸，野村光一，あらえび
　す，藤田不二，有坂愛彦，村田武雄
　p.41　　〔13199〕
妾（わたし）の生活から（上）ダミア，T・M 訳
　p.52　　〔13200〕
仏蘭西楽界サ・エ・ラ（57）―ギャブリエル・ピ
　エルネ逝く T・M生 p.58　　〔13201〕
海外レコードニュース 藤田不二 p.67 〔13202〕
国内頒布会案内 面白誌 p.75　　〔13203〕
レコード界展望 藤田不二 p.77　　〔13204〕
クーレンカムプ―レコードに活躍する人々（其
　3）藤田不二 p.81　　〔13205〕
十月新譜洋楽特選盤 p.83　　〔13206〕
ファンのメモ―レコードの消毒法 あらえびす
　談 p.83　　〔13207〕
演奏会案内 p.85　　〔13208〕
十月のジャズレコード 大井蛇津郎
　p.86　　〔13209〕

三円から十五円で今月は何を買ふか？
　p.92　　〔13210〕
洋楽レコード評 野村光一 p.93　　〔13211〕
珍誌記（3）p.106　　〔13212〕
家庭音楽月評 有坂愛彦 p.107　　〔13213〕
メンゲルベルクの「第六」来る p.113 〔13214〕
十月の児童レコード 柴田知常 p.114 〔13215〕
十月の流行歌 森満二郎 p.118　　〔13216〕
今月の主題歌レコード 川口繁 p.121 〔13217〕
管楽器の話（2）―吹奏楽 ほか 平林勇
　p.124　　〔13218〕
鑑賞的なレコードコンサート・プログラム2 ド
　イツ浪漫派 津川主一 編 p.132　　〔13219〕
質問往来 青木周三 回答，編輯部 回答
　p.137　　〔13220〕
編輯雑記 竹野俊男 p.140　　〔13221〕

11巻11号（1937年11月発行）

レコード春秋 あらえびす p.6　　〔13222〕
ルービンシュタイン演奏のショパンの「ノク
　ターン集」野村光一 p.10　　〔13223〕
ペトリのレコード二つ 村田武雄 p.14 〔13224〕
ざつぽう p.17　　〔13225〕
ベートーヴェンのヴァイオリン奏鳴曲第十番
　松岡清堯 p.18　　〔13226〕
バッハの「ロ短調弥撒曲」の内容―シュピッタ
　に依る 津川主一 p.20　　〔13227〕
バッハ「大弥撒」の全曲レコード 村田武雄
　p.28　　〔13228〕
バッハ「ロ短調ミサ曲」の歌詞 津川主一 訳
　p.36　　〔13229〕
手紙（其二）（随筆）勢伊奴麻呂 p.38 〔13230〕
ポール・デュカのピアノ曲 イヴォンヌ・ル
　フェビュール，T・M 訳 p.42　　〔13231〕
MOZARTの光（第2章・承前2）ボッショ，吉
　川淡水 訳 p.48　　〔13232〕
仏蘭西楽界サ・エ・ラ（58）―アルベール・ルッ
　セル逝く T・M生 p.53　　〔13233〕
海外レコードニュース 藤田不二 p.63 〔13234〕
レコード界展望 藤田不二 p.70　　〔13235〕
珍盤記 p.74　　〔13236〕
国内頒布会案内 面白誌 p.75　　〔13237〕
十一月新譜洋楽特選盤 p.77　　〔13238〕
ファンのメモ―レコードを遠方に送るには あ
　らえびす 談 p.77　　〔13239〕
演奏会だより p.79　　〔13240〕
十一月のジャズレコード 大井蛇津郎
　p.80　　〔13241〕
消息 p.86　　〔13242〕
今月の主題歌レコード 川口繁 p.87　〔13243〕

内容細目　　　　　　　　　　　　　　　「レコード音楽」

三円から十五円で今月は何を買ふか？
p.90　　　　　　　　　　　　　　　〔13244〕

洋楽レコード評　野村光一　p.91　　〔13245〕

ドニツエッティと「ドン・パスクヮーレ」―歌
劇レコード紹介（承前）田中良雄
p.104　　　　　　　　　　　　　　〔13246〕

十一月の児童レコード　柴田知常
p.112　　　　　　　　　　　　　　〔13247〕

十一月の流行歌　森満二郎　p.116　〔13248〕

ベートーヴェン作品レコードは何を選ぶ？（座
談会（下））青木謙幸，野村光一，あらえび
す，藤田不二，有坂愛彦，村田武雄
p.118　　　　　　　　　　　　　　〔13249〕

妾の生活から（中）ダミア，T・M 訳
p.128　　　　　　　　　　　　　　〔13250〕

管楽器の話（3）―木管楽器　平林勇
p.132　　　　　　　　　　　　　　〔13251〕

電気蓄音機の知識（12）青木周三
p.139　　　　　　　　　　　　　　〔13252〕

編輯雑記　竹野俊男　p.146　　　　〔13253〕

質問往来　p.111、144　　　　　　〔13254〕

11巻12号（1937年12月発行）

レコード春秋　あらえびす　p.6　　〔13255〕

ロココ時代の理想的な音画―バッハの四つの組
曲を聴いて　村田武雄　p.10　　　〔13256〕

チャイコフスキーの胡桃割り人形の新盤　服部
正　p.17　　　　　　　　　　　　〔13257〕

新年号予告　p.19　　　　　　　　〔13258〕

モーツァルトの交響曲ニ長調（K504）水野忠恂
p.20　　　　　　　　　　　　　　〔13259〕

ペトリの弾いた「月光奏鳴曲」の新盤　松岡清尭
p.22　　　　　　　　　　　　　　〔13260〕

「ワルツ・アルバム」（ビクター）に就て　芦原英
了　p.24　　　　　　　　　　　　〔13261〕

メンゲルベルグと僕―随筆風に　津川主一
p.27　　　　　　　　　　　　　　〔13262〕

レコード音楽雑報　p.31　　　　　〔13263〕

コンツェルトゲボウの印象　橋本国彦
p.32　　　　　　　　　　　　　　〔13264〕

MOZARTの光（第2章・承前3）ボッショ，吉
川淡水 訳　p.35　　　　　　　　　〔13265〕

ポール・ロブスンの印象　エセル・マニン，川口
繁 訳　p.40　　　　　　　　　　　〔13266〕

仏蘭西楽界サ・エ・ラ（59）―仏蘭西人の批評と
日本人の批評　T・M生　p.43　　〔13267〕

海外レコードニュース　藤田不二　p.51　〔13268〕

国内頒布会案内　面白誌　p.60　　〔13269〕

レコード界展望　藤田不二　p.65　〔13270〕

珍盤記　p.70　　　　　　　　　　〔13271〕

十二月新譜洋楽特選盤　p.71　　　〔13272〕

三円から十五円で今月は何を買ふか？
p.71　　　　　　　　　　　　　　〔13273〕

演奏会案内　p.73　　　　　　　　〔13274〕

十二月のジャズレコード　大井蛇津郎
p.74　　　　　　　　　　　　　　〔13275〕

洋楽レコード評　野村光一　p.81　〔13276〕

家庭音楽月評　有坂愛彦　p.96　　〔13277〕

十二月の児童レコード　柴田知常
p.104　　　　　　　　　　　　　　〔13278〕

十二月の流行歌　森満二郎　p.108　〔13279〕

一九三七年のレコード界を顧る（ハガキ回答）
諸家　p.111　　　　　　　　　　　〔13280〕

科学者と音楽―フランス音楽を語る石本巳四雄
博士　城山渋七 記　p.116　　　　〔13281〕

ミレイユを語る　芦原英了　p.122　〔13282〕

妾の生活から（下）ダミア，T・M 訳
p.127　　　　　　　　　　　　　　〔13283〕

管楽器の話（4）―金管楽器　平林勇
p.131　　　　　　　　　　　　　　〔13284〕

新刊紹介―三省堂「レコード音楽全集」面白誌
p.138　　　　　　　　　　　　　　〔13285〕

質問往来　p.139　　　　　　　　　〔13286〕

編輯雑記　竹野俊男　p.144　　　　〔13287〕

12巻1号（1938年1月発行）

レコード春秋　あらえびす　p.6　　〔13288〕

バッハとオルガン楽とシュワイツァー（試聴記）
津川主一　p.11　　　　　　　　　〔13289〕

プラーグ交響曲とワルター（試聴記）野村光一
p.16　　　　　　　　　　　　　　〔13290〕

クーレンカンプ演奏のベートーヴェン提琴協奏
曲（試聴記）有坂愛彦　p.20　　　〔13291〕

シューベルトの「白鳥の歌」（試聴記）薬科雅美
p.22　　　　　　　　　　　　　　〔13292〕

ベートーヴェン「ピアノ協奏曲ハ長調」作品15
（試聴記）水野忠恂　p.24　　　　〔13293〕

クルックスの歌ふフォスター民謡集（試聴記）
青木正　p.26　　　　　　　　　　〔13294〕

ローマの松　菅原明朗　p.29　　　〔13295〕

MOZARTの光（第2章・完）ボッショ，吉川淡
水 訳　p.32　　　　　　　　　　　〔13296〕

パステルナークのことなど（随筆）中島健蔵
p.37　　　　　　　　　　　　　　〔13297〕

二人の愛人　ヴァンサン・スコット，T・M 訳
p.40　　　　　　　　　　　　　　〔13298〕

仏蘭西楽界サ・エ・ラ（60）―ヂャン・フラン
セーと彼のピアノ協奏曲　T・M生
p.47　　　　　　　　　　　　　　〔13299〕

海外レコード界の動き　藤田不二　p.56　〔13300〕

外国のレコード界の動き　藤田不二
p.56　　　　　　　　　　　　　　〔13301〕

海外レコードニュース　藤田不二　p.60　〔13302〕

頒布会案内　面白誌　p.67　　　　〔13303〕

一月の推薦盤　p.70　　　　　　　〔13304〕

「レコード音楽」　　　　　　　　内容細目

正月の買ひもの p.71　　　　　　〔13305〕

レコード音楽のメッカ—あらえびす氏の新著を称ふ（新刊紹介）村田武雄 p.72　　〔13306〕

一月のジャズレコード—月評欄 大井蛇津郎 p.74　　　　　　　　　　　　〔13307〕

洋楽レコード評—月評欄 野村光一，有坂愛彦 p.83　　　　　　　　　　　〔13308〕

涙ながしき（随筆）音能隅子 p.97　〔13309〕

日本アルプ協会第二回演奏会 p.98　〔13310〕

正月の流行歌—月評欄 森満二郎 p.99　〔13311〕

オーケストラの少女—正月の音楽映画 川口繁 p.102　　　　　　　　　　〔13312〕

ザウアー若返る—ウィーン楽界の印象（1）属啓成 p.106　　　　　　　　　〔13313〕

属澄江女史ピアノ独奏会曲目 p.109　〔13314〕

ドビュッシーの伴奏したガーデンのレコード 藤田不二 p.110　　　　　　　〔13315〕

電気蓄音機の知識（13）青木周三 p.112　　　　　　　　　　　　〔13316〕

管楽器の話（5）—管絃楽に於ける特殊管楽器 平林勇 p.117　　　　　　　〔13317〕

無駄のないレコード蒐集（1）ヴァイオリン（上）あらえびす p.122　　　　　〔13318〕

長調と短調との区別—質問に答へて 柴田知常 p.127　　　　　　　　　〔13319〕

質問往来 p.128　　　　　　　　　〔13320〕

名盤百選（附録）あらえびす，有坂愛彦，野村光一，藤田不二，村田武雄 p.133　〔13321〕

昭和十二年度レコード音楽総目次 巻末　　　　　　　　　　　　〔13322〕

12巻2号（1938年2月発行）

レコード春秋 あらえびす p.6　　　〔13323〕

単純美—ハイドン協会のレコード（試聴記）村田武雄 p.10　　　　　　　〔13324〕

ギーゼキングの弾いたモーツァルト「奏鳴曲変ロ長調」K570（試聴記）松岡清堯 p.18　　　　　　　　　　　　〔13325〕

ブルックナーの交響曲第四番（試聴記）藤田不二 p.21　　　　　　　　〔13326〕

ベートーヴェン「提琴協奏曲」のレコード手記—クーレンカムプの新盤を加へて（クーレンカムプの「ベートーヴェン協奏曲」新盤を続りて）村田武雄 p.24　　〔13327〕

クーレンカムプのベートーヴェン（クーレンカムプの「ベートーヴェン協奏曲」新盤を続りて）服部正 p.29　　　　　〔13328〕

ベートーヴェン提琴協奏曲ニ長調（クーレンカムプの「ベートーヴェン協奏曲」新盤を続りて）水野忠恂 p.31　　　　〔13329〕

次号予告 p.33　　　　　　　　　〔13330〕

入賞ディスク（一九三七年度ディスク大賞）T・M 訳 p.34　　　　　　　〔13331〕

入賞ディスクに就て（一九三七年度ディスク大賞）エミール・ヴィレルモーヅ，T・M 訳 p.36　　　　　　　　　　〔13332〕

審査会のテーブルを続つて（一九三七年度ディスク大賞）ドミニック・ソルデ，T・M 訳 p.38　　　　　　　　　〔13333〕

ディスク大賞のレセプシオン（一九三七年度ディスク大賞）マックス・ファヴァレリ，T・M 訳 p.39　　　　　　〔13334〕

仏蘭西楽界サ・エ・ラ（61）—一九三七年度ディスク大賞に就て T・M生 p.41　〔13335〕

一月新譜は何が売れたか？ p.49　〔13336〕

MOZARTの光（第3章）ボッショ，吉川淡水 訳 p.50　　　　　　　　　〔13337〕

レコード芸術家の動静 M・W生 p.54　〔13338〕

演奏会案内 p.57　　　　　　　　〔13339〕

海外レコードニュース 藤田不二 p.58　〔13340〕

外国レコード界の動き 藤田不二 p.67　〔13341〕

頒布会案内 面白誌 p.71　　　　　〔13342〕

二月の推薦盤 p.74　　　　　　　〔13343〕

二月の買ひもの p.75　　　　　　〔13344〕

レコード界ニュース p.75　　　　　〔13345〕

あらえびす氏の新著読後感（新刊紹介）平林勇，藤田不二 p.76　　　　　〔13346〕

二月のジャズレコード—月評欄 大井蛇津郎 p.78　　　　　　　　　　〔13347〕

洋楽レコード評—月評欄 野村光一 p.87　　　　　　　　　　　　〔13348〕

家庭音楽盤月評—月評欄 柴田知常 p.100　　　　　　　　　　　〔13349〕

二月の児童レコード—月評欄 柴田知常 p.108　　　　　　　　　　　〔13350〕

レコード音楽雑報 p.111　　　　　〔13351〕

GOOD・BY音楽映画！ 後藤正夫 p.112　　　　　　　　　　　〔13352〕

フンパーディンクの「ヘンゼルとグレーテル」—歌劇レコード紹介（臨）田中良雄 p.116　　　　　　　　　　　〔13353〕

維納の音楽生活—維納楽界の印象（2）属啓成 p.122　　　　　　　　〔13354〕

「愛国行進曲」はどれが売れたか？ p.126　　　　　　　　　　　〔13355〕

電気蓄音機の知識（14）青木周三 p.127　　　　　　　　　　　〔13356〕

管楽器の話（6）—管絃楽に於ける特殊管楽器（承前・完）平林勇 p.132　〔13357〕

無駄のないレコード蒐集（2）—ヴァイオリン（中）あらえびす p.137　　　〔13358〕

質問往来 p.143　　　　　　　　〔13359〕

12巻3号（1938年3月発行）

レコード春秋 あらえびす p.6　　　〔13360〕

内容細目　　　　　　　　　　　　　　　　　　　「レコード音楽」

美しき悲曲―チャイコフスキイのトリオ メヌーイン・トリオの演奏を聴いて（試聴記）村田武雄 p.11　〔13361〕

カザルスの神技―ドヴォルザークのチェロ協奏曲新盤（試聴記）井上頼豊 p.14　〔13362〕

新しいヨッフムのレコード（試聴記）呉四郎 p.17　〔13363〕

バッハの二つのヴァイオリンの為の協奏曲ニ短調（試聴記）水野忠恂 p.19　〔13364〕

家庭音楽名盤集―選曲の態度に就て（試聴記）田辺尚雄 p.21　〔13365〕

ビクターの「家庭音楽名盤集」第三輯（試聴記）土屋忠雄 p.22　〔13366〕

クープランの「水曜日の第三夜課」に就いて 松本太郎 p.25　〔13367〕

MOZARTの光（第3章・完）ボッショ，吉川淡水 訳 p.32　〔13368〕

私の聴いたバックハウスの演奏 属啓成 p.37　〔13369〕

塩入亀輔氏再び起たず 藤井夏人 p.40　〔13370〕

レコード芸術家の動静 M・W生 p.43　〔13371〕

仏蘭西楽界サ・エ・ラ（62）―逝けるモーリス・ラヴェル T・M生 p.46　〔13372〕

外国レコード界の動き 藤田不二 p.59　〔13373〕

海外レコードニュース 藤田不二 p.64　〔13374〕

二月新譜は何が売れたか？ p.70　〔13375〕

頒布会案内 面白誌 p.71　〔13376〕

三月の推薦盤 p.74　〔13377〕

三月の買ひもの p.75　〔13378〕

三月のジャズレコード―月評欄 大井蛇津郎 p.76　〔13379〕

「スキング・アルバム」臨時発売 p.83　〔13380〕

一九五五年の音楽（上）ジョーヂ・アンゼィル，川口繁 訳 p.84　〔13381〕

太田太郎氏夫婦の帰朝近づく p.86　〔13382〕

洋楽レコード評―月評欄 野村光一 p.87　〔13383〕

家庭音楽盤月評―月評欄 柴田知常 p.100　〔13384〕

三月の児童レコード―月評欄 柴田知常 p.108　〔13385〕

三月の流行歌―月評欄 森満二郎 p.112　〔13386〕

ベートーヴェンとブルデル エマニュエル・ボンドヴィユ，明田川孝 訳 p.115　〔13387〕

電気蓄音機の知識（15）青木周三 p.120　〔13388〕

無駄のないレコード蒐集（3）ヴァイオリン（下）あらえびす p.125　〔13389〕

予約頒布レコード一覧（上）編輯部 編 p.132　〔13390〕

あらえびすの由来―読者の出題 p.135　〔13391〕

質問往来 p.137　〔13392〕

塩入亀輔氏逝く p.141　〔13393〕

12巻4号（1938年4月発行）

レコード春秋 あらえびす p.6　〔13394〕

フルトウェングラーの「第五」（試聴記）野村光一 p.10　〔13395〕

「第五」の王座（試聴記）―フルトウェングラァの新盤を聴いて 村田武雄 p.12　〔13396〕

不朽の名作「運命交響曲」（試聴記）藤田不二 p.14　〔13397〕

フランクの奏鳴曲イ長調の新盤（試聴記）水野忠恂 p.17　〔13398〕

フルトウェングラァのモーツァルト「小夜曲」を聴く（試聴記）村田武雄 p.20　〔13399〕

テレフンケンの新盤二つ（試聴記）土屋忠雄 p.23　〔13400〕

基督教初期に於ける音楽と楽器 マルグリトゥ・ロエスジャン＝シャムピオン，O・Y訳 p.25　〔13401〕

フルトウェングラーを聴く―欧米楽界の印象（1）太田繁 p.26　〔13402〕

シャンソン 菅原明朗 p.32　〔13403〕

エーリッヒ・クライバーを讃へる エミール・ヴィレルモーズ，T・M 訳 p.34　〔13404〕

一九五五年の音楽（下）ジョーヂ・アンゼィル，川口繁 訳 p.37　〔13405〕

MOZARTの光（註解）（完）ボッショ，吉川淡水 訳 p.40　〔13406〕

レコード芸術家の動静 M・W生 p.43　〔13407〕

演奏会だより p.46　〔13408〕

仏蘭西楽界サ・エ・ラ（63）―「タムタム」の作曲者アンリー・トマジ T・M生 p.47　〔13409〕

海外レコードニュース 藤田不二 p.57　〔13410〕

頒布会案内 面白誌 p.67　〔13411〕

世界のレコード界の動き 藤田不二 p.71　〔13412〕

太田太郎氏AK洋楽課長に就任 p.75　〔13413〕

四月の推薦盤 p.76　〔13414〕

四月の買ひもの p.77　〔13415〕

四月のスキング・タンゴ・歌―月評欄 大井蛇津郎 p.78　〔13416〕

洋楽レコード評―月評欄 野村光一 p.87　〔13417〕

家庭音楽盤月評―月評欄 柴田知常 p.103　〔13418〕

四月の児童レコード―月評欄 柴田知常 p.112　〔13419〕

四月の流行歌―月評欄 森満二郎 p.117　〔13420〕

手紙（其3）勢伊奴麻呂 p.120　〔13421〕

「レコード音楽」　　　　　内容細目

地下に眠れる楽聖を訪ねて　属啓成
p.125　〔13422〕

針十話　あらえびす　談　p.130　〔13423〕

無駄のないレコード蒐集（4）ヴァイオリン（補遺）あらえびす　p.135　〔13424〕

質問往来　p.141　〔13425〕

12巻5号（1938年5月発行）

レコード春秋　あらえびす　p.6　〔13426〕

トスカニーニの「田園交響曲」（試聴記）野村光一　p.10　〔13427〕

コロムビアの新盤より（試聴記）松岡清堯
p.12　〔13428〕

メンゲルベルクの「田園」（試聴記）呉四郎
p.15　〔13429〕

メンゲルベルクの田園交響楽（試聴記）服部正
p.18　〔13430〕

「第六」二態（試聴記）村田武雄　p.20　〔13431〕

メンゲルベルクの「田園」交響曲（試聴記）土屋忠雄　p.23　〔13432〕

「ミッキーマウス・アルバム」雑話（試聴記）川口繁　p.27　〔13433〕

トスカニーニの指揮振り―欧米楽界の印象（2）太田太郎　p.30　〔13434〕

トスカニーニの練習振り　D・トムプスン，村田武雄　訳　p.36　〔13435〕

北京の「救世主」（随筆）安井郁　p.38　〔13436〕

フェオドル・シャリアピンの回想（シャリアピンの追憶）中根宏　p.40　〔13437〕

手紙（其4）（シャリアピンの追憶）勢伊奴麻呂
p.44　〔13438〕

シャリアピンのレコード（シャリアピンの追憶）あらえびす　p.47　〔13439〕

フランシス・プーランクを語る　ルネ・ケルディック，T・M　訳　p.55　〔13440〕

レコード芸術家の動静　M・W生　p.59　〔13441〕

仏蘭西楽界サ・エ・ラ（64）―歌手ピエル・ベルナックに就て　T・M生　p.64　〔13442〕

海外レコードニュース　藤田不二　p.73　〔13443〕

頒布会案内　面白誌　p.81　〔13444〕

外国レコード界の動き　藤田不二　p.83　〔13445〕

五月の推薦盤　p.86　〔13446〕

五月の買ひもの　p.87　〔13447〕

五月のジャズ・流行歌・タンゴ―月評欄　大井蛇津郎　p.88　〔13448〕

音楽コンクール入賞者決定　p.94　〔13449〕

五月の流行歌―月評欄　森満二郎　p.95　〔13450〕

ビクターの「ミッキー・マウス・アルバム」―月評欄　野村光一　p.98　〔13451〕

洋楽レコード評―月評欄　野村光一
p.99　〔13452〕

家庭音楽盤月評―月評欄　柴田知常
p.114　〔13453〕

五月の児童レコード―月評欄　柴田知常
p.124　〔13454〕

この頃売れるレコードは　p.129　〔13455〕

一九三七年ホットヂャヅディスク大賞　T・M生
p.130　〔13456〕

質問往来　p.139　〔13457〕

予約頒布レコード一覧（中）編輯部　編
p.142　〔13458〕

電気蓄音機の知識（16）青木周三
p.12・132　〔13459〕

12巻6号（1938年6月発行）

仏蘭西楽界サ・エ・ラ（65）―日本人の批評と仏蘭西人の批評（2）T・M生　p.2　〔13460〕

レコード春秋　あらえびす　p.6　〔13461〕

絶讃に値する「ワルキューレ」第一幕（試聴記）野村光一　p.10　〔13462〕

シューリヒトの指揮する「第七」を聴く（試聴記）村田武雄　p.12　〔13463〕

カルヴェ四重奏団の新盤（試聴記）呉四郎
p.15　〔13464〕

シューベルトのロンド・其他（試聴記）水野忠恂　p.18　〔13465〕

ショパンの「第一ピアノ協奏曲」―再び聴くルービンシュタインの快演（試聴記）松岡清堯　p.20　〔13466〕

大牢の滋味―「フィガロの結婚」の金字塔盤（試聴記）牛山充　p.22　〔13467〕

手紙（其五）勢伊奴麻呂　p.28　〔13468〕

ザックス博士との会見記―欧米楽界の印象（3）太田太郎　p.29　〔13469〕

グリンドボーン歌劇場　ストラングウェーズ，上野一郎　訳　p.32　〔13470〕

生きてゐる偉大なるモーツァルト（上）P・ジャン・ジュウヴ，指宿昭彦　訳　p.35　〔13471〕

音楽によるあこがれ　楢崎勤　p.44　〔13472〕

レコード芸術家の動静　M・W生　p.48　〔13473〕

海外レコードニュース　藤田不二　p.60　〔13474〕

外国レコード界の動き　藤田不二　p.71　〔13475〕

時の人カール・シューリヒト　p.75　〔13476〕

頒布会案内　面白誌　p.76　〔13477〕

ドン・コサック合唱団の音楽映画　津川主一
p.79　〔13478〕

六月の推薦盤　p.82　〔13479〕

六月の買ひもの　p.83　〔13480〕

六月のジャズ・歌・タンゴ―月評欄　野川香文
p.84　〔13481〕

六月の流行歌―月評欄　森満二郎　p.92　〔13482〕

洋楽レコード評―月評欄　野村光一
p.95　〔13483〕

内容細目　　　　　　　　　　　　　　　「レコード音楽」

家庭音楽盤月評―月評欄　柴田知常
p.112　　　　　　　　　　　　〔13484〕

「シャリアピン選集」の発売　p.119　〔13485〕

六月の児童レコード―月評欄　柴田知常
p.120　　　　　　　　　　　　〔13486〕

蒐集家の頁（1）藁科雅美　p.124　〔13487〕

アメリカ音楽に就ての雑話　川口繁
p.127　　　　　　　　　　　　〔13488〕

電気蓄音機の知識（17）青木周三
p.130　　　　　　　　　　　　〔13489〕

巨匠の回顧（1）IRCCの魅力から電気以前の骨
董レコードの事ども―メリー・ガーデン，ゲ
ルハルト　あらえびす　p.133　　〔13490〕

予約頒布レコード一覧（下）編輯部 編
p.138　　　　　　　　　　　　〔13491〕

質問往来　p.129、143　　　　　〔13492〕

12巻7号（1938年7月発行）

レコード春秋　あらえびす　p.6　〔13493〕

シューマンのヴァイオリン協奏曲ニ短調―クー
レンカンプの力演（試聴記）鈴木鎮一
p.10　　　　　　　　　　　　　〔13494〕

光彩陸離たるクロイツェル・ソナタ（試聴記）
水野忠恂　p.14　　　　　　　　〔13495〕

二つのピアノ協奏曲新盤を聴く（試聴記）村田
武雄　p.16　　　　　　　　　　〔13496〕

クライスラーとカザルスの新盤（試聴記）藁科
雅美　p.19　　　　　　　　　　〔13497〕

ミュンヘンの音楽祭（上）―欧米楽界の印象（4）
太田太郎　p.22　　　　　　　　〔13498〕

交響楽的総合曲"ボリス・ゴドゥノフ"中根宏
p.28　　　　　　　　　　　　　〔13499〕

生きてゐる偉大なるモーツァルト（下）P・ジャ
ン・ジュウヴ，指宿昭彦 訳　p.29　〔13500〕

リョベットを憶ふ　芦原英了　p.32　〔13501〕

イダ・プレスティとイヴェット・ギルベール―
少女ギタリストと老シャンソン歌手　松本太
郎　p.34　　　　　　　　　　　〔13502〕

レコード芸術家の動静　M・W生　p.44　〔13503〕

仏蘭西楽界サ・エ・ラ（66）―交響楽演奏会に於
ける独奏者・独唱其他の演奏家（上）T・M生
p.48　　　　　　　　　　　　　〔13504〕

海外レコードニュース　藤田不二　p.58　〔13505〕

外国レコード界の動き　藤田不二　p.65　〔13506〕

ビクター二週間のレコード　p.68　〔13507〕

頒布会案内　面白誌　p.69　　　〔13508〕

ビクター・レコード愛好家協会第四巻の会員募
集　藤田不二　p.71　　　　　　〔13509〕

七月の推薦盤　p.74　　　　　　〔13510〕

七月の買ひもの　p.75　　　　　〔13511〕

七月のジャズ・歌・タンゴ―月評欄　野川香文
p.76　　　　　　　　　　　　　〔13512〕

七月の流行歌―月評欄　森満二郎　p.84　〔13513〕

洋楽レコード評―月評欄　野村光一
p.87　　　　　　　　　　　　　〔13514〕

家庭音楽盤月評―月評欄　柴田知常
p.102　　　　　　　　　　　　〔13515〕

新響夏のプロムナード　p.110　〔13516〕

七月の児童レコード―月評欄　柴田知常
p.111　　　　　　　　　　　　〔13517〕

ハワイ音楽に就て　後藤正夫　p.117　〔13518〕

欧洲大陸の舞踏音楽　玉置真吉　p.120　〔13519〕

巨匠の回顧（2）IRCCの魅力から電気以前の骨
董レコードの事ども―ファラー，クレーマン
あらえびす　p.125　　　　　　〔13520〕

音楽の二つの効用に就て（短編小説）西尾正
p.131　　　　　　　　　　　　〔13521〕

質問往来　p.100、140　　　　　〔13522〕

12巻8号（1938年8月発行）

レコード春秋　あらえびす　p.6　〔13523〕

新鮮な古典美―ランドフスカのハイドン「協奏
曲ニ長調」（試聴記）村田武雄　p.11　〔13524〕

楽しめる名盤―円舞曲特輯（試聴記）水野忠恂
p.13　　　　　　　　　　　　　〔13525〕

ヴィヴァルディの絃楽協奏曲（試聴記）呉四郎
p.15　　　　　　　　　　　　　〔13526〕

カンテ・フラメンコのレコード―世界民俗音楽
選第一輯（試聴記）芦原英了　p.17　〔13527〕

ミュンヘンの音楽祭（中）―欧米楽界の印象（5）
太田太郎　p.19　　　　　　　　〔13528〕

モーツァルトの歌劇と「フィガロの結婚」松本
太郎　p.24　　　　　　　　　　〔13529〕

Mozartの『百の作品』に就いて　ボッショ，吉
川淡水 訳　p.33　　　　　　　〔13530〕

人形の耳の話（夏の随筆）平尾貴四男
p.36　　　　　　　　　　　　　〔13531〕

夏と音（夏の随筆）荻野綾子　p.39　〔13532〕

無為を楽しむ男の為の音楽（夏の随筆）藤木義
輔　p.41　　　　　　　　　　　〔13533〕

手紙 其（6）（夏の随筆）勢伊奴麻呂
p.43　　　　　　　　　　　　　〔13534〕

レコード芸術家の動静　M・W生　p.46　〔13535〕

仏蘭西楽界サ・エ・ラ（67）―交響楽演奏会に於
ける独奏者・独唱其他の演奏家（下）T・M生
p.50　　　　　　　　　　　　　〔13536〕

海外レコードニュース　藤田不二　p.58　〔13537〕

外国レコード界の動き　藤田不二　p.66　〔13538〕

ハイドン協会の第三回頒布　藤田不二
p.69　　　　　　　　　　　　　〔13539〕

頒布会案内　面白誌　p.71　　　〔13540〕

八月の推薦盤　p.75　　　　　　〔13541〕

八月の買ひもの　p.76　　　　　〔13542〕

八月のジャズ・歌・タンゴ―月評欄　野川香文
p.77　　　　　　　　　　　　　〔13543〕

「レコード音楽」 内容細目

洋楽レコード評―月評欄 野村光一
p.85 〔13544〕
家庭音楽盤月評―月評欄 柴田知常
p.100 〔13545〕
国産レコード原料の完成 p.107 〔13546〕
八月の児童レコード―月評欄 柴田知常
p.108 〔13547〕
八月の流行歌―月評欄 森満二郎
p.112 〔13548〕
輸入されない音楽映画の話（1） 上野一郎
p.115 〔13549〕
映画「第九交響楽」の音楽 津川主一
p.120 〔13550〕
巨匠の回顧（3）IRCCの魅力から電気以前の骨
董レコードの事ども―メルバ あらえびす
p.123 〔13551〕
蒐集家の頁（2） 薬科雅美 p.126 〔13552〕
質問往来 p.130 〔13553〕

12巻9号（1938年9月発行）

レコード春秋 あらえびす p.6 〔13554〕
音楽常識講座（1）ソナタの話 堀内敬三
p.10 〔13555〕
モーツァルトの傑作喜歌劇「コジ・ファン・
トゥッテ」（試聴記） 牛山充 p.18 〔13556〕
健全美―ハイドン協会第五輯（試聴記） 村田武
雄 p.25 〔13557〕
バッハ「提琴協奏曲ホ短調」を聴く（試聴記）
友部美与子 p.27 〔13558〕
クープランの「劇場風協奏曲」（試聴記） 土屋忠
雄 p.30 〔13559〕
ミュンヘンの音楽祭（下）―欧米楽界の印象（6）
太田太郎 p.32 〔13560〕
印度舞踊の王者ウダイ・シャンカア 芦原英了
p.38 〔13561〕
モンテヴェルデの音楽 津川主一 p.42 〔13562〕
シュナーベルの「皇帝」再発売 p.46 〔13563〕
レコード芸術家の動静 M・W生 p.47 〔13564〕
仏蘭西楽界サ・エ・ラ（68）―「巴里巡り」の作
曲者ルイ・ベイツに就いて T・M生
p.50 〔13565〕
海外レコードニュース 藤田不二 p.61 〔13566〕
外国レコード界の動き 藤田不二 p.67 〔13567〕
質問往来 p.70 〔13568〕
頒布会レコード案内 藤田不二 p.71 〔13569〕
九月の推薦盤 p.76 〔13570〕
レコードの回転数に就て p.77 〔13571〕
九月のジャズ・歌―月評欄 野川香文
p.78 〔13572〕
洋楽レコード評―月評欄 野村光一
p.87 〔13573〕

家庭音楽盤月評―月評欄 柴田知常
p.102 〔13574〕
九月の児童レコード―月評欄 柴田知常
p.110 〔13575〕
九月の流行歌―月評欄 森満二郎
p.115 〔13576〕
輸入されない音楽映画の話（2） 上野一郎
p.117 〔13577〕
質問に答へて 有坂愛彦 p.122 〔13578〕
竹針礼讃 村田松雄 p.124 〔13579〕
巨匠の回顧（4）―カールソー あらえびす
p.127 〔13580〕

12巻10号（1938年10月発行）

レコード春秋 あらえびす p.6 〔13581〕
音楽常識講座（第2講）音楽の形式 堀内敬三
p.10 〔13582〕
ヘンデルのパレット―「コンチェルト・グロッ
ソ」全曲レコードを聴く（試聴記） 村田武雄
p.18 〔13583〕
現代的なハイドンの姿（試聴記） 友部美与子
p.25 〔13584〕
ワルター指揮するブラームス「第三交響曲」（試
聴記） 服部正 p.30 〔13585〕
メンゲルベルク指揮の「悲愴交響曲」の新盤
（試聴記） 薬科雅美 p.32 〔13586〕
哀愁の極地を示すメンゲルベルクの「悲愴」（試
聴記） 藤田不二 p.34 〔13587〕
アルゼンチン・アルバム第二輯（試聴記） 高橋
忠雄 p.36 〔13588〕
モイーズと語る―欧米楽界の印象（7） 太田太郎
p.41 〔13589〕
手紙（其7）（随筆） 勢伊奴麻呂 p.47 〔13590〕
侑子の誕生（随筆） 安井郁 p.50 〔13591〕
仏蘭西楽界サ・エ・ラ（69）―ピエルネの絃楽三
重奏曲其他 T・M生 p.52 〔13592〕
海外レコードニュース 藤田不二 p.61 〔13593〕
レコード界ニュース p.69 〔13594〕
外国レコード界の動き 藤田不二 p.70 〔13595〕
輸入されない音楽映画の話（3） 上野一郎
p.73 〔13596〕
十月の推薦盤 p.78 〔13597〕
頒布会レコード案内 面白誌 p.80 〔13598〕
質問往来 p.86 〔13599〕
洋楽レコード評―新譜批評 野村光一
p.89 〔13600〕
家庭音楽盤月評―新譜批評 柴田知常
p.101 〔13601〕
十月の児童レコード―新譜批評 柴田知常
p.110 〔13602〕
十月のスキング・歌・タンゴ―新譜批評 野川
香文 p.114 〔13603〕

レコード芸術家の動静 M・W生
p.118　　　　　　　　　〔13604〕
名歌曲とその優秀レコード（蒐集の手引）あら
えびす p.122　　　　　　　〔13605〕
楽しみに聴く軽音楽あれやこれや（蒐集の手引）
水野忠恂 p.126　　　　　　　〔13606〕
蒐集家の頁（3）藁科雅美 p.131　　〔13607〕
巨匠の回顧（5）―クルプ あらえびす
p.133　　　　　　　　　〔13608〕

12巻11号（1938年11月発行）

レコード春秋 あらえびす p.6　　〔13609〕
音楽常識講座（第3講）管絃楽 堀内敬三
p.10　　　　　　　　　〔13610〕
バッハ「平均率」曲集の完成（試聴記）村田武
雄 p.20　　　　　　　　〔13611〕
「第九交響曲」新盤（試聴記）呉四郎
p.25　　　　　　　　　〔13612〕
ワインガルトナー指揮のベートーヴェンの「第
一」（試聴記）服部正 p.28　　　〔13613〕
注目されてよいサン・サーンスの提琴奏鳴曲
（試聴記）水野忠恂 p.31　　　〔13614〕
鑑賞教育用「バッハよりブラームス」（試聴記）
有坂愛彦 p.33　　　　　　〔13615〕
ランドフスカ夫人―欧米楽界の印象（8）太田太
郎 p.36　　　　　　　　〔13616〕
レコード芸術家の動静 M・W生 p.43　〔13617〕
最近の巴里のオペラ・劇・音楽映画―素人見聞
記 佐藤春日 p.48　　　　　〔13618〕
レコードのたのしさ（随筆）徳田一穂
p.52　　　　　　　　　〔13619〕
オイゲン・ヨッフムを聴く 大村卯七
p.54　　　　　　　　　〔13620〕
仏蘭西楽界サ・エ・ラ（70）―ティノ・ロッシの
生ひ立ち（巴里にデビューする迄）T・M生
p.56　　　　　　　　　〔13621〕
海外レコードニュース 藤田不二 p.64　〔13622〕
外国レコード界の動き 藤田不二 p.69　〔13623〕
輸入されない音楽映画の話（4）上野一郎
p.73　　　　　　　　　〔13624〕
十一月の推薦盤 p.78　　　　　〔13625〕
頒布会レコード案内 面白誌 p.80　　〔13626〕
十一月のスキング・タンゴ・歌―新譜批評 野
川香文 p.82　　　　　　　〔13627〕
フォン・ゲッツィの音楽 玉置真吉
p.86　　　　　　　　　〔13628〕
洋楽レコード評―新譜批評 野村光一
p.89　　　　　　　　　〔13629〕
家庭音楽盤月評―新譜批評 柴田知常
p.104　　　　　　　　　〔13630〕
十一月の児童レコード―新譜批評 柴田知常
p.111　　　　　　　　　〔13631〕
ゲーテと音楽（1）吉川英士 p.115　　〔13632〕

蒐集家の頁（4）藁科雅美 p.123　　〔13633〕
巨匠の回顧（6）―シュワルツ, カルヴェ あらえ
びす p.127　　　　　　　〔13634〕
質問往来 p.130　　　　　　　〔13635〕

12巻12号（1938年12月発行）

レコード春秋 あらえびす p.6　　〔13636〕
ブッシュの「百三十二」を聴く（試聴記）村田
武雄 p.10　　　　　　　　〔13637〕
ベートーヴェンのトリプル・コンチェルト（試
聴記）藤田不二 p.12　　　　〔13638〕
「ジュピター交響曲」の新盤（試聴記）有坂愛彦
p.15　　　　　　　　　〔13639〕
メニューインの弾くメンデルスゾーンのヴァイオ
リン協奏曲（試聴記）友部美与子
p.17　　　　　　　　　〔13640〕
「シャンソン・ド・パリ」（試聴記）松本太郎
p.19　　　　　　　　　〔13641〕
一九三八年の洋楽レコード（座談会）あらえび
す, 有坂, 太田, 野村, 藤田, 村田
p.24　　　　　　　　　〔13642〕
音楽常識講座（第4講）管絃楽用の名曲（1）堀内
敬三 p.41　　　　　　　　〔13643〕
演奏会の種々相―欧米楽界の印象（9）太田太郎
p.48　　　　　　　　　〔13644〕
仏蘭西楽界サ・エ・ラ（71）―「左手の為のピア
ノ協奏曲」T・M生 p.55　　　〔13645〕
海外レコードニュース 藤田不二 p.63　〔13646〕
レコード芸術家の動静 M・W生 p.69　〔13647〕
十二月の推薦盤 p.71　　　　　〔13648〕
頒布会レコード案内 面白誌 p.72　　〔13649〕
輸入されない音楽映画の話（完結）上野一郎
p.76　　　　　　　　　〔13650〕
楽しい特輯 テレフンケンの軽音楽傑作選（第三
輯）水原龍雄 p.82　　　　　〔13651〕
「ピアノ・アコーディオン・アルバム」を聴いて
真野泰光 p.84　　　　　　〔13652〕
新刊紹介 有坂愛彦 p.86　　　　〔13653〕
洋楽レコード評―新譜批評 野村光一
p.87　　　　　　　　　〔13654〕
家庭音楽盤月評―新譜批評 柴田知常
p.102　　　　　　　　　〔13655〕
十二月の児童レコード―新譜批評 柴田知常
p.109　　　　　　　　　〔13656〕
十二月のスキング・タンゴ・歌―新譜批評 野
川香文 p.113　　　　　　　〔13657〕
外国レコード界の動き 藤田不二
p.117　　　　　　　　　〔13658〕
パリのシャンソンを語る 芦原英了, あらえび
す, 野川香文, 三浦潤 p.120　　〔13659〕
質問往来 p.134　　　　　　　〔13660〕

「レコード音楽」　　　　　内容細目

13巻1号（1939年1月発行）

レコード春秋 あらえびす p.6 〔13661〕

カザルスの栄光―バッハ無伴奏チェロ組曲への讃（試聴記）村田武雄 p.11 〔13662〕

巨匠フルトヴェングラーの神技 ワーグナーの「トリスタンとイゾルデ」（試聴記）水野忠恂 p.14 〔13663〕

燦然たる合奏 クラウスとゴールドベルク（試聴記）藤田不二 p.16 〔13664〕

初めてレコードに聴くリストの「死の舞踏」（試聴記）土屋忠雄 p.18 〔13665〕

ヨッフムの「第九」を聴く（座談会）あらえびす，有坂愛彦，青木謙幸，中村善吉，藤田不二，村田武雄 p.20 〔13666〕

音楽常識講座（第5講）管絃楽用の名曲（2）堀内敬三 p.31 〔13667〕

仏蘭西の女流歌手垣見―欧米楽界の印象（10）太田太郎 p.38 〔13668〕

仏蘭西楽界サ・エ・ラ（72）―仏蘭西人ブルノー・ワルター T・M生 p.44 〔13669〕

レコードの楽しみ（随筆）三田隠士 p.53 〔13670〕

海外ニュース Y生 p.55 〔13671〕

グリンドボーン見物（ジョージ・シー・レスリー）牛山充 訳 p.56 〔13672〕

ジャン・フランセー 牧定忠 p.63 〔13673〕

外国レコード界の動き 藤田不二 p.67 〔13674〕

頒布会レコード案内 面白誌 p.70 〔13675〕

一月の推薦盤と好きなレコード p.72 〔13676〕

一月の映画 上野一郎 p.74 〔13677〕

ファン・ダリエンソを語る 高橋忠雄 p.78 〔13678〕

洋楽レコード評―新譜批評 野村光一 p.83 〔13679〕

家庭音楽盤月評―新譜批評 柴田知常 p.102 〔13680〕

雑報 p.108 〔13681〕

一月の児童レコード―新譜批評 柴田知常 p.109 〔13682〕

一月のスキング・タンゴ・歌―新譜批評 野川香文 p.114 〔13683〕

ゲーテと音楽（2）吉川英士 p.116 〔13684〕

欧米レコード・ニュース 藤田不二 p.126 〔13685〕

レコード芸術家の動静 M・W生 p.131 〔13686〕

歴史的レコード蒐集―ブラームス以後（1）あらえびす p.136 〔13687〕

質問往来 p.142 〔13688〕

「レコード音楽」第十二巻総目次 巻末 〔13689〕

一九三八年のレコード表 薬科雅美 編，土屋忠雄 編 別冊附録 〔13690〕

13巻2号（1939年2月発行）

レコード春秋 あらえびす p.6 〔13691〕

ブルッフのヴァイオリン協奏曲―若きカムポーリの名演（試聴記）水野忠恂 p.11 〔13692〕

ハイル「クライスラー選集」！（試聴記）牛山充 p.13 〔13693〕

ロートの「ハイドンの絃楽四重奏曲」―作品二十ノ五・ヘ短調（コロムビア）を聴く（試聴記）村田武雄 p.16 〔13694〕

立体的な音楽―ストラヴィンスキー舞踏曲「カルタ遊び」（試聴記）友部美与子 p.18 〔13695〕

一九三八年度ディスク大賞 p.20 〔13696〕

審査会の選択 ヴィレルモーヅ p.21 〔13697〕

当落分岐線上の作品 ソルデ p.23 〔13698〕

仏蘭西楽界サ・エ・ラ（73）―フランスディスク大賞に就いて 松本太郎 p.27 〔13699〕

音楽常識講座（第6講）独奏曲 堀内敬三 p.36 〔13700〕

新旧ロシアの合唱団―欧米楽界の印象（11）太田太郎 p.43 〔13701〕

歌劇「ドン・ヂォヴァンニ」（上）（試聴記）有坂愛彦 p.51 〔13702〕

欧米レコード・ニュース 藤田不二 p.58 〔13703〕

外国レコード界の動き 藤田不二 p.64 〔13704〕

「一九三八年のレコード表」に就いて 薬科雅美，土屋忠雄 p.68 〔13705〕

頒布会レコード案内 面白誌 p.71 〔13706〕

二月の映画 上野一郎 p.72 〔13707〕

二月の推薦盤と私の好きなレコード p.77 〔13708〕

家庭音楽篇を聴く 柴田知常 p.80 〔13709〕

二月のスキング・タンゴ・歌―新譜批評 野川香文 p.82 〔13710〕

質問往来 p.86 〔13711〕

洋楽レコード評―新譜批評 藤田不二，村田武雄 p.87 〔13712〕

家庭音楽盤月評―新譜批評 柴田知常 p.105 〔13713〕

二月の児童レコード―新譜批評 柴田知常 p.113 〔13714〕

レコード芸術家の動静 M・W生 p.117 〔13715〕

歴史的レコード蒐集―ブラームス以後（2）あらえびす p.123 〔13716〕

薄幸の天才平林君の死（故平林勇氏追悼）太田太郎 p.130 〔13717〕

故平林勇君の追憶（故平林勇氏追悼）国塩耕一郎 p.131 〔13718〕

平林さんの思ひ出（故平林勇氏追悼）平尾貴四男 p.133 〔13719〕

内容細目　　　　　　　　　　　　　　　　　　「レコード音楽」

平林君を惜しむ（故平林勇氏追悼）　松本太郎
p.136
〔13720〕

平林氏を憶ふ（故平林勇氏追悼）　竹野俊男
p.137
〔13721〕

平林勇氏の夭逝を悼む（故平林勇氏追悼）　近江
屋清兵衛　p.139
〔13722〕

13巻3号（1939年3月発行）

レコード春秋　あらえびす　p.6
〔13723〕

シベリウスのヴァイオリン協奏曲（試聴記）　大
田黒元雄　p.12
〔13724〕

新に管絃楽化された組曲『展覧会の絵』のレコ
オドームウソルグスキイ生誕百年祭に際して
（試聴記）　中根宏　p.14
〔13725〕

ギーゼキングのグリーク「ピアノ協奏曲」を聴
く（試聴記）　村田武雄　p.18
〔13726〕

ウキン風のベートーヴェン―クライバーの「第
二」を聴く（試聴記）　友部美与子
p.20
〔13727〕

ベートーヴェンの第二交響曲（試聴記）　水野忠
恂　p.22
〔13728〕

音楽常識講座（第7講）独奏曲（つづき）　堀内敬
三　p.24
〔13729〕

仏蘭西楽界サ・エ・ラ（74）―一九三八年の仏蘭
西ディスク　松本太郎　p.30
〔13730〕

海外ニュース　p.42
〔13731〕

歌劇「ドン・ヂォヴァンニ」（中）（試聴記）　有
坂愛彦　p.43
〔13732〕

N・B・Cとその交響管絃団　藤田不二
p.47
〔13733〕

質問往来　p.53
〔13734〕

レコード芸術家の動静　M・W生　p.54　〔13735〕

「冬の旅」のレコード（1）　西野茂雄
p.59
〔13736〕

頒布会レコード案内　面白誌　p.63
〔13737〕

三月の推薦盤と私の好きなレコード
p.71
〔13738〕

三月のスキング・タンゴ・歌―新譜批評　野川
香文　p.74
〔13739〕

フランスの音楽短篇を見て（映画の頁）　野口久
光　p.79
〔13740〕

三月の映画（映画の頁）　上野一郎
p.82
〔13741〕

洋楽レコード評―新譜批評　村田武雄，藤田不
二　p.87
〔13742〕

家庭音楽盤月評―新譜批評　柴田知常
p.104
〔13743〕

ビクターの家庭音楽名盤集　柴田知常
p.111
〔13744〕

外国レコード界の動き　藤田不二
p.115
〔13745〕

欧米レコード・ニュース　藤田不二
p.121
〔13746〕

歴史的レコード蒐集―ブラームス以後（3）　あら
えびす　p.135
〔13747〕

13巻4号（1939年4月発行）

レコード春秋　あらえびす　p.6
〔13748〕

コルトオのシューマン「ダヴィッド同盟舞踏
曲」（試聴記）　村田武雄　p.11
〔13749〕

ブルーノ・ワルターの指揮するブラームスの第
一交響曲（試聴記）　水野忠恂　p.14　〔13750〕

カルヴェー四重奏団の録音したシューベルトの
絃楽四重奏曲（試聴記）　藤田不二
p.16
〔13751〕

ベリソンとロート四重奏団との合奏になるモー
ツァルトの五重奏曲を聴く（試聴記）　藤田不
二　p.18
〔13752〕

ブラームスのニ長調ヴァイオリン・コンチェル
トを聴く（座談会）　あらえびす，有坂愛彦，
青木謙幸，中村善吉，藤田不二，村田武雄
p.21
〔13753〕

レコード蒐集所ところどころ―欧米楽界の印象
（12）　太田太郎　p.33
〔13754〕

談話室―音楽家同士の夫婦　松本太郎
p.42
〔13755〕

海外ニュース　p.46
〔13756〕

音楽常識講座（第8講）独奏曲（つづき）　堀内敬
三　p.50
〔13757〕

仏蘭西楽界サ・エ・ラ（75）―「アルス・レディ
ヴィヴァ」に就て　松本太郎　p.55　〔13758〕

歌劇「ドン・ヂォヴァンニ」（試聴記）　有坂愛彦
p.67
〔13759〕

「冬の旅」のレコード（2）　西野茂雄
p.71
〔13760〕

四月の推薦盤と私の好きなレコード
p.75
〔13761〕

四月のスキング・タンゴ・歌―新譜批評　野川
香文　p.79
〔13762〕

頒布会レコード案内　面白誌　p.84
〔13763〕

質問往来　p.85
〔13764〕

「グレート・ワルツ」―四月の映画　上野一郎
p.86
〔13765〕

洋楽レコード評―新譜批評　野村光一
p.91
〔13766〕

家庭音楽盤月評―新譜批評　柴田知常
p.103
〔13767〕

四月の児童レコード―新譜批評　柴田知常
p.111
〔13768〕

蒐集家の頁（5）ゴドウスキーのレコード（1）　藁
科雅美　p.116
〔13769〕

欧米レコード・ニュース　藤田不二
p.119
〔13770〕

外国レコード界の動き　藤田不二
p.127
〔13771〕

ゲーテと音楽（3）　吉川英士　p.133　〔13772〕

「レコード音楽」　　　　　　　　内容細目

歴史的レコード蒐集―ブラームス以後（4）　あら
えびす　p.140　　　　　　　　　　　〔13773〕

13巻5号（1939年5月発行）

レコード春秋　あらえびす　p.6　　　　〔13774〕

バッハ「フーグの技法」の紹介（試聴記）　村田
武雄　p.12　　　　　　　　　　　　　〔13775〕

美しい「スプリング・ソナタ」（試聴記）　水野忠
恂　p.14　　　　　　　　　　　　　　〔13776〕

ヘンデルの「複合唱協奏曲」―ベンダの新盤（試
聴記）　土屋忠雄　p.16　　　　　　　〔13777〕

管絃楽組曲「キイジェ中尉」―プロコオフイエ
フのトオキイ音楽（試聴記）　中根宏
p.18　　　　　　　　　　　　　　　　〔13778〕

音楽常識講座（第9講）声楽　堀内敬三
p.24　　　　　　　　　　　　　　　　〔13779〕

仏蘭西楽界サ・エ・ラ（76）―ヂネット・スヴー
嬢　松本太郎　p.31　　　　　　　　　〔13780〕

ハンガリーの印象―欧米楽界の印象（13）　太田
太郎　p.40　　　　　　　　　　　　　〔13781〕

談話室―ヂェニー・リンドのレコードはあるか
面白誌　p.48　　　　　　　　　　　　〔13782〕

ニュース　p.49　　　　　　　　　　　〔13783〕

続メンゲルベルグと私（随筆）　津川主一
p.50　　　　　　　　　　　　　　　　〔13784〕

ドン・ジュアン　ベルリオーズ，吉川淡水 訳
p.53　　　　　　　　　　　　　　　　〔13785〕

如何にして指揮者になつたか（回想）　ゴベール，
松本太郎 訳　p.59　　　　　　　　　　〔13786〕

外国レコード界の動き　藤田不二　p.63　〔13787〕

欧米レコード・ニュース　藤田不二
p.67　　　　　　　　　　　　　　　　〔13788〕

五月の推薦盤と好きなレコード　p.75　〔13789〕

「百万弗大放送」と「思ひ出の曲」（映画の頁）
上野一郎　p.78　　　　　　　　　　　〔13790〕

読者の声　p.78　　　　　　　　　　　〔13791〕

ウィンナ・ワルツに就いて　玉置真吉
p.84　　　　　　　　　　　　　　　　〔13792〕

頒布会レコード案内　面白誌　p.89　　〔13793〕

洋楽レコード評―新譜批評　野村光一
p.91　　　　　　　　　　　　　　　　〔13794〕

家庭音楽盤月評―新譜批評　柴田知常
p.105　　　　　　　　　　　　　　　〔13795〕

五月のスキング盤―新譜批評　野川香文
p.113　　　　　　　　　　　　　　　〔13796〕

レコード芸術家の動静　M・W生
p.117　　　　　　　　　　　　　　　〔13797〕

レコードと季節（随筆）　三田隠士
p.123　　　　　　　　　　　　　　　〔13798〕

ハムブルク国立歌劇場　呉四郎 訳
p.128　　　　　　　　　　　　　　　〔13799〕

質問往来　p.131　　　　　　　　　　〔13800〕

13巻6号（1939年6月発行）

レコード春秋　あらえびす　p.6　　　　〔13801〕

シャリャアピンの「ボリス」（試聴記）　中根宏
p.11　　　　　　　　　　　　　　　　〔13802〕

レナー絃楽四重奏団のベートーヴェンの四重奏
曲ホ短調（試聴記）　水野忠恂　p.15　〔13803〕

英雄交響曲のレコード（試聴記）　藤田不二
p.18　　　　　　　　　　　　　　　　〔13804〕

ヨッフムの「第三」を聴いて（試聴記）　大村卯
七　p.20　　　　　　　　　　　　　　〔13805〕

両野村氏を囲む―レコード・ファンの座談会
あらえびす，野村光一　p.23　　　　　〔13806〕

仏蘭西楽界サ・エ・ラ（77）―コンセール・ナ
ディア・ブーランヂェに就て　松本太郎
p.44　　　　　　　　　　　　　　　　〔13807〕

ニュース　p.54　　　　　　　　　　　〔13808〕

マルクノイキルヘンの想ひ出―欧米楽界の印象
（14）　太田太郎　p.55　　　　　　　〔13809〕

談話室―レコード・ファン気質　野村光一
p.63　　　　　　　　　　　　　　　　〔13810〕

欧米レコード・ニュース　藤田不二
p.66　　　　　　　　　　　　　　　　〔13811〕

六月の推薦盤と好きなレコード　p.73　〔13812〕

「暁に帰る」「早春」其他（6月の映画）　上野一郎
p.75　　　　　　　　　　　　　　　　〔13813〕

ビクター・レコード愛好家協会第五巻　藤田不
二　p.78　　　　　　　　　　　　　　〔13814〕

頒布会案内　面白誌　p.80　　　　　　〔13815〕

新刊紹介―「名曲決定盤」　村田武雄
p.82　　　　　　　　　　　　　　　　〔13816〕

レコード芸術家の動静　M・W生　p.84　〔13817〕

洋楽レコード評―新譜批評　野村光一
p.89　　　　　　　　　　　　　　　　〔13818〕

家庭音楽盤月評―新譜批評　柴田知常
p.103　　　　　　　　　　　　　　　〔13819〕

六月の児童レコード―新譜批評　柴田知常
p.112　　　　　　　　　　　　　　　〔13820〕

六月のスキング・タンゴ―新譜批評　野川香文
p.116　　　　　　　　　　　　　　　〔13821〕

外国レコード界の動き　藤田不二
p.120　　　　　　　　　　　　　　　〔13822〕

歴史的レコード　藤田不二　p.128　　〔13823〕

音楽常識講座（第10講）声楽曲　堀内敬三
p.132　　　　　　　　　　　　　　　〔13824〕

13巻7号（1939年7月発行）

レコード春秋　あらえびす　p.6　　　　〔13825〕

仏蘭西楽界サ・エ・ラ（78）―ドゥビュッシーの
「夜想曲」を語る　松本太郎　p.11　　〔13826〕

ニュース　p.19　　　　　　　　　　　〔13827〕

バッハの生涯　津川主一 訳　p.20　　〔13828〕

ブルーノ・ワルター　モーツァルトを語る　松本
太郎 訳　p.29　　　　　　　　　　　　〔13829〕

七月のスキング・タンゴ―短評・紹介 野川香文 p.34 〔13830〕

レコード鑑賞に於ける日本と欧洲の相違 牧定忠 p.36 〔13831〕

欧米を漂流する著名な楽人 面白誌 p.40 〔13832〕

歴史的レコード 藤田不二 p.42 〔13833〕

外国レコード界の動き 藤田不二 p.47 〔13834〕

レコード芸術家の動静 M・W生 p.52 〔13835〕

欧米レコード・ニュース 藤田不二 p.57 〔13836〕

今月の「レコード・ニュース」に出た新人其他 藤田不二 p.64 〔13837〕

蒐集家の頁(6)ゴドウスキーのレコード(2) 藁科雅美 p.67 〔13838〕

放送会館とレコード放送 p.70 〔13839〕

頒布会案内 面白誌 p.73 〔13840〕

骨董レコードの値段 p.73 〔13841〕

レコードの再録に就いて p.76 〔13842〕

ゲッツィ・アルバム(タンゴ篇) 長島卓二 p.81 〔13843〕

七月の推薦盤 p.83 〔13844〕

マリアン・アンダーソンに就いて 川口繁 p.84 〔13845〕

読者の声 p.86 〔13846〕

新刊紹介―神保璉一郎氏「名曲とそのレコード」 p.87 〔13847〕

洋楽レコード評―新譜批評 野村光一 p.89 〔13848〕

家庭音楽盤月評―新譜批評 柴田知常 p.102 〔13849〕

ベートーヴェンの「ディアベリ変奏曲」(試聴記) 野村光一 p.114 〔13850〕

ドヴォルシャックの「美しい絃楽合奏の為のセレナード」(試聴記) 水野忠恂 p.115 〔13851〕

ルイゼ・ヴァルカーの新盤―ギター独奏曲集(試聴記) 服部正 p.118 〔13852〕

談話室―頭で聴く人・耳で聴く人 村田武雄 p.120 〔13853〕

七月の映画―短評・紹介 上野一郎 p.122 〔13854〕

フィルモン試聴記 棚橋成吉 p.124 〔13855〕

音楽常識講座(第11講)歌劇と楽劇 堀内敬三 p.126 〔13856〕

質問往来 p.135 〔13857〕

13巻8号（1939年8月発行）

レコード春秋 あらえびす p.6 〔13858〕

仏蘭西楽界サ・エ・ラ(79)―巴里オペラと其上演作品 松本太郎 p.10 〔13859〕

世界唯一の音楽史音楽学校―欧米楽界の印象(15) 太田太郎 p.23 〔13860〕

ニュース p.29 〔13861〕

マーラーの「大地の歌」に就いて 野村光一 p.30 〔13862〕

夏の軽音楽問答 有坂愛彦 p.32 〔13863〕

バッハの生涯 津川主一 訳 p.39 〔13864〕

一九三九年度ロンドン音楽祭 M・W生 p.47 〔13865〕

八月のスキング・タンゴ―短評・紹介 野川香文 p.52 〔13866〕

欧米レコード・ニュース 藤田不二 p.54 〔13867〕

今月の「レコード・ニュース」に出た新人其他 藤田不二 p.58 〔13868〕

外国レコード界の動き 藤田不二 p.60 〔13869〕

東京放送会館のスタヂオの話 岡松真尚 p.64 〔13870〕

読者の声 p.70 〔13871〕

レコード芸術家の動静 M・W生 p.71 〔13872〕

八月の推薦盤 p.77 〔13873〕

手軽に楽しめるテレフンケンのオペラ集 水野忠恂 p.78 〔13874〕

八月の映画―短評・紹介 上野一郎 p.80 〔13875〕

歌謡の彗星ロジタ・ゼラーノ 玉置真吉 p.82 〔13876〕

新刊紹介―「カレワラ」 村田武雄 p.85 〔13877〕

新しく録音された「死と少女」四重奏曲(試聴記) 藤田不二 p.87 〔13878〕

リストの第二協奏曲新盤試聴(試聴記) 有坂愛彦 p.89 〔13879〕

フォスター名曲集を聴いて(試聴記) 野口久光 p.90 〔13880〕

モーツァルトの絃楽三重奏曲―ディヴェルティメント変ホ調K五六三(試聴記) 村田武雄 p.95 〔13881〕

洋楽レコード評―新譜批評 野村光一 p.97 〔13882〕

家庭音楽盤月評―新譜批評 柴田知常 p.110 〔13883〕

頒布会案内 面白誌 p.122 〔13884〕

ベートーヴェンの交響曲のレコード(1)―私のノートから 村田武雄 p.123 〔13885〕

質問往来 p.132 〔13886〕

13巻9号（1939年9月発行）

レコード春秋 あらえびす p.6 〔13887〕

仏蘭西楽界サ・エ・ラ(80)―巴里オペラと其上演作品 松本太郎 p.10 〔13888〕

トスカニーニ A.W.ウイリアムズ，村田美与子 訳 p.25 〔13889〕

「レコード音楽」 内容細目

トスカニーニの指揮振りとベートーヴェンの「第五」交響曲 野村光一 p.32 〔13890〕

トスカニーニの序曲集を聴く（試聴記）野村光一 p.34 〔13891〕

新時代のコンツェルト・グロッソ（試聴記）有坂愛彦 p.34 〔13892〕

ドヴォルザークの「ニガー四重奏曲」新盤（試聴記）井上頼豊 p.38 〔13893〕

ハイドン協会・第七輯（試聴記）村田武雄 p.40 〔13894〕

ワルター指揮 ハイドンの「軍隊交響曲」（試聴記）陶野重雄 p.42 〔13895〕

ニュース p.44 〔13896〕

夏とレコード（随筆）あらえびす p.45 〔13897〕

バッハの生涯 津川主一 訳 p.49 〔13898〕

英国放送会社交響管絃団の内容 藤田不二 p.58 〔13899〕

シベリアを経て伯林へ―欧米楽界の印象（16）太田太郎 p.61 〔13900〕

蒐集家の頁（7）ゴドウスキーのレコード（3）藁科雅美 p.71 〔13901〕

ベニー・グッドマンとスキング史（1）野川香文 p.74 〔13902〕

九月のスキング・歌等―短評・紹介 野川香文 p.78 〔13903〕

九月の映画―短評・紹介 上野一郎 p.80 〔13904〕

九月の児童レコード―短評・紹介 柴田知常 p.82 〔13905〕

九月の推薦盤 p.85 〔13906〕

読者の声 p.86 〔13907〕

洋楽レコード評―新譜批評 野村光一 p.87 〔13908〕

家庭音楽盤月評―新譜批評 柴田知常 p.99 〔13909〕

歴史的レコード 藤田不二 p.108 〔13910〕

レコード芸術家の動静 M・W生 p.112 〔13911〕

外国レコード界の動き 藤田不二 p.118 〔13912〕

欧米レコード・ニュース 藤田不二 p.121 〔13913〕

今月の「レコード・ニュース」に出た新人其他 藤田不二 p.125 〔13914〕

頒布会案内 面白誌 p.127 〔13915〕

ベートーヴェンの交響曲のレコード（2）―私のノートから 村田武雄 p.129 〔13916〕

13巻10号（1939年10月発行）

レコード春秋 あらえびす p.6 〔13917〕

「アルルの女」のレコード（試聴記）有坂愛彦 p.11 〔13918〕

シゲッティとペトリの演奏したブラームス「ヴァイオリン奏鳴曲」第三番（試聴記）村田武雄 p.13 〔13919〕

ディジョン聖歌隊の音盤を聴く（試聴記）津川主一 p.14 〔13920〕

リュートの為の古代舞曲とアリアをきく（試聴記）水野忠恂 p.16 〔13921〕

ニュース p.18 〔13922〕

仏蘭西楽界サ・エ・ラ（81）―イベールとヴェローヌ 松本太郎 p.19 〔13923〕

バッハの生涯 津川主一 訳 p.33 〔13924〕

外国レコード界の動き 藤田不二 p.45 〔13925〕

鳩とうさぎ（談話室）城山渋七 p.48 〔13926〕

アルテュール・オネガー訪問記 松本太郎 訳 p.50 〔13927〕

十月の映画―短評・紹介 上野一郎 p.56 〔13928〕

歴史的レコード 藤田不二 p.58 〔13929〕

欧米レコード・ニュース 藤田不二 p.62 〔13930〕

今月の「レコード・ニュース」に出た新人其他 藤田不二 p.66 〔13931〕

十月のスキング・タンゴ等―短評・紹介 野川香文 p.68 〔13932〕

レコード芸術家の動静 M・W生 p.70 〔13933〕

ジャズ昔噺 玉置真吉 p.75 〔13934〕

十月の推薦盤 p.79 〔13935〕

ベニー・グッドマンとスキング史（2）野川香文 p.80 〔13936〕

読者の声 p.84 〔13937〕

ルッター・アルバム T・N p.86 〔13938〕

眇のレコード音楽論 冬木乙彦 p.86 〔13939〕

頒布会案内 面白誌 p.89 〔13940〕

質問往来 p.90 〔13941〕

洋楽レコード評―新譜批評 野村光一 p.91 〔13942〕

家庭音楽盤月評―新譜批評 柴田知常 p.104 〔13943〕

十月の児童レコード―短評・紹介 柴田知常 p.113 〔13944〕

トスカニーニの「第五」（トスカニーニのベートーヴェン「第五」特輯）あらえびす p.115 〔13945〕

トスカニーニ頌（トスカニーニのベートーヴェン「第五」特輯）太田太郎 p.120 〔13946〕

N・B・C交響管絃団の人々（1）（トスカニーニのベートーヴェン「第五」特輯）藤田不二 p.124 〔13947〕

トスカニーニのレコードに就いて（トスカニーニのベートーヴェン「第五」特輯）村田武雄 p.131 〔13948〕

内容細目　　　　　　　　　　　　　　　　「レコード音楽」

トスカニーニ（2）（トスカニーニのベートー
ヴェン「第五」特輯）村田美与子 訳
p.133　　　　　　　　　　　　　　　〔13949〕

13巻11号（1939年11月発行）

レコード春秋 あらえびす p.6　　　　〔13950〕

レコード鑑賞者と批評家 村田武雄
p.11　　　　　　　　　　　　　　　〔13951〕

ブライロフスキーのショパンのソナタを聴いて
（試聴記）宅孝二 p.17　　　　　　　〔13952〕

ベートーヴェンの絃楽四重奏曲イ長調（試聴記）
小林基晴 p.19　　　　　　　　　　　〔13953〕

ブライロフスキー私見 野村光一 p.22　〔13954〕

仏蘭西楽界サ・エ・ラ（82）―ヂャン・ドワイヤ
ンに就いて 松本太郎 p.24　　　　　〔13955〕

歴史的レコード 藤田不二 p.37　　　〔13956〕

十一月の映画―短評・紹介 上野一郎
p.40　　　　　　　　　　　　　　　〔13957〕

バッハの生涯 津川主一 訳 p.42　　　〔13958〕

十一月のスキング・歌等―短評・紹介 野川香
文 p.48　　　　　　　　　　　　　　〔13959〕

外国レコード界の動き 藤田不二 p.50　〔13960〕

欧米レコード・ニュース 藤田不二
p.52　　　　　　　　　　　　　　　〔13961〕

今月の「レコード・ニュース」に出た新人其他
藤田不二 p.56　　　　　　　　　　　〔13962〕

スカンヂナヴィアの旅（1）―欧米楽界の印象
（17）太田太郎 p.57　　　　　　　　〔13963〕

過去及び現在のスエーデン音楽 編輯部 訳
p.69　　　　　　　　　　　　　　　〔13964〕

頒布会案内 面白誌 p.72　　　　　　〔13965〕

南北アメリカの軽音楽 古賀政男 p.73　〔13966〕

愛読者カード調査報告 p.73　　　　　〔13967〕

十一月の推薦盤 p.77　　　　　　　　〔13968〕

あらえびす氏の骨董蓄音器 p.78　　　〔13969〕

読者の声 p.80　　　　　　　　　　　〔13970〕

ベニー・グッドマンとスキング史（3）野川香文
p.82　　　　　　　　　　　　　　　〔13971〕

新刊紹介 p.86　　　　　　　　　　　〔13972〕

質問往来 p.87　　　　　　　　　　　〔13973〕

洋楽レコード評―新譜批評 野村光一
p.89　　　　　　　　　　　　　　　〔13974〕

家庭音楽盤月評―新譜批評 柴田知常
p.101　　　　　　　　　　　　　　　〔13975〕

十一月の児童レコード―短評・紹介 柴田知常
p.108　　　　　　　　　　　　　　　〔13976〕

N・B・C交響管絃団の人々（2）藤田不二
p.110　　　　　　　　　　　　　　　〔13977〕

近藤書店とジャーマン・ベーカリー（談話室）
松本太郎 p.118　　　　　　　　　　〔13978〕

二つの「ロック・ロモンド」川口繁
p.120　　　　　　　　　　　　　　　〔13979〕

ニュース p.122　　　　　　　　　　〔13980〕

ツー・イン・ワン・ピック・アップ 青木周三
p.123　　　　　　　　　　　　　　　〔13981〕

レコード芸術家の動静 M・W生
p.125　　　　　　　　　　　　　　　〔13982〕

ベートーヴェンの交響曲のレコード（3）―私の
ノートから 村田武雄 p.131　　　　〔13983〕

13巻12号（1939年12月発行）

レコード春秋 あらえびす p.6　　　　〔13984〕

ワルターの弾いたモーツァルトのニ短調ピアノ
協奏曲（試聴記）野村光一 p.11　　〔13985〕

トスカニーニの「ウヰリアム・テル」（試聴記）
牛山充 p.12　　　　　　　　　　　　〔13986〕

「パルシファル」試聴記―フルトヴェングラー
とストコフスキー（試聴記）水野忠恂
p.15　　　　　　　　　　　　　　　〔13987〕

最近感激したバッハのレコード（試聴記）村田
武雄 p.18　　　　　　　　　　　　　〔13988〕

メンゲルベルクの指揮する「第八」（試聴記）有
坂愛彦 p.21　　　　　　　　　　　　〔13989〕

メンゲルベルクの「第八」（試聴記）藤田不二
p.23　　　　　　　　　　　　　　　〔13990〕

ベートーヴェンの「第八」を聴く―メンゲルベ
ルク指揮（試聴記）津川主一 p.26　〔13991〕

ベートーヴェンの「第八」（試聴記）服部正
p.28　　　　　　　　　　　　　　　〔13992〕

ニュース p.30　　　　　　　　　　　〔13993〕

名曲・名レコード（座談会）あらえびす，有坂
愛彦，野村光一，藤田不二，松本太郎，村田
武雄 p.31　　　　　　　　　　　　　〔13994〕

メンゲルベルク・カンタータ 津川主一 訳
p.45　　　　　　　　　　　　　　　〔13995〕

仏蘭西楽界サ・エ・ラ（83）―一九三八・三
九年の楽季の巴里交響楽界（上）松本太郎
p.51　　　　　　　　　　　　　　　〔13996〕

荘厳弥撒曲の価値 津川主一 p.60　　〔13997〕

シュヴァイツァのバッハ・アルバム―コーラ
ル・プレリュード集 村田武雄 p.62　〔13998〕

歴史的レコード 藤田不二 p.69　　　〔13999〕

新刊紹介 p.73　　　　　　　　　　　〔14000〕

ローマン・ドゥクソン氏と語る 編輯子
p.75　　　　　　　　　　　　　　　〔14001〕

最も良く売れた今年の洋楽レコード
p.78　　　　　　　　　　　　　　　〔14002〕

十二月の推薦盤 p.85　　　　　　　　〔14003〕

パハマン選集に就いて―短評・紹介 K・S
p.86　　　　　　　　　　　　　　　〔14004〕

今年の一致推薦レコード p.86　　　　〔14005〕

アーティ・ショウ・アルバム―短評・紹介 T・
N p.88　　　　　　　　　　　　　　〔14006〕

洋楽レコード評―新譜批評 野村光一
p.91　　　　　　　　　　　　　　　〔14007〕

「レコード音楽」　内容細目

家庭音楽盤月評―新譜批評　柴田知常
p.99　〔14008〕

十二月の児童レコード―短評・紹介　柴田知常
p.104　〔14009〕

ベニー・グッドマンとスキング史（4）　野川香文
p.106　〔14010〕

十二月のスキング・歌等―短評・紹介　野川香
文　p.110　〔14011〕

テレフンケンのカンドリックス・アルバム紹介
野口久光　p.112　〔14012〕

十二月の映画―短評・紹介　上野一郎
p.114　〔14013〕

電気蓄音機の知識（18）　青木周三
p.116　〔14014〕

外国レコード界の動き　藤田不二
p.121　〔14015〕

欧米レコード・ニュース　藤田不二
p.124　〔14016〕

今月の「レコード・ニュース」に出た新人其他
藤田不二　p.128　〔14017〕

頒布会案内　面白誌　p.130　〔14018〕

スカンヂナヴィアの旅（2）―欧米楽界の印象
（18）太田太郎　p.132　〔14019〕

N・B・C交響管絃団の人々（3）　藤田不二
p.137　〔14020〕

14巻1号（1940年1月発行）

レコード春秋　あらえびす　p.6　〔14021〕

ギーゼングの弾いたドゥビュッシーの第一「十
二前奏曲集」を聴いて（試聴記）松本太郎
p.11　〔14022〕

シュポアの第八ヴァイオリン・コンチェルトに
就いて（試聴記）鰐淵賢舟　p.17　〔14023〕

外国レコード界の動き　藤田不二　p.19　〔14024〕

欧米レコード・ニュース　藤田不二
p.25　〔14025〕

仏蘭西楽界サ・エ・ラ（84）――一九三八・三九年
の楽季の巴里交響楽界（下）松本太郎
p.31　〔14026〕

アントン　ルビンシュタインと私（1）イグナッ
ツ・パデレフスキー，原田光子　訳
p.39　〔14027〕

一月のスキング・歌・タンゴ―短評・紹介　野川
香文　p.44　〔14028〕

ブルーノ・ワルターの消息など　ピーター・
ヒュー・リード，菅沼定省　訳　p.46　〔14029〕

紀元二千六百年に期待するもの　藤田不二
p.49　〔14030〕

テレフンケン軽音楽傑作選―短評・紹介　水野
忠恂　p.52　〔14031〕

スエーデンに於けるストコフスキー　村田美与
子　訳編　p.54　〔14032〕

三藐三道楽（談話室）あらえびす
p.58　〔14033〕

スカンヂナヴィアの旅（3）―欧米楽界の印象
（19）太田太郎　p.60　〔14034〕

歴史的レコード　藤田不二　p.67　〔14035〕

一月の推薦盤　p.71　〔14036〕

一月の映画―短評・紹介　上野一郎
p.72　〔14037〕

タンゴ王ビアンコ　玉置真吉　p.74　〔14038〕

執筆者フーズ・フー　p.76　〔14039〕

ベニー・グッドマンとスキング史（5）　野川香文
p.78　〔14040〕

レコード芸術家の動静　M・W生　p.81　〔14041〕

「音盤懐古漫談会」へ愛読者御招待
p.86　〔14042〕

ニュース　p.86　〔14043〕

洋楽レコード評―新譜批評　野村光一
p.87　〔14044〕

家庭音楽盤月評―新譜批評　柴田知常
p.100　〔14045〕

電気蓄音機の知識（19）　青木周三
p.111　〔14046〕

頒布会案内　面白誌　p.116　〔14047〕

14巻2号（1940年2月発行）

レコード春秋　あらえびす　p.6　〔14048〕

仏蘭西楽界サ・エ・ラ（85）―巴里とギーゼキン
グ　松本太郎　p.9　〔14049〕

アントン　ルビンシュタインと私（2）イグナッ
ツ・パデレフスキー，原田光子　訳　〔14050〕
p.21

歌劇「レーグロン」―欧米楽界の印象（20）太
田太郎　p.25　〔14051〕

レコードを聴いて歳月あり　柴田知常
p.32　〔14052〕

ニュース　p.36　〔14053〕

レスピーギの「風変りな店」（試聴記）天野秀延
p.37　〔14054〕

ヒンデミットのヴィオラとピアノの為のソナタ
（試聴記）川上裕　p.39　〔14055〕

ベートーヴェンの第二スィムフォニーを聴く
（試聴記）小林基晴　p.41　〔14056〕

テレフンケンの行進曲集―短評・紹介　水野忠
恂　p.44　〔14057〕

欧米レコード・ニュース　藤田不二
p.46　〔14058〕

外国レコード界の動き　藤田不二　p.59　〔14059〕

頒布会案内　面白誌　p.65　〔14060〕

戦線通信　福原彰夫　p.68　〔14061〕

耳日記　村田武雄　p.70　〔14062〕

レコード音楽偶感　宮内鎮代子　p.73　〔14063〕

ビクター家庭名盤集の第五輯に就いて―短評・
紹介　柴田知常　p.77　〔14064〕

内容細目 「レコード音楽」

二月のスキング・その他―短評・紹介 野川香文 p.80 〔14065〕

歴史的レコード 藤田不二 p.82 〔14066〕

執筆者フーズ・フー p.86 〔14067〕

ベニー・グッドマンとスキング史（6） 野川香文 p.88 〔14068〕

レコード芸術家の動静 M・W生 p.91 〔14069〕

質問往来 p.97 〔14070〕

読者の声 p.99 〔14071〕

洋楽レコード評―新譜批評 野村光一 p.101 〔14072〕

一月の推薦盤 p.114 〔14073〕

家庭音楽盤月評―新譜批評 柴田知常 p.115 〔14074〕

14巻3号（1940年3月発行）

レコード春秋 あらえびす p.6 〔14075〕

トスカニーニのモーツァルト「ト長調交響曲」（試聴記） 村田武雄 p.10 〔14076〕

メンゲルベルクの指揮した「第四」を聴く（試聴記） 藤田不二 p.14 〔14077〕

リストの第一協奏曲（試聴記） 原田光子 p.19 〔14078〕

ベートーヴェンのヴァイオリン奏鳴曲第十番ト長調（試聴記） 鰐淵賢舟 p.21 〔14079〕

ピアノ五重奏曲「鱒」（試聴記） 長島卓二 p.23 〔14080〕

満足され難いモーツァルト 野村光一 p.26 〔14081〕

ワインガルトナーの指揮譜から―ベートーヴェンの第二交響曲 有坂愛彦 p.28 〔14082〕

モーツァルトとその卜短調交響曲 水野忠恂 p.37 〔14083〕

「第四」を作曲した頃のベートーヴェン 村田武雄 p.44 〔14084〕

仏蘭西楽界サ・エ・ラ（86）―巴里の特殊室楽団と其レパートリー（上） 松本太郎 p.46 〔14085〕

レコード時評 p.56 〔14086〕

歴史的レコード 藤田不二 p.58 〔14087〕

三月のスキング・その他―短評・紹介 野川香文 p.62 〔14088〕

執筆者フーズ・フー p.64 〔14089〕

レシェチツキー教授と私（3） イグナッツ・パデレフスキー，原田光子 訳 p.66 〔14090〕

ブエノスアイレスと亜爾然丁音楽―短評・紹介 的場実 p.73 〔14091〕

ベニー・グッドマンとスキング史（7） 野川香文 p.76 〔14092〕

珍品・骨董レコードあれやこれやの探訪記 骨董太郎 p.81 〔14093〕

頒布会案内 面白誌 p.86 〔14094〕

ニュース p.88 〔14095〕

洋楽レコード評―新譜批評 野村光一 p.89 〔14096〕

家庭音楽盤月評―新譜批評 柴田知常 p.98 〔14097〕

レコード芸術家の動静 M・W生 p.104 〔14098〕

外国レコード界の動き 藤田不二 p.111 〔14099〕

欧米レコード・ニュース 藤田不二 p.114 〔14100〕

今月のニュースに出た新人その他 藤田不二 p.122 〔14101〕

モーツァルトとその交響曲（1） 陶野重雄 p.123 〔14102〕

三月の推薦盤 p.97・103 〔14103〕

14巻4号（1940年4月発行）

レコード春秋 あらえびす p.6 〔14104〕

コロムビア盤フォーレの「ルキエム」を聴いて（試聴記） 松本太郎 p.9 〔14105〕

シューベルト行進曲集―シュナーベル父子演奏（試聴記） 属啓成 p.13 〔14106〕

モーツァルトのヴァイオリン・ピアノ・ソナタ（試聴記） 水野忠恂 p.16 〔14107〕

シュトラウスの音詩「ドン・ファン」の新盤（試聴記） 井上頼豊 p.18 〔14108〕

外国レコード界の動き 藤田不二 p.21 〔14109〕

欧米レコード・ニュース 藤田不二 p.24 〔14110〕

今月のニュースに出た新人その他 藤田不二 p.30 〔14111〕

仏蘭西楽界サ・エ・ラ（87）―巴里の特殊室楽団と其レパートリー（下） 松本太郎 p.33 〔14112〕

レコード時評 p.44 〔14113〕

レコード芸術家の動静 M・W生 p.46 〔14114〕

ニュース p.51 〔14115〕

テレフンケンの「魔笛」と「エグモント」序曲―短評・紹介 藤田不二 p.52 〔14116〕

ベルリーナー・レコード 藤田不二 p.54 〔14117〕

独逸のシャンソン歌手ロジタ・ゼラーノ―短評・紹介 青木正 p.59 〔14118〕

ベニー・グッドマンとスキング史（8） 野川香文 p.60 〔14119〕

ビクターの音楽鑑賞名盤大系―短評・紹介 柴田知常 p.65 〔14120〕

読者の声 p.67 〔14121〕

執筆者フーズ・フー p.68 〔14122〕

頒布会案内 面白誌 p.70 〔14123〕

質問往来 p.72 〔14124〕

「レコード音楽」　　　　　　　　　　内容細目

洋楽レコード評―新譜批評　野村光一
p.75　　　　　　　　　　　　〔14125〕
家庭音楽盤月評―新譜批評　柴田知常
p.89　　　　　　　　　　　　〔14126〕
四月のスキング・その他―短評・紹介　野川香
文　p.94　　　　　　　　　　〔14127〕
巴里で逢つた音楽家達（4）　イグナッツ・パデレ
フスキー，原田光子 訳　p.96　　〔14128〕
モーツァルトとその交響曲（2）　陶野重雄
p.103　　　　　　　　　　　　〔14129〕
座談会『名曲・名レコード』　p.112　〔14130〕
四月の推薦盤　p.88・93　　　　〔14131〕

14巻5号（1940年5月発行）

レコード春秋　あらえびす　p.6　〔14132〕
ワルターの指揮するハイドン（試聴記）　有坂愛
彦　p.9　　　　　　　　　　　〔14133〕
イッセルシュテットのハイドン「驚愕交響曲」
を聴く（試聴記）　村田武雄　p.11　〔14134〕
ニュース　p.13　　　　　　　　〔14135〕
ハイドンの「驚愕」交響曲（試聴記）　坂本良隆
p.14　　　　　　　　　　　　〔14136〕
ビゼーの第一交響曲（試聴記）　服部正
p.16　　　　　　　　　　　　〔14137〕
グラナドス「西班牙舞踊曲集」（試聴記）　芦原英
了　p.18　　　　　　　　　　〔14138〕
マリピエロの絃楽四重奏「マドリガル風の曲集」
を聴いて（試聴記）　天野秀延　p.20　〔14139〕
仏蘭西楽界サ・エ・ラ（88）―若き提琴家アン
リー・メルケル　松本太郎　p.22　〔14140〕
ハンス フォン ビューローと私（5）　イグナッ
ツ・パデレフスキー，原田光子 訳
p.33　　　　　　　　　　　　〔14141〕
外国レコード界の動き　藤田不二　p.39　〔14142〕
欧米レコード・ニュース　藤田不二
p.45　　　　　　　　　　　　〔14143〕
今月のニュースに出た新人その他　藤田不二
p.48　　　　　　　　　　　　〔14144〕
レコード時評　p.50　　　　　　〔14145〕
ブランソーンのレコード　藤田不二
p.52　　　　　　　　　　　　〔14146〕
ロシア音楽史上に於けるチャイコフスキーの地
位（チャイコフスキー生誕百年記念）　中根宏
p.56　　　　　　　　　　　　〔14147〕
チャイコフスキーの演奏家に就いて（チャイコ
フスキー生誕百年記念）　野村光一
p.66　　　　　　　　　　　　〔14148〕
チャイコフスキーのレコード（チャイコフス
キー生誕百年記念）　薬科雅美　p.69　〔14149〕
オーケストラは語る（1）トスカニーニ　バーナー
ド・ショーア，薬科雅美 訳編　p.75　〔14150〕
レコード芸術家の動静　M・W生　p.83　〔14151〕
執筆者フーズ・フー　p.89　　　〔14152〕

洋楽レコード評―新譜批評　野村光一
p.91　　　　　　　　　　　　〔14153〕
家庭音楽盤月評―新譜批評　柴田知常
p.103　　　　　　　　　　　　〔14154〕
五月のスキング・その他―短評・紹介　野川香
文　p.108　　　　　　　　　　〔14155〕
頒布会案内　面白誌　p.110　　　〔14156〕
モーツァルトとその交響曲（3）　陶野重雄
p.113　　　　　　　　　　　　〔14157〕
ベートーヴェンの交響曲のレコード（4）―私の
ノートから　村田武雄　p.123　　〔14158〕
五月の推薦盤　p.102・107　　　〔14159〕

14巻6号（1940年6月発行）

レコード春秋　あらえびす　p.6　〔14160〕
ワルターのシューベルト「交響曲ハ長調」を讃
ふ（試聴記）　村田武雄　p.10　　〔14161〕
読者の声　p.12　　　　　　　　〔14162〕
伊太利の名指揮者サバタ（試聴記）　藤田不二
p.13　　　　　　　　　　　　〔14163〕
ベートーヴェンのヴァイオリン奏鳴曲第七番
（試聴記）　水野忠恂　p.15　　　〔14164〕
ヨッフムとベートーヴェンの「第七」（試聴記）
井上頼豊　p.17　　　　　　　　〔14165〕
ブラームスのヴァイオリン協奏曲（試聴記）　長
島卓二　p.20　　　　　　　　〔14166〕
ゼルキンと「熱情奏鳴曲」　野村光一
p.22　　　　　　　　　　　　〔14167〕
指揮者ヨッフム　坂本良隆　p.24　〔14168〕
仏蘭西楽界サ・エ・ラ（89）―仏蘭西音楽の観方
に就いて　坂本太郎　p.28　　　〔14169〕
犬と鸚鵡（6）　イグナッツ・パデレフスキー，原
田光子 訳　p.40　　　　　　　〔14170〕
六月のスキング・その他―短評・紹介　野川香
文　p.46　　　　　　　　　　〔14171〕
若いピアニスト・ゼルキンの横顔　原智恵子
p.48　　　　　　　　　　　　〔14172〕
レコード時評　p.51　　　　　　〔14173〕
外国レコード界の動き　藤田不二　p.52　〔14174〕
コロムビア放送交響管絃団のお話　藤田不二
p.55　　　　　　　　　　　　〔14175〕
シャンソン・ド・パリの歌手達―短評・紹介　芦
原英了　p.59　　　　　　　　〔14176〕
レコード芸術家の動静　M・W生　p.63　〔14177〕
家庭音楽対談会―短評・紹介　青木正，水野忠
恂　p.68　　　　　　　　　　〔14178〕
ニュース　p.69　　　　　　　　〔14179〕
質問往来　p.70　　　　　　　　〔14180〕
洋楽レコード評―新譜批評　野村光一
p.75　　　　　　　　　　　　〔14181〕
家庭音楽盤月評―新譜批評　柴田知常
p.87　　　　　　　　　　　　〔14182〕

モーツァルトとその交響曲（4）陶野重雄
p.93
〔14183〕

欧米レコード・ニュース 藤田不二
p.102
〔14184〕

頒布会案内 面白誌 p.110
〔14185〕

音盤懐古漫談会の話 p.113
〔14186〕

六月の推薦盤 p.91・92
〔14187〕

14巻7号（1940年7月発行）

レコード春秋 あらえびす p.6
〔14188〕

プロローグ・モノローグ—「道化師十八面の印
象」（試聴記）青木正 p.10
〔14189〕

トスカニーニの「第四」を聴いて（試聴記）村
田武雄 p.12
〔14190〕

ブッシュ四重奏団の弾くシューベルトの大作
（試聴記）有坂愛彦 p.14
〔14191〕

リムスキイ・コルサァコフと「金鶏」（試聴記）
中根宏 p.16
〔14192〕

シュナーベルの弾くモーツァルトの奏鳴曲イ短
調（試聴記）長島卓二 p.20
〔14193〕

トスカニーニとベートーヴェンの「第四」野村
光一 p.22
〔14194〕

仏蘭西楽界サ・エ・ラ（90）—ヂャン・リヴィエ
に就いて 松本太郎 p.24
〔14195〕

質問往来 p.28
〔14196〕

ベートーヴェンの交響曲のレコード（5）—私の
ノートから 村田武雄 p.29
〔14197〕

レコード時評 p.35
〔14198〕

トスカニーニ夫妻 原田光子 訳 p.39
〔14199〕

頒布会案内 面白誌 p.47
〔14200〕

ニュース p.47
〔14201〕

七月のスヰング・その他—短評・紹介 野川香
文 p.48
〔14202〕

外国レコード界の動き 藤田不二 p.50 〔14203〕

欧米レコード・ニュース 藤田不二
p.54
〔14204〕

モーツァルトとその交響曲（5）陶野重雄
p.59
〔14205〕

オーケストラは語る（2）クーセヴィツキー、バ
ルビロリ バーナード・ショーア, 薬科雅美
訳 p.66
〔14206〕

ブランソーンのレコード（後）藤田不二
p.72
〔14207〕

病床雑記（随筆）友永文彦 p.75
〔14208〕

レコード芸術家の動静 M・W生 p.79 〔14209〕

「珍品レコード」読後—短評・紹介 村田武雄
p.85
〔14210〕

逝けるルイザ・テトラツィーニ M・W生
p.87
〔14211〕

洋楽レコード評—新譜批評 野村光一
p.91
〔14212〕

家庭音楽盤月評—新譜批評 柴田知常
p.101
〔14213〕

家庭音楽対談会—短評・紹介 青木正, 水野忠
恂 p.105
〔14214〕

名曲と名レコードの座談会（第3回）（特輯）
p.107
〔14215〕

音盤懐古漫談会の話 p.131
〔14216〕

読者の声 p.134
〔14217〕

七月の推薦盤 p.126・127
〔14218〕

14巻8号（1940年8月発行）

レコード春秋 あらえびす p.6
〔14219〕

山荘閑談 あらえびす p.9
〔14220〕

ベートーヴェン絃楽五重奏曲（新盤紹介）有坂
愛彦 p.10
〔14221〕

「さまよへる和蘭人」序曲の新盤（新盤紹介）有
坂愛彦 p.11
〔14222〕

「道化師」に就いて 牧定忠 p.13
〔14223〕

仏蘭西楽界サ・エ・ラ（91）—ヂャン・リヴィエ
に就いて（下）松本太郎 p.20
〔14224〕

レコード時評 p.27
〔14225〕

ベートーヴェンの交響曲のレコード（6）—私の
ノートから 村田武雄 p.32
〔14226〕

外国レコード界の動き 藤田不二 p.36 〔14227〕

欧米レコード・ニュース 藤田不二
p.38
〔14228〕

モーツァルトとその交響曲（6）陶野重雄
p.43
〔14229〕

ニュース p.52
〔14230〕

レコード芸術家の動静 M・W生 p.53 〔14231〕

洪牙利のピアニスト エドワード・キレニー
M・W生 p.59
〔14232〕

頒布会案内 面白誌 p.61
〔14233〕

読者の声 p.63
〔14234〕

家庭音楽対談会—短評・紹介 青木正, 水野忠
恂 p.64
〔14235〕

質問往来 p.66
〔14236〕

洋楽レコード評—新譜批評 野村光一
p.75
〔14237〕

家庭音楽盤月評—新譜批評 柴田知常
p.83
〔14238〕

八月のスヰング・その他—短評・紹介 野川香
文 p.86
〔14239〕

碁盤の上に黒石と白石を交互に並べる譚（談話
室）佐野生 p.90
〔14240〕

藤田さんの「歴史的レコード」—短評・紹介 村
田武雄 p.92
〔14241〕

巴里とキャフエー（回想）松本太郎
p.94
〔14242〕

リリイ・レーマンと彼女のレコード 藤田不二
p.100
〔14243〕

「レコード音楽」　　　　　　　　　内容細目

ブラームスとその交響曲（1）小林基晴
p.103　　　　　　　　　　　〔14244〕

八月の推薦盤 p.88・89　　　　〔14245〕

14巻9号（1940年9月発行）

レコード春秋 あらえびす p.6　〔14246〕

新盤紹介 水野忠恂 p.9　　　　〔14247〕

時局と音楽とわれわれの使命―短評・紹介 編
輯部 p.13　　　　　　　　　〔14248〕

外国レコード界の動き 藤田不二 p.14　〔14249〕

レコード時評 p.19　　　　　　〔14250〕

新盤の楽曲に拠る音楽通論講座（第1講）モー
ツァルトのロンド 柴田知常 p.22　〔14251〕

ベートーヴェンの交響曲のレコード（7）―私の
ノートから 村田武雄 p.27　　〔14252〕

オーケストラは語る（3）ボールト バーナード・
ショーア，薬科雅美 訳 p.39　〔14253〕

仏蘭西楽界サ・エ・ラ（92）―新しい室楽曲発表
団体「トリトン」（上）松本太郎
p.45　　　　　　　　　　　　〔14254〕

欧米レコード・ニュース 藤田不二
p.52　　　　　　　　　　　　〔14255〕

書評―野村光一氏の「レコード音楽 名曲に聴
く」あらえびす，村田武雄 p.57　〔14256〕

レコード芸術家の動静 M・W生 p.61　〔14257〕

九月の推薦盤 p.67　　　　　　〔14258〕

文部省推薦・紹介レコード―短評・紹介
p.68　　　　　　　　　　　　〔14259〕

ニュース p.69　　　　　　　　〔14260〕

テレフンケンのゲッツィ・アルバム―短評・紹
介 野川香文 p.70　　　　　　〔14261〕

読者の声 p.72　　　　　　　　〔14262〕

質問往来 p.73　　　　　　　　〔14263〕

洋楽レコード評―新譜批評 野村光一
p.77　　　　　　　　　　　　〔14264〕

家庭音楽盤月評―新譜批評 柴田知常
p.83　　　　　　　　　　　　〔14265〕

シャリアピンの民謡レコード 中根宏
p.89　　　　　　　　　　　　〔14266〕

リリイ・レーマンと彼女のレコード（2）藤田不
二 p.93　　　　　　　　　　〔14267〕

頒布会案内 面白誌 p.96　　　〔14268〕

翻訳二題―短評・紹介 村田武雄 p.98　〔14269〕

コンセール・コロンヌの面影 小林正
p.101　　　　　　　　　　　　〔14270〕

ブラームスとその交響曲（2）小林基晴
p.104　　　　　　　　　　　〔14271〕

14巻10号（1940年10月発行）

レコード春秋 あらえびす p.6　〔14272〕

新体制下の芸術 小川近五郎 p.10　〔14273〕

新盤紹介 藤田不二 p.13　　　〔14274〕

ニュース p.21　　　　　　　　〔14275〕

仏蘭西楽界サ・エ・ラ（93）―新しい室楽曲発表
団体「トリトン」（中）松本太郎
p.22　　　　　　　　　　　　〔14276〕

洋楽レコードの進路 田辺秀雄 p.29　〔14277〕

われわれの一つの声明 編輯部 p.32　〔14278〕

レコード時評 p.34　　　　　　〔14279〕

海外レコード・ニュース 藤田不二
p.36　　　　　　　　　　　　〔14280〕

外国レコード界の動き 藤田不二 p.40　〔14281〕

新響今シーズンのスケヂュール―短評・紹介
p.45　　　　　　　　　　　　〔14282〕

独逸歌劇場の現況 藤田不二 p.46　〔14283〕

頒布会案内 面白誌 p.48　　　〔14284〕

質問往来 p.49　　　　　　　　〔14285〕

新盤の楽曲に拠る音楽通論講座（第2講）ショパ
ンのマズルカ 柴田知常 p.54　〔14286〕

レコード芸術家の動静 M・W生 p.59　〔14287〕

匆忙多感 冬木乙彦 p.65　　　〔14288〕

逝けるアレッサンドロ・ボンチ―短評・紹介
M・W生 p.68　　　　　　　　〔14289〕

レコード店から見たファンの傾向
p.74　　　　　　　　　　　　〔14290〕

洋楽レコード評―新譜批評 野村光一
p.75　　　　　　　　　　　　〔14291〕

家庭音楽盤月評―新譜批評 柴田知常
p.84　　　　　　　　　　　　〔14292〕

十月の推薦盤 p.89　　　　　　〔14293〕

嶺南先生を憶ふ―短評・紹介 竹野俊男
p.90　　　　　　　　　　　　〔14294〕

文部省推薦レコード―短評・紹介 編輯部
p.93　　　　　　　　　　　　〔14295〕

読者の声 p.96　　　　　　　　〔14296〕

ブラームスとその交響曲（3）小林基晴
p.98　　　　　　　　　　　　〔14297〕

14巻11号（1940年11月発行）

レコード春秋 あらえびす p.6　〔14298〕

新盤紹介 村田武雄 p.10　　　〔14299〕

ニュース p.15　　　　　　　　〔14300〕

文部省のレコード推薦制度について 田辺尚雄
p.16　　　　　　　　　　　　〔14301〕

仏蘭西楽界サ・エ・ラ（94）―新しい室楽曲発表
団体「トリトン」（下）松本太郎
p.20　　　　　　　　　　　　〔14302〕

コルトー雑談 野辺地瓜丸 p.27　〔14303〕

レコード時評 p.30　　　　　　〔14304〕

海外レコード・ニュース 藤田不二
p.32　　　　　　　　　　　　〔14305〕

外国レコード界の動き 藤田不二 p.35　〔14306〕

頒布会案内 面白誌 p.38　　　〔14307〕

ブラームスとその交響曲（4）小林基晴
p.39 〔14308〕
新盤の楽曲に拠る音楽通論講座（第3講）胡桃割
人形 柴田知常 p.48 〔14309〕
生と缶詰―新響及中響の定期公演を中心として
陶野重雄 p.54 〔14310〕
カルーソーの非常に珍しいレコード 面白誌
p.58 〔14311〕
レコード芸術家の動静 M・W生 p.59 〔14312〕
演奏する権利がある（随筆） ベルリオーズ
p.65 〔14313〕
アメリカ人の音楽に対する好み（談話室） 中村
民三 p.66 〔14314〕
新刊紹介―原田光子さん訳「パデレフスキー自
伝」を読む 野村光一 p.68 〔14315〕
質問往来 p.69 〔14316〕
十一月の推薦盤 p.74 〔14317〕
洋楽レコード評―新譜批評 野村光一
p.75 〔14318〕
家庭音楽盤月評―新譜批評 柴田知常
p.84 〔14319〕
読者の声 p.90 〔14320〕
日本のラヂオに活躍する芸術家（1） 薬科雅美
p.92 〔14321〕
ラヂオ時評 p.98 〔14322〕
マイクの秘密 ハリイ・エリンガム，栗田徹 抄
訳 p.100 〔14323〕

14巻12号（1940年12月発行）

レコード春秋 あらえびす p.6 〔14324〕
新盤紹介 斎藤俊子 p.10 〔14325〕
ハイフェッツとトスカニーニ 野村光一
p.18 〔14326〕
仏蘭西楽界サ・エ・ラ（95）―トリトンの背景
松本太郎 p.20 〔14327〕
アムステルダムのConcertgebouw=Orkestに就
て 津川主一 p.28 〔14328〕
座談会「今年の洋楽レコード」 有坂愛彦，村田
武雄，本社編輯部 p.30 〔14329〕
今年の一致推薦名曲盤 編輯部 編
p.47 〔14330〕
紀元二千六百年奉祝楽曲 牧定忠 p.49 〔14331〕
新体制に対する楽壇の動向 p.53 〔14332〕
レコード時評 p.54 〔14333〕
奉祝舞楽「悠久」 志摩良輔 p.56 〔14334〕
新盤の楽曲に拠る音楽通論講座（第4講）サン
タ・ルチア 柴田知常 p.58 〔14335〕
マイクの秘密（下） ハリイ・エリンガム，栗田
徹 抄訳 p.63 〔14336〕
ラヂオ時評 p.67 〔14337〕
頒布会案内 面白誌 p.69 〔14338〕
読者の声 p.70 〔14339〕

ニュース p.71 〔14340〕
質問往来 p.72 〔14341〕
洋楽レコード評―新譜批評 野村光一
p.79 〔14342〕
家庭音楽盤月評―新譜批評 柴田知常
p.87 〔14343〕
十二月の推薦盤 p.92 〔14344〕
海外レコード・ニュース 藤田不二
p.93 〔14345〕
外国レコード界の動き 藤田不二 p.96 〔14346〕
カルーソーのレコード 藤田不二 p.98 〔14347〕
ブラームスとその交響曲（5）小林基晴
p.101 〔14348〕

15巻1号（1941年1月発行）

レコード春秋 あらえびす p.6 〔14349〕
新盤紹介 藤田不二 p.9 〔14350〕
ニュース p.15 〔14351〕
祝典曲と夜明け 村田武雄 p.16 〔14352〕
音楽宣撫工作視察の旅（1）南京（1） 太田太郎
p.20 〔14353〕
仏蘭西楽界サ・エ・ラ（96）―今一つの室楽曲発
表団体「セレナード」に就いて 松本太郎
p.27 〔14354〕
ブラームスとその交響曲（6）小林基晴
p.33 〔14355〕
座談会「レコード界の諸問題」 田辺秀雄，関清
武，石塚寛，土田貞夫，本社編輯部
p.50 〔14356〕
「越天楽」残楽三返 志保良輔 p.64 〔14357〕
頒布会案内 面白誌 p.66 〔14358〕
海外レコード・ニュース 藤田不二
p.67 〔14359〕
レコード界展望 藤田不二 p.70 〔14360〕
新盤の楽曲に拠る音楽通論講座（第5講）死と少
女 柴田知常 p.73 〔14361〕
レコード芸術家の動静 M・W生 p.77 〔14362〕
カルーソーのレコード（2） 藤田不二
p.84 〔14363〕
初夢（談話室） 陶野重雄 p.86 〔14364〕
新刊紹介―「フランツ・リスト伝」「ワーグナー
全集第一巻」 p.87 〔14365〕
ベルリオーズを中心に―新響第二二〇回公演
（続生と缶詰） 陶野重雄 p.88 〔14366〕
質問往来 p.91 〔14367〕
洋楽レコード評―新譜批評 野村光一
p.93 〔14368〕
一月の推薦盤 p.103 〔14369〕
家庭音楽盤月評（外国盤・日本盤）―新譜批評
柴田知常，長島卓二 p.104 〔14370〕
邦楽一月新譜―新譜批評 尾崎宏次
p.110 〔14371〕

「レコード音楽」　　　　　　　　　　内容細目

テレフンケンの二月新譜 p.114　　　　〔14372〕

大ピアニストは語る（1）エミール・フォン・ザ
ワー　原田光子 訳 p.115　　　　　　〔14373〕

15巻2号（1941年2月発行）

レコード春秋 あらえびす p.6　　　　　〔14374〕

新盤紹介 水野忠恂 p.9　　　　　　　　〔14375〕

仏蘭西楽界サ・エ・ラ（97）―ベルリオーズの
「幻想交響曲」を語る 松本太郎
p.13　　　　　　　　　　　　　　　〔14376〕

ニュース p.21　　　　　　　　　　　　〔14377〕

音楽宣撫工作視察の旅（2）南京（2）太田太郎
p.28　　　　　　　　　　　　　　　〔14378〕

大ピアニストは語る（2）ブゾーニ 原田光子 訳
p.32　　　　　　　　　　　　　　　〔14379〕

新刊紹介―「舞踊年鑑 昭和十四年度」
p.36　　　　　　　　　　　　　　　〔14380〕

フョードル・シャリアピン（1）スキターレッツ
p.37　　　　　　　　　　　　　　　〔14381〕

国民学校の芸能科音楽鑑賞に於ける鑑賞教授に
就いて 柴田知常 p.44　　　　　　　　〔14382〕

海外レコード・ニュース 藤田不二
p.46　　　　　　　　　　　　　　　〔14383〕

映画音楽雑記（1）横田昌久 p.52　　　〔14384〕

随筆「囲碁と音楽」 野村光一 p.54　　〔14385〕

ブラームスとその交響曲（7）小林基晴
p.56　　　　　　　　　　　　　　　〔14386〕

レコード芸術家の動静 M・W生 p.63　〔14387〕

カルーソーのレコード（3）藤田不二
p.70　　　　　　　　　　　　　　　〔14388〕

読者の声 p.74　　　　　　　　　　　　〔14389〕

質問往来 p.76　　　　　　　　　　　　〔14390〕

洋楽レコード評―新譜批評 野村光一
p.79　　　　　　　　　　　　　　　〔14391〕

家庭音楽盤月評（外国盤・日本盤）―新譜批評
柴田知常，長島卓二 p.88　　　　　　〔14392〕

邦楽二月新譜―新譜批評 尾崎宏次
p.94　　　　　　　　　　　　　　　〔14393〕

レコード界展望 藤田不二 p.97　　　　〔14394〕

逝けるヤン・クベリック 薬科雅美
p.101　　　　　　　　　　　　　　　〔14395〕

15巻3号（1941年3月発行）

レコード春秋 あらえびす p.6　　　　　〔14396〕

新盤紹介 薬科雅美 p.10　　　　　　　　〔14397〕

レコードを聴きて（紀元二千六百年奉祝楽曲の
頁）牧定忠 p.16　　　　　　　　　　〔14398〕

新刊紹介―紀元二千六百年「奉祝楽曲」総譜
p.19　　　　　　　　　　　　　　　〔14399〕

雑記（紀元二千六百年奉祝楽曲の頁）中沢至夫
p.20　　　　　　　　　　　　　　　〔14400〕

ニュース p.23　　　　　　　　　　　　〔14401〕

レコード録音に際して（紀元二千六百年奉祝楽
曲の頁）田辺秀雄 p.24　　　　　　　〔14402〕

仏蘭西楽界サ・エ・ラ（98）―ロベール・ベル
ナールの「仏蘭西音楽の特質」 松本太郎
p.26　　　　　　　　　　　　　　　〔14403〕

大ピアニストは語る（3）ウイルヘルム・バック
ハウス 原田光子 訳 p.34　　　　　　〔14404〕

フョードル・シャリアピン（2）スキターレッツ
p.38　　　　　　　　　　　　　　　〔14405〕

カザルスの至芸「バッハ協会・第七輯」 村田武
雄 p.46　　　　　　　　　　　　　　〔14406〕

日本のラヂオに活躍する芸術家（2）薬科雅美
p.49　　　　　　　　　　　　　　　〔14407〕

新盤の楽曲に拠る音楽通論講座（第6講）ヴェル
ディ作 歌劇「リゴレット」四重唱 柴田知常
p.54　　　　　　　　　　　　　　　〔14408〕

レコード芸術家の動静 M・W生 p.59　〔14409〕

随筆「忘れられたレコード」 赤木仁兵衛
p.67　　　　　　　　　　　　　　　〔14410〕

戦線だより 福原彰夫 p.71　　　　　　〔14411〕

洋楽レコード評―新譜批評 野村光一
p.75　　　　　　　　　　　　　　　〔14412〕

家庭音楽盤月評（外国盤・日本盤）―新譜批評
柴田知常，長島卓二 p.86　　　　　　〔14413〕

流行歌三月新譜―新譜批評 尾崎宏次
p.93　　　　　　　　　　　　　　　〔14414〕

海外レコード・ニュース 藤田不二
p.96　　　　　　　　　　　　　　　〔14415〕

レコード界展望 藤田不二 p.102　　　　〔14416〕

映画音楽雑記（2）横田昌久 p.104　　　〔14417〕

私のラヂオ観・レコード観 薬科雅美 訳
p.109　　　　　　　　　　　　　　　〔14418〕

頒布会案内 面白誌 p.114　　　　　　　〔14419〕

読者の声 p.115　　　　　　　　　　　　〔14420〕

質問往来 p.116　　　　　　　　　　　　〔14421〕

ブラームスとその交響曲（8）小林基晴
p.121　　　　　　　　　　　　　　　〔14422〕

15巻4号（1941年4月発行）

レコード春秋 あらえびす p.6　　　　　〔14423〕

新盤紹介 村田武雄 p.10　　　　　　　　〔14424〕

ニュース p.15　　　　　　　　　　　　〔14425〕

仏蘭西楽界サ・エ・ラ（99）―ロベール・ベル
ナールの「仏蘭西音楽の特質」（中）松本太郎
p.16　　　　　　　　　　　　　　　〔14426〕

ショスタコヴィッチと「第五」 中根宏
p.23　　　　　　　　　　　　　　　〔14427〕

大ピアニストは語る（4）ヴラディミル・ド・
パッハマン 原田光子 訳 p.28　　　　〔14428〕

書評―村村さんのダンディズム「音楽青年の
説」 村田武雄 p.34　　　　　　　　　〔14429〕

K子と野薔薇（特輯 諸名家随筆特選集）あらえ
びす p.36　　　　　　　　　　　　　〔14430〕

内容細目　　　　　　　　　　　　　　　「レコード音楽」

音楽と相撲（特輯 諸名家随筆特選集）上司小剣
p.40　　　　　　　　　　　　　〔14431〕

ラヴェルの皮肉（特輯 諸名家随筆特選集）松本
太郎 p.43　　　　　　　　　　　〔14432〕

聴き方の重点主義（特輯 諸名家随筆特選集）岡
山東 p.45　　　　　　　　　　　〔14433〕

手紙（特輯 諸名家随筆特選集）勢伊奴麻呂
p.48　　　　　　　　　　　　　〔14434〕

ベートーヴェンと「ズボンのボタン」（特輯 諸名
家随筆特選集）属啓成 p.51　　　〔14435〕

採集（特輯 諸名家随筆特選集）吉川淡水
p.56　　　　　　　　　　　　　〔14436〕

レコード界展望 藤田不二 p.59　　〔14437〕

海外レコード・ニュース 藤田不二
p.63　　　　　　　　　　　　　〔14438〕

アルゼンチンの音楽映画 高橋忠雄
p.69　　　　　　　　　　　　　〔14439〕

新盤の楽曲に拠る音楽通論講座（第7講）ビゼー
作「アルルの女」第二組曲 柴田知常
p.70　　　　　　　　　　　　　〔14440〕

レコード芸術家の動静 M・W生 p.75　〔14441〕

戦線だより 福原彰夫 p.83　　　　〔14442〕

カルーソーのレコード（4）藤田不二
p.86　　　　　　　　　　　　　〔14443〕

洋楽レコード評―新譜批評 野村光一
p.91　　　　　　　　　　　　　〔14444〕

家庭音楽盤月評（外国盤・日本盤）―新譜批評
柴田知常，長島卓二 p.104　　　〔14445〕

流行歌四月新譜―新譜批評 尾崎宏次
p.109　　　　　　　　　　　　〔14446〕

日本吹込レコードとその将来（座談会）（特輯）
あらえびす，有坂愛彦，青砥道雄，太田太郎，
田辺秀雄，信時潔，野村光一 p.113　〔14447〕

B・B・Cのレコード放送係カウエル嬢の一日
村田美与子 p.139　　　　　　　〔14448〕

フョードル・シャリアピン（3・終）スキター
レッツ p.143　　　　　　　　　〔14449〕

頒布会案内 面白誌 p.150　　　　〔14450〕

質問往来 p.151　　　　　　　　　〔14451〕

読者の声 p.156　　　　　　　　　〔14452〕

15巻5号（1941年5月発行）

レコード春秋 あらえびす p.6　　　〔14453〕

新盤紹介 藤田不二 p.11　　　　　〔14454〕

ニュース p.17　　　　　　　　　　〔14455〕

音楽宣撫工作視察の旅（3）上海中国人の音楽趣
味とその動向（1）太田太郎 p.18　〔14456〕

仏蘭西楽界サ・エ・ラ（100）―ロベール・ベル
ナールの「仏蘭西音楽の特質」（下）松本太郎
p.23　　　　　　　　　　　　　〔14457〕

大ピアニストは語る（5）レオポールド・ゴドウ
スキー 原田光子 訳 p.31　　　　〔14458〕

コロムビア（日本吹込の洋楽レコード）久我春
雄 p.35　　　　　　　　　　　　〔14459〕

キング（日本吹込の洋楽レコード）大野冠次郎
p.38　　　　　　　　　　　　　〔14460〕

ポリドール（日本吹込の洋楽レコード）志摩良
輔 p.39　　　　　　　　　　　　〔14461〕

ビクター（日本吹込の洋楽レコード）勝田由雄
p.40　　　　　　　　　　　　　〔14462〕

レコード界展望 藤田不二 p.44　　〔14463〕

海外レコード・ニュース 藤田不二
p.46　　　　　　　　　　　　　〔14464〕

文部大臣賞授賞レコードに就て 田辺尚雄
p.51　　　　　　　　　　　　　〔14465〕

映画音楽雑記（3）横田昌久 p.54　〔14466〕

レコード芸術家の動静 M・W生 p.59　〔14467〕

アメリカ人指揮者の出現―ハワード・バーロウ
面白誌 p.69　　　　　　　　　　〔14468〕

戦線だより（完）福原彰夫 p.72　〔14469〕

頒布会案内 面白誌 p.74　　　　　〔14470〕

洋楽レコード評―新譜批評 野村光一
p.75　　　　　　　　　　　　　〔14471〕

家庭音楽盤月評（外国盤・日本盤）―新譜批評
柴田知常，長島卓二 p.87　　　　〔14472〕

流行歌五月新譜―新譜批評 丸山鉄雄
p.96　　　　　　　　　　　　　〔14473〕

カルーソーのレコード（5）藤田不二
p.100　　　　　　　　　　　　〔14474〕

コロムビアに吹込みをした米国の新しい芸術家
達 薬科雅美 p.102　　　　　　　〔14475〕

世界序曲名盤集の第三輯 藤田不二
p.112　　　　　　　　　　　　〔14476〕

質問往来 p.115　　　　　　　　　〔14477〕

15巻6号（1941年6月発行）

レコード春秋 あらえびす p.6　　　〔14478〕

新盤紹介 寺西春雄 p.10　　　　　〔14479〕

音楽宣撫工作視察の旅（4）上海中国人の音楽趣
味とその動向（2）太田太郎 p.18　〔14480〕

仏蘭西楽界サ・エ・ラ（101）―ドゥビュッシー
の「海」を語る 松本太郎 p.23　　〔14481〕

チャイコフスキー作「提琴協奏曲」とその周囲
中根宏 p.32　　　　　　　　　　〔14482〕

大ピアニストは語る（6）ガブリロウィッチ 原田
光子 訳 p.38　　　　　　　　　　〔14483〕

ピアノ音楽対談会 野村光一，野辺地瓜丸
p.42　　　　　　　　　　　　　〔14484〕

海外レコード・ニュース 藤田不二
p.54　　　　　　　　　　　　　〔14485〕

頒布会案内 面白誌 p.62　　　　　〔14486〕

音楽文化上の一問題―その発明権の行方 佐藤
謙三 p.63　　　　　　　　　　　〔14487〕

音盤資材を語る 荻原喬 p.69　　　〔14488〕

「レコード音楽」　　　　　　　　　内容細目

レコード芸術家の動静　M・W生　p.73　〔14489〕

読者の声　p.82　〔14490〕

書評―シンドラー著・清水政二訳「ベートー
ヴェン」　松本太郎　p.84　〔14491〕

アメリカ人指揮者の出現 (2)―ハワード・バー
ロウ　面白誌　p.85　〔14492〕

洋楽レコード評―新譜批評　野村光一
p.89　〔14493〕

家庭音楽盤月評(外国盤・日本盤)―新譜批評
柴田知常, 長島卓二　p.101　〔14494〕

流行歌六月新譜―新譜批評　丸山鉄雄
p.108　〔14495〕

カルーソーのレコード (6)　藤田不二
p.111　〔14496〕

「サ・エ・ラ」百回に達す(談話室)　城山渋七
p.114　〔14497〕

レコード界展望　藤田不二　p.116　〔14498〕

映画音楽雑記 (4)　横田昌久　p.119　〔14499〕

質問往来　p.125　〔14500〕

ニュース　p.131　〔14501〕

15巻7号 (1941年7月発行)

レコード春秋　あらえびす　p.6　〔14502〕

新盤紹介　柴田知常　p.10　〔14503〕

仏蘭西楽界サ・エ・ラ (102)―クロード・デル
ヴァンクール　松本太郎　p.17　〔14504〕

「祝典箏協奏曲」の編曲に就いて　服部正
p.27　〔14505〕

「西班牙歌謡集」(軽音楽の頁)　芦原英了
p.30　〔14506〕

日本の軽音楽とハワイの音楽(軽音楽の頁)　野
川香文　p.33　〔14507〕

タンゴの傑作レコード(軽音楽の頁)　高橋忠雄
p.36　〔14508〕

三人のアコーディオニスト(軽音楽の頁)　児玉
あきひこ　p.40　〔14509〕

読者の声　p.42　〔14510〕

大ピアニストは語る (7) ラハマニノフ　原田光子
訳　p.43　〔14511〕

珍品の粋を集めて―歴史的名盤保存会　あらえ
びす　p.48　〔14512〕

ニュース　p.52　〔14513〕

海外レコード・ニュース　藤田不二
p.53　〔14514〕

レコード芸術家の動静　M・W生　p.59　〔14515〕

カルーソーのレコード (7)　藤田不二
p.69　〔14516〕

「山登り」入門物語(随筆)　佐野生
p.71　〔14517〕

名曲レコード評―新譜批評　野村光一
p.75　〔14518〕

家庭音楽盤月評(外国盤・日本盤)―新譜批評
柴田知常, 長島卓二　p.88　〔14519〕

歌謡曲七月新譜―新譜批評　長島卓二
p.96　〔14520〕

感激して聴いた「リクエム」と「シェロモ」　藤
田不二　p.99　〔14521〕

レコード界展望　藤田不二　p.103　〔14522〕

質問往来　p.105　〔14523〕

15巻8号 (1941年8月発行)

レコード春秋　あらえびす　p.6　〔14524〕

新盤紹介　村田武雄　p.10　〔14525〕

ニュース　p.16　〔14526〕

ドゥヴォルジアクと第二交響曲―作曲者の生
誕百年に際して　中根宏　p.17　〔14527〕

オペラ改革者としてのグルック　牧定忠
p.23　〔14528〕

仏蘭西楽界サ・エ・ラ (103)―ギャブリエル・
ピエルネの「演芸場の印象」を語る　松本太
郎　p.27　〔14529〕

逝けるパデレフスキーに就いて　野村光一
p.36　〔14530〕

大ピアニストは語る (8) イグナッツ・ヤン・パ
デレフスキー　原田光子 訳　p.38　〔14531〕

「聴覚訓練の諸問題」(座談会)　井坂行男, 田辺
秀雄, 辻荘一, 牛山充, 野村光一, 足羽章
p.43　〔14532〕

歴史的名盤保存会のレコードに吹込んだ人々
(上)　藤田不二　p.56　〔14533〕

レコード芸術家の動静　M・W生　p.63　〔14534〕

レコード界展望　藤田不二　p.73　〔14535〕

ボストン・ポップス随想　薬科雅美
p.75　〔14536〕

名曲レコード評―新譜批評　野村光一
p.79　〔14537〕

家庭音楽盤月評(外国盤・日本盤)―新譜批評
柴田知常, 長島卓二　p.89　〔14538〕

歌謡曲八月新譜―新譜批評　長島卓二
p.98　〔14539〕

バッハの「結婚カンタータ」とチャイコフス
キーの「第五」を聴く　藤田不二
p.101　〔14540〕

海外レコード・ニュース　藤田不二
p.106　〔14541〕

カルーソーのレコード (8)　藤田不二
p.110　〔14542〕

書評―森本覚丹氏訳「リイ交響曲史」　村田武雄
p.112　〔14543〕

コント・「月光の曲」　大竹正巳　p.113　〔14544〕

読者の声　p.114　〔14545〕

質問往来　p.116　〔14546〕

内容細目　　　　　　　　　　　　　　「レコード音楽」

15巻9号（1941年9月発行）

レコード春秋　あらえびす　p.6　　　〔14547〕

新盤紹介　村田武雄　p.10　　　　　〔14548〕

東亜の音楽（東亜音楽特輯）　田辺尚雄
p.15　　　　　　　　　　　　　　　〔14549〕

現代支那音楽に就いて（東亜音楽特輯）　岸辺成
雄　p.20　　　　　　　　　　　　　〔14550〕

満蒙の音楽（東亜音楽特輯）　瀧遼一
p.28　　　　　　　　　　　　　　　〔14551〕

仏印の音楽（東亜音楽特輯）　黒沢隆朝
p.32　　　　　　　　　　　　　　　〔14552〕

仏蘭西楽界サ・エ・ラ（104）―未発売の仏蘭西
ディスクに就いて（上）　松本太郎
p.37　　　　　　　　　　　　　　　〔14553〕

ニュース　p.45　　　　　　　　　　〔14554〕

第四交響曲に関するチャイコフスキーの手紙
（1）　原田光子　訳　p.46　　　　　〔14555〕

海外レコード・ニュース　藤田不二
p.50　　　　　　　　　　　　　　　〔14556〕

レコード界展望　藤田不二　p.56　　〔14557〕

誤れる読者　村田武雄　p.58　　　　〔14558〕

歴史的名盤保存会のレコードに吹込んだ人々
（下）　藤田不二　p.65　　　　　　〔14559〕

カルーソーのレコード（9）　藤田不二
p.74　　　　　　　　　　　　　　　〔14560〕

読者の声　p.77　　　　　　　　　　〔14561〕

レコード芸術家の動静　M・W生　p.80　〔14562〕

樺太の音楽拾ひ歩記　横山昌久　p.90　〔14563〕

パデレフスキーの葬儀　薬科雅美　p.96　〔14564〕

体育と音楽　戸倉ハル　p.98　　　　〔14565〕

延寿太夫の「隅田川」　牛山充　p.100　〔14566〕

名曲レコード評―新譜批評　野村光一
p.103　　　　　　　　　　　　　　〔14567〕

家庭音楽盤月評（外国盤・日本盤）―新譜批評
柴田知常，長島卓二　p.114　　　　〔14568〕

歌謡曲九月新譜―新譜批評　丸山鉄雄
p.124　　　　　　　　　　　　　　〔14569〕

質問往来　p.129　　　　　　　　　〔14570〕

15巻10号（1941年10月発行）

レコード春秋　あらえびす　p.6　　　〔14571〕

仏蘭西楽界サ・エ・ラ（105）―未発売の仏蘭西
ディスクに就いて（下）　松本太郎
p.14　　　　　　　　　　　　　　　〔14572〕

第四交響曲に関するチャイコフスキーの手紙
（2）　原田光子　訳　p.23　　　　　〔14573〕

「組曲」形式とは―シュピッタの説　村田武雄
p.27　　　　　　　　　　　　　　　〔14574〕

海外レコード・ニュース　藤田不二
p.32　　　　　　　　　　　　　　　〔14575〕

レコード界展望　藤田不二　p.34　　〔14576〕

クーセヴィツキーの指揮したベートーヴェンの
「荘厳ミサ」を聴く　藤田不二　p.37　〔14577〕

レコード・ファンの座談会　金丸重嶺，土沢治，
長谷川正三，松永和十郎，横井陽之助，小野
寺誠毅　p.40　　　　　　　　　　　〔14578〕

レコード芸術家の動静　M・W生　p.60　〔14579〕

音楽家の人気　牧田三郎　p.63　　　〔14580〕

読者の声　p.67　　　　　　　　　　〔14581〕

マーラーへの検討　門馬直衛　p.70　〔14582〕

マーラーと歌曲　久保田公平　p.79　〔14583〕

名曲レコード評―新譜批評　野村光一
p.85　　　　　　　　　　　　　　　〔14584〕

家庭音楽盤月評（外国盤・日本盤）―新譜批評
柴田知常，長島卓二　p.94　　　　　〔14585〕

歌謡曲十月新譜―新譜批評　丸山鉄雄
p.103　　　　　　　　　　　　　　〔14586〕

ザックの独唱した歌の花籠　面白誌
p.108　　　　　　　　　　　　　　〔14587〕

アマチュア放談「片耳の弁」　中島槙二
p.110　　　　　　　　　　　　　　〔14588〕

カルーソーのレコード（10）　藤田不二
p.112　　　　　　　　　　　　　　〔14589〕

ニュース　p.115　　　　　　　　　〔14590〕

質問往来　p.116　　　　　　　　　〔14591〕

17巻1号（1947年2月発行）

レコードの名演奏家（1）ヴァイオリン　野村あら
えびす　p.2　　　　　　　　　　　〔14592〕

「レコード音楽」ふた昔　村田武雄　p.5　〔14593〕

昔の「レコード音楽」のこと　野村光一
p.7　　　　　　　　　　　　　　　〔14594〕

「レコード音楽」は蘇へれり　野村あらえびす
p.9　　　　　　　　　　　　　　　〔14595〕

蓄音機雑話　隈部一雄　p.11　　　　〔14596〕

レコード・コンサート問答　有坂愛彦
p.14　　　　　　　　　　　　　　　〔14597〕

いとし児蘇る（談話室）　竹野俊男
p.18　　　　　　　　　　　　　　　〔14598〕

音楽書案内　村田武雄　p.19　　　　〔14599〕

音楽の言葉（1）ヴァイオリンの巻
p.20　　　　　　　　　　　　　　　〔14600〕

各社レコード評　有坂愛彦　p.22　　〔14601〕

アメリカのレコード　編輯部　p.27　〔14602〕

レコード界通信　p.31　　　　　　　〔14603〕

17巻2号（1947年4月発行）

レコードの名演奏家（2）ヴァイオリン（続き）
野村あらえびす　p.2　　　　　　　〔14604〕

ピアノ音楽の聴き方　野村光一　p.7　〔14605〕

レコードを愛する心　村田武雄　p.11　〔14606〕

レコード・コンサート問答（2）　有坂愛彦
p.15　　　　　　　　　　　　　　　〔14607〕

〔14547～14607〕　　　　　　戦前期　レコード音楽雑誌記事索引　**267**

「レコード音楽」　　　　内容細目

過去と未来（談話室）松本太郎
p.20,27 〔14608〕

音楽書案内　村田武雄　p.21 〔14609〕

音楽の言葉　p.23 〔14610〕

吉川淡水氏を悼む　佐野健児　p.26 〔14611〕

各社レコード評（2）有坂愛彦　p.28 〔14612〕

質問往来　p.33 〔14613〕

エッセイスツ・エッセイ　ねん・いしかわ
p.34 〔14614〕

アメリカのレコード　編輯部　p.36 〔14615〕

レコード界通信　p.39 〔14616〕

17巻3号（1947年6月発行）

レコード名演奏家（3）ピアノ（1）野村あらえび
す　p.2 〔14617〕

音楽史的に観たピアノ・レコード（1）バッハ以
前　野村光一　p.6 〔14618〕

レコードのある部屋（1）村田武雄
p.11 〔14619〕

各社レコード評　有坂愛彦　p.16 〔14620〕

エッセイスツ・エッセイ（2）ねん・いしかわ
p.22 〔14621〕

音楽書案内　村田武雄　p.25 〔14622〕

レコード・コンサート問答（3）有坂愛彦
p.26 〔14623〕

アメリカのレコード　編集部　p.30 〔14624〕

「アメリカ交響楽」余聞　上野一郎
p.33 〔14625〕

17巻4号（1947年8月発行）

レコード名演奏家（4）ピアニスト（2）野村あら
えびす　p.2 〔14626〕

音楽史的に観たピアノ・レコード（2）バッハと
ヘンデル　野村光一　p.7 〔14627〕

レコードのある部屋（2）村田武雄
p.12 〔14628〕

各社レコード評　有坂愛彦　p.16 〔14629〕

音楽書案内　村田武雄　p.20 〔14630〕

レコード・コンサート問答（4）ヘンデルの作品
から（前承）有坂愛彦　p.21 〔14631〕

音楽の言葉（3）絃楽器の巻　p.26 〔14632〕

アメリカのレコード　編集部　p.28 〔14633〕

17巻5号（1947年10月発行）

レコード名演奏家（5）室内楽　野村あらえびす
p.2,15 〔14634〕

三十年前のプロコフィエフ　大田黒元雄
p.5 〔14635〕

音楽史的に観たピアノ・レコード（3）古典派時
代　野村光一　p.9 〔14636〕

各社レコード評　有坂愛彦　p.12 〔14637〕

音楽の言葉（4）木管楽器の巻　p.16 〔14638〕

レコードのある部屋（3）村田武雄
p.17 〔14639〕

海外レコード　上野一郎　p.21 〔14640〕

レコード・コンサート問答（5）有坂愛彦
p.24 〔14641〕

音楽書案内　村田武雄　p.27 〔14642〕

アメリカの軽音楽レコード界展望　TAY
MURAOKA　p.28 〔14643〕

質問往来　p.31 〔14644〕

17巻6号（1947年12月発行）

レコード名演奏家（6）室内楽（2）野村あらえび
す　p.2 〔14645〕

音楽史的に観たピアノ・レコード（4）ハイドン
とモーツァルト　野村光一　p.6 〔14646〕

レコード芸術家の出演する音楽映画「カーネ
ギー・ホール」上野一郎　p.9 〔14647〕

レコード・コンサート問答（6）有坂愛彦
p.10 〔14648〕

レコードのある部屋（4）ハイドンを聴く　村田武
雄　p.17 〔14649〕

海外レコード　上野一郎　p.21 〔14650〕

各社レコード評　有坂愛彦　p.24 〔14651〕

私の好きな近代音楽とそのレコード　長島卓二
p.28 〔14652〕

上司小剣氏と蓄音機　p.31,23 〔14653〕

18巻1号（1948年1月発行）

レコード名演奏家（7）チェロ　野村あらえびす
p.2 〔14654〕

モーツァルトを聴く―レコードのある部屋（5）
村田武雄　p.5 〔14655〕

音楽史的に観たピアノ・レコード〔5〕―モーツ
アルト（承前）野村光一　p.8 〔14656〕

クライスラーのこと　大田黒元雄　p.11 〔14657〕

ベートーヴェンの恋（特別読物）植村敏夫
p.12 〔14658〕

音楽書案内　村田武雄　p.20 〔14659〕

ジャズの通って来た路　野川香文　p.21 〔14660〕

音楽雑感　野呂信次郎　p.24 〔14661〕

レコード・コンサート問答（7）有坂愛彦
p.27 〔14662〕

音楽の言葉（5）木管楽器の巻　p.31 〔14663〕

海外レコード　上野一郎　p.32 〔14664〕

各社レコード評　有坂愛彦　p.36 〔14665〕

質問往来　p.38 〔14666〕

18巻2号（1948年2月発行）

レコードの名演奏家（8）指揮者トスカニーニ　あ
らえびす　p.2 〔14667〕

レコードのある部屋（6）ベートーヴェンを聴く
村田武雄　p.6 〔14668〕

内容細目　　　　　　　　　　　　　　　　　「レコード音楽」

各社レコード評　有坂愛彦 p.10　　〔14669〕

音楽史的に観たピアノ・レコード(6)ベートーヴェン　野村光一 p.13　　〔14670〕

ショパンの恋　植村敏夫 p.17　　〔14671〕

レコード・コンサート問答(8)　有坂愛彦 p.22　　〔14672〕

海外レコード　上野一郎 p.25　　〔14673〕

18巻3号（1948年3月発行）

レコードの名演奏家(9・完)大指揮者達　あらえびす p.1　　〔14674〕

音楽史的に観たピアノ・レコード(6)ベートーヴェン(承前)　野村光一 p.5　　〔14675〕

リストの恋(上)　植村敏夫 p.8　　〔14676〕

今月の名曲　Ｙ・Ａ p.11　　〔14677〕

春の名曲―レコード・コンサート問答(9)　有坂愛彦 p.14　　〔14678〕

音楽の言葉(6)木管楽器の巻(其3) p.19　　〔14679〕

海外レコード　上野一郎 p.20　　〔14680〕

各社新譜評　有坂愛彦 p.24　　〔14681〕

ワアグナアとヴェルディ　山田秋草人 p.26　　〔14682〕

18巻4号（1948年4月発行）

音楽史的に観たピアノ・レコード(7)シューベルトの洋琴曲とレコード　野村光一 p.1　　〔14683〕

レコードのある部屋(6)シューベルトを聴く　村田武雄 p.4　　〔14684〕

蓄友列伝　あらえびす p.8　　〔14685〕

コルトーは語る　宅孝二 p.12　　〔14686〕

ティボーの来た頃　牛山充 p.14　　〔14687〕

鑑賞教育について　諸井三郎 p.17　　〔14688〕

教材レコードと蓄音機(1)　有坂愛彦 p.18　　〔14689〕

各社新譜評　有坂愛彦 p.20　　〔14690〕

クロイツェル・ソナタ―今月の名曲　Ｙ・Ａ p.22　　〔14691〕

最近の米国交響楽界　松本太郎 p.25,32　　〔14692〕

リストの恋(下)　植村敏夫 p.26　　〔14693〕

海外レコード　上野一郎 p.30　　〔14694〕

18巻5号（1948年5月発行）

音楽史的に観たピアノ・レコード(8)シューマンの洋琴曲とレコード(上)　野村光一 p.1　　〔14695〕

レコードのある部屋(8)シューマンを聴く　村田武雄 p.4　　〔14696〕

近代音楽とレコード(1)近代音楽の確立者ドゥビュッシー　松本太郎 p.7　　〔14697〕

巷の歌を聴きつつ　楢崎勤 p.10　　〔14698〕

蠟管蓄音機　日向素郎 p.12　　〔14699〕

一九四七年フランス・ディスク大賞　上野一郎 p.14　　〔14700〕

レコード・コンサート問答(10・完)モーツァルト鑑賞会　有坂愛彦 p.16　　〔14701〕

音楽の言葉(6)クラリネット p.19　　〔14702〕

ベートーヴェンは何を選ぶか　Ｉ・Ｕ p.20　　〔14703〕

質問往来 p.20　　〔14704〕

ファン・メモ(1)レコードの手入れ p.22　　〔14705〕

各社新譜評　有坂愛彦 p.24　　〔14706〕

海外レコード　上野一郎 p.26　　〔14707〕

ベートーヴェン提琴協奏曲―今月の名曲　Ｙ・Ａ p.29　　〔14708〕

18巻6号（1948年6月発行）

レコード国際愛　あらえびす p.1　　〔14709〕

生命あふるる唄　芦原英了 p.4　　〔14710〕

海外新盤を聴く　大木正興 p.6　　〔14711〕

近代音楽とレコード(2)ギャブリエル・フォーレ　松本太郎 p.8　　〔14712〕

レコードのある部屋(9)“レースの音”ショパン　村田武雄 p.12　　〔14713〕

音楽史的に観たピアノ・レコード(9)シューマンの洋琴曲とレコード　野村光一 p.16　　〔14714〕

教材レコードと蓄音機(2)　有坂愛彦 p.19　　〔14715〕

外国レコード界のトピックス　藤田不二 p.22　　〔14716〕

各社新譜評　有坂愛彦 p.24　　〔14717〕

海外レコード　上野一郎 p.26　　〔14718〕

歌劇「カルメン」―今月の名曲　Ｙ・Ａ p.29　　〔14719〕

18巻7号（1948年7月発行）

音楽史的に観たピアノ・レコード(10)シューマンの洋琴曲とレコード(3)　野村光一 p.1　　〔14720〕

レコードのある部屋(9)ブラームスを聴く　村田武雄 p.4　　〔14721〕

近代音楽とレコード(3)モーリス・ラヴェル　松本太郎 p.8　　〔14722〕

私の聴いた欧洲のピアニスト達　渡辺護 p.12　　〔14723〕

レコードの周囲　岡山東 p.16　　〔14724〕

海外新盤試聴記　大木正興 p.18　　〔14725〕

米国のレコード賞　Ｔ・Ｍ生 p.20　　〔14726〕

各社新譜評　有坂愛彦 p.23　　〔14727〕

海外レコード　上野一郎 p.24　　〔14728〕

「レコード音楽」　内容細目

ファン・メモ（2）梅雨あけとレコードの手入れ
p.28　〔14729〕

チャイコフスキーのピアノ協奏曲―今月の名曲
Y・A p.29　〔14730〕

18巻8・9号（1948年9月発行）

洋楽レコードの新しい使命　服部正
p.2　〔14731〕

「フイガロの婚礼」の音楽の意図について　菅原
明朗 p.6　〔14732〕

パデレフスキーの奏法　藤田晴子 p.10　〔14733〕

欧洲のヴァイオリニスト　渡辺護 p.14　〔14734〕

海外新盤を聴く　大木正興 p.18　〔14735〕

各社新譜評　有坂愛彦 p.20　〔14736〕

海外レコード　上野一郎 p.22　〔14737〕

ベルリオーズの恋（上）植村敏夫
p.26　〔14738〕

農村とレコード　柿沼太郎 p.30　〔14739〕

レコード的生活　斉藤十一 p.34　〔14740〕

音楽映画の頁　上野一郎 p.37　〔14741〕

サタンの笑―リスト―レコードのある部屋
（11）村田武雄 p.38　〔14742〕

イゴール・ストラヴィンスキー―近代音楽とレ
コード（4）松本太郎 p.42　〔14743〕

音楽史的に観たピアノ・レコード（11）ショパン
（1）野村光一 p.46　〔14744〕

18巻10号（1948年10月発行）

フランクと耽美派の礼讃―レコードのある部屋
（12）村田武雄 p.2　〔14745〕

マヌエル・デ・ファリア―近代音楽とレコード
（5）松本太郎 p.8　〔14746〕

音楽史的に観たピアノ・レコード（12）ショパン
（2）野村光一 p.13　〔14747〕

宗教音楽レコードを語る（1）モテット（経文歌）
の逸品　津川主一 p.16　〔14748〕

新譜評　有坂愛彦 p.21　〔14749〕

クライスラー小品集を聴く　大木正興
p.22　〔14750〕

海外レコード　上野一郎 p.24　〔14751〕

外国レコード界のトピックス　藤田不二
p.28　〔14752〕

ストコフスキーの印象（1）近衛秀麿
p.30　〔14753〕

テニス―音楽　安部民雄 p.34　〔14754〕

WVTRに出演する歌手・楽団など　野川香文
p.38　〔14755〕

ベルリオーズの恋（下）植村敏夫
p.40　〔14756〕

一九四七年のアメリカのベスト・セラー・レ
コード p.42　〔14757〕

ショパンの協奏曲（名曲物語）Y・A
p.44　〔14758〕

十月の音楽映画　上野一郎 p.47　〔14759〕

18巻11号（1948年11月発行）

「ピーターと狼」の新盤（新譜評）村田武雄
p.2　〔14760〕

書評「音楽青年の説」野呂信次郎 p.6　〔14761〕

ルービンシュタインの「第三」（新譜評）大木正
興 p.7　〔14762〕

「クープランの墓」の新盤（新譜評）有坂愛彦
p.9　〔14763〕

海外レコード　上野一郎 p.12　〔14764〕

ラヂオを通じて観る―世界楽界の趨勢　藤田光
彦 p.16　〔14765〕

トスカニーニの未発売レコオド　K・
ONODERA p.19　〔14766〕

チャイコフスキイは何を選ぶ I・U
p.23　〔14767〕

想ひ出のシャンソン　三浦潤 p.24　〔14768〕

英国映画の音楽　上野一郎 p.27　〔14769〕

近代音楽とレコード（6）ヤン・シベリウス　松本
太郎 p.32　〔14770〕

レコードのある部屋（13）雁の叫び―ロシア音
楽 村田武雄 p.37　〔14771〕

名聖曲を語る（2）敬虔なミサ曲　津川主一
p.42　〔14772〕

中西画伯を悼む　竹野俊男 p.48　〔14773〕

18巻12号（1948年12月発行）

音楽と童話の世界　柿沼太郎 p.2　〔14774〕

第五交響曲新盤試聴記（新譜評）有坂愛彦
p.8　〔14775〕

海外盤試聴室（新譜評）大木正興
p.10　〔14776〕

トスカニーニの「第七」など（新譜評）有坂愛
彦 p.12　〔14777〕

どうなるレコードの値段 p.12　〔14778〕

海外レコード　上野一郎 p.14　〔14779〕

レコードと郷愁　徳田雅彦 p.18　〔14780〕

サナトリウムと音楽　小山舜輔 p.20　〔14781〕

外国レコード界のトピックス　藤田不二
p.23　〔14782〕

「トスカ」と「しのび泣き」（フランス音楽映画）
p.23　〔14783〕

質問往来 p.23　〔14784〕

欧洲の絃楽四重奏団　渡辺護 p.28　〔14785〕

レコードのある部屋（14）ドビュッシイに耽溺
する 村田武雄 p.32　〔14786〕

近代音楽とレコード（7）ベラ・バルトク　松本太
郎 p.37　〔14787〕

宗教音楽レコードを語る（3）オラトリオとカン
タータ 津川主一 p.42　〔14788〕

内容細目　　　　　　　「レコード音楽」

19巻1号（1949年1月発行）

レコード懺悔（1）音函蓄音機に対する盲信　あらえびす　p.2　〔14789〕

ストコフスキーの印象（続）　近衛秀麿　p.6　〔14790〕

リリー・ラスキーヌの横顔　阿部よしゑ　p.9　〔14791〕

高知のレコード界　大脇順興　p.11　〔14792〕

レコード界の現状を語る（鼎談）　村田武雄，あらえびす，有坂愛彦　p.12　〔14793〕

海外盤試聴記　大木正興　p.24　〔14794〕

ビクター一月新譜評　有坂愛彦　p.26　〔14795〕

海外レコード　上野一郎　p.28　〔14796〕

レコード会社への注文（フアンから会社へ）　松本太郎　p.32　〔14797〕

蓄音機のかげから（フアンから会社へ）　西山広一　p.34　〔14798〕

フランツ・レハールの思ひ出　渡辺護　p.36　〔14799〕

フランスの民謡―楓林亭にて　日向素郎　p.40　〔14800〕

レコードのある部屋（15・完）現代音楽から出発　村田武雄　p.44　〔14801〕

19巻2号（1949年2月発行）

レコード懺悔（2）演奏家への冒信　あらえびす　p.2　〔14802〕

ストコフスキーの印象（完）　近衛秀麿　p.6　〔14803〕

私の愛好するレコード（私の好きな一枚ものレコード）　中村武羅夫　p.10　〔14804〕

私の家庭名盤集―管絃楽篇（私の好きな一枚ものレコード）　柴田知常　p.13　〔14805〕

わが提琴小品愛盤集（私の好きな一枚ものレコード）　牛山充　p.16　〔14806〕

ワインガルトナーの遺品　大木正興　p.18　〔14807〕

傑作「未完成」と「戴冠式」　村田武雄　p.20　〔14808〕

質問往来　p.24　〔14809〕

書評―村田武雄著「音楽通史」　野村光一　p.25　〔14810〕

海外レコード　上野一郎　p.26　〔14811〕

外国レコード界のトピックス　藤田不二　p.30　〔14812〕

優秀な名盤を提供（会社からファンへ）　寺島宏　p.32　〔14813〕

使命の達成に努力（会社からファンへ）　石坂範一郎　p.33　〔14814〕

シューマンの伝記映画「愛の調べ」　p.34　〔14815〕

ショパンからストラヴィンスキイ―　藤木義輔　p.36　〔14816〕

エルネスト・ブロッホ―現代音楽とレコード（8）　松本太郎　p.39　〔14817〕

バレエ音楽の話　大田黒元雄　p.44　〔14818〕

レコードコンサートの手引　村田武雄　p.49　〔14819〕

19巻3号（1949年3月発行）

珍品レコード是非―レコード懺悔（3）　野村あらえびす　p.2　〔14820〕

チェロの名手とレコード（上）　有坂愛彦　p.6　〔14821〕

音楽史的に観たピアノ・レコード（13）ショパン（3）　野村光一　p.12　〔14822〕

美し，アルプの音―楓林亭にて（私の好きな一枚物）　日向素郎　p.15　〔14823〕

シャンソンを愛づる（私の好きな一枚物）　楢崎勤　p.18　〔14824〕

メニューインの新盤（新譜評）　大木正興　p.24　〔14825〕

「新世界」の名盤そのほか（新譜評）　村田武雄　p.26　〔14826〕

軽音楽のレコード評（新譜評）　野川香文　p.30　〔14827〕

海外レコード　上野一郎　p.33　〔14828〕

二つの長時間レコード　山田忠夫　p.37　〔14829〕

レコードは電波に乗つて　X・Y・Z　p.37　〔14830〕

フランク・シナトラ以後　岡俊雄　p.41　〔14831〕

シューマンとクラーク　植村敏夫　p.44　〔14832〕

プロコフィエフ―現代音楽とレコード（9）　松本太郎　p.48　〔14833〕

渋いオルガン楽―名聖曲を語る（4完）　津川主一　p.54　〔14834〕

名曲は愉し（1）（鑑賞講座）　柴田知常　p.59　〔14835〕

19巻4号（1949年4月発行）

春宵閑話（上）（対談）　野村あらえびす，近衛秀麿　p.2　〔14836〕

音楽史的に観たピアノ・レコード（14）ショパン（4）　野村光一　p.14　〔14837〕

書評―原田光子著「クララ・シューマン」　あらえびす　p.16　〔14838〕

チェロの名手とレコード（下）　有坂愛彦　p.17　〔14839〕

海外盤試聴室（新譜評）　大木正興　p.22　〔14840〕

新譜月評（新譜評）　村田武雄　p.24　〔14841〕

ジャズレコード評（新譜評）　野川香文　p.30　〔14842〕

質問往来　p.33　〔14843〕

海外レコード　上野一郎　p.35　〔14844〕

私の座右レコード　寺島宏　p.39　〔14845〕

「レコード音楽」 内容細目

一九四八年米英レコード界重要記録
p.42 〔14846〕

春の名曲を尋ねて（上）牛山充 p.44 〔14847〕

ヨーロッパのチェリスト達 渡辺護
p.48 〔14848〕

パウル・ヒンデミット―近代音楽とレコード
（10）松本太郎 p.52 〔14849〕

名曲は愉し（2）（鑑賞講座）柴田知常
p.58 〔14850〕

地方盤信 p.63 〔14851〕

19巻5号（1949年5月発行）

レコード懺悔（4）実演とレコード 野村胡堂
p.2 〔14852〕

音楽史的に観たピアノ・レコード（15）ショパン
（承前）野村光一 p.6 〔14853〕

ヴェルディの少年時代 清水脩 p.9 〔14854〕

ヴィルトウオーゾの面影―デューブレとランド
フスカ 阿部よしゑ p.14 〔14855〕

春宵閑話（下）（対談）あらえびす，近衛秀麿
p.19 〔14856〕

長時間レコードの其の後 山田忠夫
p.28 〔14857〕

海外盤試聴室（新譜評）大木正興
p.30 〔14858〕

新譜月評（新譜評）村田武雄 p.32 〔14859〕

五月のジャズとタンゴ（新譜評）野川香文
p.37 〔14860〕

海外レコード 上野一郎 p.40 〔14861〕

ハイフェッツのことなど 岡山東 p.44 〔14862〕

春の名曲を尋ねて（下）牛山充 p.48 〔14863〕

電気蓄音機の話（1）米国の一九四七年型電気蓄
音機と最新式録音法に依るレコードの性能
青木周三 p.52 〔14864〕

今月の音楽映画 上野一郎 p.56 〔14865〕

「ペレアス」の全曲レコードに就て 阿部よしゑ
p.58 〔14866〕

名曲は愉し（3）（鑑賞講座）柴田知常
p.59 〔14867〕

地方盤信 p.64 〔14868〕

19巻6号（1949年6月発行）

ヨハン・シュトラウス（ヨハン・シュトラウス五
十年祭に因みて）大田黒元雄 p.2 〔14869〕

ウインナワルツ随想（ヨハン・シュトラウス五
十年祭に因みて）属啓成 p.6 〔14870〕

ヨハン・シュトラウスの名盤に就て（ヨハン・
シュトラウス五十年祭に因みて）田代秀穂
p.10 〔14871〕

勝利のトスカニーニ 深井史郎 p.14 〔14872〕

ブダペスト四重奏団の新盤（新譜評）大木正興
p.18 〔14873〕

新譜月評（新譜評）村田武雄 p.20 〔14874〕

五月のジャズ・レコード（新譜評）野川香文
p.25 〔14875〕

海外レコード 上野一郎 p.28 〔14876〕

五大ピアニスト〔正〕松岡清堯 p.32 〔14877〕

ジャズに対するアメリカの寄与 R.P.ドッヂ，
野川香文 訳 p.35 〔14878〕

わが愛聴盤二十種 I・U p.40 〔14879〕

楽聖ショパン（新着音楽映画）上野一郎
p.42 〔14880〕

待望される指揮者群 鈴木清太郎 p.44 〔14881〕

アルチュール・オネガー―近代音楽とレコード
（11）松本太郎 p.47 〔14882〕

RCAビクターの長時間レコードと自動蓄音機
p.52 〔14883〕

電気蓄音機の話（2）電気蓄音機二十年の変遷 青
木周三 p.54 〔14884〕

名曲は愉し（4）（鑑賞講座）柴田知常
p.59 〔14885〕

19巻7号（1949年7月発行）

管絃楽の話（1）楽器 堀内敬三 p.2 〔14886〕

ギターの音盤 武井守成 p.8 〔14887〕

音楽史的に観たピアノ・レコード（16）ショパン
（承前）野村光一 p.12 〔14888〕

グスタフ・マーラーのレコード（上）田代秀穂
p.15 〔14889〕

試聴二題（新譜評）村田武雄 p.19 〔14890〕

協奏曲と室内楽の新盤（新譜評）大木正興
p.22 〔14891〕

新譜月評（新譜評）村田武雄 p.24 〔14892〕

七月のジャズ・レコード（新譜評）野川香文
p.27 〔14893〕

海外レコード 上野一郎 p.30 〔14894〕

シャリアピンとロシアオペラ 阿部よしゑ
p.35 〔14895〕

キャトール・ジュイエ―楓林亭にて（4）日向素
郎 p.38 〔14896〕

五大ピアニスト（下）松岡清堯 p.42 〔14897〕

レコードに依る現代音楽の鑑賞（1）（鑑賞講座）
田辺秀雄 p.44 〔14898〕

ダリユス・ミロー―近代音楽とレコード（12）
松本太郎 p.48 〔14899〕

電気蓄音機の話（3）誰でも容易に録音の出来る
マグネチック・ワイヤ・レコーダー 青木周
三 p.53 〔14900〕

名曲は愉し（5）（鑑賞講座）柴田知常
p.58 〔14901〕

地方盤信 p.64 〔14902〕

19巻8号（1949年8月発行）

レコード懺悔（6）思ひ出のレコード あらえびす
p.2 〔14903〕

管絃楽の話（2）現存する管絃楽団の編成 堀内敬
三 p.6 〔14904〕

音楽史的に観たピアノ・レコード（17）ショパン
（7）野村光一 p.12 〔14905〕

グスタフ・マーラーのレコード（下）田代秀穂
p.16 〔14906〕

オペラ「オネーギン」の音楽 阿部よしゑ
p.20 〔14907〕

メニューインとビーチャムの新盤（新譜評）大
木正興 p.24 〔14908〕

新譜月評（新譜評）村田正雄 p.26 〔14909〕

八月のジャズ・レコード（新譜評）野川香文
p.31 〔14910〕

海外レコード 上野一郎 p.34 〔14911〕

緑蔭そゞろごと 渡辺護 p.39 〔14912〕

水の音楽 柿沼太郎 p.42 〔14913〕

季節と音楽（夏）藥科雅美 p.46 〔14914〕

レコードに依る現代音楽の鑑賞（2）二十世紀初
の音楽 田辺秀雄 p.50 〔14915〕

ジャック・イベール―近代音楽とレコード（13）
松本太郎 p.54 〔14916〕

交響曲「運命」の鑑賞―名曲は愉し（6）〔鑑賞講
座〕柴田知常 p.59 〔14917〕

地方盤信 p.63 〔14918〕

19巻9号（1949年9月発行）

楽興の時（上）〔鼎談〕久邇朝融，野村あらえび
す，有坂愛彦 p.2 〔14919〕

管絃楽の話（3）各楽器は何をするか 堀内敬三
p.12 〔14920〕

トスカニーニと第8交響楽―海外盤を聴く（試聴
室）田代秀穂 p.18 〔14921〕

ブラームスの複協奏曲（試聴室）大木正興
p.22 〔14922〕

安川加寿子のショパン（試聴室）増沢健美
p.24 〔14923〕

新譜月評（新譜評）村田武雄 p.26 〔14924〕

九月のジャズ・レコード（新譜評）野川香文
p.32 〔14925〕

海外レコード 上野一郎 p.35 〔14926〕

レコーデッド・ミュージックのレコード賞 山
田忠夫 p.39 〔14927〕

アメリカのレコード界 福西潤 p.40 〔14928〕

中村武羅夫とレコード 楢崎勤 p.42 〔14929〕

レコード音楽断想 鈴木清太郎 p.44 〔14930〕

一流文化人の愛聴盤 p.47 〔14931〕

オットリーノ・レスピーギ―現代音楽とレコー
ド（14）松本太郎 p.50 〔14932〕

電気蓄音機の話（4）電気蓄音機の更生法（1）青
木周三 p.55 〔14933〕

名曲は愉し（7）柴田知常 p.60 〔14934〕

19巻10号（1949年10月発行）

ショパンの感銘―実演とレコードと（ショパン
百年祭に因みて）あらえびす p.2 〔14935〕

ショパンをめぐる女性（上）（ショパン百年祭に
因みて）大田黒元雄 p.6 〔14936〕

パリとショパン（ショパン百年祭に因みて）日
向素郎 p.11 〔14937〕

音楽史的に観たピアノ・レコード〔18〕ショパ
ン（ショパン百年祭に因みて）野村光一
p.15 〔14938〕

ショパン作品及レコード表（ショパン百年祭に
因みて）p.18 〔14939〕

作家と音楽 河盛好蔵 p.21 〔14940〕

楽興の時（下）（鼎談）久邇朝融，野村あらえび
す，有坂愛彦 p.24 〔14941〕

書評―「音楽青春物語」を読む 堀内敬三
p.29 〔14942〕

「春の祭典」新盤を聴く（新譜評）大木正興
p.30 〔14943〕

コンサートホール協会レコード 山田忠夫
p.32 〔14944〕

海外レコード 上野一郎 p.36 〔14945〕

新譜月評（新譜評）村田武雄 p.41 〔14946〕

十月のジャズ・レコード（新譜評）野川香文
p.48 〔14947〕

電気蓄音機の話(5)電気蓄音機の更生法（2）青
木周三 p.51 〔14948〕

レコードに依る現代音楽の鑑賞（3）田辺秀雄
p.54 〔14949〕

管絃楽の話 堀内敬三 p.59 〔14950〕

地方盤信 p.64 〔14951〕

19巻11号（1949年11月発行）

プーシキンとロシア歌劇 神西清 p.6 〔14952〕

管絃楽の話（5・完）管絃楽の総譜 堀内敬三
p.10 〔14953〕

ヴァイオリン小曲とその名盤（上）有坂愛彦
p.14 〔14954〕

音楽史的に観たピアノ・レコード（19）ショパン
（承前）野村光一 p.19 〔14955〕

R.シュトラウスの生涯と芸術 有馬大五郎
p.22 〔14956〕

晩年のシュトラウス 渡辺護 p.26 〔14957〕

シュトラウスのレコード p.30 〔14958〕

アンリ・ラボオ逝く―「マルゥ」の作者を偲ん
で 鮎野行夫 p.32 〔14959〕

ピストン作「不思議な笛吹き」（新譜紹介）村田
武雄 p.34 〔14960〕

「シェヘラザーデ」の新盤（新譜紹介）大木正興
p.36 〔14961〕

新譜月評（新譜紹介）村田武雄 p.38 〔14962〕

ジャズ・レコード評（新譜紹介）野川香文
p.43 〔14963〕

「レコード音楽」 内容細目

いよいよ募るレコードの戦い 山田忠夫
p.46 〔14964〕
海外レコード 上野一郎 p.48 〔14965〕
レコード材料の話―ファンの常識 今村秀之助
p.53 〔14966〕
レコードを拭きませう―十一月のメモ 兎野伴
達 p.54 〔14967〕
夜の歌・夜の曲 西野茂雄 p.56 〔14968〕
質問往来 p.59 〔14969〕
ショパンのレコードに就て―一誌上再放送（対談）
安川加寿子，村田武雄 p.60 〔14970〕
マリア・チェボターリ逝く 渡辺護
p.64 〔14971〕
名曲は愉し（8）柴田知常 p.66 〔14972〕
特輯 私の好きなフランス曲のレコード 松本太
郎 p.71 〔14973〕

19巻12号（1949年12月発行）
ハイドンと交響楽 菅原明朗 p.6 〔14974〕
バレエと舞踊音楽 阿部よしゑ p.10 〔14975〕
ヴァイオリン小曲とその名盤（中）有坂愛彦
p.14 〔14976〕
音楽史的に観たピアノ・レコード（20）ショパン
（承前・完）野村光一 p.19 〔14977〕
現代人シゲッティのスタイル 村田武雄
p.22 〔14978〕
「ヘンゼルとグレーテル」のレコード（海外盤試
聴室）増井敬二 p.26 〔14979〕
トスカニーニの「ジュピター」を聴く（海外盤
試聴室）大木正興 p.30 〔14980〕
この一年間の外国レコード事情 藤田不二
p.32 〔14981〕
海外レコード 上野一郎 p.36 〔14982〕
新譜月評（新譜評）村田武雄 p.40 〔14983〕
ジャズ・レコード評（新譜評）野川香文
p.42 〔14984〕
異色ある米人指揮者 宮沢縦一 p.45 〔14985〕
蓄音器・レコードの値段しらべ 兎野伴達
p.50 〔14986〕
ショパン話の泉（座談会）井口基成，大田黒元
雄，遠山一行，野村光一，村田武雄
p.52 〔14987〕
ハンス・プフィッツナー 渡辺護 p.58 〔14988〕
イルデブランド・ヒッツェッティ―現代音楽と
レコード（15）松本太郎 p.61 〔14989〕
名曲は愉し（9）柴田知常 p.66 〔14990〕
特輯 合唱楽の愛盤を語る 津川主一
p.72 〔14991〕

20巻1号（1950年1月発行）
文壇著友簿 野村胡堂 p.6 〔14992〕
シューマンのピアノ曲 柿沼太郎 p.10 〔14993〕

フランチェスコ・マリピエロ―現代音楽とレ
コード（16）松本太郎 p.14 〔14994〕
音楽百一夜（1）大田黒元雄 p.20 〔14995〕
ブルーノ・ワルター 野村光一 p.27 〔14996〕
メヌーインの近況 京極高鋭 p.30 〔14997〕
カルーソーと天皇 宮沢縦一 p.34 〔14998〕
海外レコード 上野一郎 p.38 〔14999〕
この一年間のアメリカンレコード事情 藤田不
二 p.44 〔15000〕
奏鳴曲の新盤を聴く（新譜評）大木正興
p.48 〔15001〕
コープランドの「エル・サロン・メキシコ」佐
藤善夫 p.50 〔15002〕
新譜月評（新譜評）村田武雄 p.53 〔15003〕
ジャズ・レコード評（新譜評）野川香文
p.59 〔15004〕
師を語る 野村輝子 p.63 〔15005〕
父と音楽 横光象三 p.66 〔15006〕
未完成交響曲とレコード―問答の形で 有坂愛
彦 p.68 〔15007〕
歌劇レコードを語る―藤原歌劇団の「椿姫」新
盤を中心に（鼎談）大田黒元雄，野村光一，
村田武雄 p.74 〔15008〕
シャンソン・ドゥ・フランス 芦原英了
p.84 〔15009〕
電気蓄音機の話（6）電気蓄音機の更生法（3）青
木周三 p.93 〔15010〕
古レコード屋めぐり 一記者 p.98 〔15011〕
各社洋楽レコード総合目録 別冊附録 〔15012〕

20巻2号（1950年2月発行）
音楽百一話（2）大田黒元雄 p.6 〔15013〕
アラム・ハチャトゥリアン―バレエ組曲"ガ
ヤーネ"の作曲者・現代音楽とレコード（17）
中根宏 p.14 〔15014〕
アルフレッド・カセルラ―現代音楽とレコード
（17）松本太郎 p.18 〔15015〕
音楽史的に観たピアノ・レコード（21）リスト
〔1〕野村光一 p.24 〔15016〕
ヴァイオリン小曲とその名盤（下）有坂愛彦
p.27 〔15017〕
アメリカの協会レコード 藤田不二
p.32 〔15018〕
海外レコード 上野一郎 p.35 〔15019〕
質問往来 p.41 〔15020〕
ブラームスの第二ピアノ協奏曲―海外盤試聴記
大木正興 p.42 〔15021〕
ロイ・ハリス―「ジョニーの凱旋」の作曲者・
現代音楽レコード紹介 三浦潤 p.44 〔15022〕
新譜月評（新譜評）村田武雄 p.47 〔15023〕
2月のジャズ・レコード評（新譜評）野川香文
p.53 〔15024〕

内容細目 「レコード音楽」

高井戸清談 誌上再放送―野村胡堂《あらえび
　す》氏訪問記（誌上再放送）野村胡堂
　p.57　　　　　　　　　　　　　　　〔15025〕
日本に来た頃のワインガルトナー―大指揮者の
　横顔 有馬大五郎 p.62　　　　　　　〔15026〕
バス奏者としてのクーセヴィツキ―名演奏家を
　語る 宮沢縦一 p.66　　　　　　　　〔15027〕
室内楽とそのレコード―1,2枚物を主として 牛
　山充 p.72　　　　　　　　　　　　　〔15028〕

20巻3号（1950年3月発行）
私の好きなリード歌手 あらえびす
　p.6　　　　　　　　　　　　　　　　〔15029〕
音楽百一話（3）大田黒元雄 p.10　　　〔15030〕
ミルシュタインの新盤（新譜評）松本太郎
　p.18　　　　　　　　　　　　　　　〔15031〕
ヴォーン・ウイリアムス―現代音楽とレコード
　（18）松本太郎 p.18　　　　　　　　〔15032〕
バッハ北独の旧跡を訪ねて 二見孝平
　p.24　　　　　　　　　　　　　　　〔15033〕
ブランデンブルグ協奏曲の聴き方 津川主一
　p.30　　　　　　　　　　　　　　　〔15034〕
音楽史的に観たピアノ・レコード（22）リスト
　（2）野村光一 p.34　　　　　　　　〔15035〕
海外レコード 上野一郎 p.38　　　　　〔15036〕
新譜月評（新譜評）村田武雄 p.46　　　〔15037〕
ジャズ・レコード評（新譜評）野川香文
　p.55　　　　　　　　　　　　　　　〔15038〕
父龍之介と音楽 芥川也寸志 p.58　　　〔15039〕
私の好きなレコード 四家文子 p.60　　〔15040〕
レオポルド・ストコフスキー―大指揮者の横顔
　山口潔 p.62　　　　　　　　　　　　〔15041〕
欧州女流歌手の印象（歌手とレコード）渡辺護
　p.66　　　　　　　　　　　　　　　〔15042〕
クレーマンのこと―楓林亭にて（6）（歌手とレ
　コード）日向素郎 p.72　　　　　　　〔15043〕
百年に一度の声 マリアン・アンダースン（歌手
　とレコード）村田武雄 p.76　　　　　〔15044〕
レコードの戦ひは続く 山田忠夫 p.79　〔15045〕
旧盤に聴く（上）世紀の大歌手（歌手とレコー
　ド）寺井昭雄 p.80　　　　　　　　　〔15046〕
赤い靴（音楽映画の頁）上野一郎
　p.83　　　　　　　　　　　　　　　〔15047〕
綜合目録の訂正 p.86　　　　　　　　　〔15048〕

20巻4号（1950年4月発行）
音楽百一話（4）大田黒元雄 p.6　　　　〔15049〕
シユーベルトの室内楽 辻荘一 p.16　　〔15050〕
フレデリック・デリアス―現代音楽とレコード
　（19）松本太郎 p.20　　　　　　　　〔15051〕
音楽史的に観たピアノ・レコード（23）リスト
　（3）野村光一 p.26　　　　　　　　〔15052〕
海外レコード 上野一郎 p.30　　　　　〔15053〕

ラヴェル作品の新盤（新譜評）大木正興
　p.36　　　　　　　　　　　　　　　〔15054〕
18世紀のフランス民謡集 牧宣忠 p.38　〔15055〕
カーペンターと「摩天楼」について―現代アメ
　リカ音楽レコードの紹介 三浦淳史
　p.41　　　　　　　　　　　　　　　〔15056〕
新譜月評（新譜評）村田武雄 p.44　　　〔15057〕
ジャズ・レコード・レヴュウ（新譜評）
　p.52　　　　　　　　　　　　　　　〔15058〕
レコード芸術家の昨今 木村繁 p.56　　〔15059〕
フィリップ・ゴーベールの印象 阿部よしゑ
　p.58　　　　　　　　　　　　　　　〔15060〕
ディミトリ・ミトロポウロス―大指揮者の横顔
　呉正恭 p.62　　　　　　　　　　　　〔15061〕
歌のいざなひ 西野茂雄 p.64　　　　　〔15062〕
シユーベルトの五線紙 属啓成 p.68　　〔15063〕
映画で観たカルーソーの想出 山本定男
　p.70　　　　　　　　　　　　　　　〔15064〕
メトロポリタンを満員にしたレコード・コン
　サート 山田忠夫 p.70　　　　　　　〔15065〕
旧盤に聴く（下）寺井昭雄 p.72　　　　〔15066〕
交響詩曲のレコード抄 鮎野行夫 p.75　〔15067〕
プレゼントとしてどんなレコードを貰ひたい
　か？ p.82　　　　　　　　　　　　　〔15068〕
四月洋楽新譜一覧表 p.84　　　　　　　〔15069〕

20巻5号（1950年5月発行）
音楽百一話（5）大田黒元雄 p.6　　　　〔15070〕
フランスディスク大賞 松本太郎 p.14　〔15071〕
ガーシュウィンの生涯 堀内敬三 p.20　〔15072〕
音楽史的に観たピアノ・レコード（24）リスト
　（4）野村光一 p.23　　　　　　　　〔15073〕
ブラームスの交響曲とレコード（対談）野村光
　一, 村田武雄 p.27　　　　　　　　　〔15074〕
メンゲルベルグ頌―大指揮者の横顔 津川主一
　p.36　　　　　　　　　　　　　　　〔15075〕
ワンダ・ランドフスカ夫人 中島加寿子
　p.40　　　　　　　　　　　　　　　〔15076〕
海外レコード 上野一郎 p.42　　　　　〔15077〕
ルービンシュタインの新盤（新譜評）大木正興
　p.48　　　　　　　　　　　　　　　〔15078〕
新譜月評（新譜評）村田武雄 p.50　　　〔15079〕
ジャズ・レコード評（新譜評）野川香文
　p.63　　　　　　　　　　　　　　　〔15080〕
名演奏家こぼればなし 山口潔 p.66　　〔15081〕
秋声と音楽 徳田一穂 p.68　　　　　　〔15082〕
MENUETの絵皿 日向素郎 p.71　　　〔15083〕
レコード芸術家の昨今 木村繁 p.74　　〔15084〕
電気蓄音機の話〔7〕電気蓄音機の更生法（4）
　青木周三 p.75　　　　　　　　　　　〔15085〕
質問往来 大木正興 解答 p.82　　　　〔15086〕

音楽の本 p.83 〔15087〕
五月洋楽新譜一覧表 p.84 〔15088〕

20巻6号（1950年6月発行）

音楽百一話（6） 大田黒元雄 p.6 〔15089〕
アーノルド・バックスとアーサー・ブリス―現代音楽とレコード（21） 松本太郎 p.16 〔15090〕
ベートーヴェンの交響曲のレコードは何を選ぶ？（対談） 野村あらえびす，有坂愛彦 p.22 〔15091〕
海外レコード 上野一郎 p.30 〔15092〕
アロウ演奏のシューマンの協奏曲―海外盤試聴室 大木正興 p.38 〔15093〕
新譜月評 村田武雄 p.40 〔15094〕
ジャズ・レコード評 野川香文 p.55 〔15095〕
重要なレコード音楽の文献 藤田不二 p.58 〔15096〕
レコードアーテイストの昨今 木村繁 p.60 〔15097〕
教授クーセヴィツキイの横顔 宮沢縦一 p.62 〔15098〕
好きなクレーマンを偲んで―名歌手の印象 奥田良三 p.66 〔15099〕
ヨーロツパで聴いた名歌手の印象 長坂好子 p.69 〔15100〕
フアーラーのハンカチーフ―名歌手の印象 船越玲子 p.74 〔15101〕
音楽の本 p.76 〔15102〕
アメリカ現代音楽レコードの資料的考察 藁科雅美 p.77 〔15103〕
六月洋楽新譜一覧表 p.84 〔15104〕

20巻7号（1950年7月発行）

バッハを語る五夜―バッハの生涯とその音楽（バッハ二百年祭記念） 村田武雄 p.6 〔15105〕
バッハの管絃楽作品（バッハ二百年祭記念） 有坂愛彦 p.23 〔15106〕
バッハの遺蹟を語る（バッハ二百年祭記念） 属啓成 p.31 〔15107〕
ウイリアム・ウォルトン―現代音楽とレコード（22） 松本太郎 p.36 〔15108〕
音楽史的に観たピアノ・レコード（25）ウエーバー 野村光一 p.42 〔15109〕
ラザール・レヴィ教授来朝確定 p.44 〔15110〕
音楽の本 p.45 〔15111〕
バッハのレコード―海外レコード（バッハ二百年祭記念） 上野一郎 p.46 〔15112〕
レコード・アーティストの昨今 木村繁 p.54 〔15113〕
ワルター指揮のベートーヴェンの「第9」―海外盤試聴記 大木正興 p.56 〔15114〕
ハイフェッツ独奏のグリュンバーグの協奏曲―海外盤試聴記 小山舜輔 p.58 〔15115〕
新譜月評（新譜評） 村田武雄 p.60 〔15116〕
ビクターのニュー・レコード発売決定 p.70 〔15117〕
ジャズ・レコード評（新譜評） 野川香文 p.71 〔15118〕
書評―レコード愛好家と音楽青少年におくる2つの快著 村田武雄 p.74 〔15119〕
名演奏家の雑音を聴く―或るデイスク・デイレッタントの随筆 汐見金佐久 p.76 〔15120〕
歌劇レコード研究（1）星も光りぬ 寺井昭雄 p.78 〔15121〕
古い演奏の新しい録音 p.81 〔15122〕
著名指揮者の身振り手振り 渡辺護 p.82 〔15123〕
音楽百一話（7） 大田黒元雄 p.87 〔15124〕
一九五〇年度フランス・ディスク大賞 p.98 〔15125〕
質問往来 p.99 〔15126〕
七月各社洋楽新譜一覧表 p.101 〔15127〕

20巻8号（1950年8月発行）

音楽百一話（8） 大田黒元雄 p.6 〔15128〕
ハイフェツの新盤を聴く―メンデルスゾオンのヴァイオリン協奏曲（新盤試聴記） 田代秀穂 p.15 〔15129〕
トスカニーニ指揮の「大峡谷組曲」の新盤（新盤試聴記） 小山舜輔 p.18 〔15130〕
オルマンディー指揮「ローマの松」の新盤（新盤試聴記） 大木正興 p.22 〔15131〕
次の時代の音楽 藤田晴子 p.24 〔15132〕
ラザール・レヴィ演奏曲目 p.27 〔15133〕
ガルドゥのディスクを聴く―楓林亭にて（8） 日向素郎 p.28 〔15134〕
プロムナード・コンサートのことども―ロンドン楽界の思出 八木進 p.32 〔15135〕
レコード・アーティストの昨今 木村繁 p.36 〔15136〕
海外楽信 p.37 〔15137〕
海外レコード 上野一郎 p.38 〔15138〕
書評―村田武雄氏著「レコードは招く」人柄のにじみ出た親しい本 野村光一 p.45 〔15139〕
新譜月評（新譜評） 村田武雄 p.46 〔15140〕
ジャズ・レコード評（新譜評） 野川香文 p.56 〔15141〕
書評―眼で聴く音楽 村田武雄 p.60 〔15142〕
針の話―レコードを美しく聴くために 有坂愛彦 p.62 〔15143〕
知つておきたい声楽の知識（上） 牛山充 p.68 〔15144〕

内容細目　　　　　　　「レコード音楽」

長時間レコード新たな足掛りを獲得　A・D・ヒューグス　p.72　〔15145〕
音楽史的に観たピアノ・レコード（26）ブラームス（1）野村光一　p.74　〔15146〕
エリック・サティー―現代音楽とレコード（23）松本太郎　p.77　〔15147〕
質問往来　p.84　〔15148〕
八月各社洋楽新譜一覧表　p.85　〔15149〕

20巻9号（1950年9月発行）
現代人の「第九」（「第九」の新盤を聴く）野村あらえびす　p.6　〔15150〕
予想以上の出来ばえ（「第九」の新盤を聴く）有坂愛彦　p.8　〔15151〕
演奏会的効果の「第九」（「第九」の新盤を聴く）村田武雄　p.10　〔15152〕
二つの交響曲の新盤―海外盤（新譜評）大木正興　p.12　〔15153〕
指揮者としてのクーセヴィッキー　渡辺護　p.14　〔15154〕
名ハーピストアンリエット・ルニエの思い出　阿部よしゑ　p.17　〔15155〕
ラザール・レヴィ先生のことども　野辺地瓜丸　p.22　〔15156〕
ラザール・レヴィのレコードを聴きながら　野村光一　p.24　〔15157〕
現代音楽の宿命　藤木義輔　p.26　〔15158〕
カサルス中心のバッハ祭音盤化成る　p.30　〔15159〕
海外レコード　上野一郎　p.32　〔15160〕
新譜月評（新譜評）村田武雄　p.39　〔15161〕
ジャズ・レコード評（新譜評）野川香文　p.49　〔15162〕
レコードアーティストの昨今　木村繁　p.52　〔15163〕
ラファエル・クベリックとシカゴ交響楽団　呉正恭　p.54　〔15164〕
コプランド作曲「アパラチアの春」（現代アメリカ音楽新譜紹介）小山舜輔　p.56　〔15165〕
グローフェの作品　宮沢縦一　p.58　〔15166〕
歌劇レコード研究（2）二つの演出　寺井昭雄　p.61　〔15167〕
音楽の本　p.64　〔15168〕
アルベール・ルッセル―現代音楽とレコード（24）松本太郎　p.66　〔15169〕
知つておきたい声楽の知識（2）牛山充　p.72　〔15170〕
音楽百一話（9）大田黒元雄　p.76　〔15171〕
書評―大木正興著「名演奏家事典」を奨む　有坂愛彦　p.83　〔15172〕
質問往来　p.84　〔15173〕
地方盤信　p.84　〔15174〕

九月各社洋楽新譜一覧表　p.85　〔15175〕

20巻10号（1950年10月発行）
「第九」を書いた頃のベートーヴェン　清水脩　p.6　〔15176〕
ストコフスキー指揮の舞踊組曲「恋は魔術師」を聴く（試聴記）牧定忠　p.12　〔15177〕
アンダースンのアルト・ラプソディー（試聴記）村田武雄　p.14　〔15178〕
オルマンデイ指揮のベートヴェンの「第七」（試聴記）大木正興　p.16　〔15179〕
ワルターの「第九」に寄せることば　野村光一，属啓成，田辺秀雄，有坂愛彦，藤田不二，牛山充，堀内敬三，牧定忠　p.16　〔15180〕
フローラン・シュミット―現代音楽とレコード（25）松本太郎　p.20　〔15181〕
音楽史的に観たピアノ・レコード（27）ブラームス（2）野村光一　p.27　〔15182〕
レヴィー教授とMozart　日向素郎　p.30　〔15183〕
レヴィー教授演奏会日程　p.32　〔15184〕
海外音盤界余滴　I・U　p.33　〔15185〕
海外レコード　上野一郎　p.36　〔15186〕
国内ニュース　p.43　〔15187〕
レコードアーティストの昨今　木村繁　p.44　〔15188〕
新譜月評（新譜評）村田武雄　p.46　〔15189〕
レコード界ニュース　p.55　〔15190〕
ジャズ・レコード評（新譜評）野川香文　p.56　〔15191〕
英国楽界近況　ヒューバート・フォス　p.60　〔15192〕
重要なレコード音楽の文献　藤田不二　p.62　〔15193〕
レコードの質は良くなつたか（今月の話題）有坂愛彦　p.64　〔15194〕
南葵のレコードNHKにおさまる（今月の話題）兎野伴達　p.66　〔15195〕
ヴィクトル・デ・サバタ―大指揮者の横顔　呉正恭　p.67　〔15196〕
知つておきたい声楽の知識（3）牛山充　p.70　〔15197〕
音楽百一話（10）大田黒元雄　p.74　〔15198〕
質問往来　p.82　〔15199〕
十月各社洋楽新譜一覧表　p.85　〔15200〕

20巻11号（1950年11月発行）
音楽百一話（11）大田黒元雄　p.6　〔15201〕
トスカニーニの新盤―「真夏の夜の夢」と「スケエタア・ワルツ」（試聴記）田代秀穂　p.16　〔15202〕
レヴィ教授告別演奏会曲目　p.19　〔15203〕

「レコード音楽」　内容細目

フルトヴェングラーの新盤―及「レオノーレ第三序曲」の新盤（試聴記）大木正興 p.20　〔15204〕

長時間レコード試聴記（1）八木進 p.22　〔15205〕

ジャン・リヴィエ―現代音楽とレコード（26）松本太郎 p.24　〔15206〕

リヒアルト・シュトラウス翁の想い出 江原綱一 p.31　〔15207〕

海外音盤余滴 I・U p.36　〔15208〕

海外レコード 上野一郎 p.38　〔15209〕

新譜月評（新譜評）村田武雄 p.45　〔15210〕

ジャズ・レコード評（新譜評）野川香文 p.54　〔15211〕

レヴィ教授を迎へて p.59　〔15212〕

レコード・アーティストの昨今 木村繁 p.60　〔15213〕

重要なレコード音楽の文献 藤田不二 p.62　〔15214〕

サー・トマス・ビーチャム―大指揮者の横顔 渡辺護 p.64　〔15215〕

ポリドールの洋盤はどうなつたか（今月の話題）p.66　〔15216〕

歌劇レコード研究（3）セヴィラの理髪師 寺井昭雄 p.68　〔15217〕

「夜も昼も」（音楽映画）上野一郎 p.72　〔15218〕

演奏会だより p.73　〔15219〕

"S"盤を聴く（新譜評）佐藤孝 p.74　〔15220〕

知つておきたい声楽の知識（4）牛山充 p.77　〔15221〕

質問往来 大木正興 解答 p.82　〔15222〕

十一月各社洋楽新譜一覧表 p.85　〔15223〕

20巻12号（1950年12月発行）

音楽百一話（12）大田黒元雄 p.6　〔15224〕

スメタナの「絃楽四重奏曲」を聴く 大木正興 p.20　〔15225〕

ラザール・レヴィ教授のレコード吹込に就て 野村光一 p.22　〔15226〕

P-O.フェルルー―現代音楽とレコード（27）松本太郎 p.24　〔15227〕

海外音盤余滴 I・U p.30　〔15228〕

海外レコード 上野一郎 p.32　〔15229〕

新譜月評（新譜評）村田武雄 p.39　〔15230〕

ジャズ・レコード評（新譜評）野川香文 p.48　〔15231〕

初めての音楽院へ（パリ通信）田中希代子 p.53　〔15232〕

レコード・アーティストの昨今 木村繁 p.54　〔15233〕

クリスマスのレコード・コンサート 津川主一 p.56　〔15234〕

ブラームスの声楽曲とドイツ鎮魂曲（鼎談）薗田誠一，野村光一，村田武雄 p.60　〔15235〕

長時間レコードの話 有坂愛彦 p.71　〔15236〕

演奏会だより p.73　〔15237〕

「冬の旅」鑑賞―独逸歌曲鑑賞 西野茂雄 p.74　〔15238〕

知つておきたい声楽の知識（5）牛山充 p.77　〔15239〕

質問往来 p.84　〔15240〕

十二月各社洋楽新譜一覧表 p.85　〔15241〕

21巻1号（1951年1月発行）

レコード百一話（1）大田黒元雄 p.6　〔15242〕

レコードに就て 田代秀穂 p.16　〔15243〕

マルセル・ドランノワ―現代音楽とレコード（28）松本太郎 p.21　〔15244〕

「真夏の夜の夢」の音楽 マーセル・グリリ p.27　〔15245〕

アメリカ音楽，大人になる クルト・リスト，井上和男 訳 p.30　〔15246〕

業界だより p.31　〔15247〕

新譜月評 村田武雄 p.32　〔15248〕

ラヴェルの左手のためのピアノ協奏曲―カザドジューの演奏による 牧定忠 p.42　〔15249〕

ビーチャム指揮のチャイコフスキー「第五」大木正興 p.44　〔15250〕

長時間レコード試聴記 八木進 p.46　〔15251〕

ジャズ・レコード評 野川香文 p.48　〔15252〕

レコード・アーティストの昨今―シーズンはじまる 木村繁 p.54　〔15253〕

戦後におけるランドフスカ女史のことども 中島加寿子 p.56　〔15254〕

海外レコード 上野一郎 p.58　〔15255〕

新しいレコード会社（海外音盤余滴）U・I p.66　〔15256〕

書評―属さんの「ベートーヴェン全集」村田武雄 p.69　〔15257〕

ダイヤモンド作曲「ロミオとジュリエット」―現代アメリカ音楽新盤紹介 小山舞輔 p.70　〔15258〕

アルバム談義（今月の話題）兎野伴達 p.72　〔15259〕

私の愛盤・愛機 p.74　〔15260〕

トスカニーニ物語 藥科雅美 p.77　〔15261〕

質問往来 大木正興 解答 p.90　〔15262〕

一月各社洋楽新譜一覧表 p.93　〔15263〕

各社洋楽レコード綜合目録 別冊附録　〔15264〕

21巻2号（1951年2月発行）

レコード百一話（2）大田黒元雄 p.6　〔15265〕

内容細目　　　　　　　　　　　　　　　「レコード音楽」

フランシス・プーランク―現代音楽とレコード
（29）松本太郎 p.14　　　　　　〔15266〕

音楽史的に観たピアノ・レコード（28）ブラーム
ス（3）野村光一 p.23　　　　　　〔15267〕

今月の訳詞 p.27　　　　　　　　　　〔15268〕

フォーレの晩年と絃楽四重奏曲 藤木義輔
p.28　　　　　　　　　　　　　　〔15269〕

アルトゥール・ルービンシュタイン 松岡清堯
p.32　　　　　　　　　　　　　　〔15270〕

レコードアーテイストの昨今―ドイツの音楽界
木村繁 p.34　　　　　　　　　　　〔15271〕

音楽会だより p.35　　　　　　　　　〔15272〕

新譜月評 村田武雄 p.36　　　　　　〔15273〕

三月新譜予報 p.45　　　　　　　　　〔15274〕

キレニー独奏のショパン―ピアノ協奏曲 大木
正興 p.46　　　　　　　　　　　　〔15275〕

ベートーヴェンの「三重協奏曲」を聴く 八木進
p.48　　　　　　　　　　　　　　〔15276〕

ジャズ・レコード評 野川香文 p.50　　〔15277〕

レコード界ニュース p.54　　　　　　〔15278〕

流行歌の不振 伊奈一男 p.55　　　　　〔15279〕

海外レコード 上野一郎 p.58　　　　　〔15280〕

一九五〇年の傑作盤（海外音盤余滴）I・U
p.65　　　　　　　　　　　　　　〔15281〕

GHQ図書館レコード・コンサート S・T
p.68　　　　　　　　　　　　　　〔15282〕

宿命と怪奇とベートーヴェンの「第七」 藤夏
人 p.70　　　　　　　　　　　　　〔15283〕

長時間レコードの発売（今月の話題）
p.75　　　　　　　　　　　　　　〔15284〕

物品税の減免とレコードの値段（今月の話題）
p.76　　　　　　　　　　　　　　〔15285〕

ダムロッシュ博士逝く 鮎野行夫 p.76　〔15286〕

歌劇レコードの研究（4）ドニゼッティの三つの
アリア―附 タリアヴィーニの登場 寺井昭雄
p.78　　　　　　　　　　　　　　〔15287〕

質問往来 大木正興 解答 p.82　　　　〔15288〕

二月各社洋楽新譜一覧表 p.85　　　　〔15289〕

音楽の本 p.86　　　　　　　　　　　〔15290〕

コンサート・ニュース p.86　　　　　〔15291〕

21巻3号（1951年3月発行）

モーツァルトの手法と様式（特輯 モーツァルト
の音楽 其一）菅原明朗 p.6　　　　〔15292〕

モーツァルトの交響曲（特輯 モーツァルトの音
楽 其一）木村重雄 p.11　　　　　　〔15293〕

モーツァルトの室内楽（特輯 モーツァルトの音
楽 其一）柴田南雄 p.20　　　　　　〔15294〕

人間モーツァルト（特輯 モーツァルトの音楽 其
一）野村光一 p.24　　　　　　　　〔15295〕

メニューインの来朝決定 p.26　　　　〔15296〕

ザルツブルグの思い出（特輯 モーツァルトの音
楽 其一）徳永康元 p.27　　　　　　〔15297〕

ロココということ（特輯 モーツァルトの音楽 其
一）日向素郎 p.30　　　　　　　　〔15298〕

レコード音楽の偏重―田代秀穂氏への疑問 渡
辺護 p.34　　　　　　　　　　　　〔15299〕

二つの絃楽曲―名曲鑑賞（1）藤井夏人
p.40　　　　　　　　　　　　　　〔15300〕

ショスタコォヴィッチと “第九交響曲” その他
中根宏 p.44　　　　　　　　　　　〔15301〕

新譜月評 村田武雄 p.48　　　　　　〔15302〕

コンサート・ニュース p.59　　　　　〔15303〕

黒盤月評 田辺秀雄 p.60　　　　　　〔15304〕

ジャズ・レコード評 野川香文 p.62　　〔15305〕

海外レコード 上野一郎 p.66　　　　　〔15306〕

世界の管絃楽団めぐり（1）サンフランシスコ交
響楽団 大木正興 p.74　　　　　　　〔15307〕

ロジンスキー―大指揮者の横顔 三浦淳史
p.78　　　　　　　　　　　　　　〔15308〕

音楽の美について（1）有坂愛彦 p.83　〔15309〕

ジョルジュ・オーリック―現代音楽とレコード
（30）松本太郎 p.88　　　　　　　〔15310〕

レコード百一話（3）大田黒元雄 p.95　〔15311〕

質問往来 大木正興 解答 p.100　　　　〔15312〕

三月洋楽新譜一覧表 p.101　　　　　　〔15313〕

21巻4号（1951年4月発行）

レコード百一話（4）大田黒元雄 p.6　〔15314〕

演奏会だより p.13　　　　　　　　　〔15315〕

ジエルメーヌ・タイユフェール―現代音楽とレ
コード（31）松本太郎 p.14　　　　〔15316〕

音楽史的に観たピアノ・レコード（29）フランク
野村光一 p.22　　　　　　　　　　〔15317〕

音楽の本―村田武雄氏の新著と「名曲に聴く」
中巻 p.24　　　　　　　　　　　　〔15318〕

音楽の美について（2）有坂愛彦 p.25　〔15319〕

二つの交響曲―名曲鑑賞（2）藤井夏人
p.30　　　　　　　　　　　　　　〔15320〕

レコードアーティストの昨今 木村繁
p.34　　　　　　　　　　　　　　〔15321〕

トスカニーニの「第八」（新盤を聴く）田代秀穂
p.36　　　　　　　　　　　　　　〔15322〕

フランクのヴァイオリン奏鳴曲―フランチェス
カッティの新盤を聴きながら 藤木義輔
p.40　　　　　　　　　　　　　　〔15323〕

新譜月評（新譜評）村田武雄 p.43　　〔15324〕

今月の楽しいレコード（新譜評）田辺秀雄
p.52　　　　　　　　　　　　　　〔15325〕

ジャズ・レコード評（新譜評）野川香文
p.54　　　　　　　　　　　　　　〔15326〕

海外音盤界余滴 I・U p.58　　　　　〔15327〕

コンサート・ニュース p.59　　　　　〔15328〕

「レコード音楽」　内容細目

海外レコード　上野一郎　p.60　〔15329〕

質問往来　大木正興　解答　p.67　〔15330〕

春の歌―そのレコード　西野茂雄　p.68　〔15331〕

レコード値上げ決定　p.71　〔15332〕

世界の管絃楽団めぐり（2）ボストン交響楽団とボストンポップス管弦楽団　大木正興　p.72　〔15333〕

ヴェルディとオペラ―ヴェルディ五十年祭に因みて（対談）　大田黒元雄，藤原義江　p.76　〔15334〕

四月洋楽新譜一覧表　p.85　〔15335〕

長時間レコード発売確定　p.86　〔15336〕

21巻5号（1951年5月発行）

モーツァルト随想（特輯 モーツァルトの音楽 其二）　レオニード・クロイツァー　p.6　〔15337〕

ローゼンシュトック来朝　p.10　〔15338〕

モーツァルト協奏曲（1）（特輯 モーツァルトの音楽 其二）　木村重雄　p.11　〔15339〕

楽聖モーツァルトを訪ねて―ヨーロッパで聴いたモーツァルトの音楽（1）（特輯 モーツァルトの音楽 其二）　江原綱一　p.18　〔15340〕

モーツァルトの百五十年祭（特輯 モーツァルトの音楽 其二）　徳永康元　p.22　〔15341〕

ジャン・フランセー―現代音楽とレコード（30）　松本太郎　p.26　〔15342〕

ミュンクかミュンシュか　松本太郎　p.32　〔15343〕

音楽史的に観たピアノ・レコード（30）サン・サーンス　野村光一　p.33　〔15344〕

メンゲンベルク逝く　p.35　〔15345〕

レコード・アーティストの昨今　木村繁　p.36　〔15346〕

音楽の美について（3）　有坂愛彦　p.38　〔15347〕

コンサートだより　p.41　〔15348〕

仏蘭西と芬蘭の名曲二曲―名曲鑑賞（3）　藤井夏人　p.42　〔15349〕

トスカニーニの「悲愴」そのほか―長時間レコード試聴記　八木進　p.46　〔15350〕

新譜月評（新譜評）　村田武雄　p.50　〔15351〕

ジャズ・レコード評（新譜評）　野川香文　p.61　〔15352〕

海外レコード　上野一郎　p.64　〔15353〕

ミュンクのボストン最初のシーズン―ミュンクの挑戦に応じ勝利を得る　ハロルド・ロジャース，井上和男 訳　p.70　〔15354〕

世界の管絃楽団めぐり（3）クリーヴランド交響楽団　大木正興　p.72　〔15355〕

レコード百一話（5）　大田黒元雄　p.75　〔15356〕

一九五一年 フランス・ディスク大賞　p.83　〔15357〕

質問往来　大木正興　解答　p.84　〔15358〕

五月洋楽新譜一覧表　p.85　〔15359〕

21巻6号（1951年6月発行）

語り難きモーツァルト（特輯 モーツァルトの音楽 其三）　吉田秀和　p.6　〔15360〕

モーツァルト協奏曲（2）（特輯 モーツァルトの音楽 其三）　木村重雄　p.9　〔15361〕

ウインで聴いたモーツァルト―ヨーロッパで聴いたモーツァルトの音楽（2）（特輯 モーツァルトの音楽 其三）　属啓成　p.16　〔15362〕

パリにて聴きしモーツァルト―ヨーロッパで聴いたモーツァルトの音楽（2）（特輯 モーツァルトの音楽 其三）　日向素郎　p.18　〔15363〕

一九五一年度フランス・ディスク大賞　松本太郎　p.24　〔15364〕

演奏会だより　p.29　〔15365〕

音楽史的に観たピアノ・レコード（31）シャブリエ その他　野村光一　p.30　〔15366〕

音楽の本　p.32　〔15367〕

音階の話―音楽の美について（4）　有坂愛彦　p.33　〔15368〕

絃と管二つの協奏曲―名曲鑑賞（4）　藤井夏人　p.38　〔15369〕

レコードアーティストの昨今―三音楽家近く　木村繁　p.42　〔15370〕

ルービンシュタインの新盤など―長時間レコード試聴記　八木進　p.44　〔15371〕

新譜月評（新譜評）　村田武雄　p.46　〔15372〕

家庭レコード評（新譜評）　田辺秀雄　p.54　〔15373〕

ジャズ・レコード評（新譜評）　野川香文　p.56　〔15374〕

コンサートだより　p.58　〔15375〕

書評―野村光一さんの力作「名曲に聴く 三巻」　村田武雄　p.60　〔15376〕

海外レコード　上野一郎　p.61　〔15377〕

米英レコードの値段（海外音盤界余滴）　I・U　p.68　〔15378〕

世界の管絃楽団めぐり（4）ニューヨーク・フィルハーモニック管絃楽団　大木正興　p.70　〔15379〕

長時間レコードをめぐって（座談会）　野村あらえびす，野村光一，村田武雄，寺島宏，足立浩　p.74　〔15380〕

レコード百一話（6）　大田黒元雄　p.82　〔15381〕

六月の各社洋楽新譜一覧表　p.89　〔15382〕

21巻7号（1951年7月発行）

音楽史上に於けるモーツァルトの位置（特輯 モーツァルトの音楽 其四）　遠山一行　p.6　〔15383〕

モーツァルト協奏曲（3）（特輯 モーツァルトの音楽 其四）　木村重雄　p.12　〔15384〕

モーツアルトの夜曲と嬉遊曲（特輯 モーツァルトの音楽 其四）有坂愛彦 p.19　〔15385〕

カロル・シマノウスキー―現代音楽とレコード（31）松本太郎 p.23　〔15386〕

ピアノ協奏曲と交響的組曲―名曲鑑賞（5）藤井夏人 p.30　〔15387〕

プロコフィエフ誕生六十年 ソ連作家の追放作品 木村繁 p.34　〔15388〕

世界の長時間レコード界の現状（LPセクション）p.36　〔15389〕

LP新譜評（LPセクション）村田武雄 p.40　〔15390〕

モーツァルトのピアノ協奏曲新盤―長時間レコード試聴記 八木進 p.42　〔15391〕

海外レコード 上野一郎 p.45　〔15392〕

国内ニュース p.51　〔15393〕

新譜月評（新譜評）村田武雄 p.52　〔15394〕

家庭レコード月評（新譜評）田辺秀雄 p.60　〔15395〕

ジャズ・レコード評（新譜評）野川香文 p.62　〔15396〕

世界の管絃楽団めぐり（5）フィラデルフィア管絃楽団 大木正興 p.66　〔15397〕

コンサートだより p.69　〔15398〕

アメリカのレコード会社とヨーロッパの会社との関係（海外音盤界余滴）I・U p.70　〔15399〕

音楽の美について（5）有坂愛彦 p.72　〔15400〕

音楽史的に観たピアノ・レコード（32）十九世紀のロシヤ作曲家達（1）ルービンシュタイン 野村光一 p.77　〔15401〕

レコード百一話（7）大田黒元雄 p.80　〔15402〕

七月各社洋楽新譜一覧表 p.89　〔15403〕

21巻8号（1951年8月発行）

モーツァルトオペラの本質（特輯 モーツァルトの音楽 其五）渡辺護 p.6　〔15404〕

モーツァルトの歌曲（特輯 モーツァルトの音楽 其五）畑中良輔 p.13　〔15405〕

アレクサンドル・タンスマン―現代音楽とレコード（32）松本太郎 p.17　〔15406〕

音楽史的に観たピアノ・レコード（33）チャイコフスキー 野村光一 p.25　〔15407〕

音楽の美について（6）有坂愛彦 p.28　〔15408〕

ピアノのための奏鳴曲と三重奏曲―名曲鑑賞（6）藤井夏人 p.32　〔15409〕

逝けるクーセヴィツキー, タリアヴィーニは生きて居る―レコードアーティストの昨今 木村繁 p.36　〔15410〕

アメリカの長時間レコード会社一覧表 藤田不二 p.38　〔15411〕

LP新譜評―国内盤（LPセクション）村田武雄 p.42　〔15412〕

名提琴家の新盤―海外盤（LPセクション）八木進 p.44　〔15413〕

最新型の米国製電気蓄音機 青木周三 p.47　〔15414〕

海外レコード 上野一郎 p.53　〔15415〕

米レコード界の傾向（海外音盤界余滴）I・U p.60　〔15416〕

新譜月評（新譜評）村田武雄 p.62　〔15417〕

コンサートだより p.71　〔15418〕

家庭レコード評（新譜評）田辺秀雄 p.72　〔15419〕

ジャズ・レコード評（新譜評）野川香文 p.74　〔15420〕

世界の管絃楽団めぐり（6）セント・ルイス交響楽団とピッツバーグ交響楽団 大木正興 p.77　〔15421〕

レコード百一話（8）大田黒元雄 p.80　〔15422〕

質問往来 大木正興 解答 p.86　〔15423〕

八月各社洋楽新譜一覧表 p.89　〔15424〕

21巻9号（1951年9月発行）

レコード百一話（9）大田黒元雄 p.6　〔15425〕

レコード蒐集余話（1）野村あらえびす p.16　〔15426〕

古典と現代の交響曲と協奏曲―名曲鑑賞（7）藤井夏人 p.20　〔15427〕

レコード・アーティストの昨今―シエーンベルク逝く 木村繁 p.24　〔15428〕

"グレート"カルーソー 寺井昭雄 p.26　〔15429〕

オペラの名盤を聴く―LPセクション 八木進 p.31　〔15430〕

期待されるLPの芸術家達―LPセクション 鈴木清太郎 p.34　〔15431〕

米国の長時間レコード会社一覧（下）―LPセクション 藤田不二 p.38　〔15432〕

不朽の演奏の宝庫（海外音盤界余滴）I・U p.42　〔15433〕

新譜月評（新譜評）村田武雄 p.46　〔15434〕

ジャズ・レコード評（新譜評）野川香文 p.56　〔15435〕

コンサートだより p.59　〔15436〕

海外レコード 上野一郎 p.60　〔15437〕

メニューイン独奏会曲目と日程 p.67　〔15438〕

水兵服のメニューイン（メニューイン来朝）長坂春雄 p.68　〔15439〕

戦後のメニューイン（メニューイン来朝）木村繁 p.70　〔15440〕

世界の管絃楽団めぐり（7）ミネアポリス交響団 大木正興 p.72　〔15441〕

音楽史的に観たピアノ・レコード（34）ラフマニノフ 野村光一 p.76　〔15442〕

「レコード音楽」　　　　　　　　　　内容細目

音楽の美について（7）ハーモニーの話（1）有坂
　愛彦 p.79　　　　　　　　　　　　　〔15443〕

ボフスラフ・マルティヌ―現代音楽とレコード
　（33）松本太郎 p.84　　　　　　　　〔15444〕

書評―グラシア著，小松清訳「ピアノ奏法」松
　本太郎 p.92　　　　　　　　　　　　〔15445〕

書評―大田黒元雄「ドビュッシイ評伝」評 清水
　脩 p.92　　　　　　　　　　　　　　〔15446〕

九月各社洋楽新譜一覧表 p.93　　　　　〔15447〕

21巻10号（1951年10月発行）

レコード百一話（10）大田黒元雄 p.6　〔15448〕

蒐集奇談―レコード蒐集余話（2）野村あらえび
　す p.14　　　　　　　　　　　　　　〔15449〕

ファリアの芸術とスペイン民謡 藤木義輔
　p.18　　　　　　　　　　　　　　　　〔15450〕

バラードと狂詩曲―名曲鑑賞（8）藤井夏人
　p.22　　　　　　　　　　　　　　　　〔15451〕

シュナーベルとレコード―特にベートーヴェ
　ン・ソナタについて（シュナーベル追悼）野
　村光一 p.26　　　　　　　　　　　　〔15452〕

コンサートだより p.27　　　　　　　　〔15453〕

シュナーベルの思い出（シュナーベル追悼）レ
　コードアーティストの昨今 木村繁
　p.28　　　　　　　　　　　　　　　　〔15454〕

スイスで聴いたシュナーベル（シュナーベル追
　悼）渡辺護 p.30　　　　　　　　　　〔15455〕

シュナーベル最後の演奏―アメリカ楽壇紀行
　（1）（シュナーベル追悼）木岡英三郎
　p.32　　　　　　　　　　　　　　　　〔15456〕

イェフディ・メヌーイン マアセル・グリリ，石
　坂潔 訳 p.37　　　　　　　　　　　　〔15457〕

条件の整ったヴェルディの「鎮魂曲」（試聴記）
　村田武雄 p.40　　　　　　　　　　　〔15458〕

カペルのレコードを聴く―海外新盤試聴記 渡
　辺護 p.42　　　　　　　　　　　　　〔15459〕

ピアノの新盤を聴く―LP盤（試聴記）八木進
　p.44　　　　　　　　　　　　　　　　〔15460〕

海外レコード 上野一郎 p.47　　　　　〔15461〕

新譜月評（新譜評）村田武雄 p.54　　　〔15462〕

家庭レコード（新譜評）田辺秀雄
　p.64　　　　　　　　　　　　　　　　〔15463〕

メニューイン演奏会曲目 p.65　　　　　〔15464〕

ジャズ・レコード評（新譜評）野川香文
　p.66　　　　　　　　　　　　　　　　〔15465〕

演奏会だより p.69　　　　　　　　　　〔15466〕

カサルスの新吹込・其他（海外音盤界余滴）I・
　U p.70　　　　　　　　　　　　　　　〔15467〕

質問往来 大木正興 解答 p.72　　　　　〔15468〕

世界の管絃楽団めぐり（8）シカゴ交響楽団ほか
　大木正興 p.72　　　　　　　　　　　〔15469〕

ディヴィッド・ホールの「レコード一九五〇年」
　岡俊雄 p.76　　　　　　　　　　　　〔15470〕

ピアノ・レコード（1）（レコード蒐集第一課）
　中村善吉 p.86　　　　　　　　　　　〔15471〕

ヘクトル・ヴィラ・ロボス―現代音楽とレコー
　ド（34）松本太郎 p.88　　　　　　　〔15472〕

十月各社洋楽新譜一覧表 p.97　　　　　〔15473〕

21巻11号（1951年11月発行）

レコード百一話（11）大田黒元雄 p.6　〔15474〕

音楽史的に観たピアノ・レコード（35）国民楽派
　の人々―バラキレフ・ムツソルグスキー等
　野村光一 p.15　　　　　　　　　　　〔15475〕

メニューインのレコード吹込 p.17　　　〔15476〕

モーツァルトの印象（モーツァルトの音楽（6））
　松本太郎 p.18　　　　　　　　　　　〔15477〕

批判家たりしモーツァルト―楓林亭にて（12）
　（モーツァルトの音楽（6））日向素郎
　p.24　　　　　　　　　　　　　　　　〔15478〕

レコード界ニュース p.25　　　　　　　〔15479〕

蓄音機の歴史―レコード蒐集余話（3）野村あら
　えびす p.26　　　　　　　　　　　　〔15480〕

音楽界だより p.29　　　　　　　　　　〔15481〕

ピアノ五重奏曲と西班牙綺想曲―名曲鑑賞（9）
　藤井夏人 p.30　　　　　　　　　　　〔15482〕

見たメニューヒン（メニューインの印象）村田武
　雄 p.34　　　　　　　　　　　　　　〔15483〕

メニューインを聴いて（メニューインの印象）
　牧定忠 p.36　　　　　　　　　　　　〔15484〕

立派な演奏（メニューインの印象）野村光一
　p.36　　　　　　　　　　　　　　　　〔15485〕

古典解釈の深さ（メニューインの印象）増沢健
　美 p.37　　　　　　　　　　　　　　〔15486〕

将来に期待する（メニューインの印象）野村あ
　らえびす p.37　　　　　　　　　　　〔15487〕

不満足だったメニューヒン（メニューインの印
　象）遠山一行 p.38　　　　　　　　　〔15488〕

メニューイン（メニューインの印象）大田黒元
　雄 p.38　　　　　　　　　　　　　　〔15489〕

メニューヒンとヴェス―或る放談的対話（メ
　ニューインの印象）渡辺護 p.39　　　〔15490〕

フリッツ・ブッシュ逝く―レコードアーティス
　トの昨今 木村繁 p.42　　　　　　　〔15491〕

ヴァイオリン協奏曲の新盤―LP試聴記 八木進
　p.44　　　　　　　　　　　　　　　　〔15492〕

コンサートだより p.46　　　　　　　　〔15493〕

海外レコード 上野一郎 p.47　　　　　〔15494〕

新譜月評（新譜評）村田武雄 p.54　　　〔15495〕

家庭用レコード（新譜評）田辺秀雄
　p.66　　　　　　　　　　　　　　　　〔15496〕

ジャズとポピュラー（新譜評）野川香文
　p.68　　　　　　　　　　　　　　　　〔15497〕

世界の管絃楽団めぐり（9）NBC交響楽団 大木
　正興 p.72　　　　　　　　　　　　　〔15498〕

内容細目　　　　　　　　　　　　「レコード音楽」

マリオ・ランツアのことども　寺井昭雄
　p.76　　　　　　　　　　　　　〔15499〕

米コロムビアの新シリーズ・其他（海外音盤界
余滴）I・U　p.80　　　　　　　〔15500〕

アメリカ版名曲決定盤―米批評家二十二名が選
んだ過去二十五年間の傑作盤　p.83　〔15501〕

キャビトル・レコード，キングより発売
　p.92　　　　　　　　　　　　　〔15502〕

書評―視覚化された音楽　属啓成氏の「音楽歴史
図鑑」　田代秀穂　p.93　　　　　〔15503〕

質問往来　大木正興　解答　p.94　　〔15504〕

十一月各社洋楽新譜一覧表　p.97　　〔15505〕

21巻12号（1951年12月発行）

レコード百一話（12）　大田黒元雄　p.6　〔15506〕

印象に残る今年のレコード―管絃楽曲を中心と
して　田代秀穂　p.16　　　　　　〔15507〕

一九五一年度洋楽レコード私の推薦盤　村田武
雄　p.20　　　　　　　　　　　　〔15508〕

ロイ・ハリス―現代音楽とレコード（35）松本
太郎　p.28　　　　　　　　　　　〔15509〕

音楽史的に観たピアノ・レコード（36）グリーク
その他　野村光一　p.35　　　　　〔15510〕

音楽の美について（8完）ハーモニーの話（2）有
坂愛彦　p.38　　　　　　　　　　〔15511〕

夜想曲と絃楽四重奏曲―名曲鑑賞（10）藤井夏
人　p.42　　　　　　　　　　　　〔15512〕

レコードアーティストの昨今―ストラヴィンス
キーの新作歌劇　木村繁　p.46　　〔15513〕

交響曲とオペラの世界―アメリカ楽壇紀行（2）
木岡英三郎　p.48　　　　　　　　〔15514〕

宗教音楽の新盤（LP試聴記）　八木進
　p.53　　　　　　　　　　　　　〔15515〕

新譜月評（新譜評）　村田武雄　p.56　〔15516〕

家庭レコード評（新譜評）　田辺秀雄
　p.66　　　　　　　　　　　　　〔15517〕

ジャズ・レコード評（新譜評）　野川香文
　p.68　　　　　　　　　　　　　〔15518〕

バイロイト音楽祭の録音（海外音盤余滴）I・U
　p.74　　　　　　　　　　　　　〔15519〕

海外レコード　上野一郎　p.76　　　〔15520〕

音楽界だより　p.82　　　　　　　　〔15521〕

NJBのレコード放送　森本功　p.83　〔15522〕

訳詞の仕事（訳詞の問題）　伊藤武雄
　p.86　　　　　　　　　　　　　〔15523〕

訳詞開眼（訳詞の問題）　西野茂雄
　p.89　　　　　　　　　　　　　〔15524〕

「牧場」の弁（訳詞の問題）　津川主一
　p.92　　　　　　　　　　　　　〔15525〕

質問往来　大木正興　解答　p.95　　〔15526〕

十二月各社洋楽新譜一覧表　p.96　　〔15527〕

22巻1号（1952年1月発行）

新譜月評（新譜評）　村田武雄　p.6　〔15528〕

アーロン・コプランド―現代音楽とレコード
（36）　松本太郎　p.17　　　　　〔15529〕

音楽史的に観たピアノ・レコード（37）カブリエ
ル・フォーレ　野村光一　p.24　　〔15530〕

レコード番号と値段　p.27　　　　　〔15531〕

ベートーヴェンの「春」と「ヴァルトシュタイ
ン」―名曲鑑賞（11）　藤井夏人
　p.28　　　　　　　　　　　　　〔15532〕

序曲と前奏曲（1）レコード蒐集第一課　有坂愛彦
　p.32　　　　　　　　　　　　　〔15533〕

海外レコード　上野一郎　p.38　　　〔15534〕

協奏曲と歌劇の新盤（LP試聴記）　八木進
　p.45　　　　　　　　　　　　　〔15535〕

歌劇新盤の紹介（LP）　牧定忠　p.48　〔15536〕

家庭レコード評（新譜評）　田辺秀雄
　p.50　　　　　　　　　　　　　〔15537〕

ジャズ・レコード評（新譜評）　野川香文
　p.52　　　　　　　　　　　　　〔15538〕

全曲吹込のいろいろ　I・U　p.56　　〔15539〕

音楽喫煙室　大田黒元雄　p.59　　　〔15540〕

パリー音楽院の教授陣　木村繁　p.62　〔15541〕

新しいシャンソンの歌手たち　芦原英了
　p.64　　　　　　　　　　　　　〔15542〕

世界の管絃楽団めぐり（10）コンツェルトゲボ
ウ管絃楽団　大木正興　p.68　　　〔15543〕

パリーの二名演奏家来朝　p.71　　　〔15544〕

メヌーヒンとの芸談　村田武雄　p.72　〔15545〕

羽田から羽田へ―メヌーインの十週間
　p.76　　　　　　　　　　　　　〔15546〕

スタヂオのメニューヒン　奥津武　p.80　〔15547〕

絢爛たる音楽映画カーネギー・ホール　上野一
郎　p.82　　　　　　　　　　　　〔15548〕

歌の翼に　寺島宏　p.86　　　　　　〔15549〕

一九五二年のレコード界　p.88　　　〔15550〕

電気蓄音機の話（1）　青木周三　p.89　〔15551〕

質問往来　大木正興　解答　p.93　　〔15552〕

一月各社洋楽新譜一覧表　p.96　　　〔15553〕

22巻2号（1952年2月発行）

新譜月評（新譜評）　村田武雄　p.6　〔15554〕

ディミトリー・ショスタコヴィッチ―現代音楽
とレコード（37）　松本太郎　p.16　〔15555〕

序曲と前奏曲（2）レコード蒐集第一課　有坂愛彦
　p.24　　　　　　　　　　　　　〔15556〕

モンブラン氏・ジョワ夫人演奏会曲目
　p.27　　　　　　　　　　　　　〔15557〕

「西班牙の庭の夜」と「第二交響曲」―名曲鑑賞
（12）　藤井夏人　p.28　　　　　〔15558〕

海外レコード　上野一郎　p.32　　　〔15559〕

「レコード音楽」　内容細目

アンダーソンの新盤など（LP試聴記）八木進
p.39　〔15560〕

家庭レコード評（新譜評）田辺秀雄
p.42　〔15561〕

ジャズ・レコード評（新譜評）野川香文
p.44　〔15562〕

レコード・アーティストの昨今 木村繁
p.50　〔15563〕

音楽喫煙室（2）大田黒元雄 p.52　〔15564〕

ランドフスキアーナ——この一文を中西盛子嬢に
捧ぐ 中島加寿子 p.55　〔15565〕

歌劇レコード研究——四つのボリス・コドゥノフ
寺井昭雄 p.60　〔15566〕

バラーとの芸談 村田武雄 p.64　〔15567〕

新しいシャンソンの歌手たち（続）芦原英了
p.68　〔15568〕

デヴィット・オイストラク 藤田光彦
p.71　〔15569〕

レコード文化の国アメリカ——アメリカ楽壇紀行
木岡英三郎 p.74　〔15570〕

アメリカの一九五一年傑作盤 I・U
p.79　〔15571〕

レコードを楽しむ 山本定男 p.82　〔15572〕

あらえびす氏のレコード文庫拝見 竹野俊男
p.84　〔15573〕

世界の管絃楽団めぐり（12）ロイアル・フィル
ハーモニック管絃楽団 大木正興
p.86　〔15574〕

電気蓄音機の話（2）青木周三 p.89　〔15575〕

モーツァルト作品レコード表（上）薬科雅美
p.95　〔15576〕

コンサートだより p.96　〔15577〕

二月各社洋楽新譜一覧表 p.96　〔15578〕

お別れのことば 竹野俊男 p.97　〔15579〕

22巻3号（1952年3月発行）

解釈と鑑賞に就いて 田代秀穂 p.3　〔15580〕

れこおど・おんがく 薬科雅美 p.9　〔15581〕

洋楽月評——三月新譜 寺西春雄，田代秀穂，西山
広一 p.12　〔15582〕

声楽曲あれこれ——私のレコード・ライブラリ
鷹司平通 p.29　〔15583〕

ハチャトゥリアンとカバレヴスキー——現代音楽
とレコード（37）松本太郎 p.32　〔15584〕

音楽喫煙室 大田黒元雄 p.40　〔15585〕

モンブラン氏ジョワ夫人をかこんで（座談会）
野村光一，安川加寿子，池内友次郎
p.43　〔15586〕

古い演奏と新しい演奏——スタイルの問題—レ
コード音楽ノート 村田武雄 p.48　〔15587〕

海外レコード 上野一郎 p.54　〔15588〕

世界の耳 藤田不二 p.62　〔15589〕

トスカニーニの"悲愴"を語る（座談会）西山広
一，村田武雄，田代秀穂，薬科雅美
p.68　〔15590〕

僕の朝の音楽（ホーム・ミュージック・ライブ
ラリ）野呂信次郎 p.80　〔15591〕

ポピュラー・レコード——3月新譜 野川香文
p.82　〔15592〕

レコード・アーティストの昨今——シャンソン歌
手のアメリカ訪問 木村繁 p.90　〔15593〕

電気蓄音機の話（3）青木周三 p.92　〔15594〕

22巻4号（1952年4月発行）

私の舞台装置の陰からみた現代アメリカ作曲家
とバレエ イサムノグチ p.8　〔15595〕

ジョーヂ・ガーシュインのこと 武満徹
p.13　〔15596〕

音楽史的に観たピアノ・レコード（38）ドビュッ
シー（1）野村光一 p.17　〔15597〕

コンサートから p.19　〔15598〕

アルバン・ベルク——現代音楽とレコード（39）
松本太郎 p.20　〔15599〕

世界のレコード 藤田不二 p.29　〔15600〕

「悲愴」のレコードを廻つて 大木正興
p.35　〔15601〕

「着実な演奏」ザッハリッヒカイトの問題 村田
武雄 p.39　〔15602〕

れこおど・おんがく 薬科雅美 p.43　〔15603〕

海外の音楽雑誌「ディスク」松田十四郎
p.45　〔15604〕

新譜月評 田代秀穂，寺西春雄，西山広一
p.46　〔15605〕

蒐集家の目と耳 藤田不二 p.67　〔15606〕

ウィンに於けるレコード吹込の憶い出——レミン
トン・レコード クルト・ウェス，横川文雄
訳 p.70　〔15607〕

ウエスのレコード表 p.72　〔15608〕

レミントン吹込みのウェスと日響のウェス 牧
定忠 p.73　〔15609〕

音楽喫煙室——ロッシーニのこと 大田黒元雄
p.76　〔15610〕

映画音楽「愛人ジュリエット」武満徹
p.79　〔15611〕

懐しい宗教音楽のレコード——ホーム・ミュ
ジック・ライブラリー（2）野呂信次郎
p.80　〔15612〕

最近のフランス楽壇——テーム・ヴァリエ（1）木
村繁 p.82　〔15613〕

トスカニーニの「悲愴」——外誌から見た批評 上
野一郎 p.86　〔15614〕

ポピュラー・レコード——四月新譜 野川香文
p.88　〔15615〕

来日するルイ・アームストロング 河野隆次
p.93　〔15616〕

レコード界の歩み―名曲堂創立30周年にあたっ
て（座談会）野村あらえびす，野村光一，村
田武雄，竹野俊男 p.94　　　　　〔15617〕

質問室 p.100　　　　　　　　　　〔15618〕

コルトー来朝決定 p.102　　　　　　〔15619〕

四月の映画 p.103　　　　　　　　　〔15620〕

五月新譜予定表（洋楽）p.104　　　　〔15621〕

電気蓄音機の話（4）青木周三 p.106　〔15622〕

トロウベル演奏会曲目 p.110　　　　〔15623〕

新しい名曲決定盤（特集）村田武雄，牧定忠，
大木正興，木村重雄，寺西春雄，大宮真琴，
田代秀穂，藁科雅美 p.111　　　　〔15624〕

22巻5号（1952年5月発行）

音楽の事実と真実―演奏に於ける主観と客観の
問題 村田武雄 p.10　　　　　　　〔15625〕

ゲルハルト・ヒッシュ論 中山悌一
p.15　　　　　　　　　　　　　〔15626〕

ヒュッシュを語る（座談会）ネトケ・レーヴェ，
木下保，村田武雄，三宅善三 p.18　〔15627〕

ロッテ・レーマンの最後のレコード
p.23　　　　　　　　　　　　　〔15628〕

新世界交響曲を聴いて 吉村一夫 p.24　〔15629〕

オルマンディ物語 藁科雅美 p.26　　〔15630〕

新刊紹介 p.31　　　　　　　　　　〔15631〕

蒐集家の眼と耳 藤田不二 p.32　　　〔15632〕

ヘレン・トラウベル―伝記 木村繁
p.36　　　　　　　　　　　　　〔15633〕

ヘレン・トラウベル―その芸術 柳兼子
p.40　　　　　　　　　　　　　〔15634〕

探偵小説家としてのヘレン・トラウベル 冠地
俊生 p.42　　　　　　　　　　　〔15635〕

世界のレコード 藤田不二 p.44　　　〔15636〕

アメリカL.Pの主要新譜表 F・F p.49　〔15637〕

れこおど・おんがく 藁科雅美 p.50　〔15638〕

新譜月評 田代秀穂，寺西春雄，西山広一
p.52　　　　　　　　　　　　　〔15639〕

新人演奏家紹介（1）バテュラ・スコダ F・F
p.69　　　　　　　　　　　　　〔15640〕

私とレコード マンフレッド・グルリット，尾
崎盛景 訳 p.70　　　　　　　　　〔15641〕

海外の音楽誌（2）「ミュージカル・クーリア」
松田十四郎 p.72　　　　　　　　〔15642〕

映画音楽「パリーの空の下・セーヌは流れる」
F・K p.73　　　　　　　　　　〔15643〕

アーノルド・シェーンベルク―現代音楽とレ
コード（40）松本太郎 p.74　　　　〔15644〕

音楽喫煙室―映画「大音楽会」その他 大田黒元
雄 p.82　　　　　　　　　　　　〔15645〕

レコードに聴くヒュッシュ，トラウベル 関口泰
彦 p.85　　　　　　　　　　　　〔15646〕

「レコード音楽」コンサート p.88　　〔15647〕

ヒュッシュ，トラウベルのレコード表 Y・S
p.89　　　　　　　　　　　　　〔15648〕

ブラード音楽祭のL.P 上田仁，常松之俊，牧定
忠，藁科雅美，西山広一 p.92　　　〔15649〕

コンサートから p.98　　　　　　　〔15650〕

トラウベルの最初のレコード p.99　〔15651〕

音楽史のレコード―ホーム・ミュージック・ラ
イブラリー（3）野呂信次郎 p.100　〔15652〕

ポピュラー・レコード―五月新譜 野川香文
p.102　　　　　　　　　　　　　〔15653〕

質問室 p.110　　　　　　　　　　〔15654〕

電気蓄音機の話（5）青木周三 p.114　〔15655〕

来朝のヒュッシュ氏に聴く（対談）ゲルハル
ト・ヒュッシュ，野村光一 p.121　〔15656〕

22巻6号（1952年6月発行）

戦後のストラヴィンスキー―現代音楽を語る
松本太郎 p.10　　　　　　　　　〔15657〕

ゼルキンの「皇帝協奏曲」をめぐつて（座談会）
村田武雄，園田高弘，寺西春雄，松浦豊明，
寺島宏，藁科雅美，西山広一 p.18　〔15658〕

クーセヴィッキー デヴィッド・イーウェン，
有馬茂夫 訳 p.27　　　　　　　　〔15659〕

蒐集家の眼と耳 藤田不二 p.30　　　〔15660〕

音楽史的に観たピアノ・レコード（37）ドビュッ
シー（2）野村光一 p.34　　　　　〔15661〕

レコード音楽の限界―ヒュッシュとトラウベル
のレコードと実演 村田武雄 p.38　〔15662〕

メニューヒンの進境―クロイツェルソナタ新盤
田代秀穂 p.42　　　　　　　　　〔15663〕

シェーンベルヒの「期待」f・k p.46　〔15664〕

鑑賞の態度について―名曲鑑賞手帖（1）寺西春
雄 p.47　　　　　　　　　　　　〔15665〕

お蝶夫人私考 宮沢縦一 p.50　　　　〔15666〕

ブラード音楽祭のL.P―外誌から見た批評 上野
一郎 p.53　　　　　　　　　　　〔15667〕

新譜月評 田代秀穂，寺西春雄，西山広一
p.58　　　　　　　　　　　　　〔15668〕

「レコード音楽」コンサート p.73　　〔15669〕

カザルス祭に参加して エリザベース・ヘイド
ン，西山広一 訳 p.78　　　　　　〔15670〕

海外の音楽雑誌（3）「グラモフォン」松田十四
郎 p.80　　　　　　　　　　　　〔15671〕

新人演奏家紹介（2）ロス・アンヘルス F・F
p.81　　　　　　　　　　　　　〔15672〕

コンサートから p.82　　　　　　　〔15673〕

巴里のアメリカ人―映画音楽 秋山邦晴
p.83　　　　　　　　　　　　　〔15674〕

テーム・ヴァリエ（2）パリ音楽院 木村繁
p.84　　　　　　　　　　　　　〔15675〕

現代日本音楽のレコード化について 富樫康
p.88　　　　　　　　　　　　　〔15676〕

世界のレコード 藤田不二 p.91　　　〔15677〕

「レコード音楽」　　　　　内容細目

1952年度のディスク大賞　F・F　p.96　〔15678〕

交響曲第三番変ホ長調「英雄」を聴いて―読者評論　渋谷才輔 p.98　〔15679〕

ポピュラー・レコード―六月新譜　野川香文 p.103　〔15680〕

ジーン・クルーパ観聴記　家塚秀穂 p.110　〔15681〕

質問室 p.112　〔15682〕

電気蓄音機の話（6）青木周三 p.115　〔15683〕

アメリカL.P新譜一覧表　別表　〔15684〕

六月新譜一覧表　別表　〔15685〕

22巻7号（1952年7月発行）

クンラード・ボス氏は語る―ゲルハルト，クルプのことなど（対談記）藁科雅美 p.10　〔15686〕

百万ドル・トリオの誕生（百万ドル・トリオを聴く）牧定忠 p.14　〔15687〕

ラヴェルの三重奏曲イ短調（百万ドル・トリオを聴く）山根銀二 p.17　〔15688〕

メンデルスゾーンの三重奏曲ニ短調（百万ドル・トリオを聴く）野村あらえびす p.19　〔15689〕

チャイコフスキーの三重奏曲イ短調―偉大な芸術家の思い出のために（百万ドル・トリオを聴く）藁科雅美 p.21　〔15690〕

理想的な三重奏団（百万ドル・トリオを聴く）斎藤秀雄 p.24　〔15691〕

音楽史的に観たピアノ・レコード（38）ドビュッシー（3）野村光一 p.26　〔15692〕

最近のフランチェスカッティ―ベートーヴェンの協奏曲など　南春雄 p.29　〔15693〕

音楽喫煙室―タンホイザーの伝統　大田黒元雄 p.32　〔15694〕

新人演奏家紹介（3）グルダ　F・F　p.35　〔15695〕

プーランクのオルガン協奏曲と二つの歌曲集―現代音楽を語る（2）松本太郎 p.36　〔15696〕

海外音楽雑誌「ミュージカル・アメリカ」松田十四郎 p.43　〔15697〕

交響曲とその成立―名曲鑑賞手帖（2）寺西春雄 p.44　〔15698〕

カルーソー追想記　堀内敬三 p.48　〔15699〕

書評「歌劇王カルーソー」西野茂雄 p.51　〔15700〕

幸運なるアリア―マリオ・ランザのこと p.52　〔15701〕

テーム・ヴァリエ（3）音楽の大ローマ賞　木村繁 p.54　〔15702〕

野辺地瓜丸の演奏によるチェルニー三十番のレコード　寺西春雄 p.57　〔15703〕

フラグスタードの引退　宮沢縦一 p.58　〔15704〕

ゼルキンの「皇帝」他―外誌から見た批評　上野一郎 p.59　〔15705〕

カルーソーのレコード年表　WARA p.63　〔15706〕

新譜月評　田代秀穂，寺西春雄，西山広一 p.64　〔15707〕

世界のレコード　藤田不二 p.82　〔15708〕

新しいレコード放送のあり方（座談会）西山広一，森本功，折田孜，田代秀穂，藁科雅美 p.88　〔15709〕

音楽劇「南太平洋」について　野口久光 p.96　〔15710〕

ポピュラー・レコード―七月新譜　野川香文 p.99　〔15711〕

アンダースン来朝決定 p.109　〔15712〕

コンサートから p.109　〔15713〕

蒐集家の眼と耳　藤田不二 p.110　〔15714〕

質問室 p.113　〔15715〕

「レコード音楽」コンサート p.114　〔15716〕

電気蓄音機の話（7）青木周三 p.115　〔15717〕

アメリカL.P新譜一覧表　別表　〔15718〕

各社七月新譜一覧表　別表　〔15719〕

22巻8号（1952年8月発行）

ワルター，オルマンディ，ミュンクの新輸入盤を語る（座談会）上田仁，村田武雄，寺島宏，野村光一，藁科雅美 p.10　〔15720〕

演奏会紹介 p.20　〔15721〕

ギーゼキングとカラヤン　属啓成 p.21　〔15722〕

グリークの「ピアノ協奏曲」―ギーゼキングの好演（試聴記）大木正興 p.24　〔15723〕

ワルターとベートーヴェンの交響曲（試聴記）田代秀穂 p.27　〔15724〕

音楽史的に観たピアノ・レコード（39）ドビュッシー（4）野村光一 p.33　〔15725〕

艶なる譫楽―フランス近代歌曲について（試聴記）平島正郎 p.36　〔15726〕

プロコフィエフ―来朝した演奏家たち（1）大田黒元雄 p.40　〔15727〕

ワンダ・ランドフスカ　ハワード・タウプマン p.44　〔15728〕

モーツァルト雑感―名曲鑑賞手帖（3）寺西春雄 p.46　〔15729〕

百万ドル・トリオのラヴェル「ピアノ三重奏曲」―外誌から見た批評　上野一郎 p.50　〔15730〕

れこおど・おんがく　藁科雅美 p.56　〔15731〕

「夕鶴」のレコード化 p.59　〔15732〕

新譜月評　田代秀穂，寺西春雄，西山広一 p.60　〔15733〕

パリー音楽祭（テーム・ヴァリエ）木村繁 p.78　〔15734〕

世界のレコード―78回転　藤田不二 p.81　〔15735〕

逝けるアドルフ・ブッシュ　J・M　p.86　〔15736〕

内容細目　　　　　　　　　　　「レコード音楽」

トスカニーニの歌劇「ラ・ボエーム」全曲合評（座談会）田代秀穂，寺西春雄，藁科雅美，西山広一 p.88　　　　　　　　　　〔15737〕

世界音楽トピックス WARA p.96　　〔15738〕

ジネット・ヌヴーのこと T・M p.98　〔15739〕

ポピュラー・レコード―八月新譜 野川香文 p.99　　　　　　　　　　　　〔15740〕

海外の音楽雑誌「リッスン」 松田十四郎 p.107　　　　　　　　　　　〔15741〕

蒐集家の眼と耳 藤田不二 p.109　　〔15742〕

電気蓄音機の話（8）青木周三 p.113　〔15743〕

アメリカL.P新譜一覧表 別表　　　〔15744〕

各社八月新譜一覧表 別表　　　　　〔15745〕

22巻9号（1952年9月発行）

ヒュッシュの音楽観―対談記 渡辺護 p.10　　　　　　　　　　　　　〔15746〕

マリアン・アンダソンの声と技術―レコード音楽ノート 村田武雄 p.15　　〔15747〕

ヒュッシュの「白鳥の歌」―その日本吹込をめぐつて 西野茂雄 p.19　　〔15748〕

シューマンの「ピアノ五重奏曲」―優れたブッシュの表現（試聴記）大木正興 p.22　　　　　　　　　　　　　〔15749〕

コロムビアの新輸入盤 p.24　　　　〔15750〕

LP雑感―長時間レコードの功罪について 木村重雄 p.25　　　　　　　〔15751〕

来朝するアルフレッド・コルトーの面影（座談会）由起しげ子，宅孝二，松本太郎，藁科雅美，西山広一 p.28　　〔15752〕

ミッシャ・エルマン―来朝した演奏家たち（2）大田黒元雄 p.38　　　　〔15753〕

作曲者としてのレイモン・G.モンブラン 池内友次郎 p.42　　　　　　〔15754〕

リストと彼の交響詩について―名曲鑑賞手帖（4）寺西春雄 p.44　　　　〔15755〕

音楽史的に観たピアノ・レコード（40）ラヴェル 野村光一 p.48　　　　〔15756〕

アメリカ文学と音楽―随想 並河亮 p.51　　　　　　　　　　　　〔15757〕

二人の歌い手―ヒュッシュとトローベル 野村あらえびす p.54　　　　　〔15758〕

「夕鶴」のレコード 大田黒元雄 p.59　〔15759〕

「夕鶴」のことなど 柴田睦陸 p.60　〔15760〕

モンブランと共演して―彼の「ヴァイオリンとオーケストラの為の協奏曲交響曲」のこと 上田仁 p.62　　　　〔15761〕

コルトーの演奏附講習会（テーム・ヴァリエ）木村繁 p.64　　　　　　〔15762〕

ベートーヴェンの「第一交響曲」他―外誌から見た批評 上野一郎 p.68　〔15763〕

ファン・バイヌム（新人演奏家紹介）F・F p.72　　　　　　　　　〔15764〕

海外の音楽雑誌「エチュード」 松田十四郎 p.73　　　　　　　　　〔15765〕

れこおど・おんがく 藁科雅美 p.74　〔15766〕

新譜月評 田代秀穂，寺西春雄，西山広一 p.76　　　　　　　　　〔15767〕

世界のレコード―78回転 藤田不二 p.92　　　　　　　　　　　〔15768〕

アコーディオニスト，チャールズ・マグナンテについて 桜井徳二 p.96　〔15769〕

ポピュラー・レコード―九月新譜 野川香文 p.98　　　　　　　　〔15770〕

蒐集家の眼と耳 藤田不二 p.105　　〔15771〕

ゼルキンの「皇帝」発売 p.109　　〔15772〕

ヒュッシャの「白鳥の歌」限定募集 p.109　　　　　　　　　　〔15773〕

山城小掾のレコード p.109　　　　〔15774〕

世界音楽トピックス 園部光夫 p.110　〔15775〕

コンチェルト・グロッソについて 早川順介 p.112　　　　　　　　〔15776〕

新製品紹介「英国製の高忠実度のスピーカー」木下茂 p.112　　　　　〔15777〕

コルトーとフルトウェングラーのL.Pレコード WARA p.119　　　〔15778〕

アメリカL.P新譜一覧表 別表　　　〔15779〕

各社九月新譜一覧表 別表　　　　　〔15780〕

22巻10号（1952年10月発行）

新しい音楽の方向とその演奏（座談会）吉田秀和，柴田南雄，園田高弘，西山広一 p.10　　　　　　　　〔15781〕

バルトークの「第一ヴァイオリン・ソナタ」井上頼豊 p.22　　　　　〔15782〕

ピアノ協奏曲第三番（バルトークのL.P）牧定忠 p.24　　　　　　〔15783〕

ヴァイオリン協奏曲（バルトークのL.P）牧定忠 p.25　　　　　　〔15784〕

絃と打楽器，チェレスタの為の音楽（バルトークのL.P）鈴木博義 p.27　〔15785〕

チェロとピアノのための「狂詩曲」（バルトークのL.P）青木十良 p.29　〔15786〕

オーケストラのための協奏曲（バルトークのL.P）西山広一 p.30　　　〔15787〕

バルトークの音楽をきくために―その生涯に関連させながら―名曲鑑賞手帖（5）寺西春雄 p.32　　　　　　〔15788〕

バルトークのL.P一覧表 p.35　　〔15789〕

ルジェロ・リッチ―新人演奏家紹介（5）F・F p.37　　　　　　〔15790〕

リヒァルト・シュトラウスのティル・オイレンシュピーゲルの「愉快ないたづら」（試聴室）大宮真琴 p.38　　　　〔15791〕

演奏会から p.41　　　　　　　〔15792〕

「レコード音楽」　内容細目

白鳥の歌声—ロッテ・レーマン告別独唱会のLP（試聴室）藁科雅美 p.42　〔15793〕

ロッテ・レーマン写真集 p.45　〔15794〕

トスカニーニの「未完成」とハイフェッツの「スペイン交響曲」（座談会）村田武雄，大木正興，上野一郎，藁科雅美 p.46　〔15795〕

海外の音楽雑誌「ミュージカル・クォータリー」松田十四郎 p.56　〔15796〕

レコード蒐集第一課 鑑賞講座（1）大木正興 p.57　〔15797〕

シュルスヌスの思い出 中村善吉 p.61　〔15798〕

解釈者コルトー 松本太郎 p.64　〔15799〕

ブダペスト絃楽四重奏団の演奏とそのレコード 大木正興 p.68　〔15800〕

日本の作品とレコードについて 富樫康 p.72　〔15801〕

エリザベート・シューマンとクララ・バット—来朝した演奏家たち（3）大田黒元雄 p.76　〔15802〕

夏の音楽祭とレコード・アーティスト 木村繁 p.80　〔15803〕

世界のレコード 藤田不二 p.85　〔15804〕

フランス・ディスク・アカデミーのディスク大賞 松本太郎 p.90　〔15805〕

蒐集家の眼と耳 藤田不二 p.92　〔15806〕

今月の映画とレコード 野口久光 p.96　〔15807〕

映画音楽「ムシュ・ヴェルドウ」 武満徹 p.99　〔15808〕

ポピュラー・レコード—十月新譜 野川香文 p.100　〔15809〕

海外のニュース p.109　〔15810〕

国内のニュース p.109　〔15811〕

世界の音楽トピックス 岡部光夫 p.111　〔15812〕

針の知識—よい音を再生するために 藤井司 p.115　〔15813〕

電気蓄音機の話（10）青木周三 p.116　〔15814〕

レコード・ガイド 別冊附録　〔15815〕

22巻11号（1952年11月発行）

LPを語る座談会（座談会）中島健蔵，牧定忠，藤田不二，寺島宏，鹿島康雄，藁科雅美 p.10　〔15816〕

ウィルヘルム・フルトヴェングラー—第四交響曲と第七交響曲のL.P盤を聴きながら（フルトヴェングラーのL.P）田代秀穂 p.18　〔15817〕

ブラームスの「交響曲第二番」（フルトヴェングラーのL.P）吉村一夫 p.21　〔15818〕

チャイコフスキーの「交響曲第四番」（フルトヴェングラーのL.P）牧定忠 p.23　〔15819〕

ハイドンの「交響曲第九四番」・モーツァルトの「セレナード」（フルトヴェングラーのL.P）杉浦繁 p.24　〔15820〕

フランクの「交響曲」（フルトヴェングラーのL.P）木村重雄 p.26　〔15821〕

モーツァルトの「交響曲第四〇番」・ブラームスの「ハイドンの主題による変奏曲」（フルトヴェングラーのL.P）西山広一 p.27　〔15822〕

フルトヴェングラーのL.P一覧表 p.29　〔15823〕

「レコード音楽」ベスト・テンについて p.30　〔15824〕

「レコード音楽」第一回世論調査 p.30　〔15825〕

コルトーの演奏とそのレコード—演奏会を聴いて 松田十四郎 p.31　〔15826〕

コルトーの新盤を聴いて 松岡清堯 p.34　〔15827〕

コルトー会見記 松本太郎 p.36　〔15828〕

演奏と詩的精神—コルトーの実演とルービンシュタインのレコード 村田武雄 p.40　〔15829〕

「神の撰ばれた楽器」—コルトーの弟子ディヌ・リパティ 小西和彦 p.44　〔15830〕

最近のソヴィエトの演奏活動（座談会）山根銀二，牧定忠，園部四郎，井口基成，服部龍太郎，掛下慶吉，藁科雅美 p.48　〔15831〕

来朝するエルナ・ベルガー h・R p.60　〔15832〕

レコード蒐集第一課—交響曲篇（2）大木正興 p.61　〔15833〕

ヒュッシュとプラカード事件 酒井堅次 p.69　〔15834〕

東西「第九」合戦 W・M p.71　〔15835〕

スイスからの手紙（演奏会だより）園田高弘 p.72　〔15836〕

今日の合唱指揮者—ロバート・ショウ 篠崎正 p.74　〔15837〕

ジャズの文献—ジャズに関する本の手引 村岡貞 p.77　〔15838〕

来朝した演奏家たち（4）フリッツ・クライスラー 大田黒元雄 p.80　〔15839〕

レコード愛好家はこう希望する（座談会）村田武雄 解答，田代秀穂 解答 p.84　〔15840〕

フランスのLP（世界のレコード）藤田不二 p.89　〔15841〕

テーム・ヴァリエ（7）今年の大ローマ賞の作家—ヴェヴェール他 木村繁 p.92　〔15842〕

海外の音楽雑誌「アメリカン・レコード・ガイド」松田十四郎 p.95　〔15843〕

演奏家小辞典—九月のL.Pに出た演奏家 藤田不二 編 p.96　〔15844〕

蒐集家の眼と耳 藤田不二 p.99　〔15845〕

RCA入選発表と演奏会 p.105　〔15846〕

フランス・ディスク・アカデミーのディスク賞 松本太郎 p.106　〔15847〕

映画音楽「セールスマンの死」と作曲家ノース 湯浅譲二 p.108　〔15848〕

ポピュラー・レコード―十一月新譜 野川香文
p.110 〔15849〕
レコード・ガイド 別冊 〔15850〕

22巻12号（1952年12月発行）

シュッツ「降誕史―クリスマス物語」（クリスマスのL.P）藁科雅美 p.14 〔15851〕

J・Sバッハ「クリスマス・オラトリオ」（クリスマスのL.P）牧定忠 p.16 〔15852〕

ヒンデミット「マリアの生涯」―ライナア・マリア・リルケの詩に拠る歌曲集（クリスマスのL.P）田代秀穂 p.17 〔15853〕

フンバーディンク 歌劇「ヘンゼルとグレーテル」（クリスマスのL.P）増井敬二 p.17 〔15854〕

ヘンデル オラトリオ「メシア」（クリスマスのL.P）大木正興 p.21 〔15855〕

ブリッテン「キャロルの祭典」（クリスマスのL.P）寺西春雄 p.22 〔15856〕

チャイコフスキー「くるみ割り人形」（クリスマスのL.P）木村重雄 p.24 〔15857〕

メシアン「わが主キリストの誕生」（クリスマスのL.P）西山広一 p.25 〔15858〕

1952年を顧りみて（座談会）（特集 一九五二年度の総決算）藁科雅美，田代秀穂，寺西春雄：西山広一 p.28 〔15859〕

世界レコード界の十大ニュース（特集 一九五二年度の総決算）上野一郎 p.36 〔15860〕

レコード業界の決算（特集 一九五二年度の総決算）伊奈一男 p.38 〔15861〕

歌謡曲傾向をきく（特集 一九五二年度の総決算）古田徳郎 p.39 〔15862〕

今年の欧米楽団の展望（特集 一九五二年度の総決算）木村繁 p.41 〔15863〕

エルナ・ベルガーは語る 田代秀穂 p.48 〔15864〕

エルナ・ベルガーのレコード 八木進 p.52 〔15865〕

カラヤンの指揮したベートーヴェンの第九交響曲 牧定忠 p.54 〔15866〕

メニューイン＝フルトヴェングラーのブラームス"ヴァイオリン協奏曲"を聴く 西山広一 p.56 〔15867〕

ベートーヴェンの交響曲―レコード蒐集第一課 交響曲篇（3）大木正興 p.59 〔15868〕

「フィガロの結婚」のL.P―外誌から見た批評 上野一郎 p.63 〔15869〕

「三つの未完成」―トスカニーニ・ワルター・フルトヴェングラーの未完成比較論 大宮真琴 p.66 〔15870〕

トラウベルの再来朝 p.68 〔15871〕

ジャック・ティボー―来朝した演奏家たち（5）大田黒元雄 p.68 〔15872〕

音楽史的に観たピアノ・レコード（43）六人組その他 野村光一 p.72 〔15873〕

国際ピアノ・コンクール報告記 園田高弘 p.75 〔15874〕

楽屋のコルトーとリファール 美川徳之助 p.78 〔15875〕

世界のレコード 藤田不二 p.80 〔15876〕

蒐集家の眼と耳 藤田不二 p.84 〔15877〕

海外の音楽雑誌「ミュージカル・タイムス」松田十四郎 p.86 〔15878〕

レコード愛好家はこう希望する（座談会）p.87 〔15879〕

ジャズの文献（2）村岡貞 p.93 〔15880〕

海外の音楽雑誌と発行所 p.97 〔15881〕

屋根の上の牡牛（世界の音楽ニュース）小西和彦 p.98 〔15882〕

「女狐」―映画音楽 山口勝弘 p.102 〔15883〕

「ミラノの奇蹟」―映画音楽 鈴木博義 p.103 〔15884〕

ポピュラー・レコード―十二月新譜 野川香文 p.104 〔15885〕

RCA懸賞論文当選発表 p.113 〔15886〕

電気蓄音機の話（11）青木周三 p.116 〔15887〕

書評「現代演奏家事典」p.119 〔15888〕

23巻1号（1953年1月発行）

デュアメル氏との対談 戸田邦雄 訊く人 p.10 〔15889〕

口絵解説 p.15 〔15890〕

新しいアルバム 山口勝弘 p.15 〔15891〕

交響曲第一番ハ長調（ベートーヴェンの交響曲L.P）大木正興 p.16 〔15892〕

交響曲第三番変ホ長調（英雄）（ベートーヴェンの交響曲L.P）木村重雄 p.18 〔15893〕

交響曲第五番ハ短調（運命）（ベートーヴェンの交響曲L.P）八木進 p.19 〔15894〕

交響曲第六番ヘ長調（田園）（ベートーヴェンの交響曲L.P）西山広一 p.20 〔15895〕

交響曲第七番イ長調（ベートーヴェンの交響曲L.P）大木正興 p.22 〔15896〕

二つの第九を語る（対談）（特集・二つの第九）渡辺暁雄，田代秀穂 p.24 〔15897〕

クライバーの第九 p.31 〔15898〕

マエストロと第九（特集・二つの第九）マルセル・グリリー，田代秀穂 訳 p.32 〔15899〕

トスカニーニの「第九」―テープ・レコーダー（特集・二つの第九）H・T p.35 〔15900〕

カラヤンの横顔（特集・二つの第九）渡辺護 p.37 〔15901〕

カラヤンの傾向―レコード音楽ノート（特集・二つの第九）村田武雄 p.40 〔15902〕

カラヤンとトスカニーニの「第九」―外誌からの批評（特集・二つの第九）上野一郎 p.44 〔15903〕

「レコード音楽」 内容細目

ドイツオルガンミサ曲の形式―発売されたバッハオルガンミサ曲 辻荘一 p.48 〔15904〕

私たちの選んだベスト・テン―第一回レコード音楽世論調査 p.50 〔15905〕

私のレコードをめぐつて エルナ・ベルガー p.54 〔15906〕

レコード蒐集第一課―鑑賞講座（4）大木正興 p.57 〔15907〕

夢の後に 竹野俊男 p.60 〔15908〕

今月はコリオラン序曲の楽譜を読みましょう―入門講座（1）大宮真琴 p.63 〔15909〕

来朝した演奏家たち（6）―シャリアピン 大田黒元雄 p.70 〔15910〕

欧洲の音楽祭―欧洲における音楽祭の展望 木村繁 p.74 〔15911〕

レコードと録音―レコードの目的について 松本太郎 p.78 〔15912〕

米国における立体録音 f・k p.82 〔15913〕

立体録音の再生について 多田正信 p.83 〔15914〕

世界のレコード 藤田不二 p.85 〔15915〕

蒐集家の眼と耳 藤田不二 p.89 〔15916〕

コルトーの吹込 松田十四郎 p.92 〔15917〕

ジャズ文献 村岡貞 p.93 〔15918〕

ポピュラー・レコード―一月新譜 野川香文 p.96 〔15919〕

演奏家小辞典 藤田不二 編 p.102 〔15920〕

ザ・サダディ・レヴュー―海外誌紹介 上野一郎 p.107 〔15921〕

世界の楽壇ニュース p.108 〔15922〕

ベルリン陥落（映画音楽）上野一郎 p.109 〔15923〕

屋根の上の牡牛―世界の音楽ニュース 小西和彦 p.110 〔15924〕

読者評論 小路昌克，阿部繁喜 p.114 〔15925〕

電気蓄音機の話（12）青木周三 p.117 〔15926〕

23巻2号（1953年2月発行）

シゲティーの来朝に因んで（座談会）京極高鋭，野村光一，上田仁，寺島宏，薬科雅美 p.10 〔15927〕

新しいレコード・ジャケット 山口勝弘 p.17 〔15928〕

オネガー「ダビデ王」―交響的詩篇（現代音楽のL.P特集）大宮真琴 p.18 〔15929〕

ショスタコーヴィッチ「森の歌」（現代音楽のL.P特集）寺西春雄 p.20 〔15930〕

アルバン・ベルグ「ヴォツェック」（現代音楽のL.P特集）柴田南雄 p.21 〔15931〕

フランク・マルタン 小協奏的交響曲（現代音楽のL.P特集）木村重雄 p.23 〔15932〕

キルピネン「スカンディナヴィアの歌」（現代音楽のL.P特集）西野茂雄 p.24 〔15933〕

アーロン・コプランド クラリネット協奏曲（現代音楽のL.P特集）西山広一 p.26 〔15934〕

シェーンベルク「期待」（現代音楽のL.P特集）秋山邦晴 p.27 〔15935〕

シゲティ論―レコード音楽ノート 村田武雄 p.30 〔15936〕

モーツァルトと歌劇―現代詩人のモーツァルト論 サシュヴァレル・シットウェル，薬科雅美 訳 p.34 〔15937〕

歴史的にみたベルリオーズのレクィエム―レクィエムの精神史的考察 野村良雄 p.40 〔15938〕

ライブラリイ・ジャーナル―海外の音楽雑誌 上野一郎 p.43 〔15939〕

ベルリオーズのレクィエム―名曲鑑賞講座（6）寺西春雄 p.44 〔15940〕

ベルリオーズの「鎮魂ミサ曲」―外誌から見た批評 上野一郎 p.47 〔15941〕

レコード蒐集第一課―鑑賞講座（5）大木正興 p.51 〔15942〕

今月はモーツァルト小夜曲ト長調の楽譜を読みましょう―入門講座（2）大宮真琴 p.55 〔15943〕

雪に響きて 加藤知世子 p.61 〔15944〕

冬に聴く音楽 川路明 p.62 〔15945〕

来朝した演奏家たち（7）モイセイウィッチとフリードマン 大田黒元雄 p.64 〔15946〕

音楽史的に見たピアノ・レコード（44）ロシアの現代作曲家達 野村光一 p.68 〔15947〕

エルナ・ベルガーの演奏とレコード 佐々木行綱 p.71 〔15948〕

ベルガーの録音―録音室ルポルタージュ 西山広一 p.73 〔15949〕

ハンス・ホッターとノーマン・スコット 宮沢縦一 p.76 〔15950〕

ギターのLPレコード―セゴヴィア・オヤングレンゴメスなど 高橋功 p.79 〔15951〕

永久に日本人の心の中に生きている―文化史的に見た中山晋平の足跡（中山晋平・追悼特集）吉本明光 p.82 〔15952〕

中山晋平先生を偲ぶ（中山晋平・追悼特集）宮沢縦一 p.84 〔15953〕

来朝を予定される演奏家（特集）渡辺茂，福原信夫，渡辺護，西山広一，関口康彦，松田十四郎，三浦潤，松岡清堯，寺西一郎，田辺秀雄，梶原完，牛山充，大木正興，松本太郎，西田清治 p.87 〔15954〕

蒐集家の眼と耳 藤田不二 p.107 〔15955〕

屋根の上の牡牛―世界の音楽ニュース 小西和彦 p.110 〔15956〕

アンドレ・ジードのL.P―テーム・ヴァリエ 木村繁 p.114 〔15957〕

ジャズ文献（その4）村岡貞 p.115 〔15958〕

ポピュラー・レコード一九五二年度ベスト・テン p.118 〔15959〕

内容細目　　　　　　　　　「レコード音楽」

レコード・ガイド　別冊附録　　　〔15960〕

23巻3号（1953年3月発行）

レコードについて私はこう考える　ジョセフ・シゲティー，京極高鋭 訳 p.10　〔15961〕

シゲティーの演奏曲目 p.16　　　　〔15962〕

シゲティーのレコード・リスト　上野一郎 編 p.19　　　　　　　　　　　〔15963〕

ヤーノシュ・スターカー（新人演奏家LP特集）井上頼豊 p.20　　　　　〔15964〕

シュザンヌ・ダンコ（新人演奏家LP特集）浅野千鶴子 p.22　　　　　　〔15965〕

バドゥーラ＝スコーダ（新人演奏家LP特集）藤田晴子 p.24　　　　　　〔15966〕

パガニーニ絃楽四重奏団（新人演奏家LP特集）常松之俊 p.25　　　　〔15967〕

エルネスト・アンセルメ（新人演奏家LP特集）上田仁 p.26　　　　　　〔15968〕

アンダーソンという名のニグロの女—アンダーソン物語　薬科雅美 p.28　〔15969〕

新しいレコード・ジャケット（3）山口勝弘 p.33　　　　　　　　　　〔15970〕

ブロッホのヴァイオリン協奏曲—作品研究　フレデリック・ジャコビ，田代秀穂 訳 p.38　　　　　　　　　　　〔15971〕

アンダーソンの演奏日程と曲目 p.40　〔15972〕

音楽史的に見たピアノ・レコード（45）スペイン　野村光一 p.41　　　〔15973〕

童心の音楽家パパ・ハイドン—作曲家物語　関谷五十二 p.44　　　　〔15974〕

レコード蒐集第一課—鑑賞講座（6）大木正興 p.49　　　　　　　　〔15975〕

アンドレ・ジイドのLP　鈴木従子 p.53　　　　　　　　　　　　〔15976〕

一レコード・ファンの遍歴　土屋忠雄 p.54　　　　　　　　　　　〔15977〕

シゲティーとジンバリスト—来朝した演奏家達（8）大田黒元雄 p.58　〔15978〕

セーナ・ユリナッチ L.Pに活躍する歌手（1）宮沢縦一 p.62　　　　〔15979〕

ナディア・ブランジェの横顔　木村繁 p.64　　　　　　　　　　　〔15980〕

ローザンに帰ったコルトー　本野照子 p.68　　　　　　　　　　　〔15981〕

海外の音楽雑誌—ル・ギード・デュ・コンセール　松本太郎 p.72　　〔15982〕

切手帳のなかの音楽家—グラビア　三井高陽 p.74　　　　　　　　〔15983〕

ギターのLPレコード（その2）高橋功 p.77　　　　　　　　　　〔15984〕

LPレコードの取扱い方　中塚浩 p.79　〔15985〕

蒐集家の眼と耳　藤田不二 p.82　　〔15986〕

世界のレコード—海外のLP　藤田不二 p.85　　　　　　　　　　　〔15987〕

TAPE RECORDER タイム特約 p.89　〔15988〕

ギーゼキングの演奏日程と曲目 p.92　〔15989〕

「ライム・ライト」—映画音楽　武満徹 p.93　　　　　　　　　　〔15990〕

シェルヘン指揮の「第九」新盤（海外の第九試聴）田代秀穂 p.94　　〔15991〕

クライバーの「第九」新盤（海外の第九試聴）いしはら p.96　　　〔15992〕

『第九』は今迄に何曲録音されたか？（海外の第九試聴）木村繁 p.98　〔15993〕

クライバーの第九・評（海外の第九試聴）アルマン・パニジェル，T・M 訳 p.100　〔15994〕

屋根の上の牡牛—世界の音楽ニュース　小西和彦 p.104　　　　　　〔15995〕

ジャズの文献（その5）村岡貞 p.107　〔15996〕

「シンデレラ姫」と「雨に歌えば」—今月の映画とレコード　野口久光 p.110　〔15997〕

ポピュラー・レコード—新譜月評　藤井肇 p.115　　　　　　　　〔15998〕

電気蓄音機の話（13）青木周三 p.119　〔15999〕

レコード・ガイド—三月新譜レコード月評　田代秀穂，寺西春雄，西山広一 附録　〔16000〕

レコード・ガイド—アメリカLP新譜一覧表　附録　　　　　　　　〔16001〕

23巻4号（1953年4月発行）

ギーゼキング氏と語る（対談）薬科雅美 p.10　　　　　　　　　〔16002〕

リサイタルに聴く（ギーゼキングの演奏を聴いて）野村光一 p.14　〔16003〕

しずかな感動（ギーゼキングの演奏を聴いて）寺西春雄 p.16　　　〔16004〕

私の音楽理念（ギーゼキングの演奏を聴いて）ワルター・ギーゼキング p.18　〔16005〕

ギーゼキングの蝶　北原冬樹 p.21　〔16006〕

ギーゼキングの人と芸術（座談会）豊増昇，渡辺護，尾高節子，薬科雅美 p.22　〔16007〕

レコードについて私はこう考える　ジョセフ・シゲティー p.30　　〔16008〕

プロコフィエフ氏の思い出　ジョセフ・シゲティー，並河亮 訳 p.37　〔16009〕

シゲティーとヴァイオリン音楽（シゲティの演奏を聴いて）吉田秀和 p.38　〔16010〕

一時五十五分羽田着！—グラビア写真（シゲティの演奏を聴いて）大辻清司 p.41　〔16011〕

シゲティー第一夜の印象（シゲティの演奏を聴いて）大村多喜子 p.45　〔16012〕

シゲティーの練習を聴く—音楽に対する真摯な態度（シゲティの演奏を聴いて）西山広一 p.47　〔16013〕

セザンヌの空とシゲティーの音—二十年目の演奏を聴いて（シゲティの演奏を聴いて）あらえびす p.50　　　　　　　　　　　〔16014〕

「レコード音楽」 内容細目

シゲティーとの二時間（シゲティの演奏を聴いて）伊奈一男 p.52 〔16015〕

アンダーソンという名のニグロの女（2）藁科雅美 p.54 〔16016〕

フランツ・ルップへの期待―世界的な伴奏者 寺西一郎 p.58 〔16017〕

マレシャルとフォイヤーマン―来朝した演奏家たち（9）大田黒元雄 p.60 〔16018〕

ソヴェトのレコード界 井上頼豊 p.64 〔16019〕

第二回ヴィニアフスキー・コンクール p.66 〔16020〕

プロコフィエフの三傾向―レコードによる分析 クロード・ロスタン p.68 〔16021〕

プロコフィエフの最後の交響曲について ショスタコヴィッチ p.72 〔16022〕

外誌からみた批評 上野一郎 p.73 〔16023〕

音楽史的にみたピアノ・レコード（終）アメリカとイギリスの現代作曲家 野村光一 p.76 〔16024〕

海外の音楽雑誌―ルヴュー・ミュジカール 松本太郎 p.79 〔16025〕

ジュゼッペ・ヴェルディ―作曲家物語 藁科雅美 p.80 〔16026〕

世界のレコード 藤田不二 p.83 〔16027〕

レコードからみたギーゼキング 渡辺茂 p.87 〔16028〕

ザヴィア・クガットの公演を聴く 家塚秀穂 p.90 〔16029〕

ダリウス・ミロオの肖像 佐藤朔 p.92 〔16030〕

今月の表紙解説 駒井哲郎 p.95 〔16031〕

バレエ「屋根の上の牡牛」 秋山邦晴 p.96 〔16032〕

蒐集家の眼と耳 藤田不二 p.100 〔16033〕

新しいレコード・ジャケット 山口勝弘 p.103 〔16034〕

屋根の上の牡牛―世界の音楽ニュース 小西和彦 p.104 〔16035〕

グッドマンという男―タイム誌特約 荒川佳寿子 訳 p.108 〔16036〕

ポピュラー・レコード―新譜月評 藤井肇 p.112 〔16037〕

地方楽信 柴田仁、中曽根良一、新妻博 p.119 〔16038〕

ギーゼキングのレコード・リスト 上野一郎 p.124 〔16039〕

質問室 p.126 〔16040〕

小品名曲百曲選―レコード音楽名曲決定盤 上野一郎，木村重雄，福原信夫，大木正興，田代秀穂，牧定忠，太田祐満，寺西春雄，八木進，大宮真琴，西山広一 p.129 〔16041〕

レコード・ガイド―四月新譜月評 田代秀穂，寺西春雄，西山広一 別冊附録 〔16042〕

レコード・ガイド―アメリカ三月LP新譜一覧表 別冊附録 〔16043〕

23巻5号・6号（1953年6月発行）

マリアン・アンダースンと黒人霊歌 上野一郎 訳 p.10 〔16044〕

アンダソンをきいて―独唱会第一夜の印象 寺西春雄 p.16 〔16045〕

スタジオに聴くアンダーソン―放送見聞記 関口泰彦 p.18 〔16046〕

黒人霊歌とはどんなものか 堀内敬三 p.21 〔16047〕

伴奏者のみた伴奏者―フランツ・ルップとコンラード・ボス 大島正泰 p.24 〔16048〕

マリアン・アンダースンのレコード 福原信夫 p.27 〔16049〕

海外の音楽雑誌―ムジカ 属啓成 p.29 〔16050〕

ブソッティ氏に訊くイタリア楽壇の現状 寺西春雄，藁科雅美 p.30 〔16051〕

今月の表紙解説 北代省三 p.35 〔16052〕

新発見のメンデルスゾーン提琴協奏曲（話題のLP特集）西山広一 p.36 〔16053〕

フルトヴェングラーの新盤（話題のLP特集）田代秀穂 p.38 〔16054〕

戦後のパンゼラを聴く（話題のLP特集）畑中良輔 p.41 〔16055〕

四つの「太公トリオ」（話題のLP特集）上野一郎 p.43 〔16056〕

ヴァイオリンソナタ第九番イ長調「クロイツェル」（話題のLP特集）大木正興 p.45 〔16057〕

ピアノ協奏曲第五番変ホ長調「皇帝」（話題のLP特集）寺西春雄 p.46 〔16058〕

外誌からみた批評 上野一郎 p.48 〔16059〕

新しいレコード・ジャケット 山口勝弘 p.53 〔16060〕

バルトークについて―新しい様式の告知者 フェレンツ・フリチャイ，横山文雄 訳 p.54 〔16061〕

シュアレスの訳者が聴くトスカニーニの「海」清水脩 p.56 〔16062〕

レコード音楽協会の設立と会員募集について p.60 〔16063〕

晩年のバルトーク―作曲家物語 田代秀穂 p.62 〔16064〕

テープレコーダー―タイム誌特約 p.67 〔16065〕

ユージン・オルマンディ―ニュースウィーク誌特約 荒川佳寿子 訳，繁沢保 訳 p.72 〔16066〕

来朝した演奏家達（10）―ルービンシュタインとケンプ 大田黒元雄 p.80 〔16067〕

正統的なドイツのチェリスト ヘルシャー――来朝
　への期待（座談会）坂本良隆，井上頼豊，木
　村重雄，藥科雅美 p.84 〔16068〕
ヘルシャーの演奏曲目と日程 p.91 〔16069〕
回顧と期待――ギーゼキング＝ヘルシャー Ｍ・グ
　ルリット p.92 〔16070〕
レンズの中の音楽家――カメラマンのみた来朝演
　奏家 大辻清司 p.95 〔16071〕
六人組の三十年――テーム・ヴァリエ（12）木村
　繁 p.99 〔16072〕
ユージン・コンリー――LPに活躍する歌手（2）
　宮沢縦一 p.104 〔16073〕
ダミアは唄う 芦原英了 p.106 〔16074〕
プロコーフィエフ論 ドミトリー・カバレフス
　キー p.110 〔16075〕
第五交響曲のレコード 田代秀穂
　p.116 〔16076〕
世界のレコード 藤田不二 p.122 〔16077〕
ブラームス・ブルックナー・マーラーの交響曲
　――レコード蒐集第一課（7）大木正興
　p.126 〔16078〕
蒐集家の目と耳 藤田不二 p.130 〔16079〕
地方楽信 新妻博，中曽根良一，柴田仁，高橋功
　p.133 〔16080〕
屋根の上の牡牛 小西和彦 p.139 〔16081〕
ポピュラー・レコード――新譜月評 藤井肇
　p.143 〔16082〕
マリアン・アンダースンのレコード・リスト
　上野一郎 編 p.152 〔16083〕
レコード・ガイド――五月・六月新譜月評 寺西春
　雄，田代秀穂，西山広一 別冊附録 〔16084〕
レコード・ガイド――各社新譜一覧表
　別冊附録 〔16085〕

「レコード」 内容細目

「レコード」

音楽世界社→レコード発行所→草
木舎

1巻1号（1930年9月発行）

レコードと知識 上司小剣 p.8 〔16086〕

レコードと蓄音器の座談会 伊庭孝，米山正，あ
らえびす，山野政太郎，松本荘之助，神保環
一郎，塩入亀輔，野川香文 p.11 〔16087〕

コルトー—レコードで活躍する世界的音楽家列
伝（1） イー・フランケル，原六郎 訳
p.27 〔16088〕

海外レコード・ニュース 彼方四里 p.32 〔16089〕

グルツクのレコード（歌のレコード其の1） あら
えびす p.37 〔16090〕

ヂムバリストのレコード G・S・K
p.41 〔16091〕

ヴァイオリンのレコード 夜有日無
p.43 〔16092〕

私の持つてゐる蓄音器, 私の好きな芸術家 諸名
士五十氏回答 p.46 〔16093〕

洋楽レコード（九月のレコード・新譜紹介）
p.51 〔16094〕

新蓄音器タイヨーに就いて（最近発明された国
産蓄音器）中山直次郎 p.62 〔16095〕

無共鳴硬質音道の「オーゴン」（最近発明された
国産蓄音器）K・S生 p.67 〔16096〕

邦楽レコード（九月のレコード・新譜紹介）
p.68 〔16097〕

ジヤズ界の寵児二村定一氏気焔録
p.74 〔16098〕

流行小唄・新民謡（九月のレコード・新譜紹介）
p.78 〔16099〕

浪花節・琵琶歌（九月のレコード・新譜紹介）
p.84 〔16100〕

童謡レコード（九月のレコード・新譜紹介）
p.87 〔16101〕

松竹レヴユウの女王飛鳥明子と語る S生
p.90 〔16102〕

映画物語 小守唄（帝キネ・トーキ）
p.92 〔16103〕

新秋を飾るトーキーの紹介 p.96 〔16104〕

あめりかに於けるフオツクス・トロツト 玉置
真吉 p.102 〔16105〕

ヂヤズ・レコード（九月のレコード・新譜紹介）
p.106 〔16106〕

〈楽譜〉ゴセツク作 ガヴオツト（レコード鑑賞楽
譜）p.112 〔16107〕

〈楽譜〉モツアールト作 ハフナー交響曲アンダ
ンテ（レコード鑑賞楽譜）p.116 〔16108〕

〈楽譜〉シユーマン作 絃楽四重奏曲作品四一の
一、スケルツオ中インターメツツオ（レコード
鑑賞楽譜）p.117 〔16109〕

1巻2号（1930年10月発行）

余白の芸術 上司小剣 p.8 〔16110〕

ハンスプイツツナー—レコードで活躍する世界
的音楽家列伝（2） 塩入亀輔 p.11 〔16111〕

ロシアの歌（歌のレコード其の2）あらえびす
p.15 〔16112〕

グルツクの印象 ダン・道子 p.20 〔16113〕

海外レコード・ニユース 彼方四里
p.22 〔16114〕

ユージエヌ・イザイエ S・G・K p.26 〔16115〕

昔のヴアイオリンレコード あ・ら・もうど
p.28 〔16116〕

二千年間の音楽 塩入亀輔 p.31 〔16117〕

洋楽レコード（十月のレコード・新譜紹介）
p.34 〔16118〕

スコアーの読み方（1） 塩入生 p.39 〔16119〕

蓄音器の常識 ラツパ・ボツクス 隈部一雄
p.44 〔16120〕

レコード保管法（1）ケースの話 石橋一之助
p.50 〔16121〕

謡曲・義太夫・清元・新内・常盤津・長唄・音
曲—邦楽（十月のレコード・新譜紹介）
p.52 〔16122〕

おけさ漫談 川添利基 p.54 〔16123〕

小唄・哥沢・端歌・俚謡—邦楽（十月のレコー
ド・新譜紹介）p.60 〔16124〕

レコードのレコード（1） 山口亀之助
p.62 〔16125〕

歌舞伎・演劇・映画説明・落語・万歳・掛合
話・其他—邦楽（十月のレコード・新譜紹介）
p.66 〔16126〕

ラヂオ道中記 放送局写真部案 p.69 〔16127〕

マイクのたわ言 河西三省 p.72 〔16128〕

浪花節・琵琶歌—邦楽（十月のレコード・新譜
紹介）p.74 〔16129〕

お吉の紅華氏は語る p.77 〔16130〕

映画小唄・新民謡・流行唄—邦楽（十月のレ
コード・新譜紹介）p.80 〔16131〕

宝塚のヴエヌス草笛美子嬢と語る H生
p.83 〔16132〕

ハーモニカ音楽の推移 宮田東峰 p.86 〔16133〕

童謡・唱歌・其他—邦楽（十月のレコード・新
譜紹介）p.88 〔16134〕

日本物洋楽・和洋合奏—邦楽（十月のレコード・
新譜紹介）p.90 〔16135〕

294 戦前期 レコード音楽雑誌記事索引 〔16086〜16135〕

内容細目　　　　　　　　　　　　「レコード」

三番目の烏　村山有一　p.91　　　　　〔16136〕

映画物語「悪漢の唄」　M・G・M映画
p.94　　　　　　　　　　　　　　　〔16137〕

トーキー・セクシヨン　p.98　　　　〔16138〕

あめりかに於けるフオツクス・トロツト（2）　玉
置真吉　p.103　　　　　　　　　　〔16139〕

十月のダンス・レコード（十月のレコード・新
譜紹介）　p.106　　　　　　　　　〔16140〕

〈楽譜〉貴方を見てゐると（ローソングの中の
唄）―鑑賞楽譜　p.113　　　　　　〔16141〕

〈楽譜〉ステイン・ソング―鑑賞楽譜
p.117　　　　　　　　　　　　　　〔16142〕

1巻3号（1930年11月発行）

菅公と蓄音器　上司小剣　p.8　　　〔16143〕

フエリツクス・ワインガルトナー――レコードで
活躍する世界的音楽家列伝（3）　南六朗
p.11　　　　　　　　　　　　　　　〔16144〕

トーン・アーム（蓄音器の常識その2）　隈部一雄
p.16　　　　　　　　　　　　　　　〔16145〕

九つの交響曲　あらえびす　p.22　　〔16146〕

コレクシヨンとセレクシヨン（1）　TI生
p.26　　　　　　　　　　　　　　　〔16147〕

シユーベルトのリード　泉静二　p.29　〔16148〕

ロキシーで歌ふシユーマン夫人　p.34　〔16149〕

フランクの交響楽のレコード　菅原明朗
p.36　　　　　　　　　　　　　　　〔16150〕

交響曲・管絃楽曲・室内楽曲・器楽曲・声楽曲
―洋楽（十一月のレコード・新譜批評と紹介）
p.38　　　　　　　　　　　　　　　〔16151〕

スコアの読み方（2）　塩入亀輔　p.46　〔16152〕

私のレコード・ケースから　伊庭孝
p.52　　　　　　　　　　　　　　　〔16153〕

あるレコードフアンとの対話　あ・ら・もうど
p.54　　　　　　　　　　　　　　　〔16154〕

Fantastic Impromptu（1）　中野頃保
p.54　　　　　　　　　　　　　　　〔16155〕

海外レコード・ニユース（英国・米国）　彼方四
里　p.59　　　　　　　　　　　　〔16156〕

通俗曲の部・管絃楽・吹奏楽・器楽・その他―
洋楽（十一月のレコード・新譜批評と紹介）
p.62　　　　　　　　　　　　　　　〔16157〕

文部省でのレコードの審査　田辺尚雄
p.64　　　　　　　　　　　　　　　〔16158〕

特殊レコード（中華劇・演説・教育レコード）
（十一月のレコード・新譜批評と紹介）
p.66　　　　　　　　　　　　　　　〔16159〕

独唱・合唱・その他―邦楽（十一月のレコード・
新譜批評と紹介）　p.67　　　　　〔16160〕

謡曲・常磐津・義太夫・長唄・音曲―邦楽（十
一月のレコード・新譜批評と紹介）
p.68　　　　　　　　　　　　　　　〔16161〕

上司小剣氏と中村武羅夫氏―レコードのレコー
ド（外篇）　山口亀之助　p.70　　〔16162〕

歌舞伎劇・演劇・映画説明・落語・掛合話・其
他―邦楽（十一月のレコード・新譜批評と紹
介）　p.76　　　　　　　　　　　〔16163〕

レコード・ドラマ「女給」　広津和郎　原作，伊
藤松雄　脚色　p.78　　　　　　　〔16164〕

琵琶歌・浪花節―邦楽（十一月のレコード・新
譜批評と紹介）　p.80　　　　　　〔16165〕

小唄・端唄・俚謡―邦楽（十一月のレコード・
新譜批評と紹介）　p.84　　　　　〔16166〕

プリマドンナを夢見る淡谷のり子さん
p.86　　　　　　　　　　　　　　　〔16167〕

映画小唄・新小唄・新民謡―邦楽（十一月のレ
コード・新譜批評と紹介）　p.88　〔16168〕

蓄音器による英語の学習（1）　西脇乃夫彦
p.90　　　　　　　　　　　　　　　〔16169〕

唱歌・童謡等―邦楽（十一月のレコード・新譜
批評と紹介）　p.92　　　　　　　〔16170〕

レヴユウ・オヴ・レヴユウ　中井駿二
p.94　　　　　　　　　　　　　　　〔16171〕

あめりかに於けるフオツクス・トロツト（3）　玉
置真吉　p.99　　　　　　　　　　〔16172〕

フオツクス・ワルツ・タンゴ・流行唄―ダンス
（十一月のレコード・新譜批評と紹介）
p.102　　　　　　　　　　　　　　〔16173〕

正しき発声法　ジヤネツト・マクドナルド
p.106　　　　　　　　　　　　　　〔16174〕

映画物語「悲歌」ウーフア映画　p.108　〔16175〕

新映画の紹介　p.113　　　　　　　〔16176〕

〈楽譜〉擲弾兵行進曲（映画ラヴパレードの中の
歌）―鑑賞楽譜　p.120　　　　　　〔16177〕

〈楽譜〉夢見し恋人（映画ラヴパレードの中の
歌）―鑑賞楽譜　p.123　　　　　　〔16178〕

レコード・サービス・デパート　p.124　〔16179〕

1巻4号（1930年12月発行）

藤村と小鼓　上司小剣　p.8　　　　〔16180〕

マツクス・フオン・シリングス―レコードで活
躍する世界的音楽家列伝（4）　小川生
p.11　　　　　　　　　　　　　　　〔16181〕

一九三〇年の洋楽レコード総決算　あらえびす
p.14　　　　　　　　　　　　　　　〔16182〕

今年のベスト・レコード　夜有日無
p.21　　　　　　　　　　　　　　　〔16183〕

交響曲・管絃楽曲・室内楽曲・器楽曲・声楽曲
―洋楽（十二月のレコード・新譜紹介）
p.28　　　　　　　　　　　　　　　〔16184〕

私のフアン時代　長田秀雄　p.34　　〔16185〕

コレクシヨンとセレクシヨン　TI生
p.36　　　　　　　　　　　　　　　〔16186〕

あるレコードフアンとの対話　あ・ら・もうど
p.40　　　　　　　　　　　　　　　〔16187〕

レコードによる家庭のクリスマス　津川主一
p.45　　　　　　　　　　　　　　　〔16188〕

〔16136～16188〕　　　　戦前期　レコード音楽雑誌記事索引　**295**

「レコード」 内容細目

通俗曲の部・管絃楽・吹奏楽・器楽・その他―洋楽（十二月のレコード・新譜紹介）p.48 〔16189〕

海外レコード・ニユース（英国・米国）彼方四里 p.50 〔16190〕

モーター（蓄音器の常識その3）隈部一雄 p.54 〔16191〕

家庭用電気蓄音器の作り方（1）川野生 p.60 〔16192〕

今年の業界を顧みて 山野政太郎 p.64 〔16193〕

謡曲・常盤津・義太夫・長唄・音曲―邦楽（十二月のレコード・新譜紹介）p.66 〔16194〕

印象に残つた邦楽レコード 田辺尚雄 p.68 〔16195〕

各社が誇る三〇年の邦楽優秀作 編輯部調べ p.70 〔16196〕

歌舞伎劇・演劇・映画説明・落語・掛合話・其他―邦楽（十二月のレコード・新譜紹介）p.74 〔16197〕

佐々紅華氏（レコードを繞る人々）山口亀之助 p.76 〔16198〕

琵琶歌・浪花節―邦楽（十二月のレコード・新譜紹介）p.80 〔16199〕

レコード保管法（2）レコードの手入れ 碓氷貞文 p.82 〔16200〕

小唄・端唄・俚謡―邦楽（十二月のレコード・新譜紹介）p.84 〔16201〕

ヂヤヅ歌手のピカ一天野喜久代さん p.86 〔16202〕

映画小唄・新小唄・新民謡―邦楽（十二月のレコード・新譜紹介）p.88 〔16203〕

蓄音器による英語の学習（2）西脇乃夫彦 p.90 〔16204〕

唱歌・童謡等・日本物・洋楽―邦楽（十二月のレコード・新譜紹介）p.92 〔16205〕

あめりかに於けるフオツクス・トロツト（4）玉置真吉 p.95 〔16206〕

フオツクス・ワルツ・タンゴ・流行唄―ダンス（十二月のレコード・新譜紹介）p.98 〔16207〕

音響効果から観た「中山七里」鈴木賢之進 p.102 〔16208〕

映画物語「ピストル娘」パラマウント映画 p.106 〔16209〕

近く封切られるトーキーの紹介 p.108 〔16210〕

〈楽譜〉春の唄（ウーファ映画「悲歌」の中の歌）―鑑賞楽譜 p.115 〔16211〕

〈楽譜〉一兵卒（ウーファ映画「悲歌」の中の歌）―鑑賞楽譜 p.117 〔16212〕

レコード・サービス・デパート p.120 〔16213〕

2巻4号（1931年4月発行）

音楽とタバコの煙り 上司小剣 p.8 〔16214〕

フイリツプ・ゴーベル氏と語る―レコードで活躍する世界的音楽家列伝（8）リユシアン・シュヴァリエ，松本太郎 訳 p.11 〔16215〕

メルバのレコード あらえびす p.17 〔16216〕

メルバ 大田黒元雄 p.22 〔16217〕

世界的ピアニストのレコード鳥瞰 H・L・アンダーソン p.24 〔16218〕

仏蘭西のコロンビア・レコード 橋詰生 p.28 〔16219〕

レコードのセレクションとコレクション（6）TI生 p.31 〔16220〕

歌劇「トスカ」物語り p.38 〔16221〕

レコード批評団の結成とその宣言 p.41 〔16222〕

交響曲・管絃楽曲・室内楽曲・器楽曲・声楽曲―洋楽（四月のレコード・批評と紹介）Sの字生 p.42 〔16223〕

スコアの読み方（5）塩入亀輔 p.47 〔16224〕

通俗曲の部・管絃楽・吹奏楽・器楽・その他日本吹込のものを含む―洋楽（四月のレコード・批評と紹介）Sの字生 p.51 〔16225〕

各社小型蓄音器の解剖と批評（3）コロンビア蓄音器 隈部一雄 p.54 〔16226〕

国産蓄音器業者奮起せよ 東健而 p.58 〔16227〕

オーゴン蓄音器（国産蓄音器の気焔）吉沢忠次郎 p.67 〔16228〕

ポリドール百号蓄音器（国産蓄音器の気焔）利根川長二 p.68 〔16229〕

神林「ゼニス」蓄音器（国産蓄音器の気焔）神林松太郎 p.70 〔16230〕

「コロナ」蓄音器（国産蓄音器の気焔）S・H・Y p.72 〔16231〕

義太夫・長唄・新内・音曲・劇・映画説明・落語・和洋合奏・其他―邦楽（四月のレコード・批評と紹介）ならさき生 p.74 〔16232〕

音楽劇場「鈴ヶ森」田村西男 p.80 〔16233〕

小唄・端唄・俚謡―邦楽（四月のレコード・批評と紹介）ならさき生 p.84 〔16234〕

米山正夫物語―日本コロムビアの重鎮となるまで（終篇）（レコードを繞る人々 5）山口亀之助 p.86 〔16235〕

琵琶歌・浪花節―邦楽（四月のレコード・批評と紹介）ならさき生 p.89 〔16236〕

回転示速盤種明し p.92 〔16237〕

映画小唄・新小唄・新民謡・ジヤズ・ソング―邦楽（四月のレコード・批評と紹介）ならさき生 p.94 〔16238〕

レコード新聞 p.98 〔16239〕

教育・唱歌・童謡等―邦楽（四月のレコード・批評と紹介）ならさき生 p.100 〔16240〕

フオツクス・ワルツ・タンゴ・流行唄―ダンス（四月のレコード・批評と紹介）蛇津郎 p.102 〔16241〕

内容細目　　　　　　　　　「レコード」

モーリス・シユヴアリエ　松井翠声
p.108　　　　　　　　　　〔16242〕

近く封切らるるトーキーの紹介　p.112　〔16243〕

〈楽譜〉気ままなローラ（ウーフア映画「嘆きの
天使」の中の歌）―レコード映画主題歌楽譜
p.117　　　　　　　　　　〔16244〕

〈楽譜〉金髪の女に御用心（ウーフア映画「嘆き
の天使」の中の歌）―レコード映画主題歌楽
譜　p.119　　　　　　　　〔16245〕

〈楽譜〉首つたけ（ウーフア映画「嘆きの天使」
の中の歌）―レコード映画主題歌楽譜
p.121　　　　　　　　　　〔16246〕

レコード・サービス・デパート　p.122　〔16247〕

2巻5号（1931年5月発行）

狐の来訪　上司小剣　p.8　　　　　　〔16248〕

ウイルレム・メンゲルベルグ―レコードで活躍
する世界的音楽家列伝（9）　松本太郎
p.11　　　　　　　　　　〔16249〕

近く来朝するヨゼフ・シゲテイと彼のレコード
南六朗　p.18　　　　　　　〔16250〕

世界的ピアニストのレコード鳥瞰　アンダーソ
ン　p.22　　　　　　　　　〔16251〕

東健而氏がクレデンザを売る話　あらえびす
p.27　　　　　　　　　　〔16252〕

レコードにあるゴールドマークの作品　藤田不
二　p.28　　　　　　　　　〔16253〕

コロンビア六月新譜　p.31　　　　　　〔16254〕

仏蘭西音楽とスペイン　近江屋二郎
p.32　　　　　　　　　　〔16255〕

批評団各氏の紹介　p.36　　　　　　〔16256〕

総見（コロムビア・ビクター・ポリドール）（洋
楽五月新譜批評）　野村光一　p.39　〔16257〕

九番目のクロイツエル・ソナタ（洋楽五月新譜
批評）　あらえびす　p.41　　　〔16258〕

ダフニとクローエ（洋楽五月新譜批評）　菅原明
朗　p.46　　　　　　　　　〔16259〕

モツアルトト調四重奏曲とシベリウス　第二交響
曲（洋楽五月新譜批評）　増沢健美
p.47　　　　　　　　　　〔16260〕

第四交響曲（チヤイコフスキー）スペイン狂想曲
（洋楽五月新譜批評）　塩入亀輔
p.47　　　　　　　　　　〔16261〕

レコードのセレクションとコレクシヨン（7）
TI生　p.51　　　　　　　〔16262〕

通俗曲批評と紹介（洋楽五月新譜批評）
p.55　　　　　　　　　　〔16263〕

蓄音伝説史　飯島正　p.58　　　　　〔16264〕

蓄音器の分解と手入れ　XYZ　p.62　〔16265〕

最近のラヂオ受信器の発達とその音楽的範囲に
ついて　川野義雄　p.66　　　〔16266〕

新譜鳥瞰（邦楽五月新譜・批評と紹介）　ならさ
き生　p.71　　　　　　　　〔16267〕

謡曲・義太夫・常盤津・長唄・音曲・劇・映画
説明・落語等（邦楽五月新譜・批評と紹介）
ならさき生　p.71　　　　　〔16268〕

G・Lホーランド技師―レコードをめぐる人々
（6）　山口亀之助　p.76　　〔16269〕

琵琶歌・浪花節（邦楽五月新譜・批評と紹介）
ならさき生　p.80　　　　　〔16270〕

蓄音器と劇界の人々　皐月鯉之助　p.82　〔16271〕

端唄・小唄・俚謡（邦楽五月新譜・批評と紹介）
ならさき生　p.84　　　　　〔16272〕

レコード新聞　p.86　　　　　　　　〔16273〕

映画小唄・新民謡・新小唄・ヂヤツソング（邦
楽五月新譜・批評と紹介）　ならさき生
p.88　　　　　　　　　　〔16274〕

新刊紹介　p.90　　　　　　　　　　〔16275〕

少女童謡歌手辻姉妹を訪ふ　N記者
p.91　　　　　　　　　　〔16276〕

児童レコード（邦楽五月新譜・批評と紹介）　な
らさき生　p.94　　　　　　〔16277〕

アメリカに於けるフオツクス・トロット（7）　玉
置真吉　p.98　　　　　　　〔16278〕

ジヤズレコード批評（洋楽五月新譜批評）　蛇津
郎　p.102　　　　　　　　〔16279〕

主題歌と流行唄　中野頃保　p.106　　〔16280〕

近く封切らるるトーキーの紹介　p.110　〔16281〕

〈楽譜〉クロイツエル・ソナタ（第二楽章ヴアイ
オリン・パート）―鑑賞楽譜　p.121　〔16282〕

レコード・サービス・デパート　p.122　〔16283〕

2巻6号（1931年6月発行）

おもかげ草紙　上司小剣　p.8　　　　〔16284〕

リヒアルト・シユトラウス―レコードで活躍す
る世界的音楽家列伝（10）　千家亮平
p.11　　　　　　　　　　〔16285〕

ユーヂエヌ・イザイ小伝と彼のレコード　あら
えびす　p.16　　　　　　　〔16286〕

ダルモンテさんをおむかへした日の事　ダン道
子　p.18　　　　　　　　　〔16287〕

レコードカタログの蒐集　藤田不二
p.20　　　　　　　　　　〔16288〕

カルメンの音楽　近江屋二郎　p.24　〔16289〕

歌劇　悪魔の射手―訳と解説　伊庭孝
p.30　　　　　　　　　　〔16290〕

シヤルクの「第五」（洋楽六月新譜批評）　あらえ
びす　p.39　　　　　　　　〔16291〕

二つの交響詩, 二つの間奏曲　ト短調五重奏（洋
楽六月新譜批評）　菅原明朗　p.46　〔16292〕

西班牙の庭の夜, 子供の情景（洋楽六月新譜批
評）　増沢健美　p.47　　　　〔16293〕

コロムビアを聴く（洋楽六月新譜批評）　野村光
一　p.48　　　　　　　　　〔16294〕

私の聴いた六月新譜（洋楽六月新譜批評）　塩入
亀輔　p.49　　　　　　　　〔16295〕

「レコード」　　　　　　　　　　　　内容細目

レコードのセレクションとコレクション（8）
　TI生　p.54　　　　　　　　　　　〔16296〕

カルーソーのレコード　ロバード・ポッター
　p.58　　　　　　　　　　　　　　〔16297〕

通俗曲批評と紹介（洋楽六月新譜批評）
　p.62　　　　　　　　　　　　　　〔16298〕

各社小型蓄音器の解剖と批評（4）マーヴェル，
　ポリドール，コロナ　隈部一雄　p.66　〔16299〕

音楽の劇場　芝居の大太鼓　田村西男
　p.72　　　　　　　　　　　　　　〔16300〕

謡曲・義太夫・常盤津・長唄・音曲・劇・映画
　説明・落語等（邦楽六月新譜・批評と紹介）
　ならさき生　p.75　　　　　　　　〔16301〕

ホーランド技師―レコードを繞る人々（7）山口
　亀之助　p.80　　　　　　　　　　〔16302〕

琵琶歌・浪花節（邦楽六月新譜・批評と紹介）
　ならさき生　p.83　　　　　　　　〔16303〕

端唄・小唄・俚謡（邦楽六月新譜・批評と紹介）
　ならさき生　p.88　　　　　　　　〔16304〕

青春レコード風呂（まん画）小川武
　p.90　　　　　　　　　　　　　　〔16305〕

映画小唄・新民謡・新小唄・ヂヤツソング（邦
　楽六月新譜・批評と紹介）ならさき生
　p.91　　　　　　　　　　　　　　〔16306〕

流行歌手勝太郎さん　M記者　p.94　〔16307〕

児童レコード（邦楽六月新譜・批評と紹介）な
　らさき生　p.96　　　　　　　　　〔16308〕

あめりかに於けるフォックス・トロット（8・
　終）玉置真吉　p.99　　　　　　　〔16309〕

ミスタニゲット　金子義男　p.102　〔16310〕

ジヤヅレコード批評（洋楽六月新譜批評）蛇津
　郎　p.105　　　　　　　　　　　〔16311〕

近く封切らるるトーキーの紹介　p.108　〔16312〕

〈楽譜〉「アデライデ」―レコード鑑賞楽譜
　p.119　　　　　　　　　　　　　〔16313〕

レコード・サービス・デパート　p.120　〔16314〕

2巻7号（1931年7月発行）

出来合の説　上司小剣　p.8　　　　〔16315〕

ハミルトン・ハーテイーレコードで活躍する世
　界的音楽家列伝（11）梅津勝男
　p.11　　　　　　　　　　　　　　〔16316〕

カブリエル・フオーレの作品とそのレコード
　橋詰生　p.16　　　　　　　　　　〔16317〕

カルメンの音楽（その2）近江屋二郎
　p.20　　　　　　　　　　　　　　〔16318〕

レコード音楽家の消息　編輯部　p.24　〔16319〕

ジョージ・ガーシユイン　小原二郎
　p.26　　　　　　　　　　　　　　〔16320〕

ストラヴィンスキーのキヤプリチオ（洋楽七月
　新譜批評）菅原明朗　p.30　　　　〔16321〕

ビクター，ポリドール，コロムビアの七月を聴く
　（洋楽七月新譜批評）野村光一
　p.31　　　　　　　　　　　　　　〔16322〕

私の聴いた七月新譜（洋楽七月新譜批評）塩入
　亀輔　p.33　　　　　　　　　　　〔16323〕

カベーのモツツルト（洋楽七月新譜批評）あら
　えびす　p.39　　　　　　　　　　〔16324〕

コロムビアとポリドール（洋楽七月新譜批評）
　増沢健美　p.39　　　　　　　　　〔16325〕

スコアの読み方（6）音楽記号と移調　塩入亀輔
　p.48　　　　　　　　　　　　　　〔16326〕

最近聴いた優秀なレコード，聴きたい曲・演奏
　家　諸名氏回答　p.48　　　　　　〔16327〕

日本人の生活に入つて来た（特輯 レコードが音
　楽の上に与へた影響）黒沢隆朝
　p.55　　　　　　　　　　　　　　〔16328〕

何故悪影響を与へるか（特輯 レコードが音楽の
　上に与へた影響）田中英太郎　p.57　〔16329〕

音楽教育上にかく役立つてゐる（特輯 レコード
　が音楽の上に与へた影響）湯浅永年
　p.59　　　　　　　　　　　　　　〔16330〕

レコードの有難味（特輯 レコードが音楽の上に
　与へた影響）中根宏　p.62　　　　〔16331〕

害と効との何れ？（特輯 レコードが音楽の上
　に与へた影響）菅原明朗　p.64　　〔16332〕

レコードと私（特輯 レコードが音楽の上に与へ
　た影響）ジエームス・ダン　p.65　〔16333〕

有害でも有益でもある（特輯 レコードが音楽の
　上に与へた影響）野村光一　p.66　〔16334〕

蓄音器祭　p.70　　　　　　　　　〔16335〕

誰が蓄音器を普及させたか―日本レコード発達
　史（1）山口亀之助　p.71　　　　〔16336〕

蓄音器道楽論　東健而　p.74　　　〔16337〕

音楽の劇場　浜松屋から勢揃ひまで　田村西男
　p.82　　　　　　　　　　　　　　〔16338〕

雁次郎の伊勢音頭（邦楽七月新譜評）井田澄三
　p.86　　　　　　　　　　　　　　〔16339〕

謡曲・劇・義太夫・長唄・清元・音曲・映画説
　明（邦楽七月新譜評）白井嶺南，井田澄三
　p.89　　　　　　　　　　　　　　〔16340〕

清元の保名―邦楽レコード研究（1）井口政治
　p.95　　　　　　　　　　　　　　〔16341〕

浪花節・琵琶歌・落語等（邦楽七月新譜評）楽
　坊評　p.101　　　　　　　　　　〔16342〕

浪花節漫談　阿垣佐平次　p.106　　〔16343〕

端唄・小唄・俚謡（邦楽七月新譜評）
　p.108　　　　　　　　　　　　　〔16344〕

ハコネヘドライブ（漫画）小川武
　p.111　　　　　　　　　　　　　〔16345〕

映画小唄・新小唄・新民謡・ヂヤツソング等
　（邦楽七月新譜評）p.114　　　　〔16346〕

梅雨期と蓄音器とレコードの手入れ　碓氷生
　p.116　　　　　　　　　　　　　〔16347〕

唱歌・童謡児童劇・教育（邦楽七月新譜評）
　p.118　　　　　　　　　　　　　〔16348〕

レヴユウ処々　古沢武夫　p.122　　〔16349〕

内容細目 「レコード」

新しきステップ キユーバン・リズム 玉置真吉
p.126 〔16350〕

七月のジヤヅレコード（洋楽七月新譜批評） 蛇津郎 p.130 〔16351〕

近く封切らるるトーキーの紹介 p.134 〔16352〕

〈楽譜〉ヴォルガの流れ（ユニヴァーサル映画「復活」の中より）―レコード鑑賞楽譜
p.140 〔16353〕

〈楽譜〉子守唄（ユニヴァーサル映画「復活」の中より）―レコード鑑賞楽譜 p.143 〔16354〕

レコード・サービス・デパート p.144 〔16355〕

2巻8号（1931年8月発行）

奥多摩の一日 上司小剣 p.8 〔16356〕

アルバート・コーツ―レコードで活躍する世界的音楽家列伝（12） 梅津勝男 p.11 〔16357〕

マヌエル・デ・フアリアの自作曲吹込を見る 松本太郎 訳 p.19 〔16358〕

音楽家と蓄音器 セルゲイ・ラハマニノフ
p.22 〔16359〕

レコード音楽家消息 編輯部 p.26 〔16360〕

最近聴いたレコードの感想 大沼魯夫
p.28 〔16361〕

カルメンの音楽（その3） 近江屋二郎
p.30 〔16362〕

フーベルマンの旧吹込レコード 面白誌
p.34 〔16363〕

海外レコードニユース 編輯部 p.36 〔16364〕

「俄貴族」とその音楽 塩入亀輔 p.38 〔16365〕

俄貴族その他（洋楽八月新譜批評） 野村光一
p.44 〔16366〕

三つの俄貴族（洋楽八月新譜批評） あらえびす
p.46 〔16367〕

ヴユータン作第五協奏曲（洋楽八月新譜批評）
菅原明朗 p.50 〔16368〕

三社の俄貴族及各社の八月新譜鳥瞰（洋楽八月新譜批評） 塩入亀輔 p.51 〔16369〕

自動ストップを中心にして 隈部一雄
p.58 〔16370〕

ダイア新蓄音器を聴く 塩入生 p.63 〔16371〕

蓄音器道楽論 東健而 p.64 〔16372〕

玩辞楼の土屋主税とコ社の長唄十一枚をきく（邦楽八月新譜評） 井田潑三 p.73 〔16373〕

謡曲・劇・長唄・義太夫・常磐津・新内・清元・音曲（邦楽八月新譜評） 井田潑三，ならさき生 p.77 〔16374〕

グランド将軍の新曲―音楽の劇場 田村西男
p.80 〔16375〕

端唄・小唄・俚謡（邦楽八月新譜評）
p.84 〔16376〕

浪花節・琵琶歌・落語等・映画説明（邦楽八月新譜評） 楽坊評 p.86 〔16377〕

街頭に於ける移動コンサート―日本レコード発達史（2） 山口亀之助 p.91 〔16378〕

映画小唄・新小唄・流行歌（邦楽八月新譜評）
p.94 〔16379〕

ルート・イナキ女史と語る 古沢武夫
p.96 〔16380〕

子供のレコード（邦楽八月新譜評）
p.98 〔16381〕

シユバリエのマイク・テクニツク 小原二郎
p.102 〔16382〕

ウクレレの弾き方―ヂヤヅ大学（1） 坂井透
p.104 〔16383〕

八月のジヤヅレコード（洋楽八月新譜批評） 蛇津郎 p.108 〔16384〕

秋のシーズンに期待されるトーキー H・H・PAN p.111 〔16385〕

〈楽譜〉展覧会の音画（ムツソルグスキー作曲）―レコード鑑賞楽譜 p.121 〔16386〕

レコード・サービス・デパート p.122 〔16387〕

2巻9号（1931年9月発行）

河鹿と蓄音器 上司小剣 p.8 〔16388〕

提琴家ヤーシヤ・ハイフエッツ―レコードで活躍する世界的音楽家列伝（13） 中根宏
p.11 〔16389〕

ハイフエッツと彼のレコード JOE生
p.17 〔16390〕

海外レコードニユース p.22 〔16391〕

歌曲レコードに対する私見 藤田不二
p.23 〔16392〕

ウラデイミル・ホロウイツツ 小原二郎
p.28 〔16393〕

HMVのロシア歌曲レコード NHR
p.28 〔16394〕

カルメンの音楽（その4） 近江屋二郎
p.32 〔16395〕

歌劇ローエングリンの解説 堀内敬三
p.36 〔16396〕

「八つのロシア民謡」と「蜘蛛の饗宴」（洋楽九月新譜批評） 菅原明朗 p.42 〔16397〕

コロムビアとビクターを聴く（洋楽九月新譜批評） 野村光一 p.43 〔16398〕

音楽史と謝肉祭（洋楽九月新譜批評） 増沢健美
p.45 〔16399〕

私の聴いたレコードから（洋楽九月新譜批評）
塩入亀輔 p.46 〔16400〕

私の最も好んで聴くレコード（私のレコード鑑賞） あらえびす p.52 〔16401〕

私のレコード趣味（私のレコード鑑賞） 大仏次郎 p.55 〔16402〕

簡易電気蓄音器の作り方 安藤照雄
p.57 〔16403〕

レコードによる邦楽鑑賞（1） 町田嘉章
p.61 〔16404〕

「レコード」　　　　　　　　　　　　　　　内容細目

謡曲・義太夫・劇・長唄・清元・哥沢・音曲（邦楽九月新譜評）田村西男，井口政治，井田瀏三，ならさき生 p.66　　　〔16405〕

俚謡・端唄・小唄（邦楽九月新譜評）p.71　　　〔16406〕

街頭に於ける移動コンサート―日本レコード発達史（3）山口亀之助 p.73　　〔16407〕

琵琶歌・浪花節・落語その他（邦楽九月新譜評）p.76　　　〔16408〕

映画小唄・ジヤヅソング・流行歌（邦楽九月新譜評）p.78　　　〔16409〕

童謡・児童劇・教育レコード（邦楽九月新譜評）青い鳥生 p.79　　　〔16410〕

モダン・フアストワルツ―新しいステップ 玉置真吉 p.82　　　〔16411〕

九月のジヤヅレコード（洋楽九月新譜批評）蛇津郎生 p.86　　　〔16412〕

ウクレレの奏法―ジヤズ大学（2）坂井透 p.90　　　〔16413〕

秋を飾るトーキーの紹介 編輯部 p.94　〔16414〕

〈楽譜〉テイルオイレンシピーゲル（R・シュトラウス曲）―レコード鑑賞楽譜 p.105　　　〔16415〕

レコード・サービス・デパート p.106 〔16416〕

2巻10号（1931年10月発行）

ソノラーを祭るの文 上司小剣 p.8　〔16417〕

提琴家エリカ・モリーニ―レコードで活躍する世界的音楽家列伝（14）倉井寿朗 p.11　　　〔16418〕

国産蓄音器への苦言 隈部一雄 p.17　〔16419〕

新譜の中から（洋楽十月新譜批評）あらえびす p.22　　　〔16420〕

オイリアンテとラヴエルの四重奏曲（洋楽十月新譜批評）菅原明朗 p.24　　〔16421〕

コロムビア・ポリドール・ビクター総評（洋楽十月新譜批評）野村光一 p.25　〔16422〕

私の聴いたレコードから（洋楽十月新譜批評）塩入亀輔 p.27　　　〔16423〕

海外レコード・ニュース p.30　　〔16424〕

名曲レコード巡礼（1）行進曲の巻 近江屋次郎 p.32　　　〔16425〕

通俗曲（洋楽十月新譜批評）p.35　〔16426〕

古きものから 神保璋一郎 p.38　　〔16427〕

海外レコード音楽家ニュース p.42　〔16428〕

雨の降る日は落ついて聞く（私のレコード鑑賞）菅原明朗 p.44　　　〔16429〕

レコードを音楽として聴く（私のレコード鑑賞）野村光一 p.45　　　〔16430〕

私の生活とレコード音楽（私のレコード鑑賞）隈部一雄 p.46　　　〔16431〕

レコードによる洋楽鑑賞（1）湯浅永年 p.50　　　〔16432〕

音楽史（1）p.54　　　　　　　〔16433〕

レコード面上の針の偏り角度―蓄音器サイエンス 福井英次郎 p.63　　　〔16434〕

レコードによる邦楽鑑賞（2）町田嘉章 p.64　　　〔16435〕

謡曲・義太夫・劇・長唄・清元・哥沢・音曲俚謡・端唄・小唄（邦楽十月新譜評）田村西男，井口政治，ならさき生 p.67　〔16436〕

明治三十五年頃―日本レコード発達史（4）山口亀之助 p.72　　　〔16437〕

映画小唄・ジヤヅソング・流行歌・童謡・児童劇・教育レコード（邦楽十月新譜評）青い鳥生 p.74　　　〔16438〕

放送管見 中山龍次 p.76　　　〔16439〕

琵琶歌・浪花節・落語その他（邦楽十月新譜評）p.78　　　〔16440〕

ハイフエツツ，フローレンス恋物語 ダン道子 p.82　　　〔16441〕

レコード・トーキー雑言 岡村章 p.82 〔16442〕

新しいステップ―モダン・フアスト・ワルツ（2）玉置真吉 p.86　　　〔16443〕

ウクレレの奏法―ヂヤズ大学（3）坂井透 p.90　　　〔16444〕

ヂヤヅレコード（洋楽十月新譜批評）蛇津郎 p.94　　　〔16445〕

近く封切られるトーキーの紹介 p.98 〔16446〕

〈楽譜〉「愛と云ふものを知れる御身は」（歌劇「フイガロの結婚」モーツアルト曲）―レコード鑑賞楽譜 p.105　　　〔16447〕

レコード・サービス・デパート p.106 〔16448〕

2巻11号（1931年11月発行）

雑観 上司小剣 p.5　　　　　　〔16449〕

提琴家フーベルマン―レコードで活躍する世界的音楽家列伝（15）南六朗 p.8　〔16450〕

室内楽とそのレコード あらえびす p.12　　　〔16451〕

レコードセレクションとコレクション（9）T・I生 p.17　　　〔16452〕

名曲レコード巡礼（2）行進曲の巻（2）近江屋二郎 p.20　　　〔16453〕

ビクターとコロムビア総観（洋楽・十一月新譜評）あらえびす p.24　　〔16454〕

モツアルトの絃奏四重奏（洋楽・十一月新譜評）菅原明朗 p.26　　　〔16455〕

三社を聴いて（洋楽・十一月新譜評）野村光一 p.27　　　〔16456〕

今月のピアノ二曲（洋楽・十一月新譜評）増沢健美 p.29　　　〔16457〕

名優ギトリーとプランタンのレコードについて 堀口大学 p.32　　　〔16458〕

再びカタログの蒐集について 藤田不二 p.40　　　〔16459〕

海外レコード・ニュース p.42　　〔16460〕

300　戦前期　レコード音楽雑誌記事索引　　　　　　〔16405～16460〕

内容細目　　　　　　「レコード」

本誌主催「三一年度優秀レコード」投票
p.44　〔16461〕

通俗曲（洋楽・十一月新譜評）p.46　〔16462〕

レコードによる洋楽鑑賞　湯浅永年
p.49　〔16463〕

音楽史（2）p.52　〔16464〕

逗子談議　神保璟一郎 p.58　〔16465〕

邦楽レコード批評団結成 p.65　〔16466〕

謡曲・義太夫・劇・長唄・清元・新内・音曲俚
謡・端唄・小唄（邦楽・十一月新譜評）田村
西男，井口政治，ならさき生 p.66　〔16467〕

蠟管が教育レコードに進出―日本レコード産業
発達史（5）山口亀之助 p.72　〔16468〕

邦楽コレクトマニア　井田瀏三 p.74　〔16469〕

琵琶歌・浪花節・落語その他（邦楽・十一月新
譜評）p.76　〔16470〕

逝ける松平夫人のレコード　XYZ
p.78　〔16471〕

映画小唄・ジヤズソング・流行歌・童謡・児童
劇・教育レコード（邦楽・十一月新譜評）青
い鳥生 p.80　〔16472〕

レコード新聞 p.82　〔16473〕

新しいステップ―ルムバ　玉置真吉
p.84　〔16474〕

ヂヤツ・レコード（洋楽・十一月新譜評）蛇津
郎 p.90　〔16475〕

映画物語　あめりかの悲劇 p.94　〔16476〕

トーキー・セクション p.98　〔16477〕

〈楽譜〉早大応援歌―レコード鑑賞楽譜
p.103　〔16478〕

レコード・サービス・デパート p.104　〔16479〕

〈楽譜〉日米野球行進曲―レコード鑑賞楽譜
別折　〔16480〕

2巻12号（1931年12月発行）

才晩書懐　上司小剣 p.5　〔16481〕

指揮者フルトヴェングラー―レコードで活躍す
る世界的音楽家列伝（16）服部龍太郎
p.8　〔16482〕

フルトヴェングラーのレコード　千家亮平
p.9　〔16483〕

三一年度洋楽レコード総決算　編輯局
p.11　〔16484〕

ベルリオーズの幻想交響曲（名曲解説）塩入亀
輔 p.20　〔16485〕

ショパンのピアノ第二コンツエルト（名曲解説）
服部龍太郎 p.23　〔16486〕

ダンテイのフランスの山人の歌（名曲解説）
XYZ p.24　〔16487〕

ビクター・コロムビア（洋楽・十二月新譜評）
あらえびす p.26　〔16488〕

聴いたレコードから（洋楽・十二月新譜評）塩
入亀輔 p.30　〔16489〕

恋は魔術師とシユトラウスのワルツ集（洋楽・
十二月新譜評）菅原明朗 p.32　〔16490〕

三社を聴く（洋楽・十二月新譜評）野村光一
p.34　〔16491〕

海外レコード・ニュース p.37　〔16492〕

民謡のレコード　あらえびす p.38　〔16493〕

レコード・セレクションとコレクション（完）
T・I生 p.42　〔16494〕

名曲レコード巡礼（3）ワルツの巻　近江屋二郎
p.48　〔16495〕

阿南に於けるクリスマス（レコードによるクリ
スマス）嶺みなみ p.52　〔16496〕

Xマス・レコード新譜評（レコードによるクリ
スマス）p.52　〔16497〕

三一年度優秀レコード投票募集 p.54　〔16498〕

通俗曲（洋楽・十二月新譜評）編輯部
p.56　〔16499〕

蓄音器音響学―第一講　隈部一雄 p.59　〔16500〕

年末ぢや，決算ぢや　井田瀏三 p.65　〔16501〕

謡曲・義太夫・劇・長唄・清元・新内・音曲俚
謡・端唄・小唄（邦楽・十二月新譜評）田村
西男，井口政治，ならさき生 p.71　〔16502〕

琵琶歌・浪花節・落語その他（邦楽・十二月新
譜評）p.74　〔16503〕

日本でも吹込を開始―日本レコード産業発達史
（6）山口亀之助 p.76　〔16504〕

映画小唄・ジヤヅソング・流行歌・童謡・児童
劇・教育レコード（邦楽・十二月新譜評）青
い鳥生 p.78　〔16505〕

ベルトラメリー能子さんと語る　N記者
p.82　〔16506〕

タンゴ（1）玉置真吉 p.84　〔16507〕

社交ダンス・まんだん　大井蛇津郎
p.86　〔16508〕

ウクレレの奏法（4）ジャズ大学　坂井透
p.88　〔16509〕

ヂヤズ・レコード（洋楽・十二月新譜評）蛇津
郎 p.92　〔16510〕

トーキー・セクション p.96　〔16511〕

〈楽譜〉我に策あり（巴里ッ子の主題歌）―レ
コード鑑賞楽譜 p.101　〔16512〕

〈楽譜〉モン・パパ（巴里ッ子の主題歌）―レ
コード鑑賞楽譜 p.103　〔16513〕

レコード・サービス・デパート p.104　〔16514〕

3巻1号（1932年1月発行）

オウ・プランタン　上司小剣 p.5　〔16515〕

トゥティ・ダルモンテ（レコードで活躍する世界
的音楽家列伝（17））野川香文 p.8　〔16516〕

フィラテルフィア交響楽団の歴史　小原二郎 訳
p.12　〔16517〕

今シーズンの伯林フイルハーモニツク 茂井一
p.16　〔16518〕

「レコード」 内容細目

ニキシのレコード あらえびす p.23 〔16519〕

逝けるダンデイのこと 松本太郎 p.26 〔16520〕

ベートーヴェン第四交響曲（名曲解説——月新譜より）野村光一 p.29 〔16521〕

三文オペラの音楽（名曲解説——月新譜より）近衛秀麿 p.32 〔16522〕

三文オペラ解説（名曲解説——月新譜より）塩入亀輔 p.32 〔16523〕

ダビッド・ビンドラー（名曲解説——月新譜より）XYZ p.34 〔16524〕

聴いたうちから（洋楽・一月新譜評）あらえびす p.38 〔16525〕

コロムビアの二曲（洋楽・一月新譜評）菅原明朗 p.40 〔16526〕

二社をきく（洋楽・一月新譜評）野村光一 p.42 〔16527〕

三文オペラその他（洋楽・一月新譜評）塩入亀輔 p.44 〔16528〕

通俗曲（洋楽・一月新譜評）編輯部 p.47 〔16529〕

海外レコードニユース p.50 〔16530〕

名曲レコード巡礼（特輯）歌劇の序曲レコード 近江屋二郎 p.52 〔16531〕

レコード雑話 菅原明朗 p.55 〔16532〕

世界のレコード雑誌 藤田不二 p.58 〔16533〕

レコードによる洋楽鑑賞（3）湯浅永年 p.60 〔16534〕

音楽史（三）p.63 〔16535〕

吹込室ナンセンス 呉舟盟家 p.68 〔16536〕

吹込室スケッチ 松山俊郎 p.73 〔16537〕

蓄音器道楽論 東健而 p.75 〔16538〕

本朝蓄音器商売往来 千家亮平 p.82 〔16539〕

日本でも吹込開始（二）明治末期（日本レコード産業発達史（7））山口亀之助 p.86 〔16540〕

十年一昔 渥美清太郎 p.88 〔16541〕

レコードによる日本音楽鑑賞（3）町田嘉章 p.90 〔16542〕

謡曲・義太夫・劇・長唄・清元・新内（邦楽・一月新譜評）田村西男，井口政治，ならさき生 p.94 〔16543〕

琵琶歌・浪花節・落語その他（邦楽・一月新譜評）p.97 〔16544〕

レコード風景 神保璟一郎 p.100 〔16545〕

俚謡・端唄・小唄・音曲（邦楽・一月新譜評）p.106 〔16546〕

四家文子さんと語る N記者 p.110 〔16547〕

映画小唄・ジャヅソング・流行歌・童謡・児童劇・教育レコード（邦楽・一月新譜評）青い鳥生 p.112 〔16548〕

あちらのレヴユウ 赤い翼 p.115 〔16549〕

お正月のトーキー p.118 〔16550〕

ヂャズ・レコード（洋楽・一月新譜評）大井蛇津郎 p.124 〔16551〕

〈楽譜〉人生の歌（レコード鑑賞楽譜 三文オペラの中の二曲）p.133 〔16552〕

〈楽譜〉タンゴ・バラード（レコード鑑賞楽譜 三文オペラの中の二曲）p.135 〔16553〕

レコード・サービス・デパート p.136 〔16554〕

3巻2号（1932年2月発行）

二月の言葉 上司小剣 p.5 〔16555〕

大ピアニスト・アレキサンダー・ブライロフスキー——レコードで活躍する世界的音楽家列伝（18）千家亮平 p.8 〔16556〕

フランス・プーランクの音楽 三瀦末松 p.12 〔16557〕

歌劇「ボエーム」（名曲解説—二月新譜より）野川香文 p.17 〔16558〕

ブラームスの「変奏曲と遁走曲」（名曲解説—二月新譜より）XYZ p.20 〔16559〕

ボロデインの「第二交響曲」（名曲解説—二月新譜より）XYZ p.21 〔16560〕

ビクターとコロムビアのピクアップ（洋楽・二月新譜評）あらえびす p.24 〔16561〕

聴いた新譜から（洋楽・二月新譜評）増沢健美 p.27 〔16562〕

私の聴いたレコードから（洋楽・二月新譜評）塩入亀輔 p.28 〔16563〕

V・C二社から（洋楽・二月新譜評）野村光一 p.30 〔16564〕

通俗曲（洋楽・二月新譜評）p.33 〔16565〕

名曲レコード巡礼（5）交響楽的円舞曲 近江屋二郎 p.38 〔16566〕

レコードによる洋楽の鑑賞（4）湯浅永年 p.40 〔16567〕

海外レコードニユース p.44 〔16568〕

漫談三題（漫筆）あらえびす p.46 〔16569〕

レコード閑話（漫筆）茂井一 p.48 〔16570〕

逗子談話（漫筆）神保璟一郎 p.51 〔16571〕

蓄音器の音響楽（二）隈部一雄 p.54 〔16572〕

アメリカ・ラヂオ太平記（1）中野頃保 p.56 〔16573〕

三一年度優秀レコード投票と第一回発表 p.60 〔16574〕

邦楽レコードコレクション——長唄の巻（1）井田潑三 p.64 〔16575〕

謡曲・義太夫・劇・長唄・清元・新内（邦楽・二月新譜評）田村西男，井口政治，ならさき生 p.68 〔16576〕

俚謡・端唄・小唄・音曲（邦楽・二月新譜評）p.70 〔16577〕

レコード新聞 p.72 〔16578〕

琵琶歌・浪花節・落語その他（邦楽・二月新譜評）p.74 〔16579〕

映画小唄・ジャズソング・流行歌・童謡・児童劇・教育レコード（邦楽・二月新譜評）青い鳥生 p.78 〔16580〕

タンゴの踊り方（2）玉置真吉 p.81 〔16581〕

おどる関西 戸坂光 p.86 〔16582〕

二月のジヤヅレコード（洋楽・二月新譜評）大井蛇津郎 p.90 〔16583〕

三文オペラの解説 p.94 〔16584〕

トーキー・セクション p.97 〔16585〕

〈楽譜〉オツソ映画「掻拂ひの一夜」の中の「マドロスの唄」（レコード鑑賞楽譜）p.103 〔16586〕

レコード・サービス・デパート p.104 〔16587〕

3巻3号（1932年3月発行）

ハイドン伝と彼の芸術 ポールランドルミイの音楽史より p.6 〔16588〕

ハイドンのレコード あらえびす p.11 〔16589〕

ハイドンの作品表 p.13 〔16590〕

名洋琴家モーリッツ・ローゼンタール（レコードで活躍する世界的音楽家列伝（18））野川香文 p.14 〔16591〕

将来を期待されるワイスマン博士 F・J・P p.18 〔16592〕

ルネ・シュメーとそのレコード 茂井一 p.22 〔16593〕

シューベルト作「未完成（第八）交響曲」（名曲解説）服部龍太郎 p.25 〔16594〕

ベートーヴェン作「第二交響曲」（名曲解説）XYZ p.26 〔16595〕

オネガー作「ラグビー」（名曲解説）菅原明朗 p.27 〔16596〕

コロムビアの四曲（洋楽・三月新譜評）菅原明朗 p.30 〔16597〕

四社を聴く（洋楽・三月新譜評）あらえびす p.31 〔16598〕

コロムビアとビクター（洋楽・三月新譜評）増沢健美 p.33 〔16599〕

ポリドールとビクター（洋楽・三月新譜評）野村光一 p.34 〔16600〕

レコードによる洋楽の鑑賞（5）湯浅永年 p.36 〔16601〕

西班牙舞曲レコード（名曲レコード巡礼（6））近江屋二郎 p.40 〔16602〕

通俗曲（洋楽・三月新譜評）編輯部 p.44 〔16603〕

巴里雑談 太田黒養二 p.46 〔16604〕

伯林雑話 奥田良三 p.48 〔16605〕

蓄音器の音響学（3）隈部一雄 p.51 〔16606〕

レコード消損の研究 W・D・オーエン p.56 〔16607〕

レコードに依る邦楽鑑賞（4）町田嘉章 p.61 〔16608〕

三一年度優秀レコード投票 p.66 〔16609〕

謡曲・義太夫・劇・長唄・清元・新内（邦楽・三月新譜評）田村西男，井口政治，ならさき生 p.68 〔16610〕

俚謡・端唄・小唄・音曲（邦楽・三月新譜評）p.70 〔16611〕

邦楽レコード・コレクション――長唄の巻（2）井田潑三 p.72 〔16612〕

琵琶歌・浪花節・落語その他（邦楽・三月新譜評）p.76 〔16613〕

日本レコード音楽発達史（8）明治の末期，外資の輸入 山口亀之助 p.80 〔16614〕

映画小唄・ジャズソング・流行歌・童謡・児童劇・教育レコード（邦楽・三月新譜評）青い鳥生 p.83 〔16615〕

宝塚レヴユー評 堀弘 p.86 〔16616〕

おどる関西 戸坂光 p.88 〔16617〕

タンゴの踊り方（2）玉置真吉 p.92 〔16618〕

三月のジヤヅレコード（洋楽・三月新譜評）大井蛇津郎 p.96 〔16619〕

新しいトーキーの紹介 p.100 〔16620〕

レコード・サービス・デパート p.104 〔16621〕

3巻4号（1932年4月発行）

大提琴家ジヤック・テイボー（レコードで活躍する世界的音楽家列伝（19））茂井一 p.6 〔16622〕

宗教楽レコードのコレクション（1）あらえびす p.10 〔16623〕

タンク・レコード物語 中根宏 p.14 〔16624〕

逝けるマーチ王，スーザ XYZ p.18 〔16625〕

海外レコード音楽家の消息 p.20 〔16626〕

謝肉祭を描いたレコード（名曲レコード巡礼（7））近江屋二郎 p.22 〔16627〕

フランク作ニ短調交響曲（名曲解説―四月新譜より）野村光一 p.27 〔16628〕

ハイドン作玩具交響曲（名曲解説―四月新譜より）門馬直衛 p.30 〔16629〕

シベリウス作第一交響曲（名曲解説―四月新譜より）湯浅永年 p.31 〔16630〕

コロムビアとポリドール（洋楽・四月新譜評）菅原明朗 p.34 〔16631〕

四社レヴユウ（洋楽・四月新譜評）あらえびす p.35 〔16632〕

私の聴いたレコードから（洋楽・四月新譜評）塩入亀輔 p.38 〔16633〕

通俗曲（洋楽・四月新譜評）編輯部 p.43 〔16634〕

海外レコードニュース p.46 〔16635〕

レコードによる洋楽鑑賞 湯浅永年 p.48 〔16636〕

草堂日記より―随筆 牛山充 p.54 〔16637〕

「レコード」 内容細目

十四年前のレコード・フアン―随筆 近江屋二
郎 p.56　　　　　　　　　　　　　〔16638〕

三一年度優秀レコード推薦終る p.59　〔16639〕

レコードに依る邦楽の鑑賞（5）町田嘉章
p.62　　　　　　　　　　　　　　〔16640〕

謡曲・義太夫・劇・長唄・清元・新内（邦楽・四
月新譜評）田村西男，井口政治，ならさき生
p.65　　　　　　　　　　　　　　〔16641〕

俚謡・端唄・小唄・音曲（邦楽・四月新譜評）
p.67　　　　　　　　　　　　　　〔16642〕

邦楽レコードコレクション―長唄の巻（3）井田
澂三 p.70　　　　　　　　　　　　〔16643〕

日本レコード産業発達史（9）製盤時代の初期 山
口亀之助 p.74　　　　　　　　　　〔16644〕

映画小唄・ジャヅソング・流行歌・童謡・児童
劇・教育レコード（邦楽・四月新譜評）青い
鳥生 p.78　　　　　　　　　　　　〔16645〕

タンゴの踊り方（3）玉置真吉 p.82　〔16646〕

社交ダンス選手権大会を見る 大井蛇津郎
p.87　　　　　　　　　　　　　　〔16647〕

四月のジヤヅレコード（洋楽・四月新譜評）大
井蛇津郎 p.90　　　　　　　　　　〔16648〕

近く銀幕に躍るトーキー p.94　　　〔16649〕

〈楽譜〉Die Beichte des Sunders―ピアノ曲（レ
コード鑑賞楽譜 デ・フアリア作「恋は魔術
師」の中の）p.99　　　　　　　　〔16650〕

〈楽譜〉火祭の踊―ピアノ曲（レコード鑑賞楽譜
デ・フアリア作「恋は魔術師」の中の）
p.107　　　　　　　　　　　　　　〔16651〕

洋楽・邦楽四月新譜綜合目録―レコード別冊附
録 別冊附録1　　　　　　　　　　〔16652〕

3巻5号（1932年5月発行）

大作曲家 モーリス・ラヴエル―（レコードで活
躍する世界的音楽家列伝（21））菅原明朗
p.6　　　　　　　　　　　　　　　〔16653〕

海外レコードニュース p.11　　　　〔16654〕

世界一週の收穫―日本のレコードファン ヨゼ
フ・シゲテイ p.12　　　　　　　　〔16655〕

リストの門弟ダンベール逝く p.16　〔16656〕

メンデルスゾーン作交響曲第四番（名曲解説―
五月新譜より）葉山竹夫 p.18　　　〔16657〕

シユーベルト作絃楽四重奏曲（名曲解説―五月
新譜より）本郷澄夫 p.19　　　　　〔16658〕

ラロー作「ナムーナ」組曲（名曲解説―五月新
譜より）F・T・N p.21　　　　　　〔16659〕

三社ピツク・アツプ（洋楽・五月新譜評）あら
えびす p.24　　　　　　　　　　　〔16660〕

初めての三曲（洋楽・五月新譜評）菅原明朗
p.29　　　　　　　　　　　　　　〔16661〕

聴いたレコードから（洋楽・五月新譜評）塩入
亀輔 p.30　　　　　　　　　　　　〔16662〕

コロムビアその他（洋楽・五月新譜評）菅原明
朗 p.33　　　　　　　　　　　　　〔16663〕

蓄音器の音響学（4）隈部一雄 p.36　〔16664〕

海外レコード音楽家の消息 p.40　　〔16665〕

シユメーが語る日本の印象 N記者
p.42　　　　　　　　　　　　　　〔16666〕

宗教楽のレコード・コレクション（2）あらえび
す p.46　　　　　　　　　　　　　〔16667〕

続，タンクレコード物語 中根宏 p.49〔16668〕

ミニユエツトの巻（名曲レコード巡礼（8））近
江屋二郎 p.54　　　　　　　　　　〔16669〕

三一年度優秀レコード審査について
p.57　　　　　　　　　　　　　　〔16670〕

金魚 SEI・K p.58　　　　　　　　〔16671〕

音楽史 第二部（5）p.60　　　　　〔16672〕

アメリカ・ラヂオ大平記〔2〕　中野頃保
p.66　　　　　　　　　　　　　　〔16673〕

レコードに依る邦楽鑑賞（六）町田嘉章
p.70　　　　　　　　　　　　　　〔16674〕

謡曲・義太夫・劇・長唄・清元・新内（邦楽・五
月新譜評）田村西男，井口政治，ならさき生
p.74　　　　　　　　　　　　　　〔16675〕

俚謡・端唄・小唄・音曲（邦楽・五月新譜評）
p.76　　　　　　　　　　　　　　〔16676〕

邦楽レコード・コレクション―長唄の歌（4）井
田澂三 p.78　　　　　　　　　　　〔16677〕

浪花節その他（邦楽・五月新譜評）
p.82　　　　　　　　　　　　　　〔16678〕

日本レコード産業発達史（10）製盤時代の初期
山口亀之助 p.84　　　　　　　　　〔16679〕

映画小唄・ジャヅソング・流行歌・童謡・児童
劇・教育レコード（邦楽・五月新譜評）青い
鳥生 p.87　　　　　　　　　　　　〔16680〕

パソドブルの踊り方 玉置真吉 p.90　〔16681〕

五月のヂヤヅレコード（洋楽・五月新譜評）大
井蛇津郎 p.94　　　　　　　　　　〔16682〕

トーキーセクシヨン p.98　　　　　〔16683〕

〈楽譜〉「吾等に自由を」―トーキー「吾等に自
由を」の主題歌（レコード鑑賞楽譜）
p.105　　　　　　　　　　　　　　〔16684〕

レコード・サービス・デパート p.106〔16685〕

洋楽・邦楽五月新譜綜合目録―レコード別冊附
録 別冊附録1　　　　　　　　　　〔16686〕

3巻6号（1932年6月発行）

大ピアニスト リカルド・ヴイニエス（レコード
で活躍する世界的音楽家列伝（22））三潴末
松 p.6　　　　　　　　　　　　　〔16687〕

レコード音楽家趣味調べ 古沢武夫
p.14　　　　　　　　　　　　　　〔16688〕

ドン・コサック合唱団 松本太郎 p.17〔16689〕

ワグナー作「トリスタンとイゾルテ」（名曲解説
―六月新譜の中から）堀内敬三
p.21　　　　　　　　　　　　　　〔16690〕

ブラームス作「交響曲」第二番（名曲解説―六
月新譜の中から）堀内敬三 p.23　　〔16691〕

304　戦前期　レコード音楽雑誌記事索引　　　　　　〔16638～16691〕

シユミット作「サロメの悲劇」組曲（名曲解説―六月新譜の中から）本郷澄夫 p.24　〔16692〕

ブラームス作「ト長調ソナタ」提琴と洋琴の為の（名曲解説―六月新譜の中から）葉山竹夫 p.25　〔16693〕

シユーマン作「交響楽的練習曲」（名曲解説―六月新譜の中から）安土礼吉 p.26　〔16694〕

コロムビアの二曲（洋楽・六月新譜評）菅原明朗 p.29　〔16695〕

四社ピック・アップ（洋楽・六月新譜評）あらえびす p.30　〔16696〕

聴いたレコードから（洋楽・六月新譜評）塩入亀輔 p.34　〔16697〕

ラヴェルのピアノ曲デッサン　吉田たか子 p.36　〔16698〕

宗教楽レコードのコレクション（3）あらえびす p.38　〔16699〕

声楽デイスク　太田黒養二 p.42　〔16700〕

スケルツオの巻（名曲レコード巡礼（九））近江屋二郎 p.46　〔16701〕

レコードに依る洋楽の鑑賞（6）湯浅永年 p.52　〔16702〕

音楽史 第二部（6）p.58　〔16703〕

電気蓄音器の研究（1）原敬次郎 p.64　〔16704〕

三十一年度優秀レコード決る p.66　〔16705〕

謡曲・劇・義太夫・長唄・常盤津（邦楽・六月新譜評）田村西男，井口政治，ならさき生，丸山耕 p.70　〔16706〕

端唄・小唄・俚謡（邦楽・六月新譜評）p.72　〔16707〕

日本レコード産業発達史（11）日米蓄，ニッポノホン時代 山口亀之助 p.75　〔16708〕

邦楽レコード・コレクション―長唄の巻（5）井田瀞三 p.76　〔16709〕

流行歌・映画主題歌・児童レコード（邦楽・六月新譜評）青い鳥生 p.80　〔16710〕

浪花節・落語等（邦楽・六月新譜評）p.86　〔16711〕

タンゴの踊り方（4）玉置真吉 p.88　〔16712〕

六月のヂヤツ・レコード（洋楽・六月新譜評）大井蛇津郎 p.92　〔16713〕

トーキー・セクション p.96　〔16714〕

〈楽譜〉レコード鑑賞楽譜 p.105　〔16715〕

レコード・サービス・デパート　隈部，あらえびす p.106　〔16716〕

洋楽・邦楽六月新譜綜合目録―レコード別冊附録 別冊附録1　〔16717〕

3巻7号（1932年7月発行）

若手洋琴家ケムプ（レコードで活躍する世界的音楽家列伝（23））志摩良輔 p.6　〔16718〕

古き歌手ガドスキーのこと　あらえびす p.10　〔16719〕

ギター・レコード讃頌 服部正 p.13　〔16720〕

レスピーギのレコード XYZ p.16　〔16721〕

ドン・コサック・合唱団 松本太郎 p.18　〔16722〕

スケルツオの巻（2）（名曲レコード巡礼（その十））近江屋二郎 p.22　〔16723〕

バッハ作，プレリュードとフーゲ（名曲解説）笈田光吉 p.26　〔16724〕

オネガー作，交響詩夏の牧歌（名曲解説）菅原明朗 p.29　〔16725〕

ベートーベン作，交響曲第三番（名曲解説）牛山充 p.30　〔16726〕

四社ピック・アツプ（洋楽新譜評）あらえびす p.34　〔16727〕

コロムビアの「鳥」（洋楽新譜評）菅原明朗 p.37　〔16728〕

聴いたレコードから（洋楽新譜評）塩入亀輔 p.38　〔16729〕

斜雨荘随筆 永田龍雄 p.41　〔16730〕

新しいレコードフアンの会話―面白志 p.44　〔16731〕

海外レコードニュース p.52　〔16732〕

音楽史 第二部（6）p.54　〔16733〕

エヂソンと音楽 ヴイクター・ヤング p.58　〔16734〕

各社のポータブル調べ 編輯部 p.63　〔16735〕

日本レコード産業発達史（12）日米蓄，ニッポノホン時代 山口亀之助 p.68　〔16736〕

謡曲・劇・義太夫・長唄・歌沢・端唄・小唄・俚謡（邦楽七月新譜評）田村西男，井口政治，ならさき生，丸山耕 p.71　〔16737〕

歌謡・流行歌・児童レコード（邦楽七月新譜評）青い鳥 p.76　〔16738〕

浪花節（邦楽七月新譜評）p.79　〔16739〕

タンゴの踊り方（6）玉置真吉 p.81　〔16740〕

七月のヂヤツ・レコード（洋楽新譜評）大井蛇津郎 p.84　〔16741〕

トーキーの頁 p.88　〔16742〕

〈楽譜〉バッハ作プレリユードとフーグ（レコード鑑賞楽譜）p.92　〔16743〕

レコード・サービス・デパート p.106　〔16744〕

洋楽・邦楽七月新譜綜合目録―レコード別冊附録 別冊附録1　〔16745〕

3巻8号（1932年8月発行）

歴史的提琴家 イエノー・フーバイ博士（レコードで活躍する世的音楽家列伝（24））茂井一 p.6　〔16746〕

ドビュッシーのレコード あらえびす p.9　〔16747〕

ドビュッシーの作品及そのレコード 菅原明朗 p.12　〔16748〕

ドビュッシーの作品表 菅原明朗 p.15　〔16749〕

「レコード」 内容細目

最近竣成したドビユツシーの記念碑 松本太郎
p.21 〔16750〕

チヤイコフスキー作, 第五交響曲（名曲解説）
原田軍二 p.24 〔16751〕

シヤルパンテイユ作, 伊太利の印象（名曲解説）
降沢多計夫 p.25 〔16752〕

ベートーベン作, スプリング・ソナタ（名曲解
説）石川奈美 p.27 〔16753〕

コロムビアとビクター（洋楽八月新譜評）あら
えびす p.28 〔16754〕

ダンデイとシヤルパンテイユ（洋楽八月新譜評）
菅原明朗 p.31 〔16755〕

シユナーベル演奏のレコード一面白誌
p.34 〔16756〕

あめりかのラヂオ太平記（3）中野頃保
p.38 〔16757〕

音楽史 第二部（7）p.40 〔16758〕

蓄音器の音響学（第五講）隈部一雄
p.44 〔16759〕

電気蓄音器の研究（2）原愛次郎 p.47 〔16760〕

鵠沼だより 神保瞭一郎 p.52 〔16761〕

謡曲・劇・義太夫・長唄・歌沢・端唄・小唄・
俚謡（邦楽八月新譜評）田村西男, 井口政治,
ならさき生, 丸山耕 p.56 〔16762〕

日本レコード産業発達史（12）日米蓄, ニッポ
ノホン時代 山口亀之助 p.60 〔16763〕

歌謡・流行歌・児童レコード（邦楽八月新譜評）
青い鳥 p.64 〔16764〕

レコード屋に成りきるまで 大沼魯夫
p.68 〔16765〕

ワルツの踊り方 玉置真吉 p.70 〔16766〕

八月のヂヤヅ・レコード（洋楽八月新譜評）大
井蛇津郎 p.74 〔16767〕

トーキーの頁 p.78 〔16768〕

〈楽譜〉バツハ作プレリユードとフーグ（2）（レ
コード鑑賞楽譜）p.82 〔16769〕

洋楽・邦楽八月新譜綜合目録—レコード別冊附
録 別冊附録108 〔16770〕

3巻9号（1932年9月発行）

大指揮者 レオポルド・ストコフスキー（レコー
ドで活躍する世界的音楽家列伝（25））あら
えびす p.6 〔16771〕

名四重奏団フロンザリーの事 R・C・ベル
p.10 〔16772〕

バツハのカンタータ—第四及び第百四十番 津
川主一 p.14 〔16773〕

ベートーヴェン作「悲愴」ソナタ（名曲解説）
野村光一 p.16 〔16774〕

モーツアルト作協奏曲変ホ調（名曲解説）葉山
竹夫 p.20 〔16775〕

R・シトラウス作薔薇の騎士（名曲解説）本郷澄
夫 p.21 〔16776〕

四社を聴く（洋楽九月新譜評）あらえびす
p.23 〔16777〕

四社ピック・アップ（洋楽九月新譜評）菅原明
朗 p.29 〔16778〕

私の聴いたレコードから（洋楽九月新譜評）塩
入亀輔 p.32 〔16779〕

海外レコード・ニユース 編輯部 p.36 〔16780〕

ミス・マンドリンの事 服部正 p.38 〔16781〕

流行唄批評（邦楽九月新譜評）塩入亀輔
p.40 〔16782〕

レコード雑話 茂井一 p.45 〔16783〕

象と鷲の接戦（日本レコード産業発達史（13））
山口亀之助 p.48 〔16784〕

トーキーの頁 蛇津郎 p.52 〔16785〕

九月のジャズ・レコード（洋楽九月新譜評）大
井蛇津郎 p.56 〔16786〕

九月各社レコード綜合目録 p.63 〔16787〕

〈楽譜〉バッハ作プレリユドとフーグ（3）（レ
コード鑑賞楽譜）p.89 〔16788〕

〈楽譜〉ベートーヴェン作悲愴ソナタ（レコード
鑑賞楽譜）p.108 〔16789〕

3巻10号（1932年10月発行）

リード歌手クレール・クロアザ（レコードで活
躍する世界的音楽家列伝（26））荻野綾子
p.6 〔16790〕

若き提琴家アンリ・メルケルの事 鈴木聰
p.10 〔16791〕

パガニーニの曲とそのレコード 茂井一
p.12 〔16792〕

ベートーヴェン作「熱情」ソナタ（名曲解説）
野村光一 p.17 〔16793〕

ドビユシイ作絃楽四重奏曲一ト長調（名曲解説）
葉山竹夫 p.22 〔16794〕

私の聴いたレコードから（洋楽十月新譜評）塩
入亀輔 p.24 〔16795〕

新盤アラカルト（洋楽十月新譜評）菅原明朗
p.28 〔16796〕

海外レコード・ニユース 編輯部 p.32 〔16797〕

流行唄批評（邦楽十月新譜評）塩入亀輔
p.34 〔16798〕

愈々「日蓄」の膨脹 山口亀之助 p.38 〔16799〕

現代舞踏曲 森潤三郎 p.42 〔16800〕

社交舞踏講座 ワルツ（2）玉置真吉
p.46 〔16801〕

十月のジヤズレコード（洋楽十月新譜評）大井
蛇津郎 p.50 〔16802〕

トーキーの頁 p.54 〔16803〕

Q&A p.58 〔16804〕

十月各社レコード綜合目録—特別附録
p.76 〔16805〕

〈楽譜〉モーツアルト作菫と少女—全曲（特別附
録 レコード鑑賞楽譜）p.79 〔16806〕

内容細目　　　　　　　　　　　　　　　「レコード」

〈楽譜〉シユーマン作小供の情景—全曲（特別附
録 レコード鑑賞楽譜）p.92　　　　〔16807〕

〈楽譜〉ブラームス作ソナタ第一番—第一楽章
（特別附録 レコード鑑賞楽譜）
p.107　　　　　　　　　　　　　　　〔16808〕

3巻11号（1932年11月発行）

大洋琴家ベンノ・モイセヴィッチ（レコードで
活躍する世界的音楽家列伝（27））野村光一
p.6　　　　　　　　　　　　　　　　〔16809〕

欧米オーケストラ物語（一）近衛秀麿
p.11　　　　　　　　　　　　　　　　〔16810〕

海外レコードニユース p.16　　　　　〔16811〕

ロベール・フランツのこと あらえびす
p.18　　　　　　　　　　　　　　　　〔16812〕

音楽史 第二部（9）p.22　　　　　　〔16813〕

蓄音器の音響学（6）隈部一雄 p.26　〔16814〕

日本レコード産業発達史（14）大正初期の興亡
山口亀之助 p.30　　　　　　　　　　〔16815〕

竹製ボックス完成の苦心 上坪静吉
p.34　　　　　　　　　　　　　　　　〔16816〕

レコード・コレクションの整理法 蟻川生
p.36　　　　　　　　　　　　　　　　〔16817〕

れこをど・まんご CBA p.38　　　　〔16818〕

現代社交舞踏の音楽（完）森潤三郎
p.40　　　　　　　　　　　　　　　　〔16819〕

古レコード屋になるまで（2）大沼魯夫
p.44　　　　　　　　　　　　　　　　〔16820〕

社交舞踏講座 ワルツ（3）玉置真吉
p.46　　　　　　　　　　　　　　　　〔16821〕

十一月のジヤズ・レコード評 大井蛇津郎
p.48　　　　　　　　　　　　　　　　〔16822〕

トーキーセクション p.52　　　　　　〔16823〕

Q&A p.58　　　　　　　　　　　　　〔16824〕

〈楽譜〉ベートーヴェン作提琴と洋琴のソナタ全
曲（二大附録 レコード鑑賞楽譜）
p.96　　　　　　　　　　　　　　　　〔16825〕

十一月新譜評—二大附録 菅原明朗，塩入亀輔，
あらえびす，増沢建美 別冊附録　　　〔16826〕

十一月各社レコード新譜総覧—二大附録別冊
別冊附録　　　　　　　　　　　　　　〔16827〕

3巻12号（1932年12月発行）

大提琴家トーシヤザイデル（レコードで活躍す
る世界的音楽家列伝（29））茂井一
p.6　　　　　　　　　　　　　　　　〔16828〕

欧米オーケストラ物語（二）近衛秀麿
p.10　　　　　　　　　　　　　　　　〔16829〕

英国の最大歌手ゲルハルト 桂近乎 譯
p.13　　　　　　　　　　　　　　　　〔16830〕

海外レコードニユース 編輯局 p.20　〔16831〕

ワグナー作「ニユールンベルグの名歌手」序曲
（名曲解説）石田敏 p.22　　　　　　〔16832〕

ショパン作マツルカ（名曲解説）桂近乎
p.23　　　　　　　　　　　　　　　　〔16833〕

ブラームス作弦楽四重奏曲（名曲解説）本郷澄
夫 p.24　　　　　　　　　　　　　　〔16834〕

ベートーヴェン作提琴ソナタ—変ホ長調（名曲
解説）桂近乎 p.25　　　　　　　　　〔16835〕

モーツアルトのフリュートコンツエルト 森敏
信 p.27　　　　　　　　　　　　　　〔16836〕

名曲レコード巡礼（番外）近江屋二郎
p.30　　　　　　　　　　　　　　　　〔16837〕

一九三二年度好評レコード総見 編輯局
p.33　　　　　　　　　　　　　　　　〔16838〕

一九三二年—売れたレコード p.38　　〔16839〕

蓄音器のホーンに就いて 平林勇 p.40〔16840〕

日本レコード産業発達史（15）大正初期の憂鬱
山口亀之助 p.42　　　　　　　　　　〔16841〕

れこをどまんご CBA p.46　　　　　〔16842〕

社交舞踏講座 ワルツ（4）玉置真吉
p.48　　　　　　　　　　　　　　　　〔16843〕

十二月のダンス・レコード 大井蛇津郎
p.52　　　　　　　　　　　　　　　　〔16844〕

トーキーセクション 双葉十三郎 p.56〔16845〕

Q&A あらえびす p.60　　　　　　　〔16846〕

〈楽譜〉レコード鑑賞楽譜—二大附録
p.96　　　　　　　　　　　　　　　　〔16847〕

十二月各社新譜総覧—二大附録別冊
別冊附録　　　　　　　　　　　　　　〔16848〕

新盤評—二大附録 あらえびす，塩入亀輔，菅原
明朗 別冊附録　　　　　　　　　　　〔16849〕

4巻1号（1933年1月発行）

提琴家ミツシヤ・エルマン（レコードで活躍す
る世界的音楽家列伝（30））桂近乎
p.6　　　　　　　　　　　　　　　　〔16850〕

洋琴家コルトーを語る 野村光一 p.12〔16851〕

レコード会社選曲者気焔録（ビクター会社）馬
場二郎 p.17　　　　　　　　　　　　〔16852〕

海外レコードニユース 編輯部 p.24　〔16853〕

米国に於けるレコード事業発達史（コロンビア
会社）梅津勝男 p.26　　　　　　　　〔16854〕

シヤンスと云ふ作曲家 青木正 p.28　〔16855〕

私の生活と仕事（特別寄稿）天才少年提琴家 メ
ヌーヒン，桂近乎 訳 p.30　　　　　〔16856〕

音楽史 第二部（10）p.35　　　　　　〔16857〕

レコード会社への希望 あらえびす
p.40　　　　　　　　　　　　　　　　〔16858〕

古レコード屋まんだん あらだいこく
p.45　　　　　　　　　　　　　　　　〔16859〕

礼古尾土近頃風景 菅原明朗 p.48　　〔16860〕

シユーマン作「詩人の恋」（名曲解説）桂近乎
p.51　　　　　　　　　　　　　　　　〔16861〕

ベートーヴェン作「第五ピアノ協奏曲」（名曲解
説）桂近乎 p.52　　　　　　　　　　〔16862〕

「レコード」　内容細目

ベエトーヴエン作「ソナタ・ハ長調」―ワルド
シタイン（名曲解説）桂近乎 p.53　〔16863〕

ヴイヴアルデイ「ヴアイオリン協奏曲ト短調」
（名曲解説）桂近乎 p.54　〔16864〕

シユーベルト作「未完成交響曲」（名曲解説）桂
近乎 p.56　〔16865〕

ラヴエール作「ピアノ協奏曲」（名曲解説）桂近
乎 p.56　〔16866〕

れこをどまんご CBA p.58　〔16867〕

一月のダンス・レコード 大井蛇津郎
p.62　〔16868〕

社交舞踏講座 ワルツ（5）玉置真吉
p.67　〔16869〕

Q&A あらえびす p.74　〔16870〕

すくりん・らんど 双葉十三郎 p.78　〔16871〕

蓄音器とレコード用語いろは辨―三大附録 山
口亀之助 p.83　〔16872〕

新譜評―三大附録 あらえびす，塩入亀輔，菅原
明朗 別冊附録　〔16873〕

正月各社新譜総覧―三大附録別冊 あらえびす，
塩入亀輔，菅原明朗 別冊附録　〔16874〕

〈楽譜〉ベエトーヴエン作ソナタハ長調（ワルド
シユタイン）全曲（三大附録 別冊 鑑賞楽譜）
別冊附録　〔16875〕

4巻2号（1933年2月発行）

バツハマンの演奏をきく 野村光一
p.6　〔16876〕

バツマハン―人及び芸術 大田黒元雄
p.14　〔16877〕

若き日の思ひ出 パブロ・カザルス，桂近乎 訳
p.20　〔16878〕

ワグナーの生涯と芸術 編輯部 p.28　〔16879〕

ワグナーの序曲と前奏曲 近江屋二郎
p.34　〔16880〕

ワグナーのレコード あらえびす p.39　〔16881〕

ルシエンヌ・ボソイエを語る A・I・O
p.42　〔16882〕

コロムビアの二曲（二月新譜評）菅原明朗
p.44　〔16883〕

歌謡及流行歌評（二月新譜評）塩入亀輔
p.46　〔16884〕

二月のジヤズ・レコード評（各社）淡中侃司
p.50　〔16885〕

とをきい・せくしよん 編輯部 p.54　〔16886〕

ワグナー楽劇名曲集 p.92　〔16887〕

〈楽譜〉附録：レコード鑑賞楽譜 p.92　〔16888〕

各社二月新譜総覧―別冊附録
別冊附録　〔16889〕

オネッガー作「ラグビイ」（名曲解説）青木爽
別冊附録　〔16890〕

シユーバート作「辻音楽師」「道しるべ」（名曲
解説）桂近乎 別冊附録　〔16891〕

シユーバート作「ロザムンデ序曲」（名曲解説）
桂近乎 別冊附録　〔16892〕

ハイドン作「オツクスフォード交響曲」（名曲解
説）桂近乎 別冊附録　〔16893〕

4巻3号（1933年3月発行）

ハインリツヒ・シユルスヌス 桂近乎
p.6　〔16894〕

シユルスヌスの思ひ出 石川錬次 p.10　〔16895〕

米国に於けるレコード事業発達史（2）梅津勝男
p.13　〔16896〕

日本レコード産業発達史（16）複写盤の跋扈・大
審院判決 山口亀之助 p.16　〔16897〕

クリングラークワルテツト 鈴木鎮一
p.20　〔16898〕

シユルスヌスを中心として 小塚新一郎
p.25　〔16899〕

・・・AND・HIS・BOYS 塩入亀輔 訳
p.26　〔16900〕

ナシヨナリスト，マニユエル・ド・フアリア 倉
重瞬介 p.31　〔16901〕

ビクター三月新譜をきいて（洋楽三月新譜評）
桂近乎 p.34　〔16902〕

コロムビアとポリドール（洋楽三月新譜評）塩
入亀輔 p.36　〔16903〕

コロムビアの二曲（洋楽三月新譜評）菅原明朗
p.38　〔16904〕

新音道の発明家，松本直氏を訪ふ 一記者
p.40　〔16905〕

歌謡曲と流行唄 塩入亀輔 p.42　〔16906〕

今月のダンスレコード（三月新譜）玉置真吉
p.44　〔16907〕

ポリドール・ジヤズレコード評 志摩良輔
p.47　〔16908〕

社交舞踏講座（第二講）フラツト・チヤールスト
ン（1）玉置真吉 p.48　〔16909〕

音楽が映画俳優に役立つたか（1）半井純
p.52　〔16910〕

とをきい・せくしよん 編輯部 p.56　〔16911〕

〈楽譜〉レコード鑑賞楽譜（附録）p.92　〔16912〕

各社三月新譜総覧―別冊附録
別冊附録　〔16913〕

4巻4号（1933年4月発行）

中世紀のヴアイオリン音楽 塩入亀輔
p.6　〔16914〕

時代の寵児モーリス・ラヴエル 大脇礼三
p.10　〔16915〕

オネツガーの機械音楽論 飯島正 p.16　〔16916〕

ロゼー・クヮルテツト 鈴木鎮一 p.19　〔16917〕

新らしい電気蓄音機の話（1）川野義雄
p.22　〔16918〕

砂土原雑記 楢崎勤 p.24　〔16919〕

私のダミア 小倉清太郎 p.26 〔16920〕

レコードの真夜中演奏 川口松太郎 p.28 〔16921〕

シュナーベル先生のこと 土川正浩 p.31 〔16922〕

ラヂオのレコード放送 有坂愛彦 p.33 〔16923〕

故アンリイ・デュパルクのこと 編輯部 p.35 〔16924〕

デュパルクのレコード あらえびす p.37 〔16925〕

四月新譜から あらえびす p.40 〔16926〕

ビクター一曲・コロムビア一曲 菅原明朗 p.42 〔16927〕

洋楽レコード評 塩入亀輔 p.43 〔16928〕

四月のダンス・レコード評 玉置真吉 p.46 〔16929〕

歌謡曲と流行歌 しほいり p.50 〔16930〕

音楽史 第二部(11) p.53 〔16931〕

舞踏講座(第二講)フラット・チャールストン(2) 玉置真吉 p.57 〔16932〕

音楽が映画俳優に役立つたか(2) 半井純 p.61 〔16933〕

〈楽譜〉リストピアノ協奏曲第一番ホ変長調(レコード鑑賞楽譜 附録) p.65 〔16934〕

各社四月新譜総覧―別冊附録 別冊附録 〔16935〕

リスト協奏曲第一番変ホ長調 野村光一 別冊附録 〔16936〕

ラヴェル スペインの時 倉重瞬輔 別冊附録 〔16937〕

ヴィウタン ロマンス C・L・B 別冊附録 〔16938〕

ベートーヴェン弦楽四重奏曲 C・L・B 別冊附録 〔16939〕

シルクレット 南部のユモレスク 青木爽 別冊附録 〔16940〕

シルクレット フリムル選曲集 青木爽 別冊附録 〔16941〕

4巻5号(1933年5月発行)

ブラームスの音楽史上の地位―アンドレ・クウロアの音楽史から(ブラームス生誕百年紀念特輯) 大脇礼三 p.6

ブラームスの交響曲に就て(ブラームス生誕百年紀念特輯) 本郷澄夫 p.11 〔16943〕

ブラームスの生涯と芸術(ブラームス生誕百年紀念特輯) 大田黒元雄 p.14 〔16944〕

ブラームスのレコード―標題楽を書かなかったブラームス(ブラームス生誕百年紀念特輯) あらえびす p.18 〔16945〕

フォノジェニイ 飯島正 p.23 〔16946〕

レコードを盗む記 川口松太郎 p.26 〔16947〕

名歌手の声の研究 伊庭孝 p.30 〔16948〕

新らしいピック・アップのこと 河野広輝 p.34 〔16949〕

ベートーヴェン・ソナタ協会 p.37 〔16950〕

電気蓄音機の話(2) 川野義雄 p.38 〔16951〕

五月新譜から あらえびす p.42 〔16952〕

ビクターの古典とコロムビアの近代楽 菅原明朗 p.44 〔16953〕

洋楽レコード評 塩入亀輔 p.47 〔16954〕

五月のダンス・レコード評 玉置真吉 p.52 〔16955〕

合唱曲レコードに就て 山口隆俊 p.56 〔16956〕

日本レコード産業発達史(18)腹背に敵を受けたるニッポノホンの窮境 山口亀之助 p.59 〔16957〕

舞踏講座(第三講)チャールステップ 玉置真吉 p.63 〔16958〕

ブラームスのレコード表(ブラームス生誕百年紀念特輯) 編輯部 p.67 〔16959〕

〈楽譜〉バッハ作複協奏曲ニ短調(レコード鑑賞楽譜―附録) p.77 〔16960〕

各社五月新譜総覧並びに解説―別冊附録 別冊附録 〔16961〕

バッハ複協奏曲ニ短調 本郷澄夫 別冊附録 〔16962〕

スメターナ交響曲詩モルダウ 本郷澄夫 別冊附録 〔16963〕

セヴエラック三つのピアノ曲 C・L・B 別冊附録 〔16964〕

ケテルビー支那寺院の庭にて 鳩山宣雄 別冊附録 〔16965〕

4巻6号(1933年6月発行)

三つの洋琴曲に就て 伊藤義雄 p.6 〔16966〕

合唱曲レコードについて(2) 山口隆俊 p.11 〔16967〕

スペイン音楽の魅惑 大脇礼三 p.16 〔16968〕

ラヴェルの歌謡曲 青木正 p.20 〔16969〕

続フォノジェニイ 飯島正 p.24 〔16970〕

大衆音楽懐古帖 内田岐三雄 p.26 〔16971〕

三三年度のディスク賞 森満二郎 p.29 〔16972〕

ベートーヴェンを嘆かせる 塩入亀輔 p.32 〔16973〕

二つの名曲頒布会について 堀内敬三 p.40 〔16974〕

トスカニーニの抗議 D・D・D p.41 〔16975〕

六月新譜から あらえびす p.42 〔16976〕

「兵隊さんの話」などその他 菅原明朗 p.44 〔16977〕

洋楽レコード評 塩入亀輔 p.46 〔16978〕

六月のダンス・レコード評 玉置真吉 p.49 〔16979〕

歌謡曲及び流行歌評 しほいり p.54 〔16980〕

「レコード」　　　　　　　　　　内容細目

本邦レコード産業発達史（19）政界人の獅子吼
　を録音する　山口亀之助　p.57　　　〔16981〕
新らしいモーターの話　河野広輝　p.62　〔16982〕
バッハ四十八協会のこと　p.66　　　　　〔16983〕
舞踏講座（第四）クラッシュ・ダンス　玉置真吉
　p.69　　　　　　　　　　　　　　　〔16984〕
トーキー・セクション　鳥羽椒二　p.72　〔16985〕
〈楽譜〉ラヴェル作マダカスカル土人の歌（レ
　コード鑑賞譜一附録）　p.92　　　　　〔16986〕
各社六月新譜総覧竝びに解説一別冊附録
　別冊附録　　　　　　　　　　　　　〔16987〕
チヤイコフスキー第三交響曲ニ長調　本郷澄夫
　別冊附録　　　　　　　　　　　　　〔16988〕
モーツアルト協奏曲第七番ニ長調　白井椀々
　別冊附録　　　　　　　　　　　　　〔16989〕
メンデルスゾーン狂想的回旋曲　伊藤義雄
　別冊附録　　　　　　　　　　　　　〔16990〕
バッハ半音階的幻想曲と遁走曲　豊島太郎
　別冊附録　　　　　　　　　　　　　〔16991〕
モーツアルト奏鳴曲ハ長調　伊藤義雄
　別冊附録　　　　　　　　　　　　　〔16992〕
ワーグナー ニールンベルグの名歌手　堀取文二
　別冊附録　　　　　　　　　　　　　〔16993〕
メサージエ二羽の鳩　鳩山宣雄
　別冊附録　　　　　　　　　　　　　〔16994〕
シューバート絃楽四重奏曲　C・L・B
　別冊附録　　　　　　　　　　　　　〔16995〕

4巻7号（1933年7月発行）

フィンランドの現代音楽　塩入亀輔　訳
　p.6　　　　　　　　　　　　　　　〔16996〕
ピアノ・コンツェルトに就て　伊藤義雄
　p.14　　　　　　　　　　　　　　　〔16997〕
ベートーヴェンの「クヮルテット」　桂近乎
　p.19　　　　　　　　　　　　　　　〔16998〕
ベートーヴェンの「第五」のアンダンテ　大脇礼
　三　p.22　　　　　　　　　　　　〔16999〕
ベートーヴェンの「第五」と指揮者　深井史郎
　p.26　　　　　　　　　　　　　　　〔17000〕
オーヴェルニュの郷土芸術　三潴末松
　p.28　　　　　　　　　　　　　　　〔17001〕
名曲レコード巡礼（承前）海の風景と真夏の夜の
　夢　近江屋二郎　p.33　　　　　　〔17002〕
フォノジェニイ（3）音性に就いて　飯島正
　p.36　　　　　　　　　　　　　　　〔17003〕
七月新譜を聴いて（七月新譜評）あらえびす
　p.38　　　　　　　　　　　　　　　〔17004〕
三つの近代楽サンチマンタール（七月新譜評）
　菅原明朗　p.40　　　　　　　　　　〔17005〕
七月の流行歌と小唄（七月新譜評）塩入亀輔
　p.42　　　　　　　　　　　　　　　〔17006〕
各社八月新譜予告　p.44　　　　　　　〔17007〕
バッハのプレリュード　別府六　p.45　〔17008〕
新型ラヂオ蓄音機の話　河野広輝　p.52　〔17009〕

ジャズレコードの話　菊池滋弥　p.56　〔17010〕
沈滞不振期の混沌暗澹たる情勢―日本レコード
　産業発達史（20）山口亀之助　p.60　〔17011〕
舞踏講座（5）クラッシュ・ダンス（2）玉置真吉
　p.64　　　　　　　　　　　　　　　〔17012〕
雅楽「納曽利」に就いて　志摩良輔
　p.68　　　　　　　　　　　　　　　〔17013〕
映画時評　中根宏　p.70　　　　　　　〔17014〕
〈楽譜〉交響曲第五番第一楽章（ベートーヴェン
　作）―レコード鑑賞楽譜　p.108　　〔17015〕
各社七月新譜総覧並びに解説
　別冊附録　　　　　　　　　　　　　〔17016〕

4巻8号（1933年8月発行）

現代スウェーデン音楽　塩入亀輔　訳
　p.6　　　　　　　　　　　　　　　〔17017〕
夏向きの音楽　増沢健美　p.12　　　　〔17018〕
交響曲・ド・マジュール　菅原明朗
　p.16　　　　　　　　　　　　　　　〔17019〕
ハイドンのハ長調第七番交響曲　桂近乎
　p.18　　　　　　　　　　　　　　　〔17020〕
アルルの女「第二組曲」のために　深井史郎
　p.20　　　　　　　　　　　　　　　〔17021〕
レコード吹込の編曲　紙恭輔　p.23　　〔17022〕
ジョゼフィン・バッケル断片　内田岐三雄
　p.26　　　　　　　　　　　　　　　〔17023〕
名曲レコード巡礼（第二輯・2）毎の風景と真夏
　の夜の夢（2）近江屋二郎　p.29　　〔17024〕
名指揮者シリングス逝く　大下瞭九
　p.31　　　　　　　　　　　　　　　〔17025〕
洋盤流行歌二つ　大脇礼三　p.32　　　〔17026〕
近代楽四曲（八月新譜評）菅原明朗
　p.36　　　　　　　　　　　　　　　〔17027〕
ピアノ新譜を評す（八月新譜評）野村光一
　p.38　　　　　　　　　　　　　　　〔17028〕
八月新譜を聴いて（八月新譜評）あらえびす
　p.40　　　　　　　　　　　　　　　〔17029〕
私の聴いた洋楽レコード（八月新譜評）塩入亀
　輔　p.42　　　　　　　　　　　　〔17030〕
八月のダンス・レコード評（八月新譜評）玉置
　真吉　p.45　　　　　　　　　　　〔17031〕
暗雲の低迷―日本レコード産業発達史（21）山
　口亀之助　p.50　　　　　　　　　　〔17032〕
新型受信器の話　河野広輝　p.54　　　〔17033〕
「ハバネラ」の作曲者ラバラ　青硝子
　p.58　　　　　　　　　　　　　　　〔17034〕
歌謡曲作家レイナルド・アーン　砧三郎
　p.59　　　　　　　　　　　　　　　〔17035〕
朗詠レコードに就て　志摩良輔　p.60　〔17036〕
九月新譜予告　編輯部　p.62　　　　　〔17037〕
ダンス講座（6）「タップ・トロット」玉置真吉
　p.64　　　　　　　　　　　　　　　〔17038〕

〈楽譜〉「アルルの女」―スパトラール（ビゼー作）―レコード鑑賞楽譜 p.81　　　　〔17039〕

〈楽譜〉前奏曲―詠唱調―終曲（フランク作）―レコード鑑賞楽譜 p.107　　　　〔17040〕

各社八月新譜総覧並びに解説
別冊附録　　　　〔17041〕

5巻2号（1939年10月発行）

レコードで活躍する現代音楽家列伝（2）アルトウーロ・トスカニーニ　藤井夏人
p.6　　　　〔17042〕

日本に於ける第五交響曲「運命」の演奏史（ベートーヴェン作 第五交響曲「運命」特輯）牛山充 p.10　　　　〔17043〕

ベートーヴェンの第五交響曲の解説（ベートーヴェン作 第五交響曲「運命」特輯）門馬直衛
p.19　　　　〔17044〕

トスカニーニの「第五」（第五交響曲「運命」のレコード批評）服部正 p.26　　　　〔17045〕

メンゲルベルグの「第五」（第五交響曲「運命」のレコード批評）有坂愛彦 p.28　　〔17046〕

フルト・ヴェングラーの「第五」（第五交響曲「運命」のレコード批評）牛山充
p.30　　　　〔17047〕

シヤルクとワインガルトナーの「第五」（第五交響曲「運命」のレコード批評）西巌
p.32　　　　〔17048〕

トスカニーニの「第五」（第五交響曲「運命」のレコード批評）門馬直衛 p.35　　〔17049〕

フルト・ヴェングラーの「第五」（第五交響曲「運命」のレコード批評）落合三四郎
p.40　　　　〔17050〕

「第五」のテインバニー（第五交響曲「運命」のレコード批評）成田為三 p.42　　〔17051〕

舞踏音楽の思ひ出 玉置真吉 p.43　　〔17052〕

露西亜音楽と其のレコード（2）大沼魯夫
p.47　　　　〔17053〕

十月洋楽新譜批評 牛山充 p.51　　〔17054〕

十月舞踏音盤批評 玉置真吉 p.59　　〔17055〕

ハイドンの「軍隊交響曲」について（名曲批評）門馬直衛 p.61　　　　〔17056〕

ショパンの「バラード集」について（名曲批評）柿沼太郎 p.63　　　　〔17057〕

ルッターの近業（名曲批評）玉置真吉
p.64　　　　〔17058〕

新映画紹介 田辺秀雄 p.70　　　　〔17059〕

海外新発売レコード 編輯部 p.74　　〔17060〕

スコアの読み方（2）三條徹 p.76　　〔17061〕

第五「運命」交響曲（総譜）ベートーヴェン作曲
別冊附録　　　　〔17062〕

5巻4号（1939年12月発行）

今年の洋楽レコード鳥瞰 有坂愛彦
p.6　　　　〔17063〕

洋楽レコード時評 守田正義 p.9　　〔17064〕

レコードで活躍する現代音楽家列伝（4）レナー絃楽四重奏団 釘本真 p.14　　〔17065〕

歌に寄せる言葉（冬の旅・美しき水車屋の娘）西野茂雄 p.17　　　　〔17066〕

レコード鑑賞者の為のスコアの読み方（終講）三條徹 p.23　　　　〔17067〕

露西亜音楽と其レコード（4）大沼魯夫
p.25　　　　〔17068〕

メンゲルベルクの第八交響曲（ベートーヴェン）（洋楽名曲レコード聴評）牛山充
p.29　　　　〔17069〕

フルトヴェングラアのパルジファル（ワグナー）（洋楽名曲レコード聴評）村田武雄
p.32　　　　〔17070〕

ワルターのピアノ協奏曲ニ短調（モツァルト）（洋楽名曲レコード聴評）呉泰次郎
p.35　　　　〔17071〕

トスカニーニのウイリアム・テル序曲（ロッシーニ）（洋楽名曲レコード聴評）陸修二
p.36　　　　〔17072〕

クライスラーのヴァイオリン協奏曲 第四番（モツァルト）（洋楽名曲レコード聴評）牛山充
p.38　　　　〔17073〕

シゲツテイとフレッシュの二重協奏曲ニ短調（バツハ）（十二月名曲批評）岡山東
p.40　　　　〔17074〕

レナーの絃楽四重奏曲（ベートーヴェン作品一八ノ五）（十二月名曲批評）岡山東
p.42　　　　〔17075〕

バツハマンのショパン名曲集（十二月名曲批評）今井治郎 p.43　　　　〔17076〕

ブライロフスキーのピアノ・ソナタ（ショパン作品五十八）（十二月名曲批評）今井治郎
p.47　　　　〔17077〕

ブッシュの絃楽四重奏曲（シューベルト作品一六八）（十二月名曲批評）呉泰次郎
p.50　　　　〔17078〕

荘厳ミサ曲（ベートーヴェン）（十二月名曲批評）津川主一 p.53　　　　〔17079〕

ストコフスキーのペトルーシュカ（ストラヴィンスキー）（十二月名曲批評）穂積正信
p.57　　　　〔17080〕

十二月洋楽レコード総評 牛山充 p.60　〔17081〕

コロムビア（今月の軽音楽評）野川香文
p.69　　　　〔17082〕

ビクター（今月の軽音楽評）園井凉夫
p.71　　　　〔17083〕

ポリドール（今月の軽音楽評）野津美正
p.74　　　　〔17084〕

軽音楽レコード評 玉置真吉 p.76　　〔17085〕

邦楽レコード時評 奥野保夫 p.77　　〔17086〕

アーティ・ショウ素描 園井凉夫 p.80　〔17087〕

海外新発売レコード p.82　　　　〔17088〕

新映画紹介 近藤二三郎 p.83　　　〔17089〕

「レコード」　　　内容細目

邦楽レコード紹介 p.87　　　　〔17090〕

軽音楽メモ 穂積正信 p.94　　　〔17091〕

ヴアイオリン協奏曲 第四番 モーツアルト曲K二
一八番 別冊附録　　　　　　　　〔17092〕

6巻1号（1940年1月発行）

〈楽譜〉美しき水車小屋の乙女（特別附録）
p.1　　　　　　　　　　　　　〔17093〕

明日のレコード界への希望 あらえびす
p.6　　　　　　　　　　　　　〔17094〕

随筆「春の海」のことなど 宮城道雄
p.9　　　　　　　　　　　　　〔17095〕

洋楽レコード界への希望 村田武雄
p.14　　　　　　　　　　　　　〔17096〕

洋楽レコード時評―今日行はれてゐるレコード
批評について 守田正義 p.24　　〔17097〕

レコードで活躍する現代音楽家列伝（5）ヴルレ
ム・メンゲルベルク 国本靖 p.29　〔17098〕

「エロイカ」交響曲当時の批評 桂近乎
p.34　　　　　　　　　　　　　〔17099〕

聖バツハの衆讃前奏曲 釘本真 p.38　〔17100〕

ギーゼ・キング演奏 ドビユツシーの前奏曲集
（洋楽レコード試聴評）牛山充
p.42　　　　　　　　　　　　　〔17101〕

フイツシヤー演奏 シユーベルトの即興曲集（洋
楽レコード試聴評）今井治郎 p.44　〔17102〕

ビクターの家庭名盤集を聴く（洋楽レコード試
聴評）黒沢隆朝 p.46　　　　　〔17103〕

露西亜音楽と其レコード（5）大沼魯夫
p.49　　　　　　　　　　　　　〔17104〕

思ひつくままに一流行歌への希望 尾崎宏次
p.53　　　　　　　　　　　　　〔17105〕

今月洋楽レコード評 牛山充 p.57　　〔17106〕

ポリドール（軽音楽レコード評）玉置真吉
p.66　　　　　　　　　　　　　〔17107〕

テレフンケン（軽音楽レコード評）玉置真吉
p.67　　　　　　　　　　　　　〔17108〕

ビクター（軽音楽レコード評）園井涼夫
p.69　　　　　　　　　　　　　〔17109〕

コロムビア（軽音楽レコード評）野川香文
p.71　　　　　　　　　　　　　〔17110〕

ラツキー（軽音楽レコード評）野川香文
p.72　　　　　　　　　　　　　〔17111〕

音楽春秋 p.74　　　　　　　　　〔17112〕

邦楽レコード時評 奥野保夫 p.76　　〔17113〕

邦楽レコード評 T・K・O p.79　　〔17114〕

音楽切手夜話（2）志摩良輔 p.84　　〔17115〕

海外レコードニユース p.86　　　　〔17116〕

新映画紹介 近藤二三郎 p.89　　　〔17117〕

第三交響曲 「英雄」（上）ベートーヴエン作曲
別冊附録　　　　　　　　　　　〔17118〕

6巻2号（1940年2月発行）

音楽史講座（其ノ1）黒沢隆朝 p.1　〔17119〕

レコードで活躍する現代音楽家列伝（6）エドウ
イン・フイツシヤー 村田武雄 p.6　〔17120〕

カザルストリオ演奏 ピアノ・トリオ（メンデル
スゾーン）（洋楽名曲試聴評）呉泰次郎
p.10　　　　　　　　　　　　　〔17121〕

プリムローズ演奏 ヴイオラ奏鳴曲（ヒンデミツ
ト）（洋楽名曲試聴評）下総皖一
p.12　　　　　　　　　　　　　〔17122〕

グーサンス指揮 奇怪な店（レスピーギ編）（洋楽
名曲試聴評）牛山充 p.14　　　　〔17123〕

ワインガルトナー指揮 第二交響楽（ベートーヴ
エン）（洋楽名曲試聴評）岡山東
p.17　　　　　　　　　　　　　〔17124〕

クライバー指揮 舞踏への招待（ウエーバー）（洋
楽名曲試聴評）国本靖 p.19　　　〔17125〕

今月洋楽レコード評 牛山充 p.24　　〔17126〕

露西亜音楽と其レコード（6）大沼魯夫
p.32　　　　　　　　　　　　　〔17127〕

音楽切手夜話（3）志摩良輔 p.38　　〔17128〕

オール・スターバンドのレコード 園井涼夫
p.40　　　　　　　　　　　　　〔17129〕

ビクター（今月の軽音楽）園井涼夫
p.43　　　　　　　　　　　　　〔17130〕

ラツキー（今月の軽音楽）野川香文
p.45　　　　　　　　　　　　　〔17131〕

コロムビア（今月の軽音楽）野川香文
p.46　　　　　　　　　　　　　〔17132〕

各社軽音楽選―ポリドール及テレフンケン（今
月の軽音楽）玉置真吉 p.48　　　〔17133〕

海外レコード・ニユース 編輯部 p.50　〔17134〕

音楽春秋 p.54　　　　　　　　　〔17135〕

邦楽レコード評 T・K・O p.56　　〔17136〕

各社洋楽二月新譜目録 p.60　　　　〔17137〕

各社邦楽二月新譜目録 p.65　　　　〔17138〕

新映画紹介 近藤二三郎 p.72　　　〔17139〕

第三交響曲 「英雄」（中）ベートーヴエン作曲
別冊附録　　　　　　　　　　　〔17140〕

6巻4号（1940年5月発行）

「田園」交響曲 藤田不二 p.6　　　〔17141〕

「田園」楽曲解剖 呉泰次郎 p.10　　〔17142〕

「田園」のレコードを語る 牛山充，藤田不二，
村田武雄 p.22　　　　　　　　　〔17143〕

ベートーヴエン作品年代表 鯉城東南 編
p.34　　　　　　　　　　　　　〔17144〕

レコードで活躍する現代音楽家列伝（8）メ
ニユーイン兄弟 関清武 p.42　　　〔17145〕

カラヤンに就いて―新人紹介 磯村政美
p.46　　　　　　　　　　　　　〔17146〕

鎮魂曲（フオレー曲）（洋楽名曲試聴評）牛山充
p.48　　　　　　　　　　　　　〔17147〕

312 戦前期　レコード音楽雑誌記事索引　　　　〔17090～17147〕

内容細目 「レコード」

マドリガル風舞曲（マリピエロ曲）（洋楽名曲試聴評）牛山充 p.52 〔17148〕

交響曲第一番（ビゼー曲）（洋楽名曲試聴評）村田武雄 p.57 〔17149〕

ドンファン（R・シュトラウス曲）（洋楽名曲試聴評）村田武雄 p.60 〔17150〕

「魔笛」序曲（モーツアルト曲）（洋楽名曲試聴評）岡山東 p.63 〔17151〕

交響曲九十六番（ハイドン曲）（洋楽名曲試聴評）柏木俊三 p.65 〔17152〕

交響曲「驚愕」（ハイドン曲）（洋楽名曲試聴評）松田篤二 p.69 〔17153〕

交響曲「ハフナー」（モーツアルト曲）（洋楽名曲試聴評）玉野三平 p.73 〔17154〕

世界序曲名盤集―テレフンケン（洋楽名曲試聴評）国本靖 p.76 〔17155〕

ピアノ協奏曲第二番（ベートーヴェン曲）（洋楽名曲試聴評）岡山東 p.80 〔17156〕

シューベルトの行進曲集（洋楽名曲試聴評）宅孝二 p.82 〔17157〕

音楽鑑賞名盤大系―ビクター（洋楽名曲試聴評）穂積正信 p.86 〔17158〕

スペイン舞曲集（グラナドス曲）（洋楽名曲試聴評）牛山充 p.90 〔17159〕

シュルシュヌスの新盤を聴く（洋楽名曲試聴評）仁科真 p.93 〔17160〕

五月洋楽レコード評 牛山充 p.95 〔17161〕

ビクター（5月の軽音楽）園井凉夫 p.103 〔17162〕

コロムビア・ラッキー（5月の軽音楽）野川香文 p.105 〔17163〕

海外レコード・ニュース 編輯部 p.107 〔17164〕

自由論壇 音楽鑑賞の態度に就いて 山下義雄 p.110 〔17165〕

田園交響曲（全曲総評）ベートーヴェン作曲 別冊附録 〔17166〕

6巻5号（1940年6月発行）

吾が愛盤を語る 野村光一 p.6 〔17167〕

レコードで活躍する現代音楽家列伝（9）ブルーノ・ワルター 釘本真 p.12 〔17168〕

ロシア音楽と其のレコード（8）大沼魯夫 p.16 〔17169〕

第七交響曲（ベートーヴェン曲）（洋楽名曲試聴評）牛山充 p.22 〔17170〕

第七交響曲（シューベルト曲）（洋楽名曲試聴評）服部正 p.25 〔17171〕

提琴協奏曲（ブラームス曲）（洋楽名曲試聴評）関清武 p.27 〔17172〕

第四交響曲（ブラームス曲）（洋楽名曲試聴評）土屋忠雄 p.29 〔17173〕

熱情奏鳴曲（ベートーヴェン曲）（洋楽名曲試聴評）松本鑛二 p.32 〔17174〕

金鶏組曲（リムスキー・コルサコフ曲）（洋楽名曲試聴評）楠一郎 p.35 〔17175〕

三重奏奏鳴曲（ドビュツシイ曲）（洋楽名曲試聴評）柏木俊三 p.38 〔17176〕

チャイコフスキーの主題に依る変奏曲（アレンスキー曲）（洋楽名曲試聴評）陸修二 p.42 〔17177〕

世界珍奇楽器談 江陸茶亭 p.45 〔17178〕

欧洲ヂャズ界の現状 玉置真吉 p.48 〔17179〕

円盤夜話―旧盤（其ノ1）玉野三平 p.51 〔17180〕

六月洋楽レコード評 牛山充 p.56 〔17181〕

ラッキーとコロムビア（軽音楽評）野川香文 p.64 〔17182〕

ビクター（軽音楽評）園井凉夫 p.66 〔17183〕

「民族の祭典」を観る（新映画紹介）根岸浩 p.68 〔17184〕

「スタンレイ探検記」（新映画紹介）編輯部 p.71 〔17185〕

音楽史講座（其ノ3）黒沢隆朝 p.83 〔17186〕

交響曲第三番「英雄」（下）ベートーヴェン作曲 別冊附録 〔17187〕

6巻6号（1940年7月発行）

レコードで活躍する現代音楽家列伝（10）ハイフェッツ 関清武 p.6 〔17188〕

B・B・C交響管絃楽団の話 藤田不二 p.10 〔17189〕

「第四交響曲」に就いて 楠一郎 p.14 〔17190〕

トスカニーニの「第四交響曲」（洋楽名曲試聴評）村田武雄 p.18 〔17191〕

「第四交響曲」への寸言（洋楽名曲試聴評）鷹野三郎 p.21 〔17192〕

「道化師」（洋楽名曲試聴評）牛山充 p.23 〔17193〕

シューベルト最後のクヮルテット（洋楽名曲試聴評）原太郎 p.26 〔17194〕

ピアノ奏鳴曲イ短調試聴（洋楽名曲試聴評）岡山東 p.31 〔17195〕

「レオノーレ」序曲第三番（洋楽名曲試聴評）土屋忠雄 p.33 〔17196〕

八月のビクターから（洋楽名曲試聴評）穂積正信 p.36 〔17197〕

ロシア音楽と其のレコード 大沼魯夫 p.40 〔17198〕

アメリカ・ヂヤズの傾向―レコードを通じて見たる 園井凉夫 p.46 〔17199〕

円盤夜話―旧盤其ノ2 玉野三平 p.50 〔17200〕

音楽鑑賞のメモ 勿志草 p.54 〔17201〕

七月の洋楽レコード評 牛山充 p.58 〔17202〕

七月のスキング 野川香文 p.64 〔17203〕

七月の軽音楽 穂積正信 p.68 〔17204〕

「レコード」　　　　　　　　　　　　内容細目

憧れの君よ（新映画紹介）編輯部
p.72　　　　　　　　　　　　　〔17205〕

釣鐘草（新映画紹介）編輯部 p.74　〔17206〕

フィラデルフィア・オーケストラの歴史 フ
ローレンス・レオナルド，小原二郎 訳
p.76　　　　　　　　　　　　　〔17207〕

音楽史講座（其ノ4）黒沢隆朝 p.91　〔17208〕

「レオノーレ」序曲 第三番（総譜）ベートーヴェ
ン作曲 別冊附録　　　　　　　　〔17209〕

6巻7号（1940年8月発行）

レコードで活躍する現代音楽家列伝（11）フェ
リックス・ワインガルトナー 釘本真
p.6　　　　　　　　　　　　　　〔17210〕

交響曲四十番（洋楽名曲レコード評）服部正，
呉泰次郎，岡山東，穂積正信 p.12　〔17211〕

メンゲルベルグの第四（洋楽名曲レコード評）
村田武雄，国本靖 p.24　　　　　〔17212〕

リストの第一協奏曲（洋楽名曲レコード評）牛
山充 p.29　　　　　　　　　　　〔17213〕

バッハの協奏曲（洋楽名曲レコード評）今井治
郎 p.32　　　　　　　　　　　　〔17214〕

ヴァイオリン奏鳴曲（洋楽名曲レコード評）関
清武 p.35　　　　　　　　　　　〔17215〕

三重奏ソナタ（洋楽名曲レコード評）柏木俊三
p.38　　　　　　　　　　　　　〔17216〕

主題にする変奏曲（洋楽名曲レコード評）陸修
二 p.42　　　　　　　　　　　　〔17217〕

世界珍奇楽器談 江陸茶亭 p.45　　〔17218〕

欧洲ヂャズ界の現状 玉置真吉 p.48　〔17219〕

円盤夜話―旧盤（其ノ3）王野三平
p.51　　　　　　　　　　　　　〔17220〕

今月の洋楽レコード評 牛山充 p.56　〔17221〕

ゲーテとモーツアルト 尾崎宏次 訳
p.63　　　　　　　　　　　　　〔17222〕

グラナドス研究 高木東六 p.68　　〔17223〕

戦乱の祖国を離れて W・トマデスカロ女史
p.71　　　　　　　　　　　　　〔17224〕

伯林で聴いた音楽会 渡辺護 p.75　〔17225〕

雑録 堀内敬三 p.80　　　　　　　〔17226〕

中響ものがたり（2）早川弥左衛門
p.82　　　　　　　　　　　　　〔17227〕

バレーの発生と成長 近藤孝太郎 p.84　〔17228〕

6巻8号（1940年9月発行）

ドヴォルザークと其の音楽（ドヴォルザーク特
輯）呉泰次郎 p.6　　　　　　　〔17229〕

ドヴォルジヤークの管絃楽曲（ドヴォルザーク
特輯）門馬直衛 p.11　　　　　　〔17230〕

室内楽と其のレコード（ドヴォルザーク特輯）
牛山充 p.23　　　　　　　　　　〔17231〕

"音楽の音"―私のページ 穂積正信
p.28　　　　　　　　　　　　　〔17232〕

「新世界」交響曲と其のレコード（ドヴォルザー
ク特輯）土屋忠雄 p.29　　　　　〔17233〕

提琴協奏曲と其レコード（ドヴォルザーク特輯）
甲斐一郎 p.38　　　　　　　　　〔17234〕

チェロ協奏曲に就いて（ドヴォルザーク特輯）
狩野真 p.42　　　　　　　　　　〔17235〕

声楽曲と其レコード（ドヴォルザーク特輯）西
野茂 p.46　　　　　　　　　　　〔17236〕

ドヴォルザーク作品表（ドヴォルザーク特輯）
関清武 p.48　　　　　　　　　　〔17237〕

トスカニーニの「第四交響曲」（ベートーヴェン
曲）（洋楽名曲レコード評）服部正
p.56　　　　　　　　　　　　　〔17238〕

レナーS・Qのヴィオラ五重奏曲（ベートーヴェ
ン曲）（洋楽名曲レコード評）前田豊
p.59　　　　　　　　　　　　　〔17239〕

ベームの「夜曲」（モーツアルト曲）（洋楽名曲
レコード評）岡山東 p.63　　　　〔17240〕

日本テレフンケンの世界序曲名盤集 第二輯（洋
楽名曲レコード評）牛山充 p.65　〔17241〕

バルビロリの「ローマの噴泉」（レスピーギ曲）
（洋楽名曲レコード評）根岸浩
p.67　　　　　　　　　　　　　〔17242〕

プロアルトS・Qの「ラズモフスキー」（ベー
トーヴェン作品五九ノ二）（洋楽名曲レコード
評）鷹野三郎 p.70　　　　　　　〔17243〕

レコードで活躍する現代音楽家列伝（12）リヒア
ルト・シュトラウス 片山桂三 p.74　〔17244〕

独逸と和蘭の音楽の交流 尾崎宏次 訳
p.79　　　　　　　　　　　　　〔17245〕

ピアノ名曲の話（1）ショパンの夜曲 森田緑
p.84　　　　　　　　　　　　　〔17246〕

円盤夜話―旧盤（其の3）王野三平
p.88　　　　　　　　　　　　　〔17247〕

レコード音楽の鑑賞 門馬直衛 p.94　〔17248〕

円盤界トピック―音楽も新体制へ 下須田保
p.102　　　　　　　　　　　　　〔17249〕

海外レコード情報 薬科雅美 p.102　〔17250〕

九月洋楽レコード評 牛山充 p.110　〔17251〕

シルクレット特選集 柴田知常 p.116　〔17252〕

九月の軽音楽 磯野嘉久 p.118　　〔17253〕

九月の家庭音楽 穂積正信 p.121　〔17254〕

"学術レコード"解説―テレフンケン盤 編輯部
p.124　　　　　　　　　　　　　〔17255〕

幻の馬車（新映画紹介）編輯部 p.126　〔17256〕

祖国に告ぐ（新映画紹介）編輯部
p.127　　　　　　　　　　　　　〔17257〕

燃ゆる大空（新映画紹介）編輯部
p.129　　　　　　　　　　　　　〔17258〕

「新世界」交響曲（全曲総譜）ドヴォルザーク作
曲 別冊附録　　　　　　　　　　〔17259〕

6巻9号（1940年10月発行）

フェオドル・シャリアピン（シャリアピン特輯）芦田元 p.5　〔17260〕

シャリアピンの想ひ出（シャリアピン特輯）牛山充 p.11　〔17261〕

シャリアピンの歌劇レコード（シャリアピン特輯）槙一雄 p.15　〔17262〕

シャリアピンの歌曲レコード（シャリアピン特輯）清水守 p.19　〔17263〕

レコードで活躍する現代音楽家列伝（13）ヨゼフ・シゲテイ 片山桂三 p.22　〔17264〕

随筆 交響曲 朝・昼・晩 畑中良輔 p.26　〔17265〕

奏鳴曲 ロ短調（ショパン作品五八）（洋楽名曲レコード評）岡山東 p.30　〔17266〕

嬉遊曲 第十五番（モーツアルト曲）（洋楽名曲レコード評）鷹野三郎 p.33　〔17267〕

シャリアピン選集（洋楽名曲レコード評）柴田知常 p.36　〔17268〕

「胡桃割人形」一組曲（チヤイコフスキー曲）（洋楽名曲レコード評）穂積正信 p.38　〔17269〕

ドン・コサック傑作選（洋楽名曲レコード評）清水守 p.42　〔17270〕

提琴協奏曲 変ホ長調（モーツアルト曲）（洋楽名曲レコード評）根岸浩 p.44　〔17271〕

ビクター名曲小品集 第一輯（洋楽名曲レコード評）鷹野三郎 p.46　〔17272〕

「ファウスト」交響曲（リスト曲）（洋楽名曲レコード評）牛山充 p.48　〔17273〕

円盤夜話―旧盤（4）玉野三平 p.52　〔17274〕

海外レコード・情報 薬科雅美 p.56　〔17275〕

円盤界トピック 下須田保 p.60　〔17276〕

十月洋楽レコード評 牛山充 p.64　〔17277〕

十月ポリドール洋楽評 土屋忠雄 p.69　〔17278〕

現代アメリカ軽音楽作家列伝 磯野嘉久 p.72　〔17279〕

第二ゲッツイ傑作篇 野川春文 p.76　〔17280〕

十月の軽音楽 磯野嘉久 p.78　〔17281〕

故郷（新映画紹介）編輯部 p.82　〔17282〕

珊瑚礁（新映画紹介）編輯部 p.82　〔17283〕

孫悟空（新映画紹介）編輯部 p.83　〔17284〕

「皇帝」円舞曲（総譜）J・シュトラウス作曲 別冊附録　〔17285〕

6巻10号（1940年11月発行）

ベートーヴェンと提琴協奏曲（ベートーヴェン作品六十一番 提琴協奏曲特輯）佐分利敬 p.8　〔17286〕

提琴協奏曲の楽曲解剖（ベートーヴェン作品六十一番 提琴協奏曲特輯）清水守 p.14　〔17287〕

提琴協奏曲の各社レコード（ベートーヴェン作品六十一番 提琴協奏曲特輯）村田武雄，牛山充，前田豊 p.20　〔17288〕

レコードで活躍する現代音楽家列伝（14）アルフレッド・コルトー 片山桂三 p.28　〔17289〕

楽壇回想 演奏の問題に就いて 清水守 p.34　〔17290〕

随想 新体制下のレコード・ファン 玉野三平 p.40　〔17291〕

円盤界トピック 下須田保 p.43　〔17292〕

海外レコード情報 薬科雅美 p.44　〔17293〕

ハイフェッツ，トスカニーニの提琴協奏曲 作品六十一番 ニ長調（ベートーヴェン作品）（洋楽名曲レコード評）服部正 p.52　〔17294〕

シュナーベル独奏 伊太利協奏曲（バッハ作品）（洋楽名曲レコード評）松本鏐二 p.54　〔17295〕

オールマンデイ指揮「家庭」交響曲（R・シュトラウス作品）（洋楽名曲レコード評）牛山充 p.57　〔17296〕

コシヤルスキー独奏 練習曲 第十番（ショパン作品）（洋楽名曲レコード評）穂積正信 p.59　〔17297〕

リリー・クラウス独奏 ピアノ協奏曲 K四五六 変ロ長調（モーツアルト作品）（洋楽名曲レコード評）鷹野三郎 p.62　〔17298〕

十一月の洋楽レコード評 牛山充 p.64　〔17299〕

音楽鑑賞のメモ―カデンツァに就いて 勿忘草 p.70　〔17300〕

現代アメリカ軽音楽作家列伝（2）磯野嘉久 p.72　〔17301〕

十一月の軽音楽 秩父保 p.76　〔17302〕

十一月の軽音楽 穂積正信 p.78　〔17303〕

自由論壇「魔王」雑観 奥谷行夫 p.80　〔17304〕

皇紀二千六百年芸能祭制定 新舞楽「懐古」のレコードに就いて 志摩良輔 p.84　〔17305〕

時評 現代舞踊の芸能祭 北野果夫 p.86　〔17306〕

十一月の邦楽レコード 編輯部 p.88　〔17307〕

提琴協奏曲 ニ長調 ベートーヴェン作品六十一番 別冊総譜　〔17308〕

7巻2号（1941年2月発行）

庭に於けるレコード 堀内敬三 p.16　〔17309〕

レコードで活躍する現代音楽家列伝（16）エミールとザウアー 釘本真 p.21　〔17310〕

音盤夜話―旧盤其の5 玉野三平 p.24　〔17311〕

随筆 芸術・生活・大衆 阿部俊子 p.29　〔17312〕

ジョン・バルビロリイ指揮 交響曲第四番―悲劇（シユーベルト作品）（洋楽名曲レコード評）村田武雄 p.32　〔17313〕

ビーチヤム指揮 交響曲第三十一番―巴里（モーツアルト作品）（洋楽名曲レコード評）土屋忠雄 p.34　〔17314〕

「レコード」　　　　　内容細目

フオイヤーマン独奏 無伴奏チエロ組曲（レーガー作品）（洋楽名曲レコード評）牛山充 p.36　〔17315〕

フイツシヤー独奏 ピアノ奏鳴曲イ長調（ベートーヴェン作品百十番）（洋楽名曲レコード評）松本鎔二 p.38　〔17316〕

家庭と軽音楽レコード 磯野嘉久 p.40　〔17317〕

海外レコード情報 藁科雅美 p.43　〔17318〕

二月の洋楽レコード評 牛山充 p.51　〔17319〕

二月の軽音楽レコード 穂積正信 p.56　〔17320〕

二月の雅楽レコード 志摩良輔 p.63　〔17321〕

二月の邦楽レコード 編輯部 p.66　〔17322〕

音盤芸術家素描（1）宮田東峰 p.70　〔17323〕

自由論壇 エーリッピ・クライバー論 NK生 p.72　〔17324〕

自由論壇 大衆とレコード 安立兆弘 p.73　〔17325〕

自由論壇 邦人作曲家とレコード 松下真一 p.75　〔17326〕

運命交響楽（連載小説）古谷大介 p.77　〔17327〕

交響曲第八番「未完成」シユーベルト作曲 別冊総譜　〔17328〕

7巻3号（1941年3月発行）

レコードで活躍する現代音楽家列伝（17）ハインリッヒ・シユルスヌス 芦田元 p.14　〔17329〕

カザルス独奏 無伴奏チエロ組曲（バツハ曲）（名曲レコード情報）牛山充 p.18　〔17330〕

ストコフスキー指揮 交響曲第五番（シヨスタコヴイツチ曲）（名曲レコード情報）牛山充 p.21　〔17331〕

メンゲルベルグ指揮 絃楽合奏用セレナード（チヤイコフスキー曲）（名曲レコード情報）牛山充 p.22　〔17332〕

ハイフイツツとベイの演奏 提琴奏鳴曲第八番（ベートーヴェン曲）（名曲レコード情報）牛山充 p.24　〔17333〕

ケンペン指揮 歌劇「オイリユヤンテ」序曲（ウエーバー曲）（名曲レコード情報）牛山充 p.25　〔17334〕

フイドラー指揮「アルルの女」第二組曲（ビゼー曲）（名曲レコード情報）穂積正信 p.27　〔17335〕

外国作曲家の奉祝楽曲（祝典レコード）増沢健美 p.30　〔17336〕

祝典音楽（祝典レコード）久保田公平 p.35　〔17337〕

海道東征（祝典レコード）牛山充 p.38　〔17338〕

海外レコード情報 藁科雅美 p.41　〔17339〕

テレフンケンを語る（1）小林鶴夫 p.48　〔17340〕

今月の名曲レコード展望 岡山東 p.50　〔17341〕

今月の家庭レコード展望 p.52　〔17342〕

今月の名曲レコード評 久保田公平 p.54　〔17343〕

今月の家庭レコード評 穂積正信 p.59　〔17344〕

今月の軽音楽レコード評 玉置真吉 p.63　〔17345〕

今月の邦楽レコード評 編輯部 p.66　〔17346〕

音盤芸術家素描（2）宮田東峰 p.70　〔17347〕

松村武重文芸部長（コロムビア）と奥野椰子夫対談 p.72　〔17348〕

運命交響楽（2）（現代小説）古谷大介 p.77　〔17349〕

交響曲「ハフナー」モオツアルト作曲 別冊総譜　〔17350〕

7巻4号（1941年5月発行）

フイツシヤー指揮 交響曲「倫敦」百四番（ハイドン曲）（名曲レコード情報）牛山充 p.14　〔17351〕

ロデンスキー指揮 交響曲「シヘラザード」（リムスキーコルサコフ曲）（名曲レコード情報）牛山充 p.15　〔17352〕

ヘス，ダラニー，カツサード演奏 洋琴三重奏曲（ブラームス曲）（名曲レコード情報）牛山充 p.16　〔17353〕

テイボーとコルトー演奏 提琴奏鳴曲三十番（フオーレ曲）（名曲レコード情報）牛山充 p.17　〔17354〕

クーセヴイツキー指揮 綺想曲（ストラヴインスキー曲）（名曲レコード情報）牛山充 p.18　〔17355〕

イツモルシユテツト博士指揮「ローザムンデ」の序曲（シユーベルト曲）（名曲レコード情報）牛山充 p.18　〔17356〕

レコード放送を語る座談会 磯野嘉久，服部正，放送局員A，放送局員B，放送局員C，村田武雄，久保田公平 p.20　〔17357〕

ブラームスのピアノ協奏曲第二番楽曲解剖 天地真佐雄 p.42　〔17358〕

音盤夜話―旧盤其の5 王野三平 p.46　〔17359〕

海外レコード情報 藁科雅美 p.49　〔17360〕

海道東征への感想 韋亜也 p.57　〔17361〕

モオツアルト小論 野上孝一郎 p.62　〔17362〕

軽音楽雑感（1）高田晖三 p.65　〔17363〕

今月の名曲レコード評 久保田公平 p.71　〔17364〕

今月の家庭レコード評 穂積正信 p.76　〔17365〕

今月の軽音楽レコード展望 磯野嘉久 p.80　〔17366〕

今月の邦楽レコード評 編輯部 p.82　〔17367〕

レコードへの文部大臣賞 牛山充 p.88　〔17368〕

音盤芸術家素描（3）宮田東峰 p.90　〔17369〕

内容細目　　　　　　　　　　　　　　　　　　「レコード」

運命交響楽（3）（現代小説）古谷大介
p.92　　　　　　　　　　　　　　　〔17370〕

ピアノ協奏曲第二番 ブラームス作曲
別冊附録　　　　　　　　　　　　　〔17371〕

7巻5号（1941年6月発行）

音楽鑑賞とレコード鑑賞（特輯・レコード音楽
鑑賞法）村田武雄 p.12　　　　　　〔17372〕

レコードの功用について（特輯・レコード音楽
鑑賞法）清水脩 p.16　　　　　　　〔17373〕

管絃楽鑑賞法と其のレコード（特輯・レコード
音楽鑑賞法）穂積正信 p.22　　　　〔17374〕

声楽曲鑑賞法と其のレコード（特輯・レコード
音楽鑑賞法）韋亜也 p.32　　　　　〔17375〕

フイドラー指揮 プロムナード・コンサートアル
バム ボレロ, ロシア貴族の行進, 一八一二年序
曲, 死の舞踏（名曲レコード情報）清水守
p.38　　　　　　　　　　　　　　　〔17376〕

クーレン・カムブ独奏 ヴアイオリン協奏曲（チ
ヤイコフスキー曲）（名曲レコード情報）久
保田公平 p.41　　　　　　　　　　〔17377〕

コルトー独奏 奏鳴曲第二番（ウエーバー曲）（名
曲レコード情報）清水守 p.43　　　〔17378〕

ナタン・ミルシユタイン独奏 ヴアイオリン協奏
曲（チヤイコフスキー曲）（名曲レコード情
報）清水守 p.45　　　　　　　　　〔17379〕

オルマンデイ指揮 嬉遊曲第十番（モオツアルト
曲）（名曲レコード情報）清水守
p.48　　　　　　　　　　　　　　　〔17380〕

レコードで活躍する現代音楽家列伝（18）アルト
ウール・ロデンスキー 釘本真 p.51　〔17381〕

テレフンケンを語る（2）小林鶴夫
p.54　　　　　　　　　　　　　　　〔17382〕

レコード音楽断想 前田三吉 p.56　　〔17383〕

名曲レコード展望 薬科雅美 p.60　　〔17384〕

海外レコード情報 薬科雅美 p.62　　〔17385〕

今月の名曲レコード評 久保田公平
p.69　　　　　　　　　　　　　　　〔17386〕

今月の軽音楽レコード評 穂積正信
p.75　　　　　　　　　　　　　　　〔17387〕

今月の邦楽レコード評 編輯部 p.81　〔17388〕

読者の頁―ブルーワルター 南屋義文
p.84　　　　　　　　　　　　　　　〔17389〕

運命交響楽（4）（現代小説）古谷大介
p.86　　　　　　　　　　　　　　　〔17390〕

ヴァイオリン協奏曲 チヤイコフスキー作曲
別冊附録　　　　　　　　　　　　　〔17391〕

7巻6号（1941年8月発行）

レコードで活躍する現代音楽家列伝（19）ミツ
シヤ・エルマンの芸術と彼の生立ち 芦田元
p.8　　　　　　　　　　　　　　　〔17392〕

ベートーヴェンに会った夫人の話 ワインガル
トナー p.14　　　　　　　　　　　〔17393〕

レコード文化新聞 p.17　　　　　　〔17394〕

交響曲第三番（ベートーヴェン）トスカニーニ指
揮（名曲レコード情報）牛山充
p.18　　　　　　　　　　　　　　　〔17395〕

交響曲第二番（ドボルザーク）ターリツヒ指揮
（名曲レコード情報）牛山充 p.22　〔17396〕

洋琴協奏曲第二十四番（モーツアルト）カザデシ
ユース独奏（名曲レコード情報）牛山充
p.23　　　　　　　　　　　　　　　〔17397〕

大幻奏曲ハ長調（シユーベルト）ブツシユとゼル
キン（名曲レコード情報）牛山充
p.25　　　　　　　　　　　　　　　〔17398〕

アウリスのイフイゲニアの序曲（グルツク）パー
ロー指揮（名曲レコード情報）牛山充
p.25　　　　　　　　　　　　　　　〔17399〕

歴史的名盤集（名曲レコード情報）牛山充
p.27　　　　　　　　　　　　　　　〔17400〕

レコードの活用 松尾要治 p.30　　　〔17401〕

パテレフスキーと其レコード 牛山充
p.32　　　　　　　　　　　　　　　〔17402〕

枢軸国のレコード音楽政策 薬科雅美
p.38　　　　　　　　　　　　　　　〔17403〕

管絃総譜演奏法（1）清水守 訳 p.41　〔17404〕

菩提樹のレコードは何を選ぶべきか 奥行行夫
p.47　　　　　　　　　　　　　　　〔17405〕

八月名曲レコード抜萃評 牛山充 p.51　〔17406〕

交響曲第八番 解剖（ベートーヴェン）清水守
p.59　　　　　　　　　　　　　　　〔17407〕

海外レコード情報 薬科雅美 p.62　　〔17408〕

八月軽音楽レコード評 穂積正信 p.66　〔17409〕

軽音楽雑感（2）高田暉三 p.72　　　〔17410〕

八月邦楽レコード評 編輯部 p.76　　〔17411〕

読者のページ 関虎基 p.82　　　　　〔17412〕

八月雅楽レコード評 志摩良輔 p.84　〔17413〕

運命交響楽（5）（現代小説）古谷大介
p.85　　　　　　　　　　　　　　　〔17414〕

交響曲第八番 ベートーヴェン作曲
別冊総譜　　　　　　　　　　　　　〔17415〕

「レコード世界」　　　　　　　　内容細目

「レコード世界」

日本楽器会社東京支店

2巻8号（1928年8月発行）

ワシ印レコード（各社8月新譜）p.2　〔17416〕

ヒコーキ印レコード（各社8月新譜）
p.3　〔17417〕

ツル印レコード（各社8月新譜）p.3　〔17418〕

オリエントレコード（各社8月新譜）
p.4　〔17419〕

ツバメ印レコード（各社8月新譜）p.5　〔17420〕

ポリドール・レコード 第14回新譜（8月新譜）
p.6　〔17421〕

日本ビクター・レコード（8月新譜）
p.8　〔17422〕

蔚山沖の海戦（映画説明）〈ワシ印レコード〉谷
天郎 p.14　〔17423〕

小楠公（映画説明）〈ヒコーキ印レコード〉谷天
郎 p.15　〔17424〕

母よ何処（映画小唄）〈ヒコーキ印レコード〉東
八重子，東一声，猶原喜一郎 解説
p.17　〔17425〕

木村長門守（映画説明）〈ヒコーキ印レコード〉
竹本嘯虎 p.18　〔17426〕

忠臣二度目清書（浪花節）〈ワシ印レコード〉桃
中軒青雲 p.20　〔17427〕

殿中刃傷（浪花節）〈ヒコーキ印レコード〉宮川
左近 p.20　〔17428〕

「生きる悲哀」の中 忍び泣く少年の罪（浪花節）
〈ワシ印レコード〉京山若丸 p.21　〔17429〕

大石妻子別れ（浪花節）〈ヒコーキ印レコード〉
浪花亭綾太郎 p.23　〔17430〕

紀の國屋文左衛門（浪花節）〈ワシ印レコード〉
港家小柳丸 p.24　〔17431〕

祐天吉松（浪花節）〈ヒコーキ印レコード〉広沢
駒蔵 p.24　〔17432〕

越後伝吉（浪花節）〈ヒコーキ印レコード〉東家
楽浦 p.26　〔17433〕

由比ケ浜の別れ（書生節）〈ヒコーキ印レコー
ド〉石田一松 p.27　〔17434〕

春の名残り（カフェー小唄）〈ヒコーキ印レコー
ド〉高宮礼子，青木玉子 p.28　〔17435〕

鳥羽の恋塚（長唄）〈ワシ印レコード〉吉住小三
蔵 p.29　〔17436〕

おけさ節（ジャズ民謡）〈ワシ印レコード〉曽我
真一 p.29　〔17437〕

おけさ節（俚謡）〈ワシ印レコード〉村田文蔵
p.29　〔17438〕

月形半平太（映画物語）〈日本ビクター・レコー
ド〉国井紫香 p.30　〔17439〕

妖婦お春（映画劇）〈ツバメ印レコード〉伏見直
江 お春，細川波之助 紳士，伏見信子 女中，
山田健 刑事 p.31　〔17440〕

酒井忠輔（映画説明）〈ツル印レコード〉山崎錦
城 p.34　〔17441〕

真田大助（鳴物入浪花節）〈日本ビクター・レ
コード〉広沢駒蔵 p.35　〔17442〕

大石頼母久馬貰ひ（浪花節）〈ツバメ印レコー
ド〉巴うの子 p.35　〔17443〕

おらが牧場／馬子唄（バリトン独唱）〈ツバメ印
レコード〉照井栄三 p.36　〔17444〕

須坂小唄（民謡）〈日本ビクター・レコード〉佐
藤千夜子 p.37　〔17445〕

二上りくづし／二上り新内（小唄）〈日本ビク
ター・レコード〉山村豊子 唄及三絃，菊梅大
検校 琴，加藤渓水 尺八 p.38　〔17446〕

日本ライオン節〈ツル印レコード〉大和家杵子
p.38　〔17447〕

日本デンマーク節（三河安城「野原節」）〈ツル
印レコード〉海月楼照波，海月楼音波
p.40　〔17448〕

権助提灯（鳴物入落語）〈日本ビクター・レコー
ド〉三遊亭円馬 p.40　〔17449〕

甲州音頭（甲州民謡）〈日本ビクター・レコー
ド〉吉次，らく，楓 p.43　〔17450〕

義士の本懐（筑前琵琶）〈日本ビクター・レコー
ド〉田中旭嶺 p.44　〔17451〕

ころげたころげた（童謡）〈ワシ印レコード〉八
百谷信子 p.44　〔17452〕

月と猫（童謡）〈ワシ印レコード〉山本正子
p.45　〔17453〕

ポチとタマ／学校（唱歌）〈ツバメ印レコード〉
高阪幸子 p.45　〔17454〕

2巻11号（1928年11月発行）

ツバメ印レコード（各社11月新譜）
p.2　〔17455〕

ツル印レコード（各社11月新譜）p.3　〔17456〕

ヒコーキ印レコード（各社11月新譜）
p.3　〔17457〕

オリエントレコード（各社11月新譜）
p.4　〔17458〕

ワシ印レコード（各社11月新譜）p.5　〔17459〕

ポリドール・レコード 第17回新譜（11月新譜）
p.6　〔17460〕

日本ビクター・レコード（11月新譜）
p.7　〔17461〕

大典行進曲（奉祝歌）〈ヒコーキ印レコード〉
p.11　〔17462〕

清水次郎長・義俠篇（映画劇）〈ヒコーキ印レ
コード〉p.12　〔17463〕

内容細目　　　　　　　　　　　「レコード世界」

大礼奉祝唱歌〈ツル印レコード〉小針尋常小学
校 p.15　　　　　　　　　　　　　　〔17464〕

奉祝音頭（御大典）〈ツル印レコード〉住吉検梅
千代 p.16　　　　　　　　　　　　　〔17465〕

御大典節〈ツル印レコード〉山村豊子
p.17　　　　　　　　　　　　　　　　〔17466〕

八千代節（奉祝歌）〈ヒコーキ印レコード〉石田
一松 p.17　　　　　　　　　　　　　〔17467〕

道頓堀の夜の川／エジプトの夕（書生節）〈ヒ
コーキ印レコード〉鳥取春陽 p.17　　〔17468〕

思ひ出の恋／浅草行進曲（書生節）〈ツバメ印レ
コード〉寺井金春 p.18　　　　　　　〔17469〕

淡海行進曲（風刺小唄）〈ツバメ印レコード〉衣
川るり子，和歌浦友子 p.19　　　　　〔17470〕

小原節／安来節（民謡）〈日本ビクター・レコー
ド〉小原万龍（二代目）唄，小原万龍（初代）
三絃 p.19　　　　　　　　　　　　　〔17471〕

秋の夜／青柳（端唄）〈日本ビクター・レコード〉
山村豊子 p.20　　　　　　　　　　　〔17472〕

水づくし（浮世節）〈日本ビクター・レコード〉
立花家橘之助 p.20　　　　　　　　　〔17473〕

ラモーナ／お月さんの下で（ワルツ）〈日本ビク
ター・レコード〉作間毅 独唱 p.20　〔17474〕

ハレルヤ（ジャズ流行唄）〈ツバメ印レコード〉
天野喜久代 p.21　　　　　　　　　　〔17475〕

第七天国（ジャズ流行唄）〈ツバメ印レコード〉
二村定一 p.21　　　　　　　　　　　〔17476〕

時計台の鐘／かくれんぼ／指切り（独唱歌）〈日本
ビクター・レコード〉阿部秀子 独唱
p.21　　　　　　　　　　　　　　　　〔17477〕

ポッポの鳩さん／御宮詣り（童謡）〈ヒコーキ印
レコード〉綿貫静子 p.22　　　　　　〔17478〕

蛇退治（御神楽）〈ヒコーキ印レコード〉花月園
少女歌劇部員 p.22　　　　　　　　　〔17479〕

かたつむり／新磯節／木の葉（唱歌）〈ツル印レ
コード〉中村かよ子 p.23　　　　　　〔17480〕

軍隊遊び／小さき兵士（唱歌）〈ツバメ印レコー
ド〉谷中雪子 p.24　　　　　　　　　〔17481〕

花嫁人形／さくら（童謡）〈ツバメ印レコード〉
藤田文子 p.24　　　　　　　　　　　〔17482〕

正調安来節（民謡）〈ツル印レコード〉出雲福奴
p.25　　　　　　　　　　　　　　　　〔17483〕

二上り新内／博多節（小唄）〈ツル印レコード〉
山村豊子 p.25　　　　　　　　　　　〔17484〕

出雲騒ぎ／新磯節（俚謡）〈ツバメ印レコード〉
淀検若吉 p.25　　　　　　　　　　　〔17485〕

小栗栖（越前琵琶）〈日本ビクター・レコード〉
田中旭嶺（法芦山）p.26　　　　　　　〔17486〕

城山（筑摩琵琶）〈ヒコーキ印レコード〉吉村岳
城 p.26　　　　　　　　　　　　　　〔17487〕

秋の色種（長唄）〈日本ビクター・レコード〉芳
村伊久四郎 唄，杵屋栄蔵 三味線
p.27　　　　　　　　　　　　　　　　〔17488〕

新曲浦島（長唄）〈日本ビクター・レコード〉杵
屋勘次 唄，杵屋勘久 三味線 p.27　　〔17489〕

千本桜吉野山道行（掛合浄瑠璃）〈ツル印レコー
ド〉竹本綱龍 静，豊竹広子 忠信
p.28　　　　　　　　　　　　　　　　〔17490〕

安来節（野崎村）（俚謡）〈ヒコーキ印レコード〉
高田久子 p.28　　　　　　　　　　　〔17491〕

秋の夜／夕暮（端歌）〈ヒコーキ印レコード〉
尼ヶ崎一勇 p.28　　　　　　　　　　〔17492〕

浅くとも／お前と一生（哥沢）〈ツバメ印レコー
ド〉哥沢芝金 p.29　　　　　　　　　〔17493〕

望月（長唄）〈ツバメ印レコード〉松島庄三郎
三絃，杵屋佐三郎 三絃，杵屋佐太郎 三絃
p.29　　　　　　　　　　　　　　　　〔17494〕

二人椀久（長唄）〈ツバメ印レコード〉松島六左
衛門 p.29　　　　　　　　　　　　　〔17495〕

新口村（義太夫）〈日本ビクター・レコード〉竹
本越名太夫 p.30　　　　　　　　　　〔17496〕

忠孝 二蓋 笠（浪花節）〈日本ビクター・レコー
ド〉東家小楽燕 p.30　　　　　　　　〔17497〕

河内山玄関先（浪花節）〈ヒコーキ印レコード〉
木村友成 p.31　　　　　　　　　　　〔17498〕

俵屋玄蕃（映画説明）〈ツバメ印レコード〉島津
健二 p.33　　　　　　　　　　　　　〔17499〕

高山彦九郎（映画説明）〈日本ビクター・レコー
ド〉石井春波 p.36　　　　　　　　　〔17500〕

大江戸の最後（映画説明）〈ツル印レコード〉山
崎錦城 p.38　　　　　　　　　　　　〔17501〕

朱鞘組（映画説明）〈ヒコーキ印レコード〉竹本
嘯虎 p.39　　　　　　　　　　　　　〔17502〕

大岡政談（映画説明）〈ヒコーキ印レコード〉谷
天郎 p.40　　　　　　　　　　　　　〔17503〕

サンライズ（映画説明）〈ツバメ印レコード〉里
見義郎 p.43　　　　　　　　　　　　〔17504〕

小松銑（浪花節）〈ツバメ印レコード〉東家左楽
遊 p.44　　　　　　　　　　　　　　〔17505〕

乃木将軍と孝々兵士（浪花節）〈ツル印レコー
ド〉寿々木米若 p.45　　　　　　　　〔17506〕

〔17464～17506〕　　　　　戦前期　レコード音楽雑誌記事索引　**319**

「レコード文化」

レコード文化社

1巻1号（1941年11月発行）

巻頭言 青木謙幸 p.1 〔17507〕
「レコード文化」の誕生を祝す あらえびす，野村光一 p.2 〔17508〕
レコード愛好家へ望むもの 辻荘一 p.4 〔17509〕
トスカニーニ――名指揮者・其の1 坪和昌夫 p.7 〔17510〕
新レコードの紹介 中村善吉 p.12 〔17511〕
名曲と名盤――皇帝協奏曲 志賀英雄 p.14 〔17512〕
レコード時評（座談会）あらえびす，中村善吉，青木謙幸 p.17 〔17513〕
新編 レコードの選び方（1）（レコード文化講座）あらえびす p.20 〔17514〕
音楽鑑賞国民講座――形式篇（1）（レコード文化講座）門馬直衛 p.23 〔17515〕
歴史的名盤集の歌手を語る 三浦環 p.32 〔17516〕
仮名手本忠臣蔵 堀内敬三 p.34 〔17517〕
音楽夜話（1）柿沼太郎 p.36 〔17518〕
仏蘭西音楽のイマーヂュ（1）松本太郎 p.40 〔17519〕
日本音楽文化協会の話 二見孝平 p.44 〔17520〕
輝ける虚言者 小泉繁 p.46 〔17521〕
レコード愛好家の書架（覚書）村田武雄 p.49 〔17522〕
ラジオ応用電蓄の話（覚書）棚橋成吉 p.51 〔17523〕
西班牙の夜（秋の音楽映画）野口久光 p.53 〔17524〕
薔薇のタンゴ（秋の音楽映画）磯野嘉久 p.54 〔17525〕
れこおど・地方文化欄 p.56 〔17526〕
海外新譜紹介 藤田不二 p.58 〔17527〕
れこおど・文化ニュース p.58 〔17528〕
欧米楽信 村岡貞 p.64 〔17529〕
欧米レコード界展望 藤田不二 p.64 〔17530〕
質問欄 p.69 〔17531〕
名曲（新譜月評）野村光一 p.75 〔17532〕
軽音楽（新譜月評）有坂愛彦 p.80 〔17533〕
子供のレコード（新譜月評）長島卓二 p.85 〔17534〕
歌謡曲（新譜月評）丸山鉄雄 p.86 〔17535〕
邦楽（新譜月評）牛山充 p.90 〔17536〕

1巻2号（1941年12月発行）

巻頭言 青木謙幸 p.1 〔17537〕
レコード文化の方向 武藤與市 p.2 〔17538〕
音楽活動とレコード 諸井三郎 p.5 〔17539〕
ワルター――名指揮者・其の2 野村光一 p.8 〔17540〕
新レコードの紹介 村田武雄 p.10 〔17541〕
本年度のレコード回顧 あらえびす p.13 〔17542〕
レコード叢談（座談会）あらえびす，中村，坪和，青木 p.16 〔17543〕
新編 レコードの選び方（2）（レコード文化講座）あらえびす p.20 〔17544〕
音楽鑑賞国民講座――形式篇（2）（レコード文化講座）門馬直衛 p.24 〔17545〕
モーツァルト礼讃 中村善吉 p.33 〔17546〕
音楽夜話（2）柿沼太郎 p.36 〔17547〕
仏蘭西音楽のイマーヂュ（2）異彩あるピアノの大家 リカルド・ヴィニエス 松本太郎 p.40 〔17548〕
カサドシュスは語る 原田光子 訳 p.44 〔17549〕
観世左近を偲びて 丸岡大二 p.47 〔17550〕
「控へ帖」より（1）その・すゝむ p.52 〔17551〕
一つの体験 鈴木鎮一 p.54 〔17552〕
軽音楽名演集を聴く 野川香文 p.55 〔17553〕
「大陸の黎明」に就て 武田謙二 p.56 〔17554〕
昭和十六年度レコード・ベスト・テン 名曲 p.58 〔17555〕
昭和十六年度レコード・ベスト・テン 軽音楽 p.60 〔17556〕
昭和十六年度の決算 歌謡曲 丸山鉄雄 p.61 〔17557〕
昭和十六年度の決算 邦楽 牛山充 p.62 〔17558〕
海外新譜紹介 藤田不二 p.63 〔17559〕
れこおど・文化ニュース p.63 〔17560〕
れこおど・地方文化欄 p.66 〔17561〕
新刊紹介 中村善吉 p.67 〔17562〕
レコード愛好家の書架（完）（覚書）村田武雄 p.70 〔17563〕
電気蓄音機の故障（覚書）矢萩銀三 p.71 〔17564〕
質問欄 p.75 〔17565〕
名曲（新譜月評）野村光一 p.78 〔17566〕
軽音楽（新譜月評）有坂愛彦 p.84 〔17567〕
子供のレコード（新譜月評）長島卓二 p.87 〔17568〕

内容細目　　　　　　　　　「レコード文化」

歌謡曲（新譜月評）丸山鉄雄 p.89　　〔17569〕
邦楽（新譜月評）牛山充 p.91　　　　〔17570〕

2巻1号（1942年1月発行）
巻頭言 比良正吉 p.5　　　　　　　　〔17571〕
学生への希望 園部三郎 p.6　　　　　〔17572〕
メンゲルベルク―名指揮者・其の3 青木謙幸
p.9　　　　　　　　　　　　　　　〔17573〕
新レコードの紹介 中村善吉 p.14　　　〔17574〕
名曲と名盤―第五交響曲 坿和昌夫
p.16　　　　　　　　　　　　　　〔17575〕
レコード叢談（座談会）あらえびす, 中村善吉,
坿和昌夫, 青木謙幸 p.19　　　　　〔17576〕
新篇 レコードの選び方（3）（レコード文化講
座）あらえびす p.23　　　　　　　〔17577〕
音楽鑑賞国民講座―形式篇（3）（レコード文化
講座）門馬直衛 p.27　　　　　　　〔17578〕
音楽夜話（3）柿沼太郎 p.33　　　　　〔17579〕
仏蘭西音楽のイマージュ（3）大戦と仏蘭西楽界
（1）松本太郎 p.37　　　　　　　　〔17580〕
ルビンシュタインは語る 原田光子 訳
p.41　　　　　　　　　　　　　　〔17581〕
巴里芸術家交戦記 牧嗣人 p.44　　　　〔17582〕
「日本音楽全集」に就いて 田辺尚雄
p.48　　　　　　　　　　　　　　〔17583〕
逝ける関屋敏子女史 牛山充 p.51　　　〔17584〕
録音に就いて（座談会）有坂愛彦, あらえびす,
中村善吉, 尾形篁夫, 秋山福重 p.54　〔17585〕
海外新譜紹介 藤田不二 p.62　　　　　〔17586〕
れこS・文化ニュース p.62　　　　　〔17587〕
れこS・地方文化欄 p.66　　　　　　〔17588〕
セラックに就いて（覚書）綱桃三
p.68　　　　　　　　　　　　　　〔17589〕
各社レコード新定価一覧表 p.69　　　　〔17590〕
名曲（新譜月評）野村光一 p.71　　　　〔17591〕
軽音楽（新譜月評）有坂愛彦 p.78　　　〔17592〕
子供のレコード（新譜月評）柴田知常
p.81　　　　　　　　　　　　　　〔17593〕
歌謡曲（新譜月評）丸山鉄雄 p.83　　　〔17594〕
邦楽（新譜月評）牛山充 p.87　　　　　〔17595〕

2巻2号（1942年2月発行）
巻頭言 青木謙幸 p.5　　　　　　　　〔17596〕
戦時下に於ける音楽レコードの諸問題 小川近
五郎 p.6　　　　　　　　　　　　〔17597〕
厚生音楽とレコードの役割 堀内敬三
p.9　　　　　　　　　　　　　　〔17598〕
日本音楽文化協会便り p.11　　　　　〔17599〕
ワインガルトナー―名指揮者 その4 村田武雄
p.12　　　　　　　　　　　　　　〔17600〕
新レコードの紹介 中村善吉 p.17　　　〔17601〕

名曲と名盤―クロイツェル・ソナタ 青木謙幸
p.19　　　　　　　　　　　　　　〔17602〕
レコード叢談 あらえびす, 坿和昌夫, 青木謙幸
p.21　　　　　　　　　　　　　　〔17603〕
洋楽邦楽綜合の問題 プリングスハイム, 伊東
正純 訳 p.24　　　　　　　　　　〔17604〕
新篇 レコードの選び方（4）（レコード文化講
座）あらえびす p.26　　　　　　　〔17605〕
音楽鑑賞国民講座―形式篇（4）（レコード文化
講座）門馬直衛 p.30　　　　　　　〔17606〕
「東京レコード鑑賞会」設立について
p.34　　　　　　　　　　　　　　〔17607〕
音楽夜話（4）柿沼太郎 p.38　　　　　〔17608〕
仏蘭西音楽のイマージュ（4）大戦と仏蘭西楽界
（2）松本太郎 p.41　　　　　　　　〔17609〕
自作自演のレコード 藤田不二 p.44　　〔17610〕
筆蹟より見たる音楽家（上）村岡貞 訳
p.47　　　　　　　　　　　　　　〔17611〕
茶の子集 その・す・ぃむ p.50　　　　〔17612〕
海外新譜紹介 藤田不二 p.53　　　　　〔17613〕
れこS・文化ニュース p.53　　　　　〔17614〕
新刊音楽書 中村善吉 p.56　　　　　　〔17615〕
れこS・地方文化欄 p.57　　　　　　〔17616〕
読者欄 p.61　　　　　　　　　　　　〔17617〕
質問欄 p.62　　　　　　　　　　　　〔17618〕
名曲（新譜月評）野村光一 p.66　　　　〔17619〕
軽音楽（新譜月評）有坂愛彦 p.71　　　〔17620〕
歌謡曲（新譜月評）丸山鉄雄 p.74　　　〔17621〕
邦楽（新譜月評）牛山充 p.77　　　　　〔17622〕

2巻3号（1942年3月発行）
巻頭言 青木謙幸 p.5　　　　　　　　〔17623〕
「大東亜の音楽を語る」（座談会）牛山充, 黒沢
隆朝, 田辺尚雄, 野村光一, 枡源次郎
p.6　　　　　　　　　　　　　　〔17624〕
フルトヴェングラー―名指揮者 その5 門馬直衛
p.18　　　　　　　　　　　　　　〔17625〕
新レコードの紹介 中村善吉 p.24　　　〔17626〕
名曲と名盤―三大提琴協奏曲 村田武雄
p.26　　　　　　　　　　　　　　〔17627〕
新篇 レコードの選び方（5）（レコード文化講
座）あらえびす p.30　　　　　　　〔17628〕
レコード叢談 あらえびす, 中村善吉, 青木謙幸
p.34　　　　　　　　　　　　　　〔17629〕
仏蘭西音楽のイマージュ（5）大戦と仏蘭西楽界
（3）松本太郎 p.37　　　　　　　　〔17630〕
筆蹟より見たる音楽家（下）村岡貞 訳
p.41　　　　　　　　　　　　　　〔17631〕
常盤津林中―邦楽名人とそのレコード（1）町田
嘉章 p.45　　　　　　　　　　　　〔17632〕
孔子廟の音楽 瀧遼一 p.49　　　　　　〔17633〕
今月の協会レコード 長島卓二 p.52　　〔17634〕

「レコード文化」 内容細目

海外新譜紹介 藤田不二 p.53 〔17635〕
れこをど・文化ニュース p.53 〔17636〕
東京レコード鑑賞会便り p.56 〔17637〕
れこをど・地方文化欄 p.58 〔17638〕
文部省推薦及び紹介レコード p.60 〔17639〕
名曲（新譜月評）野村光一 p.61 〔17640〕
軽音楽（新譜月評）有坂愛彦 p.67 〔17641〕
子供のレコード（新譜月評）柴田知常
p.71 〔17642〕
歌謡曲（新譜月評）丸山鉄雄 p.72 〔17643〕
邦楽（新譜月評）牛山充 p.76 〔17644〕

2巻4号（1942年4月発行）

カペエ四重奏団―名室内楽団 その1 中村善吉
p.6 〔17645〕
新レコードの紹介 村田武雄 p.10 〔17646〕
名曲と名盤―モーツァルトの三大交響曲 坿和
昌夫 p.14 〔17647〕
レコード叢談 青木謙幸，あらえびす，中村善
吉，坿和昌夫 p.16 〔17648〕
新篇 レコードの選び方（6）（レコード文化講
座）あらえびす p.20 〔17649〕
音楽鑑賞国民講座―形式篇（5）（レコード文化
講座）門馬直衛 p.23 〔17650〕
ショパン話堕 森潤三郎 p.30 〔17651〕
音楽夜話 柿沼太郎 p.33 〔17652〕
アルトゥル・シュナーベル（1）ルードルフ・カ
ストナー，土田貞夫 訳 p.36 〔17653〕
音楽評論家のレコード評 志賀英雄
p.39 〔17654〕
蘭印音楽行脚 黒沢隆朝 p.42 〔17655〕
ハイドンの交響曲―名盤案内（1）柏木俊三
p.44 〔17656〕
れこをど・地方文化欄 p.46 〔17657〕
東京レコード鑑賞会便り p.49 〔17658〕
新刊紹介 中村善吉 p.50 〔17659〕
質問欄 p.52 〔17660〕
名曲（新譜月評）野村光一 p.55 〔17661〕
軽音楽（新譜月評）有坂愛彦 p.63 〔17662〕
子供のレコード（新譜月評）柴田知常
p.67 〔17663〕
歌謡曲（新譜月評）丸山鉄雄 p.69 〔17664〕
れこをど・文化ニュース p.72 〔17665〕
邦楽（新譜月評）牛山充 p.73 〔17666〕

2巻5号（1942年5月発行）

音楽美の探求（1）辻荘一 p.6 〔17667〕
レナー絃楽四重奏団―名室内楽団 其2 志賀英雄
p.8 〔17668〕
新レコードの紹介 藤田不二 p.12 〔17669〕

名曲と名盤―「未完成交響曲」 坿和昌夫
p.15 〔17670〕
レコード叢談 あらえびす，青木謙幸，中村善
吉，坿和昌夫 p.18 〔17671〕
新篇 レコードの選び方（7）（レコード文化講
座）あらえびす p.21 〔17672〕
音楽鑑賞国民講座（6）（レコード文化講座）門
馬直衛 p.24 〔17673〕
音楽夜話 柿沼太郎 p.28 〔17674〕
仏蘭西音楽のイマーヂュ（6）リュセット・デ
カーヴ（1）ピアニストの発展的経歴（上）松
本太郎 p.30 〔17675〕
アルトゥル・シュナーベル（下）ルードルフ・
カストナー，土田貞夫 訳 p.33 〔17676〕
竹本摂津大掾―邦楽名人とそのレコード（2）町
田嘉章 p.36 〔17677〕
大東亜音楽文化圏と其音楽 枡源次郎
p.39 〔17678〕
モーツァルトの交響曲―名盤案内（2）柏木俊三
p.42 〔17679〕
戦争と音楽（1）久米歌 牛山充 p.44 〔17680〕
新刊紹介 中村善吉 p.45 〔17681〕
れこをど・地方文化欄 p.46 〔17682〕
れこをど・文化ニュース p.47 〔17683〕
質問欄 p.47 〔17684〕
名曲（新譜月評）野村光一 p.50 〔17685〕
軽音楽（新譜月評）有坂愛彦 p.57 〔17686〕
歌謡曲（新譜月評）丸山鉄雄 p.59 〔17687〕
子供のレコード（新譜月評）柴田知常
p.62 〔17688〕
邦楽（新譜月評）牛山充 p.65 〔17689〕

2巻6号（1942年6月発行）

学生と音楽と 伊藤安二 p.6 〔17690〕
音楽思想の性質 村田武雄 p.9 〔17691〕
名曲と名盤―「スペイン交響曲」桂近乎
p.12 〔17692〕
レコード叢談 あらえびす，青木謙幸，中村善
吉，坿和昌夫 p.14 〔17693〕
新篇 レコードの選び方（8）（レコード文化講
座）あらえびす p.19 〔17694〕
音楽鑑賞国民講座（7）（レコード文化講座）門
馬直衛 p.22 〔17695〕
レコード批評問答 園部三郎 p.27 〔17696〕
音楽夜話―ハイドン 柿沼太郎 p.30 〔17697〕
仏蘭西音楽のイマーヂュ（7）リュセット・デ
カーヴ（1）ピアニストの発展的経歴（中）松
本太郎 p.33 〔17698〕
六代目芳村伊十郎―邦楽名人とそのレコード
（3）町田嘉章 p.36 〔17699〕
ワインガルトナーを悼む 青木謙幸
p.39 〔17700〕

内容細目　　　　　　　　「レコード文化」

カルメン歌手を語る　中村善吉　p.40　　〔17701〕
新レコードの紹介　長島卓二　p.42　　　〔17702〕
電蓄余話（覚書）　矢萩銀三　p.44　　　〔17703〕
戦争と音楽（2）チャイコフスキーのスラヴ行進
　曲　牛山充　p.46　　　　　　　　　　〔17704〕
レコード地方文化欄　p.47　　　　　　　〔17705〕
質問欄　p.48　　　　　　　　　　　　　〔17706〕
レコード文化ニュース　p.48　　　　　　〔17707〕
読者欄　p.53　　　　　　　　　　　　　〔17708〕
名曲（新譜月評）　野村光一　p.54　　　〔17709〕
軽音楽（新譜月評）　有坂愛彦　p.60　　〔17710〕
歌謡曲（新譜月評）　丸山鉄雄　p.62　　〔17711〕
子供のレコード（新譜月評）　柴田知常
　p.65　　　　　　　　　　　　　　　　〔17712〕
邦楽（新譜月評）　牛山充　p.66　　　　〔17713〕

2巻7号（1942年7月発行）

音楽美の探求（2）　辻荘一　p.6　　　　〔17714〕
音楽の新しさ　村田武雄　p.8　　　　　〔17715〕
「十六七世紀初期のオルガン音楽」をきく　大中
　寅二　p.11　　　　　　　　　　　　　〔17716〕
名曲と名盤―「悲愴交響曲」　中根宏
　p.13　　　　　　　　　　　　　　　　〔17717〕
レコード叢談　あらえびす，坿和昌夫，中村善
　吉，青木謙幸　p.15　　　　　　　　　〔17718〕
新篇 レコードの選び方（9）（レコード文化講
　座）　あらえびす　p.19　　　　　　　〔17719〕
音楽鑑賞国民講座（8）（レコード文化講座）　門
　馬直衛　p.22　　　　　　　　　　　　〔17720〕
音楽夜話―モーツァルト　柿沼太郎
　p.28　　　　　　　　　　　　　　　　〔17721〕
仏蘭西音楽のイマーヂュ（8）リュセット・デ
　カーヴ（1）ピアニストの発展的経歴（下）　松
　本太郎　p.31　　　　　　　　　　　　〔17722〕
失題二話　森潤三郎　p.34　　　　　　　〔17723〕
鑑賞片々　井上敏夫　p.37　　　　　　　〔17724〕
清元延寿太夫―邦楽名人とそのレコード（4）　町
　田嘉章　p.41　　　　　　　　　　　　〔17725〕
ベートーヴェンの交響曲（1）―名盤案内（3）　坿
　和昌夫　p.44　　　　　　　　　　　　〔17726〕
一頁音楽講座　森潤三郎　p.46　　　　　〔17727〕
レコード文化協会の設立に就いて　深沢議一
　p.47　　　　　　　　　　　　　　　　〔17728〕
戦争と音楽（3）「ハーリ・ヤーノス」組曲　牛山
　充　p.48　　　　　　　　　　　　　　〔17729〕
新レコードの紹介　長島卓二　p.49　　　〔17730〕
レコード地方文化欄　p.51　　　　　　　〔17731〕
質問欄　p.52　　　　　　　　　　　　　〔17732〕
レコード文化ニュース　p.52　　　　　　〔17733〕
名曲（新譜月評）　野村光一　p.56　　　〔17734〕
軽音楽（新譜月評）　野川香文　p.62　　〔17735〕

歌謡曲（新譜月評）　丸山鉄雄　p.65　　〔17736〕
子供のレコード（新譜月評）　柴田知常
　p.67　　　　　　　　　　　　　　　　〔17737〕
邦楽（新譜月評）　牛山充　p.69　　　　〔17738〕
読者欄　p.71　　　　　　　　　　　　　〔17739〕

2巻8号（1942年8月発行）

音楽美の探求（3）　辻荘一　p.6　　　　〔17740〕
ブッシュ絃楽四重奏団―名室内楽団 その3　井上
　頼豊　p.9　　　　　　　　　　　　　　〔17741〕
名曲と名盤―「交響的練習曲」　中村善吉
　p.11　　　　　　　　　　　　　　　　〔17742〕
レコード叢談　あらえびす，坿和昌夫，中村善
　吉，青木謙幸　p.13　　　　　　　　　〔17743〕
新篇 レコードの選び方（10）（レコード文化講
　座）　あらえびす　p.17　　　　　　　〔17744〕
音楽鑑賞国民講座（9）（レコード文化講座）　門
　馬直衛　p.20　　　　　　　　　　　　〔17745〕
音楽夜話―リスト　柿沼太郎　p.24　　　〔17746〕
シュルスヌスとそのレコード　畑中良輔
　p.27　　　　　　　　　　　　　　　　〔17747〕
藤本二三吉―邦楽名人とそのレコード（5）　町田
　嘉章　p.30　　　　　　　　　　　　　〔17748〕
セレナードについて　大田黒元雄　p.33　〔17749〕
関西楽壇雑談会（座談会）　p.34　　　　〔17750〕
昭和の軍歌と流行歌　園田英雄　p.37　　〔17751〕
音楽批評家とレコード批評家（1）　志賀英雄
　p.41　　　　　　　　　　　　　　　　〔17752〕
ベートーヴェンの交響曲（2）―名盤案内（4）　坿
　和昌夫　p.44　　　　　　　　　　　　〔17753〕
戦争と音楽（4）「匈奴戦役」　牛山充
　p.47　　　　　　　　　　　　　　　　〔17754〕
「ニーベルンゲン譚」とその演出法　福村英生
　p.48　　　　　　　　　　　　　　　　〔17755〕
新レコードの紹介　p.51　　　　　　　　〔17756〕
質問欄　p.52　　　　　　　　　　　　　〔17757〕
レコード文化ニュース　p.52　　　　　　〔17758〕
名曲（新譜月評）　野村光一　p.56　　　〔17759〕
軽音楽（新譜月評）　野川香文　p.62　　〔17760〕
歌謡曲（新譜月評）　丸山鉄雄　p.65　　〔17761〕
子供のレコード（新譜月評）　柴田知常
　p.67　　　　　　　　　　　　　　　　〔17762〕
邦楽（新譜月評）　牛山充　p.69　　　　〔17763〕
読者欄　p.71　　　　　　　　　　　　　〔17764〕

2巻9号（1942年9月発行）

大東亜共栄圏と音楽文化　石井文雄
　p.6　　　　　　　　　　　　　　　　　〔17765〕
プロ・アルテ絃楽四重奏団―名室内楽団 その4
　村田武雄　p.9　　　　　　　　　　　　〔17766〕
名曲と名盤―ショパンのピアノ曲　野村光一
　p.12　　　　　　　　　　　　　　　　〔17767〕

「レコード文化」　内容細目

レコード叢談　あらえびす，坪和昌夫，中村善吉，青木謙幸 p.15　〔17768〕

新篇 レコードの選び方（11）（レコード文化講座）あらえびす p.20　〔17769〕

音楽鑑賞国民講座（10）（レコード文化講座）門馬直衛 p.23　〔17770〕

音楽夜話―ヴェルディ 柿沼太郎 p.29　〔17771〕

交響詩「フェートン」―音詩名曲選（1）森本覚丹 p.32　〔17772〕

音楽批評家とレコード批評家（2）志賀英雄 p.34　〔17773〕

ヴェルディの「鎮魂弥撒曲」田中良雄 p.38　〔17774〕

針について（覚書）有坂愛彦 p.42　〔17775〕

シューベルトの交響曲―名盤案内（5）坪和昌夫 p.44　〔17776〕

一頁音楽講座（2）森潤三郎 p.46　〔17777〕

戦争と音楽（5）序曲「一八一二年」牛山充 p.47　〔17778〕

新レコードの紹介 p.49　〔17779〕

質問欄 p.51　〔17780〕

レコード文化ニュース p.51　〔17781〕

名曲（新譜月評）野村光一 p.55　〔17782〕

軽音楽（新譜月評）野川香文 p.61　〔17783〕

歌謡曲（新譜月評）丸山鉄雄 p.64　〔17784〕

子供のレコード（新譜月評）柴田知常 p.66　〔17785〕

邦楽（新譜月評）牛山充 p.69　〔17786〕

2巻10号（1942年10月発行）

レコード音楽の芸術的価値に就て 森潤三郎 p.6　〔17787〕

音楽のシズム 村田武雄 p.11　〔17788〕

レコード文化ニュース p.13　〔17789〕

音楽による厚生運動（上）宮田東峰 p.14　〔17790〕

名曲と名盤―シューマンのピアノ曲 中村善吉 p.17　〔17791〕

チャイコオフスキイの第四交響曲を中心として 中根宏 p.20　〔17792〕

レコード叢談　あらえびす，坪和昌夫，中村善吉，青木謙幸 p.23　〔17793〕

音楽鑑賞国民講座（11）（レコード文化講座）門馬直衛 p.28　〔17794〕

音楽夜話―ショパン 柿沼太郎 p.31　〔17795〕

交響詩「オルフォイス」―音詩名曲選（2）森本覚丹 p.33　〔17796〕

富士松加賀太夫―邦楽名人とそのレコード（6）町田嘉章 p.36　〔17797〕

滞米十年 平岡養一 p.39　〔17798〕

リリ・レーマンのレコードを語る 牛山充，藤田不二，久保田稲子，菅沼定省，青木謙幸 p.40　〔17799〕

カール・ムックについて 中村善吉 p.50　〔17800〕

フォイヤーマンを悼む 牛山充 p.51　〔17801〕

新レコードの紹介 p.52　〔17802〕

新刊紹介 p.53　〔17803〕

質問欄 p.54　〔17804〕

名曲（新譜月評）野村光一 p.57　〔17805〕

軽音楽（新譜月評）野川香文 p.63　〔17806〕

歌謡曲（新譜月評）丸山鉄雄 p.65　〔17807〕

子供のレコード（新譜月評）柴田知常 p.68　〔17808〕

邦楽（新譜月評）牛山充 p.70　〔17809〕

2巻11号（1942年11月発行）

レコード音楽の鑑賞に就いて 三浦潤 p.6　〔17810〕

南方向けレコード企画への要望 増沢健美 p.8　〔17811〕

レコード企画審査のありかた 竹越和夫 p.10　〔17812〕

音楽による厚生運動（下）宮田東峰 p.12　〔17813〕

カザルス三重奏団―名室内楽団 その5 坪和昌夫 p.15　〔17814〕

レコード叢談　あらえびす，坪和昌夫，中村善吉，青木謙幸 p.18　〔17815〕

新篇 レコードの選び方（12）（レコード文化講座）あらえびす p.23　〔17816〕

音楽鑑賞国民講座（12）（レコード文化講座）門馬直衛 p.25　〔17817〕

音楽夜話―ボロディン 柿沼太郎 p.28　〔17818〕

一頁音楽講座（3）森潤三郎 p.31　〔17819〕

交響詩「スティェニカ ラージン」―音詩名曲選（3）森本覚丹 p.32　〔17820〕

大作曲家としての山田検校 岸辺成雄 p.34　〔17821〕

スレザークとそのレコード 畑中良輔 p.36　〔17822〕

機会 原田光子 訳 p.40　〔17823〕

盤影雑記 鮎野行夫 p.44　〔17824〕

戦争と音楽（6）ラ・マルセイエーズ 牛山充 p.47　〔17825〕

与話情浮名横櫛 堀内敬三 p.48　〔17826〕

或る余白 石塚寛 p.50　〔17827〕

「東京レコード鑑賞会」第二期発表 p.52　〔17828〕

新レコードの紹介 p.55　〔17829〕

秋の音楽映画 p.56　〔17830〕

質問欄 p.57　〔17831〕

内容細目 「レコード文化」

レコード文化ニュース p.57 〔17832〕

名曲（新譜月評）野村光一 p.62 〔17833〕

軽音楽（新譜月評）野川香文 p.67 〔17834〕

歌謡曲（新譜月評）丸山鉄雄 p.69 〔17835〕

子供のレコード（新譜月評）柴田知常 p.71 〔17836〕

邦楽（新譜月評）牛山充 p.73 〔17837〕

2巻12号（1942年12月発行）

大東亜戦一周年に際して 青木謙幸 p.6 〔17838〕

バッハの謎 村田武雄 p.9 〔17839〕

本年度のレコード回顧 あらえびす，野川香文，丸山鉄雄，柴田知常，牛山充 p.12 〔17840〕

レコード叢談 あらえびす，坿和昌夫，中村善吉，青木謙幸 p.22 〔17841〕

各種推薦紹介レコード p.27 〔17842〕

新篇 レコードの選び方（13）（レコード文化講座）あらえびす p.28 〔17843〕

音楽鑑賞国民講座（13）（レコード文化講座）門馬直衛 p.31 〔17844〕

音楽夜話——ワーグナア 柿沼太郎 p.36 〔17845〕

「死と浄化」——音詩名曲選（4）森本覚丹 p.39 〔17846〕

吉住小三郎と稀音家六四郎——邦楽名人と其レコード（7）町田嘉章 p.42 〔17847〕

長唄「勧進帳」随話 渥美清太郎 p.46 〔17848〕

勤労者とレコード 清水脩 p.48 〔17849〕

新レコードの紹介 藤田不二 p.50 〔17850〕

戦争と音楽（7）左手のための洋琴協奏曲 牛山充 p.52 〔17851〕

昭和十七年度優秀レコード十種 p.53 〔17852〕

本年度優秀再版レコード p.54 〔17853〕

質問欄 p.56 〔17854〕

レコード文化ニュース p.56 〔17855〕

東京レコード鑑賞会便り p.59 〔17856〕

名曲（新譜月評）野村光一 p.60 〔17857〕

軽音楽（新譜月評）野川香文 p.67 〔17858〕

歌謡曲（新譜月評）丸山鉄雄 p.69 〔17859〕

邦楽（新譜月評）牛山充 p.71 〔17860〕

3巻1号（1943年1月発行）

迎春所感 野村光一，竹越和夫 p.6 〔17861〕

盤評贅語 森潤三郎 p.8 〔17862〕

名曲と名盤——ベートーヴェンの絃楽四重奏曲（其1）有坂愛彦 p.12 〔17863〕

レコード叢談 あらえびす，坿和昌夫，中村善吉，青木謙幸 p.14 〔17864〕

新篇 レコードの選び方（14）（レコード文化講座）あらえびす p.19 〔17865〕

音楽鑑賞国民講座（14）（レコード文化講座）門馬直衛 p.23 〔17866〕

スメタナ作「二つの自然音画」——音詩名曲選（5）森本覚丹 p.28 〔17867〕

伊太利の大テナー ジリーと語る 京極高鋭 p.30 〔17868〕

コルトオについて 原智恵子 p.33 〔17869〕

ゲーテと当時の音楽家 ヘルマン・ウンゲル 述，田村一郎 訳 p.36 〔17870〕

レコード文化座談会（上）増沢健美，坿越昌夫，竹越和夫，安藤穣，青木謙幸 p.38 〔17871〕

梅若万三郎——邦楽名人とそのレコード（8）町田嘉章 p.46 〔17872〕

新作長唄「元寇」牛山充 p.49 〔17873〕

新レコードの紹介 p.50 〔17874〕

新刊紹介 p.52 〔17875〕

質問欄 p.53 〔17876〕

レコード文化ニュース p.53 〔17877〕

名曲（新譜月評）野村光一 p.56 〔17878〕

軽音楽（新譜月評）野川香文 p.62 〔17879〕

歌謡曲（新譜月評）丸山鉄雄 p.64 〔17880〕

子供のレコード（新譜月評）柴田知常 p.66 〔17881〕

邦楽（新譜月評）牛山充 p.68 〔17882〕

3巻2号（1943年2月発行）

米・英音楽の正体（特輯 米・英音楽の抹殺）門馬直衛 p.2 〔17883〕

米国の社会と音楽（特輯 米・英音楽の抹殺）堀内敬三 p.11 〔17884〕

米・英作曲家一覧表（特輯 米・英音楽の抹殺）編輯部 p.14 〔17885〕

米・英禁止レコードの回収（特輯 米・英音楽の抹殺）青木謙幸 p.15 〔17886〕

レコード叢談 あらえびす，坿和昌夫，中村善吉，青木謙幸 p.16 〔17887〕

戦時下のレコード文化に就て（下）増沢健美，坿和昌夫，竹越和夫，安藤穣，青木謙幸 p.20 〔17888〕

新篇 レコードの選び方（15）（レコード文化講座）あらえびす p.28 〔17889〕

音楽鑑賞国民講座（15）（レコード文化講座）門馬直衛 p.31 〔17890〕

独逸の必勝態勢と音楽 津川主一 p.35 〔17891〕

バッハの「無伴奏チェロ組曲」第四，第五 青木謙幸 p.38 〔17892〕

東京レコード鑑賞会便り p.41 〔17893〕

詩人の恋 畑中良輔 p.42 〔17894〕

新レコードの紹介 藤田不二 p.49 〔17895〕

質問欄 p.52 〔17896〕

レコード文化ニュース p.52 〔17897〕

名曲（新譜月評）野村光一 p.55 〔17898〕

「レコード文化」　内容細目

軽音楽（新譜月評）　野川香文　p.61　〔17899〕
歌謡曲（新譜月評）　丸山鉄雄　p.63　〔17900〕
邦楽（新譜月評）　牛山充　p.65　〔17901〕
米英音楽作品蓄音機レコード一覧表（附録）
　p.67　〔17902〕

3巻3号（1943年3月発行）

レコード叢談　あらえびす，中村善吉，青木謙幸
　p.6　〔17903〕
現代作曲家論（座談会）　野村光一，有坂愛彦，久保田公平，土田貞夫，山根銀二　p.8　〔17904〕
音楽圏外からの言葉　藤木義輔　p.17　〔17905〕
音楽夜話―バッハ　柿沼太郎　p.19　〔17906〕
独逸楽都巡り―ミュンヘンの音楽　京極高鋭
　p.22　〔17907〕
東亜楽器の鳥瞰　林謙三　p.24　〔17908〕
レコードによる職場の明朗化（1）　青木脩
　p.28　〔17909〕
郷土的と世界的　村田武雄　p.30　〔17910〕
歌劇「椿姫」全曲レコードを聴く　中村善吉
　p.33　〔17911〕
新レコードの紹介　藤田不二　p.36　〔17912〕
東京レコード鑑賞会第三期会員募集
　p.38　〔17913〕
米・英禁止レコードの回収　p.41　〔17914〕
質問欄　p.42　〔17915〕
名曲（新譜月評）　野村光一　p.44　〔17916〕
軽音楽（新譜月評）　野川香文　p.50　〔17917〕
歌謡曲（新譜月評）　丸山鉄雄　p.52　〔17918〕
邦楽（新譜月評）　牛山充　p.55　〔17919〕
新篇 レコードの選び方（16）（レコード文化講座）　あらえびす　p.57　〔17920〕
音楽鑑賞国民講座（16）（レコード文化講座）　門馬直衛　p.60　〔17921〕

3巻4号（1943年4月発行）

レコード叢談　あらえびす，坩和昌夫，中村善吉，青木謙幸　p.2　〔17922〕
世界審判とレコード文化　志賀英雄
　p.4　〔17923〕
古典について　鮎野行夫　p.9　〔17924〕
独逸音楽都市巡り（2）楽都ハムブルク　京極高鋭
　p.12　〔17925〕
レコードによる職場の明朗化（2）　清水脩
　p.14　〔17926〕
南の音盤基地仏印を語る　佐藤寅雄
　p.16　〔17927〕
レコード文化ニュース　p.20　〔17928〕
手捲の弁（覚書）　森潤三郎　p.21　〔17929〕
バッハのパルティータ第三番　中村善吉
　p.25　〔17930〕

伊太利歌劇詠唱三十六歌撰　田中良雄
　p.27　〔17931〕
「東京レコード鑑賞会」第三期発表
　p.33　〔17932〕
米・英禁止レコードの醸出運動（社告）
　p.34　〔17933〕
前線へ慰問レコードを送りませう（社告）
　p.35　〔17934〕
質問欄　p.36　〔17935〕
名曲（新譜月評）　野村光一　p.38　〔17936〕
軽音楽（新譜月評）　野川香文　p.43　〔17937〕
歌謡曲（新譜月評）　丸山鉄雄　p.45　〔17938〕
邦楽（新譜月評）　牛山充　p.48　〔17939〕
新篇 レコードの選び方（17）（レコード文化講座）　あらえびす　p.49　〔17940〕
音楽鑑賞国民講座（17）（レコード文化講座）　門馬直衛　p.51　〔17941〕

3巻5号（1943年5月発行）

戦時下のレコード鑑賞に就て　青木謙幸
　p.1　〔17942〕
交響曲と管絃楽曲より（戦時下のレコード 私の推薦したいレコード）あらえびす
　p.2　〔17943〕
協奏曲より（戦時下のレコード 私の推薦したいレコード）野村光一　p.4　〔17944〕
室内楽より（戦時下のレコード 私の推薦したいレコード）青木謙幸　p.6　〔17945〕
器楽曲より（戦時下のレコード 私の推薦したいレコード）村田武雄　p.8　〔17946〕
軽音楽より（戦時下のレコード 私の推薦したいレコード）野川香文　p.10　〔17947〕
歌謡曲より（戦時下のレコード 私の推薦したいレコード）丸山鉄雄　p.12　〔17948〕
邦楽より（戦時下のレコード 私の推薦したいレコード）牛山充　p.15　〔17949〕
画期的録音「勝利の記録」とその意義に就いて　田辺秀雄　p.17　〔17950〕
レコードによる職場の明朗化（3）　清水脩
　p.19　〔17951〕
音楽夜話―ヘンデル　柿沼太郎　p.21　〔17952〕
ギーゼキングと彼のレコード　五島雄一郎
　p.24　〔17953〕
新レコードの紹介　藤田不二　p.31　〔17954〕
新篇 レコードの選び方（18）　あらえびす
　p.32　〔17955〕
シューマンの「女の愛と生涯」（特輯音盤）　牛山充　p.35　〔17956〕
ベートーヴェンの「ディアベリ変奏曲」（特輯音盤）　野村光一　p.37　〔17957〕
世界序曲名盤集（特輯音盤）　藤田不二
　p.38　〔17958〕

内容細目　　　　　　　　　「レコード文化」

3巻6号（1943年6月発行）

附曲された愛国百人一首に就て　井上司朗 p.1　〔17959〕

愛国百人一首の作曲に就て　野村光一 p.5　〔17960〕

音盤化された愛国百人一首　竹越和夫 p.6　〔17961〕

深い心情　村田武雄 p.8　〔17962〕

行進曲と瀬戸口翁について　早川弥左衛門 p.10　〔17963〕

レコードによる職場の明朗化（4）　清水脩 p.13　〔17964〕

マーラーの「第九交響曲」　中村善吉 p.15　〔17965〕

愛好家協会の再募集　青木謙幸 p.19　〔17966〕

新レコードの紹介　藤田不二 p.22　〔17967〕

慰問レコード募集 p.25　〔17968〕

名曲（新譜月評）　野村光一 p.28　〔17969〕

軽音楽（新譜月評）　野川香文 p.32　〔17970〕

歌謡曲（新譜月評）　丸山鉄雄 p.34　〔17971〕

新篇 レコードの選び方（19）　あらえびす p.37　〔17972〕

3巻7号（1943年7月発行）

日本人よ自信を持て　野村あらえびす p.1　〔17973〕

生活と音楽　石井文雄 p.3　〔17974〕

佳日偶想　鮎野行夫 p.6　〔17975〕

音楽夜話―ベートーヴェン　柿沼太郎 p.9　〔17976〕

ドゥハンの「白鳥の湖」　畑中良輔 p.12　〔17977〕

日本的録音法は出来ないものか　野川香文 p.18　〔17978〕

顕微鏡で見たレコード　長島卓二 訳 p.20　〔17979〕

新レコードの紹介　藤田不二 p.22　〔17980〕

名曲（新譜月評）　野村光一 p.27　〔17981〕

軽音楽（新譜月評）　野川香文 p.31　〔17982〕

歌謡曲（新譜月評）　丸山鉄雄 p.34　〔17983〕

新篇 レコードの選び方（20）　あらえびす p.37　〔17984〕

3巻8号（1943年8月発行）

愛国百人一首の音楽化　鈴木賢之進 p.1　〔17985〕

工場とレコード音楽　久保田公平 p.4　〔17986〕

モーツァルトの病因　吉川淡水 訳 p.7　〔17987〕

録音余話　藤田不二 p.12　〔17988〕

仏蘭西歌劇の名歌唱撰　田中良雄 p.14　〔17989〕

メンデルスゾーンの交響曲―名盤案内（6）　垪和昌夫 p.19　〔17990〕

新レコードの紹介　藤田不二 p.21　〔17991〕

名曲（新譜月評）　野村光一 p.25　〔17992〕

軽音楽（新譜月評）　野川香文 p.30　〔17993〕

歌謡曲（新譜月評）　丸山鉄雄 p.32　〔17994〕

邦楽（新譜月評）　牛山充 p.35　〔17995〕

新篇 レコードの選び方（21）　あらえびす p.38　〔17996〕

3巻9号（1943年9月発行）

科学レコード論　田口泖三郎 p.1　〔17997〕

聴覚訓練に於けるレコードの重要性　城多又兵衛 p.4　〔17998〕

産業面とレコード音楽　松尾要治 p.5　〔17999〕

交声曲「英霊讃歌」を聴いて　尾崎喜八 p.6　〔18000〕

文化の涵養　小泉繁 p.8　〔18001〕

英雄交響曲を待望する　その・すゝむ p.10　〔18002〕

書物・花・れこをど　鮎野行夫 p.12　〔18003〕

レコード音楽に於ける「現代的演奏」の意義　榎本筝 p.15　〔18004〕

海外放送のレコード　斎藤俊子 p.16　〔18005〕

新レコード紹介　藤田不二 p.21　〔18006〕

交響組曲「ボルネオ」　釘本真 p.22　〔18007〕

「英霊讃歌」録音後日記　藤井夏人 p.23　〔18008〕

新篇 レコードの選び方（21）　あらえびす p.25　〔18009〕

名曲（新譜月評）　野村光一 p.33　〔18010〕

軽音楽（新譜月評）　野川香文 p.36　〔18011〕

邦楽（新譜月評）　牛山充 p.38　〔18012〕

3巻10号（1943年10月発行）

レコード文化を献ずるの誇　あらえびす p.1　〔18013〕

廃刊に臨みて（社告）　比良正吉 p.2　〔18014〕

鳴盤抄　森潤三郎 p.3　〔18015〕

レコード文化の成立　志賀英雄 p.8　〔18016〕

戦争とレコード　戸崎徹 p.11　〔18017〕

近代戦に現はれた新兵器　山内一郎 p.17　〔18018〕

戦時下に於けるレコード文化の方向（座談会）　あらえびす、野村光一、有坂愛彦、藤田不二、牛山充、野川香文、中村善吉、垪和昌夫 p.20　〔18019〕

これから―神秘の擁護（レコード随筆）　村田武雄 p.29　〔18020〕

音楽に求むるもの（レコード随筆）　柏木俊三 p.31　〔18021〕

「レコード文化」   内容細目

戦争・レコード（レコード随筆）中村善吉
　　p.33　　　　　　　　　　　　　〔18022〕
レコード音楽風景（レコード随筆）鮎野行夫
　　p.35　　　　　　　　　　　　　〔18023〕
鵠沼便り（レコード随筆）薗晋武
　　p.37　　　　　　　　　　　　　〔18024〕
古机盤談（レコード随筆）青木謙幸
　　p.38　　　　　　　　　　　　　〔18025〕
新篇 レコードの選び方（了）あらえびす
　　p.40　　　　　　　　　　　　　〔18026〕
ターフエル・ムジック 村田武雄 p.43　〔18027〕
ドビュッシイの管絃楽曲に就て 五島雄一郎
　　p.46　　　　　　　　　　　　　〔18028〕
新レコードの紹介 藤田不二 p.51　　　〔18029〕
名曲（新譜月評）野村光一 p.58　　　〔18030〕
軽音楽と歌謡曲（新譜月評）野川香文
　　p.61　　　　　　　　　　　　　〔18031〕
邦楽（新譜月評）牛山充 p.63　　　　〔18032〕
終刊に際して 青木謙幸 p.64　　　　　〔18033〕

328　戦前期　レコード音楽雑誌記事索引　　　　　　〔18022〜18033〕

人 物 文 献 目 録

作曲家

ヴィヴァルディ, アントニオ

◇ヴィヴァルディ「ヴァイオリン協奏曲ト短調」(名曲解説) 桂近乎 「レコード」4巻1号 1933.1 p.54

◇メンゲルベルク指揮のヴィヴァルディ「絃楽曲」中村善吉 「ディスク」10巻8号 1938.8 p.744

◇ヴィヴァルディの絃楽協奏曲(試聴記) 呉四郎 「レコード音楽」12巻8号 1938.8 p.15

◇ヴィヴァルディの「四季」(LPレコード試聴記) 青木謙幸 「ディスク」15巻4号 1952.4 p.410

◇ヴィヴァルディ―ヴィオラ・ダモーレ(LPレコード試聴記) 佐川 「ディスク」15巻6号 1952.6 p.630

◇ヴィヴァルディのコンツェルト・グロッソ いしはら 「ディスク」16巻8号 1953.7 p.716

◇ヴィヴァルディの音楽系図(特集 ヴィヴァルディを識るために) 村田武雄 「ディスク」17巻9号 1954.8 p.22

◇ヴィヴァルディの“四季”ノート(特集 ヴィヴァルディを識るために) 門馬直美 「ディスク」17巻9号 1954.8 p.28

◇LPによるヴィヴァルディの鑑賞(特集 ヴィヴァルディを識るために) 青木謙幸 「ディスク」17巻9号 1954.8 p.30

◇ヴィヴァルディの協奏曲(新着LP紹介) 坍和昌夫 「ディスク」18巻14号 1955.12 p.129

◇ヴィヴァルディの協奏曲集―ローマ合奏団の名演(今月のLPハイライト) 坍和昌夫 「ディスク」19巻4号 1956.3 p.109

◇四季〈ヴィヴァルディ〉(管弦楽曲) 「ディスク」19巻7号 臨時増刊 LP名曲100選 第2集 1956.5 p.36

◇ヴィヴァルディの四季 佐藤馨 「ディスク」20巻1号 1957.1 p.35

◇外誌のLP比較評(2) ヴィヴァルディの四季 上野一郎 「ディスク」20巻2号 1957.2 p.156

◇四季〈ヴィヴァルディ〉(管弦楽曲) 「ディスク」20巻8号 増刊 LP名曲350選 第1集 1957.7 p.77

◇四季 作品八の一～四〈ヴィヴァルディ〉(名曲とレコード―管弦楽曲) 小林利之 「ディスク」21巻13号 臨時増刊 名曲とレコード 1958.12 p.69

◇ヴィヴァルディの『レストロ・アルモニコ』 服部幸三 「ディスク」22巻3号 1959.3 p.26

◇ヴィヴァルディの「四季」(シュルヘン指揮)(新譜LPハイライト) 浜田徳昭 「ディスク」23巻6号 1960.5 p.28

◇ヴィヴァルディ「ギター協奏曲」(イスペス～ギター)(新着LP試聴室) 小林利之 「ディスク」23巻6号 1960.5 p.162

◇ヴィヴァルディ「四季」/ソチエタ・コレルリ合奏団(新着LP試聴室) 浅井修一 「ディスク」23巻10号 1960.9 p.113

◇ヴィヴァルディ・人と作品(特集 バロック音楽にしたしむ) 角倉一朗 「ディスク」24巻5号 1961.5 p.73

◇イ・ムジチのヴィヴァルディ(新着LP試聴室) 浅井修一 「ディスク」24巻7号 1961.7 p.118

◇ヴィヴァルディの〈グローリア〉(新着LP試聴室) 浅井修一 「ディスク」25巻2号 1962.2 p.114

◇マルセル・クーローの新盤 ヴィヴァルディ〈四季〉(新着LP試聴室) 岡俊雄 「ディスク」25巻7号 1962.7 p.120

◇メニューインのヴィヴァルディ, バッハ, ヘンデル(各社四月新譜速報とその聴きもの) 岩井宏之 「ディスク」26巻3号 1963.3 p.126

◇ハイラーの演奏する「ヴィヴァルディ/バッハ/オルガン協奏曲」(各社二月新譜速報とその聴きもの) 小林利之 「ディスク」27巻1号 1964.1 p.144

◇ストラディヴァリの銘器を集めて録音したヴィヴァルディの「四季」 服部幸三 「ディスク」28巻3号 1965.3 p.66

ヴェルディ, ジュゼッペ

◇ヴェルディの逸話 須永克己 「音楽と蓄音機」13巻5号 1926.5 p.22

◇アイーダ(1)―歌劇レコード連続講説(第1) 伊庭孝 「レコード音楽」8巻2号 1934.2 p.76

◇アイーダ(2)―歌劇レコード連続講説(第2) 伊庭孝 「レコード音楽」8巻3号 1934.3 p.15

◇ラ・トラヴィアータ(1)―歌劇レコード連続講説(第3) 伊庭孝 「レコード音楽」8巻4号 1934.4 p.96

◇ラ・トラヴィアータ(2)―歌劇レコード連続講説(第4) 伊庭孝 「レコード音楽」8巻5号 1934.5 p.100

◇ラ・トラヴィアータ(3)―歌劇レコード連続講説(第5) 伊庭孝 「レコード音楽」8巻6号 1934.6 p.101

◇リゴレット―歌劇レコード連続講説(完) 伊庭孝 「レコード音楽」8巻12号 1934.12 p.111

◇ヴェルデイの「室内楽レコード」を聴く(欧米新着レコード評) 鮎野行夫 「ディスク」8巻4号 1936.4 p.306

◇音楽夜話―ヴェルディ 柿沼太郎 「レコード文化」2巻9号 1942.9 p.29

◇ヴェルディの「鎮魂弥撒曲」 田中良雄 「レコード文化」2巻9号 1942.9 p.38

◇歌劇「椿姫」全曲レコードを聴く 中村善吉「レコード文化」3巻3号 1943.3 p.33

◇ヴェルディの少年時代 清水脩 「レコード音楽」19巻5号 1949.5 p.9

◇歌劇レコードを語る―藤原歌劇団の「椿姫」新盤を中心に（鼎談）大田黒元雄，野村光一，村田武雄 「レコード音楽」20巻1号 1950.1 p.74

◇ヴェルディとオペラ―ヴェルディ五十年祭に因みて（対談）大田黒元雄，藤原義江 「レコード音楽」21巻4号 1951.4 p.76

◇リゴレットのハイライツを聴いて 平間文寿「ディスク」14巻1号 1951.9 p.38

◇ヴェルデイのマンゾーニ鎮魂曲 その・すゝむ 「ディスク」14巻2号 1951.10 p.120

◇条件の整ったヴェルディの「鎮魂曲」（試聴記）村田武雄 「レコード音楽」21巻10号 1951.10 p.40

◇歌劇「リゴレット」全曲 高橋昭 「ディスク」16巻1号 1953.1 p.22

◇ヴェルディ 歌劇「アイーダ」全四幕（LP試聴記）小林利之 「ディスク」16巻2号 1953.2 p.166

◇ジュゼッペ・ヴェルディ―作曲家物語 薬科雅美 「レコード音楽」23巻4号 1953.4 p.80

◇二期会の「オテロ」を採点する 四谷左門「ディスク」16巻13号 1953.12 p.70

◇RCAの誇るべき記録の一頁 トスカニーニの「オテロ」（海外LP試聴室）寺井昭雄 「ディスク」17巻4号 1954.4 p.68

◇テバルディ主演の歌劇「椿姫」をめぐつて（座談会）藤原義江，桑原瑛子，宮沢縦一「ディスク」18巻7号 1955.6 p.76

◇トスカニーニかテバルディか―「椿姫」全曲LPは何を選ぶ 小林利之 「ディスク」18巻7号 1955.6 p.83

◇サバタ指揮のヴェルディのレクイエム 福原信夫 「ディスク」18巻9号 1955.7 p.44

◇歌劇「アイーダ」全曲をきいて（今月のLPから）柴田睦陸 「ディスク」19巻1号 1956.1 p.60

◇歌劇「椿姫」〈ヴェルディ〉（声楽曲）「ディスク」19巻2号 臨時増刊LP名曲100選 第1集 1956.1 p.133

◇ベルガーとワーレンの「リゴレット」 佐々木行綱 「ディスク」19巻3号 1956.2 p.46

◇歌劇「アイーダ」〈ヴェルディ〉（声楽曲）「ディスク」19巻7号 臨時増刊LP名曲100選 第2集 1956.5 p.121

◇ヴェルディの歌劇「アイーダ」（今月の名盤）福原信夫 「ディスク」19巻11号 1956.8 p.56

◇ヴェルディ レクイエムの新盤（対談）高橋昭，福原信夫 「ディスク」19巻13号 1956.10 p.66

◇「フィガロ」と「アイーダ」（話題の音楽会から）木村重雄 「ディスク」19巻14号 1956.11 p.18

◇ヴェルディの名作 歌劇「椿姫」の新盤をめぐつて（座談会）宮沢縦一，福原信夫 「ディスク」19巻14号 1956.11 p.68

◇待望の名盤 歌劇「オテロ」全曲を聴く ヴェルディー・シェイクスピアの名作とテバルディー=デル=モナコの名コンビ（座談会）柴田睦陸，宮沢縦一，福原信夫 「ディスク」20巻7号 1957.7 p.50

◇リゴレット〈ヴェルディ〉（歌劇）「ディスク」20巻8号 増刊 LP名曲350選 第1集 1957.7 p.179

◇アイーダ〈ヴェルディ〉（歌劇）「ディスク」20巻8号 増刊 LP名曲350選 第1集 1957.7 p.181

◇椿姫〈ヴェルディ〉（歌劇）「ディスク」20巻8号 増刊LP名曲350選 第1集 1957.7 p.183

◇オテロ〈ヴェルディ〉（歌劇）「ディスク」20巻8号 増刊LP名曲350選 第1集 1957.7 p.185

◇鎮魂ミサ曲〈ヴェルディ〉（宗教曲）「ディスク」20巻10号 増刊 名曲LP350選 第2集 1957.8 p.177

◇ヴェルディ歌劇「イル・トロヴァトーレ」 福原信夫 「ディスク」20巻12号 1957.10 p.56

◇プッチーニ，ヴェルディ・アリア集（歌劇アリア集）「ディスク」20巻14号 増刊 名曲LP350選 第3集 1957.11 p.115

◇歌劇「ファルスタッフ」―オペラへの招待 福原信夫 「ディスク」21巻6号 1958.6 p.50

◇オペラへの招待 ヴェルディの「リゴレット」福原信夫 「ディスク」21巻10号 1958.10 p.48

◇歌劇「アイーダ」―清きアイーダ・勝ちて帰れ〈ヴェルディ〉（名曲とレコード―歌劇アリア集）小林利之 「ディスク」21巻13号 臨時増刊 名曲とレコード 1958.12 p.135

◇歌劇「リゴレット」―慕わしき御名・女心の歌〈ヴェルディ〉（名曲とレコード―歌劇アリア集）小林利之 「ディスク」21巻13号 臨時増刊 名曲とレコード 1958.12 p.136

◇歌劇「椿姫」―あゝ，そは彼のひとか〈ヴェルディ〉（名曲とレコード―歌劇アリア集）小林利之 「ディスク」21巻13号 臨時増刊 名曲とレコード 1958.12 p.138

◇オペラへの招待 ヴェルディの歌劇「運命の力」 福原信夫 「ディスク」22巻1号 1959.1 p.60

◇ヴェルディとトスカニーニ（特別読物）薬科雅美 「ディスク」22巻2号 1959.2 p.118

◇ヴェルディ～トスカニーニを聴く 「ディスク」22巻2号 1959.2 p.120

作曲家　　　　　　　　　　　　　　人物文献目録　　　　　　　　　　　　ヴェルディ

◇歌劇「アイーダ」〈ヴェルディ〉（続・名曲とレコード―歌劇）　有沢昭八郎　「ディスク」22巻8号　臨時増刊　続・名曲とレコード　1959.7　p.135

◇歌劇「椿姫」〈ヴェルディ〉（続・名曲とレコード―歌劇）　有沢昭八郎　「ディスク」22巻8号　臨時増刊　続・名曲とレコード　1959.7　p.137

◇歌劇「リゴレット」〈ヴェルディ〉（続・名曲とレコード―歌劇）　有沢昭八郎　「ディスク」22巻8号　臨時増刊　続・名曲とレコード　1959.7　p.138

◇ヴェルディ「仮面舞踏会」のこと　宮沢縦一　「ディスク」22巻11号　1959.10　p.50

◇ウォーレン最後の舞台となったヴェルディの歌劇「運命の力」全曲　梅木香　「ディスク」23巻5号　1960.4　p.172

◇歌劇「リゴレット」―ヴェルディ（歌劇）　小林利之　「ディスク」23巻13号　増刊　新版名曲とレコード　下巻　1960.10　p.177

◇歌劇「椿姫」―ヴェルディ（歌劇）　小林利之　「ディスク」23巻13号　増刊　新版名曲とレコード　下巻　1960.10　p.179

◇歌劇「アイーダ」―ヴェルディ（歌劇）　小林利之　「ディスク」23巻13号　増刊　新版名曲とレコード　下巻　1960.10　p.181

◇レクイエム―ヴェルディ（宗教曲）　坩和昌夫　「ディスク」23巻13号　増刊　新版名曲とレコード　下巻　1960.10　p.207

◇歌劇「椿姫」の初のステレオ盤（セラフィン指揮）（新着LP試聴記）　小林利之　「ディスク」24巻3号　1961.3　p.119

◇新進プライスの主演する「トロヴァトーレ」（新着LP試聴室）　黒田恭一　「ディスク」24巻10号　1961.9　p.119

◇ファーレルとタッカーのヴェルディ二重唱集（新着LP試聴室）　黒田恭一　「ディスク」25巻4号　1962.4　p.112

◇サン・アガータのヴェルディの家を訪ねて（特集　ヴェルディ生誕百五十周年記念）　W・ウィーヴァー，杉田恵介訳　「ディスク」26巻2号　1963.2　p.77

◇ヴェルディ・人と芸術―（ヴェルディの生涯1）（特集　ヴェルディ生誕百五十周年記念）　福原信夫　「ディスク」26巻2号　1963.2　p.82

◇ヴェルディ・人と芸術（ヴェルディの生涯2）　福原信夫　「ディスク」26巻3号　1963.3　p.98

◇〈アイーダ〉の全曲盤品さだめ（ディスコグラフィ　ヴェルディのオペラ・1）　小林利之　「ディスク」26巻3号　1963.3　p.104

◇ヴェルディ・人と芸術（ヴェルディの生涯3）　福原信夫　「ディスク」26巻4号　1963.4　p.72

◇ヴェルディ歌劇〈運命の力〉（オペラへの招待10）　福原信夫　「ディスク」26巻4号　1963.4　p.88

◇ヴェルディ・人と芸術（ヴェルディの生涯4）　福原信夫　「ディスク」26巻5号　1963.8　p.110

◇ヴェルディ歌劇「仮面舞踏会」―ヴェルディのオペラ（2）（名曲ディスコグラフィ）　黒田恭一　「ディスク」26巻5号　1963.8　p.116

◇ヴェルディ・人と芸術（ヴェルディの生涯5）　福原信夫　「ディスク」26巻6号　1963.9　p.110

◇歌劇「トロヴァトーレ」（名曲ディスコグラフィ）　黒田恭一　「ディスク」26巻6号　1963.9　p.126

◇ラインスドルフ指揮する〈マクベス〉全曲（各社10月新譜とその聴きもの）　小林利之　「ディスク」26巻6号　1963.9　p.161

◇ヴェルディ・人と芸術（ヴェルディの生涯6）　福原信夫　「ディスク」26巻7号　1963.10　p.102

◇「リゴレット」以前のオペラ―ヴェルディのオペラ（4）（名曲ディスコグラフィ）　黒田恭一　「ディスク」26巻7号　1963.10　p.106

◇ヴェルディ・人と芸術（ヴェルディの生涯7）　福原信夫　「ディスク」26巻8号　1963.11　p.110

◇「ドン・カルロ」と「運命の力」―ヴェルディのオペラ（5）（名曲ディスコグラフィ）　黒田恭一　「ディスク」26巻8号　1963.11　p.116

◇「トロヴァトーレ」から得たもの（八つの舞台に聴いたもの―イタリア・オペラ）　黒田恭一　「ディスク」26巻9号　1963.12　p.82

◇ヴェルディ・人と芸術（ヴェルディの生涯8）　福原信夫　「ディスク」26巻9号　1963.12　p.102

◇ヴェルディ・人と芸術（ヴェルディの生涯9）　福原信夫　「ディスク」27巻1号　1964.1　p.98

◇「椿姫」は何を選ぶか―ヴェルディのオペラ（6）（名曲ディスコグラフィ）　黒田恭一　「ディスク」27巻1号　1964.1　p.106

◇「リゴレット」は何を選ぶか―ヴェルディのオペラ（7）（名曲ディスコグラフィ）　黒田恭一　「ディスク」27巻2号　1964.2　p.114

◇ヴェルディ・人と芸術（ヴェルディの生涯10）　福原信夫　「ディスク」27巻2号　1964.2　p.118

◇アンナ・モッフォ，ヴェルディを歌う（各社三月新譜速報とその聴きもの）　前和男　「ディスク」27巻2号　1964.2　p.150

◇ヴェルディ・人と芸術（ヴェルディの生涯11）　福原信夫　「ディスク」27巻3号　1964.3　p.98

◇「オテロ」は何を選ぶか―ヴェルディのオペラ（8）（名曲ディスコグラフィ）　黒田恭一　「ディスク」27巻3号　1964.3　p.104

◇ニルソン「ヴェルディ・アリア集」を歌う（各社四月新譜速報とその聴きもの）　前和男　「ディスク」27巻3号　1964.3　p.144

◇ヴェルディ・人と芸術（ヴェルディの生涯12）　福原信夫　「ディスク」27巻4号　1964.4　p.112

◇「ファルスタッフ」は何を選ぶか―ヴェルディのオペラ（最終回）（名曲ディスコグラフィ）　黒田恭一　「ディスク」27巻4号　1964.4　p.118

◇ヴェルディ・人と芸術（ヴェルディの生涯13）福原信夫 「ディスク」27巻5号 1964.5 p.120

◇ヴェルディ・人と芸術（ヴェルディの生涯14）福原信夫 「ディスク」27巻6号 1964.6 p.37

◇ヴェルディ・人と芸術（ヴェルディの生涯15）―歌劇「トロヴァトーレ」 福原信夫 「ディスク」27巻7号 1964.7 p.82

◇ヴェルディ・人と芸術（ヴェルディの生涯16）福原信夫 「ディスク」27巻8号 1964.8 p.74

◇ヴェルディ・人と芸術（ヴェルディの生涯17）―歌劇「ラ・トラヴィアタ」 福原信夫 「ディスク」27巻9号 1964.9 p.98

◇ヴェルディ・人と芸術（ヴェルディの生涯18）―歌劇「シチリア島の夕べの祈り」 福原信夫 「ディスク」27巻10号 1964.10 p.100

◇ヴェルディ・人と芸術（ヴェルディの生涯19）―歌劇「シチリア島の夕の祈り」(2) 福原信夫 「ディスク」27巻11号 1964.11 p.102

◇ヴェルディ・人と芸術（ヴェルディの生涯20）―シチリア島の夕の祈りからシモン・ボッカネグラ 福原信夫 「ディスク」27巻12号 1964.12 p.98

◇ヴェルディ・人と芸術（ヴェルディの生涯21）―ヴェルディ巡礼・1 ブッセート附近 福原信夫 「ディスク」28巻1号 1965.1 p.88

◇ヴェルディ・人と芸術（ヴェルディの生涯22）―「シモン・ボッカネグラ」続 福原信夫 「ディスク」28巻2号 1965.2 p.98

◇ヴェルディ・人と芸術（ヴェルディの生涯23）―「アロルド」 福原信夫 「ディスク」28巻3号 1965.3 p.82

◇ヴェルディ・人と芸術（ヴェルディの生涯24）―「仮面舞踏会」 福原信夫 「ディスク」28巻4号 1965.4 p.82

◇ヴェルディ・人と芸術（ヴェルディの生涯25）―「仮面舞踏会」(続) 福原信夫 「ディスク」28巻5号 1965.5 p.82

◇ヴェルディ・人と芸術（ヴェルディの生涯26）―イタリアの独立と国会議員 福原信夫 「ディスク」28巻6号 1965.7 p.98

◇ヴェルディ・人と芸術（ヴェルディの生涯27）―カンタータ 諸国民の讃歌 福原信夫 「ディスク」28巻8号 1965.9 p.74

◇ヴェルディ・人と芸術（ヴェルディの生涯28）―「運命の力」の誕生 福原信夫 「ディスク」28巻9号 1965.10 p.94

◇ヴェルディ巡礼・2―コロンジュ・ス・サレーヴのこと 福原信夫 「ディスク」28巻9号 1965.10 p.100

◇ヴェルディ・人と芸術（ヴェルディの生涯29）―歌劇「運命の力」 福原信夫 「ディスク」28巻10号 1965.11 p.82

◇ヴェルディ・人と芸術（ヴェルディの生涯30）―歌劇「ドン・カルロ」まで 福原信夫 「ディスク」28巻11号 1965.12 p.84

◇ヴェルディ・人と芸術（ヴェルディの生涯31）―「ドン・カルロ」(1) 福原信夫 「ディスク」29巻1号 1966.1 p.82

◇ヴェルディ・人と芸術（ヴェルディの生涯32）―「ドン・カルロ」(2) 福原信夫 「ディスク」29巻2号 1966.2 p.94

◇ヴェルディ・人と芸術（ヴェルディの生涯33）―歌劇「アイーダ」の誕生まで(1) 福原信夫 「ディスク」29巻3号 1966.3 p.80

◇ヴェルディ・人と芸術（ヴェルディの生涯34）―歌劇「アイーダ」誕生まで(2) 福原信夫 「ディスク」29巻4号 1966.4 p.82

◇ヴェルディ・人と芸術（ヴェルディの生涯35）―歌劇「アイーダ」 福原信夫 「ディスク」29巻5号 1966.5 p.104

◇ヴェルディ・人と芸術（ヴェルディの生涯36）―弦楽四重奏曲と鎮魂ミサ曲 福原信夫 「ディスク」29巻6号 1966.6 p.102

オネゲル, アルチュール

◇レコードから観たアルチユール・オネッガア(1) 三浦潤 「ディスク」3巻4号 1931.4 p.296

◇レコードから観たアルチユールオネッガア(2) 三浦潤 「ディスク」3巻5号 1931.5 p.340

◇オネガー作「ラグビー」（名曲解説） 菅原明朗 「レコード」3巻3号 1932.3 p.27

◇オネッガーを語る 菅原明朗 「レコード音楽」6巻6号 1932.6 p.38

◇機械音楽と創造的芸術家 アルテュール・オネッガー, 松本太郎 訳 「レコード音楽」6巻7号 1932.7 p.56

◇オネガー作, 交響詩夏の牧歌（名曲解説） 菅原明朗 「レコード」3巻7号 1932.7 p.29

◇オネッガー作「ラグビイ」（名曲解説） 青木爽 「レコード」4巻2号 1933.2 別冊附録

◇オネッガーの機械音楽論 飯島正 「レコード」4巻4号 1933.4 p.16

◇オネッガアの「ユーディット」 タアバンダー, 林四月亭 訳 「ディスク」7巻1号 1935.1 p.35

◇アルテュール・オネガー訪問記 松本太郎 訳 「レコード音楽」13巻10号 1939.10 p.50

◇アルチュール・オネガー――近代音楽とレコード(11) 松本太郎 「レコード音楽」19巻6号 1949.6 p.47

◇オネゲルの「ダヴィデ王」 高橋昭 「ディスク」15巻12号 1952.11 p.1125

◇オネゲルの「ダヴィデ王」(LP試聴記) 高橋昭 「ディスク」15巻13号 1952.12 p.1268

◇オネガー「ダビデ王」―交響的詩篇（現代音楽のL.P特集） 大宮真琴 「レコード音楽」23巻2号 1953.2 p.18

◇オネゲルの名作「火刑台のジャンヌ・ダルク」（海外LP試聴室）小野寺啓 「ディスク」16巻13号 1953.12 p.56

◇ペシミズムが生んだ最高の音芸術 オネゲルの第五交響曲（海外LP試聴室）松平頼則 「ディスク」17巻6号 1954.6 p.89

◇オネゲルのおもかげ―プルユイルによりて描く 三潴末松 「ディスク」17巻6号 1954.6 p.92

◇火刑台上のジャンヌ・ダルク（今月のLPから）大宮真琴 「ディスク」18巻14号 1955.12 p.144

◇アルテュール・オネゲルの死 大宮真琴 「ディスク」19巻1号 1956.1 p.32

◇録音されたオネゲルの作品 高橋昭 「ディスク」19巻1号 1956.1 p.34

◇オネゲルの第二交響曲（今月のLPハイライト）大宮真琴 「ディスク」19巻5号 1956.4 p.115

◇オネゲル管絃楽曲集（話題のLPハイライト）長谷川良夫 「ディスク」20巻5号 1957.5 p.42

◇オネゲルのオラトリオ「ダビデ王」（全訳）大宮真琴 訳 「ディスク」20巻6号 1957.6 p.60

◇交響曲第三番（典礼風）〈オネゲル〉（交響曲）「ディスク」20巻8号 増刊 LP名曲350選 第1集 1957.7 p.73

◇交響曲第五番（三つのレ）〈オネゲル〉（交響曲）「ディスク」20巻8号 増刊 LP名曲350選 第1集 1957.7 p.74

◇火刑台上のジャンヌ・ダルク〈オネゲル〉（宗教曲）「ディスク」20巻10号 増刊 名曲LP350選 第2集 1957.8 p.181

◇交響曲第二番〈オネゲル〉（交響曲）「ディスク」20巻14号 増刊 名曲LP350選 第3集 1957.11 p.135

◇パシフィック二三一〈オネゲル〉（名曲とレコード―管弦楽曲）長尾義弘 「ディスク」21巻13号 臨時増刊 名曲とレコード 1958.12 p.92

◇「音楽の都プラーハ」シリーズ／ボドー, チェコ・フィルのオネゲル（各社六月新譜速報とその聴きもの）三浦淳史 「ディスク」27巻5号 1964.5 p.149

サン=サーンス, カミーユ

◇音楽感想―サン・サーンの手記から カミユ・サンサーン, 高柳寿男 訳 「音楽と蓄音器」9巻5号 1922.5 p.65

◇Saint Saëns Violin Concerto No.3 S・G・K・生 「レコード音楽」5巻4号 1931.4 p.20

◇サン・サーンの第三交響曲 有坂愛彦 「ディスク」3巻8号 1931.8 p.600

◇音楽に就いて カミーユ・サン=サーンス, 吉川淡水 訳 「レコード音楽」9巻10号 1935.10 p.47

◇試聴室―サンサーンの提琴奏鳴曲 桑野三平 「ディスク」10巻11号 1938.11 p.1109

◇注目されてよいサン・サーンスの提琴奏鳴曲（試聴記）水野忠恂 「レコード音楽」12巻11号 1938.11 p.31

◇試聴室―サン・サーン「チェロ協奏曲第一番」漫想 柏木俊三 「ディスク」13巻7号 1941.7 p.642

◇交響詩「フェートン」―音詩名曲選（1）森本覚円 「レコード文化」2巻9号 1942.9 p.32

◇音楽史的に観たピアノ・レコード（30）サン・サーンス 野村光一 「レコード音楽」21巻5号 1951.5 p.33

◇仏蘭西と芬蘭の名曲二曲―名曲鑑賞（3）藤井夏人 「レコード音楽」21巻5号 1951.5 p.42

◇サン・サーンス第三交響曲の名演 菅佑一 「ディスク」18巻2号 1955.2 p.70

◇サンサーンスの第二ピアノ協奏曲 繁沢保 「ディスク」18巻12号 1955.10 p.86

◇動物の謝肉祭〈サン・サーンス〉（管弦楽曲）「ディスク」19巻2号 臨時増刊 LP名曲100選 第1集 1956.1 p.52

◇ト短調ピアノ協奏曲〈サン・サーンス〉（協奏曲）「ディスク」19巻7号 臨時増刊 LP名曲100選 第2集 1956.5 p.77

◇交響曲第三番ハ短調〈サン・サーンス〉（交響曲）「ディスク」20巻8号 増刊 LP名曲350選 第1集 1957.7 p.56

◇動物の謝肉祭〈サン・サーンス〉（管弦楽曲）「ディスク」20巻8号 増刊 LP名曲350選 第1集 1957.7 p.111

◇動物の謝肉祭（サン=サーンス）小林利之 「ディスク」20巻9号 1957.8 p.164

◇ピアノ協奏曲第二番ト短調〈サン・サーンス〉（協奏曲）「ディスク」20巻10号 増刊 名曲LP350選 第2集 1957.8 p.35

◇ピアノ協奏曲第五番ヘ長調〈サン・サーンス〉（協奏曲）「ディスク」20巻10号 増刊 名曲LP350選 第2集 1957.8 p.36

◇ヴァイオリン協奏曲第三番ロ短調〈サン・サーンス〉（協奏曲）「ディスク」20巻10号 増刊 名曲LP350選 第2集 1957.8 p.70

◇チェロ協奏曲イ短調〈サン・サーンス〉（協奏曲）「ディスク」20巻10号 増刊 名曲LP350選 第2集 1957.8 p.83

◇サンサーンスを弾くロストロポーヴィチ 井上頼豊 「ディスク」21巻1号 1958.1 p.22

◇動物の謝肉祭〈サン・サーンス〉（名曲とレコード―管弦楽曲）宇野功芳 「ディスク」21巻13号 臨時増刊 名曲とレコード 1958.12 p.80

◇ピアノ協奏曲第五番「エジプト」ヘ長調 作品一〇三〈サン・サーンス〉（続・名曲とレコード―協奏曲）杉浦繁 「ディスク」22巻8号 臨時増刊 続・名曲とレコード 1959.7 p.51

シベリウス　　　　　　　　　　　人物文献目録　　　　　　　　　　作曲家

◇ヴァイオリン協奏曲第三番 ロ短調 作品六一
〈サン・サーンス〉（続・名曲とレコード―協
奏曲）杉浦繁 「ディスク」22巻8号 臨時増
刊 続・名曲とレコード 1959.7 p.52

◇ハバネラ（アバネーズ）〈サン・サーンス〉
（続・名曲とレコード―ヴァイオリン曲）中
村善吉 「ディスク」22巻8号 臨時増刊 続・
名曲とレコード 1959.7 p.96

◇サン＝サーンスの歌劇「サムソンとデリラ」
木村重雄 「ディスク」23巻3号 1960.2 p.24

◇サン＝サーンス「序奏とロンド・カプリチオー
ソ」他/カンポーリ（V）（新着LP試聴室）坩
和昌夫 「ディスク」23巻10号 1960.9 p.113

◇導入部とロンド・カプリチオーソ―サン＝
サーンス（ヴァイオリン曲）中村善吉 「ディ
スク」23巻13号 増刊 新版名曲とレコード 下
巻 1960.10 p.66

◇ハバネラ（アバネーズ）―サン＝サーンス
（ヴァイオリン曲）中村善吉 「ディスク」23
巻13号 増刊 新版名曲とレコード 下巻 1960.
10 p.66

◇白鳥―「動物の謝肉祭」より―サン＝サーン
ス（チェロ曲）中村善吉 「ディスク」23巻13
号 増刊 新版名曲とレコード 下巻 1960.10
p.125

シベリウス, ジャン

◇モツァルトト長調四重奏曲とシベリウス 第二交
響曲（洋楽五月新譜批評）増沢健美 「レコー
ド」2巻5号 1931.5 p.47

◇シベリウス作第一交響曲（名曲解説―四月新
譜より）湯浅永年 「レコード」3巻4号
1932.4 p.31

◇シベリウス序説 アーネスト・ニューマン,
須永克己 訳 「レコード音楽」7巻3号 1933.3
p.19

◇シベリウスのヴァイオリン協奏曲（試聴記）
大田黒元雄 「レコード音楽」13巻3号 1939.3
p.12

◇近代音楽とレコード（6）ヤン・シベリウス 松
本太郎 「レコード音楽」18巻11号 1948.11
p.32

◇仏蘭西と芬蘭の名曲二曲―名曲鑑賞（3）藤井
夏人 「レコード音楽」21巻5号 1951.5 p.42

◇シベリウス 交響曲第一, 三, 五（LP試聴記）
小林利之 「ディスク」15巻7号 1952.7 p.734

◇シベリウス交響曲・雑感 遠山一行 「ディス
ク」17巻7号 1954.7 p.24

◇シベリウス祭―ソヴィエト音楽家のシベリウ
ス訪問記 I・ベッロドニイ, 桃園春夫 訳
「ディスク」17巻7号 1954.7 p.27

◇近代協奏曲の名盤二枚 ラヴェルとシベリウス
高橋昭 「ディスク」18巻2号 1955.2 p.78

◇シベリウスのヴァイオリン協奏曲とオイスト
ラッフ 上野一郎 「ディスク」18巻11号
1955.9 p.58

◇第二交響曲〈シベリウス〉（交響曲）「ディス
ク」19巻2号 臨時増刊 LP名曲100選 第1集
1956.1 p.39

◇ニ短調ヴァイオリン協奏曲〈シベリウス〉（協
奏曲）「ディスク」19巻2号 臨時増刊 LP名曲
100選 第1集 1956.1 p.106

◇第一交響曲〈シベリウス〉（交響曲）「ディス
ク」19巻7号 臨時増刊 LP名曲100選 第2集
1956.5 p.32

◇第四交響曲〈シベリウス〉（交響曲）「ディス
ク」19巻7号 臨時増刊 LP名曲100選 第2集
1956.5 p.33

◇交響曲第一番ホ短調〈シベリウス〉（交響曲）
「ディスク」20巻8号 増刊 LP名曲350選 第1集
1957.7 p.66

◇交響曲第二番ニ長調〈シベリウス〉（交響曲）
「ディスク」20巻8号 増刊 LP名曲350選 第1集
1957.7 p.66

◇交響曲第三番ハ長調〈シベリウス〉（交響曲）
「ディスク」20巻8号 増刊 LP名曲350選 第1集
1957.7 p.67

◇交響曲第四番イ短調〈シベリウス〉（交響曲）
「ディスク」20巻8号 増刊 LP名曲350選 第1集
1957.7 p.68

◇交響曲第五番変ホ長調〈シベリウス〉（交響
曲）「ディスク」20巻8号 増刊 LP名曲350選
第1集 1957.7 p.69

◇交響詩「フィンランディア」〈シベリウス〉
（管弦楽曲）「ディスク」20巻8号 増刊 LP名
曲350選 第1集 1957.7 p.133

◇トウオネラの白鳥〈シベリウス〉（管弦楽曲）
「ディスク」20巻8号 増刊 LP名曲350選 第1集
1957.7 p.134

◇ヴァイオリン協奏曲ニ短調〈シベリウス〉（協
奏曲）「ディスク」20巻10号 増刊 名曲LP350
選 第2集 1957.8 p.75

◇ヌヴーの遺品シベリウス（今月のハイライト）
ジャンヌ・イスナール 「ディスク」20巻13
号 1957.11 p.18

◇シベリウスを悼む 岡俊雄 「ディスク」20巻
13号 1957.11 p.34

◇ヴァイオリン協奏曲 ニ短調 作品四七〈シベリ
ウス〉（続・名曲とレコード―協奏曲）杉浦
繁 「ディスク」22巻8号 臨時増刊 続・名曲
とレコード 1959.7 p.53

◇交響詩「フィンランディア」作品二六の七
〈シベリウス〉（続・名曲とレコード―管弦楽
曲）渡辺護, 長尾義弘, 宇野功芳 「ディス
ク」22巻8号 臨時増刊 続・名曲とレコード
1959.7 p.74

◇北欧の空気を伝えるシベリウスの歌曲集（フ
ラグスタート）（新着LP試聴室）岡俊雄
「ディスク」22巻10号 1959.9 p.160

◇シベリウスの「交響曲第二番」（モントゥ指
揮）（新着LP試聴室）杉浦繁 「ディスク」23
巻1号 1960.1 p.158

336　戦前期　レコード音楽雑誌記事索引

作曲家　　　　　　　　　　　　　　人物文献目録　　　　　　　　　　　　シュトラウス

◇カラヤンの新盤シベリュウスの第二交響曲
（新着LP試聴室）浅井修一　「ディスク」24
巻8号 1961.8 p.112

◇オーマンディの快演するシベリュウス〈交響
曲第1番〉（各社10月新譜とその聴きもの）長
尾義弘　「ディスク」26巻6号 1963.9 p.154

シュトラウス, リヒヤルト

◇リヒアルト・ストラウスのこと（RICHARD
STRAUSS 1864）（音楽と趣味）塚本譲　「音
楽と蓄音機」9巻10号 1922.10 p.50

◇リヒアルト・シユトラウス―レコードで活躍
する世界的音楽家列伝（10）千家千亮平　「レ
コード」2巻6号 1931.6 p.16

◇「俄貴族」とその音楽 塩入亀輔　「レコード」
2巻8号 1931.8 p.38

◇俄貴族その他（洋楽八月新譜批評）野村光一
「レコード」2巻8号 1931.8 p.44

◇三つの俄貴族（洋楽八月新譜批評）あらえび
す　「レコード」2巻8号 1931.8 p.46

◇三社の俄貴族及各社の八月新譜鳥瞰（洋楽八
月新譜批評）塩入亀輔　「レコード」2巻8号
1931.8 p.51

◇〈楽譜〉テイルオイレンシピーゲル（R・シユ
トラウス曲）―レコード鑑賞楽譜　「レコー
ド」2巻9号 1931.9 p.105

◇R・シトラウス作薔薇の騎士（名曲解説）本
郷澄夫　「レコード」3巻9号 1932.9 p.21

◇シュトラウスの新作喜劇「アラベラ」茂谷澄
「レコード音楽」8巻3号 1934.8 p.16

◇薔薇の騎士―歌劇レコード連続講説（第7）伊
庭孝　「レコード音楽」8巻8号 1934.8 p.101

◇リヒアルト・シュトラウスの作品とレコード
（上）面白誌 編　「レコード音楽」8巻8号
1934.8 p.114

◇リヒアルト・シュトラウスの作品とレコード
（下）面白誌 編　「レコード音楽」8巻9号
1934.9 p.115

◇シュトラウスの印象（シュトラウス特輯）山
田耕筰　「レコード音楽」9巻2号 1935.2 p.6

◇「薔薇の騎士」に就て（シュトラウス特輯）
有馬大五郎　「レコード音楽」9巻2号 1935.2
p.8

◇交響詩曲「死と浄化」解説（シュトラウス特
輯）太田太郎　「レコード音楽」9巻2号
1935.2 p.17

◇シュトラウスの「ツァラトゥストラ」レコー
ド 伊庭孝　「レコード音楽」9巻11号 1935.
11 p.6

◇シュトラウスの音詩「ドン・ファン」の新盤
（試聴記）井上頼豊　「レコード音楽」14巻4
号 1940.4 p.18

◇ドンファン（R・シュトラウス曲）（洋楽名曲
試聴評）村田武雄　「レコード」6巻4号
1940.5 p.60

◇レコードで活躍する現代音楽家列伝（12）リ
ヒアルト・シュトラウス 片山桂三　「レコー
ド」6巻8号 1940.9 p.74

◇試聴室―シュトラウスの「家庭交響曲」田中
良雄　「ディスク」12巻11号 1940.11 p.1069

◇オールマンディ指揮「家庭」交響曲（R・シ
ユトラウス作品）（洋楽名曲レコード評）牛
山充　「レコード」6巻10号 1940.11 p.57

◇皇紀二千六百年奉祝楽曲のレコード―祝典音
楽 シュトラウス作 太田博　「ディスク」13巻
3号 1941.3 p.221

◇「死と浄化」―音詩名曲選（4）森本覚丹
「レコード文化」2巻12号 1942.12 p.39

◇R.シュトラウスの生涯と芸術 有馬大五郎
「レコード音楽」19巻11号 1949.11 p.22

◇晩年のシュトラウス 渡辺護　「レコード音
楽」19巻11号 1949.11 p.26

◇シュトラウスのレコード　「レコード音楽」
19巻11号 1949.11 p.30

◇リヒアルト・シュトラウス翁の想い出 江原綱
一　「レコード音楽」20巻11号 1950.11 p.31

◇シュトラウスの交響詩とドン・ファン 藤井
夏人　「ディスク」15巻2号 1952.2 p.116

◇リヒアルト・シュトラウスのティル・オイレ
ンシュピーゲルの「愉快ないたづら」（試聴
室）大宮真琴　「レコード音楽」22巻10号
1952.10 p.38

◇R・シュトラウスのアルプス交響曲 花村圭
晟，富田嘉和　「ディスク」16巻5号 1953.4
p.358

◇歌劇「薔薇の騎士」の新盤（新着LP紹介）小
林利之　「ディスク」18巻7号 1955.6 p.129

◇交響詩「ティル・オイレンシュピーゲル」〈リ
ヒヤルト・シュトラウス〉（管弦楽曲）「ディ
スク」19巻2号 臨時増刊 LP名曲100選 第1集
1956.1 p.65

◇交響詩「ドン・ファン」〈リヒヤルト・シュト
ラウス〉（管弦楽曲）「ディスク」19巻7号 臨
時増刊 LP名曲100選 第2集 1956.5 p.51

◇楽劇「薔薇の騎士」の全曲盤（今月のLPか
ら）福原信夫　「ディスク」19巻14号 1956.
11 p.32

◇交響詩「ドン・ファン」〈リヒヤルト・シュト
ラウス〉（管弦楽曲）「ディスク」20巻8号 増
刊 LP名曲350選 第1集 1957.7 p.130

◇交響詩「ドン・キホーテ」〈リヒアルト・シュ
トラウス〉（管弦楽曲）「ディスク」20巻8号
増刊 LP名曲350選 第1集 1957.7 p.132

◇薔薇の騎士〈リヒヤルト・シュトラウス〉（歌
劇）「ディスク」20巻8号 増刊 LP名曲350選
第1集 1957.7 p.199

◇カラヤンとシュワルツコップの楽劇「薔薇の
騎士」小林利之　「ディスク」21巻3号 1958.
3 p.154

◇ドイツのLP比較評（1）交響詩「ドン・ファン」
渡辺護　「ディスク」21巻8号 1958.8 p.148

◇交響詩「ティル・オイレンシュピーゲルの愉快ないたづら」作品二八〈リヒャルト・シュトラウス〉(続・名曲とレコード—管弦楽曲)渡辺護，長尾義弘，宇野功芳 「ディスク」22巻8号 臨時増刊 続・名曲とレコード 1959.7 p.72

◇R・シュトラウス/交響詩「ドン・キホーテ」/ヤニグロ(Vc)，ライナー～シカゴ(新着LP試聴室) 岡俊雄 「ディスク」23巻8号 1960.7 p.114

◇小夜曲—R・シュトラウス〈歌曲〉 小林利之 「ディスク」23巻13号 増刊 新版名曲とレコード 下巻 1960.10 p.164

◇カラヤン指揮のR・シュトラウスの交響詩(新着LP試聴室) 浅井修一 「ディスク」24巻6号 1961.6 p.104

◇ヨッフム指揮するR・シュトラウス(新着LP試聴室) 梅木香 「ディスク」24巻7号 1961.7 p.118

◇シューベルト〈交響曲第九番ハ長調〉，フランク〈交響曲ニ長調〉,R・シュトラウス〈ドン・ファン〉(特集 復刻された巨匠メンゲルベルクの名演を聴く) 岡俊雄 「ディスク」24巻13号 1961.12 p.111

◇ビーチャムのR・シュトラウス(新着LP試聴室) 紀長谷雄 「ディスク」24巻13号 1961.12 p.114

◇歌劇〈サロメ〉(特集 話題の来日演奏家) 黒田恭一 「ディスク」25巻6号 1962.6 p.82

◇カラヤンの〈バラの騎士〉(新着LP試聴室) 黒田恭一 「ディスク」25巻7号 1962.7 p.121

◇〈ナクソス島のアリアドネ〉(オペラへの招待(6)) 福原信夫 「ディスク」25巻12号 1962.12 p.114

◇素晴らしかったベームの「アルプス交響曲」(私の愛聴盤—読者随筆) 荻野裕 「ディスク」26巻6号 1963.9 p.93

◇ベームの名盤(2)—R・シュトラウスとベーム 渡辺学而 「ディスク」26巻7号 1963.10 p.109

◇セルの指揮するR・シュトラウス(各社12月新譜速報とその聴きもの) 渡辺学而 「ディスク」26巻8号 1963.11 p.141

◇R・シュトラウスの晩年に於ける矛盾(1) パトリック・J・スミス，橘市郎 訳 「ディスク」27巻9号 1964.9 p.77

◇R・シュトラウスの晩年に於ける矛盾(2) ジョージ・R・マレック，橘市郎 訳 「ディスク」27巻10号 1964.10 p.90

◇話題の海外レコード試聴室 ベームに見出された注目の新進 イヴリン・リアーのR・シュトラウス歌曲集 石井不二雄 「ディスク」28巻7号 1965.8 p.74

◇R・シュトラウス万才！(私の愛聴盤) 三輪省三 「ディスク」29巻2号 1966.2 p.120

◇声楽(楽劇「バラの騎士」/エリザベート・シュヴァルツコップ)(上半期に来日する演奏家の横顔) 黒田恭一 「ディスク」29巻3号 1966.3 p.67

◇楽劇「バラの騎士」(話題の春の演奏会をきく) 黒田恭一 「ディスク」29巻6号 1966.6 p.79

シューベルト, フランツ

◇シューベルトのリード(1) J・S 「ザ・グラモヒル」1巻6号 1930.7 p.201

◇シユベルトのリード(2) J・S 「ザ・グラモヒル」1巻7号 1930.8 p.248

◇シューベルトのリード(完) J・S 「ディスク」2巻3号 1930.11 p.185

◇シユベルトのリード 泉静二 「レコード」1巻3号 1930.11 p.29

◇ドウハンのシユーベルト(上) あらえびす 「ディスク」3巻6号 1931.6 p.462

◇ドウハンのシユーベルト「白鳥の歌」 あらえびす 「ディスク」3巻7号 1931.7 p.537

◇シューベルト(1) 未完成は孰れを選ぶ—音楽史的レコード蒐集(18) バッハよりシェンベルヒまで あらえびす 「レコード音楽」5巻7号 1931.7 p.4

◇シューベルトの二重奏を担ぐ REN 「レコード音楽」5巻7号 1931.7 p.18

◇シューベルト(2) シューベルトの室内楽—音楽史的レコード蒐集(19) バッハよりシェンベルヒまで あらえびす 「レコード音楽」5巻8号 1931.8 p.4

◇シューベルト(3) ソナタとコンチェルト—音楽史的レコード蒐集(20) バッハよりシェンベルヒまで あらえびす 「レコード音楽」5巻9号 1931.9 p.4

◇シューベルト(4) ピアノとオーケストラ—音楽史的レコード蒐集(21) バッハよりシェンベルヒまで あらえびす 「レコード音楽」5巻10号 1931.10 p.4

◇シューベルト(5) シューベルトの歌謡—音楽史的レコード蒐集(22) バッハよりシェンベルヒまで あらえびす 「レコード音楽」5巻11号 1931.11 p.9

◇シューベルト(6) シューベルトの歌謡(続)—音楽史的レコード蒐集(23) バッハよりシェンベルヒまで あらえびす 「レコード音楽」5巻12号 1931.12 p.4

◇シューベルト(7) シューベルトの歌謡(続)—音楽史的レコード蒐集(24) バッハよりシェンベルヒまで あらえびす 「レコード音楽」6巻1号 1932.1 p.6

◇シューベルト(8) シューベルトの歌謡(続・完)—音楽史的レコード蒐集(25) バッハよりシェンベルヒまで あらえびす 「レコード音楽」6巻2号 1932.2 p.4

◇シューベルト作「未完成（第八）交響曲」（名曲解説）服部龍太郎 「レコード」3巻3号 1932.3 p.25

◇ピアノトリオのレコード（其2 シユウバアト―ブラアムス）瀧善郎 「ディスク」4巻5号 1932.5 p.274

◇シューベルト作絃楽四重奏曲（名曲解説―五月新譜より）本郷澄夫 「レコード」3巻5号 1932.5 p.19

◇ニ短調「死と少女」絃楽四重奏曲 鈴木喜久雄 「レコード音楽」6巻7号 1932.7 p.13

◇シューベルト作「未完成交響曲」（名曲解説）桂近乎 「レコード」4巻1号 1933.1 p.56

◇シューバート作「辻音楽師」「道しるべ」（名曲解説）桂近乎 「レコード」4巻2号 1933.2 別冊附録

◇シューバート作「ロザムンデ序曲」（名曲解説）桂近乎 「レコード」4巻2号 1933.2 別冊附録

◇シューバート絃楽四重奏曲 Ｃ・Ｌ・Ｂ 「レコード」4巻6号 1933.6 別冊附録

◇レコード音楽鑑賞楽譜（I）（2）シューベルト（歌謡集）たそがれ・祈の歌・曇日・辻音楽師 「レコード音楽」7巻10号 1933.10 附録

◇冬の旅 本来漢 「ディスク」6巻2号 1934.2 p.80

◇試聴室―ロ短調未完成交響曲」の印象 鮎野行夫 「ディスク」6巻5号 1934.5 p.271

◇「冬の旅」協会レコードを讃ふ 青木誠意 「ディスク」6巻12号 1934.12 p.711

◇ウヰルヘルム・ミユウラー詩 冬の旅より（歌詞）其の1 三角紀志 「ディスク」7巻1号 1935.1 p.39

◇コーリッシュ四重奏団のレコードを聴く 藤田不二 「レコード音楽」9巻1号 1935.1 p.15

◇ウヰルヘルム・ミユウラー詩 冬の旅の歌詞（其2）三角紀志 「ディスク」7巻2号 1935.2 p.102

◇ウッド卿指揮の「未完成」交響曲（新盤試聴記）野村光一 「レコード音楽」9巻3号 1935.3 p.40

◇ウヰルヘルム・ミユウラー詩 冬の旅の歌詞（其3）三角紀志 「ディスク」7巻4号 1935.4 p.279

◇ウヰルヘルム・ミユウラー詩 冬の旅の歌詞（其4）三角紀志 「ディスク」7巻5号 1935.5 p.372

◇「美しき水車小屋の娘」 本来漢 「ディスク」7巻8号 1935.8 p.589

◇試聴室―新着レコードの印象―メルハルの「未完交響楽」雑感 鮎野行夫，有島牧穂 「ディスク」7巻10号 1935.10 p.756

◇シューベルトの歌劇レコード随想 あらえびす 談 「ディスク」8巻1号 1936.1 p.5

◇シューベルトの管絃曲レコードを繞りて 江馬苅辺 「ディスク」8巻1号 1936.1 p.9

◇シューベルトの傑作室内楽曲 鈴木鎮一 「ディスク」8巻1号 1936.1 p.15

◇歌謡曲作家シューバート 唐端勝 「ディスク」8巻1号 1936.1 p.19

◇フランツ・シューバート年表 「ディスク」8巻1号 1936.1 p.24

◇シューバート作品表 編輯部 「ディスク」8巻1号 1936.1 p.29

◇随想シューバート伝 桂近乎 「レコード音楽」10巻1号 1936.1 p.24

◇ヒュッシュと「美しき水車小屋の乙女」 あらえびす 談 「ディスク」8巻5号 1936.5 p.372

◇試聴室―クライベル指揮の「未完成」（テレフンケン版）田中青雲 「ディスク」8巻5号 1936.5 p.396

◇美しきミュウレリン 大田黒元雄 「レコード音楽」10巻5号 1936.5 p.6

◇シューベルトの歌謡の鑑賞―歌ふ方の側から観たる 沢崎定之 「レコード音楽」10巻5号 1936.5 p.8

◇歌曲集「美しき水車小屋の乙女」に就いて 安井義三 「レコード音楽」10巻5号 1936.5 p.10

◇マルティネリの歌つた「美しき水車小屋の娘」（欧米新着レコード紹介）寺島宏 「ディスク」8巻6号 1936.6 p.492

◇フランツ・シゥベルト（独逸音楽随筆集）井関富三 「ディスク」8巻7号 1936.7 p.603

◇試聴室―シューベルトの「鱒の五重奏曲」 井関富三 「ディスク」8巻9号 1936.9 p.794

◇シュナーベルに拠る「鱒」の五重奏曲 野村光一 「レコード音楽」10巻10号 1936.10 p.6

◇ワルター指揮の「未完成」（三つの「未完成交響曲」新盤試聴記）野村光一 「レコード音楽」11巻3号 1937.3 p.10

◇クライバー指揮の「未完成」（三つの「未完成交響曲」新盤試聴記）あらえびす 「レコード音楽」11巻3号 1937.3 p.13

◇クーセヴィツキーの「未完成」（三つの「未完成交響曲」新盤試聴記）村田武雄 「レコード音楽」11巻3号 1937.3 p.15

◇試聴室―シューベルト「変ロ調三重奏曲」作品九九 井関富三 「ディスク」9巻4号 1937.4 p.329

◇「未完成交響曲」の印象種々相 太田博 「ディスク」9巻4号 1937.4 p.348

◇「未完成交響曲」饒舌録 榎本笋 「ディスク」9巻4号 1937.4 p.352

◇「死と少女」四重奏曲の新盤 有坂愛彦 「レコード音楽」11巻7号 1937.7 p.12

◇名演奏 シューベルトの「死と乙女」 鈴木鎮一 「ディスク」9巻10号 1937.10 p.937

◇シューバートと「鱒の五重奏曲」 青木謙幸 「ディスク」9巻10号 1937.10 p.943

◇「鱒」五重奏曲の新盤 有坂愛彦 「レコード音楽」11巻10号 1937.10 p.12

◇ハンス・ドウハンの「白鳥の歌」 青木謙幸 「ディスク」10巻1号 1938.1 p.9

◇シューベルトの「白鳥の歌」(試聴記) 藁科雅美 「レコード音楽」12巻1号 1938.1 p.22

◇アルペジオネ奏鳴曲イ短調(シューバート) 杉浦繁 「ディスク」10巻5号 1938.5 p.421

◇シューベルトのロンド・其他(試聴記) 水野忠恂 「レコード音楽」12巻6号 1938.6 p.18

◇「冬の旅」のレコード(1) 西野茂雄 「レコード音楽」13巻3号 1939.3 p.59

◇シューベルト作「四重奏曲変ホ長調」 青木謙幸 「ディスク」11巻4号 1939.4 p.344

◇シューベルト作「交響曲第五番変ロ長調」 柏木俊三 「ディスク」11巻4号 1939.4 p.349

◇カルヴェー四重奏団の録音したシューベルトの絃楽四重奏曲(試聴記) 藤田不二 「レコード音楽」13巻4号 1939.4 p.16

◇「冬の旅」のレコード(2) 西野茂雄 「レコード音楽」13巻4号 1939.4 p.71

◇カルヴェの「死と乙女」の四重奏曲 青木謙幸 「ディスク」11巻8号 1939.8 p.747

◇新しく録音された「死と乙女」四重奏曲(試聴記) 藤田不二 「レコード音楽」13巻8号 1939.8 p.87

◇ブッシユの絃楽四重奏曲(シユーベルト作品一六八)(十二月名曲批評) 呉泰次郎 「レコード」5巻4号 1939.12 p.50

◇シューベルトの「即興曲」とフィッシャー 高木東六 「ディスク」12巻1号 1940.1 p.4

◇特別附録 美しき水車小屋の乙女(楽譜)「レコード」6巻1号 1940.1 p.1

◇フイツシヤー演奏 シユーベルトの即興曲集(洋楽レコード試聴評) 今井治郎 「レコード」6巻1号 1940.1 p.44

◇シユーベルト作「鱒の五重奏曲」一如是我聞 太田博 「ディスク」12巻3号 1940.3 p.234

◇シューベルトの人となり ハンス・ヨアヒム・モーサー 述. 太田博 訳 「ディスク」12巻3号 1940.3 p.257

◇ピアノ五重奏曲「鱒」(試聴記) 長島卓二 「レコード音楽」14巻3号 1940.3 p.23

◇シューベルト「行進曲集」評 太田博 「ディスク」12巻4号 1940.4 p.325

◇シューベルト行進曲集―シュナーベル父子演奏(試聴記) 属啓成 「レコード音楽」14巻4号 1940.4 p.13

◇シューベルトの行進曲集(洋楽名曲試聴評) 宅孝二 「レコード」6巻4号 1940.5 p.82

◇ワルター指揮シューベルトの「第七交響曲ハ長調」 K・ONODERA 「ディスク」12巻6号 1940.6 p.518

◇ワルターのシューベルト「交響曲ハ長調」を讃ふ(試聴記) 村田武雄 「レコード音楽」14巻6号 1940.6 p.10

◇第七交響曲(シューベルト曲)(洋楽名曲試聴評) 服部正 「レコード」6巻5号 1940.6 p.25

◇ブッシュ四重奏団演奏のシューベルト作「絃四重奏曲ト長調」 柏木俊三 「ディスク」12巻7号 1940.7 p.627

◇ブッシュ四重奏団の弾くシューベルトの大作(試聴記) 有坂愛彦 「レコード音楽」14巻7号 1940.7 p.14

◇シューベルト最後のクヮルテット(洋楽名曲試聴評) 原太郎 「レコード」6巻6号 1940.7 p.26

◇試聴室―モーツァルトの「デイヴエルテイメント」第十五番・シユーベルトの「アンダンテイノと変奏曲」 大岡昇平 「ディスク」12巻9号 1940.9 p.843

◇シューベルト伝(1)若きシューベルト 太田博 訳 「ディスク」12巻11号 1940.11 p.1056

◇シューベルト伝(2)シューベルトとその友人達 太田博 訳 「ディスク」12巻12号 1940.12 p.1163

◇何を選ぶ可きか(3)「死と少女」の四重奏曲 青木謙幸 「ディスク」12巻12号 1940.12 p.1167

◇試聴室―シユーバートの「ピアノ三重奏曲作品九九」を聴く 中村善吉 「ディスク」13巻1号 1941.1 p.12

◇何を選ぶ可きか(4)「鱒の五重奏曲」 青木謙幸 「ディスク」13巻1号 1941.1 p.38

◇シューベルト伝(3) 太田博 訳 「ディスク」13巻2号 1941.2 p.144

◇シューベルト年表 「ディスク」13巻臨時増刊 ディスク叢書第三輯 シューベルト特輯号 1941.2 p.2

◇シューベルトへの愛着 あらゑびす 「ディスク」13巻臨時増刊 ディスク叢書第三輯 シューベルト特輯号 1941.2 p.5

◇シューベルトの人物観 青木謙幸 「ディスク」13巻臨時増刊 ディスク叢書第三輯 シューベルト特輯号 1941.2 p.10

◇シューベルトの芸術 中村善吉 「ディスク」13巻臨時増刊 ディスク叢書第三輯 シューベルト特輯号 1941.2 p.25

◇歌曲集「美しき水車屋の乙女」(シューベルト作品とディスク賞レコード) その・す・む 「ディスク」13巻臨時増刊 ディスク叢書第三輯 シューベルト特輯号 1941.2 p.33

◇歌曲集「冬の旅」(シューベルト 作品とディスク賞レコード) 坪和昌夫 「ディスク」13巻臨時増刊 ディスク叢書第三輯 シューベルト特輯号 1941.2 p.75

◇歌曲集「白鳥の歌」(シューベルト 作品とディスク賞レコード) 中村善吉 「ディスク」13巻臨時増刊 ディスク叢書第三輯 シューベルト特輯号 1941.2 p.104

◇名歌曲選（シューベルト 作品とディスク賞レコード）中村善吉 「ディスク」13巻臨時増刊 ディスク叢書第三輯 シューベルト特輯号 1941.2 p.117

◇交響曲（シューベルト 作品とディスク賞レコード）坪和昌夫 「ディスク」13巻臨時増刊 ディスク叢書第三輯 シューベルト特輯号 1941.2 p.140

◇管絃楽曲（シューベルト 作品とディスク賞レコード）田中良雄 「ディスク」13巻臨時増刊 ディスク叢書第三輯 シューベルト特輯号 1941.2 p.154

◇絃楽四重奏曲（シューベルト 作品とディスク賞レコード）青木謙幸 「ディスク」13巻臨時増刊 ディスク叢書第三輯 シューベルト特輯号 1941.2 p.161

◇五重奏曲其他（シューベルト 作品とディスク賞レコード）青木謙幸 「ディスク」13巻臨時増刊 ディスク叢書第三輯 シューベルト特輯号 1941.2 p.173

◇ピアノ三重奏曲（シューベルト 作品とディスク賞レコード）柏木俊三 「ディスク」13巻臨時増刊 ディスク叢書第三輯 シューベルト特輯号 1941.2 p.181

◇二重奏曲其他（シューベルト 作品とディスク賞レコード）柏木俊三 「ディスク」13巻臨時増刊 ディスク叢書第三輯 シューベルト特輯号 1941.2 p.184

◇ピアノ曲（シューベルト 作品とディスク賞レコード）柏木俊三 「ディスク」13巻臨時増刊 ディスク叢書第三輯 シューベルト特輯号 1941.2 p.189

◇宗教音楽（シューベルト 作品とディスク賞レコード）その・すゝむ 「ディスク」13巻臨時増刊 ディスク叢書第三輯 シューベルト特輯号 1941.2 p.203

◇ジョン・バルビロリ指揮 交響曲第四番─悲劇（シューベルト作品）（洋楽名曲評）村田武雄 「レコード」7巻2号 1941.2 p.32

◇交響曲第八番「未完成」シユーベルト作曲 「レコード」7巻2号 1941.2 別冊総譜

◇シューベルト伝（4）ヨゼフ・フォン・シュパウン 原著：太田博 訳 「ディスク」13巻4号 1941.4 p.334

◇イツモルシユテット博士指揮 「ローザムンデ」の序曲（シユーベルト曲）（名曲レコード情報）牛山充 「レコード」7巻4号 1941.5 p.18

◇試聴室─シューベルト作「大幻想曲」 井上敏夫 「ディスク」13巻8号 1941.8 p.737

◇大幻奏曲ハ長調（シユーベルト）ブッシュとゼルキン（名曲レコード情報）牛山充 「レコード」7巻6号 1941.8 p.25

◇菩提樹のレコードは何を選ぶべきか 奥谷行夫 「レコード」7巻6号 1941.8 p.47

◇名曲と名盤─「未完成交響曲」 坪和昌夫 「レコード文化」2巻5号 1942.5 p.15

◇シューベルトの交響曲─名盤案内（5）坪和昌夫 「レコード文化」2巻9号 1942.9 p.44

◇音楽史的に観たピアノ・レコード（7）シューベルトの洋琴曲とレコード 野村光一 「レコード音楽」18巻4号 1948.4 p.1

◇レコードのある部屋（6）シューベルトを聴く 村田武雄 「レコード音楽」18巻4号 1948.4 p.4

◇シユーベルトの室内楽 辻荘一 「レコード音楽」20巻4号 1950.4 p.16

◇シューベルトの五線紙 属啓成 「レコード音楽」20巻4号 1950.4 p.68

◇「冬の旅」鑑賞─独逸歌曲鑑賞 西野茂雄 「レコード音楽」20巻12号 1950.12 p.74

◇シューベルト「未完成交響曲」 鮎野行夫 「ディスク」14巻3号 1951.11 p.206

◇シューベルトの「アルペヂォーネ」（今月の主要レコードの解説）杉浦繁 「ディスク」14巻4号 1951.12 p.298

◇シューベルト─未完成交響曲（LPレコード試聴記）伊奈正明 「ディスク」15巻6号 1952.6 p.628

◇シューベルト「鱒の五重奏曲」（名曲解説）青木謙幸 「ディスク」15巻7号 1952.7 p.690

◇ヒュッシュの「白鳥の歌」を讃う（巻頭言）青木謙幸 「ディスク」15巻9号 1952.9 p.895

◇ヒュッシュの「白鳥の歌」─その日本吹込をめぐつて 西野茂雄 「レコード音楽」22巻9号 1952.9 p.19

◇トスカニーニの「未完成」とハイフェッツの「スペイン交響曲」（座談会）村田武雄、大木正興、上野一郎、薬科雅美 「レコード音楽」22巻10号 1952.10 p.46

◇シューベルトの歌曲集（LP試聴記）その・すすむ 「ディスク」15巻12号 1952.11 p.1158

◇シューベルト ピアノ五重奏曲（鱒）（LP試聴記）小林利之 「ディスク」15巻12号 1952.11 p.1160

◇シューベルト 未完成交響曲（LP試聴記）小林利之 「ディスク」15巻12号 1952.11 p.1160

◇「三つの未完成」─トスカニーニ・ワルター・フルトヴェングラーの未完成比較論 大宮真琴 「レコード音楽」22巻12号 1952.12 p.66

◇シューベルトの聴き方 森潤三郎 「ディスク」16巻2号 1953.2 p.118

◇シューベルト 第九交響曲（第七）ハ長調（LP試聴記）いしはら 「ディスク」16巻4号 1953.3 p.274

◇シューベルト 歌曲集（アンダーソン、ルップ）（LP試聴記）小林利之 「ディスク」16巻5号 1953.4 p.372

◇シューベルトのクワルテット抄─コンツェルト・ハウス四重奏団のLP全曲を聴きながら 杉浦繁 「ディスク」16巻13号 1953.12 p.62

シューベルト　　　　　　　　　　　　人物文献目録　　　　　　　　　　　　作曲家

◇未完成のLPは何を選ぶべきか―LP決定盤シリーズ（3）（海外LP試聴室）　坩和昌夫　「ディスク」17巻4号　1954.4　p.65

◇シューベルトの歌のレコードを聴く―シュワルッコップとルードヴィッヒの新盤（対談）畑中her予，畑中良輔　「ディスク」17巻9号　1954.8　p.34

◇シューベルトの新盤 スコーダ等の「鱒」五重奏曲，シユルスヌスの歌（十月の新譜批評）宇野功芳　「ディスク」17巻11号　1954.10　p.56

◇ケンプの名演 シューマンの協奏曲とシューベルトのイ短調ソナタ 高橋，田代　「ディスク」17巻12号　1954.11　p.78

◇フッシャー・デイスカウの「水車小屋の娘」の名唱（海外LP試聴室）　宇野功芳　「ディスク」17巻12号　1954.11　p.135

◇ワルターの「ジュピター」と「未完成」　宇野功芳　「ディスク」17巻13号　1954.12　p.64

◇コンツェルトハウスのシューベルト　坩和昌夫　「ディスク」18巻1号　1955.1　p.72

◇「美しき水車小屋の娘」　小谷彰　「ディスク」18巻10号　1955.8　p.66

◇ハンス・ホッターのシューベルト歌曲集「冬の旅」（今月のLPから）　福原信夫　「ディスク」19巻1号　1956.1　p.81

◇未完成交響曲〈シューベルト〉（交響曲）「ディスク」19巻2号 臨時増刊 LP名曲100選 第1集　1956.1　p.30

◇「死と少女」絃楽四重奏曲〈シューベルト〉（室内楽曲）「ディスク」19巻2号 臨時増刊 LP名曲100選 第1集　1956.1　p.111

◇「鱒」五重奏曲〈シューベルト〉（室内楽曲）「ディスク」19巻2号 臨時増刊 LP名曲100選 第1集　1956.1　p.113

◇歌曲集「冬の旅」〈シューベルト〉（声楽曲）「ディスク」19巻2号 臨時増刊 LP名曲100選 第1集　1956.1　p.131

◇フルトヴェングラーのシューベルト「第七」の名演（今月のLPハイライト）　田代秀穂　「ディスク」19巻3号　1956.2　p.104

◇大作曲家とその音楽（2）シューベルト（上）（対談）大宮真琴，高瀬まり　「ディスク」19巻5号　1956.4　p.45

◇フィッシャー・ディースカウのシューベルト「冬の旅」決定盤とフルトヴェングラーの共演マーラーの「さまよう若人の歌」（今月のLPハイライト）福原信夫　「ディスク」19巻5号　1956.4　p.120

◇大作曲家とその音楽（2）シューベルト（下）（対談）大宮真琴，高瀬まり　「ディスク」19巻6号　1956.5　p.29

◇第七交響曲〈シューベルト〉（交響曲）「ディスク」19巻7号 臨時増刊 LP名曲100選 第2集　1956.5　p.24

◇即興曲集〈シューベルト〉（器楽曲）「ディスク」19巻7号 臨時増刊 LP名曲100選 第2集　1956.5　p.104

◇歌曲集「白鳥の歌」〈シューベルト〉（声楽曲）「ディスク」19巻7号 臨時増刊 LP名曲100選 第2集　1956.5　p.118

◇歌曲集「美しき水車小屋の乙女」〈シューベルト〉（声楽曲）「ディスク」19巻7号 臨時増刊 LP名曲100選 第2集　1956.5　p.119

◇未完成交響曲（シューベルト）（LP名曲二〇選（1））杉浦繁　「ディスク」20巻1号　1957.1　p.186

◇シューベルトの「白鳥の歌」（今月のハイライト）畑中良輔　「ディスク」20巻4号　1957.4　p.29

◇交響曲第五番変ロ長調〈シューベルト〉（交響曲）「ディスク」20巻8号 増刊 LP名曲350選 第1集　1957.7　p.42

◇交響曲第七番ハ長調〈シューベルト〉（交響曲）「ディスク」20巻8号 増刊 LP名曲350選 第1集　1957.7　p.43

◇交響曲第八番ロ短調（未完成）〈シューベルト〉（交響曲）「ディスク」20巻8号 増刊 LP名曲350選 第1集　1957.7　p.44

◇ロザムンデの音楽〈シューベルト〉（管弦楽曲）「ディスク」20巻8号 増刊 LP名曲350選 第1集　1957.7　p.96

◇絃楽四重奏曲ニ短調（死と乙女）〈シューベルト〉（室内楽曲）「ディスク」20巻10号 増刊 名曲LP350選 第2集　1957.8　p.111

◇ピアノ五重奏曲イ長調（鱒）〈シューベルト〉（室内楽曲）「ディスク」20巻10号 増刊 名曲LP350選 第2集　1957.8　p.116

◇弦楽五重奏曲ハ長調〈シューベルト〉（室内楽曲）「ディスク」20巻10号 増刊 名曲LP350選 第2集　1957.8　p.119

◇ヴァイオリン小奏鳴曲第三番ト短調〈シューベルト〉（室内楽曲）「ディスク」20巻10号 増刊 名曲LP350選 第2集　1957.8　p.131

◇美しき水車小屋の娘〈シューベルト〉（歌曲）「ディスク」20巻10号 増刊 名曲LP350選 第2集　1957.8　p.147

◇冬の旅〈シューベルト〉（歌曲）「ディスク」20巻10号 増刊 名曲LP350選 第2集　1957.8　p.148

◇白鳥の歌〈シューベルト〉（歌曲）「ディスク」20巻10号 増刊 名曲LP350選 第2集　1957.8　p.149

◇フラグスタートのシューベルト（今月のハイライト）畑中良輔　「ディスク」20巻13号　1957.11　p.19

◇ピアノ奏鳴曲イ短調〈シューベルト〉（器楽曲）「ディスク」20巻14号 増刊 名曲LP350選 第3集　1957.11　p.41

◇交響曲第四番（悲劇的）〈シューベルト〉（交響曲）「ディスク」20巻14号 増刊 名曲LP350選 第3集　1957.11　p.132

◇絃楽四重奏曲第一三番イ短調〈シューベルト〉（室内楽曲）「ディスク」20巻14号 増刊 名曲LP350選 第3集　1957.11　p.161

作曲家　　　　　　　　　　　　　　人物文献目録　　　　　　　　　　　　シューベルト

◇絃楽四重奏曲第一五番ト長調〈シューベルト〉（室内楽曲）「ディスク」20巻14号 増刊 名曲LP350選 第3集 1957.11 p.162

◇ピアノ三重奏曲第一番変ロ長調〈シューベルト〉（室内楽曲）「ディスク」20巻14号 増刊 名曲LP350選 第3集 1957.11 p.162

◇チェロ奏鳴曲（アルペジオーネ）〈シューベルト〉（室内楽曲）「ディスク」20巻14号 増刊 名曲LP350選 第3集 1957.11 p.163

◇フェスティヴァル五重奏団の「鱒」 井上頼豊 「ディスク」21巻3号 1958.3 p.34

◇ベラ・シキ演奏のシューベルト（今月のLPに聴く五人のピアニスト）野村光一 「ディスク」21巻4号 1958.4 p.23

◇ディスクLPライブラリイ（6）シューベルトの歌曲から（1）小林利之 「ディスク」21巻11号 1958.11 p.48

◇交響曲第八番「未完成」ロ短調〈シューベルト〉（名曲とレコード—交響曲）宇野功芳 「ディスク」21巻13号 臨時増刊 名曲とレコード 1958.12 p.42

◇ロザムンデの舞踊音楽〈シューベルト〉（名曲とレコード—管弦楽曲）小林利之 「ディスク」21巻13号 臨時増刊 名曲とレコード 1958.12 p.74

◇軍隊行進曲〈シューベルト〉（名曲とレコード—管弦楽曲）佐川吉男 「ディスク」21巻13号 臨時増刊 名曲とレコード 1958.12 p.75

◇ピアノ五重奏曲「鱒」イ長調 作品一一四〈シューベルト〉（名曲とレコード—室内楽曲）中村善吉 「ディスク」21巻13号 臨時増刊 名曲とレコード 1958.12 p.97

◇弦楽四重奏曲第一四番「死と乙女」ニ短調〈シューベルト〉（名曲とレコード—室内楽曲）中村善吉 「ディスク」21巻13号 臨時増刊 名曲とレコード 1958.12 p.98

◇「魔王」作品一〈シューベルト〉（名曲とレコード—歌曲）渡辺護 「ディスク」21巻13号 臨時増刊 名曲とレコード 1958.12 p.120

◇糸をつむぐグレーチェン 作品二〈シューベルト〉（名曲とレコード—歌曲）渡辺護 「ディスク」21巻13号 臨時増刊 名曲とレコード 1958.12 p.121

◇野ばら 作品三の三〈シューベルト〉（名曲とレコード—歌曲）渡辺護 「ディスク」21巻13号 臨時増刊 名曲とレコード 1958.12 p.122

◇歌曲集「白鳥の歌」—セレナード〈シューベルト〉（名曲とレコード—歌曲）渡辺護 「ディスク」21巻13号 臨時増刊 名曲とレコード 1958.12 p.122

◇歌曲集「冬の旅」全曲 作品八九〈シューベルト〉（名曲とレコード—歌曲）渡辺護 「ディスク」21巻13号 臨時増刊 名曲とレコード 1958.12 p.122

◇夕映え 遺作〈シューベルト〉（名曲とレコード—歌曲）渡辺護 「ディスク」21巻13号 臨時増刊 名曲とレコード 1958.12 p.123

◇ディスクLPライブラリー（11）シューベルトの三大歌曲集（1）宇野功芳 「ディスク」22巻4号 1959.4 p.138

◇名曲診断室—ドヴォルザーク「チェロ協奏曲」・シューベルト「鱒」の五重奏曲 上野一郎 「ディスク」22巻7号 1959.7 p.166

◇交響曲第七番ハ長調〈シューベルト〉（続・名曲とレコード—交響曲）宇野功芳 「ディスク」22巻8号 1959.7 臨時増刊 続・名曲とレコード 1959.7 p.24

◇ピアノ三重奏曲 変ロ長調 作品九九〈シューベルト〉（続・名曲とレコード—室内楽曲）中村善吉 「ディスク」22巻8号 臨時増刊 続・名曲とレコード 1959.7 p.85

◇ヴァイオリン小奏鳴曲第三番 ト短調〈シューベルト〉（続・名曲とレコード—ヴァイオリン曲）中村善吉 「ディスク」22巻8号 臨時増刊 続・名曲とレコード 1959.7 p.94

◇楽興の時 作品九四〈シューベルト〉（続・名曲とレコード—ピアノ曲）中村善吉 「ディスク」22巻8号 臨時増刊 続・名曲とレコード 1959.7 p.103

◇「美しき水車小屋の娘」全曲〈シューベルト〉（続・名曲とレコード—声楽曲）畑中良輔 「ディスク」22巻8号 臨時増刊 続・名曲とレコード 1959.7 p.114

◇水の上にて歌える〈シューベルト〉（続・名曲とレコード—声楽曲）畑中良輔 「ディスク」22巻8号 臨時増刊 続・名曲とレコード 1959.7 p.118

◇音楽に寄す〈シューベルト〉（続・名曲とレコード—声楽曲）畑中良輔 「ディスク」22巻8号 臨時増刊 続・名曲とレコード 1959.7 p.119

◇アヴェ・マリア〈シューベルト〉（続・名曲とレコード—声楽曲）畑中良輔 「ディスク」22巻8号 臨時増刊 続・名曲とレコード 1959.7 p.120

◇「白鳥の歌」全曲〈シューベルト〉（続・名曲とレコード—声楽曲）畑中良輔 「ディスク」22巻8号 臨時増刊 続・名曲とレコード 1959.7 p.121

◇シューベルトのたのしいピアノ曲「楽興の時」（アラウ）（新着LP試聴室）杉浦繁 「ディスク」22巻10号 1959.9 p.159

◇若きバス・バリトン歌手のシューベルト・リサイタル（フォスター）（新着LP試聴室）梅木香 「ディスク」22巻10号 1959.9 p.161

◇シューベルトの三大歌曲集（2）美しき水車小屋の娘・白鳥の歌—ディスク・LPライブライ（12）宇野功芳 「ディスク」22巻10号 1959.9 p.166

◇スメタナ四重奏団のシューベルト「死と少女」（新着LP試聴室）坩和昌夫 「ディスク」22巻14号 1959.12 p.159

◇ミュンヒンガー指揮する「未完成交響曲」の新盤（新着LP試聴室）岡俊雄 「ディスク」23巻4号 1960.3 p.160

◇ピーター・ピアーズの新盤を聴く リュート歌曲リサイタル，シューベルト「美しき水車小屋の娘」，ブリッテン「ノクターン」，ピーター・グライムズより 三浦淳史，福原信夫 「ディスク」23巻9号 1960.8 p.112

◇シューベルト「さすらい人幻想曲」他/カッチェン（P）（新着LP試聴室）杉浦繁 「ディスク」23巻12号 1960.10 p.120

◇ピアノ三重奏曲第一番変ロ長調作品九九―シューベルト（室内楽）中村善吉 「ディスク」23巻13号 増刊 新版名曲とレコード 下巻 1960.10 p.35

◇ピアノ五重奏曲「鱒」イ長調―シューベルト（室内楽）中村善吉 「ディスク」23巻13号 増刊 新版名曲とレコード 下巻 1960.10 p.36

◇弦楽四重奏曲第一四番「死と乙女」ニ短調―シューベルト（室内楽）中村善吉 「ディスク」23巻13号 増刊 新版名曲とレコード 下巻 1960.10 p.37

◇ヴァイオリン奏鳴曲第三番ト短調―シューベルト（ヴァイオリン曲）中村善吉 「ディスク」23巻13号 増刊 新版名曲とレコード 下巻 1960.10 p.63

◇即興曲集作品九〇，一四二―シューベルト（ピアノ曲）増田隆昭 「ディスク」23巻13号 増刊 新版名曲とレコード 下巻 1960.10 p.87

◇楽興の時―シューベルト（ピアノ曲）中村善吉 「ディスク」23巻13号 増刊 新版名曲とレコード 下巻 1960.10 p.88

◇アルペジオーネ奏鳴曲イ短調―シューベルト（チェロ曲）中村善吉 「ディスク」23巻13号 増刊 新版名曲とレコード 下巻 1960.10 p.123

◇魔王 作品一―シューベルト（歌曲）渡辺護 「ディスク」23巻13号 増刊 新版名曲とレコード 下巻 1960.10 p.133

◇さすらい人 作品四の一―シューベルト（歌曲）小林利之 「ディスク」23巻13号 増刊 新版名曲とレコード 下巻 1960.10 p.133

◇糸をつむぐグレーチェン―シューベルト（歌曲）渡辺護 「ディスク」23巻13号 増刊 新版名曲とレコード 下巻 1960.10 p.134

◇野ばら―シューベルト（歌曲）渡辺護 「ディスク」23巻13号 増刊 新版名曲とレコード 下巻 1960.10 p.134

◇水の上にて歌える―シューベルト（歌曲）畑中良輔 「ディスク」23巻13号 増刊 新版名曲とレコード 下巻 1960.10 p.135

◇音楽に寄す―シューベルト（歌曲）畑中良輔 「ディスク」23巻13号 増刊 新版名曲とレコード 下巻 1960.10 p.135

◇アヴェ・マリア―シューベルト（歌曲）畑中良輔 「ディスク」23巻13号 増刊 新版名曲とレコード 下巻 1960.10 p.136

◇死と乙女―シューベルト（歌曲）小林利之 「ディスク」23巻13号 増刊 新版名曲とレコード 下巻 1960.10 p.137

◇夕映え 遺作―シューベルト（歌曲）渡辺護 「ディスク」23巻13号 増刊 新版名曲とレコード 下巻 1960.10 p.137

◇「美しき水車小屋の娘」全曲―シューベルト（歌曲）畑中良輔 「ディスク」23巻13号 増刊 新版名曲とレコード 下巻 1960.10 p.138

◇歌曲集「冬の旅」作品八九一―シューベルト（歌曲）渡辺護 「ディスク」23巻13号 増刊 新版名曲とレコード 下巻 1960.10 p.142

◇「白鳥の歌」全曲―シューベルト（歌曲）畑中良輔 「ディスク」23巻13号 増刊 新版名曲とレコード 下巻 1960.10 p.143

◇ワルターの新録音したシューベルト交響曲集（新着LP試聴室）梅木香 「ディスク」24巻5号 1961.5 p.112

◇シューベルト「弦楽四重奏曲・死と少女」（名曲ディスコグラフィ・5）杉浦繁 「ディスク」24巻6号 1961.6 p.116

◇シューベルト「未完成」交響曲（名曲ディスコグラフィ・6）杉浦繁 「ディスク」24巻7号 1961.7 p.126

◇〈鱒の五重奏曲〉シューベルト（特集 青春の歌―大作曲家の作品に青春の姿を求めて）小林利之 「ディスク」24巻8号 1961.8 p.79

◇シューベルト年表 「ディスク」24巻9号 臨時増刊 シューベルト 1961.8 p.22

◇シューベルトへの愛着 あらえびす 「ディスク」24巻9号 臨時増刊 シューベルト 1961.8 p.29

◇シューベルトのひとがらについてのエッセ 辻荘一 「ディスク」24巻9号 臨時増刊 シューベルト 1961.8 p.32

◇歌曲集「美しき水車小屋の乙女」畑中良輔 「ディスク」24巻9号 臨時増刊 シューベルト 1961.8 p.42

◇歌曲集「冬の旅」畑中良輔 「ディスク」24巻9号 臨時増刊 シューベルト 1961.8 p.50

◇歌曲集「白鳥の歌」畑中良輔 「ディスク」24巻9号 臨時増刊 シューベルト 1961.8 p.59

◇歌曲選 西野茂雄 「ディスク」24巻9号 臨時増刊 シューベルト 1961.8 p.65

◇合唱曲（重唱曲）垪和昌夫 「ディスク」24巻9号 臨時増刊 シューベルト 1961.8 p.99

◇交響曲 宇野功芳 「ディスク」24巻9号 臨時増刊 シューベルト 1961.8 p.101

◇管弦楽曲 宇野功芳 「ディスク」24巻9号 臨時増刊 シューベルト 1961.8 p.110

◇八重奏曲 宇野功芳 「ディスク」24巻9号 臨時増刊 シューベルト 1961.8 p.112

◇五重奏曲 垪和昌夫 「ディスク」24巻9号 臨時増刊 シューベルト 1961.8 p.113

◇弦楽四重奏曲 渡辺護 「ディスク」24巻9号 臨時増刊 シューベルト 1961.8 p.116

◇三重奏曲 垪和昌夫 「ディスク」24巻9号 臨時増刊 シューベルト 1961.8 p.121

◇二重奏曲（附ヴァイオリン独奏曲）坏和昌夫
「ディスク」24巻9号 臨時増刊 シューベルト
1961.8 p.123

◇ピアノ独奏曲 寺西春雄 「ディスク」24巻9
号 臨時増刊 シューベルト 1961.8 p.128

◇ピアノ四手用作品 今堀淳一 「ディスク」24
巻9号 臨時増刊 シューベルト 1961.8 p.135

◇宗教音楽 横内忠兌 「ディスク」24巻9号 臨
時増刊 シューベルト 1961.8 p.142

◇三大歌曲集―レコード評 畑中良輔 「ディス
ク」24巻9号 臨時増刊 シューベルト 1961.8
p.153

◇歌曲選―レコード評 福原信夫 「ディスク」
24巻9号 臨時増刊 シューベルト 1961.8
p.157

◇合唱曲（重唱曲）―レコード評 坏和昌夫
「ディスク」24巻9号 臨時増刊 シューベルト
1961.8 p.181

◇交響曲―レコード評 宇野功芳 「ディスク」
24巻9号 臨時増刊 シューベルト 1961.8
p.183

◇管弦楽曲―レコード評 宇野功芳 「ディス
ク」24巻9号 臨時増刊 シューベルト 1961.8
p.193

◇八重奏曲―レコード評 宇野功芳 「ディス
ク」24巻9号 臨時増刊 シューベルト 1961.8
p.195

◇五重奏曲―レコード評 坏和昌夫 「ディス
ク」24巻9号 臨時増刊 シューベルト 1961.8
p.196

◇弦楽四重奏曲―レコード評 渡辺護 「ディス
ク」24巻9号 臨時増刊 シューベルト 1961.8
p.200

◇ピアノ三重奏曲―レコード評 坏和昌夫
「ディスク」24巻9号 臨時増刊 シューベルト
1961.8 p.203

◇二重奏曲―レコード評 坏和昌夫 「ディス
ク」24巻9号 臨時増刊 シューベルト 1961.8
p.205

◇ピアノ独奏曲―レコード評 寺西春雄 「ディ
スク」24巻9号 臨時増刊 シューベルト 1961.
8 p.208

◇作品表 「ディスク」24巻9号 臨時増刊
シューベルト 1961.8 p.211

◇レコード表 「ディスク」24巻9号 臨時増刊
シューベルト 1961.8 p.235

◇シューベルト〈冬の旅〉（名曲ディスコグラ
フィ）畑中良輔 「ディスク」24巻12号
1961.11 p.113

◇シューベルト〈交響曲第九番ハ長調〉, フラン
ク〈交響曲ニ長調〉, R・シュトラウス〈ドン・
ファン〉（特集 復刻された巨匠メンゲルベル
クの名演を聴く）岡俊雄 「ディスク」24巻
13号 1961.12 p.111

◇シューベルト〈未完成交響曲〉（特集 復刻され
た巨匠メンゲルベルクの名演を聴く）杉浦繁
「ディスク」24巻13号 1961.12 p.112

◇シューベルト, メンデルスゾーンの器楽曲―
私たちの音楽史（第2期・45）岩井宏之
「ディスク」25巻9号 1962.9 p.122

◇〈冬の旅〉のききどころ（名曲鑑賞の手引き）
日高絢子 「ディスク」26巻1号 1963.1 p.130

◇〈冬の旅〉はどのレコードを選ぶか（名曲鑑賞
の手引き）上野一郎 「ディスク」26巻1号
1963.1 p.133

◇フィッシャー=ディスカウの新盤〈水車小屋
の娘〉（各社三月新譜速報と聴きもの）高崎
保男 「ディスク」26巻2号 1963.2 p.124

◇一条の光明となった〈冬の旅〉（私の愛聴盤）
林良治 「ディスク」26巻3号 1963.3 p.109

◇マーツェルの指揮するシューベルト〈交響曲
第五, 六番〉（各社四月新譜速報とその聴きも
の）渡辺学而 「ディスク」26巻3号 1963.3
p.128

◇ホルショウスキー/ブダペストの「鱒」他（各
社12月新譜速報とその聴きもの）岩井宏之
「ディスク」26巻8号 1963.11 p.140

◇セルの指揮する「未完成」「新世界より」（各
社三月新譜速報とその聴きもの）渡辺学而
「ディスク」27巻2号 1964.2 p.145

◇クレンペラー初のシューベルト「未完成」,
第5番（各社六月新譜速報とその聴きもの）
菅野浩和 「ディスク」27巻5号 1964.5 p.147

◇シューベルト ピアノ奏鳴曲 藤田晴子, 桜庭
昭治 録音評 「ディスク」27巻6号 1964.6
p.31

◇話題の海外レコード試聴室 スターン・トリオ
のデビュー盤 シューベルト：変ロ長調トリオ
上野一郎 「ディスク」28巻7号 1965.8 p.42

◇演奏会ききある記―シューベルト歌曲連続演
奏会/藤原オペラ「エディプス王」と「夜間飛
行」 小林利之 「ディスク」29巻4号 1966.4
p.95

シューマン, ローベルト

◇児童音楽とシューマン シリル・スコット,
光成信男 訳 「音楽と蓄音機」12巻3号 1925.
3 p.15

◇児童音楽とシューマン ジリル・スコット
「音楽と蓄音機」12巻5号 1925.5 p.9

◇〈楽譜〉シューマン作 絃薬四重奏曲作品四一
の一, スケルツォ中インターメッツォ（レコー
ド鑑賞楽譜）「レコード」1巻1号 1930.9
p.117

◇シューマンのピアノ・コンチエルト 星島和
雄 「名曲」4巻12号 1930.12 p.13

◇西班牙の庭の夜, 子供の情景（洋楽六月新譜批
評）増沢健美 「レコード」2巻6号 1931.6
p.47

◇シューマンのピアノ曲とそのレコード（1）
N・K・M 「ディスク」3巻9号 1931.9 p.636

◇ピアノ講座―シューマンのピアノ曲とそのレ
コード（2）NKM「ディスク」3巻10号 1931.
10 p.796

◇シューマンのピアノ曲とそのレコード（3）
N・K・M 「ディスク」4巻2号 1932.2 p.134

◇シューマンのピアノ曲とそのレコード（4）
N・K・M 「ディスク」4巻3号 1932.3 p.192

◇ゲルハルトとシューマンを聴いて 本来漢
「ディスク」4巻4号 1932.4 p.222

◇シューマン作「交響楽的練習曲」（名曲解説―
六月新譜の中から）安土礼吉 「レコード」3
巻6号 1932.6 p.26

◇シューマン（1）―音楽史的レコード蒐集（30）
バッハよりシェンベルヒまで あらえびす
「レコード音楽」6巻7号 1932.7 p.4

◇シューマン（2）―音楽史的レコード蒐集（31）
バッハよりシェンベルヒまで あらえびす
「レコード音楽」6巻8号 1932.8 p.24

◇シューマン（3）―音楽史的レコード蒐集（32）
あらえびす 「レコード音楽」6巻10号 1932.
10 p.4

◇〈楽譜〉シューマン作小供の情景―全曲（特別
附録レコード鑑賞楽譜）「レコード」3巻10
号 1932.10 p.92

◇シューマン（4）―音楽史的レコード蒐集（33）
バッハよりシェンベルヒまで あらえびす
「レコード音楽」6巻12号 1932.12 p.34

◇シューマン（4）―音楽史的レコード蒐集（34）
あらえびす 「レコード音楽」7巻1号 1933.1
p.4

◇シューマン作「詩人の恋」（名曲解説）桂近乎
「レコード」4巻1号 1933.1 p.51

◇シューマンとオネーギン 野村光一 「レコー
ド音楽」7巻10号 1933.10 p.28

◇試聴室―シューマンのピアノ協奏曲を聴く
池永昇二 「ディスク」6巻2号 1934.2 p.68

◇コルトオのシューマン協奏曲再吹込み 野村
光一 「レコード音楽」8巻9号 1934.9 p.6

◇シューマンの「洋琴協奏曲」新盤を聴く 土沢
一 「ディスク」6巻10号 1934.10 p.589

◇シューマン作ピアノ五重奏曲試聴記 本来漢
「ディスク」6巻12号 1934.12 p.706

◇シューマンの「ニ短調奏鳴曲」を聴く 城春光
「ディスク」7巻2号 1935.2 p.80

◇シューマン記念演奏会 「レコード音楽」9巻
6号 1935.6 p.90

◇シューマン雑感―「婦人の愛と生涯」（欧米新
着レコード評）鮎野行夫 「ディスク」8巻4
号 1936.4 p.301

◇試聴室―シューマンの「幼き日の憶ひ出」新
版 土沢一 「ディスク」8巻5号 1936.5 p.392

◇シューマンのピアノ曲 NKM 「ディスク」8
巻7号 1936.7 p.569

◇シューマン・フアンタジー（独逸音楽随筆集）
野村光一 「ディスク」8巻7号 1936.7 p.605

◇シューマン作曲「詩人の愛」の新盤 藤田不二
「レコード音楽」10巻10号 1936.10 p.35

◇シューマン・ファンタジー 桑野三平 「ディ
スク」10巻3号 1938.3 p.215

◇シューマンの「ヴァイオリン協奏曲」（ディス
ク座談会）あらえびす, 有坂愛彦, 村田武
雄, 中村善次, 藤田不二, 青木謙幸 「ディス
ク」10巻7号 1938.7 p.651

◇シューマンのヴァイオリン協奏曲ニ短調―
クーレンカンプの力演（試聴記）鈴木鎮一
「レコード音楽」12巻7号 1938.7 p.10

◇シューマン作「ダヴィッド同盟舞曲」坪和昌
夫 「ディスク」11巻4号 1939.4 p.336

◇コルトオのシューマン「ダヴィッド同盟舞踏
曲」（試聴記）村田武雄 「レコード音楽」13
巻4号 1939.4 p.11

◇シューマンのヴァイオリン協奏曲のレコード
坪和昌夫 「ディスク」11巻7号 1939.7 p.647

◇名曲と名レコード その2―シューマン作「交
響的練習曲」宅孝二 「ディスク」13巻7号
1941.7 p.650

◇名曲と名レコード その4―シューマン作「洋
琴三重奏曲」中村善吉 「ディスク」13巻9
号 1941.9 p.862

◇名曲と名盤―「交響的練習曲」中村善吉
「レコード文化」2巻8号 1942.8 p.11

◇名曲と名盤―シューマンのピアノ曲 中村善
吉 「レコード文化」2巻10号 1942.10 p.17

◇シューマンの「女の愛と生涯」（特輯音盤）牛
山充 「レコード文化」3巻5号 1943.5 p.35

◇音楽史的に観たピアノ・レコード（8）シュー
マンの洋琴曲とレコード（上）野村光一 「レ
コード音楽」18巻5号 1948.5 p.1

◇レコードのある部屋（8）シューマンを聴く 村
田武雄 「レコード音楽」18巻5号 1948.5 p.4

◇音楽史的に観たピアノ・レコード（9）シュー
マンの洋琴曲とレコード 野村光一 「レコー
ド音楽」18巻6号 1948.6 p.16

◇音楽史的に観たピアノ・レコード（10）シュー
マンの洋琴曲とレコード（3）野村光一 「レ
コード音楽」18巻7号 1948.7 p.1

◇シューマンとクラーク 植村敏夫 「レコード
音楽」19巻3号 1949.3 p.44

◇シューマンのピアノ曲 柿沼太郎 「レコード
音楽」20巻1号 1950.1 p.10

◇アロウ演奏のシューマンの協奏曲―海外盤試
聴記 大木正興 「レコード音楽」20巻6号
1950.6 p.38

◇ピアノ五重奏曲と西班牙綺想曲―名曲鑑賞
（9）藤井夏人 「レコード音楽」21巻11号
1951.11 p.30

◇シューマンの詩人の恋 藤井夏人 「ディス
ク」15巻5号 1952.5 p.477

◇シューマン 第三交響曲（ライン）（名曲解説）
藤井夏人 「ディスク」15巻9号 1952.9 p.922

◇シューマンの「ピアノ五重奏曲」―優れた
ブッシュの表現（試聴記）大木正興 「レコー
ド音楽」22巻9号 1952.9 p.22

◇コルトオのシューマン 埛和昌夫 「ディスク」15巻11号 1952.10 p.1018

◇シューマン「女の愛と生涯」(LP試聴記) 小林利之 「ディスク」15巻11号 1952.10 p.1061

◇シューマン「詩人の恋」(LP試聴記) その・すゝむ 「ディスク」15巻11号 1952.10 p.1063

◇シューマン クライスレリアーナ(作品一六)(LP試聴記) 小林利之 「ディスク」16巻1号 1953.1 p.54

◇シューマン 歌曲集「詩人の恋」(LP試聴記) 小林利之 「ディスク」16巻4号 1953.3 p.271

◇シューマン 交響曲第一番「春」(アンセルメ指揮)(LP試聴記) 小林利之 「ディスク」16巻7号 1953.6 p.630

◇ケンプのベートーヴェンとシューマン—「ワルドシュタイン」「月光」「胡蝶の曲」 龍崎(旧姓宮内)鎮代子 「ディスク」16巻12号 1953.11 p.68

◇シューマンのP協奏曲・ケンプの名演(海外LP試聴室) 鈴木文男 「ディスク」17巻2号 1954.2 p.69

◇黒人指揮者デイクスンのシューマンの交響曲 田代秀穂 「ディスク」17巻12号 1954.11 p.66

◇ケンプの名演 シューマンの協奏曲とシューベルトのイ短調ソナタ 高橋，田代 「ディスク」17巻12号 1954.11 p.78

◇フェリアの形見 ブラームスとシューマンの名唱(今月のLP) 畑中更予 「ディスク」18巻7号 1955.6 p.54

◇二つの謝肉祭 ルービンシュタインとギーゼキング 滝崎鎮代子 「ディスク」18巻9号 1955.7 p.52

◇カザルスの名演 シューマンのチェロ協奏曲 井上頼豊 「ディスク」18巻10号 1955.8 p.56

◇デームスの優れたシューマン(今月のLPから) 志鳥栄八郎 「ディスク」18巻12号 1955.10 p.58

◇デムスのシューマン「ダヴィッド同盟舞曲」(今月のLPから) 埛和昌夫 「ディスク」18巻14号 1955.12 p.59

◇第四交響曲〈シューマン〉(交響曲) 「ディスク」19巻2号 臨時増刊 LP名曲100選 第1集 1956.1 p.32

◇イ短調ピアノ協奏曲〈シューマン〉(協奏曲) 「ディスク」19巻2号 臨時増刊 LP名曲100選 第1集 1956.1 p.92

◇謝肉祭〈シューマン〉(ピアノ曲) 「ディスク」19巻2号 臨時増刊 LP名曲100選 第1集 1956.1 p.120

◇歌曲集「女の愛と生涯」〈シューマン〉(声楽曲) 「ディスク」19巻2号 臨時増刊 LP名曲100選 第1集 1956.1 p.132

◇当代にかけがえなきピアノ詩人コルトオの弾くシューマン(今月のLPハイライト) 埛和昌夫 「ディスク」19巻3号 1956.2 p.111

◇ライン交響曲〈シューマン〉(交響曲) 「ディスク」19巻7号 臨時増刊 LP名曲100選 第2集 1956.5 p.27

◇交響練習曲〈シューマン〉(器楽曲) 「ディスク」19巻7号 臨時増刊 LP名曲100選 第2集 1956.5 p.105

◇子供の情景〈シューマン〉(器楽曲) 「ディスク」19巻7号 臨時増刊 LP名曲100選 第2集 1956.5 p.106

◇歌曲集「詩人の恋」〈シューマン〉(声楽曲) 「ディスク」19巻7号 臨時増刊 LP名曲100選 第2集 1956.5 p.120

◇素朴な感動 シェッツの「詩人の恋」(今月のLPハイライト) 福原信夫 「ディスク」19巻8号 1956.6 p.122

◇音楽のロマン主義とシューマン(特集・シューマンの生涯と音楽 シューマン歿後一〇〇年を偲んで) 野村光一 「ディスク」19巻9号 1956.7 p.22

◇シューマンへの憧憬と愛着と(特集・シューマンの生涯と音楽 シューマン歿後一〇〇年を偲んで) 畑中良輔 「ディスク」19巻9号 1956.7 p.26

◇シューマンの人間性と音楽(特集・シューマンの生涯と音楽 シューマン歿後一〇〇年を偲んで) 佐藤馨 「ディスク」19巻9号 1956.7 p.30

◇大作曲家と音楽(4) ローベルト・シューマン(対談)(特集・シューマンの生涯と音楽 シューマン歿後一〇〇年を偲んで) 大宮真琴，高瀬まり 「ディスク」19巻9号 1956.7 p.32

◇レコードに聴くシューマンの名曲(特集・シューマンの生涯と音楽 シューマン歿後一〇〇年を偲んで) 小林利之 「ディスク」19巻9号 1956.7 p.43

◇シューマンとフランスの音楽家たち ロベール・カザドゥジュ，繁沢保訳 「ディスク」20巻3号 1957.3 p.24

◇シューマン「女の愛と生涯」(今月の名曲解説物語) 佐野和彦 「ディスク」20巻3号 1957.3 p.160

◇交響曲第三番ホ長調(ライン)〈シューマン〉(交響曲) 「ディスク」20巻8号 増刊 LP名曲350選 第1集 1957.7 p.51

◇交響曲第四番ニ短調〈シューマン〉(交響曲) 「ディスク」20巻8号 増刊 LP名曲350選 第1集 1957.7 p.51

◇ピアノ協奏曲イ短調〈シューマン〉(協奏曲) 「ディスク」20巻10号 増刊 名曲LP350選 第2集 1957.8 p.29

◇チェロ協奏曲イ短調〈シューマン〉(協奏曲) 「ディスク」20巻10号 増刊 名曲LP350選 第2集 1957.8 p.81

◇ミルテの花〈シューマン〉(歌曲)「ディスク」20巻10号 増刊 名曲LP350選 第2集 1957.8 p.150

◇リーダークライス〈シューマン〉(歌曲)「ディスク」20巻10号 増刊 名曲LP350選 第2集 1957.8 p.151

◇女の愛と生涯〈シューマン〉(歌曲)「ディスク」20巻10号 増刊 名曲LP350選 第2集 1957.8 p.153

◇詩人の恋〈シューマン〉(歌曲)「ディスク」20巻10号 増刊 名曲LP350選 第2集 1957.8 p.154

◇ピアノ奏鳴曲第一番嬰ヘ短調〈シューマン〉(器楽曲)「ディスク」20巻14号 増刊 名曲LP350選 第3集 1957.11 p.48

◇ピアノ奏鳴曲第二番ト短調〈シューマン〉(器楽曲)「ディスク」20巻14号 増刊 名曲LP350選 第3集 1957.11 p.49

◇胡蝶〈シューマン〉(器楽曲)「ディスク」20巻14号 増刊 名曲LP350選 第3集 1957.11 p.49

◇謝肉祭〈シューマン〉(器楽曲)「ディスク」20巻14号 増刊 名曲LP350選 第3集 1957.11 p.50

◇クライスレリアーナ〈シューマン〉(器楽曲)「ディスク」20巻14号 増刊 名曲LP350選 第3集 1957.11 p.53

◇子供の情景〈シューマン〉(器楽曲)「ディスク」20巻14号 増刊 名曲LP350選 第3集 1957.11 p.53

◇ピアノ五重奏曲変ホ長調〈シューマン〉(室内楽曲)「ディスク」20巻14号 増刊 名曲LP350選 第3集 1957.11 p.165

◇ケンプのシューマン 藤田晴子 「ディスク」21巻1号 1958.1 p.19

◇フィッシャー=ディスカウの「詩人の恋」 宇野功芳 「ディスク」21巻1号 1958.1 p.142

◇ハイネとシューマンと 木村重雄 「ディスク」21巻3号 1958.3 p.34

◇名曲診断室―シューマンのピアノ協奏曲 上野一郎 「ディスク」21巻3号 1958.3 p.120

◇カラヤンとベルリン・フィルのシューマン「第四交響曲」(話題の新着LP試聴記) 岡俊雄 「ディスク」21巻9号 1958.9 p.136

◇ドイツのLP比較評 (2) シューマンのピアノ協奏曲 渡辺護 「ディスク」21巻9号 1958.9 p.154

◇ピアノ協奏曲 イ短調 作品五四〈シューマン〉(名曲とレコード―協奏曲) 上野一郎 「ディスク」21巻13号 臨時増刊 名曲とレコード 1958.12 p.58

◇子供の情景 作品一五〈シューマン〉(名曲とレコード―ピアノ曲) 中村善吉 「ディスク」21巻13号 臨時増刊 名曲とレコード 1958.12 p.116

◇歌曲集「詩人の恋」全曲 作品四八〈シューマン〉(名曲とレコード―歌曲) 渡辺護 「ディスク」21巻13号 臨時増刊 名曲とレコード 1958.12 p.124

◇歌曲集「ミルテ」―くるみの木 作品二五の二〈シューマン〉(名曲とレコード―歌曲) 渡辺護 「ディスク」21巻13号 臨時増刊 名曲とレコード 1958.12 p.125

◇交響曲第一番 変ロ長調 作品三八〈シューマン〉(続・名曲とレコード―交響曲) 宇野功芳 「ディスク」22巻8号 臨時増刊 続・名曲とレコード 1959.7 p.26

◇ピアノ五重奏曲 変ホ長調 作品四四〈シューマン〉(続・名曲とレコード―室内楽曲) 中村善吉 「ディスク」22巻8号 臨時増刊 続・名曲とレコード 1959.7 p.86

◇謝肉祭 作品九〈シューマン〉(続・名曲とレコード―ピアノ曲) 中村善吉 「ディスク」22巻8号 臨時増刊 続・名曲とレコード 1959.7 p.109

◇二人の擲弾兵〈シューマン〉(続・名曲とレコード―声楽曲) 畑中良輔 「ディスク」22巻8号 臨時増刊 続・名曲とレコード 1959.7 p.124

◇月の夜〈シューマン〉(続・名曲とレコード―声楽曲) 畑中良輔 「ディスク」22巻8号 臨時増刊 続・名曲とレコード 1959.7 p.125

◇シューマン「ユーモレスク」「ダヴィッド同盟舞曲集」(ベルンハイム)(新着LP試聴室) 梅木香 「ディスク」22巻11号 1959.10 p.159

◇ピアノ五重奏曲変ホ長調―シューマン(室内楽) 中村善吉 「ディスク」23巻13号 増刊 新版名曲とレコード 下巻 1960.10 p.40

◇パピヨン―シューマン(ピアノ曲) 増田隆昭 「ディスク」23巻13号 増刊 新版名曲とレコード 下巻 1960.10 p.104

◇謝肉祭―シューマン(ピアノ曲) 中村善吉 「ディスク」23巻13号 増刊 新版名曲とレコード 下巻 1960.10 p.105

◇子供の情景―シューマン(ピアノ曲) 中村善吉 「ディスク」23巻13号 増刊 新版名曲とレコード 下巻 1960.10 p.106

◇二人の擲弾兵 作品四九―シューマン(歌曲) 畑中良輔 「ディスク」23巻13号 増刊 新版名曲とレコード 下巻 1960.10 p.146

◇歌曲集「ミルテ」から―くるみの木―シューマン(歌曲) 渡辺護 「ディスク」23巻13号 増刊 新版名曲とレコード 下巻 1960.10 p.147

◇月の夜―リーダークライス作品三九より―シューマン(歌曲) 畑中良輔 「ディスク」23巻13号 増刊 新版名曲とレコード 下巻 1960.10 p.148

◇歌曲集「女の愛と生涯」―シューマン(歌曲) 渡辺護 「ディスク」23巻13号 増刊 新版名曲とレコード 下巻 1960.10 p.148

◇歌曲集「詩人の恋」―シューマン(歌曲) 渡辺護 「ディスク」23巻13号 増刊 新版名曲とレコード 下巻 1960.10 p.149

◇シューマン/ピアノ協奏曲（イスミトン）（新着LP試聴室）島田茂雄 「ディスク」24巻1号 1961.1 p.133

◇シューマン/子供の情景（ヘブラー）（新着LP試聴室）梅木香 「ディスク」24巻1号 1961.1 p.134

◇シューマン詩人の恋, 他（スーゼイ）（新着LP試聴室）梅木香 「ディスク」24巻3号 1961.3 p.118

◇シェベックのシューマン「ピアノ協奏曲」（新着LP試聴室）藁科雅美 「ディスク」24巻5号 1961.5 p.115

◇ルードヴィッヒの歌うシューマン, ブラームス（新着LP試聴室）梅木香 「ディスク」24巻6号 1961.6 p.102

◇〈詩人の恋〉シューマン（特集 青春の歌―大作曲家の作品に青春の姿を求めて）畑中更予 「ディスク」24巻8号 1961.8 p.82

◇ロベール・カサドゥジュのシューマン（新着LP試聴室）瀬音透 「ディスク」24巻8号 1961.8 p.112

◇シューマンのピアノ曲―ロマン派の器楽曲（2）―私たちの音楽史（第2期・47）岩井宏之 「ディスク」25巻10号 1962.10 p.144

◇ヴェヒターのバリトン, シューマンの〈詩人の恋〉（新着LP試聴室）畑中更予 「ディスク」25巻10号 1962.10 p.153

◇9月のレコード評 現代音楽 カーターとシューマンの弦楽四重奏曲 長尾義弘 「ディスク」26巻6号 1963.9 p.76

◇ルートヴィッヒのシューマン「女の愛と生涯」他（各社11月新譜速報とその聴きもの）前和男 「ディスク」26巻7号 1963.10 p.135

◇ヴェヒターのシューマン「詩人の恋」（各社二月新譜速報とその聴きもの）前和男 「ディスク」27巻1号 1964.1 p.141

◇フライシャー/セルの演奏するグリークとシューマン（各社四月新譜速報とその聴きもの）中川和義 「ディスク」27巻3号 1964.3 p.140

◇クーベリック/ベルリン・フィル, シューマンの「交響曲第1,4番」（各社六月新譜速報とその聴きもの）岩井宏之 「ディスク」27巻5号 1964.5 p.149

ショスタコーヴィチ, ドミトリー

◇作曲家ショスタコオウィッチ―人及び作品の概念的な紹介 中根宏 「レコード音楽」8巻5号 1934.5 p.13

◇試聴室―ショスクコーヴィッチの「第五交響曲」からの感銘 門馬直衛 「ディスク」13巻3号 1941.3 p.226

◇ストコフスキー指揮 交響曲第五番（ショスタコヴィッチ曲）（名曲レコード情報）牛山充 「レコード」7巻3号 1941.3 p.21

◇ショスタコヴィッチと「第五」 中根宏 「レコード音楽」15巻4号 1941.4 p.23

◇ショスタコォヴィッチと“第九交響曲”その他 中根宏 「レコード音楽」21巻3号 1951.3 p.44

◇ディミトリー・ショスタコヴィッチ―現代音楽とレコード（37）松本太郎 「レコード音楽」22巻2号 1952.2 p.16

◇ショスタコウィッチ オラトリオ（森の歌）（LP試聴記）その・すすむ 「ディスク」15巻12号 1952.11 p.1155

◇ショスタコヴィッツのピアノ五重奏曲 その・すすむ 「ディスク」16巻2号 1953.2 p.139

◇ショスタコーヴィッチ「森の歌」（現代音楽のL.P特集）寺西春雄 「レコード音楽」23巻2号 1953.2 p.20

◇プロコフィエフの最後の交響曲について ショスタコヴィッチ 「レコード音楽」23巻4号 1953.4 p.72

◇ショスタコヴィッチの「森の歌」と「第五」（特集・LPにきくソ連楽壇の現状）田代秀穂 「ディスク」17巻3号 1954.3 p.38

◇ショスタコーヴィッチの新作・第十交響曲 ア・ハチャトゥリアン, 山口美美子 訳 「ディスク」17巻5号 1954.5 p.22

◇二つの形式観とロシア・シンフォニズム―プロコフィエフの第七とショスタコヴィッチの第五をきくために（特集・ソ連ビッグ3の新盤に寄せて）戸田邦雄 「ディスク」17巻10号 1954.9 p.14

◇ロシア音楽の大天才ミハエル・グリンカ―生誕百五十周年を記念して D・ショスタコヴィッチ, 池田輝子 訳註 「ディスク」17巻11号 1954.10 p.19

◇エヴゲニイ・ムラヴィンスキイ論―ショスタコヴィッチの「第十」のLPの指揮者 ベレゾウスキイ, 山口美美子 訳 「ディスク」17巻13号 1954.12 p.44

◇音楽家と二つの自由 ショスタコヴィッチ, パヌフニック 「ディスク」18巻2号 1955.2 p.24

◇ショスタコヴィッチの第五の新盤（今月のLP）佐川吉男 「ディスク」18巻4号 1955.3 p.74

◇ショスタコヴィッチの第十交響曲（特選輸入盤紹介）フランケンシュタイン 「ディスク」18巻4号 1955.3 p.137

◇世界楽信 紐育の楽界, ショスタコ新作に着手 梶田章 「ディスク」18巻5号 1955.4 p.104

◇ショスタコヴィッチの第十交響曲（コロムビア世界現代音楽選集紹介）林光 「ディスク」18巻6号 1955.5 p.23

◇第五交響曲〈ショスタコヴィッチ〉（交響曲）「ディスク」19巻2号 臨時増刊 LP名曲100選 第1集 1956.1 p.41

◇オラトリオ「森の歌」〈ショスタコヴィッチ〉（声楽曲）「ディスク」19巻7号 臨時増刊 LP名曲100選 第2集 1956.5 p.130

ショパン

◇交響曲第五番〈ショスタコヴィッチ〉（交響曲）「ディスク」20巻8号 増刊 LP名曲350選第1集 1957.7 p.75

◇交響曲第一〇番〈ショスタコヴィッチ〉（交響曲）「ディスク」20巻8号 増刊 LP名曲350選第1集 1957.7 p.75

◇ショスタコーヴィッチの五重奏曲（話題のLP・今月のハイライト）林光 「ディスク」20巻9号 1957.8 p.27

◇ピアノ五重奏曲〈ショスタコヴィッチ〉（室内楽曲）「ディスク」20巻10号 増刊 名曲LP350選 第2集 1957.8 p.118

◇オラトリオ「森の歌」〈ショスタコヴィッチ〉（宗教曲）「ディスク」20巻10号 増刊 名曲LP350選 第2集 1957.8 p.181

◇交響曲第一番ヘ長調〈ショスタコヴィッチ〉（交響曲）「ディスク」20巻14号 増刊 名曲LP350選 第3集 1957.11 p.136

◇ショスタコヴィッチを聴く 宮沢縦一 「ディスク」21巻7号 1958.7 p.46

◇クリュイタンスが指揮した世界注視の新作ショスタコーヴィッチの「第十一交響曲」（話題の新着LP試聴記）小林利之 「ディスク」21巻9号 1958.9 p.134

◇ショスタコーヴィッチの交響曲「一九〇五年」丸家裕 「ディスク」22巻2号 1959.2 p.22

◇名曲診断室 ショスタコーヴィッチの第十一交響曲 ボリス・クリストフの「ムソルグスキー歌曲全集」上野一郎 「ディスク」22巻3号 1959.3 p.152

◇入賞記念レコードをめぐる話題 チャイコフスキー国際コンクールの意義 ディミトリ・ショスタコーヴィッチ，ダヴィッド・オイストラッフ，エミール・ギレリス，山口美美子編 「ディスク」22巻4号 1959.4 p.22

◇交響曲第五番 作品四七〈ショスタコーヴィッチ〉（続・名曲とレコード―交響曲）宇野功芳 「ディスク」22巻8号 臨時増刊 続・名曲とレコード 1959.7 p.37

◇旋律美を生かしたショスタコヴィッチの「第五」南春雄 「ディスク」23巻5号 1960.4 p.170

◇ショスタコーヴィッチ「ピアノ協奏曲」他（新着LP試聴室）佐川吉男 「ディスク」23巻14号 1960.11 p.122

◇ショスタコヴィッチの交響曲第十二番（新譜ハイライト）野口昭 「ディスク」25巻8号 1962.8 p.63

◇ボロディンとショスタコーヴィッチの弦楽四重奏曲（各社9月新譜とその聴きもの）三浦淳史 「ディスク」26巻5号 1963.8 p.158

◇プレートル指揮するショスタコーヴィッチ「交響曲第12番 "1917年"」（各社五月新譜速報とその聴きもの）三浦淳史 「ディスク」27巻4号 1964.4 p.139

ショパン, フレデリック

◇ショパンの作品レコード（3）不二子 「名曲」3巻9号 1929.9 p.6

◇趣味講座―ショパンの生涯とその芸術（続）イー・マーカム・リー 「蓄音器と教育」3巻3号 1931.3 p.26

◇ショパンのピアノ第二コンツェルト（名曲解説）服部龍太郎 「レコード」2巻12号 1931.12 p.23

◇ショパン作マズルカ（名曲解説）桂近乎 「レコード」3巻12号 1932.12 p.23

◇ショパン（1）―音楽史的レコード蒐集（35）あらえびす 「レコード音楽」7巻3号 1933.3 p.4

◇ショパン（2）―音楽史的レコード蒐集（36）あらえびす 「レコード音楽」7巻4号 1933.4 p.4

◇ショパン（3）―音楽史的レコード蒐集（37）あらえびす 「レコード音楽」7巻5号 1933.5 p.4

◇ショパン（4）―音楽史的レコード蒐集（38）あらえびす 「レコード音楽」7巻6号 1933.6 p.4

◇ショパン（5）―音楽史的レコード蒐集（40）あらえびす 「レコード音楽」7巻10号 1933.10 p.4

◇ショパン（6）―音楽史的レコード蒐集（41）バッハからシェンベルヒまで あらえびす 「レコード音楽」7巻12号 1933.12 p.26

◇コルトオのショパン「前奏曲」再吹込み 野村光一 「レコード音楽」8巻7号 1934.7 p.13

◇ショパン年表 「ディスク」7巻4号 1935.4 p.246

◇ショパン（銀六漫語）森潤三郎 「ディスク」7巻4号 1935.4 p.247

◇ショパン演奏家としてのパッハマンのレコードと其演奏（1）山田弘 「ディスク」7巻4号 1935.4 p.249

◇ショパンと同時代の音楽家消長 「ディスク」7巻4号 1935.4 p.254

◇ショパン珍品抄 牧山省三 「ディスク」7巻4号 1935.4 p.255

◇ショパン全作品集 編輯部 「ディスク」7巻4号 1935.4 p.261

◇ショパン演奏家としてのパッハマンのレコードと其演奏（2）山田弘 「ディスク」7巻5号 1935.5 p.369

◇ショパン演奏家としてのパッハマンと其レコード（3）山田弘 「ディスク」7巻6号 1935.6 p.447

◇「別れの曲」と悩むショパン（トーキーセクション）藤井夏人 「レコード音楽」9巻6号 1935.6 p.105

◇試聴室―コルトオの弾いたショパンの第二協奏曲 高木東六 「ディスク」8巻11号 1936.11 p.973

◇近頃のコルトー——ショパンの協奏曲ヘ短調の　レコードを聴き乍ら　野村光一　「レコード音楽」10巻11号　1936.11　p.20

◇ルビンシュタインによるショパン「夜曲」集　高木東六　「ディスク」9巻11号　1937.11　p.1063

◇ルービンシュタイン演奏のショパンの「ノクターン集」　野村光一　「レコード音楽」11巻11号　1937.11　p.10

◇ショパン随想とブライロフスキー（1）　志賀一音　「ディスク」10巻5号　1938.5　p.442

◇ショパンの「第一ピアノ協奏曲」一再び聴くルービンシュタインの快演（試聴記）　松岡清堯　「レコード音楽」12巻6号　1938.6　p.20

◇ショパン随想とブライロフスキー（2）　志賀一音　「ディスク」10巻7号　1938.7　p.662

◇ふらんす音楽 其3 ショパン　吉村昌光　「ディスク」11巻7号　1939.7　p.685

◇コルトオの「バラード」の新盤　宅孝二　「ディスク」11巻9号　1939.9　p.856

◇ショパンの「バラード集」について（名曲批評）　柿沼太郎　「レコード」5巻2号　1939.10　p.63

◇ブライロフスキーのショパンのソナタを聴いて（試聴記）　宅孝二　「レコード音楽」13巻11号　1939.11　p.17

◇バツハマンのショパン名曲集（十二月名曲批評）　今井治郎　「レコード」5巻4号　1939.12　p.43

◇ブライロフスキーのピアノ・ソナタ（ショパン作品五十八）（十二月名曲批評）　今井治郎　「レコード」5巻4号　1939.12　p.47

◇ピアノ名曲の話（1）ショパンの夜曲　森田緑　「レコード」6巻8号　1940.9　p.84

◇試聴室——コルトオの演奏せるショパンの「ソナタロ短調」　柏木俊三　「ディスク」12巻10号　1940.10　p.944

◇奏鳴曲 ロ短調（ショパン作品五八）（洋楽名曲レコード評）　岡山東　「レコード」6巻9号　1940.10　p.30

◇コシヤルスキー独奏 練習曲 第十番（ショパン作品）（洋楽名曲レコード評）　穂積正信　「レコード」6巻10号　1940.11　p.59

◇ショパン話堕　森潤三郎　「レコード文化」2巻4号　1942.4　p.30

◇名曲と名盤——ショパンのピアノ曲　野村光一　「レコード文化」2巻9号　1942.9　p.12

◇音楽夜話——ショパン　柿沼太郎　「レコード文化」2巻10号　1942.10　p.31

◇ショパンの恋　植村敏夫　「レコード音楽」18巻2号　1948.2　p.17

◇レコードのある部屋（9）"レースの音"ショパン　村田武雄　「レコード音楽」18巻6号　1948.6　p.12

◇音楽史的に観たピアノ・レコード（11）ショパン（1）　野村光一　「レコード音楽」18巻8・9号　1948.9　p.46

◇音楽史的に観たピアノ・レコード（12）ショパン（2）　野村光一　「レコード音楽」18巻10号　1948.10　p.13

◇ショパンの協奏曲（名曲物語）　Y・A　「レコード音楽」18巻10号　1948.10　p.44

◇音楽史的に観たピアノ・レコード（13）ショパン（3）　野村光一　「レコード音楽」19巻3号　1949.3　p.12

◇音楽史的に観たピアノ・レコード（14）ショパン（4）　野村光一　「レコード音楽」19巻4号　1949.4　p.14

◇音楽史的に観たピアノ・レコード（15）ショパン（承前）　野村光一　「レコード音楽」19巻5号　1949.5　p.6

◇音楽史的に観たピアノ・レコード（16）ショパン（承前）　野村光一　「レコード音楽」19巻7号　1949.7　p.12

◇音楽史的に観たピアノ・レコード（17）ショパン（7）　野村光一　「レコード音楽」19巻8号　1949.8　p.12

◇安川加寿子のショパン（試聴室）　増沢健美　「レコード音楽」19巻9号　1949.9　p.24

◇ショパンの感銘——実演とレコードと（ショパン百年祭に因みて）　あらえびす　「レコード音楽」19巻10号　1949.10　p.2

◇ショパンをめぐる女性（上）（ショパン百年祭に因みて）　大田黒元雄　「レコード音楽」19巻10号　1949.10　p.6

◇パリとショパン（ショパン百年祭に因みて）　日向素郎　「レコード音楽」19巻10号　1949.10　p.11

◇音楽史的に観たピアノ・レコード〔18〕ショパン（ショパン百年祭に因みて）　野村光一　「レコード音楽」19巻10号　1949.10　p.15

◇ショパン作品及レコード表（ショパン百年祭に因みて）「レコード音楽」19巻10号　1949.10　p.18

◇音楽史的に観たピアノ・レコード（19）ショパン（承前）　野村光一　「レコード音楽」19巻11号　1949.11　p.19

◇ショパンのレコードに就て一誌上再放送（対談）　安川加寿子，村田武雄　「レコード音楽」19巻11号　1949.11　p.60

◇音楽史的に観たピアノ・レコード（20）ショパン（承前・完）　野村光一　「レコード音楽」19巻12号　1949.12　p.19

◇ショパン話の泉（座談会）　井口基成，大田黒元雄，遠山一行，野村光一，村田武雄　「レコード音楽」19巻12号　1949.12　p.52

◇キレニー独奏のショパン——ピアノ協奏曲　大木正興　「レコード音楽」21巻2号　1951.2　p.46

◇ショパンの「バラード」集　鮎野行夫　「ディスク」14巻2号　1951.10　p.116

◇バラードと狂詩曲—名曲鑑賞 (8) 藤井夏人 「レコード音楽」21巻10号 1951.10 p.22

◇ルービンシユタインのショパン「夜想曲」第三集 野村光一 「ディスク」14巻3号 1951.11 p.209

◇ショパン ワルツ集 (LP試聴記) 松井丈夫 「ディスク」15巻9号 1952.9 p.968

◇コルトオのショパン 野村光一 「ディスク」15巻11号 1952.10 p.1016

◇期待はずれだつたマルクジンスキーのショパン (海外LP試聴室) 菅佑一 「ディスク」17巻11号 1954.10 p.126

◇ノヴァエスの登場 モーツァルトとショパン 滝崎鎮代子 「ディスク」17巻13号 1954.12 p.72

◇ショパンのP協奏曲新盤 (新着LP紹介) 杉浦繁 「ディスク」18巻1号 1955.1 p.130

◇ショパンの葬送ソナタの廉価盤 珎和昌夫 「ディスク」18巻9号 1955.7 p.54

◇レコードに聴くフレデリク・ショパンのピアノ曲 H・ショーンバーク, 桃園春夫 訳, 冷牟田修二 訳 「ディスク」18巻11号 1955.9 p.20

◇レコードに聴く フレデリック・ショパンのピアノ曲 (下) ショーンバーク, 冷牟田修二 訳 「ディスク」18巻12号 1955.10 p.126

◇ホ短調ピアノ協奏曲〈ショパン〉(協奏曲)「ディスク」19巻2号 臨時増刊 LP名曲100選 第1集 1956.1 p.93

◇「葬送」ピアノ奏鳴曲〈ショパン〉(ピアノ曲)「ディスク」19巻2号 臨時増刊 LP名曲100選 第1集 1956.1 p.122

◇円舞曲集〈ショパン〉(ピアノ曲)「ディスク」19巻2号 臨時増刊 LP名曲100選 第1集 1956.1 p.123

◇疑問を残すフランソワのショパン (今月のLPハイライト) 田代秀穂 「ディスク」19巻3号 1956.2 p.107

◇舞踊曲「レ・シルフィード」〈ショパン〉(管弦楽曲)「ディスク」19巻7号 臨時増刊 LP名曲100選 第2集 1956.5 p.42

◇ヘ短調ピアノ協奏曲〈ショパン〉(協奏曲)「ディスク」19巻7号 臨時増刊 LP名曲100選 第2集 1956.5 p.75

◇二十四の前奏曲〈ショパン〉(器楽曲)「ディスク」19巻7号 臨時増刊 LP名曲100選 第2集 1956.5 p.104

◇大作曲家とその音楽 (3)—ショパン—ピアノ詩人 大宮真琴, 高瀬まり 「ディスク」19巻8号 1956.6 p.54

◇外誌のLP比較評 (3) ショパン 第二ピアノ協奏曲 上野一郎 「ディスク」20巻4号 1957.4 p.70

◇ドワイアンのショパン (話題のLP・今月のハイライト) 坪田昭三 「ディスク」20巻6号 1957.6 p.29

◇舞踊曲「レ・シルフィード」〈ショパン〉(管弦楽曲)「ディスク」20巻8号 増刊 LP名曲350選 第1集 1957.7 p.100

◇ピアノ協奏曲第一番ホ短調〈ショパン〉(協奏曲)「ディスク」20巻10号 増刊 名曲LP350選 第2集 1957.8 p.27

◇ピアノ協奏曲第二番ヘ短調〈ショパン〉(協奏曲)「ディスク」20巻10号 増刊 名曲LP350選 第2集 1957.8 p.28

◇ピアノ奏鳴曲第二番変ロ短調(葬送)〈ショパン〉(器楽曲)「ディスク」20巻14号 増刊 名曲LP350選 第3集 1957.11 p.41

◇ピアノ奏鳴曲第三番ロ短調〈ショパン〉(器楽曲)「ディスク」20巻14号 増刊 名曲LP350選 第3集 1957.11 p.42

◇前奏曲〈ショパン〉(器楽曲)「ディスク」20巻14号 増刊 名曲LP350選 第3集 1957.11 p.43

◇練習曲〈ショパン〉「ディスク」20巻14号 増刊 名曲LP350選 第3集 1957.11 p.44

◇譚詩曲〈ショパン〉(器楽曲)「ディスク」20巻14号 増刊 名曲LP350選 第3集 1957.11 p.45

◇円舞曲〈ショパン〉(器楽曲)「ディスク」20巻14号 増刊 名曲LP350選 第3集 1957.11 p.46

◇夜想曲〈ショパン〉(器楽曲)「ディスク」20巻14号 増刊 名曲LP350選 第3集 1957.11 p.47

◇コルトー・ショパン名曲集(器楽曲集)「ディスク」20巻14号 増刊 名曲LP350選 第3集 1957.11 p.81

◇サンソン・フランソワのショパン・リサイタル 伊達純 「ディスク」21巻2号 1958.2 p.44

◇ルービンシュタインの「ポロネーズ」(今月のLPに聴く五人のピアニスト) 野村光一 「ディスク」21巻4号 1958.4 p.18

◇ピアノ協奏曲第一番 ホ短調 作品一一〈ショパン〉(名曲とレコード—協奏曲) 上野一郎 「ディスク」21巻13号 臨時増刊 名曲とレコード 1958.12 p.57

◇ピアノ奏鳴曲第二番「葬送」変ロ短調 作品三五〈ショパン〉(名曲とレコード—ピアノ曲) 中村善吉 「ディスク」21巻13号 臨時増刊 名曲とレコード 1958.12 p.113

◇即興曲第四番「幻想即興曲」嬰ハ短調 作品六六〈ショパン〉(名曲とレコード—ピアノ曲) 中村善吉 「ディスク」21巻13号 臨時増刊 名曲とレコード 1958.12 p.114

◇前奏曲第一五番「雨だれ」変ニ長調 作品二八の一五〈ショパン〉(名曲とレコード—ピアノ曲) 中村善吉 「ディスク」21巻13号 臨時増刊 名曲とレコード 1958.12 p.115

◇夜想曲第二番 変ホ長調 作品九の二〈ショパン〉(名曲とレコード—ピアノ曲) 中村善吉 「ディスク」21巻13号 臨時増刊 名曲とレコード 1958.12 p.115

作曲家　　　　　　　　　　　　　　人物文献目録　　　　　　　　　ストラヴィンスキー

◇ポロネーズ集〈ショパン〉（続・名曲とレコードーピアノ曲）中村善吉　「ディスク」22巻8号 臨時増刊 続・名曲とレコード 1959.7 p.105

◇練習曲 作品一〇 及び二五〈ショパン〉（続・名曲とレコードーピアノ曲）中村善吉　「ディスク」22巻8号 臨時増刊 続・名曲とレコード 1959.7 p.106

◇円舞曲集〈ショパン〉（続・名曲とレコードーピアノ曲）中村善吉　「ディスク」22巻8号 臨時増刊 続・名曲とレコード 1959.7 p.107

◇ゲーリー・グラフマンのショパンの「バラード」他（新着LP試聴室）瀬音透　「ディスク」22巻13号 1959.11 p.170

◇ハリーナ・ツェルニー＝ステファンスカのショパン（新着LP試聴室）坩和昌夫　「ディスク」22巻14号 1959.12 p.160

◇「ショパンの音」生誕一五〇年によせて 中島加寿子　「ディスク」23巻7号 1960.6 p.124

◇ショパンの第二の故郷（生誕一五〇年祭によせて）パリのショパン作品演奏会 松本太郎 「ディスク」23巻9号 1960.8 p.37

◇ピアノ奏鳴曲第二番「葬送」―ショパン（ピアノ曲）中村善吉　「ディスク」23巻13号 増刊 新版名曲とレコード 下巻 1960.10 p.90

◇即興曲第四番「幻想即興曲」―ショパン（ピアノ曲）中村善吉　「ディスク」23巻13号 増刊 新版名曲とレコード 下巻 1960.10 p.92

◇二四の前奏曲 作品二八―ショパン（ピアノ曲）坩和昌夫　「ディスク」23巻13号 増刊 新版名曲とレコード 下巻 1960.10 p.92

◇夜想曲集―ショパン（ピアノ曲）坩和昌夫 「ディスク」23巻13号 増刊 新版名曲とレコード 下巻 1960.10 p.93

◇バラード曲集―ショパン（ピアノ曲）増田隆昭　「ディスク」23巻13号 増刊 新版名曲とレコード 下巻 1960.10 p.95

◇練習曲 作品一〇，作品二五―ショパン（ピアノ曲）中村善吉　「ディスク」23巻13号 増刊 新版名曲とレコード 下巻 1960.10 p.96

◇ポロネーズ集―ショパン（ピアノ曲）中村善吉　「ディスク」23巻13号 増刊 新版名曲とレコード 下巻 1960.10 p.98

◇円舞曲集―ショパン（ピアノ曲）中村善吉 「ディスク」23巻13号 増刊 新版名曲とレコード 下巻 1960.10 p.99

◇マズルカ集―ショパン（ピアノ曲）坩和昌夫 「ディスク」23巻13号 増刊 新版名曲とレコード 下巻 1960.10 p.100

◇ショパン全作品のレコード出現―海外レコード・ニュースから 藤田不二 「ディスク」24巻2号 1961.2 p.118

◇ハラシェヴィッチのショパン曲集・第2集（新着LP試聴室）増田隆昭 「ディスク」24巻4号 1961.4 p.116

◇〈ピアノ協奏曲第二番〉ショパン（特集 青春の歌―大作曲家の作品に青春の姿を求めて）藤田晴子　「ディスク」24巻8号 1961.8 p.81

◇ハースのショパン〈ヴァルス集〉（新着LP試聴室）村瀬淑子　「ディスク」25巻3号 1962.3 p.116

◇ショパンの音楽―ロマン派の器楽曲（3）―私たちの音楽史（第2期・47）岩井宏之　「ディスク」25巻11号 1962.11 p.130

◇ブライロフスキーのショパン〈前奏曲集〉（各社9月新譜とその聴きもの）中川和義　「ディスク」26巻5号 1963.8 p.156

◇シフラ・ショパン・シリーズの第一集〈練習曲〉全集（各社10月新譜とその聴きもの）中川和義　「ディスク」26巻6号 1963.9 p.159

◇ステファンスカのショパン「愛奏曲集」（各社11月新譜速報とその聴きもの）中川和義 「ディスク」26巻7号 1963.10 p.138

◇リフテルのショパン，ドビュッシー，スクリアビン（各社12月新譜速報とその聴きもの）中川和義　「ディスク」26巻8号 1963.11 p.142

ストラヴィンスキー, イーゴリ

◇ストラヴィンスキイのカプリッチオ 青木稔 「ディスク」3巻6号 1931.6 p.415

◇ストラヴィンスキーのキャブリチオ（洋楽七月新譜批評）菅原明朗　「レコード」2巻7号 1931.7 p.30

◇ストラビンスキーの聖詩交響曲 ヨゼフ・コットラア，茂亭 訳 「ディスク」4巻2号 1932.2 p.87

◇「ストラヴィンスキー」の横顔 有島牧穂 「ディスク」6巻12号 1934.12 p.733

◇仏蘭西楽界サ・エ・ラ（35）―ストラヴィンスキーの作曲教授受任 ほか T・M生 「レコード音楽」9巻12号 1935.12 p.54

◇ストラヴィンスキーの「提琴協奏曲」 編輯部 「ディスク」8巻1号 1936.1 p.56

◇イゴール・ストラヴィンスキー 柿沼太郎 「レコード音楽」10巻2号 1936.2 p.6

◇ストラヴィンスキーの「提琴協奏曲ニ長調」の印象 村田武雄 「レコード音楽」10巻2号 1936.2 p.11

◇「春の祭典」迄のストラヴィンスキー（露西亜音楽）丸山和平 「ディスク」8巻6号 1936.6 p.507

◇「火の鳥」のレコード 菅原明朗 「レコード音楽」10巻6号 1936.6 p.10

◇ストラヴィンスキーと「カルタ遊び」坩和昌夫 「ディスク」11巻2号 1939.2 p.154

◇ストラヴィンスキー作舞踊組曲「カルタ遊び」柏木俊三 「ディスク」11巻2号 1939.2 p.157

◇立体的な音楽―ストラヴィンスキー舞踏曲「カルタ遊び」（試聴記）友部美与子 「レコード音楽」13巻2号 1939.2 p.18

戦前期　レコード音楽雑誌記事索引　353

◇舞踏組曲「ペトルーシュカ」の新盤 柏木俊三 「ディスク」11巻11号 1939.11 p.1087

◇ストコフスキーのペトルーシュカ（ストラヴィンスキー）（十二月名曲批評） 穂積正信 「レコード」5巻4号 1939.12 p.57

◇試聴室―ストラビンスキイの「カプリッチォ」 大岡昇平 「ディスク」13巻5号 1941.5 p.423

◇クーセヴィツキー指揮 綺想曲（ストラヴィンスキー曲）（名曲レコード情報） 牛山充 「レコード」7巻4号 1941.5 p.18

◇試聴室―ストラビンスキイ指揮の「ペトルシュカ」組曲 深井史郎 「ディスク」13巻7号 1941.7 p.637

◇イゴール・ストラヴィンスキー―近代音楽とレコード(4) 松本太郎 「レコード音楽」18巻8・9号 1948.9 p.42

◇「春の祭典」新盤を聴く（新譜評） 大木正興 「レコード音楽」19巻10号 1949.10 p.30

◇ストラヴィンスキーの兵士の物語 その・す・め 「ディスク」15巻4号 1952.4 p.374

◇戦後のストラヴィンスキー―現代音楽を語る 松本太郎 「レコード音楽」22巻6号 1952.6 p.10

◇フリチャイ指揮「詩篇交響曲」（宗教音楽の名盤・特集） 杉浦繁 「ディスク」16巻13号 1953.12 p.36

◇文学者のストラヴィンスキー論 A・ハックスレー，秋山邦晴 訳 「ディスク」17巻1号 1954.1 p.64

◇私の見たディアギレフ I・ストラヴィンスキー，北川宣彦 訳 「ディスク」17巻10号 1954.9 p.37

◇ストラヴィンスキーの「結婚」（新着LP紹介） 桃園春夫 「ディスク」18巻7号 1955.6 p.128

◇マルケヴィッチのプルチネラ（新着LP紹介） 長谷川修一 「ディスク」18巻12号 1955.10 p.114

◇舞踊組曲「ペトルーシュカ」〈ストラヴィンスキー〉（管弦楽曲） 「ディスク」19巻2号 臨時増刊 LP名曲100選 第1集 1956.1 p.72

◇舞踊曲「春の祭典」〈ストラヴィンスキー〉（管弦楽曲） 「ディスク」19巻2号 臨時増刊 LP名曲100選 第1集 1956.1 p.73

◇詩篇交響曲〈ストラヴィンスキー〉（交響曲） 「ディスク」19巻7号 臨時増刊 LP名曲100選 第2集 1956.5 p.33

◇舞踊組曲「火の鳥」〈ストラヴィンスキー〉（管弦楽曲） 「ディスク」19巻7号 臨時増刊 LP名曲100選 第2集 1956.5 p.59

◇ストラヴィンスキイの「兵士の物語」 岡俊雄 「ディスク」19巻13号 1956.10 p.34

◇ストラヴィンスキーのオペラ レイクス・プログレス 柴田南雄 「ディスク」20巻2号 1957.2 p.26

◇オルマンディの「ペトルーシュカ」（今月のハイライト） 三善清達 「ディスク」20巻4号 1957.4 p.28

◇ペトルーシュカ―ストラヴィンスキー（今月の名曲物語） 清水美知子 「ディスク」20巻4号 1957.4 p.164

◇詩篇交響曲〈ストラヴィンスキー〉（交響曲） 「ディスク」20巻8号 増刊 LP名曲350選 第1集 1957.7 p.70

◇舞踊組曲「火の鳥」〈ストラヴィンスキー〉（管弦楽曲） 「ディスク」20巻8号 増刊 LP名曲350選 第1集 1957.7 p.146

◇舞踊組曲「ペトルシュカ」〈ストラヴィンスキー〉（管弦楽曲） 「ディスク」20巻8号 増刊 LP名曲350選 第1集 1957.7 p.147

◇兵士の物語〈ストラヴィンスキー〉（管弦楽曲） 「ディスク」20巻8号 増刊 LP名曲350選 第1集 1957.7 p.149

◇現代音楽の窓(2) 兵士の物語（ストラヴィンスキー）―魂を悪魔に売つた男の哀れな物語 秋山邦晴 「ディスク」20巻9号 1957.8 p.34

◇私の友人ディアギレフ ストラヴィンスキー，東川清一 訳 「ディスク」20巻15号 1957.12 p.30

◇舞踊曲「ペトルーシュカ」〈ストラヴィンスキー〉（名曲とレコード―管弦楽曲） 小林利之 「ディスク」21巻13号 臨時増刊 名曲とレコード 1958.12 p.91

◇ストラヴィンスキーの近作集（新着LP試聴室） 瀬音透 「ディスク」24巻13号 1961.12 p.114

□ロヴィツキー指揮の〈火の鳥〉〈ガイーヌ〉（新着LP試聴室） 三井啓 「ディスク」25巻3号 1962.3 p.114

◇ストラヴィンスキーの自作自演レコード 上野一郎 「ディスク」25巻8号 1962.8 p.110

◇現代最高の作曲家ストラヴィンスキーの語る現代音楽と録音についての考察 ストラヴィンスキー，黒田恭一 訳 「ディスク」25巻11号 1962.11 p.90

◇ストラヴィンスキー自作自演〈三楽章交響曲〉他（各社五月新譜速報とその聴きもの） 渡辺学而 「ディスク」26巻4号 1963.4 p.113

◇シュナイダーハンのストラヴィンスキー〈ヴァイオリン協奏曲〉（各社10月新譜とその聴きもの） 三浦淳史 「ディスク」26巻6号 1963.9 p.157

チャイコフスキー，ピョートル・イリイチ

◇チャイコフスキー・ヴアイオリン・コンチエルトに於けるエルマンとフーベルマン R・F生 「ディスク」2巻2号 1930.10 p.104

◇第四交響曲（チヤイコフスキー）スペイン狂想
　曲（洋楽五月新譜批評）塩入亀輔　「レコー
　ド」2巻5号 1931.5 p.47
◇チヤイコフスキー作, 第五交響曲（名曲解説）
　原田軍二　「レコード」3巻8号 1932.8 p.24
◇チヤイコフスキー第三交響曲ニ長調　本郷澄
　夫　「レコード」4巻6号 1933.6 別冊附録
◇試聴室—新着レコードの印象—チヤイコフス
　キー　舞踊組曲「胡桃割」の新版　鮎野行夫, 有
　島牧穂　「ディスク」7巻10号 1935.10 p.752
◇チヤイコフスキー「交響曲第六番（悲愴）」
　井関富三　「ディスク」9巻6号 1937.6 p.534
◇チヤイコフスキーの悲愴交響曲　服部正　「レ
　コード音楽」11巻6号 1937.6 p.22
◇「悲愴交響曲」二種　坪和昌夫　「ディスク」9
　巻7号 1937.7 p.648
◇「悲愴交響曲」の二レコード　野村光一　「レ
　コード音楽」11巻7号 1937.7 p.10
◇チヤイコフスキー「提琴協奏曲ニ長調」　井
　関富三　「ディスク」9巻11号 1937.11 p.1067
◇試聴室—「胡桃割り」の印象及びそのほか　鮎
　野行夫　「ディスク」9巻12号 1937.12 p.1187
◇チヤイコフスキーの胡桃割り人形の新盤　服部
　正　「レコード音楽」11巻12号 1937.12 p.17
◇チヤイコフスキーの「ピアノ三重奏曲」　鈴木
　鎮一　「ディスク」10巻3号 1938.3 p.211
◇美しき悲愴—チヤイコフスキイのトリオ メ
　ヌーイン・トリオの演奏を聴いて（試聴記）
　村田武雄　「レコード音楽」12巻3号 1938.3
　p.11
◇新盤合評—チヤイコフスキー「ピアノ協奏曲
　第一番 変ロ短調」　同人　「ディスク」10巻7
　号 1938.7 p.639
◇チヤイコフスキーの「悲愴交響曲ロ短調」　あ
　らゑびす, 青木謙幸, 大木正夫, 深井史郎, 井
　関富三　「ディスク」10巻10号 1938.10 p.980
◇メンゲルベルク指揮の「悲愴交響曲」の新盤
　（試聴記）藥科雅美　「レコード音楽」12巻10
　号 1938.10 p.32
◇哀愁の極地を示すメンゲルベルクの「悲愴」
　（試聴記）藤田不二　「レコード音楽」12巻10
　号 1938.10 p.34
◇チヤイコフスキー作「伊太利狂詩曲」　柏木俊
　三　「ディスク」11巻4号 1939.4 p.348
◇チヤイコフスキーの「白鳥の湖」　城島昶
　「ディスク」11巻5号 1939.5 p.448
◇フルトヴェングラー指揮の「悲愴交響曲」　坪
　和昌夫　「ディスク」11巻6号 1939.6 p.541
◇ロシア音楽史上に於けるチヤイコフスキーの
　地位（チヤイコフスキー生誕百年記念）中根
　宏　「レコード音楽」14巻5号 1940.5 p.56
◇チヤイコフスキーの演奏家に就いて（チヤイ
　コフスキー生誕百年記念）野村光一　「レ
　コード音楽」14巻5号 1940.5 p.66

◇チヤイコフスキーのレコード（チヤイコフス
　キー生誕百年記念）藥科雅美　「レコード音
　楽」14巻5号 1940.5 p.69
◇モスクワに於けるチヤイコフスキイ百年祭
　竹中祐一　「ディスク」12巻8号 1940.8 p.762
◇「胡桃割人形」一組曲（チヤイコフスキー曲）
　（洋楽名曲レコード評）穂積正信　「レコー
　ド」6巻9号 1940.10 p.38
◇試聴室—チヤイコフスキイの「セレナーデ」
　柏木俊三　「ディスク」13巻2号 1941.2 p.115
◇メンゲルベルグ指揮 絃楽合奏用セレナード
　（チヤイコフスキー曲）（名曲レコード情報）
　牛山充　「レコード」7巻3号 1941.3 p.22
◇試聴室—ミルスタインのチヤイコフスキー作
　「提琴協奏曲」を聴いて　鈴木鎮一　「ディス
　ク」13巻6号 1941.6 p.524
◇試聴室—クーレンカンプ独奏のチヤイコフス
　キイ作「提琴協奏曲」　井関富三　「ディスク」
　13巻6号 1941.6 p.528
◇チヤイコフスキー作「提琴協奏曲」とその周
　囲 中根宏　「レコード音楽」15巻6号 1941.6
　p.32
◇クーレン・カムプ独奏 ヴァイオリン協奏曲
　（チヤイコフスキー曲）（名曲レコード情報）
　久保田公平　「レコード」7巻5号 1941.6 p.41
◇ナタン・ミルシユタイン独奏 ヴアイオリン協
　奏曲（チヤイコフスキー曲）（名曲レコード情
　報）清水守　「レコード」7巻5号 1941.6 p.45
◇ヴァイオリン協奏曲 チヤイコフスキー作曲
　「レコード」7巻5号 1941.6 別冊附録
◇試聴室—チヤイコフスキイの第四交響曲 服
　部正　「ディスク」13巻7号 1941.7 p.636
◇バッハの「結婚カンタータ」とチヤイコフス
　キーの「第五」を聴く　藤田不二　「レコード
　音楽」15巻8号 1941.8 p.101
◇第四交響曲に関するチヤイコフスキーの手紙
　（1）原田光子 訳　「レコード音楽」15巻9号
　1941.9 p.46
◇第四交響曲に関するチヤイコフスキーの手紙
　（2）原田光子 訳　「レコード音楽」15巻10号
　1941.10 p.23
◇名曲と名盤—「悲愴交響曲」　中根宏　「レ
　コード文化」2巻7号 1942.7 p.13
◇チヤイコオフスキイの第四交響曲を中心とし
　て 中根宏　「レコード文化」2巻10号 1942.
　10 p.20
◇チヤイコフスキーのピアノ協奏曲—今月の名
　曲 Y・A　「レコード音楽」18巻7号 1948.7
　p.29
◇チヤイコフスキイは何を選ぶ I・U　「レコー
　ド音楽」18巻11号 1948.11 p.23
◇オペラ「オネーギン」の音楽 阿部よしゑ
　「レコード音楽」19巻8号 1949.8 p.20
◇ビーチャム指揮のチヤイコフスキー「第五」
　大木正興　「レコード音楽」21巻1号 1951.1
　p.44

チャイコフスキー　　　　　　　人物文献目録　　　　　　　作曲家

◇二つの絃楽曲─名曲鑑賞（1）藤井夏人 「レコード音楽」21巻3号 1951.3 p.40

◇音楽史的に観たピアノ・レコード（33）チャイコフスキー 野村光一 「レコード音楽」21巻8号 1951.8 p.25

◇ピアノのための奏鳴曲と三重奏曲─名曲鑑賞（6）藤井夏人 「レコード音楽」21巻8号 1951.8 p.32

◇チャイコフスキー「提琴協奏曲ニ長調」杉浦繁 「ディスク」14巻1号 1951.9 p.35

◇チャイコフスキーの交響曲“悲愴” 藤井夏人 「ディスク」15巻3号 1952.3 p.294

◇「悲愴」のレコードを廻つて 大木正興 「レコード音楽」22巻4号 1952.4 p.35

◇トスカニーニの「悲愴」─外誌から見た批評 上野一郎 「レコード音楽」22巻4号 1952.4 p.86

◇チャイコフスキーの三重奏曲イ短調─偉大な芸術家の思ひ出のために（百万ドル・トリオを聴く）藥科雅美 「レコード音楽」22巻7号 1952.7 p.21

◇チャイコフスキイ ピアノ三重奏曲 イ短調（LP試聴記）杉浦繁 「ディスク」15巻8号 1952.8 p.833

◇チャイコフスキー 洋琴協奏曲 第一番変ロ短調作品二三（LP試聴記）小林利之 「ディスク」15巻9号 1952.9 p.963

◇チャイコフスキー「第四交響曲」（LP試聴記）いしはら 「ディスク」15巻11号 1952.10 p.1064

◇チャイコフスキーの「交響曲第四番」（フルトヴェングラーのL.P）牧定忠 「レコード音楽」22巻11号 1952.11 p.23

◇チャイコフスキー「くるみ割り人形」（クリスマスのL.P）木村重雄 「レコード音楽」22巻12号 1952.12 p.24

◇チャイコフスキー 交響曲第五番ホ短調（カンテルリ指揮）（LP試聴記）小林利之 「ディスク」16巻6号 1953.5 p.498

◇チャイコフスキー 交響曲第六番「悲愴」（クーベリック指揮）（LP試聴記）小林利之 「ディスク」16巻7号 1953.6 p.631

◇ストコフスキイの十八番 チャイコフスキーの「第五」の新盤（海外LP試聴室）宇野功芳 「ディスク」17巻5号 1954.5 p.58

◇クライバーの最新盤「悲愴」と「運命」（海外LP試聴室）長島卓二 「ディスク」17巻7号 1954.7 p.66

◇ボリショイ劇場の「オネーギン」を聴く（海外LP試聴室）牧嗣人，緑野卓 「ディスク」17巻7号 1954.7 p.82

◇「白鳥の湖」のLPは何を選ぶべきか─LP決定盤シリーズ（5）（海外LP試聴室）緑野卓 「ディスク」17巻9号 1954.8 p.74

◇オイストラッフのチャイコフスキー新盤（海外LP試聴室）萩須虎夫 「ディスク」17巻10号 1954.9 p.80

◇チャイコフスキーの第四の新盤 宇野功芳 「ディスク」18巻2号 1955.2 p.74

◇オイストラッフ四重奏団のチャイコフスキーを聴く（特選輸入盤紹介）桃園春夫 「ディスク」18巻4号 1955.3 p.142

◇二つの「悲愴」の新盤 クライバーとマルケヴィッチ（今月のLP）田代秀穂 「ディスク」18巻5号 1955.4 p.62

◇胡桃割の優秀廉価盤（新着LP紹介）田代秀穂 「ディスク」18巻6号 1955.5 p.126

◇エルマンのチャイコ協奏曲（新着LP紹介）小林利之 「ディスク」18巻7号 1955.6 p.124

◇初紹介の「バフチサライの泉」と「白鳥の湖」の新盤 井上頼豊 「ディスク」18巻9号 1955.7 p.56

◇フランチェスカッティ・メンデルスゾーンとチャイコフスキイ 志鳥栄八郎 「ディスク」18巻11号 1955.9 p.78

◇チャイコフスキイの交響曲そのLP 山口美美子 「ディスク」18巻12号 1955.10 p.152

◇チャイコフスキーの「白鳥の湖」（今月のLPから）宇野功芳 「ディスク」19巻1号 1956.1 p.80

◇第五交響曲〈チャイコフスキー〉（交響曲）「ディスク」19巻2号 臨時増刊 LP名曲100選 第1集 1956.1 p.36

◇悲愴交響曲〈チャイコフスキー〉（交響曲）「ディスク」19巻2号 臨時増刊 LP名曲100選 第1集 1956.1 p.38

◇舞踊組曲「白鳥の湖」〈チャイコフスキー〉（管弦楽曲）「ディスク」19巻2号 臨時増刊 LP名曲100選 第1集 1956.1 p.56

◇舞踊組曲「胡桃割人形」〈チャイコフスキー〉（管弦楽曲）「ディスク」19巻2号 臨時増刊 LP名曲100選 第1集 1956.1 p.58

◇舞踊組曲「眠れる美女」〈チャイコフスキー〉（管弦楽曲）「ディスク」19巻2号 臨時増刊 LP名曲100選 第1集 1956.1 p.60

◇変ロ短調ピアノ協奏曲〈チャイコフスキー〉（協奏曲）「ディスク」19巻2号 臨時増刊 LP名曲100選 第1集 1956.1 p.101

◇ニ長調ヴァイオリン協奏曲〈チャイコフスキー〉（協奏曲）「ディスク」19巻2号 臨時増刊 LP名曲100選 第1集 1956.1 p.102

◇チャイコフスキーの「ピアノ協奏曲第一番」─注目すべきギレルスの演奏（今月のLPハイライト）田代秀穂 「ディスク」19巻5号 1956.4 p.114

◇第四交響曲〈チャイコフスキー〉（交響曲）「ディスク」19巻7号 臨時増刊 LP名曲100選 第2集 1956.5 p.31

◇幻想的序曲「ロメオとジュリエット」〈チャイコフスキー〉（管弦楽曲）「ディスク」19巻7号 臨時増刊 LP名曲100選 第2集 1956.5 p.46

◇絃楽のためのセレナーデ〈チャイコフスキー〉（管弦楽曲）「ディスク」19巻7号 臨時増刊 LP名曲100選 第2集 1956.5 p.47

◇イタリア綺想曲〈チャイコフスキー〉（管弦楽曲）「ディスク」19巻7号 臨時増刊 LP名曲100選 第2集 1956.5 p.48

◇悲愴交響曲 ムラヴィンスキー（特集 今月話題のLP新譜）斎藤秀雄 「ディスク」19巻15号 1956.12 p.28

◇ヴァイオリン協奏曲（チャイコフスキイ）（LP名曲二〇選（1））杉浦繁 「ディスク」20巻1号 1957.1 p.194

◇チャイコフスキーの「悲愴」交響曲（LP名曲二〇選（2））宇野功芳 「ディスク」20巻2号 1957.2 p.33

◇歌劇「エフゲニ・オネーギン」全曲（話題のLP・今月のハイライト）福原信夫 「ディスク」20巻6号 1957.6 p.48

◇マンフレッド交響曲（チャイコフスキー）（今月の名曲物語）萩原英彦 「ディスク」20巻7号 1957.7 p.166

◇交響曲第四番ヘ短調〈チャイコフスキー〉（交響曲）「ディスク」20巻8号 増刊 LP名曲350選 第1集 1957.7 p.58

◇交響曲第五番ホ短調〈チャイコフスキー〉（交響曲）「ディスク」20巻8号 増刊 LP名曲350選 第1集 1957.7 p.59

◇交響曲第六番ロ短調（悲愴）〈チャイコフスキー〉（交響曲）「ディスク」20巻8号 増刊 LP名曲350選 第1集 1957.7 p.60

◇ロメオとジュリエット〈チャイコフスキー〉（管弦楽曲）「ディスク」20巻8号 増刊 LP名曲350選 第1集 1957.7 p.114

◇イタリア綺想曲〈チャイコフスキー〉（管弦楽曲）「ディスク」20巻8号 増刊 LP名曲350選 第1集 1957.7 p.115

◇絃楽のためのセレナード〈チャイコフスキー〉（管弦楽曲）「ディスク」20巻8号 増刊 LP名曲350選 第1集 1957.7 p.116

◇舞踊組曲「白鳥の湖」〈チャイコフスキー〉（管弦楽曲）「ディスク」20巻8号 増刊 LP名曲350選 第1集 1957.7 p.117

◇舞踊組曲「胡桃割人形」〈チャイコフスキー〉（管弦楽曲）「ディスク」20巻8号 増刊 LP名曲350選 第1集 1957.7 p.119

◇舞踊組曲「眠れる森の美女」〈チャイコフスキー〉（管弦楽曲）「ディスク」20巻8号 増刊 LP名曲350選 第1集 1957.7 p.120

◇エフゲニ・オネーギン〈チャイコフスキー〉（歌劇）「ディスク」20巻8号 増刊 LP名曲350選 第1集 1957.7 p.189

◇ピアノ協奏曲第一番変ロ短調〈チャイコフスキー〉（協奏曲）「ディスク」20巻10号 増刊 名曲LP350選 第2集 1957.8 p.37

◇ヴァイオリン協奏曲ニ長調〈チャイコフスキー〉（協奏曲）「ディスク」20巻10号 増刊 名曲LP350選 第2集 1957.8 p.72

◇名曲診断室―チャイコフスキー交響曲の聴きくらべ 上野一郎 「ディスク」20巻13号 1957.11 p.131

◇ピアノ協奏曲第二番ト長調〈チャイコフスキー〉（協奏曲）「ディスク」20巻14号 増刊 名曲LP350選 第3集 1957.11 p.147

◇ロココの主題による変奏曲〈チャイコフスキー〉（協奏曲）「ディスク」20巻14号 増刊 名曲LP350選 第3集 1957.11 p.148

◇ピアノ三重奏曲イ短調〈チャイコフスキー〉（室内楽曲）「ディスク」20巻14号 増刊 名曲LP350選 第3集 1957.11 p.165

◇チャイコフスキー物語（1）ロジェストヴェンスキー街の未亡人 ボウエン，バルバラ・メック，繁沢保 訳 「ディスク」21巻1号 1958.1 p.152

◇チャイコフスキーの想い出 ナデジダ・フォン・メック 繁沢保 編訳 「ディスク」21巻2号 1958.2 p.160

◇チャイコフスキーの想い出（3）ナデジダ・フォン・メック 繁沢保 編訳 「ディスク」21巻3号 1958.3 p.160

◇チャイコフスキーの想い出（4）チャイコフスキー一家 繁沢保 訳編 「ディスク」21巻4号 1958.4 p.157

◇レオニード・コーガンのチャイコフスキー 中村善吉 「ディスク」21巻5号 1958.5 p.30

◇チャイコフスキーの想い出（5）初期の作品をめぐって 繁沢保 編訳 「ディスク」21巻5号 1958.5 p.159

◇チャイコフスキーの想い出（6）初期の作品をめぐって 繁沢保 訳 「ディスク」21巻6号 1958.6 p.158

◇チャイコフスキーの想い出（3）初期の作品をめぐって（3）繁沢保 訳 「ディスク」21巻7号 1958.7 p.153

◇チャイコフスキーの想い出（7）相見えない交友 繁沢保 訳編 「ディスク」21巻9号 1958.9 p.108

◇チャイコフスキーの想い出（8）相見えない交友（その2）繁沢保 訳編 「ディスク」21巻10号 1958.10 p.62

◇チャイコフスキーの想い出（9）―相見えない交友（その3）繁沢保 訳編 「ディスク」21巻11号 1958.11 p.54

◇フルトヴェングラーの「悲愴」 宮崎嗣 「ディスク」21巻11号 1958.11 p.122

◇チャイコフスキーの想い出（10）相見えない交友（その4）繁沢保 訳編 「ディスク」21巻12号 1958.12 p.154

◇交響曲第六番「悲愴」ロ短調 作品七四〈チャイコフスキー〉（名曲とレコード―交響曲）宇野功芳 「ディスク」21巻13号 臨時増刊 名曲とレコード 1958.12 p.46

◇ピアノ協奏曲第一番 変ロ短調 作品二三〈チャイコフスキー〉（名曲とレコード―協奏曲）上野一郎 「ディスク」21巻13号 臨時増刊 名曲とレコード 1958.12 p.63

◇ヴァイオリン協奏曲 ニ長調 作品三五〈チャイコフスキー〉（名曲とレコード―協奏曲）上野一郎 「ディスク」21巻13号 臨時増刊 名曲とレコード 1958.12 p.64

◇白鳥の湖〈チャイコフスキー〉（名曲とレコード―管弦楽曲）宇野功芳 「ディスク」21巻13号 臨時増刊 名曲とレコード 1958.12 p.84

◇ピアノ三重奏曲イ短調 作品五〇〈チャイコフスキー〉（名曲とレコード―室内楽曲）中村善吉 「ディスク」21巻13号 臨時増刊 名曲とレコード 1958.12 p.99

◇チャイコフスキーの想い出（12）結婚準備（その1）繁沢保 訳編 「ディスク」22巻1号 1959.1 p.150

◇チャイコフスキーの想い出（13）―結婚準備（その2）繁沢保 訳編 「ディスク」22巻2号 1959.2 p.160

◇チャイコフスキーの想い出（別録）チャイコフスキーの文献考 繁沢保 訳編 「ディスク」22巻3号 1959.3 p.157

◇交響曲第四番 ヘ短調 作品三六〈チャイコフスキー〉（続・名曲とレコード―交響曲）宇野功芳 「ディスク」22巻8号 臨時増刊 続・名曲とレコード 1959.7 p.28

◇交響曲第五番 ホ短調 作品六四〈チャイコフスキー〉（続・名曲とレコード―交響曲）宇野功芳 「ディスク」22巻8号 臨時増刊 続・名曲とレコード 1959.7 p.29

◇四季より舟歌・トロイカ〈チャイコフスキー〉（続・名曲とレコード―ピアノ曲）中村善吉 「ディスク」22巻8号 臨時増刊 続・名曲とレコード 1959.7 p.110

◇ただあこがれを知るもののみ〈チャイコフスキー〉（続・名曲とレコード―声楽曲）畑中良輔 「ディスク」22巻8号 臨時増刊 続・名曲とレコード 1959.7 p.127

◇チャイコフスキーの交響曲第四番（アンチェル指揮）（新着LP試聴室）梅木香 「ディスク」22巻10号 1959.9 p.154

◇チャイコフスキーのヴァイオリン協奏曲の新盤（イゴール・オイストラッフ）（新着LP試聴室）厚木淳 「ディスク」22巻10号 1959.9 p.156

◇チャイコフスキーのピアノ協奏曲をきく（イトゥルビ）（新着LP試聴室）岡部冬彦 「ディスク」22巻10号 1959.9 p.158

◇スターンの再録音したメンデルスゾーン，チャイコフスキー（新着LP試聴室）梅木香 「ディスク」22巻13号 1959.11 p.165

◇アンセルメの「白鳥の湖」全曲（チャイコフスキー）厚木淳 「ディスク」22巻14号 1959.12 p.40

◇リフテルのチャイコフスキー「ピアノ協奏曲」（新着LPハイライト）大木正興 「ディスク」23巻4号 1960.3 p.36

◇チャイコフスキー/交響曲第四番ヘ短調作品36/モントゥー～ボストン・シンフォニー（新着LP試聴室）宇野功芳 「ディスク」23巻8号 1960.7 p.110

◇チャイコフスキー/ヴァイオリン協奏ニ長調/シェリング（V），ミュンシュ～ボストン（新着LP試聴室）杉浦繁 「ディスク」23巻8号 1960.7 p.115

◇ピアノ三重奏曲イ短調―チャイコフスキー（室内楽）中村善吉 「ディスク」23巻13号 増刊 新版名曲とレコード 下巻 1960.10 p.43

◇舟歌，トロイカ「四季」より―チャイコフスキー（ピアノ曲）中村善吉 「ディスク」23巻13号 増刊 新版名曲とレコード 下巻 1960.10 p.108

◇ただ，あこがれを知るもののみ―チャイコフスキー（歌曲）畑中良輔 「ディスク」23巻13号 増刊 新版名曲とレコード 下巻 1960.10 p.157

◇チャイコフスキー「第五交響曲」/ショルティ指揮（新着LP試聴室）浅井修一 「ディスク」23巻14号 1960.11 p.118

◇チャイコフスキー/ピアノ協奏曲第一番（シェベック）（新着LP試聴室）藁科雅美 「ディスク」24巻1号 1961.1 p.134

◇チャイコフスキー「ピアノ協奏曲第一番」（名曲ディスコグラフィー・2）杉浦繁 「ディスク」24巻3号 1961.3 p.122

◇歌劇「エフゲニ・オネーギン」（チャイコフスキー）（オペラへの招待・新連載）福原信夫 「ディスク」25巻2号 1962.2 p.58

◇モントゥーの最新録音〈白鳥の湖〉（各社四月新譜速報とその聴きもの）三浦淳史 「ディスク」26巻3号 1963.3 p.131

◇ロジェストヴェンスキーの「くるみ割り人形」全曲（各社11月新譜速報とその聴きもの）小倉重夫 「ディスク」26巻7号 1963.10 p.141

◇「悲愴」で3大交響曲を完成したバーンスタインのチャイコフスキー 小林利之 「ディスク」26巻6号 1965.7 p.96

◇スラヴ歌劇（続）―「イーゴリ公」/「エフゲニ・オネーギン」（グラビヤ）黒田恭一 「ディスク」28巻10号 1965.11 p.89

ドヴォルザーク，アントニン

◇試聴室―新着レコードの印象―ドヴォルザークと「トリオ」の作品 鮎野行夫，有島牧穂 「ディスク」7巻10号 1935.10 p.754

◇新版「新世界交響曲」を中心に（中欧の音楽）井関富三 「ディスク」8巻4号 1936.4 p.314

◇ドヴォルザークの小伝とその作品表 編輯部 「レコード音楽」10巻4号 1936.4 p.42

◇ドヴォルザークの「第四交響曲」試聴（欧米新着レコード紹介）有坂愛彦 「ディスク」8巻6号 1936.6 p.490

◇ドヴォルザークのチェロ協奏曲 有坂愛彦 「レコード音楽」11巻5号 1937.5 p.19

作曲家　　　　　　　　　　　　　　　人物文献目録　　　　　　　　　　　　　ドヴォルザーク

◇カサド独奏のドヴォルザークのチェロ協奏曲　藤田不二　「レコード音楽」11巻5号 1937.5 p.22

◇試聴室―ドヴォルザーク偶感　鮎野行夫　「ディスク」9巻10号 1937.10 p.961

◇カザルスの神技―ドヴォルザークのチェロ協奏曲新盤（試聴記）　井上頼豊　「レコード音楽」12巻3号 1938.3 p.14

◇ドヴォルザークの新世界交響曲を聴いて　城島昶　「ディスク」10巻12号 1938.12 p.1196

◇ドヴォルザーク作「セレナード」　柏木俊三　「ディスク」11巻7号 1939.7 p.665

◇ドヴォルシャックの「美しい絃楽合奏の為のセレナード」（試聴記）　水野忠恂　「レコード音楽」13巻7号 1939.7 p.115

◇ロートの「ニガー四重奏曲」　柏木俊三　「ディスク」11巻9号 1939.9 p.884

◇ドヴォルザークの「ニガー四重奏曲」新盤（試聴記）　井上頼豊　「レコード音楽」13巻9号 1939.9 p.38

◇ドヴォルザークと其の音楽（ドヴォルザーク特輯）　呉泰次郎　「レコード」6巻8号 1940.9 p.6

◇ドヴォルジヤークの管絃楽曲（ドヴォルザーク特輯）　門馬直衛　「レコード」6巻8号 1940.9 p.11

◇室内楽と其のレコード（ドヴォルザーク特輯）　牛山充　「レコード」6巻8号 1940.9 p.23

◇「新世界」交響曲と其のレコード（ドヴォルザーク特輯）　土屋忠雄　「レコード」6巻8号 1940.9 p.29

◇提琴協奏曲と其レコード（ドヴォルザーク特輯）　甲斐一郎　「レコード」6巻8号 1940.9 p.38

◇チェロ協奏曲に就いて（ドヴォルザーク特輯）　狩野真　「レコード」6巻8号 1940.9 p.42

◇声楽曲と其レコード（ドヴォルザーク特輯）　西野茂　「レコード」6巻8号 1940.9 p.46

◇ドヴォルザーク作品表（ドヴォルザーク特輯）　関清武　「レコード」6巻8号 1940.9 p.48

◇「新世界」交響曲（全曲総譜）ドヴォルザーク作曲　「レコード」6巻8号 1940.9 別冊附録

◇試聴室―ドゥヴォルザークの「第二交響曲」　牛山充　「ディスク」13巻8号 1941.8 p.732

◇ドゥヴォルジャアクと第二交響曲―作曲者の生誕百年に際して　中根宏　「レコード音楽」15巻8号 1941.8 p.17

◇交響曲第二番（ドボルザーク）ターリッヒ指揮（名曲レコード情報）　牛山充　「レコード」7巻8号 1941.8 p.24

◇「新世界」の名盤そのほか（新譜評）　村田武雄　「レコード音楽」19巻3号 1949.3 p.26

◇二つの交響曲―名曲鑑賞（2）　藤井夏人　「レコード音楽」21巻4号 1951.4 p.30

◇ドヴォルザークの新世界交響曲　牛山充　「ディスク」15巻5号 1952.5 p.482

◇新世界交響曲を聴いて　吉村一夫　「レコード音楽」22巻5号 1952.5 p.24

◇ドヴォルザーク 交響曲第五番─新世界（LP試聴記）　小林利之　「ディスク」16巻2号 1953.2 p.165

◇ドヴォールザークの協奏曲とオイストラークの無類の名演（海外LP試聴室）　坩和昌夫　「ディスク」17巻3号 1954.3 p.79

◇トスカニーニの「新世界」予想外の名演（海外LP試聴室）　杉浦繁　「ディスク」17巻6号 1954.6 p.78

◇チェッコの国民的な四重奏曲―スメタナとドヴォルザーク（海外LP試聴室）　井上頼豊　「ディスク」17巻7号 1954.7 p.74

◇チェコ・フィルハーモニック・コンサート―ドヴォルシャックのベートーヴェンを聴く（海外LP試聴室）　宇野功芳　「ディスク」17巻9号 1954.9 p.58

◇フルニエのドヴォルシャック（新着LP紹介）　杉浦繁　「ディスク」18巻6号 1955.5 p.132

◇ナヴァラ・ドヴォルザックのチェロ協奏曲（新着LP紹介）　今陶也　「ディスク」18巻10号 1955.8 p.120

◇ドヴォルザークのピアノ協奏曲（新着LP紹介）　長谷川修一　「ディスク」18巻11号 1955.9 p.119

◇フルニエのドヴォルザーク「チェロ協奏曲」（今月のLPから）　田代秀穂　「ディスク」18巻14号 1955.12 p.58

◇新世界交響曲〈ドヴォルザーク〉（交響曲）「ディスク」19巻2号 臨時増刊 LP名曲100選 第1集 1956.1 p.39

◇ロ短調チェロ協奏曲〈ドヴォルザーク〉（協奏曲）「ディスク」19巻2号 臨時増刊 LP名曲100選 第1集 1956.1 p.104

◇ドヴォルザークの室内楽の名盤（今月のLPハイライト）　坩和昌夫　「ディスク」19巻3号 1956.2 p.112

◇ロッセル＝マイダンのドヴォルザーク歌曲集（今月のLPハイライト）　福原信夫　「ディスク」19巻3号 1956.2 p.113

◇「アメリカ」絃楽四重奏曲〈ドヴォルザーク〉（室内楽曲）「ディスク」19巻7号 臨時増刊 LP名曲100選 第2集 1956.5 p.98

◇トルトリエの名演―ドヴォルザークのチェロ協奏曲　井上頼豊　「ディスク」19巻13号 1956.10 p.39

◇交響曲第五番「新世界」（ドヴォルザーク）（LP名曲二〇選（1））　伊藤道雄　「ディスク」20巻1号 1957.1 p.196

◇チェロ協奏曲（ドヴォルザーク）（LP名曲二〇選（1））　井上頼豊　「ディスク」20巻1号 1957.1 p.199

◇交響曲第五番ホ短調（新世界）〈ドヴォルザーク〉（交響曲）「ディスク」20巻8号 増刊 LP名曲350選 第1集 1957.7 p.62

◇チェロ協奏曲ロ短調〈ドヴォルザーク〉（協奏曲）「ディスク」20巻10号 増刊 名曲LP350選 第2集 1957.8 p.84

◇絃楽四重奏曲第六番ヘ長調（アメリカ）〈ドヴォルザーク〉（室内楽曲）「ディスク」20巻10号 増刊 名曲LP350選 第2集 1957.8 p.112

◇ピアノ五重奏曲イ長調〈ドヴォルザーク〉（室内楽曲）「ディスク」20巻10号 増刊 名曲LP350選 第2集 1957.8 p.118

◇交響曲第四番ト長調〈ドヴォルザーク〉（交響曲）「ディスク」20巻14号 増刊 名曲LP350選 第3集 1957.11 p.133

◇交響曲第五番「新世界より」ホ短調 作品九五〈ドヴォルザーク〉（名曲レコード一交響曲）宇野功芳 「ディスク」21巻13号 臨時増刊 名曲とレコード 1958.12 p.47

◇チェロ協奏曲 ロ短調 作品一〇四〈ドヴォルザーク〉（名曲とレコード一協奏曲）上野一郎 「ディスク」21巻13号 臨時増刊 名曲とレコード 1958.12 p.65

◇弦楽四重奏曲第六番「アメリカ」ヘ長調 作品九六〈ドヴォルザーク〉（名曲とレコード一室内楽曲）中村善吉 「ディスク」21巻13号 臨時増刊 名曲とレコード 1958.12 p.100

◇シルヴェストリの「新世界」交響曲（今月のLPハイライト）岡俊雄 「ディスク」22巻1号 1959.1 p.40

◇名曲診断室―ドヴォルザーク「チェロ協奏曲」・シューベルト「鱒」の五重奏曲 上野一郎 「ディスク」22巻7号 1959.7 p.166

◇待望三〇年ドヴォルザークの「新世界」交響曲（ワルター指揮）（新着LP試聴室）梅木香 「ディスク」22巻11号 1959.10 p.154

◇ドヴォルジャックの交響曲第四番の新盤 宇野功芳 「ディスク」22巻13号 1959.11 p.27

◇ドヴォルジャックの「第四」とサヴァリッシュ（新着LP試聴室）瀬音透 「ディスク」22巻14号 1959.12 p.153

◇ターリッヒ指揮するドヴォルジャック「第八」の名演（新着LP試聴室）浅井修一 「ディスク」22巻14号 1959.12 p.154

◇ドヴォルジャックの「交響曲第五番」"新世界"（セル指揮）（新着LP試聴室）梅木香 「ディスク」23巻1号 1960.1 p.158

◇ドヴォルジャック「第7交響曲」（新着LP試聴室）宇野功芳 「ディスク」23巻7号 1960.6 p.113

◇ドヴォルジャックの「鎮魂ミサ曲」（新着LP試聴室）小林利之 「ディスク」23巻7号 1960.6 p.117

◇ピアノ三重奏曲第四番「ドゥムキー」―ドヴォルジャック（室内楽）坿和昌夫 「ディスク」23巻13号 増刊 新版名曲とレコード 下巻 1960.10 p.44

◇弦楽四重奏曲第六番「アメリカ」―ドヴォルジャック（室内楽）中村善吉 「ディスク」23巻13号 増刊 新版名曲とレコード 下巻 1960.10 p.45

◇わが母の教えたまいし歌―ドヴォルジャック（歌曲）小林利之 「ディスク」23巻13号 増刊 新版名曲とレコード 下巻 1960.10 p.157

◇ドヴォルジャック「新世界交響曲」（名曲ディスコグラフィ・4）杉浦繁 「ディスク」24巻5号 1961.5 p.126

◇新鋭ケルテッシュ指揮する〈新世界〉（新着LP試聴室）三井啓 「ディスク」25巻4号 1962.4 p.113

◇カーゾンとウィーン・フィルQのドヴォルザーク「ピアノ五重奏」他（各社11月新譜速報とその聴きもの）岩井宏之 「ディスク」26巻7号 1963.10 p.140

◇セルの指揮する「未完成」「新世界より」（各社三月新譜速報とその聴きもの）渡辺学而 「ディスク」27巻2号 1964.2 p.145

ドビュッシー, クロード

◇ペレアスとメリサンドを聴く 位鈴 「ディスク」3巻3号 1931.3 p.208

◇ペレアスとメリサンド 藤田不二 「レコード音楽」5巻3号 1931.3 p.30

◇ドビュッシイのソナータ 森潤三郎 「ディスク」3巻5号 1931.5 p.382

◇異盤感手記(1)絃楽四重奏曲（デュビッシイ作）菅原明朗 「レコード音楽」5巻9号 1931.9 p.9

◇異盤感手記(3)夜想曲（デュビッシイ作）菅原明朗 「レコード音楽」5巻11号 1931.11 p.20

◇ドゥビユッシーの絃楽四重奏(1) 堀江謙吉 「ディスク」4巻2号 1932.2 p.78

◇ドゥビユッシーの絃楽四重奏(2) 堀江謙吉 「ディスク」4巻3号 1932.3 p.148

◇コルトオに依るドビュッシイのプレリュードのデイスクに於ける再生 松平頼則 「ディスク」4巻4号 1932.4 p.218

◇前奏曲 アルフレ・コルトー, 堀江謙吉 訳 「レコード音楽」6巻5号 1932.5 p.62

◇ドゥビュッシイのベルガマスク組曲 堀江謙吉 「レコード音楽」6巻6号 1932.6 p.42

◇ドビュッシーのレコード あらえびす 「レコード」3巻8号 1932.8 p.9

◇ドビュッシーの作品及そのレコード 菅原明朗 「レコード」3巻8号 1932.8 p.12

◇ドビュッシーの作品表 菅原明朗 「レコード」3巻8号 1932.8 p.15

◇最近竣成したドビュッシーの記念碑 松本太郎 「レコード」3巻8号 1932.8 p.21

◇ドビュシイ作絃楽四重奏曲一ト長調（名曲解説）葉山竹夫 「レコード」3巻10号 1932.10 p.22

◇ドビュツシイの楽劇「ペレアスとメリサンド」（上）藤木義輔 「レコード音楽」7巻1号 1933.1 p.102

作曲家　　　　　　　　　　　　　　人物文献目録　　　　　　　　　ドビュッシー

◇ドビユツシイの楽劇「ペレアスとメリサン
　ド」　藤木義輔　「レコード音楽」7巻2号
　1933.2 p.100

◇クロード・ドビュッシー（上）アルフレッ
　ド・カセルラ，堀江謙吉 訳　「レコード音楽」
　7巻4号 1933.4 p.118

◇クロード・ドゥビュッシー（下）アルフレッ
　ド・カセルラ，堀江謙吉 訳　「レコード音楽」
　7巻5号 1933.5 p.104

◇ペレアス物語（名曲物語）藤木義輔　「レコー
　ド音楽」7巻10号 1933.10 p.103

◇ペレアスとメリザンド 倉重瞬輔　「ディス
　ク」5巻11号 1933.11 p.724

◇ドビユツシイ年表　「ディスク」7巻6号 1935.
　6 p.402

◇ドビユツシイ素描 鮎野行夫　「ディスク」7
　巻6号 1935.6 p.403

◇ドビユツシイ入門 藤木義輔　「ディスク」7
　巻6号 1935.6 p.414

◇ドビユツシイの管絃楽に望んだもの 深井史
　郎　「ディスク」7巻6号 1935.6 p.419

◇ドビユツシイの歌曲より 本来漠　「ディス
　ク」7巻6号 1935.6 p.421

◇ドビユツシイ漫筆 城春光　「ディスク」7巻6
　号 1935.6 p.425

◇Un auteur difficile 熊田眉秋　「ディスク」7
　巻6号 1935.6 p.428

◇ドビユツシイへの感想 村田武雄，四月亭，鮎
　野行夫　「ディスク」7巻6号 1935.6 p.431

◇ドビユツシイ全作品集 編輯部　「ディスク」
　7巻6号 1935.6 p.432

◇ドビュッシーと時代の関係 太田方郎　「レ
　コード音楽」9巻6号 1935.6 p.6

◇パリ楽界ところどころ（10）そこはかとなく
　ドビュッシーを語る 岩崎雅通　「レコード音
　楽」9巻6号 1935.6 p.15

◇試聴室―最近の新盤二つを聴く―提琴と洋琴
　の為の奏鳴曲（ドビュッシイ）大西一正
　「ディスク」8巻8号 1936.8 p.705

◇近代フランス音楽講話（3）ドビュッシイ 藤木
　義輔　「ディスク」9巻3号 1937.3 p.214

◇ドビユツシイの歌曲集に就いて 柿沼太郎
　「ディスク」9巻5号 1937.5 p.423

◇マヂー・テイトとドビユツシイ ロックスパ
　イサー 述，鮎野行夫 抄訳　「ディスク」9巻5
　号 1937.5 p.452

◇ドビュッシーの伴奏したガーデンのレコード
　藤田不二　「レコード音楽」12巻1号 1938.1
　p.110

◇ドゥビュッシーの「前奏曲第一輯」とギーゼ
　キング 宅孝二　「ディスク」12巻1号 1940.1
　p.1

◇ギーゼングの弾いたドゥビュッシーの第一
　「十二前奏曲集」を聴いて（試聴記）松本太郎
　「レコード音楽」14巻1号 1940.1 p.11

◇ギーゼ・キング演奏 ドビユツシーの前奏曲集
　（洋楽レコード試聴評）牛山充　「レコード」
　6巻1号 1940.1 p.42

◇ドビユツシイ作「トリオ・ソナタ」の新盤 堺
　和昌夫　「ディスク」12巻6号 1940.6 p.529

◇三重奏奏鳴曲（ドビユツシイ曲）（洋楽名曲試
　聴評）柏木俊三　「レコード」6巻5号 1940.6
　p.38

◇ふらんす音楽（11）ドビユツシイ 吉村昌光
　「ディスク」12巻11号 1940.11 p.1052

◇試聴室―カペーの演奏せるドビユツシイの絃
　楽四重奏曲 柏木俊三　「ディスク」12巻11号
　1940.11 p.1061

◇ふらんす音楽（12）ドビユツシイ（承前）吉村
　昌光　「ディスク」12巻12号 1940.12 p.1159

◇試聴室―ドビッシイとプロコフィエフ 柏木
　俊三　「ディスク」13巻1号 1941.1 p.14

◇ふらんす音楽 其13 ドビユツシイ（前承）吉
　村昌光　「ディスク」13巻1号 1941.1 p.30

◇ふらんす音楽 其14 ドビユツシイ（前承）吉
　村昌光　「ディスク」13巻2号 1941.2 p.127

◇試聴室―ドビユツシイの「海」 藤木義輔
　「ディスク」13巻4号 1941.4 p.308

◇仏蘭西楽界サ・エ・ラ（101）―ドゥビュッ
　シーの「海」を語る 松本太郎　「レコード音
　楽」15巻6号 1941.6 p.23

◇ドビユツシイの管絃楽曲に就て 五島雄一郎
　「レコード文化」3巻10号 1943.10 p.46

◇近代音楽とレコード（1）近代音楽の確立者
　ドゥビュッシー 松本太郎　「レコード音楽」
　18巻5号 1948.5 p.7

◇レコードのある部屋（14）ドビユツシイに耽
　溺する 村田武雄　「レコード音楽」18巻12号
　1948.12 p.32

◇「ペレアス」の全曲レコードに就て 阿部よし
　ゑ　「レコード音楽」19巻5号 1949.5 p.58

◇ドビュッシーと「前奏曲」について 三浦潤
　「ディスク」14巻2号 1951.10 p.124

◇ドビユツシイの夜想曲と印象主義（今月の主
　要レコードの解説）藤木義輔　「ディスク」
　14巻4号 1951.12 p.295

◇夜想曲と絃楽四重奏曲―名曲鑑賞（10）藤井
　夏人　「レコード音楽」21巻12号 1951.12
　p.42

◇音楽史的に観たピアノ・レコード（38）ド
　ビュッシー（1）野村光一　「レコード音楽」
　22巻4号 1952.4 p.17

◇音楽史的に観たピアノ・レコード（37）ド
　ビュッシー（2）野村光一　「レコード音楽」
　22巻6号 1952.6 p.34

◇音楽史的に観たピアノ・レコード（38）ド
　ビュッシー（3）野村光一　「レコード音楽」
　22巻7号 1952.7 p.26

◇ドビユツシイ 華やかな饗宴（歌曲集）（名曲解
　説）三浦潤　「ディスク」15巻8号 1952.8
　p.802

◇ドビュッシイ 管絃楽の為の映像（第三輯）（LP試聴記）杉浦繁 「ディスク」15巻8号 1952.8 p.831

◇音楽史的に観たピアノ・レコード（39）ドビュッシー（4）野村光一 「レコード音楽」22巻8号 1952.8 p.33

◇艶なる諧楽―フランス近代歌曲について（試聴記）平島正郎 「レコード音楽」22巻8号 1952.8 p.36

◇ドビュッシイの「ペレアスとメリサンド」藤木義輔 「ディスク」16巻2号 1953.2 p.124

◇ドビュッシイ 選ばれし乙女（ミショウ他）（LP試聴記）高橋昭 「ディスク」16巻5号 1953.4 p.373

◇シュアレスの訳者が聴くトスカニーニの「海」清水脩 「レコード音楽」23巻5号・6号 1953.6 p.56

◇ドビュッシーの三つのソナタ 清水脩 「ディスク」17巻12号 1954.11 p.74

◇アンゲルブレックのドビュッシイ（新着LP紹介）坿和昌夫 「ディスク」18巻7号 1955.6 p.122

◇アンセルメのドビュッシイ（新着LP紹介）高橋昭 「ディスク」18巻11号 1955.9 p.117

◇カサドシュスのドビュッシイ（新着LP紹介）佐久間幸光 「ディスク」18巻12号 1955.10 p.112

◇前奏曲集・第一輯〈ドビュッシー〉（ピアノ曲）「ディスク」19巻2号 臨時増刊 LP名曲100選 第1集 1956.1 p.124

◇夜想曲「雲・祭・海の精」〈ドビュッシイ〉（管弦楽曲）「ディスク」19巻7号 臨時増刊 LP名曲100選 第2集 1956.5 p.50

◇ヴァイオリン奏鳴曲第三番〈ドビュッシイ〉（室内楽曲）「ディスク」19巻7号 臨時増刊 LP名曲100選 第2集 1956.5 p.99

◇影像第一集・第二集〈ドビュッシイ〉（器楽曲）「ディスク」19巻7号 臨時増刊 LP名曲100選 第2集 1956.5 p.108

◇ベルガマスク組曲〈ドビュッシイ〉（器楽曲）「ディスク」19巻7号 臨時増刊 LP名曲100選 第2集 1956.5 p.109

◇ドビュッシイ「聖セバスチャンの殉教」（話題のLPハイライト）園田春子 「ディスク」20巻5号 1957.5 p.43

◇ラヴェルとドビュッシイのピアノ曲とその演奏 ワルター・ギーゼキング，山口芙美子 訳 「ディスク」20巻7号 1957.7 p.46

◇海〈ドビュッシイ〉（管弦楽曲）「ディスク」20巻8号 増刊 LP名曲350選 第1集 1957.7 p.119

◇前奏曲「牧神の午後」〈ドビュッシイ〉（管弦楽曲）「ディスク」20巻8号 増刊 LP名曲350選 第1集 1957.7 p.126

◇夜想曲「雲・祭・海の精」〈ドビュッシイ〉（管弦楽曲）「ディスク」20巻8号 増刊 LP名曲350選 第1集 1957.7 p.127

◇組曲「イベリア」〈ドビュッシイ〉（管弦楽曲）「ディスク」20巻8号 増刊 LP名曲350選 第1集 1957.7 p.128

◇ヴァイオリン奏鳴曲第三番〈ドビュッシイ〉（室内楽曲）「ディスク」20巻10号 増刊 名曲LP350選 第2集 1957.8 p.134

◇前奏曲 第一集〈ドビュッシイ〉（器楽曲）「ディスク」20巻14号 増刊 名曲LP350選 第3集 1957.11 p.56

◇影像〈ドビュッシイ〉（器楽曲）「ディスク」20巻14号 増刊 名曲LP350選 第3集 1957.11 p.58

◇ベルガマスク組曲〈ドビュッシイ〉（器楽曲）「ディスク」20巻14号 増刊 名曲LP350選 第3集 1957.11 p.58

◇子供の領分〈ドビュッシイ〉（器楽曲）「ディスク」20巻14号 増刊 名曲LP350選 第3集 1957.11 p.59

◇ピアノ小曲集〈ドビュッシイ〉（器楽曲）「ディスク」20巻14号 増刊 名曲LP350選 第3集 1957.11 p.60

◇「海」断想―ドビュッシイの音楽によせて 平島正郎 「ディスク」21巻8号 1958.8 p.30

◇牧神の午後への前奏曲〈ドビュッシイ〉（名曲とレコード―管弦楽曲）長尾義弘 「ディスク」21巻13号 臨時増刊 名曲とレコード 1958.12 p.87

◇子供の領分〈ドビュッシイ〉（名曲とレコード―ピアノ曲）中村善吉 「ディスク」21巻13号 臨時増刊 名曲とレコード 1958.12 p.118

◇月の光〈ドビュッシイ〉（名曲とレコード―ピアノ曲）中村善吉 「ディスク」21巻13号 臨時増刊 名曲とレコード 1958.12 p.119

◇ラヴェルとドビュッシイ管弦楽曲全集を録音中のマニュエル・ローザンタル 松本太郎 「ディスク」22巻3号 1959.3 p.44

◇ドビュッシイ「夜想曲」とラヴェル「マ・メール・ロア」（アンセルメ）（新着LP試聴室）岡俊雄 「ディスク」22巻7号 1959.7 p.150

◇ドビュッシイ「管弦楽のための三つの影像」（ミュンシュ）（新着LP試聴室）岡俊雄 「ディスク」22巻7号 1959.7 p.151

◇イベール「寄港地」とドビュッシイの「イベリア」（ストコフスキー）（新着LP試聴室）飯田一夫 「ディスク」22巻7号 1959.7 p.153

◇弦楽四重奏曲 ト短調 作品一〇〈ドビュッシー〉（続・名曲とレコード―室内楽曲）中村善吉 「ディスク」22巻8号 臨時増刊 続・名曲とレコード 1959.7 p.87

◇前奏曲集 第一集〈ドビュッシー〉（続・名曲とレコード―ピアノ曲）中村善吉 「ディスク」22巻8号 臨時増刊 続・名曲とレコード 1959.7 p.110

◇忘れられし小唄〈ドビュッシイ〉（続・名曲とレコード―声楽曲）畑中良輔 「ディスク」22巻8号 臨時増刊 続・名曲とレコード 1959.7 p.131

作曲家　　　　　　　　　　　　　人物文献目録　　　　　　　　　　　　ハイドン

◇マンドリン〈ドビュッシイ〉（続・名曲とレ
コード―声楽曲）畑中良輔　「ディスク」22
巻8号 臨時増刊 続・名曲とレコード 1959.7
p.133

◇ドビュッシーの「歌曲集」（アラリ）（新着LP
試聴室）石川登志夫　「ディスク」22巻9号
1959.8 p.161

◇異色ある好演ドビュッシイ「夜想曲」「海」
（シルヴェストリ指揮）（新着LP試聴室）杉
浦繁　「ディスク」22巻11号 1959.10 p.156

◇ドビュッシイ，ルーセルの室内楽（新着LP試
聴室）垪和昌夫　「ディスク」23巻7号 1960.
6 p.117

◇ドビュッシー「子供の遊戯」「春」/アンセル
メ指揮（新着LP試聴室）垪和昌夫　「ディス
ク」23巻10号 1960.9 p.111

◇フランクとドビュッシーのヴァイオリン協奏
曲/スターン（V）（新着LP試聴室）杉浦繁
「ディスク」23巻12号 1960.10 p.120

◇弦楽四重奏曲―ドビュッシイ（室内楽）中村
善吉　「ディスク」23巻13号 増刊 新版名曲と
レコード 下巻 1960.10 p.46

◇フルートとハープとヴィオラのソナタ―ド
ビュッシイ（室内楽）杉浦繁　「ディスク」23
巻13号 増刊 新版名曲とレコード 下巻 1960.
10 p.47

◇ヴァイオリン奏鳴曲―ドビュッシイ（ヴァイ
オリン曲）垪和昌夫　「ディスク」23巻13号
増刊 新版名曲とレコード 下巻 1960.10 p.70

◇ベルガマスク組曲―ドビュッシイ（ピアノ曲）
垪和昌夫　「ディスク」23巻13号 増刊 新版名
曲とレコード 下巻 1960.10 p.109

◇子供の領分―ドビュッシイ（ピアノ曲）中村
善吉　「ディスク」23巻13号 増刊 新版名曲と
レコード 下巻 1960.10 p.110

◇前奏曲第一集―ドビュッシイ（ピアノ曲）中
村善吉　「ディスク」23巻13号 増刊 新版名曲
とレコード 下巻 1960.10 p.111

◇前奏曲第二集―ドビュッシイ（ピアノ曲）増
田隆昭　「ディスク」23巻13号 増刊 新版名曲
とレコード 下巻 1960.10 p.112

◇チェロ奏鳴曲―ドビュッシイ（チェロ曲）中
村善吉　「ディスク」23巻13号 増刊 新版名曲
とレコード 下巻 1960.10 p.126

◇忘れられし小唄―ドビュッシイ（歌曲）畑中
良輔　「ディスク」23巻13号 増刊 新版名曲と
レコード 下巻 1960.10 p.162

◇ドビュッシー「夜想曲」他/ストコフスキー
指揮（新着LP試聴室）杉浦繁　「ディスク」
23巻14号 1960.11 p.121

◇ドビュッシー「前奏曲集」（ジャン・カサドゥ
ジュ=P）（新着LP試聴室）杉浦繁　「ディス
ク」24巻4号 1961.4 p.116

◇田中希代子の独奏，ドビュッシイ「前奏曲集」
（新着LP試聴室）増田隆昭　「ディスク」24
巻5号 1961.5 p.117

◇アンモルトンのドビュッシー（新着LP試聴
室）増田隆昭　「ディスク」24巻7号 1961.7
p.120

◇ドビュッシー，ミヨー生誕記念の年（フランス
楽壇から）松本太郎　「ディスク」25巻9号
1962.9 p.90

◇ドビュッシー―アンセルメに聴く/客観的な
抒情主義者 アンセルメ，黒田恭一 訳　「ディ
スク」25巻12号 1962.12 p.111

◇ロストロポーヴィッチのブリッテン，ド
ビュッシー〈チェロ・ソナタ〉他（各社三月新
譜速報と聴きもの）三浦淳史　「ディスク」
26巻2号 1963.2 p.128

◇リフテルのショパン，ドビュッシー，スクリア
ビン（各社12月新譜速報とその聴きもの）中
川belongs義　「ディスク」26巻8号 1963.11 p.142

◇ドビュッシイの「聖セバスティアンの殉教」
菅野浩和　「ディスク」27巻6号 1964.6 p.72

ハイドン, フランツ・ヨーゼフ

◇ハイドン伝と彼の芸術 ポールランドルミイの
音楽史より　「レコード」3巻3号 1932.3 p.6

◇ハイドンのレコード あらえびす　「レコー
ド」3巻3号 1932.3 p.11

◇ハイドンの作品表　「レコード」3巻3号 1932.
3 p.13

◇ハイドン作玩具交響曲（名曲解説―四月新譜
より）門馬直衛　「レコード」3巻4号 1932.4
p.30

◇ハイドンの交響楽に就て（上）―管絃楽の話
（3）菅原明朗　「レコード音楽」6巻8号
1932.8 p.29

◇ハイドンの三つの絃楽四重奏曲 鈴木喜久雄
「レコード音楽」6巻9号 1932.9 p.22

◇ハイドンの交響楽に就て（下）―管絃楽の話
（4）菅原明朗　「レコード音楽」6巻9号
1932.9 p.28

◇ハイドン絃楽四重奏曲の歴史的地位 セシル・
グレイ，村田武雄 訳　「ディスク」4巻11号
1932.11 p.660

◇ハイドンの三つのクヮルテットを聴いて 村田
武雄　「レコード音楽」6巻11号 1932.11 p.38

◇ハイドン四重奏曲の歴史的地位（2）セシル・
グレイ，村田武雄 訳　「ディスク」4巻12号
1932.12 p.736

◇ハイドンの絃楽四重奏曲の歴史的地位（3）セ
シル・グレイ，村田武雄 訳　「ディスク」5巻
1号 1933.1 p.30

◇ハイドン作「オックスフォード交響曲」（名曲
解説）桂近乎　「レコード」4巻2号 1933.2
別冊附録

◇ハイドンの『オックスフォード交響曲』に就
て 菅原明朗　「レコード音楽」7巻4号 1933.4
p.13

◇PIANOFORTE SONATA OF HAYDN AND
MOZART 杉浦繁　「ディスク」5巻5号
1933.5 p.318

◇ハイドンのハ長調第七番交響曲　桂近乎　「レコード」4巻8号　1933.8　p.18

◇ハイドン協会第二輯レコード　村田武雄　「ディスク」5巻10号　1933.10　p.669

◇再びハイドンのクヮルテットを聴く（外国盤試聴記）　村田武雄　「レコード音楽」7巻10号　1933.10　p.24

◇ハイドン協会第三輯レコード記（1）　村田武雄　「ディスク」6巻9号　1934.9　p.528

◇ハイドン協会第三回レコード記（2）　村田武雄　「ディスク」6巻10号　1934.10　p.585

◇ウッドの指揮したハイドンの告別交響曲嬰ヘ短調（古典曲の二盤を聴く―新着盤試聴記）　藤田不二　「レコード音楽」9巻2号　1935.2　p.26

◇軍隊交響曲　菅原明朗　「レコード音楽」9巻6号　1935.6　p.32

◇試聴室―新着レコードの印象―ハイドン協会第四輯レコード　青木謙幸，有島牧穂　「ディスク」7巻8号　1935.8　p.585

◇ハイドン協会第四輯レコードを聴く　村田武雄　「レコード音楽」9巻10号　1935.10　p.40

◇試聴室―新着レコードの印象―レナーの「皇帝四重奏曲」を聴く　楳津真次郎　「ディスク」7巻11号　1935.11　p.847

◇ハイドンの絃四重奏に就て―ヘ長調セレナータを中心に　桂近乎　「レコード音楽」10巻3号　1936.3　p.26

◇ハイドンの「チェロ協奏曲」試聴記（欧米新着レコード評）　鈴木二三雄　「ディスク」8巻4号　1936.4　p.299

◇ハイドンのチェロ協奏曲とファイアーマン　有坂愛彦　「レコード音楽」10巻4号　1936.4　p.40

◇試聴室―ハイドンと「太鼓連打の交響曲」　青木謙幸　「ディスク」8巻11号　1936.11　p.977

◇ビーチャムの指揮する古典曲の美しさ　藤田不二　「レコード音楽」11巻1号　1937.1　p.15

◇ハイドン作曲「おもちゃの交響曲」（楽譜）　「レコード音楽」11巻9号　1937.9　附録1

◇ハイドン交響曲に於けるクーセヴィツキー　柏木俊三　「ディスク」9巻10号　1937.10　p.940

◇プロ・アルト四重奏団のハイドン三曲　鈴木鎮一　「ディスク」10巻2号　1938.2　p.100

◇単純美―ハイドン協会のレコード（試聴記）　村田武雄　「レコード音楽」12巻2号　1938.2　p.10

◇プロ・アルトのハイドン協会「第四輯」　林四月亭　「ディスク」10巻3号　1938.3　p.225

◇洋琴協奏曲ニ長調（ハイドン）　杉浦繁　「ディスク」10巻8号　1938.5　p.423

◇ハイドンの「クラヴサン協奏曲」　柏木俊三　「ディスク」10巻8号　1938.8　p.738

◇ハイドン協会第三回レコード　井関富三　「ディスク」10巻8号　1938.8　p.742

◇新鮮な古典美―ランドフスカのハイドン「協奏曲ニ長調」（試聴記）　村田武雄　「レコード音楽」12巻8号　1938.8　p.11

◇ハイドン協会の第三回頒布　藤田不二　「レコード音楽」12巻8号　1938.8　p.69

◇健全美―ハイドン協会第五輯（試聴記）　村田武雄　「レコード音楽」12巻9号　1938.9　p.25

◇現代的なハイドンの姿（試聴記）　友部美与子　「レコード音楽」12巻10号　1938.10　p.25

◇試聴室―ハイドン協会第六輯レコード　青木謙幸　「ディスク」10巻11号　1938.11　p.1103

◇ロートの「ハイドンの絃楽四重奏曲」―作品二十ノ五・ヘ短調（コロムビア）を聴く（試聴記）　村田武雄　「レコード音楽」13巻2号　1939.2　p.16

◇ワルターの「軍隊交響曲」　坰和昌夫　「ディスク」11巻9号　1939.9　p.860

◇ハイドン協会第七輯に就いて　柏木俊三　「ディスク」11巻9号　1939.9　p.872

◇ハイドン協会・第七輯（試聴記）　村田武雄　「レコード音楽」13巻9号　1939.9　p.40

◇ワルター指揮　ハイドンの「軍隊交響曲」（試聴記）　陶野重雄　「レコード音楽」13巻9号　1939.9　p.42

◇ハイドンの「軍隊交響曲」について（名曲批評）　門馬直衛　「レコード」5巻2号　1939.10　p.61

◇ハイドンのこと（1）　柏木俊三　「ディスク」12巻4号　1940.4　p.353

◇ワルターの指揮せるハイドン作「交響曲ニ長調」　坰和昌夫　「ディスク」12巻5号　1940.5　p.413

◇ハイドン作「驚愕交響曲」　K・ONODERA　「ディスク」12巻5号　1940.5　p.418

◇ワルターの指揮するハイドン（試聴記）　有坂愛彦　「レコード音楽」14巻5号　1940.5　p.9

◇イッセルシュテットのハイドン「驚愕交響曲」を聴く（試聴記）　村田武雄　「レコード音楽」14巻5号　1940.5　p.11

◇ハイドンの「驚愕」交響曲（試聴記）　坂本良隆　「レコード音楽」14巻5号　1940.5　p.14

◇交響曲九十六番（ハイドン曲）（洋楽名曲試聴評）　柏木俊三　「レコード」6巻4号　1940.5　p.65

◇交響曲「驚愕」（ハイドン曲）（洋楽名曲試聴評）　松田篤二　「レコード」6巻4号　1940.5　p.69

◇ハイドンのこと（2）　柏木俊三　「ディスク」12巻9号　1940.9　p.873

◇試聴室―ワルター指揮の「オックスフォード交響曲」　田中良雄　「ディスク」12巻12号　1940.12　p.1145

◇試聴室―カペー演奏の「雲雀四重奏曲」　坰和昌夫　「ディスク」13巻2号　1941.2　p.116

◇フイツシヤー指揮 交響曲「倫敦」百四番（ハイドン曲）（名曲レコード情報）牛山充 「レコード」7巻4号 1941.5 p.14

◇ハイドンの交響曲―名盤案内（1）柏木俊三 「レコード文化」2巻4号 1942.4 p.44

◇音楽夜話―ハイドン 柿沼太郎 「レコード文化」2巻6号 1942.6 p.30

◇音楽史的に観たピアノ・レコード（4）ハイドンとモーツァルト 野村光一 「レコード音楽」17巻6号 1947.12 p.6

◇レコードのある部屋（4）ハイドンを聴く 村田武雄 「レコード音楽」17巻6号 1947.12 p.17

◇ハイドンと交響楽 菅原明朗 「レコード音楽」19巻12号 1949.12 p.6

◇ハイドンの「提琴協奏曲第一番」 杉浦繁 「ディスク」14巻2号 1951.10 p.143

◇ハイドンの聖譚曲「四季」（LPレコード試聴記）いしはら 「ディスク」15巻2号 1952.2 p.148

◇ハイドン「交響曲ト長調」（驚愕）（LP試聴記）いしはら 「ディスク」15巻11号 1952.10 p.1066

◇ハイドンの「交響曲第九四番」・モーツァルトの「セレナード」（フルトヴェングラーのL.P）杉浦繁 「レコード音楽」22巻11号 1952.11 p.24

◇ハイドン 交響曲第八十八番ト長調（LP試聴記）いしはら 「ディスク」16巻4号 1953.3 p.273

◇童心の音楽家 パパ・ハイドン―作曲家物語 関谷五十二 「レコード音楽」23巻3号 1953.3 p.44

◇ハイドンの「時計交響曲」グノーの「アヴェ・マリア」（今月の音楽教室）井上武士 「ディスク」16巻11号 1953.10 p.1026

◇トスカニイニの「驚愕」と「ト短調」（海外LP試聴室）今陶也 「ディスク」17巻9号 1954.8 p.60

◇ハイドンの交響曲の新盤 バイヌムとシェルヘン 田代秀穂 「ディスク」18巻2号 1955.2 p.68

◇ショルティの軍隊交響曲（新着LP紹介）宇野功芳 「ディスク」18巻5号 1955.4 p.136

◇フルニエのハイドン協奏曲（新着LP紹介）青木謙幸 「ディスク」18巻5号 1955.4 p.144

◇ハイドンとブラームスの三重奏曲（新着LP紹介）坿和昌夫 「ディスク」18巻14号 1955.12 p.131

◇驚愕交響曲〈ハイドン〉（交響曲）「ディスク」19巻2号 臨時増刊 LP名曲100選 第1集 1956.1 p.18

◇ニ長調チェロ協奏曲〈ハイドン〉（協奏曲）「ディスク」19巻2号 臨時増刊 LP名曲100選 第1集 1956.1 p.79

◇交響曲第八八番〈ハイドン〉（交響曲）「ディスク」19巻7号 臨時増刊 LP名曲100選 第2集 1956.5 p.18

◇軍隊交響曲〈ハイドン〉（交響曲）「ディスク」19巻7号 臨時増刊 LP名曲100選 第2集 1956.5 p.19

◇時計交響曲〈ハイドン〉（交響曲）「ディスク」19巻7号 臨時増刊 LP名曲100選 第2集 1956.5 p.20

◇「皇帝」絃楽四重奏曲〈ハイドン〉（室内楽曲）「ディスク」19巻7号 臨時増刊 LP名曲100選 第2集 1956.5 p.88

◇「雲雀」絃楽四重奏曲〈ハイドン〉（室内楽曲）「ディスク」19巻7号 臨時増刊 LP名曲100選 第2集 1956.5 p.88

◇聖譚曲「天地創造」（ハイドン）福原信夫 「ディスク」20巻2号 1957.2 p.84

◇交響曲第八八番ト長調〈ハイドン〉（交響曲）「ディスク」20巻8号 増刊 LP名曲350選 第1集 1957.7 p.14

◇交響曲第九二番（オックスフォード）〈ハイドン〉（交響曲）「ディスク」20巻8号 増刊 LP名曲350選 第1集 1957.7 p.15

◇交響曲第九四番ト長調（驚愕）〈ハイドン〉（交響曲）「ディスク」20巻8号 増刊 LP名曲350選 第1集 1957.7 p.16

◇交響曲第九六番ニ長調（奇蹟）〈ハイドン〉（交響曲）「ディスク」20巻8号 増刊 LP名曲350選 第1集 1957.7 p.17

◇交響曲第一〇〇番ト長調（軍隊）〈ハイドン〉（交響曲）「ディスク」20巻8号 増刊 LP名曲350選 第1集 1957.7 p.18

◇交響曲第一〇一番ニ長調（時計）〈ハイドン〉（交響曲）「ディスク」20巻8号 増刊 LP名曲350選 第1集 1957.7 p.19

◇交響曲第一〇三番（太鼓連打）〈ハイドン〉（交響曲）「ディスク」20巻8号 増刊 LP名曲350選 第1集 1957.7 p.20

◇チェロ協奏曲ニ長調〈ハイドン〉（協奏曲）「ディスク」20巻10号 増刊 名曲LP350選 第2集 1957.8 p.80

◇絃楽四重奏曲ニ長調（雲雀）〈ハイドン〉（室内楽曲）「ディスク」20巻10号 増刊 名曲LP350選 第2集 1957.8 p.100

◇絃楽四重奏曲ハ長調（皇帝）〈ハイドン〉（室内楽曲）「ディスク」20巻10号 増刊 名曲LP350選 第2集 1957.8 p.101

◇絃楽四重奏曲変ロ長調（日の出）〈ハイドン〉（室内楽曲）「ディスク」20巻10号 増刊 名曲LP350選 第2集 1957.8 p.101

◇聖譚曲「天地創造」〈ハイドン〉（宗教曲）「ディスク」20巻10号 増刊 名曲LP350選 第2集 1957.8 p.171

◇ハイドン（1）大作曲家と音楽（20）（対談）大宮真琴，佐藤景子 「ディスク」20巻11号 1957.9 p.146

ハイドン　　　　　　　　　　　　人物文献目録　　　　　　　　　　　作曲家

◇ヨーゼフ・ハイドン（2）大作曲家と音楽（21）
大宮真琴, 佐藤景子 「ディスク」20巻12号
1957.10 p.148

◇ヨーゼフ・ハイドン（3）大作曲家と音楽（22）
大宮真琴, 佐藤景子 「ディスク」20巻13号
1957.11 p.150

◇交響曲第一〇二番ロ長調〈ハイドン〉（交響
曲）「ディスク」20巻14号 増刊 名曲LP350選
第3集 1957.11 p.128

◇交響曲第一〇四番（ロンドン）〈ハイドン〉（交
響曲）「ディスク」20巻14号 増刊 名曲LP350
選 第3集 1957.11 p.129

◇ハープシコード協奏曲〈ハイドン〉（協奏曲）
「ディスク」20巻14号 増刊 名曲LP350選 第3
集 1957.11 p.140

◇ハイドンの「四季」 辻荘一 「ディスク」21
巻1号 1958.1 p.55

◇ディスク・LPライブラリー（1）ハイドンの交
響曲（1） 大宮真琴 「ディスク」21巻2号
1958.2 p.50

◇ハイドンの交響曲（2）―ディスクLPライブラ
リイ（2） 大宮真琴 「ディスク」21巻3号
1958.3 p.58

◇ハイドンのホルン協奏曲 岩井宏之 「ディス
ク」21巻4号 1958.4 p.46

◇ハイドンの絃楽四重奏曲 大宮真琴 「ディス
ク」21巻5号 1958.5 p.29

◇ハイドンの室内楽―私たちの音楽史（第2期・
2） 岩井宏之 「ディスク」21巻7号 1958.7
p.54

◇ハイドンの絃楽四重奏曲―私たちの音楽史
（第2期・3） 岩井宏之 「ディスク」21巻8号
1958.8 p.46

◇ハイドンの後期の絃楽四重奏曲―私たちの音
楽史（第2期・4） 岩井宏之 「ディスク」21巻
9号 1958.9 p.56

◇交響曲第四五番「告別」嬰ヘ短調〈ハイドン〉
（名曲とレコード―交響曲）「ディ
スク」21巻13号 臨時増刊 名曲とレコード
1958.12 p.31

◇交響曲第九四番「驚愕」ト長調〈ハイドン〉
（名曲とレコード―交響曲） 宇野功芳 「ディ
スク」21巻13号 臨時増刊 名曲とレコード
1958.12 p.32

◇交響曲第一〇〇番「軍隊」ト長調〈ハイドン〉
（名曲とレコード―交響曲） 宇野功芳 「ディ
スク」21巻13号 臨時増刊 名曲とレコード
1958.12 p.32

◇チェロ協奏曲 ニ長調 作品一〇一〈ハイドン〉
（名曲とレコード―協奏曲） 上野一郎 「ディ
スク」21巻13号 臨時増刊 名曲とレコード
1958.12 p.50

◇弦楽四重奏曲「皇帝」ハ長調 作品七六の三
〈ハイドン〉（名曲とレコード―室内楽曲） 中
村善吉 「ディスク」21巻13号 臨時増刊 名曲
とレコード 1958.12 p.94

◇ハイドンの「ネルソン・ミサ」―時局困難の
ときの 辻荘一 「ディスク」22巻7号 1959.7
p.30

◇交響曲第九二番 ト長調「オックスフォード」
〈ハイドン〉（続・名曲とレコード―交響曲）
宇野功芳 「ディスク」22巻8号 臨時増刊 続・
名曲とレコード 1959.7 p.14

◇交響曲第九六番 ニ長調「奇蹟」〈ハイドン〉
（続・名曲とレコード―交響曲） 宇野功芳
「ディスク」22巻8号 臨時増刊 続・名曲とレ
コード 1959.7 p.15

◇交響曲第一〇一番 ハ長調「時計」〈ハイドン〉
（続・名曲とレコード―交響曲） 宇野功芳
「ディスク」22巻8号 臨時増刊 続・名曲とレ
コード 1959.7 p.16

◇ピアノ三重奏曲第一番 ト長調〈ハイドン〉
（続・名曲とレコード―室内楽曲） 中村善吉
「ディスク」22巻8号 臨時増刊 続・名曲とレ
コード 1959.7 p.77

◇弦楽四重奏曲 ヘ長調「セレナード」作品三の
五〈ハイドン〉（続・名曲とレコード―室内楽
曲） 中村善吉 「ディスク」22巻8号 臨時増
刊 続・名曲とレコード 1959.7 p.77

◇弦楽四重奏曲 ニ長調「ひばり」作品六四の五
〈ハイドン〉（続・名曲とレコード―室内楽
曲） 中村善吉 「ディスク」22巻8号 臨時増
刊 続・名曲とレコード 1959.7 p.78

◇ハイドンの交響曲（1）―私たちの音楽史（第2
期・24） 岩井宏之 「ディスク」23巻7号
1960.6 p.122

◇ヨーゼフ・ハイドンの交響曲（2）―私たちの
音楽史（第2期・25） 岩井宏之 「ディスク」
23巻8号 1960.7 p.122

◇ハイドン/トランペット協奏曲/ロンギノッ
ティ（TP）モーツァルト/フルート協奏曲/ペ
パン（F）（新着LP試聴室） 杉浦繁 「ディス
ク」23巻9号 1960.8 p.111

◇ハイドン「告別」とモーツァルト「リンツ」/
カザルス指揮（新着LP試聴室） 杉浦繁
「ディスク」23巻10号 1960.9 p.108

◇ピアノ三重奏曲第一番 ト長調―ハイドン（室
内楽） 中村善吉 「ディスク」23巻13号 増刊
新版名曲とレコード 下巻 1960.10 p.18

◇弦楽四重奏曲「セレナード」ヘ長調―ハイド
ン（室内楽） 中村善吉 「ディスク」23巻13号
増刊 新版名曲とレコード 下巻 1960.10 p.18

◇弦楽四重奏曲「ひばり」ニ長調―ハイドン
（室内楽） 中村善吉 「ディスク」23巻13号
増刊 新版名曲とレコード 下巻 1960.10 p.19

◇弦楽四重奏曲「皇帝」ハ長調―ハイドン（室
内楽） 中村善吉 「ディスク」23巻13号 増刊
新版名曲とレコード 下巻 1960.10 p.20

◇天地創造―ハイドン（宗教曲） 坩和昌夫
「ディスク」23巻13号 増刊 新版名曲とレコー
ド 下巻 1960.10 p.200

◇モーツァルト「ピアノ協奏曲変ホ長調」ハイドン「ピアノ協奏曲ニ長調作品二三」（新着LP試聴室）藁科雅美 「ディスク」23巻14号 1960.11 p.121

◇ピアノ音楽（2）ハイドンとモーツァルト—私たちの音楽史（第2期・29）岩井宏之 「ディスク」23巻14号 1960.11 p.128

◇J・ヴィヴィアンのモーツァルトとハイドン（新着LP試聴室）木村重雄 「ディスク」24巻4号 1961.4 p.118

◇ハイドンの「ひばり」とリヒターのクワルテット（新着LP試聴室）浅井修一 「ディスク」24巻5号 1961.5 p.116

◇ゴールドベルク指揮のハイドンとモーツァルト（新着LP試聴室）日高詢 「ディスク」25巻9号 1962.9 p.111

◇メニューインの新盤，ハイドンの〈告別〉他（各社五月新譜速報とその聴きもの）日比木伸一 「ディスク」26巻4号 1963.4 p.112

◇ナヴァラの好演するハイドンとボッケリーニ（各社五月新譜速報とその聴きもの）日比木伸一 「ディスク」26巻4号 1963.4 p.114

◇「ワルターの遺産」/ハイドンの「第88,100番」（各社四月新譜速報とその聴きもの）渡辺学而 「ディスク」27巻3号 1964.3 p.139

◇ヨーロッパ音楽紀行（7）オーストリアのハイドン遺跡 大宮真琴 「ディスク」29巻7号 1966.7 p.76

◇ヨーロッパ音楽紀行（8）ハイドンのオペラとウィーンの庶民 大宮真琴 「ディスク」29巻8号 1966.8 p.80

バッハ, ヨハン・セバスティアン

◇バッハ伝（音楽物語）光成信男 「音楽と蓄音機」10巻2号 1923.2 p.58

◇バッハ伝（承前）（音楽物語）光成信男 「音楽と蓄音機」10巻3号 1923.3 p.60

◇バッハのヴァイオリン・ソナータ（1）瀧善郎 「ディスク」3巻4号 1931.4 p.260

◇バッハのヴァイオリン・ソナータ（2）瀧善郎 「ディスク」3巻5号 1931.5 p.332

◇バッハのヴァイオリン・ソナータ（3）クラヴィーアとヴァイオリンのソナーテに就いて 瀧善郎 「ディスク」3巻7号 1931.7 p.530

◇バッハのヴァイオリン・ソナータ（4・完）瀧善郎 「ディスク」3巻9号 1931.9 p.696

◇バッハのブランデンブルク・コンチエルト（1）宮沢信夫 「レコード音楽」5巻9号 1931.9 p.28

◇バッハのブランデンブルク・コンチェルト（下）宮沢信夫 「レコード音楽」6巻3号 1932.3 p.110

◇バッハ作，プレリューデとフーゲ（名曲解説）笈田光吉 「レコード」3巻7号 1932.7 p.26

◇〈楽譜〉バッハ作プレリュードとフーゲ（レコード鑑賞楽譜）「レコード」3巻7号 1932.7 p.92

◇バッハのプレリュード・アンド・フーグ（1）池永昇二 「ディスク」4巻8号 1932.8 p.486

◇〈楽譜〉バッハ作プレリュードとフーグ（2）（レコード鑑賞楽譜）「レコード」3巻8号 1932.8 p.82

◇試聴室（第三, 第六ブランデンブルグ）江馬苅辺 「ディスク」4巻9号 1932.9 p.531

◇バッハのカンターター第四及び第百四十番 津川主一 「レコード」3巻9号 1932.9 p.14

◇〈楽譜〉バッハ作プレリュウドとフーグ（3）（レコード鑑賞楽譜）「レコード」3巻9号 1932.9 p.89

◇バッハ「四十八」協会その他 藤田不二 「レコード音楽」6巻10号 1932.10 p.24

◇バッハのクラフィーア音楽とレコード 脇順二 「レコード音楽」6巻10号 1932.10 p.44

◇バッハの「マタイ受難楽」村田武雄 「レコード音楽」6巻12号 1932.12 p.29

◇バッハの復協奏曲 同人合評 「ディスク」5巻1号 1933.1 p.2

◇試聴室—ブランデンブルヒ協奏曲第五番 S・S 「ディスク」5巻2号 1933.2 p.92

◇バッハの「馬太伝による受難楽」須永克己 「レコード音楽」7巻2号 1933.2 p.16

◇バッハとクラフィア音楽とレコード（其二）—ピアノ・レコードの鑑賞 第2篇 脇順二 「レコード音楽」7巻3号 1933.3 p.30

◇バッハの大弥撒のレコード あらえびす 「ディスク」5巻5号 1933.5 p.308

◇バッハのクラフィア音楽とレコード（其三）脇順二 「レコード音楽」7巻5号 1933.5 p.40

◇〈楽譜〉バッハ作複協奏曲ニ短調（レコード鑑賞楽譜—附録）「レコード」4巻5号 1933.5 p.77

◇バッハ複協奏曲ニ短調 本郷澄夫 「レコード」4巻5号 1933.5 別冊附録

◇試聴室—第二ブランデンブルグ協奏曲を聴く 池永昇二 「ディスク」5巻6号 1933.6 p.382

◇バッハの二つの協曲 杉浦繁 「ディスク」5巻6号 1933.6 p.386

◇バッハの「音楽の捧物」村田武夫 「ディスク」5巻6号 1933.6 p.393

◇「バッハ四十八協会」日本支部設置に就て 青木誠意 「ディスク」5巻6号 1933.6 p.448

◇バッハ四十八協会のこと 「レコード」4巻6号 1933.6 p.66

◇バッハ半音階的幻想曲と遁走曲 豊島太郎 「レコード」4巻6号 1933.6 別冊附録

◇バッハのプレリュード 別府六 「レコード」4巻7号 1933.7 p.45

◇バッハの頃の鍵盤楽器（上）須永克己 「レコード音楽」7巻8号 1933.8 p.11

◇バッハの頃の鍵盤楽器（下）—バッハの作曲の演奏は何によるべきか 須永克己 「レコード音楽」7巻9号 1933.9 p.13

◇バッハに就いて語る―バッハ「二声部偶作曲」の美 ワンダ・ランドフスカ，村田武雄訳 「レコード音楽」8巻2号 1934.2 p.22

◇Goldberg Variations (1) NKM「ディスク」6巻3号 1934.3 p.184

◇バッハの作品とレコード (1) 村田武雄 「レコード音楽」8巻3号 1934.3 p.10

◇試聴室―第四ブランデンブルグ協奏曲ト長調 城春光 「ディスク」6巻4号 1934.4 p.197

◇ワンダ・ランドフスカ特輯―ゴールドベルヒ変奏曲 (2) N・K・M 「ディスク」6巻4号 1934.4 p.242

◇フィッシャーのバッハ「四十八」第一輯を聴いて 村田武雄 「レコード音楽」8巻4号 1934.4 p.6

◇試聴室―「前奏曲と遁走曲変ホ長調」を聴く 村田武雄 「ディスク」6巻5号 1934.5 p.264

◇A君への手紙「四台のピアノ協奏曲」 NKM「ディスク」6巻5号 1934.5 p.281

◇バッハの作品とレコード (2)―器楽曲 (1) 村田武雄 「レコード音楽」8巻5号 1934.5 p.18

◇「第一ブランデンブルグ協奏曲」を聴く 村田武雄 「ディスク」6巻6号 1934.6 p.320

◇「ゴールドベルヒ変奏曲」礼讃 村田武雄 「レコード音楽」8巻6号 1934.6 p.20

◇バッハの作品とレコード (3)―器楽曲 (2) 村田武雄 「レコード音楽」8巻6号 1934.6 p.32

◇バッハの作品とレコード (4)―器楽曲 (3) 村田武雄 「レコード音楽」8巻7号 1934.7 p.31

◇ブランデンブルグ協奏曲のレコード総評 村田武雄 「ディスク」6巻8号 1934.8 p.507

◇バッハの作品とレコード (5)―器楽曲 (4) 村田武雄 「レコード音楽」8巻8号 1934.8 p.36

◇バッハの作品とレコード (6)―器楽曲 (5) 村田武雄 「レコード音楽」8巻9号 1934.9 p.14

◇バッハの作品とレコード (7) 器楽曲 (6) 村田武雄 「レコード音楽」8巻10号 1934.10 p.17

◇バッハ「音楽の捧物」よりの三重奏曲を聴く 村田武雄 「ディスク」6巻11号 1934.11 p.664

◇バッハの作品とレコード (8) 器楽曲 (7) 村田武雄 「レコード音楽」8巻11号 1934.11 p.24

◇バッハ協会の第二輯レコード曲目 村田武雄 「レコード音楽」8巻11号 1934.11 p.57

◇バッハの「提琴協奏曲イ短調」を聴く 城春光 「ディスク」7巻1号 1935.1 p.13

◇バッハの作品とレコード (9) 器楽曲 (8) 村田武雄 「レコード音楽」9巻1号 1935.1 p.19

◇フールベルマンの奏いたバッハの第一提琴協奏曲（古典曲の二盤を聴く―新着盤試聴記） 藤田不二 「レコード音楽」9巻2号 1935.2 p.24

◇バッハの作品とレコード (10)―器楽曲 (9) 村田武雄 「レコード音楽」9巻2号 1935.2 p.94

◇バッハ年表 「ディスク」7巻3号 1935.3 p.134

◇バッハ略伝 林健太郎 「ディスク」7巻3号 1935.3 p.135

◇バッハ（銀六漫語）森潤三郎 「ディスク」7巻3号 1935.3 p.147

◇近代楽にあらはれたバッハの影響 深井史郎 「ディスク」7巻3号 1935.3 p.150

◇バッハのインタープリター 杉浦繁 「ディスク」7巻3号 1935.3 p.155

◇私の記憶してゐるバッハの宗教音楽 あらえびす 談 「ディスク」7巻3号 1935.3 p.160

◇バッハ・オルガン・レコード考 村田武雄 「ディスク」7巻3号 1935.3 p.163

◇私の好きなバッハのレコード 有坂愛彦 「ディスク」7巻3号 1935.3 p.173

◇バッハ特輯のレコード 鳥頭魔気 「ディスク」7巻3号 1935.3 p.177

◇最近到着したバッハのレコード 土沢一 「ディスク」7巻3号 1935.3 p.181

◇バッハに至る迄の時代の変遷 「ディスク」7巻3号 1935.3 p.187

◇バッハに至る迄の音楽家消長 「ディスク」7巻3号 1935.3 p.189

◇バッハのレコード選集 編輯部 「ディスク」7巻3号 1935.3 p.191

◇バッハの作品集 池永昇二 編 「ディスク」7巻3号 1935.3 p.197

◇吹込を希望するバッハの曲目 村田武雄，池永昇二，S・S，四月亭，三浦潤，楳津真次郎，城春光，森潤三郎，鵜飼正直，鮎野行夫 「ディスク」7巻3号 1935.3 p.205

◇未発売のバッハ・レコード 編輯部 「ディスク」7巻3号 1935.3 p.207

◇本誌に現はれたバッハの記事 編輯部 「ディスク」7巻3号 1935.3 p.208

◇バッハ研究書誌（上）村田武雄 「ディスク」7巻3号 1935.3 p.209

◇尊き哉 バッハ（J・S・バッハ誕生250年記念特輯）あらえびす 「レコード音楽」9巻3号 1935.3 p.6

◇音楽史上のバッハ―感想（J・S・バッハ誕生250年記念特輯）須永克己 「レコード音楽」9巻3号 1935.3 p.8

◇バッハの名レコードを語る―優秀レコード表に代えて（J・S・バッハ誕生250年記念特輯）村田武雄 「レコード音楽」9巻3号 1935.3 p.12

◇バッハの「マタイによる受難ջ」物語（J・S・バッハ誕生250年記念特輯）津川主一 「レコード音楽」9巻3号 1935.3 p.24

◇伯林で聴いたバッハのヴァイオリン曲（J・S・バッハ誕生250年記念特輯）佐藤謙三 「レコード音楽」9巻3号 1935.3 p.30

作曲家　　　　　　　　　　　　　　　人物文献目録　　　　　　　　　　　　　　　バッハ

◇フィッシャーのバッハ「四十八」第二輯を聴いて（新盤試聴記）村田武雄　「レコード音楽」9巻3号 1935.3 p.35

◇バッハ研究書誌（下）村田武雄　「ディスク」7巻4号 1935.4 p.281

◇「ブランデンブルク協奏曲」第五番の新盤を試聴する　有坂愛彦　「レコード音楽」9巻4号 1935.4 p.15

◇バッハの名レコードを語る（承前）―優秀レコード表に代へて　村田武雄　「レコード音楽」9巻4号 1935.4 p.31

◇バッハの作品とレコード（11）―器楽曲（10）村田武雄　「レコード音楽」9巻4号 1935.4 p.98

◇バッハの作品とレコード（12）器楽曲（11）村田武雄　「レコード音楽」9巻6号 1935.6 p.113

◇試聴室―新着レコードの印象―バツハの「フリュートとピアノのソナタ」青木謙幸, 有島牧穂　「ディスク」7巻8号 1935.8 p.580

◇バツハとフランク―フランクのオルガン曲　村田武雄　「ディスク」7巻9号 1935.9 p.657

◇バツハ協会第二輯レコードに就いて　青木謙幸　「ディスク」7巻9号 1935.9 p.687

◇バッハの作品とレコード（13）器楽曲（12）村田武雄　「レコード音楽」9巻9号 1935.9 p.115

◇バツハのピアノ平均率　高木東六　「ディスク」7巻11号 1935.11 p.833

◇バッハの作品とレコード（14）器楽曲（13）村田武雄　「レコード音楽」10巻1号 1936.1 p.94

◇バッハの作品とレコード（15）器楽曲（14）村田武雄　「レコード音楽」10巻2号 1936.2 p.116

◇欧米新着レコード評―ブッシュの「ブランデンブルグ協奏曲」を聴く　村田武雄　「ディスク」8巻3号 1936.3 p.211

◇ブランデンブルク協奏曲とその新盤　有坂愛彦　「レコード音楽」10巻3号 1936.3 p.6

◇ブッシュのブランデンブルグ協奏曲に就いて　平林勇　「レコード音楽」10巻3号 1936.3 p.11

◇バッハの作品とレコード（16）―器楽曲（15）村田武雄　「レコード音楽」10巻3号 1936.3 p.92

◇ケンプのバッハ　村田武雄　「レコード音楽」10巻4号 1936.4 p.15

◇バッハの「フーグの技術」とそのレコード（上）村田武雄　「レコード音楽」10巻4号 1936.4 p.30

◇アストリュックのバッハ「提琴協奏曲イ短調」村田武雄　「ディスク」8巻5号 1936.5 p.381

◇バッハの「フーグの技術」とそのレコード（下）村田武雄　「レコード音楽」10巻5号 1936.5 p.38

◇バッハの作品とレコード（17）器楽曲（16）村田武雄　「レコード音楽」10巻6号 1936.6 p.99

◇バッハ「ヴァイオリン協奏曲ホ長調」のレコード　村田武雄　「ディスク」8巻7号 1936.7 p.573

◇バッハ随想（独逸音楽随筆集）村田武雄　「ディスク」8巻7号 1936.7 p.591

◇試聴室―バッハ「オルガン協会」のレコード　土沢一　「ディスク」8巻9号 1936.9 p.798

◇J・Sバッハの第一提琴奏鳴曲に就て　津川主一　「レコード音楽」10巻9号 1936.9 p.6

◇バッハの作品とレコード（18）器楽曲（17）村田武雄　「レコード音楽」10巻9号 1936.9 p.101

◇バッハの作品とレコード（19）器楽曲（18）村田武雄　「レコード音楽」10巻10号 1936.10 p.109

◇ファンタジア・クロマティコ・エ・フーガ　菅原明朗　「レコード音楽」10巻11号 1936.11 p.15

◇バッハの作品とレコード（20）器楽曲（19）村田武雄　「レコード音楽」10巻12号 1936.12 p.101

◇シュヴァイツアのバッハ「オルガン曲集」村田武雄　「ディスク」9巻1号 1937.1 p.42

◇バッハの「非教会カンタータ」に就いて　村田武雄　「レコード音楽」11巻1号 1937.1 p.10

◇バッハの作品とレコード（21）器楽曲（20）村田武雄　「レコード音楽」11巻1号 1937.1 p.120

◇バッハ「四十八協会」に就いて　あらえびす　「ディスク」9巻2号 1937.2 p.104

◇バッハのクラヴィア曲に就て―バッハのピアノ曲とそのレコード（1）村田武雄　「レコード音楽」11巻2号 1937.2 p.109

◇バッハの洋琴用「パルティータ」6曲―バッハのピアノ曲とそのレコード（2）村田武雄　「レコード音楽」11巻3号 1937.3 p.108

◇試聴室―バッハの「組曲」二つを聴く　杉浦繁　「ディスク」9巻4号 1937.4 p.326

◇バッハの「英吉利組曲」六曲―バッハのピアノ曲とそのレコード（3）村田武雄　「レコード音楽」11巻4号 1937.4 p.107

◇バッハの「四台のピアノの為の協奏曲」林健太郎　「ディスク」9巻5号 1937.5 p.430

◇シュヴァイツアのバッハ「オルガン曲集」（下）村田武雄　「ディスク」9巻5号 1937.5 p.434

◇バッハの「仏蘭西組曲」六曲―バッハのピアノ曲とそのレコード（4）村田武雄　「レコード音楽」11巻5号 1937.5 p.116

◇バッハ「平均率洋琴曲」の第四輯を聴いて　林健太郎　「ディスク」9巻6号 1937.6 p.519

◇バッハの「フーガの技法」を推す　村田武雄　「ディスク」9巻6号 1937.6 p.538

◇バッハの「フーガの技法」を聴く　山根銀二　「レコード音楽」11巻6号　1937.6　p.14

◇バッハ協会「第四輯」を称ふ　村田武雄　「レコード音楽」11巻6号　1937.6　p.17

◇ピアノ四台の協奏曲　有坂愛彦　「レコード音楽」11巻6号　1937.6　p.20

◇希臘的なるものとバッハ（上）　志賀一音　「ディスク」9巻8号　1937.8　p.770

◇風変りなバッハ「伊太利風協奏曲」を聴く　村田武雄　「ディスク」9巻9号　1937.9　p.877

◇バッハの「ロ短調ミサ」への私情　村田武雄　「ディスク」9巻10号　1937.10　p.934

◇試聴室―「シャコンヌのソナタ」新盤登場　秋田勝雄　「ディスク」9巻10号　1937.10　p.958

◇試聴室―バッハの「パッサカリアとフーグ」　林健太郎　「ディスク」9巻10号　1937.10　p.964

◇希臘的なるものとバッハ（下）　志賀一音　「ディスク」9巻10号　1937.10　p.988

◇バッハの新盤二曲　村田武雄　「レコード音楽」11巻10号　1937.10　p.14

◇バッハ「ロ短調弥撒曲」各部の研究　津川主一　「ディスク」9巻11号　1937.11　p.1055

◇バッハの「ロ短調弥撒曲」の内容―シュピッタに依る　津川主一　「レコード音楽」11巻11号　1937.11　p.20

◇バッハ「大弥撒」の全曲レコード　村田武雄　「レコード音楽」11巻11号　1937.11　p.28

◇バッハ「ロ短調ミサ曲」の歌詞　津川主一　訳　「レコード音楽」11巻11号　1937.11　p.36

◇バッハの管絃楽組曲（ブッシュ等による）　中村善吉　「ディスク」9巻12号　1937.12　p.1150

◇ロココ時代の理想的な音画―バッハの四つの組曲を聴いて　村田武雄　「レコード音楽」11巻12号　1937.12　p.10

◇バッハの真の姿　あらえびす　「ディスク」10巻1号　1938.1　p.3

◇バッハとオルガン楽とシュワイツァー（試聴記）　津川主一　「レコード音楽」12巻1号　1938.1　p.11

◇ミルスタインのバッハを聴いて　土沢一　「ディスク」10巻3号　1938.3　p.231

◇バッハの二つのヴァイオリンの為の協奏曲ニ短調（試聴記）　水野忠恂　「レコード音楽」12巻3号　1938.3　p.19

◇バッハの「ニ短調協奏曲」及び新盤二曲　鈴木鎮一　「ディスク」10巻4号　1938.4　p.316

◇無伴奏奏鳴曲一番（バッハ）　井関富三　「ディスク」10巻5号　1938.5　p.425

◇カサルス・バッハ「チェロ・ソナタ」　奥屋公平　「ディスク」10巻6号　1938.6　p.549

◇新盤合評―バッハ「複協奏曲ハ長調」　同人　「ディスク」10巻7号　1938.7　p.634

◇新盤合評―バッハ「協奏曲イ長調」　同人　「ディスク」10巻7号　1938.7　p.635

◇バッハの「チェロ無伴奏組曲」（ディスク座談会）　西条卓夫，森潤三郎，中村善吉，坩和昌夫，青木謙幸　「ディスク」10巻7号　1938.7　p.640

◇秋近き日に聴く新盤二つ―クープランの「劇場風協奏曲」・バッハの「第二提琴協奏曲」　榎本笋　「ディスク」10巻9号　1938.9　p.864

◇バッハ「提琴協奏曲ホ短調」を聴く（試聴記）　友部美与子　「レコード音楽」12巻9号　1938.9　p.27

◇試聴室―バッハ「四十八協会」第五輯レコード　大岡昇平　「ディスク」10巻11号　1938.11　p.1098

◇バッハの「平均率」曲集の完成（試聴記）　村田武雄　「レコード音楽」12巻11号　1938.11　p.20

◇バッハの「チェロ無伴奏組曲」　鈴木二三雄，青木謙幸，杉浦繁，柏木俊三，坩和昌夫　「ディスク」11巻1号　1939.1　p.1

◇カザルスの栄光―バッハ無伴奏チェロ組曲への讃（試聴記）　村田武雄　「レコード音楽」13巻1号　1939.1　p.11

◇ビクターの新盤「フウゲの技術」　中村善吉　「ディスク」11巻5号　1939.5　p.436

◇バッハ作「無伴奏提琴奏鳴曲ハ長調」　坩和昌夫　「ディスク」11巻5号　1939.5　p.440

◇バッハ「フーグの技法」の紹介（試聴記）　村田武雄　「レコード音楽」13巻5号　1939.5　p.12

◇バッハの生涯　津川主一　訳　「レコード音楽」13巻7号　1939.7　p.20

◇バッハの生涯　津川主一　訳　「レコード音楽」13巻8号　1939.8　p.39

◇ハイフェッツの「パルティタ第二番」　坩和昌夫　「ディスク」11巻9号　1939.9　p.865

◇バッハの生涯　津川主一　訳　「レコード音楽」13巻9号　1939.9　p.49

◇バッハの生涯　津川主一　訳　「レコード音楽」13巻10号　1939.10　p.33

◇バッハの生涯　津川主一　訳　「レコード音楽」13巻11号　1939.11　p.42

◇メヌーヒンに依るバッハの「提琴奏鳴曲第三番」　杉浦繁　「ディスク」11巻12号　1939.12　p.1188

◇シュヴァイツァーのバッハ・オルガン曲集第二輯（上）　津川主一　「ディスク」11巻12号　1939.12　p.1198

◇最近感激したバッハのレコード（試聴記）　村田武雄　「レコード音楽」13巻12号　1939.12　p.18

◇シュヴァイツァのバッハ・アルバム―コーラル・プレリュード集　村田武雄　「レコード音楽」13巻12号　1939.12　p.62

◇シゲッテイとフレッシュの二重協奏曲ニ短調（バッハ）（十二月名曲批評）　岡山東　「レコード」5巻4号　1939.12　p.40

作曲家　　　　　　　　　　　　人物文献目録　　　　　　　　　　　　バッハ

◇シュヴァイツァーのバッハ・オルガン曲集第
　二輯（下）津川主一 「ディスク」12巻1号
　1940.1 p.7
◇聖バツハの衆讃前奏曲 釘本真 「レコード」
　6巻1号 1940.1 p.38
◇バッハの協奏曲（洋楽名曲レコード評）今井
　治郎 「レコード」6巻7号 1940.8 p.32
◇試聴室―シュナーベルのバッハ「伊太利協風
　奏曲」 村田武雄 「ディスク」12巻11号
　1940.11 p.1063
◇シュナーベル独奏 伊太利協奏曲（バッハ作
　品）（洋楽名曲レコード評）松本鏕二 「レ
　コード」6巻10号 1940.11 p.54
◇バッハとその「無伴奏チェロ組曲」 関清武
　「ディスク」13巻3号 1941.3 p.208
◇試聴室―バッハ作「無伴奏チェロ組曲」のレ
　コード 柏木俊三 「ディスク」13巻3号 1941.
　3 p.233
◇カザルスの至芸「バッハ協会・第七輯」 村田
　武雄 「レコード音楽」15巻3号 1941.3 p.46
◇カザルス独奏 無伴奏チエロ組曲（バッハ曲）
　（名曲レコード情報）牛山充 「レコード」7
　巻3号 1941.3 p.18
◇試聴室―「ブランデンブルグ協奏曲第四番」
　の新盤 柏木俊三 「ディスク」13巻5号 1941.
　5 p.421
◇バッハ年表 「ディスク」13巻臨時増刊 ディ
　スク叢書第四輯 バッハ特輯号 1941.6 p.2
◇バッハ礼讃 あらえびす 「ディスク」13巻臨
　時増刊 ディスク叢書第四輯 バッハ特輯号
　1941.6 p.7
◇人としてのバッハ 辻荘一 「ディスク」13巻
　臨時増刊 ディスク叢書第四輯 バッハ特輯号
　1941.6 p.11
◇バッハの芸術 門馬直衛 「ディスク」13巻臨
　時増刊 ディスク叢書第四輯 バッハ特輯号
　1941.6 p.23
◇管絃楽曲（バッハ 作品とディスク賞レコー
　ド）田中良雄 「ディスク」13巻臨時増刊
　ディスク叢書第四輯 バッハ特輯号 1941.6
　p.46
◇洋琴協奏曲（バッハ 作品とディスク賞レコー
　ド）志賀一音 「ディスク」13巻臨時増刊
　ディスク叢書第四輯 バッハ特輯号 1941.6
　p.73
◇提琴協奏曲（バッハ 作品とディスク賞レコー
　ド）垪和昌夫 「ディスク」13巻臨時増刊
　ディスク叢書第四輯 バッハ特輯号 1941.6
　p.84
◇クラフィア音楽（バッハ 作品とディスク賞レ
　コード）中村善吉 「ディスク」13巻臨時増
　刊 ディスク叢書第四輯 バッハ特輯号 1941.6
　p.99
◇提琴奏鳴曲（バッハ 作品とディスク賞レコー
　ド）中村善吉 「ディスク」13巻臨時増刊
　ディスク叢書第四輯 バッハ特輯号 1941.6
　p.146

◇チェロ組曲（バッハ 作品とディスク賞レコー
　ド）青木謙幸 「ディスク」13巻臨時増刊
　ディスク叢書第四輯 バッハ特輯号 1941.6
　p.168
◇オルガン独奏曲（バッハ 作品とディスク賞レ
　コード）村田武雄 「ディスク」13巻臨時増
　刊 ディスク叢書第四輯 バッハ特輯号 1941.6
　p.182
◇音楽の捧物（バッハ 作品とディスク賞レコー
　ド）城島昶 「ディスク」13巻臨時増刊 ディ
　スク叢書第四輯 バッハ特輯号 1941.6 p.268
◇フーガの技法（バッハ 作品とディスク賞レ
　コード）村田武雄 「ディスク」13巻臨時増
　刊 ディスク叢書第四輯 バッハ特輯号 1941.6
　p.276
◇其他の器楽曲（バッハ 作品とディスク賞レ
　コード）柏木俊三 「ディスク」13巻臨時増
　刊 ディスク叢書第四輯 バッハ特輯号 1941.6
　p.283
◇弥撒曲（バッハ 作品とディスク賞レコード）
　その・すゝむ 「ディスク」13巻臨時増刊 ディ
　スク叢書第四輯 バッハ特輯号 1941.6 p.286
◇受難楽（バッハ 作品とディスク賞レコード）
　その・すゝむ 「ディスク」13巻臨時増刊 ディ
　スク叢書第四輯 バッハ特輯号 1941.6 p.313
◇降臨聖譚曲（バッハ 作品とディスク賞レコー
　ド）津川主一 「ディスク」13巻臨時増刊
　ディスク叢書第四輯 バッハ特輯号 1941.6
　p.355
◇聖交声曲（バッハ 作品とディスク賞レコー
　ド）津川主一 「ディスク」13巻臨時増刊
　ディスク叢書第四輯 バッハ特輯号 1941.6
　p.360
◇俗交声曲（バッハ 作品とディスク賞レコー
　ド）津川主一 「ディスク」13巻臨時増刊
　ディスク叢書第四輯 バッハ特輯号 1941.6
　p.377
◇小歌曲（バッハ 作品とディスク賞レコード）
　津川主一 「ディスク」13巻臨時増刊 ディス
　ク叢書第四輯 バッハ特輯号 1941.6 p.382
◇コラール（バッハ 作品とディスク賞レコー
　ド）津川主一 「ディスク」13巻臨時増刊
　ディスク叢書第四輯 バッハ特輯号 1941.6
　p.385
◇其他の声楽曲（バッハ 作品とディスク賞レ
　コード）津川主一 「ディスク」13巻臨時増
　刊 ディスク叢書第四輯 バッハ特輯号 1941.6
　p.388
◇作品集（バッハ 作品とディスク賞レコード）
　「ディスク」13巻臨時増刊 ディスク叢書第四
　輯 バッハ特輯号 1941.6 p.392
◇バッハの「結婚カンタータ」とチャイコフス
　キーの「第五」を聴く 藤田不二 「レコード
　音楽」15巻8号 1941.8 p.101
◇バッハの謎 村田武雄 「レコード文化」2巻
　12号 1942.12 p.9
◇バッハの「無伴奏チェロ組曲」第四, 第五 青
　木謙幸 「レコード文化」3巻2号 1943.2 p.38

◇音楽夜話―バッハ 柿沼太郎 「レコード文化」3巻3号 1943.3 p.19

◇バッハのバルティータ第三番 中村善吉 「レコード文化」3巻4号 1943.4 p.25

◇音楽史的に観たピアノ・レコード（1）バッハ以前 野村光一 「レコード音楽」17巻3号 1947.6 p.6

◇音楽史的に観たピアノ・レコード（2）バッハとヘンデル 野村光一 「レコード音楽」17巻4号 1947.8 p.7

◇バッハ北独の旧跡を訪ねて 二見孝平 「レコード音楽」20巻3号 1950.3 p.24

◇ブランデンブルグ協奏曲の聴き方 津川主一 「レコード音楽」20巻3号 1950.3 p.30

◇バッハを語る五夜―バッハの生涯とその音楽（バッハ二百年祭記念） 村田武雄 「レコード音楽」20巻7号 1950.7 p.6

◇バッハの管絃楽作品（バッハ二百年祭記念）有坂愛彦 「レコード音楽」20巻7号 1950.7 p.23

◇バッハの遺蹟を語る（バッハ二百年祭記念）属啓成 「レコード音楽」20巻7号 1950.7 p.31

◇バッハのレコード―海外レコード（バッハ二百年祭記念）上野一郎 「レコード音楽」20巻7号 1950.7 p.46

◇バッハの「フルート・ソナタ」他（LPレコード試聴記）その・すゝむ 「ディスク」15巻1号 1952.1 p.38

◇バッハのヴァイオリン・ソナータ 中村善吉 「ディスク」15巻2号 1952.2 p.112

◇バッハの「チェロ組曲」 青木謙幸 「ディスク」15巻3号 1952.3 p.248

◇バッハの降誕祭オラトリオ、外（LPレコード試聴記）その・すすむ 「ディスク」15巻5号 1952.5 p.523

◇バッハ「二つのカンタータ」（LP試聴記）その・すゝむ 「ディスク」15巻13号 1952.12 p.1270

◇J・Sバッハ「クリスマス・オラトリオ」（クリスマスのL.P）牧定忠 「レコード音楽」22巻12号 1952.12 p.16

◇ドイツオルガンミサ曲の形式―発売されたバッハオルガンミサ曲 辻荘一 「レコード音楽」23巻1号 1953.1 p.48

◇バッハのオルガン・ミサ曲 高橋昭 「ディスク」16巻2号 1953.2 p.134

◇バッハ カンタータ第八〇番（LP試聴記）小林利之 「ディスク」16巻2号 1953.2 p.164

◇バッハ カンタータ第一四〇番（シエルヘン指揮）（LP試聴記）小林利之 「ディスク」16巻7号 1953.6 p.628

◇バッハのバルティータ 原田一郎 「ディスク」16巻9号 1953.8 p.808

◇シュヴァイツァーの弾くバッハ 桃園春夫 「ディスク」16巻10号 1953.9 p.938

◇感謝祭の「バッハ祭」レコード（海外LP試聴室）その・すゝむ 「ディスク」16巻12号 1953.11 p.56

◇「クリスマス・オラトリオ」の廉価盤（宗教音楽の名盤・特集）奥田耕天 「ディスク」16巻13号 1953.12 p.32

◇メンゲルベルク指揮の「マタイ受難曲」（宗教音楽の名盤・特集）高橋昭 「ディスク」16巻13号 1953.12 p.35

◇LPファンのバッハ入門（1）二つの“フランス組曲”―まずバッハの楽しさから 門馬直衛 「ディスク」17巻2号 1954.2 p.79

◇LPファンのバッハ入門（1）ハイフエッツの弾く“無伴奏ソナタとパルティータ” 兎束龍夫 「ディスク」17巻2号 1954.2 p.85

◇LPファンのバッハ入門（1）ミュンヒンガー指揮の“組曲第二番” 原田一郎 「ディスク」17巻2号 1954.2 p.88

◇LPファンのバッハ入門（2）バッハの宗教曲を聴くために―「カンタータ第五、六番」の純国産発売に寄せて 深津文雄，高橋昭 訊く人 「ディスク」17巻4号 1954.4 p.34

◇LPファンのバッハ入門（2）盲目のオルガニスト ヘルムート・ヴァルハのバッハ 秋元道雄 「ディスク」17巻4号 1954.4 p.48

◇ケンプのバッハ・リサイタル（海外LP試聴室）瀧崎鎮代子 「ディスク」17巻5号 1954.5 p.66

◇珠玉のコラール楽 バッハのオルゲル・ビュヒライン 高橋秀 「ディスク」17巻6号 1954.6 p.32

◇二つの「ロ短調ミサ曲」―カラヤンとレーマン（海外LP試聴室）高橋昭 「ディスク」17巻6号 1954.6 p.86

◇大バッハの終作 フーガの技法（海外LP試聴室）原田一郎 「ディスク」17巻9号 1954.8 p.68

◇ピアティゴルスキイの最新盤 プロコフィエフとバッハ（海外LP試聴室）井上頼豊 「ディスク」17巻10号 1954.9 p.74

◇バッハのモテット集（海外LP試聴室）高橋昭 「ディスク」17巻11号 1954.10 p.128

◇バッハの無伴奏ヴァイオリン曲を巡つて―シュワイツエルの弓の論文とそのLP 原田一郎 「ディスク」17巻12号 1954.11 p.42

◇バッハのブランデンブルグ協奏曲新盤 高橋昭 「ディスク」17巻13号 1954.12 p.58

◇バッハ者の歩み―バッハ全集物語 原田一郎 「ディスク」18巻1号 1955.1 p.32

◇シュヴァイツァーのバッハを聴く（対談）高橋秀，高橋昭 「ディスク」18巻1号 1955.1 p.42

◇バッハのモテット集 深津文雄 「ディスク」18巻1号 1955.1 p.66

◇シュヴァイツァーのバッハを聴く（下）（対談）高橋秀，高橋昭 「ディスク」18巻2号 1955.2 p.30

◇リパッティのバッハとモーツァルト 佐川吉男 「ディスク」18巻2号 1955.2 p.66

◇バッハ時代の楽器に就いて（今月の音楽教室）原田一郎 「ディスク」18巻4号 1955.3 p.36

◇グルダのバッハとモーツァルト（特選輸入盤紹介）高橋昭 「ディスク」18巻4号 1955.3 p.143

◇バッハのフルート・ソナタ全集（新着LP紹介）桃園春夫 「ディスク」18巻5号 1955.4 p.146

◇バッハ時代の楽器について（下）原田一郎 「ディスク」18巻6号 1955.5 p.63

◇バッハのV協奏曲の競演（新着LP紹介）小林利之 「ディスク」18巻6号 1955.5 p.127

◇三つのマタイ受難楽（新着LP紹介）桃園春夫 「ディスク」18巻6号 1955.5 p.135

◇バッハ無伴奏ヴァイオリン曲全集（今月のLP）坪和昌夫 「ディスク」18巻7号 1955.6 p.52

◇バッハのカンタータ（1）門馬直美 「ディスク」18巻7号 1955.6 p.154

◇バッハのカンタータ（2）門馬直美 「ディスク」18巻9号 1955.7 p.86

◇バッハのカンタータ（3）門馬直美 「ディスク」18巻10号 1955.8 p.58

◇バッハの二つのカンタータの新盤 高橋昭 「ディスク」18巻10号 1955.8 p.60

◇バッハのオルガン音楽（新着LP紹介）高橋昭 「ディスク」18巻10号 1955.8 p.118

◇バッハのカンタータ（4）門馬直美 「ディスク」18巻11号 1955.9 p.56

◇バッハ・トッカータ（と遁走曲）（新着LP紹介）沢田茂 「ディスク」18巻12号 1955.10 p.116

◇バッハのカンタータ（5）門馬直美 「ディスク」18巻12号 1955.10 p.136

◇バッハのヨハネ伝受難曲（特集 宗教音楽とレコード）辻荘一 「ディスク」18巻13号 1955.11 p.20

◇バッハのカンタータ（6）門馬直美 「ディスク」18巻13号 1955.11 p.120

◇バッハのカンタータ（7）門馬直美 「ディスク」18巻14号 1955.12 p.140

◇バッハのロ短調ミサの原作研究（2）原田一郎 「ディスク」19巻1号 1956.1 p.68

◇ロ短調組曲〈バッハ〉（管弦楽曲）「ディスク」19巻2号 臨時増刊 LP名曲100選 第1集 1956.1 p.43

◇第三ブランデンブルグ協奏曲〈バッハ〉（協奏曲）「ディスク」19巻2号 臨時増刊 LP名曲100選 第1集 1956.1 p.75

◇第五ブランデンブルグ協奏曲〈バッハ〉（協奏曲）「ディスク」19巻2号 臨時増刊 LP名曲100選 第1集 1956.1 p.76

◇ホ長調ヴァイオリン協奏曲〈バッハ〉（協奏曲）「ディスク」19巻2号 臨時増刊 LP名曲100選 第1集 1956.1 p.77

◇胸をうつフェリアーの名唱 バッハ・ヘンデル・アリア集（今月のLPハイライト）福原信夫 「ディスク」19巻4号 1956.3 p.114

◇バッハ・二つの教会カンタータ——一四〇番と三二番（今月のLPハイライト）福原信夫 「ディスク」19巻5号 1956.4 p.123

◇バッハ「ブランデンブルグ協奏曲」（今月のLPハイライト）坪和昌夫 「ディスク」19巻6号 1956.5 p.108

◇ニ長調組曲〈バッハ〉（管弦楽曲）「ディスク」19巻7号 臨時増刊 LP名曲100選 第2集 1956.5 p.37

◇第四ブランデンブルグ協奏曲〈バッハ〉（協奏曲）「ディスク」19巻7号 臨時増刊 LP名曲100選 第2集 1956.5 p.68

◇第六ブランデンブルグ協奏曲〈バッハ〉（協奏曲）「ディスク」19巻7号 臨時増刊 LP名曲100選 第2集 1956.5 p.69

◇イ短調ヴァイオリン協奏曲〈バッハ〉（協奏曲）「ディスク」19巻7号 臨時増刊 LP名曲100選 第2集 1956.5 p.70

◇ニ短調ヴァイオリン パルティータ〈バッハ〉（器楽曲）「ディスク」19巻7号 臨時増刊 LP名曲100選 第2集 1956.5 p.102

◇ロ短調ミサ曲〈バッハ〉（声楽曲）「ディスク」19巻7号 臨時増刊 LP名曲100選 第2集 1956.5 p.111

◇カンタータ第五六番〈バッハ〉（声楽曲）「ディスク」19巻7号 臨時増刊 LP名曲100選 第2集 1956.5 p.112

◇バッハの管絃楽用組曲第二番—音楽をきくために（5）門馬直美 「ディスク」19巻8号 1956.6 p.82

◇バッハの素晴しいカンタータ（今月の名盤）高橋昭 「ディスク」19巻11号 1956.8 p.61

◇セバスティアン・バッハ礼讃 あらえびす 「ディスク」19巻12号 1956.9 p.22

◇バッハのオルゲル・ビュッヒライン 秋元道雄 「ディスク」19巻13号 1956.10 p.74

◇バッハ（1）大作曲家と音楽（14）（対談）大宮真琴, 佐藤景子 「ディスク」20巻3号 1957.3 p.42

◇ヨハン・セバスチャン・バッハの系図 「ディスク」20巻3号 1957.3 p.47

◇バッハ（2）大作曲家と音楽（15）（対談）大宮真琴, 佐藤景子 「ディスク」20巻4号 1957.4 p.150

◇バッハ（3）大作曲家と音楽（16）（対談）大宮真琴, 佐藤景子 「ディスク」20巻5号 1957.5 p.154

◇バッハ（4）大作曲家と音楽（17）（対談）大宮真琴, 佐藤景子 「ディスク」20巻6号 1957.6 p.142

バッハ　　　　　　　　　人物文献目録　　　　　　　作曲家

◇結婚カンタータ〈バッハ〉（今月の名曲物語）
佐野和彦「ディスク」20巻6号 1957.6 p.162
◇バッハの「フーガの技法」今月の研究（3）
角倉一朗「ディスク」20巻7号 1957.7 p.157
◇管絃組曲第二番ロ短調〈バッハ〉（管弦楽曲）
「ディスク」20巻8号 増刊 LP名曲350選 第1集
1957.7 p.78
◇管絃組曲第三番ニ長調〈バッハ〉（管弦楽曲）
「ディスク」20巻8号 増刊 LP名曲350選 第1集
1957.7 p.80
◇ブランデンブルグ協奏曲第三番〈バッハ〉（管
弦楽曲）「ディスク」20巻8号 増刊 LP名曲
350選 第1集 1957.7 p.81
◇ブランデンブルグ協奏曲第四番〈バッハ〉（管
弦楽曲）「ディスク」20巻8号 増刊 LP名曲
350選 第1集 1957.7 p.82
◇ブランデンブルグ協奏曲第五番〈バッハ〉（管
弦楽曲）「ディスク」20巻8号 増刊 LP名曲
350選 第1集 1957.7 p.82
◇ブランデンブルグ協奏曲第六番〈バッハ〉（管
弦楽曲）「ディスク」20巻8号 増刊 LP名曲
350選 第1集 1957.7 p.83
◇ピアノ協奏曲第一番ニ短調〈バッハ〉（協奏
曲）「ディスク」20巻10号 増刊 名曲LP350選
第2集 1957.8 p.14
◇ヴァイオリン協奏曲第一番イ短調〈バッハ〉
（協奏曲）「ディスク」20巻10号 増刊 名曲
LP350選 第2集 1957.8 p.50
◇ヴァイオリン協奏曲第二番ホ長調〈バッハ〉
（協奏曲）「ディスク」20巻10号 増刊 名曲
LP350選 第2集 1957.8 p.51
◇二つのヴァイオリンのための協奏曲ニ短調
〈バッハ〉（協奏曲）「ディスク」20巻10号 増
刊 名曲LP350選 第2集 1957.8 p.52
◇カンタータ第五六番〈バッハ〉（宗教曲）
「ディスク」20巻10号 増刊 名曲LP350選 第2
集 1957.8 p.164
◇カンタータ第一四〇番〈バッハ〉（宗教曲）
「ディスク」20巻10号 増刊 名曲LP350選 第2
集 1957.8 p.164
◇ヨハネ受難曲〈バッハ〉（宗教曲）「ディスク」
20巻10号 増刊 名曲LP350選 第2集 1957.8
p.166
◇ロ短調ミサ曲〈バッハ〉（宗教曲）「ディスク」
20巻10号 増刊 名曲LP350選 第2集 1957.8
p.167
◇クリスマス・オラトリオ〈バッハ〉（宗教曲）
「ディスク」20巻10号 増刊 名曲LP350選 第2
集 1957.8 p.169
◇シェリングとバッハ（今月のハイライト）岡
俊雄「ディスク」20巻11号 1957.9 p.30
◇ハイフェッツの弾く無伴奏（今月のハイライ
ト バッハとモーツァルトのLPから）兎束竜
夫「ディスク」20巻12号 1957.10 p.17

◇カール・ハース指揮する『ブランデンブルク』
（今月のハイライト バッハとモーツァルトの
LPから）浜田徳昭「ディスク」20巻12号
1957.10 p.18
◇協奏曲を弾いたグリュミオー（今月のハイラ
イト バッハとモーツァルトのLPから）牧定
忠「ディスク」20巻12号 1957.10 p.19
◇ベーム指揮、三十九と卜短調（今月のハイライ
ト バッハとモーツァルトのLPから）金子登
「ディスク」20巻12号 1957.10 p.20
◇ゼルキンと二つの協奏曲（今月のハイライト
バッハとモーツァルトのLPから）田村宏
「ディスク」20巻12号 1957.10 p.21
◇ランドフスカのピアノ曲集（今月のハイライ
ト バッハとモーツァルトのLPから）藤田晴
子「ディスク」20巻12号 1957.10 p.22
◇無伴奏ヴァイオリン奏鳴曲（全六曲）〈バッ
ハ〉（器楽曲）「ディスク」20巻14号 増刊 名
曲LP350選 第3集 1957.11 p.14
◇無伴奏チェロ組曲（全六曲）〈バッハ〉（器楽
曲）「ディスク」20巻14号 増刊 名曲LP350選
第3集 1957.11 p.16
◇イタリア協奏曲ヘ長調〈バッハ〉（器楽曲）
「ディスク」20巻14号 増刊 名曲LP350選 第3
集 1957.11 p.17
◇フランス組曲第六番ホ長調〈バッハ〉（器楽
曲）「ディスク」20巻14号 増刊 名曲LP350選
第3集 1957.11 p.18
◇パルティータ第一番変ロ長調〈バッハ〉（器楽
曲）「ディスク」20巻14号 増刊 名曲LP350選
第3集 1957.11 p.19
◇ゴールドベルク変奏曲〈バッハ〉（器楽曲）
「ディスク」20巻14号 増刊 名曲LP350選 第3
集 1957.11 p.20
◇トッカータ・アダジオとフーガ ハ長調〈バッ
ハ〉（器楽曲）「ディスク」20巻14号 増刊 名
曲LP350選 第3集 1957.11 p.21
◇トッカータとフーガ ニ短調〈バッハ〉（器楽
曲）「ディスク」20巻14号 増刊 名曲LP350選
第3集 1957.11 p.22
◇幻想曲とフーガト短調〈バッハ〉（器楽曲）
「ディスク」20巻14号 増刊 名曲LP350選 第3
集 1957.11 p.23
◇フェリアー・バッハ・ヘンデル・リサイタル
（歌劇アリア集）「ディスク」20巻14号 増刊
名曲LP350選 第3集 1957.11 p.14
◇二台のピアノの協奏曲ハ長調〈バッハ〉（協奏
曲）「ディスク」20巻14号 増刊 名曲LP350選
第3集 1957.11 p.138
◇三台のピアノの協奏曲ニ短調〈バッハ〉（協奏
曲）「ディスク」20巻14号 増刊 名曲LP350選
第3集 1957.11 p.139
◇四台のピアノ協奏曲イ短調〈バッハ〉（協奏
曲）「ディスク」20巻14号 増刊 名曲LP350選
第3集 1957.11 p.140

◇今月の研究 バッハの「マタイ伝による受難楽」 渡部恵一郎 「ディスク」20巻15号 1957.12 p.50

◇マタイ受難楽全曲のLP 「ディスク」20巻15号 1957.12 p.96

◇マルケヴィッチのバッハ「音楽の捧物」 服部幸三 「ディスク」21巻6号 1958.6 p.36

◇ヴァイオリン協奏曲第二番 ホ長調〈バッハ〉（名曲とレコード―協奏曲） 上野一郎 「ディスク」21巻13号 臨時増刊 名曲とレコード 1958.12 p.49

◇管弦楽組曲第二番 ロ短調〈バッハ〉（名曲とレコード―管弦楽曲） 佐川吉男 「ディスク」21巻13号 臨時増刊 名曲とレコード 1958.12 p.70

◇ブランデンブルグ協奏曲第五番 ニ長調〈バッハ〉（名曲とレコード―管弦楽曲） 佐川吉男 「ディスク」21巻13号 臨時増刊 名曲とレコード 1958.12 p.71

◇世紀の巨匠 カザルスのバッハ「無伴奏チェロ組曲」 佐藤良雄，青木謙幸，坿和昌夫 「ディスク」22巻2号 1959.2 p.36

◇ハープシコード協奏曲第一番 ニ短調〈バッハ〉（続・名曲とレコード―協奏曲） 杉浦繁 「ディスク」22巻8号 臨時増刊 続・名曲とレコード 1959.7 p.38

◇ヴァイオリン協奏曲第一番 イ短調〈バッハ〉（続・名曲とレコード―協奏曲） 杉浦繁 「ディスク」22巻8号 臨時増刊 続・名曲とレコード 1959.7 p.39

◇二つのヴァイオリン用複協奏曲 ニ短調〈バッハ〉（続・名曲とレコード―協奏曲） 杉浦繁 「ディスク」22巻8号 臨時増刊 続・名曲とレコード 1959.7 p.40

◇管絃楽組曲第三番 ニ長調〈バッハ〉（続・名曲とレコード―管弦楽曲） 渡辺護，長尾義弘，宇野功芳 「ディスク」22巻8号 臨時増刊 続・名曲とレコード 1959.7 p.58

◇ブランデンブルク協奏曲第六番 変ロ長調〈バッハ〉（続・名曲とレコード―管弦楽曲） 渡辺護，長尾義弘，宇野功芳 「ディスク」22巻8号 臨時増刊 続・名曲とレコード 1959.7 p.59

◇パルティータ第二番 ニ短調「シャコタンヌ」〈バッハ〉（続・名曲とレコード―ヴァイオリン曲） 中村善吉 「ディスク」22巻8号 臨時増刊 続・名曲とレコード 1959.7 p.90

◇イタリア協奏曲〈バッハ〉（続・名曲とレコード―ピアノ曲） 中村善吉 「ディスク」22巻8号 臨時増刊 続・名曲とレコード 1959.7 p.99

◇ミサ曲 ロ短調〈バッハ〉（続・名曲とレコード―宗教曲） 宇野功芳 「ディスク」22巻8号 臨時増刊 続・名曲とレコード 1959.7 p.148

◇マタイ受難曲〈バッハ〉（続・名曲とレコード―宗教曲） 宇野功芳 「ディスク」22巻8号 臨時増刊 続・名曲とレコード 1959.7 p.150

◇バッハのコーヒー・カンタータ 佐川吉男 「ディスク」22巻9号 1959.8 p.41

◇ランドフスカとバッハの「平均率クラフィア曲集」 シャーシンズ，上野一郎 訳 「ディスク」22巻11号 1959.10 p.46

◇ステレオで聴くバッハのオルガン曲 佐川吉男 「ディスク」22巻13号 1959.11 p.29

◇シュタルケルの名演するバッハの無伴奏チェロ組曲（新譜LPハイライト） 井上頼豊 「ディスク」23巻6号 1960.5 p.30

◇ハンス・ハインツェの演奏するバッハの五つの「オルガン協奏曲集」（新譜LPハイライト） 秋元道雄 「ディスク」23巻6号 1960.5 p.32

◇ランドフスカのバッハ新旧 村田武雄 「ディスク」23巻6号 1960.5 p.46

◇無伴奏ソナタ第一番 ト短調―バッハ（ヴァイオリン曲） 坿和昌夫 「ディスク」23巻13号 増刊 新版名曲とレコード 下巻 1960.10 p.52

◇無伴奏パルティータ第二番「シャコンヌ」付―バッハ（ヴァイオリン曲） 中村善吉 「ディスク」23巻13号 増刊 新版名曲とレコード 下巻 1960.10 p.54

◇半音階的幻想曲 ニ短調―バッハ（ピアノ曲） 杉浦繁 「ディスク」23巻13号 増刊 新版名曲とレコード 下巻 1960.10 p.75

◇イタリア協奏曲―バッハ（ピアノ曲） 中村善吉 「ディスク」23巻13号 増刊 新版名曲とレコード 下巻 1960.10 p.76

◇パルティータ第一番 変ロ長調―バッハ（ピアノ曲） 杉浦繁 「ディスク」23巻13号 増刊 新版名曲とレコード 下巻 1960.10 p.77

◇マタイ受難曲―バッハ（宗教曲） 宇野功芳 「ディスク」23巻13号 増刊 新版名曲とレコード 下巻 1960.10 p.107

◇無伴奏チェロ組曲（六曲）―バッハ（チェロ曲） 中村善吉 「ディスク」23巻13号 増刊 新版名曲とレコード 下巻 1960.10 p.119

◇ミサ曲 ロ短調―バッハ（宗教曲） 宇野功芳 「ディスク」23巻13号 増刊 新版名曲とレコード 下巻 1960.10 p.195

◇バッハ「カンタータ第五六番・第八二番」/ハーレル（新着LP試聴室） 浅井修一 「ディスク」23巻14号 1960.11 p.125

◇バッハの平均率ピアノ曲集 辻荘一 「ディスク」24巻2号 1961.2 p.60

◇ランドフスカの平均率（バッハ） 坿和昌夫 「ディスク」24巻3号 1961.3 p.65

◇ヤニグロ，ランパルのコンビによるバッハの名曲二つ（新着LP試聴室） 島田茂雄 「ディスク」24巻3号 1961.3 p.116

◇〈カプリッチオ〉J・S・バッハ（特集 青春の歌―大作曲家の作品に青春の姿を求めて） 角倉一朗 「ディスク」24巻8号 1961.8 p.76

◇メンゲルベルクの感動的な「マタイ受難曲」（新着LP試聴室） 宇野功芳 「ディスク」24巻10号 1961.9 p.116

◇バッハ・ルネッサンス（今日に生きるバッハ） ヘンリー・ランダ，佐藤智 訳 「ディスク」24巻13号 1961.12 p.80

◇マタイ受難曲〈ヴォア・ドール〉(今日に生きるバッハ) 大宮真琴 「ディスク」24巻13号 1961.12 p.84

◇ロ短調ミサ曲〈フォンタナ〉(今日に生きるバッハ) 渡辺学而 「ディスク」24巻13号 1961.12 p.85

◇バッハのクラフィア協奏曲全集(新着LP試聴室) 矢野駿 「ディスク」25巻1号 1962.1 p.110

◇プライのうたうバッハ〈カンタータ〉二曲(新着LP試聴室) 小林利之 「ディスク」25巻9号 1962.9 p.110

◇特集 今秋発売されるバッハの宗教曲レコード 服部幸三、東川清一 「ディスク」25巻10号 1962.10 p.116

◇バッハの無伴奏ヴァイオリン・ソナタ ヨーゼフ・シゲティ、佐藤文彦訳 「ディスク」25巻12号 1962.12 p.99

◇メニューインのヴィヴァルディ、バッハ、ヘンデル(各社四月新譜速報とその聴きもの) 岩井宏之 「ディスク」26巻3号 1963.3 p.126

◇クルト・レーデルの最新録音、バッハの組曲全五曲(新着LP試聴記) 坪和昌夫 「ディスク」26巻4号 1963.4 p.102

◇クルト・レーデルのバッハ〈管弦楽組曲全五曲〉(各社9月新譜とその聴きもの) 渡部恵一郎 「ディスク」26巻5号 1963.8 p.160

◇教え子に贈られたブランデンブルク協奏曲(私の愛聴盤─読者随筆) 浅香良平 「ディスク」26巻5号 1963.8 p.169

◇バッハの〈協奏曲〉三曲(各社10月新譜とその聴きもの) 渡部恵一郎 「ディスク」26巻6号 1963.9 p.160

◇バルヒェットの弾く「バッハ協奏曲集」(各社二月新譜速報とその聴きもの) 岩井宏之 「ディスク」27巻1号 1964.1 p.143

◇ハイラーの演奏する「ヴィヴァルディ/バッハ/オルガン協奏曲」(各社二月新譜速報とその聴きもの) 小林利之 「ディスク」27巻1号 1964.1 p.144

◇バッハのカンタータ(私の愛聴盤) 柏原欣三 「ディスク」27巻11号 1964.11 p.159

◇話題の海外レコード試聴室 初めて録音されたバッハ「聖マルコ受難曲」 服部幸三 「ディスク」28巻9号 1965.10 p.90

◇座談会:ロリン・マゼールのバッハをきいて 岡俊雄、浜田徳昭、黒田恭一 「ディスク」29巻6号 1966.6 p.82

◇グールドの〈バッハ・平均率クラヴィーア曲集〉(特集 グレン・グールド) 三浦淳史訳 「ディスク」29巻7号 1966.7 p.64

バルトーク, ベーラ

◇バルトックのクワルテット(中欧の音楽) 鈴木鎮一 「ディスク」8巻4号 1936.4 p.312

◇近代音楽とレコード(7)ベラ・バルトク 松本太郎 「レコード音楽」18巻12号 1948.12 p.37

◇バルトークの「第一ヴァイオリン・ソナタ」 井上頼豊 「レコード音楽」22巻10号 1952.10 p.22

◇ピアノ協奏曲第三番(バルトークのL.P) 牧定忠 「レコード音楽」22巻10号 1952.10 p.24

◇ヴァイオリン協奏曲(バルトークのL.P) 牧定忠 「レコード音楽」22巻10号 1952.10 p.25

◇絃と打楽器、チェレスタの為の音楽(バルトークのL.P) 鈴木博義 「レコード音楽」22巻10号 1952.10 p.27

◇チェロとピアノのための「狂詩曲」(バルトークのL.P) 青木十良 「レコード音楽」22巻10号 1952.10 p.29

◇オーケストラのための協奏曲(バルトークのL.P) 西山広一 「レコード音楽」22巻10号 1952.10 p.30

◇バルトークの音楽をきくために─その生涯に関連させながら─名曲鑑賞手帖(5) 寺西春雄 「レコード音楽」22巻10号 1952.10 p.32

◇バルトークのL.P一覧表 「レコード音楽」22巻10号 1952.10 p.35

◇バルトークについて─新しい様式の告知者 フェレンツ・フリチャイ、横川文雄訳 「レコード音楽」23巻5号・6号 1953.6 p.54

◇晩年のバルトーク─作曲家物語 田代秀穂 「レコード音楽」23巻5号・6号 1953.6 p.62

◇ヴァイオリン協奏曲とその聴き方(バルトーク) 柴田南雄 「ディスク」16巻12号 1953.11 p.14

◇我国で発売されているレコード・リスト(バルトーク) 「ディスク」16巻12号 1953.11 p.19

◇その生涯と芸術の物語(バルトーク) 渡辺久春 「ディスク」16巻12号 1953.11 p.20

◇最新LP外誌批評─ピアノ曲集、無伴奏ソナタ、舞踊組曲他(バルトーク) 桃園春夫 「ディスク」16巻12号 1953.11 p.28

◇民謡と現代音楽 B・バルトーク、冷牟田修二訳編 「ディスク」16巻12号 1953.11 p.31

◇バルトークの遺作「ヴィオラ協奏曲」(海外LP試聴室) 菅佑一 「ディスク」16巻13号 1953.12 p.54

◇バルトーク音楽の本質─二台のピアノと打楽器のソナタを巡つて 北沢方邦 「ディスク」17巻5号 1954.5 p.18

◇バルトークの「管弦楽の協奏曲」を巡つて 柴田南雄 「ディスク」17巻9号 1954.8 p.38

◇出色の現代音楽二枚─プロコフイエフ、バルトーク、ヒンデミット、シエーンベルク(海外LP試聴室) 菅佑一 「ディスク」17巻9号 1954.8 p.64

◇マグダ・ラシロの歌うバルトーク(海外LP試聴室) 西野茂雄 「ディスク」17巻9号 1954.8 p.72

◇メニューイン, フルトヴェングラーの名コンビが放つバルトークのV協奏曲（海外LP試聴室）杉浦繁 「ディスク」17巻10号 1954.9 p.79

◇リストとハンガリー音楽 ベラ・バルトック, 北川宣彦 訳 「ディスク」17巻11号 1954.10 p.14

◇バルトックに会つたはなし 兼常清佐 「ディスク」17巻12号 1954.11 p.33

◇バルトックの絃楽四重奏曲―ジュリアード礼讃 柴田南雄 「ディスク」17巻12号 1954.11 p.75

◇バルトークの一幕舞踊劇「木彫の王子」（海外LP試聴室）菅佑一 「ディスク」17巻13号 1954.12 p.132

◇ベルグとバルトークのヴァイオリン曲（海外LP試聴室）高橋昭 「ディスク」17巻13号 1954.12 p.137

◇バルトークの管絃楽の協奏曲（新着LP紹介）上野一郎 「ディスク」18巻2号 1955.2 p.127

◇バルトークP協奏曲二・三番（新着LP紹介）菅佑一 「ディスク」18巻5号 1955.4 p.145

◇バルトーク記念碑 絃打楽器とチェレスタの音楽（コロムビア世界現代音楽選集紹介）北沢方邦 「ディスク」18巻6号 1955.5 p.26

◇絃・打楽器・チェレスタの音楽〈バルトーク〉（管弦楽曲）「ディスク」19巻2号 臨時増刊 LP名曲100選 第1集 1956.1 p.70

◇フリッチャイの指揮する「絃・打楽器・チェレスタの音楽（今月のLPハイライト）柴田南雄 「ディスク」19巻4号 1956.3 p.110

◇ジュイリアードのバルトーク・「第五と第六」（今月のLPハイライト）柴田南雄 「ディスク」19巻4号 1956.3 p.111

◇管絃楽のための協奏曲〈バルトーク〉（管弦楽曲）「ディスク」19巻7号 臨時増刊 LP名曲100選 第2集 1956.5 p.58

◇第三ピアノ協奏曲〈バルトーク〉（協奏曲）「ディスク」19巻7号 臨時増刊 LP名曲100選 第2集 1956.5 p.82

◇バルトークのピアノ曲―今月の研究（1）清水美知子 「ディスク」20巻5号 1957.5 p.160

◇管絃楽のための協奏曲〈バルトーク〉（管弦楽曲）「ディスク」20巻8号 増刊 LP名曲350選 第1集 1957.7 p.143

◇絃・打楽器・チェレスタの音楽〈バルトーク〉（管弦楽曲）「ディスク」20巻8号 増刊 LP名曲350選 第1集 1957.7 p.144

◇舞踊組曲〈バルトーク〉（管弦楽曲）「ディスク」20巻8号 増刊 LP名曲350選 第1集 1957.7 p.145

◇ピアノ協奏曲第三番〈バルトーク〉（協奏曲）「ディスク」20巻10号 増刊 名曲LP350選 第2集 1957.8 p.48

◇絃楽四重奏曲（全六曲）〈バルトーク〉（室内楽曲）「ディスク」20巻10号 増刊 名曲LP350選 第2集 1957.8 p.113

◇バルトークと「絃と打楽器・チェレスタの音楽」（現代音楽の窓）丹羽正明 「ディスク」20巻12号 1957.10 p.24

◇バルナンのバルトーク 門馬直美 「ディスク」20巻12号 1957.10 p.88

◇二つのバルトーク「絃楽四重奏曲」 クロード・ロスタン 「ディスク」20巻13号 1957.11 p.128

◇ミクロコスモス〈バルトーク〉（器楽曲）「ディスク」20巻14号 増刊 名曲LP350選 第3集 1957.11 p.64

◇現代音楽の窓 バルトークの傑作「二台のピアノと打楽器のソナタ」秋山邦晴 「ディスク」21巻10号 1958.10 p.44

◇弦楽四重奏曲第五番〈バルトーク〉（続・名曲とレコード―室内楽曲）中村善吉 「ディスク」22巻8号 臨時増刊 続・名曲とレコード 1959.7 p.89

◇バルトークの「管弦楽のための協奏曲」（クーベリック指揮）（新着LP試聴室）杉浦繁 「ディスク」23巻3号 1960.2 p.160

◇「青ひげの城」とバルトーク（各社秋の大作レコードを展望する）秋山邦晴 「ディスク」23巻12号 1960.10 p.22

◇バルトーク「オーケストラのための協奏曲」/バーンスタイン指揮（新着LP試聴室）瀬音透 「ディスク」23巻12号 1960.10 p.116

◇リスト「第二」バルトーク「第三」協奏曲/ベラ・シキ（P）（新着LP試聴室）杉浦繁 「ディスク」23巻12号 1960.10 p.118

◇弦楽四重奏曲第五番―バルトーク（室内楽）中村善吉 「ディスク」23巻13号 増刊 新版名曲とレコード 下巻 1960.10 p.49

◇アレグロ・バルバロ―バルトーク（ピアノ曲）坪和昌夫 「ディスク」23巻13号 増刊 新版名曲とレコード 下巻 1960.10 p.118

◇子供の為に―バルトーク（ピアノ曲）坪和昌夫 「ディスク」23巻13号 増刊 新版名曲とレコード 下巻 1960.10 p.118

◇バルトーク「弦と打楽器とチェレスタのための音楽」「ハンガリー風物詩」/ライナー指揮（新着LP試聴室）増田隆昭 「ディスク」23巻16号 1960.12 p.125

◇新鋭ハイティンクの指揮するバルトーク（新着LP試聴室）瀬音透 「ディスク」24巻8号 1961.8 p.111

◇シャンドールの弾いたバルトークの協奏曲他（新着LP試聴室）菅新一 「ディスク」24巻10号 1961.9 p.118

◇ハンガリー・人と音楽（特集 ハンガリー・人と音楽―リストとバルトークを記念して）羽仁協子 「ディスク」24巻11号 1961.10 p.74

◇リストの音楽（特集 ハンガリー・人と音楽―リストとバルトークを記念して）バルトーク, 増田隆昭 訳 「ディスク」24巻11号 1961.10 p.76

◇バルトークのたどった道（特集 ハンガリー・人と音楽―リストとバルトークを記念して）佐藤智 「ディスク」24巻11号 1961.10 p.80

◇ハンガリー音楽界だより（特集 ハンガリー・人と音楽―リストとバルトークを記念して）「ディスク」24巻11号 1961.10 p.87

◇カラヤン指揮するバルトークとヒンデミット（新着LP試聴室）瀬音透 「ディスク」25巻6号 1962.6 p.118

◇バルトークのピアノ音楽（特集 ベラ・バルトーク）B・ジャコブソン，大橋和子 訳 「ディスク」29巻8号 1966.8 p.62

◇バルトークを語る〈フィリップス・バルトーク・ソサエティを中心に〉（座談会）（特集 ベラ・バルトーク）上野晃，三浦淳史，薬科雅美 「ディスク」29巻8号 1966.8 p.66

◇バルトークのスペシャリスト "ジェルジュ・シャンドール"（特集 ベラ・バルトーク）上野一郎 「ディスク」29巻8号 1966.8 p.71

ビゼー，ジョルジュ

◇カルメンの音楽 近江屋二郎 「レコード」2巻6号 1931.6 p.24

◇カルメンの音楽（その2）近江屋二郎 「レコード」2巻7号 1931.7 p.20

◇カルメンの音楽（その3）近江屋二郎 「レコード」2巻8号 1931.8 p.30

◇カルメンの音楽（その4）近江屋二郎 「レコード」2巻9号 1931.9 p.32

◇アルルの女「第二組曲」のために 深井史郎 「レコード」4巻8号 1933.8 p.20

◇〈楽譜〉「アルルの女」―スパトラール（ビゼー作）―レコード鑑賞楽譜 「レコード」4巻8号 1933.8 p.81

◇カルメン―歌劇レコード連続講説（10）伊庭孝 「レコード音楽」8巻11号 1934.11 p.122

◇「カルメン」の縮小盤を聴く 平間文寿 「ディスク」8巻1号 1936.1 p.49

◇「カルメン」のレコードに就いて 田中青雲 「ディスク」8巻2号 1936.2 p.133

◇華やかなカルメン組曲 服部正 「レコード音楽」11巻8号 1937.8 p.11

◇ビゼーのこと 大岡昇平 「ディスク」11巻9号 1939.9 p.908

◇ビゼー作「アルルの女」全曲―如是我聞 柏木俊三 「ディスク」11巻10号 1939.10 p.975

◇「アルルの女」のレコード（試聴記）有坂愛彦 「レコード音楽」13巻10号 1939.10 p.11

◇ビゼー作「交響曲ハ長調」―如是我聞 柏木俊三 「ディスク」12巻5号 1940.5 p.434

◇ビゼーの第一交響曲（試聴記）服部正 「レコード音楽」14巻5号 1940.5 p.16

◇交響曲第一番（ビゼー曲）（洋楽名曲試聴評）村田武雄 「レコード」6巻4号 1940.5 p.57

◇フィドラー指揮 「アルルの女」第二組曲（ビゼー曲）（名曲レコード情報）穂積正信 「レコード」7巻3号 1941.3 p.27

◇新盤の楽曲に拠る音楽通論講座（第7講）ビゼー作「アルルの女」第二組曲 柴田知常 「レコード音楽」15巻4号 1941.4 p.70

◇歌劇「カルメン」―今月の名曲 Y・A 「レコード音楽」18巻6号 1948.6 p.29

◇組曲アルルの女 田代秀穂 「ディスク」15巻13号 1952.12 p.1248

◇ビゼーの歌劇「真珠採り」（新着LP紹介）福原信夫 「ディスク」18巻13号 1955.11 p.110

◇「アルルの女」第一・第二組曲〈ビゼー〉（管弦楽曲）「ディスク」19巻2号 臨時増刊 LP名曲100選 第1集 1956.1 p.53

◇歌劇「カルメン」〈ビゼー〉（声楽曲）「ディスク」19巻2号 臨時増刊 LP名曲100選 第1集 1956.1 p.134

◇歌劇「カルメン」の新盤 有坂愛彦，川崎静子，宮沢縦一 「ディスク」20巻5号 1957.5 p.46

◇交響曲第一番ハ長調〈ビゼエ〉（交響曲）「ディスク」20巻8号 増刊 LP名曲350選 第1集 1957.7 p.57

◇アルルの女 第一・第二組曲〈ビゼエ〉（管弦楽曲）「ディスク」20巻8号 増刊 LP名曲350選 第1集 1957.7 p.111

◇美しきペルトの娘〈ビゼエ〉（管弦楽曲）「ディスク」20巻8号 増刊 LP名曲350選 第1集 1957.7 p.112

◇カルメン〈ビゼエ〉（歌劇）「ディスク」20巻8号 増刊 LP名曲350選 第1集 1957.7 p.188

◇オペラへの招待 ビゼーの歌劇「カルメン」福原信夫 「ディスク」21巻3号 1958.3 p.108

◇「アルルの女」第一組曲〈ビゼー〉（名曲とレコード―管弦楽曲）佐川吉männ 「ディスク」21巻13号 臨時増刊 名曲とレコード 1958.12 p.82

◇歌劇「カルメン」―ハバネラ〈恋は野の鳥〉（ビゼー）（名曲とレコード―歌劇アリア集）小林利之 「ディスク」21巻13号 臨時増刊 名曲とレコード 1958.12 p.139

◇交響曲第一番 ハ長調〈ビゼー〉（続・名曲とレコード―交響曲）宇野功芳 「ディスク」22巻8号 臨時増刊 続・名曲とレコード 1959.7 p.28

◇歌劇「カルメン」〈ビゼー〉（続・名曲とレコード―歌劇）有沢昭八郎 「ディスク」22巻8号 臨時増刊 続・名曲とレコード 1959.7 p.142

◇たのしめるビゼーの「カルメン」組曲（オーマンディ）（新着LP試聴室）「ディスク」22巻9号 1959.8 p.155

◇歌劇「カルメン」―ビゼー（歌劇）小林利之 「ディスク」23巻13号 増刊 新版名曲とレコード 下巻 1960.10 p.188

◇歌劇「カルメン」のステレオ診断 池田圭 「ディスク」23巻16号 1960.12 p.98

作曲家　　　　　　　　　　　　　　　人物文献目録　　　　　　　　　　　　フォーレ

◇新録音の「カルメン」をめぐって（座談会）
（マリア・カラス特集）宮沢縦一，岡俊雄,
黒田恭一　「ディスク」28巻2号　1965.2 p.80

ファリャ, マヌエル・デ

◇デ・ファリアの事ども　大沼魯夫　「ディス
ク」3巻6号　1931.6 p.406

◇西班牙の庭の夜, 子供の情景（洋楽六月新譜批
評）増沢健美　「レコード」2巻6号　1931.6
p.47

◇マヌエル・デ・フアリアの自作曲吹込を見る
松本太郎 訳　「レコード」2巻8号　1931.8 p.19

◇恋は魔術師とシユトラウスのワルツ集（洋
楽・十二月新譜評）菅原明朗　「レコード」2
巻12号　1931.12 p.32

◇〈楽譜〉Die Beichte des Sunders—ピアノ曲
（レコード鑑賞楽譜 デ・フアリア作「恋は魔
術師」の中の）「レコード」3巻4号　1932.4
p.99

◇〈楽譜〉火祭の踊—ピアノ曲（レコード鑑賞楽
譜 デ・フアリア作「恋は魔術師」の中の）
「レコード」3巻4号　1932.4 p.107

◇デ・フアリアとバリエントス　三浦潤　「ディ
スク」4巻5号　1932.5 p.279

◇ナシヨナリスト, マニユエル・ド・フアリア
倉重瞬介　「レコード」4巻3号　1933.3 p.31

◇マヌエル・デ・ファリア—近代音楽とレコー
ド（5）松本太郎　「レコード音楽」18巻10号
1948.10 p.8

◇ストコフスキー指揮の舞踊組曲「恋は魔術
師」を聴く（試聴記）牧定忠　「レコード音
楽」20巻10号　1950.10 p.12

◇「西班牙の庭の夜」と「第二交響曲」—名曲
鑑賞（12）藤井夏人　「レコード音楽」22巻2
号　1952.2 p.28

◇ファリア「三角帽」（LP試聴記）その・す
む　「ディスク」15巻13号　1952.12 p.1270

◇創造のスペイン音楽 M・デ・ファリア, 三潴
末松 訳　「ディスク」17巻5号　1954.5 p.125

◇ファリヤとスペインの民族音楽—「三角帽
子」と「七つのスペイン民謡」を巡つて　勝田
保世　「ディスク」17巻7号　1954.7 p.19

◇室内歌劇「ペドロ師の人形芝居」とは　桃園春
夫　「ディスク」18巻7号　1955.6 p.75

◇舞踊組曲「三角帽子」〈ファリア〉（管弦楽曲）
「ディスク」19巻2号 臨時増刊 LP名曲100選
第1集　1956.1 p.69

◇舞踊曲「恋は魔術師」〈ファリア〉（管弦楽曲）
「ディスク」19巻7号 臨時増刊 LP名曲100選
第2集　1956.5 p.55

◇舞踊組曲「三角帽子」〈ファリア〉（管弦楽曲）
「ディスク」20巻8号 増刊 LP名曲350選 第1集
1957.7 p.138

◇舞踊曲「恋は魔術師」〈ファリア〉（管弦楽曲）
「ディスク」20巻8号 増刊 LP名曲350選 第1集
1957.7 p.140

◇スペインの庭の夜〈ファリア〉（協奏曲）
「ディスク」20巻10号 増刊 名曲LP350選 第2
集　1957.8 p.47

◇七つのスペインの歌〈ファリア〉（歌曲）
「ディスク」20巻10号 増刊 名曲LP350選 第2
集　1957.8 p.163

◇火祭りの踊〈ファリア〉（名曲とレコード—ピ
アノ曲）中村善吉　「ディスク」21巻13号 臨
時増刊 名曲とレコード　1958.12 p.119

◇ファリアの「スペインの庭の夜」「恋は魔術
師」（アランバリ指揮）（新着LP試聴室）長尾
義弘　「ディスク」22巻11号　1959.10 p.157

◇ファリア「三角帽子」全曲/ホルダ指揮（新着
LP試聴室）杉浦繁　「ディスク」23巻10号
1960.9 p.110

◇火祭りの踊り—ファリア（ピアノ曲）中村善
吉　「ディスク」23巻13号 増刊 新版名曲とレ
コード 下巻　1960.10 p.117

◇デ・ラローチャのファリャ・ピアノ曲集（新
着LP試聴室）浅井修一　「ディスク」25巻3
号　1962.3 p.116

◇ファリャの〈三角帽子〉（名曲鑑賞の手引き・
1）日高詢　「ディスク」25巻10号　1962.10
p.150

◇ファリアの「スペインの庭の夜」とハープシ
コード協奏曲/ソリアーノ（各社三月新譜速報
とその聴きもの）岩井宏之　「ディスク」27
巻2号　1964.2 p.142

◇スペインの魂 デ・ファリア（1）橘市郎 訳
「ディスク」27巻7号　1964.7 p.74

◇スペインの魂 デ・ファリア（2）橘市郎 訳
「ディスク」27巻8号　1964.8 p.70

フォーレ, ガブリエル

◇カブリエル・フォーレの作品とそのレコード
橋詰生　「レコード」2巻7号　1931.7 p.16

◇ガブリエル・フォーレとその「絃楽四重奏」
作品—二一　三浦潤　「ディスク」4巻3号
1932.3 p.142

◇ガブリエユ・フォオレエのピアノ音楽（1）ア
ルフレ・コルトー, 服部龍太郎 訳　「レコー
ド音楽」7巻5号　1933.5 p.106

◇ガブリエユ・フォオレエのピアノ音楽（中）
アルフレ・コルトー, 服部龍太郎 訳　「レ
コード音楽」7巻6号　1933.6 p.106

◇ガブリエユ・フォオレエのピアノ音楽（下）
アルフレ・コルトー, 服部龍太郎 訳　「レ
コード音楽」7巻8号　1933.8 p.106

◇フォーレの「鎮魂曲」レコード試聴記 土沢一
「ディスク」7巻6号　1935.6 p.439

◇フォーレの芸術 藤木義輔　「ディスク」8巻2
号　1936.2 p.93

◇フォーレの音楽 高木東六　「ディスク」8巻2
号　1936.2 p.97

◇ガブリエル・フォーレ年表　「ディスク」8巻2
号　1936.2 p.102

戦前期　レコード音楽雑誌記事索引　**379**

◇フォレーの芸術と音盤　近江屋清兵衛　「ディスク」8巻2号　1936.2　p.109

◇伝統主義者フォーレを描く　鮎野行夫　「ディスク」8巻2号　1936.2　p.115

◇ガブリエル・フォーレ作品表　編輯部　「ディスク」8巻2号　1936.2　p.119

◇音楽史上に於けるフォーレ　藤木義輔　「レコード音楽」10巻2号　1936.2　p.15

◇フォーレの歌曲について少しばかり　太田綾子　「レコード音楽」10巻2号　1936.2　p.20

◇フオレーの観たワインガルトナー　三浦潤一　「ディスク」8巻7号　1936.7　p.609

◇フォーレの「やさしき歌」を聴いて　本来漠　「ディスク」8巻9号　1936.9　p.773

◇フォーレの歌曲集「ラ・ボンヌ・シャンソン」―ビクター蒐集クラブ一月新譜　藤田不二　「レコード音楽」10巻12号　1936.12　p.30

◇試聴室―静かなるフオーレを聴く　鮎野行夫　「ディスク」9巻1号　1937.1　p.31

◇フォーレの「鎮魂曲」新盤の上梓に際して（上）その・す・む　「ディスク」12巻4号　1940.4　p.315

◇コロムビア盤フォーレの「ルキエム」を聴いて（試聴記）　松本太郎　「レコード音楽」14巻4号　1940.4　p.9

◇フォーレ作「鎮魂曲」新盤の上梓に際して（下）その・す・む　「ディスク」12巻5号　1940.5　p.422

◇鎮魂曲（フォレー曲）（洋楽名曲試聴評）　牛山充　「レコード」6巻4号　1940.5　p.48

◇試聴室―フォーレの「イ長調提琴奏鳴曲」　藤木義輔　「ディスク」13巻5号　1941.5　p.417

◇テイボーとコルトー演奏　提琴奏鳴曲三十番（フオーレ曲）（名曲レコード情報）　牛山充　「レコード」7巻4号　1941.5　p.17

◇近代音楽とレコード（2）ギャブリエル・フォーレ　松本太郎　「レコード音楽」18巻6号　1948.6　p.8

◇フォーレの晩年と絃楽四重奏曲　藤木義輔　「レコード音楽」21巻2号　1951.2　p.28

◇フォーレの「鎮魂曲」（今月の主要レコードの解説）　津川主一　「ディスク」14巻4号　1951.12　p.292

◇音楽史的に観たピアノ・レコード（37）カブリエル・フォーレ　野村光一　「レコード音楽」22巻1号　1952.1　p.24

◇フォーレーの「やさしき歌」（名曲解説）　藤木義輔　「ディスク」15巻7号　1952.7　p.686

◇フォーレ　提琴奏鳴曲第一番（ボベスコ，ジェンティ）（LP試聴記）　小林利之　「ディスク」16巻6号　1953.5　p.499

◇ジェラール・スーゼー抄―「夢の後に」「月の光」のことなど　畑中良輔　「ディスク」16巻12号　1953.11　p.36

◇フランス近代音楽の歩み（2）ガブリエル・フォーレの芸術　M・ロベール　「ディスク」17巻1号　1954.1　p.58

◇私の宗教音楽第一歩―異邦人を教会へと誘い込むフォーレの「レクイエム」の話　藤木義輔　「ディスク」17巻7号　1954.7　p.38

◇ガブリエル・フォーレ―その卅周忌に当りフローラン・シュミットによつて描く　今堀淳一　「ディスク」17巻12号　1954.11　p.35

◇高雅にしてつゝ、ましやかなフォーレのデュエット　高橋昭　「ディスク」17巻13号　1954.12　p.76

◇フォーレのレクイエム　クリユイタンのLP（今月のLP）　三瀦末松　「ディスク」18巻5号　1955.4　p.56

◇鎮魂ミサ曲〈フォーレ〉（声楽曲）「ディスク」19巻7号　臨時増刊LP名曲100選　第2集　1956.5　p.115

◇マルグリット・ロンのラヴェルとフォーレ（今月のLPハイライト）　大宮真琴　「ディスク」19巻8号　1956.6　p.115

◇フォーレのレクイエムを聴く（今月のLPハイライト）　福沢アクリヴィ　「ディスク」20巻3号　1957.3　p.39

◇ヴァイオリン奏鳴曲第一番イ長調〈フォーレ〉（室内楽曲）「ディスク」20巻10号　増刊　名曲LP350選　第2集　1957.8　p.14

◇鎮魂ミサ曲〈フォーレ〉（宗教曲）「ディスク」20巻10号　増刊　名曲LP350選　第2集　1957.8　p.179

◇夢のあとに〈フォーレ〉（続・名曲とレコード―声楽曲）　畑中良輔　「ディスク」22巻8号　臨時増刊　続・名曲とレコード　1959.7　p.128

◇月光〈フォーレ〉（続・名曲とレコード―声楽曲）　畑中良輔　「ディスク」22巻8号　臨時増刊　続・名曲とレコード　1959.7　p.128

◇レクイエム〈フォーレ〉（続・名曲とレコード―宗教曲）　宇野功芳　「ディスク」22巻8号　臨時増刊　続・名曲とレコード　1959.7　p.158

◇「やさしい歌」とヴェルレーヌ　浅沼圭二　「ディスク」23巻7号　1960.6　p.42

◇ヴァイオリン奏鳴曲第一番イ長調―フォーレ（ヴァイオリン曲）　坩和昌夫　「ディスク」23巻13号　増刊　新版名曲とレコード　下巻　1960.10　p.68

◇夢のあとに―フォーレ（歌曲）　畑中良輔　「ディスク」23巻13号　増刊　新版名曲とレコード　下巻　1960.10　p.158

◇月光―フォーレ（歌曲）　畑中良輔　「ディスク」23巻13号　増刊　新版名曲とレコード　下巻　1960.10　p.159

◇レクイエム―フォーレ（宗教曲）　宇野功芳　「ディスク」23巻13号　増刊　新版名曲とレコード　下巻　1960.10　p.210

◇トルトゥリエのフォーレ〈ソナタ第一，二番〉他（各社四月新譜速報とその聴きもの）　日比木伸一　「ディスク」26巻3号　1963.3　p.128

プッチーニ, ジャコモ

◇歌劇「トスカ」物語り 「レコード」2巻4号 1931.4 p.38

◇歌劇「ボエーム」(名曲解説—二月新譜より) 野川香文 「レコード」3巻2号 1932.2 p.17

◇トスカ—歌劇レコード連続講説(第6) 伊庭孝 「レコード音楽」8巻7号 1934.7 p.96

◇歌劇「蝶々夫人」全三幕—コロムビア全曲レコード 伊庭孝 「レコード音楽」10巻3号 1936.3 p.16

◇オペラ見物(蝶々夫人)(3・完) 田中良雄 「ディスク」15巻8号 1952.8 p.810

◇トスカニーニの歌劇「ラ・ボエーム」全曲合評(座談会) 田代秀穂, 寺西春雄, 薬科雅美, 西山広一 「レコード音楽」22巻8号 1952.8 p.88

◇ラ・ボエーム—紙上・レコード・コンサート 井上武士 「ディスク」17巻4号 1954.4 p.100

◇プッチーニと「トスカ」—思い出の糸をたぐつて 松山芳野里 「ディスク」17巻11号 1954.10 p.24

◇サバータ指揮の「トスカ」全曲盤(十月の新譜批評) 佐々木行綱 「ディスク」17巻11号 1954.10 p.62

◇テバルディらの「蝶々夫人」全曲(今月のLP) 小林利之 「ディスク」18巻4号 1955.3 p.71

◇タリアヴィーニとペトレラの「蝶々夫人」(新着LP紹介) 鷺崎良三, 宇野功芳 「ディスク」18巻10号 1955.8 p.122

◇プッチーニのアリア集(今月のLPから) 佐々木行綱 「ディスク」18巻12号 1955.10 p.60

◇歌劇「蝶々夫人」〈プッチーニ〉(声楽曲) 「ディスク」19巻7号 臨時増刊 LP名曲100選 第2集 1956.5 p.126

◇歌劇「トスカ」全曲を聴く 福原信夫 「ディスク」19巻13号 1956.10 p.30

◇ラ・ボエーム〈プッチーニ〉(歌劇) 「ディスク」20巻8号 増刊 LP名曲350選 第1集 1957.7 p.193

◇蝶々夫人〈プッチーニ〉(歌劇) 「ディスク」20巻8号 増刊 LP名曲350選 第1集 1957.7 p.195

◇ラ・トスカ〈プッチーニ〉(歌劇) 「ディスク」20巻8号 増刊 LP名曲350選 第1集 1957.7 p.197

◇カラス・プッチーニ歌劇アリア集(歌劇アリア集) 「ディスク」20巻14号 増刊 名曲LP350選 第3集 1957.11 p.110

◇テバルディ・プッチーニ・アリア集(歌劇アリア集) 「ディスク」20巻14号 増刊 名曲LP350選 第3集 1957.11 p.115

◇プッチーニ, ヴェルディ・アリア集(歌劇アリア集) 「ディスク」20巻14号 増刊 名曲LP350選 第3集 1957.11 p.115

◇オペラへの招待 プッチーニの「ラ・ボエーム」 福原信夫 「ディスク」21巻2号 1958.2 p.118

◇歌劇「ボエーム」—冷き手よ〈プッチーニ〉(名曲とレコード—歌劇アリア集) 小林利之 「ディスク」21巻13号 臨時増刊 名曲とレコード 1958.12 p.140

◇歌劇「トスカ」—歌に生き愛に生き〈プッチーニ〉(名曲とレコード—歌劇アリア集) 小林利之 「ディスク」21巻13号 臨時増刊 名曲とレコード 1958.12 p.141

◇歌劇「蝶々夫人」—ある晴れた日に〈プッチーニ〉(名曲とレコード—歌劇アリア集) 小林利之 「ディスク」21巻13号 臨時増刊 名曲とレコード 1958.12 p.142

◇モッフォの歌劇「蝶々夫人」(プッチーニ)(四月の話題のLPから) 高崎保男 「ディスク」22巻4号 1959.4 p.32

◇歌劇「蝶々夫人」〈プッチーニ〉(続・名曲とレコード—歌劇) 有沢昭八郎 「ディスク」22巻8号 臨時増刊 続・名曲とレコード 1959.7 p.144

◇歌劇「ラ・ボエーム」〈プッチーニ〉(続・名曲とレコード—歌劇) 有沢昭八郎 「ディスク」22巻8号 臨時増刊 続・名曲とレコード 1959.7 p.146

◇カラスとステファーノの歌劇「マノン・レスコウ」(新着LP試聴室) 梅木香 「ディスク」23巻4号 1960.3 p.167

◇イタリアの「蝶々夫人」 宮沢縦一 「ディスク」23巻5号 1960.4 p.46

◇歌劇「ボエーム」—プッチーニ(歌劇) 小林利之 「ディスク」23巻13号 増刊 新版名曲とレコード 下巻 1960.10 p.191

◇歌劇「トスカ」—プッチーニ(歌劇) 小林利之 「ディスク」23巻13号 増刊 新版名曲とレコード 下巻 1960.10 p.192

◇歌劇「蝶々夫人」—プッチーニ(歌劇) 小林利之 「ディスク」23巻13号 増刊 新版名曲とレコード 下巻 1960.10 p.193

◇眼で見る「トスカ」, 耳で聴く「トスカ」 高瀬まり 「ディスク」23巻16号 1960.12 p.96

◇プッチーニのめづらしい歌劇「つばめ」(新着LP試聴室) 木村重雄 「ディスク」24巻5号 1961.5 p.119

◇テバルディの主演する「ラ・ボエーム」(新着LP試聴室) 浅井修一 「ディスク」24巻10号 1961.9 p.120

◇歌劇「蝶々夫人」(プッチーニ)(オペラへの招待2) 福原信夫 「ディスク」25巻3号 1962.3 p.96

◇プッチーニのオペラは何を選ぶか(ディスコグラフィ 1) 小林利之 「ディスク」25巻4号 1962.4 p.118

◇プッチーニのオペラは何を選ぶか(2)(ディスコグラフィ 2) 小林利之 「ディスク」25巻5号 1962.5 p.120

◇プッチーニのオペラは何を選ぶか(ディスコグラフィー 3) 小林利之 「ディスク」25巻6号 1962.6 p.108

◇ドイツの名歌手たちのうたう〈ボエーム〉（新着LP試聴室）黒田恭一　「ディスク」25巻10号　1962.10 p.154

◇プッチーニ歌劇〈ラ・ボエーム〉（オペラへの招待(8)）福原信夫　「ディスク」26巻2号　1963.2 p.112

◇プッチーニ歌劇〈マノン・レスコー〉（オペラへの招待・9）福原信夫　「ディスク」26巻3号　1963.3 p.122

◇ウィーンのプッチーニ（オペラ・コーナー）竹内昭一　「ディスク」26巻4号　1963.4 p.106

◇こっそり買いこんだ五組目の〈ラ・ボエーム〉（私の愛聴盤）青柳長　「ディスク」26巻4号　1963.4 p.110

◇プライスがレコーディングした歌劇「蝶々夫人」　リチャード・モーア，家里和夫 訳　「ディスク」26巻5号　1963.8 p.21

◇「蝶々夫人」の真髄（八つの舞台に聴いたもの—イタリア・オペラ）小林利之　「ディスク」26巻9号　1963.12 p.84

◇「西部の娘」所見（八つの舞台に聴いたもの—イタリア・オペラ）前和男　「ディスク」26巻9号　1963.12 p.88

◇カラヤンのオペラ/「トスカ」を中心に（特集 ヘルベルト・フォン・カラヤン）菅野浩和　「ディスク」27巻3号　1964.3 p.89

◇名曲ディスコグラフィー（1）ラ・ボエーム　黒田恭一　「ディスク」28巻1号　1965.1 p.96

◇海外楽信 カラスのトスカ　三浦淳史　「ディスク」28巻5号　1965.5 p.102

◇話題の海外レコード試聴室 カラス，ゴッビ2度目の〈トスカ〉全曲 ジョン・マックレーン，村上凱之 訳　「ディスク」28巻6号　1965.7 p.115

ブラームス, ヨハネス

◇ブラームス第三シンフォニー　星島和雄　「レコード音楽」5巻3号　1931.3 p.14

◇ブラームスの「変奏曲と遁走曲」（名曲解説—二月新譜より）XYZ「レコード」3巻2号　1932.2 p.20

◇試聴室—ソナタト長調（ブラームス），スプリング・ソナタ（ベートーベン）S生　「ディスク」4巻4号　1932.4 p.211

◇ピアノトリオのレコード（其2 シウバアト—ブラアムス）瀧善郎　「ディスク」4巻5号　1932.5 p.274

◇ブラームス作「交響曲」第二番（名曲解説—六月新譜の中から）堀内敬三　「レコード」3巻6号　1932.6 p.23

◇ブラームス作「ト長調ソナタ」提琴と洋琴の為の（名曲解説—六月新譜の中から）葉山竹夫　「レコード」3巻6号　1932.6 p.25

◇〈楽譜〉ブラームス作ソナタ第一番—第一楽章（特別附録 レコード鑑賞楽譜）「レコード」3巻10号　1932.10 p.107

◇ブラームス作弦楽四重奏曲（名曲解説）本郷澄夫　「レコード」3巻12号　1932.12 p.24

◇絃楽四重奏曲作品五十一ノ一（ブラームス）鈴木鎮一　「ディスク」5巻4号　1933.4 p.240

◇洋琴四重奏曲作品二十五（ブラームス）鈴木喜久雄　「ディスク」5巻4号　1933.4 p.245

◇レコードされたブラームスの独逸レクィエムに就いて 津川主一　「レコード音楽」7巻4号　1933.4 p.51

◇試聴室—ブラームスの洋琴四重奏曲（ブラームス誕生百年記念号）鈴木喜久雄　「ディスク」5巻5号　1933.5 p.362

◇ブラームスを語る（ブラームス誕生百年記念号）あらゑびす，森潤三郎，久礼伝三，S・S，烏頭魔気，NKM　「ディスク」5巻5号　1933.5 p.366

◇ブラームスの音楽史上の地位—アンドレ・クウロアの音楽史から（ブラームス生誕百年紀念特輯）大脇礼三　「レコード」4巻5号　1933.5 p.6

◇ブラームスの交響曲に就て（ブラームス生誕百年記念特輯）本郷澄夫　「レコード」4巻5号　1933.5 p.11

◇ブラームスの生涯と芸術（ブラームス生誕百年紀念特輯）大田黒元雄　「レコード」4巻5号　1933.5 p.14

◇ブラームスのレコード—標題楽を書かなかったブラームス（ブラームス生誕百年紀念特輯）あらえびす　「レコード」4巻5号　1933.5 p.18

◇ブラームスのレコード表（ブラームス生誕百年紀念特輯）編輯部　「レコード」4巻5号　1933.5 p.67

◇ヴィオラとピアノの為のソナータと作曲者ヨハネス・ブラームス　倉重瞬輔　「ディスク」5巻9号　1933.9 p.598

◇ブラームスの交響曲—断片的印象　野村光一　「レコード音楽」8巻2号　1934.2 p.16

◇ブラームスの絃楽四重奏曲に就て　三宅善三　「ディスク」6巻3号　1934.3 p.141

◇珍らしいブラームスのホルン・トリオに就いて　土沢一　「ディスク」6巻9号　1934.9 p.525

◇ブラームスの三重奏曲ロ長調（新着盤試聴記—二つの室内楽を聴く）有坂愛彦　「レコード音楽」9巻2号　1935.2 p.22

◇ヨハネス・ブラームス年表　「ディスク」7巻10号　1935.10 p.723

◇ブラームスを味ふ者　伊庭孝　「ディスク」7巻10号　1935.10 p.724

◇ブラームスの交響曲　塩入亀輔　「ディスク」7巻10号　1935.10 p.728

◇ブラームスと洋琴　野村光一　「ディスク」7巻10号　1935.10 p.734

◇ブラームスの歌曲偶感　本来漠　「ディスク」7巻10号　1935.10 p.738

◇ブラームスの室内楽　鈴木喜久雄　「ディスク」7巻10号　1935.10 p.740

◇ブラームスへの感想 大沼魯夫，林四月亭，熊田眉秋，城春光 「ディスク」7巻10号 1935.10 p.743

◇ブラームス抄伝 鮎野行夫 「ディスク」7巻10号 1935.10 p.746

◇ブラームス作品表 編輯部 「ディスク」7巻10号 1935.10 p.751

◇洋琴家とブラームス 野村光一 「レコード音楽」9巻10号 1935.10 p.27

◇ブラームスの歌曲 武岡鶴代 「レコード音楽」9巻10号 1935.10 p.34

◇日本で発売されているブラームスのレコード案内（1）面白誌 編 「レコード音楽」9巻10号 1935.10 p.36

◇日本で発売されているブラームスのレコード案内（2）面白誌 編 「レコード音楽」9巻11号 1935.11 p.121

◇ブラームスとゲッティンゲン（欧米音楽評家文集）千家徹 「ディスク」8巻春期増刊 1936.6 p.45

◇ブラームス雑俎（独逸音楽随筆集）牛山充 「ディスク」8巻7号 1936.7 p.607

◇ブッシュ，ゼルキンの演奏に拠るブラームスの洋琴四重奏曲イ長調に就て 野村光一 「レコード音楽」10巻8号 1936.8 p.8

◇試聴室―秋の夜聴くによきブラームス 鈴木鎮一 「ディスク」8巻10号 1936.10 p.878

◇ブラームスの洋琴協奏曲第二番を繞つて 野村光一 「レコード音楽」10巻12号 1936.12 p.11

◇試聴室―二つの新しいピアノ・トリオを聴く―ブラームス作品一〇一番ハ短調・ベートーヴェン作品七〇ノ一ニ短調 井関富三 「ディスク」9巻2号 1937.2 p.114

◇ワルター指揮のブラームス第四交響曲 野村光一 「レコード音楽」11巻2号 1937.2 p.10

◇ビーチャム卿指揮のブラームス「第二交響曲」牛山充 「ディスク」9巻3号 1937.3 p.218

◇ブラームスの第一交響曲新盤 有坂愛彦 「レコード音楽」11巻4号 1937.4 p.10

◇クライスラァのブラームス「提琴協奏曲」新盤 村田武雄 「レコード音楽」11巻5号 1937.5 p.13

◇ブラームスの歌謡曲紹介 本来漢 「ディスク」9巻7号 1937.7 p.640

◇ブラアムス論攻 長谷川一郎 「ディスク」9巻7号 1937.7 p.665

◇新盤合評―ブラームス「チェロ・ソナタ」第二番ヘ長調 同人 「ディスク」10巻7号 1938.7 p.636

◇ブラームスの第三交響曲とワルター 野村光一 「ディスク」10巻10号 1938.10 p.978

◇読者欄―ブラームスの歌曲 森忠一郎 「ディスク」10巻10号 1938.10 p.1080

◇ワルター指揮するブラームス「第三交響曲」（試聴記）服部正 「レコード音楽」12巻10号 1938.10 p.30

◇クーレンカンプのブラームス作「ヴァイオリン協奏曲」鈴木鎮一 「ディスク」11巻3号 1939.3 p.234

◇ブラームス作「第一交響曲ハ短調」柏木俊三 「ディスク」11巻4号 1939.4 p.340

◇ブルーノ・ワルターの指揮するブラームスの第一交響曲（試聴記）水野忠恂 「レコード音楽」13巻4号 1939.4 p.14

◇ブラームスのニ長調ヴァイオリン・コンチェルトを聴く（座談会）あらえびす，有坂愛彦，青木謙幸，中村善吉，藤田不二，村田武雄 「レコード音楽」13巻4号 1939.4 p.22

◇ブラームス作「クラリネット五重奏曲」鈴木鎮一 「ディスク」11巻7号 1939.7 p.663

◇ブラームス作「提琴奏鳴曲」一如是我聞 桑野三平 「ディスク」11巻10号 1939.10 p.973

◇シゲッティとペトリの演奏したブラームス「ヴァイオリン奏鳴曲」第三番（試聴記）村田武雄 「レコード音楽」13巻10号 1939.10 p.13

◇ブラームス作「ピアノ協奏曲第一番」一如是我聞 柏木俊三 「ディスク」11巻12号 1939.12 p.1203

◇ハイフェッツの演奏したブラームス作「提琴協奏曲」井関富三 「ディスク」12巻6号 1940.6 p.524

◇ブラームスのヴァイオリン協奏曲（試聴記）長島卓二 「レコード音楽」14巻6号 1940.6 p.20

◇提琴協奏曲（ブラームス曲）（洋楽名曲試聴評）関清武 「レコード」6巻5号 1940.6 p.27

◇第四交響曲（ブラームス曲）（洋楽名曲試聴評）土屋忠雄 「レコード」6巻5号 1940.6 p.29

◇ブラアムス「ホ短調交響曲」新盤 K・ONODERA 「ディスク」12巻7号 1940.7 p.622

◇ブラームスとその交響曲（1）小林基晴 「レコード音楽」14巻8号 1940.8 p.103

◇ブラームスとその交響曲（2）小林基晴 「レコード音楽」14巻9号 1940.9 p.104

◇ブラームスとその交響曲（3）小林基晴 「レコード音楽」14巻10号 1940.10 p.98

◇ブラームスとその交響曲（4）小林基晴 「レコード音楽」14巻11号 1940.11 p.39

◇ブラームスとその交響曲（5）小林基晴 「レコード音楽」14巻12号 1940.12 p.101

◇ブラームスとその交響曲（6）小林基晴 「レコード音楽」15巻1号 1941.1 p.33

◇ブラームスとその交響曲（7）小林基晴 「レコード音楽」15巻2号 1941.2 p.56

◇ブラームスとその交響曲（8）小林基晴 「レコード音楽」15巻3号 1941.3 p.121

ブラームス　　　　　　　　　　　　人物文献目録　　　　　　　　　　　作曲家

◇試聴室―ブラームスの「ピアノ協奏曲 第二番」 坪和昌夫 「ディスク」13巻4号 1941.4 p.318

◇ヘス, ダラニー, カッサード演奏 洋琴三重奏曲（ブラームス曲）(名曲レコード情報) 牛山充 「レコード」7巻4号 1941.5 p.16

◇ブラームスのピアノ協奏曲第二番楽曲解剖 天地真佐雄 「レコード」7巻4号 1941.5 p.42

◇ピアノ協奏曲第二番 ブラームス作曲 「レコード」7巻4号 1941.5 別冊附録

◇名曲と名レコード その4―ブラームス作「ホルン三重奏曲」 編輯部 「ディスク」13巻8号 1941.8 p.748

◇レコードのある部屋 (9) ブラームスを聴く 村田武雄 「レコード音楽」18巻7号 1948.7 p.4

◇ブラームスの複協奏曲 (試聴室) 大木正興 「レコード音楽」19巻9号 1949.9 p.22

◇ブラームスの第二ピアノ協奏曲―海外盤試聴記 大木正興 「レコード音楽」20巻2号 1950.2 p.42

◇ブラームスの交響曲とレコード (対談) 野村光一, 村田武雄 「レコード音楽」20巻5号 1950.5 p.27

◇音楽史的に観たピアノ・レコード (26) ブラームス (1) 野村光一 「レコード音楽」20巻8号 1950.8 p.74

◇二つの交響曲の新盤―海外盤 (新譜評) 大木正興 「レコード音楽」20巻9号 1950.9 p.12

◇アンダースンのアルト・ラプソディー (試聴記) 村田武雄 「レコード音楽」20巻10号 1950.10 p.14

◇音楽史的に観たピアノ・レコード (27) ブラームス (2) 野村光一 「レコード音楽」20巻10号 1950.10 p.27

◇ブラームスの声楽曲とドイツ鎮魂曲 (鼎談) 薗田誠一, 野村光一, 村田武雄 「レコード音楽」20巻12号 1950.12 p.60

◇音楽史的に観たピアノ・レコード (28) ブラームス (3) 野村光一 「レコード音楽」21巻2号 1951.2 p.23

◇ブラームスの「交響曲第二番」(今月の主要レコードの解説) 藤井夏人 「ディスク」14巻4号 1951.12 p.289

◇ブラームス 複協奏曲 イ短調作品一〇二番 (LP試聴記) 杉浦繁 「ディスク」15巻8号 1952.8 p.832

◇ブラームス「四つの荘厳なる歌」(LP試聴記) 小林利之 「ディスク」15巻11号 1952.10 p.1060

◇ブラームスの「交響曲第二番」(フルトヴェングラーのL.P) 吉村一夫 「レコード音楽」22巻11号 1952.11 p.21

◇モーツァルトの「交響曲第四〇番」・ブラームスの「ハイドンの主題による変奏曲」(フルトヴェングラーのL.P) 西山広一 「レコード音楽」22巻11号 1952.11 p.27

◇メヌーイン＝フルトヴェングラーのブラームス "ヴァイオリン協奏曲" を聴く 西山広一 「レコード音楽」22巻12号 1952.12 p.56

◇ブラームス ヴァイオリンとチェロの複協奏曲（フルニエ, ヤニグロ）(LP試聴記) 小林利之 「ディスク」16巻5号 1953.4 p.371

◇ブラームス・ブルックナー・マーラーの交響曲―レコード蒐集第一課 (7) 大木正興 「レコード音楽」23巻5号・6号 1953.6 p.126

◇ベートーヴェンの皇帝コンチェルト モーツァルト・ブラームスの子守唄 (音楽教室) 井上武士 「ディスク」17巻1号 1954.1 p.50

◇ブラームスのピアノ協奏曲を巡つて (海外LP試聴室) 鈴木文男 「ディスク」17巻1号 1954.1 p.93

◇トスカニーニのブラームス 宇野功芳 「ディスク」17巻2号 1954.2 p.34

◇オイストラッフのブラームス観 (海外LP試聴室) 門馬直美 「ディスク」17巻4号 1954.4 p.73

◇ブラームスのクラリネット五重奏曲 (新着LP紹介) 杉浦繁 「ディスク」18巻1号 1955.1 p.131

◇ブラームスのホルン・トリオ並にクラのトリオ (今月のLP) 門馬直美 「ディスク」18巻4号 1955.3 p.66

◇二つのブラームスV協奏曲 オイストラフとミルシュタイン 田代秀穂 「ディスク」18巻6号 1955.5 p.70

◇ブラームス第二ベイヌムの名演 (新着LP紹介) 杉浦繁 「ディスク」18巻6号 1955.5 p.124

◇二大ピアニストのブラームス (新着LP紹介) 高橋昭 「ディスク」18巻6号 1955.5 p.128

◇デヴィートのブラームス協奏曲 (新着LP紹介) 田代秀穂 「ディスク」18巻6号 1955.5 p.131

◇ワルターのブラームス交響曲全集 (対談)(今月のLP) 宇野功芳, 田代秀穂 「ディスク」18巻7号 1955.6 p.42

◇フェリアの形見 ブラームスとシューマンの名唱 (今月のLP) 畑中更予 「ディスク」18巻7号 1955.6 p.54

◇ワルターのブラームス「第三」 宇野功芳 「ディスク」18巻11号 1955.9 p.68

◇ブラームスの二つの五重奏曲 門馬直美 「ディスク」18巻11号 1955.9 p.70

◇ゼルキンの名演 ブラームスの第一ピアノ協奏曲 志鳥栄八郎 「ディスク」18巻11号 1955.9 p.73

◇トスカニーニのブラームス「第三」(新着LP紹介) 小谷彰 「ディスク」18巻11号 1955.9 p.116

◇ハイドンとブラームスの三重奏曲 (新着LP紹介) 坪和昌夫 「ディスク」18巻14号 1955.12 p.131

◇第一交響曲〈ブラームス〉（交響曲）「ディスク」19巻2号 臨時増刊 LP名曲100選 第1集 1956.1 p.34

◇第二交響曲〈ブラームス〉（交響曲）「ディスク」19巻2号 臨時増刊 LP名曲100選 第1集 1956.1 p.34

ニ短調ピアノ協奏曲〈ブラームス〉（協奏曲）「ディスク」19巻2号 臨時増刊 LP名曲100選 第1集 1956.1 p.97

◇ニ長調ヴァイオリン協奏曲〈ブラームス〉（協奏曲）「ディスク」19巻2号 臨時増刊 LP名曲100選 第1集 1956.1 p.98

◇ニ短調ヴァイオリン奏鳴曲〈ブラームス〉（室内楽曲）「ディスク」19巻2号 臨時増刊 LP名曲100選 第1集 1956.1 p.115

◇ヨハネ・ブラームス作「ドイツ鎮魂曲」とレーマン指揮の新盤によせて（対談）津川主一，有坂愛彦「ディスク」19巻5号 1956.4 p.96

◇情感に富んだ表現 ヨッフム指揮するブラームス「交響曲第四番ホ短調」（今月のLPハイライト）田代秀穂「ディスク」19巻5号 1956.4 p.112

◇第四交響曲〈ブラームス〉（交響曲）「ディスク」19巻7号 臨時増刊 LP名曲100選 第2集 1956.5 p.29

◇ハイドン変奏曲〈ブラームス〉（管弦楽曲）「ディスク」19巻7号 臨時増刊 LP名曲100選 第2集 1956.5 p.44

◇変ロ長調ピアノ協奏曲〈ブラームス〉（協奏曲）「ディスク」19巻7号 臨時増刊 LP名曲100選 第2集 1956.5 p.76

◇クラリネット五重奏曲〈ブラームス〉（室内楽曲）「ディスク」19巻7号 臨時増刊 LP名曲100選 第2集 1956.5 p.97

◇アルト・ラプソディ〈ブラームス〉（声楽曲）「ディスク」19巻7号 臨時増刊 LP名曲100選 第2集 1956.5 p.125

◇情熱的な逞しさ ブラームスの「第一」（今月のLPハイライト）宇野功芳「ディスク」19巻8号 1956.6 p.118

◇ブラームスのヴァイオリン協奏曲―音楽をきくために（6）門馬直美「ディスク」19巻9号 1956.7 p.132

◇ベイヌムの名演―ブラームス第二（今月のLPから）田代秀穂「ディスク」19巻14号 1956.11 p.30

◇ブラームスを名演するルービンシュタイン 埓和昌夫「ディスク」20巻1号 1957.1 p.54

◇ヴァイオリン協奏曲（ブラームス）（LP名曲二〇選（1））南春雄「ディスク」20巻1号 1957.1 p.190

◇フランチェスカッティのブラームス（今月のハイライト）佐藤馨「ディスク」20巻4号 1957.4 p.32

◇ゼルキンのブラームス「第二」（話題のLP・今月のハイライト）藁科雅美「ディスク」20巻7号 1957.7 p.28

◇交響曲第一番ハ短調〈ブラームス〉（交響曲）「ディスク」20巻8号 増刊 LP名曲350選 第1集 1957.7 p.52

◇交響曲第二番ニ長調〈ブラームス〉（交響曲）「ディスク」20巻8号 増刊 LP名曲350選 第1集 1957.7 p.53

◇交響曲第三番ヘ長調〈ブラームス〉（交響曲）「ディスク」20巻8号 増刊 LP名曲350選 第1集 1957.7 p.53

◇交響曲第四番ホ短調〈ブラームス〉（交響曲）「ディスク」20巻8号 増刊 LP名曲350選 第1集 1957.7 p.55

◇ハイドンの主題による変奏曲〈ブラームス〉（管弦楽曲）「ディスク」20巻8号 増刊 LP名曲350選 第1集 1957.7 p.108

◇ピアノ協奏曲第一番ニ短調〈ブラームス〉（協奏曲）「ディスク」20巻10号 増刊 名曲LP350選 第2集 1957.8 p.34

◇ピアノ協奏曲第二番変ロ長調〈ブラームス〉（協奏曲）「ディスク」20巻10号 増刊 名曲LP350選 第2集 1957.8 p.34

◇ヴァイオリン協奏曲ニ長調〈ブラームス〉（協奏曲）「ディスク」20巻10号 増刊 名曲LP350選 第2集 1957.8 p.69

◇ヴァイオリンとチェロの複協奏曲イ短調〈ブラームス〉（協奏曲）「ディスク」20巻10号 増刊 名曲LP350選 第2集 1957.8 p.79

◇ピアノ五重奏曲ヘ短調〈ブラームス〉（室内楽曲）「ディスク」20巻10号 増刊 名曲LP350選 第2集 1957.8 p.117

◇クラリネット五重奏曲ロ短調〈ブラームス〉（室内楽曲）「ディスク」20巻10号 増刊 名曲LP350選 第2集 1957.8 p.122

◇ホルン三重奏曲変ホ長調〈ブラームス〉（室内楽曲）「ディスク」20巻10号 増刊 名曲LP350選 第2集 1957.8 p.123

◇クラリネット三重奏曲イ短調〈ブラームス〉（室内楽曲）「ディスク」20巻10号 増刊 名曲LP350選 第2集 1957.8 p.123

◇ヴァイオリン奏鳴曲第三番ニ短調〈ブラームス〉（室内楽曲）「ディスク」20巻10号 増刊 名曲LP350選 第2集 1957.8 p.133

◇四つの厳粛な歌〈ブラームス〉（歌曲）「ディスク」20巻10号 増刊 名曲LP350選 第2集 1957.8 p.155

◇アルト・ラプソディ〈ブラームス〉（歌曲）「ディスク」20巻10号 増刊 名曲LP350選 第2集 1957.8 p.156

◇ドイツ鎮魂曲〈ブラームス〉（宗教曲）「ディスク」20巻10号 増刊 名曲LP350選 第2集 1957.8 p.178

◇パガニーニの主題による変奏曲〈ブラームス〉（器楽曲）「ディスク」20巻14号 増刊 名曲LP350選 第3集 1957.11 p.55

◇名曲診断室―ブラームスの交響曲聴きくらべ（1）上野一郎「ディスク」20巻15号 1957.12 p.148

ブラームス

◇名曲診断室─ブラームスの交響曲聴きくらべ
上野一郎 「ディスク」21巻1号 1958.1 p.60

◇ブラームスの二つの三重奏曲 門馬直美
「ディスク」21巻2号 1958.2 p.44

◇ベイヌムの「イタリア」とブラームス 宇野功
芳 「ディスク」21巻3号 1958.3 p.38

◇ハンス・ホッターのブラームス 畑中良輔
「ディスク」21巻4号 1958.4 p.146

◇ブラームスのピアノ協奏曲─名曲診断室 上
野一郎 「ディスク」21巻5号 1958.5 p.138

◇ホッターのブラームス・リサイタル 佐々木
行綱 「ディスク」21巻6号 1958.6 p.40

◇交響曲第一番 ハ短調作品六八〈ブラームス〉
（名曲とレコード─交響曲）宇野功芳 「ディ
スク」21巻13号 臨時増刊 名曲とレコード
1958.12 p.45

◇ヴァイオリン協奏曲 ニ長調 作品七七〈ブラー
ムス〉（名曲とレコード─協奏曲）上野一郎
「ディスク」21巻13号 臨時増刊 名曲とレコー
ド 1958.12 p.61

◇子守唄 作品四九の四〈ブラームス〉（名曲とレ
コード─歌曲）渡辺護 「ディスク」21巻13
号 臨時増刊 名曲とレコード 1958.12 p.126

◇実現したフルトヴェングラーのブラームス全
集 岡俊雄 「ディスク」22巻5号 1959.5 p.42

◇ブラームスの「第一ピアノ協奏曲」比較評 渡
辺護 訳 「ディスク」22巻5号 1959.5 p.54

◇復活した巨匠フルトヴェングラー─ブラーム
スの交響曲のレコードをめぐつて 「ディス
ク」22巻6号 1959.6 p.22

◇稀代の名演ブラームスの第三 岡俊雄 「ディ
スク」22巻6号 1959.6 p.25

◇フルトヴェングラーのブラームス 甲斐正雄
「ディスク」22巻6号 1959.6 p.26

◇ステレオで聴くブラームス「第四交響曲」（ベ
イヌム）（新着LP試聴室）南春雄 「ディス
ク」22巻7号 1959.7 p.153

◇交響曲第四番 ホ短調 作品九八〈ブラームス〉
（続・名曲とレコード─交響曲）宇野功芳
「ディスク」22巻8号 臨時増刊 続・名曲とレ
コード 1959.7 p.27

◇ピアノ協奏曲第一番 ニ短調 作品一五〈ブラー
ムス〉（続・名曲とレコード─協奏曲）杉浦
繁 「ディスク」22巻8号 臨時増刊 続・名曲
とレコード 1959.7 p.49

◇ヴァイオリンとチェロのための複協奏曲 イ短
調 作品一〇二〈ブラームス〉（続・名曲とレ
コード─協奏曲）杉浦繁 「ディスク」22巻8
号 臨時増刊 続・名曲とレコード 1959.7 p.50

◇大学祝典序曲〈ブラームス〉（続・名曲とレ
コード─管弦楽曲）渡辺護，長尾義弘，宇野
功芳 「ディスク」22巻8号 臨時増刊 続・名
曲とレコード 1959.7 p.70

◇ハンガリー舞曲第五・六番〈ブラームス〉
（続・名曲とレコード─管弦楽曲）渡辺護，
長尾義弘，宇野功芳 「ディスク」22巻8号 臨
時増刊 続・名曲とレコード 1959.7 p.71

◇クラリネット五重奏曲 ロ短調 作品一一五〈ブ
ラームス〉（続・名曲とレコード─室内楽曲）
中村善吉 「ディスク」22巻8号 臨時増刊 続・
名曲とレコード 1959.7 p.86

◇ヴァイオリン奏鳴曲第三番 ニ短調 作品一〇
八〈ブラームス〉（続・名曲とレコード─ヴァ
イオリン曲）中村善吉 「ディスク」22巻8号
臨時増刊 続・名曲とレコード 1959.7 p.95

◇眠りの精〈ブラームス〉（続・名曲とレコード
─声楽曲）畑中良輔 「ディスク」22巻8号
臨時増刊 続・名曲とレコード 1959.7 p.126

◇カラヤン初のRCA録音ブラームスの「第一」
岡俊雄 「ディスク」22巻13号 1959.11 p.31

◇リヒター＝ハーザーとカラヤンで入れたブ
ラームス「第二ピアノ協奏曲」（ハイライト）
藤田晴子 「ディスク」23巻1号 1960.1 p.34

◇デムスとバリリのブラームス「ピアノ四重奏
曲」 井上頼豊 「ディスク」23巻3号 1960.2
p.28

◇オイストラッフとフルニエの「複協奏曲」（ブ
ラームス）（新着LPハイライト）久保田良作
「ディスク」23巻4号 1960.3 p.32

◇ステレオできくマーツェルのブラームス「第
三」（新着LP試聴室）岡俊雄 「ディスク」23
巻4号 1960.3 p.162

◇ワルターのステレオで聴くブラームス 南春
雄 「ディスク」23巻6号 1960.5 p.56

◇復活したワインガルトナーのブラームス交響
曲全集をきく 梅木香 「ディスク」23巻8号
1960.7 p.118

◇ブラームス/ヴァイオリン協奏曲ニ長調/コー
ガン（V）コンドラシン（新着LP試聴室）梅木
香 「ディスク」23巻9号 1960.8 p.111

◇ブラームス/ホルン三重奏曲変ホ長調/シゲッ
ティ（V）ホルショフスキー（P）（新着LP試聴
室）杉浦繁 「ディスク」23巻9号 1960.8
p.116

◇注目の海外盤から─待望のワルターによる
"ブラームス全集" 梅木香 「ディスク」23巻
12号 1960.10 p.112

◇ブラームス「二重協奏曲」/カンポーリ（V）ナ
ヴァラ（Vc）（新着LP試聴室）杉浦繁 「ディ
スク」23巻12号 1960.10 p.117

◇弦楽四重奏曲第三番変ロ長調作品六一─ブ
ラームス（室内楽）杉浦繁 「ディスク」23巻
13号 増刊 新版名曲とレコード 下巻 1960.10
p.40

◇ピアノ五重奏曲ヘ短調作品三四─ブラームス
（室内楽）杉浦繁 「ディスク」23巻13号 増
刊 新版名曲とレコード 下巻 1960.10 p.41

◇クラリネット五重奏曲ロ短調作品一一五─ブ
ラームス（室内楽）中村善吉 「ディスク」23
巻13号 増刊 新版名曲とレコード 下巻 1960.
10 p.42

◇ヴァイオリン奏鳴曲第三番ニ短調─ブラーム
ス（ヴァイオリン曲）中村善吉 「ディスク」
23巻13号 増刊 新版名曲とレコード 下巻
1960.10 p.65

作曲家　　　　　　　　　　人物文献目録　　　　　　　　　フランク

◇チェロ奏鳴曲 第一番ホ短調作品三八―ブラームス（チェロ曲）中村善吉 「ディスク」23巻13号 増刊 新版名曲とレコード 下巻 1960.10 p.124

◇子守歌―ブラームス（歌曲）渡辺護 「ディスク」23巻13号 増刊 新版名曲とレコード 下巻 1960.10 p.153

◇眠りの精―ブラームス（歌曲）畑中良輔 「ディスク」23巻13号 増刊 新版名曲とレコード 下巻 1960.10 p.153

◇サッフォー頌歌―ブラームス（歌曲）小林利之 「ディスク」23巻13号 増刊 新版名曲とレコード 下巻 1960.10 p.154

◇日曜日―ブラームス（歌曲）小林利之 「ディスク」23巻13号 増刊 新版名曲とレコード 下巻 1960.10 p.154

◇四つの厳粛な歌―ブラームス（歌曲）小林利之 「ディスク」23巻13号 増刊 新版名曲とレコード 下巻 1960.10 p.155

◇アルト・ラプソディー―ブラームス（歌曲）小林利之 「ディスク」23巻13号 増刊 新版名曲とレコード 下巻 1960.10 p.155

◇ドイツ・レクィエム―ブラームス（宗教曲）坪和昌夫 「ディスク」23巻13号 増刊 新版名曲とレコード 下巻 1960.10 p.208

◇ブラームス「第二ピアノ協奏曲」/ゼルキン（P）（新着LP試聴室）杉浦繁 「ディスク」23巻16号 1960.12 p.127

◇ブラームス/交響曲第四番（ゴルシュマン指揮）（新着LP試聴室）浅井修一 「ディスク」24巻1号 1961.1 p.130

◇ジャンドロンの奏くベートーヴェン，ブラームスのソナタ（新着LP試聴室）石川登志夫 「ディスク」24巻2号 1961.2 p.112

◇人間ヨハネス・ブラームス（特集 ブラームスはお好き？―ブラームスをめぐるさまざまの話題を追って）佐藤馨 「ディスク」24巻3号 1961.3 p.89

◇作曲家ヨハネス・ブラームス（特集 ブラームスはお好き？―ブラームスをめぐるさまざまの話題を追って）海老沢敏 「ディスク」24巻3号 1961.3 p.91

◇ドイツ・ロマン派―詩と音楽と（特集 ブラームスはお好き？―ブラームスをめぐるさまざまの話題を追って）猿田憲 「ディスク」24巻3号 1961.3 p.94

◇ブラームスはお好き（特集 ブラームスはお好き？―ブラームスをめぐるさまざまの話題を追って）大町陽一郎 「ディスク」24巻3号 1961.3 p.96

◇ブラームス嫌い（特集 ブラームスはお好き？―ブラームスをめぐるさまざまの話題を追って）平島正郎 「ディスク」24巻3号 1961.3 p.96

◇インスタント・ブラームス・コレクション（特集 ブラームスはお好き？―ブラームスをめぐるさまざまの話題を追って）小林利之 「ディスク」24巻3号 1961.3 p.99

◇座談会/ワルターの指揮するステレオ盤 ブラームス交響曲全集をめぐって 大宮真琴，岡俊雄，若林駿介 「ディスク」24巻3号 1961.3 p.102

◇ブラームス・ピアノ協奏曲第二番（カッチェン）（新着LP試聴室）浅井修一 「ディスク」24巻3号 1961.3 p.117

◇ルードヴィッヒの歌うシューマン，ブラームス（新着LP試聴室）梅木香 「ディスク」24巻6号 1961.6 p.102

◇メンゲルベルクの復活盤 ブラームスの「ドイツ鎮魂曲」（新着LP試聴室）宇野功芳 「ディスク」24巻8号 1961.8 p.108

◇ブラームス「交響曲第一番」（名曲ディスコグラフィ・7）杉浦繁 「ディスク」24巻8号 1961.8 p.118

◇メンゲルベルクの指揮するブラームスの第一（新着LP試聴室）浅井修一 「ディスク」24巻12号 1961.11 p.108

◇ミルシテインの再録音〈ブラームスV協奏曲〉（新着LP試聴室）浅井修一 「ディスク」24巻12号 1961.12 p.113

◇ブラームス〈セレナード第一番ニ長調〉（新着LP試聴室）三井啓 「ディスク」25巻2号 1962.2 p.109

◇メンゲルベルクの芸術，ブラームスの〈第二交響曲〉（各社三月新譜速報と聴きもの）日比木伸一 「ディスク」26巻2号 1963.2 p.130

◇ブラームスのピアノ曲―ロマン派のピアノ曲（5）―私たちの音楽史（第2期・49）岩井宏之 「ディスク」26巻3号 1963.3 p.118

◇サヴァリッシュの快演 ブラームスの〈第一交響曲〉（各社9月新譜とその聴きもの）浅里公三 「ディスク」26巻5号 1963.8 p.161

◇カーゾン/セルの名演するブラームスの「第1番」（各社九月新譜速報とその聴きもの）中川和義 「ディスク」26巻9号 1963.12 p.136

◇バーンスタインのブラームス「交響曲第四番」（各社二月新譜速報とその聴きもの）渡辺学而 「ディスク」27巻1号 1964.1 p.139

◇グリュミオーのブラームス復活とブルッフの新録音（各社四月新譜速報とその聴きもの）日比木伸一 「ディスク」27巻3号 1964.3 p.145

◇アメリカの若手によるブラームスとベートーヴェンのトリオ（各社六月新譜速報とその聴きもの）村上紀子 「ディスク」27巻5号 1964.5 p.153

フランク, セザール

◇レコード・コンサート―セザール・フランクとベートウフエンの夕べ（グラモヒル催物）「ザ・グラモヒル」1巻4号 1930.5 p.115

◇セザール・フランク礼讃 高木久 「ディスク」2巻3号 1930.11 p.224

◇フランクの交響楽のレコード 菅原明朗 「レコード」1巻3号 1930.11 p.36

◇異盤感手記―呪はれたる猟人（フランク作）菅原明朗 「レコード音楽」6巻2号 1932.2 p.16

◇異盤感手記―交響楽（フランク作）・展覧会の絵（ムッソルグスキー作,管弦楽編作ラヴェル）菅原明朗 「レコード音楽」6巻4号 1932.4 p.11

◇フランク作ニ短調交響曲（名曲解説―四月新譜より）野村光一 「レコード」3巻4号 1932.4 p.27

◇セザアル・フランクのピアノ音楽（1）アルフレ・コルトー，服部龍太郎 訳 「レコード音楽」6巻9号 1932.9 p.51

◇セザアル・フランクのピアノ音楽（中）アルフレ・コルトー，服部龍太郎 訳 「レコード音楽」6巻10号 1932.10 p.62

◇セザアル・フランクのピアノ音楽（下ノ1）アルフレ・コルトー，服部龍太郎 訳 「レコード音楽」6巻12号 1932.12 p.101

◇セザアル・フランクのピアノ音楽（下ノ2）アルフレ・コルトー，服部龍太郎 訳 「レコード音楽」7巻3号 1933.3 p.38

◇セザアル・フランクのピアノ音楽（下ノ3）アルフレ・コルトー，服部龍太郎 訳 「レコード音楽」7巻4号 1933.4 p.121

◇〈楽譜〉前奏曲―詠唱調―終曲（フランク作）―レコード鑑賞楽譜 「レコード」4巻8号 1933.8 p.107

◇フランク年表 「ディスク」7巻9号 1935.9 p.641

◇フランクの音楽の特異性 牛山充 「ディスク」7巻9号 1935.9 p.642

◇親しみにくいフランク 藤木義輔 「ディスク」7巻9号 1935.9 p.648

◇セザール・フランクの室内楽 鈴木鎮一 「ディスク」7巻9号 1935.9 p.652

◇バッハとフランク―フランクのオルガン曲 村田武雄 「ディスク」7巻9号 1935.9 p.657

◇セザール・フランクの位置 堀江謙吉 「ディスク」7巻9号 1935.9 p.662

◇セザール・フランクのレコードを繞りて 江馬苅辺 「ディスク」7巻9号 1935.9 p.664

◇フランク作品表 編輯部 「ディスク」7巻9号 1935.9 p.673

◇セザール・フランク コンバリュー，吉川淡水 訳 「レコード音楽」9巻9号 1935.9 p.6

◇セザール・フランクの交響楽 菅原明朗 「レコード音楽」9巻9号 1935.9 p.10

◇「交響変奏曲」解説 野村光一 「レコード音楽」9巻9号 1935.9 p.13

◇セザール・フランクの絃操四重奏曲 鈴木鎮一 「レコード音楽」9巻9号 1935.9 p.17

◇フランク奏鳴曲への前書 林龍作 「レコード音楽」9巻9号 1935.9 p.20

◇セザール・フランクのオルガン及声楽作品 木岡英三郎 「レコード音楽」9巻9号 1935.9 p.22

◇巴里の演奏会に於けるセザール・フランク T・M生 「レコード音楽」9巻9号 1935.9 p.27

◇セザール・フランク作品表 菅原明朗 編 「レコード音楽」9巻9号 1935.9 p.31

◇フランクの奏鳴曲イ長調の新盤（試聴記）水野忠恂 「レコード音楽」12巻4号 1938.4 p.17

◇ふらんす音楽 其7 フランク 吉村昌光 「ディスク」12巻4号 1940.4 p.344

◇ふらんす音楽 其8 フランク（承前）吉村昌光 「ディスク」12巻6号 1940.6 p.544

◇ふらんす音楽 其9 フランク（承前）吉村昌光 「ディスク」12巻7号 1940.7 p.664

◇ふらんす音楽 其10 フランク（承前）吉村昌光 「ディスク」12巻8号 1940.8 p.752

◇フランクと耽美派の礼讃―レコードのある部屋（12）村田武雄 「レコード音楽」18巻10号 1948.10 p.2

◇音楽史的に観たピアノ・レコード（29）フランク 野村光一 「レコード音楽」21巻4号 1951.4 p.22

◇フランクのヴァイオリン奏鳴曲―フランチェスカッティの新盤を聴きながら 藤木義輔 「レコード音楽」21巻4号 1951.4 p.40

◇フランクの交響曲ニ短調 藤井夏人 「ディスク」15巻4号 1952.4 p.369

◇コルトオのフランク 横内忠兌 「ディスク」15巻11号 1952.10 p.1020

◇フランクの「交響曲」（フルトヴェングラーのL.P）木村重雄 「レコード音楽」22巻11号 1952.11 p.26

◇フランス近代音楽の歩み（1）フランクとその弟子達 M・ロベール，山口美美子 訳編 「ディスク」16巻11号 1953.10 p.1050

◇フルトヴェングラーのフランク交響曲（海外LP試聴室）杉浦繁 「ディスク」17巻7号 1954.7 p.72

◇オイストラッフのソナタ・リサイタル―「クロイツェル」とフランク，プロコフイエフのソナタ（海外LP試聴室）兎束竜夫 「ディスク」17巻9号 1954.8 p.66

◇二つのフランク交響曲（十月の新譜批評）田代秀穂 「ディスク」17巻11号 1954.10 p.60

◇ニ短調交響曲〈フランク〉（交響曲）「ディスク」19巻2号 臨時増刊 LP名曲100選 第1集 1956.1 p.32

◇イ長調ヴァイオリン奏鳴曲〈フランク〉（室内楽曲）「ディスク」19巻2号 臨時増刊 LP名曲100選 第1集 1956.1 p.114

◇ソコロフとカーティスのフランク（今月のLPハイライト）坪田昭三 「ディスク」20巻3号 1957.3 p.40

◇交響曲ニ短調〈フランク〉（交響曲）「ディスク」20巻8号 増刊 LP名曲350選 第1集 1957.7 p.46

◇ヴァイオリン奏鳴曲イ長調〈フランク〉（室内楽曲）「ディスク」20巻10号 増刊 名曲LP350選 第2集 1957.8 p.132

◇交響的変奏曲〈フランク〉（協奏曲）「ディスク」20巻14号 増刊 名曲LP350選 第3集 1957.11 p.145

◇大作曲家と音楽（22）セザール・フランク（1）大宮真琴 「ディスク」21巻2号 1958.2 p.122

◇大作曲家と音楽（24）セザール・フランク（2）大宮真琴 「ディスク」21巻3号 1958.3 p.164

◇ヴァイオリン奏鳴曲 イ長調〈フランク〉（名曲とレコード―ヴァイオリン曲）中村善吉 「ディスク」21巻13号 臨時増刊 名曲とレコード 1958.12 p.105

◇交響曲 ニ短調〈フランク〉（続・名曲とレコード―交響曲）宇野功芳 「ディスク」22巻8号 臨時増刊 続・名曲とレコード 1959.7 p.31

◇フランク/ヴァイオリン・ソナタ イ長調他/フェラス（V）（新着LP試聴室）杉浦繁 「ディスク」23巻8号 1960.7 p.118

◇フランクとドビュッシーのヴァイオリン協奏曲/スターン（V）（新着LP試聴室）杉浦繁 「ディスク」23巻12号 1960.10 p.120

◇ヴァイオリン奏鳴曲イ長調―フランク（ヴァイオリン曲）中村善吉 「ディスク」23巻13号 増刊 新版名曲とレコード 下巻 1960.10 p.64

◇シューベルト〈交響曲第九番ハ長調〉，フランク〈交響曲ニ長調〉，R・シュトラウス〈ドン・ファン〉（特集 復刻された巨匠メンゲルベルクの名演を聴く）岡俊雄 「ディスク」24巻13号 1961.12 p.111

プロコフィエフ, セルゲイ

◇プロコフイエフと彼の音楽 堀江謙吉 「ディスク」3巻12号 1931.12 p.906

◇プロコフイエフとの対話 ワストン・ライル，岡山東 訳 「レコード音楽」7巻8号 1933.8 p.50

◇プロコフイエフ作舞踊曲「シユウ」〔道化役〕を聴いて 鮎野行夫 「ディスク」7巻5号 1935.5 p.367

◇シゲッティのプロコフィエフの「協奏曲」（欧米新着レコード紹介）鰐淵賢舟 「ディスク」8巻6号 1936.6 p.488

◇ピアノ小品選集（プロコフィエフ）雑感 鮎野行夫 「ディスク」10巻5号 1938.5 p.428

◇管絃楽組曲「キイジェ中尉」―プロコフイエフのトォキイ音楽（試聴記）中根宏 「レコード音楽」13巻5号 1939.5 p.18

◇試聴室―ドビュッシイとプロコフィエフ 柏木俊三 「ディスク」13巻1号 1941.1 p.14

◇三十年前のプロコフィエフ 大田黒元雄 「レコード音楽」17巻5号 1947.10 p.5

◇「ピーターと狼」の新盤（新譜評）村田武雄 「レコード音楽」18巻11号 1948.11 p.2

◇プロコフィエフ―現代音楽とレコード（9）松本太郎 「レコード音楽」19巻3号 1949.3 p.48

◇二つの交響曲―名曲鑑賞（2）藤井夏人 「レコード音楽」21巻4号 1951.4 p.30

◇プロコフィエフ誕生六十年 ソ連作家の追放作品 木村繁 「レコード音楽」21巻7号 1951.7 p.34

◇プロコフィエフ―来朝した演奏家たち（1）大田黒元雄 「レコード音楽」22巻8号 1952.8 p.40

◇プロコフイエフ 冬休み（子供の組曲）（LP試聴記）その・すすむ 「ディスク」15巻12号 1952.11 p.1157

◇プロコフィエフ氏の思い出 ジョセフ・シゲティー，並河亮 訳 「レコード音楽」23巻4号 1953.4 p.37

◇プロコフィエフの三傾向―レコードによる分析 クロード・ロスタン 「レコード音楽」23巻4号 1953.4 p.68

◇プロコフィエフの最後の交響曲について ショスタコヴィッチ 「レコード音楽」23巻4号 1953.4 p.72

◇プロコイエフを偲ぶ 渡辺久春 「ディスク」16巻6号 1953.5 p.445

◇プロコーフィエフ論 ドミトリー・カバレフスキー 「レコード音楽」23巻5号・6号 1953.6 p.110

◇新しい音楽への道―プロコフィエフの第五交響曲のLP発売に寄せて 渡辺久春 「ディスク」16巻9号 1953.9 p.916

◇プロコフィエフの最後の交響曲「第七」を巡つて（海外LP試聴室）上田仁 「ディスク」16巻13号 1953.12 p.52

◇プロコフィエフのオラトリオ「平和の守り」（特集・LPにきくソ連楽壇の現状）二宮秀 「ディスク」17巻3号 1954.3 p.32

◇出色の現代音楽二枚―プロコフィエフ，バルトーク，ヒンデミット，シェーンベルク（海外LP試聴室）菅佑一 「ディスク」17巻9号 1954.8 p.64

◇オイストラッフのソナタ・リサイタル―「クロイツェル」とフランク，プロコフィエフのソナタ（海外LP試聴室）兎束竜夫 「ディスク」17巻9号 1954.8 p.66

◇二つの形式観とロシア・シンフォニズム―プロコフィエフの第七とショスタコヴィッチの第五をきくために（特集・ソ連ビッグ3の新盤に寄せて）戸田邦雄 「ディスク」17巻10号 1954.9 p.14

◇ピアティゴルスキイの最新盤 プロコフィエフとバッハ（海外LP試聴室）井上頼豊 「ディスク」17巻10号 1954.9 p.74

プロコフィエフ

◇マルティノンのプロコフィエフ名演（海外LP試聴室）菅佑一 「ディスク」17巻10号 1954.9 p.77

◇シェルヘンの登場 プロコフイエフとリストのP協奏曲（十月の新譜批評）田代秀穂 「ディスク」17巻11号 1954.10 p.65

◇プロコイエフのカンタータ アレキサンダー・ネフスキー（海外LP試聴室）北川剛 「ディスク」17巻13号 1954.12 p.142

◇子供の為の名曲ピーターと狼とそのレコード 田代秀穂 「ディスク」18巻6号 1955.5 p.52

◇オイストラフのプロコフィエフとブルッフ（新着LP紹介）坪和昌夫 「ディスク」18巻14号 1955.12 p.130

◇古典交響曲〈プロコフィエフ〉（交響曲）「ディスク」19巻2号 臨時増刊 LP名曲100選 第1集 1956.1 p.41

◇「ピーターと狼」〈プロコフィエフ〉（管弦楽曲）「ディスク」19巻2号 臨時増刊 LP名曲100選 第1集 1956.1 p.74

◇第七交響曲〈プロコフィエフ〉（交響曲）「ディスク」19巻7号 臨時増刊 LP名曲100選 第2集 1956.5 p.34

◇組曲「キージェ中尉」〈プロコフイエフ〉（管弦楽曲）「ディスク」19巻7号 臨時増刊 LP名曲100選 第2集 1956.5 p.61

◇ニ短調ヴァイオリン協奏曲〈プロコフィエフ〉（協奏曲）「ディスク」19巻7号 臨時増刊 LP名曲100選 第2集 1956.5 p.83

◇第三ピアノ協奏曲〈プロコフィエフ〉（協奏曲）「ディスク」19巻7号 臨時増刊 LP名曲100選 第2集 1956.5 p.84

◇ニ長調ヴァイオリン奏鳴曲〈プロコフィエフ〉（室内楽曲）「ディスク」19巻7号 臨時増刊 LP名曲100選 第2集 1956.5 p.100

◇現代音楽の窓（1）プロコフィエフの第二V協奏曲 清水美知子 「ディスク」20巻7号 1957.7 p.170

◇交響曲第一番ニ長調（古典）〈プロコフィエフ〉（交響曲）「ディスク」20巻8号 増刊 LP名曲350選 第1集 1957.7 p.71

◇交響曲第七番〈プロコフィエフ〉（交響曲）「ディスク」20巻8号 増刊 LP名曲350選 第1集 1957.7 p.72

◇三つのオレンジの恋〈プロコフィエフ〉（管弦楽曲）「ディスク」20巻8号 増刊 LP名曲350選 第1集 1957.7 p.154

◇組曲「キージェ中尉」〈プロコフィエフ〉（管弦楽曲）「ディスク」20巻8号 増刊 LP名曲350選 第1集 1957.7 p.154

◇ピーターと狼〈プロコフィエフ〉（管弦楽曲）「ディスク」20巻8号 増刊 LP名曲350選 第1集 1957.7 p.156

◇ピアノ協奏曲第三番ハ長調〈プロコフィエフ〉（協奏曲）「ディスク」20巻10号 増刊 名曲LP350選 第2集 1957.8 p.48

◇ヴァイオリン協奏曲第一番ニ長調〈プロコフィエフ〉（協奏曲）「ディスク」20巻10号 増刊 名曲LP350選 第2集 1957.8 p.76

◇ヴァイオリン奏鳴曲第二番〈プロコフィエフ〉（室内楽曲）「ディスク」20巻10号 増刊 名曲LP350選 第2集 1957.8 p.136

◇交響曲第五番〈プロコフィエフ〉（交響曲）「ディスク」20巻14号 増刊 名曲LP350選 第3集 1957.11 p.134

◇ヴァイオリン協奏曲第二番ト短調〈プロコフィエフ〉（協奏曲）「ディスク」20巻14号 増刊 名曲LP350選 第3集 1957.11 p.148

◇シュタルケルのプロコフィエフ「チェロ協奏曲」林光 「ディスク」21巻2号 1958.2 p.46

◇「三つのオレンジへの恋」組曲〈プロコフィエフ〉（名曲とレコード―管弦楽曲）佐川吉男 「ディスク」21巻13号 臨時増刊 名曲とレコード 1958.12 p.92

◇交響的物語「ピーターと狼」 大宮真琴 「ディスク」22巻2号 1959.2 p.154

◇古典交響曲 ニ長調〈プロコフィエフ〉（続・名曲とレコード―交響曲）宇野功芳 「ディスク」22巻8号 臨時増刊 続・名曲とレコード 1959.7 p.36

◇ピアノ協奏曲第三番 ハ長調 作品二六〈プロコフィエフ〉（続・名曲とレコード―協奏曲）杉浦繁 「ディスク」22巻8号 臨時増刊 続・名曲とレコード 1959.7 p.55

◇ピーターと狼 作品六七〈プロコフィエフ〉（続・名曲とレコード―管弦楽曲）渡辺護、長尾義弘、宇野功芳 「ディスク」22巻8号 臨時増刊 続・名曲とレコード 1959.7 p.75

◇プロコフィエフ「ヴァイオリン協奏曲一、二番」（リッチ：ヴァイオリン）（新着LP試聴室）長尾義弘 「ディスク」22巻9号 1959.8 p.157

◇ハイフェッツの最新録音―メンデルスゾーン・プロコフィエフ 兎束竜夫 「ディスク」22巻11号 1959.10 p.26

◇初登場ミンドル・カッツ（プロコフィエフを弾く）（新着LP試聴室）瀬音透 「ディスク」22巻13号 1959.11 p.167

◇マルティノンとプロコフィエフ「第七」 井上頼豊 「ディスク」22巻14号 1959.12 p.42

◇マルティノン指揮するプロコフィエフ「第五」（新着LPハイライト）佐川吉男 「ディスク」23巻4号 1960.3 p.38

◇セルゲイ・プロコフィエフ自伝より 若き日の思い出 中沢美彦 訳 「ディスク」23巻5号 1960.4 p.22

◇セルゲイ・プロコーフィエフ自伝より（2）若き日のおもいで 中沢美彦 訳 「ディスク」23巻6号 1960.5 p.72

◇歌の入っているプロコーフィエフ「キージェ中尉」他（新着LP試聴室）岡俊雄 「ディスク」23巻6号 1960.5 p.163

◇セルゲイ・プロコフィエフ自伝より（3）若き日のおもいで 中沢美彦 訳 「ディスク」23巻9号 1960.8 p.42

◇プロコフィエフ/アレキザンダー・ネヴスキー/ライナー～シカゴ（新着LP試聴室） 岡俊雄 「ディスク」23巻9号 1960.8 p.119

◇プロコフィエフ「三つのオレンジへの恋」/レモーテル指揮（新着LP試聴室） 瀬音透 「ディスク」23巻10号 1960.9 p.112

◇プロコフィエフ「第五交響曲」/セル指揮（新着LP試聴室） 瀬音透 「ディスク」23巻14号 1960.11 p.119

◇プロコフィエフ/ピーターと狼（ビアトリス・リリ主演）（新着LP試聴室） 岡俊雄 「ディスク」24巻1号 1961.1 p.131

◇バーンスタインの新盤「ピーターと狼」（新着LP試聴室） 瀬音透 「ディスク」24巻4号 1961.4 p.114

◇〈アレキサンダー・ネフスキー〉の新盤（新着LP試聴室） 瀬音透 「ディスク」25巻3号 1962.3 p.114

◇マーツェルの「管弦楽入門」と「ペーターと狼」（各社1月新譜速報とその聴きもの） 三浦淳史 「ディスク」26巻9号 1963.12 p.135

◇セル/クリーヴランド，プロコフィエフ「交響曲第5番」を振る（各社五月新譜速報とその聴きもの） 三浦淳史 「ディスク」27巻4号 1964.4 p.142

◇プロコフィエフとボストン交響楽団 ジョン・N・バーク，家里和夫 訳 「ディスク」27巻8号 1964.8 p.112

ベートーヴェン，ルートヴィヒ・ヴァン

◇楽聖一夕話（ベートベンの面影） 海原静香 「音楽と蓄音機」12巻10号 1925.10 p.11

◇音楽講談 米東勉（ベートーベン） 石川義一 校閲，楽乃屋歌子 演 「音楽と蓄音機」13巻3号 1926.3 p.13

◇音楽講談 米東勉（その2） 石川義一 校閲，楽乃家歌子 演 「音楽と蓄音機」13巻4号 1926.4 p.11

◇音楽講談 大楽聖 米東勉（その3） 石川義一 校閲，楽乃家歌子 演 「音楽と蓄音機」13巻5号 1926.5 p.47

◇音楽講談 大楽聖 米東勉（其4） 石川義一 校閲，楽乃家歌子 演 「音楽と蓄音機」13巻6号 1926.6 p.41

◇音楽講談 大楽聖 米東勉（其5） 石川義一 校閲，楽乃家歌子 演 「音楽と蓄音機」13巻7号 1926.7 p.41

◇音楽講談 大楽聖 米東勉（其6） 石川義一 校閲，楽乃家歌子 演 「音楽と蓄音機」13巻8号 1926.8 p.37

◇音楽講談 大楽聖 米東勉（その7） 石川義一 校閲，楽乃家歌子 演 「音楽と蓄音機」13巻10号 1926.10 p.107

◇音楽講談 大楽聖 米東勉（その8） 石川義一 校閲，楽乃家歌子 演 「音楽と蓄音機」13巻11号 1926.11 p.41

◇音楽講談 米東勉（その9）シレジア旅行 石川義一 校閲，楽乃家歌子 演 「音楽と蓄音機」14巻1号 1927.1 p.41

◇音楽漫筆 ヴエトヴェンと俺（1） 緑水 「音楽と蓄音機」14巻1号 1927.1 p.62

◇音楽講談 米東勉（10） 石川義一 校閲，楽乃家歌子 演 「音楽と蓄音機」14巻4号 1927.4 p.31

◇音楽漫筆 ベエトウベンと俺（2） 緑水 「音楽と蓄音機」14巻4号 1927.4 p.55

◇音楽講談 米東勉（その11） 石川義一先生 校閲，楽乃家歌子 演 「音楽と蓄音機」14巻5号 1927.5 p.37

◇音楽講談 米東勉（その12） 石川義一 校閲，楽乃家歌子 演 「音楽と蓄音機」14巻6号 1927.9 p.25

◇レコード・コンサート―セザール・フランクとベートウフエンの夕べ（グラモヒル催物）「ザ・グラモヒル」1巻4号 1930.5 p.115

◇ベートーフェンの第六シンフォニー 星島和雄 「レコード音楽」5巻1号 1931.1 p.8

◇ポリドールとH・M・Vの第六交響曲 星島和雄 「レコード音楽」5巻1号 1931.1 p.10

◇ベートーヴェン（4）―音楽史的レコード蒐集（13）バツハよりシエンベルヒまで あらえびす 「レコード音楽」5巻2号 1931.2 p.6

◇新版クロイツエル噂の寄せ書き 同人 「ディスク」3巻3号 1931.3 p.174

◇ベートーヴェン（5）―音楽史的レコード蒐集（14）バツハよりシエンベルヒまで あらえびす 「レコード音楽」5巻3号 1931.3 p.6

◇GRAND FUGUE op133 久礼伝三 「ディスク」3巻4号 1931.4 p.254

◇ベートーヴェン（6）―音楽史的レコード蒐集（15）バツハよりシエンベルヒまで あらえびす 「レコード音楽」5巻4号 1931.4 p.6

◇ベートーフェンの第八シンフォニー 星島和雄 「レコード音楽」5巻4号 1931.4 p.17

◇ベートーヴェン（7）―音楽史的レコード蒐集（16）バツハよりシエンベルヒまで あらえびす 「レコード音楽」5巻5号 1931.5 p.4

◇九番目のクロイツエル・ソナタ（洋楽五月新譜批評） あらえびす 「レコード」2巻5号 1931.5 p.41

◇〈楽譜〉クロイツエル・ソナタ（第二楽章ヴアイオリン・パート）―鑑賞楽譜 「レコード」2巻5号 1931.5 p.121

◇ベートーヴェン（8）―音楽史的レコード蒐集（17）バツハよりシエンベルヒまで あらえびす 「レコード音楽」5巻6号 1931.6 p.4

◇ベートーヴェン第四交響曲（名曲解説――月新譜より） 野村光一 「レコード」3巻1号 1932.1 p.29

ベートーヴェン　　　　　　　　　　　人物文献目録　　　　　　　　　　　作曲家

◇ベートーヴェン作「第二交響曲」(名曲解説)
XYZ「レコード」3巻3号 1932.3 p.26

◇試聴室─二つのベートーヴェン 倉部讃
「ディスク」4巻4号 1932.4 p.206

◇試聴室─ソナタ ト長調(ブラームス)，スプリ
ング・ソナタ(ベートーベン) S生 「ディス
ク」4巻4号 1932.4 p.211

◇ピアノ トリオのレコード(其1 ハイドン─ベ
ェトオヴェン) 瀧善郎 「ディスク」4巻4号
1932.4 p.266

◇ベートーベン作，交響曲第三番(名曲解説)
牛山充 「レコード」3巻7号 1932.7 p.30

◇ベートーヴェンのゾナーテ三曲の解説 笈田
光吉 「レコード音楽」6巻8号 1932.8 p.4

◇シュナーベル演奏の皇帝協奏曲を聴く W・
R・A 「レコード音楽」6巻8号 1932.8 p.8

◇ベートーベン作，スプリング・ソナタ(名曲解
説) 石川奈美 「レコード」3巻8号 1932.8
p.27

◇シゲッティの奏くベートーヴェンのヴァイオ
リン・コンチェルト 茂井一 「レコード音
楽」6巻9号 1932.9 p.9

◇ベートーヴェン作「悲愴」ソナタ(名曲解説)
野村光一 「レコード」3巻9号 1932.9 p.16

◇〈楽譜〉ベートーヴェン作悲愴ソナタ(レコー
ド鑑賞楽譜)「レコード」3巻9号 1932.9
p.108

◇試聴室─新しいベートーヴェンのヴアイオリ
ン協奏曲 倉部讃 「ディスク」4巻10号 1932.
10 p.599

◇ベートーヴェンのピアノ・ソナタ 脇順二
「ディスク」4巻10号 1932.10 p.603

◇ベートーヴェン・ソナータ協会のレコードを
聴いて 協会会員諸家 「レコード音楽」6巻
10号 1932.10 p.33

◇ベートーヴェン作「熱情」ソナタ(名曲解説)
野村光一 「レコード」3巻10号 1932.10 p.17

◇シュナーベルの弾いたベートーフェン第一コ
ンツェルト 伊達愛 「レコード音楽」6巻11
号 1932.11 p.36

◇ベートーフェン協会第二回頒布レコード曲目
藤田不二 「レコード音楽」6巻11号 1932.11
p.44

◇〈楽譜〉ベートーヴェン作提琴と洋琴のソナタ
全曲(二大附録 レコード鑑賞楽譜)「レコー
ド」3巻11号 1932.11 p.96

◇ベートーヴェン作提琴ソナタ一変ホ長調(名
曲解説) 桂近乎 「レコード」3巻12号 1932.
12 p.25

◇ベートーヴェン作「第五ピアノ協奏曲」(名曲
解説) 桂近乎 「レコード」4巻1号 1933.1
p.52

◇ベエトーヴエン作「ソナタ・ハ長調」一ワル
ドシタイン(名曲解説) 桂近乎 「レコード」
4巻1号 1933.1 p.53

◇〈楽譜〉ベエトーヴェン作ソナタ ハ長調(ワル
ドシユタイン)全曲(三大附録 別冊 鑑賞楽
譜)「レコード」4巻1号 1933.1 別冊附録

◇試聴室─ブッシュ及びレナー四重奏団のベー
トヴェンの二つの絃楽四重奏曲 鈴木喜久雄
「ディスク」5巻3号 1933.3 p.170

◇ベートーヴェンのピアノ・ソナタ 青木誠意
「ディスク」5巻4号 1933.4 p.249

◇ベートーフェンの三つのソナタ 伊達愛
「レコード音楽」7巻4号 1933.4 p.32

◇ベートーヴェンソナタ協会の第二輯レコード
を聴く 村田武雄 「レコード音楽」7巻4号
1933.4 p.34

◇ベートーヴェンの鍵盤法 エリック・ブロム
「レコード音楽」7巻4号 1933.4 p.36

◇ベートーヴェン弦楽四重奏曲 C・L・B 「レ
コード」4巻4号 1933.4 別冊附録

◇ベートーヴェン・ソナータ協会の会員募集 藤
田不二 「レコード音楽」7巻5号 1933.5 p.58

◇ベートーヴェン・ソナタ協会 「レコード」4
巻5号 1933.5 p.37

◇ベートーヴェン作第四ピアノ協奏曲のレコー
ドを聴く X・Y・Z 「レコード音楽」7巻6号
1933.6 p.34

◇ベートーヴェンを嘘させる 塩入亀輔 「レ
コード」4巻6号 1933.6 p.32

◇ベートーヴェンの「クゥルテット」 桂近乎
「レコード」4巻7号 1933.7 p.19

◇ベートーヴェンの「第五」のアンダンテ 大脇
礼三 「レコード」4巻7号 1933.7 p.22

◇ベートーヴェンの「第五」と指揮者 深井史郎
「レコード」4巻7号 1933.7 p.26

◇〈楽譜〉交響曲第五番第一楽章(ベートーヴェ
ン作)─レコード鑑賞楽譜 「レコード」4巻7
号 1933.7 p.108

◇ベートーヴェンピアノ奏鳴曲漫想 井上道雄
「ディスク」5巻10号 1933.10 p.657

◇ベートーヴェン第三ピアノ協奏曲 四月亭
「ディスク」5巻10号 1933.10 p.665

◇シュナーベル演奏の「第三」を聴く(外国盤
試聴記) 須永己己 「レコード音楽」7巻10号
1933.10 p.21

◇レコード音楽鑑賞楽譜(I) (1) ベートーヴェ
ン 第四洋琴協奏曲 第一楽章 カデンツァ・第
三楽章 カデンツァ 「レコード音楽」7巻10号
1933.10 附録

◇ベートーヴェンのピアノ・ソナタの座談会
同人 「ディスク」6巻4号 1934.4 p.202

◇ワインガルトナーが指揮をしたベートーヴェ
ンの第四交響曲 野村光一 「レコード音楽」
8巻5号 1934.5 p.6

◇ベートーヴェンの四重奏曲とブッシュ絃楽四
重奏団を語る 鈴木四重奏団及び同人 「ディ
スク」6巻6号 1934.6 p.334

◇ベートーヴェンに於ける浪漫主義(上) 三宅
善三 「ディスク」6巻9号 1934.9 p.535

作曲家　　　　　　　　　　人物文献目録　　　　　　　　ベートーヴェン

◇ラズモフスキーの三番を聴く　有坂愛彦　「レコード音楽」8巻9号　1934.9　p.10

◇ベートーヴェンのピアノ・ソナタ　城春光　「ディスク」6巻10号　1934.10　p.595

◇シュナーベルの「熱情」その他　須永克己　「レコード音楽」8巻10号　1934.10　p.9

◇新版「第六田園交響曲」雑感　城春光　「ディスク」6巻11号　1934.11　p.668

◇思ひ掛けぬ「第九」の出現　須永克己　「レコード音楽」8巻11号　1934.11　p.15

◇コンセル・コロンヌ演奏の「田園交響曲」　野村光一　「レコード音楽」8巻11号　1934.11　p.19

◇ベートーヴェンの浪漫主義（下）　三宅善三　「ディスク」6巻12号　1934.12　p.728

◇ベートーヴェンの第十五番の「絃楽四重奏曲」新版を聴いて　有島牧穂　「ディスク」7巻2号　1935.2　p.84

◇ベートーヴェンの四重奏曲イ短調　有坂愛彦　「レコード音楽」9巻2号　1935.2　p.20

◇クーセヴィツキーの「第五交響曲」出づ　「レコード音楽」9巻2号　1935.2　p.113

◇コロンビアの「第九（合唱）交響楽」の独唱者略歴　「ディスク」7巻4号　1935.4　p.277

◇ギーゼキングのベートーヴェン「皇帝」協奏曲演奏　野村光一　「レコード音楽」9巻4号　1935.4　p.12

◇第九ジンフオニー　舁線翁　「ディスク」7巻5号　1935.5　p.341

◇第九ジンフオニー頌　兼常清佐　「ディスク」7巻5号　1935.5　p.343

◇コロムビアの「第九交響曲」合評　有坂愛彦、森潤三郎、青木誠意、杉浦繁、楳津真次郎　「ディスク」7巻5号　1935.5　p.347

◇ギーゼキングの「皇帝協奏曲」合評　有坂愛彦、森潤三郎、青木誠意、杉浦繁、楳津真次郎　「ディスク」7巻5号　1935.5　p.350

◇新版「第九交響曲」評　烏頭魔気　「ディスク」7巻5号　1935.5　p.353

◇ギーゼキングの「皇帝協奏曲」を聴く　原智恵子　「ディスク」7巻5号　1935.5　p.356

◇ベートーヴェンのピアノ・ソナタ協会第六輯に就いて　城春光　「ディスク」7巻5号　1935.5　p.357

◇「荘厳弥撒曲」の再版　城春光　「ディスク」7巻5号　1935.5　p.359

◇クーセヴィツキーが指揮をしたベートーヴェンの「エロイカ」　野村光一　「レコード音楽」9巻6号　1935.6　p.24

◇ベートーヴェン年表　「ディスク」7巻7号　1935.7　p.486

◇ベートーヴェンと歌劇「フイデリオ」　伊庭孝　「ディスク」7巻7号　1935.7　p.487

◇絃楽四重奏曲から覗いたベートーヴェン　鈴木鎮一　「ディスク」7巻7号　1935.7　p.491

◇ベートーヴェンの交響曲　有坂愛彦　「ディスク」7巻7号　1935.7　p.496

◇私の感ずるベートーヴェンのソナタに就いて　高木東六　「ディスク」7巻7号　1935.7　p.499

◇遙かなる愛人に寄す　山内幸一　「ディスク」7巻7号　1935.7　p.509

◇ベートーヴェン全作品集　編輯部　「ディスク」7巻7号　1935.7　p.513

◇ベートーヴェンの解放―再認識の出発点は何処か　山根銀二　「レコード音楽」9巻7号　1935.7　p.6

◇ベートーヴェンとピアノ　野村光一　「レコード音楽」9巻7号　1935.7　p.13

◇ベートーヴェンの室内楽とレコード　有坂愛彦　「レコード音楽」9巻7号　1935.7　p.16

◇ベートーヴェン雑感（読者の声）　田口隆文　「レコード音楽」9巻7号　1935.7　p.129

◇試聴室―新着レコードの印象―ベートーヴェンの絃楽三重奏曲に就いて　城春光　「ディスク」7巻9号　1935.9　p.677

◇試聴室―新着レコードの印象―ポリドールの「クロイツエル・ソナタ」を聴く　江馬苅辺　「ディスク」7巻9号　1935.9　p.680

◇ベートーヴェン・ソナタ協会第七輯　城春光　「ディスク」7巻11号　1935.11　p.837

◇試聴室―新レコードの紹介―ウツド指揮の「運命交響楽」偶感　鮎野行夫　「ディスク」7巻11号　1935.11　p.843

◇批評の脱け道を辿る（懸賞論文発表「クロイツエル・ソナタのデイスク」）　榎本竹六　「ディスク」7巻11号　1935.11　p.854

◇クロイツエル・ソナタのデイスク（懸賞論文発表「クロイツエル・ソナタのデイスク」）　大西一正　「ディスク」7巻11号　1935.11　p.858

◇クロイツエル・ソナタのデイスク（懸賞論文発表「クロイツエル・ソナタのデイスク」）　松尾彰　「ディスク」7巻11号　1935.11　p.864

◇シュナーベルのベートーヴェン―ソナタ協会第7回頒布に際して　野村光一　「レコード音楽」9巻11号　1935.11　p.11

◇ケムプの新盤試聴偶感―ベートーヴェン「奏鳴曲変ホ長調作品三一ノ三」　杉浦繁　「ディスク」7巻12号　1935.12　p.913

◇ベートーヴェンのヴアイオリン・ソナタ協会のレコード　「ディスク」8巻1号　1936.1　p.36

◇ベートーヴェンのピアノ曲　エドウイン・フイッシヤー、千家徹訳　「ディスク」8巻1号　1936.1　p.52

◇ベートーヴェン協奏曲を弾くフーベルマン　有坂愛彦　「レコード音楽」10巻1号　1936.1　p.17

◇ベートーヴェン提琴ソナタ協会盤を聴く　有坂愛彦　「レコード音楽」10巻2号　1936.2　p.23

◇シュナーベル演奏のベートーヴェン第二洋琴協奏曲　野村光一　「レコード音楽」10巻2号　1936.2　p.26

戦前期　レコード音楽雑誌記事索引　　393

ベートーヴェン　　　　　　　　　人物文献目録　　　　　　　　　作曲家

◇ケムプ演奏の新盤「皇帝協奏曲」を聴いて　杉浦繁　「ディスク」8巻4号　1936.4 p.284

◇ケムプの「ハンマー・クラヴィア・ゾナータ」を聴いて　青木謙幸　「ディスク」8巻4号　1936.4 p.286

◇ケムプのベートーヴェン　村田武雄　「ディスク」8巻4号　1936.4 p.292

◇ケムプの「皇帝協奏曲」を聴く―ケムプのピアノレコードの新生面　伊庭孝　「レコード音楽」10巻4号　1936.4 p.6

◇新版「第七交響曲」の感想　杉浦繁，坩和昌夫，井関富三，本来漠　「ディスク」8巻春期増刊　1936.6 p.1

◇ベートーヴェンと女性（欧米音楽評家文集）　H・ワグナー，大西一正 訳　「ディスク」8巻春期増刊　1936.6 p.47

◇交響曲 第七番イ長調（ベートーヴェン）ヴィーン・フィルハーモニー交響楽団 指揮 フェリックス・ヴァインガルト（二つの新盤試聴記）有坂愛彦　「レコード音楽」10巻6号　1936.6 p.8

◇ベートーヴェン断想（独逸音楽随筆集）鮎野行夫　「ディスク」8巻7号　1936.7 p.601

◇ケムプと「ハムマークラフィール」一偶感「独逸人気質・猶太人気質」野村光一　「レコード音楽」10巻7号　1936.7 p.6

◇試聴室―ベートーヴェンの「絃楽四重奏曲第四番」大西一正　「ディスク」8巻9号　1936.9 p.797-798

◇クライスラーのベートーヴェン・ソナタ 第二回レコード記 杉浦繁　「ディスク」8巻10号　1936.10 p.872

◇シュナーベルのベートーヴェン・ソナタ協会第八回レコードを聴いて　林健太郎　「ディスク」8巻10号　1936.10 p.875

◇試聴室―エゴン・ペトリのベートーヴェン・百十一番　倉部讃　「ディスク」8巻10号　1936.10 p.881

◇トスカニーニ指揮の「第七交響曲」―ビクター蒐集クラブ十二月新譜 藤田不二　「レコード音楽」10巻11号　1936.11 p.151

◇ベートーヴェンの「ピアノ奏鳴曲ニ短調」作品三一ノ二 金子章子　「ディスク」8巻12号　1936.12 p.1083

◇ワインガルトナァの「エロイカ」を聴く 村田武雄　「レコード音楽」10巻12号　1936.12 p.16

◇ベートーヴェンのチェロ奏鳴曲・第三―グリュムマーとケムプに拠る演奏 北小路博　「レコード音楽」10巻12号　1936.12 p.19

◇ベートーヴェンの「チェロ・ソナタ」藤井夏人　「ディスク」9巻1号　1937.1 p.23

◇試聴室―ケムプの弾く「悲愴奏鳴曲」太田博　「ディスク」9巻1号　1937.1 p.27

◇試聴室―二つの新しいピアノ・トリオを聴く―ブラームス作品一〇一番ハ短調・ベートーヴェン作品七〇ノ一ニ短調 井関富三　「ディスク」9巻2号　1937.2 p.114

◇試聴室―ケムプの弾く百十番「ソナタ」を聴いて 林健太郎　「ディスク」9巻2号　1937.2 p.120

◇試聴室―ベートーヴェン後期の「ピアノ・ソナタ」金子章子　「ディスク」9巻2号　1937.2 p.125

◇ベートーヴェンの三重奏曲「セレナード」を聴く 藤井夏人　「レコード音楽」11巻2号　1937.2 p.16

◇吾々のマンネリ―ベートーヴェンとシュナーベル 高木東六　「ディスク」9巻4号　1937.4 p.314

◇ベートーヴェン「第八交響曲へ長調」雑感 柏木俊三　「ディスク」9巻4号　1937.4 p.318

◇試聴室―クライバーとベートーヴェンの序曲 有坂愛彦　「ディスク」9巻4号　1937.4 p.334

◇ワインガルトナーのベートーヴェン「第八シムフォニ」村田武雄　「レコード音楽」11巻4号　1937.4 p.12

◇二つの「第八交響曲」新盤 野村光一　「レコード音楽」11巻5号　1937.5 p.10

◇試聴室―シユナーベルの弾く百六番のピアノ・ソナタ 金子章子　「ディスク」9巻6号　1937.6 p.549

◇エルトマン演奏の「第三協奏曲」藤田不二　「レコード音楽」11巻7号　1937.7 p.14

◇ベートーヴェン提琴ソナタ協会第三輯 編輯部　「ディスク」9巻8号　1937.8 p.744

◇随喜して聴くベートーヴェン四重奏曲（作品一二七）村田武雄　「ディスク」9巻8号　1937.8 p.746

◇試聴室―ベートーヴェン四重奏曲作品一三五 柏木俊三　「ディスク」9巻8号　1937.8 p.758

◇レナァ再吹込のベートーヴェンの最後の四重奏曲（作品135）村田武雄　「レコード音楽」11巻8号　1937.8 p.6

◇メンゲルベルクとベートーヴェンの「第五」呉四郎　「レコード音楽」11巻10号　1937.10 p.10

◇ベートーヴェン作品レコードは何を選ぶ？（座談会（上））青木謙幸，野村光一，あらえびす，藤田不二，有坂愛彦，村田武雄　「レコード音楽」11巻10号　1937.10 p.41

◇ベートーヴェン・ピアノ・ソナタ協会第十一輯 野村光一　「ディスク」9巻11号　1937.11 p.1061

◇ベートーヴェンのヴァイオリン奏鳴曲第十番 松岡清堯　「レコード音楽」11巻11号　1937.11 p.18

◇ベートーヴェン作品レコードは何を選ぶ？（座談会（下））青木謙幸，野村光一，あらえびす，藤田不二，有坂愛彦，村田武雄　「レコード音楽」11巻11号　1937.11 p.118

394　戦前期　レコード音楽雑誌記事索引

作曲家 人物文献目録 ベートーヴェン

◇ベートーヴェン「第十番」のソナタ 鈴木鎮一 「ディスク」9巻12号 1937.12 p.1155

◇「ムーン・ライト・ソナタ」(ペトリ, 其他) 金子章子 「ディスク」9巻12号 1937.12 p.1162

◇ペトリの弾いた「月光奏鳴曲」の新盤 松岡清堯 「レコード音楽」11巻12号 1937.12 p.22

◇ベートーヴェンの「提琴協奏曲」新盤 有島牧穂 「ディスク」10巻1号 1938.1 p.16

◇名曲と名レコード(1)ベートーヴェン作「第八交響曲へ長調」 坪和昌夫 「ディスク」10巻1号 1938.1 p.29

◇クーレンカムプ演奏のベートーヴェン提琴協奏曲(試聴記) 有坂愛彦 「レコード音楽」12巻1号 1938.1 p.20

◇ベートーヴェン「ピアノ協奏曲ハ長調」作品15(試聴記) 水野忠恂 「レコード音楽」12巻1号 1938.1 p.24

◇クーレンカムプのベートーヴェン「提琴協奏曲」を中心に 井関富三 「ディスク」10巻2号 1938.2 p.109

◇ベートーヴェン「提琴協奏曲」のレコード手記―クーレンカムプの新盤を加へて(クーレンカムプの「ベートーヴェン協奏曲を続りて) 村田武雄 「レコード音楽」12巻2号 1938.2 p.24

◇クーレンカムプのベートーヴェン(クーレンカムプの「ベートーヴェン協奏曲」新盤を続りて) 服部正 「レコード音楽」12巻2号 1938.2 p.29

◇ベートーヴェン提琴協奏曲ニ長調(クーレンカムプの「ベートーヴェン協奏曲」新盤を続りて) 水野忠恂 「レコード音楽」12巻2号 1938.2 p.31

◇新鋭ヨッフムの「レオノーレ」 榎本笋 「ディスク」10巻3号 1938.3 p.228

◇ベートーヴェンとブルデル エマニュエル・ボンドヴィユ, 明田川孝 訳 「レコード音楽」12巻3号 1938.3 p.115

◇フルトウェングラーの「第五」(試聴記) 野村光一 「レコード音楽」12巻4号 1938.4 p.10

◇「第五」の王座(試聴記)―フルトウェングラァの新盤を聴いて 村田武雄 「レコード音楽」12巻4号 1938.4 p.12

◇不朽の名作「運命交響曲」(試聴記) 藤田不二 「レコード音楽」12巻4号 1938.4 p.14

◇座談会―メンゲルベルクの「田園交響曲」 あらえびす, 藤田不二, 有坂愛彦, 青木謙幸, 鮎野行夫 「ディスク」10巻5号 1938.5 p.431

◇トスカニーニの「田園交響曲」(試聴記) 野村光一 「レコード音楽」12巻5号 1938.5 p.10

◇メンゲルベルクの「田園」(試聴記) 呉四郎 「レコード音楽」12巻5号 1938.5 p.15

◇メンゲルベルクの田園交響曲(試聴記) 服部正 「レコード音楽」12巻5号 1938.5 p.18

◇「第六」二態(試聴記) 村田武雄 「レコード音楽」12巻5号 1938.5 p.20

◇メンゲルベルクの「田園」交響曲(試聴記) 土屋忠雄 「レコード音楽」12巻5号 1938.5 p.23

◇カルヴェ・クヮルテットのベートーヴェン 鈴木鎮一 「ディスク」10巻6号 1938.6 p.535

◇シューリヒトの指揮する「第七」を聴く(試聴記) 村田武雄 「レコード音楽」12巻6号 1938.6 p.12

◇ベートーヴェン・ソナタ「第四輯」其ほか 杉浦繁 「ディスク」10巻7号 1938.7 p.623

◇光彩陸離たるクロイツェル・ソナタ(試聴記) 水野忠恂 「レコード音楽」12巻7号 1938.7 p.14

◇同人合評―ベートーヴェンの「第二交響曲」 杉浦繁, 柏木俊三, 青木謙幸, 鮎野行夫, 榎本笋 「ディスク」10巻8号 1938.8 p.748

◇シュナーベルの「皇帝」再発売 「レコード音楽」12巻9号 1938.9 p.46

◇名曲と名レコード(2)ベートーベン作「第五ピアノ協奏曲変ホ長調」 柏木俊三 「ディスク」10巻10号 1938.10 p.1004

◇ヨッフム指揮の「英雄交響曲」を聴く 村田武雄 「レコード音楽」12巻11号 1938.11 p.1090

◇試聴室―新しいベートーヴェンの第一交響曲のディスク 城春光 「ディスク」10巻11号 1938.11 p.1106

◇「第九交響曲」新盤(試聴記) 呉四郎 「レコード音楽」12巻11号 1938.11 p.25

◇ワインガルトナー指揮のベートーヴェンの「第一」(試聴記) 服部正 「レコード音楽」12巻11号 1938.11 p.28

◇ベートーヴェンの「絃楽四重奏曲一三二」の新盤 鈴木鎮一 「ディスク」10巻12号 1938.12 p.1185

◇ブッシュの「百三十二」を聴く(試聴記) 村田武雄 「レコード音楽」12巻12号 1938.12 p.10

◇ベートーヴェンのトリプル・コンチェルト(試聴記) 藤田不二 「レコード音楽」12巻12号 1938.12 p.12

◇ベートーヴェン・ピアノ・ソナタ協会第十二輯 金子章子 「ディスク」11巻1号 1939.1 p.34

◇ヨッフムの「第九」を聴く(座談会) あらえびす, 有坂愛彦, 青木謙幸, 中村善吉, 藤田不二, 村田武雄 「レコード音楽」13巻1号 1939.1 p.20

◇両洋楽曲集とベートーベン二元論等 森生 「ディスク」11巻3号 1939.3 p.231

◇ウヰン風のベートーヴェン―クライバーの「第二」を聴く(試聴記) 友部美与子 「レコード音楽」13巻3号 1939.3 p.20

◇ベートーヴェンの第二交響曲(試聴記) 水野忠恂 「レコード音楽」13巻3号 1939.3 p.22

◇美しい「スプリング・ソナタ」(試聴記) 水野忠恂 「レコード音楽」13巻5号 1939.5 p.14

ベートーヴェン　　　　　　　　　　　人物文献目録　　　　　　　　　　作曲家

◇ヨッフムの指揮するベートオベン「第三交響曲」服部正 「ディスク」11巻6号 1939.6 p.551

◇ヨッフム指揮の「英雄」交響曲 門馬直衛 「ディスク」11巻6号 1939.6 p.553

◇レナーの「ラズモフスキイ四重奏曲」第二番 城島昶 「ディスク」11巻6号 1939.6 p.563

◇ベートーヴェン年表 「ディスク」11巻春季増刊 ディスク叢書第一輯 ベートーヴェン特輯号 1939.6 p.2

◇ベートーヴェンの生涯 あらえびす 「ディスク」11巻春季増刊 ディスク叢書第一輯 ベートーヴェン特輯号 1939.6 p.4

◇ベートーヴェンの芸術 中村善吉 「ディスク」11巻春季増刊 ディスク叢書第一輯 ベートーヴェン特輯号 1939.6 p.9

◇ベートーヴェンとソナタ形式 柏木俊三 「ディスク」11巻春季増刊 ディスク叢書第一輯 ベートーヴェン特輯号 1939.6 p.21

◇ベートーヴェン的なるもの 林四月亭 「ディスク」11巻春季増刊 ディスク叢書第一輯 ベートーヴェン特輯号 1939.6 p.24

◇交響曲（ベートーヴェン 作品とディスク賞レコード）垪和昌夫 「ディスク」11巻春季増刊 ディスク叢書第一輯 ベートーヴェン特輯号 1939.6 p.28

◇序奏・管絃楽曲（ベートーヴェン 作品とディスク賞レコード）田中晴雲 「ディスク」11巻春季増刊 ディスク叢書第一輯 ベートーヴェン特輯号 1939.6 p.43

◇洋琴協奏曲（ベートーヴェン 作品とディスク賞レコード）城島昶 「ディスク」11巻春季増刊 ディスク叢書第一輯 ベートーヴェン特輯号 1939.6 p.50

◇提琴協奏曲（ベートーヴェン 作品とディスク賞レコード）園田英雄 「ディスク」11巻春季増刊 ディスク叢書第一輯 ベートーヴェン特輯号 1939.6 p.66

◇絃楽四重奏曲（ベートーヴェン 作品とディスク賞レコード）柏木俊三 「ディスク」11巻春季増刊 ディスク叢書第一輯 ベートーヴェン特輯号 1939.6 p.73

◇三重奏曲（ベートーヴェン 作品とディスク賞レコード）柏木俊三 「ディスク」11巻春季増刊 ディスク叢書第一輯 ベートーヴェン特輯号 1939.6 p.91

◇其他の重奏曲（ベートーヴェン 作品とディスク賞レコード）柏木俊三 「ディスク」11巻春季増刊 ディスク叢書第一輯 ベートーヴェン特輯号 1939.6 p.99

◇提琴奏鳴曲（ベートーヴェン 作品とディスク賞レコード）中村善吉 「ディスク」11巻春季増刊 ディスク叢書第一輯 ベートーヴェン特輯号 1939.6 p.102

◇洋琴奏鳴曲（ベートーヴェン 作品とディスク賞レコード）金子章子 「ディスク」11巻春季増刊 ディスク叢書第一輯 ベートーヴェン特輯号 1939.6 p.107

◇洋琴変奏曲（ベートーヴェン 作品とディスク賞レコード）中村善吉 「ディスク」11巻春季増刊 ディスク叢書第一輯 ベートーヴェン特輯号 1939.6 p.138

◇其他の洋琴小曲（ベートーヴェン 作品とディスク賞レコード）柏木善三 「ディスク」11巻春季増刊 ディスク叢書第一輯 ベートーヴェン特輯号 1939.6 p.141

◇チェロの作品（ベートーヴェン 作品とディスク賞レコード）青木謙幸 「ディスク」11巻春季増刊 ディスク叢書第一輯 ベートーヴェン特輯号 1939.6 p.143

◇歌劇（ベートーヴェン 作品とディスク賞レコード）田中晴雲 「ディスク」11巻春季増刊 ディスク叢書第一輯 ベートーヴェン特輯号 1939.6 p.148

◇歌謡曲（ベートーヴェン 作品とディスク賞レコード）田中晴雲 「ディスク」11巻春季増刊 ディスク叢書第一輯 ベートーヴェン特輯号 1939.6 p.152

◇宗教曲（ベートーヴェン 作品とディスク賞レコード）田中晴雲 「ディスク」11巻春季増刊 ディスク叢書第一輯 ベートーヴェン特輯号 1939.6 p.154

◇レナー絃楽四重奏団のベートーヴェンの四重奏曲ホ短調（試聴記）水野忠恂 「レコード音楽」13巻6号 1939.6 p.15

◇英雄交響曲のレコード（試聴記）藤田不二 「レコード音楽」13巻6号 1939.6 p.18

◇ヨッフムの『第三』を聴いて（試聴記）大村卯七 「レコード音楽」13巻6号 1939.6 p.20

◇ディアベリ変奏曲への随想 中村善吉 「ディスク」11巻7号 1939.7 p.652

◇ベートーヴェンの「ディアベリ変奏曲」（試聴記）野村光一 「レコード音楽」13巻7号 1939.7 p.114

◇ベートーヴェンの交響曲のレコード（1）―私のノートから 村田武雄 「レコード音楽」13巻8号 1939.8 p.123

◇トスカニーニの指揮振りとベートーヴェンの「第五」交響曲 野村光一 「レコード音楽」13巻9号 1939.9 p.32

◇ベートーヴェンの交響曲のレコード（2）―私のノートから 村田武雄 「レコード音楽」13巻9号 1939.9 p.129

◇「第五」のディスク総覧（トスカニーニの「第五」特輯）園田英雄 「ディスク」11巻10号 1939.10 p.988

◇「第五」新盤録音の特徴（トスカニーニの「第五」特輯）有坂愛彦 「ディスク」11巻10号 1939.10 p.997

◇N・B・Cの人々（1）（トスカニーニの「第五」特輯）菅原明朗 「ディスク」11巻10号 1939.10 p.1009

◇トスカニーニの「第五」（トスカニーニのベートーヴェン「第五」特輯）あらえびす 「レコード音楽」13巻10号 1939.10 p.115

作曲家　　　　　　　　　　　　　　　　人物文献目録　　　　　　　　　　　　　　　　ベートーヴェン

◇トスカニーニ頌（トスカニーニのベートーヴェン「第五」特輯）太田太郎　「レコード音楽」13巻10号 1939.10 p.120

◇トスカニーニのレコードに就いて（トスカニーニのベートーヴェン「第五」特輯）村田武雄　「レコード音楽」13巻10号 1939.10 p.131

◇日本に於ける第五交響曲「運命」の演奏史（ベートーヴェン作 第五交響曲「運命」特輯）牛山充　「レコード」5巻2号 1939.10 p.10

◇ベートーヴェンの第五交響曲の解説（ベートーヴェン作 第五交響曲「運命」特輯）門馬直衛　「レコード」5巻2号 1939.10 p.19

◇トスカニーニの「第五」（第五交響曲「運命」のレコード批評）服部正　「レコード」5巻2号 1939.10 p.26

◇メンゲルベルグの「第五」（第五交響曲「運命」のレコード批評）有坂愛彦　「レコード」5巻2号 1939.10 p.28

◇フルト・ヴェングラーの「第五」（第五交響曲「運命」のレコード批評）牛山充　「レコード」5巻2号 1939.10 p.30

◇シヤルクとワインガルトナーの「第五」（第五交響曲「運命」のレコード批評）西巌　「レコード」5巻2号 1939.10 p.32

◇トスカニーニの「第五」（第五交響曲「運命」のレコード批評）門馬直衛　「レコード」5巻2号 1939.10 p.35

◇フルト・ヴェングラーの「第五」（第五交響曲「運命」のレコード批評）落合三四郎　「レコード」5巻2号 1939.10 p.40

◇「第五」のテインパニー（第五交響曲「運命」のレコード批評）成田為三　「レコード」5巻2号 1939.10 p.42

◇第五「運命」交響曲（総譜）ベートーヴェン作曲　「レコード」5巻2号 1939.10 別冊附録

◇ベートーヴェン作「絃四重奏曲」作品一八ノ五―如是我聞 柏木俊三　「ディスク」11巻11号 1939.11 p.1090

◇ベートーヴェンの絃楽四重奏曲イ長調（試聴記）小林基晴　「レコード音楽」13巻11号 1939.11 p.79

◇ベートーヴェンの交響曲のレコード（3）―私のノートから 村田武雄　「レコード音楽」13巻11号 1939.11 p.131

◇メンゲルベルクの指揮する「第八」（試聴記）有坂愛彦　「レコード音楽」13巻12号 1939.12 p.21

◇メンゲルベルクの「第八」（試聴記）藤田不二　「レコード音楽」13巻12号 1939.12 p.23

◇ベートーヴェンの「第八」を聴く―メンゲルベルク指揮（試聴記）津川主一　「レコード音楽」13巻12号 1939.12 p.26

◇ベートーヴェンの「第八」（試聴記）服部正　「レコード音楽」13巻12号 1939.12 p.28

◇荘厳弥撒曲の価値 津川主一　「レコード音楽」13巻12号 1939.12 p.60

◇メンゲルベルクの第八交響曲（ベートーヴェン）（洋楽名曲レコード聴評）牛山充　「レコード」5巻4号 1939.12 p.29

◇レナーの絃楽四重奏曲（ベートーヴェン作品一八ノ五）（十二月名曲批評）岡山東　「レコード」5巻4号 1939.12 p.42

◇荘厳ミサ曲（ベートーヴェン）（十二月名曲批評）津川主一　「レコード」5巻4号 1939.12 p.53

◇「エロイカ」交響曲当時の批評 桂近乎　「レコード」6巻1号 1940.1 p.34

◇第三交響曲「英雄」（上）ベートーヴェン作曲　「レコード」6巻1号 1940.1 別冊附録

◇ベートーヴェンの第二スィムフォニーを聴く（試聴記）小林基晴　「レコード音楽」14巻2号 1940.2 p.41

◇ワインガルトナー指揮 第二交響楽（ベートーヴェン）（洋楽名曲試聴評）岡山東　「レコード」6巻2号 1940.2 p.17

◇第三交響曲「英雄」（中）ベートーヴェン作曲　「レコード」6巻2号 1940.2 別冊附録

◇メンゲルベルクの指揮するベートーヴェンの「第四」（メンゲルベルク指揮「第四交響曲」）服部正　「ディスク」12巻3号 1940.3 p.221

◇「第四交響曲」とメンゲルベルク（メンゲルベルク指揮「第四交響曲」）坿和昌夫　「ディスク」12巻3号 1940.3 p.224

◇ベートーヴェン作「提琴奏鳴曲第十番」―如是我聞 柏木俊三　「ディスク」12巻3号 1940.3 p.231

◇メンゲルベルクの指揮した「第四」を聴く（試聴記）藤田不二　「レコード音楽」14巻3号 1940.3 p.14

◇ベートーヴェンのヴァイオリン奏鳴曲第十番ト長調（試聴記）鰐淵賢舟　「レコード音楽」14巻3号 1940.3 p.21

◇ワインガルトナーの指揮譜から―ベートーヴェンの第二交響曲 有坂愛彦　「レコード音楽」14巻3号 1940.3 p.28

◇「第四」を作曲した頃のベートーヴェン 村田武雄　「レコード音楽」14巻3号 1940.3 p.44

◇テレフンケンの「魔笛」と「エグモント」序曲―短評・紹介 藤田不二　「レコード音楽」14巻4号 1940.4 p.52

◇ベートーヴェン作「洋琴協奏曲 第二番」―如是我聞 柏木俊三　「ディスク」12巻5号 1940.5 p.436

◇ベートーヴェンの交響曲のレコード（4）―私のノートから 村田武雄　「レコード音楽」14巻5号 1940.5 p.123

◇「田園」交響曲 藤田不二　「レコード」6巻4号 1940.5 p.6

◇「田園」楽曲解剖 呉泰次郎　「レコード」6巻4号 1940.5 p.10

◇「田園」のレコードを語る 牛山充，藤田不二，村田武雄　「レコード」6巻4号 1940.5 p.22

戦前期　レコード音楽雑誌記事索引　397

◇ベートーヴェン作品年代表　鯉城東南 編　「レコード」6巻4号　1940.5 p.34

◇ピアノ協奏曲第二番（ベートーヴェン曲）（洋楽名曲試聴評）岡山東　「レコード」6巻4号　1940.5 p.80

◇田園交響曲（全曲総評）ベートーヴェン作曲　「レコード」6巻4号　1940.5 別冊附録

◇ゼルキンの演奏した「アパショナタ・ソナタ」宅孝二　「ディスク」12巻6号　1940.6 p.528

◇オイゲン・ヨッフムのベートーヴェン第七ジムフォニー　太田博　「ディスク」12巻6号　1940.6 p.532

◇ヨッフムの指揮したベートーヴェンの「第七」中村善吉　「ディスク」12巻6号　1940.6 p.536

◇ベートーヴェンのヴァイオリン奏鳴曲第七番（試聴記）水野忠恂　「レコード音楽」14巻6号　1940.6 p.15

◇ヨッフムとベートーヴェンの「第七」（試聴記）井上頼豊　「レコード音楽」14巻6号　1940.6 p.17

◇ゼルキンと「熱情奏鳴曲」　野村光一　「レコード音楽」14巻6号　1940.6 p.22

◇第七交響曲（ベートーヴェン曲）（洋楽名曲試聴評）牛山充　「レコード」6巻5号　1940.6 p.22

◇熱情奏鳴曲（ベートーヴェン曲）（洋楽名曲試聴評）松本鏘二　「レコード」6巻5号　1940.6 p.32

◇交響曲第三番「英雄」（下）ベートーヴェン作曲　「レコード」6巻5号　1940.6 別冊附録

◇第四交響曲の概観（トスカニーニ指揮のベートーヴェン作交響曲第四番）門馬直衛　「ディスク」12巻7号　1940.7 p.648

◇トスカニーニの指揮について（トスカニーニ指揮のベートーヴェン作交響曲第四番）坩和昌夫　「ディスク」12巻7号　1940.7 p.654

◇何を選ぶべきか（1）ベートーヴェンの「第四」青木謙幸　「ディスク」12巻7号　1940.7 p.670

◇トスカニーニの「第四」を聴いて（試聴記）村田武雄　「レコード音楽」14巻7号　1940.7 p.12

◇トスカニーニとベートーヴェンの「第四」　野村光一　「レコード音楽」14巻7号　1940.7 p.22

◇ベートーヴェンの交響曲のレコード（5）―私のノートから　村田武雄　「レコード音楽」14巻7号　1940.7 p.29

◇「レオノーレ」序曲第三番（洋楽名曲試聴評）土屋忠雄　「レコード」6巻6号　1940.7 p.33

◇「レオノーレ」序曲 第三番（総譜）ベートーヴェン作曲　「レコード」6巻6号　1940.7 別冊附録

◇ベートオヴェン ビオラ五重奏曲のレコード　坩和昌夫　「ディスク」12巻8号　1940.8 p.729

◇ベートーヴェン絃楽五重奏曲（新盤紹介）有坂愛彦　「レコード音楽」14巻8号　1940.8 p.10

◇ベートーヴェンの交響曲のレコード（6）―私のノートから　村田武雄　「レコード音楽」14巻8号　1940.8 p.32

◇メンゲルベルグの第四（洋楽名曲レコード評）村田武雄，国本靖　「レコード」6巻7号　1940.8 p.24

◇ベートーヴェンの交響曲のレコード（7）―私のノートから　村田武雄　「レコード音楽」14巻9号　1940.9 p.27

◇トスカニーニの「第四交響曲」（ベートーヴェン曲）（洋楽名曲レコード評）服部正　「レコード」6巻8号　1940.9 p.56

◇レナーS・Qのヴィオラ五重奏曲（ベートーヴェン曲）（洋楽名曲レコード評）前田豊　「レコード」6巻8号　1940.9 p.59

◇プロアルトS・Qの「ラズモフスキー」（ベートーヴェン作品五九ノ二）（洋楽名曲レコード評）鷹野三郎　「レコード」6巻8号　1940.9 p.70

◇試聴室―カペエ四重奏団によるベートーヴェン作「四重奏曲 一三二」　中村善吉　「ディスク」12巻10号　1940.10 p.947

◇ハイフェッツの奏いたベートーヴェンの提琴協奏曲　坩和昌夫　「ディスク」12巻11号　1940.11 p.1036

◇何を選ぶ可きか（2）ベートーヴェンの提琴協奏曲　青木謙幸　「ディスク」12巻11号　1940.11 p.1083

◇ベートーヴェンと提琴協奏曲（ベートーヴェン作品六十一番 提琴協奏曲特輯）佐分利敬　「レコード」6巻10号　1940.11 p.8

◇提琴協奏曲の楽曲解剖（ベートーヴェン作品六十一番 提琴協奏曲特輯）清水守　「レコード」6巻10号　1940.11 p.14

◇提琴協奏曲の各社レコード（ベートーヴェン作品六十一番 提琴協奏曲特輯）村田武雄，牛山充，前田豊　「レコード」6巻10号　1940.11 p.20

◇ハイエッツ，トスカニーニの提琴協奏曲 作品六十一番 ニ長調（ベートーヴェン作品）（洋楽名曲レコード評）服部正　「レコード」6巻10号　1940.11 p.52

◇提琴協奏曲 ニ長調 ベートーヴェン作品六十一番　「レコード」6巻10号　1940.11 別冊総譜

◇試聴室―クーセヴィッキイのベートーヴェンの「第二交響曲」　田中良雄　「ディスク」12巻12号　1940.12 p.1149

◇ベートーヴェンの「第一交響曲」とメンゲルベルクの新盤を語る　野村・有坂・村田・中村・藤田・青木　「ディスク」12巻12号　1940.12 p.1173

◇試聴室―カペエの演奏したベートーヴェンの「四重奏曲一三一」　中村善吉　「ディスク」13巻1号　1941.1 p.16

◇試聴室―フィッシャー演奏の一一〇番のピアノ奏鳴曲 柏木俊三 「ディスク」13巻2号 1941.2 p.107

◇フイツシヤー独奏 ピアノ奏鳴曲イ長調（ベートーヴエン作品百十番）（洋楽名曲レコード評） 松本鐐二 「レコード」7巻2号 1941.2 p.38

◇試聴室―ベートーヴェンの「提琴奏鳴曲 作品三〇ノ三」 大岡昇平 「ディスク」13巻3号 1941.3 p.232

◇ハイフイツツとベイの演奏 提琴奏鳴曲第八番（ベートーヴエン曲）（名曲レコード情報） 牛山充 「レコード」7巻3号 1941.3 p.24

◇何を選ぶ可きか（5）田園交響曲 青木謙幸 「ディスク」13巻4号 1941.4 p.338

◇ベートーヴェンと「ズボンのボタン」（特輯 諸名家随筆特選集） 属啓成 「レコード音楽」15巻4号 1941.4 p.51

◇試聴室―トスカニーニの第三交響曲「英雄」のレコード 青木謙幸 「ディスク」13巻8号 1941.8 p.740

◇ベートーヴェンに会った夫人の話 ワインガルトナー 「レコード」7巻6号 1941.8 p.14

◇交響曲第三番（ベートーヴエン）トスカニーニ指揮（名曲レコード情報） 牛山充 「レコード」7巻6号 1941.8 p.18

◇交響曲第八番 解剖（ベートーヴエン） 清水守 「レコード」7巻6号 1941.8 p.59

◇交響曲第八番 ベートーヴェン作曲 「レコード」7巻6号 1941.8 別冊総譜

◇第三交響曲「英雄」とトスカニーニ 垪和昌夫 「ディスク」13巻9号 1941.9 p.830

◇クーセヴィッキーの指揮したベートーヴェンの「荘厳ミサ」を聴く 藤田不二 「レコード音楽」15巻10号 1941.10 p.37

◇名曲と名盤―皇帝協奏曲 志賀英雄 「レコード文化」1巻1号 1941.11 p.14

◇名曲と名盤―第五交響曲 垪和昌夫 「レコード文化」2巻1号 1942.1 p.16

◇名曲と名盤―クロイツェル・ソナタ 青木謙幸 「レコード文化」2巻2号 1942.2 p.19

◇ベートーヴェンの交響曲（1）―名盤案内（3） 垪和昌夫 「レコード文化」2巻7号 1942.7 p.44

◇ベートーヴェンの交響曲（2）―名盤案内（4） 垪和昌夫 「レコード文化」2巻8号 1942.8 p.44

◇名曲と名盤―ベートーヴェンの絃楽四重奏曲（其1） 有坂愛彦 「レコード文化」3巻1号 1943.1 p.12

◇ベートーヴェンの「ディアベリ変奏曲」（特輯音盤） 野村光一 「レコード文化」3巻5号 1943.5 p.37

◇音楽夜話―ベートーヴェン 柿沼太郎 「レコード文化」3巻7号 1943.7 p.9

◇ベートーヴェンの恋（特別読物） 植村敏夫 「レコード音楽」18巻1号 1948.1 p.12

◇レコードのある部屋（6）ベートーヴェンを聴く 村田武雄 「レコード音楽」18巻2号 1948.2 p.6

◇音楽史的に観たピアノ・レコード（6）ベートーヴェン 野村光一 「レコード音楽」18巻2号 1948.2 p.13

◇音楽史的に観たピアノ・レコード（6）ベートーヴェン（承前） 野村光一 「レコード音楽」18巻3号 1948.3 p.5

◇クロイツェル・ソナタ―今月の名曲 Y・A 「レコード音楽」18巻4号 1948.4 p.22

◇ベートーヴェンは何を選ぶか I・U 「レコード音楽」18巻5号 1948.5 p.20

◇ベートーヴェン提琴協奏曲―今月の名曲 Y・A 「レコード音楽」18巻5号 1948.5 p.29

◇交響曲「運命」の鑑賞―名曲は愉し（6）〔鑑賞講座〕 柴田知常 「レコード音楽」19巻8号 1949.8 p.59

◇ベートーヴェンの交響曲のレコードは何を選ぶ？（対談） 野村あらえびす，有坂愛彦 「レコード音楽」20巻6号 1950.6 p.22

◇ワルター指揮のベートーヴェンの「第9」―海外盤試聴記 大木正興 「レコード音楽」20巻7号 1950.7 p.56

◇現代人の「第九」（「第九」の新盤を聴く） 野村あらえびす 「レコード音楽」20巻9号 1950.9 p.6

◇予想以上の出来ばえ（「第九」の新盤を聴く） 有坂愛彦 「レコード音楽」20巻9号 1950.9 p.8

◇演奏会的効果の「第九」（「第九」の新盤を聴く） 村田武雄 「レコード音楽」20巻9号 1950.9 p.10

◇「第九」を書いた頃のベートーヴエン 清水脩 「レコード音楽」20巻10号 1950.10 p.6

◇オルマンデイ指揮のベートヴェンの「第七」（試聴記） 大木正興 「レコード音楽」20巻10号 1950.10 p.16

◇ワルターの「第九」に寄せることば 野村光一，属啓成，田辺秀雄，有坂愛彦，藤田不二，牛山充，堀内敬三，牧定忠 「レコード音楽」20巻10号 1950.10 p.16

◇フルトヴェングラーの新盤―及「レオノーレ第三序曲」の新盤（試聴記） 大木正興 「レコード音楽」20巻11号 1950.11 p.20

◇ベートーヴェンの「三重協奏曲」を聴く 八木進 「レコード音楽」21巻2号 1951.2 p.48

◇宿命と怪奇とベートーヴェンの「第七」 藤井夏人 「レコード音楽」21巻2号 1951.2 p.70

◇二つの絃楽曲―名曲鑑賞（1） 藤井夏人 「レコード音楽」21巻3号 1951.3 p.40

◇トスカニーニの「第八」（新盤を聴く） 田代秀穂 「レコード音楽」21巻4号 1951.4 p.36

ベートーヴェン　　　　　　　　　　人物文献目録　　　　　　　　作曲家

◇ピアノのための奏鳴曲と三重奏曲―名曲鑑賞
（6）藤井夏人　「レコード音楽」21巻8号
1951.8 p.32
◇ベートーヴェン「皇帝協奏曲の新盤」松井丈
夫　「ディスク」14巻1号 1951.9 p.32
◇古典と現代の交響曲と協奏曲―名曲鑑賞（7）
藤井夏人　「レコード音楽」21巻9号 1951.9
p.20
◇ベートーヴェン　森潤三郎　「ディスク」14巻
3号 1951.11 p.212
◇クレンペラーの田園交響曲 バックハウスの第
三ピアノ協奏曲 松井丈夫　「ディスク」14巻
3号 1951.11 p.225
◇ベートーヴェンの交響曲 牛山充　「ディス
ク」14巻3号 1951.11 p.232
◇夜想曲と絃楽四重奏曲―名曲鑑賞（10）藤井
夏人　「レコード音楽」21巻12号 1951.12
p.42
◇ベートーヴェン交響曲の長時間レコード（LP
レコード試聴記）藤田不二「ディスク」15
巻1号 1952.1 p.46
◇ベートーヴェンの「春」と「ヴァルトシュタ
イン」―名曲鑑賞（11）藤井夏人　「レコード
音楽」22巻1号 1952.1 p.28
◇「西班牙の庭の夜」と「第二交響曲」―名曲
鑑賞（12）藤井夏人　「レコード音楽」22巻2
号 1952.2 p.28
◇メニューインの「クロイツェル・ソナータ」
松井丈夫　「ディスク」15巻6号 1952.6 p.592
◇ゼルキンの「皇帝協奏曲」をめぐつて（座談
会）村田武雄，園田高弘，寺西春雄，松浦豊
明，寺島宏，藥科雅美，西山広一　「レコード
音楽」22巻6号 1952.6 p.18
◇メニューヒンの進境―クロイツェルソナタ新
盤 田代秀穂　「レコード音楽」22巻6号 1952.
6 p.42
◇交響曲第三番変ホ長調「英雄」を聴いて―読
者評論 渋谷才輔　「レコード音楽」22巻6号
1952.6 p.98
◇ベートーヴェン ワルドシュタイン・ソナータ
（LP試聴記）松井丈夫　「ディスク」15巻7号
1952.7 p.738
◇ゼルキンの「皇帝」他―外誌から見た批評 上
野一郎　「レコード音楽」22巻7号 1952.7
p.59
◇ワルターとベートーヴェンの交響曲（試聴記）
田代秀穂　「レコード音楽」22巻8号 1952.8
p.27
◇ベートーヴェン 第七交響曲 イ長調作品九二
（LP試聴記）小林利之　「ディスク」15巻9号
1952.9 p.962
◇ベートーヴンの「第一交響曲」他―外誌から
見た批評 上野一郎　「レコード音楽」22巻9
号 1952.9 p.68
◇ベートーヴェン「三重奏曲」（大公）（LP試聴
記）小林利之　「ディスク」15巻11号 1952.
10 p.1062

◇東西「第九」合戦 W・M 「レコード音楽」
22巻11号 1952.11 p.71
◇カラヤンの第九交響曲（試聴座談会）珘和，
田代，佐川，青木，松井　「ディスク」15巻13
号 1952.12 p.1228
◇カラヤンの指揮したベートーヴェンの第九交
響曲 牧定忠　「レコード音楽」22巻12号
1952.12 p.54
◇ベートーヴェンの交響曲―レコード蒐集第一
課交響曲篇（3）大木正興　「レコード音楽」
22巻12号 1952.12 p.59
◇ベートーヴェン 第三交響曲（英雄）（LP試聴
記）小林利之　「ディスク」16巻1号 1953.1
p.53
◇ベートーヴェン 絃楽四重奏曲十二番（作品一
二七）（LP試聴記）小林利之　「ディスク」16
巻1号 1953.1 p.54
◇交響曲第一番ハ長調（ベートーヴェンの交響
曲L.P）大木正興　「レコード音楽」23巻1号
1953.1 p.16
◇交響曲第三番変ホ長調（英雄）（ベートーヴェ
ンの交響曲L.P）木村重雄　「レコード音楽」
23巻1号 1953.1 p.18
◇交響曲第五番ハ短調（運命）（ベートーヴェン
の交響曲L.P）八木進　「レコード音楽」23巻
1号 1953.1 p.19
◇交響曲第六番ヘ長調（田園）（ベートーヴェン
の交響曲L.P）西山広一　「レコード音楽」23
巻1号 1953.1 p.20
◇交響曲第七番イ長調（ベートーヴェンの交響
曲L.P）大木正興　「レコード音楽」23巻1号
1953.1 p.22
◇二つの第九を語る（対談）（特集・二つの第
九）渡辺暁雄，田代秀穂　「レコード音楽」
23巻1号 1953.1 p.24
◇クライバーの第九 「レコード音楽」23巻1号
1953.1 p.31
◇マエストロと第九（特集・二つの第九）マル
セル・グリリー，田代秀穂 訳　「レコード音
楽」23巻1号 1953.1 p.32
◇トスカニーニの「第九」―テープ・レコー
ダー（特集・二つの第九）H・T 「レコード
音楽」23巻1号 1953.1 p.35
◇カラヤンの傾向―レコード音楽ノート（特
集・二つの第九）村田武雄　「レコード音楽」
23巻1号 1953.1 p.40
◇カラヤンとトスカニーニの「第九」―外誌か
らの批評（特集・二つの第九）上野一郎　「レ
コード音楽」23巻1号 1953.1 p.44
◇ベートーヴェン 洋琴協奏曲第五番（皇帝）
（LP試聴記）小林利之　「ディスク」16巻4号
1953.3 p.270
◇シェルヘン指揮の「第九」新盤（海外の第九
試聴）田代秀穂　「レコード音楽」23巻3号
1953.3 p.94

400　戦前期　レコード音楽雑誌記事索引

作曲家　　　　　　　　　　　　　　人物文献目録　　　　　　　　　　　　　　ベートーヴェン

◇クライバーの「第九」新盤（海外の第九試聴）
いしはら　「レコード音楽」23巻3号　1953.3
p.96

◇『第九』は今迄に何曲録音されたか？（海外
の第九試聴）木村繁　「レコード音楽」23巻3
号　1953.3　p.98

◇クライバーの第九・評（海外の第九試聴）ア
ルマン・パニジェル，T・M訳「レコード音
楽」23巻3号　1953.3　p.100

◇ベートーヴェン 第九交響曲（クライバー指揮
ウイン・アイル）（LP試聴記）松井丈夫
「ディスク」16巻5号　1953.4　p.367

◇ベートーヴェン チェロ奏鳴曲第三番（ヤノ
ス・スターカー）（LP試聴記）松井丈夫
「ディスク」16巻5号　1953.4　p.368

◇ベートーヴェン 絃楽四重奏曲第十三番（バリ
リー四重奏団）（LP試聴記）小林利之「ディ
スク」16巻5号　1953.4　p.369

◇ベートーヴェン 洋琴協奏曲変ホ長遺作（フル
ゴーニ，バレー指揮）（LP試聴記）いしはら
「ディスク」16巻6号　1953.5　p.494

◇ベートーヴェン 絃楽四重奏曲作品一三一（バ
リリー四重奏団）（LP試聴記）小林利之
「ディスク」16巻6号　1953.5　p.497

◇ベートーヴェン 絃楽四重奏曲作品一三二（バ
ガニーニ四重奏団）（LP試聴記）小林利之
「ディスク」16巻7号　1953.6　p.629

◇四つの「太公トリオ」（話題のLP特集）上野
一郎　「レコード音楽」23巻5号・6号　1953.6
p.43

◇ヴァイオリンソナタ第九番イ長調「クロイ
ツェル」（話題のLP特集）大木正興　「レコー
ド音楽」23巻5号・6号　1953.6　p.45

◇ピアノ協奏曲第五番変ホ長調「皇帝」（話題の
LP特集）寺西春雄　「レコード音楽」23巻5
号・6号　1953.6　p.46

◇第五交響曲のレコード 田代秀穂　「レコード
音楽」23巻5号・6号　1953.6　p.116

◇まだ見ぬ日本の友人へ（ワルターのベートー
ヴェン特集）B・ワルター，宇野功芳 訳編
「ディスク」16巻11号　1953.10　p.1004

◇ワルターの芸術─レコードによる分析（ワル
ターのベートーヴェン特集）宇野功芳
「ディスク」16巻11号　1953.10　p.1014

◇ワルターとベートーヴェンの交響曲（ワル
ターのベートーヴェン特集）A・レーヴェル
キューン　「ディスク」16巻11号　1953.10
p.1020

◇フルトヴェングラーの「英雄」（海外LP試聴
室）門馬直美　「ディスク」16巻12号　1953.
11　p.52

◇ケンプのベートーヴェンとシューマン─「ワ
ルドシュタイン」「月光」「胡蝶の曲」龍崎
（旧姓宮内）鎮代子　「ディスク」16巻12号
1953.11　p.68

◇ベートーヴェンの「提琴協奏曲」シュトラウ
スの「ピッチカート・ポルカ」（今月の音楽教
室）井上武士　「ディスク」16巻12号　1953.
11　p.116

◇五つの「皇帝」比較論 門馬直美　「ディスク」
16巻13号　1953.12　p.27

◇ベートーヴェンの皇帝コンチェルト モーツァ
ルト・ブラームスの子守唄（音楽教室）井上
武士　「ディスク」17巻1号　1954.1　p.50

◇第五のLPは何を選ぶべきか─LP決定盤シ
リーズ（1）（海外LP試聴室）坂本良隆
「ディスク」17巻1号　1954.1　p.89

◇トスカニーニのベートーヴェンを聴く（座談
会）田代秀穂，高橋昭，佐川吉男　「ディス
ク」17巻2号　1954.2　p.24

◇ベートーヴェンの第七交響曲を巡つて 箕作
秋吉　「ディスク」17巻2号　1954.2　p.52

◇ベートーヴェンのV協奏曲のLPは何を選ぶべ
きか─LP決定盤シリーズ（2）（海外LP試聴
室）田代秀穂　「ディスク」17巻2号　1954.2
p.65

◇"荘厳ミサ"を録音するトスカニーニ J・G・
ディーン　「ディスク」17巻6号　1954.6　p.50

◇トスカニーニの「荘厳ミサ曲」を聴く（海外
LP試聴室）前田幸市郎　「ディスク」17巻6
号　1954.6　p.76

◇情緒豊かで親しみ易いクライバーの「田園」
（海外LP試聴室）宇野功芳　「ディスク」17
巻6号　1954.6　p.80

◇フルトヴェングラー・メニユヒンの名コンビ
によるベートーヴェンのV協奏曲の最新盤
（海外LP試聴室）杉浦繁　「ディスク」17巻6
号　1954.6　p.82

◇クライバーの最新盤「悲愴」と「運命」（海外
LP試聴室）長島卓二　「ディスク」17巻7号
1954.7　p.66

◇チェコ・フィルハーモニック・コンサート─
ドヴオルシヤックのベートーヴェンを聴く
（海外LP試聴室）宇野功芳　「ディスク」17
巻9号　1954.8　p.58

◇オイストラッフのソナタ・リサイタル─「ク
ロイツェル」とフランク，プロコフイエフの
ソナタ（海外LP試聴室）兎束竜夫　「ディス
ク」17巻9号　1954.8　p.66

◇ケンプのベートーヴェン協奏曲を聴く グラモ
フオンの新盤 松浦豊明　「ディスク」17巻10
号　1954.9　p.31

◇「第九」のLPは何を選ぶべきか─LP決定盤
シリーズ（6）（海外LP試聴室）田代秀穂
「ディスク」17巻10号　1954.9　p.66

◇ベートーヴェンの歌曲集（十月の新譜批評）
畑中更予　「ディスク」17巻11号　1954.10
p.54

◇フィデリオと最近のフルトヴェングラー（海
外LP試聴室）上野一郎　「ディスク」17巻11
号　1954.10　p.118

ベートーヴェン　　　　　　　　　　　人物文献目録　　　　　　　　　　　作曲家

◇フルトヴェングラのベートーヴェン交響曲新盤（海外LP試聴室）杉浦繁　「ディスク」17巻11号　1954.10　p.123

◇シゲティの「スプリング・ソナタ」　埒和昌夫　「ディスク」17巻12号　1954.11　p.62

◇ブダペスト四重奏団のベートーヴェン　高橋昭　「ディスク」17巻12号　1954.11　p.64

◇フランチェスカッティの快演　ブルッフとベートーヴェン　埒和昌夫　「ディスク」17巻12号　1954.11　p.70

◇クライバーのベートーヴェン―「第五」「田園」「第九」の新盤　田代秀穂　「ディスク」17巻13号　1954.12　p.66

◇ベートーヴェン第三P協奏曲の競演　埒和昌夫　「ディスク」17巻13号　1954.12　p.70

◇カザルスのベートーヴェン（海外LP試聴室）青木謙幸　「ディスク」17巻13号　1954.12　p.139

◇ベートーヴェンの交響曲新盤―カラヤンの「英雄」とトスカニーニの「第七」　田代秀穂　「ディスク」18巻1号　1955.1　p.68

◇ベートーヴェンの交響曲新盤―オイゲン・ヨッフムの「第九」　宇野功芳　「ディスク」18巻1号　1955.1　p.70

◇ベートーヴェンのピアノ奏鳴曲集　埒和昌夫　「ディスク」18巻6号　1955.5　p.68

◇ベートーヴェンの第一の新盤（新着LP紹介）宇野功芳　「ディスク」18巻6号　1955.5　p.122

◇ストコフスキーの田園（新着LP紹介）小谷彰　「ディスク」18巻6号　1955.5　p.123

◇オイストラッフのベートーヴェンV協奏曲　宇野功芳　「ディスク」18巻7号　1955.6　p.50

◇クリップスの名演　ベートーベンの第四交響曲　田代秀穂　「ディスク」18巻9号　1955.7　p.50

◇オボーリンの「皇帝協奏曲」（新着LP紹介）田代秀穂　「ディスク」18巻9号　1955.7　p.120

◇ベートーヴェンの絃楽四重奏曲について　諸井三郎　「ディスク」18巻10号　1955.8　p.20

◇ブダペスト絃楽四重奏団のベートーヴェン全集をめぐつて（座談会）上野一郎，高橋昭，佐川吉男　「ディスク」18巻10号　1955.8　p.28

◇ケムペンのベートーヴェン「第八」（新着LP紹介）長谷川修一　「ディスク」18巻10号　1955.8　p.118

◇ハンガリアン・クワルテットのベートーヴェン（新着LP紹介）今陶也　「ディスク」18巻11号　1955.9　p.114

◇イヴ・ナットのベートーヴェン奏鳴曲（新着LP紹介）鈴木文男　「ディスク」18巻11号　1955.9　p.119

◇フルトヴェングラーの運命（今月のLPから）門馬直美　「ディスク」18巻12号　1955.10　p.54

◇ギンベルのベートーヴェン（新着LP紹介）長谷川修一　「ディスク」18巻12号　1955.10　p.115

◇愈々発売か？　フルトヴェングラーの第九　「ディスク」18巻13号　1955.11　p.43

◇"第九"への道―交響曲から観たベートーヴェン（特集　ベートーヴェンの第九交響曲）諸井三郎　「ディスク」18巻14号　1955.12　p.16

◇フルトヴェングラーとベートーヴェン（特集　ベートーヴェンの第九交響曲）門馬直美　「ディスク」18巻14号　1955.12　p.21

◇第九炉辺談議（座談会）（特集　ベートーヴェンの第九交響曲）有坂愛彦，門馬直美，宇野功芳，佐川吉男　「ディスク」18巻14号　1955.12　p.24

◇吹込直したワルターの第九（特集　ベートーヴェンの第九交響曲）宇野功芳　「ディスク」18巻14号　1955.12　p.37

◇ミサ・ソレムニス―カール・ベームの新盤によせて（対談）山田和男，木村重雄　「ディスク」19巻1号　1956.1　p.42

◇「第九」聴きくらべ―外誌の評による海外第九評判記　上野一郎　「ディスク」19巻1号　1956.1　p.52

◇ベートーヴェン交響曲・第九番―音楽をきくために（1）門馬直美　「ディスク」19巻1号　1956.1　p.56

◇伝説的名盤クライスラーのベートーヴェン（今月のLPから）青木謙幸　「ディスク」19巻1号　1956.1　p.92

◇第一交響曲〈ベートーヴェン〉（交響曲）「ディスク」19巻2号　臨時増刊 LP名曲100選　第1集　1956.1　p.22

◇英雄交響曲〈ベートーヴェン〉（交響曲）「ディスク」19巻2号　臨時増刊 LP名曲100選　第1集　1956.1　p.23

◇第四交響曲〈ベートーヴェン〉（交響曲）「ディスク」19巻2号　臨時増刊 LP名曲100選　第1集　1956.1　p.24

◇運命交響曲〈ベートーヴェン〉（交響曲）「ディスク」19巻2号　臨時増刊 LP名曲100選　第1集　1956.1　p.25

◇田園交響曲〈ベートーヴェン〉（交響曲）「ディスク」19巻2号　臨時増刊 LP名曲100選　第1集　1956.1　p.26

◇第七交響曲〈ベートーヴェン〉（交響曲）「ディスク」19巻2号　臨時増刊 LP名曲100選　第1集　1956.1　p.27

◇第八交響曲〈ベートーヴェン〉（交響曲）「ディスク」19巻2号　臨時増刊 LP名曲100選　第1集　1956.1　p.28

◇第九交響曲〈ベートーヴェン〉（交響曲）「ディスク」19巻2号　臨時増刊 LP名曲100選　第1集　1956.1　p.29

◇第三ピアノ協奏曲〈ベートーヴェン〉（協奏曲）「ディスク」19巻2号　臨時増刊 LP名曲100選　第1集　1956.1　p.85

◇第四ピアノ協奏曲〈ベートーヴェン〉（協奏曲）「ディスク」19巻2号　臨時増刊 LP名曲100選　第1集　1956.1　p.86

作曲家　　　　　　　　　　　　　　　　人物文献目録　　　　　　　　　　　　　　　ベートーヴェン

◇皇帝協奏曲〈ベートーヴェン〉（協奏曲）
　「ディスク」19巻2号 臨時増刊 LP名曲100選
　第1集 1956.1 p.87

◇ニ長調ヴァイオリン協奏曲〈ベートーヴェン〉
　（協奏曲）「ディスク」19巻2号 臨時増刊 LP
　名曲100選 第1集 1956.1 p.88

◇クロイツェル奏鳴曲〈ベートーヴェン〉（室内
　楽曲）「ディスク」19巻2号 臨時増刊 LP名曲
　100選 第1集 1956.1 p.109

◇イ短調絃楽四重奏曲〈ベートーヴェン〉（室内
　楽曲）「ディスク」19巻2号 臨時増刊 LP名曲
　100選 第1集 1956.1 p.110

◇「悲愴」ピアノ奏鳴曲〈ベートーヴェン〉（ピ
　アノ曲）「ディスク」19巻2号 臨時増刊 LP名
　曲100選 第1集 1956.1 p.116

◇「月光」ピアノ奏鳴曲〈ベートーヴェン〉（ピ
　アノ曲）「ディスク」19巻2号 臨時増刊 LP名
　曲100選 第1集 1956.1 p.117

◇「ワルトシュタイン」ピアノ奏鳴曲〈ベートー
　ヴェン〉（ピアノ曲）「ディスク」19巻2号 臨
　時増刊 LP名曲100選 第1集 1956.1 p.118

◇「熱情」ピアノ奏鳴曲〈ベートーヴェン〉（ピ
　アノ曲）「ディスク」19巻2号 臨時増刊 LP名
　曲100選 第1集 1956.1 p.119

◇大作曲家とその音楽 (1) ベートーヴェン（上）
　（対談）大宮真琴, 高瀬まり 「ディスク」19
　巻3号 1956.2 p.24

◇ベートーヴェンのピアノ協奏曲の名盤（今月
　のLPハイライト）坍和昌夫 「ディスク」19
　巻3号 1956.2 p.108

◇大作曲家とその音楽 (1) ベートーヴェン（下）
　（対談）大宮真琴, 高瀬まり 「ディスク」19
　巻4号 1956.3 p.32

◇フルトヴェングラーとヨッフムの競演 ベー
　トーヴェンの第四（今月のLPハイライト）田
　代秀穂 「ディスク」19巻4号 1956.3 p.108

◇ベートーヴェンの名作「ヴァイオリン協奏
　曲」（今月のLPハイライト）宇野功芳 「ディ
　スク」19巻6号 1956.5 p.109

◇第二交響曲〈ベートーヴェン〉（交響曲）
　「ディスク」19巻7号 臨時増刊 LP名曲100選
　第2集 1956.5 p.22

◇レオノーレ序曲第三番〈ベートーヴェン〉（管
　弦楽曲）「ディスク」19巻7号 臨時増刊 LP名
　曲100選 第2集 1956.5 p.38

◇ハ長調ピアノ協奏曲〈ベートーヴェン〉（協奏
　曲）「ディスク」19巻7号 臨時増刊 LP名曲
　100選 第2集 1956.5 p.74

◇ラズモフスキー絃楽四重奏曲第三番〈ベー
　トーヴェン〉（室内楽曲）「ディスク」19巻7
　号 臨時増刊 LP名曲100選 第2集 1956.5 p.92

◇嬰ハ短調絃楽四重奏曲〈ベートーヴェン〉（室
　内楽曲）「ディスク」19巻7号 臨時増刊 LP名
　曲100選 第2集 1956.5 p.93

◇「太公」ピアノ三重奏曲〈ベートーヴェン〉
　（室内楽曲）「ディスク」19巻7号 臨時増刊
　LP名曲100選 第2集 1956.5 p.94

◇「スプリング・ソナタ」〈ベートーヴェン〉（室
　内楽曲）「ディスク」19巻7号 臨時増刊 LP名
　曲100選 第2集 1956.5 p.95

◇イ長調チェロ奏鳴曲〈ベートーヴェン〉（室内
　楽曲）「ディスク」19巻7号 臨時増刊 LP名曲
　100選 第2集 1956.5 p.95

◇ハ短調ピアノ奏鳴曲〈ベートーヴェン〉（器楽
　曲）「ディスク」19巻7号 臨時増刊 LP名曲
　100選 第2集 1956.5 p.103

◇ニ長調荘厳ミサ曲〈ベートーヴェン〉（声楽
　曲）「ディスク」19巻7号 臨時増刊 LP名曲
　100選 第2集 1956.5 p.113

◇不滅の九曲 ベートーヴェンの交響曲とその特
　徴（特集・ベートーヴェンの交響曲）門馬直
　衛 「ディスク」19巻8号 1956.6 p.22

◇決定版LPをめぐつて ベートーヴェンの交響
　曲（座談会）（特集・ベートーヴェンの交響
　曲）田代秀穂, 岡俊雄, 佐川吉男 「ディス
　ク」19巻8号 1956.6 p.26

◇歌劇「フィデリオ」全曲を聴いて（特集・
　ベートーヴェンの交響曲）福原信夫 「ディ
　スク」19巻8号 1956.6 p.76

◇ミサ・ソレムニスとトスカニーニ 田代秀穂
　「ディスク」19巻14号 1956.11 p.38

◇フルトヴェングラーのベートーヴェン第一
　（今月のLPから）宇野功芳 「ディスク」19
　巻14号 1956.11 p.43

◇第九交響曲 カラヤン（特集 今月話題のLP新
　譜）田代秀穂 「ディスク」19巻15号 1956.
　12 p.31

◇ハイフェッツのベートーヴェン（特集 今月話
　題のLP新譜）大宮真琴 「ディスク」19巻15
　号 1956.12 p.35

◇交響曲第五番「運命」〈ベートーヴェン〉（LP
　名曲二〇選 (1)）宇野功芳 「ディスク」20
　巻1号 1957.1 p.166

◇交響曲第九番「合唱」〈ベートーヴェン〉（LP
　名曲二〇選 (1)）宇野功芳 「ディスク」20
　巻1号 1957.1 p.171

◇ピアノ協奏曲「皇帝」〈ベートーヴェン〉（LP
　名曲二〇選 (1)）坍和昌夫 「ディスク」20
　巻1号 1957.1 p.177

◇ヴァイオリン協奏曲〈ベートーヴェン〉（LP名
　曲二〇選 (1)）中村善吉 「ディスク」20巻1
　号 1957.1 p.180

◇月光と熱情のソナタ〈ベートーヴェン〉（LP名
　曲二〇選 (1)）青木章子 「ディスク」20巻1
　号 1957.1 p.184

◇クロイツェル・ソナタ〈ベートーヴェン〉（LP
　名曲二〇選 (1)）伊藤道雄 「ディスク」20
　巻1号 1957.1 p.189

◇外誌のLP比較評 (4) ベートーヴェンの交響曲
　は何を選ぶべきか？ 上野一郎 「ディスク」
　20巻5号 1957.5 p.24

◇ケンペンのベートーヴェン「第七」（話題の
　LP・今月のハイライト）岩城宏之 「ディス
　ク」20巻6号 1957.6 p.30

ベートーヴェン　　　　　　　　　　人物文献目録　　　　　　　　　　作曲家

◇ベートーヴェンの交響曲聴きくらべ（アメリカ編・1）上野一郎　「ディスク」20巻6号　1957.6 p.67

◇イーヴ・ナットのベートーヴェン（話題のLP・今月のハイライト）坪田昭三　「ディスク」20巻7号　1957.7 p.32

◇ベートーヴェンの交響曲聴きくらべ—第四と「運命」と「田園」と（アメリカ編・2）上野一郎　「ディスク」20巻7号　1957.7 p.62

◇交響曲第一番ハ長調〈ベートーヴェン〉（交響曲）「ディスク」20巻8号 増刊 LP名曲350選 第1集　1957.7 p.29

◇交響曲第二番ニ長調〈ベートーヴェン〉（交響曲）「ディスク」20巻8号 増刊 LP名曲350選 第1集　1957.7 p.30

◇交響曲第三番ホ長調（英雄）〈ベートーヴェン〉（交響曲）「ディスク」20巻8号 増刊 LP名曲350選 第1集　1957.7 p.32

◇交響曲第四番変ロ長調〈ベートーヴェン〉（交響曲）「ディスク」20巻8号 増刊 LP名曲350選 第1集　1957.7 p.34

◇交響曲第五番ハ短調（運命）〈ベートーヴェン〉（交響曲）「ディスク」20巻8号 増刊 LP名曲350選 第1集　1957.7 p.35

◇交響曲第六番ヘ長調（田園）〈ベートーヴェン〉（交響曲）「ディスク」20巻8号 増刊 LP名曲350選 第1集　1957.7 p.36

◇交響曲第七番イ長調〈ベートーヴェン〉（交響曲）「ディスク」20巻8号 増刊 LP名曲350選 第1集　1957.7 p.38

◇交響曲第八番ヘ長調〈ベートーヴェン〉（交響曲）「ディスク」20巻8号 増刊 LP名曲350選 第1集　1957.7 p.39

◇交響曲第九番ニ短調（合唱）〈ベートーヴェン〉（交響曲）「ディスク」20巻8号 増刊 LP名曲350選 第1集　1957.7 p.40

◇レオノーレ序曲第三番〈ベートーヴェン〉（管弦楽曲）「ディスク」20巻8号 増刊 LP名曲350選 第1集　1957.7 p.92

◇コリオラン序曲〈ベートーヴェン〉（管弦楽曲）「ディスク」20巻8号 増刊 LP名曲350選 第1集　1957.7 p.93

◇エグモント序曲〈ベートーヴェン〉（管弦楽曲）「ディスク」20巻8号 増刊 LP名曲350選 第1集　1957.7 p.94

◇フィデリオ〈ベートーヴェン〉（歌劇）「ディスク」20巻8号 増刊 LP名曲350選 第1集　1957.7 p.176

◇ベートーヴェンの歌曲集（話題のLP・今月のハイライト）管晴和　「ディスク」20巻9号　1957.8 p.28

◇ベートーヴェンの交響曲聴きくらべ（アメリカ篇・3）—第七、第八と第九 上野一郎　「ディスク」20巻9号　1957.8 p.52

◇ピアノ協奏曲第一番ハ長調〈ベートーヴェン〉（協奏曲）「ディスク」20巻10号 増刊 名曲LP350選 第2集　1957.8 p.22

◇ピアノ協奏曲第二番変ロ長調〈ベートーヴェン〉（協奏曲）「ディスク」20巻10号 増刊 名曲LP350選 第2集　1957.8 p.23

◇ピアノ協奏曲第三番ハ短調〈ベートーヴェン〉（協奏曲）「ディスク」20巻10号 増刊 名曲LP350選 第2集　1957.8 p.23

◇ピアノ協奏曲第四番ト長調〈ベートーヴェン〉（協奏曲）「ディスク」20巻10号 増刊 名曲LP350選 第2集　1957.8 p.24

◇ピアノ協奏曲第五番変ホ長調（皇帝）〈ベートーヴェン〉（協奏曲）「ディスク」20巻10号 増刊 名曲LP350選 第2集　1957.8 p.26

◇ヴァイオリン協奏曲ニ長調〈ベートーヴェン〉（協奏曲）「ディスク」20巻10号 増刊 名曲LP350選 第2集　1957.8 p.61

◇ロマンスト長調〈ベートーヴェン〉（協奏曲）「ディスク」20巻10号 増刊 名曲LP350選 第2集　1957.8 p.63

◇ロマンス ヘ長調〈ベートーヴェン〉（協奏曲）「ディスク」20巻10号 増刊 名曲LP350選 第2集　1957.8 p.63

◇絃楽四重奏曲第七番ヘ長調〈ベートーヴェン〉（室内楽曲）「ディスク」20巻10号 増刊 名曲LP350選 第2集　1957.8 p.106

◇絃楽四重奏曲第八番ホ短調〈ベートーヴェン〉（室内楽曲）「ディスク」20巻10号 増刊 名曲LP350選 第2集　1957.8 p.107

◇絃楽四重奏曲第九番ハ長調〈ベートーヴェン〉（室内楽曲）「ディスク」20巻10号 増刊 名曲LP350選 第2集　1957.8 p.108

◇絃楽四重奏曲第一〇番ホ長調（ハープ）〈ベートーヴェン〉（室内楽曲）「ディスク」20巻10号 増刊 名曲LP350選 第2集　1957.8 p.108

◇絃楽四重奏曲第一四番嬰ハ短調〈ベートーヴェン〉（室内楽曲）「ディスク」20巻10号 増刊 名曲LP350選 第2集　1957.8 p.109

◇絃楽四重奏曲第一五番イ短調〈ベートーヴェン〉（室内楽曲）「ディスク」20巻10号 増刊 名曲LP350選 第2集　1957.8 p.110

◇ピアノ三重奏曲第七番変ロ長調〈ベートーヴェン〉（室内楽曲）「ディスク」20巻10号 増刊 名曲LP350選 第2集　1957.8 p.121

◇ヴァイオリン奏鳴曲第五番ヘ長調（春）〈ベートーヴェン〉（室内楽曲）「ディスク」20巻10号 増刊 名曲LP350選 第2集　1957.8 p.128

◇ヴァイオリン奏鳴曲第八番ト短調〈ベートーヴェン〉（室内楽曲）「ディスク」20巻10号 増刊 名曲LP350選 第2集　1957.8 p.129

◇ヴァイオリン奏鳴曲第九番イ長調（クロイツェル）〈ベートーヴェン〉（室内楽曲）「ディスク」20巻10号 増刊 名曲LP350選 第2集　1957.8 p.130

◇チェロ奏鳴曲第三番イ長調〈ベートーヴェン〉（室内楽曲）「ディスク」20巻10号 増刊 名曲LP350選 第2集　1957.8 p.137

作曲家　　　　　　　　　　　　人物文献目録　　　　　　　　　　　ベートーヴェン

◇チェロ奏鳴曲第四番ハ長調〈ベートーヴェン〉（室内楽曲）「ディスク」20巻10号 増刊 名曲 LP350選 第2集 1957.8 p.138

◇チェロ奏鳴曲第五番ニ長調〈ベートーヴェン〉（室内楽曲）「ディスク」20巻10号 増刊 名曲 LP350選 第2集 1957.8 p.139

◇魔笛の主題による七つの変奏曲ホ長調〈ベートーヴェン〉（室内楽曲）「ディスク」20巻10号 増刊 名曲LP350選 第2集 1957.8 p.139

◇魔笛の主題による十二の変奏曲ヘ長調〈ベートーヴェン〉（室内楽曲）「ディスク」20巻10号 増刊 名曲LP350選 第2集 1957.8 p.139

◇歌曲集〈ベートーヴェン〉（歌曲）「ディスク」20巻10号 増刊 名曲LP350選 第2集 1957.8 p.146

◇荘厳ミサ曲〈ベートーヴェン〉（宗教曲）「ディスク」20巻10号 増刊 名曲LP350選 第2集 1957.8 p.175

◇エネスコのクロイツェルを聴く 西条卓夫「ディスク」20巻12号 1957.10 p.136

◇ギレリスのベートーヴェン「第四」（今月のハイライト）大木正興 「ディスク」20巻13号 1957.11 p.17

◇ピアノ奏鳴曲第八番ハ短調（悲愴）〈ベートーヴェン〉（器楽曲）「ディスク」20巻14号 増刊 名曲LP350選 第3集 1957.11 p.28

◇ピアノ奏鳴曲第一四番嬰ハ短調（月光）〈ベートーヴェン〉（器楽曲）「ディスク」20巻14号 増刊 名曲LP350選 第3集 1957.11 p.29

◇ピアノ奏鳴曲第一七番ニ短調（テンペスト）〈ベートーヴェン〉（器楽曲）「ディスク」20巻14号 増刊 名曲LP350選 第3集 1957.11 p.31

◇ピアノ奏鳴曲第二一番（ワルドシュタイン）〈ベートーヴェン〉（器楽曲）「ディスク」20巻14号 増刊 名曲LP350選 第3集 1957.11 p.32

◇ピアノ奏鳴曲第二三番ヘ短調（熱情）〈ベートーヴェン〉（器楽曲）「ディスク」20巻14号 増刊 名曲LP350選 第3集 1957.11 p.34

◇ピアノ奏鳴曲第二六番変ホ長調（告別）〈ベートーヴェン〉（器楽曲）「ディスク」20巻14号 増刊 名曲LP350選 第3集 1957.11 p.35

◇ピアノ奏鳴曲第二九番（ハンマークラフィア）〈ベートーヴェン〉（器楽曲）「ディスク」20巻14号 増刊 名曲LP350選 第3集 1957.11 p.36

◇ピアノ奏鳴曲第三〇番ホ長調〈ベートーヴェン〉（器楽曲）「ディスク」20巻14号 増刊 名曲LP350選 第3集 1957.11 p.37

◇ピアノ奏鳴曲第三一番イ長調〈ベートーヴェン〉（器楽曲）「ディスク」20巻14号 増刊 名曲LP350選 第3集 1957.11 p.39

◇ピアノ奏鳴曲第三二番ハ短調〈ベートーヴェン〉（器楽曲）「ディスク」20巻14号 増刊 名曲LP350選 第3集 1957.11 p.40

◇絃楽四重奏曲第五番イ長調〈ベートーヴェン〉（室内楽曲）「ディスク」20巻14号 増刊 名曲LP350選 第3集 1957.11 p.154

◇絃楽四重奏曲第六番変ロ長調〈ベートーヴェン〉（室内楽曲）「ディスク」20巻14号 増刊 名曲LP350選 第3集 1957.11 p.154

◇絃楽四重奏曲第一一番（厳粛）〈ベートーヴェン〉（室内楽曲）「ディスク」20巻14号 増刊 名曲LP350選 第3集 1957.11 p.155

◇絃楽四重奏曲一三番変ロ長調〈ベートーヴェン〉（室内楽曲）「ディスク」20巻14号 増刊 名曲LP350選 第3集 1957.11 p.156

◇絃楽四重奏曲第一六番ヘ長調〈ベートーヴェン〉（室内楽曲）「ディスク」20巻14号 増刊 名曲LP350選 第3集 1957.11 p.157

◇大遁走曲変ロ長調〈ベートーヴェン〉（室内楽曲）「ディスク」20巻14号 増刊 名曲LP350選 第3集 1957.11 p.158

◇ピアノ三重奏曲第五番（幽霊）〈ベートーヴェン〉（室内楽曲）「ディスク」20巻14号 増刊 名曲LP350選 第3集 1957.11 p.159

◇七重奏曲変ホ長調〈ベートーヴェン〉（室内楽曲）「ディスク」20巻14号 増刊 名曲LP350選 第3集 1957.11 p.159

◇シューリヒトの「第一」（今月のハイライト ベートーヴェンの交響曲）中村善吉 「ディスク」20巻15号 1957.12 p.18

◇マルケヴィッチの「エロイカ」（今月のハイライト ベートーヴェンの交響曲）宇野功芳「ディスク」20巻15号 1957.12 p.19

◇カラヤンの「第八」を中心に（今月のハイライト ベートーヴェンの交響曲）門馬直美「ディスク」20巻15号 1957.12 p.20

◇トスカニーニとワルターの「第九」（今月のハイライト ベートーヴェンの交響曲）大木正興 「ディスク」20巻15号 1957.12 p.22

◇セルとオーマンディの「第五」によせて（今月のハイライト ベートーヴェンの交響曲）村田武雄 「ディスク」20巻15号 1957.12 p.24

◇一枚に収つた二つの「第九」「ディスク」20巻15号 1957.12 p.72

◇来日も近いレオニード・コーガンの巧演 ベートーヴェンのヴァイオリン協奏曲（話題の新着LP試聴記）小林利之 「ディスク」21巻9号 1958.9 p.138

◇待望久しきカール・ベームと「第九」交響曲 門馬直美，佐川吉男 「ディスク」21巻10号 1958.10 p.36

◇ドイツのLP比較評（3）ベートーヴェンの「第七」交響曲 渡辺護 「ディスク」21巻10号 1958.10 p.54

◇ベートーヴェンの室内楽曲―私たちの音楽史 岩井宏之 「ディスク」21巻11号 1958.11 p.44

◇バリリ四重奏団のベートーヴェン全集（今月のLPハイライト）門馬直美 「ディスク」21巻12号 1958.12 p.34

戦前期　レコード音楽雑誌記事索引　405

◇ディスクLPライブラリー（7）ベートーヴェン
の交響曲（1）岡俊雄 「ディスク」21巻12号
1958.12 p.56

◇名曲診断室 ベートーヴェンのピアノ協奏曲の
比較 上野一郎 「ディスク」21巻12号 1958.
12 p.146

◇交響曲第三番「英雄」変ホ長調 作品五五
〈ベートーヴェン〉（名曲とレコード―交響
曲）宇野功芳 「ディスク」21巻13号 臨時増
刊 名曲とレコード 1958.12 p.36

◇交響曲第五番「運命」ハ短調 作品六七〈ベー
トーヴェン〉（名曲とレコード―交響曲）宇
野功芳 「ディスク」21巻13号 臨時増刊 名曲
とレコード 1958.12 p.37

◇交響曲第六番「田園」ヘ長調 作品六八〈ベー
トーヴェン〉（名曲とレコード―交響曲）宇
野功芳 「ディスク」21巻13号 臨時増刊 名曲
とレコード 1958.12 p.38

◇交響曲第九番「合唱」ニ短調 作品一二五
〈ベートーヴェン〉（名曲とレコード―交響
曲）宇野功芳 「ディスク」21巻13号 臨時増
刊 名曲とレコード 1958.12 p.40

◇ピアノ協奏曲第五番「皇帝」変ホ長調 作品七
三〈ベートーヴェン〉（名曲とレコード―協奏
曲）上野一郎 「ディスク」21巻13号 臨時増
刊 名曲とレコード 1958.12 p.53

◇ヴァイオリン協奏曲 ニ長調 作品六一〈ベー
トーヴェン〉（名曲とレコード―協奏曲）上
野一郎 「ディスク」21巻13号 臨時増刊 名曲
とレコード 1958.12 p.54

◇弦楽四重奏曲第四番 ヘ長調 作品一八の四
〈ベートーヴェン〉（名曲とレコード―室内楽
曲）中村善吉 「ディスク」21巻13号 臨時増
刊 名曲とレコード 1958.12 p.96

◇弦楽四重奏曲第七番「ラズモフスキー」ヘ長
調 作品五九の一〈ベートーヴェン〉（名曲とレ
コード―室内楽曲）中村善吉 「ディスク」
21巻13号 臨時増刊 名曲とレコード 1958.12
p.96

◇ロマンスト長調 作品四〇〈ベートーヴェン〉
（名曲とレコード―ヴァイオリン曲）中村善
吉 「ディスク」21巻13号 臨時増刊 名曲とレ
コード 1958.12 p.103

◇ロマンス ヘ長調 作品五〇〈ベートーヴェン〉
（名曲とレコード―ヴァイオリン曲）中村善
吉 「ディスク」21巻13号 臨時増刊 名曲とレ
コード 1958.12 p.103

◇ヴァイオリン奏鳴曲第九番「クロイツェル」
イ長調 作品四七〈ベートーヴェン〉（名曲とレ
コード―ヴァイオリン）中村善吉 「ディ
スク」21巻13号 臨時増刊 名曲とレコード
1958.12 p.104

◇ピアノ奏鳴曲第八番「悲愴」ハ短調 作品一三
〈ベートーヴェン〉（名曲とレコード―ピアノ
曲）中村善吉 「ディスク」21巻13号 臨時増
刊 名曲とレコード 1958.12 p.110

◇ピアノ奏鳴曲第一四番「月光」嬰ハ短調 作品
二七の二〈ベートーヴェン〉（名曲とレコード
―ピアノ曲）中村善吉 「ディスク」21巻13
号 臨時増刊 名曲とレコード 1958.12 p.111

◇ピアノ奏鳴曲第二三番「熱情」ヘ短調 作品五
七〈ベートーヴェン〉（名曲とレコード―ピア
ノ曲）中村善吉 「ディスク」21巻13号 臨時
増刊 名曲とレコード 1958.12 p.112

◇エリーゼのために〈ベートーヴェン〉（名曲と
レコード―ピアノ曲）中村善吉 「ディスク」
21巻13号 臨時増刊 名曲とレコード 1958.12
p.113

◇ディスクLPライブラリイ（8）ベートーヴェン
の交響曲（2）岡俊雄 「ディスク」22巻1号
1959.1 p.52

◇ベートーヴェンの弦楽四重奏曲（1）―私たち
の音楽史（第2期・7）岩井宏之 「ディスク」
22巻1号 1959.1 p.110

◇ベートーヴェンの弦楽四重奏曲（2）―私たち
の音楽史（第2期・8）岩井宏之 「ディスク」
22巻2号 1959.2 p.50

◇ディスクLPライブラリー（9）ベートーヴェン
の交響曲（3）岡俊雄 「ディスク」22巻2号
1959.2 p.54

◇ベートーヴェンの交響曲（4）ディスクLPライ
ブラリー（10）岡俊雄 「ディスク」22巻3号
1959.3 p.48

◇ベートーヴェン「後期の弦楽四重奏曲」（ハリ
ウッド四重奏団）（新着LP試聴室）厚木淳
「ディスク」22巻7号 1959.7 p.155

◇交響曲第二番 ニ長調 作品三六〈ベートーヴェ
ン〉（続・名曲とレコード―交響曲）宇野功
芳 「ディスク」22巻8号 臨時増刊 続・名曲
とレコード 1959.7 p.20

◇交響曲第四番 変ロ長調 作品六〇〈ベートー
ヴェン〉（続・名曲とレコード―交響曲）宇
野功芳 「ディスク」22巻8号 臨時増刊 続・
名曲とレコード 1959.7 p.21

◇交響曲第七番 イ長調 作品九二〈ベートーヴェ
ン〉（続・名曲とレコード―交響曲）宇野功
芳 「ディスク」22巻8号 臨時増刊 続・名曲
とレコード 1959.7 p.22

◇交響曲第八番 ヘ長調 作品九三〈ベートーヴェ
ン〉（続・名曲とレコード―交響曲）宇野功
芳 「ディスク」22巻8号 臨時増刊 続・名曲
とレコード 1959.7 p.23

◇ピアノ協奏曲第三番 ハ短調 作品三七〈ベー
トーヴェン〉（続・名曲とレコード―協奏曲）
杉浦繁 「ディスク」22巻8号 臨時増刊 続・
名曲とレコード 1959.7 p.45

◇ピアノ協奏曲第四番 ト長調 作品五八〈ベー
トーヴェン〉（続・名曲とレコード―協奏曲）
杉浦繁 「ディスク」22巻8号 臨時増刊 続・
名曲とレコード 1959.7 p.46

◇レオノーレ序曲第三番〈ベートーヴェン〉
（続・名曲とレコード―管弦楽曲）渡辺護,
長尾義弘, 宇野功芳 「ディスク」22巻8号 臨
時増刊 続・名曲とレコード 1959.7 p.61

作曲家　　　　　　　　　　　　　　人物文献目録　　　　　　　　　　　　ベートーヴェン

◇コリオラン序曲〈ベートーヴェン〉（続・名曲とレコード―管弦楽曲）渡辺護, 長尾義弘, 宇野功芳 「ディスク」22巻8号 臨時増刊 続・名曲とレコード 1959.7 p.62

◇「エグモント」序曲 作品五四〈ベートーヴェン〉（続・名曲とレコード―管弦楽曲）渡辺護, 長尾義弘, 宇野功芳 「ディスク」22巻8号 臨時増刊 続・名曲とレコード 1959.7 p.63

◇ピアノ三重奏曲 変ロ長調「太公」作品九七〈ベートーヴェン〉（続・名曲とレコード―室内楽曲）中村善吉 「ディスク」22巻8号 臨時増刊 続・名曲とレコード 1959.7 p.81

◇弦楽四重奏曲第一〇番 変ロ長調「ハープ」作品七四〈ベートーヴェン〉（続・名曲とレコード―室内楽曲）中村善吉 「ディスク」22巻8号 臨時増刊 続・名曲とレコード 1959.7 p.82

◇弦楽四重奏曲第一四番 嬰ハ短調 作品一三一〈ベートーヴェン〉（続・名曲とレコード―室内楽曲）中村善吉 「ディスク」22巻8号 臨時増刊 続・名曲とレコード 1959.7 p.83

◇弦楽四重奏曲第一五番 イ短調 作品一三二〈ベートーヴェン〉（続・名曲とレコード―室内楽曲）中村善吉 「ディスク」22巻8号 臨時増刊 続・名曲とレコード 1959.7 p.84

◇ヴァイオリン奏鳴曲第五番 ヘ長調「春」作品二四〈ベートーヴェン〉（続・名曲とレコード―ヴァイオリン曲）中村善吉 「ディスク」22巻8号 臨時増刊 続・名曲とレコード 1959.7 p.93

◇ピアノ奏鳴曲第二一番「ワルドシュタイン」ハ長調 作品五三〈ベートーヴェン〉（続・名曲とレコード―ピアノ曲）中村善吉 「ディスク」22巻8号 臨時増刊 続・名曲とレコード 1959.7 p.100

◇ピアノ奏鳴曲第二六番「告別」変ホ長調 作品八一a〈ベートーヴェン〉（続・名曲とレコード―ピアノ曲）中村善吉 「ディスク」22巻8号 臨時増刊 続・名曲とレコード 1959.7 p.101

◇ピアノ奏鳴曲第三一番 変イ長調 作品一一〇〈ベートーヴェン〉（続・名曲とレコード―ピアノ曲）中村善吉 「ディスク」22巻8号 臨時増刊 続・名曲とレコード 1959.7 p.102

◇アデライーデ〈ベートーヴェン〉（続・名曲とレコード―声楽曲）畑中良輔 「ディスク」22巻8号 臨時増刊 続・名曲とレコード 1959.7 p.114

◇ミサ・ソレムニス〈ベートーヴェン〉（続・名曲とレコード―宗教曲）宇野功芳 「ディスク」22巻8号 臨時増刊 続・名曲とレコード 1959.7 p.156

◇ベートーヴェン初期の「ピアノ奏鳴曲」（ギーゼキング）（新着LP試聴室）杉浦繁 「ディスク」22巻9号 1959.8 p.158

◇ミリオン・シリーズとフリッチャイの「第九」―千円盤めぐり（1）津田英夫 「ディスク」22巻11号 1959.10 p.130

◇風格を感じさせるワルターのベートーヴェン「第七」（新着LP試聴室）梅木香 「ディスク」22巻14号 1959.12 p.152

◇注目の海外盤―シュスターとヴューラーのベートーヴェン 井上頼豊 「ディスク」23巻1号 1960.1 p.156

◇ステレオできくフォルデスのベートーヴェン「熱情」（新着LP試聴室）飯田一夫 「ディスク」23巻1号 1960.1 p.164

◇ベートーヴェン年表 「ディスク」23巻2号 臨時増刊 ベートーヴェン 1960.1 p.22

◇ベートーヴェンの生涯 あらえびす 「ディスク」23巻2号 臨時増刊 ベートーヴェン 1960.1 p.29

◇ベートーヴェンの人物観 牛山充 「ディスク」23巻2号 臨時増刊 ベートーヴェン 1960.1 p.32

◇ベートーヴェンの作品展望 中村善吉 「ディスク」23巻2号 臨時増刊 ベートーヴェン 1960.1 p.40

◇交響曲 坩和昌夫 「ディスク」23巻2号 臨時増刊 ベートーヴェン 1960.1 p.44

◇序曲・管弦楽曲 宇野功芳 「ディスク」23巻2号 臨時増刊 ベートーヴェン 1960.1 p.65

◇協奏曲 大木正興 「ディスク」23巻2号 臨時増刊 ベートーヴェン 1960.1 p.70

◇弦楽四重奏曲 諸井三郎 「ディスク」23巻2号 臨時増刊 ベートーヴェン 1960.1 p.81

◇三重奏曲 有坂愛彦 「ディスク」23巻2号 臨時増刊 ベートーヴェン 1960.1 p.101

◇其の他の重奏曲 小林利之 「ディスク」23巻2号 臨時増刊 ベートーヴェン 1960.1 p.110

◇ヴァイオリン奏鳴曲 中村善吉 「ディスク」23巻2号 臨時増刊 ベートーヴェン 1960.1 p.115

◇チエロの作品 岡俊雄 「ディスク」23巻2号 臨時増刊 ベートーヴェン 1960.1 p.120

◇ピアノ奏鳴曲 青木謙幸 「ディスク」23巻2号 臨時増刊 ベートーヴェン 1960.1 p.124

◇其の他のピアノ曲 中村善吉 「ディスク」23巻2号 臨時増刊 ベートーヴェン 1960.1 p.141

◇歌曲 畑中更予 「ディスク」23巻2号 臨時増刊 ベートーヴェン 1960.1 p.145

◇歌劇 福原信夫 「ディスク」23巻2号 臨時増刊 ベートーヴェン 1960.1 p.158

◇宗教音楽 渡辺護 「ディスク」23巻2号 臨時増刊 ベートーヴェン 1960.1 p.164

◇レコード評 「ディスク」23巻2号 臨時増刊 ベートーヴェン 1960.1 p.173

◇作品表 「ディスク」23巻2号 臨時増刊 ベートーヴェン 1960.1 p.243

◇レコード表 「ディスク」23巻2号 臨時増刊 ベートーヴェン 1960.1 p.268

◇注目の海外盤―ヨッフムのベートーヴェン全集 宇野功芳 「ディスク」23巻4号 1960.3 p.152

◇注目の海外盤―オイストラッフのベートーヴェン 南春雄 「ディスク」23巻4号 1960.3 p.156

◇ハンガリア弦楽四重奏団のベートーヴェン後期の作品二つ（LP新譜ハイライト）井上頼豊 「ディスク」23巻5号 1960.4 p.34

◇ベートーヴェンのソナタとリヒター＝ハーザー（LP新譜ハイライト）梅木香 「ディスク」23巻5号 1960.4 p.36

◇ワルターのベートーヴェン全集外誌評 上野一郎 訳 「ディスク」23巻5号 1960.4 p.142

◇スターン新盤、ベートーヴェンのヴァイオリン協奏曲（新着LP試聴室）梅木香 「ディスク」23巻6号 1960.5 p.165

◇バックハウスの名演ベートーヴェンの「第一」（新着LP試聴室）松山弘 「ディスク」23巻6号 1960.5 p.166

◇ベートーヴェンの「英雄」交響曲（新着LP試聴室）宇野功芳 「ディスク」23巻7号 1960.6 p.112

◇最初にして最後となったコンビ ベイヌム・カザドゥジュのベートーヴェンの協奏曲 南春雄 「ディスク」23巻7号 1960.6 p.114

◇ベートーヴェン／交響曲第七番イ長調作品92／ショルティ～ウィーン・フィル（新着LP試聴室）宇野功芳 「ディスク」23巻8号 1960.7 p.112

◇ベートーヴェン／ヴァイオリン・ソナタ第一番、第九番／フランチェスカッティ（V）（新着LP試聴室）瀬音透 「ディスク」23巻8号 1960.7 p.117

◇ベートーヴェン／ヴァイオリン・ソナタ第九番「クロイツェル」／プロチェック（V）（新着LP試聴室）宇野功芳 「ディスク」23巻8号 1960.7 p.117

◇ベートーヴェン／「戦争交響曲」他／グールド～交響楽団（新着LP試聴室）岡俊雄 「ディスク」23巻9号 1960.8 p.110

◇ベートーヴェン／七重奏曲変ホ長調／ウィーン八重奏団（新着LP試聴室）杉浦繁 「ディスク」23巻9号 1960.8 p.115

◇ベートーヴェン／弦楽四重奏曲「ハープ」他／タトライ弦楽四重奏団（新着LP試聴室）薬科雅美 「ディスク」23巻9号 1960.8 p.116

◇ベートーヴェン 「第五」「第八」／マルケヴィッチ指揮（新着LP試聴室）梅木香 「ディスク」23巻10号 1960.9 p.108

◇ベートーヴェン「熱情」「ワルトシュタイン」／バックハウス（P）（新着LP試聴室）岡俊雄 「ディスク」23巻10号 1960.9 p.116

◇ピアノ三重奏曲第七番「太公」変ロ長調―ベートーヴェン（室内楽）中村善吉 「ディスク」23巻13号 増刊 新版名曲とレコード 下巻 1960.10 p.29

◇弦楽四重奏曲第四番ハ短調作品一八の四―ベートーヴェン（室内楽）坍和昌夫 「ディスク」23巻13号 増刊 新版名曲とレコード 下巻 1960.10 p.30

◇弦楽四重奏曲第七番「ラズモフスキー」―ベートーヴェン（室内楽）中村善吉 「ディスク」23巻13号 増刊 新版名曲とレコード 下巻 1960.10 p.31

◇弦楽四重奏曲第一〇番「ハープ」変ホ長調―ベートーヴェン（室内楽）中村善吉 「ディスク」23巻13号 増刊 新版名曲とレコード 下巻 1960.10 p.32

◇弦楽四重奏曲第一四番嬰ハ短調作品一三一―ベートーヴェン（室内楽）中村善吉 「ディスク」23巻13号 増刊 新版名曲とレコード 下巻 1960.10 p.33

◇弦楽四重奏曲第一五番イ短調作品一三二―ベートーヴェン（室内楽）中村善吉 「ディスク」23巻13号 増刊 新版名曲とレコード 下巻 1960.10 p.34

◇ヴァイオリン奏鳴曲第五番「春」―ベートーヴェン（ヴァイオリン曲）中村善吉 「ディスク」23巻13号 増刊 新版名曲とレコード 下巻 1960.10 p.60

◇ヴァイオリン奏鳴曲第九番「クロイツェル」―ベートーヴェン（ヴァイオリン曲）中村善吉 「ディスク」23巻13号 増刊 新版名曲とレコード 下巻 1960.10 p.61

◇ロマンス第一番 ト長調作品四〇―ベートーヴェン（ヴァイオリン曲）中村善吉 「ディスク」23巻13号 増刊 新版名曲とレコード 下巻 1960.10 p.62

◇ロマンス第二番 ヘ長調作品五〇―ベートーヴェン（ヴァイオリン曲）中村善吉 「ディスク」23巻13号 増刊 新版名曲とレコード 下巻 1960.10 p.62

◇ピアノ奏鳴曲第八番「悲愴」―ベートーヴェン（ピアノ曲）中村善吉 「ディスク」23巻13号 増刊 新版名曲とレコード 下巻 1960.10 p.80

◇ピアノ奏鳴曲第一四番「月光」―ベートーヴェン（ピアノ曲）中村善吉 「ディスク」23巻13号 増刊 新版名曲とレコード 下巻 1960.10 p.81

◇ピアノ奏鳴曲第二一番「ワルドシュタイン」―ベートーヴェン（ピアノ曲）中村善吉 「ディスク」23巻13号 増刊 新版名曲とレコード 下巻 1960.10 p.82

◇ピアノ奏鳴曲第二三番「熱情」―ベートーヴェン（ピアノ曲）中村善吉 「ディスク」23巻13号 増刊 新版名曲とレコード 下巻 1960.10 p.83

◇ピアノ奏鳴曲第二六番「告別」―ベートーヴェン（ピアノ曲）中村善吉 「ディスク」23巻13号 増刊 新版名曲とレコード 下巻 1960.10 p.84

◇ピアノ奏鳴曲第三一番変イ長調作品一一〇―ベートーヴェン（ピアノ曲）中村善吉 「ディスク」23巻13号 増刊 新版名曲とレコード 下巻 1960.10 p.85

◇エリーゼの為に―ベートーヴェン（ピアノ曲）中村善吉 「ディスク」23巻13号 増刊 新版名曲とレコード 下巻 1960.10 p.86

◇チェロ奏鳴曲 三番, 四番, 五番—ベートーヴェン（チェロ曲）中村善吉 「ディスク」23巻13号 増刊 新版名曲とレコード 下巻 1960.10 p.120

◇モーツァルトの魔笛の主題による七つの変奏曲—ベートーヴェン（チェロ曲）中村善吉 「ディスク」23巻13号 増刊 新版名曲とレコード 下巻 1960.10 p.122

◇アデライーデーベートーヴェン（歌曲）畑中良輔 「ディスク」23巻13号 増刊 新版名曲とレコード 下巻 1960.10 p.132

◇ミサ・ソレムニスーベートーヴェン（宗教曲）宇野功芳 「ディスク」23巻13号 増刊 新版名曲とレコード 下巻 1960.10 p.204

◇ベートーヴェン「第七交響曲イ長調」/セル指揮（新着LP試聴室）瀬音透 「ディスク」23巻14号 1960.11 p.118

◇ベートーヴェン「第四ピアノ協奏曲」/バレニチェック（P）（新着LP試聴室）坩和昌夫 「ディスク」23巻16号 1960.12 p.126

◇ベートーヴェン/ピアノ協奏曲第三番（ハスキル）（新着LP試聴室）浅井修一 「ディスク」24巻1号 1961.1 p.133

◇ベートーヴェンの「ピアノ協奏曲第一番」（フォルデス）（新着LP試聴室）杉浦繁 「ディスク」24巻2号 1961.2 p.110

◇ベートーヴェンの「ピアノ協奏曲第二番」（フィッシャー）（新着LP試聴室）岡俊雄 「ディスク」24巻2号 1961.2 p.110

◇ジャンドロンの奏くベートーヴェン, ブラームスのソナタ（新着LP試聴室）石川登志夫 「ディスク」24巻2号 1961.2 p.112

◇コンヴィッチュニーの指揮するベートーヴェンを聴く—第二・第七・第九・第一交響曲（新着LP試聴室）梅木香 「ディスク」24巻4号 1961.4 p.112

◇ベートーヴェン「交響曲第五番作品六七」（名曲ディスコグラフィ・3）杉浦繁 「ディスク」24巻4号 1961.4 p.126

◇〈悲愴ソナタ〉ベートーヴェン（特集 青春の歌—大作曲家の作品に青春の姿を求めて）増田隆昭 「ディスク」24巻8号 1961.8 p.78

◇近く発売される二つのベートーヴェン全集 交響曲全集（トップランク）岡俊雄 「ディスク」24巻10号 1961.9 p.92

◇近く発売される二つのベートーヴェン全集 ヴァイオリン奏鳴曲全集（グラモフォン）小林利之 「ディスク」24巻10号 1961.9 p.94

◇フェラのベートーヴェン奏鳴曲全集 坩和昌夫 「ディスク」24巻11号 1961.10 p.94

◇ベートーヴェン〈交響曲第七番イ長調〉, ベートーヴェン〈田園交響曲〉（特集 復刻された巨匠メンゲルベルクの名演を聴く）三井啓 「ディスク」24巻13号 1961.12 p.110

◇スメタナ四重奏曲のベートーヴェン（新着LP試聴室）村瀬淑子 「ディスク」25巻2号 1962.2 p.115

◇すべてはボンで始まった（特集 ベートーヴェンとピアノをめぐって）R・ランダン, 佐藤智 訳 「ディスク」25巻4号 1962.4 p.77

◇ベートーヴェンとピアノ（特集 ベートーヴェンとピアノをめぐって）渡辺護 「ディスク」25巻4号 1962.4 p.80

◇ベートーヴェンとピアノ・ソナタ（特集 ベートーヴェンとピアノをめぐって）矢島繁良 「ディスク」25巻4号 1962.4 p.83

◇シェベックのベートーヴェン・ピアノ曲集（新着LP試聴室）薬科雅美 「ディスク」25巻7号 1962.7 p.120

◇ハースの〈ベートーヴェン・三大ピアノ奏鳴曲〉（新着LP試聴室）岩井宏之 「ディスク」25巻9号 1962.9 p.113

◇新人マシューズの弾くベートーヴェン〈バガテル〉集（新着LP試聴室）岩井宏之 「ディスク」25巻10号 1962.10 p.152

◇ベートーヴェン〈第九交響曲〉（名曲鑑賞の手引き 3）日高詢 「ディスク」25巻12号 1962.12 p.126

◇歌劇〈フィデリオ〉（オペラへの招待（7））福原信夫 「ディスク」26巻1号 1963.1 p.118

◇〈ベートーヴェン・1〉（レコード・ファンのための音楽書（1））岩井宏之 「ディスク」26巻1号 1963.1 p.135

◇〈ベートーヴェン・2〉（レコード・ファンのための音楽書（2））岩井宏之 「ディスク」26巻2号 1963.2 p.81

◇人類の遺産, トスカニーニの〈フィデリオ〉（各社三月新譜速報と聴きもの）黒田恭一 「ディスク」26巻2号 1963.2 p.130

◇〈ベートーヴェン〉その3（レコード・ファンのための音楽書（3））岩井宏之 「ディスク」26巻3号 1963.3 p.97

◇オイストラフ, オボーリンのコンビによるベートーヴェンの全曲（各社四月新譜速報とその聴きもの）日比木伸一 「ディスク」26巻3号 1963.3 p.130

◇ベートーヴェンの交響曲とその伝統——九世紀の交響曲（1）—私たちの音楽史（第2期・50）岩井宏之 「ディスク」26巻4号 1963.4 p.124

◇リフテルの弾くベートーヴェンの〈第三協奏曲〉（各社9月新譜とその聴きもの）渡辺学而 「ディスク」26巻5号 1963.5 p.156

◇病に堪える勇気を与えてくれたベートーヴェンの「第九」（私の愛聴盤—読者随筆）佐藤真雄 「ディスク」26巻6号 1963.9 p.121

◇風雨の山で聴いたベートーヴェンの「第七」（私の愛聴盤—読者随筆）川西康之 「ディスク」26巻6号 1963.9 p.137

◇アメデウスのベートーヴェン〈作品18の1,2〉（各社10月新譜とその聴きもの）日比木伸一 「ディスク」26巻6号 1963.9 p.157

ベルリオーズ　　　　　　　　　　　人物文献目録　　　　　　　　　　作曲家

◇心を洗われたベートーヴェンの四重奏曲（私の愛聴盤）伊東一郎　「ディスク」26巻8号　1963.11 p.136

▷バーンステインのベートーヴェン「運命」他（各社12月新譜速報とその聴きもの）渡辺学而　「ディスク」26巻8号　1963.11 p.140

◇ハイフェッツ/ベイのベートーヴェン「ヴァイオリン・ソナタ」全曲（各社12月新譜速報とその聴きもの）上野晃　「ディスク」26巻8号　1963.11 p.146

◇「フィデリオ」の意味するもの（八つの舞台に聴いたもの―ベルリン・ドイツ・オペラ）岩井宏之　「ディスク」26巻9号　1963.12 p.90

◇無二の友，ベートーヴェンの四重奏曲（私の愛聴盤）高田万琴　「ディスク」26巻9号　1963.12 p.145

◇クライバーン/ライナーの新盤ベートーヴェンの「第四番」（各社二月新譜速報とその聴きもの）中川和義　「ディスク」27巻1号　1964.1 p.144

◇ゼルキンのベートーヴェン「三大ソナタ」の新盤（各社三月新譜速報とその聴きもの）中川和義　「ディスク」27巻2号　1964.2 p.144

◇フルトヴェングラー/シュナイダーハンのベートーヴェン「ヴァイオリン協奏曲」（各社五月新譜速報とその聴きもの）渡辺学而　「ディスク」27巻4号　1964.4 p.143

◇トスカニーニとフルトヴェングラー――二人の巨匠のベートーヴェン像　ピーター・P・ピリー，黒田美恵子 訳　「ディスク」27巻5号　1964.5 p.102

◇アメリカの若手によるブラームスとベートーヴェンのトリオ（各社六月新譜速報とその聴きもの）村上紀子　「ディスク」27巻5号　1964.5 p.153

◇ベートーヴェン 弦楽四重奏曲第一六番他　藤田晴子，桜庭昭治 録音評　「ディスク」27巻6号　1964.6 p.30

◇ベートーヴェンのヴァイオリン協奏曲（話題を呼ぶシゲティの復活）久保田良作　「ディスク」27巻9号　1964.9 p.60

◇ベートーヴェンのヴァイオリン奏鳴曲（話題を呼ぶシゲティの復活）兎束竜夫　「ディスク」27巻9号　1964.9 p.72

◇シュナーベルのベートーヴェン・ピアノ奏鳴曲全曲　渡辺護　「ディスク」27巻9号　1964.9 p.74

◇ベートーヴェンとモーツァルト（私の愛聴盤）赤塚尚武　「ディスク」28巻11号　1965.12 p.112

◇ベートーヴェン万才！（私の愛聴盤）赤塚尚武　「ディスク」29巻7号　1966.7 p.107

◇「英雄」（私の愛聴盤）「ディスク」29巻8号　1966.8 p.98

ベルリオーズ, エクトル

◇ベルリオーズの幻想交響曲（名曲解説）塩入亀輔　「レコード」2巻12号　1931.12 p.20

◇「幻想交響楽」の両解釈 鮎野行夫　「ディスク」4巻7号　1932.7 p.430

◇ベルリオーズ―音楽史的レコード蒐集（48）あらえびす　「レコード音楽」9巻1号　1935.1 p.6

◇素晴しい哉―幻想交響曲（上）近江屋清兵衛　「ディスク」8巻5号　1936.5 p.388

◇素晴らしい哉！幻想交響曲（中）近江屋清兵衛　「ディスク」8巻6号　1936.6 p.520

◇素晴らしい哉！幻想交響曲（下）近江屋清兵衛　「ディスク」8巻7号　1936.7 p.587

◇ベルリオーズ・ファンタスチック 藤木義輔　「レコード音楽」10巻11号　1936.11 p.70

◇ファウストの劫罰―ビクター蒐集クラブ四月新譜 藤田不二　「レコード音楽」11巻3号　1937.3 p.52

◇ベルリオーズの「ファウストの劫罰」のレコード 野村光一　「レコード音楽」11巻4号　1937.4 p.14

◇「フォーストの劫罰」―「ファウスト」の三大歌劇（其1）（レコード紹介）田中良雄　「レコード音楽」11巻4号　1937.4 p.16

◇仏蘭西楽界サ・エ・ラ（51）―ベルリオーヅの「フォーストの劫罰」を語る T・M生　「レコード音楽」11巻4号　1937.4 p.23

◇第八交響曲 ベルリオーズ，菅原明朗 訳　「レコード音楽」11巻5号　1937.5 p.25

◇試聴室―ベルリオ作「ベンヴェヌート・チェリーニ」序曲 桑野三平　「ディスク」10巻11号　1938.11 p.1111

◇ふらんす音楽 其2 ベルリオーズ 吉村昌光　「ディスク」11巻5号　1939.5 p.462

◇ドン・ジュアン ベルリオーズ，吉川淡水 訳　「レコード音楽」13巻5号　1939.5 p.53

◇演奏する権利がある（随筆）ベルリオーズ　「レコード音楽」14巻11号　1940.11 p.65

◇試聴室―ワルターと「幻想交響曲」田中良雄　「ディスク」13巻1号　1941.1 p.8

◇仏蘭西楽界サ・エ・ラ（97）―ベルリオーズの「幻想交響曲」を語る 松本太郎　「レコード音楽」15巻2号　1941.2 p.13

◇ベルリオーズの恋（上）植村敏夫　「レコード音楽」18巻8・9号　1948.9 p.26

◇ベルリオーズの恋（下）植村敏夫　「レコード音楽」18巻10号　1948.10 p.40

◇ファウストの劫罰 田中良雄　「ディスク」14巻3号　1951.11 p.199

◇ベルリオーズ ロメオとジュリエット（LP試聴記）小林利之　「ディスク」15巻12号　1952.11 p.1159

410　戦前期　レコード音楽雑誌記事索引

◇歴史的にみたベルリオーズのレクィエム―レクィエムの精神史的考察 野村良雄 「レコード音楽」23巻2号 1953.2 p.40

◇ベルリオーズのレクィエム―名曲鑑賞講座（6） 寺西春雄 「レコード音楽」23巻2号 1953.2 p.44

◇ベルリオーズの「鎮魂ミサ曲」―外誌から見た批評 上野一郎 「レコード音楽」23巻2号 1953.2 p.47

◇ベルリオーズの新しい解釈 清水脩 「ディスク」17巻1号 1954.1 p.18

◇「幻想」のLPは何を選ぶべきか―LP決定盤シリーズ（4）（海外LP試聴室） 田代秀穂 「ディスク」17巻7号 1954.7 p.62

◇レミントンの幻想交響曲（新着LP紹介） 今陶也 「ディスク」18巻5号 1955.4 p.140

◇マルケヴィッチの幻想交響曲 田代秀穂 「ディスク」18巻6号 1955.5 p.72

◇ベルリオーズの聖三部劇「キリストの幼時」（特集 宗教音楽とレコード） 繁沢保 「ディスク」18巻13号 1955.11 p.23

◇幻想交響曲〈ベルリオーズ〉（交響曲）「ディスク」19巻2号 臨時増刊 LP名曲100選 第1集 1956.1 p.31

◇イタリアのハロルド〈ベルリオーズ〉（管弦楽曲）「ディスク」19巻7号 臨時増刊 LP名曲100選 第2集 1956.5 p.40

◇ベルリオーズの幻想交響曲（LP名曲二〇選（2）） 伊藤道雄 「ディスク」20巻2号 1957.2 p.30

◇交響曲「イタリアのハロルド」―ベルリオーズ（今月の名曲物語） 荻原英彦 「ディスク」20巻4号 1957.4 p.160

◇幻想交響曲〈ベルリオーズ〉（交響曲）「ディスク」20巻8号 増刊 LP名曲350選 第1集 1957.7 p.45

◇イタリーのハロルド〈ベルリオーズ〉（管弦楽曲）「ディスク」20巻8号 増刊 LP名曲350選 第1集 1957.7 p.97

◇ベルリオーズの「キリストの幼時」 岡俊雄 「ディスク」21巻4号 1958.4 p.44

◇幻想交響曲 作品一四〈ベルリオーズ〉（名曲とレコード―交響曲） 宇野功芳 「ディスク」21巻13号 臨時増刊 名曲とレコード 1958.12 p.43

◇シェルヘンとベルリオーズ「鎮魂曲」 岡俊雄 「ディスク」22巻2号 1959.2 p.136

◇ベルリオーズの「幻想交響曲」の最新盤（ビーチャム）（新着LP試聴室） 岡俊雄 「ディスク」22巻9号 1959.8 p.152

◇マルティノンのベルリオーズ管弦楽名曲集をきく（新着LP試聴室） 津田英夫 「ディスク」22巻11号 1959.12 p.155

◇再吹込みしたクリュイタンスの「幻想交響曲」（新着LP試聴室） 梅木香 「ディスク」23巻4号 1960.3 p.160

◇ベルリオーズ/幻想交響曲作品16-A/モントゥー～ウィーン・フィル（新着LP試聴室） 杉浦繁 「ディスク」23巻8号 1960.7 p.112

◇ベルリオーズ「幻想交響曲」/オッテルロー指揮（新着LP試聴室） 梅木香 「ディスク」23巻10号 1960.9 p.109

◇ベルリオーズの「鎮魂ミサ曲」（各社秋の大作レコードを展望する） 岡俊雄 「ディスク」23巻12号 1960.10 p.26

◇ポール・パレー指揮する「幻想交響曲」（新着LP試聴室） 島田茂雄 「ディスク」24巻3号 1961.3 p.113

◇ベルリオーズの珍品（新着LP試聴室） 瀬音透 「ディスク」24巻6号 1961.6 p.101

◇〈幻想交響曲〉ベルリオーズ（特集 青春の歌―大作曲家の作品に青春の姿を求めて） 伊吹修 「ディスク」24巻8号 1961.8 p.80

◇オーマンディの新しい「幻想交響曲」（新着LP試聴室） 瀬音透 「ディスク」24巻10号 1961.9 p.118

◇ベルリオーズの〈幻想交響曲〉（名曲鑑賞の手引き・2） 日高詢 「ディスク」25巻11号 1962.11 p.126

◇アンチェルの〈ロメオとジュリエット〉（各社五月新譜速報とその聴きもの） 鈴木匡 「ディスク」26巻4号 1963.4 p.118

◇モントゥーの新録音〈ロメオとジュリエット〉（各社五月新譜速報とその聴きもの） 黒田恭一 「ディスク」26巻4号 1963.4 p.120

ヘンデル, ゲオルク・フリードリヒ

◇ハンデル伝（音楽物語） 光成信男 「音楽と蓄音機」10巻4号 1923.4 p.57

◇試聴室―「水の上の音楽」ものがたり 井上道雄 「ディスク」6巻2号 1934.2 p.70

◇レコード・フアンの控え帳（1）―ヘンデル覚え書 NKM 「ディスク」6巻5号 1934.5 p.312-318

◇ヘンデル曲「救世主」（名曲物語） 津川主一 「レコード音楽」9巻11号 1935.11 p.24

◇ヘンデル「メサイア」の全曲レコードを聴いて 村田武雄 「ディスク」7巻12号 1935.12 p.917

◇「救世主」の思い出 あらえびす 「レコード音楽」9巻12号 1935.12 p.6

◇ゲオルグ・フリードリッヒ・ヘンゲル ステファン・ゲオルギ, 松本正夫 訳 「レコード音楽」9巻12号 1935.12 p.25

◇組曲「王宮の花火の音楽」 面白誌 「レコード音楽」10巻3号 1936.3 p.23

◇ヘンデル散見（独逸音楽随筆集） 垪和昌夫 「ディスク」8巻7号 1936.7 p.593

◇ヘンデルの「組曲集」を讃ふ 杉浦繁 「ディスク」8巻9号 1936.9 p.770

◇カール・フレッシュのレコード——ヘンデル「提琴奏鳴曲第五番」 鈴木喜久雄 「ディスク」8巻11号 1936.11 p.971

◇ヘンデルのConcerti Grossi Op.6全曲 NKM 「ディスク」9巻7号 1937.7 p.621

◇ヘンデル集「組曲」集に就いて 青木謙幸 「ディスク」9巻8号 1937.8 p.735

◇ヘンデルの「ハープシュード組曲」 ウェストループ 「ディスク」9巻8号 1937.8 p.738

◇シゲテイのヘンデル「第四奏鳴曲」 鮎野行夫 「ディスク」9巻9号 1937.9 p.879

◇シゲッティの得意なヘンデルの「第四ソナタ」を聴く 村田武雄 「レコード音楽」11巻9号 1937.9 p.12

◇カサドゥスの編曲したヘンデルの「ヴィオラ協奏曲」を聴く 薬科雅美 「レコード音楽」11巻10号 1937.10 p.18

◇ヘンデルのコンチエルト・グロッソのレコード 編輯部 「ディスク」10巻10号 1938.10 p.992

◇ヘンデルのパレット——「コンチェルト・グロッソ」全曲レコードを聴く（試聴記） 村田武雄 「レコード音楽」12巻10号 1938.10 p.18

◇ヘンゲルの「複管絃協奏曲」と「火花の音楽」を聴く 村田武雄 「ディスク」11巻5号 1939.5 p.444

◇ヘンデルの「複合唱協奏曲」——ベンダの新盤（試聴記） 土屋忠雄 「レコード音楽」13巻5号 1939.5 p.16

◇試聴室——ヘンデルの「コンチェルト・グロッソ」作品六の五 柏木俊三 「ディスク」13巻4号 1941.4 p.317

◇名曲と名レコード その五——ヘンデルのクラヴサン組曲集 中村善吉 「ディスク」13巻10号 1941.10 p.941

◇音楽夜話——ヘンデル 柿沼太郎 「レコード文化」3巻5号 1943.5 p.21

◇音楽史的に観たピアノ・レコード（2）バッハとヘンデル 野村光一 「レコード音楽」17巻4号 1947.8 p.7

◇ヘンデルの「提琴奏鳴曲第四番」 杉浦繁 「ディスク」14巻2号 1951.10 p.143

◇ヘンデルの聴き方 森潤三郎 「ディスク」14巻4号 1951.12 p.273

◇ヘンデル オラトリオ「メシア」（クリスマスのL.P） 大木正興 「レコード音楽」22巻12号 1952.12 p.21

◇ヘンデルの「救世主」より「きよしこの夜」と「最初のクリスマス」（今月の音楽教室） 井上武士 「ディスク」16巻13号 1953.12 p.38

◇ベイヌムの新盤「水上の音楽」とハフナー交響曲 田代秀穂 「ディスク」17巻12号 1954.11 p.60

◇ヘンデルのコンチェルト・グロッソ（今月のLP） 岡俊雄 「ディスク」18巻4号 1955.3 p.60

◇ボイド・ニールの「水上の音楽」（新着LP紹介） 長島卓二 「ディスク」18巻9号 1955.7 p.118

◇ヘンデルの名作オルガン協奏曲 木村重雄 「ディスク」18巻10号 1955.8 p.62

◇ヘンデルの「救世主」への考察（特集 宗教音楽とレコード） サージェント，木村恒子 訳 「ディスク」18巻13号 1955.11 p.28

◇水上の音楽〈ヘンデル〉（管弦楽曲）「ディスク」19巻2号 臨時増刊 LP名曲100選 第1集 1956.1 p.44

◇ヘ長調のコンチェルト・グロッソ〈ヘンデル〉（協奏曲）「ディスク」19巻2号 臨時増刊 LP名曲100選 第1集 1956.1 p.78

◇聖譚曲「メシア」〈ヘンデル〉（声楽曲）「ディスク」19巻2号 臨時増刊 LP名曲100選 第1集 1956.1 p.128

◇胸をうつフェリアーの名唱 バッハ・ヘンデル・アリア集（今月のLPハイライト） 福原信夫 「ディスク」19巻4号 1956.3 p.114

◇コンチェルト・グロッソ ト短調〈ヘンデル〉（協奏曲）「ディスク」19巻7号 臨時増刊 LP名曲100選 第2集 1956.5 p.71

◇ヘンデル（1）大作曲家と音楽（18）（対談） 大宮真琴，佐藤景子 「ディスク」20巻7号 1957.7 p.146

◇コンチェルト・グロッソ第二番〈ヘンデル〉（管弦楽曲）「ディスク」20巻8号 増刊 LP名曲350選 第1集 1957.7 p.84

◇コンチェルト・グロッソ第六番〈ヘンデル〉（管弦楽曲）「ディスク」20巻8号 増刊 LP名曲350選 第1集 1957.7 p.86

◇水上の音楽〈ヘンデル〉（管弦楽曲）「ディスク」20巻8号 増刊 LP名曲350選 第1集 1957.7 p.86

◇王宮の花火の音楽〈ヘンデル〉（管弦楽曲）「ディスク」20巻8号 増刊 LP名曲350選 第1集 1957.7 p.88

◇ヘンデル（2）大作曲家と音楽（19）（対談） 大宮真琴，佐藤景子 「ディスク」20巻9号 1957.8 p.166

◇オーボエ協奏曲〈ヘンデル〉（協奏曲）「ディスク」20巻10号 増刊 名曲LP350選 第2集 1957.8 p.86

◇オルガン協奏曲 ト短調〈ヘンデル〉（協奏曲）「ディスク」20巻10号 増刊 名曲LP350選 第2集 1957.8 p.86

◇ヴァイオリン奏鳴曲第四番ニ長調〈ヘンデル〉（室内楽曲）「ディスク」20巻10号 増刊 名曲LP350選 第2集 1957.8 p.124

◇ヴァイオリン奏鳴曲第六番ホ長調〈ヘンデル〉（室内楽曲）「ディスク」20巻10号 増刊 名曲LP350選 第2集 1957.8 p.125

作曲家　　　　　　　　　　　　　人物文献目録　　　　　　　　　　　　マーラー

◇聖譚曲「救世主」〈ヘンデル〉（宗教曲）「ディスク」20巻10号 増刊 名曲LP350選 第2集 1957.8 p.170

◇フェリアー・バッハ・ヘンデル・リサイタル（歌劇アリア集）「ディスク」20巻14号 増刊 名曲LP350選 第3集 1957.11 p.116

◇「水上の音楽」組曲〈ヘンデル作曲・ハーティ編曲〉（名曲とレコード―管弦楽曲）小林利之 「ディスク」21巻13号 臨時増刊 名曲とレコード 1958.12 p.72

◇調子のいい鍛冶屋〈ヘンデル〉（名曲とレコード―ピアノ曲）中村善吉 「ディスク」21巻13号 臨時増刊 名曲とレコード 1958.12 p.109

◇聖譚曲「救世主」―ハレルヤ・コーラス〈ヘンデル〉（名曲とレコード―歌曲）渡辺護 「ディスク」21巻13号 臨時増刊 名曲とレコード 1958.12 p.120

◇ヘンデル「ヴァイオリン奏鳴曲」とヴィタリ「シャコンヌ」（ミルシテイン）（新着LP試聴室）埒和昌夫 「ディスク」22巻7号 1959.7 p.165

◇組曲「王宮の花火の音楽」〈ヘンデル〉（続・名曲とレコード―管弦楽曲）渡辺護, 長尾義弘, 宇野功芳 「ディスク」22巻8号 臨時増刊 続・名曲とレコード 1959.7 p.60

◇ヴァイオリン奏鳴曲第四番 ニ長調〈ヘンデル〉（続・名曲とレコード―ヴァイオリン曲）中村善吉 「ディスク」22巻8号 臨時増刊 続・名曲とレコード 1959.7 p.90

◇メサイア〈ヘンデル〉（続・名曲とレコード―宗教曲）宇野功芳 「ディスク」22巻8号 臨時増刊 続・名曲とレコード 1959.7 p.152

◇本物の花火の音を入れたヘンデルの「王宮の花火の音楽」（新着LP試聴室）杉浦繁 「ディスク」23巻1号 1960.1 p.162

◇ヘンデルのオラトリオ「メシア」（各社秋の大作レコードを展望する）（座談会）福原信夫, 大宮真琴, 岡俊雄 「ディスク」23巻12号 1960.10 p.32

◇ヘンデルのマスク「エイシスとガラテア」全曲 サザーランド (S) ピアース (T)（新着LP試聴室）薬科雅美 「ディスク」23巻12号 1960.10 p.121

◇ヴァイオリン奏鳴曲第四番 ニ調―ヘンデル（ヴァイオリン曲）中村善吉 「ディスク」23巻13号 増刊 新版名曲とレコード 下巻 1960.10 p.55

◇ヴァイオリン奏鳴曲第六番 ホ長調―ヘンデル（ヴァイオリン曲）埒和昌夫 「ディスク」23巻13号 増刊 新版名曲とレコード 下巻 1960.10 p.56

◇調子のいゝ鍛冶屋―ヘンデル（ピアノ曲）中村善吉 「ディスク」23巻13号 増刊 新版名曲とレコード 下巻 1960.10 p.78

◇ラールゴー歌劇「クセルクセス」より―ヘンデル（歌曲）小林利之 「ディスク」23巻13号 増刊 新版名曲とレコード 下巻 1960.10 p.130

◇メサイアーヘンデル（宗教曲）宇野功芳 「ディスク」23巻13号 増刊 新版名曲とレコード 下巻 1960.10 p.199

◇ヘンデルのオルガン協奏曲集（新着LP試聴室）杉浦繁 「ディスク」24巻3号 1961.3 p.116

◇ヘンデルとテレマンの室内ソナタ（新着LP試聴室）埒和昌夫 「ディスク」24巻4号 1961.4 p.115

◇セル指揮の〈水上の音楽〉の新録音（新着LP試聴室）紀長谷雄 「ディスク」25巻5号 1962.5 p.114

◇メニューインのヴィヴァルディ, バッハ, ヘンデル（各社四月新譜速報とその聴きもの）岩井宏之 「ディスク」26巻3号 1963.3 p.126

◇クレンペラー, ヘンデル「メサイア」録音風景 「ディスク」28巻10号 1965.11 p.114

マーラー, グスタフ

◇マーラーの「第二交響曲」（甦生）田中晴雲 「ディスク」9巻9号 1937.9 p.857

◇マーラーの「大地の歌」座談会 あらえびす, 中村善吉, 柳兼子, 有坂愛彦, 青木謙幸 「ディスク」11巻7号 1939.7 p.669

◇マーラーの「大地の歌」に就いて 野村光一 「レコード音楽」13巻8号 1939.8 p.30

◇マーラーへの検討 門馬直衛 「レコード音楽」15巻10号 1941.10 p.70

◇マーラーと歌曲 久保田公平 「レコード音楽」15巻10号 1941.10 p.79

◇マーラーの「第九交響曲」 中村善吉 「レコード文化」3巻6号 1943.6 p.15

◇グスタフ・マーラーのレコード（上）田代秀穂 「レコード音楽」19巻7号 1949.7 p.15

◇グスタフ・マーラーのレコード（下）田代秀穂 「レコード音楽」19巻8号 1949.8 p.16

◇マーラー 交響曲第四番ト長調（LP試聴記）小林利之 「ディスク」16巻4号 1953.3 p.272

◇マーラーの亡き児を偲ぶ歌（LP）田代秀穂 「ディスク」16巻7号 1953.6 p.586

◇ブラームス・ブルックナー・マーラーの交響曲―レコード蒐集第一課 (7) 大木正興 「レコード音楽」23巻5号・6号 1953.6 p.126

◇マーラーの名作「大地の歌」田代秀穂 「ディスク」18巻1号 1955.1 p.76

◇マーラーの第一交響曲について 田代秀穂 「ディスク」18巻12号 1955.10 p.26

◇イスラエル・フィルのマーラー「第九」（新着LP紹介）岡俊雄 「ディスク」18巻13号 1955.11 p.112

◇「大地の歌」―マーラーの人生への告別の辞とそのLP 田代秀穂 「ディスク」19巻3号 1956.2 p.60

◇フィッシャー・ディースカウのシューベルト「冬の旅」決定盤とフルトヴェングラーの共演マーラーの「さまよう若人の歌」（今月のLPハイライト）福原信夫 「ディスク」19巻5号 1956.4 p.120

◇大地の歌〈マーラー〉（声楽曲）「ディスク」19巻7号 臨時増刊 LP名曲100選 第2集 1956.5 p.128

◇ワルターとベイヌムのマーラー（今月のLPハイライト）宇野功芳 「ディスク」19巻8号 1956.6 p.116

◇交響曲第一番ニ長調〈マーラー〉（交響曲）「ディスク」20巻8号 増刊 LP名曲350選 第1集 1957.7 p.63

◇交響曲第四番ト長調〈マーラー〉（交響曲）「ディスク」20巻8号 増刊 LP名曲350選 第1集 1957.7 p.64

◇亡き子を偲ぶ歌〈マーラー〉（歌曲）「ディスク」20巻10号 増刊 名曲LP350選 第2集 1957.8 p.159

◇大地の歌〈マーラー〉（歌曲）「ディスク」20巻10号 増刊 名曲LP350選 第2集 1957.8 p.161

◇全訳マーラーの「大地の歌」 渡部恵一郎 「ディスク」21巻6号 1958.6 p.148

◇ワルターの指揮するマーラーの「復活」 岡俊雄 「ディスク」21巻10号 1958.10 p.134

◇交響曲第一番 ニ長調〈マーラー〉（続・名曲とレコード―交響曲）宇野功芳 「ディスク」22巻8号 臨時増刊 続・名曲とレコード 1959.7 p.32

◇交響曲第四番 ト長調〈マーラー〉（続・名曲とレコード―交響曲）宇野功芳 「ディスク」22巻8号 臨時増刊 続・名曲とレコード 1959.7 p.33

◇大地の歌〈マーラー〉（続・名曲とレコード―交響曲）宇野功芳 「ディスク」22巻8号 臨時増刊 続・名曲とレコード 1959.7 p.34

◇グスタフ・マーラーの交響曲とレコード―名曲診断室 上野一郎 「ディスク」22巻10号 1959.9 p.128

◇マーラーの「第四」を巧演のフリッツ・ライナー（新着LP試聴室）岡俊雄 「ディスク」23巻6号 1960.5 p.158

◇マーラー「第四交響曲」/バーンステイン指揮（新着LP試聴室）杉浦繁 「ディスク」23巻16号 1960.12 p.124

◇メンゲルベルクの名演, マーラーの交響曲第四番（新着LP試聴室）岡俊雄 「ディスク」24巻3号 1961.3 p.114

◇ワルターの三度目の「大地の歌」（マーラー）（新着LP試聴室）岡俊雄 「ディスク」24巻6号 1961.6 p.102

◇〈さすらう若人の歌〉マーラー（特集 青春の歌―大作曲家の作品に青春の姿を求めて）村瀬淑子 「ディスク」24巻8号 1961.8 p.83

◇ワルターの不滅の遺産, マーラーの〈第九交響曲〉（各社三月新譜速報と聴きもの）宇野功芳 「ディスク」26巻2号 1963.2 p.125

◇ハイティンク, コンセルトヘボウのマーラー〈第一交響曲〉（各社三月新譜速報と聴きもの）宇野功芳 「ディスク」26巻2号 1963.2 p.128

◇マーラー「第一交響曲」の見事な解釈（ブルーノ・ワルターのレコード この巨匠の遺した人類の遺産）ディヴィド・ホール, 野口英彦訳 「ディスク」26巻5号 1963.8 p.105

◇ヨッフムの指揮するマーラー「大地の歌」（各社二月新譜速報とその聴きもの）小林利之 「ディスク」27巻1号 1964.1 p.140

◇マーラーの交響曲「巨人」（私の愛聴盤）小山路男 「ディスク」27巻9号 1964.9 p.105

ムソルグスキー, モデスト・ペトローヴィチ

◇海外通信―シアリアピンのボリスゴドノフを聴く 加藤鋭伍 「ディスク」3巻4号 1931.4 p.300

◇〈楽譜〉展覧会の音画（ムツソルグスキー作曲）―レコード鑑賞楽譜 「レコード」2巻8号 1931.8 p.121

◇異盤感手記―交響楽（フランク作）・展覧会の絵（ムッソルグスキー作, 管弦楽編作ラヴェル）菅原明朗 「レコード音楽」6巻4号 1932.4 p.11

◇ムッソルグスキイ歌曲集（上）―ロオジングのレコードを中心として 中根宏 「レコード音楽」11巻1号 1937.1 p.18

◇ムッソルグスキイの歌曲とロージングを語る―座談会 鯨井孝, 中根宏, 柴田知常, 野村あらえびす, 寺島宏, 藤田不二 「レコード音楽」11巻1号 1937.1 p.24

◇ムッソルグスキイ歌曲集（下）―ロオジングのレコードを中心として 中根宏 「レコード音楽」11巻2号 1937.2 p.23

◇交響的綜成曲「ボリス・ゴトノフ」を聴いて 鮎野行夫 「ディスク」10巻6号 1938.6 p.543

◇交響楽的総合曲 "ボリス・ゴドゥノフ" 中根宏 「レコード音楽」12巻7号 1938.7 p.28

◇新に管絃楽化された組曲『展覧会の絵』のレコオドームウソルグスキイ生誕百年祭に際して（試聴記）中根宏 「レコード音楽」13巻3号 1939.3 p.14

◇シャリャピンの「ボリス」（試聴記）中根宏 「レコード音楽」13巻6号 1939.6 p.11

◇歌劇レコード研究―四つのボリス・コドゥノフ 寺井昭雄 「レコード音楽」22巻2号 1952.2 p.60

◇ムソルグスキー 展覧会の絵画（LP試聴記）松井丈夫 「ディスク」15巻7号 1952.7 p.737

◇レアリズム芸術の先駆者 ムソルグスキイ（特集 ムソルグスキイを識るために）井上頼豊 「ディスク」17巻6号 1954.6 p.14

作曲家　　　　　　　　　　　　　　　人物文献目録　　　　　　　　　　メンデルスゾーン

◇ムソルグスキイの歌曲の特質―「死の歌と踊り」を中心に（特集 ムソルグスキイを識るために）戸田邦雄　「ディスク」17巻6号　1954.6 p.20

◇ロシアの最も傑れたピアノ組曲「展覧会の絵を」巡つて（特集 ムソルグスキイを識るために）門馬直美　「ディスク」17巻6号　1954.6 p.24

◇ムソルグスキーの作品とLPレコード総覧（特集 ムソルグスキイを識るために）「ディスク」17巻6号　1954.6 p.27

◇ベンナリオの「展覧会の絵」（新着LP紹介）桃園春夫　「ディスク」18巻1号　1955.1 p.132

◇トスカニーニの展覧会の絵（新着LP紹介）田代秀穂　「ディスク」18巻2号　1955.2 p.125

◇アレキサンダー・キプニスの「ボリス」（新着LP紹介）佐々木行綱　「ディスク」18巻9号　1955.7 p.126

◇ユーゴー録音の「イーゴル公」と「ホヴァンシチーナ」（新着LP紹介）長島卓二　「ディスク」18巻13号　1955.11 p.114

◇展覧会の絵〈ムソルグスキー〉（管弦楽曲）「ディスク」19巻2号 臨時増刊 LP名曲100選 第1集　1956.1 p.54

◇「展覧会の絵」―音楽をきくために（2）門馬直美　「ディスク」19巻3号　1956.2 p.70

◇「展覧会の絵」のLP総まくり 桃園春夫　「ディスク」19巻3号　1956.2 p.74

◇マリーニンの「展覧会の絵」田村宏　「ディスク」19巻13号　1956.10 p.42

◇ムソルグスキー「ボリス・ゴドノフ」（今月の名曲解説物語）大宮真琴　「ディスク」20巻3号　1957.3 p.164

◇展覧会の絵画〈ムソルグスキー〉（管弦楽曲）「ディスク」20巻8号 増刊 LP名曲350選 第1集　1957.7 p.113

◇バッカウアーの「展覧会の絵」（今月のLPに聴く五人のピアニスト）藁科雅美　「ディスク」21巻4号　1958.4 p.22

◇展覧会の絵〈ムソルグスキー〉（名曲とレコード―管弦楽曲）佐川吉男　「ディスク」21巻13号 臨時増刊 名曲とレコード　1958.12 p.83

◇交響詩「禿山の一夜」〈ムソルグスキー〉（名曲とレコード―管弦楽曲）佐川吉男　「ディスク」21巻13号 臨時増刊 名曲とレコード　1958.12 p.84

◇蚤の歌〈ムソルグスキー〉（名曲とレコード―歌曲）渡辺護　「ディスク」21巻13号 臨時増刊 名曲とレコード　1958.12 p.127

◇名曲診断室 ショスタコーヴィッチの第十一交響曲 ボリス・クリストフの「ムソルグスキー歌曲全集」上野一郎　「ディスク」22巻3号　1959.3 p.152

◇ムソルグスキーの「展覧会の絵」（アントルモン：ピアノ）（新着LP試聴室）梅木香　「ディスク」22巻9号　1959.8 p.160

◇「展覧会の絵」にきくチェッコ・フィルの快演（ペドロッティ指揮）（新着LP試聴室）浅井修一　「ディスク」22巻14号　1959.12 p.155

◇チェコ・フィルの演奏した「展覧会の絵」藁科雅美　「ディスク」23巻3号　1960.2 p.22

◇ムソルグスキー「展覧会の絵」/アンセルメ指揮（新着LP試聴室）岡俊雄　「ディスク」23巻10号　1960.9 p.100

◇蚤の歌―ムソルグスキー（歌曲）渡辺護　「ディスク」23巻13号 増刊 新版名曲とレコード 下巻　1960.10 p.156

◇ムソルグスキー/展覧会の絵（サージェント指揮）（新着LP試聴室）島田茂雄　「ディスク」24巻1号　1961.1 p.130

◇ムソルグスキー歌曲大全集（特集 話題のレコード）畑中更予　「ディスク」24巻12号　1961.11 p.90

◇「ボリス・ゴドノフ」「売られた花嫁」の初日をきいて（グラビヤ特集 スラヴ・オペラ開幕）黒田恭一　「ディスク」28巻9号　1965.10 p.76

メンデルスゾーン, フェリックス

◇楽聖の少年時代 斎藤広三 訳　「音楽と蓄音機」12巻1号　1925.1 p.29

◇楽聖の少年時代―メンデルゾーン 斎藤広三 訳　「音楽と蓄音機」12巻2号　1925.2 p.19

◇メンデルスゾーン―音楽史的レコード蒐集（27）バッハよりシェンベルヒまで あらえびす　「レコード音楽」6巻4号　1932.4 p.4

◇メンデルスゾーン（2）音楽史的レコード蒐集（28）バッハよりシェンベルヒまで あらえびす　「レコード音楽」6巻5号　1932.5 p.39

◇メンデルスゾーン作交響曲第四番（名曲解説―五月新譜より）葉山竹夫　「レコード」3巻5号　1932.5 p.18

◇メンデルスゾーン（3）―音楽史的レコード蒐集（29）バッハよりシェンベルヒまで あらえびす　「レコード音楽」6巻6号　1932.6 p.4

◇メンデルスゾーン狂想的回旋曲 伊藤義雄　「レコード」4巻6号　1933.6 別冊附録

◇レコード音楽鑑賞楽譜（II）（2）メンデルスゾーン 無言歌 作品六十七ノ二「失はれた幻想」へ短調　「レコード音楽」7巻11号　1933.11 附録

◇聖曲「エリヤ」物語（名曲物語）津川主一　「レコード音楽」7巻12号　1933.12 p.98

◇試聴室―シゲテイの弾いたメンデルスゾーン 倉部讃　「ディスク」6巻3号　1934.3 p.138

◇クライスラーのメンデルスゾーン協奏曲を聴いて 村田武雄　「レコード音楽」9巻11号　1935.11 p.15

◇フエリックス・メンデルスゾーン年表　「ディスク」7巻12号　1935.12 p.897

◇メンデルスゾンの感想 大沼魯夫　「ディスク」7巻12号　1935.12 p.898

メンデルスゾーン　　　　　　　　人物文献目録　　　　　　　　作曲家

◇人間メンデルスゾーンと彼の音楽に就いて　堀江謙吉　「ディスク」7巻12号　1935.12　p.901

◇メンデルスゾンのレコード放談　井関富三　「ディスク」7巻12号　1935.12　p.907

◇フェリックス・メンデルスゾン作品表　編輯部　「ディスク」7巻12号　1935.12　p.911

◇メンデルスゾーンの「無言歌」其他　村田武雄　「レコード音楽」9巻12号　1935.12　p.20

◇クーレンカンプの演じたメンデルスゾーンの提琴協奏曲　野村光一　「レコード音楽」11巻9号　1937.9　p.10

◇メヌーインの弾いたメンデルスゾーンの協奏曲　柏木俊三　「ディスク」10巻12号　1938.12　p.1200

◇メヌーインの弾くメンデルスゾーンのヴァイオリン協奏曲（試聴記）友部美与子　「レコード音楽」12巻12号　1938.12　p.17

◇メンデルスゾーンの「洋琴協奏曲ト短調」（ドルフマン）―如是我聞　大岡昇平　「ディスク」12巻1号　1940.1　p.19

◇カザルストリオ演奏　ピアノ・トリオ（メンデルスゾーン）（洋楽名曲試聴評）呉泰次郎　「レコード」6巻2号　1940.2　p.10

◇メンデルスゾーンの交響曲―名盤案内（6）坪和昌夫　「レコード文化」3巻8号　1943.8　p.19

◇ハイフェッツの新盤を聴く―メンデルスゾオンのヴァイオリン協奏曲（新譜試聴記）田代秀穂　「レコード音楽」20巻8号　1950.8　p.15

◇二つの交響曲の新盤―海外盤（新譜評）大木正興　「レコード音楽」20巻9号　1950.9　p.12

◇トスカニーニの新盤―「真夏の夜の夢」と「スケエタア・ワルツ」（試聴記）田代秀穂　「レコード音楽」20巻11号　1950.11　p.16

◇「真夏の夜の夢」の音楽　マーセル・グリリ　「レコード音楽」21巻1号　1951.1　p.27

◇メンデルスゾーンの三重奏曲ニ短調（百万ドル・トリオを聴く）野村あらえびす　「レコード音楽」22巻7号　1952.7　p.19

◇メンデルスゾーン　提琴協奏曲ホ短調（LP試聴記）いしはら　「ディスク」16巻4号　1953.3　p.276

◇メンデルスゾーン　提琴協奏曲ニ短調（メヌーイン）（LP試聴記）いしはら　「ディスク」16巻6号　1953.5　p.495

◇新発見のメンデルスゾーン提琴協奏曲（話題のLP特集）西山広一　「レコード音楽」23巻5号・6号　1953.6　p.36

◇「真夏の夜の夢」の音楽　フリッチャイとベイヌムの新盤（十月の新譜批評）門馬直美　「ディスク」17巻11号　1954.10　p.58

◇フランチェスカッティ・メンデルスゾーンとチャイコフスキイ　志鳥栄八郎　「ディスク」18巻11号　1955.9　p.78

◇「真夏の夜の夢」の音楽〈メンデルスゾーン〉（管弦楽曲）「ディスク」19巻2号　臨時増刊LP名曲100選　第1集　1956.1　p.47

◇ホ短調ヴァイオリン協奏曲〈メンデルスゾーン〉（協奏曲）「ディスク」19巻2号　臨時増刊LP名曲100選　第1集　1956.1　p.91

◇イタリア交響曲〈メンデルスゾーン〉（交響曲）「ディスク」19巻7号　臨時増刊LP名曲100選　第2集　1956.5　p.26

◇スコットランド交響曲〈メンデルスゾーン〉（交響曲）「ディスク」19巻7号　臨時増刊LP名曲100選　第2集　1956.5　p.28

◇大作曲家と音楽（5）メンデルスゾーン（対談）大宮真琴，高瀬まり　「ディスク」19巻11号　1956.8　p.28

◇レコードに聴くメンデルスゾーンの名曲　小林利之　「ディスク」19巻11号　1956.8　p.37

◇メンデルスゾーンのヴァイオリン協奏曲（LP名曲二〇選（2））小林利之　「ディスク」20巻2号　1957.2　p.38

◇カンテルリとメンデルスゾーン（今月のLPハイライト）佐藤馨　「ディスク」20巻3号　1957.3　p.41

◇交響曲第三番イ短調（スコットランド）〈メンデルスゾーン〉（交響曲）「ディスク」20巻8号　増刊LP名曲350選　第1集　1957.7　p.47

◇交響曲第四番イ長調（イタリア）〈メンデルスゾーン〉（交響曲）「ディスク」20巻8号　増刊LP名曲350選　第1集　1957.7　p.49

◇交響曲第五番ニ長調（宗教改革）〈メンデルスゾーン〉（交響曲）「ディスク」20巻8号　増刊LP名曲350選　第1集　1957.7　p.50

◇フィンガルの洞窟〈メンデルスゾーン〉（管弦楽曲）「ディスク」20巻8号　増刊LP名曲350選　第1集　1957.7　p.98

◇真夏の夜の夢〈メンデルスゾーン〉（管弦楽曲）「ディスク」20巻8号　増刊LP名曲350選　第1集　1957.7　p.100

◇ヴァイオリン協奏曲ホ短調〈メンデルスゾーン〉（協奏曲）「ディスク」20巻10号　増刊　名曲LP350選　第2集　1957.8　p.65

◇ピアノ三重奏曲第一番ニ短調〈メンデルスゾーン〉（室内楽曲）「ディスク」20巻14号　増刊　名曲LP350選　第3集　1957.11　p.164

◇マルツのメンデルスゾーンを聴く　岩淵竜太郎　「ディスク」21巻1号　1958.1　p.21

◇メンデルスゾーンの「エリア」の新盤（ハイライト）福原信夫　「ディスク」21巻11号　1958.11　p.32

◇交響曲第四番「イタリア」イ長調　作品六〇〈メンデルスゾーン〉（名曲とレコード―交響曲）宇野功芳　「ディスク」21巻13号　臨時増刊　名曲とレコード　1958.12　p.44

◇ヴァイオリン協奏曲　ホ短調　作品六四〈メンデルスゾーン〉（名曲とレコード―協奏曲）上野一郎　「ディスク」21巻13号　臨時増刊　名曲とレコード　1958.12　p.56

作曲家　　　　　　　　　　　　　　人物文献目録　　　　　　　　　　　　モーツァルト

◇真夏の夜の夢〈メンデルスゾーン〉（名曲とレ
コード―管弦楽曲）小林利之「ディスク」
21巻13号 臨時増刊 名曲とレコード 1958.12
p.76

◇序曲「フィンガルの洞窟」〈メンデルスゾー
ン〉（名曲とレコード―管弦楽曲）長尾義弘
「ディスク」21巻13号 臨時増刊 名曲とレコー
ド 1958.12 p.77

◇歌のつばさにのりて 作品三四の二〈メンデル
スゾーン〉（名曲とレコード―歌曲）渡辺護
「ディスク」21巻13号 臨時増刊 名曲とレコー
ド 1958.12 p.124

◇交響曲第三番 イ短調「スコットランド」作品
五六〈メンデルスゾーン〉（続・名曲とレコー
ド―交響曲）宇野功芳「ディスク」22巻8号
臨時増刊 続・名曲とレコード 1959.7 p.25

◇無言歌集〈メンデルスゾーン〉（続・名曲とレ
コード―ピアノ曲）中村善吉「ディスク」
22巻8号 臨時増刊 続・名曲とレコード 1959.
7 p.104

◇ハイフェッツの最新録音―メンデルスゾー
ン・プロコフィエフ 兎束竜夫「ディスク」
22巻11号 1959.10 p.26

◇メンデルスゾーンの「スコットランド」=クレ
ツキーの快演（新着LP試聴室）梅木香
「ディスク」22巻13号 1959.11 p.164

◇スターンの再録音したメンデルスゾーン，
チャイコフスキー（新着LP試聴室）梅木香
「ディスク」22巻13号 1959.11 p.165

◇メンデルスゾーンの「ヴァイオリン協奏曲」
（カンポーリ）（新着LP試聴室）厚木淳
「ディスク」23巻3号 1960.2 p.167

◇ピアノ三重奏曲第一番ニ短調―メンデルス
ゾーン（室内楽）坩和昌夫「ディスク」23巻
13号 増刊 新版名曲とレコード 下巻 1960.10
p.38

◇無言歌集―メンデルスゾーン（ピアノ曲）中
村善吉「ディスク」23巻13号 増刊 新版名曲
とレコード 下巻 1960.10 p.89

◇歌のつばさにのりて 作品三四の二―メンデル
スゾーン（歌曲）渡辺護「ディスク」23巻13
号 増刊 新版名曲とレコード 下巻 1960.10
p.146

◇メンデルスゾーン「ヴァイオリン協奏曲」（名
曲ディスコグラフィー・1）杉浦繁「ディス
ク」24巻2号 1961.2 p.116

◇吹奏楽によるワーグナーとメンデルスゾーン
（新着LP試聴室）小林利之「ディスク」24
巻12号 1961.11 p.110

◇ヘブリディーズ群島の歌（新着LP試聴室）三
浦淳史「ディスク」25巻1号 1962.1 p.114

◇オールド・ヴィック座の〈真夏の夜の夢〉（新
譜ハイライト）三浦淳史「ディスク」25巻9
号 1962.9 p.116

◇シューベルト，メンデルスゾーンの器楽曲―
私たちの音楽史（第2期・45）岩井宏之
「ディスク」25巻9号 1962.9 p.122

モーツァルト, ヴォルフガング・アマデウス

◇〈楽譜〉モツアールト作 ハフナー交響曲アン
ダンテ（レコード鑑賞楽譜）「レコード」1巻1
号 1930.9 p.116

◇モツアルト其の他 江馬苅辺「ディスク」3
巻5号 1931.5 p.326

◇モツアルト ニ調四重奏曲とシベリウス 第二交
響曲（洋楽五月新譜批評）増沢健美「レコー
ド」2巻5号 1931.5 p.47

◇最近レコードに吹込まれたモーツアルトのコ
ンチエルト 橋詰生「レコード音楽」5巻7号
1931.7 p.15

◇カペーのモツアルト（洋楽七月新譜批評）
あらえびす「レコード」2巻7号 1931.7 p.39

◇モツアルト礼讃 松本太郎「レコード音楽」
5巻10号 1931.10 p.11

◇異盤感手記（2）交響楽ト短調（モツアールト
作）菅原明朗「レコード音楽」5巻10号
1931.10 p.12

◇〈楽譜〉「愛と云ふものを知れる御身は」（歌劇
「フイガロの結婚」モーツアルト曲）―レコー
ド鑑賞楽譜「レコード」2巻10号 1931.10
p.105

◇モツアルトの絃楽四重奏（洋楽・十一月新譜
評）菅原明朗「レコード」2巻11号 1931.11
p.26

◇モツアルトの「レクィエム」を聴く 津川主一
「レコード音楽」6巻1号 1932.1 p.40

◇モツアルトの鎮魂曲と戴冠弥撒 あらえびす
「レコード音楽」6巻1号 1932.1 p.46

◇モツアルトの鎮魂曲（1）神保環一郎「レ
コード音楽」6巻1号 1932.1 p.50

◇モーツアルトを語る 森潤三郎「ディスク」
4巻2号 1932.2 p.127

◇モツアルトの鎮魂曲（2）神保環一郎「レ
コード音楽」6巻2号 1932.2 p.32

◇モツアルトの戴冠弥撒曲 神保環一郎「レ
コード音楽」6巻5号 1932.5 p.60

◇モーツアルト作協奏曲変ホ調（名曲解説）葉
山竹夫「レコード」3巻9号 1932.9 p.20

◇〈楽譜〉モーツアルト作 董と少女―全曲（特別
附録 レコード鑑賞楽譜）「レコード」3巻10
号 1932.10 p.79

◇試聴室―モーツアルトの第七提琴協奏曲 倉
部讃「ディスク」4巻12号 1932.12 p.724

◇モーツアルトのフリュートコンツェルト 森
敏信「レコード」3巻12号 1932.12 p.27

◇モツァルトの管楽器十三重奏の小夜楽に就て
菅原明朗「レコード音楽」7巻2号 1933.2
p.6

◇PIANOFORTE SONATA OF HAYDN AND
MOZART 杉浦繁「ディスク」5巻5号
1933.5 p.318

◇モーツアルト協奏曲第七番ニ長調 白井椀々
「レコード」4巻6号 1933.6 別冊附録

モーツァルト　　　　　　　　　　　　　人物文献目録　　　　　　　　　　　作曲家

◇モーツァルト奏鳴曲ハ長調　伊藤義雄　「レコード」4巻6号　1933.6　別冊附録

◇モツァルトの奏鳴曲を聴く　池永昇二　「ディスク」5巻7号　1933.7　p.458

◇試聴室―モーツァルトのオーボー四重奏曲　井上道雄　「ディスク」5巻11号　1933.11　p.720

◇試聴室―モーツァルトの奏鳴曲考　井上道雄　「ディスク」6巻1号　1933.12　p.3

◇モツァルトの風変りのサンフォニー・コンセルタント（試聴記）須永克己　「レコード音楽」7巻12号　1933.12　p.34

◇ビーチャムの「ジュピター」出づ　「レコード音楽」8巻4号　1934.4　p.59

◇試聴室―新しい「ジュピター交響曲」雑感　鮎野行夫　「ディスク」6巻5号　1934.5　p.269

◇モツァルトの二重奏　林龍作　「レコード音楽」8巻6号　1934.6　p.15

◇モーツァルトの「ピアノ協奏曲ニ短調」を聴く　杉浦繁　「ディスク」6巻9号　1934.9　p.522

◇モーツァルトの「ト短調ピアノ四重奏曲」の感想　杉浦繁　「ディスク」6巻10号　1934.10　p.582

◇モーツァルトのイ調の「提琴協奏曲」　土沢一　「ディスク」6巻12号　1934.12　p.708

◇モーツァルトの変ホ長調交響曲　有坂愛彦　「レコード音楽」8巻12号　1934.12　p.30

◇モーツァルトの「変ホ長調交響曲」を聴く　深井史郎　「ディスク」7巻1号　1935.1　p.1

◇モーツァルトの「ヴィオラの五重奏曲」　杉浦繁　「ディスク」7巻1号　1935.1　p.9

◇メヌーキンの珍らしいモーツァルトのコンチエルト　鈴木鎮一　「ディスク」7巻2号　1935.2　p.76

◇モーツァルトの「絃楽四重奏曲ニ長調」を聴く　本来漠　「ディスク」7巻3号　1935.3　p.215

◇試聴室―新着レコードの印象―モーツァルトの「絃楽五重奏曲ハ長調」　青木謙幸，有島牧穂　「ディスク」7巻8号　1935.8　p.583

◇試聴室―新着レコードの印象―モーツァルト提琴協奏第四番　杉浦繁　「ディスク」7巻9号　1935.9　p.673

◇ケムブの新盤試聴偶感―モオツァルト「奏鳴曲イ長調三三一」　杉浦繁　「ディスク」7巻12号　1935.12　p.915

◇モオツァルトの室内楽（1）NKM「ディスク」8巻1号　1936.1　p.31

◇モーツァルトの室内楽（2）NKM「ディスク」8巻2号　1936.2　p.123

◇「フィガロの結婚」レコード―歌劇レコード連続講説（補遺）伊庭孝　「レコード音楽」10巻2号　1936.2　p.28

◇モーツァルトの室内楽（3）NKM「ディスク」8巻3号　1936.3　p.194

◇モーツァルトの室内楽（4）NKM「ディスク」8巻5号　1936.5　p.375

◇モーツァルトのピアノ協奏曲　林健太郎　「ディスク」8巻春期増刊　1936.6　p.7

◇モーツァルト「イ長調協奏曲」を中心に　高木東六　「ディスク」8巻7号　1936.7　p.580

◇モーツァルト断片（独逸音楽随筆集）城春光　「ディスク」8巻7号　1936.7　p.596

◇モーツァルトの室内楽（5）NKM「ディスク」8巻8号　1936.8　p.693

◇試聴室―最近の新盤二つを聴く―モーツァルト「提琴協奏曲ト長調」（K二一六）大西一正　「ディスク」8巻8号　1936.8　p.701

◇モーツァルトの室内楽（6）NKM「ディスク」8巻10号　1936.10　p.864

◇試聴室―モーツァルト「奏鳴曲」K二九六　井関富三　「ディスク」8巻10号　1936.10　p.888

◇カール・フレッシュのレコード―モツアルト「提琴奏鳴曲第十番」鈴木喜久雄　「ディスク」8巻11号　1936.11　p.969

◇モーツァルトの「フリュート協奏曲」坩和昌夫　「ディスク」8巻12号　1936.12　p.1060

◇モーツァルトの室内楽（7）NKM「ディスク」9巻2号　1937.2　p.111

◇モーツァルトの室内楽（8）NKM「ディスク」9巻3号　1937.3　p.210

◇試聴室―モーツァルトの「小夜曲」柏木俊三　「ディスク」9巻3号　1937.3　p.234

◇試聴室―モーツァルトの「四重奏曲変ホ長調」愚感　柏木俊三　「ディスク」9巻6号　1937.6　p.544

◇モーツァルト「変ホ長調洋琴協奏曲K二七一」杉浦繁　「ディスク」9巻7号　1937.7　p.631

◇モーツァルトの「フィガロの結婚」柏木俊三　「ディスク」9巻7号　1937.7　p.634

◇モーツァルト作「バズン協奏曲」試聴記　柏木俊三　「ディスク」9巻7号　1937.7　p.638

◇MOZARTの光　ボッショ，吉川淡水 訳　「レコード音楽」11巻7号　1937.7　p.29

◇モーツァルトニ長調「戴冠式」洋琴協奏曲を聴く　久礼伝三　「ディスク」9巻8号　1937.8　p.726

◇試聴室―モーツァルト「ピアノ・ソナタ変ホ調」K五七〇　林健太郎　「ディスク」9巻8号　1937.8　p.750

◇MOZARTの光（承前）ボッショ，吉川淡水 訳　「レコード音楽」11巻8号　1937.8　p.19

◇MOZARTの光（第2章）ボッショ，吉川淡水 訳　「レコード音楽」11巻10号　1937.10　p.36

◇MOZARTの光（第2章・承前2）ボッショ，吉川淡水 訳　「レコード音楽」11巻11号　1937.11　p.48

◇モーツァルト「提琴協奏曲 第三番」井関富三　「ディスク」9巻12号　1937.12　p.1158

◇試聴室―ブルノ・ワルターの「プラーグ交響曲」柏木俊三　「ディスク」9巻12号　1937.12　p.1180

作曲家　　　　　　　　　　　　　人物文献目録　　　　　　　　　　　　モーツァルト

◇モーツァルトの交響曲ニ長調（K504）水野忠恂　「レコード音楽」11巻12号 1937.12 p.20

◇MOZARTの光（第2章・承前3）ボッショ，吉川淡水 訳 「レコード音楽」11巻12号 1937.12 p.35

◇プラーグ交響曲の印象 あらえびす 「ディスク」10巻1号 1938.1 p.14

◇プラーグ交響曲とワルター（試聴記）野村光一 「レコード音楽」12巻1号 1938.1 p.16

◇MOZARTの光（第2章・完）ボッショ，吉川淡水 訳 「レコード音楽」12巻1号 1938.1 p.32

◇モーツァルトの「クラリネット五重奏曲」を聴く 中村善吉 「ディスク」10巻2号 1938.2 p.104

◇モーツァルトの参考文献の中から 志賀一音 「ディスク」10巻2号 1938.2 p.133

◇ギーゼキングの弾いたモーツァルト「奏鳴曲変ロ長調」K570（試聴記）松岡清堯 「レコード音楽」12巻2号 1938.2 p.18

◇MOZARTの光（第3章）ボッショ，吉川淡水訳 「レコード音楽」12巻2号 1938.2 p.50

◇MOZARTの光（第3章・完）ボッショ，吉川淡水 訳 「レコード音楽」12巻3号 1938.3 p.32

◇フルトヴェングラーとモーツァルトのセレナード 井関富三 「ディスク」10巻4号 1938.4 p.326

◇フルトヴェングラァのモーツァルト「小夜曲」を聴く（試聴記）村田武雄 「レコード音楽」12巻4号 1938.4 p.20

◇MOZARTの光（註解）（完）ボッショ，吉川淡水 訳 「レコード音楽」12巻4号 1938.4 p.40

◇モーツァルト歌劇協会レコード 田中晴雲 「ディスク」10巻6号 1938.6 p.520

◇大牢の滋味─「フィガロの結婚」の金字塔盤（試聴記）牛山充 「レコード音楽」12巻6号 1938.6 p.22

◇生きてゐる偉大なるモーツァルト（上）P・ジャン・ジュウヴ，指宿昭彦 訳 「レコード音楽」12巻6号 1938.6 p.35

◇生きてゐる偉大なるモーツァルト（下）P・ジャン・ジュウヴ，指宿昭彦 訳 「レコード音楽」12巻7号 1938.7 p.29

◇対話「モーツァルト・シムフォニー」有島牧穂 「ディスク」10巻8号 1938.8 p.745

◇モーツァルトの歌劇と「フィガロの結婚」松本太郎 「レコード音楽」12巻8号 1938.8 p.24

◇Mozartの『百の作品』に就いて ボッショ，吉川淡水 訳 「レコード音楽」12巻8号 1938.8 p.33

◇「モーツァルト歌劇協会」レコード（2）田中晴雲 「ディスク」10巻9号 1938.9 p.885

◇モーツァルトの傑作喜歌劇「コジ・ファン・トゥッテ」（試聴記）牛山充 「レコード音楽」12巻9号 1938.9 p.18

◇遂に出たジュピターの決定盤 榎本笋 「ディスク」10巻12号 1938.12 p.1189

◇同人合評─テイボーの弾くモーツァルトの「ロンド」青木，榎本，柏木 「ディスク」10巻12号 1938.12 p.1227

◇「ジュピター交響曲」の新盤（試聴記）有坂愛彦 「レコード音楽」12巻12号 1938.12 p.15

◇燦然たる合奏 クラウスとゴールドベルク（試聴記）藤田不二 「レコード音楽」13巻1号 1939.1 p.16

◇モーツァルト歌劇協会「ドン・ジオヴァンニ」田中晴雲 「ディスク」11巻2号 1939.2 p.142

◇歌劇「ドン・ヂォヴァンニ」（上）（試聴記）有坂愛彦 「レコード音楽」13巻2号 1939.2 p.51

◇モーツァルト作「絃五重奏曲ニ長調」K五九三 柏木俊三 「ディスク」11巻3号 1939.3 p.244

◇モーツァルトの「ピアノ四重奏曲ト短調」（第四回 ディスク懸賞論文発表）清水梓 「ディスク」11巻3号 1939.3 p.278

◇歌劇「ドン・ヂォヴァンニ」（中）（試聴記）有坂愛彦 「レコード音楽」13巻3号 1939.3 p.43

◇ベリソンとロート四重奏団との合奏になるモーツァルトの五重奏曲を聴く（試聴記）藤田不二 「レコード音楽」13巻4号 1939.4 p.18

◇歌劇「ドン・ヂォヴァンニ」（試聴記）有坂愛彦 「レコード音楽」13巻4号 1939.4 p.67

◇モーツァルトに於けるワルターの観念とピアニズム 志賀一音 「ディスク」11巻6号 1939.6 p.558

◇モオツァルトに就いて エドヴィン・フィッシャー 「ディスク」11巻6号 1939.6 p.583

◇モーツァルト歌劇協会「魔笛」全曲 田中晴雲 「ディスク」11巻7号 1939.7 p.637

◇モーツァルトの洋琴協奏曲を聴く 柏木俊三 「ディスク」11巻7号 1939.7 p.656

◇モーツァルトの「ディヴェルティメント変ホ長調」柏木俊三 「ディスク」11巻8号 1939.8 p.756

◇モーツァルトの「提琴協奏曲第五番」杉浦繁 「ディスク」11巻8号 1939.8 p.759

◇モーツァルトの絃楽三重奏曲─ディヴェルティメント変ホ調K五六三（試聴記）村田武雄 「レコード音楽」13巻8号 1939.8 p.95

◇クライスラーのモーツァルト「第四提琴協奏曲」久礼伝三 「ディスク」11巻10号 1939.10 p.958

◇モーツァルト年表 「ディスク」11巻臨時増刊 ディスク叢書第二輯 モーツァルト特輯号 1939.12 p.2

戦前期　レコード音楽雑誌記事索引　　419

◇モーツァルト礼讃 あらえびす 「ディスク」11巻臨時増刊 ディスク叢書第二輯 モーツァルト特輯号 1939.12 p.8

◇モーツァルトの人物観 青木謙幸 「ディスク」11巻臨時増刊 ディスク叢書第二輯 モーツァルト特輯号 1939.12 p.13

◇モーツァルトの芸術 中村善吉 「ディスク」11巻臨時増刊 ディスク叢書第二輯 モーツァルト特輯号 1939.12 p.24

◇古典とソナタ形式 志賀一音 「ディスク」11巻臨時増刊 ディスク叢書第二輯 モーツァルト特輯号 1939.12 p.43

◇交響曲（モーツァルト 作品とディスク賞レコード）坩和昌夫 「ディスク」11巻臨時増刊 ディスク叢書第二輯 モーツァルト特輯号 1939.12 p.51

◇序曲・管絃楽曲（モーツァルト 作品とディスク賞レコード）城島昶 「ディスク」11巻臨時増刊 ディスク叢書第二輯 モーツァルト特輯号 1939.12 p.71

◇洋琴協奏曲（モーツァルト 作品とディスク賞レコード）志賀一音 「ディスク」11巻臨時増刊 ディスク叢書第二輯 モーツァルト特輯号 1939.12 p.89

◇提絃協奏曲（モーツァルト 作品とディスク賞レコード）杉浦繁 「ディスク」11巻臨時増刊 ディスク叢書第二輯 モーツァルト特輯号 1939.12 p.113

◇其他の協奏曲（モーツァルト 作品とディスク賞レコード）杉浦繁 「ディスク」11巻臨時増刊 ディスク叢書第二輯 モーツァルト特輯号 1939.12 p.123

◇五重奏曲（モーツァルト 作品とディスク賞レコード）林健太郎 「ディスク」11巻臨時増刊 ディスク叢書第二輯 モーツァルト特輯号 1939.12 p.127

◇絃楽四重奏曲（モーツァルト 作品とディスク賞レコード）志賀一音 「ディスク」11巻臨時増刊 ディスク叢書第二輯 モーツァルト特輯号 1939.12 p.131

◇洋琴三重奏曲（モーツァルト 作品とディスク賞レコード）柏木俊三 「ディスク」11巻臨時増刊 ディスク叢書第二輯 モーツァルト特輯号 1939.12 p.143

◇提琴奏鳴曲（モーツァルト 作品とディスク賞レコード）柏木俊三 「ディスク」11巻臨時増刊 ディスク叢書第二輯 モーツァルト特輯号 1939.12 p.148

◇其他の室内楽（モーツァルト 作品とディスク賞レコード）中村善吉 「ディスク」11巻臨時増刊 ディスク叢書第二輯 モーツァルト特輯号 1939.12 p.164

◇洋琴奏鳴曲（附幻想曲）（モーツァルト 作品とディスク賞レコード）柏木俊三 「ディスク」11巻臨時増刊 ディスク叢書第二輯 モーツァルト特輯号 1939.12 p.168

◇歌謡曲（モーツァルト 作品とディスク賞レコード）青木謙幸 「ディスク」11巻臨時増刊 ディスク叢書第二輯 モーツァルト特輯号 1939.12 p.177

◇歌劇（モーツァルト 作品とディスク賞レコード）田中晴雲 「ディスク」11巻臨時増刊 ディスク叢書第二輯 モーツァルト特輯号 1939.12 p.183

◇宗教音楽（モーツァルト 作品とディスク賞レコード）その・すゝむ 「ディスク」11巻臨時増刊 ディスク叢書第二輯 モーツァルト特輯号 1939.12 p.217

◇雑の部（モーツァルト 作品とディスク賞レコード）杉島繁 「ディスク」11巻臨時増刊 ディスク叢書第二輯 モーツァルト特輯号 1939.12 p.251

◇作品表及びレコード（モーツァルト 作品とディスク賞レコード）奥谷公幸 「ディスク」11巻臨時増刊 ディスク叢書第二輯 モーツァルト特輯号 1939.12 p.252

◇ワルターの弾いたモーツァルトのニ短調ピアノ協奏曲（試聴記）野村光一 「レコード音楽」13巻12号 1939.12 p.11

◇ワルターのピアノ協奏曲ニ短調（モツアルト）（洋楽名曲レコード聴評）呉泰次郎 「レコード」5巻4号 1939.12 p.35

◇クライスラーのヴァイオリン協奏曲 第四番（モツアルト）（洋楽名曲レコード聴評）牛山充 「レコード」5巻4号 1939.12 p.38

◇ヴァイオリン協奏曲 第四番 モーツアルト曲 Kニ一八番 「レコード」5巻4号 1939.12 別冊附録

◇トスカニーニのモーツァルト「ト短調交響曲」坩和昌夫 「ディスク」12巻2号 1940.2 p.109

◇トスカニーニによるモーツァルトの「ト短調」を聴いて（トスカニーニ指揮「ト短調交響曲」）小山徳彦 「ディスク」12巻3号 1940.3 p.209

◇トスカニーニのモーツァルト「ト長調交響曲」（試聴記）村田武雄 「レコード音楽」14巻3号 1940.3 p.10

◇満足され難いモーツァルト 野村光一 「レコード音楽」14巻3号 1940.3 p.26

◇モーツァルトとそのト短調交響曲 水野忠恂 「レコード音楽」14巻3号 1940.3 p.37

◇モーツァルトとその交響曲（1）陶野重雄 「レコード音楽」14巻3号 1940.3 p.123

◇パーセル作「管絃組曲」モーツァルト作・「ヴァイオリン奏鳴曲 K三七八」―如是我聞 柏木俊三 「ディスク」12巻4号 1940.4 p.328

◇モーツァルトのヴァイオリン・ピアノ・ソナタ（試聴記）水野忠恂 「レコード音楽」14巻4号 1940.4 p.16

◇テレフンケンの「魔笛」と「エグモント」序曲―短評・紹介 藤田不二 「レコード音楽」14巻4号 1940.4 p.52

作曲家　　　　　　　　　　　　人物文献目録　　　　　　　　　　　　モーツァルト

◇モーツァルトとその交響曲（2）陶野重雄
「レコード音楽」14巻4号 1940.4 p.103

◇モーツァルトとその交響曲（3）陶野重雄
「レコード音楽」14巻5号 1940.5 p.113

◇「魔笛」序曲（モーツァルト曲）（洋楽名曲試
聴評）岡山東 「レコード」6巻4号 1940.5
p.63

◇交響曲「ハフナー」（モーツァルト曲）（洋楽
名曲試聴評）玉野三平 「レコード」6巻4号
1940.5 p.73

◇モーツァルトとその交響曲（4）陶野重雄
「レコード音楽」14巻6号 1940.6 p.93

◇シュナーベルの弾いたモーツァルトの「ピア
ノ奏鳴曲イ短調」柏木俊三 「ディスク」12
巻7号 1940.7 p.630

◇シュナーベルの弾くモーツァルトの奏鳴曲イ
短調（試聴記）長島卓二 「レコード音楽」14
巻7号 1940.7 p.20

◇モーツァルトとその交響曲（5）陶野重雄
「レコード音楽」14巻7号 1940.7 p.59

◇モーツァルトとその交響曲（6）陶野重雄
「レコード音楽」14巻8号 1940.8 p.43

◇ゲーテとモーツァルト 尾崎宏次訳 「レコー
ド」6巻7号 1940.8 p.63

◇「アイネ・クライネ・ナハトムジーク」の新盤
桑野三平 「ディスク」12巻9号 1940.9 p.836

◇試聴室—モーツァルトの「デイヴェルテイメ
ント」第十五番・シューベルトの「アンダン
テイノと変奏曲」大岡昇平 「ディスク」12
巻9号 1940.9 p.843

◇ベームの「夜曲」（モーツァルト曲）（洋楽名
曲レコード評）岡山東 「レコード」6巻8号
1940.9 p.63

◇試聴室—ティボオの奏いたモーツァルトの提
琴協奏曲 中村善吉 「ディスク」12巻10号
1940.10 p.949

◇嬉遊曲 第十五番（モーツァルト曲）（洋楽名曲
レコード評）鷹野三郎 「レコード」6巻9号
1940.10 p.33

◇提琴協奏曲 変ホ長調（モーツァルト曲）（洋楽
名曲レコード評）根岸浩 「レコード」6巻9
号 1940.10 p.44

◇試聴室—クラウスの弾いたモーツァルトの洋
琴協奏曲 大岡昇平 「ディスク」12巻11号
1940.11 p.1066

◇リリー・クラウス独奏 ピアノ協奏曲 K四五六
変ロ長調（モーツァルト作品）（洋楽名曲レ
コード評）鷹野三郎 「レコード」6巻10号
1940.11 p.62

◇試聴室—ゼルキンの弾いたモーツァルトの
「ピアノ協奏曲」高木東六 「ディスク」12巻
12号 1940.12 p.1152

◇試聴室—モーツァルトの「パリ交響曲」田中
良雄 「ディスク」13巻2号 1941.2 p.112

◇ビーチャム指揮 交響曲第三十一番—巴里
（モーツァルト作品）（洋楽名曲レコード評）
土屋忠雄 「レコード」7巻2号 1941.2 p.34

◇交響曲「ハフナー」モオツァルト作曲 「レ
コード」7巻3号 1941.3 別冊総譜

◇試聴室—モーツァルト作「提琴奏鳴曲 変ホ長
調」大岡昇平 「ディスク」13巻4号 1941.4
p.315

◇モオツアルト小論 野上孝一郎 「レコード」
7巻4号 1941.5 p.62

◇試聴室—モーツァルト作「嬉遊曲ヘ長調」大
岡昇平 「ディスク」13巻6号 1941.6 p.527

◇オルマンデイ指揮 嬉遊曲第十番（モオツアル
ト曲）（名曲レコード情報）清水守 「レコー
ド」7巻5号 1941.6 p.48

◇感激して聴いた「リクエム」と「シェロモ」
藤田不二 「レコード音楽」15巻7号 1941.7
p.99

◇洋琴協奏曲第二十四番（モーツァルト）カザデ
シュース独奏（名曲レコード情報）牛山充
「レコード」7巻6号 1941.8 p.23

◇名曲と名レコード その5—モーツァルトの絃
四重奏曲 ハ長調 柏木俊三 「ディスク」13巻
10号 1941.10 p.945

◇モーツァルト礼讃 中村善吉 「レコード文
化」1巻2号 1941.12 p.33

◇名曲と名盤—モーツァルトの三大交響曲 坩
和昌夫 「レコード文化」2巻4号 1942.4 p.14

◇モーツァルトの交響曲—名盤案内（2）柏木俊
三 「レコード文化」2巻5号 1942.5 p.42

◇音楽夜話—モーツァルト 柿沼太郎 「レコー
ド文化」2巻7号 1942.7 p.28

◇モーツァルトの病因 吉川淡水訳 「レコード
文化」3巻8号 1943.8 p.7

◇音楽史的に観たピアノ・レコード（4）ハイド
ンとモーツァルト 野村光一 「レコード音
楽」17巻6号 1947.12 p.6

◇モーツァルトを聴く—レコードのある部屋
（5）村田武雄 「レコード音楽」18巻1号
1948.1 p.5

◇音楽史的に観たピアノ・レコード〔5〕—モー
ツアルト（承前）野村光一 「レコード音楽」
18巻1号 1948.1 p.8

◇「フイガロの婚礼」の音楽の意図について 菅
原明朗 「レコード音楽」18巻8・9号 1948.9
p.6

◇トスカニーニの「ジュピター」を聴く（海外
盤試聴記）大木正興 「レコード音楽」19巻
12号 1948.12 p.30

◇モーツアルトの手法と様式（特輯 モーツァル
トの音楽 其一）菅原明朗 「レコード音楽」
21巻3号 1951.3 p.6

◇モーツアルトの交響曲（特輯 モーツァルトの
音楽 其一）木村重雄 「レコード音楽」21巻
3号 1951.3 p.11

戦前期　レコード音楽雑誌記事索引　421

◇モーツァルトの室内楽（特輯 モーツァルトの音楽 其一）柴田南雄 「レコード音楽」21巻3号 1951.3 p.20

◇人間モーツァルト（特輯 モーツァルトの音楽 其一）野村光一 「レコード音楽」21巻3号 1951.3 p.24

◇ザルツブルグの思い出（特輯 モーツァルトの音楽 其一）徳永康元 「レコード音楽」21巻3号 1951.3 p.27

◇ロココということ（特輯 モーツァルトの音楽 其一）日向素郎 「レコード音楽」21巻3号 1951.3 p.30

◇モーツァルト随想（特輯 モーツァルトの音楽 其二）レオニード・クロイツアー 「レコード音楽」21巻5号 1951.5 p.6

◇モーツァルト協奏曲（1）（特輯 モーツァルトの音楽 其二）木村重雄 「レコード音楽」21巻5号 1951.5 p.11

◇楽聖モーツァルトを訪ねて―ヨーロッパで聴いたモーツァルトの音楽（1）（特輯 モーツァルトの音楽 其二）江原綱一 「レコード音楽」21巻5号 1951.5 p.18

◇モーツァルトの百五十年祭（特輯 モーツァルトの音楽 其二）徳永康元 「レコード音楽」21巻5号 1951.5 p.22

◇語り難きモーツァルト（特輯 モーツァルトの音楽 其三）吉田秀和 「レコード音楽」21巻6号 1951.6 p.6

◇モーツァルト協奏曲（2）（特輯 モーツァルトの音楽 其三）木村重雄 「レコード音楽」21巻6号 1951.6 p.9

◇ウインで聴いたモーツァルト―ヨーロッパで聴いたモーツァルトの音楽（2）（特輯 モーツァルトの音楽 其三）属啓成 「レコード音楽」21巻6号 1951.6 p.16

◇パリにて聴きしモーツァルト―ヨーロッパで聴いたモーツァルトの音楽（2）（特輯 モーツァルトの音楽 其三）日向素郎 「レコード音楽」21巻6号 1951.6 p.18

◇絃と管二つの協奏曲―名曲鑑賞（4）藤井夏人 「レコード音楽」21巻6号 1951.6 p.38

◇音楽史上に於けるモーツァルトの位置（特輯 モーツァルトの音楽 其四）遠山一行 「レコード音楽」21巻7号 1951.7 p.6

◇モーツァルト協奏曲（3）（特輯 モーツァルトの音楽 其四）木村重雄 「レコード音楽」21巻7号 1951.7 p.12

◇モーツァルトの夜曲と嬉遊曲（特輯 モーツァルトの音楽 其四）有坂愛彦 「レコード音楽」21巻7号 1951.7 p.19

◇モーツァルトのピアノ協奏曲新盤―長時間レコード試聴記 八木進 「レコード音楽」21巻7号 1951.7 p.42

◇モーツァルトオペラの本質（特輯 モーツァルトの音楽 其五）渡辺護 「レコード音楽」21巻8号 1951.8 p.6

◇モーツァルトの歌曲（特輯 モーツァルトの音楽 其五）畑中良輔 「レコード音楽」21巻8号 1951.8 p.13

◇モーツァルトの「提琴協奏曲第三番」松井丈夫 「ディスク」14巻2号 1951.10 p.144

◇モーツァルトの印象（モーツァルトの音楽（6））松本太郎 「レコード音楽」21巻11号 1951.11 p.18

◇批判家たりしモーツァルト―楓林亭にて（12）（モーツァルトの音楽（6））日向素郎 「レコード音楽」21巻11号 1951.11 p.24

◇モーツァルトの聴き方 森潤三郎 「ディスク」15巻1号 1952.1 p.32

◇モーツァルト作品レコード表（上）薬科雅美 「レコード音楽」22巻2号 1952.2 p.95

◇モーツァルト閑話 柿沼太郎 「ディスク」15巻3号 1952.3 p.306

◇モーツァルトの五重奏曲 柿沼太郎 「ディスク」15巻4号 1952.4 p.366

◇モーツァルト ピアノ協奏曲K五九五（LP試聴記）佐久間幸光 「ディスク」15巻7号 1952.7 p.739

◇モーツァルト雑感―名曲鑑賞手帖（3）寺西春雄 「レコード音楽」22巻8号 1952.8 p.46

◇モーツァルト「セレナーデ」K五二五（LP試聴記）いしはら 「ディスク」15巻11号 1952.10 p.1066

◇日本コロムビア新盤―歌劇フィガロの結婚 全曲（座談会）四谷左門、平間文寿、珊和昌夫、小畑晃作 「ディスク」15巻12号 1952.11 p.1148

◇モーツァルト ピアノ奏鳴曲イ長調（トルコ行進曲）（LP試聴記）小林利之 「ディスク」15巻12号 1952.11 p.1159

◇ハイドンの「交響曲第九四番」・モーツァルトの「セレナード」（フルトヴェングラーのL.P）杉浦繁 「レコード音楽」22巻11号 1952.11 p.24

◇モーツァルトの「交響曲第四〇番」・ブラームスの「ハイドンの主題による変奏曲」（フルトヴェングラーのL.P）西山広一 「レコード音楽」22巻11号 1952.11 p.27

◇モーツァルト「クラリネット五重奏曲」（LP試聴記）その・すゝむ 「ディスク」15巻13号 1952.12 p.1272

◇「フィガロの結婚」のL.P―外誌から見た批評 上野一郎 「レコード音楽」22巻12号 1952.12 p.63

◇モーツァルト 提琴協奏曲第三番ト長調・モーツァルト 提琴協奏曲第四番ニ長調（LP試聴記）小林利之 「ディスク」16巻2号 1953.2 p.164

◇モーツァルトと歌劇―現代詩人のモーツァルト論 サシュヴァレル・シットウェル、薬科雅美 訳 「レコード音楽」23巻2号 1953.2 p.34

◇コロムビアのLP─歌劇 魔笛 全曲 矢田部勁吉，武岡鶴代，青木謙幸 司会 「ディスク」16巻4号 1953.3 p.258

◇モーツァルト 絃楽五重奏曲ト短調（LP試聴記）小林利之 「ディスク」16巻4号 1953.3 p.270

◇モーツァルト ヴァイオリン協奏曲第五番（ハイフェッツ）（LP試聴記）小林利之 「ディスク」16巻5号 1953.4 p.370

◇モーツァルトの鎮魂曲（LP）佐川吉男 「ディスク」16巻7号 1953.6 p.592

◇歌劇「フィガロの結婚」縮小版 田中良雄 「ディスク」16巻8号 1953.7 p.708

◇モーツァルトのセレナードを聴きながら 藤木義輔 「ディスク」16巻9号 1953.8 p.804

◇ベートーヴェンの皇帝コンチェルト モーツァルト・ブラームスの子守唄（音楽教室）井上武士 「ディスク」17巻1号 1954.1 p.50

◇モーツァルトの「ピアノと管の五重奏曲」と珍しいカッサション（海外LP試聴室）中田一次 「ディスク」17巻7号 1954.7 p.78

◇モーツァルトの新盤 フリチャイのジュピターとクラウスのP協奏曲（十月の新譜批評）田代秀穂 「ディスク」17巻11号 1954.10 p.50

◇シエルヘン指揮のモーツァルトのレクイエム（海外LP試聴室）桃園春夫 「ディスク」17巻11号 1954.10 p.128

◇ベイヌムの新盤「水上の音楽」とハフナー交響曲 田代秀穂 「ディスク」17巻12号 1954.11 p.60

◇十二才の少年モーツァルトの「バスチァ男とバスチァ女」という歌芝居（海外LP試聴室）坩和昌夫 「ディスク」17巻12号 1954.11 p.126

◇注目すべきモーツァルトの協奏曲新盤（海外LP試聴室）杉浦繁 「ディスク」17巻12号 1954.11 p.133

◇J・ロンドン，モーツァルトを歌う 佐々木行綱 「ディスク」17巻13号 1954.12 p.60

◇ワルターの「ジュピター」と「未完成」宇野功芳 「ディスク」17巻13号 1954.12 p.64

◇ノヴァエスの登場 モーツァルトとショパン 滝崎鎮代子 「ディスク」17巻13号 1954.12 p.72

◇モーツァルトの協奏曲グルミオウの快演（海外LP試聴室）坩和昌夫 「ディスク」17巻13号 1954.12 p.135

◇たのしきモーツァルト 嬉遊曲と小夜曲の新盤 坩和昌夫 「ディスク」18巻2号 1955.2 p.65

◇リパッティのバッハとモーツァルト 佐川吉男 「ディスク」18巻2号 1955.2 p.66

◇モーツァルトの戴冠ミサ曲（今月のLP）渡辺護 「ディスク」18巻4号 1955.3 p.62

◇カサドゥシュ，モーツァルトの名演（今月のLP）坩和昌夫 「ディスク」18巻4号 1955.3 p.63

◇グルダのバッハとモーツァルト（特選輸入盤紹介）高橋昭 「ディスク」18巻4号 1955.3 p.143

◇モーツァルトの木管協奏曲（新着LP紹介）上野一郎，小谷彰 「ディスク」18巻5号 1955.4 p.142

◇隠れたるモーツァルト傑作（新着LP紹介）坩和昌夫 「ディスク」18巻7号 1955.6 p.126

◇二つのプラーグ交響曲（新着LP紹介）上野一郎 「ディスク」18巻10号 1955.8 p.116

◇モーツァルトと四つの交響曲 木村重雄 「ディスク」18巻11号 1955.9 p.64

◇モーツァルト・オーボエ協奏曲 坩和昌夫 「ディスク」18巻11号 1955.9 p.66

◇LPに観るモーツァルトのピアノソナタ 木村重雄 「ディスク」18巻12号 1955.10 p.51

◇モーツァルトと現代─モーツァルト生誕二百年に寄せて（対談）片山敏彦，吉田秀和 「ディスク」19巻1号 1956.1 p.20

◇モーツァルトへの憧憬（モーツァルト生誕二〇〇年記念特集）中村善吉 「ディスク」19巻1号 1956.1 p.154

◇モーツァルトの交響曲（モーツァルト生誕二〇〇年祭記念特集）坩和昌夫 「ディスク」19巻1号 1956.1 p.158

◇モーツァルトの協奏曲（モーツァルト生誕二〇〇年祭記念特集）木村重雄 「ディスク」19巻1号 1956.1 p.168

◇モーツァルトの室内楽（モーツァルト生誕二〇〇年祭記念特集）木村重雄 「ディスク」19巻1号 1956.1 p.172

◇モーツァルトのピアノ曲（モーツァルト生誕二〇〇年祭記念特集）上野一郎 「ディスク」19巻1号 1956.1 p.176

◇モーツァルトの歌劇（モーツァルト生誕二〇〇年祭記念特集）渡辺護 「ディスク」19巻1号 1956.1 p.180

◇モーツァルトの歌曲（モーツァルト生誕二〇〇年祭記念特集）畑中良輔 「ディスク」19巻1号 1956.1 p.188

◇モーツァルトの宗教音楽（モーツァルト生誕二〇〇年祭記念特集）佐川吉男 「ディスク」19巻1号 1956.1 p.190

◇ハフナー交響曲〈モーツァルト〉（交響曲）「ディスク」19巻2号 臨時増刊 LP名曲100選第1集 1956.1 p.19

◇ト短調交響曲〈モーツァルト〉（交響曲）「ディスク」19巻2号 臨時増刊 LP名曲100選第1集 1956.1 p.20

◇ジュピター交響曲〈モーツァルト〉（交響曲）「ディスク」19巻2号 臨時増刊 LP名曲100選第1集 1956.1 p.21

◇絃楽セレナーデ〈モーツァルト〉（管弦楽曲）「ディスク」19巻2号 臨時増刊 LP名曲100選第1集 1956.1 p.46

モーツァルト　　　　　　　　　　　人物文献目録　　　　　　　　　　　作曲家

◇ニ短調ピアノ協奏曲〈モーツァルト〉（協奏曲）「ディスク」19巻2号 臨時増刊 LP名曲100選 第1集 1956.1 p.81

◇ハ短調ピアノ協奏曲〈モーツァルト〉（協奏曲）「ディスク」19巻2号 臨時増刊 LP名曲100選 第1集 1956.1 p.82

◇戴冠式協奏曲〈モーツァルト〉（協奏曲）「ディスク」19巻2号 臨時増刊 LP名曲100選 第1集 1956.1 p.83

◇イ長調ヴァイオリン協奏曲〈モーツァルト〉（協奏曲）「ディスク」19巻2号 臨時増刊 LP名曲100選 第1集 1956.1 p.84

◇歌劇「フィガロの結婚」〈モーツァルト〉（声楽曲）「ディスク」19巻2号 臨時増刊 LP名曲100選 第1集 1956.1 p.129

◇シュワルツコップの名演「コシ・ファン・トゥッテ」（海外LP試聴室）大木正興 「ディスク」19巻3号 1956.2 p.96

◇ギーゼキングのモーツァルト・ピアノ曲（今月のLPハイライト）坿和昌夫 「ディスク」19巻3号 1956.2 p.109

◇続・モーツァルトの歌劇のLP 渡辺護 「ディスク」19巻4号 1956.3 p.56

◇ブダペスト四重奏団のモーツァルト「ハイドン四重奏曲」全集（今月のLPハイライト）坿和昌夫 「ディスク」19巻4号 1956.3 p.112

◇たのしめるモーツァルト演奏会用アリア（今月のLPハイライト）福原信夫 「ディスク」19巻4号 1956.3 p.115

◇演奏の誕生 指揮者とオーケストラ―ワルター指揮のモーツァルト「リンツ交響曲」のLPをめぐつて（対談）（特集・世界のオーケストラ）斉藤秀雄，田代秀穂 「ディスク」19巻5号 1956.4 p.20

◇ギーゼキングの弾くモーツァルトのピアノ協奏曲 第二十番・第二十五番（今月のLPハイライト）坿和昌夫 「ディスク」19巻5号 1956.4 p.116

◇歌劇「コシ・ファン・トゥッテ」一女はみんなこうしたもの（今月のLPハイライト）福原信夫 「ディスク」19巻5号 1956.4 p.119

◇モーツァルト「フィガロの結婚」全曲（今月のLPハイライト）福原信夫 「ディスク」19巻6号 1956.5 p.114

◇プラーグ交響曲〈モーツァルト〉（交響曲）「ディスク」19巻7号 臨時増刊 LP名曲100選 第2集 1956.5 p.21

◇変ホ長調ピアノ協奏曲〈モーツァルト〉（協奏曲）「ディスク」19巻7号 臨時増刊 LP名曲100選 第2集 1956.5 p.72

◇変ホ長調ピアノ協奏曲〈モーツァルト〉（協奏曲）「ディスク」19巻7号 臨時増刊 LP名曲100選 第2集 1956.5 p.73

◇ニ長調ヴァイオリン協奏曲〈モーツァルト〉（協奏曲）「ディスク」19巻7号 臨時増刊 LP名曲100選 第2集 1956.5 p.73

◇ト長調絃楽四重奏曲〈モーツァルト〉（室内楽曲）「ディスク」19巻7号 臨時増刊 LP名曲100選 第2集 1956.5 p.89

◇ニ長調嬉遊曲〈モーツァルト〉（室内楽曲）「ディスク」19巻7号 臨時増刊 LP名曲100選 第2集 1956.5 p.90

◇変ロ長調ヴァイオリン奏鳴曲〈モーツァルト〉（室内楽曲）「ディスク」19巻7号 臨時増刊 LP名曲100選 第2集 1956.5 p.91

◇歌劇「魔笛」〈モーツァルト〉（声楽曲）「ディスク」19巻7号 臨時増刊 LP名曲100選 第2集 1956.5 p.116

◇想い出のモーツァルト ヴィットリオ・グイ，木村恒子 訳 「ディスク」19巻9号 1956.7 p.49

◇歌劇「フィガロの結婚」新盤 福原信夫 「ディスク」19巻12号 1956.9 p.32

◇子供のためのモーツァルト 木村重雄 「ディスク」19巻13号 1956.10 p.148

◇「フィガロ」と「アイーダ」（話題の音楽会から）木村重雄 「ディスク」19巻14号 1956.11 p.18

◇モーツァルト（1）大作曲家と音楽（11）大宮真琴，佐藤景子 「ディスク」19巻15号 1956.12 p.18

◇歌劇「バスティエンとバスティエンヌ」（特集 今月話題のLP新譜）畑中良輔 「ディスク」19巻15号 1956.12 p.39

◇モーツァルト（2）大作曲家と音楽（12）大宮真琴，佐藤景子 「ディスク」20巻1号 1957.1 p.18

◇交響曲第四〇番（モーツァルト）（LP名曲二〇選（1））木村重雄 「ディスク」20巻1号 1957.1 p.164

◇モーツァルト（3）大作曲家と音楽（13）大宮真琴，佐藤景子 「ディスク」20巻2号 1957.2 p.50

◇モーツァルトのレコード 「ディスク」20巻2号 1957.2 p.63

◇シェビのモーツァルト（話題のLPハイライト）福原信夫 「ディスク」20巻5号 1957.5 p.44

◇セレナーデ「ハフナー」（モーツァルト）（今月の名曲物語）佐野和彦 「ディスク」20巻5号 1957.5 p.168

◇パリのモーツァルト 今月の研究（2）海老沢敏 「ディスク」20巻6号 1957.6 p.153

◇交響曲第三五番ニ長調（ハフナー）〈モーツァルト〉（交響曲）「ディスク」20巻8号 増刊 LP名曲350選 第1集 1957.7 p.21

◇交響曲第三六番ハ長調（リンツ）〈モーツァルト〉（交響曲）「ディスク」20巻8号 増刊 LP名曲350選 第1集 1957.7 p.22

◇交響曲第三八番ニ長調（プラーグ）〈モーツァルト〉（交響曲）「ディスク」20巻8号 増刊 LP名曲350選 第1集 1957.7 p.24

◇交響曲第三九番変ホ長調〈モーツァルト〉（交響曲）「ディスク」20巻8号 増刊 LP名曲350選 第1集 1957.7 p.25

◇交響曲第四〇番ト短調〈モーツァルト〉（交響曲）「ディスク」20巻8号 増刊 LP名曲350選 第1集 1957.7 p.27

◇交響曲第四一番ハ長調（ジュピター）〈モーツァルト〉（交響曲）「ディスク」20巻8号 増刊 LP名曲350選 第1集 1957.7 p.28

◇絃楽セレナードト長調〈モーツァルト〉（管弦楽曲）「ディスク」20巻8号 増刊 LP名曲350選 第1集 1957.7 p.89

◇歌劇序曲集〈モーツァルト〉（管弦楽曲）「ディスク」20巻8号 増刊 LP名曲350選 第1集 1957.7 p.91

◇フィガロの結婚〈モーツァルト〉（歌劇）「ディスク」20巻8号 増刊 LP名曲350選 第1集 1957.7 p.165

◇コジ・ファン・トゥッテ〈モーツァルト〉（歌劇）「ディスク」20巻8号 増刊 LP名曲350選 第1集 1957.7 p.168

◇後宮よりの逃走〈モーツァルト〉（歌劇）「ディスク」20巻8号 増刊 LP名曲350選 第1集 1957.7 p.169

◇バスティアンとバスティエンヌ〈モーツァルト〉（歌劇）「ディスク」20巻8号 増刊 LP名曲350選 第1集 1957.7 p.169

◇ドン・ジョヴァンニ〈モーツァルト〉（歌劇）「ディスク」20巻8号 増刊 LP名曲350選 第1集 1957.7 p.171

◇魔笛〈モーツァルト〉（歌劇）「ディスク」20巻8号 増刊 LP名曲350選 第1集 1957.7 p.172

◇ピアノ協奏曲第九番変ホ長調〈モーツァルト〉（協奏曲）「ディスク」20巻10号 増刊 名曲LP350選 第2集 1957.8 p.14

◇ピアノ協奏曲第二〇番ニ短調〈モーツァルト〉（協奏曲）「ディスク」20巻10号 増刊 名曲LP350選 第2集 1957.8 p.15

◇ピアノ協奏曲第二二番変ホ長調〈モーツァルト〉（協奏曲）「ディスク」20巻10号 増刊 名曲LP350選 第2集 1957.8 p.16

◇ピアノ協奏曲第二三番イ長調〈モーツァルト〉（協奏曲）「ディスク」20巻10号 増刊 名曲LP350選 第2集 1957.8 p.17

◇ピアノ協奏曲第二四番ハ短調〈モーツァルト〉（協奏曲）「ディスク」20巻10号 増刊 名曲LP350選 第2集 1957.8 p.19

◇ピアノ協奏曲第二六番ニ長調（戴冠式）〈モーツァルト〉（協奏曲）「ディスク」20巻10号 増刊 名曲LP350選 第2集 1957.8 p.20

◇ピアノ協奏曲第二七番ロ長調〈モーツァルト〉（協奏曲）「ディスク」20巻10号 増刊 名曲LP350選 第2集 1957.8 p.21

◇ヴァイオリン協奏曲第三番ト長調〈モーツァルト〉（協奏曲）「ディスク」20巻10号 増刊 名曲LP350選 第2集 1957.8 p.54

◇ヴァイオリン協奏曲第四番ニ長調〈モーツァルト〉（協奏曲）「ディスク」20巻10号 増刊 名曲LP350選 第2集 1957.8 p.56

◇ヴァイオリン協奏曲第五番イ長調〈モーツァルト〉（協奏曲）「ディスク」20巻10号 増刊 名曲LP350選 第2集 1957.8 p.58

◇ヴァイオリン協奏曲第六番変ホ長調〈モーツァルト〉（協奏曲）「ディスク」20巻10号 増刊 名曲LP350選 第2集 1957.8 p.60

◇協奏交響曲変ホ長調（K追加九）〈モーツァルト〉（協奏曲）「ディスク」20巻10号 増刊 名曲LP350選 第2集 1957.8 p.78

◇フルート協奏曲第一番ト長調〈モーツァルト〉（協奏曲）「ディスク」20巻10号 増刊 名曲LP350選 第2集 1957.8 p.87

◇フルート協奏曲第二番ニ長調〈モーツァルト〉（協奏曲）「ディスク」20巻10号 増刊 名曲LP350選 第2集 1957.8 p.88

◇フルートとハープのための協奏曲ハ長調〈モーツァルト〉（協奏曲）「ディスク」20巻10号 増刊 名曲LP350選 第2集 1957.8 p.88

◇クラリネット協奏曲イ長調〈モーツァルト〉（協奏曲）「ディスク」20巻10号 増刊 名曲LP350選 第2集 1957.8 p.89

◇ファゴット協奏曲変ロ長調〈モーツァルト〉（協奏曲）「ディスク」20巻10号 増刊 名曲LP350選 第2集 1957.8 p.90

◇ホルン協奏曲〈モーツァルト〉（協奏曲）「ディスク」20巻10号 増刊 名曲LP350選 第2集 1957.8 p.91

◇嬉遊曲〈モーツァルト〉（室内楽曲）「ディスク」20巻10号 増刊 名曲LP350選 第2集 1957.8 p.93

◇セレナード〈モーツァルト〉（室内楽曲）「ディスク」20巻10号 増刊 名曲LP350選 第2集 1957.8 p.96

◇絃楽四重奏曲第一四番ト長調〈モーツァルト〉（室内楽曲）「ディスク」20巻10号 増刊 名曲LP350選 第2集 1957.8 p.102

◇絃楽四重奏曲第一五番ニ短調〈モーツァルト〉（室内楽曲）「ディスク」20巻10号 増刊 名曲LP350選 第2集 1957.8 p.103

◇絃楽四重奏曲第一六番変ホ長調〈モーツァルト〉（室内楽曲）「ディスク」20巻10号 増刊 名曲LP350選 第2集 1957.8 p.104

◇絃楽四重奏曲第一七番変ロ長調（狩猟）〈モーツァルト〉（室内楽曲）「ディスク」20巻10号 増刊 名曲LP350選 第2集 1957.8 p.105

◇クラリネット五重奏曲イ長調〈モーツァルト〉（室内楽曲）「ディスク」20巻10号 増刊 名曲LP350選 第2集 1957.8 p.120

◇ヴァイオリン奏鳴曲変ロ長調K三七八〈モーツァルト〉（室内楽曲）「ディスク」20巻10号 増刊 名曲LP350選 第2集 1957.8 p.125

◇ヴァイオリン奏鳴曲変ロ長調K四五四〈モーツァルト〉（室内楽曲）「ディスク」20巻10号 増刊 名曲LP350選 第2集 1957.8 p.126

モーツァルト　　　　　　　　　　　　人物文献目録　　　　　　　　　　　　作曲家

◇歌曲集〈モーツァルト〉（歌曲）「ディスク」
20巻10号 増刊 名曲LP350選 第2集 1957.8
p.145

◇戴冠ミサ曲〈モーツァルト〉（宗教曲）「ディ
スク」20巻10号 増刊 名曲LP350選 第2集
1957.8 p.173

◇鎮魂ミサ曲〈モーツァルト〉（宗教曲）「ディ
スク」20巻10号 増刊 名曲LP350選 第2集
1957.8 p.173

◇モーツァルトのオーボエ四重奏曲（今月のハ
イライト）鈴木清三 「ディスク」20巻11号
1957.9 p.28

◇ハイフェッツの弾く無伴奏（今月のハイライ
ト バッハとモーツァルトのLPから） 兎束竜
夫 「ディスク」20巻12号 1957.10 p.17

◇カール・ハース指揮する『ブランデンブルク』
（今月のハイライト バッハとモーツァルトの
LPから）浜田徳昭 「ディスク」20巻12号
1957.10 p.18

◇協奏曲を弾いたグリュミオー（今月のハイラ
イト バッハとモーツァルトのLPから） 牧定
忠 「ディスク」20巻12号 1957.10 p.19

◇ベーム指揮、三十九ト短調（今月のハイライ
ト バッハとモーツァルトのLPから） 金子登
「ディスク」20巻12号 1957.10 p.20

◇ゼルキンと二つの協奏曲（今月のハイライト
バッハとモーツァルトのLPから） 田村宏
「ディスク」20巻12号 1957.10 p.21

◇ランドフスカのピアノ曲集（今月のハイライ
ト バッハとモーツァルトのLPから） 藤田晴
子 「ディスク」20巻12号 1957.10 p.22

◇ピアノ奏鳴曲第八番イ短調〈モーツァルト〉
（器楽曲）「ディスク」20巻14号 増刊 名曲
LP350選 第3集 1957.11 p.24

◇ピアノ奏鳴曲第一一番イ長調〈モーツァルト〉
（器楽曲）「ディスク」20巻14号 増刊 名曲
LP350選 第3集 1957.11 p.24

◇ピアノ奏鳴曲第一五番ハ長調〈モーツァルト〉
（器楽曲）「ディスク」20巻14号 増刊 名曲
LP350選 第3集 1957.11 p.26

◇ピアノ奏鳴曲第一六番変ロ長調〈モーツァル
ト〉（器楽曲）「ディスク」20巻14号 増刊 名
曲LP350選 第3集 1957.11 p.27

◇ミラベルの庭園にて（管絃楽曲集）「ディス
ク」20巻14号 増刊 名曲LP350選 第3集 1957.
11 p.74

◇パリのモーツァルト（管絃楽曲集）「ディス
ク」20巻14号 増刊 名曲LP350選 第3集 1957.
11 p.76

◇バックハウス・モーツァルト・リサイタル
（器楽曲集）「ディスク」20巻14号 増刊 名曲
LP350選 第3集 1957.11 p.82

◇ランドフスカ・モーツァルト・ピアノ奏鳴曲
集（器楽曲集）「ディスク」20巻14号 増刊 名
曲LP350選 第3集 1957.11 p.86

◇ギューデン・モーツァルト歌劇アリア集（歌
劇アリア集）「ディスク」20巻14号 増刊 名曲
LP350選 第3集 1957.11 p.111

◇シエピ・モーツァルト・リサイタル（歌劇ア
リア集）「ディスク」20巻14号 増刊 名曲
LP350選 第3集 1957.11 p.120

◇交響曲第三一番（パリ）〈モーツァルト〉（交響
曲）「ディスク」20巻14号 増刊 名曲LP350選
第3集 1957.11 p.129

◇交響曲第三三番変ロ長調〈モーツァルト〉（交
響曲）「ディスク」20巻14号 増刊 名曲LP350
選 第3集 1957.11 p.130

◇交響曲第三四番ハ長調〈モーツァルト〉（交響
曲）「ディスク」20巻14号 増刊 名曲LP350選
第3集 1957.11 p.131

◇ピアノ協奏曲第二五番ハ長調〈モーツァルト〉
（協奏曲）「ディスク」20巻14号 増刊 名曲
LP350選 第3集 1957.11 p.141

◇協奏交響曲変ホ長調〈モーツァルト〉（協奏
曲）「ディスク」20巻14号 増刊 名曲LP350選
第3集 1957.11 p.142

◇二台のピアノの協奏曲変ホ長調〈モーツァル
ト〉（協奏曲）「ディスク」20巻14号 増刊 名
曲LP350選 第3集 1957.11 p.143

◇絃楽四重奏曲第一九番（不協和音）〈モーツァ
ルト〉（室内楽曲）「ディスク」20巻14号 増刊
名曲LP350選 第3集 1957.11 p.150

◇絃楽五重奏曲ハ長調〈モーツァルト〉（室内楽
曲）「ディスク」20巻14号 増刊 名曲LP350選
第3集 1957.11 p.151

◇ピアノ三重奏曲ト長調、変ロ長調〈モーツァ
ルト〉（室内楽曲）「ディスク」20巻14号 増刊
名曲LP350選 第3集 1957.11 p.152

◇ピアノ四重奏曲第一番、第二番〈モーツァル
ト〉（室内楽曲）「ディスク」20巻14号 増刊
名曲LP350選 第3集 1957.11 p.153

◇ヴァイオリン奏鳴曲イ長調〈モーツァルト〉
（室内楽曲）「ディスク」20巻14号 増刊 名曲
LP350選 第3集 1957.11 p.154

◇ベームの「フィガロの結婚」 小林利之
「ディスク」20巻15号 1957.12 p.132

◇ジアノーリのモーツァルト（今月のLPに聴く
五人のピアニスト）坪田昭三 「ディスク」
21巻4号 1958.4 p.21

◇ディスクLPライブラリア（3）モーツァルトの
交響曲（1）大宮真琴 「ディスク」21巻4号
1958.4 p.51

◇歌劇「ドン・ジョヴァンニ」新盤とヴォック
ス・シリーズの紹介 飯田一夫 「ディスク」
21巻4号 1958.4 p.114

◇歌劇「ドン・ジョヴァンニ」―オペラへの招待
福原信夫 「ディスク」21巻5号 1958.5 p.108

◇モーツァルトの交響曲（2）―ディスクLPライ
ブラリイ（4）大宮真琴 「ディスク」21巻8号
1958.8 p.50

426　戦前期　レコード音楽雑誌記事索引

作曲家　　　　　　　　　　　　　　　　人物文献目録　　　　　　　　　　　　　モーツァルト

◇ディスクLPライブ・ラリイ（5）モーツァルト
の交響曲（3）大宮真琴　「ディスク」21巻9号
1958.9 p.46

◇モーツァルトの室内楽曲―私たちの音楽史
（第2期・5）岩井宏之　「ディスク」21巻10号
1958.10 p.40

◇交響曲第三五番「ハフナー」ニ長調 K三八五
〈モーツァルト〉（名曲とレコード―交響曲）
宇野功芳　「ディスク」21巻13号 臨時増刊 名
曲とレコード 1958.12 p.33

◇交響曲第四〇番 ト短調 K五五〇〈モーツァル
ト〉（名曲とレコード―交響曲）宇野功芳
「ディスク」21巻13号 臨時増刊 名曲とレコー
ド 1958.12 p.34

◇交響曲第四一番「ジュピター」ハ長調 K五五
一〈モーツァルト〉（名曲とレコード―交響
曲）宇野功芳　「ディスク」21巻13号 臨時増
刊 名曲とレコード 1958.12 p.35

◇ピアノ協奏曲第二〇番 ニ短調 K四六六〈モー
ツァルト〉（名曲とレコード―協奏曲）上野
一郎　「ディスク」21巻13号 臨時増刊 名曲と
レコード 1958.12 p.50

◇ヴァイオリン協奏曲第五番 イ長調 K二一九
〈モーツァルト〉（名曲とレコード―協奏曲）
上野一郎　「ディスク」21巻13号 臨時増刊 名
曲とレコード 1958.12 p.51

◇フルート協奏曲第一番 ト長調 K三一三〈モー
ツァルト〉（名曲とレコード―協奏曲）上野
一郎　「ディスク」21巻13号 臨時増刊 名曲と
レコード 1958.12 p.52

◇セレナード第一三番「アイネ・クライネ・ナ
ハトムジーク」ト長調 K五二五〈モーツァル
ト〉（名曲とレコード―管弦楽曲）佐川吉男
「ディスク」21巻13号 臨時増刊 名曲とレコー
ド 1958.12 p.73

◇クラリネット五重奏曲 イ長調 K五八一〈モー
ツァルト〉（名曲とレコード―室内楽曲）中
村善吉　「ディスク」21巻13号 臨時増刊 名曲
とレコード 1958.12 p.95

◇セレナード第七番「ハフナー」ニ長調 K二五
〇ロンド〈モーツァルト〉（名曲とレコード―
ヴァイオリン曲）中村善吉　「ディスク」21
巻13号 臨時増刊 名曲とレコード 1958.12
p.103

◇ピアノ奏鳴曲第一一番〈トルコ行進曲付〉イ長
調 K三三一〈モーツァルト〉（名曲とレコード
―ピアノ曲）中村善吉　「ディスク」21巻13
号 臨時増刊 名曲とレコード 1958.12 p.109

◇すみれ K四七六〈モーツァルト〉（名曲とレ
コード―歌曲）渡辺護　「ディスク」21巻13
号 臨時増刊 名曲とレコード 1958.12 p.120

◇歌劇「フィガロの結婚」―もう飛ぶまいぞこ
の蝶々〈第一幕〉・恋の悩み知るや君〈第二
幕〉（モーツァルト）（名曲とレコード―歌劇
アリア集）小林利之　「ディスク」21巻13号
臨時増刊 名曲とレコード 1958.12 p.129

◇モーツァルト以前の協奏曲―私たちの音楽史
（第2期・10）岩井宏之　「ディスク」22巻4号
1959.4 p.134

◇モーツァルトの「レクィエム」（ベーム指揮）
（話題のLPから）木村重雄　「ディスク」22
巻5号 1959.5 p.26

◇ウィーンでの「フィガロ」―ヨーロッパの楽
旅から 宮沢縦一　「ディスク」22巻5号 1959.
5 p.44

◇モーツァルトのピアノ協奏曲―私たちの音楽
史（第2期・11）岩井宏之　「ディスク」22巻5
号 1959.5 p.160

◇モーツァルトのピアノ協奏曲聴きくらべ（1）
名曲診断室 上野一郎　「ディスク」22巻5号
1959.5 p.164

◇モーツァルトのピアノ協奏曲（2）―私たちの
音楽史（第2期・12）岩井宏之　「ディスク」
22巻6号 1959.6 p.128

◇モーツァルトのピアノ協奏曲聴きくらべ（2）
―名曲診断室 上野一郎　「ディスク」22巻6
号 1959.6 p.132

◇モーツァルトのピアノ協奏曲（3）―私たちの
音楽史（第2期・13）岩井宏之　「ディスク」
22巻7号 1959.7 p.56

◇交響曲第三六番 ハ長調「リンツ」K四二五
〈モーツァルト〉（続・名曲とレコード―交響
曲）宇野功芳　「ディスク」22巻8号 臨時増
刊 続・名曲とレコード 1959.7 p.17

◇交響曲第三八番 ニ長調「プラーグ」K五〇四
〈モーツァルト〉（続・名曲とレコード―交響
曲）宇野功芳　「ディスク」22巻8号 臨時増
刊 続・名曲とレコード 1959.7 p.18

◇交響曲第三九番 変ホ長調 K五四三〈モーツァ
ルト〉（続・名曲とレコード―交響曲）宇野
功芳　「ディスク」22巻8号 臨時増刊 続・名
曲とレコード 1959.7 p.19

◇ピアノ協奏曲第二六番「戴冠式」ニ長調 K五
三七〈モーツァルト〉（続・名曲とレコード―
協奏曲）杉浦繁　「ディスク」22巻8号 臨時
増刊 続・名曲とレコード 1959.7 p.41

◇ヴァイオリン協奏曲第四番 ニ長調 K二一八
〈モーツァルト〉（続・名曲とレコード―協奏
曲）杉浦繁　「ディスク」22巻8号 臨時増刊
続・名曲とレコード 1959.7 p.42

◇フルートとハープのための協奏曲 ハ長調 K二
九九〈モーツァルト〉（続・名曲とレコード―
協奏曲）杉浦繁　「ディスク」22巻8号 臨時
増刊 続・名曲とレコード 1959.7 p.43

◇クラリネット協奏曲 イ長調 K六二二〈モー
ツァルト〉（続・名曲とレコード―協奏曲）
杉浦繁　「ディスク」22巻8号 臨時増刊 続・
名曲とレコード 1959.7 p.44

◇協奏交響曲 K二九七b〈モーツァルト〉（続・
名曲とレコード―管弦楽曲）渡辺護、長尾義
弘、宇野功芳　「ディスク」22巻8号 臨時増刊
続・名曲とレコード 1959.7 p.60

◇弦楽四重奏曲第一五番 ニ短調 K四二一〈モー
ツァルト〉（続・名曲とレコード―室内楽曲）
中村善吉　「ディスク」22巻8号 臨時増刊 続・
名曲とレコード 1959.7 p.79

◇弦楽四重奏曲第一九番 ハ長調「不協和音」K四六五〈モーツァルト〉(続・名曲とレコード―室内楽曲) 中村善吉 「ディスク」22巻8号 臨時増刊 続・名曲とレコード 1959.7 p.80

◇フルート四重奏曲第一番 ニ長調 K二八五〈モーツァルト〉(続・名曲とレコード―室内楽曲) 中村善吉 「ディスク」22巻8号 臨時増刊 続・名曲とレコード 1959.7 p.80

◇ヴァイオリン奏鳴曲第四〇番 変ロ長調 K四五四〈モーツァルト〉(続・名曲とレコード―ヴァイオリン曲) 中村善吉 「ディスク」22巻8号 臨時増刊 続・名曲とレコード 1959.7 p.92

◇ピアノ奏鳴曲第一五番 ハ長調 K五四五〈モーツァルト〉(続・名曲とレコード―ピアノ曲) 中村善吉 「ディスク」22巻8号 臨時増刊 続・名曲とレコード 1959.7 p.100

◇モテット第八集「おどれ、喜べ、なんじ幸なる魂よ」K一六五〈モーツァルト〉(続・名曲とレコード―声楽曲) 畑中良輔 「ディスク」22巻8号 臨時増刊 続・名曲とレコード 1959.7 p.113

◇レクィエム〈モーツァルト〉(続・名曲とレコード―宗教曲) 宇野功芳 「ディスク」22巻8号 臨時増刊 続・名曲とレコード 1959.7 p.153

◇戴冠ミサ曲〈モーツァルト〉(続・名曲とレコード―宗教曲) 宇野功芳 「ディスク」22巻8号 臨時増刊 続・名曲とレコード 1959.7 p.155

◇モーツァルトのピアノ奏鳴曲(ハンセン:ピアノ)(新着LP試聴室) 服部幸三 「ディスク」22巻9号 1959.8 p.160

◇変ホ長調のピアノ協奏曲K四八二(イトゥルビ、モーツァルトを弾く)(新着LP試聴室) 杉浦繁 「ディスク」22巻10号 1959.9 p.157

◇モーツァルトの第三二番と「プラーグ」(マーグ指揮)(新着LP試聴室) 長尾義弘 「ディスク」22巻11号 1959.10 p.152

◇「ハフナー」と「リンツ」をきいて(ヴァンデルノート指揮)(新着LP試聴室) 岡部冬彦 「ディスク」22巻11号 1959.10 p.153

◇イ・ムジチ合奏団のモーツァルト「アイネ・クライネ」他(新着LP試聴室) 瀬音透 「ディスク」22巻14号 1959.12 p.152

◇グリュミオーとハスキルのモーツァルト・ソナタ集(新着LP試聴室) 石川登志夫 「ディスク」22巻14号 1959.12 p.157

◇リタ・シュトライヒのモーツァルト「演奏会用アリア」(新着LP試聴室) 飯田一夫 「ディスク」23巻1号 1960.1 p.165

◇モーツァルトの四手のピアノ・ソナタ 坪田昭三 「ディスク」23巻3号 1960.2 p.27

◇ランパルとラスキーヌのモーツァルト「フルートとハープの協奏曲」(新着LP試聴室) 石川登志夫 「ディスク」23巻3号 1960.2 p.165

◇注目の海外盤―ステレオの「ドン・ジョヴァンニ」 福原信夫 「ディスク」23巻4号 1960.3 p.158

◇ウィーン八重奏団のモーツァルトをきく(新着LP試聴室) 厚木淳 「ディスク」23巻4号 1960.3 p.164

◇モーツァルトとラヴェルを弾くトリエステ三重奏団(新着LP試聴室) 坩和昌夫 「ディスク」23巻4号 1960.3 p.164

◇イングリット・ヘブラーのモーツァルト「ピアノ協奏曲」二曲(LP新譜ハイライト) 坩和昌夫 「ディスク」23巻5号 1960.4 p.32

◇ウィーン八重奏団のモーツァルトの名曲(新譜LPハイライト) 宇野功芳 「ディスク」23巻6号 1960.5 p.36

◇モーツァルトの「演奏会アリア」について(新譜LPハイライト) 坩和昌夫 「ディスク」23巻6号 1960.5 p.38

◇モーツァルトの交響曲第25・29・33盤(新着LP試聴室) 岡部冬彦 「ディスク」23巻7号 1960.6 p.112

◇モーツァルト「クラリネット協奏曲」(新着LP試聴室) 杉浦繁 「ディスク」23巻7号 1960.6 p.115

◇ハイドン/トランペット協奏曲/ロンギノッティ(TP)モーツァルト/フルート協奏曲/ペパン(F)(新着LP試聴室) 杉浦繁 「ディスク」23巻9号 1960.8 p.111

◇モーツァルト/ピアノ奏鳴曲変ロ長調/ギリリス(P)(新着LP試聴室) 坩和昌夫 「ディスク」23巻9号 1960.8 p.117

◇モーツァルトの交響曲―私たちの音楽史(第2期・26) 岩井宏之 「ディスク」23巻9号 1960.8 p.122

◇ハイドン「告別」とモーツァルト「リンツ」/カザルス指揮(新着LP試聴室) 杉浦繁 「ディスク」23巻10号 1960.9 p.108

◇弦楽四重奏曲第一五番ニ短調K四二一―モーツァルト(室内楽) 中村善吉 「ディスク」23巻13号 増刊 新版名曲とレコード 下巻 1960.10 p.22

◇弦楽四重奏曲第一九番「不協和音」ハ長調―モーツァルト(室内楽) 中村善吉 「ディスク」23巻13号 増刊 新版名曲とレコード 下巻 1960.10 p.22

◇ピアノ四重奏曲第一番ト短調K四七八―モーツァルト(室内楽) 坩和昌夫 「ディスク」23巻13号 増刊 新版名曲とレコード 下巻 1960.10 p.23

◇フルート四重奏曲第一番ニ長調K二八五―モーツァルト(室内楽) 中村善吉 「ディスク」23巻13号 増刊 新版名曲とレコード 下巻 1960.10 p.24

◇弦楽五重奏曲第四番ハ長調K五一五―モーツァルト(室内楽) 坩和昌夫 「ディスク」23巻13号 増刊 新版名曲とレコード 下巻 1960.10 p.25

| 作曲家 | 人物文献目録 | モーツァルト |

◇弦楽五重奏曲第五番ト短調K五一六—モーツァルト（室内楽）坿和昌夫 「ディスク」23巻13号 増刊 新版名曲とレコード 下巻 1960.10 p.27

◇クラリネット五重奏曲イ長調—モーツァルト（室内楽）中村善吉 「ディスク」23巻13号 増刊 新版名曲とレコード 下巻 1960.10 p.28

◇ロンド—セレナード第七番「ハフナー」より—モーツァルト（ヴァイオリン曲）中村善吉 「ディスク」23巻13号 増刊 新版名曲とレコード 下巻 1960.10 p.57

◇ヴァイオリン奏鳴曲変ロ長調K三七八—モーツァルト（ヴァイオリン曲）坿和昌夫 「ディスク」23巻13号 増刊 新版名曲とレコード 下巻 1960.10 p.58

◇ヴァイオリン奏鳴曲変ロ長調K四五四—モーツァルト（ヴァイオリン曲）中村善吉 「ディスク」23巻13号 増刊 新版名曲とレコード 下巻 1960.10 p.59

◇ピアノ奏鳴曲第一一番（トルコ行進曲附き）—モーツァルト（ピアノ曲）中村善吉 「ディスク」23巻13号 増刊 新版名曲とレコード 下巻 1960.10 p.78

◇ピアノ奏鳴曲第一五番ハ長調K五四五—モーツァルト（ピアノ曲）中村善吉 「ディスク」23巻13号 増刊 新版名曲とレコード 下巻 1960.10 p.79

◇すみれ—モーツァルト（歌曲）渡辺護 「ディスク」23巻13号 増刊 新版名曲とレコード 下巻 1960.10 p.131

◇春への憧れ—モーツァルト（歌曲）小林利之 「ディスク」23巻13号 増刊 新版名曲とレコード 下巻 1960.10 p.131

◇クローエに—モーツァルト（歌曲）小林利之 「ディスク」23巻13号 増刊 新版名曲とレコード 下巻 1960.10 p.131

◇子守歌—モーツァルト（歌曲）小林利之 「ディスク」23巻13号 増刊 新版名曲とレコード 下巻 1960.10 p.132

◇歌劇「フィガロの結婚」—モーツァルト（歌劇）小林利之 「ディスク」23巻13号 増刊 新版名曲とレコード 下巻 1960.10 p.172

◇レクィエム—モーツァルト（宗教曲）宇野功芳 「ディスク」23巻13号 増刊 新版名曲とレコード 下巻 1960.10 p.202

◇戴冠ミサ曲—モーツァルト（宗教曲）宇野功芳 「ディスク」23巻13号 増刊 新版名曲とレコード 下巻 1960.10 p.203

◇モーツァルト「ピアノ協奏曲変ホ長調」ハイドン「ピアノ協奏曲ニ長調作品二三」（新着LP試聴室）藁科雅美 「ディスク」23巻14号 1960.11 p.121

◇ピアノ音楽（2）ハイドンとモーツァルト—私たちの音楽史（第2期・29）岩井宏之 「ディスク」23巻14号 1960.11 p.128

◇モーツァルトの歌劇「ドン・ジョヴァンニ」全曲/シュヴァルツコップ,タディ他（新着LP試聴室）梅木香 「ディスク」23巻16号 1960.12 p.129

◇モーツァルト/クラリネット協奏曲（ド・ペイエ）（新着LP試聴室）坿和昌夫 「ディスク」24巻1号 1961.1 p.132

◇クルト・レーデル,モーツァルトの名演（新着LP試聴室）瀬音透 「ディスク」24巻2号 1961.2 p.109

◇グルダその他の巧演によるモーツァルト（新着LP試聴室）増田隆昭 「ディスク」24巻2号 1961.2 p.111

◇若き指揮者マーグの快演するモーツァルトの「プラーグ」他（新着LP試聴室）増田隆昭 「ディスク」24巻3号 1961.3 p.113

◇J・ヴィヴィアンのモーツァルトとハイドン（新着LP試聴室）木村重雄 「ディスク」24巻4号 1961.4 p.118

◇一八世紀のオペラ（4）（モーツァルト（3））—私たちの音楽史（第2期・33）岩井宏之 「ディスク」24巻5号 1961.5 p.84

◇新人によるモーツァルトのピアノ協奏曲（新着LP試聴室）増田隆昭 「ディスク」24巻6号 1961.6 p.100

◇〈ピアノ協奏曲変ホ長調〉モーツァルト（特集 青春の歌—大作曲家の作品に青春の姿を求めて）海老沢敏 「ディスク」24巻8号 1961.8 p.77

◇18世紀の宗教音楽（2）モーツァルトのミサ曲—私たちの音楽史（第2期・35）岩井宏之 「ディスク」24巻8号 1961.8 p.115

◇モーツァルト「ジュピター交響曲」（名曲ディスコグラフィ・8）杉浦繁 「ディスク」24巻10号 1961.9 p.108

◇モーツァルトのハフナー・セレナード（新着LP試聴室）浅井修一 「ディスク」24巻11号 1961.10 p.116

◇モーツァルト〈後宮よりの逃走〉他（新着LP試聴室）藁科雅美 「ディスク」24巻12号 1961.11 p.108

◇ハイデシェックのモーツァルト（新着LP試聴室）梅木香 「ディスク」25巻1号 1962.1 p.111

◇モーツァルトの二つの協奏交響曲（新着LP試聴室）石川登志夫 「ディスク」25巻6号 1962.6 p.117

◇ゴールドベルク指揮のハイドンとモーツァルト（新着LP試聴室）日高詢 「ディスク」25巻9号 1962.9 p.111

◇クラフトの振るモーツァルト〈セレナード〉他（新着LP試聴室）瀬音透 「ディスク」25巻9号 1962.9 p.112

◇〈フィガロの結婚〉（オペラへの招待（4））福原信夫 「ディスク」25巻10号 1962.10 p.130

ラヴェル　　　　　　　　　　　　　人物文献目録　　　　　　　　　　　作曲家

◇ドン・ジョヴァンニの悲劇（私の愛聴盤 多すぎる愛聴盤）黒田恭一 「ディスク」26巻1号 1963.1 p.115

◇今春来日するレーデルのモーツァルト〈嬉遊曲集〉（各社三月新譜速報と聴きもの）岩井宏之 「ディスク」26巻2号 1963.2 p.126

◇〈モーツァルト〉その1（レコード・ファンのための音楽書（4））岩井宏之 「ディスク」26巻4号 1963.4 p.93

◇ウィーン・ゾリステンの〈ウィーンのモーツァルト〉（各社9月新譜とその聴きもの）岩井宏之 「ディスク」26巻5号 1963.8 p.156

◇ベームの「コシ・ファン・トゥッテ」〈近く発売されるレコード〉（来日する巨匠 カール・ベーム）ナタン・ブローダー，野口英彦 訳 「ディスク」26巻6号 1963.9 p.96

◇クレンペラーの新録音 モーツァルトの〈第40番〉〈第41番〉（各社10月新譜とその聴きもの）岩井宏之 「ディスク」26巻6号 1963.9 p.152

◇モーツァルトの〈二つの協奏交響曲〉（各社10月新譜とその聴きもの）日比木伸一 「ディスク」26巻6号 1963.9 p.163

◇生きる喜びを感じさせるモーツァルトの喜遊曲（私の愛聴盤―読者随筆）相原定雄 「ディスク」26巻6号 1963.9 p.164

◇熱愛おく能はざるモーツァルト（私の愛聴盤）小野勝 「ディスク」26巻7号 1963.10 p.132

◇「フィガロの結婚」の感動（八つの舞台に聴いたもの―ベルリン・ドイツ・オペラ）黒田恭一 「ディスク」26巻9号 1963.12 p.92

◇カラヤンのモーツァルト/その虚像と実像（特集 ヘルベルト・フォン・カラヤン）向坂正久 「ディスク」27巻3号 1964.3 p.86

◇コンラード・ハンゼンのモーツァルト「ソナタ第6,8番」（各社五月新譜速報とその聴きもの）中川和義 「ディスク」27巻4号 1964.4 p.143

◇ハイフェッツ，ピアティゴルスキーらのモーツァルト「弦楽五重奏曲」他（各社五月新譜速報とその聴きもの）日比木伸一 「ディスク」27巻4号 1964.4 p.146

◇モーツァルト ピアノ協奏曲第二〇番他 上野一郎 「ディスク」27巻6号 1964.6 p.29

◇ケネディ大統領追悼ミサ聖祭 モーツァルト鎮魂ミサのレコード 園部不二夫 「ディスク」27巻6号 1964.6 p.70

◇初進者のための名盤案内（4）続・モーツァルトの名盤―新らしくレコードを集める方への助言 宇野功芳 「ディスク」27巻9号 1964.9 p.88

◇ボスコフスキー～リリ・クラウスのモーツァルト/ヴァイオリン・ソナタ選集 岩井宏之 「ディスク」27巻11号 1964.11 p.74

◇話題の海外レコード試聴室 プライ，ベリーの〈フィガロの結婚〉全曲 黒田恭一 「ディスク」28巻6号 1965.7 p.114

◇ベートーヴェンとモーツァルト（私の愛聴盤）赤塚尚武 「ディスク」28巻11号 1965.12 p.112

◇モーツァルトの死の謎 エルゼ・ラダント，更級倫子 訳 「ディスク」29巻3号 1966.3 p.70

◇その魅力とレコードを語る座談会（特集 モーツァルトの交響曲）岩井宏之，岡俊雄，小林利之 「ディスク」29巻4号 1966.4 p.66

◇モーツァルトの交響曲全レコード表（特集 モーツァルトの交響曲）「ディスク」29巻4号 1966.4 p.68

◇映画になったフルトヴェングラーの「ドン・ジョヴァンニ」黒田恭一 「ディスク」29巻5号 1966.5 p.65

◇歌劇「コジ・ファン・トゥッテ」（話題の春の演奏会をきく）三浦淳史 「ディスク」29巻6号 1966.6 p.80

◇海外通信―回想のマルグリット・ロン/クリップスのモーツァルト部隊 三浦淳史 「ディスク」29巻7号 1966.7 p.84

ラヴェル, モーリス

◇ダフニとクロエ（洋楽五月新譜批評）菅原明朗 「レコード」2巻5号 1931.5 p.46

◇モーリス・ラヴェルを語る 宮沢信夫 「レコード音楽」5巻6号 1931.6 p.76

◇オイリアンテとラヴェルの四重奏曲（洋楽十月新譜批評）菅原明朗 「レコード」2巻10号 1931.10 p.24

◇大作曲家 モーリス・ラヴェル―（レコードで活躍する世界的音楽家列伝（21））菅原明朗 「レコード」3巻5号 1932.5 p.6

◇ラヴェルのピアノ曲デッサン 吉田たか子 「レコード」3巻6号 1932.6 p.36

◇モーリス・ラヴェルとピアノ・コンセルト 倉重舜介 「レコード音楽」6巻9号 1932.9 p.34

◇モーリス・ラヴェルのピアノ・コンセルト（2）倉重舜介 「レコード音楽」6巻10号 1932.10 p.55

◇ラヴェルのピアノ協奏曲と其批評 松本太郎 「レコード音楽」7巻1号 1933.1 p.13

◇ラヴェール作「ピアノ協奏曲」（名曲解説）桂近乎 「レコード」4巻1号 1933.1 p.56

◇時代の寵児モーリス・ラヴェル 大脇礼三 「レコード」4巻4号 1933.4 p.10

◇ラヴェル スペインの時 倉重瞬輔 「レコード」4巻4号 1933.4 別冊附録

◇ラヴェルの歌曲レコードを聴く 牛山充，須永克己，有坂愛彦，藤田不二 「レコード音楽」7巻6号 1933.6 p.35

◇ラヴェルの歌謡曲 青木正 「レコード」4巻6号 1933.6 p.20

◇〈楽譜〉ラヴェル作マダガスカル土人の歌（レコード鑑賞楽譜―附録）「レコード」4巻6号 1933.6 p.92

430　戦前期　レコード音楽雑誌記事索引

作曲家　　　　　　　　　　　　　　　　人物文献目録　　　　　　　　　　　　　　　　ラヴェル

◇ラヴェルの作品レコード随想　鮎野行夫
「ディスク」5巻8号　1933.8　p.528
◇試聴室―ラヴェルの「絃楽四重奏曲ヘ調」を
聴く　有島不容　「ディスク」6巻3号　1934.3
p.134
◇モーリス・ラヴェル作品のレコード目録　面白
誌編　「レコード音楽」8巻3号　1934.3　p.104
◇試聴室―童詩曲「マ・メエル・ロア」の新盤
を聴く　鮎野行夫　「ディスク」6巻4号　1934.4
p.194
◇ラヴェルと「絃楽四重奏曲」雑考　有島牧穂
「ディスク」7巻4号　1935.4　p.268
◇ラヴェル指揮の「絃楽四重奏曲ヘ長調」を聴
く　北小路博　「レコード音楽」9巻6号　1935.6
p.28
◇モオリス・ラヴェル年表　「ディスク」7巻11
号　1935.11　p.806
◇ラヴェル観察の座標　藤木義輔　「ディスク」
7巻11号　1935.11　p.807
◇管絃楽法より見たるラヴェル　深井史郎
「ディスク」7巻11号　1935.11　p.812
◇ラヴェルの歌曲　唐畠勝　「ディスク」7巻11
号　1935.11　p.818
◇ラヴェルの音楽とレコード　鮎野行夫　「ディ
スク」7巻11号　1935.11　p.823
◇モオリス・ラヴェル作品表　編輯部　「ディス
ク」7巻11号　1935.11　p.828
◇ラヴェルのレコードを掛けながら　藤木義輔
「ディスク」10巻2号　1938.2　p.122
◇同人合評―ラヴェルの「左手の為のピアノ協
奏曲」　杉浦繁，柏木俊三，青木謙幸，鮎野行
夫，榎本箏　「ディスク」10巻8号　1938.8
p.751
◇試聴室―ラヴェルの「絃楽四重奏曲」につい
て　柏木俊三　「ディスク」13巻3号　1941.3
p.229
◇ラヴェルの皮肉（特輯 諸名家随筆特選集）　松
本太郎　「レコード音楽」15巻4号　1941.4
p.43
◇試聴室―ラヴェルの七重奏曲「序奏部とアレ
グロ」　三潴末松　「ディスク」13巻9号　1941.
9　p.835
◇近代音楽とレコード（3）モーリス・ラヴェル
松本太郎　「レコード音楽」18巻7号　1948.7
p.8
◇「クープランの墓」の新盤（新譜評）　有坂愛
彦　「レコード音楽」18巻11号　1948.11　p.9
◇ラヴェル作品の新盤（新譜評）　大木正興　「レ
コード音楽」20巻4号　1950.4　p.36
◇ラヴェルの左手のためのピアノ協奏曲―カザ
ドジューの演奏による　牧定忠　「レコード音
楽」21巻1号　1951.1　p.42
◇ラヴェルの三重奏曲イ短調（百万ドル・トリ
オを聴く）　山根銀二　「レコード音楽」22巻7
号　1952.7　p.17

◇百万ドル・トリオのラヴェル「ピアノ三重奏
曲」―外誌から見た批評　上野一郎　「レコー
ド音楽」22巻8号　1952.8　p.50
◇音楽史的に観たピアノ・レコード（40）ラヴェ
ル　野村光一　「レコード音楽」22巻9号　1952.
9　p.48
◇カサドシュスのラヴェルのピアノ曲　佐久間
幸光　「ディスク」15巻12号　1952.11　p.1132
◇ラヴェル ボレロ ラヴェル ラ・ヴァルス（LP
試聴記）　佐久間幸光　「ディスク」16巻1号
1953.1　p.51
◇ラヴェル スペインの時（レイボウイッツ指
揮）（LP試聴記）　その・すゝむ　「ディスク」
16巻6号　1953.5　p.491
◇ポール・パレー指揮の「ボレロ」（海外LP試
聴室）　桃園春夫　「ディスク」17巻10号
1954.9　p.76
◇ラヴェルの一幕歌劇「スペインの時」（海外
LP試聴室）　小林利之　「ディスク」17巻12号
1954.11　p.124
◇ポール・パレーのカムバック「ボレロ」と
「スペイン綺想曲」　上野一郎　「ディスク」17
巻13号　1954.12　p.78
◇近代協奏曲の名盤二枚 ラヴェルとシベリウス
高橋昭　「ディスク」18巻2号　1955.2　p.78
◇ローラン・マニュエル氏とラヴェルのピアノ
音楽を語る（架空対談記）　高橋昭，高橋宏 訳
編　「ディスク」18巻4号　1955.3　p.30
◇ローラン・マニュエル氏とラヴェルのピアノ
音楽を語る（下）（架空対談記）　高橋昭，高橋
宏 訳編　「ディスク」18巻5号　1955.4　p.152
◇舞踊組曲「ダフニスとクロエ」〈ラヴェル〉
（管弦楽曲）「ディスク」19巻2号 臨時増刊
LP名曲100選 第1集　1956.1　p.67
◇ボレロ〈ラヴェル〉（管弦楽曲）「ディスク」
19巻2号 臨時増刊 LP名曲100選 第1集　1956.1
p.68
◇鏡〈ラヴェル〉（ピアノ曲）「ディスク」19巻2
号 臨時増刊 LP名曲100選 第1集　1956.1
p.125
◇ラヴェルのオペラ「子供と呪文」（今月のLP
ハイライト）　福原信夫　「ディスク」19巻4号
1956.3　p.117
◇フランチェスカッティのラヴェル（今月のLP
ハイライト）　大宮真琴　「ディスク」19巻6号
1956.5　p.111
◇ラ・ヴァルス〈ラヴェル〉（管弦楽曲）「ディ
スク」19巻7号 臨時増刊 LP名曲100選 第2集
1956.5　p.53
◇ト長調ピアノ協奏曲〈ラヴェル〉（協奏曲）
「ディスク」19巻7号 臨時増刊 LP名曲100選
第2集　1956.5　p.80
◇夜のギャスパル〈ラヴェル〉（器楽曲）「ディ
スク」19巻7号 臨時増刊 LP名曲100選 第2集
1956.5　p.109

リスト　　　　　　　　　　人物文献目録　　　　　　　　　　作曲家

◇マルグリット・ロンのラヴェルとフォーレ
（今月のLPハイライト）大宮真琴　「ディス
ク」19巻8号　1956.6　p.115

◇ラヴェル「ダフニスとクロエ」（今月の名曲解
説物語）荻原英彦　「ディスク」20巻3号
1957.3　p.162

◇ラヴェルとドビュッシイのピアノ曲とその演
奏　ワルター・ギーゼキング，山口芙美子 訳
「ディスク」20巻7号　1957.7　p.46

◇ラ・ヴァルス〈ラヴェル〉（管弦楽曲）「ディ
スク」20巻8号　増刊 LP名曲350選 第1集
1957.7　p.136

◇ボレロ〈ラヴェル〉（管弦楽曲）「ディスク」
20巻8号　増刊 LP名曲350選 第1集　1957.7
p.137

◇スペインの時〈ラヴェル〉（歌劇）「ディスク」
20巻8号　増刊 LP名曲350選 第1集　1957.7
p.201

◇子供と呪文〈ラヴェル〉（歌劇）「ディスク」
20巻8号　増刊 LP名曲350選 第1集　1957.7
p.202

◇ピアノ協奏曲ト長調〈ラヴェル〉（協奏曲）
「ディスク」20巻10号　増刊 名曲LP350選 第2
集　1957.8　p.45

◇左手のためのピアノ協奏曲ニ長調〈ラヴェル〉
（協奏曲）「ディスク」20巻10号　増刊 名曲
LP350選 第2集　1957.8　p.46

◇ピアノ全集〈ラヴェル〉（器楽曲）「ディスク」
20巻14号　増刊 名曲LP350選 第3集　1957.11
p.61

◇ボレロ〈ラヴェル〉（名曲とレコード—管弦楽
曲）佐川吉男　「ディスク」21巻13号 臨時増
刊 名曲とレコード　1958.12　p.89

◇ラヴェルとドビュッシイ管弦楽曲全集を録音
中のマニュエル・ローザンタル　松本太郎
「ディスク」22巻3号　1959.3　p.44

◇ドビュッシイ「夜想曲」とラヴェル「マ・メー
ル・ロア」（アンセルメ）（新着LP試聴室）岡
俊雄　「ディスク」22巻7号　1959.7　p.150

◇ピアノ協奏曲 ト長調〈ラヴェル〉（続・名曲と
レコード—協奏曲）杉浦繁　「ディスク」22
巻8号 臨時増刊 続・名曲とレコード　1959.7
p.54

◇弦楽四重奏曲 ヘ長調〈ラヴェル〉（続・名曲と
レコード—室内楽曲）中村善吉　「ディスク」
22巻8号 臨時増刊 続・名曲とレコード　1959.
7　p.88

◇死せる王女のためのパヴァーヌ〈ラヴェル〉
（続・名曲とレコード—ピアノ曲）中村善吉
「ディスク」22巻8号 臨時増刊 続・名曲とレ
コード　1959.7　p.111

◇水の戯れ〈ラヴェル〉（続・名曲とレコード—
ピアノ曲）中村善吉　「ディスク」22巻8号
臨時増刊 続・名曲とレコード　1959.7　p.112

◇アンセルメ指揮の「マ・メール・ロア」（ラ
ヴェル）（新着LPハイライト）平島正郎
「ディスク」23巻4号　1960.3　p.29

◇モーツァルトとラヴェルを弾くトリエステ三
重奏団（新着LP試聴室）坪和昌夫　「ディス
ク」23巻4号　1960.3　p.164

◇モントゥ指揮するラヴェル「ダフニスとクロ
エ」（新譜LPハイライト）高瀬まり　「ディス
ク」23巻6号　1960.5　p.34

◇ピアノ三重奏曲—ラヴェル（室内楽）杉浦繁
「ディスク」23巻13号 増刊 新版名曲とレコー
ド 下巻　1960.10　p.48

◇弦楽三重奏曲—ラヴェル（室内楽）中村善吉
「ディスク」23巻13号 増刊 新版名曲とレコー
ド 下巻　1960.10　p.48

◇ツィガーヌ—ラヴェル（ヴァイオリン曲）坪
和昌夫　「ディスク」23巻13号 増刊 新版名曲
とレコード 下巻　1960.10　p.73

◇ソナティネ—ラヴェル（ピアノ曲）増田隆昭
「ディスク」23巻13号 増刊 新版名曲とレコー
ド 下巻　1960.10　p.113

◇死せる王女の為のパヴァーヌ—ラヴェル（ピ
アノ曲）中村善吉　「ディスク」23巻13号 増
刊 新版名曲とレコード 下巻　1960.10　p.114

◇水の戯れ—ラヴェル（ピアノ曲）中村善吉
「ディスク」23巻13号 増刊 新版名曲とレコー
ド 下巻　1960.10　p.114

◇夜のギャスパル—ラヴェル（ピアノ曲）坪和
昌夫　「ディスク」23巻13号 増刊 新版名曲と
レコード 下巻　1960.10　p.115

◇クープランの墓—ラヴェル（ピアノ曲）坪和
昌夫　「ディスク」23巻13号 増刊 新版名曲と
レコード 下巻　1960.10　p.116

◇ハバネラ形式による小品—ラヴェル（チェロ
曲）坪和昌夫　「ディスク」23巻13号 増刊 新
版名曲とレコード 下巻　1960.10　p.129

◇あたらしく出たカルミレルリQのラヴェル
（新着LP試聴室）杉浦繁　「ディスク」24巻2
号　1961.2　p.114

◇バーンスティンのラヴェル（新着LP試聴室）
増田隆昭　「ディスク」25巻1号　1962.1　p.113

◇左手のためのピアノ協奏曲（知っていて損の
ない話3）上野一郎　「ディスク」25巻3号
1962.3　p.120

◇クリュイタンスのラヴェル「管弦楽全集」第
三集（各社11月新譜速報とその聴きもの）渡
辺学而　「ディスク」26巻7号　1963.10　p.134

リスト，フランツ・フォン

◇リスト及其の奇怪な作品（音楽物語）守田文
治 訳　「音楽と蓄音機」10巻3号　1923.3　p.57

◇リストとダグウ夫人（1）藤木義輔　「レコー
ド音楽」7巻4号　1933.4　p.78

◇〈楽譜〉リストピアノ協奏曲第一番ホ変長調
（レコード鑑賞楽譜 附録）「レコード」4巻4
号　1933.4　p.65

◇リスト協奏曲第一番変ホ長調　野村光一　「レ
コード」4巻4号　1933.4　別冊附録

◇リストとダグウ夫人（2）藤木義輔　「レコー
ド音楽」7巻5号　1933.5　p.100

◇リストとダグウ夫人（完）藤木義輔 「レコード音楽」7巻6号 1933.6 p.94

◇リスト（1）―音楽史的レコード蒐集（42）バッハからシェンベルヒまで あらえびす 「レコード音楽」8巻1号 1934.1 p.4

◇リスト（2）―音楽史的レコード蒐集（43）あらえびす 「レコード音楽」8巻6号 1934.6 p.6

◇フランツ・リストの「合唱弥撒曲」 津川主一 「ディスク」8巻11号 1936.11 p.963

◇初めてレコードに聴くリストの「死の舞踏」（試聴記）土屋忠雄 「レコード音楽」13巻1号 1939.1 p.18

◇リスト作「洋琴協奏曲第二番イ長調」 柏木俊三 「ディスク」11巻8号 1939.8 p.761

◇リストの第二協奏曲新盤試聴（試聴記）有坂愛彦 「レコード音楽」13巻8号 1939.8 p.89

◇ふらんす音楽 其4 リスト 吉村昌光 「ディスク」11巻11号 1939.11 p.1114

◇ふらんす音楽 其5 リスト（続）吉村昌光 「ディスク」12巻1号 1940.1 p.24

◇ふらんす音楽 其6 リスト（完）吉村昌光 「ディスク」12巻2号 1940.2 p.137

◇リストの第一協奏曲（試聴記）原田光子 「レコード音楽」14巻3号 1940.3 p.19

◇試聴室―リスト作「ファウスト交響曲」 柏木俊三 「ディスク」12巻10号 1940.10 p.940

◇「ファウスト」交響曲（リスト曲）（洋楽名曲レコード評）牛山充 「レコード」6巻9号 1940.10 p.48

◇試聴室―ザウアーの弾いたリストの「第二ピアノ協奏曲」 土川正浩 「ディスク」13巻1号 1941.1 p.18

◇音楽夜話―リスト 柿沼太郎 「レコード文化」2巻8号 1942.8 p.24

◇交響詩「オルフォイス」―音詩名曲選（2）森本覚丹 「レコード文化」2巻10号 1942.10 p.33

◇リストの恋（上）植村敏夫 「レコード音楽」18巻3号 1948.3 p.8

◇リストの恋（下）植村敏夫 「レコード音楽」18巻4号 1948.4 p.26

◇サタンの笑―リスト―レコードのある部屋（11）村田武雄 「レコード音楽」18巻8・9号 1948.9 p.38

◇音楽史的に観たピアノ・レコード（21）リスト〔1〕野村光一 「レコード音楽」20巻2号 1950.2 p.24

◇音楽史的に観たピアノ・レコード（22）リスト（2）野村光一 「レコード音楽」20巻3号 1950.3 p.34

◇音楽史的に観たピアノ・レコード（23）リスト（3）野村光一 「レコード音楽」20巻4号 1950.4 p.26

◇音楽史的に観たピアノ・レコード（24）リスト（4）野村光一 「レコード音楽」20巻5号 1950.5 p.23

◇リストと彼の交響詩について―名曲鑑賞手帖（4）寺西春雄 「レコード音楽」22巻9号 1952.9 p.44

◇ウェーバー 小協奏曲ヘ短調（カサドウシュス）リスト 洋琴協奏曲第二番（カサドウシュス）（LP試聴記）佐久間幸光 「ディスク」16巻6号 1953.5 p.493

◇リストとハンガリー音楽 ベラ・バルトック，北川宣彦 訳 「ディスク」17巻11号 1954.10 p.14

◇シェルヘンの登場 プロコフイエフとリストのP協奏曲（十月の新譜批評）田代秀穂 「ディスク」17巻11号 1954.10 p.65

◇交響詩「前奏曲」〈リスト〉（管弦楽曲）「ディスク」19巻2号 臨時増刊 LP名曲100選 第1集 1956.1 p.50

◇変ホ長調ピアノ協奏曲〈リスト〉（協奏曲）「ディスク」19巻2号 臨時増刊 LP名曲100選 第1集 1956.1 p.94

◇イ長調ピアノ協奏曲〈リスト〉（協奏曲）「ディスク」19巻2号 臨時増刊 LP名曲100選 第1集 1956.1 p.95

◇ハンガリー狂詩曲〈リスト〉（器楽曲）「ディスク」19巻7号 臨時増刊 LP名曲100選 第2集 1956.5 p.107

◇交響詩「前奏曲」〈リスト〉（管弦楽曲）「ディスク」20巻8号 増刊 LP名曲350選 第1集 1957.7 p.101

◇ピアノ協奏曲第一番変ホ長調〈リスト〉（協奏曲）「ディスク」20巻10号 増刊 名曲LP350選 第2集 1957.8 p.30

◇ピアノ協奏曲第二番イ長調〈リスト〉（協奏曲）「ディスク」20巻10号 増刊 名曲LP350選 第2集 1957.8 p.32

◇ハンガリー幻想曲〈リスト〉（協奏曲）「ディスク」20巻10号 増刊 名曲LP350選 第2集 1957.8 p.33

◇ピアノ奏鳴曲ロ短調〈リスト〉（器楽曲）「ディスク」20巻14号 増刊 名曲LP350選 第3集 1957.11 p.54

◇ハンガリー狂詩曲〈リスト〉（器楽曲）「ディスク」20巻14号 増刊 名曲LP350選 第3集 1957.11 p.55

◇死の舞踏〈リスト〉（協奏曲）「ディスク」20巻14号 増刊 名曲LP350選 第3集 1957.11 p.146

◇シフラの弾くリスト（今月のLPに聴く五人のピアニスト）大宮真琴 「ディスク」21巻4号 1958.4 p.20

◇ピアノ協奏曲第一番 変ホ長調〈リスト〉（名曲とレコード―協奏曲）上野一郎 「ディスク」21巻13号 臨時増刊 名曲とレコード 1958.12 p.59

◇交響詩「前奏曲」〈リスト〉（名曲とレコード
—管弦楽曲）佐川吉男 「ディスク」21巻13
号 臨時増刊 名曲とレコード 1958.12 p.77

◇ハンガリー狂詩曲第二番〈リスト〉（名曲とレ
コード—ピアノ曲）中村善吉 「ディスク」
21巻13号 臨時増刊 名曲とレコード 1958.12
p.117

◇ラ・カンパネラ〈リスト〉（名曲とレコード—
ピアノ曲）中村善吉 「ディスク」21巻13号
臨時増刊 名曲とレコード 1958.12 p.117

◇リストとハンガリー—ヨーロッパの楽旅から
宮沢縦一 「ディスク」22巻6号 1959.6 p.46

◇ハンガリー幻想曲〈リスト〉（続・名曲とレ
コード—協奏曲）杉浦繁 「ディスク」22巻8
号 臨時増刊 続・名曲とレコード 1959.7 p.48

◇リストのハンガリア狂詩曲の真髄を伝える全
曲盤（シフラ）（新着LP試聴室）宗像洋二
「ディスク」22巻11号 1959.10 p.158

◇リスト「第二」・バルトーク「第三」協奏曲/
ベラ・シキ（P）（新着LP試聴室）杉浦繁
「ディスク」23巻12号 1960.10 p.118

◇ハンガリア狂詩曲第二番—リスト（ピアノ曲）
中村善吉 「ディスク」23巻13号 増刊 新版名
曲とレコード 下巻 1960.10 p.107

◇ラ・カンパネラ—リスト（ピアノ曲）中村善
吉 「ディスク」23巻13号 増刊 新版名曲とレ
コード 下巻 1960.10 p.108

◇ヴィルトゥオーソ・リスト/グラフマン（P）
（新着LP試聴室）薬科雅美 「ディスク」23
巻14号 1960.11 p.123

◇シェベックのリスト・リサイタル/シェベック
（P）（新着LP試聴室）薬科雅美 「ディス
ク」23巻16号 1960.12 p.128

◇ハンガリー・人と音楽（特集 ハンガリー・人
と音楽—リストとバルトークを記念して）羽
仁協子 「ディスク」24巻11号 1961.10 p.74

◇リストの音楽（特集 ハンガリー・人と音楽—
リストとバルトークを記念して）バルトー
ク, 増田隆昭 訳 「ディスク」24巻11号
1961.10 p.76

◇リストを再評価する（特集 ハンガリー・人と
音楽—リストとバルトークを記念して）木村
重雄 「ディスク」24巻11号 1961.10 p.78

◇ハンガリーの演奏家たち（特集 ハンガリー・
人と音楽—リストとバルトークを記念して）
薬科雅美 「ディスク」24巻11号 1961.10
p.83

◇ハンガリー音楽界だより（特集 ハンガリー・
人と音楽—リストとバルトークを記念して）
「ディスク」24巻11号 1961.10 p.87

◇ハンガリーの指揮者によるコダーイとリスト
（新着LP試聴室）梅木香 「ディスク」24巻
11号 1961.10 p.114

◇リストのピアノ曲—ロマン派のピアノ曲（4）
—私たちの音楽史（第2期・48）岩井宏之
「ディスク」25巻12号 1962.12 p.134

◇カーゾン,「リスト・リサイタル」（各社六月新
譜速報とその聴きもの）中川和義 「ディス
ク」27巻5号 1964.5 p.150

ワーグナー, リヒャルト

◇ワグナアと其保護者（つづく）（楽説と学芸）
鉄血生 「音楽と蓄音器」8巻10号 1921.10
p.16

◇ワグナアと其保護者（音楽と趣味）鉄血生
「音楽と蓄音器」9巻2号 1922.2 p.41

◇ワグナアと其の保護者（音楽と趣味）鉄血生
「音楽と蓄音器」9巻5号 1922.5 p.24

◇ワグナー及び其の恋人とニーチエ（音楽物語）
守田有秋 「音楽と蓄音機」10巻1号 1923.1
p.88

◇音楽講談 ワグネル（1）出生当時の欧洲 当時
の音楽界の有様 石川義一 校閲, 楽乃家歌子
演 「音楽と蓄音機」14巻1号 1927.1 p.49

◇音楽講談 ワグネル（2）石川義一 校閲, 楽乃
家歌子 演 「音楽と蓄音機」14巻4号 1927.4
p.37

◇歌劇ローエングリンの解説 堀内敬三 「レ
コード」2巻9号 1931.9 p.36

◇ワグナー作「トリスタンとイゾルテ」（名曲解
説—六月新譜の中から）堀内敬三 「レコー
ド」3巻6号 1932.6 p.21

◇ワグナー作「ニュールンベルグの名歌手」序
曲（名曲解説）石田敏 「レコード」3巻12号
1932.12 p.22

◇ワグナーに就ての断片的考察 堀江謙吉
「ディスク」5巻2号 1933.2 p.105

◇ワグナーの生涯と芸術 編輯部 「レコード」
4巻2号 1933.2 p.28

◇ワグナーの序曲と前奏曲 近江屋二郎 「レ
コード」4巻2号 1933.2 p.34

◇ワグナーのレコード あらえびす 「レコー
ド」4巻2号 1933.2 p.39

◇ワグナー楽劇名曲集 「レコード」4巻2号
1933.2 p.92

◇ヴァーグナーの楽劇とそのレコード 面白誌
編 「レコード音楽」7巻3号 1933.3 p.52

◇ワーグナー ニールンベルグの名歌手 堀取文
二 「レコード」4巻6号 1933.6 別冊附録

◇ワグナー（上）—音楽史的レコード蒐集（44）
あらえびす 「レコード音楽」8巻7号 1934.7
p.6

◇ワグナー（中）—音楽史的レコード蒐集（45）
あらえびす 「レコード音楽」8巻8号 1934.8
p.6

◇ワグナー（中の2）—音楽史的レコード蒐集
（46）あらえびす 「レコード音楽」8巻10号
1934.10 p.6

◇ワグナー（下）—音楽史的レコード蒐集（47）
あらえびす 「レコード音楽」8巻11号 1934.
11 p.6

作曲家　　　　　　　　　　　　　　人物文献目録　　　　　　　　　　　　ワーグナー

◇ワグナー年表　「ディスク」7巻5号　1935.5
p.320
◇ワグナー随想　あらえびす談　「ディスク」7
巻5号　1935.5　p.321
◇ワグナーの芸術　四月亭　「ディスク」7巻5号
1935.5　p.323
◇ウァグナーの感想　本来漠, 罫線翁, 杉浦繁,
楳津真次郎　「ディスク」7巻5号　1935.5
p.326
◇ウアグナー論攷　有島牧穂　「ディスク」7巻5
号　1935.5　p.329
◇ヴァグナー音楽と指揮者を語る　鮎野行夫
「ディスク」7巻5号　1935.5　p.332
◇ワグナーの作品表　「ディスク」7巻5号　1935.
5　p.339
◇ワグナーと同時代の音楽家消長　「ディスク」
7巻5号　1935.5　p.340
◇音楽史上のヴァーグネル　太田太郎　「レコー
ド音楽」9巻5号　1935.5　p.6
◇ジークフリード牧歌　大西一正　「ディスク」
8巻9号　1936.9　p.778
◇試聴室─トスカニーニのヴァグナー音楽新盤
大西一正　「ディスク」8巻10号　1936.10
p.884
◇バイロイトのヴァーグナー祭吹込　藤田不二
「レコード音楽」10巻12号　1936.12　p.37
◇ヴァーグナー曲集─ビクター蒐集クラブ三月
新譜　藤田不二　「レコード音楽」11巻2号
1937.2　p.93
◇「ワーグナー名曲集」への感想　山根銀二
「レコード音楽」11巻3号　1937.3　p.17
◇ワグネルの苦悩と其の音楽 (1)　太田博
「ディスク」9巻6号　1937.6　p.526
◇ヴァーグナー祭紀年レコード　野村光一　「レ
コード音楽」11巻6号　1937.6　p.11
◇ワグネルの苦悩と其音楽 (2)　太田博　「ディ
スク」9巻7号　1937.7　p.654
◇絶讃に値する「ワルキューレ」第一幕（試聴
記）　野村光一　「レコード音楽」12巻6号
1938.6　p.10
◇楽劇「ワルキューレ」第一幕全　井関富三
「ディスク」10巻7号　1938.7　p.628
◇巨匠フルトヴェングラーの神技 ワーグナーの
「トリスタンとイゾルデ」（試聴記）　水野忠恂
「レコード音楽」13巻1号　1939.1　p.14
◇「パルシファル」試聴記─フルトヴェング
ラーとストコフスキー（試聴記）　水野忠恂
「レコード音楽」13巻12号　1939.12　p.15
◇フルトヴェングラアのパルジファル（ワグ
ナー）（洋楽名曲レコード聴評）　村田武雄
「レコード」5巻4号　1939.12　p.32
◇序曲「彷徨へる和蘭人」のレコード　柏木俊三
「ディスク」12巻8号　1940.8　p.736

◇「さまよへる和蘭人」序曲の新盤（新盤紹介）
有坂愛彦　「レコード音楽」14巻8号　1940.8
p.11
◇音楽夜話─ワーグナア　柿沼太郎　「レコード
文化」2巻12号　1942.12　p.36
◇ワアグナアとヴェルディ　山田秋草人　「レ
コード音楽」18巻3号　1948.3　p.26
◇ワーグナー全曲盤の最高峰フルトヴェング
ラーの「トリスタン」（海外LP試聴室）　小林
利之　「ディスク」17巻11号　1954.10　p.120
◇セールの「ワグナー名曲集」　田代秀穂
「ディスク」18巻10号　1955.8　p.68
◇「タンホイザー」序曲〈ワーグナー〉（管弦楽
曲）「ディスク」19巻2号 臨時増刊 LP名曲
100選第1集　1956.1　p.51
◇フラグスタートの歌う「ブリュンヒルデの犠
牲」　福原信夫　「ディスク」19巻8号　1956.6
p.123
◇大作曲家と音楽 (8) リヒアルト・ワーグナー
（対談）　大宮真琴, 高瀬まり　「ディスク」19
巻12号　1956.9　p.40
◇レコードで聴くワーグナーの名曲　小林利之
「ディスク」19巻12号　1956.9　p.47
◇大作曲家と音楽 (9) ワーグナー（中）　大宮真
琴, 高瀬まり　「ディスク」19巻13号　1956.10
p.44
◇レコードで聴くワーグナーの名曲（中）　小林
利之　「ディスク」19巻13号　1956.10　p.50
◇大作曲家と音楽 (10) ワーグナー（下）　大宮真
琴, 高瀬まり　「ディスク」19巻14号　1956.11
p.44
◇レコードで聴くワーグナーの名曲（下）　小林
利之　「ディスク」19巻14号　1956.11　p.51
◇歌劇「タンホイザー」より（ワグナー）（今月
の名曲物語）　萩原英彦　「ディスク」20巻5号
1957.5　p.170
◇歌劇「タンホイザー」序曲〈ワグナー〉（管弦
楽曲）「ディスク」20巻8号 増刊 LP名曲350
選 第1集　1957.7　p.103
◇カラヤンとベルリン・フィルのワーグナー名
曲集を聴く　野村光一, 大宮真琴　「ディス
ク」21巻2号　1958.2　p.36
◇オペラへの招待 楽劇「トリスタンとイゾル
デ」　福原信夫　「ディスク」21巻12号　1958.
12　p.51
◇歌劇「タンホイザー」─夕星の歌〈ワグナー〉
（名曲とレコード─歌劇アリア集）　小林利之
「ディスク」21巻13号 臨時増刊 名曲とレコー
ド　1958.12　p.134
◇ヘレン・トラウベルの歌うアリアとソング
（タンホイザー他）（新着LP試聴室）　小林利
之　「ディスク」22巻7号　1959.7　p.163
◇「タンホイザー」序曲（ワーグナー）（続・名
曲とレコード─管弦楽曲）　渡辺護, 長尾義
弘, 宇野功芳　「ディスク」22巻8号 臨時増刊
続・名曲とレコード　1959.7　p.65

戦前期　レコード音楽雑誌記事索引　　**435**

ワーグナー　　人物文献目録　　作曲家

◇「ワルキューレ」より〈ワーグナー〉(続・名曲とレコード―管弦楽曲) 渡辺護，長尾義弘，宇野功芳 「ディスク」22巻8号 臨時増刊続・名曲とレコード 1959.7 p.66

◇ワーグナーの楽劇「ヴァルキューレ」全曲盤(話題の名盤)(座談会) 渡辺護，大宮真琴，小林利之 「ディスク」23巻1号 1960.1 p.40

◇ホッターとニルソンの「ワルキューレ」(ワーグナー)(新着LPハイライト) 木村重雄 「ディスク」23巻4号 1960.3 p.34

◇ビルギット・ニルソンの「トリスタンとイゾルデ」(新着LP試聴室) 福原信夫 「ディスク」23巻6号 1960.5 p.167

◇ワーグナーの「ワルキューレ」第三幕(各社秋の大作レコードを展望する) 木村重雄 「ディスク」23巻12号 1960.10 p.29

◇歌劇「タンホイザー」―ワーグナー(歌劇) 小林利之 「ディスク」23巻13号 増刊 新版名曲とレコード 下巻 1960.10 p.183

◇ワルターの新盤「ワーグナー名曲集」(新着LP試聴室) 梅木香 「ディスク」24巻2号 1961.2 p.109

◇吹奏楽によるワーグナーとメンデルスゾーン(新着LP試聴室) 小林利之 「ディスク」24巻12号 1961.11 p.110

◇ワーグナー〈タンホイザー〉(オペラへの招待3) 福原信夫 「ディスク」25巻4号 1962.4 p.96

◇ワーグナー〈タンホイザー〉全曲ステレオ盤(新着LP試聴室) 小林利之 「ディスク」25巻4号 1962.4 p.110

◇新人ソプラノ，クレスパンのワーグナー(新着LP試聴室) 浅井修一 「ディスク」25巻5号 1962.5 p.115

◇歌合戦の城とタンホイザー(オペラ・コーナー) 竹内昭一 「ディスク」25巻7号 1962.7 p.100

◇ワーグナーとフリーメースン(オペラ・コーナー) 竹内昭一 「ディスク」25巻8号 1962.8 p.98

◇ワルターのワーグナー解釈〈「ワルキューレ」発売によせて〉(ブルーノ・ワルターのレコード この巨匠の遺した人類の遺産) 渡辺護 「ディスク」26巻5号 1963.8 p.96

◇「トリスタンとイゾルデ」(八つの舞台に聴いたもの―ベルリン・ドイツ・オペラ) 小林利之 「ディスク」26巻9号 1963.12 p.96

◇オーマンディの快演「ワーグナー管弦楽傑作集」(各社1月新譜速報とその聴きもの) 渡辺学而 「ディスク」26巻9号 1963.12 p.134

◇ベルリン・フィルを振ったクーベリックの「ワーグナー名演集」(各社四月新譜速報とその聴きもの) 渡辺学而 「ディスク」27巻3号 1964.3 p.142

◇フラグスタートの「ワーグナー名唱集」(各社五月新譜速報とその聴きもの) 前和男 「ディスク」27巻4号 1964.4 p.145

◇ワーグナー「神の黄昏」(ワーグナー特集) グルーンフェルト，三浦淳史 訳 「ディスク」27巻10号 1964.10 p.74

◇ワーグナーのレコードを語る(対談)(ワーグナー特集) 渡辺護，黒田恭一 「ディスク」27巻10号 1964.10 p.82

指揮者・演奏家

カザルス, パブロ

◇愚談=カサルスのセロ・ソナータを聞く HN生 「名曲」4巻9号 1930.9 p.22

◇パブロ・カサールス 藤田不二 訳 「ディスク」2巻3号 1930.11 p.216

◇若き日の思ひ出 パブロ・カザルス，桂近乎 訳 「レコード」4巻2号 1933.2 p.20

◇カサルスとクライスラーの新盤 杉浦繁 「ディスク」9巻9号 1937.9 p.861

◇カザルスの神技—ドヴォルザークのチェロ協奏曲新盤（試聴記）井上頼豊 「レコード音楽」12巻3号 1938.3 p.14

◇カサルス・バッハ「チェロ・ソナタ」奥屋公平 「ディスク」10巻6号 1938.6 p.549

◇クライスラーとカザルスの新盤（試聴記）藁科雅美 「レコード音楽」12巻7号 1938.7 p.19

◇カザルスの栄光—バッハ無伴奏チェロ組曲への讃（試聴記）村田武雄 「レコード音楽」13巻1号 1939.1 p.11

◇カザルスの至芸「バッハ協会・第七輯」村田武雄 「レコード音楽」15巻3号 1941.3 p.46

◇カザルス独奏 無伴奏チェロ組曲（バッハ曲）（名曲レコード情報）牛山充 「レコード」7巻3号 1941.3 p.18

◇カサルスの新吹込・其他（海外音盤界余滴）I・U 「レコード音楽」21巻10号 1951.10 p.70

◇カザルスのプラード盤（L・Pレコード試聴記）野口晴哉 「ディスク」14巻4号 1951.12 p.302

◇カザルスの許にて 佐藤良雄 「ディスク」15巻2号 1952.2 p.124

◇カザルス先生へ 青木謙幸 「ディスク」15巻3号 1952.3 p.211

◇カザルスの言葉 「ディスク」15巻3号 1952.3 p.212

◇パブロ・カザルス伝 中村善吉 「ディスク」15巻3号 1952.3 p.214

◇絃の王者カザルス あらえびす 「ディスク」15巻3号 1952.3 p.224

◇カザルスの生誕七十五歳を祝して 石川登志夫 訳，ジャック・テイボー 「ディスク」15巻3号 1952.3 p.228

◇カザルスの生誕七十五歳を祝して 石川登志夫 訳，アルフレッド・コルトー 「ディスク」15巻3号 1952.3 p.228

◇カザルスの生誕七十五歳を祝して 石川登志夫 訳，モーリス・マレシャル 「ディスク」15巻3号 1952.3 p.229

◇カザルスの生誕七十五歳を祝して 石川登志夫 訳，モーリス・ジャンドロン 「ディスク」15巻3号 1952.3 p.230

◇カザルスの生誕七十五歳を祝して 石川登志夫 訳，シェラール・ボエール 「ディスク」15巻3号 1952.3 p.231

◇生い立の記 パブロ・カザルス，藤田不二 訳 「ディスク」15巻3号 1952.3 p.234

◇率直なるカザルスへの随筆 西条卓夫 「ディスク」15巻3号 1952.3 p.240

◇カザルス論 村田武雄 「ディスク」15巻3号 1952.3 p.244

◇バッハの「チェロ組曲」青木謙幸 「ディスク」15巻3号 1952.3 p.248

◇パブロ・カザルス モーリス・アイゼンベルク，石川登志夫 訳 「ディスク」15巻3号 1952.3 p.258

◇カザルスの思い出 ガイスベルク，藤田不二 訳 「ディスク」15巻3号 1952.3 p.260

◇カザルスのレコードを繞りて 坩和昌夫 「ディスク」15巻3号 1952.3 p.264

◇チェロ・ソナタ・他 杉浦繁 「ディスク」15巻3号 1952.3 p.269

◇プラード音楽祭のレコード 寺島宏 「ディスク」15巻3号 1952.3 p.274

◇カザルス一枚 森潤三郎 「ディスク」15巻3号 1952.3 p.277

◇スーヴニール（カザルス随筆）松井丈夫 「ディスク」15巻3号 1952.3 p.284

◇カザルスのレコード全表 藤田不二 編 「ディスク」15巻3号 1952.3 p.286

◇カザルスのレコードに就て 藤田不二 「ディスク」15巻3号 1952.3 p.292

◇カザルスのメッセージ パブロ・カザルス 「ディスク」15巻5号 1952.5 p.471

◇第三回カザルス音楽祭 青木謙幸 「ディスク」15巻6号 1952.6 p.577

◇日本の音楽愛好家の方々へ パウ・カザルス 「ディスク」15巻7号 1952.7 p.684

◇カザルスのペルピニアンのレコード座談会 中村善吉，坩和昌夫，青木謙幸 「ディスク」15巻12号 1952.11 p.1113

◇カザルスとの対談 コレドール，石川登志夫 訳 「ディスク」15巻13号 1952.12 p.1216

◇カザルスのベートーヴェン（海外LP試聴室）青木謙幸 「ディスク」17巻13号 1954.12 p.139

◇カザルス十八年ぶりの協奏曲録音（海外LP試聴室）杉浦繁 「ディスク」17巻13号 1954.12 p.140

◇カザルスの名演 シューマンのチェロ協奏曲 井上頼豊 「ディスク」18巻10号 1955.8 p.56

◇カザルス快心の名演（今月のLPから）坩和昌夫 「ディスク」18巻12号 1955.10 p.56

◇カザルスとの対話―昨日の音楽家と今日の音楽家 パブロ・カザルス，J・コレドール，佐藤良雄 訳 「ディスク」19巻5号 1956.4 p.63

◇コルトー・ティボー・カザルスのベートーヴェン「太公」（今月のLPハイライト）坩和昌夫 「ディスク」19巻5号 1956.4 p.118

◇カザルスとの対話より 音楽の解釈について パブロ・カザルス，J・コレドール，佐藤良雄 訳 「ディスク」19巻6号 1956.5 p.22

◇カザルス（チェロ）「ディスク」19巻10号 臨時増刊 LP名演奏家選集 1956.7 p.122

◇カザルスとの対話―LPファンの為の本棚 中村善吉 「ディスク」19巻11号 1956.8 p.158

◇プエルト・リコのパヴロ・カザルス先生 平井丈一朗 「ディスク」20巻6号 1957.6 p.56

◇カザルス小品集（器楽曲集）「ディスク」20巻14号 増刊 名曲LP350選 第3集 1957.11 p.92

◇カザルスとともに 平井丈一朗 「ディスク」21巻3号 1958.3 p.46

◇二つのカザルス祭のリハーサル（座談会）（特集 パブロ・カザルスの練習風景のLP）佐藤良雄，宇野功芳，青木謙幸 「ディスク」21巻8号 1958.8 p.18

◇「カザルス讃」を聴く（特集 パブロ・カザルスの練習風景のLP）門馬直美 「ディスク」21巻8号 1958.8 p.20

◇プエルト・リコのカザルス祭のLP（特集 パブロ・カザルスの練習風景のLP）藁科雅美 「ディスク」21巻8号 1958.8 p.25

◇カザルスと私 ロストロポーヴィッチ，山口美美子 訳 「ディスク」21巻12号 1958.12 p.30

◇世紀の巨匠 カザルスのバッハ「無伴奏チェロ組曲」佐藤良雄，青木謙幸，坩和昌夫 「ディスク」22巻2号 1959.2 p.36

◇最近のカザルス（プエルト・リコ便り）平井丈一朗 「ディスク」22巻2号 1959.2 p.42

◇ハイドン「告別」とモーツァルト「リンツ」/カザルス指揮（新着LP試聴室）杉浦繁 「ディスク」23巻10号 1960.9 p.108

◇カザルス音楽祭とプエルト・リコの音楽界近況―海外楽信 田村太郎 「ディスク」23巻12号 1960.10 p.36

◇ようこそカザルス先生（特集・カザルスのすべて）青木謙幸 「ディスク」24巻4号 1961.4 p.21

◇カザルスの歩み来た道（特集・カザルスのすべて）中村善吉 「ディスク」24巻4号 1961.4 p.22

◇カザルスとの対話（特集・カザルスのすべて）ヴォルマーヌ，石川登志夫 訳 「ディスク」24巻4号 1961.4 p.25

◇指揮者カザルス（特集・カザルスのすべて）大宮真琴 「ディスク」24巻4号 1961.4 p.26

◇チェリストとしてのカザルス（特集・カザルスのすべて）井上頼豊 「ディスク」24巻4号 1961.4 p.28

◇カザルス先生とともに（特集・カザルスのすべて）平井丈一朗 「ディスク」24巻4号 1961.4 p.30

◇レコードに聴くカザルス（特集・カザルスのすべて）上野一郎 「ディスク」24巻4号 1961.4 p.32

◇パブロ・カザルス（特集 春の来日演奏家を聴く―かれらは日本でどんな演奏ぶりを見せたのだろうか？）井上頼豊 「ディスク」24巻6号 1961.6 p.84

◇カザルス讃（「カザルス名演集」発売によせて）大宮真琴 「ディスク」25巻12号 1962.12 p.88

◇こころで聴く音楽（座談会）（「カザルス名演集」発売によせて）佐藤良雄，青木謙幸，上野一郎，三井啓 「ディスク」25巻12号 1962.12 p.92

◇カザルスあれこれ（「カザルス名演集」発売によせて）上野一郎 「ディスク」25巻12号 1962.12 p.96

◇カザルス讃（私の愛聴盤）関義治 「ディスク」26巻9号 1963.12 p.131

◇海外楽信 フィッシャー＝ディスコウ/ロストロポーヴィッチ/マールボローのカザルス 三浦淳史 「ディスク」28巻9号 1965.10 p.102

カラヤン, ヘルベルト・フォン

◇カラヤンに就いて―新人紹介 磯村政美 「レコード」6巻4号 1940.5 p.46

◇カラヤンの第九交響曲（試聴座談会）坩和，田代，佐川，青木，松井 「ディスク」15巻13号 1952.12 p.1228

◇カラヤンの指揮したベートーヴェンの第九交響曲 牧定忠 「レコード音楽」22巻12号 1952.12 p.54

◇二つの第九を語る（対談）（特集・二つの第九）渡辺暁雄，田代秀穂 「レコード音楽」23巻1号 1953.1 p.24

◇カラヤンの横顔（特集・二つの第九）渡辺護 「レコード音楽」23巻1号 1953.1 p.37

◇カラヤンの傾向―レコード音楽ノート（特集・二つの第九）村田武雄 「レコード音楽」23巻1号 1953.1 p.40

◇カラヤンとトスカニーニの「第九」―外誌からの批評（特集・二つの第九）上野一郎 「レコード音楽」23巻1号 1953.1 p.44

◇カラヤンを語る（座談会）坂本良隆，田代秀穂，宇野功芳，佐川吉男 「ディスク」17巻4号 1954.4 p.14

◇カラヤンを聴いて（来朝演奏家を聴く）坂本良隆 「ディスク」17巻5号 1954.5 p.26

◇カラヤン第一日の印象―レコードのカラヤンと実演のカラヤン（来朝演奏家を聴く）田代秀穂 「ディスク」17巻5号 1954.5 p.28

◇二つの「ロ短調ミサ曲」―カラヤンとレーマン（海外LP試聴室）高橋昭 「ディスク」17巻6号 1954.6 p.86

◇ベートーヴェンの交響曲新盤―カラヤンの「英雄」とトスカニーニの「第七」田代秀穂 「ディスク」18巻1号 1955.1 p.68

◇カラヤンの「ヘンゼルとグレーテル」佐々木行綱 「ディスク」18巻1号 1955.1 p.74

◇カラヤンアメリカへ渡る 寺戸奎介 「ディスク」18巻5号 1955.4 p.38

◇カラヤンのオペラ間奏曲集（新着LP紹介）田村秋雄 「ディスク」18巻14号 1955.12 p.129

◇カラヤン（指揮者）「ディスク」19巻10号 臨時増刊 LP名演奏家選集 1956.7 p.22

◇第九交響曲 カラヤン（特集 今月話題のLP新譜）田代秀穂 「ディスク」19巻15号 1956.12 p.31

◇カラヤンの魅力 飯田一夫 「ディスク」20巻13号 1957.11 p.24

◇カラヤンの「第八」を中心に（今月のハイライト ベートーヴェンの交響曲）門馬直美 「ディスク」20巻15号 1957.12 p.20

◇カラヤンの新盤三枚を聴く 「ディスク」20巻15号 1957.12 p.76

◇カラヤンとベルリン・フィルのワーグナー名曲集を聴く 野村光一，大宮真琴 「ディスク」28巻2号 1958.2 p.36

◇カラヤンとシュワルツコップの楽劇「薔薇の騎士」小林利之 「ディスク」21巻3号 1958.3 p.154

◇カラヤンとベルリン・フィルのシューマン「第四交響曲」（話題の新着LP試聴記）岡俊雄 「ディスク」21巻9号 1958.9 p.136

◇レコードに活躍する巨匠たち（2）ヘルベルト・フォン・カラヤンの未発売レコードをさぐる 大宮真琴，岡俊雄 「ディスク」22巻6号 1959.6 p.36

◇カラヤン初のRCA録音ブラームスの「第一」岡俊雄 「ディスク」22巻13号 1959.11 p.31

◇リヒター＝ハーザーとカラヤンで入れたブラームス「第二ピアノ協奏曲」（ハイライト）藤田晴子 「ディスク」23巻1号 1960.1 p.34

◇カラヤン指揮のR・シュトラウスの交響詩（新着LP試聴室）浅井修一 「ディスク」24巻6号 1961.6 p.104

◇カラヤンの新盤シベリュウスの第二交響曲（新着LP試聴室）浅井修一 「ディスク」24巻8号 1961.8 p.112

◇カラヤンとベルリン・フィル ベンダーガスト，上野一郎 訳 「ディスク」25巻1号 1962.1 p.95

◇カラヤン指揮するバルトークとヒンデミット（新着LP試聴室）瀬音透 「ディスク」25巻6号 1962.6 p.118

◇カラヤンの〈バラの騎士〉（新着LP試聴室）黒田恭一 「ディスク」25巻7号 1962.7 p.121

◇カラヤンの指揮するホルスト〈惑星〉（新着LP試聴室）岡俊雄 「ディスク」25巻7号 1962.7 p.121

◇ヘルベルト・フォン・カラヤン そのプロフィール（特集 ヘルベルト・フォン・カラヤン）上野一郎 「ディスク」27巻3号 1964.3 p.82

◇カラヤンのモーツァルト／その虚像と実像（特集 ヘルベルト・フォン・カラヤン）向坂正久 「ディスク」27巻3号 1964.3 p.86

◇カラヤンのオペラ／「トスカ」を中心に（特集 ヘルベルト・フォン・カラヤン）菅野浩和 「ディスク」27巻3号 1964.3 p.89

◇名士としての指揮者のポートレート（特集 ヘルベルト・フォン・カラヤン）ロビンズ・ランドン，三浦淳史 訳 「ディスク」27巻3号 1964.3 p.92

◇カラヤンのプロフィール（2）―大指揮者のエピソードのかずかず 上野一郎 「ディスク」27巻4号 1964.4 p.94

◇カラヤンとベルリン・フィル（対談）（特集 ヘルベルト・フォン・カラヤン）大宮真琴，薬科雅美 「ディスク」29巻2号 1966.2 p.73

◇Herbert von Karajan（名演奏家は語る 2）（特集 ヘルベルト・フォン・カラヤン）上野一郎 訳 「ディスク」29巻2号 1966.2 p.79

◇フィルハーモニア時代のカラヤン（対談）（特集 ヘルベルト・フォン・カラヤン）岡俊雄，黒田恭一 「ディスク」29巻2号 1966.2 p.84

◇カラヤンとベルリン・フィル（話題の春の演奏会をきく）岩井宏之，黒田恭一，小林利之，浜田徳昭 「ディスク」29巻6号 1966.6 p.76

◇ヘルベルト・フォン・カラヤン（オフ・ステージの来日演奏家）福原信夫，小林利之 「ディスク」29巻7号 1966.7 p.98

ギーゼキング, ヴァルター

◇ギーゼキングのベートーヴェン「皇帝」協奏曲演奏 野村光一 「レコード音楽」9巻4号 1935.4 p.12

◇ギーゼキングの「皇帝協奏曲」合評 有坂愛彦，森潤三郎，青木誠意，杉浦繁，楳津真次郎 「ディスク」7巻5号 1935.5 p.350

◇ギーゼキングの「皇帝協奏曲」を聴く 原智恵子 「ディスク」7巻5号 1935.5 p.356

◇ワルター・ギーゼキングと語る M・A・レヴィンソン 「レコード音楽」10巻2号 1936.2 p.104

◇ギーゼキングの弾いたモーツァルト「奏鳴曲変ロ長調」K570（試聴記）松岡清堯「レコード音楽」12巻2号 1938.2 p.18

◇ギーゼキングのグリーク「ピアノ協奏曲」を聴く（試聴記）村田武雄「レコード音楽」13巻3号 1939.3 p.18

◇ドゥビュッシーの「前奏曲第一輯」とギーゼキング 宅孝二「ディスク」12巻1号 1940.1 p.1

◇ギーゼングの弾いたドゥビュッシーの第一「十二前奏曲集」を聴いて（試聴記）松本太郎「レコード音楽」14巻1号 1940.1 p.11

◇ギーゼ・キング演奏 ドビュッシーの前奏曲集（洋楽レコード試聴評）牛山充「レコード」6巻1号 1940.1 p.42

◇仏蘭西楽界サ・エ・ラ（85）—巴里とギーゼキング 松本太郎「レコード音楽」14巻2号 1940.2 p.9

◇ギーゼキングと彼のレコード 五島雄一郎「レコード文化」3巻5号 1943.5 p.24

◇ギーゼキングとカラヤン 属啓成「レコード音楽」22巻8号 1952.8 p.21

◇グリークの「ピアノ協奏曲」—ギーゼキングの好演（試聴記）大木正興「レコード音楽」22巻8号 1952.8 p.24

◇ギーゼキングの演奏曲目と日程「ディスク」16巻4号 1953.3 p.213

◇ギーゼキングの印象（座談会）「ディスク」16巻4号 1953.3 p.214

◇ギーゼキングの想い出 安部和子「ディスク」16巻4号 1953.3 p.220

◇ギーゼキングのLPレコード 小林利之「ディスク」16巻4号 1953.3 p.223

◇ギーゼキングの演奏日程と曲目「レコード音楽」23巻3号 1953.3 p.92

◇ギーゼキング氏と語る（対談）薬科雅美「レコード音楽」23巻4号 1953.4 p.10

◇リサイタルに聴く（ギーゼキングの演奏を聴いて）野村光一「レコード音楽」23巻4号 1953.4 p.14

◇しずかな感動（ギーゼキングの演奏を聴いて）寺西春雄「レコード音楽」23巻4号 1953.4 p.16

◇私の音楽理念（ギーゼキングの演奏を聴いて）ワルター・ギーゼキング「レコード音楽」23巻4号 1953.4 p.18

◇ギーゼキングの蝶 北原冬樹「レコード音楽」23巻4号 1953.4 p.21

◇ギーゼキングの人と芸術（座談会）豊増昇，渡辺護，尾高節子，薬科雅美「レコード音楽」23巻4号 1953.4 p.22

◇レコードからみたギーゼキング 渡辺茂「レコード音楽」23巻4号 1953.4 p.87

◇ギーゼキングのレコード・リスト 上野一郎「レコード音楽」23巻4号 1953.4 p.124

◇回顧と期待—ギーゼキング＝ヘルシャー M・グルリット「レコード音楽」23巻5号・6号 1953.6 p.92

◇二つの謝肉祭 ルービンシュタインとギーゼキング 滝崎鎮代子「ディスク」18巻9号 1955.7 p.52

◇ギーゼキングのモーツァルト・ピアノ曲（今月のLPハイライト）坪和昌夫「ディスク」19巻3号 1956.2 p.109

◇ギーゼキングの弾くモーツァルトのピアノ協奏曲 第二十番・第二十五番（今月のLPハイライト）坪和昌夫「ディスク」19巻5号 1956.4 p.116

◇ギーゼキング（ピアニスト）「ディスク」19巻10号 臨時増刊 LP名演奏家選集 1956.7 p.72

◇ギーゼキングの死とレコード 沢田茂「ディスク」19巻15号 1956.12 p.50

◇ラヴェルとドビュッシイのピアノ曲とその演奏 ワルター・ギーゼキング，山口芙美子 訳「ディスク」20巻7号 1957.7 p.46

◇ギーゼキングのラヴェル（座談会）坪田昭三，繁沢保，大宮真琴「ディスク」20巻11号 1957.9 p.40

◇ベートーヴェン初期の「ピアノ奏鳴曲」（ギーゼキング）（新着LP試聴室）杉浦繁「ディスク」22巻9号 1959.8 p.158

◇ギーゼキングの小品曲集レコード（新着LP試聴室）坪和昌夫「ディスク」22巻13号 1959.11 p.169

ケンプ, ヴィルヘルム

◇若手洋琴家ケンプ（レコードで活躍する世界的音楽家列伝（23））志摩良輔「レコード」3巻7号 1932.7 p.6

◇「ケンプ」の印象 加藤鋭五「ディスク」4巻8号 1932.8 p.474

◇マレシヤル, ケムプの来朝紹介 編輯部「ディスク」7巻10号 1935.10 p.768

◇ケムプの新盤試聴偶感—ベートーヴェン「奏鳴曲変ホ長調作品三—ノ三」杉浦繁「ディスク」7巻12号 1935.12 p.913

◇ケムプの新盤試聴偶感—モオツアルト「奏鳴曲イ長調三三一」杉浦繁「ディスク」7巻12号 1935.12 p.915

◇ケムプのレコード表 編輯部「ディスク」8巻4号 1936.4 p.280

◇ヴィルヘルム・ケムプの来朝を祝して 青木謙幸「ディスク」8巻4号 1936.4 p.281

◇ヴイルヘルム・ケムプ カール・チール，大西一正 訳「ディスク」8巻4号 1936.4 p.282

◇ケムプ演奏の新盤「皇帝協奏曲」を聴いて 杉浦繁「ディスク」8巻4号 1936.4 p.284

◇ケムプの「ハンマー・クラヴイア・ゾナータ」を聴いて 青木謙幸「ディスク」8巻4号 1936.4 p.286

◇ケンプの新吹込のレコード試聴記 大西一正 「ディスク」8巻4号 1936.4 p.289

◇ケンプのベートーヴェン 村田武雄 「ディスク」8巻4号 1936.4 p.292

◇ケンプ寸感 坤和昌夫 「ディスク」8巻4号 1936.4 p.293

◇レコードに依るケンプの印象 林生 「ディスク」8巻4号 1936.4 p.295

◇ケンプの演奏曲目 編輯部 「ディスク」8巻4号 1936.4 p.297

◇ケンプの「皇帝協奏曲」を聴く―ケンプのピアノレコードの新生面 伊庭孝 「レコード音楽」10巻4号 1936.4 p.6

◇レコードから感ずるケンプ あらえびす 談 「レコード音楽」10巻4号 1936.4 p.11

◇ケンプの印象 土川正浩 談 「レコード音楽」10巻4号 1936.4 p.14

◇ケンプのバッハ 村田武雄 「レコード音楽」10巻4号 1936.4 p.15

◇ケンプ雑感 脇順二 「レコード音楽」10巻4号 1936.4 p.18

◇レコード（実演）によるケンプの印象―ハガキ回答 諸名家 「レコード音楽」10巻4号 1936.4 p.20

◇クリングラーとケンプ 佐藤謙三 「レコード音楽」10巻4号 1936.4 p.26

◇ケンプの演奏会と曲目 「レコード音楽」10巻4号 1936.4 p.29

◇ケンプと「ハムマークラフィール」―偶感「独逸人気質・猶太人気質」 野村光一 「レコード音楽」10巻7号 1936.7 p.6

◇ベートーヴェンのチェロ奏鳴曲・第三―グリュムマーとケンプに拠る演奏 北小路博 「レコード音楽」10巻12号 1936.12 p.19

◇試聴室―ケンプの弾く「悲愴奏鳴曲」 太田博 「ディスク」9巻1号 1937.1 p.27

◇試聴室―ケンプの弾く百十番「ソナタ」を聴いて 林健太郎 「ディスク」9巻2号 1937.2 p.120

◇名ピアニスト物語（6）ケンプとブライロフスキー 中村善吉 「ディスク」16巻8号 1953.7 p.726

◇ケンプのベートーヴェンとシューマン―「ワルドシュタイン」「月光」「胡蝶の曲」 龍崎（旧姓宮内）鎮代子 「ディスク」16巻12号 1953.11 p.68

◇シューマンのP協奏曲・ケンプの名演（海外LP試聴室） 鈴木文男 「ディスク」17巻2号 1954.2 p.69

◇ケンプのバッハ・リサイタル（海外LP試聴室） 瀧崎鎮代子 「ディスク」17巻5号 1954.5 p.66

◇ケンプのベートーヴェン協奏曲を聴く グラモフォンの新盤 松浦豊明 「ディスク」17巻10号 1954.9 p.31

◇ケンプの再来朝を迎う 牛山充 「ディスク」17巻10号 1954.9 p.122

◇ケンプの名演 シューマンの協奏曲とシューベルトのイ短調ソナタ 高橋、田代 「ディスク」17巻12号 1954.11 p.78

◇自分のレコードを聴くケンプ 小野寺啓 「ディスク」18巻1号 1955.1 p.65

◇ケンプ（ピアニスト）「ディスク」19巻10号 臨時増刊 LP名演奏家選集 1956.7 p.75

◇ケンプ・リサイタル（器楽曲集）「ディスク」20巻14号 増刊 名曲LP350選 第3集 1957.11 p.80

◇ケンプのシューマン 藤田晴子 「ディスク」21巻1号 1958.1 p.19

◇ケンプ独奏の協奏曲全集を語る（対談）（特集 ベートーヴェンとピアノをめぐって） 大宮真琴、佐藤章 「ディスク」25巻4号 1962.4 p.86

◇ウィルヘルム・ケンプの芸術（来日した2人の演奏家） ミルトン・シェファー、更級倫子 訳 「ディスク」28巻5号 1965.5 p.79

コルトー, アルフレッド

◇コルトー―レコードで活躍する世界的音楽家列伝（1） イー・フランケル、原六郎 訳 「レコード」1巻1号 1930.9 p.27

◇コルトオに依るドビュツシイのプレリュードのデイスクに於ける再生 松平頼則 「ディスク」4巻4号 1932.4 p.218

◇前奏曲 アルフレ・コルトー、堀江謙吉 訳 「レコード音楽」6巻5号 1932.5 p.62

◇ヴァンサン・ダンディーの「山人の歌に依る交響曲」 アルフレ・コルトー、松本太郎 訳 「レコード音楽」6巻8号 1932.8 p.40

◇コルトオの想ひ出 加藤鋭五 「ディスク」4巻9号 1932.9 p.546

◇セザアル・フランクのピアノ音楽（1） アルフレ・コルトー、服部龍太郎 訳 「レコード音楽」6巻9号 1932.9 p.51

◇セザアル・フランクのピアノ音楽（中） アルフレ・コルトー、服部龍太郎 訳 「レコード音楽」6巻10号 1932.10 p.62

◇セザアル・フランクのピアノ音楽（下ノ1） アルフレ・コルトー、服部龍太郎 訳 「レコード音楽」6巻12号 1932.12 p.101

◇洋琴家コルトーを語る 野村光一 「レコード」4巻3号 1933.1 p.12

◇セザアル・フランクのピアノ音楽（下ノ2） アルフレ・コルトー、服部龍太郎 訳 「レコード音楽」7巻3号 1933.3 p.38

◇セザアル・フランクのピアノ音楽（下ノ3） アルフレ・コルトー、服部龍太郎 訳 「レコード音楽」7巻4号 1933.4 p.121

◇ガブリエユ・フォオレエのピアノ音楽（1） アルフレ・コルトー、服部龍太郎 訳 「レコード音楽」7巻5号 1933.5 p.106

◇ガブリエユ・フォオレエのピアノ音楽（中）アルフレ・コルトー，服部龍太郎 訳 「レコード音楽」7巻6号 1933.6 p.106

◇ガブリエユ・フォオレエのピアノ音楽（下）アルフレ・コルトー，服部龍太郎 訳 「レコード音楽」7巻8号 1933.8 p.106

◇コルトオのショパン「前奏曲」再吹込み 野村光一 「レコード音楽」8巻7号 1934.7 p.13

◇コルトーの片影 宅孝二 「レコード音楽」8巻7号 1934.7 p.18

◇コルトーの印象 岩崎雅通 「レコード音楽」8巻7号 1934.7 p.21

◇小ちゃなピアノ アルフレ・コルトー，吉川淡水 訳 「レコード音楽」8巻7号 1934.7 p.26

◇コルトオのシューマン協奏曲再吹込み 野村光一 「レコード音楽」8巻9号 1934.9 p.6

◇試聴室―コルトオの弾いたショパンの第二協奏曲 高木東六 「ディスク」8巻11号 1936.11 p.973

◇近頃のコルトー―ショパンの協奏曲へ短調のレコードを聴き乍ら 野村光一 「レコード音楽」10巻11号 1936.11 p.20

◇コルトーと語る 橋本国彦 「レコード音楽」11巻7号 1937.7 p.26

◇コルトオの描いた多面画（第四回 ディスク懸賞論文発表）睦角楚吉 「ディスク」11巻3号 1939.3 p.271

◇コルトオのシューマン「ダヴィッド同盟舞踏曲」（試聴記）村田武雄 「レコード音楽」13巻4号 1939.4 p.11

◇コルトオの「バラード」の新盤 宅孝二 「ディスク」11巻9号 1939.9 p.856

◇試聴室―コルトオの演奏せるショパンの「ソナタ ロ短調」 柏木俊三 「ディスク」12巻10号 1940.10 p.944

◇コルトー雑談 野辺地瓜丸 「レコード音楽」14巻11号 1940.11 p.27

◇レコードで活躍する現代音楽家列伝（14）アルフレッド・コルトー 片山桂三 「レコード」6巻10号 1940.11 p.28

◇テイボーとコルトー演奏 提琴奏鳴曲三十番（フォーレ曲）（名曲レコード情報）牛山充 「レコード」7巻4号 1941.5 p.17

◇コルトー独奏 奏鳴曲第二番（ウエーバー曲）（名曲レコード情報）清水守 「レコード」7巻5号 1941.6 p.43

◇コルトオについて 原智恵子 「レコード文化」3巻1号 1943.1 p.33

◇コルトーは語る 宅孝二 「レコード音楽」18巻4号 1948.4 p.12

◇コルトーの新らしいディスク 杉浦繁 「ディスク」14巻3号 1951.11 p.218

◇コルトー鑑賞 森潤三郎 「ディスク」15巻2号 1952.2 p.132

◇カザルスの生誕七十五歳を祝して 石川登志夫 訳，アルフレッド・コルトー 「ディスク」15巻3号 1952.3 p.228

◇コルトー来朝決定 「レコード音楽」22巻4号 1952.4 p.102

◇来朝するアルフレッド・コルトーの面影（座談会）由起しげ子，宅孝二，松本太郎，藥科雅美，西山広一 「レコード音楽」22巻9号 1952.9 p.28

◇コルトーの演奏附講習会（テーム・ヴァリエ）木村繁 「レコード音楽」22巻9号 1952.9 p.64

◇コルトーとフルトウェングラーのL.Pレコード WARA 「レコード音楽」22巻9号 1952.9 p.119

◇コルトオを迎えて 青木謙幸 「ディスク」15巻11号 1952.10 p.1001

◇コルトオを迎ふ あらえびす 「ディスク」15巻11号 1952.10 p.1002

◇コルトオのプロフィル 中村善吉 「ディスク」15巻11号 1952.10 p.1003

◇コルトオの郷愁 西条卓夫 「ディスク」15巻11号 1952.10 p.1008

◇コルトオ論 村田武雄 「ディスク」15巻11号 1952.10 p.1010

◇コルトオの演奏曲目と日程 「ディスク」15巻11号 1952.10 p.1015

◇コルトオのショパン 野村光一 「ディスク」15巻11号 1952.10 p.1016

◇コルトオのシューマン 埒和昌夫 「ディスク」15巻11号 1952.10 p.1018

◇コルトオのフランク 横内忠兌 「ディスク」15巻11号 1952.10 p.1020

◇コルトオのドビュッシイ 森潤三郎 「ディスク」15巻11号 1952.10 p.1023

◇コルトオを語る 青木謙幸 問ふ人，本野照子 語る人 「ディスク」15巻11号 1952.10 p.1024

◇私の好きなコルトオのレコード 鮎野行夫，小林利之，熊田勢四郎，石川登志夫，田中良雄，佐川吉男，松井丈夫，杉浦繁 「ディスク」15巻11号 1952.10 p.1028

◇コルトオの総レコード表 青木謙幸 編 「ディスク」15巻11号 1952.10 p.1034

◇解釈者コルトー 松本太郎 「レコード音楽」22巻10号 1952.10 p.64

◇コルトオの印象 青木謙幸 「ディスク」15巻12号 1952.11 p.1105

◇コルトオを聴く ディスク同人 「ディスク」15巻12号 1952.11 p.1106

◇コルトオのLPレコード その・すすむ 「ディスク」15巻12号 1952.11 p.1109

◇コルトーの演奏とそのレコード―演奏会を聴いて 松田十四郎 「レコード音楽」22巻11号 1952.11 p.31

指揮者・演奏家　　　　　　　　　　人物文献目録　　　　　　　　　　シゲティ

◇コルトーの新盤を聴いて 松岡清堯 「レコード音楽」22巻11号 1952.11 p.34

◇コルトー会見記 松本太郎 「レコード音楽」22巻11号 1952.11 p.36

◇演奏と詩的精神―コルトーの実演とルービンシュタインのレコード 村田武雄 「レコード音楽」22巻11号 1952.11 p.40

◇楽屋のコルトーとリファール 美川徳之助 「レコード音楽」22巻12号 1952.12 p.78

◇コルトオ断想 青木謙幸 「ディスク」16巻1号 1953.1 p.1

◇コルトーの吹込 松田十四郎 「レコード音楽」23巻1号 1953.1 p.92

◇コルトオ特集レコード（座談会）「ディスク」16巻4号 1953.3 p.238

◇ローザンに帰つたコルトー 本野照子 「レコード音楽」23巻3号 1953.3 p.68

◇当代にかけがえなきピアノ詩人コルトオの弾くシューマン（今月のLPハイライト） 珟和昌夫 「ディスク」19巻3号 1956.2 p.111

◇コルトー・ティボー・カザルスのベートーヴェン「太公」（今月のLPハイライト） 珟和昌夫 「ディスク」19巻5号 1956.4 p.118

◇コルトー（ピアニスト）「ディスク」19巻10号 臨時増刊 LP名演奏家選集 1956.7 p.76

◇コルトー・ショパン名曲集（器楽曲集）「ディスク」20巻14号 増刊 名曲LP350選 第3集 1957.11 p.81

◇コルトー・ポピュラー・アンコール集（器楽曲集）「ディスク」20巻14号 増刊 名曲LP350選 第3集 1957.11 p.82

◇コルトーの死を悼む（コルトー哀悼） 青木謙幸 「ディスク」25巻8号 1962.8 p.77

◇コルトーの想ひ出（コルトー哀悼） 野村光一 「ディスク」25巻8号 1962.8 p.78

◇コルトーのレコード（コルトー哀悼）「ディスク」25巻8号 1962.8 p.79

◇コルトーを惜しむ（コルトー哀悼） 中村善吉 「ディスク」25巻8号 1962.8 p.80

シゲティ, ヨゼフ

◇シゲツテイを迎えるに際して 藤田不二 「ディスク」3巻5号 1931.5 p.339

◇近く来朝するヨゼフ・シゲテイと彼のレコード 南六朗 「レコード」2巻5号 1931.5 p.18

◇ヨゼフ・シゲテイの演奏曲目とレコード K・F生 「レコード音楽」5巻6号 1931.6 p.14

◇シゲツテイの芸術 村田武雄 「ディスク」3巻8号 1931.8 p.604

◇ハイフェッツとシゲテイ 牛山充 「レコード音楽」5巻11号 1931.11 p.38

◇世界一週の收獲―日本のレコードファン ヨゼフ・シゲテイ 「レコード」3巻5号 1932.5 p.12

◇シゲッティの奏くベートーヴェンのヴァイオリン・コンチェルト 茂井一 「レコード音楽」6巻9号 1932.9 p.9

◇試聴室―メニュヒンとシゲツテイを聴いて 鈴木鎮一 「ディスク」6巻1号 1933.12 p.1

◇試聴室―シゲテイの弾いたメンデルスゾーン 倉部讃 「ディスク」6巻3号 1934.3 p.138

◇颯爽たるシゲテイ―新盤メンデルスゾーンのコンチェルトを聴く 須永克己 「レコード音楽」8巻3号 1934.3 p.4

◇シゲテイのプロコフィエフの「協奏曲」（欧米新着レコード紹介） 鰐淵賢舟 「ディスク」8巻6号 1936.6 p.488

◇シゲテイのヘンデル「第四奏鳴曲」 鮎野行夫 「ディスク」9巻9号 1937.9 p.879

◇シゲテイの得意なヘンデルの「第四ソナタ」を聴く 村田武雄 「レコード音楽」11巻9号 1937.9 p.12

◇シゲテイとペトリの演奏したブラームス「ヴァイオリン奏鳴曲」第三番（試聴記） 村田武雄 「レコード音楽」13巻10号 1939.10 p.13

◇シゲツテイとフレッシュの二重協奏曲ニ短調（バッハ）（十二月名曲批評） 岡山東 「レコード」5巻4号 1939.12 p.40

◇レコードで活躍する現代音楽家列伝（13）ヨゼフ・シゲテイ 片山桂三 「レコード」6巻9号 1940.10 p.22

◇現代人シゲッティのスタイル 村田武雄 「レコード音楽」19巻12号 1949.12 p.22

◇シゲッティのメッセイジ 「ディスク」16巻2号 1953.2 p.107

◇シゲッティ氏を招待して 京極高鋭 「ディスク」16巻2号 1953.2 p.108

◇シゲッティのことども 中村善吉 「ディスク」16巻2号 1953.2 p.110

◇シゲッティのLPレコード 小林利之 「ディスク」16巻2号 1953.2 p.112

◇シゲッティの演奏曲目と日程 編集部 「ディスク」16巻2号 1953.2 p.117

◇シゲッティーの来朝に因んで（座談会） 京極高鋭, 野村光一, 上田仁, 寺島宏, 薬科雅美 「レコード音楽」23巻2号 1953.2 p.10

◇シゲッティ論―レコード音楽ノート 村田武雄 「レコード音楽」23巻2号 1953.2 p.30

◇シゲッティの想出と期待 牛山充 「ディスク」16巻4号 1953.3 p.226

◇レコードについて私はこう考える ジョセフ・シゲッティー, 京極高鋭 訳 「レコード音楽」23巻3号 1953.3 p.10

◇シゲッティーの演奏曲目 「レコード音楽」23巻3号 1953.3 p.16

◇シゲッティーのレコード・リスト 上野一郎 編 「レコード音楽」23巻3号 1953.3 p.19

◇シゲティーとジンバリスト―来朝した演奏家達（8）大田黒元雄 「レコード音楽」23巻3号 1953.3 p.58

◇シゲッティの第一夜を聴く（座談会）岩淵龍太郎，久保田良作 「ディスク」16巻5号 1953.4 p.330

◇シゲティを聴く 坪和昌夫 「ディスク」16巻5号 1953.4 p.334

◇レコードについて私はこう考える ジョセフ・シゲティー 「レコード音楽」23巻4号 1953.4 p.30

▷プロコフィエフ氏の思い出 ジョセフ・シゲティー，並河亮訳 「レコード音楽」23巻4号 1953.4 p.37

◇シゲティーとヴァイオリン音楽（シゲティの演奏を聴いて）吉田秀和 「レコード音楽」23巻4号 1953.4 p.38

◇一時五十五分羽田着！―グラビア写真（シゲティの演奏を聴いて）大辻清司 「レコード音楽」23巻4号 1953.4 p.41

◇シゲティー第一夜の印象（シゲティの演奏を聴いて）大村多喜子 「レコード音楽」23巻4号 1953.4 p.45

◇シゲティーの練習を聴く―音楽に対する真摯な態度（シゲティの演奏を聴いて）西山広一 「レコード音楽」23巻4号 1953.4 p.47

◇セザンヌの空とシゲティーの音―二十年目の演奏を聴いて（シゲティの演奏を聴いて）あらえびす 「レコード音楽」23巻4号 1953.4 p.50

◇シゲティーとの二時間（シゲティの演奏を聴いて）伊奈一男 「レコード音楽」23巻4号 1953.4 p.52

◇音楽随筆―新即物主義（シゲティとギーゼキングを聴いて）野村光一 「ディスク」16巻6号 1953.5 p.442

◇シゲティは語る 牛山充 「ディスク」16巻7号 1953.6 p.566

◇シゲティと古都 京極高鋭 「ディスク」16巻7号 1953.6 p.572

◇シゲティの「スプリング・ソナタ」坪和昌夫 「ディスク」17巻12号 1954.11 p.62

◇ジョルジュ・エネスコ―その想い出のために J・シゲッティ 「ディスク」19巻1号 1956.1 p.38

◇シゲティ（ヴァイオリニスト）「ディスク」19巻10号 臨時増刊LP名演奏家選集 1956.7 p.109

◇ブラームス/ホルン三重奏曲変ホ長調/シゲティ（V）ホルショフスキー（P）（新着LP試聴室）杉浦繁 「ディスク」23巻9号 1960.8 p.116

◇バッハの無伴奏ヴァイオリン・ソナタ ヨーゼフ・シゲティ，佐藤文彦訳 「ディスク」25巻12号 1962.12 p.99

◇シゲティ礼賛（私の愛聴盤）松本英雄 「ディスク」26巻7号 1963.10 p.123

◇ヨーゼフ・シゲティの歩んだ道（話題を呼ぶシゲティの復活）上野一郎 「ディスク」27巻9号 1964.9 p.68

◇ベートーヴェンのヴァイオリン協奏曲（話題を呼ぶシゲティの復活）久保田良作 「ディスク」27巻9号 1964.9 p.70

◇ベートーヴェンのヴァイオリン奏鳴曲（話題を呼ぶシゲティの復活）兎束竜夫 「ディスク」27巻9号 1964.9 p.72

シュナーベル, アルトゥール

◇シユナーベル登場 編輯部 「ディスク」4巻4号 1932.4 p.217

◇シユナーベル教授の印象 加藤鋭五 談 「ディスク」4巻6号 1932.6 p.353

◇シュナーベル演奏の皇帝協奏曲を聴く W・R・A 「レコード音楽」6巻8号 1932.8 p.8

◇シユナーベル演奏のレコード一面白話 「レコード」3巻8号 1932.8 p.34

◇聴けシュナーベルの演奏を！ 「レコード音楽」6巻9号 1932.9 巻頭

◇シュナーベルの「第五コンツェルト」を聴く 伊達愛 「レコード音楽」6巻10号 1932.10 p.26

◇シュナーベル氏のレコードを聴いて 笈田光吉 「レコード音楽」6巻10号 1932.10 p.29

◇シュナーベルの弾いたベートーフェン第一コンツェルト 伊達愛 「レコード音楽」6巻11号 1932.11 p.36

◇シュナーベル先生のこと 土川正浩 「レコード」4巻4号 1933.4 p.31

◇新帰朝者訪問記―シュナーベルを語る土川正浩氏 上須賀館夫 「レコード音楽」7巻6号 1933.6 p.50

◇始めて聴くシュナーベルの詩 須永克己 「ディスク」5巻7号 1933.7 p.451

◇シュナーベル演奏の「第三」を聴く（外国盤試聴記）須永克己 「レコード音楽」7巻10号 1933.10 p.21

◇シュナーベルの機械音楽観 村田武雄 「レコード音楽」7巻11号 1933.11 p.34

◇シユナーベル先生のことども 荒木和子 「ディスク」5巻12号 1933.12 p.807

◇シュナーベルのレコード談 R・ギルバート，村田武雄 訳 「レコード音楽」8巻3号 1934.3 p.34

◇シュナーベルの「熱情」その他 須永克己 「レコード音楽」8巻10号 1934.10 p.9

◇シュナーベルの胸のすく名演奏 須永克己 「レコード音楽」9巻5号 1935.5 p.12

◇シュナーベルのベートーヴェン―ソナタ協会第7回頒布に際して 野村光一 「レコード音楽」9巻11号 1935.11 p.11

◇シュナーベル演奏のベートーヴェン第二洋琴協奏曲 野村光一 「レコード音楽」10巻2号 1936.2 p.26

◇シュナーベルとフーベルマンの妙技—アメリカ通信 瀬戸太郎 「レコード音楽」10巻6号 1936.6 p.96

◇シュナーベルのベートーヴェン・ソナタ協会第八回レコードを聴いて 林健太郎 「ディスク」8巻10号 1936.10 p.875

◇シュナーベルに拠る「鱒」の五重奏曲 野村光一 「レコード音楽」10巻10号 1936.10 p.6

◇吾々のマンネリ—ベートーヴェンとシュナーベル 高木東六 「ディスク」9巻4号 1937.4 p.314

◇試聴室—シユナーベルの弾く百六番のピアノ・ソナタ 金子章子 「ディスク」9巻6号 1937.6 p.549

◇シュナーベルの「皇帝」再発売 「レコード音楽」12巻9号 1938.9 p.46

◇シュナーベルの弾く「モーメント・ミュージカル」全曲 垪和昌夫 「ディスク」11巻8号 1939.8 p.753

◇シューベルト行進曲集—シュナーベル父子演奏（試聴記）属啓成 「レコード音楽」14巻4号 1940.4 p.13

◇シュナーベルの弾いたモーツァルトの「ピアノ奏鳴曲イ短調」 柏木俊三 「ディスク」12巻7号 1940.7 p.630

◇シュナーベルの弾くモーツァルトの奏鳴曲イ短調（試聴記）長島卓二 「レコード音楽」14巻7号 1940.7 p.20

◇試聴室—シュナーベルのバッハ「伊太利風協奏曲」 村田武雄 「ディスク」12巻11号 1940.11 p.1063

◇シュナーベル独奏 伊太利協奏曲（バッハ作品）（洋楽名曲レコード評）松本鐐二 「レコード」6巻10号 1940.11 p.54

◇アルトゥル・シュナーベル（1）ルードルフ・カストナー，土田貞夫 訳 「レコード文化」2巻4号 1942.4 p.36

◇アルトウル・シュナーベル（下）ルードルフ・カストナー，土田貞夫 訳 「レコード文化」2巻5号 1942.5 p.33

◇シュナーベルのディスク 杉浦繁 「ディスク」14巻2号 1951.10 p.133

◇シュナーベルとレコード—特にベートーヴェン・ソナタについて（シュナーベル追悼）野村光一 「レコード音楽」21巻10号 1951.10 p.26

◇シュナーベルの思い出（シュナーベル追悼）レコードアーティストの昨今 木村繁 「レコード音楽」21巻10号 1951.10 p.28

◇スイスで聴いたシュナーベル（シュナーベル追悼）渡辺護 「レコード音楽」21巻10号 1951.10 p.30

◇シュナーベル最後の演奏—アメリカ楽壇紀行（1）（シュナーベル追悼）木岡英三郎 「レコード音楽」21巻10号 1951.10 p.32

◇巨匠シュナーベルの晩年を偲ぶ（海外LP試聴室）杉浦繁 「ディスク」17巻3号 1954.3 p.78

◇シュナーベル（ピアニスト）「ディスク」19巻10号 臨時増刊 LP名演奏家選集 1956.7 p.78

◇生きているシュナーベル 木村重雄 「ディスク」20巻13号 1957.11 p.32

◇シュナーベルのベートーヴェン・ピアノ奏鳴曲全曲 渡辺護 「ディスク」27巻9号 1964.9 p.74

ティボー, ジャック

◇ジャック・テイボーを繞りて 多晃 「ザ・グラモヒル」1巻4号 1930.5 p.98

◇テイボー余韻 多晃 「ザ・グラモヒル」1巻5号 1930.6 p.153

◇私の演奏会と聴衆 ジャック・ティボウ，宮沢信太郎 訳 「レコード音楽」5巻12号 1931.12 p.51

◇大提琴家ジャック・テイボー（レコードで活躍する世界の音楽家列伝（19））茂井一 「レコード」3巻4号 1932.4 p.6

◇ジャック・テイボーと語る（音楽紀行南欧自動車旅行記（2））加藤鋭五 「ディスク」5巻9号 1933.9 p.649

◇ティボー雑感 牛山充 「レコード音楽」10巻5号 1936.5 p.24

◇レコードのティボーとエネスコ 林龍作 「レコード音楽」10巻5号 1936.5 p.28

◇ティボーの来朝と演奏者 「レコード音楽」10巻5号 1936.5 p.105

◇巻頭盤言（2）ジャック・ティボーを繞りて 久礼伝三 「ディスク」8巻6号 1936.6 p.469

◇ティボーのレコードの想ひ出 中村善吉 「ディスク」8巻6号 1936.6 p.478

◇ティボーの来朝に際して 榎本竹六 「ディスク」8巻6号 1936.6 p.482

◇仏国提琴家ティボーを聴く 森生 「ディスク」8巻7号 1936.7 p.584

◇神戸にティボーを聴きて 大西一正 「ディスク」8巻7号 1936.7 p.631

◇ジャック・テイボウ氏 リサイタルに於ける雰囲気 根上弘 「ディスク」8巻7号 1936.7 p.633

◇名匠ジャック・テイボー氏とディスク提琴界を語る 西条卓夫 「ディスク」8巻9号 1936.9 p.762

◇同人合評—テイボーの弾くモーツァルトの「ロンド」青木，榎本，柏木 「ディスク」10巻12号 1938.12 p.1227

◇試聴室—テイボオの奏いたモーツァルトの提琴協奏曲 中村善吉 「ディスク」12巻10号 1940.10 p.949

◇テイボーとコルトー演奏 提琴奏鳴曲三十番（フォーレ曲）（名曲レコード情報）牛山充 「レコード」7巻4号 1941.5 p.17

◇ティボーの来た頃 牛山充 「レコード音楽」
18巻4号 1948.4 p.14

◇カザルスの生誕七十五歳を祝して 石川登志
夫 訳，ジャック・ティボー 「ディスク」15
巻3号 1952.3 p.228

◇ジャック・ティボー―来朝した演奏家たち
（5）大田黒元雄 「レコード音楽」22巻12号
1952.12 p.68

◇ティボー三昧 西条卓夫 「ディスク」16巻1
号 1953.1 p.44

◇ティボーの芸術を語る（秋の来朝演奏家特集）
R・G・モンプラン 「ディスク」16巻10号
1953.9 p.900

◇老境に期待する―ティボー（秋の来朝演奏家
特集）野村あらえびす 「ディスク」16巻10
号 1953.9 p.902

◇ティボーの新盤に聴く（秋の来朝演奏家特集）
西条卓夫，田代秀穂 「ディスク」16巻10号
1953.9 p.903

◇十七年前の思ひ出―ティボー（秋の来朝演奏
家特集）西条卓夫 「ディスク」16巻10号
1953.9 p.946

◇ティボー追悼 青木謙幸 「ディスク」16巻11
号 1953.10 p.1003

◇ティボーの思い出 D・オイストラッフ，山口
美与子 訳 「ディスク」17巻10号 1954.9 p.46

◇ティボー夫人からの手紙―盤鬼随筆（8）西条
卓夫 「ディスク」19巻5号 1956.4 p.91

◇コルトー・ティボー・カザルスのベートー
ヴェン「太公」（今月のLPハイライト）坩和
昌夫 「ディスク」19巻5号 1956.4 p.118

◇ティボー（ヴァイオリニスト）「ディスク」19
巻10号 臨時増刊 LP名演奏家選集 1956.7
p.112

◇未発売レコードによるティボー追憶 石川登
志夫 「ディスク」19巻12号 1956.9 p.36

◇ティボー最後の演奏会 西条卓夫 「ディス
ク」19巻12号 1956.9 p.38

トスカニーニ，アルトゥーロ

◇名指揮者アルトゥロ・トスカニニ（上）あ・
ら・もうど 「レコード音楽」5巻5号 1931.5
p.18

◇名指揮者アルトゥロ・トスカニーニ（下）
あ・ら・もうど 「レコード音楽」5巻6号
1931.6 p.20

◇トスカニーニの抗議 D・D・D 「レコード」
4巻6号 1933.6 p.41

◇アルテューロ・トスカニーニ（欧米音楽評家
文集）アンドレフスキー，大西一正 訳
「ディスク」8巻春期増刊 1936.6 p.41

◇試聴室―トスカニーニのヴァグナー音楽新盤
大西一正 「ディスク」8巻10号 1936.10
p.884

◇トスカニーニに依る「第七交響曲」坩和昌夫
「ディスク」8巻11号 1936.11 p.955

◇トスカニーニ指揮の「第七交響曲」―ビク
ター蒐集クラブ十二月新譜 藤田不二 「レ
コード音楽」10巻11号 1936.11 p.151

◇自作自演とトスカニーニ 西村健次郎 「ディ
スク」8巻12号 1936.12 p.1085

◇座談会―トスカニーニの「第六交響曲」あら
えびす，藤田不二，中村善吉，坩和昌夫，村
田武雄，杉浦繁 「ディスク」10巻4号 1938.4
p.332

◇トスカニーニと第六交響曲 青木謙幸 「ディ
スク」10巻5号 1938.5 p.416

◇トスカニーニの「田園交響曲」（試聴記）野村
光一 「レコード音楽」12巻5号 1938.5 p.10

◇トスカニーニの練習振り D・トムプスン，村
田武雄 訳 「レコード音楽」12巻5号 1938.5
p.36

◇トスカニーニの「第五交響曲」 青木謙幸
「ディスク」11巻9号 1939.9 p.852

◇トスカニーニ A.W.ウイリアムズ，村田美与
子 訳 「レコード音楽」13巻9号 1939.9 p.25

◇トスカニーニの指揮振りとベートーヴェンの
「第五」交響曲 野村光一 「レコード音楽」13
巻9号 1939.9 p.32

◇トスカニーニの序曲集を聴く（試聴記）野村
光一 「レコード音楽」13巻9号 1939.9 p.34

◇トスカニーニに就いて（トスカニーニの「第
五」特輯）坩和昌夫 「ディスク」11巻10号
1939.10 p.983

◇「第五」のディスク総覧（トスカニーニの
「第五」特輯）園田英雄 「ディスク」11巻10
号 1939.10 p.988

◇「第五」新盤録音の特徴（トスカニーニの
「第五」特輯）有坂愛彦 「ディスク」11巻10
号 1939.10 p.997

◇トスカニーニの「第五」感想録（トスカニー
ニの「第五」特輯）柏木，城島，林，杉浦，
中村 「ディスク」11巻10号 1939.10 p.1000

◇N・B・Cの人々（1）（トスカニーニの「第五」
特輯）菅原明朗 「ディスク」11巻10号
1939.10 p.1009

◇トスカニーニの「第五」（トスカニーニのベー
トーヴェン「第五」特輯）あらえびす 「レ
コード音楽」13巻10号 1939.10 p.115

◇トスカニーニ頌（トスカニーニのベートー
ヴェン「第五」特輯）太田太郎 「レコード
音楽」13巻10号 1939.10 p.120

◇トスカニーニのレコードに就いて（トスカ
ニーニのベートーヴェン「第五」特輯）村田
武雄 「レコード音楽」13巻10号 1939.10
p.131

◇トスカニーニ（2）（トスカニーニのベートー
ヴェン「第五」特輯）村田美与子 訳 「レ
コード音楽」13巻10号 1939.10 p.133

◇レコードで活躍する現代音楽家列伝（2）アル
トゥーロ・トスカニーニ 藤井夏人 「レコー
ド」5巻2号 1939.10 p.6

◇トスカニーニの「第五」（第五交響曲「運命」のレコード批評）服部正 「レコード」5巻2号 1939.10 p.26

◇トスカニーニの「第五」（第五交響曲「運命」のレコード批評）門馬直衛 「レコード」5巻2号 1939.10 p.35

◇トスカニイニの第五交響曲 K・ONODERA 「ディスク」11巻12号 1939.12 p.1257

◇トスカニーニの「ウヰリアム・テル」（試聴記）牛山充 「レコード音楽」13巻12号 1939.12 p.12

◇トスカニーニのウイリアム・テル序曲（ロッシーニ）（洋楽名曲レコード聴評）陸修二 「レコード」5巻4号 1939.12 p.36

◇トスカニーニの第五交響曲のレコード（ディスク懸賞論文）竹井英介 「ディスク」12巻1号 1940.1 p.59

◇トスカニーニのモーツァルト「ト短調交響曲」坤和昌夫 「ディスク」12巻2号 1940.2 p.109

◇トスカニーニによるモーツアルトの「ト短調」を聴いて（トスカニーニ指揮「ト短調交響曲」）小山徳彦 「ディスク」12巻3号 1940.3 p.209

◇ディオニソス的「ト短調」（トスカニーニ指揮「ト短調交響曲」）城島昶 「ディスク」12巻3号 1940.3 p.213

◇異常なる「ト短調」（トスカニーニ指揮「ト短調交響曲」）柏木俊三 「ディスク」12巻3号 1940.3 p.217

◇トスカニーニのモーツァルト「ト長調交響曲」（試聴記）村田武雄 「レコード音楽」14巻3号 1940.3 p.10

◇オーケストラは語る（1）トスカニーニ バーナード・ショーア, 薬科雅美 訳編 「レコード音楽」14巻5号 1940.5 p.75

◇第四交響曲の概観（トスカニーニ指揮のベートーヴェン作交響曲第四番）門馬直衛 「ディスク」12巻7号 1940.7 p.648

◇トスカニーニの指揮について（トスカニーニ指揮のベートーヴェン作交響曲第四番）坤和昌夫 「ディスク」12巻7号 1940.7 p.654

◇トスカニーニの「第四」を聴いて（試聴記）村田武雄 「レコード音楽」14巻7号 1940.7 p.12

◇トスカニーニとベートーヴェンの「第四」野村光一 「レコード音楽」14巻7号 1940.7 p.22

◇トスカニーニ夫妻 原田光子 訳 「レコード音楽」14巻7号 1940.7 p.39

◇トスカニーニの「第四交響曲」（洋楽名曲試聴評）村田武雄 「レコード」6巻6号 1940.7 p.18

◇トスカニーニの「第四交響曲」（ベートーヴェン曲）（洋楽名曲レコード評）服部正 「レコード」6巻8号 1940.9 p.56

◇アルテュロ・トスカニイニ論―指揮者について（其の1）K・ONODERA 「ディスク」12巻10号 1940.10 p.926

◇ハイエッツ, トスカニーニの提琴協奏曲 作品六十一番 ニ長調（ベートーヴェン作品）（洋楽名曲レコード評）服部正 「レコード」6巻10号 1940.11 p.52

◇ハイフェッツとトスカニーニ 野村光一 「レコード音楽」14巻12号 1940.12 p.18

◇試聴室―トスカニーニの第三交響曲「英雄」のレコード 青木謙幸 「ディスク」13巻8号 1941.8 p.740

◇交響曲第三番（ベートーヴェン）トスカニーニ指揮（名曲レコード情報）牛山充 「レコード」7巻6号 1941.8 p.18

◇第三交響曲「英雄」とトスカニーニ 坤和昌夫 「ディスク」13巻9号 1941.9 p.18

◇トスカニーニとN・B・Cの「第三交響曲」のレコードについての対談 中村善吉, 青木謙幸 「ディスク」13巻9号 1941.9 p.840

◇トスカニーニ―名指揮者・其の1 坤和昌夫 「レコード文化」1巻1号 1941.11 p.7

◇レコードの名演奏家（8）指揮者トスカニーニ あらえびす 「レコード音楽」18巻2号 1948.2 p.2

◇トスカニーニの未発売レコオド K・ONODERA 「レコード音楽」18巻11号 1948.11 p.19

◇トスカニーニの「第七」など（新譜評）有坂愛彦 「レコード音楽」18巻12号 1948.12 p.12

◇勝利のトスカニイニ 深井史郎 「レコード音楽」19巻6号 1949.6 p.14

◇トスカニーニと第8交響楽―海外盤を聴く（試聴室）田代秀穂 「レコード音楽」19巻9号 1949.9 p.18

◇トスカニーニの「ジュピター」を聴く（海外盤試聴室）大木正興 「レコード音楽」19巻12号 1949.12 p.30

◇トスカニーニ指揮の「大峡谷組曲」の新盤（新盤試聴記）小山舜輔 「レコード音楽」20巻8号 1950.8 p.18

◇トスカニーニの新盤―「真夏の夜の夢」と「スケエタア・ワルツ」（試聴記）田代秀穂 「レコード音楽」20巻11号 1950.11 p.16

◇トスカニーニ物語 薬科雅美 「レコード音楽」21巻1号 1951.1 p.77

◇トスカニーニの「第八」（新盤を聴く）田代秀穂 「レコード音楽」21巻4号 1951.4 p.36

◇トスカニーニの「悲愴」そのほか―長時間レコード試聴記 八木進 「レコード音楽」21巻5号 1951.5 p.46

◇トスカニーニの "悲愴" を語る（座談会）西山広一, 村田武雄, 田代秀穂, 薬科雅美 「レコード音楽」22巻3号 1952.3 p.68

◇トスカニーニの「悲愴」―外誌から見た批評 上野一郎 「レコード音楽」22巻4号 1952.4 p.86

◇トスカニーニ論 村田武雄 「ディスク」15巻5号 1952.5 p.472

◇トスカニーニの贈物 小池弘道 「ディスク」15巻5号 1952.5 p.490

◇トスカニーニのLPレコード（LPレコード試聴記）小林利之 「ディスク」15巻5号 1952.5 p.516

◇トスカニーニの歌劇「ラ・ボエーム」全曲合評（座談会）田代秀穂, 寺西春雄, 薬科雅美, 西山広一 「レコード音楽」22巻8号 1952.8 p.88

◇トスカニーニの「未完成」とハイフェッツの「スペイン交響曲」（座談会）村田武雄, 大木正興, 上野一郎, 薬科雅美 「レコード音楽」22巻10号 1952.10 p.46

◇「三つの未完成」―トスカニーニ・ワルター・フルトヴェングラーの未完成比較論 大宮真琴 「レコード音楽」22巻12号 1952.12 p.66

◇トスカニーニの第九交響曲（試聴対談）坩和昌夫, 青木謙幸 「ディスク」16巻1号 1953.1 p.9

◇二つの第九を語る（対談）（特集・二つの第九）渡辺暁雄, 田代秀穂 「レコード音楽」23巻1号 1953.1 p.24

◇マエストロと第九（特集・二つの第九）マルセル・グリリー, 田代秀穂 訳 「レコード音楽」23巻1号 1953.1 p.32

◇トスカニーニの「第九」―テープ・レコーダー（特集・二つの第九）H・T 「レコード音楽」23巻1号 1953.1 p.35

◇カラヤンとトスカニーニの「第九」―外誌からの批評（特集・二つの第九）上野一郎 「レコード音楽」23巻1号 1953.1 p.44

◇シュアレスの訳者が聴くトスカニーニの「海」清水脩 「レコード音楽」23巻5号・6号 1953.6 p.56

◇トスカニーニの「第五」「第八」（海外LP試聴室）小野寺啓 「ディスク」16巻12号 1953.11 p.54

◇トスカニーニのベートーヴェンを聴く（座談会）田代秀穂, 高橋昭, 佐川吉男 「ディスク」17巻2号 1954.2 p.24

◇トスカニーニのブラームス 宇野功芳 「ディスク」17巻2号 1954.2 p.34

◇トスカニーニの素顔 小野寺啓 「ディスク」17巻2号 1954.2 p.38

◇RCAの誇るべき記録の一頁 トスカニーニの「オテロ」（海外LP試聴室）寺井昭雄 「ディスク」17巻4号 1954.4 p.68

◇“荘厳ミサ”を録音するトスカニーニ J・G・ディーン 「ディスク」17巻6号 1954.6 p.50

◇トスカニーニの「ローマの松」と「泉」（海外LP試聴室）坩和昌夫 「ディスク」17巻6号 1954.6 p.74

◇トスカニーニの「荘厳ミサ曲」を聴く（海外LP試聴室）前田幸市郎 「ディスク」17巻6号 1954.6 p.76

◇トスカニーニの「新世界」予想外の名演（海外LP試聴室）杉浦繁 「ディスク」17巻6号 1954.6 p.78

◇トスカニーニの「驚愕」と「ト短調」（海外LP試聴室）今陶也 「ディスク」17巻9号 1954.8 p.60

◇ベートーヴェンの交響曲新盤―カラヤンの「英雄」とトスカニーニの「第七」 田代秀穂 「ディスク」18巻1号 1955.1 p.68

◇トスカニーニの展覧会の絵（新着LP紹介）田代秀穂 「ディスク」18巻2号 1955.2 p.125

◇トスカニーニかテバルディか―「椿姫」全曲LPは何を選ぶ 小林利之 「ディスク」18巻7号 1955.6 p.83

◇トスカニーニのイタリー交響曲（新着LP紹介）杉浦繁 「ディスク」18巻7号 1955.6 p.120

◇トスカニーニのブラームス「第三」（新着LP紹介）小谷彰 「ディスク」18巻11号 1955.9 p.116

◇トスカニーニの「第二」と「第四」（今月のLPハイライト）田代秀穂 「ディスク」19巻6号 1956.5 p.106

◇トスカニーニ（指揮者）「ディスク」19巻10号 臨時増刊 LP名演奏家選集 1956.7 p.42

◇トスカニーニ其の後 ガードナー, 藤井英一 訳 「ディスク」19巻12号 1956.9 p.24

◇ミサ・ソレムニスとトスカニーニ 田代秀穂 「ディスク」19巻14号 1956.11 p.38

◇トスカニーニ死去す 「ディスク」20巻2号 1957.2 p.29

◇逝けるマエストロ トスカニーニを偲ぶ（座談会）森正, 木村重雄, 青木謙幸 「ディスク」20巻3号 1957.3 p.72

◇トスカニーニのレパートリー（1）岡俊雄 「ディスク」20巻3号 1957.3 p.82

◇トスカニーニのレパートリー（2）岡俊雄 「ディスク」20巻4号 1957.4 p.66

◇トスカニーニのレパートリイ（3）岡俊雄 「ディスク」20巻5号 1957.5 p.72

◇トスカニーニ・オムニバス（管絃楽曲集）「ディスク」20巻14号 増刊 名曲LP350選 第3集 1957.11 p.66

◇トスカニーニ・ロッシーニ序曲集（管絃楽曲集）「ディスク」20巻14号 増刊 名曲LP350選 第3集 1957.11 p.67

◇トスカニーニとワルターの「第九」（今月のハイライト ベートーヴェンの交響曲）大木正興 「ディスク」20巻15号 1957.12 p.22

◇ヴェルディ～トスカニーニを聴く 「ディスク」22巻2号 1959.2 p.120

指揮者・演奏家　　　　　　　　　　人物文献目録　　　　　　　　　　ハイフェッツ

◇巨匠の遺産をたづねて トスカニーニは生きている 藁科雅美 「ディスク」23巻12号 1960.10 p.90

◇トスカニーニ・その人と芸術 寺西春雄 「ディスク」24巻7号 1961.7 p.82

◇人類の遺産, トスカニーニの〈フィデリオ〉（各社三月新譜速報と聴きもの）黒田恭一 「ディスク」26巻2号 1963.2 p.130

◇ワルター・トスカニーニへの感謝—名盤の影の人 岡俊雄 「ディスク」27巻5号 1964.5 p.93

◇「トスカニーニとの演奏」—マエストロを偲ぶ感動の名著から 家里和夫 「ディスク」27巻5号 1964.5 p.96

◇トスカニーニとフルトヴェングラー—二人の巨匠のベートーヴェン像 ピーター・P・ビリー, 黒田美恵子 訳 「ディスク」27巻5号 1964.5 p.102

◇トスカニーニの遺産の全貌—録音年月日付 編集部 「ディスク」27巻5号 1964.5 p.108

◇トスカニーニの未発売レコードをさぐる 浅里公三 「ディスク」27巻5号 1964.5 p.114

◇NHK・FMのトスカニーニ・アワー 内村貴司 「ディスク」28巻5号 1965.5 p.35

ハイフェッツ, ヤッシャ

◇ハイフェッツを語る あらえびす 「ディスク」3巻9号 1931.9 p.693

◇ヤシャ・ハイフェッツとそのレコード S・G・K生 「レコード音楽」5巻9号 1931.9 p.19

◇提琴家ヤーシャ・ハイフェッツ—レコードで活躍する世界的音楽家列伝（13）中根宏 「レコード」2巻9号 1931.9 p.11

◇ハイフェッツと彼のレコード JOE生 「レコード」2巻9号 1931.9 p.17

◇ハイフェッツと其の演奏曲目 S・G・K生 「レコード音楽」5巻10号 1931.10 p.29

◇ハイフェッツ, フローレンス恋物語 ダン道子 「レコード」2巻10号 1931.10 p.82

◇ハイフェッツとシゲッティ 牛山充 「レコード音楽」5巻11号 1931.11 p.38

◇ハイフェッツの「パルティタ第二番」坩和昌夫 「ディスク」11巻9号 1939.9 p.865

◇ハイフェッツの演奏したブラームス作「提琴協奏曲」井関富三 「ディスク」12巻6号 1940.6 p.524

◇レコードで活躍する現代音楽家列伝（10）ハイフェッツ 関清武 「レコード」6巻6号 1940.7 p.6

◇ハイフェッツの奏いたベートーヴェンの提琴協奏曲 坩和昌夫 「ディスク」12巻11号 1940.11 p.1036

◇ハイフェッツ, トスカニーニの提琴協奏曲 作品六十一番 ニ長調（ベートーヴェン作品）（洋楽名曲レコード評）服部正 「レコード」6巻10号 1940.11 p.52

◇ハイフェッツとトスカニーニ 野村光一 「レコード音楽」14巻12号 1940.12 p.18

◇ハイフイッツとベイの演奏 提琴奏鳴曲第八番（ベートーヴェン曲）（名曲レコード情報）牛山充 「レコード」7巻3号 1941.3 p.24

◇ハイフェッツのことなど 岡山東 「レコード音楽」19巻5号 1949.5 p.44

◇ハイフェッツ独奏のグリュンバーグの協奏曲—海外盤試聴記 小山舜輔 「レコード音楽」20巻7号 1950.7 p.58

◇ハイフェッツの新盤を聴く—メンデルスゾオンのヴァイオリン協奏曲（新盤試聴記）田代秀穂 「レコード音楽」20巻8号 1950.8 p.15

◇百万ドル・トリオの誕生（百万ドル・トリオを聴く）牧定忠 「レコード音楽」22巻7号 1952.7 p.14

◇ラヴェルの三重奏曲イ短調（百万ドル・トリオを聴く）山根銀二 「レコード音楽」22巻7号 1952.7 p.17

◇メンデルスゾーンの三重奏曲ニ短調（百万ドル・トリオを聴く）野村あらえびす 「レコード音楽」22巻7号 1952.7 p.19

◇チャイコフスキーの三重奏曲イ短調—偉大な芸術家の思ひ出のために（百万ドル・トリオを聴く）藁科雅美 「レコード音楽」22巻7号 1952.7 p.21

◇理想的な三重奏団（百万ドル・トリオを聴く）斎藤秀雄 「レコード音楽」22巻7号 1952.7 p.24

◇百万ドル・トリオのラヴェル「ピアノ三重奏曲」—外誌から見た批評 上野一郎 「レコード音楽」22巻8号 1952.8 p.50

◇トスカニーニの「未完成」とハイフェッツの「スペイン交響曲」（座談会）村田武雄, 大木正興, 上野一郎, 藁科雅美 「レコード音楽」22巻10号 1952.10 p.46

◇ハイフェッツ論 坩和昌夫 「ディスク」15巻13号 1952.12 p.1220

◇モーツァルト ヴァイオリン協奏曲第五番（ハイフェッツ）（LP試聴記）小林利之 「ディスク」16巻5号 1953.4 p.370

◇LPファンのバッハ入門（1）ハイフェッツの弾く"無伴奏ソナタとパルティータ" 兎束龍夫 「ディスク」17巻2号 1954.2 p.85

◇出色のヴァイオリン小品集 ハイフェッツとフランチェスカツテイ（今月のLP）坩和昌夫 「ディスク」18巻5号 1955.4 p.60

◇ハイフェッツ（ヴァイオリニスト）「ディスク」19巻10号 臨時増刊 LP名演奏家選集 1956.7 p.116

◇ハイフェッツのベートーヴェン（特集 今月話題のLP新譜）大宮真琴 「ディスク」19巻15号 1956.12 p.35

◇ハイフェッツの弾く無伴奏（今月のハイライト バッハとモーツァルトのLPから）兎束竜夫 「ディスク」20巻12号 1957.10 p.17

戦前期 レコード音楽雑誌記事索引　449

◇ハイフェッツ愛奏曲集（器楽曲集）「ディスク」20巻14号 増刊 名曲LP350選 第3集 1957.11 p.90

◇ハイフェッツの最新録音─メンデルスゾーン・プロコフィエフ 兎束竜夫 「ディスク」22巻11号 1959.10 p.26

◇ハイフェッツ/ペイのベートーヴェン「ヴァイオリン・ソナタ」全曲（各社12月新譜速報とその聴きもの）上野晃 「ディスク」26巻8号 1963.11 p.146

◇ハイフェッツ，ピアティゴルスキーらのモーツァルト「弦楽五重奏曲」他（各社五月新譜速報とその聴きもの）日比木伸一 「ディスク」27巻4号 1964.4 p.146

フルトヴェングラー，ヴィルヘルム

◇指揮者フルトヴェングラー─レコードで活躍する世界的音楽家列伝(16) 服部龍太郎 「レコード」2巻12号 1931.12 p.8

◇フルトヴェングラーのレコード 千家亮平 「レコード」2巻12号 1931.12 p.9

◇フルトヴェングラー訪問記 加藤鋭五 「ディスク」6巻2号 1934.2 p.84

◇試聴室─フルトヴェングラーの新盤を聴く 鮎野myriad夫 「ディスク」8巻9号 1936.9 p.800

◇フルトヴェングラーの「第五」を讃へる あらえびす 「ディスク」10巻4号 1938.4 p.310

◇フルトヴェングラーとモーツァルトのセレナード 井関富三 「ディスク」10巻4号 1938.4 p.326

◇フルトヴェングラーの「第五」（試聴記）野村光一 「レコード音楽」12巻4号 1938.4 p.10

◇「第五」の王座（試聴記）─フルトヴェングラァの新盤を聴いて 村田武雄 「レコード音楽」12巻4号 1938.4 p.12

◇不朽の名作「運命交響曲」（試聴記）藤田不二 「レコード音楽」12巻4号 1938.4 p.14

◇フルトヴェングラァのモーツァルト「小夜曲」を聴く（試聴記）村田武雄 「レコード音楽」12巻4号 1938.4 p.20

◇フルトヴェングラーを聴く─欧米楽界の印象（1）太田太郎 「レコード音楽」12巻4号 1938.4 p.26

◇巨匠フルトヴェングラーの神技 ワーグナーの「トリスタンとイゾルデ」（試聴記）水野忠恂 「レコード音楽」13巻1号 1939.1 p.14

◇フルトヴェングラー指揮の「悲愴交響曲」 坿和昌夫 「ディスク」11巻6号 1939.6 p.541

◇フルト・ヴェングラーの「第五」（第五交響曲「運命」のレコード批評）牛山充 「レコード」5巻2号 1939.10 p.30

◇フルト・ヴェングラーの「第五」（第五交響曲「運命」のレコード批評）落合三四郎 「レコード」5巻2号 1939.10 p.40

◇フルトヴェングラー指揮の「パルジファル」の音楽 門馬直衛 「ディスク」11巻12号 1939.12 p.1190

◇「パルシファル」試聴記─フルトヴェングラーとストコフスキー（試聴記）水野忠恂 「レコード音楽」13巻12号 1939.12 p.15

◇フルトヴェングラアのパルジフアル（ワグナー）（洋楽名曲レコード聴評）村田武雄 「レコード」5巻4号 1939.12 p.32

◇ウイルヘルム・フルトヴェングラー論─指揮者について（その2）K・ONODERA 「ディスク」12巻11号 1940.11 p.1030

◇フルトヴェングラー─名指揮者 その5 門馬直衛 「レコード文化」2巻3号 1942.3 p.18

◇フルトヴェングラーの新盤一及「レオノーレ第三序曲」の新盤（試聴記）大木正興 「レコード音楽」20巻11号 1950.11 p.20

◇コルトーとフルトヴェングラーのL.Pレコード WARA 「レコード音楽」22巻9号 1952.9 p.119

◇フルトヴェングラーのLP いしはら 「ディスク」15巻12号 1952.11 p.1118

◇ウィルヘルム・フルトヴェングラー─第四交響曲と第七交響曲のL.P盤を聴きながら（フルトヴェングラーのL.P）田代秀穂 「レコード音楽」22巻11号 1952.11 p.18

◇ブラームスの「交響曲第二番」（フルトヴェングラーのL.P）吉村一夫 「レコード音楽」22巻11号 1952.11 p.21

◇チャイコフスキーの「交響曲第四番」（フルトヴェングラーのL.P）牧定忠 「レコード音楽」22巻11号 1952.11 p.23

◇ハイドンの「交響曲第九四番」・モーツァルトの「セレナード」（フルトヴェングラーのL.P）杉浦繁 「レコード音楽」22巻11号 1952.11 p.24

◇フランクの「交響曲」（フルトヴェングラーのL.P）木村重雄 「レコード音楽」22巻11号 1952.11 p.26

◇モーツァルトの「交響曲第四〇番」・ブラームスの「ハイドンの主題による変奏曲」（フルトヴェングラーのL.P）西山広一 「レコード音楽」22巻11号 1952.11 p.27

◇フルトヴェングラーのL.P一覧表 「レコード音楽」22巻11号 1952.11 p.29

◇続フルトヴェングラーのLP いしはら 「ディスク」15巻13号 1952.12 p.1232

◇メニューイン＝フルトヴェングラーのブラームス "ヴァイオリン協奏曲" を聴く 西山広一 「レコード音楽」22巻12号 1952.12 p.56

◇「三つの未完成」─トスカニーニ・ワルター・フルトヴェングラーの未完成比較論 大宮真琴 「レコード音楽」22巻12号 1952.12 p.66

◇フルトヴェングラーの新盤（話題のLP特集）田代秀穂 「レコード音楽」23巻5号・6号 1953.6 p.38

◇フルトヴェングラーの「英雄」（海外LP試聴室）門馬直美 「ディスク」16巻12号 1953.11 p.52

◇フルトヴェングラー・メニユヒンの名コムビによるベートーヴェンのV協奏曲の最新盤（海外LP試聴室）杉浦繁 「ディスク」17巻6号 1954.6 p.82

◇フルトヴェングラーのフランク交響曲（海外LP試聴室）杉浦繁 「ディスク」17巻7号 1954.7 p.72

◇メニユーイン，フルトヴェングラーの名コンビが放つバルトークのV協奏曲（海外LP試聴室）杉浦繁 「ディスク」17巻10号 1954.9 p.79

◇フィデリオと最近のフルトヴェングラー（海外LP試聴室）上野一郎 「ディスク」17巻11号 1954.10 p.118

◇ワーグナー全曲盤の最高峰フルトヴェングラーの「トリスタン」（海外LP試聴室）小林利之 「ディスク」17巻11号 1954.10 p.120

◇フルトヴェングラのベートーヴェン交響曲新盤（海外LP試聴室）杉浦繁 「ディスク」17巻11号 1954.10 p.123

◇ウィルヘルム・フルトヴェングラー──知られざる挿話が描くその人間愛（特集 フルトヴェングラー追想）渡辺護 「ディスク」18巻1号 1955.1 p.16

◇フルトヴェングラーの芸術──レコードによる分析（特集 フルトヴェングラー追想）田代秀穂 「ディスク」18巻1号 1955.1 p.20

◇ベルリンで聴いたフルトヴェングラー（特集 フルトヴェングラー追想）坂本良隆 「ディスク」18巻1号 1955.1 p.26

◇フルトヴェングラーのレコード・リスト（特集 フルトヴェングラー追想）青木謙幸 「ディスク」18巻1号 1955.1 p.28

◇巨匠の足跡──フルトヴェングラー年譜（特集 フルトヴェングラー追想）編集部 「ディスク」18巻1号 1955.1 p.28

◇フルトヴェングラーの第五（新着LP紹介）田代秀穂 「ディスク」18巻6号 1955.5 p.120

◇フルトヴェングラーの海賊版（新着LP紹介）宇野功芳 「ディスク」18巻6号 1955.5 p.122

◇フルトヴェングラーの「ドン・ファン」（新着LP紹介）長谷川修一 「ディスク」18巻11号 1955.9 p.118

◇フルトヴェングラーの運命（今月のLPから）門馬直美 「ディスク」18巻12号 1955.10 p.54

◇愈々発売か？ フルトヴェングラーの第九 「ディスク」18巻13号 1955.11 p.43

◇フルトヴェングラーとベートーヴェン（特集 ベートーヴェンの第九交響曲）門馬直美 「ディスク」18巻14号 1955.12 p.21

◇我々は待った甲斐があつた フルトヴェングラーの「第九」田代秀穂 「ディスク」19巻1号 1956.1 p.48

◇フルトヴェングラーのシューベルト「第七」の名演（今月のLPハイライト）田代秀穂 「ディスク」19巻3号 1956.2 p.104

◇フルトヴェングラーとヨツフムの競演 ベートーヴェンの第四（今月のLPハイライト）田代秀穂 「ディスク」19巻4号 1956.3 p.108

◇フィッシャー・ディースカウのシューベルト「冬の旅」決定盤とフルトヴェングラーの共演 マーラーの「さまよう若人の歌」（今月のLPハイライト）福原信夫 「ディスク」19巻5号 1956.4 p.120

◇レコードによる演奏家論（1）ウィルヘルム・フルトヴェングラー 堺和昌夫 「ディスク」19巻8号 1956.6 p.73

◇フルトヴェングラー（指揮者）「ディスク」19巻10号 臨時増刊 LP名演奏家選集 1956.7 p.48

◇フルトヴェングラー感動の名演（今月の名盤）宇野功芳 「ディスク」19巻11号 1956.8 p.60

◇フルトヴェングラーのベートーヴェン第一（今月のLPから）宇野功芳 「ディスク」19巻14号 1956.11 p.43

◇フルトヴェングラーの「悲愴」宮崎嗣 「ディスク」21巻11号 1958.11 p.122

◇実現したフルトヴェングラーのブラームス全集 岡俊雄 「ディスク」22巻5号 1959.5 p.42

◇復活した巨匠フルトヴェングラー──ブラームスの交響曲のレコードをめぐつて 「ディスク」22巻6号 1959.6 p.22

◇フルトヴェングラーを聴いて 前田幸一郎 「ディスク」22巻6号 1959.6 p.24

◇フルトヴェングラーのブラームス 甲斐正雄 「ディスク」22巻6号 1959.6 p.26

◇レコードに活躍する巨匠たち（3）フルトヴェングラーのディスコグラフィ（1）大宮真琴，岡俊雄，有馬茂夫 「ディスク」22巻7号 1959.7 p.22

◇レコードに活躍する巨匠たち（3）フルトヴェングラーのディスコグラフィ（2）大宮真琴，岡俊雄 「ディスク」22巻9号 1959.8 p.28

◇待望のフルトヴェングラー・ポピュラー・コンサート（新着LP試聴室）厚木淳 「ディスク」22巻13号 1959.11 p.163

◇フルトヴェングラー・その芸術とレコード 宇野功芳 「ディスク」24巻7号 1961.7 p.78

◇フルトヴェングラーの遺産（特集 フルトヴェングラーのレコード）ロバート・C・マーシュ，内村貴司 訳 「ディスク」27巻4号 1964.4 p.82

◇LP復活を望まれるもの（特集 フルトヴェングラーのレコード）上野一郎 「ディスク」27巻4号 1964.4 p.86

◇新しくレコード化されたLPをめぐって（特集 フルトヴェングラーのレコード）岡村周宏 「ディスク」27巻4号 1964.4 p.90

◇フルトヴェングラー／シュナイダーハンのベートーヴェン「ヴァイオリン協奏曲」（各社五月新譜速報とその聴きもの）渡辺学而 「ディスク」27巻4号 1964.4 p.143

メニューイン　　　　　　　　　　　　　　人物文献目録　　　　　　　　　　　　　指揮者・演奏家

◇トスカニーニとフルトヴェングラー——二人の巨匠のベートーヴェン像 ピーター・P・ピリー，黒田美恵子 訳 「ディスク」27巻5号 1964.5 p.102

◇フルトヴェングラーのテクニカル・ステレオ 上野一郎 「ディスク」27巻8号 1964.8 p.140

◇映画になったフルトヴェングラーの「ドン・ジョヴァンニ」 黒田恭一 「ディスク」29巻5号 1966.5 p.65

メニューイン, ユーディ

◇メヌーヒンのヴイオリン 古都園久朗 「ザ・グラモヒル」1巻1号 1930.2 p.18

◇「メヌキン」と語る 加藤鋭五 「ディスク」4巻7号 1932.7 p.407

◇「メヌキン」よりの便り 加藤鋭五 「ディスク」4巻10号 1932.10 p.627

◇私の生活と仕事（特別寄稿）天才少年提琴家 メヌーヒン，桂近乎 訳 「レコード」4巻1号 1933.1 p.30

◇メヌーキンからの便り 編輯部 「ディスク」5巻10号 1933.10 p.679

◇メヌーキンの来朝と新吹込みのレコード 編輯部 「ディスク」5巻10号 1933.10 p.680

◇メヌーキンの手紙 加藤鋭五 「ディスク」5巻11号 1933.11 p.734

◇メヌーキンの手紙（2）加藤鋭五 「ディスク」5巻12号 1933.12 p.797

◇試聴室——メニュヒンとシゲツテイを聴いて 鈴木鎮一 「ディスク」6巻1号 1933.12 p.1

◇試聴室——ブッシュとメヌーキンの雑感 杉浦繁 「ディスク」6巻1号 1933.12 p.8

◇恩師を語る メヌーキン，加藤鋭五 訳 「ディスク」6巻1号 1933.12 p.19

◇メヌインの弾いたスペイン交響曲 有坂愛彦 「レコード音楽」8巻6号 1934.6 p.29

◇メヌーキンの珍らしいモーツアルトのコンチエルト 鈴木鎮一 「ディスク」7巻2号 1935.2 p.76

◇エフディ・メヌーキンの美と其のレコード 志賀一音 「ディスク」9巻12号 1937.12 p.1192

◇メヌーキンの弾いたメンデルスゾーンの協奏曲 柏木俊三 「ディスク」10巻12号 1938.12 p.1200

◇メヌーインの弾くメンデルスゾーンのヴァイオリン協奏曲（試聴記）友部美与子 「レコード音楽」12巻12号 1938.12 p.17

◇メヌーヒンに依るバッハの「提琴奏鳴曲第三番」 杉浦繁 「ディスク」11巻12号 1939.12 p.1188

◇レコードで活躍する現代音楽家列伝（8）メニューイン兄弟 関清武 「レコード」6巻4号 1940.5 p.42

◇メニューインの新盤（新譜評）大木正興 「レコード音楽」19巻3号 1949.3 p.24

◇メニューインとビーチャムの新盤（新譜評）大木正興 「レコード音楽」19巻8号 1949.8 p.24

◇メヌインの近況 京極高鋭 「レコード音楽」20巻1号 1950.1 p.30

◇メニューインの来朝決定 「レコード音楽」21巻3号 1951.3 p.26

◇メニューインを語る（座談会）有坂愛彦，京極高鋭，野呂信次郎，青木謙幸 「ディスク」14巻1号 1951.9 p.46

◇メニューインの演奏曲目と日程 「ディスク」14巻1号 1951.9 p.56

◇メニューイン独奏会曲目と日程 「レコード音楽」21巻9号 1951.9 p.67

◇水兵服のメニューイン（メニューイン来朝）長坂春雄 「レコード音楽」21巻9号 1951.9 p.68

◇戦後のメニューイン（メニューイン来朝）木村繁 「レコード音楽」21巻9号 1951.9 p.70

◇名曲ダイジェスト——メニューヒンの演奏曲目より 牛山充 「ディスク」14巻2号 1951.10 p.162

◇イェフディ・メニューイン マアセル・グリリ，石坂潔 訳 「レコード音楽」21巻10号 1951.10 p.37

◇メニューイン演奏会曲目 「レコード音楽」21巻10号 1951.10 p.65

◇メニューインのレコード吹込 「レコード音楽」21巻11号 1951.11 p.17

◇見たメヌーヒン（メニューインの印象）村田武雄 「レコード音楽」21巻11号 1951.11 p.34

◇メニューインを聴いて（メニューインの印象）牧定忠 「レコード音楽」21巻11号 1951.11 p.36

◇立派な演奏（メニューインの印象）野村光一 「レコード音楽」21巻11号 1951.11 p.36

◇古典解釈の深さ（メニューインの印象）増沢健美 「レコード音楽」21巻11号 1951.11 p.37

◇将来に期待する（メニューインの印象）野村あらえびす 「レコード音楽」21巻11号 1951.11 p.37

◇不満足だったメニユーヒン（メニューインの印象）遠山一行 「レコード音楽」21巻11号 1951.11 p.38

◇メニューヒン（メニューインの印象）大田黒元雄 「レコード音楽」21巻11号 1951.11 p.38

◇メニューヒンとヴェス一或る放談的対話（メニューインの印象）渡辺護 「レコード音楽」21巻11号 1951.11 p.39

◇メニューインの新吹込レコード 青木謙幸 「ディスク」15巻1号 1952.1 p.49

◇メヌーヒンとの芸談 村田武雄 「レコード音楽」22巻1号 1952.1 p.72

指揮者・演奏家　　　　　　　　　　人物文献目録　　　　　　　　　　メンゲルベルク

◇羽田から羽田へ―メヌーインの十週間　「レコード音楽」22巻1号　1952.1　p.76

◇スタヂオのメニューヒン　奥津武　「レコード音楽」22巻1号　1952.1　p.80

◇メニューインの「クロイツェル・ソナータ」　松井丈夫　「ディスク」15巻6号　1952.6　p.592

◇メニューヒンの進境―クロイツェルソナタ新盤　田代秀穂　「レコード音楽」22巻6号　1952.6　p.42

◇メヌーイン=フルトヴェングラーのブラームス "ヴァイオリン協奏曲"を聴く　西山広一　「レコード音楽」22巻12号　1952.12　p.56

◇メンデルスゾーン　提琴協奏曲ニ短調（メヌーイン）（LP試聴記）　いしはら　「ディスク」16巻6号　1953.5　p.495

◇フルトヴェングラー・メニュヒンの名コムビによるベートーヴェンのV協奏曲の最新盤（海外LP試聴室）　杉浦繁　「ディスク」17巻6号　1954.6　p.82

◇メニユーイン，フルトヴェングラーの名コンビが放つバルトークのV協奏曲（海外LP試聴室）　杉浦繁　「ディスク」17巻10号　1954.9　p.79

◇メニューイン（ヴァイオリニスト）「ディスク」19巻10号　臨時増刊LP名演奏家選集　1956.7　p.120

◇ユーディ・メニューインとの対談　ヴェラ・ヴォルマーヌ，石川登志夫　訳　「ディスク」23巻8号　1960.7　p.90

◇レコードに於ける演奏の判断―第8回ブダペスト四重奏団，ユーディ・メニューイン，レニングラード・バレエ団とバレエ音楽　村田武雄　「ディスク」23巻9号　1960.8　p.26

◇メニューインのヴィヴァルディ，バッハ，ヘンデル（各社四月新譜速報とその聴きもの）　岩井宏之　「ディスク」26巻3号　1963.3　p.126

◇メニューインの新盤，ハイドンの〈告別〉他（各社五月新譜速報とその聴きもの）　日比木伸一　「ディスク」26巻4号　1963.4　p.112

メンゲルベルク，ウィレム

◇ウイルレム・メンゲルベルク―レコードで活躍する世界的音楽家列伝（9）　松本太郎　「レコード」2巻5号　1931.5　p.11

◇メンゲルベルクとベートーヴェンの「第五」　呉四郎　「レコード音楽」11巻10号　1937.10　p.10

◇メンゲルベルクの「第六」来る　「レコード音楽」11巻10号　1937.10　p.113

◇メンゲルベルク指揮「第五交響曲」試聴記　野村あられえび，中村善吉，杉浦繁，垪和昌夫，有坂愛彦，林健太郎，井関喜三，柏木俊三，楳津真次郎，青木謙幸　「ディスク」9巻11号　1937.11　p.1073

◇メンゲルベルクと僕―随筆風に　津川主一　「レコード音楽」11巻12号　1937.12　p.27

◇座談会―メンゲルベルクの「田園交響曲」　あらえびす，藤田不二，有坂愛彦，青木謙幸，鮎野行夫　「ディスク」10巻5号　1938.5　p.431

◇メンゲルベルクの「田園」（試聴記）　呉四郎　「レコード音楽」12巻5号　1938.5　p.15

◇メンゲルベルクの田園交響楽（試聴記）　服部正　「レコード音楽」12巻5号　1938.5　p.18

◇メンゲルベルクの「田園」交響曲（試聴記）　土屋忠雄　「レコード音楽」12巻5号　1938.5　p.23

◇メンゲルベルクの第六交響曲　柏木俊三　「ディスク」10巻6号　1938.6　p.529

◇メンゲルベルク指揮のヴィヴァルディ「絃楽曲」　中村善吉　「ディスク」10巻8号　1938.8　p.744

◇ヴィヴァルディの絃楽協奏曲（試聴記）　呉四郎　「レコード音楽」12巻8号　1938.8　p.15

◇メンゲルベルク指揮の「悲愴交響曲」の新盤（試聴記）　薬科雅美　「レコード音楽」12巻10号　1938.10　p.32

◇哀愁の極地を示すメンゲルベルクの「悲愴」（試聴記）　藤田不二　「レコード音楽」12巻10号　1938.10　p.34

◇続メンゲルベルクと私（随筆）　津川主一　「レコード音楽」13巻5号　1939.5　p.50

◇メンゲルベルクの「第五」（第五交響曲「運命」のレコード批評）　有坂愛彦　「レコード」5巻2号　1939.10　p.28

◇メンゲルベルク指揮の「第八交響曲」を聴く　村田武雄　「ディスク」11巻11号　1939.11　p.1082

◇メンゲルベルクの「第八交響曲」座談会　あらえびす，村田武雄，有坂愛彦，中村善吉，藤田不二，青木謙幸　「ディスク」11巻12号　1939.12　p.1206

◇メンゲルベルクの指揮する「第八」（試聴記）　有坂愛彦　「レコード音楽」13巻12号　1939.12　p.21

◇メンゲルベルクの「第八」（試聴記）　藤田不二　「レコード音楽」13巻12号　1939.12　p.23

◇ベートーヴェンの「第八」を聴く―メンゲルベルク指揮（試聴記）　津川主一　「レコード音楽」13巻12号　1939.12　p.26

◇ベートーヴェンの「第八」（試聴記）　服部正　「レコード音楽」13巻12号　1939.12　p.28

◇メンゲルベルクの第八交響曲（ベートーヴェン）（洋楽名曲レコード聴評）　牛山充　「レコード」5巻4号　1939.12　p.29

◇レコードで活躍する現代音楽家列伝（5）ヴルレム・メンゲルベルク　国本靖　「レコード」6巻1号　1940.1　p.29

◇メンゲルベルクの指揮するベートーヴェンの「第四」（メンゲルベルク指揮「第四交響曲」）　服部正　「ディスク」12巻3号　1940.3　p.221

◇「第四交響曲」とメンゲルベルク（メンゲルベルク指揮「第四交響曲」）坿和昌夫　「ディスク」12巻3号 1940.3 p.224

◇メンゲルベルクの指揮した「第四」を聴く（試聴記）藤田不二　「レコード音楽」14巻3号 1940.3 p.14

◇メンゲルベルクの第四（洋楽名曲レコード評）村田武雄，国本靖　「レコード」6巻7号 1940.8 p.24

◇ウィルレム・メンゲルベルク論—指揮者について（その3）K・ONODERA　「ディスク」12巻12号 1940.12 p.1138

◇ベートーヴェンの「第一交響曲」とメンゲルベルクの新盤を語る　野村・有坂・村田・中村・藤田・青木　「ディスク」12巻12号 1940.12 p.1173

◇メンゲルベルク指揮　絃楽合奏用セレナード（チャイコフスキー曲）（名曲レコード情報）牛山充　「レコード」7巻3号 1941.3 p.22

◇メンゲルベルク—名指揮者・其の3　青木謙幸「レコード文化」2巻1号 1942.1 p.9

◇メンゲルベルク頌—大指揮者の横顔　津川主一　「レコード音楽」20巻5号 1950.5 p.36

◇メンゲルベルク逝く　「レコード音楽」21巻5号 1951.5 p.35

◇メンゲルベルク指揮の「マタイ受難曲」（宗教音楽の名盤・特集）高橋昭　「ディスク」16巻13号 1953.12 p.35

◇メンゲルベルクの名演，マーラーの交響曲第四番（新着LP試聴室）岡俊雄　「ディスク」24巻3号 1961.3 p.114

◇メンゲルベルクの復活盤 ブラームスの「ドイツ鎮魂曲」（新着LP試聴室）宇野功芳　「ディスク」24巻8号 1961.8 p.108

◇メンゲルベルクの感動的な「マタイ受難曲」（新着LP試聴室）宇野功芳　「ディスク」24巻10号 1961.9 p.116

◇メンゲルベルクの指揮するブラームスの第一（新着LP試聴室）浅井修一　「ディスク」24巻12号 1961.11 p.108

◇ベートーヴェン〈交響曲第七番イ長調〉，ベートーヴェン〈田園交響曲〉（特集 復刻された巨匠メンゲルベルクの名演を聴く）三井啓「ディスク」24巻13号 1961.12 p.110

◇シューベルト〈交響曲第九番ハ長調〉，フランク〈交響曲ニ長調〉，R・シュトラウス〈ドン・ファン〉（特集 復刻された巨匠メンゲルベルクの名演を聴く）岡俊雄　「ディスク」24巻13号 1961.12 p.111

◇シューベルト〈未完成交響曲〉（特集 復刻された巨匠メンゲルベルクの名演を聴く）杉浦繁「ディスク」24巻13号 1961.12 p.112

◇メンゲルベルク指揮の〈第九〉交響曲（新着LP試聴室）宇野功芳　「ディスク」25巻2号 1962.2 p.110

◇メンゲルベルクとコンセルトヘボウ管弦楽団—世紀の巨匠による不朽の名演特選集（特集 想い出の名盤をさぐる）青木謙幸，岡俊雄，小林利之，薬科雅美　「ディスク」25巻5号 1962.5 p.88

◇メンゲルベルクの芸術，ブラームスの〈第二交響曲〉（各社三月新譜速報と聴きもの）日比木伸一　「ディスク」26巻2号 1963.2 p.130

ランドフスカ, ワンダ

◇ワンダ・ランドフスカの事ども ニコラス・スロオニムスキイ，鮎野行夫 訳　「ディスク」4巻10号 1932.10 p.619

◇二人の現代クラヴサン音楽家—マルグリット・ルスゲン＝シャンビオン夫人とワンダ・ランドウスカ夫人　松本太郎　「レコード音楽」7巻12号 1933.12 p.41

◇バッハに就いて語る—バッハ「二声部偶作曲」の美 ワンダ・ランドフスカ，村田武雄 訳　「レコード音楽」8巻2号 1934.2 p.22

◇ワンダ・ランドフスカ特輯—ランドフスカを聴く 芦原英了　「ディスク」6巻4号 1934.4 p.234

◇ワンダ・ランドフスカ特輯—まだ見ぬ楽器の魅力 あらえびす　「ディスク」6巻4号 1934.4 p.238

◇ワンダ・ランドフスカ特輯—ゴールドベルヒ変奏曲（2）N・K・M　「ディスク」6巻4号 1934.4 p.242

◇ワンダ・ランドフスカ特輯—銀六漫言 野線翁　「ディスク」6巻4号 1934.4 p.251

◇ワンダ・ランドフスカ塾便り ラルカンシェル生　「ディスク」9巻7号 1937.7 p.678

◇ランドフスカの奏するイタリアン・コンチェルト NKM　「ディスク」10巻4号 1938.4 p.328

◇新鮮な古典美—ランドフスカのハイドン「協奏曲ニ長調」（試聴記）村田武雄　「レコード音楽」12巻8号 1938.8 p.11

◇ランドフスカ夫人の「古典音楽」（1）村田武雄　「ディスク」11巻7号 1939.7 p.695

◇ランドフスカ夫人の「古典音楽」（2）村田武雄 訳　「ディスク」11巻8号 1939.8 p.769

◇ランドフスカ夫人の「古典音楽」（3）村田武雄 訳　「ディスク」11巻9号 1939.9 p.891

◇ランドフスカ夫人の「古典音楽」（4）村田武雄　「ディスク」11巻11号 1939.11 p.1108

◇ランドフスカ夫人の「古典音楽」（5）村田武雄　「ディスク」12巻2号 1940.2 p.127

◇ワンダ・ランドフスカ夫人 中島加寿子　「レコード音楽」20巻5号 1950.5 p.40

◇戦後におけるランドフスカ女史のことども 中島加寿子　「レコード音楽」21巻1号 1951.1 p.56

◇ランドフスカの玉手箱 楳津邦光　「ディスク」14巻2号 1951.10 p.146

◇ランドフスカの便り 西条卓夫 「ディスク」15巻6号 1952.6 p.580

◇ワンダ・ランドフスカ ハワード・タウブマン 「レコード音楽」22巻8号 1952.8 p.44

◇トルストイとランドフスカ 中島加寿子 訳 「ディスク」16巻2号 1953.2 p.131

◇ランドフスカをめぐる高弟たち 杉浦繁 「ディスク」16巻7号 1953.6 p.612

◇有終の美を飾ったランドフスカの四十八(新着LP紹介) 伴田讃 「ディスク」18巻2号 1955.2 p.130

◇ランドフスカ(ハープシコード)「ディスク」19巻10号 臨時増刊 LP名演奏家選集 1956.7 p.128

◇ランドフスカのピアノ曲集(今月のハイライト バッハとモーツァルトのLPから) 藤田晴子 「ディスク」20巻12号 1957.10 p.22

◇ランドフスカ・モーツァルト・ピアノ奏鳴曲集(器楽曲集)「ディスク」20巻14号 増刊 名曲LP350選 第3集 1957.11 p.86

◇ランドフスカの「ハープシコードの芸術」(今月のLPハイライト) 藁科雅美 「ディスク」21巻12号 1958.12 p.36

◇ランドフスカ「秘奥のソノール」 中島加寿子 「ディスク」22巻6号 1959.6 p.50

◇ランドフスカ夫人への捧げもの 青木謙幸 「ディスク」22巻9号 1959.8 p.22

◇ワンダ・ランドフスカをたづねて ド・ラ・グランジュ、石川登志夫 訳 「ディスク」22巻9号 1959.8 p.26

◇八月十六日世を去ったワンダ・ランドフスカの生涯 西条卓夫、上野一郎、青木謙幸 「ディスク」22巻11号 1959.10 p.35

◇ランドフスカとバッハの「平均率クラフィア曲集」 シャーシンズ、上野一郎 訳 「ディスク」22巻11号 1959.10 p.46

◇ランドフスカのバッハ新旧 村田武雄 「ディスク」23巻6号 1960.5 p.46

◇ワンダ・ランドフスカ夫人追慕 中島加寿子 「ディスク」24巻3号 1961.3 p.64

◇ランドフスカの平均率(バッハ) 坩和昌夫 「ディスク」24巻3号 1961.3 p.65

ルービンシュタイン, アルトゥール

◇ルビンシュタインによるショパン「夜曲」集 高木東六 「ディスク」9巻11号 1937.11 p.1063

◇ルービンシュタイン演奏のショパンの「ノクターン集」 野村光一 「レコード音楽」11巻11号 1937.11 p.10

◇ショパンの「第一ピアノ協奏曲」—再び聴くルービンシュタインの快演(試聴記) 松岡清尭 「レコード音楽」12巻6号 1938.6 p.20

◇ルービンシュタインの「第三」(新譜評) 大木正興 「レコード音楽」18巻11号 1948.11 p.7

◇ルービンシュタインの新盤(新譜評) 大木正興 「レコード音楽」20巻5号 1950.5 p.48

◇アルトゥール・ルービンシュタイン 松岡清尭 「レコード音楽」21巻2号 1951.2 p.32

◇ルービンシュタインの新盤など—長時間レコード試聴記 八木進 「レコード音楽」21巻6号 1951.6 p.44

◇ルービンシュタインのショパン「夜想曲」第三集 野村光一 「ディスク」14巻3号 1951.11 p.209

◇百万ドル・トリオの誕生(百万ドル・トリオを聴く) 牧定忠 「レコード音楽」22巻7号 1952.7 p.14

◇ラヴェルの三重奏曲イ短調(百万ドル・トリオを聴く) 山根銀二 「レコード音楽」22巻7号 1952.7 p.17

◇メンデルスゾーンの三重奏曲ニ短調(百万ドル・トリオを聴く) 野村あらえ美 「レコード音楽」22巻7号 1952.7 p.19

◇チャイコフスキーの三重奏曲イ短調—偉大な芸術家の思ひ出のために(百万ドル・トリオを聴く) 藁科雅美 「レコード音楽」22巻7号 1952.7 p.21

◇理想的な三重奏団(百万ドル・トリオを聴く) 斎藤秀雄 「レコード音楽」22巻7号 1952.7 p.24

◇百万ドル・トリオのラヴェル「ピアノ三重奏曲」—外誌から見た批評 上野一郎 「レコード音楽」22巻8号 1952.8 p.50

◇演奏と詩的精神—コルトーの実演とルービンシュタインのレコード 村田武雄 「レコード音楽」22巻11号 1952.11 p.40

◇来朝した演奏家達(10)—ルービンシュタインとケンプ 大田黒元雄 「レコード音楽」23巻5号・6号 1953.6 p.80

◇二つの謝肉祭 ルービンシュタインとギーゼキング 滝崎鎮代子 「ディスク」18巻9号 1955.7 p.52

◇ルービンシュタインのグリーク小品(新着LP紹介) 小林利之 「ディスク」18巻14号 1955.12 p.132

◇ルビンシュタイン(ピアニスト)「ディスク」19巻10号 臨時増刊 LP名演奏家選集 1956.7 p.95

◇ブラームスを名演するルービンシュタイン 坩和昌夫 「ディスク」20巻1号 1957.1 p.54

◇ルービンシュタイン得意の二曲(今月のLPハイライト) 大木正興 「ディスク」20巻3号 1957.3 p.37

◇アメリカだより(3) ルービンシュタインその他 高瀬まり 「ディスク」20巻6号 1957.6 p.166

◇ルービンシュタインの「ポロネーズ」(今月のLPに聴く五人のピアニスト) 野村光一 「ディスク」21巻4号 1958.4 p.18

ワルター 人物文献目録 指揮者・演奏家

◇ルービンシュタイン 音楽を語る (1) マック
ス・ウィルコックス，家里和男 訳 「ディス
ク」26巻9号 1963.12 p.108

◇ルービンシュタイン 音楽を語る (2) マック
ス・ウィルコックス，家里和男 訳 「ディス
ク」27巻1号 1964.1 p.94

◇ルービンシュタイン/ラフマニノフ「パガ
ニーニの主題による狂詩曲」他のステレオ
(各社四月新譜速報とその聴きもの) 岩井宏
之 「ディスク」27巻3号 1964.3 p.146

◇アルトゥール・ルービンシュタイン (名演奏
家シリーズ・8) 内村貴司 「ディスク」28巻
1号 1965.1 p.92

◇アルトゥール・ルービンシュタイン (上半期
に来日する演奏家の横顔) 薬科雅美 「ディ
スク」29巻3号 1966.3 p.68

◇座談会/ルービンシュタインの魅力 (特集 ア
ルトゥール・ルービンシュタインの芸術) 丹
羽正明，藤田晴子，薬科雅美 「ディスク」29
巻5号 1966.5 p.84

◇名演奏家は語る (5) ルービンシュタイン (特集
アルトゥール・ルービンシュタインの芸術)
上野一郎 「ディスク」29巻5号 1966.5 p.90

◇ルービンシュタインのディスコグラフィー
(特集 アルトゥール・ルービンシュタインの
芸術)「ディスク」29巻5号 1966.5 p.97

ワルター, ブルーノ

◇ワルター指揮のブラームス第四交響曲 野村
光一 「レコード音楽」11巻2号 1937.2 p.10

◇試聴室—ヴァルターの「未完交響楽」のこと
ども 鮎野行夫 「ディスク」9巻3号 1937.3
p.232

◇ワルター指揮の「未完成」(三つの「未完成交
響曲」新盤試聴記) 野村光一 「レコード音
楽」11巻3号 1937.3 p.10

◇ワルターの「第六交響曲」雑感 青木謙幸
「ディスク」9巻7号 1937.7 p.642

◇ヴァルター指揮の「小夜曲」を讃ふ 編輯部
「ディスク」9巻9号 1937.9 p.867

◇試聴室—ブルノ・ワルターの「プラーグ交響
曲」 柏木俊三 「ディスク」9巻12号 1937.12
p.1180

◇プラーグ交響曲とワルター (試聴記) 野村光
一 「レコード音楽」12巻1号 1938.1 p.16

◇絶讃に値する「ワルキューレ」第一幕 (試聴
記) 野村光一 「レコード音楽」12巻6号
1938.6 p.10

◇ブラームスの第三交響曲とワルター 野村光
一 「ディスク」10巻10号 1938.10 p.978

◇ワルター指揮するブラームス「第三交響曲」
(試聴記) 服部正 「レコード音楽」12巻10号
1938.10 p.30

◇「ジュピター交響曲」の新盤 (試聴記) 有坂愛
彦 「レコード音楽」12巻12号 1938.12 p.15

◇ブルーノ・ワルターの指揮するブラームスの
第一交響曲 (試聴記) 水野忠恂 「レコード音
楽」13巻4号 1939.4 p.14

◇モーツアルトに於けるワルターの観念とピア
ニズム 志賀一音 「ディスク」11巻6号 1939.
6 p.558

◇ブルーノ・ワルター モーツァルトを語る 松
本太郎 訳 「レコード音楽」13巻7号 1939.7
p.29

◇ワルターの「軍隊交響曲」 坪和昌夫 「ディ
スク」11巻9号 1939.9 p.860

◇ワルター指揮 ハイドンの「軍隊交響曲」(試聴
記) 陶野重雄 「レコード音楽」13巻9号
1939.9 p.42

◇ワルターの弾いたモーツァルトのニ短調ピア
ノ協奏曲 (試聴記) 野村光一 「レコード音
楽」13巻12号 1939.12 p.11

◇ワルターのピアノ協奏曲ニ短調 (モツァルト)
(洋楽名曲レコード聴評) 呉泰次郎 「レコー
ド」5巻4号 1939.12 p.35

◇ブルーノ・ワルターの消息など ピーター・
ヒュー・リード，菅沼定資 訳 「レコード音
楽」14巻1号 1940.1 p.46

◇ワルターの指揮せるハイドン作「交響曲ニ長
調」 坪和昌夫 「ディスク」12巻5号 1940.5
p.413

◇ワルターの指揮するハイドン (試聴記) 有坂
愛彦 「レコード音楽」14巻5号 1940.5 p.9

◇ワルター指揮 シューベルトの「第七交響曲ハ
長調」 K・ONODERA 「ディスク」12巻6
号 1940.6 p.518

◇ワルターのシューベルト「交響曲ハ長調」を
讃ふ (試聴記) 村田武雄 「レコード音楽」14
巻6号 1940.6 p.10

◇レコードで活躍する現代音楽家列伝 (9) ブ
ルーノ・ワルター 釘本真 「レコード」6巻5
号 1940.6 p.12

◇試聴室—ワルター指揮の「オックスフォード
交響曲」 田中良雄 「ディスク」12巻12号
1940.12 p.1145

◇ブルノ・ワルター論—指揮者について (その
4) K・ONODERA 「ディスク」13巻1号
1941.1 p.3

◇試聴室—ワルターと「幻想交響曲」 田中良雄
「ディスク」13巻1号 1941.1 p.8

◇ワルター—名指揮者・其の2 野村光一 「レ
コード文化」1巻2号 1941.12 p.8

◇ブルーノ・ワルター 野村光一 「レコード音
楽」20巻1号 1950.1 p.27

◇ワルター指揮のベートーヴェンの「第9」—
海外盤試聴記 大木正興 「レコード音楽」20
巻7号 1950.7 p.56

◇ワルターの「第九」に寄せることば 野村光
一，属啓成，田辺秀雄，有坂愛彦，藤田不二，
牛山充，堀内敬三，牧定忠 「レコード音楽」
20巻10号 1950.10 p.16

◇ベートーヴェンの「三重協奏曲」を聴く 八木進 「レコード音楽」21巻2号 1951.2 p.48

◇交響曲第三番変ホ長調「英雄」を聴いて―読者評論 渋谷才輔 「レコード音楽」22巻6号 1952.6 p.98

◇ワルター，オルマンディ，ミュンクの新輸入盤を語る（座談会）上田仁，村田武雄，寺島宏，野村光一，薬科雅美 「レコード音楽」22巻8号 1952.8 p.10

◇ワルターとベートーヴェンの交響曲（試聴記）田代秀穂 「レコード音楽」22巻8号 1952.8 p.27

◇ベートーヴンの「第一交響曲」他―外誌から見た批評 上野一郎 「レコード音楽」22巻9号 1952.9 p.68

◇「三つの未完成」―トスカニーニ・ワルター・フルトヴェングラーの未完成比較論 大宮真琴 「レコード音楽」22巻12号 1952.12 p.66

◇まだ見ぬ日本の友人へ（ワルターのベートーヴェン特集）B・ワルター，宇野功芳 訳編 「ディスク」16巻11号 1953.10 p.1004

◇ワルターの指揮を語る（対談）（ワルターのベートーヴェン特集）坂本良隆，田代秀穂 「ディスク」16巻11号 1953.10 p.1006

◇ワルターの芸術―レコードによる分析（ワルターのベートーヴェン特集）宇野功芳 「ディスク」16巻11号 1953.10 p.1014

◇ワルターとベートーヴェンの交響曲（ワルターのベートーヴェン特集）A・レーヴェルキューン 「ディスク」16巻11号 1953.10 p.1020

◇ワルターの「ト短調シンフォニー」（海外LP試聴室）田代秀穂 「ディスク」16巻12号 1953.11 p.49

◇ワルターの「ジュピター」と「未完成」 宇野功芳 「ディスク」17巻13号 1954.12 p.64

◇ワルターのブラームス交響曲全集（対談）（今月のLP）宇野功芳，田代秀穂 「ディスク」18巻7号 1955.6 p.42

◇ワルターのブラームス「第三」 宇野功芳 「ディスク」18巻11号 1955.9 p.68

◇吹込直したワルターの第九（特集 ベートーヴェンの第九交響曲）宇野功芳 「ディスク」18巻14号 1955.12 p.37

◇演奏の誕生 指揮者とオーケストラ―ワルター指揮のモーツァルト「リンツ交響曲」のLPをめぐつて（対談）（特集・世界のオーケストラ）斉藤秀雄，田代秀穂 「ディスク」19巻5号 1956.4 p.20

◇ワルターとベイヌムのマーラー（今月のLPハイライト）宇野功芳 「ディスク」19巻8号 1956.6 p.116

◇ワルター（指揮者）「ディスク」19巻10号 臨時増刊 LP名演奏家選集 1956.7 p.62

◇最近のワルターを聴く 宇野功芳 「ディスク」19巻12号 1956.9 p.31

◇ブルーノ・ワルターの芸術―音楽の詩人と呼ばれる名指揮者をめぐつて（座談会）金子登，宇野功芳，大宮真琴 「ディスク」20巻5号 1957.5 p.32

◇トスカニーニとワルターの「第九」（今月のハイライト ベートーヴェンの交響曲）大木正興 「ディスク」20巻15号 1957.12 p.22

◇ワルターの指揮するマーラー「復活」 岡俊雄 「ディスク」21巻10号 1958.10 p.134

◇待望三〇年ドヴォルザークの「新世界」交響曲（ワルター指揮）（新着LP試聴室）梅木香 「ディスク」22巻11号 1959.10 p.154

◇ワルターの第三の「第九」 岡俊雄 「ディスク」22巻14号 1959.12 p.22

◇風格を感じさせるワルターのベートーヴェン「第七」（新着LP試聴室）梅木香 「ディスク」22巻14号 1959.12 p.152

◇ワルターのベートーヴェン全集外誌評 上野一郎 訳 「ディスク」23巻5号 1960.4 p.142

◇ワルターのステレオで聴くブラームス 南春雄 「ディスク」23巻6号 1960.5 p.56

◇注目の海外盤から―待望のワルターによる"ブラームス全集" 梅木香 「ディスク」23巻12号 1960.10 p.112

◇フランチェスカッティ，フルニエそしてブルーノ・ワルターによる複協奏曲 梅木香 「ディスク」23巻14号 1960.11 p.116

◇ワルターの新盤「ワーグナー名曲集」（新着LP試聴室）梅木香 「ディスク」24巻2号 1961.2 p.109

◇座談会／ワルターの指揮するステレオ盤 ブラームス交響曲全集をめぐつて 大宮真琴，岡俊雄，若林駿介 「ディスク」24巻3号 1961.3 p.102

◇ワルターの名演，ブルックナーの第九交響曲（新着LP試聴室）瀬音透 「ディスク」24巻3号 1961.3 p.115

◇ワルターの新録音したシューベルト交響曲集（新着LP試聴室）梅木香 「ディスク」24巻5号 1961.5 p.112

◇ワルターの三度目の「大地の歌」（マーラー）（新着LP試聴室）岡俊雄 「ディスク」24巻6号 1961.6 p.102

◇ブルーノ・ワルターの指揮する―コロムビア交響楽団は二流か？ 上野一郎 編訳 「ディスク」25巻3号 1962.3 p.102

◇ブルーノ・ワルターの死 薬科雅美 「ディスク」25巻4号 1962.4 p.92

◇ワルターとメトロポリタン（オペラ・コーナー）宮沢縦一 「ディスク」26巻1号 1963.1 p.122

◇ワルターの不滅の遺産，マーラーの〈第九交響曲〉（各社三月新譜速報と聴きもの）宇野功芳 「ディスク」26巻2号 1963.2 p.125

◇ブルーノ・ワルターとの対話（今月新譜の話題の演奏家）A・ミケリス，岡俊雄 訳 「ディスク」26巻3号 1963.3 p.80

◇批評について〈ワルターのモーツァルトの場合〉（ブルーノ・ワルターのレコード この巨匠の遺した人類の遺産）猿田恵 「ディスク」26巻5号 1963.8 p.90

◇詩と歌と人と〈ワルターのロマン派〉（ブルーノ・ワルターのレコード この巨匠の遺した人類の遺産）渡辺学而 「ディスク」26巻5号 1963.8 p.94

◇ワルターのワーグナー解釈〈「ワルキューレ」発売によせて〉（ブルーノ・ワルターのレコード この巨匠の遺した人類の遺産）渡辺護 「ディスク」26巻5号 1963.8 p.96

◇ワルターに教えられた音楽の楽しみ（私の愛聴盤―読者随筆）佐藤茂夫 「ディスク」26巻5号 1963.8 p.99

◇ワルターに思うこと（ブルーノ・ワルターのレコード この巨匠の遺した人類の遺産）宮沢縦一 「ディスク」26巻5号 1963.8 p.102

◇ワルターの歩んだオーケストラの道（ブルーノ・ワルターのレコード この巨匠の遺した人類の遺産）上野一郎 「ディスク」26巻5号 1963.8 p.102

◇マーラー「第一交響曲」の見事な解釈（ブルーノ・ワルターのレコード この巨匠の遺した人類の遺産）ディヴィド・ホール，野口英彦 訳 「ディスク」26巻5号 1963.8 p.105

◇ワルターのレコード〈ディスコグラフィ〉（ブルーノ・ワルターのレコード この巨匠の遺した人類の遺産）「ディスク」26巻5号 1963.8 p.106

◇ワルターの歩んだオーケストラの道（その2）上野一郎 「ディスク」26巻6号 1963.9 p.142

◇ワルターの歩んだオーケストラの道（3）―レコードにおける 上野一郎 「ディスク」26巻7号 1963.10 p.118

◇「ワルターの遺産」/ハイドンの「第88,100番」（各社四月新譜速報とその聴きもの）渡辺学而 「ディスク」27巻3号 1964.3 p.139

◇ワルターの遺産 その3 岡俊雄 「ディスク」27巻6号 1964.6 p.26

◇ワルター大全集―第一期のレコードについて（特集 ブルーノ・ワルター）小林利之 「ディスク」27巻11号 1964.11 p.94

◇ワルターの遺産―ディスコグラフィー（特集 ブルーノ・ワルター）ロバート・マーシュ，大木多加志 訳 「ディスク」27巻11号 1964.11 p.97

◇レコード音楽について考えること ブルーノ・ワルター，黒田恭一 訳 「ディスク」27巻11号 1964.11 p.100

◇ブルーノ・ワルターの遺産・統―ディスコグラフィー R・マーシュ，大木多加志 訳 「ディスク」27巻12号 1964.12 p.90

◇ブルーノ・ワルターの遺産・3（ディスコグラフィー）R・マーシュ，大木多加志 訳 「ディスク」28巻1号 1965.1 p.84

◇ブルーノ・ワルターの遺産（4）R・C・マーシュ，大木多加志 訳 「ディスク」28巻2号 1965.2 p.94

執筆者

青木 謙幸

◇クレモナの完成に就て 青木誠意 「ディスク」4巻8号 1932.8 p.516

◇七つの「西班牙歌謡曲」とコンチータ・スペルヴィアのレコードに就て 青木誠意 「ディスク」5巻3号 1933.3 p.187

◇ベートーヴェンのピアノ・ソナタ 青木誠意 「ディスク」5巻4号 1933.4 p.249

◇「バッハ四十八協会」日本支部設置に就て 青木誠意 「ディスク」5巻6号 1933.6 p.448

◇ディスク蓄音機に就て 青木誠意 「ディスク」5巻8号 1933.8 p.556

◇鈴木クワルテット演奏会に就て 青木誠意 「ディスク」5巻12号 1933.12 p.818

◇室内楽愛好家協会設立に就いて 青木誠意 「ディスク」6巻1号 1933.12 p.25

◇「冬の旅」協会レコードを讃ふ 青木誠意 「ディスク」6巻12号 1934.12 p.711

◇コロムビアの「第九交響曲」合評 有坂愛彦, 森潤三郎, 青木誠意, 杉浦繁, 楳津真次郎 「ディスク」7巻5号 1935.5 p.347

◇ギーゼキングの「皇帝協奏曲」合評 有坂愛彦, 森潤三郎, 青木誠意, 杉浦繁, 楳津真次郎 「ディスク」7巻5号 1935.5 p.350

◇試聴室―新着レコードの印象 青木謙幸 「ディスク」7巻7号 1935.7 p.515

◇アルマ・グルックと語る 青木謙幸 「ディスク」7巻7号 1935.7 p.527

◇試聴室―新着レコードの印象―バッハの「フリュートとピアノのソナタ」 青木謙幸, 有島牧穂 「ディスク」7巻8号 1935.8 p.580

◇試聴室―新着レコードの印象―モーツアルトの「絃楽五重奏曲ハ長調」 青木謙幸, 有島牧穂 「ディスク」7巻8号 1935.8 p.583

◇試聴室―新着レコードの印象―ハイドン協会第四輯レコード 青木謙幸, 有島牧穂 「ディスク」7巻8号 1935.8 p.585

◇バッハ協会第二輯レコードに就いて 青木謙幸 「ディスク」7巻9号 1935.9 p.687

◇試聴室―新着レコードの印象―大クライスラーの復活 青木謙幸 「ディスク」7巻11号 1935.11 p.850

◇ユリア・クルプのレコードに就いて 青木謙幸 「ディスク」7巻12号 1935.12 p.939

◇新年雑感 青木謙幸 「ディスク」8巻1号 1936.1 p.90

◇ヴィルヘルム・ケムプの来朝を祝して 青木謙幸 「ディスク」8巻4号 1936.4 p.281

◇ケムプの「ハンーマ・クラヴィア・ゾナータ」を聴いて 青木謙幸 「ディスク」8巻4号 1936.4 p.286

◇ビクターのアルゼンチン・タンゴ集 青木謙幸 「ディスク」8巻6号 1936.6 p.528

◇試聴室―ハイドンと「太鼓連打の交響曲」 青木謙幸 「ディスク」8巻11号 1936.11 p.977

◇クライバーの「未完成交響曲」 青木謙幸 「ディスク」9巻3号 1937.3 p.222

◇ビクター愛好家協会の功績 青木謙幸 「ディスク」9巻6号 1937.6 p.516

◇ワルターの「第六交響曲」雑感 青木謙幸 「ディスク」9巻7号 1937.7 p.642

◇アルゼンチン・タンゴ雑記 青木謙幸 「ディスク」9巻7号 1937.7 p.671

◇ヘンデル集「組曲」集に就いて 青木謙幸 「ディスク」9巻8号 1937.8 p.735

◇特徴ある喫茶店を求む 青木謙幸 「ディスク」9巻8号 1937.8 p.778

◇名演奏家秘曲集の誕生に際して 青木謙幸 「ディスク」9巻9号 1937.9 p.832

◇ビクター――名演奏家秘曲集を繞る座談会 青木謙幸, 野村あらえびす, 馬場二郎, 西条卓夫, 藤田不二 「レコード音楽」11巻9号 1937.9 p.24

◇シューバートと「鱒の五重奏曲」 青木謙幸 「ディスク」9巻10号 1937.10 p.943

◇ベートーヴェン作品レコードは何を選ぶ？（座談会（上）） 青木謙幸, 野村光一, あらえびす, 藤田不二, 有坂愛彦, 村田武雄 「レコード音楽」11巻10号 1937.10 p.41

◇メンゲルベルク指揮「第五交響曲」試聴記 野村あらえびす, 中村善吉, 杉浦繁, 坰和道夫, 有坂愛彦, 林健太郎, 井関寛三, 柏木俊三, 楳津真次郎, 青木謙幸 「ディスク」9巻11号 1937.11 p.1073

◇ベートーヴェン作品レコードは何を選ぶ？（座談会（下）） 青木謙幸, 野村光一, あらえびす, 藤田不二, 有坂愛彦, 村田武雄 「レコード音楽」11巻11号 1937.11 p.118

◇ハンス・ドウハンの「白鳥の歌」 青木謙幸 「ディスク」10巻1号 1938.1 p.9

◇北支の友へ 青木謙幸 「ディスク」10巻3号 1938.3 p.233

◇トスカニーニと第六交響曲 青木謙幸 「ディスク」10巻5号 1938.5 p.416

◇座談会―メンゲルベルクの「田園交響曲」 あらえびす, 藤田不二, 有坂愛彦, 青木謙幸, 鮎野行夫 「ディスク」10巻5号 1938.5 p.431

◇バッハの「チェロ無伴奏組曲」(ディスク座談会) 西条卓夫，森潤三郎，中村善吉，坩和昌夫，青木謙幸 「ディスク」10巻7号 1938.7 p.640

◇シューマンの「ヴァイオリン協奏曲」(ディスク座談会) あらえびす，有坂愛彦，村田武雄，中村善吉，藤田不二，青木謙幸 「ディスク」10巻7号 1938.7 p.651

◇同人合評―ベートーヴェンの「第二交響曲」杉浦繁，柏木俊三，青木謙幸，鮎野行夫，榎本笄 「ディスク」10巻8号 1938.8 p.748

◇同人合評―ラヴェルの「左手の為のピアノ協奏曲」杉浦繁，柏木俊三，青木謙幸，鮎野行夫，榎本笄 「ディスク」10巻8号 1938.8 p.751

◇協会レコードの話(ディスク廻状) 青木謙幸 「ディスク」10巻8号 1938.8 p.792

◇ビクターの「アルゼンチン・タンゴ」第二輯 青木謙幸 「ディスク」10巻9号 1938.9 p.868

◇近時盤談(ディスク廻状) 森景泉，柏木俊三，青木謙幸 「ディスク」10巻9号 1938.9 p.915

◇チャイコフスキーの「悲愴交響曲ロ短調」 あらえびす，青木謙幸，大木正夫，深井史郎，井関ündeja三 「ディスク」10巻10号 1938.10 p.980

◇試聴室―ハイドン協会第六輯レコード 青木謙幸 「ディスク」10巻11号 1938.11 p.1103

◇本年度のレコード回顧 あらえびす，坩和昌夫，青木謙幸 「ディスク」10巻12号 1938.12 p.1207

◇バッハの「チェロ無伴奏組曲」 鈴木二三雄，青木謙幸，杉浦繁，柏木俊三，坩和昌夫 「ディスク」11巻1号 1939.1 p.1

◇ヨッフムの「第九」を聴く(座談会) あらえびす，有坂愛彦，青木謙幸，中村善吉，藤田不二，村田武雄 「レコード音楽」13巻1号 1939.1 p.20

◇シューベルト作「四重奏曲変ホ長調」 青木謙幸 「ディスク」11巻4号 1939.4 p.344

◇ブラームスのニ長調ヴァイオリン・コンチェルトを聴く(座談会) あらえびす，有坂愛彦，青木謙幸，中村善吉，藤田不二，村田武雄 「レコード音楽」13巻4号 1939.4 p.22

◇チェロの作品(ベートーヴェン 作品とディスク賞レコード) 青木謙幸 「ディスク」11巻春季増刊 ディスク叢書第一輯 ベートーヴェン特輯号 1939.6 p.143

◇マーラーの「大地の歌」座談会 あらえびす，中村善吉，柳兼子，有坂愛彦，青木謙幸 「ディスク」11巻7号 1939.7 p.669

◇カルヴェの「死と乙女」の四重奏曲 青木謙幸 「ディスク」11巻8号 1939.8 p.747

◇トスカニーニの「第五交響曲」 青木謙幸 「ディスク」11巻9号 1939.9 p.852

◇「バッハマン選集」座談会 あらえびす，宅孝二，高木東六，坩和昌夫，青木謙幸，柏木俊三 「ディスク」11巻11号 1939.11 p.1093

◇メンゲルベルクの「第八交響曲」座談会 あらえびす，村田武雄，有坂愛彦，中村善吉，藤田不二，青木謙幸 「ディスク」11巻12号 1939.12 p.1206

◇モーツァルトの人物観 青木謙幸 「ディスク」11巻臨時増刊 ディスク叢書第二輯 モーツァルト特輯号 1939.12 p.13

◇歌謡曲(モーツァルト 作品とディスク賞レコード) 青木謙幸 「ディスク」11巻臨時増刊 ディスク叢書第二輯 モーツァルト特輯号 1939.12 p.177

◇近感書簡 青木謙幸 「ディスク」12巻3号 1940.3 p.250

◇「珍品レコード」所蔵 野村あらえびす，山口亀之助，藤田不二，中村善吉，青木謙幸 「ディスク」12巻4号 1940.4 p.365

◇何を選ぶべきか(1) ベートーヴェンの「第四」 青木謙幸 「ディスク」12巻7号 1940.7 p.670

◇「カペエ協会」の設立 青木謙幸 「ディスク」12巻10号 1940.10 p.932

◇何を選ぶ可きか(2) ベートーヴェンの提琴協奏曲 青木謙幸 「ディスク」12巻11号 1940.11 p.1083

◇何を選ぶ可きか(3)「死と少女」の四重奏曲 青木謙幸 「ディスク」12巻12号 1940.12 p.1167

◇何を選ぶ可きか(4)「鱒の五重奏曲」 青木謙幸 「ディスク」13巻1号 1941.1 p.38

◇シューベルトの人物観 青木謙幸 「ディスク」13巻臨時増刊 ディスク叢書第三輯 シューベルト特輯号 1941.2 p.10

◇絃楽四重奏曲(シューベルト 作品とディスク賞レコード) 青木謙幸 「ディスク」13巻臨時増刊 ディスク叢書第三輯 シューベルト特輯号 1941.2 p.161

◇五重奏曲其他(シューベルト 作品とディスク賞レコード) 青木謙幸 「ディスク」13巻臨時増刊 ディスク叢書第三輯 シューベルト特輯号 1941.2 p.173

◇皇紀二千六百年奉祝楽曲のレコード―海道東征 信時潔作 青木謙幸 「ディスク」13巻3号 1941.3 p.222

◇何を選ぶ可きか(5) 田園交響曲 青木謙幸 「ディスク」13巻4号 1941.4 p.338

◇大沼魯夫先生を偲ぶ(故大沼魯夫氏を悼む) 青木謙幸 「ディスク」13巻5号 1941.5 p.447

◇チェロ組曲(バッハ 作品とディスク賞レコード) 青木謙幸 「ディスク」13巻臨時増刊 ディスク叢書第四輯 バッハ特輯号 1941.6 p.168

◇「歴史的名盤保存会」のレコードの選定に就て 青木謙幸 「ディスク」13巻7号 1941.7 p.626

◇現下のレコード問題の検討(1) 青木謙幸 「ディスク」13巻8号 1941.8 p.722

◇試聴室—トスカニーニの第三交響曲「英雄」のレコード 青木謙幸 「ディスク」13巻8号 1941.8 p.740

◇「歴史的名盤保存会」のレコードに就て（1） 青木謙幸 「ディスク」13巻8号 1941.8 p.742

◇現下のレコード問題の検討（2） 青木謙幸 「ディスク」13巻9号 1941.9 p.822

◇トスカニーニとN・B・Cの「第三交響曲」のレコードについての対談 中村善吉，青木謙幸 「ディスク」13巻9号 1941.9 p.840

◇「歴史的名盤保存会」のレコードに就て（2） 青木謙幸 「ディスク」13巻9号 1941.9 p.849

◇現下のレコード問題の検討（3） 青木謙幸 「ディスク」13巻10号 1941.10 p.927

◇レコード時評（座談会） あらえびす，中村善吉，青木謙幸 「レコード文化」1巻1号 1941.11 p.17

◇メンゲルベルク—名指揮者・其の3 青木謙幸 「レコード文化」2巻1号 1942.1 p.9

◇レコード叢談（座談会） あらえびす，坿和昌夫，青木謙幸 「レコード文化」2巻1号 1942.1 p.19

◇名曲と名盤—クロイツェル・ソナタ 青木謙幸 「レコード文化」2巻2号 1942.2 p.19

◇レコード叢談 あらえびす，坿和昌夫，青木謙幸 「レコード文化」2巻2号 1942.2 p.21

◇レコード叢談 あらえびす，中村善吉，青木謙幸 「レコード文化」2巻3号 1942.3 p.34

◇レコード叢談 青木謙幸，あらえびす，中村善吉，坿和昌夫 「レコード文化」2巻4号 1942.4 p.16

◇レコード叢談 あらえびす，青木謙幸，中村善吉，坿和昌夫 「レコード文化」2巻5号 1942.5 p.18

◇レコード叢談 あらえびす，青木謙幸，中村善吉，坿和昌夫 「レコード文化」2巻6号 1942.6 p.14

◇ワインガルトナーを悼む 青木謙幸 「レコード文化」2巻6号 1942.6 p.39

◇レコード叢談 あらえびす，坿和昌夫，中村善吉，青木謙幸 「レコード文化」2巻7号 1942.7 p.15

◇レコード叢談 あらえびす，坿和昌夫，中村善吉，青木謙幸 「レコード文化」2巻8号 1942.8 p.13

◇レコード叢談 あらえびす，坿和昌夫，中村善吉，青木謙幸 「レコード文化」2巻9号 1942.9 p.15

◇レコード叢談 あらえびす，坿和昌夫，中村善吉，青木謙幸 「レコード文化」2巻10号 1942.10 p.23

◇リリ・レーマンのレコードを語る 牛山充，藤田不二，久保田稲子，菅沼定省，青木謙幸 「レコード文化」2巻10号 1942.10 p.40

◇レコード叢談 あらえびす，坿和昌夫，中村善吉，青木謙幸 「レコード文化」2巻11号 1942.11 p.18

◇大東亜戦一周年に際して 青木謙幸 「レコード文化」2巻12号 1942.12 p.6

◇レコード叢談 あらえびす，坿和昌夫，中村善吉，青木謙幸 「レコード文化」2巻12号 1942.12 p.22

◇レコード叢談 あらえびす，坿和昌夫，中村善吉，青木謙幸 「レコード文化」3巻1号 1943.1 p.14

◇レコード文化座談会（上） 増沢健美，坿和昌夫，竹越和夫，安藤穣，青木謙幸 「レコード文化」3巻1号 1943.1 p.38

◇米・英禁止レコードの回収（特輯 米・英音楽の抹殺） 青木謙幸 「レコード文化」3巻2号 1943.2 p.15

◇レコード叢談 あらえびす，坿和昌夫，中村善吉，青木謙幸 「レコード文化」3巻2号 1943.2 p.16

◇戦時下のレコード文化に就て（下） 増沢健美，坿和昌夫，竹越和夫，安藤穣，青木謙幸 「レコード文化」3巻2号 1943.2 p.20

◇バッハの「無伴奏チェロ組曲」第四，第五 青木謙幸 「レコード文化」3巻2号 1943.2 p.38

◇レコード叢談 あらえびす，中村善吉，青木謙幸 「レコード文化」3巻3号 1943.3 p.6

◇レコード叢談 あらえびす，坿和昌夫，中村善吉，青木謙幸 「レコード文化」3巻4号 1943.4 p.2

◇戦時下のレコード鑑賞に就て 青木謙幸 「レコード文化」3巻5号 1943.5 p.1

◇室内楽より（戦時下のレコード 私の推薦したいレコード） 青木謙幸 「レコード文化」3巻5号 1943.5 p.6

◇古机盤談（レコード随筆） 青木謙幸 「レコード文化」3巻10号 1943.10 p.38

◇メニューインを語る（座談会） 有坂愛彦，京極高鋭，野呂信次郎，青木謙幸 「ディスク」14巻1号 1951.9 p.46

◇L・P随筆 青木謙幸 「ディスク」14巻4号 1951.12 p.279

◇巻頭言—今年に期待するもの 青木謙幸 「ディスク」15巻1号 1952.1 p.4

◇昨年の決算—雑談会 あらえびす，村田武雄，有坂愛彦，坿和昌夫，青木謙幸 司会 「ディスク」15巻1号 1952.1 p.20

◇メニューインの新吹込レコード 青木謙幸 「ディスク」15巻1号 1952.1 p.49

◇ピアニスト談論《うわさばなし》 西条卓夫，坿和昌夫，杉浦繁，佐藤良雄，青木謙幸 司会 「ディスク」15巻2号 1952.2 p.168

◇カザルス先生へ 青木謙幸 「ディスク」15巻3号 1952.3 p.211

◇バッハの「チェロ組曲」 青木謙幸 「ディスク」15巻3号 1952.3 p.248

◇旧盤回顧（カザルス随筆） 青木謙幸 「ディスク」15巻3号 1952.3 p.282

◇新人ヤノス・スターカー 青木謙幸 「ディスク」15巻4号 1952.4 p.387

◇ヴィヴァルディの「四季」(LPレコード試聴記) 青木謙幸 「ディスク」15巻4号 1952.4 p.410

◇ゲルハルト・ヒュツシュの来朝 青木謙幸 「ディスク」15巻5号 1952.5 p.476

◇第三回カザルス音楽祭 青木謙幸 「ディスク」15巻6号 1952.6 p.577

◇座談会―中古レコードを語る あらえびす，青木謙幸，鮎野行夫，鈴木，原，高橋，秋森，山丸 「ディスク」15巻6号 1952.6 p.618

◇シューベルト「鱒の五重奏曲」(名曲解説) 青木謙幸 「ディスク」15巻7号 1952.7 p.690

◇ヒュッシュの「白鳥の歌」を讃う(巻頭言) 青木謙幸 「ディスク」15巻9号 1952.9 p.895

◇ヒュッシュ滞在こぼれ話 青木謙幸 「ディスク」15巻9号 1952.9 p.919

◇コルトオを迎えて 青木謙幸 「ディスク」15巻11号 1952.10 p.1001

◇コルトオを語る 青木謙幸 問ふ人，本野照子 語る人 「ディスク」15巻11号 1952.10 p.1024

◇コルトオの総レコード表 青木謙幸編 「ディスク」15巻11号 1952.10 p.1034

◇コルトオの印象 青木謙幸 「ディスク」15巻12号 1952.11 p.1105

◇カザルスのペルピニアンのレコード座談会 中村善吉，坿和昌夫，青木謙幸 「ディスク」15巻12号 1952.11 p.1113

◇エルナ・ベルガーの来朝 青木謙幸 「ディスク」15巻13号 1952.12 p.1209

◇コルトオ断想 青木謙幸 「ディスク」16巻1号 1953.1 p.1

◇トスカニーニの第九交響曲(試聴対談) 坿和昌夫，青木謙幸 「ディスク」16巻1号 1953.1 p.9

◇コロムビアのLP―歌劇魔笛 全曲 矢田部勁吉，武岡鶴代，青木謙幸 司会 「ディスク」16巻4号 1953.3 p.258

◇エルナ・ベルガー愛誦集(座談会) 城多又兵衛，平原寿恵子，青木謙幸 「ディスク」16巻5号 1953.4 p.343

◇巻頭言―ヘルシャーとダミアの来朝 青木謙幸 「ディスク」16巻6号 1953.5 p.441

◇ディヌ・リパッティのショパン円舞曲(座談会) 今井治郎，谷康子，青木謙幸，岡山好直 「ディスク」16巻6号 1953.5 p.456

◇ピエール・フールニエのレコード 青木十朗，山口芙美子，坿和昌夫，青木謙幸 「ディスク」16巻7号 1953.6 p.578

◇シャンソンの女王ダミア 芦原英了，高木東六，青木謙幸 「ディスク」16巻7号 1953.6 p.616

◇巻頭言―国産LPへの期待 青木謙幸 「ディスク」16巻8号 1953.7 p.685

◇来朝音楽家批評座談会 野村光一，今井治郎，鈴木共子，青木謙幸 「ディスク」16巻8号 1953.7 p.686

◇ティボー追悼 青木謙幸 「ディスク」16巻11号 1953.10 p.1003

◇スターン・レヴィ・ソロモン会見記 青木謙幸 「ディスク」16巻12号 1953.11 p.38

◇開かれた欧州録音の宝庫―エンゼル・エピックの新譜を聴く(座談会)(海外LP試聴室) 藤木義輔，中村善吉，その・すゝむ，青木謙幸 「ディスク」17巻2号 1954.2 p.70

◇ブダペスト四重奏曲を截る(座談会) W・シュターフォンハーゲン，松本善三，北瓜現世，青木十良，青木謙幸 「ディスク」17巻4号 1954.4 p.28

◇最近の優秀録音レコードを巡つて―エピックの「幻想交響曲」其他(対談) 岡山好直，青木謙幸 「ディスク」17巻5号 1954.5 p.115

◇ソシエタ・コレルリの合奏協奏曲集(海外LP試聴室) 青木謙幸 「ディスク」17巻7号 1954.7 p.76

◇LPベスト七〇選 青木謙幸，坿和昌夫，村田武雄，田代秀穂，佐川吉男 「ディスク」17巻8号 別冊第4集 LPレコード 1954.7 p.13

◇LPによるヴィヴァルディの鑑賞(特集 ヴィヴァルディを識るために) 青木謙幸 「ディスク」17巻9号 1954.8 p.30

◇故クラウスの新年演奏会一九五四年(海外LP試聴室) 青木謙幸 「ディスク」17巻11号 1954.10 p.125

◇ケムペンの英雄交響曲(海外LP試聴室) 青木謙幸 「ディスク」17巻12号 1954.11 p.132

◇カザルスのベートーヴェン(海外LP試聴室) 青木謙幸 「ディスク」17巻13号 1954.12 p.139

◇フルトヴェングラーのレコード・リスト(特集 フルトヴェングラー追想) 青木謙幸 「ディスク」18巻1号 1955.1 p.28

◇フルニエのハイドン協奏曲(新着LP紹介) 青木謙幸 「ディスク」18巻5号 1955.4 p.144

◇新発足のエンジェル・レコード(座談会) 上野一郎，岡俊雄，石坂範一郎，青木謙幸 司会 「ディスク」18巻12号 1955.10 p.118

◇SP名盤のLP化をめぐりて(座談会) 中村善吉，西条卓夫，坿和昌夫，青木謙幸 「ディスク」18巻14号 1955.12 p.146

◇伝説的名盤クライスラーのベートーヴェン(今月のLPから) 青木謙幸 「ディスク」19巻1号 1956.1 p.92

◇明日のホープ イストミンの想い出 青木謙幸 「ディスク」19巻9号 1956.7 p.62

◇ゴールデン・シリーズ再検討―名盤は生きている 中村善吉，坿和昌夫，飯野尹，青木謙幸 「ディスク」19巻12号 1956.9 p.68

◇フランスの巨星イヴ・ナット逝く 青木謙幸 「ディスク」19巻13号 1956.10 p.163

◇レフ・オボーリンの話 青木謙幸 「ディスク」19巻15号 1956.12 p.52

◇LP値下げの問題 青木謙幸 「ディスク」20巻1号 1957.1 p.17

◇五万四千円のレコード 青木謙幸 「ディスク」20巻2号 1957.2 p.152

◇逝けるマエストロトスカニーニを偲ぶ（座談会）森正，木村重雄，青木謙幸 「ディスク」20巻3号 1957.3 p.72

◇春宵放談 三《スリー》ウエイ・ラッパ大いに鳴る 三文字誠，金井稔，青木謙幸，岡山好直 司会 「ディスク」20巻4号 1957.4 p.72

◇LPの名盤をさぐる（1）―コロムビア篇（座談会）村田武雄，薬科雅美，大宮真琴，青木謙幸 司会 「ディスク」20巻6号 1957.6 p.34

◇LPの名盤をさぐる（2）―グラモフォン篇（座談会）中村善吉，上野一郎，青木謙幸 司会 「ディスク」20巻7号 1957.7 p.36

◇オーディオ放談会 続 三文字誠，金井稔，岡木好直，青木謙幸 司会 「ディスク」20巻9号 1957.8 p.148

◇LPの名盤をさぐる（4）―ロンドン編（座談会）大木正興，佐川吉男，青木謙幸 「ディスク」20巻11号 1957.9 p.114

◇ビクター三〇週年を回顧して（対談）竹野俊男，青木謙幸 「ディスク」20巻12号 1957.10 p.122

◇レコードとともに（座談会）中村善吉，野村あらえびす，青木謙幸 「ディスク」20巻13号 1957.11 p.28

◇二つのカザルス祭のリハーサル（座談会）（特集 パブロ・カザルスの練習風景のLP）佐藤良雄，宇野功芳，青木謙幸 「ディスク」21巻8号 1958.8 p.18

◇失われた天才ピアニスト リパッティ最後の演奏会 ディヌ・リパッティを偲ぶ 大宮真琴，藤田晴子，渡辺茂，青木謙幸，小林利之 「ディスク」21巻10号 1958.10 p.17

◇初めて音楽へ志ざす友へ 青木謙幸 「ディスク」21巻13号 臨時増刊 名曲とレコード 1958.12 p.13

◇新しい年への期待 青木謙幸 「ディスク」22巻1号 1959.1 p.17

◇世紀の巨匠 カザルスのバッハ「無伴奏チェロ組曲」 佐藤良雄，青木謙幸，坪和昌夫 「ディスク」22巻2号 1959.2 p.36

◇廃盤によせて―レコードつれづれ（1）青木謙幸 「ディスク」22巻3号 1959.3 p.118

◇初めて音楽へ志ざす友へ（2）青木謙幸 「ディスク」22巻8号 臨時増刊 続・名曲とレコード 1959.7 p.13

◇ランドフスカ夫人への捧げもの 青木謙幸 「ディスク」22巻9号 1959.8 p.22

◇八月十六日世を去ったワンダ・ランドフスカの生涯 西条卓夫，上野一郎，青木謙幸 「ディスク」22巻11号 1959.10 p.35

◇ピアノ奏鳴曲 青木謙幸 「ディスク」23巻2号 臨時増刊 ベートーヴェン 1960.1 p.124

◇ようこそカザルス先生（特集・カザルスのすべて）青木謙幸 「ディスク」24巻4号 1961.4 p.21

◇メンゲルベルクとコンセルトヘボウ管弦楽団一世紀の巨匠による不朽の名演特選集（特集 想い出の名盤をさぐる）青木謙幸，岡俊雄，小林利之，薬科雅美 「ディスク」25巻5号 1962.5 p.88

◇特別座談会 復活する「カペエ弦楽四重奏団」の遺産 松本太郎，青木謙幸，薬科雅美，小林利之 「ディスク」25巻7号 1962.7 p.84

◇コルトーの死を悼む（コルトー哀悼）青木謙幸 「ディスク」25巻8号 1962.8 p.77

◇「不朽の名歌手たち」を聴く（特別座談会）宮沢縦一，寺島宏，青木謙幸，小林利之 「ディスク」25巻8号 1962.8 p.86

◇レコードと歩を共にして（特集 三百号を記念して）青木謙幸 「ディスク」25巻10号 1962.10 p.81

◇こころで聴く音楽（座談会）（「カザルス名演集」発売によせて）佐藤良雄，青木謙幸，上野一郎，三井啓 「ディスク」25巻12号 1962.12 p.92

◇あらえびす先生を偲ぶ 青木謙幸，森潤三郎，堀内敬三，城井清澄，寺島宏，藤田不二，鮎野行夫 「ディスク」26巻5号 1963.8 p.126

◇シフラ会見記 青木謙幸 「ディスク」27巻6号 1964.6 p.48

青木 周三

◇理想的な電気蓄音器の製作に就て（1）青木周三 「ザ・グラモヒル」1巻5号 1930.6 p.173

◇理想的な電気蓄音器の製作に就いて 青木周三 「ザ・グラモヒル」1巻6号 1930.7 p.226

◇理想的な電気蓄音器の製作に就いて（3）青木周三 「ザ・グラモヒル」1巻7号 1930.8 p.78

◇理想的な電気蓄音器の製作に就て 青木周三 「ディスク」2巻1号 1930.9 p.66

◇理想的な電気蓄音器の製作に就いて 青木周三 「ディスク」2巻3号 1930.11 p.225

◇理想的な電気蓄音器の製作に就いて 青木周三 「ディスク」2巻4号 1930.12 p.307

◇理想的な電気蓄音器の製作に就いて 青木周三 「ディスク」3巻1号 1931.1 p.69

◇理想的な電気蓄音機の製作に就いて 青木周三 「ディスク」3巻2号 1931.2 p.154

◇理想的な電気蓄音機の製作に就いて 青木周三 「ディスク」3巻3号 1931.3 p.236

◇理想的な電気蓄音器の製作に就いて 青木周三 「ディスク」3巻4号 1931.4 p.308

◇理想的な電気蓄音器の製作に就いて 青木周三 「ディスク」3巻5号 1931.5 p.376

◇理想的たる電気蓄音器の製作に就いて 青木周三 「ディスク」3巻6号 1931.6 p.452

▷ブランスウイック, バナトロープP型蓄音器 青木周三 「ディスク」3巻7号 1931.7 p.523

◇理想的な電気蓄音器の製作に就いて 青木周三 「ディスク」3巻7号 1931.7 p.524

◇理想的な電気蓄音器の製作に就いて 青木周三 「ディスク」3巻9号 1931.9 p.682

◇理想的な電気蓄音器の製作に就て 青木周三 「ディスク」3巻12号 1931.12 p.960

◇一九三年型RCA「ビクター」真空管と「ラヂオ・エレクトローラ」 青木周三 「ディスク」4巻11号 1932.11 p.718

◇RCAビクター会社新製品に就て 青木周三 「レコード音楽」6巻11号 1932.11 p.9

◇一九三年型RCA「ビクター」真空管と「ラジオ・エレクトローラ」(完) 青木周三 「ディスク」4巻12号 1932.12 p.773

◇RCAビクターRE八〇型ラヂオ・エレクトローラ 青木周三 「レコード音楽」7巻2号 1933.2 p.99

◇日本ビクター新発売のラヂオ・エレクトローラに就て 青木周三 「レコード音楽」7巻4号 1933.4 p.27

◇RCA新発売のパワー・チューブに就て 青木周三 「レコード音楽」7巻5号 1933.5 p.46

◇日本コロムビアの電気蓄音機 青木周三 「レコード音楽」7巻8号 1933.8 p.52

◇一九三五年型ケープハート四〇〇号に就いて 青木周三 「ディスク」7巻6号 1935.6 p.455

◇電気蓄音機の知識(1)(通俗講話) 青木周三 「レコード音楽」10巻6号 1936.6 p.40

◇電気蓄音機の知識(2)(通俗講話) 青木周三 「レコード音楽」10巻8号 1936.8 p.86

◇電気蓄音機の知識(3)(通俗講話) 青木周三 「レコード音楽」10巻9号 1936.9 p.97

◇電気蓄音機の知識(4)(通俗講話) 青木周三 「レコード音楽」10巻10号 1936.10 p.104

◇電気蓄音機に関する質疑回答 青木周三 「レコード音楽」10巻10号 1936.10 p.128

◇電気蓄音機の知識(5)(通俗講話) 青木周三 「レコード音楽」10巻11号 1936.11 p.153

◇電気蓄音機の知識(6)(通俗講話) 青木周三 「レコード音楽」10巻12号 1936.12 p.96

◇電気蓄音機の知識(7) 青木周三 「レコード音楽」11巻2号 1937.2 p.105

◇電気蓄音機の知識(8) 青木周三 「レコード音楽」11巻3号 1937.3 p.95

◇電気蓄音機の知識(9) 青木周三 「レコード音楽」11巻4号 1937.4 p.97

◇電気蓄音機の知識(10) 青木周三 「レコード音楽」11巻6号 1937.6 p.114

◇電気蓄音機の知識(11) 青木周三 「レコード音楽」11巻7号 1937.7 p.105

◇電気蓄音機の知識(12) 青木周三 「レコード音楽」11巻11号 1937.11 p.139

◇電気蓄音機の知識(13) 青木周三 「レコード音楽」12巻1号 1938.1 p.112

◇電気蓄音機の知識(14) 青木周三 「レコード音楽」12巻2号 1938.2 p.127

◇電気蓄音機の知識(15) 青木周三 「レコード音楽」12巻3号 1938.3 p.120

◇電気蓄音機の知識(16) 青木周三 「レコード音楽」12巻5号 1938.5 p.12・132

◇電気蓄音機の知識(17) 青木周三 「レコード音楽」12巻6号 1938.6 p.130

◇ツー・イン・ワン・ピック・アップ 青木周三 「レコード音楽」13巻11号 1939.11 p.123

◇電気蓄音機の知識(18) 青木周三 「レコード音楽」13巻12号 1939.12 p.116

◇電気蓄音機の知識(19) 青木周三 「レコード音楽」14巻1号 1940.1 p.111

◇電気蓄音機の話(1) 米国の一九四七年型電気蓄音機と最新式録音法に依るレコードの性能 青木周三 「レコード音楽」19巻5号 1949.5 p.52

◇電気蓄音機の話(2)電気蓄音機二十年の変遷 青木周三 「レコード音楽」19巻6号 1949.6 p.54

◇電気蓄音機の話(3)誰でも容易に録音の出来るマグネチック・ワイヤ・レコーダー 青木周三 「レコード音楽」19巻7号 1949.7 p.53

◇電気蓄音機の話(4)電気蓄音機の更生法(1) 青木周三 「レコード音楽」19巻9号 1949.9 p.55

◇電気蓄音機の話(5)電気蓄音機の更生法(2) 青木周三 「レコード音楽」19巻10号 1949.10 p.51

◇電気蓄音機の話(6)電気蓄音機の更生法(3) 青木周三 「レコード音楽」20巻1号 1950.1 p.93

◇電気蓄音機の話〔7〕電気蓄音機の更生法(4) 青木周三 「レコード音楽」20巻5号 1950.5 p.75

◇最新型の米国製電気蓄音機 青木周三 「レコード音楽」21巻8号 1951.8 p.47

◇電気蓄音機の話(1) 青木周三 「レコード音楽」22巻1号 1952.1 p.89

◇電気蓄音機の話(2) 青木周三 「レコード音楽」22巻2号 1952.2 p.89

◇電気蓄音機の話(3) 青木周三 「レコード音楽」22巻3号 1952.3 p.92

◇電気蓄音機の話(4) 青木周三 「レコード音楽」22巻4号 1952.4 p.106

◇電気蓄音機の話(5) 青木周三 「レコード音楽」22巻5号 1952.5 p.114

◇電気蓄音機の話（6）青木周三 「レコード音楽」22巻6号 1952.6 p.115

◇電気蓄音機の話（7）青木周三 「レコード音楽」22巻7号 1952.7 p.115

◇電気蓄音機の話（8）青木周三 「レコード音楽」22巻8号 1952.8 p.113

◇電気蓄音機の話（10）青木周三 「レコード音楽」22巻10号 1952.10 p.116

◇電気蓄音機の話（11）青木周三 「レコード音楽」22巻12号 1952.12 p.116

◇電気蓄音機の話（12）青木周三 「レコード音楽」23巻1号 1953.1 p.117

◇電気蓄音機の話（13）青木周三 「レコード音楽」23巻3号 1953.3 p.119

◇GEのヴァリアブル・リラクタンスピックアップの性能と正しい使い方 青木周三 「ディスク」17巻7号 1954.7 p.106

◇再生装置の諸問題─続・音の探究（上）（座談会）（オーディオ・セクション）富田義男，田中富士雄，青木周三，岡山好直 「ディスク」17巻9号 1954.8 p.106

◇HiFi再生装置の諸問題（下）（座談会）富田義男，田中富士雄，青木周三，岡山好直 「ディスク」17巻10号 1954.9 p.92

◇高忠実度のラジオ受信法（上）青木周三 「ディスク」17巻11号 1954.10 p.106

◇高忠実度のラジオ受信法（下）青木周三 「ディスク」17巻12号 1954.11 p.140

◇ハイフィデリティ・テクニック（1）青木周三 「ディスク」18巻2号 1955.2 p.142

◇ハイフィデリティ・テクニック（2）青木周三 「ディスク」18巻4号 1955.3 p.98

◇ハイフィデリティ・テクニック（3）青木周三 「ディスク」18巻5号 1955.4 p.108

◇ハイフィデリティ・テクニック（4）青木周三 「ディスク」18巻6号 1955.5 p.154

◇ハイフィデリティ・テクニック（5）青木周三 「ディスク」18巻7号 1955.6 p.158

◇小型でコンソール型の音質を持った一無指向卓上型LP電蓄の作り方（LP電蓄製作例10種）青木周三 「ディスク」18巻8号 臨時増刊 LP電蓄と製作 第7集 1955.7 p.50

◇オーディオ界最近の話題をめぐって（座談会）伊藤毅，富田義男，河村信之，高橋三郎，福西潤，青木周三 「ディスク」18巻8号 臨時増刊 LP電蓄と製作 第7集 1955.7 p.124

◇材料費17,000円だけで誰れでもすぐ出来る─型紙応用のテープレコーダーの作り方（テープレコーダーの製作例）青木周三 「ディスク」18巻8号 臨時増刊 LP電蓄と製作 第7集 1955.7 p.158

◇ハイフィデリティ・テクニック（6）青木周三 「ディスク」18巻9号 1955.7 p.152

◇ハイフィデリティ・テクニック（7）青木周三 「ディスク」18巻10号 1955.8 p.149

◇ハイフィデリティ・テクニック（8）青木周三 「ディスク」18巻11号 1955.9 p.159

◇ハイフィデリティ・テクニック（9）青木周三 「ディスク」18巻12号 1955.10 p.158

◇ハイ・フィデリティ・テクニック（10）青木周三 「ディスク」18巻13号 1955.11 p.153

◇音の実験とレコード・コンサート 青木周三 「ディスク」18巻14号 1955.12 p.158

◇ハイ・フィデリティ・テクニック（11）青木周三 「ディスク」19巻1号 1956.1 p.137

◇ハイフィデリティ・テクニック（12）青木周三 「ディスク」19巻3号 1956.2 p.157

◇ハイフィデリティ・テクニック（13）シングル・スピーカーとマルチ・スピーカーそのほか 青木周三 「ディスク」19巻4号 1956.3 p.158

◇ハイフィデリティ・テクニック（14）2ウェイ・3ウェイ・4ウェイ・スピーカー・システム 青木周三 「ディスク」19巻5号 1956.4 p.156

◇ハイフィデリティ・テクニック（15）各種のスピーカー・システム 青木周三 「ディスク」19巻6号 1956.5 p.162

◇ハイフィデリティ・テクニック（16）最高級のスピーカー・システム 自然な低音を再生するには 青木周三 「ディスク」19巻8号 1956.6 p.158

◇ハイ・フィデリティ・テクニック（17）スピーカー・システムに関する簡単な計算法 青木周三 「ディスク」19巻9号 1956.7 p.157

◇ハイ・フィデリティ・テクニック（18）エンクロージュアの計算 スピーカー・システムに関する簡単な計算法（2）青木周三 「ディスク」19巻11号 1956.8 p.168

◇ハイ・フィデリティ・テクニック（19・終）再生装置のまとめ方 むすび 青木周三 「ディスク」19巻12号 1956.9 p.168

◇国産品より プリ・アンプは何を選ぶか 青木周三 「ディスク」19巻13号 1956.10 p.170

◇国産HiFi部品より オール・イン・ワン・アンプは何を撰ぶか 青木周三 「ディスク」19巻14号 1956.11 p.168

◇メイン・アンプは何を撰ぶか 青木周三 「ディスク」19巻15号 1956.12 p.160

◇メイン・アンプは何を撰ぶか 青木周三 「ディスク」20巻1号 1957.1 p.158

◇大出力のメイン・アンプは何を選ぶか 青木周三 「ディスク」20巻2号 1957.2 p.160

◇家庭用のハイ・ファイ装置 青木周三 「ディスク」20巻4号 1957.4 p.170

◇家庭用のハイ・ファイ装置 青木周三 「ディスク」20巻5号 1957.5 p.172

◇代表的優秀アンプの分析（1）入口と出口だけでは不完全 青木周三 「ディスク」20巻11号 1957.9 p.136

◇代表的優秀アンプの分析 (2) フィッシャーの80-AZアンプ 青木周三 「ディスク」20巻12号 1957.10 p.158

◇代表的アンプの分析 (3) アコスティカルのQUAD-II型アンプ 青木周三 「ディスク」20巻15号 1957.12 p.160

◇楕円針を使った欧米のステレオ・カートリッジ (外国製品の紹介) 青木周三 「ディスク」27巻6号 1964.6 p.143

◇ステレオ・ディスクとステレオ・テープの特質 青木周三 「ディスク」27巻6号 1964.6 p.147

◇世界最大のスピーカと最小のスピーカー (外国新製品紹介) 青木周三 「ディスク」27巻7号 1964.7 p.146

◇ステレオ・システム診断―笹沼氏のステレオ・システム試聴記 青木周三 「ディスク」27巻7号 1964.7 p.149

◇ステレオ・ディスクとステレオ・テープの特質 (続) 青木周三 「ディスク」27巻7号 1964.7 p.158

◇海外新製品紹介 青木周三 「ディスク」27巻8号 1964.8 p.147

◇ステレオ・システム診断―"ルネッサンス音楽室"の再生装置を遠隔診断する 青木周三 「ディスク」27巻8号 1964.8 p.152

◇2T3C方式とアンビオフォニック・スピーカーの優秀性 (1) 青木周三 「ディスク」27巻9号 1964.9 p.157

◇2T3C方式とアンビオフォニック・スピーカーの優秀性 (2) 青木周三 「ディスク」27巻10号 1964.10 p.158

◇ヤマハ・カスタム・ステレオを推奨する 青木周三 「ディスク」28巻4号 1965.4 p.135

浅井 修一

◇ターリッヒ指揮するドヴォルジャック「第八」の名演 (新着LP試聴室) 浅井修一 「ディスク」22巻14号 1959.12 p.154

◇「展覧会の絵」にきくチェッコ・フィルの快演 (ペドロッティ指揮) (新着LP試聴室) 浅井修一 「ディスク」22巻14号 1959.12 p.155

◇キャップ (KAPP) の発売と試聴記 (新春に登場する二つの新しいレコード) 浅井修一 「ディスク」23巻1号 1960.1 p.126

◇新人イングリッド・ヘブラー紹介 浅井修一 「ディスク」23巻3号 1960.2 p.102

◇私のLPハイライト (私の愛聴盤 [第3回]) 浅井修一 「ディスク」23巻4号 1960.3 p.64

◇ラロ/ピアノ協奏曲ハ短調他/フルゴーニ (P), ギーレン (新着LP試聴室) 浅井修一 「ディスク」23巻9号 1960.8 p.113

◇来日演奏家とそのレコード―イーゴル・マルケヴィッチ, ルドルフ・ゼルキン, ウィーン・コンツェルトハウス四重奏団, パウル・バドゥラ=スコダ, ヤノシュ・シュタルケル, ジョルジュ・シェベック, ナルシソ・イエペス 大宮真琴, 浅井修一, 小林利之, 坩和昌夫 「ディスク」23巻10号 1960.9 p.26

◇ヴィヴァルディ「四季」/ソチエタ・コレルリ合奏団 (新着LP試聴室) 浅井修一 「ディスク」23巻10号 1960.9 p.113

◇ロマン派の名リード集/フィッシャー=ディスカウ (新着LP試聴室) 浅井修一 「ディスク」23巻10号 1960.9 p.116

◇ウィンナ・ワルツ傑作集/フィルハルモニア・フンガリカ (新着LP試聴室) 浅井修一 「ディスク」23巻12号 1960.10 p.116

◇チャイコフスキー「第五交響曲」/ショルティ指揮 (新着LP試聴室) 浅井修一 「ディスク」23巻14号 1960.11 p.118

◇バッハ「カンタータ第五六番・第八二番」/ハーレル (新着LP試聴室) 浅井修一 「ディスク」23巻14号 1960.11 p.125

◇グリーク「ペール・ギュント」組曲/シェルヘン指揮 (新着LP試聴室) 浅井修一 「ディスク」23巻16号 1960.12 p.124

◇懐かしの名曲集/スメタチェック指揮 (新着LP試聴室) 浅井修一 「ディスク」23巻16号 1960.12 p.125

◇ブラームス/交響曲第四番 (ゴルシュマン指揮) (新着LP試聴室) 浅井修一 「ディスク」24巻1号 1961.1 p.130

◇ベートーヴェン/ピアノ協奏曲第三番 (ハスキル) (新着LP試聴室) 浅井修一 「ディスク」24巻1号 1961.1 p.133

◇春のシーズンに来日する海外演奏家 浅井修一 「ディスク」24巻2号 1961.2 p.69

◇来日するコンヴィッチュニーのベートーヴェン 浅井修一 「ディスク」24巻3号 1961.3 p.112

◇ブラームス・ピアノ協奏曲第二番 (カッチェン) (新着LP試聴室) 浅井修一 「ディスク」24巻3号 1961.3 p.117

◇チェコ・フィルの入れた「シェヘラザード」(新着LP試聴室) 浅井修一 「ディスク」24巻5号 1961.5 p.115

◇ハイドンの「ひばり」とリヒターのクワルテット (新着LP試聴室) 浅井修一 「ディスク」24巻5号 1961.5 p.116

◇カラヤン指揮のR・シュトラウスの交響詩 (新着LP試聴室) 浅井修一 「ディスク」24巻6号 1961.6 p.104

◇イ・ムジチのヴィヴァルディ (新着LP試聴室) 浅井修一 「ディスク」24巻7号 1961.7 p.118

◇カラヤンの新盤シベリュウスの第二交響曲 (新着LP試聴室) 浅井修一 「ディスク」24巻8号 1961.8 p.112

◇フォックスのオルガンによるポピュラー小品（新着LP試聴室）浅井修一 「ディスク」24巻8号 1961.8 p.113

◇テバルディの主演する「ラ・ボエーム」（新着LP試聴室）浅井修一 「ディスク」24巻10号 1961.9 p.120

◇モーツァルトのハフナー・セレナード（新着LP試聴室）浅井修一 「ディスク」24巻11号 1961.10 p.116

◇メンゲルベルクの指揮するブラームスの第一（新着LP試聴室）浅井修一 「ディスク」24巻12号 1961.11 p.108

◇ミルシテインの再録音〈ブラームスV協奏曲〉（新着LP試聴室）浅井修一 「ディスク」24巻13号 1961.12 p.113

◇ヴィヴァルディの〈グローリア〉（新着LP試聴室）浅井修一 「ディスク」25巻2号 1962.2 p.114

◇ピエトロ・スパダ・ピアノ独奏会（ステージに聴く）浅井修一 「ディスク」25巻3号 1962.3 p.94

◇デ・ラローチャのファリャ・ピアノ曲集（新着LP試聴室）浅井修一 「ディスク」25巻3号 1962.3 p.116

◇新人ソプラノ、クレスパンのワーグナー（新着LP試聴室）浅井修一 「ディスク」25巻5号 1962.5 p.115

◇ザ・アート・オブ・グーセンス（新着LP試聴室）浅井修一 「ディスク」25巻7号 1962.7 p.122

芦原 英了

◇巴里の小唄うたひ 芦原英了 「レコード音楽」8巻3号 1934.3 p.18

◇ワンダ・ランドフスカ特輯―ランドフスカを聴く 芦原英了 「ディスク」6巻4号 1934.4 p.234

◇巴里の小唄うたひ（続）芦原英了 「レコード音楽」8巻4号 1934.4 p.33

◇巴里の小唄うたひ（3）芦原英了 「レコード音楽」8巻5号 1934.5 p.36

◇シヤリアピン 芦原英了 「ディスク」6巻6号 1934.6 p.375

◇アコルデオニスト フレッド・ガルドニを語る 芦原英了 「レコード音楽」8巻6号 1934.6 p.104

◇巴里の流行歌 芦原英了 「ディスク」6巻9号 1934.9 p.545

◇巴里の男性小唄うたひ 芦原英了 「レコード音楽」8巻9号 1934.9 p.31

◇新進小唄うたひ―マリアンヌ・オスワルドのこと 芦原英了 「レコード音楽」9巻3号 1935.3 p.42

◇世界的デュエチスト―レイトンとジョンストン 芦原英了 「レコード音楽」9巻5号 1935.5 p.36

◇「結婚」に就て 芦原英了 「ディスク」7巻6号 1935.6 p.435

◇ダミアのこと 芦原英了 「ディスク」7巻8号 1935.8 p.592

◇カルロス・ガルデルを悼む 芦原英了 「レコード音楽」9巻9号 1935.9 p.104

◇ミロオの「夢想」芦原英了 「ディスク」7巻10号 1935.10 p.762

◇フエルウのプロフィル 芦原英了 「ディスク」7巻11号 1935.11 p.838

◇マリイ・デュバを語る 芦原英了 「ディスク」8巻5号 1936.5 p.420

◇コンチタ・スベルビアの死 芦原英了 「レコード音楽」10巻6号 1936.6 p.36

◇ジャズと軽音楽を語る（座談会）芦原英了，大井蛇津郎，野村あらえびす，川口繁，有坂愛彦，藤田不二，内田岐三雄，竹野俊男 「レコード音楽」10巻7号 1936.7 p.25

◇アルヘンチイナを悼む 芦原英了 「レコード音楽」10巻9号 1936.9 p.10

◇ポリドールの「世界民謡集」芦原英了 「ディスク」8巻10号 1936.10 p.892

◇スペイン民謡のこと 芦原英了 「レコード音楽」10巻11号 1936.11 p.76

◇来朝するクキタ・ブランコ 芦原英了 「ディスク」9巻3号 1937.3 p.254

◇ティノ・ロッシを語る 芦原英了 「レコード音楽」11巻6号 1937.6 p.38

◇代表的な仏蘭西シャンソンのレコオド 芦原英了 「レコード音楽」11巻9号 1937.9 p.39

◇「ワルツ・アルバム」（ビクター）に就て 芦原英了 「レコード音楽」11巻12号 1937.12 p.24

◇ミレイユを語る 芦原英了 「レコード音楽」11巻12号 1937.12 p.122

◇傑作シャンソンを語る 芦原英了 「ディスク」10巻1号 1938.1 p.46

◇リョベットを憶ふ 芦原英了 「レコード音楽」12巻7号 1938.7 p.32

◇ジプシイ民謡「フラメンコ」に就いて 芦原英了 「ディスク」10巻8号 1938.8 p.758

◇カンテ・フラメンコのレコード―世界民俗音楽選第一輯（試聴記）芦原英了 「レコード音楽」12巻8号 1938.8 p.17

◇印度舞踊の王者ウダイ・シャンカア 芦原英了 「レコード音楽」12巻9号 1938.9 p.38

◇パリのシャンソンを語る 芦原英了，あらえびす，野川香文，三浦潤 「レコード音楽」12巻12号 1938.12 p.120

◇グラナドス「西班牙舞踊曲集」（試聴記）芦原英了 「レコード音楽」14巻5号 1940.5 p.18

◇コロムビアの「シャンソン・ド・パリ」の歌手達 芦原英了 「ディスク」12巻6号 1940.6 p.578

鮎野行夫

◇シャンソン・ド・パリの歌手達―短評・紹介 芦原英了 「レコード音楽」14巻6号 1940.6 p.59

◇ポリドールの「西班牙歌謡選集」について 芦原英了 「ディスク」13巻7号 1941.7 p.670

◇「西班牙歌謡集」(軽音楽の頁) 芦原英了 「レコード音楽」15巻7号 1941.7 p.30

◇生命あふるる唄 芦原英了 「レコード音楽」18巻6号 1948.6 p.4

◇シャンソン・ドゥ・フランス 芦原英了 「レコード音楽」20巻1号 1950.1 p.84

◇新しいシャンソンの歌手たち 芦原英了 「レコード音楽」22巻1号 1952.1 p.64

◇新しいシャンソンの歌手たち(続) 芦原英了 「レコード音楽」22巻2号 1952.2 p.68

◇ロス・アンヘレスの西班牙民謡 (名曲解説) 芦原英了 「ディスク」15巻7号 1952.7 p.694

◇フランス・シャンソン・アルバム 芦原英了 「ディスク」16巻6号 1953.5 p.488

◇シャンソンの女王ダミア 芦原英了, 高木東六, 青木謙幸 「ディスク」16巻7号 1953.6 p.616

◇ダミアは唄う 芦原英了 「レコード音楽」23巻5号・6号 1953.6 p.106

鮎野 行夫

◇「幻想交響楽」の両解釈 鮎野行夫 「ディスク」4巻7号 1932.7 p.430

◇名器クレモナに行く 鮎野行夫 「ディスク」4巻9号 1932.9 p.569

◇ワンダ・ランドフスカの事ども ニコラス・スロオニムスキイ, 鮎野行夫 訳 「ディスク」4巻10号 1932.10 p.619

◇耳と眼に依るコロムビアの音楽史第三巻に就て 鮎野行夫 「ディスク」5巻4号 1933.4 p.254

◇ラヴェルの作品レコード随想 鮎野行夫 「ディスク」5巻8号 1933.8 p.528

◇試聴室―童話曲「マ・メエル・ロア」の新盤を聴く 鮎野行夫 「ディスク」6巻4号 1934.4 p.194

◇試聴室―新しい「ジュピター交響曲」雑感 鮎野行夫 「ディスク」6巻5号 1934.5 p.269

◇試聴室―ロ短調未完成交響曲」の印象 鮎野行夫 「ディスク」6巻5号 1934.5 p.271

◇新しい「二十四の前奏曲」の感想 村田武雄, 罘線翁, S・S, 土沢一, 城春光, 鮎野行夫, 烏頭魔気 「ディスク」6巻6号 1934.6 p.344

◇新蓄音器紹介 鮎野行夫 「ディスク」6巻8号 1934.8 p.492

◇三四年度の傑作レコオドを語る 鮎野行夫 「ディスク」7巻1号 1935.1 p.20

◇吹込を希望するバツハの曲目 村田武雄, 池永昇二, S・S, 四月亭, 三浦潤, 楳津真次郎, 城春光, 森潤三郎, 鵜飼正直, 鮎野行夫 「ディスク」7巻3号 1935.3 p.205

◇豪華的新製品二器を語る 鮎野行夫 「ディスク」7巻3号 1935.3 p.220

◇小品名レコード選集(其4)―管絃楽のレコード 鮎野行夫 「ディスク」7巻4号 1935.4 p.263

◇ヴァグナー音楽と指揮者を語る 鮎野行夫 「ディスク」7巻5号 1935.5 p.332

◇プロコフイエフ作舞踊曲「シユウ」〔道化役〕を聴いて 鮎野行夫 「ディスク」7巻5号 1935.5 p.367

◇ドビユツシイ素描 鮎野行夫 「ディスク」7巻6号 1935.6 p.403

◇ドビユツシイへの感想 村田武雄, 四月亭, 鮎野行夫 「ディスク」7巻6号 1935.6 p.431

◇逝けるポール・デユーカを偲ぶ 鮎野行夫 「ディスク」7巻8号 1935.8 p.608

◇ブラームス抄伝 鮎野行夫 「ディスク」7巻10号 1935.10 p.746

◇試聴室―新着レコードの印象―チヤイコフスキー 舞踊組曲「胡桃割」の新版 鮎野行夫, 有島牧穂 「ディスク」7巻10号 1935.10 p.752

◇試聴室―新着レコードの印象―ドヴォルザークと「トリオ」の作品 鮎野行夫, 有島牧穂 「ディスク」7巻10号 1935.10 p.754

◇試聴室―新着レコードの印象―メルハルの「未完交響楽」雑感 鮎野行夫, 有島牧穂 「ディスク」7巻10号 1935.10 p.756

◇ラヴェルの音楽とレコード 鮎野行夫 「ディスク」7巻11号 1935.11 p.823

◇試聴室―新レコードの紹介―ウツド指揮の「運命交響楽」偶感 鮎野行夫 「ディスク」7巻11号 1935.11 p.843

◇三五年度の名レコード抄記 鮎野行夫 「ディスク」7巻12号 1935.12 p.931

◇フーベルマンの新版「提琴協奏曲」試聴記 本来漠, 有坂愛彦, 楳津真次郎, 大西一正, 城春光, 鮎野行夫, 烏頭魔気 「ディスク」8巻1号 1936.1 p.39

◇伝統主義者フォーレを描く 鮎野行夫 「ディスク」8巻2号 1936.2 p.115

◇茶聴偶感記 鮎野行夫 「ディスク」8巻3号 1936.3 p.247

◇シユーマン雑感―「婦人の愛と生涯」(欧米新着レコード評) 鮎野行夫 「ディスク」8巻4号 1936.4 p.301

◇ミロオの「協奏曲」を聴く(欧米新着レコード評) 鮎野行夫 「ディスク」8巻4号 1936.4 p.304

◇ヴェルデイの「室内楽レコード」を聴く(欧米新着レコード評) 鮎野行夫 「ディスク」8巻4号 1936.4 p.306

◇近世仏国楽派随想―管絃曲とディスク（近代仏蘭西音楽）鮎野行夫 「ディスク」8巻5号 1936.5 p.412

◇ヒンデミット作「画家マティス」を聴く（欧米新着レコード紹介）鮎野行夫 「ディスク」8巻6号 1936.6 p.495

◇噫！スペルヴィア逝く 鮎野行夫 「ディスク」8巻6号 1936.6 p.547

◇英国楽派―随想 鮎野行夫 「ディスク」8巻春期増刊 1936.6 p.14

◇ベートーヴェン断想（独逸音楽随筆集）鮎野行夫 「ディスク」8巻7号 1936.7 p.601

◇逝ける「羅馬の泉」の作者を偲ぶ 鮎野行夫 「ディスク」8巻7号 1936.7 p.619

◇鎖夏雑筆 太田博，鮎野行夫 「ディスク」8巻8号 1936.8 p.725

◇試聴室―フルトヴェングラーの新盤を聴く 鮎野行夫 「ディスク」8巻9号 1936.9 p.800

◇秋窓雑筆 榎本箏，鮎野行夫 「ディスク」8巻11号 1936.11 p.986

◇初冬雑想 吉野正，鮎野行夫 「ディスク」8巻12号 1936.12 p.1075

◇新版「提琴協奏曲」の感想 杉浦繁，杉田武雄，坪和昌夫，鮎野行夫，太田博 「ディスク」9巻1号 1937.1 p.13

◇試聴室―静かなるフォーレを聴く 鮎野行夫 「ディスク」9巻1号 1937.1 p.31

◇試聴室―ヴァルターの「未完交響楽」のことども 鮎野行夫 「ディスク」9巻3号 1937.3 p.232

◇浅春雑記 鮎野行夫 「ディスク」9巻3号 1937.3 p.243

◇「エリッヒ・クライベル」雑筆 鮎野行夫 「ディスク」9巻4号 1937.4 p.340

◇マダー・テイトとドビュッシイ ロックスパイサー 述，鮎野行夫 抄訳 「ディスク」9巻5号 1937.5 p.452

◇試聴室―二つの管絃楽新盤を聴いて 鮎野行夫 「ディスク」9巻6号 1937.6 p.552

◇試聴室―グリークの音楽を讃ふ 鮎野行夫 「ディスク」9巻8号 1937.8 p.756

◇大曲を掲げたクーレンカンプの新盤 鮎野行夫 「ディスク」9巻9号 1937.9 p.871

◇シゲテイのヘンデル「第四奏鳴曲」 鮎野行夫 「ディスク」9巻9号 1937.9 p.879

◇試聴室―ドヴォルザーク偶感 鮎野行夫 「ディスク」9巻10号 1937.10 p.961

◇試聴室―新版「羅馬の松」を聴く 鮎野行夫 「ディスク」9巻12号 1937.12 p.1184

◇試聴室―「胡桃割り」の印象及びそのほか 鮎野行夫 「ディスク」9巻12号 1937.12 p.1187

◇「れこおど」余録（3）鮎野行夫 「ディスク」10巻3号 1938.3 p.251

◇ゼビエの音楽其他 鮎野行夫 「ディスク」10巻4号 1938.4 p.322

◇「れこおど」余録（4）鮎野行夫 「ディスク」10巻4号 1938.4 p.361

◇ピアノ小品選集（プロコフィエフ）雑感 鮎野行夫 「ディスク」10巻5号 1938.5 p.428

◇座談会―メンゲルベルクの「田園交響曲」 あらえびす，藤田不二，有坂愛彦，青木謙幸，鮎野行夫 「ディスク」10巻5号 1938.5 p.431

◇交響的綜成曲「ボリス・ゴトノフ」を聴いて 鮎野行夫 「ディスク」10巻6号 1938.6 p.543

◇同人合評―ベートーヴェンの「第二交響曲」 杉浦繁，柏木俊三，青木謙幸，鮎野行夫，榎本箏 「ディスク」10巻8号 1938.8 p.748

◇同人合評―ラヴェルの「左手の為のピアノ協奏曲」 杉浦繁，柏木俊三，青木謙幸，鮎野行夫，榎本箏 「ディスク」10巻8号 1938.8 p.751

◇「れこおど」余録（5）鮎野行夫 「ディスク」10巻8号 1938.8 p.780

◇「鎖夏・れこおど」牧歌調（ディスク廻状）鮎野行夫 「ディスク」10巻8号 1938.8 p.802

◇「れこおど」余録（6）鮎野行夫 「ディスク」10巻10号 1938.10 p.1024

◇中支戦線より 鮎野行夫 「ディスク」11巻2号 1939.2 p.191

◇中支戦線より（2）鮎野行夫 「ディスク」11巻5号 1939.5 p.493

◇中支戦線より（第三信）鮎野行夫 「ディスク」11巻6号 1939.6 p.599

◇中支戦線より（4）鮎野行夫 「ディスク」11巻8号 1939.8 p.793

◇中支戦線より（5）鮎野行夫 「ディスク」11巻10号 1939.10 p.1033

◇中支戦線便り（第六信）鮎野行夫 「ディスク」11巻11号 1939.11 p.1142

◇「戦線随想」余録（1）鮎野行夫 「ディスク」12巻2号 1940.2 p.174

◇戦線随想余録（2）鮎野行夫 「ディスク」12巻7号 1940.7 p.675

◇戦線便り 鮎野行夫，藤森照尊，糸山貞弘 「ディスク」12巻10号 1940.10 p.979

◇戦線通信 砲煙と薔薇 鮎野行夫 「ディスク」12巻12号 1940.12 p.1186

◇戦線通信―戦線牧歌譜 鮎野行夫 「ディスク」13巻1号 1941.1 p.44

◇戦線の蔭にて 鮎野行夫 「ディスク」13巻3号 1941.3 p.252

◇緑陰双語 鮎野行夫 「ディスク」13巻7号 1941.7 p.657

◇盤影雑記 鮎野行夫 「レコード文化」2巻11号 1942.11 p.44

◇古典について 鮎野行夫 「レコード文化」3巻4号 1943.4 p.9

◇佳日偶想 鮎野行夫 「レコード文化」3巻7号 1943.7 p.6

あらえびす　　　　　　　　　　　人物文献目録　　　　　　　　　　　執筆者

◇書物・花・れこをど　鮎野行夫　「レコード文化」3巻9号　1943.9　p.12

◇レコード音楽風景（レコード随筆）　鮎野行夫　「レコード文化」3巻10号　1943.10　p.35

◇アンリ・ラボオ逝く―「マルゥ」の作者を偲んで　鮎野行夫　「レコード音楽」19巻11号　1949.11　p.32

◇交響詩曲のレコード抄　鮎野行夫　「レコード音楽」20巻4号　1950.4　p.75

◇ダムロッシュ博士逝く　鮎野行夫　「レコード音楽」21巻2号　1951.2　p.76

◇ショパンの「バラード」集　鮎野行夫　「ディスク」14巻2号　1951.10　p.116

◇シューベルト「未完成交響曲」　鮎野行夫　「ディスク」14巻3号　1951.11　p.206

◇バレエ音楽のレコード（上）　鮎野行夫　「ディスク」15巻2号　1952.2　p.140

◇バレエ音楽のレコード（下）　鮎野行夫　「ディスク」15巻3号　1952.3　p.298

◇ディスク・ジョッキー―れこおど十夜一夜《てんやわんや》　鮎野行夫　「ディスク」15巻5号　1952.5　p.572

◇座談会―中古レコードを語る　あらえびす，青木謙幸，鮎野行夫，鈴木，原，高橋，秋森，山丸　「ディスク」15巻6号　1952.6　p.618

◇私の好きなコルトオのレコード　鮎野行夫，小林利之，熊田秀四郎，石川登志夫，田中良雄，佐川吉男，松井丈夫，杉浦繁　「ディスク」15巻11号　1952.10　p.1028

◇ダミア頌詞　鮎野行夫　「ディスク」16巻6号　1953.5　p.486

◇新星黒人歌手ドップスを聴く（新着LP紹介）　鮎野行夫　「ディスク」18巻1号　1955.1　p.136

◇カントループのフランス歌謡（新着LP紹介）　鮎野行夫　「ディスク」18巻12号　1955.10　p.117

◇あらえびす先生を偲ぶ　青木謙幸，森潤三郎，堀内敬三，城井清澄，寺島宏，藤田不二，鮎野行夫　「ディスク」26巻5号　1963.8　p.126

あらえびす

◇蓄音機フアンの手記　野村長一　「音楽と蓄音機」11巻11号　1924.11　p.5

◇優秀レコードと珍品レコード（13）　あらえびす　「名曲」3巻9号　1929.9　p.1

◇レコードの選び方（1）―新に斯道に入る人の為に　あらえびす　「ザ・グラモヒル」1巻1号　1930.2　p.3

◇レコードの選び方（4）―新に斯道に入る人の為に ヴァイオリン（4）　あらえびす　「ザ・グラモヒル」1巻4号　1930.5　p.94

◇グラモヒル座談会（1）　あらえびす，森潤三郎，中村善吉，西条卓夫，藤田不二　「ザ・グラモヒル」1巻4号　1930.5　p.102

◇レコードの選び方（5）―新に斯道に入る人の為に ヴァイオリン（5）　あらえびす　「ザ・グラモヒル」1巻5号　1930.6　p.140

◇グラモヒル座談会（2）　あらえびす，森潤三郎，中村善吉，西条卓夫，藤田不二　「ザ・グラモヒル」1巻5号　1930.6　p.148

◇レコードの選び方（6）―新に斯道に入る人の為に ヴァイオリン（6）　あらえびす　「ザ・グラモヒル」1巻6号　1930.7　p.190

◇グラモヒル座談会（3）　あらえびす，森潤三郎，中村善吉，西条卓夫，藤田不二　「ザ・グラモヒル」1巻6号　1930.7　p.204

◇音楽史的レコード蒐集―バツハからシエンベルヒまで（7）　あらえびす　「名曲」4巻7号　1930.7　p.2

◇レコードの選び方（7）―新に斯道に入る人の為に ピアノ（1）　あらえびす　「ザ・グラモヒル」1巻7号　1930.8　p.244

◇グラモヒル座談会（完）　あらえびす，森潤三郎，中村善吉，西条卓夫，藤田不二　「ザ・グラモヒル」1巻7号　1930.8　p.252

◇レコードの選び方（8）―新に斯道に入る人の為に ピアノ（2）　あらえびす　「ディスク」2巻1号　1930.9　p.8

◇音楽史的レコード蒐集―バツハからシエンベルヒまで（9）　あらえびす　「名曲」4巻9号　1930.9　p.2

◇レコードと蓄音器の座談会　伊庭孝，米山正，あらえびす，山野政太郎，松本荘之助，神保環一郎，塩入亀輔，野川香文　「レコード」1巻1号　1930.9　p.11

◇グルックのレコード（歌のレコード其の1）　あらえびす　「レコード」1巻1号　1930.9　p.37

◇レコードの選び方（9）―新に斯道に入る人の為に ピアノ（2）　あらえびす　「ディスク」2巻2号　1930.10　p.88

◇音楽史的レコード蒐集―バツハからシエンベルヒまで（10）　あらえびす　「名曲」4巻10号　1930.10　p.2

◇レコードの選び方　あらえびす　「名曲」4巻10号　1930.10　p.32

◇ロシアの歌（歌のレコード其の2）　あらえびす　「レコード」1巻2号　1930.10　p.15

◇レコードの選び方（10）―新に斯道に入る人の為に ピアノ（3）　あらえびす　「ディスク」2巻3号　1930.11　p.170

◇音楽史的レコード蒐集―バツハからシエンベルヒまで（11）　あらえびす　「名曲」4巻11号　1930.11　p.2

◇九つの交響曲　あらえびす　「レコード」1巻3号　1930.11　p.22

◇レコードの選び方（11）―新に斯道に入る人の為に ピアノ（4）　あらえびす　「ディスク」2巻4号　1930.12　p.250

◇音楽史的レコード蒐集―バツハからシエンベルヒまで（12）　あらえびす　「名曲」4巻12号　1930.12　p.2

◇一九三〇年の洋楽レコード総決算 あらえびす 「レコード」1巻4号 1930.12 p.14

◇レコードの選び方（12）―新に斯道に入る人の為に ピアノ（5） あらえびす 「ディスク」3巻2号 1931.2 p.89

◇ベートーヴェン（4）―音楽史的レコード蒐集（13）バッハよりシエンベルヒまで あらえびす 「レコード音楽」5巻2号 1931.2 p.6

◇レコードの選び方（13）―新に斯道に入る人の為に ピアノ（6） あらえびす 「ディスク」3巻3号 1931.3 p.168

◇ベートーヴェン（5）―音楽史的レコード蒐集（14）バッハよりシエンベルヒまで あらえびす 「レコード音楽」5巻3号 1931.3 p.6

◇蒐集の首途に―セロ編―カサルスは何を選ぶ？ あらえびす 「ディスク」3巻4号 1931.4 p.248

◇ベートーヴェン（6）―音楽史的レコード蒐集（15）バッハよりシエンベルヒまで あらえびす 「レコード音楽」5巻4号 1931.4 p.6

◇蓄音器とレコードの手入 あらえびす 「レコード音楽」5巻4号 1931.4 p.58

◇メルバのレコード あらえびす 「レコード」2巻4号 1931.4 p.17

◇リード王レオ・スレザアク礼讃 あらえびす 「ディスク」3巻5号 1931.5 p.386

◇ベートーヴェン（7）―音楽史的レコード蒐集（16）バッハよりシエンベルヒまで あらえびす 「レコード音楽」5巻5号 1931.5 p.4

◇象牙針を使った半年間の経験を語る あらえびす 「レコード音楽」5巻5号 1931.5 p.78

◇東健而氏がクレデンザを売る話 あらえびす 「レコード」2巻5号 1931.5 p.27

◇九番目のクロイツエル・ソナタ（洋楽五月新譜批評） あらえびす 「レコード」2巻5号 1931.5 p.41

◇ドウハンのシユーベルト（上） あらえびす 「ディスク」3巻6号 1931.6 p.462

◇ベートーヴェン（8）―音楽史的レコード蒐集（17）バッハよりシエンベルヒまで あらえびす 「レコード音楽」5巻6号 1931.6 p.4

◇ユーヂヌ・イザイ小伝と彼のレコード あらえびす 「レコード」2巻6号 1931.6 p.16

◇シヤルクの「第五」（洋楽六月新譜批評） あらえびす 「レコード」2巻6号 1931.6 p.39

◇ドウハンのシユーベルト「白鳥の歌」 あらえびす 「ディスク」3巻7号 1931.7 p.537

◇シユーベルト（1）未完成は孰れを選ぶ―音楽史的レコード蒐集（18）バッハよりシエンベルヒまで あらえびす 「レコード音楽」5巻7号 1931.7 p.4

◇カペーのモツアルト（洋楽七月新譜批評） あらえびす 「レコード」2巻7号 1931.7 p.39

◇蓄フアン列伝 あらえびす 「ディスク」3巻8号 1931.8 p.616

◇シユーベルト（2）シユーベルトの室内楽―音楽史的レコード蒐集（19）バッハよりシエンベルヒまで あらえびす 「レコード音楽」5巻8号 1931.8 p.4

◇三つの俄貴族（洋楽八月新譜批評） あらえびす 「レコード」2巻8号 1931.8 p.46

◇ハイフエツツを語る あらえびす 「ディスク」3巻9号 1931.9 p.693

◇シユーベルト（3）ソナタとコンチエルト―音楽史的レコード蒐集（20）バッハよりシエンベルヒまで あらえびす 「レコード音楽」5巻9号 1931.9 p.4

◇私の最も好んで聴くレコード（私のレコード鑑賞） あらえびす 「レコード」2巻9号 1931.9 p.52

◇骨董レコード あらえびす 「ディスク」3巻10号 1931.10 p.754

◇シユーベルト（4）ピアノとオーケストラ―音楽史的レコード蒐集（21）バッハよりシエンベルヒまで あらえびす 「レコード音楽」5巻10号 1931.10 p.4

◇先輩は語る あらえびす，倉伊四郎，S・S，モリジユンザブロ，T・K・G，大沼魯夫，S・U，NKM，T・K・J，有坂愛彦，鳥頭魔気，S生，久礼伝三 「ディスク」3巻11号 1931.11 p.824

◇珍品レコード是非 あらえびす 「ディスク」3巻11号 1931.11 p.891

◇シユーベルト（5）シユーベルトの歌謡―音楽史的レコード蒐集（22）バッハよりシエンベルヒまで あらえびす 「レコード音楽」5巻11号 1931.11 p.9

◇パナトロープのこと あらえびす 「レコード音楽」5巻11号 1931.11 p.109

◇室内楽とそのレコード あらえびす 「レコード」2巻11号 1931.11 p.12

◇感銘深かりし海外レコード あらえびす 談 「ディスク」3巻12号 1931.12 p.958

◇シユーベルト（6）シユーベルトの歌謡（続）―音楽史的レコード蒐集（23）バッハよりシエンベルヒまで あらえびす 「レコード音楽」5巻12号 1931.12 p.4

◇レコードから見た一九三一年度の総勘定（昭和6年度の傑作レコード 日本プレスの総決算） あらえびす 「レコード音楽」5巻12号 1931.12 p.36

◇民謡のレコード あらえびす 「レコード」2巻12号 1931.12 p.38

◇シユーベルト（7）シユーベルトの歌謡（続）―音楽史的レコード蒐集（24）バッハよりシエンベルヒまで あらえびす 「レコード音楽」6巻1号 1932.1 p.6

◇レコードから見たダンディ あらえびす 談 「レコード音楽」6巻1号 1932.1 p.32

◇モツアルトの鎮魂曲と戴冠弥撒 あらえびす 「レコード音楽」6巻1号 1932.1 p.46

あらえびす　　　　　　　　　　　　　人物文献目録　　　　　　　　　　執筆者

◇ニキシのレコード　あらえびす　「レコード」3巻1号　1932.1　p.23

◇私の好きなレコード（1）　あらえびす　「ディスク」4巻2号　1932.2　p.123

◇シューベルト（8）シューベルトの歌謡（続・完）—音楽史的レコード蒐集（25）バッハよりシェンベルヒまで　あらえびす　「レコード音楽」6巻2号　1932.2　p.4

◇国産高級機アポロン　あらえびす　「レコード音楽」6巻2号　1932.2　p.113

◇漫談三題（漫筆）　あらえびす　「レコード」3巻2号　1932.2　p.46

◇私の好きなレコード（2）　あらえびす　「ディスク」4巻3号　1932.3　p.188

◇ウェーバー，ロシニー其他—音楽史的レコード蒐集（26）バッハよりシェンベルヒまで　あらえびす　「レコード音楽」6巻3号　1932.3　p.4

◇ハイドンのレコード　あらえびす　「レコード」3巻3号　1932.3　p.11

◇私の好きなレコード（3）　あらえびす　「ディスク」4巻4号　1932.4　p.256

◇メンデルスゾーン—音楽史的レコード蒐集（27）バッハよりシェンベルヒまで　あらえびす　「レコード音楽」6巻4号　1932.4　p.4

◇宗教楽レコードのコレクション（1）　あらえびす　「レコード」3巻4号　1932.4　p.10

◇ゲルハルトのヴォルフ　あらえびす　「レコード音楽」6巻5号　1932.5　p.4

◇メンデルスゾーン（2）音楽史的レコード蒐集（28）バッハよりシェンベルヒまで　あらえびす　「レコード音楽」6巻5号　1932.5　p.39

◇宗教楽のレコード・コレクション（2）　あらえびす　「レコード」3巻5号　1932.5　p.46

◇私の好きなレコード（4）　あらえびす　「ディスク」4巻6号　1932.6　p.348

◇メンデルスゾーン（3）—音楽史的レコード蒐集（29）バッハよりシェンベルヒまで　あらえびす　「レコード音楽」6巻6号　1932.6　p.4

◇宗教楽レコードのコレクション（3）　あらえびす　「レコード」3巻6号　1932.6　p.38

◇私の好きなレコード　あらえびす　「ディスク」4巻7号　1932.7　p.416

◇シューマン（1）—音楽史的レコード蒐集（30）バッハよりシェンベルヒまで　あらえびす　「レコード音楽」6巻7号　1932.7　p.4

◇古き歌手ガドスキーのこと　「レコード」3巻7号　1932.7　p.10

◇私の好きなレコード（6）　あらえびす　「ディスク」4巻8号　1932.8　p.521

◇シューマン（2）—音楽史的レコード蒐集（31）バッハよりシェンベルヒまで　あらえびす　「レコード音楽」6巻8号　1932.8　p.24

◇ドビユツシーのレコード　あらえびす　「レコード」3巻8号　1932.8　p.9

◇私の好きなレコード（7）　あらえびす　「ディスク」4巻9号　1932.9　p.541

◇漫談　あらえびす　「レコード音楽」6巻9号　1932.9　p.4

◇大指揮者 レオポルド・ストコフスキー（レコードで活躍する世界的音楽家列伝（25））　あらえびす　「レコード」3巻9号　1932.9　p.6

◇私の好きなレコード　あらえびす　「ディスク」4巻10号　1932.10　p.614

◇シューマン（3）—音楽史的レコード蒐集（32）　あらえびす　「レコード音楽」6巻10号　1932.10　p.4

◇ロベール・フランツのこと　あらえびす　「レコード」3巻11号　1932.11　p.18

◇レコードから見た一九三二年度の総勘定　あらえびす　談　「レコード音楽」6巻12号　1932.12　p.4

◇シューマン（4）—音楽史的レコード蒐集（33）バッハよりシェンベルヒまで　あらえびす　「レコード音楽」6巻12号　1932.12　p.34

◇Q&A　あらえびす　「レコード」3巻12号　1932.12　p.60

◇新盤評—二大附録　あらえびす，塩入亀輔，菅原明朗　「レコード」3巻12号　1932.12
別冊附録

◇新春偶語　あらえびす　「ディスク」5巻1号　1933.1　p.1

◇シューマン（4）—音楽史的レコード蒐集（34）　あらえびす　「レコード音楽」7巻1号　1933.1　p.4

◇レコード会社への希望　あらえびす　「レコード」4巻1号　1933.1　p.40

◇Q&A　あらえびす　「レコード」4巻1号　1933.1　p.74

◇パハマンの遺産　あらえびす　「ディスク」5巻2号　1933.2　p.153

◇逝けるパッハマンと其レコード　あらえびす　「レコード音楽」7巻2号　1933.2　p.4

◇ワグナーのレコード　あらえびす　「レコード」4巻2号　1933.2　p.39

◇ブルメスターを惜む　あらゑびす　「ディスク」5巻3号　1933.3　p.234

◇ショパン（1）—音楽史的レコード蒐集（35）　あらえびす　「レコード音楽」7巻3号　1933.3　p.4

◇ショパン（2）—音楽史的レコード蒐集（36）　あらえびす　「レコード音楽」7巻4号　1933.4　p.4

◇デュパルクのレコード　あらえびす　「レコード」4巻4号　1933.4　p.37

◇バッハの大弥撒のレコード　あらえびす　「ディスク」5巻5号　1933.5　p.308

◇ブラームスを語る（ブラームス誕生百年記念号）　あらゑびす，森潤三郎，久礼伝三，S・S，烏頭魔気，NKM　「ディスク」5巻5号　1933.5　p.366

472　戦前期　レコード音楽雑誌記事索引

◇ショパン（3）―音楽史的レコード蒐集（37）
あらえびす 「レコード音楽」7巻5号 1933.5
p.4

◇ブラームスのレコード―標題楽を書かなかっ
たブラームス（ブラームス生誕百年紀念特輯）
あらえびす 「レコード」4巻5号 1933.5 p.18

◇ショパン（4）―音楽史的レコード蒐集（38）
あらえびす 「レコード音楽」7巻6号 1933.6
p.4

◇漫談 あらえびす 「レコード音楽」7巻8号
1933.8 p.8

◇バッハ四十八協会に就て あらえびす 「レ
コード音楽」7巻8号 1933.8 p.18

◇泥臭い俚謡を原形の儘レコードせよ あらえ
びす 「ディスク」5巻9号 1933.9 p.593

◇漫談（其2）あらえびす 「レコード音楽」7巻
9号 1933.9 p.4

◇レコード・ソサイテー協会是非論 あらえび
す 「ディスク」5巻10号 1933.10 p.707

◇ショパン（5）―音楽史的レコード蒐集（40）
あらえびす 「レコード音楽」7巻10号 1933.
10 p.4

◇新春放語三題 あらえびす 「ディスク」6巻1
号 1933.12 p.51

◇昭和八年のレコード界を顧る座談会（特輯）
有坂愛彦，白井嶺南，菅原明朗，須永克己，
野村あらえびす，野村光一，藤田不二，村田
武雄 「レコード音楽」7巻12号 1933.12 p.4

◇ショパン（6）―音楽史的レコード蒐集（41）
バッハからシェンベルヒまで あらえびす
「レコード音楽」7巻12号 1933.12 p.26

◇リスト（1）―音楽史的レコード蒐集（42）バッ
ハからシェンベルヒまで あらえびす 「レ
コード音楽」8巻1号 1934.1 p.4

◇ワンダ・ランドフスカ特輯―まだ見ぬ楽器の
魅力 あらえびす 「ディスク」6巻4号 1934.4
p.238

◇リスト（2）―音楽史的レコード蒐集（43）あ
らえびす 「レコード音楽」8巻6号 1934.6
p.6

◇ワグナー（上）―音楽史的レコード蒐集（44）
あらえびす 「レコード音楽」8巻7号 1934.7
p.6

◇ワグナー（中）―音楽史的レコード蒐集（45）
あらえびす 「レコード音楽」8巻8号 1934.8
p.6

◇ワグナー（中の2）―音楽史的レコード蒐集
（46）あらえびす 「レコード音楽」8巻10号
1934.10 p.6

◇ワグナー（下）―音楽史的レコード蒐集（47）
あらえびす 「レコード音楽」8巻11号 1934.
11 p.6

◇流行歌検討座談会（特輯）塩入亀輔，菅原明
朗，須永克己，吉田信，野村あらえびす，野
村光一，堀内敬三 「レコード音楽」8巻11号
1934.11 p.30

◇一九三五年に望む あらえびす 「レコード音
楽」8巻12号 1934.12 p.6

◇昭和九年度の声楽レコード（特輯―昭和九年
度のレコード界を顧る）あらえびす 「レ
コード音楽」8巻12号 1934.12 p.20

◇小品名レコード選集 其2，声楽のレコード あ
らえびす 「ディスク」7巻1号 1935.1 p.15

◇ベルリオーズ―音楽史的レコード蒐集（48）
あらえびす 「レコード音楽」9巻1号 1935.1
p.6

◇私の記憶してゐるバツハの宗教音楽 あらえ
びす 談 「ディスク」7巻3号 1935.3 p.160

◇尊き哉 バッハ（J・S・バッハ誕生250年紀念
特輯）あらえびす 「レコード音楽」9巻3号
1935.3 p.6

◇ワグナー随想 あらえびす 談 「ディスク」7
巻5号 1935.5 p.321

◇バッハ愛好家への最初の尊き贈物（新刊批評
―「バッハ音楽栞」を読みて）あらえびす
「レコード音楽」9巻5号 1935.5 p.92

◇ヂーリに期待する 野村胡堂 「ディスク」7
巻8号 1935.8 p.569

◇レコードファン心得帖（其1）レコードの保存
と手入れ あらえびす 「レコード音楽」9巻9
号 1935.9 p.108

◇レコード界の恩人を悼む（須永克己氏追悼の
辞）あらえびす 「レコード音楽」9巻10号
1935.10 p.8

◇レコードファン心得帖（其二）レコードの整理
法―附・針に関する私見 あらえびす 「レ
コード音楽」9巻10号 1935.10 p.118

◇愛盤愛機を語る（座談会）有坂愛彦，野村光
一，藤田不二，国塩耕一郎，あらえびす，村
田武雄，菅原明朗，平林勇，山根銀二 「レ
コード音楽」9巻11号 1935.11 p.30

◇「救世主」の思ひ出 あらえびす 「レコード
音楽」9巻12号 1935.12 p.6

◇室内楽と歌のレコード（昭和十年のレコード
界を顧る）あらえびす 「レコード音楽」9巻
12号 1935.12 p.35

◇レコードファン心得帖（其3）―蓄音機の選択
と手入れ あらえびす 「レコード音楽」9巻
12号 1935.12 p.122

◇新年レコード界への希望 あらえびす 「ディ
スク」8巻1号 1936.1 p.1

◇シューベルトの歌曲レコード随想 あらえび
す 談 「ディスク」8巻1号 1936.1 p.5

◇レコードから感ずるケンプ あらえびす 談
「レコード音楽」10巻4号 1936.4 p.11

◇ヒュッシュと「美しき水車小屋の乙女」あら
えびす 談 「ディスク」8巻5号 1936.5 p.372

◇ジャズと軽音楽を語る（座談会）芦原英了，
大井蛇津郎，野村あらえびす，川口繁，有坂
愛彦，藤田不二，内田岐三雄，竹町俊男 「レ
コード音楽」10巻7号 1936.7 p.25

◇批評家と膝を交へて花形歌手の打明話（座談会）奥田良三，塩入亀輔，小林千代子，野村あらえびす，ディック・ミネ，吉田信，藤山一郎，藤田不二 「レコード音楽」10巻8号 1936.8 p.105

◇ピアティゴルスキー頌 あらゑびす 談 「ディスク」8巻10号 1936.10 p.862

◇レコード界の今昔を語る座談会 有坂愛彦，松本荘之助，あらえびす，村田武雄，山根銀二，藤田不二，西条卓夫，野村光一，中村善吉，塩入亀輔 「レコード音楽」10巻10号 1936.10 p.2

◇回顧と希望（十周年記念特輯）あらえびす 「レコード音楽」10巻11号 1936.11 p.6

◇レコードの一年間 あらえびす 「レコード音楽」10巻12号 1936.12 p.6

◇新年度レコード界の展望 あらゑびす 談 「ディスク」9巻1号 1937.1 p.1

◇レコード春秋―正月の巻 あらえびす 「レコード音楽」11巻1号 1937.1 p.6

◇ムゥソルグスキイの歌曲とロージングを語る―座談会 鯨井孝，中根宏，柴田知常，野村あらえびす，寺島宏，藤田不二 「レコード音楽」11巻1号 1937.1 p.24

◇バッハ「四十八協会」に就いて あらえびす 「ディスク」9巻2号 1937.2 p.104

◇レコード春秋―二月の巻 あらえびす 「レコード音楽」11巻2号 1937.2 p.6

◇レコード春秋 あらえびす 「レコード音楽」11巻3号 1937.3 p.6

◇クライバー指揮の「未完成」（三つの「未完成交響曲」新盤試聴記）あらえびす 「レコード音楽」11巻3号 1937.3 p.13

◇レコード春秋 あらえびす 「レコード音楽」11巻4号 1937.4 p.6

◇レコード春秋 あらえびす 「レコード音楽」11巻5号 1937.5 p.6

◇レコード春秋 あらえびす 「レコード音楽」11巻6号 1937.6 p.6

◇レコード春秋 あらえびす 「レコード音楽」11巻7号 1937.7 p.6

◇秘曲集を推薦する詞 あらえびす 「ディスク」9巻9号 1937.9 p.835

◇レコード春秋 あらえびす 「レコード音楽」11巻9号 1937.9 p.6

◇秘曲集を推薦する詞 あらえびす 「レコード音楽」11巻9号 1937.9 p.13

◇ビクター―名演奏家秘曲集を繞る座談会 青木謙幸，野村あらえびす，馬場二郎，西条卓夫，藤田不二 「レコード音楽」11巻9号 1937.9 p.24

◇レコード春秋 あらえびす 「レコード音楽」11巻10号 1937.10 p.6

◇ベートーヴェン作品レコードは何を選ぶ？（座談会）（上）青木謙幸，野村光一，あらえびす，藤田不二，有坂愛彦，村田武雄 「レコード音楽」11巻10号 1937.10 p.41

◇ファンのメモ―レコードの消毒法 あらえびす 談 「レコード音楽」11巻10号 1937.10 p.83

◇メンゲルベルク指揮「第五交響曲」試聴記 野村あらえびす，中村善吉，杉浦繁，坪和昌夫，有坂愛彦，林健太郎，井関富三，柏木俊三，横ampos真次郎，青木謙幸 「ディスク」9巻11号 1937.11 p.1073

◇レコード春秋 あらえびす 「レコード音楽」11巻11号 1937.11 p.6

◇ファンのメモ―レコードを遠方に送るには あらえびす 談 「レコード音楽」11巻11号 1937.11 p.77

◇ベートーヴェン作品レコードは何を選ぶ？（座談会）（下）青木謙幸，野村光一，あらえびす，藤田不二，有坂愛彦，村田武雄 「レコード音楽」11巻11号 1937.11 p.118

◇レコード春秋 あらえびす 「レコード音楽」11巻12号 1937.12 p.6

◇バッハの真の姿 あらえびす 「ディスク」10巻1号 1938.1 p.3

◇プラーグ交響曲の印象 あらえびす 「ディスク」10巻1号 1938.1 p.14

◇昭和十二年度レコード界の回顧 あらえびす 「ディスク」10巻1号 1938.1 p.36

◇レコード春秋 あらえびす 「レコード音楽」12巻1号 1938.1 p.6

◇無駄のないレコード蒐集（1）ヴァイオリン（上）あらえびす 「レコード音楽」12巻1号 1938.1 p.122

◇名盤百選（附録）あらえびす，有坂愛彦，野村光一，藤田不二，村田武雄 「レコード音楽」12巻1号 1938.1 p.133

◇レコード春秋 あらえびす 「レコード音楽」12巻2号 1938.2 p.6

◇無駄のないレコード蒐集（2）―ヴァイオリン（中）あらえびす 「レコード音楽」12巻2号 1938.2 p.137

◇音盤再検討時代（ディスク百号記念）あらえびす 「ディスク」10巻3号 1938.3 p.202

◇レコード春秋 あらえびす 「レコード音楽」12巻3号 1938.3 p.6

◇無駄のないレコード蒐集（3）ヴァイオリン（下）あらえびす 「レコード音楽」12巻3号 1938.3 p.125

◇フルトヴェングラーの「第五」を讃へる あらえびす 「ディスク」10巻4号 1938.4 p.310

◇座談会―トスカニーニの「第六交響曲」 あらえびす，藤田不二，中村善吉，坪和昌夫，村田武雄，杉浦繁 「ディスク」10巻4号 1938.4 p.332

◇レコード春秋 あらえびす 「レコード音楽」12巻4号 1938.4 p.6

◇針十話 あらえびす 談 「レコード音楽」12巻
4号 1938.4 p.130

◇無駄のないレコード蒐集（4）ヴァイオリン
（補遺）あらえびす 「レコード音楽」12巻4
号 1938.4 p.135

◇逝けるシャリアピンを偲ぶ あらえびす 談
「ディスク」10巻5号 1938.5 p.411

◇座談会―メンゲルベルクの「田園交響曲」 あ
らえびす，藤田不二，有坂愛彦，青木謙幸，
鮎野行夫 「ディスク」10巻5号 1938.5 p.431

◇レコード春秋 あらえびす 「レコード音楽」
12巻5号 1938.5 p.6

◇シャリアピンのレコード（シャリアピンの追
憶）あらえびす 「レコード音楽」12巻5号
1938.5 p.47

◇レコード春秋 あらえびす 「レコード音楽」
12巻6号 1938.6 p.6

◇巨匠の回顧（1）IRCCの魅力から電気以前の
骨董レコードの事ども―メリー・ガーデン，
ゲルハルト あらえびす 「レコード音楽」12
巻6号 1938.6 p.133

◇大クライスラーの偉業 あらえびす 「ディス
ク」10巻7号 1938.7 p.620

◇シューマンの「ヴァイオリン協奏曲」（ディス
ク座談会）あらえびす，有坂愛彦，村田武
雄，中村善吉，藤田不二，青木謙幸 「ディス
ク」10巻7号 1938.7 p.651

◇レコード春秋 あらえびす 「レコード音楽」
12巻7号 1938.7 p.6

◇巨匠の回顧（2）IRCCの魅力から電気以前の
骨董レコードの事ども―ファラー，クレーマ
ン あらえびす 「レコード音楽」12巻7号
1938.7 p.125

◇今後のレコード界（ディスク廻状）あらえび
す 「ディスク」10巻8号 1938.8 p.789

◇レコード春秋 あらえびす 「レコード音楽」
12巻8号 1938.8 p.6

◇巨匠の回顧（3）IRCCの魅力から電気以前の
骨董レコードの事ども―メルバ あらえびす
「レコード音楽」12巻8号 1938.8 p.123

◇レコード春秋 あらえびす 「レコード音楽」
12巻9号 1938.9 p.6

◇巨匠の回顧（4）―カールソー あらえびす
「レコード音楽」12巻9号 1938.9 p.127

◇チャイコフスキーの「悲愴交響曲ロ短調」 あ
らえびす，青木謙幸，大木正夫，深井史郎，井
関富三 「ディスク」10巻10号 1938.10 p.980

◇レコード春秋 あらえびす 「レコード音楽」
12巻10号 1938.10 p.6

◇名歌曲とその優秀レコード（蒐集の手引）あ
らえびす 「レコード音楽」12巻10号 1938.
10 p.122

◇巨匠の回顧（5）―クルプ あらえびす 「レ
コード音楽」12巻10号 1938.10 p.133

◇レコード春秋 あらえびす 「レコード音楽」
12巻11号 1938.11 p.6

◇巨匠の回顧（6）―シュワルツ，カルヴェ あら
えびす 「レコード音楽」12巻11号 1938.11
p.127

◇本年度のレコード回顧 あらえびす，坪和昌
夫，青木謙幸 「ディスク」10巻12号 1938.12
p.1207

◇レコード春秋 あらえびす 「レコード音楽」
12巻12号 1938.12 p.6

◇一九三八年の洋楽レコード（座談会）あらえ
びす，有坂，太田，野村，藤田，村田 「レ
コード音楽」12巻12号 1938.12 p.24

◇パリのシャンソンを語る 芦原英了，あらえ
びす，野川香文，三浦潤 「レコード音楽」12
巻12号 1938.12 p.120

◇レコード春秋 あらえびす 「レコード音楽」
13巻1号 1939.1 p.6

◇ヨッフムの「第九」を聴く（座談会）あらえ
びす，有坂愛彦，青木謙幸，中村善吉，藤田
不二，村田武雄 「レコード音楽」13巻1号
1939.1 p.20

◇歴史的レコード蒐集―ブラームス以後（1）あ
らえびす 「レコード音楽」13巻1号 1939.1
p.136

◇「ディスク十周年」万歳！ あらえびす
「ディスク」11巻2号 1939.2 p.114

◇レコード春秋 あらえびす 「レコード音楽」
13巻2号 1939.2 p.6

◇歴史的レコード蒐集―ブラームス以後（2）あ
らえびす 「レコード音楽」13巻2号 1939.2
p.123

◇レコード春秋 あらえびす 「レコード音楽」
13巻3号 1939.3 p.6

◇歴史的レコード蒐集―ブラームス以後（3）あ
らえびす 「レコード音楽」13巻3号 1939.3
p.135

◇レコード蒐集講座「一枚から一千枚迄」（1）
あらえびす 「ディスク」11巻4号 1939.4
p.332

◇レコード春秋 あらえびす 「レコード音楽」
13巻4号 1939.4 p.6

◇ブラームスのニ長調ヴァイオリン・コンチェ
ルトを聴く（座談会）あらえびす，有坂愛彦，
青木謙幸，中村善吉，藤田不二，村田武雄
「レコード音楽」13巻4号 1939.4 p.22

◇歴史的レコード蒐集―ブラームス以後（4）あ
らえびす 「レコード音楽」13巻4号 1939.4
p.140

◇レコード蒐集読本「一枚から一千枚迄」（2）
あらえびす 「ディスク」11巻5号 1939.5
p.453

◇レコード春秋 あらえびす 「レコード音楽」
13巻5号 1939.5 p.6

◇驚く可き芸術 あらえびす 「ディスク」11巻
6号 1939.6 p.539

◇レコード蒐集読本「一枚から一千枚迄」(3)
あらえびす 「ディスク」11巻6号 1939.6
p.571

◇ベートーヴェンの生涯 あらえびす 「ディス
ク」11巻春季増刊 ディスク叢書第一輯 ベー
トーヴェン特輯号 1939.6 p.4

◇レコード春秋 あらえびす 「レコード音楽」
13巻6号 1939.6 p.6

◇両野村氏を囲む―レコード・ファンの座談会
あらえびす, 野村光一 「レコード音楽」13巻
6号 1939.6 p.23

◇マーラーの「大地の歌」座談会 あらえびす,
中村善吉, 柳兼子, 有坂愛彦, 青木謙幸
「ディスク」11巻7号 1939.7 p.669

◇レコード蒐集読本「一枚から一千枚迄」(4)
あらえびす 「ディスク」11巻7号 1939.7
p.682

◇レコード春秋 あらえびす 「レコード音楽」
13巻7号 1939.7 p.6

◇レコード春秋 あらえびす 「レコード音楽」
13巻8号 1939.8 p.6

◇レコード蒐集読本「一枚から一千枚迄」(5)
あらえびす 「ディスク」11巻9号 1939.9
p.886

◇レコード春秋 あらえびす 「レコード音楽」
13巻9号 1939.9 p.6

◇夏とレコード(随筆) あらえびす 「レコード
音楽」13巻9号 1939.9 p.45

◇レコード蒐集読本「一枚から一千枚まで」(6)
あらえびす 「ディスク」11巻10号 1939.10
p.1014

◇レコード春秋 あらえびす 「レコード音楽」
13巻10号 1939.10 p.6

◇トスカニーニの「第五」(トスカニーニのベー
トーヴェン「第五」特輯) あらえびす 「レ
コード音楽」13巻10号 1939.10 p.115

◇「バッハマン選集」座談会 あらえびす, 宅孝
二, 高木東六, 坩和昌夫, 青木謙幸, 柏木俊
三 「ディスク」11巻11号 1939.11 p.1093

◇レコード蒐集読本「一枚から一千枚まで」(7)
あらえびす 「ディスク」11巻11号 1939.11
p.1105

◇レコード春秋 あらえびす 「レコード音楽」
13巻11号 1939.11 p.6

◇あらえびす氏の骨董蓄音器 「レコード音楽」
13巻11号 1939.11 p.78

◇メンゲルベルクの「第八交響曲」座談会 あら
えびす, 村田武雄, 有坂愛彦, 中村善吉, 藤
田不二, 青木謙幸 「ディスク」11巻12号
1939.12 p.1206

◇今年度のレコード回顧 野村あらえびす
「ディスク」11巻12号 1939.12 p.1218

◇モーツァルト礼讃 あらえびす 「ディスク」
11巻臨時増刊 ディスク叢書第二輯 モーツァ
ルト特輯号 1939.12 p.8

◇レコード春秋 あらえびす 「レコード音楽」
13巻12号 1939.12 p.6

◇名曲・名レコード(座談会) あらえびす, 有
坂愛彦, 野村光一, 藤田不二, 松本太郎, 村
田武雄 「レコード音楽」13巻12号 1939.12
p.31

◇レコード蒐集読本「一枚から一千枚まで」(8)
あらえびす 「ディスク」12巻1号 1940.1
p.20

◇レコード春秋 あらえびす 「レコード音楽」
14巻1号 1940.1 p.6

◇三蘊三道楽(談話室) あらえびす 「レコード
音楽」14巻1号 1940.1 p.58

◇明日のレコード界への希望 あらえびす 「レ
コード」6巻1号 1940.1 p.6

◇レコード蒐集読本「一枚から一千枚まで」(9)
あらえびす 「ディスク」12巻2号 1940.2
p.123

◇レコード春秋 あらえびす 「レコード音楽」
14巻2号 1940.2 p.6

◇レコード蒐集読本「一枚から一千枚迄」(10)
あらゑびす 「ディスク」12巻3号 1940.3
p.238

◇レコード春秋 あらえびす 「レコード音楽」
14巻3号 1940.3 p.6

◇「珍品レコード」所蔵 野村あらえびす, 山口
亀之助, 藤田不二, 中村善吉, 青木謙幸
「ディスク」12巻4号 1940.4 p.365

◇レコード春秋 あらえびす 「レコード音楽」
14巻4号 1940.4 p.6

◇レコード蒐集読本「一枚から一千枚迄」(11)
あらえびす 「ディスク」12巻5号 1940.5
p.438

◇レコード春秋 あらえびす 「レコード音楽」
14巻5号 1940.5 p.6

◇珍品レコードを語る座談会 あらえびす, 中
村, 坩和, 藤田, 薬科, 青木 「ディスク」12
巻6号 1940.6 p.548

◇レコード春秋 あらえびす 「レコード音楽」
14巻6号 1940.6 p.6

◇レコード春秋 あらえびす 「レコード音楽」
14巻7号 1940.7 p.6

◇レコード蒐集読本 一枚から一千枚迄(12) あ
らえびす 「ディスク」12巻8号 1940.8 p.739

◇レコード春秋 あらえびす 「レコード音楽」
14巻8号 1940.8 p.6

◇山荘閑談 あらえびす 「レコード音楽」14巻
8号 1940.8 p.9

◇レコード春秋 あらえびす 「レコード音楽」
14巻9号 1940.9 p.6

◇書評―野村光一氏の「レコード音楽 名曲に聴
く」 あらえびす, 村田武雄 「レコード音楽」
14巻9号 1940.9 p.57

◇レコード春秋 あらえびす 「レコード音楽」
14巻10号 1940.10 p.6

◇レコード蒐集講座 一枚から一千枚迄（13） あらえびす 「ディスク」12巻11号 1940.11 p.1041

◇レコード春秋 あらえびす 「レコード音楽」14巻11号 1940.11 p.6

◇十五年度のレコード回顧 あらえびす 「ディスク」12巻12号 1940.12 p.1128

◇レコード春秋 あらえびす 「レコード音楽」14巻12号 1940.12 p.6

◇一枚から一千枚まで（14） あらえびす 「ディスク」13巻1号 1941.1 p.21

◇レコード春秋 あらえびす 「レコード音楽」15巻1号 1941.1 p.6

◇一枚から一千枚まで（15） あらえびす 「ディスク」13巻2号 1941.2 p.118

◇シューベルトへの愛着 あらえびす 「ディスク」13巻臨時増刊 ディスク叢書第三輯 シューベルト特輯号 1941.2 p.5

◇レコード春秋 あらえびす 「レコード音楽」15巻2号 1941.2 p.6

◇一枚から一千枚まで（16） あらえびす 「ディスク」13巻3号 1941.3 p.237

◇レコード春秋 あらえびす 「レコード音楽」15巻3号 1941.3 p.6

◇一枚から一千枚まで（17） あらえびす 「ディスク」13巻4号 1941.4 p.321

◇レコード春秋 あらえびす 「レコード音楽」15巻4号 1941.4 p.6

◇K子と野薔薇（特輯 諸名家随筆特選集） あらえびす 「レコード音楽」15巻4号 1941.4 p.36

◇日本吹込レコードとその将来（座談会）（特輯） あらえびす, 有坂愛彦, 青砥道雄, 太田太郎, 田辺秀雄, 信時潔, 野村光一 「レコード音楽」15巻4号 1941.4 p.113

◇大沼魯夫氏の思ひ出（故大沼魯夫氏を悼む） あらえびす 「ディスク」13巻5号 1941.5 p.443

◇レコード春秋 あらえびす 「レコード音楽」15巻5号 1941.5 p.6

◇一枚から一千枚迄（18） あらえびす 「ディスク」13巻6号 1941.6 p.531

◇バッハ礼讃 あらえびす 「ディスク」13巻臨時増刊 ディスク叢書第四輯 バッハ特輯号 1941.6 p.7

◇レコード春秋 あらえびす 「レコード音楽」15巻6号 1941.6 p.6

◇「歴史的名盤保存会」設立に就て あらえびす 「ディスク」13巻7号 1941.7 p.622

◇レコード春秋 あらえびす 「レコード音楽」15巻7号 1941.7 p.6

◇珍品の粋を集めて—歴史的名盤保存会 あらえびす 「レコード音楽」15巻7号 1941.7 p.48

◇レコード春秋 あらえびす 「レコード音楽」15巻8号 1941.8 p.6

◇レコード春秋 あらえびす 「レコード音楽」15巻9号 1941.9 p.6

◇一枚から一千枚迄（19・完） あらえびす 「ディスク」13巻10号 1941.10 p.948

◇レコード春秋 あらえびす 「レコード音楽」15巻10号 1941.10 p.6

◇「レコード文化」の誕生を祝す あらえびす, 野村光一 「レコード文化」1巻1号 1941.11 p.2

◇レコード時評（座談会） あらえびす, 中村善吉, 青木謙幸 「レコード文化」1巻1号 1941.11 p.17

◇新編 レコードの選び方（1）（レコード文化講座） あらえびす 「レコード文化」1巻1号 1941.11 p.20

◇本年度のレコード回顧 あらえびす 「レコード文化」1巻2号 1941.12 p.13

◇レコード叢談（座談会） あらえびす, 中村, 坩和, 青木 「レコード文化」1巻2号 1941.12 p.16

◇新編 レコードの選び方（2）（レコード文化講座） あらえびす 「レコード文化」1巻2号 1941.12 p.20

◇レコード叢談（座談会） あらえびす, 中村善吉, 坩和昌夫, 青木謙幸 「レコード文化」2巻1号 1942.1 p.19

◇新篇 レコードの選び方（3）（レコード文化講座） あらえびす 「レコード文化」2巻1号 1942.1 p.23

◇録音に就いて（座談会） 有坂愛彦, あらえびす, 中村善吉, 尾形篁夫, 秋山福重 「レコード文化」2巻1号 1942.1 p.54

◇レコード叢談 あらえびす, 坩和昌夫, 青木謙幸 「レコード文化」2巻2号 1942.2 p.21

◇新篇 レコードの選び方（4）（レコード文化講座） あらえびす 「レコード文化」2巻2号 1942.2 p.26

◇新篇 レコードの選び方（5）（レコード文化講座） あらえびす 「レコード文化」2巻3号 1942.3 p.30

◇レコード叢談 あらえびす, 中村善吉, 青木謙幸 「レコード文化」2巻3号 1942.3 p.34

◇レコード叢談 青木謙幸, あらえびす, 中村善吉, 坩和昌夫 「レコード文化」2巻4号 1942.4 p.16

◇新篇 レコードの選び方（6）（レコード文化講座） あらえびす 「レコード文化」2巻4号 1942.4 p.20

◇レコード叢談 あらえびす, 青木謙幸, 中村善吉, 坩和昌夫 「レコード文化」2巻5号 1942.5 p.18

◇新篇 レコードの選び方（7）（レコード文化講座） あらえびす 「レコード文化」2巻5号 1942.5 p.21

◇レコード叢談 あらえびす，青木謙幸，中村善吉，坿和昌夫 「レコード文化」2巻6号 1942.6 p.14

◇新篇 レコードの選び方（8）（レコード文化講座）あらえびす 「レコード文化」2巻6号 1942.6 p.19

◇レコード叢談 あらえびす，坿和昌夫，中村善吉，青木謙幸 「レコード文化」2巻7号 1942.7 p.15

◇新篇 レコードの選び方（9）（レコード文化講座）あらえびす 「レコード文化」2巻7号 1942.7 p.19

◇レコード叢談 あらえびす，坿和昌夫，中村善吉，青木謙幸 「レコード文化」2巻8号 1942.8 p.13

◇新篇 レコードの選び方（10）（レコード文化講座）あらえびす 「レコード文化」2巻8号 1942.8 p.17

◇レコード叢談 あらえびす，坿和昌夫，中村善吉，青木謙幸 「レコード文化」2巻9号 1942.9 p.15

◇新篇 レコードの選び方（11）（レコード文化講座）あらえびす 「レコード文化」2巻9号 1942.9 p.20

◇レコード叢談 あらえびす，坿和昌夫，中村善吉，青木謙幸 「レコード文化」2巻10号 1942.10 p.23

◇レコード叢談 あらえびす，坿和昌夫，中村善吉，青木謙幸 「レコード文化」2巻11号 1942.11 p.18

◇新篇 レコードの選び方（12）（レコード文化講座）あらえびす 「レコード文化」2巻11号 1942.11 p.23

◇本年度のレコード回顧 あらえびす，野川香文，丸山鉄雄，柴田知常，牛山充 「レコード文化」2巻12号 1942.12 p.12

◇レコード叢談 あらえびす，坿和昌夫，中村善吉，青木謙幸 「レコード文化」2巻12号 1942.12 p.22

◇新篇 レコードの選び方（13）（レコード文化講座）あらえびす 「レコード文化」2巻12号 1942.12 p.28

◇レコード叢談 あらえびす，坿和昌夫，中村善吉，青木謙幸 「レコード文化」3巻1号 1943.1 p.14

◇新篇 レコードの選び方（14）（レコード文化講座）あらえびす 「レコード文化」3巻1号 1943.1 p.19

◇レコード叢談 あらえびす，坿和昌夫，中村善吉，青木謙幸 「レコード文化」3巻2号 1943.2 p.16

◇新篇 レコードの選び方（15）（レコード文化講座）あらえびす 「レコード文化」3巻2号 1943.2 p.28

◇レコード叢談 あらえびす，中村善吉，青木謙幸 「レコード文化」3巻3号 1943.3 p.6

◇新篇 レコードの選び方（16）（レコード文化講座）あらえびす 「レコード文化」3巻3号 1943.3 p.57

◇レコード叢談 あらえびす，坿和昌夫，中村善吉，青木謙幸 「レコード文化」3巻4号 1943.4 p.2

◇新篇 レコードの選び方（17）（レコード文化講座）あらえびす 「レコード文化」3巻4号 1943.4 p.49

◇交響曲と管絃楽曲より（戦時下のレコード 私の推薦したいレコード）あらえびす 「レコード文化」3巻5号 1943.5 p.2

◇新篇 レコードの選び方（18）あらえびす 「レコード文化」3巻5号 1943.5 p.32

◇新篇 レコードの選び方（19）あらえびす 「レコード文化」3巻6号 1943.6 p.37

◇日本人よ自信を持て 野村あらえびす 「レコード文化」3巻7号 1943.7 p.1

◇新篇 レコードの選び方（20）あらえびす 「レコード文化」3巻7号 1943.7 p.37

◇新篇 レコードの選び方（21）あらえびす 「レコード文化」3巻8号 1943.8 p.38

◇新篇 レコードの選び方（21）あらえびす 「レコード文化」3巻9号 1943.9 p.25

◇戦時下に於けるレコード文化の方向（座談会）あらえびす，野村光一，有坂愛彦，藤田不二，牛山充，野川香文，中村善吉，坿和昌夫 「レコード文化」3巻10号 1943.10 p.20

◇新篇 レコードの選び方（了）あらえびす 「レコード文化」3巻10号 1943.10 p.40

◇レコードの名演奏家（1）ヴァイオリン 野村あらえびす 「レコード音楽」17巻1号 1947.2 p.2

◇「レコード音楽」は蘇へれり 野村あらえびす 「レコード音楽」17巻1号 1947.2 p.9

◇レコードの名演奏家（2）ヴァイオリン（続き）野村あらえびす 「レコード音楽」17巻2号 1947.4 p.2

◇レコード名演奏家（3）ピアノ（1）野村あらえびす 「レコード音楽」17巻3号 1947.6 p.2

◇レコード名演奏家（4）ピアニスト（2）野村あらえびす 「レコード音楽」17巻4号 1947.8 p.2

◇レコード名演奏家（5）室内楽 野村あらえびす 「レコード音楽」17巻5号 1947.10 p.2,15

◇レコード名演奏家（6）室内楽（2）野村あらえびす 「レコード音楽」17巻6号 1947.12 p.2

◇レコード名演奏家（7）チェロ 野村あらえびす 「レコード音楽」18巻1号 1948.1 p.2

◇レコードの名演奏家（8）指揮者トスカニーニ あらえびす 「レコード音楽」18巻2号 1948.2 p.2

◇レコードの名演奏家（9・完）大指揮者達 あらえびす 「レコード音楽」18巻3号 1948.3 p.1

◇蓄友列伝 あらえびす 「レコード音楽」18巻4号 1948.4 p.8

◇レコード国際愛 あらえびす 「レコード音楽」18巻6号 1948.6 p.1

◇レコード懺悔(1)音函蓄音機に対する盲信 あらえびす 「レコード音楽」19巻1号 1949.1 p.2

◇レコード界の現状を語る(鼎談) 村田武雄, あらえびす, 有坂愛彦 「レコード音楽」19巻1号 1949.1 p.12

◇レコード懺悔(2)演奏家への冒信 あらえびす 「レコード音楽」19巻2号 1949.2 p.2

◇珍品レコード是非―レコード懺悔(3) 野村あらえびす 「レコード音楽」19巻3号 1949.3 p.2

◇春宵閑話(上)(対談) 野村あらえびす, 近衛秀麿 「レコード音楽」19巻4号 1949.4 p.2

◇書評―原田光子著「クララ・シューマン」 あらえびす 「レコード音楽」19巻4号 1949.4 p.16

◇レコード懺悔(4)実演とレコード 野村胡堂 「レコード音楽」19巻5号 1949.5 p.2

◇春宵閑話(下)(対談) あらえびす, 近衛秀麿 「レコード音楽」19巻5号 1949.5 p.19

◇レコード懺悔(6)思ひ出のレコード あらえびす 「レコード音楽」19巻8号 1949.8 p.2

◇楽興の時(上)(鼎談) 久邇朝融, 野村あらえびす, 有坂愛彦 「レコード音楽」19巻9号 1949.9 p.2

◇ショパンの感銘―実演とレコードと(ショパン百年祭に因みて) あらえびす 「レコード音楽」19巻10号 1949.10 p.2

◇楽興の時(下)(鼎談) 久邇朝融, 野村あらえびす, 有坂愛彦 「レコード音楽」19巻10号 1949.10 p.24

◇文壇蓄友簿 野村胡堂 「レコード音楽」20巻1号 1950.1 p.6

◇高井戸清談 誌上再放送―野村胡堂《あらえびす》氏訪問記(誌上再放送) 野村胡堂 「レコード音楽」20巻2号 1950.2 p.57

◇私の好きなリード歌手 あらえびす 「レコード音楽」20巻3号 1950.3 p.6

◇ベートーヴェンの交響曲のレコードは何を選ぶ?(対談) 野村あらえびす, 有坂愛彦 「レコード音楽」20巻6号 1950.6 p.22

◇現代人の「第九」(「第九」の新盤を聴く) 野村あらえびす 「レコード音楽」20巻9号 1950.9 p.6

◇長時間レコードをめぐって(座談会) 野村あらえびす, 野村光一, 村田武雄, 寺島宏, 足立浩 「レコード音楽」21巻6号 1951.6 p.74

◇「ディスク」の復刊 あらえびす 「ディスク」14巻1号 1951.9 p.4

◇レコード蒐集余話(1) 野村あらえびす 「レコード音楽」21巻9号 1951.9 p.16

◇蒐集奇談―レコード蒐集余話(2) 野村あらえびす 「レコード音楽」21巻10号 1951.10 p.14

◇蓄音機の歴史―レコード蒐集余話(3) 野村あらえびす 「レコード音楽」21巻11号 1951.11 p.26

◇将来に期待する(メニューインの印象) 野村あらえびす 「レコード音楽」21巻11号 1951.11 p.37

◇昨年の決算―雑談会 あらえびす, 村田武雄, 有坂愛彦, 坍和昌夫, 青木謙幸 司会 「ディスク」15巻1号 1952.1 p.2

◇あらえびす氏のレコード文庫拝見 竹野俊男 「レコード音楽」22巻2号 1952.2 p.84

◇絃の王者カザルス あらえびす 「ディスク」15巻3号 1952.3 p.224

◇レコード界の歩み―名曲堂創立30周年にあたりて(座談会) 野村あらえびす, 野村光一, 村田武雄, 竹野俊男 「レコード音楽」22巻4号 1952.4 p.94

◇座談会―中古レコードを語る あらえびす, 青木謙幸, 鮎野行夫, 鈴木, 原, 高橋, 秋森, 山丸 「ディスク」15巻6号 1952.6 p.618

◇メンデルスゾーンの三重奏曲ニ短調(百万ドル・トリオを聴く) 野村あらえびす 「レコード音楽」22巻7号 1952.7 p.19

◇二人の歌い手―ヒュッシュとトローベル 野村あらえびす 「レコード音楽」22巻9号 1952.9 p.54

◇コルトオを迎ふ あらえびす 「ディスク」15巻11号 1952.10 p.1002

◇セザンヌの空とシゲティーの音―二十年目の演奏を聴いて(シゲティの演奏を聴いて) あらえびす 「レコード音楽」23巻4号 1953.4 p.50

◇老境に期待する―ティボー(秋の来朝演奏家特集) 野村あらえびす 「ディスク」16巻10号 1953.9 p.902

◇レコードは愉し―胡堂《あらえびす》LP随想・1 野村胡堂 「ディスク」19巻4号 1956.3 p.44

◇セバスティアン・バッハ礼讃 あらえびす 「ディスク」19巻12号 1956.9 p.22

◇あらえびす先生に感謝する会 「ディスク」20巻13号 1957.11 p.21

◇レコードとともに(座談会) 中村善吉, 野村あらえびす, 青木謙幸 「ディスク」20巻13号 1957.11 p.28

◇ベートーヴェンの生涯 あらえびす 「ディスク」23巻2号 臨時増刊 ベートーヴェン 1960.1 p.29

◇シューベルトへの愛着 あらえびす 「ディスク」24巻9号 臨時増刊 シューベルト 1961.8 p.29

◇特別寄稿「ディスク」三百号記念によせて(特集 三百号を記念して) 村田武雄, 城井清澄, 中村善吉, 森潤三郎, 西条卓夫, 藤田不二, 野村光一, 伊奈文夫, 池田圭, 矢萩銀三, 大宮真琴, 岡俊雄, 宮前有吉 「ディスク」25巻10号 1962.10 p.82

◇深い影響を受けたあらえびす先生の「名曲決定盤」(私の愛聴盤—読者随筆) 山田喜三郎 「ディスク」26巻5号 1963.8 p.125

◇あらえびす先生を偲ぶ 青木謙幸, 森潤三郎, 堀内敬三, 城井清澄, 寺島宏, 藤田不二, 鮎野行夫 「ディスク」26巻5号 1963.8 p.126

◇あらえびす先生の人を語る 金田一京助, 江戸川乱歩, 野村光一, 芦沢威雄, 松岡宏一 「ディスク」26巻5号 1963.8 p.134

有坂 愛彦

◇サン・サーンスの第三交響曲 有坂愛彦 「ディスク」3巻8号 1931.8 p.600

◇批評の問題 有坂愛彦 「ディスク」3巻10号 1931.10 p.778

◇先輩は語る あらえびす, 倉伊四郎, S・S, モリジユンザブロ, T・K・G, 大沼魯夫, S・U, NKM, T・K・J, 有坂愛彦, 烏頭魔気, S生, 久礼伝三 「ディスク」3巻11号 1931.11 p.824

◇ラヂオのレコード放送 有坂愛彦 「レコード」4巻4号 1933.4 p.33

◇ラヴェルの歌曲レコードを聴く 牛山充, 須永克己, 有坂愛彦, 藤田不二 「レコード音楽」7巻6号 1933.6 p.35

◇パーロホン・レコードを顧る 有坂愛彦 「レコード音楽」7巻10号 1933.10 p.14

◇昭和八年のレコード界を顧る座談会(特輯) 有坂愛彦, 白井嶺南, 菅原明朗, 須永克己, 野村あらえびす, 野村光一, 藤田不二, 村田武雄 「レコード音楽」7巻12号 1933.12 p.4

◇メヌインの弾いたスペイン交響曲 有坂愛彦 「レコード音楽」8巻6号 1934.6 p.29

◇ラズモフスキーの三番を聴く 有坂愛彦 「レコード音楽」8巻9号 1934.9 p.10

◇フーベルマンの弾いた西班牙交響曲 有坂愛彦 「ディスク」6巻12号 1934.12 p.704

◇絃と室内楽の優秀レコードを拾ふ(特輯—昭和九年度のレコード界を顧る) 「レコード音楽」8巻12号 1934.12 p.17

◇モーツァルトの変ホ長調交響曲 有坂愛彦 「レコード音楽」8巻12号 1934.12 p.30

◇ベートーヴェンの四重奏曲イ短調 有坂愛彦 「レコード音楽」9巻2号 1935.2 p.20

◇ブラームスの三重奏曲ロ長調(新着盤試聴記—二つの室内楽を聴く) 有坂愛彦 「レコード音楽」9巻2号 1935.2 p.22

◇私の好きなバツハのレコード 有坂愛彦 「ディスク」7巻3号 1935.3 p.173

◇「ブランデンブルク協奏曲」第五番の新盤を試聴する 有坂愛彦 「レコード音楽」9巻4号 1935.4 p.15

◇コロムビアの「第九交響曲」合評 有坂愛彦, 森潤三郎, 青木誠意, 杉浦繁, 楳津真次郎 「ディスク」7巻5号 1935.5 p.347

◇ギーゼキングの「皇帝協奏曲」合評 有坂愛彦, 森潤三郎, 青木誠意, 杉浦繁, 楳津真次郎 「ディスク」7巻5号 1935.5 p.350

◇ベートーヴェンの交響曲 有坂愛彦 「ディスク」7巻7号 1935.7 p.496

◇ベートーヴェンの室内楽とレコード 有坂愛彦 「レコード音楽」9巻7号 1935.7 p.16

◇パスキエ・トリオを聴く 有坂愛彦 「レコード音楽」9巻9号 1935.9 p.49

◇須永克己氏を悼む(須永克己氏追悼の辞) 有坂愛彦 「レコード音楽」9巻10号 1935.10 p.18

◇愛盤愛機を語る(座談会) 有坂愛彦, 野村光一, 藤田不二, 国塩耕一郎, あらえびす, 村田武雄, 菅原明朗, 平林勇, 山根銀二 「レコード音楽」9巻11号 1935.11 p.30

◇軽音楽鳥瞰(昭和十年のレコード界を顧る) 有坂愛彦 「レコード音楽」9巻12号 1935.12 p.45

◇フーベルマンの新版「提琴協奏曲」試聴記 本来漠, 有坂愛彦, 楳津真次郎, 大西一正, 城春光, 鮎野行夫, 烏頭魔気 「ディスク」8巻1号 1936.1 p.39

◇ベートーヴェン協奏曲を弾くフーベルマン 有坂愛彦 「レコード音楽」10巻1号 1936.1 p.17

◇ベートーヴェン提琴ソナタ協会盤を聴く 有坂愛彦 「レコード音楽」10巻2号 1936.2 p.23

◇ブランデンブルク協奏曲とその新盤 有坂愛彦 「レコード音楽」10巻3号 1936.3 p.6

◇ハイドンのチェロ協奏曲とファイアーマン 有坂愛彦 「レコード音楽」10巻4号 1936.4 p.40

◇ドヴォルザークの「第四交響曲」試聴(欧米新着レコード紹介) 有坂愛彦 「ディスク」8巻6号 1936.6 p.490

◇交響曲「画家マチス」(ヒンデミット) 伯林フィルハーモニー交響楽団 指揮パウル・ヒンデミット(二つの新盤試聴記) 有坂愛彦 「レコード音楽」10巻6号 1936.6 p.6

◇交響曲 第七番イ長調(ベートーヴェン) ヴィーン・フィルハーモニー交響楽団 指揮フェリックス・ヴァインガルトナー(二つの新盤試聴記) 有坂愛彦 「レコード音楽」10巻6号 1936.6 p.8

◇ジャズと軽音楽を語る(座談会) 芦原英了, 大井蛇津郎, 野村あらえびす, 川口繁, 有坂愛彦, 藤田不二, 内田岐三雄, 竹野俊男 「レコード音楽」10巻7号 1936.7 p.25

◇軽音楽雑考(上)(軽音楽をめぐりて) 有坂愛彦 「レコード音楽」10巻8号 1936.8 p.12

◇軽音楽雑考(下) 有坂愛彦 「レコード音楽」10巻9号 1936.9 p.14

◇レコード界の今昔を語る座談会　有坂愛彦，
松本荘之助，あらえびす，村田武雄，山根銀
二，藤田不二，西条卓夫，野村光一，中村善
吉，塩入亀輔　「レコード音楽」10巻10号
1936.10 p.2

◇独逸行進曲のレコード　有坂愛彦　「レコード
音楽」11巻2号 1937.2 p.12

◇カール・フレッシュの新盤　有坂愛彦　「レ
コード音楽」11巻2号 1937.2 p.14

◇試聴室―クライバーとベートーヴェンの序曲
有坂愛彦　「ディスク」9巻4号 1937.4 p.334

◇ブラームスの第一交響曲新盤　有坂愛彦　「レ
コード音楽」11巻4号 1937.4 p.10

◇ドヴォルザークのチェロ協奏曲　有坂愛彦
「レコード音楽」11巻5号 1937.5 p.19

◇ピアノ四台の協奏曲　有坂愛彦　「レコード音
楽」11巻6号 1937.6 p.20

◇「死と少女」四重奏曲の新盤　有坂愛彦　「レ
コード音楽」11巻7号 1937.7 p.12

◇「鱒」五重奏曲の新盤　有坂愛彦　「レコード
音楽」11巻10号 1937.10 p.12

◇ベートーヴェン作品レコードは何を選ぶ？
（座談会（上））青木謙幸，野村光一，あらえ
びす，藤田不二，有坂愛彦，村田武雄　「レ
コード音楽」11巻10号 1937.10 p.41

◇メンゲルベルク指揮「第五交響曲」試聴記　野
村あらえびす，中村善吉，杉浦繁，坪和昌夫，
有坂愛彦，林健太郎，井関富三，柏木俊三，
楳津真次郎，青木謙幸　「ディスク」9巻11号
1937.11 p.1073

◇ベートーヴェン作品レコードは何を選ぶ？
（座談会（下））青木謙幸，野村光一，あらえ
びす，藤田不二，有坂愛彦，村田武雄　「レ
コード音楽」11巻11号 1937.11 p.118

◇クーレンカンプ演奏のベートーヴェン提琴協
奏曲（試聴記）有坂愛彦　「レコード音楽」12
巻1号 1938.1 p.20

◇名盤百選（附録）あらえびす，有坂愛彦，野
村光一，藤田不二，村田武雄　「レコード音
楽」12巻1号 1938.1 p.133

◇座談会―メンゲルベルクの「田園交響曲」　あ
らえびす，藤田不二，有坂愛彦，青木謙幸，
鮎野行夫　「ディスク」10巻5号 1938.5 p.431

◇シューマンの「ヴァイオリン協奏曲」（ディス
ク座談会）あらえびす，有坂愛彦，村田武
雄，村上善吉，藤田不二，青木謙幸　「ディス
ク」10巻7号 1938.7 p.651

◇質問に答へて　有坂愛彦　「レコード音楽」12
巻9号 1938.9 p.122

◇鑑賞教育用「バッハよりブラームス」（試聴
記）有坂愛彦　「レコード音楽」12巻11号
1938.11 p.33

◇「ジュピター交響曲」の新盤（試聴記）有坂愛
彦　「レコード音楽」12巻12号 1938.12 p.15

◇ヨッフムの「第九」を聴く（座談会）あらえ
びす，有坂愛彦，青木謙幸，中村善吉，藤田
不二，村田武雄　「レコード音楽」13巻1号
1939.1 p.20

◇歌劇「ドン・ヂォヴァンニ」（上）（試聴記）
有坂愛彦　「レコード音楽」13巻2号 1939.2
p.51

◇歌劇「ドン・ヂォヴァンニ」（中）（試聴記）
有坂愛彦　「レコード音楽」13巻3号 1939.3
p.43

◇ブラームスのニ長調ヴァイオリン・コンチェ
ルトを聴く（座談会）あらえびす，有坂愛彦，
青木謙幸，中村善吉，藤田不二，村田武雄
「レコード音楽」13巻4号 1939.4 p.22

◇歌劇「ドン・ヂォヴァンニ」（試聴記）有坂愛
彦　「レコード音楽」13巻4号 1939.4 p.67

◇マーラーの「大地の歌」座談会　あらえびす，
中村善吉，柳兼子，有坂愛彦，青木謙幸
「ディスク」11巻7号 1939.7 p.669

◇夏の軽音楽問答　有坂愛彦　「レコード音楽」
13巻8号 1939.8 p.32

◇リストの第二協奏曲新盤試聴（試聴記）有坂
愛彦　「レコード音楽」13巻8号 1939.8 p.89

◇新時代のコンツェルト・グロッソ（試聴記）
有坂愛彦　「レコード音楽」13巻9号 1939.9
p.34

◇「第五」新盤録音の特徴（トスカニーニの
「第五」特輯）有坂愛彦　「ディスク」11巻10
号 1939.10 p.997

◇「アルルの女」のレコード（試聴記）有坂愛
彦　「レコード音楽」13巻10号 1939.10 p.11

◇メンゲルベルグの「第五」（第五交響曲「運
命」のレコード批評）有坂愛彦　「レコード」
5巻2号 1939.10 p.28

◇メンゲルベルクの「第八交響曲」座談会　あら
えびす，村田武雄，有坂愛彦，中村善吉，藤
田不二，青木謙幸　「ディスク」11巻12号
1939.12 p.1206

◇メンゲルベルクの指揮する「第八」（試聴記）
有坂愛彦　「レコード音楽」13巻12号 1939.
12 p.21

◇名曲・名レコード（座談会）あらえびす，有
坂愛彦，野村光一，藤田不二，松本太郎，村
田武雄　「レコード音楽」13巻12号 1939.12
p.31

◇今年の洋楽レコード鳥瞰　有坂愛彦　「レコー
ド」5巻4号 1939.12 p.6

◇ワインガルトナーの指揮譜から―ベートー
ヴェンの第二交響曲　有坂愛彦　「レコード音
楽」14巻3号 1940.3 p.28

◇ワルターの指揮するハイドン（試聴記）有坂
愛彦　「レコード音楽」14巻5号 1940.5 p.9

◇ブッシュ四重奏団の弾くシューベルトの大作
（試聴記）有坂愛彦　「レコード音楽」14巻7
号 1940.7 p.14

◇ベートーヴェン絃楽五重奏曲（新盤紹介）　有坂愛彦　「レコード音楽」14巻8号　1940.8　p.10

◇「さまよへる和蘭人」序曲の新盤（新盤紹介）　有坂愛彦　「レコード音楽」14巻8号　1940.8　p.11

◇座談会「今年の洋楽レコード」　有坂愛彦，村田武雄，本社編輯部　「レコード音楽」14巻12号　1940.12　p.30

◇日本吹込レコードとその将来（座談会）（特輯）　あらえびす，有坂愛彦，青砥道雄，太田太郎，田辺秀雄，信時潔，野村光一　「レコード音楽」15巻4号　1941.4　p.113

◇録音に就いて（座談会）　有坂愛彦，あらえびす，中村善吉，尾形篁夫，秋山福重　「レコード文化」2巻1号　1942.1　p.54

◇針について（覚書）　有坂愛彦　「レコード文化」2巻9号　1942.9　p.42

◇名曲と名盤—ベートーヴェンの絃楽四重奏曲（其1）　有坂愛彦　「レコード文化」3巻1号　1943.1　p.12

◇現代作曲家論（座談会）　野村光一，有坂愛彦，久保田公平，土田貞夫，山根銀二　「レコード文化」3巻3号　1943.3　p.8

◇戦時下に於けるレコード文化の方向（座談会）　あらえびす，野村光一，藤田不二，牛山充，野川香文，中村善吉，坪和昌夫　「レコード文化」3巻10号　1943.10　p.20

◇レコード・コンサート問答　有坂愛彦　「レコード音楽」17巻1号　1947.2　p.14

◇レコード・コンサート問答（2）　有坂愛彦　「レコード音楽」17巻2号　1947.4　p.15

◇レコード・コンサート問答（3）　有坂愛彦　「レコード音楽」17巻3号　1947.6　p.26

◇レコード・コンサート問答（4）ヘンデルの作品から（前承）　有坂愛彦　「レコード音楽」17巻4号　1947.8　p.21

◇レコード・コンサート問答（5）　有坂愛彦　「レコード音楽」17巻5号　1947.10　p.24

◇レコード・コンサート問答（6）　有坂愛彦　「レコード音楽」17巻6号　1947.12　p.10

◇レコード・コンサート問答（7）　有坂愛彦　「レコード音楽」18巻1号　1948.1　p.27

◇レコード・コンサート問答（8）　有坂愛彦　「レコード音楽」18巻2号　1948.2　p.22

◇春の名曲—レコード・コンサート問答（9）　有坂愛彦　「レコード音楽」18巻3号　1948.3　p.14

◇教材レコードと蓄音機（1）　有坂愛彦　「レコード音楽」18巻4号　1948.4　p.18

◇レコード・コンサート問答（10・完）モーツァルト鑑賞会　有坂愛彦　「レコード音楽」18巻5号　1948.5　p.16

◇教材レコードと蓄音機（2）　有坂愛彦　「レコード音楽」18巻6号　1948.6　p.19

◇「クープランの墓」の新盤（新譜評）　有坂愛彦　「レコード音楽」18巻11号　1948.11　p.9

◇第五交響曲新盤試聴記（新譜評）　有坂愛彦　「レコード音楽」18巻12号　1948.12　p.8

◇トスカニーニの「第七」など（新譜評）　有坂愛彦　「レコード音楽」18巻12号　1948.12　p.12

◇レコード界の現状を語る（鼎談）　村田武雄，あらえびす，有坂愛彦　「レコード音楽」19巻1号　1949.1　p.12

◇チェロの名手とレコード（上）　有坂愛彦　「レコード音楽」19巻3号　1949.3　p.6

◇チェロの名手とレコード（下）　有坂愛彦　「レコード音楽」19巻4号　1949.4　p.17

◇楽興の時（上）（鼎談）　久邇朝融，野村あらえびす，有坂愛彦　「レコード音楽」19巻9号　1949.9　p.2

◇楽興の時（下）（鼎談）　久邇朝融，野村あらえびす，有坂愛彦　「レコード音楽」19巻10号　1949.10　p.24

◇ヴァイオリン小曲とその名盤（上）　有坂愛彦　「レコード音楽」19巻11号　1949.11　p.14

◇ヴァイオリン小曲とその名盤（中）　有坂愛彦　「レコード音楽」19巻12号　1949.12　p.14

◇未完成交響曲とレコード—問答の形で　有坂愛彦　「レコード音楽」20巻1号　1950.1　p.68

◇ヴァイオリン小曲とその名盤（下）　有坂愛彦　「レコード音楽」20巻2号　1950.2　p.27

◇ベートーヴェンの交響曲のレコードは何を選ぶ？（対談）　野村あらえびす，有坂愛彦　「レコード音楽」20巻6号　1950.6　p.22

◇バッハの管絃楽作品（バッハ二百年祭記念）　有坂愛彦　「レコード音楽」20巻7号　1950.7　p.23

◇針の話—レコードを美しく聴くために　有坂愛彦　「レコード音楽」20巻8号　1950.8　p.62

◇予想以上の出来ばえ（「第九」の新盤を聴く）　有坂愛彦　「レコード音楽」20巻9号　1950.9　p.8

◇書評—大木正興著「名演奏家事典」を奨む　有坂愛彦　「レコード音楽」20巻9号　1950.9　p.83

◇ワルターの「第九」に寄せることば　野村光一，属啓成，田辺秀雄，有坂愛彦，藤田不二，牛山充，堀内敬三，牧定忠　「レコード音楽」20巻10号　1950.10　p.16

◇レコードの質は良くなつたか（今月の話題）　有坂愛彦　「レコード音楽」20巻10号　1950.10　p.64

◇長時間レコードの話　有坂愛彦　「レコード音楽」20巻12号　1950.12　p.71

◇音楽の美について（1）　有坂愛彦　「レコード音楽」21巻3号　1951.3　p.83

◇音楽の美について（2）　有坂愛彦　「レコード音楽」21巻4号　1951.4　p.25

◇音楽の美について（3）　有坂愛彦　「レコード音楽」21巻5号　1951.5　p.38

◇音階の話―音楽の美について（4）有坂愛彦「レコード音楽」21巻6号 1951.6 p.33

◇モーツァルトの夜曲と嬉遊曲（特輯 モーツァルトの音楽 其四）有坂愛彦「レコード音楽」21巻7号 1951.7 p.19

◇音楽の美について（5）有坂愛彦「レコード音楽」21巻7号 1951.7 p.72

◇音楽の美について（6）有坂愛彦「レコード音楽」21巻8号 1951.8 p.28

◇レコード道楽への第一歩 有坂愛彦「ディスク」14巻1号 1951.9 p.28

◇メニューインを語る（座談会）有坂愛彦, 京極高鋭, 野呂信次郎, 青木謙幸「ディスク」14巻1号 1951.9 p.46

◇音楽の美について（7）ハーモニーの話（1）有坂愛彦「レコード音楽」21巻9号 1951.9 p.79

◇音楽の美について（8完）ハーモニーの話（2）有坂愛彦「レコード音楽」21巻12号 1951.12 p.38

◇昨年の決算―雑談会 あらえびす, 村田武雄, 有坂愛彦, 坏和昌夫, 青木謙幸 司会「ディスク」15巻1号 1952.1 p.20

◇序曲と前奏曲（1）レコード蒐集第一課 有坂愛彦「レコード音楽」22巻1号 1952.1 p.32

◇序曲と前奏曲（2）レコード蒐集第一課 有坂愛彦「レコード音楽」22巻2号 1952.2 p.24

◇第九炉辺談議（座談会）（特集 ベートーヴェンの第九交響曲）有坂愛彦, 門馬直美, 宇野功芳, 佐川吉男「ディスク」18巻14号 1955.12 p.24

◇ヨハネ・ブラームス作「ドイツ鎮魂曲」とレーマン指揮の新盤によせて（対談）津川主一, 有坂愛彦「ディスク」19巻5号 1956.4 p.96

◇クレンペラーとその芸術（座談会）有坂愛彦, 秋元道雄, 岡俊雄「ディスク」20巻3号 1957.3 p.28

◇イーヴ・ナットを語る―逝けるピアニストの残した名演を偲んで（座談会）有坂愛彦, 園田高弘, 園田春子, 大宮真琴, Ａ・キャラビ「ディスク」20巻4号 1957.4 p.34

◇歌劇「カルメン」の新盤 有坂愛彦, 川崎静子, 宮沢縦一「ディスク」20巻5号 1957.5 p.46

◇完全冷房の音楽 有坂愛彦「ディスク」20巻12号 1957.10 p.114

◇三重奏曲 有坂愛彦「ディスク」23巻2号 臨時増刊 ベートーヴェン 1960.1 p.101

池田 圭

◇LPファンのためのハイ・ファイ講座（1）池田圭「ディスク」22巻9号 1959.8 p.140

◇LPファンのためのハイファイ講座（2）池田圭「ディスク」22巻10号 1959.9 p.140

◇LPファンのためのハイファイ講座（3）池田圭「ディスク」22巻11号 1959.10 p.139

◇LPファンのためのハイ・ファイ講座（4）池田圭「ディスク」22巻13号 1959.11 p.147

◇LPファンのためのハイファイ講座（5）池田圭「ディスク」22巻14号 1959.12 p.139

◇LPファンのためのハイファイ講座（6）池田圭「ディスク」23巻1号 1960.1 p.139

◇わが告白的「愛盤」論（私の愛聴盤〔第2回〕）池田圭「ディスク」23巻3号 1960.2 p.66

◇LPファンのためのハイファイ講座（6）池田圭「ディスク」23巻3号 1960.2 p.139

◇LPファンのためのハイファイ講座（8）池田圭「ディスク」23巻4号 1960.3 p.139

◇LP愛好家のためのハイ・ファイ講座（第9回）池田圭「ディスク」23巻5号 1960.4 p.155

◇LPファンのためのハイファイ講座（10）池田圭「ディスク」23巻6号 1960.5 p.147

◇LPファンのためのハイファイ講座（11）池田圭「ディスク」23巻7号 1960.6 p.103

◇LP愛好家のためのハイ・ファイ講座（12）池田圭「ディスク」23巻8号 1960.7 p.103

◇ハイファイ講座（連載第13回）池田圭「ディスク」23巻9号 1960.8 p.103

◇ハイファイ講座（連載・第14回）池田圭「ディスク」23巻10号 1960.9 p.131

◇ハイ・ファイ講座（連載・第15回）池田圭「ディスク」23巻12号 1960.10 p.103

◇ハイ・ファイ講座（連載・第16回）池田圭「ディスク」23巻14号 1960.11 p.107

◇歌劇「カルメン」のステレオ診断 池田圭「ディスク」23巻16号 1960.12 p.98

◇ハイ・ファイ講座（連載・第17回）池田圭「ディスク」23巻16号 1960.12 p.115

◇ハイ・ファイ講座（連載・第18回）池田圭「ディスク」24巻1号 1961.1 p.123

◇ハイ・ファイ講座（第19講）池田圭「ディスク」24巻2号 1961.2 p.141

◇ハイ・ファイ講座（第20講）池田圭「ディスク」24巻3号 1961.3 p.139

◇ハイ・ファイ講座（第21講）池田圭「ディスク」24巻4号 1961.4 p.139

◇ハイ・ファイ講座（第22講）池田圭「ディスク」24巻5号 1961.5 p.139

◇ハイ・ファイ講座（第23講）池田圭「ディスク」24巻6号 1961.6 p.139

◇ハイファイ講座（第24講）池田圭「ディスク」24巻7号 1961.7 p.139

◇ステレオ講座（1）―ハイ・ファイ講座続篇（連載25）池田圭「ディスク」24巻8号 1961.8 p.131

◇ステレオ講座（第2講）（連載26）池田圭「ディスク」24巻10号 1961.9 p.131

◇ステレオ講座（3）（連載27）池田圭「ディスク」24巻11号 1961.10 p.131

◇オーディオ相談室 池田圭 「ディスク」24巻12号 1961.11 p.125

◇ステレオ講座（4）（連載28）池田圭 「ディスク」24巻12号 1961.11 p.129

◇ステレオ講座（5）（連載29）池田圭 「ディスク」24巻13号 1961.12 p.131

◇ステレオ講座（6）（連載30）池田圭 「ディスク」25巻1号 1962.1 p.135

◇ステレオ講座（7）（連載31）池田圭 「ディスク」25巻2号 1962.2 p.135

◇ステレオ講座（8）（連載32）池田圭 「ディスク」25巻3号 1962.3 p.135

◇ステレオ講座（9）（連載33）池田圭 「ディスク」25巻4号 1962.4 p.135

◇ステレオ講座（10）（連載34）池田圭 「ディスク」25巻5号 1962.5 p.135

◇オーディオ講座（11）（連載35）池田圭 「ディスク」25巻6号 1962.6 p.133

◇オーディオ講座（12）（連載36）池田圭 「ディスク」25巻7号 1962.7 p.131

◇オーディオ講座（13）（連載37）池田圭 「ディスク」25巻8号 1962.8 p.131

◇オーディオ講座（14）（連載38）池田圭 「ディスク」25巻9号 1962.9 p.129

◇特別寄稿「ディスク」三百号記念によせて（特集 三百号を記念して）あらえびす, 村田武雄, 城井清澄, 中村善吉, 森潤三郎, 西条卓夫, 藤田不二, 野村光一, 伊奈文夫, 池田圭, 矢萩銀三, 大宮真琴, 岡俊雄, 宮前有吉 「ディスク」25巻10号 1962.10 p.82

◇オーディオ講座（15）（連載39）池田圭 「ディスク」25巻10号 1962.10 p.173

◇オーディオ講座（16）（連載40）池田圭 「ディスク」25巻11号 1962.11 p.147

◇オーディオ講座（17）（連載41）池田圭 「ディスク」25巻12号 1962.12 p.145

◇オーディオ相談室 池田圭 「ディスク」25巻12号 1962.12 p.147

◇オーディオ講座（18）（連載42）池田圭 「ディスク」26巻1号 1963.1 p.149

◇ステレオ講座（19）（連載43）池田圭 「ディスク」26巻3号 1963.3 p.147

石川 義一

◇朝鮮俗曲に就て（朝鮮音楽）石川義一 「音楽と蓄音器」8巻5号 1921.5 p.48

◇蓄音器と社会教化（楽説と学芸）石川義一 「音楽と蓄音器」9巻2号 1922.2 p.8

◇作曲法講話（1）（楽説と学芸）石川義一 「音楽と蓄音器」9巻2号 1922.2 p.30

◇作曲法講話（2）（楽説と学芸）石川義一 「音楽と蓄音器」9巻4号 1922.4 p.22

◇作曲法講話（3その1）（楽説と学芸）石川義一 「音楽と蓄音器」9巻5号 1922.5 p.13

◇新刊「家庭踊解説」を読みて（音楽と趣味）石川義一 「音楽と蓄音機」9巻9号 1922.9 p.53

◇作曲講話（3）その2（楽説と学芸）石川義一 「音楽と蓄音機」9巻11号 1922.11 p.31

◇作曲講話（4）その1（楽説と学芸）石川義一 「音楽と蓄音機」10巻1号 1923.1 p.51

◇作曲講話（4）その2（楽説と学芸）石川義一 「音楽と蓄音機」10巻2号 1923.2 p.5

◇作曲講話（5ノ1）（楽説と学芸）石川義一 「音楽と蓄音機」10巻3号 1923.3 p.12

◇作曲講話（5）其ノ2（楽説と学芸）石川義一 「音楽と蓄音機」10巻5号 1923.5 p.29

◇ラヂオと蓄音機 石川義一 「音楽と蓄音機」12巻11号 1925.11 p.4

◇鴨緑江節の音楽的考察 石川義一 「音楽と蓄音機」12巻11号 1925.11 p.8

◇大正十五年を迎ふるに就て 石川義一 「音楽と蓄音機」13巻1号 1926.1 p.2

◇日本音楽と西洋音楽 石川義一 「音楽と蓄音機」13巻1号 1926.1 p.8

◇演奏に立つまで（日記）石川義一 「音楽と蓄音機」13巻1号 1926.1 p.24

◇我が国音楽界の現況と傾向（上）石川義一 「音楽と蓄音機」13巻2号 1926.2 p.4

◇ピアニストになるには 石川義一 「音楽と蓄音機」13巻2号 1926.2 p.13

◇大衆音楽 石川義一 「音楽と蓄音機」13巻3号 1926.3 p.2

◇我国の西洋音楽の現況と其傾向（下）石川義一 「音楽と蓄音機」13巻3号 1926.3 p.6

◇現代和声楽講義（1）（楽譜入）石川義一 「音楽と蓄音機」13巻3号 1926.3 p.7

◇音楽講談 米東勉（ベートーベン）石川義一 校閲, 楽乃屋家歌子 演 「音楽と蓄音機」13巻3号 1926.3 p.13

◇音楽の大衆化 石川義一 「音楽と蓄音機」13巻4号 1926.4 p.3

◇音楽講談 米東勉（その2）石川義一 校閲, 楽乃家歌子 演 「音楽と蓄音機」13巻4号 1926.4 p.11

◇再び音楽の大衆化に就て 石川義一 「音楽と蓄音機」13巻5号 1926.5 p.6

◇現代和声楽講義（その2）石川義一 「音楽と蓄音機」13巻5号 1926.5 p.9

◇音楽講談 大楽聖 米東勉（その3）石川義一 校閲, 楽乃家歌子 演 「音楽と蓄音機」13巻5号 1926.5 p.47

◇楽界の争闘から音楽の大衆化へ 石川義一 「音楽と蓄音機」13巻6号 1926.6 p.2

◇現代和声楽講義（3）石川義一 「音楽と蓄音機」13巻6号 1926.6 p.9

◇音楽講談 大楽聖 米東勉（其4）石川義一 校閲, 楽乃家歌子 演 「音楽と蓄音機」13巻6号 1926.6 p.41

◇好楽家諸君へ 石川義一 「音楽と蓄音機」13
巻7号 1926.7 p.4

◇現代和声楽講義 (4) 石川義一 「音楽と蓄音
機」13巻7号 1926.7 p.11

◇音楽講談 大楽聖 米東勉 (其5) 石川義一 校
閲, 楽乃家歌子 演 「音楽と蓄音機」13巻7号
1926.7 p.41

◇作曲するには 石川義一 「音楽と蓄音機」13
巻8号 1926.8 p.9

◇音楽講談 大楽聖 米東勉 (其6) 石川義一 校
閲, 楽乃家歌子 演 「音楽と蓄音機」13巻8号
1926.8 p.37

◇音楽講談 大楽聖 米東勉 (その7) 石川義一 校
閲, 楽乃家歌子 演 「音楽と蓄音機」13巻10
号 1926.10 p.107

◇現代和声楽講義 (5) 石川義一 「音楽と蓄音
機」13巻11号 1926.11 p.11

◇音楽講談 大楽聖 米東勉 (その8) 石川義一 校
閲, 楽乃家歌子 演 「音楽と蓄音機」13巻11
号 1926.11 p.41

◇年末の感想 石川義一 「音楽と蓄音機」13巻
12号 1926.12 p.5

◇米とぐ拍子と民謡 石川義一 「音楽と蓄音
機」13巻12号 1926.12 p.13

◇新年所感 石川義一 「音楽と蓄音機」14巻1
号 1927.1 p.2

◇音楽講談 米東勉 (その9) シレジア旅行 石川
義一 校閲, 楽乃家歌子 演 「音楽と蓄音機」
14巻1号 1927.1 p.41

◇音楽講談 ワグネル (1) 出生当時の欧洲 当時
の音楽界の有様 石川義一 校閲, 楽乃家歌子
演 「音楽と蓄音機」14巻1号 1927.1 p.49

◇新日本音楽 石川義一 「音楽と蓄音機」14巻
4号 1927.4 p.2

◇現代和声楽講義 (7・完) 石川義一 「音楽と
蓄音機」14巻4号 1927.4 p.18

◇音楽講談 米東勉 (10) 石川義一 校閲, 楽乃家
歌子 演 「音楽と蓄音機」14巻4号 1927.4
p.31

◇音楽講談 ワグネル (2) 石川義一 校閲, 楽乃
家歌子 演 「音楽と蓄音機」14巻4号 1927.4
p.37

◇朝鮮の民謡を尋ねて (1) 石川義一 「音楽と
蓄音機」14巻5号 1927.5 p.20

◇音楽講談 米東勉 (その11) 石川義一 校閲, 楽
乃家歌子 演 「音楽と蓄音機」14巻5号 1927.
5 p.37

◇朝鮮の民謡を尋ねて (2) 石川義一 「音楽と
蓄音機」14巻6号 1927.9 p.19

◇音楽講談 米東勉 (その12) 石川義一 校閲, 楽
乃家歌子 演 「音楽と蓄音機」14巻6号 1927.
9 p.25

石川 登志夫

◇再プレスに就て (読者の声) 石川登志夫 「レ
コード音楽」8巻12号 1934.12 p.126

◇ディスク・サロン―マレシャルのことども 石
川登志夫 「ディスク」9巻6号 1937.6 p.613

◇カザルスの生誕七十五歳を祝して 石川登志
夫 訳, ジャック・テイボー 「ディスク」15
巻3号 1952.3 p.228

◇カザルスの生誕七十五歳を祝して 石川登志
夫 訳, アルフレッド・コルトー 「ディスク」
15巻3号 1952.3 p.228

◇カザルスの生誕七十五歳を祝して 石川登志
夫 訳, モーリス・マレシャル 「ディスク」
15巻3号 1952.3 p.229

◇カザルスの生誕七十五歳を祝して 石川登志
夫 訳, モーリス・ジャンドロン 「ディスク」
15巻3号 1952.3 p.230

◇カザルスの生誕七十五歳を祝して 石川登志
夫 訳, シェラール・ポエール 「ディスク」
15巻3号 1952.3 p.231

◇パブロ・カザルス モーリス・アイゼンベル
ク, 石川登志夫 訳 「ディスク」15巻3号
1952.3 p.258

◇LPに活躍する指揮者達 その2 石川登志夫
「ディスク」15巻5号 1952.5 p.503

◇一九五二年の仏ディスク大賞 石川登志夫
「ディスク」15巻5号 1952.5 p.514

◇仏ディスク大賞レコード補遺 石川登志夫
「ディスク」15巻6号 1952.6 p.609

◇仏ディスク大賞レコード選衡経過 石川登志
夫 「ディスク」15巻7号 1952.7 p.726

◇私の好きなコルトオのレコード 鮎野行夫,
小林利之, 熊田秀四郎, 石川登志夫, 田中良
雄, 佐川吉男, 松井丈夫, 杉浦繁 「ディス
ク」15巻11号 1952.10 p.1028

◇カザルスとの対談 コレドール, 石川登志夫
訳 「ディスク」15巻13号 1952.12 p.1216

◇ジュネット・ヌブーの言葉 石川登志夫 訳
「ディスク」16巻1号 1953.1 p.41

◇現代フランス作曲家へのアンケート 石川登
志夫 訳 「ディスク」16巻2号 1953.2 p.128

◇ショパン演奏家サムソン・フランソワ 石川登
志夫 訳 「ディスク」16巻5号 1953.4 p.341

◇フランス提琴界の新星フェラ 石川登志夫
「ディスク」16巻8号 1953.7 p.724

◇一九五三年度フランス・ディスク大賞発表 石
川登志夫 「ディスク」17巻2号 1954.2 p.139

◇フランス・ディスク大賞 (一九五四年度) 石
川登志夫 「ディスク」17巻9号 1954.8 p.105

◇サンソン・フランソワ LP新演奏家物語 石川
登志夫 「ディスク」18巻7号 1955.6 p.152

◇101人のLP新演奏家物語 池田輝子, 石川登
志夫, 上野一郎 「ディスク」18巻9号 1955.7
p.132

◇音楽祭ニュース 石川登志夫 「ディスク」18
巻10号 1955.8 p.140

◇一〇一人の新演奏家物語 (7) 石川登志夫, 藤
田不二 「ディスク」18巻10号 1955.8 p.142

◇101人のLP新演奏家物語 (9) 上野一郎，石川登志夫 「ディスク」18巻12号 1955.10 p.94

◇101人のLP新演奏家物語 (10) 石川登志夫，上野一郎，藤田不二 「ディスク」18巻13号 1955.11 p.128

◇101人の新演奏家物語 上野一郎，石川登志夫 「ディスク」18巻14号 1955.12 p.133

◇シャルパンティエ頌 アルベール・ヴォルフ，石川登志夫 訳 「ディスク」19巻8号 1956.6 p.45

◇未発売レコードによるティボー追憶 石川登志夫 「ディスク」19巻12号 1956.9 p.36

◇「悲しい日」リパッティの母の手記 石川登志夫 訳 「ディスク」19巻15号 1956.12 p.44

◇誤りやすいフランスの人名と地名の読み方 石川登志夫 「ディスク」20巻2号 1957.2 p.158

◇レーヌ・ジャノリとの対談 イヴ・ユシエール，石川登志夫 訳 「ディスク」20巻3号 1957.3 p.59

◇ティサン・ヴァランタンとの対談 ユシェール，石川登志夫 訳 「ディスク」20巻4号 1957.4 p.45

◇アンドール・フォルデスとの対談 ジャンティ，石川登志夫 訳 「ディスク」20巻5号 1957.5 p.110

◇戦後のイーヴ・ナット 石川登志夫 「ディスク」20巻7号 1957.7 p.60

◇マグダ・タリアフェロとの対談 ニコール・イルシュ，石川登志夫 訳 「ディスク」20巻7号 1957.7 p.141

◇パウル・クレツキーとの対談 イーヴ・ユシェール，石川登志夫 訳 「ディスク」20巻9号 1957.8 p.136

◇さげすまれた栄誉 ベルナール・ギャヴォティ，石川登志夫 訳 「ディスク」20巻11号 1957.9 p.153

◇ヴァンデルノートとの対談 ミシェル・ロラン，石川登志夫 訳 「ディスク」20巻12号 1957.10 p.113

◇カサドゥシュスとの対談 イーヴ・ユシェール，石川登志夫 訳 「ディスク」20巻13号 1957.11 p.36

◇モントゥとの対談 シャムフレー，石川登志夫 訳 「ディスク」20巻15号 1957.12 p.124

◇クリュイタンスとの対談 イヴ・ユシェール，石川登志夫 訳 「ディスク」21巻1号 1958.1 p.44

◇ツィフラとの対談 イヴ・ユシェール，石川登志夫 訳 「ディスク」21巻2号 1958.2 p.155

◇新人指揮者マーツェルとの対談 イヴ・ユシェール，石川登志夫 訳 「ディスク」21巻3号 1958.3 p.44

◇ポール・パレーとの対談 シャムフレー，石川登志夫 訳 「ディスク」21巻4号 1958.4 p.54

◇フィリップ・アントルモンとの対談 イーヴ・ユシェール，石川登志夫 訳 「ディスク」21巻5号 1958.5 p.154

◇シューリヒトとの対談 イヴ・ユシェール，石川登志夫 訳 「ディスク」21巻6号 1958.6 p.48

◇マルグリット・ロンとの対談 イヴ・ユシェール，石川登志夫 訳 「ディスク」21巻7号 1958.7 p.48

◇プーランクの歌劇「カルメル会修道女の対話」 石川登志夫 「ディスク」21巻7号 1958.7 p.146

◇ピエール・デルヴォーとの対談 イヴ・ユシェール，石川登志夫 訳 「ディスク」21巻8号 1958.8 p.56

◇若いフランスのヴァイオリニスト クリスチャン・フェラスとの対談 イーヴ・ユシェール，石川登志夫 訳 「ディスク」21巻9号 1958.9 p.36

◇ジャン・フルネとの対談 ユシェール，石川登志夫 訳 「ディスク」21巻10号 1958.10 p.150

◇モニック・アースとの対談 ユシェール，石川登志夫 訳 「ディスク」21巻11号 1958.11 p.62

◇フェレンツ・フリッチャイとの対談 イヴ・ユシェール，石川登志夫 訳 「ディスク」21巻12号 1958.12 p.122

◇ピエール・フルニエとの対談 イヴ・ユシェール，石川登志夫 訳 「ディスク」22巻3号 1959.3 p.42

◇マルセル・デュプレとの対談 イヴ・ユシェール，石川登志夫 訳 「ディスク」22巻4号 1959.4 p.58

◇ホセ・イトゥルビの対談 イヴ・ユシェール，石川登志夫 訳 「ディスク」22巻5号 1959.5 p.46

◇ミシェル・オークレールとの対談 イヴ・ユシェール，石川登志夫 訳 「ディスク」22巻6号 1959.6 p.48

◇イゴール・マルケヴィッチとの対談 石川登志夫 訳 「ディスク」22巻7号 1959.7 p.46

◇ワンダ・ランドフスカをたづねて ド・ラ・グランジュ，石川登志夫 訳 「ディスク」22巻9号 1959.8 p.26

◇ドビュッシーの「歌曲集」(アラリ) (新着LP試聴室) 石川登志夫 「ディスク」22巻9号 1959.8 p.161

◇ジョルジ・ソルシャニーとの対談 イヴ・ユシェール，石川登志夫 訳 「ディスク」22巻10号 1959.9 p.52

◇マニュエル・ロザンタールとの対談 ヴェラ・ヴォルマーヌ，石川登志夫 訳 「ディスク」22巻11号 1959.10 p.52

◇ジェラール・スゼーとの対談 イヴ・ユシェール，石川登志夫 訳 「ディスク」22巻13号 1959.11 p.42

◇フェリシア・ブルメンタールとの対談 イヴ・ユシェール，石川登志夫 訳 「ディスク」22巻14号 1959.12 p.130

◇グリュミオーとハスキルのモーツァルト・ソナタ集（新着LP試聴室）石川登志夫 「ディスク」22巻14号 1959.12 p.157

◇エミール・ギレリスとの対談 ヴェラ・ヴォルマーヌ，石川登志夫 訳 「ディスク」23巻1号 1960.1 p.116

◇私の愛聴盤（特集 私の愛聴盤）石川登志夫 「ディスク」23巻1号 1960.1 p.178

◇キム・ボルイとの対談 イヴ・ユシェール，石川登志夫 訳 「ディスク」23巻3号 1960.2 p.128

◇ランパルとラスキーヌのモーツァルト「フルートとハープの協奏曲」（新着LP試聴室）石川登志夫 「ディスク」23巻3号 1960.2 p.165

◇ワイエンベルクとの対談 イヴ・ユシェール，石川登志夫 訳 「ディスク」23巻4号 1960.3 p.52

◇フランス第一のクラリネットの名手 ユリス・ドゥレクリューズとの対談 イーヴ・ユシェール，石川登志雄 訳 「ディスク」23巻6号 1960.5 p.50

◇ユーディ・メニューインとの対談 ヴェラ・ヴォルマーヌ，石川登志夫 訳 「ディスク」23巻8号 1960.7 p.90

◇オイストラッフ父子との対談 ヴェラ・ヴォルマーヌ，石川登志夫 訳 「ディスク」23巻9号 1960.8 p.40

◇航空事故で娘を失った母の手記 ジネット・ヌヴーの思い出（上）ロンズ＝ヌヴー，石川登志夫 訳 「ディスク」23巻10号 1960.9 p.30

◇夭折した情熱のヴァイオリニスト ジネット・ヌヴーの思い出（下）ロンズ＝ヌヴー，石川登志夫 訳 「ディスク」23巻12号 1960.10 p.38

◇来日するシェベックとの対談 ユシェール，石川登志夫 訳 「ディスク」23巻16号 1960.12 p.102

◇リパッティの想い出（1）アンナ・リパッティ，石川登志夫 訳 「ディスク」24巻1号 1961.1 p.140

◇リパッティの想い出（2）アンナ・リパッティ，石川登志夫 訳 「ディスク」24巻2号 1961.2 p.72

◇ジャンドロンの奏くベートーヴェン，ブラームスのソナタ（新着LP試聴室）石川登志夫 「ディスク」24巻2号 1961.2 p.112

◇カザルスとの対話（特集・カザルスのすべて）ヴォルマーヌ，石川登志夫 訳 「ディスク」24巻4号 1961.4 p.25

◇チッコリーニとの対話 ユシェール，石川登志夫 訳 「ディスク」24巻5号 1961.5 p.43

◇六〇年度ACCディスク大賞 石川登志夫 「ディスク」24巻6号 1961.6 p.97

◇シルヴェストリとの対話 ヴォルマーヌ，石川登志夫 訳 「ディスク」24巻6号 1961.6 p.132

◇マルケヴィッチとソ連を旅して ダサイー，石川登志夫 訳 「ディスク」24巻8号 1961.8 p.34

◇ビルギット・ニルソンとの対話 サン・クラール，石川登志夫 訳 「ディスク」25巻1号 1962.1 p.99

◇ニノン・ヴァラン追悼 石川登志夫 「ディスク」25巻3号 1962.3 p.59

◇モーツァルトの二つの協奏交響曲（新着LP試聴室）石川登志夫 「ディスク」25巻6号 1962.6 p.117

◇クロアザの演奏講習会より（「不朽の名歌手」の復活によせて）石川登志夫 「ディスク」25巻10号 1962.10 p.147

◇ミシェル・オークレールの横顔 石川登志夫 「ディスク」27巻1号 1964.1 p.122

◇1964年度ディスク・ナショナル大賞発表 石川登志夫 「ディスク」27巻3号 1964.3 p.120

◇レーヴェングート弦楽四重奏団の横顔 石川登志夫 「ディスク」27巻4号 1964.4 p.126

◇稀代のテクニシャン ブリュショルリの横顔 石川登志夫 「ディスク」27巻5号 1964.5 p.144

◇プレスティ＝ラゴヤ二重奏団の横顔 石川登志夫 「ディスク」27巻6号 1964.6 p.78

◇ピェール・ネリーニの横顔 石川登志夫 「ディスク」27巻7号 1964.7 p.112

◇アルド・チッコリーニの横顔 石川登志夫 「ディスク」27巻8号 1964.8 p.108

◇クリスチャン・フェラスの横顔 石川登志夫 「ディスク」27巻9号 1964.9 p.112

岩井 宏之

◇ハイドンのホルン協奏曲 岩井宏之 「ディスク」21巻4号 1958.4 p.46

◇室内楽の生い立ち—私たちの音楽史（第2期・1）岩井宏之 「ディスク」21巻6号 1958.6 p.44

◇ハイドンの室内楽—私たちの音楽史（第2期・2）岩井宏之 「ディスク」21巻7号 1958.7 p.54

◇ハイドンの絃楽四重奏曲—私たちの音楽史（第2期・3）岩井宏之 「ディスク」21巻8号 1958.8 p.46

◇ハイドンの後期の絃楽四重奏曲—私たちの音楽史（第2期・4）岩井宏之 「ディスク」21巻9号 1958.9 p.56

◇モーツァルトの室内楽曲—私たちの音楽史（第2期・5）岩井宏之 「ディスク」21巻10号 1958.10 p.40

◇ベートーヴェンの室内楽曲—私たちの音楽史 岩井宏之 「ディスク」21巻11号 1958.11 p.44

◇ベートーヴェンの弦楽四重奏曲（1）―私たち
の音楽史（第2期・7）岩井宏之　「ディスク」
22巻1号　1959.1　p.110

◇ベートーヴェンの弦楽四重奏曲（2）―私たち
の音楽史（第2期・8）岩井宏之　「ディスク」
22巻2号　1959.2　p.50

◇協奏曲の発展―私たちの音楽史（第2期・9）
岩井宏之　「ディスク」22巻3号　1959.3　p.54

◇モーツァルト以前の協奏曲―私たちの音楽史
（第2期・10）岩井宏之　「ディスク」22巻4号
1959.4　p.134

◇モーツァルトのピアノ協奏曲―私たちの音楽
史（第2期・11）岩井宏之　「ディスク」22巻5
号　1959.5　p.160

◇モーツァルトのピアノ協奏曲（2）―私たちの
音楽史（第2期・12）岩井宏之　「ディスク」
22巻6号　1959.6　p.128

◇モーツァルトのピアノ協奏曲（3）―私たちの
音楽史（第2期・13）岩井宏之　「ディスク」
22巻7号　1959.7　p.56

◇デュセックのピアノ協奏曲―私たちの音楽史
（第2期・14）岩井宏之　「ディスク」22巻9号
1959.8　p.58

◇ボッケリーニのチェロ協奏曲と室内楽曲―私
たちの音楽史（第2期・15）岩井宏之　「ディ
スク」22巻10号　1959.9　p.170

◇ロココの文化と時代精神―私たちの音楽史
（第2期・16）岩井宏之　「ディスク」22巻11
号　1959.10　p.166

◇バロックからロココへ―私たちの音楽史（第2
期・17）岩井宏之　「ディスク」22巻13号
1959.11　p.54

◇クープランとフランス・ロココ―私たちの音
楽史（第2期・18）岩井宏之　「ディスク」22
巻14号　1959.12　p.56

◇北ドイツの啓蒙思想と多感様式―私たちの音
楽史（第2期・19）岩井宏之　「ディスク」23
巻1号　1960.1　p.168

◇交響曲の誕生―私たちの音楽史（第2期・20）
岩井宏之　「ディスク」23巻3号　1960.2　p.50

◇交響曲の先駆者たち―私たちの音楽史（第2
期・21）岩井宏之　「ディスク」23巻4号
1960.3　p.48

◇ヨハン・スターミッツ―私たちの音楽史（第2
期・22）岩井宏之　「ディスク」23巻5号
1960.4　p.54

◇前古典派の大家たち―私たちの音楽史（第2
期・23）岩井宏之　「ディスク」23巻6号
1960.5　p.52

◇ハイドンの交響曲（1）―私たちの音楽史（第2
期・24）岩井宏之　「ディスク」23巻7号
1960.6　p.122

◇ヨーゼフ・ハイドンの交響曲（2）―私たちの
音楽史（第2期・25）岩井宏之　「ディスク」
23巻8号　1960.7　p.122

◇モーツァルトの交響曲―私たちの音楽史（第2
期・26）岩井宏之　「ディスク」23巻9号
1960.8　p.122

◇一八世紀のオーケストラ―私たちの音楽史
（第2期・27）岩井宏之　「ディスク」23巻10
号　1960.9　p.50

◇ピアノ音楽（1）ドメニコ・スカルラッティと
イタリアのピアノ音楽―私たちの音楽史（第2
期・28）岩井宏之　「ディスク」23巻12号
1960.10　p.42

◇ピアノ音楽（2）ハイドンとモーツァルト―私
たちの音楽史（第2期・29）岩井宏之　「ディ
スク」23巻14号　1960.11　p.128

◇フランス・クラヴサン楽派とラモー　岩井宏
之　「ディスク」23巻16号　1960.12　p.94

◇ロンドンとザロモンとハイドンと　岩井宏之
「ディスク」24巻1号　1961.1　p.40

◇一八世紀のオペラ（1）（ナポリ楽派のオペラ）
―私たちの音楽史（第2期・30）岩井宏之
「ディスク」24巻2号　1961.2　p.124

◇一八世紀のオペラ（2）（フランス篇）―私たち
の音楽史（第2期・31）岩井宏之　「ディスク」
24巻3号　1961.3　p.71

◇一八世紀のオペラ（3）グルックのオペラ改革
―私たちの音楽史（第2期・32）岩井宏之
「ディスク」24巻4号　1961.4　p.120

◇一八世紀のオペラ（4）（モーツァルト（3））―
私たちの音楽史（第2期・33）岩井宏之
「ディスク」24巻5号　1961.5　p.84

◇一八世紀のカトリック教会音楽―私たちの音
楽史（第2期・34）岩井宏之　「ディスク」24
巻6号　1961.6　p.110

◇18世紀の宗教音楽（2）モーツァルトのミサ曲
―私たちの音楽史（第2期・35）岩井宏之
「ディスク」24巻8号　1961.8　p.115

◇一八世紀の宗教音楽（3）十八世紀後期のオラ
トリオ―私たちの音楽史（第2期・36）岩井宏
之　「ディスク」24巻11号　1961.10　p.117

◇十八世紀のドイツ歌曲―私たちの音楽史（第2
期・37）岩井宏之　「ディスク」24巻12号
1961.11　p.118

◇一八世紀の社会と音楽―私たちの音楽史（第2
期・38）岩井宏之　「ディスク」25巻1号
1962.1　p.122

◇十八世紀のスペイン音楽―私たちの音楽史
（第2期・39）岩井宏之　「ディスク」25巻2号
1962.2　p.122

◇ウィーン古典派からロマン派へ―私たちの音
楽史（第2期・40）岩井宏之　「ディスク」25
巻4号　1962.4　p.122

◇ロマン派の音楽―私たちの音楽史（第2期・
41）岩井宏之　「ディスク」25巻5号　1962.5
p.122

◇ウエーバーとドイツ・ロマン派の歌劇―私た
ちの音楽史（第2期・42）岩井宏之　「ディス
ク」25巻6号　1962.6　p.112

◇イタリアのオペラ―私たちの音楽史（第2期・43）岩井宏之 「ディスク」25巻7号 1962.7 p.106

◇十九世紀前半のフランス・オペラ―十九世紀のオペラ（3）―私たちの音楽史（第2期・44）岩井宏之 「ディスク」25巻8号 1962.8 p.116

◇ハースの〈ベートーヴェン・三大ピアノ奏鳴曲〉集（新着LP試聴室）岩井宏之 「ディスク」25巻9号 1962.9 p.113

◇シューベルト，メンデルスゾーンの器楽曲―私たちの音楽史（第2期・45）岩井宏之 「ディスク」25巻9号 1962.9 p.122

◇シューマンのピアノ曲―ロマン派の器楽曲（2）―私たちの音楽史（第2期・47）岩井宏之 「ディスク」25巻10号 1962.10 p.144

◇新人マシューズの弾くベートーヴェン〈バガテル〉集（新着LP試聴室）岩井宏之 「ディスク」25巻10号 1962.10 p.152

◇ショパンの音楽―ロマン派の器楽曲（3）―私たちの音楽史（第2期・47）岩井宏之 「ディスク」25巻11号 1962.11 p.130

◇リストのピアノ曲―ロマン派のピアノ曲（4）―私たちの音楽史（第2期・48）岩井宏之 「ディスク」25巻12号 1962.12 p.134

◇〈ベートーヴェン・1〉（レコード・ファンのための音楽書（1））岩井宏之 「ディスク」26巻1号 1963.1 p.135

◇〈ベートーヴェン・2〉（レコード・ファンのための音楽書（2））岩井宏之 「ディスク」26巻2号 1963.2 p.81

◇今春来日するレーデルのモーツァルト〈嬉遊曲集〉（各社三月新譜速報と聴きもの）岩井宏之 「ディスク」26巻2号 1963.2 p.126

◇〈ベートーヴェン〉その3（レコード・ファンのための音楽書（3））岩井宏之 「ディスク」26巻3号 1963.3 p.97

◇メニューインのヴィヴァルディ，バッハ，ヘンデル（各社四月新譜速報とその聴きもの）岩井宏之 「ディスク」26巻3号 1963.3 p.126

◇ブラームスのピアノ曲―ロマン派のピアノ曲（5）―私たちの音楽史（第2期・49）岩井宏之 「ディスク」26巻3号 1963.3 p.138

◇〈モーツァルト〉その1（レコード・ファンのための音楽書（4））岩井宏之 「ディスク」26巻4号 1963.4 p.93

◇十八世紀のトランペット協奏曲集（各社五月新譜速報とその聴きもの）岩井宏之 「ディスク」26巻4号 1963.4 p.117

◇ベートーヴェンの交響曲とその伝統―一九世紀の交響曲（1）―私たちの音楽史（第2期・50）岩井宏之 「ディスク」26巻4号 1963.4 p.124

◇ウィーン・ゾリステンの〈ウィーンのモーツァルト〉（各社9月新譜とその聴きもの）岩井宏之 「ディスク」26巻5号 1963.8 p.156

◇クレンペラーの新録音 モーツァルトの〈第40番〉〈第41番〉（各社10月新譜とその聴きもの）岩井宏之 「ディスク」26巻6号 1963.9 p.152

◇バロックの真髄〈テレマン・トリオ・ソナタ集〉（各社10月新譜とその聴きもの）岩井宏之 「ディスク」26巻6号 1963.9 p.155

◇名曲落穂ひろい（1）名曲の背番号 岩井宏之 「ディスク」26巻7号 1963.10 p.110

◇カーゾンとウィーン・フィルQのドヴォルザーク「ピアノ五重奏」他（各社11月新譜速報とその聴きもの）岩井宏之 「ディスク」26巻7号 1963.10 p.140

◇真作と偽作（名曲落穂ひろい・2）岩井宏之 「ディスク」26巻8号 1963.11 p.122

◇ホルショウスキー／ブダペストの「鱒」他（各社12月新譜速報とその聴きもの）岩井宏之 「ディスク」26巻8号 1963.11 p.140

◇「フィデリオ」の意味するもの（八つの舞台に聴いたもの―ベルリン・ドイツ・オペラ）岩井宏之 「ディスク」26巻9号 1963.12 p.90

◇セレナーデについて（名曲落穂ひろい・3）岩井宏之 「ディスク」26巻9号 1963.12 p.124

◇パガニーニ／アッカルドの第三弾（各社1月新譜速報とその聴きもの）岩井宏之 「ディスク」26巻9号 1963.12 p.138

◇標題と音楽（名曲落穂ひろい・4）岩井宏之 「ディスク」27巻1号 1964.1 p.126

◇セル／クリーヴランドの〈ウィンナ・ワルツ〉（各社二月新譜速報とその聴きもの）岩井宏之 「ディスク」27巻1号 1964.1 p.140

◇バルヒェットの弾く「バッハ協奏曲集」（各社二月新譜速報とその聴きもの）岩井宏之 「ディスク」27巻1号 1964.1 p.143

◇民謡と歌曲（名曲落穂ひろい・4）岩井宏之 「ディスク」27巻2号 1964.2 p.136

◇ファリアの「スペインの庭の夜」とハープシコード協奏曲／ソリアーノ（各社三月新譜速報とその聴きもの）岩井宏之 「ディスク」27巻2号 1964.2 p.142

◇メヌエットについて（名曲落穂ひろい・5）岩井宏之 「ディスク」27巻3号 1964.3 p.122

◇L・モーツァルトの「トランペット協奏曲」他（各社四月新譜速報とその聴きもの）岩井宏之 「ディスク」27巻3号 1964.3 p.142

◇ルービンシュタイン／ラフマニノフ「パガニーニの主題による狂詩曲」他のステレオ（各社四月新譜速報とその聴きもの）岩井宏之 「ディスク」27巻3号 1964.3 p.146

◇アンチェル／チェコ・フィルの「わが祖国」全曲（各社五月新譜速報とその聴きもの）岩井宏之 「ディスク」27巻4号 1964.4 p.141

◇メヌエットとスケルツォ（2）（名曲落穂ひろい・6）岩井宏之 「ディスク」27巻5号 1964.5 p.118

上野 一郎

◇クーベリック/ベルリン・フィル、シューマンの「交響曲第1,4番」(各社六月新譜速報とその聴きもの) 岩井宏之 「ディスク」27巻5号 1964.5 p.149

◇ボスコフスキー〜リリ・クラウスのモーツァルト/ヴァイオリン・ソナタ選集 岩井宏之 「ディスク」27巻11号 1964.11 p.74

◇フリッチャイの「モルダウ」リハーサル(話題の海外レコード試聴室) 岩井宏之 「ディスク」28巻4号 1965.4 p.90

◇スプラフォン室内楽シリーズ 岩井宏之 「ディスク」28巻5号 1965.5 p.70

◇その魅力とレコードを語る座談会 (特集 モーツァルトの交響曲) 岩井宏之, 岡俊雄, 小林利之 「ディスク」29巻4号 1966.4 p.66

◇カラヤンとベルリン・フィル(話題の春の演奏会をきく) 岩井宏之,黒田恭一,小林利之,浜田徳昭 「ディスク」29巻6号 1966.6 p.76

上野 一郎

◇グリンドボーン歌劇場 ストラングウェーズ,上野一郎 訳 「レコード音楽」12巻6号 1938.6 p.32

◇輸入されない音楽映画の話 (1) 上野一郎 「レコード音楽」12巻8号 1938.8 p.115

◇輸入されない音楽映画の話 (2) 上野一郎 「レコード音楽」12巻9号 1938.9 p.117

◇輸入されない音楽映画の話 (3) 上野一郎 「レコード音楽」12巻10号 1938.10 p.73

◇輸入されない音楽映画の話 (4) 上野一郎 「レコード音楽」12巻11号 1938.11 p.73

◇輸入されない音楽映画の話 (完結) 上野一郎 「レコード音楽」12巻12号 1938.12 p.76

◇「アメリカ交響楽」余聞 上野一郎 「レコード音楽」17巻3号 1947.6 p.33

◇レコード芸術家の出演する音楽映画「カーネギー・ホール」 上野一郎 「レコード音楽」17巻6号 1947.12 p.9

◇一九四七年フランス・ディスク大賞 上野一郎 「レコード音楽」18巻5号 1948.5 p.14

◇音楽映画の頁 上野一郎 「レコード音楽」18巻8・9号 1948.9 p.37

◇十月の音楽映画 上野一郎 「レコード音楽」18巻10号 1948.10 p.47

◇英国映画の音楽 上野一郎 「レコード音楽」18巻11号 1948.11 p.27

◇今月の音楽映画 上野一郎 「レコード音楽」19巻5号 1949.5 p.56

◇楽聖ショパン(新着音楽映画) 上野一郎 「レコード音楽」19巻6号 1949.6 p.42

◇赤い靴(音楽映画の頁) 上野一郎 「レコード音楽」20巻3号 1950.3 p.83

◇バッハのレコード─海外レコード(バッハ二百年祭記念) 上野一郎 「レコード音楽」20巻7号 1950.7 p.46

◇「夜も昼も」(音楽映画) 上野一郎 「レコード音楽」20巻11号 1950.11 p.72

◇絢爛たる音楽映画カーネギー・ホール 上野一郎 「レコード音楽」22巻5号 1952.1 p.82

◇トスカニーニの「悲愴」─外誌から見た批評 上野一郎 「レコード音楽」22巻4号 1952.4 p.86

◇プラード音楽祭のL.P─外誌から見た批評 上野一郎 「レコード音楽」22巻6号 1952.6 p.53

◇ゼルキンの「皇帝」他─外誌から見た批評 上野一郎 「レコード音楽」22巻7号 1952.7 p.59

◇百万ドル・トリオのラヴェル「ピアノ三重奏曲」─外誌から見た批評 上野一郎 「レコード音楽」22巻8号 1952.8 p.50

◇ベートーヴェンの「第一交響曲」他─外誌から見た批評 上野一郎 「レコード音楽」22巻9号 1952.9 p.68

◇トスカニーニの「未完成」とハイフェッツの「スペイン交響曲」(座談会) 村田武雄, 大木正興, 上野一郎, 藁科雅美 「レコード音楽」22巻10号 1952.10 p.46

◇世界レコード界の十大ニュース(特集 一九五二年度の総決算) 上野一郎 「レコード音楽」22巻12号 1952.12 p.36

◇「フィガロの結婚」のL.P─外誌から見た批評 上野一郎 「レコード音楽」22巻12号 1952.12 p.63

◇カラヤンとトスカニーニの「第九」─外誌からの批評(特集・二つの第九) 上野一郎 「レコード音楽」23巻1号 1953.1 p.44

◇ザ・サダディ・レヴィュー─海外誌紹介 上野一郎 「レコード音楽」23巻1号 1953.1 p.107

◇ベルリン陥落(映画音楽) 上野一郎 「レコード音楽」23巻1号 1953.1 p.109

◇ライブラリイ・ジャーナル─海外の音楽雑誌 上野一郎 「レコード音楽」23巻2号 1953.2 p.43

◇ベルリオーズの「鎮魂ミサ曲」─外誌から見た批評 上野一郎 「レコード音楽」23巻2号 1953.2 p.47

◇シゲティーのレコード・リスト 上野一郎 編 「レコード音楽」23巻3号 1953.3 p.19

◇外誌からみた批評 上野一郎 「レコード音楽」23巻4号 1953.4 p.73

◇ギーゼキングのレコード・リスト 上野一郎 「レコード音楽」23巻4号 1953.4 p.124

◇小品名曲百曲選─レコード音楽名曲決定盤 上野一郎, 木村重雄, 福原信夫, 大木正興, 田代秀genre, 牧定忠, 太田祐満, 寺西春雄, 八木進, 大宮真琴, 西山広一 「レコード音楽」23巻4号 1953.4 p.129

◇マリアン・アンダースンと黒人霊歌 上野一郎 訳 「レコード音楽」23巻5号・6号 1953.6 p.10

◇四つの「太公トリオ」(話題のLP特集) 上野一郎 「レコード音楽」23巻5号・6号 1953.6 p.43

◇外誌からみた批評 上野一郎 「レコード音楽」23巻5号・6号 1953.6 p.48

◇マリアン・アンダースンのレコード・リスト 上野一郎 編 「レコード音楽」23巻5号・6号 1953.6 p.152

◇フィデリオと最近のフルトヴェングラー(海外LP試聴室) 上野一郎 「ディスク」17巻11号 1954.10 p.118

◇ポール・バレーのカムバック 「ボレロ」と「スペイン綺想曲」 上野一郎 「ディスク」17巻13号 1954.12 p.78

◇五四年度仏ディスク大賞の「ラ・ソンナムゾーラ」全曲盤(新着LP紹介) 上野一郎 「ディスク」18巻1号 1955.1 p.134

◇101人のLP新演奏家物語(1) 今堀淳一, 上野一郎, 岡俊雄, 小林利之, 藤田不二 「ディスク」18巻1号 1955.1 p.146

◇101人のLP新演奏家物語(2) 上野一郎, 杉浦繁, 藤田不二 「ディスク」18巻2号 1955.2 p.34

◇リッチイのサラサーテ名曲集 上野一郎 「ディスク」18巻2号 1955.2 p.76

◇バルトークの管絃楽の協奏曲(新着LP紹介) 上野一郎 「ディスク」18巻2号 1955.2 p.127

◇101人のLP新演奏家物語(3) 上野一郎, 小林利之, 桃園春夫 「ディスク」18巻4号 1955.3 p.44

◇シンフォニー・オブ・ジ・エアー――新緑の五月を飾るその来日 上野一郎 「ディスク」18巻5号 1955.4 p.40

◇モーツァルトの木管協奏曲(新着LP紹介) 上野一郎, 小谷彰 「ディスク」18巻5号 1955.4 p.142

◇映画の名曲ラフマニノフの協奏曲―とそのLPの選び方 上野一郎 「ディスク」18巻9号 1955.7 p.38

◇101人のLP新演奏家物語 池田輝子, 石川登志夫, 上野一郎 「ディスク」18巻9号 1955.7 p.132

◇ブダペスト絃楽四重奏団のベートーヴェン全集をめぐつて(座談会) 上野一郎, 高橋昭, 佐川吉男 「ディスク」18巻10号 1955.8 p.28

◇二つのプラーグ交響曲(新着LP紹介) 上野一郎 「ディスク」18巻10号 1955.8 p.116

◇シベリウスのヴァイオリン協奏曲とオイストラッフ 上野一郎 「ディスク」18巻11号 1955.9 p.58

◇110人のLP新演奏家物語(8) 上野一郎, 藤田不二 「ディスク」18巻11号 1955.9 p.154

◇101人のLP新演奏家物語(9) 上野一郎, 石川登志夫 「ディスク」18巻12号 1955.10 p.94

◇新発足のエンジェル・レコード(座談会) 上野一郎, 岡俊雄, 石坂範一郎, 青木謙幸 司会 「ディスク」18巻12号 1955.10 p.118

◇天衣無縫のコレクション 上野一郎 「ディスク」18巻12号 1955.10 p.138

◇世界を唸らせたトリオ 上野一郎 「ディスク」18巻13号 1955.11 p.122

◇101人のLP新演奏家物語(10) 石川登志夫, 上野一郎, 藤田不二 「ディスク」18巻13号 1955.11 p.128

◇101人の新演奏家物語 上野一郎, 石川登志夫 「ディスク」18巻14号 1955.12 p.133

◇「第九」聴きくらべ―外誌の評による海外第九評判記 上野一郎 「ディスク」19巻1号 1956.1 p.52

◇モーツァルトのピアノ曲(モーツァルト生誕二〇〇年祭記念特集) 上野一郎 「ディスク」19巻1号 1956.1 p.176

◇LPに現われた欧米の室内合奏団めぐり(1) 上野一郎 「ディスク」19巻5号 1956.4 p.32

◇ウィーン国立歌劇場再建物語(1) J・ヴェクスバーグ, 上野一郎 訳 「ディスク」19巻6号 1956.5 p.52

◇LPに現われた欧米の室内合奏団めぐり(2) 上野一郎 「ディスク」19巻6号 1956.5 p.70

◇ウィーン国立歌劇場再建物語(2) J・ヴェクスバーグ, 上野一郎 訳 「ディスク」19巻8号 1956.6 p.64

◇ディートリッヒ・フィッシャー=ディスカウ(現代音楽家への二つの意見) 上野一郎, 畑中良輔 「ディスク」19巻9号 1956.7 p.54

◇アントニオ・ヤニグロ Con・ヤニグロの説(現代演奏家に対する二つの意見(第3回)) 上野一郎 「ディスク」19巻9号 1956.9 p.54

◇話題の演奏家(4)オッテルローを語る(座談会) 佐川吉男, 坤和昌夫, 上野一郎 「ディスク」19巻12号 1956.9 p.58

◇大指揮者はどこから生れるか マーシュ, 上野一郎 訳 「ディスク」19巻14号 1956.11 p.54

◇ディスクのLPカタログから日本LP界の現状をみる 上野一郎 「ディスク」20巻2号 1957.2 p.78

◇外誌のLP比較評(2)ヴィヴァルディの四季 上野一郎 「ディスク」20巻2号 1957.2 p.156

◇外誌のLP比較評(3)ショパン 第二ピアノ協奏曲 上野一郎 「ディスク」20巻4号 1957.4 p.70

◇外誌のLP比較評(4)ベートーヴェンの交響曲は何を選ぶべきか? 上野一郎 「ディスク」20巻5号 1957.5 p.24

◇ベートーヴェンの交響曲聴きくらべ(アメリカ編・1) 上野一郎 「ディスク」20巻6号 1957.6 p.67

◇LPの名盤をさぐる(2)―グラモフォン篇(座談会) 中村善吉, 上野一郎, 大宮真琴, 青木謙幸 司会 「ディスク」20巻7号 1957.7 p.36

◇ベートーヴェンの交響曲聴きくらべ―第四と「運命」と「田園」と（アメリカ編・2）上野一郎 「ディスク」20巻7号 1957.7 p.62

◇フラメンコのレコード四つ 上野一郎 「ディスク」20巻7号 1957.7 p.136

◇ベートーヴェンの交響曲聴きくらべ（アメリカ篇・3）―第七, 第八と第九 上野一郎 「ディスク」20巻9号 1957.8 p.128

◇世界の音楽シリーズ―レコードによる世界一周 上野一郎 「ディスク」20巻9号 1957.8 p.144

◇LP名盤をさぐる（5）ウエストミンスターのLP（座談会）上野一郎, 大宮真琴, 小林利之 「ディスク」20巻12号 1957.10 p.46

◇名曲診断室―チャイコフスキー交響曲の聴きくらべ 上野一郎 「ディスク」20巻13号 1957.11 p.131

◇名曲診断室―ブラームスの交響曲聴きくらべ（1）上野一郎 「ディスク」20巻15号 1957.12 p.148

◇名曲診断室―ブラームスの交響曲聴きくらべ 上野一郎 「ディスク」21巻1号 1958.1 p.60

◇世界の一〇〇〇円LP盤（1000円のLPのすべて）上野一郎 「ディスク」21巻2号 1958.2 p.26

◇名曲診断室―三人のピアニスト 上野一郎 「ディスク」21巻2号 1958.2 p.128

◇名曲診断室―シューマンのピアノ協奏曲 上野一郎 「ディスク」21巻3号 1958.3 p.120

◇星空の下の交響楽 ハリウッド・ボウル・シンフォニーを語る 上野一郎, 志鳥栄八郎, 大宮真琴 「ディスク」21巻4号 1958.4 p.56

◇ブラームスのピアノ協奏曲―名曲診断室 上野一郎 「ディスク」21巻5号 1958.5 p.138

◇名曲診断室 上野一郎 「ディスク」21巻6号 1958.6 p.140

◇バレー音楽のLP（1）上野一郎 「ディスク」21巻6号 1958.6 p.152

◇名曲診断室 上野一郎 「ディスク」21巻7号 1958.7 p.142

◇バレエ音楽のLP（2）上野一郎 「ディスク」21巻7号 1958.7 p.148

◇フラメンコ・ギターの最新盤 上野一郎 「ディスク」21巻8号 1958.8 p.32

◇名曲診断室 上野一郎 「ディスク」21巻8号 1958.8 p.142

◇バレエの名曲とレコード（3）上野一郎 「ディスク」21巻8号 1958.8 p.160

◇バレエの名曲とそのレコード（4）上野一郎 「ディスク」21巻9号 1958.9 p.112

◇名曲診断室 上野一郎 「ディスク」21巻9号 1958.9 p.148

◇来日演奏家のLPを聴く（名曲診断室）上野一郎 「ディスク」21巻10号 1958.10 p.32

◇バレエの名曲とそのレコード 上野一郎 「ディスク」21巻11号 1958.11 p.149

◇バレエの名曲とそのレコード（6）上野一郎 「ディスク」21巻12号 1958.12 p.114

◇名曲診断室 ベートーヴェンのピアノ協奏曲の比較 上野一郎 「ディスク」21巻12号 1958.12 p.146

◇ヴァイオリン協奏曲第二番 ホ長調〈バッハ〉（名曲とレコード―協奏曲）上野一郎 「ディスク」21巻13号 臨時増刊 名曲とレコード 1958.12 p.49

◇チェロ協奏曲 ニ長調 作品一〇一〈ハイドン〉（名曲とレコード―協奏曲）上野一郎 「ディスク」21巻13号 臨時増刊 名曲とレコード 1958.12 p.50

◇ピアノ協奏曲第二〇番 ニ短調 K四六六〈モーツァルト〉（名曲とレコード―協奏曲）上野一郎 「ディスク」21巻13号 臨時増刊 名曲とレコード 1958.12 p.50

◇ヴァイオリン協奏曲第五番 イ長調 K二一九〈モーツァルト〉（名曲とレコード―協奏曲）上野一郎 「ディスク」21巻13号 臨時増刊 名曲とレコード 1958.12 p.51

◇フルート協奏曲第一番 ト長調 K三一三〈モーツァルト〉（名曲とレコード―協奏曲）上野一郎 「ディスク」21巻13号 臨時増刊 名曲とレコード 1958.12 p.52

◇ピアノ協奏曲第五番「皇帝」変ホ長調 作品七三〈ベートーヴェン〉（名曲とレコード―協奏曲）上野一郎 「ディスク」21巻13号 臨時増刊 名曲とレコード 1958.12 p.53

◇ヴァイオリン協奏曲 ニ長調 作品六一〈ベートーヴェン〉（名曲とレコード―協奏曲）上野一郎 「ディスク」21巻13号 臨時増刊 名曲とレコード 1958.12 p.54

◇ヴァイオリン協奏曲第一番 ニ長調 作品六〈パガニーニ〉（名曲とレコード―協奏曲）上野一郎 「ディスク」21巻13号 臨時増刊 名曲とレコード 1958.12 p.55

◇ヴァイオリン協奏曲 ホ短調 作品六四〈メンデルスゾーン〉（名曲とレコード―協奏曲）上野一郎 「ディスク」21巻13号 臨時増刊 名曲とレコード 1958.12 p.56

◇ピアノ協奏曲第一番 ホ短調 作品一一〈ショパン〉（名曲とレコード―協奏曲）上野一郎 「ディスク」21巻13号 臨時増刊 名曲とレコード 1958.12 p.57

◇ピアノ協奏曲 イ短調 作品五四〈シューマン〉（名曲とレコード―協奏曲）上野一郎 「ディスク」21巻13号 臨時増刊 名曲とレコード 1958.12 p.58

◇ピアノ協奏曲第一番 変ホ長調〈リスト〉（名曲とレコード―協奏曲）上野一郎 「ディスク」21巻13号 臨時増刊 名曲とレコード 1958.12 p.59

◇スペイン交響曲 ニ短調 作品二一〈ラロ〉（名曲とレコード―協奏曲）上野一郎 「ディスク」21巻13号 臨時増刊 名曲とレコード 1958.12 p.60

◇ヴァイオリン協奏曲 ニ長調 作品七七〈ブラームス〉（名曲とレコード―協奏曲）上野一郎 「ディスク」21巻13号 臨時増刊 名曲とレコード 1958.12 p.61

◇ヴァイオリン協奏曲第一番 ト短調 作品二六〈ブルッフ〉（名曲とレコード―協奏曲）上野一郎 「ディスク」21巻13号 臨時増刊 名曲とレコード 1958.12 p.62

◇ピアノ協奏曲第一番 変ロ短調 作品二三〈チャイコフスキー〉（名曲とレコード―協奏曲）上野一郎 「ディスク」21巻13号 臨時増刊 名曲とレコード 1958.12 p.63

◇ヴァイオリン協奏曲 ニ長調 作品三五〈チャイコフスキー〉（名曲とレコード―協奏曲）上野一郎 「ディスク」21巻13号 臨時増刊 名曲とレコード 1958.12 p.64

◇チェロ協奏曲 ロ短調 作品一〇四〈ドヴォルザーク〉（名曲とレコード―協奏曲）上野一郎 「ディスク」21巻13号 臨時増刊 名曲とレコード 1958.12 p.65

◇ピアノ協奏曲 イ短調 作品一六〈グリーク〉（名曲とレコード―協奏曲）上野一郎 「ディスク」21巻13号 臨時増刊 名曲とレコード 1958.12 p.66

◇ピアノ協奏曲第二番 ハ短調 作品一八〈ラフマニノフ〉（名曲とレコード―協奏曲）上野一郎 「ディスク」21巻13号 臨時増刊 名曲とレコード 1958.12 p.67

◇名曲診断室 話題のLPを聴く 上野一郎 「ディスク」22巻1号 1959.1 p.146

◇名曲診断室 話題のLPから 上野一郎 「ディスク」22巻2号 1959.2 p.112

◇バレエの名曲とレコード（7）上野一郎 「ディスク」22巻3号 1959.3 p.108

◇名曲診断室 ショスタコーヴィッチの第十一交響曲 ボリス・クリストフの「ムソルグスキー歌曲全集」 上野一郎 「ディスク」22巻3号 1959.3 p.152

◇アンセルメ "ステレオ"を語る 音楽と立体録音 アンセルメ，上野一郎 訳 「ディスク」22巻5号 1959.5 p.22

◇レコードに聴くナタン・ミルシティン 上野一郎，坍和昌夫，小林利之 「ディスク」22巻5号 1959.5 p.56

◇モーツァルトのピアノ協奏曲聴きくらべ（1）名曲診断室 上野一郎 「ディスク」22巻5号 1959.5 p.164

◇モーツァルトのピアノ協奏曲聴きくらべ（2）―名曲診断室 上野一郎 「ディスク」22巻6号 1959.6 p.132

◇ヴォックスの演奏家たち（座談会）上野一郎，佐川吉男，小林利之，長尾義弘 「ディスク」22巻7号 1959.7 p.48

◇名曲診断室―ドヴォルザーク「チェロ協奏曲」・シューベルト「鱒」の五重奏曲 上野一郎 「ディスク」22巻7号 1959.7 p.166

◇ギオマール・ノヴァエスとそのレコード シャーシンズ，上野一郎 訳 「ディスク」22巻9号 1959.8 p.46

◇グスタフ・マーラーの交響曲とレコード―名曲診断室 上野一郎 「ディスク」22巻10号 1959.9 p.128

◇八月十六日世を去ったワンダ・ランドフスカの生涯 西条卓夫，上野一郎，青木謙幸 「ディスク」22巻11号 1959.10 p.35

◇ランドフスカとバッハの「平均率クラフィア曲集」 シャーシンズ，上野一郎 訳 「ディスク」22巻11号 1959.10 p.46

◇ソ連のピアニストと欧米のピアニストはどちらがうまいか ジャン・ホルツマン，上野一郎 訳編 「ディスク」22巻13号 1959.11 p.44

◇ソ連のピアニストと欧米のピアニストはどちらがうまいか（2）ジャン・ホルツマン，上野一郎 訳 「ディスク」23巻1号 1960.1 p.172

◇わが愛聴盤（特集 私の愛聴盤）上野一郎 「ディスク」23巻1号 1960.1 p.180

◇注目の海外盤―モーリン・フォレスターのドイツ歌曲 上野一郎 「ディスク」23巻3号 1960.2 p.154

◇楽しい家庭盤 "R・ヒューロック・プレゼンツ"（新着LP試聴室）上野一郎 「ディスク」23巻3号 1960.2 p.171

◇米誌の選んだ一九五九年のベスト・LP 上野一郎 「ディスク」23巻4号 1960.3 p.129

◇ワルターのベートーヴェン全集外誌評 上野一郎 「ディスク」23巻5号 1960.4 p.142

◇謎のピアニスト ミケランジェーリ会見記 ホルツマン，上野一郎 訳 「ディスク」23巻14号 1960.11 p.44

◇アンケート 私の選んだ一枚（特集 今年はどんなレコードが出たか）佐藤章，寺西春雄，宇野功芳，猿田憲，薬科雅美，上野一郎，佐川吉男，杉浦繁，木村重雄，高橋保男，三浦淳史，柴田南雄，秋山邦晴 「ディスク」23巻16号 1960.12 p.32

◇レコードに聴くリフテル ウォーラック，上野一郎 訳 「ディスク」23巻16号 1960.12 p.40

◇銘器の謎 ストラディヴァリ物語 上野一郎 「ディスク」24巻1号 1961.1 p.44

◇米英の一九六〇年優秀レコード 上野一郎 「ディスク」24巻3号 1961.3 p.125

◇レコードに聴くカザルス（特集・カザルスのすべて）上野一郎 「ディスク」24巻4号 1961.4 p.32

◇マリア・カラスの芸術―イタリアの批評家が歴史の流れのなかでとらえたカラスの芸術の本質を分析する チェルリ，上野一郎 訳 「ディスク」24巻10号 1961.9 p.84

◇カラヤンとベルリン・フィル ベンダーガスト，上野一郎 訳 「ディスク」25巻1号 1962.1 p.95

◇コロムビア交響楽団とRCAビクター交響楽団（知っていて損のない話・新連載）上野一郎「ディスク」25巻1号 1962.1 p.116

◇メトロポリタン歌劇場の賃上げ騒動（知っていて損のない話2）上野一郎 「ディスク」25巻2号 1962.2 p.106

◇ブルーノ・ワルターの指揮する―コロムビア交響楽団は二流か？ 上野一郎 編訳 「ディスク」25巻3号 1962.3 p.102

◇左手のためのピアノ協奏曲（知っていて損のない話3）上野一郎 「ディスク」25巻3号 1962.3 p.120

◇土曜評論誌選出のベスト・レコード（知っていて損のない話4）上野一郎 「ディスク」25巻4号 1962.4 p.102

◇マールボロー音楽祭のレコード（知っていて損のない話5）上野一郎 「ディスク」25巻5号 1962.5 p.102

◇名トリオの話（知っていて損のない話6）上野一郎 「ディスク」25巻6号 1962.6 p.94

◇各レコード会社のレパートリーとその動き その1 東芝篇 上野一郎 「ディスク」25巻7号 1962.7 p.88

◇レコードに吹込まない名ピアニスト（知っていて損のない話）上野一郎 「ディスク」25巻7号 1962.7 p.102

◇各レコード会社のレパートリーとその動き その2 コロムビア篇 上野一郎 「ディスク」25巻8号 1962.8 p.90

◇ストラヴィンスキーの自作自演レコード 上野一郎 「ディスク」25巻8号 1962.8 p.110

◇コロムビア交響楽団の正体 上野一郎 「ディスク」25巻9号 1962.9 p.92

◇各レコード会社のレパートリーとその動き その3 グラモフォン篇 上野一郎 「ディスク」25巻9号 1962.9 p.94

◇各社のレパートリーとその動き その4 キング篇 上野一郎 「ディスク」25巻10号 1962.10 p.120

◇演奏会の現場録音レコード（1）上野一郎「ディスク」25巻10号 1962.10 p.156

◇各社のレパートリーとその動き その5 ビクター篇 上野一郎 「ディスク」25巻11号 1962.11 p.102

◇名演奏家のベストを尽した演奏が聴ける 演奏会の現場録音レコード（2）上野一郎 「ディスク」25巻11号 1962.11 p.134

◇こころで聴く音楽（座談会）（「カザルス名演集」発売によせて）佐藤良雄，青木謙幸，上野一郎，三井啓 「ディスク」25巻12号 1962.12 p.92

◇カザルスあれこれ（「カザルス名演集」発売によせて）上野一郎 「ディスク」25巻12号 1962.12 p.96

◇各社のレパートリーとその動き（6）新世界，テイチク篇 上野一郎 「ディスク」25巻12号 1962.12 p.102

◇コンサート・マスターのレコード（1）ベルリン・フィルハーモニー（音楽夜話）上野一郎「ディスク」26巻1号 1963.1 p.112

◇〈冬の旅〉はどのレコードを選ぶか（名曲鑑賞の手引き）上野一郎 「ディスク」26巻1号 1963.1 p.133

◇ウィーン・フィルハーモニー（音楽夜話 コンサートマスターのレコード・2）上野一郎「ディスク」26巻2号 1963.2 p.96

◇アムステルダム・コンセルトヘボウ／ハーグ・フィル／ロンドン・フィル（音楽夜話 コンサートマスターのレコード・3）上野一郎「ディスク」26巻3号 1963.3 p.118

◇今月NHK-TVから放送される〈シカゴ交響楽団〉シリーズ 上野一郎 「ディスク」26巻4号 1963.4 p.68

◇アメリカのオーケストラ（1）（音楽夜話／コンサート・マスターのレコード・4）上野一郎「ディスク」26巻4号 1963.4 p.94

◇ワルターの歩んだオーケストラの道（ブルーノ・ワルターのレコード この巨匠の遺した人類の遺産）上野一郎 「ディスク」26巻5号 1963.8 p.102

◇音楽夜話 アメリカのオーケストラ・2（コンサート・マスターのレコード（5））上野一郎「ディスク」26巻5号 1963.8 p.142

◇ワルターの歩んだオーケストラの道（その2）上野一郎 「ディスク」26巻6号 1963.9 p.142

◇音楽夜話 コンサート・マスターのレコード（6）日本のオーケストラ その他 上野一郎「ディスク」26巻6号 1963.9 p.146

◇ボストン交響楽団の変遷（オーケストラの貴族）（エーリッヒ・ラインスドルフ）上野一郎 「ディスク」26巻7号 1963.10 p.92

◇ワルターの歩んだオーケストラの道（3）―レコードにおける 上野一郎 「ディスク」26巻7号 1963.10 p.118

◇音楽夜話 指揮者の余技のレコード―ピアノ篇 上野一郎 「ディスク」26巻8号 1963.11 p.132

◇音楽夜話 指揮者の余技のレコード―ピアノ篇（2）上野一郎 「ディスク」26巻9号 1963.12 p.126

◇私の好きな音楽（特集 新春随想）上野一郎「ディスク」27巻1号 1964.1 p.79

◇音楽夜話 指揮者の余技のレコード―絃楽器篇 上野一郎 「ディスク」27巻1号 1964.1 p.120

◇ニューヨーク・フィルハーモニック交響楽団 この名門の歴史をたどる 上野一郎 「ディスク」27巻2号 1964.2 p.90

◇ヘルベルト・フォン・カラヤン そのプロフィール（特集 ヘルベルト・フォン・カラヤン）上野一郎 「ディスク」27巻3号 1964.3 p.82

◇LP復活を望まれるもの（特集 フルトヴェングラーのレコード）上野一郎 「ディスク」27巻4号 1964.4 p.86

◇カラヤンのプロフィール（2）―一大指揮者のエピソードのかずかず 上野一郎 「ディスク」27巻4号 1964.4 p.94

◇音楽夜話 LPに復活したSPの名盤―リストの弟子たちのレコード（1）上野一郎 「ディスク」27巻5号 1964.5 p.78

◇モーツァルト ピアノ協奏曲第二〇番他 上野一郎 「ディスク」27巻6号 1964.6 p.29

◇音楽夜話 リストの弟子のレコード（2）上野一郎 「ディスク」27巻6号 1964.6 p.54

◇LPになった協会レコード（1）（音楽夜話）上野一郎 「ディスク」27巻7号 1964.7 p.98

◇LPになった協会レコード（2）（音楽夜話）上野一郎 「ディスク」27巻8号 1964.8 p.100

◇フルトヴェングラーのテクニカル・ステレオ 上野一郎 「ディスク」27巻8号 1964.8 p.140

◇ヨーゼフ・シゲティの歩んだ道（話題を呼ぶシゲティの復活）上野一郎 「ディスク」27巻9号 1964.9 p.68

◇LPになった協会レコード（3）（音楽夜話）上野一郎 「ディスク」27巻9号 1964.9 p.106

◇LPになった協会レコード（4）（音楽夜話）上野一郎 「ディスク」27巻10号 1964.10 p.104

◇LPになった協会レコード（5）（音楽夜話）上野一郎 「ディスク」27巻11号 1964.11 p.120

◇LPになった協会レコード（終）（音楽夜話）上野一郎 「ディスク」27巻12号 1964.12 p.104

◇新春座談会 レコード界四方山話 岡俊雄, 上野一郎, 藤田晴子, 黒田恭一, 三浦淳史, 桜庭昭治 「ディスク」28巻1号 1965.1 p.72

◇新盤こぼれ話（音楽夜話）上野一郎 「ディスク」28巻1号 1965.1 p.101

◇新盤こぼれ話（2）（音楽夜話）上野一郎 「ディスク」28巻2号 1965.2 p.102

◇新盤こぼれ話（3）（音楽夜話）上野一郎 「ディスク」28巻3号 1965.3 p.86

◇新盤こぼれ話（4）ウェラー弦楽四重奏団（音楽夜話）上野一郎 「ディスク」28巻4号 1965.4 p.86

◇新盤こぼれ話（5）メロス・アンサンブル（音楽夜話）上野一郎 「ディスク」28巻5号 1965.5 p.88

◇話題の海外レコード試聴室 スターン・トリオのデビュー盤 シューベルト：変ロ長調トリオ 上野一郎 「ディスク」28巻7号 1965.8 p.72

◇新刊書評―田中良雄著 フランス歌劇解説 上野一郎 「ディスク」28巻8号 1965.9 p.104

◇1965年度芸術祭参加レコードを聴く 岡俊雄, 上野一郎, 三浦淳史, 藤田晴子, 渡部恵一郎, 黒田恭一 「ディスク」28巻10号 1965.11 p.68

◇1965年度芸術祭参加レコードを聴く（続）三上文子, 渡部恵一郎, 上野一郎, 黒田恭一, 三浦淳史 「ディスク」28巻11号 1965.12 p.68

◇"私はクレンペラーにクビをきられた"（80歳を迎えたオットー・クレンペラー――その人間像）W.スタインバーグ, 上野一郎 訳 「ディスク」28巻11号 1965.12 p.76

◇傷だらけの大指揮者クレンペラー（80歳を迎えたオットー・クレンペラー――その人間像）N.カーダス, 上野一郎 訳 「ディスク」28巻11号 1965.12 p.79

◇イングリット・ヘブラー（名演奏家は語る 1）上野一郎 訳 「ディスク」29巻1号 1966.1 p.87

◇Herbert von Karajan（名演奏家は語る 2）（特集 ヘルベルト・フォン・カラヤン）上野一郎 訳 「ディスク」29巻2号 1966.2 p.79

◇フー・ツォン（名演奏家は語る 3）上野一郎 訳 「ディスク」29巻3号 1966.3 p.115

◇ベルナルド・ハイティンク―その過去・現在・未来について（名演奏家は語る 4）上野一郎 訳 「ディスク」29巻4号 1966.4 p.88

◇名演奏家は語る（5）ルービンシュタイン（特集 アルトゥール・ルービンシュタインの芸術）上野一郎 「ディスク」29巻5号 1966.5 p.90

□ロリン・マゼール（名演奏家は語る 6）上野一郎 訳 「ディスク」29巻6号 1966.6 p.89

◇ヤーノシュ・シュタルケル（名演奏家は語る 7）上野一郎 訳 「ディスク」29巻7号 1966.7 p.72

◇バルトークのスペシャリスト "ジェルジュ・シャンドール"（特集 ベラ・バルトーク）上野一郎 「ディスク」29巻8号 1966.8 p.71

◇イーゴリ・マルケヴィッチ（名演奏家は語る 8）上野一郎 訳 「ディスク」29巻8号 1966.8 p.72

牛山 充

◇蓄音機は生活の必需品 牛山充 「音楽と蓄音機」11巻11号 1924.11 p.4

◇ハイフェッツとシゲッティ 牛山充 「レコード音楽」5巻11号 1931.11 p.38

◇アポロン三〇〇号礼讃 牛山充 「レコード音楽」6巻2号 1932.2 p.113

◇草堂日記より一随筆 牛山充 「レコード」3巻4号 1932.4 p.54

◇ベートーベン作, 交響曲第三番（名曲解説）牛山充 「レコード」3巻7号 1932.7 p.30

◇「総譜の読み方」を読んで 牛山充 「レコード音楽」7巻5号 1933.5 p.47

◇ラヴェルの歌曲レコードを聴く 牛山充, 須永克己, 有坂愛彦, 藤田不二 「レコード音楽」7巻6号 1933.6 p.35

◇フランクの音楽の特異性 牛山充 「ディスク」7巻9号 1935.9 p.642

◇アメリカ音楽の全貌 牛山充 「ディスク」8
巻3号 1936.3 p.221

◇ティボー雑感 牛山充 「レコード音楽」10巻
5号 1936.5 p.24

◇ブラームス雑組（独逸音楽随筆集） 牛山充
「ディスク」8巻7号 1936.7 p.607

◇世界名盤鑑賞会（〔コロムビア〕「世界音楽名
盤集」に寄せることば） 牛山充 「レコード
音楽」10巻7号 1936.7 p.31

◇創刊十周年を祝す（十周年記念特輯） 牛山充
「レコード音楽」10巻11号 1936.11 p.9

◇ビーチャム卿指揮のブラームス「第二交響曲」
牛山充 「ディスク」9巻3号 1937.3 p.218

◇エルドマンの「第三」を廻りて 牛山充
「ディスク」9巻7号 1937.7 p.628

◇世界音楽名盤集第二輯に就て（コロムビア）
牛山充 「レコード音楽」11巻9号 1937.9
p.18

◇大牢の滋味―「フィガロの結婚」の金字塔盤
（試聴記） 牛山充 「レコード音楽」12巻6号
1938.6 p.22

◇モーツァルトの傑作喜歌劇「コジ・ファン・
トゥッテ」（試聴記） 牛山充 「レコード音楽」
12巻9号 1938.9 p.18

◇シャンカールの印度音楽レコード 牛山充
「ディスク」10巻10号 1938.10 p.972

◇グリンドボーン見物（ジョージ・シー・レス
リー） 牛山充 訳 「レコード音楽」13巻1号
1939.1 p.56

◇ハイル「クライスラー選集」！（試聴記） 牛
山充 「レコード音楽」13巻2号 1939.2 p.13

◇日本に於ける第五交響曲「運命」の演奏史
（ベートーヴェン作 第五交響曲「運命」特輯）
牛山充 「レコード」5巻2号 1939.10 p.10

◇フルト・ヴエングラーの「第五」（第五交響曲
「運命」のレコード批評） 牛山充 「レコー
ド」5巻2号 1939.10 p.30

◇ストコフスキイの「パルジファル」 牛山充
「ディスク」11巻12号 1939.12 p.1195

◇トスカニーニの「ウキリアム・テル」（試聴
記） 牛山充 「レコード音楽」13巻12号
1939.12 p.12

◇メンゲルベルクの第八交響曲（ベートーヴェ
ン）（洋楽名曲レコード聴評） 牛山充 「レ
コード」5巻4号 1939.12 p.29

◇クライスラーのヴァイオリン協奏曲 第四番
（モツアルト）（洋楽名曲レコード聴評） 牛山
充 「レコード」5巻4号 1939.12 p.38

◇ギーゼ・キング演奏 ドビユッシーの前奏曲集
（洋楽レコード試聴評） 牛山充 「レコード」
6巻1号 1940.1 p.42

◇グーサンス指揮 奇怪な店（レスピーギ編）（洋
楽名曲試聴評） 牛山充 「レコード」6巻2号
1940.2 p.14

◇「田園」のレコードを語る 牛山充，藤田不二，
村田武雄 「レコード」6巻4号 1940.5 p.22

◇鎮魂曲（フォレー曲）（洋楽名曲試聴評） 牛山
充 「レコード」6巻4号 1940.5 p.48

◇マドリガル風舞曲（マリピエロ曲）（洋楽名曲
試聴評） 牛山充 「レコード」6巻4号 1940.5
p.52

◇スペイン舞曲集（グラナドス曲）（洋楽名曲試
聴評） 牛山充 「レコード」6巻4号 1940.5
p.90

◇第七交響曲（ベートーヴェン曲）（洋楽名曲試
聴評） 牛山充 「レコード」6巻5号 1940.6
p.22

◇「道化師」（洋楽名曲試聴評） 牛山充 「レ
コード」6巻6号 1940.7 p.23

◇リストの第一協奏曲（洋楽名曲レコード評）
牛山充 「レコード」6巻7号 1940.8 p.29

◇室内楽と其のレコード（ドヴォルザーク特輯）
牛山充 「レコード」6巻8号 1940.9 p.23

◇日本テレフンケンの世界序曲名盤集 第二輯
（洋楽名曲レコード評） 牛山充 「レコード」
6巻8号 1940.9 p.65

◇シャリアビンの想ひ出（シャリアピン特輯）
牛山充 「レコード」6巻9号 1940.10 p.11

◇「ファウスト」交響曲（リスト曲）（洋楽名曲
レコード評） 牛山充 「レコード」6巻9号
1940.10 p.48

◇提琴協奏曲の各社レコード（ベートーヴェン
作品六十一番 提琴協奏曲特輯） 村田武雄，
牛山充，前田豊 「レコード」6巻10号 1940.
11 p.20

◇オールマンデイ指揮 「家庭」交響曲（R・シ
ユトラウス作品）（洋楽名曲レコード評） 牛
山充 「レコード」6巻10号 1940.11 p.57

◇フオイヤーマン独奏 無伴奏チエロ組曲（レー
ガー作品）（洋楽名曲レコード評） 牛山充
「レコード」7巻2号 1941.2 p.36

◇カザルス独奏 無伴奏チエロ組曲（バツハ曲）
（名曲レコード情報） 牛山充 「レコード」7
巻3号 1941.3 p.18

◇ストコフスキー指揮 交響曲第五番（シヨスタ
コヴィッチ曲）（名曲レコード情報） 牛山充
「レコード」7巻3号 1941.3 p.21

◇メンゲルベルグ指揮 絃楽合奏用セレナード
（チヤイコフスキー曲）（名曲レコード情報）
牛山充 「レコード」7巻3号 1941.3 p.22

◇ハイフイツツとベイの演奏 提琴奏鳴曲第八番
（ベートーヴェン曲）（名曲レコード情報） 牛
山充 「レコード」7巻3号 1941.3 p.24

◇ケンペン指揮 歌劇「オイリユヤンテ」序曲
（ウエーバー曲）（名曲レコード情報） 牛山充
「レコード」7巻3号 1941.3 p.25

◇海道東征（祝典レコード） 牛山充 「レコー
ド」7巻3号 1941.3 p.38

◇フイツシヤー指揮 交響曲「倫敦」百四番（ハ
イドン曲）（名曲レコード情報） 牛山充 「レ
コード」7巻4号 1941.5 p.14

◇ロデンスキー指揮 交響曲「シヘラザード」(リムスキーコルサコフ曲)(名曲レコード情報) 牛山充 「レコード」7巻4号 1941.5 p.15

◇ヘス, ダラニー, カツサード演奏 洋琴三重奏曲(ブラームス曲)(名曲レコード情報) 牛山充 「レコード」7巻4号 1941.5 p.16

◇テイボーとコルトー演奏 提琴奏鳴曲三十番(フオーレ曲)(名曲レコード情報) 牛山充 「レコード」7巻4号 1941.5 p.17

◇クーセヴィツキー指揮 綺想曲(ストラヴィンスキー曲)(名曲レコード情報) 牛山充 「レコード」7巻4号 1941.5 p.18

◇イツモルシュテット博士指揮「ローザムンデ」の序曲(シユーベルト曲)(名曲レコード情報) 牛山充 「レコード」7巻4号 1941.5 p.18

◇レコードへの文部大臣賞 牛山充 「レコード」7巻4号 1941.5 p.88

◇試聴室—「プロムナード・ミュージック・アルバム」 牛山充 「ディスク」13巻6号 1941.6 p.520

◇試聴室—ドゥヴォルザークの「第二交響曲」 牛山充 「ディスク」13巻8号 1941.8 p.732

◇「聴覚訓練の諸問題」(座談会) 井坂行男, 田辺秀雄, 辻荘一, 牛山充, 野村光一, 足羽章 「レコード音楽」15巻8号 1941.8 p.43

◇交響曲第三番(ベートーヴェン)トスカニーニ指揮(名曲レコード情報) 牛山充 「レコード」7巻6号 1941.8 p.18

◇交響曲第二番(ドボルザーク)ターリッツヒ指揮(名曲レコード情報) 牛山充 「レコード」7巻6号 1941.8 p.22

◇洋琴協奏曲第二十四番(モーツアルト)カザデシユース独奏(名曲レコード情報) 牛山充 「レコード」7巻6号 1941.8 p.23

◇大幻奏曲ハ長調(シユーベルト)ブツシユとゼルキン(名曲レコード情報) 牛山充 「レコード」7巻6号 1941.8 p.25

◇アウリスのイフイゲニアの序曲(グルツク)パーロー指揮(名曲レコード情報) 牛山充 「レコード」7巻6号 1941.8 p.25

◇歴史的名盤集(名曲レコード情報) 牛山充 「レコード」7巻6号 1941.8 p.27

◇パテレフスキーと其レコード 牛山充 「レコード」7巻6号 1941.8 p.32

◇延寿太夫の「隅田川」 牛山充 「レコード音楽」15巻9号 1941.9 p.100

◇昭和十六年度の決算 邦楽 牛山充 「レコード文化」1巻2号 1941.12 p.62

◇逝ける関屋敏子女史 牛山充 「レコード文化」2巻1号 1942.1 p.51

◇「大東亜の音楽を語る」(座談会) 牛山充, 黒沢隆朝, 田辺尚雄, 野村光一, 枡源次郎 「レコード文化」2巻3号 1942.3 p.6

◇戦争と音楽 (1) 久米歌 牛山充 「レコード文化」2巻5号 1942.5 p.44

◇戦争と音楽 (2) チャイコフスキーのスラヴ行進曲 牛山充 「レコード文化」2巻6号 1942.6 p.46

◇戦争と音楽 (3)「ハーリ・ヤーノス」組曲 牛山充 「レコード文化」2巻7号 1942.7 p.48

◇戦争と音楽 (4)「匈奴戦役」 牛山充 「レコード文化」2巻8号 1942.8 p.47

◇戦争と音楽 (5) 序曲「一八一二年」 牛山充 「レコード文化」2巻9号 1942.9 p.47

◇リリ・レーマンのレコードを語る 牛山充, 藤田不二, 久保田稲子, 菅沼定省, 青木謙幸 「レコード文化」2巻10号 1942.10 p.40

◇フォイヤーマンを悼む 牛山充 「レコード文化」2巻10号 1942.10 p.51

◇戦争と音楽 (6) ラ・マルセイエーズ 牛山充 「レコード文化」2巻11号 1942.11 p.47

◇本年度のレコード回顧 あらえびす, 野川香文, 丸山鉄雄, 柴田知常, 牛山充 「レコード文化」2巻12号 1942.12 p.12

◇戦争と音楽 (7) 左手のための洋琴協奏曲 牛山充 「レコード文化」2巻12号 1942.12 p.52

◇新作長唄「元寇」 牛山充 「レコード文化」3巻1号 1943.1 p.49

◇邦楽より(戦時下のレコード 私の推薦したいレコード) 牛山充 「レコード文化」3巻5号 1943.5 p.15

◇シューマンの「女の愛と生涯」(特輯音盤) 牛山充 「レコード文化」3巻5号 1943.5 p.35

◇戦時下に於けるレコード文化の方向(座談会) あらえびす, 野村光一, 有坂愛彦, 藤田不二, 牛山充, 野川香文, 中村善吉, 堺和昌夫 「レコード文化」3巻10号 1943.10 p.20

◇ティボーの来た頃 牛山充 「レコード音楽」18巻4号 1948.4 p.14

◇わが提琴小品愛盤集(私の好きな一枚ものレコード) 牛山充 「レコード音楽」19巻2号 1949.2 p.16

◇春の名曲を尋ねて(上) 牛山充 「レコード音楽」19巻4号 1949.4 p.44

◇春の名曲を尋ねて(下) 牛山充 「レコード音楽」19巻5号 1949.5 p.48

◇室内楽とそのレコード—1,2枚物を主として 牛山充 「レコード音楽」20巻2号 1950.2 p.72

◇知つておきたい声楽の知識(上) 牛山充 「レコード音楽」20巻8号 1950.8 p.68

◇知つておきたい声楽の知識(2) 牛山充 「レコード音楽」20巻9号 1950.9 p.72

◇ワルターの「第九」に寄せることば 野村光一, 属啓成, 田辺秀雄, 有坂愛彦, 藤田不二, 牛山充, 堀内敬三, 牧定忠 「レコード音楽」20巻10号 1950.10 p.16

◇知つておきたい声楽の知識(3) 牛山充 「レコード音楽」20巻10号 1950.10 p.70

◇知つておきたい声楽の知識(4) 牛山充 「レコード音楽」20巻11号 1950.11 p.77

◇知つておきたい声楽の知識（5）牛山充 「レコード音楽」20巻12号 1950.12 p.77

◇名曲ダイジェスト―独奏曲目より 牛山充 「ディスク」14巻1号 1951.9 p.54

◇名曲ダイジェスト―メニューヒンの演奏曲目より 牛山充 「ディスク」14巻2号 1951.10 p.162

◇ベートーヴェンの交響曲 牛山充 「ディスク」14巻3号 1951.11 p.232

◇ドヴォルザークの新世界交響曲 牛山充 「ディスク」15巻5号 1952.5 p.482

◇ゲルハルト・ヒュッシュと語る 牛山充 「ディスク」15巻9号 1952.9 p.912

◇来朝を予定される演奏家（特集）渡辺茂，福原信夫，渡辺護，西山広一，関口泰彦，松田十四郎，三浦潤，松岡清亮，寺西一郎，田辺秀雄，梶原完，牛山充，大木正興，松本太郎，西田清治 「レコード音楽」23巻2号 1953.2 p.87

◇シゲティの想出と期待 牛山充 「ディスク」16巻4号 1953.3 p.226

◇シゲティは語る 牛山充 「ディスク」16巻7号 1953.6 p.566

◇ケムプの再来朝を迎う 牛山充 「ディスク」17巻10号 1954.9 p.122

◇パリでの音楽生活（対談）田中希代子，牛山充 「ディスク」18巻11号 1955.9 p.32

◇ベートーヴェンの人物観 牛山充 「ディスク」23巻2号 臨時増刊 ベートーヴェン 1960.1 p.32

宇野 功芳

◇まだ見ぬ日本の友人へ（ワルターのベートーヴェン特集）B・ワルター，宇野功芳 訳編 「ディスク」16巻11号 1953.10 p.1004

◇ワルターの芸術―レコードによる分析（ワルターのベートーヴェン特集）宇野功芳 「ディスク」16巻11号 1953.10 p.1014

◇トスカニーニのブラームス 宇野功芳 「ディスク」17巻2号 1954.2 p.34

◇カラヤンを語る（座談会）坂本良隆，田代秀穂，宇野功芳，佐川吉男 「ディスク」17巻4号 1954.4 p.14

◇ストコフスキイの十八番 チャイコフスキーの「第五」の新盤（海外LP試聴室）宇野功芳 「ディスク」17巻5号 1954.5 p.58

◇情緒豊かで親しみ易いクライバーの「田園」（海外LP試聴室）宇野功芳 「ディスク」17巻6号 1954.6 p.80

◇チェコ・フィルハーモニック・コンサート―ドヴォルシヤックのベートーヴェンを聴く（海外LP試聴室）宇野功芳 「ディスク」17巻9号 1954.8 p.58

◇シューベルトの新盤 スコダ等の「鱒」五重奏曲，シユルスヌスの歌（十月の新譜批評）宇野功芳 「ディスク」17巻11号 1954.10 p.56

◇フッシヤー・デイスカウの「水車小屋の娘」の名唱（海外LP試聴室）宇野功芳 「ディスク」17巻12号 1954.11 p.135

◇ワルターの「ジュピター」と「未完成」 宇野功芳 「ディスク」17巻13号 1954.12 p.64

◇ベートーヴェンの交響曲新盤―オイゲン・ヨッフムの「第九」 宇野功芳 「ディスク」18巻1号 1955.1 p.70

◇チャイコフスキーの第四の新盤 宇野功芳 「ディスク」18巻2号 1955.2 p.74

◇ショルティの軍隊交響曲（新着LP紹介）宇野功芳 「ディスク」18巻5号 1955.4 p.136

◇シェヘラザーデの最新盤（新着LP紹介）宇野功芳 「ディスク」18巻5号 1955.4 p.137

◇フルトヴェングラーの海賊版（新着LP紹介）宇野功芳 「ディスク」18巻6号 1955.5 p.122

◇ベートーヴェンの第一の新盤（新着LP紹介）宇野功芳 「ディスク」18巻6号 1955.5 p.122

◇ワルターのブラームス交響曲全集（対談）（今月のLP）宇野功芳，田代秀穂 「ディスク」18巻7号 1955.6 p.42

◇オイストラッフのベートーヴェンV協奏曲 宇野功芳 「ディスク」18巻7号 1955.6 p.50

◇音の魔術師ストコフスキーの名演 宇野功芳 「ディスク」18巻9号 1955.7 p.55

◇タリアヴィーニとペトレラの「蝶々夫人」（新着LP紹介）鷲崎良三，宇野功芳 「ディスク」18巻10号 1955.8 p.122

◇ワルターのブラームス「第三」 宇野功芳 「ディスク」18巻11号 1955.9 p.68

◇第九炉辺談議（座談会）（特集 ベートーヴェンの第九交響曲）有坂愛彦，門馬直美，宇野功芳，佐川吉男 「ディスク」18巻14号 1955.12 p.24

◇吹込直したワルターの第九（特集 ベートーヴェンの第九交響曲）宇野功芳 「ディスク」18巻14号 1955.12 p.37

◇チャイコフスキーの「白鳥の湖」（今月のLPから）宇野功芳 「ディスク」19巻1号 1956.1 p.80

◇ベートーヴェンの名作「ヴァイオリン協奏曲」（今月のLPハイライト）宇野功芳 「ディスク」19巻6号 1956.5 p.109

◇ワルターとベイヌムのマーラー（今月のLPハイライト）宇野功芳 「ディスク」19巻8号 1956.6 p.116

◇情熱的な逞しさ ブラームスの「第一」（今月のLPハイライト）宇野功芳 「ディスク」19巻8号 1956.6 p.118

◇交響詩「ローマの松」と「泉」（今月のLPハイライト）宇野功芳 「ディスク」19巻8号 1956.6 p.119

◇ハンス・ホッター その弱点について（現代演奏家への二つの意見）宇野功芳 「ディスク」19巻11号 1956.8 p.48

◇フルトヴェングラー感動の名演（今月の名盤）
宇野功芳 「ディスク」19巻11号 1956.8 p.60

◇最近のワルターを聴く 宇野功芳 「ディス
ク」19巻12号 1956.9 p.31

◇フルトヴェングラーのベートーヴェン第一
（今月のLPから）宇野功芳 「ディスク」19
巻14号 1956.11 p.43

◇交響曲第五番「運命」（ベートーヴェン）（LP
名曲二〇選（1））宇野功芳 「ディスク」20
巻1号 1957.1 p.166

◇交響曲第九番「合唱」（ベートーヴェン）（LP
名曲二〇選（1））宇野功芳 「ディスク」20
巻1号 1957.1 p.171

◇チャイコフスキーの「悲愴」交響曲（LP名曲
二〇選（2））宇野功芳 「ディスク」20巻2号
1957.2 p.33

◇ブルーノ・ワルターの芸術—音楽の詩人と呼
ばれる名指揮者をめぐつて（座談会）金子登,
宇野功芳, 大宮真琴 「ディスク」20巻5号
1957.5 p.32

◇マルケヴィッチの「エロイカ」（今月のハイラ
イト ベートーヴェンの交響曲）宇野功芳
「ディスク」20巻15号 1957.12 p.19

◇フィッシャー＝ディスカウの「詩人の恋」宇
野功芳 「ディスク」21巻1号 1958.1 p.142

◇ベイヌムの「イタリア」とブラームス 宇野功
芳 「ディスク」21巻3号 1958.3 p.38

◇二つのカザルス祭のリハーサル（座談会）（特
集 パブロ・カザルスの練習風景のLP）佐藤
良雄, 宇野功芳, 青木謙幸 「ディスク」21巻
8号 1958.8 p.18

◇交響曲第四五番「告別」嬰ヘ短調〈ハイドン〉
（名曲とレコード—交響曲）宇野功芳 「ディ
スク」21巻13号 臨時増刊 名曲とレコード
1958.12 p.31

◇交響曲第九四番「驚愕」ト長調〈ハイドン〉
（名曲とレコード—交響曲）宇野功芳 「ディ
スク」21巻13号 臨時増刊 名曲とレコード
1958.12 p.32

◇交響曲第一〇〇番「軍隊」ト長調〈ハイドン〉
（名曲とレコード—交響曲）宇野功芳 「ディ
スク」21巻13号 臨時増刊 名曲とレコード
1958.12 p.32

◇交響曲第三五番「ハフナー」ニ長調 K三八五
〈モーツァルト〉（名曲とレコード—交響曲）
宇野功芳 「ディスク」21巻13号 臨時増刊 名
曲とレコード 1958.12 p.33

◇交響曲第四〇番 ト短調 K五五〇〈モーツァル
ト〉（名曲とレコード—交響曲）宇野功芳
「ディスク」21巻13号 臨時増刊 名曲とレコー
ド 1958.12 p.34

◇交響曲第四一番「ジュピター」ハ長調 K五五
一〈モーツァルト〉（名曲とレコード—交響
曲）宇野功芳 「ディスク」21巻13号 臨時増
刊 名曲とレコード 1958.12 p.35

◇交響曲第三番「英雄」変ホ長調 作品五五
〈ベートーヴェン〉（名曲とレコード—交響
曲）宇野功芳 「ディスク」21巻13号 臨時増
刊 名曲とレコード 1958.12 p.36

◇交響曲第五番「運命」ハ短調 作品六七〈ベー
トーヴェン〉（名曲とレコード—交響曲）宇
野功芳 「ディスク」21巻13号 臨時増刊 名曲
とレコード 1958.12 p.37

◇交響曲第六番「田園」ヘ長調 作品六八〈ベー
トーヴェン〉（名曲とレコード—交響曲）宇
野功芳 「ディスク」21巻13号 臨時増刊 名曲
とレコード 1958.12 p.38

◇交響曲第九番「合唱」ニ短調 作品一二五
〈ベートーヴェン〉（名曲とレコード—交響
曲）宇野功芳 「ディスク」21巻13号 臨時増
刊 名曲とレコード 1958.12 p.40

◇交響曲第八番「未完成」ロ短調〈シューベル
ト〉（名曲とレコード—交響曲）宇野功芳
「ディスク」21巻13号 臨時増刊 名曲とレコー
ド 1958.12 p.42

◇幻想交響曲 作品一四〈ベルリオーズ〉（名曲と
レコード—交響曲）宇野功芳 「ディスク」
21巻13号 臨時増刊 名曲とレコード 1958.12
p.43

◇交響曲第四番「イタリア」イ長調 作品六〇
〈メンデルスゾーン〉（名曲とレコード—交響
曲）宇野功芳 「ディスク」21巻13号 臨時増
刊 名曲とレコード 1958.12 p.44

◇交響曲第一番 ハ短調 作品六八〈ブラームス〉
（名曲とレコード—交響曲）宇野功芳 「ディ
スク」21巻13号 臨時増刊 名曲とレコード
1958.12 p.45

◇交響曲第六番「悲愴」ロ短調 作品七四〈チャ
イコフスキー〉（名曲とレコード—交響曲）
宇野功芳 「ディスク」21巻13号 臨時増刊 名
曲とレコード 1958.12 p.46

◇交響曲第五番「新世界より」ホ短調 作品九五
〈ドヴォルザーク〉（名曲とレコード—交響
曲）宇野功芳 「ディスク」21巻13号 臨時増
刊 名曲とレコード 1958.12 p.47

◇動物の謝肉祭〈サン・サーンス〉（名曲とレ
コード—管弦楽曲）宇野功芳 「ディスク」
21巻13号 臨時増刊 名曲とレコード 1958.12
p.80

◇舞踊組曲「コッペリア」〈ドリーブ〉（名曲と
レコード—管弦楽曲）宇野功芳 「ディスク」
21巻13号 臨時増刊 名曲とレコード 1958.12
p.81

◇白鳥の湖〈チャイコフスキー〉（名曲とレコー
ド—管弦楽曲）宇野功芳 「ディスク」21巻
13号 臨時増刊 名曲とレコード 1958.12 p.84

◇交響詩「ローマの松」〈レスピーギ〉（名曲と
レコード—管弦楽曲）宇野功芳 「ディスク」
21巻13号 臨時増刊 名曲とレコード 1958.12
p.89

◇ディスクLPライブラリー（11）シューベルト
の三大歌曲集（1）宇野功芳 「ディスク」22
巻4号 1959.4 p.138

◇交響曲第九二番 ト長調「オックスフォード」
〈ハイドン〉（続・名曲とレコード―交響曲）
宇野功芳 「ディスク」22巻8号 臨時増刊 続・
名曲とレコード 1959.7 p.14

◇交響曲第九六番 ニ長調「奇蹟」〈ハイドン〉
（続・名曲とレコード―交響曲）宇野功芳
「ディスク」22巻8号 臨時増刊 続・名曲とレ
コード 1959.7 p.15

◇交響曲第一〇一番 ハ長調「時計」〈ハイドン〉
（続・名曲とレコード―交響曲）宇野功芳
「ディスク」22巻8号 臨時増刊 続・名曲とレ
コード 1959.7 p.16

◇交響曲第三六番 ハ長調「リンツ」K四二五
〈モーツァルト〉（続・名曲とレコード―交響
曲）宇野功芳 「ディスク」22巻8号 臨時増
刊 続・名曲とレコード 1959.7 p.17

◇交響曲第三八番 ニ長調「プラーグ」K五〇四
〈モーツァルト〉（続・名曲とレコード―交響
曲）宇野功芳 「ディスク」22巻8号 臨時増
刊 続・名曲とレコード 1959.7 p.18

◇交響曲第三九番 変ホ長調 K五五四三〈モーツァ
ルト〉（続・名曲とレコード―交響曲）宇野
功芳 「ディスク」22巻8号 臨時増刊 続・名
曲とレコード 1959.7 p.19

◇交響曲第二番 ニ長調 作品三六〈ベートーヴェ
ン〉（続・名曲とレコード―交響曲）宇野功
芳 「ディスク」22巻8号 臨時増刊 続・名曲
とレコード 1959.7 p.20

◇交響曲第四番 変ロ長調 作品六〇〈ベートー
ヴェン〉（続・名曲とレコード―交響曲）宇
野功芳 「ディスク」22巻8号 臨時増刊 続・
名曲とレコード 1959.7 p.21

◇交響曲第七番 イ長調 作品九二〈ベートーヴェ
ン〉（続・名曲とレコード―交響曲）宇野功
芳 「ディスク」22巻8号 臨時増刊 続・名曲
とレコード 1959.7 p.22

◇交響曲第八番 ヘ長調 作品九三〈ベートーヴェ
ン〉（続・名曲とレコード―交響曲）宇野功
芳 「ディスク」22巻8号 臨時増刊 続・名曲
とレコード 1959.7 p.23

◇交響曲第七番 ハ長調〈シューベルト〉（続・名
曲とレコード―交響曲）宇野功芳 「ディス
ク」22巻8号 臨時増刊 続・名曲とレコード
1959.7 p.24

◇交響曲第三番 イ短調「スコットランド」作品
五六〈メンデルスゾーン〉（続・名曲とレコー
ド―交響曲）宇野功芳 「ディスク」22巻8号
臨時増刊 続・名曲とレコード 1959.7 p.25

◇交響曲第一番 変ロ長調 作品三八〈シューマ
ン〉（続・名曲とレコード―交響曲）宇野功
芳 「ディスク」22巻8号 臨時増刊 続・名曲
とレコード 1959.7 p.26

◇交響曲第四番 ホ短調 作品九八〈ブラームス〉
（続・名曲とレコード―交響曲）宇野功芳
「ディスク」22巻8号 臨時増刊 続・名曲とレ
コード 1959.7 p.27

◇交響曲第一番 ハ長調〈ビゼー〉（続・名曲とレ
コード―交響曲）宇野功芳 「ディスク」22
巻8号 臨時増刊 続・名曲とレコード 1959.7
p.28

◇交響曲第四番 ヘ短調 作品三六〈チャイコフス
キー〉（続・名曲とレコード―交響曲）宇野
功芳 「ディスク」22巻8号 臨時増刊 続・名
曲とレコード 1959.7 p.28

◇交響曲第五番 ホ短調 作品六四〈チャイコフス
キー〉（続・名曲とレコード―交響曲）宇野
功芳 「ディスク」22巻8号 臨時増刊 続・名
曲とレコード 1959.7 p.29

◇交響曲 ニ短調〈フランク〉（続・名曲とレコー
ド―交響曲）宇野功芳 「ディスク」22巻8号
臨時増刊 続・名曲とレコード 1959.7 p.31

◇交響曲第一番 ニ長調〈マーラー〉（続・名曲と
レコード―交響曲）宇野功芳 「ディスク」
22巻8号 臨時増刊 続・名曲とレコード 1959.
7 p.32

◇交響曲第四番 ト長調〈マーラー〉（続・名曲と
レコード―交響曲）宇野功芳 「ディスク」
22巻8号 臨時増刊 続・名曲とレコード 1959.
7 p.33

◇大地の歌〈マーラー〉（続・名曲とレコード―
交響曲）宇野功芳 「ディスク」22巻8号 臨
時増刊 続・名曲とレコード 1959.7 p.34

◇古典交響曲 ニ長調〈プロコフィエフ〉（続・名
曲とレコード―交響曲）宇野功芳 「ディス
ク」22巻8号 臨時増刊 続・名曲とレコード
1959.7 p.36

◇交響曲第五番 作品四七〈ショスタコーヴィッ
チ〉（続・名曲とレコード―交響曲）宇野功
芳 「ディスク」22巻8号 臨時増刊 続・名曲
とレコード 1959.7 p.37

◇管絃楽組曲第三番 ニ長調〈バッハ〉（続・名曲
とレコード―管弦楽曲）渡辺護，長尾義弘，
宇野功芳 「ディスク」22巻8号 臨時増刊 続・
名曲とレコード 1959.7 p.58

◇ブランデンブルク協奏曲第六番 変ロ長調
〈バッハ〉（続・名曲とレコード―管弦楽曲）
渡辺護，長尾義弘，宇野功芳 「ディスク」22
巻8号 臨時増刊 続・名曲とレコード 1959.7
p.59

◇組曲「王宮の花火の音楽」〈ヘンデル〉（続・名
曲とレコード―管弦楽曲）渡辺護，長尾義
弘，宇野功芳 「ディスク」22巻8号 臨時増刊
続・名曲とレコード 1959.7 p.60

◇協奏交響曲 K二九七b〈モーツァルト〉（続・
名曲とレコード―管弦楽曲）渡辺護，長尾義
弘，宇野功芳 「ディスク」22巻8号 臨時増刊
続・名曲とレコード 1959.7 p.60

◇レオノーレ序曲第三番〈ベートーヴェン〉
（続・名曲とレコード―管弦楽曲）渡辺護，
長尾義弘，宇野功芳 「ディスク」22巻8号 臨
時増刊 続・名曲とレコード 1959.7 p.61

◇コリオラン序曲〈ベートーヴェン〉（続・名曲
とレコード―管弦楽曲）渡辺護，長尾義弘，
宇野功芳 「ディスク」22巻8号 臨時増刊 続・
名曲とレコード 1959.7 p.62

◇「エグモント」序曲 作品五四〈ベートーヴェン〉（続・名曲とレコード—管弦楽曲） 渡辺護，長尾義弘，宇野功芳 「ディスク」22巻8号 臨時増刊 続・名曲とレコード 1959.7 p.63

◇舞踏へのお誘い〈ウェーバー〉（続・名曲とレコード—管弦楽曲） 渡辺護，長尾義弘，宇野功芳 「ディスク」22巻8号 臨時増刊 続・名曲とレコード 1959.7 p.64

◇「タンホイザー」序曲〈ワーグナー〉（続・名曲とレコード—管弦楽曲） 渡辺護，長尾義弘，宇野功芳 「ディスク」22巻8号 臨時増刊 続・名曲とレコード 1959.7 p.65

◇「ワルキューレ」より〈ワーグナー〉（続・名曲とレコード—管弦楽曲） 渡辺護，長尾義弘，宇野功芳 「ディスク」22巻8号 臨時増刊 続・名曲とレコード 1959.7 p.66

◇歌劇「ホフマン物語」より舟唄〈オッフェンバッハ〉（続・名曲とレコード—管弦楽曲） 渡辺護，長尾義弘，宇野功芳 「ディスク」22巻8号 臨時増刊 続・名曲とレコード 1959.7 p.67

◇歌劇「売られた花嫁」序曲〈スメタナ〉（続・名曲とレコード—管弦楽曲） 渡辺護，長尾義弘，宇野功芳 「ディスク」22巻8号 臨時増刊 続・名曲とレコード 1959.7 p.67

◇ウィンナ・ワルツ集〈ヨハン・シュトラウス〉（続・名曲とレコード—管弦楽曲） 渡辺護，長尾義弘，宇野功芳 「ディスク」22巻8号 臨時増刊 続・名曲とレコード 1959.7 p.68

◇大学祝典序曲〈ブラームス〉（続・名曲とレコード—管弦楽曲） 渡辺護，長尾義弘，宇野功芳 「ディスク」22巻8号 臨時増刊 続・名曲とレコード 1959.7 p.70

◇ハンガリー舞曲第五・六番〈ブラームス〉（続・名曲とレコード—管弦楽曲） 渡辺護，長尾義弘，宇野功芳 「ディスク」22巻8号 臨時増刊 続・名曲とレコード 1959.7 p.71

◇交響詩「ティル・オイレンシュピーゲルの愉快ないたづら」作品二八〈リヒャルト・シュトラウス〉（続・名曲とレコード—管弦楽曲） 渡辺護，長尾義弘，宇野功芳 「ディスク」22巻8号 臨時増刊 続・名曲とレコード 1959.7 p.72

◇交響詩「ローマの祭」〈レスピーギ〉（続・名曲とレコード—管弦楽曲） 渡辺護，長尾義弘，宇野功芳 「ディスク」22巻8号 臨時増刊 続・名曲とレコード 1959.7 p.73

◇交響詩「フィンランディア」作品二六の七〈シベリウス〉（続・名曲とレコード—管弦楽曲） 渡辺護，長尾義弘，宇野功芳 「ディスク」22巻8号 臨時増刊 続・名曲とレコード 1959.7 p.74

◇ピーターと狼 作品六七〈プロコフィエフ〉（続・名曲とレコード—管弦楽曲） 渡辺護，長尾義弘，宇野功芳 「ディスク」22巻8号 臨時増刊 続・名曲とレコード 1959.7 p.75

◇青少年のための管弦楽入門 作品三四〈ブリトゥン〉（続・名曲とレコード—管弦楽曲） 渡辺護，長尾義弘，宇野功芳 「ディスク」22巻8号 臨時増刊 続・名曲とレコード 1959.7 p.76

◇ミサ曲 ロ短調〈バッハ〉（続・名曲とレコード—宗教曲） 宇野功芳 「ディスク」22巻8号 臨時増刊 続・名曲とレコード 1959.7 p.148

◇マタイ受難曲〈バッハ〉（続・名曲とレコード—宗教曲） 宇野功芳 「ディスク」22巻8号 臨時増刊 続・名曲とレコード 1959.7 p.150

◇メサイア〈ヘンデル〉（続・名曲とレコード—宗教曲） 宇野功芳 「ディスク」22巻8号 臨時増刊 続・名曲とレコード 1959.7 p.152

◇レクィエム〈モーツァルト〉（続・名曲とレコード—宗教曲） 宇野功芳 「ディスク」22巻8号 臨時増刊 続・名曲とレコード 1959.7 p.153

◇戴冠ミサ曲〈モーツァルト〉（続・名曲とレコード—宗教曲） 宇野功芳 「ディスク」22巻8号 臨時増刊 続・名曲とレコード 1959.7 p.155

◇ミサ・ソレムニス〈ベートーヴェン〉（続・名曲とレコード—宗教曲） 宇野功芳 「ディスク」22巻8号 臨時増刊 続・名曲とレコード 1959.7 p.156

◇レクィエム〈フォーレ〉（続・名曲とレコード—宗教曲） 宇野功芳 「ディスク」22巻8号 臨時増刊 続・名曲とレコード 1959.7 p.158

◇声楽曲（特集 名曲は何から聴くか） 宇野功芳 「ディスク」22巻10号 1959.9 p.33

◇シューベルトの三大歌曲集（2）美しき水車小屋の娘・白鳥の歌—ディスク・LPライブラリイ（12） 宇野功芳 「ディスク」22巻10号 1959.9 p.166

◇ドヴォルジャックの交響曲第四番の新盤 宇野功芳 「ディスク」22巻13号 1959.11 p.27

◇私の愛聴するレコード（特集 私の愛聴盤） 宇野功芳 「ディスク」23巻1号 1960.1 p.186

◇序曲・管弦楽曲 宇野功芳 「ディスク」23巻2号 臨時増刊 ベートーヴェン 1960.1 p.65

◇注目の海外盤—ヨッフムのベートーヴェン全集 宇野功芳 「ディスク」23巻4号 1960.3 p.152

◇ウィーン八重奏団のモーツァルトの名曲（新譜LPハイライト） 宇野功芳 「ディスク」23巻6号 1960.5 p.36

◇ベートーヴェンの「英雄」交響曲（新着LP試聴室） 宇野功芳 「ディスク」23巻7号 1960.6 p.112

◇ドヴォルジャック「第7交響曲」（新着LP試聴室） 宇野功芳 「ディスク」23巻7号 1960.6 p.113

◇ラフマニノフの「パガニーニ狂詩曲」（新着LP試聴室） 宇野功芳 「ディスク」23巻7号 1960.6 p.114

◇ベートーヴェン/交響曲第七番イ長調作品92/ショルティ〜ウィーン・フィル（新着LP試聴室） 宇野功芳 「ディスク」23巻8号 1960.7 p.112

◇チャイコフスキー/交響曲第四番ヘ短調作品
36/モントゥー～ボストン・シンフォニー（新
着LP試聴室）宇野功芳　「ディスク」23巻8
号 1960.7 p.113

◇リムスキー・コルサコフ/交響組曲「シェヘ
ラザーデ」/グーセンス～ロンドン・フィル
（新着LP試聴室）宇野功芳　「ディスク」23
巻8号 1960.7 p.113

◇ベートーヴェン/ヴァイオリン・ソナタ第九
番「クロイツェル」/プロチェック（V）（新着
LP試聴室）宇野功芳　「ディスク」23巻8号
1960.7 p.117

◇マタイ受難曲―バッハ（宗教曲）宇野功芳
「ディスク」23巻13号 増刊 新版名曲とレコー
ド 下巻 1960.10 p.107

◇ミサ曲 ロ短調―バッハ（宗教曲）宇野功芳
「ディスク」23巻13号 増刊 新版名曲とレコー
ド 下巻 1960.10 p.195

◇メサイアー―ヘンデル（宗教曲）宇野功芳
「ディスク」23巻13号 増刊 新版名曲とレコー
ド 下巻 1960.10 p.199

◇レクィエム―モーツァルト（宗教曲）宇野功
芳　「ディスク」23巻13号 増刊 新版名曲とレ
コード 下巻 1960.10 p.202

◇戴冠ミサ曲―モーツァルト（宗教曲）宇野功
芳　「ディスク」23巻13号 増刊 新版名曲とレ
コード 下巻 1960.10 p.203

◇ミサ・ソレムニス―ベートーヴェン（宗教曲）
宇野功芳　「ディスク」23巻13号 増刊 新版名
曲とレコード 下巻 1960.10 p.204

◇レクィエム―フォーレ（宗教曲）宇野功芳
「ディスク」23巻13号 増刊 新版名曲とレコー
ド 下巻 1960.10 p.210

◇アンケート 私の選んだ一枚（特集 今年はどん
なレコードが出たか）佐藤章，寺西春雄，宇
野功芳，猿田惠，薬科雅美，上野一郎，佐川
吉男，杉浦繁，木村重雄，高崎保男，三浦淳
史，柴田南雄，秋山邦晴　「ディスク」23巻16
号 1960.12 p.32

◇フルトヴェングラー・その芸術とレコード
宇野功芳　「ディスク」24巻7号 1961.7 p.78

◇メンゲルベルクの復活盤 ブラームスの「ドイ
ツ鎮魂曲」（新着LP試聴室）宇野功芳　「ディ
スク」24巻8号 1961.8 p.108

◇交響曲 宇野功芳　「ディスク」24巻9号 臨時
増刊 シューベルト 1961.8 p.101

◇管弦楽曲 宇野功芳　「ディスク」24巻9号 臨
時増刊 シューベルト 1961.8 p.110

◇八重奏曲 宇野功芳　「ディスク」24巻9号 臨
時増刊 シューベルト 1961.8 p.112

◇交響曲―レコード評 宇野功芳　「ディスク」
24巻9号 臨時増刊 シューベルト 1961.8
p.183

◇管弦楽曲―レコード評 宇野功芳　「ディス
ク」24巻9号 臨時増刊 シューベルト 1961.8
p.193

◇八重奏曲―レコード評 宇野功芳　「ディス
ク」24巻9号 臨時増刊 シューベルト 1961.8
p.195

◇メンゲルベルクの感動的な「マタイ受難曲」
（新着LP試聴室）宇野功芳　「ディスク」24
巻10号 1961.9 p.116

◇メンゲルベルク指揮の〈第九〉交響曲（新着
LP試聴室）宇野功芳　「ディスク」25巻2号
1962.2 p.110

◇音楽随想―人生とは味うものである 宇野功
芳　「ディスク」25巻6号 1962.6 p.86

◇ワルターの不滅の遺産, マーラーの〈第九交響
曲〉（各社三月新譜速報と聴きもの）宇野功
芳　「ディスク」26巻2号 1963.2 p.125

◇ハイティンク, コンセルトヘボウのマーラー
〈第一交響曲〉（各社三月新譜速報と聴きも
の）宇野功芳　「ディスク」26巻2号 1963.2
p.128

◇初進者のための名盤案内（1）―新らしくレ
コードを集める方への助言 宇野功芳　「ディ
スク」27巻6号 1964.6 p.50

◇初進者のための名盤案内（2）―新らしくレ
コードを集める方への助言 宇野功芳　「ディ
スク」27巻7号 1964.7 p.94

◇初進者のための名盤案内（3）―新らしくレ
コードを集める方への助言 宇野功芳　「ディ
スク」27巻8号 1964.8 p.82

◇初進者のための名盤案内（4）続・モーツァル
トの名盤―新らしくレコードを集める方への
助言 宇野功芳　「ディスク」27巻9号 1964.9
p.88

◇初進者のための名盤案内（5）たてしな日記―
新らしくレコードを集める方への助言 宇野
功芳　「ディスク」27巻10号 1964.10 p.122

◇初心者のための名盤案内（6）オペラの名曲 宇
野功芳　「ディスク」27巻11号 1964.11 p.110

◇初進者のための名盤案内（完）第九の名盤 宇
野功芳　「ディスク」27巻12号 1964.12 p.110

梅木 香

◇オッフェンバッハ「ホフマン物語」全曲
（ドップス, シモノー他）（新着LP試聴室）梅
木香　「ディスク」22巻7号 1959.7 p.160

◇ムソルグスキーの「展覧会の絵」（アントルモ
ン：ピアノ）（新着LP試聴室）梅木香　「ディ
スク」22巻9号 1959.8 p.160

◇歌劇「カヴァレリア・ルスティカーナ」・「パ
リアッチ」全曲（ポッジ, プロッティ）（新着
LP試聴室）梅木香　「ディスク」22巻9号
1959.8 p.164

◇チャイコフスキーの交響曲第四番（アンチェ
ル指揮）（新着LP試聴室）梅木香　「ディス
ク」22巻10号 1959.9 p.154

◇若きバス・バリトン歌手のシューベルト・リ
サイタル（フォスター）（新着LP試聴室）梅
木香　「ディスク」22巻10号 1959.9 p.161

◇めづらしいケルビーニの歌劇「メデア」ハイ
ライト（ファーレル他）（新着LP試聴室）梅
木香 「ディスク」22巻10号 1959.9 p.164

◇待望三〇年ドヴォルザークの「新世界」交響
曲（ワルター指揮）（新着LP試聴室）梅木香
「ディスク」22巻11号 1959.10 p.154

◇シューマン「ユーモレスク」「ダヴィッド同盟
舞曲集」（ベルンハイム）（新着LP試聴室）梅
木香 「ディスク」22巻11号 1959.10 p.159

◇メンデルスゾーンの「スコットランド」＝クレ
ッキーの快演（新着LP試聴室）梅木香
「ディスク」22巻13号 1959.11 p.164

◇スターンの再録音したメンデルスゾーン，
チャイコフスキー（新着LP試聴室）梅木香
「ディスク」22巻13号 1959.11 p.165

◇風格を感じさせるワルターのベートーヴェン
「第七」（新着LP試聴室）梅木香 「ディスク」
22巻14号 1959.12 p.152

◇ボンのベートーヴェン・ハウスにおける新し
いカザルス・トリオ（新着LP試聴室）梅木香
「ディスク」22巻14号 1959.12 p.158

◇ビルキット・ニルソン・アリア集（新着LP試
聴室）梅木香 「ディスク」22巻14号 1959.
12 p.162

◇ドヴォルジャックの「交響曲第五番」"新世
界"（セル指揮）（新着LP試聴室）梅木香
「ディスク」23巻1号 1960.1 p.158

◇色彩豊かな録音にきく交響組曲「シェヘラ
ザーデ」（新着LP試聴室）梅木香 「ディス
ク」23巻1号 1960.1 p.162

◇ドニゼッティの歌劇「愛の妙薬」全曲（タ
ディ他）（新着LP試聴室）梅木香 「ディス
ク」23巻3号 1960.2 p.168

◇思いつくままに（私の愛聴盤〔第3回〕）梅木
香 「ディスク」23巻4号 1960.3 p.62

◇再吹込みしたクリュイタンスの「幻想交響
曲」（新着LP試聴室）梅木香 「ディスク」23
巻4号 1960.3 p.160

◇カラスとステファーノの歌劇「マノン・レス
コウ」（新着LP試聴室）梅木香 「ディスク」
23巻4号 1960.3 p.167

◇ベートーヴェンのソナタとリヒター＝ハー
ザー（LP新譜ハイライト）梅木香 「ディス
ク」23巻5号 1960.4 p.36

◇ウォーレン最後の舞台となったヴェルディの
歌劇「運命の力」全曲 梅木香 「ディスク」
23巻5号 1960.4 p.172

◇コーガンのラロ「スペイン交響曲」の再録音
（新着LP試聴室）梅木香 「ディスク」23巻6
号 1960.5 p.161

◇スターン新盤，ベートーヴェンのヴァイオリ
ン協奏曲（新着LP試聴室）梅木香 「ディス
ク」23巻6号 1960.5 p.165

◇右手を失ったピアニスト 梅木香 「ディス
ク」23巻7号 1960.6 p.40

◇マリア・カラスのオペラ・アリア集（新着LP
試聴室）梅木香 「ディスク」23巻7号 1960.
6 p.120

◇復活したワインガルトナーのブラームス交響
曲全集をきく 梅木香 「ディスク」23巻8号
1960.7 p.118

◇ブラームス/ヴァイオリン協奏曲ニ長調/コー
ガン（V）コンドラシン（新着LP試聴室）梅木
香 「ディスク」23巻9号 1960.8 p.111

◇ベートーヴェン「第五」「第八」/マルケ
ヴィッチ指揮（新着LP試聴室）梅木香
「ディスク」23巻10号 1960.9 p.108

◇ベルリオーズ「幻想交響曲」/オッテルロー指
揮（新着LP試聴室）梅木香 「ディスク」23
巻10号 1960.9 p.109

◇エヴァ・ターナー・アリア集（新着LP試聴室）
梅木香 「ディスク」23巻10号 1960.9 p.117

◇注目の海外盤から一待望のワルターによる
"ブラームス全集"梅木香 「ディスク」23巻
12号 1960.10 p.112

◇フランチェスカッティ，フルニエそしてブ
ルーノ・ワルターによる複協奏曲 梅木香
「ディスク」23巻14号 1960.11 p.116

◇モーツァルトの歌劇「ドン・ジョヴァンニ」
全曲/シュヴァルツコップ，タディ他（新着LP
試聴室）梅木香 「ディスク」23巻16号
1960.12 p.129

◇今月の話題一ウィーン・コンツェルトハウス
の録音 梅木香 「ディスク」24巻1号 1961.1
p.110

◇シューマン/子供の情景（ヘブラー）（新着LP
試聴室）梅木香 「ディスク」24巻1号 1961.
1 p.134

◇ワルターの新盤「ワーグナー名曲集」（新着
LP試聴室）梅木香 「ディスク」24巻2号
1961.2 p.109

◇シューマン詩人の恋，他（スーゼイ）（新着LP
試聴室）梅木香 「ディスク」24巻3号 1961.
3 p.118

◇コンヴィッチュニーの指揮するベートーヴェ
ンを聴く一第二・第七・第九・第一交響曲
（新着LP試聴室）梅木香 「ディスク」24巻4
号 1961.4 p.112

◇故アッカーマンの巧演「こうもり」全曲（新
着LP試聴室）梅木香 「ディスク」24巻4号
1961.4 p.118

◇ワルターの新録音したシューベルト交響曲集
（新着LP試聴室）梅木香 「ディスク」24巻5
号 1961.5 p.112

◇ルードヴィッヒの歌うシューマン，ブラーム
ス（新着LP試聴室）梅木香 「ディスク」24
巻6号 1961.6 p.102

◇ヨッフム指揮するR・シュトラウス（新着LP
試聴室）梅木香 「ディスク」24巻7号 1961.
7 p.118

◇ジャンドロン, チェロ小品を弾く（新着LP試聴室）梅木香 「ディスク」24巻7号 1961.7 p.125

◇新人演奏家登場―ハイドシェック, ロード, シッパース 梅木香 「ディスク」24巻11号 1961.10 p.110

◇ハンガリーの指揮者によるコダーイとリスト（新着LP試聴室）梅木香 「ディスク」24巻11号 1961.10 p.114

◇新人演奏家登場（2）―フレモー/ハース/マックネイル 梅木香 「ディスク」24巻12号 1961.11 p.116

◇新人演奏家登場（3）―A・モッフォ/C・アラウ/C・フェラ 梅木香 「ディスク」24巻13号 1961.12 p.118

◇ハイデシェックのモーツァルト（新着LP試聴室）梅木香 「ディスク」25巻1号 1962.1 p.111

◇新人演奏家登場（4）―リヒター/ジャンドロン/マーツェル 梅木香 「ディスク」25巻1号 1962.1 p.118

◇新人演奏家登場（5）―クライバーン/バイヤール/コレルリ 梅木香 「ディスク」25巻2号 1962.2 p.120

◇新人演奏家登場（6）―ロヴィッキー/ラレード/アラン 梅木香 「ディスク」25巻3号 1962.3 p.122

◇新人演奏家登場―ジュリーニ/カペッキ/オウフスキー 梅木香 「ディスク」25巻4号 1962.4 p.120

◇ハイティンクとルモーテルと（特集 話題の指揮者を追って）梅木香 「ディスク」25巻5号 1962.5 p.84

◇新人演奏家登場―ナヴァラ/シュッティ/ケルテシュ 梅木香 「ディスク」25巻6号 1962.6 p.106

◇話題の演奏家群像―レーデル/ステファンスカ/スーク・トリオ 梅木香 「ディスク」25巻7号 1962.7 p.104

◇評論家の休日（私の愛聴盤）梅木香 「ディスク」26巻3号 1963.3 p.89

大木 正興

◇クライスラー小品集を聴く 大木正興 「レコード音楽」18巻10号 1948.10 p.22

◇ルービンシュタインの「第三」（新譜評）大木正興 「レコード音楽」18巻11号 1948.11 p.7

◇ワインガルトナーの遺品 大木正興 「レコード音楽」19巻2号 1949.2 p.18

◇メニューインの新盤（新譜評）大木正興 「レコード音楽」19巻3号 1949.3 p.24

◇ブダペスト四重奏団の新盤（新譜評）大木正興 「レコード音楽」19巻6号 1949.6 p.18

◇協奏曲と室内楽の新盤（新譜評）大木正興 「レコード音楽」19巻7号 1949.7 p.22

◇メニューインとビーチャムの新盤（新譜評）大木正興 「レコード音楽」19巻8号 1949.8 p.24

◇ブラームスの複協奏曲（試聴室）大木正興 「レコード音楽」19巻9号 1949.9 p.22

◇「春の祭典」新盤を聴く（新譜評）大木正興 「レコード音楽」19巻10号 1949.10 p.30

◇「シェヘラザーデ」の新盤（新譜紹介）大木正興 「レコード音楽」19巻11号 1949.11 p.36

◇トスカニーニの「ジュピター」を聴く（海外盤試聴室）大木正興 「レコード音楽」19巻12号 1949.12 p.30

◇奏鳴曲の新盤を聴く（新譜評）大木正興 「レコード音楽」20巻1号 1950.1 p.48

◇ブラームスの第二ピアノ協奏曲―海外盤試聴記 大木正興 「レコード音楽」20巻2号 1950.2 p.42

◇ラヴェル作品の新盤（新譜評）大木正興 「レコード音楽」20巻4号 1950.4 p.36

◇ルービンシュタインの新盤（新譜評）大木正興 「レコード音楽」20巻5号 1950.5 p.48

◇アロウ演奏のシューマンの協奏曲―海外盤試聴室 大木正興 「レコード音楽」20巻6号 1950.6 p.38

◇ワルター指揮のベートーヴェンの「第9」―海外盤試聴記 大木正興 「レコード音楽」20巻7号 1950.7 p.56

◇オルマンディー指揮「ローマの松」の新盤（新盤試聴記）大木正興 「レコード音楽」20巻8号 1950.8 p.22

◇二つの交響曲の新盤―海外盤（新譜評）大木正興 「レコード音楽」20巻9号 1950.9 p.12

◇オルマンデイ指揮のベートヴェンの「第七」（試聴記）大木正興 「レコード音楽」20巻10号 1950.10 p.16

◇フルトヴェングラーの新盤―及「レオノーレ第三序曲」の新盤（試聴記）大木正興 「レコード音楽」20巻11号 1950.11 p.20

◇スメタナの「絃楽四重奏曲」を聴く 大木正興 「レコード音楽」20巻12号 1950.12 p.20

◇ビーチャム指揮のチャイコフスキー「第五」大木正興 「レコード音楽」21巻1号 1951.1 p.44

◇キレニー独奏のショパン―ピアノ協奏曲 大木正興 「レコード音楽」21巻2号 1951.2 p.46

◇世界の管絃楽団めぐり（1）サンフランシスコ交響楽団 大木正興 「レコード音楽」21巻3号 1951.3 p.74

◇世界の管絃楽団めぐり（2）ボストン交響楽団とボストンポップス管弦楽団 大木正興 「レコード音楽」21巻4号 1951.4 p.72

◇世界の管絃楽団めぐり（3）クリーヴランド交響楽団 大木正興 「レコード音楽」21巻5号 1951.5 p.72

◇世界の管絃楽団めぐり (4) ニューヨーク・フィルハーモニック管絃楽団 大木正興 「レコード音楽」21巻6号 1951.6 p.70

◇世界の管絃楽団めぐり (5) フィラデルフィア管絃楽団 大木正興 「レコード音楽」21巻7号 1951.7 p.66

◇世界の管絃楽団めぐり (6) セント・ルイス交響楽団とピッツバーグ交響楽団 大木正興 「レコード音楽」21巻8号 1951.8 p.77

◇世界の管絃楽団めぐり (7) ミネアポリス交響楽団 大木正興 「レコード音楽」21巻9号 1951.9 p.72

◇世界の管絃楽団めぐり (8) シカゴ交響楽団ほか 大木正興 「レコード音楽」21巻10号 1951.10 p.72

◇協奏曲の新盤 大木正興 「ディスク」14巻3号 1951.11 p.228

◇世界の管絃楽団めぐり (9) NBC交響楽団 大木正興 「レコード音楽」21巻11号 1951.11 p.72

◇世界の管絃楽団めぐり (10) コンツェルトゲボウ管絃楽団 大木正興 「レコード音楽」22巻1号 1952.1 p.68

◇世界の管絃楽団めぐり (12) ロイアル・フィルハーモニック管絃楽団 大木正興 「レコード音楽」22巻2号 1952.2 p.86

◇「悲愴」のレコードを廻つて 大木正興 「レコード音楽」22巻4号 1952.4 p.35

◇新しい名曲決定盤 (特集) 村田武雄, 牧定忠, 大木正興, 木村重雄, 寺西春雄, 大宮真琴, 田代秀穂, 藁科雅美 「レコード音楽」22巻4号 1952.4 p.111

◇グリークの「ピアノ協奏曲」―ギーゼキングの好演 (試聴記) 大木正興 「レコード音楽」22巻8号 1952.8 p.24

◇シューマンの「ピアノ五重奏曲」―優れたブッシュの表現 (試聴記) 大木正興 「レコード音楽」22巻9号 1952.9 p.22

◇トスカニーニの「未完成」とハイフェッツの「スペイン交響曲」(座談会) 村田武雄, 大木正興, 上野一郎, 藁科雅美 「レコード音楽」22巻10号 1952.10 p.46

◇レコード蒐集第一課 鑑賞講座 (1) 大木正興 「レコード音楽」22巻10号 1952.10 p.57

◇ブダペスト絃楽四重奏団の演奏とそのレコード 大木正興 「レコード音楽」22巻10号 1952.10 p.68

◇レコード蒐集第一課―交響曲篇 (2) 大木正興 「レコード音楽」22巻11号 1952.11 p.61

◇ヘンデル オラトリオ「メシア」(クリスマスのL.P) 大木正興 「レコード音楽」22巻12号 1952.12 p.21

◇ベートーヴェンの交響曲―レコード蒐集第一課交響曲篇 (3) 大木正興 「レコード音楽」22巻12号 1952.12 p.59

◇LP雑感 大木正興 「ディスク」16巻1号 1953.1 p.38

◇交響曲第一番ハ長調 (ベートーヴェンの交響曲L.P) 大木正興 「レコード音楽」23巻1号 1953.1 p.16

◇交響曲第七番イ長調 (ベートーヴェンの交響曲L.P) 大木正興 「レコード音楽」23巻1号 1953.1 p.22

◇レコード蒐集第一課―鑑賞講座 (4) 大木正興 「レコード音楽」23巻1号 1953.1 p.57

◇レコード蒐集第一課―鑑賞講座 (5) 大木正興 「レコード音楽」23巻2号 1953.2 p.51

◇来朝を予定される演奏家 (特集) 渡辺茂, 福原信夫, 渡辺護, 西山広一, 関口泰彦, 松田十四郎, 三浦潤, 松岡清堯, 寺西一郎, 田辺秀雄, 梶原完, 牛山充, 大木正興, 松本太郎, 西田清治 「レコード音楽」23巻2号 1953.2 p.87

◇レコード蒐集第一課―鑑賞講座 (6) 大木正興 「レコード音楽」23巻3号 1953.3 p.49

◇小品名曲百曲選―レコード音楽名曲決定盤 上野一郎, 木村重雄, 福原信夫, 大木正興, 田代秀穂, 牧定忠, 太田祐満, 寺西春雄, 八木進, 大宮真琴, 西山広一 「レコード音楽」23巻4号 1953.4 p.129

◇ヴァイオリンソナタ第九番イ長調「クロイツェル」(話題のLP特集) 大木正興 「レコード音楽」23巻5号・6号 1953.6 p.45

◇ブラームス・ブルックナー・マーラーの交響曲―レコード蒐集第一課 (7) 大木正興 「レコード音楽」23巻5号・6号 1953.6 p.126

◇これからのLPに何を望むか (座談会) 田代秀穂, 加納一雄, 大木正興, 岡俊雄 「ディスク」17巻8号 別冊第4集 LPレコード 1954.7 p.124

◇日本 "楽壇" への苦言 (1955年の回顧) 大木正興 「ディスク」18巻14号 1955.12 p.41

◇シュワルツコップの名演「コシ・ファン・トゥッテ」(海外LP試聴室) 大木正興 「ディスク」19巻3号 1956.2 p.96

◇ルービンシュタイン得意の二曲 (今月のLPハイライト) 大木正興 「ディスク」20巻3号 1957.3 p.37

◇疑問の残るクレンペラー「第七」(今月のハイライト) 大木正興 「ディスク」20巻4号 1957.4 p.30

◇LPの名盤をさぐる (4)―ロンドン編 (座談会) 大木正興, 佐川吉男, 青木謙幸 「ディスク」20巻11号 1957.9 p.114

◇ギレリスのベートーヴェン「第四」(今月のハイライト) 大木正興 「ディスク」20巻13号 1957.11 p.17

◇トスカニーニとワルターの「第九」(今月のハイライト ベートーヴェンの交響曲) 大木正興 「ディスク」20巻15号 1957.12 p.22

◇協奏曲 大木正興 「ディスク」23巻2号 臨時増刊 ベートーヴェン 1960.1 p.70

◇リフテルのチャイコフスキー「ピアノ協奏曲」(新着LPハイライト) 大木正興 「ディスク」23巻4号 1960.3 p.36

◇ゲヴァントハウス管弦楽団（特集 春の来日演奏家を聴く─かれらは日本でどんな演奏ぶりを見せたのだろうか？）大木正興 「ディスク」24巻6号 1961.6 p.75

大田黒 元雄

◇メルバ 大田黒元雄 「レコード」2巻4号 1931.4 p.22

◇パツマハン─人及び芸術 大田黒元雄 「レコード」4巻2号 1933.2 p.14

◇ブラームスの生涯と芸術（ブラームス生誕百年紀念特輯）大田黒元雄 「レコード」4巻5号 1933.5 p.14

◇音楽と食事 大田黒元雄 「レコード音楽」8巻8号 1934.8 p.24

◇美しきミュウレリン 大田黒元雄 「レコード音楽」10巻5号 1936.5 p.6

◇レコード回顧 大田黒元雄 「レコード音楽」10巻1号 1936.11 p.43

◇縮小歌劇「ルウィズ」 大田黒元雄 「レコード音楽」11巻5号 1937.5 p.16

◇セレナアド（質問に答へて─鑑賞入門講座）大田黒元雄 「レコード音楽」11巻8号 1937.8 p.13

◇シベリウスのヴァイオリン協奏曲（試聴記）大田黒元雄 「レコード音楽」13巻3号 1939.3 p.12

◇セレナードについて 大田黒元雄 「レコード文化」2巻8号 1942.8 p.33

◇三十年前のプロコフィエフ 大田黒元雄 「レコード音楽」17巻5号 1947.10 p.5

◇クライスラーのこと 大田黒元雄 「レコード音楽」18巻1号 1948.1 p.11

◇バレエ音楽の話 大田黒元雄 「レコード音楽」19巻2号 1949.2 p.44

◇ヨハン・シュトラウス（ヨハン・シュトラウス五十年祭に因みて）大田黒元雄 「レコード音楽」19巻6号 1949.6 p.2

◇ショパンをめぐる女性（上）（ショパン百年祭に因みて）大田黒元雄 「レコード音楽」19巻10号 1949.10 p.6

◇ショパン話の泉（座談会）井口基成，大田黒元雄，遠山一行，野村光一，村田武雄 「レコード音楽」19巻12号 1949.12 p.52

◇音楽百一夜（1）大田黒元雄 「レコード音楽」20巻1号 1950.1 p.20

◇歌劇レコードを語る─藤原歌劇団の「椿姫」新盤を中心に（鼎談）大田黒元雄，野村光一，村田武雄 「レコード音楽」20巻1号 1950.1 p.74

◇音楽百一話（2）大田黒元雄 「レコード音楽」20巻2号 1950.2 p.6

◇音楽百一話（3）大田黒元雄 「レコード音楽」20巻3号 1950.3 p.10

◇音楽百一話（4）大田黒元雄 「レコード音楽」20巻4号 1950.4 p.6

◇音楽百一話（5）大田黒元雄 「レコード音楽」20巻5号 1950.5 p.6

◇音楽百一話（6）大田黒元雄 「レコード音楽」20巻6号 1950.6 p.6

◇音楽百一話（7）大田黒元雄 「レコード音楽」20巻7号 1950.7 p.87

◇音楽百一話（8）大田黒元雄 「レコード音楽」20巻8号 1950.8 p.6

◇音楽百一話（9）大田黒元雄 「レコード音楽」20巻9号 1950.9 p.76

◇音楽百一話（10）大田黒元雄 「レコード音楽」20巻10号 1950.10 p.74

◇音楽百一話（11）大田黒元雄 「レコード音楽」20巻11号 1950.11 p.6

◇音楽百一話（12）大田黒元雄 「レコード音楽」20巻12号 1950.12 p.6

◇レコード百一話（1）大田黒元雄 「レコード音楽」21巻1号 1951.1 p.6

◇レコード百一話（2）大田黒元雄 「レコード音楽」21巻2号 1951.2 p.6

◇レコード百一話（3）大田黒元雄 「レコード音楽」21巻3号 1951.3 p.95

◇レコード百一話（4）大田黒元雄 「レコード音楽」21巻4号 1951.4 p.6

◇ヴェルディとオペラ─ヴェルディ五十年祭に因みて（対談）大田黒元雄，藤原義江 「レコード音楽」21巻4号 1951.4 p.76

◇レコード百一話（5）大田黒元雄 「レコード音楽」21巻5号 1951.5 p.75

◇レコード百一話（6）大田黒元雄 「レコード音楽」21巻6号 1951.6 p.82

◇レコード百一話（7）大田黒元雄 「レコード音楽」21巻7号 1951.7 p.80

◇レコード百一話（8）大田黒元雄 「レコード音楽」21巻8号 1951.8 p.80

◇レコード百一話（9）大田黒元雄 「レコード音楽」21巻9号 1951.9 p.6

◇レコード百一話（10）大田黒元雄 「レコード音楽」21巻10号 1951.10 p.6

◇レコード百一話（11）大田黒元雄 「レコード音楽」21巻11号 1951.11 p.6

◇メニューヒン（メニューインの印象）大田黒元雄 「レコード音楽」21巻11号 1951.11 p.38

◇レコード百一話（12）大田黒元雄 「レコード音楽」21巻12号 1951.12 p.6

◇音楽喫煙室 大田黒元雄 「レコード音楽」22巻1号 1952.1 p.59

◇音楽喫煙室（2）大田黒元雄 「レコード音楽」22巻2号 1952.2 p.52

◇音楽喫煙室 大田黒元雄 「レコード音楽」22巻3号 1952.3 p.40

◇音楽喫煙室─ロッシーニのこと 大田黒元雄 「レコード音楽」22巻4号 1952.4 p.76

◇音楽喫煙室―映画「大音楽会」その他 大田黒
元雄 「レコード音楽」22巻5号 1952.5 p.82

◇音楽喫煙室―タンホイザーの伝統 大田黒元
雄 「レコード音楽」22巻7号 1952.7 p.32

◇プロコフィエフ―来朝した演奏家たち（1） 大
田黒元雄 「レコード音楽」22巻8号 1952.8
p.40

◇ミッシャ・エルマン―来朝した演奏家たち
（2） 大田黒元雄 「レコード音楽」22巻9号
1952.9 p.38

◇「夕鶴」のレコード 大田黒元雄 「レコード
音楽」22巻9号 1952.9 p.59

◇エリザベート・シューマンとクララ・バット
―来朝した演奏家たち（3） 大田黒元雄 「レ
コード音楽」22巻10号 1952.10 p.76

◇来朝した演奏家たち（4）フリッツ・クライス
ラー 大田黒元雄 「レコード音楽」22巻11号
1952.11 p.80

◇ジャック・ティボー―来朝した演奏家たち
（5） 大田黒元雄 「レコード音楽」22巻12号
1952.12 p.68

◇来朝した演奏家たち（6）―シャリアピン 大田
黒元雄 「レコード音楽」23巻1号 1953.1
p.70

◇来朝した演奏家たち（7）モイセイウィッチと
フリードマン 大田黒元雄 「レコード音楽」
23巻2号 1953.2 p.64

◇シゲティーとジンバリスト―来朝した演奏家
達（8） 大田黒元雄 「レコード音楽」23巻3号
1953.3 p.58

◇マレシャルとフォイヤーマン―来朝した演奏
家たち（9） 大田黒元雄 「レコード音楽」23
巻4号 1953.4 p.60

◇来朝した演奏家達（10）―ルービンシュタイ
ンとケンプ 大田黒元雄 「レコード音楽」23
巻5号・6号 1953.6 p.80

大宮 真琴

◇新しい名曲決定盤（特集） 村田武雄，牧定忠，
大木正興，木村重雄，寺西春雄，大宮真琴，
田代秀穂，藥科雅美 「レコード音楽」22巻4
号 1952.4 p.111

◇リヒアルト・シュトラウスのティル・オイレ
ンシュピーゲルの「愉快ないたづら」（試聴
室） 大宮真琴 「レコード音楽」22巻10号
1952.10 p.38

◇「三つの未完成」―トスカニーニ・ワルター・
フルトヴェングラーの未完成比較論 大宮真
琴 「レコード音楽」22巻12号 1952.12 p.66

◇今月はコリオラン序曲の楽譜を読みましょう
―入門講座（1） 大宮真琴 「レコード音楽」
23巻1号 1953.1 p.63

◇オネガー「ダビデ王」―交響的詩篇（現代音
楽のL.P特集） 大宮真琴 「レコード音楽」23
巻2号 1953.2 p.18

◇今月はモーツァルト小夜曲ト長調の楽譜を読
みましょう―入門講座（2） 大宮真琴 「レ
コード音楽」23巻2号 1953.2 p.55

◇小品名曲百曲選―レコード音楽名曲決定盤
上野一郎，木村重雄，福原信夫，大木正興，
田代秀穂，牧定忠，太田祐満，寺西春雄，八
木進，大宮真琴，西山広一 「レコード音楽」
23巻4号 1953.4 p.129

◇コロムビアの世界現代音楽選集レコード―そ
の第二輯をめぐつて（座談会） 大宮真琴，木
村重雄，藥科雅美 「ディスク」18巻12号
1955.10 p.40

◇LPに聴くフランス歌曲 大宮真琴 「ディス
ク」18巻14号 1955.12 p.45

◇火刑台上のジャンヌ・ダルク（今月のLPか
ら） 大宮真琴 「ディスク」18巻14号 1955.
12 p.144

◇アルテュール・オネゲルの死 大宮真琴
「ディスク」19巻1号 1956.1 p.32

◇大作曲家とその音楽（1）ベートーヴェン（上）
（対談） 大宮真琴，高瀬まり 「ディスク」19
巻3号 1956.2 p.24

◇大作曲家とその音楽（1）ベートーヴェン（下）
（対談） 大宮真琴，高瀬まり 「ディスク」19
巻4号 1956.3 p.32

◇大作曲家とその音楽（2）シューベルト（上）
（対談） 大宮真琴，高瀬まり 「ディスク」19
巻5号 1956.4 p.45

◇オネゲルの第二交響曲（今月のLPハイライ
ト） 大宮真琴 「ディスク」19巻5号 1956.4
p.115

◇カサドウジュとフランチェスカッティの
ショーソン合奏曲ニ長調（今月のLPハイライ
ト） 大宮真琴 「ディスク」19巻5号 1956.4
p.117

◇大作曲家とその音楽（2）シューベルト（下）
（対談） 大宮真琴，高瀬まり 「ディスク」19
巻6号 1956.5 p.29

◇カペル・イン・メモリアム（今月のLPハイラ
イト） 大宮真琴 「ディスク」19巻6号 1956.
5 p.110

◇フランチェスカッティのラヴェル（今月のLP
ハイライト） 大宮真琴 「ディスク」19巻6号
1956.5 p.111

◇大作曲家とその音楽（3）―ショパン―ピアノ
詩人 大宮真琴，高瀬まり 「ディスク」19巻
8号 1956.6 p.54

◇マルグリット・ロンのラヴェルとフォーレ
（今月のLPハイライト） 大宮真琴 「ディス
ク」19巻8号 1956.6 p.115

◇ヒンデミットの作品「マティスと交響的舞
曲」（今月のLPハイライト） 大宮真琴 「ディ
スク」19巻8号 1956.6 p.120

◇大作曲家と音楽（4）ローベルト・シューマン
（対談）（特集・シューマンの生涯と音楽
シューマン歿後一〇〇年を偲んで） 大宮真
琴，高瀬まり 「ディスク」19巻9号 1956.7
p.32

◇大作曲家と音楽（5）メンデルスゾーン（対談）
大宮真琴，高瀬まり 「ディスク」19巻11号
1956.8 p.28

◇話題の演奏家（3）アルテュール・グリュミ
オー（座談会）杉浦繁，大宮真琴，佐川吉男
「ディスク」19巻11号 1956.8 p.42

◇サンソン・フランソワ その演奏への危惧（現
代演奏家への二つの意見）大宮真琴 「ディ
スク」19巻11号 1956.8 p.52

◇大作曲家と音楽（8）リヒアルト・ワーグナー
（対談）大宮真琴，高瀬まり 「ディスク」19
巻12号 1956.9 p.40

◇ゲザ・アンダ 強靱なテクニシャン（現代演奏
家に対する二つの意見（第3回））大宮真琴
「ディスク」19巻12号 1956.9 p.50

◇大作曲家と音楽（9）ワーグナー（中）大宮真
琴，高瀬まり 「ディスク」19巻13号 1956.10
p.44

◇大作曲家と音楽（10）ワーグナー（下）大宮真
琴，高瀬まり 「ディスク」19巻14号 1956.11
p.44

◇モーツァルト（1）大作曲家と音楽（11）大宮
真琴，佐藤景子 「ディスク」19巻15号 1956.
12 p.18

◇ハイフェッツのベートーヴェン（特集 今月話
題のLP新譜）大宮真琴 「ディスク」19巻15
号 1956.12 p.35

◇モーツァルト（2）大作曲家と音楽（12）大宮
真琴，佐藤景子 「ディスク」20巻1号 1957.1
p.18

◇マリーニンのラフマニノフ 大宮真琴 「ディ
スク」20巻1号 1957.1 p.54

◇モーツァルト（3）大作曲家と音楽（13）大宮
真琴，佐藤景子 「ディスク」20巻2号 1957.2
p.50

◇実演と録音とについて 大宮真琴 「ディス
ク」20巻2号 1957.2 p.106

◇演奏家訪問 三宅春恵さんは語る 大宮真琴 訊
く人 「ディスク」20巻3号 1957.3 p.18

◇バッハ（1）大作曲家と音楽（14）（対談）大宮
真琴，佐藤景子 「ディスク」20巻3号 1957.3
p.42

◇ムソルグスキー「ボリス・ゴドノフ」（今月の
名曲解説物語）大宮真琴 「ディスク」20巻3
号 1957.3 p.164

◇ウィーンから新帰朝の指揮者 金子登さんは語
る 大宮真琴 訊く人 「ディスク」20巻4号
1957.4 p.18

◇イーヴ・ナットを語る―逝けるピアニストの
残した名演を偲んで（座談会）有坂愛彦，園
田高弘，園田春子，大宮真琴，A・キャラビ
「ディスク」20巻4号 1957.4 p.34

◇バッハ（2）大作曲家と音楽（15）（対談）大宮
真琴，佐藤景子 「ディスク」20巻4号 1957.4
p.150

◇フランスに活躍するピアニストたちの話 原智
恵子さんは語る 大宮真琴 訊く人 「ディス
ク」20巻5号 1957.5 p.18

◇ブルーノ・ワルターの芸術―音楽の詩人と呼
ばれる名指揮者をめぐつて（座談会）金子登，
宇野功芳，大宮真琴 「ディスク」20巻5号
1957.5 p.32

◇バッハ（3）大作曲家と音楽（16）（対談）大宮
真琴，佐藤景子 「ディスク」20巻5号 1957.5
p.154

◇ギリシャ・フランス・そして日本 福沢アクリ
ヴィさんは語る―演奏家訪問（4）大宮真琴
訊く人 「ディスク」20巻6号 1957.6 p.18

◇LPの名盤をさぐる（1）―コロムビア篇（座談
会）村田武雄，藥科雅美，大宮真琴，青木謙
幸 司会 「ディスク」20巻6号 1957.6 p.34

◇オネゲルのオラトリオ「ダビデ王」（全訳）大
宮真琴 訳 「ディスク」20巻6号 1957.6 p.60

◇バッハ（4）大作曲家と音楽（17）（対談）大宮
真琴，佐藤景子 「ディスク」20巻6号 1957.6
p.142

◇演奏家訪問・5 吉田雅夫さんをたづねて 大宮
真琴 訊く人 「ディスク」20巻7号 1957.7
p.18

◇LPの名盤をさぐる（2）―グラモフォン篇（座
談会）中村善吉，上野一郎，大宮真琴，青木
謙幸 司会 「ディスク」20巻7号 1957.7 p.36

◇ショーソンの「愛と海の詩」（全訳）大宮真琴
訳 「ディスク」20巻7号 1957.7 p.57

◇ヘンデル（1）大作曲家と音楽（18）（対談）大
宮真琴，佐藤景子 「ディスク」20巻7号
1957.7 p.146

◇演奏家訪問（6）シュタフォンハーゲンさんを
たづねて 大宮真琴 訊く人，横川文雄 通訳
「ディスク」20巻9号 1957.8 p.18

◇ヘンデル（2）大作曲家と音楽（19）（対談）大
宮真琴，佐藤景子 「ディスク」20巻9号
1957.8 p.166

◇演奏家訪問（7）森正さんは語る 大宮真琴 訊
く人 「ディスク」20巻11号 1957.9 p.16

◇ギーゼキングのラヴェル（座談会）坪田昭三，
繁沢保，大宮真琴 「ディスク」20巻11号
1957.9 p.40

◇ハイドン（1）大作曲家と音楽（20）（対談）大
宮真琴，佐藤景子 「ディスク」20巻11号
1957.9 p.146

◇LP名盤をさぐる（5）ウエストミンスターの
LP（座談会）上野一郎，大宮真琴，小林利之
「ディスク」20巻12号 1957.10 p.46

◇ヨーゼフ・ハイドン（2）大作曲家と音楽（21）
大宮真琴，佐藤景子 「ディスク」20巻12号
1957.10 p.148

◇LP名盤をさぐる（6）エピック篇（座談会）大
宮真琴，佐川吉男，小林利之 「ディスク」20
巻13号 1957.11 p.44

◇ヨーゼフ・ハイドン（3）大作曲家と音楽（22）
大宮真琴，佐藤景子 「ディスク」20巻13号
1957.11 p.150

◇一九五七年の優秀LPをさぐる（1）（座談会）
大宮真琴，門馬直美，福原信夫 「ディスク」
20巻15号 1957.12 p.42

◇今月の演奏会 東京のギレリス 大宮真琴
「ディスク」20巻15号 1957.12 p.122

◇シェルヘンを語る 岡俊雄，大宮真琴 「ディ
スク」21巻1号 1958.1 p.28

◇一九五七年の優秀LPをさぐる（続）（座談会）
門馬直美，大宮真琴，福原信夫 「ディスク」
21巻1号 1958.1 p.46

◇一〇〇〇円のLPを語る（座談会）（1000円の
LPのすべて）志鳥栄八郎，大宮真琴，佐川
吉男 「ディスク」21巻2号 1958.2 p.18

◇カラヤンとベルリン・フィルのワーグナー名
曲集を聴く 野村光一，大宮真琴 「ディス
ク」21巻2号 1958.2 p.36

◇ディスク・LPライブラリー（1）ハイドンの交
響曲（1）大宮真琴 「ディスク」21巻2号
1958.2 p.50

◇大作曲家と音楽（22）セザール・フランク（1）
大宮真琴 「ディスク」21巻2号 1958.2 p.122

◇アンセルメの人と芸術 岡俊雄，大宮真琴
「ディスク」21巻3号 1958.3 p.24

◇ハイドンの交響曲（2）―ディスクLPライブラ
リイ（2）大宮真琴 「ディスク」21巻3号
1958.3 p.58

◇大作曲家と音楽（24）セザール・フランク（2）
大宮真琴 「ディスク」21巻3号 1958.3 p.164

◇シフラの弾くリスト（今月のLPに聴く五人の
ピアニスト）大宮真琴 「ディスク」21巻4号
1958.4 p.20

◇ディスクLPライブラリイ（3）モーツァルトの
交響曲（1）大宮真琴 「ディスク」21巻4号
1958.4 p.51

◇星空の下の交響楽 ハリウッド・ボウル・シン
フォニーを語る 上野一郎，志鳥栄八郎，大
宮真琴 「ディスク」21巻4号 1958.4 p.56

◇ハイドンの絃楽四重奏曲 大宮真琴 「ディス
ク」21巻5号 1958.5 p.29

◇オーマンディの秘密（対談）岡俊雄，大宮真
琴 「ディスク」21巻5号 1958.5 p.34

◇新人演奏家を語る（1）ジョルジ・シフラ（連
続座談会）岡俊雄，大宮真琴，志鳥栄八郎，
有馬茂夫 「ディスク」21巻6号 1958.6 p.20

◇東京のレニングラード・フィル 大宮真琴
「ディスク」21巻6号 1958.6 p.74

◇新人演奏家を語る（2）アンドレ・ヴァンデル
ノート（連続座談会）岡俊雄，大宮真琴，志
鳥栄八郎 「ディスク」21巻7号 1958.7 p.21

◇モーツァルトの交響曲（2）―ディスクLPライ
ブラリイ（4）大宮真琴 「ディスク」21巻8号
1958.8 p.50

◇レコードに活躍する名指揮者（4）シャルル・
ミュンシュを語る（対談）岡俊雄，大宮真琴
「ディスク」21巻9号 1958.9 p.18

◇ディスクLPライブ・ラリイ（5）モーツァルト
の交響曲（3）大宮真琴 「ディスク」21巻9号
1958.9 p.46

◇失われた天才ピアニスト リパッティ最後の演
奏会 ディヌ・リパッティを偲ぶ 大宮真琴，
藤田晴子，渡辺茂，青木謙幸，小林利之
「ディスク」21巻10号 1958.10 p.17

◇レコードに活躍する名指揮者（5）クレンペ
ラーのブラームス全集（対談）大宮真琴，岡
俊雄 「ディスク」21巻11号 1958.11 p.18

◇新しい世代に活躍する芸術家 バーンスタイン
を語る 大宮真琴，岡俊雄 「ディスク」22巻
1号 1959.1 p.18

◇新しい世代に活躍する芸術家（2）クリュイタ
ンスを語る 大宮真琴，岡俊雄 「ディスク」
22巻2号 1959.2 p.18

◇交響的物語「ピーターと狼」 大宮真琴
「ディスク」22巻2号 1959.2 p.154

◇新しい世代に活躍する芸術家（3）フリッツ・
ライナーを語る 大宮真琴，岡俊雄 「ディス
ク」22巻3号 1959.3 p.18

◇新しい世代に活躍する芸術家（4）フェレン
ツ・フリッチャイを語る 大宮真琴，岡俊雄
「ディスク」22巻4号 1959.4 p.40

◇レコードに活躍する巨匠たち（1）ピエール・
モントゥ 大宮真琴，岡俊雄，高瀬まり
「ディスク」22巻5号 1959.5 p.32

◇レコードに活躍する巨匠たち（2）ヘルベル
ト・フォン・カラヤンの未発売レコードをさ
ぐる 大宮真琴，岡俊雄 「ディスク」22巻6
号 1959.6 p.36

◇レコードに活躍する巨匠たち（3）フルトヴェ
ングラーのディスコグラフィ（1）大宮真琴，
岡俊雄，有馬茂夫 「ディスク」22巻7号
1959.7 p.22

◇レコードに活躍する巨匠たち（3）フルトヴェ
ングラーのディスコグラフィ（2）大宮真琴，
岡俊雄 「ディスク」22巻8号 1959.8 p.28

◇交響曲（特集 名曲は何から聴くか）大宮真琴
「ディスク」22巻10号 1959.9 p.22

◇ヴォルフガング・ザヴァリッシュ（連続対談
指揮者を語る）大宮真琴，岡俊雄 「ディス
ク」22巻10号 1959.9 p.45

◇ワーグナーの楽劇「ヴァルキューレ」全曲盤
（話題の名盤）（座談会）渡辺護，大宮真琴，
小林利之 「ディスク」23巻1号 1960.1 p.40

◇ヴァンサン・ダンディ（その1）大宮真琴
「ディスク」23巻1号 1960.1 p.52

◇ヴァンサン・ダンディ（その2）大宮真琴
「ディスク」23巻3号 1960.2 p.48

◇ヴォルフガング・ザヴァリッシュとビルギッ
ド・ニルソン（座談会）福原信夫，岡俊雄，
大宮真琴 「ディスク」23巻7号 1960.6 p.90

◇ヴァンサン・ダンディ（3）　大宮真琴　「ディスク」23巻7号　1960.6　p.94

◇ヴァンサン・ダンディ（4）　大宮真琴　「ディスク」23巻8号　1960.7　p.125

◇近代フランス音楽の流れ（1）国民音楽協会のこと　大宮真琴　「ディスク」23巻9号　1960.8　p.31

◇来日演奏家とそのレコード—イーゴル・マルケヴィッチ，ルドルフ・ゼルキン，ウィーン・コンツェルトハウス四重奏団，パウル・バドゥラ＝スコダ，ヤノシュ・シュタルケル，ジョルジュ・シェベック，ナルシソ・イエペス　大宮真琴，浅井修一，小林利之，坪和昌夫「ディスク」23巻10号　1960.9　p.26

◇近代フランス音楽の流れ（2）近代から現代へ　大宮真琴　「ディスク」23巻10号　1960.9　p.46

◇ヘンデルのオラトリオ「メシア」（各社秋の大作レコードを展望する）（座談会）　福原信夫，大宮真琴，岡俊雄　「ディスク」23巻12号　1960.10　p.32

◇近代フランス音楽の流れ（3）エヅアール・ラロ（その生涯と音楽）　大宮真琴　「ディスク」23巻12号　1960.10　p.124

◇ホロヴィッツとリフテル（ピアノ）（特集　一九六〇年に活躍した八人の演奏家）　大宮真琴　「ディスク」23巻14号　1960.11　p.28

◇近代フランス音楽の流れ（4）エヅワール・ラロ（その生涯と音楽・続）　大宮真琴　「ディスク」23巻14号　1960.11　p.133

◇ステレオ名盤二〇選　モノラルのベスト・ファイヴ　今年の各社の企画をひろう（特集　今年はどんなレコードが出たか）　大宮真琴，岡俊雄，小林利之　「ディスク」23巻16号　1960.12　p.26

◇選衡にあたって（一九六〇年度〝レコード批評家賞〟発表）　大宮真琴，岡俊雄，志鳥栄八郎，小林利之，高崎保男，薬科雅美，岡田諄「ディスク」24巻1号　1961.1　p.27

◇座談会／ワルターの指揮するステレオ盤　ブラームス交響曲全集をめぐって　大宮真琴，岡俊雄，若林駿介　「ディスク」24巻3号　1961.3　p.102

◇指揮者カザルス（特集・カザルスのすべて）　大宮真琴　「ディスク」24巻4号　1961.4　p.26

◇ニューヨーク・フィル（特集　春の来日演奏家を聴く—かれらは日本でどんな演奏ぶりを見せたのだろうか？）　大宮真琴　「ディスク」24巻6号　1961.6　p.74

◇〈デュパルクとボードレール〉（特集　青春の歌—大作曲家の作品に青春の姿を求めて）　大宮真琴　「ディスク」24巻8号　1961.8　p.84

◇20世紀のオペラ（1）ラヴェルの「子供と呪文」の世界　大宮真琴　「ディスク」24巻10号　1961.9　p.80

◇マタイ受難曲〈ヴォア・ドール〉（今日に生きるバッハ）　大宮真琴　「ディスク」24巻13号　1961.12　p.84

◇ケンプ独奏の協奏曲全集を語る（対談）（特集　ベートーヴェンとピアノをめぐって）　大宮真琴，佐藤章　「ディスク」25巻4号　1962.4　p.86

◇バーンスタインとマルケヴィッチと（特集　話題の指揮者を追って）　大宮真琴　「ディスク」25巻5号　1962.5　p.78

◇特集　本誌月評陣が選んだ一九六二年度上半期の優秀レコード　大宮真琴，岡俊雄，小林利之，岡田諄　「ディスク」25巻7号　1962.7　p.77

◇特別寄稿「ディスク」三百号記念によせて（特集　三百号を記念して）　あらえびす，村田武雄，城井清澄，中村善吉，森ална三郎，西条卓夫，藤田不二，野村光一，伊奈文夫，池田圭，矢萩銀三，大宮真琴，岡俊雄，宮前有吉「ディスク」25巻10号　1962.10　p.82

◇来日記念発売レコードを聴く（特集　秋のシーズンを飾る）　大宮真琴，岡俊雄，福原信夫，三井啓　「ディスク」25巻10号　1962.10　p.113

◇特集　各社から出揃った第十七回芸術祭参加レコードを聴く　大宮真琴，岡俊雄，福原信夫，服部幸三，押田良久　「ディスク」25巻11号　1962.11　p.77

◇特集　第十七回芸術祭参加レコードを聴く　大宮真琴，小林利之，福原信夫，服部幸三，押田良久　「ディスク」25巻12号　1962.12　p.77

◇カザルス讃（「カザルス名演集」発売によせて）　大宮真琴　「ディスク」25巻12号　1962.12　p.88

◇交響詩〈モルダウ〉どのレコードを選ぶか（名曲鑑賞の手引き）　大宮真琴　「ディスク」26巻2号　1963.2　p.100

◇クルト・レーデル　その来日記念盤をめぐって（〝話題の来日演奏家〟シリーズ（3））（座談会）　大宮真琴，服部幸三，薬科雅美　「ディスク」26巻4号　1963.4　p.78

◇音楽ファンのための名曲解説レコード　日本語盤に寄せて　大宮真琴　「ディスク」28巻3号　1965.3　p.72

◇ヨーロッパ音楽紀行（1）プラハへの旅　大宮真琴　「ディスク」29巻1号　1966.1　p.76

◇カラヤンとベルリン・フィル（対談）（特集　ヘルベルト・フォン・カラヤン）　大宮真琴，薬科雅美　「ディスク」29巻2号　1966.2　p.73

◇ヨーロッパ音楽紀行（2）ハンガリー　大宮真琴　「ディスク」29巻2号　1966.2　p.88

◇ヨーロッパ音楽紀行（3）ウィーンの街（1）　大宮真琴　「ディスク」29巻3号　1966.3　p.76

◇ヨーロッパ音楽紀行（4）ウィーンの街（2）　大宮真琴　「ディスク」29巻4号　1966.4　p.76

◇ヨーロッパ音楽紀行（5）ウィーンの街（3）　大宮真琴　「ディスク」29巻5号　1966.5　p.98

◇ヨーロッパ音楽紀行（6）ウィーンの音楽会　大宮真琴　「ディスク」29巻6号　1966.6　p.94

◇ヨーロッパ音楽紀行（7）オーストリアのハイドン遺跡　大宮真琴　「ディスク」29巻7号　1966.7　p.76

◇ヨーロッパ音楽紀行（8）ハイドンのオペラと
ウィーンの庶民　大宮真琴　「ディスク」29巻
8号　1966.8 p.80

岡 俊雄

◇フランク・シナトラ以後　岡俊雄　「レコード
音楽」19巻3号　1949.3 p.41

◇ディヴィッド・ホールの「レコード一九五〇
年」　岡俊雄　「レコード音楽」21巻10号
1951.10 p.76

◇音楽映画—ホフマン物語　岡俊雄　「ディス
ク」15巻3号　1952.3 p.357

◇音楽映画—エロイカ　岡俊雄　「ディスク」15
巻4号　1952.4 p.468

◇ソ連映画「大音楽会」　岡俊雄　「ディスク」
16巻10号　1953.9 p.952

◇"グレン・ミラー物語"と"バンド・ワゴン"
（二大音楽映画）　岡俊雄　「ディスク」17巻1
号　1954.1 p.74

◇優秀録音LPレコード　岡俊雄　「ディスク」17
巻8号 別冊第4集 LPレコード　1954.7 p.110

◇これからのLPに何を望むか（座談会）　田代秀
穂，加納一雄，大木正興，岡俊雄　「ディスク」
17巻8号 別冊第4集 LPレコード　1954.7 p.124

◇ガーシュインの代表作のLP　岡俊雄　「ディス
ク」17巻13号　1954.12 p.80

◇101人のLP新演奏家物語（1）　今堀淳一，上野
一郎，岡俊雄，小林利之，藤田不二　「ディス
ク」18巻1号　1955.1 p.64

◇フランス派の高級冗談音楽集　岡俊雄　「ディ
スク」18巻2号　1955.2 p.72

◇ヘンデルのコンチェルト・グロッソ（今月の
LP）　岡俊雄　「ディスク」18巻4号　1955.3
p.60

◇二つの現代アメリカ・バレエ音楽（今月の
LP）　岡俊雄　「ディスク」18巻5号　1955.4
p.66

◇二つのユダヤ系作曲家の現代音楽　岡俊雄
「ディスク」18巻6号　1955.5 p.76

◇ディゾルミエール指揮のバレエ名盤　岡俊雄
「ディスク」18巻7号　1955.6 p.56

◇エーリッヒ・ラインスドルフの登場　岡俊雄
「ディスク」18巻9号　1955.7 p.48

◇ホルストの組曲「遊星」　岡俊雄　「ディスク」
18巻10号　1955.8 p.72

◇バレエ音楽のLP総覧（1）　岡俊雄　「ディス
ク」18巻11号　1955.9 p.49

◇ラフマニノフのニ短調協奏曲　岡俊雄　「ディ
スク」18巻11号　1955.9 p.80

◇来朝するコステラネッツのハーバート選集
（今月のLPから）　岡俊雄　「ディスク」18巻
12号　1955.10 p.60

◇新発足のエンジェル・レコード（座談会）　上
野一郎，岡俊雄，石坂範一郎，青木謙幸 司会
「ディスク」18巻12号　1955.10 p.118

◇イスラエル・フィルのマーラー「第九」（新着
LP紹介）　岡俊雄　「ディスク」18巻13号
1955.11 p.112

◇私のキャビネット 無精なコレクション　岡俊
雄　「ディスク」18巻13号　1955.11 p.116

◇バレエ音楽のLP総覧（2）　岡俊雄　「ディス
ク」18巻14号　1955.12 p.110

◇土曜評論誌の選んだハイファイ五〇選　岡俊
雄　「ディスク」18巻14号　1955.12 p.156

◇バレエ音楽のLP総覧（3）　岡俊雄　「ディス
ク」19巻1号　1956.1 p.64

◇アッカーマン「モルダウ」の名演（海外LP試
聴室）　岡俊雄　「ディスク」19巻3号　1956.2
p.94

◇二度吹込直したオイストラフのハチャトゥリ
アン（海外LP試聴室）　岡俊雄　「ディスク」
19巻3号　1956.2 p.95

◇バレエ音楽のLP総覧（4）　岡俊雄　「ディス
ク」19巻3号　1956.2 p.98

◇レコードで聴くバレエの幻想 バレエ音楽の
LP総覧（5）　岡俊雄　「ディスク」19巻4号
1956.3 p.104

◇決定版LPをめぐつて ベートーヴェンの交響
曲（座談会）（特集・ベートーヴェンの交響
曲）　田代秀穂，岡俊雄，佐川吉男　「ディス
ク」19巻8号　1956.6 p.26

◇エーリッヒ・ラインスドルフ（現代音楽家へ
の二つの意見）　岡俊雄，木村重雄　「ディス
ク」19巻9号　1956.7 p.52

◇エピック登場（座談会）　岡俊雄，田代秀穂，
高木東六　「ディスク」19巻11号　1956.8 p.66

◇ストラヴィンスキイの「兵士の物語」　岡俊雄
「ディスク」19巻13号　1956.10 p.34

◇エピックのBOMシリーズとセルの「運命・
未完成」　岡俊雄，佐川吉男　「ディスク」19
巻15号　1956.12 p.56

◇クレンペラーとその芸術（座談会）　有坂愛彦，
秋元道雄，岡俊雄　「ディスク」20巻3号
1957.3 p.28

◇トスカニーニのレパートリー（1）　岡俊雄
「ディスク」20巻3号　1957.3 p.82

◇ブリッテンの「聖ニコラス」（今月のハイライ
ト）　岡俊雄　「ディスク」20巻4号　1957.4
p.31

◇トスカニーニのレパートリイ（2）　岡俊雄
「ディスク」20巻4号　1957.4 p.66

◇トスカニーニのレパートリイ（3）　岡俊雄
「ディスク」20巻5号　1957.5 p.72

◇グリークの「ペール・ギュント」組曲（話題
のLP・今月のハイライト）　岡俊雄　「ディス
ク」20巻7号　1957.7 p.30

◇LPの名盤をさぐる（3）—エンジェル篇（座談
会）　岡俊雄，福原信夫，志鳥栄八郎　「ディ
スク」20巻9号　1957.8 p.38

◇シェリングとバッハ（今月のハイライト）　岡
俊雄　「ディスク」20巻11号　1957.9 p.30

岡俊雄　　　　　　　　　　　　人物文献目録　　　　　　　　　執筆者

◇ヴォーン・ウイリアムス「南極」(現代音楽の窓)　岡俊雄　「ディスク」20巻12号　1957.10 p.28

◇シベリウスを悼む　岡俊雄　「ディスク」20巻13号　1957.11 p.34

◇シェルヘンを語る　岡俊雄，大宮真琴　「ディスク」21巻1号　1958.1 p.28

◇アンセルメの人と芸術　岡俊雄，大宮真琴　「ディスク」21巻3号　1958.3 p.24

◇ベルリオーズの「キリストの幼時」　岡俊雄　「ディスク」21巻4号　1958.4 p.44

◇オーマンディの秘密(対談)　岡俊雄，大宮真琴　「ディスク」21巻5号　1958.5 p.34

◇新人演奏家を語る(1)ジョルジ・シフラ(連続座談会)　岡俊雄，大宮真琴，志鳥栄八郎，有馬茂夫　「ディスク」21巻6号　1958.6 p.20

◇名演奏家の愛聴盤　岡俊雄　「ディスク」21巻6号　1958.6 p.114

◇新人演奏家を語る(2)アンドレ・ヴァンデルノート(連続座談会)　岡俊雄，大宮真琴，志鳥栄八郎　「ディスク」21巻7号　1958.7 p.21

◇名演奏家の愛聴盤(2)　岡俊雄　「ディスク」21巻7号　1958.7 p.42

◇名演奏家の愛聴盤(3)　岡俊雄　「ディスク」21巻8号　1958.8 p.151

◇レコードに活躍する名指揮者(4)シャルル・ミュンシュを語る(対談)　岡俊雄，大宮真琴　「ディスク」21巻9号　1958.9 p.18

◇カラヤンとベルリン・フィルのシューマン「第四交響曲」(話題の新着LP試聴記)　岡俊雄　「ディスク」21巻9号　1958.9 p.136

◇ステレオのすべて45・45ステレオ・ディスク物語(特別読物)　岡俊雄　「ディスク」21巻10号　1958.10 p.118

◇ワルターの指揮するマーラーの「復活」　岡俊雄　「ディスク」21巻10号　1958.10 p.134

◇レコードに活躍する名指揮者(5)クレンペラーのブラームス全集(対談)　大宮真琴，岡俊雄　「ディスク」21巻11号　1958.11 p.18

◇優秀ステレオ・ディスク　岡俊雄　「ディスク」21巻12号　1958.12 p.98

◇ディスクLPライブラリー(7)ベートーヴェンの交響曲(1)　岡俊雄　「ディスク」21巻12号　1958.12 p.56

◇新しい世代に活躍する芸術家バーンスタインを語る　大宮真琴，岡俊雄　「ディスク」22巻1号　1959.1 p.18

◇シルヴェストリの「新世界」交響曲(今月のLPハイライト)　岡俊雄　「ディスク」22巻1号　1959.1 p.40

◇ディスクLPライブラリイ(8)ベートーヴェンの交響曲(2)　岡俊雄　「ディスク」22巻1号　1959.1 p.52

◇新しい世代に活躍する芸術家(2)クリュイタンスを語る　大宮真琴，岡俊雄　「ディスク」22巻2号　1959.2 p.18

◇ディスクLPライブラリー(9)ベートーヴェンの交響曲(3)　岡俊雄　「ディスク」22巻2号　1959.2 p.54

◇シェルヘンとベルリオーズ「鎮魂曲」　岡俊雄　「ディスク」22巻2号　1959.2 p.136

◇新しい世代に活躍する芸術家(3)フリッツ・ライナーを語る　大宮真琴，岡俊雄　「ディスク」22巻3号　1959.3 p.18

◇ベートーヴェンの交響曲(4)ディスクLPライブラリー(10)　岡俊雄　「ディスク」22巻3号　1959.3 p.48

◇遂に現われた決定盤 オットー・クレンペラーと「第九」(合唱)　岡俊雄　「ディスク」22巻4号　1959.4 p.34

◇新しい世代に活躍する芸術家(4)フェレンツ・フリッチャイを語る　大宮真琴，岡俊雄　「ディスク」22巻4号　1959.4 p.40

◇レコードに活躍する巨匠たち(1)ピエール・モントゥ　大宮真琴，岡俊雄，高瀬まり　「ディスク」22巻5号　1959.5 p.32

◇実現したフルトヴェングラーのブラームス全集　岡俊雄　「ディスク」22巻5号　1959.5 p.42

◇稀代の名演ブラームスの第三　岡俊雄　「ディスク」22巻6号　1959.6 p.25

◇レコードに活躍する巨匠たち(2)ヘルベルト・フォン・カラヤンの未発売レコードをさぐる　大宮真琴，岡俊雄　「ディスク」22巻6号　1959.6 p.36

◇レコードに活躍する巨匠たち(3)フルトヴェングラーのディスコグラフィ(1)　大宮真琴，岡俊雄，有馬茂夫　「ディスク」22巻7号　1959.7 p.22

◇ドビュッシイ「夜想曲」とラヴェル「マ・メール・ロア」(アンセルメ)(新着LP試聴室)　岡俊雄　「ディスク」22巻7号　1959.7 p.150

◇ドビュッシイ「管弦楽のための三つの影像」(ミュンシュ)(新着LP試聴室)　岡俊雄　「ディスク」22巻7号　1959.7 p.151

◇ウェーバー序曲集(魔弾の射手，オベロン他)(アンセルメ)(新着LP試聴室)　岡俊雄　「ディスク」22巻7号　1959.7 p.151

◇レコードに活躍する巨匠たち(3)フルトヴェングラーのディスコグラフィ(2)　大宮真琴，岡俊雄　「ディスク」22巻9号　1959.8 p.28

◇ベルリオーズの「幻想交響曲」の最新盤(ビーチャム)(新着LP試聴室)　岡俊雄　「ディスク」22巻9号　1959.8 p.152

◇映画にもなった「ポギーとベス」の音楽(スラットキン)(新着LP試聴室)　岡俊雄　「ディスク」22巻9号　1959.8 p.154

◇ヴォルフガング・ザヴァリッシュ(連続対談指揮者を語る)　大宮真琴，岡俊雄　「ディスク」22巻10号　1959.9 p.45

◇魅惑のクラシカル・バレエ，アダンの「ジゼル」(ヴォルフ指揮)(新着LP試聴室)　岡俊雄　「ディスク」22巻10号　1959.9 p.155

◇北欧の空気を伝えるシベリウスの歌曲集（フラグスタート）（新着LP試聴室）岡俊雄「ディスク」22巻10号 1959.9 p.160

◇カラヤン初のRCA録音ブラームスの「第一」岡俊雄「ディスク」22巻13号 1959.11 p.31

◇ゲテモノも愉しからずや（特別読物）岡俊雄「ディスク」22巻13号 1959.11 p.134

◇ワルターの第三の「第九」岡俊雄「ディスク」22巻14号 1959.12 p.22

◇チェロの作品 岡俊雄「ディスク」23巻2号臨時増刊 ベートーヴェン 1960.1 p.120

◇いうなればコレクションのすべてが（私の愛聴盤〔第2回〕）岡俊雄「ディスク」23巻3号 1960.2 p.54

◇注目の海外盤―リフテルのステレオ新盤をきく 岡俊雄「ディスク」23巻3号 1960.2 p.156

◇ミュンヒンガー指揮する「未完成交響曲」の新盤（新着LP試聴室）岡俊雄「ディスク」23巻4号 1960.3 p.160

◇ステレオできくマーツェルのブラームス「第三」（新着LP試聴室）岡俊雄「ディスク」23巻4号 1960.3 p.162

◇ロンドンのステレオ発売一週年とその記念レコードをめぐって（座談会）岡俊雄，志鳥栄八郎，田辺秀雄，福原信夫，小林利之「ディスク」23巻5号 1960.4 p.48

◇マーラーの「第四」を巧演のフリッツ・ライナー（新着LP試聴室）岡俊雄「ディスク」23巻6号 1960.5 p.158

◇歌の入っているプロコーフィエフ「キージェ中尉」他（新着LP試聴室）岡俊雄「ディスク」23巻6号 1960.5 p.163

◇FFSSのオペラ録音の偉業―画期的な優秀録音とさわがれたラインの黄金とアイーダにみる（LP最高の魅力，ステレオ・オペラの話題）岡俊雄「ディスク」23巻7号 1960.6 p.22

◇ヴォルフガング・ザヴァリッシュとビルギッド・ニルソン（座談会）福原信夫，岡俊雄，大宮真琴「ディスク」23巻7号 1960.6 p.90

◇ステレオの海外盤展望（特集 あなたのステレオ・ライブラリー）岡俊雄「ディスク」23巻8号 1960.7 p.27

◇R・シュトラウス/交響詩「ドン・キホーテ」/ヤニグロ（Vc），ライナー～シカゴ（新着LP試聴室）岡俊雄「ディスク」23巻8号 1960.7 p.114

◇ベートーヴェン/「戦争交響曲」他/グールド～交響楽団（新着LP試聴室）岡俊雄「ディスク」23巻9号 1960.8 p.110

◇プロコフィエフ/アレキザンダー・ネヴスキー/ライナー～シカゴ（新着LP試聴室）岡俊雄「ディスク」23巻9号 1960.8 p.119

◇ムソルグスキー「展覧会の絵」/アンセルメ指揮（新着LP試聴室）岡俊雄「ディスク」23巻10号 1960.9 p.100

◇ベートーヴェン「熱情」「ワルトシュタイン」/バックハウス（P）（新着LP試聴室）岡俊雄「ディスク」23巻10号 1960.9 p.116

◇ベルリオーズの「鎮魂ミサ曲」（各社秋の大作レコードを展望する）岡俊雄「ディスク」23巻12号 1960.10 p.26

◇ヘンデルのオラトリオ「メシア」（各社秋の大作レコードを展望する）（座談会）福原信夫，大宮真琴，岡俊雄「ディスク」23巻12号 1960.10 p.32

◇ライナーとショルティ（指揮者）（特集 一九六〇年に活躍した八人の演奏家）岡俊雄「ディスク」23巻14号 1960.11 p.30

◇ステレオ名盤二〇選 モノラルのベスト・ファイヴ 今年の各社の企画をひろう（特集 今年はどんなレコードが出たか）大宮真琴，岡俊雄，小林利之「ディスク」23巻16号 1960.12 p.26

◇復活した名歌手フェリアー（今月の話題）岡俊雄「ディスク」23巻16号 1960.12 p.106

◇選衡にあたって（一九六〇年度"レコード批評家賞"発表）大宮真琴，岡俊雄，志鳥栄八郎，小林利之，高崎保男，藁科雅美，岡田諄「ディスク」24巻1号 1961.1 p.27

◇プロコフィエフ/ピーターと狼（ビアトリス・リリ主演）（新着LP試聴室）岡俊雄「ディスク」24巻1号 1961.1 p.131

◇ステレオ経済学（座談会）（特集 ステレオを聴くために）岡田諄，岡俊雄，小林利之「ディスク」24巻2号 1961.2 p.92

◇ベートーヴェンの「ピアノ協奏曲第二番」（フィッシャー）（新着LP試聴室）岡俊雄「ディスク」24巻2号 1961.2 p.110

◇ビクターのステレオ家庭名曲集 岡俊雄「ディスク」24巻3号 1961.3 p.37

◇フォンタナという名の新レーベル 岡俊雄「ディスク」24巻3号 1961.3 p.63

◇座談会/ワルターの指揮するステレオ盤 ブラームス交響曲全集をめぐって 大宮真琴，岡俊雄，若林駿介「ディスク」24巻3号 1961.3 p.102

◇メンゲルベルクの名演，マーラーの交響曲第四番（新着LP試聴室）岡俊雄「ディスク」24巻3号 1961.3 p.114

◇ワルターの三度目の「大地の歌」（マーラー）（新着LP試聴室）岡俊雄「ディスク」24巻6号 1961.6 p.102

◇シャルル・ミュンシュのこと 岡俊雄「ディスク」24巻6号 1961.6 p.108

◇近く発売される二つのベートーヴェン全集 交響曲全集（トップランク）岡俊雄「ディスク」24巻10号 1961.9 p.92

◇バーンスタインの芸術（特集 話題のレコード）岡俊雄「ディスク」24巻12号 1961.11 p.92

◇シューベルト〈交響曲第九番ハ長調〉,フランク〈交響曲ニ長調〉,R・シュトラウス〈ドン・ファン〉(特集 復刻された巨匠メンゲルベルクの名演を聴く) 岡俊雄 「ディスク」24巻13号 1961.12 p.111

◇カントルーブの〈オーヴェルニュの歌〉(レコードに聴く) 岡俊雄 「ディスク」25巻4号 1962.4 p.94

◇メンゲルベルクとコンセルトヘボウ管弦楽団―世紀の巨匠による不朽の名演特選(特集 想い出の名盤をさぐる) 青木謙幸, 岡俊雄, 小林利之, 藁科雅美 「ディスク」25巻5号 1962.5 p.88

◇コマンド・レコードを聴く 岡俊雄 「ディスク」25巻5号 1962.5 p.119

◇ヴィルトージ・ディ・ローマ(特集 話題の来日演奏家) 岡俊雄 「ディスク」25巻6号 1962.6 p.84

◇特集 本誌月評陣が選んだ一九六二年度上半期の優秀レコード 大宮真琴, 岡俊雄, 小林利之, 岡田諄 「ディスク」25巻7号 1962.7 p.77

◇マルセル・クーローの新盤 ヴィヴァルディ〈四季〉(新着LP試聴室) 岡俊雄 「ディスク」25巻7号 1962.7 p.120

◇カラヤンの指揮するホルスト〈惑星〉(新着LP試聴室) 岡俊雄 「ディスク」25巻7号 1962.7 p.121

◇特別寄稿「ディスク」三百号記念によせて(特集 三百号を記念して) あらえびす, 村田武雄, 城井清澄, 中村善吉, 森潤三郎, 西条卓夫, 藤田不二, 野村光一, 伊奈文夫, 池田圭, 矢萩銀三, 大宮真琴, 岡俊雄, 宮前有吉 「ディスク」25巻10号 1962.10 p.82

◇来日記念発売レコードを聴く(特集 秋のシーズンを飾る) 大宮真琴, 岡俊雄, 福原信夫, 三井啓 「ディスク」25巻10号 1962.10 p.113

◇特集 各社から出揃った第十七回芸術祭参加レコードを聴く 大宮真琴, 岡俊雄, 福原信夫, 服部幸三, 押田良久 「ディスク」25巻11号 1962.11 p.77

◇フリッツ・ライナー(名演奏家とそのレコード 4) 岡俊雄 「ディスク」26巻1号 1963.1 p.110

◇疲れない音,アキない音,現用装置に満足(わが再生装置の遍歴・新連載) 岡俊雄 「ディスク」26巻2号 1963.2 p.136

◇ブルーノ・ワルターとの対話(今月新譜の話題の演奏家) A・ミケリス 岡俊雄 訳 「ディスク」26巻3号 1963.3 p.80

◇新しい録音技術―ダイナグルーヴ登場 岡俊雄 「ディスク」26巻7号 1963.10 p.99

◇エルネスト・アンセルメ・その足跡と芸術(今月八十歳の誕生日を迎えたアンセルメ) 岡俊雄 「ディスク」26巻8号 1963.11 p.89

◇アンセルメとハイ・ファイ,そしてステレオ(今月八十歳の誕生日を迎えたアンセルメ) 岡俊雄 「ディスク」26巻8号 1963.11 p.98

◇今月のステレオ・テープ 岡俊雄 「ディスク」26巻8号 1963.11 p.128

◇映画音楽とレコード(特集 新春随想) 岡俊雄 「ディスク」27巻1号 1964.1 p.80

◇フリッツ・ライナー追悼 岡俊雄 「ディスク」27巻1号 1964.1 p.88

◇今月のステレオ・テープ 岡俊雄 「ディスク」27巻1号 1964.1 p.114

◇各社新型カートリッジの聴きくらべ 桜庭昭治, 岡俊雄 「ディスク」27巻1号 1964.1 p.161

◇バーンステインの芸術 岡俊雄 「ディスク」27巻2号 1964.2 p.88

◇欧米の批評家が選んだもの 米英八大誌が選んだ1963年度ベスト・レコード 岡俊雄 「ディスク」27巻3号 1964.3 p.114

◇今月のステレオ・テープ 岡俊雄 「ディスク」27巻4号 1964.4 p.128

◇ワルター・トスカニーニへの感謝―名盤の影の人 岡俊雄 「ディスク」27巻5号 1964.5 p.93

◇今月のステレオ・テープ 岡俊雄 「ディスク」27巻5号 1964.5 p.141

◇ワルターの遺産 その3 岡俊雄 「ディスク」27巻6号 1964.6 p.26

◇ピエール・モントゥー追悼 岡俊雄 「ディスク」27巻8号 1964.8 p.64

◇フリッツ・ライナーの遺産 岡俊雄 「ディスク」27巻9号 1964.9 p.82

◇フランス・ディスコフィル大賞 岡俊雄 「ディスク」27巻11号 1964.11 p.138

◇新春座談会 レコード界四方山話 岡俊雄, 上野一郎, 藤田晴子, 黒田恭一, 三浦淳史, 桜庭昭治 「ディスク」28巻1号 1965.1 p.72

◇新録音の「カルメン」をめぐって(座談会)(マリア・カラス特集) 宮沢縦一, 岡俊雄, 黒田恭一 「ディスク」28巻2号 1965.2 p.80

◇外誌が選んだ六四年のベスト・レコード 岡俊雄 「ディスク」28巻3号 1965.3 p.68

◇グレン・グールドの横顔(特集 奇蹟をもたらした驚異のピアニスト) 岡俊雄 「ディスク」28巻4号 1965.4 p.74

◇1965年度ディスコフィル大賞決まる(フランス) 岡俊雄 「ディスク」28巻7号 1965.8 p.81

◇優秀録音ステレオ・レコードのあり方 附:"HiFi/Stereo Review"誌の選んだデモ用レコード25選 浅野勇, 岡俊雄, 桜庭昭治 「ディスク」28巻8号 1965.9 p.66

◇1965年度芸術祭参加レコードを聴く 岡俊雄, 上野一郎, 三浦淳史, 藤田晴子, 渡部恵一郎, 黒田恭一 「ディスク」28巻10号 1965.11 p.68

◇フィルハーモニア時代のカラヤン(対談)(特集 ヘルベルト・フォン・カラヤン) 岡俊雄, 黒田恭一 「ディスク」29巻2号 1966.2 p.84

◇外誌の選んだ1965年度の優秀レコード 岡俊雄 「ディスク」29巻3号 1966.3 p.86

◇その魅力とレコードを語る座談会（特集 モーツァルトの交響曲） 岩井宏之，岡俊雄，小林利之 「ディスク」29巻4号 1966.4 p.66

◇座談会：ロリン・マゼールのバッハをきいて 岡俊雄，浜田徳昭，黒田恭一 「ディスク」29巻6号 1966.6 p.82

◇グレン・グールドのきのう・きょう（特集 グレン・グールド） 岡俊雄 「ディスク」29巻7号 1966.7 p.60

◇オリヴィエの名演「オセロ」 岡俊雄 「ディスク」29巻8号 1966.8 p.56

柏木 俊三

◇第七交響曲のレコード（第二回ディスク論文当選発表） 柏木俊三 「ディスク」9巻2号 1937.2 p.155

◇試聴室―モーツアルトの「小夜曲」 柏木俊三 「ディスク」9巻3号 1937.3 p.234

◇ベートーヴェン「第八交響曲ヘ長調」雑感 柏木俊三 「ディスク」9巻4号 1937.4 p.318

◇試聴室―モーツアルトの「四重奏曲変ホ長調」愚感 柏木俊三 「ディスク」9巻6号 1937.6 p.544

◇モーツアルトの「フィガロの結婚」 柏木俊三 「ディスク」9巻7号 1937.7 p.634

◇モーツアルト作「バズン協奏曲」試聴記 柏木俊三 「ディスク」9巻7号 1937.7 p.638

◇試聴室―ベートーヴェン四重奏曲作品一三五 柏木俊三 「ディスク」9巻8号 1937.8 p.758

◇ハイドン交響曲に於けるクーセヴィツキー 柏木俊三 「ディスク」9巻10号 1937.10 p.940

◇メンゲルベルク指揮「第五交響曲」試聴記 野村あらえびす，中村善吉，杉浦繁，村和昌夫，有坂愛彦，林健太郎，井関富三，柏木俊三，樑津真次郎，青木謙幸 「ディスク」9巻11号 1937.11 p.1073

◇試聴室―ブルノ・ワルターの「プラーグ交響曲」 柏木俊三 「ディスク」9巻12号 1937.12 p.1180

◇手紙―レコード評判記 柏木俊三 「ディスク」10巻4号 1938.4 p.346

◇メンゲルベルクの第六交響曲 柏木俊三 「ディスク」10巻6号 1938.6 p.529

◇ハイドンの「クラヴサン協奏曲」 柏木俊三 「ディスク」10巻8号 1938.8 p.738

◇同人合評―ベートーヴェンの「第二交響曲」 杉浦繁，柏木俊三，青木謙幸，鮎野行夫，榎本箏 「ディスク」10巻8号 1938.8 p.748

◇同人合評―ラヴェルの「左手の為のピアノ協奏曲」 杉浦繁，柏木俊三，青木謙幸，鮎野行夫，榎本箏 「ディスク」10巻8号 1938.8 p.751

◇ハンス・シュミット・イッセルシュテット 柏木俊三 「ディスク」10巻8号 1938.8 p.754

◇対話・気に入つたレコード（ディスク廻状） 柏木俊三 「ディスク」10巻8号 1938.8 p.798

◇近時盤談（ディスク廻状） 森景泉，柏木俊三，青木謙幸 「ディスク」10巻9号 1938.9 p.915

◇名曲と名レコード（2）ベートーベン作「第五ピアノ協奏曲変ホ長調」 柏木俊三 「ディスク」10巻10号 1938.10 p.1004

◇印度舞踊音楽のレコードについて 柏木俊三 「ディスク」10巻11号 1938.11 p.1093

◇メヌーキンの弾いたメンデルスゾーンの協奏曲 柏木俊三 「ディスク」10巻12号 1938.12 p.1200

◇テレフンケンの新盤二つ 柏木俊三 「ディスク」10巻12号 1938.12 p.1203

◇バッハの「チェロ無伴奏組曲」 鈴木二三雄，青木謙幸，杉浦繁，柏木俊三，坪和昌夫 「ディスク」11巻1号 1939.1 p.1

◇ストラヴィンスキー作舞踊組曲「カルタ遊び」 柏木俊三 「ディスク」11巻2号 1939.2 p.157

◇ブルツフ作「提琴協奏曲第一番」 柏木俊三 「ディスク」11巻2号 1939.2 p.163

◇コロムビア「世界音楽名盤集」第三輯 柏木俊三 「ディスク」11巻2号 1939.2 p.165

◇モーツアルト作「絃五重奏曲ニ長調」K五九三 柏木俊三 「ディスク」11巻3号 1939.3 p.244

◇如是我聞（欧米新着レコード評） 柏木俊三 「ディスク」11巻3号 1939.3 p.252

◇ブラームス作「第一交響曲ハ短調」 柏木俊三 「ディスク」11巻4号 1939.4 p.340

◇チャイコフスキー作「伊太利狂詩曲」 柏木俊三 「ディスク」11巻4号 1939.4 p.348

◇シューベルト作「交響曲第五番変ロ長調」 柏木俊三 「ディスク」11巻4号 1939.4 p.349

◇僕の領分（1） 柏木俊三 「ディスク」11巻4号 1939.4 p.378

◇私版―「名盤秘曲集」の発行（2） 柏木俊三 「ディスク」11巻5号 1939.5 p.474

◇如是我聞（欧米新着レコード紹介） 柏木俊三 「ディスク」11巻6号 1939.6 p.567

◇ベートーヴェンとソナタ形式 柏木俊三 「ディスク」11巻春季増刊 ディスク叢書第一輯 ベートーヴェン特輯号 1939.6 p.21

◇絃楽四重奏曲（ベートーヴェン 作品とディスク賞レコード） 柏木俊三 「ディスク」11巻春季増刊 ディスク叢書第一輯 ベートーヴェン特輯号 1939.6 p.73

◇三重奏曲（ベートーヴェン 作品とディスク賞レコード） 柏木俊三 「ディスク」11巻春季増刊 ディスク叢書第一輯 ベートーヴェン特輯号 1939.6 p.91

◇其他の重奏曲（ベートーヴェン 作品とディスク賞レコード） 柏木俊三 「ディスク」11巻春季増刊 ディスク叢書第一輯 ベートーヴェン特輯号 1939.6 p.99

◇其他の洋琴小曲（ベートーヴェン 作品とディスク賞レコード） 柏木俊三 「ディスク」11巻春季増刊 ディスク叢書第一輯 ベートーヴェン特輯号 1939.6 p.141

◇モーツァルトの洋琴協奏曲を聴く 柏木俊三 「ディスク」11巻7号 1939.7 p.656

◇ドヴォルザーク作「セレナード」 柏木俊三 「ディスク」11巻7号 1939.7 p.665

◇僕の領分（2） 柏木俊三 「ディスク」11巻7号 1939.7 p.701

◇モーツァルトの「ディヴェルティメント変ホ長調」 柏木俊三 「ディスク」11巻8号 1939.8 p.756

◇リスト作「洋琴協奏曲第二番イ長調」 柏木俊三 「ディスク」11巻8号 1939.8 p.761

◇僕の領分（3） 柏木俊三 「ディスク」11巻8号 1939.8 p.789

◇ハイドン協会第七輯に就いて 柏木俊三 「ディスク」11巻9号 1939.9 p.872

◇ロートの「ニガー四重奏曲」 柏木俊三 「ディスク」11巻9号 1939.9 p.884

◇僕の領分（4） 柏木俊三 「ディスク」11巻9号 1939.9 p.900

◇ビゼー作「アルルの女」全曲─如是我聞 柏木俊三 「ディスク」11巻10号 1939.10 p.975

◇舞踏組曲「ペトルーシュカ」の新盤 柏木俊三 「ディスク」11巻11号 1939.11 p.1087

◇ベートーヴェン作「絃四重奏曲」作品一八ノ五─如是我聞 柏木俊三 「ディスク」11巻11号 1939.11 p.1090

◇「バッハマン選集」座談会 あらえびす，宅孝二，高木東六，坪祈昌夫，青木謙幸，柏木俊三 「ディスク」11巻11号 1939.11 p.1093

◇ブラームス作「ピアノ協奏曲第一番」─如是我聞 柏木俊三 「ディスク」11巻12号 1939.12 p.1203

◇洋琴三重奏曲（モーツァルト 作品とディスク賞レコード） 柏木俊三 「ディスク」11巻臨時増刊 ディスク叢書第二輯 モーツァルト特輯号 1939.12 p.143

◇提琴奏鳴曲（モーツァルト 作品とディスク賞レコード） 柏木俊三 「ディスク」11巻臨時増刊 ディスク叢書第二輯 モーツァルト特輯号 1939.12 p.148

◇洋琴奏鳴曲（附幻想曲）（モーツァルト 作品とディスク賞レコード） 柏木俊三 「ディスク」11巻臨時増刊 ディスク叢書第二輯 モーツァルト特輯号 1939.12 p.168

◇コロムビアの「世界音楽名盤集第四輯」 柏木俊三 「ディスク」12巻1号 1940.1 p.47

◇ワインガルトナーによる「第二交響曲」の新盤 柏木俊三 「ディスク」12巻2号 1940.2 p.113

◇異常なる「ト短調」（トスカニーニ指揮「ト短調交響曲」） 柏木俊三 「ディスク」12巻3号 1940.3 p.217

◇ベートーヴェン作「提琴奏鳴曲第十番」─如是我聞 柏木俊三 「ディスク」12巻3号 1940.3 p.231

◇私版─「名盤秘曲集」第三輯の発行 柏木俊三 「ディスク」12巻3号 1940.3 p.241

◇パーセル作「管絃組曲」モーツァルト作・「ヴァイオリン奏鳴曲 K三七八」─如是我聞 柏木俊三 「ディスク」12巻4号 1940.4 p.328

◇ハイドンのこと（1） 柏木俊三 「ディスク」12巻4号 1940.4 p.353

◇ビゼー作「交響曲ハ長調」─如是我聞 柏木俊三 「ディスク」12巻5号 1940.5 p.434

◇ベートーヴェン作「洋琴協奏曲 第二番」─如是我聞 柏木俊三 「ディスク」12巻5号 1940.5 p.436

◇僕の領分（5） 柏木俊三 「ディスク」12巻5号 1940.5 p.465

◇交響曲九十六番（ハイドン曲）（洋楽名曲試聴評） 柏木俊三 「レコード」6巻4号 1940.5 p.65

◇三重奏奏鳴曲（ドビュッシイ曲）（洋楽名曲試聴評） 柏木俊三 「レコード」6巻5号 1940.6 p.38

◇ブッシュ四重奏曲演奏のシューベルト作「絃四重奏曲ト長調」 柏木俊三 「ディスク」12巻7号 1940.7 p.627

◇シュナーベルの弾いたモーツァルトの「ピアノ奏鳴曲イ短調」 柏木俊三 「ディスク」12巻7号 1940.7 p.630

◇序曲「彷徨へる和蘭人」のレコード 柏木俊三 「ディスク」12巻8号 1940.8 p.736

◇私の好きなレコード 柏木俊三 「ディスク」12巻8号 1940.8 p.776

◇三重奏ソナタ（洋楽名曲レコード評） 柏木俊三 「レコード」6巻7号 1940.8 p.38

◇「ローマの泉」の新盤 柏木俊三 「ディスク」12巻9号 1940.9 p.838

◇ハイドンのこと（2） 柏木俊三 「ディスク」12巻9号 1940.9 p.873

◇「ビクター名曲小品集」の第一輯 柏木俊三 「ディスク」12巻10号 1940.10 p.935

◇試聴室─リスト作「ファウスト交響曲」 柏木俊三 「ディスク」12巻10号 1940.10 p.940

◇試聴室─コルトオの演奏せるショパンの「ソナタ口短調」 柏木俊三 「ディスク」12巻10号 1940.10 p.944

◇試聴室─カペーの演奏せるドビュッシイの絃楽四重奏曲 柏木俊三 「ディスク」12巻11号 1940.11 p.1061

◇試聴室─テレフンケンの二枚一組 柏木俊三 「ディスク」12巻11号 1940.11 p.1073

◇紀元二千六百年奉祝音楽に就て 柏木俊三 「ディスク」12巻11号 1940.11 p.1075

◇試聴室─ドビッシイとプロコフィエフ 柏木俊三 「ディスク」13巻1号 1941.1 p.14

◇試聴室―フィッシャー演奏の一一〇番のピアノ奏鳴曲 柏木俊三 「ディスク」13巻2号 1941.2 p.107

◇試聴室―マクドナルドの二台のピアノと管絃の協奏曲 柏木俊三 「ディスク」13巻2号 1941.2 p.109

◇試聴室―チャイコフスキイの「セレナーデ」 柏木俊三 「ディスク」13巻2号 1941.2 p.115

◇ピアノ三重奏曲（シューベルト 作品とディスク賞レコード） 柏木俊三 「ディスク」13巻臨時増刊 ディスク叢書第三輯 シューベルト特輯号 1941.2 p.181

◇二重奏曲其他（シューベルト 作品とディスク賞レコード） 柏木俊三 「ディスク」13巻臨時増刊 ディスク叢書第三輯 シューベルト特輯号 1941.2 p.184

◇ピアノ曲（シューベルト 作品とディスク賞レコード） 柏木俊三 「ディスク」13巻臨時増刊 ディスク叢書第三輯 シューベルト特輯号 1941.2 p.189

◇試聴室―ラヴェルの「絃楽四重奏曲」について 柏木俊三 「ディスク」13巻3号 1941.3 p.229

◇試聴室―バッハ作「無伴奏チェロ組曲」のレコード 柏木俊三 「ディスク」13巻3号 1941.3 p.233

◇試聴室―ヘンデルの「コンチェルト・グロッソ」作品六の五 柏木俊三 「ディスク」13巻4号 1941.4 p.317

◇僕の領分 柏木俊三 「ディスク」13巻4号 1941.4 p.354

◇試聴室―「倫敦交響曲」試聴記 柏木俊三 「ディスク」13巻5号 1941.5 p.420

◇試聴室―「ブランデンブルグ協奏曲第四番」の新盤 柏木俊三 「ディスク」13巻5号 1941.5 p.421

◇其他の器楽曲（バッハ 作品とディスク賞レコード） 柏木俊三 「ディスク」13巻臨時増刊 ディスク叢書第四輯 バッハ特輯号 1941.6 p.283

◇試聴室―サン・サーン「チェロ協奏曲第一番」漫想 柏木俊三 「ディスク」13巻7号 1941.7 p.642

◇僕の領分 柏木俊三 「ディスク」13巻7号 1941.7 p.662

◇試聴室―グルックの「オウリイドのイビゲニー」序曲 柏木俊三 「ディスク」13巻8号 1941.8 p.735

◇名曲と名レコード その5―モーツァルトの絃四重奏曲 ハ長調 柏木俊三 「ディスク」13巻10号 1941.10 p.945

◇ハイドンの交響曲―名盤案内（1） 柏木俊三 「レコード文化」2巻4号 1942.4 p.44

◇モーツァルトの交響曲―名盤案内（2） 柏木俊三 「レコード文化」2巻5号 1942.5 p.42

◇音楽に求むるもの（レコード随筆） 柏木俊三 「レコード文化」3巻10号 1943.10 p.31

木村 重雄

◇モーツァルトの交響曲（特輯 モーツァルトの音楽 其一） 木村重雄 「レコード音楽」21巻3号 1951.3 p.11

◇モーツァルト協奏曲（1）（特輯 モーツァルトの音楽 其二） 木村重雄 「レコード音楽」21巻5号 1951.5 p.11

◇モーツァルト協奏曲（2）（特輯 モーツァルトの音楽 其三） 木村重雄 「レコード音楽」21巻6号 1951.6 p.9

◇モーツァルト協奏曲（3）（特輯 モーツァルトの音楽 其四） 木村重雄 「レコード音楽」21巻7号 1951.7 p.12

◇新しい名曲決定盤（特集） 村田武雄，牧定忠，大木正興，木村重雄，寺西春雄，大宮真琴，田代秀穂，藥科雅美 「レコード音楽」22巻4号 1952.4 p.11

◇LP雑感―長時間レコードの功罪について 木村重雄 「レコード音楽」22巻9号 1952.9 p.25

◇フランクの「交響曲」（フルトヴェングラーのL.P） 木村重雄 「レコード音楽」22巻11号 1952.11 p.26

◇チャイコフスキー「くるみ割り人形」（クリスマスのL.P） 木村重雄 「レコード音楽」22巻12号 1952.12 p.24

◇交響曲第三番変ホ長調（英雄）（ベートーヴェンの交響曲L.P） 木村重雄 「レコード音楽」23巻1号 1953.1 p.18

◇フランク・マルタン 小協奏的の交響曲（現代音楽のL.P特集） 木村重雄 「レコード音楽」23巻2号 1953.2 p.23

◇小品名曲百曲選―レコード音楽名曲決定盤 上野一郎，木村重雄，福原信夫，大木正興，田代秀穂，牧定忠，太田祐満，寺西春雄，八木進，大宮真琴，西山広一 「レコード音楽」23巻4号 1953.4 p.129

◇正統的なドイツのチェリスト ヘルシャー―来朝への期待（座談会） 坂本良隆，井上頼豊，木村重雄，藥科雅美 「レコード音楽」23巻5号・6号 1953.6 p.84

◇「メリー・ウィドー」の新盤を巡つて（座談会） 伊藤京子，木村重雄，伊藤栄一，栗本正 「ディスク」18巻9号 1955.7 p.22

◇ヘンデルの名作オルガン協奏曲 木村重雄 「ディスク」18巻10号 1955.8 p.62

◇モーツァルトと四つの交響曲 木村重雄 「ディスク」18巻11号 1955.9 p.64

◇コロムビアの世界現代音楽選集レコード―その第二輯をめぐつて（座談会） 大宮真琴，木村重雄，藥科雅美 「ディスク」18巻12号 1955.10 p.40

◇LPに観るモーツァルトのピアノソナタ 木村重雄 「ディスク」18巻12号 1955.10 p.51

◇宗教音楽のLPは何を選ぶか（座談会）（特集 宗教音楽とレコード） 木村重雄，佐川吉男，高橋昭 「ディスク」18巻13号 1955.11 p.33

◇ミサ・ソレムニス―カール・ベームの新盤によせて（対談）山田和男，木村重雄 「ディスク」19巻1号 1956.1 p.42

◇モーツァルトの協奏曲（モーツァルト生誕二〇〇年祭記念特集）木村重雄 「ディスク」19巻1号 1956.1 p.168

◇モーツァルトの室内楽（モーツァルト生誕二〇〇年祭記念特集）木村重雄 「ディスク」19巻1号 1956.1 p.172

◇オペラのLP放談（座談会）木村重雄，畑中良輔，佐々木行綱 「ディスク」19巻3号 1956.2 p.49

◇クライバーの死をきいて―そしてまた一人 木村重雄 「ディスク」19巻4号 1956.3 p.40

◇オペラ全曲のLP放談（続）（座談会）木村重雄，畑中良輔，佐々木行綱 「ディスク」19巻4号 1956.3 p.47

◇東京を訪れた作曲家ベンジャミン・ブリトゥンと「ねじの廻転」(1)木村重雄 「ディスク」19巻5号 1956.4 p.56

◇エーリッヒ・ラインスドルフ（現代音楽家への二つの意見）岡俊雄，木村重雄 「ディスク」19巻9号 1956.7 p.52

◇フェレンツ・フリッチャイ 期待はフィガロに？（現代演奏家への二つの意見）木村重雄 「ディスク」19巻11号 1956.8 p.50

◇子供のためのモーツァルト 木村重雄 「ディスク」19巻13号 1956.10 p.148

◇「フィガロ」と「アイーダ」（話題の音楽会から）木村重雄 「ディスク」19巻14号 1956.11 p.18

◇「アルジェリア」のシミオナート（今月のLPから）木村重雄 「ディスク」19巻14号 1956.11 p.36

◇交響曲第四〇番（モーツァルト）（LP名曲二〇選(1)）木村重雄 「ディスク」20巻1号 1957.1 p.164

◇逝けるマエストロ トスカニーニを偲ぶ（座談会）森正，木村重雄，青木謙幸 「ディスク」20巻3号 1957.3 p.72

◇生きているシュナーベル 木村重雄 「ディスク」20巻13号 1957.11 p.32

◇ハイネとシューマンと 木村重雄 「ディスク」21巻3号 1958.3 p.34

◇現代のオペラ歌手十二の顔―ソプラノ篇 畑中良輔，木村重雄，福原信夫 「ディスク」21巻4号 1958.4 p.24

◇春宵放談 現代のオペラ歌手（続）―そして更に十人 畑中良輔，木村重雄，福原信夫，小林利之 「ディスク」21巻5号 1958.5 p.48

◇演奏会用アリアとは 木村重雄 「ディスク」21巻8号 1958.8 p.27

◇チェルケッティの魅力（ハイライト）木村重雄 「ディスク」21巻11号 1958.11 p.34

◇マリオ・デル・モナコ全集のために（今月のLPハイライト）木村重雄 「ディスク」22巻1号 1959.1 p.38

◇モーツァルトの「レクィエム」（ベーム指揮）（話題のLPから）木村重雄 「ディスク」22巻5号 1959.5 p.26

◇マリア・メネギーニ・カラス「狂乱の場」（カラス）（新着LP試聴室）木村重雄 「ディスク」22巻10号 1959.9 p.163

◇ドニゼッティの「シャモニーのリンダ」（新着LP試聴室）木村重雄 「ディスク」22巻13号 1959.11 p.171

◇サン＝サーンスの歌劇「サムソンとデリラ」 木村重雄 「ディスク」23巻3号 1960.2 p.24

◇注目の海外盤―歌劇「ランメルムーアのルチア」全曲 木村重雄 「ディスク」23巻3号 1960.2 p.164

◇ホッターとニルソンの「ワルキューレ」（ワーグナー）（新着LPハイライト）木村重雄 「ディスク」23巻4号 1960.3 p.34

◇ワーグナーの「ワルキューレ」第三幕（各社秋の大作レコードを展望する）木村重雄 「ディスク」23巻12号 1960.10 p.29

◇アンケート 私の選んだ一枚（特集 今年はどんなレコードが出たか）佐藤章，寺西春雄，宇野功芳，猿田憲，薬科雅美，上野一郎，佐川吉男，杉浦繁，木村重雄，高崎保男，三浦淳史，柴田南雄，秋山邦晴 「ディスク」23巻16号 1960.12 p.32

◇ウェーバー「魔弾の射手」をきいて 木村重雄 「ディスク」24巻2号 1961.2 p.112

◇J・ヴィヴィアンのモーツァルトとハイドン（新着LP試聴室）木村重雄 「ディスク」24巻4号 1961.4 p.118

◇プッチーニのめづらしい歌劇「つばめ」（新着LP試聴室）木村重雄 「ディスク」24巻5号 1961.5 p.119

◇ジンカ・ミラノフ（特集 春の来日演奏家を聴く―かれらは日本でどんな演奏ぶりを見せたのだろうか？）木村重雄 「ディスク」24巻6号 1961.6 p.83

◇リストを再評価する（特集 ハンガリー・人と音楽―リストとバルトークを記念して）木村重雄 「ディスク」24巻11号 1961.10 p.78

◇イタリア・オペラとフランス・オペラを語る（特集 話題のステージ）木村重雄，佐々木行綱，小林利之 「ディスク」24巻12号 1961.11 p.73

◇岩城宏之と大町陽一郎と小沢征爾と（特集 話題の指揮者を追って）木村重雄 「ディスク」25巻5号 1962.5 p.86

◇シュヒター―小沢の意味するもの「N響」の新らしい道 木村重雄 「ディスク」25巻8号 1962.8 p.96

京極 高鋭

◇海外通信―シアリアピンのボリスゴドノフを聴く 加藤鋭伍 「ディスク」3巻4号 1931.4 p.300

◇スレツアツクを聴く（海外通信2）加藤鋭五 「ディスク」3巻6号 1931.6 p.444

◇シユナーベル教授の印象 加藤鋭五 談 「ディスク」4巻6号 1932.6 p.353

◇「メヌキン」と語る 加藤鋭五 「ディスク」4巻7号 1932.7 p.407

◇「ケンプ」の印象 加藤鋭五 「ディスク」4巻8号 1932.8 p.474

◇クレーメンス・クラウスの印象 加藤鋭五 「レコード音楽」6巻8号 1932.8 p.3

◇コルトオの想ひ出 加藤鋭五 「ディスク」4巻9号 1932.9 p.546

◇「メヌキン」よりの便り 加藤鋭五 「ディスク」4巻10号 1932.10 p.627

◇ヴキーン随想 加藤鋭五 「レコード音楽」6巻10号 1932.10 p.20

◇リリー・ポン訪問記 加藤鋭五 「ディスク」4巻11号 1932.11 p.672

◇欧洲音楽紀行―自動車旅行記（1）加藤鋭五 「レコード音楽」6巻11号 1932.11 p.20

◇「エコール・ノルマール」参観記 加藤鋭五 「ディスク」4巻12号 1932.12 p.780

◇欧洲音楽紀行―自動車旅行記（2）加藤鋭五 「レコード音楽」6巻12号 1932.12 p.45

◇スレツアークの印象 加藤鋭五 「ディスク」5巻1号 1933.1 p.80

◇欧洲音楽紀行―自動車旅行記（3）加藤鋭五 「レコード音楽」7巻1号 1933.1 p.106

◇コンキタ・スペリビアに就て 加藤鋭五 「ディスク」5巻2号 1933.2 p.97

◇B・B・C交響管絃楽団に就て 加藤鋭五 「レコード音楽」7巻2号 1933.2 p.49

◇欧洲音楽紀行―自動車旅行記（4）加藤鋭五 「レコード音楽」7巻4号 1933.4 p.72

◇アルヘンチーナ女史と語る 加藤鋭五 「レコード音楽」7巻5号 1933.5 p.50

◇二つの失望 加藤鋭五 「ディスク」5巻7号 1933.7 p.469

◇欧米音楽紀行―自動車旅行記（5）加藤鋭五 「レコード音楽」7巻7号 1933.7 p.23

◇音楽紀行「南欧自動車旅行記」（1）加藤鋭五 「ディスク」5巻8号 1933.8 p.544

◇亡きマツクス・フオン・シリングス教授の印象と想出 加藤鋭五 「ディスク」5巻8号 1933.8 p.582

◇ジヤック・テイボーと語る（音楽紀行南欧自動車旅行紀（2））加藤鋭五 「ディスク」5巻9号 1933.9 p.649

◇欧洲の夏の音楽 加藤鋭五 「レコード音楽」7巻9号 1933.9 p.60

◇メヌーキンの手紙 加藤鋭五 「ディスク」5巻11号 1933.11 p.734

◇音楽紀行「南欧自動車旅行記」加藤鋭五 「ディスク」5巻11号 1933.11 p.739

◇レコード・コンサートに関する著作権法の改正を望む 加藤鋭五 「レコード音楽」7巻11号 1933.11 p.4

◇メヌーキンの手紙（2）加藤鋭五 「ディスク」5巻12号 1933.12 p.797

◇音楽紀行「南欧自動車旅行記」仏国より伊太利へ（完）加藤鋭五 「ディスク」5巻12号 1933.12 p.802

◇恩師を語る メヌーキン，加藤鋭五 訳 「ディスク」6巻1号 1933.12 p.19

◇新年お目出度う 加藤鋭五 「ディスク」6巻1号 1933.12 p.65

◇フルトヴエングラー訪問記 加藤鋭五 「ディスク」6巻2号 1934.2 p.84

◇クライベルの印象「伯林日記」より 加藤鋭五 「ディスク」6巻3号 1934.3 p.148

◇巻頭言「レコードに関する法律の改正」加藤鋭五 「ディスク」6巻5号 1934.5 p.259

◇故フランツ・シユレーカーの印象 加藤鋭五 「ディスク」6巻6号 1934.6 p.325

◇病床にて 加藤鋭五 「ディスク」6巻7号 1934.7 p.445

◇ニーマン博士の近影 京極鋭五 「ディスク」6巻8号 1934.8 p.489

◇シユトラウス会見記（1）京極鋭五 「ディスク」6巻9号 1934.9 p.539

◇シユトラウス会見記（2）京極鋭五 「ディスク」6巻10号 1934.10 p.603

◇新年お目出たう 京極鋭五 「ディスク」7巻1号 1935.1 p.66

◇ヘンリ・ウツド郷を訪ふて 京極鋭五 「ディスク」7巻11号 1935.11 p.841

◇伊太利の大テナー ジリーと語る 京極高鋭 「レコード文化」3巻1号 1943.1 p.30

◇独逸楽都巡り―ミユンヘンの音楽 京極高鋭 「レコード文化」3巻3号 1943.3 p.22

◇独逸音楽都市巡り（2）楽都ハムブルク 京極高鋭 「レコード文化」3巻4号 1943.4 p.12

◇メヌーインの近況 京極高鋭 「レコード音楽」20巻1号 1950.1 p.30

◇メニューインを語る（座談会）有坂愛彦，京極高鋭，野呂信次郎，青木謙幸 「ディスク」14巻1号 1951.9 p.46

◇シゲツティ氏を招待して 京極高鋭 「ディスク」16巻2号 1953.2 p.108

◇シゲテイの来朝に因んで（座談会）京極高鋭，野村光一，上田仁，寺島宏，蘆科雅美 「レコード音楽」23巻2号 1953.2 p.10

◇レコードについて私はこう考える ジョセフ・シゲティー，京極高鋭 訳 「レコード音楽」23巻3号 1953.3 p.10

黒田恭一　　　　　　　　　人物文献目録　　　　　　　　　執筆者

◇シゲティと古都　京極高鋭　「ディスク」16巻7号　1953.6　p.572

黒田　恭一

◇新進プライスの主演する「トロヴァトーレ」（新着LP試聴室）黒田恭一　「ディスク」24巻10号　1961.9　p.119

◇ジョーン・サザーランドの歩み（オペラのニュー・スター　サザーランド　人と芸術）P・ヒューズ，黒田恭一 訳　「ディスク」25巻2号　1962.2　p.92

◇ファーレルとタッカーのヴェルディ二重唱集（新着LP試聴室）黒田恭一　「ディスク」25巻4号　1962.4　p.112

◇フランスの歌手たちによる〈ウィリアム・テル〉（新着LP試聴室）黒田恭一　「ディスク」25巻5号　1962.5　p.114

◇歌劇〈サロメ〉（特集　話題の来日演奏家）黒田恭一　「ディスク」25巻6号　1962.6　p.82

◇カラスのうたう〈ノルマ〉（新着LP試聴室）黒田恭一　「ディスク」25巻6号　1962.6　p.117

◇世紀の声！　レオンタイン・プライス　アーサー・トッド，黒田恭一 訳　「ディスク」25巻7号　1962.7　p.96

◇カラヤンの〈バラの騎士〉（新着LP試聴室）黒田恭一　「ディスク」25巻7号　1962.7　p.121

◇メシアンとロリオを迎えて　メシアンと〈トゥランガリラ交響曲〉の日本初演　黒田恭一　「ディスク」25巻8号　1962.8　p.82

◇交響曲録音の諸問題―マイクロフォンの設定がすべてを決定する　デイヴィド・ホール，黒田恭一 訳　「ディスク」25巻9号　1962.9　p.86

◇ドイツの名歌手たちのうたう〈ボエーム〉（新着LP試聴室）黒田恭一　「ディスク」25巻10号　1962.10　p.154

◇現代最高の作曲家ストラヴィンスキーの語る現代音楽と録音についての考察　ストラヴィンスキー，黒田恭一 訳　「ディスク」25巻11号　1962.11　p.90

◇ドビュッシー―アンセルメに聴く／客観的な抒情主義者　アンセルメ，黒田恭一 訳　「ディスク」25巻12号　1962.12　p.117

◇ドン・ジョヴァンニの悲劇（私の愛聴盤　多すぎる愛聴盤）黒田恭一　「ディスク」26巻1号　1963.1　p.115

◇話題のピアニスト，リフテルのプロコフィエフ〈ピアノ・ソナタ第七，九番〉（各社三月新譜速報と聴きもの）黒田恭一　「ディスク」26巻2号　1963.2　p.129

◇人類の遺産，トスカニーニの〈フィデリオ〉（各社三月新譜速報と聴きもの）黒田恭一　「ディスク」26巻2号　1963.2　p.130

◇ミュンシュ＝ボストンの演奏するショーソン〈交響曲〉（各社四月新譜速報とその聴きもの）黒田恭一　「ディスク」26巻3号　1963.3　p.132

◇フリッチャイ・オペラの全曲盤をめぐって（フェレンツ・フリッチャイ夭折）黒田恭一　「ディスク」26巻4号　1963.4　p.64

◇カルーソーからステファーノ十大テナーによるナポリ民謡集（各社五月新譜速報とその聴きもの）黒田恭一　「ディスク」26巻4号　1963.4　p.119

◇モントゥーの新録音〈ロメオとジュリエット〉（各社五月新譜速報とその聴きもの）黒田恭一　「ディスク」26巻4号　1963.4　p.120

◇ヴェルディ歌劇「仮面舞踏会」―ヴェルディのオペラ（2）（名曲ディスコグラフィ）黒田恭一　「ディスク」26巻5号　1963.8　p.116

◇真実の音楽〈オペラ指揮者としてのベーム〉（来日する巨匠　カール・ベーム）黒田恭一　「ディスク」26巻6号　1963.9　p.94

◇歌劇「トロヴァトーレ」（名曲ディスコグラフィ）黒田恭一　「ディスク」26巻6号　1963.9　p.126

◇「リゴレット」以前のオペラ―ヴェルディのオペラ（4）（名曲ディスコグラフィ）黒田恭一　「ディスク」26巻7号　1963.10　p.106

◇「ドン・カルロ」と「運命の力」―ヴェルディのオペラ（5）（名曲ディスコグラフィ）黒田恭一　「ディスク」26巻8号　1963.11　p.116

◇「トロヴァトーレ」から得たもの（八つの舞台に聴いたもの―イタリア・オペラ）黒田恭一　「ディスク」26巻9号　1963.12　p.82

◇「フィガロの結婚」の感動（八つの舞台に聴いたもの―ベルリン・ドイツ・オペラ）黒田恭一　「ディスク」26巻9号　1963.12　p.92

◇さあれ去年の雪やいずくぞ（特集 新春随想）黒田恭一　「ディスク」27巻1号　1964.1　p.75

◇「椿姫」は何を選ぶか―ヴェルディのオペラ（6）（名曲ディスコグラフィ）黒田恭一　「ディスク」27巻1号　1964.1　p.106

◇「リゴレット」は何を選ぶか―ヴェルディのオペラ（7）（名曲ディスコグラフィ）黒田恭一　「ディスク」27巻2号　1964.2　p.114

◇「オテロ」は何を選ぶか―ヴェルディのオペラ（8）（名曲ディスコグラフィ）黒田恭一　「ディスク」27巻3号　1964.3　p.104

◇「ファルスタッフ」は何を選ぶか―ヴェルディのオペラ（最終回）（名曲ディスコグラフィ）黒田恭一　「ディスク」27巻4号　1964.4　p.118

◇ロバート・メリル―歌劇リサイタル　黒田恭一，朝倉昭 録音評　「ディスク」27巻6号　1964.6　p.32

◇ワーグナーのレコードを語る（対談）（ワーグナー特集）渡辺護，黒田恭一　「ディスク」27巻10号　1964.10　p.82

◇遠くで聴くシュヴァルツコップ（名演奏家シリーズ・5）黒田恭一　「ディスク」27巻10号　1964.10　p.94

◇レコード音楽について考えること ブルーノ・ワルター，黒田恭一 訳 「ディスク」27巻11号 1964.11 p.100

◇新春座談会 レコード界四方山話 岡俊雄，上野一郎，藤田晴子，黒田恭一，三浦淳史，桜庭昭治 「ディスク」28巻1号 1965.1 p.72

◇名曲ディスコグラフィー（1）ラ・ボエーム 黒田恭一 「ディスク」28巻1号 1965.1 p.96

◇新録音の「カルメン」をめぐって（座談会）（マリア・カラス特集）宮沢縦一，岡俊雄，黒田恭一 「ディスク」28巻2号 1965.2 p.80

◇ディスコグラフィー マリア・カラスの芸術（マリア・カラス特集）黒田恭一 「ディスク」28巻2号 1965.2 p.86

◇ディスコグラフィー グレン・グールドをめぐって（特集 奇蹟をもたらした驚異のピアニスト）黒田恭一 「ディスク」28巻4号 1965.4 p.76

◇話題の海外レコード試聴室 プライ，ベリーの〈フィガロの結婚〉全曲 黒田恭一 「ディスク」28巻6号 1965.7 p.114

◇「ボリス・ゴドノフ」「売られた花嫁」の初日をきいて（グラビヤ特集 スラヴ・オペラ開幕）黒田恭一 「ディスク」28巻9号 1965.10 p.76

◇1965年度芸術祭参加レコードを聴く 岡俊雄，上野一郎，三浦淳史，藤田晴子，渡部恵一郎，黒田恭一 「ディスク」28巻10号 1965.11 p.68

◇スラヴ歌劇（続）―「イーゴリ公」/「エフゲニ・オネーギン」（グラビヤ）黒田恭一 「ディスク」28巻10号 1965.11 p.89

◇1965年度芸術祭参加レコードを聴く（続）三上文子，渡部恵一郎，上野一郎，黒田恭一，三浦淳史 「ディスク」28巻11号 1965.12 p.68

◇クナッパーツブッシュ（附・ディスコグラフィー）黒田恭一 「ディスク」29巻1号 1966.1 p.90

◇フィルハーモニア時代のカラヤン（対談）（特集 ヘルベルト・フォン・カラヤン）岡俊雄，黒田恭一 「ディスク」29巻2号 1966.2 p.84

◇声楽（楽劇「バラの騎士」/エリザベート・シュヴァルツコップ）（上半期に来日する演奏家の横顔）黒田恭一 「ディスク」29巻3号 1966.3 p.67

◇映画になったフルトヴェングラーの「ドン・ジョヴァンニ」 黒田恭一 「ディスク」29巻5号 1966.5 p.65

◇ベルガンサの〈セヴィリアの理髪師〉をみて 黒田恭一 「ディスク」29巻6号 1966.6 p.63

◇カラヤンとベルリン・フィル（話題の春の演奏会をきく）岩井宏之，黒田恭一，浜田徳昭 「ディスク」29巻6号 1966.6 p.76

◇楽劇「バラの騎士」（話題の春の演奏会をきく）黒田恭一 「ディスク」29巻6号 1966.6 p.79

◇座談会：ロリン・マゼールのバッハをきいて 岡俊雄，浜田徳昭，黒田恭一 「ディスク」29巻6号 1966.6 p.82

小林 利之

◇トスカニーニのLPレコード（LPレコード試聴記）小林利之 「ディスク」15巻5号 1952.5 p.516

◇旅へのいざない（随筆）小林利之 「ディスク」15巻6号 1952.6 p.616

◇シベリウス 交響曲第一，三，五（LP試聴記）小林利之 「ディスク」15巻7号 1952.7 p.734

◇シェーンベルク 森の鳩の歌（グレー・リーダーより）（LP試聴記）小林利之 「ディスク」15巻8号 1952.8 p.834

◇ミヤスコフスキイ 交響曲 第二十一番（LP試聴記）小林利之 「ディスク」15巻8号 1952.8 p.835

◇デリウス 音詩 丘を越へて彼方へ（LP試聴記）小林利之 「ディスク」15巻8号 1952.8 p.836

◇ベートーヴェン 第七交響曲 イ長調作品九二（LP試聴記）小林利之 「ディスク」15巻9号 1952.9 p.962

◇チャイコフスキー 洋琴協奏曲 第一番変ロ短調作品二三（LP試聴記）小林利之 「ディスク」15巻9号 1952.9 p.963

◇グリーグ 洋琴協奏曲 イ短調作品一六（LP試聴記）小林利之 「ディスク」15巻9号 1952.9 p.964

◇私の好きなコルトオのレコード 鮎野行夫，小林利之，熊田秀四郎，石川登志夫，田中良雄，佐川吉男，松井丈夫，杉浦繁 「ディスク」15巻10号 1952.10 p.1028

◇シュルスヌスのLPレコード 小林利之 「ディスク」15巻11号 1952.10 p.1046

◇ブラームス「四つの荘厳なる歌」（LP試聴記）小林利之 「ディスク」15巻11号 1952.10 p.1060

◇シューマン「女の愛と生涯」（LP試聴記）小林利之 「ディスク」15巻11号 1952.10 p.1061

◇ベートーヴェン「三重奏曲」（大公）（LP試聴記）小林利之 「ディスク」15巻11号 1952.10 p.1062

◇モーツァルト ピアノ奏鳴曲イ長調（トルコ行進曲）（LP試聴記）小林利之 「ディスク」15巻12号 1952.11 p.1159

◇ベルリオーズ ロメオとジュリエット（LP試聴記）小林利之 「ディスク」15巻12号 1952.11 p.1159

◇シューベルト ピアノ五重奏曲（鱒）（LP試聴記）小林利之 「ディスク」15巻12号 1952.11 p.1160

◇シューベルト 未完成交響曲（LP試聴記）小林利之 「ディスク」15巻12号 1952.11 p.1160

◇LPに聴く歌曲雑感 小林利之 「ディスク」15巻13号 1952.12 p.1254

◇エルナ・ベルガーのレコード　小林利之
「ディスク」16巻1号　1953.1　p.43

◇ベートーヴェン　第三交響曲（英雄）（LP試聴記）　小林利之　「ディスク」16巻1号　1953.1　p.53

◇ベートーヴェン　絃楽四重奏曲十二番（作品一二七）（LP試聴記）　小林利之　「ディスク」16巻1号　1953.1　p.54

◇シューマン　クライスレリアーナ（作品一六）（LP試聴記）　小林利之　「ディスク」16巻1号　1953.1　p.54

◇セゴヴアイ　ギター・リサイタル（LP試聴記）　小林利之　「ディスク」16巻1号　1953.1　p.55

◇シゲッティのLPレコード　小林利之　「ディスク」16巻2号　1953.2　p.112

◇バッハ　カンタータ第八〇番（LP試聴記）　小林利之　「ディスク」16巻2号　1953.2　p.164

◇モーツァルト　提琴協奏曲第三番ト長調・モーツァルト　提琴協奏曲第四番ニ長調（LP試聴記）　小林利之　「ディスク」16巻2号　1953.2　p.164

◇ドヴォルザーク　交響曲第五番─新世界（LP試聴記）　小林利之　「ディスク」16巻2号　1953.2　p.165

◇ヴォルフ　ヴォルフ歌曲集（LP試聴記）　小林利之　「ディスク」16巻2号　1953.2　p.166

◇ヴェルディ　歌劇「アイーダ」全四幕（LP試聴記）　小林利之　「ディスク」16巻2号　1953.2　p.166

◇ギーゼキングのLPレコード　小林利之　「ディスク」16巻4号　1953.3　p.223

◇モーツァルト　絃楽五重奏曲ト短調（LP試聴記）　小林利之　「ディスク」16巻4号　1953.3　p.270

◇ベートーヴェン　洋琴協奏曲第五番（皇帝）（LP試聴記）　小林利之　「ディスク」16巻4号　1953.3　p.270

◇シューマン　歌曲集「詩人の恋」（LP試聴記）　小林利之　「ディスク」16巻4号　1953.3　p.271

◇マーラー　交響曲第四番ト長調（LP試聴記）　小林利之　「ディスク」16巻4号　1953.3　p.272

◇ヴォーンウイリアムス　タリスの主題に拠る幻想曲（LP試聴記）　小林利之　「ディスク」16巻4号　1953.3　p.273

◇ベートーヴェン　絃楽四重奏曲第十三番（バリリー四重奏団）（LP試聴記）　小林利之　「ディスク」16巻5号　1953.4　p.369

◇モーツァルト　ヴァイオリン協奏曲第五番（ハイフェッツ）（LP試聴記）　小林利之　「ディスク」16巻5号　1953.4　p.370

◇ブラームス　ヴァイオリンとチェロの複協奏曲（フルニエ，ヤニグロ）（LP試聴記）　小林利之　「ディスク」16巻5号　1953.4　p.371

◇シューベルト　歌曲集（アンダーソン，ルップ）（LP試聴記）　小林利之　「ディスク」16巻5号　1953.4　p.372

◇ロッシーニ　舞踊組曲「風変りな店」（アンセルメ指揮）（LP試聴記）　小林利之　「ディスク」16巻5号　1953.4　p.373

◇私の好きな小品レコード　小林利之，双木みつる　「ディスク」16巻5号　1953.4　p.376

◇ベートーヴェン　絃楽四重奏曲作品一三一（バリリー四重奏団）（LP試聴記）　小林利之　「ディスク」16巻6号　1953.5　p.497

◇チャイコフスキー　交響曲第五番ホ短調（カンテルリ指揮）（LP試聴記）　小林利之　「ディスク」16巻6号　1953.5　p.498

◇フォーレ　提琴奏鳴曲第一番（ボベスコ，ジェンティ）（LP試聴記）　小林利之　「ディスク」16巻6号　1953.5　p.499

◇ロッシーニ　歌劇序曲集（バイヌム指揮コンツェルトゲボウ）（LP試聴記）　小林利之　「ディスク」16巻6号　1953.5　p.500

◇オッフエンバッハ　歌劇「ホフマン物語」縮小版（ロイター指揮）（LP試聴記）　小林利之　「ディスク」16巻6号　1953.5　p.501

◇バッハ　カンタータ第一四〇番（シエルヘン指揮）（LP試聴記）　小林利之　「ディスク」16巻7号　1953.6　p.628

◇ベートーヴェン　絃楽四重奏曲作品一三二（パガニーニ四重奏団）（LP試聴記）　小林利之　「ディスク」16巻7号　1953.6　p.629

◇シューマン　交響曲第一番「春」（アンセルメ指揮）（LP試聴記）　小林利之　「ディスク」16巻7号　1953.6　p.630

◇チャイコフスキー　交響曲第六番「悲愴」（クーベリック指揮）（LP試聴記）　小林利之　「ディスク」16巻7号　1953.6　p.631

◇トステイ　歌曲集（ヴァルデンゴ）（LP試聴記）　小林利之　「ディスク」16巻7号　1953.6　p.631

◇ナポリの民謡　小林利之　「ディスク」16巻9号　1953.8　p.815

◇デル・モナコの歌劇詠唱集（海外LP試聴室）　小林利之　「ディスク」16巻12号　1953.11　p.57

◇LP歌曲・歌劇（海外LP試聴室）　小林利之　「ディスク」17巻1号　1954.1　p.96

◇LP三〇〇選　杉浦繁，小林利之，桃園春夫，西条卓夫，佐久間幸光，高橋昭，その・すすむ，松井丈夫　「ディスク」17巻8号　別冊第4集　LPレコード　1954.7　p.27

◇廉価盤LP紹介　小林利之　「ディスク」17巻8号　別冊第4集　LPレコード　1954.7　p.116

◇ワーグナー全曲盤の最高峰フルトヴエングラーの「トリスタン」（海外LP試聴室）　小林利之　「ディスク」17巻11号　1954.10　p.120

◇ラヴェルの一幕歌劇「スペインの時」（海外LP試聴室）　小林利之　「ディスク」17巻12号　1954.11　p.124

◇スーゼイのデュパルク歌曲集（海外LP試聴室）　小林利之　「ディスク」17巻12号　1954.11　p.136

◇マルセル・メイエルのフランス鍵盤音楽（海外LP試聴室）小林利之 「ディスク」17巻13号 1954.12 p.141

◇維納児童合唱コンサート（海外LP試聴室）小林利之 「ディスク」17巻13号 1954.12 p.144

◇101人のLP新演奏家物語（1）今堀淳一, 上野一郎, 岡俊雄, 小林利之, 藤田不二 「ディスク」18巻1号 1955.1 p.146

◇101人のLP新演奏家物語（3）上野一郎, 小林利之, 桃園春夫 「ディスク」18巻4号 1955.3 p.44

◇テバルディらの「蝶々夫人」全曲（今月のLP）小林利之 「ディスク」18巻4号 1955.3 p.71

◇カヴァレリア・ルスティカナ新盤（新着LP紹介）小林利之 「ディスク」18巻5号 1955.4 p.148

◇デラ・カーサの名唱（新着LP紹介）小林利之 「ディスク」18巻5号 1955.4 p.149

◇バッハのV協奏曲の競演（新着LP紹介）小林利之 「ディスク」18巻6号 1955.5 p.127

◇クープランの教会音楽（新着LP紹介）小林利之 「ディスク」18巻6号 1955.5 p.134

◇トスカニーニかテバルディか―「椿姫」全曲LPは何を選ぶ 小林利之 「ディスク」18巻7号 1955.6 p.83

◇エルマンのチャイコ協奏曲（新着LP紹介）小林利之 「ディスク」18巻7号 1955.6 p.124

◇歌劇「薔薇の騎士」の新盤（新着LP紹介）小林利之 「ディスク」18巻6号 1955.6 p.129

◇ソ連のSPに聴くドナイェフスキイ・セドイの歌曲 小林利之 「ディスク」18巻11号 1955.9 p.142

◇ルービンシュタインのグリーク小品（新着LP紹介）小林利之 「ディスク」18巻14号 1955.12 p.132

◇マリア・メネギーニ・カラスのアリア集（新着LP紹介）小林利之 「ディスク」18巻14号 1955.12 p.132

◇レコードに聴くシューマンの名曲（特集・シューマンの生涯と音楽 シューマン歿後一〇〇年を偲んで）小林利之 「ディスク」19巻9号 1956.7 p.43

◇レコードに聴くメンデルスゾーンの名曲 小林利之 「ディスク」19巻11号 1956.8 p.37

◇レコードで聴くワーグナーの名曲 小林利之 「ディスク」19巻12号 1956.9 p.47

◇レコードで聴くワーグナーの名曲（中）小林利之 「ディスク」19巻13号 1956.10 p.50

◇話題の演奏家（5）ガイド・カンテルリ（座談会）牧定忠, 松田十四郎, 小林利之 「ディスク」19巻13号 1956.10 p.60

◇レコードで聴くワーグナーの名曲（下）小林利之 「ディスク」19巻14号 1956.11 p.51

◇ブリットゥンの「キャロルの祭典」（特集 今月話題のLP新譜）小林利之 「ディスク」19巻15号 1956.12 p.36

◇フィッシャー＝ディスカウを語る 福原信夫, 有馬茂夫, 小林利之 「ディスク」20巻1号 1957.1 p.70

◇メンデルスゾーンのヴァイオリン協奏曲（LP名曲二〇選（2））小林利之 「ディスク」20巻2号 1957.2 p.38

◇オペラのテノール・アリア集（今月の名曲物語）小林利之 「ディスク」20巻4号 1957.4 p.166

◇動物の謝肉祭（サン＝サーンス）小林利之 「ディスク」20巻9号 1957.8 p.164

◇中間音楽のLP買物帖 小林利之 「ディスク」20巻11号 1957.9 p.50

◇LP名盤をさぐる（5）ウエストミンスターのLP（座談会）上野一郎, 大宮真琴, 小林利之 「ディスク」20巻12号 1957.10 p.46

◇LP名盤をさぐる（6）エピック篇（座談会）大宮真琴, 佐川吉男, 小林利之 「ディスク」20巻13号 1957.11 p.44

◇ベームの「フィガロの結婚」小林利之 「ディスク」20巻15号 1957.12 p.132

◇死んでしまったベニアミノ・ジーリ 小林利之 「ディスク」21巻1号 1958.1 p.120

◇鉄のカーテンから現れた二人 小林利之 「ディスク」21巻3号 1958.3 p.42

◇カラヤンとシュワルツコップの楽劇「薔薇の騎士」小林利之 「ディスク」21巻3号 1958.3 p.154

◇春宵放送 現代のオペラ歌手（続）―そして更に十人 畑中良輔, 木村重雄, 福原信夫, 小林利之 「ディスク」21巻5号 1958.5 p.48

◇ホーム・ミュージック・セレクション 民謡その他 小林利之 「ディスク」21巻6号 1958.6 p.104

◇ホーム・ミュージック・セレクション 民謡その他 小林利之 「ディスク」21巻7号 1958.7 p.101

◇ホーム・ミュージック・セレクション 民謡その他 小林利之 「ディスク」21巻8号 1958.8 p.108

◇ホーム・ミュージック・セレクション 民謡その他 小林利之 「ディスク」21巻9号 1958.9 p.100

◇クリュイタンスが指揮した世界注視の新作ショスタコーヴィッチの「第十一交響曲」（話題の新着LP試聴記）小林利之 「ディスク」21巻9号 1958.9 p.134

◇来日も近いレオニード・コーガンの巧演 ベートーヴェンのヴァイオリン協奏曲（話題の新着LP試聴記）小林利之 「ディスク」21巻9号 1958.9 p.138

◇失われた天才ピアニスト リパッティ最後の演奏会 ディヌ・リパッティを偲ぶ 大宮真琴, 藤田晴子, 渡辺茂, 青木謙幸, 小林利之 「ディスク」21巻10号 1958.10 p.17

◇ホーム・ミュージック・セレクション 民謡その他 小林利之 「ディスク」21巻10号 1958.10 p.115

◇ディスクLPライブラリイ（6）シューベルトの歌曲から（1） 小林利之 「ディスク」21巻11号 1958.11 p.48

◇ホーム・ミュージック・セレクション 民謡その他 小林利之 「ディスク」21巻11号 1958.11 p.113

◇初級ファンのための名曲蒐集ガイド ロンドンのクラウン・シリーズを語る（座談会） 福原信夫，志鳥栄八郎，小林利之 「ディスク」21巻12号 1958.12 p.44

◇ホーム・ミュージック・セレクション 民謡その他 小林利之 「ディスク」21巻12号 1958.12 p.110

◇四季 作品八の一〜四〈ヴィヴァルディ〉（名曲とレコード―管弦楽曲） 小林利之 「ディスク」21巻13号 臨時増刊 名曲とレコード 1958.12 p.69

◇「水上の音楽」組曲〈ヘンデル作曲・ハーティ編曲〉（名曲とレコード―管弦楽曲） 小林利之 「ディスク」21巻13号 臨時増刊 名曲とレコード 1958.12 p.72

◇歌劇「ウィリアム・テル」序曲〈ロッシーニ〉（名曲とレコード―管弦楽曲） 小林利之 「ディスク」21巻13号 臨時増刊 名曲とレコード 1958.12 p.73

◇ロザムンデの舞踊音楽〈シューベルト〉（名曲とレコード―管弦楽曲） 小林利之 「ディスク」21巻13号 臨時増刊 名曲とレコード 1958.12 p.74

◇真夏の夜の夢〈メンデルスゾーン〉（名曲とレコード―管弦楽曲） 小林利之 「ディスク」21巻13号 臨時増刊 名曲とレコード 1958.12 p.76

◇交響詩「魔法使の弟子」〈デューカ〉（名曲とレコード―管弦楽曲） 小林利之 「ディスク」21巻13号 臨時増刊 名曲とレコード 1958.12 p.88

◇舞踊曲「ペトルーシュカ」〈ストラヴィンスキー〉（名曲とレコード―管弦楽曲） 小林利之 「ディスク」21巻13号 臨時増刊 名曲とレコード 1958.12 p.91

◇歌劇「フィガロの結婚」―もう飛ぶまいぞこの蝶々〈第一幕〉・恋の悩み知るや君（第二幕）〈モーツァルト〉（名曲とレコード―歌劇アリア集） 小林利之 「ディスク」21巻13号 臨時増刊 名曲とレコード 1958.12 p.129

◇歌劇「ランメルムーアのルチア」―狂乱の歌〈ドニゼッティ〉（名曲とレコード―歌劇アリア集） 小林利之 「ディスク」21巻13号 臨時増刊 名曲とレコード 1958.12 p.130

◇歌劇「ノルマ」―清らかなる女神よ〈ベルリーニ〉（名曲とレコード―歌劇アリア集） 小林利之 「ディスク」21巻13号 臨時増刊 名曲とレコード 1958.12 p.131

◇歌劇「ミニヨン」―君よ知るや南の国〈トーマ〉（名曲とレコード―歌劇アリア集） 小林利之 「ディスク」21巻13号 臨時増刊 名曲とレコード 1958.12 p.132

◇歌劇「マルタ」―夢のごとく〈フロトー〉（名曲とレコード―歌劇アリア集） 小林利之 「ディスク」21巻13号 臨時増刊 名曲とレコード 1958.12 p.133

◇歌劇「タンホイザー」―夕星の歌〈ワグナー〉（名曲とレコード―歌劇アリア集） 小林利之 「ディスク」21巻13号 臨時増刊 名曲とレコード 1958.12 p.134

◇歌劇「アイーダ」―清きアイーダ・勝ちて帰れ〈ヴェルディ〉（名曲とレコード―歌劇アリア集） 小林利之 「ディスク」21巻13号 臨時増刊 名曲とレコード 1958.12 p.135

◇歌劇「リゴレット」―慕わしき御名・女心の歌〈ヴェルディ〉（名曲とレコード―歌劇アリア集） 小林利之 「ディスク」21巻13号 臨時増刊 名曲とレコード 1958.12 p.136

◇歌劇「椿姫」―あゝ，そは彼のひとか〈ヴェルディ〉（名曲とレコード―歌劇アリア集） 小林利之 「ディスク」21巻13号 臨時増刊 名曲とレコード 1958.12 p.138

◇歌劇「カルメン」―ハバネラ〈恋は野の鳥〉（ビゼー）（名曲とレコード―歌劇アリア集） 小林利之 「ディスク」21巻13号 臨時増刊 名曲とレコード 1958.12 p.138

◇歌劇「道化師」―笑えパリアッチョ〈レオンカヴァルロ〉（名曲とレコード―歌劇アリア集） 小林利之 「ディスク」21巻13号 臨時増刊 名曲とレコード 1958.12 p.140

◇歌劇「ボエーム」―冷き手よ〈プッチーニ〉（名曲とレコード―歌劇アリア集） 小林利之 「ディスク」21巻13号 臨時増刊 名曲とレコード 1958.12 p.140

◇歌劇「トスカ」―歌に生き愛に生き〈プッチーニ〉（名曲とレコード―歌劇アリア集） 小林利之 「ディスク」21巻13号 臨時増刊 名曲とレコード 1958.12 p.141

◇歌劇「蝶々夫人」―ある晴れた日に〈プッチーニ〉（名曲とレコード―歌劇アリア集） 小林利之 「ディスク」21巻13号 臨時増刊 名曲とレコード 1958.12 p.142

◇寂しい草原に埋めてくれるな〈アメリカ民謡〉（名曲とレコード―民謡） 小林利之 「ディスク」21巻13号 臨時増刊 名曲とレコード 1958.12 p.144

◇深い河〈黒人霊歌〉（名曲とレコード―民謡） 小林利之 「ディスク」21巻13号 臨時増刊 名曲とレコード 1958.12 p.144

◇帰れソレントへ〈イタリア民謡〉（名曲とレコード―民謡） 小林利之 「ディスク」21巻13号 臨時増刊 名曲とレコード 1958.12 p.144

◇私の太陽（オ・ソレ・ミオ）〈イタリア民謡〉（名曲とレコード―民謡） 小林利之 「ディスク」21巻13号 臨時増刊 名曲とレコード 1958.12 p.145

◇サンタ・ルチア〈イタリア民謡〉(名曲とレコード―民謡) 小林利之 「ディスク」21巻13号 臨時増刊 名曲とレコード 1958.12 p.146

◇ステンカ・ラージン〈ロシア民謡〉(名曲とレコード―民謡) 小林利之 「ディスク」21巻13号 臨時増刊 名曲とレコード 1958.12 p.146

◇トロイカ〈ロシア民謡〉(名曲とレコード―民謡) 小林利之 「ディスク」21巻13号 臨時増刊 名曲とレコード 1958.12 p.147

◇ヴォルガの舟歌〈ロシア民謡〉(名曲とレコード―民謡) 小林利之 「ディスク」21巻13号 臨時増刊 名曲とレコード 1958.12 p.147

◇赤いサラファン〈ロシア民謡・ワルラーモフ作曲〉(名曲とレコード―民謡) 小林利之 「ディスク」21巻13号 臨時増刊 名曲とレコード 1958.12 p.148

◇ホーム・ミュージック・セレクション 民謡その他 小林利之 「ディスク」22巻1号 1959.1 p.100

◇レコードに聴くナタン・ミルシテイン 上野一郎, 坪和昌夫, 小林利之 「ディスク」22巻5号 1959.5 p.56

◇ヴォックスの演奏家たち(座談会) 上野一郎, 佐川吉男, 小林利之, 長尾義弘 「ディスク」22巻7号 1959.7 p.48

◇ディ・ステファーノ・オペラティック・アリア集(トスカ, カルメン, マノン他)(新着LP試聴室) 小林利之 「ディスク」22巻7号 1959.7 p.157

◇ミラノフ・オペラ・アリア集(オテロ, ボエーム他)(新着LP試聴室) 小林利之 「ディスク」22巻7号 1959.7 p.159

◇ヘレン・トラウベルの歌うアリアとソング(タンホイザー他)(新着LP試聴室) 小林利之 「ディスク」22巻7号 1959.7 p.163

◇デュパルク歌曲集(旅への誘い, 悲しき歌, 波と鐘他)(シモノー)(新着LP試聴室) 小林利之 「ディスク」22巻7号 1959.7 p.164

◇来日するリタ・シュトライヒ 遠山一行, 宮沢縦一, 小林利之 「ディスク」22巻13号 1959.11 p.34

◇ソヴェト名演奏家アルバムとチェッコ・スプラフォンの登場 藁科雅美, 小林利之 「ディスク」22巻14号 1959.12 p.46

◇チェッコ録音のジョルジ・シフラ・リサイタル(新着LP試聴室) 小林利之 「ディスク」22巻14号 1959.12 p.161

◇ワーグナーの楽劇「ヴァルキューレ」全曲盤(話題の名盤)(座談会) 渡辺護, 大宮真琴, 小林利之 「ディスク」23巻1号 1960.1 p.40

◇注目の海外盤―ナタン・ミルシテインの演奏(四つのバロック・ソナタ) 小林利之 「ディスク」23巻1号 1960.1 p.154

◇わが愛盤の告白(特集 私の愛聴盤) 小林利之 「ディスク」23巻1号 1960.1 p.192

◇其の他の重奏曲 小林利之 「ディスク」23巻2号 臨時増刊 ベートーヴェン 1960.1 p.110

◇期待される新レーベル ヴァンガードとバッハ・ギルド 小林利之 「ディスク」23巻3号 1960.2 p.126

◇ロンドンのステレオ発売一週年とその記念レコードをめぐって(座談会) 岡俊雄, 志鳥栄八郎, 田辺秀雄, 福原信夫, 小林利之 「ディスク」23巻5号 1960.4 p.48

◇ヴィヴァルディ「ギター協奏曲」(イスペス～ギター)(新着LP試聴室) 小林利之 「ディスク」23巻6号 1960.5 p.162

◇ジョーン・サザーランド・オペラ・リサイタル(新着LP試聴室) 小林利之 「ディスク」23巻6号 1960.5 p.168

◇ドヴォルジャックの「鎮魂ミサ曲」(新着LP試聴室) 小林利之 「ディスク」23巻7号 1960.6 p.117

◇「ベルガンツァ・ロッシーニを歌う」/ベルガンツァ(M・S)(新着LP試聴室) 小林利之 「ディスク」23巻8号 1960.7 p.120

◇ヴォルフ/イタリア歌曲集/フィッシャー＝ディスカウ(Br), ゼーフリート(S)(新着LP試聴室) 小林利之 「ディスク」23巻8号 1960.7 p.121

◇「フイリップス」の日本発売とその展望 小林利之 「ディスク」23巻9号 1960.8 p.90

◇来日演奏家とそのレコード―イーゴル・マルケヴィッチ, ルドルフ・ゼルキン, ウィーン・コンツェルトハウス四重奏団, パウル・バドゥラ＝スコダ, ヤノシュ・シュタルケル, ジョルジュ・シェベック, ナルシソ・イエペス 大宮真琴, 浅井修一, 小林利之, 坪和昌夫 「ディスク」23巻10号 1960.9 p.26

◇逝けるユッシ・ビヨルリンクを悼む 小林利之 「ディスク」23巻12号 1960.10 p.94

◇「ベルガンツァ・スペイン音楽を歌う」/ベルガンツァ(MS)(新着LP試聴室) 小林利之 「ディスク」23巻12号 1960.10 p.123

◇ラールゴー歌劇「クセルクセス」より―ヘンデル(歌曲) 小林利之 「ディスク」23巻13号 増刊 新版名曲とレコード 下巻 1960.10 p.130

◇愛のよろこび―マルティーニ(歌曲) 小林利之 「ディスク」23巻13号 増刊 新版名曲とレコード 下巻 1960.10 p.130

◇春への憧れ―モーツァルト(歌曲) 小林利之 「ディスク」23巻13号 増刊 新版名曲とレコード 下巻 1960.10 p.131

◇クローエに―モーツァルト(歌曲) 小林利之 「ディスク」23巻13号 増刊 新版名曲とレコード 下巻 1960.10 p.131

◇子守歌―モーツァルト(歌曲) 小林利之 「ディスク」23巻13号 増刊 新版名曲とレコード 下巻 1960.10 p.132

◇さすらい人 作品四の一―シューベルト(歌曲) 小林利之 「ディスク」23巻13号 増刊 新版名曲とレコード 下巻 1960.10 p.133

◇死と乙女―シューベルト(歌曲) 小林利之 「ディスク」23巻13号 増刊 新版名曲とレコード 下巻 1960.10 p.137

◇サッフォー頌歌―ブラームス（歌曲）小林利之 「ディスク」23巻13号 増刊 新版名曲とレコード 下巻 1960.10 p.154

◇日曜日―ブラームス（歌曲）小林利之 「ディスク」23巻13号 増刊 新版名曲とレコード 下巻 1960.10 p.154

◇四つの厳粛な歌―ブラームス（歌曲）小林利之 「ディスク」23巻13号 増刊 新版名曲とレコード 下巻 1960.10 p.155

◇アルト・ラプソディー―ブラームス（歌曲）小林利之 「ディスク」23巻13号 増刊 新版名曲とレコード 下巻 1960.10 p.155

◇わが母の教えたまいし歌―ドヴォルジャック（歌曲）小林利之 「ディスク」23巻13号 増刊 新版名曲とレコード 下巻 1960.10 p.157

◇小夜曲―R・シュトラウス（歌曲）小林利之 「ディスク」23巻13号 増刊 新版名曲とレコード 下巻 1960.10 p.164

◇寂しい草原に埋めてくれるな―アメリカ民謡（民謡）小林利之 「ディスク」23巻13号 増刊 新版名曲とレコード 下巻 1960.10 p.166

◇深い河―黒人霊歌（民謡）小林利之 「ディスク」23巻13号 増刊 新版名曲とレコード 下巻 1960.10 p.166

◇帰れソレントへ―イタリア民謡（民謡）小林利之 「ディスク」23巻13号 増刊 新版名曲とレコード 下巻 1960.10 p.167

◇私の太陽―イタリア民謡（民謡）小林利之 「ディスク」23巻13号 増刊 新版名曲とレコード 下巻 1960.10 p.167

◇カタリ―（つれない心）―イタリア民謡（民謡）小林利之 「ディスク」23巻13号 増刊 新版名曲とレコード 下巻 1960.10 p.168

◇サンタ・ルチア―イタリア民謡（民謡）小林利之 「ディスク」23巻13号 増刊 新版名曲とレコード 下巻 1960.10 p.168

◇ステンカ・ラージン―ロシヤ民謡（民謡）小林利之 「ディスク」23巻13号 増刊 新版名曲とレコード 下巻 1960.10 p.169

◇トロイカ―ロシヤ民謡（民謡）小林利之 「ディスク」23巻13号 増刊 新版名曲とレコード 下巻 1960.10 p.169

◇ヴォルガの舟歌―ロシヤ民謡（民謡）小林利之 「ディスク」23巻13号 増刊 新版名曲とレコード 下巻 1960.10 p.170

◇赤いサラファン―ロシヤ民謡（民謡）小林利之 「ディスク」23巻13号 増刊 新版名曲とレコード 下巻 1960.10 p.170

◇ローレライ―ドイツ民謡（民謡）小林利之 「ディスク」23巻13号 増刊 新版名曲とレコード 下巻 1960.10 p.171

◇歌劇「フィガロの結婚」―モーツァルト（歌劇）小林利之 「ディスク」23巻13号 増刊 新版名曲とレコード 下巻 1960.10 p.172

◇歌劇「ランメルムーアのルチア」―ドニゼッティ（歌劇）小林利之 「ディスク」23巻13号 増刊 新版名曲とレコード 下巻 1960.10 p.173

◇歌劇「ノルマ」―ベルリーニ（歌劇）小林利之 「ディスク」23巻13号 増刊 新版名曲とレコード 下巻 1960.10 p.175

◇歌劇「マルタ」―フロトー（歌劇）小林利之 「ディスク」23巻13号 増刊 新版名曲とレコード 下巻 1960.10 p.176

◇歌劇「リゴレット」―ヴェルディ（歌劇）小林利之 「ディスク」23巻13号 増刊 新版名曲とレコード 下巻 1960.10 p.177

◇歌劇「椿姫」―ヴェルディ（歌劇）小林利之 「ディスク」23巻13号 増刊 新版名曲とレコード 下巻 1960.10 p.179

◇歌劇「アイーダ」―ヴェルディ（歌劇）小林利之 「ディスク」23巻13号 増刊 新版名曲とレコード 下巻 1960.10 p.181

◇歌劇「タンホイザー」―ワーグナー（歌劇）小林利之 「ディスク」23巻13号 増刊 新版名曲とレコード 下巻 1960.10 p.183

◇歌劇「ミニヨン」―トーマ（歌劇）小林利之 「ディスク」23巻13号 増刊 新版名曲とレコード 下巻 1960.10 p.187

◇歌劇「カルメン」―ビゼー（歌劇）小林利之 「ディスク」23巻13号 増刊 新版名曲とレコード 下巻 1960.10 p.188

◇歌劇「道化師」―レオンカバァルロ（歌劇）小林利之 「ディスク」23巻13号 増刊 新版名曲とレコード 下巻 1960.10 p.190

◇歌劇「ボェーム」―プッチーニ（歌劇）小林利之 「ディスク」23巻13号 増刊 新版名曲とレコード 下巻 1960.10 p.191

◇歌劇「トスカ」―プッチーニ（歌劇）小林利之 「ディスク」23巻13号 増刊 新版名曲とレコード 下巻 1960.10 p.192

◇歌劇「蝶々夫人」―プッチーニ（歌劇）小林利之 「ディスク」23巻13号 増刊 新版名曲とレコード 下巻 1960.10 p.193

◇歌劇「アルルの女」―チレア（歌劇）小林利之 「ディスク」23巻13号 増刊 新版名曲とレコード 下巻 1960.10 p.194

◇ステレオ名盤二〇選 モノラルのベスト・ファイヴ 今年の各社の企画をひろう（特集 今年はどんなレコードが出たか）大宮真琴, 岡俊雄, 小林利之 「ディスク」23巻16号 1960.12 p.26

◇選衡にあたって（一九六〇年度"レコード批評家賞"発表）大宮真琴, 岡俊雄, 志鳥栄八郎, 小林利之, 高崎保男, 藁科雅美, 岡田諄 「ディスク」24巻1号 1961.1 p.27

◇レスピーギ/交響詩「ローマの松」他（ライナー指揮）（新着LP試聴室）小林利之 「ディスク」24巻1号 1961.1 p.130

◇ステレオ経済学（座談会）（特集 ステレオを聴くために）岡田諄, 岡俊雄, 小林利之 「ディスク」24巻2号 1961.2 p.92

◇東芝から出るコンサート・クラシックのこと 小林利之 「ディスク」24巻3号 1961.3 p.62

◇インスタント・ブラームス・コレクション（特集 ブラームスはお好き？―ブラームスをめぐるさまざまの話題を追って）小林利之「ディスク」24巻3号 1961.3 p.99

◇歌劇「椿姫」の初のステレオ盤（セラフィン指揮）（新着LP試聴室）小林利之「ディスク」24巻3号 1961.3 p.119

◇ライナーとウィーン・フィルの舞曲集（新着LP試聴室）小林利之「ディスク」24巻4号 1961.4 p.114

◇テレサ・ベルガンツァの「一八世紀アリア集」（新着LP試聴室）小林利之「ディスク」24巻4号 1961.4 p.117

◇逝けるビーチャムのレコードその他 小林利之「ディスク」24巻4号 1961.4 p.130

◇スコットとブルスカンティーニの「奥様女中」（新着LP試聴室）小林利之「ディスク」24巻5号 1961.5 p.118

◇ロス・アンヘルスの三大オペラをめぐって（座談会）宮沢縦一，福原信夫，小林利之「ディスク」24巻5号 1961.5 p.122

◇アルチュール・グリュミオー（特集 春の来日演奏家を聴く―かれらは日本でどんな演奏ぶりを見せたのだろうか？）小林利之「ディスク」24巻6号 1961.6 p.81

◇「ランメルムーアのルチア」新盤（新着LP試聴室）小林利之「ディスク」24巻7号 1961.7 p.119

◇〈鱒の五重奏曲〉シューベルト（特集 青春の歌―大作曲家の作品に青春の姿を求めて）小林利之「ディスク」24巻8号 1961.8 p.79

◇パイジェルロのオペラ「セヴィリアの理髪師」（新着LP試聴室）小林利之「ディスク」24巻8号 1961.8 p.110

◇特集座談会 オペラの名盤をさぐる―オペラ・ブームにのって発売されるレコードのすべてを語る 宮沢縦一，福原信夫，小林利之「ディスク」24巻10号 1961.9 p.74

◇近く発売される二つのベートーヴェン全集 ヴァイオリン奏鳴曲全集（グラモフォン）小林利之「ディスク」24巻10号 1961.9 p.94

◇イタリア・オペラとフランス・オペラを語る（特集 話題のステージ）木村重雄，佐々木行綱，小林利之「ディスク」24巻12号 1961.11 p.73

◇クリスマス・オラトリオ（特集 話題のレコード）小林利之「ディスク」24巻12号 1961.11 p.93

◇吹奏楽によるワーグナーとメンデルスゾーン（新着LP試聴室）小林利之「ディスク」24巻12号 1961.11 p.110

◇オペラ・ファンの一ヶ月 小林利之「ディスク」24巻13号 1961.12 p.88

◇装いをかえた旧バリリ四重奏団（新着LP試聴室）小林利之「ディスク」24巻13号 1961.12 p.113

◇マリア・カラス/フランス歌劇をうたう（新着LP試聴室）小林利之「ディスク」25巻2号 1962.2 p.112

◇レコード界の話題―ウェストミンスターの復活 小林利之「ディスク」25巻2号 1962.2 p.116

◇ドイツ・リート名曲五〇選（特集 ドイツ・リートをめぐって）小林利之「ディスク」25巻3号 1962.3 p.82

◇ハンス・ホッター・リーダー・リサイタル（ステージに聴く）小林利之「ディスク」25巻3号 1962.3 p.92

◇ビーチャム指揮するデリウスの作品（新着LP試聴室）小林利之「ディスク」25巻3号 1962.3 p.113

◇ワーグナー〈タンホイザー〉全曲ステレオ盤（新着LP試聴室）小林利之「ディスク」25巻4号 1962.4 p.110

◇モントーヤのスパニッシュ・ギター（新着LP試聴室）小林利之「ディスク」25巻4号 1962.4 p.114

◇プッチーニのオペラは何を選ぶか（ディスコグラフィ1）小林利之「ディスク」25巻4号 1962.4 p.118

◇メンゲルベルクとコンセルトヘボウ管弦楽団―世紀の巨匠による不朽の名演特選集（特集 想い出の名盤をさぐる）青木謙幸，岡俊雄，小林利之，薬科雅美「ディスク」25巻5号 1962.5 p.88

◇世紀の名歌手を語る―GRシリーズによる世紀の名演レコード（特集 想い出の名盤をさぐる）宮沢縦一，小林利之「ディスク」25巻5号 1962.5 p.92

◇プッチーニのオペラは何を選ぶか（2）（ディスコグラフィ2）小林利之「ディスク」25巻5号 1962.5 p.120

◇プッチーニのオペラは何を選ぶか（ディスコグラフィー3）小林利之「ディスク」25巻6号 1962.6 p.108

◇特集 本誌月評陣が選んだ一九六二年度上半期の優秀レコード 大宮真琴，岡俊雄，小林利之，岡田諄「ディスク」25巻7号 1962.7 p.77

◇特別座談会 復活する「カペエ弦楽四重奏団」の遺産 松本太郎，青木謙幸，薬科雅美，小林利之「ディスク」25巻7号 1962.7 p.84

◇アルド・プロッティの歌劇アリア集（新着LP試聴室）小林利之「ディスク」25巻7号 1962.7 p.122

◇「不朽の名歌手たち」を聴く（特別座談会）宮沢縦一，寺島宏，青木謙幸，小林利之「ディスク」25巻8号 1962.8 p.86

◇プライスのうたう仏独歌曲集（新着LP試聴室）小林利之「ディスク」25巻8号 1962.8 p.123

◇ハリー・ベラフォンテの〈夜のうた〉（新譜ハイライト）小林利之「ディスク」25巻9号 1962.9 p.60

◇プライのうたうバッハ〈カンタータ〉二曲（新着LP試聴室）小林利之 「ディスク」25巻9号 1962.9 p.110

◇特集 第十七回芸術祭参加レコードを聴く 大宮真琴，小林利之，福原信夫，服部幸三，押田良久 「ディスク」25巻12号 1962.12 p.77

◇ベルリン・ドイツ・オペラの来日（"話題の来日演奏家"シリーズ/1）座談会 宮沢縦一，大町陽一郎，雨宮文彦，小林利之 「ディスク」26巻2号 1963.2 p.88

◇エンリコ・カルーソー物語（今月新譜の話題の演奏家）小林利之 「ディスク」26巻3号 1963.3 p.84

◇〈アイーダ〉の全曲盤品さだめ（ディスコグラフィ ヴェルディのオペラ・1）小林利之 「ディスク」26巻3号 1963.3 p.104

◇イタリア・オペラへの期待 小林利之 「ディスク」26巻6号 1963.9 p.118

◇ラインスドルフ指揮する〈マクベス〉全曲（各社10月新譜とその聴きもの）小林利之 「ディスク」26巻6号 1963.9 p.161

◇レコードに聴くラインスドルフ（エーリッヒ・ラインスドルフ）小林利之 「ディスク」26巻7号 1963.10 p.96

◇ガリーナ・ヴィシネフスカヤの芸術（各社12月新譜速報とその聴きもの）小林利之 「ディスク」26巻8号 1963.11 p.146

◇九月のコンサートから─演奏会評 小林利之 「ディスク」26巻8号 1963.11 p.148

◇「蝶々夫人」の真髄（八つの舞台に聴いたもの─イタリア・オペラ）小林利之 「ディスク」26巻9号 1963.12 p.84

◇「トリスタンとイゾルデ」（八つの舞台に聴いたもの─ベルリン・ドイツ・オペラ）小林利之 「ディスク」26巻9号 1963.12 p.96

◇十月のコンサートから─演奏会評 小林利之 「ディスク」26巻9号 1963.12 p.144

◇東京のコンサート聴きある記 小林利之 「ディスク」27巻1号 1964.1 p.136

◇ヨッフムの指揮するマーラー「大地の歌」（各社二月新譜速報とその聴きもの）小林利之 「ディスク」27巻1号 1964.1 p.140

◇ハイラーの演奏する「ヴィヴァルディ/バッハ/オルガン協奏曲」（各社二月新譜速報とその聴きもの）小林利之 「ディスク」27巻1号 1964.1 p.144

◇東京のコンサート聴きある記 小林利之 「ディスク」27巻2号 1964.2 p.140

◇ケルビーニの珍らしい「レクイエム」ニ短調/マルケヴィッチ（各社三月新譜速報とその聴きもの）小林利之 「ディスク」27巻2号 1964.2 p.146

◇東京のコンサート聴きある記 小林利之 「ディスク」27巻3号 1964.3 p.148

◇東京のコンサート聴きある記 小林利之 「ディスク」27巻4号 1964.4 p.152

◇名曲に聴く夏の音楽（特集 夏の音楽）小林利之 「ディスク」27巻8号 1964.8 p.86

◇キングの限定名盤頒布会のレコード 小林利之 「ディスク」27巻9号 1964.9 p.118

◇リーダーズ・ダイジェストの頒布レコード 小林利之 「ディスク」27巻10号 1964.10 p.60

◇ワルター大全集─第一期のレコードについて（特集 ブルーノ・ワルター）小林利之 「ディスク」27巻11号 1964.11 p.94

◇東京の演奏会聴きある記 小林利之 「ディスク」27巻12号 1964.12 p.134

◇演奏会聴きある記 小林利之 「ディスク」28巻1号 1965.1 p.120

◇演奏会聴きある記─タリアヴィーニ/リリー・クラウス/フォルデス/シェリング 小林利之 「ディスク」28巻2号 1965.2 p.118

◇演奏会聴きある記─ハンガリア四重奏団/デルヴォー/ヴァンデルノート/ロストポーヴィッチ 小林利之 「ディスク」28巻3号 1965.3 p.102

◇演奏会聴きある記─ムスチスラフ・ロストロポーヴィッチ/ガブリエル・タッキーノ 小林利之 「ディスク」28巻4号 1965.4 p.100

◇演奏会聴きある記─ベネデッティ・ミケランジェリ 小林利之 「ディスク」28巻5号 1965.5 p.116

◇「悲愴」で3大交響曲を完成したバーンスタインのチャイコフスキー 小林利之 「ディスク」28巻6号 1965.7 p.96

◇演奏会聴きある記─クーベリックとバイエルン放送交響楽団/ミラノ歌劇団/クラウディオ・アラウ他 小林利之 「ディスク」28巻6号 1965.7 p.128

◇演奏会聴きある記 小林利之 「ディスク」28巻7号 1965.8 p.82

◇演奏会聴きある記─二つのオペラ 小林利之 「ディスク」28巻8号 1965.9 p.88

◇演奏会聴きある記─スラヴ・オペラほか 小林利之 「ディスク」28巻9号 1965.10 p.112

◇新刊書評─ヨーロッパの音楽めぐり 小林利之 「ディスク」28巻9号 1965.10 p.113

◇演奏会ききある記─東響：秋山和慶/東フィル：岩城宏之/スラヴ・オペラ/ヴェーグ四重奏団/中村浩子/三浦みどり/片野坂栄子 小林利之 「ディスク」28巻10号 1965.11 p.110

◇演奏会ききある記─ジャン・P.ランパル/野崎静子/ジェラルド・ムーア/ドイツ・バッハ・ソリステン 小林利之 「ディスク」28巻11号 1965.12 p.110

◇演奏会ききある記─アイザック・スターン/タマーシュ・ヴァシャーリ 小林利之 「ディスク」29巻1号 1966.1 p.103

◇演奏会ききある記 小林利之 「ディスク」29巻2号 1966.2 p.108

◇ヴァン・クライバーン（上半期に来日する演奏家の横顔）小林利之 「ディスク」29巻3号 1966.3 p.68

◇演奏会ききある記―ピエール・フルニエ/ジョン・オグドン 小林利之 「ディスク」29巻3号 1966.3 p.98

◇その魅力とレコードを語る座談会（特集 モーツァルトの交響曲）岩井宏之，岡俊雄，小林利之 「ディスク」29巻4号 1966.4 p.66

◇演奏会ききある記―シューベルト歌曲連続演奏会/藤原オペラ「エディプス王」と「夜間飛行」 小林利之 「ディスク」29巻4号 1966.4 p.95

◇演奏会聴きある記―ボロディン弦楽四重奏団/イングリット・ヘブラー/「ルイーズ」/「ポッペアの戴冠」 小林利之 「ディスク」29巻5号 1966.5 p.134

◇カラヤンとベルリン・フィル（話題の春の演奏会をきく）岩井宏之，黒田恭一，小林利之，浜田徳昭 「ディスク」29巻6号 1966.6 p.76

◇ゴールドベルクとオランダ室内管弦楽団（話題の春の演奏会をきく）小林利之 「ディスク」29巻6号 1966.6 p.77

◇アントニオ・ヤニグロ（話題の春の演奏会をきく）小林利之 「ディスク」29巻6号 1966.6 p.78

◇ヨゼフ・スーク（話題の春の演奏会をきく）小林利之 「ディスク」29巻6号 1966.6 p.81

◇演奏会ききある記―クライバーン/バルシャイとモスクワ室内O. 小林利之 「ディスク」29巻7号 1966.7 p.82

◇ヘルベルト・フォン・カラヤン（オフ・ステージの来日演奏家）福原信夫，小林利之 「ディスク」29巻7号 1966.7 p.98

◇演奏会ききある記 小林利之 「ディスク」29巻8号 1966.8 p.94

西条 卓夫

◇グラモヒル座談会（1）あらえびす，森潤三郎，中村善吉，西条卓夫，藤田不二 「ザ・グラモヒル」1巻4号 1930.5 p.102

◇グラモヒル座談会（2）あらえびす，森潤三郎，中村善吉，西条卓夫，藤田不二 「ザ・グラモヒル」1巻5号 1930.6 p.148

◇グラモヒル座談会（3）あらえびす，森潤三郎，中村善吉，西条卓夫，藤田不二 「ザ・グラモヒル」1巻6号 1930.7 p.204

◇グラモヒル座談会（完）あらえびす，森潤三郎，中村善吉，西条卓夫，藤田不二 「ザ・グラモヒル」1巻7号 1930.8 p.252

◇新帝登位 西条卓夫 「ディスク」4巻9号 1932.9 p.590

◇名匠ジヤック・テイボー氏とディスク提琴界を語る 西条卓夫 「ディスク」8巻9号 1936.9 p.762

◇レコード界の今昔を語る座談会 有坂愛彦，松本荘之助，あらえびす，村田武雄，山根銀二，藤田不二，西条卓夫，野村光一，中村善吉，塩入亀輔 「レコード音楽」10巻10号 1936.10 p.2

◇マダム・クラヴサン全集 西条卓夫 「ディスク」9巻5号 1937.5 p.414

◇秘曲集演奏家に就いて 西条卓夫 「ディスク」9巻9号 1937.9 p.841

◇ビクター一名演奏家秘曲集を繞る座談会 青木謙幸，野村あらえびす，馬場二郎，西条卓夫，藤田不二 「レコード音楽」11巻9号 1937.9 p.24

◇バッハの「チェロ無伴奏組曲」（ディスク座談会）西条卓夫，森潤三郎，中村善吉，坿和昌夫，青木謙幸 「ディスク」10巻7号 1938.7 p.640

◇盤鬼随筆 西条卓夫 「ディスク」14巻1号 1951.9 p.16

◇薄縁の二洋琴家を偲ぶ〔フランシス・プランチ〕西条卓夫 「ディスク」14巻2号 1951.10 p.168

◇クラヴサン女王へのパヴァーヌ 西条卓夫 「ディスク」14巻4号 1951.12 p.364

◇クォルテット管見 西条卓夫 「ディスク」15巻1号 1952.1 p.26

◇ショーソンの「ニ長調協奏曲」（LPレコード試聴記）西条卓夫 「ディスク」15巻1号 1952.1 p.40

◇ピアニスト談論《うわさばなし》西条卓夫，坿和昌夫，杉浦繁，佐藤良雄，青木謙幸 司会 「ディスク」15巻2号 1952.2 p.168

◇率直なるカザルスへの随筆 西条卓夫 「ディスク」15巻3号 1952.3 p.240

◇LP初音の聴き書（LPレコード試聴記）西条卓夫 「ディスク」15巻3号 1952.3 p.308

◇随筆 盤愛至上主義 西条卓夫 「ディスク」15巻4号 1952.4 p.402

◇ランドフスカの便り 西条卓夫 「ディスク」15巻6号 1952.6 p.580

◇美備紀行（随筆）西条卓夫 「ディスク」15巻6号 1952.6 p.610

◇LP新人レコード佳撰（1）西条卓夫 「ディスク」15巻7号 1952.7 p.710

◇ジネット・ヌヴの復活 西条卓夫 「ディスク」15巻8号 1952.8 p.816

◇仏国ディスク大賞レコードを聴く 西条卓夫 「ディスク」15巻9号 1952.9 p.930

◇コルトオの郷愁 西条卓夫 「ディスク」15巻11号 1952.10 p.1008

◇盤秋随筆 西条卓夫 「ディスク」15巻12号 1952.11 p.1122

◇私のLPベスト5 西条卓夫 「ディスク」16巻1号 1953.1 p.36

◇テイボー三昧 西条卓夫 「ディスク」16巻1号 1953.1 p.44

佐川吉男

◇盤鬼随筆（2）　西条卓夫　「ディスク」16巻4号
1953.3 p.245

◇盤鬼随筆（3）　西条卓夫　「ディスク」16巻9号
1953.8 p.812

◇ティボーの新盤に聴く（秋の来朝演奏家特集）
西条卓夫，田代秀穂　「ディスク」16巻10号
1953.9 p.903

◇十七年前の思ひ出―ティボー（秋の来朝演奏
家特集）　西条卓夫　「ディスク」16巻10号
1953.9 p.946

◇続・盤鬼随筆―放語二題　西条卓夫　「ディス
ク」17巻7号　1954.7 p.30

◇LP三〇〇選　杉浦繁，小林利之，桃園春夫，
西条卓夫，佐久間幸光，高橋昭，その・すす
む，松井丈夫　「ディスク」17巻8号 別冊第4
集 LPレコード 1954.7 p.27

◇名演奏家物語 忘れ得ぬ天才ジネット・ヌヴー
西条卓夫　「ディスク」17巻13号　1954.12
p.31

◇ジネット・ヌヴーのLP（新着LP紹介）　西条
卓夫　「ディスク」18巻1号　1955.1 p.127

◇ジョルジュ・エネスコを悼む　西条卓夫
「ディスク」18巻7号　1955.6 p.150

◇続・盤鬼随筆（2）　西条卓夫　「ディスク」18
巻9号　1955.7 p.129

◇SP名盤のLP化をめぐりて（座談会）　中村善
吉，西条卓夫，坿和昌夫，青木謙幸　「ディス
ク」18巻13号 1955.12 p.146

◇リパッティ録音秘話　西条卓夫　「ディスク」
19巻4号　1956.3 p.61

◇ティボー夫人からの手紙―盤鬼随筆（8）　西条
卓夫　「ディスク」19巻5号　1956.4 p.91

◇カスリーン・ロングと語る―盤鬼随筆（4）　西
条卓夫　「ディスク」19巻9号 1956.7 p.164

◇ティボー最後の演奏会　西条卓夫　「ディス
ク」19巻12号　1956.9 p.38

◇最近の海外盤試聴メモ　西条卓夫　「ディス
ク」19巻14号　1956.11 p.94

◇エネスコのクロイツェルを聴く　西条卓夫
「ディスク」20巻12号 1957.10 p.136

◇八月十六日世を去ったワンダ・ランドフスカ
の生涯　西条卓夫，上野一郎，青木謙幸
「ディスク」22巻11号 1959.10 p.35

◇リパッティとエネスコの共演盤（新着LP試聴
室）　西条卓夫　「ディスク」24巻6号 1961.6
p.104

◇特別寄稿「ディスク」三百号記念によせて
（特集 三百号を記念して）　あらえびす，村田
武雄，城井清澄，中村善吉，森潤三郎，西条
卓夫，藤田不二，野村光一，伊奈文夫，池田
圭，矢萩銀三，大宮真琴，岡俊雄，宮前有吉
「ディスク」25巻10号 1962.10 p.82

佐川　吉男

◇エルネスト・ブロッホの芸術 佐川吉男 訳編
「ディスク」15巻8号 1952.8 p.798

◇私の好きなコルトオのレコード　鮎野行夫，
小林利之，熊田秀四郎，石川登志夫，田中良
雄，佐川吉男，松井丈夫，杉浦繁　「ディス
ク」15巻11号 1952.10 p.1028

◇廉価盤レミントン・レコードより 佐川吉男
「ディスク」15巻12号 1952.11 p.1138

◇クリスマスとレコード 佐川吉男　「ディス
ク」15巻13号 1952.12 p.1304

◇マリアン・アンダーソン 佐川吉男　「ディス
ク」16巻5号　1953.4 p.322

◇モーツァルトの鎮魂曲（LP）　佐川吉男
「ディスク」16巻7号 1953.6 p.592

◇スターンのプロフィール（秋の来朝演奏家特
集）　佐川吉男　「ディスク」16巻10号 1953.9
p.912

◇マルティノン氏 指揮と作曲を語る 佐川吉男
訊く人　「ディスク」16巻13号 1953.12 p.14

◇トスカニーニのベートーヴェンを聴く（座談
会）　田代秀穂，高橋昭，佐川吉男　「ディス
ク」17巻2号　1954.2 p.24

◇ハチャトウリアンの「ピアノ協奏曲」（特集・
LPにきくソ連楽壇の現状）佐川吉男　「ディ
スク」17巻3号 1954.3 p.36

◇カラヤンを語る（座談会）　坂本良隆，田代秀
穂，宇野功芳，佐川吉男　「ディスク」17巻4
号　1954.4 p.14

◇LPベスト七〇選 青木謙幸，坿和昌夫，村田
武雄，田代秀穂，佐川吉男　「ディスク」17巻
8号 別冊第4集 LPレコード 1954.7 p.13

◇リパッティのバッハとモーツァルト 佐川吉
男　「ディスク」18巻2号 1955.2 p.66

◇ショスタコヴィッチの第五の新盤（今月の
LP）佐川吉男　「ディスク」18巻4号 1955.3
p.74

◇演奏・録音評（コロムビア世界現代音楽選集
紹介）　高橋昭，田代秀穂，佐川吉男　「ディ
スク」18巻6号 1955.5 p.23

◇ブダペスト弦楽四重奏団のベートーヴェン全
集をめぐつて（座談会）上野一郎，高橋昭，
佐川吉男　「ディスク」18巻10号 1955.8 p.28

◇宗教音楽のLPは何を選ぶか（座談会）（特集
宗教音楽とレコード）木村重雄，佐川吉男，
高橋昭　「ディスク」18巻13号 1955.11 p.33

◇十一月新譜LP合評座談会 田代秀穂，佐川吉
男，坿和昌夫　「ディスク」18巻13号 1955.11
p.78

◇第九炉辺談議（座談会）（特集 ベートーヴェン
の第九交響曲）有坂愛彦，門馬直美，宇野功
芳，佐川吉男　「ディスク」18巻14号 1955.12
p.24

◇十二月新譜LP合評座談会 田代秀穂，坿和昌
夫，佐川吉男　「ディスク」18巻14号 1955.12
p.83

◇モーツァルトの宗教音楽（モーツァルト生誕
二〇〇年祭記念特集）佐川吉男　「ディスク」
19巻1号 1956.1 p.190

◇シャリアピンの再来といわれるボリス・クリストフ・名唱集（今月のLPハイライト）佐川吉男 「ディスク」19巻3号 1956.2 p.114

◇日本コロムビアのLP発売五週年を載る（座談会）田代秀穂，佐川吉男，高橋昭 「ディスク」19巻4号 1956.3 p.66

◇決定版LPをめぐつて ベートーヴェンの交響曲（座談会）（特集・ベートーヴェンの交響曲）田代秀穂，岡俊雄，佐川吉男 「ディスク」19巻8号 1956.6 p.26

◇話題の演奏家（2）ジュリアン・オレヴスキー（対談）岩淵竜太郎，佐川吉男 「ディスク」19巻9号 1956.7 p.60

◇話題の演奏家（3）アルテュール・グリュミオー（座談会）杉浦繁，大宮真琴，佐川吉男 「ディスク」19巻11号 1956.8 p.42

◇話題の演奏家（4）オッテルローを語る（座談会）佐川吉男，坩和昌夫，上野一郎 「ディスク」19巻12号 1956.9 p.58

◇LP収集ガイド 一枚から一〇〇枚まで（1）佐川吉男 「ディスク」19巻12号 1956.9 p.74

◇LP収集のガイド 一枚から一〇〇枚まで（2）佐川吉男 「ディスク」19巻13号 1956.10 p.54

◇ソ連吹込の名盤―新世界のLPを聴く 佐川吉男 「ディスク」19巻13号 1956.10 p.80

◇ピアティゴルスキーを聴く（話題の音楽会から）佐川吉男 「ディスク」19巻14号 1956.11 p.21

◇新世界レコードできくソヴィエトの音楽（座談会）井上頼豊，横溝亮一，佐川吉男 「ディスク」19巻14号 1956.11 p.60

◇LP収集のガイド 一枚から一〇〇枚まで（3）佐川吉男 「ディスク」19巻14号 1956.11 p.140

◇エピックのBOMシリーズとセルの「運命・未完成」 岡俊雄，佐川吉男 「ディスク」19巻15号 1956.12 p.56

◇LP収集のガイド 一枚から一〇〇枚まで（4）佐川吉男 「ディスク」19巻15号 1956.12 p.62

◇シェヘラザード（リムスキー＝コルサコフ）（LP名曲二〇選（1））佐川吉男 「ディスク」20巻1号 1957.1 p.202

◇一枚から一〇〇枚まで LPへのガイド―バレエの饗宴 佐川吉男 「ディスク」20巻2号 1957.2 p.44

◇一枚から一〇〇枚まで LP蒐集ガイド―舞曲の宝庫 佐川吉男 「ディスク」20巻3号 1957.3 p.56

◇LP収集ガイド 一枚から一〇〇枚まで―劇と映画のための名曲 佐川吉男 「ディスク」20巻5号 1957.5 p.56

◇ヴァルハの弾くフーガの技法（話題のLP・今月のハイライト）佐川吉男 「ディスク」20巻9号 1957.8 p.31

◇LPの名盤をさぐる（4）―ロンドン編（座談会）大木正興，佐川吉男，青木謙幸 「ディスク」20巻11号 1957.9 p.114

◇LP名盤をさぐる（6）エピック篇（座談会）大宮真琴，佐川吉男，小林利之 「ディスク」20巻13号 1957.11 p.44

◇クリスマス・レコード買物帖 佐川吉男 「ディスク」20巻15号 1957.12 p.60

◇一〇〇〇円のLPを語る（座談会）（1000円のLPのすべて）志鳥栄八郎，大宮真琴，佐川吉男 「ディスク」21巻2号 1958.2 p.18

◇クルト・ザンデンリンク（来朝するソ連演奏家への期待）佐川吉男 「ディスク」21巻3号 1958.3 p.20

□ロシアからソヴェトへ 佐川吉男 「ディスク」21巻5号 1958.5 p.32

◇待望久しきカール・ベームと「第九」交響曲 門馬直美，佐川吉男 「ディスク」21巻10号 1958.10 p.36

◇管弦楽組曲第二番 ロ短調〈バッハ〉（名曲とレコード―管弦楽曲）佐川吉男 「ディスク」21巻13号 臨時増刊 名曲とレコード 1958.12 p.70

◇ブランデンブルグ協奏曲第五番 ニ長調〈バッハ〉（名曲とレコード―管弦楽曲）佐川吉男 「ディスク」21巻13号 臨時増刊 名曲とレコード 1958.12 p.71

◇セレナード第一三番「アイネ・クライネ・ナハトムジーク」ト長調 K五二五〈モーツァルト〉（名曲とレコード―管弦楽曲）佐川吉男 「ディスク」21巻13号 臨時増刊 名曲とレコード 1958.12 p.73

◇軍隊行進曲〈シューベルト〉（名曲とレコード―管弦楽曲）佐川吉男 「ディスク」21巻13号 臨時増刊 名曲とレコード 1958.12 p.75

◇交響詩「前奏曲」〈リスト〉（名曲とレコード―管弦楽曲）佐川吉男 「ディスク」21巻13号 臨時増刊 名曲とレコード 1958.12 p.77

◇交響詩「モルダウ」〈スメタナ〉（名曲とレコード―管弦楽曲）佐川吉男 「ディスク」21巻13号 臨時増刊 名曲とレコード 1958.12 p.78

◇交響詩「中央アジアの草原にて」〈ボロディン〉（名曲とレコード―管弦楽曲）佐川吉男 「ディスク」21巻13号 臨時増刊 名曲とレコード 1958.12 p.79

◇「アルルの女」第一組曲〈ビゼー〉（名曲とレコード―管弦楽曲）佐川吉男 「ディスク」21巻13号 臨時増刊 名曲とレコード 1958.12 p.82

◇展覧会の絵〈ムソルグスキー〉（名曲とレコード―管弦楽曲）佐川吉男 「ディスク」21巻13号 臨時増刊 名曲とレコード 1958.12 p.83

◇交響詩「禿山の一夜」〈ムソルグスキー〉（名曲とレコード―管弦楽曲）佐川吉男 「ディスク」21巻13号 臨時増刊 名曲とレコード 1958.12 p.84

◇バレエ組曲「胡桃割人形」〈チャイコフスキー〉（名曲とレコード—管弦楽曲）佐川吉男 「ディスク」21巻13号 臨時増刊 名曲とレコード 1958.12 p.85

◇「ペール・ギュント」組曲〈グリーク〉（名曲とレコード—管弦楽曲）佐川吉男 「ディスク」21巻13号 臨時増刊 名曲とレコード 1958.12 p.86

◇ボレロ〈ラヴェル〉（名曲とレコード—管弦楽曲）佐川吉男 「ディスク」21巻13号 臨時増刊 名曲とレコード 1958.12 p.89

◇組曲「ハーリ・ヤーノシュ」〈コダーイ〉（名曲とレコード—管弦楽曲）佐川吉男 「ディスク」21巻13号 臨時増刊 名曲とレコード 1958.12 p.90

◇「三つのオレンジへの恋」組曲〈プロコフィエフ〉（名曲とレコード—管弦楽曲）佐川吉男 「ディスク」21巻13号 臨時増刊 名曲とレコード 1958.12 p.92

◇ロジンスキーを偲んで 佐川吉男 「ディスク」22巻1号 1959.1 p.46

◇ヴォックスの演奏家たち（座談会）上野一郎，佐川吉男，小林利之，長尾義弘 「ディスク」22巻7号 1959.7 p.48

◇バッハのコーヒー・カンタータ 佐川吉男 「ディスク」22巻9号 1959.8 p.41

◇現代演奏家論（第1回）どんな演奏スタイルがあるかということ 佐川吉男 「ディスク」22巻11号 1959.10 p.31

◇ステレオで聴くバッハのオルガン曲 佐川吉男 「ディスク」22巻13号 1959.11 p.29

◇現代演奏家論（2）ジャン・マルティノン 佐川吉男 「ディスク」22巻14号 1959.12 p.52

◇現代演奏家論（3）アントルモン・クライバーン・カッツ 佐川吉男 「ディスク」23巻1号 1960.1 p.48

◇現代演奏家論（4）レオニード・コーガン 佐川吉男 「ディスク」23巻3号 1960.2 p.42

◇マルティノン指揮するプロコフィエフ「第五」（新着LPハイライト）佐川吉男 「ディスク」23巻4号 1960.3 p.30

◇ぼくの愛盤（私の愛聴盤〔第3回〕）佐川吉男 「ディスク」23巻4号 1960.3 p.58

◇孤独な鬼才 レオシ・ヤナーチェック 佐川吉男 「ディスク」23巻5号 1960.4 p.58

◇スターンとシェリング（ヴァイオリン）（特集 一九六〇年に活躍した八人の演奏家）佐川吉男 「ディスク」23巻14号 1960.11 p.34

◇ショスタコーヴィッチ「ピアノ協奏曲」他（新着LP試聴室）佐川吉男 「ディスク」23巻14号 1960.11 p.122

◇アンケート 私の選んだ一枚（特集 今年はどんなレコードが出たか）佐藤章，寺西春雄，宇野功芳，猿田悳，藥科雅美，上野一郎，佐川吉男，杉浦繁，木村重雄，高崎保男，三浦淳史，柴田南雄，秋山邦晴 「ディスク」23巻16号 1960.12 p.32

◇レコードによるバロック音楽入門（特集 バロック音楽にしたしむ）佐川吉男 「ディスク」24巻5号 1961.5 p.81

志鳥 栄八郎

◇ゼルキンの名演 ブラームスの第一ピアノ協奏曲 志鳥栄八郎 「ディスク」18巻11号 1955.9 p.73

◇フランチェスカッティ・メンデルスゾーンとチャイコフスキイ 志鳥栄八郎 「ディスク」18巻11号 1955.9 p.78

◇デームスの優れたシューマン（今月のLPから）志鳥栄八郎 「ディスク」18巻12号 1955.10 p.58

◇LPファンのための本棚 志鳥栄八郎 「ディスク」19巻1号 1956.1 p.136

◇徳用盤ベスト・テン 志鳥栄八郎 「ディスク」19巻3号 1956.2 p.147

◇LPファンのための今月の本棚 志鳥栄八郎 「ディスク」19巻3号 1956.2 p.155

◇ドーナッツ・レコード総まくり 志鳥栄八郎 「ディスク」19巻6号 1956.5 p.143

◇バレエ・リュッスを興した才人 ディアギレフを偲ぶ 志鳥栄八郎 「ディスク」19巻8号 1956.6 p.50

◇ポピュラー名曲十選—オーケストラ篇（今月の名盤）志鳥栄八郎 「ディスク」19巻11号 1956.8 p.62

◇ポピュラー小品十選—器楽篇 志鳥栄八郎 「ディスク」19巻12号 1956.9 p.64

◇ポピュラー協奏曲十選 志鳥栄八郎 「ディスク」19巻13号 1956.10 p.76

◇歌のLP名盤一〇選 志鳥栄八郎 「ディスク」19巻14号 1956.11 p.144

◇日本で録音したオボーリン試聴記（特集 今月話題のLP新譜）志鳥栄八郎 「ディスク」19巻15号 1956.12 p.55

◇ポピュラー交響曲一〇選 志鳥栄八郎 「ディスク」19巻15号 1956.12 p.70

◇レコード・コンサートの娯しさ 志鳥栄八郎 「ディスク」20巻2号 1957.2 p.72

◇ダイアモンド・シリーズ 志鳥栄八郎 「ディスク」20巻6号 1957.6 p.128

◇LPの名盤をさぐる（3）—エンジェル篇（座談会）岡俊雄，福原信夫，志鳥栄八郎 「ディスク」20巻9号 1957.8 p.38

◇レコードのたのしみ 志鳥栄八郎 「ディスク」21巻1号 1958.1 p.56

◇一〇〇〇円のLPを語る（座談会）（1000円のLPのすべて）志鳥栄八郎，大宮真琴，佐川吉男 「ディスク」21巻2号 1958.2 p.18

◇レコードのたのしみ 志鳥栄八郎 「ディスク」21巻2号 1958.2 p.54

◇レコードのたのしみ（3）志鳥栄八郎 「ディスク」21巻3号 1958.3 p.54

◇モスクワのお嬢さんソレンコワ 志鳥栄八郎 「ディスク」21巻3号 1958.3 p.128

◇星空の下の交響楽 ハリウッド・ボウル・シンフォニーを語る 上野一郎, 志鳥栄八郎, 大宮真琴 「ディスク」21巻4号 1958.4 p.56

◇レコードのたのしみ(4) 志鳥栄八郎 「ディスク」21巻4号 1958.4 p.116

◇レコードのたのしみ(5) 志鳥栄八郎 「ディスク」21巻5号 1958.5 p.60

◇新人演奏家を語る(1)ジョルジ・シフラ(連続座談会) 岡俊雄, 大宮真琴, 志鳥栄八郎, 有馬茂夫 「ディスク」21巻6号 1958.6 p.20

◇レコードのたのしみ(6) 志鳥栄八郎 「ディスク」21巻6号 1958.6 p.110

◇新人演奏家を語る(2)アンドレ・ヴァンデルノート(連続座談会) 岡俊雄, 大宮真琴, 志鳥栄八郎 「ディスク」21巻7号 1958.7 p.21

◇レコードのたのしみ(7) 志鳥栄八郎 「ディスク」21巻7号 1958.7 p.108

◇コロムビアLP愛好会をめぐって(座談会) 前田利建, 岡部冬彦, 志鳥栄八郎, 中村行雄 「ディスク」21巻8号 1958.8 p.60

◇レコードのたのしみ(8) 志鳥栄八郎 「ディスク」21巻9号 1958.9 p.52

◇レコードのたのしみ(9) 志鳥栄八郎 「ディスク」21巻10号 1958.10 p.58

◇レコードのたのしみ(10) 志鳥栄八郎 「ディスク」21巻11号 1958.11 p.58

◇初級ファンのための名曲蒐集ガイド ロンドンのクラウン・シリーズを語る(座談会) 福原信夫, 志鳥栄八郎, 小林利之 「ディスク」21巻12号 1958.12 p.44

◇レコードのたのしみ 志鳥栄八郎 「ディスク」21巻12号 1958.12 p.118

◇レコードのたのしみ(12) 志鳥栄八郎 「ディスク」22巻1号 1959.1 p.56

◇レコードのたのしみ―音楽日記(2) 志鳥栄八郎 「ディスク」22巻2号 1959.2 p.148

◇レコードのたのしみ(14)三月の音楽日記(3) 志鳥栄八郎 「ディスク」22巻3号 1959.3 p.104

◇レコードのたのしみ(15)四月の音楽日記(4) 志鳥栄八郎 「ディスク」22巻4号 1959.4 p.60

◇レコードのたのしみ―音楽日記(5) 志鳥栄八郎 「ディスク」22巻6号 1959.6 p.60

◇レコードのたのしみ―音楽日記(6) 志鳥栄八郎 「ディスク」22巻7号 1959.7 p.172

◇レコードのたのしみ―音楽日記(7) 志鳥栄八郎 「ディスク」22巻9号 1959.8 p.126

◇レコードのたのしみ(19)音楽日記(8) 志鳥栄八郎 「ディスク」22巻10号 1959.9 p.54

◇レコードのたのしみ(20)音楽日記(9) 志鳥栄八郎 「ディスク」22巻11号 1959.10 p.126

◇レコードのたのしみ(21)音楽日記(10) 志鳥栄八郎 「ディスク」22巻13号 1959.11 p.50

◇レコードのたのしみ(22・最終回)音楽日記(11) 志鳥栄八郎 「ディスク」22巻14号 1959.12 p.126

◇浮気者はつらい(私の愛聴盤〔第2回〕) 志鳥栄八郎 「ディスク」23巻3号 1960.2 p.60

◇ロンドンのステレオ発売一周年とその記念レコードをめぐって(座談会) 志鳥栄八郎, 田辺秀雄, 福原信夫, 小林利之 「ディスク」23巻5号 1960.4 p.48

◇選衡にあたって(一九六〇年度"レコード批評家賞"発表) 大宮真琴, 岡俊雄, 志鳥栄八郎, 小林利之, 高崎保男, 藁科雅美, 岡田譲 「ディスク」24巻1号 1961.1 p.27

◇ステレオ・ディスク優秀盤(特集 ステレオを聴くために) 志鳥栄八郎 「ディスク」24巻2号 1961.2 p.99

◇ビクター赤盤コンサートを終って(対談) 志鳥栄八郎, 渡辺学而 「ディスク」28巻2号 1965.2 p.132

◇ヴァン・クライバーン(オフ・ステージの来日演奏家) 志鳥栄八郎 「ディスク」29巻7号 1966.7 p.103

菅原 明朗

◇フランクの交響楽のレコード 菅原明朗 「レコード」1巻3号 1930.11 p.36

◇ダフニとクローエ(洋楽五月新譜批評) 菅原明朗 「レコード」2巻5号 1931.5 p.46

◇二つの交響詩, 二つの間奏曲 ト短調五重奏(洋楽六月新譜批評) 菅原明朗 「レコード」2巻6号 1931.6 p.46

◇ポリトナール 菅原明朗 「ディスク」3巻7号 1931.7 p.534

◇ストラヴィンスキーのキヤブリチオ(洋楽七月新譜批評) 菅原明朗 「レコード」2巻7号 1931.7 p.30

◇害と効とその何れ?(特輯 レコードが音楽の上に与へた影響) 菅原明朗 「レコード」2巻7号 1931.7 p.64

◇ヴュータン作第五協奏曲(洋楽八月新譜批評) 菅原明朗 「レコード」2巻8号 1931.8 p.50

◇異盤感手記(1)絃楽四重奏曲(デュビッシイ作) 菅原明朗 「レコード音楽」5巻9号 1931.9 p.9

◇「八つのロシア民謡」と「蜘蛛の饗宴」(洋楽九月新譜批評) 菅原明朗 「レコード」2巻9号 1931.9 p.42

◇異盤感手記(2)交響楽ト短調(モツァールト作) 菅原明朗 「レコード音楽」5巻10号 1931.10 p.12

◇オイリアンテとラヴェルの四重奏曲(洋楽十月新譜批評) 菅原明朗 「レコード」2巻10号 1931.10 p.24

◇雨の降る日は落ついて聞く（私のレコード鑑賞）菅原明朗 「レコード」2巻10号 1931.10 p.44

◇異盤感手記（3）夜想曲（デュビッシイ作）菅原明朗 「レコード音楽」5巻11号 1931.11 p.20

◇モツァルトの絃楽四重奏（洋楽・十一月新譜評）菅原明朗 「レコード」2巻11号 1931.11 p.26

◇古典管絃楽の金管（1）菅原明朗 「ディスク」3巻12号 1931.12 p.965

◇恋は魔術師とシュトラウスのワルツ集（洋楽・十二月新譜評）菅原明朗 「レコード」2巻12号 1931.12 p.32

◇異盤感手記―呪はれたる猟人（フランク作）菅原明朗 「レコード音楽」6巻2号 1932.2 p.16

◇無題 菅原明朗 「レコード音楽」6巻3号 1932.3 p.12

◇オネガー作「ラグビー」（名曲解説）菅原明朗 「レコード」3巻3号 1932.3 p.27

◇異盤感手記―交響楽（フランク作）・展覧会の絵（ムッソルグスキー作,管弦楽編作ラヴェル）菅原明朗 「レコード音楽」6巻4号 1932.4 p.11

◇大作曲家 モーリス・ラヴェルー（レコードで活躍する世界的音楽家列伝（21））菅原明朗 「レコード」3巻5号 1932.5 p.6

◇管絃楽の話（2）菅原明朗 「レコード音楽」6巻6号 1932.6 p.10

◇オネッガーを語る 菅原明朗 「レコード音楽」6巻6号 1932.6 p.38

◇蓄音器の思出 菅原明朗 「レコード音楽」6巻7号 1932.7 p.36

◇オネガー作,交響詩夏の牧歌（名曲解説）菅原明朗 「レコード」3巻7号 1932.7 p.29

◇コロムビアの「鳥」（洋楽新譜評）菅原明朗 「レコード」3巻7号 1932.7 p.37

◇ハイドンの交響楽に就て（上）―管絃楽の話（3）菅原明朗 「レコード音楽」6巻8号 1932.8 p.29

◇ドビユツシーの作品及そのレコード 菅原明朗 「レコード」3巻8号 1932.8 p.12

◇ドビユツシーの作品表 菅原明朗 「レコード」3巻8号 1932.8 p.15

◇ダンデイとシヤルパンテイユ（洋楽八月新譜評）菅原明朗 「レコード」3巻8号 1932.8 p.31

◇ハイドンの交響楽に就て（下）―管絃楽の話（4）菅原明朗 「レコード音楽」6巻9号 1932.9 p.28

◇新盤評―二大附録 あらえびす,塩入亀輔,菅原明朗 「レコード」3巻12号 1932.12 別冊附録

◇礼古尾土近頃風景 菅原明朗 「レコード」4巻1号 1933.1 p.48

◇モツァルトの管楽器十三重奏の小夜楽に就て 菅原明朗 「レコード音楽」7巻2号 1933.2 p.6

◇ハイドンの『オックスフォード交響曲』に就て 菅原明朗 「レコード音楽」7巻4号 1933.4 p.13

◇ビクター一曲・コロムビア一曲 菅原明朗 「レコード」4巻4号 1933.4 p.42

◇蓄音器雑感 菅原明朗 「レコード音楽」7巻5号 1933.5 p.14

◇ビクターの古典とコロムビアの近代楽 菅原明朗 「レコード」4巻5号 1933.5 p.44

◇最近に聴いたレコードから 菅原明朗 「レコード音楽」7巻6号 1933.6 p.11

◇「兵隊さんの話」などその他 菅原明朗 「レコード」4巻6号 1933.6 p.44

◇三つの近代楽サンチマンタール（七月新譜評）菅原明朗 「レコード」4巻7号 1933.7 p.40

◇交響曲・ド・マジュール 菅原明朗 「レコード」4巻8号 1933.8 p.16

◇「千鳥の曲」雑感（邦楽特輯記事）菅原明朗 「レコード音楽」7巻11号 1933.11 p.15

◇昭和八年のレコード界を顧る座談会（特輯）有坂愛彦, 白井嶺南, 菅原明朗, 須永克己, 野村あらえびす, 野村光一, 藤田不二, 村田武雄 「レコード音楽」7巻12号 1933.12 p.4

◇コンセルト・ブランデンブルゴア 菅原明朗 「レコード音楽」8巻10号 1934.10 p.13

◇流行歌検討座談会（特輯）塩入亀輔, 菅原明朗, 須永克己, 吉田信, 野村あらえびす, 野村光一, 堀内敬三 「レコード音楽」8巻11号 1934.11 p.30

◇一九三四年度の管絃楽のレコード（特輯―昭和九年度のレコード界を顧る）菅原明朗 「レコード音楽」8巻12号 1934.12 p.10

◇軍隊交響曲 菅原明朗 「レコード音楽」9巻6号 1935.6 p.32

◇セザール・フランクの交響楽 菅原明朗 「レコード音楽」9巻9号 1935.9 p.10

◇セザール・フランク作品表 菅原明朗 編 「レコード音楽」9巻9号 1935.9 p.31

◇愛盤愛機を語る（座談会）有坂愛彦, 野村光一, 藤田不二, 国塩耕一郎, 村田武雄, 菅原明朗, 平林勇, 山根銀二 「レコード音楽」9巻11号 1935.11 p.30

◇歳末随筆（昭和十年のレコード界を顧る）菅原明朗 「レコード音楽」9巻12号 1935.12 p.29

◇「火の鳥」のレコード 菅原明朗 「レコード音楽」10巻6号 1936.6 p.10

◇ファンタジア・クロマティコ・エ・フーガ 菅原明朗 「レコード音楽」10巻11号 1936.11 p.15

◇第八交響曲 ベルリオーズ，菅原明朗 訳 「レコード音楽」11巻5号 1937.5 p.25

◇洋楽鑑賞第一課に寄す（特別附録―洋楽鑑賞第一課―「森の鍛冶屋」よりハイドンの「おもちゃの交響曲」まで）菅原明朗 「レコード音楽」11巻8号 1937.8 附録2

◇おもちゃの交響楽―附録楽譜に因みて 菅原明朗 「レコード音楽」11巻9号 1937.9 p.14

◇ローマの松 菅原明朗 「レコード音楽」12巻1号 1938.1 p.29

◇シャンソン 菅原明朗 「レコード音楽」12巻4号 1938.4 p.32

◇N・B・Cの人々（1）（トスカニーニの「第五」特輯）菅原明朗 「ディスク」11巻10号 1939.10 p.1009

◇N・B・Cの人々（2）菅原明朗 「ディスク」11巻11号 1939.11 p.1135

◇「フイガロの婚礼」の音楽の意図について 菅原明朗 「レコード音楽」18巻8・9号 1948.9 p.6

◇ハイドンと交響楽 菅原明朗 「レコード音楽」19巻12号 1949.12 p.6

◇モーツァルトの手法と様式（特輯 モーツァルトの音楽 其一）菅原明朗 「レコード音楽」21巻3号 1951.3 p.6

杉浦 繁

◇PIANOFORTE SONATA OF HAYDN AND MOZART 杉浦繁 「ディスク」5巻5号 1933.5 p.318

◇バッハの二つの協曲 杉浦繁 「ディスク」5巻6号 1933.6 p.386

◇試聴室―ブッシユとメヌーヒンの雑感 杉浦繁 「ディスク」6巻1号 1933.12 p.8

◇モーツアルトの「ピアノ協奏曲ニ短調」を聴く 杉浦繁 「ディスク」6巻9号 1934.9 p.522

◇モーツアルトの「ト短調ピアノ四重奏曲」の感想 杉浦繁 「ディスク」6巻10号 1934.10 p.582

◇モーツアルトの「ヴィオラの五重奏曲」 杉浦繁 「ディスク」7巻1号 1935.1 p.9

◇バッハのインタープリター 杉浦繁 「ディスク」7巻3号 1935.3 p.155

◇ウアグナーの感想 本来漢，罪線翁，杉浦繁，楳津真次郎 「ディスク」7巻5号 1935.5 p.326

◇コロムビアの「第九交響曲」合評 有坂愛彦，森潤三郎，青木誠意，杉浦繁，楳津真次郎 「ディスク」7巻5号 1935.5 p.347

◇ギーゼキングの「皇帝協奏曲」合評 有坂愛彦，森潤三郎，青木誠意，杉浦繁，楳津真次郎 「ディスク」7巻5号 1935.5 p.350

◇試聴室―新着レコードの印象―モーツアルト提琴協奏曲第四番 杉浦繁 「ディスク」7巻9号 1935.9 p.673

◇ケムプの新盤試聴偶感―ベートーヴェン「奏鳴曲変ホ長調作品三ノ三」 杉浦繁 「ディスク」7巻12号 1935.12 p.913

◇ケムプの新盤試聴偶感―モオツアルト「奏鳴曲イ長調三三一」 杉浦繁 「ディスク」7巻12号 1935.12 p.915

◇ケムプ演奏の新盤「皇帝協奏曲」を聴いて 杉浦繁 「ディスク」8巻4号 1936.4 p.284

◇新版「第七交響曲」の感想 杉浦繁，坩和昌夫，井関富三，本来漢 「ディスク」8巻春期増刊 1936.6 p.1

◇ヘンデルの「組曲集」を讃ふ 杉浦繁 「ディスク」8巻9号 1936.9 p.770

◇クライスラーのベートーヴェン・ソナタ 第二回レコード記 杉浦繁 「ディスク」8巻10号 1936.10 p.872

◇新版「提琴協奏曲」の感想 杉浦繁，杉田武雄，坩和昌夫，鮎野行夫，太田博 「ディスク」9巻1号 1937.1 p.13

◇試聴室―バッハの「組曲」二つを聴く 杉浦繁 「ディスク」9巻4号 1937.4 p.326

◇モーツアルト「変ホ長調洋琴協奏曲K二七一」 杉浦繁 「ディスク」9巻7号 1937.7 p.631

◇カサルスとクライスラーの新盤 杉浦繁 「ディスク」9巻9号 1937.9 p.861

◇メンゲルベルク指揮「第五交響曲」試聴記 野村あらえびす，中村善吉，杉浦繁，坩和昌夫，有坂愛彦，林健太郎，井関富三，柏木俊三，楳津真次郎，青木謙幸 「ディスク」9巻11号 1937.11 p.1073

◇座談会―トスカニーニの「第六交響曲」 あらえびす，藤田不二，中村善吉，坩和昌夫，村田武雄，杉浦繁 「ディスク」10巻4号 1938.4 p.332

◇アルペジオネ奏鳴曲イ短調（シューバート）杉浦繁 「ディスク」10巻5号 1938.5 p.421

◇洋琴協奏曲ニ長調（ハイドン）杉浦繁 「ディスク」10巻5号 1938.5 p.423

◇レガー三重奏曲の新盤を聴いて 杉浦繁 「ディスク」10巻6号 1938.6 p.541

◇ベートーヴェン・ソナタ「第四輯」其ほか 杉浦繁 「ディスク」10巻7号 1938.7 p.623

◇同人合評―ベートーヴェンの「第二交響曲」 杉浦繁，柏木俊三，青木謙幸，鮎野行夫，榎本笋 「ディスク」10巻8号 1938.8 p.748

◇同人合評―ラヴェルの「左手の為のピアノ協奏曲」 杉浦繁，柏木俊三，青木謙幸，鮎野行夫，榎本笋 「ディスク」10巻8号 1938.8 p.751

◇針の話（ディスク廻状）杉浦繁 「ディスク」10巻8号 1938.8 p.806

◇バッハの「チェロ無伴奏組曲」 鈴木二三雄，青木謙幸，杉浦繁，柏木俊三，坩和昌夫 「ディスク」11巻1号 1939.1 p.1

◇モーツアルトの「提琴協奏曲第五番」 杉浦繁 「ディスク」11巻8号 1939.8 p.759

◇トスカニーニの「第五」感想録（トスカニーニの「第五」特輯）柏木, 城島, 林, 杉浦, 中村 「ディスク」11巻9号 1939.10 p.1000

◇メニューヒンに依るバッハの「提琴奏鳴曲第三番」 杉浦繁 「ディスク」11巻12号 1939.12 p.1188

◇提琴協奏曲（モーツァルト 作品とディスク賞レコード）杉浦繁 「ディスク」11巻臨時増刊 ディスク叢書第二輯 モーツァルト特輯号 1939.12 p.113

◇其他の協奏曲（モーツァルト 作品とディスク賞レコード）杉浦繁 「ディスク」11巻臨時増刊 ディスク叢書第二輯 モーツァルト特輯号 1939.12 p.123

◇雑の部（モーツァルト 作品とディスク賞レコード）杉浦繁 「ディスク」11巻臨時増刊 ディスク叢書第二輯 モーツァルト特輯号 1939.12 p.251

◇チャイコフスキー「提琴協奏曲ニ長調」 杉浦繁 「ディスク」14巻1号 1951.9 p.35

◇シュナーベルのディスク 杉浦繁 「ディスク」14巻2号 1951.10 p.133

◇ハイドンの「提琴協奏曲第一番」 杉浦繁 「ディスク」14巻2号 1951.10 p.143

◇ヘンデルの「提琴奏鳴曲第四番」 杉浦繁 「ディスク」14巻2号 1951.10 p.143

◇コルトーの新らしいディスク 杉浦繁 「ディスク」14巻3号 1951.11 p.218

◇シューベルトの「アルペヂォーネ」（今月の主要レコードの解説）杉浦繁 「ディスク」14巻4号 1951.12 p.298

◇ヴァイオリン演奏家談論《うわさばなし》一座談会 青木, 坪和, 西條, 杉浦 「ディスク」14巻4号 1951.12 p.312

◇ピアニスト談論《うわさばなし》西条卓夫, 坪和昌夫, 杉浦繁, 佐藤良雄, 青木謙幸 司会 「ディスク」15巻2号 1952.2 p.168

◇チェロ・ソナタ・他 杉浦繁 「ディスク」15巻3号 1952.3 p.269

◇LP新盤を聴く（LPレコード試聴記）杉浦繁 「ディスク」15巻3号 1952.3 p.310

◇LPに活躍する指揮者達 其の一 杉浦繁 「ディスク」15巻4号 1952.4 p.377

◇管楽器の協奏曲（LPレコード試聴記）杉浦繁 「ディスク」15巻5号 1952.5 p.520

◇LPに活躍するピアニスト その1 杉浦繁 「ディスク」15巻6号 1952.6 p.601

◇LPに活躍するピアニスト その2 杉浦繁 「ディスク」15巻7号 1952.7 p.714

◇LPに活躍するヴァイオリニスト その1 杉浦繁 「ディスク」15巻8号 1952.8 p.822

◇ドビュッシイ 管絃楽の為の映像（第三輯）（LP試聴記）杉浦繁 「ディスク」15巻8号 1952.8 p.831

◇ブラームス 複協奏曲 イ短調作品一〇二番（LP試聴記）杉浦繁 「ディスク」15巻8号 1952.8 p.832

◇チャイコフスキイ ピアノ三重奏曲 イ短調（LP試聴記）杉浦繁 「ディスク」15巻8号 1952.8 p.833

◇LPに活躍するヴァイオリニスト その2 杉浦繁 「ディスク」15巻9号 1952.9 p.940

◇私の好きなコルトオのレコード 鮎野行夫, 小林利之, 熊田秀四郎, 石川登志夫, 田中良雄, 佐川吉男, 松井丈夫, 杉浦繁 「ディスク」15巻11号 1952.10 p.1028

◇新人提琴家のLP試聞 杉浦繁 「ディスク」15巻12号 1952.11 p.1130

◇ハイドンの「交響曲第九四番」・モーツァルトの「セレナード」（フルトヴェングラーのL.P）杉浦繁 「レコード音楽」22巻11号 1952.11 p.24

◇LPに活躍するチェリスト（1）杉浦繁 「ディスク」16巻2号 1953.2 p.161

◇LPに活躍するチェリスト（2）杉浦繁 「ディスク」16巻4号 1953.3 p.265

◇LPに活躍するチェリスト（完）杉浦繁 「ディスク」16巻6号 1953.5 p.475

◇ランドフスカをめぐる高弟たち 杉浦繁 「ディスク」16巻7号 1953.6 p.612

◇LPに活躍する絃楽四重奏団（1）杉浦繁 「ディスク」16巻10号 1953.9 p.932

◇LPに活躍する絃楽四重奏団（2）杉浦繁 「ディスク」16巻11号 1953.10 p.1040

◇LPに活躍する絃楽四重奏団（3）杉浦繁 「ディスク」16巻12号 1953.11 p.58

◇フリチャイ指揮「詩篇交響曲」（宗教音楽の名盤・特集）杉浦繁 「ディスク」16巻13号 1953.12 p.36

◇シューベルトのクワルテット抄―コンツエルト・ハウス四重奏団のLP全曲を聴きながら 杉浦繁 「ディスク」16巻13号 1953.12 p.62

◇欧州で活躍しているピアニスト（特集・欧州楽壇の新潮―ロンドン・グラモフォンの発足に寄せて）杉浦繁 「ディスク」17巻1号 1954.1 p.41

◇来朝を伝へらるフランスの名チエリスト ピエール・フールニエのLPを聴く（海外LP試聴室）田代, 坪和, 杉浦, 青木 「ディスク」17巻1号 1954.1 p.91

◇初めて輸入されたチエッコ・スプラフォーンのLP（海外LP試聴室）杉浦繁 「ディスク」17巻2号 1954.2 p.75

◇ジェルメーヌ・ルルーとそのレコード 杉浦繁 「ディスク」17巻2号 1954.2 p.94

◇巨匠シュナーベルの晩年を偲ぶ（海外LP試聴室）杉浦繁 「ディスク」17巻3号 1954.3 p.78

◇スカラ座四重奏団のイタリア古典を聴く（海外LP試聴室）杉浦繁 「ディスク」17巻5号 1954.5 p.65

◇トスカニーニの「新世界」予想外の名演（海外LP試聴室）杉浦繁 「ディスク」17巻6号 1954.6 p.78

◇フルトヴェングラー・メニユヒンの名コムビによるベートーヴェンのV協奏曲の最新盤（海外LP試聴室）杉浦繁 「ディスク」17巻6号 1954.6 p.82

◇フルトヴェングラーのフランク交響曲（海外LP試聴室）杉浦繁 「ディスク」17巻7号 1954.7 p.72

◇LP三〇〇選 杉浦繁，小林利之，桃園春夫，西条卓夫，佐久間幸光，高橋昭，その・すすむ，松井丈夫 「ディスク」17巻8号 別冊第4集 LPレコード 1954.7 p.27

◇クリスチャン・バッハの小交響曲（海外LP試聴室）杉浦繁 「ディスク」17巻9号 1954.8 p.62

◇メニューイン，フルトヴェングラーの名コンビが放つバルトークのV協奏曲（海外LP試聴室）杉浦繁 「ディスク」17巻10号 1954.9 p.79

◇フルトヴェングラのベートーヴェン交響曲新盤（海外LP試聴室）杉浦繁 「ディスク」17巻11号 1954.10 p.123

◇注目すべきモーツァルトの協奏曲新盤（海外LP試聴室）杉浦繁 「ディスク」17巻12号 1954.11 p.133

◇カザルス十八年ぶりの協奏曲録音（海外LP試聴室）杉浦繁 「ディスク」17巻13号 1954.12 p.140

◇ショパンのP協奏曲新盤（新着LP紹介）杉浦繁 「ディスク」18巻1号 1955.1 p.130

◇ブラームスのクラリネット五重奏曲（新着LP紹介）杉浦繁 「ディスク」18巻1号 1955.1 p.131

◇101人のLP新演奏家物語（2）上野一郎，杉浦繁，藤田不二 「ディスク」18巻2号 1955.2 p.34

◇グルミオの西班牙交響曲（特選輸入盤紹介）杉浦繁 「ディスク」18巻4号 1955.3 p.138

◇トレルリの協奏曲集（新着LP紹介）杉浦繁 「ディスク」18巻5号 1955.4 p.141

◇タリアフェロのカムバック（新着LP紹介）杉浦繁 「ディスク」18巻5号 1955.4 p.144

◇ブラームス第二ベイヌムの名演（新着LP紹介）杉浦繁 「ディスク」18巻6号 1955.5 p.124

◇フルニエのドヴォルシャック（新着LP紹介）杉浦繁 「ディスク」18巻6号 1955.5 p.132

◇トスカニーニのイタリー交響曲（新着LP紹介）杉浦繁 「ディスク」18巻7号 1955.6 p.120

◇グリュミオーのパガニーニ（新着LP紹介）杉浦繁 「ディスク」18巻7号 1955.6 p.122

◇フランチェスカッティの大衆盤（新着LP紹介）杉浦繁 「ディスク」18巻9号 1955.7 p.122

◇話題の演奏家（3）アルテュール・グリュミオー（座談会）杉浦繁，大宮真琴，佐川吉男 「ディスク」19巻11号 1956.8 p.42

◇エピックに登場する芸術家群像 杉浦繁 「ディスク」19巻12号 1956.9 p.161

◇未完成交響曲（シューベルト）（LP名曲二〇選（1））杉浦繁 「ディスク」20巻1号 1957.1 p.186

◇ヴァイオリン協奏曲（チャイコフスキイ）（LP名曲二〇選（1））杉浦繁 「ディスク」20巻1号 1957.1 p.194

◇現代の弦楽四重奏団（1）杉浦繁 「ディスク」22巻5号 1959.5 p.137

◇現代の弦楽四重奏団（2）杉浦繁 「ディスク」22巻6号 1959.6 p.56

◇現代の弦楽四重奏団（3）杉浦繁 「ディスク」22巻7号 1959.7 p.126

◇ラフマニノフの芸術（ピアノ・ラフマニノフ）（新着LP試聴室）杉浦繁 「ディスク」22巻7号 1959.7 p.157

◇ハープシコード協奏曲第一番 ニ短調〈バッハ〉（続・名曲とレコード—協奏曲）杉浦繁 「ディスク」22巻8号 臨時増刊 続・名曲とレコード 1959.7 p.38

◇ヴァイオリン協奏曲第一番 イ短調〈バッハ〉（続・名曲とレコード—協奏曲）杉浦繁 「ディスク」22巻8号 臨時増刊 続・名曲とレコード 1959.7 p.39

◇二つのヴァイオリン用複協奏曲 ニ短調〈バッハ〉（続・名曲とレコード—協奏曲）杉浦繁 「ディスク」22巻8号 臨時増刊 続・名曲とレコード 1959.7 p.40

◇チェロ協奏曲 変ロ長調〈ボッケリーニ〉（続・名曲とレコード—協奏曲）杉浦繁 「ディスク」22巻8号 臨時増刊 続・名曲とレコード 1959.7 p.41

◇ピアノ協奏曲第二六番「戴冠式」ニ長調 K五三七〈モーツァルト〉（続・名曲とレコード—協奏曲）杉浦繁 「ディスク」22巻8号 臨時増刊 続・名曲とレコード 1959.7 p.41

◇ヴァイオリン協奏曲第四番 ニ長調 K二一八〈モーツァルト〉（続・名曲とレコード—協奏曲）杉浦繁 「ディスク」22巻8号 臨時増刊 続・名曲とレコード 1959.7 p.42

◇フルートとハープのための協奏曲 ハ長調 K二九九〈モーツァルト〉（続・名曲とレコード—協奏曲）杉浦繁 「ディスク」22巻8号 臨時増刊 続・名曲とレコード 1959.7 p.43

◇クラリネット協奏曲 イ長調 K六二二〈モーツァルト〉（続・名曲とレコード—協奏曲）杉浦繁 「ディスク」22巻8号 臨時増刊 続・名曲とレコード 1959.7 p.44

◇ピアノ協奏曲第三番 ハ短調 作品三七〈ベートーヴェン〉（続・名曲とレコード―協奏曲）杉浦繁 「ディスク」22巻8号 臨時増刊 続・名曲とレコード 1959.7 p.45

◇ピアノ協奏曲第四番 ト長調 作品五八〈ベートーヴェン〉（続・名曲とレコード―協奏曲）杉浦繁 「ディスク」22巻8号 臨時増刊 続・名曲とレコード 1959.7 p.46

◇ハンガリア幻想曲〈リスト〉（続・名曲とレコード―協奏曲）杉浦繁 「ディスク」22巻8号 臨時増刊 続・名曲とレコード 1959.7 p.48

◇チェロ協奏曲 ニ短調〈ラロ〉（続・名曲とレコード―協奏曲）杉浦繁 「ディスク」22巻8号 臨時増刊 続・名曲とレコード 1959.7 p.48

◇ピアノ協奏曲第一番 ニ短調 作品一五〈ブラームス〉（続・名曲とレコード―協奏曲）杉浦繁 「ディスク」22巻8号 臨時増刊 続・名曲とレコード 1959.7 p.49

◇ヴァイオリンとチェロのための複協奏曲 イ短調 作品一〇二〈ブラームス〉（続・名曲とレコード―協奏曲）杉浦繁 「ディスク」22巻8号 臨時増刊 続・名曲とレコード 1959.7 p.50

◇ピアノ協奏曲第五番「エジプト」ヘ長調 作品一〇三〈サン・サーンス〉（続・名曲とレコード―協奏曲）杉浦繁 「ディスク」22巻8号 臨時増刊 続・名曲とレコード 1959.7 p.51

◇ヴァイオリン協奏曲第三番 ロ短調 作品六一〈サン・サーンス〉（続・名曲とレコード―協奏曲）杉浦繁 「ディスク」22巻8号 臨時増刊 続・名曲とレコード 1959.7 p.52

◇ヴァイオリン協奏曲 ニ短調 作品四七〈シベリウス〉（続・名曲とレコード―協奏曲）杉浦繁 「ディスク」22巻8号 臨時増刊 続・名曲とレコード 1959.7 p.53

◇パガニーニの主題による狂詩曲 作品四三〈ラフマニノフ〉（続・名曲とレコード―協奏曲）杉浦繁 「ディスク」22巻8号 臨時増刊 続・名曲とレコード 1959.7 p.54

◇ピアノ協奏曲 ト長調〈ラヴェル〉（続・名曲とレコード―協奏曲）杉浦繁 「ディスク」22巻8号 臨時増刊 続・名曲とレコード 1959.7 p.54

◇ピアノ協奏曲第三番 ハ長調 作品二六〈プロコフィエフ〉（続・名曲とレコード―協奏曲）杉浦繁 「ディスク」22巻8号 臨時増刊 続・名曲とレコード 1959.7 p.55

◇ヴァイオリン協奏曲〈ハチャトゥリアン〉（続・名曲とレコード―協奏曲）杉浦繁 「ディスク」22巻8号 臨時増刊 続・名曲とレコード 1959.7 p.56

◇ベートーヴェン初期の「ピアノ奏鳴曲」（ギーゼキング）（新着LP試聴室）杉浦繁 「ディスク」22巻9号 1959.8 p.158

◇変ホ長調のピアノ協奏曲K四八二（イトゥルビ，モーツァルトを弾く）（新着LP試聴室）杉浦繁 「ディスク」22巻10号 1959.9 p.157

◇シューベルトのたのしいピアノ曲「楽興の時」（アラウ）（新着LP試聴室）杉浦繁 「ディスク」22巻10号 1959.9 p.159

◇エレガントな名曲「レ・プティ・リアン」と「セレナード」（レーデル指揮）（新着LP試聴室）杉浦繁 「ディスク」22巻11号 1959.10 p.156

◇異色ある好演ドビュッシイ「夜想曲」「海」（シルヴェストリ指揮）（新着LP試聴室）杉浦繁 「ディスク」22巻11号 1959.10 p.156

◇古典の美しさを満喫させる「バロック音楽選集」（新着LP試聴室）杉浦繁 「ディスク」22巻13号 1959.11 p.162

◇ハリウッドQ得意のコダーイとヴィラ＝ロボス（新着LP試聴室）杉浦繁 「ディスク」22巻13号 1959.11 p.168

◇シベリウスの「交響曲第二番」（モントゥ指揮）（新着LP試聴室）杉浦繁 「ディスク」23巻1号 1960.1 p.158

◇ロカテルリの「合奏協奏曲集」（イ・ムジチ合奏団）（新着LP試聴室）杉浦繁 「ディスク」23巻1号 1960.1 p.160

◇本物の花火の音を入れたヘンデルの「王宮の花火の音楽」（新着LP試聴室）杉浦繁 「ディスク」23巻1号 1960.1 p.162

◇ハイメ・ラレドのヴァイオリン・リサイタル（新着LP試聴室）杉浦繁 「ディスク」23巻1号 1960.1 p.164

◇バルトークの「管弦楽のための協奏曲」（クーベリック指揮）（新着LP試聴室）杉浦繁 「ディスク」23巻3号 1960.2 p.160

◇映画音楽からとった「ヴィラ＝ロボス「アマゾンの森林」（新着LP試聴室）杉浦繁 「ディスク」23巻3号 1960.2 p.163

◇金管楽器のためのハイ・ファイ（バイヤール指揮）（新着LP試聴室）杉浦繁 「ディスク」23巻3号 1960.2 p.163

◇スフィアトスラフ・リフテル・リサイタル（新着LP試聴室）杉浦繁 「ディスク」23巻3号 1960.2 p.168

◇サミュエル・バーバーの組曲「ミディア」（新着LP試聴室）杉浦繁 「ディスク」23巻4号 1960.3 p.162

◇古典の名曲ロカルテルリのヴァイオリン協奏曲（新着LP試聴室）杉浦繁 「ディスク」23巻4号 1960.3 p.163

◇二つの現代の管楽器五重奏曲（新着LP試聴室）杉浦繁 「ディスク」23巻4号 1960.3 p.166

◇ダイアモンドの交響曲第四番（一九四八年）他（新着LP試聴室）杉浦繁 「ディスク」23巻6号 1960.5 p.159

◇フィラデルフィア管五重奏団のバーバーとニールセン（新着LP試聴室）杉浦繁 「ディスク」23巻6号 1960.5 p.160

◇モルモン寺院の大オルガン（シュライナー〜オルガン）（新着LP試聴室）杉浦繁　「ディスク」23巻6号 1960.5 p.164

◇メユールの交響曲そのほか（新着LP試聴室）杉浦繁　「ディスク」23巻7号 1960.6 p.113

◇モーツァルト「クラリネット協奏曲」（新着LP試聴室）杉浦繁　「ディスク」23巻7号 1960.6 p.115

◇オーボエと管弦楽のための音楽（新着LP試聴室）杉浦繁　「ディスク」23巻7号 1960.6 p.116

◇ベルリオーズ/幻想交響曲作品16-A/モントゥー〜ウィーン・フィル（新着LP試聴室）杉浦繁　「ディスク」23巻8号 1960.7 p.112

◇チャイコフスキー/ヴァイオリン協奏ニ長調/シェリング（V）、ミュンシュ〜ボストン（新着LP試聴室）杉浦繁　「ディスク」23巻8号 1960.7 p.115

◇パガニーニ/奇想曲集/リッチ（V）（新着LP試聴室）杉浦繁　「ディスク」23巻8号 1960.7 p.115

◇フランク/ヴァイオリン・ソナタイ長調他/フェラス（V）（新着LP試聴室）杉浦繁　「ディスク」23巻8号 1960.7 p.118

◇ハイドン/トランペット協奏曲/ロンギノッティ（TP）モーツァルト/フルート協奏曲/ペパン（F）（新着LP試聴室）杉浦繁　「ディスク」23巻9号 1960.8 p.111

◇ベートーヴェン/七重奏曲変ホ長調/ウィーン八重奏団（新着LP試聴室）杉浦繁　「ディスク」23巻9号 1960.8 p.115

◇ブラームス/ホルン三重奏曲変ホ長調/シゲッティ（V）ホルショフスキー（P）（新着LP試聴室）杉浦繁　「ディスク」23巻9号 1960.8 p.116

◇ルクー/ピアノ四重奏曲他/ベーカー四重奏団他（新着LP試聴室）杉浦繁　「ディスク」23巻9号 1960.8 p.117

◇ハイドン「告別」とモーツァルト「リンツ」/カザルス指揮（新着LP試聴室）杉浦繁　「ディスク」23巻10号 1960.9 p.108

◇ファリア「三角帽子」全曲/ホルダ指揮（新着LP試聴室）杉浦繁　「ディスク」23巻10号 1960.9 p.110

◇ハチャトゥリアン「ピアノ協奏曲」/カッチェン（P）（新着LP試聴室）杉浦繁　「ディスク」23巻10号 1960.9 p.115

◇ブラームス「二重協奏曲」/カンポーリ（V）ナヴァラ（Vc）（新着LP試聴室）杉浦繁　「ディスク」23巻12号 1960.10 p.117

◇リスト「第二」・バルトーク「第三」協奏曲/ベラ・シキ（P）（新着LP試聴室）杉浦繁　「ディスク」23巻12号 1960.10 p.118

◇フランクとドビュッシーのヴァイオリン協奏曲/スターン（V）（新着LP試聴室）杉浦繁　「ディスク」23巻12号 1960.10 p.120

◇シューベルト「さすらい人幻想曲」他/カッチェン（P）（新着LP試聴室）杉浦繁　「ディスク」23巻12号 1960.10 p.120

◇弦楽四重奏曲第三番変ロ長調作品六七―ブラームス（室内楽）杉浦繁　「ディスク」23巻13号 増刊 新版名曲とレコード 下巻 1960.10 p.40

◇ピアノ五重奏曲ヘ短調作品三四―ブラームス（室内楽）杉浦繁　「ディスク」23巻13号 増刊 新版名曲とレコード 下巻 1960.10 p.41

◇フルートとハープとヴィオラのソナタ―ドビュッシイ（室内楽）杉浦繁　「ディスク」23巻13号 増刊 新版名曲とレコード 下巻 1960.10 p.47

◇ピアノ三重奏曲―ラヴェル（室内楽）杉浦繁　「ディスク」23巻13号 増刊 新版名曲とレコード 下巻 1960.10 p.48

◇半音階的幻想曲ニ短調―バッハ（ピアノ曲）杉浦繁　「ディスク」23巻13号 増刊 新版名曲とレコード 下巻 1960.10 p.75

◇パルティータ第一番変ロ長調―バッハ（ピアノ曲）杉浦繁　「ディスク」23巻13号 増刊 新版名曲とレコード 下巻 1960.10 p.77

◇バロックの誕生/プラーハ・プロ・アルテ・アンティカ（新着LP試聴室）杉浦繁、薬科雅美　「ディスク」23巻14号 1960.11 p.119

◇十八世紀の庭園にて/サヴィーノ指揮（新着LP試聴室）杉浦繁　「ディスク」23巻14号 1960.11 p.120

◇ドビュッシー「夜想曲」他/ストコフスキー指揮（新着LP試聴室）杉浦繁　「ディスク」23巻14号 1960.11 p.121

◇マンハイム楽派の管楽器合奏曲/パリ管楽五重奏団（新着LP試聴室）杉浦繁　「ディスク」23巻14号 1960.11 p.122

◇アンケート 私の選んだ一枚（特集 今年はどんなレコードが出たか）佐藤章、寺西春雄、宇野功芳、猿田亮、薬科雅美、上野一郎、佐川吉男、杉浦繁、木村重雄、高崎保男、三浦淳史、柴田南雄、秋山邦晴　「ディスク」23巻16号 1960.12 p.32

◇マーラー「第四交響曲」/バーンステイン指揮（新着LP試聴室）杉浦繁　「ディスク」23巻16号 1960.12 p.124

◇ブラームス「第二ピアノ協奏曲」/ゼルキン（P）（新着LP試聴室）杉浦繁　「ディスク」23巻16号 1960.12 p.127

◇ラフマニノフ「第二ピアノ協奏曲」/アントルモン（P）およびジャニス（P）（新着LP試聴室）杉浦繁　「ディスク」23巻16号 1960.12 p.128

◇アルビノーニ「オーボエ協奏曲」他/イ・ムジチ合奏団（新着LP試聴室）杉浦繁　「ディスク」23巻16号 1960.12 p.130

◇グリーク/ピアノ曲集（ファーレル）（新着LP試聴室）杉浦繁　「ディスク」24巻1号 1961.1 p.135

◇ベートーヴェンの「ピアノ協奏曲第一番」（フォルデス）（新着LP試聴室）杉浦繁「ディスク」24巻2号 1961.2 p.110

◇あたらしく出たカルミレルリQのラヴェル（新着LP試聴室）杉浦繁「ディスク」24巻2号 1961.2 p.114

◇ルジェーロ・リッチ，オケと協演（新着LP試聴室）杉浦繁「ディスク」24巻2号 1961.2 p.115

◇メンデルスゾーン「ヴァイオリン協奏曲」（名曲ディスコグラフィー・1）杉浦繁「ディスク」24巻2号 1961.2 p.116

◇ヘンデルのオルガン協奏曲集（新着LP試聴室）杉浦繁「ディスク」24巻3号 1961.3 p.116

◇チャイコフスキー「ピアノ協奏曲第一番」（名曲ディスコグラフィー・2）杉浦繁「ディスク」24巻3号 1961.3 p.122

◇ドビュッシー「前奏曲集」（ジャン・カサドゥジュ＝P）（新着LP試聴室）杉浦繁「ディスク」24巻4号 1961.4 p.116

◇ベートーヴェン「交響曲第五番作品六七」（名曲ディスコグラフィ・3）杉浦繁「ディスク」24巻4号 1961.4 p.126

◇ドヴォルジャック「新世界交響曲」（名曲ディスコグラフィ・4）杉浦繁「ディスク」24巻5号 1961.5 p.126

◇久しぶりのミュンヒンガーのバロック音楽（新着LP試聴室）杉浦繁「ディスク」24巻6号 1961.6 p.100

◇オーマンディの指揮するセレナード集（新着LP試聴室）杉浦繁「ディスク」24巻6号 1961.6 p.105

◇シューベルト「弦楽四重奏曲・死と少女」（名曲ディスコグラフィ・5）杉浦繁「ディスク」24巻6号 1961.6 p.116

◇シューベルト「未完成」交響曲（名曲ディスコグラフィ・6）杉浦繁「ディスク」24巻7号 1961.7 p.126

◇ブラームス「交響曲第一番」（名曲ディスコグラフィ・7）杉浦繁「ディスク」24巻8号 1961.8 p.118

◇モーツァルト「ジュピター交響曲」（名曲ディスコグラフィ・8）杉浦繁「ディスク」24巻10号 1961.9 p.108

◇シューベルト〈未完成交響曲〉（特集 復刻された巨匠メンゲルベルクの名演を聴く）杉浦繁「ディスク」24巻13号 1961.12 p.112

瀬音 透

◇バーンスタイン「オペラ」を語る 瀬音透 訳「ディスク」22巻4号 1959.4 p.126

◇初登場ミンドル・カッツ（プロコフィエフを弾く）（新着LP試聴室）瀬音透「ディスク」22巻13号 1959.11 p.167

◇ゲーリー・グラフマンのショパンの「バラード」他（新着LP試聴室）瀬音透「ディスク」22巻13号 1959.11 p.170

◇イ・ムジチ合奏団のモーツァルト「アイネ・クライネ」他（新着LP試聴室）瀬音透「ディスク」22巻14号 1959.12 p.152

◇ドヴォルジャックの「第四」とサヴァリッシュ（新着LP試聴室）瀬音透「ディスク」22巻14号 1959.12 p.153

◇アンドレ・ジョジリヴェの「祝婚歌」と「デルフィ組曲」（新着LP試聴室）瀬音透「ディスク」22巻16号 1960.1 p.160

◇パウル・ヒンデミット作品選集（ブレイン他）（新着LP試聴室）瀬音透「ディスク」23巻3号 1960.2 p.161

◇日本の現代音楽のLP化（ジュピター・レコード）瀬音透「ディスク」23巻4号 1960.3 p.68

◇ベートーヴェン/ヴァイオリン・ソナタ第一番，第九番/フランチェスカッティ（V）（新着LP試聴室）瀬音透「ディスク」23巻8号 1960.7 p.117

◇ラフマニノフ/交響曲第二番ホ短調/オーマンディ～フィラデルフィア（新着LP試聴室）瀬音透「ディスク」23巻9号 1960.8 p.110

◇プロコフィエフ「三つのオレンジへの恋」/レモーテル指揮（新着LP試聴室）瀬音透「ディスク」23巻10号 1960.9 p.112

◇バルトーク「オーケストラのための協奏曲」/バーンスタイン指揮（新着LP試聴室）瀬音透「ディスク」23巻12号 1960.10 p.116

◇ベートーヴェン「第七交響曲イ長調」/セル指揮（新着LP試聴室）瀬音透「ディスク」23巻14号 1960.11 p.118

◇プロコフィエフ「第五交響曲」/セル指揮（新着LP試聴室）瀬音透「ディスク」23巻14号 1960.11 p.119

◇ガーシュウィン「ピアノ協奏曲」他/プレヴィン（P）（新着LP試聴室）瀬音透「ディスク」23巻16号 1960.12 p.127

◇オルフ「カルミナ・ブラーナ」/オーマンディ指揮（新着LP試聴室）瀬音透「ディスク」23巻16号 1960.12 p.130

◇芸術祭参加レコードを聴く 瀬音透「ディスク」24巻1号 1961.1 p.144

◇クルト・レーデル，モーツァルトの名演（新着LP試聴室）瀬音透「ディスク」24巻2号 1961.2 p.109

◇ワルターの名演，ブルックナーの第九交響曲（新着LP試聴室）瀬音透「ディスク」24巻3号 1961.3 p.115

◇アンセルメの指揮するドイツ・ロマン派音楽（新着LP試聴室）瀬音透「ディスク」24巻3号 1961.3 p.116

◇バーンステインの新盤「ピーターと狼」（新着LP試聴室）瀬音透「ディスク」24巻4号 1961.4 p.114

◇バーンスタイン,ポピュラー序曲を振る（新着
LP試聴室）瀬音透 「ディスク」24巻5号
1961.5 p.114

◇ベルリオーズの珍曲（新着LP試聴室）瀬音透
「ディスク」24巻6号 1961.6 p.101

◇話題のバレー音楽映画「ブラック・タイツ」
瀬音透 「ディスク」24巻7号 1961.7 p.94

◇新鋭シッパース指揮するオペラ序曲集（新着
LP試聴室）瀬音透 「ディスク」24巻7号
1961.7 p.121

◇新鋭ハイティンクの指揮するバルトーク（新
着LP試聴室）瀬音透 「ディスク」24巻8号
1961.8 p.111

◇ロベール・カサドゥジュのシューマン（新着
LP試聴室）瀬音透 「ディスク」24巻8号
1961.8 p.112

◇オーマンディの新しい「幻想交響曲」（新着
LP試聴室）瀬音透 「ディスク」24巻10号
1961.9 p.118

◇十二音音楽を解説するレコード（新着LP試聴
室）瀬音透 「ディスク」24巻11号 1961.10
p.116

◇エドガー・ヴァレーズの作品集（新着LP試聴
室）瀬音透 「ディスク」24巻12号 1961.11
p.110

◇ストラヴィンスキーの近作集（新着LP試聴
室）瀬音透 「ディスク」24巻13号 1961.12
p.114

◇イタリアの前衛作曲家たち（新着LP試聴室）
瀬音透 「ディスク」25巻2号 1962.2 p.114

◇〈アレキサンダー・ネフスキー〉の新盤（新着
LP試聴室）瀬音透 「ディスク」25巻3号
1962.3 p.114

◇オーマンディ指揮する〈ローマの祭〉（新着LP
試聴室）瀬音透 「ディスク」25巻5号 1962.
5 p.116

◇カラヤン指揮するバルトークとヒンデミット
（新着LP試聴室）瀬音透 「ディスク」25巻6
号 1962.6 p.118

◇プレートル指揮するプーランクの〈グローリ
ア〉他（新着LP試聴室）瀬音透 「ディスク」
25巻8号 1962.8 p.122

◇クラフトの振るモーツァルト〈セレナード〉他
（新着LP試聴室）瀬音透 「ディスク」25巻9
号 1962.9 p.112

高橋 昭

◇ハンスンの交響曲ロマンティック 高橋昭
「ディスク」15巻1号 1952.1 p.16

◇プーランクとサティのピアノ曲 高橋昭
「ディスク」15巻8号 1952.8 p.793

◇オネゲルの「ダヴィデ王」 高橋昭 「ディス
ク」15巻12号 1952.11 p.1125

◇オネゲルの「ダヴィデ王」（LP試聴記）高橋
昭 「ディスク」15巻13号 1952.12 p.1268

◇歌劇「リゴレット」全曲 高橋昭 「ディスク」
16巻1号 1953.1 p.22

◇バッハのオルガン・ミサ曲 高橋昭 「ディス
ク」16巻2号 1953.2 p.134

◇ミヨーの屋根の上の牡牛 高橋昭 「ディス
ク」16巻4号 1953.3 p.252

◇質問欄 岡山好直，高橋昭 「ディスク」16巻4
号 1953.3 p.314

◇シャブリエ 音楽への頌歌（ミショウ他）（LP
試聴記）高橋昭 「ディスク」16巻5号 1953.4

◇ドビュッシイ 選ばれし乙女（ミショウ他）
（LP試聴記）高橋昭 「ディスク」16巻5号
1953.4 p.373

◇シャブリエ 歌劇「不本意の王」（ミショウ他）
（LP試聴記）高橋昭 「ディスク」16巻5号
1953.4 p.375

◇ヒンデミットの四つの気質（LP）高橋昭
「ディスク」16巻7号 1953.6 p.604

◇SPの第九交響曲のディスクを廻つて 高橋昭
「ディスク」16巻8号 1953.7 p.713

◇メンゲルベルク指揮の「マタイ受難曲」（宗教
音楽の名盤・特集）高橋昭 「ディスク」16
巻13号 1953.12 p.35

◇トスカニーニのベートーヴェンを聴く（座談
会）田代秀穂，高橋昭，佐川吉男 「ディス
ク」17巻2号 1954.2 p.24

◇LPファンのバッハ入門（2）バッハの宗教曲を
聴くために—「カンタータ第五，六番」の純
国産発売に寄せて 深津文雄，高橋昭 訊く人
「ディスク」17巻4号 1954.4 p.34

◇驚異のピアニズム—バックハウス第一夜の印
象（来朝演奏家を聴く）高橋昭 「ディスク」
17巻5号 1954.5 p.32

◇二つの「ロ短調ミサ曲」—カラヤンとレーマ
ン（海外LP試聴室）高橋昭 「ディスク」17
巻6号 1954.6 p.86

◇LP三〇〇選 杉浦繁，小林利之，桃園春夫，
西条卓夫，佐久間幸光，高橋昭，その・すす
む，松井丈夫 「ディスク」17巻8号 別冊第4
集 LPレコード 1954.7 p.27

◇N響指揮者の交代 ウエスからエツシュバツ
ハーへ 高橋昭 「ディスク」17巻10号 1954.
9 p.121

◇風土のエヴォカシオン ミローの「フランス組
曲」とイベールの「寄港地」（十月の新譜批評）
高橋昭 「ディスク」17巻11号 1954.10 p.68

◇バッハのモテット集（海外LP試聴室）高橋昭
「ディスク」17巻11号 1954.10 p.128

◇ブダペスト四重奏団のベートーヴェン 高橋
昭 「ディスク」17巻12号 1954.11 p.64

◇バッハのブランデンブルグ協奏曲新盤 高橋
昭 「ディスク」17巻13号 1954.12 p.58

◇高雅にしてつゝましやかなフォーレのデュ
エット 高橋昭 「ディスク」17巻13号 1954.
12 p.76

田代秀穂

◇ベルグとバルトークのヴァイオリン曲（海外LP試聴室）高橋昭 「ディスク」17巻13号 1954.12 p.137

◇シュヴァイツァーのバッハを聴く（対談）高橋秀, 高橋昭 「ディスク」18巻1号 1955.1 p.42

◇来朝するカッチェンのLP 高橋昭 「ディスク」18巻1号 1955.1 p.78

◇シュヴァイツァーのバッハを聴く（下）（対談）高橋秀, 高橋昭 「ディスク」18巻2号 1955.2 p.30

◇近代協奏曲の名盤二枚 ラヴェルとシベリウス 高橋昭 「ディスク」18巻2号 1955.2 p.78

◇キリストの幼時の新盤（新着LP紹介）高橋昭 「ディスク」18巻2号 1955.2 p.131

◇ローラン・マニュエル氏とラヴェルのピアノ音楽を語る（架空対談記）高橋昭, 高橋宏 訳編 「ディスク」18巻4号 1955.3 p.30

◇ラモー頌 ヴァレンティの組曲集に寄せて（今月のLP）高橋昭 「ディスク」18巻4号 1955.3 p.57

◇グルダのバッハとモーツァルト（特選輸入盤紹介）高橋昭 「ディスク」18巻4号 1955.3 p.143

◇シェーンベルグの浄夜（今月のLP）高橋昭 「ディスク」18巻5号 1955.4 p.64

◇ディアギレーフ頌（新着LP紹介）高橋昭 「ディスク」18巻5号 1955.4 p.53

◇ローラン・マニュエル氏とラヴェルのピアノ音楽を語る（下）（架空対談記）高橋昭, 高橋宏 訳編 「ディスク」18巻5号 1955.4 p.152

◇演奏・録音評（コロムビア世界現代音楽選集紹介）高橋昭, 田代秀穂, 佐川吉男 「ディスク」18巻6号 1955.5 p.23

◇サムソン・フランソワの登場 高橋昭 「ディスク」18巻6号 1955.5 p.74

◇二大ピアニストのブラームス（新着LP紹介）高橋昭 「ディスク」18巻6号 1955.5 p.128

◇二つのフランス山人の唄交響曲（新着LP紹介）高橋昭 「ディスク」18巻7号 1955.6 p.121

◇ジローの「彼へ・彼女へ」（新着LP紹介）高橋昭 「ディスク」18巻7号 1955.6 p.130

◇現代音楽のLPベスト三十選 高橋昭 「ディスク」18巻7号 1955.6 p.131

◇歌劇「修禅寺物語」のLP 高橋昭 「ディスク」18巻9号 1955.7 p.58

◇ビッグスの欧州オルガン紀行（新着LP紹介）高橋昭 「ディスク」18巻9号 1955.7 p.124

◇ブダペスト絃楽四重奏団のベートーヴェン全集をめぐつて（座談会）上野一郎, 高橋昭, 佐川吉男 「ディスク」18巻10号 1955.8 p.28

◇バッハの二つのカンタータの新盤 高橋昭 「ディスク」18巻10号 1955.8 p.60

◇バッハのオルガン音楽（新着LP紹介）高橋昭 「ディスク」18巻10号 1955.8 p.118

◇アンセルメのドビュッシイ（新着LP紹介）高橋昭 「ディスク」18巻11号 1955.9 p.117

◇宗教音楽のLPは何を選ぶか（座談会）（特集 宗教音楽とレコード）木村重雄, 佐川吉男, 高橋昭 「ディスク」18巻13号 1955.11 p.33

◇録音されたオネゲルの作品 高橋昭 「ディスク」19巻1号 1956.1 p.34

◇「スペインの時」へのエッセイ 高橋昭 「ディスク」19巻3号 1956.2 p.58

◇日本コロムビアのLP発売五週年を截る（座談会）田代秀穂, 佐川吉男, 高橋昭 「ディスク」19巻4号 1956.3 p.66

◇バッハの素晴しいカンタータ（今月の名盤）高橋昭 「ディスク」19巻11号 1956.8 p.61

◇ヴェルディ レクイエムの新盤（対談）高橋昭, 福原信夫 「ディスク」19巻13号 1956.10 p.66

◇クリスマス・カンタータ（特集 今月話題のLP新譜）高橋昭 「ディスク」19巻15号 1956.12 p.40

田代 秀穂

◇新体制とレコード界 城島昶, 吉村昌光, 田代秀穂, 大原達, 稲吉愈右, 海野樵造 「ディスク」12巻10号 1940.10 p.973

○ヨハン・シュトラウスの名盤に就て（ヨハン・シュトラウス五十年祭に因みて）田代秀穂 「レコード音楽」19巻6号 1949.6 p.10

◇グスタフ・マーラーのレコード（上）田代秀穂 「レコード音楽」19巻7号 1949.7 p.15

◇グスタフ・マーラーのレコード（下）田代秀穂 「レコード音楽」19巻8号 1949.8 p.16

◇トスカニーニと第8交響楽─海外盤を聴く（試聴室）田代秀穂 「レコード音楽」19巻9号 1949.9 p.18

◇ハイフェッツの新盤を聴く─メンデルスゾオンのヴァイオリン協奏曲（新盤試聴記）田代秀穂 「レコード音楽」20巻8号 1950.8 p.15

◇トスカニーニの新盤─「真夏の夜の夢」と「スケエタア・ワルツ」（試聴記）田代秀穂 「レコード音楽」20巻11号 1950.11 p.16

◇レコードに就て 田代秀穂 「レコード音楽」21巻1号 1951.1 p.16

◇トスカニーニの「第八」（新盤を聴く）田代秀穂 「レコード音楽」21巻4号 1951.4 p.36

◇交響曲の新盤 田代秀穂 「ディスク」14巻2号 1951.10 p.136

◇印象に残る今年のレコード─管絃楽曲を中心として 田代秀穂 「レコード音楽」21巻12号 1951.12 p.16

◇アメリカ的な演奏に対する再認識 田代秀穂 「ディスク」15巻1号 1952.1 p.5

◇レコードを聴くと言うこと 田代秀穂 「ディスク」15巻2号 1952.2 p.108

◇解釈と鑑賞に就いて 田代秀穂 「レコード音楽」22巻3号 1952.3 p.3

◇トスカニーニの"悲愴"を語る（座談会）西山広一，村田武雄，田代秀穂，藁科雅美「レコード音楽」22巻3号 1952.3 p.68

◇新しい名曲決定盤（特集）村田武雄，牧定忠，大木正興，木村重雄，寺西春雄，大宮真琴，田代秀穂，藁科雅美「レコード音楽」22巻4号 1952.4 p.111

◇メニューヒンの進境―クロイツェルソナタ新盤 田代秀穂「レコード音楽」22巻6号 1952.6 p.42

◇新しいレコード放送のあり方（座談会）西山広一，森本功，折田孜，田代秀穂，藁科雅美「レコード音楽」22巻7号 1952.7 p.88

◇ワルターとベートーヴェンの交響曲（試聴記）田代秀穂「レコード音楽」22巻8号 1952.8 p.27

◇トスカニーニの歌劇「ラ・ボエーム」全曲合評（座談会）田代秀穂，寺西春雄，藁科雅美，西山広一「レコード音楽」22巻8号 1952.8 p.88

◇日本コロムビアのLP新盤 田代秀穂「ディスク」15巻12号 1952.11 p.1142

◇ウィルヘルム・フルトヴェングラー―第四交響曲と第七交響曲のL.P盤を聴きながら（フルトヴェングラーのL.P）田代秀穂「レコード音楽」22巻11号 1952.11 p.18

◇レコード愛好家はこう希望する（座談会）村田武雄 解答，田代秀穂 解答「レコード音楽」22巻11号 1952.11 p.84

◇組曲アルルの女 田代秀穂「ディスク」15巻13号 1952.12 p.1248

◇ヒンデミット「マリアの生涯」―ライナア・マリア・リルケの詩に拠る歌曲集（クリスマスのL.P）田代秀穂「レコード音楽」22巻12号 1952.12 p.17

◇1952年を顧りみて（座談会）（特集 一九五二年度の総決算）藁科雅美，田代秀穂，寺西春雄：西山広一「レコード音楽」22巻12号 1952.12 p.28

◇エルナ・ベルガーは語る 田代秀穂「レコード音楽」22巻12号 1952.12 p.48

◇日本コロムビアのLP検討 田代秀穂「ディスク」16巻1号 1953.1 p.32

◇二つの第九を語る（対談）（特集・二つの第九）渡辺暁雄，田代秀穂「レコード音楽」23巻1号 1953.1 p.24

◇マエストロと第九（特集・二つの第九）マルセル・グリリー，田代秀穂 訳「レコード音楽」23巻1号 1953.1 p.32

◇ブロッホのヴァイオリン協奏曲―作品研究 フレデリック・ジャコビ，田代秀穂 訳「レコード音楽」23巻3号 1953.3 p.38

◇シェルヘン指揮の「第九」新盤（海外の第九試聴）田代秀穂「レコード音楽」23巻3号 1953.3 p.94

◇小品名曲百曲選―レコード音楽名曲決定盤 上野一郎，木村重雄，福原信夫，大木正興，田代秀穂，牧定忠，太田祐満，寺西春雄，八木進，大宮真琴，西山広一「レコード音楽」23巻4号 1953.4 p.129

◇マーラーの亡き児を偲ぶ歌（LP）田代秀穂「ディスク」16巻7号 1953.6 p.586

◇フルトヴェングラーの新盤（話題のLP特集）田代秀穂「レコード音楽」23巻5号・6号 1953.6 p.38

◇晩年のバルトーク―作曲家物語 田代秀穂「レコード音楽」23巻5号・6号 1953.6 p.62

◇第五交響曲のレコード 田代秀穂「レコード音楽」23巻5号・6号 1953.6 p.116

◇ティボーの新盤に聴く（秋の来朝演奏家特集）西条卓夫，田代秀穂「ディスク」16巻10号 1953.9 p.903

◇ワルターの指揮を語る（対談）（ワルターのベートーヴェン特集）坂本良隆，田代秀穂「ディスク」16巻11号 1953.10 p.1006

◇ワルターの「ト短調シンフォニー」（海外LP試聴室）田代秀穂「ディスク」16巻12号 1953.11 p.49

◇テレヴィの為のオペラ「アマールと夜の訪問者達」（海外LP試聴室）田代秀穂「ディスク」16巻13号 1953.12 p.49

◇アメリカのポピュラーミュージックに対する一考察（特集・ジャズとクラシック）田代秀穂「ディスク」17巻1号 1954.1 p.136

◇トスカニーニのベートーヴェンを聴く（座談会）田代秀穂，高橋昭，佐川吉男「ディスク」17巻2号 1954.2 p.24

◇ベートーヴェンのV協奏曲のLPは何を選ぶべきか―LP決定盤シリーズ（2）（海外LP試聴室）田代秀穂「ディスク」17巻2号 1954.2 p.65

◇ショスタコヴィッチの「森の歌」と「第五」（特集・LPにきくソ連楽壇の現状）田代秀穂「ディスク」17巻3号 1954.3 p.38

◇カラヤンを語る（座談会）坂本良隆，田代秀穂，宇野功芳，佐川吉男「ディスク」17巻4号 1954.4 p.14

◇カラヤン第一日の印象―レコードのカラヤンと実演のカラヤン（来朝演奏家を聴く）田代秀穂「ディスク」17巻5号 1954.5 p.28

◇「幻想」のLPは何を選ぶべきか―LP決定盤シリーズ（4）（海外LP試聴室）田代秀穂「ディスク」17巻7号 1954.7 p.62

◇LPベスト七〇選 青木謙幸，坩和昌夫，村田武雄，田代秀穂，佐川吉男「ディスク」17巻8号 別冊第4集 LPレコード 1954.7 p.13

◇日本発売のLP展望 田代秀穂「ディスク」17巻8号 別冊第4集 LPレコード 1954.7 p.92

◇これからのLPに何を望むか（座談会）田代秀穂，加納一雄，大木正興，岡俊雄「ディスク」17巻8号 別冊第4集 LPレコード 1954.7 p.124

◇「第九」のLPは何を選ぶべきか―LP決定盤シリーズ（6）（海外LP試聴室）田代秀穂「ディスク」17巻10号 1954.9 p.66

◇モーツァルトの新盤 フリチャイのジュピターとクラウスのP協奏曲（十月の新譜批評）田代秀穂 「ディスク」17巻11号 1954.10 p.50

◇二つのフランク交響曲（十月の新譜批評）田代秀穂 「ディスク」17巻11号 1954.10 p.60

◇シェルヘンの登場 プロコフィエフとリストのP協奏曲（十月の新譜批評）田代秀穂 「ディスク」17巻11号 1954.10 p.65

◇オイストラッフを語る（座談会）兎束龍夫，田代秀穂，坪和昌夫 「ディスク」17巻12号 1954.11 p.16

◇ベイヌムの新盤「水上の音楽」とハフナー交響曲 田代秀穂 「ディスク」17巻12号 1954.11 p.60

◇黒人指揮者デイクスンのシューマンの交響曲 田代秀穂 「ディスク」17巻12号 1954.11 p.66

◇クライバーのベートーヴェン―「第五」「田園」「第九」の新盤 田代秀穂 「ディスク」17巻13号 1954.12 p.66

◇シュトラウス一家の新年演奏会 田代秀穂 「ディスク」17巻13号 1954.12 p.74

◇フルトヴェングラーの芸術―レコードによる分析（特集 フルトヴェングラー追想）田代秀穂 「ディスク」18巻1号 1955.1 p.20

◇ベートーヴェンの交響曲新盤―カラヤンの「英雄」とトスカニーニの「第七」田代秀穂 「ディスク」18巻1号 1955.1 p.68

◇マーラーの名作「大地の歌」田代秀穂 「ディスク」18巻1号 1955.1 p.76

◇ハイドンの交響曲の新盤 バイヌムとシェルヘン 田代秀穂 「ディスク」18巻2号 1955.2 p.68

◇オイストラッフ父子の弾く協奏曲 田代秀穂 「ディスク」18巻2号 1955.2 p.82

◇トスカニーニの展覧会の絵（新着LP紹介）田代秀穂 「ディスク」18巻2号 1955.2 p.125

◇ダヴィッド・オイストラッフ論―レコードによる（特集 オイストラッフを迎う）田代秀穂 「ディスク」18巻4号 1955.3 p.20

◇二つの「悲愴」の新盤 クライバーとマルケヴィッチ（今月のLP）田代秀穂 「ディスク」18巻5号 1955.4 p.62

◇演奏・録音評（コロムビア世界現代音楽選集紹介）高橋昭，田代秀穂，佐川吉男 「ディスク」18巻6号 1955.5 p.23

◇子供の為の名曲ピーターと狼とそのレコード 田代秀穂 「ディスク」18巻6号 1955.5 p.52

◇二つのブラームスV協奏曲 オイストラフとミルシュタイン 田代秀穂 「ディスク」18巻6号 1955.5 p.70

◇マルケヴィッチの幻想交響曲 田代秀穂 「ディスク」18巻6号 1955.5 p.72

◇フルトヴェングラーの第五（新着LP紹介）田代秀穂 「ディスク」18巻6号 1955.5 p.120

◇胡桃割の優秀廉価盤（新着LP紹介）田代秀穂 「ディスク」18巻6号 1955.5 p.126

◇デヴィートのブラームス協奏曲（新着LP紹介）田代秀穂 「ディスク」18巻6号 1955.5 p.131

◇ワルターのブラームス交響曲全集（対談）（今月のLP）宇野功芳，田代秀穂 「ディスク」18巻7号 1955.6 p.42

◇シンフォニー・オブ・ゼ・エアを聴く 田代秀穂 「ディスク」18巻7号 1955.6 p.94

◇クリップスの名演 ベートーベンの第四交響曲 田代秀穂 「ディスク」18巻9号 1955.7 p.50

◇オボーリンの「皇帝協奏曲」（新着LP紹介）田代秀穂 「ディスク」18巻9号 1955.7 p.120

◇セールの「ワグナー名曲集」田代秀穂 「ディスク」18巻10号 1955.8 p.68

◇マーラーの第一交響曲について 田代秀穂 「ディスク」18巻12号 1955.10 p.26

◇十一月新譜LP合評座談会 田代秀穂，佐川吉男，坪和昌夫 「ディスク」18巻13号 1955.11 p.78

◇フルニエのドヴォルザーク「チェロ協奏曲」（今月のLPから）田代秀穂 「ディスク」18巻14号 1955.12 p.58

◇十二月新譜LP合評座談会 田代秀穂，坪和昌夫，佐川吉男 「ディスク」18巻14号 1955.12 p.83

◇我々は待つた甲斐があつた フルトヴェングラーの「第九」田代秀穂 「ディスク」19巻1号 1956.1 p.48

◇「大地の歌」―マーラーの人生への告別の辞とそのLP 田代秀穂 「ディスク」19巻3号 1956.2 p.60

◇フルトヴェングラーのシューベルト「第七」の名演（今月のLPハイライト）田代秀穂 「ディスク」19巻3号 1956.2 p.104

◇疑問を残すフランソワのショパン（今月のLPハイライト）田代秀穂 「ディスク」19巻3号 1956.2 p.107

◇ミュンヒンガーとシュトゥットガルト室内管絃団（特集・来朝音楽家の横顔）田代秀穂 「ディスク」19巻4号 1956.3 p.24

◇今はなき偉大な指揮者エーリッヒ・クライバーを悼む 田代秀穂 「ディスク」19巻4号 1956.3 p.39

◇日本コロムビアのLP発売五週年を載る（座談会）田代秀穂，佐川吉男，高橋昭 「ディスク」19巻4号 1956.3 p.66

◇フルトヴェングラーとヨッフムの競演 ベートーヴェンの第四（今月のLPハイライト）田代秀穂 「ディスク」19巻4号 1956.3 p.108

◇演奏の誕生 指揮者とオーケストラ—ワルター指揮のモーツァルト「リンツ交響曲」のLPをめぐつて（対談）（特集・世界のオーケストラ）斉藤秀雄，田代秀穂 「ディスク」19巻5号 1956.4 p.20

◇情感に富んだ表現 ヨッフム指揮するブラームス「交響曲第四番ホ短調」(今月のLPハイライト）田代秀穂 「ディスク」19巻5号 1956.4 p.112

◇ギャルド・レビュブリケーヌ 米・仏行進曲集（今月のLPハイライト）田代秀穂 「ディスク」19巻5号 1956.4 p.113

◇チャイコフスキーの「ピアノ協奏曲第一番」—注目すべきギレルスの演奏（今月のLPハイライト）田代秀穂 「ディスク」19巻5号 1956.4 p.114

◇惜しまれるケンペンと劇的な死をとげたレーマン 田代秀穂 「ディスク」19巻6号 1956.5 p.60

◇トスカニーニの「第二」と「第四」(今月のLPハイライト）田代秀穂 「ディスク」19巻6号 1956.5 p.106

◇決定版LPをめぐつて ベートーヴェンの交響曲（座談会）(特集・ベートーヴェンの交響曲）田代秀穂，岡俊雄，佐川吉男 「ディスク」19巻8号 1956.6 p.26

◇フェレンツ・フリッチャイ その冷徹な情熱の美（現代演奏家への二つの意見）田代秀穂 「ディスク」19巻11号 1956.8 p.50

◇エピック登場（座談会）岡俊雄，田代秀穂，高木東六 「ディスク」19巻11号 1956.8 p.66

◇ヴォルフガング・シュナイダーハン ヴィーン・スタイルの典型（現代演奏家に対する二つの意見（第3回））田代秀穂 「ディスク」19巻12号 1956.9 p.52

◇期待される新人ポール・トルトリエ 田代秀穂 「ディスク」19巻13号 1956.10 p.40

◇ベイヌムの名演—ブラームス第二（今月のLPから）田代秀穂 「ディスク」19巻14号 1956.11 p.30

◇ミサ・ソレムニスとトスカニーニ 田代秀穂 「ディスク」19巻14号 1956.11 p.38

◇第九交響曲 カラヤン（特集 今月話題のLP新譜）田代秀穂 「ディスク」19巻15号 1956.12 p.31

◇生真面目な指揮者ベームとモーツァルト 田代秀穂 「ディスク」20巻1号 1957.1 p.44

田辺 尚雄

◇日鮮融和と音楽（論説）田辺尚雄 「音楽と蓄音器」8巻5号 1921.5 p.1

◇啓明会，李王職及総督府の方々に感謝す（朝鮮音楽）田辺尚雄 「音楽と蓄音器」8巻5号 1921.5 p.4

◇朝鮮の音楽—その日本音楽との関係について（朝鮮音楽）田辺尚雄 「音楽と蓄音器」8巻5号 1921.5 p.5

◇朝鮮李王家に伝はる古楽（2）（朝鮮音楽）田辺尚雄 「音楽と蓄音器」8巻5号 1921.5 p.17

◇孔子祭典の儀式及び奏楽の次第（朝鮮音楽）田辺尚雄 「音楽と蓄音器」8巻5号 1921.5 p.37

◇朝鮮の音楽書類（朝鮮音楽）田辺尚雄 「音楽と蓄音器」8巻5号 1921.5 p.43

◇朝鮮楽曲「霊山会像」の楽譜（朝鮮音楽）田辺尚雄 「音楽と蓄音器」8巻5号 1921.5 p.53

◇平壌妓生学校参観記（朝鮮音楽）田辺尚雄 「音楽と蓄音器」8巻5号 1921.5 p.58

◇朝鮮音楽研日記（朝鮮音楽）田辺尚雄 「音楽と蓄音器」8巻5号 1921.5 p.61

◇李王家雅楽隊の状況（朝鮮音楽）田辺尚雄 「音楽と蓄音器」8巻5号 1921.5 p.86

◇朝鮮に於ける日本音楽（朝鮮音楽）田辺尚雄 「音楽と蓄音器」8巻5号 1921.5 p.88

◇大同江の一日（朝鮮音楽）田辺尚雄 「音楽と蓄音器」8巻5号 1921.5 p.92

◇竹の園生と家庭踊 田辺尚雄 「音楽と蓄音器」8巻5号 1921.5 p.98

◇音楽の能率と芸の深さに就て（楽説と学芸）田辺尚雄 「音楽と蓄音器」8巻9号 1921.9 p.1

◇朝鮮李王家に伝はる古楽（6，完結）（楽説と学芸）田辺尚雄 「音楽と蓄音器」8巻9号 1921.9 p.4

◇ニンゲル氏「世界の楽器」(2)（音楽と趣味）田辺尚雄 訳 「音楽と蓄音器」8巻9号 1921.9 p.29

◇音楽百物語（承前）（音楽と趣味）田辺尚雄 「音楽と蓄音器」8巻9号 1921.9 p.34

◇箏曲「六段」第三段の和声（音楽と趣味）田辺尚雄 「音楽と蓄音器」8巻9号 1921.9 p.38

◇映画「改造」を見て音楽界を想ふ（楽説と学芸）田辺尚雄 「音楽と蓄音器」8巻10号 1921.10 p.1

◇日本の十二律と支那の十二律との関係（楽説と学芸）田辺尚雄 「音楽と蓄音器」8巻10号 1921.10 p.4

◇エンゲル氏「世界の楽器」(3)（音楽と趣味）田辺尚雄 訳 「音楽と蓄音器」8巻10号 1921.10 p.27

◇「霞か雲か」の単純和声と支那訳（音楽と趣味）田辺尚雄 「音楽と蓄音器」8巻10号 1921.10 p.38

◇音楽百物語（承前）（音楽と趣味）田辺尚雄 「音楽と蓄音器」8巻10号 1921.10 p.40

◇音楽より見たる宗教の改造（楽説と学芸）田辺尚雄 「音楽と蓄音器」8巻11号 1921.11 p.1

◇エリス氏の十二和音団に就て（楽説と学芸）田辺尚雄 「音楽と蓄音器」8巻11号 1921.11 p.4

◇エンゲル氏「世界の楽器」(4)(音楽と趣味)
田辺尚雄 訳 「音楽と蓄音器」8巻11号 1921.
11 p.33

◇音楽百物語(承前)(音楽と趣味) 田辺尚雄
「音楽と蓄音器」8巻11号 1921.11 p.37

◇支那の愛国的唱歌(音楽と趣味) 田辺尚雄
「音楽と蓄音器」8巻11号 1921.11 p.40

◇関西の楽界に対する三つの希望(楽説と学芸)
田辺尚雄 「音楽と蓄音器」9巻2号 1922.2
p.4

◇エリス氏十二和音団に就て(承前)(楽説と学
芸) 田辺尚雄 「音楽と蓄音器」9巻2号
1922.2 p.13

◇エンゲル氏「世界の楽器」(5)(音楽と趣味)
田辺尚雄 訳 「音楽と蓄音器」9巻2号 1922.2
p.46

◇音楽百物語(承前)(音楽と趣味) 田辺尚雄
「音楽と蓄音器」9巻2号 1922.2 p.50

◇上品なる家庭舞踊の披露に就て一三月十二日
に開催せられし家庭舞踊披露会に於ける講演
の要旨(楽説と学芸) 田辺尚雄 「音楽と蓄音
器」9巻4号 1922.4 p.1

◇蓄音器の文化的使命一エヂソン翁七十五回誕
辰祝賀会に於ける講演の要旨(楽説と学芸)
田辺尚雄 「音楽と蓄音器」9巻4号 1922.4
p.7

◇台湾番人音楽研究の二大必要(楽説と学芸)
田辺尚雄 「音楽と蓄音器」9巻4号 1922.4
p.12

◇エンゲル氏世界の楽器(6)(音楽と趣味) 田
辺尚雄 訳 「音楽と蓄音器」9巻4号 1922.4
p.35

◇上品なる家庭舞踊の御披露(音楽と趣味) 田
辺尚雄 「音楽と蓄音器」9巻4号 1922.4 p.46

◇伊豆半島縦断の旅(音楽と趣味) 田辺尚雄
「音楽と蓄音器」9巻4号 1922.4 p.48

◇日本音楽界の根本的改造の二大方面(楽説と
学芸) 田辺尚雄 「音楽と蓄音器」9巻5号
1922.5 p.1

◇エンゲル氏「世界の楽器」(7)(音楽と趣味)
田辺尚雄 「音楽と蓄音器」9巻5号 1922.5
p.19

◇尊敬すべき生蕃の人格と其音楽(台湾音楽)
田辺尚雄 「音楽と蓄音器」9巻6号 1922.6
p.2

◇台湾音楽研究旅行記(台湾音楽) 田辺尚雄
「音楽と蓄音器」9巻6号 1922.6 p.8

◇台湾生蕃の種族 田辺尚雄 「音楽と蓄音器」
9巻6号 1922.6 p.82

◇生蕃ローマンス 田辺尚雄 「音楽と蓄音器」
9巻6号 1922.6 p.85

◇日本音楽の学習に蓄音機を用ふることに就て
(楽説と学芸) 田辺尚雄 「音楽と蓄音機」9
巻8号 1922.8 p.4

◇名人の技芸を保存することの急務(楽説と学
芸) 田辺尚雄 「音楽と蓄音機」9巻9号
1922.9 p.2

◇琉球及八重山群島音楽研究旅行記(1)(音楽
と趣味) 田辺尚雄 「音楽と蓄音機」9巻9号
1922.9 p.34

◇レコードに及ぼす湿気の害に就て(楽説と学
芸) 田辺尚雄 「音楽と蓄音機」9巻10号
1922.10 p.2

◇琉球及八重山群島音楽研究旅行記(2)(音
楽と趣味) 田辺尚雄 「音楽と蓄音機」9巻10
号 1922.10 p.34

◇エンゲル氏「世界の楽器」(8)(音楽と趣味)
田辺尚雄 訳 「音楽と蓄音機」9巻10号 1922.
10 p.43

◇田辺尚雄先生来県印象記 山内盛彬 「音楽と
蓄音機」9巻10号 1922.10 p.72

◇忘恩的妄評に就て(楽説と学芸) 田辺尚雄
「音楽と蓄音機」9巻11号 1922.11 p.2

◇琉球及八重山群島音楽研究旅行記(3)(音楽
と趣味) 田辺尚雄 「音楽と蓄音機」9巻11号
1922.11 p.39

◇エンゲル氏「世界の楽器」(9)(音楽と趣味)
田辺尚雄 訳 「音楽と蓄音機」9巻11号 1922.
11 p.48

◇ブランスキック蓄音機を聞く(音楽と趣味)
田辺尚雄 「音楽と蓄音機」9巻11号 1922.11
p.62

◇琉球及八重山群島音楽研究旅行記(4)(音楽
と趣味) 田辺尚雄 「音楽と蓄音機」10巻1号
1923.1 p.58

◇家庭踊の新曲「津の国」(音楽と趣味) 田辺尚
雄 「音楽と蓄音機」10巻1号 1923.1 p.74

◇音楽界の新らしい試みに就いて(楽説と学芸)
田辺尚雄 「音楽と蓄音機」10巻2号 1923.2
p.2

◇琉球及八重山群島音楽研究旅行記(5)(音楽
と趣味) 田辺尚雄 「音楽と蓄音機」10巻2号
1923.2 p.12

◇八重山農民歌「ジラバガヌ ソウソウ ジラバ」
(楽譜) 田辺尚雄 作譜 「音楽と蓄音機」10
巻3号 1923.3 巻頭

◇琉球及八重山群島音楽研究旅行記(6)(音楽
と趣味) 田辺尚雄 「音楽と蓄音機」10巻3号
1923.3 p.20

◇エンゲル氏「世界の楽器」(11)(音楽と趣味)
田辺尚雄 「音楽と蓄音機」10巻3号 1923.3
p.42

◇日本教育蓄音機協会設立に対する感想と希望
(楽説と学芸) 田辺尚雄 「音楽と蓄音機」10
巻4号 1923.4 p.9

◇エンゲル氏「世界の楽器」(12)(音楽と趣味)
田辺尚雄 訳 「音楽と蓄音機」10巻4号 1923.
4 p.39

◇音楽百物語(承前29‐30)(音楽と趣味) 田辺
尚雄 「音楽と蓄音機」10巻4号 1923.4 p.52

◇エンゲル氏「世界の楽器」(13)（音楽と趣味）田辺尚雄 訳 「音楽と蓄音機」10巻5号 1923.5 p.38

◇支那旅行中の田辺尚雄氏より（音楽と趣味）「音楽と蓄音機」10巻6号 1923.6 p.29

◇支那音楽研究旅行記(1)（音楽と趣味） 田辺尚雄 「音楽と蓄音機」10巻8号 1923.8 p.26

◇ヴァレンス蓄音機に就いて（音楽と趣味） 田辺尚雄 「音楽と蓄音機」10巻8号 1923.8 p.36

◇文部省レコード推薦事業の生ひ立ちに就て 田辺尚雄 「音楽と蓄音機」13巻10号 1926.10 p.7

◇文部省でのレコードの審査 田辺尚雄 「レコード」1巻3号 1930.11 p.64

◇印象に残つた邦楽レコード 田辺尚雄 「レコード」1巻4号 1930.12 p.68

◇文部省の蓄音機レコード審査事業 田辺尚雄 「レコード音楽」7巻7号 1933.7 p.42

◇邦楽古レコードの話（邦楽特輯記事） 田辺尚雄 「レコード音楽」7巻11号 1933.11 p.6

◇惜しむべき須永君の死（須永克己氏追悼の辞）田辺尚雄 「レコード音楽」9巻10号 1935.10 p.9

◇名曲理解への最短距離（〔ビクター〕「家庭音楽名盤集」に寄せることば） 田辺尚雄 「レコード音楽」10巻3号 1936.3 p.30

◇「バッハよりブラームスまで」の世界音楽名盤集頒布に就て（〔コロムビア〕「世界音楽名盤集」に寄せることば） 田辺尚雄 「レコード音楽」10巻7号 1936.7 p.30

◇文部省の特薦レコードに就て 田辺尚雄 「レコード音楽」10巻8号 1936.8 p.6

◇明治時代の楽界綺談 田辺尚雄 「レコード音楽」10巻11号 1936.11 p.36

◇家庭音楽名盤集―選曲の態度に就て（試聴記）田辺尚雄 「レコード音楽」12巻3号 1938.3 p.21

◇文部省のレコード推薦制度について 田辺尚雄 「レコード音楽」14巻11号 1940.11 p.16

◇文部大臣賞授賞レコードに就て 田辺尚雄 「レコード音楽」15巻5号 1941.5 p.51

◇東亜の音楽（東亜音楽特輯） 田辺尚雄 「レコード音楽」15巻9号 1941.9 p.15

◇「日本音楽全集」に就いて 田辺尚雄 「レコード文化」2巻12号 1942.1 p.48

◇「大東亜の音楽を語る」（座談会） 牛山充，黒沢隆朝，田辺尚雄，野村光一，枡源次郎 「レコード文化」2巻3号 1942.3 p.6

津川 主一

◇レコードによる家庭のクリスマス 津川主一 「レコード」1巻4号 1930.12 p.45

◇モツツァルトの「レクィエム」を聴く 津川主一 「レコード音楽」6巻1号 1932.1 p.40

◇レコードに関して―名宗教楽を語る(1) 津川主一 「レコード音楽」6巻9号 1932.9 p.18

◇バッハのカンタータ―第四及び第百四十番 津川主一 「レコード」3巻9号 1932.9 p.14

◇レコードに関して名宗教楽を語る(2) 津川主一 「レコード音楽」6巻10号 1932.10 p.41

◇レコードに関して―名宗教楽を語る(3) 津川主一 「レコード音楽」6巻11号 1932.11 p.40

◇クリスマスのいろいろなレコード 津川主一 「レコード音楽」6巻12号 1932.12 p.26

◇レコードされたブラームスの独逸レクィエムに就いて 津川主一 「レコード音楽」7巻4号 1933.4 p.51

◇驚異的な純粋合唱楽 津川主一 「レコード音楽」7巻11号 1933.11 p.26

◇聖曲「エリヤ」物語（名曲物語） 津川主一 「レコード音楽」7巻12号 1933.12 p.98

◇デジヨン聖堂の合唱レコードを聴く 津川主一 「ディスク」6巻5号 1934.5 p.275

◇バッハの「マタイによる受難楽」物語（J・S・バッハ誕生250年記念特輯） 津川主一 「レコード音楽」9巻3号 1935.3 p.24

◇ヘンデル曲「救世主」（名曲物語） 津川主一 「レコード音楽」9巻11号 1935.11 p.24

◇J・Sバッハの第一提琴奏鳴曲に就て 津川主一 「レコード音楽」10巻9号 1936.9 p.6

◇フランツ・リストの「合唱弥撒曲」 津川主一 「ディスク」8巻11号 1936.11 p.963

◇レコードと日本に於ける音楽文化 津川主一 「レコード音楽」10巻11号 1936.11 p.26

◇クリスマス・レコードの推薦 津川主一 「レコード音楽」10巻12号 1936.12 p.24

◇音盤にうたふ―世界各国の合唱団を訪ねて (1) 伊太利の巻 津川主一 「レコード音楽」11巻1号 1937.1 p.111

◇世界各国の合唱団を尋ねて(2) 仏蘭西の巻 津川主一 「レコード音楽」11巻2号 1937.2 p.96

◇世界各国の合唱団を尋ねて(3) 露西亜の巻 津川主一 「レコード音楽」11巻3号 1937.3 p.104

◇世界各国の合唱団を尋ねて(4) 独逸の巻 津川主一 「レコード音楽」11巻4号 1937.4 p.101

◇世界各国の合唱団を尋ねて(5) 墺太利の巻 津川主一 「レコード音楽」11巻5号 1937.5 p.108

◇世界各国の合唱団を尋ねて(6) 英吉利の巻 津川主一 「レコード音楽」11巻6号 1937.6 p.119

◇世界各国の合唱団を尋ねて(7) アメリカの巻 津川主一 「レコード音楽」11巻7号 1937.7 p.110

◇鑑賞的なレコードコンサート・プログラム 1 ドイツ古典派 津川主一 編 「レコード音楽」11巻9号 1937.9 p.125

◇鑑賞的なレコードコンサート・プログラム2 ドイツ浪漫派 津川主一 編 「レコード音楽」11巻10号 1937.10 p.132

◇バッハ「ロ短調弥撒曲」各部の研究 津川主一 「ディスク」9巻11号 1937.11 p.1055

◇バッハの「ロ短調弥撒曲」の内容―シュピッタに依る 津川主一 「レコード音楽」11巻11号 1937.11 p.20

◇バッハ「ロ短調ミサ曲」の歌詞 津川主一 訳 「レコード音楽」11巻11号 1937.11 p.36

◇メンゲルベルグと僕―随筆風に 津川主一 「レコード音楽」11巻12号 1937.12 p.27

◇バッハとオルガン楽とシュワイツァー（試聴記） 津川主一 「レコード音楽」12巻1号 1938.1 p.11

◇ドン・コサック合唱団の音楽映画 津川主一 「レコード音楽」12巻6号 1938.6 p.79

◇映画「第九交響楽」の音楽 津川主一 「レコード音楽」12巻8号 1938.8 p.120

◇モンテヴェルデの音楽 津川主一 「レコード音楽」12巻9号 1938.9 p.42

◇続メンゲルベルグと私（随筆） 津川主一 「レコード音楽」13巻5号 1939.5 p.50

◇バッハの生涯 津川主一 訳 「レコード音楽」13巻7号 1939.7 p.20

◇バッハの生涯 津川主一 訳 「レコード音楽」13巻8号 1939.8 p.39

◇バッハの生涯 津川主一 訳 「レコード音楽」13巻9号 1939.9 p.49

◇ディジョン聖歌隊の音盤を聴く（試聴記） 津川主一 「レコード音楽」13巻10号 1939.10 p.14

◇バッハの生涯 津川主一 訳 「レコード音楽」13巻10号 1939.10 p.33

◇バッハの生涯 津川主一 訳 「レコード音楽」13巻11号 1939.11 p.42

◇シュヴァイツァーのバッハ・オルガン曲集第二輯（上） 津川主一 「ディスク」11巻12号 1939.12 p.1198

◇ベートーヴェンの「第八」を聴く―メンゲルベルク指揮（試聴記） 津川主一 「レコード音楽」13巻12号 1939.12 p.26

◇メンゲルベルク・カンタータ 津川主一 訳 「レコード音楽」13巻12号 1939.12 p.45

◇荘厳弥撒曲の価値 津川主一 「レコード音楽」13巻12号 1939.12 p.60

◇荘厳ミサ曲（ベートーヴェン）（十二月名曲批評） 津川主一 「レコード」5巻4号 1939.12 p.53

◇シュヴァイツァーのバッハ・オルガン曲集第二輯（下） 津川主一 「ディスク」12巻1号 1940.1 p.7

◇ドン・コサック傑作集を聴く 津川主一 「ディスク」12巻9号 1940.9 p.841

◇アムステルダムのConcertgebouw=Orkestに就て 津川主一 「レコード音楽」14巻12号 1940.12 p.28

◇降臨聖譚曲（バッハ 作品とディスク賞レコード） 津川主一 「ディスク」13巻臨時増刊 ディスク叢書第四輯 バッハ特輯号 1941.6 p.355

◇聖交声曲（バッハ 作品とディスク賞レコード） 津川主一 「ディスク」13巻臨時増刊 ディスク叢書第四輯 バッハ特輯号 1941.6 p.360

◇俗交声曲（バッハ 作品とディスク賞レコード） 津川主一 「ディスク」13巻臨時増刊 ディスク叢書第四輯 バッハ特輯号 1941.6 p.377

◇小歌曲（バッハ 作品とディスク賞レコード） 津川主一 「ディスク」13巻臨時増刊 ディスク叢書第四輯 バッハ特輯号 1941.6 p.382

◇コラール（バッハ 作品とディスク賞レコード） 津川主一 「ディスク」13巻臨時増刊 ディスク叢書第四輯 バッハ特輯号 1941.6 p.385

◇其他の声楽曲（バッハ 作品とディスク賞レコード） 津川主一 「ディスク」13巻臨時増刊 ディスク叢書第四輯 バッハ特輯号 1941.6 p.388

◇独逸の必勝態勢と音楽 津川主一 「レコード文化」3巻2号 1943.2 p.35

◇宗教音楽レコードを語る（1）モテット（経文歌）の逸品 津川主一 「レコード音楽」18巻10号 1948.10 p.16

◇名聖曲を語る（2）敬虔なミサ曲 津川主一 「レコード音楽」18巻11号 1948.11 p.42

◇宗教音楽レコードを語る（3）オラトリオとカンタータ 津川主一 「レコード音楽」18巻12号 1948.12 p.42

◇渋いオルガン楽―名聖曲を語る（4完） 津川主一 「レコード音楽」19巻3号 1949.3 p.54

◇特輯 合唱楽の愛盤を語る 津川主一 「レコード音楽」19巻12号 1949.12 p.72

◇ブランデンブルグ協奏曲の聴き方 津川主一 「レコード音楽」20巻3号 1950.3 p.30

◇メンゲルベルグ頌―大指揮者の横顔 津川主一 「レコード音楽」20巻5号 1950.5 p.36

◇クリスマスのレコード・コンサート 津川主一 「レコード音楽」20巻12号 1950.12 p.56

◇フォーレの「鎮魂曲」（今月の主要レコードの解説） 津川主一 「ディスク」14巻4号 1951.12 p.292

◇「牧場」の弁（訳詞の問題） 津川主一 「レコード音楽」21巻12号 1951.12 p.92

◇プラード音楽祭のレコード 津川主一 「ディスク」15巻6号 1952.6 p.585

◇ヨハネ・ブラームス作「ドイツ鎮魂曲」とレーマン指揮の新盤によせて（対談） 津川主一, 有坂愛彦 「ディスク」19巻5号 1956.4 p.96

中村 善吉

◇グラモヒル座談会（1）あらえびす，森潤三郎，中村善吉，西条卓夫，藤田不二 「ザ・グラモヒル」1巻4号 1930.5 p.102

◇グラモヒル座談会（2）あらえびす，森潤三郎，中村善吉，西条卓夫，藤田不二 「ザ・グラモヒル」1巻5号 1930.6 p.148

◇グラモヒル座談会（3）あらえびす，森潤三郎，中村善吉，西条卓夫，藤田不二 「ザ・グラモヒル」1巻6号 1930.7 p.204

◇グラモヒル座談会（完）あらえびす，森潤三郎，中村善吉，西条卓夫，藤田不二 「ザ・グラモヒル」1巻7号 1930.8 p.252

◇ティボーのレコードの想ひ出 中村善吉 「ディスク」8巻6号 1936.6 p.478

◇レコード界の今昔を語る座談会 有坂愛彦，松本荘之助，あらえびす，村田武雄，山根銀二，藤田不二，西条卓夫，野村光一，中村善吉，塩入亀輔 「レコード音楽」10巻10号 1936.10 p.2

◇秘曲集レコードの思ひ出 中村善吉 「ディスク」9巻9号 1937.9 p.837

◇ディスク蒐集講座（1）ヘンデル 中村善吉 「ディスク」9巻10号 1937.10 p.966

◇名演奏家秘曲集に就いて 中村善吉 「レコード音楽」11巻10号 1937.10 p.20

◇ディスク蒐集講座（2）バッハ（1）中村善吉 「ディスク」9巻11号 1937.11 p.1045

◇メンゲルベルク指揮「第五交響曲」試聴記 野村あらえびす，中村善吉，杉浦繁，坪和昌夫，有坂愛彦，林健太郎，井関富三，柏木俊三，楳津真次郎，青木謙幸 「ディスク」9巻11号 1937.11 p.1073

◇バッハの管絃楽組曲（ブッシュ等による）中村善吉 「ディスク」9巻12号 1937.12 p.1150

◇ディスク蒐集講座（3）バッハ（2）中村善吉 「ディスク」9巻12号 1937.12 p.1166

◇ディスク蒐集講座（4）バッハ，ヘンデルの同時代者／グルック 中村善吉 「ディスク」10巻1号 1938.1 p.18

◇モーツアルトの「クラリネット五重奏曲」を聴く 中村善吉 「ディスク」10巻2号 1938.2 p.104

◇ディスク蒐集講座（6）ハイドン 中村善吉 「ディスク」10巻2号 1938.2 p.115

◇ディスク蒐集講座（7）ハイドン（2）中村善吉 「ディスク」10巻3号 1938.3 p.237

◇座談会―トスカニーニの「第六交響曲」 あらえびす，藤田不二，中村善吉，坪和昌夫，村田武雄，杉浦繁 「ディスク」10巻4号 1938.4 p.332

◇ディスク蒐集講座（8）ハイドン（3）中村善吉 「ディスク」10巻4号 1938.4 p.342

◇ディスク蒐集講座（9）モーツアルト（1）中村善吉 「ディスク」10巻5号 1938.5 p.460

◇ディスク蒐集講座（10）モーツアルト（2）中村善吉 「ディスク」10巻6号 1938.6 p.551

◇バッハの「チェロ無伴奏組曲」（ディスク座談会）西条卓夫，森潤三郎，中村善吉，坪和昌夫，青木謙幸 「ディスク」10巻7号 1938.7 p.640

◇シューマンの「ヴァイオリン協奏曲」（ディスク座談会）あらえびす，有坂愛彦，村田武雄，中村善吉，藤田不二，青木謙幸 「ディスク」10巻7号 1938.7 p.651

◇ディスク蒐集講座（11）モーツアルト（3）中村善吉 「ディスク」10巻7号 1938.7 p.675

◇メンゲルベルク指揮のヴィヴァルディ「絃楽曲」中村善吉 「ディスク」10巻8号 1938.8 p.744

◇ディスク蒐集講座（12）モーツアルト（4）中村善吉 「ディスク」10巻8号 1938.8 p.784

◇ディスク蒐集講座（13）モーツァルト 中村善吉 「ディスク」10巻9号 1938.9 p.907

◇レコードに依る「ピアノ音楽」発達の史的鑑賞（1）中村善吉 「ディスク」10巻10号 1938.10 p.996

◇レコードに依る「ピアノ音楽」発達の史的鑑賞（2）中村善吉 「ディスク」10巻11号 1938.11 p.1120

◇レコードによる「ピアノ音楽」発達の史的鑑賞（3）中村善吉 「ディスク」11巻1号 1939.1 p.42

◇ヨッフムの「第九」を聴く（座談会）あらえびす，有坂愛彦，青木謙幸，中村善吉，藤田不二，村田武雄 「レコード音楽」13巻1号 1939.1 p.20

◇レコードによる「ピアノ音楽」発達の史的鑑賞（4）中村善吉 「ディスク」11巻2号 1939.2 p.170

◇レコードによる「ピアノ音楽」発達の史的鑑賞（5）中村善吉 「ディスク」11巻3号 1939.3 p.256

◇レコードによる「ピアノ音楽」発達の史的鑑賞（6）中村善吉 「ディスク」11巻4号 1939.4 p.352

◇ブラームスのニ長調ヴァイオリン・コンチェルトを聴く（座談会）あらえびす，有坂愛彦，青木謙幸，中村善吉，藤田不二，村田武雄 「レコード音楽」13巻4号 1939.4 p.22

◇ビクターの新盤「フウゲの技術」 中村善吉 「ディスク」11巻5号 1939.5 p.436

◇レコードによる「ピアノ音楽」発達の史的鑑賞（7）中村善吉 「ディスク」11巻5号 1939.5 p.459

◇レコードによる「ピアノ音楽」発達の史的鑑賞（8）中村善吉 「ディスク」11巻6号 1939.6 p.577

◇ベートーヴェンの芸術 中村善吉 「ディスク」11巻春季増刊 ディスク叢書第一輯 ベートーヴェン特輯号 1939.6 p.9

◇提琴奏鳴曲（ベートーヴェン 作品とディスク賞レコード）中村善吉 「ディスク」11巻春季増刊 ディスク叢書第一輯 ベートーヴェン特輯号 1939.6 p.102

◇洋琴変奏曲（ベートーヴェン 作品とディスク賞レコード）中村善吉 「ディスク」11巻春季増刊 ディスク叢書第一輯 ベートーヴェン特輯号 1939.6 p.138

◇ディアベリ変奏曲への随想 中村善吉 「ディスク」11巻7号 1939.7 p.652

◇マーラーの「大地の歌」座談会 あらえびす，中村善吉，柳兼子，有坂愛彦，青木謙幸 「ディスク」11巻7号 1939.7 p.669

◇レコードに依るピアノ音楽発達の史的鑑賞（9）中村善吉 「ディスク」11巻8号 1939.8 p.764

◇レスピーギ編曲「リュートの為の古代舞曲とアリア」―如是我聞 中村善吉 「ディスク」11巻10号 1939.10 p.978

◇伊太利ヴァイオリン古典（上）中村善吉 「ディスク」11巻10号 1939.10 p.1018

◇覚え書（講演旅行）中村善吉 「ディスク」11巻11号 1939.11 p.1150

◇メンゲルベルクの「第八交響曲」座談会 あらえびす，村田武雄，有坂愛彦，中村善吉，藤田不二，青木謙幸 「ディスク」11巻12号 1939.12 p.1206

◇モーツァルトの芸術 中村善吉 「ディスク」11巻臨時増刊 ディスク叢書第二輯 モーツァルト特輯号 1939.12 p.24

◇其他の室内楽（モーツァルト 作品とディスク賞レコード）中村善吉 「ディスク」11巻臨時増刊 ディスク叢書第二輯 モーツァルト特輯号 1939.12 p.164

◇その頃を語る（1）中村善吉 「ディスク」12巻1号 1940.1 p.40

◇伊太利ヴァイオリン古典（下）中村善吉 「ディスク」12巻2号 1940.2 p.131

◇その頃を語る（2）中村善吉 「ディスク」12巻2号 1940.2 p.145

◇その頃を語る（3）中村善吉 「ディスク」12巻3号 1940.3 p.246

◇カール・ムック博士の訃 中村善吉 「ディスク」12巻4号 1940.4 p.355

◇「珍品レコード」所蔵 野村あらえびす，山口亀之助，藤田不二，中村善吉，青木謙幸 「ディスク」12巻4号 1940.4 p.365

◇ヨッフムの指揮したベートーヴェンの「第七」中村善吉 「ディスク」12巻6号 1940.6 p.536

◇シャリヤピンの歌ふ民謡 中村善吉 「ディスク」12巻8号 1940.8 p.733

◇試聴室―カペエ四重奏団によるベートーヴェン作「四重奏曲 一三二」中村善吉 「ディスク」12巻10号 1940.10 p.947

◇試聴室―ティボオの奏いたモーツァルトの提琴協奏曲 中村善吉 「ディスク」12巻10号 1940.10 p.949

◇蒐集家の頁（1）中村善吉 「ディスク」12巻10号 1940.10 p.959

◇試聴室―シューバートの「ピアノ三重奏曲作品九九」を聴く 中村善吉 「ディスク」13巻1号 1941.1 p.12

◇試聴室―カペエの演奏したベートーヴェンの「四重奏曲一三一」中村善吉 「ディスク」13巻1号 1941.1 p.16

◇シューベルトの芸術 中村善吉 「ディスク」13巻臨時増刊 ディスク叢書第三輯 シューベルト特輯号 1941.2 p.25

◇歌曲集「白鳥の歌」（シューベルト 作品とディスク賞レコード）中村善吉 「ディスク」13巻臨時増刊 ディスク叢書第三輯 シューベルト特輯号 1941.2 p.104

◇名歌曲選（シューベルト 作品とディスク賞レコード）中村善吉 「ディスク」13巻臨時増刊 ディスク叢書第三輯 シューベルト特輯号 1941.2 p.117

◇名曲と名レコード その2―クープラン作「クラヴサン曲集」中村善吉 「ディスク」13巻6号 1941.6 p.535

◇クラフィア音楽（バッハ 作品とディスク賞レコード）中村善吉 「ディスク」13巻臨時増刊 ディスク叢書第四輯 バッハ特輯号 1941.6 p.99

◇提琴奏鳴曲（バッハ 作品とディスク賞レコード）中村善吉 「ディスク」13巻臨時増刊 ディスク叢書第四輯 バッハ特輯号 1941.6 p.146

◇「歴史的名盤保存会」の名歌手に就て（1）中村善吉 「ディスク」13巻7号 1941.7 p.631

◇パデレフスキイを憶ふ 中村善吉 「ディスク」13巻8号 1941.8 p.750

◇トスカニーニとN・B・Cの「第三交響曲」のレコードについての対談 中村善吉，青木謙幸 「ディスク」13巻9号 1941.9 p.840

◇名曲と名レコード その4―シューマン作「洋琴三重奏曲」中村善吉 「ディスク」13巻9号 1941.9 p.862

◇名曲と名レコード その5―ヘンデルのクラヴサン組曲集 中村善吉 「ディスク」13巻10号 1941.10 p.941

◇レコード時評（座談会）あらえびす，中村善吉，青木謙幸 「レコード文化」1巻1号 1941.11 p.17

◇モーツァルト礼讃 中村善吉 「レコード文化」1巻2号 1941.12 p.33

◇レコード叢談（座談会）あらえびす，中村善吉，堺和昌夫，青木謙幸 「レコード文化」2巻1号 1942.1 p.19

◇録音に就いて（座談会）有坂愛彦，あらえびす，中村善吉，尾形篁夫，秋山福重 「レコード文化」2巻1号 1942.1 p.54

◇レコード叢談 あらえびす，中村善吉，青木謙幸 「レコード文化」2巻3号 1942.3 p.34

◇カペエ四重奏団―名室内楽団 その1 中村善吉 「レコード文化」2巻4号 1942.4 p.6

◇レコード叢談 青木謙幸，あらえびす，中村善吉，坩和昌夫 「レコード文化」2巻4号 1942.4 p.16

◇レコード叢談 あらえびす，青木謙幸，中村善吉，坩和昌夫 「レコード文化」2巻5号 1942.5 p.18

◇レコード叢談 あらえびす，青木謙幸，中村善吉，坩和昌夫 「レコード文化」2巻6号 1942.6 p.14

◇カルメン歌手を語る 中村善吉 「レコード文化」2巻6号 1942.6 p.40

◇レコード叢談 あらえびす，坩和昌夫，中村善吉，青木謙幸 「レコード文化」2巻7号 1942.7 p.15

◇名曲と名盤―「交響的練習曲」 中村善吉 「レコード文化」2巻8号 1942.8 p.11

◇レコード叢談 あらえびす，坩和昌夫，中村善吉，青木謙幸 「レコード文化」2巻8号 1942.8 p.13

◇レコード叢談 あらえびす，坩和昌夫，中村善吉，青木謙幸 「レコード文化」2巻9号 1942.9 p.15

◇名曲と名盤―シューマンのピアノ曲 中村善吉 「レコード文化」2巻10号 1942.10 p.17

◇レコード叢談 あらえびす，坩和昌夫，中村善吉，青木謙幸 「レコード文化」2巻10号 1942.10 p.23

◇カール・ムックについて 中村善吉 「レコード文化」2巻10号 1942.10 p.50

◇レコード叢談 あらえびす，坩和昌夫，中村善吉，青木謙幸 「レコード文化」2巻11号 1942.11 p.18

◇レコード叢談 あらえびす，坩和昌夫，中村善吉，青木謙幸 「レコード文化」2巻12号 1942.12 p.22

◇レコード叢談 あらえびす，坩和昌夫，中村善吉，青木謙幸 「レコード文化」3巻1号 1943.1 p.14

◇レコード叢談 あらえびす，坩和昌夫，中村善吉，青木謙幸 「レコード文化」3巻2号 1943.2 p.16

◇レコード叢談 あらえびす，中村善吉，青木謙幸 「レコード文化」3巻3号 1943.3 p.6

◇歌劇「椿姫」全曲レコードを聴く 中村善吉 「レコード文化」3巻3号 1943.3 p.33

◇レコード叢談 あらえびす，坩和昌夫，中村善吉，青木謙幸 「レコード文化」3巻4号 1943.4 p.2

◇バッハのパルティータ第三番 中村善吉 「レコード文化」3巻4号 1943.4 p.25

◇マーラーの「第九交響曲」 中村善吉 「レコード文化」3巻6号 1943.6 p.15

◇戦時下に於けるレコード文化の方向（座談会） あらえびす，野村光一，有坂愛彦，藤田不二，牛山充，野川香文，中村善吉，坩和昌夫 「レコード文化」3巻10号 1943.10 p.20

◇戦争・レコード（レコード随筆） 中村善吉 「レコード文化」3巻10号 1943.10 p.33

◇カルーソーの回顧 中村善吉 「ディスク」14巻1号 1951.9 p.11

◇ピアノ・レコード（1）（レコード蒐集第一課） 中村善吉 「レコード音楽」21巻10号 1951.10 p.86

◇シューマンの女の愛と生涯 中村善吉 「ディスク」15巻1号 1952.1 p.10

◇バッハのヴァイオリン・ソナータ 中村善吉 「ディスク」15巻2号 1952.2 p.112

◇ハブロ・カザルス伝 中村善吉 「ディスク」15巻3号 1952.3 p.214

◇エリザベート・シューマンを憶う 中村善吉 「ディスク」15巻8号 1952.8 p.789

◇アドルフ・ブッシュの追憶 中村善吉 「ディスク」15巻9号 1952.9 p.926

◇コルトオのプロフィル 中村善吉 「ディスク」15巻11号 1952.10 p.1003

◇ブタペスト絃楽四重奏団 中村善吉 「ディスク」15巻11号 1952.10 p.1042

◇シュルスヌスの思い出 中村善吉 「レコード音楽」22巻10号 1952.10 p.61

◇カザルスのベルビニアンのレコード座談会 中村善吉，坩和昌夫，青木謙幸 「ディスク」15巻12号 1952.11 p.1113

◇シゲッティのことども 中村善吉 「ディスク」16巻2号 1953.2 p.110

◇名ピアニスト物語（1） 中村善吉 「ディスク」16巻2号 1953.2 p.147

◇名ピアニスト物語（2） 中村善吉 「ディスク」16巻4号 1953.3 p.234

◇名ピアニスト物語―パハマン 中村善吉 「ディスク」16巻5号 1953.4 p.353

◇名ピアニスト物語―パデレフスキー 中村善吉 「ディスク」16巻6号 1953.5 p.482

◇名ピアニスト物語（5） 中村善吉 「ディスク」16巻7号 1953.6 p.607

◇名ピアニスト物語（6）ケムプとブライロフスキー 中村善吉 「ディスク」16巻8号 1953.7 p.726

◇LP事典を中心に 藤田不二，高城重躬，増永善吉，中村善吉 「ディスク」16巻8号 1953.7 p.784

◇未知のピアニストソロモンを迎へる（秋の来朝演奏家特集） 中村善吉 「ディスク」16巻10号 1953.9 p.908

◇ドイツ・グラマフォンの音楽史に就いて 中村善吉 「ディスク」16巻10号 1953.9 p.929

◇開かれた欧州録音の宝庫―エンゼル・エピックの新譜を聴く（座談会）（海外LP試聴室）藤木義輔，中村善吉，その・すゞむ，青木謙幸 「ディスク」17巻2号 1954.2 p.70

◇バックハウスへの期待 中村善吉 「ディスク」17巻3号 1954.3 p.65

◇名演奏家物語 ウォルフガング・シュナイダーハン 中村善吉 「ディスク」17巻5号 1954.5 p.129

◇エルマンの来朝を迎へて 中村善吉 「ディスク」18巻11号 1955.9 p.38

◇ヨーゼフ・ホフマンのこと 中村善吉 「ディスク」18巻13号 1955.11 p.52

◇SP名盤のLP化をめぐりて（座談会）中村善吉，西条卓夫，坩和昌夫，青木謙幸 「ディスク」18巻14号 1955.12 p.146

◇モーツァルトへの憧憬（モーツァルト生誕二〇〇年祭記念特集）中村善吉 「ディスク」19巻1号 1956.1 p.154

◇珍らしい楽器 グラスハーモニカのレコード 中村善吉 「ディスク」19巻6号 1956.5 p.64

◇モンテヴェルディとカリッシーミのレコード 中村善吉 「ディスク」19巻8号 1956.6 p.146

◇カザルスとの対話―LPファンの為の本棚 中村善吉 「ディスク」19巻11号 1956.8 p.158

◇ゴールデン・シリーズ再検討―名盤は生きている 中村善吉，坩和昌夫，飯野尹，青木謙幸 「ディスク」19巻12号 1956.9 p.68

◇回想のエチュード 中村善吉 「ディスク」19巻13号 1956.10 p.64

◇ヴァイオリン協奏曲（ベートーヴェン）（LP名曲二〇選(1)）中村善吉 「ディスク」20巻1号 1957.1 p.180

◇LPの名盤をさぐる(2)―グラモフォン篇（座談会）中村善吉，上野一郎，大宮真琴，青木謙幸 司会 「ディスク」20巻7号 1957.7 p.36

◇アコースティック時代のこと（レコードで聴くベルリン・フィルハーモニー）中村善吉 「ディスク」20巻12号 1957.10 p.36

◇レコードとともに（座談会）中村善吉，野村あらえびす，青木謙幸 「ディスク」20巻13号 1957.11 p.28

◇シューリヒトの「第一」（今月のハイライト ベートーヴェンの交響曲）中村善吉 「ディスク」20巻15号 1957.12 p.18

◇LPに復活したカザルス・トリオ 中村善吉 「ディスク」21巻2号 1958.2 p.42

◇レオニード・コーガンのチャイコフスキー 中村善吉 「ディスク」21巻5号 1958.5 p.30

◇LPになつたジェラルディン・ファーラー 中村善吉 「ディスク」21巻11号 1958.11 p.26

◇アメリタ・ガリ＝クルチ 中村善吉 「ディスク」21巻12号 1958.12 p.60

◇弦楽四重奏曲「皇帝」ハ長調 作品七六の三〈ハイドン〉（名曲とレコード―室内楽曲）中村善吉 「ディスク」21巻13号 臨時増刊 名曲とレコード 1958.12 p.94

◇クラリネット五重奏曲 イ長調 K五八一〈モーツァルト〉（名曲とレコード―室内楽曲）中村善吉 「ディスク」21巻13号 臨時増刊 名曲とレコード 1958.12 p.95

◇弦楽四重奏曲第四番 ヘ長調 作品一八の四〈ベートーヴェン〉（名曲とレコード―室内楽曲）中村善吉 「ディスク」21巻13号 臨時増刊 名曲とレコード 1958.12 p.96

◇弦楽四重奏曲第七番「ラズモフスキー」ヘ長調 作品五九の一〈ベートーヴェン〉（名曲とレコード―室内楽曲）中村善吉 「ディスク」21巻13号 臨時増刊 名曲とレコード 1958.12 p.96

◇ピアノ五重奏曲「鱒」イ長調 作品一一四〈シューベルト〉（名曲とレコード―室内楽曲）中村善吉 「ディスク」21巻13号 臨時増刊 名曲とレコード 1958.12 p.97

◇弦楽四重奏曲第一四番「死と乙女」ニ短調〈シューベルト〉（名曲とレコード―室内楽曲）中村善吉 「ディスク」21巻13号 臨時増刊 名曲とレコード 1958.12 p.98

◇ピアノ三重奏曲イ短調 作品五〇〈チャイコフスキー〉（名曲とレコード―室内楽曲）中村善吉 「ディスク」21巻13号 臨時増刊 名曲とレコード 1958.12 p.99

◇弦楽四重奏曲第六番「アメリカ」ヘ長調 作品九六〈ドヴォルザーク〉（名曲とレコード―室内楽曲）中村善吉 「ディスク」21巻13号 臨時増刊 名曲とレコード 1958.12 p.100

◇ラ・フォリア〈コレルリ〉（名曲とレコード―ヴァイオリン曲）中村善吉 「ディスク」21巻13号 臨時増刊 名曲とレコード 1958.12 p.102

◇シャコンヌ〈ヴィタリ〉（名曲とレコード―ヴァイオリン曲）中村善吉 「ディスク」21巻13号 臨時増刊 名曲とレコード 1958.12 p.102

◇セレナード第七番「ハフナー」ニ長調 K二五〇 ロンド〈モーツァルト〉（名曲とレコード―ヴァイオリン曲）中村善吉 「ディスク」21巻13号 臨時増刊 名曲とレコード 1958.12 p.103

◇ロマンスト長調 作品四〇〈ベートーヴェン〉（名曲とレコード―ヴァイオリン曲）中村善吉 「ディスク」21巻13号 臨時増刊 名曲とレコード 1958.12 p.103

◇ロマンス ヘ長調 作品五〇〈ベートーヴェン〉（名曲とレコード―ヴァイオリン曲）中村善吉 「ディスク」21巻13号 臨時増刊 名曲とレコード 1958.12 p.103

◇ヴァイオリン奏鳴曲第九番「クロイツェル」イ長調 作品四七〈ベートーヴェン〉（名曲とレコード―ヴァイオリン曲）中村善吉 「ディスク」21巻13号 臨時増刊 名曲とレコード 1958.12 p.104

◇ヴァイオリン奏鳴曲 イ長調〈フランク〉（名曲とレコード—ヴァイオリン曲）中村善吉 「ディスク」21巻13号 臨時増刊 名曲とレコード 1958.12 p.105

◇導入部とロンド・キャプリチオーソ 作品二八〈サン・サーンス〉（名曲とレコード—ヴァイオリン曲）中村善吉 「ディスク」21巻13号 臨時増刊 名曲とレコード 1958.12 p.106

◇歌劇「タイス」—瞑想曲〈マスネー〉（名曲とレコード—ヴァイオリン曲）中村善吉 「ディスク」21巻13号 臨時増刊 名曲とレコード 1958.12 p.106

◇チゴイネルワイゼン〈サラサーテ〉（名曲とレコード—ヴァイオリン曲）中村善吉 「ディスク」21巻13号 臨時増刊 名曲とレコード 1958.12 p.107

◇ウィーン綺想曲〈クライスラー〉（名曲とレコード—ヴァイオリン曲）中村善吉 「ディスク」21巻13号 臨時増刊 名曲とレコード 1958.12 p.107

◇調子のいい鍛冶屋〈ヘンデル〉（名曲とレコード—ピアノ曲）中村善吉 「ディスク」21巻13号 臨時増刊 名曲とレコード 1958.12 p.109

◇ピアノ奏鳴曲第一一番〈トルコ行進曲付〉イ長調 K三三一〈モーツァルト〉（名曲とレコード—ピアノ曲）中村善吉 「ディスク」21巻13号 臨時増刊 名曲とレコード 1958.12 p.109

◇ピアノ奏鳴曲第八番「悲愴」ハ長調 作品一三〈ベートーヴェン〉（名曲とレコード—ピアノ曲）中村善吉 「ディスク」21巻13号 臨時増刊 名曲とレコード 1958.12 p.110

◇ピアノ奏鳴曲第一四番「月光」嬰ハ短調 作品二七の二〈ベートーヴェン〉（名曲とレコード—ピアノ曲）中村善吉 「ディスク」21巻13号 臨時増刊 名曲とレコード 1958.12 p.111

◇ピアノ奏鳴曲第二三番「熱情」ヘ短調 作品五七〈ベートーヴェン〉（名曲とレコード—ピアノ曲）中村善吉 「ディスク」21巻13号 臨時増刊 名曲とレコード 1958.12 p.112

◇エリーゼのために〈ベートーヴェン〉（名曲とレコード—ピアノ曲）中村善吉 「ディスク」21巻13号 臨時増刊 名曲とレコード 1958.12 p.113

◇ピアノ奏鳴曲第二番「葬送」変ロ短調 作品三五〈ショパン〉（名曲とレコード—ピアノ曲）中村善吉 「ディスク」21巻13号 臨時増刊 名曲とレコード 1958.12 p.113

◇即興曲第四番「幻想即興曲」嬰ハ短調 作品六六〈ショパン〉（名曲とレコード—ピアノ曲）中村善吉 「ディスク」21巻13号 臨時増刊 名曲とレコード 1958.12 p.114

◇前奏曲第一五番「雨だれ」変ニ長調 作品二八の一五〈ショパン〉（名曲とレコード—ピアノ曲）中村善吉 「ディスク」21巻13号 臨時増刊 名曲とレコード 1958.12 p.115

◇夜想曲第二番 変ホ長調 作品九の二〈ショパン〉（名曲とレコード—ピアノ曲）中村善吉 「ディスク」21巻13号 臨時増刊 名曲とレコード 1958.12 p.115

◇子供の情景 作品一五〈シューマン〉（名曲とレコード—ピアノ曲）中村善吉 「ディスク」21巻13号 臨時増刊 名曲とレコード 1958.12 p.116

◇ハンガリー狂詩曲第二番〈リスト〉（名曲とレコード—ピアノ曲）中村善吉 「ディスク」21巻13号 臨時増刊 名曲とレコード 1958.12 p.117

◇ラ・カンパネラ〈リスト〉（名曲とレコード—ピアノ曲）中村善吉 「ディスク」21巻13号 臨時増刊 名曲とレコード 1958.12 p.117

◇子供の領分〈ドビュッシィ〉（名曲とレコード—ピアノ曲）中村善吉 「ディスク」21巻13号 臨時増刊 名曲とレコード 1958.12 p.118

◇月の光〈ドビュッシィ〉（名曲とレコード—ピアノ曲）中村善吉 「ディスク」21巻13号 臨時増刊 名曲とレコード 1958.12 p.119

◇火祭りの踊〈ファリア〉（名曲とレコード—ピアノ曲）中村善吉 「ディスク」21巻13号 臨時増刊 名曲とレコード 1958.12 p.119

◇シャリアピンの芸術—LPに更正された名歌手（3）中村善吉 「ディスク」22巻1号 1959.1 p.44

◇ロッテ・レーマン—LPに更正された名歌手（4）中村善吉 「ディスク」22巻2号 1959.2 p.152

◇ピアノ三重奏曲第一番 ト長調〈ハイドン〉（続・名曲とレコード—室内楽曲）中村善吉 「ディスク」22巻8号 臨時増刊 続・名曲とレコード 1959.7 p.77

◇弦楽四重奏曲 ヘ長調「セレナード」作品三の五〈ハイドン〉（続・名曲とレコード—室内楽曲）中村善吉 「ディスク」22巻8号 臨時増刊 続・名曲とレコード 1959.7 p.77

◇弦楽四重奏曲 ニ長調「ひばり」作品六四の五〈ハイドン〉（続・名曲とレコード—室内楽曲）中村善吉 「ディスク」22巻8号 臨時増刊 続・名曲とレコード 1959.7 p.78

◇弦楽四重奏曲第一五番 ニ短調 K四二一〈モーツァルト〉（続・名曲とレコード—室内楽曲）中村善吉 「ディスク」22巻8号 臨時増刊 続・名曲とレコード 1959.7 p.79

◇弦楽四重奏曲第一九番 ハ長調「不協和音」K四六五〈モーツァルト〉（続・名曲とレコード—室内楽曲）中村善吉 「ディスク」22巻8号 臨時増刊 続・名曲とレコード 1959.7 p.80

◇フルート四重奏曲第一番 ニ長調 K二八五〈モーツァルト〉（続・名曲とレコード—室内楽曲）中村善吉 「ディスク」22巻8号 臨時増刊 続・名曲とレコード 1959.7 p.80

◇ピアノ三重奏曲 変ロ長調「太公」作品九七〈ベートーヴェン〉（続・名曲とレコード—室内楽曲）中村善吉 「ディスク」22巻8号 臨時増刊 続・名曲とレコード 1959.7 p.81

◇弦楽四重奏曲第一〇番 変ホ長調「ハープ」作品七四〈ベートーヴェン〉（続・名曲とレコード—室内楽曲）中村善吉 「ディスク」22巻8号 臨時増刊 続・名曲とレコード 1959.7 p.82

◇弦楽四重奏曲第一四番 嬰ハ短調 作品一三一〈ベートーヴェン〉（続・名曲とレコード―室内楽曲）中村善吉 「ディスク」22巻8号 臨時増刊 続・名曲とレコード 1959.7 p.83

◇弦楽四重奏曲第一五番 イ短調 作品一三二〈ベートーヴェン〉（続・名曲とレコード―室内楽曲）中村善吉 「ディスク」22巻8号 臨時増刊 続・名曲とレコード 1959.7 p.84

◇ピアノ三重奏曲 変ロ長調 作品九九〈シューベルト〉（続・名曲とレコード―室内楽曲）中村善吉 「ディスク」22巻8号 臨時増刊 続・名曲とレコード 1959.7 p.85

◇ピアノ五重奏曲 変ホ長調 作品四四〈シューマン〉（続・名曲とレコード―室内楽曲）中村善吉 「ディスク」22巻8号 臨時増刊 続・名曲とレコード 1959.7 p.86

◇クラリネット五重奏曲 ロ短調 作品一一五〈ブラームス〉（続・名曲とレコード―室内楽曲）中村善吉 「ディスク」22巻8号 臨時増刊 続・名曲とレコード 1959.7 p.86

◇弦楽四重奏曲 ト短調 作品一〇〈ドビュッシー〉（続・名曲とレコード―室内楽曲）中村善吉 「ディスク」22巻8号 臨時増刊 続・名曲とレコード 1959.7 p.87

◇弦楽四重奏曲 ヘ長調〈ラヴェル〉（続・名曲とレコード―室内楽曲）中村善吉 「ディスク」22巻8号 臨時増刊 続・名曲とレコード 1959.7 p.88

◇弦楽四重奏曲第五番〈バルトーク〉（続・名曲とレコード―室内楽曲）中村善吉 「ディスク」22巻8号 臨時増刊 続・名曲とレコード 1959.7 p.89

◇パルティータ第二番 ニ短調「シャコタンヌ」〈バッハ〉（続・名曲とレコード―ヴァイオリン曲）中村善吉 「ディスク」22巻8号 臨時増刊 続・名曲とレコード 1959.7 p.90

◇ヴァイオリン奏鳴曲第四番 ニ長調〈ヘンデル〉（続・名曲とレコード―ヴァイオリン曲）中村善吉 「ディスク」22巻8号 臨時増刊 続・名曲とレコード 1959.7 p.90

◇ヴァイオリン奏鳴曲 ト短調「悪魔のトリル」〈タルティーニ〉（続・名曲とレコード―ヴァイオリン曲）中村善吉 「ディスク」22巻8号 臨時増刊 続・名曲とレコード 1959.7 p.91

◇ヴァイオリン奏鳴曲第四〇番 変ロ長調 K四五四〈モーツァルト〉（続・名曲とレコード―ヴァイオリン曲）中村善吉 「ディスク」22巻8号 臨時増刊 続・名曲とレコード 1959.7 p.92

◇ヴァイオリン奏鳴曲第五番 ヘ長調「春」作品二四〈ベートーヴェン〉（続・名曲とレコード―ヴァイオリン曲）中村善吉 「ディスク」22巻8号 臨時増刊 続・名曲とレコード 1959.7 p.93

◇奇想曲 作品一〈パガニーニ〉（続・名曲とレコード―ヴァイオリン曲）中村善吉 「ディスク」22巻8号 臨時増刊 続・名曲とレコード 1959.7 p.94

◇ヴァイオリン小奏鳴曲第三番 ト短調〈シューベルト〉（続・名曲とレコード―ヴァイオリン曲）中村善吉 「ディスク」22巻8号 臨時増刊 続・名曲とレコード 1959.7 p.94

◇ヴァイオリン奏鳴曲第三番 ニ短調 作品一〇八〈ブラームス〉（続・名曲とレコード―ヴァイオリン曲）中村善吉 「ディスク」22巻8号 臨時増刊 続・名曲とレコード 1959.7 p.95

◇ハバネラ（アバネーズ）〈サン・サーンス〉（続・名曲とレコード―ヴァイオリン曲）中村善吉 「ディスク」22巻8号 臨時増刊 続・名曲とレコード 1959.7 p.96

◇詩曲 作品二五〈ショーソン〉（続・名曲とレコード―ヴァイオリン曲）中村善吉 「ディスク」22巻8号 臨時増刊 続・名曲とレコード 1959.7 p.96

◇名曲集〈クライスラー〉（続・名曲とレコード―ヴァイオリン曲）中村善吉 「ディスク」22巻8号 臨時増刊 続・名曲とレコード 1959.7 p.97

◇イタリア協奏曲〈バッハ〉（続・名曲とレコード―ピアノ曲）中村善吉 「ディスク」22巻8号 臨時増刊 続・名曲とレコード 1959.7 p.99

◇ピアノ奏鳴曲第一五番 ハ長調 K五四五〈モーツァルト〉（続・名曲とレコード―ピアノ曲）中村善吉 「ディスク」22巻8号 臨時増刊 続・名曲とレコード 1959.7 p.100

◇ピアノ奏鳴曲第二一番「ワルドシュタイン」ハ長調 作品五三〈ベートーヴェン〉（続・名曲とレコード―ピアノ曲）中村善吉 「ディスク」22巻8号 臨時増刊 続・名曲とレコード 1959.7 p.100

◇ピアノ奏鳴曲第二六番「告別」変ホ長調 作品八一a〈ベートーヴェン〉（続・名曲とレコード―ピアノ曲）中村善吉 「ディスク」22巻8号 臨時増刊 続・名曲とレコード 1959.7 p.101

◇ピアノ奏鳴曲第三一番 変イ長調 作品一一〇〈ベートーヴェン〉（続・名曲とレコード―ピアノ曲）中村善吉 「ディスク」22巻8号 臨時増刊 続・名曲とレコード 1959.7 p.102

◇楽興の時 作品九四〈シューベルト〉（続・名曲とレコード―ピアノ曲）中村善吉 「ディスク」22巻8号 臨時増刊 続・名曲とレコード 1959.7 p.103

◇無言歌集〈メンデルスゾーン〉（続・名曲とレコード―ピアノ曲）中村善吉 「ディスク」22巻8号 臨時増刊 続・名曲とレコード 1959.7 p.104

◇ポロネーズ集〈ショパン〉（続・名曲とレコード―ピアノ曲）中村善吉 「ディスク」22巻8号 臨時増刊 続・名曲とレコード 1959.7 p.105

◇練習曲 作品一〇及び二五〈ショパン〉（続・名曲とレコード―ピアノ曲）中村善吉 「ディスク」22巻8号 臨時増刊 続・名曲とレコード 1959.7 p.106

◇円舞曲集〈ショパン〉（続・名曲とレコード―ピアノ曲）中村善吉 「ディスク」22巻8号 臨時増刊 続・名曲とレコード 1959.7 p.107

執筆者 人物文献目録 中村善吉

◇謝肉祭 作品九〈シューマン〉（続・名曲とレコード―ピアノ曲）中村善吉 「ディスク」22巻8号 臨時増刊 続・名曲とレコード 1959.7 p.109

◇四季より舟歌・トロイカ〈チャイコフスキー〉（続・名曲とレコード―ピアノ曲）中村善吉 「ディスク」22巻8号 臨時増刊 続・名曲とレコード 1959.7 p.110

◇前奏曲集 第一集〈ドビュッシー〉（続・名曲とレコード―ピアノ曲）中村善吉 「ディスク」22巻8号 臨時増刊 続・名曲とレコード 1959.7 p.110

◇死せる王女のためのパヴァーヌ〈ラヴェル〉（続・名曲とレコード―ピアノ曲）中村善吉 「ディスク」22巻8号 臨時増刊 続・名曲とレコード 1959.7 p.111

◇水の戯れ〈ラヴェル〉（続・名曲とレコード―ピアノ曲）中村善吉 「ディスク」22巻8号 臨時増刊 続・名曲とレコード 1959.7 p.112

◇ベートーヴェンの作品展望 中村善吉 「ディスク」23巻2号 臨時増刊 ベートーヴェン 1960.1 p.40

◇ヴァイオリン奏鳴曲 中村善吉 「ディスク」23巻2号 臨時増刊 ベートーヴェン 1960.1 p.115

◇其の他のピアノ曲 中村善吉 「ディスク」23巻2号 臨時増刊 ベートーヴェン 1960.1 p.141

◇ピアノ三重奏曲第一番ト長調―ハイドン（室内楽）中村善吉 「ディスク」23巻13号 増刊 新版名曲とレコード 下巻 1960.10 p.18

◇弦楽四重奏曲「セレナード」ヘ長調―ハイドン（室内楽）中村善吉 「ディスク」23巻13号 増刊 新版名曲とレコード 下巻 1960.10 p.18

◇弦楽四重奏曲「ひばり」ニ長調―ハイドン（室内楽）中村善吉 「ディスク」23巻13号 増刊 新版名曲とレコード 下巻 1960.10 p.19

◇弦楽四重奏曲「皇帝」ハ長調―ハイドン（室内楽）中村善吉 「ディスク」23巻13号 増刊 新版名曲とレコード 下巻 1960.10 p.20

◇弦楽四重奏曲第一五番ニ短調K四二一―モーツァルト（室内楽）中村善吉 「ディスク」23巻13号 増刊 新版名曲とレコード 下巻 1960.10 p.22

◇弦楽四重奏曲第一九番「不協和音」ハ長調―モーツァルト（室内楽）中村善吉 「ディスク」23巻13号 増刊 新版名曲とレコード 下巻 1960.10 p.22

◇フルート四重奏曲第一番ニ長調K二八五―モーツァルト（室内楽）中村善吉 「ディスク」23巻13号 増刊 新版名曲とレコード 下巻 1960.10 p.24

◇クラリネット五重奏曲イ長調―モーツァルト（室内楽）中村善吉 「ディスク」23巻13号 増刊 新版名曲とレコード 下巻 1960.10 p.28

◇ピアノ三重奏曲第七番「太公」変ロ長調―ベートーヴェン（室内楽）中村善吉 「ディスク」23巻13号 増刊 新版名曲とレコード 下巻 1960.10 p.29

◇弦楽四重奏曲第七番「ラズモフスキー」―ベートーヴェン（室内楽）中村善吉 「ディスク」23巻13号 増刊 新版名曲とレコード 下巻 1960.10 p.31

◇弦楽四重奏曲第一〇番「ハープ」変ホ長調―ベートーヴェン（室内楽）中村善吉 「ディスク」23巻13号 増刊 新版名曲とレコード 下巻 1960.10 p.32

◇弦楽四重奏曲第一四番嬰ハ短調作品一三一―ベートーヴェン（室内楽）中村善吉 「ディスク」23巻13号 増刊 新版名曲とレコード 下巻 1960.10 p.33

◇弦楽四重奏曲第一五番イ短調作品一三二―ベートーヴェン（室内楽）中村善吉 「ディスク」23巻13号 増刊 新版名曲とレコード 下巻 1960.10 p.34

◇ピアノ三重奏曲第一番変ロ長調作品九九―シューベルト（室内楽）中村善吉 「ディスク」23巻13号 増刊 新版名曲とレコード 下巻 1960.10 p.35

◇ピアノ五重奏曲「鱒」イ長調―シューベルト（室内楽）中村善吉 「ディスク」23巻13号 増刊 新版名曲とレコード 下巻 1960.10 p.36

◇弦楽四重奏曲第一四番「死と乙女」ニ短調―シューベルト（室内楽）中村善吉 「ディスク」23巻13号 増刊 新版名曲とレコード 下巻 1960.10 p.37

◇ピアノ五重奏曲変ホ長調―シューマン（室内楽）中村善吉 「ディスク」23巻13号 増刊 新版名曲とレコード 下巻 1960.10 p.40

◇クラリネット五重奏曲ロ短調作品一一五―ブラームス（室内楽）中村善吉 「ディスク」23巻13号 増刊 新版名曲とレコード 下巻 1960.10 p.42

◇ピアノ三重奏曲イ短調―チャイコフスキー（室内楽）中村善吉 「ディスク」23巻13号 増刊 新版名曲とレコード 下巻 1960.10 p.43

◇弦楽四重奏曲第六番「アメリカ」―ドヴォルジャック（室内楽）中村善吉 「ディスク」23巻13号 増刊 新版名曲とレコード 下巻 1960.10 p.45

◇弦楽四重奏曲―ドビュッシイ（室内楽）中村善吉 「ディスク」23巻13号 増刊 新版名曲とレコード 下巻 1960.10 p.46

◇弦楽三重奏曲―ラヴェル（室内楽）中村善吉 「ディスク」23巻13号 増刊 新版名曲とレコード 下巻 1960.10 p.48

◇弦楽四重奏曲第五番―バルトーク（室内楽）中村善吉 「ディスク」23巻13号 増刊 新版名曲とレコード 下巻 1960.10 p.49

◇ラ・フォリアー―コレルリ（ヴァイオリン曲）中村善吉 「ディスク」23巻13号 増刊 新版名曲とレコード 下巻 1960.10 p.51

◇シャコンヌ―ヴィタリ（ヴァイオリン曲）中村善吉 「ディスク」23巻13号 増刊 新版名曲とレコード 下巻 1960.10 p.51

◇無伴奏パルティータ第二番「シャコンヌ」付
　—バッハ（ヴァイオリン曲）中村善吉 「ディ
　スク」23巻13号 増刊 新版名曲とレコード 下
　巻 1960.10 p.54

◇ヴァイオリン奏鳴曲第四番ニ調—ヘンデル
　（ヴァイオリン曲）中村善吉 「ディスク」23
　巻13号 増刊 新版名曲とレコード 下巻 1960.
　10 p.55

◇ヴァイオリン奏鳴曲「悪魔のトリル」—タル
　ティーニ（ヴァイオリン曲）中村善吉 「ディ
　スク」23巻13号 増刊 新版名曲とレコード 下
　巻 1960.10 p.56

◇ロンド—セレナード第七番「ハフナー」より
　—モーツァルト（ヴァイオリン曲）中村善吉
　「ディスク」23巻13号 増刊 新版名曲とレコー
　ド 下巻 1960.10 p.57

◇ヴァイオリン奏鳴曲変ロ長調K四五四—モー
　ツァルト（ヴァイオリン曲）中村善吉 「ディ
　スク」23巻13号 増刊 新版名曲とレコード 下
　巻 1960.10 p.59

◇ヴァイオリン奏鳴曲第五番「春」—ベートー
　ヴェン（ヴァイオリン曲）中村善吉 「ディス
　ク」23巻13号 増刊 新版名曲とレコード 下巻
　1960.10 p.60

◇ヴァイオリン奏鳴曲第九番「クロイツェル」
　—ベートーヴェン（ヴァイオリン曲）中村善
　吉 「ディスク」23巻13号 増刊 新版名曲とレ
　コード 下巻 1960.10 p.61

◇ロマンス第一番ト長調作品四〇—ベートー
　ヴェン（ヴァイオリン曲）中村善吉 「ディス
　ク」23巻13号 増刊 新版名曲とレコード 下巻
　1960.10 p.62

◇ロマンス第二番ヘ長調作品五〇—ベートー
　ヴェン（ヴァイオリン曲）中村善吉 「ディス
　ク」23巻13号 増刊 新版名曲とレコード 下巻
　1960.10 p.62

◇綺想曲集 作品一一—パガニーニ（ヴァイオリン
　曲）中村善吉 「ディスク」23巻13号 増刊 新
　版名曲とレコード 下巻 1960.10 p.63

◇ヴァイオリン奏鳴曲第三番ト短調—シューベ
　ルト（ヴァイオリン曲）中村善吉 「ディス
　ク」23巻13号 増刊 新版名曲とレコード 下巻
　1960.10 p.63

◇ヴァイオリン奏鳴曲イ長調—フランク（ヴァ
　イオリン曲）中村善吉 「ディスク」23巻13号
　増刊 新版名曲とレコード 下巻 1960.10 p.64

◇ヴァイオリン奏鳴曲第三番ニ短調—ブラーム
　ス（ヴァイオリン曲）中村善吉 「ディスク」
　23巻13号 増刊 新版名曲とレコード 下巻
　1960.10 p.65

◇導入部とロンド・カプリチオーソ—サン＝
　サーンス（ヴァイオリン）中村善吉 「ディ
　スク」23巻13号 増刊 新版名曲とレコード 下
　巻 1960.10 p.66

◇ハバネラ（アバネーズ）—サン＝サーンス
　（ヴァイオリン曲）中村善吉 「ディスク」23
　巻13号 増刊 新版名曲とレコード 下巻 1960.
　10 p.66

◇瞑想曲—歌劇「タイス」より—マスネー
　（ヴァイオリン曲）中村善吉 「ディスク」23
　巻13号 増刊 新版名曲とレコード 下巻 1960.
　10 p.67

◇チゴイネルワイゼン—サラサーテ（ヴァイオ
　リン曲）中村善吉 「ディスク」23巻13号 増
　刊 新版名曲とレコード 下巻 1960.10 p.68

◇ウイーン綺想曲—クライスラー（ヴァイオリ
　ン曲）中村善吉 「ディスク」23巻13号 増刊
　新版名曲とレコード 下巻 1960.10 p.71

◇名曲集—クライスラー（ヴァイオリン曲）中
　村善吉 「ディスク」23巻13号 増刊 新版名曲
　とレコード 下巻 1960.10 p.72

◇イタリア協奏曲—バッハ（ピアノ曲）中村善
　吉 「ディスク」23巻13号 増刊 新版名曲とレ
　コード 下巻 1960.10 p.76

◇調子のいゝ鍛冶屋—ヘンデル（ピアノ曲）中
　村善吉 「ディスク」23巻13号 増刊 新版名曲
　とレコード 下巻 1960.10 p.78

◇ピアノ奏鳴曲第一一番（トルコ行進曲附き）—
　モーツァルト（ピアノ曲）中村善吉 「ディ
　スク」23巻13号 増刊 新版名曲とレコード 下巻
　1960.10 p.78

◇ピアノ奏鳴曲第一五番ハ長調K五四五—モー
　ツァルト（ピアノ曲）中村善吉 「ディスク」
　23巻13号 増刊 新版名曲とレコード 下巻
　1960.10 p.79

◇ピアノ奏鳴曲第八番「悲愴」—ベートーヴェ
　ン（ピアノ曲）中村善吉 「ディスク」23巻13
　号 増刊 新版名曲とレコード 下巻 1960.10
　p.80

◇ピアノ奏鳴曲第一四番「月光」—ベートー
　ヴェン（ピアノ曲）中村善吉 「ディスク」23
　巻13号 増刊 新版名曲とレコード 下巻 1960.
　10 p.81

◇ピアノ奏鳴曲第二一番「ワルドシュタイン」
　—ベートーヴェン（ピアノ曲）中村善吉
　「ディスク」23巻13号 増刊 新版名曲とレコー
　ド 下巻 1960.10 p.82

◇ピアノ奏鳴曲第二三番「熱情」—ベートー
　ヴェン（ピアノ曲）中村善吉 「ディスク」23
　巻13号 増刊 新版名曲とレコード 下巻 1960.
　10 p.83

◇ピアノ奏鳴曲第二六番「告別」—ベートー
　ヴェン（ピアノ曲）中村善吉 「ディスク」23
　巻13号 増刊 新版名曲とレコード 下巻 1960.
　10 p.84

◇ピアノ奏鳴曲第三一番変イ長調作品一一〇—
　ベートーヴェン（ピアノ曲）中村善吉 「ディ
　スク」23巻13号 増刊 新版名曲とレコード 下
　巻 1960.10 p.85

◇エリーゼの為に—ベートーヴェン（ピアノ曲）
　中村善吉 「ディスク」23巻13号 増刊 新版名
　曲とレコード 下巻 1960.10 p.86

◇楽興の時—シューベルト（ピアノ曲）中村善
　吉 「ディスク」23巻13号 増刊 新版名曲とレ
　コード 下巻 1960.10 p.88

◇無言歌集—メンデルスゾーン（ピアノ曲）中村善吉 「ディスク」23巻13号 増刊 新版名曲とレコード 下巻 1960.10 p.89

◇ピアノ奏鳴曲第二番「葬送」—ショパン（ピアノ曲）中村善吉 「ディスク」23巻13号 増刊 新版名曲とレコード 下巻 1960.10 p.90

◇即興曲第四番「幻想即興曲」—ショパン（ピアノ曲）中村善吉 「ディスク」23巻13号 増刊 新版名曲とレコード 下巻 1960.10 p.92

◇練習曲 作品一〇, 作品二五—ショパン（ピアノ曲）中村善吉 「ディスク」23巻13号 増刊 新版名曲とレコード 下巻 1960.10 p.96

◇ポロネーズ集—ショパン（ピアノ曲）中村善吉 「ディスク」23巻13号 増刊 新版名曲とレコード 下巻 1960.10 p.98

◇円舞曲集—ショパン（ピアノ曲）中村善吉 「ディスク」23巻13号 増刊 新版名曲とレコード 下巻 1960.10 p.99

◇謝肉祭—シューマン（ピアノ曲）中村善吉 「ディスク」23巻13号 増刊 新版名曲とレコード 下巻 1960.10 p.105

◇子供の情景—シューマン（ピアノ曲）中村善吉 「ディスク」23巻13号 増刊 新版名曲とレコード 下巻 1960.10 p.106

◇ハンガリア狂詩曲第二番—リスト（ピアノ曲）中村善吉 「ディスク」23巻13号 増刊 新版名曲とレコード 下巻 1960.10 p.107

◇ラ・カンパネラ—リスト（ピアノ曲）中村善吉 「ディスク」23巻13号 増刊 新版名曲とレコード 下巻 1960.10 p.108

◇舟歌, トロイカ「四季」より—チャイコフスキー（ピアノ曲）中村善吉 「ディスク」23巻13号 増刊 新版名曲とレコード 下巻 1960.10 p.108

◇子供の領分—ドビュッシイ（ピアノ曲）中村善吉 「ディスク」23巻13号 増刊 新版名曲とレコード 下巻 1960.10 p.110

◇前奏曲第一集—ドビュッシイ（ピアノ曲）中村善吉 「ディスク」23巻13号 増刊 新版名曲とレコード 下巻 1960.10 p.111

◇死せる王女の為のパヴァーヌ—ラヴェル（ピアノ曲）中村善吉 「ディスク」23巻13号 増刊 新版名曲とレコード 下巻 1960.10 p.114

◇水の戯れ—ラヴェル（ピアノ曲）中村善吉 「ディスク」23巻13号 増刊 新版名曲とレコード 下巻 1960.10 p.114

◇火祭りの踊り—ファリア（ピアノ曲）中村善吉 「ディスク」23巻13号 増刊 新版名曲とレコード 下巻 1960.10 p.117

◇無伴奏チェロ組曲（六曲）—バッハ（チェロ曲）中村善吉 「ディスク」23巻13号 増刊 新版名曲とレコード 下巻 1960.10 p.119

◇チェロ奏鳴曲 三番, 四番, 五番—ベートーヴェン（チェロ曲）中村善吉 「ディスク」23巻13号 増刊 新版名曲とレコード 下巻 1960.10 p.120

◇モーツァルトの魔笛の主題による七つの変奏曲—ベートーヴェン（チェロ曲）中村善吉 「ディスク」23巻13号 増刊 新版名曲とレコード 下巻 1960.10 p.122

◇アルペジオーネ 奏鳴曲イ短調—シューベルト（チェロ曲）中村善吉 「ディスク」23巻13号 増刊 新版名曲とレコード 下巻 1960.10 p.123

◇チェロ奏鳴曲 第一番ホ短調作品三八—ブラームス（チェロ曲）中村善吉 「ディスク」23巻13号 増刊 新版名曲とレコード 下巻 1960.10 p.124

◇白鳥—「動物の謝肉祭」より—サン=サーンス（チェロ曲）中村善吉 「ディスク」23巻13号 増刊 新版名曲とレコード 下巻 1960.10 p.125

◇コル・ニドライ—ブルッフ（チェロ曲）中村善吉 「ディスク」23巻13号 増刊 新版名曲とレコード 下巻 1960.10 p.125

◇エレジー—フオーレ（チェロ曲）中村善吉 「ディスク」23巻13号 増刊 新版名曲とレコード 下巻 1960.10 p.126

◇チェロ奏鳴曲—ドビュッシイ（チェロ曲）中村善吉 「ディスク」23巻13号 増刊 新版名曲とレコード 下巻 1960.10 p.126

◇ゴエスカス間奏曲—グラナドス（チェロ曲）中村善吉 「ディスク」23巻13号 増刊 新版名曲とレコード 下巻 1960.10 p.127

◇無伴奏チェロ奏鳴曲—コダーイ（チェロ曲）中村善吉 「ディスク」23巻13号 増刊 新版名曲とレコード 下巻 1960.10 p.128

◇カザルスの歩み来た道（特集・カザルスのすべて）中村善吉 「ディスク」24巻4号 1961.4 p.22

◇作品展望 中村善吉 「ディスク」24巻9号 臨時増刊 シューベルト 1961.8 p.36

◇クライスラー追憶 中村善吉 「ディスク」25巻3号 1962.3 p.58

◇コルトーを惜しむ（コルトー哀悼）中村善吉 「ディスク」25巻8号 1962.8 p.80

◇特別寄稿「ディスク」三百号記念によせて（特集 三百号を記念して）あらゝぎ, 村田武雄, 城井清澄, 中村善吉, 森潤三郎, 西条卓夫, 藤田不二, 野村光一, 伊奈文夫, 池田圭, 矢萩銀三, 大宮真琴, 岡俊雄, 宮前有吉 「ディスク」25巻10号 1962.10 p.82

野村 光一

◇有害でも有益でもある（特輯 レコードが音楽の上に与へた影響）野村光一 「レコード」2巻7号 1931.7 p.66

◇俄貴族その他（洋楽八月新譜批評）野村光一 「レコード」2巻8号 1931.8 p.44

◇レコードを音楽として聴く（私のレコード鑑賞）野村光一 「レコード」2巻10号 1931.10 p.45

◇ベートーヴェン第四交響曲（名曲解説——一月新譜より）野村光一　「レコード」3巻1号　1932.1　p.29

◇フランク作ニ短調交響曲（名曲解説——四月新譜より）野村光一　「レコード」3巻4号　1932.4　p.27

◇ベートーヴェン作「悲愴」ソナタ（名曲解説）野村光一　「レコード」3巻9号　1932.9　p.16

◇ベートーヴェン作「熱情」ソナタ（名曲解説）野村光一　「レコード」3巻10号　1932.10　p.17

◇大洋琴家ベンノ・モイセヴィッチ（レコードで活躍する世界的音楽家列伝（27））野村光一　「レコード」3巻11号　1932.11　p.6

◇洋琴家コルトーを語る　野村光一　「レコード」4巻1号　1933.1　p.12

◇パツハマンの演奏をきく　野村光一　「レコード」4巻2号　1933.2　p.6

◇リスト協奏曲第一番変ホ長調　野村光一　「レコード」4巻4号　1933.4　別冊附録

◇フランスのオーケストラとドイツのオーケストラ　野村光一　「レコード音楽」7巻8号　1933.8　p.22

◇レコードに拠るフリードマン　野村光一　「レコード音楽」7巻9号　1933.9　p.10

◇シューマンとオネーギン　野村光一　「レコード音楽」7巻10号　1933.10　p.28

◇昭和八年のレコード界を顧る座談会（特輯）有坂愛彦，白井嶺南，菅原明朗，須永克己，野村あらえびす，野村光一，藤田不二，村田武雄　「レコード音楽」7巻12号　1933.12　p.4

◇ブラームスの交響曲——断片的印象　野村光一　「レコード音楽」8巻2号　1934.2　p.16

◇ワインガルトナーが指揮をしたベートーヴェンの第四交響曲　野村光一　「レコード音楽」8巻5号　1934.5　p.6

◇コルトオのショパン「前奏曲」再吹込み　野村光一　「レコード音楽」8巻7号　1934.7　p.13

◇コルトオのシューマン協奏曲再吹込み　野村光一　「レコード音楽」8巻9号　1934.9　p.6

◇コンセル・コロンヌ演奏の「田園交響曲」野村光一　「レコード音楽」8巻11号　1934.11　p.19

◇流行歌検討座談会（特輯）塩入亀輔，菅原明朗，須永克己，吉田信，野村あらえびす，野村光一，堀内敬三　「レコード音楽」8巻11号　1934.11　p.30

◇昭和九年度のピアノ・レコード（特輯——昭和九年度のレコード界を顧る）野村光一　「レコード音楽」8巻12号　1934.12　p.13

◇ウッヅ卿指揮の「未完成」交響曲（新盤試聴記）野村光一　「レコード音楽」9巻3号　1935.3　p.40

◇ギーゼキングのベートーヴェン「皇帝」協奏曲演奏　野村光一　「レコード音楽」9巻4号　1935.4　p.12

◇クーセヴィッツキーが指揮をしたベートーヴェンの「エロイカ」野村光一　「レコード音楽」9巻6号　1935.6　p.24

◇ベートーヴェンとピアノ　野村光一　「レコード音楽」9巻7号　1935.7　p.13

◇「交響変奏曲」解説　野村光一　「レコード音楽」9巻9号　1935.9　p.13

◇ブラームスと洋琴　野村光一　「ディスク」7巻10号　1935.10　p.734

◇洋琴家とブラームス　野村光一　「レコード音楽」9巻10号　1935.10　p.27

◇シュナーベルのベートーヴェン——ソナタ協会第7回頒布に際して　野村光一　「レコード音楽」9巻11号　1935.11　p.11

◇愛盤愛機を語る（座談会）有坂愛彦，野村光一，藤田不二，国塩耕一郎，あらえびす，村田武雄，菅原明朗，平林勇，山根銀二　「レコード音楽」9巻11号　1935.11　p.30

◇本年度の洋琴優秀レコード（昭和十年のレコード界を顧る）野村光一　「レコード音楽」9巻12号　1935.12　p.31

◇シュナーベル演奏のベートーヴェン第二洋琴協奏曲　野村光一　「レコード音楽」10巻2号　1936.2　p.26

◇シューマン・フアンタジー（独逸音楽随筆集）野村光一　「ディスク」8巻7号　1936.7　p.605

◇ケンプと「ハムマークラフィール」一偶感「独逸人気質・猶太人気質」野村光一　「レコード音楽」10巻7号　1936.7　p.6

◇ブッシュ，ゼルキンの演奏に拠るブラームスの洋琴四重奏曲イ長調に就て　野村光一　「レコード音楽」10巻8号　1936.8　p.8

◇レコード界の今昔を語る座談会　有坂愛彦，松本荘之助，あらえびす，村田武雄，山根銀二，藤田不二，西条卓夫，野村光一，中村善吉，塩入亀輔　「レコード音楽」10巻10号　1936.10　p.2

◇シュナーベルに拠る「鱒」の五重奏曲　野村光一　「レコード音楽」10巻10号　1936.10　p.6

◇近頃のコルトー——ショパンの協奏曲へ短調のレコードを聴き乍ら　野村光一　「レコード音楽」10巻11号　1936.11　p.20

◇ブラームスの洋琴協奏曲第二番を繞つて　野村光一　「レコード音楽」10巻12号　1936.12　p.11

◇近頃聴いたピアノ・レコードから　野村光一　「ディスク」9巻1号　1937.1　p.33

◇ワルター指揮のブラームス第四交響曲　野村光一　「レコード音楽」11巻2号　1937.2　p.10

◇ワルター指揮の「未完成」（三つの「未完成交響曲」新盤試聴記）野村光一　「レコード音楽」11巻3号　1937.3　p.10

◇ベルリオーズの「ファウストの劫罰」のレコード　野村光一　「レコード音楽」11巻4号　1937.4　p.14

◇二つの「第八交響曲」新盤 野村光一 「レコード音楽」11巻5号 1937.5 p.10

◇ヴァーグナー祭紀年レコード 野村光一 「レコード音楽」11巻6号 1937.6 p.11

◇「悲愴交響曲」のニレコード 野村光一 「レコード音楽」11巻7号 1937.7 p.10

◇クーレンカンプの演じたメンデルスゾーンの提琴協奏曲 野村光一 「レコード音楽」11巻9号 1937.9 p.10

◇ベートーヴェン作品レコードは何を選ぶ？（座談会（上）） 青木謙幸，野村光一，あらえびす，藤田不二，有坂愛彦，村田武雄 「レコード音楽」11巻10号 1937.10 p.41

◇ベートーヴェン・ピアノ・ソナタ協会第十一輯 野村光一 「ディスク」9巻11号 1937.11 p.1061

◇ルービンシュタイン演奏のショパンの「ノクターン集」 野村光一 「レコード音楽」11巻11号 1937.11 p.10

◇ベートーヴェン作品レコードは何を選ぶ？（座談会（下）） 青木謙幸，野村光一，あらえびす，藤田不二，有坂愛彦，村田武雄 「レコード音楽」11巻11号 1937.11 p.118

◇プラーグ交響曲とワルター（試聴記） 野村光一 「レコード音楽」12巻1号 1938.1 p.16

◇名盤百選（附録） あらえびす，有坂愛彦，野村光一，藤田不二，村田武雄 「レコード音楽」12巻1号 1938.1 p.133

◇フルトウェングラーの「第五」（試聴記） 野村光一 「レコード音楽」12巻4号 1938.4 p.10

◇トスカニーニの「田園交響曲」（試聴記） 野村光一 「レコード音楽」12巻5号 1938.5 p.10

◇ビクターの「ミッキー・マウス・アルバム」一月評欄 野村光一 「レコード音楽」12巻5号 1938.5 p.98

◇絶讃に値する「ワルキューレ」第一幕（試聴記） 野村光一 「レコード音楽」12巻6号 1938.6 p.10

◇ブラームスの第三交響曲とワルター 野村光一 「ディスク」10巻10号 1938.10 p.978

◇両野村氏を囲む―レコード・ファンの座談会 あらえびす，野村光一 「レコード音楽」13巻6号 1939.6 p.23

◇談話室―レコード・ファン気質 野村光一 「レコード音楽」13巻6号 1939.6 p.63

◇ベートーヴェンの「ディアベリ変奏曲」（試聴記） 野村光一 「レコード音楽」13巻7号 1939.7 p.114

◇マーラーの「大地の歌」に就いて 野村光一 「レコード音楽」13巻8号 1939.8 p.30

◇トスカニーニの指揮振りとベートーヴェンの「第五」交響曲 野村光一 「レコード音楽」13巻9号 1939.9 p.32

◇トスカニーニの序曲集を聴く（試聴記） 野村光一 「レコード音楽」13巻9号 1939.9 p.34

◇ブライロフスキー私見 野村光一 「レコード音楽」13巻11号 1939.11 p.22

◇ワルターの弾いたモーツァルトのニ短調ピアノ協奏曲（試聴記） 野村光一 「レコード音楽」13巻12号 1939.12 p.11

◇名曲・名レコード（座談会） あらえびす，有坂愛彦，野村光一，藤田不二，松本太郎，村田武雄 「レコード音楽」13巻12号 1939.12 p.31

◇満足され難いモーツァルト 野村光一 「レコード音楽」14巻3号 1940.3 p.26

◇チャイコフスキーの演奏家に就いて（チャイコフスキー生誕百年記念） 野村光一 「レコード音楽」14巻5号 1940.5 p.66

◇ゼルキンと「熱情奏鳴曲」 野村光一 「レコード音楽」14巻6号 1940.6 p.22

◇吾が愛盤を語る 野村光一 「レコード」6巻5号 1940.6 p.6

◇トスカニーニとベートーヴェンの「第四」 野村光一 「レコード音楽」14巻7号 1940.7 p.22

◇新刊紹介―原田光子さん訳「パデレフスキー自伝」を読む 野村光一 「レコード音楽」14巻11号 1940.11 p.68

◇ハイフェッツとトスカニーニ 野村光一 「レコード音楽」14巻12号 1940.12 p.18

◇随筆「囲碁と音楽」 野村光一 「レコード音楽」15巻2号 1941.2 p.54

◇日本吹込レコードとその将来（座談会）（特輯） あらえびす，有坂愛彦，青砥道雄，太田太郎，田辺秀雄，信時潔，野村光一 「レコード音楽」15巻4号 1941.4 p.113

◇ピアノ音楽対談会 野村光一，野辺地瓜丸 「レコード音楽」15巻6号 1941.6 p.42

◇逝けるパデレフスキーに就いて 野村光一 「レコード音楽」15巻8号 1941.8 p.36

◇「聴覚訓練の諸問題」（座談会） 井坂行男，田辺秀雄，辻荘一，牛山充，野村光一，足羽章 「レコード音楽」15巻8号 1941.8 p.44

◇「レコード文化」の誕生を祝す あらえびす，野村光一 「レコード文化」1巻1号 1941.11 p.2

◇ワルター―名指揮者・其の2 野村光一 「レコード文化」1巻2号 1941.12 p.8

◇「大東亜の音楽を語る」（座談会） 牛山充，黒沢隆朝，田沼尚雄，野村光一，枡源次郎 「レコード文化」2巻3号 1942.3 p.6

◇名曲と名盤―ショパンのピアノ曲 野村光一 「レコード文化」2巻9号 1942.9 p.12

◇迎春所感 野村光一，竹越和夫 「レコード文化」3巻1号 1943.1 p.6

◇現代作曲家論（座談会） 野村光一，有坂愛彦，久保田公平，土田貞夫，山根銀二 「レコード文化」3巻3号 1943.3 p.8

◇協奏曲より（戦時下のレコード 私の推薦した
いレコード）野村光一 「レコード文化」3巻
5号 1943.5 p.4

◇ベートーヴェンの「ディアベリ変奏曲」（特輯
音盤）野村光一 「レコード文化」3巻5号
1943.5 p.37

◇愛国百人一首の作曲に就て 野村光一 「レ
コード文化」3巻6号 1943.6 p.5

◇戦時下に於けるレコード文化の方向（座談会）
あらえびす，野村光一，有坂愛彦，藤田不二，
牛山充，野川香文，中村善吉，坿和昌夫 「レ
コード文化」3巻10号 1943.10 p.20

◇ピアノ音楽の聴き方 野村光一 「レコード音
楽」17巻2号 1947.4 p.7

◇音楽史的に観たピアノ・レコード（1）バッハ
以前 野村光一 「レコード音楽」17巻3号
1947.6 p.6

◇音楽史的に観たピアノ・レコード（2）バッハ
とヘンデル 野村光一 「レコード音楽」17巻
4号 1947.8 p.7

◇音楽史的に観たピアノ・レコード（3）古典派
時代 野村光一 「レコード音楽」17巻5号
1947.10 p.9

◇音楽史的に観たピアノ・レコード（4）ハイド
ンとモーツァルト 野村光一 「レコード音
楽」17巻6号 1947.12 p.6

◇音楽史的に観たピアノ・レコード〔5〕―モー
ツァルト（承前）野村光一 「レコード音楽」
18巻1号 1948.1 p.8

◇音楽史的に観たピアノ・レコード（6）ベー
トーヴェン 野村光一 「レコード音楽」18巻
2号 1948.2 p.13

◇音楽史的に観たピアノ・レコード（6）ベー
トーヴェン（承前）野村光一 「レコード音
楽」18巻3号 1948.3 p.5

◇音楽史的に観たピアノ・レコード（7）シュー
ベルトの洋琴曲とレコード 野村光一 「レ
コード音楽」18巻4号 1948.4 p.1

◇音楽史的に観たピアノ・レコード（8）シュー
マンの洋琴曲とレコード（上）野村光一 「レ
コード音楽」18巻5号 1948.5 p.1

◇音楽史的に観たピアノ・レコード（9）シュー
マンの洋琴曲とレコード 野村光一 「レコー
ド音楽」18巻6号 1948.6 p.16

◇音楽史的に観たピアノ・レコード（10）シュー
マンの洋琴曲とレコード（3）野村光一 「レ
コード音楽」18巻7号 1948.7 p.1

◇音楽史的に観たピアノ・レコード（11）ショパ
ン（1）野村光一 「レコード音楽」18巻8・9
号 1948.9 p.46

◇音楽史的に観たピアノ・レコード（12）ショパ
ン（2）野村光一 「レコード音楽」18巻10号
1948.10 p.13

◇書評―村田武雄著「音楽通史」 野村光一
「レコード音楽」19巻2号 1949.2 p.25

◇音楽史的に観たピアノ・レコード（13）ショパ
ン（3）野村光一 「レコード音楽」19巻3号
1949.3 p.12

◇音楽史的に観たピアノ・レコード（14）ショパ
ン（4）野村光一 「レコード音楽」19巻4号
1949.4 p.14

◇音楽史的に観たピアノ・レコード（15）ショパ
ン（承前）野村光一 「レコード音楽」19巻5
号 1949.5 p.6

◇音楽史的に観たピアノ・レコード（16）ショパ
ン（承前）野村光一 「レコード音楽」19巻7
号 1949.7 p.12

◇音楽史的に観たピアノ・レコード（17）ショパ
ン（7）野村光一 「レコード音楽」19巻8号
1949.8 p.12

◇音楽史的に観たピアノ・レコード〔18〕ショ
パン（ショパン百年祭に因みて）野村光一
「レコード音楽」19巻10号 1949.10 p.15

◇音楽史的に観たピアノ・レコード（19）ショパ
ン（承前）野村光一 「レコード音楽」19巻11
号 1949.11 p.19

◇音楽史的に観たピアノ・レコード（20）ショパ
ン（承前・完）野村光一 「レコード音楽」19
巻12号 1949.12 p.19

◇ショパン話の泉（座談会）井口基成，大田黒
元雄，遠山一行，野村光一，村田武雄 「レ
コード音楽」19巻12号 1949.12 p.52

◇ブルーノ・ワルター 野村光一 「レコード音
楽」20巻1号 1950.1 p.27

◇歌劇レコードを語る―藤原歌劇団の「椿姫」
新盤を中心に（鼎談）大田黒元雄，野村光一，
村田武雄 「レコード音楽」20巻1号 1950.1
p.74

◇音楽史的に観たピアノ・レコード（21）リスト
〔1〕野村光一 「レコード音楽」20巻2号
1950.2 p.24

◇音楽史的に観たピアノ・レコード（22）リスト
（2）野村光一 「レコード音楽」20巻3号
1950.3 p.34

◇音楽史的に観たピアノ・レコード（23）リスト
（3）野村光一 「レコード音楽」20巻4号
1950.4 p.26

◇音楽史的に観たピアノ・レコード（24）リスト
（4）野村光一 「レコード音楽」20巻5号
1950.5 p.23

◇ブラームスの交響曲とレコード（対談）野村
光一，村田武雄 「レコード音楽」20巻5号
1950.5 p.27

◇音楽史的に観たピアノ・レコード（25）ウエー
バー 野村光一 「レコード音楽」20巻7号
1950.7 p.42

◇書評―村田武雄氏著「レコードは招く」人柄
のにじみ出た親しい本 野村光一 「レコード
音楽」20巻8号 1950.8 p.45

◇音楽史的に観たピアノ・レコード（26）ブラー
ムス（1）野村光一 「レコード音楽」20巻8号
1950.8 p.74

| 執筆者 | 人物文献目録 | 野村光一 |

◇ラザール・レヴィのレコードを聴きながら 野村光一 「レコード音楽」20巻9号 1950.9 p.24

◇ワルターの「第九」に寄せることば 野村光一，属啓成，田辺秀雄，有坂愛彦，藤田不二，牛山充，堀内敬三，牧定忠 「レコード音楽」20巻10号 1950.10 p.16

◇音楽史的に観たピアノ・レコード（27）ブラームス（2）野村光一 「レコード音楽」20巻10号 1950.10 p.27

◇ラザール・レヴィ教授のレコード吹込に就て 野村光一 「レコード音楽」20巻12号 1950.12 p.22

◇ブラームスの声楽曲とドイツ鎮魂曲（鼎談）薗田誠一，野村光一，村田武雄 「レコード音楽」20巻12号 1950.12 p.60

◇音楽史的に観たピアノ・レコード（28）ブラームス（3）野村光一 「レコード音楽」21巻2号 1951.2 p.23

◇人間モーツアルト（特輯 モーツァルトの音楽 其一）野村光一 「レコード音楽」21巻3号 1951.3 p.24

◇音楽史的に観たピアノ・レコード（29）フランク 野村光一 「レコード音楽」21巻4号 1951.4 p.22

◇音楽史的に観たピアノ・レコード（30）サン・サーンス 野村光一 「レコード音楽」21巻5号 1951.5 p.33

◇音楽史的に観たピアノ・レコード（31）シャブリエ その他 野村光一 「レコード音楽」21巻6号 1951.6 p.30

◇長時間レコードをめぐって（座談会）野村あらえびす，野村光一，村田武雄，寺島宏，足立浩 「レコード音楽」21巻6号 1951.6 p.74

◇音楽史的に観たピアノ・レコード（32）十九世紀のロシヤ作曲家達（1）ルービンシュタイン 野村光一 「レコード音楽」21巻7号 1951.7 p.77

◇音楽史的に観たピアノ・レコード（33）チャイコフスキー 野村光一 「レコード音楽」21巻8号 1951.8 p.25

◇音楽史的に観たピアノ・レコード（34）ラフマニノフ 野村光一 「レコード音楽」21巻9号 1951.9 p.76

◇シュナーベルとレコード―特にベートーヴェン・ソナタについて（シュナーベル追悼）野村光一 「レコード音楽」21巻10号 1951.10 p.26

◇ルービンシュタインのショパン「夜想曲」第三集 野村光一 「ディスク」14巻3号 1951.11 p.209

◇音楽史的に観たピアノ・レコード（35）国民楽派の人々―バラキレフ・ムツソルグスキー等 野村光一 「レコード音楽」21巻11号 1951.11 p.15

◇立派な演奏（メニューインの印象）野村光一 「レコード音楽」21巻11号 1951.11 p.36

◇音楽史的に観たピアノ・レコード（36）グリーク その他 野村光一 「レコード音楽」21巻12号 1951.12 p.35

◇音楽史的に観たピアノ・レコード（37）カブリエル・フォーレ 野村光一 「レコード音楽」22巻1号 1952.1 p.24

◇モンブラン氏ジョワ夫人をかこんで（座談会）野村光一，安川加寿子，池内友次郎 「レコード音楽」22巻3号 1952.3 p.43

◇音楽史的に観たピアノ・レコード（38）ドビュッシー（1）野村光一 「レコード音楽」22巻4号 1952.4 p.17

◇レコード界の歩み―名曲堂創立30周年にあたりて（座談会）野村あらえびす，野村光一，村田武雄，竹野俊男 「レコード音楽」22巻4号 1952.4 p.94

◇ヒッシュ氏に聴く（対談）ゲルハルト・ヒッシュ，野村光一 「レコード音楽」22巻5号 1952.5 p.121

◇音楽史的に観たピアノ・レコード（37）ドビュッシー（2）野村光一 「レコード音楽」22巻6号 1952.6 p.34

◇音楽史的に観たピアノ・レコード（38）ドビュッシー（3）野村光一 「レコード音楽」22巻7号 1952.7 p.26

◇ワルター，オルマンディ，ミュンクの新輸入盤を語る（座談会）上田仁，村田武雄，寺島宏，野村光一，薬科雅美 「レコード音楽」22巻8号 1952.8 p.10

◇音楽史的に観たピアノ・レコード（39）ドビュッシー（4）野村光一 「レコード音楽」22巻8号 1952.8 p.33

◇音楽史的に観たピアノ・レコード（40）ラヴェル 野村光一 「レコード音楽」22巻9号 1952.9 p.48

◇コルトオのショパン 野村光一 「ディスク」15巻11号 1952.10 p.1016

◇音楽史的に観たピアノ・レコード（43）六人組 その他 野村光一 「レコード音楽」22巻12号 1952.12 p.72

◇シゲティーの来朝に因んで（座談会）京極高鋭，野村光一，上田仁，寺島宏，薬科雅美 「レコード音楽」23巻2号 1953.2 p.10

◇音楽史的に見たピアノ・レコード（44）ロシアの現代作曲家達 野村光一 「レコード音楽」23巻2号 1953.2 p.68

◇音楽史的に見たピアノ・レコード（45）スペイン 野村光一 「レコード音楽」23巻3号 1953.3 p.41

◇リサイタルに聴く（ギーゼキングの演奏を聴いて）野村光一 「レコード音楽」23巻4号 1953.4 p.14

◇音楽史的にみたピアノ・レコード（終）アメリカとイギリスの現代作曲家 野村光一 「レコード音楽」23巻4号 1953.4 p.76

埓和昌夫

◇音楽随筆―新即物主義（シゲテイとギーゼキングを聴いて）野村光一 「ディスク」16巻6号 1953.5 p.442

◇来朝音楽家批評座談会 野村光一，今井治郎，鈴木共子，青木謙幸 「ディスク」16巻8号 1953.7 p.686

◇音楽のロマン主義とシューマン（特集・シューマンの生涯と音楽 シューマン歿後一〇〇年を偲んで）野村光一 「ディスク」19巻9号 1956.7 p.22

◇欧州の音楽界を語る（対談）野村光一，山根銀二 「ディスク」19巻13号 1956.10 p.22

◇欧州の音楽界を語る（2）（対談）野村光一，山根銀二 「ディスク」19巻14号 1956.11 p.22

◇夭折したピアニスト リパッティの芸術 野村光一，坪田昭三 「ディスク」19巻15号 1956.12 p.42

◇ピアノ音楽のお話（1）ピアノの先祖たち 野村光一 「ディスク」20巻3号 1957.3 p.156

◇ピアノ音楽の話（2）ヘンデルからモーツァルト 野村光一 「ディスク」20巻4号 1957.4 p.156

◇私の聴いたエミール・ギレリス 野村光一 「ディスク」20巻15号 1957.12 p.26

◇カラヤンとベルリン・フィルのワーグナー名曲集を聴く 野村光一，大宮真琴 「ディスク」21巻2号 1958.2 p.36

◇ルービンシュタインの「ポロネーズ」（今月のLPに聴く五人のピアニスト）野村光一 「ディスク」21巻4号 1958.4 p.18

◇ベラ・シキ演奏のシューベルト（今月のLPに聴く五人のピアニスト）野村光一 「ディスク」21巻4号 1958.4 p.23

◇二人の女流ピアニスト 野村光一 「ディスク」21巻4号 1958.4 p.43

◇ホロヴィッツのショパン 野村光一 「ディスク」21巻5号 1958.5 p.18

◇ミケランジェリの新盤を聴いて 野村光一 「ディスク」21巻7号 1958.7 p.18

◇コルトーの想ひ出（コルトー哀悼）野村光一 「ディスク」25巻8号 1962.8 p.78

◇特別寄稿「ディスク」三百号記念によせて（特集 三百号を記念して）あらえびす，村田武雄，城井清澄，中村善吉，森潤三郎，西条卓夫，藤田不二，野村光一，伊奈文夫，池田圭，矢萩銀三，大宮真琴，間俊雄，宮前有吉 「ディスク」25巻10号 1962.10 p.82

◇あらえびす先生の人を語る 金田一京助，江戸川乱歩，野村光一，芦沢威雄，松岡宏一 「ディスク」26巻5号 1963.8 p.134

埓和 昌夫

◇ケンプ寸感 埓和昌夫 「ディスク」8巻4号 1936.4 p.293

◇新版「第七交響曲」の感想 杉浦繁，埓和昌夫，井関富三，本来漠 「ディスク」8巻春期増刊 1936.6 p.1

◇ヘンデル散見（独逸音楽随筆集）埓和昌夫 「ディスク」8巻7号 1936.7 p.593

◇トスカニーニに依る「第七交響曲」埓和昌夫 「ディスク」8巻11号 1936.11 p.955

◇モーツァルトの「フリュート協奏曲」埓和昌夫 「ディスク」8巻12号 1936.12 p.1060

◇新版「提琴協奏曲」の感想 杉浦繁，杉田武雄，埓和昌夫，鮎野行夫，太田博 「ディスク」9巻1号 1937.1 p.13

◇「悲愴交響曲」二種 埓和昌夫 「ディスク」9巻7号 1937.7 p.648

◇メンゲルベルク指揮「第五交響曲」試聴記 野村あらえびす，中村善吉，杉浦繁，埓和昌夫，有坂愛彦，林健太郎，井関富三，柏木俊三，楳津真次郎，青木謙幸 「ディスク」9巻11号 1937.11 p.1073

◇名曲と名レコード（1）ベートーヴェン作「第八交響曲へ長調」埓和昌夫 「ディスク」10巻1号 1938.1 p.29

◇座談会―トスカニーニの「第六交響曲」あらえびす，藤田不二，中村善吉，埓和昌夫，村田武雄，杉浦繁 「ディスク」10巻4号 1938.4 p.332

◇シュウリヒトの「第七」随想 埓和昌夫 「ディスク」10巻6号 1938.6 p.545

◇バッハの「チェロ無伴奏組曲」（ディスク座談会）西条卓夫，森潤三郎，中村善吉，埓和昌夫，青木謙幸 「ディスク」10巻7号 1938.7 p.640

◇本年度のレコード回顧 あらえびす，埓和昌夫，青木謙幸 「ディスク」10巻12号 1938.12 p.1207

◇バッハの「チェロ無伴奏組曲」鈴木二三雄，青木謙幸，杉浦繁，柏木俊三，埓和昌夫 「ディスク」11巻1号 1939.1 p.1

◇ストラヴィンスキーと「カルタ遊び」埓和昌夫 「ディスク」11巻2号 1939.2 p.154

◇タルティニの「提琴協奏曲ニ短調」埓和昌夫 「ディスク」11巻3号 1939.3 p.238

◇シューマン作「ダヴィッド同盟舞曲」埓和昌夫 「ディスク」11巻4号 1939.4 p.336

◇バッハ作「無伴奏提琴奏鳴曲ハ長調」埓和昌夫 「ディスク」11巻5号 1939.5 p.440

◇フルトヴェングラー指揮の「悲愴交響曲」埓和昌夫 「ディスク」11巻6号 1939.6 p.541

◇交響曲（ベートーヴェン 作品とディスク賞レコード）埓和昌夫 「ディスク」11巻春季増刊 ディスク叢書第一輯 ベートーヴェン特輯号 1939.6 p.28

◇シューマンのヴァイオリン協奏曲のレコード 埓和昌夫 「ディスク」11巻7号 1939.7 p.647

◇シュナーベルの弾く「モーメント・ミュージカル」全曲 垪和昌夫 「ディスク」11巻8号 1939.8 p.753

◇ワルターの「軍隊交響曲」 垪和昌夫 「ディスク」11巻9号 1939.9 p.860

◇ハイフェッツの「パルティタ第二番」 垪和昌夫 「ディスク」11巻9号 1939.9 p.865

◇トスカニーニに就いて（トスカニーニの「第五」特輯） 垪和昌夫 「ディスク」11巻10号 1939.10 p.983

◇「バッハマン選集」座談会 あらえびす, 宅孝二, 高木東六, 垪和昌夫, 青木謙幸, 柏木俊三 「ディスク」11巻11号 1939.11 p.1093

◇今年度の重要なるレコードに就て 垪和昌夫 「ディスク」11巻12号 1939.12 p.1225

◇交響曲（モーツァルト 作品とディスク賞レコード） 垪和昌夫 「ディスク」11巻臨時増刊 ディスク叢書第二輯 モーツァルト特輯号 1939.12 p.51

◇トスカニーニのモーツァルト「ト短調交響曲」 垪和昌夫 「ディスク」12巻2号 1940.2 p.109

◇「第四交響曲」とメンゲルベルク（メンゲルベルク指揮「第四交響曲」） 垪和昌夫 「ディスク」12巻3号 1940.3 p.224

◇テレフンケンの「世界序曲名盤集」雑談 中村, 有坂, 垪和, 城島, 大西, 青木, 柏木 「ディスク」12巻4号 1940.4 p.331

◇ワルターの指揮せるハイドン作「交響曲ニ長調」 垪和昌夫 「ディスク」12巻5号 1940.5 p.413

◇ドビュッシイ作「トリオ・ソナタ」の新盤 垪和昌夫 「ディスク」12巻6号 1940.6 p.529

◇珍品レコードを語る座談会 あらえびす, 中村, 垪和, 藤田, 薬科, 青木 「ディスク」12巻6号 1940.6 p.548

◇トスカニーニの指揮について（トスカニーニ指揮のベートーヴェン作交響曲第四番） 垪和昌夫 「ディスク」12巻7号 1940.7 p.654

◇ベートオヴェン ビオラ五重奏曲のレコード 垪和昌夫 「ディスク」12巻8号 1940.8 p.729

◇プロ・アルトの「ラズモフスキイ第二番」の演奏 垪和昌夫 「ディスク」12巻9号 1940.9 p.832

◇技巧と芸術家に就いて A・シモンズ, 垪和昌夫 訳 「ディスク」12巻10号 1940.10 p.957

◇ハイフェッツの奏いたベートーヴェンの提琴協奏曲 垪和昌夫 「ディスク」12巻11号 1940.11 p.1036

◇試聴室―カペー演奏の「雲雀四重奏曲」 垪和昌夫 「ディスク」13巻2号 1941.2 p.116

◇歌曲集「冬の旅」（シューベルト 作品とディスク賞レコード） 垪和昌夫 「ディスク」13巻臨時増刊 ディスク叢書第三輯 シューベルト特輯号 1941.2 p.75

◇交響曲（シューベルト 作品とディスク賞レコード） 垪和昌夫 「ディスク」13巻臨時増刊 ディスク叢書第三輯 シューベルト特輯号 1941.2 p.140

◇皇紀二千六百年奉祝楽曲のレコード―祝典序曲 イベール作 垪和昌夫 「ディスク」13巻3号 1941.3 p.214

◇試聴室―ブラームスの「ピアノ協奏曲 第二番」 垪和昌夫 「ディスク」13巻4号 1941.4 p.318

◇名曲と名レコード―ショーソン作「協奏曲 ニ長調」 垪和昌夫 「ディスク」13巻5号 1941.5 p.429

◇提琴協奏曲（バッハ 作品とディスク賞レコード） 垪和昌夫 「ディスク」13巻臨時増刊 ディスク叢書第四輯 バッハ特輯号 1941.6 p.84

◇第三交響曲「英雄」とトスカニーニ 垪和昌夫 「ディスク」13巻9号 1941.9 p.830

◇カサルス・トリオ論 垪和昌夫 「ディスク」13巻10号 1941.10 p.933

◇トスカニーニ―名指揮者・其の1 垪和昌夫 「レコード文化」1巻1号 1941.11 p.7

◇レコード叢談（座談会） あらえびす, 中村, 垪和, 青木 「レコード文化」1巻2号 1941.12 p.16

◇名曲と名盤―第五交響曲 垪和昌夫 「レコード文化」2巻1号 1942.1 p.16

◇レコード叢談（座談会） あらえびす, 中村善吉, 垪和昌夫, 青木謙幸 「レコード文化」2巻1号 1942.1 p.19

◇レコード叢談 あらえびす, 垪和昌夫, 青木謙幸 「レコード文化」2巻2号 1942.2 p.21

◇名曲と名盤―モーツァルトの三大交響曲 垪和昌夫 「レコード文化」2巻4号 1942.4 p.14

◇レコード叢談 青木謙幸, あらえびす, 中村善吉, 垪和昌夫 「レコード文化」2巻4号 1942.4 p.16

◇名曲と名盤―「未完成交響曲」 垪和昌夫 「レコード文化」2巻5号 1942.5 p.15

◇レコード叢談 あらえびす, 青木謙幸, 中村善吉, 垪和昌夫 「レコード文化」2巻5号 1942.5 p.18

◇レコード叢談 あらえびす, 青木謙幸, 中村善吉, 垪和昌夫 「レコード文化」2巻6号 1942.6 p.14

◇レコード叢談 あらえびす, 垪和昌夫, 中村善吉, 青木謙幸 「レコード文化」2巻7号 1942.7 p.15

◇ベートーヴェンの交響曲（1）―名盤案内（3） 垪和昌夫 「レコード文化」2巻7号 1942.7 p.44

◇レコード叢談 あらえびす, 垪和昌夫, 中村善吉, 青木謙幸 「レコード文化」2巻8号 1942.8 p.13

◇ベートーヴェンの交響曲（2）―名盤案内（4）
坿和昌夫　「レコード文化」2巻8号 1942.8
p.44

◇レコード叢談 あらえびす，坿和昌夫，中村善
吉，青木謙幸 「レコード文化」2巻9号 1942.
9 p.15

◇シューベルトの交響曲―名盤案内（5）坿和昌
夫　「レコード文化」2巻9号 1942.9 p.44

◇レコード叢談 あらえびす，坿和昌夫，中村善
吉，青木謙幸 「レコード文化」2巻10号
1942.10 p.23

◇カザルス三重奏団―名室内楽団 その5 坿和昌
夫　「レコード文化」2巻11号 1942.11 p.15

◇レコード叢談 あらえびす，坿和昌夫，中村善
吉，青木謙幸 「レコード文化」2巻11号
1942.11 p.18

◇レコード叢談 あらえびす，坿和昌夫，中村善
吉，青木謙幸 「レコード文化」2巻12号
1942.12 p.22

◇レコード叢談 あらえびす，坿和昌夫，中村善
吉，青木謙幸 「レコード文化」3巻1号 1943.
1 p.14

◇レコード文化座談会（上）増沢健美，坿和昌
夫，竹越和夫，安藤穣，青木謙幸 「レコード
文化」3巻1号 1943.1 p.38

◇レコード叢談 あらえびす，坿和昌夫，中村善
吉，青木謙幸 「レコード文化」3巻2号 1943.
2 p.16

◇戦時下のレコード文化に就て（下）増沢健美，
坿和昌夫，竹越和夫，安藤穣，青木謙幸 「レ
コード文化」3巻2号 1943.2 p.20

◇レコード叢談 あらえびす，坿和昌夫，中村善
吉，青木謙幸 「レコード文化」3巻4号 1943.
4 p.2

◇メンデルスゾーンの交響曲―名盤案内（6）坿
和昌夫　「レコード文化」3巻8号 1943.8 p.19

◇戦時下に於けるレコード文化の方向（座談会）
あらえびす，野村光一，有坂愛彦，藤田不二，
牛山充，野川香文，中村善吉，坿和昌夫 「レ
コード文化」3巻10号 1943.10 p.20

◇ヴァイオリン演奏家談義《うわさばなし》―座
談会 青木，坿和，西條，杉浦 「ディスク」
14巻4号 1951.12 p.312

◇昨年の決算―雑談会 あらえびす，村田武雄，
有坂愛彦，坿和昌夫，青木謙幸 司会 「ディ
スク」15巻1号 1952.1 p.20

◇ピアニスト談論《うわさばなし》西条卓夫，
坿和昌夫，杉浦繁，佐藤良雄，青木謙幸 司会
「ディスク」15巻2号 1952.2 p.168

◇カザルスのレコードを繞りて 坿和昌夫
「ディスク」15巻3号 1952.3 p.264

◇コルトオのシューマン 坿和昌夫 「ディス
ク」15巻11号 1952.10 p.1018

◇日本コロムビアのLP新盤 坿和昌夫 「ディス
ク」15巻11号 1952.10 p.1048

◇カザルスのペルピニアンのレコード座談会
中村善吉，坿和昌夫，青木謙幸 「ディスク」
15巻12号 1952.11 p.1113

◇日本コロムビア新盤―歌劇フィガロの結婚 全
曲（座談会）四谷左門，平間文寿，坿和昌夫，
小畑晃作 「ディスク」15巻12号 1952.11
p.1148

◇ハイフェッツ論 坿和昌夫 「ディスク」15巻
13号 1952.12 p.1220

◇カラヤンの第九交響曲（試聴座談会）坿和，
田代，佐川，青木，松井 「ディスク」15巻13
号 1952.12 p.1228

◇トスカニーニの第九交響曲（試聴対談）坿和
昌夫，青木謙幸 「ディスク」16巻1号 1953.1
p.9

◇ブロッホの「提琴協奏曲」坿和昌夫 「ディ
スク」16巻4号 1953.3 p.254

◇シゲティを聴く 坿和昌夫 「ディスク」16巻
5号 1953.4 p.334

◇ピエール・フールニエのレコード 青木十朗，
山口芙美子，坿和昌夫，青木謙幸 「ディス
ク」16巻7号 1953.6 p.578

◇来朝を伝へるフランスの名チェリスト ピ
エール・フールニエのLPを聴く（海外LP試
聴室）田代，坿和，杉浦，青木 「ディスク」
17巻1号 1954.1 p.91

◇ドヴォルザークの協奏曲とオイストラーク
の無類の名演（海外LP試聴室）坿和昌夫
「ディスク」17巻3号 1954.3 p.79

◇未完成のLPは何を選ぶべきか―LP決定盤シ
リーズ（3）（海外LP試聴室）坿和昌夫
「ディスク」17巻4号 1954.4 p.65

◇トスカニーニの「ローマの松」と「泉」（海外
LP試聴室）坿和昌夫 「ディスク」17巻6号
1954.6 p.74

◇LPベスト七〇選 青木謙幸，坿和昌夫，村田
武雄，田代秀穂，佐川吉男 「ディスク」17巻
8号 別冊第4集 LPレコード 1954.7 p.13

◇オイストラッフを語る（座談会）兎束龍夫，
田代秀穂，坿和昌夫 「ディスク」17巻12号
1954.11 p.16

◇シゲティの「スプリング・ソナタ」坿和昌夫
「ディスク」17巻12号 1954.11 p.62

◇フランチェスカッティの快演 ブルッフとベー
トーヴェン 坿和昌夫 「ディスク」17巻12号
1954.11 p.70

◇十二才の少年モーツァルトの「バスチァ男と
バスチァ女」という歌芝居（海外LP試聴室）
坿和昌夫 「ディスク」17巻12号 1954.11
p.126

◇イタリー生れの新進チェリスト ヤニグロの登
場 坿和昌夫 「ディスク」17巻13号 1954.12
p.62

◇ベートーヴェン第三P協奏曲の競演 坿和昌夫
「ディスク」17巻13号 1954.12 p.70

◇モーツアルトの協奏曲グルミオウの快演（海外LP試聴室）坿和昌夫「ディスク」17巻13号 1954.12 p.135

◇コンツェルトハウスのシューベルト 坿和昌夫「ディスク」18巻1号 1955.1 p.72

◇たのしきモーツァルト 嬉遊曲と小夜曲の新盤 坿和昌夫「ディスク」18巻2号 1955.2 p.65

◇カサドウシュ，モーツァルトの名演（今月のLP）坿和昌夫「ディスク」18巻4号 1955.3 p.63

◇出色のヴァイオリン小品集 ハイフエッツとフランチエスカツテイ（今月のLP）坿和昌夫「ディスク」18巻5号 1955.4 p.60

◇ベートーヴェンのピアノ奏鳴曲集 坿和昌夫「ディスク」18巻6号 1955.5 p.68

◇バッハ無伴奏ヴァイオリン曲全集（今月のLP）坿和昌夫「ディスク」18巻7号 1955.6 p.52

◇アンゲルブレックのドビュッシー（新着LP紹介）坿和昌夫「ディスク」18巻7号 1955.6 p.122

◇隠れたるモーツァルト傑作（新着LP紹介）坿和昌夫「ディスク」18巻7号 1955.6 p.126

◇ルッセルのトリオの佳曲（新着LP紹介）坿和昌夫「ディスク」18巻7号 1955.6 p.126

◇ショパンの葬送ソナタの廉価盤 坿和昌夫「ディスク」18巻9号 1955.7 p.54

◇ベーム指揮「第五」の代表盤 坿和昌夫「ディスク」18巻10号 1955.8 p.64

◇初めて発売されるソ連のLP 坿和，桃園「ディスク」18巻10号 1955.8 p.86

◇モーツァルト・オーボエ協奏曲 坿和昌夫「ディスク」18巻11号 1955.9 p.66

◇カザルス快心の名演（今月のLPから）坿和昌夫「ディスク」18巻12号 1955.10 p.56

◇ヨーゼフ・ホフマン五十年記念演奏会の実況 坿和昌夫「ディスク」18巻13号 1955.11 p.52

◇十一月新譜LP合評座談会 田代秀穂，佐川吉男，坿和昌夫「ディスク」18巻13号 1955.11 p.78

◇デムスのシューマン「ダヴィド同盟舞曲」（今月のLPから）坿和昌夫「ディスク」18巻14号 1955.12 p.59

◇十二月新譜LP合評座談会 田代秀穂，坿和昌夫，佐川吉男「ディスク」18巻14号 1955.12 p.83

◇ヴィヴァルディの協奏曲（新着LP紹介）坿和昌夫「ディスク」18巻14号 1955.12 p.129

◇オイストラフのプロコフィエフとブルッフ（新着LP紹介）坿和昌夫「ディスク」18巻14号 1955.12 p.130

◇ハイドンとブラームスの三重奏曲（新着LP紹介）坿和昌夫「ディスク」18巻14号 1955.12 p.131

◇SP名盤のLP化をめぐりて（座談会）中村善吉，西条卓夫，坿和昌夫，青木謙幸「ディスク」18巻14号 1955.12 p.146

◇モーツァルトの交響曲（モーツァルト生誕二〇〇年祭記念特集）坿和昌夫「ディスク」19巻1号 1956.1 p.158

◇ペーター・マーグ指揮の「モーツァルト・セレナード」（海外LP試聴室）坿和昌夫「ディスク」19巻3号 1956.2 p.94

◇ベートーヴェンのピアノ協奏曲の名盤（今月のLPハイライト）坿和昌夫「ディスク」19巻3号 1956.2 p.108

◇ギーゼキングのモーツァルト・ピアノ曲（今月のLPハイライト）坿和昌夫「ディスク」19巻3号 1956.2 p.109

◇バックハウス・カーネギー・ホール演奏会（今月のLPハイライト）坿和昌夫「ディスク」19巻3号 1956.2 p.110

◇当代にかけがえなきピアノ詩人コルトオの弾くシューマン（今月のLPハイライト）坿和昌夫「ディスク」19巻3号 1956.2 p.111

◇ドヴォルザークの室内楽の名盤（今月のLPハイライト）坿和昌夫「ディスク」19巻3号 1956.2 p.112

◇ヴィヴァルディの協奏曲集―ローマ合奏団の名演（今月のLPハイライト）坿和昌夫「ディスク」19巻4号 1956.3 p.109

◇ブダペスト四重奏団のモーツァルト「ハイドン四重奏曲」全集（今月のLPハイライト）坿和昌夫「ディスク」19巻4号 1956.3 p.112

◇ギーゼキングの弾くモーツァルトのピアノ協奏曲 第二十番・第二十五番（今月のLPハイライト）坿和昌夫「ディスク」19巻5号 1956.4 p.116

◇コルトー・ティボー・カザルスのベートーヴェン「太公」（今月のLPハイライト）坿和昌夫「ディスク」19巻5号 1956.4 p.118

◇バッハ「ブランデンブルグ協奏曲」（今月のLPハイライト）坿和昌夫「ディスク」19巻6号 1956.5 p.108

◇レコードによる演奏家論（1）ウィルヘルム・フルトヴェングラー 坿和昌夫「ディスク」19巻8号 1956.6 p.73

◇ガヤーヌ組曲の自作自演（今月のLPハイライト）坿和昌夫「ディスク」19巻8号 1956.6 p.121

◇話題の演奏家（4）オッテルローを語る（座談会）佐川吉男，坿和昌夫，上野一郎「ディスク」19巻12号 1956.9 p.58

◇ゴールデン・シリーズ再検討―名盤は生きている 中村善吉，坿和昌夫，飯野寿，青木謙幸「ディスク」19巻12号 1956.9 p.68

◇ブラームスを名演するルービンシュタイン 坿和昌夫「ディスク」20巻1号 1957.1 p.54

◇ケンペンの芸術 坿和昌夫「ディスク」20巻1号 1957.1 p.98

◇ピアノ協奏曲「皇帝」（ベートーヴェン）（LP名曲二〇選（1）） 坪和昌夫 「ディスク」20巻1号 1957.1 p.177

◇ホロヴィッツの秘密 坪和昌夫 「ディスク」20巻11号 1957.9 p.124

◇世紀の巨匠 カザルスのバッハ「無伴奏チェロ組曲」 佐藤良雄，青木謙幸，坪和昌夫 「ディスク」22巻2号 1959.2 p.36

◇レコードに聴くナタン・ミルシテイン 上野一郎，坪和昌夫，小林利之 「ディスク」22巻5号 1959.5 p.56

◇ヘンデル「ヴァイオリン奏鳴曲」とヴィタリ「シャコンヌ」（ミルシテイン）（新着LP試聴室） 坪和昌夫 「ディスク」22巻7号 1959.7 p.165

◇交響詩「モルダウ」「ボヘミヤの森と野」（クリュイタンス）（新着LP試聴室） 坪和昌夫 「ディスク」22巻9号 1959.8 p.156

◇ジョルジ・シフラ「古典の小品」をひく（新着LP試聴室） 坪和昌夫 「ディスク」22巻9号 1959.8 p.158

◇ギーゼキングの小品曲集レコード（新着LP試聴室） 坪和昌夫 「ディスク」22巻13号 1959.11 p.169

◇アシアインの弾くサラサーテ・ヴァイオリン名曲集（新着LP試聴室） 坪和昌夫 「ディスク」22巻13号 1959.11 p.169

◇スメタナ四重奏団のシューベルト「死と少女」（新着LP試聴室） 坪和昌夫 「ディスク」22巻14号 1959.12 p.159

◇ハリーナ・ツェルニー＝ステファンスカのショパン（新着LP試聴室） 坪和昌夫 「ディスク」22巻14号 1959.12 p.160

◇私の好きなレコード（特集 私の愛聴盤） 坪和昌夫 「ディスク」23巻1号 1960.1 p.188

◇交響曲 坪和昌夫 「ディスク」23巻2号 臨時増刊 ベートーヴェン 1960.1 p.44

◇モーツァルトとラヴェルを弾くトリエステ三重奏団（新着LP試聴室） 坪和昌夫 「ディスク」23巻4号 1960.3 p.164

◇イングリット・ヘブラーのモーツァルト「ピアノ協奏曲」二曲（LP新譜ハイライト） 坪和昌夫 「ディスク」23巻5号 1960.4 p.32

◇モーツァルトの「演奏会アリア」について（新譜LPハイライト） 坪和昌夫 「ディスク」23巻6号 1960.5 p.38

◇ヤナーチェックのヴァイオリン・ソナタ（新着LP試聴室） 坪和昌夫 「ディスク」23巻7号 1960.6 p.116

◇ドビュッシイ，ルーセルの室内楽（新着LP試聴室） 坪和昌夫 「ディスク」23巻7号 1960.6 p.117

◇ヴィオッティ/弦楽四重奏曲/ベイカー弦楽四重奏団（新着LP試聴室） 坪和昌夫 「ディスク」23巻8号 1960.7 p.116

◇ミハエル・ハイドン/弦楽四重奏曲/ロート弦楽四重奏団（新着LP試聴室） 坪和昌夫 「ディスク」23巻8号 1960.7 p.116

◇トッホ/弦楽四重奏曲/チューリッヒ弦楽四重奏団（新着LP試聴室） 坪和昌夫 「ディスク」23巻8号 1960.7 p.120

◇モーツァルト/ピアノ奏鳴曲変ロ長調/ギレリス（P）（新着LP試聴室） 坪和昌夫 「ディスク」23巻9号 1960.8 p.117

◇ケイ・デルヴェロワ/チェロ組曲第二番他/ナヴァラ（VC）（新着LP試聴室） 坪和昌夫 「ディスク」23巻9号 1960.8 p.118

◇クビック/ピアノ奏鳴曲/「祭典」とエピローグ/マキシム（P）（新着LP試聴室） 坪和昌夫 「ディスク」23巻9号 1960.8 p.118

◇来日演奏家とそのレコード―イーゴル・マルケヴィッチ，ルドルフ・ゼルキン，ウィーン・コンツェルトハウス四重奏団，パウル・バドゥラ＝スコダ，ヤノシュ・シュタルケル，ジョルジュ・シェベック，ナルシソ・イエペス 大宮真琴，浅井修一，小林利之，坪和昌夫 「ディスク」23巻10号 1960.9 p.26

◇ドビュッシー「子供の遊戯」「春」/アンセルメ指揮（新着LP試聴室） 坪和昌夫 「ディスク」23巻10号 1960.9 p.111

◇サン＝サーンス「序奏とロンド・カプリチオーソ」他/カンボーリ（V）（新着LP試聴室） 坪和昌夫 「ディスク」23巻10号 1960.9 p.113

◇レコーダーのためのダンス音楽の五百年（新着LP試聴室） 坪和昌夫 「ディスク」23巻12号 1960.10 p.118

◇ミルシテインの芸術/ミルシテイン（V）（新着LP試聴室） 坪和昌夫 「ディスク」23巻12号 1960.10 p.119

◇ピアノ四重奏曲第一番ト短調K四七八―モーツァルト（室内楽） 坪和昌夫 「ディスク」23巻13号 増刊 新版名曲とレコード 下巻 1960.10 p.23

◇弦楽五重奏曲第四番ハ長調K五一五―モーツァルト（室内楽） 坪和昌夫 「ディスク」23巻13号 増刊 新版名曲とレコード 下巻 1960.10 p.25

◇弦楽五重奏曲第五番ト短調K五一六―モーツァルト（室内楽） 坪和昌夫 「ディスク」23巻13号 増刊 新版名曲とレコード 下巻 1960.10 p.27

◇弦楽四重奏曲第四番ハ短調作品一八の四―ベートーヴェン（室内楽） 坪和昌夫 「ディスク」23巻13号 増刊 新版名曲とレコード 下巻 1960.10 p.30

◇ピアノ三重奏曲第一番ニ短調―メンデルスゾーン（室内楽） 坪和昌夫 「ディスク」23巻13号 増刊 新版名曲とレコード 下巻 1960.10 p.38

◇ピアノ三重奏曲第四番「ドゥムキー」―ドヴォルジャック（室内楽） 坪和昌夫 「ディスク」23巻13号 増刊 新版名曲とレコード 下巻 1960.10 p.44

◇無伴奏ソナタ第一番ト短調―バッハ（ヴァイオリン曲）　垳和昌夫　「ディスク」23巻13号　増刊　新版名曲とレコード　下巻　1960.10 p.52

◇ヴァイオリン奏鳴曲第六番ホ長調―ヘンデル（ヴァイオリン曲）　垳和昌夫　「ディスク」23巻13号　増刊　新版名曲とレコード　下巻　1960.10 p.56

◇ヴァイオリン奏鳴曲変ロ長調K三七八―モーツァルト（ヴァイオリン曲）　垳和昌夫　「ディスク」23巻13号　増刊　新版名曲とレコード　下巻　1960.10 p.58

◇ヴァイオリン奏鳴曲第一番イ長調―フォーレ（ヴァイオリン曲）　垳和昌夫　「ディスク」23巻13号　増刊　新版名曲とレコード　下巻　1960.10 p.68

◇ヴァイオリン奏鳴曲―ドビュッシイ（ヴァイオリン曲）　垳和昌夫　「ディスク」23巻13号　増刊　新版名曲とレコード　下巻　1960.10 p.70

◇ツィガーヌ―ラヴェル（ヴァイオリン曲）　垳和昌夫　「ディスク」23巻13号　増刊　新版名曲とレコード　下巻　1960.10 p.73

◇ニーグン―ブロッホ（ヴァイオリン曲）　垳和昌夫　「ディスク」23巻13号　増刊　新版名曲とレコード　下巻　1960.10 p.74

◇二四の前奏曲　作品二八―ショパン（ピアノ曲）　垳和昌夫　「ディスク」23巻13号　増刊　新版名曲とレコード　下巻　1960.10 p.92

◇夜想曲集―ショパン（ピアノ曲）　垳和昌夫　「ディスク」23巻13号　増刊　新版名曲とレコード　下巻　1960.10 p.93

◇マズルカ集―ショパン（ピアノ曲）　垳和昌夫　「ディスク」23巻13号　増刊　新版名曲とレコード　下巻　1960.10 p.100

◇ベルガマスク組曲―ドビュッシイ（ピアノ曲）　垳和昌夫　「ディスク」23巻13号　増刊　新版名曲とレコード　下巻　1960.10 p.109

◇夜のギャスパル―ラヴェル（ピアノ曲）　垳和昌夫　「ディスク」23巻13号　増刊　新版名曲とレコード　下巻　1960.10 p.115

◇クープランの墓―ラヴェル（ピアノ曲）　垳和昌夫　「ディスク」23巻13号　増刊　新版名曲とレコード　下巻　1960.10 p.116

◇スペイン舞曲第五番―グラナドス（ピアノ曲）　垳和昌夫　「ディスク」23巻13号　増刊　新版名曲とレコード　下巻　1960.10 p.117

◇アレグロ・バルバロ―バルトーク（ピアノ曲）　垳和昌夫　「ディスク」23巻13号　増刊　新版名曲とレコード　下巻　1960.10 p.118

◇子供の為に―バルトーク（ピアノ曲）　垳和昌夫　「ディスク」23巻13号　増刊　新版名曲とレコード　下巻　1960.10 p.118

◇ハバネラ形式による小品―ラヴェル（チェロ曲）　垳和昌夫　「ディスク」23巻13号　増刊　新版名曲とレコード　下巻　1960.10 p.129

◇カミン・スルー・ザ・ライ―スコットランド民謡（民謡）　垳和昌夫　「ディスク」23巻13号　増刊　新版名曲とレコード　下巻　1960.10 p.166

◇天地創造―ハイドン（宗教曲）　垳和昌夫　「ディスク」23巻13号　増刊　新版名曲とレコード　下巻　1960.10 p.200

◇レクィエム―ヴェルディ（宗教曲）　垳和昌夫　「ディスク」23巻13号　増刊　新版名曲とレコード　下巻　1960.10 p.207

◇ドイツ・レクィエム―ブラームス（宗教曲）　垳和昌夫　「ディスク」23巻13号　増刊　新版名曲とレコード　下巻　1960.10 p.208

◇ベートーヴェン「第四ピアノ協奏曲」/パレニチェック（P）（新着LP試聴室）　垳和昌夫　「ディスク」23巻16号　1960.12 p.126

◇モーツァルト/クラリネット協奏曲（ド・ペイエ）（新着LP試聴室）　垳和昌夫　「ディスク」24巻1号　1961.1 p.132

◇ブゾーニ/ピアノ曲集（ステュエルマン）（新着LP試聴室）　垳和昌夫　「ディスク」24巻1号　1961.1 p.135

◇ランドフスカの平均率（バッハ）　垳和昌夫　「ディスク」24巻3号　1961.3 p.65

◇チッコリーニの弾く華麗なピアノ協奏曲二曲（新着LP試聴室）　垳和昌夫　「ディスク」24巻3号　1961.3 p.117

◇ヘンデルとテレマンの室内ソナタ（新着LP試聴室）　垳和昌夫　「ディスク」24巻4号　1961.4 p.115

◇合唱曲（重唱曲）　垳和昌夫　「ディスク」24巻9号　臨時増刊　シューベルト　1961.8 p.99

◇五重奏曲　垳和昌夫　「ディスク」24巻9号　臨時増刊　シューベルト　1961.8 p.113

◇三重奏曲　垳和昌夫　「ディスク」24巻9号　臨時増刊　シューベルト　1961.8 p.121

◇二重奏曲（附ヴァイオリン独奏曲）　垳和昌夫　「ディスク」24巻9号　臨時増刊　シューベルト　1961.8 p.123

◇合唱曲（重唱曲）―レコード評　垳和昌夫　「ディスク」24巻9号　臨時増刊　シューベルト　1961.8 p.181

◇五重奏曲―レコード評　垳和昌夫　「ディスク」24巻9号　臨時増刊　シューベルト　1961.8 p.196

◇ピアノ三重奏曲―レコード評　垳和昌夫　「ディスク」24巻9号　臨時増刊　シューベルト　1961.8 p.203

◇二重奏曲―レコード評　垳和昌夫　「ディスク」24巻9号　臨時増刊　シューベルト　1961.8 p.205

◇フェラのベートーヴェン奏鳴曲全集　垳和昌夫　「ディスク」24巻11号　1961.10 p.94

◇「カペエ弦楽四重奏団」（新譜ハイライト）　垳和昌夫　「ディスク」25巻8号　1962.8 p.53

◇ジョスカン・デ・プレの〈聖処女ミサ〉（新着LP試聴室）　垳和昌夫　「ディスク」25巻8号　1962.8 p.120

◇ウエーバーとシュポールのクラリネット協奏曲（新着LP試聴室）坩和昌夫 「ディスク」25巻8号 1962.8 p.121

◇フローベルガーの〈クラヴィコード音楽〉（新着LP試聴室）坩和昌夫 「ディスク」25巻9号 1962.9 p.110

◇マラン・マレエの二つの組曲（新着LP試聴室）坩和昌夫 「ディスク」25巻11号 1962.11 p.120

◇魅惑的な音，十七，八世紀のリュート音楽（新着LP試聴記）坩和昌夫 「ディスク」26巻2号 1963.2 p.108

◇クルト・レーデルの最新録音，バッハの組曲全五曲（新着LP試聴記）坩和昌夫 「ディスク」26巻4号 1963.4 p.102

畑中 良輔

◇随筆 交響曲 朝・昼・晩 畑中良輔 「レコード」6巻9号 1940.10 p.26

◇シュルスヌスとそのレコード 畑中良輔 「レコード文化」2巻8号 1942.8 p.27

◇スレザークとそのレコード 畑中良輔 「レコード文化」2巻11号 1942.11 p.36

◇詩人の恋 畑中良輔 「レコード文化」3巻2号 1943.2 p.42

◇ドゥハンの「白鳥の湖」 畑中良輔 「レコード文化」3巻7号 1943.7 p.12

◇モーツァルトの歌曲（特輯 モーツァルトの音楽 其五）畑中良輔 「レコード音楽」21巻8号 1951.8 p.13

◇戦後のパンゼラを聴く（話題のLP特集）畑中良輔 「レコード音楽」23巻5号・6号 1953.6 p.41

◇ロッテ・レーマンの「女の愛と生涯」 畑中良輔 「ディスク」16巻8号 1953.7 p.705

◇ジェラール・スーゼー抄―「夢の後に」「月の光」のことなど 畑中良輔 「ディスク」16巻12号 1953.11 p.36

◇シューベルトの歌のレコードを聴く―シュワルツコップとルードヴィッヒの新盤（対談）畑中更予，畑中良輔 「ディスク」17巻9号 1954.8 p.34

◇フーゴー・ヴォルフの歌曲 畑中良輔 「ディスク」18巻13号 1955.11 p.44

◇モーツァルトの歌曲（モーツァルト生誕二〇〇年祭記念特集）畑中良輔 「ディスク」19巻1号 1956.1 p.188

◇オペラのLP放談（座談会）木村重雄，畑中良輔，佐々木行綱 「ディスク」19巻3号 1956.2 p.49

◇オペラ全曲のLP放談（続）（座談会）木村重雄，畑中良輔，佐々木行綱 「ディスク」19巻4号 1956.3 p.47

◇シューマンへの憧憬と愛着と（特集・シューマンの生涯と音楽 シューマン歿後一〇〇年を偲んで）畑中良輔 「ディスク」19巻9号 1956.7 p.26

◇ディートリッヒ・フィッシャー＝ディスカウ（現代音楽家への二つの意見）上野一郎，畑中良輔 「ディスク」19巻9号 1956.7 p.54

◇ハンス・ホッター その好ましさについて（現代演奏家への二つの意見）畑中良輔 「ディスク」19巻11号 1956.8 p.48

◇歌劇「バスティエンとバスティエンヌ」（特集 今月話題のLP新譜）畑中良輔 「ディスク」19巻15号 1956.12 p.39

◇シューベルトの「白鳥の歌」（今月のハイライト）畑中良輔 「ディスク」20巻4号 1957.4 p.29

◇スレツァーク断片 畑中良輔 「ディスク」20巻5号 1957.5 p.115

◇フラグスタートのシューベルト（今月のハイライト）畑中良輔 「ディスク」20巻13号 1957.11 p.19

◇現代のオペラ歌手十二の顔―ソプラノ篇 畑中良雄，木村重雄，福原信夫 「ディスク」21巻4号 1958.4 p.24

◇ハンス・ホッターのブラームス 畑中良輔 「ディスク」21巻4号 1958.4 p.146

◇春宵放談 現代のオペラ歌手（続）―そして更に十人 畑中良輔，木村重雄，福原信夫，小林利之 「ディスク」21巻5号 1958.5 p.48

◇モテット第八集「おどれ，喜べ，なんじ幸なる魂よ」K一六五〈モーツァルト〉（続・名曲とレコード―声楽曲）畑中良輔 「ディスク」22巻8号 臨時増刊 続・名曲とレコード 1959.7 p.113

◇アデライーデ〈ベートーヴェン〉（続・名曲とレコード―声楽曲）畑中良輔 「ディスク」22巻8号 臨時増刊 続・名曲とレコード 1959.7 p.114

◇「美しき水車小屋の娘」全曲〈シューベルト〉（続・名曲とレコード―声楽曲）畑中良輔 「ディスク」22巻8号 臨時増刊 続・名曲とレコード 1959.7 p.114

◇水の上にて歌える〈シューベルト〉（続・名曲とレコード―声楽曲）畑中良輔 「ディスク」22巻8号 臨時増刊 続・名曲とレコード 1959.7 p.118

◇音楽に寄す〈シューベルト〉（続・名曲とレコード―声楽曲）畑中良輔 「ディスク」22巻8号 臨時増刊 続・名曲とレコード 1959.7 p.119

◇アヴェ・マリア〈シューベルト〉（続・名曲とレコード―声楽曲）畑中良輔 「ディスク」22巻8号 臨時増刊 続・名曲とレコード 1959.7 p.120

◇「白鳥の歌」全曲〈シューベルト〉（続・名曲とレコード―声楽曲）畑中良輔 「ディスク」22巻8号 臨時増刊 続・名曲とレコード 1959.7 p.121

◇二人の擲弾兵〈シューマン〉（続・名曲とレコード―声楽曲）畑中良輔 「ディスク」22巻8号 臨時増刊 続・名曲とレコード 1959.7 p.124

◇月の夜〈シューマン〉(続・名曲とレコード―声楽曲) 畑中良輔 「ディスク」22巻8号 臨時増刊 続・名曲とレコード 1959.7 p.125

◇アヴェ・マリア〈グノー〉(続・名曲とレコード―声楽曲) 畑中良輔 「ディスク」22巻8号 臨時増刊 続・名曲とレコード 1959.7 p.125

◇セレナード〈グノー〉(続・名曲とレコード―声楽曲) 畑中良輔 「ディスク」22巻8号 臨時増刊 続・名曲とレコード 1959.7 p.126

◇眠りの精〈ブラームス〉(続・名曲とレコード―声楽曲) 畑中良輔 「ディスク」22巻8号 臨時増刊 続・名曲とレコード 1959.7 p.126

◇ただあこがれを知るもののみ〈チャイコフスキー〉(続・名曲とレコード―声楽曲) 畑中良輔 「ディスク」22巻8号 臨時増刊 続・名曲とレコード 1959.7 p.127

◇夢のあとに〈フォーレ〉(続・名曲とレコード―声楽曲) 畑中良輔 「ディスク」22巻8号 臨時増刊 続・名曲とレコード 1959.7 p.128

◇月光〈フォーレ〉(続・名曲とレコード―声楽曲) 畑中良輔 「ディスク」22巻8号 臨時増刊 続・名曲とレコード 1959.7 p.128

◇リラの花咲くころ〈ショーソン〉(続・名曲とレコード―声楽曲) 畑中良輔 「ディスク」22巻8号 臨時増刊 続・名曲とレコード 1959.7 p.129

◇隠棲〈ヴォルフ〉(続・名曲とレコード―声楽曲) 畑中良輔 「ディスク」22巻8号 臨時増刊 続・名曲とレコード 1959.7 p.130

◇アナクレオンの墓〈ヴォルフ〉(続・名曲とレコード―声楽曲) 畑中良輔 「ディスク」22巻8号 臨時増刊 続・名曲とレコード 1959.7 p.130

◇忘れられし小唄〈ドビュッシイ〉(続・名曲とレコード―声楽曲) 畑中良輔 「ディスク」22巻8号 臨時増刊 続・名曲とレコード 1959.7 p.131

◇マンドリン〈ドビュッシイ〉(続・名曲とレコード―声楽曲) 畑中良輔 「ディスク」22巻8号 臨時増刊 続・名曲とレコード 1959.7 p.133

◇わが歌に翼ありせば〈アーン〉(続・名曲とレコード―声楽曲) 畑中良輔 「ディスク」22巻8号 臨時増刊 続・名曲とレコード 1959.7 p.134

◇フィッシャー=ディスカウとヴォルフの歌曲 畑中良輔 「ディスク」22巻9号 1959.8 p.38

◇ぼくの愛聴盤(特集 私の愛聴盤) 畑中良輔 「ディスク」23巻1号 1960.1 p.182

◇アデライーデ―ベートーヴェン(歌曲) 畑中良輔 「ディスク」23巻13号 増刊 新版名曲とレコード 下巻 1960.10 p.132

◇水の上にて歌える―シューベルト(歌曲) 畑中良輔 「ディスク」23巻13号 増刊 新版名曲とレコード 下巻 1960.10 p.135

◇音楽に寄す―シューベルト(歌曲) 畑中良輔 「ディスク」23巻13号 増刊 新版名曲とレコード 下巻 1960.10 p.135

◇アヴェ・マリア―シューベルト(歌曲) 畑中良輔 「ディスク」23巻13号 増刊 新版名曲とレコード 下巻 1960.10 p.136

◇「美しき水車小屋の娘」全曲―シューベルト(歌曲) 畑中良輔 「ディスク」23巻13号 増刊 新版名曲とレコード 下巻 1960.10 p.138

◇「白鳥の歌」全曲―シューベルト(歌曲) 畑中良輔 「ディスク」23巻13号 増刊 新版名曲とレコード 下巻 1960.10 p.143

◇二人の擲弾兵 作品四九―シューマン(歌曲) 畑中良輔 「ディスク」23巻13号 増刊 新版名曲とレコード 下巻 1960.10 p.146

◇月の夜―リーダークライス作品三九より―シューマン(歌曲) 畑中良輔 「ディスク」23巻13号 増刊 新版名曲とレコード 下巻 1960.10 p.148

◇アヴェ・マリア―グノー(歌曲) 畑中良輔 「ディスク」23巻13号 増刊 新版名曲とレコード 下巻 1960.10 p.150

◇セレナード―グノー(歌曲) 畑中良輔 「ディスク」23巻13号 増刊 新版名曲とレコード 下巻 1960.10 p.151

◇眠りの精―ブラームス(歌曲) 畑中良輔 「ディスク」23巻13号 増刊 新版名曲とレコード 下巻 1960.10 p.153

◇ただ, あこがれを知るもののみ―チャイコフスキー(歌曲) 畑中良輔 「ディスク」23巻13号 増刊 新版名曲とレコード 下巻 1960.10 p.157

◇夢のあとに―フォーレ(歌曲) 畑中良輔 「ディスク」23巻13号 増刊 新版名曲とレコード 下巻 1960.10 p.158

◇月光―フォーレ(歌曲) 畑中良輔 「ディスク」23巻13号 増刊 新版名曲とレコード 下巻 1960.10 p.159

◇リラの花咲くころ―ショーソン(歌曲) 畑中良輔 「ディスク」23巻13号 増刊 新版名曲とレコード 下巻 1960.10 p.160

◇隠栖―ヴォルフ(歌曲) 畑中良輔 「ディスク」23巻13号 増刊 新版名曲とレコード 下巻 1960.10 p.160

◇アナクレオンの墓―ヴォルフ(歌曲) 畑中良輔 「ディスク」23巻13号 増刊 新版名曲とレコード 下巻 1960.10 p.161

◇忘れられし小唄―ドビュッシイ(歌曲) 畑中良輔 「ディスク」23巻13号 増刊 新版名曲とレコード 下巻 1960.10 p.162

◇わが歌に翼ありせば―アーン(歌曲) 畑中良輔 「ディスク」23巻13号 増刊 新版名曲とレコード 下巻 1960.10 p.164

◇歌曲集「美しき水車小屋の乙女」 畑中良輔 「ディスク」24巻9号 臨時増刊 シューベルト 1961.8 p.42

◇歌曲集「冬の旅」 畑中良輔 「ディスク」24巻9号 臨時増刊 シューベルト 1961.8 p.50

◇歌曲集「白鳥の歌」 畑中良輔 「ディスク」24巻9号 臨時増刊 シューベルト 1961.8 p.59

◇三大歌曲集―レコード評 畑中良輔 「ディスク」24巻9号 臨時増刊 シューベルト 1961.8 p.153

◇シューベルト〈冬の旅〉(名曲ディスコグラフィ) 畑中良輔 「ディスク」24巻12号 1961.11 p.113

◇ドイツ・リートの歌い手たち(特集 ドイツ・リートをめぐって) 畑中良輔 「ディスク」25巻3号 1962.3 p.88

福原 信夫

◇来朝を予定される演奏家(特集) 渡辺茂, 福原信夫, 渡辺護, 西山広一, 関口泰彦, 松田十四郎, 三浦潤, 松岡清堯, 寺西一郎, 田辺秀雄, 梶原完, 牛山充, 大木正興, 松本太郎, 西田清治 「レコード音楽」23巻2号 1953.2 p.87

◇小品名曲百曲選―レコード音楽名曲決定盤 上野一郎, 木村重雄, 福原信夫, 大木正興, 田代秀穂, 牧定忠, 太田祐満, 寺西春雄, 八木進, 大宮真琴, 西山広一 「レコード音楽」23巻4号 1953.4 p.129

◇マリアン・アンダースンのレコード 福原信夫 「レコード音楽」23巻5号・6号 1953.6 p.27

◇サバタ指揮のヴェルディのレクイエム 福原信夫 「ディスク」18巻9号 1955.7 p.44

◇テレビの前の来朝指揮者たち 福原信夫 「ディスク」18巻11号 1955.9 p.44

◇シュルスヌスのリード―第二輯(今月のLPから) 福原信夫 「ディスク」18巻12号 1955. 10 p.62

◇ビゼーの歌劇「真珠採り」(新着LP紹介) 福原信夫 「ディスク」18巻13号 1955.11 p.110

◇ハンス・ホッターのシューベルト歌曲集「冬の旅」(今月のLPから) 福原信夫 「ディスク」19巻1号 1956.1 p.44

◇ドニゼッティの傑作 歌劇「ルチア」の話(対談) 福原信夫, 大谷冽子 「ディスク」19巻3号 1956.2 p.38

◇クラウス指揮の「蝙蝠」全曲(今月のLPハイライト) 福原信夫 「ディスク」19巻3号 1956.2 p.105

◇ロッセル=マイダンのドヴォルザーク歌曲集(今月のLPハイライト) 福原信夫 「ディスク」19巻3号 1956.2 p.113

◇全世界の勤労者の心の歌「森の歌」のLP(今月のLPハイライト) 福原信夫 「ディスク」19巻3号 1956.2 p.114

◇三度び来朝するジョセフ・ローゼンストック(特集・来朝音楽家の横顔) 福原信夫 「ディスク」19巻4号 1956.3 p.28

◇胸をうつフェリアーの名唱 バッハ・ヘンデル・アリア集(今月のLPハイライト) 福原信夫 「ディスク」19巻4号 1956.3 p.114

◇たのしめるモーツァルト演奏会用アリア(今月のLPハイライト) 福原信夫 「ディスク」19巻4号 1956.3 p.115

◇フィッシャーディースカウの歌うヴォルフ歌曲集(今月のLPハイライト) 福原信夫 「ディスク」19巻4号 1956.3 p.116

◇ラヴェルのオペラ「子供と呪文」(今月のLPハイライト) 福原信夫 「ディスク」19巻4号 1956.3 p.117

◇歌劇「コシ・ファン・トゥッテ」―女はみんなこうしたもの(今月のLPハイライト) 福原信夫 「ディスク」19巻5号 1956.4 p.119

◇フィッシャー・ディースカウのシューベルト「冬の旅」決定盤とフルトヴェングラーの共演マーラーの「さまよう若人の歌」(今月のLPハイライト) 福原信夫 「ディスク」19巻5号 1956.4 p.120

◇ハンス・ホッターのシューベルト「白鳥の歌」の名唱(今月のLPハイライト) 福原信夫 「ディスク」19巻5号 1956.4 p.122

◇バッハ・二つの教会カンタータ――一四〇番と三二番(今月のLPハイライト) 福原信夫 「ディスク」19巻5号 1956.4 p.123

◇楽員から観た来朝指揮者の素描(座談会) 小橋行雄, 大橋幸雄, 檜山薫, 福原信夫 「ディスク」19巻6号 1956.5 p.38

◇十六, 七世紀の伊・西歌曲集(今月のLPハイライト) 福原信夫 「ディスク」19巻6号 1956.5 p.112

◇ヴォルフ「イタリー歌曲集」(今月のLPハイライト) 福原信夫 「ディスク」19巻6号 1956.5 p.113

◇モーツァルト「フィガロの結婚」全曲(今月のLPハイライト) 福原信夫 「ディスク」19巻6号 1956.5 p.114

◇アルヒーフの「五つの宗教歌」(今月のLPハイライト) 福原信夫 「ディスク」19巻6号 1956.5 p.115

◇歌劇「フィデリオ」全曲を聴いて(特集・ベートーヴェンの交響曲) 福原信夫 「ディスク」19巻8号 1956.6 p.76

◇素朴な感動 シェッツの「詩人の恋」(今月のLPハイライト) 福原信夫 「ディスク」19巻8号 1956.6 p.122

◇フラグスタートの歌う「ブリュンヒルデの犠牲」 福原信夫 「ディスク」19巻8号 1956.6 p.123

◇マリア・メネギーニ・カラス(現代音楽家への二つの意見) 福原信夫, 畑中更予 「ディスク」19巻9号 1956.7 p.56

◇J・シュトラウス「蝙蝠」の新盤をきいて 福原信夫 「ディスク」19巻9号 1956.7 p.66

◇ヴェルディの歌劇「アイーダ」(今月の名盤) 福原信夫 「ディスク」19巻11号 1956.8 p.56

◇歌劇「フィガロの結婚」新盤 福原信夫 「ディスク」19巻12号 1956.9 p.32

◇歌劇「トスカ」全曲を聴く 福原信夫 「ディスク」19巻13号 1956.10 p.30

◇ヴェルディ レクイエムの新盤（対談）高橋昭，福原信夫 「ディスク」19巻13号 1956.10 p.66

◇楽劇「薔薇の騎士」の全曲盤（今月のLPから）福原信夫 「ディスク」19巻14号 1956.11 p.32

◇ヴェルディの名作 歌劇「椿姫」の新盤をめぐつて（座談会）宮沢縦一，福原信夫 「ディスク」19巻14号 1956.11 p.68

◇テレビの前の来朝演奏家たち（1）福原信夫 「ディスク」20巻1号 1957.1 p.28

◇グリークの歌曲集 福原信夫 「ディスク」20巻1号 1957.1 p.55

◇フィッシャー＝ディスカウを語る 福原信夫，有馬茂夫，小林利之 「ディスク」20巻1号 1957.1 p.70

◇イタリア歌劇団の人々―テレビの前の来朝演奏家 福原信夫 「ディスク」20巻2号 1957.2 p.40

◇聖譚曲「天地創造」（ハイドン）福原信夫 「ディスク」20巻2号 1957.2 p.84

◇テレビの前の来朝演奏家たち（終）福原信夫 「ディスク」20巻3号 1957.3 p.52

◇シェビのモーツァルト（話題のLPハイライト）福原信夫 「ディスク」20巻5号 1957.5 p.44

◇歌劇「エフゲニ・オネーギン」全曲（話題のLP・今月のハイライト）福原信夫 「ディスク」20巻6号 1957.6 p.48

◇待望の名盤 歌劇「オテロ」全曲を聴く ヴェルディー・シェイクスピアの名作とテバルディー-デル＝モナコの名コンビ（座談会）柴田睦陸，宮沢縦一，福原信夫 「ディスク」20巻7号 1957.7 p.50

◇レコードとその批評―私の立場 福原信夫 「ディスク」20巻7号 1957.7 p.86

◇LPの名盤をさぐる（3）―エンジェル篇（座談会）岡俊雄，福原信夫，志鳥栄八郎 「ディスク」20巻9号 1957.8 p.38

◇オペラへの招待 ウエーバーの歌劇「魔弾の射手」福原信夫 「ディスク」20巻11号 1957.9 p.60

◇ヴェルディ歌劇「イル・トロヴァトーレ」福原信夫 「ディスク」20巻12号 1957.10 p.56

◇プーランク「スタバート・マーテル」（今月のハイライト）福原信夫 「ディスク」20巻13号 1957.11 p.20

◇オペラへの招待 歌劇「セヴィリアの理髪師」（ロッシーニ）福原信夫 「ディスク」20巻13号 1957.11 p.38

◇レコードのハイファイ・放送のハイファイ 福原信夫 「ディスク」20巻13号 1957.11 p.156

◇オペラへの招待 歌劇「ディドとエネアス」（パーセル）福原信夫 「ディスク」20巻15号 1957.12 p.37

◇一九五七年の優秀LPをさぐる（1）（座談会）大宮真琴，門馬直美，福原信夫 「ディスク」20巻15号 1957.12 p.42

◇ニクサの「救世主」を聴いて 福原信夫 「ディスク」20巻15号 1957.12 p.154

◇一九五七年の優秀LPをさぐる（続）（座談会）門馬直美，大宮真琴，福原信夫 「ディスク」21巻1号 1958.1 p.46

◇オペラへの招待 アルバン・ベルクの「ヴォツェック」福原信夫 「ディスク」21巻1号 1958.1 p.114

◇オペラへの招待 プッチーニの「ラ・ボエーム」福原信夫 「ディスク」21巻2号 1958.2 p.118

◇オペラへの招待 ビゼーの歌劇「カルメン」福原信夫 「ディスク」21巻3号 1958.3 p.108

◇現代のオペラ歌手十二の顔―ソプラノ篇 畑中良輔，木村重雄，福原信夫 「ディスク」21巻4号 1958.4 p.24

◇春宵放送 現代のオペラ歌手（続）―そして更に十人 畑中良輔，木村重雄，福原信夫，小林利之 「ディスク」21巻5号 1958.5 p.48

◇歌劇「ドン・ジョヴァンニ」―オペラへの招待 福原信夫 「ディスク」21巻5号 1958.5 p.108

◇歌劇「ファルスタッフ」―オペラへの招待 福原信夫 「ディスク」21巻6号 1958.6 p.50

◇「ペレアスとメリザンド」―オペラへの招待（古典と現代の三つのオペラ紹介）福原信夫 「ディスク」21巻7号 1958.7 p.58

◇シュトラウスの歌劇「蝙蝠」―オペラへの招待 福原信夫 「ディスク」21巻8号 1958.8 p.154

◇新しいメディアFM 福原信夫 「ディスク」21巻9号 1958.9 p.118

◇オペラへの招待 ヴェルディの「リゴレット」福原信夫 「ディスク」21巻10号 1958.10 p.48

◇メンデルスゾーンの「エリア」の新盤（ハイライト）福原信夫 「ディスク」21巻11号 1958.11 p.32

◇初級ファンのための名曲蒐集ガイド ロンドンのクラウン・シリーズを語る（座談会）福原信夫，志鳥栄八郎，小林利之 「ディスク」21巻12号 1958.12 p.44

◇オペラへの招待 楽劇「トリスタンとイゾルデ」福原信夫 「ディスク」21巻12号 1958.12 p.51

◇オペラへの招待 ヴェルディの歌劇「運命の力」福原信夫 「ディスク」22巻1号 1959.1 p.60

◇オペラへの招待―レオンカヴァルロの歌劇「道化師」福原信夫 「ディスク」22巻2号 1959.2 p.58

◇イタリア歌劇団とともに（1）日本でのマリオ・デル＝モナコ 福原信夫 「ディスク」22巻5号 1959.5 p.62

◇イタリア歌劇団とともに―第2話アルド・プロッティ　福原信夫　「ディスク」22巻6号　1959.6 p.64

◇イタリア歌劇団とともに（第3話 アルベルト・エレーデ）　福原信夫　「ディスク」22巻7号　1959.7 p.64

◇イタリア歌劇団とともに（4・最終回）福原信夫　「ディスク」22巻9号　1959.8 p.62

◇特別読物―ウィーン・フィルハーモニーと共に　福原信夫　「ディスク」23巻1号　1960.1 p.54

◇歌劇　福原信夫　「ディスク」23巻2号　臨時増刊 ベートーヴェン　1960.1 p.158

◇愛盤は青春とともに（私の愛聴盤〔第2回〕）　福原信夫　「ディスク」23巻3号　1960.2 p.58

◇注目の海外盤―ステレオの「ドン・ジョヴァンニ」　福原信夫　「ディスク」23巻4号　1960.3 p.158

◇ロンドンのステレオ発売一週年とその記念レコードをめぐって（座談会）岡俊雄，志鳥栄八郎，田辺秀雄，福原信夫，小林利之　「ディスク」23巻5号　1960.4 p.48

◇ビルギット・ニルソンの「トリスタンとイゾルデ」（新着LP試聴室）福原信夫　「ディスク」23巻6号　1960.5 p.167

◇ヴォルフガング・ザヴァリッシュとビルギッド・ニルソン（座談会）福原信夫，岡俊雄，大宮真琴　「ディスク」23巻7号　1960.6 p.90

◇ボストン交響楽団あれこれ―ミュンシュとボストン交響楽団一行の日本滞在楽屋裏から　福原信夫　「ディスク」23巻8号　1960.7 p.38

◇ピーター・ピアーズの新盤を聴くリュート歌曲リサイタル，シューベルト「美しき水車小屋の娘」，ブリッテン「ノクターン」，ピーター・グライムズより　三浦淳史，福原信夫　「ディスク」23巻9号　1960.8 p.112

◇ヘンデルのオラトリオ「メシア」（各社秋の大作レコードを展望する）（座談会）福原信夫，大宮真琴，岡俊雄　「ディスク」23巻12号　1960.10 p.32

◇N響とともに世界を旅して―第1回 モスクワ篇　福原信夫　「ディスク」24巻1号　1961.1 p.32

◇N響とともに世界を旅して―第2回 スイス篇　福原信夫　「ディスク」24巻2号　1961.2 p.76

◇N響とともに世界を旅して―第3回 ウィーンの話　福原信夫　「ディスク」24巻3号　1961.3 p.76

◇N響とともに世界を旅して―第4回 チェコ・ポーランド篇　福原信夫　「ディスク」24巻4号　1961.4 p.92

◇N響とともに世界を旅して―その5 ドイツ篇　福原信夫　「ディスク」24巻5号　1961.5 p.96

◇ロス・アンヘルスの三大オペラをめぐって（座談会）宮沢縦一，福原信夫，小林利之　「ディスク」24巻5号　1961.5 p.122

◇マリア・カラスのすべてをレコードに聴く　福原信夫　「ディスク」24巻6号　1961.6 p.106

◇N響とともに世界を旅して―その6 ミュンヘン・ミラノ篇　福原信夫　「ディスク」24巻6号　1961.6 p.120

◇N響とともに世界を旅して―その7 ナポリ篇　福原信夫　「ディスク」24巻7号　1961.7 p.96

◇N響とともに世界を旅して―その8 ローマ篇（1）福原信夫　「ディスク」24巻8号　1961.8 p.94

◇歌曲選―レコード評　福原信夫　「ディスク」24巻9号　臨時増刊 シューベルト　1961.8 p.157

◇特集座談会 オペラの名盤をさぐる―オペラ・ブームにのって発売されたレコードのすべてを語る　宮沢縦一，福原信夫，小林利之　「ディスク」24巻10号　1961.9 p.74

◇N響とともに世界を旅して―その9 ローマ篇（2）福原信夫　「ディスク」24巻10号　1961.9 p.100

◇N響とともに世界を旅して―その10 ベオグラード・ザグレブ　福原信夫　「ディスク」24巻11号　1961.10 p.96

◇N響とともに世界を旅して―その11 ディッヒルドルフ・他　福原信夫　「ディスク」24巻12号　1961.11 p.96

◇N響とともに世界を旅して―最終回 ロンドン・パリ篇　福原信夫　「ディスク」24巻13号　1961.12 p.94

◇素顔のリリカ・イタリアーナ―舞台うらのスターたちのエピソード　福原信夫　「ディスク」25巻1号　1962.1 p.86

◇歌劇「エフゲニ・オネーギン」（チャイコフスキー）（オペラへの招待・新連載）福原信夫　「ディスク」25巻2号　1962.2 p.58

◇歌劇「蝶々夫人」（プッチーニ）（オペラへの招待2）福原信夫　「ディスク」25巻3号　1962.3 p.96

◇ワーグナー〈タンホイザー〉（オペラへの招待3）福原信夫　「ディスク」25巻4号　1962.4 p.96

◇来日記念発売レコードを聴く（特集 秋のシーズンを飾る）大宮真琴，岡俊雄，福原信夫，三井啓　「ディスク」25巻10号　1962.10 p.113

◇〈フィガロの結婚〉（オペラへの招待（4））福原信夫　「ディスク」25巻10号　1962.10 p.130

◇特集 各社から出揃った第十七回芸術祭参加レコードを聴く　大宮真琴，岡俊雄，福原信夫，服部幸三，押田良久　「ディスク」25巻11号　1962.11 p.77

◇音楽随想 世界の旅から―ハイリゲンシュタット詣で　福原信夫　「ディスク」25巻11号　1962.11 p.96

◇アドリアナ・ルクヴルール（オペラへの招待（5））福原信夫　「ディスク」25巻11号　1962.11 p.110

◇特集 第十七回芸術祭参加レコードを聴く 大宮真琴, 小林利之, 福原信夫, 服部幸三, 押田良久 「ディスク」25巻12号 1962.12 p.77

◇〈ナクソス島のアリアドネ〉(オペラへの招待(6)) 福原信夫 「ディスク」25巻12号 1962.12 p.114

◇歌劇〈フィデリオ〉(オペラへの招待(7)) 福原信夫 「ディスク」26巻1号 1963.1 p.118

◇ヴェルディ・人と芸術―(ヴェルディの生涯1)(特集 ヴェルディ生誕百五十周年記念) 福原信夫 「ディスク」26巻2号 1963.2 p.82

◇プッチーニ歌劇〈ラ・ボエーム〉(オペラへの招待(8)) 福原信夫 「ディスク」26巻2号 1963.2 p.112

◇ヴェルディ・人と芸術(ヴェルディの生涯2) 福原信夫 「ディスク」26巻3号 1963.3 p.98

◇プッチーニ歌劇〈マノン・レスコー〉(オペラへの招待・9) 福原信夫 「ディスク」26巻3号 1963.3 p.122

◇ヴェルディ・人と芸術(ヴェルディの生涯3) 福原信夫 「ディスク」26巻4号 1963.4 p.72

◇ヴェルディ歌劇〈運命の力〉(オペラへの招待10) 福原信夫 「ディスク」26巻4号 1963.4 p.88

◇ヴェルディ・人と芸術(ヴェルディの生涯4) 福原信夫 「ディスク」26巻5号 1963.8 p.110

◇ヴェルディ・人と芸術(ヴェルディの生涯5) 福原信夫 「ディスク」26巻6号 1963.9 p.110

◇ヴェルディ・人と芸術(ヴェルディの生涯6) 福原信夫 「ディスク」26巻7号 1963.10 p.102

◇ヴェルディ・人と芸術(ヴェルディの生涯7) 福原信夫 「ディスク」26巻8号 1963.11 p.110

◇「セビリアの理髪師」を聴いて(八つの舞台に聴いたもの―イタリア・オペラ) 福原信夫 「ディスク」26巻9号 1963.12 p.86

◇ヴェルディ・人と芸術(ヴェルディの生涯8) 福原信夫 「ディスク」26巻9号 1963.12 p.102

◇ヴェルディ・人と芸術(ヴェルディの生涯9) 福原信夫 「ディスク」27巻1号 1964.1 p.98

◇ヴェルディ・人と芸術(ヴェルディの生涯10) 福原信夫 「ディスク」27巻2号 1964.2 p.118

◇ヴェルディ・人と芸術(ヴェルディの生涯11) 福原信夫 「ディスク」27巻3号 1964.3 p.98

◇ヴェルディ・人と芸術(ヴェルディの生涯12) 福原信夫 「ディスク」27巻4号 1964.4 p.112

◇ヴェルディ・人と芸術(ヴェルディの生涯13) 福原信夫 「ディスク」27巻5号 1964.5 p.98

◇ヴェルディ・人と芸術(ヴェルディの生涯14) 福原信夫 「ディスク」27巻6号 1964.6 p.37

◇ヴェルディ・人と芸術(ヴェルディの生涯15)―歌劇「トロヴァトーレ」 福原信夫 「ディスク」27巻7号 1964.7 p.82

◇ヴェルディ・人と芸術(ヴェルディの生涯16) 福原信夫 「ディスク」27巻8号 1964.8 p.74

◇ヴェルディ・人と芸術(ヴェルディの生涯17)―歌劇「ラ・トラヴィアタ」 福原信夫 「ディスク」27巻9号 1964.9 p.98

◇ヴェルディ・人と芸術(ヴェルディの生涯18)―歌劇「シチリア島の夕べの祈り」 福原信夫 「ディスク」27巻10号 1964.10 p.100

◇ヴェルディ・人と芸術(ヴェルディの生涯19)―歌劇「シチリア島の夕の祈り」(2) 福原信夫 「ディスク」27巻11号 1964.11 p.102

◇ヴェルディ・人と芸術(ヴェルディの生涯20)―シチリア島の夕の祈りからシモン・ボッカネグラ 福原信夫 「ディスク」27巻12号 1964.12 p.98

◇ヴェルディ・人と芸術(ヴェルディの生涯21)―ヴェルディ巡礼・1 ブッセート附近 福原信夫 「ディスク」28巻1号 1965.1 p.88

◇ヴェルディ・人と芸術(ヴェルディの生涯22)―「シモン・ボッカネグラ」続 福原信夫 「ディスク」28巻2号 1965.2 p.98

◇ヴェルディ・人と芸術(ヴェルディの生涯23)―「アロルド」 福原信夫 「ディスク」28巻3号 1965.3 p.82

◇ヴェルディ・人と芸術(ヴェルディの生涯24)―「仮面舞踏会」 福原信夫 「ディスク」28巻4号 1965.4 p.82

◇ヴェルディ・人と芸術(ヴェルディの生涯25)―「仮面舞踏会」(続) 福原信夫 「ディスク」28巻5号 1965.5 p.82

◇ヴェルディ・人と芸術(ヴェルディの生涯26)―イタリアの独立と国会議員 福原信夫 「ディスク」28巻6号 1965.7 p.98

◇ヴェルディ・人と芸術(ヴェルディの生涯27)―カンタータ 諸国民の讃歌 福原信夫 「ディスク」28巻8号 1965.9 p.74

◇ヴェルディ・人と芸術(ヴェルディの生涯28)―「運命の力」の誕生 福原信夫 「ディスク」28巻9号 1965.10 p.94

◇ヴェルディ巡礼・2―コロンジュ・ス・サレーヴのこと 福原信夫 「ディスク」28巻9号 1965.10 p.100

◇ヴェルディ・人と芸術(ヴェルディの生涯29)―歌劇「運命の力」 福原信夫 「ディスク」28巻10号 1965.11 p.82

◇ヴェルディ・人と芸術(ヴェルディの生涯30)―歌劇「ドン・カルロ」まで 福原信夫 「ディスク」28巻11号 1965.12 p.84

◇ヴェルディ・人と芸術(ヴェルディの生涯31)―「ドン・カルロ」(1) 福原信夫 「ディスク」29巻1号 1966.1 p.82

◇ヴェルディ・人と芸術(ヴェルディの生涯32)―「ドン・カルロ」(2) 福原信夫 「ディスク」29巻2号 1966.2 p.94

◇ヴェルディ・人と芸術(ヴェルディの生涯33)―歌劇「アイーダ」の誕生まで(1) 福原信夫 「ディスク」29巻3号 1966.3 p.80

藤木 義輔

◇ヴェルディ・人と芸術（ヴェルディの生涯34）
―歌劇「アイーダ」誕生まで（2） 福原信夫
「ディスク」29巻4号 1966.4 p.82

◇ヴェルディ・人と芸術（ヴェルディの生涯35）
―歌劇「アイーダ」 福原信夫 「ディスク」
29巻5号 1966.5 p.104

◇ヴェルディ・人と芸術（ヴェルディの生涯36）
―弦楽四重奏曲と鎮魂ミサ曲 福原信夫
「ディスク」29巻6号 1966.6 p.102

◇ヘルベルト・フォン・カラヤン（オフ・ス
テージの来日演奏家） 福原信夫，小林利之
「ディスク」29巻7号 1966.7 p.98

藤木 義輔

◇或る芸術家の生涯のエピソード（1） 藤木義輔
「レコード音楽」6巻9号 1932.9 p.44

◇或る芸術家の生涯とエピソード（2） 藤木義輔
「レコード音楽」6巻10号 1932.10 p.58

◇或る芸術家の生涯のエピソード（3） 藤木義輔
「レコード音楽」6巻11号 1932.11 p.46

◇或る芸術家の生涯のエピソード（4） 藤木義輔
「レコード音楽」6巻12号 1932.12 p.52

◇ドビュッシイの楽劇「ペレアスとメリサン
ド」（上） 藤木義輔 「レコード音楽」7巻1号
1933.1 p.102

◇ドビュッシイの楽劇「ペレアスとメリサン
ド」 藤木義輔 「レコード音楽」7巻2号
1933.2 p.100

◇リストとダグウ夫人（1） 藤木義輔 「レコー
ド音楽」7巻4号 1933.4 p.78

◇リストとダグウ夫人（2） 藤木義輔 「レコー
ド音楽」7巻5号 1933.5 p.100

◇リストとダグウ夫人（完） 藤木義輔 「レコー
ド音楽」7巻6号 1933.6 p.94

◇市場の歌劇（1）―オペラ・コミックの起源 藤
木義輔 「レコード音楽」7巻7号 1933.7
p.101

◇市場の歌劇（2） 藤木義輔 「レコード音楽」7
巻8号 1933.8 p.102

◇ペレアス物語（名曲物語） 藤木義輔 「レコー
ド音楽」7巻10号 1933.10 p.103

◇仏蘭西歌劇雑話 藤木義輔 「レコード音楽」
7巻11号 1933.11 p.96

◇ドビュッシイ入門 藤木義輔 「ディスク」7
巻6号 1935.6 p.414

◇親しみにくいフランク 藤木義輔 「ディス
ク」7巻9号 1935.9 p.648

◇ラヴェル観察の座標 藤木義輔 「ディスク」
7巻11号 1935.11 p.807

◇フォーレの芸術 藤木義輔 「ディスク」8巻2
号 1936.2 p.93

◇音楽史上に於けるフォーレ 藤木義輔 「レ
コード音楽」10巻2号 1936.2 p.15

◇近代フランス音楽家素描（近代仏蘭西音楽）
藤木義輔 「ディスク」8巻5号 1936.5 p.398

◇近代フランス音楽の諸相 藤木義輔 「レコー
ド音楽」10巻5号 1936.5 p.20

◇シェヘラザーデ（名曲物語） 藤木義輔 「レ
コード音楽」10巻9号 1936.9 p.23

◇ディスコフィルの感謝（随筆） 藤木義輔 「レ
コード音楽」10巻10号 1936.10 p.38

◇ベルリオーズ・ファンタスティク 藤木義輔
「レコード音楽」10巻11号 1936.11 p.70

◇近代フランス音楽講話（1）フランクからダン
ディーへ 藤木義輔 「ディスク」9巻1号
1937.1 p.39

◇近代フランス音楽講話（2）サン・サァンスか
らラヴェルへ 藤木義輔 「ディスク」9巻2号
1937.2 p.106

◇近代フランス音楽講話（3）ドビュッシイ 藤木
義輔 「ディスク」9巻3号 1937.3 p.214

◇近代フランス音楽講話（4） 藤木義輔 「ディ
スク」9巻4号 1937.4 p.336

◇ラヴェルのレコードを掛けながら 藤木義輔
「ディスク」10巻2号 1938.2 p.122

◇無為を楽しむ男の為の音楽（夏の随筆） 藤木
義輔 「レコード音楽」12巻8号 1938.8 p.41

◇試聴室―ドビュッシイの「海」 藤木義輔
「ディスク」13巻4号 1941.4 p.308

◇試聴室―ピエルネの「演芸場の印象」 藤木義
輔 「ディスク」13巻4号 1941.4 p.312

◇試聴室―フォーレの「イ長調提琴奏鳴曲」 藤
木義輔 「ディスク」13巻5号 1941.5 p.417

◇音楽圏外からの言葉 藤木義輔 「レコード文
化」3巻3号 1943.3 p.17

◇ショパンからストラヴィンスキィー 藤木義
輔 「レコード音楽」19巻2号 1949.2 p.36

◇現代音楽の宿命 藤木義輔 「レコード音楽」
20巻9号 1950.9 p.26

◇フォーレの晩年と絃楽四重奏曲 藤木義輔
「レコード音楽」21巻2号 1951.2 p.28

◇フランクのヴァイオリン奏鳴曲―フランチェ
スカッティの新盤を聴きながら 藤木義輔
「レコード音楽」21巻4号 1951.4 p.40

◇ファリアの芸術とスペイン民謡 藤木義輔
「レコード音楽」21巻10号 1951.10 p.18

◇ドビュッシイの夜想曲と印象主義（今月の主
要レコードの解説） 藤木義輔 「ディスク」
14巻4号 1951.12 p.295

◇フランス歌曲を楽しむ 藤木義輔 「ディス
ク」15巻1号 1952.1 p.13

◇フォーレーの「やさしき歌」（名曲解説） 藤木
義輔 「ディスク」15巻7号 1952.7 p.686

◇ダンディ フランス山人の歌（名曲解説） 藤木
義輔 「ディスク」15巻8号 1952.8 p.806

◇フランスの小品 藤木義輔 「ディスク」16巻
1号 1953.1 p.46

◇ドビュッシイの「ペレアスとメリサンド」 藤
木義輔 「ディスク」16巻2号 1953.2 p.124

◇モーツァルトのセレナードを聴きながら 藤木義輔 「ディスク」16巻9号 1953.8 p.804

◇開かれた欧州録音の宝庫—エンゼル・エピックの新譜を聴く（座談会）(海外LP試聴室) 藤木義輔, 中村善吉, その・す・む, 青木謙幸 「ディスク」17巻2号 1954.2 p.70

◇私の宗教音楽第一歩—異邦人を教会へと誘い込むフォーレの「レクイエム」の話 藤木義輔 「ディスク」17巻7号 1954.7 p.38

藤田 不二

◇グラモヒル座談会 (1) あらえびす, 森潤三郎, 中村善吉, 西条卓夫, 藤田不二 「ザ・グラモヒル」1巻4号 1930.5 p.102

◇エムミイ・デステインの死 (1) 藤田不二 「ザ・グラモヒル」1巻4号 1930.5 p.116

◇グラモヒル座談会 (2) あらえびす, 森潤三郎, 中村善吉, 西条卓夫, 藤田不二 「ザ・グラモヒル」1巻5号 1930.6 p.148

◇エムミイ・デステインの死 (2) 藤田不二 「ザ・グラモヒル」1巻5号 1930.6 p.165

◇グラモヒル座談会 (3) あらえびす, 森潤三郎, 中村善吉, 西条卓夫, 藤田不二 「ザ・グラモヒル」1巻6号 1930.7 p.204

◇珍重さるべきレコード (3) 藤田不二 「ザ・グラモヒル」1巻6号 1930.7 p.222

◇グラモヒル座談会（完）あらえびす, 森潤三郎, 中村善吉, 西条卓夫, 藤田不二 「ザ・グラモヒル」1巻7号 1930.8 p.252

◇パブロ・カサールス 藤田不二 訳 「ディスク」2巻3号 1930.11 p.216

◇マダム・ストラデヴァリウス 藤田不二 「ディスク」2巻4号 1930.12 p.258

◇クーベリックのレコード 藤田不二 「レコード音楽」5巻1号 1931.1 p.23

◇キング・レコードの発売を祝す 藤田不二 「レコード音楽」5巻1号 1931.1 p.47

◇ペレアスとメリサンド 藤田不二 「レコード音楽」5巻3号 1931.3 p.30

◇ウルトラフォーン・レコード 藤田不二 「レコード音楽」5巻4号 1931.4 p.60

◇シゲツテイを迎えるに際して 藤田不二 「ディスク」3巻5号 1931.5 p.339

◇リリイ・ポン夫人のレコード 藤田不二 「ディスク」3巻5号 1931.5 p.370

◇コチアンのレコードは三枚か 藤田不二 「レコード音楽」5巻5号 1931.5 p.26

◇レコードにあるゴールドマークの作品 藤田不二 「レコード」2巻5号 1931.5 p.28

◇セゴヴイアのレコード 藤田不二 「ディスク」3巻6号 1931.6 p.411

◇レコードカタログの蒐集 藤田不二 「レコード」2巻6号 1931.6 p.20

◇ザ・グラモフォーン会社参観記 藤田不二 「レコード音楽」5巻9号 1931.9 p.36

◇歌曲レコードに対する私見 藤田不二 「レコード」2巻9号 1931.9 p.23

◇ロシアの室内楽団の話 藤田不二 「ディスク」3巻10号 1931.10 p.767

◇ヴォルフの歌曲レコード頒布会 藤田不二 「レコード音楽」5巻11号 1931.11 p.48

◇長時間レコードの完成と発売 藤田不二 「レコード音楽」5巻11号 1931.11 p.58

◇再びカタログの蒐集について 藤田不二 「レコード」2巻11号 1931.11 p.40

◇三越とフランスのパテー・レコード 藤田不二 「レコード音楽」5巻12号 1931.12 p.54

◇歳末雑感 藤田不二 「レコード音楽」5巻12号 1931.12 p.64

◇世界のレコード雑誌 藤田不二 「レコード」3巻1号 1932.1 p.58

◇ミゲル・リョベット・ソサイエティの成立に際して 藤田不二 「レコード音楽」6巻2号 1932.2 p.42

◇フーゴー・ヴォルフ歌曲レコード第一回頒布の曲目 藤田不二 「レコード音楽」6巻3号 1932.3 p.42

◇国際レコード鑑賞会と上演曲目 藤田不二 「レコード音楽」6巻6号 1932.6 p.89

◇スーパートンを聴く 藤田不二 「レコード音楽」6巻7号 1932.7 p.101

◇歳末に際して 藤田不二 「レコード音楽」6巻12号 1932.12 p.98

◇フーゴー・ヴォルフ協会第二回頒布曲目内容 藤田不二 「レコード音楽」7巻1号 1933.1 p.32

◇ラヴェルの歌曲レコードを聴く 牛山充, 須永克己, 有坂愛彦, 藤田不二 「レコード音楽」7巻6号 1933.6 p.35

◇思ひ出づるま、藤田不二 「レコード音楽」7巻6号 1933.6 p.54

◇昭和八年のレコード界を顧る座談会（特輯）有坂愛彦, 白井嶺南, 菅原明朗, 須永克己, 野村あらえびす, 野村光一, 藤田不二, 村田武雄 「レコード音楽」7巻12号 1933.12 p.4

◇レコードに吹込まれてゐるピアノ奏鳴曲 藤田不二 「レコード音楽」8巻1号 1934.1 p.39

◇レコードに吹込まれてゐるピアノ奏鳴曲（承前）藤田不二 「レコード音楽」8巻2号 1934.2 p.94

◇一九三四年度のディスク大賞 藤田不二 「レコード音楽」8巻7号 1934.7 p.28

◇米国の国際レコード蒐集家倶楽部とその頒布レコード 藤田不二 「レコード音楽」8巻8号 1934.8 p.21

◇米国の国際レコード蒐集家倶楽部とその頒布レコード (2) 藤田不二 「レコード音楽」8巻9号 1934.9 p.35

◇米国の国際レコード蒐集家倶楽部とその頒布レコード (3) 藤田不二 「レコード音楽」8巻10号 1934.10 p.25

◇フーベルマンの妙技を聴く 藤田不二 「レコード音楽」8巻12号 1934.12 p.32

◇米国の国際レコード蒐集家倶楽部とその頒布レコード（4）藤田不二 「レコード音楽」8巻12号 1934.12 p.122

◇コーリッシュ四重奏団のレコードを聴く 藤田不二 「レコード音楽」9巻1号 1935.1 p.15

◇米国の国際レコード蒐集家倶楽部とその頒布レコード（5）藤田不二 「レコード音楽」9巻1号 1935.1 p.115

◇フーベルマンの奏いたバッハの第一提琴協奏曲（古典曲の二盤を聴く―新着盤試聴記）藤田不二 「レコード音楽」9巻2号 1935.2 p.24

◇ウッドの指揮したハイドンの告別交響曲嬰ヘ短調（古典曲の二盤を聴く―新着盤試聴記）藤田不二 「レコード音楽」9巻2号 1935.2 p.26

◇フランスのレコードによる音楽史 藤田不二 「レコード音楽」9巻3号 1935.3 p.104

◇「バッハ音楽栞」を推賞す（新刊批評―「バッハ音楽栞」を読みて）藤田不二 「レコード音楽」9巻5号 1935.5 p.93

◇英国蓄音器界の回顧 藤田不二 「レコード音楽」9巻6号 1935.6 p.34

◇米国の国際レコード蒐集家倶楽部とその頒布レコード（6）藤田不二 「レコード音楽」9巻7号 1935.7 p.23

◇愛盤愛機を語る（座談会）有坂愛彦, 野村光一, 藤田不二, 国塩耕一郎, あらえびす, 村田武雄, 菅原明朗, 平林勇, 山根銀二 「レコード音楽」9巻11号 1935.11 p.30

◇仏蘭西のレコードに依る音楽史 藤田不二 「レコード音楽」10巻1号 1936.1 p.33

◇テレフンケン・レコードに活躍する人々（上）藤田不二 「レコード音楽」10巻6号 1936.6 p.18

◇ジャズと軽音楽を語る（座談会）芦原英了, 大井蛇津郎, 野村あらえびす, 川口繁, 有坂愛彦, 藤田不二, 内田岐三雄, 竹野俊男 「レコード音楽」10巻7号 1936.7 p.25

◇コロムビア世界音楽名盤集とモーツァルトの作品鑑賞 藤田不二 「レコード音楽」10巻8号 1936.8 p.23

◇批評家と膝を交へて花形歌手の打明話（座談会）奥田良三, 塩入亀輔, 小林千代子, 野村あらえびす, ディック・ミネ, 吉田信, 藤山一郎, 藤田不二 「レコード音楽」10巻8号 1936.8 p.105

◇「明日への音楽」を読みて（「明日への音楽」を読む）藤田不二 「レコード音楽」10巻8号 1936.8 p.125

◇シェーンベルク作曲「光明に満てる夜」 藤田不二 「レコード音楽」10巻9号 1936.9 p.27

◇仏蘭西のレコードに依る音楽史 藤田不二 「レコード音楽」10巻9号 1936.9 p.43

◇レコード界の今昔を語る座談会 有坂愛彦, 松本荘之助, あらえびす, 村田武雄, 山根銀二, 藤田不二, 西条卓夫, 野村光一, 中村善吉, 塩入亀輔 「レコード音楽」10巻10号 1936.10 p.2

◇シューマン作曲「詩人の愛」の新盤 藤田不二 「レコード音楽」10巻10号 1936.10 p.35

◇テレフンテン・レコードに活躍する独奏者 藤田不二 「レコード音楽」10巻10号 1936.10 p.46

◇テレフンケン・レコードに活躍する歌手達 藤田不二 「レコード音楽」10巻11号 1936.11 p.85

◇「レコード音楽」十周年に当りて 藤田不二 「レコード音楽」10巻11号 1936.11 p.98

◇トスカニーニ指揮の「第七交響曲」―ビクター蒐集クラブ十二月新譜 藤田不二 「レコード音楽」10巻11号 1936.11 p.151

◇フォーレの歌曲集「ラ・ボンヌ・シャンソン」―ビクター蒐集クラブ一月新譜 藤田不二 「レコード音楽」10巻12号 1936.12 p.30

◇バイロイトのヴァーグナー祭吹込 藤田不二 「レコード音楽」10巻12号 1936.12 p.37

◇ビーチャムの指揮する古典曲の美しさ 藤田不二 「レコード音楽」11巻1号 1937.1 p.15

◇ムッソルグスキイの歌曲とロージングを語る―座談会 鯨井孝, 中根宏, 柴田知常, 野村あらえびす, 寺島宏, 藤田不二 「レコード音楽」11巻1号 1937.1 p.24

◇古代作曲家の音楽―ビクター蒐集クラブ二月新譜 藤田不二 「レコード音楽」11巻1号 1937.1 p.208

◇ロバート・フランツの話 藤田不二 「レコード音楽」11巻2号 1937.2 p.19

◇ヴァーグナー曲集―ビクター蒐集クラブ三月新譜 藤田不二 「レコード音楽」11巻2号 1937.2 p.93

◇ファウストの劫罰―ビクター蒐集クラブ四月新譜 藤田不二 「レコード音楽」11巻3号 1937.3 p.52

◇カサド独奏のドヴォルザークのチェロ協奏曲 藤田不二 「レコード音楽」11巻5号 1937.5 p.22

◇エルトマン演奏の「第三協奏曲」 藤田不二 「レコード音楽」11巻7号 1937.7 p.14

◇ボストンポップスとフィードラー―レコードに活躍する人々（其1）藤田不二 「レコード音楽」11巻7号 1937.7 p.103

◇指揮棒を持って生れたオルマンディ―レコードに活躍する人々（其2）藤田不二 「レコード音楽」11巻8号 1937.8 p.24

◇秘曲集は蒐集の精華である 藤田不二 「ディスク」9巻3号 1937.9 p.849

◇ビクター―名演奏家秘曲集を繞る座談会 青木謙幸, 野村あらえびす, 馬場二郎, 西条卓夫, 藤田不二 「レコード音楽」11巻9号 1937.9 p.24

執筆者　　　　　　　　　　　　人物文献目録　　　　　　　　　　　藤田不二

◇秘曲集に収められた演奏家達　藤田不二　「レコード音楽」11巻10号　1937.10　p.22

◇ベートーヴェン作品レコードは何を選ぶ？（座談会（上））　青木謙幸，野村光一，あらえびす，藤田不二，有坂愛彦，村田武雄　「レコード音楽」11巻10号　1937.10　p.41

◇クーレンカムプーレコードに活躍する人々（其3）　藤田不二　「レコード音楽」11巻10号　1937.10　p.81

◇ベートーヴェン作品レコードは何を選ぶ？（座談会（下））　青木謙幸，野村光一，あらえびす，藤田不二，有坂愛彦，村田武雄　「レコード音楽」11巻11号　1937.11　p.118

◇ドビュッシーの伴奏したガーデンのレコード　藤田不二　「レコード音楽」12巻1号　1938.1　p.110

◇名盤百選（附録）　あらえびす，有坂愛彦，野村光一，藤田不二，村田武雄　「レコード音楽」12巻1号　1938.1　p.133

◇ブルックナーの交響曲第四番（試聴記）　藤田不二　「レコード音楽」12巻2号　1938.2　p.21

◇あらえびす氏の新著読後感（新刊紹介）　平林勇，藤田不二　「レコード音楽」12巻2号　1938.2　p.76

◇座談会―トスカニーニの「第六交響曲」　あらえびす，藤田不二，中村善吉，坪和昌夫，村田武雄，杉浦繁　「ディスク」10巻4号　1938.4　p.332

◇不朽の名作「運命交響曲」（試聴記）　藤田不二　「レコード音楽」12巻4号　1938.4　p.14

◇座談会―メンゲルベルクの「田園交響曲」　あらえびす，藤田不二，有坂愛彦，青木謙幸，鮎野行夫　「ディスク」10巻5号　1938.5　p.431

◇シューマンの「ヴァイオリン協奏曲」（ディスク座談会）　あらえびす，有坂愛彦，村田武雄，中村善吉，藤田不二，青木謙幸　「ディスク」10巻7号　1938.7　p.651

◇哀愁の極地を示すメンゲルベルクの「悲愴」（試聴記）　藤田不二　「レコード音楽」12巻10号　1938.10　p.34

◇NBC交響管絃団のお話　藤田不二　「ディスク」10巻12号　1938.12　p.1229

◇ベートーヴェンのトリプル・コンチェルト（試聴記）　藤田不二　「レコード音楽」12巻12号　1938.12　p.12

◇テレフンケンに「第九」を録音した人々（新しい「第九」交響曲のレコード）　藤田不二　「ディスク」11巻1号　1939.1　p.32

◇燦然たる合奏　クラウスとゴールドベルク（試聴記）　藤田不二　「レコード音楽」13巻1号　1939.1　p.16

◇ヨッフムの「第九」を聴く（座談会）　あらえびす，有坂愛彦，青木謙幸，中村善吉，藤田不二，村田武雄　「レコード音楽」13巻1号　1939.1　p.20

◇N・B・Cとその交響管絃団　藤田不二　「レコード音楽」13巻3号　1939.3　p.47

◇カルヴェー四重奏団の録音したシューベルトの絃楽四重奏曲（試聴記）　藤田不二　「レコード音楽」13巻4号　1939.4　p.16

◇ベリソンとロート四重奏団との合奏になるモーツァルトの五重奏曲を聴く（試聴記）　藤田不二　「レコード音楽」13巻4号　1939.4　p.18

◇ブラームスのニ長調ヴァイオリン・コンチェルトを聴く（座談会）　あらえびす，有坂愛彦，青木謙幸，中村善吉，藤田不二，村田武雄　「レコード音楽」13巻4号　1939.4　p.22

◇英雄交響曲のレコード（試聴記）　藤田不二　「レコード音楽」13巻6号　1939.6　p.18

◇新しく録音された「死と少女」四重奏曲（試聴記）　藤田不二　「レコード音楽」13巻8号　1939.8　p.87

◇英国放送会社交響管絃団の内容　藤田不二　「レコード音楽」13巻9号　1939.9　p.58

◇N・B・C交響管絃団の人々（1）（トスカニーニのベートーヴェン「第五」特輯）　藤田不二　「レコード音楽」13巻10号　1939.10　p.124

◇N・B・C交響管絃団の人々（2）　藤田不二　「レコード音楽」13巻11号　1939.11　p.110

◇メンゲルベルクの「第八交響曲」座談会　あらえびす，村田武雄，有坂愛彦，中村善吉，藤田不二，青木謙幸　「ディスク」11巻12号　1939.12　p.1206

◇メンゲルベルクの「第八」（試聴記）　藤田不二　「レコード音楽」13巻12号　1939.12　p.23

◇名曲・名レコード（座談会）　あらえびす，有坂愛彦，野村光一，藤田不二，松本太郎，村田武雄　「レコード音楽」13巻12号　1939.12　p.31

◇N・B・C交響管絃団の人々（3）　藤田不二　「レコード音楽」13巻12号　1939.12　p.137

◇紀元二千六百年に期待するもの　藤田不二　「レコード音楽」14巻1号　1940.1　p.49

◇メンゲルベルクの指揮した「第四」を聴く（試聴記）　藤田不二　「レコード音楽」14巻3号　1940.3　p.14

◇「珍品レコード」所蔵　野村あらえびす，山口亀之助，藤田不二，中村善吉，青木謙幸　「ディスク」12巻4号　1940.4　p.365

◇テレフンケンの「魔笛」と「エグモント」序曲―短評・紹介　藤田不二　「レコード音楽」14巻4号　1940.4　p.52

◇ベルリーナー・レコード　藤田不二　「レコード音楽」14巻4号　1940.4　p.54

◇ブランソーンのレコード　藤田不二　「レコード音楽」14巻5号　1940.5　p.52

◇「田園」交響曲　藤田不二　「レコード」6巻4号　1940.5　p.6

◇「田園」のレコードを語る　牛山充，藤田不二，村田武雄　「レコード」6巻4号　1940.5　p.22

◇伊太利の名指揮者サバタ（試聴記）　藤田不二　「レコード音楽」14巻6号　1940.6　p.13

◇コロムビア放送交響管絃団のお話 藤田不二 「レコード音楽」14巻6号 1940.6 p.55

◇ブランソーンのレコード（後） 藤田不二 「レコード音楽」14巻7号 1940.7 p.72

◇B・B・C交響管絃楽団の話 藤田不二 「レコード」6巻6号 1940.7 p.10

◇リリイ・レーマンと彼女のレコード 藤田不二 「レコード音楽」14巻8号 1940.8 p.100

◇リリイ・レーマンと彼女のレコード（2） 藤田不二 「レコード音楽」14巻9号 1940.9 p.93

◇独逸歌劇場の現況 藤田不二 「レコード音楽」14巻10号 1940.10 p.46

◇カルーソーのレコード 藤田不二 「レコード音楽」14巻12号 1940.12 p.98

◇カルーソーのレコード（2） 藤田不二 「レコード音楽」15巻1号 1941.1 p.84

◇カルーソーのレコード（3） 藤田不二 「レコード音楽」15巻2号 1941.2 p.70

◇カルーソーのレコード（4） 藤田不二 「レコード音楽」15巻4号 1941.4 p.86

◇カルーソーのレコード（5） 藤田不二 「レコード音楽」15巻5号 1941.5 p.100

◇世界序曲名盤集の第三輯 藤田不二 「レコード音楽」15巻5号 1941.5 p.112

◇カルーソーのレコード（6） 藤田不二 「レコード音楽」15巻6号 1941.6 p.111

◇カルーソーのレコード（7） 藤田不二 「レコード音楽」15巻7号 1941.7 p.69

◇感激して聴いた「リクエム」と「シェロモ」 藤田不二 「レコード音楽」15巻7号 1941.7 p.99

◇「歴史的名盤集」を推賞する 藤田不二 「ディスク」13巻8号 1941.8 p.746

◇歴史的名盤保存会のレコードに吹込んだ人々（上） 藤田不二 「レコード音楽」15巻8号 1941.8 p.56

◇バッハの「結婚カンタータ」とチャイコフスキーの「第五」を聴く 藤田不二 「レコード音楽」15巻8号 1941.8 p.101

◇カルーソーのレコード（8） 藤田不二 「レコード音楽」15巻8号 1941.8 p.110

◇歴史的名盤保存会のレコードに吹込んだ人々（下） 藤田不二 「レコード音楽」15巻9号 1941.9 p.65

◇カルーソーのレコード（9） 藤田不二 「レコード音楽」15巻9号 1941.9 p.74

◇クーセヴィツキーの指揮したベートーヴェンの「荘厳ミサ」を聴く 藤田不二 「レコード音楽」15巻10号 1941.10 p.37

◇カルーソーのレコード（10） 藤田不二 「レコード音楽」15巻10号 1941.10 p.112

◇自作自演のレコード 藤田不二 「レコード文化」2巻2号 1942.2 p.44

◇リリ・レーマンのレコードを語る 牛山充，藤田不二，久保田稲子，菅沼定省，青木謙幸 「レコード文化」2巻10号 1942.10 p.40

◇世界序曲名盤集（特輯音盤） 藤田不二 「レコード文化」3巻5号 1943.5 p.38

◇録音余話 藤田不二 「レコード文化」3巻8号 1943.8 p.12

◇戦時下に於けるレコード文化の方向（座談会） あらえびす，野村光一，有坂愛彦，藤田不二，牛山充，野川香文，中村善吉，坩和昌夫 「レコード文化」3巻10号 1943.10 p.20

◇この一年間の外国レコード事情 藤田不二 「レコード音楽」19巻12号 1949.12 p.32

◇この一年間のアメリカンレコード事情 藤田不二 「レコード音楽」20巻1号 1950.1 p.44

◇アメリカの協会レコード 藤田不二 「レコード音楽」20巻2号 1950.2 p.32

◇重要なレコード音楽の文献 藤田不二 「レコード音楽」20巻6号 1950.6 p.58

◇ワルターの「第九」に寄せることば 野村光一，属啓成，田辺秀雄，有坂愛彦，藤田不二，牛山充，堀内敬三，牧定忠 「レコード音楽」20巻10号 1950.10 p.16

◇重要なレコード音楽の文献 藤田不二 「レコード音楽」20巻10号 1950.10 p.62

◇重要なレコード音楽の文献 藤田不二 「レコード音楽」20巻11号 1950.11 p.62

◇世界の長時間レコード界の現状（LPセクション） 藤田不二 「レコード音楽」21巻7号 1951.7 p.36

◇アメリカの長時間レコード会社一覧表 藤田不二 「レコード音楽」21巻8号 1951.8 p.38

◇米国の長時間レコード会社一覧（下）―LPセクション 藤田不二 「レコード音楽」21巻9号 1951.9 p.38

◇遂に発見されたクルブの珍品レコード 藤田不二 「ディスク」14巻3号 1951.11 p.258

◇ベートーヴェン交響曲の長時間レコード（LPレコード試聴記） 藤田不二 「ディスク」15巻1号 1952.1 p.46

◇生い立の記 パブロ・カザルス，藤田不二 訳 「ディスク」15巻3号 1952.3 p.234

◇カザルスの思い出 ガイスベルク，藤田不二 訳 「ディスク」15巻3号 1952.3 p.260

◇カザルスのレコード全表 藤田不二 編 「ディスク」15巻3号 1952.3 p.286

◇カザルスのレコードに就て 藤田不二 「ディスク」15巻3号 1952.3 p.292

◇世界の耳 藤田不二 「レコード音楽」22巻3号 1952.3 p.62

◇LPを語る座談会（座談会） 中島健蔵，牧定忠，藤田不二，寺島宏，鹿島康雄，藁科雅美 「レコード音楽」22巻11号 1952.11 p.10

◇英国HMVコロムビアのLP登場 藤田不二 「ディスク」16巻1号 1953.1 p.63

◇LP事典を中心に　藤田不二，高城重躬，増永善吉，中村善吉　「ディスク」16巻8号　1953.7 p.784

◇ソヴェトにはどんなLPがあるか（上）　藤田不二　「ディスク」17巻11号　1954.10 p.141

◇ヴオーン・ウイリアムスの舞踊の為のマスク「ヨブ」（海外LP試聴室）　藤田不二　「ディスク」17巻12号　1954.11 p.130

◇ソヴェトにはどんなLPがあるか（下）　藤田不二　「ディスク」17巻12号　1954.11 p.147

◇ソヴェト演奏家の外国録音　藤田不二　「ディスク」17巻13号　1954.12 p.38

◇101人のLP新演奏家物語（1）　今堀淳一，上野一郎，岡俊雄，小林利之，藤田不二　「ディスク」18巻1号　1955.1 p.146

◇101人のLP新演奏家物語（2）　上野一郎，杉浦繁，藤田不二　「ディスク」18巻2号　1955.2 p.34

◇スペインのサルスエラとは　藤田不二　「ディスク」18巻2号　1955.2 p.48

◇本場の"売られた花嫁"（特選輸入盤紹介）　藤田不二　「ディスク」18巻4号　1955.3 p.146

◇LPの価格を切下げる時が来た　藤田不二　「ディスク」18巻4号　1955.3 p.148

◇商標権の発動とLPの質　藤田不二　「ディスク」18巻6号　1955.5 p.119

◇一九五五年度仏ディスク大賞発表　藤田不二　「ディスク」18巻9号　1955.7 p.28

◇テープ・レコードの現状（上）　藤田不二　「ディスク」18巻9号　1955.7 p.160

◇一〇一人の新演奏家物語（7）　石川登志夫，藤田不二　「ディスク」18巻10号　1955.8 p.142

◇テープ・レコードの現状（下）　藤田不二　「ディスク」18巻10号　1955.8 p.158

◇東芝のエンジェルに期待する　藤田不二　「ディスク」18巻11号　1955.9 p.55

◇110人のLP新演奏家物語（8）　上野一郎，藤田不二　「ディスク」18巻11号　1955.9 p.154

◇101人のLP新演奏家物語（10）　石川登志夫，上野一郎，藤田不二　「ディスク」18巻13号　1955.11 p.128

◇世界のLP界展望　藤田不二　「ディスク」19巻3号　1956.2 p.78

◇アタウルフォ・アルヘンタ　藤田不二　「ディスク」19巻13号　1956.10 p.43

◇ソ連のレコード　藤田不二　「ディスク」20巻3号　1957.3 p.170

◇ドイツの現代音楽LPシリーズ　藤田不二　「ディスク」20巻4号　1957.4 p.56

◇一九五七年度ディスク大賞決定　藤田不二　「ディスク」20巻9号　1957.8 p.130

◇インド音楽のLP　藤田不二　「ディスク」20巻12号　1957.10 p.127

◇演奏家紹介 ジョージ・バンハルミ（ピアニスト）　藤田不二　「ディスク」23巻6号　1960.5 p.170

◇ショパン全作品のレコード出現―海外レコード・ニュースから　藤田不二　「ディスク」24巻2号　1961.2 p.118

◇ソヴィエト連邦の録音とレコード（鉄のカーテンの向うのレコード1）　藤田不二　「ディスク」25巻6号　1962.6 p.92

◇ポーランド共和国の録音とレコード（鉄のカーテンの向うのレコード2）　藤田不二　「ディスク」25巻7号　1962.7 p.92

◇チェコスロヴァキア共和国の録音とレコード（鉄のカーテンの向うのレコード その3）　藤田不二　「ディスク」25巻8号　1962.8 p.94

◇ドイツ民主共和国の録音とレコード（鉄のカーテンの向うのレコード4）　藤田不二　「ディスク」25巻9号　1962.9 p.98

◇特別寄稿「ディスク」三百号記念によせて（特集 三百号を記念して）　あらえびす，村田武雄，城井清澄，中村善吉，森潤三郎，西条卓夫，藤田不二，野村光一，伊奈文夫，池田圭，矢萩銀三，大宮真琴，岡俊雄，宮前有吉　「ディスク」25巻10号　1962.10 p.82

◇ルーマニア共和国の録音とレコード（鉄のカーテンの向うのレコード その5）　藤田不二　「ディスク」25巻10号　1962.10 p.126

◇ハンガリア共和国の録音とレコード（鉄のカーテンの向うのレコード その6）　藤田不二　「ディスク」25巻11号　1962.11 p.108

◇ユーゴスラヴィア共和国の録音とレコード（鉄のカーテンの向うのレコード7）　藤田不二　「ディスク」25巻12号　1962.12 p.106

◇オランダ室内管弦楽団（演奏家紹介）　藤田不二　「ディスク」26巻1号　1963.1 p.108

◇ブルガリア共和国の録音とレコード（鉄のカーテンの向うのレコード 最終回）　藤田不二　「ディスク」26巻1号　1963.1 p.140

◇あらえびす先生を偲ぶ　青木謙幸，森潤三郎，堀内敬三，城井清澄，寺島宏，藤田不二，鮎野行夫　「ディスク」26巻5号　1963.8 p.126

松本 太郎

◇フイリップ・ゴーベル氏と語る―レコードで活躍する世界的音楽家列伝（8）　リュシアン・シュヴァリエ，松本太郎 訳　「レコード」2巻4号　1931.4 p.11

◇ウイルレム・メンゲルベルグ―レコードで活躍する世界的音楽家列伝（9）　松本太郎　「レコード」2巻5号　1931.5 p.11

◇マヌエル・デ・フアリアの自作曲吹込を見る　松本太郎 訳　「レコード」2巻8号　1931.8 p.19

◇巴里のオーケストラの話（1）　松本太郎　「レコード音楽」5巻9号　1931.9 p.12

◇モツァルト礼讃　松本太郎　「レコード音楽」5巻10号　1931.10 p.11

◇巴里のオーケストラの話（2）松本太郎「レコード音楽」5巻10号 1931.10 p.17

◇巴里のオーケストラの話（3）松本太郎「レコード音楽」5巻11号 1931.11 p.24

◇巴里のオーケストラの話（4）松本太郎「レコード音楽」5巻12号 1931.12 p.13

◇巴里のオーケストラの話（5）松本太郎「レコード音楽」6巻1号 1932.1 p.13

◇ヴァンサン・ダンディの長逝を悼む 松本太郎「レコード音楽」6巻1号 1932.1 p.30

◇逝けるダンデイのこと 松本太郎「レコード」3巻1号 1932.1 p.26

◇巴里のオーケストラの話（6）松本太郎「レコード音楽」6巻2号 1932.2 p.20

◇巴里のオーケストラの話（7）松本太郎「レコード音楽」6巻3号 1932.3 p.17

◇シャリアピンの印象 松本太郎「レコード音楽」6巻4号 1932.4 p.19

◇アルベール・ヴォルフ（上）松本太郎「レコード音楽」6巻5号 1932.5 p.49

◇アルベール・ヴォルフ（下）松本太郎「レコード音楽」6巻6号 1932.6 p.16

◇ドン・コサック合唱団 松本太郎「レコード」3巻6号 1932.6 p.17

◇機械音楽所感 ギャブリエル・ピエルネ ほか，松本太郎 訳「レコード音楽」6巻7号 1932.7 p.40

◇機械音楽と創造的芸術家 アルテュール・オネッガー，松本太郎 訳「レコード音楽」6巻7号 1932.7 p.56

◇ドン・コサック・合唱団 松本太郎「レコード」3巻7号 1932.7 p.18

◇ジャーヌ・バトリ礼讃 ジヤン・オーブリー，松本太郎 訳「レコード音楽」6巻8号 1932.8 p.35

◇ヴァンサン・ダンディーの「山人の歌に依る交響曲」アルフレ・コルトー，松本太郎 訳「レコード音楽」6巻8号 1932.8 p.40

◇最近竣成したドビュツシーの記念碑 松本太郎「レコード」3巻8号 1932.8 p.21

◇ギャブリエル・ピエルネ（上）松本太郎「レコード音楽」6巻9号 1932.9 p.36

◇ギャブリエル・ピエルネ（下）松本太郎「レコード音楽」6巻10号 1932.10 p.12

◇ルッセルの第三交響曲と其批評 松本太郎「レコード音楽」6巻11号 1932.11 p.30

◇アンリー・ビュッセル素描 松本太郎「レコード音楽」6巻12号 1932.12 p.40

◇ラヴェルのピアノ協奏曲と其批評 松本太郎「レコード音楽」7巻1号 1933.1 p.13

◇ピエロ・コッポラと語る ヂュセ・ブリュエル，松本太郎 訳「レコード音楽」7巻2号 1933.2 p.10

◇ヂャズ曲とディスク（1）アルテュール・オエレー，松本太郎 訳「レコード音楽」7巻3号 1933.3 p.13

◇ヂャズ曲とディスク（2）アルテュール・オエレー，松本太郎 訳「レコード音楽」7巻4号 1933.4 p.17

◇ヂャズ曲とディスク（3）アルテュール・オエレー，松本太郎 訳「レコード音楽」7巻5号 1933.5 p.16

◇D・E・アンゲルブレック 松本太郎「レコード音楽」7巻6号 1933.6 p.14

◇蓄音器以前 松本太郎「レコード音楽」7巻7号 1933.7 p.4

◇二人の現代クラヴサン音楽家―マルグリット・ルスゲン＝シャンピオン夫人とワンダ・ランドウスカ夫人 松本太郎「レコード音楽」7巻12号 1933.12 p.41

◇ワルター・ストラララム逝く 松本太郎「レコード音楽」8巻2号 1934.2 p.18

◇エルネスト・ブロッホ―現代猶太音楽の第一人者 松本太郎「レコード音楽」8巻3号 1934.3 p.29

◇一九三四年度ディスク大賞 エミール・ヴュイエルモ，松本太郎 訳「レコード音楽」8巻8号 1934.8 p.10

◇一九三五年度ディスク大賞に就て（一九三五年度ディスク大賞の発表）エミール・ヴュイエルモ，松本太郎 訳「レコード音楽」9巻7号 1935.7 p.28

◇一九三六年ディスク大賞に就て エミール・ヴィレルモーヅ，松本太郎 訳「レコード音楽」10巻7号 1936.7 p.14

◇須永さんの本当の姿（「明日への音楽」を読む）松本太郎「レコード音楽」10巻8号 1936.8 p.124

◇レ・コンセイユ・ペルソネル 松本太郎「レコード音楽」10巻10号 1936.10 p.42

◇「レコード音楽」五年 松本太郎「レコード音楽」10巻11号 1936.11 p.32

◇新刊紹介―ヴァイスマン著・太田太郎氏訳「音楽の神性脱化」松本太郎「レコード音楽」10巻12号 1936.12 p.128

◇クープランの「水曜日の第三夜課」に就いて 松本太郎「レコード音楽」12巻3号 1938.3 p.25

◇イダ・プレスティとイヴェット・ギルベール―少女ギタリストと老シャンソン歌手 松本太郎「レコード音楽」12巻7号 1938.7 p.34

◇モーツァルトの歌劇と「フィガロの結婚」松本太郎「レコード音楽」12巻8号 1938.8 p.24

◇「シャンソン・ド・パリ」（試聴記）松本太郎「レコード音楽」12巻12号 1938.12 p.19

◇仏蘭西楽界サ・エ・ラ（73）―フランスディスク大賞に就いて 松本太郎「レコード音楽」13巻2号 1939.2 p.27

◇平林君を惜しむ（故平林勇氏追悼）松本太郎
「レコード音楽」13巻2号 1939.2 p.136

◇仏蘭西楽界サ・エ・ラ（74）――一九三八年の仏
蘭西ディスク 松本太郎 「レコード音楽」13
巻3号 1939.3 p.30

◇談話室――音楽家同士の夫婦 松本太郎 「レ
コード音楽」13巻4号 1939.4 p.42

◇仏蘭西楽界サ・エ・ラ（75）――「アルス・レ
ディヴィヴァ」に就て 松本太郎 「レコード
音楽」13巻4号 1939.4 p.55

◇仏蘭西楽界サ・エ・ラ（76）――ヂネット・ス
ヴ―嬢 松本太郎 「レコード音楽」13巻5号
1939.5 p.31

◇如何にして指揮者になつたか（回想）ゴベー
ル，松本太郎 訳 「レコード音楽」13巻5号
1939.5 p.59

◇仏蘭西楽界サ・エ・ラ（77）――コンセール・ナ
ディア・ブーランヂェに就て 松本太郎 「レ
コード音楽」13巻6号 1939.6 p.44

◇仏蘭西楽界サ・エ・ラ（78）――ドゥビュッシー
の「夜想曲」を語る 松本太郎 「レコード音
楽」13巻7号 1939.7 p.11

◇ブルーノ・ワルター モーツァルトを語る 松
本太郎 訳 「レコード音楽」13巻7号 1939.7
p.29

◇仏蘭西楽界サ・エ・ラ（79）――巴里オペラと其
上演作品 松本太郎 「レコード音楽」13巻8
号 1939.8 p.10

◇仏蘭西楽界サ・エ・ラ（80）――巴里オペラと其
上演作品 松本太郎 「レコード音楽」13巻9
号 1939.9 p.10

◇仏蘭西楽界サ・エ・ラ（81）――イベールとヴェ
ローヌ 松本太郎 「レコード音楽」13巻10号
1939.10 p.19

◇アルテュール・オネガー訪問記 松本太郎 訳
「レコード音楽」13巻10号 1939.10 p.50

◇仏蘭西楽界サ・エ・ラ（82）――ヂャン・ドワイ
ヤンに就いて 松本太郎 「レコード音楽」13
巻11号 1939.11 p.24

◇近藤書店とジャーマン・ベーカリー（談話室）
松本太郎 「レコード音楽」13巻11号 1939.
11 p.118

◇名曲・名レコード（座談会）あらえびす，有
坂愛彦，野村光一，藤田不二，松本太郎，村
田武雄 「レコード音楽」13巻12号 1939.12
p.31

◇仏蘭西楽界サ・エ・ラ（83）――一九三八 - 三九
年の楽季の巴里交響楽界（上）松本太郎 「レ
コード音楽」13巻12号 1939.12 p.51

◇ギーゼングの弾いたドゥビュッシーの第一
「十二前奏曲集」を聴いて（試聴記）松本太郎
「レコード音楽」14巻1号 1940.1 p.11

◇仏蘭西楽界サ・エ・ラ（84）――一九三八 - 三九
年の楽季の巴里交響楽界（下）松本太郎 「レ
コード音楽」14巻1号 1940.1 p.31

◇仏蘭西楽界サ・エ・ラ（85）――巴里とギーゼキ
ング 松本太郎 「レコード音楽」14巻2号
1940.2 p.9

◇仏蘭西楽界サ・エ・ラ（86）――巴里の特殊室楽
団と其レパートリー（上）松本太郎 「レコー
ド音楽」14巻3号 1940.3 p.46

◇コロムビア盤フォーレの「ルキエム」を聴い
て（試聴記）松本太郎 「レコード音楽」14巻
4号 1940.4 p.9

◇仏蘭西楽界サ・エ・ラ（87）――巴里の特殊室楽
団と其レパートリー（下）松本太郎 「レコー
ド音楽」14巻4号 1940.4 p.33

◇仏蘭西楽界サ・エ・ラ（88）――若き提琴家アン
リー・メルケル 松本太郎 「レコード音楽」
14巻5号 1940.5 p.22

◇仏蘭西楽界サ・エ・ラ（89）――仏蘭西音楽の観
方に就いて 松本太郎 「レコード音楽」14巻
6号 1940.6 p.28

◇仏蘭西楽界サ・エ・ラ（90）――ヂャン・リヴィ
エに就いて 松本太郎 「レコード音楽」14巻
7号 1940.7 p.24

◇仏蘭西楽界サ・エ・ラ（91）――ヂャン・リヴィ
エに就いて（下）松本太郎 「レコード音楽」
14巻8号 1940.8 p.20

◇巴里とキャフェー（回想）松本太郎 「レコー
ド音楽」14巻8号 1940.8 p.94

◇仏蘭西楽界サ・エ・ラ（92）――新しい室楽曲発
表団体「トリトン」（上）松本太郎 「レコー
ド音楽」14巻9号 1940.9 p.45

◇仏蘭西楽界サ・エ・ラ（93）――新しい室楽曲発
表団体「トリトン」（中）松本太郎 「レコー
ド音楽」14巻10号 1940.10 p.22

◇仏蘭西楽界サ・エ・ラ（94）――新しい室楽曲発
表団体「トリトン」（下）松本太郎 「レコー
ド音楽」14巻11号 1940.11 p.20

◇仏蘭西楽界サ・エ・ラ（95）――トリトンの背景
松本太郎 「レコード音楽」14巻12号 1940.
12 p.20

◇仏蘭西楽界サ・エ・ラ（96）――今一つの室楽曲
発表団体「セレナード」に就いて 松本太郎
「レコード音楽」15巻1号 1941.1 p.27

◇仏蘭西楽界サ・エ・ラ（97）――ベルリオーズの
「幻想交響曲」を語る 松本太郎 「レコード音
楽」15巻2号 1941.2 p.13

◇仏蘭西楽界サ・エ・ラ（98）――ロベール・ベル
ナールの「仏蘭西音楽の特質」 松本太郎
「レコード音楽」15巻3号 1941.3 p.26

◇仏蘭西楽界サ・エ・ラ（99）――ロベール・ベル
ナールの「仏蘭西音楽の特質」（中）松本太郎
「レコード音楽」15巻4号 1941.4 p.16

◇ラヴェルの皮肉（特輯 諸名家随筆特選集）松
本太郎 「レコード音楽」15巻4号 1941.4
p.43

◇仏蘭西楽界サ・エ・ラ（100）――ロベール・ベ
ルナールの「仏蘭西音楽の特質」（下）松本太
郎 「レコード音楽」15巻5号 1941.5 p.23

◇仏蘭西楽界サ・エ・ラ（101）―ドゥビュッシーの「海」を語る 松本太郎 「レコード音楽」15巻6号 1941.6 p.23

◇書評―シンドラー著・清水政二訳「ベートーヴェン」 松本太郎 「レコード音楽」15巻6号 1941.6 p.84

◇仏蘭西楽界サ・エ・ラ（102）―クロード・デルヴァンクール 松本太郎 「レコード音楽」15巻7号 1941.7 p.17

◇仏蘭西楽界サ・エ・ラ（103）―ギャブリエル・ピエルネの「演芸場の印象」を語る 松本太郎 「レコード音楽」15巻8号 1941.8 p.27

◇仏蘭西楽界サ・エ・ラ（104）―未発売の仏蘭西ディスクに就いて（上） 松本太郎 「レコード音楽」15巻9号 1941.9 p.37

◇仏蘭西楽界サ・エ・ラ（105）―未発売の仏蘭西ディスクに就いて（下） 松本太郎 「レコード音楽」15巻10号 1941.10 p.14

◇仏蘭西音楽のイマーヂュ（1） 松本太郎 「レコード文化」1巻1号 1941.11 p.40

◇仏蘭西音楽のイマーヂュ（2）異彩あるピアノの大家 リカルド・ヴィニエス 松本太郎 「レコード文化」1巻2号 1941.12 p.40

◇仏蘭西音楽のイマージュ（3）大戦と仏蘭西楽界（1） 松本太郎 「レコード文化」2巻1号 1942.1 p.37

◇仏蘭西音楽のイマージュ（4）大戦と仏蘭西楽界（2） 松本太郎 「レコード文化」2巻2号 1942.2 p.41

◇仏蘭西音楽のイマージュ（5）大戦と仏蘭西楽界（3） 松本太郎 「レコード文化」2巻3号 1942.3 p.37

◇仏蘭西音楽のイマーヂュ（6）リュセット・デカーヴ（1）ピアニストの発展的経歴（上） 松本太郎 「レコード文化」2巻5号 1942.5 p.30

◇仏蘭西音楽のイマーヂュ（7）リュセット・デカーヴ（1）ピアニストの発展的経歴（中） 松本太郎 「レコード文化」2巻6号 1942.6 p.33

◇仏蘭西音楽のイマーヂュ（8）リュセット・デカーヴ（1）ピアニストの発展的経歴（下） 松本太郎 「レコード文化」2巻7号 1942.7 p.31

◇過去と未来（談話室） 松本太郎 「レコード音楽」17巻2号 1947.4 p.20,27

◇最近の米国交響楽界 松本太郎 「レコード音楽」18巻4号 1948.4 p.25,32

◇近代音楽とレコード（1）近代音楽の確立者 ドゥビュッシー 松本太郎 「レコード音楽」18巻5号 1948.5 p.7

◇近代音楽とレコード（2）ギャブリエル・フォーレ 松本太郎 「レコード音楽」18巻6号 1948.6 p.8

◇近代音楽とレコード（3）モーリス・ラヴェル 松本太郎 「レコード音楽」18巻7号 1948.7 p.8

◇イゴール・ストラヴィンスキー――近代音楽とレコード（4） 松本太郎 「レコード音楽」18巻8・9号 1948.9 p.42

◇マヌエル・デ・ファリア―近代音楽とレコード（5） 松本太郎 「レコード音楽」18巻10号 1948.10 p.8

◇近代音楽とレコード（6）ヤン・シベリウス 松本太郎 「レコード音楽」18巻11号 1948.11 p.32

◇近代音楽とレコード（7）ベラ・バルトク 松本太郎 「レコード音楽」18巻12号 1948.12 p.37

◇レコード会社への注文（フアンから会社へ） 松本太郎 「レコード音楽」19巻1号 1949.1 p.32

◇エルネスト・ブロッホ―現代音楽とレコード（8） 松本太郎 「レコード音楽」19巻2号 1949.2 p.39

◇プロコフィエフ―現代音楽とレコード（9） 松本太郎 「レコード音楽」19巻3号 1949.3 p.48

◇パウル・ヒンデミット―近代音楽とレコード（10） 松本太郎 「レコード音楽」19巻4号 1949.4 p.52

◇アルチュール・オネガー――近代音楽とレコード（11） 松本太郎 「レコード音楽」19巻6号 1949.6 p.47

◇ダリユス・ミロー――近代音楽とレコード（12） 松本太郎 「レコード音楽」19巻7号 1949.7 p.48

◇ジャック・イベール―近代音楽とレコード（13） 松本太郎 「レコード音楽」19巻8号 1949.8 p.54

◇オットリーノ・レスピーギ―現代音楽とレコード（14） 松本太郎 「レコード音楽」19巻9号 1949.9 p.50

◇特輯 私の好きなフランス曲のレコード 松本太郎 「レコード音楽」19巻11号 1949.11 p.71

◇イルデブランド・ピッツェッティ―現代音楽とレコード（15） 松本太郎 「レコード音楽」19巻12号 1949.12 p.61

◇フランチェスコ・マリピエロ―現代音楽とレコード（16） 松本太郎 「レコード音楽」20巻1号 1950.1 p.14

◇アルフレッド・カセルラ―現代音楽とレコード（17） 松本太郎 「レコード音楽」20巻2号 1950.2 p.18

◇ミルシュタインの新盤（新譜評） 松本太郎 「レコード音楽」20巻3号 1950.3 p.18

◇ヴォーン・ウイリアムス―現代音楽とレコード（18） 松本太郎 「レコード音楽」20巻3号 1950.3 p.18

◇フレデリック・デリアス―現代音楽とレコード（19） 松本太郎 「レコード音楽」20巻4号 1950.4 p.20

◇フランスディスク大賞 松本太郎 「レコード音楽」20巻5号 1950.5 p.14

◇アーノルド・バックスとアーサー・ブリス―現代音楽とレコード（21）松本太郎 「レコード音楽」20巻6号 1950.6 p.16

◇ウイリアム・ウォルトン―現代音楽とレコード（22）松本太郎 「レコード音楽」20巻7号 1950.7 p.36

◇エリック・サティー―現代音楽とレコード（23）松本太郎 「レコード音楽」20巻8号 1950.8 p.77

◇アルベール・ルッセル―現代音楽とレコード（24）松本太郎 「レコード音楽」20巻9号 1950.9 p.66

◇フローラン・シュミット―現代音楽とレコード（25）松本太郎 「レコード音楽」20巻10号 1950.10 p.20

◇ジャン・リヴィエ―現代音楽とレコード（26）松本太郎 「レコード音楽」20巻11号 1950.11 p.24

◇P-O.フェルルー―現代音楽とレコード（27）松本太郎 「レコード音楽」20巻12号 1950.12 p.24

◇マルセル・ドランノワ―現代音楽とレコード（28）松本太郎 「レコード音楽」21巻1号 1951.1 p.21

◇フランシス・プーランク―現代音楽とレコード（29）松本太郎 「レコード音楽」21巻2号 1951.2 p.14

◇ジョルジュ・オーリック―現代音楽とレコード（30）松本太郎 「レコード音楽」21巻3号 1951.3 p.88

◇ジエルメーヌ・タイユフェール―現代音楽とレコード（31）松本太郎 「レコード音楽」21巻4号 1951.4 p.14

◇ジャン・フランセー―現代音楽とレコード（30）松本太郎 「レコード音楽」21巻5号 1951.5 p.26

◇ミュンクかミュンシュか 松本太郎 「レコード音楽」21巻5号 1951.5 p.32

◇一九五一年度フランス・ディスク大賞 松本太郎 「レコード音楽」21巻6号 1951.6 p.24

◇カロル・シマノウスキー―現代音楽とレコード（31）松本太郎 「レコード音楽」21巻7号 1951.7 p.23

◇アレクサンドル・タンスマン―現代音楽とレコード（32）松本太郎 「レコード音楽」21巻8号 1951.8 p.17

◇ボフスラフ・マルティヌ―現代音楽とレコード（33）松本太郎 「レコード音楽」21巻9号 1951.9 p.84

◇書評―グラシア著, 小松清訳「ピアノ奏法」松本太郎 「レコード音楽」21巻9号 1951.9 p.92

◇ヘクトル・ヴィラ・ロボス―現代音楽とレコード（34）松本太郎 「レコード音楽」21巻10号 1951.10 p.88

◇モーツァルトの印象（モーツァルトの音楽（6））松本太郎 「レコード音楽」21巻11号 1951.11 p.18

◇ロイ・ハリス―現代音楽とレコード（35）松本太郎 「レコード音楽」21巻12号 1951.12 p.28

◇アーロン・コプランド―現代音楽とレコード（36）松本太郎 「レコード音楽」22巻1号 1952.1 p.17

◇ディミトリー・ショスタコヴィッチ―現代音楽とレコード（37）松本太郎 「レコード音楽」22巻2号 1952.2 p.16

◇ハチャトゥリアンとカバレヴスキー―現代音楽とレコード（37）松本太郎 「レコード音楽」22巻3号 1952.3 p.32

◇アルバン・ベルク―現代音楽とレコード（39）松本太郎 「レコード音楽」22巻4号 1952.4 p.20

◇アーノルド・シェーンベルク―現代音楽とレコード（40）松本太郎 「レコード音楽」22巻5号 1952.5 p.74

◇戦後のストラヴィンスキー―現代音楽を語る 松本太郎 「レコード音楽」22巻6号 1952.6 p.10

◇プーランクのオルガン協奏曲と二つの歌曲集―現代音楽を語る（2）松本太郎 「レコード音楽」22巻7号 1952.7 p.36

◇来朝するアルフレッド・コルトーの面影（座談会）由起しげ子, 宅孝二, 松本太郎, 薬科雅美, 西山広一 「レコード音楽」22巻9号 1952.9 p.28

◇解釈者コルトー 松本太郎 「レコード音楽」22巻10号 1952.10 p.64

◇フランス・ディスク・アカデミーのディスク大賞 松本太郎 「レコード音楽」22巻10号 1952.10 p.90

◇コルトー会見記 松本太郎 「レコード音楽」22巻11号 1952.11 p.36

◇フランス・ディスク・アカデミーのディスク賞 松本太郎 「レコード音楽」22巻11号 1952.11 p.106

◇レコードと録音―レコードの目的について 松本太郎 「レコード音楽」23巻1号 1953.1 p.78

◇来朝を予定される演奏家（特集）渡辺茂, 福原信夫, 渡辺護, 西山広一, 関口泰彦, 松田十四郎, 三浦潤, 松岡清亮, 寺西一郎, 田辺秀雄, 梶原byの牛山充, 大木正興, 松本太郎, 西田清治 「レコード音楽」23巻2号 1953.2 p.87

◇海外の音楽雑誌―ル・ギード・デュ・コンセール 松本太郎 「レコード音楽」23巻3号 1953.3 p.72

◇海外の音楽雑誌―ルヴュー・ミュジカール 松本太郎 「レコード音楽」23巻4号 1953.4 p.79

三浦淳史

◇演奏家と入場料—パリの演奏会より 松本太郎 「ディスク」17巻7号 1954.7 p.94

◇一九五四年世界楽界ハイライツ 松本太郎 「ディスク」17巻13号 1954.12 p.34

◇世界楽壇ハイライツ（1955年の回顧） 松本太郎 「ディスク」18巻14号 1955.12 p.38

◇アルトゥール・ゴールドシュミット 松本太郎 「ディスク」19巻3号 1956.2 p.132

◇ジャンヌ・マリー・ダルレ（イシドール・フィリップの二人の高弟女流ピアニストの横顔） 松本太郎 「ディスク」19巻9号 1958.9 p.42

◇ピアノのプリンス ジャン・ドワイヤン 松本太郎 「ディスク」21巻10号 1958.10 p.152

◇ジャン・ミシェル・ダマース 松本太郎 「ディスク」22巻1号 1959.1 p.48

◇ラヴェルとドビュッシイ管弦楽曲全集を録音中のマニュエル・ローザンタル 松本太郎 「ディスク」22巻3号 1959.3 p.44

◇パリ楽壇にみる室内オーケストラのブーム 松本太郎 「ディスク」22巻4号 1959.4 p.64

◇パリの室内オーケストラ演奏会 松本太郎 「ディスク」22巻6号 1959.6 p.52

◇フランスのディスク界 室内管弦楽曲の録音 松本太郎 「ディスク」22巻9号 1959.8 p.130

◇ジャン・フルネ—その活躍とレコード 松本太郎 「ディスク」22巻11号 1959.10 p.54

◇フィリップ・アントルモン 松本太郎 「ディスク」23巻4号 1960.3 p.54

◇ショパンの第二の故郷（生誕一五〇年祭によせて）パリのショパン作品演奏会 松本太郎 「ディスク」23巻9号 1960.8 p.37

◇特別座談会 復活する「カペエ弦楽四重奏団」の遺産 松本太郎, 青木謙幸, 藁科雅美, 小林利之 「ディスク」25巻7号 1962.7 p.84

◇ドビュッシー, ミヨー生誕記念の年（フランス楽壇から） 松本太郎 「ディスク」25巻9号 1962.9 p.90

◇マダム・クロアザのこと（「不朽の名歌手」の復活によせて） 松本太郎 「ディスク」25巻10号 1962.10 p.146

◇パリとバロック音楽 松本太郎 「ディスク」27巻1号 1964.1 p.132

◇フランスのオーケストラ 松本太郎 「ディスク」27巻9号 1964.9 p.122

◇ブリットゥンの新作 カーリュー河 松本太郎 「ディスク」28巻4号 1965.4 p.102

三浦 淳史

◇ヂョーヂ・コープランド 三浦淳史 「レコード音楽」8巻4号 1934.4 p.100

◇カーペンターと「摩天楼」について—現代アメリカ音楽レコードの紹介 三浦淳史 「レコード音楽」20巻4号 1950.4 p.41

◇ロジンスキー—大指揮者の横顔 三浦淳史 「レコード音楽」21巻3号 1951.3 p.78

◇アメリカ現代作曲界展望—コープランドとバーバーを中心に 三浦淳史 「ディスク」17巻5号 1954.5 p.34

◇ルーカス・フォスの死の寓話（コロムビア世界現代音楽選集紹介） 三浦淳史 「ディスク」18巻6号 1955.5 p.39

◇ピーター・ピアーズの新盤を聴く リュート歌曲リサイタル, シューベルト「美しき水車小屋の娘」, ブリッテン「ノクターン」, ピーター・グライムズより 三浦淳史, 福原信夫 「ディスク」23巻9号 1960.8 p.112

◇チャールストン・ヘストンの朗読したLP 三浦淳史 「ディスク」23巻10号 1960.9 p.114

◇アンケート 私の選んだ一枚（特集 今年はどんなレコードが出たか） 佐藤章, 寺西春雄, 宇野功芳, 猿田憲, 藁科雅美, 上野一郎, 佐川吉男, 杉浦繁, 木村重雄, 高崎保男, 三浦淳史, 柴田南雄, 秋山邦晴 「ディスク」23巻16号 1960.12 p.32

◇ビーチャム卿のリハーサルを聴いて 三浦淳史 「ディスク」23巻16号 1960.12 p.104

◇ぼくのシェイクスピア 三浦淳史 「ディスク」24巻1号 1961.1 p.112

◇ブリッテンの新作（春の交響曲）（新着LP試聴室） 三浦淳史 「ディスク」24巻11号 1961.10 p.115

◇イギリスの十二音音楽（新着LP試聴室） 三浦淳史 「ディスク」24巻12号 1961.11 p.109

◇ヘブリディーズ群島の歌（新着LP試聴室） 三浦淳史 「ディスク」25巻1号 1962.1 p.114

◇ブリッテンの〈カンタータ・アカデミカ〉他（新着LP試聴室） 三浦淳史 「ディスク」25巻5号 1962.5 p.117

◇現代イギリスの管弦楽曲三つ（新着LP試聴室） 三浦淳史 「ディスク」25巻5号 1962.5 p.118

◇エドアルド・ヴァン・ルモーテル（特集 話題の来日演奏家） 三浦淳史 「ディスク」25巻6号 1962.6 p.80

◇オールド・ヴィック座の〈真夏の夜の夢〉（新譜ハイライト） 三浦淳史 「ディスク」25巻9号 1962.9 p.116

◇ランチベリー指揮するエロールのバレー曲〈箱入娘〉（新着LP試聴室） 三浦淳史 「ディスク」25巻10号 1962.10 p.152

◇インタビュー モーツァルトへの愛を語るペーター・マーク 三浦淳史 「ディスク」25巻11号 1962.11 p.94

◇ロストロポーヴィッチのブリッテン, ドビュッシー〈チェロ・ソナタ〉他（各社三月新譜速報と聴きもの） 三浦淳史 「ディスク」26巻2号 1963.2 p.128

◇ピアニスト（"話題の来日演奏家"シリーズ（2）今春の期待） 三浦淳史 「ディスク」26巻3号 1963.3 p.92

◇モントゥーの最新録音〈白鳥の湖〉(各社四月新譜速報とその聴きもの) 三浦淳史 「ディスク」26巻3号 1963.3 p.131

◇ボロディンとショスタコーヴィッチの弦楽四重奏曲(各社9月新譜とその聴きもの) 三浦淳史 「ディスク」26巻5号 1963.8 p.158

◇ホヴァネスの〈神秘の山〉他 ライナー指揮(各社9月新譜とその聴きもの) 三浦淳史 「ディスク」26巻5号 1963.8 p.162

◇ベームのポートレート(来日する巨匠 カール・ベーム) エヴァーレット・ヘルム, 三浦淳史 訳 「ディスク」26巻9号 1963.9 p.86

◇シュナイダーハンのストラヴィンスキー〈ヴァイオリン協奏曲〉(各社10月新譜とその聴きもの) 三浦淳史 「ディスク」26巻6号 1963.9 p.157

◇アンセルメの美学(今月八十歳の誕生日を迎えたアンセルメ) 三浦淳史 「ディスク」26巻8号 1963.11 p.96

◇「ヴォツェック」の戦慄(八つの舞台に聴いたもの—ベルリン・ドイツ・オペラ) 三浦淳史 「ディスク」26巻9号 1963.12 p.94

◇プロンプターの生活と意見—舞台下の独房の中の男 ジャック・ファーブスン, 三浦淳史 訳 「ディスク」26巻9号 1963.12 p.98

◇マーツェルの「管弦楽入門」と「ペーターと狼」(各社1月新譜速報とその聴きもの) 三浦淳史 「ディスク」26巻9号 1963.12 p.135

◇不安の時代の音楽(特集 新春随想) 三浦淳史 「ディスク」27巻1号 1964.1 p.76

◇"レナード・バーンスタイン物語" 三浦淳史 訳 「ディスク」27巻2号 1964.2 p.81

◇現代ウィーン楽派の人々(1)序に代えて 占いと音楽(レコード・ファンのための音楽史 現代音楽へのいざない) 三浦淳史 「ディスク」27巻2号 1964.2 p.123

◇名士としての指揮者のポートレート(特集 ヘルベルト・フォン・カラヤン) ロビンズ・ランドン, 三浦淳史 訳 「ディスク」27巻3号 1964.3 p.92

◇現代ウィーン楽派の人々(2)アントン・ウェーベルン(レコード・ファンのための音楽史 現代音楽へのいざない) 三浦淳史 「ディスク」27巻3号 1964.3 p.134

◇現代ウィーン楽派の人々(3)アルノルト・シェーンベルク(1)(レコード・ファンのための音楽史 現代音楽へのいざない) 三浦淳史 「ディスク」27巻4号 1964.4 p.134

◇プレートル指揮するショスタコーヴィッチ「交響曲第12番 "1917年"」(各社五月新譜速報とその聴きもの) 三浦淳史 「ディスク」27巻4号 1964.4 p.139

◇セル/クリーヴランド, プロコフィエフ「交響曲第5番」を振る(各社五月新譜速報とその聴きもの) 三浦淳史 「ディスク」27巻4号 1964.4 p.142

◇現代ウィーン楽派の人々(4)アルノルト・シェーンベルク(2)(レコード・ファンのための音楽史 現代音楽へのいざない) 三浦淳史 「ディスク」27巻5号 1964.5 p.134

◇「音楽の都プラーハ」シリーズ/ボドー, チェコ・フィルのオネゲル(各社六月新譜速報とその聴きもの) 三浦淳史 「ディスク」27巻5号 1964.5 p.149

◇ジョージ・セル物語(1) 三浦淳史 訳 「ディスク」27巻6号 1964.6 p.33

◇現代ウィーン楽派の人々(5)アルバン・ベルク(1)(レコード・ファンのための音楽史 現代音楽へのいざない) 三浦淳史 「ディスク」27巻6号 1964.6 p.66

◇ジョージ・セル物語(2) 三浦淳史 訳 「ディスク」27巻7号 1964.7 p.78

◇現代ウィーン楽派の人々(6)アルバン・ベルク(2)(レコード・ファンのための音楽史 現代音楽へのいざない) 三浦淳史 「ディスク」27巻7号 1964.7 p.106

◇シェークスピアをめぐる音楽 三浦淳史 「ディスク」27巻9号 1964.9 p.94

◇ワーグナー「神の黄昏」(ワーグナー特集) グルーンフェルト, 三浦淳史 訳 「ディスク」27巻10号 1964.10 p.74

◇新春座談会 レコード界四方山話 岡俊雄, 上野一郎, 藤田晴子, 黒田恭一, 三浦淳史, 桜庭昭治 「ディスク」28巻1号 1965.1 p.72

◇嵐を呼ぶ世紀のディーヴァ マリア・カラスの半生(マリア・カラス特集) J・M・グレゴリー, 三浦淳史 訳 「ディスク」28巻2号 1965.2 p.73

◇海外通信 ベルリンへ進出したマゼール, 他 三浦淳史 「ディスク」28巻2号 1965.2 p.110

◇嵐を呼ぶ世紀のディーヴァ マリア・カラスの半生(続) J・M・グレゴリー, 三浦淳史 訳 「ディスク」28巻3号 1965.3 p.76

◇天使のヴィクトリア ヴィクトリア・デ・ロス・アンヘレス(来日した2人の演奏家) ローランド・ゲラット, 三浦淳史 訳 「ディスク」28巻5号 1965.5 p.74

◇海外楽信 カラスのトスカ 三浦淳史 「ディスク」28巻5号 1965.5 p.102

◇話題の海外レコード試聴室 ジョーン・バエズ/5 三浦淳史 「ディスク」28巻6号 1965.7 p.116

◇海外楽信 ブタペストの近況/マエストロ・ブリットゥン 三浦淳史 「ディスク」28巻7号 1965.8 p.75

◇世界を駆けるフルーティスト—ジャン=ピエール・ランパル(来日する2人の名演奏家) ロイ・マックマレン, 三浦淳史 訳 「ディスク」28巻9号 1965.10 p.82

◇話題の海外レコード試聴室 ラテン・アメリカのカンティーガとカンシオン 三浦淳史 「ディスク」28巻9号 1965.10 p.91

◇海外楽信 フィッシャー＝ディスコウ/ロストロポーヴィッチ/マールボローのカザルス 三浦淳史 「ディスク」28巻9号 1965.10 p.102

◇名優サー・ローレンス・オリヴィエのシェイクスピア「オセロウ」(話題のレコード) 三浦淳史 「ディスク」28巻10号 1965.11 p.66

◇1965年度芸術祭参加レコードを聴く 岡俊雄, 上野一郎, 三浦淳史, 藤田晴子, 渡部恵一郎, 黒田恭一 「ディスク」28巻10号 1965.11 p.68

◇1965年度芸術祭参加レコードを聴く(続) 三上文子, 渡部恵一郎, 上野一郎, 黒田恭一, 三浦淳史 「ディスク」28巻11号 1965.12 p.68

◇海外楽信 音楽家の音楽家シェリング/新しい指揮者の出現～ブーレーズ 三浦淳史 「ディスク」28巻11号 1965.12 p.102

◇海外楽信 モスクワ・フィルハーモニーの海外遠征 三浦淳史 「ディスク」29巻1号 1966.1 p.94

◇海外楽信 マゼール時代始まる/マルケヴィッチの生活と抱負/ティト・スキーパー逝く/今夏のヨーロッパの音楽祭 三浦淳史 「ディスク」29巻2号 1966.2 p.100

◇海外楽信 ナポリの歓び/チッコリーニのサティー/マゼールのバッハ観 三浦淳史 「ディスク」29巻4号 1966.4 p.94

◇ジャン＝ベルナール・ポミエ(話題の春の演奏会をきく) 三浦淳史 「ディスク」29巻6号 1966.6 p.79

◇歌劇「コジ・ファン・トゥッテ」(話題の春の演奏会をきく) 三浦淳史 「ディスク」29巻6号 1966.6 p.80

◇海外楽信 コンセルトヘボウの近況/モンテ・カルロ国立管弦楽団/ハイティンクLPOを兼任 三浦淳史 「ディスク」29巻6号 1966.6 p.108

◇グールドの〈バッハ・平均率クラヴィーア曲集〉(特集 グレン・グールド) 三浦淳史 訳 「ディスク」29巻7号 1966.7 p.64

◇プローテウスの音楽〈フーガ形式の主観性に関する覚え書き〉(特集 グレン・グールド) G・グールド, 三浦淳史 訳 「ディスク」29巻7号 1966.7 p.68

◇海外楽信―回想のマルグリット・ロン/クリップスのモーツァルト部隊 三浦淳史 「ディスク」29巻7号 1966.7 p.84

◇バルトークを語る〈フィリップス・バルトーク・ソサエティを中心に〉(座談会)(特集 ベラ・バルトーク) 上野晃, 三浦淳史, 薬科雅美 「ディスク」29巻8号 1966.8 p.66

宮沢 縦一

◇異色ある米人指揮者 宮沢縦一 「レコード音楽」19巻12号 1949.12 p.45

◇カルーソーと天皇 宮沢縦一 「レコード音楽」20巻1号 1950.1 p.34

◇バス奏者としてのクーセヴィツキ―名演奏家を語る 宮沢縦一 「レコード音楽」20巻2号 1950.2 p.66

◇教授クーセヴィツキイの横顔 宮沢縦一 「レコード音楽」20巻6号 1950.6 p.62

◇グローフェの作品 宮沢縦一 「レコード音楽」20巻9号 1950.9 p.58

◇お蝶夫人私考 宮沢縦一 「レコード音楽」22巻6号 1952.6 p.50

◇フラグスタードの引退 宮沢縦一 「レコード音楽」22巻7号 1952.7 p.58

◇ハンス・ホッターとノーマン・スコット 宮沢縦一 「レコード音楽」23巻2号 1953.2 p.76

◇中山晋平先生を偲ぶ(中山晋平・追悼特集) 宮沢縦一 「レコード音楽」23巻2号 1953.2 p.84

◇セーナ・ユリナッチ L.Pに活躍する歌手(1) 宮沢縦一 「レコード音楽」23巻3号 1953.3 p.62

◇ユージン・コンリー―LPに活躍する歌手(2) 宮沢縦一 「レコード音楽」23巻5号・6号 1953.6 p.104

◇LP時代とレコード文化のあり方(座談会)(日米レコード界の内幕) 宮沢縦一, 田辺秀雄, 青砥道雄 「ディスク」17巻3号 1954.8 p.86

◇芸術祭と「ボリス」 宮沢縦一 「ディスク」17巻10号 1954.9 p.126

◇テバルディ主演の歌劇「椿姫」をめぐって(座談会) 藤原義江, 桑原瑛子, 宮沢縦一 「ディスク」18巻7号 1955.6 p.76

◇ヴェルディの名作 歌劇「椿姫」の新盤をめぐって(座談会) 宮沢縦一, 福原信夫 「ディスク」19巻14号 1956.11 p.68

◇歌劇「カルメン」の新盤 有坂愛彦, 川崎静子, 宮沢縦一 「ディスク」20巻5号 1957.5 p.46

◇待望の名盤 歌劇「オテロ」全曲を聴く ヴェルディー・シェイクスピアの名作とテバルディー・デル＝モナコの名コンビ(座談会) 柴田睦陸, 宮沢縦一, 福原信夫 「ディスク」20巻7号 1957.7 p.50

◇ロベルタ・ピータース―メトの新鋭ソプラノ 宮沢縦一 「ディスク」20巻7号 1957.7 p.118

◇カラスと歌劇「ノルマ」(今月のハイライト) 宮沢縦一 「ディスク」20巻11号 1957.9 p.26

◇ルクレシア・ウエストのこと 宮沢縦一 「ディスク」20巻12号 1957.10 p.114

◇演奏家訪問(7)砂原美智子さんをたづねて 宮沢縦一 「ディスク」20巻13号 1957.11 p.58

◇東京の演奏会 ソレンコワを聴く 宮沢縦一 「ディスク」21巻1号 1958.1 p.38

◇今シーズンの世界のオペラ 宮沢縦一 「ディスク」21巻4号 1958.4 p.40

◇ファン・オンシーナの登場 宮沢縦一 「ディスク」21巻5号 1958.5 p.152

◇ショスタコヴィッチを聴く 宮沢縦一 「ディスク」21巻7号 1958.7 p.46

◇リードの醍醐味 シュワルツコップを聴く―ザルツブルクにて 宮沢縦一 「ディスク」21巻9号 1958.9 p.34

◇ナポリとうた 宮沢縦一 「ディスク」22巻1号 1959.1 p.42

◇パリアッチに因んで 宮沢縦一 「ディスク」22巻2号 1959.2 p.44

◇バンベルク訪問記―ヨーロッパカメラ行脚III 宮沢縦一 「ディスク」22巻3号 1959.3 p.40

◇パリ国立オペラ座と管弦楽団 宮沢縦一 「ディスク」22巻4号 1959.4 p.56

◇ウィーンでの「フィガロ」―ヨーロッパの楽旅から 宮沢縦一 「ディスク」22巻5号 1959.5 p.44

◇リストとハンガリー―ヨーロッパの楽旅から 宮沢縦一 「ディスク」22巻6号 1959.6 p.46

◇スパニッシュ・ファンタジイ―ヨーロッパの楽旅から 宮沢縦一 「ディスク」22巻7号 1959.7 p.44

◇メトロポリタンだより 宮沢縦一 「ディスク」22巻7号 1959.7 p.134

◇水の都ヴェネチアとオペラ―ヨーロッパの楽旅から 宮沢縦一 「ディスク」22巻9号 1959.8 p.44

◇「二つの魔笛」(ヨーロッパの楽旅から) 宮沢縦一 「ディスク」22巻10号 1959.9 p.40

◇ヴェルディ「仮面舞踏会」のこと 宮沢縦一 「ディスク」22巻11号 1959.10 p.50

◇来日するリタ・シュトライヒ 遠山一行, 宮沢縦一, 小林利之 「ディスク」22巻13号 1959.11 p.34

◇ウィーン・フィルハーモニーの揺籃期 宮沢縦一 「ディスク」22巻13号 1959.11 p.40

◇出演に誇りをもつバイロイトの合唱団 宮沢縦一 「ディスク」22巻14号 1959.12 p.44

◇フィッシャー=ディスカウのヴォルフ「スペイン歌曲」(ハイライト) 宮沢縦一 「ディスク」23巻1号 1960.1 p.36

◇ロッシーニのふるさと 宮沢縦一 「ディスク」23巻3号 1960.2 p.40

◇ローマの松のこと 宮沢縦一 「ディスク」23巻4号 1960.3 p.46

◇イタリアの「蝶々夫人」 宮沢縦一 「ディスク」23巻5号 1960.4 p.46

◇フランス国立放送局管弦楽団のこと 宮沢縦一 「ディスク」23巻6号 1960.5 p.48

◇ウィーンの合唱団のこと 宮沢縦一 「ディスク」23巻7号 1960.6 p.44

◇東京のコンサート聴きあるき 宮沢縦一 「ディスク」23巻8号 1960.7 p.128

◇東京のコンサート聴きあるき 宮沢縦一 「ディスク」23巻9号 1960.8 p.126

◇東京のコンサート聴きあるき 宮沢縦一 「ディスク」23巻10号 1960.9 p.44

◇東京のコンサート聴きあるき 宮沢縦一 「ディスク」23巻12号 1960.10 p.96

◇東京のコンサート聴きあるき 宮沢縦一 「ディスク」23巻14号 1960.11 p.98

◇東京のコンサート聴きあるき 宮沢縦一 「ディスク」23巻16号 1960.12 p.92

◇東京のコンサート聴きあるき 宮沢縦一 「ディスク」24巻1号 1961.1 p.146

◇東京のコンサート聴きあるき 宮沢縦一 「ディスク」24巻2号 1961.2 p.122

◇東京のコンサート聴きあるき 宮沢縦一 「ディスク」24巻3号 1961.3 p.66

◇東京のコンサート聴きあるき 宮沢縦一 「ディスク」24巻4号 1961.4 p.86

◇東京のコンサート聴きあるき 宮沢縦一 「ディスク」24巻5号 1961.5 p.94

◇ロス・アンヘルスの三大オペラをめぐって(座談会) 宮沢縦一, 福原信夫, 小林利之 「ディスク」24巻5号 1961.5 p.122

◇東京のコンサート聴きあるき 宮沢縦一 「ディスク」24巻6号 1961.6 p.86

◇東京のコンサート聴きあるき 宮沢縦一 「ディスク」24巻7号 1961.7 p.90

◇東京のコンサート聴きあるき 宮沢縦一 「ディスク」24巻8号 1961.8 p.92

◇特集座談会 オペラの名盤をさぐる―オペラ・ブームにのって発売されたレコードのすべてを語る 宮沢縦一, 福原信夫, 小林利之 「ディスク」24巻10号 1961.9 p.74

◇東京のコンサート聴きあるき 宮沢縦一 「ディスク」24巻10号 1961.9 p.122

◇メトロポリタン歌劇場と管弦楽団―オペラ・コーナー 宮沢縦一 「ディスク」24巻11号 1961.10 p.49

◇ハンガリーのオペラ界の近況(オペラ・コーナー2) 宮沢縦一 「ディスク」24巻12号 1961.11 p.114

◇サンフランシスコ・オペラをめぐって(オペラ・コーナー・3) 宮沢縦一 「ディスク」24巻13号 1961.12 p.116

◇ユーゴスラヴィアのオペラ界(オペラ・コーナー) 宮沢縦一 「ディスク」25巻1号 1962.1 p.100

◇アメリカのオペラ概観(オペラ・コーナー) 宮沢縦一 「ディスク」25巻2号 1962.2 p.118

◇最初の外来歌劇団(オペラ・コーナー7) 宮沢縦一 「ディスク」25巻4号 1962.4 p.100

◇世紀の名歌手を語る―GRシリーズによる世紀の名演レコード(特集 想い出の名盤をさぐる) 宮沢縦一, 小林利之 「ディスク」25巻5号 1962.5 p.92

◇スペインとオペラ(オペラ・コーナー9) 宮沢縦一 「ディスク」25巻6号 1962.6 p.96

◇「不朽の名歌手たち」を聴く(特別座談会) 宮沢縦一, 寺島宏, 青木謙幸, 小林利之 「ディスク」25巻8号 1962.8 p.86

◇復活したアン・デア・ウィーン劇場（オペラ・コーナー）宮沢縦一　「ディスク」25巻9号 1962.9 p.100

◇ワルターとメトロポリタン（オペラ・コーナー）宮沢縦一　「ディスク」26巻1号 1963.1 p.122

◇ベルリン・ドイツ・オペラの来日（"話題の来日演奏家"シリーズ/1）座談会　宮沢縦一，大町陽一郎，雨宮文彦，小林利之　「ディスク」26巻2号 1963.2 p.88

◇ワルターに思うこと（ブルーノ・ワルターのレコード　この巨匠の遺した人類の遺産）宮沢縦一　「ディスク」26巻5号 1963.8 p.102

◇世界のオペラ界あれこれ　宮沢縦一，Ｔ・Ｋ　「ディスク」27巻2号 1964.2 p.151

◇新録音の「カルメン」をめぐって（座談会）（マリア・カラス特集）宮沢縦一，岡俊雄，黒田恭一　「ディスク」28巻2号 1965.2 p.80

◇「カルメン」初演90年に思う　宮沢縦一　「ディスク」28巻6号 1965.7 p.126

村田 武雄

◇シゲツテイの芸術　村田武雄　「ディスク」3巻8号 1931.8 p.604

◇ブッシユを語る　村田武雄　「ディスク」4巻8号 1932.8 p.526

◇ハイドン絃楽四重奏曲の歴史的地位　セシル・グレイ，村田武雄 訳　「ディスク」4巻11号 1932.11 p.660

◇ハイドンの三つのクヮルテットを聴いて　村田武雄　「レコード音楽」6巻11号 1932.11 p.38

◇ハイドン四重奏曲の歴史的地位（2）セシル・グレイ，村田武雄 訳　「ディスク」4巻12号 1932.12 p.736

◇バッハの「マタイ受難楽」村田武雄　「レコード音楽」6巻12号 1932.12 p.29

◇ハイドンの絃楽四重奏曲の歴史的地位（3）セシル・グレイ，村田武雄 訳　「ディスク」5巻1号 1933.1 p.30

◇バッハ四十八協会の第一輯レコード　村田武雄　「レコード音楽」7巻1号 1933.1 p.26

◇ベートーヴェンソナタ協会の第二輯レコードを聴く　村田武雄　「レコード音楽」7巻4号 1933.4 p.34

◇四十八協会第一輯レコードの辞　村田武雄　「レコード音楽」7巻5号 1933.5 p.32

◇ハイドン協会第二輯レコード　村田武雄　「ディスク」5巻10号 1933.10 p.669

◇再びハイドンのクヮルテットを聴く（外国盤試聴記）村田武雄　「レコード音楽」7巻10号 1933.10 p.24

◇ドルメッチのヘイズルミア音楽祭　村田武雄　「レコード音楽」7巻10号 1933.10 p.45

◇シュナーベルの機械音楽観　村田武雄　「レコード音楽」7巻11号 1933.11 p.34

◇ドルメッチの十七・八世紀楽器研究（1）村田武雄　「ディスク」5巻12号 1933.12 p.791

◇昭和八年のレコード界を顧る座談会（特輯）有坂愛彦，白井嶺南，菅原明朗，須永克己，野村あらえびす，野村光一，藤田不二，村田武雄　「レコード音楽」7巻12号 1933.12 p.4

◇坪内博士の沙翁劇朗読レコードを称ふ（試聴記）村田武雄　「レコード音楽」7巻12号 1933.12 p.37

◇現代のハープシコード　レスゲン・シャムピオン，村田武雄 訳　「レコード音楽」7巻12号 1933.12 p.47

◇ドルメッチの「十七・八世紀楽器研究」（2）村田武雄　「ディスク」6巻2号 1934.2 p.73

◇バッハに就いて語る―バッハ「二声部偶作曲」の美　ワンダ・ランドフスカ，村田武雄 訳　「レコード音楽」8巻2号 1934.2 p.22

◇バッハの作品とレコード（1）村田武雄　「レコード音楽」8巻3号 1934.3 p.10

◇シュナーベルのレコード談　Ｒ・ギルバート，村田武雄 訳　「レコード音楽」8巻3号 1934.3 p.34

◇新刊紹介―「レコード音楽名曲解説全集下巻」読後　村田武雄　「レコード音楽」8巻3号 1934.3 p.101

◇フィッシャーのバッハ「四十八」第一輯を聴いて　村田武雄　「レコード音楽」8巻4号 1934.4 p.6

◇試聴室―「前奏曲と遁走曲変ホ長調」を聴く　村田武雄　「ディスク」6巻5号 1934.5 p.264

◇バッハの作品とレコード（2）―器楽曲（1）村田武雄　「レコード音楽」8巻5号 1934.5 p.18

◇オルガンとグラムフォン―オルガン・レコーディングに就て　ゴス・カスタード，村田武雄 訳　「レコード音楽」8巻5号 1934.5 p.44

◇「第一ブランデンブルグ協奏曲」を聴く　村田武雄　「ディスク」6巻5号 1934.6 p.320

◇新しい「二十四の前奏曲」の感想　村田武雄，鷄線翁，Ｓ・Ｓ，土沢一，城春光，鮎野行夫，鳥頭魔気　「ディスク」6巻6号 1934.6 p.344

◇「ゴールドベルヒ変奏曲」礼讃　村田武雄　「レコード音楽」8巻6号 1934.6 p.20

◇バッハの作品とレコード（3）―器楽曲（2）村田武雄　「レコード音楽」8巻6号 1934.6 p.32

◇バッハの作品とレコード（4）―器楽曲（3）村田武雄　「レコード音楽」8巻7号 1934.7 p.31

◇ブランデンブルグ協奏曲のレコード総評　村田武雄　「ディスク」6巻8号 1934.8 p.507

◇バッハの作品とレコード（5）―器楽曲（4）村田武雄　「レコード音楽」8巻8号 1934.8 p.36

◇ハイドン協会第三輯レコード記（1）村田武雄　「ディスク」6巻9号 1934.9 p.528

◇バッハの作品とレコード（6）―器楽曲（5）村田武雄　「レコード音楽」8巻9号 1934.9 p.14

◇ハイドン協会第三回レコード記（2）村田武雄　「ディスク」6巻10号 1934.10 p.585

◇バッハの作品とレコード（7）器楽曲（6）村田武雄 「レコード音楽」8巻10号 1934.10 p.17

◇バッハ「音楽の捧物」よりの三重奏曲を聴く 村田武雄 「ディスク」6巻11号 1934.11 p.664

◇バッハの作品とレコード（8）器楽曲（7）村田武雄 「レコード音楽」8巻11号 1934.11 p.24

◇バッハ協会の第二輯レコード曲目 村田武雄 「レコード音楽」8巻11号 1934.11 p.57

◇バッハの作品とレコード（9）器楽曲（8）村田武雄 「レコード音楽」9巻1号 1935.1 p.19

◇B・B・Cのオルガン・レコード 村田武雄 「ディスク」7巻2号 1935.2 p.98

◇バッハの作品とレコード（10）―器楽曲（9）村田武雄 「レコード音楽」9巻2号 1935.2 p.94

◇バッハ・オルガン・レコード考 村田武雄 「ディスク」7巻3号 1935.3 p.163

◇吹込を希望するバッハの曲目 村田武雄，池永昇二，S・S，四月亭，三浦潤，楳津真次郎，城春光，森潤三郎，鵜飼正直，鮎野行夫 「ディスク」7巻3号 1935.3 p.205

◇バッハ研究書誌（上）村田武雄 「ディスク」7巻3号 1935.3 p.209

◇バッハの名レコードを語る―優秀レコード表に代えて（J・S・バッハ誕生250年記念特輯）村田武雄 「レコード音楽」9巻3号 1935.3 p.12

◇フィッシャーのバッハ「四十八」第二輯を聴いて（新盤試聴記）村田武雄 「レコード音楽」9巻3号 1935.3 p.35

◇バッハ研究書誌（下）村田武雄 「ディスク」7巻4号 1935.4 p.281

◇バッハの名レコードを語る（承前）―優秀レコード表に代えて 村田武雄 「レコード音楽」9巻4号 1935.4 p.31

◇バッハの作品とレコード（11）―器楽曲（10）村田武雄 「レコード音楽」9巻4号 1935.4 p.98

◇ドビユッシイへの感想 村田武雄，四月亭，鮎野行夫 「ディスク」7巻6号 1935.6 p.431

◇バッハの作品とレコード（12）器楽曲（11）村田武雄 「レコード音楽」9巻6号 1935.6 p.113

◇レコード音楽の領分 村田武雄 「レコード音楽」9巻8号 1935.8 p.12

◇バッハとフランク―フランクのオルガン曲 村田武雄 「ディスク」7巻9号 1935.9 p.657

◇バッハの作品とレコード（13）器楽曲（12）村田武雄 「レコード音楽」9巻9号 1935.9 p.115

◇ハイドン協会第四輯レコードを聴く 村田武雄 「レコード音楽」9巻10号 1935.10 p.40

◇クライスラーのメンデルスゾーン協奏曲を聴いて 村田武雄 「レコード音楽」9巻11号 1935.11 p.15

◇愛盤愛機を語る（座談会）有坂愛彦，野村光一，藤田不二，国塩耕一郎，あらえびす，村田武雄，菅原明朗，平林勇，山根銀二 「レコード音楽」9巻11号 1935.11 p.30

◇須永さんと僕（須永克己氏追悼の辞）村田武雄 「レコード音楽」9巻11号 1935.11 p.60

◇ヘンデル「メサイア」の全曲レコードを聴いて 村田武雄 「ディスク」7巻12号 1935.12 p.917

◇メンデルスゾーンの「無言歌」其他 村田武雄 「レコード音楽」9巻12号 1935.12 p.20

◇バッハの作品とレコード（14）器楽曲（13）村田武雄 「レコード音楽」10巻1号 1936.1 p.94

◇ドイツ古典派に就いて（1）村田武雄 「ディスク」8巻2号 1936.2 p.127

◇ストラヴィンスキーの「提琴協奏曲ニ長調」の印象 村田武雄 「レコード音楽」10巻2号 1936.2 p.11

◇バッハの作品とレコード（15）器楽曲（14）村田武雄 「レコード音楽」10巻2号 1936.2 p.116

◇ドイツ古典楽派に就いて（2）村田武雄 「ディスク」8巻3号 1936.3 p.199

◇欧米新着レコード評―ブッシュの「ブランデンブルグ協奏曲」を聴く 村田武雄 「ディスク」8巻3号 1936.3 p.211

◇バッハの作品とレコード（16）―器楽曲（15）村田武雄 「レコード音楽」10巻3号 1936.3 p.92

◇ケムプのベートーヴエン 村田武雄 「ディスク」8巻4号 1936.4 p.292

◇ドイツ古典楽派に就いて（3）村田武雄 「ディスク」8巻4号 1936.4 p.322

◇ケンプのバッハ 村田武雄 「レコード音楽」10巻4号 1936.4 p.15

◇バッハの「フーグの技術」とそのレコード（上）村田武雄 「レコード音楽」10巻4号 1936.4 p.30

◇新刊紹介―佐藤充氏著「アルベルト・シュワイツェル」村田武雄 「レコード音楽」10巻4号 1936.4 p.129

◇アストリュックのバッハ「提琴協奏曲イ短調」村田武雄 「ディスク」8巻5号 1936.5 p.381

◇バッハの「フーグの技術」とそのレコード（下）村田武雄 「レコード音楽」10巻5号 1936.5 p.38

◇ドイツ古典楽派に就いて（4）村田武雄 「ディスク」8巻6号 1936.6 p.514

◇バッハの作品とレコード（17）器楽曲（16）村田武雄 「レコード音楽」10巻6号 1936.6 p.99

◇新刊紹介―山田亀之助氏「レコード文化発達史」第一巻を読みて 村田武雄 「レコード音楽」10巻6号 1936.6 p.122

◇バッハ「ヴァイオリン協奏曲ホ長調」のレコード　村田武雄　「ディスク」8巻7号　1936.7 p.573

◇バッハ随想（独逸音楽随筆集）　村田武雄　「ディスク」8巻7号　1936.7 p.591

◇バッハの作品とレコード（18）器楽曲（17）　村田武雄　「レコード音楽」10巻9号　1936.9 p.101

◇独逸古典楽派に就いて（5）　村田武雄　「ディスク」8巻10号　1936.10 p.866

◇レコード界の今昔を語る座談会　有坂愛彦，松本荘之助，あらえびす，村田武雄，山根銀二，藤田不二，西条卓夫，野村光一，中村善吉，塩入亀輔　「レコード音楽」10巻10号　1936.10 p.2

◇バッハの作品とレコード（19）器楽曲（18）　村田武雄　「レコード音楽」10巻10号　1936.10 p.109

◇独逸古典楽派に就いて（完）　村田武雄　「ディスク」8巻11号　1936.11 p.991

◇レコード批評　村田武雄　「レコード音楽」10巻11号　1936.11 p.29

◇新刊紹介―「レコード大辞典」　村田武雄　「レコード音楽」10巻11号　1936.11 p.166

◇ワインガルトナァの「エロイカ」を聴く　村田武雄　「レコード音楽」10巻12号　1936.12 p.16

◇バッハの作品とレコード（20）器楽曲（19）　村田武雄　「レコード音楽」10巻12号　1936.12 p.101

◇新刊紹介―アンナ・マグダレナ・バッハ著・服部龍太郎氏訳「バッハの思ひ出」　村田武雄　「レコード音楽」10巻12号　1936.12 p.127

◇シュヴァイツアのバッハ「オルガン曲集」　村田武雄　「ディスク」9巻1号　1937.1 p.42

◇バッハの「非教会カンタータ」に就いて　村田武雄　「レコード音楽」11巻1号　1937.1 p.10

◇バッハの作品とレコード（21）器楽曲（20）　村田武雄　「レコード音楽」11巻1号　1937.1 p.120

◇バッハのクラヴィア曲に就て―バッハのピアノ曲とそのレコード（1）　村田武雄　「レコード音楽」11巻2号　1937.2 p.109

◇新刊紹介―森本覚丹氏著「リストの生涯」　村田武雄　「レコード音楽」11巻2号　1937.2 p.130

◇クーセヴィツキーの「未完成」（三つの「未完成交響曲」新盤試聴記）　村田武雄　「レコード音楽」11巻3号　1937.3 p.15

◇バッハの洋琴用「パルティータ」6曲―バッハのピアノ曲とそのレコード（2）　村田武雄　「レコード音楽」11巻3号　1937.3 p.108

◇ワインガルトナーのベートーヴェン「第八シムフォニイ」　村田武雄　「レコード音楽」11巻4号　1937.4 p.12

◇バッハの「英吉利組曲」六曲―バッハのピアノ曲とそのレコード（3）　村田武雄　「レコード音楽」11巻4号　1937.4 p.107

◇シュヴァイツアのバッハ「オルガン曲集」（下）　村田武雄　「ディスク」9巻5号　1937.5 p.434

◇クライスラァのブラームス「提琴協奏曲」新盤　村田武雄　「レコード音楽」11巻5号　1937.5 p.13

◇バッハの「仏蘭西組曲」六曲―バッハのピアノ曲とそのレコード（4）　村田武雄　「レコード音楽」11巻5号　1937.5 p.116

◇バッハの「フーガの技法」を推す　村田武雄　「ディスク」9巻6号　1937.6 p.538

◇バッハ協会「第四輯」を称ふ　村田武雄　「レコード音楽」11巻6号　1937.6 p.17

◇随喜して聴くベートーヴェン四重奏曲（作品一二七）　村田武雄　「ディスク」9巻8号　1937.8 p.746

◇レナァ再吹込のベートーヴェンの最後の四重奏曲（作品135）　村田武雄　「レコード音楽」11巻8号　1937.8 p.6

◇風変りなバッハ「伊太利風協奏曲」を聴く　村田武雄　「ディスク」9巻9号　1937.9 p.877

◇シゲッティの得意なヘンデルの「第四ソナタ」を聴く　村田武雄　「レコード音楽」11巻9号　1937.9 p.12

◇バッハの「ロ短調ミサ」への私情　村田武雄　「ディスク」9巻10号　1937.10 p.934

◇バッハの新盤二曲　村田武雄　「レコード音楽」11巻10号　1937.10 p.14

◇ベートーヴェン作品レコードは何を選ぶ？（座談会上）　青木謙幸，野村光一，あらえびす，藤田不二，有坂愛彦，村田武雄　「レコード音楽」11巻10号　1937.10 p.41

◇ペトリのレコード二つ　村田武雄　「レコード音楽」11巻11号　1937.11 p.14

◇バッハ「大弥撒」の全曲レコード　村田武雄　「レコード音楽」11巻11号　1937.11 p.28

◇ベートーヴェン作品レコードは何を選ぶ？（座談会下）　青木謙幸，野村光一，あらえびす，藤田不二，有坂愛彦，村田武雄　「レコード音楽」11巻11号　1937.11 p.118

◇ロココ時代の理想的な画面―バッハの四つの組曲を聴いて　村田武雄　「レコード音楽」11巻12号　1937.12 p.10

◇レコード音楽のメッカ―あらえびす氏の新著を称ふ（新刊紹介）　村田武雄　「レコード音楽」12巻1号　1938.1 p.72

◇名盤百選（附録）　あらえびす，有坂愛彦，野村光一，藤田不二，村田武雄　「レコード音楽」12巻1号　1938.1 p.133

◇単純美―ハイドン協会のレコード（試聴記）　村田武雄　「レコード音楽」12巻2号　1938.2 p.10

◇ベートーヴェン「提琴協奏曲」のレコード手記―クーレンカムプの新盤を加へて（クーレンカムプの「ベートーヴェン協奏曲」新盤を続りて）村田武雄 「レコード音楽」12巻2号 1938.2 p.24

◇美しき悲曲―チャイコフスキイのトリオ メヌーイン・トリオの演奏を聴いて（試聴記）村田武雄 「レコード音楽」12巻3号 1938.3 p.11

◇座談会―トスカニーニの「第六交響曲」 あらえびす，藤田不二，中村善吉，坿和昌夫，村田武雄，杉浦繁 「ディスク」10巻4号 1938.4 p.332

◇「第五」の王座（試聴記）―フルトウェングラァの新盤を聴いて 村田武雄 「レコード音楽」12巻4号 1938.4 p.12

◇フルトヴェングラァのモーツァルト「小夜曲」を聴く（試聴記）村田武雄 「レコード音楽」12巻4号 1938.4 p.20

◇「アントロジイ・ソノール」のために（1）村田武雄 「ディスク」10巻5号 1938.5 p.468

◇「第六」二態（試聴記）村田武雄 「レコード音楽」12巻5号 1938.5 p.20

◇トスカニーニの練習振り D・トムプスン，村田武雄 訳 「レコード音楽」12巻5号 1938.5 p.36

◇シューリヒトの指揮する「第七」を聴く（試聴記）村田武雄 「レコード音楽」12巻6号 1938.6 p.12

◇シューマンの「ヴァイオリン協奏曲」（ディスク座談会）あらえびす，有坂愛彦，村田武雄，中村善吉，藤田不二，青木謙幸 「ディスク」10巻7号 1938.7 p.651

◇二つのピアノ協奏曲新盤を聴く（試聴記）村田武雄 「レコード音楽」12巻7号 1938.7 p.16

◇夏期レコード保存漫言（ディスク廻状）村田武雄 「ディスク」10巻8号 1938.8 p.808

◇新鮮な古典美―ランドフスカのハイドン「協奏曲ニ長調」（試聴記）村田武雄 「レコード音楽」12巻8号 1938.8 p.11

◇健全美―ハイドン協会第五輯（試聴記）村田武雄 「レコード音楽」12巻9号 1938.9 p.25

◇竹針礼讃 村田武雄 「レコード音楽」12巻9号 1938.9 p.124

◇ヘンデルのパレット―「コンチェルト・グロッソ」全曲レコードを聴く（試聴記）村田武雄 「レコード音楽」12巻10号 1938.10 p.18

◇ヨッフム指揮の「英雄交響曲」を聴く 村田武雄 「ディスク」10巻11号 1938.11 p.1090

◇バッハ「平均率」曲集の完成（試聴記）村田武雄 「レコード音楽」12巻11号 1938.11 p.20

◇ブッシュの「百三十二」を聴く（試聴記）村田武雄 「レコード音楽」12巻12号 1938.12 p.10

◇ヨッフムの「第九」の演奏と録音（新しい「第九」交響曲のレコード）村田武雄 「ディスク」11巻1号 1939.1 p.29

◇カザルスの栄光―バッハ無伴奏チェロ組曲への讃（試聴記）村田武雄 「レコード音楽」13巻1号 1939.1 p.11

◇ヨッフムの「第九」を聴く（座談会）あらえびす，有坂愛彦，青木謙幸，中村善吉，藤田不二，村田武雄 「レコード音楽」13巻1号 1939.1 p.20

◇フランスの第八回「ディスク大賞」に就いて 村田武雄 「ディスク」11巻2号 1939.2 p.177

◇ロートの「ハイドンの絃楽四重奏曲」―作品二十四五・ヘ短調（コロムビア）を聴く（試聴記）村田武雄 「レコード音楽」13巻2号 1939.2 p.16

◇ギーゼキングのグリーク「ピアノ協奏曲」を聴く（試聴記）村田武雄 「レコード音楽」13巻3号 1939.3 p.18

◇コルトオのシューマン「ダヴィッド同盟舞踏曲」（試聴記）村田武雄 「レコード音楽」13巻4号 1939.4 p.11

◇ブラームスのニ長調ヴァイオリン・コンチェルトを聴く（座談会）あらえびす，有坂愛彦，青木謙幸，中村善吉，藤田不二，村田武雄 「レコード音楽」13巻4号 1939.4 p.22

◇ヘンゲルの「複管絃協奏曲」と「火花の音楽」を聴く 村田武雄 「ディスク」11巻5号 1939.5 p.444

◇バッハ「フーグの技法」の紹介（試聴記）村田武雄 「レコード音楽」13巻5号 1939.5 p.12

◇新刊紹介―「名曲決定盤」 村田武雄 「レコード音楽」13巻6号 1939.6 p.82

◇ランドフスカ夫人の「古典音楽」（1）村田武雄 「ディスク」11巻7号 1939.7 p.695

◇談話室―頭で聴く人・耳で聴く人 村田武雄 「レコード音楽」13巻7号 1939.7 p.120

◇ランドフスカ夫人の「古典音楽」（2）村田武雄 訳 「ディスク」11巻8号 1939.8 p.769

◇新刊紹介―「カレワラ」 村田武雄 「レコード音楽」13巻8号 1939.8 p.85

◇モーツァルトの絃楽三重奏曲―ディヴェルティメント変ホ調K五六三 村田武雄 「レコード音楽」13巻8号 1939.8 p.95

◇ベートーヴェンの交響曲のレコード（1）―私のノートから 村田武雄 「レコード音楽」13巻8号 1939.8 p.123

◇ランドフスカ夫人の「古典音楽」（3）村田武雄 訳 「ディスク」11巻9号 1939.9 p.891

◇ハイドン協会・第七輯（試聴記）村田武雄 「レコード音楽」13巻9号 1939.9 p.40

◇ベートーヴェンの交響曲のレコード（2）―私のノートから 村田武雄 「レコード音楽」13巻9号 1939.9 p.129

◇シゲッティとペトリの演奏したブラームス「ヴァイオリン奏鳴曲」第三番（試聴記）村田武雄　「レコード音楽」13巻10号 1939.10 p.13

◇トスカニーニのレコードに就いて（トスカニーニのベートーヴェン「第五」特輯）村田武雄　「レコード音楽」13巻10号 1939.10 p.131

◇メンゲルベルク指揮の「第八交響曲」を聴く 村田武雄　「ディスク」11巻11号 1939.11 p.1082

◇ランドフスカ夫人の「古典音楽」(4) 村田武雄　「ディスク」11巻11号 1939.11 p.1108

◇レコード鑑賞者と批評家 村田武雄　「レコード音楽」13巻11号 1939.11 p.11

◇ベートーヴェンの交響曲のレコード(3)―私のノートから 村田武雄　「レコード音楽」13巻11号 1939.11 p.131

◇メンゲルベルクの「第八交響曲」座談会 あらえびす，村田武雄，有坂愛彦，中村善吉，藤田不二，青木謙幸　「ディスク」11巻12号 1939.12 p.1206

◇最近感激したバッハのレコード（試聴記）村田武雄　「レコード音楽」13巻12号 1939.12 p.18

◇名曲・名レコード（座談会）あらえびす，有坂愛彦，野村光一，藤田不二，松本太郎，村田武雄　「レコード音楽」13巻12号 1939.12 p.31

◇シュヴァイツァのバッハ・アルバム―コーラル・プレリュード集 村田武雄　「レコード音楽」13巻12号 1939.12 p.62

◇フルトヴェングラアのパルジフアル（ワグナー）（洋楽名曲レコード聴評）村田武雄　「レコード」5巻4号 1939.12 p.32

◇洋楽レコード界への希望 村田武雄　「レコード」6巻1号 1940.1 p.14

◇ランドフスカ夫人の「古典音楽」(5) 村田武雄　「ディスク」12巻2号 1940.2 p.127

◇耳日記 村田武雄　「レコード音楽」14巻2号 1940.2 p.70

◇レコードで活躍する現代音楽家列伝(6)エドウイン・フイツシヤー 村田武雄　「レコード」6巻2号 1940.2 p.6

◇トスカニーニのモーツァルト「ト長調交響曲」（試聴記）村田武雄　「レコード音楽」14巻3号 1940.3 p.10

◇「第四」を作曲した頃のベートーヴェン 村田武雄　「レコード音楽」14巻3号 1940.3 p.44

◇音楽史的鑑賞(1) 村田武雄　「ディスク」12巻4号 1940.4 p.337

◇レコード鑑賞講座「音楽史的鑑賞」(2) 村田武雄　「ディスク」12巻5号 1940.5 p.442

◇イッセルシュテットのハイドン「驚愕交響曲」を聴く（試聴記）村田武雄　「レコード音楽」14巻5号 1940.5 p.11

◇ベートーヴェンの交響曲のレコード(4)―私のノートから 村田武雄　「レコード音楽」14巻5号 1940.5 p.123

◇「田園」のレコードを語る 牛山充，藤田不二，村田武雄　「レコード」6巻4号 1940.5 p.22

◇交響曲第一番（ビゼー曲）（洋楽名曲試聴評）村田武雄　「レコード」6巻4号 1940.5 p.57

◇ドンファン（R・シユトラウス曲）（洋楽名曲試聴評）村田武雄　「レコード」6巻4号 1940.5 p.60

◇レコード鑑賞講座「音楽史的鑑賞」(3) 村田武雄　「ディスク」12巻6号 1940.6 p.538

◇ワルターのシューベルト「交響曲ハ長調」を讃ふ（試聴記）村田武雄　「レコード音楽」14巻6号 1940.6 p.10

◇レコード鑑賞講座「音楽史的鑑賞」(4) 村田武雄　「ディスク」12巻7号 1940.7 p.659

◇トスカニーニの「第四」を聴いて（試聴記）村田武雄　「レコード音楽」14巻7号 1940.7 p.12

◇ベートーヴェンの交響曲のレコード(5)―私のノートから 村田武雄　「レコード音楽」14巻7号 1940.7 p.29

◇「珍品レコード」読後―短評・紹介 村田武雄　「レコード音楽」14巻7号 1940.7 p.85

◇トスカニーニの「第四交響曲」（洋楽名曲試聴評）村田武雄　「レコード」6巻6号 1940.7 p.18

◇レコード鑑賞講座 音楽史的鑑賞(5) 村田武雄　「ディスク」12巻8号 1940.8 p.744

◇ベートーヴェンの交響曲のレコード(6)―私のノートから 村田武雄　「レコード音楽」14巻8号 1940.8 p.32

◇藤田さんの「歴史的レコード」―短評・紹介 村田武雄　「レコード音楽」14巻8号 1940.8 p.92

◇メンゲルベルクの第四（洋楽名曲レコード評）村田武雄，国本靖　「レコード」6巻7号 1940.8 p.24

◇レコード鑑賞講座「音楽史的鑑賞」(6) 村田武雄　「ディスク」12巻9号 1940.9 p.846

◇ベートーヴェンの交響曲のレコード(7)―私のノートから 村田武雄　「レコード音楽」14巻9号 1940.9 p.27

◇書評―野村光一氏の「レコード音楽 名曲に聴く」 あらえびす，村田武雄　「レコード音楽」14巻9号 1940.9 p.57

◇翻訳二題―短評・紹介 村田武雄　「レコード音楽」14巻9号 1940.9 p.98

◇レコード鑑賞講座 音楽史的鑑賞(7) 村田武雄　「ディスク」12巻10号 1940.10 p.951

◇レコード鑑賞講座 音楽史的鑑賞(8) 村田武雄　「ディスク」12巻11号 1940.11 p.1044

◇試聴室―シュナーベルのバッハ「伊太利風協奏曲」 村田武雄　「ディスク」12巻11号 1940.11 p.1063

◇提琴協奏曲の各社レコード（ベートーヴェン 作品六十一番 提琴協奏曲特輯）村田武雄, 牛山充, 前田豊 「レコード」6巻10号 1940. 11 p.20

◇座談会「今年の洋楽レコード」有坂愛彦, 村 田武雄, 本社編輯部 「レコード音楽」14巻 12号 1940.12 p.30

◇音楽史的鑑賞（9）村田武雄 「ディスク」13 巻1号 1941.1 p.25

◇祝典曲と夜明け 村田武雄 「レコード音楽」 15巻1号 1941.1 p.16

◇音楽史的鑑賞（10）村田武雄 「ディスク」13 巻2号 1941.2 p.121

◇ジョン・バルビロリイ指揮 交響曲第四番—悲 劇（シューベルト作品）（洋楽名曲レコード 評）村田武雄 「レコード」7巻2号 1941.2 p.32

◇音楽史的鑑賞（11）村田武雄 「ディスク」13 巻3号 1941.3 p.240

◇カザルスの至芸（バッハ協会・第七輯）村田 武雄 「レコード音楽」15巻3号 1941.3 p.46

◇音楽史的鑑賞（12）村田武雄 「ディスク」13 巻4号 1941.4 p.324

◇書評—野村さんのダンディズム「音楽青年の 説」村田武雄 「レコード音楽」15巻4号 1941.4 p.34

◇レコード放送を語る座談会 磯野嘉久, 服部 正, 放送局員A, 放送局員B, 放送局員C, 村 田武雄, 久保田公平 「レコード」7巻4号 1941.5 p.20

◇オルガン独奏曲（バッハ 作品とディスク賞レ コード）村田武雄 「ディスク」13巻臨時増 刊 ディスク叢書第四輯 バッハ特輯 1941.6 p.182

◇フーガの技法（バッハ 作品とディスク賞レ コード）村田武雄 「ディスク」13巻臨時増 刊 ディスク叢書第四輯 バッハ特輯 1941.6 p.276

◇音楽鑑賞とレコード鑑賞（特輯・レコード音 楽鑑賞法）村田武雄 「レコード」7巻5号 1941.6 p.12

◇書評—森本覚丹氏訳「リイ交響曲史」村田武 雄 「レコード音楽」15巻8号 1941.8 p.112

◇音楽史的鑑賞（13）村田武雄 「ディスク」13 巻9号 1941.9 p.855

◇誤れる読者 村田武雄 「レコード音楽」15巻 9号 1941.9 p.58

◇音楽史的鑑賞（14）村田武雄 「ディスク」13 巻10号 1941.10 p.953

◇「組曲」形式とは—シュピッタの説 村田武雄 「レコード音楽」15巻10号 1941.10 p.27

◇レコード愛好家の書架（覚書）村田武雄 「レ コード文化」1巻1号 1941.11 p.49

◇レコード愛好家の書架（完）（覚書）村田武雄 「レコード文化」1巻2号 1941.12 p.70

◇ワインガルトナー—名指揮者 その4 村田武雄 「レコード文化」2巻2号 1942.2 p.12

◇名曲と名盤—三大提琴協奏曲 村田武雄 「レ コード文化」2巻3号 1942.3 p.26

◇音楽思想の性質 村田武雄 「レコード文化」 2巻6号 1942.6 p.9

◇音楽の新しさ 村田武雄 「レコード文化」2 巻7号 1942.7 p.8

◇プロ・アルテ絃楽四重奏団—名室内楽団 その 4 村田武雄 「レコード文化」2巻9号 1942.9 p.9

◇音楽のシズム 村田武雄 「レコード文化」2 巻10号 1942.10 p.11

◇バッハの謎 村田武雄 「レコード文化」2巻 12号 1942.12 p.9

◇郷土的と世界的 村田武雄 「レコード文化」 3巻3号 1943.3 p.30

◇器楽曲より（戦時下のレコード 私の推薦した いレコード）村田武雄 「レコード文化」3巻 5号 1943.5 p.8

◇深い心情 村田武雄 「レコード文化」3巻6号 1943.6 p.8

◇これから—神秘の擁護（レコード随筆）村田 武雄 「レコード文化」3巻10号 1943.10 p.29

◇ターフエル・ムジック 村田武雄 「レコード 文化」3巻10号 1943.10 p.43

◇レコードを愛する心 村田武雄 「レコード音 楽」17巻2号 1947.4 p.11

◇レコードのある部屋（1）村田武雄 「レコー ド音楽」17巻3号 1947.6 p.11

◇レコードのある部屋（2）村田武雄 「レコー ド音楽」17巻4号 1947.8 p.12

◇レコードのある部屋（3）村田武雄 「レコー ド音楽」17巻5号 1947.10 p.17

◇レコードのある部屋（4）ハイドンを聴く 村田 武雄 「レコード音楽」17巻6号 1947.12 p.17

◇モーツァルトを聴く—レコードのある部屋 （5）村田武雄 「レコード音楽」18巻1号 1948.1 p.5

◇レコードのある部屋（6）ベートーヴェンを聴 く 村田武雄 「レコード音楽」18巻2号 1948. 2 p.6

◇レコードのある部屋（6）シューベルトを聴く 村田武雄 「レコード音楽」18巻4号 1948.4 p.4

◇レコードのある部屋（8）シューマンを聴く 村 田武雄 「レコード音楽」18巻5号 1948.5 p.4

◇レコードのある部屋（9）"レースの音"ショパ ン 村田武雄 「レコード音楽」18巻6号 1948. 6 p.12

◇レコードのある部屋（9）ブラームスを聴く 村 田武雄 「レコード音楽」18巻7号 1948.7 p.4

◇サタンの笑—リスト—レコードのある部屋 （11）村田武雄 「レコード音楽」18巻8・9号 1948.9 p.38

◇フランクと耽美派の礼讃—レコードのある部屋(12) 村田武雄 「レコード音楽」18巻10号 1948.10 p.2

◇「ピーターと狼」の新盤(新譜評) 村田武雄 「レコード音楽」18巻11号 1948.11 p.2

◇レコードのある部屋(13)雁の叫び—ロシア音楽 村田武雄 「レコード音楽」18巻11号 1948.11 p.37

◇レコードのある部屋(14)ドビュッシイに耽溺する 村田武雄 「レコード音楽」18巻12号 1948.12 p.32

◇レコード界の現状を語る(鼎談) 村田武雄, あらえびす, 有坂愛彦 「レコード音楽」19巻1号 1949.1 p.12

◇レコードのある部屋(15・完)現代音楽から出発 村田武雄 「レコード音楽」19巻1号 1949.1 p.44

◇傑作「未完成」と「戴冠式」 村田武雄 「レコード音楽」19巻2号 1949.2 p.20

◇レコードコンサートの手引 村田武雄 「レコード音楽」19巻2号 1949.2 p.49

◇「新世界」の名盤そのほか(新譜評) 村田武雄 「レコード音楽」19巻3号 1949.3 p.26

◇試聴二題(新譜評) 村田武雄 「レコード音楽」19巻7号 1949.7 p.19

◇ピストン作「不思議な笛吹き」(新譜紹介) 村田武雄 「レコード音楽」19巻11号 1949.11 p.34

◇ショパンのレコードに就て—誌上再放送(対談) 安川加寿子, 村田武雄 「レコード音楽」19巻11号 1949.11 p.60

◇現代人シゲッティのスタイル 村田武雄 「レコード音楽」19巻12号 1949.12 p.22

◇ショパン話の泉(座談会) 井口基政, 大田黒元雄, 遠山一行, 野村光一, 村田武雄 「レコード音楽」19巻12号 1949.12 p.52

◇歌劇レコードを語る—藤原歌劇団の「椿姫」新盤を中心に(鼎談) 大田黒元雄, 野村光一, 村田武雄 「レコード音楽」20巻1号 1950.1 p.74

◇百年に一度の声 マリアン・アンダースン(歌手とレコード) 村田武雄 「レコード音楽」20巻3号 1950.3 p.76

◇ブラームスの交響曲とレコード(対談) 野村光一, 村田武雄 「レコード音楽」20巻5号 1950.5 p.27

◇バッハを語る五夜—バッハの生涯とその音楽(バッハ二百年祭記念) 村田武雄 「レコード音楽」20巻7号 1950.7 p.6

◇書評—レコード愛好家と音楽青少年におくる2つの快著 村田武雄 「レコード音楽」20巻7号 1950.7 p.74

◇書評—眼で聴く音楽 村田武雄 「レコード音楽」20巻8号 1950.8 p.60

◇演奏会的効果の「第九」(「第九」の新盤を聴く) 村田武雄 「レコード音楽」20巻9号 1950.9 p.10

◇アンダースンのアルト・ラプソディー(試聴記) 村田武雄 「レコード音楽」20巻10号 1950.10 p.14

◇ブラームスの声楽曲とドイツ鎮魂曲(鼎談) 薗田誠一, 野村光一, 村田武雄 「レコード音楽」20巻12号 1950.12 p.60

◇書評—属さんの「ベートーヴェン全集」 村田武雄 「レコード音楽」21巻1号 1951.1 p.69

◇書評—野村光一さんの力作「名曲に聴く 三巻」 村田武雄 「レコード音楽」21巻6号 1951.6 p.60

◇長時間レコードをめぐって(座談会) 野村あらえびす, 野村光一, 村田武雄, 寺島宏, 足立浩 「レコード音楽」21巻6号 1951.6 p.74

◇今日レコード演奏家とその演奏 村田武雄 「ディスク」14巻1号 1951.9 p.22

◇レコードのある部屋 村田武雄 「ディスク」14巻2号 1951.10 p.128

◇条件の整ったヴェルディの「鎮魂曲」(試聴記) 村田武雄 「レコード音楽」21巻10号 1951.10 p.40

◇見たメヌーヒン(メニューインの印象) 村田武雄 「レコード音楽」21巻11号 1951.11 p.34

◇書評—視覚化された音楽 属啓成氏の「音楽歴史図鑑」 村田武雄 「レコード音楽」21巻11号 1951.11 p.93

◇一九五一年度洋楽レコード私の推薦盤 村田武雄 「レコード音楽」21巻12号 1951.12 p.20

◇昨年の決算—雑談会 あらえびす, 村田武雄, 有坂愛彦, 堺和昌夫, 青木謙幸 司会 「ディスク」15巻1号 1952.1 p.20

◇メヌーヒンとの芸談 村田武雄 「レコード音楽」22巻1号 1952.1 p.72

◇バラーとの芸談 村田武雄 「レコード音楽」22巻2号 1952.2 p.64

◇カザルス論 村田武雄 「ディスク」15巻3号 1952.3 p.244

◇古い演奏と新しい演奏—スタイルの問題—レコード音楽ノート 村田武雄 「レコード音楽」22巻3号 1952.3 p.48

▷トスカニーニの"悲愴"を語る(座談会) 西山広一, 村田武雄, 田代秀雄, 藁科雅美 「レコード音楽」22巻3号 1952.3 p.68

◇「着実な演奏」ザッハリッヒカイトの問題 村田武雄 「レコード音楽」22巻4号 1952.4 p.39

◇レコード界の歩み—名曲堂創立30周年にあたりて(座談会) 野村あらえびす, 野村光一, 村田武雄, 竹野俊男 「レコード音楽」22巻4号 1952.4 p.94

◇新しい名曲決定盤（特集）村田武雄，牧定忠，大木正興，木村重雄，寺西春雄，大宮真琴，田代秀穂，藁科雅美 「レコード音楽」22巻4号 1952.4 p.111

◇トスカニーニ論 村田武雄 「ディスク」15巻5号 1952.5 p.472

◇音楽の事実と真実—演奏に於ける主観と客観の問題 村田武雄 「レコード音楽」22巻5号 1952.5 p.10

◇ヒュッシュを語る（座談会）ネトケ・レーヴェ，木下保，村田武雄，三宅善三 「レコード音楽」22巻5号 1952.5 p.18

◇ゼルキンの「皇帝協奏曲」をめぐつて（座談会）村田武雄，園田高弘，寺西春雄，松浦豊明，寺島宏，藁科雅美，西山広一 「レコード音楽」22巻6号 1952.6 p.18

◇レコード音楽の限界—ヒュッシュとトラウベルのレコードと実演 村田武雄 「レコード音楽」22巻6号 1952.6 p.38

◇ワルター，オルマンディ，ミュンクの新輸入盤を語る（座談会）上田仁，村田武雄，寺島宏，野村光一，藁科雅美 「レコード音楽」22巻8号 1952.8 p.10

◇マリアン・アンダソンの声と技術—レコード音楽ノート 村田武雄 「レコード音楽」22巻9号 1952.9 p.15

◇コルトオ論 村田武雄 「ディスク」15巻11号 1952.10 p.1010

◇トスカニーニの「未完成」とハイフェッツの「スペイン交響曲」（座談会）村田武雄，大木正興，上野一郎，藁科雅美 「レコード音楽」22巻10号 1952.10 p.46

◇演奏と詩的精神—コルトーの実演とルービンシュタインのレコード 村田武雄 「レコード音楽」22巻11号 1952.11 p.40

◇レコード愛好家はこう希望する（座談会）村田武雄 解説，田代秀穂 解答 「レコード音楽」22巻11号 1952.11 p.84

◇カラヤンの傾向—レコード音楽ノート（特集・二つの第九）村田武雄 「レコード音楽」23巻1号 1953.1 p.40

◇シゲティー論—レコード音楽ノート 村田武雄 「レコード音楽」23巻2号 1953.2 p.30

◇式るレコード感—ベルガーを中心として 村田武雄 「ディスク」16巻4号 1953.3 p.230

◇バロック音楽の鑑賞（誌上コンサート）村田武雄 「ディスク」16巻9号 1953.8 p.791

◇LPベスト七〇選 青木謙幸，坪和昌夫，村田武雄，田代秀穂，佐川吉男 「ディスク」17巻8号 別冊第4集 LPレコード 1954.7 p.13

◇ヴィヴァルディの音楽系図（特集 ヴィヴァルディを識るために）村田武雄 「ディスク」17巻9号 1954.8 p.22

◇私の好きなレコード（1）村田武雄 「ディスク」20巻1号 1957.1 p.36

◇私の好きなレコード（2）村田武雄 「ディスク」20巻2号 1957.2 p.18

◇LPの名盤をさぐる（1）—コロムビア篇（座談会）村田武雄，藁科雅美，大宮真琴，青木謙幸 司会 「ディスク」20巻6号 1957.6 p.34

◇レコードに聴くベルリン・フィルの推移（レコードで聴くベルリン・フィルハーモニー）村田武雄 「ディスク」20巻12号 1957.10 p.38

◇セルとオーマンディの「第五」によせて（今月のハイライト ベートーヴェンの交響曲）村田武雄 「ディスク」20巻15号 1957.12 p.24

◇コンサート形式による音楽の鑑賞（新連載）ヴィヴァルディ「四季」・ベートーヴェン「熱情」・シェーンベルク「ワルソーの生き残り」村田武雄 「ディスク」21巻6号 1958.6 p.26

◇コンサート形式による音楽の鑑賞（第2回）「リュートのための古代舞曲とアリア」，ドヴォルジャックの「チェロ協奏曲」，プロコフィエフの「古典交響曲」村田武雄 「ディスク」21巻7号 1958.7 p.34

◇コンサート形式による音楽の鑑賞（第3回）バッハのカンタータ，ムソルグスキーの「展覧会の絵」，コープランドのバレエ音楽 村田武雄 「ディスク」21巻8号 1958.8 p.32

◇コンサート形式による音楽の鑑賞（第4回）オルフの「カルミナ・ブラーナ」，ヨハン・シュトラウスの「ウィーンの森の物語」村田武雄 「ディスク」21巻9号 1958.9 p.26

◇コンサート形式による音楽の鑑賞（第5回）ヘンデル「合奏協奏曲第五番」・ブラームス「アルト・ラプソディ」・イベール「寄港地」村田武雄 「ディスク」21巻10号 1958.10 p.24

◇コンサート形式による音楽の鑑賞（第6回）スカルラッティのソナタ，ベートーヴェン「田園交響曲」，チャイコフスキー「白鳥の湖」村田武雄 「ディスク」21巻11号 1958.11 p.36

◇コンサート形式による音楽の鑑賞（第7回）グレゴリオ聖歌，バッハの「クリスマス・オラトリオ」，ブリトゥンの「キャロルの祭典」村田武雄 「ディスク」21巻12号 1958.12 p.38

◇コンサート形式による音楽の鑑賞（第8回）ハイドンの「時計」，シューベルトの「死と乙女」，デル・モナコ，タリアヴィーニ，ジーリの歌 村田武雄 「ディスク」22巻1号 1959.1 p.30

◇コンサート形式による音楽の鑑賞（第9回）村田武雄 「ディスク」22巻2号 1959.2 p.28

◇コンサート形式による音楽の鑑賞（第10回）モーリス・ラヴェルの夕べ 村田武雄 「ディスク」22巻3号 1959.3 p.30

◇コンサート形式による音楽の鑑賞（第11回）村田武雄 「ディスク」22巻4号 1959.4 p.50

◇コンサート形式による音楽の鑑賞（第12回）村田武雄 「ディスク」22巻5号 1959.5 p.46

◇コンサート形式による音楽の鑑賞（第13回）村田武雄 「ディスク」22巻6号 1959.6 p.28

◇コンサート形式による音楽の鑑賞（第14回）来日演奏家のレコードをきく 村田武雄 「ディスク」22巻7号 1959.7 p.36

◇レコードに於ける演奏の判断―良いレコードを選ぶために 村田武雄 「ディスク」23巻1号 1960.1 p.22

◇レコードに於ける演奏の判断 (2) ―良いレコードを選ぶために 村田武雄 「ディスク」23巻3号 1960.2 p.30

◇レコードに於ける演奏の判断 (3) ―良いレコードを選ぶために 村田武雄 「ディスク」23巻4号 1960.3 p.22

◇レコードに於ける演奏の判断 (4) ―良いレコードを選ぶために 村田武雄 「ディスク」23巻5号 1960.4 p.38

◇レコードに於ける演奏の判断 (5) ―良いレコードを選ぶために 村田武雄 「ディスク」23巻6号 1960.5 p.22

◇ランドフスカのバッハ新旧 村田武雄 「ディスク」23巻6号 1960.5 p.46

◇レコードに於ける演奏の判断―第6回 チェッコ室内管弦楽団・チェッコ三重奏団・ハープのザバレタ 村田武雄 「ディスク」23巻7号 1960.6 p.34

◇レコードに於ける演奏の判断―第7回 マリア・シュターデル，ボストン交響楽団，ルジェーロ・リッチ 村田武雄 「ディスク」23巻8号 1960.7 p.32

◇レコードに於ける演奏の判断―第8回 ブダペスト四重奏団，ユーディ・メニューイン，レニングラード・バレエ団とバレエ音楽 村田武雄 「ディスク」23巻9号 1960.8 p.26

◇レコードに於ける演奏の判断―第9回 カンポーリ，ベラフォンテの演奏会から 村田武雄 「ディスク」23巻10号 1960.9 p.36

◇レコードに於ける演奏の判断―第10回 ソチエタ・コレルリ合奏団，マルケヴィッチ他 村田武雄 「ディスク」23巻14号 1960.11 p.36

◇レコードに於ける演奏の判断―第11回 ゼルキン，イェペス，コンツェルトハウスQを聴いて 村田武雄 「ディスク」23巻16号 1960.12 p.36

◇レコード批評家賞について (一九六〇年度 "レコード批評家賞" 発表) 村田武雄 「ディスク」24巻1号 1961.1 p.26

◇レコードに於ける演奏の判断―第12回 バドゥラ=スコダ，シュタルケル 村田武雄 「ディスク」24巻1号 1961.1 p.50

◇レコードに於ける演奏の判断―第13回 イスラエル・フィルとベーレントを聴く 村田武雄 「ディスク」24巻2号 1961.2 p.62

◇レコードに於ける演奏の判断―第14回 マルツジンスキーとハラシェヴィッチ 村田武雄 「ディスク」24巻4号 1961.4 p.82

◇ジュリアード弦楽四重奏団 (特集 春の来日演奏家を聴く―かれらは日本でどんな演奏ぶりを見せたのだろうか？) 村田武雄 「ディスク」24巻6号 1961.6 p.77

◇イェルク・デームス (特集 春の来日演奏家を聴く―かれらは日本でどんな演奏ぶりを見せたのだろうか？) 村田武雄 「ディスク」24巻6号 1961.6 p.79

◇アイザック・スターン (特集 春の来日演奏家を聴く―かれらは日本でどんな演奏ぶりを見せたのだろうか？) 村田武雄 「ディスク」24巻6号 1961.6 p.80

◇特別寄稿 「ディスク」三百号記念によせて (特集 三百号を記念して) あらえびす，村田武雄，城井清澄，中村善吉，西条卓夫，藤田不二，野村光一，伊奈文夫，池田圭，矢萩銀三，大宮真琴，岡俊雄，宮前有吉 「ディスク」25巻10号 1962.10 p.82

森 潤三郎

◇海外断片 森潤三郎 「ザ・グラモヒル」1巻1号 1930.2 p.16

◇グラモヒル座談会 (1) あらえびす，森潤三郎，中村善吉，西条卓夫，藤田不二 「ザ・グラモヒル」1巻4号 1930.5 p.102

◇グラモヒル座談会 (2) あらえびす，森潤三郎，中村善吉，西条卓夫，藤田不二 「ザ・グラモヒル」1巻5号 1930.6 p.148

◇グラモヒル座談会 (3) あらえびす，森潤三郎，中村善吉，西条卓夫，藤田不二 「ザ・グラモヒル」1巻6号 1930.7 p.204

◇グラモヒル座談会 (完) あらえびす，森潤三郎，中村善吉，西条卓夫，藤田不二 「ザ・グラモヒル」1巻7号 1930.8 p.252

◇ダンス・レコードに就て (1) 森潤三郎 「ザ・グラモヒル」1巻7号 1930.8 p.265

◇ダンス・レコードに就いて (2) 森潤三郎 「ディスク」2巻1号 1930.9 p.52

◇ドビュッシイのソナータ 森潤三郎 「ディスク」3巻5号 1931.5 p.382

◇絃楽四重奏嬰ハ短調 森潤三郎 「ディスク」3巻7号 1931.7 p.478

◇先輩は語る あらえびす，倉伊四郎，S・S，モリジュンザブロ，T・K・G，大沼魯夫，S・U，NKM，T・K・J，有坂愛彦，鳥頭魔気，S生，久礼伝三 「ディスク」3巻11号 1931.11 p.824

◇モーツアルトを語る 森潤三郎 「ディスク」4巻2号 1932.2 p.127

◇前奏曲 森潤三郎 「ディスク」4巻3号 1932.3 p.198

◇遁走曲のレコード 森潤三郎 「ディスク」4巻5号 1932.5 p.323

◇現代舞踏曲 森潤三郎 「レコード」3巻10号 1932.10 p.42

◇現代社交舞踏の音楽 (完) 森潤三郎 「レコード」3巻11号 1932.11 p.40

◇クレデンザ考 森潤三郎 「ディスク」4巻12号 1932.12 p.784

◇コレスポンデンス 森潤三郎 「ディスク」5巻1号 1933.1 p.38

◇FORTY-EIGHT SOCITY　森潤三郎　「ディスク」5巻5号　1933.5　p.312

◇ブラームスを語る（ブラームス誕生百年記念号）あらゑびす，森潤三郎，久礼伝三，S・S，烏頭魔気，NKM　「ディスク」5巻5号　1933.5　p.366

◇古楽器に依る古典器楽曲のレコード　森潤三郎　「ディスク」5巻6号　1933.6　p.437

◇古楽器に依る古典器楽曲のレコード（承前）森潤三郎　「ディスク」5巻7号　1933.7　p.508

◇中村雁治郎君とそのトーキー・レコード　森潤三郎　「ディスク」6巻1号　1933.12　p.56

◇バツハ（銀六漫語）　森潤三郎　「ディスク」7巻3号　1935.3　p.147

◇吹込を希望するバツハの曲目　村田武雄，池永昇二，S・S，四月亭，三浦潤，楳津真次郎，城春光，森潤三郎，鵜飼正直，鮎野行夫　「ディスク」7巻3号　1935.3　p.205

◇ショパン（銀六漫語）　森潤三郎　「ディスク」7巻4号　1935.4　p.247

◇コロムビアの「第九交響曲」合評　有坂愛彦，森潤三郎，青木誠意，杉浦繁，楳津真次郎　「ディスク」7巻5号　1935.5　p.347

◇ギーゼキングの「皇帝協奏曲」合評　有坂愛彦，森潤三郎，青木誠意，杉浦繁，楳津真次郎　「ディスク」7巻5号　1935.5　p.350

◇井東仲子女史の計　森潤三郎　「ディスク」8巻10号　1936.10　p.902

◇夏日間語　森潤三郎　「ディスク」9巻9号　1937.9　p.881

◇秋日妄語　森潤三郎　「ディスク」9巻11号　1937.11　p.1037

◇「ディスク」百号（ディスク百号記念）　森潤三郎　「ディスク」10巻3号　1938.3　p.206

◇バツハの「チェロ無伴奏組曲」座談会　西条卓夫，森潤三郎，中村善吉，坪和昌夫，青木謙幸　「ディスク」10巻7号　1938.7　p.640

◇西宮通信　森潤三郎　「ディスク」11巻1号　1939.1　p.54

◇新体制下のディスク　森潤三郎　「ディスク」12巻11号　1940.11　p.1023

◇廃刊の辞　森潤三郎　「ディスク」13巻10号　1941.10　p.925

◇ショパン話堕　森潤三郎　「レコード文化」2巻4号　1942.4　p.30

◇失題二話　森潤三郎　「レコード文化」2巻7号　1942.7　p.34

◇一頁音楽講座　森潤三郎　「レコード文化」2巻7号　1942.7　p.46

◇一頁音楽講座（2）　森潤三郎　「レコード文化」2巻9号　1942.9　p.46

◇レコード音楽の芸術的価値に就て　森潤三郎　「レコード文化」2巻10号　1942.10　p.6

◇一頁音楽講座（3）　森潤三郎　「レコード文化」2巻11号　1942.11　p.31

◇盤評贅語　森潤三郎　「レコード文化」3巻1号　1943.1　p.8

◇手捲の弁（覚書）　森潤三郎　「レコード文化」3巻4号　1943.4　p.21

◇鳴盤抄　森潤三郎　「レコード文化」3巻10号　1943.10　p.3

◇新らしき悦楽　森潤三郎　「ディスク」14巻1号　1951.9　p.6

◇客観的演奏と主観的演奏　森潤三郎　「ディスク」14巻2号　1951.10　p.92

◇ベートーヴェン　森潤三郎　「ディスク」14巻3号　1951.11　p.212

◇ヘンデルの聴き方　森潤三郎　「ディスク」14巻4号　1951.12　p.273

◇モーツァルトの聴き方　森潤三郎　「ディスク」15巻1号　1952.1　p.32

◇コルトー鑑賞　森潤三郎　「ディスク」15巻2号　1952.2　p.132

◇カザルス一枚　森潤三郎　「ディスク」15巻3号　1952.3　p.277

◇レコード音楽問答　森潤三郎　「ディスク」15巻4号　1952.4　p.390

◇コルトオのドビュッシイ　森潤三郎　「ディスク」15巻11号　1952.10　p.1023

◇昔盤迷語　森潤三郎　「ディスク」16巻1号　1953.1　p.47

◇シューベルトの聴き方　森潤三郎　「ディスク」16巻2号　1953.2　p.118

◇絃楽四重奏曲の聴き方〈初心の頁〉　森潤三郎　「ディスク」16巻5号　1953.4　p.346

◇音楽随筆—プロフィル　森潤三郎　「ディスク」16巻7号　1953.6　p.564

◇特別寄稿「ディスク」三百号記念によせて（特集 三百号を記念して）あらえびす，村田武雄，城井清澄，中村善吉，森潤三郎，西条卓夫，野村光一，伊奈文夫，池田圭，矢萩銀三，大宮真琴，岡俊雄，宮前有吉　「ディスク」25巻10号　1962.10　p.82

◇あらえびす先生を偲ぶ　青木謙幸，森潤三郎，堀内敬三，城井清澄，寺島宏，藤田不二，鮎野行夫　「ディスク」26巻5号　1963.8　p.126

◇モーメントディスコウ 西条卓夫先生の近著　森潤三郎　「ディスク」28巻1号　1965.1　p.140

◇momente dicaux（2）トサカの味　森潤三郎　「ディスク」28巻4号　1965.4　p.122

門馬 直衛

◇家庭に於ける蓄音機の有効なる利用法　門馬直衛　「音楽と蓄音機」12巻1号　1925.1　p.7

◇ハイドン作玩具交響曲（名曲解説—四月新譜より）　門馬直衛　「レコード」3巻4号　1932.4　p.30

◇ヨッフム指揮の「英雄」交響曲 門馬直衛 「ディスク」11巻6号 1939.6 p.553

◇キュンネーケの「舞踏組曲」に就いて 門馬直衛 「ディスク」11巻9号 1939.9 p.878

◇ベートーヴェンの第五交響曲の解説（ベートーヴェン作 第五交響曲「運命」特輯） 門馬直衛 「レコード」5巻2号 1939.10 p.19

◇トスカニーニの「第五」（第五交響曲「運命」のレコード批評） 門馬直衛 「レコード」5巻2号 1939.10 p.35

◇ハイドンの「軍隊交響曲」について（名曲批評） 門馬直衛 「レコード」5巻2号 1939.10 p.61

◇フルトヴェングラー指揮の「バッジファル」の音楽 門馬直衛 「ディスク」11巻12号 1939.12 p.1190

◇第四交響曲の概観（トスカニーニ指揮のベートーヴェン作交響曲第四番） 門馬直衛 「ディスク」12巻7号 1940.7 p.648

◇ドヴォルジヤークの管絃楽曲（ドヴォルザーク特輯） 門馬直衛 「レコード」6巻8号 1940.9 p.11

◇レコード音楽の鑑賞 門馬直衛 「レコード」6巻8号 1940.9 p.94

◇試聴室—「コロムビア音楽史第五輯」を聴いて 門馬直衛 「ディスク」12巻12号 1940.12 p.1154

◇レコード音楽鑑賞国民講座 その1 門馬直衛 「ディスク」13巻1号 1941.1 p.80

◇レコード音楽鑑賞国民講座 その2 音の強さと高さの話 門馬直衛 「ディスク」13巻2号 1941.2 p.195

◇試聴室—ショスクコーヴィッチの「第五交響曲」からの感銘 門馬直衛 「ディスク」13巻3号 1941.3 p.226

◇レコード音楽鑑賞国民講座 その3 音階の話 門馬直衛 「ディスク」13巻3号 1941.3 p.298

◇レコード音楽鑑賞国民講座 その4 調の話 門馬直衛 「ディスク」13巻4号 1941.4 p.401

◇レコード音楽鑑賞国民講座 その5 旋律の話 門馬直衛 「ディスク」13巻5号 1941.5 p.504

◇レコード音楽鑑賞国民講座 その6 和声の話 門馬直衛 「ディスク」13巻6号 1941.6 p.610

◇バッハの芸術 門馬直衛 「ディスク」13巻臨時増刊 ディスク叢書第四輯 バッハ特輯号 1941.6 p.23

◇レコード音楽鑑賞国民講座 その7 和声の話 門馬直衛 「ディスク」13巻7号 1941.7 p.710

◇聴覚訓練用レコードを聴く 門馬直衛 「ディスク」13巻8号 1941.8 p.774

◇レコード音楽鑑賞国民講座 その8 対位法の話 門馬直衛 「ディスク」13巻8号 1941.8 p.808

◇レコード音楽鑑賞国民講座 その9 対位法の話（つづき） 門馬直衛 「ディスク」13巻9号 1941.9 p.911

◇レコード音楽鑑賞国民講座 その10 門馬直衛 「ディスク」13巻10号 1941.10 p.1010

◇マーラーへの検討 門馬直衛 「レコード音楽」15巻10号 1941.10 p.70

◇音楽鑑賞国民講座—形式篇（1）（レコード文化講座） 門馬直衛 「レコード文化」1巻1号 1941.11 p.23

◇音楽鑑賞国民講座—形式篇（2）（レコード文化講座） 門馬直衛 「レコード文化」1巻2号 1941.12 p.24

◇音楽鑑賞国民講座—形式篇（3）（レコード文化講座） 門馬直衛 「レコード文化」2巻1号 1942.1 p.27

◇音楽鑑賞国民講座—形式篇（4）（レコード文化講座） 門馬直衛 「レコード文化」2巻2号 1942.2 p.30

◇フルトヴェングラー—名指揮者 その5 門馬直衛 「レコード文化」2巻3号 1942.3 p.18

◇音楽鑑賞国民講座—形式篇（5）（レコード文化講座） 門馬直衛 「レコード文化」2巻4号 1942.4 p.23

◇音楽鑑賞国民講座（6）（レコード文化講座） 門馬直衛 「レコード文化」2巻5号 1942.5 p.24

◇音楽鑑賞国民講座（7）（レコード文化講座） 門馬直衛 「レコード文化」2巻6号 1942.6 p.22

◇音楽鑑賞国民講座（8）（レコード文化講座） 門馬直衛 「レコード文化」2巻7号 1942.7 p.22

◇音楽鑑賞国民講座（9）（レコード文化講座） 門馬直衛 「レコード文化」2巻8号 1942.8 p.19

◇音楽鑑賞国民講座（10）（レコード文化講座） 門馬直衛 「レコード文化」2巻9号 1942.9 p.23

◇音楽鑑賞国民講座（11）（レコード文化講座） 門馬直衛 「レコード文化」2巻10号 1942.10 p.28

◇音楽鑑賞国民講座（12）（レコード文化講座） 門馬直衛 「レコード文化」2巻11号 1942.11 p.25

◇音楽鑑賞国民講座（13）（レコード文化講座） 門馬直衛 「レコード文化」2巻12号 1942.12 p.31

◇音楽鑑賞国民講座（14）（レコード文化講座） 門馬直衛 「レコード文化」3巻1号 1943.1 p.23

◇米・英音楽の正体（特輯 米・英音楽の抹殺） 門馬直衛 「レコード文化」3巻2号 1943.2 p.2

◇音楽鑑賞国民講座（15）（レコード文化講座） 門馬直衛 「レコード文化」3巻2号 1943.2 p.31

◇音楽鑑賞国民講座（16）（レコード文化講座） 門馬直衛 「レコード文化」3巻3号 1943.3 p.60

◇音楽鑑賞国民講座（17）（レコード文化講座）
門馬直衛 「レコード文化」3巻4号 1943.4
p.51

◇LPファンのバッハ入門（1）二つの "フランス
組曲"―まずバッハの楽しさから 門馬直衛
「ディスク」17巻2号 1954.2 p.79

◇不滅の九曲 ベートーヴェンの交響曲とその特
徴（特集・ベートーヴェンの交響曲）門馬直
衛 「ディスク」19巻8号 1956.6 p.22

山口 亀之助

◇レコードのレコード（1）山口亀之助 「レ
コード」1巻2号 1930.10 p.62

◇上司小剣氏と中村武羅夫氏―レコードのレ
コード（外篇）山口亀之助 「レコード」1巻3
号 1930.11 p.70

◇佐々紅華氏（レコードを繞る人々）山口亀之
助 「レコード」1巻4号 1930.12 p.76

◇米山正夫氏物語―日本コロムビアの重鎮となる
まで（終篇）（レコードを繞る人々5）山口亀
之助 「レコード」2巻4号 1931.4 p.86

◇吹込秘話―鬼の来ぬ間 山口亀之助 「レコー
ド音楽」5巻5号 1931.5 p.71

◇G・Lホーランド技師―レコードをめぐる
人々（6）山口亀之助 「レコード」2巻5号
1931.5 p.76

◇ホーランド技師―レコードを繞る人々（7）山
口亀之助 「レコード」2巻6号 1931.6 p.80

◇蠟管機より平円盤機へ発明の径路（1）山口亀
之助 「レコード音楽」5巻7号 1931.7 p.82

◇誰が蓄音器を普及させたか―日本レコード発
達史（1）山口亀之助 「レコード」2巻7号
1931.7 p.71

◇蠟管から平円盤への発明径路（2）山口亀之助
「レコード音楽」5巻8号 1931.8 p.88

◇街頭に於ける移動コンサート―日本レコード
発達史（2）山口亀之助 「レコード」2巻8号
1931.8 p.91

◇蠟管から平円盤への発明径路（3）山口亀之助
「レコード音楽」5巻9号 1931.9 p.96

◇街頭に於ける移動コンサート―日本レコード
発達史（3）山口亀之助 「レコード」2巻9号
1931.9 p.73

◇蠟管から平円盤への発明径路（4）山口亀之助
「レコード音楽」5巻10号 1931.10 p.103

◇明治三十五年頃―日本レコード発達史（4）山
口亀之助 「レコード」2巻10号 1931.10 p.72

◇蠟管から平円盤への発明径路（5）山口亀之助
「レコード音楽」5巻11号 1931.11 p.106

◇蠟管が教育レコードに進出―日本レコード産
業発達史（5）山口亀之助 「レコード」2巻11
号 1931.11 p.72

◇蠟管から平円盤への発明径路（6）山口亀之助
「レコード音楽」5巻12号 1931.12 p.103

◇日本でも吹込を開始―日本レコード産業発達
史（6）山口亀之助 「レコード」2巻12号
1931.12 p.76

◇蠟管から平円盤への発明径路（7）山口亀之助
「レコード音楽」6巻1号 1932.1 p.123

◇日本でも吹込開始（二）明治末期（日本レコー
ド産業発達史（7））山口亀之助 「レコード」
3巻1号 1932.1 p.86

◇蠟管から平円盤への発明径路（8）山口亀之助
「レコード音楽」6巻2号 1932.2 p.103

◇蠟管から平円盤への発明径路（9）山口亀之助
「レコード音楽」6巻3号 1932.3 p.105

◇日本レコード音楽発達史（8）明治の末期，外
資の輸入 山口亀之助 「レコード」3巻3号
1932.3 p.80

◇蠟管から平円盤への発明径路（10）山口亀之
助 「レコード音楽」6巻4号 1932.4 p.101

◇日本レコード産業発達史（9）製盤時代の初期
山口亀之助 「レコード」3巻4号 1932.4 p.74

◇日本レコード産業発達史（10）製盤時代の初期
山口亀之助 「レコード」3巻5号 1932.5 p.84

◇日本レコード産業発達史（11）日米蓄，ニッポ
ノホン時代 山口亀之助 「レコード」3巻6号
1932.6 p.75

◇日本レコード産業発達史（12）日米蓄，ニッポ
ノホン時代 山口亀之助 「レコード」3巻7号
1932.7 p.68

◇蠟管から平円盤への発明径路（11・完）山口
亀之助 「レコード音楽」6巻8号 1932.8 p.97

◇日本レコード産業発達史（12）日米蓄，ニッポ
ノホン時代 山口亀之助 「レコード」3巻8号
1932.8 p.60

◇象と鷲の接戦（日本レコード産業発達史
（13））山口亀之助 「レコード」3巻9号
1932.9 p.48

◇愈々「日蓄」の膨脹 山口亀之助 「レコード」
3巻10号 1932.10 p.38

◇日本レコード産業発達史（14）大正初期の興
亡 山口亀之助 「レコード」3巻11号 1932.
11 p.30

◇日本レコード産業発達史（15）大正初期の憂
鬱 山口亀之助 「レコード」3巻12号 1932.
12 p.42

◇蓄音器とレコード 用語いろは辨一三大附録
山口亀之助 「レコード」4巻1号 1933.1 p.83

◇日本レコード産業発達史（16）複写盤の跋扈・
大審院判決 山口亀之助 「レコード」4巻3号
1933.3 p.16

◇日本レコード産業発達史（18）腹背に敵を受
けたるニッポノホンの窮境 山口亀之助 「レ
コード」4巻5号 1933.5 p.59

◇本邦レコード産業発達史（19）政界人の獅子
吼を録音する 山口亀之助 「レコード」4巻6
号 1933.6 p.57

◇放送用プログラム・レコード 山口亀之助
「レコード音楽」7巻7号 1933.7 p.108

◇沈滞不振期の混沌暗澹たる情勢―日本レコード産業発達史（20）山口亀之助 「レコード」4巻7号 1933.7 p.60

◇暗雲の低迷―日本レコード産業発達史（21）山口亀之助 「レコード」4巻8号 1933.8 p.50

◇再び放送用レコードに就て 山口亀之助 「レコード音楽」7巻9号 1933.9 p.107

◇図書館及博物館とレコード 山口亀之助 「レコード音楽」8巻1号 1934.1 p.100

◇明治時代遺聞集 山口亀之助 「レコード音楽」9巻1号 1935.1 p.111

◇明治時代遺聞集（2）山口亀之助 「レコード音楽」9巻2号 1935.2 p.88

◇明治時代遺聞集（3）山口亀之助 「レコード音楽」9巻3号 1935.3 p.98

◇露西亜事情受売咄 山口亀之助 「レコード音楽」9巻7号 1935.7 p.90

◇三人姉妹身の上咄 山口亀之助 「レコード音楽」9巻10号 1935.10 p.107

◇邦楽円盤過去帖―六代目芳村伊十郎の巻 山口亀之助 「レコード音楽」9巻11号 1935.11 p.116

◇邦楽盤過去帖―六代目芳村伊十郎の巻（承前）山口亀之助 「レコード音楽」9巻12号 1935.12 p.118

◇くろすびーのすまひ 山口亀之助 「レコード音楽」10巻3号 1936.3 p.88

◇RCAのテレヴィジョン公開実験 山口亀之助 「レコード音楽」10巻7号 1936.7 p.106

◇天下の雨敬の声―珍盤聴きある記 山口亀之助 「レコード音楽」10巻12号 1936.12 p.92

◇新奇なしなじなのデビュー―「デュオ＝トラック」「テフィコード」「マスターグラム」山口亀之助 「レコード音楽」11巻9号 1937.9 p.42

◇「珍品レコード」所蔵 野村あらえびす，山口亀之助，藤田不二，中村善吉，青木謙幸 「ディスク」12巻4号 1940.4 p.365

◇随筆風に「用語用字の詮衡」（1）山口亀之助 「ディスク」12巻12号 1940.12 p.1195

◇随筆風に用語用字の詮鑒（2）山口亀之助 「ディスク」13巻3号 1941.3 p.263

◇随筆風に用語用字の銓鑒（3）山口亀之助 「ディスク」13巻6号 1941.6 p.571

渡辺 護

◇伯林で聴いた音楽会 渡辺護 「レコード」6巻7号 1940.8 p.75

◇私の聴いた欧洲のピアニスト達 渡辺護 「レコード音楽」18巻7号 1948.7 p.12

◇欧洲のヴァイオリニスト 渡辺護 「レコード音楽」18巻8・9号 1948.9 p.14

◇欧洲の絃楽四重奏団 渡辺護 「レコード音楽」18巻12号 1948.12 p.28

◇フランツ・レハールの思ひ出 渡辺護 「レコード音楽」19巻1号 1949.1 p.36

◇ヨーロッパのチェリスト達 渡辺護 「レコード音楽」19巻4号 1949.4 p.48

◇緑蔭そゞろごと 渡辺護 「レコード音楽」19巻8号 1949.8 p.39

◇晩年のシュトラウス 渡辺護 「レコード音楽」19巻11号 1949.11 p.26

◇マリア・チェボターリ逝く 渡辺護 「レコード音楽」19巻11号 p.64

◇ハンス・プィツツナー 渡辺護 「レコード音楽」19巻12号 1949.12 p.58

◇欧洲女流歌手の印象（歌手とレコード）渡辺護 「レコード音楽」20巻3号 1950.3 p.66

◇著名指揮者の身振り手振り 渡辺護 「レコード音楽」20巻7号 1950.7 p.82

◇指揮者としてのクーセヴィッキー 渡辺護 「レコード音楽」20巻9号 1950.9 p.14

◇サー・トマス・ビーチャム―大指揮者の横顔 渡辺護 「レコード音楽」20巻11号 1950.11 p.64

◇レコード音楽の偏重―田代秀穂氏への疑問 渡辺護 「レコード音楽」21巻3号 1951.3 p.34

◇モーツァルトオペラの本質（特輯 モーツァルトの音楽 其五）渡辺護 「レコード音楽」21巻8号 1951.8 p.6

◇スイスで聴いたシュナーベル（シュナーベル追悼）渡辺護 「レコード音楽」21巻10号 1951.10 p.30

◇カベルのレコードを聴く―海外新盤試聴記 渡辺護 「レコード音楽」21巻10号 1951.10 p.42

◇メニューヒンとヴェス―或る放談的対話（メニューインの印象）渡辺護 「レコード音楽」21巻11号 1951.11 p.39

◇ヒュッシュの音楽観―対談記 渡辺護 「レコード音楽」22巻9号 1952.9 p.10

◇カラヤンの横顔（特集・二つの第九）渡辺護 「レコード音楽」23巻1号 1953.1 p.37

◇来朝を予定される演奏家（特集）渡辺茂，福原信夫，渡辺護，西山広一，関口泰彦，松田十四郎，三浦潤，松岡清亮，寺西一郎，団秀雄，梶原完，牛山充，大木正興，松本太郎，西田清治 「レコード音楽」23巻2号 1953.2 p.87

◇ギーゼキングの人と芸術（座談会）豊増昇，渡辺護，尾高節子，藥科雅美 「レコード音楽」23巻4号 1953.4 p.22

◇ディヌ・リパッティの印象 渡辺譲 「ディスク」16巻6号 1953.5 p.453

◇欧州の新進声楽家（特集・欧州楽壇の新潮―ロンドン・グラモフォンの発足に寄せて）渡辺護 「ディスク」17巻1号 1954.1 p.45

◇ウイーンとオペレッタ 渡辺護 「ディスク」17巻3号 1954.3 p.52

◇ヨーロッパ風の軽音楽をめぐって（座談会）原孝太郎，渡辺護，瀬崎義雄 「ディスク」17巻6号 1954.6 p.39

◇ウィルヘルム・フルトウェングラー──知られざる挿話が描くその人間愛（特集 フルトヴェングラー追想）渡辺護 「ディスク」18巻1号 1955.1 p.16

◇VG盤の中堅演奏家群像 渡辺護 「ディスク」18巻2号 1955.2 p.102

◇モーツァルトの戴冠ミサ曲（今月のLP）渡辺護 「ディスク」18巻4号 1955.3 p.62

◇モーツァルトの歌劇（モーツァルト生誕二〇〇年祭記念特集）渡辺護 「ディスク」19巻1号 1956.1 p.180

◇ウイーン・フィルハーモニーに期待する（特集・来朝音楽家の横顔）渡辺護 「ディスク」19巻4号 1956.3 p.23

◇エーリッヒ・クライバーの回想 渡辺護 「ディスク」19巻4号 1956.3 p.42

◇続・モーツァルトの歌劇のLP 渡辺護 「ディスク」19巻4号 1956.3 p.56

◇オルフの「アフロディーテの勝利」──今月の研究（4）渡辺護 「ディスク」20巻9号 1957.8 p.98

◇エフゲニ・ムラヴィンスキイ（来朝するソ連演奏家への期待）渡辺護 「ディスク」21巻3号 1958.3 p.18

◇ドイツの批評家のえらんだベスト・レコード 渡辺護 「ディスク」21巻6号 1958.6 p.144

◇ドイツのLP比較評（1）交響詩「ドン・ファン」渡辺護 「ディスク」21巻8号 1958.8 p.148

◇ドイツのLP比較評（2）シューマンのピアノ協奏曲 渡辺護 「ディスク」21巻9号 1958.9 p.154

◇ドイツのLP比較評（3）ベートーヴェンの「第七」交響曲 渡辺護 「ディスク」21巻10号 1958.10 p.54

◇二つの「オルフェオ」──ドイツのLP比較評（5）渡辺護 「ディスク」21巻12号 1958.12 p.151

◇聖譚曲「救世主」──ハレルヤ・コーラス〈ヘンデル〉（名曲とレコード──歌曲）渡辺護 「ディスク」21巻13号 臨時増刊 名曲とレコード 1958.12 p.120

◇すみれ K四七六〈モーツァルト〉（名曲とレコード──歌曲）渡辺護 「ディスク」21巻13号 臨時増刊 名曲とレコード 1958.12 p.120

◇「魔王」作品一〈シューベルト〉（名曲とレコード──歌曲）渡辺護 「ディスク」21巻13号 臨時増刊 名曲とレコード 1958.12 p.120

◇糸をつむぐグレーチェン 作品二〈シューベルト〉（名曲とレコード──歌曲）渡辺護 「ディスク」21巻13号 臨時増刊 名曲とレコード 1958.12 p.121

◇野ばら 作品三の三〈シューベルト〉（名曲とレコード──歌曲）渡辺護 「ディスク」21巻13号 臨時増刊 名曲とレコード 1958.12 p.122

◇歌曲集「白鳥の歌」──セレナード〈シューベルト〉（名曲とレコード──歌曲）渡辺護 「ディスク」21巻13号 臨時増刊 名曲とレコード 1958.12 p.122

◇歌曲集「冬の旅」全曲 作品八九〈シューベルト〉（名曲とレコード──歌曲）渡辺護 「ディスク」21巻13号 臨時増刊 名曲とレコード 1958.12 p.122

◇夕映え 遺作〈シューベルト〉（名曲とレコード──歌曲）渡辺護 「ディスク」21巻13号 臨時増刊 名曲とレコード 1958.12 p.123

◇歌のつばさにのりて 作品三四の二〈メンデルスゾーン〉（名曲とレコード──歌曲）渡辺護 「ディスク」21巻13号 臨時増刊 名曲とレコード 1958.12 p.124

◇歌曲集「詩人の恋」全曲 作品四八〈シューマン〉（名曲とレコード──歌曲）渡辺護 「ディスク」21巻13号 臨時増刊 名曲とレコード 1958.12 p.124

◇歌曲集「ミルテ」──くるみの木 作品二五の二〈シューマン〉（名曲とレコード──歌曲）渡辺護 「ディスク」21巻13号 臨時増刊 名曲とレコード 1958.12 p.125

◇「ペール・ギュント」──ソルヴェイクの歌 作品二三の一〈グリーク〉（名曲とレコード──歌曲）渡辺護 「ディスク」21巻13号 臨時増刊 名曲とレコード 1958.12 p.126

◇子守唄 作品四九の四〈ブラームス〉（名曲とレコード──歌曲）渡辺護 「ディスク」21巻13号 臨時増刊 名曲とレコード 1958.12 p.126

◇蚤の歌〈ムソルグスキー〉（名曲とレコード──歌曲）渡辺護 「ディスク」21巻13号 臨時増刊 名曲とレコード 1958.12 p.127

◇名歌集〈フォスター〉（名曲とレコード──歌曲）渡辺護 「ディスク」21巻13号 臨時増刊 名曲とレコード 1958.12 p.127

◇ドイツのLP評から──イタリア・オペラのLP 渡辺護 「ディスク」22巻1号 1959.1 p.154

◇アンドール・フォルデス・リサイタル（四月の話題のLPから）渡辺護 「ディスク」22巻4号 1959.4 p.28

◇ブラームスの「第一ピアノ協奏曲」比較評 渡辺護 訳 「ディスク」22巻5号 1959.5 p.54

◇管絃楽組曲第三番 ニ長調〈バッハ〉（続・名曲とレコード──管弦楽曲）渡辺護，長尾義弘，宇野功芳 「ディスク」22巻8号 臨時増刊 続・名曲とレコード 1959.7 p.58

◇ブランデンブルク協奏曲第六番 変ロ長調〈バッハ〉（続・名曲とレコード──管弦楽曲）渡辺護，長尾義弘，宇野功芳 「ディスク」22巻8号 臨時増刊 続・名曲とレコード 1959.7 p.59

◇組曲「王宮の花火の音楽」〈ヘンデル〉（続・名曲とレコード──管弦楽曲）渡辺護，長尾義弘，宇野功芳 「ディスク」22巻8号 臨時増刊 続・名曲とレコード 1959.7 p.60

◇協奏交響曲 K二九七b〈モーツァルト〉（続・名曲とレコード―管弦楽曲）渡辺護，長尾義弘，宇野功芳 「ディスク」22巻8号 臨時増刊 続・名曲とレコード 1959.7 p.60

◇レオノーレ序曲第三番〈ベートーヴェン〉（続・名曲とレコード―管弦楽曲）渡辺護，長尾義弘，宇野功芳 「ディスク」22巻8号 臨時増刊 続・名曲とレコード 1959.7 p.61

◇コリオラン序曲〈ベートーヴェン〉（続・名曲とレコード―管弦楽曲）渡辺護，長尾義弘，宇野功芳 「ディスク」22巻8号 臨時増刊 続・名曲とレコード 1959.7 p.62

◇「エグモント」序曲 作品五四〈ベートーヴェン〉（続・名曲とレコード―管弦楽曲）渡辺護，長尾義弘，宇野功芳 「ディスク」22巻8号 臨時増刊 続・名曲とレコード 1959.7 p.63

◇舞踏へのお誘い〈ウェーバー〉（続・名曲とレコード―管弦楽曲）渡辺護，長尾義弘，宇野功芳 「ディスク」22巻8号 臨時増刊 続・名曲とレコード 1959.7 p.64

◇「タンホイザー」序曲〈ワーグナー〉（続・名曲とレコード―管弦楽曲）渡辺護，長尾義弘，宇野功芳 「ディスク」22巻8号 臨時増刊 続・名曲とレコード 1959.7 p.65

◇「ワルキューレ」より〈ワーグナー〉（続・名曲とレコード―管弦楽曲）渡辺護，長尾義弘，宇野功芳 「ディスク」22巻8号 臨時増刊 続・名曲とレコード 1959.7 p.66

◇歌劇「ホフマン物語」より舟ariani〈オッフェンバッハ〉（続・名曲とレコード―管弦楽曲）渡辺護，長尾義弘，宇野功芳 「ディスク」22巻8号 臨時増刊 続・名曲とレコード 1959.7 p.67

◇歌劇「売られた花嫁」序曲〈スメタナ〉（続・名曲とレコード―管弦楽曲）渡辺護，長尾義弘，宇野功芳 「ディスク」22巻8号 臨時増刊 続・名曲とレコード 1959.7 p.67

◇ウィンナ・ワルツ集〈ヨハン・シュトラウス〉（続・名曲とレコード―管弦楽曲）渡辺護，長尾義弘，宇野功芳 「ディスク」22巻8号 臨時増刊 続・名曲とレコード 1959.7 p.68

◇大学祝典序曲〈ブラームス〉（続・名曲とレコード―管弦楽曲）渡辺護，長尾義弘，宇野功芳 「ディスク」22巻8号 臨時増刊 続・名曲とレコード 1959.7 p.70

◇ハンガリー舞曲第五・六番〈ブラームス〉（続・名曲とレコード―管弦楽曲）渡辺護，長尾義弘，宇野功芳 「ディスク」22巻8号 臨時増刊 続・名曲とレコード 1959.7 p.71

◇交響詩「ティル・オイレンシュピーゲルの愉快ないたづら」作品二八〈リヒャルト・シュトラウス〉（続・名曲とレコード―管弦楽曲）渡辺護，長尾義弘，宇野功芳 「ディスク」22巻8号 臨時増刊 続・名曲とレコード 1959.7 p.72

◇交響詩「ローマの祭」〈レスピーギ〉（続・名曲とレコード―管弦楽曲）渡辺護，長尾義弘，宇野功芳 「ディスク」22巻8号 臨時増刊 続・名曲とレコード 1959.7 p.73

◇交響詩「フィンランディア」作品二六の七〈シベリウス〉（続・名曲とレコード―管弦楽曲）渡辺護，長尾義弘，宇野功芳 「ディスク」22巻8号 臨時増刊 続・名曲とレコード 1959.7 p.74

◇ピーターと狼 作品六七〈プロコフィエフ〉（続・名曲とレコード―管弦楽曲）渡辺護，長尾義弘，宇野功芳 「ディスク」22巻8号 臨時増刊 続・名曲とレコード 1959.7 p.75

◇青少年のための管弦楽入門 作品三四〈ブリトゥン〉（続・名曲とレコード―管弦楽曲）渡辺護，長尾義弘，宇野功芳 「ディスク」22巻8号 臨時増刊 続・名曲とレコード 1959.7 p.76

◇ワーグナーの楽劇「ヴァルキューレ」全曲盤（話題の名盤）（座談会）渡辺護，大宮真琴，小林利之 「ディスク」23巻1号 1960.1 p.40

◇宗教音楽 渡辺護 「ディスク」23巻2号 臨時増刊 ベートーヴェン 1960.1 p.164

◇すみれ―モーツァルト（歌曲）渡辺護 「ディスク」23巻13号 増刊 新版名曲とレコード 下巻 1960.10 p.131

◇魔王 作品一一―シューベルト（歌曲）渡辺護 「ディスク」23巻13号 増刊 新版名曲とレコード 下巻 1960.10 p.133

◇糸をつむぐグレーチェン―シューベルト（歌曲）渡辺護 「ディスク」23巻13号 増刊 新版名曲とレコード 下巻 1960.10 p.134

◇野ばら―シューベルト（歌曲）渡辺護 「ディスク」23巻13号 増刊 新版名曲とレコード 下巻 1960.10 p.134

◇夕映え 遺作―シューベルト（歌曲）渡辺護 「ディスク」23巻13号 増刊 新版名曲とレコード 下巻 1960.10 p.137

◇歌曲集「冬の旅」作品八九―シューベルト（歌曲）渡辺護 「ディスク」23巻13号 増刊 新版名曲とレコード 下巻 1960.10 p.142

◇歌のつばさにのりて 作品三四の二―メンデルスゾーン（歌曲）渡辺護 「ディスク」23巻13号 増刊 新版名曲とレコード 下巻 1960.10 p.146

◇歌曲集「ミルテ」から―くるみの木―シューマン（歌曲）渡辺護 「ディスク」23巻13号 増刊 新版名曲とレコード 下巻 1960.10 p.147

◇歌曲集「女の愛と生涯」―シューマン（歌曲）渡辺護 「ディスク」23巻13号 増刊 新版名曲とレコード 下巻 1960.10 p.148

◇歌曲集「詩人の恋」―シューマン（歌曲）渡辺護 「ディスク」23巻13号 増刊 新版名曲とレコード 下巻 1960.10 p.149

◇名歌集―フォスター（歌曲）渡辺護 「ディスク」23巻13号 増刊 新版名曲とレコード 下巻 1960.10 p.151

◇子守歌―ブラームス（歌曲）渡辺護 「ディスク」23巻13号 増刊 新版名曲とレコード 下巻 1960.10 p.153

◇蚤の歌―ムソルグスキー（歌曲）渡辺護 「ディスク」23巻13号 増刊 新版名曲とレコード 下巻 1960.10 p.156

◇「ペール・ギュント」―ソルヴェイクの歌―グリーク（歌曲）渡辺護 「ディスク」23巻13号 増刊 新版名曲とレコード 下巻 1960.10 p.158

◇弦楽四重奏曲 渡辺護 「ディスク」24巻9号 臨時増刊 シューベルト 1961.8 p.116

◇弦楽四重奏曲―レコード評 渡辺護 「ディスク」24巻9号 臨時増刊 シューベルト 1961.8 p.200

◇ベートーヴェンとピアノ（特集 ベートーヴェンとピアノをめぐって）渡辺護 「ディスク」25巻4号 1962.4 p.80

◇ワルターのワーグナー解釈〈「ワルキューレ」発売によせて〉（ブルーノ・ワルターのレコード この巨匠の遺した人類の遺産）渡辺護 「ディスク」26巻5号 1963.8 p.96

◇シュナーベルのベートーヴェン・ピアノ奏鳴曲全曲 渡辺護 「ディスク」27巻9号 1964.9 p.74

◇ワーグナーのレコードを語る（対談）（ワーグナー特集）渡辺護, 黒田恭一 「ディスク」27巻10号 1964.10 p.82

薬科 雅美

◇カサドゥスの編曲したヘンデルの「ヴィオラ協奏曲」を聴く 薬科雅美 「レコード音楽」11巻10号 1937.10 p.18

◇シューベルトの「白鳥の歌」（試聴記）薬科雅美 「レコード音楽」12巻1号 1938.1 p.22

◇蒐集家の頁（1）薬科雅美 「レコード音楽」12巻6号 1938.6 p.124

◇クライスラーとカザルスの新盤（試聴記）薬科雅美 「レコード音楽」12巻7号 1938.7 p.19

◇蒐集家の頁（2）薬科雅美 「レコード音楽」12巻8号 1938.8 p.126

×メンゲルベルク指揮の「悲愴交響曲」の新盤（試聴記）薬科雅美 「レコード音楽」12巻10号 1938.10 p.32

◇蒐集家の頁（3）薬科雅美 「レコード音楽」12巻10号 1938.10 p.131

◇蒐集家の頁（4）薬科雅美 「レコード音楽」12巻11号 1938.11 p.123

○一九三八年のレコード表 薬科雅美 編, 土屋忠雄 編 「レコード音楽」13巻1号 1939.1 別冊附録

○「一九三八年のレコード表」に就いて 薬科雅美, 土屋忠雄 「レコード音楽」13巻2号 1939.2 p.68

◇蒐集家の頁（5）ゴドウスキーのレコード（1）薬科雅美 「レコード音楽」13巻4号 1939.4 p.116

◇蒐集家の頁（6）ゴドウスキーのレコード（2）薬科雅美 「レコード音楽」13巻7号 1939.7 p.67

◇蒐集家の頁（7）ゴドウスキーのレコード（3）薬科雅美 「レコード音楽」13巻9号 1939.9 p.71

◇チャイコフスキーのレコード（チャイコフスキー生誕百年記念）薬科雅美 「レコード音楽」14巻5号 1940.5 p.69

◇オーケストラは語る（1）トスカニーニ バーナード・ショーア, 薬科雅美 訳編 「レコード音楽」14巻5号 1940.5 p.75

◇珍品レコードを語る座談会 あらえびす, 中村, 堺和, 藤田, 薬科, 青木 「ディスク」12巻2号 1940.6 p.548

◇オーケストラは語る（2）クーセヴィッキー, バルビロリ バーナード・ショーア, 薬科雅美 訳 「レコード音楽」14巻7号 1940.7 p.66

◇旧盤頒布会案内 薬科雅美 「ディスク」12巻9号 1940.9 p.894

◇オーケストラは語る（3）ボールト バーナード・ショーア, 薬科雅美 訳 「レコード音楽」14巻9号 1940.9 p.39

◇海外レコード情報 薬科雅美 「レコード」6巻8号 1940.9 p.102

◇旧盤頒布会案内（2）薬科雅美 「ディスク」12巻10号 1940.10 p.989

◇海外レコード・情報 薬科雅美 「レコード」6巻9号 1940.10 p.56

◇旧盤頒布会案内（3）薬科雅美 「ディスク」12巻11号 1940.11 p.1090

◇日本のラヂオに活躍する芸術家（1）薬科雅美 「レコード音楽」14巻11号 1940.11 p.92

◇海外レコード情報 薬科雅美 「レコード」6巻10号 1940.11 p.44

◇旧盤頒布会案内（4）薬科雅美 「ディスク」13巻2号 1941.2 p.161

◇逝けるヤン・クベリック 薬科雅美 「レコード音楽」15巻2号 1941.2 p.101

◇海外レコード情報 薬科雅美 「レコード」7巻2号 1941.2 p.43

◇旧盤頒布会案内（5）薬科雅美 「ディスク」13巻3号 1941.3 p.264

◇日本のラヂオに活躍する芸術家（2）薬科雅美 「レコード音楽」15巻3号 1941.3 p.49

◇私のラヂオ観・レコード観 薬科雅美 訳 「レコード音楽」15巻3号 1941.3 p.109

◇海外レコード情報 薬科雅美 「レコード」7巻3号 1941.3 p.41

◇旧盤頒布会案内（6）薬科雅美 「ディスク」13巻5号 1941.5 p.464

◇コロムビアに吹込みをした米国の新しい芸術家達 薬科雅美 「レコード音楽」15巻5号 1941.5 p.102

◇海外レコード情報 薬科雅美 「レコード」7巻4号 1941.5 p.49

◇旧盤頒布会案内（7）薬科雅美 「ディスク」13巻6号 1941.6 p.577

◇名曲レコード展望 藁科雅美 「レコード」7巻5号 1941.6 p.60

◇海外レコード情報 藁科雅美 「レコード」7巻5号 1941.6 p.62

◇旧盤頒布会案内 (8) 藁科雅美 「ディスク」13巻7号 1941.7 p.678

◇ボストン・ポップス随想 藁科雅美 「レコード音楽」15巻8号 1941.8 p.75

◇枢軸国のレコード音楽政策 藁科雅美 「レコード」7巻6号 1941.8 p.38

◇海外レコード情報 藁科雅美 「レコード」7巻6号 1941.8 p.62

◇旧盤頒布会案内 (9) 藁科雅美 「ディスク」13巻9号 1941.9 p.885

◇パデレフスキーの葬儀 藁科雅美 「レコード音楽」15巻9号 1941.9 p.96

◇季節と音楽 (夏) 藁科雅美 「レコード音楽」19巻8号 1949.8 p.46

◇アメリカ現代音楽レコードの資料的考察 藁科雅美 「レコード音楽」20巻6号 1950.6 p.77

◇トスカニーニ物語 藁科雅美 「レコード音楽」21巻1号 1951.1 p.77

◇売る気のないレコード 藁科雅美 「ディスク」14巻2号 1951.10 p.140

◇モーツァルト作品レコード表 (上) 藁科雅美 「レコード音楽」22巻2号 1952.2 p.95

◇れこおど・おんがく 藁科雅美 「レコード音楽」22巻3号 1952.3 p.9

◇トスカニーニの "悲愴" を語る (座談会) 西山広一, 村田武雄, 田代秀穂, 藁科雅美 「レコード音楽」22巻3号 1952.3 p.68

◇れこおど・おんがく 藁科雅美 「レコード音楽」22巻4号 1952.4 p.43

◇新しい名曲決定盤 (特集) 村田武雄, 牧定忠, 大木正興, 木村重雄, 寺西春雄, 大宮真琴, 田代秀穂, 藁科雅美 「レコード音楽」22巻4号 1952.4 p.111

◇オルマンディ物語 藁科雅美 「レコード音楽」22巻5号 1952.5 p.26

◇れこおど・おんがく 藁科雅美 「レコード音楽」22巻5号 1952.5 p.50

◇プラード音楽祭のL.P 上田仁, 常松之俊, 牧定忠, 藁科雅美, 西山広一 「レコード音楽」22巻5号 1952.5 p.92

◇ゼルキンの「皇帝協奏曲」をめぐつて (座談会) 村田武雄, 園田高弘, 寺西春雄, 松浦豊明, 寺島宏, 藁科雅美, 西山広一 「レコード音楽」22巻6号 1952.6 p.18

◇クンラード・ボス氏は語る―ゲルハルト, クルプのことなど (対談記) 藁科雅美 「レコード音楽」22巻7号 1952.7 p.10

◇チャイコフスキーの三重奏曲イ短調―偉大な芸術家の思ひ出のために (百万ドル・トリオを聴く) 藁科雅美 「レコード音楽」22巻7号 1952.7 p.21

◇新しいレコード放送のあり方 (座談会) 西山広一, 森本功, 折田孜, 田代秀穂, 藁科雅美 「レコード音楽」22巻7号 1952.7 p.88

◇ワルター, オルマンディ, ミュンクの新輸入盤を語る (座談会) 上田仁, 村田武雄, 寺島宏, 野村光一, 藁科雅美 「レコード音楽」22巻8号 1952.8 p.10

◇れこおど・おんがく 藁科雅美 「レコード音楽」22巻8号 1952.8 p.56

◇トスカニーニの歌劇「ラ・ボエーム」全曲合評 (座談会) 田代秀穂, 寺西春雄, 藁科雅美, 西山広一 「レコード音楽」22巻8号 1952.8 p.88

◇来朝するアルフレッド・コルトーの面影 (座談会) 由起しげ子, 宅孝二, 松本太郎, 藁科雅美, 西山広一 「レコード音楽」22巻9号 1952.9 p.28

◇れこおど・おんがく 藁科雅美 「レコード音楽」22巻9号 1952.9 p.74

◇白鳥の歌声―ロッテ・レーマン告別独唱会のLP (試聴室) 藁科雅美 「レコード音楽」22巻10号 1952.10 p.42

◇トスカニーニの「未完成」とハイフェッツの「スペイン交響曲」(座談会) 村田武雄, 大木正興, 上野一郎, 藁科雅美 「レコード音楽」22巻10号 1952.10 p.46

◇LPを語る座談会 (座談会) 中島健蔵, 牧定忠, 藤田不二, 寺島宏, 鹿島康雄, 藁科雅美 「レコード音楽」22巻11号 1952.11 p.10

◇最近のソヴイエトの演奏活動 (座談会) 山根銀二, 牧定忠, 園部四郎, 井口基成, 服部龍太郎, 掛下慶吉, 藁科雅美 「レコード音楽」22巻11号 1952.11 p.48

◇シュッツ「降誕史―クリスマス物語」(クリスマスのL.P) 藁科雅美 「レコード音楽」22巻12号 1952.12 p.14

◇1952年を顧りみて (座談会) (特集 一九五二年度の総決算) 藁科雅美, 田代秀穂, 寺西春雄：西山広一 「レコード音楽」22巻12号 1952.12 p.28

◇シゲティーの来朝に因んで (座談会) 京極高鋭, 野村光一, 上田仁, 寺島宏, 藁科雅美 「レコード音楽」23巻2号 1953.2 p.10

◇モーツァルトと歌劇―現代詩人のモーツァルト論 サシュヴァレル・シットウェル, 藁科雅美 訳 「レコード音楽」23巻2号 1953.2 p.34

◇アンダーソンという名のニグロの女―アンダーソン物語 藁科雅美 「レコード音楽」23巻3号 1953.3 p.28

◇ギーゼキング氏と語る (対談) 藁科雅美 「レコード音楽」23巻4号 1953.4 p.10

◇ギーゼキングの人と芸術 (座談会) 豊増昇, 渡辺護, 尾高節子, 藁科雅美 「レコード音楽」23巻4号 1953.4 p.22

◇アンダーソンという名のニグロの女 (2) 藁科雅美 「レコード音楽」23巻4号 1953.4 p.54

◇ジュゼッペ・ヴェルディ―作曲家物語 藁科雅美 「レコード音楽」23巻4号 1953.4 p.80

◇プソッティ氏に訊くイタリア楽壇の現状 寺西春雄, 藁科雅美 「レコード音楽」23巻5号・6号 1953.6 p.30

◇正統的なドイツのチェリスト ヘルシャー―来朝への期待（座談会）坂本良隆, 井上頼豊, 木村重雄, 藁科雅美 「レコード音楽」23巻5号・6号 1953.6 p.84

◇もう死んでしまったキャサリーン・フェリアー 藁科雅美 「ディスク」17巻3号 1954.3 p.54

◇現代の殉死―NBC交響楽団 藁科雅美 「ディスク」17巻6号 1954.6 p.48

◇コロムビアの世界現代音楽選集レコード―その第二輯をめぐつて（座談会）大宮真琴, 木村重雄, 藁科雅美 「ディスク」18巻12号 1955.10 p.40

◇LPの名盤をさぐる（1）―コロムビア篇（座談会）村田武雄, 藁科雅美, 大宮真琴, 青木謙幸 司会 「ディスク」20巻6号 1957.6 p.34

◇ゼルキンのブラームス「第二」（話題のLP・今月のハイライト）藁科雅美 「ディスク」20巻7号 1957.7 p.28

◇中間音楽のこと 藁科雅美 「ディスク」20巻11号 1957.9 p.50

◇ギリリスの横顔 藁科雅美 「ディスク」20巻13号 1957.11 p.22

◇共稼ぎの音楽使節 フルニエとドワイヤン 藁科雅美 「ディスク」21巻1号 1958.1 p.36

◇バッカウアーの「展覧会の絵」（今月のLPに聴く五人のピアニスト）藁科雅美 「ディスク」21巻4号 1958.4 p.22

◇出でよ新人 藁科雅美 「ディスク」21巻6号 1958.6 p.18

◇プエルト・リコのカザルス祭のLP（特集 パブロ・カザルスの練習風景のLP）藁科雅美 「ディスク」21巻8号 1958.8 p.25

◇ステレオの悩み 転換期に立たされたLP 藁科雅美 「ディスク」21巻11号 1958.11 p.120

◇ランドフスカの「ハープシコードの芸術」（今月のLPハイライト）藁科雅美 「ディスク」21巻12号 1958.12 p.36

◇ヴェルディとトスカニーニ（特別読物）藁科雅美 「ディスク」22巻2号 1959.2 p.118

◇告白的こつとうレコード論 藁科雅美 「ディスク」22巻3号 1959.3 p.37

◇グリークの「ペール・ギュント」（フィエルスタート指揮）（話題のLPから）藁科雅美 「ディスク」22巻5号 1959.5 p.29

◇ソヴェト名演奏家アルバムとチェッコ・スプラフォンの登場 藁科雅美, 小林利之 「ディスク」22巻14号 1959.12 p.46

◇愛盤は青春と共に（特集 私の愛聴盤）藁科雅美 「ディスク」23巻1号 1960.1 p.184

◇チェコ・フィルの演奏した「展覧会の絵」 藁科雅美 「ディスク」23巻3号 1960.2 p.22

◇ローヤル・バレエ特別演奏会（LP新譜ハイライト）藁科雅美 「ディスク」23巻5号 1960.4 p.29

◇羽田空港にむかえたアラン・ホヴァネス 藁科雅美 「ディスク」23巻5号 1960.4 p.66

◇来日した名演奏家とのインターヴューの記（1）藁科雅美 「ディスク」23巻7号 1960.6 p.38

◇名演奏家とのインターヴューの記（2）アンチェル, マルケヴィッチ, セルの三大指揮者と語る 藁科雅美 「ディスク」23巻8号 1960.7 p.42

◇名演奏家とのインターヴューの記（3）ミルカ・ポコルナ, エヴァ・ベルナトーヴァ, リチャード・バーギン 藁科雅美 「ディスク」23巻9号 1960.8 p.34

◇ベートーヴェン/弦楽四重奏曲「ハープ」他/タトライ弦楽四重奏団（新着LP試聴室）藁科雅美 「ディスク」23巻9号 1960.8 p.116

◇秋のシーズンを飾る来日演奏家の横顔 藁科雅美 「ディスク」23巻10号 1960.9 p.22

◇名演奏家とのインターヴューの記（4）アルフレッド・カンポーリ氏をたづねて 藁科雅美 「ディスク」23巻10号 1960.9 p.42

◇巨匠の遺産をたづねて トスカニーニは生きている 藁科雅美 「ディスク」23巻12号 1960.10 p.90

◇ラフマニノフ「パガニーニ狂詩曲」他/リイ・ミン・チャン（P）（新着LP試聴室）藁科雅美 「ディスク」23巻12号 1960.10 p.121

◇ヘンデルのマスク「エイシスとガラテア」全曲 サザーランド（S）ピアース（T）（新着LP試聴室）藁科雅美 「ディスク」23巻12号 1960.10 p.121

◇来日演奏家とのインタービュの記（5） 藁科雅美 「ディスク」23巻14号 1960.11 p.41

◇バロックの誕生/プラーハ・プロ・アルテ・アンティカ（新着LP試聴室）杉浦繁, 藁科雅美 「ディスク」23巻14号 1960.11 p.119

◇モーツァルト「ピアノ協奏曲変ホ長調」ハイドン「ピアノ協奏曲ニ長調作品二三」（新着LP試聴室）藁科雅美 「ディスク」23巻14号 1960.11 p.121

◇グリーク「ピアノ協奏曲」/パネンカ（P）（新着LP試聴室）藁科雅美 「ディスク」23巻14号 1960.11 p.121

◇ヴィルトゥオーソ・リスト/グラフマン（P）（新着LP試聴室）藁科雅美 「ディスク」23巻14号 1960.11 p.123

◇アンケート 私の選んだ一枚（特集 今年はどんなレコードが出たか）佐藤章, 寺西春雄, 宇野功芳, 猿田惠, 藁科雅美, 上野一郎, 佐川吉男, 杉浦繁, 木村重雄, 高崎保男, 三浦淳史, 柴田南雄, 秋山邦晴 「ディスク」23巻16号 1960.12 p.32

◇来日演奏家とのインタビュウの記(6)ゼルキンと逢う　藁科雅美　「ディスク」23巻16号　1960.12 p.44

◇シェベックのリスト・リサイタル/シェベック(P)（新着LP試聴室）　藁科雅美　「ディスク」23巻16号　1960.12 p.128

◇選衡にあたって（一九六〇年度“レコード批評家賞”発表）大宮真琴，岡俊雄，志鳥栄八郎，小林利之，高崎保男，藁科雅美，岡田諱「ディスク」24巻1号　1961.1 p.27

◇来日演奏家とのインタービュウの記(7)シュタルケルとの一週間　藁科雅美　「ディスク」24巻1号　1961.1 p.54

◇チャイコフスキー/ピアノ協奏曲第一番（シェベック）（新着LP試聴室）　藁科雅美　「ディスク」24巻1号　1961.1 p.134

◇来日演奏家とのインタビュウの記(8)シュタルケル・シェベック・ヤンソンス　藁科雅美　「ディスク」24巻2号　1961.2 p.66

◇珍らしいスメタナのピアノ曲集（新着LP試聴室）　藁科雅美　「ディスク」24巻2号　1961.2 p.114

◇来日演奏家とのインタービューの記(9)バドゥラ=スコダとラウフ（二人のピアニスト）藁科雅美　「ディスク」24巻3号　1961.3 p.68

◇来日する二人のショパンの名手　藁科雅美「ディスク」24巻3号　1961.3 p.121

◇来日演奏家とのインタビューの記(10)マルクジンスキーとハラシェヴィッチ　藁科雅美「ディスク」24巻4号　1961.4 p.88

◇来日演奏家とのインタビューの記(11)ハラシェヴィッチとカザルスと　藁科雅美　「ディスク」24巻5号　1961.5 p.90

◇ヴォジーシェックの「交響曲」をきいて（新着LP試聴室）　藁科雅美　「ディスク」24巻5号　1961.5 p.113

◇シェベックのシューマン「ピアノ協奏曲」（新着LP試聴室）　藁科雅美　「ディスク」24巻5号　1961.5 p.115

◇来日演奏家とのインタビューの記(12)ゲヴァントハウス管弦楽団とジュリアード四重奏団藁科雅美　「ディスク」24巻6号　1961.6 p.88

◇来日演奏家とのインタビューの記(13)イョルク・デームスに訊く　藁科雅美　「ディスク」24巻7号　1961.7 p.92

◇プーランクの二台のピアノのための協奏曲・他（新着LP試聴室）　藁科雅美　「ディスク」24巻7号　1961.7 p.120

◇チェコの現代作曲家ソメールの作品（新着LP試聴室）　藁科雅美　「ディスク」24巻7号　1961.7 p.122

◇ジュリアード四重奏団のアメリカ現代曲（新着LP試聴室）　藁科雅美　「ディスク」24巻7号　1961.7 p.124

◇逝けるニコライ・マルコ　藁科雅美　「ディスク」24巻8号　1961.8 p.60

◇ムラヴィンスキー指揮するレニングラード・フィルのステレオ　藁科雅美　「ディスク」24巻8号　1961.8 p.90

◇ハンガリーの演奏家たち（特集 ハンガリー・人と音楽―リストとバルトークを記念して）藁科雅美　「ディスク」24巻11号　1961.10 p.83

◇コダーイのオペラ「ハリー・ヤーノシュ」全曲（新着LP試聴室）　藁科雅美　「ディスク」24巻11号　1961.10 p.112

◇ソビエト最初のステレオを聴く（新着LP試聴室）　藁科雅美　「ディスク」24巻11号　1961.10 p.114

◇モーツァルト〈後宮よりの逃走〉他（新着LP試聴室）　藁科雅美　「ディスク」24巻12号　1961.11 p.108

◇来日演奏家とのインタビューの記―アンドレ・チャイコフスキーに聞く　藁科雅美「ディスク」24巻13号　1961.12 p.86

◇サラサーテの自作自演のレコード（新着LP試聴室）　藁科雅美　「ディスク」25巻2号　1962.2 p.108

◇ネリー・メルバのレコード（新着LP試聴室）藁科雅美　「ディスク」25巻3号　1962.3 p.117

◇ブルーノ・ワルターの死　藁科雅美　「ディスク」25巻4号　1962.4 p.92

◇メンゲルベルクとコンセルトヘボウ管弦楽団―世紀の巨匠による不朽の名演特選集（特集 想い出の名盤をさぐる）青木謙幸，岡俊雄，小林利之，藁科雅美　「ディスク」25巻5号　1962.5 p.88

◇アムステルダム・コンセルトヘボウ管弦楽団（特集 話題の来日演奏家）藁科雅美　「ディスク」25巻6号　1962.6 p.77

◇メンバーにわれわれの同胞がいるウィーン合奏団の新盤（新着LP試聴室）　藁科雅美「ディスク」25巻6号　1962.6 p.116

◇特別座談会 復活する「カペエ弦楽四重奏団」の遺産 松本太郎，青木謙幸，藁科雅美，小林利之　「ディスク」25巻7号　1962.7 p.84

◇シェベックのベートーヴェン・ピアノ曲集（新着LP試聴室）　藁科雅美　「ディスク」25巻7号　1962.7 p.120

◇ユージン・グーセンスの死　藁科雅美　「ディスク」25巻8号　1962.8 p.100

◇来日演奏家のプロフィール 附・ディスコグラフィー（特集 秋のシーズンを飾る）藁科雅美「ディスク」25巻10号　1962.10 p.108

◇コンサート・ホール・ソサエティのLP　藁科雅美　「ディスク」26巻1号　1963.1 p.109

◇コンサート・ホールの新譜　藁科雅美　「ディスク」26巻2号　1963.2 p.47

◇クルト・レーデル その来日記念盤をめぐって（“話題の来日演奏家”シリーズ(3)）（座談会）大宮真琴，服部幸三，藁科雅美　「ディスク」26巻4号　1963.4 p.78

◇カラヤンとベルリン・フィル（対談）（特集 ヘルベルト・フォン・カラヤン）大宮真琴，藁科雅美 「ディスク」29巻2号 1966.2 p.73

◇アルトゥール・ルービンシュタイン（上半期に来日する演奏家の横顔）藁科雅美 「ディスク」29巻3号 1966.3 p.68

◇座談会/ルービンシュタインの魅力（特集 アルトゥール・ルービンシュタインの芸術）丹羽正明，藤田晴子，藁科雅美 「ディスク」29巻5号 1966.5 p.84

◇バルトークを語る〈フィリップス・バルトーク・ソサエティを中心に〉（座談会）（特集 ベラ・バルトーク）上野晃，三浦淳史，藁科雅美 「ディスク」29巻8号 1966.8 p.66

索　　引

執筆者名索引
人名・事項名索引

執筆者名索引

【あ】

アイクハイム, ヘンリー
　　　　　　　‥‥‥‥‥ 00122
相倉 久人 ‥‥‥‥‥‥ 09142
相沢 昭八郎 ‥‥‥‥‥ 08506,
　　　　　　09428, 10615
アイゼンベルク, ノーマン
　　　　　　　‥‥‥‥‥ 09744
アイゼンベルク, モーリス
　　　　　　　‥‥‥‥‥ 03514
愛知 一路 ‥‥‥‥‥‥ 00133
相原 定雄 ‥‥‥‥‥‥ 09790
青木 章子 ‥‥‥‥‥‥ 05786
青木 脩 ‥‥‥‥‥‥‥ 17909
青木 種子 ‥‥‥‥‥‥ 00329
青木 謙幸 ‥‥‥‥‥‥ p.459
青木 周三 ‥‥‥‥‥‥ p.463
青木 十良 ‥‥‥‥‥‥ 04008,
　　　　04193, 04411, 15786
青木 十朗 ‥‥‥‥‥‥ 03957
青木 誠意　→青木 謙幸を見よ
青木 爽 ‥ 16890, 16940, 16941
青木 正 ‥ 12606, 13294, 14118,
　　　14178, 14189, 14214,
　　　14235, 16855, 16969
青木 啓 ‥‥‥‥‥ 05192, 05745,
　　　05777, 05820, 05855,
　　　07777, 07850, 07981,
　　　08147, 08621, 09004,
　　　09701, 10225, 10290
青木 実 ‥‥‥‥‥‥ 01550,
　　　01826, 01885, 02117,
　　　02333, 02529, 02559,
　　　02599, 02605, 03748
青木 稔 ‥‥‥‥‥‥‥ 00773
青砥 道雄 ‥‥‥‥‥‥ 04327,
　　　　　　12451, 14447
青柳 長 ‥‥‥‥‥‥‥ 09676
阿垣 佐平次 ‥‥‥‥‥ 16343
赤木 仁兵衛 ‥‥‥‥‥ 03431,
　　　03532, 04014, 04341,
　　　04369, 05761,
　　　06855, 07716, 14410
赤塚 尚武 ‥‥‥‥ 10698, 10912
秋田 勝雄 ‥‥‥‥‥‥ 02176

秋葉 純一郎 ‥‥‥‥‥ 00230
秋元 道雄 ‥‥‥‥ 04196, 04359,
　　　05656, 05831, 08071
秋山 邦晴 ‥‥‥‥ 04125, 05994,
　　　06191, 06381, 06697,
　　　06798, 06969, 07007,
　　　07040, 08281, 08569,
　　　08824, 08903, 09040,
　　　15674, 15935, 16032
秋山 豊実 ‥‥‥‥‥‥ 11729
秋山 福重 ‥‥‥‥‥‥ 17585
芥川 也寸志 ‥‥‥‥‥ 15039
明田川 孝 ‥‥‥‥‥‥ 13387
浅井 修 ‥‥‥‥‥‥‥ 07695
浅井 修一 ‥‥‥‥‥‥ p.466
浅香 良平 ‥‥‥‥‥‥ 09738
麻上 俊夫 ‥‥‥‥‥‥ 12321
朝倉 昭 ‥‥‥‥ 09688, 09691
朝倉 攝 ‥‥‥‥‥‥‥ 04338
安里 螺芒 ‥‥‥‥‥‥ 11237
浅沼 圭二 ‥‥‥‥ 08118, 09042
浅野 勇 ‥‥‥‥‥‥ 04710,
　　　10278, 10307, 10340,
　　　10346, 10376, 10411,
　　　10415, 10443, 10446,
　　　10477, 10538, 10598,
　　　10610, 10618, 10649,
　　　10677, 10729, 10758,
　　　10790, 10820, 10851,
　　　10886, 10918, 10949
浅野 宅二 ‥‥‥‥‥‥ 00995
浅野 千鶴子 ‥‥‥‥‥ 15965
浅里 公三 ‥‥‥‥ 09639, 09732,
　　　09769, 10116, 10770
芦沢 威雄 ‥‥‥‥‥‥ 09720
芦田 止水 ‥‥‥‥‥‥ 00304
芦田 元 ‥ 17260, 17329, 17392
足羽 章 ‥‥‥‥‥‥‥ 14532
芦原 英了 ‥‥‥‥‥‥ p.467
芦原 敏信 ‥‥‥‥ 01145, 11468
安土 礼吉 ‥‥‥‥‥‥ 16694
東 健而 ‥‥‥‥‥‥ 11180,
　　　11207, 11210, 11234,
　　　11313, 11346, 16227,
　　　16337, 16372, 16538
安立 兆弘 ‥‥‥‥‥‥ 17325
足立 浩 ‥‥‥‥‥‥‥ 15380

厚木 淳 ‥‥ 07504, 07732, 07811,
　　　07824, 07909, 07970,
　　　07977, 08027, 08030
渥美 清太郎 ‥‥‥ 16541, 17848
跡 霧子 ‥‥‥‥‥ 10328, 10366,
　　　10498, 10635, 10664
阿那 かし子 ‥‥‥‥‥ 12723,
　　　　　　12756, 12776
阿南 正茂 ‥‥‥‥‥‥ 11873
阿野 建虎 ‥‥‥‥ 00093, 00311,
　　　00322, 00335, 00355
アブラハル, ゲラルド
　　　　　　　‥‥ 01814, 01863
安部 和子 ‥‥‥‥‥‥ 03861
阿部 清 ‥‥‥‥‥‥‥ 06196
阿部 尚文 ‥‥‥‥‥‥ 10445
安部 民雄 ‥‥‥‥‥‥ 14754
阿部 保 ‥‥‥‥‥‥‥ 17312
阿部 よしゑ ‥‥‥‥‥ 04766,
　　　14791, 14855, 14866,
　　　14895, 14907,
　　　14975, 15060, 15155
阿部 美春 ‥‥‥‥‥‥ 04059
天地 真佐雄 ‥‥‥‥‥ 17358
天野 千代丸 ‥‥‥‥‥ 00590
天野 秀延 ‥‥‥‥‥‥ 04514,
　　　　　　14054, 14139
雨宮 文彦 ‥‥‥‥‥‥ 09585
鮎野 行夫 ‥‥‥‥‥‥ p.468
あらえびす ‥‥‥‥‥ p.470
荒川 佳寿子 ‥‥‥ 16036, 16066
荒木 和子 ‥‥‥‥‥‥ 01208
有坂 愛彦 ‥‥‥‥‥‥ p.480
有沢 昭八郎 ‥‥‥‥‥ 07644,
　　　07645, 07646, 07647,
　　　07648, 07649, 07650
有島 不蕾 ‥‥‥‥‥‥ 01252
有島 牧穂 ‥‥‥‥‥‥ 01406,
　　　01437, 01489, 01507,
　　　01543, 01583, 01584,
　　　01585, 01632, 01633,
　　　01634, 01748, 01789,
　　　01815, 01835, 01884,
　　　02154, 02236, 02392
有田 元一 ‥‥‥‥‥‥ 01193
有馬 茂夫 ‥‥‥‥ 05764, 06885,
　　　07473, 07992, 08046,

08244, 08875, 15659
有馬 大五郎 ………… 12190,
　　　　　12213, 14956, 15026
ありま・ただを ……… 00949
アンゼイル, ジョージ
　　　　　……… 13381, 13405
アンセルメ …… 07412, 09527
アンダーソン,H.L.
　　　　　……… 16218, 16251
安藤 照雄 ………… 16403
安藤 正次 …… 00198, 00252,
　　　　　00274, 00290, 00300,
　　　　　00303, 00310, 00314,
　　　　　00321, 00326, 00332,
　　　　　00341, 00344, 00352,
　　　　　00354, 00361, 00366,
　　　　　00369, 00372, 00380
安藤 穣 …… 17871, 17888
アンドレフスキー …… 01837

【い】

井合 誠治 ……… 00299, 00325
飯島 正 …… 16264, 16916,
　　　　　16946, 16970, 17003
飯塚 経世 ………… 04029,
　　　　　04138, 04145, 04302,
　　　　　04498, 04562, 04830,
　　　　　05133, 05819, 05859,
　　　　　05912, 06203, 06396,
　　　　　07016, 07762, 07803,
　　　　　07838, 07883, 07960,
　　　　　08011, 08056, 08090,
　　　　　08127, 08256, 08292
飯田 一夫 ………… 05142,
　　　　　05222, 06464, 06834,
　　　　　07090, 07501,
　　　　　07776, 07856, 07885,
　　　　　07899, 07900, 08625
飯野 尹 …… 04842, 05185,
　　　　　05565, 05621, 05882,
　　　　　06849, 07103, 07998
飯能 次夫 ………… 04086
イーウェン, デヴィッド
　　　　　………… 15659
伊江 寿満 ………… 02355
家里 和夫 ……… 08012,
　　　　　08541, 08758, 09489,
　　　　　09550, 09661,
　　　　　09716, 09905, 09952,
　　　　　09994, 10034, 10039,
　　　　　10074, 10113, 10230
家塚 秀穂 ……… 15681, 16029
イエンセン ………… 00259,

00272, 00289, 00298
井荻 三郎 ………… 06744
井草 力南 ………… 00592
井口 政治 ………… 16341
井口 誠治 ………… 04703
井口 基成 ………… 12082,
　　　　　14987, 15831
池田 圭 ………… p.483
池田 輝子 ………… 04367,
　　　　　04582, 04755
池永 昇二 ………… 00965,
　　　　　00980, 01055, 01122,
　　　　　01135, 01237,
　　　　　01267, 01466, 01467
池内 友次郎 …… 15586, 15754
井坂 行男 ………… 14532
石井 遵一郎 ……… 00149
石井 不二雄 ………… 10588
石井 文雄 …… 17765, 17974
石井 冥光 ………… 02262
石川 義一 ………… p.484
石川 登志夫 ………… p.485
石川 奈美 ………… 16753
石川 房子 ………… 11669
石川 錬次 …… 11617, 11666,
　　　　　11684, 11713, 11730,
　　　　　11752, 11980, 16895
石坂 潔 ………… 15457
石坂 範一郎 …… 04865, 14814
石塚 寛 …… 14356, 17827
石田 敏 ………… 16832
石橋 一之助 ………… 16121
石橋 久徳 ………… 09571
伊志橋 比呂雄 ……… 00315
いしはら ………… 03485,
　　　　　03610, 03661, 03692,
　　　　　03725, 03726,
　　　　　03727, 03740, 03773,
　　　　　03800, 03878, 03879,
　　　　　03880, 03937, 03938,
　　　　　03960, 03985, 15992
イスナール, ジャンヌ …… 06459
泉 源三郎 ………… 00192,
　　　　　00206, 00220
泉 静二 ………… 16148
井関 富三 ………… 01675,
　　　　　01773, 01831, 01858,
　　　　　01901, 01925, 02002,
　　　　　02042, 02083, 02131,
　　　　　02198, 02199, 02214,
　　　　　02255, 02302, 02327,
　　　　　02367, 02390, 02416,

02441, 02913, 03225
磯野 親雄 ………… 10952
磯野 嘉久 …… 17279, 17301,
　　　　　17317, 17357, 17525
磯村 秀彦 ………… 10076
磯村 政美 ………… 17146
井田 澄三 ………… 11157,
　　　　　11236, 11315, 12206,
　　　　　12234, 12268, 12292,
　　　　　12322, 12375, 12401,
　　　　　16469, 16501, 16575,
　　　　　16612, 16643, 16709
一木 広 ………… 00271
市橋 陽子 ………… 04256
伊東 一郎 ………… 09868
伊藤 栄一 ………… 04726
伊藤 喜多男 ………… 03433,
　　　　　03842, 04709
伊藤 京子 ………… 04726
伊藤 好平 ………… 09910
伊藤 賤江 ………… 11340
伊藤 武雄 ………… 15523
伊藤 毅 …… 04185, 04208, 04702,
　　　　　04716, 04876, 05206
伊藤 豊太 ………… 00535
伊東 正顕 ………… 17604
伊藤 松雄 ………… 16164
伊藤 道雄 ………… 05182,
　　　　　05788, 05791,
　　　　　05797, 06868, 07703
伊藤 安二 ………… 17690
伊藤 行彦 ………… 09012
伊藤 義雄 ………… 16966,
　　　　　16990, 16992, 16997
糸山 貞弘 …… 03021, 03048
伊奈 一男 ………… 15279,
　　　　　15861, 16015
伊奈 草香 ………… 00304
伊奈 文夫 ………… 09444
伊奈 正明 ………… 03608
稲田 広雄 ………… 11050
稲田 泰 ………… 07138
稲吉 愈右 …… 02431, 02604,
　　　　　02623, 02879, 02880,
　　　　　02901, 02926, 02958,
　　　　　02965, 02969, 02987,
　　　　　02991, 03019, 03020,
　　　　　03091, 03097, 03115,
　　　　　03116, 03126, 03158,
　　　　　03167, 03185, 03186,
　　　　　03193, 03211, 03217
井上 和男 …… 15246, 15354

井上 司朗 …………… 17959
井上 宗吉 …………… 00304
井上 卓也 …………… 10819
井上 武士 …………… 04050,
　04085, 04099, 04122,
　04205, 04261, 12108
井上 敏夫 …… 02815, 02860,
　03293, 03316, 17724
井上 道雄 …… 01146, 01175,
　01186, 01219, 01238
井上 頼豊 …… 04240, 04282,
　04338, 04347, 04545,
　04737, 04769, 05614,
　05644, 05692, 05792,
　06696, 06773, 07825,
　07891, 07938, 08039,
　08070, 08743, 08832,
　13362, 13893, 14108,
　14165, 15782, 15964,
　16019, 16068, 17741
伊庭 孝 … 01559, 01613, 01624,
　11896, 11914, 11928,
　11972, 12002, 12023,
　12046, 12074, 12095,
　12126, 12149, 12176,
　12382, 12480, 12514,
　12541, 12566, 12579,
　12597, 12605, 12610,
　12624, 12629, 12653,
　12678, 12687, 12707,
　12721, 12735, 12761,
　12791, 12817, 12862,
　12876, 12894, 16087,
　16153, 16290, 16948
伊吹 修 ·· 07704, 08573, 08908
指宿 昭彦 …… 13471, 13500
井伏 鱒二 …………… 00181
今井 繁雄 …………… 02137
今井 治郎 …………… 03533,
　03928, 03981, 17076,
　17077, 17102, 17214
今川 勝一郎 ………… 07705
今西 嶺三郎 ………… 04982,
　05600, 05636, 06495
今堀 和友 …… 05757, 06431
今堀 淳一 …… 04407, 04513,
　04626, 05770, 06820,
　06894, 06925, 08951
今村 秀之助 ………… 14966
イルシュ, ニコール …… 06016
岩井 宏之 …………… p.487
岩城 宏之 …………… 05958
岩崎 雅通 …… 11957, 11985,
　12012, 12032, 12060,
　12114, 12188, 12278,
　12301, 12329, 12387,
　12417, 12460, 12838
岩下 吉衛 …………… 10977
岩淵 竜太郎 ………… 03895,
　04581, 05390, 06695
岩船 雅一 …………… 09551

【う】

ウィーヴァー, W. …… 09582
ヴィクター蓄音機会社教育
　部 ……………… 00434,
　00452, 00464, 00506
ウイリアムズ, A.W. …… 13889
ウィルコックス, マックス
　……………… 09905, 09952
ウィルソン, J.S. ……… 09141
ヴィレルモーズ, エミール
　……………………… 11708,
　12056, 12360, 12714,
　13332, 13404, 13697
ヴェクスバーグ, J.
　……………… 05217, 05356
ウェス, クルト …… 15607
上杉 佳郎 …………… 10789
ウェストルップ …… 02127
上田 万年 …………… 00195
上田 利正 …… 02474, 02534
上田 仁 ·· 04101, 15649, 15720,
　15761, 15927, 15968
上浪 渡 ……… 05887, 06473
上野 晃 ·· 09788, 09876, 09878,
　09914, 09949, 10009,
　10087, 10772, 10934
上野 一郎 …………… p.490
上野 直昭 …………… 03891
植松 栄三郎 ………… 02814
植村 敏夫 …………… 14658,
　14671, 14676, 14693,
　14738, 14756, 14832
ウォーラック ……… 08571
ウォルフ …………… 04721
ヴォルフ, アルベール ·· 05352
ヴォルフ, H. ………… 04762
ウォルフソン, H. …… 12151
ヴォルマーヌ, ヴェラ ·· 07752,
　07880, 08168,
　08203, 08741, 08853
鵜飼 正直 …………… 01467
兎野 伴達 …………… 14967,
　14986, 15195, 15259

牛山 充 ……………… p.495
烏頭 魔気 …………… 00845,
　00913, 01120, 01167,
　01302, 01407,
　01460, 01515, 01705
碓氷 貞文 …………… 16200
兎束 竜夫 …………… 04152,
　04320, 04403, 04666,
　06415, 06850,
　07746, 10255, 10364
内田 岐三雄 ………… 12716,
　16971, 17023
内村 貴司 …………… 10069,
　10394, 10515
海原 静香 …………… 00370,
　00378, 00411
宇野 功芳 …………… p.498
梅木 香 ……………… p.502
梅津 勝男 …………… 16316,
　16357, 16854, 16896
楳津 邦光 …………… 03390
楳津 真次郎 ………… 01467,
　01506, 01513, 01514,
　01660, 01705, 02199,
　03300, 03322, 03343
浦田 邦彦 …………… 09883,
　09928, 09973
ウンゲル, ヘルマン …… 17870
海野 樵三 …………… 02705
海野 樵造 …… 02968, 03020

【え】

エイベル, アーサー・M.
　……………………… 02991
江戸川 乱歩 ………… 09720
榎本 筝 ·· 01947, 02048, 02063,
　02135, 02140, 02181,
　02280, 02282, 02379,
　02393, 02394, 02411,
　02417, 02423, 02449,
　02482, 02488, 18004
榎本 竹六 …… 01662, 01727,
　01809, 01878, 01905
江原 綱一 …… 15207, 15340
江尾 俚庵 …… 00861, 00873
海老沢 敏 …………… 05982,
　08711, 08905, 09176
江馬 刈江 …………… 00786,
　00798, 00888
江馬 刈平 …… 00665, 00678
江馬 苅辺 …… 00754, 00976,

00990, 01192, 01588,
01607, 01612, 01697
エリンガム, ハリイ
.... 14323, 14336
江礼 久虎 11010
遠藤 宏 00166

【お】

オイストラッフ, ダヴィッ
ド 04343, 04548, 07381
オイストラッフ,I. 04565
笈田 光吉 04095, 11487,
11534, 11955, 16724
近江屋 二郎 16255, 16289,
16318, 16362, 16395,
16425, 16453, 16495,
16531, 16566, 16602,
16627, 16638, 16669,
16701, 16723, 16837,
16880, 17002, 17024
近江屋 清兵衛 01720,
01742, 01787, 01819,
01853, 02289, 02309,
03811, 12388, 13722
オエレー, アルテュール
.... 11638, 11655, 11682
オーエン,W.D. 16607
多 晃 00603, 00617, 00629
大井 蛇津郎 02205,
12716, 16508, 16647
大岡 昇平 02462,
02706, 02806, 02983,
03009, 03011, 03029,
03040, 03053, 03073,
03083, 03084, 03106,
03148, 03153, 03174,
03200, 03224, 03240,
03287, 03305, 03310
大谷 冽子 05098
大木 多加志 10325,
10363, 10392, 10430
大木 正夫 01792, 02441
大木 正興 p.504
大熊 正彦 03121
大下 瞭九 17025
大島 正泰 16048
太田 綾子 01793, 12385,
12575, 13532, 16790
太田 祐満 16041
太田 太郎 12214,
12297, 12328, 12447,
12565, 12623,

12676, 12679, 12706,
12734, 12760, 12789,
12829, 12893, 12930,
12960, 12994, 13006,
13402, 13434, 13469,
13498, 13528, 13560,
13589, 13616, 13644,
13668, 13701, 13717,
13754, 13781, 13809,
13860, 13900, 13946,
13963, 14019, 14034,
14051, 14353, 14378,
14447, 14456, 14480
太田 博 01887, 01981,
01985, 02046, 02047,
02082, 02110, 02184,
02601, 02852, 02858,
02869, 02875, 02897,
02916, 03037, 03062,
03114, 03149, 03179
太田黒 元雄 p.506
太田黒 養二 11832,
16604, 16700
大竹 正巳 14544
大谷 藤子 00353,
00362, 00371,
00389, 00471, 00577
大塚 正則 12449, 13007
大辻 清司 16011, 16071
大富 一五郎 10958
大中 寅二 17716
大西 一正 01663,
01705, 01709, 01752,
01759, 01762,
01836, 01837, 01839,
01840, 01844, 01869,
01879, 01880, 01898,
01916, 01924, 02356
大沼 哲 11325, 11497
大沼 魯夫 00645,
00661, 00687, 00709,
00771, 00799, 00812,
00831, 00845, 00855,
00948, 00994, 01257,
01563, 01629, 01673,
01814, 01842, 01863,
02025, 02065, 02089,
02182, 02242, 02378,
02428, 02492, 02682,
02730, 02836, 03206,
16361, 16765, 16820,
17053, 17068, 17104,
17127, 17169, 17198
大橋 和子 10933
大橋 道夫 00161

大橋 幸雄 05215
大原 重明 00383
大原 達 02749, 02833,
02990, 03020, 03117
大比良 正 01026,
01909, 02030
大比良貿易店 01494
大町 陽一郎 08713, 09585
大宮 弘 00278
大宮 真琴 p.507
大村 卯七 13620, 13805
大村 多喜子 16012
大森 高夫 09795
大森 昌夫 09742,
09839, 09881
大脇 順興 14792
大脇 礼三 16915, 16942,
16968, 16999, 17026
岡 俊雄 p.511
岡 麓 00537
岡木 好直 06215
岡崎 昭 08075
岡島 智康 05104
岡田 淳 08155
岡田 三郎 12036, 12690
岡田 諄 08610, 08667,
08889, 08929, 09097,
09163, 09201, 09240,
09329, 09354, 09393,
09406, 09432, 09472,
09473, 09484, 09509,
09539, 09571, 09609,
09611, 09648, 09688,
09978, 10013, 10098
尾形 篁夫 17585
岡田 政善 06720
岡田 守夫 03653
岡原 勝 09027, 09202,
09279, 09352, 09474
岡部 冬彦 06974,
07503, 07684, 07734,
07769, 07945, 08091,
08135, 09519, 10223
岡部 迪子 05731, 05769
岡松 真尚 13870
岡村 周宏 10071
岡村 章 16442
岡本 潔 00324
岡山 東 01066, 01747, 01882,
11756, 12722, 12744,
14433, 14724, 14862,
17074, 17075, 17124,

17151, 17156, 17195,
17211, 17240, 17266
岡山 好直 ………… 03462,
03489, 03535, 03557,
03584, 03607, 03633,
03644, 03671, 03683,
03763, 03827, 03841,
03856, 03858, 03881,
03888, 03928, 03950,
03994, 04038, 04088,
04126, 04158, 04160,
04185, 04186, 04207,
04208, 04234, 04235,
04263, 04330, 04356,
05676, 05711, 05747,
05827, 05844, 05890,
05903, 05945, 05980
小川 昂 ………… 04724
小川 武 ……… 16305, 16345
小川 近五郎 …… 14273, 17597
荻野 綾子　→太田 綾子を見よ
沖野 岩三郎 ………… 00536
荻野 裕 ………… 09757
荻原 喬 ………… 14488
荻原 英彦 …… 05864, 05907
奥居 彦松 ………… 00104
奥田 耕天 ………… 04096
奥田 良三 ………… 12191,
12762, 15099, 16605
奥津 武 ………… 15547
奥中 襄二 ………… 08789
奥屋 公幸 ………… 01970,
02422, 02532, 02551
奥谷 公幸 ………… 02800
奥屋 公平 …… 02350, 02354
奥谷 公平 ………… 01847
奥谷 行夫 …… 17304, 17405
小倉 清太郎 ………… 16920
小倉 重夫 …… 09833, 10329
小倉 俊 ……… 03781, 04266
尾崎 喜八 ………… 18000
尾崎 宏次 ………… 17105,
17222, 17245
尾崎 盛景 ………… 15641
大仏 次郎 …… 12192, 16402
押田 良久 …… 09485, 09518
オスボーン,C.L. ………
10635, 10664
オスボーン,D.L. ……… 10497
尾高 節子 ………… 16007
落合 三四郎 ………… 17050

オネゲル、アルチュール
………… p.334
小野 勝 ………… 09825
小野寺 啓 ………… 02775,
02891, 02912, 02932,
03005, 03032,
03056, 03077, 03103,
04074, 04103, 04118,
04143, 04487, 14766
小野寺 誠毅 ………… 14578
小畑 晃作 ………… 03747
小畑 蕃 ………… 11093
小原 二郎 …… 16320, 16382,
16393, 16517, 17207
小尾 範治 …… 00275, 00474
帯包 一風 …… 02581, 02684
オーブリー、ヂヤン …… 11494
オー・ヘンリー ………… 00307
オーマン、ジョージ・W.
………… 00596
折田 孜 ………… 15709
音楽と蓄音器社 ……… 00083
音楽と蓄音機社編輯部 … 00434,
00452, 00464, 00506
音能 隅子 ………… 12912,
12940, 13309

【か】

夏 頌来 ………… 00238
甲斐 一郎 ………… 17234
甲斐 正雄 ………… 06426,
06694, 07445
ガイスベルク ………… 03515
柿沼 太郎 …… 01771, 02059,
03529, 03545, 12572,
14739, 14774, 14913,
14993, 17057, 17518,
17547, 17579, 17608,
17652, 17674, 17697,
17721, 17746, 17771,
17795, 17818, 17845,
17906, 17952, 17976
掛下 慶吉 ………… 15831
筧 太郎 ………… 10409
河西 三省 ………… 16128
カザドゥジュ、ロベール
………… 05830
カザルス、パブロ …… p.437
梶田 章 ………… 04598
梶原 完 ………… 15954
鹿島 康雄 ………… 15816

柏木 俊三 ………… p.515
柏原 欣三 ………… 10343
春日 二郎 ………… 10849
カスタード、ゴス …… 11988
カストナー、ルードルフ
……… 17653, 17676
カセルラ、アルフレッド
……… 11678, 11701
カーダス,N. ………… 10691
片山 桂三 ………… 17244,
17264, 17289
片山 敏彦 …… 04663, 04956
勝 玉子 ………… 00304
勝田 忠一 …… 00301, 00483
カットナー、フリッツ ‥ 08075
桂 近平 …… 12545, 12608,
12792, 16830, 16833,
16835, 16850, 16856,
16861～16866, 16878,
16891～16894, 16998,
17020, 17099, 17692
加藤 鋭五　→京極 高鋭を見よ
加藤 源之助 ………… 00499
加藤 知世子 ………… 15944
加藤 秀夫 ………… 10727,
10756, 10818, 10852,
10885, 10917, 10950
加藤 兵次郎 ………… 02203
加藤 兵治郎 ………… 01822
加藤 房江 ………… 03233
ガードナー ………… 05603
門野 真一 ………… 11977
カーナー、モスコ …… 10366
金井 稔 …… 05890, 06215
彼方 四里 …… 16089,
16114, 16156, 16190
金丸 重嶺 ………… 14578
下二 三十 ………… 12187
金子 章子 ………… 01963,
02004, 02087, 02215,
02451, 02506, 02648
金子 秀 ………… 03698
金子 登 …… 05917, 06418
金子 義男 ………… 16310
金田 覚 ………… 00304
金田 豊 ………… 04714
兼常 清佐 ………… 01512,
04355, 04406
金丸 善彦 ………… 01303
加納 一雄 ………… 04306

加納 泰 ·············· 04585
狩野 真 ·············· 17235
椛島 道治 ············· 09866
カバレフスキー, ドミト
リー ·· 04093, 04144, 16075
鎌田 栄吉 ············· 00223
紙 恭輔 ·············· 17022
上須賀 館夫 ··········· 11332,
　　11714, 11877, 12175
上司 小剣 ············· 11753,
　　12299, 14431, 16086,
　　16110, 16143,
　　16180, 16214, 16248,
　　16284, 16315, 16356,
　　16388, 16417, 16449,
　　16481, 16515, 16555
上坪 静吉 ············· 16816
亀尾 英四郎 ··········· 00368
亀岡 正夫 ······· 03090, 03121
唐端 勝 ·············· 01699
唐畠 勝 ·············· 01651
カールソン,A. ·· 05211, 05240,
　　05404, 05595, 05638
枯野 永好 ······· 11019, 11036
川上 裕 ·············· 14055
川口 繁 ········· 11722, 11745,
　　11846, 11915, 11947,
　　12716, 13266, 13312,
　　13381, 13405, 13433,
　　13488, 13845, 13979
川口 半平 ············· 10955
川口 松太郎 ···· 11723, 11754,
　　12300, 16921, 16947
川崎 静子 ············· 05923
川路 明 ·············· 15945
川澄 透 ·············· 05351
川添 利基 ············· 16123
川西 康之 ············· 09773
河野 正死 ······ 02263, 02352,
　　02375, 02398, 02419
川野 雄一 ······· 10077, 10196
川野 義雄 ······ 02162, 02185,
　　16266, 16918, 16951
河村 直則 ············· 10960
河村 信之 ······ 04290, 04331,
　　04357, 04390, 04436,
　　04476, 04544, 04570,
　　04599, 04661, 04701,
　　04716, 04722, 04723
川村 宏 ·············· 05716
河盛 好蔵 ············· 14940
冠地 俊生 ············· 15635

神林 松太郎 ····· 11184, 16230
神戸 道夫 ············· 12003,
　　12289, 12843

【き】

木岡 英三郎 ··········· 00092,
　　00137, 11538, 12414,
　　15456, 15514, 15570
菊田 辰三 ············· 00421
菊池 滋弥 ············· 17010
岸 愛三 ·· 09774, 09858, 09919
岸辺 成雄 ······· 14550, 17821
岸本 淳 ········· 05765, 06664
ギーゼキング, ヴァルター
　　·················· p.439
城多 又兵衛 ····· 03899, 17998
北瓜 現世 ············· 04193
北川 剛 ········· 04473, 07715
北川 宣彦 ············· 04269,
　　04342, 04366
北小路 博 ············· 12331,
　　12542, 12873
北沢 方邦 ······· 04211, 04620
北野 果夫 ············· 17306
北原 冬樹 ············· 16006
吉川 英士 ············· 13632,
　　13684, 13772
砧 三郎 ·············· 17035
紀 長谷雄 ······· 09089, 09187,
　　09267, 09271, 09312
木下 茂 ·············· 15777
木下 保 ·············· 15627
木下 はま子 ····· 00516, 00547
木村 重雄 ············· p.517
木村 繁 ·· 09925, 15059, 15084,
　　15097, 15113, 15136,
　　15163, 15188, 15213,
　　15233, 15253, 15271,
　　15321, 15346, 15370,
　　15388, 15410, 15428,
　　15440, 15454, 15491,
　　15513, 15541, 15563,
　　15593, 15613, 15663,
　　15675, 15702, 15734,
　　15762, 15803, 15842,
　　15863, 15911, 15957,
　　15980, 15993, 16072
木村 恒子 ······· 04879, 05386
ギャヴォティ, ベルナール
　　·················· 06408
キャラビ,A. ··········· 05881

京極 高鋭 ············· p.519
曲裏 零留 ············· 11049,
　　11068, 11105
清瀬 保二 ······· 00079, 00171
ギルバート,R. ········· 11933
ギレリス, エミール ···· 07381
金田一 京助 ··········· 09720

【く】

グイ, ヴィットリオ ···· 05386
陸 修二 ·· 17072, 17177, 17217
久我 春雄 ············· 14459
釘本 真 ·············· 17065,
　　17100, 17168, 17210,
　　17310, 17381, 18007
鯨井 孝 ·············· 12908
楠 一郎 ········· 17175, 17190
葛原 しげる ··········· 00485
工藤 豊次郎 ··········· 00021,
　　00034, 00045, 00304
久邇 朝融 ······· 14919, 14941
国塩 耕一郎 ····· 12486, 13718
国本 靖 ·············· 17098,
　　17125, 17155, 17212
久保田 稲子 ··········· 17799
久保田 公平 ··········· 14583,
　　17337, 17357,
　　17377, 17904, 17986
久保田 良作 ··········· 03895,
　　07987, 10254
熊田 眉秋 ············· 01539,
　　01629, 01731, 01794
熊田 秀四郎 ····· 03597, 03712
隈部 一雄 ············· 11181,
　　11208, 11314, 12048,
　　12652, 12847,
　　14596, 16120, 16145,
　　16191, 16226, 16299,
　　16370, 16419, 16431,
　　16500, 16572, 16606,
　　16664, 16759, 16814
倉 伊四郎 ············· 00701,
　　00834, 00845
鞍 信一 ·············· 10848
倉井 寿朗 ······· 11301, 16418
位鈴 ················ 00734
クラウス,C. ··········· 00862
倉重 瞬輔 ············· 01111,
　　01161, 01188, 11516,
　　11522, 11539,
　　11645, 16901, 16937

執筆者名索引　　　　さいとう

倉島 あき ············· 00095
倉部 讃 ········ 00871, 00918,
　　01006, 01034, 01121,
　　01253, 01281, 01923
クラール, サン ········ 09112
グリエール ············· 04485
栗田 徹 ········ 14323, 14336
栗本 正 ············· 04726
クリューガー, ホルスト
　　············· 06193
グリリー, マルセル ···· 15245,
　　15457, 15899
グリーンフィールド, エド
　　ワード ···· 10119, 10145
グールド,G. ············ 10902
グルリット, マンフレッド
　　············· 15641, 16070
グルーンフェルト ····· 10291
呉 四郎 ············· 13190,
　　13363, 13429, 13464,
　　13526, 13612, 13799
久礼 伝三 ·········· 00655,
　　00682, 00704, 00719,
　　00742, 00755,
　　00763, 00770, 00808,
　　00823, 00845, 00931,
　　01090, 01120, 01172,
　　01217, 01332, 01362,
　　01434, 01578, 01807,
　　01980, 02124, 02276,
　　02459, 02542, 02715
呉 正恭 ·· 15061, 15164, 15196
グレイ, セシル ········· 01022,
　　01036, 01052
グレゴリー,J.M. ·······
　　10427, 10463
グレーナー, パウル ···· 01840
クレムリヨフ ··········· 04405
クロイツアー, レオニード
　　············· 15337
クロコヴァ,R. ········· 04765
黒沢 隆朝 ······ 14552, 16328,
　　17103, 17119, 17186,
　　17208, 17624, 17655
黒田 恭一 ············· p.520
黒田 修三 ············· 00316
黒田 美恵子 ·········· 09763,
　　09811, 09961, 10114
桑野 三郎 ············· 02201
桑野 三平 ······ 02180,
　　02240, 02279, 02465,
　　02466, 02717,
　　02720, 02966, 02980

桑原 瑛子 ············· 04674

【け】

野線翁 ············· 01262,
　　01279, 01302, 01314,
　　01346, 01386, 01506,
　　01511, 01520, 02114
ゲオルギ, ステファン ·· 12517
ゲラット, ローランド ·· 10525
ケルディック, ルネ ···· 13440

【こ】

呉 泰次郎 ············· 17071,
　　17078, 17121,
　　17142, 17211, 17229
小池 弘道 ············· 03553,
　　03575, 03631
小池 正夫 ············· 06002
小泉 繁 ········ 17521, 18001
郷 新策 ············· 01967
河野 広輝 ············· 16949,
　　16982, 17009, 17033
河野 基比古 ············· 06726,
　　06743, 06782,
　　06841, 06878, 06955
河野 隆次 ············· 04328,
　　04592, 04906, 05172,
　　05242, 05243, 15616
江陸 茶亭 ······ 17178, 17218
古賀 政男 ············· 13966
越川 幸雄 ············· 10757
小塚 新一郎 ············· 16899
コステラネッツ, アンドレ
　　············· 04139
小谷 彰 ············· 04609,
　　04645, 04774, 04823
児玉 あきひこ ·········· 14509
児玉 孝 ············· 10204
児玉 富雄 ············· 00874
骨董 太郎 ············· 14093
コットラア, ヨゼフ ···· 00891
後藤 鴉之輔 ············· 00813
後藤 正夫 ······ 13352, 13518
五島 雄一郎 ······ 17953, 18028
古都園 久朗 ············· 00600
小西 和彦 ······ 04139, 15830
小西 民治 ············· 00563
小西 輝夫 ············· 09713
近衛 直麿 ············· 11275

近衛 秀麿 ············· 11271,
　　14753, 14790, 14803,
　　14836, 14856,
　　16522, 16810, 16829
小橋 行雄 ············· 05215
小林 愛雄 ············· 00111,
　　00408, 00457
小林 正 ············· 14270
小林 千代子 ············· 12762
小林 鶴夫 ······ 17340, 17382
小林 利之 ············· p.521
小林 藤夫 ············· 00669,
　　01568, 01684, 01685
小林 正雄 ············· 00304
小林 基晴 ············· 13953,
　　14056, 14244, 14271,
　　14297, 14308, 14348,
　　14355, 14386, 14422
小船 幸次郎 ············· 10220
ゴベール ············· 13786
小松 耕輔 ······ 00068, 00085,
　　00097, 00227, 00253
五味 康祐 ············· 05103
小山 舜輔 ····· 14781, 15115,
　　15130, 15165, 15258
小山 徳彦 ····· 02804, 02805,
　　02826, 02845, 02900,
　　02935, 03172, 03272
小山 路男 ············· 10264
コルトー, アルフレッド
　　············· p.441
ゴールドスミス,H. ····· 10638
コレドール,J. ········· 03768,
　　05186, 05213
今 陶也 ············· 04317,
　　04607, 04786, 04822
近藤 孝太郎 ············· 17228
コンパリュー ············· 12408

【さ】

西条 卓夫 ············· p.529
斎田 次郎 ············· 00264,
　　00281, 00489,
　　00551, 00567, 00583
斎藤 広三 ············· 00288,
　　00297, 00307
斉藤 十一 ············· 14740
斎藤 俊子 ············· 18005
斎藤 秀雄 ············· 05179,
　　05714, 15691
斉藤 博 ············· 11519

さえくさ　　　　　　　執筆者名索引

三枝 喜美子 ………… 04440
坂井 一郎 …………… 02835
酒井 堅次 …………… 15834
境 たけの …………… 00534
坂井 透 ……………… 16383,
　　　16413, 16444, 16509
坂本 良隆 …………… 04047,
　　04129, 04191, 04213,
　　04288, 04440, 04479,
　　04479, 04739, 05139,
　　14136, 14168, 16068
佐川 吉男 …………… p.530
向坂 正久 …………… 10028
佐久間 鼎 …… 00036, 00110,
　　00159, 00199, 00241
佐久間 幸光 ………… 03604,
　　03637, 03744, 03812,
　　03936, 04300, 04859
桜井 徳二 …………… 15769
桜木 紅二 …… 10966, 10980
桜庭 昭治 …………… 00978,
　　10132, 10310, 10345,
　　10347, 10377, 10390,
　　10390, 10475, 10478,
　　10509, 10540, 10574,
　　10596, 10610, 10648,
　　10699, 10728, 10850
佐々木 行綱 ………… 03422,
　　03893, 04377, 04421,
　　04447, 04492, 04559,
　　04559, 04753, 04848,
　　05099, 05100, 05149,
　　06888, 09039, 15948
サージェント ……… 04879
属 啓成 ……………… 13313,
　　13354, 13369, 13422,
　　14106, 14435, 14870,
　　15063, 15107, 15180,
　　15362, 15722, 16050
皐月 鯉之助 ………… 16271
佐藤 章 ‥ 08569, 08682, 09220
佐藤 智 …… 09009, 09044,
　　09076, 09141, 09217
佐藤 晃子 …………… 00561
佐藤 馨 ‥ 05383, 05752, 05837,
　　05879, 05992, 06189,
　　06665, 06914, 08710
佐藤 景子 …………… 05713,
　　05749, 05802, 05838,
　　05905, 05947, 05981,
　　05981, 06018, 06220,
　　06407, 06454, 06493
佐藤 謙三 …………… 12189,
　　12246, 12636, 14487

佐藤 朔 ……………… 16030
佐藤 茂夫 …………… 09708
佐藤 寅雄 …………… 17927
佐藤 春日 …………… 13618
佐藤 秀郎 …………… 04628
佐藤 文彦 …………… 09523
佐藤 真雄 …………… 09768
佐藤 善夫 …………… 15002
佐藤 良雄 …………… 03470,
　　03480, 03491, 03508,
　　03551, 03574, 03675,
　　03675, 03676, 03767,
　　04203, 04768, 05186,
　　05213, 05219, 06961,
　　07317, 09521, 09820
佐野 和彦 …………… 05863,
　　05908, 05950, 05984,
　　06023, 06404, 06660,
　　06660, 06701, 06836,
　　06893, 07002, 07113
佐野 健児 …………… 14611
佐分利 敬 …………… 17286
更級 倫子 …………… 10497,
　　　　　　10526, 10777
猿田 悳 …… 08569, 08712,
　　08977, 09178, 09705,
　　09762, 09819, 09859
サルツマン、エリック
　　………… 09858, 09919
沢口 忠左衛門 ……… 11245,
　　11276, 11298,
　　11663, 11804, 12971
沢崎 定之 …… 12110, 12659
沢田 茂 ……………… 04836,
　　04860, 04863, 05723
沢村 里社 …… 00443, 00456
サン＝サーンス、カミーユ
　　……………………… p.335
三條 徹 …… 17061, 17067
三文字 誠 …………… 05137,
　　　　　　05890, 06215

【 し 】

シェファー、ミルトン ‥ 10526
ジェラット,R. ……… 09549
塩入 亀輔 …………… 01625,
　　12137, 12488, 12743,
　　12762, 12797,
　　12928, 12957, 13059,
　　16087, 16111, 16117,
　　16152, 16224, 16261,
　　16326, 16365, 16369,

　　16400, 16423, 16485,
　　16523, 16528, 16849,
　　16900, 16906, 16914,
　　16973, 16996, 17017
汐見 金佐久 ………… 15120
志賀 一音 …………… 02008,
　　02064, 02136, 02183,
　　02220, 02260, 02330,
　　02374, 02446, 02469,
　　02616, 02784, 02787,
　　02791, 02962, 03248
志賀 英雄 …………… 03419,
　　12138, 17512, 17654,
　　17668, 17752,
　　17773, 17923, 18016
茂井 一 ‥ 11509, 11548, 11571,
　　11594, 11619, 16518,
　　16570, 16593, 16622,
　　16746, 16792, 16828
繁沢 保 ‥ 04809, 04853, 04878,
　　04921, 05830, 06382,
　　06724, 06765, 06806,
　　06842, 06879, 06916,
　　06952, 07017, 07044,
　　07076, 07131, 07307,
　　07345, 07376, 16066
茂谷 澄 ……………… 12057
シゲティ、ヨゼフ ……… p.443
重村 幸雄 …………… 09740,
　　09797, 09837, 09884,
　　09929, 09975,
　　10014, 10057, 10097
シットウェル、サシュヴェ
　　ル ………………… 15937
志鳥 栄八郎 ………… p.532
品川 一雄 …… 03868, 03893
篠崎 正 ……………… 15837
篠田 善一朗 ………… 04978
柴田 知常 …………… 03181,
　　12109, 12908, 13133,
　　13319, 13709, 13744,
　　14052, 14064, 14120,
　　14251, 14286, 14309,
　　14335, 14361, 14382,
　　14408, 14440, 14805,
　　14835, 14850, 14867,
　　14885, 14901, 14917,
　　14934, 14972, 14990,
　　17252, 17268, 17840
柴田 仁 …… 16038, 16080
柴田 南雄 …………… 04065,
　　04314, 04419, 04621,
　　04840, 05163, 05164,
　　05795, 05832, 08569,
　　15294, 15781, 15931

618　戦前期　レコード音楽雑誌記事索引

柴田 睦陸 ………… 04965,
05997, 15760
渋谷 才輔 ………… 15679
シフラ，ジョルジ ……… 09763
島 あき子 ………… 08913
島 由夫 ……………… 07879
志摩 良輔 …… 14334, 14357,
16718, 17013, 17036,
17115, 17128, 17305
島田 茂雄 ………… 08633,
08638, 08720, 08723
島田 重造 ………… 03121
島田 達郎 ………… 00951
清水 梓 ……… 02556, 02680
清水 脩 ‥ 04116, 04117, 04418,
14854, 15176, 15446,
16062, 17373, 17849,
17926, 17951, 17964
清水 俊二 ………… 12399
清水 守 ………… 17263,
17270, 17287, 17290,
17376, 17378～17380,
17404, 17407
清水 美知子 …… 05866, 05909,
05948, 05985, 06024
清水 光雄 ………… 06385
下須田 保 ………… 17249,
17276, 17292
下総 皖一 ………… 17122
シモンズ，A. ………… 03015
ジャコビ，フレデリック
……………… 15971
ジャコブ，M. ………… 04140
ジャコブソン，B. ……… 10933
ジャージリイ ……… 05565
シャーシンズ …… 07664, 07750
シャムピオン，レスゲン
……………… 11857
シャムフレー … 06681, 06822
ジャンティ ………… 05935
ジャンドロン，モーリス
……………… 03506
シュヴァリエ，リユシアン
……………… 16215
ジュウヴ，P.ジャン
………… 13471, 13500
シュターフォンハーゲン，
W. ………… 04193, 04581
シュパウン，ヨゼフ・フオ
ン ………… 03179
ショーア，バーナード ‥ 14150,
14206, 14253

城 春光 ………… 01192,
01266, 01302, 01368,
01389, 01421, 01436,
01467, 01517, 01518,
01538, 01611, 01629,
01656, 01705, 01728,
01817, 01856, 01883,
02070, 02464, 02503,
02603, 02813, 03323
城島 昶 ………… 02483,
02547, 02593, 02617,
02642, 02679, 02786,
02846, 02921, 02967,
03020, 03027, 03051,
03093, 03122, 03254
勝田 保世 ………… 04270
ショスタコーヴィチ，ドミト
リー ………… p.349
ショーンバーグ，ハロルド
…‥ 04799, 04867, 05351
ジョン山中 ………… 08643
白井 嶺南 ………… 11850
白井 椀々 ………… 16989
白石 正己 ………… 00348
城井 清澄 …… 09444, 09719
城田 美知子 … 05575, 05680
城山 渋七 ………… 11916,
11931, 12349, 12400,
12670, 12737,
12864, 12963, 12974,
13281, 13926, 14497
城山 美津子 …… 03798, 04440
新北村 孟之 ………… 00987
神西 清 ………… 14952
神保 璟一郎 ……… 00707,
02310, 02578, 11304,
11329, 11354,
11372, 11437, 11503,
11609, 11634, 11765,
16087, 16427, 16465,
16545, 16571, 16761
神保 裕 ………… 00291
新村 祐一郎 ………… 10442

【す】

菅 晴和 ………… 06188
菅 新一 ………… 08988
菅 佑一 … 04102, 04280, 04319,
04349, 04397, 04466,
04505, 04524, 04576,
04612, 04684, 04918
菅沼 定省 ………… 11872,
14029, 17799

菅野 浩和 ………… 10029,
10126, 10153
菅原 教造 ………… 00160,
00481, 10974
菅原 勝 ………… 10072
菅原 明朗 ………… p.533
杉浦 繁 ………… p.535
杉田 啓介 ………… 10174,
10239, 10302,
10341, 10378, 10412
杉田 恵介 ………… 09582
杉田 浩一 …… 04309, 04815
杉田 武雄 ………… 01981
スキターレッツ ……… 14381,
14405, 14449
須子 信一 ………… 12049
スコット，ヴァンサン ‥ 13298
スコット，ジリル
………… 00305, 00327
鈴木 幾三郎 …… 11108, 11135
鈴木 喜久雄 …… 00964, 01035,
01079, 01093, 01099,
01119, 01201, 01366,
01419, 01628, 01942,
01943, 02049, 02068,
02091, 02223, 04796,
04803, 04883, 10231,
11467, 11482, 11513
鈴木 共子 ………… 03981
鈴木 健 ………… 04708
鈴木 賢之進 …… 16208, 17985
鈴木 聰 ………… 16791
鈴木 鎮一 …… 00125, 01092,
01218, 01435, 01560,
01604, 01698, 01772,
01922, 01982, 02005,
02172, 02213, 02252,
02258, 02278, 02300,
02346, 02481, 02544,
02659, 02960, 03223,
03521, 04664, 11618,
12412, 12635, 13494,
16898, 16917, 17552
鈴木 清三 ………… 06377
鈴木 清太郎 ………… 14881,
14930, 15431
鈴木 匡 …… 09680, 09682
鈴木 博義 …… 15785, 15884
鈴木 二三雄 …… 01767, 02501
鈴木 文男 ………… 04131,
04148, 04398, 04826
鈴木 従子 ………… 15976

【す】（続き）

スタインバーグ,W. ‥‥ 10690
スチュアート ‥‥‥‥ 08628
スティーヴンス ‥‥‥ 10391
ストウヴイング,P. ‥‥ 03019,
　03116, 03158
ストラヴィンスキー,イーゴ
　リ ‥‥‥‥‥‥‥‥ p.353
ストラングウェーズ ‥ 13470
須永 克己 ‥‥‥‥‥ 00046,
　00060, 00075, 00087,
　00105, 00112, 00119,
　00132, 00145, 00162,
　00184, 00212, 00228,
　00234, 00242, 00377,
　00392, 00423, 00446,
　00480, 00566, 01134,
　11363, 11411, 11429,
　11459, 11572, 11615,
　11639, 11710, 11749,
　11772, 11798, 11850,
　11853, 11897, 11921,
　11926, 12104, 12113,
　12134, 12137, 12162,
　12210, 12237, 12243,
　12269, 12293, 12298,
　12323, 12353, 12376
角倉 一朗 ‥‥‥‥‥ 06019,
　08788, 08904
スミス,エドワード ‥‥ 03118
スミス,パトリック・J. ‥ 10257
隅田 光一 ‥‥‥‥‥ 00330
スロオニムスキイ,ニコラ
　ス ‥‥‥‥‥‥‥‥ 01011

【せ】

勢 伊奴麻呂 ‥‥ 12591, 12620,
　12651, 13070, 13230,
　13421, 13438, 13468,
　13534, 13590, 14434
セヴェリヤーニン,イガー
　ル ‥‥‥‥‥‥‥‥ 00249
瀬音 透 ‥‥‥‥‥‥ p.540
瀬川 志郎 ‥‥‥‥‥ 04658
瀬川 昌久 ‥‥ 04182, 04204,
　04219, 04408, 04597
関 清武 ‥‥‥‥‥‥ 03145,
　14356, 17145, 17172,
　17188, 17215, 17237
関 義治 ‥‥‥‥‥‥ 09913
関口 泰彦 ‥‥‥‥‥ 15646,
　15954, 16046
赤辻 裕 ‥‥‥‥‥‥ 02429
関谷 五十二 ‥‥‥‥ 15974

関屋 龍吉 ‥‥‥‥‥ 00473
瀬崎 義雄 ‥‥‥‥‥ 04247
瀬戸 太郎 ‥‥‥‥‥ 12704
瀬戸 善明 ‥‥‥‥‥ 05732
瀬良 光三 ‥‥‥ 10967, 10982
千家 徹 ‥‥‥‥ 01707, 01838
千家 亮平 ‥‥‥‥‥ 16285,
　16483, 16539, 16556
仙石 襄 ‥‥‥‥‥‥ 12521
仙波 直祐 ‥‥‥‥‥ 04762

【そ】

副島 八十六 ‥‥‥‥ 00304
曽根 俊二 ‥‥‥‥‥ 00987
その・すゝむ ‥‥‥ 02508,
　02716, 02798, 02811,
　02832, 02859,
　02868, 02874, 02892,
　03133, 03144, 03228,
　03257, 03258, 03276,
　03299, 03381, 03407,
　03455, 03484, 03547,
　03555, 03583, 03724,
　03738, 03749, 03750,
　03751, 03784, 03785,
　03786, 03788, 03935,
　04075, 04149, 04300,
　17551, 17612, 18002
蘭 八郎 ‥‥‥‥‥‥ 03771
蘭 晋武 ‥‥‥‥‥‥ 18024
園井 涼夫 ‥‥‥‥‥ 17087,
　17129, 17199
薗田 誠一 ‥‥‥‥‥ 15235
園田 高弘 ‥‥‥‥‥ 05834,
　05881, 15658,
　15781, 15836, 15874
園田 春子 ‥‥‥ 05881, 05920
園田 英雄 ‥‥‥‥‥ 02592,
　02643, 02722, 17751
園部 三郎 ‥‥‥ 17572, 17696
園部 四郎 ‥‥‥‥‥ 15831
園部 不二夫 ‥‥‥‥ 10152
ソルデ,ドミニック
　‥‥‥‥‥‥‥ 13333, 13698

【た】

タアバンダー ‥‥‥‥ 01425
タウプマン,ハワード ‥ 15728
高石 英孝 ‥‥‥‥‥ 10776
高木 淳 ‥‥‥‥‥‥ 09494

高木 卓 ‥‥‥‥‥‥ 04210
高木 東六 ‥‥‥‥‥ 01562,
　01655, 01717, 01851,
　01944, 02038,
　02197, 02744, 02802,
　02850, 03059, 03220,
　03964, 04231, 04325,
　04552, 04758, 05107,
　05581, 06486, 17223
高木 久 ‥ 00610, 00622, 00690
高崎 保男 ‥‥‥‥‥ 07384,
　07475, 08114, 08234,
　08527, 08569,
　08610, 09254, 09454,
　09493, 09526, 09595,
　09597, 09632, 09657
高城 重躬 ‥‥‥‥‥ 04000,
　04713, 10407, 10441,
　10474, 10508,
　10537, 10597, 10617,
　10647, 10676, 10700
高瀬 まり ‥‥‥ 05096, 05144,
　05183, 05214, 05355,
　05384, 05567, 05608,
　05648, 05689, 05756,
　05944, 05986, 07415,
　07481, 08072, 08584
高田 暉三 ‥‥‥ 17363, 17410
高田 万琴 ‥‥‥‥‥ 09922
鷹司 平通 ‥‥‥ 03576, 15583
鷹野 三郎 ‥‥‥ 17192, 17243,
　17267, 17272, 17298
高橋 昭 ‥‥‥‥‥‥ p.541
高橋 功 ‥‥‥‥‥‥ 04908,
　04932, 11297, 11355,
　11380, 11409, 11550,
　15951, 15984, 16080
高橋 三郎 ‥‥‥‥‥ 04716
高橋 秀 ‥ 04245, 04484, 04517
高橋 忠雄 ‥‥‥‥‥ 01730,
　02051, 02093, 02115,
　02204, 02224, 13588,
　13678, 14439, 14508
高橋 宏 ‥‥‥ 04549, 04617
高橋 水之助 ‥‥‥‥ 12004
高峰 博 ‥‥‥‥‥‥ 00292,
　00333, 00381, 00417
高嶺 深雪 ‥‥‥‥‥ 08092
高柳 寿男 ‥‥‥‥‥ 00029,
　00041, 00055, 00067,
　00084, 00096,
　00265, 00282, 00283
高山 正彦 ‥‥‥ 03668, 03697
高和 元彦 ‥‥‥‥‥ 10075

滝 善郎 ················ 00743,
00756, 00795, 00822,
00932, 00934, 11427
瀧 遼一 ············ 14551, 17633
滝崎 鎮代子 ············ 04079,
04215, 04224,
04452, 04734, 14063
宅 孝二 ··········· 02694, 02744,
02801, 02914, 03275,
12031, 13038, 13952,
14686, 15752, 17157
田口 隆文 ······ 12239, 12379
田口 洲三郎 ·········· 17997
竹井 英介 ············ 02816
武井 守成 ············ 11662,
11830, 14887
竹内 昭一 ············ 09184,
09261, 09334, 09375,
09458, 09499,
09530, 09589, 09674,
09725, 09766, 09862,
09908, 09954, 10033,
10080, 10120, 10154
武岡 鶴代 ············ 03871,
11930, 12456
竹上 利之 ············ 10961
竹越 和夫 ······ 17812, 17861,
17871, 17888, 17961
武田 晃広 ············ 09666
武田 謙二 ············ 17554
武田 久吉 ············ 02552,
02625, 02961
竹中 靖治 ············ 09668
竹中 祐一 ············ 02959
竹野 俊男 ······ 06447, 12453,
12716, 13721, 14294,
14598, 14773, 15573,
15579, 15617, 15908
武満 徹 ············ 15596,
15611, 15808, 15990
ダサイー ············ 08895
田代 秀穂 ············ p.542
多田 正信 ············ 15914
館 耀一 ············ 11170
橘 市郎 ········ 10145, 10149,
10184, 10218, 10257,
10293, 10323, 10391
辰野 隆 ············ 12159
伊達 愛 ·· 11533, 11554, 11659
伊達 純 ············ 06737
田中 英太郎 ·········· 16329
田中 義一 ············ 00258

田中 希代子 ····· 04800, 15232
田中 正平 ············ 00158,
00240, 00390
田中 晴雲 ······ 01581, 01680,
01726, 01790, 01835,
01843, 01904, 02022,
02111, 02152, 02287,
02331, 02344, 02377,
02421, 02524, 02641,
02652, 02653, 02654,
02655, 02797, 02936,
02986, 03017, 03041,
03113, 03274, 03342
田中 富士雄 ·········· 03922,
03930, 04015, 04040,
04159, 04330, 04356
田中 由夫 ············ 02261
田中 良雄 ····· 03042, 03057,
03058, 03078, 03107,
03138, 03147, 03159,
03201, 03247, 03401,
03482, 03577, 03600,
03651, 03712, 03716,
03778, 03802, 03893,
03929, 03983, 12771,
13001, 13069, 13099,
13196, 13246, 13353,
17774, 17931, 17989
棚橋 成吉 ····· 11894, 12290,
12563, 13855, 17523
棚橋 照吉 ············ 11047,
11067, 11102, 11137,
11161, 11211,
11290, 11368, 11422
棚橋 敏矩 ············ 10916
田辺 誉三郎 ·········· 00517
田辺 尚雄 ············ p.545
田辺 秀雄 ············ 04267,
04327, 04380, 04724,
05600, 05636,
05869, 05914, 05960,
06771, 06845, 06882,
06917, 06957, 06968,
07020, 07747, 08043,
08157, 14277, 14356,
14402, 14447, 14532,
14898, 14915, 14499,
15180, 15954, 17950
谷 方人 ············ 10276
谷 康子 ············ 03928
玉置 真吉 ····· 13519, 13628,
13792, 13876, 13934,
14038, 16105, 16139,
16172, 16206, 16278,
16309, 16350, 16411,

16443, 16474, 16507,
16581, 16618, 16646,
16681, 16712, 16740,
16766, 16801, 16821,
16843, 16869, 16909,
16932, 16958, 16984,
17012, 17038, 17052,
17058, 17179, 17219
玉野 三平 ············ 17154,
17180, 17200, 17220,
17247, 17274,
17291, 17311, 17359
ダミア ·· 13200, 13250, 13283
田向 忠一 ············ 12437
田村 秋雄 ············ 04776,
04935, 05566
田村 一郎 ············ 17870
田村 太郎 ····· 07963, 08013,
08198, 08285, 08563
田村 虎蔵 ············ 12446
田村 西男 ············ 16233,
16300, 16338, 16355
田村 宏 ············ 04767,
05646, 05918, 06419
多良 正之 ············ 10164
ダルレ ············ 01841
ダン, ジエームス ······· 16333
ダン・道子 ············ 16113,
16287, 16441

【ち】

チェルリ ············ 08978
張 福興 ············ 00143
チール, カール ········ 01759

【つ】

塚本 譲 ············ 00136
塚本 嘉次郎 ·········· 04121
津川 主一 ············ p.547
筑紫 路郎 ············ 03534
辻 荘一 ············ 03245, 04840,
04877, 06704, 07474,
08660, 08936, 14532,
15050, 15904, 17509,
17667, 17714, 17740
辻 弥兵衛 ············ 03486
辻山 誠一 ············ 09765
津田 英夫 ······ 07764, 07848
蔦谷蓄音器店 ·········· 00304
土川 五郎 ············ 00338,
00345, 00358

つちかわ

土川 正浩 ……… 03082, 12523, 12631, 16922
土沢 治 ……… 14578
土沢 一 ……… 01302, 01319, 01334, 01348, 01365, 01390, 01401, 01438, 01461, 01544, 01569, 01788, 01902, 02283
土田 貞夫 …… 02898, 14356, 17653, 17676, 17904
土屋 忠雄 ……… 13366, 13400, 13432, 13559, 13665, 13690, 13705, 13777, 15977, 17173, 17196, 17233, 17314
土屋 正治 ……… 05221
綱 桃三 ……… 17589
常松 之俊 …… 15649, 15967
常深 千里 ……… 00318
椿 真太郎 ……… 00211
坪井 正和 …… 04262, 04388, 04500, 04569, 04659, 04725, 04797, 10948
坪田 昭三 ……… 05721, 05836, 05957, 05993, 06382, 06812, 07937
津留 吉雄 …… 00780, 00791

【て】

ディック・ミネ ……… 12762
ティボー, ジャック ……… 03503, 11302
ディーン,J.G. ……… 04249
テゥルナイザー ……… 01836
出谷 啓 ……… 10666
出原 真澄 ……… 09408
デュアメル, ジョルジュ ……… 15889
寺井 昭雄 ……… 03429, 04199, 07948, 15046, 15066, 15121, 15167, 15217, 15287, 15429, 15499, 15566
寺島 宏 ·· 01812, 03363, 03479, 03519, 09371, 09719, 12908, 14813, 14845, 15380, 15549, 15658, 15720, 15816, 15927
寺戸 奎介 ……… 04583
寺西 一郎 …… 15954, 16017
寺西 春雄 ……… 08569, 08867, 08950, 08963, 15624, 15658, 15665, 15698, 15703, 15729, 15737, 15755, 15788, 15856, 15859, 15930, 15940, 16004, 16041, 16045, 16051, 16058
てれーず・やまぐち ……… 03897, 03986

【と】

東川 清一 ……… 06193, 06659, 09450
東儀 鉄笛 ……… 00020, 00032, 00044
東條 操 ……… 00200, 00276
陶野 重雄 ……… 13895, 14102, 14129, 14157, 14183, 14205, 14229, 14310, 14364, 14366
遠山 一行 ……… 04117, 04271, 07788, 14987, 15383, 15488
富樫 康 ……… 15676, 15801
徳田 一穂 ……… 11934, 12219, 12642, 12877, 13619, 15082
徳田 秋声 ……… 12504
徳田 雅彦 ……… 14780
徳田 靖 ·· 05737, 05929, 06399
徳永 康元 …… 15297, 15341
戸倉 ハル ……… 14565
戸坂 光 …… 16582, 16617
戸崎 徹 ……… 18017
豊島 太郎 ……… 16991
戸田 邦雄 ……… 04165, 04241, 04337, 04662, 05180, 15889
ドッヂ,R.P. ……… 14878
トッド, アーサー … 09333
ドーテ, アルホンス … 00029
ド・ニコレエ ……… 01330
利根川 長二 ……… 16229
鳥羽 椒二 ……… 16985
トマデスカロ,W. …… 17224
富田 義男 ……… 04330, 04356, 04716
富田 嘉和 …… 03902, 03921
トムプスン,D. ……… 13435
伴田 讃 ……… 04539
友永 文彦 ……… 14208
友部 美与子 … 13558, 13584, 13640, 13695, 13727
豊田 耕児 ……… 04900
豊増 昇 ……… 04729, 16007
ド・ラ・グランジュ … 07659

【な】

内藤 武夫 ……… 12050
中井 駿二 ……… 16171
長尾 豊 …… 10953, 10964
長尾 義弘 ……… 06973, 07184, 07187, 07197, 07204, 07299, 07374, 07437, 07467, 07479, 07561, 07562, 07563, 07564, 07565, 07566, 07567, 07568, 07569, 07570, 07571, 07572, 07573, 07574, 07575, 07576, 07577, 07578, 07579, 07580, 07688, 07768, 07773, 08001, 08146, 09420, 09726, 09750, 09754, 09780
中川 和義 ……… 09727, 09785, 09831, 09875, 09917, 09972, 10004, 10044, 10091, 10129
中川 進 ……… 04715
長坂 春雄 ……… 15439
長坂 好子 ……… 15100
中沢 埀夫 ……… 14400
中沢 美彦 ……… 08036, 08082, 08204
中島 加寿子 … 03836, 07450, 07820, 08150, 08703, 15076, 15254, 15565
中島 花楠 ……… 00424
中島 健蔵 …… 13297, 15816
長島 卓二 ……… 04222, 04278, 04346, 04603, 04748, 04896, 13843, 14080, 14166, 14193, 14652, 17979
長島 達夫 …… 08993, 09128, 09241, 09319, 09394
中島 槙二 ……… 14588
中曽根 良一 … 16038, 16080
中田 一次 ……… 04284
永田 絋次郎 ……… 13023
永田 龍雄 ……… 16730
長田 秀雄 …… 11053, 16185
中塚 浩 ……… 15985

執筆者名索引　　　　　　　　　　　　　　はたなか

中根 宏 ················ 11511,
　　11981, 12061, 12546,
　　12580, 12666, 12907,
　　12908, 12939, 13437,
　　13499, 13725, 13778,
　　13802, 14147, 14192,
　　14266, 14427, 14482,
　　14527, 15014, 15301,
　　16331, 16389, 16624,
　　16668, 17717, 17792
中野 頃保 ······ 16155, 16280,
　　16573, 16673, 16757
中野 三六 ············· 00268
中原 路子 ············· 05611
中村 憲司 ············· 10632
中村 善吉 ············· p.549
中村 隆夫 ············· 09722
中村 民三 ············· 14314
中村 久雄 ············· 05380
中村 久次 ····· 04233, 04719,
　　05248, 05600, 05636
中村 武羅夫 ··········· 11069,
　　11876, 12418, 14804
中村 行雄 ············· 06974
中山 悌一 ············· 15626
中山 直次郎 ··········· 16095
中山 春生 ············· 03782
中山 龍次 ············· 16439
半井 純 ········ 16910, 16933
並河 亮 ········ 15757, 16009
双木 みつる ··· 03775, 03913
楢崎 勤 ·· 11959, 12193, 12590,
　　12911, 13472, 14698,
　　14824, 14929, 16919
成田 為三 ············· 17051
鳴海 弘 ··············· 10261
名和 紫蘭 ············· 11891

【 に 】

新妻 博 ········ 16038, 16080
西 巌 ················· 17048
西 晋一郎 ············· 10983
西尾 正 ········ 13027, 13521
西岡 義夫 ············· 02902
西木 多也 ············· 12099
西田 清治 ············· 15954
仁科 真 ··············· 17160
西野 茂雄 ············· 04323,
　　08941, 13736, 13760,
　　14968, 15062, 15238,
　　15331, 15524, 15700,

　　15748, 15933, 17066
西野 茂 ··············· 17236
西原 良三 ······ 07868, 07991
西村 健次郎 ··········· 01964
西山 広一 ············· 14798,
　　15590, 15649, 15658,
　　15670, 15709,
　　15737, 15752, 15781,
　　15787, 15822, 15858,
　　15859, 15867, 15895,
　　15934, 15949, 15954,
　　16013, 16041, 16053
西脇 乃夫彦 ··········· 12111,
　　16169, 16204
二宮 秀 ········ 04167, 04339
日本音楽と蓄音機社 ··· 00490,
　　00519, 00532
日本蓄音器世界社編輯部
　　·················· 00114
ニューマン, アーネスト
　　·················· 11639
丹羽 久雄 ············· 10883
丹羽 正明 ······ 06421, 10835

【 ぬ 】

ヌヴー, ロンズ ·· 08243, 08286

【 ね 】

根上 弘 ··············· 01870
根岸 浩 ·· 17184, 17242, 17271
ネストル ·············· 00261

【 の 】

野上 孝一郎 ··········· 17362
野川 香文 ············· 03618,
　　13659, 13902, 13936,
　　13971, 14010, 14040,
　　14068, 14092, 14119,
　　14261, 14507, 14660,
　　14755, 14878, 16087,
　　16516, 16558, 16591,
　　17280, 17553, 17840,
　　17947, 17978, 18019
野口 昭 ·· 09311, 09363, 09829
ノグチ, イサム ········ 15595
野口 晴哉 ············· 03428
野口 久光 ············· 01865,
　　02028, 02090, 04107,
　　12691, 13740,
　　13880, 14012, 15710,
　　15807, 15997, 17524

野口 英彦 ············· 09711,
　　09744, 09759
野々村 恒夫 ··········· 00611,
　　00623, 00711
信時 潔 ··············· 14447
野辺地 瓜丸 ··········· 14303,
　　14484, 15156
野村 長一 →あらえびすを見よ
野村 光一 ··········· p.557
野村 胡堂 →あらえびすを見よ
野村 輝子 ············· 15005
野村 良雄 ············· 15938
野村 隆一 ····· 09743, 09798,
　　09838, 09885, 09930,
　　09976, 10015, 10056,
　　10099, 10133, 10309,
　　10344, 10414, 10476
乗杉 嘉寿 ············· 00478
野呂 信次郎 ··········· 03365,
　　14661, 14761,
　　15591, 15612, 15652

【 は 】

玫瑰風 ··············· 00639
ハーヴェイ, ヒュー ···· 02958
坩和 昌夫 ············· p.562
バーガー, A. ········· 05930
バーカット ············ 06837
萩須 虎夫 ············· 04351
萩原 英彦 ····· 05951, 05983,
　　06022, 06218, 06405,
　　06423, 06766, 06889
バーク, ジョン・N ····· 10230
橋爪 克巳 ············· 09741,
　　09796, 09836
橋田 光 ·· 00420, 00432, 00448
橋本 国彦 ······ 13100, 13264
ハーシュ, J.D. ········ 10445
蓮田 豊 ··············· 01749
長谷川 一郎 ··········· 02010,
　　02112, 02221
長谷川 修一 ··· 04785, 04825,
　　04827, 04861, 04862
長谷川 正三 ··········· 14578
長谷川 新一 ··· 04177, 04483
長谷川 基孝 ··········· 10970
長谷川 良夫 ··········· 05919
幡 京次 ··············· 00204
畑 耕一 ··············· 11088
畑中 更予 ············· 04313,

戦前期　レコード音楽雑誌記事索引　623

はたなか

04373, 04669, 04943,
05389, 05730, 07929,
08784, 08830, 08910,
09045, 09144, 09465
畑中 良輔 p.568
ハチャトウリアン,A. ... 04170,
04212, 04269
ハックスレー,A. 04125
服部 幸三 05955, 06186,
06739, 06775, 06863,
06887, 06924, 07024,
07349, 07691, 07694,
09172, 09223, 09260,
09450, 09485, 09518,
09627, 09663, 09675,
10360, 10460, 10637
服部 正 .. 02502, 02614, 02848,
03269, 03270, 04370,
12970, 13068, 13130,
13257, 13328, 13430,
13585, 13613, 13852,
13992, 14137, 14505,
14731, 16720, 16781,
17045, 17171, 17211,
17238, 17294, 17357
服部 龍太郎 11521,
11542, 11586, 11644,
11679, 11702,
11724, 11768, 15831,
16482, 16486, 16594
パデレフスキー, イグナッツ・
ヤン .. 14027, 14050, 14090,
14128, 14141, 14170
ハート, ジョージ 00060,
00075, 00087, 00132
鳩山 宣雄 16965, 16994
花村 圭晟 03902
羽仁 協子 09006
パニジェル, アルマン .. 15994
パヌフニック 04515
羽田 清次 00462
馬場 二郎 11871,
12490, 13165, 16852
パーマ, ハロルド・イ .. 00225
浜口 正二 01729
浜田 徳昭 06416, 07864,
08069, 09756, 09809,
09854, 10068, 10217,
10331, 10866, 10873
早川 順介 15776
早川 弥左衛門 .. 17227, 17963
林 いさむ 01683
林 謙三 17908

林 健太郎 01452,
01832, 01921, 02003,
02061, 02080, 02130,
02178, 02199, 02790
林 四月亭 01176,
01222, 01299, 01329,
01371, 01425,
01467, 01505, 01540,
01629, 02281, 02470,
02487, 02639, 02703
林 尚武 .. 04705, 05600, 10884
林 光 04338, 04618,
06187, 06738, 09041
林 龍作 11453,
11956, 12008, 12273,
12413, 12663, 12910
林 良治 09631
葉山 竹夫 16657,
16693, 16775, 16794
玻山 甫 03203, 03229
原 愛次郎 16704, 16760
原 孝太郎 04171,
04247, 04629
原 太郎 17194
原 智恵子 01224,
01516, 14172, 17869
原 六郎 16088
原田 一郎 04004, 04128,
04153, 04274, 04321,
04409, 04482, 04550,
04631, 04920, 04967
原田 軍二 16751
原田 健次 00304
原田 光子 14027,
14050, 14078, 14090,
14128, 14141,
14170, 14199, 14373,
14379, 14404, 14426,
14458, 14483, 14511,
14531, 14555, 14573,
17549, 17581, 17823
バルトーク, ベーラ p.376
榛名 静夫 04051
バーンスタイン, レナード
.... 04582, 06203
ハンスリック 00212
パンヌティエ, オデット
.... 13136

【ひ】

ピアース,J. 05882
ピエルネ, ギャブリエル

.... 11475
東川 精一 08790
日高 詢 09386,
09423, 09462, 09498,
09531, 09561, 09587
ピッカリング, ノーマン
.... 09774
日向 素郎 14699,
14800, 14823, 14896,
14937, 15043,
15083, 15134, 15183,
15298, 15363, 15478
日比木 伸一 09604, 09637,
09640, 09677, 09679,
09783, 09789, 09877,
10008, 10049, 10093
檜山 薫 05215
冷牟田 修二 04069,
04765, 04799, 04867
ヒュークス,A.D. 15145
ヒューズ,P. 09143
ヒュッシュ, ゲルハルト
.... 15656
日吉 弥満津 11132
比良 正吉 11187,
12452, 12826
平井 丈一朗 05964,
06780, 07318, 08744
平尾 貴四男 13531, 13719
平岡 養一 17798
平河 一三七 12840
平島 正郎 06965,
07745, 07783,
07986, 08714, 15726
平野 春逸 03430
平林 勇 .. 11182, 11407, 11421,
11462, 11605, 11643,
11987, 12486, 12594,
12603, 13184, 13218,
13251, 13284, 13317,
13346, 13357, 16840
平原 寿恵子 03899
平間 文寿 01706, 03362,
03452, 03747, 04244
平山 敦 02580
ピリー, ピーター・P. .. 10114
弘田 龍太郎 11827
広津 和郎 16164
ビンダー, ジー 00357

【ふ】

ファヴァレリ, マックス

················· 13334
ファーブスン, ジャック
················· 09903
ファリャ, マヌエル・デ ·· p.379
フィッシャー, エドヴィン
·········· 01707, 02622
フォス, ヒューバート ·· 15192
深井 史郎 ····· 01125, 01418,
01455, 01536, 01650,
01957, 02254, 02441,
03221, 03271, 04671,
14872, 17000, 17021
深沢 議一 ············· 17728
深沢 寅雄 ············· 03121
深津 文雄 ······· 04195, 04488
福井 英次郎 ··········· 16434
福井 直弘 ············· 04175
福井 正明 ············· 09297
福沢 アクリヴィ ······· 05835
福島 正之 ············· 04712
福田 一郎 ············· 04790,
04834, 04872,
04907, 04930, 04975
福田 都志夫 ··········· 04352
福田 幸彦 ············· 00531
福田 蘭童 ············· 00367,
00374, 00384
福西 潤 ······· 04716, 14928
福原 彰夫 ············· 14061,
14411, 14442, 14469
福原 信夫 ············· p.570
福村 英生 ············· 17755
藤井 英一 ············· 05603
藤井 司 ········· 03776, 15813
藤井 夏人 ············· 01984,
03423, 03478, 03526,
03546, 03572,
03680, 11974, 12112,
12350, 12384, 12475,
12562, 12593, 12841,
12937, 12991, 13370,
15283, 15300, 15320,
15349, 15369, 15387,
15409, 15427, 15451,
15482, 15512, 15532,
15558, 17042, 18008
藤井 肇 ··············· 04078
藤江 裕 ·········· 03330, 03350
藤木 義輔 ············· p.574
藤田 繁治 ············· 03121
藤田 晴子 ············· 06420,
06693, 07035, 07866,

08909, 09942,
10024, 10140, 10141,
10390, 10663, 10835,
14733, 15132, 15966
藤田 不二 ············· p.575
藤田 光彦 ············· 03528,
14765, 15569
藤野 行雄 ············· 00554
藤森 照尊 ······· 02993, 03021
藤山 一郎 ············· 12762
藤原 敏信 ············· 11667
藤原 義江 ······· 04674, 15334
伏島 周次郎 ··········· 12805
二木 朱 ············· 11559
双葉 十三郎 ······· 16845, 16871
二見 孝平 ············· 03301,
03321, 15033, 17520
ブテイ, レイモン ······· 00550
船越 玲子 ············· 15101
プファイファー, ジョン
················· 06849
文園 三郎 ············· 12378
冬木 乙彦 ······· 13939, 14288
フライエンフエルス, ミュ
ラー ············· 02897
ブラウニング, N.L. ····· 09550
フランケル, イー ······· 16088
フランケンシュタイン ·· 04574
フランス, アナトール ·· 00041,
00067, 00084, 00271
フリチァイ, フェレンツ
················· 16061
フリードリッヒ ········· 01949
フリーマンテル, フレデリッ
ク ············· 00283
ブリュエル, デュセ ····· 11614
ブリーン, オー ········· 00339
プリングスハイム ····· 17604
古沢 武夫 ············· 06430,
16349, 16380, 16688
降沢 多計夫 ··········· 16752
古田 徳郎 ············· 04630,
09025, 09062, 09094,
09126, 09159,
09200, 09238, 09277,
09314, 09342, 09429,
09469, 09567, 09607,
09644, 09687, 15862
フールニエ, ピエール ·· 04392
プルニエル, アンリ ···· 01066
古畑 銀之助 ··········· 12181

古家 正司 ············· 03121
古谷 大介 ····· 17327, 17349,
17370, 17390, 17414
フレミング, シャーリー
················· 09380
ブローダー, ナタン ···· 09759
ブロム, エリック ······· 11661

【へ】

米国ヴィクター蓄音機会社教
育部 ·· 00490, 00519, 00532
米国コロンビヤ蓄音機会社
教育部 ············· 00114
ヘイドン, エリザベース
················· 15670
ペーター, C. ············· 10694
別府 六 ············· 17008
ベッロドニイ, I. ······· 04272
ベル, R.C. ············· 16772
ベルガー, エルナ ······· 15906
ヘルツォグ ············· 08541
ヘルツフェルト, F. ····· 09859
ベルトゥミウ ··· 05616, 05683
ヘルム, エヴァーレット
················· 09755
ベルリオーズ, エクトル
················· p.410
ベレゾウスキイ ········· 04444
ベンダーガスト ········· 09111
ヘントフ, N. ············· 09140

【ほ】

ボウエン ············· 06724
坊田 寿真 ····· 10965, 11828
ボエール, シェラール ·· 03507
星島 和雄 ····· 11023, 11033,
11034, 11055, 11072,
11090, 11219, 11248
保科 孝一 ············· 00210
穂積 正信 ····· 17080, 17158,
17211, 17232, 17269,
17297, 17335, 17374
細野 春翠 ············· 00501
ポーター, A. ············· 04439
ボッショ ············· 13101,
13134, 13198, 13232,
13265, 13296, 13337,
13368, 13406, 13530
ポッター, ロバード ···· 16297

ホフマン，エーテーアー
.... 00228, 00242
保柳 健 09907, 09951
堀 弘 16616
堀 増太 01639
堀内 敬三 05095,
09719, 11469, 12137,
12611, 13132, 13555,
13582, 13610, 13643,
13667, 13700, 13729,
13757, 13779, 13824,
13856, 14886, 14904,
14920, 14942, 14950,
14953, 15072, 15180,
15699, 16047, 16396,
16690, 16691, 16974,
17226, 17309, 17517,
17598, 17826, 17884
堀江 謙吉 00854, 00889,
00904, 00936, 00978,
01068, 01606, 01674,
01746, 01774, 01881,
01899, 11438, 11454,
11502, 11560, 11587,
11604, 11678, 11701
堀口 大学 16458
堀取 文二 16993
ホール，ディヴィド
.... 09412, 09711
ホルツマン，ジャン 07791,
07902, 08532
本郷 澄夫 16658, 16692,
16776, 16834, 16943,
16962, 16963, 16988
ボンドヴィユ，エマニュエ
ル 13387

【ま】

前 和男 09779,
09828, 09830, 09874,
09898, 09969, 10007,
10010, 10048, 10092
前田 幸一郎 07443
前田 幸市郎 04252
前田 三吉 17383
前田 利建 06974
前田 豊 17239, 17288
マーカム・リー，イー ... 10959
槇 一雄 17262
牧 定忠 03364,
03392, 03411, 05653,
06417, 13673, 13831,
14223, 14331, 14398,

14528, 15177, 15180,
15249, 15484, 15536,
15609, 15624, 15649,
15687, 15783, 15784,
15816, 15819, 15831,
15852, 15866, 16041
牧 嗣人 04286, 17582
牧 宣忠 15055
牧田 三郎 14580
牧野 剛 03793, 04080
牧山 省三 01486
マクドナルド，ジヤネット
.... 16174
正高 一朗 10051
真下 孝能 10235
間下 哲男 03542, 03567,
03592, 03621, 03627,
03670, 03699, 03734
マーシュ，ロバート・C. .. 05691,
10069, 10325,
10363, 10392, 10430
枡 源次郎 17624, 17678
増井 敬二 14979, 15854
増沢 健美 14923,
15486, 16260, 16293,
16399, 17018, 17336,
17811, 17871, 17888
増田 隆昭 08305,
08396, 08403, 08408,
08418, 08419, 08559,
08596, 08674, 08719,
08765, 08804, 08839,
08881, 08906, 09007,
09043, 09049, 09119,
09140, 09182, 09255
増永 善吉 04000
町田 武 10276
町田 嘉章 11825,
16404, 16435, 16542,
16608, 16640,
16674, 17632, 17677,
17699, 17725, 17748,
17797, 17847, 17872
松井 翠声 16242
松井 丈夫 03360,
03389, 03408, 03523,
03581, 03599, 03635,
03636, 03693, 03712,
03904, 03905, 04300
松浦 豊明 04340, 15658
松尾 彰 .. 01664, 01866, 02006
松尾 静弥 04294
松尾 要治 17401, 17999

松岡 清尭 13226,
13260, 13325, 13466,
14877, 14897,
15270, 15827, 15954
松岡 宏一 09720
マックマレン，ロイ 10634
マックレーン，ジョン .. 10564
マッケンジイ，コムプトン
.... 11333
松下 真一 17326
松下 高次 01960
松下 秀雄 04264, 04724
松田 十四郎 05653,
15604, 15642, 15671,
15697, 15741, 15765,
15796, 15826, 15843,
15878, 15917, 15954
松田 篤二 17153
松平 頼暁 04623
松平 頼則 00921,
04258, 04622
松永 和十郎 14578
松前 紀男 05949
松村 武重 00385, 00482
松本 一哉 10815
松本 響一 00572
松本 善三 04193, 04581
松本 荘之助 02472,
12797, 16087
松本 太郎 p.579
松本 常三郎 00498
松本 英雄 09822
松本 正夫 12517
松本 鑛二 17174,
17295, 17316
松山 俊 11225
松山 俊郎 16537
松山 弘 08105
松山 芳野里 04368
的場 実 02425, 02450,
02471, 02923, 14091
マニン，エセル 13266
真野 泰光 13652
馬淵 冷佑 00277
間宮 信郎 10188
丸岡 大二 17550
マルカス，ミハエル 10328
マルタン，F. 04104
丸家 裕 07315
丸山 菊夫 01264,

執筆者名索引　もしや

08927, 09721
丸山 鉄雄 ………… 17557, 17840, 17948
丸山 和平 ………… 01816, 01965, 02071, 02243, 05856, 09502, 09534
マレシャル, モーリス ‥ 03505
マレック, ジョージ・R. … 10293

【み】

三浦 淳史 ………… p.584
三浦 さゆり … 05900, 06012
三浦 潤 ……… 00624, 00636, 00650, 00663, 00710, 00749, 00758, 00820, 00843, 00890, 00902, 00935, 00991, 01051, 01330, 01387, 01403, 01424, 01439, 01467, 01635, 01861, 01928, 02060, 03382, 03402, 03649, 13659, 14768, 15022, 15954, 17810
三浦 環 ……………… 17516
三上 参次 ………… 00196
三上 文子 ………… 10689
美川 徳之助 ………… 15875
ミケリス, A. ………… 09622
水島 弘太郎 ………… 02883
水野 忠恂 ………… 13259, 13293, 13329, 13364, 13398, 13465, 13495, 13525, 13606, 13614, 13663, 13692, 13728, 13750, 13776, 13803, 13851, 13874, 13921, 13987, 14031, 14057, 14083, 14107, 14164, 14178, 14214, 14235
水原 民雄 ………… 13651
三角 紀志 ………… 01426, 01442, 01492, 01523, 01701, 01777
三田 隠士 …… 02535, 02553, 02600, 13670, 13798
三田 智安 …… 02072, 02098
三井 啓 ……… 09084, 09118, 09149, 09189, 09231, 09284, 09380, 09426, 09449, 09521, 09549, 09600, 09621
三井 信次 ………… 10241
三井 高陽 ………… 15983

箕作 秋吉 ……… 04146, 04662
光成 信男 …… 00163, 00180, 00191, 00207, 00219, 00236, 00248, 00249, 00259, 00272, 00289, 00298, 00305, 00347
三潴 末松 …… 01242, 01719, 03315, 04140, 04237, 04259, 04334, 04587, 16557, 16687, 17001
湊谷 嘉人 ………… 10694
南 春雄 …… 05613, 05789, 06725, 07091, 07370, 07502, 08020, 08064, 08080, 08139, 08287, 08530, 08574, 08646, 08655, 15693
南 六朗 … 16144, 16250, 16450
嶺 みなみ ………… 16496
峯村 幸三 ………… 11728
味生 勝 ………… 04717
ミハイロフスカヤ …… 05652
耳野 良夫 …… 04616, 04654, 04695, 04747, 04791, 04891, 04942, 04985, 05155, 05246, 05378, 05396, 05593, 05639
宮内 鎮代子 →滝崎 鎮代子を見よ
宮城 道雄 ………… 17095
三宅 光三郎 ………… 12266
三宅 善三 …… 01254, 01350, 01405, 15627
三宅 武雄 …… 00313, 00334
三宅 武郎 ………… 00484
宮崎 嗣 … 05930, 06872, 07093
宮沢 縦一 ………… p.586
宮沢 信太郎 ………… 11302
宮沢 信夫 …… 11159, 11171, 11221, 11249, 11398
宮沢 明子 ………… 10671
宮田 東峰 …… 16133, 17323, 17347, 17369, 17790, 17813
宮前 有吉 ………… 09444
三善 清達 …… 05875, 05956, 07865, 08869
三輪 省三 ………… 10752

【む】

ムーア, ポール ‥ 09994, 10034

向山 好直 ………… 03903
睦角 楚吉 ………… 02555
陸門 素吉 ………… 02313, 02353, 02399, 02420, 02447, 02630, 02688, 02710, 02729, 02748, 02809, 02834, 02989
武藤 與市 ………… 17538
宗像 洋二 ………… 07383, 07706, 07774
村岡 貞 …… 00677, 00689, 01069, 01868, 01889, 02308, 03002, 03029, 03053, 03073, 03240, 03287, 03310, 03330, 03350, 03458, 03590, 04307, 14643, 15838, 15880, 15918, 15958, 15996, 17611, 17631
村上 紀子 …… 10130, 10195
村上 求馬 ………… 00138
村上 凱之 ………… 10564
村沢 正一 …… 04081, 04227, 04430, 04467, 04499, 04516, 04546
村瀬 淑子 …… 08911, 09046, 09154, 09192, 10566, 10587, 10631
村田 欽哉 ………… 09835, 09882, 09927, 09974, 10012, 10058
無量塔 蔵六 ………… 10524
村田 武夫 ………… 01124
村田 武雄 ………… p.588
村田 浩 ………… 04704
村田 美与子 …… 13889, 13949, 14032, 14448
村松 正俊 … 12544, 13197
村山 有一 ………… 16136

【め】

メック, バルバラ …… 06724
メニューイン, ユーディ
　　　　…………… p.452

【も】

モーア, ポール …… 09297
モーア, リチャード … 09716
モーザー, ハンス・ヨアヒム ………… 02858
モーシャ, G. ………… 10298,

10333, 10670
本居 長世 00254
本来 漠 ·· 00774, 00922, 01025,
01136, 01221, 01240,
01315, 01335, 01400,
01471, 01506, 01537,
01586, 01627, 01705,
01831, 01897, 02107
本野 照子 03711, 15981
桃園 春夫 04028,
04032, 04056, 04068,
04176, 04178, 04194,
04225, 04272, 04279,
04300, 04322, 04348,
04364, 04400, 04416,
04439, 04508, 04538,
04551, 04554, 04577,
04613, 04626, 04653,
04673, 04688, 04779,
04799, 04945, 05106
森 薫 10585
森 景泉 02427, 02473
森 潤三郎 p.596
森 晨雄 08870
森 正 05846, 06824
森 忠一郎 02458
森 敏信 16836
森 満二郎 16972
森 優 09338, 09379
森垣 二郎 00008, 00486
森崎 五郎 02903
森下 笹吉 00460
森下 辰之助 00350, 00435
森園 正彦 03488,
03978, 04707
守田 達雄 10956
守田 文治 00190
森田 緑 17246
盛田 保子 04105
守田 有秋 00169, 00229,
00312, 00320, 00342
森本 功 15522, 15709
森本 覚丹 17772, 17796,
17820, 17846, 17867
諸井 三郎 04763, 04912,
07922, 14688, 17539
諸井 誠 04662
モンブラン,R.G. 04022
門馬 直衛 p.597
門馬 直美 04073,
04094, 04200, 04242,
04311, 04375,

04558, 04698, 04742,
04770, 04807, 04813,
04845, 04868, 04898,
04913, 04914, 04944,
04964, 05105, 05154,
05193, 05360, 05399,
06435, 06655, 06662,
06703, 06736, 06742,
06962, 07038, 07106

【 や 】

八木 進 03427,
03774, 15135, 15205,
15251, 15276, 15350,
15371, 15391, 15413,
15430, 15460, 15492,
15515, 15535, 15560,
15865, 15894, 16041
矢島 繁良 09219
安井 郁 12775,
13037, 13436, 13591
安井 友三郎 00346
安井 義三 12660
安川 加寿子 04021,
14970, 15586
矢田部 勁吉 03871
柳 兼子 02661, 15634
柳 三郎 11011, 11051
矢野 駿 09116
矢萩 銀三 01098, 03413,
03434, 03463, 04292,
09444, 17564, 17703
山内 一郎 18018
山内 幸一 01565
山川 盛一 00487
山口 勝弘 15883,
15891, 15928,
15970, 16034, 16060
山口 亀之助 p.599
山口 潔 15041, 15081
山口 淳 15151
山口 隆俊 01744, 01776,
01798, 16956, 16967
山口 芙美子 03957,
04055, 04144, 04166,
04170, 04212, 04343,
04362, 04405, 04444,
04485, 04486, 04548,
04873, 04960, 05109,
05359, 05751, 05845,
05924, 05979, 05996,
06212, 06781, 06875,
06905, 06930, 07070,

07105, 07280, 07381,
07710, 08128, 08981,
09948, 10270, 10297,
10332, 10369, 10399
山崎 庸一郎 10631
山崎 亮三 07047
山下 義雄 17165
山田 和男 04961
山田 和義 09906
山田 喜三郎 09718
山田 耕作 00251,
00260, 00273,
10963, 10973, 12212
山田 秋草人 14682
山田 忠夫 14829,
14857, 14927, 14944,
14964, 15045, 15065
山田 年夫 02624
山田 弘 ·· 01484, 01522, 01546
山田 泰美 06837
山田 幸男 03066
山中 敬三 10457, 10834
山根 銀二 01959,
02069, 02092, 05640,
05682, 12355,
12486, 12720, 12797,
12832, 12969, 13065,
15688, 15831, 17904
山根 比奈子 10054
山根 松三郎 11169, 11197,
11233, 11261, 11344
山野 敬三 06380
山野 政太郎 16087, 16193
山内 盛彬 00117,
00130, 00139
山本 定男 15064, 15572
山本 博之 10495
山本 光雄 05740, 05821
夜有 日無 16092, 16183
ヤング, ヴィクター 16734

【 ゆ 】

湯浅 譲二 15848
湯浅 永年 16330,
16432, 16463, 16534,
16567, 16601,
16630, 16636, 16702
油井 正一 03345,
05880, 05911, 05922,
05959, 06400,
06446, 06485, 06953

執筆者名索引

柚木 卯馬 10981
由起 しげ子 15752
幸 俊二 09784, 09870
ユシェール, イヴ 05641,
05843, 05883, 06210,
06469, 06702, 06763,
06779, 06877, 06891,
06929, 06972, 07001,
07061, 07078, 07125,
07353, 07389, 07419,
07449, 07712, 07790,
07840, 07962, 07995,
08078, 08586, 08781

【よ】

横井 和夫 10042, 10045
横井 陽之助 14578
横内 忠兌 03518,
03709, 08952
横川 文雄 06185,
15607, 16061
横田 昇一 00083,
00126, 00201,
00337, 00350, 00582
横田 昌久 14384, 14417,
14466, 14499, 14563
横溝 亮一 05692
横光 象三 15006
横山 武弘 10224
横山 信幸 10815
吉岡 源一郎 00497
吉川 淡水 12033,
12408, 12459, 13101,
13134, 13198, 13232,
13265, 13296, 13337,
13368, 13406, 13530,
13785, 14436, 17987
吉川 一夫 04866, 09964
吉阪 清次 01202,
11844, 11893, 12232
吉沢 忠三郎 11186
吉沢 忠次郎 16228
吉田 潤 10301
吉田 信 12137,
12448, 12689, 12762
吉田 たか子 16698
吉田 貴寿 08826
吉田 八郎 00304
吉田 秀和 04956, 10490,
15360, 15781, 16010
吉田 雅夫 05216, 06378

吉田 由紀夫 04948
吉成 吾郎 12151
吉野 正 ... 01946, 01949, 01962
吉松 祐一 10976, 10978
吉村 一夫 15629, 15818
吉村 昌光 02574,
02596, 02663, 02747,
02808, 02830,
02873, 02919, 02940,
02957, 03020, 03036,
03061, 03087, 03112
吉本 明光 15952
四谷 左門 03370, 03378,
03399, 03747, 03798,
03956, 04109, 04192,
04217, 04285, 04296,
04461, 04728, 05097
四家 文子 03952, 15040
米村 晰 08868
米山 正 00479, 16087

【ら】

ライル, ワストン 11756
ラインスドルフ, E. 04309
ラダント, エルゼ 10777
ラフマニノフ, セルゲイ
.... 16359
ランダ, ヘンリー 09076
ランダン, R. 09217
蘭堂 鹿子 01027
ランドフスカ, ワンダ ... p.454
ランドン, ロビンズ 10030

【り】

鯉城 東南 17144
リスト, クルト 15246
リッチイ, D. 04176
リード, ピーター・ヒュー
.... 14029
リード, C.B. 08046
リパッティ, アンナ
.... 08645, 08664
リヒテル, S. 05359

【る】

ルッツ, H. 04105
ルパテ, リュシアン 12643
ルフェビュール, イヴォン
ヌ 13231

ルメール, C. 06855
流理 える子 12277,
12334, 12386

【れ】

レイモンド服部 12398
レヴィ, R. 04054
レヴィンソン, M.A. 12592
レーヴェ, ネトケ 15627
レーヴェルキューン, A.
.... 04049
レオナルド, フローレンス
.... 17207
蓮 朴順 11048
レーン, E. 05636

【ろ】

ロエスジャン=シャムピオ
ン, マルグリトゥ 13401
六郷 新平 11463
緑野 卓 ... 04286, 04324, 04511
ロジャース, ハロルド .. 15354
ロスタン, クロード ... 05761,
06489, 07716, 16021
ロストロポーヴィッチ .. 07105
ロックスパイサー ... 02066
ロベール, M. ... 04055, 04124
ロラン, ミシェル 06443

【わ】

ワイデマン, アルフレッド
.... 02875
ワインガルトナー ... 17393
若杉 弘 10259
若林 駿介 08666, 08716
脇 順二 ... 00670, 00842, 01007,
11032, 11066, 11086,
11106, 11145, 11195,
11224, 11251, 11321,
11455, 11537, 11642,
11686, 12318, 12455,
12483, 12633, 12839
ワグナー, H. 01839
鷲崎 良三 04787
和田 正三郎 04293
和田 龍雄 00364
和田 則彦 10169, 10187,
10201, 10236, 10238,
10272, 10275, 10306,

わた　　　　　　　　　　　　執筆者名索引

10408, 10413, 10539

和田 雄太 ‥‥‥‥‥‥ 09664

渡辺 暁雄 ‥‥‥‥‥‥ 15897

渡辺 学而 ‥‥‥‥‥‥ 09078,
　　　09625, 09638, 09678,
　　　　　　09706, 09729,
　　　09760, 09810, 09817,
　　　09827, 09871, 09873,
　　　09915, 09966, 10005,
　　　10043, 10046, 10090,
　　　10137, 10138, 10438

渡部 恵一郎 ‥‥‥‥ 05840,
　　　05904, 05946, 06017,
　　　　　　06195, 06403,
　　　06453, 06492, 06663,
　　　06688, 06764, 06801,
　　　06913, 07784, 09731,
　　　09786, 09945, 09998,
　　　10040, 10084, 10121,
　　　10150, 10191, 10226,
　　　10457, 10663, 10689

渡辺 茂 ‥‥‥‥‥‥‥ 05619,
　　　05963, 07035, 07430,
　　　07949, 15954, 16028

渡辺 忠三郎 ‥‥‥‥ 04305

渡部 尚一 ‥‥‥ 00323, 00336

渡辺 久春 ‥‥‥‥‥ 03926,
　　　04027, 04067, 04625

渡辺 護 ‥‥‥‥‥‥‥ p.600

鰐淵 賢舟 ‥‥‥‥‥ 01810,
　　　　　　14023, 14079

藁科 雅美 ‥‥‥‥‥ p.603

ワルター, ブルーノ ‥‥ p.456

【 英数字 】

Bell,C.E. ‥‥‥‥‥‥ 00656

L'étoile ‥‥‥‥ 11052, 11113

Kawatsu,T. ‥‥‥‥‥ 11734,
　　　　　　11764, 11792

Mendel,R.W.S. ‥‥‥‥
　　　　　　00936, 00978

Tamegai,K. ‥‥‥‥‥ 03490

人名・事項名索引

【あ】

アイネム, ゴットフリート・フォン ……………… 09680
アインシュタイン ……… 04664
青木 謙幸 …………… p.459
青木 周三 …………… p.463
青木 玉子 ……………… 17435
秋山 和慶 ……………… 10673
芥川 龍之介 ………… 15039
浅井 修一 …………… p.466
朝野 幹 ………………… 00416
アサフィエフ, ボリス … 04737
アシアイン ……………… 07817
アジアの音楽 ……… 00001,
00002, 00003, 00004,
00005, 00006,
00007, 00008, 00009,
00010, 00011, 00012,
00013, 00014, 00015,
00019, 00049, 00074,
00100, 00101, 00102,
00103, 00104, 00143,
00221, 00222, 00233,
00243, 00570, 00585,
14549～14552, 17633
芦原 英了 …………… p.467
アース, モニック ……… 07078
飛鳥 明子 ……………… 16102
東 一声 ………………… 17425
東 健爾 ……… 11677, 16252
東 八重子 ……………… 17425
東家 小楽燕 …………… 17497
東家 左楽遊 …………… 17505
東家 楽浦 ……………… 17433
アダン, アドルフ ……… 07731
アッカーマン, オットー
………… 05111, 08769
アッカルド, サルヴァトー
レ ………… 09788, 09918
アーティ・ショウ管弦団
……………………… 14006
アドラー, ラリー ……… 04628
アニード, マリア・ルイサ
………………………… 04266

阿野 建虎 …………… 00400
阿部 秀子 …………… 17477
アーベントロート …… 05424
アポロン …………… 00913,
11370～11372, 12048
尼ヶ崎 一勇 ………… 17492
アマデウス四重奏団 … 09783
天野 喜久代 ………… 17475
アムステルダム・コンツェル
トゲボウ管弦楽団 ‥ 03942,
09258, 09284, 09292,
09602, 09634, 10879,
13264, 14328, 15543
アームストロング, ルイ
………… 04051, 04145,
04328, 05242, 15616
アメリカ ……… 00092, 00122,
00137, 00254, 00269,
01026, 01745, 01746,
01748, 01841, 03075,
03443, 03447, 03922,
04137, 04219, 04408,
04721, 05756, 05944,
06431, 07113, 07497,
07911, 07963, 08666,
09026, 09156, 09196,
09670, 09723, 10039,
10198, 10328, 10639,
10790, 10820, 11915,
12058, 12084, 12107,
12178, 12208, 12358,
12606, 13123, 13488,
13966, 14314, 14643,
14692, 14726, 14757,
14878, 14928, 15000,
15018, 15103, 15246,
15399, 15411, 15456,
15501, 15514, 15570,
15571, 15697, 15757,
15843, 16024, 16854,
16896, 17279, 17301,
17883～17886, 17902
鮎野 行夫 …………… p.468
アラウ, クラウディオ … 05459,
07735, 10571, 15093
あらえびす …………… p.470
アラリ ………………… 07693
アランバリ, ヘスス・マリ
ア ……………………… 07773
有坂 愛彦 …………… p.480

アルビノーニ, T. ……… 08604
アルヘンタ, アタウルフォ
……………………… 05647
アルヘンチナ ……… 11468,
11690, 12774
アレンスキー, アントン
……………………… 17177
渋谷 のり子 ………… 16167
アーン, レイナルド … 07643,
08484, 17035
アンゲルブレック, デジレ・
エミール ………… 04682,
05410, 11705
アンサンブル・ユーロペア
ン ……………………… 08824
アンジェリス, デ ……… 05821
アンセルメ, エルネスト
………… 03910, 03968,
04824, 05411, 06544,
06772, 07498, 07500,
07684, 07824, 07986,
08258, 08264, 08724,
09312, 09527, 09853,
09854, 09855, 09856,
09857, 09876, 15968
アンダ, ゲザ ……… 05460,
05610, 05611, 05918
アンダーソン, マリアン
‥ 03364, 03892, 03893,
03894, 03952, 03956,
05537, 13845, 15044,
15178, 15560, 15712,
15747, 15969, 15972,
16016, 16044～16046,
16048, 16049, 16083
アンチェール, K. …… 07730,
09682, 10088
アントルモン, フィリップ
……………………… 05109,
06877, 07692, 07870,
07996, 08601, 08881
アンヘレス, ビクトリア・デ・
ロス …………… 03626,
05550, 07320, 08046,
08808, 10525, 15672

【い】

イヴォーギュン, マリア

戦前期 レコード音楽雑誌記事索引 *631*

いえへす　　　　　　　　　　人名・事項名索引

.... 11930
イエペス, ナルシソ 08101,
　　　08242, 08570
イェリネク, フベルト .. 09426
イギリス 00178,
　　01315, 01335, 01833,
　　04280, 09054,
　　09273, 09685, 10040,
　　11643, 12333, 13899,
　　14769, 15192, 16024
池田 圭 p.483
イザイエ, ユージエヌ .. 11144,
　　16115, 16286
石井 春波 17500
石井 好子 04758
石川 義一 p.484
石川 登志夫 p.485
石田 一松 17434, 17467
イストミン, ユージン .. 05219,
　　05406, 05461, 08638
イスナール 05979
出雲 福奴 17483
イスラエル・フィル ... 04895,
　　05963, 08661
イタリア 01207,
　　02287, 02331, 02727,
　　02829, 04223, 04514,
　　05800, 06556, 06582,
　　06583, 07302, 07308,
　　07422, 07454, 07482,
　　07667, 07864, 08288,
　　08978, 09039, 09110,
　　09152, 09337, 09643,
　　09767, 09998, 10054,
　　10150, 10560, 12927
イッポリット・イヴァノフ,
　ミハイル 05275, 06128
井東 仲子 01931
イトゥルビ 07733, 07734
伊庭 孝 12984,
　　13005〜13007, 13023
イベール, ジャック 03146,
　　04379, 05284,
　　06152, 07501, 14916
イ・ムジーチ合奏団 ... 05523,
　　07844, 07894,
　　08604, 08878, 09621
岩井 宏之 p.487

【う】

ヴァーシャリ, タマーシュ
　......... 10694, 10722

ヴァラン, ニノン
　......... 03344, 09171
ヴァランタン, ティサン
　............... 05883
ヴァルガ 05491
ヴァルカー, ルイゼ 13852
ヴァルデンゴ 03970
ヴァルハ, ヘルムート .. 04196,
　　05521, 06190
ヴァレーズ, エドガー
　......... 09056, 09750
ヴァレンティ .. 04553, 05992
ヴァンデルノート 06443,
　　06923, 07769,
　　09255, 10469
ヴィヴァルディ, アントニ
　オ p.331
ヴィヴィアン, J. 08768
ヴィオッティ .. 06260, 08182
ヴィシネフスカヤ, ガリー
　ナ 09879
ヴィタリ 07214,
　　07511, 08356
ウィックス 05494
ヴィトー 05492
ヴィーニアフスキー
　......... 11764, 15369
ヴィニェス, リカルド
　......... 00710, 16687
ヴィラ・ロボス, エイトル
　......... 07815, 15472
ヴィルトゥオージ・ディ・ロー
　マ 05526, 07864, 09295
ヴィルラ, クラウディオ
　............... 09701
ウイン・アイル 03904
ウィーン合奏団 09307
ウィーン・コンツェルトハ
　ウス 08626
ウィーン・コンツェルトハ
　ウス弦楽四重奏団 .. 05528,
　　08242, 09428
ウィーン少年合唱団 ... 04474,
　　08030, 08119
ウィーン・ゾリステン .. 09728
ウィーン八重奏団 08027,
　　08073, 08226
ウィーン・フィルハーモニー
　管弦楽団 00705,
　　05140, 07789, 07872,
　　08175, 08176, 08762,
　　09586, 11055, 12685

ヴェーグ弦楽四重奏団
　......... 05530, 10673
ウェス, クルト 04360,
　　15607〜15609
ウエスト, ルクレツィア
　............... 06444
ウェストファーレン合唱合
　奏団 09675
ヴエッシイ 11128
ウェットリング, ジョージ
　............... 05172
上野 一郎 p.490
ウェーバー, カール・マリア・
　フォン 01946,
　　03220, 03936, 06387,
　　06624, 06652,
　　07500, 07568, 08675,
　　09306, 09387, 11376,
　　11869, 15109, 16290,
　　17125, 17334, 17378
ヴェヒター 09465, 09969
ウェーベルン, アントン
　......... 08146, 10041
ウェラー弦楽四重奏団 .. 10494
ヴェラチーニ, フランチェス
　コ・マリア 02624
ヴェルディ, ジュゼッペ
　............... p.331
ヴォジーシェック 08799
ウォルトン, W. 09914,
　　12970, 15108
ヴォルフ, アルベール .. 07731,
　　11435, 11448
ヴォルフ, フーゴー 01569,
　　03203, 03229, 03847,
　　04882, 05168,
　　05234, 06355,
　　06356, 07639, 07640,
　　07661, 07867, 08190,
　　08481, 08482, 09874,
　　10442, 11277, 11385,
　　11426〜11430, 11596
ウォーレン 08065
ヴォーン・ウィリアムズ, レ
　イフ 03198, 03877,
　　04431, 04603, 04623,
　　06078, 06422, 15032
牛山 充 p.495
哥沢 芝金 17493
ウッド .. 01659, 12218, 12248
ウニンスキー 05462
宇野 功芳 p.498
梅木 香 p.502

人名・事項名索引　　　　　　　　　おまんて

ヴュイルナー ·········· 11980
ヴュータン ······ 16368, 16938
ヴューラー ············· 07891

【え】

映画 ············ 00030, 01640,
01687, 01778, 02071,
02090, 02210, 02246,
02429, 02925, 03092,
03211, 03541, 03542,
03567, 03568, 03592,
03621, 03627, 03670,
03699, 03734, 04035,
04081, 04127, 04975,
05133, 05408, 05728,
07685, 08873, 10828,
11948, 12475, 12593,
12879, 12991, 13312,
13352, 13478, 13549,
13550, 13577, 13596,
13618, 13624, 13650,
13740, 13765, 13790,
13813, 14439, 14647,
14741, 14783, 14815,
14880, 15047, 15064,
15218, 15548, 15645,
15997, 16103, 16137,
16175, 16176, 16209,
16476, 16910, 16933,
17184, 17185, 17205,
17206, 17256〜17258,
17282〜17284,
17423〜17426,
17439〜17441,
17463, 17499〜17504,
17524, 17525, 17830
映画音楽 ·············· 01865,
01965, 02604, 03117,
04730, 05925, 07973,
09947, 14384, 14417,
14466, 14499, 14769,
15611, 15643, 15674,
15808, 15848, 15883,
15884, 15923, 15990
エジソン ······ 00073, 00579,
11179, 11266, 11267
エッシュバッハー, ニクラウ
ス ·················· 04360
NHK交響楽団 ········ 04360,
08612, 08665, 08709,
08757, 08795, 08851,
08874, 08916, 08982,
09014, 09050, 09081
NBC交響楽団 ·· 02489, 02725,
02750, 03317, 04248,
13733, 13945, 13947,
13977, 14020, 15498
エネスコ, ジョルジュ ·· 04696,
04959, 05496,
06451, 08844, 12663
エリントン, デューク ·· 04592,
10225, 11722
エルガー ··············· 11937
エルドマン ······ 02103, 13098
エルマン, ミッシャ ···· 01990,
01991, 04685, 04802,
04803, 11006,
11073, 12905, 13016,
15753, 16850, 17392
エルリ, ドゥヴィ ······· 04960
エレーデ, アルベルト
··········· 05457, 07482
エロール ··············· 09464

【お】

オイストラフ, イゴール
··· 04529, 04548, 04565,
05497, 07732, 08203
オイストラフ, ダヴィッド
················· 03800,
04180, 04200, 04320,
04351, 04403, 04404,
04529, 04545, 04546,
04547, 04581, 04633,
04666, 04667, 04937,
05113, 05498, 07987,
08020, 09640, 15569
オイストラフ四重奏団 ·· 04577
大木 正興 ············· p.504
太田 太郎 ············· 13004,
13047, 13058, 13073,
13103, 13382, 13413
大田黒 元雄 ············· p.506
大沼 魯夫 ············· 03204,
03205, 03206
大橋 恂 ··············· 00496
大原 総一郎 ············ 10503
大宮 真琴 ············· p.507
岡 俊雄 ··············· p.511
奥田 良三 ············· 11916
オグドン, ジョン ······ 10784
オークランド ··········· 09910
オークレール ·········· 05500,
07449, 09959
小沢 征爾 ·············· 09041
オッテルロー ·········· 05412,
05618, 08262

オッフェンバック, J. ··· 03943,
07508, 07571
オーディオ ····· 03922, 04185,
04330, 04388, 04716,
04982, 06215, 06495,
09163, 09318, 09351,
09392, 09431, 09471,
09508, 09537, 09569,
09977, 10236, 10278,
10307, 10346, 10355,
10376, 10377, 10407,
10415, 10441, 10443,
10446, 10474, 10477,
10508, 10537〜10539,
10597, 10598, 10617,
10618, 10647,
10649, 10676, 10677,
10727〜10729, 10756,
10758, 10790, 10818,
10820, 10849〜10852,
10885, 10886, 10917,
10918, 10949, 10950
オネゲル, アルチュール
·················· p.334
小原 万龍(初代) ······ 17471
小原 万龍(二代目) ···· 17471
オペラ ··············· 00052,
03577, 03600, 05095,
05100, 05149, 05800,
05910, 06815, 06816,
06856, 07308, 07388,
07400, 07663, 07911,
08114, 08684, 08699,
08707, 08770, 08792,
08975, 08976, 08977,
09001, 09039, 09059,
09080, 09091, 09113,
09156, 09184, 09225,
09261, 09300, 09337,
09383, 09417, 09499,
09530, 09559, 09585,
09589, 09725, 09766,
09767, 09769, 09862,
10011, 10198, 10270,
10330, 10398, 10570,
10616, 10644, 10673,
11744, 12012, 13618,
13859, 13874, 13888,
14528, 14895, 14952,
15121, 15167, 15430,
15514, 15536, 17989
オボーリン ····· 04750, 05680,
05724, 05725, 09640
オーマンディ, ユージン
··········· 05414, 05875,
06657, 06854, 07686,
08221, 08603, 08845,

おらんた　　　　　　　　人名・事項名索引

08987, 09270, 09780,
09915, 13135, 15131,
15179, 15630, 15720,
16066, 17296, 17380
オランダ室内管弦楽団 ‥ 09552,
10770, 10867
オリヴィエ, ローレンス
.... 10662
オーリック, ジョルジュ
.... 15310
オルフ, カール ‥ 06202, 08603
オレヴスキ, ジュリアン
.... 05390
オンシーナ, ファン ‥‥ 06876

【か】

楽乃家 歌子 ‥‥ 00406, 00414,
00428, 00441, 00454,
00470, 00493, 00514,
00544, 00545, 00558,
00559, 00575, 00587
花月園少女歌劇 17479
カサド, ガスパール ‥‥ 02085,
13034, 13035, 17353
カサドゥジュ, ロベール
.... 03744, 03936,
04557, 04859, 05199,
05464, 05716, 06469,
08139, 08923, 13193,
15249, 17397, 17549
カサドシュ, ジャン ‥‥ 08766
カザルス, パブロ p.437
カザルス・トリオ ‥‥ 03337,
03518, 05534,
06735, 07852,
11105, 17121, 17814
ガーシュイン, ジョージ
.... 04456, 05307,
06256, 06665, 08599,
15072, 15596, 16320
柏木 俊三 p.515
カースティン 05539
カゼッラ,A. 15015
カーゾン 05465,
09832, 09917, 10129
カーター 09754
カタラン四重奏団 ‥‥ 02805
楽器 ‥‥ 00023, 00035, 00047,
00063, 00077, 00089,
00135, 00148, 00187,
00203, 00214, 00411,
01132, 01144, 01205,
01239, 01277, 02049,

02068, 02091, 02223,
04550, 04631, 05220,
11462, 11613, 11749,
11772, 12928, 12957,
13059, 13184, 13218,
13251, 13284, 13317,
13357, 13401, 14632,
14638, 14663, 14679,
14886, 14920, 15830,
17178, 17218, 17908
カッチェン,J. 04494,
08269, 08313, 08726
カッツ, ミンドル 07814
家庭踊 ‥‥ 00016, 00072,
00080, 00095, 00104,
00107, 00116, 00138,
00152, 00156, 00167
カーティス 05836
カーティス弦楽四重奏団
.... 05531
ガーデン, メリー
.... 13315, 13490
加藤 渓水 17446
加藤 忠七 00496
ガドスキー 16719
カバレフスキー,D. ‥ 15584
ガブリロウィッチ ‥‥ 14483
カベー ‥‥ 03006, 03038,
03081, 03109, 16324
カベー弦楽四重奏団 ‥‥ 00964,
02989, 03012,
09330, 09360, 17645
カペル, ウィリアム ‥‥ 04322,
05185, 05231,
05466, 06559, 15459
カーペンター, ジョン・オー
ルデン 15056
紙 恭輔 18007
歌謡曲 ‥‥ 15862, 16906, 16930,
16980, 17557, 17948
カラス, マリア 04940,
05389, 05536, 06376,
06586, 06587, 07738,
08031, 08148, 08846,
08978, 09151, 09309,
10051, 10119, 10145,
10427〜10429,
10463, 10531, 10564
カラヤン, ヘルベルト・フォ
ン p.438
ガーランド, ジュディ ‥ 05243
ガリエラ 05416
ガリ=クルチ, アメリタ
.... 07112

カリッシーミ 05375
カルヴェ, エンマ ‥‥ 13634
カルヴェ四重奏団 ‥‥ 02346,
02672, 13464, 13751
カルーソー, エンリコ ‥ 00036,
03356, 06597, 09623,
09683, 13580,
14311, 14347,
14363, 14388, 14443,
14474, 14496, 14516,
14542, 14560, 14589,
14998, 15064, 15429,
15699, 15706, 16297
ガルデル, カルロス ‥‥ 12432
ガルドゥ 15134
ガロワ・モンブラン, レーモ
ン 15557, 15754
カンテッリ, グイド ‥‥ 03940,
05417, 05653, 05837
カントループ ‥ 04864, 09222
カントレル 11453
カンポーリ, アルフレッド
.... 05495,
07977, 08245, 08246,
08267, 08308, 13692

【き】

菊梅大検校 17446
キジ五重奏団 08826
ギーゼキング, ヴァルター
.... p.439
ギトリス 05499
衣川 るり子 17470
杵屋 栄蔵 17488
杵屋 勘久 17489
杵屋 勘次 17489
杵屋 佐三郎 17494
杵屋 佐太郎 17494
キプニス, アレキサンダー
.... 04753
木村 重雄 p.517
木村 友成 17498
ギャウロフ 10007
キャロウェイ, キャブ ‥ 11947
キュエノー 05551
ギューデン 05538,
06588, 06589
キュネッケ, エードゥアル
ト 02698, 13892
教育 00109, 00112,
00114, 00119, 00145,

人名・事項名索引　　　　　　　　　　　　　　　　くれてん

00158, 00159, 00178,
00197, 00201, 00202,
00223, 00224, 00264,
00266, 00276, 00277,
00281, 00291, 00331,
00338, 00347, 00351,
00363, 00377, 00378,
00381, 00386, 00405,
00410, 00417, 00426,
00434, 00452, 00459,
00464, 00473, 00475,
00490, 00504, 00506,
00519, 00532, 00552,
00558, 00584, 03181,
03304, 10952〜10956,
10958, 10960〜10964,
10967, 10969〜10971,
10973, 10976〜10979,
10982, 10983, 11225,
11411, 11459,
11735, 12108, 12110,
12111, 13615, 14382,
14532, 14688, 14689,
14715, 16169, 16204,
16330, 16468, 17998

京極 高鋭 ………… p.519
京山 若丸 ………… 17429
キルピネン …… 01840, 15933
キレニー, エドワード
　　……… 14232, 15275
ギレリス, エミール … 04864,
　05468, 06458, 06463,
　06658, 07880, 08230
ギーレン ………… 08225

【く】

グイ ………… 05418
クーセヴィツキー, セルゲ
　イ ………… 02173,
　03058, 03631, 12235,
　12330, 12968, 14206,
　14577, 15027, 15098,
　15150〜15152, 15154,
　15410, 15659, 17355
グーセンス ………… 09347
グーセンス, ユージン … 08178,
　09376, 17123
グッドマン, ベニー … 03839,
　04830, 05859, 13902,
　13936, 13971,
　14010, 14040, 14068,
　14092, 14119, 16036
クナッパーツブッシュ, ハン
　ス … 09639, 09906, 10719
国井 紫香 ………… 17439

グノー ‥ 04050, 07632, 07633,
　08465, 08466, 13069
クビック ………… 08232
クープラン ………… 01519,
　02417, 03227,
　04411, 04652, 13559
クープラン, フランソワ
　………… 13367
クーベリック … 05419, 08244
クーベリック, ヤン …… 11036,
　11037, 14395
クーベリック, ラファエル
　… 03969, 07971, 10046,
　10128, 10571, 15164
熊田 眉秋 ………… 02067
クライスラー, フリッツ
　………… 01661, 01920,
　01980, 02153, 02365,
　02715, 04973, 05501,
　06569, 07223, 07607,
　08379, 08380, 09170,
　10008, 12482, 13032,
　13497, 13693, 14657,
　14750, 15839, 17073
クライバー, エーリヒ … 01255,
　01790, 02021, 02043,
　02045, 02547,
　03904, 04254, 04278,
　04450, 04589, 05145,
　05146, 05147, 05420,
　12967, 13404, 13727,
　13728, 15898, 15992,
　15994, 17125, 17324
クライバーン, ヴァン
　………… 09550, 09972,
　10775, 10905, 10910
グラインドル ………… 09830
クラウス, クレメンス
　………… 04288, 04396,
　05117, 05421, 11486
クラウス, リリー …… 03040,
　04371, 05469, 10321,
　10436, 13664, 17298
海月楼 音波 ………… 17448
海月楼 照波 ………… 17448
グラズノフ ………… 05278,
　12273, 12666, 17820
グラナドス, エンリケ … 08424,
　08437, 14138, 17159
クラフト ………… 09424
グラフマン, ゲイリー
　………… 07818, 08558
クリーヴランド交響楽団
　… 09967, 10089, 15355

グリーグ, エドヴァルド
　… 00598, 02132, 03316,
　03691, 04939, 05032,
　05071, 05760, 05991,
　06125, 06246, 07173,
　07196, 07251, 07414,
　08477, 08555, 08594,
　08641, 10044, 13726,
　15387, 15510, 15723
クリストフ, ボリス …… 05126,
　05552, 06584, 07375
クリップス ………… 04733,
　05422, 10906
クリュイタンス, アンドレ
　………… 05423, 05944,
　06702, 07022, 07314,
　07687, 08023, 09454,
　09827, 09948, 09949
グリュミオー, アルチュー
　ル ………… 04575,
　04683, 05502, 05569,
　05616, 06417, 07851,
　08829, 09877, 10049
グリュムマー ………… 12873
グリュンバーグ, ユージン
　………… 15115
グリュンマー, エリザベー
　ト ………… 08013
グリンカ, ミハエル … 04367
クリングラー・クヮルテッ
　ト ………… 12635, 16898
グルダ ‥ 04578, 08674, 15695
グルック, アルマ ……… 01571,
　02492, 16090, 16113
グルック, クリストフ・ヴィ
　リバルト ………… 00236,
　00248, 03274, 03292,
　06924, 07130,
　12541, 14528, 17399
クルックス ………… 13294
グールド ………… 08220
グールド, グレン …….
　　　　10490〜10492,
　　　　10900〜10902
クルプ, ユリア ……… 01682,
　03417, 10989, 13608
グレコ, ジュリエット ‥ 04629,
　06726, 10533
クレスパン, レジーヌ
　………… 09269, 10945
クレツキー, パウル
　………… 06210, 07812
クレデンツァ ………… 01045,
　03230, 16252

くれまん　　　　　　　　　　　　人名・事項名索引

クレーマン …… 15043, 15099
クーレンカンプ ……… 02156,
　　02255, 02544, 03225,
　　13160, 13205, 13291,
　　13327～13329,
　　13494, 17377
クレンペラー, オットー
　　… 03408, 05425, 05831,
　　05877, 07068, 07385,
　　09726, 09778, 10126,
　　10675, 10690, 10691
クーロー, マルセル …… 09343
クロアザ, クレール …… 09460,
　　09461, 16790
クロイツァー, レオニード
　　…………… 04095, 11955
黒田 恭一 …………… p.520
グローフェ, フェルディナン
　　ド ………… 15130, 15166
クロール弦楽四重奏団 ‥ 05532
クワドリ …………… 05426

【け】

ゲヴァントハウス管弦楽団
　　………… 08823, 08834
ゲッツィ ……… 13628, 14261
ゲッツィ管弦団 ……… 13843
ゲーテ ……… 11380, 13632,
　　13684, 13772, 17870
ケテルビー, アルバート・ウィ
　　リアム ……………… 16965
ケルテッシュ ………… 09231
ゲルハルト, エレナ
　　………… 11559, 16830
ケルビーニ,L. … 07739, 10006
ケルン器楽合奏団 …… 10042
言語 ……………… 00195,
　　00196, 00198, 00199,
　　00200, 00210, 00211,
　　00241, 00290, 00291,
　　00292, 00293, 00300,
　　00302, 00313, 00317,
　　00332, 00334, 00341,
　　00344, 00352, 00354,
　　00361, 00366, 00369,
　　00372, 00380, 00457,
　　10952, 16169, 16204
ケンプ, ヴィルヘルム … p.440
ケンペン,P. ……… 04432,
　　04785, 05218, 05427,
　　05771, 05958, 17334

【こ】

皇紀二千六百年奉祝楽曲
　　……………… 03044,
　　03146, 03147, 03148,
　　03149, 03150, 14331,
　　14334, 14398～14400,
　　14402, 17336
高阪 幸子 …………… 17454
ゴオチイ, リイズ …… 11986
コーガン, レオニード
　　………… 06852, 07025,
　　07941, 08100, 08223
コシャルスキー ……… 17297
コステラネッツ ‥ 04850, 05428
コダーイ, ゾルターン ‥ 05566,
　　05866, 06151,
　　07201, 07815,
　　08438, 09018, 09019
コチアン …………… 11120
コーツ, アルバート … 16357
黒海コサック合唱団 … 07715
骨董レコード ……… 00830,
　　13490, 13520,
　　13551, 13841, 14093
ゴッビ, ティト ……… 10564
ゴドウスキー, レオポール
　　ド ……… 11919, 14458
小林 利之 …………… p.521
小針尋常小学校 ……… 17464
コハンスキー, ポール ‥ 11594
コープランド, アーロン
　　………… 04218, 15002,
　　15165, 15529, 15934
コープランド, ジョージ
　　………………… 11973
ゴーベール, フィリップ
　　………… 15060, 16215
小山 作之助 …… 00589, 00590
コーリッシュ四重奏団
　　…… 01366, 12184
コリンズ …………… 05443
ゴルシュマン ………… 08632
コルトー, アルフレッド
　　………………… p.441
ゴールドシュミット, アル
　　トゥール ………… 05128
ゴールドベルク, シモン
　　…… 05503, 09423, 13664
ゴルドマルク, カーロイ
　　………………… 16253

コレッリ, アルカンジェロ
　　………………… 06616
コレッリ, フランコ … 09380,
　　09779, 09870
コロムビア交響楽団 … 09185,
　　09414, 14175
コンヴィチュニー, フラン
　　ツ … 05413, 08718, 08761
コンセイユ・ペルソネル,
　　レ ………………… 12802
コンセール・コロンヌ
　　………… 12135, 14270
コンセルト・ブランデンブ
　　ルゴア ……………… 12105
コンドラシン, キリル ‥ 05451,
　　07113, 08223
コンリー, ユージン …… 16073

【さ】

西条 卓夫 …………… p.529
ザイデル, トーシャ …… 16828
ザウアー … 02850, 03082
サヴァリッシュ, ウォルフガ
　　ング … 07711, 07846, 09732
サヴィーノ …………… 08552
佐川 吉男 …………… p.530
作間 毅 …………… 17474
サザーランド, ジョーン
　　…………… 08107,
　　08315, 09143, 09144
佐治 敬三 …………… 10843
サージェント … 04364, 08633
座談会 ……… 00604, 00616,
　　00631, 00643, 00732,
　　02510, 02523, 02576,
　　03045, 03432, 03606,
　　03981, 04007, 04115,
　　04149, 04247, 04306,
　　04327, 04338, 04662,
　　04843, 04880, 04947,
　　05153, 05215, 05581,
　　05961, 05995, 06192,
　　06401, 06428, 06466,
　　06471, 06662, 06703,
　　06731, 06945, 06974,
　　07109, 07479, 08043,
　　08667, 08865, 09075,
　　09445, 09548, 10390,
　　11065, 11084, 11850,
　　12137, 12486, 12762,
　　12797, 13165, 13642,
　　13806, 13994, 14130,
　　14215, 14329, 14356,

人名・事項名索引　　　　　しゆとら

14447, 14578, 15617,
15781, 15816, 15840,
15859, 15879, 16087,
17513, 17543, 17576,
17585, 17624, 17750,
17871, 17904, 18019
ザック, エルナ ‥ 03323, 14587
サティ, エリック ‥‥‥ 00663,
03647, 04140,
09600, 10808, 15147
佐藤 千夜子 ‥‥‥‥‥ 17445
里見 義郎 ‥‥‥‥‥ 17504
サバタ ‥‥‥‥ 04377, 04731,
05429, 14163, 15196
サバレタ, ニカノール ‥ 08115
サラサーテ, パブロ・デ ‥ 04527,
07222, 07817,
08376, 09148, 11792
サン=サーンス, カミーユ
‥‥‥‥‥‥‥‥‥ p.335
ザンデンリンク, クルト
‥‥‥‥‥‥‥‥‥‥ 06770
サントス, リカルド ‥‥ 06012
サンフランシスコ交響楽団
‥‥‥‥‥‥‥‥‥‥ 15307
三遊亭 円馬 ‥‥‥‥‥ 17449

【し】

シェイクスピア ‥‥‥‥ 05997,
07868, 07991, 08627,
10261, 10262,
10662, 10930, 11854
シェッツ, アクセル
‥‥‥‥‥‥ 05370, 05553
シエピ ‥ 05921, 06599, 08784
シェフェール, ピエール
‥‥‥‥‥‥‥‥‥‥ 06381
シェベック, ジョルジュ
‥‥ 08242, 08586, 08600,
08639, 08802, 09344
シェリング, ヘンリク ‥‥ 06570,
08180, 10008,
10364, 10436, 10695
ジェルトレル, アンドレ
‥‥‥‥‥‥‥‥‥‥ 04621
シェルヘン, ヘルマン ‥‥ 03966,
04370, 04378, 04400,
04523, 05430, 06698,
07338, 08594, 15991
ジェンティ, ジャック ‥ 03941
シェーンベルク, アーノル
ド ‥‥‥‥‥‥‥‥ 03658,
04590, 08146, 10085,

10087, 10122, 12773,
15644, 15664, 15935
塩入 亀輔 ‥‥‥‥ 13370, 13393
シカゴ交響楽団 ‥‥ 08179, 08233,
09660, 09661, 15469
シキ, ベラ ‥‥‥‥ 06814, 08309
シゲティ, ヨゼフ ‥‥‥‥ p.443
シッパース ‥‥‥‥‥‥ 08883
志鳥 栄八郎 ‥‥‥‥‥‥ p.532
シナトラ, フランク ‥‥‥ 14831
シフラ, ジョルジュ ‥‥ 06763,
06811, 06885, 07383,
07689, 07774, 07855,
09493, 09763, 10146
シベリウス, ジャン ‥‥‥ p.336
島津 健二 ‥‥‥‥‥‥ 17499
シマノフスキー, カロル
‥‥‥‥‥‥ 04809, 15386
シミオナート, ジュリエッ
タ ‥‥‥‥‥‥‥‥‥ 05686
清水 脩 ‥‥‥‥‥‥‥ 04738
シモノー ‥‥‥‥ 07508, 07510
ジャズ ‥ 01968, 01992, 02308,
03590, 03618, 04029,
04138, 04182, 04204,
04302, 04305, 04498,
04597, 04790, 04834,
04872, 04906, 04907,
04930, 05819, 05911,
05959, 06203, 06396,
06485, 06953, 07016,
07762, 07803, 07838,
07883, 07960, 08011,
08056, 08090, 08127,
08256, 08292, 09140,
09141, 09142, 10226,
10360, 11638, 11655,
11682, 11745, 12259,
12399, 12716, 13380,
13934, 14660, 15681,
17010, 17179, 17199,
17219, 17474〜17476
ジャノリ, レーヌ
‥‥‥‥‥‥ 05473, 05843
シャブリエ, アレクシス・エ
マニュエル ‥‥‥‥‥ 03890,
03912, 15366
シャリアピン, フョードル
‥‥ 00750, 01312, 02323,
02377, 02378, 02953,
07285, 11404, 12546,
12567, 12580, 13437,
13439, 13485, 13802,
14266, 14381, 14405,

14449, 14895, 15910,
17260〜17263, 17268
シャルク, フランツ ‥‥ 11271,
11272, 16291, 17048
シャルパンティユ ‥‥ 02060,
05352, 06129, 10846,
13072, 16752, 16755
シャンカア, ウダイ ‥‥ 13561
シヤンス ‥‥‥‥‥‥ 16855
シャンソン ‥‥‥‥‥ 02241,
02922, 03934, 04231,
04630, 06486,
06841, 13166, 13403,
13641, 13659, 14176,
14768, 14824, 15009
シャンドール ‥‥‥‥ 03147,
08988, 10935
ジャンドロン ‥ 08676, 08886
シュヴァイツァー, アルベル
ト ‥‥‥‥‥‥‥‥ 01989,
02062, 02763, 02803,
04032, 04484, 04517,
05522, 13289, 13998
シュヴァリエ, モーリス
‥‥‥‥‥‥ 12083, 16242
シュヴァルツコップ, エリー
ザベト ‥‥‥‥ 04313, 05114,
05541, 06579, 06804,
07000, 08602, 10294,
10635, 10664, 10773
シュスター ‥‥‥‥‥ 07891
シュターデル, マリア
‥‥‥‥‥‥ 05540, 08158
シュタフォンハーゲン ‥ 06185
シュタルケル, ヤーノシュ
‥‥‥‥‥‥ 05516, 06738,
08070, 08242, 08615,
08616, 08662, 10903
シュッツ, ハインリッヒ
‥‥‥‥‥‥ 03555, 15851
シュトゥットガルト室内楽
団 ‥‥‥‥‥‥‥‥ 05524
シュトゥットガルト室内管
弦団 ‥‥‥‥‥‥‥ 05141
シュトライヒ, リタ ‥‥ 07788,
07900, 09874
シュトラウス ‥‥ 00831, 00855,
01351, 01370, 16490
シュトラウス, ヨハン
‥‥‥‥‥‥ 04028, 06111,
07573, 12475, 14871
シュトラウス, ヨハン（2
世） ‥‥‥‥‥ 01680, 04085,
04467, 05097, 05117,

しゆとら　　　　　　　　　人名・事項名索引

05343, 05391, 06172,
06992, 07187, 07647,
08506, 08769, 12514,
14869, 14870, 17285
シュトラウス, リヒャルト
.... p.337
シュナイダーハン ···· 04238,
05505, 05612,
05613, 10090
シュナーベル, アルトゥー
ル ·················· p.444
シュナーベル, カール ··· 12523
シューベルト, フランツ
.... p.338
シュポール, ルイ ······ 01982,
02804, 09387, 14023
シューマン, エリザベート
·········· 03646, 15802
シューマン, ローベルト
.... p.345
シューマン=ハインク, エル
ネスティーネ ········ 09954
シュミット, フローラン
·········· 15181, 16692
シュミット=イッセルシュ
テット, ハンス ······ 02395,
14134, 14136, 17356
シュメー, ルネ ········· 00903,
00950, 11383,
11436, 16593, 16666
シュライナー ········· 08103
ジュリアード弦楽四重奏団
·········· 04419, 05164,
05529, 08825, 08885
シューリヒト, カール ·· 02349,
05431, 06653,
06891, 13463, 13476
シュルスヌス, ハインリヒ
·· 03716, 03717, 04849,
06581, 11669, 15798,
16894, 16895, 16899,
17160, 17329, 17747
シュルヘン ············ 08069
シュレーカー, フランツ
·················· 01298
シュワン ············· 05930
ショウ, ロバート
·········· 07981, 15837
ジョスカン・デ・プレ ·· 09385
ショスタコーヴィチ, ドミト
リー ················ p.349
ショーソン, E. ·· 01035, 01221,
03202, 03456, 05199,

05301, 05998, 06275,
06315, 07606, 07638,
08480, 09642, 11548
ショパン, フレデリック
.... p.350
書評 ···· 00124, 00128, 00566,
02267, 10619, 10645,
11439, 11469, 11665,
11747, 11921〜11923,
11950, 11965, 12124,
12238, 12240, 12265,
12317〜12319, 12393,
12509, 12655, 12670,
12708, 12737, 12863,
12864, 12895, 12896,
12962, 12963, 12974,
13092, 13285, 13306,
13346, 13816, 13847,
13877, 14210, 14241,
14256, 14315, 14365,
14380, 14399, 14429,
14491, 14543, 14761,
14810, 14838, 14942,
15119, 15139, 15142,
15172, 15257, 15318,
15376, 15445, 15446,
15503, 15700, 15888
ジョリヴェ, アンドレ
·········· 06697, 07895
ジョルダーノ・ウンベルト
·················· 07695
ショルティ, ゲオルク ·· 04604,
05432, 08176, 08549
ジリー ··············· 17868
ヂーリ ··············· 01580
ジーリ, ベニアミノ ···· 06719
シリングス, マックス・フォ
ン ···· 01158, 16181, 17025
シルヴェストリ ········ 07283,
07772, 08853
シルクレット, ナサニエル
······ 16940, 16941, 17252
ジルマルシェックス, アン
リ ·················· 00360
ジロー, イヴェット ···· 04552,
04690, 05856
ジンバリスト, エフレム
·········· 00282, 16091
シンフォニー・オブ・ジ・エ
アー ·········· 04584, 04677

【す】

スイングル・シンガーズ
·················· 10668

スウェーデン ·········· 13964,
14032, 17017
スカラ座四重奏団 ····· 04223
スカルラッティ, ドメニコ
···· 01654, 05992, 08288
菅原 明朗 ·············· p.533
杉浦 繁 ·············· p.535
スーク, ヨゼフ ········· 10872
スクリャービン, A. ···· 09875
スコダ, パテュラ ······ 15640
スコダ三重奏団 ······· 05535
スコット, レナータ ···· 08805
スーザ ··············· 16625
寿々木 米若 ·········· 17506
鈴木クワルテット ····· 01213
スゼー, ジェラール ···· 04070,
04435, 07790,
08527, 08728
スタインバーグ ········ 05433
スターカー, ヤーノシュ
···· 03549, 03905, 15964
スターン, アイザック ·· 03411,
04026, 04071, 05506,
07813, 08104,
08312, 08528,
08828, 08913, 10722
スターン・トリオ ····· 10586
ステュエルマン ········ 08642
ストコフスキー, レオポル
ド ·················· 01836,
02762, 03930, 04221,
04516, 04645, 04736,
05434, 07501, 08553,
10587, 13499, 13987,
14032, 14753, 14790,
14803, 15041, 15177,
16771, 17080, 17331
ストラヴィンスキー, イーゴ
リ ·················· p.353
ストララム, ワルター ·· 11901
須永 克己 ····· 12441〜12453,
12490〜12492,
12763, 12816
砂原 美智子 ·········· 06474
スパダ, ピエトロ ······· 09181
スピーカー ·········· 03490,
04707, 04708, 04713,
04796, 04951, 05176,
05210, 05247, 05379,
05405, 05601, 06495,
09539, 09611, 09741,
09744, 10202, 10277,
10308, 10346, 10508,

638　戦前期　レコード音楽雑誌記事索引

10598, 10948, 15777
スペイン ……… 01082, 16602
スペルビア, コンチータ
　　　… 01065, 01082, 01088,
　　　01096, 01101, 01145,
　　　01153, 01824, 12692
スポールディング, A. ‥ 02804
住吉検 梅千代 ……… 17465
スメタチェック ……… 08595
スメタナ, ベドルジハ ‥ 03269,
　　　03692, 04282, 04579,
　　　05111, 05269,
　　　05319, 06023, 06110,
　　　07186, 07572, 07687,
　　　08678, 09587, 09588,
　　　10088, 10496, 10633,
　　　11248, 12542, 12771,
　　　15225, 16963, 17867
スメタナ四重奏団
　　　………… 07853, 09154
スラヴ歌劇団 ……… 10561
スラットキン ……… 07503
スレザーク, レオ …… 00769,
　　　00779, 01061, 17822
諏訪 根自子 ………… 11877

【せ】

声楽 …‥ 01286, 01329, 01422,
　　　01744, 01776, 01794,
　　　01798, 03449, 04178,
　　　04945, 05236, 06002,
　　　06580, 06582, 06583,
　　　06585, 06604, 06605,
　　　07707, 07776, 08486,
　　　09176, 09177, 09179,
　　　09371, 10000, 12157,
　　　14991, 15583, 16112,
　　　16392, 16956, 17375
西洋音楽史 …… 00392, 02939,
　　　04177, 05840, 05904,
　　　05946, 06017, 06195,
　　　06403, 06453, 06492,
　　　06688, 06739, 06764,
　　　06801, 06890, 06932,
　　　06970, 07006, 07039,
　　　07074, 07300, 07321,
　　　07356, 07401, 07435,
　　　07461, 07480, 07666,
　　　07741, 07779, 07793,
　　　07829, 07901, 07943,
　　　07994, 08044, 08079,
　　　08149, 08191, 08235,
　　　08249, 08288, 08562,
　　　08684, 08707, 08770,
　　　08792, 08848, 08925,

09024, 09061, 09125,
09158, 09237, 09276,
09306, 09337, 09383,
09430, 09459, 09500,
09535, 09645, 09686,
09774, 09998, 10040,
10084, 10121, 10150,
10191, 12267, 12547,
12562, 12565, 12623,
12676, 12706, 12734,
12760, 12777, 12789,
12841, 12930, 12960,
12994, 13401, 16433,
16464, 16535, 16672,
16703, 16733, 16758,
16813, 16857, 16931,
17119, 17186, 17208
セヴラック, デオダ・ド … 16964
瀬音 透 ……………… p.540
関 唯瞳 ……… 00395, 00444
関屋 敏子 ………… 17584
セゴビア, アンドレス ‥ 00772,
　　　03816, 06577
ゼーフリート ……… 08190
ゼラーノ, ロジタ
　　　………… 13876, 14118
セリング, ヘンリック ‥ 05683
セル, ジョージ ……… 04775,
　　　05435, 06657, 07893,
　　　08548, 08550,
　　　09267, 09873, 09917,
　　　09967, 10005, 10044,
　　　10089, 10143, 10185
ゼルキン, ルドルフ …‥ 02914,
　　　03059, 04814, 05475,
　　　05619, 05990, 06419,
　　　08242, 08570, 08572,
　　　08598, 10004, 12741,
　　　14167, 14172, 15658,
　　　15705, 15772, 17398
セント・ルイス交響楽団
　　　……………… 15421

【そ】

曽我 真一 ………… 17437
ソコロフ …………… 05836
ソチエタ・コレルリ合奏団
　　　………… 04283, 08529
ソビエト社会主義共和国連
　邦 …………… 04035,
　　　04165, 04166, 04167,
　　　04168, 04169, 04170,
　　　04337, 04338, 04339,
　　　04779, 04832, 05658,

05692, 05845, 05868,
06212, 06769, 06770,
06771, 07070, 07113,
07791, 07902, 08895,
09020, 15388, 15831
ソメール …………… 08884
ソルシャニー, ジョルジ
　　　……………… 07712
ソレンコワ …………… 06800

【た】

ダイアモンド, デヴィッド
　　　………… 08098, 15258
対談 …‥ 03768, 04486, 04517,
　　　04549, 04617, 04800,
　　　05390, 05843, 05883,
　　　05935, 05979, 06016,
　　　06210, 06443, 06469,
　　　06681, 06702, 06763,
　　　06779, 06822, 06854,
　　　06877, 06891, 06929,
　　　06972, 07001, 07061,
　　　07078, 07125, 07353,
　　　07389, 07419, 07449,
　　　07478, 07712, 07752,
　　　07790, 07840, 07880,
　　　07962, 07995, 08078,
　　　08168, 08203, 08586,
　　　15656, 15686, 15746,
　　　15889, 16002, 17348
タイユフェール, ジェルメー
　ヌ ……………… 15316
高田 久子 ………… 17491
高橋 昭 ……………… p.541
高宮 礼子 ………… 17435
宝塚歌劇団 ………… 11052,
　　　11113, 16616
竹本 綱龍 ………… 17490
竹本 越名太夫 ……… 17496
竹本 嘯虎 …… 17426, 17502
田代 秀穂 …………… p.542
立花家 橘之助 ……… 17473
タッカー, リチャード ‥ 05556,
　　　05956, 09230
タッキーノ, ガブリエル
　　　………… 10501
タッシナーリ ………… 05542
タディ …… 07979, 08602
タトライ弦楽四重奏団 ‥ 08227
ターナー, エヴァ ……… 08272
田中 旭嶺 …… 17451, 17486
田中 希代子 ………… 08804
田中 耕太郎 ………… 10437

田辺 尚雄 ……… p.545
谷 天郎 ‥ 17423, 17424, 17503
谷中 雪子 ……… 17481
ダミア ……… 01242, 01587,
　　03933, 03964, 11929,
　　12590, 16074, 16920
ダムロッシュ ……… 15286
ダラニー ……… 17353
タリアヴィーニ, フェルッ
　チョ ……… 03422,
　　04192, 04217, 04244,
　　04787, 05557, 10436
タリアフェロ, マグダ ‥ 04611,
　　05476, 06016
ダリエンソ, ファン … 13678
ターリッヒ, ヴァーツラフ
　……… 07847, 17396
タルティーニ, G. ……… 01081,
　　02545, 06404,
　　06631, 07599, 08361
ダルモンテ ……… 16287
ダルモンテ, トゥッティ ‥ 16516
ダルラピッコラ ……… 06423
團 伊玖磨 ……… 15732,
　　15759, 15760
タンゴ ……… 01730, 01820,
　　01821, 02113, 02161,
　　02204, 02224, 02418,
　　02559, 02857, 02879,
　　02965, 03091, 05745,
　　05855, 13588, 14508,
　　16507, 16581, 16618,
　　16646, 16712, 16740
ダンコ, シュザンヌ
　……… 05543, 15965
ダンス・舞踏 ……… 00647,
　　00662, 00677, 00689,
　　01097, 01111,
　　02114, 02203, 02431,
　　02880, 02901, 02969,
　　03009, 08310, 12733,
　　13519, 13525, 16105,
　　16139, 16172, 16206,
　　16278, 16309, 16350,
　　16411, 16443, 16474,
　　16508, 16647, 16681,
　　16766, 16800, 16801,
　　16819, 16821, 16843,
　　16869, 16909, 16932,
　　16958, 16984, 17012,
　　17038, 17052, 17306
タンスマン, アレクサンド
　ル ……… 15406
ダンディー, ヴァンサン

　……… 00882, 00965,
　　01988, 03650, 04416,
　　04681, 05300, 06247,
　　07871, 07942, 08130,
　　08192, 11323～11325,
　　11496, 11497,
　　16487, 16520, 16755

【ち】

チェコ三重奏団 ……… 08115
チェコ・フィルハーモニー
　管弦楽団 ……… 04316,
　　07849, 07935, 08115,
　　08801, 10088, 10127
チェボターリ, マリア ‥ 14971
チェホフ ……… 04405
チェルヴォンキー ……… 01049
チェルカスキー ……… 05477
チェルケッティ ……… 07072
チェルニー, カール
　……… 12843, 15703
チェルニー・ステファンス
　カ, ハリーナ ‥ 07854, 09831
蓄音器・蓄音機 ……… 00026,
　　00051, 00058, 00111,
　　00113, 00115, 00151,
　　00217, 00225, 00230,
　　00231, 00240, 00244,
　　00251, 00252, 00253,
　　00254, 00256, 00260,
　　00262, 00267, 00269,
　　00273, 00275, 00279,
　　00280, 00309, 00318,
　　00364, 00440, 00474,
　　00487, 00489, 00498,
　　00551, 00567, 00581,
　　00582, 00583, 00594,
　　00716, 00781, 00792,
　　00859, 00913, 01099,
　　01152, 01201, 01202,
　　01203, 01339, 01592,
　　01967, 02030, 02291,
　　02630, 02688, 02710,
　　02729, 02809, 03368,
　　11103, 11181, 11184,
　　11186, 11313, 11346,
　　11421, 11476, 11482,
　　11780, 11785, 11809,
　　11920, 11949, 11975,
　　11976, 12047, 12151,
　　12367, 12437, 12538,
　　12594, 12838, 12840,
　　13168, 13176, 13969,
　　14699, 14789, 14986,
　　15480, 16095, 16096,
　　16120, 16145, 16191,

　　16226～16231,
　　16265, 16271,
　　16299, 16335, 16336,
　　16347, 16359, 16371,
　　16419, 16434, 16500,
　　16539, 16572, 16606,
　　16664, 16759, 16814,
　　16840, 16872, 17009
蓄音機の特許 ……… 00127,
　　00140, 00153, 00175,
　　00319, 00328, 00340
チッコリーニ, アルド ‥ 08727,
　　08781, 10229, 10808
チャイコフスキー, アンド
　レ ……… 09079
チャイコフスキー, ピョート
　ル・イリイチ ……… p.354
チャン, リーミン ……… 08314
チューリッヒ弦楽四重奏団
　……… 08188
長時間レコード ……… 00839, 00850,
　　00874, 01097, 03459,
　　11279, 11341～11343,
　　14829, 14857, 14883,
　　15145, 15205,
　　15236, 15251, 15284,
　　15336, 15350, 15371,
　　15380, 15389, 15391,
　　15411, 15432, 15751
チレア ……… 08513, 09492
珍品レコード ……… 00853,
　　01321, 01344, 01369,
　　02378, 02682, 02882,
　　02920, 02946, 03417,
　　10984, 14210, 14820

【つ】

津川 主一 ……… p.547
津久戸庵 露秋 ……… 00398,
　　00407, 00429, 00494,
　　00515, 00527,
　　00546, 00560, 00576

【て】

ディアギレーフ ……… 04342,
　　05354, 06659
ディクソン, ディーン … 04415
ディスコグラフィー ‥ 07473,
　　07660, 08680, 08731,
　　08772, 08809, 08850,
　　08887, 08926, 08983,
　　09058, 09235, 09275,
　　09305, 09448, 09630,

人名・事項名索引　　　　　　　　とんこさ

09712, 09715, 09770,
09816, 09861, 09955,
09995, 10032, 10079,
10325, 10363, 10392,
10395, 10429, 10492,
10719, 10837, 10874
ディ・ステファノ, ジュゼッ
ペ ……………… 05555,
07506, 08031, 09683
ティボー, ジャック ……… p.445
ディーリアス, フレデリッ
ク …… 03660, 09188, 15051
デ・ヴィート ………… 04650
デスティン, エミー …… 00608,
00621, 10033
デゾルミエール ………… 05437
テトラッツィニ, ルイザ
………… 02958, 14211
テバルディ, レナータ ‥ 04421,
04560, 04674, 04675,
05544, 05997, 06591,
06592, 06593, 06893,
07695, 08990, 09044
デームス, イェルク …… 04847,
04923, 05478, 07938,
08827, 08872, 09866
デュアメル, ジョルジュ
………………………… 15889
デュカス, ポール ……… 01591,
05036, 06137, 07198
デュパ, マリイ ‥ 01796, 11958
デュパルク, アンリ …… 01025,
04435, 07510,
08912, 16924, 16925
デュプレ, マルセル …… 07389
デュポール,J. ………… 04194
寺井 金春 ……………… 17469
デラ・カーサ, リーザ ‥ 04615
照井 栄三 ……………… 17444
デルヴェロワ, ケイ …… 08231
デルヴォー, ピエール
………… 06972, 10471
デルモータ …………… 05554
デル・モナコ, マリオ … 04076,
05563, 05997, 06600,
07282, 07422, 07695
テレマン,G.P. ………… 08764
電気蓄音器・電気蓄音機
………………… 00625,
00637, 00640, 00666,
00691, 00702, 00715,
00728, 00740, 00752,
00766, 00782, 00793,

00819, 00868, 01494,
02162, 02185, 03413,
03433, 11047, 11067,
11102, 11137, 11161,
11211, 11261, 11290,
11344, 11368, 11422,
11757, 11893, 11894,
12232, 12266, 12290,
12563, 12693, 12759,
12787, 12814, 12819,
12861, 12891, 12958,
12990, 13024, 13090,
13122, 13252, 13316,
13356, 13388, 13459,
13489, 14014, 14046,
14864, 14884, 14900,
14933, 14948, 15010,
15085, 15414, 15551,
15575, 15594, 15622,
15655, 15683, 15717,
15743, 15814, 15887,
15926, 15999, 16192,
16403, 16704, 16760,
16918, 16951, 17564

【と】

ドイツ ………… 01329, 01724,
01741, 01775, 01818,
01919, 01948, 04030,
05886, 05924, 06912,
07901, 08712, 08724,
08795, 09061, 09176,
09177, 09178, 09179,
09306, 09416, 11407,
11751, 12128, 12475,
13025, 13185, 13219,
14283, 15271, 17245,
17891, 17907, 17925
ドイツ・バッハ合奏団
………… 09223, 09260
ドヴォルザーク, アントニ
ン ………………… p.358
東京室内楽愛好家協会 ‥ 01251,
01264, 01275,
01356, 01367, 01409
ドゥクソン, ローマン ‥ 14001
桃中軒 青雲 ………… 17427
ドウハン, ハンス ……… 00784,
00797, 02234
童謡・唱歌 …………… 00324,
00395, 00444, 00460,
00495, 00512,
00525, 00542, 00556,
00574, 10965, 10968,
10975, 12109, 12112,
12113, 12162, 13052,

17452〜17454, 17477,
17478, 17480〜17482
トゥリーナ, ホアキン ‥ 02805
ドゥレクリューズ, ユリス
………………… 08078
トゥーレル ………… 05545
トーキー ……… 01234, 02243,
11007, 12350, 16442
トスカニーニ, アルトゥー
ロ ………………… p.446
トスティ, フランチェスコ・
パオロ ………… 03970
鳥取 春陽 …………… 17468
ドッブス, マチルダ …… 04815,
05546, 06578, 07508
ドッペル, コルネリス ‥ 13995
トッホ ………… 03610, 08188
ドナイェフスキイ …… 04832
ドニゼッティ, ガエタノ
‥ 05098, 06167, 07256,
07738, 07819, 07975,
07979, 08499, 08880,
12126, 13246, 15287
ドビュッシー, クロード
………………… p.360
ド・ペイエ ………… 08636
トーマ ……… 07258, 08507
トーマス, クルト …… 10195
トーマス, ジェス ……… 10328
巴 うの子 …………… 17443
豊竹 広子 …………… 17490
トラウベル, ヘレン …… 03544,
05547, 07509, 15623,
15633〜15635,
15646, 15648,
15651, 15871, 16048
ドラティ, アンタル …… 09311
ドランノワ, マルセル ‥ 15244
トリエステ三重奏団 … 08028
ドリーブ,L. ………… 07190
トルトゥリエ, ポール … 05517,
05644, 05645, 09637
ドルフマン ………… 02806
トレルリ …………… 04608
ドロルク四重奏団 …… 10024
ドワイアン …………… 05957
ドワイアン, ジネット ‥ 05463,
06699, 06894
ドワイアン, ジャン …… 07062
ドン・コサック合唱団 ‥ 02982,
05142, 05222,

戦前期　レコード音楽雑誌記事索引　641

06601, 13478,
16689, 16722, 17270

【な】

ナヴァラ, アンドレ ‥‥ 04786,
08231, 08308, 09679
猶原 喜一郎 ‥‥‥‥ 17425
永井 郁子 ‥‥‥‥‥ 00555
長岡 とみ子 ‥‥ 00415, 00449
中西 盛子 ‥‥‥‥‥ 15565
中野 圭裕 ‥‥‥‥‥ 00445
中村 かよ子 ‥‥‥‥ 17480
中村 雁治郎 ‥‥‥‥ 01234
中村 善吉 ‥‥‥‥‥ p.549
ナット, イーヴ ‥‥‥‥ 04398,
04826, 05479, 05675,
05881, 05993,
05999, 07716, 12082
浪花亭 綾太郎 ‥‥‥‥ 17430
中山 晋平 ‥‥ 15952, 15953
成川 ふた葉 ‥‥‥‥‥ 00416

【に】

二期会 ‥‥‥‥‥‥ 04109
ニキシュ, アルトゥール
‥‥‥‥‥‥‥‥ 16519
ニキシュ, ミーチャ ‥‥ 12975
ニッグ, セルジュ ‥‥‥ 07007
日本の民謡 ‥‥‥‥‥ 00481,
00517, 00554, 01160,
02430, 11825,
11827, 11828, 12206,
12234, 12268, 12292,
12322, 12375, 12401
ニーマン ‥‥‥‥‥‥ 01336
ニューヨーク・フィルハー
モニック管弦楽団 ‥ 07481,
08822, 09991, 15379
ニール, ボイド ‥‥‥‥ 04748
ニールセン, カール ‥‥ 00215,
03661, 08099
ニルソン, ビルギット ‥ 07857,
07988, 08106,
08758, 09112, 10048

【ぬ】

ヌヴー, ジネット ‥‥‥ 03652,
03806, 04441, 04504,
04883, 05508, 06459,
08243, 08286, 15739

【ね】

ネリーニ, ピェール ‥‥ 10194

【の】

ノヴァエス, ギオマール
‥‥‥‥‥‥‥ 04452,
05480, 07002, 07664
野原 今朝平 ‥‥‥‥ 00308,
00565, 00581, 00594
信時 潔 ‥ 03150, 17338, 17361
野辺地 瓜丸 ‥‥‥‥ 15703
野村 光一 ‥‥‥‥‥ p.557

【は】

バイエルン放送交響楽団
‥‥‥‥‥‥‥ 10571
バイジェルロ ‥‥‥‥ 08920
ハイティンク, ベルナルト
‥‥‥‥‥‥ 08628,
08921, 09256, 09602,
09961, 10807, 10879
ハイドシェック ‥‥‥ 09117
ハイドン, フランツ・ヨーゼ
フ ‥‥‥‥‥‥‥ p.363
ハイドン, ヨハン・ミヒャエ
ル ‥‥‥‥‥‥‥ 08183
ハイフェッツ, ヤッシャ
‥‥‥‥‥‥‥ p.449
パイヤール, ジャン・フラン
ソワ ‥‥‥‥‥‥ 07974
ハイラー ‥‥‥‥‥‥ 09971
バイロイト合唱団 ‥‥ 07826
ハインツェ, ハンス ‥‥ 08071
バエズ, ジョーン ‥‥‥ 10565
坪和 昌夫 ‥‥‥‥‥ p.562
パガニーニ, ニコロ ‥‥ 01419,
02991, 04683, 05058,
06268, 07162, 07602,
08181, 08369, 09788,
09918, 11734, 16792
パガニーニ弦楽四重奏団
‥‥‥‥‥‥ 03967, 15967
パークシャー ‥‥‥‥ 05636
ハーグ・フィルハーモニー
管弦楽団 ‥‥‥‥ 09634
橋本 国彦 ‥‥‥‥‥ 18000
ハース, カール ‥‥‥ 06416,
09192, 09425

パスキエ・トリオ ‥‥ 12419
ハスキル, クララ ‥‥‥ 05918,
07851, 08637,
08649, 09386
バスクレセンスキー ‥ 09043
パーセル ‥‥‥‥‥‥ 02870,
06661, 08559
畑中 良輔 ‥‥‥‥‥ p.568
ハチャトゥリアン, アラム・
イリイチ ‥‥ 04168, 04339,
05113, 05287, 05308,
05369, 05983, 06157,
06278, 07560, 08269,
09189, 15014, 15584
バッカウアー ‥‥‥‥ 06813
バックス, アーノルド ‥ 15090
バックハウス, ウィルヘル
ム ‥‥‥‥‥ 03408, 04174,
04175, 04215, 04216,
05121, 05481, 06563,
06564, 08105, 08270,
12455, 13369, 14404
バッティ, アデリーナ ‥ 00078,
10080, 12277
バット, クララ ‥‥‥‥ 00708
バッハ, ヨハン・クリスティ
アン ‥‥‥‥‥‥ 04318
バッハ, ヨハン・セバスティ
アン ‥‥‥‥‥‥ p.367
バッハマン, ウラジーミル・
ド ‥‥ 01076, 01484, 01522,
01546, 02744, 03901,
11612, 14004, 14428,
16876, 16877, 17076
ハーティ, ハミルトン
‥‥‥‥‥ 07178, 16316
パデレフスキー, イグナッ
ツ・ヤン ‥‥‥‥‥ 03298,
03932, 14530, 14531,
14564, 14733, 17402
バドゥラ＝スコダ, パウル
‥‥ 04374, 05482, 08242,
08615, 08706, 15966
バトリ, ジャーヌ ‥‥‥ 11494
バーバー, サミュエル ‥ 04218,
06969, 08025, 08099
ハーバート, ヴィクター
‥‥‥‥‥‥‥ 04850
林 光 ‥‥‥‥‥‥‥ 09046
原 智恵子 ‥‥‥‥‥ 02451
ハラシェヴィッチ ‥‥ 08753,
08765, 08793
針 ‥‥‥‥‥‥‥‥ 00951,

人名・事項名索引　　　　　　　　　　　ふいるは

02406, 02769, 04015,
04388, 09739, 10170,
11136, 11188, 12005,
13423, 13579, 15143,
15813, 16434, 17775
ハリウッド四重奏団
　‥‥‥‥‥ 07504, 07815
ハリウッド・ボウル・シンフォ
　ニー ‥ 06823, 06824, 07503
バリエントス, マリア ‥ 00935
パリ管楽五重奏団 ‥‥‥ 08557
パリ木の十字架少年合唱団
　‥‥‥‥‥‥‥‥‥‥ 06602
パリ国立オペラ座管弦楽団
　‥‥‥‥‥‥‥‥‥‥ 07388
ハリス, ロイ ‥‥ 15022, 15509
バリリ, ワルター ‥‥‥ 05510
バリリ弦楽四重奏団 ‥ 03906,
　03939, 06465, 06742,
　07106, 07938, 09088
バーリン, アーヴィング
　‥‥‥‥‥‥‥‥‥‥ 04107
バルシャイ, ルドルフ ‥ 10905
バルトーク, ベーラ ‥‥ p.376
バルナン ‥‥‥‥‥‥‥ 06435
バルヒェット ‥‥‥‥‥ 09970
バルビローリ, ジョン
　‥‥‥‥‥‥‥ 17242, 17313
パレー, ポール ‥‥‥‥ 03937,
　04348, 04455,
　05438, 06822, 08720
バレエ ‥‥‥‥‥‥‥‥ 03483,
　03527, 04591, 04606,
　04670, 04765, 04766,
　04805, 04931, 04966,
　05115, 05160, 05801,
　06430, 06547, 06915,
　06951, 06993, 07018,
　07097, 07123, 07365,
　08037, 08873, 09449,
　09530, 10329, 14818,
　14975, 15595, 17228
パレニチェック ‥‥‥‥ 08597
ハーレル ‥‥‥‥‥‥‥ 08560
バーロウ, キャスリーン
　‥‥‥‥‥‥‥‥‥‥ 00123
バーロウ, ハワード ‥ 14468,
　14492, 17399
バロック ‥‥‥‥‥‥‥ 04002,
　05527, 06453, 06492,
　06688, 07793,
　07810, 07864, 07890,
　08551, 08788, 08789,
　08790, 08791, 08838,

09627, 09781, 09963,
09998, 10040, 10084,
10121, 10150, 10191
ハンガリー ‥‥‥‥‥‥ 04366,
　07448, 08212, 09006,
　09007, 09008, 09009,
　09010, 09011, 09059,
　09491, 10744, 13781
ハンガリア弦楽四重奏団
　‥‥ 04822, 08039, 10469
バーンスタイン, レナード
　‥‥‥‥‥‥‥‥‥‥ 06701,
　07279, 07400, 08306,
　08593, 08763, 08800,
　08852, 09047, 09119,
　09253, 09871, 09966,
　09989, 09990, 10559
ハンスン, ハワード ‥‥ 03450
パンゼラ,C. ‥‥‥‥‥ 16055
ハンゼン, コンラート
　‥‥‥‥‥‥ 07691, 10091
バンハルミ, ジョージ ‥ 08108

【 ひ 】

ピアーズ, ピーター
　‥‥‥‥‥‥ 08224, 08315
ピアストロ・トリオ ‥‥ 02070
ピアティゴルスキー ‥‥ 01917,
　04347, 05518,
　05681, 12810, 12849
ビアンコ ‥‥‥‥‥‥‥ 14038
BBC交響管弦楽団
　‥‥‥‥‥‥ 11624, 17189
ピエルネ, ガブリエル
　‥‥‥‥‥ 03173, 11475,
　11517, 11530, 13918
ビクトリア, トマス・ルイス・
　デ ‥‥‥‥‥‥‥‥‥ 07784
ピストン ‥‥‥‥‥‥‥ 14960
ビゼー, ジョルジュ ‥‥ p.378
ピータース, ロベルタ ‥ 06009
ビーチャム, サー・トマス
　‥‥‥‥‥‥‥‥‥‥ 02020,
　05439, 08198, 08587,
　08773, 09089, 09188,
　11963, 12906, 14908,
　15215, 15250, 17314
ビッグス, パワー ‥‥‥ 04752
ピッツェッティ, イルデブラ
　ンド ‥ 02720, 03148, 14989
ピッツバーグ交響楽団 ‥ 15421
百万ドルトリオ ‥‥‥‥ 03628

ヒュッシュ, ゲルハルト
　‥‥ 01784, 03571, 03597,
　03674, 03678, 03679,
　03929, 05558, 15626,
　15627, 15646, 15648,
　15656, 15746, 15748,
　15758, 15773, 15834
ビュッセル, アンリー ‥ 11578
ビヨルリンク, ユッシ ‥ 08299
平林 勇 ‥‥‥‥‥ 13717〜13722
広沢 駒蔵 ‥‥‥‥ 17432, 17442
ヒンデミット, パウル ‥ 01813,
　02826, 03961, 04319,
　05139, 05368,
　05985, 06766, 07972,
　09310, 12684, 14055,
　14849, 15853, 17122

【 ふ 】

フー, ツォン ‥‥‥‥‥ 10787
ファーラー, ジェラルディ
　ン ‥‥‥‥‥‥ 02623, 02987,
　07069, 13520, 15101
ファリャ, マヌエル・デ ‥ p.379
ファルナディ ‥‥‥‥‥ 05483
ファーレル, エイリーン
　‥‥‥‥‥‥ 07739, 09230
ファーレル, リチャード
　‥‥‥‥‥‥‥‥‥‥ 08641
フィエルスタート ‥‥‥ 07414
フィッシャー, エドウィン
　‥‥ 01267, 02802, 03104,
　05484, 07992, 08673,
　11954, 13611, 17102,
　17120, 17316, 17351
フィッシャー＝ディースカ
　ウ, ディートリッヒ ‥ 04434,
　05168, 05202, 05388,
　05559, 05764,
　05765, 06723,
　07661, 07867, 08190,
　08271, 08527, 08875,
　09597, 09859, 10642
フィードラー ‥‥‥‥‥ 13121,
　17335, 17376
フィラデルフィア管弦楽団
　‥‥‥‥‥‥‥‥‥‥ 04562,
　06549, 08099, 08221,
　15397, 16517, 17207
フィルハーモニア管弦楽団
　‥‥‥‥‥‥‥‥‥‥ 06550
フィルハルモニア・フンガ
　リカ ‥‥‥‥‥‥‥‥ 08307

戦前期　レコード音楽雑誌記事索引　643

フィルポ ………… 05900
フィンランド … 15349, 16996
フェスティヴァル五重奏団
　………………… 06773
フェラ ……… 03987, 09013
フェラス, クリスチャン
　…… 07001, 08186, 10267
フェリア, キャスリーン
　………… 04173, 04669,
　05166, 06595, 08588
フェルー, ピエル・オクター
ヴ ……… 01928, 15227
フォイアーマン,E. …… 12639,
　15687〜15691,
　15730, 17315, 17801
フォス, ルーカス ……… 04624
フォスター ………… 07737
フォスター, スティーヴン
　………… 04658, 07254,
　08467, 13294, 13880
フォックス ………… 08924
フォルデス, アンドール
　………… 05935,
　07382, 07899, 10436
フォーレ, ガブリエル … p.379
フォレスター, モーリン
　………………… 07968
福原 信夫 …………… p.570
ブグリエセ ………… 05740
藤木 義輔 …………… p.574
藤田 不二 …………… p.575
藤田 文子 …………… 17482
伏見 直江 …………… 17440
伏見 信子 …………… 17440
プジョール ………… 11830
藤原歌劇団 ………… 15008
ブゾーニ, フェルッチョ
　… 08642, 11985, 14379
ブダペスト弦楽四重奏団
　………………… 03715,
　04414, 05165, 05533,
　06558, 08199, 09012,
　09872, 14873, 15800
二村 定一 ………… 17476
ブッシュ, アドルフ …… 01079,
　01220, 01743, 02212,
　02933, 03681,
　11617, 12603, 12741,
　13637, 15736, 17398
ブッシュ, フリッツ …… 15491
ブッシュ弦楽四重奏団 … 01300,
　11618〜11620, 14191,

15749, 17078, 17741
プッチーニ, ジャコモ … p.381
フーバイ, イエノー …… 16746
プフィッツナー, ハンス
　………… 14988, 16111
フーベルマン, ブロニスラ
フ ……… 00671, 01399,
　01705, 11116, 12161,
　12217, 12543, 12704,
　13558, 16363, 16450
ブライ, ヘルマン ……… 08830,
　09422, 09784, 10149,
　10323, 10498, 10563
フライシャー, レオン … 10044
プライス, レオンタイン
　………… 08989, 09333,
　09389, 09526, 09716
ブライロフスキー, アレクサ
ンダー …… 05485, 06565,
　09727, 11389, 13952,
　13954, 16556, 17077
ブラウン, クリフォード
　………………… 04352
フラグスタート, キルステ
ン ………… 05371,
　06460, 07736, 10092,
　10154, 10164, 15704
ブラッサンス, ジョルジュ
　………………… 06878
ブラームス, ヨハネス … p.382
フラメンコ ………… 02396,
　06014, 06967, 13527
ブランカール ………… 05486
フランク, セザール …… p.387
プーランク, フランシス
　………… 00890, 03402,
　03647, 04430, 05286,
　05994, 06156, 06183,
　06461, 06630, 06950,
　07783, 08882, 09388,
　11119, 13440, 15266,
　15427, 15696, 16557
ブランジェ, ナディア … 15980
フランス …………… 00611,
　00624, 00636, 00650,
　01111, 01387,
　01403, 01424, 01439,
　01719, 01791, 01792,
　01793, 01794, 01795,
　01988, 02000, 02019,
　02044, 02265, 02531,
　03449, 03486, 03538,
　03682, 03719, 03780,
　03809, 03835, 04014,
　04055, 04124, 04162,

04329, 04369, 04525,
04919, 05809, 05825,
05830, 05915, 06552,
06781, 07680, 07829,
08077, 08200, 08248,
08317, 08564, 08583,
08682, 08707, 09039,
09383, 09413, 09924,
09998, 10271, 10336,
10447, 10591, 10631,
10809, 11303, 11407,
11540, 11643, 11751,
11845, 12267, 12547,
12661, 12777, 12790,
12956, 13011, 13281,
13668, 13699, 14700,
14800, 14973, 15055,
15071, 15125, 15349,
15357, 15364, 15613,
15726, 15805, 15841,
15847, 16219, 16255,
17519, 17548, 17580,
17609, 17630, 17675,
17698, 17722, 17989
フランス六人組 ……… 04622
フランセ, ジャン
　………… 13673, 15342
フランソワ, サンソン … 03898,
　04635, 04697, 05118,
　05487, 05574, 05575,
　05641, 05751, 06737
フランソワ, ジャクリーヌ
　………………… 06743
ブランチ, フランシス … 03396
フランチェスカッティ, ジ
ノ ………………… 04417,
　04588, 04751, 04816,
　05199, 05232, 05511,
　05879, 06572, 08184,
　08547, 15323, 15693
フランツ, ロバート
　………… 12938, 16812
ブリス, アーサー …… 15090
フリッチャイ, フェレンツ
　………………… 04098,
　04220, 04371, 04375,
　05163, 05440, 05572,
　05573, 06551, 07125,
　07386, 07764, 09657,
　09658, 09659, 10496
プリッチャード ……… 08643
ブリテン, ベンジャミン
　… 05154, 05184, 05288,
　05718, 05878, 06158,
　07580, 08224, 09021,
　09272, 09601, 10497,

人名・事項名索引　　　　　　　　　　　　　　　　ほうかく

10502, 10589, 15856
フリードマン, イグナッツ
　　　……………… 11770,
　　　11771, 11803, 15946
フリードリッヒ大王 … 06378
フリーマンテル ……… 00283
ブリーム, ジュリアン ‥ 10220
フリムル ……………… 16941
プリムローズ, ウィリアム
　　　……………… 17122
ブリュショルリ ……… 10125
フルゴーニ ……… 03937, 08225
ブルスカンティーニ,S. ‥ 08805
ブルックナー, アントン
　　　……………… 02254,
　　　02416, 08722, 09639,
　　　09726, 10366, 10410,
　　　13326, 15204, 16078
ブルッフ, マックス …… 02527,
　　　04417, 04937, 05067,
　　　06273, 07169,
　　　08434, 10049, 13692
フルトヴェングラー, ヴィル
　　　ヘルム …………… p.450
フルニエ, ジャン ……… 05493
フルニエ, ピエール …… 03897,
　　　03908, 03957, 04130,
　　　04362, 04486, 04610,
　　　04651, 04922, 05519,
　　　06575, 07353, 07987,
　　　08547, 10784, 10786
フルネ, ジャン ……… 05442,
　　　07061, 07753, 10750
ブルメスター ………… 01091
ブルメンタール, フェリシ
　　　ア ……………… 07840
ブレヴィン ………… 08599
ブーレーズ, ピエール
　　　……… 06820, 10695
プレスティ＝ラゴヤ二重奏
　　　団 ……………… 10156
フレッシュ, カール …… 01942,
　　　01943, 11092,
　　　12936, 17074
プレートル ………… 09388, 10086
プロ・アルテ弦楽四重奏団
　　　……… 02252, 02281,
　　　02979, 17243, 17766
プロコフィエフ, セルゲイ
　　　……………… p.389
プロチェック ………… 08185
ブロッティ, アルド …… 07454,
　　　07696, 09348

ブロッホ, エルネスト ‥ 03172,
　　　03272, 03648, 03870,
　　　05303, 06287,
　　　08382, 11932, 14521,
　　　14817, 15451, 15971
フロトー ……… 07259, 08501
フローベルガー,J. …… 09421
フロンザリー四重奏団
　　　……………… 00656, 16772
フンパーディンク, エンゲル
　　　ベルト ………… 04461,
　　　04492, 06175,
　　　13353, 14979, 15854

【へ】

ベイ, エマニュエル
　　　……… 09878, 17333
ベイカー, ジュリアス ‥ 10045
ベイカー, ジョゼフィン
　　　……… 04267, 11986
ベイカー弦楽四重奏団
　　　……… 08182, 08229
ベイヌム, エドゥアルト・ファ
　　　ン ……………… 03942,
　　　04375, 04412, 04523,
　　　04646, 05365, 05444,
　　　05584, 06776, 07468,
　　　07502, 08139, 15764
ベコー, ジルベール …… 06782
ページ, ウイリス ……… 09384
ヘス ……………… 17353
ベートーヴェン, ルートヴィ
　　　ヒ・ヴァン ………… p.391
ペトリ, エゴン … 01923, 02215,
　　　13224, 13260, 13919
ペトレラ ……………… 04787
ペドロッティ ………… 07849
ヘブラー, イングリッド
　　　……… 07955, 08038,
　　　08640, 10718, 10846
ベーム, カール … 04773, 04961,
　　　05445, 05755, 06418,
　　　06683, 07038, 07413,
　　　09632, 09755, 09756,
　　　09757, 09758, 09759,
　　　09760, 09761, 09762,
　　　09817, 10588, 17240
ベラフォンテ, ハリー … 08245
ベリー ……………… 10563
ベリソン, シメオン …… 13752
ベルガー, エルナ ……… 03766,
　　　03769, 03798, 03807,

03864, 03899,
05099, 05549,
15832, 15864, 15865,
15906, 15948, 15949
ベルガンサ, テレサ …… 08189,
08316, 08767, 10861
ベルク, アルバン ……… 04469,
06718, 09311, 09829,
09901, 10151, 10192,
12889, 15599, 15931
ベルゴレージ, ジョヴァン
ニ・バッティスタ … 08805
ベルゴンツィ, カルロ … 07475
ヘルシャー, ルートヴィヒ
……………… 03924,
04008, 16068, 16069
ベルスィムファンス … 11511
ベルナック ………… 05560
ベルビニアン音楽祭管弦楽
団 ……………… 03739
ベルリオーズ, エクトル
……………… p.410
ベルリーニ ………… 06376,
07257, 08500, 09309
ベルリン・フィルハーモニー
交響楽団 ………… 06424,
06425, 06426, 06427,
06734, 07024, 09555,
09762, 09819, 10046,
10128, 10741, 10770,
10866, 12684, 16518
ベルンハイム ……… 07775
ベーレント ………… 08661
ベンダ, ハンス・フォン … 13777
ヘンデル, イダ ……… 06573
ヘンデル, ゲオルク・フリー
ドリヒ …………… p.411
ペンナリオ ………… 04508

【ほ】

ボーイス ………… 03960
ホイットニー ……… 05446
ボイト, アリーゴ …… 13099
ボイド・ニール弦楽合奏団
……………… 05525
ホヴァネス, アラン
……… 08047, 09733
邦楽 ………… 00020, 00025,
00031, 00032, 00037,
00044, 00118, 00177,
00294, 00295, 00303,
00304, 00311, 00435,
00547, 00550, 00774,

戦前期　レコード音楽雑誌記事索引　　645

07437, 11275, 11824,
11826, 11896, 11897,
11987, 12175, 12505,
12537, 12566, 12597,
12624, 12653, 12678,
12707, 12735, 12761,
12791, 12817, 12818,
12862, 12894, 14334,
14357, 14505, 14566,
15774, 15801, 16195,
16196, 16233, 16300,
16307, 16338, 16341,
16343, 16404, 16435,
16466, 16469, 16542,
16575, 16608, 16612,
16640, 16643, 16674,
16709, 17013, 17036,
17305, 17550, 17558,
17632, 17677, 17699,
17725, 17748, 17797,
17821, 17847, 17848,
17872, 17873, 17949

放送 …………………… 00299,
00350, 00563, 03591,
03696, 04713, 06431,
06494, 09408, 09660,
11746, 11793, 11907,
12349, 12755, 13839,
13870, 14448, 15522,
15709, 16046, 16439,
16923, 17357, 18005

ボス, コンラード
………… 15686, 16048

ボスコフスキー, ヴィリー
… 07970, 09187, 10321

ボストン交響楽団 …… 08158,
08159, 08177,
08180, 09642,
09812, 10230, 15333

ボストンポップス管弦楽団
……………… 06554,
13121, 14536, 15333

細川 波之助 ………… 17440

ボッケリーニ, ルイージ
… 04411, 05049, 06282,
07543, 07741, 09679

ボッジ, ジャンニ ……… 07696

ホッター, ハンス … 04971,
05203, 05561, 05570,
05571, 06840, 06888,
07988, 09180, 15950

ボーフォン, ブリジット・H.
ド ……………… 08128

ホフマン, ヨーゼフ …… 04884,
04885, 05351

ボベスコ …………… 03941

ポミエ, ジャン＝ベルナー
ル ……………… 10869

ボリ, ルクレシア ……… 10120

ホルショフスキー
………… 08228, 09872

ホルスト, グスターブ
………… 04777, 09346

ホルダ …………… 08263

ボールト, エードリアン
…… 04280, 06836, 14253

ホロヴィッツ, ヴラディミー
ル ……………… 04256,
05488, 06402, 06566,
06848, 06849, 08525,
09549, 10638, 16393

ボロディン, アレクサンドル・
ポルフィリエビチ … 04896,
05271, 06064, 06113,
06218, 06312,
07188, 09730,
10667, 16560, 17818

ボロディン弦楽四重奏団
………… 10770, 10846

ボワイエ, リュシエンヌ
……………… 11929

【 ま 】

マキシム …………… 08232

マーク, ペーター ……… 05112,
07768, 08719, 09487

マクダウェル ……… 09722

マクドナルド ……… 03105

マシューズ ………… 09463

マショー …………… 06775

マスカーニ, ピエトロ … 04614,
07696, 10054, 12095

マスネー …………… 02022,
07221, 08375

マゼール, ロリン ……… 10259,
10434, 10746, 10808,
10873〜10875

マダム・シュナーベル
………… 01136, 11802

町 春草 …………… 10404

マーツェル ………… 06779,
08024, 09638, 09916

松島 庄三郎 ………… 17494

松島 六左衛門 ……… 17495

松村 忠三郎 ………… 00083

松本 太郎 ………… p.579

マーネン, ホアン ……… 11167

マーラー, グスタフ ……… p.413

マリーニン …… 05646, 05758

マリピエーロ, ジャン・フラ
ンチェスコ ……… 14139,
14994, 17148

マルクジンスキー
……………… 04397, 08753

マルケヴィッチ, イーゴル
………… 04341, 04589,
04634, 04861, 05447,
06654, 06660, 06687,
07478, 08242, 08261,
08529, 08895, 09253,
10006, 10746, 10936

マルコ, ニコライ
………… 05448, 08899

マルタン, フランク … 04104,
05832, 15932

マルツィ …… 05512, 06695

マルティーニ, ジャン・ポー
ル・エジッド ……… 08441

マルティヌ, ボフスラフ
……………… 15444

マルティネリ ……… 01812

マルティノン, ジャン … 04092,
04349, 07825, 07828,
07848, 07990, 10039

マルトー, アンリー …… 11056

マレエ, マラン ……… 09496

マレシャル, モーリス
………… 01638, 16018

【 み 】

三浦 淳史 …………… p.584

三浦 環 …………… 00120

ミケランジェリ, アルトゥー
ロ・ベネディッティ
………… 06922, 08532,
10534, 10566, 10585

ミショウ …………… 03890,
03911, 03912

ミトロプーロス, ディミト
リ ……………… 05449,
08573, 09829, 15061

港家 小柳丸 ………… 17431

ミネアポリス交響楽団 … 15441

宮川 左近 …………… 17428

三宅 春恵 …………… 05829

宮沢 縦一 …………… p.586

宮沢 明子 …………… 10724

ミヤスコフスキイ …… 03659

人名・事項名索引　　　　らすきぬ

ミュール, マルセル ···· 04576
ミュンシュ, シャルル ·· 03392,
　05450, 06694, 06998,
　07499, 08115,
　08180, 08847, 09642,
　15343, 15354, 15720
ミュンヒンガー ········ 04153,
　05141, 08022, 08838
ミヨー, ダリウス ······ 01769,
　01789, 03869, 04379,
　06889, 06925, 09413,
　11168, 14899, 16030
ミラノ歌劇団 ·········· 10571
ミラノフ ········ 07507, 08831
ミルシテイン, ナタン ·· 02283,
　03223, 04633, 06850,
　07421, 07890, 08311,
　09087, 15031, 17379

【む】

ムソルグスキー, モデスト・
　ペトローヴィチ ······ p.414
ムック, カール ········ 02877,
　02878, 17800
ムラヴィンスキー, エフゲ
　ニー ······ 04444, 05452,
　05714, 06769, 08914
村田 武雄 ··············· p.588
村田 文蔵 ·············· 17438
室崎 琴月 ·············· 00098,
　00099, 00106
ムンテアヌー, ペトル
　··········· 05353, 05562

【め】

メイエル, マルセル ···· 04472
メサジェ, アンドレ ···· 16994
メシアン, オリヴィエ ·· 04623,
　06798, 07710,
　07745, 09370, 15858
メニューイン, ユーディ
　···················· p.452
メニューイントリオ
　··········· 02154, 13361
メノッティ ·············· 06184
メユール ·············· 08138
メリル, ロバート ······· 10142
メルケル, アンリ ······· 16791
メルバ, ネリー ········· 00091,
　09193, 11071, 11194,
　13551, 16216, 16217

メルハル ·············· 01634
メレエ, ラケル ········ 11958
メロス・アンサンブル ·· 10528
メンゲルベルク, ウィレム
　···················· p.453
メンデルスゾーン, フェリッ
　クス ················ p.415

【も】

モスクワ・フィルハーモニー
　管弦楽団 ·········· 10720,
　10770, 10905
モーツァルト, ヴォルフガン
　グ・アマデウス ······ p.417
モーツァルト, レオポルド
　···················· 10047
モッフォ, アンナ ······· 07384,
　10010, 10587
森 潤三郎 ·············· p.596
森 正 ················· 06375
森 治樹 ·············· 10693
モリーニ, エリカ ······ 16418
モンタン, イブ ·· 04325, 06955
モンテヴェルティ, クラウ
　ディオ ······ 05375, 13562
モンテカルロ国立管弦楽団
　···················· 10879
モントゥー, ピエール ·· 05453,
　06681, 07415, 07892,
　08072, 08175, 08177,
　09641, 09684, 10216
モントーヤ ············ 09232
門馬 直衛 ·············· p.597

【や】

八百谷 信子 ············ 17452
安川 加寿子 ············ 14923
ヤナーチェク, レオシュ
　···· 08045, 08143, 09458
ヤニグロ, アントニオ ·· 03908,
　04448, 05614, 05615,
　06576, 08179,
　08723, 10772, 10868
山口 亀之助 ············ p.599
山崎 錦城 ······ 17441, 17501
山田 健 ·············· 17440
山田 耕作 ······ 10755, 11332
大和家 杵子 ············ 17447
山村 豊子 ············ 17446,
　17466, 17472, 17484

山本 正子 ·············· 17453

【ゆ】

ユリナッチ, セーナ ···· 15979

【よ】

横尾 真琴 ······· 00098, 00106
横田 葉子 ······· 00394, 00436
芳香 睦美 ·············· 00445
吉川 淡水 ·············· 14611
吉住 小三蔵 ············ 17436
吉田 雅夫 ·············· 05989
吉丸 一昌 ·············· 00099
芳村 伊久四郎 ·········· 17488
吉村 岳城 ·············· 17487
ヨッフム, オイゲン ···· 02282,
　02460, 02502, 02503,
　02504, 02614,
　02615, 02916,
　02917, 04490, 05161,
　05194, 05454, 08019,
　08879, 09968, 13363,
　13620, 13666, 13804,
　13805, 14165, 14168
四家 文子 ······· 11931, 16547
淀検 若吉 ·············· 17485
ヨーナス ·············· 05470
読売日本交響楽団 ···· 09384

【ら】

ライナー, フリッツ ···· 07348,
　07865, 08097, 08179,
　08233, 08526,
　08596, 08634,
　08762, 09554, 09733,
　09950, 09972, 10258
ラインスドルフ, エーリッ
　ヒ ················ 04732,
　05387, 09787, 09811,
　09812, 09813, 10074
ラヴェル, モーリス ····· p.430
ラジオ ········ 00299, 00336,
　00346, 00357, 00373,
　00578, 01042, 03551,
　03778, 03800, 04389,
　04437, 04704, 04948,
　16573, 16673, 17523
ラシロ, マグダ ········ 04323
ラスキーヌ, リリー
　··········· 07976, 14791

戦前期　レコード音楽雑誌記事索引　**647**

ラースロ ……………… 05548

ラフマニノフ, セルゲイ
　……………… 04817,
　　05073, 05758, 05908,
　　06248, 06249, 07265,
　　07174, 07505, 07557,
　　08140, 08221, 08314,
　　08601, 09271, 10050,
　　14511, 15442, 16359

ラボオ, アンリ ……… 14959

ラモー ……………… 04411,
　　04553, 04554, 08583

ラレード, ハイメ
　………… 07898, 08012

ラロ, エドゥアール …… 01399,
　　04575, 05064, 05193,
　　06270, 06284, 07167,
　　07551, 08100, 08225,
　　08317, 08564, 09877,
　　12010, 12161, 12321,
　　15795, 16659, 17692

ラローチャ, アリシア・デ
　……………… 09191

ランザ, マリオ ……… 07856,
　　15499, 15701

ランチベリー ……… 09464

ランドフスカ, ワンダ … p.454

ランナー, ヨーゼフ … 12475

ランパル ……………… 07976,
　　08723, 10045, 10634

【り】

リヴィエ, ジャン ……… 15206

リスト, フランツ・フォン
　……………… p.432

立体録音 ……………… 05869,
　　07412, 15913, 15914

リッチ, ルッジェーロ … 04527,
　　05514, 07688, 08158,
　　08181, 08679, 15790

リパッティ, ディヌ … 03927,
　　03928, 05152, 05489,
　　05721, 05722, 05834,
　　06568, 07035, 08645,
　　08664, 08844, 15830

リヒター, フランツ・クサー
　ヴァー ……………… 08803

リヒター・ハーザー, ハン
　ス …… 07866, 07879, 08040

リヒテル, スヴャトスラフ
　……………… 07969,
　　07978, 07989, 08525,
　　08571, 09118, 09603,

09729, 09875, 10187

リフテル ……… 09994, 10034

リムスキー＝コルサコフ,
　N. ………… 01899, 02935,
　　03201, 04605, 05033,
　　05034, 05793, 05949,
　　06126, 06127, 07897,
　　08178, 08801, 12772,
　　14192, 14961, 15387,
　　15482, 17175, 17352

琉球音楽 ……………… 00117,
　　00121, 00130, 00134,
　　00142, 00147,
　　00157, 00165, 00174,
　　00183, 00186, 00209

リョベート, ミゲル …… 11297,
　　11298, 11357,
　　11381, 11662,
　　11663, 11804, 13501

リンド, ジェニー ……… 13782

リンバニー ……………… 09271

【る】

ルクー ……………… 08229

ルーセル, アルベール … 04860,
　　08144, 15169

ルッセル ……… 04687, 11553

ルッター, アダルベルト
　……………… 17058

ルップ, フランツ
　……………… 16017, 16048

ルートヴィッヒ, クリスタ
　……………… 04313,
　　08842, 09595, 09828

ルニエ, アンリエット … 15155

ルービンシュタイン, アル
　トゥール …………… p.455

ルービンシュタイン, アント
　ン ………… 00539, 14027,
　　14050, 15401, 17581

ルモーテル ……………… 09293

ルルー, ジェルメーヌ … 04155

【れ】

レイボヴィツ, ルネ
　………… 03935, 05455

レヴィ, ラザール …… 04021,
　　04071, 11833, 15110,
　　15133, 15156,
　　15157, 15183, 15184,
　　15203, 15212, 15226

レーヴェ ……………… 09830

レーヴェングート弦楽四重
　奏団 ……………… 10082

レオンカヴァッロ, ルッジ
　ェーロ ……………… 01579,
　　01581, 01582, 02936,
　　04559, 07265, 07323,
　　07696, 08509, 12382,
　　14189, 14223, 17193

レガー … 02347, 03106, 17315

レシェチツキー ……… 14090

レスピーギ, O. ……… 02218,
　　02719, 02981, 04251,
　　05281, 05367, 06142,
　　06143, 07200, 07577,
　　08634, 09270, 09876,
　　14054, 14932, 15131,
　　16721, 17123, 17242

レーデル, クルト ……… 07771,
　　08671, 09599,
　　09663, 09673, 09731

レナー …… 02551, 02592

レナー弦楽四重奏団 … 01079,
　　01543, 01660, 02617,
　　13129, 13803, 17065,
　　17075, 17239, 17668

レニングラード・フィル
　……………… 08914

レハール, フランツ …… 04285,
　　04726, 04728,
　　05347, 06180, 14799

レビュブリケーヌ, ギャル
　ド ……………… 05195

レーマン …… 04257, 05458

レーマン, リリー …… 11249,
　　14243, 14267, 17799

レーマン, ロッテ …… 03479,
　　03982, 07341,
　　15628, 15793, 15794

レモーテル ………… 08265

【ろ】

ロイアル・フィルハーモニッ
　ク管弦楽団 ……… 15574

ロイター …………… 03943

ロヴィッキー ……… 09189

ロオジング ………… 12061,
　　12907, 12908, 12939

ロカテルリ …… 07894, 08026

録音 …… 00310, 04308, 04499,
　　04718, 04762, 05812,
　　05869, 07412, 08113,
　　09412, 09467, 09486,
　　09814, 10610, 10615,

人名・事項名索引   われん

10617, 10647, 10676,
10885, 10886, 12004,
15122, 15912〜15914,
17585, 17950, 17978
ロザンタール, マニュエル
　　　‥‥ 07047, 07354, 07752
ロシア ‥‥‥‥‥‥‥ 00833,
01814, 01815, 01817,
01842, 01863, 03986,
04337, 05924, 06584,
06585, 06853, 07274,
07275, 07276, 07277,
12374, 12580, 12992,
13701, 14147, 14771,
14895, 14952, 15947,
16112, 16394, 16397,
17053, 17068, 17104,
17127, 17169, 17198
ロジェストヴェンスキー
　　　‥‥‥‥‥‥‥‥‥ 09833
ロジンスキー, アルトゥー
　ル ‥‥‥‥‥‥‥‥‥ 06189,
07286, 15308, 17381
ロストロポーヴィチ ‥‥ 06696,
06771, 09601,
10469, 10501, 10642
ロゼー, A. ‥‥‥‥‥‥ 11118
ローゼン, ジョエル ‥‥ 07430
ローゼンストック, ジョゼ
　フ ‥‥‥‥‥‥ 05143, 15338
ローゼンタール, モーリッ
　ツ ‥‥‥‥‥‥‥‥‥ 16591
ロッシ, ティノ ‥‥‥‥ 02051,
13071, 13136
ロッシーニ ‥‥‥ 03910, 03942,
05023, 06102, 06165,
06470, 06546, 07180,
07865, 07940, 08189,
09268, 09897, 11376,
12687, 13196, 13986,
15217, 15610, 17072
ロッシ・レメーニ, ニコラ
　　　‥‥‥‥‥‥‥‥‥ 06596
ロッセル＝マイダン ‥‥ 05124
ロデンスキー ‥‥‥‥‥ 17352
ロート弦楽四重奏団 ‥‥ 02699,
08183, 13694, 13752
ロブスン, ポール ‥‥‥ 08147,
11846, 13266
ロリオ, イヴォンヌ ‥‥ 09370
ロン, マルグリット ‥‥ 05364,
06929, 07710, 10906
ロンギノッティ ‥‥‥‥ 08222
ロング, カスリーン ‥‥ 05407

ロンドン ‥‥‥‥‥‥‥ 01847,
04359, 09081, 10568,
10613, 13865, 15135
ロンドン, ジョージ ‥‥ 04447,
05564, 08613
ロンドン・バロック・アン
　サンブル ‥‥‥‥‥‥ 05527
ロンドン・フィルハーモニー
　管弦楽団 ‥‥ 08178, 09634

【 わ 】

ワイエンベルク ‥‥‥‥ 07995
ワイル, クルト ‥‥‥‥ 16522,
16523, 16528,
16552, 16553, 16584
ワインガルトナー, フェリッ
　クス ‥‥‥‥‥‥‥ 01831,
01957, 02825, 03103,
08187, 09725, 11902,
11979, 12872, 12999,
13031, 13054, 13076,
13613, 14056, 14078,
14082, 14807, 15026,
16144, 17048, 17124,
17210, 17600, 17700
和歌浦 友子 ‥‥‥‥‥ 17470
ワーグナー, リヒャルト
　　　‥‥‥‥‥‥‥‥ p.434
ワーグナー合唱団 ‥‥ 07694
渡辺 護 ‥‥‥‥‥‥‥ p.600
渡辺 やす ‥‥‥‥‥‥ 00444
綿貫 静子 ‥‥‥‥‥‥ 17478
薬科 雅美 ‥‥‥‥‥‥ p.603
ワルター, ブルーノ ‥‥ p.456
ワルトトイフェル, エミー
　ル ‥‥‥‥‥‥‥‥‥ 15202
ワーレン ‥‥‥‥‥‥‥ 05099

戦前期　レコード音楽雑誌記事索引　649

戦前期 レコード音楽雑誌記事索引

2017 年 1 月 25 日　第 1 刷発行

監　　　修／東京藝術大学附属図書館
発 行 者／大高利夫
編集・発行／日外アソシエーツ株式会社
　　　　　　〒140-0013 東京都品川区南大井 6-16-16 鈴中ビル大森アネックス
　　　　　　電話 (03)3763-5241(代表)　FAX(03)3764-0845
　　　　　　URL　http://www.nichigai.co.jp/
発 売 元／株式会社紀伊國屋書店
　　　　　　〒163-8636 東京都新宿区新宿 3-17-7
　　　　　　電話 (03)3354-0131(代表)
　　　　　　ホールセール部(営業)　電話 (03)6910-0519

　　　　　　電算漢字処理／日外アソシエーツ株式会社
　　　　　　印刷・製本／株式会社平河工業社

　　　　　　不許複製・禁無断転載　《中性紙 H-三菱書籍用紙イエロー使用》
　　　　　　<落丁・乱丁本はお取り替えいたします>
　　　　　　ISBN978-4-8169-2631-0　　**Printed in Japan,2017**

日本音楽史事典―トピックス1868-2014

A5・610頁　定価（本体13,880円＋税）　2014.12刊

1868～2014年の、日本の音楽に関するトピック5,000件を年月日順に掲載した記録事典。西洋音楽の輸入、流行歌・歌謡曲の話題、有名音楽家の来日、音楽教育改革、音楽技術の発展など音楽に関する幅広いテーマを収録。

日本の演奏家―クラシック音楽の1400人

A5・650頁　定価（本体16,000円＋税）　2012.7刊

現代のクラシック音楽界を彩る演奏家1267人を本人回答を元に集成した、最新の演奏家人名事典。小澤征爾から辻井伸行まで、ピアニスト、ヴァイオリニスト、声楽家、指揮者などのほか、日本の音楽史を飾る先人134人も併せて収録。プロを志したきっかけ、好きなレコード・CD、印象に残る人物、目標とする演奏家、今後の目標、代表作品などのアンケート回答から、音楽家の人となりがわかる。

日本劇映画総目録―明治32年から昭和20年まで

朱通祥男 編・永田哲朗 監修

B5・1,450頁　定価（本体47,600円＋税）　2008.7刊

初の国産劇映画『ピストル強盗　清水定吉』（明治32年）から、終戦直前に公開された『北の三人』（昭和20年8月）まで、戦前の劇映画17,000本を集大成したデータ資料集。徹底した調査により従来知られることの少なかった中小プロダクションや地方製作会社の作品も収録。主題曲やエピソード、社会的影響なども記載した。本文は映画タイトルの五十音順、巻末に「封切順作品一覧」付き。

〈DVD版〉デジタル復刻版　百花園
明治期落語・講談速記雑誌　全240号収録

岡田則夫 監修　DVD-ROM（3 枚）＋B5 判「百花園」解説・目次集（50 頁）
価格（本体230,000 円＋税）　2014.1 発売

明治22～33年に刊行された落語・講談速記雑誌の代表的存在「百花園」の全240号（計21,400頁）をデジタル画像で復刻、DVD3枚に収録。当時の落語、講談などの舌耕文芸を伝えるだけでなく、明治期の世相、風俗、話し言葉を知ることができる貴重な記録資料。

データベースカンパニー
日外アソシエーツ

〒140-0013　東京都品川区南大井6-16-16
TEL.(03)3763-5241　FAX.(03)3764-0845　http://www.nichigai.co.jp/